Der Weg zum Ersten Weltkrieg:
Wie neutral war die Schweiz?

Max Mittler

Der Weg zum Ersten Weltkrieg: Wie neutral war die Schweiz?

Kleinstaat und europäischer Imperialismus

Verlag Neue Zürcher Zeitung

Publiziert mit freundlicher Unterstützung

des Kantons Aargau
des Migros-Genossenschafts-Bundes
der Steo-Stiftung Zürich sowie
der Walter und Ambrosia Oertli Stiftung

Umschlagabbildung:

Deutsche, französische und schweizerische Grenzwächter
posieren an der «Borne des trois Puissances» zwischen
Beurnevésin, Réchésy und Pfetterhausen. Bei diesen
Grenzsteinen begann die 1871 festgelegte Grenze zwischen
dem deutschen Elsass und dem französischen Territoire de
Belfort. Die Aufnahme entstand kurz vor dem Ersten
Weltkrieg und täuschte eine grenzüberschreitende Idylle
vor. Die teilnehmenden französischen Grenzwächter
wurden denn auch von ihren Vorgesetzten gerügt, weil sie
mit dem theatralischen Akt gewissermassen eine ungeliebte
Grenze anerkannten.

© 2003 Verlag Neue Zürcher Zeitung, Zürich
ISBN 3-85823-969-0
www.nzz-buchverlag.ch

Inhalt

Einleitung	9
1 Neutralität und Souveränität	11
Die Spielräume des neutralen Staates	12
Der langsame Abschied vom französischen Protektorat	26
Unsicherer Umgang mit dem Zweiten Kaiserreich	26
Sonderfall Genf oder die Suche nach einer Asylpolitik	34
Der Neuenburger Handel und die europäischen Mächte	46
Das neutralisierte Nord-Savoyen im Krieg Sardiniens gegen Österreich	57
Der Wortbruch des Kaisers	69
Politik zwischen Krieg und Frieden	82
1860–1870: ein Jahrzehnt der Veränderungen	97
Handelspartner Frankreich	103
Der Niedergang des Zweiten Kaiserreichs	112
Der Deutsch-Französische Krieg und das Ende der napoleonischen Dynastie	132
Territoriale Wünsche der Schweiz	143
Deutsche Einheit und deutscher Imperialismus	161
Das Reich, der Kaiser und sein Kanzler	161
«Deutschenhass» oder «Sieg der Bildung»	168
Der grenzüberschreitende Kulturkampf	177
Eisenbahnen zwischen Kommerz und Politik	200
Affäre Wohlgemuth: Bismarcks Attacke auf die Souveränität der Schweiz	235
Dreibund – die unheilige Allianz	254
Das getrübte Verhältnis zu Italien	269
Politik und Armee im Dilemma	289

2	**Der «Friedenskaiser» und die Weltherrschaft**	309
	Das seltsame Imperium Wilhelms II.	310
	Herrenvolk aus Untertanen	323
	Die reichsdeutsche Versuchung für die Schweiz	323
	Die Alldeutschen, die Weltherrschaft und die Schweiz	329
	Wirtschaft und Politik	344
	Internationalismus – Kosmopolitismus	356
	Gesellschaft und Staat	370
	Friedensbewegung und Staatsräson	370
	Sozialismus: national oder international?	381
	Bürger und Bauern: Reaktionen und Alternativen	406
	Der militärische Geist – oder wie man sich auf den Krieg vorbereitet	418
3	**Die Befindlichkeit des Kleinstaats**	435
	Politik und Kultur: die Kraft der deutschen Mythen	436
	Das expansive Deutschtum	461
	Von der Allmacht des Staates	461
	Nation und Staat	465
	Rasse, Sprache, Nation	470
	Deutsche und Schweizer: die doppelte Loyalität	479
	Der Sprachenkonflikt: Verteidigung des «deutschen Volkstums»	494
	Der französische Nationalismus und die Romandie	511
	Die Reaktion auf die Niederlage	511
	Paris und die Romandie	520
	Von der Affäre Dreyfus zum neohelvetischen Nationalismus	524
	«Helvétistes» contra «Latinistes»	535
	Ideologie und Realität	538
	Schwieriger Umgang mit dem Sonderfall	538
	Die Rechte der Frauen	547
	Christlicher Antijudaismus – bürgerlicher Antisemitismus	557
	Die Schweiz in der «Belle Epoque»	572

4 Der Erste Weltkrieg — 595

Das Spiel mit dem Feuer — 596

Die Schweiz in der Rolle des Zuschauers — 609
- Ahnung und Gewissheit — 609
- «Ante portas»: die Schweiz erlebt den Kriegsausbruch — 616
- General der Schweizer Armee: Ulrich Wille — 620
- Der neutrale Staat im Krieg — 628

Die gespaltene Eidgenossenschaft — 653
- Ursache und Wirkung — 653
- Die Suche nach einer nationalen Identität — 662
- «Stimmen im Sturm» – oder die Treue der Germanen — 666

Die Armee und die Neutralität — 677
- Landesverteidigung und Neutralitätsdienst — 677
- Armee und Allianzen — 700
- Die Kriegsszenarien: Wer bedroht die Schweiz? — 719
- Die Armee in Erwartung eines Krieges — 748
- 1916: das Jahr der Affären — 764
- Die unfreiwillige Wende: Allianzgespräche mit Frankreich — 786

Der langwierige Weg zum Frieden — 808
- Bundesrat Hoffmanns Geheimdiplomatie — 808
- Der Krieg und die Friedensordnung — 824
- Die Vision eines Friedens — 840
- Landesstreik November 1918 — 860

5 Politik und Utopie — 883

Anhang — 901

Anmerkungen — 902
Bibliographie — 959
Personenregister — 971

Einleitung

Korrekturen an historisch geprägten Bildern sind allemal schwierig, wenn sie das Selbstverständnis einer nationalen Gesellschaft berühren. Was durch jahrzehntelange Gewöhnung legitimiert ist, gewinnt eo ipso einen hohen Grad an Wahrhaftigkeit. Bei einer gewissenhaften Durchsicht der Historie kann es immerhin geschehen, dass festgefügte Meinungen in Frage gestellt werden. Die Geschichte der Schweiz vor dem Ersten Weltkrieg zeigt das Land in einem von imperialistischen Grossmächten beherrschten Umfeld. Der aus drei Kulturen geformte Bundesstaat hatte zu Beginn mit seinem republikanischen Kredo als Modell für Europa gegolten, ein Glaube, der vor der Kulisse mächtiger Nationalstaaten in der zweiten Hälfte des 19. Jahrhunderts abhanden kam. Blieb noch der Weg zum «Sonderfall», der im Laufe der Jahrzehnte recht unterschiedliche Verhaltensmuster zuliess. «Souveränität» und «Neutralität» wurden als staatstragende Pfeiler genannt, doch blieb dabei ein weiter Raum für Interpretationen. Es gab ausserdem eine Sicht von innen und eine Sicht von aussen, die selten übereinstimmten.

Die vorliegende Studie präsentiert eine europäische Geschichte der Eidgenossenschaft zwischen 1860 und 1918, einer Epoche also, die gekennzeichnet ist durch das Ende eines de facto bestehenden französischen Protektorats und die ebenso gefährliche Dominanz des neuen Deutschen Kaiserreichs. Zur Debatte stehen Politik, Gesellschaft, Wirtschaft, Kultur und die damit verbundenen Mentalitäten. Die Wahrnehmung der kleinen Republik durch die Zeitgenossen könnte unterschiedlicher nicht sein: Im Lande selber sprach man in Zeiten nationalen Hochgefühls von «Willensnation», Reichskanzler Otto von Bismarck reihte die Schweiz unter die «Staatswesen minderen Ranges» ein und stand damit nicht allein. Ein Phänomen konnten die Zeitgenossen nicht übersehen: Europäische und schweizerische Geschichte waren enger miteinander verflochten, als es den Anhängern der nationalen Mythen lieb war. Diese Abhängigkeit setzte sich im jeweiligen Alltag fort und betraf Gesellschaft und Politik.

Es gab Optionen für den Kleinstaat, doch etliche von ihnen bargen Gefahren für die kulturell so heterogene Gemeinschaft in sich. Da gab es die Frage: Sollte die Schweiz den Sonderfall pflegen oder es nach Möglichkeit den Grossmächten gleichtun? Der Sozialdarwinismus schuf ein Modell des Machtstaats, das verführerisch wirkte. Auch prägte die Ideologie vom Überleben des Stärkeren das Verhalten der Gesellschaft. Dabei geriet die Demokratie in Gefahr.

Das neue Denken wurde auf verschiedenen Feldern sichtbar. In den Köpfen von Politikern und Militärs war eine territoriale Expansion der Schweiz als Versuchung vorhanden. Kleinheit allein war keine Tugend. Das wurde offensichtlich am leichtfertigen Umgang mit dem Begriff «Neutralität», auch begab sich die deutschsprachige Schweiz in zunehmende Abhängigkeit vom deutschen Kaiserreich. Die fatalen Folgen traten im Ersten Weltkrieg zutage, als die einseitige Option die Romandie vor den Kopf stiess. Wenn das Land schliesslich ohne äusseren Schaden davonkam, so war das einer nützlichen schweizerischen Eigenschaft zu verdanken: Eidgenössischer Pragmatismus und die Scheu vor dem Risiko hielten die Landesregierung vor Experimenten zurück. Am Ende der Epoche waren die staatlichen Strukturen intakt, doch man hatte sich weit von den einst beschworenen politischen und gesellschaftlichen Idealen entfernt.

Die einen weiten Zeitrahmen und eine breite Thematik umfassende Arbeit stellt eine Synthese dar – naturgemäss risikoreich und unvollkommen. Sie steht immerhin nicht im luftleeren Raum. Licht in die vielfältige Materie brachten – abgesehen von Quellen und Literatur – Austausch und Dialog mit Historikern, die im selben Bereich Studien betreiben.

Für fachliche Hinweise und Informationen habe ich unter anderem zu danken Prof. Dr. Urs Altermatt, Frau Dr. Katharina Bretscher-Spindler, Dr. Raffaello Ceschi, Dr. Franz Lamprecht, Dr. Walter Lüem, Prof. Dr. Aram Mattioli. Einen besonderen Dank möchte ich Historikern aus dem französischen und deutschen Grenzgebiet aussprechen, die mir aus ihren Regionen Material zur Geschichte des Ersten Weltkriegs zur Verfügung stellen: Mme Gisèle Loth (Marlenheim bei Strassburg), André Dubail (Pfetterhouse), Claude Fröhle (Efringen-Kirchen/Istein). Neben fachlicher Hilfe durfte ich von verschiedenen Persönlichkeiten mannigfache Unterstützung erfahren, die einer langwierigen Arbeit und der dabei unerlässlichen Motivation zugute kamen. Nennen möchte ich die Namen: Prof. Dr. Urs Bitterli, Dr. Willi Gautschi, Max Hilfiker, Katja Klingler, Prof. Dr. Thomas Maissen.

Dem NZZ Buchverlag, insbesondere der Programmleiterin Ursula Merz und dem Gestalter Heinz Egli habe ich für die Betreuung des Werks zu danken. Nicht vergessen will ich mein familiäres Umfeld. Meine Frau vor allem hat die Begleiterscheinungen einer Jahre dauernden Arbeit mit Geduld ertragen und damit das Zustandekommen des Opus erleichtert.

Max Mittler

1 Neutralität und Souveränität

Die Spielräume des neutralen Staates

«Neutral zu bleiben, bis einem das Wasser in den Mund läuft und man untersinkt, ist eine bequeme Maxime, aber sie muss nothwendig früher oder später zur Nullifizierung und damit zum Untergange eines Volkes führen!» Mit dieser unkonventionellen These machte Bundesrat Jakob Stämpfli, Vorsteher des Militärdepartements, in einem Schreiben an den Geschäftsträger in Turin vom 11. März 1860 seinem Ärger über die drohende Abtretung Savoyens durch Sardinien an Frankreich Luft.[1] Ein Jahr zuvor hatte General Henri Dufour in einem Brief an Bundesrat Friedrich Frey-Hérosé – ebenfalls mit Blick auf Savoyen – ein Bekenntnis zur strikten Neutralität abgelegt, das in scharfem Kontrast zur Parole des radikalen Berner Politikers stand: «La neutralité absolue est le seul point sur lequel tous les Suisses pourront s'entendre; et ce rôle n'est pas sans grandeur s'il est loyalement et convenablement rempli.»[2]

Die Schweiz pflegte im 19. Jahrhundert gelegentlich einen leichtfertigen Umgang mit dem Begriff «Neutralität». Er war weder im Völkerrecht noch in der schweizerischen Mentalität solide verankert. Seine jeweilige Interpretation war mehr Resultat konkreter politischer Situationen als das Ergebnis einer hieb- und stichfesten Lehre. Johann Caspar Bluntschli, der nach Deutschland ausgewanderte Zürcher Lehrer des Staatsrechts, verstand unter Neutralität die Nichtbeteiligung am Krieg zweier anderer Staaten. Diese Auslegung, die nur den Kriegsfall ins Auge fasste, war völkerrechtlich unbestritten, aber zu dürftig, um den Inhalt der sogenannten «neutralité perpétuelle», der immerwährenden Neutralität der Schweiz, verbindlich zu umschreiben. Es gab nicht bloss Dissens im Formalen. Unsicherheiten bei der Interpretation zeigten sich auch im Inhaltlichen, das – so hätte man annehmen können – vom Wiener Kongress mit der schweizerischen Neutralitätsakte vom 20. November 1815 festgelegt worden war.[3]

Anlass zu Meinungsverschiedenheiten gab weniger die Urkunde selber als die umständliche und peinliche Art ihrer Entstehung. Der spätere Bundesrat Felix Calonder schrieb in seiner 1890 publizierten Dissertation über die Neutralität der Schweiz von der «völkerrechtlichen Missgeburt einer international garantierten Neutralität» und kommentierte die Vorgänge von 1815 sarkastisch: «Die Anschauung der Schweizer, durch sich selbst die Neutralität nicht erhalten zu können, war natürlich ganz die ihrer Protektoren.»[4] Die Schweiz sei damit zur neutralisierten internationalen Provinz geworden. Im übrigen könne das Völkerrecht keine souveränen Staaten kreieren, sondern es setze sie voraus. Nach der Jahrhundertwende gab Jakob Schollenberger, Dozent für Staatsrecht an der Universität Zürich, in seiner

«Geschichte der Schweizerischen Politik» dem Kapitel über den Bundesvertrag von 1815 den Titel: «Beginn des Protektorates der Allianz über die Schweiz.»[5] Immerhin habe sich die Einmischung in die Innenpolitik anfänglich in Grenzen gehalten. Von Protektorat sprach auch der Historiker Wilhelm Oechsli.

War die Schweiz neutral oder neutralisiert? Das Thema blieb bis zum Ersten Weltkrieg aktuell, denn es stellte die Souveränität des Landes an einem empfindlichen Punkt in Frage. Blickte man auf die Kongresse von Paris und Wien zurück, so stellte sich eine peinliche Unsicherheit ein: War die Delegation der Tagsatzung als Vertragspartner oder als Bittsteller zu betrachten? Weder sie noch die sich gegenseitig im Wege stehenden kantonalen Abordnungen konnten als Vertreter eines souveränen Staatswesens gelten. Sie waren denn auch von den Delegierten der Mächte prompt in die Schranken gewiesen worden. Ihr Versuch, in einer Erklärung vom 24. März 1815 die schweizerischen Ansprüche auf das Veltlin und auf einige französische Grenzregionen zur Sprache zu bringen, wurde mit dem Hinweis vom Tisch gewischt, die schweizerischen Delegierten seien nicht befugt, zu einer Deklaration des Kongresses Ja oder Nein zu sagen.[6] Auf der andern Seite entwarf der Genfer Pictet de Rochemont im Auftrag des russischen Aussenministers Capo d'Istria die Neutralitätsurkunde. Mangelnde Konsequenz der Kongressmächte oder Vertrauen in den brillanten Genfer Politiker? Pictet de Rochemont legte ein Dokument vor, das dem Staatenbund erlaubte, einigermassen das Gesicht zu wahren: «Les puissances signataires de la déclaration du vingt mars reconnaissent authentiquement, par le présent acte, que la neutralité et l'inviolabilité de la Suisse et son indépendance de toute influence étrangère, sont dans le vrai intérêt de l'Europe entière.»[7] Im selben Dokument war die Rede von der «reconnaissance et de la garantie de la neutralité perpétuelle de la Suisse dans ses nouvelles frontières».

«La Suisse était l'enfant gâté de tous», meinte Pictet de Rochemont später. Das war wohl wahr, doch die gute Laune der Grossmächte lag in besonderen Umständen begründet. Ein neutraler Pufferstaat zwischen Frankreich und Österreich entsprach den europäischen Interessen. Dass man darüber hinaus in einer völkerrechtlich wenig durchdachten Konstruktion Savoyen mit der schweizerischen Neutralität verband, war keine Meisterleistung des Kongresses. Geläufig wurde nach 1815 auch die fatale Gleichsetzung von Neutralität und Souveränität.

In der ersten Hälfte des 19. Jahrhunderts stellten die Kongressmächte das Bemühen der Schweiz, Neutralität und Souveränität als Leistung aus eigener Kraft darzustellen, häufig in Frage. Auch später wurde die sogenannte Garantie als ein von den Signatarmächten verliehenes Privileg gedeutet, das nur bei Wohlverhalten und nur solange andauern würde, als die Allianz von Wien zusammenblieb. Die europäischen Staaten äusserten sich in der Folge nicht mehr gemeinsam zur schweizerischen Neutralität. Sie wären dazu auch nicht in der Lage gewesen, wie die misslungenen Interventionsversuche anlässlich der Sonderbundskrise zeigten. Grundsätzlich billigten die Garantiemächte dem Staatenbund nur eine beschränkte Souveränität zu, die im wesentlichen durch die Neutralität getragen wurde. Von Metternich über Napoleon III. bis zu Bismarck herrschte die bequeme Auffassung, die Eidgenossenschaft sei ein neutralisiertes Staatswesen. In konkreten Situationen allerdings war man sich in der Frage, ob der Neutrale die auferlegten Spielregeln einhalte, nicht einig.

Im Staats- und Völkerrecht des 19. Jahrhunderts war die Meinung geläufig – so zum Beispiel beim Staatsrechtslehrer Georg Jellinek –, dass ein Staat auch in einem völkerrechtlich begründeten Abhängigkeitsverhältnis existieren könne. Musterfall einer Abhängigkeit war die Neutralisierung. «Der Zweck der Neutralisierung eines Staates liegt im allgemeinen Interesse; man will im Interesse des Gleichgewichts den schwachen ‹Pufferstaat› (Etat tampon) davor sichern, einem mächtigen benachbarten Staate dienstbar zu werden und so die Besorgnis oder Begehrlichkeit der andern Mächte zu wecken.» Diese Interpretation aus dem «Staatslexikon» von Herder stammt aus dem Jahre 1910 und gibt eine in dieser Zeit kaum angefochtene Meinung wieder.[8] Über die Wirkung auf den Neutralen sagt das Lexikon: «Die Neutralisierung legt zunächst dem neutralisierten Staate die Pflicht auf, sich von jedem feindlichen Offensivakte dritten Staaten gegenüber fernzuhalten. Infolgedessen darf er auch im Frieden keine Verträge wie Bündnisse oder Garantieverträge abschliessen, die ihn gegebenenfalls in einen Krieg verwickeln könnten. Umgekehrt ist er verpflichtet, alle Verteidigungsmassnahmen zum Schutze seiner Neutralität gegen Angriffe oder Bedrohungen zu treffen.» Die Pflichten der Garantiemächte ergaben sich aus der selbst gestellten Aufgabe, den Status des neutralisierten Staates zu achten und wenn nötig mit Waffengewalt zu wahren: «Weil die Garantie regelmässig Kollektivgarantie ist, sind die Mächte verpflichtet, in gegenseitigem Einverständnis vorzugehen, gemeinsam zu intervenieren, doch ist auch jeder einzelne Kontrahent berechtigt, für sich allein einseitig für die Interessen des bedrohten Staates einzutreten.» Das sogenannte Interventionsrecht der einzelnen Garantiemacht, eine Perversion der Ideen von 1815, wurde zum Beispiel von Bismarck beim Wohlgemuth-Handel im Zeichen nationalstaatlicher Willkür in Anspruch genommen. Zu diesem Zeitpunkt hatte sich die Schweiz aber längst aus den Fesseln des Protektorats gelöst.

Nach internationalem Rechtsverständnis war die Neutralisierung eines Staates mit erheblichen Einschränkungen der Souveränität verbunden: «Änderungen oder Aufhebung des durch die vertragsmässige Neutralisierung geschaffenen Rechtsverhältnisses kann nur unter Zustimmung aller beteiligten Staaten erfolgen. Es kann daher weder der neutralisierte Staat durch einseitige Erklärung seine singuläre Stellung aufgeben, noch eine der an der Neutralisierung beteiligten Mächte von dieser Vereinbarung für sich allein zurücktreten. Ist dagegen die Neutralisierung freiwillig, nur durch einseitigen Akt des betreffenden Staates erfolgt, darf sie auch von diesem widerrufen werden. Sehr bestritten ist die Frage, ob Gebietserweiterungen seitens des neutralisierten Staates, insbesondere durch Erwerb von Kolonien, der Genehmigung der übrigen Staaten bedürfen.»[9] Mit dem Hinweis auf Kolonien meinte man in der Regel das neutralisierte Belgien, doch war darin auch ein Signal an die Schweiz zu sehen, in der gelegentlich Politiker vom Gedanken an territoriale Erweiterung und eidgenössische Ableger in der weiten Welt umgetrieben wurden. Der schweizerische Bundesrat bewegte sich auf einem schwierigen Pfad zwischen der selbstgewählten Neutralität und der von einzelnen Grossmächten in Anspruch genommenen Neutralisierung. Die Bundesverfassung von 1848 schaffte immerhin gegenüber dem früheren Staatenbund eine wesentlich komfortablere Position. Die zentral geleitete Aussenpolitik erlaubte, die souveränen Rechte mit mehr Selbstvertrauen und unabhängig von fremdem Diktat geltend zu machen. So war die Schweiz in der Lage, die international anerkannte Neutralität nach eigener Interpretation zu gestalten. Felix Calonder umschrieb die Entwicklung mit den Worten: «In allen Zeiten hat die abhängige Schweiz trotz ihrer angeblichen Unabhängigkeit ihre Neutralität auf die Garantie und Anerkennung fremder Mächte gestützt, die tatsächlich unabhängige Schweiz dagegen ist jeweils aus eigenem, freiem Willen, auch trotz der fremden Mächte, neutral gewesen.»[10]

Im Bundesrat wurde im Laufe der Jahrzehnte häufig um eine der jeweiligen Lage angemessene Formulierung gerungen, die den historisch belasteten Begriff «Neutralität» unbeschadet durch die Anfechtungen einer aufmerksamen europäischen Diplomatie bringen sollte. Einzelne Politiker waren um flotte Parolen nicht verlegen, doch die Landesregierung blieb auf der Hut, wenn sie in Sachen Neutralität an die Öffentlichkeit trat. Ein Beispiel bietet die «Vorschrift für die Truppenkommandanten» vom 21. Dezember 1912, die «Weisungen betreffend die Handhabung der Neutralität im Falle eines Krieges zwischen benachbarten Staaten» enthält.[11] Ludwig Forrer, Bundespräsident und Vorsteher des Politischen Departements, schickte seinem Kollegen Arthur Hoffmann den Entwurf dieser Instruktion mit einigen Korrekturen zurück und erteilte dabei dem Vorsteher des Militärdepartements eine Lektion über schweizerische Neutralität und ihre Anwendung:

«Die Schweiz ist allerdings eine neutrale Macht, aber diese Neutralität beruht auf ihrer eigenen Entschliessung und kann somit auch jederzeit aus eigener Entschliessung wieder aufgegeben werden; ihre aktive Teilnahme an einem Kriege zwischen Nachbarstaaten ist weder in Theorie noch in Praxis ausgeschlossen, wenn schon im allgemeinen gesagt werden kann, dass auch in Zukunft die traditionelle Neutralitätspolitik für uns die richtige sein wird. Die ganze Frage, ob die schweizerische Neutralität nur auf eigener Entschliessung beruhe oder ob sie ausserdem eine von den Signatarmächten der Wiener- und Pariserverträge garantierte sei, ist eine umstrittene, die wir uns wohl hüten müssen, in irgendeiner Weise zu präjudizieren.» An diesem Punkt riet Forrer zur Vorsicht: «Wenn nämlich auch unsre Anschauung dahin geht, dass unsre Neutralität einzig und allein auf eigener Entschliessung beruht und dass wir durch keinerlei internationale Abmachungen gezwungen sind, diese Neutralität als ein unsern Bundesstaat belastendes Servitut anzuerkennen, so können wir uns doch nicht verhehlen, dass Fälle denkbar sind, in denen unser

Staatsinteresse im Gegenteil dahin gehen könnte, dass wir uns auf eine Garantie unsrer Neutralität durch die Signatarmächte der Neutralitätserklärung vom 20. November 1815 berufen. Der Bundesrat kann sich nicht zum voraus durch ein offizielles Dokument, wie es eine Instruktion für die Truppenkommandanten wäre, binden, und daher ist der Text der Einleitung so unverfänglich als möglich zu fassen, und soll sich darüber verschweigen, aus welchen Tatsachen und Gründen wir unsre Neutralität ableiten.»

Realpolitik oder Duckmäusertum? Man wollte sich auf keinen Fall frühzeitig festlegen. In diesen Zusammenhang gehört ein Satz, der in einem Brief des schweizerischen Gesandten in Paris vom 24. Mai 1895 an Bundesrat Adrien Lachenal steht. Charles Lardy produzierte die damals schon heikle Sentenz: «... en ce qui concerne la neutralité, elle ne commence qu'en temps de guerre.»[12] So ist auch die Position der Schweiz an der Zweiten Haager Friedenskonferenz von 1907 zu verstehen, als man sich gegen eine Reglementierung des Neutralitätsstatus in Friedenszeiten zur Wehr setzte.

Bei Konflikten zwischen Nachbarstaaten stellte sich die Frage der Neutralität als dringliches Anliegen. So zum Beispiel im März des Jahres 1859, als ein Krieg zwischen Österreich und dem mit Sardinien verbündeten Frankreich wahrscheinlich wurde. Hätte sich der Bundesrat erst bei Kriegsausbruch mit dem Thema befasst, so wäre er vermutlich in eine heikle Lage geraten. Es ging in diesem Fall nicht bloss um die schweizerische Neutralität, sondern auch um jene Savoyens, die in unklarer Weise mit der Schweiz verknüpft war. Am 4. März 1859 legte die Landesregierung die von Bundespräsident Jakob Stämpfli inspirierten Richtlinien für das Verhalten im Kriegsfall fest.[13] Am 14. März sandte er noch vor Ausbruch der Feindseligkeiten eine Neutralitätserklärung an die Signatarstaaten der Verträge von 1815: «Le Conseil fédéral le déclare donc de la manière la plus formelle, si la paix de l'Europe vient à être troublée, la Confédération Suisse défendra et maintiendra par tous les moyens dont elle dispose, l'intégrité et la neutralité de son territoire, auxquelles elle a droit en sa qualité d'Etat indépendant et qui lui ont été solennellement reconnues et garanties par les traités européens de 1815.»[14]

Die Neutralitätserklärung fiel knapp aus, soweit sie die Schweiz betraf. Umständlicher hingegen, im Stil einer historisch-diplomatischen Abhandlung, präsentierte sich die Erklärung zur Neutralität Savoyens, die immerhin eine deutliche Absicht formulierte: «Si dès lors les circonstances le réclament et pour autant que la mesure sera nécessaire pour assurer et défendre sa neutralité et l'intégrité de son territoire, la Confédération suisse fera usage du droit qui lui a été conféré par les traités européens d'occuper les parties neutralisées de la Savoie.» Damit war ein Muster für zukünftige Neutralitätserklärungen vorgegeben, die stets als ceterum censeo das Recht auf eine Besetzung Savoyens in Erinnerung riefen. Die seltsame Konstruktion eines neutralisierten Savoyen war gerade im Kriegsjahr 1859 für die Schweiz ein fragwürdiges Geschenk. Rückten schweizerische Truppen in das neutrale Territorium ein, so konnte das von Frankreich als feindlicher Akt gedeutet werden, war doch die französische Armee auf dem Weg nach der Lombardei auf einen ungestörten Marsch durch Savoyen angewiesen. Besondere Bedeutung kam dabei der Victor-Emanuel-Bahn zu, die zwischen Culoz und Chambéry durch die neutrale Zone führte. Auf der andern Seite hatte Österreich Grund zu Klagen, wenn die Schweiz den französischen Verbänden, wie es denn auch geschah, keine Hindernisse in den Weg legte.

Im Frühjahr 1866 bahnte sich ein Konflikt zwischen Preussen und dem mit den süddeutschen Staaten verbündeten Österreich an, und auch Italien rüstete zum Krieg gegen die Donaumonarchie. Eine Zeitlang glaubte man an einen allgemeinen europäischen Krieg, denn es war auch mit einem Kriegseintritt Frankreichs zu rechnen. Die Schweiz verzichtete auf eine offizielle Neutralitätserklärung. Diese etwas überraschende Haltung begründete Bundespräsident Josef Martin Knüsel in seinem Antrag an den Bundesrat vom 9. Mai 1866.[15] «Es muss nun die Frage aufgeworfen werden, ob der Bundesrath wie im Jahre 1859 eine feierliche Neutralitätserklärung erlassen soll. Das Politische Departement verneint diese Frage aus folgenden Gründen: Alle Staaten wissen, dass die Schweiz in solche Kriege sich nicht mischt und man wird sie auch diesmal nicht im Verdacht haben, dass sie irgendein geheimes Bündnis mit einer andern Macht eingegangen habe. Aber nicht nur hat die Schweiz, wie jeder andere selbständige Staat, das Recht gegenüber den Kämpfen anderer sich neutral zu verhalten, sondern die Urkunde der Mächte vom 20. November 1815 enthält neben der Anerkennung der Neutralität auch die Gewährleistung der Integrität und Unverletzbarkeit des schweizerischen Gebiets, was eine Gewährleistung der Neutralität selbst in sich schliesst. Solange die Schweiz also in dieser neutralen Stellung verfahren will, braucht sie keine besondern Erklärungen zu erlassen. (...) Eine nöthigenfalls eintretende und den Umständen angemessene Grenzbesetzung wird den kriegführenden Mächten unsern Entschluss der Wahrung einer strengen Neutralität weit besser zeigen und unsern Ernst beurkunden als eine diplomatische Notifikation.»

Die Parolen des Bundespräsidenten klangen selbstbewusst, doch gab es neben den hier vorgetragenen Argumenten noch einen weiteren Grund, auf eine diplomatische Manifestation zu verzichten. Knüsel schrieb in seinem Antrag, er sehe im Moment keine Veranlassung, auf die Savoyer Frage zurückzukommen. Damit ersparte er dem Bundesrat eine Peinlichkeit, denn in einer Neutralitätserklärung hätte man – wenige Jahre nach der Annexion durch Frankreich – die inzwischen fragwürdig gewordene Neutralisierung Savoyens erwähnen müssen. In den Kulissen der europäischen Diplomatie kam die Neutralität der Schweiz auch ohne offizielle Note zur Sprache. So versicherte der österreichische Aussenminister Graf Alexander Mensdorff-Pouilly dem schweizerischen Geschäftsträger in Wien, die Donaumonarchie werde die Neutralität der Schweiz strikte respektieren.[16] Aus dem italienischen Aussenministerium in Florenz kam eine ähnliche Reaktion, immerhin mit dem Vorbehalt, man werde die schweizerische Neutralität achten, sofern dies allgemein geschehe.[17] Dabei setzte der Generalsekretär des Aussenministeriums, Marcello Cerutti, gegenüber dem schweizerischen Gesandten Giovanni Battista Pioda zu einem diplomatischen Geplänkel an, indem er sich über die österreichische Erklärung mokierte. Die schweizerische Neutralität sei kein Thema, das einer Erläuterung bedürfe.

Der Deutsch-Französische Krieg von 1870/71 stellte die Neutralitätspolitik der Schweiz auf eine wesentlich härtere Probe als die vorangegangenen Konflikte. Die Grossmachtallüren der kriegführenden Staaten, die schon vor dem Waffengang ihre Verachtung für das dürftig entwickelte Völkerrecht vor Augen geführt hatten, wiesen dem schweizerischen Kleinstaat a priori eine inferiore Rolle zu.[18] Die offen präsentierte militärische Macht wurde zum entscheidenden Argument im Umgang der Nationen unter sich. Angesichts der militärgeographischen Lage der Schweiz am Rande des Kriegsgeschehens konnten Neutralität und Souveränität jederzeit in Gefahr geraten. Diesmal glaubte der Bundesrat, die Neutralität dürfe nicht mehr in so lockerer Manier dokumentiert werden wie im Jahre 1866. Er sandte am 18. Juli eine Neutralitätserklärung an die Signatarmächte von 1815. Auch die süddeutschen Staaten erhielten eine sogenannte Neutralitätsnotifikation.

In der Neutralitätserklärung stand zu lesen: «Les traités de 1815 garantissent à la Suisse sa neutralité perpétuelle et l'inviolabilité de son territoire.»[19] Die Schweiz werde die neutrale Haltung einnehmen, «qui lui est dictée par les traités européens». Diese Sätze zeugten von geringem Selbstbewusstsein. Von der selbstgewählten Neutralität war in dem Dokument nicht die Rede. Immerhin stellte der Bundesrat fest, das Land werde sich gegen jede Aggression zur Wehr setzen. Die schweizerischen Diplomaten hatten sich bereits Tage vor der offiziellen Note um Anerkennung der Neutralität durch Frankreich und Deutschland bemüht und entsprechende mündliche Zusicherungen erlangt. Man sah im Politischen Departement in Bern den Erklärungen der kriegführenden Mächte offenbar in nervöser Erwartung entgegen. Dabei unterlief dem Aussenminister gegenüber dem Norddeutschen Bund ein peinliches Versehen. Das Auswärtige Amt hatte über den schweizerischen Geschäftsträger in Berlin bereits am 17. Juli die erhoffte Anerkennung der Neutralitätspolitik ausgesprochen, also einen Tag vor der offiziellen Erklärung des Bundesrats. Man scheint das in Bern übersehen zu haben, denn Bundesrat Jakob Dubs schickte den Diplomaten Charles-Philippe Mercier ein zweites Mal ins Auswärtige Amt, wo man die schweizerische Aufgeregtheit verwundert registrierte und die Haltung Preussens noch einmal bestätigte.[20] Otto von Bismarck, Kanzler des Norddeutschen Bundes, reagierte am 24. Juli persönlich auf die Neutralitätserklärung und verlieh in einer Note an Bundespräsident Dubs der deutschen Stellungnahme das nötige Gewicht: «... il a accueilli avec une vive satisfaction la déclaration du Conseil fédéral que la

Suisse maintiendra et défendra, pendant la guerre qui se prépare, sa neutralité et l'intégrité de son territoire; et il n'hésite pas à déclarer que l'Allemagne respectera scrupuleusement la neutralité de la Suisse garantie par les traités …»[21]

Die Neutralitätserklärung des Bundesrats enthielt wie schon im Jahre 1859 einen Passus über die Neutralität Savoyens, die man als identisch mit der schweizerischen bezeichnete: «… le Conseil fédéral croit devoir rappeler que la Suisse a le droit d'occuper ce territoire. Le Conseil fédéral ferait usage de ce droit si les circonstances lui paraissaient l'exiger pour la défense de la neutralité suisse et de l'intégrité du territoire de la Confédération.» Die kaiserliche französische Regierung nahm die Neutralitätserklärung, soweit sie sich auf die Schweiz bezog, dankbar entgegen, doch der Hinweis auf das Besetzungsrecht in Savoyen erregte Anstoss, da man sich auf den Standpunkt stellte, ein Einmarsch dürfe nur nach französischer Zustimmung erfolgen. Verärgert zeigte sich später auch die republikanische Regierung in Tours, die mit einigem Recht vermutete, Bern wolle Frankreichs Schwäche ausnützen und in Savoyen ein Fait accompli schaffen.

In den folgenden Jahren richtete sich die im Bundesrat und in der Diplomatie gepflegte Diskussion über die Neutralität nach den Peripetien der europäischen Politik. Von den Verträgen von 1815 war wohl noch die Rede, und sie standen für kritische Fälle zur Verfügung. Doch war Misstrauen angebracht. Jedermann wusste, dass ihre Beschwörung im Blick auf die neuen Machtverhältnisse in Europa nicht mehr als ein wirkungsloses Ritual bedeutete. Die Neutralität musste in bilateralen Kontakten gesichert werden, da das alte Staatensystem zerbrochen war. Im Vordergrund stand ein möglicher neuer Krieg zwischen Frankreich und Deutschland.

Als im Jahre 1887 der Dreibund zwischen Deutschland, Österreich und Italien erneuert und 1888 durch ein Militärabkommen ergänzt wurde, entstand eine neue Konstellation, die sich während Jahren bedrohlich ausnahm. Teile des bisher geheim gehaltenen Abkommens wurden publik gemacht, obschon über den genauen Inhalt der Vereinbarungen wenig Klarheit herrschte. Man rätselte über die Rolle Italiens in diesem Dreieck, dessen Stabilität nicht über alle Zweifel erhaben war. Immerhin wusste man, dass das Bündnis auch eine militärische Seite hatte. So durfte man vermuten, dass nicht bloss deutsche, sondern auch italienische Armeen gegen Frankreich aufmarschieren würden, wodurch die Schweiz in eine missliche Lage geraten könnte. Generalstabschef Alphons Pfyffer von Altishofen äusserte konkrete Befürchtungen: «M. le Colonel Pfyffer est d'avis que l'éventualité d'une jonction des armées allemandes et italiennes sur notre territoire doit être envisagée comme très sérieuse, et il n'attache par conséquent qu'une importance toute relative aux assurances de respect de notre neutralité qui nous sont données de part et d'autre»[22], schrieb Bundesrat Numa Droz dem schweizerischen Gesandten in Berlin.

Bei einem italienisch-französischen Konflikt kam unweigerlich die Neutralität Savoyens ins Spiel und damit die Frage, ob sich die Schweiz auf die im Wiener Vertrag vorgesehene Besetzung einlassen solle. Handelte es sich um ein Recht oder um eine Pflicht? In seinem Memorial vom 3. Februar 1887 zuhanden des Bundesrats tat Numa Droz einen Schritt, der später als politischer Sündenfall gewertet wurde: «I. Le droit de la Suisse d'occuper la Savoie si les circonstances prévues dans l'art. 92 de l'acte final du Congrès de Vienne viennent à se produire, c'est-à-dire ‹toutes les fois que les Puissances voisines de la Suisse se trouveront en état d'hostilités ouvertes ou imminentes›, n'est pas contestable et n'a jamais été contesté.

II. Ce droit implique le devoir pour la Suisse de défendre la neutralité exactement comme la sienne propre, dont elle est une partie intégrante.»[23]

Numa Droz hatte sich also für die Besetzungspflicht entschieden, eine tapfere Geste, die aber ohne Folgen blieb, denn der befürchtete Konflikt fand nicht statt. Der Wohlgemuth-Handel des Jahres 1889 bot Kanzler Bismarck, der neutralen Staaten wie Belgien und der Schweiz nur eine Staatlichkeit minderen Ranges zubilligte, den willkommenen Anlass, zwischen Neutralität und Souveränität einen falschen Zusammenhang zu konstruieren. In einem von Numa Droz entworfenen Schreiben stellte der Bundesrat die Dinge klar: «… on a de nouveau mis en cause notre neutralité, qui n'a rien à faire dans cette discussion. Le fait qu'un pays est neutre n'altère du reste pas sa souveraineté. La neutralité sans la souveraineté ne serait qu'un leurre, car comment être véritablement neutre si l'on n'est pas indépendant?»

Welchen Spielraum bot die Neutralität einem kleinen Land, das seine Souveränität inmitten einer turbulenter werdenden europäischen Szene zu behaupten suchte? Die Affäre Wohlgemuth hatte ein für allemal deutlich gemacht, dass die Schweiz im Norden nicht mehr den vergleichsweise harmlosen süddeutschen Staaten gegenüberstand, sondern einem von Preussen beherrschten Deutschen Reich, das sein nationales Selbstbewusstsein dem übrigen Europa mit Fanfarenstössen kundtat. Als Bismarck von der Bühne verschwand, wurde das politische Geschehen nicht berechenbarer. Die militärische Zusammenarbeit im Dreibund, die vor allem seit dem Jahre 1888 sichtbar wurde, förderte den stets vorhandenen Verdacht, dass ein neuer Krieg zwischen Frankreich und Deutschland bevorstand. Der Umgang zwischen den Grossmächten nahm härtere Formen an. Das Vokabular wurde kriegerisch, auch wenn die Kontrahenten ihre Friedensliebe beteuerten. Der Krieg als Mittel der Politik war keineswegs verpönt, sofern er einen Staat den gesetzten Zielen näher brachte. In diesem Punkt stimmten Völkerrechtler, Philosophen und Historiker überein, und auch die Theologen beriefen sich auf die göttliche Sendung der nationalen Krieger.

Die Schweiz durfte sich dem martialischen Gehabe nicht entziehen, wenn sie sich in der Staatengemeinschaft behaupten wollte. Das Selbstwertgefühl eines kleinen Landes verlangte nach Anerkennung durch die stärkeren Nachbarn. So wurden gegen Ende des Jahrhunderts die Verträge von 1815, soweit sie noch im Bewusstsein der Zeitgenossen existierten, sachte beiseite geschoben. Die Wohlgemuth-Affäre trug einiges zum gesteigerten Selbstbewusstsein bei. Man begann, nach Sinn und Zweck der Neutralität zu fragen und bei Bedarf die Grenzen weiter zu stecken. Der

Staatsrechtler Carl Hilty zum Beispiel, der den Bundesrat im Konflikt mit Bismarck beriet, schrieb am 27. Juni 1889 an das Politische Departement: «Auch der ewig Neutrale ist allianzfähig, insoweit es sich um unmittelbare Vertheidigung und Aufrechterhaltung der Neutralität handelt.»[25]

Hiltys professorale Formel war unscharf genug, um Raum für unterschiedliche Interpretationen zu lassen, und so wurde sie denn auch zur Rechtfertigung gegensätzlicher Thesen angerufen. Das Thema «Allianz» stand in den folgenden 25 Jahren immer wieder zur Debatte. Eng damit verbunden war die Frage, ob die Schweiz trotz ihrer Neutralität aus eigener Initiative Krieg führen dürfe. Der Diskurs war gelegentlich nicht bloss theoretisch gemeint.

Der Bundesrat blieb in der realen Politik und in offiziellen Deklarationen zurückhaltend. Zuviel Tapferkeit war nicht gefragt. Doch waren in diplomatischen Akten, in Vorträgen und Broschüren von Politikern, Armeeführern und Staatsrechtlern kühne Parolen zu vernehmen. Der spätere Bundesrat Emil Frey gab schon im Jahre 1888 in einem Vortrag den Ton an.[26] An der St. Jakobs-Schlachtfeier vom 28. August erklärte er, die Neutralität sei eigentlich eine Absurdität, «ein Messer ohne Heft, dem die Klinge fehlt».[27] Noch im Jahre 1899 – nach seiner Zeit als Bundesrat – schrieb er: «Wer fühlt nicht das Demüthigende, das für eine Nation darin liegt, dass sie das Schwert ziehen soll zur ‹Verteidigung der Neutralität›. Andere fechten für Haus und Hof, für Ehre und Freiheit.»[28] Als Bundesrat gehörte Frey zu jenen Zeitgenossen, welche «die Neutralität zwar acceptieren, aber sie nicht lieben». Von einem Gesinnungsgenossen, dem ehemaligen Nationalrat Simon Kayser, hatte er eine Studie verfassen lassen, die sich mit der Neutralität in Friedenszeiten und im Krieg auseinandersetzte.[29] Wie sein Auftraggeber kam auch Simon Kayser zum Schluss, die Schweiz habe sich aus eigenem Willen zu einer Politik der Neutralität entschlossen und sei darum berechtigt, jederzeit von dieser Haltung abzurücken und Bündnisse mit andern Staaten einzugehen. Das gelte für den Frieden wie für den Krieg. Die Tatsache, dass die meisten Kollegen im Bundesrat die lockere Interpretation der Neutralität nicht teilten, focht Emil Frey wenig an. Nach der Silvestrelli-Affäre des Jahres 1902 war die Büchse der Pandora endgültig geöffnet. Von da an wurde die schweizerische Neutralität auf offenem Marktplatz verhandelt.

Wenn das Thema «Allianzen» – und damit indirekt auch das Thema «Krieg» – zu einem wesentlichen Anliegen wurde, so hing das mit einer Erkenntnis zusammen, die man lange verdrängt hatte. Die europäischen Mächte hatten seit den siebziger Jahren aufgerüstet und ein militärisches Potential angehäuft, dem die schweizerische Armee allein nie hätte entgegentreten können. Also galt es, sich nach Partnern für den Ernstfall umzusehen, ein Unterfangen, das für einen Neutralen der Quadratur des Kreises gleichkam.[30]

Bundesrat Frey bekannte sich als «Freund einer freieren Auffassung der Neutralität», Generalstabschef Arnold Keller sprach von den «mechanischen Fesseln der Neutralitätstheorie», und Oberst Robert Weber, der spätere Geniechef der Armee, beklagte sich über die «chinesische Neutralitätsmauer». Es war die Rede von «aktiver Neutralität», eine These, die vor allem dem Generalstab ein weites Feld für phantasievolle Planungen öffnete. Man werde wenn nötig «aus der Neutralität heraustreten», meinten Politiker und Militärs. Was mit diesen Formeln jeweils gemeint war, müsste im einzelnen Fall untersucht werden, denn auch die Anhänger der sogenannten freieren Auffassung waren sich über das Verhalten in konkreten Situationen nicht einig.

Neutralität war in der Regel bei einem Konflikt zwischen zwei Nachbarn gegeben. Fühlte sich die Schweiz hingegen direkt bedroht, so konnte sie das souveräne Recht des «ius ad bellum» in Anspruch nehmen. So sah es beispielsweise Charles Lardy, der schweizerische Gesandte in Paris, während der Silvestrelli-Affäre. In seinem Brief vom 11. April 1902 an Bundespräsident Joseph Zemp, den Vorsteher des Politischen Departements, dozierte der iuristisch gebildete Diplomat, der Konflikt mit Italien könne die Schweiz veranlassen, ihre Neutralität aufzugeben –, «à sortir de notre neutralité».[31] «Nous n'avons donc jamais pris l'engagement de renoncer à perpétuité à recourir à la force pour atteindre un but politique ou défendre notre honneur; nous sommes absolument libres de faire la guerre. (...) Il serait désirable de trouver un moyen de faire la guerre, une fois, sans nous dépouiller de notre neutralité perpétuelle et de son appendice savoyard». Es sei allemal von Vorteil, wenn die Kriegserklärung von Italien komme. Man könne sich dann auf die Verteidigung der Neutralität berufen und auf die Tatsache, dass man einer Aggression entgegentrete. Doch sei auch der umgekehrte Fall denkbar: «Si des nécessités militaires nous obligeaient à prendre les devants et à déclarer la guerre, nous pourrions toujours invoquer le principe napoléonien que l'agresseur n'est pas nécessairement celui qui commence, mais uniquement celui dont la politique a rendu l'appel aux armes inévitable (...)». Die sophistischen Gedankenspiele des Gesandten Lardy betrafen den Fall einer direkten Konfrontation mit einer fremden Macht. Im Mittelpunkt der militärpolitischen Spekulationen stand jedoch ein Konflikt zwischen benachbarten Staaten, in den die Schweiz hineingezogen würde, wobei man sich für einen Allianzpartner entscheiden müsste.

Die Frage der möglichen Bündnisse war auch im Bundesrat ein Thema, wobei in diesem wichtigen Gremium nicht in jeder Hinsicht Klarheit herrschte. Das geht unter anderem aus einem vertraulichen Brief hervor, den der Gesandte in Berlin, Arnold Roth, am 25. November 1895 an Bundesrat Adrien Lachenal richtete, den damaligen Chef des Departements des Äussern. Lachenal hatte Roth aufgefordert, aus seiner Sicht Vorschläge für die diplomatischen Schritte auszuarbeiten, die der Bundesrat beim Ausbruch eines Krieges zwischen Nachbarn zu unternehmen hätte: «Im besondern haben Sie mir hiebei den Auftrag erteilt, Ihnen, wenn möglich, meine diesbezüglichen Ansichten in der Form von Entwürfen zu Notificationen an die Mächte mitzuteilen, welche folgende Punkte zum Gegenstand haben sollen:

I. Neutralitätserklärung des Bundesrathes
II. Notification betreffend die eventuelle Besetzung der neutralisierten Provinzen Savoyens
III. Eventuelle ‹Allianz›-Anträge.»[32]

Arnold Roth bekundete Mühe mit dem Begriff «Allianz». Er sei nicht in der Lage, im gegenwärtigen Augenblick «eine auch nur annähernd zutreffende Redaction vorzubereiten. (...) Ich bediene mich des Ausdrucks ‹Allianz›, weil Sie selbst, Herr Vice-Präsident, denselben angewandt haben. Doch glaube ich bestimmt annehmen zu dürfen, Sie haben hiebei nicht an eigentliche ‹Allianzen› gedacht, sondern vielmehr ausschliesslich die Eventualität ins Auge gefasst, dass wir, nachdem unsre Neutralität durch eine der kriegführenden Mächte verletzt worden sei, in den Fall kommen könnten eine oder mehrere der andern Garantie-Mächte zum ‹Aufsehen› bzw. zur bewaffneten Mithilfe anzurufen, um die Truppenkörper derjenigen Macht, welche unsere Neutralität mit Waffengewalt verletzt hat, über die Grenzen zurückzudrängen. Auch der Fall könnte Ihnen vorgeschwebt haben, dass vor oder bei Ausbruch eines Krieges etwa diese oder jene kriegführende Macht sich weigern sollte, uns die Anerkennung unserer Neutralität für diesen Krieg unbedingt zu garantieren und dass wir uns dann unter Umständen zum voraus veranlasst sehen könnten, die Mithülfe der andern Mächte ins Auge zu fassen und auch vorsorglich nachzusuchen. Ein anderes Heraustreten aus unserer Neutralität kann ich mir dagegen mit Rücksicht auf die völkerrechtliche Stellung und die geschichtliche Entwicklung der Schweiz nicht denken (...)». Es sei unmöglich, Allianzen bloss auf einen Verdacht hin abzuschliessen. Man riskiere überdies, im Falle einer Allianz die schweizerische Armee dem stärkeren Partner für aggressive Operationen ausserhalb des Landes zur Verfügung zu stellen.

Im Vergleich zu den in der Schweiz geführten Diskussionen wirken die Vorbehalte des Gesandten in Berlin ängstlich und konservativ. Bis zum Ersten Weltkrieg war die Annahme, dass man sich im Kriegsfall mit einem Partner verbinden müsse, kaum noch umstritten. So war beispielsweise in einem Antragsentwurf von Bundesrat Eduard Müller an den Bundesrat vom Mai 1906, welcher der Zweiten Friedenskonferenz in Den Haag galt, zu lesen: «Bei der gegenwärtigen Weltlage muss die Schweiz sich die Möglichkeit, eine Allianz zu schliessen, unter allen Umständen offen halten.»[33] Die Allianzfrage, belastet durch freizügig angestellte Spekulationen über Partnerwahl und Zeitpunkt des Bündnisabschlusses, bedeutete eine spürbare Hypothek für die Neutralität.

Für Bundesrat Emil Frey und später auch für Bundesrat Eduard Müller war die Wahl des Bündnispartners eindeutig: Die Schweiz würde sich mit dem Gegner jener Macht verbünden, die zuerst über die Grenzen des Landes vordringt. Diese Annahme war für die meisten Politiker und wohl auch für die Bürger einleuchtend, doch militärische Logik führte einige Armeeführer zu anderen Schlüssen. Im Generalstab prüfte man in den neunziger Jahren den Bündnisfall in allen seinen Varianten. Der

Chef der Generalstabsabteilung Arnold Keller kam in einem Memorial aus dem Jahre 1896 zu einem Ergebnis, das auf einer recht weitherzigen Interpretation der Neutralität beruhte: «Wir sagen: Nicht nur muss es dem Neutralen freigestellt bleiben, ob er sich mit dem Kriegsgegner des Invasors alliieren will oder nicht, sondern er muss sogar freie Hand haben, sich mit dem ersten Invasor selbst zu verbünden. (...) Entweder wir treten aus der Neutralität heraus und verbünden uns mit dem Stärkeren – oder wir leben strikte nach der Neutralitätstheorie und lassen uns mit dem Schwächeren schlagen.»[34] Oberst Robert Weber schrieb in einer der militärpolitischen Lage gewidmeten Studie ebenfalls, es sei verhängnisvoll, wenn sich die Schweiz der unbedingten Neutralität zuliebe für die schwächere Kriegspartei aufopfere.[35] Hinter dieser These stand die Vermutung, die Schweiz werde im Kriegsfall von der stärkeren der beiden Kriegsparteien angegriffen. Als stärkste Kriegsmacht betrachtete man seit den siebziger Jahren Deutschland, das der schweizerischen Armeeführung – welch seltsame Fügung – als Allianzpartner ohnehin willkommen war. Diese Theorie stand an sich im Widerspruch zu der im Generalstab ebenfalls gepflegten Meinung, dass nur Frankreich – aus welchen Gründen auch immer – als Angreifer in Frage komme.

So gegensätzlich die beiden Lehren wirkten, sie führten dennoch zum selben Schluss. Man wollte unter keinen Umständen in die peinliche Lage geraten, mit Frankreich als Allianzpartner in den Krieg ziehen zu müssen. Als Theophil Sprecher von Bernegg im Jahre 1906 das Amt des Chefs im Generalstab übernahm, ging er gegenüber der Doktrin seines Vorgängers Keller auf Distanz. Eine Allianz mit dem Angreifer könne Armee und Bevölkerung weder politisch noch psychologisch zugemutet werden. Nun stand aber für den Bündner Patrizier Sprecher unverrückbar fest, dass im Kriegsfall Frankreich oder Italien die Schweiz angreifen würden. Also hatte man als ideale Partner die Armeen Deutschlands und der Donaumonarchie zur Verfügung. Auf umständliche Hypothesen über die möglichen Kriegs- und Koalitionsfälle, wie sie Arnold Keller pflegte, konnte man verzichten.

Die europäischen Mächte beobachteten das Verhalten der Schweiz in Fragen der Neutralität mit steter Aufmerksamkeit. Der Diskurs über das Recht des Neutralen, bei Gelegenheit die Neutralität abzulegen und sich nach eigenem Gusto einen Allianzpartner auszusuchen, wurde in den verschiedenen Hauptstädten auf die möglichen Konsequenzen hin geprüft und teils mit einem gewissen Erstaunen, teils mit wachsendem Ärger zur Kenntnis genommen. Dabei war für jedermann offensichtlich, dass sich die Allianzdebatte vor dem Hintergrund einer zunehmenden Abhängigkeit vom deutschen Kaiserreich abspielte. Deutsche und österreichische Diplomaten hatten, sofern sie genau hinhörten, Grund zu Zufriedenheit. Dennoch äusserte sich der Gesandte Österreichs, Karl Graf von Kuefstein, im Jahre 1903 in einem Brief an das Wiener Aussenministerium besorgt über das gefährliche Spiel schweizerischer Strategen: «Experimente, wie jene Präventivallianzen, welche in militärischen Broschüren anempfohlen werden, könnten unter Umständen fatale Consequenzen für das Land nach sich ziehen und den Respect vor dessen Neutralität ernstlich gefährden (...)».[36]

Für Frankreich konnte die Debatte, die von Politikern und Offizieren im Zeichen einer «aktiven Neutralität» geführt wurde, nur bedeuten, dass die schweizerische Politik nicht mehr berechenbar war. Camille Barrère, französischer Botschafter in Bern von 1894 bis 1897, kein Freund der Eidgenossenschaft, glaubte nicht an die Neutralität, wie aus einem Brief vom 23. Mai 1895 an den französischen Aussenminister Albert Hanotaux hervorgeht: «La Suisse est devenue par la tolérance des uns, par ses efforts tenaces et continus quelque chose de très différent de l'ancienne Confédération; elle est devenue, dans son rôle pacifique et militant, quelque chose de redoutable pour ceux auxquels elle peut en vouloir; redoutable dans la paix, parce qu'elle peut favoriser impunément des intérêts de toute sorte de nos antagonistes, redoutable le jour de la bataille, parce qu'elle peut faire ce qu'elle veut de son neutralité, qu'elle peut la laisser violer en ayant l'air de l'observer.»[37] Das französische Vertrauen in die schweizerische Neutralität schwand rapide. Nach der Jahrhundertwende lagen die Memoriale Arnold Kellers mit ihren für Frankreich negativen Kriegsszenarien und den Aufmarschplänen der Schweiz auf den Tischen des französischen Generalstabs. Nach 1906 pflegte Theophil Sprecher von Bernegg weiterhin die Legende vom wahrscheinlichen französischen Angriff, eine fixe Idee, über die man in Paris selbstverständlich im Bilde war.

Noch weniger hielt man in Rom von der schweizerischen Neutralität im Kriegsfall, denn die offenkundige Kumpanei zwischen dem schweizerischen und dem österreichisch-ungarischen Generalstab schien den Verdacht zu bestätigen, dass zwischen den beiden Ländern ein geheimes Militärabkommen bestand. Gegen diese Vermutung halfen auch wortreiche bundesrätliche Beteuerungen nicht, die den blossen Gedanken an eine Allianz als absurd hinstellten. Dass ein militärischer Konsens in etlichen Fragen bestand, obschon keine formellen Verträge existierten, erfuhr die Öffentlichkeit nach dem Ersten Weltkrieg.

Der langsame Abschied vom französischen Protektorat

Unsicherer Umgang mit dem Zweiten Kaiserreich

Kaiser Napoleon III., Thurgauer Ehrenbürger und eidgenössischer Artilleriehauptmann, pflegte sich stets als Freund der Schweiz zu präsentieren. In den Jahren der Emigration auf dem Arenenberg hatte er die schweizerische Szene und die im Lande wirkenden Mentalitäten kennengelernt. Doch Freundschaften gelangen, wenn sich die Umstände ändern, oft an ihr Ende. So waren denn auch gegenüber den selbstlosen Gesten des kaiserlichen Protektors Zweifel erlaubt. Einige Schweizer Freunde des Prinzen kamen erst durch bittere Erfahrung zur Einsicht, dass der Mann in Paris nicht mehr nach den fröhlichen Zeiten auf Arenenberg beurteilt werden durfte.

Nach seinem Staatsstreich vom Dezember 1851 meinte Louis Napoleon, damals noch Präsident, zum schweizerischen Geschäftsträger Joseph Barman: «Je ne veux point attaquer l'indépendance de la Suisse ni l'humilier. Je suis Suisse! Je ne demande qu'a ce que les réfugiés dangereux soient éloignés de la Suisse, dans l'intérêt de la tranquilité de la France».[38] Ein Wunsch, der als Befehl zu verstehen war. Der ehemalige kaiserliche Emigrant schien vergessen zu haben, dass auch er im thurgauischen Exil vor der Auslieferung an Frankreich bewahrt worden war.

Für das Zweite Kaiserreich galt in Bezug auf das Verhältnis zwischen Frankreich und der Schweiz eine Sentenz Henri Dufours, dem militärischen Lehrmeister Louis Napoleons in Thun, aus dem Jahre 1861: «Après l'étranger qui vous attaque, rien n'est plus dangereux que l'étranger qui vous prend sous sa protection».[39] Während des ganzen 19. Jahrhunderts vollzog sich der an Peripetien reiche Abschied der Schweiz vom französischen Protektorat. Die Verträge von 1815, die ein Staatsgebilde mit beschränkter Souveränität schufen, hatten die älteren Bindungen nicht aus der Welt verbannt, wobei zu bemerken wäre, dass die Beziehungen im Ancien régime nicht einfach auf französischer Willkür beruhten. Eine freundlich gefärbte schweizerische Sicht in dieser Frage geben zwei Zitate wieder, zwischen denen ein Zeitraum von hundert Jahren liegt. Am 12. November 1802 erklärte Landammann Johann Rudolf Dolder in einer Proklamation: «Die Geschichte der Schweiz während mehreren Jahrhunderten, unsere Revolution und die darauf folgenden Jahre beweisen genugsam, von wie grossem Interesse es für uns ist, im politischen System Frankreichs uns zu bewegen.»[40] Am Ende des Jahrhunderts schrieb der Politiker Theodor Curti den beinahe nostalgischen Satz: «Gestehen wir es: nach alledem ist die französische Invasion, was sie immer des Üblen gebracht hat, für unser Land ein viel grösseres Glück als Unglück gewesen.»[41]

Nach dem Wiener Kongress lastete der Druck der Heiligen Allianz mit ihren monarchischen Prinzipien auch auf der Schweiz. Der alte Revolutionär Heinrich Zschokke umschrieb die Lage in seiner «Selbstschau» mit einem eindrücklichen Bild: «Nach dem Restaurationsjahr 1814 trieben überall geistliche und weltliche Hirten ihre Völkerherden von der Weide im Freien in die alten Ställe zurück.»[42] Das im Jahre 1815 von den Grossmächten errichtete kollektive Protektorat über die Schweiz diente vor allem der Abgrenzung der Machtsphären zwischen Frankreich und Österreich. Bis auf weiteres wurden die republikanischen Visionen in den Hintergrund gedrängt, doch der französische Einfluss auf die Schweiz war nur vorübergehend geschwächt. Das war keine Frage der Staatsform, sondern ein Thema europäischer Grossmachtpolitik. Im Blick auf das östliche Vorfeld zeigten sich die französischen Politiker frei von Sentimentalitäten. Das wurde deutlich in einer oft zitierten Erklärung General Sebastianis vom 17. Juni 1820 in der französischen Deputiertenkammer, in der in deutlichen Worten die inferiore Rolle der Eidgenossenschaft im Pariser Kalkül umschrieben war: «Die Zeiten sind vorbei, da man einer wenn auch tapferen Macht zweiten Ranges einen wichtigen Teil unserer Ostgrenzen anvertrauen konnte. Wer nur einige Kenntnis vom grossen Kriege hat, weiss heute, dass Frankreich, wenn es sich in einen ernsten Kampf mit Deutschland verwickelt findet, gezwungen ist, eben diese sekundäre Macht mit seinen Truppen zu besetzen, um sich der Rhein- und Donauufer zu versichern und seine Grenzen zu decken, indem es die des Feindes bedroht.»[43] Im Votum Sebastianis war weder von Neutralität noch von Souveränität die Rede, ein Hinweis auf den von Anfang an zweifelhaften Wert der Grossmächte-Garantie von 1815. Der Genfer Pictet de Rochemont, an der Redaktion der Wiener Verträge selber beteiligt, wies in einer Anwort an Sebastiani auf die bekannte Absicht der Schweiz hin, die Neutralität zu verteidigen, so dass «die Schweiz immer unzugänglich sei für französische und österreichische Armeen».

In den folgenden Jahrzehnten beharrte Frankreich mehr oder weniger offen auf der Rolle einer Schutzmacht, wenn auch militärische Interventionen ausblieben. Auf kollektive Aktionen konnten sich die Garantiemächte ohnehin nicht verständigen, auch wenn alle an der Schweiz etwas auszusetzen hatten. Häufig gab die Asylpolitik der schweizerischen Kantone zu Klagen Anlass, doch im konkreten Fall gingen die Meinungen auseinander. Was den Österreichern oder den Preussen missfiel, fand nicht unbedingt das Interesse Frankreichs, und umgekehrt. Divergenzen zwischen den Mächten wirkten meist zugunsten der französischen Position.

Ein Beispiel für den französischen Einfluss bot die Julirevolution von 1830 in Paris. Sie führte in der Schweiz zu liberalen Verfassungsänderungen in verschiedenen Kantonen und zu der bewegten Zeitspanne der Regeneration. Wieder einmal war der Anstoss vom westlichen Nachbarn gekommen. Die Veränderungen in der

Schweiz standen in krassem Gegensatz zur österreichischen Vorstellung von einer europäischen Ordnung, doch fand Metternich kein Mittel gegen Vorgänge, die er als von Frankreich inspirierte Revolution empfand. Der mächtige Mann in Wien war der Meinung, er müsse einen Umsturz in der Schweiz verhindern, da man mit zuviel Liberalität das Land Frankreich in die Arme treibe. Der Gedanke war sicher richtig. Alles in allem stärkte das Unvermögen der Heiligen Allianz, die demokratischen Bewegungen aufzuhalten, die französische Position in der Schweiz.

Als Louis Napoleon im Dezember des Jahres 1848 zum Präsidenten der französischen Republik gewählt wurde, durfte er auch in der Schweiz mit Beifall rechnen. Für die Radikalen war hingegen der Staatsstreich von 1851, der den Weg zum Zweiten Kaiserreich öffnete, ein warnendes Signal. Doch der Person des Kaisers brachte man noch während Jahren Sympathien entgegen. Der charmante Bonvivant aus dem Thurgau wurde mit Wohlwollen bedacht, als seine Politiker bereits offen die alte Arroganz des Protektors zelebrierten und das Kaiserreich sich die Allüren eines allmächtigen Nationalstaats zulegte. Eine Zeitlang gerieten schweizerische Politiker in Versuchung, zwischen dem Monarchen, der stets seine freundschaftlichen Gefühle gegenüber der Schweiz beteuerte, und dem hässlichen politischen Alltag einen Trennstrich zu ziehen, als ob Napoleon III. abgehoben von jeder Verantwortung für die Handlungen seiner Minister lebte. Auch der Bundesrat blieb von diesem Wunschbild nicht unberührt. Der Gesandte in Paris, Johann Konrad Kern, vertrat nicht bloss die Eidgenossenschaft beim französischen Staat, er betonte zu Beginn auch den privaten Charakter seiner Beziehungen zu seinem alten Bekannten Louis Napoleon, dem er stets die neuesten Nachrichten vom Untersee überbrachte. Der Kaiser pflegte mit offensichtlichem Vergnügen die ungewöhnliche Partnerschaft, die eng mit seiner eigenen Biographie verbunden war. Wie weit dabei Freundschaft und wie weit politisches Kalkül im Spiele war, ist schwer zu beurteilen. Auf die Dauer konnten weder der Gesandte Kern noch andere schweizerische Politiker die fragwürdigen Seiten der persönlichen Herrschaft Napoleons übersehen. Der Monarch war in seinen Entscheidungen kaum berechenbar, auf ein gegebenes Wort konnte man sich nicht verlassen. Systematisches Denken war ihm fremd. Hatte man ursprünglich auf eine liberale Monarchie gehofft, so sah man sich bald enttäuscht. Eine durch Willkür gekennzeichnete persönliche Diktatur wurde zum Merkmal des Zweiten Kaiserreichs. In den späten sechziger Jahren zeigten sich beim Monarchen Spuren zunehmender Resignation, was die politische Unsicherheit nicht minderte.

Der Umgang mit Napoleon III. wurde für die von radikaler Ideologie durchdrungenen Bundesräte zum Lehrstück in politischem Pragmatismus. Das traf beispielsweise für die Waadtländer Henry Druey und Constant Fornerod zu, weniger hingegen für Jacob Stämpfli, der bis zum Ende seiner Amtszeit mit seinem harten Schädel unbeirrt gegen die Wand rannte. In der Regel galt ein Ausspruch, den Bundesrat Numa Droz am Ende des Jahrhunderts tat: «Ein Jakobiner, wenn er Minister wird, ist nicht notgedrungen auch ein jakobinischer Minister.»[44]

Der Wandel vom radikalen Pathos zur republikanischen Bescheidenheit des Kleinstaats vollzog sich im ersten Jahrzehnt des neuen Bundesstaats, wobei gerade das Verhältnis zum französischen Kaiserreich Anlass zur Einkehr bot. Am 5. Juli 1847 hatte Ulrich Ochsenbein in der Heiliggeistkirche in Bern vor der Tagsatzung sein radikales Kredo verkündet, das als Herausforderung an Europa zu verstehen war: «Das Gewitter leuchtet, aber der europäische Staatenkoloss achtet seiner nicht, denn er schläft – aber einen gefährlichen Schlaf (...)».[45] Wenige Jahre später wurde die Schweiz einmal mehr von Frankreich in einem für das nationale Selbstverständnis entscheidenden Punkt unter Druck gesetzt, nämlich in der Frage der Flüchtlinge und der Asylpolitik. Napoleon III. zeigte sich in diesen Dingen genauso intolerant wie die konservativen Monarchien in Wien, Berlin und St. Petersburg. Der schweizerische Geschäftsträger in Wien, Ludwig Eduard Steiger, spürte den wachsenden Druck, denn die Vorgänge in Paris wurden in allen europäischen Hauptstädten aufmerksam registriert. Das Thema Asyl sei für die Ruhe in Europa besonders gefährlich, seit sich der französische Präsident in die reaktionäre Front eingereiht habe, meinte Steiger im Januar 1852 in einem Schreiben an Bundesrat Furrer: «Der Staatsstreich Louis Napoleons hat zu Gunsten der Réaction einen entscheidenden Einfluss ausgeübt, welcher durch die Entfernung Lord Palmerstons aus dem englischen Ministerium um ein bedeutendes erhöht wurde. Will man nicht falschen Vorspiegelungen Raum geben, so muss man die Wahrheit anerkennen, dass in ganz Europa das monarchische Princip den entschiedensten Sieg seit einer langen Reihe von Jahren errungen hat (...)».[46]

Als im Herbst 1852 die Proklamation des neuen Kaiserreichs in Aussicht stand, beeilte sich Bundesrat Jonas Furrer, den schweizerischen Geschäftsträger in Paris, Joseph Barman, mit den fälligen Instruktionen zu versehen. In umständlicher Dialektik bemühte er sich um den Nachweis, dass in Paris kein Umsturz stattgefunden habe und dass die Anerkennung des neuen Regimes nicht der Bundesversammlung vorgelegt werden müsse. Es handle sich vielmehr um einen regulär vollzogenen, demokratisch legitimierten Regierungswechsel, der die bestehenden diplomatischen Beziehungen nicht berühre. Er, Joseph Barman, habe sich, sofern er eingeladen werde, bei der feierlichen Proklamation des Kaiserreichs unter allen Umständen einzufinden: «Dès que le vote du peuple français acceptant l'Empire sera connu, vous vous rendrez immédiatement, avant le 2 décembre, jour probable de la proclamation, auprès du futur Empereur, pour lui exprimer les félicitations de la Suisse et l'assurer du désir du Gouvernement fédéral de maintenir sur le pied d'une bonne intelligence les rapports entre les deux pays.»

Die Schweiz könne nicht vorsichtig genug sein, meinte der Bundespräsident. Ihre Position sei anders als jene irgendeiner Grossmacht, die vielleicht eine Koalition gegen das französische Kaiserreich plane und versuchen könnte, die Schweiz darin einzubinden. Nicht zu überhören war in dieser Instruktion das immer noch wache schlechte Gewissen, das an den peinlichen Bruch der Neutralität in den Jahren 1813 und 1815 erinnerte: «Tout équivoque tournerait contre nous et le Gouvernement impérial se souviendrait bientôt que la Suisse a laissé entrer les Alliés en 1813, que même elle a marché avec eux contre Napoléon en 1815 et qu'elle a reçu quelques millions de la contribution imposée à la France après sa défaite.»[48] In dieser Sache sah Bundesrat Furrer durchaus richtig. Bei französischen Politikern und Armeeführern war die Erinnerung an den schweizerischen Neutralitätsbruch bis zum Ersten Weltkrieg lebendig, als man den Fauxpas in der Schweiz längst vergessen hatte.

Der diplomatische Verkehr zwischen der Eidgenossenschaft und Frankreich hatte die Beziehungen zu andern Staaten seit je an Umfang und Intensität übertroffen, doch konnte von Gleichheit zwischen den Partnern keine Rede sein. Als Johann Konrad Kern, einer der Schöpfer der Bundesverfassung von 1848, im Jahre 1857 in Paris seine Tätigkeit als Gesandter aufnahm, sah er seine Aufgabe unter anderem darin, «unser teures Vaterland in den gleichen Rang mit andern Staaten zu stellen».[49] Die französischen Diplomaten, die das Zweite Kaiserreich in Bern vertraten, dachten anders. Sie handelten im Geiste einer kaum angefochtenen Tradition, wenn sie mit den Allüren des ehemaligen Protektors auftraten. Es bedurfte eines längeren Prozesses, bis sie sich in ihrem Gehabe auf die neuen Realitäten einstellten.

Die Diplomaten Napoleons III. entstammten in der Regel konservativen Kreisen. In ihren Reihen fanden sich Monarchisten unterschiedlicher Couleur, die man nicht unbedingt als Anhänger des bonapartistischen Regimes bezeichnen konnte. Gemeinsam war ihnen die Verachtung für die seltsame schweizerische Republik, die als Fremdkörper in der politischen Landschaft Europas erschien. Über die Interna des Bundesstaates waren sie meist ausreichend auf dem laufenden. Eine in ihren Augen zügellose Presse und leichthin plaudernde Bundesräte und Parlamentarier sorgten für einen nicht abreissenden Strom an Informationen, doch mancher Diplomat kam in seiner Überheblichkeit zu einseitigen Urteilen. Damit war weder dem Aussenministerium noch dem Kaiser in Paris gedient.

Der radikale Stallgeruch gewisser eidgenössischer und kantonaler Politiker – handle es sich um die Bundesräte Jakob Stämpfli und Friedrich Frey-Hérosé oder um die Genfer James Fazy und Carl Vogt – reizte französische Gesandte und Botschafter gelegentlich zu Angriffen und mehr oder weniger versteckten Drohungen. Man hatte eine lange Tradition an Truppenaufmärschen und Grenzzwischenfällen, die vor allem dann erfolgten, wenn das Thema Asyl zur Debatte stand. Zu Beginn der Präsidentschaft von Louis Bonaparte tat sich in Bern ein Diplomat niederen Ranges mit maliziösen Informationen an das Pariser Aussenministerium hervor: Arthur Comte de Gobineau, der später berühmte Schriftsteller und Rassentheoretiker, von Dezember 1849 bis Frühjahr 1854 Legationssekretär an der Berner Gesandtschaft. Den Grafentitel verlieh er sich selbst, weil dies, wie er schrieb, in seinen Kreisen von Nutzen war.[50] Gobineau hatte in Biel das Gymnasium besucht und dabei die Schweiz flüchtig kennengelernt. An der Junkerngasse in Bern vollendete er seinen «Essai sur l'inégalité des races humaines». Für die schweizerische Spezies und vor allem für die Radikalen, die er kleinkarierter revolutionärer Umtriebe verdächtigte, zeigte er kein Verständnis: «Les radicaux sont des radicaux pour rire», schrieb er seinem Vater. Die Berichte über Politik und Wirtschaft, die Gobineau in seiner Berner Zeit verfasste, gingen unter anderem an seinen Aussenminister und Freund Alexis de Tocqueville.

Dass die Zeiten eines ungetrübten Protektorats zu Ende waren, kommt in einem Brief des Geschäftsträgers Comte de Massignac an Aussenminister Thouvenel vom 19. Januar 1861 zum Ausdruck, der das neue Selbstbewusstsein der Schweizer beklagt: «Les Suisses d'aujourd'hui ne sont plus ceux que nous appelons autrefois ‹très chers grands amis alliés et confédérés›; je crois que nous devons les traiter avec beaucoup moins de bienveillance. (…) Nous ne devons en aucun cas compter sur leur reconnaissance; ce sont des voisins dont il faut toujours pouvoir payer le bon vouloir.»[51]

Als Napoleon III. im Jahre 1858 in Plombières im Geheimen mit Cavour die Annexion Savoyens vorbereitete, sandte er einen Diplomaten seines Vertrauens nach Bern: Louis-Félix Etienne Marquis de Turgot, einen Adligen, der den Prinz-Präsidenten bereits beim Staatsstreich unterstützt und in der Zwischenzeit kurz als Aussenminister gewirkt hatte. Turgot trug den Titel eines Botschafters ad personam. Von da an erhielt die Vertretung in Bern den Rang einer Botschaft. Ein Signal, das auf den besonderen Charakter der Beziehungen zwischen Frankreich und der Schweiz hinwies. Marquis de Turgot pflegte mit Pomp aufzutreten und die Bedeutung seiner Rolle mit angemessenen diplomatischen Ritualen vor Augen zu führen. Als ihn Bundespräsident Jonas Furrer zur Entgegennahme des Beglaubigungsschreibens im Arbeitszimmer empfangen wollte, erteilte ihm der verärgerte Botschafter des Kaisers eine Lektion in Weltläufigkeit. Turgot bestand auf einem Empfang durch den versammelten Bundesrat im blumengeschmückten Erlacherhof.

Die republikanische Szene im Kleinstaat beurteilte Botschafter Turgot kritisch herablassend wie seine Vorgänger. Er tadelte in seinen Berichten die radikale Presse, die mit Napoleon nicht eben freundlich umging, bemühte sich aber, die Aufregung im Lande angesichts der Vorgänge in Savoyen zu dämpfen. Als im Jahre 1861 die Auseinandersetzung um die Grenzziehung im Dappental wieder einmal Wellen warf, empfahl er Kampfmassnahmen gegen die Schweiz.[52] Im übrigen, so meinte er, werde der Bundesstaat keine zehn Jahre überdauern, da er von den radikalen Politikern ruiniert werde. Einige Jahre später kam der Botschafter zu einer andern Einsicht: Die Zentralgewalt habe sich in der Schweiz in wenigen Jahren gefestigt. Das war ein unfreiwilliges Kompliment an den Bundesrat. Ein starker Zentralstaat war bei den französischen Diplomaten eher unbeliebt, denn er verlieh der schweizerischen Regierung in aussenpolitischen Fragen grösseren Spielraum und schränkte für Frankreich die Möglichkeit ein, bei einzelnen Kantonen den Hebel anzusetzen. Das vertrug sich schlecht mit den machtpolitischen Allüren des Kaiserreichs.

Als Ende der sechziger Jahre über eine neue Bundesverfassung gesprochen wurde und sich auch in den Kantonen einiges bewegte, fiel der Nachfolger von Turgot, Marquis de Banneville, in das alte Muster zurück, das die in den Verträgen von 1815 proklamierte Neutralisierung der Schweiz mit eingeschränkter Souveränität enthielt. Eine Verfassungsänderung, die zu einer weiteren Festigung der Zentralgewalt führe – so die These de Bannevilles –, sei eine europäische Angelegenheit und könne nur von den Garantiemächten beschlossen werden. Unter diesem Gesichtspunkt sei schon die Bundesverfassung von 1848 eine fragwürdige Neuerung gewesen.[53] Die Argumente des französischen Botschafters waren im Jahre 1868 kaum noch ernst zu nehmen, hatte doch der Kaiser mehr als einmal erklärt, die Verträge von 1815 existierten nicht mehr.

Der von häufigen Turbulenzen beherrschte politische Alltag in Bern war nicht dazu angetan, die Überheblichkeit der Diplomaten zu dämpfen. Im neuen Bundesstaat war zwar die Aussenpolitik Sache der Zentralgewalt, doch es bedurfte mühsamer politischer und staatsrechtlicher Prozesse, bis in Einzelfragen – in der Flüchtlingspolitik zum Beispiel – die Abgrenzungen zwischen dem Bund und den Kantonen gefunden waren. Ideologische Befangenheit der radikalen Politiker vor allem erschwerte den Umgang mit den europäischen Realitäten. Ob die Schweiz, Republik und Kleinstaat, eine Aussenpolitik betreiben müsse, war nicht zum vornherein sicher gestellt. So wie sich die Verhältnisse nach 1848 darboten, fielen Radikale mit Sendungsbewusstsein von einer Peinlichkeit in die andere, denn jenseits der Grenzen war von revolutionärem Gedankengut wenig zu spüren. Man traf unweigerlich auf Monarchien als Kontrahenten. Selbst die französische Republik war nach kurzer Frist von der persönlichen Herrschaft Louis Napoleons verdrängt worden. Fürsten setzten sich an die Spitze nationaler Bewegungen, was jeden Republikaner verunsicherte.

Die französischen Beobachter stellten fest, dass man sich in der Schweiz wenig um europäische Angelegenheiten kümmere. Das traf ihrer Meinung nach auch auf den Bundesrat und die meisten Parlamentarier zu. Der lange Zeit nur rudimentär entwickelte diplomatische Dienst war nur eines der nicht zu übersehenden Symptome. Der jährliche Wechsel in der Leitung des Politischen Departements – der Bundespräsident war jeweils Aussenminister – liess Zweifel an der Kompetenz des betreffenden Amtsinhabers offen.[54] Häufig wurde in der praktischen Politik ein unsicherer Kurs zwischen verbalen Kraftakten und ängstlichem Pragmatismus gesteuert. Politische Händel trug man in Bern offen aus. Dabei waren die Umgangsformen nicht zimperlich. Es konnte ein Politiker im selben Jahr Präsident des Nationalrats sein und einige Wochen wegen Pressevergehen im Gefängnis sitzen –, so geschehen mit Jakob Stämpfli im Jahre 1851.[55] Die dürftige Aussenpolitik wurde durch ein System der Indiskretionen ergänzt. Einige Bundesräte pflegten enge Beziehungen zur Presse und eilten jeweils nach den Sitzungen der Exekutive in die weit offen stehenden Redaktionsstuben, um dort ihre Version des Geschehens anzubieten. Jakob Stämpfli dirigierte eine Zeitlang die «Berner Zeitung», später vertraute er seine Staatsgeheimnisse dem «Bund» an. Die Geschwätzigkeit ging so weit, dass Diplomaten und Öffentlichkeit ständig über die neuesten Beschlüsse des Bundesrates und über offen ausgetragene Meinungsverschiedenheiten im Bilde waren. So konnte es geschehen, dass der Gesandte in Paris mit einer Neuigkeit ins Aussenministerium eilte und dort feststellen musste, dass die Nachricht aus Bern bereits auf dem Tisch lag. Nach der Savoyenkrise von 1860 beklagte sich Bundesrat Frey-Hérosé über die fehlende Diskretion in der Landesregierung. Einzelne Bundesräte hätten «das Amt eines Staatsdieners mit dem eines Zeitungsschreibers vereinigt oder verwechselt».[56] Gemeint war Jakob Stämpfli. Frey-Hérosé hätte den Vorwurf der Geschwätzigkeit auch gegen sich selber richten können, doch so viel Einsicht war ihm nicht gegeben. In einem Gespräch mit dem englischen Gesandten hatte er fahrlässig geplaudert. In aussenpolitischen Dingen ahnungslos – die französischen Diplomaten sahen in ihm den sturen Radikalen –, bot der Bundespräsident des Jahres 1860 in einer vom englischen Foreign Office kurz darauf publizierten Erklärung eine verworrene Version vom Savoyenkonflikt, die gleichzeitig die schweizerischen Katholiken und die Genfer Radikalen beleidigte.[57]

Es war ein offenes Geheimnis, dass Jakob Stämpfli mit seiner Fraktion in wichtigen Fragen den Bundesrat beherrschte. Bekannt war seine Antipathie gegenüber dem französischen Kaiser. Der Radikale Constant Fornerod präsentierte sich anfänglich im Tross von Stämpfli. Später bemühte er sich um eine liberalere Haltung. Der Zürcher Jakob Dubs galt bei den französischen Diplomaten als Politiker von Format, der sich jederzeit eine eigene Meinung bildete und mit dem man sich wenn nötig arrangieren konnte. Alles in allem durften die Franzosen daraus Gewinn ziehen, dass sich die schweizerische Regierung in ihrer Aussenpolitik aus Ungeschick stets wieder in heikle Situationen manövrierte.

Bei der Beurteilung der politischen Verhältnisse in der Schweiz standen für die ausländischen Beobachter meist auch die agierenden Personen zur Debatte. Da gab es beispielsweise drei Bundesräte, deren Karrieren zur Zeit des Zweiten Kaiserreichs ein in den Augen der aristokratischen Diplomaten seltsames Ende nahmen. Stämpflis Nachfolger in der Landesregierung, Bundesrat Carl Schenk, gab dazu in einem Kommentar einer in der Schweiz verbreiteten Stimmung Ausdruck: «Es liegt kein reiner Duft mehr auf diesem Amt, seit Ochsenbein französischer General, Stämpfli Präsident einer französischen Bank, Fornerod Präsident eines französischen Crédit foncier geworden ist.»[58] Die späteren Biographien der drei Bundesräte führten, was nach ihrer politischen Laufbahn eigenartig anmutet, nach Frankreich. Ulrich Ochsenbein, Feldherr mit mässigen Erfolgen im zweiten Freischarenzug und im Sonderbundskrieg, 1854 als Bundesrat nicht wiedergewählt, wurde französischer Divisionsgeneral. Er hätte eine schweizerische Freiwilligenlegion im Krimkrieg anführen sollen, doch die Truppe kam nie zum Einsatz. Jakob Stämpfli, mit der bescheidenen Besoldung eines Bundesrats nicht zufrieden, gründete mit französischem Geld die Eidgenössische Bank und liess sich in Paris in gewagte Geschäfte ein. Übel erging es dem Waadtländer Constant Fornerod, der nach seinem Rücktritt vom Amt in Paris als Präsident einen Crédit foncier leitete. Er geriet in die Hände von Spekulanten, die ihn mit heiklen Börsengeschäften in die Pleite trieben. Da konnten auch die guten Ratschläge des Gesandten Kern nicht weiterhelfen. Der ehemalige Bundespräsident wurde als Betrüger verfolgt, 1873 in Paris verhaftet und in der Conciergerie eingesperrt. Zu drei Jahren Haft verurteilt, nach zwei Jahren entlassen, fristete er sein Leben als Winkeladvokat in Bordeaux. Später wurde Fornerod heimgeschafft. Von der Öffentlichkeit vergessen, fand er eine Stelle als kleiner Angestellter bei der Jura-Simplon-Bahn.[59]

Man darf von den Biographien einzelner Bundesräte nicht auf das gesamte Kollegium schliessen, doch neigten die französischen Diplomaten dazu, bei den offenkundigen Schwächen ihrer Kontrahenten einzuhaken. Wenn schweizerische Politiker den Anforderungen ihres Amtes nicht genügten, blieben die Folgen nicht aus. Während des Zweiten Kaiserreichs standen mit Frankreich Themata zur Debatte, die auf schweizerischer Seite eine konsequente Politik verlangten: die Asylantenfrage, die Auseinandersetzung um die Neutralisierung Nord-Savoyens, die Grenzziehung im Dappental, ein neuer Handelsvertrag und die Niederlassungsfreiheit für die Juden.

Sonderfall Genf oder die Suche nach einer Asylpolitik

War in Paris von politischen Flüchtlingen und ihren gefährlichen Umtrieben die Rede, so zeigte man jeweils auf Genf. Das galt für die Jahre nach der Gründung des Bundesstaats und für die Dauer des Zweiten Kaiserreichs. Bis zum Ersten Weltkrieg blieb die Stadt im Brennpunkt der Dispute zwischen der Schweiz und Frankreich, wobei Fragen des Asylrechts die gute Nachbarschaft in Frage stellten. Für die Bundesbehörden war Genf geographisch und politisch ein sensibler Ort. Am Exempel der Asylpolitik wurden die in mancher Hinsicht noch unklaren Kompetenzen von Bund und Kantonen sichtbar. Auch in andern Bereichen berührten die Probleme Genfs stets auch die Verantwortung der Zentralgewalt. Der geräuschvoll inszenierte Anschluss Nord-Savoyens an Frankreich traf das Selbstverständnis der Rhonestadt und der ganzen Schweiz, die Freizonen mit ihrer wechselvollen Geschichte waren Thema der lokalen und der eidgenössischen Politik, die exponierte Grenzlage mit den topographischen Hindernissen führte in Verbindung mit einer chaotischen Verkehrspolitik zu fatalen Ergebnissen: Der Anschluss der Stadt an das französische Eisenbahnnetz erfolgte erst im Jahre 1858, noch später wurde die Bahnverbindung mit der Schweiz hergestellt.

Eine Frage blieb stets gegenwärtig, obschon sie nie Gegenstand offizieller Erörterungen wurde: Wie sicher war die eidgenössische Zukunft von Stadt und Kanton

Genf? Schwer zu entziffernde Andeutungen, Polemik in der französischen Presse, versteckte Drohungen, Truppenaufmärsche an der Grenze sorgten von Zeit zu Zeit für eine flaue Stimmung in Bern, auch wenn man sich kaum einmal einer konkreten Gefahr gegenüber sah. Noch im Jahre 1907 schrieb Charles Lardy, der schweizerische Gesandte in Paris, an Bundesrat Adolf Deucher, französische Intrigen seien nicht unbedingt ernst zu nehmen, fügte aber hinzu: «Il est certain que plutôt que de perdre Genève, la Suisse mettrait le feu aux quatres coins de l'Europe.»[60]

Kurz nach der Gründung des Bundesstaats geriet die Flüchtlingspolitik in den Mittelpunkt der noch kaum definierten Aussenpolitik. Der misslungene badische Aufstand, die Kämpfe in der Lombardei mit den schwerwiegenden Folgen für das Tessin und schliesslich der Untergang der französischen Republik nach dem Staatsstreich Louis Napoleons führten Scharen von Flüchtlingen in die republikanische Schweiz, wobei sich die zu revolutionären Aktionen neigenden Figuren mit Vorliebe in Genf versammelten, einem Kanton, der von James Fazy in radikaler Manier geführt wurde. Jonas Furrer, erster Bundespräsident im neuen Staat, geriet sogleich in eine heftige Kontroverse mit dem Autokraten am Genfersee, dem man wegen seiner Verdienste im Kampf gegen den Sonderbund Respekt schuldete. Furrer schlug dem Bundesrat nach einer Intervention des französischen Gesandten am 10. September 1849 vor, von der Genfer Regierung die Internierung der französischen Flüchtlinge zu verlangen und gleichzeitig eine Liste der verdächtigen Personen anzulegen: «Genf ist vor ganz Europa als ein Hauptsitz der politischen und socialen Propaganda bezeichnet und wenn auch vielleicht eine Übertreibung hierin liegen mag, so ist die Sache nicht aus der Luft gegriffen, wenn man die geographische Lage der Stadt, ihre Bevölkerung, den steten Aufenthalt von Koryphäen der Revolution und die augenscheinliche Tendenz der Regierung betrachtet, diesen Leuten allen möglichen Vorschub zu leisten und dadurch sowie überhaupt antineutral zu wirken und die Schweiz in den Strom der europäischen Bewegung hineinzureissen. (…) Wenn daher das Departement die Internierung der französischen Flüchtlinge für gerechtfertigt und nothwendig erachtet, so scheint dieses einstweilen noch nicht der Fall zu seyn mit den italienischen, besondere Massnahmen gegen Mazzini und ähnliche Personen vorbehalten.»[61]

Der Bundesrat verbot den französischen Flüchtlingen am folgenden Tag, sich innerhalb einer Grenzzone von acht Meilen aufzuhalten, was sie praktisch aus dem Kanton Genf verbannte. Am 15. Februar 1851 gingen die Bundesbehörden noch einen Schritt weiter: Den Flüchtlingen wurde der Aufenthalt in der Romandie, in Baselstadt und Baselland sowie im Tessin untersagt.[62] Es versteht sich von selbst, dass die Verfügung nur jene Personen traf, die sich unter ihrem richtigen Namen in der Schweiz befanden. Nun lebten viele Franzosen mit falschem Pass und unter Pseudonym in Genf oder in der Waadt, was den kantonalen Behörden wohl bekannt war. Die selben Ämter hätten auch für den Vollzug der Verordnungen aus Bern besorgt sein müssen, doch pflegte man vor allem in Genf derartigen Zumutungen mit vorgespielter Ahnungslosigkeit zu begegnen.

Genf beherbergte um die Jahrhundertmitte Emigranten jeglicher Couleur aus verschiedenen Ländern, eine bunte Klientel, die auch in der kantonalen Politik mitmischte, obschon James Fazy vieles unternahm, um dieses unschöne Bild aus der Welt zu schaffen. So monolithisch, wie es nach aussen den Anschein hatte, war das sogenannte «System Fazy» nicht. Eine Zeitlang gehörten bürgerliche Radikale und Sozialrevolutionäre dem selben Lager an. Klassenkämpferische Töne behagten Fazy nicht, denn er selber war in Genf und Paris als Unternehmer und gelegentlich auch als Finanzakrobat tätig. Die aus den Nachbarstaaten mit unterschiedlichen Ideologien und kaum vergleichbaren Biographien eintreffenden Flüchtlinge brachten Unruhe nicht bloss in die Stadt, sondern auch in die radikale Partei. Der Sturz des Julikönigtums in Paris, die im Februar 1848 errichtete «rote Republik» unter der Leitung Louis Blancs und der im Juni in blutigen Strassenkämpfen errungene Sieg der bürgerlichen Revolution trieben die jeweils unterlegenen Politiker in die Emigration. Mancher von ihnen floh in die Schweiz. Doch das war nur ein Anfang. Der Staatsstreich Louis Napoleons brachte zahlreiche Bürgerliche ins Gefängnis, sofern sie sich dem neuen Regime nicht unterordneten. So geschah es zum Beispiel mit General Godefroy Cavaignac, dem Staatsmann und Historiker Adolphe Thiers und dem Schriftsteller Victor Hugo. Thiers zog sich, aus Frankreich ausgewiesen, in die Schweiz zurück.[63] In seinem Refugium in Vevey war er nahe bei seinem ehemaligen Gesinnungsgenossen James Fazy, mit dem er gemeinsam in der Juli-Revolution des Jahres 1830 konspiriert hatte. Etliche Emigranten sorgten dafür, dass der Genfer Autokrat in diesen Jahren des Umbruchs von seiner eigenen französischen Vergangenheit eingeholt wurde. Grund genug, dass die Diplomaten Napoleons III. die Genfer Szene scharf beobachteten.

Auch die Italiener in Genf waren ein Thema für die französische Politik. Vom unerwartet auftauchenden Giuseppe Mazzini bis zum Attentäter Felice Orsini nahm man an, ihre Intrigen und Verschwörungen seien in Genf ausgeheckt worden. Zu Recht oder zu Unrecht galt James Fazy oft als Mitwisser und als ein Politiker, der in der Rhonestadt ein revolutionäres Milieu mit internationalem Ambiente geschaffen hatte.

Der misslungene Versuch, Deutschland in halbwegs demokratischer Weise zu einigen, und der Zusammenbruch des badischen Aufstands erzeugten eine Flüchtlingswelle, die im Jahre 1849 gegen 9000 Deutsche in die Schweiz brachte. Die Bundesbehörden teilten die nicht in jedem Fall erwünschten Gäste auf verschiedene Kantone auf. Einige Anführer der Bewegung verliessen das Land, nachdem ihnen Frankreich die Durchreise nach England und den Vereinigten Staaten erlaubt hatte. In Genf liess sich vorübergehend eine doktrinäre Garde nieder, die sich unter der radikalen Herrschaft sicher fühlte und ihre Agitation von neutralem Boden aus weiter betrieb. Zu diesem Kreis gehörten Johann-Philipp Becker, ein badensischer Revolutionär, und Karl Heinzen, ein Freund von Fazy, gegen den der Bundesrat am

28. März 1849 die Ausweisung angeordnet hatte.[64] Eine positive Erscheinung unter den deutschen Flüchtlingen war Carl Vogt, dessen umständliche Biographie nicht nur von einem konsequenten Republikaner, sondern auch von den verworrenen europäischen Zeitläuften um die Jahrhundertmitte zeugt: Im Jahre 1817 in Giessen geboren, eingebürgert im bernischen Erlach, Geologe, 1839–1844 Mitarbeiter von Louis Agassiz an der Akademie von Neuenburg, 1848 Abgeordneter im Frankfurter Parlament, 1849 in die Schweiz geflohen, 1852 Dozent an der Genfer Akademie, Präsident der Helveter und Mitglied der Ersten Internationale, erster Rektor der Universität Genf, als Ständerat und später als Nationalrat eine bedeutende Figur in der eidgenössischen Politik. Beizufügen wäre, dass der jüngere Bruder Gustav Vogt, ein tüchtiger Jurist, in Bern als Mitarbeiter von Jakob Stämpfli von 1850 bis 1854 die «Berner Zeitung» redigierte, später an der Universität Zürich lehrte und von 1878 bis 1885 die «Neue Zürcher Zeitung» als Chefredaktor betreute. Die republikanische Gesinnung beider Brüder mag man daran erkennen, dass sie bei der deutschen Reichsgründung von 1871 nicht in Jubel ausbrachen wie manche unter den Revolutionären von 1848, die im Bann der neuen Grösse Deutschlands von ihren Jugendsünden nichts mehr wissen wollten.

Die deutschen Emigranten gründeten in Genf und Neuenburg «Arbeitervereine» mit sozialrevolutionären Zielen, ein Vorgang, der beispielsweise im Kanton Genf für Unrast in der radikalen Partei sorgte.[65] James Fazy war in politischen Dingen radikal, für sozialpolitische Experimente konnte er sich nicht begeistern. Die Arbeiterbewegung, in der deutsche revolutionäre Parolen wirkten, spaltete sich schon früh von der radikalen Partei ab, doch fand man in eidgenössischen Fragen häufig zu einer gemeinsamen Haltung. Ihr aktivster Politiker war Antoine Galeer, der an eine kommende soziale Revolution in ganz Europa glaubte.[66]

Die Erfahrung mit der heiklen Grenzsituation erzeugte ein Phänomen, das auch im 20. Jahrhundert fortdauerte. Die Genfer Radikalen blieben auch ohne den sozialrevolutionären Flügel im Vergleich zum Deutschschweizer Freisinn stets auf einer Position, die man als «links» bezeichnen kann. So geschah es, dass die radikale Genfer Presse während des Ersten Weltkriegs sozialistische Wahlerfolge in Zürich mit Applaus begleitete und bürgerliche Niederlagen mit Schadenfreude kommentierte.

Bei den Genfer Sozialisten war man in der zweiten Hälfte des 19. Jahrhunderts von ideologischer Einheit weit entfernt. Von importierten Doktrinen umgetrieben, bewegten sich die Arbeiterpolitiker zwischen Lehren, die sich in der europäischen Szene in Feindschaft gegenüber standen. Die sozialistischen Utopien von Charles Fourier und von Pierre-Joseph Proudhon boten sich zuerst an, später stand das anarchistische Modell von Michail Bakunin zur Debatte, doch setzte sich schliesslich der von Deutschen dozierte Marxismus durch.

Es gehörte zu den Ritualen französischer Diplomatie, dass man die Entfernung der französischen Flüchtlinge aus den Grenzgebieten verlangte und sich darüber beschwerte, dass die vom Bundesrat getroffenen Anordnungen, handle es sich um Internierung oder Ausweisung der verdächtigen Personen, von Genf nicht vollzogen wurden. Im Herbst des Jahres 1849 konstruierte der französische Gesandte Charles-Frédéric-Albert Reinhard eine angebliche Komplizenschaft zwischen dem Bundesrat und den ausländischen Revolutionären, und wieder marschierten französische Truppen an der Genfer Grenze auf.[67] In den Jahren darauf folgten regelmässige diplomatische Interventionen, die den in Genf konspirierenden Revolutionären, aber auch der Kantonsregierung galten, die in unmittelbarer Grenznähe ein Zentrum der Agitation duldete. In einigen Fällen hatten die Klagen einen realen Hintergrund, häufig jedoch blieben die Beschwerden vage. Zahlreiche Anschuldigungen wurden offenbar vom französischen Konsul in Genf, Baron Ferdinand Denois, ausgeheckt. Die französischen Konsulate galten als «Polizeiinstitute», die Emigranten und politische Gegner überwachten. Zielscheibe der Angriffe war immer wieder James Fazy, dem man beispielsweise im Frühjahr 1858 die Einreise nach Frankreich verweigerte, der aber wenig später von Napoleon III. empfangen wurde, ein Vorgang, der für die rasch wechselnden Stimmungen des Kaisers charakteristisch war. Im selben Jahr bezeichnete der Gesandte Salignac-Fénelon in einem Brief an Aussenminister Walewski den Genfer Politiker als «ami et collaborateur secret de Mazzini et de sa bande».[68] Die französischen Diplomaten fanden sich auch mit den Genfer Konservativen nicht zurecht. Die Szene in der Rhonestadt war für sie ein für allemal unübersichtlich und verdächtig.

Bei den um Genf geführten Kontroversen wurde deutlich, wie unsicher die Stellung der Stadt auch nach der Bundesgründung von 1848 war. Seit den europäischen Verträgen von 1815 Teil des schweizerischen Territoriums, wurde ihr Status de facto doch mehrmals in Frage gestellt. Drohungen gegen Genf waren ein taugliches Instrument, um die Schweiz unter Druck zu setzen und zum Beispiel in der Asylpolitik zu Konzessionen zu bewegen. Man stellte keine territorialen Forderungen, doch der Hinweis auf eine mögliche Besetzung brachte vor allem in Genf selber Bewegung in die politischen Fronten. Die französische Presse nahm sich gelegentlich des Themas an, wobei man annehmen darf, dass der Anstoss jeweils von interessierten Politikern kam. Die französischen Diplomaten selber gingen mit dieser Frage recht unbekümmert um. Überlegungen zum Einmarsch französischer Truppen in Genf erscheinen gar nicht selten in ihren Korrespondenzen.

Nach dem Staatsstreich von Louis Napoleon vom Dezember 1851 riefen in Genf und in der Waadt geflohene Anhänger der Republik zum Aufstand gegen das neue Regime auf. Die Aktionen wurden vom französischen Gesandten Salignac-Fénelon mit einer scharfen Note pariert. Aussenminister Turgot zitierte den schweizerischen

Geschäftsträger Joseph Barman in sein Amt und geisselte in einer Philippika die seiner Meinung nach gefährliche Politik des Bundesrats: «Votre gouvernement aura à s'imputer d'avoir compromis la Suisse bénévolement».[69] Da in Bern gleichzeitig der Konflikt um die Lombardei-Flüchtlinge im Tessin ausgetragen wurde, griff Turgot – dankbar für die Duplizität der Fälle – zu einer handfesten Drohung: Wenn Österreich das Tessin besetzen sollte, so werde Frankreich dasselbe mit Genf tun.

Am 14. Januar 1858 entging Napoleon mit viel Glück dem Bombenattentat des italienischen Patrioten Felice Orsini. In Paris war man der Überzeugung, der Anschlag sei von Italienern in Genf geplant worden. Man hatte dort Giuseppe Mazzini gesichtet. Als der Bundesrat auf französische Forderungen nicht sogleich reagierte – unter anderem sollten die eine Geheimgesellschaft bildenden italienischen Flüchtlinge in Genf interniert werden –, schlug der Gesandte Salignac-Fénelon dem Aussenminister Walewski vor, die Schweiz einzuschüchtern, indem man den Kanton Genf besetzte oder die Grenze von Genf bis Basel sperrte.[70]

Die Annexion von Savoyen durch Frankreich im Jahre 1860 führte zu einer neuen Gefährdung der Rhonestadt. Der stümperhafte Versuch des Bundesrats, der Grossmacht im Westen den neutralisierten Teil Nord-Savoyens streitig zu machen, und die in Genf selber inszenierte antifranzösische Agitation weckten Empfindlichkeiten beim Nachbarn, die für die exponierte Stadt nichts Gutes verhiessen.

Auch später dachte man an Genf, sobald Spannungen zwischen der Schweiz und Frankreich aufkamen. So schlug Botschafter Turgot im Jahre 1862 Aussenminister Thouvenel vor, Genf zu schädigen, ohne die übrige Schweiz zu verletzen.[71] Ein wahrhaft schwieriges Unterfangen, für das der französische Diplomat eine Anleitung in petto hielt: Man müsse in Annecy eine Uhrmacherschule gründen oder Genf mit der Eisenbahn umfahren.

Ein halbes Jahrhundert später wurde Genf von den Franzosen immer noch als Sonderfall gesehen. In einem Gutachten über die Probleme der Genfer Freizonen schrieb Charles Lardy, der schweizerische Gesandte in Paris, am 3. Dezember 1907 über die politischen Aspekte: «Il y a aussi des Français, et pas les moindres, qui donnent à entendre, que les Genevois sont ou doivent être des Suisses d'une espèce particulière, que les intérêts des Genevois ne sont pas les mêmes que ceux du reste des Suisses, qu'ils ont une mentalité à part, il y en a même qui rappellent l'époque où Genève était le chef-lieu de l'ancien Département du Léman. (…) Un personnage français considérable m'a répété que, dans une conversation dont il m'a indiqué le lieu et la date, un consul général de France à Genève a développé la thèse qu'avec les deux gares françaises de Genève et un chemin de fer de ceinture exploité par les Français, la France mettrait tout doucement la corde au cou des Genevois …»[72]

Auch schweizerische Politiker kamen mit dem Status des Grenzkantons nicht zurecht. Als im Jahre 1907 im Bundeshaus in einer orientierenden Besprechung der französische Wunsch erörtert wurde, in Genf grössere zollfreie Importe aus den Zonen zuzulassen, zeigten einige Teilnehmer eine seltsame Sicht von der Identität und den Bedürfnissen des Kantons. Der Bauernpolitiker Ernst Laur gab eine Parole zum besten, die den Bauernstand als Garanten für Ruhe und Ordnung empfahl: «Wir können hier nur ein politisches Interesse erkennen, nämlich die Erhaltung des Bauernstandes in der Umgebung von Genf, der in der Lage und bereit ist, die unruhige internationale Bevölkerung der Stadt, wenn nötig, in Ordnung zu halten (…)».[73] Laur war selbstverständlich gegen jegliche Konzession an Frankreich, eine Haltung, die in diesem Fall mit seiner stets gepflegten Abneigung gegen die grossen Städte übereinstimmte. Holzschnittartig nimmt sich auch das Bild aus, das der Aargauer Oberst und Politiker Arnold Künzli von der politischen Position Genfs um die Jahrhundertwende zeichnete: «Es ist kein Geheimnis, dass Frankreich es mit allen Mitteln versucht, die Zonen wirtschaftlich der Schweiz zu entfremden, um dann im geeigneten Augenblick einen Schritt weiterzugehen. Viele Leute in der Schweiz wissen, dass der nächste Krieg Genf losreissen oder Savoyen zur Schweiz bringen wird.»

Als die neu geschaffene Bundesregierung im Jahre 1848 in die Geschäfte eintrat, begann sie die Aussenpolitik nicht mit blankem Konto. Es gab Pendenzen von unübersehbarer Aktualität: den Konflikt mit Österreich, der sich aus dem Aufstand in der Lombardei ergeben hatte, die Folgen der badischen Revolution, die staatsrechtlich vertrackte Situation in Neuenburg, die Asylpolitik, die besonders im Umgang mit Frankreich zu einer schweren Belastung wurde.

Die politischen, demographischen und geographischen Strukturen brachten es mit sich, dass in der Frage der politischen Flüchtlinge Meinungen und Interessen in Stadt und Kanton Genf selber hart aufeinander stiessen, wobei sich wechselnde Fronten und Bündnisse ergaben. Undankbar war die Lage der schweizerischen Landesregierung. Sie sah sich in den fünfziger und sechziger Jahren der zunehmenden Arroganz des französischen Kaiserreichs gegenüber. Anderseits war der Bundesrat in seiner Politik, die sich auf liberale Grundsätze berief, permanent dem offenen oder versteckten Widerstand des «System Fazy» ausgesetzt, das kantonale Autonomie in Flüchtlingsfragen und letzten Endes auch in der Aussenpolitik beanspruchte. Die Debatte um die Abgrenzung der Kompetenzen zwischen Bund und Kanton erwies sich als langwierig, da die Verfassung in diesem Bereich wortkarg war und die nötigen Gesetze und auch eine wegweisende Praxis fehlten. Nun gab es auch in andern Kantonen – in der Waadt, in Bern, Neuenburg und im Tessin – etliche Politiker, die sich auf die Seite der Genfer Radikalen schlugen, doch in den Peripetien der Asyldebatte blieb Genf im Mittelpunkt. Die in Genf und in der Waadt eingetroffenen Flüchtlinge agitierten lautstark gegen den Emporkömmling in Paris, der die Alleinherrschaft anstrebte. In einer Note vom 24. Januar 1852 verlangte der Gesandte Salignac-Fénelon vom Bundesrat, eine Reihe von Emigranten, die man in Paris als gefährlich einstufte, unverzüglich auszuweisen, ohne die Kantone zu begrüssen. Das war ein klarer Eingriff in schweizerische Souveränitätsrechte. Die Antwort des Bundesrats, eine Ablehnung der französischen Forderung, machte die Position der Landesregierung in der Asylfrage deutlich:

«Si le Conseil fédéral Suisse ne refusait pas d'obtempérer à la demande qui lui est faite, il violerait de la manière la plus grave la Constitution fédérale, ainsi que ses devoirs sacrés envers le pays qui lui a confié le pouvoir directoral et exécutif supérieur; car il doit voir dans cette demande une atteinte profonde portée à l'indépendance, à la dignité et à la liberté de la Confédération, puisqu'il devrait se désister du droit appartenant à tout Etat indépendant d'accorder ou de refuser de son chef et sous sa responsabilité le séjour à des étrangers; il doit voir, de plus, dans cette demande, une intervention décidée dans les affaires intérieures de la Suisse. (…) Le Conceil a tout à l'heure rappelé le fait que depuis quelques années, il a expulsé plusieurs réfugiés français et autres dont la présence paraissait incompatible avec les rapports internationaux entre la Confédération et d'autres Etats; c'est aussi à ce point de vue qu'il jugera et décidera à l'avenir dans chaque cas spécial.»[74]

Das Recht der republikanischen Schweiz, politischen Flüchtlingen Asyl zu gewähren, gehörte zum liberalen Kredo. Doch im konkreten Fall gab es Raum für Interpretationen. Jonas Furrer, Bundespräsident im Jahre 1849, mit Henry Druey zusammen für die Asylpolitik zuständig, hatte schon früh in einem privaten Brief an Alfred Escher seine Vorbehalte angebracht: «Man hat in neuerer Zeit mit dem Asyl immer mehr und mehr eine wahre Abgötterey getrieben. Ein Asylrecht der Fremden, das bereits förmlich postuliert wird, anerkennen wir in keiner Weise, wohl aber das Asylrecht jedes selbständigen Staates gegenüber andern Staaten, verbunden mit einer moralischen Pflicht soweit die Humanität es verlangt und das höchste Interesse des Staates es zulässt. Dass dieses Interesse es nicht zulässt, die Führer zu behalten, ist unser aller tiefste Überzeugung. Schon seit Jahren war die Schweiz ein Herd der Agitation und der Beunruhigung der Nachbarstaaten, trotz aller Massregeln, die freylich meistens schlecht vollzogen wurden. (…) Am Ende, wenn's in solchen Sachen aufs äusserste kam, hat die Schweiz immer schmählich nachgegeben. Wie es kommen würde, weiss ich nicht, aber das weiss ich, dass bey der Masse des Volkes die Asyl- und Flüchtlingssache nichts weniger als populär ist und an Impopularität sehr zunehmen wird.»[75]

Der Bundespräsident spielte in seinem Brief an Alfred Escher auf eine erste Auseinandersetzung mit Genf an, das sich weigerte, die vom Bundesrat am 16. Juli 1849 angeordnete Abschiebung badischer Emigranten tatsächlich auszuführen. Jonas Furrer drohte mit dramatischen Konsequenzen: «Wenn ein Kanton, was leicht möglich ist, die Vollziehung verweigert, so werden wir sogleich die Bundesversammlung einberufen. Du kannst vorläufig satteln lassen. Wird dann die Maassregel verworfen oder missbilligt, so zweifle ich nicht, dass der Bundesrath in corpore seine Demission nehmen wird und muss. Mehrere haben dies schon bestimmt ausgesprochen. Dass Druey und ich vor allem gehen werden, versteht sich von selbst.»

Der Bundesrat berief sich in der anhebenden Debatte auf Art. 57 der Bundesverfassung: «La Confédération a le droit de renvoyer de son territoire les étrangers qui compromettent la sûreté intérieure et extérieure de la Suisse.» Die Bundesversammlung, in dieser Frage von Genf angerufen, unterstützte die Landesregierung, wobei sich die Radikalen in einem offenkundigen Dilemma befanden. Auf der einen Seite verlangte ihre politische Überzeugung eine liberale Flüchtlingspolitik, auf der andern Seite musste ihnen vor allem im Blick auf ausländische Interventionen an einer Stärkung der Zentralgewalt gelegen sein. James Fazy hingegen, der reinen Lehre verpflichtet, solange sie seinem autoritären Regime zugute kam, leistete passiven Widerstand, den er nur zeitweise aufgab, wenn der Bundesrat die Daumenschrauben ansetzte. Das geschah beispielsweise durch die Entsendung eidgenössischer Kommissäre, ein für den betroffenen Kanton erniedrigendes Verfahren, denn es kam einer hochnotpeinlichen Inspektion gleich.

Im Jahre 1850 gaben die «Arbeitervereine» in Neuenburg und Genf zu Kontroversen Anlass. Der Bundesrat hatte am 22. März 1850 die Ausweisung der Mitglieder verfügt, bei denen es sich hauptsächlich um Deutsche handelte. Auch in diesem Fall reichte die Autorität der Landesregierung nicht bis in die Rhonestadt. Die Haltung der Genfer Regierung, die sich den Anschein gab, die Anordnung zu vollziehen, in Wirklichkeit aber die Sache unter den Tisch wischte, brachte Bundesrat Furrer in Rage. Der Genfer Staatsrat habe erklärt, so schrieb der Vorsteher des Justiz- und Polizeidepartements am 3. September 1850, «dass die polizeylichen Nachforschungen zu nichts geführt haben und dass man, um die gerichtliche Untersuchung in Gang zu setzen, ein Verbrechen bezeichnen und eine bestimmte Klage formulieren müsse. Mit Schreiben vom 20. April und 1. Mai sind diese Ansichten einlässlich widerlegt und die Aufforderung wiederholt worden, die Mitglieder des Vereins auszumitteln, gleichviel durch welche Behörden dies geschehen müsse. (...) Wir haben in unsern Schreiben behauptet, dass, wenn die competente Bundesbehörde aus polizeylichen Gründen die Wegweisung von Fremden verfüge, die Kantone verpflichtet seyen, deren Namen und Aufenthalt auszumitteln und zwar nöthigenfalls auch durch die gerichtlichen Behörden. Dieses hat Genf bis jetzt nicht zugestanden und noch nicht einmal darauf geantwortet. Im fernern ist offenbar viel böser Wille bey der Sache, denn es sollte offenbar schon der Polizey möglich sein, wenigstens einen Theil der Mitglieder in Erfahrung zu bringen bey einem Verein, der so offen auftrat und dessen Local und Verbindungen man kannte, und bey dem Beweisstoff, welchen die Acten liefern.»[77]

Der Streit zwischen Genf und den Bundesbehörden zog sich noch Jahre hin. Die Kontrahenten entstammten demselben politischen Lager. Man kannte sich und hatte früher – in der Sonderbundskrise und bei der Bundesgründung – freundschaftlich zusammengearbeitet. Nun gab es anhaltende Spannungen zwischen dem Genfer James Fazy und dem Waadtländer Bundesrat Henri Druey, einem in der kantonalen Politik doktrinären Radikalen, der sich in der Landesregierung zum Pragmatiker gewandelt hatte. Druey steuerte in der Asylpolitik einen harten Kurs und kam zum Verdruss seiner ehemaligen Freunde dem französischen Gesandten Reinhard nach Möglichkeit entgegen. «La Suisse n'est pas faite pour le droit d'asile, mais le droit d'asile est fait pour la Suisse. La Suisse n'a pas le devoir de donner l'asile, mais nous en avons le droit», schrieb er gleich zu Beginn seiner Amtszeit.[78] In seiner Korrespondenz beschwor er den autokratischen Genfer, im Interesse der Schweiz auf seinen Sonderweg zu verzichten. Druey dachte nicht nur an das Heil des Landes, er wollte auch das peinliche Schauspiel verhindern, das eine unheilige Allianz zwischen Genfer Konservativen, den Radikalen der andern Kantone und den Vertretern des Sonderbunds in der Bundesversammlung geboten hätte. Bei manchen radikalen Politikern stiess das Vorgehen Drueys gegen die Flüchtlinge auf geringes Verständnis, doch in weiten Kreisen der Bevölkerung durfte der Waadtländer Bundesrat mit Zustimmung rechnen. Als er hingegen der Regierung der Waadt die Internierung von Adolphe Thiers verordnete, war der Beifall selbst im Bundesrat gedämpft.[79] Die französische Regierung liess wissen, dass sie den Streich als überflüssig empfinde, denn in ihren Augen sei Thiers kein Flüchtling. Wieder als persona grata angenommen, kehrte der Staatsmann im August 1852 nach Paris zurück.

Die politische Szene in Genf war nicht geeignet, die Differenzen zwischen dem Kanton und der Eidgenossenschaft zu mindern. Mit dem weitreichenden Anspruch angetreten, die aristokratische Oligarchie zu überwinden und einer fortschrittlichen Demokratie Raum zu schaffen, verkam das republikanische Modell der Radikalen mit den Jahren zur persönlichen Herrschaft von James Fazy, der in Politik und Wirtschaft die Fäden zog und dabei trotz seiner ideologischen Grundhaltung im konkreten Fall Sinn für pragmatische Manöver bewies. «Je ne suis qu'une pensée, je ne suis pas un homme.»[80] Das Motto, das Fazy im Jahre 1860 in einer Rede prägte und in verschiedenen Variationen wiederholte, konnte nicht darüber hinwegtäuschen, dass der Politiker sich abseits der Doktrin einen breiten Spielraum zubilligte.

Die Radikalen waren in Sachfragen zerstritten, auch fehlte es nicht an persönlichen Rivalitäten. Die konservativen Gegenspieler, zu denen auch General Henri Dufour zählte, machten sich die isolierte Position der radikalen Partei Genfs in der eidgenössischen Politik zunutze und präsentierten sich als ausgleichende, dem Wohl des ganzen Landes verpflichtete Kraft. Ihr wichtigstes Sprachrohr war das seinerzeit von James Fazy gegründete «Journal de Genève», das der radikalen Partei gelegentlich die Absicht unterstellte, Genf der Schweiz zu entfremden. Mehr als einmal war von Landesverrat die Rede.[81]

Man kann nicht behaupten, die Asylpolitik des Bundesrats sei in den ersten Jahrzehnten geradlinig gewesen. Es fehlte an Geschlossenheit im Kollegium, das vor allem gegenüber französischen Forderungen Unsicherheit zeigte. Nicht zu verkennen war in manchen Fällen das schlechte Gewissen, denn man musste einräumen, dass in einigen Kantonen mit dem Asylrecht Missbrauch getrieben wurde. Im turbulenten Frühjahr 1852 zum Beispiel sandte man Johann Konrad Kern, damals thurgauischer Regierungspräsident, und Nationalrat Johannes Trog, Gerichtspräsident in Olten, als Kommissäre nach Genf, um Ordnung in die Flüchtlingsangelegenheiten zu bringen.[82] Das Ergebnis war bescheiden. Kern wurde zwar zu einem offiziellen Essen eingeladen, doch lehnte Fazy die Forderung des Bundes, ein Verzeichnis aller Flüchtlinge vorzulegen und die Grenz- und Passkontrollen zu verschärfen, mit harten Worten ab. Die Genfer Polizei stellte sich ahnungslos, und selbst die Drohung Kerns mit dem Einmarsch eidgenössischer Truppen zeigte keine Wirkung. Inzwischen reiste General Dufour nach Paris, wo er sich im Gespräch mit Napoleon III. um eine bessere Stimmung bemühte.

Nach dem Orsini-Attentat vom Januar 1858 geriet der Bundesrat wieder unter französischen Druck. Einmal mehr wurde Genf als Herd der Verschwörung genannt, obschon es an Beweisen fehlte. Bundespräsident Jonas Furrer schlug seinen Kollegen vor, «nicht einen officiellen Commissar, aber einen der dortigen Regierung angenehmen Vertrauens-Mann in aller Stille nach Genf zu schicken», der mit Fazy die einstweiligen Massregeln zu beraten hätte.[83] Zuerst dachte man an Jakob Dubs, den Zürcher Regierungspräsidenten. Da der spätere Bundesrat die wenig begehrte Berufung ablehnte, sandte die Landesregierung den St. Galler Regierungsrat Arnold Otto Aepli in die Rhonestadt, einen liberalen Politiker, mit dem James Fazy im Ständerat in bester Harmonie zusammengearbeitet hatte. In seinen «Erinnerungen 1835–1866» schrieb Aepli über seine Genfer Mission: «Es scheint der Verdacht vorgewaltet zu haben, dass sich in Genf unter den dort befindlichen Italienern auch der berüchtigte Agitator Mazzini befinde. Der Bundesrat wollte der französischen Regierung keinen begründeten Vorwand zu Beschwerden geben und beauftragte mich, der ich seit den Verhandlungen des Ständerates über den Nachlass der Sonderbundsschuld mit James Fazy, dem Regierungspräsidenten von Genf, in freundschaftlichen Beziehungen stund, mich nach Genf zu begeben und die dortige Regierung zur Internierung aller irgendwie verdächtigen Italiener zu bewegen. So widerwärtig Fazy auch alle eidgenössischen Kommissariate in Genf waren, so fand ich doch freundlichen Empfang und insoweit bereitwilliges Entgegenkommen, als sofort eine besondere polizeiliche Untersuchung über die Anwesenheit italienischer Flüchtlinge angehoben wurde. Es wurde mir im Ganzen befriedigende Auskunft über die Flüchtlingsverhältnisse in Genf im Allgemeinen gegeben, die Bereitwilligkeit ausgesprochen, allen Begehren des Bundesrates zu genügen, zugesagt, die ihm zu verzeigenden Individuen zu internieren oder auszuweisen, ein Verzeichnis der nicht gehörig beurkundeten Personen einzureichen und beförderlichen Bericht über den Bestand und die Verhältnisse einer in Genf bestehenden italienischen

Unterstützungsgesellschaft zu erstatten (…)».[84] Aeplis «confidentielle Weise» brachte keine Bewegung in die Affäre zwischen der Landesregierung und dem Regime Fazys. Der Genfer Staatsrat lieferte die verlangten Unterlagen nicht, so dass sich der Bundesrat zu einer neuen Initiative gedrängt sah. Am 15. Februar 1858 hielt er in einer Verordnung unter anderem die folgenden Punkte fest:

«1. Tous les réfugiés italiens et français sur lesquels on a des indices fondés qu'ils prennent part à des réunions ou à des entreprises politiques qui ne sont pas compatibles avec les principes observés jusqu'ici par les Autorités fédérales concernant le droit d'asile, devront être éloignés du Canton de Genève dans le sens des arrêtés antérieurs sur l'internement.

2. Cette mesure s'applique, abstraction faite de ce qui est mentionné ci-dessus, à tous les réfugiés italiens et français qui séjournent dans le Canton de Genève sans y avoir de profession fixe ou un emploi régulier.

3. Deux Commissaires fédéraux seront délégués à Genève, lesquels auront à rechercher les réfugiés que cet arrêté concerne, et pourvoiront à l'exécution de l'internement avec la coopération des Autorités genevoises.»[85]

Als eidgenössische Kommissäre präsentierten sich in Genf Jakob Dubs und der Basler Polizeidirektor Gottlieb Bischoff. «Das Geschäft ist ungemein verdrießlich und traurig, mein Lebtag ist mir noch kein Gang so sauer vorgekommen», schrieb Dubs an Aepli.[86] Der Bundesrat fühle sich in seiner Autorität schwer verletzt und sei zu allen Eventualitäten entschlossen, im übrigen seien die Anschauungen im Kollegium geteilt. Es wurden einige Flüchtlinge ausgewiesen, doch das Ergebnis blieb bescheiden. Die Bundesversammlung bestätigte die Haltung der Landesregierung, aber damit war der Anspruch Genfs auf weitgehende kantonale Autonomie nicht aus der Welt geschafft. James Fazy gab noch im selben Jahr in Paris eine ketzerische These zum besten: Frankreich hätte sich in der Flüchtlingsfrage direkt an Genf wenden sollen, es würde dabei mehr erreicht haben als mit einer Intervention beim Bundesrat.

Der St. Galler Arnold Otto Aepli hatte sich in der peinlichen Kontroverse als behutsamer Moderator erwiesen, der für die Sonderrolle Genfs ein aussergewöhnliches Verständnis aufbrachte. Als Jakob Dubs definitiv zum Kommissär ernannt wurde, schrieb ihm sein Freund Aepli: «Wie es scheint, wirst Du nun nochmals nach Genf gehen müssen, um die Exekution des bundesrätlichen Beschlusses zu überwachen. Herr Fazy hat mir jüngsthin bei Besprechung dieser Eventualität gesagt: Die Regierung von Genf werde in dieser Hinsicht gar keine Hülfe bieten, sondern es dem eidgenössischen Kommissär überlassen, die betreffenden Individuen mit eigenen Mitteln aus dem Kanton zu schaffen. (…) Ich fürchte sehr, die ganze Geschichte werde Genf – und zwar das ganze Genf – weit eher von der Schweiz entfernen als an dieselbe fesseln. Man wird diese Stadt niemals dazu bringen, ihre politischen Ideen genau nach der Bundes-Schablone zu formen und zu beschränken und daher sollte man ihren Eigenthümlichkeiten etwas mehr Rechnung tragen.»[87]

Die Überlegungen Aeplis passten schlecht zu der im Bund praktizierten radikalen Doktrin, die den Föderalismus zurückdrängen und die Zentralgewalt festigen wollte. Im konkreten Fall waren jedoch quer durch die Parteien Stimmen zu hören, die sich für kantonale Sonderinteressen einsetzten. Da waren liberale und radikale Politiker nicht ausgenommen. Aepli selber brachte als Präsident des Ständerats im Jahre 1868 einen undoktrinären Vorschlag aufs Tapet: Es sollte, so meinte er in einer Rede, ein Kantons- oder Volksreferendum gegen Übergriffe der Bundesversammlung geschaffen werden.

Genf blieb ein Sonderfall, auch nachdem James Fazy schon längst abgetreten war. Nach dem Deutsch-Französischen Krieg von 1870/71 stellten sich in der Stadt wiederum Flüchtlinge ein, die aber einer andern Generation angehörten. Am Genfersee versammelten sich unter anderem die geflohenen Communards, für die bürgerliche französische Republik gefährliche Sozialrevolutionäre, die über die Grenzen hinweg für Unruhe sorgten. Auch dieser Vorgang wurde zum europäischen Thema. So schrieb der schweizerische Gesandte in Berlin, Bernhard Hammer, am 31. Mai 1872 an Bundesrat Emil Welti: «Nach den Eindrücken, die ich von verschiedener Seite hinsichtlich der bezüglichen Stimmungen empfangen, muss ich eine früher wiederholt ausgesprochene Meinung neuerdings bestätigen, dass die Ansammlung conspirirender fremder Elemente (in Genf heissen solche Ultramontane, Legitimisten oder Communisten) uns über kurz oder lang Schwierigkeiten zu bereiten geeignet sey.»[88] Die Worte Hammers wiesen darauf hin, dass Genf nun auch im anhebenden Kulturkampf eine besondere Rolle spielen würde.

Der Neuenburger Handel und die europäischen Mächte

Zu Beginn der Krise um Neuenburg, kurz nach dem misslungenen Aufstand der Royalisten vom 2. September 1856, meinte Kaiser Napoleon III. in einem Gespräch mit dem schweizerischen Gesandten Joseph Barman, die in Wien geschaffene Verbindung von Kanton und Fürstentum sei eine absurde Konstruktion, die aber – ursprünglich gegen seine Familie und gegen Frankreich gedacht – inzwischen verbindliches Völkerrecht darstelle.[89] Das vom Kongress geschaffene zwitterhafte Gebilde eines Kantons mit dem preussischen König als Souverän wirkte wie ein Fremdkörper im neuen Bundesstaat, obschon der republikanische Umsturz von 1848 die Herrschaft des Monarchen drastisch beschnitten hatte. Man gab sich in Bern darüber Rechenschaft, dass in Neuenburg ein heikles Geschäft der Erledigung harrte, denn man wollte schliesslich den preussischen König zu einem Verzicht auf seine Rechte als Souverän bewegen.

Im sogenannten Londoner Protokoll vom 24. Mai 1852 hatten die europäischen Mächte Friedrich Wilhelm IV. die souveränen Rechte über das Fürstentum bestätigt und diplomatische Unterstützung zugesagt bei seinem Bemühen, die Sache wieder in die Hand zu nehmen. «Fiche de Consolation au Roi de Prusse», nannte der schweizerische Geschäftsträger in Paris das wenig Substanz enthaltende Dokument.[90] Was sich auf dem Papier wie ein Erfolg Preussens ausnahm, verschob in Wirklichkeit die Bereinigung der Angelegenheit ad calendas graecas. Die Vereinbarung band dem preussischen Monarchen die Hände, denn er durfte ohne Zustimmung der andern Mächte nicht gewaltsam gegen die Schweiz vorgehen. Noch weniger erfreulich präsentierten sich die Dinge für den preussischen König im Frühjahr 1856 am Kongress in Paris, der nach dem Krim-Krieg den Frieden wieder herstellen sollte. Preussen hatte sich im Konflikt neutral verhalten und genoss deshalb am Konferenztisch bei Engländern und Franzosen wenig Sympathien. Als der Gesandte des preussischen Königs, Otto Baron von Manteuffel, zum falschen Zeitpunkt die Neuenburger Frage vorbringen wollte, stiess er bei den beiden Westmächten auf kühle Ablehnung.

Die schweizerische Landesregierung zeigte sich zufrieden: «La question neuchâteloise semble pour le moment devoir rester dans le même état ou elle se trouve actuellement (…)», steht in einem Brief an Joseph Barman in Paris zu lesen.[91] Gleichzeitig bemühte man sich, die völkerrechtliche und staatsrechtliche Position Neuenburgs aus schweizerischer Sicht zu definieren: «La question est une question purement intérieure de la Suisse et ne concerne pas des rapports internationaux entre deux Etats ou nations indépendants.» Neuenburg sei am Wiener Kongress 1815 nicht als Teil der preussischen Monarchie anerkannt worden. Der Fürst von Neuenburg sei in den Besitz der Souveränität gelangt, ohne dass ein Zusammenhang mit seiner Eigenschaft als König von Preussen bestehe. Neuenburg sei in das schweizerische Territorium eingegliedert worden wie jeder andere Kanton. Der Fürst sei im Jahre 1848 abgesetzt worden, meinte der Bundesrat: «La déchéance du prince de la souveraineté de Neuchâtel qui a eu lieu en 1848, n'étant accompagnée d'aucun changement de territoire dans le système des Etats européens, n'a lésé les droits d'aucun Etat étranger quelconque et n'a modifié que la constitution intérieure et la forme du gouvernement du canton de Neuchâtel.» Ein Fürst an der Spitze eines Kantons, der in engem Bündnis mit 21 andern republikanischen Kantonen stehe, sei ein Widerspruch in sich, der auf die Dauer nicht tragbar sei.

Der Kontrahent in Berlin, König Friedrich Wilhelm IV., sah in der Auseinandersetzung mit der republikanischen Schweiz einen gottgewollten Kampf gegen das radikale Jakobinertum, das die Monarchien Europas bedrohte. Ein Hauch von Gottesgnadentum durchdrang sein christlich-germanisches Staatsverständnis. Der Konflikt, stets auf die Person des Königs und Fürsten von Neuenburg bezogen, war nicht bloss ein Streit zwischen Staaten, sondern ein Ringen um staatspolitische Grundsätze. Friedrich Wilhelm IV. hoffte seit dem Revolutionsjahr 1848 auf «das gründliche Ausbrennen dieses Rattennestes», das die Schweiz in seinen Augen darstellte.[92] Doch der Aufstand seiner Neuenburger Royalisten im September 1856 kam für die europäischen Mächte zur Unzeit, wie sich in der Folge weisen sollte. Bei aller Abneigung gegen das radikale Gebaren in der Schweiz war man nicht bereit, einem exaltierten Monarchen zuliebe das unsichere Gleichgewicht auf dem Kontinent zu gefährden.

In der Nacht vom 2. auf den 3. September 1856 drangen Royalisten unter Oberst Friedrich de Pourtalès-Steiger ins Schloss von Neuenburg ein und nahmen den Staatsrat gefangen. Die zum Teil noch preussisch gesinnte Bevölkerung der Stadt verhielt sich ruhig, denn es war ungewiss, ob der König bei dem riskanten Unternehmen Hilfe leisten würde. In Bern reagierte man rasch. Die Bundesräte Frey-Hérosé und Fornerod erschienen als eidgenössische Kommissäre in Neuenburg und forderten die Aufständischen zur Übergabe des Schlosses auf. Die Situation wurde von den republikanischen Neuenburgern selber bereinigt. Kantonale Truppen unter Oberst Ludwig Denzler marschierten im Morgengrauen des 4. September auf die Stadt zu und erstürmten das Schloss. Bei der Aktion wurden acht Royalisten getötet und etliche verwundet. Über sechshundert Anhänger des preussischen Königs gerieten in Haft. Ein Teil von ihnen blieb längere Zeit in Gewahrsam. Der Bundesrat beschloss, die Aufständischen vor Gericht zu stellen. Damit dokumentierte er in aller Form die These, wonach die Auseinandersetzung in Neuenburg als interne schweizerische Angelegenheit zu betrachten war.

Der Konflikt um die Herrschaft in Neuenburg wurde in der Folge zwischen Gegenspielern ausgetragen, die zu keinem direkten Gespräch bereit waren. Friedrich Wilhelm IV. empfand die Vorgänge in seinem fernen Fürstentum als seiner Person zugefügte Schmach, denn er geriet in ein moralisches Dilemma. Einerseits hatte er vor Jahren seinen treuen Anhängern Hilfe in ihrer misslichen Lage in Aussicht gestellt, anderseits durfte er vor der europäischen Öffentlichkeit nicht eingestehen, dass er von den Vorbereitungen zum Umsturz gewusst hatte. Damit hätte er sich in einen Widerspruch zum Londoner Protokoll manövriert. Ein Zwist also zwischen der von Gott verordneten Pflicht des Fürsten, sich um seine Untertanen zu kümmern, und der preussischen Staatsräson, der mit Sentimentalitäten nicht gedient war. Friedrich Wilhelm IV. verlangte von der Eidgenossenschaft die bedingungslose Freilassung der gefangenen Royalisten, eine Forderung, die nach seinem Staatsverständnis Vorrang hatte vor der Bewahrung seiner angeschlagenen Souveränitätsrechte.

Für einen Dialog mit der schweizerischen Landesregierung war das Jahr 1856 denkbar ungünstig, denn Jakob Stämpfli leitete als Bundespräsident die Aussenpolitik. Der radikale Politiker im Bundesrat – und mit ihm das ganze Kollegium – war nicht bereit, das juristische Verfahren gegen die Royalisten einzustellen, es sei denn, der preussische König verzichte gleichzeitig auf seine souveränen Rechte als Fürst von Neuenburg. Würde man, so wie es Kaiser Napoleon empfahl, zuerst die Gefangenen freilassen, so wäre das nach der Meinung des Bundespräsidenten für die Schweiz eine beispiellose Erniedrigung.[93] Für Stämpfli war der Streit um

Neuenburg eine grundsätzliche Angelegenheit, die weit über das bescheidene Territorium hinausging: «Selon mon avis, la question neuchâteloise commence à ne constituer qu'un moyen ou pour ainsi dire un avant poste pour d'autres combinaisons et constellations diplomatiques d'une plus haute portée entre les grandes puissances», meinte er in einem Brief an General Dufour. Das Thema Neuenburg habe für sich allein bei den europäischen Mächten wenig Gewicht und sei kein Anlass für einen Krieg.

Da sich die Schweiz und Preussen nicht zu einem direkten Dialog bereit fanden, blieb nur die Mediation durch andere Staaten. In Bern dachte man in erster Linie an Frankreich und England. Die beiden Mächte bemühten sich zu einem frühen Zeitpunkt, den von Friedrich Wilhelm IV. angedrohten Feldzug gegen die Schweiz abzuwenden. Dabei agierten die beiden Friedensstifter gelegentlich gemeinsam, dann aber auch wieder in schlecht verhüllter Konkurrenz. Für Napoleon III. war die Neuenburger Affäre, die sich unmittelbar an der französischen Grenze zutrug, in jeder Hinsicht ein Ärgernis. Als selbsternannter Protektor der Eidgenossenschaft war er in eine peinliche Lage geraten. Eine preussische Armee im Nachbarland konnte er unter keinen Umständen dulden. Dennoch wirkte das Bemühen des Kaisers, die nicht sonderlich geliebte schweizerische Republik zu verteidigen, einigermassen paradox. Der preussische König hatte ihn in mehreren Briefen um Hilfe gebeten. Bundespräsident Stämpfli erkannte das Dilemma des französischen Monarchen, wie aus seinem Schreiben an Henri Dufour hervorgeht: «... nous le savons positivement, par exemple, le Roi de Prusse, dans la question neuchâteloise, fonde toutes ses espérances sur Louis Napoléon, et qu'en outre l'Empereur des Français ne néglige rien pour être agréable au Roi de Prusse, sans pour cela toutefois vouloir mal à la Suisse.»

Die Korrespondenz zwischen dem tief verunsicherten Friedrich Wilhelm IV. und Napoleon III. pendelte zwischen persönlichen Empfindlichkeiten und staatspolitischen Sachfragen hin und her. Es entsprach seinem Charakter, wenn der Kaiser im Laufe des Konflikts zwischen gegensätzlichen Optionen lavierte. In der Frage der gefangenen Royalisten versprach er dem preussischen König uneingeschränkte Unterstützung, gegenüber kriegerischen Absichten formulierte er jedoch in einem Brief vom 24. September deutlich die französischen Vorbehalte: «Quant à la question éventuelle, j'espère que l'intervention armée ne se réalisera pas; car Votre Majesté ne voudra pas élever un conflit dont les conséquences pouvaient être graves, pour un motif qui malgré son importance ne menace en rien les grands intérêts de la Prusse. Cette extrémité d'ailleurs, je ne puis vous le cacher, me placerait dans une position pénible, car comme souverain de la France je ne pourrais voir sans inquiétude la Prusse en guerre avec la confédération helvétique dont la neutralité protège une grande partie de nos frontières. L'intérêt de Votre Majesté comme celui des grandes puissances exige donc que la position de Neufchatel soit promptement et nettement déterminée.»[94]

Der preussische König erschien in den Monaten nach dem misslungenen Putsch in der peniblen Rolle eines Bittstellers, der an den europäischen Höfen um Unterstützung warb. Gleich oder ähnlich lautende Schreiben gingen an den Kaiser der Franzosen, an die Königin von England, an den österreichischen Kaiser und an den russischen Zaren, also an die Mächte, die seinerzeit das Londoner Protokoll unterzeichnet hatten. Gegenüber seinen Partnern betonte Friedrich Wilhelm IV. stets, zuerst müssten die Gefangenen befreit werden, über die staatsrechtlichen Aspekte in Neuenburg sollten die Grossmächte später befinden: «Ich habe das heilige Recht und die heiligere Verpflichtung, diese sofortige Freigebung zu verlangen», schrieb er an Kaiser Franz Joseph.[95] Von einem möglichen Verzicht auf seine Herrschaft war nur verschlüsselt die Rede. Immerhin tauchte in diplomatischen Dokumenten der Begriff «Renunziationsurkunde» auf. Doch bis auf weiteres drohte zwischen Preussen und der Schweiz eine militärische Konfrontation.

Als Drohung im Hintergrund stand die auf Jahresende angekündigte preussische Mobilmachung. Sollte dieser Akt in Szene gehen, so war das Verhängnis kaum noch aufzuhalten – so jedenfalls die Stimmung an den europäischen Höfen. Die von Berlin ausgesandten Signale waren verwirrend. Das martialische Gehabe war begleitet von den Versicherungen des Königs, er werde das Schicksal Neuenburgs in die Hände der Grossmächte legen, sobald seine treuen Untertanen aus der Haft entlassen würden. Er habe, so der Monarch, gegenüber einem «mit grossen Verbrechen beladenen Gouvernement» beispiellose Mässigung an den Tag gelegt.

Geradezu untertänig wirkte die Art und Weise, wie Friedrich Wilhelm IV. sich dem österreichischen Kaiser näherte, seinem Rivalen um die Macht im Deutschen Bund. Zwischen friedlicher Stimmung und kriegerischer Pose hin- und hergetrieben, suchte er im österreichischen Monarchen einen Verbündeten zu gewinnen, da seiner Meinung nach Österreich seit den lombardischen Wirren des Jahres 1853 gegenüber der Schweiz noch eine Rechnung offen hatte. Der Flügeladjutant des preussischen Königs, Oberst Edwin von Manteuffel, hatte den undankbaren Auftrag, Kaiser Franz Joseph zu einem gemeinsamen, wenn nötig militärischen Vorgehen gegen die Schweiz zu ermuntern. In der Instruktion an von Manteuffel («ad usum Edwini») war von einer seltsamen Allianz die Rede, bei der auch Frankreich mit von der Partie sein müsste. Die gleiche Anzahl an Truppen, die Österreich in der Schweiz einsetzen würde, könnte Preussen bei Gelegenheit seinem Verbündeten in der Lombardei zur Verfügung stellen. Die Instruktion Friedrich Wilhelms IV. enthält unter anderem den folgenden Passus:

«Ich frage nun den Kaiser F. J., ob die grössere Gefahr von der Schweitz aus, für die kaiserlichen Besitzungen in Italien und die sich daran vielfältig knüpfenden übrigen Gefahren Österreichs, denselben (in Verfolg gesundester und zeitgemässester Politik) nicht bewegen sollten, mit Frankreich die wirksamsten Mittel zu berathen und bald auszuführen, die dem Conflicte Preussens mit der Schweitz schnell eine entschieden siegreiche Wendung geben müssen, Ströme von Blut ersparen und der

Freundschaft der beiden Teutschen Grossmächte ‹den alten, segensreichen wirksamsten Einklang› wiedergeben müssen? Ich mache mich anheischig, Österreich die Versicherung zu geben und durch feierliches Abkommen gewiss zu machen, ‹dass Preussen bei einem Conflict Österreichs in Ober-Italien dieselbe Zahl von Hilfstruppen stellen wolle, welche Österreich jetzt, innerhalb des Schweitzer Territoriums brauchen würde, um den revoluzionairen Herd in der Schweitz zu zerstören›. Über das schnelle und siegreiche Gelingen des hohen Zwecks beim Zusammenwirken Österreichs, Preussens und Frankreichs und über die unermessliche Tragweite dieses Sieges, kann wohl bei Niemand ein Zweifel bestehen.»[96] Kaiser Franz Joseph, höflich und in der Sache unverbindlich, dachte nicht daran, sich auf die Phantasien des preussischen Königs einzulassen. Seine Meinung hatte er schon im Oktober in einem Brief an Friedrich Wilhelm IV. klar ausgesprochen: «Denn so natürlich auch der Wunsch ist, den Neuenburger Rechtsbruch zu ahnden, so wollen doch Eure Majestät nicht so weit gehen, um dieses Zweckes willen den Weltfrieden auf das Spiel zu setzen.»[97]

Was Kaiser Franz Joseph in seinem Brief an den preussischen König zum Ausdruck brachte, entsprach der Stimmung bei den europäischen Mächten, die je nach Befindlichkeit unterschiedliche Reaktionen zeigten. Das traf vor allem für Frankreich und England zu, die sich beide in der Rolle des Friedensstifters sahen und grundsätzlich ein militärisches Vorgehen Preussens gegen die Schweiz ablehnten. Diese Haltung schloss Zweideutigkeiten nicht aus, was die schweizerische Landesregierung mehr als einmal in Verlegenheit stürzte. Die Grossmächte erwarteten von der Eidgenossenschaft, dass sie die gefangenen Anhänger Friedrich Wilhelms IV. in die Freiheit entlasse. Anderseits war man in Paris und London der Meinung, der preussische König solle auf seine souveränen Rechte in Neuenburg verzichten. Die aussenpolitische Szene war also, wenn man vom reinen Prestigedenken abrückte, für Bern nicht ungünstig. Negativ wirkte sich das Fehlen eines tauglichen diplomatischen Dienstes aus. In London und St. Petersburg gab es keine akkreditierten Diplomaten, die im entscheidenden Augenblick die schweizerische Position hätten vertreten können, und Joseph Barman in Paris – während des Neuenburger Konflikts vom Geschäftsträger zum Gesandten befördert – genoss am Hof des Kaisers wenig Ansehen und hatte als Persönlichkeit nichts zu bieten.

In der politischen Schweiz standen sich zwei Tendenzen gegenüber, die auf Jahre hinaus den Diskurs im Lande prägten. Auf der einen Seite forderte die radikale Phalanx Jakob Stämpflis gegenüber Preussen eine kompromisslose Politik, auf der andern Seite strebten liberale Kräfte, als deren führenden Vertreter man Alfred Escher betrachten konnte, nach pragmatischen Lösungen. Je mehr der preussische König und seine Generäle mit kriegerischer Intervention drohten, desto höher stiegen in der Schweiz die Emotionen, wobei alle Landesteile von den Wogen nationaler Begeisterung erfasst wurden. Dabei war der Blick für die machtpolitischen Realitäten verstellt. Ein Teil der Armee marschierte am Rhein auf, und der vielseitig verwendbare Henri Dufour, der eben noch in Paris mit Napoleon III. verhandelt hatte, übernahm das Kommando. Für die Tauglichkeit seines militärischen Konzepts – Verteidigung bei Basel und offensives Vorgehen bei Schaffhausen – brauchte er den Beweis nicht anzutreten, denn der Krieg blieb der Schweiz erspart.[98]

Im Dezember trieb die Krise dem Höhepunkt entgegen. Das Protokoll des Bundesrats vom 18. Dezember 1856 gibt darüber Auskunft: «Mit Note vom 16. ds. macht der Preussische Gesandte bei der Eidgenossenschaft, Herr von Sydow, die Eröffnung, dass er vom Könige angewiesen worden sei, seine amtlichen Beziehungen zu den eidgenössischen Behörden abzubrechen. (…) Mit Depesche vom 16. ds. berichtet der eidgenössische Minister Barman in Paris: Herr Walewski habe ihm gestern mitgeteilt (…), Preussen mobilisire zwei Armeekorps (das 3. und 5te), wovon eines nach dem Grossherzogthum Baden und das andere über Hohenzollern dirigirt werden sollen; das preussische Kabinett stehe in Unterhandlung wegen des Durchmarsches dieser Truppen.»[99]

Aussenminister Walewski hatte dem schweizerischen Gesandten zur Haltung von Paris zu verstehen gegeben, «er könne in offiziöser Weise erklären, dass Frankreich nach der erhaltenen Ablehnung keine neuen Vorschläge machen und sich dem Einzuge der Preussen in das Grossherzogthum Baden nicht widersezen werde». Napoleon III. zeigte sich beleidigt, nachdem sein Vermittlungsangebot vom Bundesrat zurückgewiesen worden war. Der Kaiser hatte auf dem Umweg über seinen alten Bekannten Henri Dufour die schweizerische Landesregierung schon im Oktober gedrängt, in einer grosszügigen Geste die Neuenburger Gefangenen aus der Haft zu entlassen und damit gegenüber Preussen ein Zeichen des guten Willens zu setzen: «… je suis tout prêt à empêcher la Prusse, par mon attitude, à envoyer des troupes, et je me fais fort d'arranger l'affaire de Neuchâtel d'une manière avantageuse pour la Suisse, si, de son côté, la Suisse montre un peu de bonne volonté et quelque confiance en moi.»[100] Wenn die Schweiz aber seine Vorschläge zurückweise – so die offene Drohung –, werde er sich mit der Angelegenheit nicht mehr befassen. An eben diesem Punkt war man im Dezember angelangt. Bundespräsident Jakob Stämpfli hatte seine Kollegen dazu gebracht, die vom Kaiser geforderten Konzessionen abzulehnen. Die französische Drohung, der preussischen Armee im Grossherzogtum Baden freie Hand zu lassen, wurde in Bern als Beweis für die Unzuverlässigkeit Napoleons gedeutet. Anderseits wusste man, dass eine derartige machtpolitische Abstinenz den französischen Interessen in keiner Weise entsprach. Der Bundesrat setzte nun auf englische Vermittlung, musste aber erfahren, dass die Vorstellungen vom notwendigen Prozedere in London nicht wesentlich vom französischen Konzept abwichen.

Gegen Jahresende schien der Krieg unvermeidlich. Nachdem der französische Kaiser der Sache eine Zeitlang den Lauf gelassen hatte, rüstete man in Berlin für einen glorreichen Feldzug. In der Schweiz erzeugte die patriotische Hochstimmung eine mit Selbstüberschätzung verbundene Euphorie, in der man sich vom ungleichen militärischen Kräfteverhältnis kaum beeindrucken liess. Der Bundesrat berief auf den 27. Dezember eine ausserordentliche Bundesversammlung ein. Eine von Alfred Escher präsidierte Kommission hatte sich mit dem Thema Neuenburg zu befassen. Man billigte die militärischen Vorbereitungen der Landesregierung, hielt aber fest, es seien noch Aussichten auf eine friedliche Lösung vorhanden.[101]

In dieser Phase kamen Zeichen aus Paris, die vermuten liessen, dass Kaiser Napoleon nicht länger abseits stehen werde. Für den französischen Monarchen enthielt der Neuenburger Handel in jedem Fall schwer abzusehende Risiken. Wäre zum Beispiel eine Mediation unter englischen Vorzeichen zustande gekommen – eine nicht auszuschliessende Variante –, so hätte man das in Paris als Schlappe registrieren müssen. Ein Krieg an seiner Ostgrenze wäre für Frankreich ebenso unerträglich gewesen.

In der Schweiz kam die Stunde der Liberalen. Man kam auf den Gedanken, den Thurgauer Ständerat Johann Konrad Kern als ausserordentlichen Gesandten an den Pariser Kaiserhof zu senden. Ob der Name des vielseitig engagierten Parlamentariers zuerst Henri Dufour oder Alfred Escher einfiel, ist unerheblich. Kern hatte dem Prinzen im sogenannten Napoleon-Handel im Jahre 1838 gute Dienste geleistet und durfte für sich das Privileg in Anspruch nehmen, zum Freundeskreis des Monarchen im Thurgau gehört zu haben.

Der ausserordentliche Gesandte reiste mit Instruktionen nach Paris, die in einem entscheidenden Punkt von der ursprünglich starren Haltung der Landesregierung abwichen. Der Bundesrat war bereit, gegenüber den Neuenburger Royalisten eine Amnestie auszusprechen und die unbequemen Gefangenen freizulassen.[102] Beigefügt waren immerhin einige Bedingungen oder Wünsche, so zum Beispiel der folgende Punkt: «Ce qu'il y aurait surtout à désirer, serait que l'assurance pût être donnée déjà actuellement que le Roi de Prusse est disposé à renoncer, une fois l'amnistie et l'élargissement des prisonniers prononcés, ou du moins à donner les mains à des négociations sur la base de la reconnaissance de l'indépendance de Neuchâtel, et qu'en vue d'un arrangement dans ce sens, la France promettra de faire tous ses efforts (…)». Der Bundesrat beabsichtigte, die Royalisten aus der Schweiz auszuweisen, bis ein Abkommen mit dem preussischen König geschlossen sein würde. Zu den Forderungen gehörte auch, dass Preussen seine militärischen Aktivitäten gegen die Schweiz einstelle.

Johann Konrad Kern wurde am 3. Januar 1857, begleitet von Minister Barman, in den Tuilerien vom Kaiser empfangen. Napoleon III. war bester Laune, denn der Bundesrat hatte ihm nun eindeutig das Amt des Schiedsrichters übertragen. In der wichtigen Frage, wie die Unabhängigkeit von Neuenburg zu garantieren sei, engagierte er sich, wie Kern dem Bundesrat schrieb, mit seinem ganzen Prestige: «Der Kaiser könne unmöglich, wie in erster Linie in unsrer Instruktion verlangt wird, der Schweiz offiziell sagen, dass er die Erklärung des Verzichtes von Seite des Königs von

Preussen im Falle der Freilassung schon besize, weil sie ihm nur unter der Bedingung gegeben worden sei, dass er sie der Schweiz vor der Freilassung nicht mittheile. Er ging so weit, uns ein paar Hauptstellen des zweiten Briefes des Königs von Preussen an den Kaiser Napoleon vorzulesen. In dieser Stelle kommt wirklich der Ausdruck vor: ‹le sacrifice d'une renonciation à la souveraineté de Neuchâtel› (…) Wenn man einmal die Amnestie ausgesprochen habe, so sei der Kaiser im Fall, dann bei weitern Verhandlungen auf unsre Seite zu stehen und werde es mit Vergnügen tun. Wenn Frankreich sage: je ferai tous mes efforts, so sei eigentlich mehr gesagt, als wenn er nur Zusicherungen des Königs von Preussen übermitteln würde. Es erkläre damit, dass, wenn Preussen nach der Amnestie nicht auf die Vorstellungen Frankreichs hören würde, es die Sache der Schweiz zur seinigen mache und so handeln würde, wie wenn es selbst Regierung der Schweiz wäre.»[103]

Minister Kern war mit dem Ergebnis zufrieden. In den folgenden Tagen traf er sich privat mit dem Kaiser, der sich mit ihm wiederum über das Thema «Souveränitätsverzicht» unterhielt, das er offiziell noch nicht hätte anrühren dürfen. Napoleon benützte die Gelegenheit, seine Verdienste um die Schweiz hervorzuheben. Man solle ihm vertrauen, «er habe der Schweiz doch auch schon Beweis gegeben, dass er Sympathie für sie hege. So hätte Preussen schon 1848 Lust gehabt, als seine Truppen im Grossherzogthum Baden waren, kriegerisch gegen die Schweiz vorzugehen; er habe Einsprache gemacht. 1849 habe ihm Österreich angeboten, einen Theil der westlichen Schweiz mit französischen Truppen besezen zu lassen, während Österreich Tessin besezt hätte wegen der Flüchtlingsfrage; er habe es abgelehnt.»

In seinem Bericht an den Bundesrat wies Kern darauf hin, dass man in Paris die militärischen Vorbereitungen der Schweiz mit einigem Erstaunen verfolge: «Es hat hier überrascht, dass nach öffentlichen Blättern wieder 18 Bataillon Truppen in der Schweiz aufgeboten worden seyen, während doch Preussen die Mobilisirung verschiebe.» In Bern bekundete man Mühe, Aussenpolitik und militärische Aktivitäten auf eine Linie zu bringen. Obschon Preussen nach der Intervention Napoleons III. auf die militärische Option verzichtete, fiel es General Henri Dufour und seinem Stabschef Bundesrat Frey-Hérosé schwer, die Milizen wieder nach Hause zu schicken. In einem Brief an Alfred Escher vom 25. Januar beklagte sich Bundesrat Jonas Furrer über die unklare Verteilung der Kompetenzen zwischen Regierung und Armeeführung: «Es herrscht im Bundesrath tiefer Unwille, bey mir persönlich vollendete Entrüstung über die Art, wie der General die Entlassung betreibt (…)» Der Bundespräsident habe ein ernstes Wort an Frey-Hérosé gerichtet: «Statt seit einer Woche auf dem Bureau zu bleiben und die Entlassung zu organisieren, machen die Herren Reisen, beschauen die Cadetten, lassen sich Ovationen bringen und ‹Rufst Du mein Vaterland› singen. Und dieser Witz kostet den Bund so viel, dass man alle Jäger der Armee mit gezogenen Gewehren für dieses Geld versehen könnte, nicht zu sprechen von dem Druck der Mannschaft und der quartierpflichtigen Bevölkerung. Es ist zum Davonlaufen!»[104]

Nach den Gesprächen mit dem Kaiser stand der Gesandte Kern vor der schwierigen Aufgabe, seine optimistische Sicht der Dinge dem Bundesrat und vor allem den Parlamentariern diskret zu vermitteln. Man konnte ihm vorwerfen, dass er eigentlich bloss das erreichte, was Napoleon Monate zuvor schon General Dufour angeboten hatte. Was er im Gespräch mit dem Monarchen an vertraulichen Informationen erfahren hatte – vor allem den voraussichtlichen Verzicht des preussischen Königs auf seine souveränen Rechte in Neuenburg –, durfte er nicht an die Öffentlichkeit tragen. Es zeigte sich, dass die politische Elite des Landes für diplomatische Subtilitäten nicht gerüstet war.

Kern präsentierte das Ergebnis seiner Reise am 14. Januar in Bern einem auserwählten Kreis von National- und Ständeräten.[105] Seine Argumente überzeugten, und in den folgenden Tagen stimmte das Parlament dem Antrag des Bundesrats zu, der die gefangenen Royalisten ohne Prozess freilassen und über die Grenze abschieben wollte. Das geschah denn auch ohne Verzug. Die unerwünschte Gesellschaft hielt sich eine Zeitlang jenseits der Grenze zwischen Morteau und Pontarlier auf, wo sie den französischen Behörden nicht weniger Mühe bereitete als vorher der Regierung von Neuenburg.

Die vom französischen Kaiser erwartete Vertraulichkeit wurde, soweit sie die Gespräche zwischen dem Monarchen und Kern betraf, in grober Weise verletzt. Radikale in der Romandie, unter ihnen James Fazy und Carl Vogt, sahen in der Amnestie für die Neuenburger Royalisten eine feige Kapitulation des Bundesrats vor preussischen Drohungen. Sie verspürten wenig Hemmungen, die persönlichen Informationen Kerns mit polemischen Kommentaren an die Öffentlichkeit zu tragen, was wiederum Napoleon III. in eine peinliche Lage versetzte. Also tat das französische Aussenministerium dergleichen, als hätte der Kaiser die vom schweizerischen Sondergesandten kolportierten Aussagen überhaupt nie gemacht. Diskretion gehörte nicht zu den Stärken schweizerischer Aussenpolitik. Kern gab sich bei seinem nächsten Besuch in Paris jede erdenkliche Mühe, die französische Regierung mit den Eigenheiten eidgenössischer Politik vertraut zu machen, die so oft gegen die diplomatischen Sitten in Europa verstiess. Bei diesem Geschäft wurde er vom ordentlichen Gesandten in Paris, Joseph Barman, nach Kräften behindert. Der Walliser Barman fühlte sich zurückgesetzt. Er hatte sich im Neuenburger Handel als unfähig erwiesen und kompensierte nun sein Ungenügen durch Intrigen in Paris und bei seinen radikalen Freunden in der Schweiz.

Eine Konferenz in Paris sollte die Neuenburger Affäre zu einem guten Ende führen. Johann Konrad Kern sass als Delegierter der Schweiz gleichberechtigt am Verhandlungstisch, obschon die preussische Delegation versucht hatte, ihren Gegner aus dem Konferenzraum zu verbannen. Die Gespräche begannen am 5. März und endeten nach mühseligen Debatten am 26. Mai 1857. Kern erwies sich als geschickter und hartnäckiger Diplomat. Der schweizerische Sondergesandte fand zuverlässige Unterstützung beim englischen Delegierten Lord Henry Richard Cowley, während die Vertreter des französischen Kaisers die Sache eher gemächlich angingen. Der König von Preussen übertrug seine Unsicherheit durch mangelhafte Instruktionen in die eigene Delegation, der zeitweise auch Otto von Bismarck angehörte. Friedrich Wilhelm IV. suchte den Verzicht auf seine souveränen Rechte in Neuenburg durch Bedingungen zu kompensieren, die seine angeblich grosszügige Geste gegenstandslos gemacht hätten. So hoffte er, Neuenburg eine auf die Royalisten zugeschnittene Verfassung aufzudrängen, ein Versuch, der von England und Frankreich zurückgewiesen wurde. In der preussischen Abordnung drängte Bismarck auf Unterzeichnung des Ende April vorliegenden Vertragsentwurfs, denn das Fürstentum Neuenburg war in seinen Augen den Aufwand für einen diplomatischen und möglicherweise auch militärischen Konflikt nicht wert.

Als der Vertragsentwurf auf dem Tisch lag, leistete sich die schweizerische Landesregierung einen üblen Fauxpas, der wieder einmal von Unkenntnis der diplomatischen Spielregeln zeugte. Der Bundesrat veröffentlichte im Blick auf die Ratifikation durch die Bundesversammlung den Text des Abkommens und versetzte damit die Delegierten der Pariser Konferenz in helle Aufregung. Minister Kern blieb die undankbare Aufgabe, seinen Kontrahenten die seltsamen politischen Sitten einer kleinen Republik zu erläutern.

Friedrich Wilhelm IV. beugte sich schliesslich den für Preussen wenig erfreulichen Schlussfolgerungen, welche die Konferenz zog. Immerhin durfte er mit dem Segen der europäischen Mächte weiterhin den Titel eines Fürsten von Neuenburg tragen, ein bescheidener Trost, denn mit der formalen Würde war kein Rechtsanspruch verbunden. In der Schweiz selber dauerte es eine Weile, bis man den Abschluss des Neuenburger Handels zu würdigen wusste. Das Ergebnis war beachtlich. Neuenburg wurde ein Kanton wie jeder andere, jede Intervention von aussen blieb durch einen verbindlichen Akt der Mächte ausgeschlossen.

Welchen Umständen, welchen Mächten und Personen war letzten Endes der preussische Verzicht auf Neuenburg und damit der glückliche Ausgang des Handels zu verdanken? Auf schweizerischer Seite sprach man vom patriotischen Aufschwung und von der prompten Manifestation militärischer Stärke, gelegentlich auch von der festen Haltung des Bundesrats und vom Verhandlungsgeschick Johann Konrad Kerns. Auf der europäischen Bühne ist neben der konsequenten englischen Diplomatie und der korrekten Haltung von Kaiser Franz Joseph der oft geschmähte Napoleon III. zu nennen, der trotz ambivalenter Haltung im entscheidenden Augenblick zugunsten der Schweiz agierte. Nicht zu vergessen die Unsicherheiten und Schwächen des preussischen Königs. Preussen konnte im Kreis der Mächte noch nicht eine beherrschende Position beanspruchen, wie es zehn Jahre später der Fall war. Die Interessen der Mächte stimmten in einem wesentlichen Punkt überein: Man wollte einen Konflikt in der Mitte Europas verhindern, der mehr die nostalgische Befindlichkeit des preussischen Monarchen als die zukünftigen Bedürfnisse der Nationalstaaten berührte.

Das neutralisierte Nord-Savoyen im Krieg Sardiniens gegen Österreich

Die in wichtigen Fragen zerstrittene schweizerische Landesregierung sah sich in den Jahren 1859 und 1860 in einem bewegten europäischen Umfeld vor Aufgaben gestellt, denen sie nicht gewachsen war. Im Frühjahr 1859 wuchs die Spannung zwischen Frankreich und Österreich derart, dass ein Krieg in der Lombardei wahrscheinlich wurde. Seit den frühen fünfziger Jahren stand das Thema «Österreich contra Einheit Italiens» auf der europäischen Tagesordnung.

Am 21. Juli 1858 hatten Kaiser Napoleon III. und Ministerpräsident Graf Camillo Cavour mit der lange geheim gehaltenen Vereinbarung von Plombières einen entscheidenden Schritt zur Einigung Italiens getan, der trotz etlichen Unschärfen die Dinge auf der Halbinsel in Bewegung setzte: Frankreich erklärte sich mit einer Ausdehnung Sardinien-Piemonts bis zur Adria und den mittelitalienischen Herzogtümern einverstanden, der Papst könnte eine Art Präsidium über einen italienischen Bundesstaat übernehmen, und Napoleon III. würde seinen piemontesischen Partner militärisch unterstützen, falls Österreich angreifen sollte. Als Preis für seine keineswegs altruistische Hilfe forderte der Kaiser Nizza und Savoyen, ein harter Brocken für Cavour. In der deutschen Presse wurde schon bald über das Geschäft gerätselt, und auch Bundesrat Jonas Furrer hatte vermutlich im Oktober 1858 von den Gerüchten über eine Abtretung Savoyens Kenntnis erhalten.[106] Von da an gab es ständige Geräusche in den diplomatischen Kulissen. In Bern hielt man jedoch noch lange die Fiktion aufrecht, Napoleon III. werde eine Annexion Savoyens ohne die Zustimmung der Kongressmächte von 1815 nicht wagen. Auch der Gesandte Kern in Paris, der in dieser Sache seine europäischen Kollegen konsultierte, pflegte anfänglich die für die Schweiz angenehme Version.

Im Laufe des Jahres 1859 wurde das neutralisierte Nord-Savoyen für die Schweiz zum zentralen aussenpolitischen Thema. Der in Bern in dieser Sache geübte Stil zeugte von Unsicherheit in Fragen der europäischen Politik. Erkennbar war ein ständiges Schwanken zwischen Überheblichkeit und Schwäche, ein Zeichen dafür, dass das Land seine Position in einer von Kriegsgerüchten beherrschten politischen Landschaft noch nicht gefunden hatte.

Am 14. März 1859 – zu einem Zeitpunkt, in dem die europäische Diplomatie sich noch eifrig um einen Ausgleich zwischen Frankreich und Österreich bemühte – wandte sich der Bundesrat ohne erkennbaren Anlass mit einer Neutralitätserklärung an die Signatarmächte von 1815. Dabei zitierte er in extenso die in den Dokumenten von Wien und Paris festgeschriebene Neutralisierung Nord-Savoyens sowie den Vertrag von Turin vom 16. März 1816: «Toutes les fois que les puissances voisines de la Suisse se trouveront en état d'hostilités ouvertes ou imminentes, les troupes de sa Majesté le Roy de Sardaigne qui pourraient se trouver dans les provinces neutralisées, se retireront et pourront, à cet effet, passer par le Valais, si cela devient nécessaire; qu'aucunes autres troupes armées d'aucune puissance ne pourront y stationner ni les traverser, sauf celles que la Confédération suisse jugerait à propos d'y placer.»[107]

Für unterschiedliche Interpretationen blieb angemessener Spielraum. Als die Kongressmächte seinerzeit das Besetzungsrecht der Schweiz in Bezug auf das neutralisierte Nord-Savoyen festlegten, dachten sie an einen Konflikt zwischen Frankreich und Piemont, dem man mit einem schweizerischen Riegel die territoriale Basis teilweise hätte entziehen können. Davon war im Jahre 1859 keine Rede, denn die beiden Mächte traten im bevorstehenden Krieg als Verbündete auf. Der Bundesrat schien sich in dieser veränderten Konstellation nicht zurecht zu finden. Inzwischen hatten die Gerüchte um den Anschluss von Nizza und Savoyen an Frankreich konkretere Gestalt angenommen, obschon sich die französische Diplomatie ahnungslos gab. In der Schweiz selber manifestierte sich zunehmender Ärger über die Perfidie Napoleons III., der bei verschiedenen Gelegenheiten seine Freundschaft für die ehemaligen Gastgeber beschwor und auch stets versicherte, er habe keine territoriale Ausdehnung Frankreichs im Sinne. Der schweizerischen Verstimmung entsprach keine eindeutige politische Haltung, da die Verunsicherung überwog. Die Landesregierung zeigte sich im konkreten Fall gespalten.

Fatal wirkte sich in Bezug auf Savoyen eine Zweideutigkeit aus, die von den eidgenössischen Politikern bis zum Ersten Weltkrieg gepflegt wurde: War die von den Mächten vorgesehene Besetzung Nord-Savoyens ein zeitlich begrenzter Dienst am Frieden in Europa, wie Bundesrat Stämpfli einmal behauptete, oder verbarg sich hinter dem Besetzungsrecht ein Souveränitätsanspruch und – konkret ausgedrückt – der Wunsch nach territorialer Expansion? Auch für diese zweite, weniger harmlose Variante kann Jakob Stämpfli zitiert werden.

In einem Brief vom 29. Juni 1859 an den Gesandten in Paris zeigte sich die Landesregierung bekümmert wegen der möglichen Annexion Savoyens durch Frankreich. Kern sollte sich um Vermittlung der nicht beteiligten Mächte bemühen, wobei man vor allem an England dachte: «Worin wir unsere Stütze suchen müssen, das sind die Mächte, welche die Verträge von 1815 errichtet haben. Ohne die Einwilligung derselben dürfen die Territorialverhältnisse nicht verändert werden.»[108] Dann folgte eine dramatische Schilderung der Folgen eines Anschlusses. Die Handschrift Jakob Stämpflis, im Jahre 1859 Bundespräsident, ist nicht zu verkennen: «Genf als Stapelplatz des ganzen Bassins des Pays de Gex und des obern Savoyens könnte sich als unabhängiger Staat auf die Dauer nicht halten; durch die französische Zollinie würde es erdrückt; eine militärische Verteidigung desselben durch die Schweiz wäre nicht mehr möglich, weil wir keine militärischen Rechte mehr im Savoyischen besässen.» Dazu die in dieser Angelegenheit üblichen Argumente: «Es ist besonders zu betonen, dass die Schweiz keineswegs lüstern nach Gebietserwerbungen ist, aber wenn Besitzänderungen mit Savoyen vor sich gehen sollten, so müsste sie im Interesse der Sicherheit und Integrität ihres bisherigen Gebietes verlangen, dass der obere Teil von Savoyen nicht mit Frankreich, sondern mit der Schweiz vereinigt werde (...)».

Jakob Stämpfli konnte noch nicht wissen, dass Frankreich gegen die Neutralisierung Nord-Savoyens wenig einzuwenden hatte, da es ihr ohnehin geringe Bedeutung beimass. Je länger das Besetzungsrecht nicht ausgeübt wurde, desto weniger konnte es in der europäischen Politik ernstgenommen werden. Doch in den Köpfen eidgenössischer Politiker blieb das Thema bis zum Ersten Weltkrieg gegenwärtig, obschon das völkerrechtliche Servitut mit der Neutralität des eigenen Landes kaum noch zu vereinbaren war. So kamen noch im 20. Jahrhundert Parolen zum Zug, an denen Stämpfli seine Freude gehabt hätte. Im Protokoll des Bundesrates vom 26. September 1913 findet sich die saloppe Formulierung: «Auch ist der Fall nicht ausgeschlossen, wo eine Beteiligung an einem Kriege sich uns, trotz unserer prinzipiellen Neutralität, aufdrängt, und wo uns die Verletzung der savoyischen Neutralität als Rechtfertigung für unsere Parteinahme auf der einen oder andern Seite dienen kann. (...) Nachdem Savoyen an Frankreich übergegangen ist, liegt der Hauptwert des Besetzungsrechtes für uns noch in der Aussicht, eine Gebietserweiterung dagegen einzutauschen.»[109] Im September 1913 sprach man in Europa vom kommenden Krieg. Wenn der Bundesrat zu diesem Zeitpunkt über eine mögliche Beteiligung auf der einen oder andern Seite nachdachte, so darf man vermuten, dass die meisten Landesväter im Hinterkopf die Partnerwahl bereits getroffen hatten. Indem man das neutralisierte Nord-Savoyen ins Spiel brachte, pflegte man noch vor dem Ersten Weltkrieg eine Illusion, der sich die Schweiz schon 1859 hingab: Die Landesregierung glaubte, aus dem verklausulierten Besetzungsrecht von 1815 mit einem diplomatischen Handel oder auch mit Krieg einen territorialen Gewinn herausholen zu können. Als Illusion erwies sich schon 1859 und 1860 die Annahme, das Schicksal der neutralisierten Zone Savoyens sei ein zentrales Anliegen der europäischen Politik.

Savoyen selber lebte seit den lombardischen Feldzügen von 1848 und 1849, in denen die Brigade aus den Provinzen Chambéry und Annecy für die einsetzende italienische Nationalbewegung einen bedeutenden Blutzoll entrichtet hatte, in einem Zustand wachsender Verunsicherung. Der Alpenkamm trennte zwei Kulturen, obschon man sich darüber bisher nicht allzu viele Gedanken gemacht hatte. In der transalpinen Dynastie war kaum von «Nation» gesprochen worden. Die Savoyarden betrachteten sich als treue Anhänger eines heterogenen Königreichs in einer geographisch isolierten und topographisch zerrissenen Region. Ein homogenes politisches Bewusstsein hatte die Bevölkerung unter diesen Bedingungen nicht entwickelt. In den gesellschaftlichen Strukturen war das Ancien régime noch gegenwärtig, anderseits hatte die französische Besetzung zwischen 1792 und 1815 in den Städten republikanische Tendenzen geweckt.[110] Also stand Savoyen um die Jahrhundertmitte in einer schlecht definierten Position zwischen einem Italien, das die nationale Einigung anstrebte, und der französischen Republik, die in eben diesen Jahren vom Präsidialsystem Louis Bonapartes abgelöst wurde. Der Zwiespalt der Savoyarden kommt in einer Episode zum Ausdruck, die vom Feldzug des Jahres 1849 in der Lombardei überliefert wird. Als das 1. Regiment der Brigade von Savoyen bei Novara nach tapferem Kampf den Rückzug antrat und dabei dem König Karl-Albert von Sardinien begegnete, riefen die Soldaten «Vive le Roi» und sangen die Marseillaise.

Aristokratie und Offiziere Savoyens hatten sich bisher am Hof in Turin zu Hause gefühlt. Ähnlich verhielt es sich mit dem Klerus. Man sprach in diesen Kreisen französisch, die piemontesischen Dialekte waren dem einfachen Volk vorbehalten. Immerhin gewann um die Jahrhundertmitte ein weit zurückliegender historischer Vorgang an Bedeutung: Im Jahre 1562 hatte Herzog Emanuel-Philibert die Hauptstadt von Chambéry nach Turin verlegt. Als nun die italienische Nationalbewegung unter Führung der sardinischen Monarchie Gestalt annahm, wurde das transalpine Savoyen allmählich zum anachronistischen Anhängsel. Die politischen Ziele der Monarchie lagen in der Lombardei, in den mittelitalienischen Herzogtümern und im Kirchenstaat. Ministerpräsident Camillo Cavour schuf einen bemerkenswert liberalen Staat, und auf dem Weg zur italienischen Identität setzte sich die italienische Sprache durch. Die wirtschaftliche Entwicklung in der Lombardei übertraf in jeder Hinsicht jene der nach wie vor bäuerlichen savoyardischen Landschaft. Die Szene am Po veränderte sich im Laufe eines Jahrzehnts. Bei seiner Thronbesteigung am 23. April 1849, dem Tag der Niederlage von Novara, hatte König Victor-Emanuel II. mit bitterem Galgenhumor das Motto ausgegeben: «Et maintenant, la poésie doit faire place à la prose.»

Aufmerksame Beobachter in Savoyen stellten angesichts des vorandrängenden Risorgimento fest, dass das Piemont italienisch wurde. In dieser Perspektive waren die Savoyarden die «fratelli» auf der Westseite des Alpenkamms, die nichts Entscheidendes zum Aufbau eines italienischen Staates beitragen konnten. In den isolierten Provinzen breitete sich Unzufriedenheit aus, und man begann, über Alternativen nachzudenken. Kein einfaches Unterfangen, denn historische Traditionen, gesellschaftliche Zwänge, politische Wünsche und wirtschaftliche Interessen führten zu keinen klaren Optionen, denen das ganze Land hätte zustimmen können. Wie undeutlich man die Zukunft sah, zeigen die vom Liberalen Léon Brunier im Jahre 1848 formulierten Varianten: «La pire des combinaisons pour la Savoie serait l'Etat indépendant. Celle qui offrirait un peu moins d'inconvénients serait la réunion à la Suisse. Viendrait ensuite l'union à l'Italie. Et, avant tout, la réunion à la France.»[111] Je nach Region und Gesellschaftsschicht präsentierte sich die Reihenfolge anders, sofern überhaupt politische Meinungen vorhanden waren.

Die Regierung in Turin nahm das savoyardische Unbehagen zur Kenntnis und ernannte eine «Commission d'enquête sur les besoins de la Savoie». Anregungen in grosser Zahl wurden gesammelt, doch die zu Tage geförderten Ideen verschwanden in den Archiven der Hauptstadt. Inzwischen breitete sich in Savoyen eine anti-piemontesische Stimmung aus, die auch vom Klerus geschürt wurde, der in den abgelegenen Bergtälern die Weltanschauung der Gläubigen dirigierte. Bisher hatte die Geistlichkeit gegen das Schreckgespenst der Französischen Revolution gekämpft, nun aber zeigte sie missbilligend auf den liberalen Staat Cavours, der mit seinen nationalen Aspirationen von Turin aus den Kirchenstaat in Frage stellte. Umgekehrt verhielt es sich mit den Reflexen der Liberalen, die in ihrem politischen Verständnis vom republikanischen Frankreich geprägt waren. Die Öffnung Piemonts zu einer konstitutionellen Monarchie fand ihren Beifall, das autoritäre Regime der Bonapartisten in Paris erweckte Misstrauen. Immerhin, die französische Versuchung blieb bei den savoyardischen Republikanern bestehen.

Das Jahr 1859 begann in der nervösen Erwartung eines Krieges zwischen Frankreich und Österreich, der als Schauplatz die Po-Ebene haben würde. Der Konflikt lag in der Logik der Vereinbarungen von Plombières, die Sardinien-Piemont französische Hilfe zusicherten, und es stellte sich bloss noch die Frage, ob die Donaumonarchie die gestellte Falle erkannte. Als Napoleon III. beim Neujahrsempfang 1859 gegenüber dem österreichischen Botschafter in einer sibyllinischen Formulierung sein Bedauern über die schlechten Beziehungen zwischen den beiden Ländern kundtat, glaubte Europa, darin ein Signal für den unvermeidlichen Waffengang zu erkennen. Doch der Kaiser pflegte in den folgenden Monaten die für seine Italien-Politik charakteristische zweideutige Haltung, die seine piemontesischen Verbündeten in Rage brachte. «La politique change de couleur trois fois par jour», erklärte er einmal im Blick auf die italienische Szene.[112] König Victor-Emanuel II., bekannt für seine direkte Sprache, drückte sich weniger gewählt aus: «Ce chien d'Empereur se fout de nous.»

Ende April trat der in Plombières vorbereitete Bündnisfall einigermassen überraschend doch noch ein. Nach einem erfolglosen Ultimatum überquerten österreichische Truppen unter dem ungarischen General Férencz Giulay den Ticino und marschierten in Piemont ein. Ein französisches Korps von gegen 200 000 Mann setzte sich sofort nach der Po-Ebene in Bewegung, wobei ein Teil der Verbände den Weg über den Mont Cenis wählte. Bis Saint-Jean-de-Maurienne wurden die Truppen mit der Victor-Emanuel-Bahn transportiert, die von Culoz nach Chambéry dem Lac de Bourget entlang führte und damit die neutralisierte Zone Nord-Savoyens durchquerte. Noch vor Monatsende marschierten ungefähr 50 000 Mann über den Col du Mont Cenis nach dem Piemont, denn der Fréjus-Bahntunnel war zu diesem Zeitpunkt noch nicht vollendet.

Das österreichische Heer hatte wegen der Unentschlossenheit seines Anführers das Ziel, die Piemontesen vor Ankunft der Franzosen zu besiegen, nicht erreicht. Napoleon III. sparte nicht mit grossen Gesten. Am 5. Mai versprach er, die Po-Ebene von den Alpen bis zur Adria vom österreichischen Gegner zu befreien, am 14. Mai übernahm er in Alexandria den Oberbefehl über die vereinten Heere. Am

4. Juni fiel Magenta, am 18. Juni wurde Mailand besetzt. Es folgte am 24. Juni die blutige und entscheidende Schlacht bei Solferino und San Martino. Dann stoppte der Kaiser am 6. Juli die Operationen und schloss, ohne seinen piemontesischen Partner zu befragen, am 11. Juli den Präliminarfrieden von Villafranca.

Mit dem Konflikt zwischen Frankreich und Österreich wurde für die schweizerische Landesregierung das Thema «Neutralisierung Nord-Savoyens» zu einem zentralen Anliegen. Um das Besetzungsrecht der Schweiz setzte schon Monate vor Kriegsausbruch ein diplomatisches Ratespiel ein, bei dem die eidgenössischen Politiker keine gute Figur machten. Die fehlende Diskretion im Umgang mit Dokumenten erlaubte vor allem dem französischen Botschafter Turgot, jederzeit Interna aus dem Bundesrat nach Paris weiterzuleiten, wobei er mit sichtlichem Behagen die auseinandergehenden Meinungen in der Regierung und im Parlament kommentierte.[113] Die Neutralitätserklärung zum Beispiel, die am 14. März an die Mächte gesandt wurde, konnte von der Agentur Havas schon am 5. März in ihrem wesentlichen Inhalt verbreitet werden, worauf Napoleon III. Johann Konrad Kern an einem Empfang mit dem Inhalt konfrontierte, bevor der schweizerische Gesandte selber das Schreiben in Händen hielt. All das lässt vermuten, dass ein Bundesrat dem französischen Botschafter vertrauliche Informationen zuschob.

Der Eindruck, dass es sich bei der Landesregierung um eine zerstrittene Korona handle, mochte auf die Diplomaten in Bern belustigend wirken, für die schweizerische Position gegenüber den Grossmächten war das Schauspiel fatal. Der französisch-österreichische Konflikt zeigte die Fragwürdigkeit der Neutralisierung Nord-Savoyens und zudem die Grenzen der schweizerischen Neutralität. Jakob Stämpfli, Bundespräsident des Jahres 1859 und Leiter der Aussenpolitik, wünschte als radikaler Hitzkopf den italienischen Krieg, doch wenn die völkerrechtlich unnatürliche Konstruktion zwischen der Schweiz und Savoyen zur Debatte stand, geriet er von einem Widerspruch in den andern. Martialisch klang eine Erklärung, die Stämpfli am 28. Januar 1859 gegenüber dem österreichischen Geschäftsträger abgab. Im Falle eines Krieges zwischen Österreich und den Verbündeten Frankreich und Sardinien-Piemont werde die Schweiz zur Wahrung ihrer Neutralität 150 000 Mann aufbieten und unter allen Umständen Chablais und Faucigny besetzen. Die schweizerischen Truppen würden nicht nur während des Krieges, sondern auch später in Savoyen bleiben, denn man wolle verhindern, dass das Land beim Friedensschluss an Frankreich falle.[114] Der Bundesrat sei im übrigen mit diesem Plan einverstanden. Zufrieden durfte auch der französische Botschafter Turgot sein, dem der Bundespräsident im April des selben Jahres versicherte, man werde Nord-Savoyen nicht besetzen ausser bei einer Gefährdung der schweizerischen Neutralität. Die Schweiz werde aber auch bei einem Einmarsch in die neutralisierte Zone die Region der Victor-Emanuel-Bahn am Lac de Bourget aussparen.[115]

Am 4. März 1859 unterbreitete Bundespräsident Stämpfli als Chef des Politischen Departements seinem Kollegium Vorschläge für das Verhalten im kommenden Krieg, die einen Katalog von Zweideutigkeiten enthielten.[116] Die Schweiz habe das Recht, die neutralisierte Zone Savoyens zu besetzen, nicht aber die Pflicht. Da sei aber noch die Frage der «Convenienz»: «Ob die Schweiz vom Standpunkte der Convenienz aus eintretenden Falls Gebrauch machen soll, ist hinwider unbedingt zu bejahen. Die Neutralisierung Savoiens hat einen zweifachen Zweck: den einen im Interesse Piemonts, den andern im Interesse der Schweiz.» Dass diese Interessen im konkreten Fall nicht übereinstimmten, vergass Stämpfli zu erwähnen. Hingegen schlug er unter anderem das folgende Prozedere vor:

«3. Die Schweiz hat bei einem ausbrechenden Kriege auch die Gebietsheile von Savoyen zu besetzen, welche zur Vertheidigung der schweizerischen Neutralität und des schweizerischen Gebiets die günstigste militärische Linie darbieten.

4. Das Militärdepartement sei zu beauftragen, in geeigneter Weise über die militärischen Positionen im neutralisirten Savoyen, wie solche zum Schutze der schweizerischen Neutralität und des schweizerischen Gebietes am günstigsten gewählt werden können, Erkundigungen einzuziehen.

5. Die Schweiz anerkennt eine völkerrechtliche Verbindlichkeit zur Besezung Savoyens, soweit solche nicht im Interesse der Sicherung und Vertheidigung ihrer Neutralität und der Integrität ihres Gebietes liegt, nicht.»

Die vom Bundesrat gefassten Beschlüsse folgten der von Stämpfli vorgezeichneten Linie. Die einzelnen Punkte waren unklar und mit versteckten Vorbehalten versehen, so dass eine Mehrheit in der Landesregierung zustimmen konnte. In einer Frage schien Einigkeit zu herrschen: Ein Einmarsch in Savoyen musste von der Bundesversammlung beschlossen werden.

Bundespräsident Stämpfli und mit ihm die Landesregierung interpretierten die von den Kongressmächten 1815 verfügte Neutralisierung Nord-Savoyens recht eigenwillig. In ihren Augen handelte es sich bei diesem Paragraphen in erster Linie um ein völkerrechtliches Instrument zur Stärkung der schweizerischen Landesverteidigung, von dem man Gebrauch machen konnte oder auch nicht. Dass der Kontrahent in Turin anderer Meinung war, nahm man in Bern verärgert zur Kenntnis. In den zeitgenössischen Dokumenten ist immer wieder von der günstigsten Militärgrenze die Rede, die sich nach Meinung schweizerischer Offiziere im neutralisierten Nord-Savoyen aber keineswegs mit der am 20. November 1815 bezeichneten Linie deckte.

Die in den Verträgen von Wien auf ungenauen Karten eingezeichnete Grenze führte vom Mont Dolent über Ugine, Faverges, Lescheraines an den Lac de Bourget und von da zur Rhone, eine Ausdehnung, die den eidgenössischen Strategen gar nicht behagte, denn sie ging in jedem Fall über die Bedürfnisse der schweizerischen Landesverteidigung hinaus. Schon im Februar 1859 diskutierte der in die Jahre gekommene General Henri Dufour mit Bundesrat Friedrich Frey-Hérosé verschiedene Varianten einer enger gefassten Militärgrenze. Seine persönliche Meinung wich deutlich von den Vorgaben der Verträge ab: «Il est donc de toute nécessité de restreindre l'étendue du territoire neutralisé, et de faire reconnaître par qui de droit, que nous ne sommes tenus à défendre que la partie qui convient à nos intérêts, s'il est vrai que les traités aient été faits pour nous et pas contre nous.»[117] Dufour hob besonders hervor, dass mit seiner bescheidenen Version die Culoz-Chambéry-Bahn ausserhalb der neutralisierten Zone bleibe, denn die Schweiz habe kein Interesse daran, «de mettre obstacle à un simple passage de troupes». Man könnte mit einem solchen Akt ein gefährliches Gewitter heraufbeschwören. Dieser Meinung war auch Bundesrat Stämpfli, der mit sophistischer Dialektik an das Thema heranging. Es war auch das Argument zu hören, der Kongress in Wien habe im Jahre 1815 noch nichts von der nach dem Mont Cenis führenden Victor-Emanuel-Bahn gewusst. In Bern kamen gegenüber einer allzu militärischen Sicht der Dinge gelegentlich Bedenken auf, denn man konnte nicht eine völkerrechtlich garantierte Grenze ohne Zustimmung der Kongressmächte verschieben.

Der österreichische Aussenminister Graf von Buol meldete in dieser Frage Widerspruch an, als ihm der schweizerische Geschäftsträger Steiger am 21. März 1859 die Neutralitätserklärung des Bundesrats überreichte, in der auf das Besetzungsrecht der Schweiz in Nord-Savoyen hingewiesen wurde. In einem Bericht an Bundespräsident Jakob Stämpfli schrieb der schweizerische Diplomat über das Gespräch: «Graf Buol äusserte sich allerdings, dass er seinerseits die Verträge anders interpretiere, indem die Vertheidigung der Neutralität eines Gebietes die Verbindlichkeit in sich trage, die sämmtlichen Gränzen desselben zu vertheidigen.»[118] Gemeint war damit die Culoz-Chambéry-Bahn, die von österreichischen Offizieren lange vor Kriegsausbruch beobachtet wurde, und die nach Wiener Auffassung genauso wie die übrige neutralisierte Zone in die schweizerische Neutralität einbezogen war und in einem Krieg besetzt werden musste. Der selben Meinung war auch der britische Premier Lord Malmesbury, der von der Schweiz erwartete, sie werde, wenn der konkrete Fall eintrete, gegen französische Militärtransporte Protest erheben.[119] Was Dufour mit der harmlosen Formulierung «Durchzug von Truppen» umschrieb, war kurz darauf beim Aufmarsch der französischen Armee ein kriegerischer Akt.

In französischer Sicht ergab sich ein anderes Bild. Als Kaiser Napoleon sich mit dem schweizerischen Gesandten über die offiziell noch gar nicht vorhandene Neutralitätserklärung unterhielt, stand wiederum die mögliche Besetzung von Nord-Savoyen durch schweizerische Truppen im Vordergrund. Kern schrieb dem Bundesrat am 8. März unter anderem: «Der Kaiser, nachdem er sich nach meinem Befinden erkundigt, ging dann sogleich auf den Beschluss über, den Sie gefasst, und der in einer Telegraph-Depesche Havas in den gestrigen Abendblättern als gestern gefasst mitgetheilt wurde, und die Phrase enthielt: ‹La Suisse défendra également la neutralité dans cette partie de la Savoie qui a été proclamée neutre par les traités›. Der Kaiser sagte mir: ‹Wie kommt es, dass jetzt ein solcher Beschluss gefasst worden ist?

Er ist offenbar zugunsten Österreichs und gegen Frankreich gerichtet». Dabei liess er wohl durchblicken, es scheine, man wolle das ganze neutralisirte Gebiet Savoyens mit eidgenössischen Truppen besezen, also auch den Theil durch welchen die Victor-Emanuel-Bahn sich hinzieht.»[120]

Als der Krieg in der Lombardei bereits im Gange war, ging Bundespräsident Stämpfli in einem Brief an den Gesandten Kern noch einmal auf die französischen Truppentransporte ein, wobei er entschieden der österreichischen Auffassung widersprach: «Noch dezidirter lautet die Sprache, die ich in Bern gegenüber dem österreichischen Gesandten führte. Ich machte ihn gleich anfangs (im Februar schon) auf das Verhältnis Savoyens und speziell auf die Eisenbahnfrage aufmerksam und erklärte ihm mehrmals: die Schweiz anerkenne eine Pflicht den Eisenbahndurchzug zu hindern nicht und werde eine solche Verhinderung auch nicht unternehmen. An den Mächten sei es, die Verträge, die sie unterzeichnet, zu achten; die Schweiz werde auf diese Achtung nur dringen, so weit ihre Interessen dabei ins Spiel kommen.»[121]

Besetzung der neutralisierten Zone Ja oder Nein: Die schweizerische Landesregierung mochte handeln, wie sie wollte, eine der beiden Parteien würde ihre Entscheidung im Kriegsfall ohnehin als Verstoss gegen die Neutralität werten. Den Anregungen Jakob Stämpflis entsprechend wurden in Bern die militärischen Vorbereitungen für eine Besetzung Savoyens vorangetrieben. Eine Kommission, der Friedrich Frey-Hérosé und Henri Dufour angehörten, einigte sich auf eine nicht allzu weit gezogene Militärgrenze in der zu besetzenden Zone. Das zur Verteidigung der Neutralität beanspruchte Territorium wollte man mit Pfählen markieren. Gleichzeitig begannen Verhandlungen mit Turin, die den konkreten Gegebenheiten einer Besetzung, so vor allem dem Verhältnis zwischen schweizerischem Militär und piemontesischen Zivilbehörden galten. Die Besprechungen zogen sich ohne Ergebnis über Monate hin, da der sardinischen Regierung an einem Abschluss wenig gelegen war und der zuständige Bundesrat Frey-Hérosé in seiner Sturheit jeden Fortschritt blockierte.

Der französische Botschafter Turgot war über alles, was in Bern angeordnet oder unterlassen wurde, genau informiert. Auch die Gespräche zwischen Buol und Steiger in Wien oder die erfolglosen Verhandlungen mit Sardinien-Piemont lagen für ihn offen auf dem Tisch. Über die Stimmung im Parlament und darüber hinaus im ganzen Land wusste der Diplomat des Kaisers Bescheid. Schon im Januar 1859 hatte er an Aussenminister Walewski ausführliche Berichte gesandt. Die Besetzung Nord-Savoyens in einem österreichisch-französischen Krieg sei im Parlament nach einem Vorstoss von James Fazy zum wichtigsten Gesprächsstoff geworden. Einige Mitglieder der Landesregierung hätten ihre Zustimmung zu ultra-radikalen Parolen klar ausgedrückt: «Ces préoccupations et ces conversations ont servi, du reste, à mettre en évidence les opinions et les sympathies des membres les plus influents du Parlement suisse. Les représentants de la Suisse française, particulièrement du Canton de Vaud, n'ont pas hésité à se prononcer contre l'intervention. Ils ont même été jusqu'à dire que si l'on employait les contingents de leurs pays, ils passeraient probablement du côté de l'armée française. Les représentants des cantons allemands qui ne font pas mystère de leurs tendances autrichiennes ou au moins allemandes ont aussi annoncé à avouer que les populations rurales de leurs cantons désiraient une neutralité parfaite et ne se prêteraient qu'avec répugnance aux mesures qui tendraient à la compromettre.»[122]

Im Laufe des Jahres verlor die Debatte um die Victor-Emanuel-Bahn an Bedeutung, denn an den von Frankreich geschaffenen Fakten gab es nichts mehr zu deuteln. Nach dem Präliminarfrieden von Villafranca geriet Savoyen in anderer Hinsicht ins Blickfeld der europäischen Mächte. Jakob Stämpfli brachte es in seinem bereits zitierten Brief an den Gesandten Kern vom 9. Mai 1859 zum Ausdruck: «Mehr als Obiges beschäftigt mich die Möglichkeit einer Abtretung Savoyens an Frankreich. Wenn auch jetzt Frankreich feierlich erklärt, keine Eroberungen machen zu wollen, so können die Kriegsereignisse ganz andere Situationen und Entschlüsse herbeiführen. In deutschen Blättern wurde positiv behauptet, dass in dem geheimen Vertrag zwischen Frankreich und Sardinien, von dem sich Österreich eine Abschrift zu verschaffen gewusst haben soll, die Abtretung vorgesehen sei. Ich habe mich konfidentiell an den österreichischen Gesandten gewendet, um darüber bestimmt Auskunft zu erhalten. Ich bezweifle die Thatsache deshalb, weil sonst Österreich den Vertrag wohl sofort publiziert oder wenigstens den betheiligten Staaten zur Kenntnis gebracht hätte.»

Die Besorgnis der Landesregierung hielt im Sommer 1859 an. «In öffentlichen Blättern fängt bereits die Frage des Anschlusses von Savoyen sich zu regen an», schrieb der Bundespräsident kurz nach Solferino in einem Brief an den Gesandten in Paris. «Im Savoyischen selbst beginne sie die Gemüther zu beschäftigen, besonders im untern Theile, während im Obern (Chablais und Faucigny) man kälter sei und eher zum Anschlusse an die Schweiz geneigt sei.»[123] Der Präliminarfrieden von Villafranca, in dem Napoleon III. sich wider Erwarten bescheiden zeigte, hob zwar die Geschäftsgrundlage für den Handel von Plombières auf, aber Misstrauen war weiterhin angesagt. Der französische Aussenminister Walewski, ein Gegner der kaiserlichen Italien-Politik, suchte die Gemüter zu beruhigen, indem er zum Beispiel dem englischen Botschafter erklärte, eine Änderung der Grenze zu Sardinien-Piemont stehe nicht zur Debatte.

Die Zeit verstrich in Ungewissheit über die Absichten des Kaisers, wobei regelmässig auf Gerüchte und Spekulationen Dementis folgten. Als im Februar 1860 die Vermutungen schon annähernd zur Gewissheit gediehen waren, erklärte der französische Geschäftsträger Baron Tillos dem Bundespräsidenten Frey-Hérosé, «que la question de la Savoie n'est nullement sur le tapis actuellement, mais qu'elle pourrait pourtant devenir bien importante pour la France dans le cas où le Piémont par l'annexion de plusieurs provinces deviendrait une puissance plus forte.»[124]

Zunächst stand der Bundesrat vor der Frage, wie das Verhältnis zu einem geeinten Italien zu gestalten sei. Nach dem Friedensvertrag von Zürich vom 11. November war mit einem starken Staat im Süden zu rechnen, dessen Umfang und innere Strukturen noch unbekannt waren. Für die Landesregierung war wiederum Nord-Savoyen im Blickpunkt. Wie würde sich die Einigung Italiens auf den Status der neutralisierten Region auswirken? In einer Note an die Signatarmächte von 1815 verlangte der Bundesrat ein Mitspracherecht der Schweiz und eine Regelung der Frage in einer völkerrechtlich verbindlichen Konvention.[125]

Der Abschied Napoleons III. von den italienischen Schlachtfeldern glich der Heimkehr eines Siegers mit schlechtem Gewissen. Der Empfang durch Victor-Emanuel II. in Turin war – am üblichen höfischen Ritual gemessen – unhöflich. Ministerpräsident Cavour erschien nicht einmal zum unvermeidlichen Bankett. Für die Italiener war der Kaiser ein Mann, der sein Wort gebrochen und in der Lombardei eine allein von französischen Interessen bestimmte Politik betrieben hatte. Es galt, wie ein italienischer Politiker sagte, diesen Vorgang in seiner paradoxen Logik zu würdigen: «Aller en Italie avec 200 000 hommes, dépenser un demi-milliard, gagner quatre batailles, restituer aux Italiens une de leurs plus belles provinces et en revenir maudit par eux.»[126]

Der Feldzug in der Lombardei hatte Napoleon III. die Grenzen der französischen Politik aufgezeigt. Die österreichische Armee im Veneto war noch nicht besiegt, und die europäischen Mächte fürchteten um das Gleichgewicht auf dem Kontinent. Die italienische Bewegung beunruhigte die alten Monarchien. Preussen liess eine Armee am Rhein aufmarschieren. Der Kaiser wusste, dass Frankreich einen Krieg an zwei Fronten nicht durchhalten konnte. England hatte gegen ein von Österreich unabhängiges Italien wenig einzuwenden, eine französische Vorherrschaft auf der Halbinsel wie zu Zeiten Napoleons I. hingegen war unerwünscht.

In Frankreich war der italienische Krieg nicht populär, denn er lief unter anderem den politischen Anliegen der katholischen Kreise zuwider, die den Kirchenstaat und damit die weltliche Macht des Papstes erhalten wollten. Die schweren Verluste bei Solferino dämpften auch bei den Republikanern die Stimmung, weil ein unmittelbarer Nutzen für Frankreich nicht zu erkennen war. Die mit dem Diktat von Villafranca geschaffene Misstimmung zwischen den Verbündeten liess die in Plombières entwickelten Perspektiven hinter einem grauen Nebel verschwinden. Wenn die Italien-Politik Napoleons III. in der Folge zwiespältig blieb, so war das nicht allein der Sprunghaftigkeit des kaiserlichen Charakters, sondern auch den auseinanderstrebenden Tendenzen in Frankreich zuzuschreiben. Konstant blieb der Wunsch des Monarchen, Nizza und Savoyen dem französischen Staat anzugliedern, auch wenn er sich in der Öffentlichkeit darüber kaum äusserte. An einem weitern Postulat war dem Monarchen viel gelegen. In Plombières hatte er mit Ministerpräsident Cavour eine Heirat seines turbulenten Vetters Jérôme Napoleon, genannt

Plon-Plon, mit der Tochter Victor-Emanuels ausgehandelt, auch das eine Bedingung für die französische Unterstützung im Kampf um die italienische Einheit. Man hätte vielleicht eines Tages nach historischem Vorbild Plon-Plon als König in Mittelitalien einsetzen können. Die fromme Clotilde widersetzte sich anfänglich einer Verbindung mit dem Lebemann und Freigeist aus dem Familien-Clan der Bonapartisten, da sie ihn als Parvenu betrachtete.

Ministerpräsident Cavour hatte sich, vom Ergebnis von Villafranca grenzenlos enttäuscht, aus dem politischen Geschäft zurückgezogen. Im Juli 1859 reiste er nach Genf, einer ihm wohlbekannten Stadt, wo er seinen Vetter Auguste De la Rive und dessen Sohn William besuchte, die beide zu den konservativen Gegenspielern von James Fazy gehörten. Später kehrte er über Savoyen in sein Landgut Leri im Piemont zurück, entschlossen, die Einigung Italiens auf irgendeinem Wege voranzutreiben. Leri wurde heimliche Hauptstadt einer Bewegung, die sich über die ganze Halbinsel ausdehnte. Cavour unternahm alles, um die in den Verträgen von Villafranca und Zürich vorgesehene Rückkehr der Fürsten in ihre mittelitalienischen Herzogtümer zu verhindern. Das konnte durch einen Anschluss dieser Staaten an Sardinien-Piemont geschehen, ein Effekt – so der Gedanke des liberalen Piemontesen –, der nicht durch Diplomatie, sondern durch Volksabstimmungen erzielt werden sollte. Gegen eine legitime Bewegung konnte Napoleon III. wenig einwenden, hatte er sich doch selbst durch ein Plebiszit an die Macht gebracht. Die Ideen Cavours wurden in den Herzogtümern aufgenommen und energisch in die Tat umgesetzt. In der Toscana zum Beispiel brachte Baron Bettino Ricasoli die österreichische Fürstenherrschaft zu einem Ende. Sein Land entschied sich wie Parma und Modena für den Anschluss an Sardinien-Piemont. Dasselbe geschah in den päpstlichen Legationen nach einem Aufstand gegen Papst Pius IX., der nicht auf seine weltliche Macht verzichten wollte.

Die nationale Bewegung in Italien entwickelte eine eigene Dynamik, die nicht mehr unbedingt der mit Problemen verbundenen französischen Hilfe bedurfte. Der Friedensvertrag von Zürich hatte die friedliche Wiederherstellung der Herzogtümer vorgesehen, war aber bei seiner Unterzeichnung durch die Fakten überholt. Man sprach von einem internationalen Kongress, der die Dinge in Italien ordnen sollte –, eben von jenem Kongress, der nach der Meinung der schweizerischen Landesregierung auch den Status des neutralisierten Nord-Savoyen regeln würde. Für Napoleon III. ergab sich eine heikle Situation, die einem Akt auf dem hohen Seil gleichkam. War er der Patron der italienischen Einheit oder der Mann, der sie verhinderte? In Frankreich kämpfte die sehr katholische Kaiserin gegen die Einigung Italiens und sammelte auf ihrem moralischen Feldzug einen lautstarken konservativen Anhang um sich.

Der Kaiser zog sich wieder einmal mit einem Theatercoup aus der Affäre. Im Dezember 1859 erschien eine Broschüre des Publizisten Arthur de la Guéronnière unter dem Titel «Le Pape et le Congrès», in der Napoleon III. seine Vision eines geeinten Italien vorstellte. Der Papst möge seine Länder dem neuen Italien überlassen, das von der sardinisch-piemontesischen Monarchie angeführt, ungefähr die Ausdehnung erreichen würde, die der Kaiser in Plombières in Aussicht gestellt hatte. Pius IX. könnte Rom behalten und durch seinen Verzicht auf weltliche Macht in Europa als moralischer Sieger dastehen. Damit wäre auch die Grundlage für die seinerzeit ausgehandelte Kompensation geschaffen, nämlich die Annexion von Nizza und Savoyen.

In Frankreich brach in katholischen Kreisen Empörung aus, immerhin gedämpft durch die Hoffnung auf territorialen Zuwachs. In Italien hingegen herrschte Zufriedenheit. Cavour sprach von einer «immortelle brochure» und übernahm sogleich wieder die Leitung der piemontesischen Politik. Jérôme Napoleon heiratete, wie von oben verfügt, die Königstochter Clotilde, die sich als Opfer der Staatsräson ins Unvermeidliche fügte. Plon-Plon, um zynische Parolen nie verlegen, sprach von «exécuter le programme».

Genau genommen hatte Napoleon III. in seinem Manifest nur das aufgezeichnet, was sich in Italien ohnehin zutrug. Der neue Nationalstaat bedurfte keines europäischen Kongresses, der im besten Fall ein Fait accompli hätte registrieren können. Am 24. März vereinbarten die Partner in einem neuen Allianzvertrag die Abtretung von Nizza und Savoyen an Frankreich. Die in den Verträgen von 1815 vorgesehene Neutralisierung von Nord-Savoyen wurde im Dokument als völkerrechtlich verbindlich erwähnt, doch massen die Kontrahenten dem Papier kaum eine praktische Bedeutung zu. Die schweizerische Landesregierung hatte zu diesem Zeitpunkt die Hoffnung auf eine Intervention der Signatarmächte noch nicht ganz verloren.

Am Ende des Jahres 1859 bestand kaum noch ein Zweifel daran, dass Frankreich Savoyen um jeden Preis annektieren wollte. Zwischen Januar und Mai 1860 ging auf verschiedenen Schauplätzen ein mit etlicher List inszenierter Staatsakt in Szene, der aus schweizerischer Sicht nur als Trauerspiel empfunden werden konnte. Agiert wurde in Paris, Bern, Turin, Genf, London und selbstverständlich auch in Savoyen.

Der Wortbruch des Kaisers

Im Januar 1860 bemühte sich der Bundesrat um Klarheit in der Sache, die von den französischen Diplomaten stets als nicht dringlich hingestellt wurde. Am 31. Januar empfing der Kaiser Johann Konrad Kern in Audienz, ein inzwischen wohlbekanntes Ritual unter Thurgauern, das in diesem Fall für den Gesandten der Eidgenossenschaft von ungewöhnlicher Bedeutung war. Die Gerüchte, dass die Annexion von Savoyen bevorstehe, seien so konkret geworden, dass Behörden und Bevölkerung der Schweiz Aufklärung wünschten, erklärte Kern dem Monarchen. Man dürfe erwarten, dass sein Land im Hinblick auf die Verträge beigezogen werde, wenn

Veränderungen geplant seien: «Die Schweiz müsse nach der ihr durch das bestehende Völkerrecht angewiesenen Stellung wünschen, dass der status quo bleiben möchte; wenn aber je von Annexion Savoyens an Frankreich die Rede seyn sollte, so würde und müsste sie mit der grössten Entschiedenheit darauf dringen, dass ihr auf dem neutralisirten savoyischen Gebiete eine solche Grenze angewiesen würde, welche eine möglichst günstige militärische Vertheidigungslinie bildet, wie solche nach dem Urtheil aller unsrer tüchtigsten Militärs unumgänglich nöthig sei, wenn nicht die schweizerische Neutralität zu einer Illusion werden sollte. (...) Ich wies dann auf der Karte die Linie nach, welche mir von Ihrem Präsidium auf einem Exemplar eingezeichnet worden und welche die Abtretung von Chablais, Faucigny und eines Theils des Genevois bis an das Flüsschen des Usses zu Gunsten der Schweiz zur Folge haben müsste.»[127] Soweit die Umschreibung der schweizerischen Anliegen, die Kern dem Monarchen vortrug. Einen weiteren territorialen Wunsch des Bundesrats, das Pays de Gex, erwähnte der Gesandte nicht, denn er fand «den Moment hiezu nicht schicklich».

Die schweizerischen Wünsche gingen etwas weit, meinte Napoleon III., ausserdem habe er die Angelegenheit noch nicht gründlich studieren können. Man habe in der Sache noch alle Zeit, denn es sei unklar, ob und wann die Annexion Savoyens ausgeführt werde. Kern fügte bei, er habe über die Frage mit Lord Cowley, dem britischen Botschafter in Paris, und mit andern Diplomaten gesprochen, die auch beunruhigt seien und die der schweizerischen Neutralität europäisches Interesse beimässen. Damit sprach der schweizerische Gesandte die von ihm betriebene, für Frankreich eher peinliche Internationalisierung der Savoyen-Frage an, die später ihm und dem Bundesrat als Doppelspiel angekreidet wurde.

Im selben Schreiben an die Landesregierung brachte Kern seine persönliche Meinung in Bezug auf die Haltung der europäischen Mächte zum Ausdruck: «Von England wissen wir ganz sicher, dass es gegen jede Annexion ist, von Preussen ist dies nach einer längeren Unterredung, die ich gestern mit Pourtalès hatte, so viel als ebenfalls gewiss anzunehmen; Österreich müsste sich selbst Feind seyn, wenn es nicht diesen Protestationen sich anschliessen würde und Russland wird schwerlich eine andre Stellung einnehmen als die eben genannten Mächte. Sofern aber alle diese Mächte mit etwelcher Entschiedenheit gegen die Annexion sind, so zweifle ich denn doch noch sehr, dass dieselbe so bald zur Ausführung gelange.» So baute der schweizerische Gesandte in Paris im Glauben an eine solidarische europäische Reaktion an einem Kartenhaus, das kaum zwei Monate später zum Einsturz kam.

Die nächsten Tage liessen sich für die schweizerische Sache verheissungsvoll an. Der neue französische Aussenminister Edouard Thouvenel bestellte den Gesandten Kern auf den 6. März an den Quai d'Orsay. Dabei eröffnete er dem Vertreter der Eidgenossenschaft, er habe ihm im Auftrag des Kaisers eine Savoyen betreffende Botschaft zu überbringen, die zwar offiziell, aber dennoch vertraulich sei. Thouvenel sprach zuerst über die für jedermann erkennbare Verbindung zwischen der Einigung Italiens und dem Anschluss von Nizza und Savoyen an Frankreich: «La question se rattache entièrement à celle de l'annexion de l'Italie centrale et peut-être aussi de la Romagne au Piémont. Quant à cette dernière, elle dépend de la votation des populations intéressées. Si elles se prononcent pour un royaume central, la France ne demandera aucun agrandissement. Mais si, ce qui est plus vraisemblable, elles insistent sur leur réunion au Piémont, la France, en présence de cet état devenu si considérable par cette annexion, devrait revendiquer alors une meilleure ligne de frontière telle qu'elle ne pourrait être obtenue que par la cession de la Savoie.»[128] Auch in diesem Fall müsse eine Volksabstimmung entscheiden. Der Kaiser wolle die neutrale Stellung der Schweiz in keiner Weise schwächen, doch wäre dann das System der Neutralisierung Savoyens weder für die Schweiz noch für Frankreich weiterhin zweckmässig. Es folgte eine Erklärung, die in den Ohren von Johann Konrad Kern wie eine Verheissung klang. In seinem Bericht an den Bundesrat lautete die Botschaft wie folgt: «L'Empereur m'a chargé de vous dire, continua Thouvenel, que si l'annexion devait l'avoir lieu, il se ferait un plaisir par sympathie pour la Suisse, à laquelle il porte toujours un intérêt particulier et aussi par amitié pour vous, d'abandonner à la Suisse comme son propre territoire, comme une partie de la Confédération helvétique, les provinces du Chablais et du Faucigny.»

Am selben 6. Februar erschien der französische Geschäftsträger Baron Jean-Henri Tillos beim Bundespräsidenten und teilte ihm die Absicht Napoleons III. mit, im Falle einer Annexion Savoyens der Schweiz Chablais und Faucigny zu überlassen. Einen Tag später meldete sich der französische Konsul in Genf, Martial Chevalier, bei James Fazy mit der selben Ankündigung.[129] Bundespräsident Frey-Hérosé zeigte sich sehr zufrieden, gab aber dem französischen Diplomaten zu verstehen, dass damit die schweizerischen Wünsche noch nicht voll erfüllt seien. In seinem Bericht an den Bundesrat wiederholte er den Vorbehalt, den er gegenüber Baron Tillos formuliert hatte. Die Besorgnis in der Schweiz über eine bevorstehende Einverleibung Savoyens in Frankreich habe besonders unter dem Eindruck der Agitation, die in der französischen Presse anhalte, einen «hohen Grad» erreicht: «Die Schweiz hätte einer solchen Einverleibung nicht ruhig zusehen können, weil zur Handhabung ihrer von Europa garantirten Neutralität jenes Territorium theilweise nothwendig sei, und weil Piemont vertragsmässige Verpflichtungen übernommen habe, dasselbe an niemanden abzutreten als an die Schweiz oder mit Einwilligung der Schweiz. Der kaiserliche Entschluss würde nun allerdings eine Regelung der Angelegenheit, wenn die Annexion wirklich erfolgen sollte, bedeutend erleichtern; ich setze aber dabei voraus, dass dannzumal der Schweiz nicht einfach die Provinzen Chablais und Faucigny überlassen würden, sondern dass man ihr eine gute militärische Grenze übergebe, wozu jedenfalls ein mehr oder weniger grosser Theil der Provinz Genevois gehöre, welche Grenze aber noch näher studirt werden müsste.»[130] Damit war Frey-Hérosé wieder bei seinem Lieblingsthema, der «günstigsten Militärgrenze». Er versäumte denn auch nicht, Baron Tillos die gewünschte Linie auf einer Landkarte vor Augen zu führen.[131]

Am 19. Februar ging Napoleon III. bei einem Ball in den Tuilerien im Gespräch mit dem Gesandten Kern erneut auf das Thema Savoyen ein und bestätigte die von Thouvenel in Aussicht gestellte territoriale Konzession, sofern der Handel mit Turin überhaupt zustande komme. Der schweizerische Diplomat gewann auch den Eindruck, dass man sich in Paris gegenüber den Wünschen Berns auf einen Teil des Genevois nicht zum vornherein ablehnend verhalten werde. Inzwischen hatte der französische Botschafter in London, Herzog Jean Gilbert Persigny, den englischen Premierminister Lord Henry Palmerston ebenfalls über die Geste ins Bild gesetzt, die Frankreich gegenüber der Schweiz plante.[132] Das Verhältnis zwischen Frankreich und Grossbritannien war zu diesem Zeitpunkt alles andere als einfach. Napoleon III. war auf leidlich gute Beziehungen zu London angewiesen, denn er konnte sich in Europa keine neuen Gegner leisten. Die Mächte verfolgten die Italienpolitik des unberechenbaren Monarchen mit Misstrauen, und die Stimmung in England war gegen jegliche französische Expansion gerichtet. Anderseits hatten die beiden Staaten am 23. Januar 1860 einen Handelsvertrag unterzeichnet, der Frankreich dem Freihandel öffnete. Damit war eine alte britische Forderung erfüllt, und es bedurfte nur noch der Ratifikation durch das britische Parlament, das auf von Paris kommende Turbulenzen jeweils verärgert reagierte. Für Frankreich war Vorsicht im Umgang mit dem Thema Savoyen geboten. Wenn Napoleon III. sich gegenüber der Schweiz grosszügig zeigte, so konnte diese Geste des Monarchen die britische Regierung und das Unterhaus gnädig stimmen.

Die Aussicht, Chablais und Faucigny zu erwerben, sorgte in Bern für gute Laune, doch die Euphorie hielt nur kurze Zeit an. Der Bundesrat und Minister Kern in Paris gaben sich bald darüber Rechenschaft, dass das Geschenk des Kaisers zwar wiederholt mündlich angeboten, aber nirgends schriftlich fixiert worden war. Die von der Regierung kontrollierte französische Presse übte sich nach wie vor in antischweizerischer Polemik. Die Schweiz versuche, so der Tenor, den Anschluss Savoyens an Frankreich zu verhindern und strebe eine territoriale Expansion an, die zur Aufteilung Savoyens führe.

Am 1. März hielt der Kaiser zur Sessionseröffnung im Parlament eine Rede, die in Bern ernüchternd wirkte: «(…) En présence de cette transformation de l'Italie du Nord qui donne à un état puissant tous les passages des Alpes, il était de mon devoir, pour la sûreté de nos frontières, de réclamer les versants français des montagnes. Cette revendication d'un territoire de peu d'étendue n'a rien qui doive alarmer l'Europe et donner un démenti à la politique de désintéressement que j'ai proclamée plus d'une fois, car la France ne veut procéder à cet agrandissement, quelque faible qu'il soit, ni par une occupation militaire, ni par une insurrection provoquée ni par de sourdes manoeuvres, mais en exposant franchement la question au grandes puissances. Elles comprendront, sans doute, dans leur équité, comme la France le comprendrait certainement pour chacune d'elles en pareille circonstance, que l'important remaniement territorial qui va avoir lieu nous donne droit à une garantie indiquée par la nature elle-même.»[133]

Chablais, Faucigny und die Schweiz erwähnte der Kaiser nicht, hingegen stellte er die naturgegebene Militärgrenze ins Zentrum seines Diskurses, wie es vorher schon Thouvenel getan hatte. Für den Bundesrat war guter Rat teuer. Minister Kern bemühte sich beim französischen Aussenminister um eine schriftliche Bestätigung der früheren Zusagen, doch der Sachwalter der napoleonischen Politik zog sich mit gewohnter Dialektik aus der Affäre. Er könne weder einen schriftlichen Bescheid ausfertigen noch dem Austausch von Verbalnoten zustimmen, solange Sardinien-Piemont seine transalpinen Provinzen nicht abgetreten habe. Ausserdem würde eine öffentliche Erklärung das vorgesehene Plebiszit in Savoyen ungünstig beeinflussen. Dabei sei doch die öffentliche Meinung eindeutig gegen eine Aufteilung des Landes eingestellt.[134]

Napoleon III. hatte wieder einmal eine seiner berüchtigten Kehrtwendungen vollzogen. In der öffentlichen Meinung der Schweiz, in der radikalen Presse vor allem, büsste der Monarch seinen guten Ruf endgültig ein, sofern er je bestanden hatte. Die neueste Pirouette festigte das Bild vom Hasardeur, der ohne Skrupel seine imperialistischen Ziele ansteuerte. Eine Delegation von Notabeln aus Savoyen, deren einzige Legitimation in ihrer frankreich-freundlichen Haltung bestand, wurde in den Tuilerien vom Kaiser mit Pomp empfangen und mit der Gewissheit nach Hause entlassen, dass die Provinzen ohne irgendeinen territorialen Verlust in Frankreich integriert würden.

Die geplante Abstimmung in Savoyen wurde von Aussenminister Thouvenel in einem Gespräch mit Minister Kern als entscheidender Faktor hingestellt, wobei angeblich über die Fragestellung noch nichts entschieden war. Äusserungen von Politikern in der Presse liessen vermuten, dass die Bevölkerung nur zwischen Frankreich und Piemont würde wählen können und dass eine Option zugunsten der Schweiz auch in Chablais und Faucigny nicht vorgesehen war. In der Audienz vom 12. März, die Thouvenel dem Gesandten Kern gewährte, nahm der französische Aussenminister die früheren Versprechungen zwar nicht formell, aber in der Substanz zurück. Dann ging er zum Gegenangriff über und rügte die frankreichfeindliche Agitation in der Schweizer Presse, ein Klagelied, das später auch der Kaiser in einer Unterhaltung mit General Dufour anstimmte. Kern zitierte den Aussenminister in einem Bericht an den Bundesrat: «Thouvenel erklärte, dass er mehreren meiner Betrachtungen volle Gerechtigkeit widerfahren lassen müsse. Er bedaure, wenn diese Frage eine solche Wendung nehmen müsse. Er berührte dann, welch fatalen Eindruck es habe machen müssen, aus dem ‹Blue Book› zu entnehmen, dass es die Schweiz gewesen sei, welche Frankreich zuerst und zu einer Zeit, wo noch gar nichts Bestimmtes vorlag, entgegengearbeitet habe; er klagte über Manöver aller Art, mit denen man sich von Genf aus der Annexion an Frankreich widersetze, wie es noch jetzt geschehe. Frankreich lege keinen grossen Werth darauf, Chablais und Faucigny zu besizen, werde es auch jezt gerne der Schweiz überlassen, wenn man sich überzeugen könne, dass ein démembrement nicht zur Folge habe, dass dann Frankreich den übrigen Theil von Savoyen nicht erhalte. Aber nach den ihm zugekommenen renseignements werde eine Zertheilung Savoyens Beibehaltung des status quo zur Folge haben, der der Schweiz zusagen möge, den aber Frankreich nie und nimmer zugeben könne.»[135]

Die schweizerischen Reaktionen bewegten sich angesichts der dahinschwindenden Hoffnung zwischen schlecht abgestimmten Aktionen auf verschiedenen Ebenen und zunehmender Resignation. Fanfarenstösse waren von der mit Jakob Stämpfli verbundenen «Männer-Helvetia» zu vernehmen. Der Berner «Bund» pflegte wie gewohnt seinen antifranzösischen Kurs, und die Genfer Radikalen forderten mit zunehmender Lautstärke den Einmarsch schweizerischer Truppen in die neutralisierte Zone. Stämpfli schrieb am 11. März dem als Geschäftsträger nach Turin gesandten Genfer Staatsrat Abraham Tourte: «Ich für mich bin ganz der Ansicht, dass die Schweiz eventuell zur Besetzung Nordsavoyens schreiten muss. Sobald die Franzosen Anstalten treffen, Truppen in Savoyen zu stationieren, müssen wir absolut dasselbe für Nordsavoyen thun, sonst ist unsere Sache verloren. Ich zweifle nicht daran, dass der Bundesrath für diesen Entschluss einstimmig sein wird. Als Chef des Militärdepartements treffe ich im Stillen alle Vorbereitungen.»[136] Bundcsrat Stämpfli hätte gerne James Fazy nach Turin geschickt, denn er wollte in einem diplomatischen Kraftakt die Unterstützung Cavours für die schweizerischen Anliegen in Savoyen erlangen. Die Landesregierung entschied sich aber für den ebenso radikalen Tourte, einen alten Bekannten des piemontesischen Ministerpräsidenten. Der neue Geschäftsträger schrieb am 25. Februar an Fazy, Genf müsse selber die Initiative ergreifen und seine Truppen in Savoyen einmarschieren lassen: «Pour cela, il faudra que le coup hardi soit tenté par les Genevois seuls. (…) Stämpfli l'appuiera, je le sais.»[137] Napoleon würde die Faust in der Tasche machen, Cavour habe für diesen Fall Protest angekündigt, aber nicht mehr.

Abraham Tourte hielt offensichtlich wenig von den Landesbehörden, die ihn auf eine heikle Mission geschickt hatten. Seine martialischen Gedankengänge waren für einen eidgenössischen Diplomaten ungewöhnlich, gehörten aber im politischen Genfer Milieu zum Alltag. Aussenminister Thouvenel hatte gegenüber dem Gesandten Kern klargestellt, dass ein schweizerischer Einmarsch in Savoyen unweigerlich zum Krieg mit Frankreich führen würde. «Wir haben also auch unsererseits zu gcwärtigen, dass gegen uns der Krieg geführt werde, wenn wir provozierend auftreten», erklärte Bundespräsident Frey-Hérosé am 23. März im Bundesrat.[138] «Die französische Armee ist unbeschäftigt und man wird da vielleicht ganz gerne den Anlass benuzen, ihr Arbeit zu geben.»

Während des Monats März entfalteten die Gesellschaft «Helvetia» und der Grütliverein eine hektische Tätigkeit im ganzen Land. Kriegerische Parolen wurden in Genf und Bern ausgegeben, aber auch in andern Städten manifestierte sich patriotischer Überschwang, wobei man ständig eine militärische Intervention in Savoyen verlangte. So zum Beispiel die «Helvetia» in einer am 25. März in Bern gefassten Resolution, die vom Bundesrat die «nötigen militärischen Massnahmen» verlangte. Besonders aktiv zeigte sich der Berner Regierungsrat Carl Schenk, der spätere Bundesrat. Napoleon III. werde sich nicht, so ein häufig ausgesprochener Verdacht, mit Chablais und Faucigny begnügen, sondern Genf besetzen und die Zugänge zum Grossen St. Bernhard und zum Simplon an sich reissen. Man dürfe sich nicht länger vom früheren eidgenössischen Artilleriehauptmann an der Nase herumführen lassen. Die kriegerische Stimmung beschränkte sich nicht auf radikale Zirkel. In Genf betrachteten auch konservative Politiker den Konflikt um Nord-Savoyen als eine Frage des Überlebens für das eigene Staatswesen.[139] Ihr Sprachrohr war das «Journal de Genève». Der liberal-konservative William De la Rive kam in Briefen an seinen Vater Auguste De la Rive, der sich als Sondergesandter des Bundesrats in London aufhielt, auf den fast unvermeidlichen Kriegsfall zu sprechen, so zum Beispiel mit dem folgenden Bekenntnis: «Personne en Suisse, personne à Genève ne doute que nous soyons horriblement battus. Mais plûtot que de laisser la Suisse française, d'ici à deux ou trois ans, tomber comme une poire mûre, dans les mains de la France, nous laisserons mieux semer, par une résistance énergique, les germes de notre résurrection future.»[140]

Wenige rechneten mit einem militärischen Erfolg der Schweiz, falls es zum Krieg gegen Frankreich kommen sollte, doch wurde häufig der Gedanke geäussert, die Nation müsse durch ein kriegerisches Purgatorium hindurch, damit sie gestärkt aus der Prüfung hervorgehe. Da mag die euphorische Stimmung aus den noch nicht weit zurückliegenden Tagen des Neuenburger Handels nachgewirkt haben. Bei einigen Politikern darf man ein Va-banque-Spiel vermuten, das auf die Hoffnung setzte, ein Krieg mit dem westlichen Nachbarn werde zu einem allgemeinen europäischen Konflikt führen und schliesslich der Schweiz das bringen, was sie auf diplomatischem Weg nicht erreichen konnte. Dass man sich dabei in unheilige Allianzen mit konservativen Monarchien verstrickt hätte, schien etliche radikale Politiker nicht anzufechten. Wenn das Vaterland rief, schob man Ideologien beiseite.

Die Lautstärke der «Helvetia» allein genügte nicht, den Topf am Sieden zu halten. Bei allem Ärger über den Wortbruch des Kaisers blieb der Drang nach kriegerischen Abenteuern in den meisten Landesteilen gedämpft. Zurückhaltend gab sich Bundespräsident Frey-Hérosé in der Sitzung des Bundesrats vom 23. März 1860, die über eine Einberufung der Bundesversammlung zu einer ausserordentlichen Session beschliessen sollte: «Um Aussicht zu haben, mit Glück die Waffen führen zu können, muss der Gegenstand, für den man kämpft, populär sein. Dass nun ein Krieg für Chablais und Faucigny im gegenwärtigen Moment in der Schweiz populär wäre, wird im Ernst nicht behauptet werden können. Wohl spricht Genf so, wohl auch theilweise der Kanton Bern, aber die Regierung von Waadt spricht in ihrer Zuschrift von 21. an den Bundesrath gerade das Gegentheil aus. In der Zentralschweiz ist man über diese Frage noch indifferent, aus der Ostschweiz hört man noch gar nichts besonderes. Es scheint somit weder die Nähe einer Gefahr, noch die Sympathie des Schweizervolkes für die Sache erwiesen.»[141]

Bundesrat Jakob Stämpfli war selbstverständlich anderer Meinung. In seiner hemdsärmligen Manier setzte er das Kollegium unter Druck und erreichte die Einberufung der Bundesversammlung auf den 29. März 1860. Es sollte sein letzter Erfolg in dieser Sache sein. Unnötig zu erwähnen, dass die französischen Diplomaten in Bern über die Uneinigkeit im Bundesrat genauso im Bild waren wie über die unterschiedlichen Stimmungen im Lande. Man pflegte die Bundesräte in frankreichfeindliche, vorsichtig positive und schwankende einzuteilen: «Il est certain que le Conseil fédéral est très divisé, les membres qui nous sont hostiles ont pris l'initiative et nos partisans n'ont commencé leur résistance que trop tard», schrieb Geschäftsträger Tillos am 16. März an Aussenminister Thouvenel.[142] «La grande majorité des Conseillers fédéraux se compose de gens doué d'un esprit politique médiocre et disposés à accueillir facilement tous les bruit de la presse.» Wankelmütig zeigten sich in der Folge, wie der französische Diplomat vermutete, etliche Bundesräte, doch seine Rolleneinteilung in frankreichfreundliche und frankreichfeindliche Landesväter geriet gelegentlich durcheinander.[143] So bremste der Frankreich gar nicht wohlgesinnte Bundespräsident Frey-Hérosé, der sich lebenslänglich zu militärischen Dingen hingezogen fühlte, den kriegerischen Eifer Stämpflis. Der ehemalige Klosterstürmer gab sich darüber Rechenschaft, dass hier weniger Lorbeeren zu ernten waren als bei seinem Feldzug gegen die Abteien von Muri und Wettingen. Dennoch dachte er, ehemaliger Generalstabschef der eidgenössischen Armee im Sonderbundskrieg, an die notwendige Bereitschaft der Armee: «Um aber auf alle Eventualitäten gefasst zu sein, sollte das militärische Element unseres Vaterlandes nicht vernachlässigt, sondern alles, Personelles und Materielles in guten marschfertigen Stand gebracht, wohl auch neben Auszug, Reserve und Landwehr das Schützenelement gehörig organisiert werden.»[144]

Mit einiger Verspätung wurde deutlich, dass die überlaute «Helvetia» nicht die einzige Stimme im Lande war, wie man auf Grund der Demonstrationen hätte vermuten können. Gegen einen Anschluss Nord-Savoyens an die Schweiz hatten die wenigsten Bürger etwas einzuwenden, doch das ständig wachsende Risiko eines Krieges mit Frankreich wollte man nicht eingehen. Darin stimmten Liberale und Konservative und – abgesehen von Genf und Bern – auch viele Radikale überein. Der offensichtliche Zwiespalt im Bundesrat übertrug sich auf das ganze Land, das sich je nach Distanz zum Schauplatz mehr oder weniger betroffen zeigte.

In der Landesregierung kam man inzwischen zur Einsicht, dass man sich stärker um die Regionen Nord-Savoyens kümmern müsse, in denen sich eine Bewegung für einen Anschluss an die Schweiz abzeichnete. Das von Frankreich geforderte Plebiszit rückte näher. Der Bundesrat blieb lange im Ungewissen darüber, wie die Fragestellung lautete, und ob die Bewohner von Chablais und Faucigny Gelegenheit erhalten würden, ihren besonderen Wünschen entsprechend zu wählen. Mit andern Worten: Man hoffte auf ein separates Votum für die neutralisierte Zone. Das forderte auch im Lande selber die der Schweiz günstig gesinnte Zeitung «Savoie du Nord» am 10. März 1860: «Quand les intérêts sont distincts et séparés, il ne peut évidemment qu'avoir lieu qu'à un vote commun, car alors c'est le pays le plus riche en population qu'absorbe la partie la plus faible et rend celle-ci esclave et vassale des intérêts du plus fort. Nous réclamons donc la division du scrutin, le vote par province, comme on l'a fait pour les Etats de l'Italie centrale.»[145] In den nördlichen Regionen Savoyens wie auch in Genf wirkten Komitees von Savoyarden zugunsten eines Anschlusses an die Eidgenossenschaft. Ihr Anhang bestand hauptsächlich aus Liberalen. Es wurden Unterschriften gesammelt, und im Laufe des Monats März präsentierte sich eine savoyardische Delegation in Bern mit einer Liste von 11 502 Namen. Im ganzen ergab sich in Chablais und Faucigny, im sardischen Genevois und in Genf mit 13 651 Unterschriften eine eindrückliche Bewegung für einen Anschluss an die Schweiz.[146]

Der Bundesrat sandte den Lausanner Victor Emery nach Nord-Savoyen, der die Stimmung erkunden und gleichzeitig als Agent wirken sollte, was immer man darunter verstand. Auch Genfer Politiker waren unterwegs, diskutierten die aktuelle Lage und bemühten sich, den savoyardischen Komitees in ihrer heiklen Situation Hilfe anzubieten. «Les populations sont en grande majorité pour nous», stand in einem Bericht aus dem Chablais zu lesen.[147] Man erwarte einen schweizerischen Einmarsch. Wenn er nicht erfolge, werde die Reaktion sehr negativ sein. Die Rapporte aus der neutralisierten Zone klangen zunehmend pessimistisch. Was Victor Emery dem Bundesrat zu berichten hatte, war in keiner Hinsicht erfreulich. Die schweizerischen Hilfen kamen zu spät, nahmen sich allzu bieder und häufig ungeschickt aus. Den Savoyarden erschien die Haltung der schweizerischen Landesregierung als unklar. Wie hätte man von ihnen tapfere Aktionen erwarten können, solange sie nicht mit Sicherheit wussten, ob sie bei ihren nördlichen Nachbarn willkommen waren?

Die schweizerischen Radikalen erfuhren zu ihrer eigenen Überraschung Unterstützung von Seiten der Genfer Katholiken, deren unbestrittener Führer Abbé Gaspard Mermillod in Savoyen an der Seite von Victor Emery für die Sache Berns focht. Für den Genfer Sonderfall charakteristisch war der Umstand, dass die katholische Landbevölkerung nach einer Phase der Diskriminierung von James Fazy betulich behandelt wurde, denn die Radikalen waren zur Erhaltung der Macht auf ihre Stimmen angewiesen. Der streitbare Mermillod, der später als Bischof in der Schweiz persona non grata wurde, versuchte, den auf die Seite Frankreichs geschwenkten Klerus Savoyens von seinem Kurs abzubringen, ein hoffnungsloses Unterfangen, aber selbst in den Augen der Radikalen eine ehrenwerte Haltung. «Son talent, son immense réputation, son courage, tout est à la disposition de la cause suisse», schrieb Emery nach Bern.[148] Der Name Mermillod sei eine Art Talisman, der ihm viele Türen geöffnet habe. Es gehört zu den Kuriositäten der Historie, dass sich bei diesem Anlass eine rege Korrespondenz zwischen dem ultramontanen Geistlichen und dem Klosterstürmer Frey-Hérosé entwickelte.

Der unübersichtliche Konflikt um Nord-Savoyen wurde nicht transparenter, als mit dem Thema Religion ein weiterer Stein des Anstosses ins Spiel kam. Die in Aussicht genommene Eingliederung einer katholischen Region in die Eidgenossenschaft – wenige Jahre nach dem Sonderbundskrieg – löste in einigen Landesteilen einen antikatholischen Reflex aus. Man hätte gerne in Chablais und Faucigny eine militärische Zone eingerichtet, doch der in dieser Gegend dominierende Klerus war in der Schweiz nicht erwünscht. Das Dilemma brachte ausgerechnet der Bundespräsident des Jahres 1860 an die Öffentlichkeit. Er tat es ahnungslos, denn Frey-Hérosé war in den diplomatischen Gepflogenheiten wenig bewandert. In zwei Gesprächen mit dem englischen Gesandten Captain Edward Alfred Harris sprach der Chef des Politischen Departements davon, dass eine starke Militärgrenze in Savoyen dringend nötig sei, dass jedoch mit dem Anschluss der neutralisierten Zone das «römisch-katholische, ultramontane Element» einen übermächtigen Zuwachs gewinnen würde. In seinem Rapport an Aussenminister Lord John Russell, der sogleich in einem «Blue Book» veröffentlicht wurde, zitierte Captain Harris den Bundespräsidenten wie folgt: «Er sagte, dass in erster Linie diese Annexion ein römisch-katholisches Element sehr bigotten Charakters in die Eidgenossenschaft bringen würde, wodurch die Schwierigkeiten, mit welchen die eidgenössische Regierung zu schaffen hat, noch mehr gesteigert würden.»[149]

Frey-Hérosé gab sich in seinem Gespräch mit dem englischen Gesandten nicht mit der antikatholischen Schelte zufrieden, sondern setzte gleich noch zu einem Angriff auf die Genfer Radikalen an: «Dass viele Leute im Kanton Genf eifrig für die Annexion der Provinzen von Nordsavoyen an ihren Kanton seien, um den Steuerkreis zu vergrössern und sich selbst vom schweren Drucke zu befreien, herrührend von den enormen Auslagen, welche neuerdings durch die Quaibauten der Stadt Genf und anderer öffentlicher Verbesserungen veranlasst wurden; dass dies aber Unzufriedenheit in den zu annexierenden Provinzen hervorrufen würde.» Das undiplomatische Geplauder des Bundespräsidenten, zu seinem eigenen Erstaunen von der englischen Regierung schwarz auf weiss publiziert, führte zu einem peinlichen Nachspiel in der ausserordentlichen Bundesversammlung, in der Nationalrat Karl Styger von Schwyz gegen die Beleidigung der katholischen Schweiz und Ständerat Carl Vogt gegen die «Anschwärzung des Kantons Genf» protestierten.[150] Für den französisch gesinnten Klerus in Nord-Savoyen waren die Worte Frey-Hérosés Gold wert. Nun konnte man vor den Gläubigen nach Belieben das abstossende Bild einer protestantischen und ausserdem deutschdominierten Schweiz ausmalen.

Die Agitation gegen die katholische Gefahr nahm sich aus wie ein Kampf gegen Windmühlen. Zwar herrschte im katholischen Klerus der Innerschweiz eine erregte Stimmung gegen Frankreich, aber das hatte mehr mit dem bevorstehenden Untergang des Kirchenstaates als mit Savoyen zu tun. Philipp Anton von Segesser, die führende Persönlichkeit im schweizerischen Katholizismus, spottete über den «Marmotten-Canton», den man annektieren wolle. «Ich sehe nicht ein, wie ich da mitgehen könnte auf dem Weg, auf dem uns England in eine antifranzösische Koalition schleppt und aus uns das erste Kanonenfutter machen will», schrieb er in einem Brief an den Berner Konservativen August von Gonzenbach, der sich wider Erwarten in ein politisches Manöver der Radikalen hatte einspannen lassen: «Was mich betrifft, so bin ich von ganzer Seele für die Annexion von ganz Savoyen an Frankreich, aber auch fast allein, denn es ist unglaublich, welcher Blödsinn sich der Katholiken wegen der römischen Geschichte bemächtigt hat. Das wird dem Bundesrath unsere gesammte Pfaffheit zu Gebote stellen, uns nichts nüzen, wenn er sein Spiel gewinnt, wie bei der Neuenburgergeschichte, uns aber unendlich schaden, wenn er es einmal verlieren sollte.»[151]

Es zeichneten sich inzwischen in der Savoyen-Debatte verschiedene regionale Positionen ab, wobei in den Kantonen den jeweiligen Mehrheiten nicht zu unterschätzende Minderheiten gegenüberstanden, die nicht unbedingt mit Parteien identisch waren. Genf und das von Stämpfli beherrschte Berner Regime waren zu militärischer Intervention bereit, gegen kriegerische Abenteuer stellten sich vor allem die Waadt und Zürich. Man kann vermuten, dass im konkreten Fall die historischen Erfahrungen mit Frankreich über Sympathie und Antipathie entschieden. Die Republik Genf und der Berner Stadtstaat waren seinerzeit vom Revolutionsheer unterdrückt worden, die Waadt hingegen verdankte ihre Existenz dem französischen Direktorium. Das in wirtschaftlicher Expansion begriffene Zürich, Heimatstadt des «Eisenbahnbarons» Alfred Escher, war in seiner Entwicklung auf französische Allianzen und Kapital angewiesen. Von kriegerischen Verwicklungen in Savoyen und an der Westgrenze konnte man an der Limmat kaum etwas Positives erwarten.

Den ständigen Versuchen Bundesrat Stämpflis, die Stimmung anzuheizen und die Armee in Pikett-Stellung zu halten, setzte besonders die Waadt Widerstand entgegen. In einem Brief an den Bundesrat vom 21. März 1860 erklärte der Staatsrat in sorgfältig abgewogenen Worten, die kantonalen Truppen seien bereit, ihre Pflicht zu erfüllen, aber man sei mit einer «levée de boucliers» nicht einverstanden, und zwar weder mit militärischen Drohgebärden noch mit einem Einmarsch in Savoyen. Die Bevölkerung der Waadt wünsche keine Annexion von Chablais und Faucigny. Die neuen Bundesgenossen würden wegen ihrer katholischen Konfession Anlass zu Beunruhigung geben.[152] Drastischer drückte sich Capitaine Ferdinand Lecomte in einem Brief an Bundesrat Fornerod aus: «Je dois vous avouer qu'il y a une sensible différence entre les thermomètres politiques de Genève et de Vaud sur la question. Tandis qu'à Genève on vous reproche de la mollesse, ici on vous ferait plutôt le grief contraire, et jusqu'à présent, personne ne pense à s'aller battre en Savoie contre la France.»[153]

Im Katalog der Waadtländer Bedenken erscheint stets auch der Refrain von der konfessionellen Gefährdung der Eidgenossenschaft. Da in den hypothetischen

Debatten meist von einem Anschluss der neu gewonnenen Regionen an den Kanton Genf ausgegangen wurde, richteten sich die Warnungen zuerst an die Rhonestadt. Man gewann den Eindruck, die Waadt sei besorgt um die kalvinistische Identität von Genf, das nach einem Anschluss Nord-Savoyens zum grössten katholischen Kanton der Schweiz aufgerückt wäre. In den gelegentlich komisch anmutenden Diskursen warnten die Waadtländer ihren Nachbarn vor Grössenwahn, wobei die Klage wohl weniger dem seelischen Haushalt Genfs als der Gefahr eines übermächtigen staatlichen Gebildes am Genfersee galt.

Über die Art und Weise, wie die neuen Regionen in die Schweiz einzugliedern seien, wurden umständliche Überlegungen angestellt, obschon es völlig ungewiss war, ob der Fall je eintreten werde. In diesem Punkt fühlte man sich vor allem in der Waadt betroffen, dem unmittelbaren Nachbarn Savoyens. So unterbreitete Philippe Voruz, Redaktor der Wochenzeitung «Semaine», dem Waadtländer Bundesrat Fornerod Vorschläge, die er gleich «dans l'ordre de la pire à la meilleure» präsentierte:

«1. On donne tout au canton de Genève;
2. On donne le Faucigny à Genève et le Chablais à Vaud;
3. Ou faire du nouveau territoire un canton indépendant;
4. Ou alors faire deux cantons: Chablais et Faucigny.»[154]

Aus dem weitläufigen Kommentar von Philippe Voruz ergibt sich, dass Fall eins aus allen möglichen Gründen, vor allem aber wegen der zu befürchtenden Grösse Genfs, nicht in Frage kam. Bei der zweiten Lösung war festzuhalten, dass das zurückgebliebene bäuerliche Chablais im Kanton Waadt zu einem zweiten Berner Jura hätte verkommen müssen. Voruz spielte auch auf das heikle Verhältnis zwischen Basel-Stadt und Baselland an. Punkt drei scheiterte an den topographischen Gegebenheiten: Chablais und Faucigny und damit auch die möglichen Hauptstädte Thonon und Bonneville sind durch einen Gebirgszug getrennt und stellen keine Einheit dar.

In seiner Suche nach diplomatischer Unterstützung setzte der Bundesrat auf England, dessen Regierung aber im Laufe des Frühjahrs recht widersprüchliche Zeichen gab. Man war in London bereit, gegen die Annexion Savoyens an Frankreich zu protestieren, mit den Wünschen der Schweiz wollte man sich nicht ohne weiteres identifizieren.[155] Es gab darüber Debatten im Unterhaus, die der Regierung Palmerston ungelegen kamen. Auf der andern Seite empfahlen englische Diplomaten in Turin und Paris den schweizerischen Vertretern, auf einer Abtretung der neutralisierten Zone zu bestehen.

Der hilflose Versuch der Landesregierung, den Savoyen-Konflikt vor ein internationales Forum zu bringen und gleichzeitig mit der französischen Regierung im Geschäft zu bleiben, stiess nicht bloss in Paris auf Kritik, sondern verärgerte auch den englischen Aussenminister. Lord John Russell drohte, er werde sich aus der

Sache zurückziehen, falls Minister Kern weiter mit Aussenminister Thouvenel verhandle.[156] Frey-Hérosé begegnete dem Vorwurf gegenüber dem englischen Gesandten in Bern mit einer umständlichen Erklärung, die Verlegenheit und Hilflosigkeit erkennen liess. In der Folge warnte die englische Regierung den Bundesrat vor militärischen Provokationen.

Auch von Sardinien-Piemont erwartete die Landesregierung, solange die Abtretung Savoyens an Frankreich vertraglich nicht abgesichert war, Unterstützung ihrer Anliegen. Eine Illusion unter andern, denn in Turin hatte man von der Neutralisierung Nord-Savoyens nicht die selben Vorstellungen wie in der Schweiz. Ministerpräsident Cavour sagte dem schweizerischen Geschäftsträger, dass er nicht viel unternehmen könne, und empfahl, Hilfe in London zu suchen. Bereits im Februar hatte er seinem alten Bekannten Tourte erklärt: «L'Empereur tient trop à l'alliance anglaise pour risquer de l'ébranler à propos de 200 000 habitants de la Savoie qui sont nécessaires à votre sécurité. Tâchez de faire intervenir l'Angeterre.»[157] Post festum erkannten die schweizerischen Politiker, dass Graf Cavour in dieser Affäre – freiwillig oder gezwungen – ein Doppelspiel gespielt hatte. Die Erwartungen waren zu hoch geschraubt: Warum hätte sich der piemontesische Ministerpräsident für eine Ausdehnung des schweizerischen Territoriums in die Schanze schlagen sollen?

Der am 24. März 1860 zwischen Frankreich und Sardinien-Piemont unterzeichnete und kurz darauf publizierte Vertrag, der die Übergabe von Nizza und Savoyen besiegelte und die französische Grenze auf den Alpenkamm vorschob, erwähnte ausdrücklich die Rechte der Schweiz im neutralisierten Nord-Savoyen. Der Vorbehalt war angesichts der aufgeheizten Stimmung in Bern wenig hilfreich, denn er versprach weder die gewünschten Regionen noch eine bessere Militärgrenze. Jakob Stämpfli, unterstützt von seiner randalierenden «Männer-Helvetia», stimmte den anfänglich widerstrebenden Bundesrat in einer nächtlichen Sitzung auf seine harte Linie ein. Was sich dabei abspielte, beschrieb Bundesrat Jonas Furrer, der wegen einer langwierigen Krankheit nicht hatte mitwirken können, in einem Brief an Alfred Escher:

«In Genf hat man den Kopf verloren, und will von einem Tag auf den andern in Saint-Julien rothe Hosen erwarten, obwohl es wiederholt von Paris aus dementiert wurde. Die Vereine heizen ein und treiben darauf los, dass man sofort Nord-Savoyen besetze. Gestern waren sämmtliche Ausschüsse der Helvetia hier nebst viel andrer Mannschaft und verlangten dasselbe. Abends kamen (natürlich verabredeter Maassen) Depeschen aus Genf, die wieder das nämliche sagten, nämlich dass ganz gewiss in einigen Tagen, am 28ten (früher behaupteten sie am 26ten) Annecy und Saint-Julien besetzt werden. Nun verlangte Hr. Stämpfli eine sofortige Sitzung mit der Androhung, dass er sich sonst jeder Verantwortlichkeit entschlage. Hr. Frey liess sich dadurch bewegen, auf 8 Uhr Abends eine Sitzung anzusagen, die bis halb elf dauerte. Offenbar war der Bundesrath dadurch unter einen moralischen Zwang gebracht, weil er nicht zur Nachtzeit unter Anwesenheit eines Theils der Helvetia in Bern, unter Gruppen von Neugierigen auf der Strasse, sitzen konnte, ohne etwas in gewünschter Richtung zu beschliessen. Das wollte man natürlich, und man wollte ferner, dass der Bundesrath die Bundesversammlung durch die Aufstellung von Truppen binde, denn die letztre hat nun die Frage nicht mehr frei, ob jetzt schon Truppen aufgestellt werden sollen; sind sie einmal da, so können sie unter obwaltenden Umständen nicht leicht entlassen werden. Nun was geschah? – Beantragt wurden 18 Bataillone nebst Zubehörde an die Grenze zu schicken, um im geeigneten Moment Savoien besetzen zu können. Das fand Widerstand und am Ende wurde beschlossen, 6 Bat. nebst Zubehörde zu Wiederholungskursen (?) sofort einberufen zu lassen. Auch das geschah nicht einstimmig.»[158]

Die Landesregierung hatte schon zwei Tage früher die Bundesversammlung zu einer ausserordentlichen Sitzung auf den 29. März einberufen.[159] Es bedurfte keiner umständlichen Deutung: Das Parlament hatte zu entscheiden über Krieg und Frieden.

Politik zwischen Krieg und Frieden

Der nächste, überlaute Paukenschlag ertönte aus Genf. In dieser Stadt folgte eine politische Manifestation der andern, und die Politiker – unter ihnen nicht nur die radikalen – sparten nicht mit forschen Parolen. Der Staatsrat bot eine Batterie und später ein Infanterie-Bataillon auf. Er umschrieb den heiklen Akt – ähnlich wie es Stämpfli in Bern tat – mit «vorgezogenem Wiederholungskurs». Man hatte einigen Grund zur Aufregung. Die Delegation von Honoratioren aus allen Teilen Savoyens, die nach Paris gereist war und in der Hauptstadt als echte Vertretung des savoyardischen Volkes gefeiert wurde, hatte sich am 21. März in den Tuilerien dem Kaiser präsentiert und dabei eine die Gemüter bewegende Rede des Monarchen angehört. Der entscheidende Satz konnte die Schweiz nicht zuversichtlich stimmen: «Mon amitié pour la Suisse m'avait fait envisager comme possible de détacher en faveur de la Confédération quelques portions du territoire de la Savoie, mais devant la répulsion qui s'est manifestée parmi vous à l'idée de voir démembrer un pays qui a su se créer à travers les siècles une individualité glorieuse et se donner ainsi une histoire nationale, il est naturel de penser que je ne contraindrai pas au profit d'autrui le voeu des populations.»[160]

Am 25. März 1860 begaben sich die Savoyarden, zu diesem Zeitpunkt noch Bürger von Sardinien-Piemont, an die Urnen, um ihre Abgeordneten ins Turiner Parlament zu wählen – ein überflüssiges Ritual, denn am Tag zuvor war der Anschluss an Frankreich in einem Vertrag besiegelt worden. Nach der Stichwahl vom 29. März ergab sich, dass fast ausschliesslich für die neue Nation optierende Volksvertreter gewählt waren. Dennoch erreichten die von den schweizfreundlichen Komitees in die Arena geschickten Kandidaten in Chablais und Faucigny trotz massiven Behinderungen einen beachtlichen Stimmenanteil.[161] Von Genf aus hatten Savoyarden und radikale Agenten versucht, die Meinungen zu beeinflussen. Das Ergebnis erwies sich alles in allem für die eidgenössische Sache als negativ.

Der Umstand, dass zur selben Zeit französische Truppen aus der Lombardei durch Savoyen nach Hause marschierten, erzeugte in Genf eine explosive Stimmung, denn trotz französischer Zusicherungen glaubte man, die Armee Napoleons III. werde sich in der Nachbarschaft einrichten. Am 23. März trafen sich Radikale und mit ihnen erregte Bürger aus andern Lagern zu einer Volksversammlung, die von John Perrier, Juwelier, Grossrat, Demagoge von jakobinischem Zuschnitt, mit dem Aufruf «Préparez vos armes!» eröffnet wurde. Perrier war James Fazy treu ergeben und gleichzeitig sein Schuldner in undurchsichtigen Finanzgeschäften. Es präsentierte sich auch Staatsrat Jean-Jacques Chalet-Venel, der spätere Bundesrat, als Chef des kantonalen Militärdepartements. Er gab damit einer Veranstaltung mit fragwürdiger Legitimation gewissermassen einen offiziellen Anstrich. Seine Worte klangen martialisch: «Dans 24 heures, nous pouvons être en mesure d'opposer la force à la force. Tout a été préparé pour sauver la patrie de l'étreinte dont elle est menacée. A Genève, comme d'ailleurs dans toute la Suisse, chacun a son arme et sait en faire usage.» Die Rede von James Fazy, der bei diesem Anlass nicht fehlen konnte, wirkte im Vergleich zu den vorangegangenen Voten verklausuliert und gedämpft. Der schlaue Politiker ahnte, dass er sich auf dünnem Eis bewegte.[162]

Die folgenden Tage liessen für differenzierte Betrachtungen keinen Raum offen, denn in Genf war mehr Aktion als Analyse gefragt. Nun nahm John Perrier, wegen Haarfarbe und politischem Temperament «Perrier le Rouge» genannt, das Heft in die Hand und gebärdete sich als lokaler Condottiere, der sich mit einer Leibgarde umgab, die jederzeit für handfeste Taten zur Verfügung stand. Die seltsame Bruderschaft hatte sich den abenteuerlichen Namen «Fruitiers d'Appenzell» zugelegt. Auch James Fazy konnte sich bei Gelegenheit dieser Prätorianergarde bedienen, doch schob man die unruhigen Zeitgenossen beiseite, wenn eher moderate Töne erwünscht waren.[163] Die Vorgänge um Savoyen brachten John Perrier zur Überzeugung, dass er eine vaterländische Mission zu erfüllen habe. Er drückte das mit den Worten aus: «Il y a des choses que l'Assemblée fédérale ne peut pas faire officiellement, mais que nous pouvons faire, nous autres.»[164] Er hatte vermutlich auf irgendwelchen Umwegen den Auftrag erhalten, ein «Freicorps» zu gründen, und nahm an, über einen Blankoscheck des Staatsrats für spektakuläre Unternehmungen zu verfügen. Später wollte niemand mehr etwas von der fragwürdigen Kumpanei mit Perrier le Rouge wissen, doch einigermassen gesichert ist die Tatsache, dass Elie Ducommun, Vizekanzler des Staatsrats und Redaktor der radikalen «Revue de Genève», dem Haudegen 1000 Franken aus einem Spezialfonds in die Hand drückte, und dass man ihm einen Gutschein des Militärdepartements zum Bezug von Munition aus dem Arsenal übergab.[165]

Am 29. März entschloss sich John Perrier zu einer spektakulären Aktion in Savoyen. Aus der neutralisierten Zone waren zwiespältige Nachrichten nach Genf gelangt. Offensichtlich gerieten die schweizfreundlichen Kreise immer mehr in Bedrängnis, und die Wahlen ins Turiner Parlament deuteten – so unwichtig sie im Grunde waren – ein für Frankreich günstiges Klima an. Anderseits ging das Gerücht um, in Chablais und Faucigny werde ein Aufstand zugunsten der Schweiz ausbrechen, sobald eidgenössische Truppen ins Land einmarschierten. In einer Nacht- und Nebelaktion hatten sich zwei Genfer Delegationen, unter ihnen einige «Fruitiers d'Appenzell», mit Fahnen und Propagandamaterial auf den Weg nach Thonon und Bonneville gemacht, waren aber bei ihren savoyardischen Freunden auf wenig Begeisterung gestossen. Immerhin wollte man in Genf vernommen haben, in Thonon wehe eine Schweizer Fahne. Das wurde von Perrier und seinem Anhang als Signal verstanden. Der Freikorpsführer traktierte seinen aus verschiedenen Stadtteilen zusammengelaufenen Anhang im Café du Mail mit Wein und Absinth, denn er verfügte ja über Bargeld. Dann kümmerte er sich um ein Schiff und stiess dabei auf den «Aigle II», den er sogleich unter Dampf setzen liess. Dem anfänglich zögernden Kapitän Philippe Chappuis erklärte Perrier le Rouge, er werde ein «Freicorps des Staatsrats» nach Nord-Savoyen führen. Die schriftliche Bestätigung des Auftrags, unterzeichnet von Elie Ducommun, werde rechtzeitig eintreffen.

Im Laufe der Nacht fand sich der bewaffnete Anhang Perriers auf der «Aigle» ein und setzte an Bord das am Abend begonnene Trinkgelage fort. Die Expedition wurde so geräuschvoll inszeniert, dass auch die Genfer Polizei das Treiben nicht überhören konnte. Gegen Morgen lief der Dampfer ohne irgendeine Behinderung aus, mit einer singenden Korona an Bord und einem unklaren Auftrag, den vermutlich nicht einmal Perrier umschreiben konnte. Für die Beteiligten bewegte sich die Aktion zwischen militärischem Handstreich und vergnüglichem Ausflug. «Amuser la galerie» war schon oft ein Anliegen der «Fruitiers d'Appenzell» gewesen. Auf der «Aigle» zählte man 35 Expeditionsteilnehmer, Perrier le Rouge eingeschlossen. Das schriftliche Plazet des Staatsrats war vor der Abfahrt nicht aufs Schiff gelangt, und Elie Ducommun hatte sich nicht mehr blicken lassen.

Um sieben Uhr erschien das Dampfboot vor Thonon. Die Annäherung an die Hauptstadt des Chablais war alles andere als kriegerisch. Kapitän Chappuis hatte in weiser Voraussicht Gewehre und Munition in eine abgeschlossene Kabine gesperrt. Die «Aigle» lag vor dem Hafen, und Perrier ging mit einigen Genossen in einem Ruderboot an Land. Die Schweizer Fahne war nicht zu finden, denn die Einwohner hatten sie längst heruntergeholt. Es wehte für die Eidgenossen kein günstiger Wind. Also setzte man sich in ein Café, trank Absinth und kehrte so bald wie möglich auf das Schiff zurück.

Das nächste Ziel war Evian. Hier ging die Horde ohne Waffen an Land, durchstreifte singend und grölend die Stadt und gab in Sprechchören das politische Anliegen kund: «Vive la Suisse! Vive le drapeau fédéral!» Zum Mittagessen traf man sich in einem Restaurant am Hafen. Hier erschien denn auch der Bürgermeister von Evian in Begleitung eines Polizeimajors und bat Perrier, man möge auf Gesänge und lautstarke Manifestationen verzichten. Die Gesellschaft schickte sich in diese Beschränkung, denn der Tatendrang war inzwischen erheblich gedämpft. Perrier le Rouge und die Vertreter der Stadt prosteten sich gegenseitig zu, der Anführer des Unternehmens beglich die Rechnung, und damit kam die Expedition zu ihrem Ende.

Kapitän Chappuis hatte sich inzwischen mit der «Aigle» samt Waffen und Munition aus dem Staub gemacht. Den verhinderten Kriegern blieb nichts anderes übrig, als mit dem am frühen Nachmittag eintreffenden Kursschiff «Italie» nach Genf zurückzukehren. Beim Einsteigen sangen die Gefährten Perriers die Marseillaise. Das war eine letzte trotzige Gebärde, als republikanisches Memento gedacht, denn die revolutionäre Hymne war im Zweiten Kaiserreich verboten und in der vom Klerus beherrschten Gegend ohnehin verpönt.

In Bern reagierte man rasch auf den seltsamen Husarenstreich der radikalen Genfer Garde.[166] Der Bundesrat unterstellte die in Genf und im Waadtland aufgebotenen kantonalen Truppen dem eidgenössischen Kommando unter Oberst Karl Eduard Ziegler, der seit dem Vorjahr in Lausanne stationiert war. Der Dampfer «Italie» wurde auf der Rückfahrt von dem mit Truppen besetzten «Guillaume Tell» abgefangen und die Kohorte Perriers, die am Vortag voller Tatendrang ausgezogen war, in Genf ins Gefängnis gebracht. Perrier berief sich zu seiner Verteidigung auf den Auftrag des Staatsrats zu einer Aktion des «Freikorps», das vermutlich einen Aufstand der Savoyarden auslösen und damit den Einmarsch schweizerischer Truppen hätte rechtfertigen können. Eine These, die von Vizekanzler Elie Ducommun bestritten wurde, wobei das Dementi nicht glaubwürdiger klang als die Version des Freischarenführers, dem bloss die schriftliche Legitimation fehlte. Dann gab es noch die abenteuerliche Variante, die Expedition nach Thonon sei von französischen Agenten inszeniert worden, um die Sache der Schweiz zum vornherein zu diskreditieren. Das Fazit war in jedem Fall kläglich: Was als Staatsaktion gedacht war, endete als Ausflug einer betrunkenen Bruderschaft.

Die von der Landesregierung mit staatsmännischer Geste angeordnete Untersuchung geriet ins Unverbindliche, sobald sie in politisch heikle Zonen vordrang. Charakteristisch für das geringe Bedürfnis nach ernsthafter Aufklärung ist die Reaktion der beiden eidgenössischen Kommissäre Arnold Otto Aepli und Emil Welti. Der Aargauer Welti schrieb an Bundespräsident Frey-Hérosé, man müsse davon ausgehen, dass die Komplizen Perriers hoch oben angesiedelt seien. Es liege deshalb im Interesse Genfs und auch des Bundes, auf eine Anklage zu verzichten, die für beide Seiten nur peinlich werden könne.[167] Gemeint waren vor allem James Fazy und Jakob Stämpfli. Arnold Otto Aepli, als Kommissär im Genfer Umfeld erfahren, äusserte sich in seinen Memoiren: «Die Untersuchung ergab keine Indizien, dass auch die Regierung von Genf in die Sache verwickelt gewesen wäre, obschon nicht unwahrscheinlich ist, dass einzelne Mitglieder derselben davon gewusst haben. Ja, ich habe Grund, anzunehmen, dass ihr auch Bundesrat Stämpfli nicht ganz fremd war und dass ein gewisser Widmer, eidgenössischer Telegraphenbeamter in Genf, den vertrauten Boten zwischen Genf und Bern gemacht hatte.» Über die Aufklärung der Angelegenheit dachte Kommissär Aepli ähnlich wie Emil Welti: «Das Kommissariat dauerte bis zum 20. August. Die Untersuchung wurde abgeschlossen und die Akten gingen an die Anklagekammer des Bundesgerichtes. Mein Freund Blumer, Mitglied der letztern, befragte mich vertraulich um meine Meinung über die weitere Behandlung der Sache. Ich riet ihm, dieselbe nicht an das Geschworenengericht gehen zu lassen, sondern niederzuschlagen, da das Attentat auf Thonon so ohne alle Folgen geblieben, in Genf vollständige Ruhe zurückgekehrt sei und der Hauptbeteiligte durch die lange Untersuchungshaft schon eine ordentliche Bestrafung zu erleiden gehabt habe.»[168]

Die Expedition von Thonon ist heute noch von Geheimnissen umgeben. Immerhin ist der Verdacht erlaubt, dass diese Parodie eines militärischen Handstreichs nicht allein dem unbesonnenen Tatendrang von Perrier le Rouge zu verdanken war, sondern dass seine Gönner im radikalen Lager den Anführer in das einfältige Abenteuer getrieben haben. Für Hohn und Spott war gesorgt. Nach dieser dilettantischen Vorstellung war der Gedanke an einen schweizerischen Einmarsch in die neutralisierte Zone in die Ferne gerückt, denn die Bevölkerung Nord-Savoyens hatte nun konkret erfahren, was von den martialischen Parolen in Bern und Genf zu halten war.

Am 29. März trafen sich die Parlamentarier in Bern zur ausserordentlichen Bundesversammlung. In der Botschaft des Bundesrats fand sich neben einer weitläufigen Schilderung der politischen und diplomatischen Vorgänge um Savoyen die Schlussfolgerung, der Vorbehalt zugunsten der Schweiz im piemontesisch-französischen Vertrag von 24. März genüge nicht, um die Interessen des Landes zu wahren: «Die Neutralisierung der fraglichen Provinzen hätte für die Schweiz durchaus keinen reellen Gehalt, wenn dieselben mit Frankreich vereinigt sind. Ein Zustand, der gegenüber von Sardinien seine volle Berechtigung hatte, müsste jeder rationellen Grundlage baar sein, gegenüber einer der ersten Militärmächte Europas.»[169] Nach einem Hinweis auf die militärische Gefährdung der Schweiz, die zu den heftig kritisierten Truppenaufgeboten geführt hatte, erklärte die Botschaft, man stehe am Ende der diplomatischen Möglichkeiten: «Auf diesem Punkt angelangt, mussten wir uns gestehen, alle Mittel erschöpft zu haben, um zu demjenigen Ziele zu gelangen, das für die Schweiz als eine Lebensbedingung aufgefasst werden muss und das uns, wie gezeigt worden ist, ursprünglich zugesagt war.» Für den Bundesrat ergab sich eine eindeutige Schlussfolgerung. Er wünschte Vollmachten, die ihm – ganz im Sinne von Jakob Stämpfli – erlaubt hätten, eine Lösung des Konflikts durch eine militärische Intervention in Nord-Savoyen zu versuchen. Es ging also für die Bundesversammlung um eine Entscheidung zwischen Krieg und Frieden.

Die von der «Helvetia» gepflegte Schreckensvision, der Anschluss Savoyens an Frankreich müsse früher oder später zum Untergang der Eidgenossenschaft führen, stiess vor allem in den östlichen Landesteilen auf Widerspruch. In Zürich zum Beispiel wogen die Wirtschaftsbeziehungen zum westlichen Nachbarn schwerer als der Besitz einer zurückgebliebenen Bergregion auf der Südseite des Genfersees. Nationalrat Alfred Escher war der richtige Mann, wenn es galt, den Eifer Jakob Stämpflis zu dämpfen. Er hatte bereits in der Eisenbahnpolitik die staatspolitischen Ideen des Berner Radikalen bekämpft. Im Konflikt um Savoyen fand er die Unterstützung des Zürcher Ständerats Jakob Dubs, der in der Kontroverse um die Staatsbahn eher zum Lager Stämpflis gehörte.

Was anfänglich auf einen offenen Konflikt zwischen Landesregierung und Parlament hinauslief, wurde schliesslich von Escher und Dubs auf eine Formel gebracht, die dem Bundesrat erlaubte, nach aussen das Gesicht zu wahren. Die Sache gestaltete sich für eidgenössische Verhältnisse dramatisch, da der Bundesrat zu Beginn zu keinen Konzessionen bereit schien. An Stelle der Vollversammlung trat eine gemeinsame Kommission beider Räte zusammen, die unter dem Präsidium von Alfred Escher die Bundesräte der Reihe nach zur Aussprache zitierte. Das geschah in einem ungewöhnlichen Verfahren, das sich zwischen Kolloquium und Verhör bewegte.[170] Als erster Bundesrat trat Jakob Stämpfli an, der sogleich für die nötigen Geräusche besorgt war. Die Kommissionen der Räte hätten nach Verfassung einzeln zu tagen, erklärte er. Die gemeinsame Sitzung sei illegal. Dann ergriff er den Hut und verliess das Lokal. Die andern Bundesräte – mit Ausnahme des wegen Krankheit abwesenden Furrer – mussten sich eine Lektion über die Prärogativen des Parlaments anhören, das allein über Krieg und Frieden entscheide. Man fand eine salomonische Lösung, um der Landesregierung eine öffentliche Blamage zu ersparen. Die beiden Räte würden den Vollmachten zustimmen, dies in der stillschweigenden Annahme, dass die Regierung davon nicht Gebrauch mache. In Bezug auf militärische Unternehmungen formulierte Alfred Escher im Bericht an den Nationalrat einen Beschlussentwurf, der neben andern die folgenden Punkte enthielt:

«2. Der Bundesrath wird fortfahren, die Rechte und Interessen der Schweiz in Beziehung auf die neutralisirten Provinzen kräftig zu wahren und insbesondere dahin zu wirken, dass bis zu erfolgter Verständigung der Status quo nicht verändert werde. In Anwendung aller dazu erforderlichen Mittel wird ihm Vollmacht ertheilt.

3. Sollten weitere militärische Aufgebote stattfinden oder andere ernste Umstände eintreten, so wird der Bundesrath die Bundesversammlung unverzüglich wieder einberufen.»[171]

Im übrigen seien, so Alfred Escher in seinem Bericht, die Verhandlungsmöglichkeiten noch lange nicht ausgeschöpft, auch müsse man die Antworten der Vertragsmächte von 1815 auf die Note des Bundesrats vom 19. März abwarten. Man hatte in den Räten eine erregte Debatte über den Savoyen-Konflikt und über die Haltung des Bundesrats erwartet, doch das Rededuell blieb aus. Selbst James Fazy sprach in gemässigtem Ton. Im Ständerat wurden die Vorschläge der Kommission einstimmig, im Nationalrat mit bloss drei Gegenstimmen angenommen. Gegen die Vollmachten an den Bundesrat stimmte der Luzerner Philipp Anton von Segesser aus verfassungsrechtlichen Gründen.

Die eigenartige Lösung des Kompetenzkonflikts liess in der Öffentlichkeit anfänglich den Eindruck entstehen, der Bundesrat habe sich mit seinen Thesen durchgesetzt. Das erschien seltsam angesichts der Tatsache, dass man sich über die verschiedenen Optionen im Parlament kaum gestritten hatte. Erst mit der Zeit wurde sichtbar, dass die Bundesversammlung die Kompetenzen der Landesregierung mit einer harmlos klingenden Formel beschnitten hatte. Bundesrat Fornerod, einst ein Anhänger von Jakob Stämpfli, sah in diesem Punkt klar: «L'Assemblée fédérale nous a cassé les bras, et nous ne pouvons plus à l'heure songer à une occupation. La question est perdue mais nous avons fait notre devoir.»[172]

In den ersten Tagen des Monats April versuchte der Bundesrat, sich unter den neuen Bedingungen zurecht zu finden, ohne zum vornherein die bisherigen Positionen zu räumen. In kurzen Abständen folgten Noten an die Signatarmächte von 1815. Man drängte die Grossmächte, so rasch wie möglich den Fall Savoyen in einer europäischen Konferenz zu regeln. Frankreich hingegen hatte gar keine Eile und verwies auf das kommende Plebiszit, in dem die Savoyarden sich zum piemontesisch-französischen Annexionsvertrag würden äussern können. Aussenminister Thouvenel hatte Minister Kern erklärt, Frankreich werde auf eine militärische Besetzung Savoyens verzichten, solange die Schweiz nicht interveniere, es lasse sich aber von einer «zivilen Besitzergreifung von ganz Savoyen» nicht abhalten. Die schweizerische Verunsicherung über die sogenannte «Civilbesitznahme» kam in einem Schreiben von Friedrich Frey-Hérosé an seine Kollegen zum Ausdruck, in dem der Bundespräsident in gewundener Argumentation den Krieg als beinahe unvermeidlich hinstellte und gleichzeitig betonte, die Bundesversammlung werde, wenn er sie richtig verstanden habe, kaum für einen militärischen Konflikt stimmen: «Eine solche Civilbesitznahme würde nun allerdings den Status quo wesentlich, und zwar zu Ungunsten der Schweiz ändern, und möglicherweise die Entschliessungen der zur Bereinigung der Sache angerufenen Mächte erschweren. Auch dürfte dadurch die Aufregung in der Schweiz bedeutend wachsen und vielleicht zu Vorfällen Anlass geben, welche die Lösung der Frage nur erschweren könnten. Frankreich erklärt nun aber auch bestimmt, dass es an Unterhandlungen und an einer Conferenz nicht Theil nehme, solange es nicht im Besitz von Savoyen sei. Wird von der Schweiz jede Civilbesitzergreifung der Nordprovinzen Savoyens bestritten, von Frankreich aber dieselbe rücksichtslos angestrebt und durchgeführt, so möchte ein Conflikt kaum vermieden werden können; die Civilbesitznahme wäre ein Kriegsfall und die Schweiz müsste die Rolle des Angreifers übernehmen. (...) Ganz Europa den Handschuh hinwerfen, das werden wir auch nicht wollen.»[173] In Bezug auf die Hilfe, die man von andern Grossmächten zu erwarten hatte, gab sich der Bundespräsident keinen falschen Hoffnungen hin. Die Schweiz wäre schlecht beraten, so meinte er, wenn sie einen Konflikt provozierte, der für ganz Europa schlimme Folgen haben müsste. Auch auf England konnte man sich nicht verlassen: «England räth uns ja aus allen Kräften an, mit der nöthigen Energie auch die nöthige Mässigung zu verbinden und uns ja nicht in eine isolirte Stellung zu begeben.»

An verbalem Beistand fehlte es auf der europäischen Bühne nicht. Preussen verurteilte die Annexionspolitik des französischen Monarchen, in Wien zeigte man offen Sympathien für die Schweiz, meist verbunden mit dem ernüchternden Hinweis, dass die Donau-Monarchie von den Vorgängen in der Toscana und im übrigen Mittelitalien vitaler betroffen sei als vom Handel um Savoyen. Russland wollte nichts gegen Frankreich unternehmen. Deshalb war auch ein ausserordentlicher Gesandter der Schweiz in St. Petersburg nicht genehm. Bundesrat Furrer meinte dazu in einem Brief an Alfred Escher: «Petersburg wünscht, dass wir keinen schicken – schlechtes Zeichen.»[174]

In der schweizerischen Öffentlichkeit nahm im Monat April die Polemik zwischen den zu einem militärischen Kraftakt bereiten Radikalen und den vor allem durch Alfred Escher vertretenen Wirtschaftsliberalen an Lautstärke zu. Getragen wurde sie in erster Linie von der «Berner Zeitung» und vom «Bund», die beide die Thesen von Jakob Stämpfli verfochten, und von der «Neuen Zürcher Zeitung».[175]

In den Kreisen der «Helvetia» war man rasch mit Vokabeln wie «Landesverrat» und «Korruption» zur Stelle, als man sich nach kurzer Euphorie Rechenschaft über die Auswirkungen des zwischen Bundesversammlung und Landesregierung getroffenen Kompromisses gab. Zum Abtrünnigen wurde der Zürcher Ständerat Jakob Dubs gestempelt, der unter dem Titel «Die tiefern Differenzen in der Savoyerfrage» zwischen dem 16. und 22. April in der «Neuen Zürcher Zeitung» in einer Artikelserie eine moderate Politik empfahl.[176] Der Appell des Zürcher Politikers wurde auch als Broschüre in deutscher und französischer Sprache im ganzen Lande vertrieben.

Jakob Dubs, der spätere Bundesrat, war durchaus der Meinung, der Bund müsse sich um einen Anschluss von Chablais und Faucigny an die Schweiz bemühen, und der Bundesrat habe in diesem Punkt richtig gehandelt. Dann aber setzte er zur Manöverkritik an. Die Landesregierung habe mit untauglichen Argumenten Rechtsansprüche auf ein «Miteigentum» in Nord-Savoyen geltend gemacht, während in Tat und Wahrheit nur ein Servitut zugunsten der Schweiz bestehe. Man habe Recht und Interesse nicht klar auseinander gehalten: «Wir glauben, der Bundesrath sei selber über jene Grenzen nicht ins Klare gekommen; wenigstens schwimmen Gründe des Rechts und des politischen Interesses in seinen Staatsschriften vielfach unklar durcheinander und bei einer genauern Analyse findet man nicht immer einen klaren, festen Standpunkt. In unsern Augen ist das ein Fehler.» Dubs war um Polemik nicht verlegen. Es gebe Leute – gemeint waren die Radikalen der «Helvetia» –, die glaubten, Napoleon III. würde sich durch einen Einmarsch der schweizerischen Armee einschüchtern lassen. Das sei «ein Glaube kindlicher Gemüther», oder dann wolle man einen Krieg provozieren in der Absicht, den Kaiser zu stürzen. Mit der Hilfe der Grossmächte sei in keinem Fall zu rechnen. Dazu der Zürcher Politiker: «Und wenn uns die Koalition dann im Stiche gelassen hat, was dann? ‹Dann stirbt die Schweiz den Heldentod!› Schön gesagt, und auch wir hoffen allerdings, dass sie wenigstens mit Ehren zu Grunde gehen würde. Allein wir möchten doch an die Helden der Helvetia die bescheidene Frage stellen, ob nicht nachher, wenn die Schweiz entweder zerstückelt oder, auch im ungefähren bisherigen Bestande, gefesselt neben dem Triumphwagen des Imperators einherschreiten müsste, Stunden bitterer Reue eintreten könnten, wo der ernüchterte Geist bekennen müsste, das Schicksal, das man übermütig selbst herausgefordert, sei im Grunde durch eigne Schuld verdient?»

Jakob Dubs setzte sich mit dem Argument auseinander, die Schweiz benötige zur Verteidigung des eigenen Territoriums eine «günstige Militärgrenze» in Nord-Savoyen. Er konnte darauf hinweisen, dass die Meinungen der militärischen Fachleute in dieser Frage auseinander gingen. Der Militärschriftsteller Wilhelm Rüstow zum Beispiel, ehemaliger preussischer Offizier und Generalstabschef von Giuseppe Garibaldi im Sizilien-Feldzug, empfand den Besitz von Savoyen eher als Belastung denn als Gewinn für die schweizerische Landesverteidigung. Ähnlich äusserte sich der alte General Jomini, den die Landesregierung um Rat anging. Eine Meinung, die im Generalstab in den folgenden Jahrzehnten häufig vertreten wurde und die auch Theophil Sprecher von Bernegg nicht fremd war. In einem Krieg mit Frankreich wollte man den Kampf um das eigene Land nicht im peripheren Savoyen ausfechten.

Die innerschweizerische Debatte dauerte noch längere Zeit an, denn man wartete gespannt auf das von Frankreich verordnete Plebiszit in Savoyen. Am 15. April verlangte der Zentralausschuss der «Helvetia» vom Bundesrat erneut «die sofortige, vor der Abstimmung vom 22. April auszuführende militärische Besetzung des innert der Vertheidigungslinie der Schweiz gelegenen Gebiets von Savoyen anzuordnen».[177] Ehemalige Angehörige der Neapolitaner Söldner-Regimenter – für die Radikalen bisher Marionetten der Reaktion – vereinigten sich zu Freikompanien und boten ihre Dienste Bundesrat Stämpfli an.[178] Wiederum fochten tapfere Kämpfer an ihren Schreibtischen, unter ihnen Gottfried Keller, der noch spät im Herbst in einem Brief an Ludmilla Assing ankündigte, er werde «einige schlaffe und kriegsscheue Gesellen aus dem Nationalrat hinauswählen».[179] Dem in Bedrängnis geratenen Jakob Dubs stand der konservative Philipp Anton von Segesser bei, worauf ihm der Zürcher in bewegten Worten dankte: «Es ist auch ein Zeichen von Gesundheit, dass bei vaterländischen Fragen sich Männer der verschiedensten Parteien die Hand bieten.

Es wollte mir auch scheinen, die Bewegung nehme allmählich einen demagogisch-terroristischen Charakter an und es sei darum Zeit, ihr mit allem Ernst und ganzer Kraft entgegenzutreten.»[180] Er rechne damit, dass er nun des Landesverrats bezichtigt werde, weil er die Wahrheit gesagt habe. Segesser seinerseits wollte sich Dubs gegenüber erkenntlich zeigen, da er die Rolle der Katholiken im Savoyen-Konflikt entgegen andern Tendenzen sachlich wertete. Er müsse darauf hinweisen, schrieb der Zürcher Ständerat in der «Neuen Zürcher Zeitung», «dass fast die gesamte katholische Schweiz nicht im Lager der Kriegslustigen stand».[181] Das war, für jedermann sichtbar, ein Seitenhieb gegen Bundesrat Frey-Hérosé.

In Savoyen liefen die Vorbereitungen für die Volksbefragung in der von Frankreich gesteuerten Richtung, denn die französische Präsenz in den transalpinen piemontesischen Provinzen war erdrückend, und dies zu einem Zeitpunkt, in dem die Annexion völkerrechtlich noch gar nicht vollzogen war. Französische Truppen standen in Chambery, die Provinzen Annecy und Chambéry, von frankreich-freundlichen Gouverneuren geleitet, wandelten sich in Departemente. In den Lokalverwaltungen, die in Chablais und Faucigny Sympathien für die Schweiz zeigten, wurden Funktionäre eingesetzt, die sich nach Paris orientierten. Wie offen der Druck ausgeübt wurde, zeigte ein Artikel in der savoyardischen Zeitung «Bon Sens» vom 12. April, der von «grossen Säuberungen» spricht: « Une chose très importante pour le succès de la grande votation à laquelle la Savoie va être appelée, c'est d'avoir à la tête de chaque commune, un syndic franchement dévoué à l'annexion française; car c'est lui qui doit donner l'impulsion et présider aux opérations électorales. Un syndic dévoué encore au piémontéisme ou faisant des voeux pour la Suisse, serait tout à fait déplacé dans une pareille circonstance. Nous apprenons avec plaisir que de grandes épurations ont été faites déjà dans la province de Chambéry, parmi les syndics hostiles ou suspects. Nous engageons tous les amis sincères de la France à avoir l'oeil ouvert sur les chefs de leurs administrations communales.»[182] Die Tatsache, dass im Parlament in Turin gegen den Handel protestiert wurde und Giuseppe Garibaldi gegen die Abtretung seiner Heimatstadt Nizza kämpfte, wurde kaum noch zur Kenntnis genommen.

Es war die Stunde der Opportunisten. Wer es sich leisten konnte, reiste nach Paris und bewarb sich um eine Pfründe des Kaiserreichs. Der bei vielen Savoyarden sichtbar gewordene Gesinnungswandel wurde von kritischen Geistern mit entsprechenden Kommentaren bedacht: «Sie lecken die Stiefel Napoleons, auch wenn sie früher geschrien haben: à bas la France!» Man gab sich im Sinne der Nationalitäten-Bewegung nun plötzlich darüber Rechenschaft, dass Savoyen einer andern Kultur angehörte als das ehemalige Mutterland Piemont. Frankreich stellte eine Erneuerung des ganzen Landes in Aussicht: Kapital sollte ins Land fliessen, ein Eisenbahn- und ein Strassennetz angelegt, die Flüsse Arve und Isère korrigiert, der Mont-Cenis-Tunnel vollendet werden. Für die Geschäftsleute in den Städten war die kapitalistische Dynamik des Zweiten Kaiserreichs eine reale Versuchung, weniger hingegen für die liberalen Demokraten, die Napoleon III. die Zerstörung der französischen Republik nicht verzeihen konnten. Der in den ländlichen Regionen mächtige Klerus hatte im Laufe der Jahre die Front gewechselt. Das Gespenst der französischen Revolution, seinerzeit gegenwärtig im Département du Léman mit seiner Hauptstadt Genf, war im Dunkel der Geschichte verschwunden.[183] Ungetrübt blieb hingegen die Feindschaft gegen den von Cavour geschaffenen liberalen Staat Sardinien-Piemont. Also schwenkte man auf die französische Seite, obschon das Kaiserreich gegenüber der katholischen Kirche in Italien eine zweideutige Politik betrieb. Auch in Savoyen versprach Napoleon III. jedem etwas, sei er nun klerikal oder liberal.

Im Kampf für das neue Vaterland bediente sich die Geistlichkeit ohne Bedenken der zur Verfügung stehenden religiösen Mittel. Der Zugriff auf die Volksseele geschah in vielfältiger Form. Er erfolgte in Versammlungen und im Beichtstuhl. In Predigten verband man das Wohl der Kirche mit dem französischen Kaisertum. Die «athlètes de la foi», wie Republikaner die eifrigen Seelenhirten nannten, segneten französische Fahnen und zeigten sich mit angehefteter dreifarbiger Kokarde. Gegen diese geistliche Front vermochte auch der Genfer Abbé Mermillod mit seiner eindrücklichen Rhetorik nicht anzukommen.

Eine Peinlichkeit blieb den Klerikern in Savoyen nicht erspart: Voraussetzung für den Anschluss des Landes an Frankreich war die Einigung Italiens, und diese wiederum war nur möglich, wenn der Kirchenstaat liquidiert wurde. Da gab es nur einen Rat: Man schloss die Augen vor dem, was sich jenseits der Alpen zutrug, und huldigte den Insignien des französischen Nationalstaats mit dem bei Bekehrten üblichen Eifer.

Über den Ausgang des Plebiszits gab es schon bald keinen Zweifel mehr, denn die Frage lautete schlicht: Anschluss an Frankreich, Ja oder Nein? Die in Nord-Savoyen geforderte Option für die Schweiz gab es nicht. Sie wäre auch bei einem mehrheitlichen Votum für die Eidgenossenschaft ohne Auswirkungen geblieben, denn nach dem Verständnis des Kaisers ging es nicht mehr um die Wahl zwischen Frankreich und Piemont, sondern um die Bestätigung der völkerrechtlich mit dem Vertrag vom 24. März bereits vollzogenen Tatsache der Annexion. Schliesslich hatte Napoleon III. im Jahre 1851 mit einer ähnlichen Geste seine Machtübernahme bestätigen lassen. In den pro-französischen Proklamationen wurde den Savoyarden auch in aller Deutlichkeit gesagt, dass ein «Nein» am Anschluss des Landes an Frankreich nichts ändern würde, die Bevölkerung hingegen – hier klangen düstere Drohungen an – in einem solchen Falle die Konsequenzen aus der unfreundlichen Haltung zu tragen hätte.

Napoleon III. sandte den Senator Armand Laity, einen alten Freund und Berater, als Gesandten und Agitator nach Savoyen, der wie ein kaiserlicher Herold durch die Provinzen zog und sich mit gehörigem Pomp feiern liess. Sein Auftritt war vor allem gegen die Schweiz gerichtet, die er wie sein Monarch seit den Zeiten auf dem Arenenberg kannte. Im Faucigny und in einigen Gemeinden des Chablais traf Laity auf Zurückhaltung, was darauf hindeutete, dass die Bevölkerung vom Segen der bereits getroffenen Wahl noch nicht überzeugt war. Doch es wurde mit jedem Tag gefährlicher, Zeichen für die Schweiz zu setzen. Jede Meinungsäusserung, die nicht zugunsten Frankreichs lautete, war praktisch untersagt. Die den schweizerischen Anliegen günstig gesinnte Zeitung «La Savoie du Nord» stellte am 5. Mai ihr Erscheinen ein. Die savoyischen Komitees, im eigenen Land zum Schweigen verurteilt und von der Schweiz im Stich gelassen, versammelten sich in Genf. Sie forderten ihre Anhänger auf, sich der Stimme zu enthalten, ein dürftiger Versuch, gegen den zur Farce ausartenden Volksentscheid zu protestieren. «On intimide les esprits», schrieb der französische Historiker Paul Guichonnet. Es blieb nur Resignation. Nach dem Stichtag liess sich Joseph Bard, die leitende Persönlichkeit der Anschlussbewegung an die Schweiz, in Genf nieder, wo man ihm und einigen Gleichgesinnten das Ehrenbürgerrecht verlieh.

Den Bürgern der Provinz Annecy hatte man den Entscheid leichter gemacht, indem sie – dies ein später, aber wirksamer Einfall – statt «Ja» oder «Nein» auch für «France et Zone» stimmen konnten. Mit «Zone» war eine von Frankreich einseitig dekretierte, erweiterte Freihandelszone gemeint, die Chablais und Faucigny umfasste und den Bauern einige jener Vorteile in Aussicht stellte, die sie bei einem Anschluss an die Schweiz gewonnen hätten. Dass Bern diese Zone gar nicht wünschte, wurde souverän übergangen.

Am 22. und 23. April ging die Volksbefragung mit Feiern und patriotischen Umtrieben jeglicher Art in Szene. Das Ergebnis, eine überwältigende Zustimmung zum Anschluss an Frankreich, konnte nicht mehr überraschen. In der Provinz Annecy, zu der Chablais und Faucigny gehörten, stimmten 61 430 Wähler für die Annexion an Frankreich, 47 076 von ihnen mit dem Stimmzettel «Oui et zone». 160 Wähler entschlossen sich zu einem Nein. Man fragte sich, ohne eine plausible Erklärung zu finden, wo die 12 000 Unterschriften geblieben waren, die zwei Monate zuvor noch für einen Anschluss an die Schweiz geworben hatten.

Napoleon III. führte mit seinem Plebiszit Europa wieder einmal vor Augen, was er unter Volkssouveränität verstand. So konnte er dem Vorwurf, Frankreich treibe eine Annexionspolitik, mit dem Hinweis auf den Willen des Volkes begegnen, und er brauchte nicht mehr die Militärgrenze auf dem Alpenkamm zu bemühen. Dabei ging es um moderate nationalstaatliche Politik, denn mit Rücksicht auf Elsass und Lothringen durfte der Kaiser seine Vorstellung von nationaler Einheit nicht im Sinne des von deutscher Seite bemühten ethnischen Volkstums definieren.

Am 14. Juni ergriff Frankreich offiziell Besitz von den Provinzen Savoyens, nachdem das Parlament in Turin den Annexionsvertrag ratifiziert hatte. Damit fand die Affäre für die Schweiz noch lange keinen Abschluss, doch die Szene verlagerte sich wieder auf das diplomatische Parkett. Der Versuch, mit dem Zweiten Kaiserreich im direkten Dialog zu einem Abschluss zu kommen, war zu diesem Zeitpunkt eindeutig gescheitert. Die von der Landesregierung betriebene Dramaturgie – eine dilettantische Folge von aggressiven Noten, Hilferufen an die Kongressmächte, Appellen an die nostalgischen Gefühle des Kaisers und Drohungen mit militärischer Intervention – war weit entfernt von den Realitäten europäischer Politik, die nicht mehr vom Fürsten-Kongress des Jahres 1815, sondern von den nationalen Interessen der Grossmächte gelenkt wurde.

Dem Politischen Departement des Bundespräsidenten Frey-Hérosé unterliefen Pannen, die von einer maliziösen französischen Diplomatie ausgenützt wurden. Auch der Umstand, dass in Bern die heikelsten Fragen sozusagen auf der Strasse verhandelt wurden, spielte den Gegnern die Trümpfe zu. In der französischen Botschaft in Bern empfand man gegenüber der Schweiz jene Geringschätzung, die zehn Jahre zuvor Arthur de Gobineau in den Briefen an seinen Mentor Alexis de Tocqueville ausgedrückt hatte. Der Geist spiele in der Schweiz eine geringe Rolle, hatte der Schriftsteller und Diplomat damals geschrieben: «La vanité des Suisses est celle de tous les petits peuples, elle est implacable et sans limite; l'idée de jouer un rôle grandiose dans la politique européenne, flatte singulièrement toutes ces imaginations engourdies et le vertige est poussé si loin qu'il leur fait admettre avec fierté l'idée de faire peur à l'Europe (...)».[184] In einem Brief vom 11. Juli 1850 an de Tocqueville, der zu diesem Zeitpunkt nicht mehr Aussenminister war, hatte er geschrieben: «Si les Suisses sont un peuple qui sait se gouverner, c'est aussi un peuple qui ne sait pas grande chose d'autre. Le territoire entier de la Confédération ne produit pas un seul homme qui dépasse de quelque peu, intellectuellement parlant, la taille commune. (...) La meilleure politique, la plus puissante à faire vis-à-vis d'eux, c'est une politique de menaces.»[185] Von dieser Geisteshaltung waren die französischen Diplomaten auch im Konflikt um Nord-Savoyen beherrscht.

Aussenminister Thouvenel, ein Gegner von Konzessionen in Savoyen, machte dem schweizerischen Gesandten klar, dass die Schweiz südlich des Genfersees nichts verloren habe, und dass jeder Versuch einer militärischen Besetzung Krieg bedeute. In der Schweiz versuchten die Radikalen, den wenig geliebten Liberalen Johann Konrad Kern für den Stillstand in Paris verantwortlich zu machen. Nachdem der Kontakt mit der französischen Regierung so gut wie abgebrochen war, setzte die Landesregierung wieder da an, wo sie sich schon in den Monaten zuvor bemüht hatte: Mit Noten an die Signatarmächte von 1815 und mit dem Versuch, den Savoyen-Konflikt zur europäischen Angelegenheit zu erklären.[186] Zur Art und Weise, wie der Bundesrat die Europäer wachrütteln wollte, hatte Jakob Dubs schon in seiner Artikelserie in der «Neuen Zürcher Zeitung» einen kritischen Kommentar angebracht: «Desgleichen glaubten viele Leute, die Stellung der Schweiz sei dadurch, dass sie fast Tag um Tag an allen Hausglocken Europa's anläuten und um Hülfe bitten müsse, keine würdigere geworden. Wir sagen, eine einfache eventuelle Rechtsverwahrung hätte ganz den gleichen Dienst gethan.»

Für die Internationalisierung des Konflikts bot sich der Weg über London an, wo das Kabinett Palmerston wie auch Unterhaus und Presse die Annexion Savoyens durch Frankreich grundsätzlich ablehnten und darüber hinaus für die Forderungen der Schweiz Verständnis zeigten. Der Genfer Auguste De la Rive, ausserordentlicher Gesandter des Bundesrats bei der britischen Regierung, in England als bedeutender Physiker bekannt, wurde zur zentralen Figur bei den Bemühungen der Schweiz, die Savoyen-Frage durch eine europäische Konferenz klären zu lassen. Minister Kern in Paris konnte kaum noch auf Napoleon III. einwirken, und Abraham Tourte in Turin musste erfahren, dass sein alter Freund Cavour sich inzwischen mit andern Themata auseinandersetzte und für die ehemaligen transalpinen Provinzen Sardinien-Piemonts im besten Fall nostalgisches Bedauern zeigte.

De la Rives Forderung nach europäischer Intervention wurde von Aussenminister Lord John Russell mit Mass und Vorsicht unterstützt. Die englische Regierung wollte immerhin die im Krimkrieg bewährte Entente mit Frankreich nicht wegen Savoyens aufs Spiel setzen, und auch der eben abgeschlossene Handelsvertrag hatte in einem wesentlichen Punkt, dem für beide Seiten kommerziellen Nutzen versprechenden Freihandel, Gemeinsamkeiten geschaffen. Es war ausserdem Vorsicht geboten. Das Zweite Kaiserreich als stärkste Militärmacht des Kontinents weckte alte Erinnerungen an das Imperium Napoleons I., und man traute dem Neffen des grossen Korsen ähnliche expansive Absichten zu.

Europa werde Napoleon III. spätestens in einem Jahr die Frage «Krieg oder Frieden» stellen, schrieb De la Rive im Sommer 1860 in einem Brief an die Regierung. Der Bundesrat solle weiterhin auf der Konferenz bestehen.[187] Die Landesregierung handelte nach der Annexion Savoyens im diplomatischen Spiel nach dem Motto «Alles oder nichts», denn sie hoffte immer noch auf eine allgemeine europäische Abrechnung mit dem ungeliebten Nachbarn. Der Kaiser warf denn auch der Schweiz vor, eine Verschwörung der Mächte gegen Frankreich anzuzetteln. Abraham Tourte erfuhr in Piemont seinerseits, dass man die Schweiz als heimlichen Verbündeten Österreichs betrachtete, eine für aufrechte Radikale schmerzliche Unterstellung. Cavour selber soll die Bemerkung entschlüpft sein, die Schweiz bilde die Vorhut der Heiligen Allianz.[188] Es ist nicht bekannt, wie Jakob Stämpfli auf diesen in mancher Hinsicht seltsamen Vorwurf reagierte.

Was die lange gepflegte Idee einer europäischen Konferenz betraf, so wurde selbst in London Ermüdung sichtbar. Man wollte sich nicht in einen zum vornherein aussichtslosen Disput einlassen, an dessen Ende Napoleon III. triumphiert hätte, weil er sich auf bereits geschaffene Fakten stützen konnte. Der britische Aussenminister machte De la Rive Vorschläge zum weiteren Vorgehen, die beträchtlich von der harten Linie abwichen und vor dem Eingreifen der Mächte neue direkte Verhandlungen zwischen der Schweiz und Frankreich verlangten. Der Bundesrat zeigte sich enttäuscht und forderte seinen Gesandten auf, bei Lord John Russell weiterhin auf einer europäischen Lösung zu bestehen: «Ce que nous maintenons, c'est que l'affaire de la Savoie neutralisée n'est nullement une question qui se puisse régler en fait entre la Suisse et la France, que c'est bien plutôt une question d'une importance générale européenne et qui, ayant été arrêtée par l'Acte du Congrès de Vienne, doit aussi être discutée et réglée par les garants des traités de 1815.»[189]

Frankreich schien nach der Besetzung Savoyens zu gewissen territorialen Konzessionen an die Schweiz bereit zu sein. Zwischen dem französischen Botschafter in London, Duc de Persigny, und Auguste De la Rive bahnte sich ein Gespräch an, das sich um eine neue Grenzziehung am Genfersee drehte. Persigny, als enger Freund Napoleons III. stets bestrebt, die Entente Cordiale mit London aufrecht zu erhalten, suchte ernsthaft nach einer Formel, die den Konflikt Frankreichs mit der Schweiz hätte aus der Welt schaffen können. Man diskutierte über eine Militärgrenze, die immerhin den grössern Teil von Chablais und Faucigny in französischem Besitz belassen hätte. Was von Persigny und De la Rive in Gegenwart von Lord Russell über die Landkarte am Léman gesprochen wurde, ist nicht überliefert. Ebenso ungewiss bleibt, ob Napoleon III. bereit gewesen wäre, den ganzen Genfersee der Schweiz zu überlassen. Aussenminister Thouvenel hatte jedenfalls erklärt, er würde eher zurücktreten als Thonon und Evian der Schweiz überlassen. Er brauchte den Wahrheitsbeweis nicht anzutreten, denn der Bundesrat blieb bei seiner hartnäckigen Haltung, die keinen Kompromiss zuliess.

Ein französischer Historiker hat dieses letzte Kapitel des Savoyen-Konflikts mit dem Titel überschrieben: «La Suisse rate le dernier wagon».[190] Noch einmal bot Frankreich auf dem Umweg über London bescheidene territoriale Zugeständnisse an. Direkte Noten wurden von Paris nicht mehr nach Bern übermittelt, zweifellos eine diplomatische Strafe für den Versuch, den Konflikt vor ein europäisches Forum zu bringen. Der letzte französische Vorschlag: Im Westen ein Grenzverlauf vom Mont Vuache über den Mont de Sion bis zum Genfersee bei Douvaine, im Osten würde die Grenze bis Meillerie vorgeschoben und das Tal von Vallorcine zwischen Martigny und Chamonix abgetreten. Ausserdem war Paris bereit, auf jeglichen Festungsbau in Nord-Savoyen und auf die Stationierung einer Flotte auf dem Genfersee zu verzichten. Die schweizerische Landesregierung lehnte auch diese Variante ab.

Die Konferenz der europäischen Mächte kam nicht zustande. Der Appell eines von Radikalen beherrschten Bundesrats an die Signatarmächte von 1815 mutet seltsam an, nachdem der schweizerische Bundesstaat 1848 entgegen den Intentionen eben dieser Mächte als souveräne Republik geschaffen und als politische und ideologische Herausforderung an die Heilige Allianz konstruiert worden war. Man mag den Versuch aus der Einsicht in die neuen machtpolitischen Strukturen Europas begreifen, die der Eidgenossenschaft nur einen bescheidenen Platz offen hielten. Die Hoffnung, ganz Europa wegen Savoyen in Bewegung zu setzen, scheiterte am Umstand, dass sich die Probleme der Schweiz unbedeutend ausnahmen im Vergleich zu andern Vorgängen des Jahres 1860. So nahmen die Grossmächte beispielsweise die Besetzung des Kirchenstaates durch piemontesische Truppen und die Absetzung des Königs von Neapel mit schwachen Protesten hin, hingegen erregte die Landung Garibaldis in Sizilien am 11. Mai grösseres Aufsehen als die Umwandlung piemontesischer Provinzen in französische Departemente.

Die Schweiz wurde bei der Auseinandersetzung um das neutralisierte Nord-Savoyen mit den Spielregeln nationalstaatlicher Grossmacht-Politik konfrontiert und dabei in ihrem Selbstbewusstsein empfindlich getroffen. Auch die von der «Helvetia» angeschlagenen forschen Töne konnten von der Ohnmacht des Kleinstaates nicht ablenken, der zu seinem eigenen Schaden versucht hatte, im Geschäft der Grossmächte mitzumischen. Die moralische Krise im Land, von der Jakob Dubs gesprochen hatte, hielt denn auch während längerer Zeit an. Die schweizerische Position litt noch unter einer andern Schwäche. Man konnte den radikalen Politikern den Vorwurf nicht ersparen, dass sie das Selbstbestimmungsrecht, das sie für die Schweiz beanspruchten, bei andern nur soweit gelten liessen, als es ihren eigenen Intentionen entgegenkam. Die Befindlichkeit der betroffenen Regionen Chablais und Faucigny blieb in Bern während des ganzen Disputs ein untergeordneter Aspekt.

Das beschädigte Verhältnis zu Frankreich wurde in den folgenden Jahren formell in Ordnung gebracht. Gegenüber Napoleon III. blieb tiefes Misstrauen zurück. Das neutralisierte Nord-Savoyen war nach wie vor ein offenes Thema, das noch mehrmals Aktualität gewann und bis zum Ende des Ersten Weltkriegs die Diplomaten beschäftigte.

1860–1870: ein Jahrzehnt der Veränderungen

In den sechziger Jahren des 19. Jahrhunderts gewann die Nationalitäten-Bewegung in Europa ungeahnte Kraft und veränderte die staatlichen und gleichzeitig auch die völkerrechtlichen Strukturen auf dem Kontinent grundlegend. Zu Beginn des Jahrzehnts erschien das Zweite Kaiserreich als politisch und militärisch dominierende Macht, zehn Jahre später dirigierte der preussische Kanzler Otto von Bismarck den Gang der Dinge. Krieg, Diplomatie und neue Ideologien führten in wenigen Jahren zu einem Wandel auf der europäischen Szene, den man sich noch in der Mitte des Jahrhunderts nicht hatte vorstellen können.

Verlierer im Machtkampf war Kaiser Napoleon III., der mit seinen imperialen Allüren den Mangel an politischer Substanz nicht überdecken konnte. Seine unscharfe Nationalitäten-Doktrin, die gleichzeitig der Entwicklung des europäischen Staatensystems und dem französischen Chauvinismus dienen sollte, bereitete letzten Endes Bismarck den Weg, der mehr von Realpolitik als von Theorien hielt und sich in seinem Kampf um die preussische Vorherrschaft in Europa nicht beirren liess.[191] Offenkundig war in Europa die Tendenz zum mächtigen Nationalstaat – am Beispiel Italiens und Deutschlands ersichtlich – nicht mehr aufzuhalten. Immer mehr Kleinstaaten verschwanden. Solange dieser Vorgang bloss die italienischen und deutschen Fürstentümer betraf, wurde er von liberalen Zeitgenossen nicht tragisch genommen.

Der französische Kaiser selber hatte nach dem Deutschen Krieg des Jahres 1866 auf dem Umweg über einen Zirkularerlass des Aussenministers La Valette die Öffentlichkeit mit seiner Sicht der Dinge vertraut gemacht: «Une puissance irresistible, faut-il le regretter, pousse les peuples à se réunir en grandes agglomerations en faisant disparaître les Etats secondaires. (…) Peut-être est-elle inspirée par une sorte de prévision des destinées du monde.» Die Nutzanwendung für Frankreich lautete: «Le Gouvernement impérial a depuis longtemps appliqué ses principes en matière d'extension du territoire. Il comprend, il a compris les annexions commandées par une nécessité absolue, réunissant à la patrie des populations ayant les mêmes moeurs, le même esprit national que nous.»[192] Man mag es als Ironie der Geschichte betrachten, dass die vom Kaiser beschworene «nécessité absolue» Frankreich in den folgenden Jahren keinen territorialen Gewinn mehr brachte, Preussen hingegen bei seiner Expansionspolitik in Deutschland ein perfektes Alibi bot.

Unter diesen Vorzeichen gerieten die Kleinstaaten immer mehr in Bedrängnis. «Il n'existe pas de nation belge», verkündete Napoleon mehr als einmal.[193] Die kleinen Staaten müssten verschwinden, dozierte auch der interimistische französische Aussenminister La Valette. Da konnte sich auch die Schweiz betroffen fühlen, obschon man in Paris jeweils versicherte, die Eidgenossenschaft sei nicht gemeint. Weder die Worte aus dem französischen Aussenministerium noch die Siege Preussens auf den Schlachtfeldern waren hilfreich für das Selbstverständnis eines Landes, das seine Position zwischen den Mächten suchte. Mit dem missionarischen Eifer der Staatsgründer von 1848 war im Europa der sechziger Jahre nichts mehr auszurichten. Es ging noch darum, die Existenzberechtigung der kleinen Republik bei jeder Gelegenheit unter Beweis zu stellen.

Als Johann Konrad Kern im Jahre 1857 als neuer Gesandter nach Paris zog, sah er seine Aufgabe im Bemühen, die Eidgenossenschaft in den selben Rang wie andere Nationen zu stellen.[194] Das war schwieriger, als man sich nach dem glücklichen Ausgang des Neuenburger Handels gedacht hatte, und der Bundesrat gab sich bald darüber Rechenschaft, dass die Schweiz in der Ordnung der europäischen Staaten in den zweiten Rang gehörte. Das Umfeld war in raschem Wandel begriffen, und es wuchs das Gefühl, dass das Land in zunehmendem Masse den weltpolitischen Peripetien ausgeliefert sei. Diesen Eindruck fasste beispielsweise der Zürcher Historiker Georg von Wyss in einem Brief vom 2. Januar 1868 an Moritz von Stürler in Worte: «Der Trieb zur Bildung von Gross-Staaten und diese soziale Zersetzung der

Elemente sind wohl die allgemeinen Grundzüge aller politischen Entwicklung im heutigen Europa, und hängen wohl auch unter einander durch gewisse Fäden zusammen. Den leztern können wir uns nicht entziehen; auf wie lange wohl den erstern?»[195]

Im selben Jahr 1868 stellte der preussische Emigrant und Militärschriftsteller Wilhelm von Rüstow Überlegungen über die gefährdete Stellung der Schweiz inmitten von Nationalstaaten an, die sich – so die optimistische Vermutung eines Radikalen der späten Stunde – auf freiheitliche Institutionen zu bewegten: «Man bemerkt leicht, dass die inwendigen Bande, welche die Schweiz zusammenhalten, sehr bemerkbar gelockert werden möchten, wenn die Nationalstaaten, zu deren Völkern die einzelnen Partikel der Schweiz national gehören, nachdem sie sich politisch konstituirt haben, sich nun auch freiheitlich –, den Gesetzen des Fortschrittes der Menschheit gemäss –, entwickeln, wie dies wohl auf die Dauer nicht ausbleiben kann. Dass dann der Untergang der Schweiz als eines besondern Staates durchaus kein Schaden sein würde, ist leicht begreiflich.»[196] Der preussische Oberst und Freund Garibaldis pflegte immer noch das Kredo «durch Einheit zur Freiheit» und erkannte darin paradoxer Weise eine ernste Gefahr für die Schweiz. Jahre später ging Gottfried Keller ähnlichen Gedankengängen nach und erntete dafür wenig Beifall. Beide haben sich gründlich geirrt.

Vom Zweiten Kaiserreich erwartete man in der Schweiz nach der peinlichen Savoyen-Affäre wenig Gutes. Immerhin war in dieser Epoche die Rolle Frankreichs als wichtigster Handelspartner nicht zu übersehen. Der Bahnbau profitierte von französischem Kapital, ohne das wichtige Projekte nicht hätten realisiert werden können. Die Abneigung gegen den Kaiser hielt in politischen Kreisen und auch in der Bevölkerung an. Eine Zeitlang betrachteten vor allem die Radikalen die zunehmende preussische Macht mit Wohlwollen, denn hier entstand ein Gegengewicht gegen die hegemonialen Ansprüche des französischen Monarchen. Erst nach der Niederlage Österreichs bei Königsgrätz erkannte man, dass sich die Machtverhältnisse in Europa grundlegend verändert hatten. Napoleon III. war das Steuer in europäischen Angelegenheiten entglitten, und auch in Frankreich selber hing der Haussegen schief. Die Zeitgenossen mochten darüber rätseln, ob der Kaiser seinen Abstieg eigenem Unvermögen oder eher der skrupellosen Machtpolitik des preussischen Kanzlers zu verdanken hatte.

Betrachtet man das Dezennium in seinem chronologischen Ablauf, so steht am Beginn der Savoyen-Konflikt. Nach dem für die Schweiz peniblen Ausgang war der Dialog zwischen Frankreich und der Schweiz eine Zeitlang von Misstönen begleitet. Im Grenzgebiet häuften sich Provokationen und Zwischenfälle, zumeist Bagatellen, die aber in den Mühlen der Diplomatie an Gewicht gewannen. Die radikale Presse der Schweiz zielte mit wenig differenzierten Angriffen auf den Kaiser. Die von der Regierung abhängigen französischen Zeitungen sparten nicht mit verbalen

Hieben und konkreten Drohungen. Botschafter Turgot beklagte sich über die für sein Land schlechte Stimmung in der Schweiz und blies seinerseits kräftig ins Feuer. Die Diplomaten der Eidgenossenschaft trugen – abgesehen von Johann Konrad Kern in Paris – wenig zu einem Abbau der Spannungen bei. So hatte Auguste De la Rive, der Sondergesandte in London, schon im Mai 1860 dem österreichischen Gesandten Rudolf Apponyi mit Seitenblick auf Frankreich zu verstehen gegeben, die Schweiz werde sich möglicherweise dem Deutschen Bund anschliessen, wenn sie keine genügenden Garantien für ihre Neutralität erhalte.[197] Bundespräsident Frey-Hérosé fand es nicht für nötig, den gefährlichen Ausspruch zu dementieren. Eine gewisse Unsicherheit über die zukünftige Interpretation des Begriffs «Neutralität» mochte allemal nützlich sein.

Alles in allem erwies sich der gegenseitige Groll als wenig hilfreich, denn es gab genügend Aufgaben, deren Lösung für beide Seiten sinnvoll war. Der Bundespräsident beklagte sich in einem Brief an Minister Kern vom 19. Oktober 1860 über die französische Manie, auch unbedeutende Händel in die diplomatischen Kanäle zu leiten: «Was würde wohl Frankreich dazu sagen, wenn wir in ähnlicher Weise verfahren und derlei Geschichten bei Herrn von Thouvenel anhängig machen wollten? Sucht aber Frankreich Händel mit der Schweiz, so verfahre man ehrlicher und sage es gerade heraus. Ich kann indessen nicht glauben, dass dieses Händelsuchen in der Absicht des Kaisers liege, und mir will scheinen, es sollte derselbe auf das Verfahren seines Ministers hingewiesen werden.»[198]

Die Annahme Frey-Hérosés, dass der Kaiser kleinliche Scharmützel mit der Schweiz weniger schätzte als sein Aussenminister, traf zu. Davon zeugte die Art und Weise, wie in den folgenden Jahren der seit mehr als einem halben Jahrhundert anhaltende Disput um das Dappental beigelegt wurde. Das im Westen des Jura-Kamms von La Dôle gelegene unbedeutende Tal wäre kaum je erwähnt worden, hätte nicht die militärisch wichtige Zufahrt von Les Rousses nach dem Pays de Gex durch die spärlich besiedelte Landschaft geführt. Das zur Waadt gehörende Dappental wurde im Jahre 1802 von der helvetischen Regierung an Frankreich abgetreten, als Napoleon I. mit dem Bau der Strasse über den Col de la Faucille begann. Über den Pass führte der in seinen militärischen Überlegungen bedeutende Weg zum Simplon. Die Kongressmächte verfügten 1815 die Rückgabe des Tals an die Waadt, doch in Paris dachte man nicht daran, das Terrain zu räumen. Die schweizerischen Interventionen führten zu keinem Ergebnis, denn die europäischen Mächte hatten inzwischen Frankreich zu verstehen gegeben, dass man sich auch mit dem Status quo abfinden würde. Das wollte man hingegen in der Schweiz nicht hinnehmen. So hielt die Ungewissheit um die Zugehörigkeit der Landschaft bis in die sechziger Jahre an, was zu einem rechtlich und faktisch absurden Chaos an der Juragrenze führte.

Für die Schweiz stand wieder einmal das Thema Militärgrenze zur Debatte. Henri Dufour betrachtete das Tal als schwachen Punkt in der schweizerischen

Abwehrlinie, da französische Truppen aus dem Fort des Rousses verhältnismässig ungestört nach dem Col de la Faucille marschieren könnten. Gelassener lautete das Urteil des alten General Antoine Henri Jomini, dem militärischen Berater Kerns in Paris, der an diesem peripheren Punkt keine ernsthafte Gefährdung des Landes erkennen wollte.

Minister Kern in Paris bemühte sich in seiner schwierigen Mission, die zwischen den beiden Nationen offenen grundsätzlichen und langfristigen Fragen von den Geschäften zu trennen, die keinen Aufschub duldeten. Diese Haltung stand im Widerspruch zum ungeduldigen Gehabe der Radikalen um Stämpfli und auch zum Verhalten des französischen Aussenministers Thouvenel, fand aber die Zustimmung Napoleons III.

Das Gezerre um einige Quadratkilometer im Dappental nahm sich angesichts der Niederlage der Schweiz im Savoyen-Konflikt anachronistisch aus, doch wuchs in der verfahrenen Lage das Bedürfnis nach einem für beide Teile sinnvollen Kompromiss.

Im Jahre 1861 kam es wieder zu Übergriffen in der Grenzzone im Jura. Am 28. Oktober geschah im Weiler Les Cressonnières ein französischer Vorstoss, der für die verworrene Situation im Dappental charakteristisch war. Bundesrat Dubs schrieb darüber an Alfred Escher: «In den letzten Monaten hatten die Waadtländer Gensdarmen im Dappental einige Jagdfrevler verfolgt und es entstanden dabei Thätlichkeiten mit den Jägern. Auch war ein Mann, der im Dappenthal eine Frau misshandelt hatte, in Nyon bestraft und der Polizei zur Fahndung aufgegeben worden. Heute kam nun durch ein Schreiben des Staatsraths die Mittheilung, dass wirklich ein Detaschement Truppen des Fort Les Rousses mit Gensdarmerie den Weiler Cressonnières besetzt habe, um die Waadtländische Gensdarmerie zu verhindern, dortseits eine Arrestation vorzunehmen. Dabei erlaubten sich die Soldaten einige Exzesse, sie nahmen einige Cigarres u. dgl. (...) Die Position Frankreichs ist die, dass es verlangt, es sollte kein Theil Hoheitsakte in dem bestrittenen Thal ausüben, wodurch wir freilich aus dem Besitz entsetzt würden. Wir sagen: Festhalten des status quo. (...) Die Hauptfrage ist vorläufig die: was will Frankreich mit diesem neuen Handel; warum jetzt auf einmal dieses gewalttätige Auftreten? Darauf kann es verschiedene Antworten geben. Die Stämpfli Partei sagt: es ist die Einleitung zu einem grossen bewaffneten Konflikt; man häuft vorläufig Beschwerden. Unmöglich ist das nicht. Eine gereizte Stimmung scheint in den gouvernementalen Kreisen gegen die Schweiz vorzuwalten. Auf der andern Seite will mir das doch nicht recht einleuchten. Es mag schon sein, dass eine Partei in Frankreich annexionistische Absichten auf einzelne Gebietstheile der Schweiz hat. Allein sehr nahe scheint mir denn doch diese Gefahr nicht zu sein. Frankreich kann doch die Schweiz nicht mitten im tiefsten Frieden überfallen und wenn es Kriege mit andern Mächten vorhat, so wird es schwerlich gleichzeitig mit der Schweiz anbinden wollen.»[199] Nach Pariser Version nahm sich die Angelegenheit harmlos aus: Ein französischer Offizier habe sich in Begleitung eines Gendarmen nur kurze Zeit in Les Cressonnières aufgehalten.

Die Reaktionen im Bundesrat waren, wie Dubs seinem Zürcher Partner mitteilte, nach üblichem Muster gespalten. Einige verlangten einen Protest bei der französischen Regierung und angemessene Satisfaktion. Man dachte auch an diplomatische Aktionen bei den Kongressmächten. Jakob Stämpfli hingegen forderte in gewohnter Manier «gewaltsames Zurücktreiben» der französischen Soldaten, die schon längst in ihr Fort heimgekehrt waren. Die diplomatische Intervention Kerns in Paris brachte kein Ergebnis, doch schien die Affäre schliesslich auch Botschafter Turgot lästig zu werden, der über das Thema mit Bundesrat Dubs sprach. In seinem Brief an Escher erwähnte der liberale Zürcher den Wunsch des französischen Diplomaten, in der Sache zu einem Ende zu kommen: «Ich sprach vor einiger Zeit mit Turgot. Er sagte mir, er wünsche diese Frage noch vor Neujahr zu regeln, weil nach Neujahr sich darüber nicht mehr verkehren lasse mit dem dannzumaligen Präsidenten (Stämpfli).»

Im folgenden Frühjahr unterhielt sich Minister Kern mit dem Kaiser über einen möglichen Kompromiss, der denn auch in kurzer Zeit gefunden wurde.[200] Es war dem Monarchen viel daran gelegen, die Beziehungen zur Schweiz freundlicher zu gestalten, nachdem die Umgangsformen in den vergangenen Jahren gelitten hatten. Die Lösung sollte in einem Abtausch von Territorien gefunden werden, ein Verfahren, mit dem man sich früher nie auseinandergesetzt hatte. Der Kompromiss sah vor: Die Strasse von Les Rousses nach dem Col de la Faucille soll mit dem westlich davon gelegenen Land an Frankreich abgetreten werden. Als Kompensation wird der Schweiz ein ebenso grosses Territorium am Noirmont zugewiesen. In den betreffenden Gebieten dürfen keine militärischen Anlagen errichtet werden. Ein derartiger Geländetausch konnte von beiden Seiten auch unter militärischen Gesichtspunkten gebilligt werden. Die Schweizer Grenze folgte der Strasse im Dappental in einer Entfernung von 100 bis 200 Metern, so dass die Passage ihre militärische Bedeutung weitgehend verlor. Das französische Fort des Rousses, das möglicherweise vom Noirmont her hätte bedroht werden können, blieb ungefährdet, weil der Vertrag den Bau von Festungen in den neu gewonnenen Zonen verbot.

Im Sommer 1862 stimmte die Landesregierung der Kompromissformel zu. Bundespräsident Stämpfli, der ehemalige Gegner einer konzilianten Gangart, handelte mit Botschafter Turgot die Einzelheiten eines Abkommens aus. Es scheint, dass sich Napoleon III. bei dieser Gelegenheit selbst in das Gespräch einschaltete. Am 3. Dezember wurde der Vertrag abgeschlossen, am 2. Februar 1863 von der Bundesversammlung ratifiziert.[201] Die Beilegung des alten Streits um das Dappental ebnete den Weg für einen in andern Fragen fälligen Dialog zwischen der Schweiz und Frankreich.

Handelspartner Frankreich

Die schweizerische Landesregierung suchte in den Jahren nach der Bundesgründung nach einer Formel, die ihre wirtschaftspolitische Verantwortung und den entsprechenden Kompetenzbereich umschrieb. Zunächst begnügte man sich, pragmatisch von Fall zu Fall das Nötige vorzukehren, um auch in ökonomischen Dingen Lösungen zum Wohle des Landes zu finden. Dabei war die Abgrenzung der Zuständigkeiten zwischen Bund und Kantonen ein stets wiederkehrendes Thema. Die Bundesverfassung war in diesen Fragen nicht deutlich, und ein Gewohnheitsrecht hatte sich noch nicht herausgebildet. Zur Bundeskompetenz gehörten eindeutig die Zölle an den Aussengrenzen des Landes. Sie lösten das wirre Geflecht der kantonalen Aussen- und Binnenzölle ab. Bei den neuen Ein- und Ausfuhrzöllen handelte es sich um rein fiskalische Abgaben, die zum Teil in die Bundeskasse flossen, dann aber auch der Ablösung alter kantonaler Zollgebühren dienten.

Wie weit der Staat sich mit Ökonomie zu befassen habe, war umstritten. In liberalen Kreisen wurde die Meinung vertreten, der Bund müsse die wirtschaftlichen Aktivitäten den Privaten überlassen, die ja in der Schweiz um die Jahrhundertmitte die Industrialisierung mit Erfolg vorantrieben. Auch der in den fünfziger Jahren einsetzende Eisenbahnbau gedieh dank privatwirtschaftlicher Initiative, nachdem sich der Zürcher Alfred Escher gegen die vom Berner Jakob Stämpfli geforderte staatliche Regelung durchgesetzt hatte.

Im Bundesrat war man – abgesehen von der Eisenbahnfrage – wenig geneigt, sich auf dem unvertrauten Feld der Wirtschaftspolitik zu tummeln, denn es fehlten die für eine Umsetzung nötigen Instrumente. In den sechziger Jahren überschritten Industrie und Handel in Europa die nationalen Grenzen in nie gesehenem Ausmass, so dass sich auch in der Schweiz das Bedürfnis nach staatlichen Regulierungen und bilateralen Vereinbarungen mit andern Mächten einstellte. Wollte man nicht die Zeichen der Zeit in kleinstaatlicher Idylle verschlafen, so waren wirtschaftspolitische Entscheidungen fällig, die nur in Bern getroffen werden konnten. Die Landesregierung schätzte die ökonomische Kraft der Schweiz hoch ein, wie aus einer Botschaft hervorgeht, die sie im Jahre 1864 an die Bundesversammlung richtete: «La Suisse se plaît à être intitulée une grande puissance industrielle et elle a en effet des droits à ce titre honorifique au point de vue industriel.»[202] Der Handel hingegen – so stand im selben Bericht zu lesen – sei weniger entwickelt.

Die Bewegungen im europäischen Umfeld drängten den Bundesrat, sich wirtschaftspolitischen Fragen zuzuwenden. Das Land war von Staaten umgeben, die einen ausgesprochenen Protektionismus pflegten und ihre Märkte durch hohe Schutzzölle abschirmten. Die Eidgenossenschaft hingegen setzte auf Freihandel, ein Prinzip – von den Nachbarn zwar als edel gelobt –, das den ökonomischen Realitäten je länger desto weniger gerecht wurde.

Der deutsche Wirtschaftstheoretiker Friedrich List hatte schon in der ersten Jahrhunderthälfte mit seinem System der nationalen Ökonomie den Weg zu staatlichem Reichtum und politischer Macht gewiesen und dabei die Schutzzölle – angewandt im Deutschen Zollverein – als unfehlbares Heilmittel angeboten. Eine derart imperialistische Grundhaltung war den grossen Nationen vorbehalten, während den Kleinstaaten – so auch die Meinung von List – lediglich der Freihandel blieb. Nun galt es, aus der Not eine Tugend zu machen.

Der stets anschwellende Aussenhandel liess deutlich erkennen, dass der Wettbewerb durch die ungleichen Bedingungen an den Grenzen verzerrt wurde. Korrekturen drängten sich auf, doch waren die Voraussetzungen für handelspolitische Veränderungen ungünstig. Wollte man für schweizerische Exporte – Textilien, Textilmaschinen, Uhren, Agrarprodukte – bessere Bedingungen erlangen, so musste man selber Konzessionen anbieten, was angesichts der niedrigen schweizerischen Fiskalzölle nur in bescheidenem Umfang möglich war. Also konnte auch das Interesse der wirtschaftlich starken Mächte an Handelsverträgen mit der Schweiz nur gering sein, denn ihre Produkte gelangten ohne wesentliche Belastung auf die schweizerischen Märkte. So vermochte die Eidgenossenschaft nicht, mit dem protektionistisch eingestellten Deutschen Zollverein zu einer sinnvollen Regelung zu kommen. Mit dem Königreich Sardinien hingegen wurde im Juni 1851 ein Vertrag abgeschlossen, der bemerkenswert liberal angelegt und vom freihändlerischen Gedankengut des Grafen Cavour geprägt war. Das Handelsvolumen mit dem Königreich bewegte sich trotz vielfachen gegenseitigen Begünstigungen und Differentialzöllen in bescheidenen Grenzen. Von geringer Bedeutung war in diesen Jahren der Handel mit Österreich, das sich mit hohen Schutzzöllen absicherte.

Frankreich, in der ersten Jahrhunderthälfte ein Land mit weitgehend autarker Wirtschaft, verharrte im traditionellen Protektionismus und schützte damit Industrie und Landwirtschaft vor ausländischer Konkurrenz. So geriet die schweizerische Handelsbilanz zu Beginn der sechziger Jahre in eine arge Schieflage, denn die Produkte aus den Nachbarländern fanden in der Schweiz ungehinderten Zugang.[203] Es war nicht verwunderlich, dass das Defizit im Handel höher ausfiel als die schweizerische Ausfuhr nach diesen Staaten.

Der Bundesrat äusserte sich im September 1860 in einer Note an das preussische Aussenministerium über die handelspolitische Situation im protektionistischen europäischen Umfeld in erstaunlicher Offenheit: «Mit dem ausserordentlichen Aufschwunge des Handels und der Industrie Europas in den verflossenen zwei Decennien hat der Aufschwung des Handels und der Industrie der Schweiz Schritt gehalten und eine Bedeutung erreicht, die nicht mehr bestritten werden kann. Die unübersteiglichen Zollschranken der die Schweiz umgebenden Staaten riefen s. Z. ihre überseeischen Geschäfte ins Leben, deren gegenwärtiger Umfang auch die kühnsten Erwartungen übertroffen hat. Bis zum Zeitpunkte der Ausmündung der

Eisenbahnen an unsern Grenzen war es namentlich die Rheinlinie zu Wasser und zu Lande mit den Ausgangspunkten in Ostende, Antwerpen, Rotterdam, etc. über welche dieser Verkehr sowie derjenige von und nach England zum grössten Theile sich bewegte, und nur ein verhältnismässig geringes Warenquantum nahm seinen Weg durch Frankreich. Seit annähernd 10 Jahren ist nun aber in diesen Verhältnissen ein völliger Umschwung eingetreten; damals hatte die Rheinlinie entschieden den Vorzug, sie verlor jedoch von Jahr zu Jahr, ungeachtet der progressiven Zunahme des Verkehrs selbst, der nun je länger je mehr durch die französischen Bahnen absorbirt wird.»[204] Frankreich habe – so der Bundesrat in seiner Note – die Transitzölle abgeschafft und die Transitformalitäten auf ein Minimum reduziert, während der Deutsche Zollverein mit den Rheinzöllen Handel und Verkehr behindere.

Wenn die Landesregierung gegenüber Preussen die liberale französische Praxis im Handel erwähnte, so bezog sich dieses Lob lediglich auf den sogenannten «Generalhandel», den Warentransit durch Frankreich, nicht aber auf den «Spezialhandel», der die schweizerischen Ausfuhren ins Nachbarland meinte und im Umfang wesentlich geringer war. Der französische Markt war im Gegenteil für gewisse schweizerische Erzeugnisse geschlossen, während andere Produkte wegen hoher Zollabgaben mit den französischen Waren nicht in Konkurrenz treten konnten. In Bern kam man allmählich zur Einsicht, dass die Schwierigkeiten in einem Handelsvertrag bereinigt werden sollten, doch standen die politischen Turbulenzen um Nord-Savoyen ernsthaften Verhandlungen im Weg. Im Frühjahr 1861 bemühte sich Johann Konrad Kern in Paris darum, die Stimmung auf beiden Seiten der Grenze aufzuhellen und damit die Voraussetzungen für sinnvolle Gespräche zu schaffen. In einem Brief an Nationalrat Alfred Escher bat er um Unterstützung für sein Vorhaben:

«Ich habe schon seit mehr als drei Monaten auf das nachdruksamste in den Bundesrath gedrungen, mir Instruktionen zu ertheilen, die mich ermächtigen, in diesem Sinn Propositionen der französischen Regierung zu machen, nachdem ich privatim das Terrain sondirt und so weit möglich zu günstiger Aufnahme vorbereitet hatte. Wenn du einmal die Correspondenzen unter deine Hand bekämest, so wirst du sehen, wieviel es brauchte, um nur eine solche Ermächtigung beim Bundesrathe auszuwirken! Nachdem ich dann endlich leztere erhalten, und in einer offiziellen Besprechung mit Thouvenel mich überzeugt hatte, dass lezterer nichts von Unterhandlungen wissen wollte, wenn man nicht gleichzeitig über die Savoyerfrage mit Frankreich in Unterhandlungen trete, so fand ich nöthig, mich direkte an den Kaiser zu wenden. Ich sezte ihm mit der grössten Freimüthigkeit auseinander, dass man auf diesem Wege zu nichts kommen würde. Die Schweiz habe die Savoyerfrage bei den Mächten anhängig gemacht; sie könne dieselbe nun nicht mit Unterhandlungen über Zoll- und Polizeifragen in Connexität bringen lassen. Jeder Versuch der Art würde nur neue Aufregung produziren, ohne zu irgend einem praktischen Resultate zu führen, u.s.w. Der Kaiser, den ich überhaupt weit günstiger für uns gestimmt finde als seine Minister, sah dies ein und erklärte sich auch in diesem Sinne. Erst nachdem ich dessen sicher war, gab ich dann am 24. Merz die schriftlichen Propositionen ein zu Unterhandlungen sowohl über einen Handelsvertrag als über Abschaffung der Pässe.»[205]

Die Begeisterung für einen französisch-schweizerischen Handelsvertrag hielt sich nicht nur beim französischen Aussenminister Thouvenel in Grenzen. Auch in der Schweiz war mit Widerspruch in radikalen Kreisen zu rechnen. Kern meinte dazu: «Ich sehe aus den Blättern, dass Fazy ganz rabiat gegen jeden Vertrag mit Frankreich protestirt. Es ist eben eine Parthei in der Schweiz, der politische Leidenschaft weit mehr gilt als Wahrung der wirklichen Landesinteressen.»

Das Signal für eine neue Aera im bilateralen Handel hatte Paris mit dem französisch-britischen Handelsabkommen vom 23. Januar 1860 gesetzt, das in Frankreich und in ganz Europa als Handstreich des Kaisers gegen die mächtigen französischen Protektionisten empfunden wurde. In diesem Vertragswerk wurden die von Napoleon III. seit seinem englischen Exil gepflegten freihändlerischen Grundsätze zu einem beachtlichen Teil in die Realität umgesetzt. Der Monarch hatte seine wirtschaftspolitische Philosophie in einem offenen Brief an seinen Finanzminister am 15. Januar 1860 der erstaunten Öffentlichkeit vorgelegt und der europäischen Staatenwelt als neue Politik angeboten. Der Abbau des rigorosen französischen Protektionismus konnte nur schrittweise erfolgen, doch wurde fortan jeder Handelsvertrag auf dem Kontinent am französisch-britischen Modell gemessen. Frankreich schloss auf dieser Grundlage im Mai 1861 ein Abkommen mit Belgien. Im August 1862 folgte ein Handelsvertrag mit dem Deutschen Zollverein, der anfänglich nur von Preussen, nicht aber von den süddeutschen Staaten ratifiziert wurde. Die schweizerische Landesregierung kam nach langem Zögern zur Einsicht, dass man mit Paris – schlechte Laune hin oder her – in Handelsfragen zu einer Einigung kommen musste, wollte man nicht gegenüber der europäischen Konkurrenz hoffnungslos ins Hintertreffen geraten. Auf dem französischen Markt waren schweizerische Erzeugnisse höheren Belastungen ausgesetzt als die englischen, belgischen oder preussischen, denn das System der Differentialzölle wirkte sich zuungunsten der Eidgenossenschaft aus. Man musste also bei den eigenen Zöllen flexibleres Verhalten beweisen und beim Partner Vereinbarungen auf der Basis der Meistbegünstigung anstreben.

Minister Kern bereitete sich in Paris auf Verhandlungen vor, die eine neue Dimension der Aussenpolitik eröffneten. Weder die Landesregierung noch die dürftig ausgestattete Diplomatie hatten sich bisher mit einer so breit angelegten Thematik auseinandergesetzt. Es zeigte sich, dass wesentliche Daten und statistische Unterlagen über die schweizerische Industrie und den Aussenhandel fehlten oder nur in Rudimenten vorhanden waren. Man holte bei den Kantonen Informationen und Meinungen ein und beriet sich mit Experten aus den verschiedenen Zweigen der exportorientierten Wirtschaft. Da mit Widerständen in radikalen und konservativen Kreisen zu rechnen war, galt es, unter anderem die Bundeskompetenz in Fragen des Aussenhandels festzuhalten – ein Streitpunkt, den Bundesrat Jakob Dubs in einem Gutachten erwartungsgemäss zugunsten der Zentralregierung entschied.[206] Die Diskussion um die Kompetenzen hielt in Parlament und Presse während Jahren an. Noch ein anderer Stolperstein musste aus dem Weg geräumt werden. Unter dem Titel «Konnexionsfrage» stand die Forderung Aussenminister Thouvenels zur Debatte, den latenten Savoyen-Konflikt in die Gespräche um einen Handelsvertrag einzubringen, vermutlich ein Versuch, das Geschäft zum vornherein zum Scheitern zu bringen. Der Bundesrat lehnte – wie es Minister Kern gegenüber Napoleon III. getan hatte – die unheilvolle Vermengung der beiden Bereiche ab und fand dabei auch in Paris Verständnis.

Der Kaiser und der liberale Handelsminister Eugène Rouher wünschten ein freundlicheres Klima in den französisch-schweizerischen Beziehungen. Das konnte über den Handel erreicht werden. Im Oktober 1862 wurde Aussenminister Thouvenel aus seinem Amt entlassen und durch den weniger starren Drouyn de Lhuys ersetzt, der Wert auf einen baldigen Beginn der Verhandlungen legte.[207]

In Bern musste man in diesen Jahren erkennen, dass ein Handelsvertrag mit der Schweiz für die französische Regierung keineswegs Priorität genoss. Zuerst wollte man in Paris den Handelsvertrag mit dem Deutschen Zollverein – oder genauer gesagt, mit Preussen – unter Dach bringen, denn die mit Deutschland erzielten Ergebnisse würden bestimmt auch auf alle weiteren Verträge einwirken. Das Zögern Frankreichs entsprach dem betulichen Verhalten des schweizerischen Bundesrats, der den aktiveren Gesandten in Paris an kurzer Leine führte. Vor allem Friedrich Frey-Hérosé, in diesen Jahren Vorsteher des Handels- und Zolldepartements, kompensierte seinen mangelnden Überblick mit ängstlicher Vorsicht, die jegliche Begeisterung für die anspruchsvolle Materie vermissen liess.

Gegen Ende des Jahres 1862 erhielt Minister Kern zuverlässigen Aufschluss über die voraussichtliche französische Verhandlungsposition und die entsprechenden Forderungen. Zur Diskussion standen die folgenden Punkte:
1. Schutz des literarischen und industriellen Eigentums. Angestrebt wurde eine Lösung gemäss dem französisch-belgischen Vertrag.
2. Abschaffung der schweizerischen Transitzölle.
3. Gleichberechtigung der französischen Juden mit den Franzosen christlicher Konfession in der Schweiz.
4. Freie Einfuhr aus dem Pays de Gex, dem Chablais und dem Faucigny, mit Reziprozität.
5. Reduktion der schweizerischen Importzölle auf Artikeln, die nach Frankreich und andern Staaten zollfrei oder zu niedrigen Tarifen eingeführt werden können.[208]

Die Verhandlungen begannen im Frühjahr 1863 in Paris. Die Schweiz war durch Minister Kern vertreten, von dem man in Bern wusste, dass er die Materie besser als jeder andere überblickte. Das will nicht heissen, dass der Delegationsleiter in den Gesprächen über einen nennenswerten Spielraum verfügte, denn der Bundesrat war unsicher und fürchtete sich vor Kompromissen, die ihn in der Öffentlichkeit hätten in Verlegenheit bringen können. Bundesrat Jakob Dubs, ähnlich wie Johann Konrad Kern auf rasche Fortschritte bedacht, versuchte gelegentlich, das Kollegium in Fahrt zu bringen, doch traf er dabei auf den Widerstand des zuständigen Departementchefs. Frey-Hérosé sei – so schrieb Dubs in sein Tagebuch – ziemlich störrisch geworden, und an anderer Stelle bezeichnete er ihn als «steif und ledern und hartnäckig wie ein Maulesel».

Die Landesregierung setzte für die Verhandlungen einige Prioritäten. Zollermässigungen sollten in erster Linie für wichtige schweizerische Exportgüter wie Baumwolle, Seidenbänder, Uhren und Agrarprodukte erreicht werden. Die entsprechenden Branchen waren in Paris durch Experten vertreten, die Minister Kern auf die Finger schauten und ihre Wünsche stets deutlich vorbrachten. Bei weniger wichtigen Produkten war der Delegierte nicht unbedingt an starre Anweisungen gebunden. Auf französischer Seite gab man sich darüber Rechenschaft, dass die schweizerischen Fiskalzölle nicht mehr wesentlich gesenkt werden konnten, ohne die eidgenössische Staatsrechnung aus dem Gleichgewicht zu bringen. Mit einer Ausnahme: Handelsminister Rouher forderte die Herabsetzung der Zölle auf französischen Weinen, die in grossen Mengen auf den schweizerischen Markt gelangten.[209]

Ein wichtiges französisches Anliegen betraf das industrielle Eigentum, womit konkret der Musterschutz in der Textilindustrie gemeint war. Man hatte in verschiedenen Kantonen, so zum Beispiel in Baselstadt und Baselland, wenig Hemmungen, französische Muster und Zeichnungen zu kopieren. Jedermann müsse schliesslich mit der von Frankreich diktierten Mode gehen, lautete eine Ausrede. Der Gedanke, dass geistiges Eigentum zu schützen sei, wurde von manchen Textilindustriellen beiseite geschoben, wenn der rasche Zugriff auf fremde Muster Profit versprach. Der Schutz des industriellen Eigentums war jedoch in den als Modell dienenden französischen Handelsverträgen mit andern Staaten vorgezeichnet, so dass Minister Kern in dieser Frage um Zugeständnisse nicht herumkam.

Die Forderung Frankreichs nach Niederlassungsfreiheit für die französischen Juden bereitete Kopfzerbrechen, denn in Paris wollte man die Angelegenheit gleichzeitig mit dem Handelsvertrag entscheiden. In diesem Punkt stand wiederum die Bundeskompetenz in Frage, wurde doch die Angelegenheit von den Kantonen autonom geregelt. Das Argument, der Fall müsse durch eine Revision der Bundesverfassung gelöst werden, konnte man nicht aufrecht erhalten, denn mit diesem mühsamen Prozedere hätte man den Abschluss des ganzen Vertragswerks in Frage gestellt. Von französischer Seite war in dieser Sache kein Nachgeben zu erwarten. Die Landesregierung steuerte auf eine pragmatische Lösung zu. Im März 1864 legte Kern am Pariser Verhandlungstisch eine flexible Formulierung vor: «Le Conseil fédéral s'engage à proposer à l'Assemblée fédérale que les israélites français jouissent dans toute la Suisse, sous le rapport du commerce, de l'industrie et de l'établissement ou du séjour, des mêmes droits que les Français de la religion chrétienne.»[210] Gleichzeitig wollte der Bundesrat mit den besonders betroffenen Kantonen über eine dem französisch-schweizerischen Abkommen entsprechende Regelung verhandeln, wobei auch die Gleichstellung der schweizerischen Juden gesichert sein musste. Frankreich konnte sich mit diesem Vorgehen einverstanden erklären.

In den Grenzkantonen Baselstadt, Basellland und Aargau war Widerstand zu erwarten, da man dort einen Zustrom elsässischer Juden befürchtete, die nota bene auch in ihrem eigenen Land Schikanen ausgesetzt waren. Bei den Verhandlungen um die Gleichberechtigung israelitischer Franzosen fehlte es nicht an Peinlichkeiten. Die schweizerischen Interessenvertreter scheuten sich nicht, das humanitäre Postulat gegen französische Zollkonzessionen aufzurechnen, so dass letzten Endes Juden gegen Waren standen, oder wie es der Basler Regierungsrat Alphons Koechlin-Geigy salopp formulierte: «Wenn der Zoll auf unserer Seidenbandfabrikation auf die Hälfte reduziert wird, so werden wir weder gegen die Judenemanzipation noch gegen den Musterschutz opponieren.» Die französischen Delegierten vergassen nicht, die schweizerischen Kontrahenten auf die moralische Fragwürdigkeit ihrer Verhandlungsposition hinzuweisen.

Die freie Einfuhr von Produkten aus dem Pays de Gex, dem Chablais und dem Faucigny, die auf der Liste der französischen Wünsche standen, brachte nach dem Savoyen-Debakel die Gemüter erneut in Wallung. Die von Frankreich einseitig deklarierte grosse Freihandelszone würde der Bevölkerung von Chablais und Faucigny – wäre Bern auf den Vorschlag eingetreten – eben die Vorteile verschafft haben, die sie auch bei einem Anschluss an die Schweiz erlangt hätte. In Genf vor allem liefen «Helvetia» und «Fruitiers d'Appenzell» gegen Konzessionen Sturm, die sie als weitere Kapitulation im Savoyen-Konflikt betrachteten. Es stellte sich erneut die «Konnexionsfrage», doch wurde sie diesmal von der schweizerischen Seite aufgerollt. Das behagte wiederum den Franzosen nicht. Die Zugeständnisse blieben letzten Endes in Bezug auf die Departemente Nord-Savoyens bescheiden, während das Pays de Gex eine historisch bedingte Vorzugsbehandlung genoss.

Die Verhandlungen in Paris dauerten in der ersten Phase bis zum Sommer 1863 und fanden nach längerem Unterbruch ihre Fortsetzung vom Januar bis zum Juni 1864. Minister Kern gewann im Laufe der Gespräche in der vielschichtigen Materie wachsende Sicherheit, dies im Gegensatz zum Bundesrat, der das unvertraute Geschäft nur zögernd begleitete und vor allem auf innenpolitische Absicherung bedacht war. Ablehnung war nach wie vor aus radikalen und konservativen Kreisen zu erwarten, wobei die Motive der Opponenten durchaus nicht übereinstimmten. Um die Stimmung zwischen dem Delegierten und der Landesregierung war es nicht zum Besten bestellt, denn der Gesandte verbarg sein Wissen nicht und führte der vorgesetzten Behörde bei etlichen Gelegenheiten ihre mangelnde Kompetenz vor Augen.

Im Juni 1864 erschien Minister Kern mit den Vertragsentwürfen unaufgefordert in Bern, denn er wollte dem Bundesrat das Ergebnis seiner Arbeit persönlich präsentieren. In langer Rede interpretierte er die Dokumente und verfehlte nicht, die Abkommen als bestmögliche Lösung hinzustellen. Das überraschte Kollegium war überfordert. Jakob Dubs ärgerte sich über die «lächerliche Eitelkeit Kerns», der sein Werk mit der ihm eigenen Rhetorik pries. Fünf Verträge standen zur Debatte: der Handelsvertrag mit den neuen Tarifen, eine Übereinkunft zum Schutz des geistigen Eigentums, ein Niederlassungsvertrag, ein Reglement über das Pays de Gex und eine Übereinkunft über die nachbarlichen Verhältnisse und die Beaufsichtigung der Grenzwaldungen. Bundesrat Frey-Hérosé sorgte für eine peinliche Überraschung, die wiederum von seiner fehlenden Fachkenntnis zeugte. Im Text des Handelsvertrages fand sich eine Konzession an Frankreich, die niemand verlangt hatte. Man bemühte sich in Bern, in dieser Sache Stillschweigen zu wahren. Die Zustimmung des nicht vollzähligen Bundesrats zum Vertragswerk war keine staatspolitische Meisterleistung. Frey-Hérosé und Naeff stimmten für die Vollmachten an Kern, Schenk war dagegen, Knüsel und der Bundespräsident enthielten sich der Stimme. Der Kommentar im Tagebuch von Jakob Dubs lautet sarkastisch: «Dies ist die Finalabstimmung, die gewiss traurig genug war. Bei Schenk ist es förmlich böser Wille, bei Knüsel ½ böser Wille, ½ Faulheit und Näff war wieder einmal schlaff und gedankenlos. Diese Sache hat mich schwer geärgert.»[211] Minister Kern reiste mit dem mühsam erreichten Plazet nach Paris zurück und unterzeichnete am 30. Juni 1864 die Verträge. Man darf annehmen, dass die meisten Bundesräte die Bedeutung des Dokuments nicht erkannten.

Bei der Ratifikation der Abkommen in der Bundesversammlung bezogen die eidgenössischen Parlamentarier ihre bereits bekannten Positionen. Bundespräsident Jakob Dubs ordnete die Verträge in die staatspolitischen Perspektiven ein und verteidigte die vom Bund in Anspruch genommenen Kompetenzen.[212] Philipp Anton von Segesser, der engagierte Verteidiger der kantonalen Souveränität, lehnte das Werk ab und holte bei dieser Gelegenheit zu einem antisemitischen Diskurs aus. Er sei gegen die geforderte Niederlassungsfreiheit für die Juden, nicht aus religiöser Intoleranz, sondern wegen sozialpolitischen Bedenken – so seine weit hergeholte Rechtfertigung.

Die schweizerische Landesregierung brachte mit dem Abschluss der französischen Verträge ein bedeutendes wirtschaftspolitisches Pensum hinter sich, das sie lange mit Missvergnügen vor sich hergeschoben hatte. Nach dem Ausscheiden von Jakob Stämpfli verfügte kaum noch ein Bundesrat über das nötige Wissen um den stets wichtiger werdenden Zusammenhang zwischen Ökonomie und Politik.[213] In konkreten Fällen zog man aussenstehende Experten zu Rat, so zum Beispiel den «Eisenbahnkönig» Alfred Escher oder den Währungs- und Zollexperten Carl Feer-Herzog, die beide dem Nationalrat angehörten. Nach dem französischen Vertragswerk wurde ein Handels- und Niederlassungsvertrag mit dem neuen Königreich Italien geschlossen. Es folgte ein Vertrag mit Österreich, und nach aussergewöhnlich mühsamen Verhandlungen wurde im Jahre 1869 ein Abkommen mit dem von Preussen beherrschten Deutschen Zollverein unterzeichnet.

Bis in die sechziger Jahre befand sich Frankreich nicht nur in der Politik, sondern auch in wirtschaftspolitischen Fragen gegenüber der Schweiz in einer nahezu beherrschenden Position. Die eidgenössische Entscheidung vom 26. April 1850 für die Frankenwährung wurde als Erfolg des Präsidenten Napoleon Bonaparte gewertet.[214] Als der Aargauer Feer-Herzog, das währungspolitische Gewissen der Landesregierung, die Schweiz im Jahre 1865 in die Lateinische Münzunion führte, war das noch einmal ein Erfolg Frankreichs. Später kam diese Entscheidung die Schweiz teuer zu stehen, denn man hatte gegen den Willen des schweizerischen Experten ein Doppelwährungssystem mit Silber und Gold gewählt. Als sich nach dem Deutsch-Französischen Krieg die reine Goldwährung durchsetzte, entstand eine enorme Silberinflation, da die Preise für dieses Edelmetall zusammenbrachen.[215]

Französisches Kapital hatte sich seit den fünfziger Jahren im schweizerischen Eisenbahnbau engagiert. Folgerichtig trugen die Pariser Finanzmagnaten auch ihren Teil an den zahlreichen Pleiten, die sich als Resultat einer chaotischen Baupolitik einstellten. Im Jahre 1852 unterlagen im Parlament die von Jakob Stämpfli angeführten Freunde des staatlichen Bahnbaus, und Alfred Escher setzte sich in einem Eisenbahngesetz mit seiner These vom privaten Bau und der Konzessionshoheit der Kantone durch. Die Unabhängigkeit der schweizerischen Eisenbahnen vom Bund wurde jedoch, wie die Zukunft zeigte, durch Abhängigkeit von ausländischem Kapital erkauft.

Im Zusammenhang mit den ersten Alpenbahn-Projekten stellte sich die Frage von Souveränität und Neutralität. Die Nachbarstaaten verfolgten die in der Schweiz gehandelten Ideen aufmerksam und schalteten sich bei Gelegenheit ein. Die Überquerung der Alpen durfte keine rein eidgenössische Angelegenheit bleiben, denn es war unbestritten, dass kein Projekt ohne massive ausländische Hilfe realisiert werden konnte. In den vierziger Jahren – die Lombardei war noch in österreichischen Händen – sprach man von der Lukmanierbahn, als deren südlicher Partner sich Piemont anbot, das ausserdem im Jahre 1851 Interesse an einer Simplonbahn bekundete. Das selbe Ziel steuerte Napoleon III. an, der in eben diesen Jahren die Initiativen für eine Jura-Bahn zwischen Pontarlier und Vallorbe förderte, die als Zufahrt zum Simplon gedacht war.[216] Vom Gotthard war ernsthaft im Jahre 1853 die Rede, wenn auch die Meinungen über die technische Machbarkeit auseinandergingen.[217]

Die fehlende Zuständigkeit des Bundes in Eisenbahnfragen erwies sich bei allen über die Grenzen hinausführenden Projekten als Hindernis, denn die Landesregierung spielte anfänglich die biedere Rolle eines Briefboten zwischen Nachbarstaaten und den jeweils engagierten Kantonen und Gesellschaften. Man fasste in Bern erst Mut, als die Pläne am Gotthard Gestalt annahmen. Die unklare Rolle des Bundes, der nicht als Vertragspartner auftreten konnte, stärkte die Position der ausländischen Kontrahenten, die oft Privilegien anstrebten, die für die Souveränität des Landes bedenklich waren. Doch das Missfallen, das zum Beispiel Philipp Anton von Segesser geäussert hatte, wurde von Wirtschaftspionieren und Unternehmern beiseite geschoben, denn der Aufbruch in ein neues technisches Zeitalter verlangte unkonventionelle Lösungen. Man war weit entfernt von der resignierten Sicht der Dinge, wie sie im Jahre 1815 Pictet de Rochemont gegenüber dem Herzog von Wellington gezeigt hatte. Der Genfer Diplomat schlug damals dem Engländer vor, die von Napoleon gebaute Simplonstrasse solle zerstört werden – «de la restituer à la nature sur laquelle elle a été conquise» –, um für Österreich und Frankreich ein Objekt der Versuchung aus der Welt zu schaffen.[218]

Die im Laufe der sechziger Jahre heranreifende Entscheidung für die Gotthardbahn, von Preussen und Italien gefördert, war unter anderem ein Schachzug im Spiel der europäischen Mächte, die beim Bahnbau stets auch politische Ziele verfolgten. Frankreich wurde in diesem Fall ausgeschaltet. Die deutsche Präsenz am Gotthard minderte den Einfluss der westlichen Grossmacht in der Schweiz. Die Reaktionen in Paris zeugten von anhaltendem Missvergnügen, denn die Vorgänge im Zentrum der Eidgenossenschaft waren den französischen Plänen abträglich. Von daher auch der gelegentlich an die Schweiz gerichtete Vorwurf, der Bahnbau am Gotthard gefährde die Neutralität und öffne den Preussen die Tore des Landes. Aber das von Deutschland und Italien begünstigte Projekt war nicht bloss ein sichtbares verkehrspolitisches Signal, sondern auch ein Sympton für die Schwäche der einst dominierenden Stellung Frankreichs in der Schweiz.

Der Niedergang des Zweiten Kaiserreichs

Kaiser Napoleon III. präsentierte sich in Europa als Vorkämpfer des Nationalitätsprinzips. Mit dieser Doktrin verband er die Forderung nach Selbstbestimmung der Völker. Eine Zeitlang durfte sich der Sieger von Solferino in einer unangefochtenen Position wähnen, denn kein Staat konnte es wagen, europäische Politik gegen den Willen Frankreichs zu betreiben. Das erlebte die Schweiz bei ihrem untauglichen Versuch, in Nord-Savoyen Fuss zu fassen.

Politische Konsequenz lag aber dem unsteten Charakter des Kaisers fern. Ohne zuverlässige innenpolitische Basis, als Opportunist allen spontanen Eingebungen ausgesetzt, geriet er immer wieder in Konflikt mit seinen eigenen Grundsätzen. Als Experimentierfelder für nationalstaatliche Unternehmungen boten sich Italien und Deutschland an. Das Bündnis mit Sardinien-Piemont löste in Verbindung mit der militärischen Intervention die italienische Einigungsbewegung aus, doch Rücksichten auf die weltliche Herrschaft des Papstes verlangten ein behutsames Vorgehen. Ein starker italienischer Einheitsstaat war für Paris kein erstrebenswertes Ziel. Der Not gehorchend manövrierte Napoleon III. zwischen unvereinbaren Positionen, bis kaum noch ein politisches Konzept zu erkennen war. Dabei konnte er die konservativen Kräfte im eigenen Land einigermassen bei Laune halten, verlor aber Einfluss und Ansehen beim südlichen Nachbarn.

Offenkundig war der Anspruch des Kaisers, auch in Deutschland mitzureden. Zu Beginn der sechziger Jahre war Österreich nach dem Verlust der Lombardei angeschlagen, die süddeutschen Staaten weit von einer Einheit entfernt und Preussen ein Staatswesen mittlerer Grösse, das man – so die Gedankengänge in Paris – auf dem europäischen Schachbrett mit geschickter Diplomatie steuern konnte. Anlass zu militärischen Interventionen wie in Italien bestand anfänglich nicht. Wenn Preussen an Expansion dachte, so war zuerst der Norden gemeint. In diesen Regionen war England mehr als Frankreich betroffen. Die französische Regierung fühlte sich nicht herausgefordert, solange nur deutsche Gebiete zur Debatte standen.

Das Jahr 1862 brachte Veränderungen auf der preussischen Szene, die in ihrer Bedeutung recht bald für ganz Europa sichtbar wurden. Es entwickelte sich eine Verfassungskrise, bei der sich die absolutistischen Vorstellungen des Monarchen und die legitimen Forderungen des Parlaments gegenüber standen. In Paris verfolgte man das Schauspiel mit wachsender Spannung. Als Wilhelm I. den bisherigen Gesandten in Paris, Otto von Bismarck, mit dem Posten des Ministerpräsidenten betraute, wirkte die Berufung in ganz Europa als Signal. Der König hatte in einer beinahe ausweglosen Situation den Mann gewählt, der seine Monarchie wenn nötig mit harter Hand aus der Sackgasse führen konnte.

Bismarck stand im Verdacht, ein Bewunderer des französischen Kaisers zu sein. Das meinten nicht bloss seine deutschen Gegner, sondern auch Kommentatoren in Frankreich und in der Schweiz. So schrieb zum Beispiel der freisinnige «Schweizer Handels-Courier» vom «feudalen Junker-Ministerium mit napoleonischem Firnis und bonapartistischen Tendenzen», das bald «manchen Unfug in innerer und äusserer Politik treiben werde».[219] Der französische Monarch bewies seinerseits während Jahren eine seltsame Vorliebe für das Preussen Bismarcks, dem er mehr Verständnis entgegenbrachte, als seiner Regierung lieb war.

Wenn Napoleon III. im Nationalitätsprinzip den richtigen Ansatz für eine Neuordnung Europas erblickte, so tat er damit seinem eigenen Kaiserreich keinen Gefallen. Von den nationalen Thesen profitierte schliesslich das von Preussen dirigierte Deutschland mehr als Frankreich, denn im Spiel um die Macht in Europa agierte Bismarck geschickter und skrupelloser als sein französischer Kontrahent. Um das Nationalitätsprinzip als völkerrechtliche Doktrin kümmerte sich der Pragmatiker in Berlin wenig.[220] An den Realitäten orientierte Entscheidungen und eine stets präsente Diplomatie brachten bessere Ergebnisse als akademische Thesen.

Bald wurde deutlich, dass das vom Kaiser geförderte französische Nationalitätsprinzip mit dem deutschen wenig gemein hatte. Im französischen Denken war die Aufklärung gegenwärtig, die aus dem Postulat der persönlichen Freiheit die Idee der Volkssouveränität entwickelte. Napoleon forderte deshalb neben einer durch Raum, Geschichte und Sprache begründeten Nationalität das Recht auf Selbstbestimmung, auch wenn er im konkreten Fall den freien Willen eines Volkes nach seiner eigenen Façon interpretierte – so geschehen in Savoyen. Als Anwalt des Nationalitätsprinzips pflegte er wenn nötig die Wünsche der Bevölkerung mit den Machtmitteln des modernen Staates in die gewünschten Bahnen zu lenken.[221]

Während in der französischen Auffassung von Nationalität Volkssouveränität und Volkswille bis zu einem gewissen Grad gegenwärtig waren, wurden im nationalen Denken Deutschlands die Vorstellungen der Aufklärung beiseite geschoben. An ihre Stelle traten Bilder und Werte der Romantik, die unscharf genug waren, um das kollektive deutsche Gefühlsleben in ihren Bann zu ziehen. An die Stelle der Volkssouveränität trat eine gemeinsame Geschichte mit heroischen Ahnen und dem verpflichtenden Erbe der Rasse. Von da führte ein kurzer Weg zum Mythos von Blut und Boden und zu einem Begriff von Nation, den französische Historiker als «nationalité préexistante» bezeichnen. Ein Nationalitätsprinzip, mit dem deutsche Fürsten perfekt zurecht kamen, und das an Stelle der politischen Freiheiten romantisch verklärte nationale Symbole setzte.

Für die Schweiz konnte die deutsche Doktrin gefährlich werden, denn der im Jahre 1848 gegründete Bundesstaat war – gemessen am germanischen Nationalitätsprinzip – eine zum Scheitern verurteilte Konstruktion. Es dauerte Jahre, bis die schweizerischen Radikalen den Pferdefuss erkannten. Wenn sie an Deutschland dachten, meinten sie «Einheit und Freiheit». Die Parole klang verlockend, und man wollte nicht zur Kenntnis nehmen, dass sie die deutschen Gemüter kaum noch bewegte. Man hoffte in der Schweiz auf den Aufbruch einer demokratischen germanischen Nation, die imstande wäre, den verhassten Imperator in den Tuilerien in die Schranken zu weisen.

Der Abstieg Napoleons III. begann früh im Dezennium, in weiten Teilen Europas mit Schadenfreude kommentiert. Das mexikanische Abenteuer band die wirtschaftlichen und militärischen Kräfte des Landes und erwies sich immer mehr als Bleigewicht, das auch die Bewegungsfreiheit Frankreichs in Europa einschränkte. In der Schweiz mochte man die zunehmende Schwäche des einst dominierenden Nachbarn mit Genugtuung zur Kenntnis nehmen. Wer aber die langfristigen Perspektiven im Auge behielt, musste Zeichen am Horizont erkennen, die schwere Turbulenzen verhiessen. Noch war Preussen fern, aber sein Einfluss reichte schon längst bis zur Schweizer Grenze.

Im Januar 1863 brach in Russisch-Polen ein Aufstand aus, der die europäischen Staaten vor heikle Entscheidungen stellte.[222] Die polnische Rebellion ging anfänglich von den radikalen «Roten» aus und wurde deshalb von den Radikalen in den westlichen Staaten zur eigenen Sache gemacht. Die polnischen «Weissen», die Partei der Bürger und Grossgrundbesitzer, hielten sich eine Zeitlang zurück. Für sie hatte die Bewegung in den Anfängen nicht bloss einen nationalen, sondern auch einen sozialpolitischen Charakter, der die gesellschaftlichen Strukturen zu verändern drohte. Die Aufständischen beriefen sich auf das napoleonische Nationalitätsprinzip und auf den italienischen Kampf für die Einheit. Sie betrachteten auch die republikanische Schweiz als nachahmenswertes Modell, das ihnen von zahlreichen in diesem Land residierenden Asylanten empfohlen wurde.

Der polnische Appell versetzte die befreundeten Protagonisten im Westen in eine nicht zu verkennende Verlegenheit. Die Teilung Polens stand zwar in krassem Widerspruch zu der Nationalitätenpolitik von Napoleon III., und die traditionelle französisch-polnische Freundschaft hätte eine französische Intervention zugunsten der Unabhängigkeitsbewegung nahegelegt. Doch die machtpolitischen Verhältnisse in Europa rieten zur Vorsicht. Preussen zeigte sich mit Russland solidarisch, das geschwächte Österreich, eben noch Kriegsgegner in der Lombardei, hielt sich zurück, Italien war mit sich selbst beschäftigt. England lieh den Aufständischen seine diplomatische Unterstützung und nahm dabei dem zögernden Frankreich den Wind aus den Segeln. Für Napoleon III. ergab sich eine ernüchternde Erkenntnis: Es war politisch und militärisch allemal einfacher, im fernen Mexiko Krieg zu führen als einen Feldzug in Polen zu riskieren.

Der Kaiser versuchte spät im Jahre 1863, in der polnischen Angelegenheit die Initiative zurückzugewinnen. In seiner Thronrede vom 5. November 1863 erklärte er vor dem Parlament: «Russland zertritt in Warschau die Verträge mit Füssen».[223] Was man im Zarenreich als Rebellion ansehe, erscheine in den Augen Frankreichs «als die Stimme einer Nation, welche die Erbin sei eines Rechtes, das eingeschrieben stehe in der Geschichte und in den Verträgen». Damit bestätigte der Monarch wenigstens verbal sein Nationalitätsprinzip. Er mochte an die von ihm verworfenen Verträge von 1815 gedacht haben, die Polen zwar nicht die Souveränität gewährt hatten, aber immerhin von einer polnischen Nation sprachen. Napoleon lud am Tag vor seiner Thronrede die europäischen Mächte zu einem Kongress ein, der vor dem Hintergrund der polnischen Ereignisse ein neues Völkerrecht schaffen sollte. Vor dem Parlament proklamierte er – nicht zum ersten Mal, aber diesmal in feierlicher Form – die These, wonach die Verträge von 1815 nicht mehr existierten. Die Einladung zum Kongress ging auch an die schweizerische Regierung, die sich in ihrem nationalen Selbstbewusstsein bestätigt sah und dennoch verlegen reagierte.

Der polnische Aufstand bewegte die öffentliche Meinung in der Schweiz in ungewöhnlichem Masse. Man gab sich darüber Rechenschaft, dass ähnliches Unheil, wie es Polen in der Geschichte beschieden war, auch dem eigenen Land hätte zustossen können. Polnische Flüchtlinge, die in den dreissiger Jahren in der Schweiz Zuflucht gefunden hatten, legten Zeugnis ab vom betrüblichen Schicksal der geteilten Nation. In verschiedenen Kantonen bildeten sich Hilfskomitees, die den polnischen Asylanten beistanden. Gottfried Keller setzte sich für die Sache der Polen ein und übernahm das Sekretariat des polnischen Zentralkomitees. Der Radikale Carl Vogt in Genf stieg auf die Barrikaden und organisierte Waffenlieferungen. Darob gerieten die Polenfreunde in Zwietracht, da sie sich über die geeignete Art der Hilfeleistung uneinig waren. Man konnte auch selbstgerechte Urteile vernehmen: Polen habe die Teilung durch Uneinigkeit selber verschuldet. Es handle sich dabei um eine Strafe Gottes. Nationalratspräsident Eugène Ruffy beklagte im Parlament die Unterdrückung eines freiheitsliebenden Volkes durch die Russen, meinte aber, die innern Konflikte hätten Polen zu Fall gebracht. Das sei für die Schweiz ein warnendes Beispiel. Polnische Emigranten, die sich in der Schweizer Geschichte auskannten, waren um eine Antwort nicht verlegen. Auch die Schweiz sei von innern Auseinandersetzungen nicht verschont geblieben. Schliesslich habe das Land eben erst den Sonderbundskrieg hinter sich gebracht und sei dennoch nicht aufgeteilt worden.[224]

Für den Bundesrat stellte sich die Frage nach einer Politik, die mit der Neutralität zu vereinbaren war. Mochten die Polenfreunde den Freiheitskampf einer schwer geprüften Nation feiern, für die offizielle Schweiz schien eine differenzierte Haltung angezeigt. Einerseits war das Selbstbestimmungsrecht des polnischen Volkes unbestritten, denn man beanspruchte schliesslich für das eigene Land die selben souveränen Rechte. Anderseits galt es, den Empfindlichkeiten der russischen Grossmacht Rechnung zu tragen. Die liberale Flüchtlingspolitik gegenüber den polnischen Emigranten erregte in St. Petersburg Anstoss. Als England die Schweiz im Mai 1863 aufforderte, sich einer Protestnote der westlichen Mächte an das Zarenreich anzuschliessen, wurde das Dilemma offensichtlich. Der Bundesrat wandte sich an das neutrale Belgien, um herauszufinden, wie sich ein Kleinstaat in dieser Situation zu verhalten habe. Die Antwort wurde in Bern mit Erleichterung aufgenommen: Belgien schloss sich dem Protest nicht an und begnügte sich damit, dem Gesandten des Zaren in Brüssel mündlich das Missfallen mitzuteilen. Der schweizerischen Landesregierung erschien auch die harmlose belgische Reaktion als zu tapfer. Der Bundesrat betonte gegenüber der russischen Regierung sein gutes Recht, polnische Flüchtlinge aufzunehmen, solange sie sich ruhig verhielten. Zu den Vorgängen an der Weichsel schwieg die schweizerische Diplomatie. Wenn die Russen hören wollten, konnte ihnen aber die Stimmung im Lande nicht verborgen bleiben.

Positiv wertete der Bundesrat die Einladung des Kaisers zu einem europäischen Kongress. Die Schweiz hatte sich im Savoyen-Konflikt in eine isolierte Position manövriert und musste nun alles daran setzen, im Kreis der europäischen Mächte wieder ernst genommen zu werden. Man hatte kurz zuvor vergeblich nach einem Kongress gerufen, der das savoyardische Unrecht hätte korrigieren können. Nun stand eine Versammlung der europäischen Mächte bevor, an der man das Thema erneut vorbringen wollte.

Die vom Kaiser in seiner Thronrede präsentierten Prämissen mahnten die schweizerische Landesregierung zu behutsamem Vorgehen. Gegen ein neues und solideres Völkerrecht hatte man in Bern nichts einzuwenden, solange die schweizerischen Belange nicht berührt wurden. Wenn aber die Verträge von 1815 nicht mehr existierten, so waren die völkerrechtlichen Grundlagen der schweizerischen Souveränität hinfällig. Wieder einmal wurde der zwiespältige Charakter einer auf radikaler Ideologie aufgebauten eidgenössischen Politik gegenüber den Verträgen von Paris und Wien sichtbar. Zeitweise tadelten schweizerische Politiker jeden Hinweis auf die «fremden Verträge» als unpatriotisch, bei konkretem Anlass hingegen war die Berufung auf eben dieses Vertragswerk erwünscht. Die «Neue Zürcher Zeitung» formulierte die zweideutige Natur des schweizerischen Verhaltens so: «Es handelt sich um die Ersetzung der Wiener Verträge durch ein neues Völkerrecht. Diesem neuen Völkerrecht gehören die politischen Sympathien der Schweiz, während unsere europäische Stellung auf den Fünfzehnerverträgen basiert ist.»[225]

Der Bundesrat suchte sich durch einen Balanceakt aus der Verlegenheit zu ziehen. Eine Absage an die Einladung des Kaisers wäre einer persönlichen Beleidigung gleichgekommen. Also galt es, die Zusage mit Vorbehalten zu versehen, die zum vornherein jedes mögliche Ergebnis des Kongresses als für die Schweiz unverbindlich erklärten: «Que chaque Etat demeure libre d'accepter les résolutions qui pourraient intervenir. Un congrès ne fait pas de lois, auxquelles une minorité doit se soumettre.»[226] Die Verträge von 1815 seien nach wie vor gültig, auf jeden Fall in jenen Passagen, die sich auf die Schweiz bezögen. Man wollte auch die Savoyen-Affäre nicht ruhen lassen: «La question de Savoie est encore pendante, l'occasion est unique pour la rappeler au souvenir de l'Europe.»

England brachte die Kongress-Idee Napoleons III. zu Fall. In London nahm man die völkerrechtlichen Visionen des französischen Monarchen nicht ernst. Den polnischen Freiheitskämpfern würde eine akademische Debatte wenig bringen. Die englische Regierung war nicht bereit, an einer vom Kaiser inszenierten diplomatischen Schau teilzunehmen. Die Absage Londons traf das französische Kaiserreich in seinem Prestige empfindlich. Für die Schweiz hingegen, die im polnischen Konflikt den Schein konsequenter Neutralität wahrte, brachte das Scheitern der Kongress-Idee aussenpolitische Erleichterung. Die «Neue Zürcher Zeitung» gab diesem Gefühl Ausdruck: «Gewiss ist heute niemand in der Schweiz, oben vom Bundesrat angefangen bis hinunter zur ‹Neuen Zürcher Zeitung›, der den Engländern nicht Dank weiss, dass sie einem Projekt, welches ein gordischer Knoten für Europa zu werden drohte, den Lebensfaden entschieden abschnitten; sie haben gezeigt, dass eine offene Politik eine gute Politik ist, dass auch die Sprache der Diplomatie Ja Ja oder Nein Nein, aber nicht zu gleicher Zeit Ja und Nein sein soll, dass man nicht mit der einen Hand die Nichtintervention proklamieren und mit der anderen in allen Streitfragen intervenieren kann.»[227]

Nach der Meinung des französischen Kaisers hätte der europäische Kongress eine Wiederherstellung Polens einleiten sollen. In Paris sprach man von einer neuen Karte Europas und dachte dabei an Machtstrukturen, die unter französischer Regie aufgebaut würden. In der Tat veränderte sich die Karte des Kontinents in den folgenden Jahren, doch die neue Ordnung entsprach nicht den Wünschen Napoleons III. Dem französischen Monarchen misslang vor allem der Versuch, die deutsche Szene in ähnlicher Weise von Paris aus zu beherrschen, wie es seinerzeit in Italien geschehen war. Das Scheitern der Kongress-Idee deckte auch die Schwächen von Napoleons Nationalitäten-Politik auf, die in Polen auf den entschiedenen Widerstand Preussens stiess. Der preussische Junker Bismarck war in der polnischen Angelegenheit zu keiner Konzession bereit. Eher hätte er, sofern er unter Zwang geriet, territoriale Zugeständnisse im deutschen Westen gemacht, die ihn wenig kosteten, solange Preussen nicht direkt betroffen war.

Schon im Jahre 1862 hatte Napoleon III. Bismarck gedrängt, die nationalen Aufgaben Preussens in Deutschland wahrzunehmen, ein etwas seltsamer Wunsch eines Franzosen, wenn man sich die Geschichte der folgenden Jahre vor Augen hält.[228] Preussen müsse, so seine Empfehlung, deutsche Politik ausserhalb des Deutschen Bundes betreiben. Es könne dabei auf die Unterstützung Frankreichs zählen. Der Kaiser hoffte damit den Deutschen Bund zu sprengen, dem immer noch Österreich mit seinen ausserdeutschen Reichsteilen angehörte. Ein deutsches Staatsgebilde, das vom Balkan bis zum Niederrhein reichte und von Wien beherrscht wurde, musste für den französischen Monarchen eine Schreckensvision sein. Preussen war im Vergleich dazu eine weniger gefährliche Mittelmacht. Die Gedankengänge des Kaisers mögen sich naiv ausnehmen, doch sie beruhten auf der naheliegenden Hoffnung, in Deutschland eine anhaltende Spannung zwischen Preussen und der Donaumonarchie aufrecht zu erhalten. Die mittel- und süddeutschen Staaten konnten bei diesem Dualismus als Satelliten der einen oder der andern Macht auftreten. Napoleon III. wünschte damit keineswegs, Preussen den Status einer sich beliebig ausdehnenden Grossmacht zu verleihen. Er hoffte, das norddeutsche Königreich – sofern es in einen Konflikt mit Österreich geriet –, in Abhängigkeit von Frankreich zu bringen und zudem in deutschen Auseinandersetzungen als Deus ex machina zu wirken. In diesem Sinne sind die oft wiederholten Allianz-Angebote zu verstehen, die Preussen enger an das Kaiserreich hätten binden sollen.

Der französische Monarch wurde in der Deutschlandpolitik Opfer seines eigenen Wunschdenkens. Er unterschätzte die Macht Preussens und auch die Schlauheit des Ministerpräsidenten Bismarck, der über die Gedankengänge in Paris sehr wohl im Bilde war und nicht in die Falle tappte. Das offen zelebrierte französische Wohlwollen kam ihm gelegen, ohne dass er sich dabei im geringsten hätte binden lassen. Napoleon konnte sich in seiner deutschen Politik im eigenen Land nicht auf Zustimmung verlassen. Die Armeeführung schaute mit Unbehagen auf das martialische Gehabe in Berlin und auf die preussische Rüstung, Kaiserin Eugénie –

«katholisch, päpstlich, konservativ» – betrieb ihre eigene Politik und versammelte einen klerikalen und konservativen Anhang um sich, der eher zu einer Versöhnung mit Österreich als zu einem preussischen Bündnis neigte. Die unterschiedlichen Optionen in der französischen Politik, die Minister und Diplomaten auseinander dividierten, waren Bismarck wohl bekannt.

Der dänische Krieg des Jahres 1864 bot ein Exempel für den rücksichtslosen Umgang Bismarcks mit dem Deutschen Bund und ebenso für die souveräne Manier, in der Napoleon III. mit seiner Deutschlandpolitik vom Berliner Kontrahenten ausmanövriert wurde.[229] Die «nationale Aufgabe», die der Kaiser Preussen zugedacht hatte, wurde vom preussischen Ministerpräsidenten in einer Weise wahrgenommen, die Paris in Unruhe versetzte. Der Einmarsch bundesdeutscher, preussischer und österreichischer Truppen in Schleswig und Holstein stimmte durchaus mit dem Nationalitätsprinzip des französischen Monarchen überein, das eine Loslösung der deutschen Herzogtümer vom dänischen Königreich forderte. Über die staatliche Zugehörigkeit der nördlichen Landesteile mit gemischter deutsch-dänischer Bevölkerung hätte eine Volksabstimmung befinden müssen, die aber nie zustande kam. Der rasche preussische Vormarsch bis nach Jütland entsprach hingegen keineswegs dem französischen Konzept, denn man wollte Dänemark intakt erhalten. Anlass zu Besorgnis gab auch die seltsame Waffenbrüderschaft Preussens mit Österreich, die am Anfang wider Erwarten gut funktionierte. Die militärischen und die politischen Aktionen gingen in den Elbherzogtümern in Szene, ohne dass Bismarck den französischen Kaiser um Rat gefragt hätte.

Paris bemühte sich mit geringem Erfolg um Mitsprache. Napoleon III. und seine Diplomaten brachten wiederum das Thema «Allianz» ins Gespräch und forderten Preussen auf, die beiden Herzogtümer zu annektieren. Dies vermutlich in der stillen Hoffnung auf eine unvermeidliche Auseinandersetzung mit dem österreichischen Bundesgenossen. Bismarck hingegen zögerte die Entscheidung über die von Preussen und Österreich besetzten Territorien hinaus. Der Vertrag von Gastein regelte zwischen den beiden deutschen Grossmächten die gemeinsame Herrschaft über die Herzogtümer, wobei die preussischen Diplomaten munkelten, die Vereinbarung werde nur von kurzer Dauer sein. Die deutschen Mittel- und Kleinstaaten hatten in diesem Geschäft nichts zu bestellen. Napoleon III. konnte seinen Ärger über einen Handel, der ohne sein Wissen zustande gekommen war, nicht verbergen. Dem deutschen Gesandten Robert Graf von der Goltz erklärte er in einer Audienz: «La question des Duchés a été toujours difficile à comprendre, mais maintenant je n'y comprends plus rien, rien.»[230] Die öffentliche Meinung in Frankreich, für den unsicher gewordenen Monarchen stets ein wichtiger Faktor, wurde von einer preussenfeindlichen Stimmung beherrscht.

Der Spott aus Berlin blieb nicht aus. In einem von Bismarck diktierten Rundschreiben an die Presse stand zu lesen: «Über Frankreichs teutonische Begeisterung und Frankreichs Schutz deutscher Freiheit, deutscher möglichst kleiner Nationalitäten, braucht man kein Wort zu verlieren. Frankreich hat offenbar gerechnet auf einen inneren Krieg Deutschlands. Das Missvergnügen darüber, dass dieser innere Krieg, wenn nicht ganz beseitigt, so doch ins Unbestimmte vertagt ist, tritt zu plötzlich und zu leidenschaftlich in die Öffentlichkeit, als dass nicht jeder Deutsche über die wiedergefundene Einigkeit der beiden grossen Militärmächte sich beglückwünschen sollte.»[231]

Das französische Kaiserreich stand nach dem dänischen Krieg isoliert da. Der Versuch Napoleons III., in deutschen Angelegenheiten als Schiedsrichter aufzutreten, war misslungen. Nicht einmal mit England konnte man sich verständigen. London hatte das dänische Königreich zuerst bedingungslos unterstützt und die Abtrennung der Elbherzogtümer abgelehnt. Darin lag eine wesentliche Differenz zur französischen Position. Blieb noch die Hoffnung auf den früher oder später fälligen Konflikt – «ins Unbestimmte vertagt», wie sich Bismarck ausdrückte – zwischen Preussen und der Donaumonarchie, von dem in Berlin und Wien offen gesprochen wurde.

Zwischen Frankreich und Preussen trat ein Thema in den Vordergrund, das von den Diplomaten der beiden Mächte während Jahren hin- und hergeschoben wurde: die «Kompensationen». Gemeint waren deutsche territoriale Konzessionen, welche die französische Regierung für ihr Wohlverhalten erwartete. Für das diplomatische Spiel charakteristisch war der Umstand, dass von französischer Seite nicht offen ausgesprochen wurde, was man erwartete, und dass Bismarck sich genauso undeutlich über mögliche preussische Geschenke äusserte.

Der unaufhaltsame Umbruch, der in den sechziger Jahren die Machtverhältnisse in Europa veränderte, wurde in Bern ungenügend und mit Verspätung wahrgenommen. Den einzelnen Bundesräten fehlte es in aussenpolitischen Fragen an Kompetenz, und der dürftig ausgebaute diplomatische Dienst war nicht imstande, umfassende Beobachtungen an die Landesregierung weiterzuleiten. In Paris betreute Minister Kern den wichtigsten diplomatischen Posten, der sich gelegentlich wie ein zweites Aussenministerium ausnahm. Johann Konrad Kern fand direkten Zugang zum Kaiser und kannte sich in der politischen und diplomatischen Szene der französischen Hauptstadt so perfekt aus, dass er auch Beziehungen zu Drittstaaten anbahnen konnte. Seine universale Geschäftigkeit war zugleich Stärke und Schwäche, denn er zelebrierte bei Gelegenheit seine Überlegenheit über die Bundesräte und über seine schweizerischen Kollegen in andern Hauptstädten. Sein Urteil wurde im Bundesrat – besonders nach dem Ausscheiden seines Gegners Jakob Stämpfli – oft kritiklos entgegengenommen. Dabei hätte es gelegentlich einer Korrektur aus einer andern Perspektive bedurft.

Radikale Politiker setzten in der Aussenpolitik auf «Einfachheit unserer republikanischen Sitten». Das bedeutete konkret, dass man auf den diplomatischen Dienst weitgehend verzichten wollte. Eine gefährliche Haltung in einer Staatenwelt, die sichtbar in Bewegung geraten war. Als im Jahre 1860 die Ernennung eines Geschäftsträgers in Turin zur Debatte stand, gab die Aussenpolitische Kommission des Nationalrats – seltsamerweise mitten in der Savoyen-Krise – eine zu Bescheidenheit mahnende Erklärung ab: «Die Kommission hält dafür, die Schweiz solle, in Gemässheit ihrer republikanischen Verfassung und ihrer politischen Stellung, sich so wenig als möglich auf das Feld der Diplomatie verirren, indem sie hier ihre Lorbeeren nicht pflückt. Die Kommission hält ferner dafür, dass die Geschäfte in gewöhnlichen Zeiten durch gewöhnliche Konsuln besorgt werden könnten.»[232] Immerhin stimmte man der vom Bundesrat angeregten ausserordentlichen Mission des Genfers Abraham Tourte zu. Im Jahre 1867 wurde nach der Gründung des Norddeutschen Bundes endlich eine diplomatische Vertretung in Berlin eröffnet, nachdem man in den kritischen Jahren der preussischen Expansion fahrlässige Enthaltsamkeit geübt hatte. Erster Gesandter wurde der Glarner Landammann Joachim Heer.[233] Nach der Niederlage Österreichs im Deutschen Krieg von 1866 wollte man hingegen der stets auf Sparflamme gehaltenen Vertretung in Wien die Geldmittel kürzen, verzichtete aber letzten Endes auf die unwürdige Sparübung.

In den entscheidenden Jahren des preussischen Aufstiegs fehlten die diplomatischen Verbindungen und Informationen, welche der Landesregierung den Wandel in Europa mit der nötigen Deutlichkeit vermittelt hätten. Dazu kam der in radikalen Kreisen tief verwurzelte Hass auf Napoleon III., dem man vor allem in der Romandie und in Bern begegnete. Es dauerte eine gewisse Zeit, bis Politiker und öffentliche Meinung sich in der Beurteilung der neuen preussischen Politik zurechtfanden. Ministerpräsident Bismarck wurde als «preussischer Landjunker» und «Strauchritter» gescholten, doch glaubte man nicht an einen nachhaltigen Erfolg seiner reaktionären Politik.[234] Die liberale Presse zum Beispiel vertraute auf die Kraft des deutschen Liberalismus, der sich im preussischen Landtag und im Deutschen Bund manifestierte. Erst die brutale Politik Bismarcks im dänischen Krieg liess die schweizerischen Beobachter ahnen, dass die von Preussen an die Hand genommene nationale Bewegung nicht zur Demokratie und auch nicht zur Freiheit führte, die man für Deutschland erhofft hatte.

Im dänischen Konflikt empfand die schweizerische Öffentlichkeit zunächst ähnlich wie die deutsche Bevölkerung, die mit vaterländischem Pathos den Anschluss der beiden Herzogtümer an den deutschen Bund forderte. Ein neuer Bundesstaat unter Herzog Friedrich von Augustenburg stimmte mit den in der Schweiz gepflegten Vorstellungen von nationaler Selbstbestimmung überein. Die ungeschickte dänische Politik gegenüber der deutschen Minderheit wurde verurteilt, denn sie war mit liberalen Grundsätzen nicht zu vereinbaren. Die harte preussische Intervention jedoch erschien als das persönliche Werk Bismarcks, der für die überschwenglichen nationalen Tonarten im deutschen Gemüt kein Verständnis zeigte. Der preussische Ministerpräsident demonstrierte nackte Machtpolitik, die auf Umwegen zum

Anschluss Schleswig-Holsteins an Preussen führte. Von diesem Ziel liess er sich auch durch Widerstand im eigenen Land nicht abbringen.

Das massive preussische Vorgehen im dänischen Konflikt bewirkte in der Schweiz ein Umdenken. Mit der Zeit neigten sich die Sympathien Dänemark zu, das in Bedrängnis geriet und schliesslich vor den unerbittlichen Forderungen der beiden deutschen Grossmächte kapitulierte. Parallelen zur Lage der Schweiz drängten sich auf, deren Existenz durch eine konsequente Interpretation des Nationalitätsprinzips ebenfalls in Frage gestellt wurde. Das bedeutete, dass das Land vor dem militarisierten Preussen genauso auf der Hut sein musste wie vor dem französischen Kaiserreich. Der Machtkampf zwischen den beiden Kontrahenten – nach aussen sichtbar in der Presse – gewann für ganz Europa an Aktualität.

Beim Hin und Her um Kompensationen stand auch die Schweiz zur Disposition. Wie direkt sie vom taktischen Geplänkel der Grossmächte berührt wurde, blieb der Landesregierung verborgen. Als konkrete Hinweise nach Bern gelangten, wurden sie auf Anraten von Johann Konrad Kern als «Curiosum» behandelt. Die Sache ist bis heute in mysteriöses Dunkel gehüllt, denn sie ist aktenmässig nur in Bruchstücken überliefert. Wenn von Kompensationen die Rede war, dachte man an mehr oder minder grosse deutsche Territorien im Rheinland oder an Belgien. Im Oktober 1865 besuchte Bismarck den französischen Monarchen in Biarritz. Über den Inhalt der Gespräche geben Akten und Memoiren keine eindeutige Auskunft, doch scheint der preussische Ministerpräsident vergeblich versucht zu haben, Klarheit über die territorialen Wünsche Frankreichs zu gewinnen. Es war nicht die Art Napoleons, sich festzulegen, bevor sich eine Frage konkret stellte. Offensichtlich wurde auch über die Schweiz gesprochen, wobei die Informationen aus dem Gerüchtekarussell der europäischen Diplomatie stammten. Arnold Otto Aepli, interimistischer Geschäftsträger in Wien, schrieb darüber im August 1866 an den Bundesrat: «Es ist mir von höchst zuverlässiger Seite, übrigens in ganz konfidentieller Weise, mitgetheilt worden – und ich muss daher auch verlangen, dass diese Mittheilung von Ihnen als eine ganz konfidentielle angenommen werde –, dass bei den v. J. zwischen dem Grafen Bismark und dem Kaiser Napoleon in Biarritz stattgefundenen Besprechungen, deren Gegenstand die eben in Sinne gesetzte Umwälzung des deutschen Bundes war, auch die Frankreich berührenden Compensationen berührt wurden und dass damals Bismark von Abtretung deutscher Territorien abzulenken versuchte, dagegen dem Kaiser die französisch sprechenden, nicht mit Frankreich verbundenen Länder u. Landestheile, namentlich Belgien und die französische Schweiz zur Verfügung stellte. Obschon nicht anzunehmen ist, dass der Kaiser auf solche Offerten eingegangen sei, oder sich mit denselben begnügt habe, so geht daraus immerhin hervor, was wir für uns von der Politik Bismarks zu gewärtigen hätten. Dass man in Berlin hoffte, sich durch das Überlassen anderer Staaten an Frankreich mit diesem abfinden zu können, und dass man dort glaubte, Frankreich werde von diesem Anerbieten bei erster Gelegenheit Gebrauch machen, scheint mir daraus hervor zu gehen, dass Anfangs Dezember v. J., als der alte König von Belgien im Sterben lag, in dem Hof nahe stehenden Kreisen in Berlin die Meinung verbreitet war, Napoleon werde unmittelbar nach dem Ableben des Königs von Belgien dieses Land besetzen. Von der Schweiz habe ich damals allerdings nicht reden gehört. Auch ist bekannt, dass in neuester Zeit wiederholt in norddeutschen Blättern davon die Rede war, Frankreich werde seine Entschädigung in Belgien u. in der französischen Schweiz suchen.»[235]

Für den schweizerischen Gesandten in Paris war diese Enthüllung wie gesagt ein «Curiosum», das nichts Beunruhigendes an sich hatte.[236] Während des Deutsch-Französischen Krieges wurde das Thema von Diplomaten, die sich mit der Vorgeschichte des Konflikts auseinandersetzten, wieder ans Tageslicht gebracht. In der Londoner «Times» erschien Ende Juli 1870 ein Artikel über die Kompensationsverhandlungen. Bismarck habe Frankreich territoriale Ausdehnung angeboten «überall in der Welt, wo man französisch spricht».[237] Dabei hatte der preussische Ministerpräsident offenbar auch die Romandie erwähnt.

Nach dem Sieg über die französische Armee fiel es der deutschen Politik nicht schwer, den wenig gediegenen Handel mit den Kompensationen auf das Schuldkonto des gestürzten Kaisers zu schieben. Auch deutsche Historiker haben eilfertig den Spiess umgedreht und Napoleon III. auf die Anklagebank gesetzt, obschon die von ihnen selbst veröffentlichten Akten eher auf eine preussische Initiative hinweisen.[238] Graf von der Goltz, der preussische Botschafter in Paris, hatte seinerzeit Bismarck über ein Gespräch mit dem Kaiser berichtet, das er am 5. März 1866 führte. Der Monarch verhielt sich dabei, soweit Kompensationen zur Debatte standen, eher zurückhaltend. In Bezug auf die Romandie schrieb von der Goltz: «Auf die französische Schweiz, welche ich beispielsweise erwähnte, ging der Kaiser nicht ein. Er äusserte mehrmals: ‹C'est une grosse question, cela demande réflexion›.»

In einer Unterhaltung des preussischen Diplomaten mit Aussenminister Drouyn de Lhuys war wiederum von der Schweiz die Rede. Von der Goltz gab die Meinung seines Gesprächspartners in der folgenden Formulierung wieder: «Ob ferner Frankreich den Besitz der französischen Schweiz reklamieren könnte, hinge von der Haltung ab, welche man dort hinsichtlich des Flüchtlingswesens, der Presse, der revolutionären Propaganda u.s.w. der Kaiserlichen Regierung gegenüber beobachten werde.» Der Botschafter fügte einen eigenen Kommentar an: «Was endlich Genf und andere Teile der französischen Schweiz anbetrifft, so geht dort die französische Propaganda ihren ruhigen, von dem guten Willen Preussens unabhängigen Gang, den ein Krieg zwischen den beiden deutschen Grossmächten kaum würde beschleunigen können.» Minister Kern in Paris ahnte nicht, dass vom Tauziehen um Kompensationen auch die Schweiz betroffen war. Dabei rühmte er sich seiner guten Beziehungen zum preussischen Grafen von der Goltz.

123

Als die Sache während des Deutsch-Französischen Krieges erneut zur Sprache kam, war die Gefahr für die Schweiz vorbei, doch es hatte im Politischen Departement in Bern in einer heiklen Frage offensichtlich an der gebotenen Aufmerksamkeit gefehlt. Der schweizerische Gesandte in Wien, Johann Jakob Tschudi, nützte die Gelegenheit, den Bundesrat an den verschmähten Bericht seines Vorgängers Aepli zu erinnern und Minister Kern in Paris eine Lektion zu erteilen: «Ich erlaube mir, Ihnen bei dieser Gelegenheit zu bemerken, dass im Jahre 1866 von der hiesigen Gesandtschaft dem h. Bundesrath die Mittheilung gemacht wurde, dass Louis Napoleon unter anderen Compensationsobjecten für Frankreich auch Theile der Westschweiz verlangt habe. Unser Herr Minister in Paris, dem diese Nachricht vom h. Bundesrath mitgetheilt wurde, fand sie lächerlich und versicherte, dass niemals davon die Rede gewesen sei. Die neuesten Berlinerenthüllungen haben jedoch bewiesen, dass die hiesige schweizerische Gesandtschaft damals vollkommen richtig informirt war.»[239]

Die schweizerische Landesregierung wurde über die französisch-preussischen Beziehungen vor allem durch den Gesandten in Paris orientiert. Vom Jahre 1864 an berichtete er regelmässig über das auch für die Schweiz akute Thema. Minister Kern übersah nicht, dass die französische Aussenpolitik bei allem Selbstbewusstsein an Sicherheit verloren hatte. Doch seine Stellungnahmen waren oft einseitig und mangelhaft. So scheint er die systematische Vorbereitung Bismarcks zum Krieg gegen die Donaumonarchie unterschätzt zu haben. Sein freundschaftlicher Umgang mit dem preussischen Botschafter verleitete ihn zu Fehlurteilen, denn Graf von der Goltz war über die wahren Intentionen seines Ministerpräsidenten nur unzureichend orientiert. Anderseits war auch die innenpolitische Szene in Frankreich nicht dazu angetan, den Diplomaten zu klaren Einsichten zu verhelfen. Napoleon III. – in seinen Entscheidungen ohnehin unberechenbar – sah sich in seiner Deutschland-Politik wachsender Kritik ausgesetzt, so dass es einem Beobachter schwer fiel, den jeweils gültigen Kurs auszumachen. Der Monarch manövrierte zwischen jenen Mitarbeitern, die auf Preussen setzten, und der zunehmenden Schar konservativer und preussenfeindlicher Politiker, die zu einem Ausgleich und zu einer Allianz mit Österreich drängten. In der Frage der Kompensationen herrschte Unklarheit. Man wusste lediglich, dass der Kaiser an Landau, Saarbrücken, Saarlouis und vielleicht an Luxemburg dachte und diesen Handel als «Grenzberichtigung» verstand. Zur Debatte stand auch die Rheingrenze, aber Napoleon wollte sich mit einer derartigen Forderung nicht die Feindschaft ganz Deutschlands zuziehen. Je näher der innerdeutsche Konflikt rückte, desto undurchsichtiger wurde sein Verhalten in Bezug auf die Entschädigung, die er für das französische Wohlverhalten erwartete. Er schien sich aber mit den sogenannten «ausserdeutschen» Angeboten, also mit Belgien und der französischen Schweiz, nicht zufrieden zu geben. Würde sich Frankreich Territorien eines dritten Staates angeeignet haben – so die Überlegung des Monarchen –, wären unweigerlich europäische Komplikationen die Folge.[240]

Immer eindringlicher klangen die Tiraden Adolphe Thiers gegen Preussen und die von Bismarck inszenierte Einigung Deutschlands.[241] Seine Rede im Corps législatif vom 3. Mai 1866 liess die antideutsche Stimmung in Frankreich gefährlich anschwellen. Botschafter Graf von der Goltz sprach in einem Bericht an den preussischen Ministerpräsidenten von der «relativen Isolierung des Kaisers», da seine bis dahin preussenfreundliche Politik weiterum auf Ablehnung stiess: «Die Klerikalen und Legitimisten sind naturgemäss und dauernd einer preussischen Hegemonie in Deutschland abhold. Die liberalen Orleanisten und Imperialisten sind dagegen tendenziöse Feinde des jetzt in Preussen herrschenden Systems, von dessen Triumph sie einen bedenklichen Rückschlag auf die Verfassungszustände Frankreichs besorgen. (...) Solchen Stimmungen muss der Kaiser Rechnung tragen, wenn er die Existenz seines Throns oder wenigstens die Zukunft seiner Dynastie nicht gefährden will (...)».[242]

Unklarheit herrschte in Paris über die für Frankreich erträgliche Struktur eines zukünftigen deutschen Staates. Nachdem der preussische Drang nach alleiniger Herrschaft nicht mehr zu verkennen war, fand die «Triasidee» neue Anhänger. Nach dieser These sollte Süddeutschland eine unabhängige Staatengruppe zwischen den beiden deutschen Grossmächten bilden. Aussenminister Drouyn de Lhuys empfahl dem bayerischen Gesandten Baron Wendland eine derartige Lösung, wobei er Bayern eine führende Stellung zubilligte. Der Gesandte berichtete darüber dem König: «Herr Drouyn de Lhuys sagte im Laufe des Gesprächs, es sei von der grössten Wichtigkeit, dass die Mittelstaaten sich so innig als möglich aneinanderschlössen und auf den Bund stützten. Nur auf diese Weise könnten sie bei einem Kriege ihre Existenz retten.»[243]

Auch in der Schweiz dachte man an eine süddeutsche Staatengruppe. Der Umgang mit den Monarchien nördlich von Bodensee und Rhein hatte sich in der Vergangenheit zumeist friedlich gestaltet, angenehmer jedenfalls, als man von einem säbelrasselnden preussischen Nachbarn erwarten konnte. Bismarck wurde in der schweizerischen Öffentlichkeit als eine negative Erscheinung wahrgenommen, von der nichts Gutes zu erwarten war.[244] Was aber den bevorstehenden preussisch-österreichischen Krieg betraf, so betrachteten vor allem die Radikalen den französischen Kaiser als Anstifter. Damit überschätzte man die Macht Napoleons, der nicht zuletzt unter den Folgen des mexikanischen Abenteuers zu leiden hatte. Frankreich war die Initiative in der europäischen Politik weitgehend entglitten. Napoleon III., der sich immer noch in der Rolle des Schiedsrichters sah, versuchte vergeblich, mit bescheidenen diplomatischen Erfolgen das Gesicht zu wahren.

Vom preussisch-italienischen Bündnis auf Zeit erfuhr man in Paris erst spät. Es gab kein Mittel, den ehemaligen Bundesgenossen von seinem Vorhaben abzuhalten, Venetien mit Waffengewalt zu erobern. Die französische Regierung sicherte Preussen für den Kriegsfall Neutralität zu, wenn auch der Kaiser zu erkennen gab, dass er bei der Neuordnung Deutschlands gefragt werden möchte. Auch

Österreich versprach man, neutral zu sein, doch musste die Donaumonarchie in eine schmerzliche Konzession einwilligen. Im Fall einer Niederlage würde das Habsburger Kaiserreich Venetien an Frankreich abtreten, ein peinlicher Handel, der Napoleon wenig Sympathien eintrug. Die Franzosen glaubten bei allem Respekt, den sie dem preussischen Heereswesen entgegenbrachten, an den Sieg Österreichs und seiner süddeutschen Verbündeten. Aus Wien war zu vernehmen, die Österreicher sähen einer Auseinandersetzung mit den verhassten Preussen mit Freuden entgegen. Von Berlin hingegen wollte man wissen, die Bevölkerung reagiere negativ auf die kriegerische Politik des Ministerpräsidenten Bismarck.

Der Bundesrat vermutete, Gefahr für die Schweiz werde eher im Süden als an der deutschen Grenze aufziehen. Bundespräsident Josef Martin Knüsel schrieb in dieser Sache an den Gesandten in Florenz, Giovanni Battista Pioda, und forderte ihn auf, über italienische Truppenbewegungen im Grenzgebiet zu berichten: «Die schweizerische Neutralität könnte bei einem Ausbruch der Feindseligkeiten zwischen Italien und Österreich leichter in Gefahr kommen, als Sie sich vorzustellen scheinen. Die Benutzung schweizerischen Gebietes zu einem Einfall ins Welschtyrol von Seite italienischer Streitkräfte oder umgekehrt von österreichischem Militär auf italienisches Gebiet behufs Umgehung der feindlichen Positionen liegt gar nicht ausser dem Bereich der Möglichkeit, wovon Sie bei näherer Besichtigung der Karte sich überzeugen werden.»[245]

Eben dieser Fall stand kurz nach dem Krieg zur Debatte. Nach Zeitungsberichten aus Bormio sollen österreichische Verbände auf dem Umweg über den schweizerischen Umbrailpass die an der Stilfser-Joch-Strasse gelegene Cantoniera IVa angegriffen und die italienischen Nationalgardisten vertrieben haben.[246] Es ging die Fama um, Schweizer Soldaten hätten in der Cantoniera gemeinsam mit den Österreichern aus einem erbeuteten Fass Wein getrunken. Die vom zuständigen Divisionskommandanten Jakob von Salis an Ort und Stelle angeordnete Untersuchung ergab, dass die Geschichte vermutlich erfunden war und den wenig glorreichen Rückzug der italienischen Soldaten aus der vorgeschobenen Position kaschieren sollte. Mit dieser lächerlichen Episode wurde die neutrale Schweiz in einer abgelegenen Grenzregion an das blutige Kriegsgeschehen erinnert.

Am 15. Juni 1866 begann der preussische Angriff gegen Österreich und seine deutschen Verbündeten. Am 3. Juli wurde das österreichische Heer bei Königsgrätz geschlagen. Damit war die Entscheidung im deutschen Feldzug gefallen. Im österreichisch-italienischen Krieg erlitten die Italiener am 24. Juni bei Custoza eine schwere Niederlage. Einen Monat später verloren sie einen Teil ihrer Flotte in der Seeschlacht von Lissa. Das änderte wenig an der katastrophalen Lage der Donaumonarchie. Kaiser Franz Joseph trat Venetien an Frankreich ab, und Napoleon III. bot in Telegrammen an die Hauptquartiere seine Dienste als Vermittler an. Doch Bismarck hatte es nicht eilig.

Zwei Tage nach dem preussischen Sieg berichtete Minister Kern in euphorischer Stimmung nach Bern, in Paris herrsche Freude über den raschen Lauf der Dinge und den in Aussicht stehenden Friedensschluss. Man rechne mit einem Kongress, der eigentlich nur in Paris stattfinden könne: «Welch ein Glücksstern für den Kaiser; ohne ein einziges Bataillon in Bewegung zu sezen, eine solche Stellung einzunehmen, wie sie ihm durch Cession von Venetien nun als Vermittler gemacht worden ist!»[247]

Der schweizerische Gesandte in Paris scheint die Stimmung am Kaiserhof und bei den führenden Politikern schlecht eingeschätzt zu haben, denn von «Freude» war nicht die Rede. Napoleon soll den Ausspruch getan haben: «Wir haben Venetien für andere gewonnen, aber den Rhein für uns verloren.»[248] Es meldeten sich wieder die Anhänger einer rigorosen Kompensationspolitik. Sie verlangten einen Vorstoss der französischen Armee an den Rhein.

«Den Kaiser fand ich erschüttert, ja fast gebrochen», schrieb Graf von der Goltz einige Tage später an Bismarck. Er warte auf die preussischen Friedensbedingungen, damit er sich endlich als Mediator in Szene setzen könne. Inzwischen war Prinz Heinrich Reuss als Sondergesandter aus dem preussischen Hauptquartier in Paris eingetroffen. Er hatte vermutlich den Auftrag, eine friedensstiftende Mission des Kaisers zu verzögern. Dem preussischen Ministerpräsidenten schrieb Reuss über seinen Besuch beim Kaiser vom 12. Juli: «Der Kaiser hat mich heute noch einmal rufen lassen, um mich zu fragen, ob ich nicht weiteres über unsere Friedensbedingungen wüsste. Er sei auf glühenden Kohlen, weil von Tag zu Tag die Stimmung hier sich verschlechtere. Er müsste in den Stand gesetzt werden, dem Lande zu sagen, dass die preussischen Friedensbedingungen mit den Interessen Frankreichs sich vereinigen liessen. Der point capital sei, dass in der neuen Bundesorganisation Süddeutschland womöglich, wenn auch nur scheinbar, vom Norden getrennt sei. Dies würde seine Position degagieren und ihm ermöglichen, sich unsere Friedensbedingungen anzueignen. Ich habe ihm versichert, dass wir Süddeutschland niemals in unsere Machtsphäre ziehen würden, dass aber ein Ausschliessen dieser Staatengruppe aus Deutschland mit dem deutschen Nationalgefühl nicht vereinbar sei.»[249]

Am 26. Juli wurden die sogenannten «Friedenspräliminarien» von Nikolsburg unterzeichnet, in denen Bismarck dem geschlagenen Österreich überraschend weit entgegenkam. Die Donaumonarchie konnte in Zukunft als Verbündeter Preussens nützlich sein, also musste sie erhalten bleiben. Als der ausserordentliche Botschafter Napoleons, Comte Vincent Benedetti, überraschend in Nikolsburg eintraf und sogleich über Kompensationen sprechen wollte, liess sich Bismarck nicht beeindrucken. Er war nicht mehr auf den selbsternannten Mentor in Paris angewiesen. Im Frieden von Prag wurde Österreich aus dem deutschen Staatsverband ausgeschlossen, im übrigen aber schonend behandelt.

Im österreichisch-italienischen Konflikt zogen sich die Verhandlungen in die Länge. König Victor Emanuel zögerte, Venetien aus der Hand Napoleons entgegenzunehmen, da er das eigenartige Dreiecksgeschäft als der italienischen Nation unwürdig empfand. Was der französische Kaiser seinerzeit als Meisterstreich inszeniert hatte, brachte ihm schliesslich einen weiteren Verlust an Prestige. Weder Österreich noch Frankreich war es gelungen, das preussisch-italienische Bündnis aufzubrechen. So konnte Bismarck zufrieden anmerken: «Wenn es Italien nicht gäbe, müsste man es erfinden.»[250]

Die Stimmung in Paris verschlechterte sich nach dem Waffenstillstand von Nikolsburg rapid. Man hatte das Gefühl, der früher so souveräne Kaiser sei von Bismarck hereingelegt worden. Preussen schlug einen ungewohnt harten Ton an, sobald an das Thema Kompensationen gerührt wurde. Napoleon brauchte einen Erfolg. Aussenminister Drouyin de Lhuys verfasste eine Denkschrift über die Errichtung eines rheinischen Pufferstaats, ein Gedanke, den man auch in der Schweiz schon erwogen hatte.[251] Doch dafür war es zu spät.

Wie angeschlagen die Stellung des Kaisers nach dem Deutschen Krieg war, geht aus einem Bericht des preussischen Botschafters an Bismarck hervor: «Die Lage ist in der Tat für ihn eine ernste. Er hat den Ruf eines weisen Staatsmannes und eines gewandten Politikers verloren, und ohne Zweifel ist bis zu ihm der Ausspruch gedrungen, welchen man täglich hört: ‹Il a été joué.› Gleichwohl dürfte in bürgerlichen Kreisen die Furcht vor einem Kriege stärker sein als die Eifersucht gegen Preussen. In der Armee dagegen, namentlich in den unmittelbaren Umgebungen des Kaisers ist die Kriegslust überwiegend. Männer wie die Generale Frossard und Leboeuf, denen sich sogar der General Fleury, der noch am meisten sein Ohr besitzt, angeschlossen zu haben scheint, suchen den Kaiser beständig durch Aufreizungen in diese Richtung zu treiben. Er selbst wünscht dringend den Frieden zu erhalten, aber, um dies zu können, ohne seine Dynastie zu gefährden, glaubt er den Beweis führen zu müssen, dass er nicht überlistet worden sei, die Neugestaltung Europas die Machtstellung Frankreichs nicht vermindert habe. Gelingt ihm dieser Beweis nicht, so ist der Krieg für ihn und die Dynastie relativ ungefährlicher als der Frieden.»[252]

In Frankreich ging das geflügelte Wort «Rache für Sadowa» um. Nach der Niederlage Österreichs bei Königsgrätz erkannte man, dass sich die Machtverhältnisse in Europa verändert hatten. Napoleon waren die europäischen Angelegenheiten entglitten, und auch in Frankreich hing der Haussegen schief. Die Zeitgenossen mochten darüber rätseln, ob der Monarch seinen Abstieg eigenem Unvermögen oder der skrupellosen Machtpolitik Otto von Bismarcks zu verdanken hatte. In beiden Hauptstädten wurde laut über den unvermeidlichen französisch-deutschen Krieg nachgedacht, obschon man wusste, dass der französische Kaiser den Frieden um fast jeden Preis erhalten wollte. Die preussische Armee war auf einen Krieg besser vorbereitet als die französische. Die Regierung in Paris versuchte, mit einer Massenfabrikation von Chassepot-Gewehren den Rückstand wenigstens teilweise aufzuholen. «Allianz oder Krieg mit Preussen» waren für Frankreich die offen diskutierten Alternativen. Inzwischen war ein diplomatischer Streit um das von preussischen Truppen besetzte Luxemburg ausgebrochen, das von Paris als Kompensation gewünscht wurde. Immerhin glaubte man, im Jahre 1867 von kriegerischen Auseinandersetzungen verschont zu bleiben. Paris bereitete sich auf die Weltausstellung vor. Der König von Preussen und der russische Zar hatten schon früh ihren Besuch angemeldet.

Bismarck bemühte sich, den Fortbestand des napoleonischen Kaiserreichs kurzfristig mit einer scheinbar moderaten Politik zu begünstigen, denn in seinen Augen wäre jedes andere Regime in Paris für Deutschland nachteiliger gewesen. Noch im Januar 1867 deutete er gegenüber Botschafter Benedetti an, ein Zusammengehen der beiden Staaten sei möglich «auf der Basis der beiderseitigen territorialen Ausdehnung im Raum der eigenen Nation».[253] Eben diese Ausdehnung hatte der preussische Ministerpräsident mit Geheimverträgen, die er kurz nach dem deutschen Krieg mit den besiegten süddeutschen Staaten abschloss, bereits in die Wege geleitet. Als im März 1867 der Vertrag mit Bayern veröffentlicht wurde, zeigte sich Napoleon III. peinlich überrascht. Die oft als Grenze beschworene Mainlinie war durchlässig geworden.

Die Gefahr eines Krieges zwischen Frankreich und dem von Preussen angeführten Deutschland beunruhigte die schweizerische Landesregierung. Man ahnte, dass Preussen für die Schweiz gefährlicher als das Kaiserreich im Westen werden könnte, auch wenn vorläufig die süddeutschen Staaten ihre Selbständigkeit nach aussen bewahrten. Der Geschäftsträger Aepli schrieb im September 1866 aus Wien: «Es können, vielleicht in nicht gar ferner Zeit, neue Feindseligkeiten auftauchen, die für die Schweiz verhängnisvoller werden dürften, als es die letzten gewesen sind. Lege ich auch kein besonders grosses Gewicht auf die jüngst in einigen hiesigen offiziösen Zeitungen verbreitete Nachricht aus Berlin, man betrachte dort (in Berlin) die Annektierung der deutschen Gebietsteile der Schweiz nur als eine Frage der Zeit, die französischen und italienischen Kantone würde man an Frankreich und Italien überlassen. Es lässt sich doch nicht leugnen, dass das Übergewicht Preussens in Deutschland für die Schweiz weniger vortheilhaft sein wird, als der bisherige Zustand es war, und dass ein Krieg zwischen Frankreich und Deutschland für die Schweiz grosse Gefahren birgt.»[254] Der liberale St. Galler Politiker fügte hinzu, gute Beziehungen zu Österreich, das immer noch eine Grossmacht sei, könnten der Schweiz nur Vorteile bringen. Konkrete Befürchtungen hegte nun auch Minister Kern in Paris: «Es ist bei einer Versammlung von den höchsten Vertretern des Kaisers (nicht im offiziellen Conseil des Ministres) auch von der Schweiz die Rede gewesen. Ja es wurden Zweifel geäussert, ob man wirklich ganz sicher auf eine energische Vertheidigung der Schweizergrenze gegenüber Deutschland werde zählen können. Wäre diess nicht der Fall, so würden vermutlich unsere militärischen Positionen, welche Frankreich für eine Vertheidigung gegen Deutschland für besonders wichtig ansieht, zum Gegenstand der militärischen Operationen der französischen Armee gemacht werden!»[255] In Paris ging das Gerücht um, Preussen habe der Schweiz ein Bündnis angeboten.[256] Anderseits soll die preussische Regierung über Informationen verfügt haben, wonach die Schweiz der französischen Armee eine Besetzung schweizerischer Grenzgebiete zwischen Genf und Basel gestattet habe. Beide Versionen erwiesen sich, wie nicht anders zu erwarten war, als falsch.

Minister Kern drängte den Bundesrat, die Ausrüstung der Armee möglichst rasch zu verbessern und unverzüglich eine ausreichende Anzahl Hinterlader-Gewehre zu beschaffen. Mit Stolz konnte er zwei Jahre später dem Kaiser das neueste Vetterli-Gewehr überreichen, das der Monarch mit Interesse und fachmännischem Kommentar entgegennahm.[257] Zu diesem Zeitpunkt zweifelte niemand daran, dass die Gewehre bald gebraucht würden.

Die französische Spionageabwehr soll bereits im Herbst 1866 deutsche Offiziere gesehen haben, die im Osten Frankreichs vermutlich zur Nachrichtenbeschaffung unterwegs waren. Dem französischen Aussenminister Marquis de Moustier gegenüber gab sich der preussische Gesandte ahnungslos, während sein Militärattaché sich auf eine ausgefallene Idee besann: Der grosse Generalstab in Berlin habe noch vor Jahresende seinen Reisefonds aufbrauchen müssen.[258] Von der Reisefreudigkeit preussischer Offiziere war auch die Schweiz betroffen. Es blieb kein Geheimnis, dass Generalstabschef Helmuth von Moltke sich nach dem Deutschen Krieg mit einigen seiner Offiziere in der Schweiz aufhielt. Man habe das Gelände photographiert, schrieb eine italienische Zeitung.[259] Graf von der Goltz hingegen meinte, Moltke habe sich in Bad Ragaz und in Saxon von den «Strapazen des Feldzugs» erholt. Dem skeptischen Marquis de Moustier erklärte der Botschafter, dem preussischen Generalstabschef sei die Topographie der Schweiz genügend bekannt, so dass er nicht Studien unternehmen müsse, mit denen man üblicherweise einen Leutnant beauftrage.[260] Nun liegen Bad Ragaz und Saxon nahe genug bei zwei für die Schweiz strategisch wichtigen Punkten, dem Talkessel von Sargans und der Festung Saint-Maurice, so dass dem General bei seiner Bäderkur ohne Zwang auch militärische Gedanken durch den Kopf gehen mochten. Für Topographie scheint Moltke durchaus Interesse gezeigt zu haben, denn er bestieg auch den Rigi und setzte seine Unterschrift ins Fremdenbuch des Kulmhotels.

Die nicht mehr aufzuhaltende deutsche Einigung unter dem Diktat von Preussen weckte in der Schweiz widersprüchliche Gefühle. Das allgemeine Staunen über den Erfolg von Bismarcks Gewaltpolitik war nicht zu übersehen. Noch während des Deutschen Krieges hatte der radikale «Bund» geschrieben, es sei für einen Republikaner unbegreiflich, dass «ein grosses und kräftiges Volk wie das preussische sich gegen seinen ausgesprochenen Willen von einem einzigen zur Schlachtbank führen lasse.»[261] Die «Neue Zürcher Zeitung» hätte eine Einigung durch die im Deutschen Bund zusammengeschlossenen Mittelstaaten vorgezogen. Man dachte dabei an eine der Schweiz vergleichbare Staatenföderation. Nach dem preussischen Sieg schien aber auch in nationalliberalen Kreisen Deutschlands das Motto zu gelten: «Lieber deutsch als frei!»[262]

Die Reaktionen in der Schweiz waren in mancher Hinsicht zwiespältig. Es gab Meinungsverschiedenheiten nach Parteien, aber auch nach Regionen. In jedem Fall herrschte Unsicherheit. Die Radikalen in der Romandie und in Bern waren eher als die Liberalen der Ostschweiz bereit, Bismarck für die Demütigung Napoleons Applaus zu spenden. Da spielten Nähe und Entfernung zu den beiden Kontrahenten mit. Im radikalen Lager gab es immer noch den anti-katholischen Reflex, der gegen Österreich wirkte, obschon die Donaumonarchie inzwischen in mancher Hinsicht liberal geworden war. In Genf wurde Preussen als Bannerträger des Protestantismus geschätzt. Da mochte man undemokratische Nebenerscheinungen in Kauf nehmen.

Der demokratische «Landbote» in Winterthur sprach mit Hochachtung von der «protestantischen und gebildeten preussischen Nation», während der radikale «Schweizerische Volksfreund» in Basel meinte, die Einheit Deutschlands werde auf Kosten ganz Europas geschaffen. Es entstehe «ein strammer Militärstaat nach französischem Zuschnitt», der verbunden sei mit einem «scheinheiligen, augenverdrehenden protestantischen Pfaffentum».[263] In der katholischen Innerschweiz zeigte man die traditionellen Sympathien für Österreich und wies auf die Gefahren eines preussischen Deutschland hin, vor dem sich demokratische Kleinstaaten wie die Schweiz in acht nehmen müssten.

Die Frage, wie sich das Land in den neuen Verhältnissen einrichten könne, wurde in den folgenden Jahren in der Presse häufig erörtert. Die Meinungen bewegten sich zwischen republikanischem Selbstbewusstsein und Resignation. «Es handelt sich einfach darum», schrieb der «Bund» im Oktober 1866, «ob wir die letzten Mohikaner oder die ersten Begründer eines neuen Europa werden sollen.»[264] Man hatte die deutschen Liberalen für ihre Unterwürfigkeit getadelt, nun zeigte sich auch der schweizerische Freisinn gegenüber Preussen allmählich toleranter. Soweit die Radikalen bei ihrer Nationalitäten-Ideologie blieben, konnten sie mit dem für die Schweiz sinnvollen Gedanken einer demokratischen Föderation der süddeutschen Staaten wenig anfangen, denn er widersprach ihrem Nationalitätsprinzip, das einen einzigen Staat forderte.

Eines war deutlich geworden: Frankreichs Position war in schweizerischer Sicht angeschlagen. Dafür musste man sich mit einem erstarkten und militanten Preussen auseinandersetzen. Man hatte bisher mit einem verbalen deutschen Nationalismus gelebt, der von Norden her über die Grenze drang und nicht unbedingt ernst genommen wurde. Seit dem Deutschen Krieg verrieten aber die Fanfarenstösse jenseits des Rheins einen soliden machtpolitischen Hintergrund.

Das Ende des französischen Kaiserreichs am 4. September 1870 – wenige Tage nach der Niederlage von Sedan – stellte die Schweiz vor eine Herausforderung, die mentale Beweglichkeit verlangte, die in der politischen Tradition des Landes nicht zum vornherein gegeben war. Schadenfreude über den Sturz Napoleons III. und Furcht vor einem preussisch gedrillten Deutschland boten keine Grundlage für eine glaubwürdige Aussenpolitik.

Der Deutsch-Französische Krieg und das Ende der napoleonischen Dynastie

Vom Jahre 1867 an sprachen Politiker und Diplomaten in den Hauptstädten Europas in lockerem Ton vom unvermeidlichen Krieg zwischen Frankreich und Preussen. Zur Debatte stand auch das militärische Kräfteverhältnis, wobei man meist mit einem Übergewicht des preussischen Heeres rechnete. Die französische Armee war in Organisation, Ausrüstung und geistiger Verfassung offensichtlich in Rückstand geraten.

Die politischen Gewichte hatten sich für die Schweiz in einem nicht klar ersichtlichen Ausmass von Paris nach Berlin verschoben. Die preussische Hauptstadt wurde zu einem wichtigen Aussenposten, von dem Signale für das richtige Verhalten des neutralen Staates ausgingen. Nachdem der neue Gesandte Joachim Heer im Mai 1867 in Berlin eingetroffen war, wurde er vom Grafen Bismarck in «Interims-Uniform eines preussischen Generals» empfangen. Der Kanzler des Norddeutschen Bundes zeigte sich darob erfreut, dass die Schweiz im Falle eines Krieges die Neutralität bewahren wolle, und ging dann, wie Minister Heer nach Bern berichtete, in medias res. Das Thema war, wie es sich von selbst versteht, Preussens Stellung zum französischen Kaiserreich. Bismarck dozierte: «Frankreich steht im Grunde doch isoliert da: die allgemeine Lage ist so, dass keine Macht in Europa einen Sieg Frankreichs, der mit völliger Niederwerfung Preussens endigen würde, ertragen könnte: von Belgien und der Schweiz ganz abgesehen, was wäre Östreich oder Italien, einem so allmächtig gewordenen Frankreich gegenüber? (…) Frankreich wird zu einem Entscheidungskampf gegen Preussen schwerlich Alliierte finden: auch Italien, trotz der Rattazi'schen Velleitäten, knirscht im Grunde in die Zügel, die ihm Frankreich angelegt hat und wird sich wohl hüten, nach Abentheuern auszugehen.»[265] Die Sorgen Napoleons mit der Einigung Italiens, welche die weltliche Herrschaft des Papstes in Rom bedrohte, schienen Bismarck Vergnügen zu bereiten, denn der Gegenspieler in Paris befand sich in einer Zwickmühle.

Die französische Politik war in mancher Hinsicht unberechenbar geworden. Man mochte darüber rätseln, ob die abnehmende Entschlussfähigkeit des Kaisers auf seine Krankheit oder auf die verworrene Situation zurückzuführen war, in die er sich selber manövriert hatte. Im Lande wurde er nicht nur von der republikanischen Opposition, sondern auch von den eigenen Kreisen bedrängt, wobei Konservative, Klerikale und die Armee an seiner angeblich preussenfreundlichen Haltung Anstoss nahmen. Wenn der Monarch seine wenig stabile Dynastie retten wollte, so war er auf aussenpolitische Erfolge angewiesen. Doch bei diesem Thema schieden sich die Geister. Es gab unter den führenden Politikern eine dem Frieden verpflichtete Richtung, die sich mit der nicht mehr aufzuhaltenden Einigung Deutschlands unter preussischer Regie abfinden wollte. Auf der andern Seite standen Männer wie Lionel Moustier, eine Zeitlang Aussenminister, Kriegsminister Marschall Adolphe Niel und der Botschafter in Berlin, Vincent Benedetti. Diese Gruppe nahm einen Krieg in Kauf, wenn es um die Ehre Frankreichs ging, und versuchte unablässig, Napoleon III. in ihrem Sinne zu beeinflussen. Gedacht war an ein Bündnis mit Österreich, das man möglicherweise mit Italien zu einem Dreibund hätte erweitern können. Die im Dezember 1869 aufgenommenen Verhandlungen führten zu keinem Ergebnis. Man wollte sich weder in Wien noch in Florenz «mit einem Kadaver alliieren», wie der französische Kaiser sich früher einmal mit Blick auf die Donaumonarchie ausgedrückt hatte.

Die gefährliche Krise um Luxemburg hatte man mit Anstand gemeistert: Preussen zog seine Truppen zurück, die Festung wurde geschleift und das Fürstentum neutralisiert. Es gab keinen Sieger und keinen Besiegten. In Paris gewann man inzwischen den Eindruck, unter der liberalen Regierung von Emile Ollivier werde die persönliche Herrschaft des Monarchen durch verstärkte parlamentarische Kontrolle eingeschränkt, doch der Anschein trog. Die Stellung Napoleons III. wurde weniger durch das Parlament als durch die Intrigen politischer Cliquen beschädigt, die von der Unentschlossenheit des Kaisers profitierten.

Der Richtungsstreit um eine angemessene Politik gegenüber Deutschland kam anlässlich der spanischen Thronkandidatur des Prinzen Leopold von Hohenzollern offen zum Ausbruch. Der Kanzler des Norddeutschen Bundes sah in der Kandidatur des Hohenzollern eine einmalige Gelegenheit, das Ansehen Preussens in Europa zu heben und ein deutsches Nationalgefühl zu schaffen. Auch die militärischen Aspekte fielen bei seiner Beurteilung ins Gewicht: Bei einem preussischen Bündnis mit dem iberischen Königreich konnte man die französische Armee zu einem Kampf auf zwei Fronten nötigen, denn die Pyrenäengrenze hätte durch mindestens ein Armeekorps gedeckt werden müssen. Unglücklich war zu diesem Zeitpunkt die Ernennung von Antoine Gramont, einem erklärten Feind Preussens, zum französischen Aussenminister. Bismarck scheint diesen Akt als Signal zum Krieg aufgefasst zu haben.

Der Verzicht des Hohenzollern-Prinzen auf die Kandidatur brachte keine Erleichterung, denn der von allen guten Geistern verlassene französische Aussenminister verlangte von König Wilhelm I. die ausdrückliche Erklärung, dass Preussen auch in Zukunft keinen Kandidaten für den spanischen Thron aufstellen werde. Am 13. Juli 1870 präsentierte Botschafter Benedetti dem preussischen Monarchen auf der Kurpromenade von Ems die Forderung in gewohnt aufdringlicher Manier. Man suchte einen politischen Erfolg auf Kosten Preussens.

Die Folgen des unüberlegten diplomatischen Handstreichs sind bekannt: Wilhelm I. weigerte sich, über die Angelegenheit weiter zu sprechen, Otto von Bismarck meldete den Vorfall in seiner redaktionell manipulierten Emser Depesche den europäischen Mächten und legte damit die Lunte ans Pulverfass.[266] In Paris suchte Aussenminister Gramont die Blamage mit aggressivem Pathos zu überdecken. Von verschiedenen Seiten angefochten, setzte er sich mit seinen kriegerischen Parolen gegen den unentschlossenen Kaiser und einen schwachen Ministerpräsidenten durch. Am 19. Juli erklärte die französische Regierung nach einigen Tagen der Ungewissheit dem preussischen Königreich den Krieg. Die Katastrophe war vorgezeichnet und der Untergang der napoleonischen Dynastie nicht mehr aufzuhalten. Gramont bemühte sich in dilettantischer Weise um eine europäische Kriegskoalition gegen Preussen. Vom Sieg der französischen Armeen überzeugt, warb die französische Diplomatie in Florenz und Wien um Unterstützung, ohne wesentliche Gegenleistungen anzubieten. Italien wünschte vor allem einen Rückzug der französischen Truppen aus Rom, was Frankreich vor Kriegsausbruch aus innenpolitischen Gründen nicht zugestehen wollte. Auch der Versuch, Russland in eine antipreussische Koalition einzuspannen, schlug fehl. Die Arroganz Gramonts und die raschen deutschen Erfolge bereiteten der hastigen Werbeaktion ein peinliches Ende. Keine europäische Macht wollte sich in letzter Minute in eine unheilige Allianz einspannen lassen.[267]

Der Aufmarsch der preussischen Armeen geschah mit perfekter Präzision, die französische Mobilmachung hingegen endete in einem Chaos. Zur masslosen Enttäuschung der französischen Regierung beteiligten sich auch die süddeutschen Staaten am Feldzug, und ihre Truppen marschierten gemeinsam mit jenen des Norddeutschen Bundes. Die Einigung Deutschlands war damit faktisch vollzogen. Man hätte es in Paris wissen müssen, doch das Wunschdenken verdrängte in dieser kritischen Zeit den Sinn für die Realitäten.

Das deutsche Heer griff unter Leitung des Chefs des Generalstabs Helmuth von Moltke sogleich an und drang tief ins französische Territorium ein. Eine französische Armee unter Mac Mahon wurde bei Weissenburg und Wörth geschlagen, jene von Marschall Bazaine erlitt bei Mars-la-Tour, Gravelotte und Saint Privat schwere Verluste und zog sich in die Festung Metz zurück. Am 1. September – in der letzten Schlacht des Kaiserreichs – wurde die Armee Mac Mahons bei Sedan besiegt und Napoleon III. gefangen genommen, am 4. September in Paris die Dynastie gestürzt und die Republik ausgerufen.

Die schweizerische Landesregierung hatte ihre Neutralitätserklärung den Mächten rechtzeitig zugestellt und dabei nicht vergessen, die Neutralität Nord-Savoyens und das damit zusammenhängende Besetzungsrecht zu erwähnen. Man berief sich auf die «Neutralité dictée par les traités européens», eigentlich ein Zeichen von geringem Selbstbewusstsein. Der Kriegsfall war in den vergangenen Jahren so oft herbeigeredet worden, dass man kaum noch von einer Überraschung sprechen konnte. Die schweizerische Armee wurde mobilisiert und bezog in kurzer Zeit ihre Bereitschaftsräume. Die Bundesversammlung wählte den Aarauer Obersten Hans Herzog zum General.

Minister Kern hatte während der Hohenzollern-Krise Überlegungen darüber angestellt, wie der Friede erhalten werden könnte.[268] Zaghafte Vermittlungsversuche blieben ohne Ergebnis, auch wollte sich die schweizerische Landesregierung nicht auf neutralitätspolitisch heikle Experimente einlassen. Sie sah keinen Anlass, ihre guten Dienste anzubieten. Dabei legte sie die Neutralität in engem Sinne aus und berief sich wiederum auf die fragwürdig gewordenen Verträge von 1815. Diese Zurückhaltung eines neutralen Staates mag von Kleinmut zeugen, doch verhielten sich auch die europäischen Grossmächte im preussisch-französischen Konflikt nicht anders. England, Russland, Österreich und Italien bildeten eine sogenannte «Neutralenliga», eine zeitlich begrenzte, unverbindliche Vereinigung. Sie zeigte wenig Eifer, mit der nötigen Autorität zwischen die Parteien zu treten, bereitete Bismarck aber doch einige Verlegenheit. Nach den überwältigenden militärischen Erfolgen der deutschen Armeen war eine europäische Intervention im deutsch-französischen Konflikt unerwünscht. Die Friedensbedingungen wollte der Kanzler im Alleingang regeln. Eine internationale Konferenz hätte die Bewegungsfreiheit unweigerlich eingeschränkt.[269] Die unfähige Diplomatie des französischen Kaiserreichs und die verheerenden Niederlagen seiner Armeen wirkten im europäischen Umfeld zugunsten Preussens. So gelang es Bismarck, den deutsch-französischen Konflikt zu lokalisieren.

Man kann sich fragen, warum die Schweiz nicht im Kreis der «Neutralenliga» erschien. Die Kleinstaaten hatten an sich bei den europäischen Grossmächten wenig Gewicht. Die Eidgenossenschaft als Republik war Russland nicht genehm, das nur Staaten «sans cocarde» beiziehen wollte. Auch Italien hatte, wie der schweizerische Gesandte in Wien dem Bundespräsidenten schrieb, etwas gegen die Schweiz einzuwenden: «Graf Beust ... wird nun den übrigen Cabineten proponiren, dass auch die kleinen neutralen Staaten, als die Schweiz, Belgien, Holland, Dänemark zum Beitritt aufgefordert werden sollen; dagegen wird insbesondere Italien heftig oponiren. Von einigen Seiten wird nun behauptet, Graf Beust mache nur diese Proposition in der Absicht, damit die ganze «Neutralitätsliga» scheitere, da sie ohne sein Zuthun ins Leben gerufen wurde und er verletzt sei, dass Österreich zulezt und so spät zum Beitreten aufgefordert wurde.»[270]

Die ersten Reaktionen auf den Ausbruch des Krieges unterschieden sich in der Schweiz wenig von der Stimmung im übrigen Europa. Die Schuld am blutigen Konflikt schob man nach der französischen Kriegserklärung Kaiser Napoleon III. zu. Es sei an der Zeit – so ein weit verbreitetes Kredo –, dass die nach Vorherrschaft in Europa strebenden überheblichen Franzosen gedemütigt würden.[271] Pauschalurteile über die beteiligten Nationen machten die Runde: In Deutschland herrschten Bildung und Sittenstärke, im katholischen Frankreich Unwissenheit und Korruption. Wie weit die in der Presse vertretenen Meinungen mit der Befindlichkeit im Lande übereinstimmten, lässt sich kaum abschätzen. Zweifel sind angebracht, wenn man an den spontanen Ausbruch deutschfeindlicher Gefühle während des Tonhalle-Krawalls in Zürich im März 1871 denkt.

In den schweizerischen Zeitungsredaktionen sassen an wichtigen Stellen deutsche Journalisten, die gelegentlich ihren chauvinistischen Neigungen freien Lauf liessen. So bot im Juli 1870 die sonst eher zurückhaltende «Neue Zürcher Zeitung» ein seltsames Exempel einseitiger Polemik. Ihr Auslandredaktor Dr. Rauchfuss, ein von Johann Caspar Bluntschli nach Zürich vermittelter deutscher Journalist, erklärte in einem Leitartikel, der Sieg Preussens sei im europäischen Interesse. Der gallische Störenfried müsse zum Wohle ganz Europas zum stillen Mann gemacht werden: «Wenn die Franzosen in ‹Gloire› machen, schweigt bekanntlich der Freiheitsdrang bei ihnen nicht selten so vollständig, dass man sie für geborene Knechtsseelen halten könnte. (…) Gelingt es Deutschland, die französische Armee zu schlagen, so werden wir endlich das erlangen, wonach wir seit dem Jahre 1866 vergebens seufzen – das Gefühl wirklicher Sicherung der Interessen der Ordnung.»[272] Die Kommentare des Doktor Rauchfuss scheinen bei den Lesern der Zeitung Widerspruch geweckt zu haben. Der Mann wurde kurz nach seinem journalistischen Husarenritt von Chefredaktor Eugen Escher entlassen.

Die Schlag auf Schlag folgenden preussischen Siege provozierten wiederum recht unterschiedliche Reaktionen. Es war von Gottesgericht über Frankreich die Rede, aber auch von Furcht vor der preussischen Kriegsmaschine. Ein österreichischer Gesandtschaftsbericht meldete im August nach Wien, die schweizerische Bevölkerung sei beunruhigt wegen der deutschen Erfolge und habe das Gefühl, das europäische Gleichgewicht und damit die Unabhängigkeit der Schweiz seien bedroht.[273] Es gehe offenbar um einen Kampf zwischen Romanentum und Germanentum. Wenn die germanische Rasse Europa beherrsche, entstehe für die ethnisch gemischte Schweiz eine ernste Gefahr, denn sie werde dem deutschen Druck kaum widerstehen können.

Nach dem Untergang der napoleonischen Herrschaft bei Sedan sprach man vom Ende des «dynastischen Krieges» und vom Beginn des «Rassenkrieges» zwischen dem deutschen und dem französischen Volk. Der Begriff Rasse gehörte nun zum alltäglichen politischen Vokabular. Kanzler Bismarck, der schweizerische Bundesrat und Minister Kern in Paris gebrauchten ihn, wenn sie die beiden kämpfenden Nationen meinten.

Für die Schweiz fiel ins Gewicht, dass Napoleon III. von der Szene verschwunden war und dass in Frankreich ein republikanischer Staat aufgebaut wurde. Die Landesregierung anerkannte die neue französische Regierung bereits am 8. September: «Die Schweiz hat stets das Recht freier Selbstkonstituirung jeden Volkes anerkannt. Nachdem Frankreich unter Zustimmung des ganzen Landes sich als Republik konstituirt hat, zögert der schweizerische Bundesrath keinen Augenblick, in Anwendung genannten Prinzipes, sich mit der neuen französischen Regierung in offiziellen Verkehr zu sezen.»[274] Minister Kern überreichte die Note dem französischen Aussenminister Jules Favre zum ersten möglichen Zeitpunkt, als mit Ausnahme der Vereinigten Staaten von Amerika noch kein anderer Staat diesen Akt vollzogen hatte. Bismarck zeigte sich über die rasche Anerkennung einer republikanischen Regierung, die von Preussen nicht als legitime Vertretung Frankreichs gesehen wurde, sichtlich verärgert. Der Kanzler des Norddeutschen Bundes hatte zu diesem Zeitpunkt noch die «bonapartistische Option» in petto. Bis zum Januar des Jahres 1871 dachte er an die Möglichkeit, die Dynastie mit Hilfe der Rheinarmee Marschall Bazaines wieder an die Macht zu bringen, da sie sich möglicherweise gegenüber den territorialen Forderungen Deutschlands geneigter zeigen würde als das republikanische Kabinett im belagerten Paris. Doch die Kaiserin als letzte Regentin und auch der in Gefangenschaft auf Schloss Wilhelmshöhe bei Kassel sitzende Napoleon III. gingen nicht rechtzeitig auf die Avancen Bismarcks ein.[275]

Die Sympathien Europas wandten sich zu einem guten Teil der französischen Republik zu. Den preussischen Feldzug gegen Napoleon hatte man gebilligt, der brutale Kampf gegen das republikanische Frankreich hingegen erschien als reiner Eroberungskrieg. Bereits war vom Anschluss von Elsass und von Lothringen die Rede. Der Umschwung der Meinungen kam zum Beispiel in Italien drastisch zum Ausdruck. Zu Beginn des Krieges wollten die italienischen Radikalen Preussen ein Korps von Freiwilligen zum Kampf gegen Napoleon III. zur Verfügung stellen, als jedoch die französische Republik entstand, wechselte man das Lager. Giuseppe Garibaldi zog mit seinen Getreuen nach Burgund und lieferte den deutschen Verbänden einige erfolgreiche Gefechte.

Den schweizerischen Radikalen bereitete der überraschende Szenenwechsel zu Beginn einige Mühe. Das Feindbild im Westen war verschwunden, dem deutschen Koloss gegenüber waren die Meinungen schwankend, denn ideologisches Leitbild und Realität wollten nicht übereinstimmen. Auf der einen Seite Bewunderung für die in spektakulärer Manier vollzogene Einigung des deutschen Volkes, auf der andern Seite Furcht vor einem allgewaltigen Kanzler Bismarck, der für republikanische Kleinstaaterei wenig übrig hatte.

Nach der Proklamation des Deutschen Kaiserreichs fand man sich in der veränderten Welt besser zurecht. Es galt, der neuen Situation positive Seiten abzugewinnen. Der Gedanke, dass sich in Europa irgend einmal die demokratischen Freiheiten durchsetzen würden, sass noch in den radikalen Köpfen. Der konservative Philipp Anton von Segesser mokierte sich in einem Brief an Eduard von Wattenwyl über die Wendigkeit der Radikalen und meinte damit auch die Landesregierung: «Ich finde, der schweizerische Radikalismus habe durch diesen Krieg viel gewonnen. In Frankreich bleibt die Republik oder kommt, was im Effekt dasselbe, ein Orleans auf. Diese sind natürliche Alliirte unserer Radikalen und an Preussen sind sie ohnehin schon verkauft. So essen sie gewissermassen aus zwei Schüsseln. (...) Unsere Regenten haben immer Sauglück und deshalb geht ihnen Alles an und schlägt Alles zu ihrem Vortheil aus.»[276]

Die für die Zukunft richtige Orientierung bereitete den politischen Lagern Kopfzerbrechen, denn Vorbehalte waren nach allen Richtungen angebracht. Liberale Geschäftsleute der Ostschweiz zeigten sich über den Niedergang Frankreichs besorgt, konservative Protestanten lobten Preussen für «christliche Ordnung und Tradition», die Katholiken der Innerschweiz warnten vor einem preussisch dominierten Deutschland, das die demokratischen Kleinstaaten bedrohe.

Im schweizerischen Generalstab herrschte seit Jahren Hochachtung für das preussische Heereswesen. Damit war auch die politische Richtung gegeben. Oberst Hermann Siegfried, Chef des Stabsbureaus, legte dem Bundesrat am 21. September 1870, also Wochen nach der französischen Niederlage bei Sedan, einen Bericht über die Grenzverhältnisse zwischen Frankreich und der Schweiz vor. Darin schilderte er umständlich die zahlreichen Möglichkeiten Frankreichs, in schweizerisches Territorium einzubrechen und auf dem Weg durch das Mittelland Süddeutschland anzugreifen: «In seinen Annexionstendenzen bleibt sich Frankreich unter allen Staatsformen gleich.»[277] Die französischen Festungen Les Rousses, Belfort und Besançon und das ostfranzösische Eisenbahnsystem hätten für die Schweiz einen bedrohlichen Charakter und dienten als Basis für die Aggression: «Indem die Schweiz eventuell die Flanke Deutschlands zu decken hat, so haben wir in Bezug auf diese Festungen solidarische Interessen mit Deutschland. Wir haben an dem gegenwärtigen Krieg nicht teilgenommen und sind daher auch zu keinen Forderungen berechtigt. Hingegen ist es klar, dass Alles, was Deutschland zur Schwächung dieses Systems unternehmen wird, in unserem Interesse liegt.» Damit war eine Parole ausgegeben, die im Generalstab bis zum Ersten Weltkrieg zu vernehmen war: Frankreich ist der zukünftige Angreifer.

Die rücksichtslose Kriegführung der deutschen Armeen wurde in der Schweiz mit wachsender Verärgerung registriert. Ein eindrückliches Beispiel bot die Beschiessung der alten Reichsstadt Strassburg in der Nacht vom 24. auf den 25. August 1870. Die Altstadt geriet in Brand, und den Granaten fielen wichtige Gebäude zum Opfer wie die berühmte Bibliothek mit 2400 unersetzlichen Handschriften. Die badensische Artillerie zerstörte hemmungslos deutsches Kulturgut. Das war zwar peinlich, doch die Schuld wurde in scheinheiliger Dialektik den französischen Verteidigern zugeschoben, die in ihrer Vermessenheit Widerstand geleistet hatten. In diesem Sinne stand noch im Jahre 1914 in Griebens Reiseführer zu lesen, die Bibliothek sei «aus Mangel an allen Sicherheitsvorkehrungen» untergegangen.[278] Ähnliches Aufsehen erregte einige Monate später die militärisch sinnlose Bombardierung des belagerten Paris, die Bismarck gegen die Empfehlung des Generalstabschefs Moltke durchgesetzt hatte.

Das Unglück, das Strassburg traf, weckte in der Schweiz Hilfsbereitschaft. Bundespräsident Jakob Dubs war der Meinung, auch der Staat dürfe nicht abseits stehen. In einem Schreiben an das Kollegium der Bundesräte lavierte er vorsichtig zwischen der «Privatmildtätigkeit» und den «staatlichen Massregeln», die weder die Neutralität verletzen noch die öffentlichen Mittel übermässig beanspruchen durften. Dubs räumte ein, dass in diesem aussergewöhnlichen Fall humane Hilfeleistung angezeigt sei: «Das furchtbare Elend der der Schweiz altbefreundeten Stadt Strassburg erregt in der schweizerischen Bevölkerung allgemeine Theilnahme und es scheint namentlich in Basel der Wunsch, für die Einwohnerschaft der Rheinischen Schwesterstadt etwas zu thun, rege geworden zu sein. Nach einer vertraulichen Mittheilung von da walten aber Bedenken ob, es möchte diese Theilnahme von deutscher Seite neue Reklamationen gegen Basel hervorrufen.»[279]

Zahlreiche Flüchtlinge aus Strassburg fanden in Basel Hilfe und Unkunft. Ein Vorschlag von General Dufour, die Schweiz solle – ähnlich wie Belgien – Kriegsverletzte beider Parteien aufnehmen und pflegen, wurde von Bundespräsident Dubs abgelehnt. Er machte geltend, die Schlachtfelder seien zu weit entfernt – eben hatte die Armee Mac Mahon bei Sedan kapituliert – und eine gleichmässige Aufnahme von Verwundeten nach Nationen sei nicht zu realisieren.[280]

In den Feldlazaretten beider Kriegsparteien wirkten 31 vom Bundesrat besoldete Schweizer Militärärzte.[281] In Paris wurde ein schweizerischer Sanitätsdienst für Kriegsverwundete eingerichtet, der auch ein Spital betreute.[282] Schlechte Erfahrungen machten die Ärzte in Frankreich mit der «Société internationale de Secours pour les blessés», dem späteren Roten Kreuz, einer Organisation, die von der Armee überhaupt nicht zur Kenntnis genommen wurde. An der Kriegsfront war die Genfer Konvention nicht bekannt, und es fehlten die Rotkreuzzeichen.

Die schweizerische Armee konzentrierte ihre Kräfte zu Beginn hauptsächlich im nordwestlichen Jura, um die Verteidigung von Basel sicherzustellen. Der rasche Aufmarsch von fünf Divisionen mit insgesamt 37 000 Mann hatte über die Grenzen des Landes hinaus Aufsehen erregt. Doch der positive Eindruck hielt nicht lange an, denn im militärischen Alltag traten erschreckende Mängel zutage. Die kantonalen Kontingente der Infanterie waren zum Teil in erbärmlichem Zustand. Ungenügend ausgebildet und bewaffnet, beherrschten sie die neuen Waffen und Geräte nicht und wurden zudem schlecht geführt. So war die wichtigste Waffengattung in keiner Weise kriegstauglich im Unterschied zu der von Oberst Herzog geschulten eidgenössischen Artillerie, die sich in einem besseren Licht zeigte.[283]

Noch verhängnisvoller als der mangelhafte Zustand der Truppe hätte sich der anhaltende Konflikt zwischen Bundesrat Emil Welti, dem Chef des Militärdepartements, und General Hans Herzog auswirken können. Ein gemeinsames Konzept, das Landesregierung und Armeeführung leitete, war nicht zu erkennen. Die beiden Aargauer fanden nicht zu einem sinnvollen Einvernehmen. Der autoritär auftretende Welti mischte sich bei jeder Gelegenheit in die Arbeitsbereiche des Generals ein. Herzog selber war ein eher zurückhaltender Mann, dem eine undankbare Rolle übertragen wurde. Die Kompetenzen zwischen Landesregierung und General waren nicht klar abgegrenzt, eine Schwäche des Systems, die bis zum Ersten Weltkrieg fortbestand. Nach den deutschen Siegen im Elsass schickte der Bundesrat den grössten Teil der Armee nach Hause. General und Generalstabschef wurden ebenfalls entlassen. Das Kriegsgeschehen hatte sich von der Schweizer Grenze entfernt und nach Nordwesten verlagert.

In der Beurteilung der Lage war man sich nicht einig. Der Bundesrat dachte an die hohen Kosten der Mobilmachung und an den psychologischen Schaden, der zu befürchten war, wenn die Armee untätig an der Grenze stand. Für General Herzog hingegen war der Krieg im Nachbarland mit der französischen Niederlage von Sedan nicht zu Ende. In dieser Frage sollte er recht behalten.

Im Januar 1871 geriet die Nordwestgrenze erneut in Gefahr. Eine deutsche Armee belagerte Belfort, konnte aber den mit schwerer Artillerie bestückten Festungsgürtel nicht überwinden. Die französische «Armée de l'Est», ein in aller Eile aufgestellter Verband unter General Charles-Denis Bourbaki, versuchte von Westen her, den Belagerungsring aufzubrechen. Es folgten blutige Kämpfe bei Villersexel und an der Lizaine, die bei eisiger Kälte ausgetragen wurden. Nach der Niederlage bei Héricourt war der Versuch der improvisierten Armee, die Festung Belfort zu entsetzen, endgültig gescheitert. Im Süden marschierte die Armee Manteuffel auf in der Absicht, der Armée de l'Est den Rückzug abzuschneiden und die nach zweimonatigen Kämpfen erschöpften Regimenter in den Jura und an die Schweizer Grenze abzudrängen. Bourbaki unternahm einen Selbstmordversuch und schied aus dem Kommando aus. An seine Stelle trat General Justin Clinchant. Die Armee zog sich über Besançon auf verschiedenen Wegen in das Grenzgebiet bei Pontarlier zurück, dicht gefolgt von deutschen Truppen. Die Festung Besançon wurde von einer hastig zusammengestellten Besatzung notdürftig zur Verteidigung hergerichtet, doch es kam nicht zur Belagerung.[284]

Zum Schutze des schweizerischen Territoriums stand eine einzige Brigade in der Ajoie, die über die Grenze hinweg die Kämpfe um Belfort verfolgte. Die Landesregierung schien den Vorgängen in der Franche-Comté wenig Aufmerksamkeit zu schenken, sonst hätte sie rechtzeitig erkennen müssen, dass schon bald nicht mehr die Region von Pruntrut, sondern die südwestliche Juragrenze gefährdet war. Am 19. Januar 1871 übernahm General Herzog nach mehrmonatigem Unterbruch wieder das Kommando. Er verlangte sogleich weitere Truppenaufgebote, denn im Unterschied zum Bundesrat gab er sich über die näher rückende Bedrohung Rechenschaft. Neue Auseinandersetzungen zwischen General und Militärdepartement waren nicht zu vermeiden.[285]

Schon früher hatte Oberst Jean-Louis Aubert, der Kommandant der 3. Division, auf die gefährliche Entwicklung hingewiesen und eine Verstärkung der Grenztruppen verlangt. Die Forderung Herzogs, auch die 4. Division aufzubieten, wurde vom Bundesrat zuerst einmal abgewiesen. Dann verlor der General die Geduld. In einem Brief vom 20. Januar, den Bundesrat Welti sogleich seinen Kollegen unterbreitete, drang er noch einmal auf das Aufgebot der 4. Division. Der Chef des Militärdepartements erklärte zum Schreiben Herzogs: «Letzterer findet die Sachlage im grossen Ganzen bedenklich genug, um auf sein Begehren betreffend das Aufgebot der IV. Division zurückzukommen, indem ihm die deutsche Kriegsführung dahin zu streben scheine, womöglich die französische Armee ganz oder theilweise in die Schweiz zu werfen; und umgekehrt ein Gleiches dürfte Bourbaki auszuführen beabsichtigen, wofern es ihm gelänge; einem solchen Ereigniss zu begegnen wäre aber die jezige Truppenzahl ungenügend. Werde ihm die IV. Division vom Bundesrathe verweigert, so entschlage er sich all und jeder Folgen, die aus dem Mangel an Truppen entstehen können.»[286] Der Bundesrat beschloss – immerhin mit etlichen Vorbehalten – die Einberufung der Division, obschon er, wie das Protokoll vermerkt, von der Notwendigkeit nicht überzeugt war. Allein die Drohung des Generals, jede Verantwortung abzulehnen, scheint die Sache bewegt zu haben.

Die mobilisierten Einheiten erreichten die Grenze meist am falschen Ort und in jedem Fall zu spät, denn die Ereignisse im französischen Jura überstürzten sich. Der schweizerische Nachrichtendienst war langsam und ungenügend. Wenn das Schlimmste vermieden wurde, so war das dem raschen Handeln von General Herzog, aber auch dem glücklichen Umstand zu verdanken, dass die Bourbaki-Armee nicht gewaltsam über die Grenze drang. Wenn man die nackten Zahlen betrachtet, so war das Kräfteverhältnis beängstigend. Der auf 120 000 Mann geschätzten Armée de l'Est konnte der schweizerische Oberbefehlshaber bloss 21 000 Mann entgegenstellen. Hätte die französische Armee einen ernsthaften Durchbruch in südlicher Richtung versucht, wären die schweizerischen Truppen kaum in der Lage gewesen, erfolgreich Widerstand zu leisten.

General Herzog verschob seine Verbände in Eilmärschen über die verschneiten Jurahöhen in den Grenzabschnitt zwischen Les Verrières und Vallorbe. Die 5. Division wurde mit der Eisenbahn nach Yverdon transportiert, doch reichte die Transportkapazität der Bahnen für rasche Truppenverschiebungen nicht aus. Im entscheidenden Augenblick versagten die Telegraphendienste.

Am 31. Januar trafen die ersten Verbände der Bourbaki-Armee bei Les Verrières ein. Ihnen stand ein einziges schweizerisches Bataillon gegenüber. General Clinchant hatte sich entschlossen, mit seiner Armee auf eidgenössischem Territorium Zuflucht zu suchen, da der Weg nach Süden durch die Truppen Manteuffels verlegt war. Voraus schickte er jene Truppen, die kaum noch organisiert und geführt waren, und die den Eindruck von Auflösung und Chaos vermittelten. Zu ihnen gehörten Verwundete und Kranke aus den in aller Hast evakuierten Spitälern und Lazaretten von Pontarlier. Später folgten noch einigermassen intakte Regimenter und Artillerie-Abteilungen. Züge mit Verwundeten fuhren auf der Bahnlinie von Pontarlier nach dem Val de Travers, bis die preussischen Truppen am 1. Februar den Bahnhof der französischen Grenzstadt besetzten.[287] Ausser der Strasse nach Les Verrières standen der angeschlagenen Armee auch die Wege über Fourg nach Ste-Croix und über Jougne nach Vallorbe offen.

Am Morgen des 1. Februar diktierte General Herzog dem Vertreter General Clinchants die Bedingungen für den Grenzübertritt der Armée de l'Est. Dazu gehörte die Ablieferung von Waffen, Ausrüstung und Munition. Bei eisigen Temperaturen strömten die französischen Soldaten an verschiedenen Stellen über die Grenze. Die meisten präsentierten sich in bedauernswürdigem Zustand mit ungenügender Bekleidung, krank und mit den Blessuren, die sie in einem unerbittlichen Feldzug davongetragen hatten. Die Disziplin war teilweise zusammengebrochen, doch bereitete es den schweizerischen Soldaten keine Mühe, die in Auflösung begriffenen Regimenter zu den weiter zurückliegenden Sammelplätzen zu führen.[288] Nach amtlichen Berechnungen wurden 90 314 Mann registriert und auf die verschiedenen Kantone verteilt. Die Internierung einer ausländischen Armee, deren Bestand das Vierfache der an der Grenze stehenden schweizerischen Truppen betrug, war eine beachtliche organisatorische Leistung. Bemerkenswert war auch die Hilfsbereitschaft der Bevölkerung, die das Los der gesundheitlich und psychisch angeschlagenen Soldaten nach Möglichkeit erleichterte.

Eine schlechte Stimmung herrschte zwischen den Generälen Herzog und Clinchant. Herzog soll sich, wie französische Berichte melden, gegenüber seinem Kontrahenten wie ein Sieger benommen haben.[289] In einem Tagesbefehl dozierte er der Armee mit erhobenem Zeigefinger, die Bourbaki-Armee habe ein trauriges Beispiel von schlechter Disziplin und Insubordination geboten. Die schulmeisterliche Belehrung aus der komfortablen Position des neutralen Beobachters, der die Vorgänge offenbar nur am Rande wahrgenommen hatte, ärgerte General Clinchant dermassen, dass er bei Bundespräsident Carl Schenk protestierte.[290] Er konnte Argumente anführen, die dem ungenügend informierten schweizerischen Generalstab entgangen waren.

Die Bourbaki-Armee war trotz ihres desolaten Erscheinungsbildes nicht eine disziplinlose Horde auf der Flucht. Von jeglichem Nachschub abgeschnitten, hatte sie sich in den letzten Januartagen auf einen Durchbruch in südlicher Richtung vorbereitet. Dann traf die Meldung vom Waffenstillstand ein, der in Versailles am 28. Januar abgeschlossen worden war. General Clinchant konnte nicht wissen, dass die Waffenruhe für die Armée de l'Est nicht galt. Das peinliche Faktum wurde erst erkannt, als die preussischen Truppen den letzten Rückzugsweg über Mouthe abgeschnitten hatten. Nun blieb nur noch der Weg zur Schweizer Grenze und in die Internierung.

Der Abmarsch in die Schweiz wäre nicht möglich gewesen, wenn nicht eine Nachhut von ungefähr 10 000 Mann im Engnis von La Cluse et Mijoux den preussischen Verbänden eine erbitterte Schlacht geliefert hätte, die auf beiden Seiten zu schweren Verlusten führte. Es galt das tapfere und gleichzeitig bombastische Motto: «Ici, nous allons nous faire tuer». Kommandant der zusammengewürfelten Verbände war General Pallu de la Barrière. Der Kampf der Nachhut wurde von den Festungen zu beiden Seiten der Klus, dem Fort de Joux und dem Fort du Larmont inférieur, mit Artillerie wirkungsvoll unterstützt. Den deutschen Truppen gelang kein Durchbruch. Am 2. Februar marschierten die Regimenter der Nachhut in verhältnismässig guter Ordnung nach Les Verrières in die Internierung.[291] General Pallu de la Barrière schlug sich mit einer kleinen Abteilung der Schweizer Grenze entlang nach Savoyen durch. Die Kanonade im Engnis von La Cluse dauerte noch mehrere Tage an. Die beiden Forts feuerten bis zum 9. Februar auf die deutschen Positionen südlich von Pontarlier, bis der Waffenstillstand auch für die Jura-Region galt.

Wenn man den Marsch der Armée de l'Est im schweizerischen Generalstab ernsthafter und mit weniger Überheblichkeit studiert hätte, wäre das Urteil über das Bourbaki-Debakel nachsichtiger ausgefallen. Man war jedoch von der militärischen Tüchtigkeit der Deutschen so sehr überzeugt, dass die Meinungen ein für allemal feststanden.

Die Internierung der Armée de l'Est war ein humanitärer Akt, der dem Lande gut anstand. Die Neutralität der Schweiz hatte zu einem sinnvollen Ergebnis geführt, das von beiden kriegführenden Parteien anerkannt wurde. Es stellten sich aber neutralitätspolitische Fragen, die ein sorgsames Vorgehen erforderten. Die Landesregierung wünschte verständlicherweise, die Bourbaki-Armee so bald wie möglich nach Hause zu befördern, denn die über Nacht aufgetauchten Gäste stellten für das Land eine erhebliche Belastung dar. Die provisorische französische Regierung in Tours war mit einer raschen Heimschaffung einverstanden und sicherte zu, dass die Verbände nicht mehr im Krieg eingesetzt würden.[292] Als Minister Kern Otto von Bismarck die Angelegenheit in Versailles unterbreitete, stiess er auf strikte Ablehnung. Die französische Regierung sei gar nicht in der Lage, so das Argument des Reichskanzlers, die nötigen Garantien zu leisten und Offiziere und Soldaten der Armée de l'Est von der Teilnahme an weiteren Kämpfen abzuhalten. Wenn sich aber eine so grosse Armee wieder auf dem Schlachtfeld präsentiere, werde der Krieg unweigerlich verlängert.[293] Der Rücktransport der französischen Truppen konnte gleichwohl im Monat März abgeschlossen werden, denn inzwischen erlaubten die Friedenspräliminarien auch die Heimreise der Kriegsgefangenen.

Territoriale Wünsche der Schweiz

Die Landesregierung geriet in Sachen Neutralität an zwei Fronten in Bedrängnis. Das geschah nicht ohne eigenes Verschulden. Auf der einen Seite provozierte die bundesrätliche Neutralitätserklärung mit dem traditionellen Zusatz, dass man wenn nötig Nord-Savoyen militärisch besetzen werde, den Ärger des kaiserlichen

Aussenministers Gramont. Er konnte nicht einsehen, warum schweizerische Truppen in Savoyen einmarschieren sollten, wenn zwischen Deutschen und Franzosen im Elsass gekämpft wurde. Die Regierung in Bern rechnete offenbar – so die unfreundlichen Reaktionen in Paris – zum vornherein mit einer französischen Niederlage. Auf der andern Seite war schon in den ersten Tagen des Krieges von einer «Wiedergewinnung» von Elsass und Lothringen durch Deutschland die Rede, ein Vorgang, der die Schweiz nicht gleichgültig lassen konnte. Nun brachte der Bundesrat die beiden Fragen in wenig glücklicher Weise miteinander in Verbindung und löste damit politische und diplomatische Umtriebe aus, die der Neutralität nicht gut bekamen.

In den ersten Kriegstagen verlangten deutsche Zeitungen die «Rückgewinnung von Elsass und Lothringen». Die europäischen Kabinette und die Öffentlichkeit wussten über die deutschen Forderungen spätestens seit Mitte August Bescheid.[294] Die Meinungen waren in Deutschland anfänglich gespalten. In Norddeutschland war das Interesse an der Frage bescheiden, die badische Regierung, mit Preussen eng verbunden, trat für den Anschluss ein, das Königreich Bayern hingegen widersetzte sich. Opposition entstand in der süddeutschen Wirtschaft, die bei einem Zusammenschluss die überaus starke Industrie Mülhausens zu fürchten hatte. Bismarck selber schien zu Beginn noch zu zögern. Er brauchte sich nicht zu beeilen, solange die endgültige militärische Entscheidung nicht gefallen war. Immerhin wurde es mit der Zeit gefährlich, in Deutschland gegen die nationale Welle anzugehen. Das erlebte zum Beispiel der radikale Demokrat Johann Jakoby, der gegen die Eingliederung von Elsass und Lothringen agitierte und prompt in Königsberg verhaftet wurde.

In der Schweiz reagierte man empfindlich auf den offenkundigen preussischen Drang nach territorialer Expansion. Das Nationalitätsprinzip, das deutsche Politiker zur Rechtfertigung der Eroberung anriefen, stand im Gegensatz zum eindeutigen Willen der betroffenen Bevölkerung, der man das Selbstbestimmungsrecht verweigerte.[295] Man konnte sich auch ein unabhängiges Elsass-Lothringen vorstellen, das sich als neutrale Zone zwischen die verfeindeten Nationen schieben würde. Der Gedanke mochte, an den harten Realitäten gemessen, von Wunschdenken zeugen, doch war er real genug, dass er seinen festen Platz im Weltbild eines schweizerischen Staatsmannes fand. Bundesrat Jakob Dubs neigte in seinen politischen Phantasien zu idealen Konstruktionen, zu denen eine europäische Konföderation neutraler Kleinstaaten mit der Schweiz im Mittelpunkt gehörte. Die Eidgenossen gedacht als Schiedsrichter im europäischen Geschehen. Während seiner Regierungszeit setzte Dubs mehrmals zu Vorstössen an, die das Land aus seiner prekären Rolle als Sonderfall herausführen und in eine Stellung bringen sollten, in der sie den europäischen Mächten als Partner hätte gegenübertreten können. Bundesrat Dubs war nicht so vermessen, seine Visionen in ihrer ganzen Brisanz vor der Öffentlichkeit auszubreiten. In seinen Tagebüchern waren sie besser aufgehoben.[296] Der Deutsch-Französische Krieg schien Ansätze zu einer schweizerischen Politik zu bieten, die aus der Enge herausführte, doch die Illusionen brachen nach kurzer Zeit zusammen.

Die im Laufe von zehn Jahren vollzogene Metamorphose von Jakob Dubs in Bezug auf das neutralisierte Nord-Savoyen ist schwer zu erklären. Im Jahre 1860 hatte der Zürcher Ständerat gemeinsam mit Alfred Escher gegen eine unüberlegte Militäraktion angekämpft und dabei deutlich gemacht, dass die Neutralisierung der Provinzen südlich des Genfersees keinen Rechtsanspruch der Schweiz auf Besitz begründe. Im Jahre 1870 schienen diese Vorbehalte nicht mehr zu gelten. Im Spätherbst drängte Bundespräsident Dubs auf eine Besetzung der neutralisierten Zone und verwendete dabei Argumente, wie sie auch von Bundesrat Emil Welti, dem Chef des Militärdepartements, und von Oberst Hermann Siegfried vorgebracht worden waren. Welti hatte vom Chef des Stabsbüros einen Bericht über die militärisch-politische Lage an der schweizerisch-französischen Grenze verlangt, in dem er unter anderem Vorschläge für wünschenswerte «Grenzregulierungen» und Auskunft über die Konsequenzen einer deutschen Annexion des Elsass erwartete.[297]

Oberst Siegfried redigierte seinen Bericht in der von Welti geschätzten antifranzösischen Tonart, wobei er in Bezug auf Savoyen zu rigorosen Schlüssen kam: «Das militärische Interesse, welches Deutschland und Italien an unserer Neutralität haben, und die Verpflichtungen, die wir mit der Neutralität übernehmen, verlangen daher, dass Frankreich nicht im Besitz des Léman-Ufers sei. (…) Ein noch viel gewichtigeres Motiv als die Verpflichtung der Neutralität, nämlich die Pflicht der Selbsterhaltung gebietet uns, alle Mittel zu erschöpfen, um Frankreich nicht im Besitz des südlichen Ufers zu belassen.»[298] Es bleibe eine permanente Existenzfrage, so der Chef des Stabsbüros, dem Vergrösserungswahn der französischen Nation entgegenzutreten. Dass die Armeen Frankreichs zu diesem Zeitpunkt bereits am Boden lagen, schien Siegfried nicht anzufechten. In diesen Monaten arbeitete der nach Hause entlassene General Herzog an einem Operationsplan für die Besetzung Nord-Savoyens, für die er die 4. und die 5. Division verwenden wollte.

Am 24. September legte Bundespräsident Dubs der Landesregierung einen «Entwurf einer Note an die Regierungen der kriegführenden deutschen Staaten, sowie eventuell an Frankreich» vor, die einen Zusammenhang zwischen Savoyen und Elsass-Lothringen konstruierte: «Das politische Departement hält dafür, dass das Projekt, Elsass und Lothringen (theilweise) an Deutschland zu annexiren, welches gegenwärtig offen zugestanden wird, die schweizerischen Interessen sehr nahe berührt. (…) Wenn nämlich Deutschland seine Gränzen an die Vogesen und die Mosellinie vorrückt, so wächst das Interesse und die Versuchung Frankreichs, diese festen Stellungen zu umgehen in hohem Grade, und da diese Umgehung mittelst der Besitznahme von Nordsavoyen im Grunde schon erfolgt ist, so springt es in die Augen, dass die Schweiz von dieser Seite her nun alles zu fürchten hat und alle Wahrscheinlichkeit vorhanden ist, dass ein künftiger Krieg Frankreichs gegen Deutschland mit einer Überrumpelung der Schweiz beginnen könnte.»[299]

Dubs sprach von der «illoyalen Handlungsweise» der kaiserlichen Regierung im Jahre 1860 und von der Hoffnung, dass eine «nachfolgende französische Regierung von sich aus geneigt sein werde, das begangene Unrecht wieder gut zu machen». Konkrete Forderungen stellte der Chef des Politischen Departements in seinem Entwurf nicht, auch fehlte jeder Hinweis auf einen bevorstehenden Einmarsch in Nord-Savoyen. Das sollte sich bald ändern. Emil Welti war mit den Vorschlägen des Bundespräsidenten einverstanden, doch die Note wurde nicht abgesandt. Das Kollegium beschloss, vorläufig nichts zu unternehmen.

Im Bundesrat dachte man über die Möglichkeit nach, schweizerische Truppen auch ohne die Zustimmung der Bundesversammlung in Nord-Savoyen einrücken zu lassen. Dann entschloss man sich mit einiger Verspätung, Arnold Roth, den Sekretär des Politischen Departements, in einer Spezialmission zur republikanischen Regierung nach Tours zu senden.[300] Er sollte nicht um eine Zustimmung zum Einmarsch in die neutralisierte Zone bitten, sondern lediglich über die Modalitäten der Besetzung, also um das Verhältnis zwischen dem schweizerischen Militärkommando und den lokalen Zivilbehörden verhandeln.

Am 3. Dezember 1870 kam es zu einer peinlichen Unterhaltung zwischen dem Bundespräsidenten und dem französischen Geschäftsträger Charles-Frédéric Baron de Reinach.[301] Nach dem Fall der Festung Metz vermutete man in Bern, die frei gewordene deutsche Armee werde nach Süden in Richtung Savoyen marschieren, ein willkommener Anlass, das schweizerische Besetzungsrecht endlich einmal in Anspruch zu nehmen. Baron de Reinach warnte Dubs, die Schwäche Frankreichs auszunützen, um unter irgendeinem Vorwand französische Provinzen zu besetzen. Die schweizerische Neutralität werde durch einen deutschen Vorstoss nicht berührt. Eine schweizerische Besetzung Nord-Savoyens sei vermutlich der erste Akt in einer definitiven Besitzergreifung. De Reinach fragte, ob die schweizerische Armee sofort aus den besetzten Territorien abmarschieren werde, wenn der Anlass für die Besetzung nicht mehr gegeben sei. Der Bundespräsident zeigte sich offensichtlich verlegen, räumte aber ein, man werde sich zurückziehen. Er fügte bei, die Angelegenheit Nord-Savoyen müsse dennoch geregelt werden, da noch eine Rechnung offen stehe. Daraus schloss der Geschäftsträger, der Bundesrat sei nach wie vor bereit, die Regionen am Südufer des Léman militärisch zu besetzen.

Inzwischen hatten der Präfekt von Savoyen, Eugène Guiter, und ein «Comité républicain» von Bonneville die Landesregierung aufgefordert, in die angeblich gefährdeten Provinzen einzumarschieren.[302] Jakob Dubs fand seine Politik bestätigt. In seinem Bericht vom 4. November an den Bundesrat meinte er: «Es ist die Bevölkerung von Savoyen selbst, die gegenwärtig den Schutz der Schweiz anruft. Wenn diese also in Savoyen einrückt, so wird sie als Helfer in der Noth begrüsst und die Geltendmachung ihres Rechtes stösst auf keinerlei Widerstand. Wenn sie aber umgekehrt in dieser Noth sich von dem Lande abwendet, das ihren Schutz anruft, so wird sich naturgemäss in Letzterem eine solche Missstimmung gegen die Schweiz erzeugen, dass die allernächste Folge die sein wird, dass die Schweiz ihr Recht als begraben betrachten muss. Das politische Departement ist bei dieser Sachlage keinen Augenblick im Zweifel, dass die Schweiz, ohne ihrem Rechte und ihrer Ehre zugleich zu vergeben, den Hilferuf Savoyens nicht unbeachtet lassen kann.»

Das Politische Departement fragte mehrmals beim schweizerischen Gesandten in Berlin nach, um die Stimmung in Deutschland zu erkunden. Preussen habe in Savoyen nur ein «sekundäres Interesse», lautete eine Antwort, doch die schweizerische Besetzung werde gebilligt. «Faites, nous l'approuvons!», soll der stellvertretende Aussenminister Hermann von Thiele dem Gesandten Hammer geantwortet haben.

Ein Anschluss Nord-Savoyens an die Schweiz hätte für Deutschland überaus positive Folgen gehabt. Ein lange anhaltender Konflikt des Landes mit dem westlichen Nachbarn wäre vorprogrammiert und die Schweiz ein Verbündeter Preussens geworden. «Oberst Hammer» – der Schweizer Diplomat und spätere Bundesrat liess sich gerne mit diesem Titel ansprechen – drängte noch am Tage des Waffenstillstands, dem 27. Januar 1871, den Bundesrat zu einer forscheren Gangart: «Ob Frankreich Republik oder Monarchie, unsere Rechte, Interessen und Beschwerden hinsichtlich Savoyens werden durch den Unterschied der Staatsform nicht berührt und möge man nie sagen müssen, die Schweizerischen Staatsmänner hätten die Interessen und die Rechte ihres Landes aus Sympathie für einen politischen Namen verscherzt, den sich ein fremdes Land vorübergehend beilegt. Seit Jahrhunderten arbeitet die Schweiz schon an dieser Savoyerfrage und jetzt, wo sie einen Schritt vorwärts gebracht werden könnte, soll sie wieder unwiederbringlich den Berg hinunter rollen.»[303]

Der schweizerische Gesandte in Paris war anderer Meinung als sein Kollege in Berlin. In der belagerten französischen Hauptstadt eingeschlossen, konnte Johann Konrad Kern sich nur sporadisch ins Gespräch einschalten. Immerhin drang seine Warnung, man solle in dieser für Frankreich schwierigen Zeit nicht an die Savoyenfrage rühren, bis zur Landesregierung durch. Die Pariser Presse hatte ungnädig auf die diplomatischen Vorgänge um Savoyen reagiert. Der Bundesrat geriet in den Verdacht einer Komplizenschaft mit den verhassten Preussen. Die Schweiz riskierte somit, das Wohlwollen zu verspielen, das sie sich durch die Hilfsaktionen in Strassburg und durch die rasche Anerkennung der Republik erworben hatte. Minister Kern bemühte sich im Gespräch mit Aussenminister Jules Favre nach Kräften, die Frage einer Besetzung Savoyens als rein hypothetisch beiseite zu schieben.

In der schweizerischen Öffentlichkeit manifestierte sich ein weit verbreitetes Unbehagen gegenüber einer Politik, die unter dem Deckmantel einer Verteidigung der schweizerischen Neutralität dem geschlagenen Frankreich die Regionen südlich des Genfersees entreissen wollte. Übel vermerkt wurde das auch von Jakob Dubs vorgebrachte Argument, man werde sich mit einer vorübergehenden Besetzung ein Pfand für spätere Verhandlungen sichern, wenn es einmal um konkrete Grenzkorrekturen gehe. Eine völkerrechtlich unlautere Haltung, die aber bis zum Ersten Weltkrieg in den Köpfen von Politikern und Armeeführern herumgeisterte.

In der Nationalratsdebatte vom 19. Dezember 1870 trafen zwei Zürcher Politiker aufeinander, die zehn Jahre zuvor noch gemeinsam gegen die aggressive Savoyen-Politik Jakob Stämpflis angetreten waren: Jakob Dubs und Alfred Escher. Der Bundespräsident des Jahres 1870 bewegte sich in seiner Argumentation, die einen Einmarsch in Savoyen rechtfertigen sollte, in bemerkenswert unsicherer Weise zwischen Realpolitik, Völkerrecht und moralisch-humanitären Visionen. Dabei näherte er sich der bisher vom Bundesrat verworfenen Version, wonach auf Grund der Verträge von 1815 in bestimmten Situationen eine Besetzungspflicht bestehe. Wesentlich klarer waren die Argumente von Alfred Escher. Für ihn gab es ein Recht zur Besetzung Nord-Savoyens nur, wenn die schweizerische Neutralität bedroht war. Dieser Grund schien zur Zeit nicht gegeben. Eine voreilige Besetzung hätte nach Ansicht Eschers zu folgenschweren Verwicklungen geführt. Der liberale Politiker meinte sarkastisch: «Angenommen übrigens, Alles dies werde glücklich überwunden, so wäre ein geradezu lächerlicher Ausgang fast unvermeidlich; Frankreich könnte ruhig das Ende des Krieges abwarten, um dann der mit Pomp in Szene gesetzten Geschichte durch die freundliche Einladung, gefälligst wieder heimzuspazieren, ein Ende zu machen. Oder denkt man etwa daran, dann auch gegen den Willen Frankreichs und gegen den Wortlaut der Verträge im Lande zu bleiben?»[304]

Dubs glaubte noch im Januar 1871 an eine vom Bundesrat autonom verordnete Besetzung von Nord-Savoyen, doch die äussern Umstände bewahrten die Landesregierung vor dem fatalen Experiment. Die deutschen Armeen marschierten nicht nach Süden, und der Waffenstillstand setzte einen Schlussstrich unter den Traum eines schweizerischen Savoyen.

Nachdem ein Einmarsch in Nord-Savoyen unwahrscheinlich geworden war, richtete der Bundesrat seine Blicke auf die Nordwestgrenze. Oberst Siegfried hatte mit seiner These auch seine Vorgesetzten mehr oder weniger überzeugt: Wenn die deutsche Grenze auf den Vogesen und im Territorium von Belfort errichtet wurde, so müsste dieser Umstand einen Vorstoss der französischen Armee aus Savoyen durch das schweizerische Mittelland geradezu provozieren. Darum sollte die schweizerische Grenze in den Sundgau vorgeschoben werden, wenn das südliche Elsass nicht in französischer Hand blieb. Die Argumente des Aarauer Strategen waren in militärischer Hinsicht fragwürdig und politisch ausgesprochen blauäugig. Naiv war vor allem der Glaube Siegfrieds an die Chancen einer territorialen Ausdehnung: «Eine solche Grenzerweiterung sollte im Fall der Vereinigung des Ober-Elsass mit Deutschland nicht so schwierig zu erhalten sein, weil Deutschland kein Interesse an diesem kleinen Gebiet haben kann und indem es Frankreich genehm sein müsste, seine Verbindung mit Basel nicht durch deutsches Gebiet unterbrochen zu sehen.[305]

Für einen Vorstoss in den Sundgau fand man im Bundesrat neben den militärpolitischen Anliegen weitere Gründe. Basel könnte ähnlich wie Genf in eine isolierte Stellung geraten. Der Warenverkehr zwischen der Grenzstadt am Rhein und Belfort würde von den Deutschen kontrolliert und vermutlich mit zusätzlichen Zöllen belastet. Jakob Dubs vertiefte sich in die Geschichte: «Wenn deutscher Seits die Wünschbarkeit einer Erwerbung des Elsasses, abgesehen von den schon berührten strategischen Rücksichten, vornehmlich auf das Verhältnis früherer Zusammengehörigkeit dieses Landestheiles zu Deutschland gestützt wird, so ist jener historische Rechtstitel denn doch für einen sehr wesentlichen Theil des obern Elsasses (des jetzigen Dep. du Haut-Rhin) nicht begründet: der Hauptpunkt des obern Elsass ist die Stadt Mühlhausen. Es ist nun allgemein bekannt, dass die Stadt Mühlhausen von der Reformation bis zur französischen Revolution, also während mehrerer Jahrhunderte, ein zugewandter Ort der Eidgenossenschaft war und dass dieses Verhältniss nicht etwa gewaltsam gelöst wurde, sondern dass die Stadt Mühlhausen sich dann in freier Entschliessung mit der fränkischen Republik vereinigte. Für den Fall einer Änderung der bestehenden Verhältnisse im Sinne der Rückkehr zu früheren Zuständen hätte somit nicht Deutschland, sondern die Schweiz das nächste Anrecht auf diesen Landestheil.»[306] Der schweizerische Bundesrat sei aber, so das biedere Fazit des Bundespräsidenten, weit entfernt, einen solchen Anspruch erheben zu wollen.

Das war nicht ernst gemeint. Selbstverständlich hatte die Landesregierung weitreichende Wünsche, auch wenn sie sich als konfus erwiesen. Was man verschämt eine «Grenzkorrektur» nannte, nahm sich auf der Karte, sofern man von der maximalen Variante ausging, recht unbescheiden aus. Politiker und Armeeführer überlegten sich bereits, wie viele Bataillone man in den entsprechenden Territorien rekrutieren könne. Die gewünschte neue Grenze führte von Brémontcourt unterhalb von St. Ursanne dem Doubs entlang nach Audincourt und in nördlicher Richtung zum Rhein-Rhone-Kanal, folgte dem Kanal bis Kembs und stieg auf dem linken Rheinufer bis hinauf nach Basel.[307] Unklar blieb dabei, ob man die Stadt Mülhausen in das schweizerische Hoheitsgebiet einbeziehen wollte oder nicht. Die ganze Konstruktion ging von der Annahme aus, dass das Territorium von Belfort mit dem Département Haut-Rhin an Deutschland fallen werde. Damit wäre auch die Verbindung von der Ajoie nach Frankreich – die Bahnlinie Pruntrut-Delle-Audincourt war gerade im Bau – an einer empfindlichen Stelle unterbrochen worden. Da fühlte sich der Kanton Bern betroffen.

Wenn die schweizerische Landesregierung im Herbst 1870 und in den ersten Monaten des Jahres 1871 der Grenze im Sundgau ebensoviel Aufmerksamkeit widmete wie der Savoyenfrage, so folgte sie nicht bloss eigener Eingebung. Der Handel um eine mögliche neue Grenze im Département Haut-Rhin ist zwar von diplomatischem Halbdunkel umgeben, doch scheint Graf Bismarck selber die Phantasie

149

schweizerischer Politiker angeregt zu haben. Das geschah zu einem Zeitpunkt, als der Krieg noch nicht entschieden und die deutsche Haltung gegenüber dem Elsass offen war. Der Kanzler pflegte im Umgang mit seinen Kontrahenten nebulöse Methoden, wenn der Augenblick für klare Aussagen noch nicht gekommen war. Als Minister Kern am 23. Februar 1871 bei Bismarck – unter dem Arm eine Dufour-Karte mit eingezeichneter blauer Linie – zur hochnotpeinlichen Unterredung antrat, um gegen seine eigene Überzeugung den bundesrätlichen Wunsch nach einer neuen Grenze im Sundgau vorzubringen, fand er einen übel gelaunten Kanzler. Es könne sich ja wohl nicht um eine blosse Grenzkorrektur handeln, sondern um die Abtretung von bedeutenden Territorien, meinte der starke Mann im neuen Deutschen Reich.[308] Er selber habe seinerzeit dem Bundesrat Vorschläge gemacht, ohne auf besonderes Interesse zu stossen: «Il y a déjà longtemps du reste, que le Conseil fédéral sait que, suivant les circonstances, une partie de l'Alsace, plus grande que celle indiquée sur Votre carte, aurait pu revenir à la Suisse dans certaines éventualités. Le Conseil fédéral ne peut pas ignorer que j'ai eu autrefois l'idée de faire de cette partie de pays, que je connais fort bien, un Canton Suisse avec Mulhouse pour chef-lieu. Mais à cette époque, on avait montré peu d'empressement à entrer dans mes vues, et aujourd'hui les circonstances ne sont plus les mêmes.»[309]

Kern sagte zu Bismarck, dieses Angebot sei ihm fremd, da es vermutlich keinen offiziellen Charakter gehabt habe. Von «offiziellem Charakter» kann bei allem, was sich in der Frage der Nordwestgrenze zutrug, nicht die Rede sein. Manches bewegte sich abseits des diplomatischen Protokolls. Dennoch mutet die Ahnungslosigkeit des schweizerischen Gesandten seltsam an. Sie lässt sich höchstens durch den Umstand erklären, dass während des Krieges die Verbindung zwischen Bern und Paris oft längere Zeit unterbrochen war. Man darf annehmen, dass Bismarck selber im September 1870 die Spekulationen um das Schicksal des südlichen Elsass ausgelöst hat. Am 18. September sandte er ein Telegramm an das Auswärtige Amt in Berlin, das sich mit einer möglichen Abtretung des Sundgau an die Schweiz befasste: «Akademische Frage: wäre es politisch richtig, den südlichen Teil des Elsass der Schweiz zuzulegen?»[310] Der neue Generalgouverneur des Elsass, Robert Jannasch, hatte sich ebenfalls um die Angelegenheit zu kümmern. Er kam zum Schluss, «dass man in leitenden Kreisen der Schweizer Staatsmänner sehr geneigt scheint, auf die Intentionen Sr. Exzellenz des Grafen Bismarck einzugehen». Dann wurde es still um die «akademische Frage». Über den Preis, den die Schweiz für den «Kanton Mülhausen» hätte bezahlen müssen, äusserte sich der Reichskanzler im Gespräch mit Minister Kern nicht.

Im Herbst 1870 – vor dem endgültigen deutschen Sieg – setzte sich die Industrie des Grossherzogtums Baden noch energisch gegen einen Anschluss des südlichen Elsass zur Wehr. Es ging in erster Linie um die Textilindustrie. Ein deutsches Elsass hätte die Produktionskapazität des Zollvereins annähernd verdoppelt, ohne das Absatzgebiet wesentlich zu erweitern. Also lag der Gedanke nahe, Mülhausen der Schweiz zuzuschieben, auch wenn die Stadt lieber bei Frankreich geblieben wäre. Eine Bindung an die Schweiz konnte für die Elsässer nur zweite Wahl sein. Man wünschte keine Rückkehr in die historische Rolle des «zugewandten Ortes». Der preussische Gesandte in Bern, General Max von Roeder, scheint den schweizerischen Bundespräsidenten zu Beginn des Monats September vertraulich über die Absicht Bismarcks unterrichtet zu haben, das südliche Elsass allenfalls der Schweiz zu überlassen.[311] Die von Bundesrat Welti in Auftrag gegebene Studie des Obersten Siegfried über die Grenze zwischen Frankreich und der Schweiz kann als Reaktion auf die Gedankenspiele des norddeutschen Kanzlers gewertet werden. Das bundesrätliche Kollegium mochte aber den forschen Parolen von Jakob Dubs vom 24. September nicht folgen, und das Thema wurde auf die lange Bank geschoben.[312] Dieses Zögern mag wesentlich durch die kritische Stimmung in der schweizerischen Öffentlichkeit bedingt sein, die keine Geschenke aus der Hand des Siegers empfangen wollte. Man wusste, dass ein derartiger Handel das zukünftige Verhältnis zu Frankreich belasten würde. Mit Widerstand war auch in der Bundesversammlung zu rechnen. So warnte beispielsweise der Bündner Nationalrat Andreas Rudolf von Planta in einem Brief an den Bundesrat vor dem preussischen «Köder»: «Da sollen wir die ersten sein, um der französischen Republik zu gratulieren, sollen Humanität heucheln gegen die Strassburger – und handkehrum dann helfen, dem armen Frankreich die Fetzen aus seinem eigenen Fleisch herauszuschneiden – und wozu? Um ewig als schuldbewusste Sünder der diplomatischen Schlange, die uns den Apfel gereicht, dankbar und ‹verpflichtet› zu bleiben! (...) Lasst Euch von Preussen nicht korrumpieren! Lasst Euch mit diesem Sündenlohn nicht kaufen für die deutsche Politik und an das ‹Hohenzollernsche Empire› ketten! Die Bundesversammlung wird auch nie so etwas gutheissen.»[313]

Carl Schenk, Bundespräsident des Jahres 1871, liess sich von diesen Bedenken nicht anfechten. In seiner Botschaft vom 2. Februar an den Bundesrat blieb er bei den Visionen seines Kollegen Jakob Dubs, zeigte aber Ratlosigkeit über das weitere Vorgehen: «Der in den letzten Tagen erfolgte Fall von Paris, die Proclamierung eines dreiwöchigen Waffenstillstandes, die Einberufung einer Constituante, welche über Krieg oder Frieden entscheiden soll, verbunden mit der allgemeinen Lage des Landes, lassen es höchst wahrscheinlich erscheinen, dass ein baldiger Friedensschluss bevorsteht und dass über die wesentlichen Bedingungen desselben bereits Verhandlungen gepflogen worden sind, wobei jezt wohl als sicher angenommen werden muss, dass deutscherseits auf Abtretung von Elsass und Lothringen wirklich bestanden werden wird. Es ist damit für uns der Moment gekommen, wo ein definitiver Entschluss darüber gefasst werden muss, ob ein ernstlicher Versuch gemacht werden soll, auf den im Werden begriffenen Friedensschluss zu Gunsten der Schweiz einzuwirken, oder ob jeder derartige Schritt unterbleiben solle.»[314] Bundespräsident Schenk nannte die aktuellen territorialen Wünsche:

«1. Betreffend unsere südwestliche Grenze: Aufhebung unseres Verhältnisses zu den neutralisierten savoyischen Provinzen und Ersezung desselben durch vollständige Einverleibung eines zu bestimmenden Rayons savoyischen Landes mit der Schweiz behufs Herstellung einer bessern strategischen Grenze.

2. Betreffend unsere nördliche Grenze: Abtretung einer bestimmten Gebietsstrecke des Oberelsasses an die Schweiz behufs grösserer Sicherung unserer nördlichen Grenze, namentlich der Stadt Basel.»

Die seinerzeit von Bundesrat Dubs geäusserte Meinung, wonach es für die Schweiz von Vorteil wäre, wenn der Sundgau bei Frankreich verbliebe, schien im neuen Jahr nicht mehr zu gelten.

Die Landesregierung musste darüber schlüssig werden, wie und wo sie ihre territorialen Wünsche anmelden konnte. Man war an den bevorstehenden Friedensverhandlungen nicht beteiligt und durfte somit das Anliegen nicht direkt vorbringen. Ein Geschenk aus der Hand der beiden kriegführenden Mächte wollte das Land nicht annehmen. Der Bundespräsident meinte dazu: «Wenn wir uns fragen, wie bei einem Friedensschlusse zwischen Deutschland und Frankreich das erste Postulat zur Geltung gebracht werden sollte, so ist zuvörderst klar, dass zu einer Gebietsveränderung der Schweiz durch zwei dritte Staaten hierseits nicht nur nicht Hand geboten werden könnte, sondern gegen eine solche, und wäre sie noch so vortheilhaft, in entschiedenster Weise protestirt werden müsste. Eine Veränderung des Gebiets der Schweiz kann nur durch einen Vertrag geschehen, bei welchem die Schweiz selbst direkt mitwirkt.» Da war guter Rat teuer. Man müsste, so der Vorschlag Karl Schenks, die Friedensverhandlungen der beiden Kontrahenten dahin beeinflussen, dass sie im Vertrag auf die Möglichkeit hinwiesen, dass in einer späteren Vereinbarung mit der Schweiz die Grenzfragen geregelt würden. Das galt vor allem für das Thema Elsass.

Konkrete Forderungen stellte die Landesregierung nicht, denn sie wollte die Frage der Nordwestgrenze «in rein confidentieller Weise» beim französischen Aussenminister und beim deutschen Reichskanzler zur Sprache bringen. Man übertrug die heikle Aufgabe Minister Kern, der mit Jules Favre in Paris und Otto von Bismarck in Versailles in Verbindung stand. Die Savoyen-Frage wollte man vorläufig ruhen lassen, denn sie betraf letzten Endes nur Frankreich und die Schweiz.

Im Bundesrat und in der Öffentlichkeit kam der Verdacht auf, Deutschland könnte für eine bessere Grenze im Sundgau die rechtsrheinischen Gebiete der Schweiz verlangen. In der süddeutschen Presse wurde seit dem Sommer 1870 immer wieder der Anschluss von Schaffhausen und Kleinbasel an das eben entstehende Deutsche Reich gefordert. Dies als gerechte Strafe für die frankreich-freundlichen Gefühle in einem beträchtlichen Teil der schweizerischen Bevölkerung. Im Aussenministerium in Berlin wies man diesen Gedanken von sich, doch die aggressiven Töne von jenseits des Rheins zeigten Wirkung bis in die Landesregierung. In seinem Antrag vom 2. Februar nahm Bundespräsident Schenk ausdrücklich auf diese Gefahr Bezug und betonte, der schweizerische Vorstoss in den Sundgau könnte unerwünschte Nebenwirkungen haben: «Es lässt sich mit Rücksicht auf die mancherlei Kundgebungen während des Krieges fast mit Sicherheit annehmen, dass jenes Begehren der Schweiz dazu gebraucht würde, um uns in Verhandlungen über die rechtsrheinischen schweizerischen Gebiete zu bringen und Kompensationen zu verlangen.» In den Instruktionen an Minister Kern stand denn auch zu lesen, er möge in der Frage der Grenze zum Elsass «mündliche und vertrauliche Eröffnungen auch im deutschen Hauptquartier anbringen; dabei aber zum vornherein fest im Auge behalten, dass eine Rektifikation der Grenze im Elsass nie von Gegenkonzessionen der Schweiz hinsichtlich ihres rechtsrheinischen Gebiets abhängig oder damit in irgend eine Beziehung gebracht werden dürfe.»[315]

Französische Zeitungen hatten schon im Oktober 1870 über Verhandlungen zwischen Bismarck und der schweizerischen Landesregierung berichtet, in denen eine Abtretung des südlichen Elsass an die Schweiz zur Debatte stand.[316] Im Berner «Bund», dem offiziösen Sprachrohr einiger Bundesräte, wurde diesen Vermutungen heftig widersprochen. Das Dementi mag in formaler Hinsicht richtig gewesen sein, denn es gab in dieser Sache keinen Notenwechsel. «Confidentiell» musste die Frage auch nach dem Waffenstillstand im Februar 1871 behandelt werden, als man Minister Kern eine unmögliche Mission übertrug. Er sollte eine «Grenzkorrektur» im Sundgau aushandeln und dabei zuerst die Zustimmung der provisorischen französischen Regierung von Adolphe Thiers und danach jene des deutschen Reichskanzlers erreichen. Für seine Gespräche standen dem Gesandten der militärische Bericht des Obersten Siegfried, einige Militärkarten mit den gewünschten Grenzen, ein wirtschaftliches Gutachten des Handels- und Zolldepartements und eine Eingabe des Kantons Bern zur Verfügung, der sich über die Gefahren einer Besetzung des Territoriums von Belfort durch die Deutschen äusserte.

Die Argumente des Bundespräsidenten waren in den Augen von Minister Kern allzu dürftig und nicht ohne Widersprüche. Carl Schenk hatte William De la Rive nach Paris gesandt, um dem schweizerischen Gesandten seine Vorstellungen näher zu bringen. Doch der Genfer Politiker sah die Sache ebenso kritisch wie Kern. Er fürchtete, die Schweiz werde sich die Feindschaft Frankreichs einhandeln, wenn sie auf dem Umweg über einen deutsch-französischen Friedensvertrag einen Teil des Sundgaus an sich reisse. Das wäre seiner Meinung nach auch das Ende der Neutralität: «Si après une guerre la Suisse semble réclamer en quelque sorte pour prix de sa neutralité des compensations aux avantages quel que soit le vainqueur, elle gagnera quelque chose par la guerre. En réalité, elle ne sera plus neutre: surtout elle ne paraîtra plus l'être.»[317]

De la Rive spricht in seiner Kritik die Neigung der Landesregierung in jenen Jahren an, nach Kriegen, an denen die Schweiz nicht beteiligt war, vom Sieger oder von beiden Kontrahenten territoriale Geschenke zu verlangen. So geschehen im Jahre 1866, als Bundespräsident Josef Martin Knüsel hoffte, nach dem italienisch-österreichischen Konflikt das Veltlin zurückzugewinnen, und schliesslich im Deutsch-

Französischen Krieg, aus dem man territorialen Profit in Nord-Savoyen und im Sundgau zu ziehen wünschte. Peinlich klang dabei die Rechtfertigung, man müsse für die gewissenhaft eingehaltene Neutralität entschädigt werden, denn sie habe Kosten verursacht.

Minister Kern brachte die schweizerischen Vorstellungen dem französischen Aussenminister in vorsichtigen Formulierungen nahe. Jules Favre zeigte ein unverbindliches Verständnis. Kern meinte dazu: «M. Favre a immédiatement compris mes allusions et répondu que, quant à lui, il préférer, par des motifs bien naturels, voir une partie de l'Alsace s'adjoindre à la Suisse, plutôt que de passer aux mains de l'Allemagne.»[318] Diese persönliche Reaktion konnte dem Vertreter Frankreichs nicht schwer fallen, denn er schuf damit noch keine Fakten. Er hatte inzwischen im Umgang mit Otto von Bismarck bittere Erfahrungen gesammelt und wusste genau, dass das schweizerische Anliegen auf taube Ohren stossen würde. In einem Punkt waren sich Favre und Kern einig: Wenn möglich sollte die direkte Verbindung Basels mit Frankreich aufrecht erhalten werden, ohne dass sich deutsches Hoheitsgebiet dazwischen schob. Die von schweizerischer Seite gelegentlich vorgebrachte Begründung, der Handelsverkehr Frankreich – Österreich dürfe nicht durch eine zusätzliche Zollgrenze erschwert werden, wirkte jedoch weit hergeholt.

Minister Kern wagte anfänglich nicht, die Angelegenheit beim deutschen Reichskanzler in Versailles zur Sprache zu bringen. In einem Brief an den Bundesrat vom 8. Februar wünschte er klare Anweisungen: «Pour entamer des tractations sur une question aussi difficile, il est nécessaire de désigner ce qu'on demande, et il ne serait guère possible de rester dans des termes aussi vagues, par exemple sur l'étendue du sogenannte ‹Grenzbezirk› soit en première ligne, soit comme concession éventuelle.» Die schulmeisterlich anmutende Mahnung nach Bern, die Hausaufgaben zu erledigen, war in der Tat nicht unbegründet. Der Bundesrat entschloss sich, dem Gesandten in Paris bei seinen Verhandlungen zwei kompetente Persönlichkeiten zur Seite zu stellen: Oberst Hermann Siegfried sollte Kern über die reichlich unklaren militärischen Aspekte orientieren, Johann Jakob Stehlin, Bürgermeister von Basel, hatte sich mit den wirtschaftlichen und politischen Fragen zu befassen. Minister Kern scheiterte aber mit seiner Mission, bevor die Experten in der französischen Hauptstadt eintrafen.

Vor seiner bereits erwähnten Audienz beim deutschen Reichskanzler vom 23. Februar hatte sich Minister Kern mit Adolphe Thiers und Jules Favre unterhalten. Die beiden Politiker standen zu diesem Zeitpunkt unter dem Druck der sehr einseitigen Friedensverhandlungen, in denen sie mit weitgehenden deutschen Forderungen konfrontiert waren.[319] Sie kannten die schweizerischen Wünsche, die Kern bei Bismarck zur Sprache bringen wollte, und zeigten sich diplomatisch-höflich. Adolphe Thiers bat den Gesandten, sich beim Reichskanzler auch für die französischen Anliegen einzusetzen. Bis zu einem gewissen Punkt stimmten ja die französischen und die schweizerischen Interessen überein. Thiers sei «fort bien disposé à l'égard de la Suisse», schrieb Kern.[320]

Der Abgesandte der Eidgenossenschaft präsentierte sich also bei Bismarck in doppelter Funktion: Als Diplomat, der für die Schweiz eine neue Grenze im Ober-Elsass aushandeln sollte, und als Fürsprecher des geschlagenen Frankreich. Kern mischte sich damit in beiden Fällen in die laufenden Friedensverhandlungen ein, was vom Kanzler des Deutschen Reiches übel vermerkt wurde. Adolphe Thiers gab in seinen «Notes et souvenirs» die heftige Reaktion Bismarcks wieder, so wie sie ihm der schweizerische Gesandte geschildert hatte: «Was suchen Sie hier, und in was mischen Sie sich ein?», soll der Kanzler ausgerufen haben: «Das sind Fragen, die zwischen Frankreich und uns gelöst werden müssen, und Ihr Neutrale habt Euch nicht einzumischen. Wir haben Bedingungen gestellt, die unwiderruflich festgelegt sind, und wenn sie nicht angenommen werden, beginnt der Krieg von Neuem.»[321] Kerns Argumente für eine Annexion des Sundgau durch die Schweiz fanden keine Gnade. Wenn der Bundesrat strategische Gründe anführe, so drücke er damit sein Misstrauen gegenüber den friedlichen deutschen Absichten aus. Im übrigen könne er, Bismarck, nicht über Territorien verhandeln, die ihm noch nicht gehörten. Die schweizerische Regierung solle so weitreichende Wünsche schriftlich anmelden.

Bismarcks Haltung in Bezug auf das Elsass hatte sich seit dem Sommer 1870 verändert. Im Reich gingen die chauvinistischen Wogen nach den Siegen der deutschen Armeen hoch, und ausserdem war man verärgert über den lange andauernden Widerstand in verschiedenen Regionen Frankreichs. Man betrachtete Elsass und Lothringen als Kriegsbeute, die auch der Reichskanzler nicht mehr aus der Hand geben durfte. Die süddeutsche Industrie unternahm zwar in der zweiten Februarhälfte neue Anstrengungen, um den unerwünschten Anschluss Mülhausens an den Zollverein zu verhindern, doch sie fand bei Bismarck genau so wenig Gehör wie Minister Kern. Auch die Industrie im Ober-Elsass regte sich, denn sie verlor schon vor dem Friedensschluss den französischen Markt.[322] Die Bemühungen wurden im selben Zeitraum unternommen, in dem der schweizerische Gesandte eine neue Grenze im Sundgau forderte. Doch Bismarck hatte entschieden, bevor das Schicksal von Elsass und Lothringen im Friedensvertrag fixiert war. Es gab nur die deutsche Lösung. Die leidgeprüften Franzosen Thiers und Favre spendeten Minister Kern nach seinem unglücklichen Auftritt in Versailles Trost. Man könne mit Bismarck – so ihre Erfahrung – nicht verhandeln. Von Seiten des Reichskanzlers werde diktiert, und Widerspruch sei nicht möglich. In seinem Bericht nach Bern verschwieg der Gesandte seine persönlichen Bedenken nicht. Man werde sich die Sympathien Frankreichs für immer verscherzen, wenn Deutschland der Schweiz – was er an und für sich nicht erwarte – Territorien im Elsass überlasse. «Nous risquont d'être compromis dans une lutte et d'être contraints de faire des sacrifices hors de toute proportion avec les avantages résultants d'une rectification de frontière.»[323]

Der schweizerische Bundespräsident Carl Schenk war schwer von Begriff. Zwar hatte ihn der deutsche Gesandte in Bern, General Roeder, schon am 25. Februar aufgesucht und über das negative Ergebnis der Besprechung Kern-Bismarck orientiert. Er teilte den Wunsch des Kanzlers mit, Minister Kern möge weitere Schritte unterlassen. Wiederholtes Drängen werde nur schaden. Man könne vielleicht später auf die schweizerischen Wünsche zurückkommen.[324]

Schenk machte in seinen ersten Reaktionen den Gesandten in Paris für den Misserfolg verantwortlich, da er sich nicht mit der nötigen Energie für die schweizerische Forderung eingesetzt habe. Er verbot Kern, mit Bismarck weitere Verhandlungen zu führen. Kern zeigte sich zu Recht beleidigt und verlangte, in Zukunft von Aufträgen im Zusammenhang mit dem Sundgau verschont zu bleiben.[325] Über die realen Möglichkeiten der schweizerischen Diplomatie am Ende des Deutsch-Französischen Krieges hegte der Bundespräsident Illusionen. Er verlegte sich auf eine neue Strategie: «Wir legen hohen Werth darauf, dass die Angelegenheit von Frankreich aufgenommen und vertreten werde, was umso eher erwartet werden kann, als es sich dabei ebenso sehr um französische als um schweizerische Interessen handelt, und diess nur jetzt, in den Friedensverhandlungen zwischen Frankreich und Deutschland, stattfinden kann, dass dieser Moment zur Sicherstellung der in Frage stehenden Interessen auch wirklich benutzt werde.»[326] Die Argumente Carl Schenks waren ebenso unklug wie unredlich. Was Bismarck im direkten Gespräch mit Kern verweigert hatte, sollten nun die französischen Delegierten auf einem Umweg in den Friedensverhandlungen erreichen. Die Idee war grotesk: Der von Sorgen um sein Land fast erdrückte Aussenminister Jules Favre musste für die Schweiz die Kastanien aus dem Feuer holen und den deutschen Sieger bitten, das Frankreich abgenommene Territorium im südlichen Elsass der Schweiz zu schenken. Der schweizerische Gesandte in Berlin, Minister Hammer, sprach von «Territorialzuwendungen».

Wie nicht anders zu erwarten war, konnte die französische Delegation an den Friedensverhandlungen für die Schweiz nichts erreichen, nachdem sie auch in eigener Sache dem Diktat Bismarcks ausgeliefert war. Das Elsass und ein Teil Lothringens wurden deutsches Reichsland und gerieten unter preussische Verwaltung, bevor der Friedensplan unterzeichnet wurde. Vor die Wahl gestellt, auf Belfort oder auf einen beträchtlichen Geländestreifen bei Thionville zu verzichten, entschied sich die französische Regierung für die Festung in der Burgundischen Pforte. Das kam den schweizerischen Wünschen entgegen. Das Territorium von Belfort blieb bei Frankreich, und damit geriet auch die direkte Verbindung von der Ajoie zum westlichen Nachbarn nicht in deutsche Hand. Auf der neu konstruierten internationalen Bahnlinie fuhr im September 1872 der erste Zug von Audincourt über Delle nach Pruntrut. Im Jahre 1877 war die Verbindung von Pruntrut nach Delsberg fertiggestellt, so dass der einst über Mülhausen rollende Verkehr zwischen Frankreich und der Schweiz nun quer durch den nordwestlichen Jura abgewickelt wurde.

Unter diesen Umständen war die schweizerische Forderung nach einer Grenze am Rhein-Rhone-Kanal gegenstandslos. In Bern war die Grenzkorrektur immer noch ein Thema, doch man rückte von den militärpolitischen Argumenten ab. In einer Bundesratssitzung vom 7. März 1871 wurde eine den Realitäten besser angepasste Grenzziehung vorgeschlagen: «Festhaltend an dem Standpunkte, dass eine möglichst direkte und ungestörte Verbindung von Basel über schweizerisches Gebiet mit Frankreich für beide Länder von höchster Wichtigkeit bleibe, besonders im Hinblick auf den österreichisch-französischen Verkehr, welchen die französische Regierung wohl nicht unter deutscher Kontrolle werde sehen wollen, sei darauf hinzuweisen, dass der Leitung desselben über neutrales, schweizerisches Gebiet eine Gränzberichtigung im südlichen Elsass am förderlichsten sein würde, nach welcher der Theil südlich einer Linie, ausgehend von der jezigen Gränzspize östlich von Bonfol, nördlich bei Mornach, Werenzhausen, Folgenburg, Allenschwyler auf Hüningen verlaufend, an die Schweiz fallen würde, durch welche Gegend jezt schon die grosse Strasse von Hüningen über Pfirt nach Miécourt führt und für die Anlage einer Eisenbahn nach Belfort die günstigsten Bedingungen geboten wären.»[327] Es sollte wiederum Sache der französischen Delegation an den Friedensgesprächen sein, diese schweizerische Forderung gegenüber dem deutschen Reichskanzler zu vertreten.

Da der Bundesrat offenbar auch dieser bescheidenen Variante misstraute, sprach er ausserdem von einer minimalen Lösung, die keine Veränderung der Landesgrenze voraussetzte: eine zollfreie Strasse von Lucelle durch das Lützeltal nach Kleinlützel, wie sie heute noch existiert. Für die Landesregierung stand jetzt der sogenannte Transitverkehr im Vordergrund, mit dem vor allem die Verbindung von Basel nach Belfort über Pruntrut gemeint war. In der Folge wurden zahlreiche Bahnprojekte im schweizerisch-elsässischen Grenzgebiet an die Öffentlichkeit gebracht, die aber genauso dem deutschen Zugriff und entsprechenden Zollbelastungen ausgesetzt waren wie die bestehende Linie über Mülhausen und Altkirch.[328] Das Deutsche Reich hatte ohnehin kein Interesse an von Ost nach West führenden Eisenbahnen, die dem schweizerisch-französischen Verkehr dienten. Am weitesten gedieh der Plan einer Schmalspurbahn, die das Territorium von Belfort auf dem Weg über Bonfol und Pfirt (Ferrette) mit Basel verbinden sollte. Die Konzessionen waren erteilt und die Strecke von Belfort nach Réchésy an der Schweizer Grenze in Betrieb, als der Erste Weltkrieg das Unternehmen zum Scheitern brachte.

Eine schweizerische Variante für eine direkte Verbindung zwischen Basel, Pruntrut und Frankreich wurde in den neunziger Jahren vom «Lützelthalbahn-Komitee Basel» ausgearbeitet. Die sogenannte Nordwestbahn hätte von Pruntrut über Miécourt, Lucelle und Kleinlützel nach Laufen geführt, wobei an elektrischen Betrieb gedacht war. Das Projekt entsprach den ursprünglichen Wünschen des Bundesrats am ehesten, doch meldete sich der schweizerische Generalstab mit einem militärpolitisch fragwürdigen Einspruch. Eine der Elsässer Grenze entlang führende Transversale würde – so die Version im Militärdepartement – die Position des Deutschen Reichs im Sundgau beeinträchtigen, denn die Bahnlinie konnte im Falle eines Krieges in französische Hände fallen.

Nach dem Deutsch-Französischen Krieg verlor die preussische Verwaltung mit der Eingliederung des neuen Reichslandes keine Zeit. Ihrem systematischen Zugriff entging kein Bereich des Lebens. Als Frankreich am 8. Februar 1871 die neue Nationalversammlung wählte, durften sich die Elsässer trotz der deutschen Besetzung am Urnengang beteiligen. Ihre Deputierten legten in der Versammlung in Bordeaux gegen die geplante Annexion Protest ein. Als Thiers und Favre am 26. Februar in die deutschen Bedingungen einwilligten und neben dem Elsass einen Teil Lothringens an den Sieger abtraten, waren die Würfel gefallen. Die Delegierten aus dem Elsass verliessen das Parlament in Bordeaux – «la mort au coeur», wie ein Historiker berichtet.[329]

Der Umgang der Schweiz mit dem elsässischen Grenzland stand von da an unter deutscher Regie. Man werde Veränderungen im Elsass nicht anerkennen, wenn sie unter Ausschluss der Schweiz geschähen, hatte man anfänglich in Bern erklärt. Im Frühjahr 1871 waren derart forsche Parolen nicht mehr zu vernehmen, denn an den Fakten war nicht zu rütteln. Was im Augenblick einer aussenpolitischen Niederlage gleichkam, erwies sich auf die Dauer als sinnvoll. Eine von Wunschvorstellungen diktierte territoriale Ausdehnung hätte keinen Bestand gehabt.

Im Nachhinein muten die geplanten Vorstösse der Schweiz nach Nord-Savoyen und in den Sundgau wie neutralitätspolitische Experimente an, die – wären sie ausgeführt worden – schwere Konflikte provoziert hätten. Souveränität und Neutralität konnten bei derart riskanten Operationen nichts gewinnen. Mangelnde aussenpolitische Erfahrung der Landesregierung mag als Erklärung für völkerrechtliche Eskapaden dienen, die sich die neutrale Schweiz im spannungsgeladenen Umfeld der europäischen Nationalstaaten nicht leisten konnte.

Wenn die Eidgenossenschaft am Ende des Deutsch-Französischen Krieges von beiden kriegführenden Parteien für ihre korrekte Haltung gelobt wurde, so verdankte sie das einer im ganzen gesehen besonnenen Haltung der Bevölkerung und dem zweckmässigen Handeln von Politikern und Armeeführung in kritischen Situationen. Gemeint ist vor allem die Internierung der Bourbaki-Armee, die neben organisatorischen auch neutralitätspolitische Probleme aufgab. Anerkennung fanden die verschiedenen humanitären Aktionen, unter denen die Hilfe für die Bevölkerung des belagerten Strassburg die sichtbarsten Zeichen setzte. Als Erfolg der schweizerischen Diplomatie darf die Tatsache gewertet werden, dass beide Kriegsparteien die Zusatzartikel der Genfer Konvention anerkannten, obschon die betreffende Vereinbarung noch nicht ratifiziert war.

Eine neutralitätspolitische Bewährungsprobe hatte die schweizerische Gesandtschaft in Paris zu bestehen. Was Minister Kern und sein Mitarbeiter Charles Lardy neben dem diplomatischen Alltag an Aufgaben zu bewältigen hatten, war kaum im Pflichtenheft der diplomatischen Vertretung zu finden. Erschwerend kam hinzu, dass sich manche Vorgänge aus der Optik der französischen Hauptstadt anders ausnahmen als in Berner Perspektive. So ergaben sich Meinungsverschiedenheiten zwischen dem Politischen Departement und der Gesandtschaft in Paris, die zum Teil sachlich, zu einem guten Teil auch in den beteiligten Personen begründet waren.[330] Als die deutschen Armeen den Belagerungsring um Paris schlossen, wurde auch der diplomatische Verkehr entgegen den völkerrechtlichen Normen derart beeinträchtigt, dass eine mit Bern abgestimmte Politik kaum noch möglich war. Johann Konrad Kern profitierte von seinen persönlichen Beziehungen zum amerikanischen Gesandten Elihu Benjamin Washburne. Bismarck wahrte gegenüber dem Vertreter der Vereinigten Staaten besondere Rücksichten und liess seinen Kurier häufig passieren. Mit den amerikanischen Akten gelangten auch diplomatische Schriftstücke der schweizerischen Gesandtschaft durch die Front nach aussen und erreichten auf Umwegen das Politische Departement in Bern.

Zu den ersten Pflichten der Gesandtschaft nach Kriegsausbruch gehörte die Betreuung der in Not geratenen Schweizer in Frankreich, die teilweise in die Schweiz zurückreisen wollten. Die Eidgenossenschaft war auch Schutzmacht für Baden und Bayern, eine heikle Aufgabe in der französischen Hauptstadt, wo die antideutsche Stimmung nach den negativen Berichten von den Kriegsschauplätzen bedrohlich anstieg. Medizinische und soziale Betreuung kam französischen Kriegsopfern zugute, wobei die Frau des Gesandten tatkräftig mitwirkte.

Die rasche Anerkennung der französischen Republik war das Werk von Minister Kern, der von Anfang an mit der provisorischen Regierung in Verbindung stand. Für den schweizerischen Gesandten begann die grosse Zeit, als die deutschen Armeen vor Paris aufmarschierten. Am 17. September verliessen die Vertreter von England, Russland, Österreich und Italien überstürzt die französische Hauptstadt und setzten sich nach Süden ab.[331] Kern blieb hingegen gemeinsam mit den Diplomaten einiger kleinerer Länder und mit dem Gesandten der Vereinigten Staaten in Paris. Der französische Aussenminister harrte in der Hauptstadt aus, also hatte auch der diplomatische Vertreter der Schweiz an Ort und Stelle zu sein. Wie sich in der Folge zeigte, entschied Minister Kern richtig. Er provozierte jedoch den Ärger von Kanzler Otto von Bismarck, der in der Präsenz der Gesandten und Geschäftsträger zu Recht eine stille Demonstration zugunsten der neuen französischen Regierung vermutete, die er selbst noch nicht anerkannt hatte. Kern war Doyen und damit Wortführer der in Paris verbliebenen Diplomaten. In dieser Eigenschaft waren Konfrontationen mit dem selbstherrlichen deutschen Kanzler nicht zu vermeiden. Der schweizerische Gesandte legte Verwahrung gegen die Behinderung des diplomatischen Kuriers ein. Später folgte ein von der Weltöffentlichkeit mit Zustimmung kommentierter Protest gegen die Bombardierung von Paris. Bismarck stellte sich bei diesem Anlass auf den Standpunkt, der Ausbau einer Millionenstadt zur Festung sei völkerrechtswidrig und die Beschiessung somit legitim. Minister Kern widersprach mit den besseren juristischen Argumenten. Seine Einwände blieben ohne Wirkung, denn sein Kontrahent akzeptierte keinen Widerspruch. Immerhin gelangten auch die deutschen Generäle zur Einsicht, dass der Granatenhagel auf die Hauptstadt überhaupt keine militärische Wirkung erzielte. Die Widerstandskraft der französischen Verteidiger wurde dadurch nicht gebrochen.

Fragen der Neutralitätspolitik stellten sich später bei der Machtübernahme durch die Commune. Der schweizerische Gesandte hatte es abgelehnt, sich auf eine Vermittlung zwischen der Regierung und den Rebellen einzulassen. Das wäre mit den Massstäben einer strengen Neutralität nicht zu vereinbaren gewesen. Als die republikanischen Minister in der zweiten Märzhälfte nach Versailles flohen, zog sich Kern mit ihnen aus der Hauptstadt zurück, denn er wollte sich am Sitz der Regierung aufhalten. Charles Lardy blieb hingegen in Paris und nahm vorwiegend konsularische Aufgaben wahr. Die Leitung der Commune bemühte sich, mit der Gesandtschaft in Verbindung zu treten. Minister Kern lehnte Kontakte strikte ab, Charles Lardy hingegen konnte sich aus praktischen Gründen nicht jeder Begegnung entziehen.

Der schweizerische Gesandte in Paris erwarb sich das Vertrauen der republikanischen Regierung und der Bevölkerung. Damit schuf er gute Voraussetzungen für die zukünftigen Beziehungen zwischen der Schweiz und Frankreich.

Deutsche Einheit und deutscher Imperialismus

Das Reich, der Kaiser und sein Kanzler

Das Ende des französischen Kaiserreichs wurde in der Schweiz als eine Zäsur verstanden, die geeignet war, die politische Landschaft des Kontinents zu verändern. Mochte man den Sturz Napoleons III. als gerechte Strafe für eine abenteuerliche Politik hinnehmen, so erschienen die Aussichten für die Zukunft genau so unerfreulich. Die «Neue Zürcher Zeitung» zum Beispiel äusserte sich am 10. Oktober 1870 in einem Leitartikel über die «Folgen der Vergrösserungspolitik Deutschlands»:

«Es wird immer wahrscheinlicher, dass Deutschland im gegenwärtigen Kriege zum Frieden die Hand nicht bieten will ohne Annexion des Elsass und Lothringens. So verlangt es unisono seine gesamte Presse, so geht es hervor aus der Unterredung Bismarcks mit Favre, das sagt uns namentlich auch die Behandlung Jakobis in Königsberg und die Suspension der «Zukunft» in Berlin. Man will, wie es scheint, in Deutschland keinen andern als den Annexionsbestrebungen mehr Raum lassen. (…) Was sodann Frankreich betrifft, so wird es dieses Vorgehen Deutschlands nicht bloss als Demütigung, es wird dasselbe als Vergewaltigung, als schweres Unrecht empfinden, und mit allen Mächten des Hasses, der Rache dagegen reagiren. Das französische Volk wird keine Ruhe haben, bis dass es dieses Unrecht gerächt hat.» In Deutschland werde sich die Herrschaft des Militarismus festsetzen, fuhr der Kommentar fort. Man habe sich bisher mit «Arbeiten des Geistes» befasst, jetzt aber sei auch von bekannten Männern der Wissenschaft der Ruf nach Vergrösserung des deutschen Reiches zu hören.[332]

Die nachträglichen Versuche, das von Bismarck geschaffene Imperium in seinen historischen und ideengeschichtlichen Dimensionen zu deuten, haben stets zu extrem kontroversen Positionen geführt.[333] Das neue Reich erschien den Zeitgenossen als seltsames Gebilde zwischen dem Kyffhäuser-Mythos und der «geschichtlichen Notwendigkeit», die immer dann angerufen wurde, wenn es galt, das machtpolitische Gehabe zu rechtfertigen. Hegel und Herder boten die philosophischen und moralischen Bausteine für ein Staatswesen, das zwischen nationaler Romantik und Industriewelt angesiedelt war. Später wurde von einer «Grossmacht ohne Staatsidee» gesprochen, der die ideologischen Grundlagen fehlten.

Im Deutsch-Französischen Krieg hatte, wie in allen Tonarten zu vernehmen war, auch die deutsche Kultur über das minderwertige Romanentum gesiegt. Die französische Selbstkritik, die sich auf das im Vergleich zu Deutschland ungenügende Schulsystem Frankreichs bezog, schien die These zu bestätigen. Man zelebrierte das von religiösem Dunst umgebene «deutsche Wesen», das sich auszeichnete durch Tiefe der Gedanken, Innigkeit und Treue. Wenn diese Eigenschaften von einem unabhängigen Geist wie dem Schweizer Staatsrechtler Carl Hilty wahrgenommen und gelobt wurden, so nahm sich eine derartige Verbeugung wie eine geschuldete Pflichtübung aus.[334] Kritische Anmerkungen stiessen bei den national eingestimmten deutschen Professoren auf entrüstete Ablehnung. Scharfen Tadel richtete der Historiker Heinrich von Treitschke gegen den in Basel dozierenden Theologen Franz Overbeck, der im Jahre 1873 die These in Frage stellte, wonach ein militärischer Erfolg mit einem Sieg der Kultur gleichzusetzen sei: «Dieser Wahn ist höchst verderblich: nicht weil er ein Wahn ist – denn es gibt die heilsamsten und segensreichsten Irrtümer –, sondern weil er imstande ist, unsern Sieg in eine völlige Niederlage zu verwandeln: in die Niederlage, ja die Extirpation des deutschen Geistes zugunsten des Deutschen Reiches.»[335]

Vorbehalte waren nicht genehm. Preussen beanspruchte seit den sechziger Jahren das Monopol auf deutschen Patriotismus, und dem deutschen Jubel hatte sich die Kultur unterzuordnen. Auch die Wissenschaft stellte sich in den Dienst des Reichs. Ihr Beistand war erwünscht, als es galt, die brutale Kriegführung als lebensnotwendigen, im Zeichen des Sozialdarwinismus gerechtfertigten Vorgang zu deuten, der nun einmal das Überleben des Stärkeren gewährleistet.

Die Kaiserkrönung vom 18. Januar 1871 im Spiegelsaal des Schlosses von Versailles wurde von Otto von Bismarck als eindrückliches Schauspiel inszeniert. Vor dem Hintergrund der Einigung Deutschlands erschien das Kaisertum als sichtbares Symbol der Macht. Es sollte eine nationale Politik einleiten, die eine glänzende Zukunft versprach. Nicht jedermann war überzeugt, dass man dazu einen Kaiser brauchte, am wenigsten vielleicht die konservativen preussischen Junker, für die der König von Preussen der richtige Monarch war. Einen Kaiser hatte schon Joseph von Görres gefordert, dabei aber an die Habsburger gedacht. Für protestantische Preussen hingegen waren Anleihen bei der mittelalterlichen Tradition allemal lästig, denn das Römische Kaisertum Deutscher Nation konnte nicht Vorbild sein. Doch der patriotische Aufschwung des Jahres 1870 half über Peinlichkeiten und unscharfe Begriffe hinweg. Ein deutscher Kaiser drängte sich in deutschen Gemütern auf, gleichgültig, ob man beim Mittelalter anknüpfen oder einen andern Ursprung konstruieren wollte. Die «Kontinuitätstheorie», von Kronprinz Friedrich vertreten, gewann eine grosse Zahl von Anhängern, wenn auch der Rückgriff auf die Geschichte rein verbal blieb.[336]

Das Kaiserreich von 1871 war in mancher Hinsicht eine seltsame Konstruktion, die etliche Disharmonien in sich barg. In Art. 11 der Bundesverfassung stand die prosaische Formulierung: «Das Präsidium des Bundes steht dem Könige von Preussen zu, welcher den Namen Deutscher Kaiser führt.»[337] Von einer Fortsetzung des

Römischen Kaiserreichs Deutscher Nation war nicht die Rede. Auch die territoriale Basis stimmte nicht überein. Es ging um eine «Präsidialstellung der Krone Preussens». Die Souveränität war der Gesamtheit der verbündeten Regierungen vorbehalten. Kaiser Wilhelm I. – im Grunde genommen der erste Beamte des Imperiums – handelte im Namen des Reichs. Er nannte sich selber «Bundesfeldherr».

Das System des monarchischen Bundesstaates gründete auf Widersprüchen, die von der Öffentlichkeit nur in beschränktem Masse wahrgenommen wurden. Reichskanzler Bismarck ging in seiner rücksichtslosen Realpolitik souverän über verfassungsrechtliche Bedenken hinweg, so dass ein staatsrechtlicher Diskurs über die Grundlagen des neuen Reichs ohnehin nicht zur Kenntnis genommen wurde. Die Vermengung von nationaldemokratischen und nationalmonarchischen Prinzipien schuf den nötigen Spielraum, um Machtpolitik zwischen den einzelnen Körperschaften zu betreiben, die oft in einem staatsrechtlichen Vakuum verharrten. Für Verwirrung sorgte auch der für die Exekutive charakteristische Dualismus zwischen der preussischen Herrschaft und dem Reichskanzleramt. Im Laufe der Jahre entstand eine reichsdeutsche Regierung, die dem Kaiser und nicht dem Reichstag gegenüber verantwortlich war. Bismarck bediente sich je nach Bedarf der verschiedenen Instrumente.

Das Deutsche Reich von 1871 war auf der von Preussen angestrebten kleindeutschen Lösung aufgebaut. Die grossdeutschen Tendenzen, die ein föderalistisches Staatswesen unter Einschluss von Österreich forderten, wurden zurückgedrängt. Hätte man die Donaumonarchie in irgendeiner Weise einbezogen, so wäre im neuen Deutschland eine katholische Mehrheit entstanden, ein für Preussen unerträglicher Gedanke. So geriet der Kaiser in die kleindeutsche Enge. Man sprach nun häufig vom «protestantischen Kaisertum», um den mit dem Titel verbundenen universalen Anspruch anzudeuten. Dass eben dieses evangelische Kaisertum im Reichstag zeitweise auf das katholische Zentrum angewiesen war, gehört zu den paradoxen Marginalien des Systems.

Die kleindeutsche Begrenzung bedeutet auch, dass das Reich kein Nationalstaat im Sinne der deutschen Definition war. Immerhin gebärdete sich das neue Reich als alleiniger Vertreter des Deutschtums. Zum nationalstaatlichen Programm gehörte die Förderung der deutschen «Staatssprache». Dabei konnte man nicht übersehen, dass im Deutschen Reich Sprachgruppen aus andern Kulturkreisen angesiedelt waren. Die preussische Regierung setzte vor allem die polnische Bevölkerung des Landes unter Druck, die sich für ihre kulturelle Identität zur Wehr setzte. Minderheiten im Staat wurden als «nationales Ungeziefer» bezeichnet. Rigoros deutsch waren vor allem die Nationalliberalen.[338]

Bismarck selber dachte nicht an eine weitere territoriale Expansion. Er wollte auch die Donaumonarchie als wichtigen Pfeiler im europäischen Staatensystem bewahren. Der Reichskanzler verlor trotz patriotischem Pathos die kontinentalen Realitäten nicht aus den Augen. Das Deutsche Reich war zu diesem Zeitpunkt zu schwach, um Europa zu beherrschen, aber zu stark, um den Kontinent in Ruhe zu lassen. Die von 1871 bis 1890 dauernde Zeitspanne von Bismarcks Kanzlerschaft wurde von den Zeitgenossen als Phase der europäischen Stabilität empfunden, in der sich – abgesehen vom Balkan – keine spektakulären Ereignisse zutrugen. Zwischen Deutschland und Frankreich wurde in verbalen Aktionen die als schicksalhaft empfundene Feindschaft gepflegt. Dabei vermittelten Diplomaten und Presse mehrmals den Eindruck, man bewege sich auf einen neuen Krieg zu. Das war der Fall während der Präsidentschaft von Mac Mahon und beim gefährlichen Intermezzo mit General Boulanger, die beide den Mythos der Revanche pflegten. Im deutschen Generalstab dachte man vernehmlich über einen Präventivkrieg nach. Der in den achtziger Jahren geschaffene Dreibund, die unheilige Allianz zwischen Deutschland, Österreich und Italien, sollte Frankreich politisch in die Isolierung treiben. Bismarck selber setzte Prioritäten, die sich aus seinem pragmatischen Politikverständnis ergaben. Wenn der Reichskanzler in Frankreich die Republik gegen monarchistische Tendenzen unterstützte, so entsprach das auf den ersten Blick unnatürliche Wohlwollen durchaus den deutschen Interessen. Seiner Meinung nach war der französische Nachbar unter einer republikanischen Staatsordnung mit sich selbst beschäftigt, so dass er nach aussen nicht mit den selben machtpolitischen Allüren auftreten konnte wie eine Monarchie oder eine Militärdiktatur.[339] Es ging um grösstmögliche Sicherheit für Deutschland im europäischen Staatensystem.

Nach dem für Bismarck nicht eben glorreich verlaufenen Kulturkampf galt die Aufmerksamkeit den Sozialisten, die unter dem Druck der industriellen Revolution auch in Deutschland die gesellschaftspolitischen und sozialen Fragen zur Sprache brachten. Im neuen Deutschen Reich führte dieser Vorgang – Jahrzehnte nach England – in wenigen Jahren zum entscheidenden Umbruch. Nachdem die kleinstaatlichen Schranken nach der Einigung des Landes gefallen waren, erlebten Industrie, Handel und Verkehrswesen einen gewaltigen Aufschwung, der sogleich nach staatlicher Regulierung rief. Mit herkömmlicher dynastischer Politik waren die neuen Aufgaben nicht zu bewältigen. Bismarck selber begegnete den wirtschaftlichen Phänomenen ohne starre Doktrin, solange sie seine gesellschaftspolitischen Vorstellungen nicht berührten. In Preussen profitierten die grossen Agrarbetriebe vom freien Handel. In Eisen- und Montanindustrie führten technische Innovationen zu einer einmaligen Steigerung der Produktionskapazitäten. Da in Europa weit herum das von England geschaffene und von Napoleon III. geförderte Prinzip des Freihandels galt, boten sich neben dem Binnenmarkt ausgezeichnete Exportmöglichkeiten an. Mehr oder weniger diskret vom Staat unterstützt, entwickelte sich ein wirtschaftlicher Imperialismus, der anfänglich der «Laissez-faire»-Parole verpflichtet war und nach neuen Märkten ausserhalb der nationalen Grenzen strebte.[340]

Der für die Wirtschaft erfreuliche Trend wurde in Europa nach 1873 mehrmals von sogenannten «Grossen Depressionen» unterbrochen, die letzten Endes auf eine nicht mehr zu bewältigende Überproduktion zurückzuführen waren. Deutschland wurde vor allem im Bereich der Montanindustrie getroffen. Man rief nach staatlicher Intervention, und Bismarck gewährte sie nach Möglichkeit. Die Lehre vom reinen Freihandel kam allmählich in Verruf, da man aus wirtschaftspolitischen und sozialen Gründen Industrie, Gewerbe und Landwirtschaft vor billiger ausländischer Konkurrenz schützen wollte. Also rief man nach Schutzzöllen. Arbeitslosigkeit und Notlage des Industrieproletariats zwangen den Reichskanzler, sich über die politischen Kategorien hinaus Aufgaben zuzuwenden, die er eher widerwillig anging. Dabei fürchtete der starke Mann im Kaiserreich, das hierarchische und gesellschaftliche System werde durch die nach vorne drängenden Sozialisten zerstört. Er versuchte, die Gefahr mit den Sozialistengesetzen abzuwenden, doch Repression vermochte die Bewegung auf die Dauer nicht zu unterdrücken. Die staatliche Sozialgesetzgebung setzte einige positive Signale, aber die Agitation an der Basis hielt an.

England und Frankreich suchten den Druck der industriellen Revolution durch eine Kolonialpolitik zu mindern, die in Asien und Afrika zu einer einzigartigen Ausweitung der Imperien führte. Für Deutschland, das sich erst spät in den Konkurrenzkampf auf den Weltmärkten einschaltete, empfahl sich zuerst der freie Wettbewerb. Man ging von der These aus, dass Freihändler keine Kolonien brauchen. Vor die Frage gestellt, ob in Übersee-Regionen ein «Laissez-faire»-Imperialismus oder staatliche Kolonien vorzuziehen seien, hielt sich Bismarck anfänglich an das Motto: «Die Flagge soll dem Handel folgen, nicht umgekehrt.» Man glaubte in Berlin, Kolonien trügen wenig zur Sicherheit Deutschlands in Europa bei, denn sie würden neue Konflikte provozieren. Niederlassungen auf fremden Kontinenten waren für die kaiserliche Regierung keine nationale Aufgabe.

In den achtziger Jahren konnte man die Theorie vom Freihandel in den Überseeregionen Asiens und Afrikas nicht mehr aufrecht erhalten. Schutzzölle verhinderten den freien Warenfluss. Also besetzten deutsche Handelsunternehmen und Siedler noch frei gebliebene Küstenregionen in Afrika und drangen ins Hinterland vor. Der Reichskanzler verhielt sich wie gewohnt pragmatisch und ermöglichte den Aufbau von Kolonialverwaltungen in den neu gewonnenen Regionen, die man diskret «Schutzgebiete» nannte. Dabei dachte er mehr an den Schutz des Handels als an Landbesitz. Deutsche Kanonenboote waren schon früh in den verschiedenen Ozeanen unterwegs, um die Handelsschiffahrt zu schützen. Begeisterung für die neuen Dimensionen staatlicher Betätigung scheint Bismarck nicht empfunden zu haben, denn noch im Jahre 1881 meinte er: «Eine Kolonialverwaltung wäre eine Vergrösserung des parlamentarischen Exerzierplatzes.»[341] Zur Lösung der drängenden sozialen Probleme trugen die deutschen Kolonien so gut wie nichts bei, denn sie schafften keine bedeutenden Märkte und waren ungeeignet für eine ins Gewicht fallende Auswanderung. Vergeblich war die bei etlichen Politikern vorhandene Hoffnung, Sozialdemokratie und linke Agitation würden verschwinden, sobald das Reich über Kolonien verfüge.

Zwischen 1871 und 1914 erfuhr das Kaisertum erhebliche Wandlungen. Das hatte mehr mit den Inhabern der Macht als mit der Verfassung zu tun. Wilhelm I., der sich zur Kaiserwürde hatte drängen lassen, sah sich in erster Linie in der Rolle eines Königs von Preussen. Politisch und gedanklich bewegte er sich im kleindeutschen Raum. Reichskanzler Bismarck hatte territoriale Genügsamkeit verordnet und liess sich im übrigen von staatstheoretischen Doktrinen nicht beirren. Unter Wilhelm II. begann die Epoche eines über Europa hinausgreifenden deutschen Imperialismus, in dem das Kaisertum in irrationaler Weise Weltgeltung beanspruchte. Dazu gehörte die unübersichtliche Ausübung der Macht, die in Kabinettspolitik und persönliche Herrschaft des Monarchen zerfiel. Um staatsrechtliche Aspekte kümmerte sich der Kaiser von Gottes Gnaden – so seine eigene Standortbestimmung – herzlich wenig. Er hatte, wie er selber einmal in seiner saloppen Art bemerkte, die Verfassung nie gelesen.

Für die Schweiz war die Gründung des preussisch geprägten Deutschen Reichs durch Bismarck ein zwiespältiger Vorgang. Generationen von schweizerischen Akademikern, die an deutschen Universitäten studiert hatten, hofften auf ein Deutschland, das nicht nur Dichter und Denker hervorbrachte, sondern Europa mit einem unverwechselbaren politischen Gesicht entgegentreten würde. Deutsche Emigranten – Freiligrath, Herwegh, Wagner, Kinkel und andere – kündeten jeder auf seine Weise von einem besseren Germanien. Worte hatte man genug gewechselt, und es fehlte nicht an gelehrten Abhandlungen, die den richtigen Weg weisen sollten. Die deutsche Romantik – literarisch und politisch – war in schweizerischen Studierstuben genauso präsent wie bei den gebildeten Kreisen nördlich des Rheins.

Die real inszenierte Einigung nach dem preussischen Sieg über Frankreich legte einen dunkeln Schatten über das helle Bild, das man noch um die Jahrhundertmitte entworfen hatte. Wo war bei diesem Vorgang das Volk geblieben? Das neue Reich war nicht das Ergebnis von «deutschem Tiefsinn und sittlichem Ernst», wie es schweizerische Gelehrte erwarteten. Zwar lobte man den Sieg des «Germanentums» über das leichtfertige «Romanentum», doch die brutale Prozedur liess beim aussenstehenden Betrachter Zweifel aufkommen. Der militarisierte preussisch-deutsche Einheitsstaat bemächtigte sich mit seinem hemmungslosen Zugriff auch der Kultur und des viel gelobten «Geisteslebens». Er entsprach in keiner Weise dem Deutschland, das deutsche und schweizerische Liberale in ihren Visionen erträumt hatten.

Für die Verlegenheit liberaler Gelehrter war das Verhalten des Zürcher Staatsrechtslehrers Johann Caspar Bluntschli typisch. Inzwischen Deutscher geworden, hatte der Jurist sich im Grossherzogtum Baden politisch engagiert. Er agierte als überzeugter Verfechter der deutschen Einheit unter preussischer Führung, eine Haltung, die er offenbar seiner protestantischen Überzeugung schuldig war. Der in die Jahre gekommene Liberale manövrierte gegenüber dem preussischen Junker Bismarck mit einer ambivalenten Strategie, die auf eine unsicher gewordene Überzeugung hinwies. Seine kompromissbereite Natur verabscheute die rücksichtslose Politik des Kanzlers, doch er schwärmte mit einer für den Juristen Bluntschli peinlichen Euphorie für die neue Reichsverfassung. Sie sei «das Werk eines genialen Staatsmannes (...) weniger das Werk des logischen Denkens, als vielmehr des eisernen Willens».[342] In seinen «Denkwürdigkeiten» liess der Professor seinen Emotionen freien Lauf: «Ich aber dankte Gott, dass er mir vergönnt habe, im Alter noch die Hoffnungen der Jugend erfüllt zu sehen. Mein politischer Ehrgeiz war befriedigt. Ich hatte das Grösste erlebt.»

Später äusserte Bluntschli einige Vorbehalte. Bismarck wolle als Diktator regieren. Selbständige Köpfe schätze er nicht. Gegenüber der in der Schweiz verbreiteten Meinung, den Deutschen sei politisches Denken fremd, hatte Bluntschli bereits in den sechziger Jahren zu einer umständlichen Erklärung ausgeholt: «Es ist ein Glück für Deutschland, dass seine Revolution in der Form des Krieges und nicht der Volksaufstände und dass sie von oben, von dem Königstum, geleitet und nicht von unten, von der losgebundenen Volksgewalt, bestimmt wurde; denn niemals hätte eine deutsche Revolution von unten her die Einigung gebracht, sondern nur Verwirrung. (...) Die grossen Massen haben in Deutschland nicht die politische Bildung der Schweizer und sind nicht wie diese zu republikanischer Selbsthilfe und Selbstbeherrschung erzogen.»[343]

Das neue Reich als unberechenbare Grossmacht an der schweizerischen Nordgrenze weckte anfänglich in allen Lagern Bedenken. Das kleindeutsche Kunstgebilde mit der preussischen Monarchie entsprach in keiner Weise den radikalen Visionen vom idealen Nationalstaat. Anderseits – das wurde stets als Trost erwähnt – war damit das katholische Österreich endgültig aus dem deutschen Raum verbannt. Die Kapitulation der Deutschnationalen vor dem preussischen Junker Bismarck wurde eine Zeitlang übel vermerkt. Doch das radikale Sendungsbewusstsein hatte auch in der Schweiz an Überzeugungskraft eingebüsst. Man verlor die Hemmungen und arrangierte sich mit den Umständen. Wieder einmal schien sich die Erkenntnis zu bewahrheiten, dass das Weltgewissen mit den stärkeren Bataillonen marschiert. Peinlich war in diesem Zusammenhang das schwärmerische Lob, das der radikale Augustin Keller am 1. Juli 1872 als Präsident des Ständerats dem Kaiserreich spendete. Da war einmal mehr die Rede vom verjüngten Reichsadler Barbarossas und vom neuen Kyffhäuser.[344] Der von Bismarck inszenierte Kulturkampf, der in der Schweiz seine Fortsetzung fand, kam für Keller wie ein lange ersehntes Geschenk. Die deutsche Wissenschaft konnte nun – so der Aargauer Politiker im Parlament – «ihre Römerschlachten für die Freiheit des Geistes» schlagen. Für Radikale und Liberale wurde der Reichskanzler zum Vorkämpfer der Geistesfreiheit und damit auch zum Herold der von ihm kaum geschätzten republikanischen Freiheiten.

Die Radikalen in der Romandie machten diese seltsame Wendung nicht mit. Sie hatten ursprünglich ihre Hoffnungen auf Preussen gesetzt, gingen aber zum neuen Reich auf Distanz. Damit grenzten sie sich von ihren politischen Freunden in der Deutschschweiz ab.[345] Hinter den Differenzen stand eine unterschiedliche Beurteilung der Vorgänge in Frankreich. Was in der deutschen Schweiz als blutiger Terror empfunden wurde – sei es die Commune selber oder ihre Unterdrückung durch das republikanische Regime – wurde in der Westschweiz differenzierter wahrgenommen. Man verfolgte besorgt das Schicksal der Republik, aber in den Städten – so zum Beispiel in Genf – brachte man auch der Commune Sympathien entgegen. Direkte Erfahrung trug zu einem tieferen Verständnis bei. Flüchtlinge aus dem Bürgerkrieg, unter ihnen der Maler Gustave Courbet, belebten die gesellschaftliche und die intellektuelle Szene.

«Deutschenhass» oder «Sieg der Bildung»

Der Zürcher Tonhallekrawall vom 9. März 1871 machte in der Deutschschweiz die tiefe Kluft zwischen den Apologeten des Deutschtums und einer verunsicherten Bevölkerung sichtbar. Vorangetrieben vom Chor der etablierten Deutschen in der Schweiz, erwiesen Akademiker und das wohlhabende Bürgertum dem Reich Bismarcks in peinlicher Weise ihre Referenz. Sie vollzogen damit nur das, was die deutsche Presse und manche in der Schweiz ansässige Deutsche als Pflichtübung forderten. Auf der andern Seite wurde eine aggressive Stimmung sichtbar, die man mit dem fatalen Stichwort «Deutschenhass» umschrieb. Damit trat ein gesellschaftspolitischer Bruch zutage, der am Verhältnis zu Deutschland den Abstand zwischen den liberal-konservativen Kreisen und der Bevölkerung mit demokratischer oder sozialistischer Tendenz erkennen liess. Die in der Schweiz zunehmende Bewunderung für den Reichskanzler, der mit seiner «fürchterlichen Energie» auch jenseits der deutschen Grenzen Respekt einflösste, stiess bei republikanisch gesinnten Bürgern auf Widerspruch. So spottete der «Schweizerische Volksfreund» in Basel: «Aus allen Schichten, aus den fernsten Winkeln, von jenseits des Ozeans, wo nur ein Deutscher weilt, steigt der Weihrauch zu ihm empor ..., und vor dem infalliblen Genius streicht der kleine national-liberale Verstand in tiefster Demut die Segel!»[346]

Einen beachtlichen Kurswechsel vollzog die «Neue Zürcher Zeitung», die dem preussischen Deutschland zuvor mit deutlichen Vorbehalten begegnet war. Vom März 1871 an lobte sie ohne Einschränkung die unschätzbaren kulturellen und wissenschaftlichen Leistungen Deutschlands, die man in der Schweiz endlich anerkennen müsse. Die Zeitung verhöhnte die neue französische Republik, die sich bald als «Afterrepublik» entlarven werde, und meinte: «Wir denken, es stehe heutzutage für jeden halbwegs gebildeten Menschen fest, dass die Schweiz für einen sehr bedeutenden Teil der Fortschritte, welche sie seit vierzig Jahren gemacht hat, der deutschen

Wissenschaft ein gutes Stück Dankbarkeit schuldig ist. (…) Es will uns auch scheinen, die Gegenwart, welche für die innere Tüchtigkeit und geistige Überlegenheit des deutschen Volkes so gewaltige Zeugnisse abgelegt hat, sei noch weniger als die Vergangenheit dazu angetan, uns die engen Beziehungen zwischen deutschem und schweizerischem Unterrichtswesen bedauern zu lassen.»[347]

Der neue, deutschfreundliche Kurs der liberalen Schweizer Presse hielt während Jahrzehnten an, nur kurz getrübt durch die Turbulenzen des Wohlgemuth-Handels. Nach dem Sturz Bismarcks im März 1890 liess man die glanzvolle Laufbahn des eisernen Kanzlers noch einmal Revue passieren. Der Mann habe deutsches Wesen verkörpert und zu Ehren gebracht, schrieb die «Neue Zürcher Zeitung». Manche Tat durfte man post festum neu interpretieren. Der Deutsch-Französische Krieg zum Beispiel sei das Werk der «Feinde Deutschlands und des Fürsten Bismarck» gewesen. Was früher die schweizerischen Gemüter mit Abscheu erfüllte, wurde im Rückblick «mit staunender Bewunderung» kommentiert.[348]

In den katholischen Landesteilen empfand man Bismarcks Kaiserreich als Bedrohung für die Schweiz. Man fühlte sich immer noch mit Österreich verbunden, obschon die Donaumonarchie seit dem Sonderbundskrieg nicht mehr als Schutzmacht der katholischen Kantone gelten konnte. Der eigenwillige Philipp Anton von Segesser hatte im Unterschied zur Mehrheit der Katholiken das Frankreich Napoleons III. als demokratische Monarchie gesehen, die den andern monarchischen Herrschaften als Vorbild hätte dienen können. Enttäuscht über die Entwicklung Preussens unter Bismarck, holte der Luzerner Politiker in einem seiner politischen Berichte zu einer scharfen Abrechnung mit dem neuen Deutschland aus:

«Das Ideal der Gegenwart, das neue deutsche Reich mit seinen neuen Institutionen, ist ebensowenig die Realisirung eines neuen grossen oder die Gegensätze der Zeit versöhnenden Gedankens, als es in seiner völkerrechtlichen Stellung ein Gebilde fortgeschrittener Civilisation darstellt. Wie es nach Aussen nur das Nationalitätsprinzip, das Napoleon III. theoretisch begründet und in die praktische Politik eingeführt, mit eben derselben Gewaltsamkeit auf Deutschland angewendet hat, wie es Cavour schon vorher auf Italien anwendete, so hat es auch nach Innen durch keine neue Staatsform weder die Freiheit erweitert, noch der königlichen Würde tiefere Grundlagen gegeben. Der Kaisertitel sagt hier nichts anderes als Erweiterung der Rechte und Machtbefugnisse eines Königs von Preussen auf das ganze Deutschland. (…) Mit wunderbarem Gleichmuth hat die politische Welt das Wort Moltke's vernommen, dass in Europa kein Kanonenschuss mehr abgefeuert werden dürfe ohne die Erlaubnis des deutschen Kaisers. Nicht geringer ist der Umschwung der Ideen in der Auffassung der inneren Verhältnisse der Staaten. Die schweizerischen Republikaner vergessen fast die Grundsätze der demokratischen Freiheit über dem Entzücken, das sie empfinden, wenn sie die Identität ihrer inneren Politik, die Gleichförmigkeit ihrer Organisationen mit denen des grossen Nachbarlandes constatiren können.»[349]

Die Gründung des preussisch beherrschten Deutschen Kaiserreichs versetzte Europa in einen Zwiespalt der Gefühle zwischen Furcht und Hoffnung. In der Schweiz stellte das gewaltige Ereignis das republikanische Selbstverständnis in Frage. Ein erheblicher Teil der Bevölkerung empfand das Säbelrasseln der neuen Grossmacht als Gefahr. Für kritische Bürger galt die ernüchternde Wahrnehmung, die der französische Aussenminister Jules Favre mit den Worten formuliert hatte: «Der Rausch ihres militärischen Sieges ist den Deutschen ins Gehirn gestiegen, und ich wäre nicht überrascht, wenn er ihnen eine Arroganz verliehe, die sie für die andern Völker unerträglich machte.»[350] Im gehobenen Bürgertum der Deutschschweiz hingegen, das zum liberalen und radikalen Lager zu rechnen war, schob man die ideologischen Schranken beiseite und beeilte sich, die neuen Zeiten mit wohlgewählten Worten zu begrüssen. Professoren und Gelehrte, die an deutschen Universitäten zwar nicht die politische Überzeugung, aber doch ihre geistige Heimat gefunden hatten, beeilten sich nach dem Tonhallekrawall, dem «ersten Kulturvolk der Erde» die geschuldete Referenz zu erweisen.

Im Auftrag des Bundesrats untersuchte der Jurist Johann Conrad Weber von Lenzburg, liberaler Politiker und später Chefredaktor der «Neuen Zürcher Zeitung», als Bundesstaatsanwalt die Zürcher Unruhen von Februar 1871, die noch zusätzliche Resonanz gewannen durch das Schlagwort vom «Deutschenhass», das der Winterthurer Kantonsrat Johann Jakob Sulzer in leichtfertiger Weise in die Welt gesetzt hatte. In einem Referat vor erlesenem Publikum präsentierte Weber das Ergebnis seiner Nachforschungen und kam zum Schluss, dass die Mehrheit der zürcherischen Bevölkerung durch die «Schimpferei gegen die Deutschen» irregeführt worden sei.[351]
Der Bundesstaatsanwalt machte aus seinen politischen Überzeugungen kein Geheimnis. Die Freiheit sei nicht an demokratische Institutionen gebunden, sondern an die persönlichen Eigenschaften der Bürger: «Die geistige Freiheit, welche nur durch Bildung erworben werden kann, muss der politischen vorausgehen, und weil sie bei der Mehrheit des französischen Volkes gefehlt hat und noch fehlt, konnte die Republik nicht Boden fassen, und kann sie es voraussichtlich jetzt noch nicht. (…) Der Sieg Deutschlands über Frankreich ist im grossen ganzen ein Sieg der Bildung und der in ihr wohnenden sittlichen Kraft – den Grundpfeilern echter Demokratie über die Unwissenheit und die damit zusammenhängende Korruption, diesen Fundamenten des Absolutismus – und ist deshalb ein Sieg der Demokratie über den Absolutismus, mit welchem zufrieden zu sein niemand mehr Grund hat als die freisinnige Schweiz. Legen wir auch hier nicht zuviel Gewicht auf die Form, sondern seien wir überzeugt, dass da, wo die geistige Kultur so breiten Boden gefasst hat wie in Deutschland, der politische Fortschritt notwendig nachfolgen muss!» Im übrigen habe der Sieg Deutschlands auch den Vatikan erschüttert.
So sprach ein Vertreter der Eidgenossenschaft in einer neutralitätspolitisch heiklen Angelegenheit. Da durften Liberale und Radikale ihre demokratischen Beden-

ken vergessen und über die nicht zu vermeidende Freundschaft mit der mächtigen Nation im Norden nachsinnen. Auch der im Auditorium anwesende Gottfried Keller hatte nichts einzuwenden. Er dankte dem Redner für seine Worte und blieb von da an Johannes Weber freundschaftlich verbunden.

Die offene Kontroverse um das Verhältnis zum neuen Reich begann mit dem Zürcher Tonhallekrawall vom 9. März 1871. Die deutsche Kolonie hatte auf diesen Termin einen deutschen Kommers in der Tonhalle angesagt, der als Siegesfeier gedacht war.[352] Eingeladen wurden «alle hier und in der Umgegend lebenden Deutschen, welche in der Neubegründung des deutschen Reiches mit uns ein freudiges Ereignis erblicken». Als Gäste erwartete man auch «der deutschen Sache freundlich gesinnte Schweizer».[353] In Zürich sah man dem Abend mit gemischten Gefühlen entgegen. Rechtlich war gegen die Feier nichts einzuwenden, aber sie wurde in weiten Kreisen als Provokation empfunden. Zwar hatten die Veranstalter den Termin um einige Tage verschoben, doch die internierten französischen Soldaten der Bourbaki-Armee waren immer noch im Land. Es gab Anzeichen dafür, dass die Jubelfeier nicht unbedingt friedlich über die Bühne gehen würde.

Am Abend des 9. März scharte sich vor der Tonhalle eine aufgeregte Menge zusammen, warf Steine und drang schliesslich in den Saal ein, wo die Professoren Johannes Wislicenus und Johannes Scherr eben ihre Reden gehalten hatten. Es folgten üble Tumulte und Schlägereien, die weder von der Polizei noch vom aufgebotenen kantonalen Militär verhindert wurden. Angeblich zeigten Soldaten und Offiziere Sympathien für die Angreifer. Einige Ruhestörer wurden festgenommen. An den beiden folgenden Tagen versuchte eine aufgebrachte Volksmenge vergeblich, die Gefangenen aus der Strafanstalt zu befreien. Vier Menschen kamen dabei zu Tode. Darauf folgte der Einmarsch von ausserkantonalen Truppen unter dem Glarner Landammann Joachim Heer. Die eidgenössische Intervention setzte dem Spektakel ein Ende. Für die demokratische Kantonsregierung war die Angelegenheit gefährlich, denn sie wurde von Liberalen und Konservativen beschuldigt, in fahrlässiger Weise die Herrschaft des Pöbels geduldet zu haben.

Über Teilnehmer und Ursachen des Aufruhrs begann ein Disput mit parteipolitischem Hintergrund. Die Landesregierung in Bern wurde durch zwei an Bundesrat Dubs gerichtete Telegramme über den Vorfall unterrichtet, die den Sachverhalt verzerrt wiedergaben: Der Friedenskommers der Deutschen sei durch internierte französische Offiziere gestört worden, die mit blanken Säbeln in das Lokal eingedrungen seien. Brandstiftung und ein Ausbruch der Internierten werde befürchtet. Die Erbitterung gegen die französischen Offiziere sei fürchterlich.[354] Der Umstand, dass französisches Militär mit den Aufrührern gemeinsame Sache machte, liess die Vermutung aufkommen, Angehörige der Bourbaki-Armee hätten sich an den Deutschen rächen wollen. Doch die bürgerliche Presse mit liberaler Ausrichtung fahndete nach weiteren Schuldigen. Da boten sich in erster Linie die Demokraten an, die seit dem Jahre 1868 im Kanton an der Macht waren. Die Regierung habe den Geist der Unruhe toleriert und gefördert.[355] Dann aber nahm man die Sozialisten aufs Korn. Der Angriff auf die Deutschen sei von der sozialistischen Internationale angeordnet worden, eine Unterstellung, die sich bald als haltlos erwies.

Die Untersuchung ergab, dass vor allem junge schweizerische Handwerker und Arbeiter am Tumult beteiligt waren. Die wenigen Offiziere der Bourbaki-Armee, die mit den Ruhestörern marschierten, hatten mit den Vorbereitungen nichts zu tun.

Suchte man nach den Motiven der spontanen Bewegung, so stiess man auf eine den Deutschen feindliche Stimmung, die nicht einfach politisch zu deuten war. Die anti-deutsche Haltung der kleinen Handwerker und Arbeiter hatte eine lange, sozial begründete Tradition, bedingt durch die Konkurrenz auf dem Arbeitsmarkt. Bundesstaatsanwalt Weber sprach vom «Brotneid», der schon vor dem Krieg das Verhältnis zwischen Schweizern und Deutschen getrübt habe. Er zitierte in seinem Vortrag die Worte eines Angeklagten: «Man habe die Deutschen schon lange nicht leiden mögen, warum? Weil sie oft den Schweizern vorgezogen werden, bessere Stellen bekommen, höheren Lohn beziehen, für geringeren Lohn arbeiten ...»[356]

Die deutschfeindliche Aktion, aus einer diffusen Situation heraus entstanden, hatte auch einen innenpolitischen Aspekt. Die Demonstranten waren zum vornherein eher dem demokratischen und sozialistischen Lager zuzuordnen, obschon die Bewegung nicht von Parteien dirigiert wurde. Ihr Protest galt den liberalen und den konservativen Kreisen, die in diesen Tagen ihre Sympathien für das Deutsche Reich lautstark bekundeten. Damit soll nicht gesagt sein, dass in der Arbeiterschaft eine einhellige Meinung herrschte. Deutsche Sozialisten im Exil und Schweizer mit deutscher Abstammung verbargen ihre Freude über die Einheit des Reichs nicht, auch wenn Staatsform und Politik ihren Erwartungen keineswegs entsprachen. Der Arbeiterführer Herman Greulich zum Beispiel hatte am Kommers in der Tonhalle teilgenommen. Seine deutsche Staatsbürgerschaft mag ihn dazu bewogen haben. Anderseits hatte er in den sechziger Jahren in Zürich für die demokratische Bewegung geworben und sich der sozialen Fragen im Lande angenommen. Nun bemühte er sich gegenüber dem Bundesstaatsanwalt, den Verdacht zu widerlegen, die sozialistische Internationale habe die Demonstration inszeniert.

Die «Neue Zürcher Zeitung» verurteilte in der nun folgenden Pressepolemik die Vorgänge als bedenklichen Skandal, der nicht zuletzt der demokratischen Kantonsregierung zu verdanken sei. Die konservative «Zürcherische Freitagszeitung» zeigte auf die regierenden Demokraten und vor allem auf die Sozialdemokraten, die mit ihren sozialpolitischen Ideen für den Niedergang der politischen Sitten verantwortlich seien. Es war auch von «übertriebener Demokratisierung» die Rede. Wer sich zu diesem Zeitpunkt nach Schuldigen für den Mangel an «Zucht und Ordnung» umsah, meinte stets auch Frankreich, wo der Aufstand der Commune die Existenz der neu gegründeten Republik bedrohte. Der Winterthurer «Landbote» nahm das System der Demokraten in Schutz, das gegenüber der vorangegangenen Herrschaft Alfred Eschers auf mehr direkte Demokratie setzte.

Die Landesregierung geriet durch die Zürcher Affäre in Verlegenheit. Die Beziehungen zum Deutschen Kaiserreich waren durch einige Hypotheken belastet und noch in keiner Weise gefestigt. Der vor allem in Süddeutschland geforderte schweizerische Jubel für den deutschen Sieg und die eben errungene Einheit war ausgeblieben. In der deutschen Presse konnte man schrille Stimmen vernehmen, die für die kleine Republik nichts Gutes verhiessen. Die Stimmung in Deutschland schilderte Bernhard Hammer, der Gesandte in Berlin, in einem Brief an Bundespräsident Carl Schenk: «Seit Ihrem konfidentiellen Schreiben vom 11. März hat die Störung des deutschen Friedensfestes in Zürich die öffentliche Meinung in Deutschland in die leidenschaftlichste Erregung versetzt. Fast noch mehr als das Ereignis selbst, hat das verhängnisvolle Sulzer'sche Schlagwort ‹Deutschenhass› unglückselige Missverständnisse wach gerufen, die sich jetzt in der Presse in der bittersten Weise gegen die Schweiz, ihre Institutionen, ihr Volk und ihre Presse aussprechen. (…) Zur Beruhigung der Gemüther in Deutschland wird eine ruhigere und wohlwollendere Haltung der schweizerischen Presse und eine prompte gerechte Urtheilsfällung in der schwebenden Strafuntersuchung vieles beitragen.»[357]

Reichskanzler Bismarck war an einem offenen Konflikt wenig gelegen. Der schweizerische Gesandte konnte das bei einer kurzen Begegnung erleichtert feststellen. Er schrieb darüber an den Bundespräsidenten: «Graf Bismarck versicherte mich aufs verbindlichste, dass er zwischen der Haltung der Regierung und solchen Vorfällen, die sich der Beherrschung durch die öffentliche Gewalt entziehen, zu unterscheiden wisse, und sprach neuerdings in der wohlwollendsten Weise seine Befriedigung und Anerkennung über unsere Haltung während dem Kriege aus.» Auch im Reichstag blieb die von Minister Hammer befürchtete Debatte über Tonhallekrawall und «Deutschenhass» aus. Der Reichskanzler scheint dabei seine Hand im Spiel gehabt zu haben.

Die an Deutschland grenzenden kleinen Staaten blickten trotz beschwichtigenden Gesten der deutschen Diplomatie in eine ungewisse Zukunft. Wenn deutsche Professoren über die Grenzen des neuen Reichs nachdachten, so sprachen sie voll Verachtung von den «Randstaaten», deren Existenz im Zeichen des Nationalitätsprinzips fragwürdig schien. So schrieb der bekannte Volkswirtschafter Adolf Wagner in einer mehrmals aufgelegten Broschüre unmittelbar nach der Schlacht von Sedan, die Schweiz und Holland seien «vom deutschen Reich abgerissene Partikularstaaten».[358] Die Schrift galt dem aktuellen Thema Elsass und Lothringen, doch der in Freiburg im Breisgau lehrende sozialreformerische «Kathedersozialist» holte weiter aus: «Ein besonderes Interesse an der Selbständigkeit Hollands und der Schweiz haben wir nicht.» Diese Zwischenstaaten seien nach geographischer Lage, Nationalität und ökonomischen Interessen ein Teil Deutschlands. Gründe für die zufällig

173

erlangte Selbständigkeit gebe es keine mehr, wenn man auch den status quo noch eine Weile beibehalten werde. Immerhin könne man der Schweiz heute schon Korrekturen an der unübersichtlichen Grenze am Rhein zumuten. Gemeint war die Abtretung aller rechtsrheinischen Territorien, darunter Kleinbasel und Schaffhausen. Mit einem derartigen Verzicht werde ein Anlass für Streitigkeiten beseitigt und gute Nachbarschaft auf Dauer begründet. In einer späteren Auflage seiner Kampfschrift äusserte Adolf Wagner seine Zweifel an der schweizerischen Staatsform, ein bei deutschen Publizisten beliebtes Thema: «Unsere Hochachtung vor der Schweiz und ihren inneren Zuständen hat sich ausserordentlich gemindert. Wir haben fast Alle erkennen gelernt, dass sie auf einer ganz einseitigen Überschätzung einer wahrlich nur sehr theilweise bewährten Staatsform beruhte. Wie sehr diese Überschätzung der Schweiz aber unserer staatlichen Entwicklung in Deutschland schadete, bedarf keines näheren Beweises.»[359]

Die Thesen des Nationalökonomen Wagner hätte man vergessen können, wären sie nicht von einem gleichgestimmten Chor in der badischen Presse begleitet worden. Immer wieder verlangte man den Anschluss der rechtsrheinischen Gebiete an das Grossherzogtum Baden. Diese Forderung war schon im Herbst 1870 zu vernehmen, also lange vor dem Zürcher Tonhallekrawall. Im Januar 1871 soll in Waldshut in einer «Annexionsversammlung» das Thema vor einem chauvinistischen Publikum ausgebreitet worden sein. Der Bundesrat gab sich nach aussen gelassen, denn in Berlin war von territorialen Forderungen an die Schweiz nicht die Rede. Die diplomatischen Akten lassen aber Nervosität im Politischen Departement erkennen. Die Landesregierung fürchtete deutsche Kompensationsforderungen, wenn die Schweiz auf einem Anschluss von Nord-Savoyen und einer Grenzberichtigung im Sundgau bestehen wollte. Man könne mit Sicherheit annehmen, dass Deutschland für territorialen Zuwachs im Elsass zur Kompensation rechtsrheinische schweizerische Gebiete verlangen werde, schrieb Bundespräsident Schenk am 2. Februar 1871 in einer Eingabe an das Kollegium.[360]

Das Grossherzogtum Baden teilte dem Bundesrat mit, eine der Schweiz feindlich gesinnte Versammlung in Waldshut habe es nicht gegeben. Die Landesregierung zeigte sich dankbar, konnte aber Bedenken nicht verschweigen: «Wenn jene Nachrichten in der Schweiz so leicht Glauben gefunden haben, so dürfte der Grund davon wohl darin zu suchen sein, dass das, was die fragliche Waldshuterversammlung besprochen und beschlossen haben sollte, lediglich vielfachen Kundgebungen zu entsprechen schien, welche im Verlaufe des gegenwärtigen Krieges von Seite deutscher Publizisten ausgegangen waren.»[361]

Der Tonhallekrawall hatte die deutsche Kolonie in Zürich in einen Zustand dauernder Erregung versetzt, die sich wortreich und zuweilen arrogant manifestierte. Zu vernehmen waren vor allem die Professoren, die zweifellos für den Aufbau der schweizerischen Universitäten einen wichtigen Beitrag geleistet hatten, und führende Geschäftsleute wie Otto Wesendonck. Man bekundete schon seit einigen Jahren Mühe mit dem demokratischen Zürcher Regime, das «zuviel Demokratie» produzierte. Eine derart lockere Staatsverfassung, die jedem Bürger den Stimmzettel in die Hand drückte, konnte nur in die Anarchie führen. Das Verhalten der inzwischen angegrauten Gelehrten, die sich einst als sogenannte Revolutionäre in die Schweiz abgesetzt hatten, wirkte eigenartig. Ihre aus deutschen Verhältnissen abgeleiteten professoralen Ansprüche stiessen sich mit den republikanischen Realitäten in der Schweiz, die ihnen nicht zum vornherein eine privilegierte Stellung über den Massen des ungebildeten Volkes sicherten. Für einen deutschen Wissenschafter war schwer zu begreifen, dass jeder Staatsdiener letzten Endes von diesem Volk abhängig war. Mancher deutsche Professor kam mit seinen schweizerischen Kollegen nicht zurecht. Sie zählten zu jener Spezies, die man im reichsdeutschen Jargon als «Eingeborene» bezeichnete. Dabei hatte mancher Asylant das schweizerische Bürgerrecht erworben, so zum Beispiel Professor Johannes Wislicenus und der Dozent für Staatsrecht Heinrich Fick. Doch das änderte wenig an der deutsch-nationalen Gesinnung, die in diesen Tagen zum Vorschein kam.

Nach der Gründung des Kaiserreichs verlor die neue Staatsbürgerschaft an Gewicht. Das, was man in gelehrten Kreisen «Deutschheit» nannte, eröffnete die schöneren Perspektiven. Das Dilemma, das sich aus der doppelten Loyalität ergab, wurde in diesen Kreisen kaum wahrgenommen. Mit Hochrufen auf das neue Reich leistete man Abbitte für die Sünden von 1848, die sich im Nachhinein in den meisten Fällen als Theaterdonner entpuppten. Schweizerische Hochschuldozenten sprachen nach dem Krawall den deutschen Kollegen ihr Bedauern aus. Das genügte nicht. Die deutsche Kolonie erwartete den verbalen Kniefall des Zürcher Regierungsrats, der ausblieb. Diskutiert wurde auch die Frage, ob eine militärische Intervention vonseiten des Deutschen Reichs notwendig und angemessen sei.

In den folgenden Jahren verliessen etliche deutsche Professoren das Land, unter ihnen auch Persönlichkeiten mit Schweizer Pass. Zu den Heimkehrern ins Reich gehörten der Gynäkologe Adolf Gusserow, der an die neue deutsche Universität in Strassburg berufen wurde, sowie Johannes Wislicenus und der Jurist Adolf Exner. Otto Wesendonk verkaufte seine Villa auf dem «Grünen Hügel» im Zürcher Quartier Enge und zog nach Dresden. Nicht jeder floh vor dem «Deutschenhass». Es mögen verschiedene Motive die deutsche Prominenz zur Rückkehr bewogen haben, doch selbst für die alten Revolutionäre bedeutete die Gründung des Kaiserreichs so etwas wie die «Stunde Null». Man ging – so die verbreitete Meinung – glorreichen Zeiten entgegen, und die wollte man nicht unbedingt in der schweizerischen Enge erleben. Die Zurückgebliebenen sahen sich in der breiten Bevölkerung oft einer feindseligen Stimmung gegenüber, der sie in ihrer deutschen Euphorie mit Anmassung begegneten. Zu ihnen gehörte François Wille, ein Nachfahre schweizerischer Auswanderer aus dem Berner Jura, der im Revolutionsjahr 1848 in die Schweiz zurückgekehrt war. Wille hatte als Demokrat vergeblich auf eine politische Laufbahn in der Schweiz gehofft. Allein der Umstand, dass er nur Hochdeutsch sprach, versperrte ihm den Zugang zu den Wählern. In einem Streitgespräch mit Bundespräsident Carl Schenk beklagte er sich über die deutschfeindliche Haltung der Zürcher.[362] Er könne, wie auch sein Sohn Ulrich, der spätere General, den Deutschenhass nicht mehr ertragen und überlege sich eine Rückkehr nach Deutschland. Im Zeichen des deutschen Sieges führte Wille den labilen Conrad Ferdinand Meyer von seinem unsicheren Romanentum weg und weckte die Begeisterung für solide germanische Art.

Die deutsche Kolonie in der Schweiz beging jährlich im September die Sedanfeier, eine unheilvolle Einrichtung, die den Hass zwischen Deutschen und Franzosen über Jahrzehnte hinweg kultivierte. Für jedermann spürbar war die Militarisierung des deutschen Gemüts. Kultur wurde durch den Deutsch-Französischen Krieg zum militärischen Problem, denn die Soldaten hatten – so der übliche Kanon – dem deutschen Geistesleben eine Bresche geschlagen. Davon berichtete eine reiche Memoirenliteratur, die den glorreichen Feldzug verherrlichte und gleichzeitig Frankreich in düsterem Licht zeigte. Französische Kriegsliteratur war in der deutschen Schweiz nicht im selben Umfang zugänglich, es sei denn in der populären «Fröschweiler Chronik» des Pfarrers Karl Klein, die von den Leiden eines Dorfes im Elsass handelte und darüber hinaus das gewohnte Bild von deutscher Tüchtigkeit und französischer Dekadenz vermittelte.[363] In der Deutschschweiz entstand ein Frankreich-Bild aus zweiter Hand, das nach deutschem Muster geprägt war.

Die im Frühjahr 1871 beginnende Versöhnung des liberalen schweizerischen Bürgertums mit den neuen deutschen Realitäten ging mit Zweifeln an der eigenen nationalen Identität einher. Die Schweiz habe vom Deutschen Reich nichts zu befürchten, meinte zum Beispiel die «Neue Zürcher Zeitung». Die republikanische Staatsform sei zwar für die Schweiz geeignet, könne aber nicht für alle Völker das angemessene Modell sein.[364] Einmal mehr durfte man Frankreich als abschreckendes Beispiel präsentieren, da es durch den Konflikt zwischen der Republik und der Commune zerrissen war. Es zeigte sich auch, dass beim westlichen Nachbarn die monarchistische Versuchung lebendig blieb.

Die Republik als brauchbares Muster für den Kleinstaat? Vom ehemaligen radikalen Sendungsbewusstsein war wenig zu spüren. Aus der Unsicherheit heraus wiederholte man das Bekenntnis zur Neutralität, wobei der Begriff verschiedene Interpretationen erlaubte. Es ging um die europäische Sendung des Neutralen. Dabei pflegte man den Glauben, das schweizerische Wohlergehen komme auch allen andern zugute. Das Land erschien wieder einmal als Sonderfall, doch diesmal unter anderen Vorzeichen als im Jahre 1848.

Der Bundesrat fand sich in den Turbulenzen einer veränderten europäischen Szene verhältnismässig gut zurecht. Man orientierte sich fortan nach Berlin, so wie man sich früher nach Paris ausgerichtet hatte. Das Stichwort «Friedenspolitik», das vom

Reichskanzler ausgegeben wurde, kam der schweizerischen Neutralität entgegen. Oberst Hammer, der Gesandte der Eidgenossenschaft in Berlin, berichtete in regelmässigen Abständen von der Wahrscheinlichkeit eines neuen Deutsch-Französischen Krieges, so zum Beispiel im Februar 1872. Er schrieb bei dieser Gelegenheit an Bundespräsident Emil Welti, er könne betonen, «dass die Reichsregierung, dermalen weit entfernt von jeder Absicht, der Schweiz Ungelegenheiten zu bereiten, gegentheils, wie mir scheint, sich angelegen sein lässt, das Vertrauen der öffentlichen Meinung in der Schweiz zu gewinnen. Es beruht dieses Bestreben wohl zum guten Theil auf der klaren Einsicht in die europäische Situation und auf dem Wunsche, sich für den zweiten deutsch-französischen Krieg die neutrale und loyale Haltung der Schweiz wieder zu sichern».[365]

Im Sommer des Jahres 1873 meldete Hammer nach Bern: «Das Verhältnis zu Frankreich kennzeichnet sich am einfachsten dadurch, dass hier und dort die am meisten erörterte Frage die ist, wie lange die Pause sein wird, die uns vom nächsten Kriege trennt.»[366] Im selben Bericht meinte der Gesandte: «Über die Beziehungen des deutschen Reiches zur Schweiz wüsste ich etwas neues und anderes, als was deren herzlichen Charakter bestätigen würde, nicht beizufügen.»

In der Landesregierung wurde der deutschfreundliche Kurs von Bundesrat Emil Welti bestimmt. Seine dominierende Persönlichkeit machte Jakob Dubs zu schaffen, dessen Vision von einem grossen neutralen Zwischenstaat vor den neuen Realitäten zerrann. Der Zürcher Politiker trat im Jahre 1872 aus dem Bundesrat zurück, nachdem er zuvor die «dicke Intimität» zwischen Emil Welti und dem deutschen Gesandten General Max von Röder beklagt hatte.[367] Die deutschfreundliche Tendenz im Bundesrat war ein Thema, das auch von österreichischen Diplomaten gelegentlich angesprochen wurde. In Wien sah man die auffällige Kumpanei zwischen Bern und Berlin mit Misstrauen. In Bern lobten Politiker die nützlichen Effekte der deutschen Freundschaft.

Der schweizerischen Regierung gelang es, das Land während Jahren im Windschatten des europäischen Geschehens zu halten. Als positives Signal wurde vom Bundesrat neben andern Erfolgen die Unterzeichnung des Gotthardvertrags am 28. Oktober 1871 durch das Deutsche Reich gewertet, die gleichzeitig mit der italienischen Zustimmung erfolgte. Neutralitätspolitische Bedenken gegenüber den Privilegien, die man den ausländischen Partnern im Transitverkehr durch die Alpen einräumte, kamen erst später auf.

Der grenzüberschreitende Kulturkampf

Es mag ein eigenartiges Zusammentreffen sein, wenn in Europa gleichzeitig mit der deutschen Reichsgründung neben die machtpolitischen Peripetien kirchliche Bewegungen traten, die zeitweise eine Verlagerung der Gewichte von der Politik zur Religion bewirkten. Zufällig war die Koinzidenz nicht, und es zeigte sich dabei, wie eng die beiden Bereiche miteinander verbunden waren. Dem Kampf des Staates gegen die katholische Kirche lag eine Auseinandersetzung zwischen zwei Welten zugrunde: Dem in alle Bereiche eindringenden Nationalstaat, der sich Ökonomie, Kultur und Religion dienstbar machte, und der traditionellen Kirche, die im Zeitalter des wissenschaftlichen und technischen Fortschritts um ihr geistiges Monopol und die weltlichen Pfründen fürchtete. Beide Seiten strebten auf ihre Weise einen Absolutismus an, der auf die Beherrschung aller Lebensbereiche zielte. Der Historiker Peter Stadler nannte diesen späten Konflikt den «Investiturstreit des 19. Jahrhunderts».[368] Der Staat gebärdete sich als Verteidiger des Liberalismus und der individuellen Freiheit, die Kirche bekämpfte eben diesen Liberalismus im Namen der religiösen Freiheit, mit der man ausschliesslich die Freiheit der katholischen Institutionen und der kirchlichen Hierarchie meinte.

Wie Religion und Politik ineinander griffen, machen zwei Daten sichtbar: Am 18. Juli 1870 erklärte das Erste Vatikanische Konzil die Unfehlbarkeit des Papstes, am 19. Juli überreichte Graf Benedetti in Berlin die französische Kriegserklärung an Preussen. Wenn in der Folge der deutsche Sieg über Frankreich zum Sieg des germanischen Protestantismus über den heruntergekommenen romanischen Katholizismus emporstilisiert wurde, so ist darin bereits ein Ansatz zum Kulturkampf zu erkennen. Die geistigen Fronten zeichneten sich aber wesentlich früher ab.

Am 8. Dezember 1864 hatte Papst Pius IX. seine Enzyklika «Quanta cura» verkündet, welche unter anderem die Ausgrenzung der Religion aus der staatlichen Gemeinschaft anfocht. Gleichzeitig veröffentlichte er den «Syllabus errorum», eine Sammlung der «hauptsächlichsten Irrtümer» der Zeit, die in achtzig Punkte gegliedert wurden.[369] Der Syllabus verurteilte Sozialismus, Kommunismus und Liberalismus als «Zeitübel», bestritt den Vorrang der Staatsgewalt vor der Kirche und legte den Machtanspruch Roms auch in weltlichen Dingen fest. Gemeint war mit dieser Kritik der moderne Staat, der die Kirche aus eigener Machtvollkommenheit in sein Koordinatennetz einordnete. Wie nicht anders zu erwarten, bot der Katalog der Irrtümer eine Fundgrube für jegliche Polemik gegen den Katholizismus.

Ein Merkmal des Syllabus war die fehlende Toleranz gegenüber den Tendenzen der Zeit. Papst Pius IX. war unter anderem bemüht, den durch die italienische Einigung gefährdeten Kirchenstaat mit einem religiösen Diktat zu retten. Unklar blieb dabei, ob es sich bei der Sammlung der Irrtümer um ein «ex cathedra» erlassenes Dogma oder um eine blosse kasuistische Verhaltensregel handelte, die theologisch auf einer tieferen Stufe angesiedelt war.

Der «Syllabus» richtete sich direkt an die Katholiken. Bei ihnen löste er wesentlich grössere Irritationen aus als bei den Protestanten. Politisch heikel wurde die Botschaft, als das Frankreich Napoleons III., Italien und Russland die Verlesung auf der Kanzel verboten. Schwer wogen die Differenzen zwischen liberalen und ultramontanen Katholiken, die in einzelnen Staaten zum Bruch führten und die Einheit der

Kirche auf Jahrzehnte hinaus gefährdeten. Als gegen Ende der sechziger Jahre der Plan des Vatikan bekannt wurde, die Position des Papstes durch ein Konzil zu festigen, konnten liberale Theologen ihre Bedenken nicht verbergen. Die unbedingten Anhänger Roms hingegen zeigten ein aggressives Verhalten, denn mit dem «Syllabus» hatten sie ein nützliches Instrument in ihrem Kampf um die Rechtgläubigkeit zur Hand. Die geplante Kirchenversammlung sollte ein universeller Anlass sein, der auch die Staaten herausforderte. In der Geschichte der Kirche war ein Konzil keine exklusive Domäne der Theologen.

Die Erwartungen der meisten Staaten waren nicht eben positiv. «On craint des bêtises», meinte ein belgischer Diplomat: «On craint le Syllabus érigé comme dogme et l'on calcule des conséquences politiques.»[370] Man vermutete auch, es werde die Erklärung der Unfehlbarkeit des Papstes folgen. Der Münchner Theologe und Kirchenhistoriker Ignaz von Döllinger präsentierte unter dem Motto «Der Papst und das Konzil» seine düsteren Ahnungen angesichts der bevorstehenden Kirchenversammlung. Das Konzil bereitete den katholischen Nationen offensichtlich grössere Sorgen als den protestantischen. Sie wurden anders als früher nicht eingeladen, denn ein Dialog zwischen Kirche und Staat war zum vornherein unerwünscht. Noch beim Konzil von Trient waren die katholischen Fürsten durch ihre Gesandten vertreten gewesen, doch Pius IX. legte keinen Wert auf diese Formalität.

Der preussische Kanzler Bismarck als Vertreter eines protestantischen Staates gab sich unbekümmert. Am 23. März 1869 liess er dem Bundesrat durch seinen Gesandten in Bern ein Schreiben überreichen, in dem er mitteilte, das Auswärtige Amt knüpfe an das Konzil weder übermässige Hoffnungen noch Befürchtungen: «Wir lassen es dahingestellt sein, ob die Interessen der Particular- und Nationalkirchen, welche dort vertreten sein werden, oder die centralisierende Richtung, welche von Rom zu erwarten ist, sich zur Geltung bringen werden. (...) Wenn, was wir nicht befürchten, Ausschreitungen stattfinden sollten, welche in das staatliche Gebiet übergriffen, so werden wir die Rechte des Staates zu wahren wissen; aber wir sehen keine Veranlassung, im Voraus Fürsorge dagegen zu treffen.»[371] Einige Jahre später sah der Reichskanzler die Dinge nicht mehr so gelassen, denn er stand Entwicklungen und Zwängen gegenüber, die er zuvor mit dem Ausdruck «Ausschreitungen» umschrieben hatte.

Die europäischen Regierungen hatten die heikle Frage zu entscheiden, ob sie die Präliminarien zum Konzil gleichgültig hinnehmen oder zum vornherein dem päpstlichen Drang nach Suprematie Grenzen setzen sollten. Eine Konferenz der Staaten wurde erwogen, die zu einer gemeinsamen Haltung gegenüber dem römischen Konzil hätte führen können. Der bayerische Ministerpräsident Chlodwig Hohenlohe-Schillingsfürst, der sich als Katholik besonders betroffen fühlte, legte den Gedanken in der Zirkularadresse vom 9. April 1869 den Mächten vor. Die Reaktionen waren zurückhaltend, denn man wollte der Veranstaltung in Rom keine allzu grosse Bedeutung beimessen. Es schien auch fragwürdig, staatliche Positionen festzulegen, solange man nicht zuverlässig wusste, was die Kurie im Schilde führte. Eine Konferenz kam nicht zustande. Man begnügt sich mit der Rolle des neutralen, mehr oder weniger misstrauischen Zuschauers.

Die schweizerische Landesregierung hatte die konfessionellen Strukturen im Lande zu berücksichtigen und konnte daher das Thema nicht teilnahmslos betrachten. Die Kompetenzen des Bundes in kirchenrechtlichen Fragen waren beschränkt, denn Konkordate zwischen dem Vatikan und den Diözesankantonen regelten die Beziehungen zwischen Staat und Kirche. Die Eidgenossenschaft hingegen war zuständig für die allgemeinen Normen der Verfassung und die entsprechenden Gesetze. In einzelnen Kantonen bahnten sich zu diesem Zeitpunkt kirchenpolitische Konflikte an. Man mag es als Glücksfall betrachten, dass im Jahre 1869 die Politik gegenüber den Konzilsplänen von Bundespräsident Emil Welti gesteuert wurde. Im Gegensatz zu seinem Aargauer Parteifreund Augustin Keller zeigte sich der Magistrat in religiösen Fragen beweglich und moderat, was nicht heissen will, dass er den Dingen freien Lauf liess. Bevor das Rundschreiben des bayerischen Ministerpräsidenten eintraf, hatte Welti die schweizerischen Gesandten in Paris, Berlin, Wien und Florenz beauftragt, über Haltung und Reaktionen der jeweiligen Regierungen in der Konzilsfrage zu berichten. Er präsentierte das Ergebnis der Umfrage seinen Kollegen in einem Memorandum, das seine eigene Einschätzung enthielt.[372]

Welti kam zum Schluss, der Staat sei noch nicht zum Handeln aufgefordert. Die von Fürst Hohenlohe angesprochene Unfehlbarkeit des Papstes, die vermutlich verkündet werde, habe für eine Republik keine politischen Folgen. Sie könne möglicherweise für eine Monarchie Stein des Anstosses sein. In Bezug auf die Schweiz meinte der Bundespräsident: «Eine unbefangene Prüfung der Verhältnisse muss nun offenbar zu dem Schlusse führen, dass von einer Verletzung des Friedens oder auch nur von einer Gefährdung desselben durch die bis jetzt wegen des Concils durch den römischen Stuhl angeordneten Massnahmen nicht die Rede sein kann. Gewiss ist es nicht zweifelhaft, dass auf dem Concil dogmatische Grundsätze aufgestellt werden, die in geradestem Widerspruch mit der heutigen Cultur sich befinden und die dem Fortschritte dieser letztern grosse Hindernisse in den Weg legen werden. Nicht weniger klar liegt aber vor, dass diese Betrachtung den Bund noch nicht berechtigt, solchen Befürchtungen gegenüber präventive Massregeln zu treffen, abgesehen davon, dass solche wohl schwerlich in ausgiebiger Weise gefunden werden könnten. (…) Die innere Lebenskraft des schweizerischen Staates und seiner Cultur ist stark genug, um allen Gefahren zu begegnen, die uns aus dem Concil erwachsen könnten.» Drei Jahre später war die Landesregierung im anhebenden Kulturkampf nicht mehr in der Lage, so souverän über der Sache zu stehen.

Nach dem Abschluss des Konzils und der Gründung des Deutschen Kaiserreichs nahm die Auseinandersetzung zwischen dem Vatikan und einzelnen europäischen Staaten eine härtere Gangart an, wobei sich die Lage in jedem Land in unterschiedlicher Weise darbot. In Italien zum Beispiel war der Bruch zwischen Staat und Kurie für ein halbes Jahrhundert irreparabel. Frankreich hatte zu Beginn des Deutsch-Französischen Krieges seine Truppen aus der Stadt am Tiber zurückgezogen. Das Königreich Italien machte Rom, wie jedermann erwartet hatte, zur neuen Hauptstadt und setzte damit der weltlichen Herrschaft des Papstes ein Ende. Die Führung im Kampf gegen die römische Kirche übernahm jedoch der protestantische Fürst Bismarck, der über den Kirchenstreit in ganz Europa wachte. Der Reichskanzler beobachtete auch die Schweiz genau. Zum schweizerischen Gesandten in Berlin sagte er im Februar 1873: «Wir kämpfen auf dem nämlichen Boden und um die nämlichen Ziele.»[373]

Für die nach Rom ausgerichteten Katholiken entstand der Eindruck, der Kulturkampf werde auch in der Schweiz vom Deutschen Reich gesteuert. Der selbe Verdacht wurde in Frankreich geäussert, das sich vom Konflikt zwischen dem Staat Genf und Bischof Gaspard Mermillod direkt betroffen fühlte. Der Umstand, dass Bismarck gegenüber der französischen Regierung als Protektor der Schweiz auftrat und Paris vor jeglicher Intervention warnte, konfrontierte den Bundesrat mit den latenten deutsch-französischen Spannungen. Der Streit zwischen den beiden Kontrahenten betraf weniger religiöse Fragen als die politische Sphäre. Das Gerede von einem neuen deutsch-französischen Krieg konnte die neutrale Schweiz nicht gleichgültig lassen. Nun stand die Landesregierung vor der Aufgabe, einen Weg zwischen Politik und Religion zu finden, wobei der kirchenpolitische Konflikt im eigenen Land genau so Vorsicht empfahl wie das unruhige europäische Umfeld. Das Verhalten Berns in den verschiedenen Stationen des Kulturkampfs schwankte zwischen ideologischer Rechthaberei und Anpassung. Dabei kamen die divergierenden Meinungen im bundesrätlichen Kollegium zum Vorschein.

Seit der Publikation des «Syllabus» vertiefte sich in Europa der Graben zwischen liberalen und ultramontanen Katholiken. Geschlossene Fronten gab es nicht, denn der Dissens bezog sich nicht gleichmässig auf alle Sachfragen. Im liberalen Katholizismus waren nationalkirchliche Tendenzen sichtbar, was aber nicht in jedem Fall Trennung von Rom bedeutete. Wenn Ignaz Döllinger in München gegen Konzil und Unfehlbarkeit predigte, so steuerte er nicht zum vornherein ein Schisma an. Seine differenzierte Haltung, die auch in einer gewissen Distanz zum Altkatholizismus zum Ausdruck kam, führte ihn in eine Aussenseiterrolle, so dass er kaum noch ein Forum für seine kirchenpolitischen Aktivitäten fand.

Liberales Gedankengut war vor dem Konzil auch bei einigen deutschen Bischöfen zu spüren, die sich anfänglich gegen die «Infallibilität» zur Wehr setzten. Dann aber folgte das grosse Schweigen. Die von Pius IX. inszenierte drakonische Konzilsregie unterdrückte jegliche Opposition. Die deutschen Bischöfe gaben resigniert auf oder reisten – unter peinlichen Umständen zur päpstlichen Doktrin bekehrt –

kleinlaut nach Hause, wo sie den Gläubigen ihre nicht jedermann verständliche Botschaft vortrugen.

Widerstand gegen die römische Kurie hätte man vom französischen Episkopat mit seiner gallikanischen Tradition erwarten können. Es blieb beim Versuch. Charles de Remusat, Aussenminister unter Adolphe Thiers, meinte im Frühjahr 1873 gegenüber Minister Kern, die Zahl der unabhängigen gallikanischen Bischöfe und Priester in Frankreich nähme täglich ab.[374] Eine liberale Gesinnung zeigte Bischof Felix Dupanloup von Orleans, der sich wie der Katholikenführer Graf Charles Montalembert um eine Erneuerung der französischen Kirche bemühte. Er hatte in einer geschickt redigierten Schrift versucht, dem Syllabus den Charakter einer unzeitgemässen Kampfschrift zu nehmen. Gegner der Infallibilitätsdoktrin, sah er sich am Konzil in einer hoffnungslosen Position. Er verliess Rom, bevor es zur Abstimmung kam. Die Bischöfe hatten sich in der Kirchenversammlung selber entmachtet und ihr Amt zum ausführenden Organ der Kurie degradiert.

In diesem Umfeld fanden katholische Kirchenpolitiker und Organisationen über die Grenzen hinweg ihre Partner und Allianzen. Bereits im Jahre 1857 war in der Schweiz der nach deutschem Vorbild aufgebaute Piusverein entstanden, ein Zusammenschluss von Gläubigen, der irgendwo zwischen politischer Partei und religiöser Bewegung angesiedelt war.[375] Geleitet wurde die auf Pius IX. eingeschworene Organisation von Theodor Scherer-Boccard, der führenden Persönlichkeit im ultramontanen Lager. In Solothurn gab der ehemalige Sonderbund-Politiker die «Schildwache im Jura» heraus. «Bewahrung und Erhaltung des Glaubens» sollte das Ziel des Piusvereins sein, der unter diesem Motto gegen den Liberalismus in der katholischen Kirche agitierte. Kurz nach seiner Gründung hatte der Verein eine Ergebenheitsadresse an den Papst gerichtet, die nicht bloss die Unterwerfung unter die geistliche Autorität bekräftigte, sondern auch die weltlichen Souveränitätsansprüche des Pontifex Maximus unterstützte.

Extreme kirchenpolitische Gegenpositionen wurden in den Kantonen Aargau und Solothurn aufgebaut. Der katholische Aargauer Politiker Augustin Keller steuerte nach lebenslänglichem Kampf gegen Rom eine Nationalkirche an, deren Vorbild die altkatholische Bewegung in Süddeutschland war. Er trat im Jahre 1871 als Redner an Altkatholikenkongressen in München, Konstanz und Freiburg im Breisgau auf. Seine ideologische Basis im antikatholischen Sturm erwies sich als dürftig, denn er war geistig beim hemdsärmligen Radikalismus der dreissiger Jahre stehen geblieben. Als Redner verstand Keller, seine Zuhörer zu bewegen, doch die Tonlage schloss jeden Kompromiss mit seinen Widersachern aus. So wandte er sich am 15. Juli 1873 an einem Volkstag in Solothurn mit den Worten an die Menge: «Eidgenossen! Seitdem am 18. Juli 1870 ein unfehlbarer Papst gemacht worden ist, schneit es schwarz Sommer und Winter, Tag und Nacht, und zwar so heftig, dass alle Wege des Fortschritts mit Schnee bedeckt sind.»[376]

Das neue Deutsche Kaiserreich war für Augustin Keller ein politisches Geschenk, auch wenn die preussischen Staatsmaximen mit seiner radikalen Ideologie kollidierten. Er wollte die Menschen aus der Abhängigkeit von der ultramontanen Kurie befreien. In diesem Feldzug war Junker Bismarck – Demokratie hin oder her – allemal willkommen. Doch die Ergebnisse des radikalen Kampfes blieben bescheiden, denn die altkatholische Kirche wurde nie von einer breiten Volksbewegung getragen. Zurück blieb auf beiden Seiten eine lange nachwirkende Erbitterung. Der Aargauer Emil Welti meinte dazu mit Blick auf Augustin Keller: «Der Kulturkampf hat unsern Kanton ruiniert und überall nur Verderben angerichtet.»

Radikale und liberale Zeitgenossen pflegten den Aristokraten Philipp Anton von Segesser, den führenden katholischen Politiker des Landes, dem ultramontanen Lager zuzuordnen. Der Luzerner war zeit seines Lebens ein konservativer Föderalist, hervorragender Kopf in der kleinen Gruppe katholischer Nationalräte im neuen Bundesstaat, die während Jahren von ihren Kollegen mit Verachtung gestraft wurden. Ein radikaler Ratspräsident beschimpfte die Angehörigen dieser Fraktion als «eingefleischte Feinde des Vaterlandes», ein Verdikt, mit dem katholische Politiker sich bis ins zwanzigste Jahrhundert hinein auseinandersetzen mussten.

Die Qualitäten von Segessers konnten auf die Dauer auch von politischen Gegenspielern nicht übersehen werden. Mit dem liberalen Jakob Dubs fand der konservative Luzerner Übereinstimmung in verschiedenen Fragen. Ein Dialog war auch möglich in Angelegenheiten, welche die Kirchenpolitik betrafen. Selbst der zentralistische Emil Welti schätzte den Föderalisten trotz der divergierenden Meinungen. In der katholischen Öffentlichkeit hingegen, vor allem beim Piusverein, misstraute man dem überlegenen Intellekt des Luzerners, der oft vom kurialen Kanon abwich.

Von Segesser hatte sich kritisch zum «Syllabus» und zum Vaticanum geäussert. In vorsichtigen Formulierungen gab er zu verstehen, dass der Vatikanstaat nicht ein für allemal zur Kirche gehöre, und dass er sich einen Papst ohne weltliche Macht, aber mit gestärkter moralischer Autorität vorstellen könne. Darin stimmte er mit der berühmten Empfehlung Napoleons III. überein, die den Papst zum Verzicht auf den Kirchenstaat gedrängt und damit den Zorn der französischen Katholiken provoziert hatte.[377] Die Erklärung der päpstlichen Unfehlbarkeit war seiner Meinung nach verfehlt, denn in ihr manifestierten sich Personenkult und Absolutismus.

Der Realpolitiker von Segesser fand sich schliesslich gegen seine Überzeugung mit der Infallibilität ab. Er wünschte eine klare Abgrenzung zwischen staatlichem und kirchlichem Bereich. Dabei wusste er aus Erfahrung, dass diese Trennung ein schwieriges Geschäft war. «Wir verlangen die Freiheit der Kirche, die Achtung ihrer Institutionen, die Sicherheit ihres Besitzes, die Unabhängigkeit ihrer Organe in Beziehung auf das Lehramt, mit einem Wort die ungehinderte Entfaltung der Wirksamkeit der Kirche, keineswegs aber Übergriffe auf andere Gebiete, die ebenfalls ihre selbständige Berechtigung haben. So wenig wir die Kirche durch den Staat beknechten lassen wollen, so wenig wollen wir, dass der Staat in der Kirche aufgehe, dass die äussere Gewalt einer Kirche sich über ihr eigenes Gebiet hinaus erstrecke. Denn die Freiheit, welche wir für uns in Anspruch nehmen, müssen und wollen wir auch andern lassen.»[378] Jakob Dubs hätte seine kirchenpolitischen Anliegen nicht wesentlich anders formulieren können.[379]

Die Kontrahenten im Kulturkampf waren zu derart differenzierten Betrachtungen unfähig. Dem Zwang der kirchlichen Dogmen und Verbote stand der Anspruch des Staates gegenüber, die Gesinnung zu reglementieren. Das Schauspiel des von Bismarck inszenierten Kulturkampfs im Deutschen Kaiserreich rief auch in der Schweiz Populisten und Volkstribune auf den Plan. In zwei Fällen – in Genf und im Bistum Basel – wurde ein Szenario geschaffen, das die Aufmerksamkeit der europäischen Staaten erregte und damit die internationale Politik ins Spiel brachte. Die Auseinandersetzung erfasste das Land in unterschiedlicher Weise, denn sie wurde in den Kantonen ausgefochten. Die Eidgenossenschaft war davon in ihren Beziehungen zum Vatikan betroffen. Die Aktionen einzelner Kantone gerieten in internationale Kritik, bei der die Landesregierung angesprochen war.

Wie weit das deutsche Beispiel den Ablauf des Kulturkampfs in der Schweiz gesteuert hat, ist eine Frage, die auch durch weitläufige Spekulationen nicht eindeutig beantwortet wird. Enge Beziehungen gab es zwischen den theologischen und ideologischen Lagern beiderseits der Grenze, zwischen den agierenden Personen und den Politikern und Diplomaten. Fürst Bismarck hatte sich ursprünglich zurückgehalten und «Syllabus» und Vaticanum als innerkirchliche Angelegenheit bezeichnet. Dann erkannte er, dass die Vorgänge in Rom und das Diktat des Papstes sehr wohl einen politischen Charakter hatten. Er mischte sich im März 1870, also noch vor dem Deutsch-Französischen Krieg, massiv in die Beratungen des Konzils ein, das im «Schema über den Glauben» einen Satz einfügen wollte, wonach die Gottlosigkeit der Welt auf den Protestantismus zurückzuführen sei. Der Reichskanzler drohte mit dem Rückzug seines Gesandten und erreichte damit, dass die Formulierung unterblieb.

Nach der Reichsgründung stand Fürst Bismarck vor der Aufgabe, recht unterschiedlich strukturierte Einzelstaaten in den kleindeutschen Rahmen zu integrieren. In Süddeutschland hatte die katholische Kirche eine starke Position, wenn auch in der Hierarchie Uneinigkeit über die angemessene Haltung gegenüber den römischen Glaubenssätzen herrschte. In entscheidenden Fragen zeigten sich die deutschen Bischöfe wankelmütig. Im Jahre 1869 hatten sie gegen eine Verkündung der Unfehlbarkeit Bedenken angemeldet, im August 1870 forderten sie von den Gläubigen in einem Aufruf Unterwerfung unter das Römer Diktat.

Die deutschen Katholiken standen nach der Reichsgründung im Verdacht, Anhänger einer grossdeutschen Lösung zu sein, die auch Österreich umfassen würde. In dieser Richtung wirkte in Österreich Karl Freiherr von Vogelsang, der Theoretiker des christlichen Sozialismus. Der Adlige aus Mecklenburg hatte den katholischen Glauben angenommen und setzte auf eine deutsche Einheit, in der die Donaumonarchie nicht fehlen durfte.

Jedes Rütteln an der preussischen Vorherrschaft grenzte für den Fürsten Bismarck an Landesverrat. Doch die Auseinandersetzung mit der katholischen Partei des Zentrums begann auf einem andern Gebiet. Die klerikale Fraktion verlangte von der Regierung eine diplomatische Aktion zugunsten einer Wiederherstellung des Kirchenstaats, oder mit andern Worten, eine offene Einmischung in die Angelegenheiten Italiens. Dann forderte sie, dass in die Reichsverfassung sogenannte «Grundrechte» aufgenommen würden, die jedes staatliche Aufsichtsrecht über die Kirche ausschalten würden. Bischof Wilhelm Emmanuel von Ketteler, selber Abgeordneter im Reichstag, sprach von einer «Magna charta des Reichsfriedens». All das klang nach Syllabus. Beim Bemühen, ihren Gläubigen den Katalog der Irrtümer zu erläutern, war der Klerus aggressiver geworden. Da konnte die harte Antwort des Staates nicht ausbleiben. Für die nun anhebende Auseinandersetzung prägte der katholische Abgeordnete Rudolf Virchow den Begriff «Kulturkampf». Es ging nicht a priori um theologische Debatten. Wichtiger war für den Reichskanzler die Sicherung der deutschen Einheit, die er zum Beispiel als Kampf gegen den «Polonismus» führte, der für preussische Begriffe in unerträglicher Weise nationalpolnische Bestrebungen mit kirchlichen Machtansprüchen verband.[380]

Wenn Bismarck den Kulturkampf in die Schweiz exportierte – so empfand man es jedenfalls in römisch-katholischen Kreisen –, war das kein religiöser, sondern ein politischer Akt. Die jeweiligen diplomatischen Schachzüge erfolgten stets mit Blick auf Frankreich, das man bereits wieder als zukünftigen Kriegsgegner sah. Auch der schweizerische Gesandte in Berlin meinte, das deutsche Interesse am schweizerischen Kirchenkampf sei anti-französisch motiviert.[381] Aus dieser Stimmung heraus kam man in der liberalen Presse zum Teil zu einer Neubewertung des Deutsch-Französischen Krieges. Die «Neue Zürcher Zeitung» schrieb, der Sieg der Deutschen über Frankreich sei ein Glück für die freisinnige Schweiz. Bei einem Volk von so allgemeiner Bildung und sittlicher Kraft wie dem deutschen werde auch der Fortschritt kommen.[382] Der kurzfristig zum Nationalliberalen konvertierte Fürst Bismarck wurde so zum Herold der Gedankenfreiheit.

Frankreich geriet in den Verdacht, die päpstlichen Interessen in der Schweiz zu fördern, eine pauschale Vermutung, die in dieser Form zu keinem Zeitpunkt zutraf. In der turbulenten französischen Innenpolitik der Nachkriegsjahre gab es stets eine klerikale Strömung, die auch über die Grenzen hinaus wirkte. Die Regierungen Thiers und Mac Mahon konnten die kirchenpolitischen Vorgänge in der Schweiz nicht einfach übersehen, denn sie berührten das religiöse Leben beiderseits der Grenze. Aber

Regierung und Diplomatie übten sich in diesen Fragen in vorsichtiger Zurückhaltung. Für Frankreich war ein Konflikt mit der Schweiz unerwünscht.

Der schweizerische Kulturkampf wurde in jenen beiden Regionen zum internationalen Thema, die erst am Wiener Kongress von 1815 definitiv der Eidgenossenschaft zugeordnet worden waren: im Berner Jura und im Kanton Genf. Das Vertragswerk von 1815 und der Turiner Vertrag von 1816 regelten in nicht eben eindeutiger Weise auch die kirchlichen Verhältnisse. Die «Vereinigungsurkunde» bestätigte dem ehemaligen Fürstbistum Basel die freie Ausübung der katholischen Religion, und im Umfeld von Genf wurde den an die Schweiz angeschlossenen sardinischen und französischen Gemeinden der «status quo» in religiösen Belangen garantiert.[383] Mehr als ein halbes Jahrhundert später stellte sich die Frage, was von diesen Verträgen zu halten sei, nachdem sie inzwischen von den meisten Kontrahenten missachtet und beiseite geschoben worden waren. Für den schweizerischen Bundesrat eine heikle Angelegenheit: Ging es jeweils um die Gewährleistung der Neutralität, so pflegte man auf die Garantie der Mächte hinzuweisen, obschon der Bundesstaat von 1848 nicht in jeder Hinsicht mit dem Vertragswerk von 1815 übereinstimmte. Also konnte man auch unangenehme Verpflichtungen, die sich aus den Vereinbarungen ergaben, nicht einfach leugnen. Immerhin erlaubte der Hinweis auf die kantonale Kompetenz in kirchlichen Angelegenheiten, das eidgenössische Pulver möglichst lange trocken zu halten.

Die scharfe Gangart, die Bismarck in Deutschland anschlug, wurde von einigen Kantonen des heterogenen Bistums Basel übernommen. Unter dem Einfluss der altkatholischen Bewegung in Süddeutschland steuerte man auf eine katholische Nationalkirche zu. Es kam schon früh zum Konflikt zwischen den von liberalen Katholiken beherrschten Diözesanständen und Bischof Eugène Lachat, einem gebürtigen Jurassier, der 1870 in sturer Romtreue von den Kanzeln die Unfehlbarkeit des Papstes verkünden liess. Der Bischof wurde im Januar 1873 abgesetzt und aus seiner Residenz in Solothurn vertrieben, worauf er sich vorübergehend in Luzern niederliess. Lachat nannte prompt seine Gegner «les gendarmes de la Prusse».

Internationales Aufsehen erregten die Vorgänge im Berner Jura. Die von den Regierungen der Kantone Bern, Solothurn, Aargau und Basel betriebene Absetzung Bischof Lachats beraubte unter anderem die Kirche im Jura ihres geistlichen Führers.

Das Regime der Berner Radikalen war bestrebt, sämtliche Lebensbereiche in seinen Griff zu bekommen. Die Konfrontation zwischen Bern und seinem Jura hatte im Laufe der sechziger Jahre mit Schulfragen begonnen. Der von Geistlichen und Nonnen betreute Schulunterricht vertrug sich schlecht mit den radikalen Visionen. Die Entfernung der geistlichen Lehrkräfte aus dem Erziehungssystem war deshalb ein zentrales Anliegen der Berner Schulpolitik, widersprach aber eindeutig den Garantien von 1815. Nun war der Konflikt im Jura ähnlich gelagert wie die Auseinandersetzung zwischen «Roten» und «Schwarzen» im französischen Haut-Doubs, die zwischen der Laienschule und den religiösen Kongregationen ausgetragen wurde.[384] Nach der Niederlage Frankreichs im Deutsch-Französischen Krieg gehörte es zum guten Ton, das vom katholischen Geist getragene französische Erziehungssystem für das Fiasko verantwortlich zu machen und die preussisch-deutschen Schulen als leistungsfähiger zu erklären. Wenn sich in der Folge die gar nicht kirchenfreundliche Regierung von Adolphe Thiers gegenüber den Vorgängen im Berner Jura zurückhaltend verhielt, so war das im Blick auf die Parallelität der Vorgänge verständlich. Paris konnte sich nicht als Anwalt einer römischen Kirche aufspielen, die in Frankreich selber das Staatsverständnis der Republikaner anfocht.

Nach der Absetzung Lachats forderte die Berner Regierung jeden einzelnen Geistlichen auf, den Verkehr mit dem Bischof abzubrechen. Die Reaktion war wider Erwarten eindeutig: 97 Geistliche – sozusagen der ganze Klerus des Juras – protestierten gegen die Vertreibung ihres Oberhirten und verwarfen die geplante staatliche Neuorganisation der Kirche. Die revoltierenden geistlichen Herren wurden suspendiert und aus ihren Pfarrhäusern verjagt. Manche flohen über die nahe gelegene französische Grenze und versuchten, heimlich den Kontakt mit ihren Pfarreien aufrecht zu erhalten. Man erzählt aus diesen Tagen tragikomische Details. Da das französische Hoheitsgebiet am Doubs bis zum Schweizer Ufer reicht, genügte es, wenn sich ein fliehender Kleriker mit beiden Füssen ins seichte Wasser des Flusses stellte. Die Berner Polizisten konnten ihm in dieser Lage nichts anhaben.

Man organisierte sich in freien Gemeinden. Zum Missfallen der Behörden fanden in Scheunen sogenannte «Privatgottesdienste» statt. Es begannen die Protestwallfahrten nach der Kapelle Notre Dame du Vorbourg bei Delémont. Als die Kapelle vom Staat der christkatholischen Kirche übergeben wurde, marschierte man nach Mariastein im Solothurner Jura, bis auch dieses Heiligtum aufgehoben wurde. Verbote führten zu nichts. Bern bereitete die militärische Besetzung vor. Der Kanton geriet in Zugzwang, denn es galt, die kirchlichen Verhältnisse mit Hilfe der noch kaum strukturierten christkatholischen Kirche zu ordnen. Es begann eine lächerliche «Pfaffensuche», die den Staat Bern teuer zu stehen kam. Da es an katholischen Priestern, welche die französische Sprache beherrschten, weiterum fehlte, gingen die Agenten der Berner Regierung in Frankreich und Belgien auf Werbereisen. Was sie an Geistlichen und an sogenannten «Aushilfen» mitbrachten, war nicht über alle Zweifel erhaben. Gegen die neuen Pfarrer, die man als «intrus» bezeichnete, herrschte allgemeine Missstimmung, und selbst die grosszügige Besoldung, die der Staat offerierte, vermochte nur kurzfristig über die Isolierung hinwegzutäuschen. Es kam zu Rücktritten, aber auch zu einzelnen Skandalen. So brannte zum Beispiel der Pfarrer von Charmoille mit der Tochter eines Gemeinderats durch und wurde zu einer Gefängnisstrafe verurteilt.

Die jurassischen Katholiken blieben in ihrer grossen Mehrheit der römischen Kirche treu. Daran vermochte auch die militärische Besetzung nichts zu ändern. Zum erstenmal ging die Furcht vor dem Pangermanismus um. Der Staatskatholizismus zerfiel nach wenigen Jahren, und die radikale Übung wurde für Bern zu einem teuern Experiment. Zu einem vernichtenden Urteil kam im Jahre 1877 Ulrich Dürrenmatt, Lehrer und Journalist, der 1873 an das Gymnasium von Delémont gewählt worden war. Von Haus aus kein Freund der römischen Kirche, ärgerte er sich über die hemdsärmeligen radikalen Politiker, die sich als Religionsstifter und Eisenbahnpioniere gebärdeten, wobei es in beiden Fällen zur Pleite kam. «Der jurassische Kulturkampf teilt das Wesen und Schicksal des heutigen Gründerschwindels; denn gleich wie die Haltlosigkeit des letzteren darin besteht, dass er ohne Kapital pomphaft angekündigte Werke ausführen will, so hat es die bernische Kirchenpolitik unternommen, im Jura eine neue, den alten Glauben nur in einem unwesentlichen Punkte negierende Staatsreligion einzuführen, für welche ihr der unentbehrliche Fonds neuer, fruchtbarer Gedanken fehlte.»[385] Dürrenmatt erlebte den Beginn des Kulturkampfs in Delémont aus nächster Nähe: «Nach einigen Monaten des Kulturkampfes, als ich sah, wie man die katholischen Priester einsperrte, zum Lande hinausjagte, verbannte und sogar die Scheunen schloss, wo die Katholiken ihren Gottesdienst hielten, damit sie nicht zum Staatspfarrer müssen, wie man ehrwürdige Geistliche, welche sich durch Wohltätigkeit auszeichneten, zu Schelmen machte, wie man sie ungerecht und unter den absurdesten Beschuldigungen einsteckte, wie man sogar auf die Verbannten schoss, wenn sie über die Grenze kamen, da musste ich bekennen: Mit dem Kulturkampf ist es nichts; der ist nicht ein Werk der Freiheit, sondern der Unterdrückung.»

Bischof Lachat versuchte, aus seinem Fall eine internationale Affäre zu konstruieren, doch seine Vertreibung war weniger als der Genfer Konflikt um Gaspard Mermillod geeignet, über die Grenzen hinweg Aufsehen zu erregen. Er wandte sich an Bischof Dupanloup von Orleans, mit dem auch Bischof Karl Johann Greith von St. Gallen verhandelte.[386] Dupanloup, kein Mann der scharfen Töne, liess sich zu einem offenen Brief verleiten, in dem er die schweizerische Kirchenpolitik kritisierte, ohne dass diese Intervention den betroffenen Katholiken irgendeine Erleichterung gebracht hätte. Sein Votum wurde als Teil jener antischweizerischen Polemik gewertet, die Frankreich immer wieder dem Verdacht aussetzte, sich in Angelegenheiten des Nachbarlandes einzumischen. Der Bundesrat bemühte sich, den Konflikt als kantonale Angelegenheit hinzustellen.

Die französische Diplomatie verfolgte beflissen die Berner Kirchenpolitik, die sich mehr auf die Polizei als auf religiöse Argumente verliess. Das radikale Vorgehen hatte immerhin eine Grenzregion in Unruhe versetzt. Die Kommentare des Gesandten in Bern, Pierre Lanfrey, waren deutlich, versuchten aber in keiner Weise, der Landesregierung eine direkte Verantwortung zuzuschieben.

Als Bischof Claudius Henricus Plantier von Nîmes, ultra-orthodoxer Anhänger Roms und Gegner des gemässigten Monsignore Dupanloup, in einem Brief die schweizerische Regierung beschimpfte und den Verdacht äusserte, der Kulturkampf in der Schweiz werde von Deutschland gesteuert, wurde ein ernsthaftes Gespräch zwischen dem Gesandten Kern und Aussenminister Charles de Remusat fällig. Man legte Wert darauf, den privaten Charakter der Unterhaltung zu betonen, denn der Kulturkampf konnte kein bilaterales Thema zwischen den beiden Nationen sein. Er habe «comme simple particulier» gesprochen, schrieb Johann Konrad Kern am 22. März 1873 an Bundespräsident Paul Jacob Cérésole.[387] De Remusat, selber ein kritischer Katholik, bedauerte, dass sich in Frankreich Figuren wie der Bischof von Nîmes Gehör verschafften. Mit einem staatlichen Eingriff sei aber nichts zu erreichen. Er setzte zu einer moderaten Kritik der radikalen Berner Kirchenpolitik an: «L'expérience prouve malheureusement que, même lorsqu'on n'a pas tort, on est toujours le plus souvent forcé de faire certaines concessions auxquelles on se serait refusé au début, parce que les populations réclament la célébration du service religieux, et qu'en mettant de côté les curés ou les évêques reconnus à Rome, on se trouve dans l'impossibilité de les remplacer. Alors même, qu'on leur trouverait des successeurs, ceux-ci sont repoussés par Rome, et les populations qui ont encore la foie catholique se livrent à des agitations dangereuses. Je m'éffrayerais par exemple, de suspendre en France une centaine de curés à la fois, ne sachant pas comment les remplacer (...)». Der französische Aussenminister nahm mit diesem Kommentar genau das vorweg, was sich in der Folge im Berner Jura abspielte.

Im Bundesrat waren die Meinungen zum Berner Kirchenkampf geteilt. Einig war man sich im Bemühen, die Angelegenheit unterhalb der eidgenössischen Ebene zu halten. Beschwerden und Eingaben aus dem Bistum Basel wurden beiseite geschoben oder mit fragwürdigen Begründungen abgewiesen. Für den radikalen Bundesrat Carl Schenk war es Sache des Staates – in diesem Fall des Kantons –, das Seelenheil der Bürger zu verwalten. Der Widerstand der jurassischen Katholiken grenzte für ihn an Landesverrat. Anders die Haltung Friedrich Emil Weltis, der dem Kulturkampf wenig abgewinnen konnte und der in der religiösen Auseinandersetzung eine Gefährdung der eidgenössischen Einheit sah. Er legte Wert darauf, den Berner Kirchenkampf in sein regionales Umfeld zu verbannen. In diesem Punkt stimmte er mit dem katholischen Föderalisten Philipp Anton von Segesser überein, der aus ganz andern Gründen den Bund aus dem Kulturkampf heraushalten wollte. Eine Schiedsrichterrolle der Landesregierung hätte für den Luzerner Politiker eine Stärkung der Zentralgewalt bedeutet. Eben das war für von Segesser das entscheidende Thema bei den Verfassungsreformen von 1872 und 1874.

Bischof Lachat, dem politisches Empfinden abging, stand sich im Grunde genommen selber im Wege. Die an Wirrungen reiche Berner Kirchenpolitik bot durchaus Ansätze, die Dinge zugunsten der katholischen Anliegen zu wenden. Das traf vor allem bei der vom Staat verordneten Wahl der Pfarrer durch die Gemeinden zu, die bei der allgemeinen Stimmung im Jura nur zugunsten der katholischen Kirche ausgehen konnte. Lachat lehnte diese demokratische Variante ab. Klerikale Prinzipientreue und Selbstmitleid trübten den Blick des beiseite geschobenen Prälaten für eine Realität, die in andern schweizerischen Diözesen zum Gewohnheitsrecht gehörte. In Rom intrigierte der Genfer Störenfried Mermillod bei Pius IX. gegen jede Konzession an den Staat und traf damit auch die Interessen der jurassischen Katholiken, die auf die Dauer den Belagerungszustand durch einen modus vivendi ersetzen wollten.

Eine Lösung in der Frage der Pfarrwahl war erst nach dem Tode des unversöhnlichen Papstes im Jahre 1878 denkbar. Der Redaktor der Zeitung «Le Pays» in Pruntrut, Ernest Daucourt, erreichte vom liberaleren Nachfolger Leo XIII. die Zustimmung zur Wahl der Pfarrer durch die Gemeinden.[388] Im selben Jahr erliess der Kanton Bern eine Amnestie für die vertriebenen Geistlichen. Nun ging es noch darum, dem auch in katholischen Kreisen umstrittenen Bischof Lachat einen einigermassen würdigen Abgang zu ermöglichen. Man schob den erbitterten Prälaten als Leiter eines neu geschaffenen Apostolischen Vikariats in den Kanton Tessin ab. In den achtziger Jahren wurde der umgängliche Friedrich Fiala neuer Bischof von Basel. Er trug nach bestem Vermögen zum Abbau der Kampfstimmung bei. Zu diesem Zeitpunkt war das internationale Interesse am Berner Jura kaum noch vorhanden.

Kurioserweise hing die allmähliche Entspannung in der jurassischen Kulturkampfszene auch mit dem Bahnbau zusammen. Die im Jahre 1877 eröffnete Bahnlinie Delsberg-Pruntrut war das Werk des radikalen Jurassiers Pierre Jolissaint, von dem man erzählte, er habe bei der Jurabahn vom Direktor bis zum Barrierenwärter nur «scharlachrote Radikale» angestellt. Die von der Regierung verschuldete Pleite der Bern-Langnau-Luzern-Bahn setzte der radikalen Herrschaft in Bern erheblich zu, so dass auch die Lust an kirchenpolitischen Experimenten schwand. Im Laufe der Jahre kehrten die vertriebenen Geistlichen zurück, die Kirchen wurden dem römisch-katholischen Kult wieder geöffnet und die Gemeinden bildeten sich neu. Bei den katholischen Jurassiern blieb jedoch ein Trauma zurück, das die Haltung der Region bis in die Gegenwart hinein beeinflusste und schliesslich den entscheidenden Anstoss für die Trennung von Bern gab.

Gefährliche Dimensionen nahm der Konflikt in Genf an. Die Eidgenossenschaft wurde durch die Vorgänge in der Rhonestadt stärker herausgefordert als durch den Kirchenkampf im Bistum Basel. Es ging nicht bloss um kirchenpolitische Differenzen zwischen ungleichen Kontrahenten, sondern um persönliches Machtgehabe und Geltungsdrang führender Persönlichkeiten. Was als «Fall Mermillod» an die Öffentlichkeit trat, wurde zur schweizerischen Affäre, die rasch die Grenzen des Kantons und der Diözese Lausanne sprengte. Der Vatikan engagierte sich mit offensichtlich geplanten und, wie man vermutete, vom intrigierenden Gaspard Mermillod inspirierten Provokationen, die unweigerlich zur Konfrontation mit der Landesregierung führten. Betroffen fühlte sich auch Frankreich, das sich auf die Verträge von Wien und Turin berief, obschon dieser völkerrechtliche Aspekt in Bern bestritten wurde.

Ein gelegentliches Donnergrollen aus Berlin liess ahnen, dass Fürst Bismarck sich um die Genfer Szene intensiver kümmerte als um den Berner Jura. Für die deutsche Regierung war Genf ein Zentrum internationaler Agitation, handle es sich nun um Sozialisten, Anarchisten oder Ultramontane. Aus den Berichten Bernhard Hammers geht hervor, dass der «leitende Staatsmann» – so pflegte der schweizerische Gesandte den Reichskanzler zu bezeichnen – entgegen seiner üblichen Zurückhaltung stets zu einem Gespräch bereit war, wenn es um den Kulturkampf ging.[389] Deutschland überwache den Ultramontanismus überall, auch in Frankreich, denn es handle sich um eine «lutte à outrance», liessen deutsche Diplomaten in Paris verlauten.[390]

Der Genfer Kulturkampf war für Berlin ein Konflikt, der ebensosehr Frankreich wie die Schweiz betraf. Im Jahre 1870 kamen in Genf die von Antoine Carteret geführten Radikalen an die Macht und verdrängten das Regime des liberalen Philippe Camperio. Die neue Garde vollzog eine scharfe kirchenpolitische Wende, denn in Carterets politischer Philosophie gab es keinen Raum für den seinerzeit von James Fazy geübten behutsamen Umgang mit den Katholiken. Die neue Kantonsregierung verstaatlichte in einem Kirchen- und Schulgesetz das kirchliche Leben, ordnete die Volkswahl der Geistlichen an und verbot den Schulunterricht durch religiöse Kongregationen. Davon waren vor allem die Schulen in den neunzehn ehemals sardinischen Gemeinden betroffen, die ein gewisses Eigenleben führten und politisch noch nicht integriert waren. Lehrer und Nonnen der Kongregationen stammten meistens aus Frankreich, das sich als Rechtsnachfolger Sardiniens durch die radikale Politik gegenüber seinen ehemaligen Bürgern herausgefordert fühlte.

Eine wirkliche Integration der katholischen Landgemeinden war vonseiten der kalvinistischen Stadt nicht erwünscht, denn sie konnte auf die Dauer politische Folgen haben. Die Zahl der Katholiken im Kanton übertraf jene der Protestanten, doch das blieb für die Politik vorläufig unerheblich, weil ein bedeutender Teil der Bevölkerung französischer Nationalität war. Bis zum Jahre 1819 hatten die sardinischen Gemeinden zum Erzbistum Chambéry gehört, eine über die Grenze reichende Bindung, die in der Eidgenossenschaft unerwünscht war. Dann wies der Papst die neunzehn Pfarreien der Diözese Lausanne zu. Die Beziehungen zum neuen Bistum blieben locker. Die Integration war durch kein Konkordat abgesichert, was sich im Kulturkampf als verhängnisvoll erwies. Der Vatikan stellte sich später auf den Standpunkt, die Angliederung der sardinischen Gemeinden an eine schweizerische Diözese sei ein einseitiger Gnadenakt des Papstes gewesen, der jederzeit widerrufen werden könne.

Was die kirchlichen Rechte der neu an Genf angeschlossenen Gemeinden betraf, beriefen sich die Katholiken auf das Protokoll des Wiener Kongresses vom 19. März 1815, das als zentralen Punkt festhielt: «La religion catholique sera maintenue et protégée de la même manière qu'elle l'est maintenant, dans toutes les communes cédées par Sa Majesté le Roi de Sardaigne et qui seront réunies au Canton de Genève.»[391] Dazu kam die Bestimmung, dass die Schulmeister in Gemeinden mit überwiegend katholischer Bevölkerung katholischer Konfession sein mussten. Die katholische Kirche mit ihren Geistlichen sollte wie die protestantische vom Kanton unterhalten werden: «L'Eglise catholique actuellement existante à Genève y sera maintenue telle qu'elle existe à la charge de l'Etat.»

Die römische Kirche stellte als in den Kanton integrierte Institution eine beachtliche Kraft dar, die Carteret mit allen Mitteln brechen wollte. Es darf nicht übersehen werden, dass sie sich keineswegs homogen präsentierte. Zwischen den städtischen Katholiken und jenen der sardinischen Gemeinden gab es soziale und politische Differenzen. Auch fühlte sich nicht jedermann dem ultramontanen Kurs des Monsignore Mermillod verpflichtet.

Ohne die doktrinäre Haltung der beiden Gegenspieler Carteret und Mermillod hätte der Kulturkampf in Genf kaum jene Dimensionen angenommen, die für das ganze Land zur Belastung wurden. Gaspard Mermillod, Pfarrer von Carouge, hatte sich zehn Jahre zuvor als eidgenössischer Patriot betätigt, der in engem Schulterschluss mit den Radikalen sich in der Auseinandersetzung um Nord-Savoyen auszeichnete. Inzwischen hatte sich der wendige Prälat in seinem ungezügelten Ehrgeiz kirchenpolitischen Zielen zugewandt, das ihm bei den kalvinistischen Genfern keinen Applaus eintrugen. Die nicht in jeder Hinsicht klaren Verhältnisse innerhalb des Bistums Lausanne öffneten seiner Betriebsamkeit ein weites Feld. Enge Beziehungen zu Politikern des Zweiten Kaiserreichs und zur Hierarchie im Vatikan verliehen seinen Manipulationen und Intrigen einen grenzüberschreitenden Charakter.

Bereits im Jahre 1865 wurde die Lunte ans Pulverfass gelegt, als der Pfarrer von Carouge unter dem nichtssagenden Titel «Bischof von Hebron» zum Hilfsbischof der Diözese Lausanne und Apostolischen Administrator von Genf ernannt wurde. Wie ernst diese Konstruktion gemeint war und wie es sich in Tat und Wahrheit mit der Unterstellung verhielt, blieb offen. Es war schwer zu erkennen, ob der in Genf residierende Monsignore der Vertreter des Bischofs Etienne Marilley von Fribourg war oder ob die Bindung direkt nach Rom führte. Marilley selber schien über die faktische Abspaltung Genfs von seinem Bistum Lausanne nicht erbaut zu sein. Sein vitaler Hilfsbischof nahm auf innerkirchliche Sensibilitäten wenig Rücksicht. Doch mit den Jahren fügte er sich resigniert der offensichtlich von Rom unterstützten Politik von Mermillod. Die Genfer Regierung betrachtete die kirchenpolitische Entwicklung mit Besorgnis, aber das in den sechziger Jahren herrschende Regime Campérios vermied eine harte Konfrontation mit der katholischen Kirche.[392] Der eigentliche Kampf blieb Carteret vorbehalten.

Nach der Infallibilitätserklärung durch das Konzil, von Mermillod in seinen Kirchen wortgewaltig verkündet, nahm der Verdacht, der Vatikan wolle in Genf ein eigenes Bistum errichten, konkretere Gestalt an. Der Apostolische Vikar gebärdete sich als Bischof der Rhonestadt, der seinem Vorgesetzten in Fribourg in keiner Weise Rechenschaft schuldete. Mermillod war für den streitbaren Pius IX. eine wertvolle Figur. Seine Reisen nach Rom galten offensichtlich dem Plan, in Genf vollendete Tatsachen zu schaffen. Ein Konkordat existierte nicht, und dem schweizerischen Anspruch, wonach Bistumsgrenzen nur mit Zustimmung von Bund und Kantonen verändert werden durften, stand die vatikanische Rechtsauffassung entgegen, die staatliche Einmischung in kirchliche Angelegenheiten ablehnte.

Am 24. Juli 1872 erschien in der «Gazette de Lausanne» eine Meldung, nach der Rom in Genf eine neue Diözese geschaffen und Monsignore Mermillod zum Chef ernannt habe. Die Notiz löste bei der Genfer Staatsregierung Alarm aus, und auch die Bundesbehörden zeigten sich betroffen. Ein Zeitungsartikel genügte aber nicht als Vehikel für diplomatische Aktionen. Dennoch bemühte sich Bundespräsident Welti, in Gesprächen mit dem päpstlichen Nuntius Giovanni Battista Agnozzi der Sache auf den Grund zu gehen. Agnozzi übte sich in wortreicher Dialektik und versuchte, die Situation in Genf als unverändert darzustellen. Seine Gespräche mit Welti liessen vermuten, dass eine Einigung denkbar sei. Erst in den kommenden Monaten wurde deutlich, dass der Nuntius eine Nebenfigur war und mit den kirchlichen Entscheidungen kaum etwas zu tun hatte.

In einem Rundschreiben an die diplomatischen Vertreter vom 31. August 1872 äusserte der Bundespräsident die Vermutung, Rom wolle in Genf ein katholisches Zentrum errichten: «Toutefois, on peut affirmer sans crainte que la tendance du St-Siège est de fortifier l'organisation ecclésiastique du Canton de Genève et de la rendre aussi indépendante, que faire se pourra, de celle du diocèse de Lausanne. Depuis de longues années, Rome travaille à transformer la ville qui a toujours été considéré comme la capitale du protestantisme en une importante station catholique. A l'heure qu'il est, déjà la majorité de la population lui est acquise et elle a pour la diriger un Evêque actif et de grands talents au coeur même de la place.»[393] In den folgenden Gesprächen, die sich um den Status des Bischof von Hebron drehten, räumte der Nuntius ein, dass Mermillod nicht mehr Bischof Marilley unterstehe und seine Weisungen direkt aus Rom beziehe.

Der Konflikt brach offen aus, als Pius IX. in einem Breve vom 16. Januar 1873 die Errichtung eines Apostolischen Vikariats für den Kanton Genf und die Übertragung der Leitung an Gaspard Mermillod ankündigte. Die päpstliche Verordnung wurde auf den Kanzeln Genfs verlesen, bevor die Staatsregierung davon Kenntnis hatte. Der Nuntius versuchte, in Bern den Schaden zu begrenzen, doch es war zu spät. Der Bundesrat liess Agnozzi wissen, dass er die einseitig vorgenommene Änderung in der Organisation des Bistums Lausanne als null und nichtig betrachte und jeder Abtrennung von Genf seine Zustimmung versage.[394] Man werde auch einen entsprechenden Akt kirchlicher Würdenträger zu verhindern wissen. Gleichzeitig forderte die Landesregierung den Genfer Staatsrat auf, von Mermillod eine eindeutige Stellungnahme zu verlangen.

Der neue Apostolische Administrator antwortete ausweichend und arrogant. Es sei keine neue Diözese geschaffen worden, die Massnahme sei vorübergehend und könne jederzeit widerrufen werden. Die Rechte des Staates würden überhaupt nicht berührt. Er, Gaspard Mermillod, werde den Auftrag annehmen: «(...) il ne me reste, Messieurs, qu'à vous déclarer que je ne puis, que je ne dois cesser des fonctions purement spirituelles, trahir une mission évangélique et déserter un apostolat sacré qui m'est confié par le Chef Suprême de l'Eglise.»[395]

Die Weigerung des Bischofs von Hebron, auf die vom Papst verliehene neue Würde zu verzichten, zwang die kantonalen und die eidgenössischen Behörden zu einer Entscheidung. Was nun folgte, war ein politischer Handstreich. Der Genfer Staatsrat setzte Mermillod als Pfarrer von Carouge ab, und am 17. Februar 1873 liess der Bundesrat den Apostolischen Vikar durch einen Gendarmen an die Grenze stellen. Dieser fragwürdige Akt, der einen Schweizer Bürger traf, löste in der Schweiz und in der europäischen Diplomatie eine breite Debatte aus. Die Landesregierung geriet in ein schiefes Licht, denn sie hatte nicht einmal versucht, Mermillod ein strafrechtlich relevantes Verhalten nachzuweisen. Ob ein gerichtliches Verfahren einen juristisch sauberen Befund ergeben hätte, lässt sich schwer abschätzen. Die im Kulturkampf herrschende Stimmung scherte sich wenig um Paragraphen. Man konnte sich in Bern auf den Jubel in radikalen und liberalen Kreisen verlassen, da man die kirchenpolitischen Anliegen wenn nötig mit Hilfe der Polizei durchsetzen wollte. Nach Lachat war nun der zweite ultramontane Anführer aus seinem Amt vertrieben.

Bischof Mermillod hatte sich in der katholischen Schweiz mit seinem schwer durchschaubaren Gebaren nicht nur Freunde geschaffen. Man geisselte seine Abschiebung als Rechtsbruch, doch in der Sache blieb man gegenüber den ehrgizigen Plänen des Prälaten auf Distanz. Philipp Anton von Segesser meinte: «Es gibt in der Schweiz noch andere katholische Interessen zu verfechten als ein Bistum Genf.»[396]

Mermillod residierte inzwischen in Ferney in unmittelbarer Nähe der Genfer Grenze und hielt in diesem komfortablen Exil den Kontakt mit den Genfer Katholiken aufrecht. Sein ausgesprochener Hang zu grossen Gesten kam in einer pompösen Hofhaltung zur Geltung, wobei er mit dem sichtbaren Wohlwollen der lokalen französischen Behörden rechnen durfte.

Wie nicht anders zu erwarten, blieb der Vatikan unbeirrbar bei seiner starren Haltung. Als Pius IX. im November 1873 in der Enzyklika «Etsi multa luctuosa» die schweizerischen Behörden angriff, war für die Landesregierung der Augenblick gekommen, mit der katholischen Hierarchie ein für allemal abzurechnen. In der Sitzung vom 12. Dezember 1873 beschloss der Bundesrat, die Beziehungen zum Vatikan abzubrechen und den Nuntius auszuweisen.

Die internationalen Reaktionen auf die Vertreibung Mermillods zeigten im allgemeinen Verständnis für die politischen Zwänge, die den Bundesrat bedrängten, die Art und Weise der Ausführung rief hingegen kritischen Kommentaren. Grund zu Genugtuung hatte der «leitende Staatsmann» in Berlin. Er verschwieg nicht, dass der Kulturkampf in der Schweiz seinen eigenen Zielen entgegenkam. Der Gesandte Bernhard Hammer teilte dem Fürsten die Nachricht von der Ausweisung Mermillods auf dem schnellsten Wege mit – «mit Umgehung des Auswärtigen Amtes», wie er Bundespräsident Cérésole schrieb. Der Reichskanzler schätzte diese Geste und lud Hammer sogleich zu einer Audienz ein, was der Gesandte als selten verliehenes Privileg betrachten durfte.[397] Bismarck lobte die schweizerische Haltung gegenüber der «kirchlichen Anmassung» und gab seiner Hoffnung Ausdruck, die Eidgenossenschaft werde im Streit mit der Kirche auf ihrem Gebiet keine andere Souveränität dulden als ihre eigene.

Zufrieden mit der schweizerischen Kirchenpolitik war auch die italienische Regierung, die sich auf eine noch nicht abzusehende Auseinandersetzung mit dem Papst eingelassen hatte. Italien pflege vor päpstlichen Verlautbarungen die Ohren zu schliessen, sagte ein italienischer Diplomat dem schweizerischen Legationsrat Lardy in Paris.[398] Das war als guter Rat an die Schweiz gemeint. Österreich und Russland hatten keine Sympathien für den Bischof von Hebron, der sich als williges Werkzeug eines unbeliebten Papstes erwies. Der englische Gesandte Alfred Guthrie Bonar berichtete ausführlich und engagiert an das Foreign Office. Seine Kommentare wurden regelmässig Königin Victoria vorgelegt, die sich mit den in Europa akuten religiösen Fragen auseinandersetzte.[399] Für Bonar galten eher juristische als religiöse Kriterien. Als Schotte hatte er kein Verständnis für die aggressive Politik des Vatikans. Mermillod sah er als üblen Unruhestifter. Doch die Reaktion des Bundesrats fand er verfassungsrechtlich bedenklich und politisch unklug. Auch den Abbruch der diplomatischen Beziehungen zum Heiligen Stuhl betrachtete er nicht als der Weisheit letzten Schluss. Der englische Gesandte verschwieg gegenüber Bundespräsident Cérésole nicht, dass er die schweizerische Kirchenpolitik als wenig durchdacht einschätzte. Doch seine Äusserungen gaben die Meinung eines neutralen Beobachters wieder und waren weit entfernt von einer diplomatischen Intervention. Alles in allem hielt sich das diplomatische Korps in Bern in der Beurteilung der bundesrätlichen Politik vornehm zurück. Immerhin waren kritische Stimmen auch bei Vertretern jener Staaten zu vernehmen, die im Kulturkampf ähnliche Positionen einnahmen.

Kritisch gestalteten sich die Beziehungen zwischen der Schweiz und Frankreich. Neben den Turbulenzen im Jura erregte der Fall Mermillod beim westlichen Nachbarn ungewöhnliches Aufsehen, das durch eine hartnäckige Kampagne der klerikalen Fraktion wachgehalten wurde. Der Bischof von Hebron war in Frankreich wohlbekannt, wenn auch nicht überall geschätzt. Seine Sache fand vor allem bei den französischen Bischöfen engagierte Fürsprecher, die sich in unterschiedlichen Tonlagen zum Thema vernehmen liessen. Die Presse trug in beiden Ländern zum Aufbau von Spannungen bei, die weit über den ursprünglichen Anlass hinaus führten. Hätte die Angelegenheit einen rein bilateralen Charakter gehabt, so würde man die vorhandenen Peinlichkeiten vermutlich beiseite geräumt haben. Doch im Hintergrund wirkte der Kulturkampf Bismarcks mit dem Anspruch, die ultramontane Kirche überall in Europa in die Schranken zu weisen. Also genoss die Schweiz auch in Frankreich deutsche Unterstützung, selbst wenn sie es nicht wünschte.

Die Regierung von Adolphe Thiers reagierte zurückhaltend auf die Ausweisung von Mermillod. Der französische Botschafter in Bern, Pierre Lanfrey, nannte das Vorgehen der Landesregierung die «unabweisliche Konsequenz der blödsinnigen päpstlichen Demarchen und Kundgebungen».[400] Aussenminister de Rémusat erläuterte Minister Kern – durch eigene Erfahrung belehrt –, wie schwierig es sei, gegen den überall präsenten katholischen Klerus anzugehen. Der schweizerische Gesandte bemühte sich redlich, Frankreich von einer Einmischung zugunsten der Kirche abzuhalten, und traf bei Präsident Thiers auf Verständnis. Der französische Staatsmann meinte: «Il n'y a pas jusqu'à ce jour de demande formelle d'intervention en faveur des catholiques en Suisse. Il y a eu seulement des lettres, dont le but était d'attirer l'attention du Gouvernement sur ce qui se passe en Suisse.»[401] Er, Adolphe Thiers, werde sich nicht irgendeinem Druck beugen.

Dann stürzte die Regierung Thiers, da sie im Parlament über keine Mehrheit verfügte. In Bern sah man die Veränderungen mit Besorgnis. Weil unter dem Regime von Mac Mahon bereits wieder von einem neuen deutsch-französischen Krieg gesprochen wurde, zeichnete sich Gefahr für die schweizerische Neutralität ab. Es war für jedermann erkennbar, dass im Staate Mac Mahons der Klerus ein gewichtiges Wort mitreden würde. Das hatte weniger mit einer ultramontanen Gesinnung des Präsidenten als mit dem Umstand zu tun, dass die Regierung im Abgeordnetenhaus auf die Stimmen der romtreuen Katholiken angewiesen war. Der Bundesrat sah sich in seiner Kirchenpolitik herausgefordert und setzte alles daran, eine diplomatische Intervention Frankreichs abzuwenden. Gesprächspartner des schweizerischen Gesandten war nun Ministerpräsident Jacques Victor Albert Duc de Broglie, ein Mann, der Mermillod kannte und sich persönlich für die Genfer Verhältnisse interessierte. Mac Mahon selber mischte sich im Unterschied zu seinem Vorgänger weniger in die Regierungsgeschäfte ein. De Broglie kritisierte scharf die Kirchengesetzgebung Genfs und das Staatskirchentum. Er meinte zu Legationsrat Lardy: «Cette nouvelle loi me paraît bien dangereuse. Vous faites là l'essai de ce que nous appelons la constitution civile du clergé, et je crains que cet essai ne vous réussisse pas mieux qu'il n'a réussi en France. (...) Croyez-moi, vis-à-vis de l'Eglise Romaine, on a rien à gagner avec la violence.»[402]

Mit der Zeit schlug de Broglie härtere Töne an. Man präsentierte gegenseitig unentwegt die selben Vorwürfe. Eine Zeitlang hielt sich das Gerücht, Mermillod werde zum Erzbischof von Chambéry ernannt, was für Genf eine gefährliche Nachbarschaft ergeben hätte. Der französische Ministerpräsident wies den Verdacht zurück. Es komme für diesen Posten nur ein Franzose in Frage. Der schweizerische Gesandte beklagte sich über die masslose Agitation der Bischöfe und der von der Regierung abhängigen Presse, de Broglie regte sich über die Kirchenpolitik Genfs und über die Indiskretionen der schweizerischen Presse auf, die jeden Dialog zerredete. Es standen auch die Verträge von 1815 zur Debatte, soweit sie sich auf die sardinischen Gemeinden bezogen. Die französische Regierung bestand auf der Gültigkeit der gewährten Privilegien, die schweizerischen Diplomaten beriefen sich auf die Bundesverfassung von 1848, die beiden Konfessionen die selben Rechte einräumte.

Eine unbedeutende Episode trübte zusätzlich die Stimmung. Die französische Botschaft in Bern übernahm die Archive des päpstlichen Nuntius in Luzern, was bei der Landesregierung den Verdacht weckte, Frankreich werde die Interessen des Vatikan in der Schweiz vertreten, obschon die Beziehungen endgültig abgebrochen waren. In Wirklichkeit ging es nur darum, die Papiere der aufgelösten Nuntiatur in Sicherheit zu bringen.

Im Dezember 1873 fasste der Bundespräsident in einem Schreiben an Legationsrat Lardy, der den erkrankten Gesandten vertrat, seine Gedanken zum schlechter gewordenen Verhältnis zwischen den beiden Nachbarn zusammen und sprach von der Gefahr internationaler Verwicklungen: «Les attaques dont la Suisse est l'objet systématique dans les journaux même officieux, produisent dans l'opinion publique de notre pays une assez grande irritation. On veut y voir l'expression des sentiments du Gouvernement lui-même. (…) On croirait par moments qu'il existe en France un parti dont le but est de nous jeter dans les bras de ceux que les Français considèrent comme leurs plus implacables ennemis et vis-à-vis desquels nous sommes restés et resterons à l'avenir complètement indépendants. Si vous avez l'occasion de toucher ce sujet, le plus grave et le plus vibrant de ceux qui peuvent être discuté entre la France et nous dans ce moment, faites-le avec une entière franchise.»[403] Noch einmal erwähnte Cérésole den Bischof von Nîmes, der die Schweiz «un vil satellite de Berlin» genannte hatte.

Die französisch-schweizerischen Spannungen im Fall Mermillod wurden in Berlin mit Interesse registriert. In der französischen Hauptstadt nahm sich der deutsche Botschafter Harry Graf von Arnim der Sache an, wie aus seinen Gesprächen mit dem schweizerischen Gesandten hervorgeht. Für die politische Stimmung entscheidend war aber der Wille des Reichskanzlers, den Fall unter seiner Kontrolle zu halten. In einem Gespräch vom 28. Mai 1873 mit Bernhard Hammer machte er diese Absicht deutlich: «Der Fürst erwähnte in Übereinstimmung mit Ihrer confidentiellen Depesche vom 2. Mai, dass nach dem Bericht des deutschen Botschafters in Paris die klerikale Parthey in Frankreich die grössten Anstrengungen mache, die französische Regierung zu einer Pression gegen die Schweiz mit Rücksicht auf die dort waltenden kirchlich-politischen Conflicte zu veranlassen. Er (der Fürst) habe den Botschafter in Paris (noch vor dem Sturz von Thiers) beauftragt, diesem Andrängen der Clerikalen auf die französische Regierung entgegenzuwirken. ‹Frankreich›, sagte der Fürst annähernd wörtlich, ‹würde sich sehr täuschen zu glauben, gegen die Schweiz eine bedrohliche Sprache führen zu können, ohne selbst wieder von Deutschland bedroht zu werden. Hat Europa an der Neutralität der Schweiz ein allgemeines Interesse, so hat Deutschland an der Selbständigkeit der Schweiz ein ganz besonderes, und noch viel stärkeres Interesse›.»[404]

Eben diese Protektoratsrolle schuf für die Schweiz schwer abzuschätzende Gefahren, denn zwischen Deutschland und Frankreich ging es nicht bloss um ein kirchenpolitisches Geplänkel. Wie gefährlich nahe Kulturkampf und Kriegsvorbereitung gerieten, geht aus den Berichten von Minister Hammer hervor, der als ceterum censeo den zukünftigen Krieg beschwor und darin die Schweiz als unfreiwilligen Partner sah. Im April 1874 schrieb der Gesandte an Bundespräsident Carl Schenk: «Unterlassen will ich nicht, darauf hinzuweisen, dass selbst Männer, welche entschieden regierungsfreundlich, den katholischen Glaubensinhalt mit der modernen Geistesentwicklung und die katholische Kirchenverfassung mit dem modernen Staatsgedanken für unverträglich halten, dennoch den Zeitpunkt für die Auseinandersetzung mit Rücksicht auf den bevorstehenden zweiten Krieg mit Frankreich übel gewählt zu finden geneigt wären, wenn wirklich von einer Wahl dieses Zeitpunktes von Seiten des leitenden Staatsmannes die Rede sein könnte. (…) Was die Kriegsgefahr selbst betrifft, so bestätige ich heute in verstärktem Masse die in meinem politischen Berichte vom 28. Juli 1873 ausgesprochene Ansicht, dass nicht ein zweiter Krieg mit Frankreich überhaupt, sondern nur der Zeitpunkt, wann derselbe ausbrechen werde, fraglich sey. Diese Auffassung ist in Deutschland eine so allgemeine, dass man die an Frankreich – zwar nicht in Form einer Circulardepesche – erlassene Drohung, den Zeitpunkt für Wiederbeginn des Krieges nach eigener Convenienz Deutschlands selber bestimmen zu wollen, hier allgemein ganz selbstverständlich findet.»[405]

Oberst Hammers offensichtlicher Hang zu militärischen Themata führte ihn auch zu Spekulationen über die zukünftigen Kriegsereignisse. Die deutschen Rüstungen würden nach Meinung des Generalstabs im Frühling 1875 abgeschlossen sein, Frankreich hingegen benötige noch einen Zeitraum von 7 bis 8 Jahren. In Bezug auf die Schweiz dozierte Hammer: «Der Frankfurter Friede hat Frankreich strategisch in eine Lage versetzt, welche es bei einem künftigen Zusammenstoss mit Deutschland nöthigt, in unserm Territorium die Basis eines Offensivkrieges gegen Deutschland zu suchen. Wie ich mehrfach wahrzunehmen Gelegenheit hatte, ist die Ansicht, dass unser Land zum nächsten Kriegsschauplatz bestimmt sein könnte, in militärischen und politischen Kreisen sehr geläufig. Die Lage für uns würde umso verhängnisvoller, als aller Wahrscheinlichkeit nach Italien im nächsten Krieg dazu gebracht werden wird, als Bundesgenosse der einten der kriegführenden Mächte aufzutreten, in welchem Fall gewiss – sonst aber möglicherweise – auch an uns die zwingende Nothwendigkeit herantritt, Parthey zu nehmen.» Frankreich als Angreifer: Damit kolportierte der zukünftige Bundesrat Hammer das im schweizerischen Generalstab gepflegte Klischee und deutete die daraus abzuleitende Partnerwahl an. Von Neutralität war nicht die Rede.

Die Wogen des Kulturkampfs begannen sich in der zweiten Hälfte der siebziger Jahre in ganz Europa zu glätten. Man schien auf beiden Seiten die Lust an der Auseinandersetzung zu verlieren. Für den Bundesrat wichtig war der Umstand, dass der französische Druck auf seine Kirchenpolitik nachliess. In Deutschland musste der Reichskanzler erkennen, dass er den Kampf vielleicht zum falschen Zeitpunkt geführt hatte. Inzwischen waren die Sozialisten für ihn zum Reichsfeind geworden. Der Gedanke an eine «Konvergenz» zwischen katholischer Kirche und Arbeiterschaft bildete ein abschreckendes Szenario, wenn auch in der Realität eine derart unheilige Allianz unwahrscheinlich war. Der Diplomat Bismarck fand einen geschickten Ausweg. Er legte unbekümmert um das Zentrum den Konflikt mit dem zur Versöhnung geneigten Papst Leo XIII. bei. Damit war der Kulturkampf für die katholische Partei vorbei, ohne dass sie beim Friedensschluss ihre Anliegen hätte einbringen können. Der Reichskanzler war in seiner Innenpolitik schon bald auf die Katholiken angewiesen. Da er sich um Ideologien wenig kümmerte, nahm er bei seinen Kehrtwendungen keinen Schaden. Er legte die nationalliberale Verkleidung ab und kehrte als Konservativer zu den preussischen Penaten zurück.

In den vom Kulturkampf erfassten schweizerischen Kantonen fanden sich beide Seiten zu Kompromissen bereit, wenn auch die gegenseitig zugefügten Verletzungen selbst im 20. Jahrhundert noch nicht verheilt waren. Das christkatholische Experiment einer Nationalkirche war ähnlich wie das altkatholische in Deutschland an der konservativen Haltung und an der Romtreue der Katholiken gescheitert. Eine vom Staat dirigierte Kirche sagte den Gläubigen noch weniger zu als die ultramontane Hierarchie, mit der man sich im Laufe der Zeit in manchen Bereichen arrangiert hatte. So blieb die neue Gemeinschaft in ihren Dimensionen begrenzt. Es gab Ausnahmen: Die christkatholische Kirche konnte sich zum Beispiel im Fricktal in einigen Gemeinden dauerhaft einrichten, denn man hatte aus der österreichischen Epoche die josephinische Tradition bewahrt. Anfänglich schien auch das Genfer Unternehmen einer Nationalkirche Erfolg zu haben, das sich auf das Charisma des französischen Predigers Charles Loyson, genannt Père Hyacinthe, stützte. Dann aber brachte Loyson selber das von Carteret errichtete Gebäude zum Einsturz, da er seine religiöse Botschaft nicht unter staatlichem Diktat verkünden wollte.

Der Kulturkampf war in eigenartiger Weise mit den Verfassungsreformen von 1872 und 1874 verknüpft. Die Vorlage von 1872 wurde verworfen, weil die Romandie und die Innerschweiz gegen die zentralistischen Tendenzen kämpften. Zwei Jahre später wirkten kulturkämpferische Motive stärker mit, und die kurzfristige Allianz zwischen Katholiken und Westschweizern zerbrach. Die protestantischen Kantone der Westschweiz stimmten der neuen Vorlage zu, da sie verschärfte kirchenpolitische Bestimmungen enthielt. So gerieten die Katholiken, die sich weder mit der Zentralisierung noch mit den religiösen Ausnahmeartikeln abfanden, in Minderheit. Später überlegte man sich in katholischen Kreisen, ob man nicht mit der Bundesverfassung von 1872 besser gefahren wäre, da sie sich in religiösen Fragen toleranter gab. Doch inzwischen war die Entscheidung gefallen, die den Weg der Katholiken ins Ghetto für Jahrzehnte vorzeichnete.

Eisenbahnen zwischen Kommerz und Politik

Im Wettbewerb der Alpenpässe galt die Regel, dass Kaufleute und Waren jenen Weg wählten, der ihnen den raschesten Übergang anbot. Rasch bedeutete meist auch preiswert und sicher, was in der Zeit des Saumverkehrs und der ersten Bergstrassen eine zweckmässige Organisation des regionalen Transportwesens und ruhige politische Verhältnisse voraussetzte. Der Grundsatz galt auch im Zeitalter der industriellen Revolution. Die gewaltig angewachsene Produktion und ein beträchtlicher kontinentaler Handel waren in der zweiten Hälfte des 19. Jahrhunderts auf ein leistungsfähiges Schienennetz angewiesen, das unter recht unterschiedlichen Bedingungen und unter Zeitdruck quer durch Europa gebaut wurde. Das setzte neue wirtschaftspolitische Normen voraus. Der Abbau alter Hindernisse wie Binnenzölle und monopolistische Transportgenossenschaften konnte nicht von einem Tag auf den andern realisiert werden. In der Schweiz geschah die Öffnung erst mit der Bundesverfassung von 1848. Bis dahin wurden Initiativen im Bereich des Bahnbaus durch unzählige Schikanen gebremst, die teilweise durch das Gebaren der souveränen Kantone, aber auch durch archaische Wirtschaftsstrukturen produziert wurden. Für die Zustände kurz vor der Jahrhundertmitte charakteristisch ist die Tatsache, dass die erste Eisenbahn auf Schweizer Boden über die Grenze ins Land kam: Im Jahre 1844 wurde die Bahn Strassburg–St. Louis von einer französischen Gesellschaft bis Basel weitergebaut.

Der Bahnbau in der Schweiz erlebte nach mühsamem Beginn teilweise chaotische Aktivitäten, die nach kurzer Euphorie zu Verlusten und Pleiten führten. Politischer Ehrgeiz, Bedürfnisse der Wirtschaft und privates Gewinnstreben verhinderten eine langfristige Planung auf nationaler Ebene, die auch den Projekten jenseits der Grenze Rechnung getragen hätte. Schon früh hielt man Ausschau nach ausländischem Kapital, das vor allem in Frankreich zu finden war. Die wichtigsten Geldgeber waren der Crédit Mobilier der Brüder Pereire und die Réunion financière von James Rothschild.[406] Für den unübersichtlichen Bau des Eisenbahnnetzes war das von Alfred Escher gegen Jakob Stämpfli im Parlament erkämpfte Bundesgesetz von

1852 massgebend, das eine schweizerische Eisenbahnpolitik bis auf weiteres verhinderte: «Der Bau und Betrieb von Eisenbahnen im Gebiet der Eidgenossenschaft bleibt den Kantonen, beziehungsweise der Privattätigkeit überlassen.»

Die Landesregierung hatte sich kurz nach der Gründung des Bundesstaats um Ordnung bemüht: In ihrem Auftrag arbeiteten die englischen Experten Robert Stephenson und Henry Swinburne ein Gutachten zur neuen Verkehrspolitik aus. Darin entwarfen sie ein Hauptliniennetz, das Binnen- und Transitverkehr aufnehmen sollte. Die Überquerung der Alpen sahen sie am Lukmanier, den man mit schiefen Ebenen und Seilzug überwinden wollte. Die später gebauten Hauptlinien im Mittelland und im Jura folgten einigermassen den Empfehlungen der Engländer. So wurde Olten zum zentralen Kreuzungspunkt der Ost-West und der Nord-Süd-Transversalen. Die Aufsplitterung des Netzes in verschiedene Gesellschaften, die miteinander im Konkurrenzkampf lagen, erschwerte zum vornherein eine sinnvolle Bewirtschaftung.

Schon früh zeigte sich die Notwendigkeit, das Streckennetz nach Europa auszurichten und an den richtigen Orten die grenzüberschreitenden Anschlüsse herzustellen. Eine schwierige Aufgabe, denn auch die Verkehrspolitik der Nachbarländer war nicht immer transparent und selten auf Zusammenarbeit eingestellt. Die privaten schweizerischen Bahngesellschaften mit ihren kantonalen Konzessionen waren als Partner im internationalen Geschäft nur bedingt geeignet. Die verkehrpolitischen und wirtschaftlichen Bedürfnisse des Landes, die Interessen der betroffenen Regionen und die Wünsche der ausländischen Kontrahenten deckten sich selten mit den Plänen der schweizerischen Eisenbahnbarone. Das galt vor allem für die Projekte, die einen Schienenweg über die Alpen legen wollten. Im Verkehr mit dem Ausland war man genötigt, den Bundesrat als Briefträger einzuschalten, da jedes Geschäft über die Grenzen hinweg einer gewissen Koordinierung bedurfte. Die Landesregierung sollte aber im Dialog mit den Nachbarstaaten keine eigene Meinung äussern, weil sie nach Bundesgesetz keine Eisenbahnpolitik betreiben durfte. Ein heikles Unterfangen, das sich auf die Dauer, wie das Exempel am Gotthard zeigt, nicht durchhalten liess.

Von den fünfziger Jahren an stand das Thema «Alpentransit» im Vordergrund. Es blieb nicht bei einer nationalen Debatte, denn die Überquerung der Alpen berührte die Nachbarn genau so wie die Schweiz. Über Routenwahl, technische und finanzielle Möglichkeiten und politische Opportunität der einzelnen Vorschläge gingen die Meinungen auseinander, doch in einem Punkt war man sich einig: Ein Schienenweg über die Schweizer Alpen musste gebaut werden. Die Route sollte so angelegt sein, dass sie möglichst viel Verkehr in die Schweiz zog, denn es war offensichtlich, dass mit Binnenverkehr eine Alpenbahn nicht finanziert werden konnte. In den Nachbarländern war man zeitlich voraus. Die Eisenbahn über den Brenner wurde 1867 eröffnet, jene durch den Mont-Cenis-Tunnel im Jahre 1871. Die in allen Alpenregionen traditionell herrschende Furcht, umfahren zu werden, war auch auf der schweizerischen Szene ein wichtiges Thema. Beschwörend sprach man von der Schweiz als «Drehscheibe Europas». Kostenlos war diese anspruchsvolle Position nicht zu erlangen.

Ein halbes Jahrhundert später hatte man in der komplexen Materie Erfahrungen gesammelt und wusste besser Bescheid. Bundesrat Robert Comtesse, Vorsteher des Finanz- und Zolldepartements, äusserte sich im Jahre 1908 besorgt zur möglichen Umfahrung des Landes: «C'est une erreur, dont nous risquons d'être victimes, que de croire que le trafic qui arrive aujourd'hui sur nos lignes et spécialement sur le Gothard nous est acquis pour toujours».[407]

Der Bau einer Alpenbahn unter dem Regime des Bundesgesetzes von 1852 kam der Quadratur des Kreises gleich. Allein die Eidgenossenschaft konnte die quer durcheinander laufenden Initiativen auf eine Linie bringen. Die Nachbarstaaten erwarteten von der Schweiz Entscheidungen. Doch eine eigene Meinung zur Streckenwahl war der Landesregierung verwehrt. So verhielt es sich noch im Jahre 1869, als das Gotthardkomitee in Luzern die Vorarbeiten schon weit vorangetrieben hatte und Italien und der Norddeutsche Bund eine schweizerische Stellungnahme verlangten. In einem Brief an den preussischen Gesandten von Roeder deutete Bundespräsident Welti an, wie man den Bundesrat trotz konstitutionellen Hindernissen auf den richtigen Pfad locken könnte:

«Der Bund als solcher darf weder Eisenbahnen bauen noch solche besitzen und betreiben. (…) Es ist leicht einzusehen, dass bei diesen staatsrechtlichen Verhältnissen dem Bunde eine initiative Haltung bezüglich der Alpeneisenbahnen verunmöglicht ist. Die Bundesbehörden dürfen sowenig selbst bauen, als sie berechtigt sind, die Richtung der Bahn vorzuschreiben. Der Bau und Betrieb der Alpenbahn ist wie derjenige jeder andern Bahn der Privattätigkeit und den Cantonen überlassen. (…) Wenn daher eine auswärtige Regierung den Bau einer schweizerischen Alpenbahn in ihrem eigenen Vortheil erachtet und wenn sie überdiess die eine Richtung der andern vorzieht, so darf sie nicht eine staatsrechtlich unmögliche vorgängige Entschliessung der schweizerischen Behörden abwarten, sondern sie wird am besten thun, ihr Interesse durch eigene Initiative sicher zu stellen. Diesen Zweck kann Preussen durch die blosse Erklärung an den schweizerischen Bundesrath erreichen: dass es bereit sei über den Bau einer schweizerischen Alpenbahn in Unterhandlungen zu treten, dass es aber eine eventuelle Theilnahme ausschliesslich dem Gotthard zuwenden werde.»[408] Eine derartige Erklärung werde die Konkurrenzprojekte verschwinden lassen, wenn ihnen die Unterstützung des Auslands entzogen sei. Dann könne auch der Bundesrat aktiv werden. Das hiess im Klartext: Über die schweizerische Alpentransversale hatten die Nachbarstaaten zu befinden.

Emil Weltis kaum getarntes Werben für den Gotthard geschah zu einem Zeitpunkt, in dem Bismarck und die italienische Regierung ihre Wahl bereits getroffen hatten. Seit dem Jahre 1865 wusste man, dass der preussische Kanzler den in der Mitte gelegenen schweizerischen Alpenübergang bevorzugte. In Italien war die Entscheidung im Februar 1866 zugunsten des Gotthard gefallen.[409] Das Gotthardkomitee in Luzern vereinigte inzwischen die sogenannten Gotthardkantone, die sich von der zentralen Transversale einen Nutzen versprachen – Zürich, Bern, Luzern, Uri, Schwyz, Unterwalden, Zug, Solothurn, Basel-Stadt, Baselland, Schaffhausen, Aargau, Thurgau, Tessin – sowie die Schweizerische Zentralbahn und die Nordostbahn.

Diese Interessengemeinschaft hatte sich im Laufe der sechziger Jahre zusammengefunden. Für die Anhänger einer Ostalpenbahn und für die Kantone der Romandie, die eine Simplonbahn wünschten, war gegen diese Mehrheit schwer anzukommen. Die Initianten der offensichtlich benachteiligten Projekte trafen sich mehrmals zu gemeinsamen Veranstaltungen, in denen sie den Bundesrat beschuldigten, entgegen den Gesetzesbestimmungen von 1852 eine auf den Gotthard ausgerichtete Eisenbahnpolitik zu treiben.

Ursprünglich glaubte man, das zentrale Gebirgsmassiv mit seinen langen Zufahrten im Reusstal und in der Leventina verhindere jeden Bahnbau. Der Lukmanier hingegen bot einen verhältnismässig einfachen Zugang zum Langensee und nach dem Piemont. Doch es gab technischen Fortschritt und politische Umwälzungen. Der Rückzug der Österreicher aus der Lombardei und die Einigung Italiens brachten neue Perspektiven. Auch im Tessin änderte sich die Stimmung zugunsten des Gotthard, so dass der Kampf für diesen Weg geradezu zur patriotischen Pflicht emporstilisiert wurde.[410] Einen entscheidenden Anstoss zur neuen Orientierung gab der Eisenbahnbaron Alfred Escher, ursprünglich ein Anhänger des Lukmanierprojekts, der im Jahre 1865 Bismarck von den Vorzügen der zentralen Variante überzeugte. Ein unentwegter Anhänger der Ostalpenbahn, der St. Galler Landammann Arnold Otto Aepli, berichtet darüber in seinen Erinnerungen:

«Es war durch die Zeitungen bekannt geworden, dass im Herbste dieses Jahres (1865) Alfred Escher mit dem preussischen Ministerpräsidenten Bismarck eine Zusammenkunft in Baden-Baden gehabt hatte. Alfred Escher schwankte lange ob er dem Gotthard oder dem Lukmanier sich für die Alpenbahn zuwenden sollte. Er hätte vielleicht dem Lukmanier, durch welchen Zürich an die Alpenbahnlinie zu liegen gekommen wäre, den Vorzug gegeben, wenn sich Wirth-Sand, das Haupt der Vereinigten Schweizerbahnen, dazu verstanden hätte, für die letztere die Verpflichtung einzugehen, nicht etwa durch Herabsetzung des Tarifs auf der Rheinlinie der Zürcher Linie eine verderbliche Konkurrenz zu machen: Wirth-Sand, in törichtem Übermut auf die Hilfe Rothschilds in Paris bauend, ging darauf nicht ein und Escher wandte sich nun definitiv dem Gotthard zu.»[411] Das Lukmanierkomitee und die St. Galler Regierung sandten Aepli nach Berlin in der Hoffnung, er könne bei Bismarck ein gutes Wort für die Ostalpenbahn einlegen. Der St. Galler Politiker schildert die Begegnung, die schliesslich in einer unverbindlichen Unterhaltung endete. Der Reichskanzler meinte, er sei durch Alfred Escher von den Vorzügen des Gotthardprojektes überzeugt worden, doch sei noch keine endgültige Entscheidung getroffen. Aepli hörte im Umkreis des Ministerpräsidenten freundliche Wort und Ratschläge, die vermutlich als Trost gedacht waren. So versuchte der preussische General Wildenbruch den Schweizer mit einem seltsamen Argument auszustatten, sofern er bis zum König gelangen sollte. Es wäre zweckmässig – so sein Vorschlag –, darauf aufmerksam zu machen, «dass die Lukmanierlinie durch protestantische Gebiete von Graubünden geführt werde, während die Gotthardlinie nur katholische Teile der Schweiz berühre». Nun konnte aber die Konfession für die Linienführung einer Alpenbahn nicht entscheidend sein. Aeplis Bemühen um den Lukmanier hat möglicherweise seine politische Karriere beeinträchtigt. Man munkelte später, seine für eine Mehrheit nicht genehme Haltung habe die Wahl in den Bundesrat verhindert.[412]

Der mehr als deutliche Fingerzeig von Bundespräsident Welti an den preussischen Gesandten blieb nicht ohne Folgen. Am 26. März 1869 schrieb Otto von Bismarck an General von Roeder: «Vor drei Tagen hat Italien den Wunsch ausgesprochen, sich mit uns über eine gleichzeitige Action in Bern wegen der Alpenbahn zu verständigen. Ich bin hiezu bereit und zwar zunächst zu dem Zweck, die Entscheidung über die Linie herbeizuführen. Ich werde für den Gotthard stimmen.»[413]

In der Schweiz standen neben verkehrstechnischen und ökonomischen Argumenten auch die politischen und militärischen Aspekte zur Debatte. Es galt, den Kanton Tessin durch einen sicheren Verkehrsweg an die nördlich der Alpen gelegene Schweiz zu binden. In ihrem «Rathschlag betreffend Betheiligung an einer Gotthardbahn», von Bürgermeister und Rat von Baselstadt im Jahre 1865 an den Grossen Rat gerichtet, finden sich die regionalen, nationalen und internationalen Interessen für die gewünschte Alpenbahn: «Für Basel speciell resumirt sich die Frage nun dahin: Eine Lukmanierbahn entzieht uns den ganzen Transit zwischen dem nordöstlichen Frankreich, England, Holland, Belgien, dem Rheinland und dem nordwestlichen Deutschland und Italien, und verlegt den Knotenpunkt dieses kolossalen Verkehrs an das nördliche Ende des Grossherzogthums Baden; unser Verkehr nimmt jährlich ab, sein Gebiet verengert sich; Basel sinkt zu einem Nebenplatz an einer Lokalbahn herab, welche in einer Sackgasse in Luzern verlauft ...»[414] Die Basler Behörden zeigten sich überzeugt, dass die lokalen Bedürfnisse mit den nationalen Ansprüchen übereinstimmten: «Es gereicht uns zu hoher Befriedigung, überhaupt konstatieren zu können, dass unsere speciellen Interessen mit den allgemein schweizerischen in der vorliegenden Frage völlig übereinstimmen.» Der Gotthard sei in Wahrheit die richtige Mitte. Auch die militärischen Gesichtspunkte werden von der Basler Stadtregierung erwähnt: «Ohne uns in militärische Eventualitäten einlassen zu können, erscheint uns doch der hohe Nutzen einer Bahn unwidersprechlich, die durch die Mitte unseres Landes hindurch Tessin mit uns verbindet und die Schweiz in den Stand setzt, auf kürzestem Weg ihre Streitkräfte nach Norden und Süden zu bewegen.» Im Herbst 1869 folgte die internationale «Konferenz in Sachen der Gotthard-Bahn». Bundespräsident Welti präsidierte die Veranstaltung.[415] Die schweizerische Delegation hatte «als oberste Richtschnur für die Verhandlungen im Auge zu behalten, dass die politische Stellung der Schweiz, ihre Unabhängigkeit und Neutralität absolut intakt bleiben soll».[416]

Die Frage, ob die Schweiz mit dem Gotthardvertrag wesentliche Souveränitätsrechte aufgegeben und die Grundsätze der Neutralität beschädigt hat, blieb bis zum Ersten Weltkrieg umstritten. Man mochte sich mit der Behauptung aus der Affäre ziehen, die an Italien und Deutschland gemachten Konzessionen seien ökonomischer Natur und hätten mit Politik nichts zu tun. Tatsache ist, dass die Entscheidung für den Gotthard von den beiden Nachbarstaaten getroffen wurde. Das allein war schon ein politischer Aspekt. Auch bei der Ausführung des Projekts mischten sich die beiden Staaten in alle möglichen Einzelheiten ein. Als die Gotthardbahn wenige Jahre nach Baubeginn in eine schwere Finanzkrise geriet und die Landesregierung das Parlament um eine direkte Subvention angehen musste, legte sie in ihrer Botschaft an die Bundesversammlung vom 25. Juni 1878 ein geradezu naives Geständnis ab, indem sie die Verantwortung für die Wahl des Gotthard auf die ausländischen Partner schob:

«Es ist mehr als begreiflich, dass diese Lösung bei den Kantonen und Landesgegenden, deren Wünsche und Interessen für den Lukmanier oder Splügen sprachen, das lebhafteste Missvergnügen hervorrief; aber es sollte dasselbe doch nicht zu einer völligen Verkennung der Gründe führen, welche die Entscheidung in That und Wahrheit nach dieser Seite gelenkt haben. (...) Von Anfang an täuschte sich niemand darüber, dass die Entscheidung der Frage, welcher schweizerische Alpenpass werde zur Überschienung ausgewählt werden, gar nicht in der Schweiz, sondern in Italien fallen werde. Von diesem Lande aus wurde die ganze Frage einer schweizerischen Alpenbahn zuerst in Bewegung gesetzt, und da kein Zweifel darüber waltete, dass das grossartige Unternehmen nur mit starken staatlichen Subsidien werde realisiert werden können, so musste das Schwergewicht der Entscheidung bei der Auswahl des Passes naturgemäss demjenigen Staate zufallen, der nach dieser Richtung zu den grössten Opfern bereit war, und dies war Italien.»[417]

Italien habe ursprünglich an einen Schienenweg nach dem Bodensee gedacht, sich dann aber von den Vorzügen des Gotthard überzeugen lassen. Deutschland und die Schweiz hätten, so die Version des Bundesrats, gegen diese Entscheidung nichts einzuwenden. Bei der im Jahre 1878 vorgenommenen Sanierung des Gotthard-Unternehmens, die unter anderem Alfred Escher die Präsidentschaft kostete, war die Schweiz wiederum auf die Hilfe Deutschlands und Italiens angewiesen, die mit jeweils 10 Millionen Franken einsprangen. Die Schweiz trug 8 Millionen bei, wobei neben den Gotthardkantonen erstmals auch der Bund seinen Obolus entrichtete. Die Bundesversammlung zeigte sich gnädig und stimmte zu. Ein Konkurs der Gotthardbahngesellschaft hätte üble Folgen gehabt und möglicherweise die Nachbarstaaten veranlasst, den Nachlass zu übernehmen und die Bahn in eigener Regie zu bauen. Ein derartiges politisches Fiasko konnte sich das Land nicht leisten. Nun war man gezwungen, die Zufahrtslinien gegenüber dem ursprünglichen Programm zu reduzieren oder ihren Bau auf einen späteren Zeitpunkt zu verschieben. Noch mehr als zuvor diktierten die ausländischen Geldgeber. Auf schweizerischer Seite schlug man eine fragwürdige Sparübung vor, die an die Pionierzeit der Eisenbahnen erinnerte: Man wollte einige Steilrampen am Gotthard durch schiefe Ebenen mit Seilzug überwinden und anstelle der Bahnlinien am Urnersee und am Lago Maggiore Trajektschiffe einsetzen. Die Delegationen der Partnerstaaten dachten fortschrittlicher und lehnten die knausrige Variante ab.

Die Verfassung von 1874 hatte inzwischen die Kompetenzen des Bundes in der Eisenbahnpolitik erweitert und die Konzessionierung des Bahnbaus der Landesregierung übertragen. Dennoch legte der Bundesrat in seiner Botschaft an das Parlament Wert auf die Feststellung, bei der Gotthardbahn handle es sich um eine Privatbahn: «Wenn wir jetzt mit Bundesmitteln dem Gotthardunternehmen unter die Arme greifen, so gehen wir ja in keiner Weise von dem Prinzipe des Privatbaues ab. Eine vom Bunde subventionirte Bahn bleibt deshalb ebenso bestimmt eine Privatbahn, und wird ebenso wenig eine Staatsbahn, als die von Kantonen subventionirten Unternehmungen deshalb ihren Charakter verändert haben.»

Zu den Gegnern der Gotthardbahn hatten sich seinerzeit neben den Anhängern von Lukmanier und Simplon auch die unerbittlichen Föderalisten gesellt. So verstand es sich von selbst, dass Philipp Anton von Segesser das Projekt von Anfang an ablehnte. Er fürchtete nicht nur die Stärkung der Zentralgewalt, sondern auch die Beeinträchtigung der schweizerischen Souveränität und eine Gefährdung der Neutralität durch die Beteiligung Deutschlands und Italiens.

Wenn Deutschland und Italien eine direkte Alpenbahn durch die neutrale Schweiz wünschten, so durfte man neben den wirtschaftlichen auch politische Motive vermuten. Der Gotthard lag ungefähr in der Mitte zwischen Brenner und Mont-Cenis und versprach nicht nur eine rasche, sondern auch eine von europäischen Turbulenzen verschonte Verbindung. Italien reduzierte seine Abhängigkeit von der ungeliebten Donaumonarchie, wenn es nicht mehr auf die Brennerbahn angewiesen war, und Deutschland wünschte den südlichen Kontrahenten von der französischen Versuchung fernzuhalten und enger an sich zu binden. Als zu Beginn der achtziger Jahre der Dreibund zwischen dem Deutschen Reich, Österreich und Italien politische Realität wurde, gewann auch der militärische Aspekt an Bedeutung. Deutsche und italienische Generalstabsoffiziere tauchten im Reusstal und in der Leventina auf und nahmen Vermessungen vor, die ebensosehr dem geplanten schweizerischen Festungsbau am Gotthard wie der Eisenbahn gelten konnten.[418] Der erste Güterzug, der im Mai 1882 auf der neuen Alpenbahn nach Süden rollte, transportierte Waffen von Deutschland nach Italien.[419] Im deutschen Generalstab widmete man der Gotthardbahn besondere Aufmerksamkeit. Im Jahre 1888 zum Beispiel erkundigte sich Generalstabschef Alfred Graf von Waldersee beim schweizerischen Gesandten Arnold Roth nach dem zweiten Geleise. Er wollte auch wissen, ob im Falle eines Krieges der beiden Verbündeten Italien und Deutschland gegen Frankreich die Alpentransversale für Getreidetransporte offen stehe. Numa Droz, Vorsteher des Politischen Departements, teilte dem Gesandten mit, gegen derartige Transporte sei auch im Kriegsfall nichts einzuwenden. Die Anfrage des Grafen von Waldersee geschah, ohne dass das Auswärtige Amt davon etwas erfahren hatte. Der Generalstabschef legte bei der Konversation Wert auf Verschwiegenheit, denn er wusste, dass der Reichskanzler aussenpolitische Eskapaden der Generäle wenig schätzte.[420]

Planung und Bau der Gotthardbahn beschäftigten während Jahren die europäische Diplomatie. Es war seit langem bekannt, dass Italien sich für eine Bahnverbindung durch die Schweizer Alpen interessierte, und es blieb auch kein Geheimnis, dass das Gotthardkomitee nach Geldgebern in Europa Ausschau hielt. Schon vor Abschluss des Vertrags von 1869 hatte der Bundesrat versucht, London auf das Unternehmen aufmerksam zu machen. Er holte dabei weit aus: Der kürzeste Weg von London nach Brindisi und dem Suezkanal führte seiner Meinung nach über den Gotthard.[421] Die britische Bereitschaft zu finanzieller Beteiligung war aber gering. Englische Diplomaten zeigten sich hingegen über die internationalen Konsequenzen besorgt. Die geplante Bahnlinie wurde als militärische Verbindungsbahn zwischen Deutschland und Italien gesehen, was die schweizerische Souveränität entscheidend hätte beeinträchtigen können.

Zweimal hatte sich der Aargauer Carl Feer-Herzog, Finanzexperte und enger Mitarbeiter Alfred Eschers, um französisches Kapital für den Gotthard bemüht. Ein Erfolg blieb ihm versagt. Der Bundesrat wollte von einer französischen Beteiligung nichts wissen. Alles in allem handelte es sich um einen paradoxen Versuch. Französische Banken und Kapitalgeber hatten in schweizerischen Eisenbahnunternehmungen so viel Geld verloren, dass sie vor weiteren Experimenten zurückschreckten. Zudem erschien eine französische Beteiligung am Gotthard absurd. Man konnte nicht der Gesellschaft Paris-Lyon-Méditerranée (PLM), die nach dem Mont-Cenis und Marseille ausgerichtet war, den Verkehr wegnehmen und über eine ausländische Linie leiten.

Im Jahre 1869 trieb man unverkennbar einem deutsch-französischen Krieg entgegen. Wie sollte Frankreich auf ein Projekt reagieren, das dem mutmasslichen Feind diente? Staatsminister Rouher meinte zum italienischen Gesandten Constantino Nigra: «Nous ne pouvons pas admettre que la direction de cette entreprise fut jamais fusionnée avec la Direction des chemins de fer allemands.»[422] Eigentlich eine bescheidene Forderung, doch an eine Fusion war ohnehin nicht gedacht. Die Gotthardbahn war in Paris unerwünscht, aber man hatte keine Möglichkeit, sie zu verhindern.[423] Nach dem verlorenen Krieg gegen Deutschland war an ein Veto nicht mehr zu denken. Blieb noch der Appell an die Schweiz, zur eigenen Souveränität Sorge zu tragen. Die französische Regierung konnte als Alternative das Projekt einer Simplonbahn vorantreiben, aber es hätte sich dabei um eine politisch motivierte Trotzreaktion gehandelt, die zu jenem Zeitpunkt keinen Erfolg versprach.

So stille Teilhaber, wie man es sich in der Schweiz gewünscht hatte, waren die Partner im Norden und im Süden nicht. Das ständig wachsende wirtschaftliche Gewicht Deutschlands war auch beim Gotthardunternehmen zu spüren. Hier setzte sich der deutsche Vertreter noch in den achtziger Jahren im Verwaltungsrat jeweils im Kommandostil in Szene. Albert Kinel, Geheimer Baurat im Reichskanzleramt, war nicht imstande, Rechte und Pflichten eines Reichsbeamten von jenen eines Verwaltungsrats in der Gotthardbahngesellschaft zu trennen. Seine in preussischer Manier gehaltenen Interventionen sorgten häufig für Unruhe. So sah sich die Landesregierung im Jahre 1885 veranlasst, in der Auseinandersetzung um den sogenannten «Baufondrest» den schweizerischen Standpunkt in einem längeren Memorandum deutlich zu machen.[424] Die Aufsicht des Bundesrats über das Unternehmen war in den Verträgen festgehalten. Die bei der Sanierung von 1878 zurückgestellten Anschlusslinien wurden nach den Anweisungen des Bundes im Laufe der Jahre gebaut. Blieb noch die deutsche Forderung nach durchgehender Doppelspur. Baurat Kinel verlangte von der Gesellschaft, die bescheidenen Überschüsse aus dem Betrieb für den Bau des zweiten Geleises zu verwenden. Der Bundesrat bestritt den beteiligten ausländischen Regierungen das Recht, in dieser Sache mitzureden: «Aus den Verträgen kann eine Verbindlichkeit der Schweiz nicht abgeleitet werden, die Gesellschaft zur Rechnungsstellung über den Bau der Gotthardbahn zu verhalten und es besteht daher auch kein Recht der Subventionsstaaten, aus einem allfälligen Baufondrest Ansprüche in Bezug auf die Verwendung desselben abzuleiten.» Ein zweites Geleise werde gebaut, wenn ein entsprechender Bedarf vom Verkehrsaufkommen her gegeben sei.

Im Februar 1898 wurde in einer Volksabstimmung die Verstaatlichung der schweizerischen Bahnen beschlossen. Die Anhänger der Staatsbahn hatten mit dem Motto geworben: «Schweizerbahnen dem Schweizervolk.» Bis zum Jahre 1903 kaufte der Bund die Hauptlinien auf und integrierte sie in die neuen Schweizerischen Bundesbahnen. Von der Verstaatlichung ausgenommen war vorläufig die Gotthardbahn, da die Verträge einen sofortigen Rückkauf nicht vorsahen. Eine Nationalisierung war rechtlich nur möglich auf dem Umweg über die kantonalen Konzessionen, die entsprechende Klauseln enthielten. Der Bundesrat stellte sich jedoch auf den Standpunkt, die Verstaatlichung sei ein souveränes Recht des Landes, auch wenn Deutschland und Italien nicht zustimmten.

Im Jahre 1904 teilte die Bundesregierung den Partnerstaaten mit, die Verstaatlichung werde 1909 vollzogen, dem frühesten nach den Verträgen möglichen Termin. Die beiden Mächte drückten sich unter allen möglichen Vorwänden um eine rasche Antwort, und ihre Gesandten in Bern fanden stets neue Argumente für das lange dauernde Zögern. Bundesrat Ludwig Forrer, Vorsteher des Post- und Eisenbahndepartements, schrieb im Herbst 1908 verärgert an den schweizerischen Gesandten in Rom, Giovanni Battista Pioda: «So oft ich mit Herrn von Bülow darüber sprach, entgegnete er, die Verzögerung liege bei Italien. So oft ich Herrn Magliano (mit Herrn Cusani habe ich nie darüber gesprochen) fragte, erklärte er, man erwarte in Rom immer noch Berichte aus Berlin. In Bern ist man davon überzeugt, dass diese Verzögerung keine zufällige und keine ungewollte sei, Italien und Deutschland vielmehr absichtlich abwarten, bis die Gotthardbahn verstaatlicht sei, um alsdann mit den Begehren auszurücken und der Schweiz Schwierigkeiten zu bereiten.»[425] Man werde, so der Bundesrat, die Verstaatlichung auf jeden Fall auf den 1. Mai 1909 durchführen.

Der Verdacht Forrers wurde in der Folge bestätigt. Als der Termin nahte, stellten die Subventionsstaaten die rechtliche Position der Schweiz in Frage. Sie verlangten, die Angelegenheit sei einem Schiedsgericht zu unterbreiten. Der Bundesrat lehnte ab, denn die Nationalisierung der Eisenbahnen gehörte seiner Überzeugung nach zu den souveränen Rechten eines Staates. In den neuen Gotthardverträgen vom 20. April 1909 einigte man sich schliesslich auf eine Lösung, die Deutschland und Italien eine unbefristete Meistbegünstigung auf dem ganzen schweizerischen Eisenbahnnetz zugestand. Damit verbunden waren erhebliche Tarifkonzessionen. So gab die Landesregierung die Tarifhoheit und einen wichtigen Teil der Wirtschaftsfreiheit aus der Hand.[426] Die Partnerstaaten verzichteten auf 85 Millionen Franken Aktienkapital. Da eine Rückzahlung ohnehin nicht vorgesehen war und die Entschädigung üppig ausfiel, zeigte man sich in Berlin und Rom zufrieden.

Der Bundesrat versuchte, das gefährliche Zugeständnis nach aussen als rein ökonomischen Handel ohne politische Bedeutung darzustellen. Doch diesmal fand sich die schweizerische Öffentlichkeit mit dem fragwürdigen Geschäft nicht so leicht ab wie in den Jahren 1869 und 1878.

Die Protestbewegung gegen die Gotthardverträge setzte im Jahre 1910 ein. Man empfand die Vereinbarung als politische Kapitulation und als empfindlichen Souveränitätsverlust. Ein besonnener Mann wie Carl Hilty sprach vom «Anfang eines Kollektivprotektorats», vergleichbar mit der Suezkanalkonvention, die Ägypten zum Satellitenstaat machte.[427] Bundesrat Ludwig Forrer, der den Vertrag unterschrieben hatte, wurde als Landesverräter beschimpft.[428] Nationalrat Alfred Frey, Vizepräsident des Schweizerischen Handels- und Industrievereins und Berater des Bundesrats in Fragen des Aussenhandels, rügte die Unfähigkeit der Landesregierung in aussenpolitischen Angelegenheiten. Der Vertrag sei ein «bemühendes Zeichen für die Sorglosigkeit und Zusammenhanglosigkeit in der Führung unserer auswärtigen Angelegenheiten».[429]

Der Disput begann in der mit Spannung geladenen Atmosphäre der Jahre vor dem Ersten Weltkrieg. In der Schweiz sprach man von nationaler Selbstbesinnung, aber die entsprechenden Aktionen – Volksversammlungen, Broschüren, Protestbriefe – bewegten sich auf unterschiedlichem Niveau und wiesen nicht alle in die selbe Richtung. Unbehagen zeigte man angesichts des ökonomischen Gewichts des Deutschen Reiches, das sich in der schweizerischen Wirtschaft massiv etabliert hatte. Ein warnendes Beispiel bot die von deutscher Seite rücksichtslos geführte Auseinandersetzung um den Mehlzoll. In der Diskussion um die Gotthardverträge erwachten in der Romandie besondere Empfindlichkeiten, erinnerte man sich doch an die Kritik der Deutschschweizer an der Simplonbahn. Die rechtsintellektuelle Gruppe der «Helvétistes» – zu ihnen gehörten Gonzague de Reynold und Robert de Traz – sah sich in ihrem Kampf gegen den Pangermanismus bestätigt, den sie auch am Gotthard vermutete.[430] Dabei war die Alpenbahn nur ein Segment im apokalyptischen Gemälde, das die Vereinigung von der aktuellen Schweiz malte. Der Kampf der «Helvétistes» galt dem technischen Fortschritt des Maschinenzeitalters, auch gebärdete man sich ausländerfeindlich und bekämpfte den Tourismus, der die alten Sitten verdarb.

Die nationale Bewegung, die sich unter anderem der Gotthardverträge bemächtigte, brachte einige konkrete Ergebnisse. Dazu gehörte die Gründung der Neuen Helvetischen Gesellschaft. Eine Petition mit 130 000 Unterschriften konnte zwar die Ratifikation der Verträge durch die Bundesversammlung nicht verhindern, setzte aber jene Initiative in Gang, die nach dem Ersten Weltkrieg zum obligatorischen Referendum für Staatsverträge führte. Die Zweifel an der aussenpolitischen Kompetenz der Landesregierung, die mancher aus dem umstrittenen Gotthardhandel ableitete, übertrugen sich auf das ganze politische System. Die Bürger fühlten sich durch die nach dem Majorzverfahren gewählten Repräsentanten mangelhaft vertreten, denn die Macht blieb meist in der Hand der selben Garde. Der im Jahre 1918 vollzogene Übergang zum Proporz war schon in den Diskussionen um die Gotthardbahn vorgezeichnet.

Der Bundesrat verteidigte sein Vertragswerk hartnäckig. Am 25. März 1913 begann die zehntägige Ratifikationsdebatte in der Bundesversammlung, die mit der Annahme der Verträge endete.

Der Handel deckte die Mängel im aussenpolitischen Gebaren der Landesregierung auf. Das Verständnis für das ausserhalb der Grenzen liegende politische Umfeld war ungenügend entwickelt. Die Führung des Politischen Departements wechselte nach dem Verzicht auf das «System Droz» jährlich, so dass die Kontinuität fehlte. Die Zusammenarbeit zwischen den Departementen war weitgehend dem Zufall überlassen. So konnte man die Fiktion aufrecht erhalten, die Gotthardbahn sei eine rein wirtschaftliche Angelegenheit und habe mit Politik und mit der Souveränität des Landes nichts zu tun. Mit dieser Annahme zog der Bundesrat in die Ratifikationsdebatte. Für die Protestbewegung vor allem in der Romandie zeigte er wenig Verständnis. Der Diplomat Charles Daniel Bourcart, Sekretär des Politischen Departements, vertrat diese Geisteshaltung in persönlichen Aufzeichnungen vom März 1913:

«Es ist in der Volksversammlung vom 1. März in Genf von Seiten verschiedener Redner behauptet worden, der neue Gotthardvertrag bedeute eine Verletzung der schweizerischen Neutralität. Worin diese Verletzung bestehe, darüber hat sich keiner der Vertragsgegner in präziser Form geäussert; es kann indessen aus dem Zusammenhange entnommen werden, dass eine Neutralitätsverletzung darin erblickt wird, dass die Schweiz den beiden andern Vertragsstaaten gewisse Vorrechte zuerkennt, die sie andern Staaten nicht gewährt. Das ist nun allerdings eine juristisch ganz falsche Auffassung des Neutralitätsbegriffes. ‹Neutralität heisst Nichtbeteiligung an dem Kriege anderer und daher Bchauptung der Friedensordnung für den eigenen Bereich›; das ist die Definition Bluntschlis. (...) Nichtbeteiligung an den Streitigkeiten anderer könnte man als eine Notwendigkeit für diejenigen Staaten bezeichnen, die in einem zukünftigen Kriege neutral bleiben wollen, es ist ein kluges Verhalten, aber dessen Nichtbeobachtung ist noch kein Neutralitätsbruch ...»[431]

Die These des Diplomaten Bourcart zeugt von einer leichtfertigen Gratwanderung. Der Rückgriff auf die Definition Johann Caspar Bluntschlis erinnert an den um die Jahrhundertwende üblichen lockeren Umgang mit dem Begriff «Neutralität», der vor allem in Frankreich Zweifel am politischen Kurs der Schweiz weckte Die von Numa Droz praktizierten strengen Normen wurden durch die Gedankenspiele von Bundesrat Emil Frey und Generalstabschef Arnold Keller in Frage gestellt. Wenn Neutralität nur als Verhaltensweise im Kriegsfall galt und im übrigen dem Belieben der Regierung anheimgestellt war, gab es keinen Grund mehr, Deutschland und Italien Sonderrechte am Gotthard und auf dem Streckennetz der Schweizerischen Bundesbahnen zu verweigern.

Der Souveränitätsverlust, meinte Bourcart, sei schon mit den Verträgen von 1869 eingetreten, aber eigentlich sei er nicht tragisch zu nehmen: «Zusammenfassend kann man behaupten, dass durch den Vertrag von 1869 gewisse Parzellen unsrer Souveränitätsrechte aufgegeben worden sind und dass die Neutralität, oder vielmehr das, was die Genfer Redner Neutralität heissen, in sehr geringem Masse verletzt worden ist. Hätte man das damals nicht zugegeben, so wären aber auch die Subventionen ausgeblieben, und die Gotthardbahn wäre nicht gebaut worden. Der Vertrag von 1909 hat in dieser Beziehung nichts neues geschaffen ...» Die Debatte machte immerhin ein neues Bewusstsein in Politik und Öffentlichkeit sichtbar, das auf eine Gefährdung der Neutralität empfindlich reagierte.

Neben dem zentralen Übergang des Gotthard standen für eine transalpine Bahnlinie im Westen die Walliser Pässe zur Wahl. In Bern dachte man über eine Schienenverbindung nach, die über Grimsel und Griespass nach Domodossola führen sollte. Eine Zeitlang sprach man vom Grossen St. Bernhard, dann aber rückte der Simplon in den Vordergrund. Die topographischen Vorzüge waren offensichtlich, da auf den Zufahrten in Nord und Süd verhältnismässig bescheidene Hindernisse zu überwinden waren.

Wenn die Gotthardbahn eine internationale Unternehmung war, welche die Nachbarstaaten engagierte, so bot der Simplon ein grenzüberschreitendes Spektakel mit verwirrenden Komplikationen, in dem sich Geschichte, Politik, nationales Prestige, militärische Zwänge und wirtschaftliche Interessen manifestierten. Der Waadtländer Politiker und Journalist Felix Bonjour schrieb nach der Jahrhundertwende, der Simplon sei stets als «passage français» betrachtet worden, so wie der Gotthard ein deutscher Übergang sei.[432] Französisch war der Passweg für Napoleon Bonaparte, der zwischen 1800 und 1805 die berühmte Strasse bauen liess «pour faire passer le canon». Baumeister war Nicolas Céard, ein Ingenieur aus der Schule der «Ponts et Chaussées», der mit der Strasse über die Faucille gleichzeitig die von Frankreich beherrschte Zufahrt durch den Jura konstruierte.

Ob in der zweiten Jahrhunderthälfte noch von einem französischen Alpenübergang gesprochen werden konnte, war zweifelhaft. Das Wallis, inzwischen ein schweizerischer Kanton, und das Königreich Italien wurden nicht mehr von Paris aus gesteuert. Dass der Pass zwischen Brig und Domodossola ein historisch belastetes Gelände war, wusste man auf beiden Seiten der Wasserscheide. Als Jakob Stämpfli, Bundespräsident des Jahres 1862, vom französischen Interesse an einer Simplonbahn erfuhr, reagierte er unwillig. In einem Brief an Abraham Tourte, den Geschäftsträger in Turin, brach sein nach dem Savoyen-Debakel grenzloser Ärger über Frankreich heftig aus: «Ich vernehme, dass ein französischer Ingenieur den Auftrag erhalten hat, die Simplon-Eisenbahn zu studieren. Er ist von der französischen Regierung geschickt und wird von ihr bezahlt. Ostensible aber erscheint er im Namen der Compagnie de la Ligne d'Italie. Ich ersuche Sie nun, ganz inoffiziös zu erfahren, ob das italienische Ministerium etwas kennt von den Projekten der französischen Regierung bezüglich auf die Simplonbahn; ob Italien wirklich je Hand bieten würde für eine Simplonbahn (neben Mont-Cenis und Lukmanier). Ich für mich glaube es nicht; nur Frankreich kann politisches Interesse am Simplon nehmen. Die ganze Frage halte ich deshalb für wichtig, weil damit die Frage der Annexion von Wallis, Genf und der westlichen Waadt zusammenhängt.»[433] Tourte schrieb zurück, man betrachte in Turin eine Bahn über den Simplon als überflüssig und für den Mont-Cenis schädlich. Man bestätige den Verdacht Stämpflis, dass mit diesem Unternehmen Genf und Wallis und darüber hinaus auch Italien bedroht würden. Diese Meinung werde vom Grafen Cavour geteilt.

Ernest Cézanne, Eisenbahningenieur und Abgeordneter im französischen Parlament, untersuchte zu Beginn der siebziger Jahre die eisenbahntechnischen Verhältnisse am Simplon und hielt seine Eindrücke in einem Gutachten fest. Dabei äusserte er sich kritisch zu der für Frankreich veränderten militärpolitischen Lage: «Ce qui faisait aux yeux de Napoleon la grande importance du Simplon, c'est qu'il prétendait s'en assurer la possession exclusive. (...) Aujourd'hui, le Simplon n'est plus en France, il est en Suisse et personne parmis nous ne rêve la restauration de l'édifice démesuré et éphémère de 1810. Le passage qu'on ouvrirait au Simplon ne serait plus gardé par la France seule, une porte serait confiée à l'Italie, l'autre à la Suisse, c'est à dire que, dans certaines circonstances et en se tenant sur le terrain exclusivement militaire, l' intérêt français exigerait qu'il ne fût ouvert à travers les Alpes aucun passage, sinon ceux dont la France garderait au moins une porte. (...) La France attendra pour s'intéresser d'une manière efficace à la percée du Simplon, que l'Etat général de l'Europe lui inspire plus de confiance.»[434]

Der Bau der Simplonbahn entwickelte sich zu einer Geschichte der endlosen Widersprüche. In verschiedenen Phasen manifestierte sich die Unsicherheit der Kontrahenten Schweiz, Frankreich und Italien, die je nach Zeitpunkt und Umständen das Projekt als Chance oder als Bedrohung empfanden. Sollte man die Bahn bauen oder den Plan verhindern? Von Enthusiasmus war wenig zu spüren. Man denkt bei dieser Gelegenheit an die schlechte Laune des Genfers Pictet de Rochemont, der im Jahre 1815 dem Herzog von Wellington vorschlug, die von Napoleon I. gebaute Simplonstrasse zu zerstören, «de la restituer à la nature sur laquelle elle a été conquise».[435] Damit wäre, so der Genfer Politiker, für Frankreich und Österreich die Versuchung aus der Welt geschafft, sich des begehrten Objekts zu bemächtigen.

Frankreich vor allem befand sich in einem Dilemma. Man hätte die Konstruktion der Simplonbahn am liebsten unterbunden, wollte aber dennoch dabei sein, wenn sie gebaut wurde. Minister Lardy charakterisierte die französische Zurückhaltung mit einem treffenden Ausspruch: «Le nombre est grand en France de ceux qui croient qu'une chose ne peut pas être bonne pour un pays étranger sans être mauvaise pour la France.»[436] Auch beim Bahnbau war nach dem Deutsch-Französischen Krieg eine für die französische Politik kennzeichnende Haltung festzustellen: Man reagierte auf Situationen und Vorgänge, eigene Initiativen waren selten. Das hätte sich gerade im Falle der Simplonbahn als peinlich erweisen können. Paris riskierte, wie sich im Laufe der Baugeschichte zeigte, dass deutsches Kapital in das Unternehmen floss.

Das von der Historie geförderte nationale Prestige verlangte eine Beteiligung Frankreichs an der Simplonbahn. Das war die Meinung Léon Gambettas, der energisch für das Projekt eintrat. Doch er focht vergeblich gegen die bei den meisten Politikern vorhandene Abneigung: «On ne voulait pas comprendre l'intérêt de premier ordre qu'avait la France au Simplon, que c'était une question européenne, l'équilibre fait au Gothard et à l'influence allemande en Suisse.»[437] Die über das Tagesgeschäft hinausweisenden Ideen Gambettas wurden nach dem Tod des Politikers nicht mehr ernsthaft aufgenommen.

Im militärischen Koordinatennetz Napoleon Bonapartes war der Simplon ein zentraler Punkt. Den nachfolgenden Strategen bereitete er Mühe. Als die Debatte um die Simplonbahn begann, zeigten sich die Generäle in Frankreich und in Italien besorgt. In der Epoche des Dreibunds vor allem war die einstige Freundschaft zwischen den beiden Nationen einem latenten Misstrauen gewichen. Auf beiden Seiten fürchtete man einen Flankenstoss des Nachbarn über den von der Schweiz unzureichend geschützten Alpenübergang. Das französische Kriegsministerium lehnte das Bahnprojekt stets ab und geriet dadurch häufig in Gegensatz zum Aussenministerium. Der Militärattaché in Bern, Major Sever, sandte in den achtziger Jahren alarmierende Berichte nach Paris, wenn sich am Simplon etwas rührte.[438] Er prophezeite einen italienischen Angriff über den Pass ins Rhonetal. Sever misstraute der Standfestigkeit der schweizerischen Streitkräfte, obschon ihn eidgenössische Generalstabsoffiziere auf die Sperre bei Saint-Maurice hinwiesen. Die Schweiz hatte mit dem Ausbau der Festungswerke eben erst begonnen. Tatsache war, dass die Stellung umgangen werden konnte. Von daher, so die Meinung des Militärattachés, sollte Frankreich aus Gründen der militärischen Sicherheit alles unternehmen, um den Bau der Bahn zu verhindern. Eine neue Alpentransversale müsste vielmehr durch den Mont Blanc angelegt werden, damit die Zufahrt bis zur italienischen Grenze kein schweizerisches Territorium berührte.

Misstrauen pflegte man auch auf der Gegenseite. Die schweizerischen Pläne, den südlichen Ausgang des Simplontunnels in die Gegend von Gondo zu legen, wurden von italienischer Seite strikte zurückgewiesen. Also einigte man sich auf Iselle, das von den Italienern befestigt und überwacht werden konnte. Im geheimgehaltenen französisch-italienischen Neutralitätsvertrag vom 28. Dezember 1902 war Italien auf Distanz zu seinen Vertragspartnern Deutschland und Österreich gegangen und hatte sich Frankreich angenähert, doch im italienischen Generalstab verharrte man noch lange im überholten strategischen Schema des Dreibunds. Das besagte unter anderem, dass Gefahr von Frankreich drohte. So verlangte Generalstabschef Tancredi Saletta in einer Besprechung mit dem schweizerischen Gesandten in Rom, die Strecke Iselle–Domodossola müsse von den italienischen Bahnen betrieben werden.[439] Dabei war dieses Teilstück in einem früheren Vertrag der Gesellschaft Jura-Simplon zugesprochen worden. In seinem Bericht nach Bern schilderte Minister Pioda das geringe Vertrauen des Generalstabschefs in die Abwehrbereitschaft der schweizerischen Armee im Wallis. Die französische Armee könne jederzeit durch das Wallis auf italienisches Territorium vorstossen. Es wäre doch, meinte Saletta, eine einmalige Situation, wenn eine ausländische Staatsbahn 18 Kilometer weit durch ein für Italien strategisch äusserst wichtiges Gelände führen würde.

Das Thema war heikel, denn es ging um die Übertragung der italienischen Konzession von der Gesellschaft «Jura-Simplon» an die schweizerischen Bundesbahnen. Italien stellte sich auf den Standpunkt, mit der Verstaatlichung der Bahnen in der Schweiz sei eine neue Situation eingetreten, so dass sich Änderungen am bereits geschlossenen Vertrag aufdrängten. Man erzielte einen Kompromiss, mit dem sich beide Seiten abfinden konnten. Die Strecke Iselle–Domodossola wurde zwar von der schweizerischen Staatsbahn betrieben, dem italienischen Militär räumte man jedoch Inspektionsrechte ein. Italien durfte im italienischen Teil des Tunnels und am Tunnelausgang Befestigungen anlegen, die eine militärische Überraschung ausschliessen sollten.[440]

Die Initianten einer Simplonbahn – in einer frühen Phase vor allem Waadt und Wallis – sahen ihr Projekt in Dimensionen, die weit über den Kontinent hinaus reichten. Man sprach von der «indischen Postroute» und vom kürzesten Weg zwischen London und Kairo. Napoleon III. bekundete Zustimmung, wie es seine Familientradition erwarten liess. Auch in London zeigte sich gedämpftes Interesse, ohne dass die englischen Finanzkreise deshalb tief in die Tasche griffen.

Die weit gespannten Ideen mochten da und dort eine freundliche Stimmung schaffen, die ökonomischen Realitäten liessen jedoch keinen Optimismus aufkommen. Man hoffte zwar, einen wesentlichen Teil des französischen Verkehrs nach Italien auf die Simplonroute zu bringen. Das konnte nur gelingen, wenn die Wirtschaft und die französischen Bahngesellschaften darin einen Vorteil sahen. Bei der mächtigen Gesellschaft «Paris-Lyon-Méditerranée», die den Zubringerdienst hätte besorgen müssen, war dies aber nicht der Fall. Die sogenannte P.L.M. fürchtete eine Konkurrenzierung der Mont-Cenis-Linie und legte ausserdem Wert darauf, den Verkehr über französisches Hoheitgebiet zu führen. Die weiter im Norden operierende Cie. de l'Est war in ihren Verbindungen mit der Schweiz seit dem Übergang von Elsass und Lothringen an Deutschland erheblich behindert. Die Zufahrt über Mülhausen war weggefallen. Die im Jahre 1877 in Betrieb genommene Bahnstrecke Delle-Pruntrut-Delémont öffnete keine neue Route. Sie erreichte Basel auf einem Umweg und mündete in die Gotthardbahn.

Die Gesellschaft «Suisse occidentale-Simplon» (S. o.-S.) verfolgte das Projekt einer Simplonbahn mit erstaunlicher Hartnäckigkeit, obschon sich die wirtschaftlichen Perspektiven nicht gerade günstig präsentierten. Sie verfügte über die Bahnlinie vom Genfersee bis Brig aus der Konkursmasse der «Ligne d'Italie». Die alte Gesellschaft unter der Leitung des französischen Grafen Adrien La Valette hatte im Jahre 1869 mit dem Bau begonnen und dabei erhebliche Kapitalien verschleudert.[441] Wieder einmal waren französische Geldgeber betroffen. Der übel beleumdete Graf hatte sich ohne Schaden aus der Affäre gezogen. Nach seinem Rücktritt aus dem Bundesrat übernahm Paul Cérésole im Jahre 1875 die Direktion der «Suisse occidentale-Simplon», wobei er von Léon Gambetta in seinem zentralen Anliegen, der Simplonbahn, unterstützt wurde.

Interessen und Stimmung der möglichen Partner waren einem ständigen Wandel ausgesetzt. Zu Beginn der achtziger Jahre konnte man als sicher annehmen, dass sich der französische Staat am Unternehmen nicht beteiligen werde. Weder die häufig wechselnden Minister noch das Parlament brachten die nötige Begeisterung auf. Damit war der zentrale Bereich, der Simplontunnel, für Bern und Paris kein zwischenstaatliches Thema mehr. Der Tunnelbau blieb von da an ein Geschäft, das zwischen der Schweiz und Italien zu regeln war. Dennoch konnte sich der französische Staat von der Simplonbahn nicht gänzlich verabschieden, denn es blieb die Frage der Zufahrten durch den Jura. Hier waren Interessen Frankreichs im Spiel, die nicht weniger schwer wogen als jene am eigentlichen Alpenübergang.

Nachdem von den drei betroffenen Staaten wenig zu erwarten war, blieb noch die Finanzierung durch die an der Bahnlinie interessierten Kantone und durch private Kreditinstitute. Die an der S. o.-S. beteiligten Kantone Waadt und Fribourg setzten im Frühjahr 1887 zu einem neuen Versuch an, das Projekt in Fahrt zu bringen. Man hoffte in erster Linie auf das «Comptoir d'Escompte» in Paris, dessen Präsident Edouard Hentsch sich aktiv in die Geldbeschaffung einschaltete. Im März 1889 brach jedoch die Finanzgruppe des Pariser Bankiers zusammen und damit die Hoffnung auf eine solide finanzielle Basis. Die Simplonbahn schien einmal mehr gefährdet.[442] Neue Perspektiven ergab die nun ins Werk gesetzte Fusion der «Suisse occidentale-Simplon» mit der Gesellschaft «Jura-Bern-Luzern». Der Zusammenschluss schuf ein für schweizerische Verhältnisse mächtiges Bahnunternehmen mit ausgedehntem Streckennetz und einer breiten finanziellen Basis. An der Jura-Bern-Luzern-Bahn war auch die französische Cie. de l'Est beteiligt, die damit näher an das Simplon-Projekt heranrückte.

Die Fusion begann mit einer Überraschung, die politische Wellen warf und in Bern und Paris Aufsehen erregte. An der ausserordentlichen Generalversammlung der S. o. S., welche die Verbindung mit der Gesellschaft Jura-Bern-Luzern besiegeln sollte, stellte sich heraus, dass sich die Mehrheit der Aktien im Besitz von zwei deutschen Banken befand, der «Bank für Handel und Industrie» in Darmstadt und der «Internationalen Bank» in Berlin. Die Verlegenheit in der Bahnverwaltung war offensichtlich. Der Zusammenschluss erfolgte in einer flauen Stimmung. Bei Politikern und in der Presse setzte ein Rätselraten darüber ein, ob es sich bei den deutschen Aktionären um simple Spekulanten handle oder ob ein perfider Schachzug des reichsdeutschen Wirtschaftsimperialismus zu vermuten sei, der Frankreich endgültig aus dem schweizerischen Eisenbahnnetz verdrängen wollte. Man sprach vor allem in der Romandie von «Germanisierung» und feindseliger Übernahme und sah unter anderem militärische Motive. Die schweizerische Souveränität wurde in eben diesen Monaten in der Wohlgemuth-Affäre durch Reichskanzler Bismarck in Frage gestellt, so dass mancher Beobachter geneigt war, hinter der deutschen Finanzoffensive ein abgekartetes Spiel zu sehen. Ob die eine oder die andere Version zutraf, ist bis heute unklar. In Berlin hatte man bisher für das Projekt einer Simplonbahn keine Begeisterung gezeigt.

Bundesrat Numa Droz trug seit dem Frühjahr 1889 den gefährlichen Konflikt mit Bismarck aus, der nach der Verhaftung des deutschen Polizeibeamten August

Wohlgemuth in Rheinfelden ausgebrochen war. Dem schweizerischen Aussenminister kam der Sturm um den Schachzug der deutschen Banken zu diesem Zeitpunkt ungelegen. Er wies den Gedanken an politische Motive von sich und sprach von Spekulanten. Bern wollte sich nicht auf einer zweiten Front mit dem Deutschen Reich anlegen. In Paris hingegen schlug man Alarm. Wieder einmal hatte man sich von einer deutschen Initiative überraschen lassen.

Für den französischen Aussenminister Jacques Eugène Spuller war der Zusammenhang zwischen deutscher Politik und Wirtschaftsimperialismus eindeutig. Er bemühte sich, Pariser Finanzinstitute einzuschalten, damit der Zusammenschluss der beiden Bahngesellschaften in letzter Minute verhindert werden konnte. Numa Droz reagierte auf die französische Aufregung sarkastisch: «Il serait assez surprenant que la France se mît à s'occuper maintenant du Simplon après l'attitude indifférente qu'elle a observée jusqu'ici. Il ne dépendrait d'ailleurs que de ses capitalistes de prendre la place des banquiers allemands en faisant aux Compagnies des conditions meilleures qui seraient certainement acceptées.»[443] Charles Lardy meinte dazu, die Franzosen wollten Geld ausgeben, um die Simplonbahn zu verhindern, die Suisse occidentale-Simplon hingegen suche Kapital, um zu bauen. Der Versuch Minister Spullers, französische Banken ins Geschäft zu bringen, scheiterte. Die Pariser Kapitalisten waren nicht um jeden Preis bereit, ihrer Regierung beizustehen. Einer französischen Beteiligung standen auch die unerfreulichen Beziehungen zwischen Paris und Rom im Weg. Seit der Erneuerung des Dreibund-Vertrags im Jahre 1887 war die Stimmung gegenüber dem italienischen Nachbarn in Paris auf einen Tiefpunkt gesunken.

Frankreich konnte den Zusammenschluss der beiden Bahnen zur neuen Gesellschaft der Jura-Simplon nicht verhindern. Der Bundesrat setzte eine Vertragsklausel durch, die den Rückkauf durch den Bund vorsah. Das kam wiederum den französischen Wünschen entgegen, die von einer Verstaatlichung die Ausschaltung des deutschen Einflusses erhofften. Doch die Übernahme durch den Bund blieb eine theoretische Konstruktion, solange die Schweizer Bürger auf dem Prinzip der Privatbahn beharrten. Die deutsche Dominanz hatte nur während eines Jahres Bestand. Die beteiligten Banken drückten sich um die Verpflichtung, die Simplonbahn zu bauen. Ziel der deutschen Aktionäre war offenbar lediglich, eine beherrschende Stellung in einem grossen Eisenbahnunternehmen der Westschweiz einzunehmen. Inzwischen hatten die Genfer Finanzkreise, die ursprünglich das Bahnprojekt ablehnten, sich mit französischen Geldgebern zusammengetan und einen radikalen Kurswechsel vollzogen. Man engagierte sich bei der Jura-Simplon, deren Zukunft sich nun unter freundlicheren Perspektiven präsentierte. Auch die Eidgenossenschaft übernahm Aktien der Gesellschaft und sicherte sich ein Mitspracherecht. Nach umständlichen Finanzmanövern gerieten die deutschen Aktionäre in Minderheit und räumten allmählich das Feld. Das deutsche Intermezzo blieb Episode, ohne allzu viel Schaden anzurichten. In Paris konnte man beruhigt sein.

Die Gesellschaft Jura-Simplon beschaffte Mittel in der Höhe von 60 Millionen Franken, für die Obligationen und Aktien ausgegeben wurden.[444] Es beteiligten sich neben privaten Kreditinstituten die Kantone der Romandie und einige Städte. Die Eidgenossenschaft stiftete den im Zusammenhang mit den Gotthardverträgen zugesicherten Betrag von 4,5 Millionen Franken, und auch Italien entschloss sich nach mühsamen Verhandlungen zu einer Subvention.

Im Jahre 1903 wurde der Rückkauf der Jura-Simplon durch den Bund fällig. Dabei war mit Italien eine wichtige Frage zu bereinigen, die sich aus der Nationalisierung ergab. In der privaten Bahngesellschaft war Italien durch vier Delegierte im Verwaltungsrat vertreten. In den Verwaltungsrat der Schweizerischen Bundesbahnen konnten jedoch gemäss Bundesgesetz keine Ausländer aufgenommen werden. Man einigte sich auf eine internationale Kommission für die Simplonbahn, in der italienische Vertreter mitwirkten. Dieses Gremium hatte eine beratende Funktion, eine Lösung, die sich in der Folge bewährte. In der Deutschschweiz erhob sich jedoch ein Proteststurm gegen die Konzession an Italien. Man sah sogar die Unabhängigkeit der Eidgenossenschaft in Gefahr und versuchte, die Ratifikation des Vertrags zu hintertreiben.[445] Die nationalen Parolen wirkten nicht in jedem Fall glaubwürdig, denn im Chor der Kritiker traten jene Kreise auf, die grundsätzlich der Simplonbahn gegenüber feindlich eingestellt waren und in diesem Unternehmen eine Gefahr für den Gotthard erblickten. Einige Jahre später erschütterte eine Protestbewegung das Land wegen der Konzessionen beim Rückkauf der Gotthardbahn. Man durfte bei diesem Anlass von umgekehrten Fronten sprechen, denn nun protestierten vor allem die Romands. Es war unschwer zu erkennen, dass die schweizerische Souveränität am Gotthard mehr Schaden nahm als am Simplon.

Die Bauarbeiten zwischen Brig und Domodossola schritten zügig voran. Die Simplonbahn mit ihrem monumentalen Basistunnel war im Mai 1906 betriebsbereit. Den Eröffnungsfeierlichkeiten gingen Empfindlichkeiten auf beiden Seiten voraus, denn es war nationales Prestige im Spiel. In diplomatischer Kleinarbeit wurde eine Inszenierung vorbereitet, die vom 28. Mai bis zum 3. Juni dauern sollte. Im Bundesrat legte man Wert auf «Coordination», was die Gleichstellung der schweizerischen Republik mit der italienischen Monarchie meinte. Bundespräsident Forrer schickte an Minister Pioda in Rom Weisungen, die von Nervosität zeugten: «Ich ersuche Sie nun, auf alle Fälle dafür zu sorgen, dass der Ministerpräsident und der Minister des Auswärtigen beförderlich Einladungsschreiben, die auf ihren persönlichen Namen ausgestellt sind, erhalten und dass wir, Herr Zemp oder ich, bis spätestens den 10. dieses Monats Abends wissen, ob mindestens einer der beiden Herren oder keiner kommt. Ich will Ihnen sagen, warum wir das bald wissen müssen. Wir betrachten die Feier als Akt von hoher nationaler, oder besser gesagt: binationaler Bedeutung. Darum wird der Bundesrat in corpore der Feier beiwohnen, soweit sie in der Schweiz stattfindet und ist auch bereit in corpore nach Italien zu kommen.

Letzteres muss er aber an eine Bedingung knüpfen, die durch die Rücksicht auf die Coordination der beiden Staaten und Staatsregierungen notwendig ist. Kommt an das Fest der Präsident des Ministeriums oder der Minister des Auswärtigen, so kommt der Bundespräsident auch nach Italien. Kommt keiner von jenen beiden, sondern nur einige andere Minister, z. B. nur die Herren Carmine und Pantano, so erscheint in Italien nur eine Delegation des Bundesrates, selbstverständlich ohne den Bundespräsidenten. (...) Jede persönliche Eitelkeit liegt uns Mitgliedern des Bundesrates und insbesondere mir (ich ginge zudem gern einmal nach Genua, weil ich noch nie dort war) durchaus fern, allein wir erachten es als unsere Pflicht, die Coordination zu wahren.»[446]

Bereits am 19. Mai traf König Viktor Emanuel mit dem Zug von Domodossola kommend in Brig ein. Er wurde vom Bundesrat in corpore empfangen und anschliessend auf der Rückfahrt von der Landesregierung nach Domodossola begleitet. Bundespräsident Forrer kommentierte die Feierlichkeiten nüchtern: «... es ist nicht Alles ohne Reibungen zu Stande gekommen. Insbesondere mussten wir streng darauf halten, dass die Coordination der beiden Staaten auch äusserlich zum Ausdruck gelange, was uns schliesslich glänzend gelungen ist.»

Bei der Eröffnung der Simplonbahn war die Frage der westlichen Zufahrten noch nicht gelöst. Die Jura-Transversalen waren seit Jahrzehnten Gegenstand von diplomatischen Aktivitäten, unverbindlichen Parolen und verwirrender Polemik. Die mangelhaften Verbindungen zwischen dem schweizerischen und dem französischen Bahnnetz behinderten den Verkehr auf der neuen Alpenbahn. In Bern vermutete man hinter den Verzögerungen französische Absicht. Bundespräsident Forrer schrieb dem schweizerischen Gesandten in Paris am 9. Juli 1906, also einen Monat nach Eröffnung der Stammlinie, der tägliche Frachtverkehr könne mit einem einzigen Güterwagen bewältigt werden.[447] Er glaubte, der französische Minister der öffentlichen Bauten sei für den Stillstand verantwortlich. Eine neue Intervention bei der französischen Regierung, so die Anweisung an Minister Lardy, sei angezeigt.

So unstet wie mit der Politik verhielt es sich zwischen der Schweiz und Frankreich auch mit den Eisenbahnen. Nationales Prestige, Politik und Privatwirtschaft kamen sich in diesem Geschäft, das langfristiges Planen verlangte, in peinlicher Weise in die Quere. Ein hervorragendes Exempel für den konzeptionellen Wirrwar bot die Zufahrt zum Simplon. Dabei hatten die Politiker beinahe vergessen, dass eine derartige Bahnlinie bereits gebaut war. Im Jahre 1875 hatte man die Jougne-Bahn zwischen Pontarlier und Vallorbe mit dem Anspruch in Betrieb genommen, London und Calcutta zu verbinden. Die tragikomische Geschichte dieser Bahnlinie zeigt den Abstieg eines mit übertriebenen Hoffnungen inszenierten Unternehmens von der internationalen Strecke zur unbedeutenden Lokalbahn. Im Jahre 1865 hatte der «Courrier de la montagne» von Pontarlier prophezeit: «Le Simplon et le Col de Jougne seront bientôt les deux points où les Alpes et le Jura seront franchis, même par les malles des Indes, car ils ouvriront la voie la plus directe de Londres à Calcutta.»[448]

Im Jahre 1856 war eine erste Konzession an die «Compagnie de l'Ouest Suisse» vergeben worden, die zehn Jahre später an eine englische Gesellschaft überging. Doch es fehlte an Kapital. Dann schaltete sich die P.L.M. ein, die im südlichen Jura für das französische Eisenbahnnetz zuständig war. Mit dem Bau begann sie erst, nachdem der Kaiser seine Meinung unmissverständlich geäussert hatte. Auf der schweizerischen Seite wurde die Strecke Eclépens-Vallorbe am 2. Juli 1870 – kurz vor Ausbruch des Deutsch-Französischen Krieges – mit pompösen Feierlichkeiten eingeweiht. Die Bundesräte Cérésole und Schenk waren als Ehrengäste angereist, um den Akt in seiner nationalen Bedeutung zu würdigen. Bescheidener war die französische Präsenz, die sich auf Delegierte aus der Nachbarschaft beschränkte.[449]

Der Kanton Waadt und die Gesellschaft Paris-Lyon-Méditerranée hatten zuvor einen Streit über technische Normen ausgetragen, der die Linienführung betraf. Ursprünglich war vereinbart, dass die Steigungen 20 Promille nicht übersteigen durften. Auf der schweizerischen Seite hielt man sich an diese Richtlinie, die P.L.M. hingegen, die den Bau ohnehin mit geringer Begeisterung anging, suchte nach einer billigeren Lösung und verlegte den Tunnel von Jougne 20 Meter höher als vorgesehen. Damit wurden Kosten gespart, denn man reduzierte die Länge des Bauwerks von 1800 auf 1550 Meter. Nun sah sich die schweizerische Gesellschaft gezwungen, für den Anschluss zwischen Vallorbe und Jougne eine steile Rampe zu bauen, die an einigen Stellen 25 Promille Steigung aufwies. Auf schweizerischer Seite fügte man sich ins Unvermeidliche und trug damit zu einem Debakel bei, das sich als kostspielig erweisen sollte. Der Scheitelpunkt der Jougne-Bahn kam auf 1012 Meter Höhe zu liegen, mehr als 300 Meter höher als der geplante Basistunnel am Simplon – für eine Zufahrtlinie eine eigenartige Relation.

Die Linie Pontarlier-Vallorbe wurde ihren internationalen Ansprüchen nie gerecht. Die Strecke hatte vor allem im Winter ihre Tücken. Regelmässig blieben Züge an der Rampe von Jougne in Schneeverwehungen stecken. Da die Expresszüge gegen die Jahrhundertwende immer schwerer wurden, war das Übel in keiner Weise zu beheben. Es setzte sich eine bittere Erkenntnis durch. Die mit viel Aufwand konstruierte Bahnlinie war als Zufahrt zum Simplon ungeeignet.

Die Jougne-Bahn war nur ein Teilstück der Jura-Transversalen, die in der Franche-Comté als Ergebnis einer unklaren Verkehrspolitik entstanden, in der lokale und regionale Interessen den Ausschlag gaben. Der Verkehr über die Juragrenze hinweg wurde zu Recht als wenig lukrativ eingeschätzt, so dass es der Verlockung ferner Alpenübergänge wie Gotthard oder Simplon bedurfte, um mit den Unternehmungen einen wirtschaftspolitischen Sinn zu verbinden. Pontarlier bot sich als günstig gelegener Grenzübergang an, über den in allen historischen Epochen Verkehrswege geführt hatten. Aber die westliche Zufahrt zu dieser Stadt geriet ins Spannungsfeld einer Auseinandersetzung zwischen Dole und Besançon. Der historische Gegensatz zwischen den beiden Städten fand seine Fortsetzung in der Bahnpolitik, bis Napoleon III. im Jahre 1857 gemeinsam mit seinem allgewaltigen Staatsminister Eugène Rouher entschied, dass die Bahnlinie von Dole über Salins nach Pontarlier zu bauen sei. Der Entscheid fiel gegen die Hauptstadt der Franche-Comté, obschon Rouher zuvor eine Bahnlinie von Besançon über Gilley und Pontarlier nach Vallorbe in Aussicht gestellt hatte. Die grossen Kreditinstitute mischten auch in diesem Fall mit. Die Réunion financière von James Rothschild war bei Dole mit von der Partie, der Crédit Mobilier der Brüder Pereire engagierte sich in Besançon.

Die Bauarbeiten zwischen Dole und Pontarlier begannen bereits im Jahre 1856. Beim Aufstieg auf das Plateau von Pontarlier gerieten sie aus einem kuriosen Grund in Verzug. Man hatte die Schienen in aller Eile bis Salins gelegt, fand dann aber trotz angestrengter Suche keinen Ausweg aus dem engen und tief eingeschnittenen Talkessel. Also ging man einen Schritt zurück und führte die Bahn über die Steilrampe von Mouchard. Im Städtchen Salins hingegen sahen die Bürger nie einen internationalen Zug. Das Stumpengleis diente vor allem den Salztransporten.

Der erste Zug der P.L.M. erreichte das verschneite Pontarlier erst im November 1862 und wurde wegen der Verspätung ungnädig empfangen. Die Gesellschaft des Franco-Suisse hatte hingegen die Anschlusslinie von Neuenburg durch das Val-de-Travers nach der französischen Grenzstation bereits im Sommer 1860 vollendet. Der Eröffnungszug traf am 24. Juli 1860 in Pontarlier ein, doch die schweizerische Festgemeinde fand einen beinahe menschenleeren Bahnhof vor. Die grosse Politik hatte das hoffnungsvolle Unternehmen eingeholt. Der Konflikt um das neutralisierte Nord-Savoyen erregte die Gemüter. Von französischer Seite erschienen weder Behörden noch Publikum. Da keine Freude aufkam, war ein abgekürztes Verfahren angesagt. Nationalrat Fritz Lambelet von Les Verrières, ein Initiant der neuen Grenzbahn, hielt eine improvisierte Festrede vor den mitgereisten Gästen. Nach einer halben Stunde dampfte der Zug in die Schweiz zurück.[450] Zu diesem Zeitpunkt ahnte noch niemand, dass die Bahn zehn Jahre später die Verwundeten der Bourbaki-Armee und beträchtliches Kriegsmaterial nach Les Verrières in Sicherheit bringen würde.

Besançon kam später ebenfalls zu einer Bahnlinie nach Pontarlier, die aber nie eine besondere Bedeutung erlangte. Im Jahre 1884 wurde endlich die Strecke Besançon-Morteau-Le Locle eröffnet, eine bescheidene Transversale, die in erster Linie dem regionalen Verkehr diente. Diese Jurabahnen entsprachen nicht den hohen Erwartungen, die man in sie gesetzt hatte. Die Bahnlinie durch das Val-de-Travers gewann kein internationales Ansehen, obschon über sie Expresszüge von Bern nach Paris rollten.

Die missliche Lage, in der sich die Zufahrten zum Simplon präsentierten, musste durch eine neue Linie behoben werden. Darüber gab man sich schon in den achtziger Jahren Rechenschaft. Zur Wahl standen zwei Projekte, die realisierbar schienen, nachdem verschiedene Varianten geprüft worden waren.

1. Die Faucille-Bahn von Lons-le-Saunier über St-Claude nach Genf. Die Jurakette sollte mit einem Basistunnel durchbrochen werden. Das Projekt sah ferner eine Verbindungsbahn zwischen den Bahnhöfen Cornavin und Eaux Vives vor, denn man wollte einen Teil des Verkehrs über die sogenannte «Tonkin-Linie» dem Südufer des Genfersees entlang nach St-Gingolphe leiten.

2. Die Frasne-Vallorbe-Bahn mit einem Tunnel durch den Mont d'Or. Diese Strecke bot sich unter dem Stichwort «Raccoursi» an, denn es handelte sich um eine Abkürzung, die den Umweg über Pontarlier und die Jougne-Bahn ausschaltete.

Im Falle der Faucille musste der ganze Schienenweg neu gebaut werden, am Mont d'Or nur das Teilstück zwischen Frasne und Vallorbe. Der Kampf um die beiden Bahnlinien brachte Genf und die Waadt in einen scharfen Gegensatz, denn jeder Kanton wollte den Durchgangsverkehr auf sein Territorium leiten. Eine Entscheidung konnte nicht ohne Frankreich fallen, doch hier liess eine verbindliche Antwort auf sich warten. Die wenig transparente Verflechtung zwischen privaten Gesellschaften und Politik erzeugte eine über Jahre andauernde Ungewissheit, die noch anhielt, als schon längst am Simplon gebaut wurde. Die Gesellschaft Paris-Lyon-Méditerranée entschloss sich für das Mont d'Or-Projekt, denn die Faucille-Bahn konnte nur mit gewaltigen Investitionen realisiert werden, ohne dass ein entsprechender kommerzieller Erfolg in Aussicht stand. In diesem Punkt war sich die französische Gesellschaft mit der Jura-Simplon einig, die alles daran setzte, den Simplonverkehr ausschliesslich über die Waadtländer Zufahrten zu lenken.

Von französischer Seite wurde gelegentlich ein drittes Projekt in die Diskussion geschoben, das geeignet war, die Stimmung in der Schweiz zu trüben. Es fand hingegen seine Anhänger in den Departementen Ain und Savoyen: Eine Bahnlinie von Saint-Amour nach Bellegarde und der Schweizer Grenze entlang nach Annemasse. Damit wäre die Schweiz umfahren und der Simplonverkehr auf das südliche Ufer des Léman verwiesen worden. Mit diesem Plan war ein Gedankenspiel verbunden, das die schweizerischen Kontrahenten in Schrecken versetzte: der Bau einer Mont Blanc-Bahn. Noch im Jahre 1905, als sich der Bundesrat längst für die Frasne-Vallorbe-Linie entschieden hatte, drohte Armand Gauthier, der französische Minister für Öffentliche Arbeiten, in einem Gespräch mit Minister Charles Lardy mit einem Alleingang Frankreichs.[451]

Genf warb für die Faucille-Bahn, die einen vollwertigen Anschluss an das französische Eisenbahnnetz versprach. In der anhebenden Debatte um die Simplon-Zufahrt fühlte sich die Rhonestadt unverstanden, da in der übrigen Schweiz die Sympathien für die Mont d'Or-Lösung überwogen. In dieser Stadt hatte jedes Eisenbahnprojekt auch seine politische Seite. Die geographische Lage und die historische Verbindung mit den Zonen bekräftigten bei den Bürgern das Gefühl vom Sonderfall. Ausserdem lebten in Genf ungefähr 40 000 Franzosen, die ihre Nationalität bei Gelegenheit zur Schau stellten. In verkehrspolitischen Verhandlungen versuchte

Paris häufig, Konzessionen in zolltechnischen Angelegenheiten einzuhandeln, die den Zonen galten und mit Eisenbahnfragen nichts zu tun hatten.

Minister Lardy in Paris verfolgte die Genfer Situation von Amtes wegen und aus persönlichem Interesse. Die Lage der Stadt beunruhigte ihn, denn die wirtschaftliche und demographische Umklammerung barg die Gefahr in sich, dass Genf auch ohne spektakuläre Ereignisse der Schweiz entfremdet wurde. Die öffentliche Szene in der Rhonestadt beschrieb er so: «Dans la vie publique genevoise, dans les restaurants, dans les cafés, on m'assure que les milliers de zôniers residents à Genève et dont beaucoup y sont nés, prennent part aux conversations politiques avec une connaissance suffisante de la situation pour être pris pour des indigènes et exercent ainsi, par une sorte d'infiltration ou d'endosmose, une certaine influence sur la politique genevoise.»[452]

Die französische Regierung hielt sich in heiklen Fragen mit ihren Äusserungen zurück. Im Streit um die Simplonzufahrt gab es dennoch handfeste Parolen, die aber meist in der diplomatischen Korrespondenz verborgen blieben. Camille Barrère, bis 1897 französischer Botschafter in Bern und anschliessend in Rom, bot ein drastisches Beispiel. Er setzte sich aus der römischen Hauptstadt für die Faucille ein und schrieb in einem Brief an seinen Aussenminister: «Nos voisins de l'Est se seront assurés à nos dépenses des deux grands passages à travers les Alpes et nous aurons compromis pour toujours l'exécution du seul projet qui nous permette de leur arracher la Suisse française, en nous annexant moralement Genève et de faire concurrence au Saint-Gothard pour le trafic avec l'Italie.»[453]

In den neunziger Jahren hatte der französische Militärattaché Du Moriez, unterstützt von Botschafter Barrère, in Paris auf eine Entscheidung zugunsten der Faucille gedrängt. Es sah dafür militärische und politische Motive: «... le danger d'offrir un terrain de jonction si commode aux alliés de la Triple Alliance n'est pas le seul qui menace la Suisse; outre celui-là il en est un autre, à échéance plus éloignée sans doute, mais non plus éventuelle, et beaucoup plus inquiétant pour son avenir; c'est celui qui résulte de l'excessive pénétration à laquelle elle se prête si complaisamment. Je suis en effet persuadé que s'est là que finira un jour cet Etat manquant d'homogénité par l'absorption de ses parties, si différentes, au profit des grandes nations limitrophes.»[454]

Die Befürchtungen mochten übertrieben erscheinen, aus der Luft gegriffen waren sie nicht. Es gab militärische Planungen im Dreibund, die im Falle eines Krieges gegen Frankreich den Durchmarsch einer italienischen Armee durch die Schweiz vorsahen. Italienische und deutsche Verbände hätten sich dann irgendwo in der Westschweiz oder am Oberrhein vereinigt.[455] Eine Faucille-Bahn würde in diesem Fall – so die Auffassung von Major Du Moriez – den Aufmarsch französischer Truppen am untern Genfersee erleichtern. Die Thesen wurden im Kriegsministerium in Paris studiert, aber vom Generalstab schliesslich verworfen. Die französische Armee konnte sich zur Abwehr eines vom Simplon kommenden italienischen Angriffs ebenso gut in der Jurakette einrichten, die zudem mit Festungswerken verstärkt war.

Die Forderung des Militärattachés, die politische Position Frankreichs durch bessere Anschlussbahnen nach der Schweiz zu festigen, entsprach einem allgemeinen Empfinden. Die wachsende deutsche Präsenz in der Eidgenossenschaft, die sich gelegentlich in aggressiver Weise äusserte, konnte keinem Beobachter entgehen. In Paris gewann man den Eindruck, dass es vor allem in der deutschen Schweiz an den nötigen Abwehrreflexen fehle. Ob eine Bahn durch die Faucille etwas dagegen ausrichten konnte, war eine andere Frage. Man hätte hingegen Genf einen Gefallen getan.

Wenn von der Faucille-Bahn die Rede war, ergab sich Übereinstimmung zwischen Genf und den an dieser Region interessierten französischen Politikern. In einer andern Angelegenheit kam es hingegen zu einer Konfrontation, die über Jahre andauerte. Der Bahnhof Cornavin und die nach der Grenzstation La Plaine führende Bahnlinie waren im Besitz der Paris-Lyon-Méditerranée. Die Gesellschaft besorgte den Betrieb fast ausschliesslich mit französischem Personal. Das war für den geographisch exponierten Kanton eine unerfreuliche Konstruktion. Es stand nicht nur die Strecke nach Frankreich unter fremder Kontrolle, sondern auch die Verbindung nach der Schweiz. Ein Rückkauf durch den Kanton Genf oder durch den Bund war ein geläufiges Thema. Dabei war Widerstand weniger von der P.L.M. als von der Regierung in Paris zu erwarten, welche die französischen Positionen im Genfer Territorium nicht ohne weiteres räumen wollte.

Die Frage des Rückkaufs wurde im Jahre 1892 mit dem sogenannten Fall Bernoud akut, der auch die Diplomatie zwischen Bern und Paris in Bewegung setzte und mit gegenseitiger Verstimmung endete. Der Inspektor der P.L.M. Bernoud, Vorsteher des Bahnhofs Cornavin, war Schweizer Bürger geworden und wegen angeblich anti-französischer Haltung bei der französischen Kolonie in Genf unbeliebt. Als die Schweizerische Offiziersgesellschaft im Juli 1892 ihre Generalversammlung in Genf abhielt, zog Bernoud die Tricolore am Bahnhof Cornavin ein und hisste die Schweizer Fahne. Die P.L.M. liess gegenüber dem tüchtigen Angestellten Gnade walten, doch der Minister für öffentliche Arbeiten in Paris setzte schliesslich seine Amtsenthebung durch. In Bern reagierte man scharf. Bundesrat Numa Droz erklärte dem französischen Botschafter François Arago: «Toute la question pour nous est celle-ci: un ministre étranger donne des ordres à une Compagnie de chemin de fer sur le territoire suisse, et l'oblige à révoquer un agent coupable d'avoir fait remplacer, en Suisse, un drapeau français par un drapeau fédéral. C'est une usurpation d'autorité que nous ne saurions admettre.»[456]

Im selben Jahr verlangte das Militärdepartement vom Chef der Generalstabsabteilung, Arnold Keller, ein Gutachten über die militärische Bedeutung der Bahnlinie Genf-La Plaine und den Bahnhof Cornavin. Keller fand, die Grenzbahn habe keinen militärischen Wert, da die Schweizer Armee in dieser Region nicht aufmarschieren werde. Ein Rückkauf von Cornavin sei wünschbar, aber nicht unbedingt notwendig. Hingegen sollte der Chef de gare ein Schweizer sein und mindestens die Hälfte der Angestellten aus Schweizer Bürgern bestehen. Sonst gäbe es keine Gewähr, dass im Falle eines Krieges die Strecke nach Lausanne betrieben werden könne. Bereits im Frieden müsste die eisenbahntechnische Leitung bei der Jura-Simplon-Gesellschaft und nicht bei der P.L.M. liegen.

In den folgenden Jahren wurde die Frage des Rückkaufs auf die lange Bank geschoben. Der Widerstand der französischen Regierung war nicht zu überwinden. Als Theophil Sprecher im Jahre 1905 von Arnold Keller das Amt eines Chefs der Generalstabsabteilung übernahm, erstattete er einen Bericht über die Genfer Eisenbahnfragen. Für ihn war Genf in mancher Hinsicht von Frankreich bedroht, doch das war eher ein politisches denn ein militärisches Problem. Eine Verteidigung der Rhonestadt mit ihrem exponierten Territorium durch die schweizerische Armee kam nicht in Frage. Also konnte auch die Faucille-Bahn nicht als militärische Bedrohung empfunden werden. Die massive französische Präsenz bei den Genfer Bahnen war hingegen ein politisches Übel, das am ehesten durch den Rückkauf zu beheben war. Doch das Thema konnte erst an der Simplonkonferenz von 1908, die sich mit den Zufahrten befasste, wieder aufgegriffen werden. Im Jahre 1912 übernahmen die Schweizerischen Bundesbahnen endlich den Bahnhof Cornavin und die Bahnstrecke nach La Plaine.

Inzwischen zeichnete sich in der Schweiz und in Frankreich eine Lösung zugunsten des «raccoursi» Frasne-Vallorbe ab. Die P.L.M. setzte auf diese ökonomisch günstige Variante, unterstützt von der Jura-Simplon und vom Kanton Waadt. Der Bundesrat liess erkennen, dass er ebenfalls diese Variante anstrebe, machte aber deutlich, dass mit staatlichen Subventionen nicht zu rechnen sei. Er müsse es den Bahngesellschaften überlassen, die Initiative zu ergreifen.

Das Faucille-Komitee dachte nicht daran, die Segel zu streichen. Sein Präsident Théodore Turrettini agitierte in Wort und Schrift für die Genfer Lösung. Seine Angriffe galten den Mängeln einer Bahnlinie durch den Mont d'Or. Die Steigungen auf der bereits vorhandenen Jura-Transversale seien für einen internationalen Bahnbetrieb zu krass: «Wer jemals zur Winterzeit auf der Steigung oberhalb Mouchard gegen Mesnay und Pont d'Héry hin die Lokomotiven hat pusten hören oder gar stille stehen sehen, der kann kaum begreifen, wie der grosse internationale Verkehr über diesen Ziegenweg zum Simplon geleitet werden könnte.»[457] Schützenhilfe erhielten die Anhänger der Faucille auch von Pontarlier. Die Stadt setzte sich gegen die Frasne-Vallorbe-Bahn zur Wehr, weil sie durch die neue Linie ins Abseits geriet.

In den ersten Jahren nach der Jahrhundertwende bestätigte die Landesregierung gegenüber Paris mehrmals ihre Entscheidung zugunsten der Mont d'Or-Variante. Es gab militärische Bedenken, die von Oberstdivisionär Arnold Keller formuliert wurden. Die Vereinbarungen zwischen P.L.M. und Jura-Simplon sahen vor, dass in

Vallorbe an Stelle der alten Station der Jougne-Bahn ein internationaler Bahnhof entstehen sollte, der wie auch der grenzüberschreitende Tunnel von der französischen Gesellschaft zu betreiben war. Bei der Armeeführung sah man mögliche Gefahren. Auf einem von französischem Personal betreuten Grenzbahnhof könnte ohne Vorwarnung ein Überfall durch den westlichen Nachbarn inszeniert werden. Für einen Einmarsch französischer Truppen würde sich der neue Tunnel ebenso wie die Bahnstrecke von Pontarlier nach Vallorbe anbieten.[458] Der Weg ins Westschweizer Mittelland wäre offen. Das Militärdepartement forderte Garantien, welche die Gefahr eines französischen Überfalls verringern sollten:

«1. Das Zeughaus von Morges muss unbedingt von dort nach Moudon und teilweise noch weiter zurück (z. B. nach Payerne) verlegt werden.

2. Der Bahnhof Vallorbe darf nur von schweizerischem Betriebspersonal bedient werden; insbesondere ist der äussere Dienst in allen Fahrrichtungen der Jura-Simplonbahn vorzubehalten. Das Bahndienstpersonal auf der Strecke Vallorbe-Landesgrenze muss schweizerischer Herkunft sein.

3. Der Tunnel des Mont d'Or ist am Ostausgange mit Minenkammern zu versehen.»

Militärische Vorbehalte waren kein Grund, auf den Bau der Frasne-Vallorbe-Bahn zu verzichten. Die Gesellschaft Jura-Simplon wurde 1903 von den Schweizerischen Bundesbahnen übernommen. Damit machte der Bundesrat das Mont d'Or-Projekt zu einer Sache des Staates, in die man politisches Prestige investierte. Obschon die Zeit drängte, zögerte die französische Regierung lange mit ihrer Zustimmung zu den vorliegenden Plänen. Als sich die Ministerien in Paris allmählich mit der Idee des «raccoursi» abfanden, tauchten in der Schweiz Schwierigkeiten auf, die sich einer vertraglichen Regelung der Simplon-Zufahrten in den Weg stellten. Was bisher hauptsächlich ein Konflikt zwischen Faucille-Bahn und Frasne-Vallorbe-Linie war, nahm neue Dimensionen an.

Seit den achtziger Jahren wünschte man im Kanton Bern eine Lötschbergbahn, die ebenfalls zum Simplon führen sollte. Die Idee war geeignet, die am Gotthard interessierten Kreise zu erschrecken. Der Kanton Bern versuchte, das Lötschberg-Projekt mit Hilfe der Schweizerischen Bundesbahnen zu realisieren, wurde aber abgewiesen. Er verfolgte den Plan hartnäckig weiter. Ein Initiativkomitee kümmerte sich um die Beschaffung der Finanzen und fand die richtigen Quellen. Französische Banken beteiligten sich mit bedeutenden Beträgen und sicherten sich ein solides Mitspracherecht. Im Jahre 1905 wurde die Eisenbahngesellschaft «Bern-Lötschberg-Simplon» gegründet, die den Bau der Strecke und den Tunneldurchstich einem französischen Konsortium übertrug. Nach schwierigen Bauphasen und zwei Katastrophen, die viele Menschenleben forderten, wurde die Strecke im Juli 1913 in Betrieb genommen.

Die nördliche Zufahrt zum Lötschberg war für die Ansprüche des internationalen Verkehrs ungenügend. Die Strecke von Delémont über Tavannes, Sonceboz und Biel nach Bern wies Umwege und Steigungen auf, die eine rentable Betriebsführung ausschlossen. Schon früh war von einem Tunnel von Moutier nach Grenchen die Rede, der die Fahrzeit von Delémont nach Bern abkürzen sollte. Auch die französischen Aktionäre der Lötschbergbahn forderten den Jura-Durchstich, der in ihren Augen wichtiger war als die Frasne-Vallorbe-Bahn. Damit ergab sich in Frankreich selber eine Konfrontation zwischen der Cie. de l'Est und der P.L.M. Die an der nördlichen Juragrenze operierende Bahngesellschaft konnte mit einer besseren Zufahrt in der Schweiz ebenfalls in das Geschäft am Simplon einsteigen, eine Perspektive, die bei der Paris-Lyon-Méditerranée auf Ablehnung stiess. In der französischen Regierung zeigten sich ausgesprochene Sympathien für eine Moutier-Grenchen-Bahn, die für die wirtschaftlichen Interessen Frankreichs nur von Vorteil sein konnte. Finanzminister Joseph Cailloux stand in enger Verbindung mit den am Lötschberg engagierten Pariser Finanzkreisen. Im April 1908 zeigte er in einem Gespräch mit Minister Lardy deutlich, was er von der Schweiz erwartete. Die Strecke von Vallorbe sei interessant, bringe aber den französischen Bahnen keinen zusätzlichen Verkehr. Wichtiger sei eine Bahnlinie Moutier–Grenchen, denn sie leite den belgischen Verkehr auf das Bahnnetz Frankreichs und zum Lötschberg, an dem französisches Kapital beteiligt sei.[459] Minister Cailloux äusserte einen weiteren Wunsch: Der Bund möge doch unverzüglich die Lötschbergbahn zurückkaufen und die Bauarbeiten zu einem guten Ende führen. Er werde diesen Schritt ohnehin eines Tages tun müssen.

In Bern hatte inzwischen die Simplonkonferenz zwischen einer schweizerischen und einer französischen Delegation begonnen, die den Zufahrten zum Simplon galt.[460] An die Stelle des Streits um die Faucille war in der Schweiz seit geraumer Zeit die Auseinandersetzung zwischen «Gotthardisten» und «Simplonisten» getreten. Die Fronten verliefen zwischen Interessengruppen, die sich zu eigenartigen Koalitionen zusammenfanden. Auf einer Linie operierten die französische Regierung, Pariser Bankhäuser, der Kanton Bern und die Cie. de l'Est, die gemeinsam den Moutier-Grenchentunnel verlangten. Zu ihnen gesellten sich gelegentlich auch die Anhänger der Faucille. Der Bundesrat blieb anfänglich auf die Mont d'Or-Linie fixiert, die in Frankreich auch von der P.L.M. gefordert wurde.

Die Schweizerischen Bundesbahnen sahen im Projekt der Moutier-Grenchen-Bahn eine Gefahr für die Gotthard-Transversale, die man in eben diesen Jahren verstaatlichen wollte. Also lehnte die Landesregierung Verhandlungen über die Zufahrt zum Lötschberg ab. Die französische Forderung nach einem neuen Jura-Durchstich wurde als Einmischung in innere schweizerische Angelegenheiten gewertet. Das war ein gefährliches Argument angesichts der starken deutschen Position in der Gotthardbahn-Gesellschaft. So wurden wirtschaftliche Auseinandersetzungen beim Ausbau des schweizerischen Eisenbahnnetzes einmal mehr zum internationalen Politikum, bei dem sich nach bekanntem Muster Frankreich und Deutschland gegenüber standen.

Da der Bundesrat jede Diskussion über die Projekte Moutier-Grenchen und Faucille ablehnte, musste die Berner Konferenz unterbrochen werden. Man war mit der Gotthardkonferenz beschäftigt und wollte die Sache mit der Simplonzufahrt bis auf weiteres ruhen lassen. Die Rechnung der Landesregierung ging nicht auf. In Paris verlor man die Geduld und gab den Bundesbehörden zu verstehen, dass die zum Lötschberg führende Linie mit französischem Kapital auf jeden Fall gebaut werde und dass man dem Gotthard einen unerbittlichen Tarifkrieg liefern werde. Unter diesen Umständen sei auch nicht an den Bau einer Frasne-Vallorbe-Bahn zu denken.

Paris konnte mit Hilfe des französischen Kapitals und in Verbindung mit dem politischen Gewicht des Kantons Bern den Plan eines neuen Jura-Durchstichs verwirklichen. Der Bundesrat liess sich im Juni 1909 zu einer Wiederaufnahme der Verhandlungen herbei, nachdem die Schweizerischen Bundesbahnen und die Bern-Lötschberg-Simplon-Bahn ihre Interessen in einem Vertrag gegenseitig abgegrenzt hatten. In Übereinstimmung mit der Cie. de l'Est war man zu einer Verkehrsteilung am Moutier-Grenchen-Tunnel gelangt: Ungefähr 70 Prozent des durchgehenden Verkehrs sollten auf die Lötschberg-Linie geleitet werden, das übrige Kontingent durfte die Gotthardbahn übernehmen.

Nun trat der Bundesrat auch auf die französische Forderung ein, über alle drei Bahnprojekte gleichzeitig zu verhandeln. Der eben redigierte Gotthardvertrag mit den weitreichenden schweizerischen Konzessionen, die in der Öffentlichkeit als Souveränitätseinbusse gewertet wurden, liess einen behutsamen Umgang mit Frankreich als empfehlenswert erscheinen. Der heraufziehende Sturm um die «Kapitulation am Gotthard» sorgte bereits für gefährliche innenpolitische Spannungen. Die Landesregierung wollte einen neuen Streit vermeiden.

Am 18. Juni 1909 wurde in Bern unter dem Titel «Convention entre la Suisse et la France au sujet des voies d'accès au Simplon» der lange erwartete Vertrag abgeschlossen.[461] Mit dem Ergebnis durften beide Kontrahenten zufrieden sein. Die Regierungen stimmten dem Bau der Linien Frasne-Vallorbe und Moutier-Grenchen zu und stellten die nötigen Konzessionen auf den jeweiligen nationalen Territorien in Aussicht. Beide Strecken wurden im Kriegsjahr 1915 dem Betrieb übergeben. Salomonisch war die Sprachregelung, die man für die Faucille fand. Falls Frankreich die Strecke von Lons-le-Saunier durch die Jura-Kette bis zur Schweizer Grenze konstruieren sollte, wäre die Schweiz verpflichtet, auf ihrem Hoheitsgebiet die Anschlusslinie und die Verbindungsbahn zwischen Cornavin und Eaux-Vives zu bauen. Die Vertragspartner gingen vermutlich stillschweigend von der Annahme aus, dass der konkrete Fall nicht eintreten werde. Es blieb bei einem Paragraphen im Vertrag, der nie in Anspruch genommen wurde. Immerhin hatte man den Wünschen von Genf formell Genüge getan. Die beiden Regierungen besiegelten auch den Rückkauf des Bahnhofs Cornavin und der Bahnlinie nach La Plaine.

Die frühesten Pläne für eine Alpenbahn hatten einen Schienenweg über einen der Pässe Graubündens vorgesehen. Der österreichische Ingenieur Alois von Negrelli dachte schon in den dreissiger Jahren an den Splügen, Richard la Nicca, der Bündner Strasseninspektor, arbeitete am Projekt einer Lukmanierbahn. Eine Bahnlinie auf einer der klassischen Routen hätte auch für Zürich und Basel einen historisch bewährten Weg nach Süden geöffnet. Die Geschichte verlief anders. Es entstanden Gotthard- und Simplonbahn, eine Ostalpenbahn wurde nie gebaut.

Die in den vierziger Jahren entstandenen Pläne für eine Lukmanierbahn entfachten eine Diskussion über die militärischen Gefahren eines derartigen Unternehmens. Von da an beherrschte der Aspekt «militärische Interessen» bis zum Ersten Weltkrieg den Dialog über Bündner Alpenbahnen. Die Topographie Graubündens, die Grenzziehung und die politischen Verhältnisse in der Po-Ebene weckten bei der Landesregierung und im Generalstab die Befurchtung, eine Alpentransversale in dieser Region könne im Kriegsfall eine Gefahr für das ganze Land darstellen. Was den Lukmanier betraf, erhob Bundesrat Ulrich Ochsenbein schon im Jahre 1853 Einspruch, als der Kanton Tessin die Sanktionierung seiner Konzession für eine über den Pass führende Bahnlinie verlangte. In seiner Begründung prägte der Vorsteher des Militärdepartements ein später häufig wiedergegebenes Bild: Die Lukmanierbahn werde «unter den Kanonen Österreichs» verkehren. In seinem umfassenden Bericht schrieb er unter anderem, die Strecke führe zu nahe an die österreichisch-lombardische Grenze. Die Bahn müsse während 12 Stunden unter den Kanonen des Feindes fahren.[462] Man brauche Eisenbahnen, die vom Zentrum an die Peripherie führten und nicht parallel zur Grenze liefen. Mit dem «Feind» war Österreich gemeint, dessen Generalfeldmarschall Radetzky in der Lombardei herrschte und in eben diesen Jahren den Kanton Tessin bedrängte. Deshalb setzte sich Bundesrat Ochsenbein schon früh für eine Gotthardbahn ein, die genau seiner These von Zentrum und Peripherie entsprach.

Vor dem entscheidenden Jahr 1859, das den Abzug der Österreicher aus der Lombardei brachte, war die Routenwahl in erheblichem Masse von politischen Motiven diktiert. Die zweigeteilte Po-Ebene verlangte von den Planern zum vornherein eine Entscheidung: Wollte man, wie es der politischen Kultur der Schweiz entsprach, Anschluss an Sardinien-Piemont gewinnen, oder wählte man den Weg nach der österreichischen Lombardei, was am ehesten durch den Splügen geschehen konnte. Die drei Kantone St. Gallen, Graubünden und Tessin schlossen im Jahre 1845 einen Staatsvertrag, der den Bau einer Lukmanierbahn vorsah. Zwei Jahre später beteiligte sich die Regierung in Turin an der Vereinbarung, da auch Ministerpräsident Cavour das Projekt nach Kräften förderte. Im Piemont versprach man sich grossen Nutzen von einer transalpinen Bahnlinie nach den Territorien des Deutschen Zollvereins. Im Tessin zeichnete sich eine Differenz zwischen Sopra Ceneri und Sotto Ceneri ab. Die im Staatsvertrag vorgesehene Linienführung zielte auf den von Piemont beherrschten Lago Maggiore, auf dem der Dampfer «Verbano» die Verbindung zwischen der Lukmanierbahn und dem italienischen Eisenbahnnetz herstellen konnte. In Lugano hingegen stimmte man dem Projekt nur zu, wenn eine Zweigbahn über den Monte Ceneri angelegt wurde, die nach dem von Österreich beherrschten Mailand führte.

Der Tessiner Zwiespalt war auch beim Bau der Gotthardbahn offenkundig, da die Stammlinie ebenfalls am Langensee endete. Als vor dem Ersten Weltkrieg um die Splügenbahn gestritten wurde, verlangten die Anhänger einer Greinabahn, dass der Verkehr nach Süden den Weg zum Lago Maggiore finden müsse. Der Basler Politiker und Verkehrsfachmann Robert Gelpke verfocht diese These noch 1911 hartnäckig: «Ohne Anteil am Langenseebecken aber wäre die Schweiz im Süden ohne natürlichen Verkehrs-Stützpunkt. Im Süden erwiese sich eine Verzettelung der Verkehrskräfte, ein Auseinanderstreben der Schienenwege als viel verhängnisvoller wie im Norden, denn das Langenseebecken bildet den eigentlichen Schlüsselpunkt der schweizerischen Alpenbahnen. Am Langensee ist heute noch der verkehrspolitische Einfluss der Schweiz vorherrschend.»[463] Man müsse vor allem den von Italien beherrschten Comersee isolieren, was mit andern Worten hiess, dass keine Splügenbahn gebaut werden durfte.

Der Bundesrat hatte bereits im Jahre 1864 Richtlinien für die Routenwahl bei einem Alpentransit aufgestellt. Darin war die von militärischer Seite inspirierte Forderung enthalten, bei einem Alpendurchstich müssten beide Tunnelportale auf schweizerischem Territorium liegen. Dass dieser Grundsatz nicht immer zu realisieren war, erfuhr man am Simplon. Immerhin waren die militärischen Gesichtspunkte für die Landesregierung ein Argument, mit dem sie trotz der kantonalen Hoheit im Eisenbahnwesen auf den Bahnbau Einfluss nehmen konnte. Die Tatsache, dass St. Gallen, Graubünden und Tessin im Handel um den Lukmanier sich als direkte Vertragspartner Sardinien-Piemonts sahen, verursachte in Bern Unbehagen. Im Jahre 1861 fragte man die drei Kantone an, wie weit sie unabhängig vom Bundesrat agieren wollten.[464] Die St. Galler Regierung antwortete selbstbewusst: «Wenn der Bundesrath es für nötig erachte, bei spätern Verhandlungen vertreten zu sein, so habe sie nichts dagegen einzuwenden, glaube aber überzeugt sein zu dürfen, dass eine solche Intervention nur in einer das Unternehmen fördernden Weise stattfinden würde.» Da in der Zwischenzeit die Entscheidung zugunsten einer Gotthardbahn gefallen war, musste dieser Satz wie ein vorsorglich ausgesprochener Tadel wirken.

Sardinien war zu Beginn der sechziger Jahre gegenüber dem Lukmanier-Projekt auf Distanz gegangen. Der Rückzug der Donaumonarchie aus der Lombardei hatte die Ausgangslage völlig verändert. Es ging nicht mehr um regionale piemontesische Verkehrspolitik, sondern um jene der ganzen Po-Ebene und später um die Interessen des vereinten Italien. Damit war die Frage der Alpenbahn wieder offen. Vom Simplon bis zum Splügen boten sich Varianten an, die für die beteiligten Staaten politisch weniger belastet und der Tagespolitik entrückt waren. Verkehrstechnische und wirtschaftliche Argumente gewannen an Gewicht. Als der Entschluss, die Gotthardbahn zu bauen, in den beteiligten Ländern feststand, verschwanden die Pläne für eine Lukmanierbahn bis auf weiteres in der Versenkung. Zu diesem Zeitpunkt war an eine zweite Alpentransversale, die ebenfalls ins Tessintal mündete, nicht zu denken. Erst im beginnenden 20. Jahrhundert wurde der Gedanke an einen Schienenweg zwischen Vorderrheintal und Bleniotal unter dem Titel «Greinabahn» wieder aufgenommen.

Der Lukmanier war nicht mehr aktuell, doch die Forderung nach einer Ostalpenbahn blieb bestehen. Verkehrspolitische und topographische Gegebenheiten hatten den Splügen schon früh ins Zentrum der Überlegungen gerückt. Im Herbst 1869 wurde die Konzession für eine Splügenbahn erteilt. Die Konzessionsakte enthielt den vom Bund formulierten Vorbehalt, der die Belange der Landesverteidigung betraf: «Behufs Wahrung der militärischen Interessen der Eidgenossenschaft ist das definitive Tracé der Bahn dem Bundesrat vorzulegen. Die Gesellschaft ist verpflichtet, auf ihre Kosten im Bahnkörper oder neben demselben diejenigen Anlagen auszuführen, welche der Bundesrat zum Zwecke der Vorbereitung ausreichender und entschiedener Zerstörungen anordnen wird.»[465] Oberst Siegfried hatte zuvor als Chef der Generalstabsabteilung ein Gutachten verfasst, in dem er empfahl, den Splügentunnel durch Minenkammern und eine Befestigungsanlage am nördlichen Tunnelportal zu sichern. Später wurden die Empfehlungen Siegfrieds von den Gegnern der Splügenbahn als leichtfertig und überholt bezeichnet, da sie in der Praxis gar nicht zu realisieren waren.

Die Topographie am Splügen ergab für die Schweiz in militärischer Hinsicht ein ungünstiges Bild – ein Sachverhalt, der weder von Anhängern noch von Gegnern des Projekts bestritten wurde. Die Passhöhe bildete kein natürliches Hindernis. Italienische Truppen konnten durch das San Giacomo-Tal ohne grössere Schwierigkeiten über die Landesgrenze ins Hinterrheintal vorstossen. Ein Angriff war auch denkbar durch das nördlich der Wasserscheide liegende italienische Valle di Lei, aus dem man durch das Val Ferrera zum Rhein gelangte. Man konnte sich jährlich während einigen Monaten in Sicherheit wiegen, da grössere Aktionen in den Wintermonaten nicht durchführbar waren. Wie weit ein Splügen-Eisenbahntunnel die Gefahr für die Schweiz erhöhte, war nach der Jahrhundertwende Gegenstand einer hitzigen Debatte zwischen militärischen Experten. Die Anhänger einer Ostalpenbahn hatten sich inzwischen in zwei Lager gespalten: Das Projekt einer Greinabahn stand jenem der Splügenbahn gegenüber, wobei beide Parteien mit gelehrten Abhandlungen und oberflächlicher Polemik an die Öffentlichkeit traten. Das Wort vom «landesverräterischen Splügen» ging um. Eine unterschwellig vorhandene anti-italienische Stimmung zog sich wie ein roter Faden durch die Diskurse, wenn es darum ging, die vom südlichen Nachbarn ausgehende Gefährdung zu schildern.

In den öffentlichen Disput um die Splügenbahn mischten sich vor dem Ersten Weltkrieg deutsche Militärgeographen ein, die für ihren Dreibund-Partner Italien wenig Respekt zeigten. Mit kritischen Augen beobachteten sie den italienischen Festungsbau an der Schweizer Grenze. Die am Comersee entstehenden Artilleriewerke, vor allem das Fort Montecchio bei Colico, wurden in Verbindung mit einem Angriff auf den Splügen oder auf Bellinzona gesehen. Der deutsche Oberstleutnant H. Frobenius schrieb im Oktober 1912 in der Zeitschrift «Militärgeographie», die italienischen Fortifikationen trügen «nach Lage und Anordnung rein offensiven Charakter».[466] Im schweizerischen Generalstab wusste man es besser: Die Kanonen der Festung bei Colico erreichten kaum die Stadt Chiavenna und schon gar nicht den Passo San Jorio. Doch der deutsche Experte warnte:

«Wenn nun gar die Schweizer die Unvorsichtigkeit begehen sollten, eine Vollspurbahn mittels Durchbohrung des Splügen von Reichenau nach Chiavenna zu führen, so würde eine italienische Armee, im Besitz des Südportals, sich nur dieses Tunnels zu bemächtigen haben, um nicht nur unmittelbar das Vorderrheintal zu erreichen und selbst während der Winterzeit sich dort halten zu können, sondern auch jede Verteidigung von Graubünden sofort lahmzulegen, da die Verbindungen des Kantons alle abgeschnitten würden. Ein Vorgehen gegen Graubünden würde aber sowohl dem Zwecke dienen, den Kanton dem Königreich Italien einzuverleiben, als auch den Weg zu öffnen, um Tirol von der unbewehrten Westseite anzugreifen und die Verteidigung des Trentino durch Besitznahme von Innsbruck völlig illusorisch zu machen.» Diese deutsche Einschätzung der möglichen italienischen Absichten gegen Österreich zeigt nota bene, wie brüchig die Konstruktion des Dreibunds vor dem Ersten Weltkrieg geworden war.

In der Schweiz sorgte im Jahre 1912 eine Broschüre des Obersten Gottfried Immenhauser für erregte Kontroversen. Unter dem Titel «Schweizerische Alpenbahnen; ihre Bedeutung für unsere Unabhängigkeit, Landesverteidigung und Volkswirtschaft» rief sie zum Kampf gegen die Splügenbahn auf. Immenhauser präsentierte in eindrücklicher Schwarzmalerei sämtliche militärischen Argumente, die man gegen das Unternehmen anführen konnte. Es werde mit der Bahn eine künstliche Öffnung in die natürliche Barriere an der Südfront geschlagen: «Ein Grenztunnel am Splügen trifft die verwundbarste Stelle an der schweizerischen Alpenfront. Ist er in Feindeshand gefallen, so ist mit der Splügenstrasse auch die nach Bellinzona führende Bernhardinstrasse genommen. Ein kurzer Vormarsch führt zur Wegnahme von Reichenau, somit zur Unterbrechung von Lukmanier und Oberalp. Dann ist der Kanton Tessin nur noch durch die Gotthardlinie, die über den S. Giacomo-, Gries- und Nufenenpass stark gefährdet ist, mit der Zentral- und Nordschweiz verbunden.»

Ein Handstreich durch einen Grenztunnel – so die These des Obersten im Generalstab – sei jederzeit möglich und leichter, als man denke. Die Region am Splügen sei den italienischen Alpini und den sogenannten «Finanzieri», den militärisch organisierten Zollbeamten, bestens bekannt. Die seinerzeit von Oberst Siegfried geforderten Sicherungen waren nach Meinung Immenhausers ungenügend. Befestigungen am Tunnelausgang seien unnütz, da die Bundesverfassung eine ständige Garnison ausschliesse. Milizsoldaten aus dem Kanton Graubünden könnten bei einem Überfall nur mit Verspätung beim Portal eintreffen. Das Laden der Minenkammern im Tunnel erfordere viel Zeit, so dass an eine rechtzeitige Sprengung nicht zu denken sei.

Die Frage der Splügenbahn brachte einen andern Offizier, Oberstdivisionär Theophil Sprecher, in Verlegenheit. Im Jahre 1905 wurde der Bündner zum Chef der Generalstabsabteilung ernannt. Er trat sein Amt, wie es bei hohen Militärs üblich war, mit soliden Vorurteilen an. Dazu gehörte die Ueberzeugung, dass in einem zukünftigen europäischen Krieg Frankreich die Schweiz angreifen werde. Ein weiterer Glaubenssatz besagte, dass der Schweiz Gefahr von Italien drohte. Der Bau der Splügenbahn war für ihn als Bündner ein wichtiges Anliegen, als Anwalt der Landesverteidigung musste ihm die Sache hingegen verdächtig vorkommen. Aus diesem Dilemma heraus produzierte er eine Idee, die kaum realistisch war. Der Splügentunnel sollte auf einem Umweg ins Bergell führen, so dass auch das südliche Portal auf schweizerisches Territorium zu liegen käme. Das Bauwerk hätte eine Länge von ungefähr 30 Kilometern erreicht.

Eine harte Antwort auf die Attacken des Obersten Immenhauser erteilte Korpskommandant Ulrich Wille im selben Jahr in der «Neuen Bündner Zeitung». Ein Staat dürfe niemals auf den Bau einer Eisenbahn verzichten, weil angeblich militärische Bedenken bestünden. Dann sattelte Wille sein Steckenpferd: Entscheidend sei nicht die Gefahr am Splügen, sondern die «innere Tüchtigkeit des Heerwesens». Wille fand hier eine willkommene Gelegenheit, über die anti-italienische Manie des schweizerischen Generalstabs zu spotten.[467]

Man kennt inzwischen den 1889 ausgearbeiteten abenteuerlichen Operationsplan des italienischen Generalstabs – intern als «seconda ipotesi» bezeichnet –, der tatsächlich eine Armee über den Splügen ins Rheintal und auf dem Umweg über die Ostschweiz in den Raum zwischen Murten und Elsass schieben wollte.[468] Damit wäre die Ausgangsbasis für Operationen gegen Frankreich erreicht und ein Vorstoss in Verbindung mit der deutschen Armee eingeleitet worden. Der Splügen als Kriegsschauplatz: Auch im schweizerischen Generalstab dachte man über einen Vormarsch zum Comersee nach, den man mit einer österreichischen Offensive über das Stilfser Joch hätte abstimmen müssen.

Die in der Schweiz geführte militärpolitische Diskussion über die Frage, ob eine Greinabahn oder ein Splügendurchstich vorzuziehen sei, wurde in Italien selbstverständlich zur Kenntnis genommen und kommentiert. Die Zeitschrift «La Preparazione» präsentierte eine These, die den schweizerischen Gegnern des Splügen wie gerufen kam: «Was die italienische Regierung betrifft, von der man eine Unterstützung zur Ausführung des grossen Werkes verlangt, so kann nur der Splügen in

Betracht fallen, obgleich die Greina unter andern Umständen vielleicht vorteilhafter wäre. Den Ausschlag gibt die militärische Seite der Frage. Der Greina-Durchstich käme ganz auf schweizerisches Gebiet. Läge der eine Tunnelausgang, wie es beim Splügenprojekt der Fall ist, auf italienischer Seite, so wäre es eine Kleinigkeit, beim heutigen Stande der Technik ihn im Kriegsfall zu sperren. Ein gänzlich auf schweizerischem Territorium durchgeführter Alpendurchstich kommt für uns aber einer Unterbrechung der Alpen an jener Stelle gleich. Die Schweizer sind Herren bei sich zu Hause und können das ihnen günstigere Projekt wählen. Sollten sie sich für die Greina entscheiden, dann darf Italien nicht einen Centesimo an die Ausführung beisteuern.»[469]

Es gab nicht nur militärische Bedenken gegen eine Splügenbahn. Das Thema Alpentransversale wurde zu diesem Zeitpunkt von der Kontroverse um den Rückkauf der Gotthardbahn beherrscht. Italien wartete während Jahren mit einer Antwort auf die Vorschläge des Bundesrats. Da brachte der italienische Aussenminister Tommaso Tittoni im Jahre 1906 unverhofft die Splügenbahn ins Spiel, die als Kompensation für eine Konzession am Gotthard hätte dienen müssen. Die Landesregierung lehnte das fragwürdige Geschäft ab: «La proposition de Monsieur Tittoni de faire dépendre le consentement de l'Italie au rachat du Gothard de la concession et de la construction d'un chemin de fer du Splügen est inadmissible. Les subventions ont été accordées au Gothard sans aucune réserve ayant trait à un chemin de fer du Splügen.» Es handle sich um eine «complication inutile», über die man nicht verhandeln wolle.[470]

Italien schien in diesen Jahren hinter dem Splügenprojekt zu stehen, obschon die verkehrspolitischen Voraussetzungen fragwürdig waren. Die Zufahrten aus Deutschland, die über die sogenannte Bodenseegürtelbahn liefen, entsprachen nicht den Ansprüchen einer internationalen Bahnlinie. In Stuttgart hatte man in der Vergangenheit ein unverbindliches Interesse an einer Ostalpenbahn gezeigt, Bayern hingegen war auf die Brennerroute ausgerichtet. In jeder Beziehung ungenügend war die italienische Lokalbahn, die von Lecco nach Chiavenna führte und die den Splügenverkehr hätte übernehmen müssen. Geplant war eine neue Bahnlinie am Westufer des Comersees, wodurch eine leistungsfähige Verbindung zwischen Como und der Splügenbahn entstanden wäre.

In den wenigen Jahren bis zum Ersten Weltkrieg kam es in der Frage der Ostalpenbahn zu keiner Entscheidung. Das Debakel des Gotthardvertrags hatte in der Öffentlichkeit die Begeisterung für eine weitere Alpentransversale gedämpft. Man erfuhr, dass wirtschaftliche Abhängigkeit von den benachbarten Grossmächten zu einem Verlust an Souveränität führte, auch wenn sich dieses Manko auf den ökonomischen Bereich beschränkte. Das Splügenprojekt wurde bei der allgemeinen Zurückhaltung in Frage gestellt. Der Bundesrat wollte nicht die Fehler wiederholen, die man am Gotthard begangen hatte. Eine allgemeine Meinung besagte, eine Splügenbahn sei ein allzu peripheres Unternehmen, das Deutschland und Italien mehr diene als dem eigenen Land. Die Wilhelminische Expansionspolitik im wirtschaftlichen Bereich mahnte zur Vorsicht. Kostproben reichsdeutscher Mentalität waren in der Presse des Nachbarn im Norden häufig zu finden. Aufsehen erregte zum Beispiel ein im Jahre 1912 erschienener Aufsatz in der Berliner Zeitschrift «Gegenwart», der unter anderem von der Wirtschaftspolitik gegenüber der Schweiz handelte:

«Zwei gefährliche Rivalen stehen Deutschland im internationalen Wettbewerb um Italien gegenüber – Frankreich und die Schweiz. Der Einfluss beider Wirtschaftsgebiete ist noch heute ein sehr starker, weil ein sehr alter. Der Rückgang in der französischen Industrie und Grossunternehmung ist freilich geeignet, Frankreich in absehbarer Zeit aus seiner bevorrechteten Stellung zu verdrängen. Auch die Schweiz muss schliesslich vor der deutschen Industrie die Fahnen streichen. Die Industrialisierung Italiens schreitet rüstig von Norden nach Süden vorwärts und die Erzeugnisse deutschen Gewerbefleisses sind es, die sich hier überall Bahn brechen. Fortan wird das schweizerische Wirtschaftsgebiet nicht mehr aus seiner günstigen Lage zum italienischen die Vorteile zu ziehen vermögen, die es bis dahin zog. Als Durchfuhrland, in seinen deutschsprechenden Teilen fast einem wirtschaftlichen Dominium Deutschlands vergleichbar, wird es hinfort nur dazu dienen, deutsches und italienisches Wirtschaftsgebiet einander immer mehr zu nähern.»[471]

Die Schweiz musste sich fragen, ob sie als «Durchfuhrland» für Deutschland eine weitere Alpenbahn bauen sollte. Es ging letzten Endes um eine politische Standortbestimmung, die sich im Ergebnis auch gegen die Splügenbahn richtete. Die eben erwachten nationalen Reflexe gegen grenzüberschreitende ökonomische Zwänge wirkten sich für das Projekt negativ aus. Die schweizerischen Alpentransversalen waren zum europäischen Politikum geworden. Wollte der neutrale Kleinstaat seine souveränen Rechte wahren, so musste er sich gegenüber Forderungen behaupten, die von aussen an die Verkehrspolitik des Landes gestellt wurden. Das gelang, wie das Beispiel am Gotthard zeigt, nicht immer in ausreichendem Masse. Die Debatte wurde im August 1914 durch den Ausbruch des Ersten Weltkriegs jäh beendet.

Affäre Wohlgemuth: Bismarcks Attacke auf die Souveränität der Schweiz

Im Jahre 1889 kamen nach einer Periode relativer aussenpolitischer Ruhe Herausforderungen auf die Schweiz zu, die eine Zeitlang die Existenz des neutralen Kleinstaates in Frage stellten. So nahm jedenfalls die europäische Öffentlichkeit den von Bismarck inszenierten Fall Wohlgemuth wahr. Was als banaler Zwischenfall an der Landesgrenze begann, schien sich zu einem Konflikt mit schwer absehbaren Dimensionen auszuweiten. Der Reichskanzler war offensichtlich bemüht, seinem Zwist mit Bern den Charakter einer völkerrechtlichen Auseinandersetzung zu verleihen, in die er nach Möglichkeit auch andere Grossmächte verwickeln wollte. Der Zeitpunkt gab Anlass zu besorgten gedanklichen Konstruktionen: Im Jahre 1887 war der Dreibund-Pakt erneuert und kurz darauf zu einem Militärbündnis ausgebaut worden. Man ahnte, was das für die Schweiz bedeuten konnte, nachdem Generäle und Diplomaten von einem zukünftigen deutsch-italienischen Feldzug gegen Frankreich sprachen.

Bismarck zeigte mit bisher nicht gekannter Offenheit, was er von der Souveränität der neutralen Schweiz hielt. Man machte sich darüber auch in Bern keine Illusionen mehr. In einer Aufzeichnung vom 30. Juni 1889 gab Bundesrat Emil Welti ein Gespräch zwischen dem Kanzler und Ministerpräsident Francesco Crispi wieder, das ihm ein italienischer Politiker als wohl kalkulierte Indiskretion übermittelt hatte. Der deutschfreundliche Bundesrat versah die Notiz mit einem Kommentar, der Bismarcks Haltung resigniert zur Kenntnis nahm:

«Soweit ich das politische Temperament Italiens kenne halte ich für unmöglich, dass irgend ein Ministerium in eine formelle Abmachung, welche die Verteilung der Schweiz zum Ziele hätte, eintreten könnte. Was sicher ist, ist folgender Zwischenfall, der sich anlässlich der letzten Königsreise nach Berlin abspielte. Während eines Gespräches zwischen Crispi und Bismarck bemerkte letzterer, bei den gegenwärtigen Verhältnissen Europas scheine ihm das Neutralitätsprinzip bei den Staaten zweiten Ranges nicht mehr zulässig. Ein jeder müsse seine eigene Politik haben und die Verantwortung dafür übernehmen. Crispi gab darauf keine Antwort.

Diese Episode ist authentisch. Sie beweist, dass Bismarck Belgien, die Schweiz und Holland in seinen Kurs ziehen möchte, dass aber diese Idee keinen günstigen Boden in Italien findet. Es ist unzweifelhaft, die Lage der Schweiz im Falle eines allgemeinen Krieges wäre eine solche, dass ihr Boden leicht verletzt werden könnte.»[472]

Die Affäre Wohlgemuth wurde durch Bismarcks Kampf gegen die Sozialdemokratie ausgelöst. Die deutschen Sozialistengesetze des Jahres 1878 trieben viele Sozialisten ins Exil. Die Schweiz mit ihrer verhältnismässig lockeren Asylpolitik wurde häufig als Gastland gewählt. Die deutschen Emigranten dachten in ihrer Mehrheit nicht daran, sich im Exil ruhig zu verhalten. Sie bauten solide Organisationen auf und produzierten ein Schrifttum, das in Deutschland als aufrührerisch und landesverräterisch gewertet wurde. In Zürich-Hottingen erschien in der Genossenschaftsdruckerei von Conrad Conzett die Zeitschrift «Sozialdemokrat», die sich als Organ der deutschen Partei verstand und auf allen möglichen Wegen nach Deutschland geschmuggelt wurde. Das Blatt, in dessen Redaktion neben andern Eduard Bernstein wirkte, schlug in der Regel einen gemässigten Ton an, galt aber im Deutschen Reich als staatsgefährdend. Otto von Bismarck erblickte im politisch organisierten Sozialismus eine tödliche Gefahr für seinen Staat, weit schlimmer als ein möglicher äusserer Feind wie etwa Frankreich. Die Sozialisten waren in den Augen des Reichskanzlers auch gefährlicher als die Katholiken. Sein Sohn Graf Herbert von Bismarck, Staatssekretär im Auswärtigen Amt, teilte die düsteren Visionen seines Vaters und erklärte dem schweizerischen Gesandten Arnold Roth im Juni 1889: «Gelangen die Sozialdemokraten an die Macht, so ist es aus mit dem Reich.»[473]

Zu Beginn der achtziger Jahre erschien eine neue Garde von Anarchisten in der Schweiz, die weniger auf Theorien als auf die «Propaganda der Tat» setzten. Das Gesicht der Emigranten hatte sich im Laufe der Jahrzehnte verändert –, in seiner extremen Form vom Schriftsteller zum Bombenwerfer. An die Stelle der von Proudhon und Bakunin inspirierten «Fédération Jurassienne» traten Aktivisten mit deutschen Namen, die sich um die Zeitschrift «Freiheit» des Deutschen Johann Most scharten. Der Utopist Bakunin selber hatte im Jahre 1873 in einem Abschiedsbrief an seine jurassischen Freunde die Richtung gewiesen: «Le temps n'est plus aux idées, il est aux faits et aux actes.»[474]

Die deutschen Anarchisten hatten jeglichen geistigen Anspruch abgelegt und huldigten einer brutalen Ideologie der Zerstörung. Nach einem Anarchistentreffen im August 1883 in Zürich begann ihr Terror, ohne dass ein politisch sinnvoller Plan erkennbar war. Dabei entstand der Eindruck, es werde hauptsächlich von der Schweiz aus operiert, obschon in den anarchistischen Kreisen kaum ein Schweizer zu finden war. Am 28. September 1883 inszenierte der in der Schweiz konspirierende August Reinsdorf einen Bombenanschlag auf Kaiser Wilhelm I. beim Niederwalddenkmal am Rhein. Der Monarch kam unverletzt davon, da der Zünder nicht funktionierte. Reinsdorf wurde verhaftet und im Februar 1885 hingerichtet. Kriminelle Energien fern jeder politischen Idee entwickelten die zeitweise in der Schweiz lebenden Hermann Stellmacher und Anton Kammerer, die in Deutschland und Österreich mit Morden und Raubüberfällen gegen die bestehende Ordnung angingen. Sie und andere Gesetzesbrecher liefen früher oder später der Polizei ins Netz und bezahlten ihre sinnlosen Taten mit dem Leben. In anarchistischen Kreisen verkehrte der deutsche Polizeispitzel Karl Schröder, der sich bei Gelegenheit auch als Sozialist ausgab. Mit Geldern seines Auftraggebers in Berlin finanzierte er eine Zeitlang die Zeitschrift «Freiheit» und hielt gleichzeitig die deutsche Polizei über die chaotische Anarchistenszene auf dem Laufenden.

Die anarchistischen Gruppen fanden sich in der Schweiz zu keiner einheitlichen Organisation zusammen. In ihrem Gefolge bewegten sich Utopisten, die am grünen Tisch den Tyrannenmord beschworen, und haltlose Kriminelle, die jederzeit zur Tat bereit waren, aber bei Gelegenheit gegen Geld auch die eigenen Kumpane verrieten. In Verbindung mit dieser heterogenen Gesellschaft agierten in der Schweiz russische Nihilisten, häufig Studenten aus aristokratischem Haus, die vom gewaltsamen Umsturz in ihrer Heimat träumten. Am 13. März 1881 wurde Zar Alexander II. ermordet. An den europäischen Höfen zeigte man sogleich auf Genf in der vagen Annahme, das Attentat sei in der Rhonestadt angezettelt worden. Wieder einmal stand die schweizerische Asylpolitik zur Debatte. Genf und Zürich betrachtete man als Zentren des europäischen Anarchismus.

Der führende russische Nihilist in der Schweiz, Fürst Peter Kropotkin, verherrlichte in Genf in seiner Zeitschrift «Révolté» am Jahrestag der Commune den Mord am Zaren.[475] Der Revolutionär bewegte sich in diesen Tagen ohne Schwierigkeiten zwischen der Schweiz und Frankreich und tauchte gelegentlich auch in London auf. Die radikale Genfer Regierung unternahm nichts gegen den adeligen Terroristen, bis der Bundesrat die Entsendung eines eidgenössischen Kommissärs androhte. Schliesslich wurde Kropotkin aus der Schweiz ausgewiesen. Wenn die Landesregierung die Periode ohne schwere diplomatische Stürme überstand, so hatte sie diese Gunst nicht zuletzt dem russischen Gesandten Andreas von Hamburger zu verdanken, der nach allen Seiten die Emotionen dämpfte und sich dabei als Freund des Gastlandes erwies. Russische Politiker hatten immerhin von der fälligen Aufteilung der Schweiz zwischen Deutschland und Frankreich gesprochen. So äusserte sich der frühere Gesandte in Bern, Prinz Michael von Gortschakow, der wie sein Vater, der Kanzler Fürst Alexander von Gortschakow, ein erklärter Feind der Eidgenossenschaft war.

Nach dem Zarenmord machte sich ein Teil der deutschen Presse ungebeten zum Anwalt Russlands, denn die Gelegenheit schien günstig, die schweizerische Asylpolitik anzugreifen. Bismarck, das Auswärtige Amt und seine Diplomaten verhielten sich in der Emigrantenfrage anfänglich zurückhaltend. Man begnügte sich, wenn ein Grund zur Beschwerde vorlag, eher mit Andeutungen als mit Forderungen. Die übliche Versicherung des Bundesrats, die Asylpraxis sei eine Angelegenheit der Kantone, nahm sich wie eine Schutzbehauptung aus, wurde aber von den gnädig gestimmten deutschen Diplomaten als unabänderlich entgegengenommen. Der vorsichtige bilaterale Umgang mit der heiklen Frage mag Grund für eine nicht zu übersehende Sorglosigkeit der Landesregierung gegenüber den Anarchisten gewesen sein. Von deutscher Seite wurde zwischen Anarchisten und Sozialisten kaum unterschieden. Die Abgrenzung war in der Tat nicht einfach, denn es gab personelle Verflechtungen. Die deutschen Sozialisten bemühten sich selber mehrmals um eine deutliche Trennung. Der Anarchist Reinsdorf zum Beispiel war eine Zeitlang Mitarbeiter an Herman Greulichs «Tagwacht», dort aber offenbar fehl am Platz. Er verabschiedete sich von der sozialistischen Zeitung, deren Kurs ihm allzu gemässigt erschien.

Nach der Ermordung Alexanders II. debattierte der deutsche Reichstag über wünschbare internationale Vereinbarungen, die eine Auslieferungspflicht für Attentäter auch bei politischen Verbrechen festhalten sollten. Man vermutete, der Anstoss zur Diskussion sei vom Reichskanzler oder vom Kaiser gekommen. In den folgenden Jahren verstärkte sich der Druck auf die Schweiz, gegen anarchistische Umtriebe energischer vorzugehen. Das Stichwort «Königsmord» wurde zum gängigen Argument, wenn es galt, den Begriff des «politischen Delikts» neu zu interpretieren. Dabei ging es nicht bloss um rechtstheoretische Erörterungen, sondern um Fragen der nationalen Souveränität, die jeweils in Auslieferungsverträgen zu regeln waren. Das Thema betraf nicht allein die Schweiz, doch das Land geriet wieder einmal in den Mittelpunkt diplomatischer Aktivitäten. Fürst Bismarck hatte sich im Jahre 1884 bemüht, die österreichische Regierung in dieser Sache für einen harten Kurs zu gewinnen. Auf dem Umweg über einen österreichisch-schweizerischen Auslieferungsvertrag sollte die schweizerische Landesregierung zu einem Verzicht auf ihre restriktive Auslieferungspraxis bei politischen Delikten gebracht werden.[476] Der österreichische Aussenminister Graf Gustav Kalnoky nahm den Wunsch des Reichskanzlers auf und versuchte, den Bundesrat zu Konzessionen zu bewegen. Eine Klausel im neuen Vertrag sollte festhalten, «dass der Königsmord und überhaupt Attentate gegen das Leben eines Staatsoberhauptes nicht als politische Verbrechen zu gelten haben, sondern zu den Verbrechen zu zählen seien, derentwegen eine Auslieferung stattfindet.»[477] Eine deutsche Forderung bewegte sich auf der selben Linie. Man ging von der selbstverständlichen Annahme aus, dass die Anschläge in der Schweiz geplant und in einem benachbarten europäischen Staat ausgeführt würden.

Der radikale Justizminister Louis Ruchonnet lehnte ein Verfahren strikte ab, das sozusagen automatisch zur Auslieferung eines Attentäters geführt hätte. In jedem Fall sollte die Schweiz über die juristischen Konsequenzen befinden: «Dem angesprochenen Staate fällt somit der Entscheid über die rechtliche Qualifikation der Delikte zu, den er allerdings nicht willkürlich, sondern nach seiner jeweiligen Gesetzgebung zu treffen die Verpflichtung übernimmt.» Im Einzelfall wäre, sofern bei einer Tat das Kriminelle überwiegt, eine Auslieferung nicht ausgeschlossen. Der Bundesrat blieb in dieser heiklen Materie bei seiner Linie. Ausweisungen waren in diesen Jahren häufig. So wurden sechs in Basel wohnende Mitglieder der verschworenen Gruppe um die «Freiheit» an die Grenze gestellt. Im übrigen war man bestrebt, aus den unerwünschten Gästen keine Märtyrer zu machen. Bundesrat Ruchonnet versicherte dem englischen Gesandten Francis-Ottiwell Adams, sein Justiz- und Polizeidepartement sei über die Bewegungen der Anarchisten in der Schweiz gut unterrichtet, eine Meinung, die in den Hauptstädten der Nachbarländer nicht unbedingt geteilt wurde.[478]

Allmählich kam man in Bern zur Überzeugung, dass die Bundesbehörden etwas gegen die vagabundierenden Anarchisten unternehmen müssten, wenn die Landesregierung gegenüber dem Ausland glaubwürdig bleiben wollte. Deutliche Signale aus der schweizerischen Bevölkerung wiesen in die selbe Richtung. Mit Rundschreiben an die kantonalen Behörden war es nicht mehr getan. Man sprach von einer politischen Polizei des Bundes, doch die entsprechende Vorlage mit einem Kreditbegehren von 20 000 Franken wurde dem Parlament erst im März 1888 vorgelegt. Es ging darum, ein Zeichen zu setzen, denn die Stimmung der deutschen Regierung gegenüber der Schweiz hatte sich deutlich verschlechtert. Im Jahre 1885 war der Berner Polizeidirektor Eduard Müller, der spätere Bundesrat, von der Landesregierung zum ausserordentlichen Bundesanwalt ernannt worden, der die anarchistischen Bewegungen in der Schweiz untersuchen sollte.[479] Den Anstoss zu diesem ungewöhnlichen Auftrag gab ein Vorgang von eher tragikomischer Art. Im Januar 1885 wurde in mehreren anonymen Briefen an Bundespräsident Schenk die Sprengung des Bundeshauses angekündigt. Die Drohung gegen seine eigene Residenz setzte den Bundesrat schneller in Bewegung als irgendein fernes Attentat. Als Urheber der anarchistischen Botschaft wurde ein in St. Gallen lebender Psychopath namens Wilhelm Huft ermittelt, der sich kurz darauf in der Gefangenschaft erhängte.

Eduard Müller hielt das Ergebnis seiner Untersuchungen in einem umfangreichen Bericht fest, der dem Bundesrat als Anleitung für eine sachgerechte Asylpolitik dienen konnte. Es geschah vorerst wenig, bis neue Ereignisse den politischen Horizont verdüsterten und der Landesregierung endgültig klar machten, dass sie sich auf die Dauer nicht mit verbalem Geplänkel aus der Affäre ziehen konnte. Man fürchtete in Bern eine gemeinsame diplomatische Intervention mehrerer Grossmächte. Gefährdet waren vor allem die Beziehungen zum deutschen Nachbarn. Fürst Bismarck schien die Geduld gegenüber einem Kleinstaat zu verlieren, der mit seiner Asylpolitik den antisozialistischen Feldzug durchkreuzte. Nach wie vor erregte der «Sozialdemokrat» im Deutschen Reich Anstoss. Die Zeitschrift wurde auf geheimnisvollen Wegen nach Deutschland geschmuggelt. Wenn sich der deutsche Gesandte Otto von Bülow über «völkerrechtswidrige Publikationen» und vor allem über das Blatt der deutschen Sozialdemokratie beschwerte, pflegte Bundesrat Numa Droz zu antworten, er habe im «Sozialdemokrat» keine Aufforderung zu «Mord- und Bluttaten» gefunden. Der Aussenminister musste sich dabei ertappen lassen, dass er die Zeitung seit Jahren nicht mehr gelesen hatte, ein peinliches Eingeständnis, das vermutlich postwendend nach Berlin gemeldet wurde. In der Hottinger Offizin des «Sozialdemokrat» war im Januar 1887 das Flugblatt «Der rote Teufel» erschienen, das in unflätiger Weise das deutsche Kaiserhaus und die Familie des Reichskanzlers beschimpfte. Es blieb unklar, wo die redaktionelle Verantwortung lag. Offenbar waren die Texte aus Deutschland geliefert worden. Der deutsche Gesandte stellte bei dieser Gelegenheit fest, Bern sei gegenüber den Auswüchsen der Presse machtlos, eine Feststellung, die für die Landesregierung nicht eben hilfreich war. Immerhin forderte der Bundesrat die Redaktion des «Sozialdemokrat» auf, die Sprache zu mässigen. Bernstein und seine Kollegen gaben jedoch zu verstehen, dass sie sich in ihrer Meinungsfreiheit nicht einschränken liessen.

Es folgte der Fall des Zürcher Polizeihauptmanns Jakob Fischer, bei dem der Bundesrat von Bismarck und seinem Auswärtigen Amt auf die Anklagebank versetzt wurde, obschon am Ausgangspunkt die üblen Praktiken der deutschen Polizeiagenten standen. Es wurde wieder einmal – ein Jahr vor dem Wohlgemuth-Handel – am Exempel deutlich, wie man sich im imperialen Berlin den Umgang mit einem kleinen Nachbarn vorstellte. Im Dezember 1887 hatte die Polizei in Zürich den deutschen Agenten Karl Schröder und in Genf den Polizeispitzel Christian Haupt festgenommen. Schröder vor allem – inzwischen Schweizer Bürger geworden – hatte nicht bloss Informationen gesammelt, sondern als Agitator in anarchistischen Zirkeln gewirkt. Bei den deutschen Sozialdemokraten bestand der Verdacht, es handle sich bei den beiden Figuren um «Agents provocateurs». Die Genossen legten deshalb selber Hand an und führten die Übeltäter der Polizei zu. In der Zürcher Wohnung von Schröder wurde eine Kiste mit mehreren Kilogramm Dynamit gefunden, das aus einer Fabrik in Opladen bei Düsseldorf stammte.[480] Die Untersuchung führte der Zürcher Polizeihauptmann Jakob Fischer, dem man gute Beziehungen zu sozialdemokratischen Kreisen nachsagte. Schröder und Haupt legten ein Geständnis ab.

Zur politischen Affäre wurde der Kriminalfall durch eine Debatte im Deutschen Reichstag am 27. Januar 1888, als die Verlängerung und Verschärfung des Sozialistengesetzes auf der Tagesordnung stand. Bei dieser Gelegenheit erklärte der sozialistische Abgeordnete Paul Singer, das Sozialistengesetz habe den Anarchismus gefördert. Den konkreten Beweis legte er dem Parlament in schriftlicher Form vor, denn der Zürcher Polizeihauptmann Fischer hatte ihn und den Abgeordneten August Bebel mit brisanten Unterlagen aus seiner Untersuchung versorgt. Singer referierte über die Tätigkeit der deutschen «Agents provocateurs» in der Schweiz, die sich übler Machenschaften bedienten. So konnte er nachweisen, dass Karl Schröder «mit preussischem Polizeigeld» die gegen das Deutsche Reich hetzende anarchistische «Freiheit» finanziert hatte. Die peinliche Botschaft wurde vom Reichstag mit Entrüstung aufgenommen, denn sie entsprach nicht den Vorstellungen von deutscher Ehre. Innenminister Robert von Puttkamer geriet in Bedrängnis. Das Sozialistengesetz wurde zwar verlängert, aber die vorgeschlagene Verschärfung abgelehnt.

Die Enthüllungen trafen die Reichsregierung in unangenehmer Weise. Man reagierte in Berlin scharf und mit imperialem Pathos. Es wurde sogleich ein Sündenbock ausgemacht, der auch ohne weiteres zu finden war. Polizeihauptmann Fischer brachte mit seinen Indiskretionen die Sache in Gang und stand nun im Mittelpunkt der Polemik. Er hatte als Beamter eine Tat begangen, die in Deutschland nicht vorstellbar war: Ein Untersuchungsrichter trug ausgerechnet zwei sozialistischen Politikern vertrauliche Informationen zu, die er in seinem Amt gewonnen hatte. Bismarck nannte das Verhalten Fischers «unglaublich», Puttkamer wies den Vorwurf, seine Agenten hätten als Provokateure gewirkt, als «ungeheuerlich und lächerlich» zurück. Der deutsche Gesandte von Bülow rückte im Departement des Auswärtigen in Bern mit einer scharfen, vom Reichskanzler unterzeichneten Note an, die er nur mündlich vortrug, ohne den Text zu übergeben. Deutschland befinde sich im «Zustand der Notwehr» und werde Massnahmen ergreifen müssen, damit die Revolutionäre nicht länger den Schutz der Schweiz geniessen könnten. Der Bundesrat rügte den Zürcher Polizisten, dem auch die kantonale Justizdirektion einen Verweis ausgesprochen hatte.[481] Fischer selber zeigte sich keineswegs reumütig: «Es müsse der

Welt gesagt werden, dass es Agenten im Dienste der Deutschen Polizei seien, welche unsere arbeitende Klasse gegen die staatliche Ordnung aufwiegeln, sie irreleiten und zur unglücklichen Propaganda der Tat verführen, und die beste Gelegenheit, es zu tun, habe die Verhandlung im Deutschen Reichstag über die Verlängerung und Verschärfung des Sozialistengesetzes geboten.»

Der Gesandte Arnold Roth wurde mit einem Schreiben der Landesregierung ins Auswärtige Amt in Berlin geschickt. Er sollte in mündlichem Vortrag in ausgewogenen Worten die schweizerische Position vertreten. Es war der schwerste Gang, den Minister Roth in seiner diplomatischen Laufbahn tat. Staatssekretär und Kanzlersohn Herbert von Bismarck empfing den Vertreter der Eidgenossenschaft ungnädig und behandelte ihn wie einen Schuljungen. Als der Gesandte, wie es nicht zu vermeiden war, auf die deutschen Agenten in der Schweiz zu sprechen kam, schnitt ihm der jähzornige Bismarck das Wort ab. Es sei für Deutschland beleidigend, wenn man auf eine deutsche Klage mit schweizerischen Beschwerden antworte. Im übrigen sei der Wortlaut des bundesrätlichen Schreibens unerträglich und mit wenig Sorgfalt redigiert. Herr von Bülow werde in Bern protestieren. Die Position der Reichsregierung zur Frage der deutschen Emigranten fasste Herbert von Bismarck in wenigen Sätzen zusammen:

«Factum bleibt, dass namentlich in Zürich und Genf und auch in andern Städten wahre Nester der Umsturzpartei vorhanden, dass uns das agitatorische Treiben dieses Gesindelns seit 20 Jahren schädigt, dass Sie, angeblich weil es ihre constitutionellen Verhältnisse nicht erlauben, in der Hauptsache Nichts gegen dieses Treiben thun, dass der Bundesrath der Regierung von Zürich gegenüber ohnmächtig ist. Und bei dieser Sachlage sind wir eben schliesslich im Zustande der Nothwehr, und müssen wir uns die nöthigen Massnahmen vorbehalten, um uns für die Folge gegen eine solche Schädigung unserer politischen Interessen zu schützen. Ihnen fügen wir von Deutschland aus keinen Schaden zu. Das ist Ihnen indifferent, was die Sozialdemokraten bei uns anstiften. Uns dagegen schädigt das Treiben der Sozialdemokraten in der Schweiz constant sehr schwer.»[482]

Die Affäre Fischer bewog den Bundesrat endlich, in der Frage der Fremdenpolizei zu handeln. Unter dem Eindruck der Auseinandersetzung mit Deutschland nahm das Parlament im März 1888 den Antrag der Landesregierung an und stellte den gewünschten Kredit zur Verfügung.

Ein weiteres Thema, das im Verhältnis zum nördlichen Nachbarn zu Turbulenzen führte, fand seinen Abschluss. Am 18. April 1888 folgte der Bundesrat einem Antrag Numa Droz' und beschloss, die ausländischen Herausgeber und Redaktoren des «Sozialdemokrat» auszuweisen, da die Zeitung nach der Verwarnung vom Januar ihren Stil nicht geändert habe. Die Argumente waren juristisch unscharf und eindeutig politisch ausgerichtet. Man sprach von «Beschimpfung, Aufreizung und Provokation gegenüber einer befreundeten Nation». Von der Ausweisung betroffen waren Eduard Bernstein, der Chefredaktor, Friedrich Schlüter, Chef der Verlagsbuchhandlung, Julius Motteler, Leiter der Expedition und Leonhard Tauscher, Vorsteher der Druckerei.[483]

Bundesrat Ruchonnet hatte im Kollegium, wie das Protokoll vermerkte, gegen die Ausweisung gestimmt, die er als «mesure à la fois inutile et impolitique» bezeichnete. In der Öffentlichkeit entstand der Verdacht, die Landesregierung habe unter deutschem Druck gehandelt. In der Arbeiterpresse wurde gegen den Beschluss Sturm gelaufen. «Die Schweiz soll zum Büttel der Bismarck'schen Polizei herabgewürdigt werden», stand in einem Flugblatt zu lesen. Kritik kam nicht nur aus den Reihen der Sozialisten. Auch bürgerliche Zeitungen zweifelten die Standfestigkeit der Regierung an, die mit einem fragwürdigen Kraftakt die getrübte Stimmung im Deutschen Reich wieder aufhellen wollte.

Die deutsche Staatsgewalt nahm die Agitation in der Schweiz, sei sie sozialistisch oder anarchistisch, nicht tatenlos hin. Polizeiagenten hielten sich in den Reihen der Emigranten auf. Das war seit dem Fall Fischer kein Geheimnis mehr, doch die Landesregierung überliess es meist den für die Fremdenpolizei zuständigen Kantonen, den Schaden zu begrenzen. Ende April 1889 wurde in Rheinfelden der in Mülhausen tätige Polizeiinspektor August Wohlgemuth verhaftet, der den Schneidermeister Balthasar Lutz als Informanten angeworben hatte und von ihm prompt bei der Aargauer Polizei denunziert wurde. Es handelte sich um eine läppische Angelegenheit, bei der sich beide Seiten dilettantisch benahmen und die nicht mehr Aufsehen verdiente als frühere Zwischenfälle.

Der in Mülhausen stationierte Wohlgemuth war mit der Beobachtung der Sozialisten im Elsass und vermutlich auch im schweizerischen Grenzgebiet beauftragt. Auch die Franzosen in Basel sollte er im Auge behalten. Sein Agent in der Schweiz war der in ärmlichen Verhältnissen lebende deutsche Schneidermeister Balthasar Lutz, dem er in naiver Weise sein Vertrauen schenkte. Bismarck meinte später, es handle sich beim Polizeiinspektor um einen «beschränkten, wenig geschulten, namentlich sprachlich ungebildeten Elsässer», der ungeschickt und ungefährlich sei. Wohlgemuth erteilte Lutz auf schriftlichem Weg Aufträge zur Beobachtung von Sozialisten und erhielt daraufhin einige unbedeutende Informationen. Der Schneidermeister, selber von sozialistischer Gesinnung, wandte sich mit den Briefen an Eugen Wullschleger, den Präsidenten des Basler Arbeiter-Bundes, der sogleich daran ging, dem deutschen Polizeispitzel das Handwerk zu legen. Es galt, Wohlgemuth eine Falle zu stellen. Wullschleger unterbreitete die Angelegenheit dem Bezirksammann Emil Baumer von Rheinfelden, da ihm das Aargauer Territorium für seinen Plan geeigneter erschien als die Stadt Basel. Baumer war bereit, den Polizeiinspektor zu verhaften – «unter Vorbehalt späterer genauer Prüfung nach Einsicht des Gesetzes» –, wenn er in Rheinfelden auftauchte.[484] Der Bezirksammann war eine politisch umstrittene Figur: Er war Wirt im Gasthaus «Zum Roten Löwen», radikaler Lokalpolitiker, der seine Vaterstadt dem Kanton Basel-Stadt angliedern wollte, Autor von populären Theaterstücken und Redaktor der freisinnigen «Volksstimme». Er galt als rücksichtslos und gewalttätig.[485] So geriet der Fall Wohlgemuth in die Hände eines politischen Haudegens, der über kein Sensorium für diplomatische Feinheiten verfügte.

Balthasar Lutz vereinbarte mit Wohlgemuth ein Treffen in Rheinfelden. Der Polizeiinspektor erschien ahnungslos in der aargauischen Kleinstadt und wurde sogleich von zwei Polizeibeamten in Empfang genommen. Dann verschwand der kaiserliche Beamte für mehrere Tage im lokalen Gefängnis, wo er von Baumer und später von einem kantonalen Untersuchungsrichter verhört wurde. Bei seiner Verhaftung trug Wohlgemuth ein Notizbuch auf sich, das einige Hinweise auf seine Tätigkeit und seine Verbindungen gab. Belastend wirkte ein Brief an Lutz, der den fatalen Satz enthielt: «Halten Sie mich ständig auf dem Laufenden und wühlen Sie nur lustig drauf los, nehmen Sie sich aber in Acht, dass meine Briefe in keine fremden Hände geraten.» In der nun folgenden Auseinandersetzung stritten sich die Kontrahenten über den Sinn des Begriffs «wühlen». War darunter politische Agitation zu verstehen, wie man es in Bern glaubte, oder galt die Behauptung von Wohlgemuth, er habe Lutz aufgefordert, «Informationen aus allen Ecken und Enden herauszuwühlen»? Je nachdem erwies sich das vermutete Delikt des Polizeiinspektors von unterschiedlichem Gewicht.

Die Regierung des Kantons Aargau war der Meinung, die Aktionen Wohlgemuths seien geeignet, die Ruhe im Land zu stören und die guten Beziehungen zum Nachbarstaat zu gefährden. Doch sie betrachtete den Fall offensichtlich als kantonale Angelegenheit, denn es dauerte mehrere Tage, bis eine Meldung nach Bern gelangte. So erfuhr das Auswärtige Amt in Berlin vor der schweizerischen Landesregierung von den Vorgängen in Rheinfelden. Der Bundesrat wies August Wohlgemuth am 30. April 1889 aus. Einige Tage später wurde auch Schneidermeister Lutz an die Grenze gestellt.

Fürst Bismarck machte den Fall zu seiner eigenen Sache. Über die Motive des Kanzlers ist von zeitgenössischen Beobachtern und von Historikern diskutiert und geschrieben worden, ohne dass man für seine mehr emotional als rational anmutenden Strategien schlüssige Erklärungen gefunden hätte. Die klägliche Figur des Polizeiinspektors Wohlgemuth eignete sich schlecht als tragischer Held einer Haupt- und Staatsaktion, die schliesslich in einem Debakel für Bismarck endete. Der Reichskanzler bemühte die Ehre des Reichs und das Völkerrecht, doch seine diplomatischen Schachzüge liessen den souveränen Überblick vermissen, der früher seine Aktionen ausgezeichnet hatte.

Die schweizerische Landesregierung stand unter dem Zwang, ihre im Vorjahr gezeigte Schwäche vergessen zu machen. Die öffentliche Meinung hatte ihr Vorgehen gegen die Redaktion des «Sozialdemokrat» als entwürdigend empfunden, da sie in vorauseilendem Gehorsam die deutschen Wünsche erfüllte, ohne dass man von Berlin ein Wort des Bedauerns wegen der Tätigkeit der kaiserlichen Polizeispitzel vernommen hatte. Die neu eingerichtete Fremdenpolizei begegnete etlichem Misstrauen, denn sie war ein zentrales Instrument in der Hand des Bundes. Nun aber zeigte der Bundesrat im Fall Wohlgemuth gegenüber dem Deutschen Reich beachtliches Stehvermögen. Aussenminister Numa Droz, kein Freund der Sozialisten, entwickelte im Kampf um das Asylrecht staatsmännische Tugenden, die er bei der Auseinandersetzung um die Agenten Haupt und Schröder nicht hatte erkennen lassen.

Am 10. Mai 1889 empfing der Reichskanzler den schweizerischen Gesandten zu einem Gespräch, in dem er die deutschen Klagen gegenüber der Schweiz auf den Tisch legte und die Richtung zu erkennen gab, in der er seine Strategie anlegte. Fürst Bismarck war erbittert, weil man einen kaiserlichen Beamten eingesperrt habe wie einen gewöhnlichen Verbrecher. Der Mann sei schlechter behandelt worden als die Verschwörer, die von der Schweiz aus die Revolution in Deutschland planten. «Seit Jahren finden die Sozialdemokraten in der Schweiz Aufnahme und werden dieselben von den Behörden unterstützt. (...) Die kaiserliche Regierung befinde sich also im Zustande der Notwehr, wenn sie auf schweizerischem Gebiete durch deutsche Polizeibeamte die für sie unerlässlichen Informationen einziehen lassen wolle. Das gestatte nun aber also die Schweiz Deutschland nicht. Die deutschen Polizeibeamten riskierten dort, wie der Fall Wohlgemuth beweise, jeden Augenblick verhaftet, wie gemeine Verbrecher behandelt, und selbst ausgewiesen zu werden.»[486] Dann kam Bismarck auf die «Garantien» zu sprechen, die das Deutsche Reich von der Schweiz erwarten müsse, und die der Bundesrat wegen seiner schwachen Stellung gegenüber den Kantonen nicht bieten könne: die lückenlose Überwachung der deutschen Sozialisten im Lande. Der Reichskanzler deutete an, man werde Repressalien ergreifen und eine strenge Kontrolle des Grenzverkehrs verfügen, die vor allem den Kanton Aargau treffen würde. Die lokale Polizei von Rheinfelden habe in Zusammenarbeit mit den Sozialisten Wohlgemuth eine Falle gestellt. Dabei habe der «Sozialist» und «alt Ochsenwirt Baumer» als Beamter entscheidend mitgewirkt. Im übrigen sei das Tischtuch zwischen Deutschland und der Schweiz zerrissen.

Fürst Bismarck stellte klar, dass er seine Konfrontation mit der Schweiz als internationalen Prozess zu führen gedachte, an dem auch die Monarchien Russland und Österreich beteiligt sein würden. Vor allem das Zarenreich sinne auf Repressalien gegen die Eidgenossenschaft, die «revolutionäre Elemente» frei gewähren lasse. Russland werde sich überlegen, «ob die Respectierung der bisher anerkannten Neutralität der Schweiz weiter aufrecht erhalten werden könne». Damit sprach Bismarck den Punkt an, den er bei seiner Attacke gegen die Schweiz in den Vordergrund rückte: die seiner Auffassung nach von den Mächten gewährte und garantierte Neutralität.[487]

Das für Europa nicht unwichtige Thema «Neutralität der Schweiz» war von Russland im Zusammenhang mit den Aktivitäten der Nihilisten zur Sprache gebracht worden. Wenn nun Fürst Bismarck diese Richtlinie der schweizerischen Politik zur Diskussion stellte und daraus Motive für eine gemeinsame Aktion gegen den neutralen Staat konstruierte, so weckte er damit in St. Petersburg zwiespältige Gefühle. Die Regierung des Zaren wollte sich nicht um jeden Preis vor den Karren des deutschen Reichskanzlers spannen lassen, da die europäischen Konsequenzen schwer abzusehen waren. Zwar hatte man im Frühjahr 1889 mit Bern eine Rechnung offen, die aber von der Schweiz in eben diesen Tagen beglichen wurde. Gemeint ist die Bombenexplosion im Peterstobel bei Zürich vom 6. März 1889. An diesem Tag manipulierten zwei Studenten, der Russe Jakob Brynstein, genannt Nachtigalow, und der Pole Alexander Dembsky, mit Sprengkörpern. Zwei Bomben gingen in die Luft, und die beiden Zauberlehrlinge wurden schwer verletzt. Brynstein starb kurz darauf, Dembsky wurde zusammen mit zwölf andern russischen Studenten ausgewiesen. Der Bundesrat ordnete eine Untersuchung durch die Zürcher Behörden an und drängte auf einen raschen Abschluss. Das Ergebnis war nicht so dramatisch, wie man anfänglich gedacht hatte. Russische Studenten, einer nihilistischen Weltanschauung verpflichtet, hatten mit Sprengstoff hantiert, doch eine Verschwörung gegen den Zaren konnte nicht aufgedeckt werden. Die Landesregierung übergab das sichergestellte Material dem russischen Gesandten Hamburger, der mit dem Befund zufrieden war.

Das geschah zu dem Zeitpunkt, in dem Fürst Bismarck die Regierung des Zaren zu einer kollektiven Aktion gegen die Schweiz drängte. Der russische Aussenminister Nikolai von Giers engagierte sich zu Beginn ohne Vorbehalt für die deutschen Pläne, hielt sich dann aber zurück. Eine Enttäuschung erlebte der Kanzler mit der Donaumonarchie, für die eine gemeinsame diplomatische Demarche mit Russland ohnehin ein seltsames Unterfangen war. Aussenminister Gustav Graf Kálnoky unterstützte im Wohlgemuth-Handel offiziell die deutsche Position. Dennoch sagte er dem schweizerischen Geschäftsträger Gaston Carlin ohne Umschweif, bei Bismarcks Vorgehen in dieser Affäre handle es sich um einen Vorwand, um andere Ziele zu erreichen.[488] Konkrete österreichische Klagen gegen die Schweiz lagen nicht vor, wenn auch der österreichische Aussenminister sich um das Schicksal seines Monarchen besorgt zeigte. Die österreichische Begeisterung für ein kollektives Vorgehen gegen die Schweiz wurde durch das Verhalten Bismarcks gedämpft, der im Interesse seiner Europapolitik einer deutsch-russischen Intervention Priorität einräumte. Es ging dem Reichskanzler darum, der Öffentlichkeit eine Übereinstimmung zwischen den beiden Nationen zu demonstrieren, die nicht mehr vorhanden war. Unterstützung durch die Monarchie der Habsburger war erwünscht, aber sie sollte hinter die Partnerschaft zwischen Berlin und St. Petersburg zurücktreten.

Eine durch allzu viele Rücksichten belastete kollektive Aktion kam dem schweizerischen Wunsch, den Fall bilateral zu erledigen, durchaus entgegen. Die Übergabe der Noten im Bundeshaus gestaltete sich weniger spektakulär, als es der Reichskanzler geplant hatte. Am 12. Juni 1889 erschien der Gesandte von Bülow bei

Numa Droz und überreichte das mit drohendem Unterton abgefasste Dokument Bismarcks. Darin stand unter anderem zu lesen: «Wenn jedoch die Schweiz weiterhin zulässt, dass von ihrem Gebiete aus die deutschen Revolutionäre den inneren Frieden und die Sicherheit des Deutschen Reiches bedrohen, so wird die Kaiserliche Regierung gezwungen sein, in Gemeinschaft mit den ihr befreundeten Mächten, die Frage zu prüfen, inwieweit die Schweizer Neutralität mit den Garantien der Ordnung und des Friedens vereinbar ist, ohne welche das Wohlbefinden der übrigen europäischen Mächte nicht bestehen kann. (…) Nachdem wesentliche Teile der Verträge, auf welchen die Neutralität der Schweiz beruht, durch den Gang der Ereignisse hinfällig geworden sind, lassen sich die darin zugunsten der Schweiz enthaltenen Bestimmungen nur aufrecht erhalten, wenn die Verpflichtungen, welche aus ihnen erwachsen sind, auch von der Schweiz erfüllt werden. Dem Schutz der Neutralität durch die Mächte steht seitens der Eidgenossenschaft die Verbindlichkeit gegenüber, nicht zu dulden, dass von der Schweiz aus der Frieden und die Sicherheit der Mächte bedroht werde.»[489]

Nach dem Vertreter des Deutschen Reiches meldete sich der russische Gesandte Andreas von Hamburger, der sogleich versicherte, die Angelegenheit sei ihm ausserordentlich peinlich und er erfülle seinen Auftrag wider Willen. Sein einziger Wunsch: die schweizerische Regierung möge die politische Polizei verstärken. Hamburger sprach keine Drohung aus, wie man es in Berlin gewünscht hatte, sondern dankte dem Bundesrat für sein rasches Handeln in der Zürcher Bombenaffäre. Einen Tag später stellte sich der österreichische Gesandte Alois von Seiller beim schweizerischen Aussenminister ein. Numa Droz war angenehm überrascht. Hatte man nach den deutlichen Worten von Kàlnoky eine harte Intervention erwartet, so folgte wider Erwarten eine herzlich geführte Konversation, die in gegenseitigen Freundschaftsbeteuerungen endete.

Mit diesen diplomatischen Pflichtübungen war für Russland und Österreich der Fall Wohlgemuth abgeschlossen. Der russische Aussenminister weigerte sich, gemeinsam mit Deutschland die in Bern überreichten Noten zu veröffentlichen. Ein derartiger Schritt hätte europäisches Aufsehen erregt und vermutlich die guten Beziehungen zu Frankreich gefährdet. Die Affäre blieb ein bilateraler Streitfall zwischen Deutschland und der Schweiz.

Der Konflikt zwischen den beiden ungleichen Staaten wurde mit diplomatischen Noten ausgetragen, die eine zunehmende Spannung verrieten. Unterstützt wurde das Gefecht der Politiker durch einen anschwellenden Chor von Pressestimmen, die für eine dramatische Begleitung besorgt waren. Besondere Beachtung fanden die Kommentare der «Norddeutschen Allgemeinen Zeitung», die im Rufe stand, das Sprachrohr des Reichskanzlers zu sein. Minister Arnold Roth, der sich in Berlin als ängstlicher Leisetreter bewegte, hatte dem Bundesrat schon früh mitgeteilt, dass in der Behandlung der Affäre «der persönliche Wille des Reichskanzler ausschlaggebend sei», und dass man deshalb je nach Umständen auf überraschende Entschlüsse gefasst sein müsse. Die klar und deutlich formulierten diplomatischen Texte von Numa Droz schienen dem Gesandten wenig zu behagen, denn er beeilte sich jeweils, seiner Regierung mitzuteilen, die neueste schweizerische Note habe die Stimmung in Berlin weiter verschlechtert.[490] Wie eine captatio benevolentiae wirkt der nach Bern übermittelte Wunsch: «Auf den Bundesrath d. h. auf sein korrektes Verhalten in Wort und That und auf seine Mässigung und Discretion setze ich das vollste Vertrauen.»

Arnold Roth nannte in seinem Schreiben an Numa Droz vom 7. Juni zwei Gründe für die Verärgerung in Berlin, die ihm ein Gewährsmann mitgeteilt hatte: «1. Weil der Bundesrath au fond auf seiner Auffassung des Falls Wohlgemuth beharre, ohne der deutschen Beurteilung desselben auch nur im Geringsten Rechnung zu tragen. Darüber, dass der Kaiserlichen Regierung durch die Inhafthaltung und die Ausweisung Wohlgemuths, nachdem sich derselbe als deutscher Beamter legitimiert, eine Beleidigung widerfahren sei, für welche die Schweiz in irgendeiner Form Genugthuung zu leisten habe, sei, mit Ausnahme der bekannten Gegner des Reichs, die ganze öffentliche Meinung in Deutschland völlig im Klaren.

2. Weil der Bundesrath fortgesetzt eine positive Zusage betreffend Gewährenlassen des Einziehens von Informationen auf schweizerischem Gebiete durch deutsche Polizei-Beamte ablehne und der Kaiserlichen Regierung somit Garantien dafür, dass in Zukunft deutsche Polizei-Beamte, welche Informationen einziehen, nicht mehr riskieren, verhaftet und ausgewiesen zu werden, nicht bieten wolle ...»

Von deutscher Seite hatte man verlangt, dass die schweizerische Regierung den Ausweisungsbeschluss gegen Wohlgemuth zurücknehme. Der Bundesrat wäre vermutlich dazu bereit gewesen, wenn die deutsche Regierung ihrerseits den Polizeiinspektor zur Rechenschaft gezogen hätte. Bismarck dachte nicht daran, mit der kleinen Republik einen derartigen Kompromiss einzugehen. Die Arroganz des Mächtigen mündete vielmehr in der Forderung nach Garantien, wonach der Bundesrat deutsche Polizeipräsenz in der Schweiz in aller Form hätte tolerieren müssen.

Für Bundesrat Numa Droz war die Polizeigewalt auf dem eigenen Territorium ein souveränes und unteilbares Recht der Schweiz. Das bekräftigte er am 21. Juni in einer Rede im Nationalrat, die dem Fall Wohlgemuth galt.[491] Dieses Souveränitätsrecht dürfe so wenig wie das Asylrecht angetastet werden. Der schweizerische Aussenminister wusste, dass sich diese Forderung in der Praxis nicht so leicht durchsetzen liess. Die Deutschen waren nicht allein im Bemühen, in der Schweiz Informationen zu sammeln. Es sei eine Frage des Takts, schrieb Numa Droz an den Gesandten in Berlin. Kein Staat könne einem andern auf einem so heiklen Terrain verbindliche Zugeständnisse machen: «Jusqu'ici, nous n'avons sévi que contre les agent provocateurs, et d'ailleurs nous n'avons pas eu à nous occuper des simples agents informateurs, car ils n'ont jamais appelé notre attention, et ne l'appelleraient sans doute pas davantage à l'avenir.»[492]

Aus diesen Überlegungen wird deutlich, dass die juristische Position der Schweiz im Fall Wohlgemuth nicht so unanfechtbar war, wie es der Bundesrat darstellte. Die Vermutung, der Polizeiinspektor aus Mülhausen habe die Sicherheit der Schweiz gefährdet, war doch etwas weit hergeholt. Man stützte die Anklage einzig auf den unscharfen Begriff «wühlen», der verschiedene Auslegungen zuliess. Ein Jahr zuvor hätte man mit den Agenten Haupt und Schröder mehr Anlass zu Beschwerden gehabt. Nun kam aber der Versuch Bismarcks, die Affäre aus den Niederungen eines Kriminalfalls herauszuholen und daraus eine Grundsatzdebatte um die Neutralität zu konstruieren, der schweizerischen Position entgegen. Bei seiner Attacke gegen die Schweiz ging der Reichskanzler von der bekannten These aus, wonach die Neutralität der Schweiz im Jahre 1815 als Privileg verliehen wurde. Dem stehe die Verpflichtung der so beschenkten Nation gegenüber, «Unterlassungen oder Handlungen zu vermeiden, welche die Regierungen der Garantie-Mächte verletzen». Einem derartigen Staatswesen wollte man nur eine Souveränität minderer Qualität zubilligen.

Bismarck ging von einem neutralisierten Status der Schweiz aus, der von den Mächten des Wiener Kongresses bei einem Fehltritt jederzeit widerrufen werden konnte. Er sprach von einer «Kündigung der Neutralität», da das Land gegen seine völkerrechtlichen Pflichten verstossen habe. Wenn Bismarck von Neutralität sprach, so meinte er die Souveränität, die er der Eidgenossenschaft ohnehin nur in beschränktem Masse zuerkannte. Die sogenannte «Kündigung der Neutralität», ein völkerrechtliches Unding, wäre einer Kriegserklärung an die Schweiz gleichgekommen. Man hatte in Berlin noch nicht zur Kenntnis genommen, dass der schweizerische Bundesstaat seine Neutralität seit Jahrzehnten als eine selbstgewählte definierte, und dass das allein zuständige Forum der Kongressmächte nicht mehr existierte.

Carl Hilty, Professor für Völkerrecht in Bern und nationales Gewissen, legte Wert auf die Feststellung, dass es sich bei der schweizerischen Neutralität nicht um ein Geschenk der Mächte, sondern um einen «im allgemeinen Interesse liegenden Grundsatz des europäischen Völkerrechts» handle.[493] Hilty war Berater des Bundesrats in der Wohlgemuth-Affäre. Man kann davon ausgehen, dass Numa Droz in seinem Handeln vom Berner Professor beeinflusst wurde.

Im Bundesrat hatte sich Numa Droz gegenüber den deutschfreundlichen Kollegen Hammer und Welti durchgesetzt, als es darum ging, den Angriffen Bismarcks mit dem nötigen Selbstbewusstsein entgegenzutreten. Er focht die unzulässige Verquickung von Neutralität und Souveränität an und stellte auch klar, dass das Asylrecht nichts mit dem neutralen Status des Landes zu tun hatte. In einer Note an den deutschen Reichskanzler, die am 17. Juni 1889 vom bundesrätlichen Kollegium gebilligt wurde, schrieb er unter anderem: «… c'est trop exiger de nous que de nous demander le sacrifice de deux attributs principaux de notre souveraineté, le droit d'asyle et le droit d'exercer seuls la police sur notre territoire. Si le gouvernement impérial se bornait à appeler notre attention sur des améliorations désirables dans notre police internationale, il nous trouverait disposés à lui indiquer à titre amical, les mesures que nous avons en préparation et dont nous nous sommes préoccupés bien avant l'incident Wohlgemuth.»[494] Es folgt eine Lektion über Neutralität und Souveränität, die den Lenker des Deutschen Reichs über das schweizerische Staatsverständnis aufklärte:

«Nous avons été particulièrement frappés de ce que, dans la dépêche du 5 juin, on a de nouveau mis en cause notre neutralité, qui n'a rien à faire dans cette discussion. Le fait qu'un pays est neutre n'altère du reste pas sa souveraineté. La neutralité sans la souveraineté ne serait qu'un leurre, car comment être véritablement neutre si l'on n'est pas indépendant?»

In Berlin musste man erkennen, dass Fürst Bismarck einen Fehlgriff getan hatte, wenn er in seinem Kampf gegen die deutschen Sozialdemokraten in der Schweiz die Neutralität ins Spiel brachte. Er focht auf dem falschen Parkett. Die andern Mächte hüteten sich, mitzutun und ein so heikles Thema aufzugreifen. Eine Attacke auf die Neutralität der Schweiz stellte das nicht allzu sichere europäische Gleichgewicht in Frage.

In seinen Gesprächen mit dem deutschen Gesandten von Bülow hatte Numa Droz angedeutet, dass der Bundesrat durchaus bereit sei, terroristische Aktivitäten deutscher Emigranten zu verhindern. Das war unter anderem Aufgabe der neu eingerichteten Fremdenpolizei. Auch sollte ein ständiger Bundesanwalt an zentraler Stelle die politischen Aktivitäten der Ausländer überwachen. Im Unterschied zu Berlin setzte man in Bern Sozialismus und Anarchismus nicht zum vornherein gleich. Immerhin handelte es sich bei den deutschen Sozialisten in der Schweiz zur Hauptsache um niedergelassene Bürger des Deutschen Reichs und nicht um asylsuchende Fremde, doch der Reichskanzler legte in diesem Bereich keinen Wert auf subtile Unterscheidungen. So sah er auch zwischen Sozialismus und Freisinn keinen Unterschied.

Fürst Bismarck genügten die vom schweizerischen Aussenminister in Aussicht gestellten Polizeimassnahmen nicht. Einseitige Deklarationen konnten seiner Meinung nach vertragliche Vereinbarungen nicht ersetzen. Also galt es für die deutsche Politik, die angekündigten Repressalien in die Tat umzusetzen. An originellen Formulierungen war der Kanzler des Deutschen Reichs nicht verlegen. So sprach er von «Abwehrmassnahmen gegen die schweizerische Demokratenpflege». [495]

Es ging um verschärfte Grenzkontrollen, die als Ersatz für die erschwerte Arbeit der deutschen Agenten in der Schweiz gedacht waren. Zu einer weiteren diplomatischen Kontroverse führte die Absicht des Reichskanzlers, den 1876 abgeschlossenen Niederlassungsvertrag zu kündigen. Fürst Bismarck warf den schweizerischen Behörden vor, den Vertrag ständig verletzt zu haben – eine späte Erkenntnis, nachdem man über zehn Jahre mit dem Text und seiner Interpretation gelebt hatte. Gemeint war vor allem Artikel 2 des Vertrags, der Anlass zu unterschiedlichen Deutungen gab: «Um in der Schweiz Wohnsitz zu nehmen, oder sich dort niederzulassen, müssen die Deutschen mit einem Heimatscheine und einem von der zuständigen Heimatsbehörde ausgestellten Zeugnisse versehen sein, durch welches bescheinigt wird, dass der Inhaber im Vollgenusse der bürgerlichen Ehrenrechte sich befindet und einen unbescholtenen Leumund geniesst.»

In einer Note vom 24. Mai beharrte Bismarck darauf, es sei Pflicht der Schweiz, nur jenen Deutschen Aufenthalt und Niederlassung zu gewähren, die sich mit einem von deutschen Behörden ausgestellten Leumundszeugnis präsentierten: «Dass zahlreiche, den Schweizer Regierungen bekannte Anarchisten in der Schweiz ihren Wohnsitz genommen oder sich daselbst niedergelassen haben, ist zweifellos und konnte nur geschehen, weil die Kantonalbehörden, in Widerspruch mit Art. 2 des Vertrages, den deutschen Einwanderern gegenüber von dem Erfordernis der Bescheinigung ihres Leumundes durch ihre Heimatbehörden regelmässig absahen.»[496]

Der Bundesrat lehnte diese Interpretation des Vertrags ab. Hätte er die Zulassung von Deutschen in der Schweiz vom Wohlwollen irgendeiner reichsdeutschen Behörde abhängig gemacht, so würde er die Asylpolitik und damit ein wesentliches Souveränitätsrecht an den grossen Nachbarn abgetreten haben. Nach Auffassung der Landesregierung hatten schweizerische Amtsstellen das Recht, Heimatscheine und Leumundszeugnisse zu verlangen, aber sie waren nicht dazu verpflichtet. Numa Droz wies nach, dass auch deutsche Behörden von Schweizer Bürgern nicht in jedem Fall die entsprechenden Papiere einforderten und somit die selbe Praxis verfolgten wie die Schweiz. Bismarck konnte sich mit dieser Auslegung nicht abfinden. In einer Note vom 26. Juni dozierte er, eine Beschränkung der Souveränität sei der Schweiz zuzumuten, denn sie treffe im umgekehrten Fall ja auch Deutschland. Es gehe «um die Art der Behandlung deutscher Unterthanen bei ihrer Zulassung in die Schweiz. Dieselben behalten die Eigenschaft deutscher Unterthanen, auch in der Schweiz, und es ist nur natürlich, dass vertragschliessende Staaten sich über die Behandlung ihrer eigenen Unterthanen im anderen Lande besondere Zusicherungen in Verträgen ausbedingen. Die Deutschen, welche in der Schweiz sich niederlassen, bleiben nichtsdestoweniger deutsche Unterthanen ...»[497] Das Reich forderte somit freien Zugriff auf seine «Untertanen» jenseits der Landesgrenzen, auch wenn sie ihre Heimat aus politischen Gründen verlassen hatten. Dieser Anspruch war mit dem schweizerischen Verständnis von Souveränität nicht zu vereinbaren. Die Landesregierung wich von ihrer Vertragsinterpretation nicht ab.

Im Juli 1889 kündigte die kaiserliche Regierung den Niederlassungsvertrag. In Bern konnte man dieser Strafaktion einigermassen gelassen entgegensehen, denn sie traf die zahlreichen deutschen Bürger in der Eidgenossenschaft härter als die verhältnismässig geringe Zahl der Schweizer im Deutschen Reich. Über die Folgen für die süddeutschen Staaten hatte sich Bismarck keine Gedanken gemacht, denn die nachbarschaftlichen Verhältnisse am Rhein waren den Politikern im preussischen Berlin wenig vertraut.

Bismarcks Politik der Strafaktionen gegen die Schweiz wurde von der sogenannten «offiziösen Presse» in Deutschland mit Beifall bedacht. Es gab eine Reihe von Zeitungen, die sich bedingungslos der Regierungspolitik unterordneten und die Staatsaktionen publizistisch begleiteten. Bald sollte sich zeigen, dass sich Bismarcks rigider Kurs auf die Dauer nicht durchhalten liess. Am 1. Juli traten die «Grenzmassnahmen» des Reichskanzlers in Kraft, die aber nur wirksam sein konnten, wenn sich die süddeutschen Staaten an Ort und Stelle engagierten. Das hauptsächlich betroffene Grossherzogtum Baden bot verbal seine Unterstützung an, wies aber gleichzeitig auf die möglichen unangenehmen Folgen hin. Man stellte anfänglich die badensischen Interessen hinter die «patriotische Pflicht» zurück, doch das konnte nur so lange gut gehen, als in den Massnahmen an der Grenze ein Sinn zu erkennen war. Der Reichskanzler hatte ursprünglich von Repressalien gegen Bern gesprochen, dann begründete er seine Aktion mit der Notwendigkeit, die Einfuhr der staatsgefährdenden sozialistischen Schriften zu unterbinden.

Die als eigentliche Grenzsperre gedachten Verordnungen beschränkten sich schliesslich auf kleinliche Grenzschikanen, die dem Warenverkehr und dem Reisegepäck galten. Betroffen waren in erster Linie der süddeutsche Handel und das badensische Gewerbe. Mehr war nicht zu erreichen. Eisenbahn- und Postverkehr entzogen sich aus praktischen Gründen jeder Kontrolle, auch waren sie durch internationale Verträge wie beispielsweise den Gotthardvertrag gesichert. Ein Bruch dieser Vereinbarungen hätte die Reichsregierung gegenüber andern Staaten in eine peinliche Lage gebracht.[498]

Bismarck hatte noch einen zweiten Pfeil im Köcher: Er beabsichtigte, an der Grenze zur Schweiz den Passzwang einzuführen, so wie er zwischen Elsass-Lothringen und Frankreich bestand. Er hätte damit nicht nur die Schweiz getroffen, sondern auch die freie Einreise von Franzosen ins Elsass blockiert, die oft auf dem Umweg über Basel erfolgte. Doch die patriotisch motivierte Geduld von Baden und Württemberg liess sich auf die Dauer nicht aufrecht erhalten. Grossherzog Friedrich I. von Baden, ein naher Verwandter Wilhelms II., konnte den Kaiser von den schädlichen Auswirkungen des Passzwangs auf die badensische Wirtschaft überzeugen. Der Monarch, der die politischen Entscheidungen immer mehr an sich zog, verhinderte die neue Schikane, für Bismarck eine bittere Niederlage. Was der Reichskanzler an der Grenze drohend inszenierte, erwies sich als Schlag ins Wasser. Inzwischen hatte auch die süddeutsche Presse die anti-schweizerische Agitation eingestellt –, nicht aus Sympathie für den südlichen Nachbarn, sondern unter dem Eindruck der negativen Ergebnisse im Grenzkonflikt. Man hatte sich – so eine häufige Formulierung – mit der halbherzig durchgeführten Blockade ins eigene Fleisch geschnitten.

In Berlin wurde darüber nachgedacht, wie man sich mit Anstand aus der Affäre ziehen könnte, denn der Fall Wohlgemuth hatte die Politik über Gebühr in Anspruch genommen. Staatssekretär Herbert von Bismarck sah in der Ankündigung des Bundesrats, einen Bundesanwalt einzusetzen, einen tauglichen Akt der Kompensation, der den deutschen Forderungen genügen würde. Doch der Graf stiess sich am Starrsinn seines Vaters, der von seinem Kurs nicht abrücken wollte. Am 15. Oktober trat das schweizerische Gesetz über die Wiederherstellung der Bundesanwaltschaft in Kraft. Ein von der schweizerischen sozialdemokratischen Partei gewünschtes Referendum war nicht zustande gekommen. Fürst Bismarck lenkte endlich ein und hob die sinnlosen Grenzmassnahmen auf. Die Einfuhr der sogenannten staatsfeindlichen Schriften konnte er nicht verhindern, denn für den Schmuggel gab es verborgene Wege. Dem Kaiser gegenüber erklärte der Reichskanzler seine Kapitulation mit dem «Stimmungsumschwung in der Schweiz zu Ungunsten der Revolutionäre».[499]

Bismarcks Feldzug gegen die Schweiz war kein Meisterstreich. Die unklare und von persönlichen Stimmungen gesteuerte Taktik liess erkennen, dass der alte Staatsmann die Szene nicht mehr beherrschte. Kaiser Wilhelm II. fand in Bismarcks überflüssigem Konflikt mit der Schweiz ein willkommenes Argument für die unvermeidliche Trennung, die im folgenden Jahr vollzogen wurde.

Am Schluss der Auseinandersetzung durfte man feststellen, dass sich die feste und konsequente Haltung des schweizerischen Aussenministers gelohnt hatte. Numa Droz war von einer Mehrheit im Bundesrat unterstützt worden. Der seit seiner Berliner Zeit deutschfreundliche Bernhard Hammer, Bundespräsident des Jahres 1889, sandte hingegen einige zweifelhafte Signale aus, die im Auswärtigen Amt dankbar aufgenommen wurden und die Zweifel an der Geschlossenheit des Kollegiums aufkommen liessen. In einer Besprechung mit dem Gesandten von Bülow am 1. Juni kündigte Hammer dem Reichskanzler die geforderten Massnahmen im Bereich der Fremdenpolizei an. Dann legte er, wie man aus dem Bericht von Bülows an Fürst Bismarck schliessen kann, ein Bekenntnis zum Deutschtum ab: «Ich bin stets davon durchdrungen gewesen, dass mein Vaterland der Anlehnung an eines der grossen Nachbarländer bedarf, dass dieses Nachbarland aber kein anderes sein kann als Deutschland. Für diese meine Überzeugung bin ich stets, und häufig mit Erfolg, eingetreten. Kommt es zum Bruch mit Deutschland, so ist mein politisches Programm zerrissen und meine politische Wirksamkeit gegenstandslos, es würde mir dann nur übrig bleiben, der letzteren zu entsagen und mich zurückzuziehen.»[500] Es bestehe die Gefahr, dass die Schweiz «ganz und gar in das französische Fahrwasser getrieben würde». Als der deutsche Gesandte bei anderer Gelegenheit den unfreundlichen Ton der schweizerischen Noten rügte, meinte Bernhard Hammer, Numa Droz sei als Neuling in der Sprache der Diplomaten noch nicht bewandert. Er werde für Besserung besorgt sein. Dabei hätte Hammer Gelegenheit gehabt, an der Redaktion der Texte mitzuwirken, die jeweils vom ganzen Kollegium gebilligt wurden. Der Reichskanzler ging auf die Liebedienerei des Bundespräsidenten nicht ein, sonst wären die Differenzen zwischen den Bundesräten Hammer und Droz offen zutage getreten. Bismarck war zu diesem Zeitpunkt noch nicht zu Kompromissen bereit.

Während der Konflikt um den Fall Wohlgemuth im Gange war, tauchten Vermutungen über weiter gehende Absichten Bismarcks auf, die im europäischen Rahmen zu deuten waren. Anlass zu Spekulationen gab der Besuch des italienischen Königs Umberto I. in Berlin. Der Monarch hatte in Begleitung von Ministerpräsident Francesco Crispi den Gotthard durchquert und bei dieser Gelegenheit einige freundliche Worte an die Schweiz gerichtet. In der Affäre Wohlgemuth hielt sich Italien zurück, und Crispi bot sogar seine Vermittlung an. Dennoch dachte man in der Schweiz sogleich an den Dreibund, der sich seit dem Jahre 1888 auch als Militärbündnis präsentierte. Numa Droz hegte Befürchtungen, die er Charles Lardy in Paris mitteilte: «Il devient de plus en plus évident que l'affaire Wohlgemuth n'a été qu'un prétexte de la part de l'Allemagne pour se ménager une raison, exécrable sans doute, de nous dire qu'elle n'a pas à se gêner avec nous et à respecter notre neutralité, quand il lui conviendra de tenir ce langage. Le moment approche sans doute, avec une rapidité plus grande qu'on ne le croyait il y a peu de jours, où nous serons mis en face de la redoutable question d'avoir à laisser utiliser notre territoire de base d'opérations contre la France ou de devoir tenir tête aux armées allemandes et italiennes qui voudront forcer le passage.»[501] Es war zu diesem Zeitpunkt noch nicht abzusehen, ob irgendein Zusammenhang zwischen Bismarcks Attacken im Fall Wohlgemuth und den Planungen im Dreibund bestand.

Dreibund – die unheilige Allianz

Ob die Affäre Wohlgemuth letzten Endes zum Krieg Deutschlands gegen die Schweiz hätte führen können, wie Bundesrat Numa Droz in seinem Brief an Minister Lardy annahm, erscheint nachträglich eher unwahrscheinlich. Ein Zusammenhang zwischen der Strafaktion des Reichskanzlers und den Zielen des Dreibunds lässt sich nicht konstruieren, wenn auch die Vermutung nahelag. Der Versuch Bismarcks, das Zarenreich gegen die Schweiz in Bewegung zu setzen, gründete auf gleich gerichteten dynastischen Interessen, eben dem Kampf gegen die in der Schweiz agierenden Revolutionäre. Das lag fernab von den machtpolitischen Anliegen der drei Vertragsmächte. Für Italien zum Beispiel zählten nur gemeinsame Unternehmen, die für das Königreich aussenpolitische Erfolge versprachen.

Bismarck selber hatte nie von Krieg gesprochen, doch der Verdacht lag auf der Hand. Die dem Fürsten ergebene Presse zeigte wenig Hemmungen. Ein Beispiel boten im Juni 1889 die nationalliberalen «Hamburger Nachrichten», welche die These verfochten, man müsse die Schweiz zwischen Deutschland, Frankreich und

Italien aufteilen. Die Gotthardbahn würde dann nicht bloss eine kommerzielle, sondern auch eine militärische Verbindung zwischen Deutschland und Italien herstellen.[502]

Alfred Graf von Waldersee, Chef des Generalstabs, berichtete in seinem Tagebuch am 12. Mai 1889 über die Stimmung des Reichskanzlers: «Wir haben mit der Schweiz wegen Arretierung und Ausweisung eines Polizeiagenten verhandelt, finden dort aber kein Entgegenkommen. Der Kanzler scheint die Sache zu einem grösseren Coup benutzen zu wollen. Er hofft, das Zarenreich zu einem Vorgehen gegen die Schweiz zu gewinnen, da jetzt gerade Züricher Anarchisten bei der Bombenfabrikation für Russland ertappt worden sind. Der Kanzler geht so weit, an Krieg gegen die Schweiz und an eine Teilung derselben zu denken. Das wird wieder mit einer Enttäuschung enden.»[503] Waldersee, der bei jeder Gelegenheit gegen Otto von Bismarck intrigierte, stellte bei einer Reise durch die Schweiz fest, dass man dort Angst vor einem Krieg habe. Er wandte sich deshalb an den Monarchen: «... ich nahm Gelegenheit, in Stuttgart mit dem Kaiser zu sprechen und ihn auf die ganz törichte Idee eines Krieges mit der Schweiz aufmerksam zu machen. Dieser ging gern darauf ein und war augenscheinlich schon entschlossen gewesen, die Sache in ruhiges Fahrwasser zu bringen. In der Schweiz traute man eben Bismarck viel Schlechtigkeit zu, und ist man tatsächlich und noch längere Zeit sehr erregt gewesen. Sehr erfreut war man dort, als ich in den letzten Julitagen erschien. Man sagte sich: ‹Wenn der Chef des Generalstabes sich hier als Tourist herumtreibt, kann es wohl nicht sehr kriegerisch aussehen›.»

Der Reichskanzler hatte inzwischen so viel von seiner Autorität verloren, dass er kaum noch aus eigenem Antrieb einen Krieg hätte inszenieren können. In der Schweiz war man nicht erst während des Wohlgemuth-Handels auf den Dreibund aufmerksam geworden. Die Unterzeichnung des ersten Vertrags zwischen Deutschland, Österreich und Italien am 20. Mai 1882 war noch nicht zur Kenntnis genommen worden, doch konnte man die Annäherung zwischen Deutschland und Italien nicht übersehen. Die Erneuerung des Dreibunds am 2. Februar 1887 wirkte in Bern als Alarmsignal, denn die politische Szene in Europa veränderte sich grundlegend. Am 28. Januar 1888 folgte eine Militärkonvention zwischen dem Deutschen Kaiserreich und dem Königreich Italien, der sich später auch die Donaumonarchie anschloss. Über den Inhalt der Verträge breiteten die Kontrahenten einen Schleier des Schweigens, es sei denn, dass sie den defensiven Charakter der Vereinbarungen betonten.

In Paris gab man sich keinen Illusionen hin: Der Dreibund war eine gegen Frankreich gerichtete Koalition, die auch den Kriegsfall einschloss. Die neutrale Schweiz geriet damit in eine überaus heikle Lage. Bundesrat Numa Droz, Vorsteher des neu gebildeten Departements des Auswärtigen, mahnte das Regierungskollegium in einem Überblick vom 8. Mai 1888 zur Wachsamkeit: «Il s'est accompli, ses derniers temps, dans la politique continentale, des modifications grosses de conséquences, qu'il est absolument nécessaire de considérer avec une attention toujours en éveil. C'est surtout le cas de la triple alliance conclue l'année dernière entre l'Allemagne, l'Autriche et l'Italie, et qui est de nature à changer profondément, suivant les circonstances, les conditions de la défense de notre neutralité.»[504] Mit dem Eintritt Italiens in die Allianz sei deutlich geworden, dass das Bündnis gegen Frankreich gerichtet sei. Dadurch gerate die schweizerische Neutralität in Gefahr.

Die neue Konstellation der europäischen Mächte brachte für die schweizerische Regierung schwer zu berechnende Komponenten ins Spiel, die beträchtliche Unsicherheit erzeugten. Das gültige Schema, das fast ausschliesslich vom deutsch-französischen Gegensatz und vom unvermeidlich folgenden Krieg zwischen den beiden Mächten bestimmt war, genügte nicht mehr. Bisher war unbestritten, dass man sich in diesem gewissermassen klassischen Konflikt so lange wie möglich neutral verhalten würde. Natürlich rechnete man damit, dass das Land in die Kriegshandlungen verwickelt werden könnte. Man unterschied klar zwischen gut und böse: Als Angreifer sah man Frankreich. Das hatten die führenden Offiziere im Generalstab seit Jahren verkündet, und zahlreiche Politiker in der deutschen Schweiz teilten die kriegerischen Visionen. Für diesen gar nicht so üblen Fall pflegte man den Gedanken an eine Allianz mit dem militärisch tüchtigen Deutschen Reich. Nun trübte der Dreibund das simple Weltbild. Italien, der neue Partner Deutschlands, erschien zum vornherein als möglicher Unruhestifter. Jetzt kamen auch berechtigte Zweifel an der Aufrichtigkeit der deutschen Freundschaftsbezeugungen auf. Fürst Bismarck und seine Diplomaten hatten seit der Reichsgründung stets versichert, man werde die Neutralität der Eidgenossenschaft respektieren und auch nicht dulden, dass die souveränen Rechte von dritter Seite angetastet würden. Nach der masslosen Reaktion des Reichskanzlers im Fall Wohlgemuth konnte man sich nicht mehr ohne Bedenken auf diese noblen Versprechungen verlassen.

Wenn General-Feldmarschall Waldersee sich während des Wohlgemuth-Handels einem sinnlos vom Zaum gebrochenen Krieg gegen die Schweiz widersetzte, so handelte er nach einleuchtender militärischer Logik. Unter keinen Umständen wollte er die Schweiz ins französische Lager treiben. Anderseits rechnete auch er mit einem Angriff Frankreichs auf die Schweiz. Da müsste sich zeigen – so die Meinung des Generalstabschefs –, ob die Schweiz ernsthaft auf die militärische Herausforderung reagieren würde. Da Waldersee in diesem Land «überwiegende Sympathien für Frankreich» ausmachte, nahm er an, die Schweiz werde sich nur ungenügend oder gar nicht zur Wehr setzen.[505] Für diesen Fall entwickelte der führende deutsche Stratege ein Szenario, das er in einem Memorial festhielt. Sobald Frankreich in einem Krieg mit Deutschland entscheidend geschlagen sei, werde man gemeinsam mit Italien mit der Alpenrepublik abrechnen. Man müsste auch, wenn Frankreich ungehindert durch den Jura in die Schweiz einbreche, Basel und Schaffhausen besetzen und brandschatzen. Diese Gedankengänge blieben den Zeitgenossen glücklicherweise verborgen.

Das turbulente Zwischenspiel von General Georges-Ernest Boulanger heizte in Frankreich die Revanchestimmung an und liess den von beiden Seiten beschworenen neuen Waffengang näher rücken. Bismarck kam der chauvinistische Kurs in Paris gelegen, denn er besorgte ihm die nötigen Argumente, wenn er die Kriegsvorbereitungen vorantrieb und den Dreibund weiter ausbaute. Im Rückversicherungsvertrag suchte der Reichskanzler, Russland von einer Annäherung an Frankreich abzuhalten. Ein Mittelmeerabkommen zwischen England, Spanien, Italien und Österreich regelte die Beziehungen zwischen den Mittelmeerstaaten und der englischen Seemacht, die damit indirekt in eine Verbindung mit dem Dreibund trat.[506]

Alles in allem ging es darum, Frankreich in Europa zu isolieren. Zu Beginn des Jahres 1887 erreichte die deutsch-französische Spannung einen gefährlichen Höhepunkt. Die Diplomaten tauschten beschwichtigende Parolen aus, aber bei der Generalität roch es nach Pulverdampf. Im herannahenden Konflikt musste man mit einer italienischen Beteiligung rechnen, obschon die Bündnisverpflichtungen nicht in jeder Hinsicht eindeutig waren. Der Vertrag sicherte Italien im Falle eines unprovozierten französischen Angriffs die militärische Hilfe Deutschlands und Österreichs zu. War Deutschland betroffen, so hatte es Anspruch auf militärische Unterstützung durch den südlichen Partner.

Das Dreibund-Szenario mit seinen schwer abzusehenden Wechselfällen verunsicherte die schweizerische Politik. In Bedrängnis geriet der Generalstab, dessen traditionelle Hypothesen nicht mehr für jeden Fall taugten. Der Chef der Generalstabsabteilung, Alphons Pfyffer von Altishofen, unterbreitete Bundesrat Numa Droz Aufzeichnungen über die militärpolitische Situation, die von einer gewissen Ratlosigkeit zeugten.[507] Dass die Gefahr zuerst einmal aus dem Westen drohte, war immer noch ein kaum bestrittenes Axiom. In einem Krieg zwischen Deutschland und Frankreich rechnete Pfyffer mit einem französischen Einbruch durch den Jura. Die französische Armee könnte auf dem Weg durch das Mittelland die deutschen Stellungen umgehen und in Süddeutschland eindringen. Pfyffer hegte aber auch gewisse Zweifel an der deutschen Haltung. Er verlangte deshalb vom Bundesrat, dass er für den Fall eines Krieges für eine diplomatische Absicherung besorgt sei. Vom Deutschen Reich müsse, so die Forderung des Obersten, eine Erklärung beschafft werden, dass das schweizerische Territorium verschont bleibe. Dann sei es möglich, die Armee ausschliesslich gegen Frankreich aufmarschieren zu lassen.

Dass in einem Krieg auch mit Italien zu rechnen war, kam Pfyffer ungelegen. Als ehemaliger päpstlicher Offizier empfand er für den neu gegründeten Nationalstaat wenig Sympathien: «Noch komplizierter und schwieriger werden die Verhältnisse, wenn wir auch noch gegen Italien vorsorgen müssen, wodurch weitere Kräfte weit abgezogen würden. Haben wir von Deutschland und Italien die reelle Garantie, dass sie unser Territorium respectieren werden, so erleichtert das unsere Aufgabe wesentlich, weil wir dann unsere Aufstellung der Westgrenze näher rücken können und die Nordgrenze nur noch soweit zu beobachten haben, um rechtzeitig abgedrängte Corps sei es von der einen oder andern Partei abzufangen und zu entwaffnen.

Deutschland und die Schweiz haben ein gleiches hohes Interesse dass, für den Fall eines deutsch-französischen Konfliktes, die schweizerische Armeeleitung den strategischen Aufmarsch der Armee nur gegen Westen vornehme. Das gleiche Interesse hat auch Italien, wenn es als Bundesgenosse Deutschlands gegen Frankreich auftritt.» Die Unsicherheit Pfyffers kam in einer abschliessenden Sentenz zum Ausdruck: «Die vorstehenden Sätze sind nur insoweit richtig, als Deutschland und eventuell auch Italien fest entschlossen sind, unsere Neutralität zu respectieren.»

Numa Droz und Alphons Pfyffer standen in ständigem Gedankenaustausch. Beide registrierten besorgt die wachsende Gefährdung des Friedens durch den Dreibund. Für den Chef des Generalstabs offenbarte sich ein verändertes militärpolitisches Weltbild, so dass er schliesslich unter dem Eindruck der neuen Bedrohung über seinen eigenen Schatten sprang. In den Jahren 1887 und 1889 führte er in Paris geheime Gespräche mit der französischen Generalität. Über den Inhalt sind kaum Einzelheiten bekannt. Der Dialog galt jedenfalls der gemeinsamen Kampfführung im Falle eines Angriffs durch den Dreibund. Man ging von der These aus, dass die italienische Armee den Weg durch die Schweiz suchen würde, da die französische Alpenfront durch ein ausgedehntes System von Festungen verriegelt war.

In einem Brief an Minister Roth in Berlin vom 28. Januar 1889, also noch vor dem Wohlgemuth-Handel, gab Numa Droz seiner Verunsicherung Ausdruck: «Il est à notre connaissance que les abords du Gothard et la route alpestre elle-même ont fait l'objet d'études récentes de la part d'officiers allemands et italiens, études qui se sont prolongées jusque dans les derniers temps malgré la saison rigoureuse. M. le Colonel Pfyffer est d'avis que l'éventualité d'une jonction des armées allemandes et italiennes sur notre territoire doit être envisagée comme très sérieuse, et il n'attache par conséquent qu'une importance toute relative aux assurances de respect de notre neutralité qui nous sont données de part et d'autres.»[508]

Bei einem Konflikt zwischen Italien und Frankreich geriet das Thema «Neutralisierung Nord-Savoyens» ins Blickfeld. Das geschah in überraschender Weise im Februar 1887, wobei der Anstoss zur Debatte von Paris ausging. In einem Gespräch mit Minister Lardy zeigte sich Aussenminister Emile Flourens besorgt über den massiven deutschen Aufmarsch an der Grenze von Elsass-Lothringen. Dann kam er auf Savoyen zu sprechen, ohne dass der schweizerische Gesandte auf die heikle Frage hingewiesen hatte: «... ce qui me préoccupe, c'est l'attitude de l'Italie; elle fait, sur une grande partie de la frontière, des préparatifs militaires, comme si nous étions, non pas à l'avant-veille, mais à la veille d'une déclaration de guerre. (...) Si la guerre devait éclater dans le voisinage immédiat de la Savoie neutralisée, nous pourrions avoir à régler entre nous les conditions de l'occupation de cette contrée par vos troupes avant le retrait des nôtres et de la garantie de neutralité de ce territoire.»[509] Die

Erklärung des französischen Aussenministers war in mancher Hinsicht erstaunlich. Das in den Verträgen von Paris und Wien festgelegte Besetzungsrecht der Schweiz in Nord-Savoyen war bisher in Paris als lästiges Überbleibsel eines überholten Vertragswerks betrachtet worden, das Frankreich bloss zum Schaden gereichen konnte. Für den plötzlichen Gesinnungswandel mussten schwerwiegende Gründe vorliegen. Man wusste, dass in Italien als Ergebnis der Dreibund-Politik der Wunsch nach den verlorenen Territorien Nizza und Savoyen wieder lebendig geworden war. Bei einem italienischen Angriff konnte eine Besetzung Nord-Savoyens durch schweizerische Truppen nützlich sein, denn durch ihre Präsenz wäre die französische Front verkürzt worden. Ein italienischer Vorstoss durch die Schweiz hätte Frankreich ausserdem zu einem Bundesgenossen verholfen.

Der diskrete Wink von Aussenminister Flourens wurde von Numa Droz als Aufforderung verstanden, in «Unterhandlungen zur Erzielung einer Verständigung über die Modalitäten einer Besetzung der neutralen Zone Savoyens durch schweizerische Truppen einzutreten».[510] Es kamen Bedenken über die Motive Frankreichs auf, das gerade jetzt auf eine Angelegenheit eintrat, von der es bisher nichts wissen wollte. Ein Blick auf die militärpolitische Lage in Europa gab eine einleuchtende Antwort. Bundespräsident Droz meinte denn auch im Kollegium, «die französische Regierung erachte die Regelung der Angelegenheit als sehr dringlich, und das politische Departement sei der Ansicht, dass die Dringlichkeit auch auf Seiten der Schweiz bestehe, da die Bereitwilligkeit Frankreichs zu Verhandlungen sofort aufhöre, sobald die politische Lage nicht mehr gespannt sei».

Droz und Lardy gingen sogleich daran, den Text einer Konvention zu entwerfen, die zu einer endgültigen Abstimmung mit Frankreich führen sollte. Man gelangte zu Schlüssen, die von der traditionellen Praxis und auch von der bisherigen Auslegung der Verträge von 1815 abwichen. Jahre später wurde dem Bundesrat vorgeworfen, er habe im Gegensatz zu seiner früheren Haltung eine Besetzungspflicht anerkannt. Minister Lardy wollte Frankreich sogar das Recht einräumen, die Schweiz zur Besetzung Savoyens aufzufordern. Er vertrat die Auffassung, die Neutralisierung Nord-Savoyens sei von den Kongressmächten im Interesse ganz Europas verfügt worden. Die Wahrung dieser Neutralität könne deshalb nicht einfach dem schweizerischen Belieben überlassen werden. In einem Memorandum vom 3. Februar 1887 bekannte sich auch Numa Droz zu einer Pflicht der Schweiz, die Neutralität Savoyens zu verteidigen. Das vom Wiener Kongress verfügte Besetzungsrecht führe zu dieser Konsequenz: «Le droit implique le devoir pour la Suisse de défendre la neutralité de la Savoie éxactement comme la sienne propre, dont elle est une partie intégrante.»

In einem gewissen Widerspruch zu diesem kategorischen Schluss stand der Hinweis des Bundespräsidenten, dass allein die Schweiz darüber entscheide, ob sie Nord-Savoyen besetze: «Quant à la Confédération suisse, elle demeure seul juge de la question de savoir si elle doit ou non placer des troupes dans le territoire évacué: cela dépend de sa stratégie.» Droz unterschied zwischen Verteidigung und Besetzung, wie es grundsätzlich auch der Generalstab tat. Die militärische Führung war im Gegensatz zu vielen Politikern nicht bereit, grössere Truppenverbände in Savoyen zu stationieren. Bei einer Zersplitterung der Kräfte wäre das Verteidigungsdispositiv des Landes aus dem Gleichgewicht geraten. Der Chef der Generalstabsabteilung sah für das neutralisierte Territorium südlich des Genfersees eine einzige Landwehr-Brigade vor, die unter Umständen auch im Unterwallis eingesetzt werden konnte. In einem Gespräch mit Minister Lardy äusserte General Boulanger ähnliche Gedanken, wenn auch andere Motive im Spiel waren. Da sich der französische Kriegsminister in Bezug auf die Besetzung Savoyens nicht festlegen wollte, erging er sich in sibyllinischen Formulierungen. So meinte er, man könne die Neutralität Nord-Savoyens auch anderswo verteidigen: «Vous pouvez défendre à Bâle la neutralité de Genève, et au Simplon ou au Gothard celle de la Savoie.»[511]

Eine Pflicht zur Verteidigung Savoyens konnte man aus der These ableiten, wonach die schweizerische und die savoyardische Neutralität identisch waren. Auch General Boulanger fand bei seiner Unterhaltung mit Lardy, die Neutralität Savoyens sei ein Teil der schweizerischen. Wenn diese oft geäusserte Meinung zutraf, so hatte es die Schweiz in der Vergangenheit mehrmals versäumt, die entsprechenden Rechte zu wahren, oder man hatte eingesehen, dass gegenüber den mächtigen Nachbarn pragmatisches Verhalten angesagt war. Die Spannung zwischen Dreibund und Frankreich liess denn auch erkennen, wie gefährlich eine Gleichsetzung des Neutralitätsstatus der Schweiz und Nord-Savoyens werden konnte.

Im Februar 1887 wurde zwischen Bern und Paris intensiv über eine Savoyen-Konvention verhandelt. Man stritt sich um Einzelheiten und liess etliche grundsätzliche Fragen beiseite.

Eine Zeitlang schien Paris geneigt zu sein, die Schweiz in eine anti-italienische Allianz einzuspannen, doch die französischen Absichten wurden nie klar formuliert.[512] Wie Numa Droz befürchtet hatte, liess der französische Eifer nach, als die Kriegsgefahr wieder in die Ferne rückte. Ein Vertrag kam nicht zustande. Im Bundesrat zeigte man sich enttäuscht. Zwei Jahre später konnte die schweizerische Regierung jedoch zufrieden sein, denn eine vertragliche Bindung an Frankreich hätte im Zeitpunkt des Wohlgemuth-Handels die Schweiz mehr gefährdet als fehlende Absprachen über das Besetzungsrecht.

Das Jahr 1889 brachte in der Savoyenfrage eine eigenartige Umkehr der bisher gültigen Meinungen. Numa Droz glaubte, bestärkt durch die Turbulenzen des Wohlgemuth-Handels, mehr denn je an einen Angriff des Dreibunds auf die Schweiz. Er kam vom bisher gepflegten Wunsch ab, die Modalitäten einer Besetzung des neutralisierten Savoyen durch eine Konvention mit Frankreich zu regeln. Die schweizerische Landesregierung hatte erkannt, dass die Neutralität Savoyens nicht bloss eine bilaterale Angelegenheit zwischen der Schweiz und Frankreich war.

In Paris hingegen sah man im Gegensatz zu früher die positiven Seiten einer schweizerischen Präsenz in Chablais und Faucigny. Bei beiden Kontrahenten gewannen die militärpolitischen Aspekte an Gewicht. Oberst Pfyffer von Altishofen wurde deshalb zu einem wichtigen Berater der Landesregierung. Er hatte im Jahre 1887 in einem Bericht Vor- und Nachteile einer Besetzung Savoyens aufgeführt und Schlussfolgerungen gezogen: «Es scheint mir, dass unter allen Umständen nur dann eine Verpflichtung eingegangen werden dürfte, Savoyen zu besetzen, wenn uns Frankreich neue Garantien gibt, unsere Neutralität unter allen Umständen zu wahren. Solche Garantien dürften die Sendung und Abdetachirung von Truppenkörpern nach Savoyen vollständig rechtfertigen, namentlich wenn wir auch gleiche Garantien von Deutschland hätten. Die Neutralitätserklärung von Savoyen als integrirender Theil der Neutralität der Schweiz kann und darf nicht die Konsequenz haben, dass wir uns durch sehr starke Besetzung dieses Landes in unserem eigenen Lande schwächen.»[513] Populistisch klang ein Argument Pfyffers, das mehr der allgemeinen Stimmung als den militärischen Notwendigkeiten galt: «Die Besetzung Nord-Savoyens hebt das Selbstbewusstsein von Armee und Volk.»

Im Herbst 1889 nahm der schweizerische Chef der Generalstabsabteilung als Gast an französischen Manövern teil. In einem Gespräch mit Kriegsminister Charles Louis de Freycinet wurde die mögliche Bedrohung beider Länder durch den Dreibund erörtert. Man scheint sich weniger über Savoyen als über einen italienischen Angriff auf die Schweiz unterhalten zu haben. Frankreich war über die Absichten des italienischen Generalstabs zu diesem Zeitpunkt überraschend gut im Bild. Oberst Pfyffer präsentierte seinen Operationsplan für einen Feldzug gegen Mailand, den er beginnen wollte, sobald Italien die Feindseligkeiten eröffnete. Es ergab sich eine weitgehende Übereinstimmung der Ansichten. Die Gespräche sind nirgends festgehalten, aber Kriegsminister Freycinet lüftete ein halbes Jahr später, kurz nach dem Tod von Alphons Pfyffer, gegenüber Charles Lardy den Schleier:

«Il a dit ensuite qu'à la suite de son entretien de l'automne dernier avec le Colonel Pfyffer, il avait massé en face de Mulhouse un nombre d'hommes beaucoup plus considérable que précédemment, de façon à pouvoir mettre ‹beaucoup de monde› entre l'Allemagne et nous. Il se déclare en mesure d'affirmer qu'il aura tant de troupes dans cette région que l'Allemagne aura pour longtemps du fil à retordre, en sorte que la Suisse peut en toute sécurité tourner ses forces du côté du midi; le plus vif désir de la France serait de voir l'armée suisse prendre une courageuse offensive contre l'Italie, occuper Milan pendant la mobilisation italienne, et infliger à l'armée du roi Humbert un echec que l'action des 150 000 hommes du Général Berge, ‹le plus entreprenant des généraux français›, transformerait bientôt en défaite dans le Piémont.»[514] Die französische Armee würde nach diesem mit kriegerischer Phantasie geschmückten Plan die Schweiz im Norden gegen Deutschland absichern, damit Pfyffer von Altishofen seine Offensive gegen die lombardische Hauptstadt ungestört inszenieren könnte.

Freycinet forderte die Schweiz auf, Saint-Maurice und die Strasse des Grossen St. Bernhard zu befestigen. Er bedauerte den Tod Pfyffers, den man in Paris als gewandten und gebildeten Gesprächspartner kennengelernt hatte. Auch Numa Droz beklagte den Verlust, denn er hatte sich mit dem Luzerner Aristokraten ausser-gewöhnlich gut verstanden. Der militärpolitische Dialog zwischen Bern und Paris brach ab. Der Nachfolger Arnold Keller legte keinen Wert auf eine Fortsetzung, auch genoss er wenig Vertrauen im französischen Kriegsministerium. Er sei ein tüchtiger Technokrat und Militärgeograph, aber ohne den weiten Horizont Pfyffers, gab der französische Kriegsminister zu verstehen. Damit war der Versuch Frankreichs, die Schweiz in der Auseinandersetzung mit dem Dreibund näher an sich zu binden, eindeutig gescheitert.

Der militärpolitische Status Nord-Savoyens blieb weiterhin unklar. In Paris hielt man der Schweiz vor, sie interpretiere die Verträge ausschliesslich nach ihren eigenen nationalen Bedürfnissen und verfälsche damit ihren ursprünglichen Sinn. Die schweizerische Politik gab Frankreich und Italien Probleme auf, denn die beiden Mächte konnten sich für den Kriegsfall auf keine zuverlässigen Annahmen stützen. In Savoyen hielten sich in Friedenszeiten französische Truppen auf. Die Entscheidung darüber, ob sie bei einem Konflikt mit Italien die neutralisierte Zone – seit 1860 französisches Territorium – verteidigen durften oder ob sie sich davonstehlen mussten, stand nach schweizerischem Verständnis allein Bern zu. Entsprechende Unsicherheit bestand auch für den italienischen Generalstab.

Meinungsverschiedenheiten ergaben sich, als die französische Armee Nord-Savoyen in das französische Festungssystem einbeziehen wollte. Man hatte bereits im Jahre 1883 mit dem Bau einer Festung auf dem Mont Vuache bei Genf begonnen.[515] Das Fort sollte das Rhonetal bis zur Schweizer Grenze beherrschen und dem alten Fort de l'Ecluse Flankenschutz bieten. Oberst Pfyffer nahm damals an Ort und Stelle einen Augenschein vor und kam zum Schluss, die Eidgenossenschaft müsse Einspruch erheben. Es gelang Minister Lardy, die französische Regierung von ihrem Vorhaben abzubringen, obschon die völkerrechtliche Argumentation der Schweiz nicht so lupenrein war, wie man es in Bern wahrhaben wollte. Im Aussenministerium in Paris zog man sich mit einer eleganten Formulierung aus der Affäre: Die französische Generalität habe ohnehin zu viele Festungen gebaut, man könne also auf das Fort am Mont Vuache verzichten.

In den neunziger Jahren machte man sich im schweizerischen Generalstab weiterhin Gedanken über die militärische Präsenz in Nord-Savoyen und rückte dabei von der Doktrin der identischen Neutralitäten ab. Nur so konnte man glaubhaft der Annahme widersprechen, die Schweiz sei zur Besetzung verpflichtet. Arnold Keller und später auch Theophil Sprecher von Bernegg deuteten vorsichtig an, dass im Kriegsfall ein fremder Einmarsch in eine von schweizerischen Truppen nicht besetzte neutralisierte Zone nicht einem Angriff auf die Schweiz gleichzusetzen sei. Ein Kriegsgrund sei in dieser Situation nicht gegeben. Die von der Armeeführung vertretene realistische Sicht der Dinge wurde von der Landesregierung zur Kenntnis genommen, aber nicht nach aussen vertreten. Sie war, gemessen an den bisherigen Neutralitätserklärungen, die sich stets auch auf Savoyen bezogen, allzu ketzerisch. So hielt der Bundesrat bis zum Ersten Weltkrieg den Schein aufrecht, obschon man dem Besetzungsrecht immer weniger Sinn abgewinnen konnte. Blieb noch die oft geäusserte Hoffnung, dass man gegen das fragwürdig gewordene Recht von Frankreich eines Tages territoriale Konzessionen einhandeln könne.

Das neutralisierte Nord-Savoyen war auch für Berlin ein möglicher Konflikt-Herd. Da sich die Reichsregierung für ganz Europa zuständig fühlte, übermittelte man der Schweiz von Zeit zu Zeit Signale, die oft schwer zu deuten waren. Gelegentlich schien Bismarck einen schweizerischen Einmarsch in die neutralisierte Zone zu begrüssen, denn er war geeignet, der neutralen Schweiz die Feindschaft Frankreichs zu bescheren und das Land in Abhängigkeit von Deutschland zu bringen. Dann erfolgte wieder Einspruch, der nicht immer leicht zu verstehen war. Verbindliche Aussagen gab es nicht, und sie waren aus schweizerischer Sicht auch nicht erwünscht. Dennoch blickte der Bundesrat besorgt nach Berlin, wo Minister Roth in den Jahren 1887 und 1888 diskret nach Stimmungen und Meinungen forschte. Eine kurzfristige Besetzung der neutralisierten Zone schien unerwünscht, wenn aber die Übernahme mit dem «animus possidendi» erfolgte, konnten sich für Deutschland Vorteile ergeben. Nun sah sich die Schweiz nicht nur dem Deutschen Reich, sondern auch dem Dreibund gegenüber. Im Bundesrat war man überzeugt, dass das Thema «Neutralisierung Nord-Savoyens» zwischen Berlin und Rom behandelt und auf eine für Italien günstige Formel gebracht worden war. Italienische Politiker hatten die Schweiz zu einer Besetzung von Chablais und Faucigny in einem zukünftigen Krieg aufgefordert. In Bern war man gegenüber diesem Angebot vorsichtig. Es hielt sich hartnäckig die Vermutung, Italien wolle sich das Tessin aneignen, wenn die Schweiz nach Savoyen greife. Ein Verdacht, der nicht zu beweisen war, aber auch nicht ganz ausgeräumt wurde.

Minister Roth fasste in einem Bericht vom 7. Mai 1888 die vermutete Haltung des Dreibunds in der Savoyenfrage zusammen. Man hatte dem schweizerischen Gesandten versichert, das Reich werde trotz einigen Differenzen im Kriegsfall die Neutralität der Schweiz respektieren. Ein schweizerischer Einmarsch in Savoyen sei in Berlin und Rom nur erwünscht, wenn er von der Schweiz als dauernde Besitznahme geplant sei: «Es ist uns sogar unter der Hand angedeutet worden, in Berlin würde die temporäre Besetzung Savoyens durch uns als ein unfreundlicher Akt gegenüber Deutschland, als ein Frankreich gewährter Vorteil aufgefasst, besonders nachdem wir 1870/1871 von einer Besetzung Umgang genommen haben.»[516] Das Auswärtige Amt sei misstrauisch geworden, denn es sei über die im Jahre 1887 zwischen Bern und Paris geführten Gespräche gut informiert.

Die unbequeme Stellung der Schweiz zwischen dem Dreibund und Frankreich mahnte zur Vorsicht. Eine Besetzung Nord-Savoyens, die in einem Konflikt das Kriegsgeschehen von Chablais und Faucigny fernhalten sollte, drohte die Neutralität der Schweiz selber zu gefährden. Bundesrat Numa Droz versuchte, in diesem unstabilen Gelände einen glaubwürdigen aussenpolitischen Kurs zu steuern. Sein Umgang mit der Affäre Wohlgemuth legt davon Zeugnis ab. Weder er noch seine Kollegen konnten wissen, dass ein Bundesrat an ihnen vorbei einen gefährlichen Sonderweg beschritt. Bernhard Hammer, Chef des Militärdepartements, betrieb über den deutschen Gesandten eine private Aussenpolitik.[517] Der ehrgeizige Politiker und Offizier, unerbittlicher Gegner Frankreichs, hielt während Jahren die Beziehungen aufrecht, die er als Gesandter in Berlin geknüpft hatte. Er bewegte sich zwischen Patriotismus und peinlicher Anbiederung an das Deutsche Reich. Bereits im Frühjahr 1887 erklärte Hammer dem deutschen Gesandten in einer geheimen Besprechung, er rechne bei einem zukünftigen Krieg zwischen Deutschland und Frankreich mit einem französischen Angriff auf die Schweiz. Dann würden Deutsche und Schweizer Schulter an Schulter kämpfen. An einem Sieg der deutschen Armee sei nicht zu zweifeln. Die Schweiz sei nicht wunschlos. Sie lege Wert darauf, ihre südwestliche Grenze zu erweitern und einen Teil Nord-Savoyens in das eidgenössische Territorium einzugliedern. Genf vor allem brauche ein Hinterland, damit die Stadt dem unerträglichen französischen Einfluss entzogen werde. Hammer wollte sich auch für den Fall vorsehen, dass Frankreich die Schweiz nicht angriff. Deutschland möge doch, so der Wunsch des germanophilen Bundesrats, sich auch in diesem Fall an die schweizerischen Annexionswünsche erinnern und dem Land zu einer Ausdehnung seines Territoriums verhelfen. Es sei schliesslich im deutschen Interesse, Frankreich zu schwächen.

Der Reichskanzler zeigte sich über den schweizerischen Expansionsdrang erfreut und liess über den Gesandten von Bülow vertraulich melden, Deutschland werde «jeder beliebigen Aneignung französischen Gebietes» zustimmen. Bei anderer Gelegenheit liess Bismarck seinem heimlichen Kontrahenten im Bundesrat die folgende Botschaft zukommen: «Wir würden, wenn wir bei einem erneuten Angriff Frankreichs siegreich bleiben sollten, der Schweiz unter Umständen ganz Savoyen und Burgund dazu überlassen; eine vorgängige diesbezügliche Verpflichtung können wir aber nicht übernehmen.» Es war für den Kanzler allemal billiger, das zu opfern, was ihm nicht gehörte. Was von derartigen Deklarationen zu halten war, hätte Bundesrat Hammer wissen müssen, wenn er sich an die seltsamen Manöver um die Grenzziehung im Sundgau zurückbesann.

Auch nach dem Sturz Bismarcks lief die geheime Diplomatie zwischen dem Auswärtigen Amt und Bernhard Hammer weiter. Im Dezember 1890 ging eine weitere Erklärung nach Bern, die sich auf Savoyen bezog: «Das vormals neutrale Gebiet

Savoyens hat nach Auffassung des Reichskanzlers von Caprivi und des Generalstabes für einen Italienisch-Französischen Krieg militärisch keine Bedeutung –, speziell würden die Italiener kaum einen unbequemeren Übergang über die Alpen, als durch dieses Gebiet finden können. Gegenüber dieser Auffassung gewinnt die Frage der Neutralität Nord-Savoyens für die deutsche Politik einen lediglich akademischen Charakter, welcher es dem Reichskanzler nicht angezeigt erscheinen lässt, der befreundeten Schweiz die Verfolgung eines Zieles zu erschweren, welches sie als ein wichtiges schweizerisches Interesse betrachtet. Der Kaiser hat diese Auffassung gebilligt.»[518] Man sei im übrigen bereit, «diese militärische Auffassung auch der italienischen Regierung gegenüber zur Geltung zu bringen».

Bundesrat Hammer war offenbar nicht der Meinung, sein Sonderkurs verstosse gegen die Regierungsdisziplin oder gegen die Interessen des Landes. Ende 1890 schied er aus dem Amt. Im folgenden Jahr übergab er Bundesrat Emil Welti vertraulich Unterlagen über seine Kontakte mit dem Auswärtigen Amt. Das Kollegium der Bundesräte wurde in die private Aussenpolitik Hammers nicht eingeweiht.

Wenn sich die Schweiz vom Dreibund bedroht fühlte, fiel der Verdacht zuerst auf Italien. Dabei geriet mancher deutschfreundliche Politiker in Verlegenheit. Man konnte sich eine deutsche Komplizenschaft bei italienischen Angriffsabsichten nicht vorstellen, obschon Anzeichen darauf hindeuteten. Otto von Bismarck selber sah im Bündnis eher eine politische denn eine militärische Koalition, und sein Sohn Herbert beteuerte, eine Verletzung der schweizerischen Neutralität durch den Dreibund sei ausgeschlossen.[519] Immerhin soll der Reichskanzler gelegentlich geäussert haben, die belgische und die schweizerische Neutralität seien für ihn lästig.

Das Verhältnis der deutschen Generalität zum Dreibund-Partner Italien war von Anfang an zwiespältig. Es gab gemeinsame militärische Planungen, obschon man sich auf deutscher Seite distanziert zeigte. Zur gemeinsamen Strategie für den Fall eines Krieges mit Frankreich gehörte die Absicht, die III. italienische Armee mit sechs Armeekorps ins Elsass oder in den französischen Jura zu verlegen, um gemeinsam gegen den Feind im Westen vorzugehen. Den Zeitgenossen war die Absicht in grossen Zügen bekannt. Jahre später wurden Einzelheiten des Plans durch die Publikation von Akten und Memoiren sichtbar. Wie ernst die kühnen italienischen Operationspläne genommen wurden, ist nachträglich schwer abzuschätzen.[520] Fest steht, dass der deutsche Generalstab beteiligt war, was die Generäle nicht hinderte, an der politischen und militärischen Zuverlässigkeit des italienischen Partners zu zweifeln. Man war in der Beurteilung Italiens unsicher und zugleich überheblich. Das beweist eine Tagebuch-Eintragung des Grafen von Waldersee, dem Chef des Generalstabs, vom 21. Oktober 1888:

«Wie die Verhältnisse in Europa jetzt liegen, ist es dringend nötig, dass wir uns klar werden, was wir als Alliierte von Italien im Ernstfalle zu erwarten haben; es wird gut sein, die Hoffnungen nicht zu hoch zu spannen. Italien ist noch kein fertiges

Land, das Königtum noch nicht festgewurzelt, demgegenüber stehen eine sehr starke republikanische Partei und der Papst mit den Klerikalen. Zur Zeit regiert Herr Crispi unumschränkt; er ist alter Republikaner, findet aber, dass sein Land augenblicklich unter der Firma Monarchie weiter kommt. Das Königtum ist jedoch nicht viel mehr als ein Schatten. Eine Stütze in der Armee zu finden ist dem Könige nicht gelungen, er ist nicht Soldat, infolgedessen hat die Armee nicht die richtige Stellung im Lande, sie ist auch qualitativ nicht auf der Höhe. Nun sind die Italiener überhaupt unsichere Leute; sie nehmen den Mund voll, kommt es zu Taten, so werden sie sehr kurz treten. Augenblicklich stehen sie mit Frankreich auf höchst gespanntem Fusse, und es ist für sie ein sehr billiges Vergnügen, forsch aufzutreten, weil sie uns hinter sich haben.»[521] Mit den sechs Armeekorps, die über die Alpen zur deutschen Armee stossen sollten, sei im Ernstfall kaum zu rechnen.

Nach den Vereinbarungen von 1888 wäre die III. Armee über den Brenner nach Süddeutschland transportiert worden, doch glaubte kaum jemand an diese Variante. In einem deutsch-italienischen Feldzug gegen Frankreich war mit der Neutralität der Donaumonarchie zu rechnen. In diesem Fall hätte Österreich der wenig geschätzten italienischen Armee den Durchzug zweifellos verweigert. Blieb also der Marsch durch die Schweiz. In dieser Frage zeigte sich der deutsche Generalstab hilfsbereit, obschon der Dreibund stets auf seine defensive Ausrichtung Wert legte. Generalfeldmarschall Alfred Graf von Schlieffen hatte bereits im Jahre 1888 General Saletta, dem Chef des italienischen Generalstabs, nahe gelegt, einen Durchmarsch durch die Schweiz zu prüfen. In den Jahren 1888/89 arbeitete man in Rom einen ersten Operationsplan aus, der offenbar mit der deutschen Armee ungenügend abgestimmt war und in Berlin keine Begeisterung auslöste. Unbestritten war für Italien eine wesentliche Voraussetzung: Man wollte nur im Bündnis mit Deutschland gegen Frankreich Krieg führen. Vorgesehen war der Einsatz der III. Armee mit 180 000 Mann, die mit dem Hauptgewicht über den Gotthard in die Innerschweiz vorrücken und nach 20 bis 30 Tagen den Raum zwischen Murten- und Genfersee erreichen sollte. Aus der Romandie wollte man durch den Jura nach Frankreich marschieren. Das Unternehmen wurde, wie spätere Studien ergaben, verhältnismässig oberflächlich geplant. Die schweizerische Armee schien in den Überlegungen keine Rolle zu spielen. Man wusste, dass der Festungsbau am Gotthard begonnen hatte, und dass die Werke in erster Linie gegen einen italienischen Angriff errichtet wurden. Im Jahre 1888 war die offene Batteriestellung von Motto Bartola einsatzbereit, ein Jahr später wurde Fort Airolo, damals «Fondo del Bosco» genannt, den Truppen übergeben. Die neuen Werke bei Saint-Maurice konnten erst im Jahre 1894 bezogen werden. All das war für den italienischen Generalstab kein Geheimnis. Schliesslich hatten italienische Arbeiter an den Festungen gebaut, und italienische Offiziere in Uniform sollen die Bauarbeiten am Fort «Fondo del Bosco» beobachtet haben. Der San Giacomo-Pass lag nur wenige Stunden entfernt.

Für die neunziger Jahre charakteristisch ist der Umstand, dass militärische Planung und politische Richtung im brüchig gewordenen Dreibund immer mehr auseinander liefen. Die europäischen Generalstäbe – der schweizerische nicht ausgenommen – kaprizierten sich auf eine eigene Aussenpolitik, die sich gelegentlich fernab von den staatspolitischen Realitäten bewegte. Was nicht heissen will, dass sich daraus nicht unerwartete und gefährliche Situationen hätten ergeben können.

Nach 1898 begann der italienische Generalstab mit einer zweiten, diesmal ernsthaft konzipierten Durchmarschplanung durch die Schweiz, die als «seconda ipotesi» bezeichnet wurde. Es gingen sorgfältige Rekognoszierungen der Bündner Pässe, des Rheintals und der verschiedenen Operationslinien voraus, welche durch die Ostschweiz nach Westen führten. Der italienische Generalstab unternahm eine eigentliche militärgeographische Bestandesaufnahme zwischen Walensee und Untersee. Es ging darum, den Operationsraum im Vergleich zur ersten Planung nach Osten zu verschieben.[522] Die Festungen am Gotthard und bei Saint-Maurice mögen zu diesem Entschluss beigetragen haben. Ebenso wichtig war vermutlich die Zusicherung des deutschen Generalstabs, am Bodensee und bei Radolfszell logistische Stützpunkte zu errichten, von denen aus die italienischen Truppen mit Nachschub versorgt werden konnten. Die Sache wurde diskret behandelt, so dass die Öffentlichkeit erst nach Jahrzehnten vom möglichen deutschen Beitrag erfuhr, der immerhin einen Angriff auf die Schweiz ermöglicht hätte.

Nach dem neuen Plan musste die italienische Armee in einem gegen anderthalb Monate dauernden Marsch die Linie Eglisau-Zürich erreichen und dann ins Elsass aufbrechen, wo zwischen Breisach und Strassburg der Zusammenschluss mit der deutschen Armee erfolgen sollte. Kritiker meinten, die Entscheidung an der Westfront werde schon längst gefallen sein, wenn die italienischen Truppen am Oberrhein auftauchten. Die «seconda ipotesi» stiess bei König Viktor Emanuel III. auf Widerspruch. Er nannte den langen Marsch einen nicht durchführbaren Unsinn. Der Chef des Generalstabs von Schlieffen liess seinen Kollegen Tancredi Saletta nach der Jahrhundertwende wissen, Deutschland verzichte wenn nötig auf eine Mitwirkung der III. Armee am Rhein.[523] Das italienische Abenteuer in der Schweiz hätte auch für die deutschen Strategen zum Albtraum werden können. Dennoch wurde der Operationsplan noch während Jahren in petto gehalten. Die «seconda ipotesi» verschwand erst im Jahre 1907 in den Schubladen des Dreibunds.

In Deutschland wie in Italien war man mit den gemeinsamen Planungen behutlich umgegangen. Die Politiker bestritten die Existenz von geheimen militärischen Vereinbarungen. Das mag damit zusammenhängen, dass sie oft in die Pläne der Generalstäbe nicht eingeweiht waren, so wie die Generalität über die politischen Gedankengänge in den Aussenministerien kaum Bescheid wusste. So konnte es geschehen, dass vor dem Ersten Weltkrieg weder der italienische Generalstabschef Alberto Pollio noch sein österreichischer Kontrahent Franz Conrad von Hötzendorf die Dreibundverträge je zu Gesicht bekommen hatten.

Seit seiner Gründung hatte sich der Dreibund mit dem misslichen Umstand auseinanderzusetzen, dass er nicht alle politischen Bedürfnisse seiner Partner abdeckte. Gemeinsame Feindschaft gegen Frankreich war keine ausreichende Basis. Interne Zwiste, zum Beispiel zwischen Italien und Österreich, wurden durch unklare Formulierungen in den Verträgen überdeckt. Die unheilige Allianz zwischen dem Zweibund und der nach dem Mittelmeer orientierten italienischen Monarchie mochte eine Zeitlang Frankreich in die Isolierung treiben, doch in den neunziger Jahren wurden neue Kräfte wirksam. Ministerpräsident Francesco Crispi, ein Verehrer Bismarcks, hatte sein Land im Jahre 1882 ins Bündnis gebracht, nachdem Frankreich in Tunesien ein Protektorat errichtet und damit die koloniale Expansion Italiens in Nordafrika vorläufig gebremst hatte. Die französische Regierung war von Bismarck zu ihrem Vorstoss nach Tunis ermuntert worden, denn eine italienisch-französische Feindschaft kam den Intentionen des Reichskanzlers entgegen.[524]

Crispi stiess mit seiner deutschfreundlichen Politik bei vielen seiner Landsleute auf erbitterten Widerstand, den er in der Manier seines deutschen Vorbilds zu überwinden suchte. Dazu gehörte sein Kampf gegen die Irredenta, deren Absichten mit der italienisch-österreichischen Partnerschaft nicht zu vereinbaren waren. Ein anhaltender Erfolg blieb versagt. Das Bündnis mit dem germanischen Norden widersprach dem italienischen Gefühl für Solidarität der lateinischen Nationen. Benedetto Croce meinte einmal, alles in allem habe Crispi mehr Lärm als Schaden angerichtet.

Im Dreibund verfolgte jeder Partner seine eigenen Ziele, ohne auf die Anliegen der andern in genügendem Masse Rücksicht zu nehmen. Wilhelm II. trieb in den neunziger Jahren in seinem Grössenwahn eine Flottenpolitik, die zum Konflikt mit Grossbritannien führen und die Weltmacht dem Dreibund entfremden musste. Italien war aber im Mittelmeer auf die englische Freundschaft angewiesen, wenn es seine Ambitionen in Nordafrika gegen die starke französische Flotte durchsetzen wollte. Österreich trieb im Balkan und in der Adria eine Politik, welche das im selben Raum engagierte italienische Prestige empfindlich traf. Die italienische Bevölkerung in Triest wurde in ihrer kulturellen Entfaltung bedrängt und damit den Versuchungen der Irredenta ausgesetzt. In den Grenzen des Landes eingeengt, suchte Crispi das Heil in kolonialen Abenteuern, die in Abessinien mit einem Desaster endeten. Nach der Niederlage von Adua im Jahre 1896 war die politische Karriere des italienischen Dreibund-Architekten beendet.

Die Politik Italiens glich einer Gratwanderung. Verunsichert durch auseinander laufende innere Tendenzen, sahen sich die Regierungen äusseren Zwängen ausgesetzt, die nur mit Dialektik und Wendigkeit zu überwinden waren. Allmählich besserten sich die Beziehungen zu Frankreich. Ein lange dauernder Zollkrieg wurde beendet, und am 14. Dezember 1900 brachten der italienische Aussenminister Visconti-Venosta und der französische Botschafter Camille Barrère einen Geheimvertrag unter Dach, der die Kriegsgefahr zwischen den beiden Ländern aus der Welt schaffte. Vor allem wurden die kolonialen Belange geregelt. Italien gewährte Frankreich freie Hand in Marokko und durfte sich seinerseits ungestört dem damals noch türkischen Tripolis zuwenden. Von Tunis war nicht mehr die Rede.[525] Nach der Meinung von Visconti-Venosta war die heimliche Verständigung mit Frankreich kein Hindernis für eine Erneuerung des Dreibunds, den man nur noch defensiv interpretierte. Das Bündnis hatte im Grunde genommen seinen Sinn verloren. Es war nach der Jahrhundertwende unwahrscheinlich, dass die militärischen Paragraphen des Vertrags je beansprucht würden, obschon die Generalstäbe nach wie vor den Feldzug gegen Frankreich übten.

Die Schweiz war einer Sorge enthoben, wenn auch die neuen Tatbestände die Öffentlichkeit nur mit Verzögerung erreichten. Nachdem der Dreibund bereits in den neunziger Jahren seine Schwächen zeigte und nach der Jahrhundertwende kaum noch als Koalition in Erscheinung trat, schwand für die Schweiz die Gefahr eines Angriffs. Die italienische Generalität blieb aber der Eidgenossenschaft gegenüber wachsam. Man blickte mit Sorge auf Savoyen, da man angesichts der schweizerischen Unentschlossenheit nicht wusste, welche Armee im Kriegsfall das Territorium besetzen würde. Die nordwestliche Grenze mit dem Simplon erschien als schwierige Zone, die keine zuverlässige Planung erlaubte. Generalstabschef Saletta forderte im Sommer 1903 von Aussenminister Tommaso Tittoni, die offenen militärpolitischen Fragen in Bern und Paris auf diplomatischem Weg zu klären.[526] Tittoni lehnte ab, denn er wollte die friedlicher gewordene Szene nicht durch unzeitgemässe Interventionen stören.

Die Nordgrenze blieb bis zum Ersten Weltkrieg für den italienischen Generalstab eine unsichere Region. Der gegen Italien gerichtete schweizerische Festungsbau liess Zweifel an der schweizerischen Neutralität aufkommen. Doch das war keine Angelegenheit des Dreibunds, sondern ein bilaterales Thema.

Das getrübte Verhältnis zu Italien

Die Einigung Italiens bewegte die schweizerische Öffentlichkeit in so starkem Masse, dass sie zu einem stets gegenwärtigen Thema der Politik wurde. Begeisterung, Ablehnung und Enttäuschung begleiteten den politischen Prozess, wobei Stimmung und Realität sich oft auseinander bewegten. Italien gab zu Kontroversen Anlass, bevor der neue Staat existierte. Seine in mehreren Etappen vollzogene Gründung veränderte das europäische Staatensystem. Für die Schweiz ergaben sich machtpolitische Aspekte, mit denen man nicht gerechnet hatte. Ins Wanken geriet das ideologische Gebäude, das Liberale und Radikale errichtet und von dem sie geglaubt hatten, es lasse sich auf ganz Europa übertragen. Sie mussten ähnlich wie im Falle Deutschlands erfahren, dass republikanische Freiheit und nationale Einheit nicht ein und dasselbe waren. Deutlich wurde, dass das Nationalitätsprinzip nicht zum vornherein mit Selbstbestimmung verbunden war und nicht in jedem Fall zum schweizerischen Modell einer Republik führte.

Der italienische Revolutionär Giuseppe Mazzini versuchte zeit seines Lebens, sein radikales Weltbild mit den nationalen Wunschträumen in Einklang zu bringen. Sein Ziel war letzten Endes eine grenzenlose europäische Republik, die er auf dem Weg über nationalstaatliche Bewegungen schaffen wollte. Auf den Spuren seiner Utopie bewegten sich Tessiner und Genfer Radikale, die lange nicht begreifen konnten, dass das Unternehmen an seinen innern Widersprüchen scheiterte.

Nach der Proklamation des Königreichs Italien am 14. März 1861 in Turin meinte der Diplomat Massimo d'Azeglio: «L'Italie est faite, mais maintenant il faut faire les Italiens.»[527] Eine Sentenz, der man in der Schweiz zustimmte, solange sie nicht einem extremen Nationalitätsprinzip entsprang. Der schweizerische Nationalitätenstaat geriet in Gefahr, wenn Europa unter nationalen Vorzeichen neu geordnet wurde. Mazzini selber, unbequemer Dauergast in der Schweiz, hatte da keinen Zweifel offen gelassen. Er betrachtete die Tessiner als Italiener, die ihm in seinem Kampf für die Republik wertvolle Hilfe leisteten.[528] Was der Revolutionär von einem neutralen Staat hielt, hatte er schon in den dreissiger Jahren in der «Jungen Schweiz» verkündet: «Politische Bedeutungslosigkeit, keine Rolle in Europa, leichter und sicherer Einfall von aussen, das ist der Sinn, welchen die Garantie der Neutralität in den Augen der Mächte hat. (...) Die Neutralität ist ein Fallstrick oder ein Unsinn. – Sie ist für die Mächte lediglich ein Mittel, die ausdehnende Kraft unseres republikanischen Prinzips möglichst einzuschnüren.»[529]

Ähnliche Überzeugungen bewegten die Tessiner und Westschweizer Radikalen, die sich im Jahre 1848 im lombardischen Aufstand engagierten. König Karl Albert von Sardinien hatte als Anführer der nationalen Bewegung der Schweiz ein Bündnis angeboten in der Erwartung, sie werde 30 000 Mann auf den Kriegsschauplatz entsenden und der Lombardei in ihrem Kampf gegen die Donaumonarchie beistehen. Es gehe dabei – so die Meinung in Genf und im Tessin – um einen Kampf gegen Fürsten und Despoten, dem man nicht unter Berufung auf die Neutralität ausweichen könne. In der Deutschschweiz bekannte sich Jakob Stämpfli mit seinem radikalen Kreis zum selben Prinzip. Die Mehrheit in der Tagsatzung entschied jedoch gegen die Allianz mit Piemont und nahm damit kurz vor der Gründung des Bundesstaats einen schweren Konflikt mit dem Tessin in Kauf. Tessiner Freischaren marschierten nach Mailand, fochten an verschiedenen Standorten und mischten sich in die lombardische Politik ein. Ideologisch im Sinne Mazzinis geschult, agierten sie gegen die piemontesische Monarchie und widersetzten sich Befehlen der sardinischen Armeeführung.[530]

Als die Österreicher nach der Niederlage der Lombarden wieder in Mailand residierten, setzte sich Feldmarschall Joseph Radetzky mit dem Tessin auseinander. Die Verletzung der Neutralität durch die Freischaren kam den Kanton teuer zu stehen: Ausweisung der Tessiner aus der Lombardei, Grenzsperren und die Drohung, die Grenze nach österreichischem Gusto zu verändern.[531]

Im schweizerisch-italienischen Verhältnis waren auf beiden Seiten Emotionen im Spiel. In der Schweiz ergaben sich Sympathien und Antipathien aus den im Lande vorherrschenden Weltanschauungen. Die Radikalen zum Beispiel hatten während Jahrzehnten freundschaftliche Beziehungen zu italienischen Emigranten gepflegt, die republikanische Freiheit in nationaler Einheit anstrebten. Für die Konservativen war hingegen ein mit militärischen Mitteln errichteter Zentralstaat ein Anschlag auf die geltende Rechtsordnung und auf ein ganzes Geflecht von Verträgen. Die Katholiken der Innerschweiz sahen in der Schaffung eines laizistischen Staates einen gegen den Papst gerichteten Gewaltakt, der zum Untergang des Kirchenstaats führte. Damit war nicht bloss die Religion bedroht, sondern auch ein für verschiedene Landesgegenden bedeutendes Gewerbe: die Solddienste im Vatikanstaat und im Königreich Neapel.[532]

Die Gemüter gerieten in Wallung, wenn die Bundesbehörden gegen das Söldnerwesen an Fürstenhöfen und im Staate des Papstes hart vorgingen, radikale Freischaren aber ungehindert über die Grenzen ziehen liessen. Der Luzerner Philipp Anton von Segesser bezog in dieser Frage, wie es häufig geschah, eine eigene Position. Für ihn war die katholische Religion nicht gefährdet, wenn das Oberhaupt der Kirche um seine weltliche Macht gebracht wurde. Er betrachtete das Nationalitätsprinzip als eine Kraft, die nicht übersehen werden konnte. Über ihr eigenes Schicksal bestimmen durften aber nur ganze Völker, da man sonst mit einer heillosen Zersplitterung hätte leben müssen.[533]

Die Liberalen begrüssten grundsätzlich die Einigung Italiens, waren aber unschlüssig über den besten Weg und über die Gestalt des neuen Staates. Man wünschte eher eine Konföderation als eine straff regierte Union. Selbstbestimmungsrecht und Nationalitätsprinzip waren oft gehörte Parolen. Napoleon III. hatte mit seinem Plebiszit in Savoyen ein fragwürdiges Exempel geschaffen, das der demokratischen Legitimation entbehrte. Folgten die Nationen seinem Beispiel, so bedeutete Selbstbestimmung im besten Fall, dass die betroffene Bevölkerung in einem Plebiszit den bereits geschaffenen Fakten zustimmen durfte.

Im Kriegsjahr 1859 äusserte sich die Begeisterung der schweizerischen Radikalen für die italienische Freiheit wesentlich gedämpfter als ein Jahrzehnt zuvor. Nur wenige Freiwillige zogen in die Lombardei. Sterben für eine Monarchie, auch wenn sie die italienische Einheit anstrebte, konnte man von einem aufrechten Republikaner nicht verlangen. Der Revolutionär Mazzini selber scheiterte an diesem Zwiespalt, während sich Giuseppe Garibaldi mit seinen Getreuen zähneknirschend ins Unvermeidliche fügte.

Der geräuschvoll entstehende italienische Nationalstaat entsprach schweizerischen Erwartungen nur in unzureichendem Masse. Die Radikalen zeigten sich enttäuscht, wenn das neue Gebilde mit den Allüren einer Grossmacht auftrat und die republikanischen Visionen vergass. Wie üblich zeigten die Konservativen mehr Realitätssinn, da sie die Vorgänge eher pragmatisch denn ideologisch werteten. Nun galt es, die Positionen zwischen den beiden Ländern abzugrenzen, was sich angesichts mancher Unsicherheiten als schwieriges Unterfangen erwies. Für schweizerische Beobachter war im vielfältig strukturierten Italien für jedes Vorurteil ein einleuchtendes Exempel zu finden. Die tatsächlich vorhandene Unberechenbarkeit des politischen Italien erlaubte selten eine langfristig gültige Prognose. Die Schweiz war von jenen früh vorgetragenen Forderungen direkt berührt, die im Namen des Nationalitätsprinzip alle italienisch sprechenden Regionen für die Monarchie in Anspruch nahmen. Es gehörte zu den Eigenheiten italienischen Verhaltens, dass sich die Vorstösse mehr durch verbalen Effekt als durch politische Substanz auszeichneten. Sie waren allemal geeignet, die Beziehungen zu stören.

Es gab Berührungspunkte zwischen den beiden Nationen, die während eines halben Jahrhunderts zu Diskussionen und gelegentlich auch zu Konflikten führten. Empfindlichkeiten traten zutage, wenn von der unterschiedlichen politischen Kultur, aber auch von konkreten Anliegen die Rede war. Dazu gehörten Fragen wie die politischen Aktivitäten der Emigranten, die für beide Seiten unbefriedigenden Grenzen und schliesslich der Festungsbau.

Noch in den fünfziger Jahren hatte man in der Schweiz das negative Bild der Donaumonarchie vor Augen, die in der Lombardei, in Venetien und in den mittelitalienischen Fürstentümern Selbstbestimmung und demokratische Bewegungen unterdrückte. Als sich dann in der italienischen Monarchie nationales Selbstbewusstsein manifestierte, begann die Stimmung zu schwanken. Man empfand ein gewisses Verständnis für den Vielvölkerstaat Österreich, der sich mit seinen nationalen Ethnien herumplagte. Gleichzeitig schwand die Begeisterung für das junge Italien, das sich wie andere Nationalstaaten gebärdete und sich immer weiter von der zugedachten republikanischen Rolle entfernte. Man hatte sich einen Bundesstaat nach schweizerischem Muster vorgestellt. Der Gedanke, den Papst zum Ehrenpräsidenten eines vereinten Italien zu küren, wurde nicht allzu ernst genommen, denn der reaktionäre Kirchenstaat konnte nicht als Vorbild gelten.

Die Beziehungen von Staat zu Staat waren völkerrechtlich durch den Makel belastet, dass Italien nicht zu den Kongressmächten von Wien und Paris gehörte und deshalb die Verträge von 1815 nicht unterzeichnet hatte. Das gab auf beiden Seiten Anlass zu Interpretationen, die bei Gelegenheit den Kontrahenten ins Unrecht versetzten. So pflegte man in Bern über Jahrzehnte hinweg den Verdacht, Italien werde je nach Umständen die schweizerische Neutralität nicht respektieren, obschon italienische Staatsmänner und Diplomaten beruhigende Erklärungen abgaben. Auf der andern Seite war man im schweizerischen Generalstab bis zum Ersten Weltkrieg der Ansicht, man brauche es gegenüber Italien mit der Neutralität nicht allzu genau zu nehmen, denn es fehle ja die italienische Unterschrift unter den Dokumenten. Die Wiener Verträge konnten die Schweiz nicht vor Überraschungen schützen. Sie waren aber geeignet, gegenüber Italien einen gewissen Argwohn wach zu halten.

Der Kanton Tessin war den Unstimmigkeiten direkt ausgesetzt. Man verfolgte dort die Vorgänge in der Lombardei und die Fortschritte des Risorgimento mit angespanntem Interesse. Die Freude an der voranschreitenden italienischen Einheit wurde schon bald durch chauvinistische Fanfarenstösse gedämpft, die auch in den Ohren der Radikalen peinlich klangen. Zu den falschen Tönen gehörte der in Mailand veröffentlichte Appell vom 24. Juni 1859, der die Tessiner auf Flugblättern aufforderte, sich Italien anzuschliessen. Darin war unter anderem zu lesen: «Tessiner! Nur der Wunsch nach Freiheit konnte euch in einer für Italien traurigen Zeit einer wunderlichen Verbindung fügsam machen, zu der ihr keine wirkliche Beziehung habt, von der ihr nur ein unnatürliches Anhängsel bildet, nur mit argwöhnischem Auge bewacht werdet und deren Knechte ihr jeden Augenblick wieder werden könnt, wie ihr es fast fünfhundert Jahre lang gewesen seid. An uns bindet euch alles: Himmel, Land, Sprache, Glaube, Sitten, Handelsinteressen, geschichtliche Überlieferungen, Unglück und Hoffnungen. Alles, was einem Volk das Heiligste ist, was sein Leben ausmacht, habt ihr nicht mit der Schweiz, sondern mit uns gemein.»[534]

Über die Urheber der Proklamation herrschte wenig Klarheit. Es soll sich um private Zirkel gehandelt haben. Das verräterische Papier hatte immerhin die Pressezensur passiert. Der Bundesrat beschwerte sich bei der Regierung in Turin über den unfreundlichen Akt, erklärte aber der Bundesversammlung, die Sache sei bedeutungslos. Der sardinische Gesandte in Bern suchte zu beschwichtigen: «... ce n'est qu'une oeuvre maladroite, qui ne méritait peut-être pas même d'attirer l'attention des Autorités suisses.»[535] Ganz so harmlos, wie es nach aussen dargestellt wurde, empfand man in der Schweiz den Zwischenfall nicht. Die Regierung des Kantons Tessin verwahrte sich in einem Brief an die Landesregierung gegen jeden Verdacht, der die eidgenössische Gesinnung der Tessiner Bevölkerung hätte in Frage stellen können. Der Bundesrat lobte den Patriotismus der italienisch sprechenden Mitbürger, eine fällige Geste, die angesichts der Spannungen zwischen der offiziellen Schweiz und den Tessiner Radikalen wohltuend wirkte. Das Thema «Annexion des Tessin» verschwand von da an nicht mehr aus der Schweizer Presse.

Die Mailänder Proklamation war nicht der einzige Streitpunkt, der die Beziehungen zum neuen Italien gefährdete. In einem Brief an Bundespräsident Stämpfli stellte der sardinische Gesandte die schweizerische Neutralität im eben beendeten piemontesisch-österreichischen Krieg in Frage. Die Regierung seiner Majestät habe mit Bedauern festgestellt, dass nicht alle Bundesbehörden gegenüber Sardinien-Piemont eine wohlwollende Neutralität geübt hätten. Der Bundesrat empfand den Vorwurf als Beleidigung, denn er hatte sich um eine neutrale Haltung bemüht. Die Antwortnote an Sardinien war nach schweizerischen Begriffen in scharfem Ton gehalten. Das Kollegium habe sich nichts vorzuwerfen, wurde darin festgestellt: «Il croit pouvoir attendre de l'histoire le témoignage d'avoir maintenu dans une mesure parfaitement égale le principe de la neutralité adopté par lui, envers toutes les puissances belligérantes, de n'avoir regardé ni à droite ni à gauche.»[536]

Die bundesrätliche Empfindlichkeit war verständlich, denn die emotionsgeladene Szene an der schweizerisch-italienischen Grenze barg Risiken in sich. Die Dissonanzen zwischen Bern und dem Kanton Tessin waren geeignet, die Neutralitätspolitik in Zweifel zu ziehen.

Deutschschweizer Truppen unter dem Kommando des Waadtländer Obersten Charles Bontems besetzten während des Krieges in der Lombardei die Grenzen des Tessin. Wenn man es dabei hätte bewenden lassen, wäre die einheimische Bevölkerung wohl zufrieden gewesen. Doch der Bundesrat zeigte sich wenig sensibel und kränkte die Tessiner in ihrem Selbstbewusstsein. Er übertrug Bontems und seinen Soldaten auch die fremdenpolizeilichen Funktionen und schränkte damit die Befugnisse der Kantonsbehörden ein.

Die Stimmung in den Grenzregionen sank auf einen Tiefpunkt, denn man fühlte sich bevormundet. In einem Brief an Bundesrat Fornerod beklagte Oberstleutnant Edouard Burnand die unwürdige Rolle, die der Armee zugemutet wurde: «Les mesures ordonnées par le Conseil fédéral dans le Canton du Tessin tuent non seulement l'armée chargée de les exécuter, mais le prestige naissant du pouvoir fédéral dans ce canton. Tout ce qui est fédéral est mal vu. En témoignant trop de méfiance aux Tessinois, on a détruit l'ouvrage de dix ans. Le colonel Bontems, nous tous, étions attendus ici avec impatience, on avait tout préparé pour nous recevoir bien, en militaires; aujourd'hui, nous ne sommes que des gendarmes, des agents de police. Nous blessons par l'exécution de mesures trop sévères les sentiments d'honneurs et d'hospitalité du peuple tessinois; nous restons isolés; le vide se fait autour de nous, lorsque nous paraissons dans un lieu public quelconque; les conversations s'éteignent, nous sommes des mouchards!»[537]

Die Bundesbehörden hatten die Tessiner Bevölkerung im Verdacht, den piemontesischen Truppen und den Freischaren Garibaldis bei verschiedenen Gelegenheiten Hilfe zu leisten und damit die Neutralität zu verletzen. Kritisch war die Situation am Lago Maggiore, der die beiden Kriegsparteien trennte. Drei österreichische Kanonenboote kreuzten auf dem See, die in der befestigten Stadt Laveno stationiert waren. Die fünf unbewaffneten piemontesischen Dampfer hatten sich schon im Monat April in Locarno internieren lassen.[538] Deshalb beherrschte die K. K. Flottille das langgezogene Gewässer, nur gelegentlich gestört durch das Feuer der am westlichen Ufer postierten piemontesischen Artillerie. Ein grösseres Seegefecht fand nicht statt.

Nach der Niederlage der Österreicher bei Magenta am 4. Juni 1859 und dem Einmarsch der Piemontesen und Franzosen in Mailand war der Stützpunkt am

Lago Maggiore nicht mehr zu halten. Am 9. Juni erschienen die Dampfboote «Radetzky», «Benedek» und «Ticino» vor Magadino, an Bord die 650 Mann umfassende Besatzung von Laveno, die sich auf schweizerisches Territorium absetzte. Die Österreicher wurden von den eidgenössischen Truppen in Empfang genommen und interniert. Dabei sollen die schweizerischen Offiziere und Soldaten für ihre österreichischen Kameraden mehr Sympathien gezeigt haben, als nach den Regeln der Neutralität zu verantworten war. Bei der Behandlung der internierten Schiffe sei, wie Oberstleutnant Burnand meinte, mit unterschiedlichen Ellen gemessen worden. Auf den sardinischen Dampfern wurden Brennstoff und Flaggen beschlagnahmt und einzelne Maschinenteile in Bellinzona in Sicherheit gebracht. Die österreichischen Schiffe blieben in fahrtüchtigem Zustand. Einer Anregung von Bundesrat Stämpfli entsprechend kaufte die Eidgenossenschaft die drei österreichischen Kanonenboote und verschacherte sie später an den italienischen Staat. Eine Zeitlang überlegte man sich in Bern, den Dampfer «Radetzky», ein gepanzertes Kriegsschiff, in schweizerische Dienste zu nehmen, doch wusste man nicht so recht, wozu ein Kanonenboot auf dem Langensee taugen könnte. Da sich das Kriegstheater von den Grenzen des Tessin entfernte, ging auch das nautische Zwischenspiel am Lago Maggiore rasch zu Ende. Die zwischen Bund und Kanton hochgepeitschten Emotionen legten sich und machten dem traditionellen moderaten Misstrauen Platz.

Die Abtretung Savoyens an Frankreich war ein weiteres Thema, das die Beziehungen zwischen der Schweiz und dem Königreich Sardinien belastete. Man war enttäuscht, weil Graf Cavour die schweizerischen Ansprüche in der neutralisierten Zone nicht ernsthaft unterstützte, und sprach von Komplizenschaft mit Napoleon III. Der ausserordentliche Gesandte Abraham Tourte konnte in Turin wenig bewirken. Vorsicht war angesagt, denn es hielt sich hartnäckig die Vermutung, Sardinien-Piemont wolle Nord-Savoyen gegen das Tessin eintauschen. Zu einem so fragwürdigen Kompensationsgeschäft war man in Bern nicht aufgelegt.

Ein langwieriger Disput entwickelte sich um eine religiöse Frage. Die Tessiner Kirchgemeinden gehörten zum Bistum Como, einige Talschaften waren dem Erzbistum Mailand unterstellt. Im Zeichen der nationalen Grenzziehungen wurde dieser Zustand schon in der ersten Jahrhunderthälfte als unerträglich empfunden. Die schweizerischen Behörden wollten die Jurisdiktion eines ausländischen Bischofs auf eidgenössischem Territorium nicht länger anerkennen. In den fünfziger Jahren, also noch während der österreichischen Herrschaft in der Lombardei, mischte sich die radikale Tessiner Regierung massiv in die kirchlichen Verhältnisse ein und regulierte die Verwaltung in den Kirchgemeinden nach ihrem Belieben.[539] Einen weiteren Schritt vollzog die Bundesversammlung am 22. Juli 1859. Sie untersagte die Gerichtsbarkeit ausländischer Bischöfe auf eidgenössischem Hoheitsgebiet. Damit war die Trennung von den italienischen Bistümern praktisch vollzogen. Blieb noch die Frage der im Tessin vorhandenen Vermögenswerte, der sogenannten «Tafelgüter». Nach schweizerischer Auffassung gehörten diese Güter den Kirchgemeinden, der liberale italienische Staat hingegen wollte sie, wie es auch die konservative Donaumonarchie gefordert hatte, den Bischöfen zurückgeben. Im Tessin empfand man den entsprechenden Turiner Entscheid als unfreundlichen Akt, der umso weniger verständlich war, als die Regierung Sardiniens selber kirchliche Güter mit Beschlag belegte. Die Auseinandersetzung zog sich lange hin und wurde erst in den achtziger Jahren mit einem Kompromiss beigelegt. Das Tessin wurde, als der Kulturkampf abgeflaut war, ein Apostolisches Vikariat mit dem aus Solothurn vertriebenen Bischof Lachat an der Spitze, ein Provisorium, das später dem Bistum Basel angeschlossen wurde.

Die Sympathien der Schweiz für das neue Italien wurden auf der Halbinsel nicht im selben Masse erwidert. Es bestand dazu auch kein Anlass. War von Schweizern die Rede, so dachten liberal gesinnte Italiener unwillkürlich an die Schweizerregimenter, die in Neapel und im Kirchenstaat freiheitliche Regungen unterdrückten, und die als willige Werkzeuge einer überholten Fürstenherrschaft galten. Der Bundesrat hatte den Soldtruppen in Neapel untersagt, nach Ablauf der Konzessionen mit schweizerischen und kantonalen Flaggen aufzutreten. Nach einer Meuterei wurden die vier Regimenter aufgelöst und die schweizerischen Angehörigen der Truppe auf Umwegen zurückgeholt.

Eine feindselige Stimmung kam gegen die Schweiz auf, als das erste päpstliche Schweizerregiment am 20. Juni 1859 – wenige Tage vor der Schlacht von Solferino – einen Aufstand in Perugia niederwarf. Die Truppen unter dem Kommando des Urner Obersten Anton Schmid unterdrückten die Erhebung in einer dreistündigen Strassenschlacht. Was in Perugia tatsächlich geschah, blieb umstritten. In einem Bulletin der sardinischen Regierung wurden gegen die schweizerischen Söldner schwere Anschuldigungen wegen Ausschreitungen gegen die Bevölkerung erhoben. Der Bundesrat, der keineswegs die in seinen Augen reaktionären Solddienste verteidigte, beklagte sich über den Ton des Turiner Manifests und registrierte die Tatsache, dass in Italien eine gegenüber der Schweiz feindliche Stimmung herrschte.[540] Die in Italien wohnenden Schweizer erlebten ungemütliche Tage, obschon die Regierung in Turin erklärte, sie werde für ihre Sicherheit besorgt sein. Es gab keinen Weg, um gegen die anti-schweizerischen Gefühle anzukommen. Noch zwei Jahre später stellte Abraham Tourte, der Geschäftsträger in Turin, in einem Brief an Bundespräsident Stämpfli fest: «Quoi qu'il en soit, il est évident qu'on ne peut en une ou deux années persuader aux populations italiennes, autres que le Piémont, que ces mêmes Suisses, qui ont servi pendant trente ans de gendarmes à leurs tyrans, sont devenus leurs meilleurs amis.»[541]

Als Alarmsignal wirkte im März 1861 ein Artikel in der «Gazetta militare», die in Turin erschien. Darin wurde wiederum der Anschluss des Tessin an Italien gefordert. Der unbekannte Autor meinte, die Schweiz müsse nach Nationalitäten aufgeteilt und den benachbarten Nationen angegliedert werden. Die Zeitschrift stand Regierungskreisen nahe, und es war nicht zum vornherein auszumachen, ob sie die Ansicht eines Einzelnen oder eine öffentliche These vertrat. Es folgten Erklärungen, die den schlechten Eindruck verwischen sollten, doch der Schaden war nicht mehr zu beheben. Die schweizerische Presse reagierte mit scharfer Polemik. Man konnte darauf hinweisen, dass sich auch Italien nach historischem Muster vortrefflich aufteilen liesse. Wiederum fiel es den ideologisch ausgerichteten Radikalen schwer, von den chauvinistischen Tendenzen in Italien Kenntnis zu nehmen. Man beruhigte sich mit der Erklärung, es handle sich beim Artikel in der angesehenen Militärzeitschrift um die «Absurdität» eines Einzelgängers.[542]

Phantasien um die italienische Nordgrenze waren den Politikern des Risorgimento nicht fremd. Eine Debatte kam auf, noch bevor die Einheit des Landes hergestellt war. Drang eine Meinung an die Öffentlichkeit, so war sie meist unscharf genug, um ernsthaften diplomatischen Analysen zu entgehen. Ministerpräsident Cavour zum Beispiel pflegte im Gespräch mit dem schweizerischen Geschäftsträger jeden Gedanken an eine Annexion der italienischen Schweiz weit von sich zu weisen. Er fügte jeweils maliziös bei, die Bevölkerung dieser Regionen könne sich Italien aus dem einfachen Grunde nicht anschliessen, weil sie die Einkünfte aus dem Schmuggel verlieren würde. Auch der sardinische Staatsmann spielte mit gewagten Hypothesen, wie bei einer Unterhaltung mit Abraham Tourte deutlich wurde. Der schweizerische Diplomat schrieb darüber an den Bundespräsidenten: «Le Ministre continue à traiter de chimérique les projets d'annexion de la Suisse italienne. ‹Il est certain›, me disait-il, ‹que les habitants de Poschiavo sont les plus déterminés des contrebandiers, et que bien des employés aimeraient en avoir, un jour, définitivement raison. Mais tout cela ne nous fera jamais rien tenter contre la Suisse. Si la carte de l'Europe était remaniée, si on donnait à la Suisse le Vorarlberg et le Tyrol, ce que je souhaite beaucoup pour l'Italie, si alors les Tessinois désiraient s'unir à nous, et si la Suisse y consentait, certes nous ne dirions pas non. Mais nous n'en sommes pas encore là›. Je vous cite les paroles mêmes du Ministre, sans vouloir leur attribuer une portée décisive.»[543] Die Empfehlung Cavours, die Schweiz möge sich auf Kosten der Donaumonarchie nach Osten erweitern, war kein aus dem Stegreif hingeworfener Satz. Der Gedanke tauchte bis zum Ersten Weltkrieg in den Visionen italienischer Politiker auf. Da lag die Vorstellung nahe, dass man der Eidgenossenschaft als Kompensation für einen Verzicht auf die italienische Schweiz Vorarlberg und Tirol anbieten könne.

Die diplomatisch formulierten Hypothesen Cavours wurden im Juni 1862 im Parlament in Turin durch die brutal vorgetragene Forderung nach «natürlichen Grenzen» für Italien weit übertroffen. General Nino Bixio, ein Gefährte Garibaldis auf den Feldzügen der verflossenen Jahre, erklärte klipp und klar, das Tessin gehöre Italien und müsse bei nächster Gelegenheit abgetreten werden. Bixio soll ferner gesagt haben, Napoleon III. werde die übrige Schweiz bis nach Tirol für Frankreich annektieren. Der General, der von Abraham Tourte als «exzentrisch» bezeichnet wurde, gab sich mit der schweizerischen Beute nicht zufrieden. Die Küsten des Adriatischen Meeres, Korsika und Malta standen auf der Wunschliste. Mit diesem imperialistischen Programm hätte sich Italien viele Feinde auf einmal zugezogen. Die Regierung bemühte sich, den Ausbruch des populären Helden als privaten Fehltritt hinzustellen. Der schweizerische Geschäftsträger bat den italienischen Aussenminister Giacomo Durando, die Dinge im Parlament klarzustellen. Das geschah nach einigen Wochen, doch die an Zweideutigkeiten reiche Erklärung des Ministers machte das unüberlegte Geplauder des Generals erst zum politischen Fall, der die Bundesbehörden und die öffentliche Meinung in der Schweiz in Erregung versetzte.

Minister Durando begann seine Erklärung mit Komplimenten an die Schweiz und mit der Versicherung, dass er den Vorstoss General Bixios ablehne: «... tout pas, toute tentative, tout encouragement menaçant directement ou indirectement la Confédération serait une profonde erreur de politique italienne.»[544] Italien werde nichts unternehmen, was die Eidgenossenschaft in Gefahr bringe. Doch dann folgten fatale Formulierungen: «... Ich erkläre für meinen Teil, dass ich unbedingt niemals etwas tun werde, Bestrebungen zu unterstützen, die etwa von denjenigen Volksstämmen der Schweiz, die mit Italien vereint zu werden wünschen, ausgehen möchten; denn ich müsste befürchten, dies könnte der Anfang vom Ende der Eidgenossenschaft sein, eines Staates, dessen strategische und politische Stellung ich für die Unabhängigkeit Italiens für äusserst notwendig halte. Ich erkläre im weiteren: Wenn es sich durch die Macht der Umstände, durch gewisse, nicht voraussehbare Verhältnisse – die aber in diesem Wirbel der Ereignisse doch noch eintreten könnten –, als nötig und zweckmässig ergäbe, dass ein Teil jenes Gebietes wieder mit seinem natürlichen Stammland vereinigt werden könnte, würde ich – falls ich noch immer in der Lage wäre, einigen Einfluss auf die Regierungsgeschäfte auszuüben – auf Mittel und Wege sinnen, die Schweiz für den Landesteil, um den sie geschmälert würde, anderweitig schadlos zu halten.»[545]

Durando beging mit seinem Diskurs einen doppelten Fauxpas, der in der Schweiz einmal mehr anti-italienische Gefühle weckte. Die Unterstellung, Teile der schweizerischen Bevölkerung könnten den Anschluss an Italien wünschen, empörte die Tessiner. Der Hinweis auf die «natürliche Nationalität», die eine Annexion begründen könnte, stellte den schweizerischen Nationalitätenstaat grundsätzlich in Frage. Wenn Durando in seiner gewagten Hypothese von Kompensationen für die verlorenen Landesteile sprach, so geriet er damit auf das verpönte Terrain des «Länderschachers», der mit dem Grundsatz des Selbstbestimmungsrechts nicht zu vereinbaren war. Dass man in der Schweiz des 19. Jahrhunderts einem derartigen Handel nicht in jedem Fall abgeneigt war, tat nichts zur Sache.

Ministerpräsident Urbano Rattazzi bemühte sich in einer weiteren Erklärung im Parlament, die Phantasien seines Aussenministers zurecht zu rücken. Die Eventualitäten, von denen Durando gesprochen habe – so die Interpretation Rattazzis –, liefen den Wünschen der Regierung zuwider. Bei den Abgeordneten schien eine für die Schweiz günstige Stimmung zu herrschen. Gegen die Thesen Bixios trat der Radikale Francesco Crispi auf, Waffengefährte und Berater Garibaldis auch er. Seine Visionen waren für die Schweiz freundlicher als jene des Generals. Abraham Tourte berichtete darüber: «Hier, le député Crispi, l'un des hommes les plus considérables de la Chambre et peut-être futur ministre, a déclaré devant le Parlement que, quant à lui, loin de songer jamais à affaiblir la Suisse en leur prenant le Tessin, il ne nourrissait qu'un désir: c'est de la voir s'étendre jusqu'au frontières de la Vénétie, et cette déclaration a été vivement appuyée.»[546] Damit kam der italienische Staatsmann territorialen Wunschträumen einiger schweizerischer Politiker entgegen, die sich mit der Grenzziehung von 1815 nicht abfinden wollten. Jahrzehnte später bekämpfte Francesco Crispi als Ministerpräsident und Architekt des Dreibunds jeden Versuch der Irredenta, die Nordgrenze Italiens nach ethnischen Prinzipien zu verändern. Als Sizilianer bewegten ihn andere Prioritäten.

Das Intermezzo im italienischen Parlament traf die Schweiz stärker als frühere verbale Attacken, denn es geschah im Zentrum der staatlichen Macht. Also war naheliegend, dass sich auch die Bundesversammlung in Bern mit Italien befasste und die Vorgänge in Turin in einer intensiven Debatte analysierte. Bundesrat und Parlament waren sich einig darüber, dass jeder Angriff auf die Strukturen des Landes, wie er eben von General Bixio inszeniert worden war, scharf zurückgewiesen werden müsse. Das konnte man auch ohne Bedenken tun, denn der Nationalstaat Italien wurde zu diesem Zeitpunkt noch nicht als Grossmacht wahrgenommen. In der schweizerischen Öffentlichkeit nahm man die verbalen Demonstrationen im italienischen Parlament übel auf. Die Schweizer Schützen zum Beispiel gingen im Jahre 1862 nicht an das italienische Schützenfest in Turin. Man wollte auch den Anschein einer Zustimmung zu den Forderungen Bixios vermeiden. Allmählich kam die Erkenntnis auf, dass auch ein liberaler Staat in Versuchung geraten konnte, Grossmachtpolitik zu betreiben.

In Italien fand das Nationalitätsprinzip in der Irredenta seinen charakteristischen Ausdruck. Die Bewegung, welche die «Erlösung» der Italiener jenseits der Landesgrenzen und damit auch eine beträchtliche Ausweitung des nationalen Territoriums anstrebte, war ein schwer fassbares Phänomen zwischen patriotischem Aufschwung und politischer Agitation. Im Jahre 1877 trat die Irredenta unter dem Namen «Assoziazione dell'Italia irredenta» zum erstenmal als nationale Institution in Erscheinung, die aber keineswegs in die staatlichen Strukturen eingebaut war.[547] Bis zur Jahrhundertwende stand sie meist in Opposition zur italienischen Aussenpolitik, was gegenseitige Kumpanei von Fall zu Fall nicht ausschloss.

Zielgebiete der Irredenta waren die in der Donaumonarchie liegenden, von Italienern bewohnten Regionen des Trentino, von Friaul, Triest, Fiume und Dalmatien. Dazu gehörte aber auch die italienische Schweiz mit dem Tessin und den Bündner Tälern. Die irredentistischen Wünsche richteten sich ferner auf Savoyen, Nizza, Korsika und Malta. Was mit nationalem Anspruch und als geographisch umfassende Forderung daherkam, war in Tat und Wahrheit ein regional aufgesplittertes Programm, das nie als Basis für eine italienische Aussenpolitik dienen konnte. Hätte die Regierung je die globale Wunschliste übernommen, so würde sie das Land isoliert haben, denn sie wäre sogleich mit sämtlichen Nachbarstaaten und auch mit der englischen Seemacht in Konflikt geraten. Man konnte die Agitation der Irredenta nur soweit tolerieren, als sie für Italien keinen irreparablen Schaden anrichtete.

Vergleiche zwischen den Tummelplätzen der «Assoziazione dell'Italia irredenta» zeigen, dass die italienische Schweiz der Anschlussbewegung im Gegensatz zu andern Regionen keine idealen Ansatzpunkte bot. Das wurde vor allem sichtbar, wenn man dem Kanton Tessin das nahe gelegene Trentino gegenüberstellte, das zum Land Tirol gehörte. Was sich in diesem italienischsprachigen Territorium abspielte, konnte den schweizerischen Beobachtern nicht gleichgültig sein, denn es drängten sich gewisse Parallelen auf. Anderseits verhinderten die Strukturen des schweizerischen Bundesstaates verhängnisvolle Entwicklungen wie im südlichen Tirol.

Seit dem Anschluss des Veneto an Italien im Jahre 1866 geriet das italienische Siedlungsgebiet von «Welschtirol» zunehmend in kulturelle Isolierung. Der Zugang zur Universität von Padua zum Beispiel war erschwert, und die Forderung der verschiedenen Autonomie-Bewegungen nach einer italienischen Universität in Triest oder Trient wurde in Wien konsequent überhört. Der Versuch der italienischen Minderheit, in Innsbruck eine Parallel-Universität mit einer juristischen Fakultät zu errichten, wurde im Jahre 1904 von deutschnationalem Pöbel gewaltsam unterdrückt. «Deutsche Langmut weiche deutschem Manneszorne», war ein in der Hauptstadt Tirols gehörtes Motto.

Im Trentino ging es schon früh um die Schaffung eines eigenen Landesstatuts mit einem Landtag in der Stadt Trient. Die Bewegung stand unter dem Motto «los von Innsbruck», meinte aber keineswegs eine Trennung von Wien und von der Donaumonarchie.[548] Sie war weit entfernt von der revolutionären Agitation, die später die Irredenta auszeichnete. Noch in den sechziger Jahren wurden die Autonomie-Bestrebungen vom Abt von Muri-Gris, dem Schweizer Adalbert Regli, gefördert, der im Jahre 1841 von den Aargauer Radikalen aus dem Kloster Muri vertrieben worden war. Ein Vergleich mit dem Tessin machte den entscheidenden Unterschied deutlich: Was die Trentiner an Autonomie verlangten, war im italienisch sprechenden Schweizer Kanton dank der Bundesverfassung eine selbstverständliche Errungenschaft.

Die Tessiner Bevölkerung fühlte in ihrer überwiegenden Mehrheit kein Bedürfnis nach einem Anschluss an Italien. Das war anfänglich auch im Trentino nicht der Fall, denn es ging nur um die Trennung von den Deutsch-Tirolern. Als jedoch die

Germanisierungstendenzen in den neunziger Jahren immer spürbarer wurden, begann sich die eigentliche Irredenta zu regen. Der lange Arm des Alldeutschen Verbandes reichte bis nach Trient, so dass ein Kulturkampf zwischen den Ethnien unvermeidlich wurde. Beispielhaft vollzog sich die Auseinandersetzung in der Person des Trentiner Sozialistenführers Cesare Battisti, der sich vom Föderalisten und Autonomisten zum unerbittlichen Kämpfer der Irredenta wandelte. Battisti diente als Offizier in der österreichischen Armee, war Abgeordneter im Reichsrat und sah am Schluss das Heil dennoch im Untergang der Donaumonarchie.[549] Er meinte noch im Jahre 1914 zur Lage der Trentiner: «Die gefährlichste Waffe der österreichischen Regierung ist der gewaltsame, widernatürliche Zusammenschluss der Trentiner mit den deutschen Gebieten Tirols, die Unterwerfung von 300 000 Italienern unter eine deutschsprachige Majorität von mehr als einer halben Million.»[550] Im selben Jahre 1914 setzte sich der Trentiner Sozialist nach Italien ab und agitierte für den Kriegseintritt gegen Österreich. Der zum Nationalisten konvertierte Sozialist Benito Mussolini bot Battisti eine Redaktionsstelle in der neu gegründeten Zeitung «Popolo d'Italia» an, doch der einstige Pazifist sah seine Aufgabe nach Kriegsausbruch an der Front. Er kämpfte als Offizier in einem Alpini-Regiment, wurde im Jahre 1916 in der Nähe von Trient gefangen genommen, von einem dubiosen österreichischen Gericht wegen Hochverrat zum Tode verurteilt und durch den Strang hingerichtet.

Ähnlich dramatische Lebensläufe blieben den Tessinern erspart. «Der Tessin ist ein Körper ohne Seele», schrieb der Dichter Francesco Chiesa im Jahre 1912.[551] Er sprach damit das Missbehagen der Intellektuellen an, die sich in diesen Tagen sozusagen im luftleeren Raum zwischen einem ausgreifenden Deutschtum und dem neu erwachten italienischen Nationalismus sahen. Das Stichwort «Irredenta» war auch in der italienischen Schweiz bekannt. Bezeichnend ist die Tatsache, dass der verpönte Ausdruck vor allem aus dem Munde von Deutschschweizern zu vernehmen war, während man im Tessin damit zurückhaltend umging. Die Irredenta war aus dem «Risorgimento» entstanden. Ihren Kampf um die «unerlösten Gebiete» focht sie konkret in Triest und im Trentino aus, wo zwei Kulturen aufeinander stiessen. Sie war gleichzeitig eine von Intellektuellen getragene nationalistische Bewegung, die zur Rechtfertigung keiner regionalen Konflikte bedurfte. In ihrem Kampf gegen die als reaktionär empfundene Donaumonarchie konnten die Irredentisten mit dem Applaus der Tessiner Radikalen rechnen, die sich stets für die italienische Einigung eingesetzt hatten und dabei häufig gegen die Neutralitätspolitik des Bundes verstiessen.

Wenn die Ideologen der Irredenta den bedingungslosen Zusammenschluss aller italienisch sprechenden Territorien forderten, so war der Bruch mit den Tessinern jeglicher Schattierung unvermeidlich, da in der italienischen Schweiz die Selbstbestimmung zu den unverrückbaren Grundsätzen gehörte. Die Abhängigkeit der italienischen Schweiz vom benachbarten grossen Kulturkreis war naturgegeben. Dem Deutschtum hörige Kreise leiteten daraus den Verdacht ab, die Bürger jenseits des Gotthard seien unzuverlässige Eidgenossen. Aus diesem wenig differenzierten Denken ergab sich der mangelnde Wille, zwischen Tessinern und Italienern zu unterscheiden. Das fehlende Verständnis war weniger eine Frage der geographischen Distanz als das Ergebnis eines einseitig geprägten Kulturbewusstseins, das sich über die geistigen Grundlagen der Schweiz hinwegsetzte. So pflegte man in den Deutschschweizer Kolonien im Tessin die aus dem Deutschen Reich bezogenen Wertvorstellungen, die von einer kulturellen Minderwertigkeit der lateinischen Welt ausgingen. Wortführer dieser Mentalität war die «Tessiner Zeitung», die nach der Jahrhundertwende mit Beckmesser-Allüren den Patriotismus der italienisch sprechenden Eidgenossen überwachte.

An diesem Punkt gewannen die kulturellen Differenzen politische Qualität. Der Gedanke, dass gemäss Bundesverfassung die Sprachgruppen gleichberechtigt nebeneinander standen, wurde in der Deutschschweiz verdrängt. Es gehörte zu den sozialdarwinistisch motivierten Machtprinzipien, dass sich die Minderheit der Mehrheit unterzuordnen hatte. Der Deutschschweizerische Sprachverein des Zürcher Pfarrers Eduard Blocher trieb nach seiner Gründung im Jahre 1904 das Deutschtum mit übler Dialektik voran. Gegen die als «Pangermanismus» empfundenen Attacken aus der deutschen Schweiz regte sich im Tessin eine Reaktion, die in ihren Äusserungen in den Bannkreis der Irredenta geriet.

Der gehässig geführte Dialog blieb nicht auf Schweizer beschränkt, denn im nahen Italien wurde die eidgenössische Szene ständig beobachtet. Auch den Italienern in der Schweiz konnte die Debatte nicht gleichgültig sein. Teilnahme an der Politik war ihnen verwehrt, umso stärker erwies sich hingegen ihr Einfluss in den Gewerkschaften. Die Mehrzahl der Italiener durfte dem sozialistischen Lager zugerechnet werden, obschon die ständigen Wanderbewegungen den Überblick erschwerten. Von den sozialen und demographischen Strukturen her hätte man in der italienischen Kolonie eine starke Gegnerschaft gegen die Irredenta vermuten können, aber darauf war kein Verlass. Mochten auch die italienischen Sozialisten die Monarchie ablehnen, so waren sie doch gegenüber chauvinistischen Emotionen nicht immun. Das wusste man in Bern, wo die Bundesbehörden im Falle eines Konflikts mit Italien mit unberechenbaren Reaktionen der italienischen Arbeiter rechneten. Wenn man sich von der Polizei in der Schweiz schikaniert fühlte, lag ein Ausweichen in einen irrationalen Nationalismus nahe.

Es war im Zeitalter der nationalstaatlichen Bewegung keine Ausnahme, wenn militante Sozialisten zu aktiven Nationalisten mutierten. Das war der Fall mit Cesare Battisti, dem Anführer der Irredenta im Trentino. Auch Benito Mussolini ging diesen Weg. Ein ähnliches Exempel bot der italienische Sozialist Angelo Olivero Olivetti, der sich im Jahre 1898 aus politischen Gründen in den Kanton Tessin abgesetzt hatte. Nach einigen Jahren wandte er sich dem Journalismus zu. Im «Giornale degli Italiani», einer vom Konsulat in Lugano unterstützten Zeitung der italienischen Kolonie, eröffnete Olivetti eine scharfe Polemik gegen die «Tessiner Zeitung», das arrogante Deutschtum und die Aussenpolitik des Bundes.[552] Er zweifelte am schweizerischen Willen zur Neutralität, verurteilte den Festungsbau am Gotthard und bei Bellinzona und meinte, Italien könne die Schweiz nicht mehr als neutralen Staat betrachten, wenn das Tessin verdeutscht sei. Rom werde gegenüber der Eidgenossenschaft nicht gleichgültig bleiben, sobald sie ein Teil Grossdeutschlands sei. Die Reaktion auf diese vollmundige Botschaft erfolgte prompt. Am 24. Mai 1912 verwies die Landesregierung Olivetti des Landes. Er habe mit seiner aggressiven Schreibweise den Sprachfrieden sowie die innere und äussere Sicherheit des Landes gefährdet. Der Entscheid des Bundesrates muss als hart gewertet werden, wenn man ihn mit der schwächlichen Toleranz vergleicht, die zwei Jahrzehnte später gegenüber der massiven faschistischen Irredenta geübt wurde.

Die Ausweisung Olivettis wurde im Tessin mit Gleichmut hingenommen. Man stimmte mit seiner Kritik in einigen Punkten überein, doch die irredentistischen Töne missfielen. Das Jahr 1912 war für die italienische Schweiz eine Periode der Spannungen, die zur Selbstbesinnung einlud. Italien hatte den Feldzug in Tripolis erfolgreich abgeschlossen und erlebte einen unvergleichlichen Aufschwung der nationalen Gefühle. Nach der Pleite in Abessinien und diplomatischen Rückschlägen im Mittelmeerraum konnte man sich wieder als Grossmacht präsentieren, die im Welttheater Beachtung fand. Im Tessin wurde der italienische Sieg begrüsst. Man hatte während des italienisch-türkischen Krieges die Sympathien Italien zugewendet, während die deutsche Schweiz eher die türkische Seite unterstützte. Allzu laut geäusserte Freude im Tessin wurde in der Deutschschweizer Presse oft als Bekenntnis zur Irredenta gedeutet. Die «Tessiner Zeitung» erinnerte die ehemaligen Untertanen bei jeder Gelegenheit an ihre Pflichten als Eidgenossen. Sobald die Tessiner zur Verteidigung ihrer «Italianità» ansetzten, gerieten sie in den Verdacht des Irredentismus. Für die Identität der italienisch sprechenden Minderheit zeigte man kein Verständnis. Dass sie die italienische Kultur innerhalb der Eidgenossenschaft vertrat, fiel nicht ins Gewicht. So nahm man den Ruf nach einer eigenen Universität nicht ernst. Die Dominanz des Deutschtums durfte nicht in Frage gestellt werden. Im selben Jahr 1912 stand in der Zeitung der deutschsprachigen Kolonie zu lesen: «Ein urchiger Deutschschweizer Einsatz würde unserem Kanton sehr gut tun. So etwas wie das, was Deutschland für die Verdeutschung Polens tut, ist uns not für die Anti-Italianisierung unserer Südschweiz.»[553]

Inzwischen war eine Tessiner Sektion der italienischen Gesellschaft «Dante Alighieri» gegründet worden. Francesco Chiesa übernahm die Präsidentschaft, unter den Mitgliedern fand man Nationalrat Romeo Manzoni und Regierungsrat Evaristo Garbani-Neri. Zur Gesellschaft stiess auch der bekannte Romanist Carlo Salvioni, ein im Tessin eingebürgerter Italiener, der seine irredentistische Gesinnung nie verbarg. In Italien und in Österreich-Ungarn galt die Società Dante Alighieri als kulturelle Dachorganisation der Irredenta. Im Tessin hingegen war eine so pauschale Zuweisung weder im Blick auf die Personen noch gemessen an den Aktivitäten zulässig.

Was die Nähe der Tessiner zur Irredenta betraf, so war sie eng verbunden mit der Entfernung von Bern. Der Anspruch der Landesregierung, aussenpolitische Fragen mit Italien über den Kopf der Tessiner hinweg zu regeln, war für das traditionelle Verständnis der Bürger unerträglich. Eine sinnvolle Abgrenzung der Kompetenzen zwischen Bund und Kanton war noch nicht gefunden. So konnte es geschehen, dass ein wegen einer Nebensache erboster Grossratspräsident, Plinio Perucchi aus Stabio, im November 1909 in den Sitzungssaal rief: «Gegenüber diesen ständigen Einmischungen ist nun der Augenblick gekommen, sich zu fragen, ob es angeht, dass wir weiterhin mit Bern verbunden bleiben!»[554] Nach einer andern Version soll Perucchi die Frage so gestellt haben: «Vale la pena di essere Svizzero?»[555] Die Worte des Präsidenten provozierten in der deutschen Schweiz einen Sturm der Entrüstung. Man erblickte im Grossrat aus Stabio einen Fürsprecher der Irredenta. Handelte es sich um einen unüberlegten Aufruf zur Sezession oder um den ernsthaften Wunsch, die Beziehungen zur Eidgenossenschaft neu zu ordnen? Man vernahm in diesen Jahren im Tessin gegen den Zentralstaat gerichtete Stimmen, die kantonale Autonomie auch in der Aussenpolitik forderten. Das würde Rückkehr zum Staatenbund von 1815 bedeuten. An diesem Punkt hätte die Irredenta ansetzen können, wäre sie tatsächlich eine in der Bevölkerung breit abgestützte Bewegung gewesen.

Im Juli 1912 erschien die erste Nummer der Zeitschrift «L'Adula»[556]. Das wöchentlich erscheinende Blatt war vom ersten Tag an geeignet, eine Polemik um die Tessiner Identität zu entfachen. Wer nach Spuren der Irredenta suchte, fand schon im Titel ein verdächtiges Programm: Adula war der italienische Namen für das Rheinwaldhorn, das nun offensichtlich in den italienischen Kulturkreis einbezogen wurde. In einer der ersten Nummern nannte die Zeitschrift ihr Ziel: «Dies ist unser Irredentismus: Die unabänderlichen Rechte unseres Volksstammes bis zuletzt zu verteidigen; unsere Sprache, unsere Seele, unsern uns lieben Geist zu verteidigen; für die Reinheit unseres Blutes, für die Schönheit unserer geistigen Erziehung zu kämpfen; darüber hinaus dafür einzustehen, dass ein tieferes Bewusstsein der Italianität entstehe und dass endlich alle Söhne des Tessins verstehen, dass wir auch leben und unsern Teil an der Sonne geniessen können, ohne uns dadurch zu Sklaven Berns oder Roms zu machen.»[557] Dieses bunte Programm war wortreich, vage und politisch so unscharf wie die deutschtümelnden Parolen des Deutschschweizerischen Sprachvereins.

Redaktorinnen der «Adula» waren zwei junge Lehrerinnen: Teresina Bontempi und Rosetta Colombi. Als geistige Urheber der Unternehmung galten zwei Tessiner Intellektuelle: Giacomo Bontempi, Politiker und Direktionssekretär im Erziehungsdepartement, und Carlo Salvioni, Professor für romanische Philologie am «Istituto Lombardo di Scienze e Lettere» in Mailand. Im Hintergrund wirkte der Journalist Emilio Colombi, der Vater von Rosetta, in jenen Jahren Bundeshauskorrespondent und Mitarbeiter Edouard Secretans an der «Gazette de Lausanne». Die Biographien der beteiligten Personen legen Zeugnis ab vom Programm der «Adula».

Giacomo Bontempi war Mitglied der konservativen Partei und widmete sich in seiner politischen Laufbahn einem ständigen Kampf gegen das als zentralistisch empfundene Bern. Für den Kanton Tessin strebte er eine weitgehende Autonomie an. Carlo Salvioni fühlte sich als junger Mann von den anarchistischen Thesen Bakunins angesprochen. Er schloss seine romanistischen Studien in Deutschland ab, kehrte nach Mailand zurück und widmete seine wissenschaftlichen Arbeiten den lombardischen Dialekten. Nach einigen politischen Umwegen wurde er, obschon Schweizer Bürger, bedingungsloser italienischer Nationalist. Der Kanton Tessin als Teil der Eidgenossenschaft bedeutete ihm wenig. Seine beiden Söhne fielen als italienische Offiziere im Ersten Weltkrieg.

Emilio Colombi, die geheimnisvolle Figur unter den geistigen Animatoren der «Adula», gab offensichtlich den politischen Ton an. Er hatte als Journalist im liberal-radikalen Lager begonnen und errang später eine hervorragende Stellung unter den parlamentarischen Korrespondenten im Bundeshaus.[558] Dazu mag Edouard Secretan, Nationalrat und Chefredaktor der «Gazette de Lausanne», wesentlich beigetragen haben. Colombi beherrschte die drei Landessprachen und Englisch perfekt. Während des Ersten Weltkriegs berichtete er für die «Gazette de Lausanne» von der italienischen Front. Er scheint gleichzeitig für die italienischen Behörden nachrichtendienstliche Aktivitäten betrieben zu haben. Nach dem Tod von Edouard Secretan im Jahre 1917 nahm die Zusammenarbeit mit der grossen Lausanner Zeitung ein Ende. Eine Zeitlang betätigte sich Colombi für den Pressedienst der britischen Gesandtschaft, dann übernahm er 1919 den Pressedienst der italienischen Gesandtschaft in Bern. In der «Adula» erschienen regelmässig seine Artikel. In den zwanziger Jahren brachte Emilio Colombi, unterstützt von seiner Tochter Rosetta, die Zeitschrift auf einen eindeutig irredentistischen Kurs.[559] Eng verbunden war der bejahrte Journalist mit der von Mussolini geförderten faschistischen Bewegung des Obersten Arthur Fonjallaz, so dass es zu einer fatalen Zusammenarbeit zwischen «Adula» und Tessiner Faschisten kam. Colombi selber nahm schliesslich die italienische Staatsbürgerschaft an.

Die Aufzählung der Mentoren will keineswegs besagen, dass die Redaktorinnen Teresa Bontempi und Rosetta Colombi das Gesicht der eigenwilligen Zeitschrift nicht aus eigener Initiative geprägt haben. Sie fochten in forschem Stil für die «Italianità» des Tessin und gerieten dabei gelegentlich über die Limiten hinaus, die ihre Väter gesetzt hatten.

Die Zeitschrift «Adula» wurde von den Tessiner Intellektuellen mit Beifall begrüsst. Sie schuf ein Forum, das einen Dialog über die mentale Befindlichkeit der italienischen Schweiz erlaubte. Gegenüber dem arrogant auftretenden Deutschtum waren Signale allemal erwünscht. Die bürgerlichen Politiker hielten sich in ihrem Urteil zurück, da in den ersten Jahren der politische Kurs nicht eindeutig auszumachen war. Gegner der Zeitschrift vermuteten hinter der programmatischen Unschärfe eine klare Absicht. Die oft masslosen Angriffe auf die realen Verhältnisse in der Eidgenossenschaft und die grenzenlose Verehrung für alles, was unter dem Titel «italienische Kultur» daherkam, mochte in schweizerischen Ohren verdächtig klingen. Für die Tessiner war jedoch nicht alles, was in der «Adula» gesagt wurde, zum vornherein falsch.

Mit der neuen Zeitschrift zufrieden zeigten sich die Tessiner Sozialisten, die sich stets gegen den politischen Druck aus Bern auflehnten.[550] Sie standen selbst in einer seltsamen Zwitterstellung zwischen der schweizerischen Partei und dem italienischen Sozialismus. Die überaus komplizierten Beziehungen zu den italienischen Genossen in der Schweiz fanden eine gemeinsame Basis: Die kulturelle Identität im italienischen Sprachraum und die Forderung nach freier, von der Polizei nicht behinderter gewerkschaftlicher Betätigung für die Italiener in der Schweiz. Man verstand sich besser auf der Ebene der Gewerkschaften als im politischen Spiel, in dem die offiziell nicht existierende sozialistische Partei der Italiener in der Schweiz einen ideologischen Stil pflegte, der den Tessinern fremd war. Der italienische Nationalismus schien die sozialistischen Politiker im Tessin nicht zu erschrecken. Nach dem Krieg in Lybien konnte man sich der euphorischen Stimmung nicht verschliessen, die von Sympathien für den politisch auferstandenen Nachbarn im Süden bewegt war. Da mochte die «Adula» eine geeignete Spielwiese bieten, auf der die Auseinandersetzung zwischen eidgenössischen Tugenden und italienischen Emotionen ausgetragen wurde.

Die Frage, wie weit die «Adula» als ein Instrument der Irredenta agierte, war von allem Anfang an umstritten. In der deutschen Schweiz war man mit dem Urteil rasch zur Hand. Es wurde unter anderem von drohendem Landesverrat gesprochen. Im Tessin gab man sich pragmatischer. Die Zeitschrift bot mit ihren widersprüchlichen und turbulenten Sentenzen Raum für Interpretationen jeglicher Art. Auch die Historiker, die sich Jahrzehnte später um die Irredenta im Tessin kümmerten, kamen zu unterschiedlichen Schlüssen. Isidor Brosi und Mauro Cerutti meinten, die «Adula» habe bis ins Jahr 1919 schweizerische Loyalität bewiesen, Kurt Huber hingegen registrierte bereits in den ersten Nummern irredentistische Töne und fand, die Herausgeber seien sich von Anfang an über die Ziele im klaren gewesen.[561]

Die Redaktorinnen der Zeitschrift gaben ihren Lesern bis in Einzelheiten gehende Anweisungen, wie man sich gegenüber den Zumutungen des eidgenössischen Zentralstaates zu verhalten habe. Unter anderem sollte in den Familien die italienische Hochsprache vor den Tessiner Mundarten gepflegt werden. Damit war ein Thema angesprochen, das später von der Kulturpropaganda des faschistischen Italien gepflegt wurde. Die Irredenta beginne, so eine Parole der dreissiger Jahre, mit der

Sprachenfrage. Auch die Geschichte musste neu geschrieben werden. Es sei ein Zeichen von Dekadenz, dozierte die Zeitschrift, wenn in den Schulen ausführlich Schweizer Geschichte gelehrt werde. Vom «entarteten und verdeutschten Kanton Tessin» sprach im Jahre 1921 Benito Mussolini in der italienischen Abgeordnetenkammer.[562]

Gelegentlich geriet die «Adula» in den Bann der geographischen Visionen, wie sie von der Irredenta in Italien entwickelt wurden. Im Juli 1912 schrieb sie: «Es ist uns gleichgültig, ob das Tessin auf der geographischen Karte gelb oder grün eingezeichnet ist, ob die internationale Grenze bei Chiasso oder auf dem Gotthard eingezeichnet ist.»[563] Der Satz klang unverbindlich, doch das Stichwort «Grenze auf dem Gotthard» gehörte zu den wesentlichen Daten im Katalog der «rivendicazioni», wie sie von den Geographen der Irredenta vorgetragen wurden.

Die Doktrin von der Wasserscheide als nördlicher Grenze Italiens war im Disput zwischen der Trentiner Irredenta und der Donaumonarchie entstanden. Es war nicht zu verkennen, dass auch die Schweiz von diesem Thema berührt wurde. Ursprünglich hatte Cesare Battisti die Grenze des Landes Trentino in der Salurner Klause gesehen. Die Region wäre zwar von Tirol getrennt worden, aber ein autonomes Gebiet im österreichischen Staatsverband geblieben. Der extreme Nationalist Ettore Tolomei wollte sich mit dieser bescheidenen Variante nicht begnügen und forderte die italienische Landesgrenze auf dem Brenner. Damit verstiess er gegen das Nationalitätsprinzip, das auf der Einheit der Sprachnation beruhte. Doch die mangelnde Konsequenz bereitete dem Doktrinär der Irredenta wenig Kummer, wenn er den nationalen Zielen dienen konnte. In seinem «Archivio per l'Alto Adige» begründete er in gewandter Dialektik seine Forderung, die Grenze auf die Wasserscheide zu verlegen. Historische, geographische und militärische Argumente liessen sich finden.

Bei dieser Gelegenheit stiess Tolomei auf das schweizerische Münstertal mit seiner ladinischen Bevölkerung. Das Tal liegt im Stromgebiet der Etsch. Also war es wie Südtirol zu behandeln. Der Tessiner Carlo Salvioni bestätigte die in Italien verbreitete Theorie, wonach die romanische Sprache als italienischer Dialekt zu betrachten war. Ettore Tolomei bezeichnete deshalb das Münstertal als «Alto Adige elvetico».[564] Somit geriet Graubünden schon vor dem Ersten Weltkrieg ins Blickfeld der Irredenta. Das Interesse für die Rätoromanen und ihr Siedlungsgebiet liess die weiter führenden Thesen ahnen, die später von den Faschisten entwickelt wurden. Mussolinis Irredentisten sprachen von der «Alpenmittelkette», der berüchtigten «Catena Mediana», einer Grenze, die vom Unterwallis bei Saint-Maurice über die Berner und Glarner Alpen in den Talkessel von Sargans führte.

Im diplomatischen Dialog zwischen der Schweiz und Italien war von der Irredenta selten die Rede. Sie war offiziell kein Anliegen der italienischen Regierung, die sich immer noch im Rahmen der Dreibund-Politik bewegte. Das Thema gewann durch die Erregung um den Lybien-Feldzug an Aktualität, obschon diese koloniale Unternehmung deutlich machte, dass Nationalismus und Irredenta nicht zum vornherein gleichzusetzen waren.

Darauf wies der Gesandte Pioda in seinem Bericht vom 8. November 1913 an das Politische Departement hin: «Le parti nationaliste n'est pas un parti irrédentiste: il rêve de conquêtes bien autrement vastes que celle de quelques régions non rachetées de l'Autriche ou de la Suisse. En ce sens, il n'est pas directement dangereux pour les voisins de l'Italie. Il l'est seulement indirectement pour l'encouragement qu'il donne à un impérialisme à outrance qui, en fin de compte, vise aussi des régions de l'irrédentisme.»[565] Nach dem militärischen Erfolg in Tripolis nahmen sich die Ziele der Irredenta tatsächlich bescheiden aus im Vergleich zu den Utopien der kolonialen Imperialisten. Dennoch entwickelte sich ihre Agitation in einem günstigen Klima. In Bern kannte man ihre Propagandaschriften und Thesen, die selbst in Schulbüchern zu finden waren.

An der Diplomatenkonferenz von 28. September 1912 erklärte Bundespräsident Forrer, die Irredenta gebe zu «einigen Bedenken» Anlass. Die italienische Regierung habe sich schliesslich auch in der tripolitanischen Frage von der öffentlichen Meinung in den Krieg treiben lassen.[566] Giovanni Pioda fand, der Bundespräsident beurteile die Frage zu pessimistisch. Die Irredenta habe einzig im Trentino noch eine gewisse Bedeutung. So harmlos sah die Landesregierung die Angelegenheit nicht. Man vernahm inzwischen die lauten Töne der «Adula». Immerhin ging man diskret vor, denn die Beziehungen zu Italien waren allemal eine Stimmungssache. Im Dezember 1912 ergriff Bundespräsident Forrer im Ständerat die Gelegenheit, um in moderatem Ton das Thema «Irredenta» zu behandeln. Er tat es in einer Weise, die allen Kontrahenten entgegenkam –, der Eidgenossenschaft, der italienischen Regierung und der italienischen Schweiz:

«Meine Herren, nun ist es allerdings wahr, dass besonders in der letzten Zeit einige italienische Presseorgane gegen die Schweiz einen ungebührlichen und frechen Ton angeschlagen haben, so auch das im übrigen als bedeutend bekannte Presseorgan ‹Stampa›. Meine Herren, wir haben nicht ermangelt, die italienische Regierung auf die Äusserungen dieses letztgenannten Organs aufmerksam zu machen. Die Antwort lautete, in Rom habe man keine Kenntnis vom Artikel gehabt, der unqualifizierbar sei und über den die italienische Regierung ihr Bedauern äussere. (…)

Es ist im weiteren auch wahr, dass im Verlag von italienischen Firmen Landkarten und Bücher erschienen sind, welche nicht gerade unser Wohlgefallen erregen können, auch nicht dazu bestimmt waren. Ich habe Karten zu Gesicht bekommen, in denen Teile der Schweiz zu Italien geschlagen sind. Ich habe Geographiebücher zu Gesicht bekommen, in denen zu lesen war, dass dieses und jenes Stück des italienischen Sprachgebietes noch nicht zu Italien gehören. (…) Ich gehe zu einem zweiten Punkte über: Nämlich zum Bestande einer Partei in Italien, die den Namen ‹Irredenta› angenommen hat, und welche von der Ansicht ausgeht, dass es noch italienische Gebiete gebe, die noch nicht erlöst seien und daher sich bestreben, diese Erlösung herbeizuführen. Diese ‹Irredenta› steht mit unserm Staatsgedanken, welcher seine Existenz auf anderer Grundlage aufbaut, als der der Nationalität, nämlich auf seine Geschichte und die demokratischen Grundsätze, im Widerspruch. Aber meine Herren, der Einfluss einer solchen Partei auf unserem Gebiete könnte nur dann erheblich und von Bedeutung sein, wenn unsere Zustände im Gegensatz zu den italienischen schlecht wären, was, wie sie wissen, nicht der Fall ist, und nur dann gefährlich, wenn ein erheblicher Teil unserer italienisch sprechenden Bevölkerung mit jener ‹Irredenta› sympathisieren würde.»[567] Die Irredentisten seien vergleichbar mit den Alldeutschen, meinte Bundespräsident Forrer. Beide fügten ihren Regierungen Schaden zu. Der Vergleich mit den Alldeutschen war nun aber nicht dazu angetan, die Gemüter zu beruhigen.

Politik und Armee im Dilemma

Die schweizerisch-italienischen Beziehungen waren schwer berechenbaren Turbulenzen ausgesetzt. Was Italien betraf, lagen die Gründe in den noch kaum gefestigten inneren Strukturen des Königreichs, aber auch im Spannungsfeld, das sich zwischen Dreibund, Frankreich und dem im Mittelmeer präsenten England auftat. Die Schweiz selber sorgte nicht weniger für Irritationen. Die Differenzen zwischen den Bundesbehörden und der jeweiligen Tessiner Kantonsregierung wirkten sich stets auf die Beziehungen zum südlichen Nachbarn aus.

Die anfängliche Begeisterung der Radikalen für den neuen Nationalstaat hatte tiefer Besorgnis Platz gemacht. In den katholischen Landesteilen wurde die Eingliederung des Kirchenstaates in das geeinte Italien als Gewaltakt und Raub gebrandmarkt. Der in den engen vatikanischen Bezirk verwiesene Papst erschien in dieser Optik als Gefangener des italienischen Staats.

Die unsichere italienische Position im Dreibund war für die schweizerische Landesregierung und die Öffentlichkeit eine ständige Quelle des Zweifels an der Zuverlässigkeit des Partners, der neben gelegentlichen Sympathiekundgebungen auch die Allüren einer prestigebedürftigen Grossmacht hervorkehrte. Man war nicht bereit, das arrogante Gehabe mit der gleichen Demut zu akzeptieren, mit der man sich vor deutschen Zumutungen duckte. Gespannt blickten die schweizerischen Politiker auf die unnatürliche Allianz zwischen der italienischen Monarchie und dem Kaiserreich der Habsburger, die in zunehmendem Masse durch irredentistische Tendenzen gestört wurde. Was im Trentino oder in Triest auf den Weg gebracht wurde, vermutete man oft auch im Tessin, obschon weder in der Sache noch in den beteiligten Personen ein Zusammenhang bestand.

Aus diesen Vorgängen liess sich ein Schluss konstruieren, der bei oberflächlicher Betrachtung nahe lag und dennoch fatal wirkte: Die Annahme, dass zwischen der Schweiz und Österreich gemeinsame Interessen bestünden, wenn es um die Abwehr italienischer Ansprüche ging. Die Frage wurde nach der Jahrhundertwende akut, als die Rolle Italiens im Dreibund immer problematischer wurde. Die Debatte verlagerte sich von der politischen auf die militärische Ebene. Der österreichische Generalstabschef Franz Conrad von Hötzendorf, der sein Amt im Herbst 1906 antrat, verlangte in verschiedenen Denkschriften an Kaiser Franz Joseph einen Präventivkrieg gegen den Allianzpartner. Das war für Politiker und Diplomaten kein Geheimnis, so wenig wie die Tatsache, dass Conrad von Hötzendorf enge Beziehungen zum schweizerischen Chef des Generalstabs Theophil Sprecher pflegte. In Rom munkelte man von einer österreichisch-schweizerischen Komplizenschaft, obschon der schweizerische Gesandte Giovanni Battista Pioda den Gedanken als absurd bezeichnete.[568]

Im August 1911 erschien der italienische Staatsmann Luigi Luzzatti bei Ludwig Forrer, dem Vizepräsidenten des Bundesrats, und erkundigte sich erregt nach den vielfältigen Beziehungen der schweizerischen Armeeführung zum österreichischen Heer. Der ehemalige Ministerpräsident war davon überzeugt, dass ein geheimes Militärabkommen bestand, das gegen Italien gerichtet war. Er liess sich durch ein energisches Dementi Forrers nicht beruhigen. Luzzatti soll sich mit den Worten verabschiedet haben: «Herr Bundesrat, das Bündnis besteht doch.»[569]

Als Ludwig Forrer dem Bundesrat die Geschichte vom österreichisch-schweizerischen Militärbündnis mitteilte, nahm das Kollegium die Mitteilung mit «ungeteilter Heiterkeit» auf. Eduard Müller, Vorsteher des Militärdepartements, schrieb in einer Notiz: «Alles, was Luzzatti sagt, ist kindisches Geschwätz.» Heiterkeit war jedoch nicht angebracht. In Italien liess sich in den Kreisen des Militärs bis zum Ersten Weltkrieg die Vermutung nicht aus der Welt schaffen, wonach zwischen der österreichischen und der schweizerischen Armeeführung eine gemeinsame Planung gegen Italien existiere. Diese Meinung wurde durch die Memoranden des britischen Militärattachés Delmé-Radcliffe gestützt, der mehrmals auf die engen militärischen Kontakte zwischen Bern und Wien hinwies.

Zwischen den siebziger Jahren des 19. Jahrhunderts und dem Ersten Weltkrieg bewegten sich die Beziehungen zwischen der Schweiz und Italien in einer Atmosphäre des zunehmenden Missvergnügens. Gemessen an den konkreten Differenzen wirkten die vor allem in der Presse ausgetragenen Fehden übertrieben und masslos. Oft ging es mehr um Emotionen als um Fakten, wobei beide Seiten ihren Teil beitrugen. Wie aus einem banalen Anlass eine diplomatische Kontroverse entstehen konnte, zeigt die Stresa-Affäre vom August 1882.[570] In diesem Monat feierte der schweizerische Pius-Verein, eine Kopie der gleichnamigen katholischen Organisation in Deutschland, in Locarno sein 25. Jahresfest. Der Verein wurde gelegentlich als «Leibgarde des schweizerischen Episkopats» bezeichnet. Sein Name klang in den Ohren italienischer Nationalisten wie eine Provokation, und sein Aufmarsch nahe der Grenze wurde offenbar in Italien mit Widerwillen zur Kenntnis genommen. Der

Plan, die Festgemeinde mit dem Dampfboot «Verballo» auf dem Lago Maggiore nach Stresa zu führen, mochte naiven Gemütern entstammen, konnte aber auch als politische Manifestation gedacht sein. Die katholische Expedition nahm in Stresa ein unrühmliches Ende, denn die lokalen Behörden jagten die mit weissgelben Kokarden geschmückten Seefahrer auf ihr Schiff zurück. Was genau geschah, blieb unklar. Der italienische Gesandte in Bern meldete sich prompt mit einer Beschwerde und sprach von einer absichtlichen Demonstration zugunsten der weltlichen Herrschaft des Papstes, während die damals noch konservative Tessiner Regierung den harmlosen Charakter der Veranstaltung hervorhob. Zur verbalen Auseinandersetzung im Hafen von Stresa meinte man in Bellinzona, die italienischen Berichte seien unrichtig. Niemand habe geschrien «es lebe der Papstkönig», hingegen seien die Vereinsmitglieder mit dem Ruf «nieder mit den Schweizern» («abasso gli Svizzeri») empfangen worden.

Der Bundesrat kam in die peinliche Lage, dass er den wenig geschätzten Pius-Verein verteidigen musste. In einem bundesrätlichen Protokoll findet sich eine harmlose Version vom missglückten Ausflug. Der Sindaco von Stresa habe den Verantwortlichen der Expedition erklärt, die Bevölkerung sei erregt, weil die Mitglieder des Pius-Vereins Abzeichen mit den päpstlichen Farben trügen. Die Schweizer hätten sich aber geweigert, ihre Insignien abzulegen, und sogleich wieder das Schiff bestiegen. Zu Tätlichkeiten sei es nicht gekommen.[571]

In ihrer Antwort an den italienischen Gesandten betonte die Landesregierung, es habe sich beim Ausflug des Pius-Vereins um eine private Veranstaltung gehandelt. Die Regierung sei dafür in keiner Weise verantwortlich. In einem Punkt räumte man einen Fehler ein. Vier mit Säbeln bewaffnete Gendarmen hatten die Gesellschaft begleitet: «Als tadelnswert müssen wir jedoch die Teilnahme der Gensdarmen bezeichnen. Wenn zwar auch zum öfteren italienische Offiziere und Carabinieri den schweizerischen Boden bewaffnet betreten, ohne dabei molestirt zu werden, so erachten wir dies doch beiderseits für unstatthaft und haben daher, soweit die Sache uns anbelangt, die tessinische Regierung eingeladen, die Gensdarmen für ihr bei diesem Anlass unbefugtes Betreten des italienischen Bodens in angemessener Weise zu bestrafen.»

Die Hoffnung des Bundesrats, der Zwischenfall sei damit erledigt, erwies sich als trügerisch. Das italienische Aussenministerium sah darin einen Fall von grundsätzlicher Bedeutung. Es sei unerhört, dass die schweizerische Regierung eine Satisfaktion verweigere. Die Meinungsverschiedenheit blieb bestehen, doch der Anlass eignete sich nicht für länger dauernde diplomatische Geplänkel.

Am 10. September 1898 wurde in Genf die österreichische Kaiserin Elisabeth vom italienischen Anarchisten Luigi Lucheni ermordet. Die beliebte Monarchin hatte sich auf einer ihrer vielen Reisen inkognito in die Rhonestadt begeben. In Bern wusste man von ihrem Aufenthalt in der Schweiz, ihrem Wunsche entsprechend wurde aber auf eine polizeiliche Eskorte verzichtet.[572] Eigentlich war es ein Zufall, dass der Mörder auf die Kaiserin traf, denn er hatte sich bloss vorgenommen, irgendeine bekannte Persönlichkeit umzubringen.

Die Bluttat erregte in Europa ungeheures Aufsehen, und sogleich wurde die Frage nach Schuld und Verantwortung gestellt. Es konnte nicht ausbleiben, dass die internationale Presse auf die von der Schweiz geduldeten «Anarchistennester» zeigte. Offenkundig wurde das Fehlen einer eidgenössischen Polizei, welche die Terroristenszene hätte überwachen können. Die Landesregierung wartete mit Unbehagen die offiziellen Reaktionen in den europäischen Hauptstädten ab. Man hätte in erster Linie eine harte Auseinandersetzung mit der direkt betroffenen Donaumonarchie erwarten müssen, doch die Attacken erfolgten aus Italien, dessen Staatsbürger Lucheni die Mordtat begangen hatte. Wenn Aussenminister Felice Napoleone Canevaro mit Entrüstung auf die Schweiz wies, so war die italienische Haltung nicht unbedingt glaubwürdig. Die Zeitgenossen gewannen den Eindruck, dass man in Rom mit starken Worten von der eigenen Verantwortung ablenken wollte. Ein Blick auf die sozialen Verwerfungen in Italien liess manche Vorgänge in der Emigration verständlich erscheinen. In den achtziger und neunziger Jahren erlebten die Industrie und mit ihr die Wirtschaft des Landes einen bemerkenswerten Aufschwung, doch produzierte das ökonomische Wachstum gleichzeitig ein hoffnungslos verarmtes Proletariat.

Bei den italienischen Emigranten in der Schweiz vollzog sich in dieser Periode ein sichtbarer Wandel. Hatten in den siebziger Jahren noch radikale Republikaner für Unruhe gesorgt, erschienen jetzt Sozialrevolutionäre und Anarchisten. Die Thesen Mazzinis standen nicht mehr zur Debatte. Die neue Garde fand Anhänger unter den tausenden von Arbeitern, die in der Schweiz und in Süddeutschland im Bahnbau tätig waren.

Im Jahre 1894 regte die italienische Regierung einen Dialog über die Anarchistenfrage an. Der Vorschlag stiess in Bern auf Skepsis, denn man wollte die Handlungsfreiheit bewahren. An eine bilaterale Vereinbarung – ob Vertrag oder mündlicher Konsens – war nicht zu denken. Die terroristische Szene beschränkte sich nicht auf das Territorium der beiden Kontrahenten. Die Befugnisse der Landesregierung waren im selben Jahr in einem neuen Anarchistengesetz erweitert worden, doch fehlte die direkte Interventionsmöglichkeit durch eine eidgenössische Polizei. Die einzelnen Kantone kamen ihrer Aufsichtspflicht mit unterschiedlichem Eifer nach. Eine vertragliche Regelung der heiklen Fragen hätte der Zustimmung durch die Bundesversammlung bedurft, und die war keineswegs gewiss. In seinen Vorschlägen an den Bundesrat umschrieb Justizminister Eugène Ruffy die schweizerische Position: «La Suisse s'est armée elle-même et de son propre mouvement de dispositions légales, aujourd'hui en vigueur, contre les anarchistes. Il est certainement préférable pour elle de continuer à agir ainsi librement et en conservant dans ce domaine toute son indépendance d'action.»[573]

Die Bundesbehörden gaben sich darüber Rechenschaft, dass sie energischer gegen terroristische Umtriebe vorgehen mussten, aber die rechtlichen Möglichkeiten blieben beschränkt. Italienische Anarchisten betrachteten die Schweiz als nahe gelegenes Refugium und verhielten sich im Exil ruhig. Wenn sie zur Tat schritten, taten sie es meist ausserhalb der Grenzen. Ideologien durften nicht bestraft werden. Publizistische Eskapaden liessen sich angesichts der im Lande hochgehaltenen Pressefreiheit nicht so leicht verfolgen. Blieb die Möglichkeit, italienische Anarchisten auszuweisen, doch Ausweisung bedeutete nicht Auslieferung und war in der Wirkung meist zeitlich beschränkt.

Das Fazit aus dem offiziell nicht geführten Dialog mit Italien: Der Bundesrat hatte nichts dagegen einzuwenden, wenn die Polizei der beiden Länder Informationen austauschte, doch da war wiederum der gute Wille der Kantone gefragt. Im Mai 1898 bot sich den italienischen Behorden anlässlich der Unruhen in Mailand ein konkreter Anlass, von der Eidgenossenschaft Unterstützung im Kampf für die bedrohte Ordnung zu fordern. Hunderte von italienischen Arbeitern in der Schweiz machten sich auf den Weg, um ihren Kameraden beizustehen. Aussenminister Emilio Visconti-Venosta zeigte sich dem schweizerischen Gesandten Gaston Carlin gegenüber besorgt. Er erwarte, dass die Bundesbehörden unverzüglich gegen die Scharen einschritten, die in Italien einbrechen und die königliche Regierung bekämpfen wollten.[574] Von Anarchisten war nicht mehr die Rede, denn die Bewegung der italienischen Arbeiter war spontan und folgte keineswegs dem Schema einer terroristischen Verschwörung. Aussenminister Visconti-Venosta verdächtigte nach bekanntem Muster die Regierung des Kantons Tessin der stillschweigenden Duldung des proletarischen Aufmarschs.

Im Bundesrat bereitete man Weisungen an die Kantone vor, nach denen jede Ansammlung von bewaffneten Italienern an der Grenze aufzulösen war. In Eisenbahnzügen durften 300 Mann gleichzeitig die Grenze ohne Waffen überschreiten. Doch der Massenaufmarsch der Emigranten löste sich ohne grössere Zwischenfälle auf, denn die Aktion kam zu spät. Die italienische Armee hatte den Aufstand mit unzimperlichen Methoden unterdrückt. Ein Vorgang, den man beim Dreibund-Partner Österreich mit Interesse und einer gewissen Schadenfreude zur Kenntnis nahm. Die militärische Repression des italienischen Generals Fiorenzo de Bara sei brutaler gewesen als die Intervention Marschall Radetzkys im Jahre 1848: «... c'est bien un général italien pur-sang qui, cette fois, a mitraillé les Milanais», schrieb der schweizerische Gesandte in Wien an den Bundesrat.

Der Mord an Kaiserin Elisabeth schien dem italienischen Aussenminister der geeignete Anlass zu sein, um einen europäischen Polizeicordon gegen den «Seuchenherd Schweiz» aufzubauen. Canevaro hoffte vor allem, die Partner im Dreibund gegen die Schweiz in Bewegung zu setzen. In Berlin fand er dafür ein gewisses Verständnis, die österreichische Regierung hingegen widersetzte sich einer europäischen

Aktion. Kaiser Franz Joseph hatte den Verlust seiner Gemahlin in Würde ertragen und der Eidgenossenschaft gegenüber keinerlei Vorwürfe erhoben. Er dankte vielmehr dem Bundesrat und der schweizerischen Öffentlichkeit für die spontan geäusserte Anteilnahme. Die vornehme Zurückhaltung des Monarchen bestimmte schliesslich auch die Politik des Aussenministers, obschon Graf Agenor Goluchowski gegenüber der Schweiz gerne einen härteren Kurs eingeschlagen hätte.[575]

Obschon diplomatische Interventionen in Bern ausblieben, durfte sich die schweizerische Landesregierung nicht in Sicherheit wiegen. Die Stimmung gegen die Schweiz verschlechterte sich. Die italienischen Diplomaten agitierten in den europäischen Hauptstädten und versuchten, die Grossmächte zu einer gemeinsamen Haltung zu bringen. Man sprach von einer internationalen Konferenz gegen den Anarchismus, die gegen die Schweiz gerichtet sein musste, wenn sie den italienischen Intentionen folgte.

Im November 1898 ging die Konferenz in Rom in Szene. Der Bundesrat gab der schweizerischen Delegation Anweisungen mit auf den Weg, die vor allem die souveränen Rechte des Landes wahren sollten. Er wünschte von den Vertretern der Schweiz Zurückhaltung in jeder Hinsicht: «Ne pas se mettre inutilement en évidence.»[576] Die schweizerische Regierung müsse sich in allen Fällen die Entscheidung vorbehalten. Im übrigen dürfe man keine festen Verpflichtungen eingehen, welche die Handlungsfreiheit beeinträchtigten.

Mit dem Ergebnis der Konferenz konnte der Bundesrat zufrieden sein. Die Schweiz sass nicht auf der Anklagebank. Das hatten vor allem England und Frankreich verhindert. Es blieb bei unverbindlichen Empfehlungen für den Umgang mit Anarchisten und dem Wunsch nach engerer Zusammenarbeit über die Grenzen hinweg. Die italienische Diplomatie erreichte ihr ursprüngliches Ziel nicht.

Mit den italienischen Anarchisten befasste sich die Politik bis nach der Jahrhundertwende. Am 19. Juli 1900 wurde König Umberto in Monza, nahe der Schweizer Grenze, ermordet. Schuldzuweisungen an Bern waren in diesem Fall nicht angebracht, doch die Spannung zwischen den beiden Ländern hielt unvermindert an. Bis zu seiner Ablösung durch Visconti-Venosta im Mai 1899 hatte Aussenminister Canevaro versucht, die Partner im Dreibund für eine diplomatische Aktion gegen die Schweiz zu gewinnen, aber in Berlin und Wien war man nicht bereit, für den italienischen Verbündeten die Kohlen aus dem Feuer zu holen. Die Ausweisung von Anarchisten, so unbedeutend sie in ihren Konsequenzen war, hatte die Position der schweizerischen Regierung gestärkt. Die deutschen und die österreichischen Diplomaten in Bern fanden ihre Wünsche weitgehend erfüllt. Schliesslich wollte man keine offenen Türen einrennen.

Zu einem ernsthaften Konflikt und zum vorübergehenden Abbruch der diplomatischen Beziehungen führte im Jahre 1902 die sogenannte Affäre Silvestrelli. Wie im labilen schweizerisch-italienischen Verhältnis üblich, ging es auch in diesem Fall mehr um Stimmungen und persönliche Befindlichkeiten als um Fakten. In Bern sah man bereits die Gefahr eines Krieges heraufziehen. In Rom hingegen gehörte zu dieser Zeit der rustikale und wenig diplomatische Stil zum Alltagsgeschäft. Aussenminister Giulio Prinetti, als Nachfolger von Visconti-Venosta seit 1901 im Amt, hegte der Schweiz gegenüber keine freundschaftlichen Gefühle. Stein des Anstosses waren immer noch die italienischen Anarchisten in der Schweiz, aber auch die emigrierten Sozialisten, die sich im Tessin aufhielten und in diesem Kanton offensichtlich Unterstützung genossen.

Prinetti kam auf die unglückliche Idee, Giulio Silvestrelli als neuen Gesandten nach Bern zu schicken.[577] Der Diplomat genoss unter seinen europäischen Kollegen einen schlechten Ruf. Er habe sich, so die Legende, bei einem Zwischenspiel in Sofia rüpelhaft benommen. Man wusste bei seiner Ankunft in Bern, dass er sein Amt mit der Anweisung seines Aussenministers antrat, die schweizerische Regierung in der Frage der Emigranten massiv unter Druck zu setzen. Das bestätigte Gaston Carlin, der schweizerische Gesandte in Rom, in einem Brief an Bundesrat Joseph Zemp: «Du reste nous savions dès le début que M. Silvestrelli avait été envoyé à Berne pour nous parler ‹à la Bulgare›. Il est bon qu'il aprenne que ce ton n'est pas accepté à Berne.»[578]

Silvestrelli fand bald eine Gelegenheit, der Landesregierung seine besonderen Eigenheiten zu offenbaren. Er hatte gleich zu Beginn seiner Amtszeit mit geringem Erfolg versucht, die deutschen und österreichischen Gesandten zu einer gemeinsamen Aktion beim Bundesrat zu bewegen, da im Tessin vor den Toren Mailands eine anti-italienische Verschwörung im Gange sei. Dann bot sich ein scheinbar lohnender Anlass zu einer Intervention, die sich als folgenschwer erwies. Im zweisprachigen Genfer Anarchistenblatt «Il Risveglio» («Le Reveil») erschien im Februar 1902 ein übler Artikel, der den ermordeten König Umberto beschimpfte und für die sozialen Missstände in Italien persönlich verantwortlich machte. Es stand darin unter anderem zu lesen: «Wir (die Urheber dieses Artikels) können nicht umhin zu glauben, dass sie (die fraglichen Papiere) den Beweis erbringen, nicht nur Crispi sei die Ursache der zahlreichen Niederlagen und Unglücksfälle gewesen, welche Italien an den Rand des Bankerottes gebracht haben, sondern eine viel höhere Persönlichkeit, eine Person die gekrönt war, die von den Speichelleckern der savoyischen Dynastie betrauert wird und die in hervorragender Weise in die traurigen Geschäfte, welche das italienische Volk aufwühlten, verwickelt ist. Die Geschäfte der ausgeplünderten Banken, die Niederlagen in Afrika, die Belagerungszustände und die darauf folgenden Erschiessungen ausgehungerter Arbeiter etc.»[579] Die Schmähung entsprach in Inhalt und Tonlage dem in anarchistischen Schriften gebräuchlichen Stil, wie er beispielsweise auch in Frankreich üblich war. Aussenminister Prinetti wollte aber die Gelegenheit ergreifen, der Schweiz eine Lektion zu erteilen. In seinem Auftrag erschien Silvestrelli bei Bundespräsident Zemp und verlangte im Namen seiner Regierung, dass die Zeitschrift «Il Risveglio» verfolgt und bestraft werde.[580]

Die Landesregierung schob die Angelegenheit zu Beginn auf ein rein formaljuristisches Gleis und übergab sie Bundesrat Ernst Brenner, dem Chef des Justizdepartements. Das war ein Fehler, denn der italienische Vorstoss hätte auch politisch ernst genommen werden müssen. Für die Unterlassung charakteristisch war der Umstand, dass der schweizerische Gesandte in Rom erst einen Monat später von dem Fall erfuhr und deshalb an Ort und Stelle wenig ausrichten konnte.

Inzwischen hatte Bundesstaatsanwalt Otto Kronacher ein Gutachten ausgearbeitet, in dem er «formelle Requisiten» forderte, damit die «Beschimpfung des Souveräns eines fremden Volkes» geahndet werden konnte.[581] Kronauer dozierte: «Das Bundesstrafrecht bestimmt nämlich, dass die Verfolgung solcher Beschimpfungen nur stattfinde:

a. auf Verlangen der betreffenden ausländischen Regierung,
b. sofern der Eidgenossenschaft Gegenrecht gehalten werde.»

Es kam ein weiteres Hindernis hinzu: Eine Klage konnte nur wegen Beschimpfung lebender Personen geführt werden, eine Beleidigung Verstorbener gab es nach eidgenössischem Recht nicht.

Die formaljuristischen Bedenken des Bundesrats beeindruckten Silvestrelli nicht. In Übereinstimmung mit seinem Aussenminister schob er den sich anbahnenden Disput auf eine rein politische Ebene, die einem diplomatischen Draufgänger mehr Spielraum bot. Was nun zwischen den Kontrahenten folgte, bewegte sich jenseits der zwischenstaatlichen Höflichkeit. Vom «Risveglio» war in den italienischen Beschwerden kaum noch die Rede. Die italienische Regierung habe, so teilte der Gesandte dem Bundespräsidenten mit, nicht die Absicht, das von der Landesregierung geforderte Ritual zu befolgen und eine formelle Klage einzureichen. Sie protestiere vielmehr dagegen, dass eine derartige Publikation in der Schweiz straffrei bleibe.[582] Der Bundesrat antwortete mit einer scharfen Note: «Cette note, tant au point de vue du fond que de la forme, a froissé le Conseil fédéral; aussi tient il à protester contre son contenu qu'il ne saurait accepter. (...) Il dépend donc de la décision du Gouvernement du Roi que les conditions fussent remplies.» Die schweizerische Regierung brauche sich über ihre internationalen Verpflichtungen nicht belehren zu lassen.

Die Auseinandersetzung war von beiden Seiten so angelegt, dass ein Zurückweichen ohne Gesichtsverlust nicht möglich war. Silvestrellis Anschuldigungen mündeten in undiplomatischen Unterstellungen, als ob der Bundesrat Komplize der subversiven Parteien Europas sei. Anderseits rückte man in Bern um kein Jota von der formalistischen Position ab. Zu den diplomatischen Peinlichkeiten gehörte der Beschluss, den zur Berichterstattung nach Bern gereisten Minister Carlin wieder nach Rom zu schicken. Er hatte Aussenminister Prinetti den Wunsch des Bundesrats zu übermitteln, Silvestrelli abzuberufen: «Für den Fall, dass dem Wunsche des Bundesrates um Zurückziehung des Herrn Gesandten Silvestrelli nicht entsprochen werde, seien ihm vom Bundesrate die Pässe zuzustellen.»[583] So geschah es denn auch, und gleichzeitig mit Silvestrelli wurde in Rom Gaston Carlin vor die Türe gesetzt. Der schweizerische Gesandte war über den ungeschickten Schachzug des bundesrätlichen Kollegiums verärgert: «Hätte der Bundesrat meinem Antrag Folge gegeben, mich vorläufig, als ich zum zweiten Male in Bern war, nicht auf meinen Posten zurückkehren lassen, so wären wir wahrscheinlich auf diesem Wege Silvestrelli los geworden.»[584] Prinetti wolle offenbar die Verantwortung für einen Bruch zwischen den beiden Staaten dem Bundesrat zuschieben. Er dachte nicht daran, seinen Gesandten dem eidgenössischen Wunsch gemäss selber aus Bern zurückzuziehen.

Der Konflikt hatte inzwischen eine Dynamik entwickelt, die sich jeder Kontrolle entzog. Also blieb als Konsequenz der Abbruch der diplomatischen Beziehungen. Was das konkret bedeutete, war dem Bundesrat nicht klar. In einem Brief an die Gesandten in den verschiedenen Hauptstädten erkundigte er sich nach den in Europa üblichen Prozeduren. Man mag die Anfrage als komisches Intermezzo in einem verworrenen Handel betrachten, doch die schweizerischen Diplomaten machten sich pflichtgemäss auf die Suche nach historischen Exempeln. Der erfahrene Minister und Jurist Charles Lardy in Paris gab einige Ratschläge, nachdem er die Literatur studiert hatte: «J'ai passé ma soirée à compulser les ouvrages du droit international que je possède et ma matinée à en étudier d'autres à la bibliothèque du Ministère des Affaires étrangères.»[585] Er fand Beispiele, die als Vorbild dienen konnten: einen Abbruch der Beziehungen zwischen Frankreich und Santo Domingo und einen andern zwischen Frankreich und Venezuela. Im übrigen seien zahlreiche Nuancen in Bezug auf unterbrochene Beziehungen möglich. In Bern stritt man sich nicht lange über die beste Variante und bat die belgische Regierung, die schweizerischen Interessen in Rom zu vertreten.

Minister Lardy, von der Affäre Silvestrelli nicht direkt betroffen, empfahl dem Bundesrat einen harten Kurs und erklärte, ein Krieg mit Italien sei mit der schweizerischen Neutralität durchaus zu vereinbaren. «Sortir de la Neutralité» hiess das gelegentlich gehörte Schlagwort. Darin traf sich der Diplomat mit den im Generalstab gehegten heimlichen Wünschen, die einem Vorstoss der Schweizer Armee in die Po-Ebene galten. Seit den Tagen des Obersten Alphons Pfyffer von Altishofen blickte man mit einer gewissen Verachtung auf das italienische Heer. Die Niederlage gegen die Truppen des abessinischen Kaiserreichs bei Adua hatte den Eindruck verstärkt, dass man in der Lombardei auf einen Gegner stossen würde, den die Armee nicht zu fürchten brauche.

In der Schweiz lag der Gedanke nicht fern, dass die Unhöflichkeiten des Giulio Silvestrelli zu einem Krieg zwischen der Schweiz und Italien führen könnten. Die Presse beider Länder hatte von der Affäre frühzeitig Wind bekommen und schürte nach Kräften das Feuer. Im schweizerischen Generalstab begann man in fiebriger Atmosphäre, eine Mobilmachung vorzubereiten. Arnold Keller, Chef der Generalstabsabteilung, arbeitete unter dem Eindruck der Krise ein Memorial aus, das die verschiedenen Varianten eines Feldzugs gegen Italien enthielt. Nicht alle Optionen versprachen Erfolg, aber wenn es gegen Italien ging, durften positive Erwartungen nicht fehlen. Zwar wusste man im Generalstab nicht, ob das im Dreibund verankerte Italien der einzige Gegner bleiben würde. Zum erstenmal kam Arnold Keller auf den Gedanken, dass der Winter für die Operationen grösserer Verbände ein ernsthaftes Hindernis bilden könnte. Als der Konflikt im April 1902 ein akutes Stadium erreichte, waren die Alpenpässe noch tief verschneit. Es mag im Nachhinein tröstlich erscheinen, dass auch der italienische Generalstab in seinen operativen Dreibund-Studien den Winter vergass.[586] Nun ging es darum, in ungünstiger Jahreszeit die neuen Festungswerke am Gotthard in Verteidigungszustand zu bringen. Dabei gab es Überraschungen. So standen zum Beispiel die Geschütze, welche zur offenen Batteriestellung von Motto Bartola bei Airolo gehörten, im Magazin in Andermatt. Da der Gotthardpass zugeschneit war, mussten die Kanonen über Göschenen und durch den Gotthard-Eisenbahntunnel in ihre Stellungen gebracht werden.[587]

Silvestrelli scheint die Nerven Arnold Kellers noch in anderer Weise auf die Probe gestellt zu haben. Der umstrittene erste Mann der Armee schickte die Offiziere eines Generalstabskurses nach Hause, da er im kritischen Augenblick die Aufmarschakten bereinigen musste. Später deutete man diesen Akt als Zeichen der Nervosität und warf Keller vor, die Mobilmachungs-Unterlagen mangelhaft vorbereitet zu haben.[588] Der Chef der Generalstabsabteilung arbeitete für seinen imaginären Feldzug gegen Italien auch Instruktionen an den zukünftigen General aus, dem er trotz aller Bedenken einen flotten Vorstoss in die Po-Ebene empfahl: «Es ist Ihnen gestattet, mit der Armee die Landesgrenze gegen Italien zu überschreiten und nötigenfalls bis zur lombardischen Ebene vorzudringen. Dabei ist zu erwägen, ob und welche Teile des in Besitz genommenen Grenzlandes dauernd militärisch besetzt zu halten sind, sei es als Kompensation für vom Feinde in Besitz genommene schweizerische Gebietsteile, sei es als Pfand im Hinblick auf die künftigen Friedensverhandlungen.»[589]

Die Aufgeregtheit der militärischen Führung in Bern stand in einem grotesken Kontrast zur Passivität des italienischen Generalstabs, der sich anscheinend um die Silvestrelli-Affäre wenig kümmerte. Ein Konflikt mit der Schweiz abseits der militärischen Dreibund-Planung passte nicht in das für die italienische Armeeführung gültige Schema. Wenn Arnold Keller in seinem Memorial meinte, dass «die gelegentliche Vereinigung aller italienisch sprechenden Gebietsteile am Südabfall der Alpen ein wesentlicher Programmpunkt einer sehr weit verzweigten italienischen Partei» sei, so erkannte er zwar die grob formulierten Ziele der Irredenta. Doch die von dieser Bewegung geforderte Grenze auf der Alpenkette war im Jahre 1902 – soweit es um die Schweiz ging – kein Anliegen der italienischen Regierung und auch keine Option des Generalstabs. Die düsteren Visionen Kellers erschienen hingegen als Teil jener schiefen politischen Optik, die im schweizerischen Generalstab bis zum Ersten Weltkrieg gepflegt wurde.

Während man in der Schweiz an Krieg dachte, war die Affäre Silvestrelli für die europäischen Mächte nicht mehr als ein lästiger Zwischenfall. Man billigte der Schweiz die rechtlich solidere Position zu, bedauerte aber die Unbeweglichkeit des Bundesrates. Komplimente für die starre Haltung waren weder in Paris noch in London zu hören. Italien drängte seine Partner im Dreibund zu einer diplomatischen Aktion in Bern und brachte damit die Regierungen in Berlin und Wien in Verlegenheit. Eine Erneuerung des Dreibund-Vertrags stand bevor. Da wollte man die italienische Regierung nicht verärgern und durch eine schroffe Absage auf die Seite Frankreichs drängen, das sich zu eben diesem Zeitpunkt um eine Annäherung an Italien bemühte. In der Sache zeigten die deutschen und österreichischen Diplomaten wenig Verständnis für die ausser Kontrolle geratene Politik Aussenminister Prinettis. Karl Graf Kuefstein, der Gesandte der Donaumonarchie in Bern, schrieb darüber an seinen Aussenminister Goluchowski: «Sowohl in den Mitteln als auch in der Art der Anwendung hat man sich in einer Weise vergriffen, die für jeden, der die Verhältnisse auch nur halbwegs kennt, unerklärlich bleibt.»[590]

Es gab jedoch ein Argument, das die drei Kaisermächte zu einer sanften Intervention in Bern bewog. Russland gab den Anstoss, und Deutschland und Österreich folgten: Es galt, das monarchische Prinzip vor den anarchistischen Umtrieben zu schützen. Also stellten sich die Gesandten der drei Mächte – nicht gemeinsam, sondern einer nach dem andern – bei Bundespräsident Zemp ein und erkundigten sich in freundschaftlichem Gespräch, was die Schweiz in der Sache zu tun gedenke. Joseph Zemp, Vertreter der katholisch-konservativen Schweiz, legte glaubhaft dar, dass eine Verschärfung des Anarchistengesetzes von 1894 bereits beschlossen und damit den Wünschen der europäischen Staaten Rechnung getragen sei. Auch machte er deutlich, dass der Fall des Diplomaten Silvestrelli mit dem Problem des Anarchismus wenig zu tun hatte.

In Berlin war man bemüht, den Konflikt so rasch wie möglich aus der Welt zu schaffen. Die Reichsregierung übernahm die Vermittlung, die sich weniger in der Sache als in der Form schwierig gestaltete. Die deutsche Mediation sollte beiden Seiten gerecht werden, denn es durfte weder Sieger noch Verlierer geben. Nun mussten die Gesandten in den beiden Hauptstädten ihre Posten räumen und durch andere Diplomaten ersetzt werden. Wenn Silvestrelli aus Bern verschwand, so war das wesentliche Ziel des Bundesrats erreicht, doch es fiel dem Kollegium schwer, Gaston Carlin zu opfern. Der schweizerische Gesandte hatte sich in der Kontroverse untadelig verhalten. Darüber hinaus brauchte die Landesregierung keine Konzessionen einzugehen, die ihre Stellung in der Öffentlichkeit beschädigt hätten. In den folgenden Monaten tauschte man die Diplomaten aus. Carlin wurde nach London versetzt, den Posten in Rom übernahm der Gesandte in den Vereinigten Staaten, Giovanni Battista Pioda. Charles Bourcart, der bisherige Gesandte in England, weigerte sich, nach Washington zu reisen und schied vorübergehend aus dem diplomatischen Dienst aus.

Aussenminister Prinetti versuchte, die unnötige Affäre als Erfolg darzustellen, obschon dazu kein Anlass bestand. Es gab genügend Felder, auf denen sich die italienische Politik mit mehr Effekt tummeln konnte, so dass die Episode bald in Vergessenheit geriet. Wie unbedeutend die Angelegenheit im Bewusstsein der italienischen Öffentlichkeit war, mag man daran erkennen, dass zwei bedeutende Historiker, Benedetto Croce und Adolfo Omodeo, in ihren Werken zur Epoche den Fall nicht erwähnen.[591] In der Schweiz hingegen blieb die Erinnerung an den Konflikt noch lange wach. Der Name Silvestrelli stand für die bis zum Ersten Weltkrieg anhaltende Abneigung gegen den Nachbar im Süden.

Die schlechte Stimmung zwischen den beiden Ländern hielt im ersten Dezennium nach der Jahrhundertwende an. Die gegenseitige Verärgerung wurde durch meist wenig fundierte Dispute in der Presse aufrecht erhalten, wobei sich auf Schweizer Seite vor allem der Berner «Bund» hervortat. Nachdem der Fall Silvestrelli aus der Welt geschafft war, tauschten Politiker und Diplomaten wieder Komplimente aus und sprachen von freundschaftlichen Beziehungen. So präsentierte sich die offizielle Fassade in günstigem Licht. Mit der Simplonbahn realisierten die beiden Länder ein wichtiges Projekt, das trotz politischen Nebengeräuschen von gemeinsamen verkehrspolitischen und ökonomischen Interessen zeugte. Die Alpentransversalen durch Gotthard und Simplon steigerten den Warenaustausch zwischen der Schweiz und Italien erheblich, ganz zu schweigen vom Personenverkehr, der den Angehörigen beider Nationen ohne weitere Umstände erlaubte, jenseits der Grenzen einen Augenschein zu nehmen. Das erleichterte die Einwanderung italienischer Arbeiter in die Schweiz und brachte Touristen rasch und bequem nach dem Süden. Woraus man nicht schliessen darf, dass das vermehrte Reisen Vorurteile und mentale Schablonen ebenso problemlos beseitigt hätte.

Das schweizerisch-italienische Verhältnis war gegenüber den Schwankungen und Turbulenzen, denen die neue Grossmacht Italien auf der europäischen Szene ausgesetzt war, nicht unempfindlich. In Bern beobachtete man misstrauisch die Vorgänge im Dreibund, der aber mit der Zeit nur noch als Schönwetter-Allianz gewertet wurde. Deutschland und Österreich konnten Italien in seinen Nöten im Mittelmeer wenig beistehen. Francesco Crispi hatte sich seinerzeit auf englische Unterstützung verlassen und eine anti-französische Politik betrieben. Nach dem Zwischenfall von Faschoda im Jahre 1898 grenzten England und Frankreich ihre Interessen im östlichen Mittelmeer gegeneinander ab, ohne Italien am Geschäft zu beteiligen. Die Annäherung zwischen den beiden rivalisierenden Grossmächten erfolgte in kleinen Schritten und nicht ohne Misstrauen, was Charles Lardy zu einem sarkastischen Kommentar anregte: «Il y a donc une détente, mais chacun des négociateurs a encore son revolver chargé dans la poche en sorte qu'il convient de rester sur ses gardes.»[592]

Die englisch-französische Einigung war eine weitere italienische Niederlage nach der kolonialen Pleite in Abessinien. Man kam in Italien zum Schluss, dass England im Mittelmeer rücksichtslos seine eigenen Ziele ansteuerte und nicht daran dachte, auf italienische Wünsche Rücksicht zu nehmen. Also galt es, die Beziehungen zu Frankreich zu überdenken, das als kapitalkräftiger Partner der italienischen Industrie einiges zu bieten hatte. Die Aussenpolitik wurde zur Gratwanderung. Die Erneuerung des Dreibunds im Jahre 1902 erfolgte im selben Zeitpunkt, in dem Rom und Paris sich in einem geheimen Abkommen Neutralität und gegenseitiges Wohlverhalten zusicherten. Die italienisch-französische Verständigung war zu einem guten Teil das Werk des französischen Botschafters in Rom, Camille Barrère, der vorher sein Land in Bern vertreten hatte.

Die Lockerung der Dreibund-Allianz ging mit zunehmenden Spannungen zwischen Italien und der Donaumonarchie einher. Im Zeichen der nationalstaatlichen Bewegung wurde eine gefährliche Regel bestätigt: Jedes Volk brauchte seinen Erbfeind. In den italienisch sprechenden Regionen Österreichs fand die Irredenta eine Fülle von schwachen Stellen, an denen sie ansetzen konnte. In der italienischen Schweiz – der Vergleich wurde häufig angestellt – präsentierten sich die Dinge anders. Weder im Tessin noch in den italienisch sprechenden Tälern Graubündens fühlte man sich in seiner Identität in gleicher Weise bedroht wie im Trentino, und man bedurfte nicht der Irredenta, um gegen lästige Erscheinungen anzugehen.

In der deutschen Schweiz zog man aus den Vorgängen im Trentino und in Triest untaugliche Schlüsse. Dazu gehörte die Meinung, Österreich und die Schweiz seien den selben Gefahren ausgesetzt, denn beide Staaten müssten mit einem italienischen Angriff am Alpensüdrand rechnen. Von da war der Weg bis zur Überzeugung, die beiden Länder sollten sich gegen Italien verbünden, nicht mehr weit. In der Landesregierung wies man eine derartige Versuchung von sich. Der Gedanke war vor allem in der Armeeführung lebendig.

Seit den neunziger Jahren debattierte man fahrlässig über «Allianzen». Die These, die neutrale Eidgenossenschaft dürfe sich Freund und Feind selber aussuchen, wurde nicht zuletzt im Generalstab gepflegt. So verlagerte sich der Diskurs vom Politischen ins Militärische. Mit dem Festungsbau hatte man sichtbare Zeichen gesetzt. Die Befestigungen am Gotthard waren eindeutig gegen Italien gerichtet. Es fehlte zur Begründung nicht an militärischen Argumenten, doch die politischen Schlüsse fielen den Bundesbehörden, wenn sie zur Rede gestellt wurden, schwer. Die schreibenden Offiziere, die in Zeitungen und Broschüren für Allianzen und neue Festungen warben, wurden zur Belastung. Wenn sie die Politik ins Spiel brachten, geriet immer öfter die Neutralität in Bedrängnis. Das war beispielsweise im Jahre 1891 der Fall, als Oberstleutnant Ferdinand Affolter, der spätere Artilleriechef der Gotthardfestung, seinem Departementschef eine gewagte Theorie vorlegte: «Die strategische Wirkung der Gotthardbefestigung bewirkt, dass wir mit jedem unserer Alliierten möglichst günstige Bündnisse schliessen können; wir können selbst den Bündnisvertrag bestimmen. Diese Befestigung erlaubt uns in hohem Masse, dort unser Bündnis abzuschliessen, wo wir unser grösstes Interesse finden.»[593] Wenn man diese überheblichen Töne vernimmt, so erstaunen die gelegentlich sarkastischen Kommentare ausländischer Militärattachés nicht, die vom Grössenwahn im schweizerischen Generalstab sprachen.

Die gegen Italien gerichteten Parolen liessen in Rom Zweifel an der schweizerischen Neutralität aufkommen. Auch in Paris und London hatte man in diesem Punkt manche Illusionen verloren. Die Anzeichen mehrten sich, dass die antiitalienischen Gefühle die Schweiz auf die Seite der Donaumonarchie trieben, obschon die österreichischen Diplomaten in dieser Hinsicht wenig unternahmen.

Am 1. Mai 1905 trat der Bündner Aristokrat Theophil Sprecher von Bernegg das Amt eines Chefs der Generalstabsabteilung an. Seine Familientradition wies auf enge Beziehungen zum benachbarten Österreich hin. Obschon er stets als Vorbild für korrektes Verhalten galt, konnte Sprecher seine Herkunft auch in der Generalstabsarbeit nicht verleugnen. Das humangeographische Umfeld prägte die militärpolitischen Optionen, ein Umstand, der ausländischen Beobachtern nicht entging. Man wusste zum Beispiel in Italien und in Frankreich, dass ein Vetter des Armeechefs, Arthur Heinrich Sprecher von Bernegg, österreichisch-schweizerischer Doppelbürger war und als Generalmajor im Heer der Donaumonarchie diente. Bei Anfragen pflegte man im Bundeshaus zu bemerken, der leitende Mann der Armee lasse sich in seiner Arbeit nicht durch verwandtschaftliche Rücksichten beeinflussen. Bekannt war, dass Oberstdivisionär Theophil Sprecher von tiefen Misstrauen gegenüber Italien erfüllt war und mit dieser Haltung im Generalstab auf willige Gefolgschaft traf.

Die Neutralität stellte für Sprecher, wie er gelegentlich mit Bedauern zu verstehen gab, in seinen militärischen Überlegungen ein Hindernis dar. Diese Meinung vertrat er über Jahre hinweg vor dem Bundesrat. Über mögliche politische Konsequenzen brauchte er sich nicht zu äussern, denn das war nicht seines Amtes. In einem Memorial über die militärpolitische Lage des Landes vom Dezember 1906 drückte er sich deutlich aus: «Italien wird die Aufsaugung der benachbarten italienischen Gebietsteile stets im Auge behalten, das gehört zu seinen feststehenden politischen Prinzipien. Ein erstarkendes und daher an Selbstbewusstsein gewinnendes Italien wird auch in dieser Hinsicht weniger Rücksichten kennen, als ein mit Finanz- und andern Nöten Kämpfendes. Entweder mit Süd-Tirol und Istrien zugleich oder dann im weiteren Verfolge dieses Assimilierungs-Prozesses wird die Reihe dereinst auch an die Südschweiz kommen. Unsere ewige Neutralität bringt es mit sich, dass uns die Hände gebunden sind und dass wir zusehen müssen, wie Italien mit Österreich allein den Kampf ausficht, um hernach mit uns abzurechnen, in einem Momente, wo Österreich möglicherweise kein Interesse mehr daran hat, mit uns gemeinsame Sache zu machen.»[594] Sprecher beklagte in seinem Memorial das Nationalitätsprinzip, das zur Bildung von Sprachnationen und entsprechenden Grossstaaten führte. Wenn der Chef der Generalstabsabteilung die italienische Gefahr beschwor, so war das nicht das Ergebnis einer kurzfristigen Lagebeurteilung. Er wiederholte seine Warnung regelmässig und mit zunehmender Dringlichkeit. Nach dem Ausbruch des Ersten Weltkriegs im August 1914 wies er in einem Brief an Bundespräsident Arthur Hoffmann – der Nachbar im Süden war zu diesem Zeitpunkt noch neutral – erneut auf das von Italien drohende Unheil hin. Wenn die Donaumonarchie einmal Südtirol und Triest an Italien verloren habe, werde sie der Schweiz bei einem italienischen Angriff auf die Südtäler keine Hilfe mehr leisten. Das schweizerische Interesse sei deshalb eng mit jenem Österreichs verbunden.[595]

In Österreich übernahm im Jahre 1906 General Franz Conrad von Hötzendorf als Generalstabschef die Leitung der Armee. In seinen militärischen Visionen stand ein Präventivkrieg gegen Italien im Vordergrund, den er zu führen gedachte, um den Rücken in einem zukünftigen Konflikt mit Russland freizuhalten. In zahlreichen Denkschriften präsentierte er seine Idee Kaiser Franz Joseph, der daran wenig Gefallen fand und wie sein Aussenminister Alois Freiherr Lexa von Aehrenthal eine Auseinandersetzung mit dem italienischen Nachbarn scheute. Schliesslich war man Partner Italiens im Dreibund. Conrad von Hötzendorf wurde eine Zeitlang aus seinem Amt entfernt, im Jahre 1912 aber wieder auf den Posten des Generalstabschefs berufen.[596]

Die gemeinsame Abneigung gegen Italien erwies sich als solide Basis für eine enge Beziehung zwischen Conrad von Hötzendorf und Theophil Sprecher. Nach den ersten Kontakten entwickelten sich zwischen den Generalstäben der beiden Länder gemeinsame Interessen, die zu einer Art paralleler Aussenpolitik führten, der zwar die völkerrechtliche Legitimation fehlte, die aber durch das persönliche Gewicht der Kontrahenten politische Fakten schuf. Der Vorgang an sich war nicht ungewöhnlich. Die Generalstäbe in Berlin, Wien und Rom pflegten abseits ihrer Aussenministerien militärpolitische Steckenpferde, die sich oft an den politischen Realitäten vorbei bewegten. Der kämpferisch veranlagte Conrad fand sich mit der zögernden Politik Aehrenthals nicht ab. Der schweizerische Chef der Generalstabsabteilung bekundete Mühe mit der vorgegebenen Neutralität, auch wenn er sich in dieser Frage korrekter verhielt als seine Vorgänger im Amt. In einem Gespräch mit dem österreichischen Militärattaché Hauptmann Otto von Berlepsch soll Sprecher angeblich gesagt haben, er könne sich mit keinem Bundesrat über Militärallianzen unterhalten, da allen der Weitblick und der Mut zu ungewöhnlichen Aktionen fehle.[597]

Im Jahre 1907 erschien der österreichische Generalstabsoberst Eugen Hordliczka in Spezialmission in Bern. Es war vermutlich seine Aufgabe, die militärpolitische Situation an Ort und Stelle zu prüfen. Kurz darauf begann Hauptmann Berlepsch seine Arbeit als Militärattaché. Er baute mit viel Geschick die Beziehungen zur schweizerischen Armee aus. Im Jahre 1910 besuchte Generalstabschef Conrad von Hötzendorf die Schweiz. Er wurde mit für schweizerische Verhältnisse unüblichen Ehren empfangen und wohnte den Manövern einer Heereseinheit bei. Beobachter wollen gesehen haben, dass Conrad und Sprecher bei dieser Gelegenheit nicht nur die Landkarten der Manöverregion konsultierten, sondern in ihrem Tour d'horizon auf andern Karten weit über die Landesgrenzen hinaus gerieten. Der Gegenbesuch Sprechers in Wien wurde hinausgeschoben, bis Conrad von Hötzendorf nach einem unfreiwilligen Intermezzo wieder in sein Amt zurückgekehrt war. Was zwischen den beiden Partnern verhandelt wurde, ist nur in wenigen Aufzeichnungen überliefert. Man fühlte sich beobachtet und vermied einen verdächtigen schriftlichen Verkehr.

Zwischen den beiden Offizierskorps tauschte man Komplimente aus, Delegationen wurden zu Manövern eingeladen und bei zahlreichen Gelegenheiten die gegenseitige Freundschaft beteuert. Die österreichisch-schweizerische Harmonie war ausländischen Militärbeobachtern wohlbekannt. Sie wurde vor allem da, wo sie über den üblichen Komment hinausging, auch politisch gedeutet.

Conrad von Hötzendorf zog in einer Denkschrift aus seinen Erfahrungen beim Manöverbesuch in der Schweiz einige Schlüsse, die sich später als voreilig erwiesen. Es war die im schweizerischen Generalstab herrschende Stimmung, die den österreichischen General in die Irre führte. Sein Wunschdenken führte zu kühnen Schlüssen: «Was endlich die Schweiz anbelangt, so ist als beachtenswertes Moment die dort immer mehr Raum gewinnende Anschauung zu verzeichnen, dass sich die Schweiz durchaus nicht gebunden erachtet, von aktivem, kriegerischem Auftreten abzustehen, wobei insbesondere betont wird, dass speziell dem jungen Königreich Italien gegenüber eine derartige Neutralitätsverpflichtung nicht bestehe. Da nun die Schweiz gleichfalls von der italienisch-irredentistischen Agitation bedroht ist und gegen Italien sehr ungünstige Grenzverhältnisse hat, so ist bei entsprechender Politik zu hoffen, dass die Monarchie im Falle eines Krieges gegen Italien die Schweiz als Verbündeten zur Seite haben würde, worin ein ganz bedeutender militärischer Vorteil gelegen wäre.»[598]

Die engen Kontakte der Armeeführung mit dem österreichischen Generalstab waren für den Bundesrat kein Geheimnis. Einzelheiten über mögliche Absprachen kannte die Landesregierung zweifellos nicht. Auch blieben Vereinbarungen mit dem deutschen Generalstab, soweit sie existierten, ausschliesslich Sache des Generalstabs. Man erwartete, dass die Armeeführung sich für die sogenannten Ernstfälle rüste, machte sich aber über das Prozedere keine Gedanken. Die Regierung konnte in den Memoranden von Arnold Keller und Theophil Sprecher nachlesen, welche Fälle zu erwarten waren.

Im Jahre 1909 kam der schweizerische Generalstab in den europäischen Hauptstädten ins Gerede, als der englische Militärattaché in Rom und Bern, Charles Delmé-Radcliffe, in Berichten an sein Ministerium in London die Behauptung aufstellte, es bestehe eine geheime schweizerisch-österreichische Vereinbarung gegen

Italien. Der britische Oberst, der auch Militärattaché in Bern war, wusste von ähnlichen Absprachen mit dem Deutschen Reich zu berichten. Er verfügte über ausgezeichnete Beziehungen zum italienischen Generalstab und zu einigen Schweizer Offizieren.[599] Es blieb nicht bei einer einmaligen Enthüllung. Der Brite konnte auch im folgenden Jahr verblüffende Einzelheiten melden, die bald von der italienischen Presse verbreitet wurden.

Die Memoranden Delmé-Radcliffes nahm man anfänglich in der politischen Öffentlichkeit nicht ernst. Der englische Gesandte in der Schweiz lehnte die Thesen seines Militärattachés ab, denn er konnte sich einen so schwerwiegenden Bruch der Neutralität nicht vorstellen. In Paris reagierte man skeptisch. In Rom waren die Meinungen offensichtlich geteilt. Luigi Luzzatti, der ehemalige Ministerpräsident, sah für Italien konkrete Gefahren heraufziehen und bat den schweizerischen Gesandten im März 1911 um Aufklärung. Minister Pioda berichtete darüber dem Bundespräsidenten: «... ce dernier (Luzzatti) a fini par entrevoir des alliances de la Suisse contre l'Italie, et les ombres ont pris corps dans cette tête pleine d'imagination et l'ont poussé à s'ouvrir à moi et à me faire part de ses préoccupations. Comme je vous l'ai écrit, je les ai traitées d'absurdité.»[600] Der italienische Aussenminister Marquis di San Giuliano zeigte sich gegenüber den Behauptungen Delmé-Radcliffes skeptisch. Das war jedenfalls der Eindruck, den Pioda bei einer Unterhaltung gewann: «Il fit ironiquement allusion aux discours de Luzzatti et nous avons ris ensemble. Le Roi doit s'en être amusé aussi ...» Heiterkeit herrschte einige Monate später auch im bundesrätlichen Kollegium, nachdem Luzzatti am 4. August bei Ludwig Forrer in Bern erschienen war und seine Ängste wegen der vermuteten Militärallianz mit Österreich vorgetragen hatte.

Der italienische Politiker hatte bei dieser Gelegenheit noch andere Beschwerden vorzubringen. Er legte Forrer einen Aufsatz von Jakob Schollenberger auf den Tisch, der unter dem Titel «Die Neutralität der Schweiz» in der Zeitschrift «Wissen und Leben» gegen Frankreich und Italien gerichtete Tiraden enthielt.[601] Damit wies der italienische Politiker auf die anti-italienische Agitation hin, die nicht nur in militärischen Kreisen im Gange war. Schollenberger, Professor des schweizerischen Staatsrechts an der Universität Zürich, pflegte bei jeder Gelegenheit seine «private Hinneigung zum Deutschtum» zu betonen. Für anderssprachige Kulturen zeigte er überhebliche Verachtung. Was er in «Wissen und Leben» publizierte, war ein peinliches Elaborat, wie es für die politische Gesinnung mancher Akademiker in der deutschen Schweiz charakteristisch war. Von einem Dozenten der Universität Zürich verfasst, konnte das Pamphlet sehr wohl die Aufmerksamkeit italienischer Politiker erregen, denn es spielte offen mit dem Gedanken einer schweizerisch-österreichischen Allianz:

«Einen böseren, vexatorischeren Nachbarn als das heutige Italien hat die Schweiz noch nie gehabt, auch nicht an Frankreich, die ganze lange Geschichte des französischen Verhältnisses entlang. Das hat sie augenscheinlich dem Besitze des Tessin und der italiänischen Drehkrankheit, der Irredenta, anderseits zu verdanken. Italien ist darin zwar doch nicht ganz konsequent: einerseits besitzt es Teile, die nicht von Natur italiänisch sind, sondern erst dazu dressiert werden: Das Pomatt oberhalb Domo d'Ossola, und Chiavenna und Bormio, wie schon die früheren Namen Kleven und Worms beweisen – Teile, die gerade die Schweiz zur Ausgleichung ihrer Südgrenze nötig hätte –, und anderseits spekuliert es nur auf die österreichischen Landschaften Trient und Triest, den Kanton Tessin und die französischen Stücke Korsika und Nizza – warum nicht auch und vor allem auf Malta? Eben darum, und darum ist auch die kleine Schweiz der irredentistischen Gefahr am meisten ausgesetzt. (...) Österreich befindet sich mit seinem Welschtirol der unvernünftigen Irredenta gegenüber in der ganz gleichen Lage, und, militärisch bemerkenswert, seine Südspitze gegen Italien gleicht auch der Form nach auffallend unserem Kanton Tessin; gleiche Gefahren aber, gleiche Interessen und gleiche Brüder. Und wenn wirklich auch noch Nizza und Korsika ‹erlöst› werden sollten, so fände diese Art der Evangelisation noch einen Gegner mehr, der zum Dritten im Bunde werden könnte, um diese Hydra einmal auf die vorwitzigen Köpfe zu treten. Vielleicht käme die Schweiz dabei auch zu ihrer rechten Südgrenze.»

Bundesrat Forrer meinte, «Schollenberger sei etwas verrückt». Andere Politiker nannten den Professor einen Dummkopf. Doch der Schaden war nicht leicht zu beheben. Bis zum Ersten Weltkrieg hielten die gefährlichen Gedankenspiele zu beiden Seiten der Grenze an. In italienischen Zeitungen wurde das Thema «Militärallianz» weiter behandelt. Landesregierung und Parlament konnten auf die Dauer nicht schweigen. Am 4. Dezember 1912 sprach Bundespräsident Ludwig Forrer in einer Rede im Ständerat über das Verhältnis zu Italien.[602] «Die Beziehungen zwischen den beiden Regierungen sind auch heute ausnahmslos gut», meinte er einleitend. Zwischenfälle und Turbulenzen kämen vor, aber das geschehe auch mit den andern Nachbarn. Forrer erwähnte die guten Wirtschaftsbeziehungen und den für beide Länder bedeutenden Bevölkerungsaustausch, der positiv zu werten sei. Der «ungebührliche und freche Ton» gewisser italienischer Presseorgane sei zu beklagen, könne aber nicht der italienischen Regierung angelastet werden, die mehrmals ihr Bedauern ausgesprochen habe. Dann erwähnte der Bundespräsident den Besuch von Luigi Luzzatti. In Italien werde tatsächlich von Tausenden an eine österreichisch-schweizerische Militärallianz geglaubt, er könne jedoch nur einmal mehr erklären, dass daran kein wahres Wort sei. In diesem Zusammenhang durfte ein Hinweis auf die Donaumonarchie nicht fehlen. Er fiel skurril aus und wurde von österreichischen Diplomaten mit Stirnerunzeln zur Kenntnis genommen: «Wie stehen wir zu Österreich? Ausgezeichnet gut! Das Verhältnis ist dasjenige von zwei ältern Herren, die benachbarte Häuser bewohnen, sich täglich sehen und grüssen, ruhig ihrer Arbeit nachgehen und vor dem Zubettgehen nochmals die Zipfelmütze lüpfen und sich gute Nacht sagen.»

Nach Ausbruch des Ersten Weltkriegs im August 1914 blieb die Frage offen, ob Italien mit seinen Dreibund-Partnern in den Krieg ziehen oder sich auf die Seite der Westmächte schlagen werde. Als die italienische Regierung auf die schweizerische Neutralitätserklärung bloss mit einer Empfangsbestätigung reagierte, herrschte in Bern Alarmstimmung.[603] Der italienische Gesandte Rainero Paulucci gab Bundespräsident Hoffmann zu verstehen, dass seine Regierung nicht an eine neutrale Haltung der Schweiz glaube und den ungehinderten Durchmarsch österreichischer Truppen durch die Schweiz befürchte. Hoffmann und Paulucci fanden schliesslich eine Lösung, die den diplomatischen Anforderungen entsprach. Im September 1914 anerkannte Italien in aller Form die schweizerische Neutralität. Die Schweiz erklärte erneut, dass sie ihr Territorium gegen jeden Angreifer – also auch gegen Deutschland und Österreich – verteidigen werde.[604] Damit war das politisch Mögliche getan, das latente Misstrauen liess sich hingegen nicht so rasch beseitigen.

2 Der «Friedenskaiser» und die Weltherrschaft

Das seltsame Imperium Wilhelms II.

«Es ist in Unserem Hause Tradition, dass wir uns als von Gott eingesetzt betrachten, um die Völker, über die zu herrschen Uns beschieden ist, zu deren Wohlfahrt und zur Förderung ihrer materiellen und geistigen Interessen zu regieren und zu leiten.»[1] Wilhelm II. setzte diese pompöse Proklamation in die Welt, ohne sich von der seit 1871 bestehenden Reichsverfassung beirren zu lassen. Der junge Hohenzollern-Kaiser bestieg im Juni 1888 den Thron, nachdem sein todkranker Vater Friedrich III. nach einer Herrschaft von nur 99 Tagen gestorben war. Er verordnete sich selbst ein Gottesgnadentum, das er mit theatralischen Gesten zelebrierte und das gleich zu Beginn mit dem Makel behaftet war, dass man weder eine politisch fassbare Idee noch ein Programm erkennen konnte.

Kaiser Wilhelm I. hatte sich als «Bundesfeldherr» gesehen, dem das Präsidium des Bundes zustand, doch in erster Linie blieb er König von Preussen. Sein Enkel Wilhelm II. hingegen erhob sich auf die einsamen Höhen eines absolutistischen Herrschers, der nur noch im Nebenamt das Königreich Preussen verwaltete. Daneben gab es eine dem Monarchen verantwortliche Regierung, gelenkt von einem Reichskanzler, der gleichzeitig Ministerpräsident von Preussen war. Ähnlich verhielt es sich mit dem Reichstag, dem in seinen Kompetenzen arg eingeschränkten Parlament, welchem ein preussischer Landtag gegenüber stand. Die Duplizität der Institutionen und Aufgaben erleichterte die Regierungsarbeit nicht. Fürst Otto von Bismarck hatte es verstanden, die föderalistischen Strukturen mit Königreichen und Fürstentümern im Gleichgewicht zu halten. Im Laufe der Jahre verlor Preussen an Gewicht, Deutschland hingegen wurde preussischer. Nach dem Abgang des eisernen Kanzlers wollte Wilhelm II. nach seinem neuen Rollenverständnis das Regierungsgeschäft selbst in die Hand nehmen. In massloser Selbstüberschätzung degradierte er Reichskanzler und Minister zu Gehilfen. Das kam im Jahre 1897 in einer seiner berüchtigten Reden zum Ausdruck, in der er von Bismarck und Moltke als «Handlangern und Pygmäen» sprach.[2]

Vom Staatsverständnis her, das der neue Kaiser formulierte, hätte sich ein Umbau der Verfassung aufgedrängt, sofern man dem Schein nach eine konstitutionelle Monarchie aufrecht erhalten wollte. Zwar hatte sich auch Bismarck um verfassungsrechtliche Fragen wenig gekümmert, denn für ihn stand der König von Preussen souverän über der Regierung und war dem Parlament keine Rechenschaft schuldig. Für Wilhelm II. waren Formalien belanglos, denn es gab keine menschliche Instanz, der er sich verpflichtet fühlte. Eine Verfassung, die seinem sprunghaften Charakter und seiner labilen Gemütsverfassung entsprochen hätte, war nicht zu schaffen. Er bezog, wie er häufig betonte, seinen Auftrag und seine Eingebungen direkt von Gott, auch wenn sie schlicht der Erhaltung seiner Macht und andern irdischen Anliegen galten. Zwei Symbole umschrieben – auf eine vulgäre Formel gebracht – seinen monarchischen Anspruch: Pickelhaube und Heiligenschein.

Das Kaisertum stand in einem seltsamen inneren Widerspruch zum kleindeutschen Reich, so wie es Bismarck geformt hatte. Friedrich III. hatte eine Kontinuität vom mittelalterlichen Kaiserreich zur preussisch-deutschen Gegenwart konstruiert, doch dieser Zusammenhang war wenig glaubwürdig. Die Insignien des Römischen Reichs Deutscher Nation lagen in Wien, unerreichbar für die Hohenzollern. Man wollte das von Bismarck begründete Bündnis mit den Habsburgern nicht durch einen Streit um Symbole gefährden. Preussen hatte im Jahre 1866 mit dem Sieg bei Königsgrätz den Gedanken an ein grossdeutsches Reich aus dem Blickfeld der Zeitgenossen verbannt. Kaiser Wilhelm II. legte wenig Wert auf eine historische Legitimation, die in gefährliche Nähe zur katholischen Kirche hätte führen können. Da lag es auf der Hand, von einem protestantischen Kaisertum zu sprechen, obschon dieser Anspruch in mancher Hinsicht fragwürdig war.

Der junge Monarch war in seiner Überheblichkeit nicht auf das Plazet der Geschichte angewiesen. Sein Kaisertum ist denn auch, wie der englische Historiker John C. G. Röhl darlegt, als eigenständige Epoche mit eigener Gesetzmässigkeit in die deutsche Verfassungsgeschichte einzuordnen.[3] Kritiker warfen dem Kaiser vor, ein «persönliches Regiment» zu führen. Damit taten sie dem turbulenten Gebaren Wilhelms II. zu viel Ehre an. Der oberste Herr im Reich zeigte zwar eine rasche Auffassungsgabe und vielfältige Interessen, war aber unfähig zu konstanter Arbeit. In allen Dingen, die er anfasste, erwies er sich als Dilettant. Was er unter «Regieren» verstand, hatte wenig mit ausdauerndem politischen Handeln zu tun. Dieses mühsame Geschäft blieb dem Reichskanzler überlassen. Der Monarch tat sich hervor mit Einfällen, Kapriolen und Kehrtwendungen, die ihm den Spitznamen «Wilhelm der Plötzliche» eintrugen. Dabei unterstützte ihn eine gefügige Kamarilla.

In den neunziger Jahren wurde die politische Sprache unter Wilhelm II. rauher. Es war häufig von Frieden die Rede, doch der «Friedenskaiser» zeigte unentwegt auf seine Kanonen. Zum Albtraum für Politiker wurden die meist improvisierten Reden des Monarchen, der sich im Stile eines Bramarbas zu hemmungslosen Tiraden hinreissen liess. In Paris hatte man sich schon vor der Thronbesteigung Sorgen gemacht, denn der Wortschatz des Kronprinzen liess nichts Gutes ahnen. Besorgt war man vor allem darüber, dass dem unberechenbaren Herrscher mit dem Oberbefehl über die Streitkräfte ein gefährliches Instrument in die Hand gegeben wurde.

Der schweizerische Gesandte Charles Lardy meldete die französischen Bedenken pflichtgemäss nach Bern. Die Einschätzung in London wich nicht wesentlich von jener in Paris ab. Premierminister Robert Salisbury sprach vom unausgeglichenen Charakter Wilhelms II. und äusserte Zweifel an seinem mentalen Habitus: «… the Emperor Wilhelm must be a little off his head.»[4]

Die Berichte der Schweizerischen Gesandtschaft in Berlin klangen hingegen über Jahre hinweg positiv. Der Genfer Diplomat Alfred de Claparède, der im Sommer 1888 den abwesenden Gesandten Arnold Roth vertrat, schrieb in einem behutsamen Kommentar: «Die Gesinnung des jungen Kaisers ist im vergangenen Winter vielfach Gegenstand von Erörterungen geworden, welche sich als durchaus unstichhaltig erwiesen haben. Man schrieb ihm vor seiner Thronbesteigung kriegerische Absichten, kirchliche Intoleranz und reaktionäres Streben zu, im wesentlichen jedoch mit Unrecht. Er wird, glaube ich, gerade wie sein Grossvater ohne weitere Beklemmungen alle politischen Umwandlungen durchmachen, welche die Staatsraison ihm gebieten wird.»[5] Der Kaiser sei ein «leidenschaftlicher Soldat», habe aber eine noch grössere Leidenschaft für die Marine. Weder de Claparède noch Roth wollten in Fragen der Person zu weit gehen. In Bern war man offensichtlich mit dieser Haltung zufrieden.

Den fatalen Hang des «leidenschaftlichen Soldaten» zu militärischen Spielereien erlebte Generalstabschef Alfred Graf von Waldersee, der ursprünglich im Monarchen einen heimlichen Verbündeten in seinem verbissenen Kampf gegen Reichskanzler Bismarck gesehen hatte. In seinen Memoiren beschrieb er die ungemütliche Situation: «Er beginnt sich militärisch zu fühlen und möchte infolgedessen nicht mehr von mir abhängig erscheinen. Und doch, welch ein Dilettantismus bei ihm gerade auf militärischem Gebiete! Wollte er im Kriege das Kommando führen, nicht bloss formell wie sein Vater oder Grossvater, es gäbe ein Unglück.» An anderer Stelle klagte Waldersee: «Er will sein eigener Chef des Generalstabes sein! Gott schütze das Vaterland!»[6]

Charakter und Persönlichkeit des Kaisers wurden von den Zeitgenossen vor allem durch seine spontanen Reden wahrgenommen. Mit Vorliebe sprach der Monarch zu seinen Soldaten, denn vor militärischem Publikum brauchte er sich keine Zügel anzulegen. Er sah sich dabei stets in der Rolle des Feldherrn, der im Auftrag des Allmächtigen für Ordnung auf der Welt sorgte. Es blieb jeweils dem Reichskanzler überlassen, den verheerenden Eindruck durch beschwichtigende Interpretationen zu dämpfen. Kritische Kommentare wurden von Wilhelm II., wenn sie überhaupt sein Ohr erreichten, unwillig beiseite geschoben. Dabei kamen die mahnenden Stimmen nicht bloss von den Gegnern seiner Herrschaft. Der gute Patriot Theodor Fontane zum Beispiel meinte nach einer Rede des Kaisers: «Mir wird himmelangst.»[7] Es gehörte zu den auffallenden Eigenschaften des Monarchen, nach seinem Gusto eine imaginäre Welt einzurichten, in der er schalten und walten durfte. Diesen Anspruch bekräftigte er in Reden zur Innen- und Aussenpolitik und zeigte sich jeweils erstaunt, wenn die Realität seinen Einfällen nicht entgegenkam.

In den ersten Jahren der Wilhelminischen Herrschaft war vom sozialen Kaisertum die Rede. Wilhelm II. waren die Nöte des Proletariats bekannt, und er bekundete anfänglich die Absicht, einiges zur Linderung der sozialen Probleme zu unternehmen. Dabei wollte er die ihm verhasste Sozialdemokratie aus dem politischen Geschäft verdrängen, denn sie gefährdete seiner Meinung nach mit internationalen und demokratischen Allüren sein Kaisertum. In den neunziger Jahren wandte er sich jedoch von der Sozialpolitik ab und schlug in seinen Reden auf die Sozialisten ein, die inzwischen in Politik und Gesellschaft eine feste Grösse darstellten: «Ehe nicht die sozialdemokratischen Führer durch Soldaten aus dem Reichstag herausgeholt und füsiliert sind, ist keine Besserung zu erhoffen», erklärte er im Jahre 1899.[8] Wie einfach sich die Zusammenhänge zwischen Innen- und Aussenpolitik in den Augen des Herrschers ausnahmen, kam anlässlich der Marokko-Krise von 1905 zum Ausdruck. In der Diskussion über einen möglichen Präventivkrieg gegen Frankreich empfahl der Kaiser: «Erst die Sozialisten abschiessen, köpfen und unschädlich machen, wenn nötig per Blutbad, und dann Krieg nach aussen; aber nicht vorher und nicht à tempo.»[9]

«Schwarzseher dulde ich nicht!»[10] Mit diesem Bescheid pflegte Wilhelm II. besorgte Beobachter zum Schweigen zu bringen. Zivilcourage war am Hof und in der Regierung eine seltene Tugend. Es galt die Parole «Nacken steif», wenn man den geschuldeten Kadavergehorsam zelebrierte. Nicht jede Fehlleistung der deutschen Politik während den dreissig Jahren seiner Herrschaft kann dem Monarchen angelastet werden, aber das verfassungsrechtlich undurchsichtige System lud zu Duckmäusertum ein.

In den neunziger Jahren wurde imperialistisches Gehabe zu einem bestimmenden Merkmal in der deutschen Politik. Es war die Zeit des alldeutschen Frühlings, in der man sich mit der von Bismarck verordneten kleindeutschen Lösung nicht mehr abfand. Der Kaiser und die Reichsregierung sonnten sich im Gefühl ihrer kontinentalen Vormachtstellung. Der Dreibund besetzte zentrale territoriale Positionen in Europa, mit Russland kam man vorläufig noch leidlich zurecht. Eine Allianz mit England, das im Mittelmeer den Dreibund-Partner Italien unterstützte, war bis zur Jahrhundertwende denkbar.[11] Frankreich stand allein und wurde in Afrika von der britischen Weltmacht bedrängt. Das Deutsche Reich als militärisch und wirtschaftlich stärkste Macht auf dem Kontinent sah sich in einer komfortablen Position mit Optionen, die eine gesicherte Zukunft versprachen. Doch das Kaiserreich fand sich in massloser Selbstüberschätzung mit der europäischen Enge nicht ab. Wilhelm II. warf die kleindeutsche Genügsamkeit über Bord und begab sich auf die Weltmeere. Nun war von «Weltpolitik» die Rede. In ihrer Überheblichkeit verschleuderten Kaiser und Reichsregierung in zwei Jahrzehnten das politische Kapital und manövrierten das Land in die Isolierung.

Wilhelm II. und Admiral Alfred von Tirpitz leiteten im Jahre 1894 die unvernünftige Flottenrüstung ein, die zum Konflikt mit der englischen Seemacht führen musste. Es gelte, den deutschen Handel und den Weg zu den Kolonien zu schützen, lautete das vorgeschobene Argument. Wäre die Überwachung der Seewege das wirkliche Anliegen gewesen, so hätte man sich mit einer Kreuzerflotte begnügen können. Schwere Schlachtschiffe, die in der Nordsee stationiert waren, konnten nur einen Zweck haben, nämlich die Konfrontation mit der englischen Flotte. Der Kaiser erläuterte seine Vision von der «Weltmachtstellung des deutschen Volkes» im Juni 1900 in einer Rede, als in Wilhelmshafen ein neues Linienschiff von Stapel lief: «Der Wellenschlag des Ozeans klopft mächtig an unseres Volkes Tore und zwingt es, als ein grosses Volk seinen Platz in der Welt zu behaupten, mit einem Wort, zur Weltpolitik. Der Ozean ist unentbehrlich für Deutschlands Grösse. Aber der Ozean beweist auch, dass auf ihm und in der Ferne jenseits von ihm ohne Deutschland und ohne den Deutschen Kaiser keine grosse Entscheidung mehr fallen darf. Ich bin nicht der Meinung, dass unser deutsches Volk vor 30 Jahren unter der Führung seiner Fürsten gesiegt und geblutet hat, um sich bei grossen auswärtigen Entscheidungen beiseite schieben zu lassen. Geschähe das, so wäre es ein für allemal mit der Weltmachtstellung des deutschen Volkes vorbei, und Ich bin nicht gewillt, es dazu kommen zu lassen. Hierfür die geeigneten, und wenn es sein muss, auch die schärfsten Mittel rücksichtslos anzuwenden, ist Meine Pflicht nur, Mein schönstes Vorrecht.»[12]

Der Ausbau der Flotte wurde durch zwei Flottengesetze in den Jahren 1898 und 1900 und durch die Flottennovellen von 1906, 1908 und 1912 vorangetrieben. Der Reichstag liess sich, obschon eher dem Binnenland zugewandt, in das Programm einspannen. Die publizistische Unterstützung kam breitspurig daher. Wortreich meldeten sich der Alldeutsche Verband und der Flottenverein. Es ging letzten Endes darum, die englische Seeherrschaft zu brechen.

Die Reaktion in England liess nicht auf sich warten. Im Jahre 1901 begann man mit einer massiven Verstärkung der Flotte. Einige Jahre später wurden überschwere Linienschiffe vom Typ «Dreadnought» auf Kiel gelegt. Die deutsche Marine hatte keine andere Wahl, als ihren Schiffbau auf die neuen Grössenordnungen und Normen abzustimmen. Sie liess sich damit auf einen aussichtslosen Wettbewerb ein, bei dem sie aus finanziellen Gründen nicht mithalten konnte. Jedem neu konstruierten deutschen Linienschiff standen zwei englische Neubauten gegenüber.

Die politischen Folgen für das Deutsche Reich waren auf die Dauer verheerend. England hatte ursprünglich seinen Flottenbau auf den möglichen Gegner Frankreich ausgerichtet. Jetzt aber fühlte sich das Inselreich von Deutschland bedroht. Die englische Diplomatie suchte den Ausgleich mit den Weltmachtgegnern vergangener Tage. Im Jahre 1904 schloss man eine «Entente» mit Frankreich, 1907 folgte ein entsprechendes Abkommen mit Russland. Auch zwischen Frankreich und dem Zarenreich gab es ein Bündnis. Das kaiserliche Deutschland, in dem so oft vom zukünftigen Krieg geredet wurde, stand nicht bloss dem militärisch gering eingeschätzten französischen «Erbfeind» gegenüber, sondern auch dem britischen Weltreich. Wie man unter diesen Umständen «Weltpolitik» betreiben konnte, blieb das Geheimnis Wilhelms II.

Als im Jahre 1900 in China der Boxeraufstand im Gange war, sandten die europäischen Mächte, die Vereinigten Staaten und Japan Truppen in das unruhige Reich. Für Deutschland bot sich erstmals Gelegenheit zu einer weit ausholenden weltpolitischen Aktion. Der Kaiser fühlte sich persönlich herausgefordert, denn der deutsche Gesandte in der chinesischen Hauptstadt war von den Aufständischen ermordet worden. «Peking muss rasiert werden», forderte er in einer ersten Reaktion. Vor den in Bremerhafen in See gehenden Truppen hielt er am 27. Juli 1900 seine berüchtigte «Hunnenrede», in der er seine Soldaten zu martialischem Vorgehen ermunterte: «Eine grosse Aufgabe harrt eurer: ihr sollt das grosse Unrecht, das geschehen ist, sühnen. Die Chinesen haben das Völkerrecht umgeworfen, sie haben in einer in der Weltgeschichte nicht erhörten Weise der Heiligkeit des Gesandten Hohn gesprochen. Es ist das umso empörender, als das Verbrechen begangen worden ist von einer Nation, die auf ihre uralte Kultur stolz ist. Bewahrt die alte preussische Tüchtigkeit, zeigt euch als Christen im freudigen Ertragen eurer Leiden, mögen Ehre und Ruhm Euren Fahnen und Waffen folgen, gebt an Manneszucht und Disziplin aller Welt ein Beispiel. Ihr wisst es wohl, ihr sollt fechten gegen einen verschlagenen, tapferen, gut bewaffneten, grausamen Feind. Kommt ihr an ihn, so wisst: Pardon wird nicht gegeben. Gefangene werden nicht gemacht, führt eure Waffen so, dass auf tausend Jahre hinaus kein Chinese mehr es wagt, einen Deutschen scheel anzusehen. Wahrt Manneszucht, der Segen Gottes sei mit euch, die Gebete eines ganzen Volkes, Meine Wünsche begleiten euch, jeden einzelnen. Öffnet der Kultur den Weg ein für allemal! Nun könnt ihr reisen! Adieu, Kameraden!»[13]

Unter dem «Friedenskaiser» schritt die Militarisierung der deutschen Nation kräftig voran. Eine Zeitlang durften die Untertanen noch ahnungslos sein, aber nach der Jahrhundertwende wurde für jedermann sichtbar, dass sich das Reich mit seiner imperialen Politik auf einer schiefen Bahn befand. Es gab kritische Stimmen, doch die Opponenten gerieten rasch in den Verdacht des Sozialismus. Das zur «Deutschheit» erzogene Bürgertum liess sich ohne vernehmbaren Widerspruch um seine demokratischen Rechte betrügen. Schliesslich profitierte man vom ökonomischen Aufschwung, der die deutsche Wirtschaft an die erste Stelle auf dem Kontinent gebracht hatte. Die Staatsidee blieb so unklar, wie sie es zu Beginn der Wilhelminischen Herrschaft gewesen war. Ein Beispiel dafür sind die Bemühungen des Theologen und Publizisten Friedrich Naumann, der aus dem Liberalismus hervorgegangen war und mit seiner national-sozialen Bewegung auf ein soziales Kaisertum mit religiösem Hintergrund zusteuerte.[14] Der sozialliberale Politiker sah den Kaiser als Moderator im gesellschaftspolitischen Kräftespiel. Der Monarch hatte gleichzeitig imperiale und soziale Aufgaben zu erfüllen.

Die unendlichen Bemühungen Naumanns, unvereinbare Positionen miteinander zu verknüpfen, brachten angesichts der auseinanderstrebenden Interessen nur bescheidene Ergebnisse.[15] Der Widerspruch lag in der Person selbst. Naumann gestand, gleichzeitig Christ, Darwinist und Imperialist zu. Die Aufgaben des Kaisers umschrieb er im Jahre 1898 mit den folgenden Worten: «... es handelt sich schliesslich um den Kampf grosser Organisationen und Nationalitäten, um die Verteilung der Erdkugel, um die Frage, ob wir in der Zukunft eine Dependenz des Engländertums werden, oder aber, ob wir mit allen Muskeln und Sehnen uns in die Zukunft einen Weg bahnen, koste es, was es wolle. In dieser letzteren Hinsicht hat unser Kaiser seine Aufgabe erfasst.»[16] Der deutsche Imperator hatte im neuen Jahrhundert zu wählen zwischen politischen und wirtschaftlichen Interessengruppen. Dabei neigte er trotz seinen romantischen Visionen zur sogenannten «Diktatur des Industrialismus», eine durchaus praktische Entscheidung, die ihn gelegentlich in Gegensatz zu den Junkern und zum preussischen Königtum brachte.

Peinlich war der Umstand, dass der protestantische Kaiser im Reichstag auf die Unterstützung durch das katholische Zentrum angewiesen war. Eine vermutete Annäherung Wilhelms II. an die Katholiken, die Palästina-Reise und die Audienz bei Papst Leo XIII. schreckte protestantische Kreise auf und erzeugte eine neue Kulturkampfstimmung. Bereits in den neunziger Jahren schrieb ein erboster Publizist: «Wie können Römlinge wagen, sich als die nationalen Hüter zum deutschen Kaiserthron zu drängen?»[17] Der Kaiser selber kümmerte sich wenig um theologische Querelen und Positionskämpfe konfessioneller Gruppen, solange sie nicht seiner Politik in die Quere kamen. Bei Gelegenheit äusserte er sich ex Cathedra zu religiösen Fragen. Er kritisierte mit rüdem Vokabular die katholische Kirche und insbesondere die Jesuiten. Dann sprach er wieder von «seinen Bischöfen» und meinte damit das katholische Episkopat.

Das Regime Wilhelms II., das in einem seltsamen Dualismus zwischen Hof und Regierung funktionierte, wurde von Zeitgenossen im In- und Ausland kommentiert. Es fiel den Kritikern schwer, zwischen den Allüren des autoritären Monarchen und den Mängeln des Systems zu unterscheiden, denn die Grenzen waren verwischt. Der englische Historiker Röhl meinte im Rückblick, Wilhelm II. sei in jedem Fall die Schlüsselfigur für das Verständnis der Hybris und Nemesis des deutschen Nationalstaats: «Wie die Gesellschaft, über die er herrschte, war Wilhelm zugleich brillant und bizarr, aggressiv und unsicher.»[18]

Als gnadenloser Gegner des Monarchen trat der Publizist Maximilian Harden in seiner Zeitschrift «Die Zukunft» auf. Er war kein politischer Denker, fand aber im seltsamen Geschehen am Kaiserhof Stoff genug für seine in bombastischem Stil vorgetragenen Attacken. Auch im engern Kreis um den Kaiser wurde das Gebaren am Hof diskutiert. Im Jahre 1895 schrieb Friedrich von Holstein an Philipp Graf zu Eulenburg, er betrachte das, was Wilhelm II. sich leiste, als «ein Operettenregiment, aber keines, was ein europäisches Volk Ende des 19. Jahrhunderts sich gefallen lässt».[19] Die beiden Männer gehörten zur innersten Führungsriege im Reich. Holstein war Vortragender Rat im Auswärtigen Amt und Berater der Reichskanzler Caprivi und Hohenlohe, Eulenburg galt als engster Freund des Kaisers und als mächtige Figur im Hintergrund, welche die Fäden zwischen Hof und Regierung zog. Eulenburg und Holstein setzten mit List und Intrigen – und der geneigten Komplizenschaft ihres obersten Herrn – Minister ein und ab, sandten die ihnen genehmen Diplomaten in die europäischen Hauptstädte und entschieden wenn nötig über Berufung und Entlassung des Reichskanzlers.

Philipp Eulenburg nahm die Kritik Holsteins am Kaiser nicht an. Als Vertrauter des Monarchen und Meister einer undurchsichtigen Geheimpolitik gab er seinem Kontrahenten zu verstehen, er werde mit seinem kaiserlichen Freund «durch dick und dünn» gehen. Holstein sei zwar kein Antimonarchist, aber ein «Parlamentarist». Mit diesem Vorwurf kam Eulenburg dem preussisch-konservativen Staatsverständnis nahe, das hinter einer parlamentarischen Verfassung liberale oder sozialistische Umsturzgedanken vermutete. Die hervorstechendste Eigenschaft des Kaisers sei «die ritterliche – im Sinne der schönsten Zeit des Mittelalters mit Frömmigkeit und Mystik».[20]

In seinem persönlichen Verhalten fiel Wilhelm II. nicht in erster Linie durch «Frömmigkeit und Mystik» auf. Uniformennarr, Charmeur und Bramarbas, gefürchtet wegen hemmungsloser Wutausbrüche und vielleicht noch mehr wegen seines eigenartigen Humors, den er der Gesellschaft am Hof zuteil werden liess. Er benahm sich taktlos und unberechenbar. Seine Scherze waren gefürchtet. So liess er Generäle in Balleträckchen tanzen, durchschnitt Admiralen die Hosenträger mit dem Taschenmesser und schikanierte auf seiner Jacht «Hohenzollern» die alten Herren seiner militärischen Umgebung mit läppischen turnerischen Strapazen.

Der Geisteszustand Wilhelms II. war unter Diplomaten in ganz Europa ein Thema. Man rätselte darüber, ob der mächtigste Mann auf dem Kontinent «nicht zurechnungsfähig» oder «periodisch gestört» sei. Der Kaiser und seine angeschlagene Psyche beschäftigten die Psychiater, die im obersten Herrn ein dankbares Exempel für ihre junge Wissenschaft fanden. Der Befund bewegte sich zwischen «nicht stabil» und «nicht normal», gemessen an der Position des Mannes ein erschreckendes Bild. Wilhelm II. wurde, so die Meinung etlicher Beobachter, nie reif und fand in seinem Leben keine Zeit zu lernen.

Es lag nahe, die psychischen Störungen mit den bei der Geburt erlittenen körperlichen Schäden in Verbindung zu bringen. Für jedermann sichtbar war der um 15 Zentimeter zu kurze linke, nicht zu gebrauchende Arm. Noch mehr ins Gewicht fielen die schmerzhaften Wucherungen im innern Ohr, die man auch mit einer Operation nicht beseitigen konnte. Der Verdacht lag nahe, dass auf diesem Weg das Gehirn Schaden genommen hatte. Von den Gebrechen nicht zu trennen war vermutlich die Hassliebe Wilhelms II. auf seine Mutter Viktoria, die älteste Tochter der Queen Victoria. Für die Zeitgenossen bot sich eine weitere Vermutung an: Aus dem familiären Drama liess sich die England feindliche Gesinnung des Kaisers ableiten, die in letzter Konsequenz fatale politische Folgen produzierte.

Philipp Eulenburg scheint den jungen Wilhelm, der stets für Experimente offen war, in die Welt des Okkultismus eingeführt zu haben. Zwischen Mystik, Spiritismus und Politik bewegte sich die «Liebenburger Tafelrunde», die vom Günstling des Kaisers geleitet wurde. Der Monarch gesellte sich gelegentlich selber zur Runde, die eine Zeitlang eine feste Grösse im politischen Machtgefüge darstellte. Dann holte Maximilian Harden zum Schlag gegen die von Geheimnis umgebene Männergesellschaft aus. Auf seine Anzeige hin wurde am 8. Mai 1908 Eulenburg wegen Homosexualität verhaftet, damals ein strafbares Delikt. Gegen den Fürsten und andere Persönlichkeiten aus dem Liebenburger Kreis wurde ein Prozess geführt, der die Wilhelminische Herrschaft in peinlicher Weise traf. Das Verfahren gegen Eulenburg musste eingestellt werden, da der Angeklagte vor Gericht zusammenbrach. Der Freund des Kaisers verlor seine beherrschende Stellung. Maximilian Harden versuchte, auch Wilhelm II. in die Affäre hineinzuziehen. Ob der Monarch über das homosexuelle Milieu in Liebenburg im Bilde war, liess sich weder damals noch später mit Sicherheit feststellen. Die meisten Akten und Korrespondenzen zum Fall sind inzwischen vernichtet worden.[20]

Die irrationalen Hintergründe einer Politik, die «Weltmacht» forderte, liessen für die deutsche Zukunft nichts Gutes ahnen. Das System mit dem unkontrollierten Machtgehabe des Imperators und dem gegenüber keinem Parlament verantwortlichen Gefolge führte in die Katastrophe. Ein deutscher Admiral drückte, wenn auch zu spät, dieses Gefühl nach dem Waffenstillstand im Herbst 1918 aus: «Was Deutschland in den letzten drei Jahrzehnten gesündigt hat, muss es büssen. Es war politisch erstarrt durch das blinde Vertrauen, die sklavische Unterordnung unter den Willen eines in Eitelkeit und Selbstüberschätzung strotzenden Narren.»[22]

Man wird nie zuverlässig abwägen können, wie weit die Abneigung Wilhelms II. gegenüber seiner Verwandtschaft im englischen Königshaus den Konflikt zwischen den beiden Nationen beeinflusst hat. Seinem Ehrgeiz, Europa zu beherrschen, standen Frankreich und Russland entgegen, doch dieser Gegensatz wurde nach der Jahrhundertwende vom höher stehenden Anspruch auf Weltherrschaft überlagert. Ein massloses Ziel, das nur mit einem Sieg über die englische Flotte erreicht werden konnte. Gegen Ende des ersten Dezenniums forderten die in den Kategorien des Landkriegs denkenden Generäle immer wieder den Präventivkrieg gegen Frankreich, das für sich allein militärisch unterlegen war. Russland hatte den Krieg gegen Japan verloren und war innenpolitisch durch soziale Spannungen geschwächt. Doch das war eine kontinentale Optik. Admiral Tirpitz pflegte den kriegerischen Eifer seiner Kollegen vom Landheer mit dem Hinweis zu dämpfen, die Flotte sei noch nicht bereit. Man wusste in Berlin, dass England bei einem deutschen Angriff zugunsten Frankreichs intervenieren würde. Daraus ergaben sich schwindelerregende Perspektiven, denn ein derartiger Konflikt griff unweigerlich über Europa hinaus. Die Früchte, die man mit Weltmachtpolitik pflücken wollte, hingen auf jeden Fall höher als die Trophäen der kontinentalen Bühne.

Der unsichere politische Kurs gegenüber England geriet regelmässig durch peinliche Eskapaden des Kaisers ins Schlingern. Ein frühes Signal sandte der Monarch mit dem «Krüger-Telegramm» im Januar 1896 aus, in dem er den Präsidenten von Transvaal für seinen Sieg über ein britisches Invasionskorps bei Krügersdorp beglückwünschte. Englische Vorschläge, die beiderseitige Flottenrüstung zu begrenzen, empfand Wilhelm II. als persönliche Beleidigung. Auf der Zweiten Haager Friedenskonferenz des Jahres 1907 kam die unter militärischem Diktat stehende Haltung des Deutschen Reichs offen zum Ausdruck. Die deutsche Delegation wies jeden Versuch, zu einem Abkommen über allgemeine Abrüstung zu gelangen, kategorisch zurück. Ebensowenig wollte man sich auf eine wirksame internationale Schiedsgerichtsbarkeit einlassen. Damit stand Deutschland ziemlich isoliert da. In wesentlichen Punkten wurde es jedoch von der Schweiz unterstützt, was immerhin auf eine seltsame politische Abhängigkeit schliessen liess.

Im November 1907 besuchte Kaiser Wilhelm II. seine englischen Verwandten auf Schloss Windsor, um seine friedliche Gesinnung zu bekunden. Doch die bombastische Geste wurde durch eine Taktlosigkeit erster Güte um ihre Wirkung gebracht. Einen Tag nach der Abreise des Kaisers kündigten Reichskanzler Bernhard Fürst von Bülow und Admiral Tirpitz eine neue Flottennovelle an, in der das erweiterte Rüstungsprogramm für die Seestreitkräfte enthalten war.[23]

Am 28. Oktober 1908 folgte das berüchtigte «Daily-Telegraph»-Interview. Im Stil eines verschmähten Liebhabers klagte Wilhelm II. darüber, dass seine Bemühungen um Freundschaft vom englischen Volk verkannt würden. Er kam auf den Burenkrieg zu sprechen, der in ganz Europa anti-englische Gefühle geweckt hatte. Das deutsche Volk sei in dieser Sache gegen England feindlich eingestellt gewesen. Nur er, der Monarch, sei zum Inselreich gestanden. Er habe Frankreich und Russland von einer diplomatischen Intervention abgehalten. Im übrigen sei die deutsche Flottenrüstung nicht gegen Grossbritannien gerichtet. Man wolle den Handel schützen und müsse vor allem im Pazifik bereit sein. England werde eines Tages darüber glücklich sein, wenn es im Fernen Osten mit der Unterstützung durch die deutsche Flotte rechnen könne. Dann kam eine groteske Enthüllung: Er, Wilhelm II. selber, habe einen Feldzugsplan gegen die Buren ausgearbeitet und das Papier der Queen gesandt. Die von Lord Roberts geführten erfolgreichen Operationen hätten – «as a matter of curious coincidence» – weitgehend seinen Vorschlägen entsprochen.[24]

Mit diesem politisch leichtfertigen Geschwätz beleidigte Wilhelm II. sein eigenes Volk, dessen englandfeindliche Stimmung er kritisierte, und die englische Armee, die angeblich auf seine Operationspläne angewiesen war. Der Vorgang brachte gleichzeitig die Strukturschwächen des Regierungssystems an den Tag. Der Kaiser hatte den Text des Interviews an Reichskanzler Bülow gesandt, der die Sache offenbar nicht ernst nahm und den Entwurf kommentarlos an das Auswärtige Amt weiterleitete. Nun war Zivilcourage nicht eben ein Merkmal der deutschen Diplomaten und Beamten. Korrekturen an einem kaiserlichen Text hätten ein Risiko heraufbeschworen, das man nicht eingehen wollte. Also wurde das Interview zur Publikation freigegeben.

Die kaiserliche Plauderei erregte in der deutschen Presse und in der Weltöffentlichkeit ungeheures Aufsehen. Es folgte eine Debatte im Reichstag, in der sich Politiker aller Parteien über die verantwortungslosen Exkurse des Monarchen ereiferten. Reichskanzler Bülow hielt eine Verteidigungsrede, in der er die Schuld auf sich nahm und dennoch leise Kritik an seinem Herrn anklingen liess. Der Kaiser unterschrieb eine verklausulierte Erklärung, in der er sich bereit erklärte, zur Stabilität des Reichs beizutragen. Gleichzeitig beschuldigte er Fürst Bülow, ihn nicht richtig verteidigt zu haben. Er nannte den Reichskanzler einen «Verräter», und es war offensichtlich, dass die Tage des Regierungschefs in seinem Amt gezählt waren.

Noch bevor die Debatte um die «Daily-Telegraph»-Affäre beendet war, bescherte Wilhelm II. seinen getreuen Untertanen eine weitere Peinlichkeit. Es handelte sich um das sogenannte «Hale-Interview», das der Kaiser einem amerikanischen Journalisten auf seiner Jacht «Hohenzollern» gewährte. Das Gespräch hätte im Magazin «Century» erscheinen sollen. Diesmal korrigierte und bearbeitete das Auswärtige Amt den Text, bevor er an die amerikanische Zeitschrift gelangte. Dabei nahmen die Bedenken überhand, und die deutsche Regierung kaufte die bereits gedruckten Exemplare des Magazins «Century» auf. Doch die wesentlichen Aussagen drangen dennoch an die Öffentlichkeit. Sie standen in krassem Gegensatz zu den vom Monarchen im «Daily-Telegraph»-Interview vorgebrachten Behauptungen und fielen durch ihre gegen England gerichteten Angriffe auf. Im Mittelpunkt der kaiserlichen Gedankengänge stand die von Japan ausgehende «gelbe Gefahr». Wilhelm II. verurteilte die Engländer wegen ihrer Ostasienpolitik und prophezeite den baldigen Untergang des Weltreichs: «Es ist traurig, über England zu sprechen. England ist ein Verräter an der Sache des weissen Mannes. Die Dummköpfe dort haben die Regierung in eine absolut unmögliche Position gebracht. Ich sage Ihnen, das Weltreich wird an diesem Felsen zerschellen. Wenn sie auf dieser ihrer Allianz mit Japan bestehen, dann kann ich nicht sehen, wie das Britische Weltreich vor dem Auseinanderbrechen gerettet werden kann.»[26] Das Interview war ein plumper Annäherungsversuch an Theodor Roosevelt, den Präsidenten der Vereinigten Staaten. Der deutsche Kaiser schlug dem amerikanischen Präsidenten eine Vereinbarung zum Schutze Chinas vor und trug ihm deutsche Hilfe im unvermeidlichen Kampf zwischen Amerika und Japan an. Doch damit hatte er seinen weltpolitischen Exkurs noch nicht beendet. In seiner selbstverordneten Rolle als protestantischer Pontifex griff er die katholische Kirche mit ihren Glaubensinhalten an und beleidigte damit einen beträchtlichen Teil des deutschen Volkes.

Die Erregung in deutschen Landen war unverkennbar, und hinter vorgehaltener Hand diskutierte man die Frage, ob man den Monarchen, der dermassen die Kontrolle über sich selbst verloren hatte, zum Schweigen bringen oder absetzen könne. Wilhelm II. selber zog sich für einige Tage auf ein Gut des österreichischen

Thronfolgers Franz Ferdinand zurück, schoss 65 Hirsche und erschien nach weiteren Jagdvergnügen wieder in Berlin. Hier fiel er in eine Depression und verschwand eine Zeitlang von der Szene. Er scheint an Rücktritt gedacht zu haben. Doch die verantwortungslosen Dummheiten blieben ohne Folgen. Eigenständiges Handeln war weder den deutschen Politikern noch den Untertanen der Hohenzollern gegeben. Den Monarchen von Gottesgnaden konnte man nicht absetzen. Der Fall war in der Konstitution nicht vorgesehen.

Im Juli 1909 wurde Reichskanzler Bülow entlassen und durch Theobald Bethmann-Hollweg ersetzt. Wilhelm II. ging zu den Politikern auf Distanz und verlagerte seine Aktivitäten wieder in die Offizierscasinos. Seine schlechte Laune und ungewohnte Zweifel an sich selbst übertrugen sich auch auf seine militärische Umgebung, die über den zukünftigen Kurs im Ungewissen war. Angesichts der labilen Regierungsstruktur entschieden die Launen des Monarchen über Krieg und Frieden, was selbst bei kriegsbereiten Generälen zu Bedenken Anlass gab. In dieser unsicheren Lage war die Bemerkung eines Generals im Kaiserlichen Militärkabinett charakteristisch, der meinte, Generalstabschef Helmuth von Moltke fürchte Franzosen und Russen nicht, wohl aber den Kaiser.[27]

Von «Weltpolitik» war in den folgenden Jahren weniger die Rede, hingegen sprach man wieder vom Präventivkrieg gegen Frankreich und vom russischen Gegner. Es ging um die Vorherrschaft auf dem Kontinent.

Wie beschränkt die weltpolitischen Aktionsmöglichkeiten des Deutschen Reichs waren, wurde in den beiden Marokkokrisen von 1905 und 1911 offensichtlich. In diesem Fall war nicht der Kaiser die treibende Kraft, doch er liess sich in ein Unternehmen einspannen, das wenig Aussicht auf Erfolg versprach. Deutsche Handelsinteressen und Prestigedenken gerieten in Konflikt mit der französischen Kolonialpolitik. Wilhelm II. kreuzte im März 1905 mit seiner Jacht in Tanger auf, um die deutschen Ansprüche zu markieren. Da sich die Reichsregierung nicht auf direkte Verhandlungen einlassen wollte, wurde der Fall im folgenden Jahr von den wichtigsten europäischen Mächten auf einer Konferenz in Algeciras behandelt. Der deutschen Delegation stand die Phalanx der Franzosen, Engländer und Russen gegenüber. Auch der Dreibundpartner Italien schlug sich auf die Seite Frankreichs, dem die Mächte in Marokko fortan weitgehend freie Hand einräumten. Die deutsche Diplomatie hatte noch nicht zur Kenntnis genommen, dass die Kontrahenten auf der Gegenseite inzwischen durch ein Geflecht von Verträgen und Vereinbarungen verbunden waren.

Die Auseinandersetzung fand im Jahre 1911 ihre Fortsetzung, als die deutsche Regierung gegen die militärische Präsenz Frankreichs in Marokko agitierte und das Kanonenboot «Panther» nach Agadir entsandte. Es war eine militärisch lächerliche Geste, die aber für neue Spannung sorgte und die Gefahr eines deutsch-französischen Krieges näher rückte.

Der eindeutige Positionsbezug Englands brachte den Disput zu einem raschen Abschluss. Deutschland anerkannte das französische Protektorat über Marokko und erhielt gewisse territoriale Kompensationen in Äquatorialafrika. Die diplomatische Niederlage des Deutschen Reichs war perfekt und konnte mit allen Interpretationen nicht aus der Welt geschafft werden. Wilhelm II. stand, gemessen an seinen grossen Worten, als Verlierer da. Sein Anspruch, überall mitzureden, hatte auf einem geographisch marginalen, politisch aber wichtigen Feld Schiffbruch erlitten. Die zu ständigem Hurra-Patriotismus verpflichteten Alldeutschen tadelten denn auch das Zurückweichen der Reichsregierung mit scharfen Worten.

Der Kaiser konnte sein unstillbares Bedürfnis, überall mitzureden, auch in den folgenden Jahren nicht zügeln. Im Jahre 1912 war im ersten Balkankrieg die von deutschen Offizieren ausgebildete türkische Armee schmachvoll zusammengebrochen. Im Herbst 1913 wurde in einem deutsch-türkischen Vertrag ein neues Ausbildungsprogramm festgelegt, das der deutsche General Otto Liman von Sanders Pascha dirigieren sollte. Dabei ging man gegenüber dem türkischen Partner nicht gerade taktvoll vor. Wilhelm II. dachte nicht einfach an eine Schulung der türkischen Offiziere und Soldaten, sondern an eine «Germanisierung der türkischen Armee», wie er in einer Abschiedsansprache den Offizieren der Militärmission verkündete.[28] Man müsse ein Gegengewicht «gegen die aggressiven Absichten Russlands» aufbauen, und die deutschen Instruktoren sollten «für mich eine starke Armee schaffen, die meinen Befehlen gehorcht.» Die dümmliche kaiserliche Rede gelangte, wie nicht anders zu erwarten war, unverzüglich nach Russland. Damit stand eine direkte Konfrontation am Bosporus in Aussicht. Die Mission von Liman von Sanders stand unter einem schlechten Stern. Das herrische Auftreten des deutschen Generals, der die Türken wie Untertanen in einer Kolonie behandelte, führte rasch zu einem unerträglichen Verhältnis.

Das zukünftige Schicksal des Osmanischen Reiches beschäftigte die europäischen Mächte vor dem Ersten Weltkrieg. Jedermann glaubte an eine Auflösung des maroden Staatswesens. Reichskanzler Bethmann-Hollweg versuchte, mit England ins Geschäft zu kommen, denn es ging für Deutschland um die Bagdadbahn und um Erdölkonzessionen. Es war von Palästina, Syrien und Mesopotamien die Rede. Wilhelm II., ungeduldig wie immer, äusserte im März 1913 seine unbescheidenen Wünsche: «Also Achtung, aufgepasst, dass die Aufteilung nicht ohne uns gemacht wird. Ich nehme Mesopotamien, Alexandrette und Mersina!»[29] Nur mit Mühe konnte der Reichskanzler seinen Monarchen von der unglücklichen Idee abbringen, deutsche Kriegsschiffe nach Alexandrette und Mersina zu schicken. Ein derartiger Husarenstreich hätte unverzüglich zu einem Konflikt mit England geführt. Von da an war die Aufmerksamkeit der deutschen Reichsleitung wieder auf Europa und insbesondere auf den Balkan gerichtet, der zum gefährlichsten Brandherd auf dem Kontinent geworden war.

Herrenvolk aus Untertanen

Die reichsdeutsche Versuchung für die Schweiz

Die Position der Schweiz gegenüber den grossspurigen Allüren des Deutschen Reichs lässt sich nicht auf eine einfache Formel bringen. Die Landesregierung bemühte sich anfänglich um Äquidistanz zu den europäischen Mächten. Eine Minderheit im Kollegium – vor allem Bundesrat Emil Frey – dachte laut über Sinn und Unsinn der Neutralität nach. Das Thema «Allianzen» wurde von Politikern und von Offizieren des Generalstabs in fahrlässiger Weise öffentlich ausgebreitet, so dass ausländische Beobachter berechtigte Zweifel am neutralen Kurs der Eidgenossenschaft hegten. Auch wohlwollende Deutungen des schweizerischen Verhaltens wiesen in ein und dieselbe Richtung: Das Land rückte näher zu Deutschland und geriet in Abhängigkeiten, die sich von der Politik über die Wirtschaft bis zur mentalen Befindlichkeit erstreckten. Die Verstaatlichung der Gotthardbahn bot die Probe aufs Exempel. Man war peinliche Konzessionen eingegangen. Daraus war ein Schaden entstanden, der politisch schwerer wog als die wirtschaftlichen Zugeständnisse. Die wachsende deutschen Präsenz in der schweizerischen Wirtschaft fand ein gewisses Gegengewicht in jenem Teil der Exportwirtschaft, der mit dem britischen Markt verbunden war. Darin lag ein Widerspruch, der während des Burenkriegs augenfällig wurde.

Es war kein Zufall, dass der Anstoss zur Gründung des Alldeutschen Verbandes von Zürich ausging. In dieser Stadt gab die deutsche Kolonie den Ton an und beeinflusste das gehobene Bürgertum in einem für die schweizerische Identität gefährlichen Masse.[30] Mit dem Begriff «Kolonie» verbanden die Vertreter eines extremen Deutschtums einen Status des Gastlandes, der einem Protektorat gleichkam. Wenn dieses Ziel nicht erreicht wurde, so lag es nicht am mangelnden Willen der Protagonisten. Schweizerische Helfer fanden sich jederzeit. Unter dem Titel «Schutz der deutschen Sprache» und «Bewahrung des deutschen Volkstums» agitierte der Zürcher Pfarrer Eduard Blocher mit seinem Deutschschweizerischen Sprachverein für ein Deutschtum, das gefährlich zwischen Kultur und Politik hin- und herpendelte.

Reaktionen auf den zunehmenden deutschen Druck blieben in der Romandie nicht aus. Hier kämpften die «Helvétistes» gegen die «Germanisierung» des Landes und formulierten das Unbehagen der Westschweiz angesichts des deutschen Imperialismus, der in der Schweiz seine Stützpunkte errichtet hatte. Der neue «Helvetismus», der kurz vor dem Ersten Weltkrieg als Bewegung in den westlichen Landesteilen entstand und in der deutschen Schweiz zuerst auf wenig Verständnis stiess, war hauptsächlich gegen das anmassende deutsche Gebaren gerichtet.

Abhängigkeit von Deutschland, die sich aus Sympathien und Stimmungen ergab, wurde während des Burenkriegs sichtbar. Die antibritische Haltung der Bevölkerung, die in den meisten europäischen Staaten geteilt wurde, blieb nicht ohne politische Folgen. Beim Krügertelegramm Wilhelms II. vom Januar 1896 hatte man in der Schweiz beifällig genickt. Der Glaube an den «Friedenskaiser» und seine Mission wurde auch in den Kreisen der Diplomaten gepflegt. Gaston Carlin, der schweizerische Gesandte in Rom, sandte dem Bundespräsidenten Walter Hauser im Januar 1900 nach einem Gespräch mit Aussenminister Visconti-Venosta einen Bericht, in dem er die Lage in Europa analysierte und den deutschen Beitrag zur Friedenssicherung hervorhob:

«Was zunächst die internationale Politik anbelangt, so steht selbstverständlich der südafrikanische Krieg im Vordergrund des Interesses. Der Umstand, dass die Landkräfte Englands in einer vielleicht seit den Zeiten Napoleons I. nicht mehr dagewesenen Weise in Anspruch genommen werden, hat eine die ganze Weltpolitik umfassende anormale Lage geschaffen, deren Gefahren sich vermehren, je länger sie dauert. Glücklicherweise ist Deutschland, wie mir noch letzten Mittwoch Herr Visconti-Venosta, Minister des Äussern, versicherte, überall für Erhaltung des Weltfriedens tätig; die französische Regierung ist sich der relativen militärischen und besonders maritimen Schwäche des Landes, wie genügsam schon aus der Fashoda-Episode hervorgeht, fortgesetzt bewusst. Sodann ist die Republik durch die bevorstehende Weltausstellung in der Entfaltung einer regeren Teilnahme an der grossen internationalen Politik gehemmt. Was Russland anbelangt, für das die Versuchung, aus den gegenwärtigen Ungelegenheiten Englands Nutzen zu ziehen, am grössten wäre, so besitzt es einen Kaiser, dessen hervorragendste Charaktereigenschaften jedenfalls nicht Entschlossenheit und praktischer Sinn sind, was unter den gegebenen Verhältnissen im Interesse des Weltfriedens keineswegs zu bedauern ist.»[31]

Die Sympathien für die Buren in Transvaal und im Oranjefreistaat mögen mit dem Verständnis der Schweizer für den Unabhängigkeitskampf eines kleinen Volkes zusammenhängen. Es stellte sich bloss die Frage, ob Freundschaft für die Buren Hass gegen die Engländer bedeuten musste. An diesem Punkt wurden die schweizerischen Reaktionen auf den Krieg in Südafrika fragwürdig. England hatte bisher – zu Recht oder zu Unrecht – als heimliche Schutzmacht gegolten, die in kritischen Situationen der Schweiz Beistand leistete. Die Pressepolemik, die bereits im Jahre 1896 losbrach, stellte in den Augen englischer Beobachter einen Akt der Undankbarkeit dar. Diplomaten waren der Meinung, die antibritische Stimmung sei in keinem Land so angeheizt worden wie in der Schweiz.[32] Der Verdacht, dass die Polemik von aussen gesteuert wurde, lag auf der Hand. Das Korrespondentennetz der schweizerischen Zeitungen war dürftig. Die Mitarbeiter in den Hauptstädten der Grossmächte waren selten Schweizer, und in den einheimischen Redaktionen sassen viele Ausländer. Als besonders englandfeindlich erwiesen sich die «Neue Zürcher Zeitung» und die «Basler Nachrichten». Burenfreundliche Artikel gelangten aus

Paris in die Presse der Westschweiz, die Zeitungen der Deutschschweiz wurden aus dem Deutschen Reich mit Artikeln und antibritischen Dokumentationen überschwemmt.

In München hatten die Buren ein Pressebüro eingerichtet, das unter anderem mit dem Alldeutschen Verband in Zürich in Verbindung stand.[33] Die Alldeutschen engagierten sich offensichtlich in der Schweiz in einer antibritischen Kampagne. Deutsche Manipulationen waren allenthalben sichtbar. In schweizerischen Zeitungen wurde eine deutsche Terminologie geläufig, die nicht von Eidgenossen stammte. Das «perfide Albion» und das «räuberische Krämervolk» gehörten zur Grundausstattung des reichsdeutschen Journalismus. Der Zürcher Johann Heinrich Angst, englischer Generalkonsul und Direktor des Schweizerischen Landesmuseums, versuchte, mit eigenen Artikeln gegen die antibritische Welle anzugehen, doch der Erfolg blieb bescheiden. Der Seidenindustrielle Robert Schwarzenbach, dessen Geschäft auf England ausgerichtet war, bemühte sich um eine Kurskorrektur bei der «Neuen Zürcher Zeitung». Er war zwar Hauptaktionär des Blattes, doch Auslandredaktor Jakob Boerlin, der eine Zeitlang in Deutschland gelebt hatte, kämpfte weiterhin unverdrossen auf der Seite der Buren gegen das britische Weltreich.[34]

Eine England feindliche Gesinnung hielt noch während Jahren an und trübte die Beziehungen bis zum Ersten Weltkrieg, obschon sich die Landesregierung durch korrektes Verhalten auszeichnete.

Die Frage einer Friedensvermittlung durch die neutrale Schweiz stand zur Debatte. Es gab kantonale Initiativen, und die Nationalräte Albert Gobat und Romeo Manzoni wollten den Bundesrat in einer Motion zu einem entsprechenden Schritt auffordern. Charles Daniel Bourcart, der schweizerische Gesandte in London, warnte den Bundesrat vor einem diplomatischen Abenteuer: «Dass die hiesige Regierung sich irgendwie durch einen Beschluss unserer Kammern beinflussen lassen könnte, ist ganz ausgeschlossen. (…) In Regierungskreisen könnte man die Frage aufwerfen, inwiefern unser Eingreifen in diese Angelegenheit sich mit unserer Neutralität verträgt.»[35] Auf eindringlichen Wunsch der Landesregierung zogen die beiden Nationalräte ihre Motion zurück. Ein Versuch der Niederlande, im südafrikanischen Konflikt zu vermitteln, wurde in London zurückgewiesen.

Im Jahre 1906 schrieb der Deutschland stets wohlgesinnte Diplomat Gaston Carlin, zu diesem Zeitpunkt Gesandter in London, an Bundespräsident Ludwig Forrer: «Das unpolitische und undankbare Verhalten unserer Presse England gegenüber während des Burenkrieges ist eben jenseits des Canals noch nicht vergessen und es läge in unserem Interesse, das Misstrauen, das damals so unnötigerweise in Grossbritannien gegen die Schweiz erweckt wurde, nach Möglichkeit zu zerstreuen. Ich meinerseits tue in London, was ich kann in dieser Richtung. Die Hauptsache aber wäre, dass unsere in deutscher Sprache erscheinenden Zeitungen, namentlich die

«Neue Zürcher Zeitung», nicht so ganz kritiklos in deutsches Fahrwasser gerieten, sobald britische Fragen zur Besprechung kommen.»[36]

In europäischen Hauptstädten hatte man sich inzwischen angewöhnt, hinter Vorgängen in der Schweiz deutsche Machenschaften zu vermuten. Diese Annahmen waren nicht immer falsch. Die stets zunehmende Abhängigkeit vom Kaiserreich war mehr eine Frage der Mentalität als der Politik. Seit der Gründung des Kaiserreichs dachte man an Deutschland, wenn von staatlicher Macht gesprochen wurde. Wilhelm II. präsentierte sich als Garant des Friedens, was aber seiner Meinung nach die deutsche Vorherrschaft in Europa voraussetzte. Nun traf sich das Gerede von der Suprematie des Mächtigen durchaus mit dem Zeitgeist, der vom Sozialdarwinismus geprägt war. Überleben würde der Stärkere, eine Doktrin, die in der Eidgenossenschaft auf wenig Widerspruch stiess. Darwins Regel sollte auch für die Völkergemeinschaft gelten. Man kannte die Lehren Ernst Haeckels. Die Thesen Gobineaus waren dank Richard Wagner auf dem Umweg über Deutschland in die Schweiz gelangt. Wer zur Elite zählte, las Friedrich Nietzsche.

Sah man sich in der europäischen Staatenwelt nach Fortschritt und Glauben an die Zukunft um, so bot sich das deutsche Beispiel an. Hier schien alles zu gelingen, und darin lag die Rechtfertigung für den Kult der Macht. Zur Jahrhundertwende schrieb die «Neue Zürcher Zeitung»: «Von allen Grossstaaten Europas kann Deutschland am meisten mit Befriedigung auf das abgelaufene Jahr zurückblicken, denn es befindet sich zur Zeit in der glänzendsten Entwicklung.»[37] Der Autor des Artikels vergass nicht zu erwähnen, dass der Kaiser die «grösste Sorgfalt auf Verstärkung der deutschen Flotte» lege. Gegen die deutsche Aufrüstung hatte er nichts einzuwenden: «Jedenfalls hat Deutschland die Hohlheit der Phrase schon längst widerlegt, dass militärische Rüstungen ein Volk zu Boden drücken und es finanziell ruinieren.»

In der Schweiz konnte jedermann vom bunten deutschen Angebot das übernehmen, was seinen Wünschen und Einsichten entsprach. Nach wie vor reagierte man empfindlich auf die im Norden produzierte Überheblichkeit, doch deutsche Grösse setzte auch bei kritischen Bürgern Massstäbe, an denen das Weltgeschehen gemessen wurde.

Die zunehmende Militarisierung Europas und das Gerede vom unvermeidlichen Krieg stimmten eidgenössische Gemüter auf gefährliche Visionen ein, denen ein Kult der Macht zugrunde lag. Das geschah selbst in Kreisen, die einem andern Weltbild verpflichtet waren. Der Sozialdarwinismus hinterliess selbst bei schweizerischen Katholiken deutliche Spuren, wenn auch durch katholische Moral gefiltert und gedämpft. Unübersehbar war das Anpassungsbedürfnis kirchlicher Kreise an das Wilhelminische Imperium. Das deutsche Zentrum bot sich als Vorbild an, das mit gewandter Dialektik das Problem meisterte, gleichzeitig «treu deutsch» und «treu katholisch» zu sein. In «Benzigers Marienkalender», einer in der deutschen Schweiz weitverbreiteten Zeitschrift, fand der Kalenderschreiber Burkhard Villiger die gültige Formel, der auch die schweizerischen Katholiken zustimmen konnten. Im Rückblick auf den Deutschen Katholikentag des Jahres 1908 in Düsseldorf schrieb er: «So ist der deutsche Katholik: das päpstliche Kreuz in der einen, das deutsche Kaiserschwert in der andern Hand, für Gott und Vaterland die Losung.»[38] Der Kaiser durfte mit diesem Bekenntnis zufrieden sein.

Die deutschfreundliche Haltung der schweizerischen Katholiken, wie sie in «Benzigers Marienkalender» zum Ausdruck kam, war wesentlich auf der Verehrung für Wilhelm II. aufgebaut. Pater Odilo Ringholz, Historiker des Klosters Einsiedeln und selber deutscher Staatsbürger, konstruierte eine abenteuerliche Legende: Der heilige Meinrad, der Einsiedler im «Finstern Wald», sei ein Spross des Hohenzollern-Stamms gewesen. Weiter konnte man in der katholischen Innerschweiz die Anbiederung an den deutschen Kaiser kaum noch treiben.

Berichten über Frankreich sei immer ungemütlich, meinte der Chronist Villiger, der von Abneigung gegen die französische Republik erfüllt war: «Es braucht noch viel Ausdauer und Aufschwungkraft, bis durch die Katholiken der Tag der Vergeltung vorbereitet ist.» «Vergeltung» und «Abrechnung» waren ständige Begriffe aus dem reichsdeutschen sprachlichen Haushalt, die auch auf schweizerischen Kanzeln gebraucht werden durften. Unter diesen Voraussetzungen versteht es sich von selbst, dass die ernsthaften Reformbewegungen im französischen Katholizismus in der deutschen Schweiz wenig beachtet wurden.

Die fortschreitende Nationalisierung der Religion wurde bei den traditionellen Pilgerfahrten nach Einsiedeln sichtbar. Gläubige aus Deutschland und Frankreich erschienen regelmässig in grosser Zahl im Klosterdorf. Seit dem 17. Jahrhundert bestanden enge Beziehungen zwischen dem Monasterium und der Franche-Comté. Im französischen Jura standen in manchen Kirchen schwarze Madonnen. Die Wallfahrt ganzer Dörfer zum Benediktinerkloster in der Innerschweiz war fester Bestandteil im Kirchenjahr. Der Erste Weltkrieg setzte diesem Brauch ein Ende, doch der Zustrom hatte schon im ersten Dezennium des Jahrhunderts erheblich nachgelassen. Man mag als Grund die unter nationalen Vorzeichen in Konkurrenz zu Einsiedeln inszenierten Wallfahrten nach Lourdes anführen. Doch es gab noch andere Ursachen, welche die Bewohner des Juras von Pilgerreisen in die Schweiz abhielten. Offenbar schuf die Dominanz deutscher Mönche im Kloster und im Dorf eine Stimmung, die von katholischer Deutschtümelei geprägt war und den Aufenthalt für Franzosen unerträglich machte.[40]

Jede Annäherung an Deutschland, gleichgültig auf welchem Gebiet, bedeutete zunehmendes Misstrauen in Paris und London. Der Glaube an die schweizerische Neutralität schwand, nachdem auch Bundesräte offen über Allianzen und das Recht auf Krieg spekulierten. Dass die schweizerische Armeeführung unentwegt auf das preussische Vorbild starrte, war kein Geheimnis. Die gegen Italien und Frankreich gerichteten Memoriale von Arnold Keller, dem Chef der Generalstabsabteilung, lagen um die Jahrhundertwende beim französischen Nachrichtendienst im Wortlaut auf dem Tisch. Die gemeinsame Planung gegen Italien, die Theophil Sprecher, der Nachfolger Kellers, und der österreichische Generalstabschef Conrad von Hötzendorf in die Hand nahmen, war in Rom und London in ihren Umrissen bekannt. Immer wieder wurde über Bündnisse gesprochen, die man an der Neutralität vorbei vorsehen müsse, wobei in der Regel an Deutschland gedacht wurde. Als Wilhelm II. um 1900 von diesen Überlegungen erfuhr, setzte er eine seiner berühmten Randbemerkungen auf das diplomatische Dokument: «Gut, man pflege dieses Pflänzlein sorgfältigst.»[41]

Das kaiserliche Wohlwollen für die Eidgenossen wurde bei etlichen Gelegenheiten sichtbar, und spätestens seit 1908 wusste der Bundesrat, dass der Monarch dem Land und der schweizerischen Armee einen Besuch abstatten wollte. Die gute Stimmung zwischen den beiden Ländern wurde von schweizerischer Seite sorgfältig gepflegt. Solange sich die Schweiz gegenüber Deutschland dienstfertig zeigte, gab es in Bezug auf die Neutralität keine Probleme. Wenn der neutrale Status zur deutschen Zufriedenheit gewahrt wurde, stellte niemand die Souveränität des Kleinstaates in Frage. Für die schweizerische Öffentlichkeit war Aussenpolitik nach wie vor ein suspektes Metier, das sich eigentlich für eine kleine Republik nicht gebührte.

Die schweizerische Landesregierung sah die Neutralität in erster Linie unter dem Aspekt eines möglichen Krieges zwischen Deutschland und Frankreich. Der zunehmende Gegensatz zwischen dem Deutschen Reich und England berührte das Land weniger, denn bei einem Konflikt zwischen den beiden Mächten war mit keinen direkten militärischen Konsequenzen zu rechnen. Bis zum Beginn der neunziger Jahre bewegten sich die Beziehungen zwischen der Schweiz und Frankreich in freundlichem Rahmen. Der französische Botschafter in der Schweiz, Emanuel Arago, erwies sich als Freund seines Gastlandes, der in Paris mit ausgewogenen Kommentaren für ein gutes Klima sorgte. Als im Jahre 1892 zwischen den beiden Ländern ein hitzig geführter Zollkrieg ausbrach, fand die Epoche gegenseitiger Duldung ein Ende. Die ökonomischen Differenzen gewannen sogleich politische Qualität.[42] Die französische Politik sah sich einer gefestigten deutschen Position in der Schweiz gegenüber, die sich auf alle Bereiche erstreckte. Der neue französische Botschafter in Bern, Camille Barrère, sah das Land in deutschem Fahrwasser und äusserte Zweifel an der schweizerischen Neutralität. Einige Jahre später wurde Barrère Botschafter in Rom, wo er mit Erfolg gegen den Dreibund agitierte und weiterhin Berichte über die schweizerische Szene nach Paris sandte.

Für die französische Haltung charakteristisch war eine gewisse Passivität gegenüber dem vordringenden deutschen Imperialismus. Das spürte man auch in der Schweiz. Paris reagierte auf Aktionen des Kaiserreichs, doch eigene politische Initiativen waren selten. Die Passivität fand ein Ende mit den Marokko-Krisen.

Schweizerische Politiker spürten das unverhohlene Misstrauen des westlichen Nachbarn. Man bot dazu reichlich Anlass. In der Balance zwischen deutschem und französischem Einfluss in der Schweiz fielen die innenpolitischen Fieberzustände in Frankreich ins Gewicht, während sich das kaiserliche Deutschland in strammer Pose präsentierte. Ministerpräsident Georges-Benjamin Clémenceau, kein Freund der Neutralen, zeigte immerhin einiges Verständnis für die Position der Schweiz.[43] Wie sehr Erfolg und Misserfolg mit mentaler Befindlichkeit zu tun hatten, zeigte die Affäre Dreyfus. Während der Antisemitismus die französische Politik zeitweise blockierte, belebte im Deutschen Reich ein verwandtes Phänomen, der alldeutsche Rassismus, das politische Geschäft. Für die Schweiz war die Versuchung, die Sympathien dorthin zu wenden, wo der Erfolg sichtbar zutage trat, von Anfang an gross.

Das Auftreten Wilhelms II. in Tanger im Jahre 1905 provozierte in Frankreich eine Welle des Nationalismus. Man sprach von einer Wiedergeburt des französischen Stolzes. Die Bewegung beschränkte sich nicht auf die rechtsautoritäre «Action française». Man legte Wert auf die Feststellung, dass nun auch der häufig in Frage gestellte republikanische Staat reagierte. So schrieb der Publizist Etienne Rey im Jahre 1912: «Voilà donc fini la légende d'un régime républicain incapable de se donner un gouvernement national; voilà donc convaincue d'erreur cette affirmation absurde qui prétendait opposer la France à la République. Aujourd'hui que nous pouvons porter un jugement d'ensemble sur l'oeuvre accomplie depuis quarante ans, nous avons le droit de dire que l'orgueil de la France doit être en grande partie l'orgueil de la République.»[44] Der Autor nannte zwei Motive für den Stimmungswandel: Die Erfolge der französischen Flugpioniere und die Drohungen des Deutschen Reiches. Eine seltsame Kombination, die aber für die Zeitgenossen eine stimulierende Wirkung erzeugte.

Die republikanische Standhaftigkeit im heraufziehenden deutsch-französischen Konflikt hätte die Eidgenossen beeindrucken müssen, doch von Demokratie war in diesem Zusammenhang kaum die Rede. Die Meinungen in der Schweiz wurden von andern Argumenten und Bildern geformt.

Die Alldeutschen, die Weltherrschaft und die Schweiz

Kurz nach der Gründung des Alldeutschen Verbandes schrieb Karl Pröll im «Kalender aller Deutschen auf das Jahr 1894»: «Grossdeutsch und kleindeutsch sind historische Anschauungen, die nur noch historische Bedeutung besitzen. Weltdeutsch sollen wir werden und die Weltstellung erringen, welche unserm Volke gebührt.»[45] Die Alldeutschen verehrten Bismarck, aber sein Bild vom «gesättigten Deutschland» war überholt. Deutschnationale Weltpolitik war gefordert. Das deutsche Volk durfte bei der Verteilung des Globus nicht zu spät kommen. Heinrich Mann, der kritische Zeitgenosse, spottete einige Jahre später über den imperialistischen Aufbruch in die Welt, der einem «Herrenvolk aus Untertanen» zugemutet wurde.[46] Man sprach vom «Weltnationalen», kam aber mit diesem Begriff nicht zurecht, weil er Widersprüche in sich barg. Ausserdem enthielt er ein undeutsches Fremdwort, was bei Sprachreinigern Anstoss erregte. An Stelle des «Nationalen» setzte man bald einmal «völkisch», denn die Vernichtung des «Undeutschen» begann bei der Sprache. Der Verwirrung in der Wortwahl stand die Unklarheit in den Zielen gegenüber. «Alldeutschtum war eine Angelegenheit entarteter Professoren an pflichtvergessenen Lehrstätten des Geistes, aber ihrer bedienten sich militärische und industrielle Nutzniesser», meinte Heinrich Mann.

Das aggressive Deutschtum wurde nicht von den Alldeutschen erfunden. Das Gefühl, es habe beim Sieg im Deutsch-Französischen Krieg für Deutschland zu wenig herausgeschaut, war in nationalistischen Kreisen weit verbreitet, doch Reichskanzler Bismarck liess sich durch Stimmungen im Volk nicht von seinem Kurs abbringen. Gegen den unvollkommenen Nationalstaat agitierte der Publizist Constantin Frantz, der für ganz Europa ein föderalistisches System forderte. Damit brachte er auch Österreich wieder ins Spiel. Ein aus dem Naturrecht gewachsener europäischer Bund sollte sich zum «Weltstaat» entwickeln, aber Deutschland blieb Mittelpunkt. Das Thema «Mitteleuropa» wurde berührt, das die Zeitgenossen weit über Deutschland hinaus betraf und bis in den Ersten Weltkrieg hinein aktuell blieb. Die utopischen Visionen des weitgereisten Constantin Frantz lagen abseits der Realitäten, aber sie regten Spekulationen über die möglichen Varianten des Deutschtums an. Bei alledem gerieten die Deutschen in einen seltsamen Widerspruch zwischen «Volkstum» und «Weltnationalem», der von den alldeutschen Ideologen erkannt und als auferlegtes deutsches Schicksal gepflegt wurde. Dass dabei die Ratio zu kurz kam, war ein Zeichen der Zeit. Man trat mit dem Anspruch auf, das Irrationale in der Politik jeweils dann anzunehmen, wenn es den deutschen Interessen diente.[47]

Das Deutschtum bedurfte der Organisation und einer strukturierten Vertretung. Es fehlte gegen die Jahrhundertwende nicht an Bewegungen, die sich auf der nationalen Szene versuchten. Im Jahre 1881 war der Deutsche Schulverein zur Erhaltung des Deutschtums im Ausland gegründet worden, der sich später Verein für das Deutschtum im Ausland (V.D.A.) nannte. Die nicht zufällige Unklarheit zwischen kulturellem Auftrag und politischen Hintergedanken war schon im Titel angelegt. Für seine Untertanen hatte Wilhelm II. die Richtung vorgegeben. Deutsche Sprache und Geschichte wurden in den Dienst des Staates gestellt. Deutsche Sprache sei Kunde vom Gemeinwohl, dozierte der Germanist Rudolf Hildebrand.[48] Der Auftrag an die Schulmeister war nicht im engen kleindeutschen Sinn zu verstehen, denn in der Kulturpolitik galten andere Massstäbe. Die Zeitschrift für den deutschen Unterricht schrieb darüber im Jahre 1906: «… nicht die Zugehörigkeit zu dem grossen Deutschen Reich, nicht das nationale Leben in diesem weitesten Sinne, sondern die Stammesangehörigkeit ist entscheidend für das volkstümliche Empfinden.»[49]

Die Reden Kaiser Wilhelms II. liessen zu Beginn der neunziger Jahre vermuten, dass die von Bismarck verordnete Bescheidenheit in territorialen Angelegenheiten nicht mehr galt. Nun beging aber die Reichsregierung im sogenannten Helgolandvertrag vom 1. Juli 1890 einen Sündenfall, der in den Augen expansionsfreudiger Deutscher gegen den «weltnationalen Geist» verstiess. In dem mit England abgeschlossenen Abkommen verzichtete das Deutsche Reich auf Sansibar und gewisse Ansprüche in Uganda und gelangte dafür in den Besitz der Insel Helgoland. Der Abschied von Sansibar war bei genauer Betrachtung nicht so dramatisch, wie er von Kritikern empfunden wurde, denn es hatten wohl Schutzverträge bestanden, doch von einer realen kolonialen Herrschaft konnte keine Rede sein. Immerhin glaubten die auf die Weltmeere blickenden Patrioten, durch den Rückzug an der Ostküste Afrikas habe die Reichsregierung im Spiel um die Weltherrschaft eine entscheidende Position geopfert.

Die Reaktion auf den Helgolandvertrag, die unter dem Stichwort «Deutschland wach' auf!» die alldeutschen Gemüter in Bewegung setzte, ging von Zürich aus.[50] In wichtigen deutschen Zeitungen erschien der Aufruf von vier in der Schweiz lebenden Deutschen, die forderten, das deutsche Volk solle aufstehen und den Vertrag als unannehmbar erklären: «Wer kann ein Volk von 50 Millionen, das seine beste Kraft dem Kriegsdienst weiht, das jährlich über eine halbe Milliarde für Kriegswesen ausgibt, wer kann ein solches Volk daran hindern, einen Vertrag zu zerreissen, der offenkundig dazu dienen soll, die kommenden Geschlechter um ihr Erbteil am Planeten zu betrügen? Wahrlich, zu gross wären unsere Opfer an Blut und Geld, wenn unsere militärische Macht uns nicht einmal die Möglichkeit verschaffte, unser gutes Recht auch da geltend zu machen, wo es die hohe Genehmigung der Engländer nicht findet. Wir sind bereit, auf den Ruf unseres Kaisers in Reih' und Glied zu treten und uns stumm und gehorsam den feindlichen Geschossen entgegenführen zu lassen; aber wir können dafür auch verlangen, dass uns ein Preis zufalle, der des Opfers wert ist, und dieser Preis ist: einem Herrenvolk anzugehören, das seinen Anteil an der Welt sich selber nimmt und nicht von der Gnade und dem Wohlwollen eines andern Volkes zu empfangen sucht. Deutschland, wach' auf!»[51]

Man kann nicht behaupten, dass der Aufruf aus Zürich die in politischen Dingen lethargischen Bürger aufgerüttelt hätte, doch das Signal wurde von einigen eifrigen Patrioten verstanden. Von der Regierung war keine Reaktion zu erwarten. Das später oft beschworene «gesunde Volksempfinden» störte im Kaiserreich Wilhelms II. die hierarchische Ordnung. Es stand den Untertanen nach dem Staatsverständnis eines Monarchen von Gottes Gnaden nicht zu, politische Gefühle zu äussern, die Kritik enthielten.

Es mag Zufall sein, dass der Aufruf zum nationalen Aufbruch aus Zürich kam. In dieser Stadt gedieh jedoch eine deutsche Kolonie, die für ein politisches Deutschtum empfänglich war. Initiant des offenen Briefes war der Arzt Adolf Eugen Fick, ein Neffe des Juristen Heinrich Fick. Der Augenspezialist hatte mehrere Jahre in

Südafrika zugebracht und war Verfechter einer expansiven deutschen Kolonialpolitik. Das Schreiben wurde ferner von den Medizinern Walther Felix und Otto Lubarsch sowie vom Buchhändler Albert Müller unterzeichnet. Die afrikanischen Erfahrungen Adolf Ficks hatten die Gruppe vermutlich dazu gebracht, ihren deutschen Patriotismus mit dem Thema Kolonien zu verknüpfen. Das erwies sich einstweilen als zu schmale Basis für eine Protestbewegung, die breite Bürgerschichten hätte erfassen müssen. Auch die Deutsche Kolonialgesellschaft reagierte negativ. Nun dachte man an eine Vereinigung auf «völkisch-nationaler Basis», die «ohne Furcht und Scheu vor der Regierung» die Anliegen des Deutschtums förderte, die Reichsleitung wenn nötig kritisierte, aber auch zu tapferen Taten antrieb.

Die Zürcher Gruppe hielt nach Gesinnungsgenossen Ausschau und fand den jungen Alfred Hugenberg, der sich als Geschäftsführer im neu zu gründenden Nationalverein empfahl. Chauvinistisch und konservativ in allen Äusserungen, ging Hugenberg energisch an die Aufgabe. Seine spätere Laufbahn führte steil nach oben: Er leitete die Firma Krupp, baute den Hugenberg-Konzern auf und wurde erster Wirtschaftsminister im Kabinett Adolf Hitlers. Aktiv im Gründerkreis war auch der Chemiker Johannes Wislicenus in Leipzig, Schwiegervater von Adolf Fick. Er hatte früher an der Universität Zürich gelehrt.

Am 9. April 1891 wurde in Berlin der «Allgemeine Deutsche Verband» gegründet, der drei Jahre später in «Alldeutscher Verband» umbenannt wurde. Das Unternehmen schleppte sich anfänglich dahin, ohne in der Öffentlichkeit Aufsehen zu erregen. Im Juli 1893 wurde der Nationalökonom Ernst Hasse, Professor an der Universität Leipzig, zum Vorsitzenden gewählt. Der neue Mann brachte Bewegung in den Verein, der sich nicht als Partei, sondern als patriotische Vereinigung verstand. Es fehlte nicht an bombastischen Worten. «Vertiefung des deutschen Sinnes» und «Belebung der nationalen Thatkraft und Hilfsbereitschaft», stand in einer Schrift aus dem Jahre 1893 zu lesen, die gleichzeitig einen «deutschen Gruss den Stammesbrüdern in allen Ländern und Zonen» sandte.[52] Man war nicht auf sich allein gestellt, denn es gab noch andere nationale Organisationen, denen man alldeutsche Gesinnung zubilligte: den «Allgemeinen Deutschen Schulverein», den Deutschen Sprachverein», die «Deutsche Kolonialgesellschaft» und den «Zentralverein für Handelsgeographie und Förderung deutscher Interessen im Auslande». Für das Deutschtum in Kultur und Politik war also gesorgt.

Unter der Regie von Ernst Hasse meldeten sich die Alldeutschen bei jeder sich bietenden Gelegenheit zu Wort. Man warf dem Leipziger Professor gelegentlich vor, sein Programm sei unklar. Doch eben das war seine Stärke. Mit dem nötigen Opportunismus konnte sich der Verband als Animator und Stütze der Regierung oder als Opposition gebärden und im richtigen Augenblick die Gemüter in Wallung bringen. Die von Wilhelm II. beanspruchte Weltgeltung des Deutschen Reichs erlaubte weit ausgreifende Phantasien. Verantwortung für Pleiten hatte man nicht zu übernehmen. Die Aufmerksamkeit richtete sich in erster Linie auf die Situation der deutschsprachigen Völker und Sprachgruppen in Europa. Dass man die Flottenrüstung unterstützte und noch mehr forderte, versteht sich von selbst. Auf der europäischen Szene gab es Anliegen von unterschiedlicher Dringlichkeit. Weit vorne stand der Kampf gegen die Polen innerhalb der preussischen Grenzen. Man sprach besorgt vom Elend des Deutschtums in der Donaumonarchie und im Baltikum. Ärger bereitete die widerspenstige Bevölkerung in Elsass-Lothringen. Mehr oder weniger sichtbar wurde die alldeutsche Präsenz im Trentino und im Tessin, wo man gegen die italienische Irredenta antrat. Der Schweiz billigte man Wohlverhalten zu, so dass sie von der in andern Fällen üblichen Rhetorik verschont blieb.

Zu den nationalen Zielen des Alldeutschen Verbandes äusserte sich Ernst Hasse im Jahre 1906: «Die wichtigste und lohnendste Aufgabe der jetzigen und der künftigen deutschen Staatskunst wird sein, die an unseren Grenzen wohnenden Auslandsdeutschen zu Inlanddeutschen zu machen, sie im Rahmen deutscher Grenzpolitik staatlich einzugliedern. (...) Die besten Siedlungskolonien, die Deutschland erwerben kann, liegen nicht in fernen Weltteilen, sondern in Europa an den Grenzen des Deutschen Reiches. Sie brauchen nicht erst erworben und neu besiedelt zu werden, sondern wir müssen nur festhalten und mit deutschem Blut wieder auffrischen und staatlich organisieren, was deutsches Blut und deutsches Staatstum früher erworben hat.»[53]

Die Schweizer hatten somit Gelegenheit, «Inlanddeutsche» zu werden, wobei der Vorsitzende des Alldeutschen Verbandes für sie beruhigende Worte fand: «Nebenbei bemerkt, liegt in der riesigen deutschen Auswanderung nach der Schweiz die beste Gewähr für das Fortbestehen der deutschen Art in der Schweiz, ohne dass eine deutsche Grenzpolitik es nötig hätte, mit bewaffneter Hand diese Gewähr zu schaffen.»

Eine Mehrheit der Mitglieder im Alldeutschen Verband waren Lehrer und Professoren. Es fehlte nicht an prominenten Namen: Ernst Haeckel, Friedrich Ratzel, Max Weber, Karl Lamprecht. Die Vermutung, der Verband werde von der Schwerindustrie finanziert, traf nicht zu. Führende Persönlichkeiten in der Wirtschaft lehnten das chauvinistische Gebaren ab. Zu einer gewissen Zusammenarbeit fand man sich im Ersten Weltkrieg, als die Alldeutschen Kriegsziele formulierten, die den Wünschen der Industrie entsprachen.

Die bescheidene Zahl der Mitglieder sagt wenig aus über die Wirkung der Verbandstätigkeit, denn es waren Multiplikatoren am Werk. Man warb in Versammlungen und mit zahllosen Publikationen. Im Jahre 1902 hielt Ernst Hasse in einem Vortrag Rückschau, die zugleich Eigenlob und Lamento enthielt:

«In einer nunmehr zwölfjährigen Arbeit haben wir zwar die Herzen und Geister unseres deutschen Volkes noch nicht im Sturme erobert, aber wir dürfen mit Dank und Stolz bekennen, dass uns doch vieles gelungen ist. Was noch vor wenigen Jahren als eine alldeutsche Ketzerei, als deutscher Chauvinismus, als die Phantasien überspannter Schwarmgeister galt, das ist heute zum Gemeingut des deutschen

Volksbewusstseins geworden, und viele, die uns heute schmähen und bekämpfen, sie ahnen nicht, dass sie tagtäglich von den Gedanken und Anregungen zehren, die wir ihnen zugetragen haben. Das ist nicht zuviel behauptet, wenn wir an drei grosse Arbeitsgebiete des Alldeutschen Verbandes denken, an die Polenfrage, an die Flottenvermehrung und an die Burenfrage. (...) Wir alle wissen, dass die Regierung von heute sich zu vielen Anschauungen bekennt, die wir zuerst und anfangs gegen die Meinung der Regierung vertreten haben.»[54] Millionen von Deutschen innerhalb und ausserhalb der Grenzen des Deutschen Reiches legten Wert darauf, Alldeutsche zu sein, ohne dem Verband anzugehören, meinte Hasse.

Die Alldeutschen wurde in den benachbarten europäischen Staaten kritisch beobachtet, wobei man ihre Agitation pauschal mit dem Begriff «Pangermanismus» umschrieb. Von Pangermanisten sprach man auch in der Romandie und im Kanton Tessin, wenn sich das aggressive Deutschtum unter irgendeinem Vorwand bemerkbar machte. Da war ein Missverständnis im Spiel. Die Gleichsetzung von Alldeutschtum und Pangermanismus war ein sprachliches Problem, denn «alldeutsch» liess sich in keine Sprache korrekt übersetzen. Es gab in Deutschland neben dem Alldeutschen Verband eine pangermanische Bewegung, die aber in erster Linie als schwärmerische Ideologie daherkam. Sie pflegte die Begeisterung vom skandinavischen Norden als Hort des Germanentums und schloss auch die Angelsachsen in ihr Weltbild ein. Politisch brachten diese Visionen wenig ein. Der Alldeutsche Ernst Hasse legte Wert auf eine deutliche Abgrenzung, wenn auch die Übergänge gelegentlich fliessend waren:

«Gegenüber Unterstellungen der uns feindlichen Einheimischen und der mangelhaft unterrichteten ausländischen Presse, die im übrigen seit Jahren unserem Verbande aufmerksame Beachtung schenkt, erscheint es nicht überflüssig, darauf hinzuweisen, dass wir Alldeutschen mit den Pangermanisten nicht das geringste zu thun haben. Die Verwechslung erklärt sich vielleicht daraus, dass die Übertragung des Wortes alldeutsch in fremde Sprachen immer mehr oder weniger unter Verwendung des Wortes pangermanisch erfolgt.»[55]

Der nordische Ursprung der Germanen war ein auch ausserhalb des Deutschen Reichs gepflegtes Bild. Eine pangermanische Versuchung gab es in Schweden, wo ein Innenminister in einer Flugschrift bekannte, «der Anschluss an Deutschland sei das A und O aller schwedischen Staatskunst».[56] Kaiser Wilhelm II. war für derartige Töne aus dem Norden stets empfänglich. Im Jahre 1895 schrieb er dem schwedischen Kronprinzen Gustav: «Mein ganzes Dichten und Trachten und meine ganzen Gedanken der Politik sind darauf gerichtet, die germanischen Stämme auf der Welt, speziell in Europa, fester zusammenzuführen und zu schmieden, um uns so sicherer gegen die slavisch-tschechische Invasion zu decken, welche uns alle in höchstem Grade bedroht.»[57] Das pangermanische «Dichten und Trachten» des Kaisers bewegte sich fernab von den aktuellen Fragen des Tages. Da stand der Alldeutsche Verband näher an den politischen Realitäten, doch war auch sein Ziel ein «pangermanisches Weltreich deutscher Nation».[58]

Der alldeutsche Imperialismus hatte auch innenpolitische Aspekte. Die ideologischen Grundlagen fand er im Sozialdarwinismus, der in der deutschen Spielart zum Rassismus führte. Mit den Jahren offenbarte sich ein handfester Antisemitismus, obschon zu Beginn auch Juden Mitglieder des Verbandes waren. Intoleranz scheint ein Merkmal der Alldeutschen gewesen zu sein. Es bestätigte sich die Erfahrung, dass deutscher Nationalismus stets ausgrenzt. An den Rand gedrängt wurden zum Beispiel die Katholiken, denen man kein zuverlässiges Deutschtum zutraute. In seiner Rede am alldeutschen Verbandstag vom 25. Mai 1902 in Eisenach trat Ernst Hasse gegen den Versuch auf, soziale Gruppen oder kulturelle und politische Strömungen innerhalb des Verbandes zu verdammen. Dabei präsentierte er einen Katalog von Bewegungen, die offenbar als «undeutsch» angefochten wurden: «Ich trage gar keine Bedenken, einige dieser Bestrebungen beim Namen zu nennen. Ich meine unter anderen den Antisemitismus, die Los von Rom-Bewegung, den Wodanskultus, die Antialkoholbewegung, die Sprachreinigung, die Förderung sogenannten deutschen Schrifttums, die Agrarpolitik, die Handelspolitik und neuerdings den Reichswahlverein. Wir werden es keinem unserer Mitglieder verschränken dürfen, in diesen Dingen nach seinem eigensten Ermessen Stellung zu nehmen. Die Erörterung dieser Fragen gehört aber nicht in den Alldeutschen Verband.»[59]

Der Aufruf des Vorsitzenden zeigte auf die Dauer im Alldeutschen Verband geringe Wirkung, denn die Toleranz kam zusehends abhanden. Man kämpfte gegen Sozialdemokratie, Freisinn, Zentrum sowie gegen die rote und die schwarze Internationale. Es ging alles in allem um die «Vernichtung des Undeutschen». Als Ernst Hasse im Jahre 1908 starb, übernahm der Rechtsanwalt Heinrich Class das alldeutsche Szepter. Als Vertreter einer radikalen Richtung trat er mit dem Anspruch und den Allüren eines Führers auf, der keinen Widerspruch duldete. Man hatte im Alldeutschen Verband schon immer mit dem Begriff «Führer» gespielt und ursprünglich den Kaiser gemeint, der das Reich mit harter Hand hätte leiten müssen. Inzwischen kannte man die Sprunghaftigkeit Wilhelms II., der mit seinen Kapriolen den eigenen Ambitionen im Wege stand. Nun wünschte man eine starke Persönlichkeit an seiner Seite, die vor allem dem jederzeit als unfähig eingestuften Reichskanzler den Weg wies. Das Verhältnis zwischen den Alldeutschen und dem Monarchen blieb in all diesen Jahren ambivalent. Die kaum zu bremsenden Patrioten fühlten sich als Pioniere des Deutschtums, aber ihre ständigen Provokationen erwiesen sich als überaus lästig für die Tagespolitik.

Heinrich Class steuerte den Alldeutschen Verband auf einen englandfeindlichen Kurs. Gleichzeitig erblickte man in der Weltmacht England ein Vorbild, von dem man in der Kolonialpolitik lernen konnte. Frankreich hingegen galt als Gegner zweiter Güte, der allein gegen die Übermacht des deutschen Heeres nicht bestehen konnte. Man beklagte den Umstand, dass Reichskanzler Caprivi seinerzeit die guten Beziehungen Bismarcks zum Zarenreich nicht weiter gepflegt hatte, unterstützte aber die Donaumonarchie in ihrer waghalsigen Balkanpolitik.

Zu Beginn der zweiten Marokkokrise im Jahre 1910 kam es zu einer kurzfristigen Zusammenarbeit zwischen dem Alldeutschen Verband und dem Auswärtigen Amt unter Staatssekretär Alfred von Kiderlen-Wächter. Die Regierung schien zu einem forschen Vorgehen gegen die französische Präsenz in Marokko entschlossen, und Heinrich Class hätte das Spiel wenn nötig bis zu einer militärischen Auseinandersetzung getrieben. Er unterstützte die Regierung mit einer breit angelegten Agitation und nannte das Arbeitsteilung. Der sogenannte «Panthersprung» nach Agadir im Juli 1911 war ein Handstreich, der den Alldeutschen mächtig imponierte. In einer Proklamation forderte der Verband, «das Land zwischen dem Deutschen Reiche und Frankreich zu teilen, wobei das ganze atlantische Marokko dem Reiche zufallen müsste».[60] Es sei weitesten Bevölkerungskreisen bewusst geworden, dass Deutschland Siedlungskolonien brauche.

Die englische Stellungnahme für Frankreich zwang die deutsche Regierung zum Rückzug. Sogleich brach eine Fehde zwischen dem Auswärtigen Amt und dem Alldeutschen Verband aus. Class war grenzenlos enttäuscht, denn er hätte einen Krieg in Kauf genommen. Von da an waren die gegenseitigen Beziehungen getrübt, und der Verband führte unentwegt einen Kampf gegen Reichskanzler Bethmann-Hollweg und seinen Versuch, mit England zu einem Ausgleich zu kommen. Die Verbitterung der Alldeutschen kam in einer Vorstandssitzung in Hannover im April 1912 zum Ausdruck, in der alle Versäumnisse der Regierung angesprochen wurden:

«Der Vorsitzende berührte in der Eröffnungsansprache die politischen Tagesereignisse und erwähnte insbesondere das französische Protektorat über Marokko, das die Niederlage der leichtfertigen und unfähigen auswärtigen Politik der deutschen Regierung besiegele. Unter stürmischer Zustimmung der Versammlung sprach er die Überzeugung aus, dass die sogenannte marokkanische Frage nicht endgültig gelöst sei, sondern dass sie jeden Tag infolge französischer Vertragsbrüche von neuem brennend werden könne. Wir halten daran fest, dass Westmarokko das deutsche Siedlungsland einer hoffentlich nahen Zukunft ist, und sind gewiss, dass die alldeutsche Arbeit des letzten Sommers nicht vergeblich war. Rechtsanwalt Class erwähnte auch die letzten Misserfolge der Versöhnungspolitik im Reichslande Elsass-Lothringen, wo alles eintreffe, was der Alldeutsche Verband vorhergesagt habe, und kennzeichnete die verderbliche Tätigkeit der preussischen Regierung in der Ostmarken-Frage; er verwies auf das Versagen der obersten Bürokratie in allen Lebensfragen unseres Volkes und forderte als Gegengewicht besondere Arbeit und Opferwilligkeit der Nationalen.»[61]

Im Jahre 1912 veröffentlichte Class unter dem Pseudonym Daniel Frymann ein Buch mit dem Titel «Wenn ich Kaiser wär'», in dem er den alldeutschen Staat entwarf.[62] Gedacht war die Schrift unter anderem als Lektion für Kaiser Wilhelm II.

Class verlangte ein totalitäres Staatswesen, das wenn nötig mit parlamentarischem Brimborium wie etwa einem verklausulierten Klassenwahlrecht ausgestattet war. Der Führer der Alldeutschen setzte den «Kampf um die Seele des Volkes» in den Mittelpunkt seiner völkischen Visionen. Dabei entstand ein Lehrbuch für Rassismus und nationale Ausgrenzung, alles in allem eine Fundgrube für die Nationalsozialisten, die später das Pamphlet von Heinrich Class als ideologischen Leitfaden benützten. So war es nicht verwunderlich, dass sich Adolf Hitler bereits im Jahre 1920 beim alldeutschen Führer anbiederte und um seine Unterstützung warb.[63]

Der Antisemitismus war zentrales Anliegen: «Die Gesundung unseres Volkslebens, und zwar aller seiner Gebiete, kulturell, moralisch, politisch, wirtschaftlich, und die Erhaltung der wiedergewonnenen Gesundheit ist nur möglich, wenn der jüdische Einfluss entweder ganz ausgeschaltet oder auf das Mass des Erträglichen, Ungefährlichen, zurückgeschraubt wird.»[64] Die Juden sollen als Volksfremde ausgestossen und ihrer bürgerlichen Rechte beraubt werden. «Der Unschuldige muss mit dem Schuldigen leiden», dozierte Class. Ein ähnliches Schicksal war den Polen im preussischen Staat zugedacht. Auch den Dänen in Schleswig-Holstein stand Unheil bevor. Die dänische Sprache sollte mit der Zeit aus dem deutschen Territorium verschwinden. Ein rigoroses Vorgehen forderte der alldeutsche Führer im Reichsland Elsass-Lothringen, das seine französische Vergangenheit nicht vergessen hatte: «Wenn man erwägt, dass in Elsass-Lothringen die Zahl der französisch Sprechenden seit 1871 stetig gewachsen ist ... dann wird man kaltblütig aussprechen, nicht um eurer schönen Augen willen haben wir das Reichsland genommen, sondern aus militärischer Notwendigkeit; die Bewohner waren die Zugabe, das Land war die Hauptsache. Einmal haben wir schon optieren lassen; jetzt optiert noch einmal – aber gründlich.» Ein neues Bekenntnis zum Deutschen Reich sollte abgelegt werden. Wer diesen Akt verweigerte oder sonstwie gegen das Deutschtum verstiess, hatte das Land zu verlassen.

Heinrich Class dachte auch über ethnische Säuberungen nach. Wenn man «als Antwort auf einen gegnerischen Angriff» fremdes Land wegnehmen müsse, sei eine «Evakuierung» der Bevölkerung denkbar. Ein Verteidigungskrieg dürfe von deutscher Seite auch «angriffsweise» geführt werden. Im Innern des Landes sollte die sozialistische Partei zerschlagen werden, indem man auf das Sozialistengesetz von Bismarck zurückgriff und die nötigen Verschärfungen einbrachte. Politische Bestrebungen der Frauen lehnte Class ab. Sie seien nicht berechtigt und nicht nützlich: «Die Stärke der Frau ist der Instinkt – die deutsche Frau wird, wenn sie ihres Volkstums bewusst ist und stolz auf seine Geschichte, seine Grösse, seine Taten, aus ihrem Instinkt den Kindern nach Stimmung und Gefühl ihr Vaterland so wert machen, dass sie, zum Denken erwacht, nicht anders können, als es zu lieben ...»[65]

Alldeutsches Gedankengut war in der Schweiz gegenwärtig und dabei nicht auf Deutsche beschränkt. Die in vielen Köpfen vorhandene mentale Bindung an das Deutsche Reich war nicht zum vornherein auf den Alldeutschen Verband zurückzuführen.[66] Es gab zwar eine Ortsgruppe der Alldeutschen in der deutschen Kolonie in Zürich, doch es handelte sich dabei um eine geschlossene Gesellschaft von Reichsdeutschen, zu denen sich einige befreundete Schweizer gesellten. Der im Verband gepflegte politische Jargon klang in schweizerischen Ohren fremd. Die «Zusammengehörigkeit der deutschen Stämme» auf Grund von Blut, Sprache und Geist war kein taugliches politisches Programm für Eidgenossen. Eine kulturpolitische Option für Deutschland war nicht in jedem Fall ein Bekenntnis zum Alldeutschtum. Bei aller Sympathie, die ein bedeutender Teil des Deutschschweizer Bürgertums für das Deutsche Reich empfand, klangen die preussischen Töne abschreckend. Man wollte sich das Heil nicht diktieren lassen. Von daher war der Widerstand zu erklären, der immer dann auflebte, wenn das Deutschtum penetrant vorgetragen wurde.

Die Schweiz stand nicht im Blickfeld des Alldeutschen Verbandes, denn es gab andere Prioritäten. Der Vorsitzende Ernst Hasse zeigte sich mit der «gegenwärtigen Organisation» des schweizerischen Staates zufrieden, schien aber anzunehmen, dass dieser Zustand nicht endlos andauern würde: «Allerdings ist es nicht zu verkennen, dass die weitere und schärfere Betonung des Nationalsystems in den drei Nachbarstaaten Deutschland, Frankreich und Italien vielleicht in einer fernen Zukunft zu einer Auflösung des schweizerischen Staatsgebildes führen kann und zu einem Anschluss der heute in der Schweiz lebenden Völkersplitter an die grossen nationalen Magnete der Nachbarn.»[67] In den alldeutschen Phantasien war für europäische Kleinstaaten kein Platz. Ernst Hasse, Theoretiker des deutschen Imperialismus, meinte denn auch, Deutschland werde die «sogenannten Zwischenländer aufsaugen und sich von der Nordsee und Ostsee über die Niederlande und Luxemburg, und auch die Schweiz einschliessend, über das ganze Donaugebiet, die Balkanhalbinsel, Kleinasien bis zum persischen Meere erstrecken».

In der schweizerischen Öffentlichkeit war die Überzeugung verbreitet, dass dem mächtigen Deutschen Reich ein gerechter Anteil bei der Verteilung der Welt zustehe. Dabei drückte man sich um die Erkenntnis, dass dieser Vorgang für das eigene Staatswesen nicht ohne Folgen bleiben konnte. Als Heinrich Class im Jahre 1917 die alldeutschen Kriegsziele formulierte, hielt er für die Eidgenossenschaft einen Trost bereit: Als Dank für die Bewahrung des deutschen Volkstums wollte er die Schweiz auf Kosten Frankreichs vergrössern. Davon hatte seinerzeit auch Bismarck gesprochen.

Die auf politische Ziele hin gerichtete Arbeit des Alldeutschen Verbandes setzte den Aktivitäten in der Schweiz zum vornherein enge Grenzen. Grössere Chancen boten sich den kulturpolitischen Unternehmungen des «Vereins für das Deutschtum im Ausland», der im Jahre 1881 als «Allgemeiner deutscher Schulverein» gegründet worden war. Ein Jahr später entstand in Zürich unter der Initiative des eingebürgerten Schweizers François Wille der «Deutsche Schulverein in der Schweiz».[68] Anfänglich förderte die neue Organisation die angeblich bedrohte deutsche Kultur in der Donaumonarchie. Im eigenen Land rannte man offene Türen ein. Knapp an Mitteln und von bieder-konservativer Gesinnung, tat man wenig für den zunehmenden Kulturimperialismus, wie er vom Verein für das Deutschtum im Ausland gefördert wurde. Als einzige sichtbare Aktivität blieb die Unterstützung der deutschsprachigen Schule im Tessiner Dorf Bosco-Gurin, eine Hilfeleistung, die wenig mit Politik zu tun hatte. Was der Schulverein für das Deutschtum nicht leisten konnte, bot nach seiner Gründung im Jahre 1904 der Deutschschweizerische Sprachverein unter der Leitung von Pfarrer Eduard Blocher. Man behauptete, die deutsche Sprache in der Schweiz zu schützen, und betrieb eine gegen die Minoritäten im Lande gerichtete deutschnationale Kulturpolitik, die letzten Endes die politische Identität der Schweiz in Frage stellte.[69] Blochers Überheblichkeit gegenüber den romanischen Sprachgruppen setzte den Zusammenhalt des Landes schon vor dem Ersten Weltkrieg fahrlässig aufs Spiel.

Die Schweiz blieb ebensowenig wie die andern deutschsprachigen Randgebiete von alldeutschen Quacksalbereien verschont, wenn auch hier mehr die Gesinnung als konkrete Aktionen des Verbandes sichtbar wurden. Ein Beispiel für die politische Präsenz des Deutschtums bot die Universität Lausanne, an der die juristische Fakultät zu einem Zentrum deutschnationaler Agitation wurde. Die Universitäten der Romandie, eben erst aus bescheidenen Akademien zu Universitäten mutiert, waren aus wirtschaftlichen Gründen auf den Zuzug ausländischer Studenten angewiesen, die um die Jahrhundertwende weit mehr als die Hälfte der Kommilitonen stellten. In Lausanne wirkte seit dem Jahre 1883 der deutsche Jurist Heinrich Erman, der zu Beginn an der Akademie über römisches Recht las. Nach der Gründung der Universität zog der umtriebige Dozent immer mehr deutsche Studenten an den Genfersee und erreichte das wichtige Privileg, dass die juristischen Semester in Deutschland angerechnet wurden.[70] Adlige Offiziersanwärter absolvierten mit Vorliebe den Studienbeginn in Lausanne, weil ihnen dadurch die Kriegsschule erspart blieb. Man pflegte deutsche Geselligkeit, gründete den Studentenverein «Germania» und richtete sich im Westschweizer Domizil ein wie in einer deutschen Universitätsstadt. Zu den Höhepunkten im Leben der Kolonie gehörte Kaisers Geburtstag, der mit einem grandiosen Ball gefeiert wurde. Die deutschen Studenten reagierten empfindlich auf politische Spannungen und Ereignisse, so zum Beispiel auf die Turbulenzen des Boulanger-Intermezzos und auf die Wohlgemuth-Affäre. Im kritischen Jahr 1889 dichtete Professor Erman für die «Germania» in holprigen Versen ein patriotisches Bundeslied, das die Deutschen in der Fremde an ihre nationalen Pflichten erinnerte:

«Brüder, seht hier Deutschlands Fahnen
Frei entrollt im wälschen Land,
Wir lausannischen Germanen
mit dem schwarz-weiss-roten Band
Grüssen sie mit stolzer Lust,
Denn wir sind uns voll bewusst
Unsrer Pflicht der hehren,
Deutschlands Ruhm zu mehren.»[71]

Im Jahre 1891 wurde in Lausanne eine Ortsgruppe des Alldeutschen Verbandes gegründet, die nur bis 1893 bestand. Der rasche Wechsel in der Studentenschaft war soliden organisatorischen Strukturen abträglich. Heinrich Erman selber wurde ein führendes Mitglied der alldeutschen Bewegung, trat aber in der Schweiz mit professoraler Würde auf. Seinen Studenten empfahl er auch in Zeiten politischer Erregung angemessenes Benehmen im Gastland. Sie sollten «sich denken als ein in Feindesland verlorener Posten, der ruhig und treu die Fahne hochhaltend, auch dem Gegner ehrerbietige Achtung abzwingt».[72]

Ermans Rhetorik wirkte gemässigt im Vergleich zum patriotischen Bombast, den sein Nachfolger Ludwig Kuhlenbeck produzierte.[73]

Als Heinrich Erman im Jahre 1902 die Universität Lausanne verliess, begannen für die juristische Fakultät unruhige Zeiten. Bisher hatte man das Deutschtum diskret verwaltet. Nun aber zelebrierte der Alldeutsche Kuhlenbeck seinen «furor teutonicus» in so plumper Manier, dass die deutsche Kolonie in Aufruhr geriet. An seiner Seite wirkte der Jurist und Antisemit van Vleuten, der mit der selben Unduldsamkeit gegen undeutsche Erscheinungen auftrat. Kuhlenbeck durfte mit Unterstützung aus Berlin rechnen, denn im preussischen Kultus- und Justizdepartement sorgte man sich um die «Erhaltung dieses nach Lausanne vorgeschobenen Postens deutscher Rechtswissenschaft».[74]

Der neue Professor trat mit sozialdarwinistischer Gesinnung an und betonte in Schriften und Vorträgen den Herrschaftsanspruch der Arier. Rassismus war seine unverrückbare Leitlinie. Er konnte denn auch in einer alldeutschen Versammlung dozieren, «dass es kein Rechtsprinzip gebe, das nicht durch ein höheres Prinzip durchbrochen werden könne». Konflikte waren nicht zu vermeiden. Kuhlenbeck nahm sich als Opfer den schweizerischen Juristen Nicolas Herzen vor, einen Enkel des russischen Revolutionärs Alexander Herzen. Nicolas Herzen war ein Schwager von Heinrich Erman, der sogleich gegen seinen übel gesinnten Nachfolger Stellung bezog. Es kam zu einem öffentlich ausgetragenen Streit zwischen den beiden alldeutschen Professoren.

Herzen hatte in einem Vortrag vor der deutschen Kolonie über die innern Verhältnisse im Zarenreich gesprochen. Dadurch geriet er in den Verdacht, ein Agent des russischen Anarchismus zu sein. Kuhlenbeck provozierte in der deutschen Presse nicht nur ein Kesseltreiben gegen Nicolas Herzen, sondern auch gegen die Universität Lausanne, der mit deutschem Boykott gedroht wurde. Sein Versuch, die deutsche Studentenschaft für seinen patriotischen Sturmlauf zu gewinnen, scheiterte. Auch mit den rassistischen Thesen stiess er auf Ablehnung. Die Mehrzahl der Kommilitonen fühlte sich ob den Aktivitäten ihres Dozenten angewidert und begann, seine Vorlesungen zu meiden. Rechtsnationale Zeitungen schrieben daraufhin von mangelndem Patriotismus der Deutschen in Lausanne. Man sah die akademische Jugend in Gefahr. Das üble Spiel endete mit einer Niederlage Kuhlenbecks, der seine Universität verunglimpfte und jegliche akademische Disziplin vermissen liess. Im Mai 1908 wurden die Professoren Kuhlenbeck und van Vleuten wegen Insubordination abgesetzt.[75]

Der deutsche Gesandte in Bern hatte sich geweigert, zugunsten der beiden Störenfriede zu intervenieren. Der Schaden hielt sich für die Universität Lausanne in Grenzen, denn die deutschen Studenten hatten die Dinge in der Öffentlichkeit selber ins Lot gebracht. Das groteske Schauspiel darf nicht als Veranstaltung des Alldeutschen Verbandes gewertet werden. Ludwig Kuhlenbeck hatte seinen Auftritt auf eigenes Risiko inszeniert. Dennoch wurde für jedermann sichtbar, wohin eine extreme deutschnationale Agitation führen konnte.

Noch einmal ging ein Signal mit alldeutschen Untertönen von Zürich aus. In den Jahren 1904 bis 1914 veröffentlichte ein Autor, der unter dem Pseudonym «ein Ausland-Deutscher» auftrat, ein deutschnationales Werk in sieben Bänden, das unter dem Motto «Staatsstreich oder Reform?» stand.[76] Der Verfasser sah Deutschland im Innern und Äussern in Gefahr. Er kämpfte verbissen gegen die Sozialdemokratie, die in diesen Jahren mächtig an Stärke gewann. Die Reform im Innern wollte der «Ausland-Deutsche» durch einen berufsständig organisierten Staat erreichen. Sollte das nicht auf legalem Weg gelingen, erwartete er einen Staatsstreich von einem starken Kaiser, der allen undeutschen Versuchungen ein Ende setzen würde. Anfänglich hoffte er auf Wilhelm II., als aber den grossen Worten keine Taten folgten, fragte er resigniert: «Wie schützen wir uns vor einem unfähigen Kaiser?»

Der «Ausland-Deutsche» sprach von Rasse und Rassenhygiene und berief sich auf Ludwig Kuhlenbeck. Er war kein Antisemit, was ihn in Widerspruch zu den Thesen des Alldeutschen Heinrich Class brachte. Es war für den Autor eine Selbstverständlichkeit, dass das Deutsche Reich als Weltmacht auftrat. Das galt für den kolonialen Bereich genauso wie für Europa. Hier verlangte er, man solle «das Schwert schärfen und die Rüstung blank machen», um den Franzosen den abhanden gekommenen Respekt vor der deutschen militärischen Überlegenheit wieder beizubringen. Trotz einiger abweichenden Ideen durfte der «Ausland-Deutsche» mit dem Applaus der Alldeutschen rechnen.

Der Anonymus war in Zürich zu Hause. Es handelte sich um Jakob Friedrich Walz, einen Mitbegründer des «Tages-Anzeiger». Walz war im Jahre 1879 aus dem

Schwarzwald nach Zürich ausgewandert und ein Jahr später von Gustav Vogt als Hilfsredaktor an die «Neue Zürcher Zeitung» geholt worden. Einige Jahre später gründete er zusammen mit dem Essener Verleger Wilhelm Girardet den «Tages-Anzeiger für Stadt und Kanton Zürich». Jakob Friedrich Walz lebte als guter Deutscher in den Zirkeln der deutschen Kolonie, obschon er bereits 1894 das Schweizer Bürgerrecht erworben hatte. Die Befindlichkeit der Auslanddeutschen war ein in seinen Publikationen sorgfältig behandeltes Thema. Zur Pflege des Nationalgefühls empfahl er seinen Volksgenossen «deutschen Männergesang». Auch Walz gehörte zum Kreis jener in der Schweiz eingebürgerten Deutschen, die zwischen zwei Nationalitäten lavierten.

Das Deutschtum als grenzüberschreitendes Lebensgefühl war nicht an die deutsche Staatsbürgerschaft gebunden. Die Publikationen des Alldeutschen Verbandes gelangten ebenso selbstverständlich in die Stuben des schweizerischen Bürgertums wie die «Gartenlaube» und die Ritterromane. François Wille zum Beispiel übergab die alldeutschen Schriften nach Lektüre der Museumsgesellschaft in Zürich, wo sie dem gebildeten Publikum zur Verfügung standen.[77] Deutschnationale Thesen und Doktrinen flossen unablässig ins Land. Es focht die Zeitgenossen wenig an, wenn die Grenzen zwischen Politik und Kultur fliessend waren. Man war allemal von der germanischen Tüchtigkeit überzeugt und glaubte, im deutschen Fahrwasser sicher zu segeln.

Deutsches Selbstbewusstsein, das sich auch in den Köpfen von Deutschschweizern festgesetzt hatte, führte zu Konflikten im Kanton Tessin. Deutsch sprechende Einwohner – ob Schweizer oder Reichsdeutsche – zelebrierten in aufdringlicher Manier ihr Deutschtum und beleidigten bei verschiedenen Gelegenheiten die mit der italienischen Kultur verbundenen Tessiner. Jedes eigenständige Zeichen der sprachlichen Minderheit wurde als Signal der Irredenta gedeutet. Wortführer im Kampf gegen die «Italianità» war die «Tessiner Zeitung», die eine Zeitlang in Verbindung zum Deutschschweizerischen Sprachverein stand.[78] Eine Hymne auf den Verein Eduard Blochers publizierte die Zeitung am 5. August 1911: «Im Südwesten des geschlossenen deutschen Sprachgebietes, in der Schweiz, hält seit 1904 der ‹Deutschschweizerische Sprachverein› treue Grenzwacht. Mit Freude muss jedes deutschfühlende Glied unserer 90 Millionen zählenden Volksgemeinschaft auf die Arbeit dieses Vereins schauen, der nicht nur die Reinheit und Klarheit der deutschen Sprache auf schweizerischem Boden fördert, sondern auch überall dort, wo das Französische oder Italienische den Machtbereich des Deutschen bedrohen will, massvoll und zielbewusst für das Recht unserer Sprache eintritt.»

Den Artikel in der «Tessiner Zeitung» hätte ein Alldeutscher schreiben können. Über Italien und seine Bewohner goss man Hohn und Spott aus. Es war selbst ein versteckter Anitsemitismus zu spüren: Die südeuropäische, iberische Rasse sei ursprünglich mit der semitischen verwandt. Immerhin hätten sich die Ströme arischen Blutes positiv ausgewirkt, denn ihm sei die Kultur der Etrusker zu verdanken. Nun fühlten die Deutschtümler den «Machtbereich des Deutschen» auch in der italienischen Schweiz bedroht. Die Reaktionen im Tessin fielen scharf aus. Man sprach vom drohenden Pangermanismus.

Die Tessiner hatten den Eindruck, sie würden als Minderheit in Bern von Politikern und Verwaltung nicht ernst genommen und auch von der Gotthardbahn bei der Zuteilung von Stellen benachteiligt. Die Gesellschaft hatte für die Kinder ihrer Angestellten in einigen Städten deutschsprachige Schulen eingerichtet. Das entsprach einem verständlichen Wunsch des meist aus Deutschschweizern bestehenden Personals, führte aber zu Protesten unter der Tessiner Bevölkerung. Da man den Tessinern die nötigen technischen und sprachlichen Kenntnisse absprach, blieb ihr Anteil am Personal der Gotthardbahn verhältnismässig bescheiden. Als der Bund im Jahre 1909 die Gotthardbahn übernahm, erwartete man vom Staat mehr Entgegenkommen für die italienisch sprechenden Bürger. Ein wirklicher Dialog kam aber nicht zustande. Die Vertreter des tüchtigen, deutsch sprechenden Nordens kamen stets mit erhobenem Zeigefinger daher.

Im selben Jahr 1909 schrieb die «Tessiner Zeitung»: «Es wird in der Tat Zeit, dass wir Deutschschweizer die Geister, die wir zwar nicht riefen, die wir aber durch eine allzu versöhnliche und rücksichtsvolle Politik in ihrem Übermut bestärkt haben, nun mit rauher Hand in die gebührenden Schranken zurückweisen. Selbst auf die Gefahr hin, dass die eidgenössisch gesinnten Tessiner die Massregelung zu hart empfinden und ihr grollen sollten. (…) Der Bund hat das Recht und die Pflicht, den schweizerischen Boden, wenn es sein muss, mit eisernem Besen zu fegen von Elementen, die seine ruhige Entwicklung zu stören sich berufen und bemüssigt fühlen.»[79]

Der Deutschschweizerische Sprachverein hatte zu verstehen gegeben, dass eine Gleichberechtigung der Sprachen in der Schweiz nicht zur Debatte stehe. Die Organisation Blochers machte in ihrem Jahresbericht von 1906 deutlich, dass die deutsche Sprache auf die andern Idiome keine Rücksicht zu nehmen brauchte: «Ein merkwürdiger Irrtum kehrt immer wieder bei der Behandlung der Sprachenfrage: die Welschen meinen, die Anerkennung der Landessprachen durch die Verfassung verbürge jeder Sprache die Unverletzlichkeit des Gebietes, sie glauben, ein Recht auf ihren gegenwärtigen Besitzstand zu haben. Das ist natürlich nicht der Fall.»[80] Also durfte man weder von Deutschschweizern noch von Deutschen erwarten, dass sie sich im romanischen Umfeld assimilierten. Die «Tessiner Zeitung» dozierte dazu: «Muttersprache, völkische Eigenart, Rasse, Vaterland – das sind alles heilige Begriffe.»[81]

Es gehörte in diesen Kreisen zum guten Ton, die Treue der Tessiner zum Vaterland in Frage zu stellen. Im Jahre 1909 hielt der protestantische Pfarrer Arnold Knellwolf im Deutschschweizer Verein von Lugano die Ansprache zum 1. August. Darin beklagte er sich über die Art, wie die Eidgenossen südlich des Gotthard den

Nationalfeiertag begingen. Sie hatten es unterlassen, auf den Bergen Freudenfeuer anzuzünden, was nach Meinung des Redners auf einen bedenklichen Mangel an Patriotismus schliessen liess. Konflikte ergaben sich auch in der Armee. Man zweifelte an Tüchtigkeit und Zuverlässigkeit der Tessiner Truppen. Ein Beispiel für die geringe Wertschätzung bot Oberstleutnant Gottfried Kind, der nach strengen Manövern sein Tessiner Regiment in aller Öffentlichkeit tadelte, weil es mangelnden Leistungswillen gezeigt habe. Es folgte eine erregte Pressepolemik, die sich um die pauschalen Vorwürfe des Regimentskommandanten drehte. Da durfte auch ein Kommentar von Ulrich Wille nicht ausbleiben, der in der Untüchtigkeit der Tessiner Soldaten ein willkommenes Argument gegen die geplanten Festungen am Monte Ceneri sah, die von einheimischen Truppen hätten bemannt werden müssen. In einem Brief an Bundesrat Eduard Müller schrieb er im November 1909: «Über Bellenz thront zur Stunde noch die alte Feste Schwyz, in der der Urner Landvogt residirte und das Untertanenland Tessin beherrschte. Die Erinnerung an dieses nicht immer milde und die Interessen und das Wohlergehen der Untertanen nicht immer erstrebende Scepter ist im Tessiner Volke nicht erloschen und diese Erinnerung hilft bei, dass sich die Tessiner trotz allem und allem, was man für sie tut, nicht recht als eins mit den Schweizern jenseits der Berge fühlen. Dies ist die Ursache, warum die Irredenta im Tessin Boden findet, wie anlässlich der lächerlichen Erregung über die Äusserungen des Oberstlt. Kind deutlich zu Tage trat.»[82]

Es ist müssig, nach Spuren alldeutscher Aktivitäten im Tessin zu suchen. Das Deutschtum war beim Deutschschweizerischen Sprachverein und bei Deutschen und Deutschschweizern jenseits des Gotthard in sicheren Händen, so dass der Verband auf direkte Interventionen verzichten konnte. Immerhin drängt sich ein Vergleich mit den Aktivitäten der Alldeutschen im Trentino auf, die ungefähr zur selben Zeit gegen die italienische Irredenta agitierten. Die Furcht der Tessiner vor einer germanischen Expansion hatte einen realen Hintergrund, wenn auch die Reaktionen oft über das Ziel hinaus schossen. Die schwierigen und gelegentlich beschädigten Beziehungen zur Eidgenossenschaft nahmen erst eine Wende zum Besseren, als im Jahre 1911 Giuseppe Motta in den Bundesrat gewählt wurde.

Wirtschaft und Politik

Der Aargauer Carl Feer-Herzog, Berater der Landesregierung in Fragen der Währung und der Zollpolitik, pflegte in den siebziger Jahren zu sagen, die Schweiz sei auf wirtschaftlichem Gebiet eine Grossmacht.[83] Sie brauche sich nicht zu scheuen, im Wettstreit mit andern Staaten Gleiches mit Gleichem zu vergelten. Gemeint war der Kampf um Zolltarife, die nach einer Epoche des Freihandels im ökonomischen Ringen zwischen den Nationen ständig an Bedeutung gewannen. Auch im Bundesrat sprach man gelegentlich von der wirtschaftlichen Grossmacht, musste aber zur Kenntnis nehmen, dass die Ökonomie bei den grossen Nachbarn eng mit der Politik verbunden war. Wirtschaftliche Stärke allein genügte nicht in jedem Fall, wenn es galt, Interessen durchzusetzen.

Handelspolitik war ursprünglich kein Anliegen des Bundes. Nach dem Jahre 1848 wurde die Schweiz erst allmählich ein geschlossener Wirtschaftsraum. Es bedurfte der Verfassung von 1874, bis die wirtschaftliche Position der Landesregierung gegenüber den Kantonen einigermassen gefestigt war. Bei den niedrigen Zöllen handelte es sich um Fiskalzölle, die den bescheidenen Haushalt der Eidgenossenschaft trugen. Solange der Freihandel auf der europäischen Szene die Regel war, erwarteten Handel und Industrie vom Bundesrat wenig. Handlungsbedarf entstand, als die Grossmächte während den Wirtschaftskrisen der siebziger Jahre protektionistische Allüren hervorkehrten. Nun wurden Forderungen an die Schweiz gestellt, die alle früheren Konzessionen übertrafen. Den Ideologen des Freihandels fiel es schwer, die neuen Realitäten zur Kenntnis zu nehmen. Als Carl Feer-Herzog nach lebenslangem Kampf für einen liberalen Welthandel zur Einsicht kam, dass die Schweiz nicht in jedem Fall auf Schutzzölle verzichten könne, wurde er von Conrad Cramer-Frey, dem Präsidenten des Schweizerischen Handels- und Industrie-Vereins zur Ordnung gerufen und als «Apostat» beschimpft. Einige Jahre später nahm Cramer-Frey in einer Rede im Nationalrat die Vorwürfe zurück, denn auch er war zum Schluss gelangt, dass im Umgang mit den Grossmächten Pragmatismus angezeigt sei.[84]

Von den achtziger Jahren bis zum Ersten Weltkrieg hielten in Europa die Turbulenzen um die Handelsverträge an, die oft genug im Zeichen des Protektionismus standen. Die schweizerische Regierung regelte die Einfuhrzölle jeweils durch einen neuen Generaltarif, der nicht als fixe Grösse, sondern als Basis für Verhandlungen gedacht war. Praktische Bedeutung erlangte der auf Grund von Verträgen umgesetzte Gebrauchstarif. Erst jetzt nahm man zur Kenntnis, dass die Schweiz bisher im internationalen Geschäft vergleichsweise komfortabel gelebt hatte. Nun wurden die Beziehungen unübersichtlich, denn das verbreitete Prinzip der Meistbegünstigung führte bei jedem Vertragsabschluss zu Folgen, die weit über die bilateralen Vereinbarungen hinausgingen. Protektionismus diktierte die Zollpolitik der grossen Nachbarn. Nur England blieb bei den freihändlerischen Grundsätzen. In Bern gewann man den Eindruck, die Einfuhr in die Schweiz werde durch bescheidene Tarife kaum behindert, der schweizerische Handel hingegen durch die Schutzzölle des Auslands schwer belastet.

Als die Landesregierung im Jahre 1885 einen neuen Handelsvertrag mit dem Deutschen Reich anstrebte, sandte Nationalrat Cramer-Frey im Auftrag des Vororts einen Bericht an Bundesrat Numa Droz. In diesem Schreiben setzte sich der Sprecher der Wirtschaft mit dem eingetretenen Wandel auseinander und bedauerte den wirtschaftspolitischen Abstieg Frankreichs:

«Seit zwei Jahrzehnten hat der Handelsvertrag mit Frankreich die wesentlichste Unterlage der ganzen schweizerischen Zollpolitik gebildet, und sieben Jahre lang werden diese Verhältnisse noch unverändert fortdauern. Auch Frankreich selbst hat sich durch den mit der Schweiz vereinbarten Vertrag für diese Zeit seiner Handlungsfähigkeit mehr begeben als durch irgend einen der mit andern Staaten abgeschlossenen Handelsverträge. In der That mag die Schweiz auch zur Stunde relativ das beste Absatzgebiet Frankreichs sein, und dieser Umstand erklärt es, warum mitten in der grossen Schutzzollbewegung, welche den Kontinent durchzieht, die französisch-schweizerischen Handelsbeziehungen – geschützt durch einen Tarifvertrag – sich bis vor wenigen Jahren fast unverändert fortzuerhalten vermochten. Die Grundlagen, auf welchen der Vertrag sich aufbaute, beginnen aber zu zerbröckeln. Schritt um Schritt verdrängt der rührige Deutsche in der ganzen deutschen Schweiz mit den Erzeugnissen seiner Industrien den Franzosen. (...) Spätere Zeiten werden zeigen, wie diese Verschiebung deutscher und französischer Interessen in der Schweiz auf den Absatz schweizerischer Fabrikate in Frankreich zurückwirken muss. (...) Dies darf die Schweiz nicht ausser Acht lassen, wenn sie einen neuen Handelsvertrag mit Deutschland vereinbaren will. Über unserer Zukunft dämmert ein so schwarzer Himmel, dass solche Fragen kaum ernst genug aufgefasst werden können.»[85]

Die offenkundige Schwäche Frankreichs blieb für die Schweiz nicht eine simple Frage des Handelsvolumens. Der französische Rückzug in den Protektionismus war in den neunziger Jahren begleitet von einer allgemein defensiven Politik, die den westlichen Nachbarn als schwierigen und unberechenbaren Partner erscheinen liess. Wenn Frankreich in der Schweiz Marktanteile verlor, so schob man in Paris die Verantwortung der aggressiven deutschen Politik im Bereich von Handel und Finanzen zu. Das war wohl richtig, aber die Reaktion erwies sich als hilflos und verfehlt. Man hätte, um die Schweiz bei Laune zu halten, bessere Strategien ausdenken müssen als eine prohibitive Erhöhung der Einfuhrzölle. Deutschland leistete sich zur selben Zeit einen noch massiveren Protektionismus, doch konnte es sich in der Pose des Tüchtigen und Starken eine anmassende Handelspolitik leisten, die dem schwächeren Kontrahenten verwehrt war.[86]

Der französische Aussenhandel war in den neunziger Jahren der Gnade eines protektionistisch gesinnten Parlaments ausgeliefert, gegenüber dem die Regierung erhebliche Schwächen zeigte. Wortführer der nationalistischen Gruppe war der Deputierte Jules Méline, der – wie Charles Lardy formulierte – in seiner Beschränktheit nur ein Ziel kannte: «Réserver la France aux Français». In einem Brief an Numa Droz beschrieb der schweizerische Gesandte den gefürchteten Politiker: «C'est décidément un fanatique, borné, inintelligent, doux et bête comme un mouton.»[87] Jules Méline trug die hauptsächliche Verantwortung für den bald einsetzenden Handelskrieg zwischen der Schweiz und Frankreich. Im Jahre 1892 hatte man nach mühsamen Verhandlungen einen neuen Vertrag unterzeichnet, der die gegenseitigen Zollpositionen bestimmte. Die schweizerische Bundesversammlung ratifizierte das Abkommen, das französische Parlament verwarf hingegen im Dezember 1892 den

Kompromiss, ohne sich ernsthaft mit der Materie zu befassen. Man fügte damit den traditionellen französischen Exporten erheblichen Schaden zu, doch das störte die borniertenPolitiker wenig.

In der Schweiz war die Empörung beträchtlich. Sie ging denn auch weit über die kommerziellen Aspekte hinaus. Man zog Vergleiche mit der Affäre Wohlgemuth, in der das schweizerische Selbstverständnis auf die Probe gestellt worden war. Textil- und Maschinenindustrie verlangten vom Bundesrat eine feste Haltung, und man stellte sich auf einen Handelskrieg ein. Der Ärger über den unvernünftigen Streich des französischen Parlaments kam auch in der politischen Stimmung zum Ausdruck, denn man fühlte sich von einem alten Partner schlecht behandelt. Da lag es nahe, den Blick nach Deutschland und Österreich zu wenden, wo man den Vorgang mit Schadenfreude zur Kenntnis nahm. Zur selben Zeit bereitete eine schweizerische Delegation in Wien einen neuen Handelsvertrag mit den beiden Staaten vor.

Mit ihrer defensiv angelegten Handelspolitik manövrierten sich die Franzosen aus dem Geschäft. Ein Bruch im kommerziellen Austausch zwischen den beiden Ländern kam unweigerlich den deutschen Konkurrenten zugute. Es gelang denn auch der schweizerischen Exportindustrie, die in Frankreich erlittenen Verluste zu einem guten Teil in Deutschland und in andern Staaten zu kompensieren.

Zu Beginn der neunziger Jahre fand sich die französische Regierung auf dem Kontinent politisch in einer isolierten Stellung. Der Konflikt mit England um die nordafrikanischen Positionen war noch nicht ausgetragen, und der Dreibund wurde in Paris als formidable Bedrohung empfunden. Die Schweiz stand im Verdacht, sich nicht nur wirtschaftlich auf die Zentralmächte hin zu bewegen. Im Jahre 1893 reiste Kaiser Wilhelm II. von Italien über den Gotthard nach Luzern, wo er von Bundespräsident Schenk empfangen wurde. Der Monarch hatte sich selber eingeladen. Der französische Botschafter François Arago bemühte sich, in seinem Bericht nach Paris die kaiserliche Visite als politische Routine ohne tiefere Bedeutung darzustellen, doch der Eindruck einer engen schweizerisch-deutschen Freundschaft war für jedermann deutlich.[88]

Botschafter Arago, selber ein überzeugter Republikaner, hielt trotz aller Anfechtungen die Eidgenossenschaft für einen zuverlässigen Partner Frankreichs. Als im Jahre 1894 Camille Barrère an seine Stelle trat, war die Zeit der freundschaftlichen Komplimente vorüber. Der neue Mann glaubte nicht an die Neutralität des Landes, das seiner Meinung nach auf allen Gebieten in die Abhängigkeit vom Deutschen Reich geraten war. In dieser Auffassung wurde er durch die unglückliche Debatte über mögliche Allianzen und über das Recht der Schweiz bestärkt, sich im Kriegsfall einen Partner auszusuchen. Das laute Nachdenken über Sinn und Unsinn der Neutralität, das von Politikern und Offizieren betrieben wurde, liess für französische Beobachter nur einen Schluss zu: Die Schweiz war in gefährliche Nähe zum Dreibund geraten.

Der Zollkrieg zwischen der Schweiz und Frankreich fügte den französischen Exporten nach der Schweiz erheblichen Schaden zu, der in Ziffern kaum zu erfassen ist. Deutschland, Österreich und Italien zogen daraus Nutzen. Nach zwei Jahren kamen die beiden Kontrahenten zur Einsicht, dass der unmögliche Zustand nicht andauern dürfe. In Bern suchte Nationalrat Cramer-Frey, der Delegierte des Bundesrats, in Verhandlungen mit Botschafter Barrère nach einer Lösung. Die Schwäche der französischen Regierung gegenüber dem protektionistisch eingestellten Parlament hielt an. Unter diesen Umständen war an eine konsequente Handelspolitik, die auch die Bedeutung des schweizerischen Marktes für französische Produkte in Rechnung stellte, nicht zu denken. Die Unsicherheit der Regierung kam im Juni 1895 in einem Gespräch zwischen Aussenminister Albert Hanotaux und dem Gesandten Charles Lardy zum Ausdruck. Hanotaux räumte seine Schwäche ein: «J'ai compris que les intérêts généraux de mon pays n'étaient pas identiques avec l'addition des intérêts privés de la majorité des membres du Parlement, c'est pour cela que je suis devenu un partisan résolu de l'Entente avec Vous; il m'a fallu du temps et des efforts sur moi-même et du travail pour y arriver. Tout calcul fait j'ai peur d'échouer, si le Conseil fédéral ne donne pas quelque chose à l'entrée en Suisse.»[89]

In einem trockenen Kommentar erläuterte Minister Lardy das Schwanken der französischen Regierung und den vom schweizerischen Politikverständnis abweichenden Stil: «Il est difficile pour des Suisses de se placer tout à fait dans la peau d'un Français. (…) Pour les Suisses quand une base de négociations a été posée, il semble tout naturel de s'y tenir fidèlement; pour un homme politique français, obligé toute l'année de louvoyer vis-à-vis de tout le monde, ce que nous considérons comme un manque de fois, peut être appelé une nécessité politique.» Dazu komme, meinte Charles Lardy, die Ängstlichkeit der französischen Minister gegenüber dem eigenen Parlament.

Der Handelskrieg nahm im Jahre 1895 ein Ende. Die bescheidenen gegenseitigen Konzessionen wurden in der schweizerischen Öffentlichkeit mit Missvergnügen aufgenommen. Die Schweiz erreichte an französischen Zollerleichterungen weniger, als im gescheiterten Vertrag von 1892 vorgesehen waren. Frankreich zog mehr Vorteile aus der neuen Vereinbarung als die Schweiz, deren Handel den verlorenen Boden nur mühsam zurückgewann. Anderseits büsste der westliche Nachbar wertvolles Kapital an politischem Wohlwollen ein.

Die Feststellung von Aussenminister Hanotaux, wonach das allgemeine Interesse des Landes nicht einfach mit der Summe der Einzelinteressen gleichgesetzt werden konnte, traf auch auf die Schweiz zu. In den Zeiten des Freihandels war der ungehinderte Export das wesentliche in Bern behandelte Thema. Nun aber machte sich im Lande wie auf dem ganzen Kontinent ein Protektionismus breit, der nach Kampfzöllen rief. Damit wurde es immer schwieriger, bei Zollverhandlungen die eigenen Forderungen auf einen Nenner zu bringen, denn es waren zwei gegensätzliche Strategien zu vertreten. Die Textilindustrie in der Ostschweiz und der Zürcher

Seidenhandel verfochten andere Anliegen als beispielsweise die Uhrenindustrie, die sich gegen Uhrenimporte aus Frankreich zur Wehr setzte. Wollte man Käse nach Frankreich exportieren, so kam man nicht um Konzessionen im Bereich der Landwirtschaft herum. Der Sonderfall Genf mit der Freizone des Pays de Gez verlangte Lösungen, die mit den protektionistischen Forderungen der schweizerischen Bauern schwer zu vereinbaren waren. Der Schweizerische Gewerbeverband und der im Jahre 1897 gegründete Schweizerische Bauernverband beanspruchten ihre handelspolitischen Reservate. Die Landesregierung bot bei Handels- und Zollverhandlungen als Experten Vertreter der Wirtschaftsverbände auf, die nicht zum vornherein uneigennützig gesinnt waren. Nach der Jahrhundertwende sassen in den schweizerischen Delegationen meist zwei seltsame Dioskuren: Nationalrat Alfred Frey, Präsident des Handels- und Industrie-Vereins, und Ernst Laur, der Herrscher im Schweizerischen Bauernverband.[90] Bevor man sich mit ausländischen Partnern auseinandersetzen konnte, galt es, die eigenen Positionen zu bereinigen. Oft war es um die Harmonie schlecht bestellt. Ernst Laur verteidigte seinen Bauernstand, den er gewissermassen unter Denkmalschutz stellte, in aggressiver Weise. In der Industrie beeilte man sich, die Landwirtschaft als staatserhaltend zu preisen, auch wenn man nicht in jedem Fall auf sie Rücksicht nahm. Ein typischer Zwischenfall, der mit dem bäuerlichen Protektionismus zu tun hatte, ereignete sich im Jahre 1913. Die Schweizerische Handelskammer hatte einer vom Bundesrat verfügten Herabsetzung der Fleischzölle zugestimmt. Der Bauernverband rügte in einer Eingabe an die Bundesversammlung, der «zwischen Industrie, Gewerbe und Landwirtschaft in den Zöllen geschaffene Ausgleich» sei verletzt worden und die Industrie habe einen «Treuebruch» begangen.[91]

Der Konflikt zwischen Freihändlern und Protektionisten war keine schweizerische Erfindung. Er erregte die Gemüter quer durch Europa. Die deutsch-französische Rivalität in der Schweiz trat im wirtschaftspolitischen Bereich offen zutage. Deutschland profitierte mehr als andere Staaten vom Dissens zwischen Bern und Paris. Botschafter Camille Barrère, der in erster Linie politisch dachte, setzte sich dafür ein, dass der bilaterale Handel wieder in Gang kam. Er wusste genau, dass der französische Protektionismus für die deutsche Expansion ein Geschenk des Himmels war. Noch während den Verhandlungen von 1895 sandte er eine Warnung nach Paris, in der er an die Folgen des Zollkriegs erinnerte: «De cette rupture, la Suisse fut en grande partie responsable. Elle n'en a pas moins engendré un état d'esprit très hostile pour la France, qui a persisté, et qui augmentera encore du jour où il sera certain qu'une entente est impossible. Quand je parcours les journaux helvétiques de langue allemande et même certaines feuilles de langue française, il me semble que je lis la Gazette de Cologne. Ces dispositions ont été très habilement exploitées par l'Allemagne; tout le terrain que nous avons perdu dans les sympathies suisses, c'est elle qui l'a gagné, et il en sera toujours ainsi par la force inéluctable des choses: ce que l'un des deux pays perdra ici sera aussitôt pris par l'autre.»[92]

Für die innenpolitischen Vorgänge in der Schweiz zeigte der französische Botschafter wenig Verständnis. Er pflegte immer noch die Vorstellung, dass Frankreich so etwas wie ein moralisches Protektorat über die Eidgenossenschaft zustehe. Eine neutrale Schweiz setzte in seinen Augen einen intakten, ungebrochenen Föderalismus voraus. Die nicht zu leugnende Dominanz der Deutschschweizer im Bund bedrohte das Gleichgewicht zwischen den Sprachregionen und den Kulturen. Romandie und italienische Schweiz waren in französischer Sicht wirtschaftlich und kulturell gefährdet, was einem politischen Notstand gleichkam. Also kämpfte Barrère gegen den Zentralismus an, der zum vornherein das Spiel der Deutschen begünstigte. Der Versuch der Radikalen, es beim Ausbau des Bundesstaates den europäischen Nationalstaaten gleichzutun, fand sein Missfallen. Sein Vorgänger, der Republikaner Arago, hatte das Referendum und die 1891 eingeführte Verfassungsinitiative als Rückfall ins Ancien régime gewertet. Barrère hingegen äusserte sich jedesmal zufrieden, wenn in einer Volksabstimmung dem Bund neue Kompetenzen verweigert wurden.[93] Das Aussenministerium in Paris stimmte mit seiner Sicht der Dinge überein.

Der Botschafter applaudierte bei der Verwerfung der Militärvorlage im Jahre 1895, die seiner Meinung nach die Selbständigkeit der Kantone verringert hätte. Da nahm er auch in Kauf, dass die Armee für die Landesregierung kein in jeder Hinsicht taugliches Instrument war. Als ein Jahr später die Verstaatlichung der Eisenbahnen zur Debatte stand, befürchtete der französische Botschafter einen gewaltigen Machtzuwachs des Bundes. Die zentrale Steuerung der Bahnen – so eine in Paris konstruierte Annahme – konnte Frankreich im Kriegsfall gefährlich werden, denn man glaubte immer mehr an ein Zusammengehen der Schweiz mit Deutschland. Entsprechende Stichworte hatte der schweizerische Generalstab zur Genüge geliefert. Immerhin befand sich Camille Barrère in Bezug auf den Rückkauf der Bahnen in einem Dilemma. Wenn er die Opposition gegen die Verstaatlichung unterstützte, geriet er in eine peinliche Kumpanei mit den in schweizerischen Gesellschaften engagierten deutschen Kapitalisten, denen bei einem staatlichen Eisenbahnwesen die Felle davonschwammen.

Über das Ausmass der deutschen Präsenz in der Schweiz gab man sich erst Rechenschaft, als Kapital und Wirtschaftsmacht bereits etabliert waren. Genaue Zahlen sind kaum zu ermitteln, da vor allem in der Privatwirtschaft keine zuverlässigen Statistiken geführt wurden. Eine massive staatliche Intervention hatte sich hingegen in aller Öffentlichkeit vollzogen. Das Reich Bismarcks ermöglichte gemeinsam mit Italien den Bau der Gotthardbahn und sicherte sich dabei ein weitgehendes Mitspracherecht. Eigentlich hätte man schon damals von einem Souveränitätsverlust der Schweiz sprechen müssen, doch die Genugtuung über das Gelingen eines gigantischen Werks überwog. Der Finanzexperte Carl Feer-Herzog, selber ein Pionier des Gotthardprojekts, hatte sich seinerzeit für eine Beteiligung Frankreichs an der Finanzierung ausgesprochen, da er eine einseitige Ausrichtung auf Deutschland vermeiden wollte.[94] Er stiess aber in Bern und Paris auf Widerspruch. Hingegen misslang später der deutsche Versuch, am Simplon und am Lötschberg Fuss zu fassen.

Deutsches Geld floss in die schweizerische Elektrizitätswirtschaft und ermöglichte den Bau von Kraftwerken. Nach der Jahrhundertwende setzte sich die deutsche Automobilindustrie mit ihren Fahrzeugen in der Schweiz an die Spitze. Französische, englische und italienische Konstruktionen wurden in den Hintergrund gedrängt. Eindeutig ist der Befund im militärischen Bereich. Da die führenden schweizerischen Militärs mit Bewunderung auf die deutsche Armee blickten, verstand es sich von selbst, dass die schweren Waffen, die man in der Schweiz nicht bauen konnte, aus deutschen Waffenschmieden stammten. Man rüstete vor dem Ersten Weltkrieg die Artillerie mit Feldgeschützen von Krupp aus. Die Befestigungen am Gotthard und am Monte Ceneri wurden mit Panzerkuppeln und Geschützen von Gruson und Krupp armiert. Einzig in der Festung Saint-Maurice war neben deutschen Kanonen eine Batterie mit französischen Saint-Chamond-Geschützen zu finden.

Wenn man in der Schweiz die Sympathien für das mächtige Deutsche Reich offen zu erkennen gab, durfte man mit dem Beifall der deutschen Politiker rechnen. Das bedeutete keineswegs, dass der Kleinstaat in wirtschaftlichen Angelegenheiten mit dem selben Wohlwollen rechnen durfte. Im Auswärtigen Amt in Berlin pflegte man zur Entschuldigung auf die Distanz hinzuweisen, die zwischen der Aussenpolitik und den geschäftlichen Dingen bestand, die von einer der Innenpolitik untergeordneten Bürokratie verwaltet wurden.

Schweizerische und deutsche Delegationen stritten sich um den Ausbau des Hüninger Kanals und eine Verbesserung der Schifffahrtswege im Rhein. Basel vor allem suchte über den Hüninger Wasserweg Anschluss an das französische und belgische Kanalnetz und stiess dabei auf den Widerspruch der deutschen Bahnen. Zwischen 1907 und 1909 hielt ein Disput um den Mehlzoll an, der in der Schweiz Ärger verursachte und die politische Stimmung trübte. Das Deutsche Reich spendete auf den deutschen Mehlexporten nach der Schweiz eine Art von Gratifikationen, um die Wirkung der schweizerischen Einfuhrzölle aufzuheben. Schweizerische Müllereibetriebe wurden dadurch in ihrer Existenz bedroht. Verhandlungen führten zu keinem Ergebnis, und schliesslich fand man sich in der Schweiz mit den misslichen Umständen ab.

Gleichzeitig wurde in mühseligen Gesprächsrunden mit Deutschland und Italien der neue Gotthardvertrag ausgehandelt. Dabei konnte man den massiven deutschen Druck auf den Kleinstaat nicht übersehen. In diesem Zusammenhang sprach Carl Hilty von einem «Kollektivprotektorat», das der Schweiz drohte.

Der deutsch-französische Antagonismus fand seinen Niederschlag auch im Geldwesen und im Bankgeschäft der Eidgenossenschaft. Seit dem Beginn der industriellen Revolution war dieser Bereich in Europa in Bewegung geraten. Die Schweiz folgte mit der üblichen Verspätung, die ihren Grund in den kleinräumigen Strukturen und im nur langsam entstehenden gemeinsamen Wirtschaftsraum hatte. Erst nach der Bundesgründung von 1848 schuf sich die Landesregierung in einem Prozess, der bis zum Ersten Weltkrieg dauerte, die für eine einheitliche Finanzpolitik notwendigen Instrumente. Man hatte sich für die Frankenwährung entschieden und damit der engen Bindung an Frankreich Rechnung getragen. Das Eidgenössische Münzgesetz von 1850 setzte den Silberfranken als Münzeinheit fest und gab gleichzeitig den französischen Silbermünzen einen gesetzlichen Kurs.[95] Damit wurde ein gemeinsamer Geldumlauf nicht nur mit Frankreich, sondern auch mit Belgien und Italien ermöglicht.

Die Fixierung auf eine reine Silberwährung bekam den beteiligten Staaten auf die Dauer schlecht. Zwar gründeten sie im Jahre 1865 die sogenannte Lateinische Münzunion, um Ordnung in das kontinentale Geldwesen zu bringen. Doch seit der Jahrhundertmitte floss Gold in immer grösseren Mengen aus den Minen Kaliforniens und Australiens nach Europa und verdrängte das Silber. Die Lateinische Münzunion begegnete dieser Herausforderung mit der Schaffung einer Doppelwährung aus Silber und Gold, ein Kompromiss, der geeignet war, die Konfusion zu erhöhen. Carl Feer-Herzog, der Delegierte des Bundesrats in der Union, hatte sich dieser Lösung widersetzt und eine reine Goldwährung gefordert. Wie richtig seine Überlegungen waren, zeigte sich nach dem Deutsch-Französischen Krieg, als das Deutsche Reich seine Silberbestände liquidierte und seine Währung auf Gold stützte. Silber verlor dramatisch an Wert. Die Länder der Währungsgemeinschaft hatten beträchtliche Verluste zu verkraften, und ein allmählicher Übergang zur Goldwährung drängte sich auf.

Der Niedergang der von Frankreich dominierten Lateinischen Münzunion vollzog sich vor dem Hintergrund einer dem Kontinent drohenden deutschen Vorherrschaft. Imperialistische Allüren prägten nicht bloss die Politik, sondern in zunehmendem Masse auch die Bereiche Wirtschaft und Währung.

Der junge schweizerische Bundesstaat war in Geld- und Währungsfragen während Jahrzehnten recht hilflos. Es fehlte die Kontrolle für die Ausgabe von Banknoten, die von zahlreichen Banken betrieben wurde, ohne dass sie einer Konzession bedurft hätten. Oft waren die Kantonalbanken gleichzeitig auch Notenbanken. Die Geldpolitik dieser Institute richtete sich keineswegs nach nationalen Bedürfnissen. Dieser Mangel wurde beim Ausbruch des Deutsch-Französischen Krieges im Jahre 1870 drastisch sichtbar, als dem Bund die Mittel fehlten, um für die Kosten der Kriegsmobilmachung aufzukommen. Die Landesregierung sandte ihr Finanzfaktotum Feer-Herzog auf eine Bettelreise nach Paris und London, um so rasch wie möglich

Kredite zu beschaffen. Die peinliche Mission misslang. In der Not anerkannte der Bundesrat ausländische Währungen als offizielle Zahlungsmittel. Mit dem Eidgenössischen Banknotengesetz des Jahres 1882 wurden die Notenbanken endlich der öffentlichen Konzession und Kontrolle unterstellt.[96] Eine schweizerische Währungspolitik gab es erst nach der Gründung der Schweizerischen Nationalbank. Mit ihrer Eröffnung im Jahre 1907 wurden die 36 Notenbanken durch ein zentrales Institut abgelöst, das mit dem Monopol der Notenausgabe auch in der Lage war, den Geldumlauf des Landes zu regeln.

Die industrielle Revolution verlangte nach Kapital. Bei der Beschaffung von Geldmitteln zeigte sich in allen Ländern ein Phänomen, das auch in der Schweiz wahrgenommen wurde: Es dauerte lange, bis Industrie und Banken zusammenfanden. Auf der schweizerischen Szene gibt es dafür eine verhältnismässig einfache Erklärung. Für die bescheiden beginnende industrielle Entwicklung war Geld ausserhalb der Banken vorhanden. Handwerkliche und industrielle Betriebe entstanden in der ersten Hälfte des 19. Jahrhunderts aus kleinen Verhältnissen heraus. Selbstfinanzierung war die Regel. Die in den Städten angesiedelten Banken interessierten sich nicht für das Kreditgeschäft. Sie verwalteten die Gelder ihrer wohlhabenden Kunden und legten ihre Mittel allenfalls im Handel an. Die Aktivitäten der allmählich entstehenden Kantonalbanken reichten nicht über ihren politisch vorgegebenen Raum hinaus.

International tätige Industrie-Banken entstanden in Europa erst, als in Frankreich, England und Deutschland mächtige Zentren der Schwerindustrie geschaffen wurden. Das reichlich vorhandene jüdische Kapital, in verschiedenen Ländern in den Rothschild-Banken präsent, stand in erster Linie den Staaten zur Verfügung. Es engagierte sich nur mässig in privaten Produktionsbetrieben. Hingegen steckten die Banken Rothschild ihr Geld in den Bau von Eisenbahnen. Am Bahnbau war auch der im Jahre 1853 in Paris gegründete Crédit Mobilier der Brüder Emile und Isaac Pereire beteiligt, eine nach den Ideen Saint-Simons konzipierte Bank. Französisches Geld kam in reichlichem Masse dem Aufbau des schweizerischen Eisenbahnnetzes zugute. Beträchtlich waren denn auch die Verluste der französischen Investoren bei verschiedenen Pleiten.

Alfred Escher gründete im Jahre 1856 die Schweizerische Kreditanstalt zur Finanzierung seines Eisenbahnimperiums. Als Vorbild diente ihm der französische Crédit Mobilier, Geld bezog er hingegen aus Deutschland. In der Öffentlichkeit wurde der Umstand eher diskret behandelt, dass das Kapital zu einem guten Teil von der Allgemeinen Deutschen Kreditanstalt in Leipzig stammte. Aus einem frühen Zusammenschluss von Privatbanken zum Basler Bankverein entstand nach weiteren Fusionen eine Grossbank, die von 1897 an als Schweizerischer Bankverein in Erscheinung trat.[97] Nach der Gründung des Deutschen Reichs hatten eine Zeitlang deutsche Banken die Aktienmehrheit des Basler Instituts in ihren Händen gehalten. Die Deutschen waren keine stillen Teilhaber. Sie versuchten aber vergeblich, die schweizerische Leitung aus dem Geschäft zu verdrängen. Auch bei der Schweizerischen Bankgesellschaft spielte deutsches Kapital eine erhebliche Rolle. Schon vor der Jahrhundertwende waren die grossen schweizerischen Banken mit dem europäischen Kapitalmarkt eng verflochten. Im Jahre 1898 errichtete der Schweizerische Bankverein in London eine Niederlassung und setzte sich damit im Zentrum der internationalen Finanztransaktionen fest. Der Sprung in die Hauptstadt des britischen Weltreichs gewann, wie sich im Ersten Weltkrieg zeigen sollte, politische Bedeutung.

Im Zeitalter des Imperialismus war das Verhältnis zwischen nationaler Politik und einer über die Grenzen hinausdrängenden Industrie ein aktuelles Thema. Ging man von den liberalen Thesen eines Adam Smith aus, lag das Heil in einem ungehinderten Freihandel. Das britische Weltreich vertrat diesen Grundsatz trotz erheblichen Einschränkungen in den Kolonien. Die Vereinigten Staaten hingegen schützten ihre Produktion durch einen rigorosen Protektionismus und erwarteten anderseits, dass sich die Länder Europas ihren landwirtschaftlichen Exporten öffneten.

Nationale Expansion konnte durchaus das Ergebnis von ökonomischen Prozessen sein. Der deutsche Staatswirtschafter Friedrich List hatte in der ersten Jahrhunderthälfte in seinem Werk «Das nationale System der politischen Ökonomie» die theoretischen Grundlagen vorgegeben. Der Staat gelangte – so seine These – durch die Wirtschaft zur Macht. Die Nation war eine Fabrik im Grossen. Wirtschaftlicher Fortschritt lenkte die Politik und schuf auch Kultur. Voraussetzung war ein durch Schutzzölle abgesicherter grosser Wirtschaftsraum. Damit widersprach Friedrich List dem kosmopolitischen System von Adam Smith. Seine Grundhaltung war imperialistisch und setzte ein weit über Deutschland hinausreichendes föderales Gebilde voraus, das selbstverständlich von einer deutschen Zentrale gesteuert wurde. Für Kleinstaaten wie die Schweiz blieb in diesem System kein Platz. Nach den Vorstellungen des deutschen Theoretikers war das britische Weltreich der grosse wirtschaftliche Widersacher, mit dem man sich aber auf dem politischen Feld verständigen konnte. Daraus hätte sich eine Zweiteilung ergeben: Die Engländer mochten sich auf den Weltmeeren tummeln, Deutschland würde den mitteleuropäischen Raum beherrschen.

In den Visionen von Friedrich List erscheint das Phantom «Mitteleuropa», das in den kommenden Jahrzehnten die Zeitgenossen beschäftigte und im Ersten Weltkrieg durch Friedrich Naumann zu neuem Leben erweckt wurde.[98] Zu dem von Deutschland dominierten Mitteleuropa rechnete man die Donaumonarchie, einen unbestimmten Teil der Länder am untern Donaulauf, und im Westen Dänemark, Holland, Belgien und die Schweiz. Alles in allem eine Ordnung der Dinge, die mit Bismarcks Vorstellungen von der europäischen Staatenwelt nichts zu tun hatte.

Die Schweiz erschien in den verschiedenen im 19. Jahrhundert produzierten Varianten am westlichen Rand Mitteleuropas. Der Gedanke eines grossräumigen protektionistischen Reservats war auch schweizerischen Politikern nicht fremd, wobei man sich offenbar über die politische Struktur einer Wirtschaftsunion keine Sorgen machte. Im Juni 1887 reichte Nationalrat Gottlieb Berger, Staatsschreiber des Kantons Bern, im Parlament eine Motion ein, die den Bundesrat mit der Idee einer Zollunion in Mitteleuropa konfrontierte: «Der Bundesrat ist eingeladen, Bericht und Antrag einzubringen über die Frage, ob es nicht angezeigt sei, die Initiative zu ergreifen zur Anbahnung eines centraleuropäischen Zollvereins.»[99] Bundesrat Numa Droz reagierte ablehnend: «Die Schaffung eines centraleuropäischen Zollvereins sei derzeit unausführbar und es wäre eventuell für die Schweiz nicht ratsam, weder die Initiative zur Herbeiführung eines solchen Verbandes zu ergreifen, noch einem solchen anzugehören.» In einem Brief an einen Basler Kaufmann holte Numa Droz zu einem historischen Exkurs aus:

«Der Gedanke einer Zollunion und zwar einer mitteleuropäischen sowohl als einer Union einzelner Staaten ist alt und dessen Verwirklichung hinsichtlich der Schweiz und Deutschlands hat einst ziemlich nahe gelegen, als (im Jahre 1834) der deutsche Zollverein gegründet wurde. Der Anschluss der Schweiz an diesen Zollverband wurde nicht nur von Privaten und Gesellschaften, sondern auch von den Kantonsregierungen und von der Tagsatzung allen Ernstes erwogen. Die Experten-Kommission kam aber in ihrem Bericht an die Tagsatzung u. a. zu dem Schlusse: die Schweizerische Eidgenossenschaft solle unabänderlich festhalten an ihrem bisher bewährten System der Freiheit des Handels und des Gewerbes und sich unter keinerlei Umständen, noch unter irgend einer Bedingung, weder den Mauthlinien Frankreichs, noch der preussischen Zollunion, noch irgend einer andern fremden Zolllinie anschliessen: Der Grundsatz der Neutralität in Handelssachen sei eine Folge der politischen Neutralität der Schweiz ...»[100]

In seiner Abhandlung über «Die Weltstellung des Deutschtums» holte im Jahre 1897 der Alldeutsche Fritz Bley zu einer Deutung aus, die den politischen Charakter des Mitteleuropa-Gedankens erkennen liess. Der Sieg im Deutsch-Französischen Krieg habe an Deutschland neue Forderungen gestellt: «Zu den Aufgaben zählt in Europa ein enger wirtschaftlicher und staatsrechtlicher Zusammenschluss mit den übrigen Staaten germanischer Art, also zunächst mit Österreich, den beiden Niederlanden und mit der Schweiz.»[101] Die «Staaten germanischer Art» hatten alldeutscher Ideologie gemäss früher oder später zu einer politischen Einheit zu finden. Ein von der Rasse her gedachtes europäisches Bündnis stimmte aber mit der ökonomischen Konstruktion Mitteleuropas nicht überein, da im wirtschaftlichen Verband auch slawische Völker Platz gefunden hätten. Wirtschaft war für die alldeutschen Imperialisten ohnehin nicht das im Vordergrund stehende Argument. Da sich die Alldeutschen in diesen Jahren der deutschen Weltpolitik zuwandten, machten sie sich über Mitteleuropa nicht allzu viele Gedanken.

Die Idee von einer Föderation in der Mitte des Kontinents wurde vom 1904 gegründeten «Mitteleuropäischen Wirtschaftsverein» weiter gepflegt. Er strebte unter anderem eine Verkehrs- und Zolleinheit an. Ein Ableger des Vereins existierte auch in der Schweiz, führte aber ein Schattendasein. Dass Mitteleuropa ein vorwiegend theoretisches Gebilde war, lässt sich auch aus der Geschichte des Dreibunds ablesen. Das Bündnis bildete zu keinem Zeitpunkt eine Zollunion. Unter diesen Umständen war die Versuchung für die Schweiz, sich einer einstweilen bloss auf dem Papier existierenden Konstruktion anzuschliessen, eher bescheiden. Die labilen politischen Verhältnisse in Europa empfahlen pragmatisches Verhalten. Der wirtschaftspolitische Druck aus dem Deutschen Reich weckte ohnehin nationale Abwehrreflexe.

Internationalismus – Kosmopolitismus

In dem von Paul Seippel herausgegebenen Werk über «Die Schweiz im 19. Jahrhundert» ging der Theologe Ernst Röthlisberger, Sekretär des Internationalen Amtes für geistiges Eigentum, die oft gestellte Frage, wo die Schweiz ihren Platz in der Völkergemeinschaft zu suchen habe, recht behutsam an. Die Euphorie der Jahrhundertwende wurde gedämpft durch Ungewissheiten, die den europäischen Kontinent verunsicherten: das Nationalitätsprinzip, die Schutzzölle, die drückenden Lasten des bewaffneten Friedens, der Klassenkampf. Dann aber zeigte der Autor Zuversicht:

«Die civilisierte Menschheit strebt, sich auf sich selber besinnend, unmerklich danach, immer mehr eine Völkerfamilie zu werden. Der beste Beweis für diese versöhnliche Entwicklung findet sich in der Gründung der internationalen oder Weltunionen, jener im guten Sinne des Wortes kosmopolitischen Gebilde, welche die ersten, zwar noch unvollkommenen Grundbestimmungen einer zukünftigen Verfassung dieses Völkerstaatenbundes geschaffen haben. Dabei hat kein eigentlicher Plan vorgewaltet, sondern diese Satzungen sind entstanden, wann sich eine Notwendigkeit kundgab ...»[102] Es sei nicht von Staatsverträgen die Rede, sondern von «Staatengruppierungen, welche Beziehungen oder Interessen von universellem Charakter durch allgemein gültige Lösungen regeln wollen und allen Ländern offen stehen».

Der Autor sah die Schweiz inmitten dieser «kosmopolitischen Gebilde», sprach aber gleichzeitig eine Warnung aus: «Trotz der Mischung heterogener ethnographischer, sprachlicher und religiöser Elemente soll die Schweiz keine Verwischung der Individualitäten aufkommen lassen, wohl aber statt des hohlen Kosmopolitismus eine umso kräftigere schweizerische Eigenart zu begründen trachten.»[103] Röthlisberger sprach damit das eidgenössische Dilemma an, das vor dem Ersten Weltkrieg die Aussenbeziehungen des Landes beherrschte und das auch später das schweizerische Verhalten kennzeichnete. Man betrachtete es als Berufung und Privileg, dass die Schweiz auf der europäischen Szene «gute Dienste» leistete, scheute aber vor Bindungen zurück, die zum vornherein die Aktionsfreiheit beeinträchtigten.

«Kosmopolitismus» und «Internationalismus» galten als Schimpfworte. Internationale Vereinbarungen waren in dieser Perspektive gefährlicher als bilaterale Verträge, eine Meinung, die von Deutschland mit wohlwollenden Gesten gefördert wurde. So betrieb man in Bern in etlichen Bereichen eine Politik der Verweigerung, die für europäische Beobachter in einem seltsamen Kontrast zu den ersten Jahrzehnten des Bundesstaates stand.

Der Bundesrat legte immerhin Wert darauf, die Nation als unentbehrliches Glied der Völkergemeinschaft vorzustellen. Die Schweiz erlebte im letzten Viertel des 19. Jahrhunderts eine internationale Anerkennung, die weit über ihre machtpolitische Position hinausging. Das Land öffnete sich den in diesen Jahren entstehenden internationalen Organisationen, die für ihre Tätigkeit ein neutrales Territorium suchten.[104] Der Zuzug geschah zu einem Zeitpunkt, in dem die Abneigung der Landesregierung gegenüber Forderungen, die sich im Zeichen des Internationalismus präsentierten, noch nicht augenfällig war. Die imperialistische Politik der Grossmächte konnte die Tatsache nicht aus der Welt schaffen, dass die neue Zeit technischer, ökonomischer und kultureller Institutionen bedurfte, die über nationale Grenzen hinaus wirkten. Als Signal hatte die Genfer Konvention des Jahres 1864 mit der Gründung des Roten Kreuzes gewirkt. Daraus wurde in Bern – stillschweigend und nie öffentlich ausgesprochen – eine Art Monopol für humanitäre Initiativen abgeleitet, ein Anspruch, den die internationale Gemeinschaft später in Frage stellte. Eine Aufwertung der schweizerischen Neutralität hatte die nach europäischem Urteil untadelige Haltung im Deutsch-Französischen Krieg gebracht. Die erfolgreich durchgeführte Internierung der Bourbaki-Armee schuf Fakten, die später in die völkerrechtlichen Resolutionen der Haager Friedenskonferenzen eingingen.

In Bern liessen sich die Sekretariate einiger halbprivater internationaler Organisationen nieder: Weltpostverein, Internationale Telegraphenunion, Union für den Eisenbahnfrachtverkehr, Internationale Parlamentarierunion, Internationales Amt für geistiges Eigentum. In den neunziger Jahren richtete man das Friedensbüro ein, das als Zentralstelle für die internationale Friedens- und Freiheitsliga und für den neu gegründeten Schweizerischen Friedensverein wirkte. Die verschiedenen Organisationen verlegten ihre Kongresse häufig in die Schweiz, die sie als neutrale und zentral gelegene Residenz erlebten.[105]

Die von der Landesregierung geförderten Aktivitäten dieser nützlichen Institutionen erhöhten das Ansehen der Schweiz, riefen aber auch kritischen Kommentaren. Das geschah beispielsweise während der ersten Haager Friedenskonferenz im Jahre 1899, als die Errichtung eines permanenten internationalen Schiedsgerichts zur Debatte stand. Im Bewusstsein der humanitären Tradition des Landes deutete der Bundesrat ein diskretes Interesse an. Bundespräsident Eduard Müller schrieb dem Gesandten in Berlin, Arnold Roth: «Es ist uns auf indirektem Wege und ohne dass wir die Quelle kontrollieren können, nahe gelegt worden, dass Grossbritannien,

Nordamerika und wahrscheinlich auch Deutschland zustimmen würden, wenn die Schweiz sich anerbieten sollte, für ein permanentes internationales Schiedsgericht den Sitz anzubieten und einzurichten ...»[106] Man werde zuerst einmal die Entscheidung der Grossmächte abwarten und Augen und Ohren offen halten. Falls sich die Konferenz für die Schweiz entscheide, werde man es sich zur hohen Ehre anrechnen, der neu geschaffenen Institution Gastrecht zu gewähren. Der Gesandte Roth zeigte sich in seiner Antwort skeptisch. Er wäre, so schrieb er nach Bern, sehr erstaunt, wenn sich Deutschland in dieser Sache festlegen würde, da es ohnehin gegen ein internationales Schiedsgericht eingestellt sei. Dann warnte er: Man müsse sich vorsichtig verhalten, denn die Schweiz werde wegen ihres «Heisshungers nach internationalen Bureaux» gerügt.[107]

Einen Monat später drehte der zu Beginn günstige Wind. Die Schweiz stand als Sitz des permanenten Gerichtshofs nicht mehr zur Diskussion. Schliesslich war auch die Konferenz in ein anderes Land verlegt worden. Bundesrat Eduard Müller, ohnehin kein Freund eines internationalen Schiedgerichts, zeigte sich verärgert und erleichtert zugleich. Nun konnte er seine Abneigung offen aussprechen: «Die Hoffnung, eventuell den Sitz zu erhalten, durfte die Schweiz wohl hegen, angesichts der Rolle, die sie bisher als Schiedsrichter und in internationalen Werken gespielt hat. Dass die Konferenz nicht in der Schweiz abgehalten wurde, war allerdings kein gutes Vorzeichen, aber wir konnten das nicht ändern. (...) Nachdem nun aber jede Aussicht geschwunden ist, dass ein permanentes Schiedsgericht oder auch nur das Bureau eines solchen nach der Schweiz kommen könnte, erscheint die Sache vom Standpunkte unseres Interesses aus betrachtet in anderem Lichte. Zunächst wird die Schweiz dann nicht mehr die Ehre haben, das Schiedsrichteramt zwischen im Streite liegenden Staaten ausüben zu dürfen und sie erleidet damit offenbar auch einen Abbruch mit Bezug auf ihre kulturelle Mission im Leben der Völker. Sodann läuft die Schweiz als kleiner und demokratisch organisierter Staat Gefahr, vor ein Schiedsgericht gedrängt zu werden, das in seiner Mehrheit reaktionären Tendenzen huldigt, wobei dann die Grossen, die ein solches Spiel einfädeln sollten, zugeterletzt noch den Schein des Rechts auf ihre Seite bringen würden. Eine Garantie aber für eine passende Zusammensetzung des Gerichts wird schwer erhältlich sein.»[108] Der Bundespräsident richtete diese Zeilen an die schweizerische Delegation in Den Haag. Vorsichtig fügte er hinzu, man müsse den Schein vermeiden, die Schweiz sei wegen der Sitzfrage gegen das Projekt eingestellt.

Wenn man die Schweiz bei Vorbereitung und Betreuung der Konferenz links liegen liess, so verdankte sie das nach Ansicht Eduard Müllers dem Anarchisten Luigi Lucheni, der die Kaiserin Elisabeth ermordet hatte. Zu Recht oder zu Unrecht verurteilten die Grossmächte in diesen Jahren wieder einmal den allzu liberalen Umgang der Eidgenossenschaft mit italienischen und russischen Anarchisten.

In Frankreich nahm man Anstoss an der gewachsenen internationalen Kompetenz der Schweiz. Die Kritik war im Zusammenhang mit dem geschwundenen

Glauben an die schweizerische Neutralität zu verstehen. Wortführer in diesem misstrauischen Chor war Botschafter Camille Barrère, der von «Scheinneutralität» sprach.[109] Mit der zunehmenden politischen Distanz zwischen Bern und Paris sah er die einstige französische Rolle des Protektors endgültig schwinden. An ihre Stelle war in seinen Augen die Komplizenschaft zwischen der Schweiz und dem Deutschen Reich getreten, augenfällig unter anderem in der «Germanisierung» der schweizerischen Armee. Durch die internationalen Mandate habe das Land eine unangemessen starke Position erlangt, in der es die Neutralität nach eigenem Gusto interpretieren könne. Bei diesen Überlegungen des Botschafters mag ein Motiv mitgespielt haben, das Charles Lardy gelegentlich als charakteristisch für das französische Denken bezeichnete: Alles, was einer andern Nation Nutzen bringe, sei für die Franzosen schädlich.

Zu den Aufgaben der neutralen Schweiz gehörte nach zeitgenössischem Verständnis die Rolle des Schiedsrichters in internationalen Streitigkeiten. Der erste Fall, an dessen Erledigung der Bundesrat entscheidenden Anteil hatte, war der sogenannte Alabamahandel.[110] Während des amerikanischen Sezessionskrieges hatte der Kreuzer «Alabama», ein Kaperschiff der Südstaaten, im Atlantik unter den Handelsschiffen der Nordstaaten beträchtliche Verheerung angerichtet. Der Segler war in Liverpool gebaut und heimlich als Kriegsschiff armiert worden. In seinen tollkühnen Aktionen wurde das Schiff offensichtlich von der englischen Marine unterstützt und in englischen Häfen versorgt. Ähnliche Hilfe genoss ein anderes Kaperschiff der Konföderation, die «Florida». Die «Alabama» wurde erst im Jahre 1864 vom amerikanischen Kreuzer «Kearsage» vor Cherbourg versenkt.

Nach Kriegsende entstand zwischen den Vereinigten Staaten und England ein ernsthafter Konflikt, denn die Union sah im britischen Verhalten einen eindeutigen Bruch der offiziell verkündeten Neutralität. Es ging vor allem um eine Entschädigung für die erlittenen materiellen Verluste. Schliesslich legte man den Fall einem Schiedsgericht vor, dessen Leitung einem Schweizer übertragen werden sollte. Es lag an der Landesregierung, eine Entscheidung zu treffen. In Bern war von Caspar Bluntschli, August Gonzenbach und Alfred Escher die Rede. Die Wahl fiel schliesslich mit dem Einverständnis der beiden Kontrahenten auf den ehemaligen Bundesrat Jakob Stämpfli. Der Entscheid wurde in Washington mit Zustimmung, in London mit gemischten Gefühlen zur Kenntnis genommen. Die Vergangenheit des Berner Radikalen liess in England Zweifel an der Unabhängigkeit des Kandidaten aufkommen, auch wusste man, dass Stämpfli mit dem englischen Rechtssystem nicht vertraut war. Vor Beginn der Verhandlungen zog sich der Erkorene ins Berner Oberland zurück, um englisch zu lernen.

Das Schiedsgericht trat im Jahre 1871 in Genf zusammen. Es brauchte mehr als ein Jahr, um zu einem Schluss zu gelangen. Die Entscheidung fiel schliesslich zugunsten der Vereinigten Staaten aus. England wurde zu einer empfindlichen Geldstrafe verurteilt. In Washington war man zufrieden, die englische Regierung machte gute Miene zum bösen Spiel. Beide Parteien sprachen dem Bundesrat und Jakob Stämpfli den verbindlichen Dank aus, doch der Schein trügte. Im Foreign Office war die Verärgerung über Stämpfli offensichtlich. Man spottete über den Schiedsrichter, der die englische Sprache nicht beherrschte und – wie man in London glaubte – wegen seiner politischen Vergangenheit befangen war. In Bern beeilte man sich, das Ergebnis als Erfolg für die schiedsrichterliche Mission der Schweiz zu präsentieren, doch auf britischer Seite blieb eine Verstimmung zurück. Die diplomatische Reaktion liess nicht auf sich warten. Die englische Vertretung in Bern wurde im Rang herabgesetzt, was für den Gesandten peinliche finanzielle Folgen hatte. Erst im Jahre 1881 wurde der Diplomat wieder zum ausserordentlichen Gesandten und bevollmächtigten Minister befördert.

Bis zur Jahrhundertwende kümmerte sich die Schweiz noch um mehrere internationale Streitfälle. Auch England machte erneut von der schweizerischen Vermittlung Gebrauch. Frankreich schlug im Jahre 1897 Numa Droz als Generalgouverneur der unter Turbulenzen leidenden Insel Kreta vor. Die Kandidatur des ehemaligen Aussenministers scheiterte am Einspruch Berlins, das sich wohl an die unbequeme Politik von Bundesrat Droz während des Wohlgemuth-Handels erinnerte.

Der anfänglich vorhandene Glaube an ein schweizerisches Monopol wurde im Laufe der Jahre erschüttert, denn der Kleinstaat war mit diesem Anspruch überfordert. Es stand die Revision der Genfer Konvention bevor. Das war nach dem Verständnis der Landesregierung eine Angelegenheit der Schweiz, doch die Interessen der Mächte liessen sich nicht auf einen Nenner bringen. Der Bundesrat musste zur Kenntnis nehmen, dass auf dem europäischen Plan auch das Humanitäre eine politische Seite hatte. Da konnte es geschehen, dass erhabene Grundsätze mit den eigenen nationalen Interessen kollidierten.

Es fehlte der Eidgenossenschaft das machtpolitische Gewicht, wenn es galt, den Grossmächten den Weg zum angeblich von allen gewünschten Völkerfrieden zu weisen. Als Zar Nikolaus II. im Jahre 1899 die europäischen Staaten zu einer Abrüstungskonferenz einlud, hatte man in Bern das Gefühl, die Schweiz sei in einer ureigenen Sache beiseite geschoben worden. Man fühlte sich übergangen, weil bei diesem wichtigen Thema das Zarenreich die Initiative ergriffen hatte. Dass man für das eigene Land eine Abrüstung ausschloss, war ein weiterer Grund für die latent vorhandene Unzufriedenheit. Doch zeigte der Bundesrat, wie das Protokoll vom 3. Februar 1899 darlegt, Sinn für die harten Realitäten: «Bei dieser Sachlage bleibt – nach der Ansicht des politischen Departements – dem Bundesrat wohl nichts anderes übrig, als Russland den Vortritt zu lassen und das Ergebnis der geplanten Konferenz abzuwarten.»[111]

Auch das Humanitäre war nun eine Domäne der Grossmächte. Bereits in den siebziger Jahren hatte sich die Landesregierung für die von ihr betreute Genfer Konvention zur Wehr gesetzt, die revidiert und auf die Seekriegsführung ausgedehnt werden sollte. Russische Vorschläge strebten eine neue Konvention an, die Rechte und Pflichten der Kriegführenden festlegte. Es war von einem «Kriegskodex» die Rede, den man an der Kriegsrechtskonferenz von Brüssel im Sommer des Jahres 1874 aushandeln wollte. Für den Bundesrat zeichnete sich ein Dilemma ab, das auch an den Haager Friedenskonferenzen von 1899 und 1906 offenkundig war, und das die Schweiz in die Rolle eines Aussenseiters verwies. Das Recht auf Kriegführung sollte nur den regulären Armeen vorbehalten sein, was den in der eidgenössischen Tradition gepflegten Mythos einer «Volkserhebung» oder einer «levée en masse» in Frage stellte. Gegen den spontanen Volkskrieg stellte sich Deutschland, das im Deutsch-Französischen Krieg mit den «Franctireurs» unangenehme Erfahrungen gemacht hatte. Der Gedanke an eine Beteiligung der Bevölkerung am Kampf war für preussische Offiziere zum vornherein absurd. Die deutsche Delegation versuchte, aus den Verhandlungen «die grösstmögliche Ausbeute für die Ansprüche einer Offensiv-Armee par excellence» zu gewinnen, schrieb der schweizerische Delegierte Bernhard Hammer an den Bundespräsidenten.[112] Der Diplomat setzte sich vergeblich für den eidgenössischen Volkskrieg zur Wehr: «Ich habe hiegegenüber die durch Ihre Instruktionen vorgezeichnete Haltung wenn auch ohne den gewünschten Erfolg, eingenommen und hege höchstens noch einige Hoffnung, dass in der 2. Lesung etwa die eine oder andere Ungeheuerlichkeit von diesem Artikel noch abgestreift werden kann.»

Die erste Haager Friedenskonferenz machte der Schweiz deutlich, dass sie im europäischen Geschäft eine untergeordnete Rolle spielte. Der Aufruf des Zaren Nikolaus II. zu einer Abrüstungskonferenz geschah, offenbar einer persönlichen Eingebung folgend, zu einem Zeitpunkt, in dem die Rüstungen vorangetrieben wurden. Ging es um eine Träumerei oder um politisches Kalkül? Russische Diplomaten, die vom Vorstoss ihres Monarchen selber überrascht waren, bemühten sich, die Initiative des Zaren gegenüber dem Dunstkreis der Friedensbewegung vom Bertha von Suttner abzugrenzen. So meinte der russische Geschäftsträger in Wien: «Hier encore j'écrivais à mon gouvernement et lui recommandais d'éviter avant toute chose de laisser assimiler la proposition de notre Empereur aux rêveries humanitaires de l'excellente Baronne de Suttner et des différentes ligues de la paix.»[113]

Die russische Initiative wurde in den europäischen Hauptstädten mit «grosser Sympathie» aufgenommen, eine Formel, der jeweils skeptische Kommentare folgten. Die Vorstellungen des Zaren waren vorläufig allzu vage, als dass man konkrete Ergebnisse hätte erwarten dürfen. Der österreichische Aussenminister Graf Agenor Goluchowski pries gegenüber dem schweizerischen Geschäftsträger du Martheray die Gesinnung des Zaren, meinte aber, es müssten alle politischen Fragen sorgfältig aus dem Konferenzprogramm ausgeschieden werden. Das kam der Quadratur des Kreises gleich.[114] Hinter vorgehaltener Hand wurden den Russen machtpolitische

Motive unterschoben: Das Zarenreich wolle in Europa den Frieden sichern, um im Fernen Osten frei schalten und walten zu können.

Als im Frühjahr 1899 die Konferenz in Den Haag bevorstand, war die Verwirrung um die Traktanden gross. Das Deutsche Reich zeigte sich gewillt, das zentrale Anliegen zu blockieren. Der deutsche Botschafter in Paris, Graf Georg Hubert von Münster, machte dem Gesandten Charles Lardy gegenüber einige Andeutungen über die Instruktionen an die deutsche Delegation: «Ne pas soulever, ni laisser soulever de question politique, en d'autres termes, maintien du statu quo.»[115] Für Wilhelm II. war die Veranstaltung ebenso überflüssig wie peinlich. So lautete denn auch seine Instruktion: «Sorgen Sie dafür, dass nichts daraus werde und helfen Sie den Russen anständig aus dem Fiasco heraus zu kommen.»

Abrüstung war ein Wort, das beim deutschen Kaiser Wutausbrüche provozierte. Es ging an der Konferenz nicht um Abrüstung, sondern bloss um den Versuch, die Rüstungen zu begrenzen. Auch das war ein heikles Unterfangen, denn es gab keine zuverlässigen Kriterien für eine Bestandsaufnahme. Jedes Land fühlte sich benachteiligt, wenn es in einem bestimmten Sektor auf einen weiteren Ausbau der Streitkräfte verzichten sollte. Die schweizerische Delegation lehnte eine Reduktion der Armee und ihrer Ausrüstung ab. Arnold Keller, der Chef der Generalstabsabteilung, hatte in einem Gutachten die Richtung gewiesen: «Eine Verpflichtung, ihre Streitkräfte nicht zu vermehren, kann die Schweiz nicht eingehen; denn die Zahl der Streitkräfte wird bei uns normiert durch den Verfassungsgrundsatz der allgemeinen Wehrpflicht. (...) Ganz besonders aber darf die Schweiz als ‹Pufferstaat› darauf aufmerksam machen, dass ihre militärische Kraft und Leistungsfähigkeit eine Bürgschaft des europäischen Friedens bilde.»[116]

In seiner Argumentation stützte sich Keller unter anderem auf Angaben, die er aus Deutschland bezog. In der damals aktuellen Diskussion um das Gewehrkaliber wies er auf Verhandlungen im deutschen Reichstag hin: «... die weitere Verkleinerung des Gewehrkalibers, wenn sie auch bessere ballistische Resultate liefert, würde den Charakter der Verwundungen derart leichter gestalten, dass die Verwundeten in grosser Zahl nach wenigen Wochen schon in die Reihen der Kämpfenden zurückkehren könnten.»[117] Diese üble Erfahrung habe man im spanisch-amerikanischen Krieg gemacht.

Die Instruktionen des Bundesrats an seine Delegation in Den Haag waren von ängstlicher Vorsicht geprägt. Man sei für alle Vorschläge offen, wenn sie zum allgemeinen Frieden beitrügen, doch die positiven Signale wurden bei den einzelnen Punkten mit Vorbehalten versehen. So hatte man grundsätzlich gegen ein Tribunal für internationale Streitfälle nichts einzuwenden, aber die Schiedsgerichtsbarkeit sollte fakultativ sein.

Als Sonderfall präsentierte sich die Schweiz in der Debatte um Rechte und Pflichten der Kriegführenden. Der Bundesrat war in der überholten Vorstellung vom Kampf des ganzen Volkes gegen einen Eindringling befangen, ein Bild, das militärisch fragwürdig war. Man dachte in erster Linie an den Landsturm, der damals noch keine organisatorische Struktur aufwies und auch kein Teil der Armee war. Die These vom schweizerischen Volkskrieg trug an der Konferenz der Aarauer Oberst und Nationalrat Arnold Künzli vor. Der Redner wurde dabei Opfer seiner eigenen patriotischen Folklore. Er zog fragwürdige Beispiele aus der Geschichte heran und meinte dabei den Einfall der Franzosen in die Schweiz im Jahre 1798, ohne Frankreich zu erwähnen.

In seinem Vortrag schilderte Künzli mit Pathos die heldenhaften Kämpfe eines Bergvolkes, das sich einem mächtigen Gegner entgegenstellte: «Non seulement les hommes dans la force de l'âge, mais encore les vieillards, les enfants et les femmes prenaient part aux combats.»[118] Knaben hätten ihren Vätern und Brüdern Munition gebracht, während die Frauen Kanonen auf die Höhen schleppten. Das waren Künzlis Beispiele für die «levée en masse». Angesichts dieser kriegerischen Tradition könne die Schweiz – so der Delegierte der Landesregierung – keiner Landkriegsordnung zustimmen, die das Recht der Kriegführung auf die Armee beschränke. Der patriotische Überschwang des Obersten Künzli wurde von den Kongressteilnehmern mit Belustigung aufgenommen, doch in der Sache kam man der Schweiz nicht entgegen.

Der Mythos vom Volkskrieg, den die Schweiz im Gegensatz zu den andern Staaten zelebrierte, stiess in der Bundesversammlung und in der Presse auf Widerspruch. Kritik wurde in der Armeeführung geübt, die mit den fragwürdigen historischen Vorbildern vom Grauholz und von Nidwalden wenig anfangen konnte. Der vom preussischen Beispiel geformte «neue Geist» einer jüngeren Generation von Offizieren erlaubte keine militärischen Spielereien im Stil einer «Levée en masse». Doch die Delegation in Den Haag blieb bei der Kriegführung der Urahnen und stellte sich damit in Gegensatz zur allgemein akzeptierten Lösung. Man blieb der Konvention fern.

Nach der Jahrhundertwende wusste man, dass eine zweite Friedenskonferenz bevorstand. Es stellte sich die Frage, ob die Schweiz der «Übereinkunft betreffend die Gesetze und Gebräuche des Landkriegs» vom 29. Juli 1899 nachträglich beitreten sollte. Das Land könne sich, so ein oft gehörtes Argument, nicht von der zivilisierten Welt isolieren. Es werde an der zweiten Friedenskonferenz in Den Haag wieder vor die selbe Frage gestellt sein.[119] Als es darum ging, die neue Konferenz vorzubereiten, setzten Generalstab und Militärdepartement alles daran, das Manko zu beheben. In einem Bericht an das Kollegium schrieb Bundesrat Eduard Müller: «Was jedoch der Generalstabsabteilung noch als ein durchaus entscheidender Grund für den Beitritt zur Konvention erscheint, das sind die Folgen, welche der Nichtbeitritt für die Schweiz nach sich zieht. Die letztern bestehen in der Tat darin, dass wir keinen Anspruch auf die zahlreichen humanen Bestimmungen der Haager Konvention beziehungsweise ihres Reglements erworben haben, ohne dafür irgend einen Vorteil einzutauschen.»[120] Auch die Landesverteidigungskommission hielt wenig vom Volkskrieg und war der selben Meinung wie der Vorsteher des Militärdepartements. Oberstkorpskommandant Eugen Fahrländer, Mitglied der Kommission, sprach gegen die noch in vielen Köpfen verankerte Tradition: «Unser Volk ist nicht so erhebungslustig, als man gewöhnlich annimmt; übrigens fehlen uns sowohl die Leute dazu, wenn Auszug, Landwehr und Landsturm im Felde stehen, als auch die Mittel, denn es wird in dem vom Feinde besetzten Lande kaum genügend Munition vorhanden sein. Es wäre ein Glück für uns, wenn wir unser Volk vor einer Erhebung bewahren könnten.»

Theophil Sprecher, der neue Chef der Generalstabsabteilung, wandte sich energisch gegen den Versuch des Politischen Departements, die Entscheidung hinauszuschieben. Was er vom sogenannten Volkskrieg hielt, war in einem ausführlichen Schreiben vom 4. Oktober 1906 an den Vorsteher des Militärdepartements zu lesen: «Ich komme endlich noch auf diejenige klare und positive Bestimmung des Haager Reglements zu sprechen, die allein und abgesehen von dem Sinne, den man andern Artikeln geben mag, uns veranlassen sollte dem Vertrage beizutreten, den Art. 1. Tritt man an eine Prüfung dieses Artikels heran, so muss man sich vorab darüber entscheiden, ob man für die Verteidigung des Vaterlandes alle Mittel in Anspruch nehmen oder ob man sich aus Humanitätsrücksichten gewisse Beschränkungen auferlegen will. Wer auf dem ersteren Standpunkt steht, wird nicht nur das Haager Reglement, sondern jede Umgränzung der Verteidigung ablehnen. Er muss sich aber sagen, dass er damit nicht nur dem Verteidiger, sondern ganz ebenso dem Angreifer die vollständig freie Wahl der Kampfmittel einräumt. (...) Es würde eine solche Theorie in ihren praktischen Konsequenzen geradezu zur Ausrottung des Volkes führen, eine Grenze bis zu der auch die ruhmvollste Volksverteidigung in historischer Zeit nie geschritten ist. Beispiele anzuführen ist wohl überflüssig. Ich glaube also annehmen zu dürfen, dass die grosse Mehrheit unseres Volkes und seiner Behörden gewillt ist, den Volkskrieg nicht als schrankenloses Morden und Zerstören vorzusehen, sondern dass auch dieser in den Schranken der Kriegsgebräuche der Neuzeit geführt werden soll.»[121]

Die Debatte um eine der Zeit angemessene Art der Kriegführung wurde nicht nur von Offizieren bestritten. Auch Carl Hilty verlangte eine Verbesserung des Kriegsrechts. Der Kampf müsse sich auf ein «geordnetes Duell» beschränken.[122] Damit entfernte sich der Berner Lehrer des Staatsrechts von der eidgenössischen Vorstellung der «Levée en masse».

In den ersten Jahren des neuen Jahrhunderts wurde der Landsturm militärisch organisiert sowie mit Waffen und einheitlichen Uniformen versehen, auch war eine minimale Führungsstruktur gewährleistet. Er entsprach somit den von der ersten Friedenskonferenz gesetzten Normen, so dass einem Beitritt der Schweiz zur Landkriegsordnung nichts mehr im Wege stand. Die Armeeführung wusste in ihren Planungen mit den angegrauten Verteidigern des Vaterlandes wenig anzufangen. Ulrich

Wille zum Beispiel hätte ohne Skrupel auf den Landsturm verzichtet. In einer nach preussischem Muster geprägten Kriegführung war für die umstrittene Formation kein Platz.

Die schweizerische Landesregierung hatte stets die Wahrung des Weltfriedens als eines ihrer vornehmsten Ziele bezeichnet, denn der Friede war eng mit den humanitären Anliegen verbunden. In der Diskussion um konkrete internationale Vereinbarungen hingegen geriet sie zusehends in ein Dilemma. Sie fand sich in bilateralen Angelegenheiten besser zurecht als vor einem Forum, das im Verdacht des Kosmopolitismus stand. Die beiden Haager Friedenskonferenzen machten deutlich, dass die Schweiz – aus welchen Gründen auch immer – den Führungsanspruch im humanitären Netzwerk verloren hatte.

Max Huber, Dozent für Staatsrecht an der Universität Zürich und Delegierter an der Zweiten Haager Friedenskonferenz, ging in seinen Erinnerungen mit dem Bundesrat scharf ins Gericht. Indifferenz gegenüber der auswärtigen Politik, fachliches Unvermögen und Bürokratismus im Politischen Departement seien die Merkmale einer schlecht organisierten Aussenpolitik. Man hatte das System Droz, das sich auf einen ständigen Aussenminister stützte, wieder abgeschafft und war zur jährlichen Rotation zurückgekehrt. Der Bundespräsident war auch Aussenminister. Max Huber meinte dazu: «Die Bundesräte, die nur ein Jahr das Departement führten, konnten sich nicht einarbeiten, betrachteten zum Teil vielleicht das Präsidialjahr als eine Dignitas cum otio und waren für die laufenden Geschäfte fast völlig auf den Departementssekretär angewiesen, der mit einem jüngeren Legationssekretär als Adjunkten und ein oder zwei Schreibern das ganze Personal des Politischen Departements war. Der damalige langjährige Departementssekretär war Herr Graffina, ein älterer Jurist aus dem Tessin, der auch einige Zeit auf Gesandtschaften tätig gewesen war. Äusserlich und innerlich kein Diplomat, sondern ein ausgesprochener Bürokrat. Gewiss ein braver und treuer, aber für sein Amt ungeeigneter Mann. (…) Das ‹Régime Droz›, unter welchem Numa Droz während einiger Jahre das ‹Departement des Auswärtigen› geleitet und eine gewisse aktive internationale Politik pazifistischer Prägung betrieben hatte, schien in schlechter Erinnerung zu sein, so dass nachher ein möglichst entgegengesetzter, das heisst passiver, misstrauischer Kurs gesteuert wurde. Dieser Tendenz im Bundesrat wurde wohl auch dadurch Vorschub geleistet, dass einige der tüchtigsten Diplomaten der Schweiz, teils wohl aus Erfahrungsgründen, teils aber auch aus der den meisten Berufsdiplomaten eigenen Antipathie gegen allen Internationalismus und vielleicht noch mehr aus ihrer persönlichen überkritischen, kassanten Art heraus alle Bestrebungen pazifistischer Tendenz mit Misstrauen oder Geringschätzung betrachtet zu haben scheinen.»[123]

Die Vorbereitungen auf die Zweite Haager Friedenskonferenz standen für die Schweiz unter einem schlechten Stern. Die Suche nach einer gesicherten Friedenslösung war eine Angelegenheit der Grossmächte geworden, so dass nur noch eine bescheidene Mitsprache möglich schien. Daran änderte auch der Umstand nichts, dass diesmal mehr Staaten präsent waren als im Jahre 1899. Im Gefolge der Vereinigten Staaten erschienen Delegationen der meisten lateinamerikanischen Länder. Doch die Gegenwart einer bedeutenden Zahl von politisch als minderwertig eingestuften Nationen war nicht geeignet, das Gewicht der neutralen Kleinstaaten zu vergrössern. Immerhin stellte man in Bern fest, dass sich etliche kleine und mittlere Staaten Europas in einer vergleichbaren Situation befanden, so dass sich eine Zusammenarbeit aufdrängte. Diese Erkenntnis hatte man schon 1899 gewonnen.[124] Doch an der Dominanz der grossen Mächte gab es nichts zu rütteln.

Die schweizerische Delegation an der Zweiten Haager Friedenskonferenz von 1907 wurde von Gaston Carlin, dem Gesandten in London, angeführt. Ihm zur Seite standen Professor Max Huber und Professor Eugène Borel, Dozent für öffentliches Recht in Genf. Nach dem Urteil von Max Huber wurde die Konferenz vom Bundesrat schlecht vorbereitet: «Schon damals machte ich eine Erfahrung mit den teilweise seltsamen Geschäftsgepflogenheiten des Politischen Departementes. Die drei Delegierten, Minister Carlin, Gesandter in London und im Haag, Oberst und Professor Eugen Borel in Genf und ich, wurden nie zu einer Instruktionsentgegennahme oder gar einem Gedankenaustausch mit dem Leiter unserer auswärtigen Politik nach Bern berufen. Wenige Tage vor meiner Abreise fragte ich schliesslich telegraphisch an, ob ich nach Bern kommen dürfe, und erhielt darauf die Antwort, es sei dies nicht nötig. Dabei handelte es sich um eine Weltkonferenz, zu der die meisten Staaten ihre hervorragendsten Diplomaten oder aktiven Staatsmänner delegiert hatten.»[125] Mag sein, dass die Meinung des damals noch jungen Juristen Huber von der schlechten Stimmung geprägt war, die während der ganzen Konferenz zwischen dem Politischen Departement und der Delegation herrschte. In Bern glaubte man, die eigenen Vertreter mit allen nötigen Instruktionen versehen zu haben. Eigenartig mutet der Umstand an, dass sich die Delegierten zum erstenmal kurz vor Konferenzbeginn im Hotel in Scheveningen trafen.[126]

Einmal mehr stand die Frage der obligatorischen Schiedsgerichtsbarkeit im Mittelpunkt der Debatten. Im Bern hatte man gegen eine friedliche Lösung von Konflikten nichts einzuwenden, doch vermutete der Bundesrat, die Zusammensetzung des ständigen Schiedsgerichts werde wesentlich durch die Grossmächte bestimmt. Die Angst vor fremden Richtern ging um. Auch der Staatsrechtler Carl Hilty warnte davor, den Frieden durch einen Verlust an nationaler Souveränität zu erkaufen.[127] Moralisch einwandfreies Verhalten war – so der Gelehrte – ohnehin nur von Kleinstaaten zu erwarten.

Die Landesregierung empfahl ihren Vertretern in Den Haag, sich mit Belgien, Dänemark, Schweden und Norwegen ins Einvernehmen zu setzen. Man müsse bei Gelegenheit der Konferenz deutlich machen, warum die Schweiz den ständigen Gerichtshof ablehne.[128] Bundesrat Eduard Forrer, damals Vorsteher des Militärdepartements, gab in einem Schreiben an die Delegierten seinen Befürchtungen Ausdruck: «Das Hauptgewicht ist bei unserer Opposition darauf zu legen, dass durch die geplante Institution die Schweiz und die in gleicher oder ähnlicher Stellung wie sie befindlichen Staaten in eine gefährliche Lage geraten. Ein ständiger Gerichtshof, in dem sämtliche Staaten gleichmässig vertreten sind, ist eine Unmöglichkeit. Eine Abwechslung der die Richter stellenden Staaten in kurzen Perioden widerspricht dem Begriff der Ständigkeit; es wird wenig geeignete Personen geben, welche bereit sind, für nur einige Jahre nach dem Haag zu gehen. Also müsste notwendig eine Auswahl unter den Staaten getroffen werden. Es wäre nicht ungerechtfertigt und in der Geschichte nicht unbelegt, dabei die grossen Staaten in den Hintergrund treten zu lassen und die Richter, alle oder in der Mehrzahl, den kleineren Staaten zu entnehmen. Bei dem heute in der Welt vorherrschenden System des Imperialismus ist jedoch an die Realisierung dieser Idee nicht zu denken. Das Gegenteil wird also eintreten. Die kleineren Staaten werden den Kürzeren ziehen. Die Schweiz wird regelmässig gar nicht vertreten sein.»[129]

Nun bekämpften auch das Deutsche Reich und die Donaumonarchie den Gedanken eines obligatorischen Schiedsgerichts. Ihre Motive deckten sich nicht mit jenen der Schweiz. So stand die Eidgenossenschaft mit ihrer Ablehnung nicht allein da, geriet aber in den Ruch einer anrüchigen Kumpanei.

Zwischen dem Politischen Departement und den Delegierten in Den Haag herrschte ein gereizter Ton. In Bern wünschte man wortgetreue Interpretation der gar nicht immer klaren Anweisungen, im Klima einer internationalen Konferenz war jedoch ein eidgenössisches Diktat fehl am Platz. Die schweizerischen Vertreter waren auch unter sich in etlichen Fragen uneinig. Der Diplomat Gaston Carlin zeigte offen seine Abneigung gegen allzu weit gehende internationale Vereinbarungen. Bei dieser Gelegenheit manövrierte er sich, unterstützt durch die starre Haltung des Bundesrats, immer mehr auf die Seite Deutschlands. In der Frage des «Weltschiedsvertrages» war der Verhandlungsspielraum der schweizerischen Delegierten besonders eng. Max Huber legte einen Kompromissvorschlag auf den Tisch, der aber letzten Endes am Veto von Deutschland und Österreich-Ungarn scheiterte. Die Initiative des jungen Juristen war von der Landesregierung nur widerwillig zur Kenntnis genommen worden. Huber hatte seine Ideen im Bundeshaus nur mit Mühe vorbringen können.

In der Abrüstungsfrage war den Delegierten jede Beteiligung an der Diskussion untersagt. Auch in diesem Punkt hatte Berlin die Zeichen gesetzt. Der Vorwurf, man habe sich in die Abhängigkeit von Deutschland begeben, wurde in Bern zurückgewiesen. Es gehe um Lebensinteressen, Unabhängigkeit und Ehre, wenn man beispielsweise die obligatorische Schiedsgerichtsbarkeit verwerfe. Die Delegation in Den Haag hatte in einem Bericht angemerkt: «Nous ne vous cacherons pas que la Confédération a déja un peu, dans la conférence, la réputation de se trouver, vis-à-vis de l'Allemagne, dans une position quelque peu analogue à celle du Portugal à l'égard de la Grande-Bretagne.»[130] Dazu meinte das Politische Departement, es sei falsch, wenn man in Den Haag der Schweiz nachdichte, sie gehe «mit Deutschland durch dick und dünn».

In seinem Rückblick bestätigte Max Huber den Eindruck einer wenig flexiblen und einseitigen schweizerischen Politik: «Durch die negative Haltung in der Schiedsvertragsfrage erweckte die Schweiz den Schein, völlig im Schlepptau Deutschlands zu sein. Durch diese Aneignung der deutschen Argumente in solcher Form beging man aber einen Akt wirklichen geistigen Satellitentums. (...) Das einzige Gebiet, wo wir mitarbeiten konnten, war dasjenige der Neutralität im Landkrieg. Dort hat Borel Positives und Anerkennenswertes geleistet, aber er vermochte den Eindruck nicht zu verwischen, dass die Schweiz ein in den friedensrechtlichen Fragen besonders zurückhaltender, trotz unserer gegenteiligen Versicherungen oppositioneller, im Schlepptau Deutschlands fahrender Staat sei. Unsere Haltung war den meisten anderen Delegationen umso weniger verständlich, als im Jahre 1899 die Schweiz positiv an dem Friedensabkommen mitgearbeitet hatte und aus früherer Zeit als stark international orientiert galt. Obwohl diese negative Haltung der kritischen, oft sarkastischen Art Carlins zusagte, überzeugte auch er sich mit Borel und mir, dass die uns durch das Politische Departement aufgezwungene Haltung den Interessen und Traditionen des Landes nicht entspreche. An eine Änderung der grundsätzlichen Stellung des Departements war nicht zu denken, aber es wäre der schweizerischen Delegation wohl möglich gewesen, durch vermittelnde Vorschläge die Erreichung eines positiven Resultates der Konferenz zu erleichtern.»[131]

Ein weiteres Thema der Konferenz, die «Rechte und Pflichten der Neutralen», hatte ursprünglich beim Bundesrat Besorgnis ausgelöst, denn man wollte sich nicht durch eine zu weit gehende Kodifizierung binden lassen. Mit dem Ergebnis konnte die Landesregierung zufrieden sein. Man reglementierte nur das Verhalten der Neutralen im Krieg und liess eine in der Schweiz akute Frage beiseite: das Benehmen eines neutralen Staates in Friedenszeiten. Man durfte also weiterhin über das Thema «Allianzen» pro und contra debattieren.

Der Völkerrechtler Max Huber kehrte mit gemischten Gefühlen von der zweiten Friedenskonferenz zurück, die in der Tat kaum Fortschritte gebracht hatte: «Das wirklich Unerfreuliche aber war, dass in dem Hauptthema, das der Friedenskonferenz den Namen gab, nicht nur kein irgendwie nennenswertes positives Resultat erzielt wurde, sondern nur nichtssagende Resolutiönchen, die lediglich das Scheitern grösserer Pläne sichtbar machten. (...) Eine gewisse Schroffheit gegenüber Annäherungen des Auslandes gilt als besonders echt schweizerisch. (...) Das Internationale ist nicht populär in der Schweiz, die Abkehr vom sogenannten System Droz war mehr als eine Abwehr eines persönlichen Einflusses, es war die Abkehr der nüchternen, jeder pazifistischen Ideologie abholden Schweizerart von einer positiven, idealistisch bestimmten Aussenpolitik. Ein Teil der Welschen ist in dieser Beziehung anders, doch nur in gewissen welschen Zeitungen zeigte sich damals Missfallen über die Haltung der Delegation.»[132] Es bedrückte Max Huber, dass die schweizerische Delegation ein hemmendes Element war. Es fehle den Schweizern der Sinn für internationale Aufgaben.

Man sprach in Europa bereits von der dritten Friedenskonferenz, die voraussichtlich 1915 stattfinden sollte. Bundespräsident Eduard Müller ernannte Professor Max Huber im Jahre 1913 zum Konsulenten des Bundesrats für Fragen des Völkerrechts. Es galt unter anderem, die neue Konferenz vorzubereiten.[133] Wenn die Wahl auf den Zürcher Dozenten fiel, so mochte das vielleicht ein Zeichen dafür sein, dass man in Bern seine offene Haltung zu würdigen begann. Der eidgenössische Sonderweg auf der Zweiten Haager Friedenskonferenz hatte nicht weiter geführt und das internationale Ansehen der Schweiz beschädigt. Huber bereitete sich auf die neue Aufgabe gewissenhaft vor, studierte die internationalistische und pazifistische Literatur und drängte den Bundesrat, seine Politik rechtzeitig mit den kleinen und mittleren Staaten abzustimmen.

Beim Kriegsausbruch im August 1914 nahmen die Vorbereitungen ein abruptes Ende. So blieb auch die Frage unbeantwortet, ob sich die Landesregierung zu einer völkerrechtlichen Öffnung gegenüber der Staatengemeinschaft hätte durchringen können. Es mutet allemal paradox an, dass die Schweiz als multikultureller Nationalitätenstaat in der Aussenpolitik auf Bilateralismus fixiert war. In der Epoche vor dem Ersten Weltkrieg kam darin die gefährliche Abhängigkeit der Deutschschweiz vom Deutschen Reich zum Ausdruck. Internationale Vereinbarungen waren nach deutschem Staatsverständnis ohnehin suspekt. Man sprach gelegentlich vom «äusseren Staatsrecht» und deutete mit diesem fragwürdigen Begriff an, dass ein verbindliches Völkerrecht ausserhalb der nationalen Souveränität nicht existierte.

Gesellschaft und Staat

Friedensbewegung und Staatsräson

Nationalismus und grenzüberschreitende Friedensbewegungen schlossen sich gegenseitig aus. Was kosmopolitisch anmutete, stand im Gegensatz zum Nationalen. Von daher lastete auf den Bemühungen der europäischen Mächte um eine Friedensordnung stets auch der Verdacht einer Heuchelei. Das Zeitalter des Imperialismus mit seinen martialischen Fanfarenstössen förderte auf der andern Seite pazifistische Aktivitäten, die sich auf verschiedenen Ebenen abspielten. Es gab die Pazifisten, die eine Friedenssicherung durch Gewaltlosigkeit und einen Wandel im Bewusstsein der Völker suchten, und die Internationalisten, die als Pragmatiker von den vorhandenen staatlichen Machtstrukturen ausgingen. Sie drängten auf die Schaffung einer allgemeinen Schiedsgerichtsbarkeit und nahmen damit die einzelnen Staaten in die Pflicht.[134] Für die Realisierung ihrer Ideen, zu denen unter anderem der Grundsatz des Freihandels gehörte, waren die Internationalisten auf den guten Willen der Staaten angewiesen. Der Pazifismus war ursprünglich ein angelsächsisches Anliegen, wurde aber später von der Baronin Bertha von Suttner aufgenommen. Für die Friedensbewegungen stellte sich die Frage der Nähe oder der Ferne zu den staatlichen Institutionen, und umgekehrt hatten die Regierungen zu überlegen, wie weit sie ihre souveränen Domänen privaten und kosmopolitischen Strömungen öffnen wollten.

Bertha von Suttners im Jahre 1889 erschienener Roman «Die Waffen nieder!» wirkte als Signal, das den Pazifisten als Wegweiser diente, und das auch die Politiker nicht übersehen konnten. Als Zar Nikolaus II. im Jahre 1898 zur ersten Friedenskonferenz aufrief, war eine gewisse Verlegenheit auf der internationalen Szene nicht zu verkennen. So viel utopische Gesinnung schien aus dem Rahmen der europäischen Gepflogenheiten zu fallen. Russische Diplomaten beeilten sich, jeden Zusammenhang zwischen der Initiative des Zaren und den Friedensideen Bertha von Suttners zu leugnen.[135] Das Motiv für diese beruhigende Interpretation war eindeutig: Friedenssicherung war eine Frage der zwischenstaatlichen Beziehungen. Kompetenzen und Entscheidungen durften nicht in eine Richtung abgleiten, in der man kosmopolitische Höhenflüge von unverantwortlichen Idealisten vermutete. Private Veranstaltungen für den Völkerfrieden waren unter Politikern und Diplomaten nicht beliebt, auch wenn man mit dem Urteil vornehm zurückhielt.

Auch die schweizerische Landesregierung zeigte sich abweisend, obschon sie das Internationale Friedensbüro in Bern mit bescheidenen Beiträgen unterstützte. Ein Beispiel bot eine offensichtlich im falschen Augenblick präsentierte Initiative

Luxemburgs während der Zweiten Haager Friedenskonferenz, die von der Versammlung eine grenzüberschreitende Förderung internationaler Friedensorganisationen verlangte. Der Bundesrat zog sich mit einem Balance-Akt aus der Affäre. Die luxemburgische Delegation hatte wie folgt argumentiert: Wenn die Regierungen die kühnen Initiativen der Friedensfreunde ablehnten, so müssten alle kollektiven Versuche zum Wohle der Menschen und Völker scheitern. Die Budgets der verschiedenen Aussenministerien seien in keinem Land höher als 10 Prozent des Verteidigungshaushalts. Eine geringe Erhöhung würde erlauben, die internationalen Friedensorganisationen wirksam zu unterstützen.[136] Die hochfliegenden Ideen der Luxemburger gingen dem Politischen Departement in Bern entschieden zu weit. Es könne nicht Aufgabe des modernen Staates sein, seine materiellen Mittel unter private Organisationen zu streuen. Die Regierungen müssten Friedensinitiativen selber in die Hand nehmen. Man fürchtete in Bern eine Kompetenzeinbusse des Staates und vielleicht noch mehr die unabsehbaren Kosten, die auf die Bundeskasse zukommen würden.

Die Geschichte der Friedensorganisationen zeigt ein enges Zusammenwirken zwischen schweizerischen und internationalen Bewegungen. Pazifistische Gruppierungen hatten sich bereits in der ersten Hälfte des 19. Jahrhunderts bemerkbar gemacht. Eine über den Kontinent ausgedehnte Organisation der Friedensfreunde entstand im Jahre 1867, als sich im Anschluss an die Luxemburg-Krise Persönlichkeiten verschiedenartiger Couleur im neutralen Genf zum Internationalen Friedenkongress zusammenfanden. Ehrenpräsident war Giuseppe Garibaldi, unter den Gästen sah man General Henri Dufour. Zahlreiche Emigranten stellten sich ein, denen Friede ein persönliches Anliegen war. Aufmunternde Botschaften sandten Victor Hugo, Edgar Quinet, John Stuart Mill.[137]

Gegründet wurde eine Internationale Friedens- und Freiheitsliga. Ein permanentes Zentralkomitee, dem stets auch Schweizer angehörten, sollte die Arbeiten der nationalen Verbände koordinieren und die gemeinsamen Anliegen auf dem internationalen Plan voranbringen. Man hatte auch an eine Vertretung der Arbeiter gedacht und die Erste Internationale zum Kongress eingeladen, eine Anbiederung, die Karl Marx missfiel. Seiner Meinung nach war jeder Kongress der Internationale eo ipso ein Friedenskongress, der keiner weiteren Veranstaltung bedurfte. Krieg und Gewalt gingen vom Kapital aus, das folglich im Klassenkampf besiegt werden musste. Mit den bürgerlichen Ursachen konnte man in proletarischer Manier die Geissel des Krieges aus der Welt schaffen. Nicht alle Mitglieder der Internationale waren mit diesem simplen Schluss einverstanden. So schickte die Genfer Sektion ihre Delegierten gegen den Willen von Karl Marx an den Kongress.[138]

Michail Bakunin, der zu diesem Zeitpunkt mit dem unduldsamen Theoretiker in London noch nicht gebrochen hatte, bemühte sich um einen Kompromiss zwischen dem bürgerlichen Kongress und der Arbeiterbewegung. Er konnte jedoch auf die Dauer seine eigenen Thesen nicht verleugnen. So forderte er einmal mehr die Abschaffung des Privateigentums, ein Steckenpferd, mit dem die bürgerlichen Pazifisten nichts anfangen konnten. Es blieb nur die Trennung.

Die Friedens- und Freiheitsliga wurde schon früh zu einer rein bürgerlichen Bewegung. Im Namen war ein Programm gegeben, das über die blosse Verhinderung von Kriegen hinausführte. Es ging um eine Veränderung der politischen und gesellschaftlichen Strukturen in den europäischen Ländern. Mit dem Begriff Freiheit verband man die Errungenschaften einer Republik, die im Unterschied zum imperialistischen Nationalstaat ihren Bürgern alle demokratischen und zivilen Rechte anbot. Die schweizerischen Anhänger der Liga durften also von der Gewissheit ausgehen, dass sie das gegebene Ziel schon annähernd erreicht hatten.

Die Visionen der Friedensfreunde schwankten zwischen Utopie und Realität. Die Motive der Aktivisten waren keineswegs auf einen Nenner zu bringen. Soziales Christentum, humanitäres Bewusstsein und nackter Utilitarismus fanden sich in einer heterogenen Bewegung. Das unscharfe Erscheinungsbild der Friedens- und Freiheitsliga bot denn auch den Gegnern von allen Seiten Angriffsflächen.

Zu den utopischen Zielen der Friedensliga gehörte der Wunsch nach einem Zusammenschluss der europäischen Staaten in einer Föderation, ein Gedanke, den in der Schweiz auch Carl Hilty geäussert hatte. Man dachte an eine Vereinigung von Republiken, denen man allein einen zuverlässigen Umgang mit Frieden und Freiheit zutraute. Staaten sollten auf dem Selbstbestimmungsrecht der Völker aufgebaut sein. Also musste zum Beispiel Polen wieder auferstehen. Daraus ergab sich eine neue europäische Landkarte, wobei die Aufteilung des Kontinents zu Ungunsten einiger Grossmächte ausfiel. Der Sicherung des Friedens würde auch die Umwandlung der stehenden Heere in Milizen dienen, denen bloss defensive Aufgaben zugedacht waren.[139] Eine bessere Welt durfte nur gewaltfrei entstehen. Voraussetzung für die Transformation von Politik und Gesellschaft war ein freiwillig vollzogener Wandel der Gesinnung. Da man sich Frieden nur in politischer Freiheit vorstellen konnte, war eine sozial ausgerichtete Gesellschaftsordnung unerlässlich, die demokratisch legitimierte Republiken voraussetzte. Dazu gehörten Grundfreiheiten wie Recht auf Privateigentum, Presse- und Vereinsfreiheit. Alles in allem ein durchaus bürgerliches Programm. Die Thesen verbreitete man in einer periodisch erscheinenden Publikation mit dem Namen «Etats-Unis d'Europe».

In den imperialistisch geprägten Jahrzehnten bis zur Jahrhundertwende gingen mehrere Kongresse der Friedensfreunde in Szene. Man stritt über Ziele und vor allem über Methoden und kam schliesslich zur Einsicht, dass man mit Visionen allein nicht weiterkam. Die Öffentlichkeit beggnete Utopien mit Spott, sofern sie sich in reiner Rhetorik erschöpften. Schliesslich beschränkte sich die Friedensliga auf die Forderung nach internationaler Schiedsgerichtsbarkeit, ein Anliegen, dem in dieser Epoche durch zahlreiche bilaterale Staatsverträge entsprochen wurde. Die Friedenfreunde gerieten damit in die von den Haager Friedenskonferenzen übernommene Thematik, also in einen Bereich, der sich den Kompetenzen der Friedens- und Freiheitsliga entzog. Damit waren auch die Grenzen privater Initiativen aufgezeigt.

Der schweizerische Anteil an der Arbeit der Liga war beachtlich, wenn auch die wichtigsten Protagonisten in Frankreich wirkten.[140] In Bern gründete Elie Ducommun im Jahre 1891 das Internationale Friedensbüro, das auch den schweizerischen Bewegungen offen stand. Die Person von Ducommun gab zu historischen Reminiszenzen Anlass, hatte doch der zum Friedensaktivisten mutierte Politiker drei Jahrzehnte zuvor als Vizekanzler des Genfer Staatsrats den Husarenstreich von Perrier le Rouge in dubioser Komplizenschaft gefördert.[141] Ebenfalls in der Bundesstadt siedelte der Jurassier Charles Albert Gobat die Interparlamentarische Union an, die mit dem Friedensbüro in enger Verbindung stand. Elie Ducommun leitete das Internationale Friedensbüro bis zu seinem Tod im Jahre 1906, dann trat der Politiker Gobat seine Nachfolge an.

In der Schweiz gingen Pazifisten und Friedensfreunde im allgemeinen pragmatisch ans Werk. In verschiedenen Landesteilen entstanden lokale Sektionen der Friedensliga. Es fällt auf, dass die pazifistischen Bewegungen in der Romandie stärker vertreten waren als in der Deutschschweiz. Man erhielt Zuzug von den Grütlianern und – soweit es um Genf ging – von der Ersten Internationale. Zum Kreis der Friedensfreunde gehörten die Bundesräte Louis Ruchonnet und Robert Comtesse sowie der Berner Radikale Gustav Vogt, der später in Zürich als Dozent und Chefredaktor der «Neuen Zürcher Zeitung» wirkte. Marie Goegg, die Pionierin der Frauenbewegung, setzte sich gemeinsam mit andern Frauen für die Anliegen der Liga ein. Sie gehörte dem Zentralkomitee der Friedens- und Freiheitsliga an und erreichte, dass Frauen zugelassen und in die Aktivitäten der Bewegung eingebunden wurden. So viel Liberalität war in der Romandie üblich, erregte hingegen in einigen Sektionen der Deutschschweiz Anstoss. In St. Gallen zum Beispiel sprach man von «politischer Amazonerei».

Die über das Land zersplitterten Sektionen der Friedensliga zeigten ein uneinheitliches Erscheinungsbild. Lokale Komitees wurden gegründet und verschwanden nach kurzer Zeit wieder. Die Dauer ihrer Existenz hing wesentlich von den leitenden Persönlichkeiten ab. In der deutschen Schweiz gehörten zahlreiche Lehrer zu den Wortführern der Bewegung. Sie produzierten eine Friedenspädagogik, die meist nicht in direkter Verbindung zum politischen Alltag stand.

Die Basis der Friedensbewegungen blieb schmal. Ihre Botschaft drang nicht so ins Bewusstsein der Öffentlichkeit, wie es dem Anliegen entsprochen hätte. Das schulmeisterliche Auftreten einer pazifistischen Elite konnte die innere Zerrissenheit der Bewegung nicht überdecken. Nach dem IV. Weltfriedenskongress, der im Jahre 1892 in Bern abgehalten wurde, entstanden in der Schweiz neue Sektionen der Friedens- und Freiheitsliga. Aus der schweizerischen Sektion des Internationalen Erziehungsvereins wurde der Schweizerische Friedensverein, eine lose Ansammlung lokaler Organisationen. Die Aktivitäten wurden in den neunziger Jahren ausgedehnt, wobei sich besonders die Frauen der Berner Sektion unter der Leitung von Fanny Haaf auszeichneten.[142] Praktische Ergebnisse steuerte der Präsident der Berner Liga, Professor Woldemar Marcusen, mit der Forderung an, auf sinnlose Redeturniere an sogenannten Kongressen zu verzichten. In seinem Kommentar zum Berner Kongress schrieb der Dozent für Römisches Recht und vergleichende Rechtswissenschaft: «Diese Kongresse betrachteten sich nicht nur als die Träger der öffentlichen Moral, als die Repräsentanten des öffentlichen Gewissens, sondern sie verkannten ihre Kompetenz soweit, dass sie sich als eigentliche Gerichtshöfe aufspielten, in denen die Sünden unserer Regierungen zur Aburteilung gelangen sollten. Beschlüsse wurden gefasst, einer immer unpraktischer als der andere. Bald wurden der staunenden Welt von Neuem die Menschenrechte proklamiert, bald sollte durch einen Ausspruch des Kongresses den unterdrückten Nationalitäten wieder zu ihren Rechten verholfen werden. (...) Kein Wunder, dass diese Versammlungen die Lachlust, den Hohn und das Gespött der grossen Menge herausforderten.»[143] Marcusens Fazit war einfach: «Wir müssen von der Höhe des Ideals herabsteigen und uns auf den Boden der Wirklichkeit, des praktischen Lebens stellen.»

Zur praktischen Seite der Friedensarbeit gehörte der Versuch der schweizerischen Friedensliga, von den Bundesbehörden in irgendeiner Form offizielle Anerkennung zu erlangen. Diesem Anliegen diente eine im Jahre 1893 an den Bundesrat gerichtete Friedenspetition, die teilweise von Nationalrat Albert Gobat redigiert wurde. Das Schreiben verband pazifistischen Idealismus mit einem pragmatischen Realismus nach schweizerischer Art: «Ganz Europa seufzt unter dem Druck der Riesenrüstungen, durch welche seine Einkünfte in sinnloser Weise verschlungen werden. (...) Dem Staat wie den Individuen droht der nahe bevorstehende Ruin, die Familie schwebt in beständiger Angst, in dem schrecklichen Blutbad, welches ein europäischer Krieg heraufbeschwören würde, ihr Liebstes zu verlieren.»[144] Es folgte ein Bekenntnis der Friedensfreunde zur Landesverteidigung: «Wir billigen voll und ganz alle Massregeln, welche Sie zu wirksamer Verteidigung unseres heimatlichen Bodens treffen.»

Der Wille zur militärischen Selbstbehauptung des Landes zog sich wie ein «ceterum censeo» durch die Meinungsäusserungen der Friedensliga bis zum Ersten Weltkrieg. Die Friedenspetition an den Bundesrat formulierte das zentrale Anliegen wie folgt: «Geben Sie ein schönes Beispiel, indem Sie sich einverstanden erklären mit der Idee, welche uns alle fesselt, nicht nur unsern Kindern das Erbe unserer Väter ungeschmälert zu übertragen, sondern auch das grosse humane Werk zu fördern, an welchem die Freunde des Friedens arbeiten, indem Sie eine Regelung der Streitigkeiten zwischen den Völkern auf schiedsgerichtlichem Wege anstreben. Wir wenden uns an Sie mit der inständigen Bitte, Sie mögen nicht nur unsern Bestrebungen zustimmen, sondern dieselben auch tatsächlich unterstützen. (...) In erster

Linie würde es sich darum handeln, der Delegation unserer Parlamentarier an die Friedenskonferenz, welche dieses Jahr in Christiana zusammentritt, einen offiziellen Charakter zu geben. In zweiter Linie richten wir an Sie das Gesuch, dem internationalen Friedensbüro einen jährlichen, wenn auch bescheidenen Beitrag zu bewilligen ...»

Die Landesregierung wahrte Distanz und vermied eine offizielle Anerkennung der Friedensliga. Für das Jahr 1894 gewährte sie dem Internationalen Friedensbüro einen Beitrag von 1000 Franken. Zahlreiche schweizerische Politiker bekannten sich vor dem Ersten Weltkrieg mit ihrem Namen zur Friedensbewegung, doch derartige Bekenntnisse waren unverbindlich. Einzig Nationalrat Albert Gobat scheint sich mit tiefer Überzeugung der Friedensarbeit gewidmet zu haben.

Die Friedensbewegung der Arbeiterschaft war durch eine latent vorhandene, gelegentlich auch offen ausgetragene Gegnerschaft zwischen internationalem Klassenkampf und schweizerischem Patriotismus gekennzeichnet. Auf einen einfachen Nenner gebracht, handelte es sich um den Gegensatz zwischen den von Karl Marx beeinflussten Sozialisten und den Grütlianern. Der Antagonismus bestand nicht einfach zwischen zwei Lagern, er herrschte auch in den Köpfen einzelner Persönlichkeiten. Ein Beispiel dafür ist der aus Deutschland stammende Herman Greulich, der während Generationen als Wortführer der Arbeiterschaft auftrat. Der eingebürgerte Schweizer bekannte sich zur Landesverteidigung und geriet damit in Gegensatz zum Westschweizer Sozialisten Charles Naine, dessen Pazifismus keinen eidgenössischen Alleingang duldete.[145] Greulich sah gleichzeitig im Klassenkampf den einzig möglichen Weg zur endgültigen Sicherung des Friedens, denn seiner Überzeugung nach war Krieg dem kapitalistischen System immanent. Für ihn bestand kein Zweifel, dass nur die Sozialdemokratie das Kriegs- und Friedensproblem lösen konnte. Erst eine neue Gesellschaftsordnung, gegründet auf dem Gemeineigentum an Produktionsmitteln, könne den Frieden gewährleisten. Der Übergang sollte jedoch mit friedlichen Mitteln erreicht werden.

Es ist erstaunlich, wie die sozialdarwinistische Ideologie auch bei Sozialisten präsent war, wenn auch mit umgekehrten Vorzeichen.[146] Greulich ging ebenfalls von der These aus, beim Kampf ums Dasein müsse der geistig und körperlich Stärkste überleben. Doch eben das – so sein Einwand gegen Ernst Haeckel – sei im Kapitalismus nicht gewährleistet. In der bürgerlichen Gesellschaft gebe es keine Aristokratie der Tüchtigsten, sondern bloss eine Vorherrschaft des Geldsacks. Nach dieser Überzeugung war eine korrekte darwinistische Selektion nur im Sozialismus möglich. Gewalt kennzeichne die Herrschaftsverhältnisse im kapitalistischen System, das letzten Endes auch keine Demokratie ertrage.

Nach der Jahrhundertwende wurden die marxistischen Tendenzen bei den Sozialisten stärker. Damit gewann auch die Ideologie gegenüber dem Pragmatismus der Grütlianer an Boden. So wurde die Distanz zur bürgerlichen Friedensliga grösser, obschon ihr die Sozialdemokratische Partei als Mitglied angehörte. Die gegenseitigen Beziehungen waren denn auch bis zum Ausbruch des Ersten Weltkriegs von Ungereimtheiten gekennzeichnet, die häufig mehr mit persönlicher Befindlichkeit als mit Grundsätzen zu tun hatten. Die sozialistische Presse spottete über die bürgerliche Friedensbewegung und ihren Vorkämpfer Albert Gobat.[147] Gleichzeitg bemühte sich der alternde Arbeitersekretär Greulich um einen patriotischen Konsens, denn die Transformation der Gesellschaft sollte friedlich und in Stufen erfolgen. Er verteidigte die Armee gegen den wachsenden Antimilitarismus und schrieb noch kurz vor dem grossen Krieg: «Wir haben uns nach den gegebenen Verhältnissen zu richten, und diese sind derart, dass die grosse Mehrheit des Schweizervolkes, wahrscheinlich auch die Mehrheit der Arbeiter, und sogar der organisierten Arbeiter, findet, wir haben etwas zu verteidigen und sollen es auch tun.»[148]

Greulich fand für seine Haltung im internationalen Sozialismus wichtige Zeugen. Der französische Sozialistenführer Jean Jaurès lobte die Schweizer Armee als demokratisch und volksnah.[149] Der Revisionist Eduard Bernstein und sein Gegenspieler, der Marxist Karl Kautsky, schlossen auf dem Weg zu einer sozialistischen Gesellschaft eine taktisch bedingte Zusammenarbeit mit bürgerlichen Bewegungen nicht aus.

Etliche Manifeste und Stellungnahmen der Friedensliga erregten bei den Sozialisten Anstoss. Die Liga hatte sich bei verschiedenen Gelegenheiten gegen das Streikrecht ausgesprochen und damit den Boden der reinen Friedensarbeit verlassen. Auch wurde der Einsatz von Truppen gegen streikende Arbeiter gerechtfertigt. Dadurch geriet die Armee bei den Sozialdemokraten in Verruf, denn sie galt als Instrument des Bürgertums im Klassenkampf.

Im Jahre 1912 wirkte der erste Balkankrieg als Fanal, das die Friedensfreunde in allen Lagern aufrüttelte. Das Geschehen im Südosten des Kontinents durfte nicht als isoliertes Phänomen gewertet werden, denn die Grossmächte waren mit gegenläufigen Interessen in der Region engagiert. Das hochgerüstete Europa konnte jederzeit in den Konflikt hineingezogen werden. Die beiden Haager Friedenskonferenzen mit ihrem vergeblichen Versuch, eine verbindliche Schiedsgerichtsbarkeit einzurichten, hatten im Balkan nichts bewirkt. Die Technik der Krisenbewältigung zwischen den Nationen war noch nicht entwickelt.

Unter den europäischen Friedensbewegungen reagierten die Sozialisten zuerst. Delegationen aus allen wichtigen Staaten erschienen im November 1912 in Basel zu einem Friedenskongress, der unter dem Motto stand: Krieg dem Krieg![150] Am Tag der Eröffnung marschierte ein bunter Zug von Kleinbasel zum Münster, das der Regierungsrat dem Kongress zur Verfügung stellte. Es geschah angeblich zum erstenmal seit dem Basler Konzil, dass sich eine internationale Gesellschaft in diesem Kirchenraum versammelte. Die Delegierten wurden von den sozialdemokratischen Regierungsräten Hermann Blocher und Eugen Wullschleger begrüsst, die Bundesbehörden waren hingegen nicht vertreten. Herausragendes Thema war der Krieg auf dem Balkan.[151] Es meldeten sich bekannte Persönlichkeiten wie Jean Jaurès, Clara Zetkin und Victor Adler zu Wort. Deutlich war die Angst, der Brand auf dem Balkan könne einen Weltkrieg auslösen. Man glaubte, nur die Arbeiterklasse sei imstande, das Unheil abzuwenden.

Herman Greulich verkündete seine bekannten Thesen, die Patriotismus und Klassenkampf in eigenartiger Weise miteinander verbanden. Einmal mehr rühmte er die friedenserhaltende Mission der schweizerischen Armee. Der Basler Hermann Blocher meinte, die Schweizer Sozialisten verabscheuten den Krieg, aber sie fürchteten ihn nicht, eine Formulierung, die nichts Gutes ahnen liess. Der sozialistische Regierungspräsident war der Bruder des Zürcher Pfarrers Eduard Blocher, der als Präsident des Deutschschweizerischen Sprachvereins einen stramm deutschen Kurs segelte. Hermann Blocher liess sich durch seinen Sozialismus nicht vom Bekenntnis zur deutschen Kulturnation abhalten, in diesen Jahren ein gefährlicher Balanceakt. Die Stunde der Wahrheit kam im Ersten Weltkrieg, als es in der Sozialdemokratischen Partei Basels zu Auseinandersetzungen kam. Hermann Blocher fand die gegen das Deutsche Reich gerichteten Angriffe unerträglich, zog sich aus dem Regierungsrat zurück und begab sich in Deutschland in die Dienste des Verlags Diederichs.[152]

Der Anspruch des Friedenskongresses, die Arbeiterschaft sei gewillt und imstande, einen europäischen Krieg zu verhindern, wurde in einer Resolution festgehalten. Es war schwer abzuschätzen, wie sich die verbale Geste im konkreten Fall auswirken würde, zeigte sich doch im Sozialismus unverkennbar ein Hang zu nationalen Alleingängen.

Am Rande des Kongresses kam es zu einer Begegnung, die wenig bewegte, aber als wohltuend empfunden wurde. Italienische und schweizerische Delegierte debattierten über die akuten italienisch-schweizerischen Spannungen, über die Pressepolemik um die Irredenta und über den Festungsbau auf beiden Seiten der Grenze. Man kam zum Schluss, die schlechte Stimmung sei künstlich erzeugt und diene einzig dem Zweck, die Rüstungen anzukurbeln. So war man sich in einer Sache einig, die für den europäischen Sozialismus von marginaler Bedeutung blieb.

In Bern ging am 11. Mai 1913 eine deutsch-französische Parlamentarierkonferenz in Szene, die einer gemeinsamen Initiative schweizerischer Sozialdemokraten und der bürgerlichen Friedensliga zu verdanken war. Der Gedanke ging auf den deutschen Sozialdemokraten Ludwig Frank zurück, der mit schweizerischen Gesinnungsgenossen in Verbindung trat. Robert Grimm machte sich sogleich ans Werk. Einen konkreten Anlass bot das Thema «Heeresvermehrung» in Deutschland. Nach der Wiedereinführung der dreijährigen Wehrpflicht in Frankreich sollte die Friedensstärke des Heeres entscheidend erhöht werden.[153] Damit erreichte das Wettrüsten einen neuen, gefährlichen Grad.

Erstaunlich an der Reaktion des auf Klassenkampf eingestimmten Robert Grimm war der Umstand, dass ein marxistisch ausgerichteter Politiker den bürgerlichen Pazifismus in das Unternehmen einbezog. Gemeinsam mit Nationalrat Albert Gobat bildete Grimm einen Ausschuss von sozialdemokratischen, freisinnigen und katholisch-konservativen Parlamentariern. Der Sozialdemokrat bemühte sich, der Konferenz nicht zum vornherein einen allzu sozialistischen Charakter zu verleihen. Das gelang in Frankreich besser als in Deutschland.

Die «Neue Zürcher Zeitung» begleitete die Konferenz mit vorsichtigen und kritischen Kommentaren, in denen die Zurückhaltung des Bürgertums gegenüber dem Pazifismus jeglicher Färbung nicht zu verkennen war. Sie schrieb vor Beginn der Tagung: «Es braucht nicht besonders betont zu werden, dass Anregung und Veranstaltung rein privater Natur sind und die Eidgenossenschaft und ihre Behörden weder verpflichten noch berühren. Dem edlen Ursprung und Charakter des Gedankens wird auch derjenige Gerechtigkeit werden lassen, den die Erfahrung gelehrt hat, in derlei Dingen skeptisch zu sein. Zur Vorsicht mahnt heute die Tatsache, dass die Einladung bisher nur auf der einen, der französischen Seite, allgemeinen Beifall gefunden hat. In Deutschland sind, soviel wir wissen, nur aus den Reihen oppositioneller Gruppen wärmere Zustimmungserklärungen erfolgt. Wir denken, diese Tatsache sei dem Scharfsinn der einladenden Schweizer nicht entgangen.»[154]

Die «Neue Zürcher Zeitung» zitierte in extenso einen Artikel im französischen Regierungsblatt «Temps», der sich mit den Beratungen einer «parlamentarischen Schiedsgerichtsgruppe» unter Leitung von Senator d'Estournelles de Constant befasste. Man dankte den schweizerischen Nationalräten für ihren Vorstoss und zeigte sich sehr zufrieden, dass die Parteien mit Ausnahme der extremen Rechten sich positiv einstellten: «Es wäre ein schwerer Fehler der Patrioten gewesen, wenn sie das Feld den Sozialisten und überspannten Friedensfreunden überlassen hätten. Man kann den Krieg fürchten, die internationale Verständigung wünschen und sich dennoch ständig bereit halten, seine Ehre, seine Freiheit und seine Rechte zu verteidigen. Die Teilnahme an der Berner Konferenz bedeutet weder Verzicht noch Abdankung.»

Die Schiedsgerichtsgruppe der französischen Parlamentarier schränkte die Thematik, über die verhandelt werden durfte, drastisch ein: «Es besteht zwischen Frankreich und Deutschland ein geschichtlicher Zwiespalt, den sie (die Konferenz) nicht lösen kann. Es muss ausgemacht werden, dass man hievon am bevorstehenden 11. Mai nicht reden wird.» Man wollte keinen Anstoss erregen und nahm in Kauf, dass die Begegnung a priori in ein unverbindliches Friedensritual mündete.

Es durfte nicht über Elsass-Lothringen und auch nicht über die «Heeresvermehrung» gesprochen werden. Somit blieb die Debatte auf unbestrittene Forderungen beschränkt wie massvolle Rüstung und friedliche Lösung von zwischenstaatlichen Konflikten. Den französischen Delegierten wurde strikte Disziplin auferlegt: «Wenn Gefahr vermieden werden soll, darf die Konferenz nicht zum Sprechsaal für extreme Theorien werden und sie darf sich nicht zu Kundgebungen gegen die Regierungspolitik des einen oder andern der beteiligten Länder hergeben. Es muss als ausgemacht gelten, dass die Militärvorlagen, die dem Parlament in Deutschland und Frankreich unterbreitet sind, auf der Berner Konferenz nicht den Gegenstand von Beratungen, ja nicht einmal von Anspielungen abgeben dürfen.»

In Bern erschienen ungefähr 180 französische und 35 deutsche Abgeordnete. Die deutsche Delegation bestand in der Mehrzahl aus Sozialisten. Es war den katholisch-konservativen Nationalräten nicht gelungen, das ihnen nahestehende deutsche Zentrum zur Beteiligung zu bewegen. Von deutscher Seite war genau genommen nur die Opposition vertreten. Dass sie auch zahlenmässig in Minderheit war, schränkte ihr Gewicht noch weiter ein.

Robert Grimm eröffnete die Tagung mit einem «klug abgemessenen Begrüssungswort», wie die «Neue Zürcher Zeitung» bemerkte. Dann folgten die Begrüssungsansprachen: Albert Gobat, d'Estournelles de Constant, August Bebel. Eduard Bernstein und Jean Jaurès werteten den Anlass durch ihre Anwesenheit auf. Der süddeutsche Abgeordnete Konrad Haussmann hielt lobende Worte für den Gastgeber bereit: «Wir haben Grund, dankbar zu sein, dass die Schweiz das grosse Vorbild gegeben hat, wie die höchste Vaterlandsliebe sich mit dem Geist der Internationalität und Freundschaft aufs allerbeste verschmelzen lässt, ohne dass irgend eine nationale Kraft darunter leidet.»[155]

Die Eröffnungsrituale zogen sich in feierlicher Stimmung über den ganzen Tag hin. Jedem Redner war der Applaus sicher, denn man sagte nur, was keinen Anstoss erregte. Am Abend des 11. Mai wurde die abschliessende Resolution verlesen. «Jeden Absatz begleitete eine Beifallssalve», schrieb der Korrespondent der «Neuen Zürcher Zeitung». Anlass zu Widerspruch gab es nicht, denn die Proklamation umging sorgfältig alle kritischen Punkte und produzierte unverbindliche Postulate, denen jedermann zustimmen konnte. Zeit zu einer weiterführenden Begegnung zwischen deutschen und französischen Politikern blieb nicht. Ein geselliges Treffen am Vorabend der Konferenz, «ein etwas steifer Hock», wie in einem Zeitungsbericht zu lesen war, brachte wenig: «Das Talent, solchen Anlässen einen richtigen organisatorischen Boden zu bereiten, ist bekanntlich bei uns Eidgenossen nicht besonders entwickelt.»[156]

Blieb der Makel, dass die Veranstaltung vor allem in Deutschland als sozialistische Manifestation gesehen wurde. Die Abwesenheit der Bundesbehörden stempelte die Konferenz zu einer Schau der Aussenseiter. Wie der Kongress von der Landesregierung eingeschätzt wurde, geht aus einem Telegramm hervor, das Bundespräsident Eduard Müller bereits im April dem Gesandten Charles Lardy in Paris zugestellt hatte: «Conseil fédéral absolument étranger à conférence interparlementaire pour rapprochement franco-allemand. L'entreprise lancée par Gobat et quelques pacifistes, socialistes, démocrates, hôteliers et autres a trouvé peu d'écho au sein de l'assemblée fédérale.»[157]

Unter dem Titel «Die Friedenstaube von Bern» mokierte sich der Berliner Korrespondent der «Neuen Zürcher Zeitung» über die von der Sozialdemokratie inspirierte Konferenz. Man könne den bürgerlichen deutschen Parteien nicht zumuten, an eine Friedenskonferenz zu pilgern, wenn man anschliessend unweigerlich den höheren Krediten für die neue Wehrvorlage zustimmen müsse. Dazu komme das historische Misstrauen gegenüber den Franzosen: «Die Mehrheit in Deutschland, jedenfalls die überwältigende Mehrheit in Norddeutschland, betrachtet die Franzosen als ein sehr unruhiges Volk, das sich aus Eitelkeit und Ehrgeiz im Augenblick der Wallung leicht in einen Krieg treiben lässt.»[158] Als Zeugen für das Leiden der Deutschen an Frankreich führte der Korrespondent die «Eroberungszüge des Franzosenkönigs Louis XIV», Napoleon und das Elsass an, das als ursprünglich deutsches Land von den Franzosen geraubt worden sei.

Die deutsch-französische Verständigungskonferenz von Bern wurde in der chauvinistischen deutschen Presse schon vor Beginn mit Hohn und Spott überschüttet. «Ein Deutscher, der sich an dieser Konferenz beteiligt, würde sein Vaterland beleidigen», stand in den «Hamburger Nachrichten» vom 11. April 1913 zu lesen. Die selbe Zeitung dozierte: «Der sogenannte Weltfriede ist nicht Ordnung, sondern Chaos.»[159] Von «Mangel an nationaler Würde» war die Rede und davon, dass man sich mit französischen Parlamentariern erst zusammensetzen dürfe, wenn sie zuvor das deutsche Recht auf Elsass-Lothringen anerkannt hätten. Die «Deutsche Tageszeitung» kam post festum zu harten Schlüssen. Die schweizerische Einladung an deutsche Volksvertreter sei eine Unverschämtheit gewesen. Für die Teilnahme deutscher Politiker gebe es keine Entschuldigung: «Den bürgerlichen Abgeordneten, die von deutscher Seite an dieser zwar misslungenen, aber doch sicherlich bös genug gemeinten und gegen das Vaterland gerichteten Veranstaltung teilgenommen haben, kann es nicht zur Entschuldigung gereichen, dass sie auch in diesem Falle unter der Zwangsvorstellung ihrer demokratischen Unentwegtheit handeln zu sollen geglaubt haben. (…) Für die deutschen Teilnehmer war es also von vornherein klar, dass sie es mit einer sozialdemokratischen Veranstaltung zu tun hatten, und hätten die Herren auch nur noch einen Funken jenes Vaterlandsgefühles, das sie trotz alledem noch in Anspruch nehmen, so hätten sie die Einladung, soweit die Schweiz in Betracht kam, als eine unbezeichenbare Taktlosigkeit zurückweisen müssen. Liberal oder konservativ, demokratisch oder monarchisch: ehrliebende Deutsche können nicht in Zweifel ziehen, dass in Fragen unserer Rüstungen zu Wasser und zu Lande niemand zu entscheiden hat als das deutsche Volk in seinen vorgeordneten Stellen: Bundesrat und Reichstag.»[160]

Die deutschen Kommentare erteilten den schweizerischen Friedensfreunden schlechte Noten. Das blieb nicht ohne Wirkung auf die öffentliche Meinung in der deutschen Schweiz, die sich bei Themata wie Pazifismus und Kosmopolitismus ohnehin nahe am deutschen Vorbild bewegte. Was Bertha von Suttner und Alfred H. Fried über den Weltfrieden schrieben, wurde wohlwollend aufgenommen und als unverbindliche Friedensphantasie gewertet. Wenn sich Pazifisten an die Realitäten wagten, blieb Kritik nicht aus, denn ihre Aktivitäten störten das fest gefügte Weltbild.

Man hätte von den christlichen Kirchen eine friedensfördernde Politik erwarten dürfen, doch die Theologen beider Konfessionen hielten sich fern. Die deutschen Protestanten waren in ihrem Staatsverständnis eng mit der preussischen Monarchie verbunden. Zur staatlich und kirchlich vorgegebenen Weltanschauung gehörte der Krieg. Man sprach ungestraft vom «faulen Frieden», der die Gesellschaft zersetzte. In dieses Schema passt ein Satz, den der gläubige Protestant Theophil Sprecher von Bernegg, Chef der Generalstabsabteilung der schweizerischen Armee, im Jahre 1911 schrieb: «Der Krieg ist in dieser Welt so nötig, wie der Tod der sündigen Menschheit.» Erst der Kriegsausbruch im August 1914 führte reformierte Theologen wie Leonhard Ragaz zu aktivem Pazifismus.

Der Krieg war auch für die katholische Kirche eine der Menschheit auferlegte Notwendigkeit.[161] Der Vorbehalt, dass er nach bestimmten Regeln zu führen sei und nicht leichtfertig ausgelöst werden dürfe, änderte nichts an der fatalistischen Grundhaltung. Man sprach vom «bellum justum». Chauvinistische Parolen waren in der katholischen Kirche erlaubt. Deshalb war auch das Verhältnis zum organisierten Pazifismus gespalten. Gegen das zentrale Anliegen der Friedensbewegungen war nichts einzuwenden, ihre Träger hingegen waren dem Klerus suspekt. Kosmopolitismus vertrug sich nicht mit Patriotismus. In Deutschland wie in der Schweiz setzte man den Pazifismus in die Nähe des Freimaurertums. Der Westschweizer Elie Ducommin, der Gründer des Berner Friedensbüros, war tatsächlich Grossmeister einer Loge. Grund genug für die katholische Kirche, den nötigen Abstand zu wahren.

Bleibt noch beizufügen, dass in Frankreich die beiden Kirchen nicht im selben Masse dem nationalistischen Denken verfallen waren. Die französischen Protestanten standen den pazifistischen Bewegungen nahe, und in der katholischen Kirche bekannte sich eine Minderheit zu einer aktiven Friedenspolitik.

Sozialismus: national oder international?

Wie sich internationale Solidarität und Patriotismus vertragen, war bei den Arbeiterbewegungen unterschiedlicher Couleur ein kontroverses Thema. Wollten die Sozialisten auf der internationalen Bühne etwas bewirken, so mussten sie sich auf nationaler Ebene engagieren. Die Teilhabe am nationalen Geschehen brachte aber den proletarischen Zusammenhalt in Gefahr. An dieser schwierigen Gleichgewichtsübung ist letzten Endes die II. Internationale zerbrochen.

Die Arbeiterbewegungen in Europa lebten mit ihren national bedingten Widersprüchen, die sich über ein halbes Jahrhundert hinweg in Ideologie und Praxis manifestierten. Es fehlt nicht an Exempeln. So verurteilte die von Herman Greulich redigierte «Tagwacht» in Zürich den Deutsch-Französischen Krieg gemäss einem von deutschen Sozialdemokraten vorgegebenen Kanon. Schuld am Krieg seien nicht bloss die Monarchien, sondern auch das willfährige Bürgertum.[162] Diese Erkenntnis hinderte die deutschen Sozialisten in der Schweiz nicht, die patriotischen Trommeln zu rühren und den Sieg der preussischen Waffen zu feiern. Gleichzeitig verurteilten deutsche Sozialdemokraten den Internationalismus jener schweizerischen Genossen, die vergeblich auf eine antimilitaristische Revolte der deutschen Arbeiter gehofft hatten.

Bei den deutschen Sozialisten wirkte nach 1871 ein naturrechtlich begründeter Liberalismus nach, der sich jedoch allmählich dem Nationalismus unterordnete. August Bebel nannte das Nationalitätsprinzip ein «durchaus reaktionäres Prinzip».[163] Wilhelm Liebknecht hingegen sprach in den achtziger Jahren vom «deutschen Vaterland». Es versteht sich von selbst, dass er dabei an einen andern Staat dachte als seine bürgerlichen Zeitgenossen. Doch bis zum Ersten Weltkrieg war eine zunehmende Tendenz sichtbar, die man als «schleichende Nationalisierung» der deutschen Sozialdemokratie bezeichnen kann. Die dominierende Rolle deutscher Sozialdemokraten in der II. Internationale führte nicht zum Verschwinden der Nationalismen aus der europäischen Arbeiterbewegung. Hingegen sahen sich die Genossen mit deutscher Tüchtigkeit, deutschem Organisationstalent, Disziplin und einem nicht immer zuverlässigen ideologischen Doktrinarismus konfrontiert.[164]

Die nationale Versuchung erreichte nicht nur die deutschen Sozialisten. Sie war ein allgemeines Phänomen. Der italienische Historiker Adolfo Omodeo konstatierte eine allmähliche Nationalisierung des Sozialismus in ganz Europa, also auch in Frankreich und Italien. Auf der italienischen Halbinsel habe sich der traditionelle Patriotismus mit einem neuen Nationalismus vermengt.[165] Zu erwähnen wären der Trentiner Sozialist Cesare Battisti, der schliesslich ein Anführer der Irredenta wurde, und Benito Mussolini, der von anarcho-syndikalistischer Agitation zum chauvinistischen Aktivismus gelangte.

«Alle grossen Strömungen innerhalb der modernen Gesellschaft gingen über unser Land hinweg», meinte Paul Seippel in seinem Rückblick auf das 19. Jahrhundert.[166] Von den europäischen Arbeiterbewegungen und den mit ihnen einhergehenden Doktrinen wurde die Schweiz aus politischen und geografischen Gründen in ausserordentlichem Masse erfasst. Auf ihrem Territorium setzten Sozialisten, Syndikalisten und Anarchisten Thesen in die Welt und planten Aktionen, die sie gelegentlich in die Tat umsetzten. Man wollte die Gesellschaft verändern und veraltete Strukturen beseitigen. Bei alledem blieb der Beitrag, den Schweizer in diesen Bewegungen leisteten, vergleichsweise bescheiden. Revolutionäres Gehabe war von Eidgenossen nicht zu erwarten, auch wenn sie sich gelegentlich zu verbalen Kraftakten durchrangen. Die biederen, für das eigene Publikum bestimmten Parolen entsprachen selten den Ansprüchen eines intellektuell hochgerüsteten Proletariats. Der patriotisch gesinnte schweizerische Grütliverein agierte während Jahrzehnten nach dem Motto: «Durch Bildung zur Freiheit». Es fehlte der Wille zur Tat. Auf der andern Seite des Spektrums empfahl die radikale Sozialistin Rosa Luxemburg den Massen «revolutionäre Gymnastik».

Der Strom gesellschaftspolitischen und revolutionären Gedankenguts, der während eines Jahrhunderts in die Schweiz drang, entsprang verschiedenartigen Quellen. Da gab es die Einwanderung von deutschen und italienischen Arbeitern und Handwerkern, die aus ihren Heimatländern bestimmte Vorstellungen über die Arbeitswelt und über gewerkschaftliche Aktivitäten mitbrachten. An politische Ereignisse und Zustände gebunden war das periodische Auftauchen von Emigranten, die nicht nur ihre Person, sondern auch ihr ideologisches Programm in der liberalen Schweiz in Sicherheit brachten. Es fällt schwer, die doktrinären Asylanten – deutsche und italienische Anarchisten und russische Nihilisten – mit der Arbeiterbewegung in Verbindung zu bringen, wenn auch die Zeitgenossen dazu neigten, die Schuld an Gewalttaten und Terror auch den Sozialisten in die Schuhe zu schieben. Querverbindungen gab es allemal, doch dafür waren einzelne Persönlichkeiten verantwortlich. Oft wurden politische und ideologischen Konflikte von ihren Protagonisten auf schweizerischem Territorium ausgetragen, wo man sich in Sicherheit fühlte. Die Bundesbehörden gerieten dabei in Bedrängnis, weil sie meist spät reagierten und gegenüber den Kantonen nur über beschränkte Kompetenzen verfügten. Man denkt an die diplomatischen Dispute über die russischen Nihilisten, an den Wohlgemuth-Handel, der zur Errichtung einer Bundesanwaltschaft führte, an die Ermordung der Kaiserin Elisabeth und an den Konflikt um den Gesandten Silvestrelli. Alles in allem Vorgänge, die mehr mit dem politischen Umfeld der Schweiz als mit den Anliegen der Arbeiter zu tun hatten.

Trotz voranschreitender Industrialisierung waren in der zweiten Hälfte des 19. Jahrhunderts die Voraussetzungen für die Entstehung eines Proletariats in der Schweiz nicht gegeben. Es fehlten die Grössenordnungen, wie man sie von England oder von Deutschland her kannte. Bedeutende Ansammlungen von Arbeitern waren lediglich beim Eisenbahnbau anzutreffen. Dabei handelte es sich meist um Italiener, die nicht lange an einem Ort blieben und nur selten in die einheimischen Arbeiterbewegungen integriert wurden. Für die schweizerischen Gewerkschaften waren die italienischen Arbeiter eine turbulente Klientel, die sich nur mühsam in die gültigen Regeln der eidgenössischen Arbeitswelt fügten. Soweit sie politische Ambitionen hegten, fanden sie Unterkunft in der Partei der sozialistischen Italiener in der Schweiz. Dieses Gebilde hatte auf der schweizerischen öffentlich-rechtlichen Szene keine Existenzberechtigung. In der deutschen Schweiz wurden die politischen Vorstellungen der italienischen Arbeiter kaum zur Kenntnis genommen. Die Tessiner Sozialisten hingegen bekundeten häufig Mühe mit dem radikalen Verhalten ihrer Kollegen aus dem Nachbarland.[167]

Die Italiener galten als Unruhestifter. Die Agitation italienischer Asylanten wurde in einzelnen Kantonen und bei den Bundesbehörden misstrauisch verfolgt. Vor dem Ersten Weltkrieg kam der Verdacht auf, dass der Anarchismus bei Gelegenheit in italienischen Nationalismus umschlagen und das Land gefährden könne. In dieser Richtung weist ein Brief aus bernischen Polizeiakten, der im April 1912 an die Bundesanwaltschaft und später an den Bundesrat gelangte. Darin schrieb ein Polizeibeamter:

«Es ist mir bereits vor längerer Zeit von einem Italiener anlässlich des italienisch-türkischen Krieges gesagt worden, dass die ital. sozialpolitischen und anarchistischen Arbeiterorganisationen, die bekanntlich gegen diesen Krieg sind, dagegen erklären, wenn es sich um einen Krieg mit der Schweiz handelte, sie alle wie ein Mann damit einverstanden wären, und alle mit jubelnder Begeisterung in den Kampf gegen die Schweiz ziehen würden. Der Grund, warum die ital. revolutionären Elemente für einen Krieg mit der Schweiz eingenommen sind, wäre hauptsächlich die vielen Ausweisungen solcher ital. Elemente aus der Schweiz. Diese Ausweisungen würden von allen ital. sozialpolitischen Agitatoren, die sich in der Schweiz aufhalten oder dieselbe zu politischen Propagandazwecken bereisen, benützt, um die ital. Arbeiterschaft politisch aufzuhetzen. (…) In kriegerischen Verwicklungen würden zweifellos die 80 000 in der Schweiz lebenden Italiener für unser Land eine grosse Gefahr bedeuten, da ein Krieg sie politisch bereits vorbereitet finden würde.»[168] Man mag diese Aussage als Beispiel für die allgemein fremdenfeindliche Stimmung im Lande deuten. Darüber hinaus zeugt sie vom zunehmenden Misstrauen gegenüber Italien, das sich selbst gegen die in Opposition zum eigenen Staat lebenden Arbeiter richtete.

Die schweizerische Arbeiterbewegung wurde entscheidend durch deutsche Einflüsse bestimmt. Aus dem Norden gelangten organisatorische Formen und sozialpolitische Inhalte ins Land, häufig pariert durch Abwehrreflexe, die dem schweizerischen Sozialismus nationale Charakteristika verliehen. Das will nicht besagen, dass sich die aus Deutschland eindringenden Lehren internationaler ausgenommen hätten als die schweizerischen. Sie waren national gefärbt wie der in Frankreich gepflegte Syndikalismus, so dass sich auf eidgenössischem Territorium sozialistische Nationalismen unterschiedlicher Herkunft begegneten. Die Erste Internationale scheiterte am starren, auf London fixierten Zentralismus, in der ideologisch offener daherkommenden Zweiten Internationale zerbrach die Solidarität des Proletariats schliesslich an den nationalen Bindungen der einzelnen Sektionen.

In der Schweiz begann die Bewegung, soweit sie von Bürgern des Landes getragen wurde, in der ersten Hälfte des 19. Jahrhunderts recht kleinbürgerlich. Der Grütliverein pflegte das nationale Bewusstsein und präsentierte sich als patriotischer Bildungsverein. Erst mit der Zeit verstand er sich als Organisation der Arbeiter, die sich zwar den sozialdemokratischen Ideen näherte, aber die internationale Versuchung weit von sich wies. In seinen Reihen waren nicht nur Arbeiter, sondern auch Handwerker und kleine Unternehmer zu finden.

Kennzeichnend für das zögernde Verhalten der schweizerischen Arbeiter der europäischen Bewegung gegenüber ist der Umstand, dass die internationalen Anliegen vor allem von Deutschen in die Hand genommen wurden, die sich ihr politisches Rüstzeug in der deutschen Arbeiterbewegung besorgt hatten und sich bei Gelegenheit in der Schweiz einbürgerten. Zwei Persönlichkeiten wirkten in der schweizerischen Sozialbewegung an hervorragender Stelle. In Genf war es seit den vierziger Jahren der 1809 in der bayerischen Pfalz geborene Johann Philipp Becker. In der Zwischenzeit Schweizer geworden, beteiligte er sich als Offizier am Sonderbundskrieg, focht in den Jahren 1848 und 1849 in den Reihen der badischen Aufständigen und schloss sich 1860 dem Freikorps Giuseppe Garibaldis an. In den sechziger Jahren wandte sich Becker sozialpolitischen Fragen zu. Im September 1864 gehörte er zu den Gründern der Ersten Internationale in London. Unter seiner Führung gewann die Genfer Sektion der «Internationalen Arbeiterassoziation» eine weit über die Landesgrenzen hinausreichende Bedeutung. Beckers Organisation umfasste das ganze deutsche Sprachgebiet und überzog die Schweiz mit 120 Sektionen und Untergruppen.[169] Der Genfer Agitator wurde zu einer bedeutenden Figur im internationalen Sozialismus, stand aber zugleich mit einem Fuss in der schweizerischen Politik.

Die zweite Führungsfigur war der aus Breslau stammende Buchbinder Herman Greulich, der sich in Zürich niederliess und in den siebziger Jahren das Schweizer Bürgerrecht erwarb. Weniger radikal als Becker, lavierte er zwischen Internationalismus und schweizerischem Patriotismus. August Bebel fand in den neunziger Jahren, Greulich sei «verschweizert». Gelegentlich als Opportunist gescholten und nach der Jahrhundertwende von den doktrinären Marxisten bedrängt, blieb er bis zu seinem Tod im Jahre 1925 ein Monument des schweizerischen Sozialismus.

Auch die deutschen Arbeitervereine in der Schweiz präsentierten sich anfänglich als «Arbeiter-Bildungs-Vereine», die nationale deutsche Gesinnung lehrten. Sie standen auch Österreichern und Schweizern offen, doch der eidgenössische Anteil blieb meist bescheiden. Die deutsche Arbeiterbewegung verstand sich stets als Teil der nationalen Sammlung. Zu Beginn war von Klassenkampf kaum die Rede. Die deutsche Einigung blieb ein zentraler Gedanke. Die «politisch-sociale Natur des Menschen» wurde eher beiläufig entdeckt.[170]

Ideologien drangen allmählich in den mit deutschem Gesang, Turnen und lehrreichen Vorträgen bestrittenen Vereinsalltag ein. National verankert waren trotz revolutionärer Rhetorik die Thesen von Ferdinand Lassalle, dem Begründer der deutschen sozialdemokratischen Arbeiterpartei. Im Staate Lassalles sollte der Arbeiter selbst in den Besitz von Kapital gelangen und zum Unternehmer werden. Auf dem Weg dahin waren «Produktions-Assoziationen» zu gründen. Der Mainzer Bischof Wilhelm Emmanuel von Ketteler war von dieser Idee angetan. Selbst Otto von Bismarck äusserte sich positiv, denn er meinte im Jahre 1878, lange nach dem Tode von Lassalle: «Es scheint mir, dass in der Herstellung von Produktions-Assoziationen die Möglichkeit lag, das Schicksal des Arbeiters zu verbessern, ihm einen wesentlichen Teil des Unternehmergewinnes zuzuwenden.»[171] Nach diesem Modell bedurfte die Entwicklung einer sozialen Gesellschaft der Mitwirkung der deutschen Staaten, wobei sich der Theoretiker in Bezug auf die Staatsform pragmatisch zeigte. Ferdinand Lassalle, ein «mit Schönheitssinn ausgestatteter Jakobiner», wurde von seinen Gegnern wegen seiner Nähe zu Bismarck gerügt. Seine Agitation habe gelegentlich einen «preussisch-monarchischen Beigeschmack».[172] Lassalles Entwurf eines deutschen Balkanimperiums, das den «fruchtbaren Donauraum» umfasste, wies auf die Bedeutung Deutschlands in seinen gedanklichen Konstruktionen hin.[173] Man denkt an die spätere Debatte, die einem vom Deutschen Reich beherrschten Mitteleuropa galt.

Die Romandie erwies sich als empfänglicher für sozialistische und syndikalistische Theorien als die deutschschweizerischen Kantone. Deutsche Emigranten mit ihrer ideologischen Botschaft fanden in Genf den geeigneten Boden für ihre Agitation. Die Frage der Nationalität stand nicht im Vordergrund. Carl Vogt, deutscher Emigrant, Naturwissenschafter und Genfer Ständerat, gehörte der radikalen Partei von James Fazy an und war gleichzeitig Mitglied der Ersten Internationale. In seiner Person kam das gehobene Genfer Selbstbewusstsein zum Ausdruck, da er sich nicht vor einer Auseinandersetzung mit Karl Marx scheute. Im italienischen Krieg von 1859 hatte der Republikaner Vogt im Gegensatz zu Marx Partei für Napoleon III. ergriffen, denn er wünschte die italienische Einheit und verabscheute die reaktionäre Donaumonarchie. Im Disput mit dem Doktrinär in London ging es schliesslich um die Frage, welchen Weg die kleinbürgerlich-proletarischen Schichten einzuschlagen hätten.[174] Neben der ideologischen Kontroverse liess sich in der Position von Marx eine Tendenz erkennen, die auch später in Erscheinung trat: In der internationalen Politik bewies der Schöpfer des Marxismus seinen Hang zu deutschen Optionen. Das war ein frühes Signal auf dem verhängnisvollen Weg, auf dem die Solidarität des internationalen Proletariats am Ende zerbrach. In der Genfer Sektion der Internationale zeigte man gegenüber dem Londoner Diktat oft eine bemerkenswerte Unabhängigkeit. Man widersprach ohne Zögern, wenn man anderer Meinung war.

Ferdinand Lassalle war am 18. August 1864 in Genf an den Folgen eines unglücklichen Duells gestorben. Seiner Bewegung fehlte von da an der leitende Kopf. In der Rhonestadt tummelten sich Marxisten verschiedener Färbung, französische Syndikalisten und die Anarchisten Bakunins. Die Kontakte zwischen den Propheten der proletarischen Revolution und schweizerischen Politikern waren in der Westschweiz enger als in der deutschen Schweiz, denn es gab kaum Berührungsängste. Der spätere Bundesrat Louis Ruchonnet zum Beispiel, Anwalt in Lausanne und radikaler Staatsrat, hatte die französischen Sozialtheoretiker Charles Fourier und Pierre-Joseph Proudhon studiert. Er pflegte die Freundschaft zu

Gustave Courbet, der in La Tour-de-Peilz im Exil lebte und wegen seiner Zugehörigkeit zur Commune von den französischen Behörden verfolgt wurde.

An der Commune schieden sich die Geister auch im sozialistischen Lager. Deutsche Sozialisten in Zürich zeigten zwar ein gewisses Verständnis für den Aufstand in Paris, doch ihre Begeisterung gehörte der neuen deutschen Einheit. Soweit Stimmen von Deutschschweizer Sozialdemokraten zu vernehmen waren, zeigten sie erhebliche Irritationen. Man hielt die Rebellion für begründet, verurteilte aber den Terror, der – so schien es zu Beginn – in erster Linie von den Communards ausging. In der Romandie hingegen bewiesen Sozialisten und Radikale eine weit reichende Solidarität mit der Revolution in der französischen Hauptstadt.

In der Westschweizer Arbeiterbewegung wurde in den frühen siebziger Jahren die Szene vom Konflikt zwischen Karl Marx und Michail Bakunin beherrscht. Es standen sich unter anderem der deutsche Marxismus und der französische Syndikalismus gegenüber. Nun kann man die vielfältigen Formen des Syndikalismus nicht einfach dem Anarchismus Bakunins gleichsetzen, doch eine gewisse Erbfolge war nicht zu verkennen. Die Zeitgenossen glaubten an eine enge Verwandtschaft von syndikalistischen und anarchistischen Bewegungen. Auch der Marxismus zeigte unterschiedliche Spielarten, die nicht in jedem Fall die Zustimmung ihres Mentors in London fanden.

Der ideologische Dissens zwischen den beiden Kontrahenten hatte einiges mit nationalen Befindlichkeiten zu tun. Als am 19. Juli 1870 der Deutsch-Französische Krieg ausbrach, schrieb Marx an Friedrich Engels: «Wenn die Preussen siegreich sind, wird die Zentralisation der Staatsmacht der Zentralisation der deutschen Arbeiterklasse dienlich sein. Das deutsche Übergewicht wird ausserdem den Schwerpunkt der europäischen Arbeiterbewegung von Frankreich nach Deutschland verlagern. Das Übergewicht des deutschen Proletariats auf dem Welttheater über das französische Proletariat würde gleichzeitig das Überwiegen unserer Theorie über die Proudhons bedeuten.» Marx hätte seinen Anspruch auf die Macht über das europäische Proletariat und seine Präferenz für deutsche Vorherrschaft nicht deutlicher formulieren können. Bakunin graute vor dieser Entwicklung. Er sah bei den Deutschen ganz allgemein eine «Vereinigung von Wissenschaft und Brutalität». Der russische Revolutionär schrieb einem Freund: «An Stelle des lebendigen und wirklichen Sozialismus, dem Frankreichs, werden wir den doktrinären der Deutschen haben, die nur mehr sagen werden, was die preussischen Bajonette ihnen zu sagen gestatten werden. (…) Adieu Freiheit, adieu Sozialismus, Gerechtigkeit für das Volk und Sieg der Menschlichkeit.»[175]

Im Kampf gegen Karl Marx setzte Michail Bakunin auf den libertären Sozialismus der Uhrenarbeiter im Neuenburger und Berner Jura. Hier fand er eine Garde von gleichgesinnten Arbeitern, deren mechanisches Talent in einem eigenartigen Arbeitsklima zur Entfaltung kam. Die dem Syndikalismus nahestehende Bewegung im Jura gründete im November 1871 in Sonvilier eine anarchistische «Fédération jurassienne» der Internationale, der sich eine neu organisierte Genfer Sektion anschloss.[176] Damit standen die jurassischen Uhrenarbeiter am Beginn einer Bewegung, über die sie bald nicht mehr selber befinden konnten. Das Programm der Jurassier fand Zustimmung in Italien, Spanien, Belgien und Frankreich. Vorangegangen war in der Romandie eine Spaltung in eine autoritär-marxistische und eine antiautoritäre Internationale. Bakunin war an der Aktion von Sonvilier nicht direkt beteiligt. Im Jahre 1872 wurde er von einem Kongress in Den Haag aus der Ersten Internationale ausgeschlossen. Man hielt in doktrinärer Manier zu Karl Marx und nahm das Auseinanderbrechen der Bewegung in Kauf. Als sich der russische Revolutionär ein Jahr später aus der aktiven Politik zurückzog, schrieb er seinen Freunden im Jura: «Le temps n'est plus aux idées, il est aux faits et aux actes.»[177]

Die von Bakunin beeinflusste «Fédération jurassienne» wirkte über die Landesgrenzen hinaus. Die Uhrenarbeiter konnten leidlich zufrieden sein, denn in ihrer Arbeitswelt waren etliche syndikalistische Postulate verwirklicht. Der russische Anarchist hatte sich in seinen gedanklichen Konstruktionen von den realen Zuständen in den Juratälern inspirieren lassen. Der Kollektivismus der Jurassier war gewaltlos, wie es den Bedingungen im eigenen Umfeld entsprach.

Den meist aus Deutschland in die Schweiz eingereisten Anarchisten genügten die verbalen Manifestationen im Jura nicht. Den Doktrinären ging es schliesslich um die gewaltsame Zerstörung des Staates. Bald erschienen Figuren auf der Bühne, die mehr zu Aktionen neigten als der alternde Bakunin. Als Agitatoren und Anstifter zu Gewalt erschienen der Franzose Paul Brousse und der russische Fürst und Revolutionär Pjotr Kropotkin. Es ging um die «Propaganda der Tat».

Man mag darüber rätseln, was der revolutionäre Syndikalismus, den deutsche Anarchisten für sich in Anspruch nahmen und den später Georges Sorel in seiner Lehre von der Gewalt dozierte, noch mit den gesellschaftspolitischen Idealen der Uhrenarbeiter im Jura zu tun hatte. Den deutschen Zeitgenossen fiel es ohnehin schwer, den Syndikalismus in seinen verschiedenen Spielarten zu verstehen. «Die Heimat der neuen Lehre ist Frankreich», schrieb Werner Sombart. Er wies dabei auf die italienischen Verzweigungen hin.[178] «Die Hauptvertreter sind jedenfalls Franzosen und Italiener», meinte der deutsche Soziologe: «Soweit ich sie persönlich kenne: Liebenswürdige, feine, gebildete Leute. Kulturmenschen mit reiner Wäsche, guten Manieren und eleganten Frauen. (…) Nur in einem so hochkultivierten Land wie Frankreich, scheint mir, konnte eine solche Theorie entstehen.» Sombart sah den revolutionären Syndikalismus als Gegenbewegung gegen Parlamentarismus und Revisionismus, die zu einer Verflachung des Sozialismus führten. Das war ein Kampf, den auch die doktrinären Marxisten führten.

Näher an die realen Verhältnisse heran führte die Analyse Sombarts, die auf Teile der Westschweiz und auf die Franche-Comté zutraf: «Und dann scheint mir das ökonomisch-soziale Milieu, in dem die Lehren des Syndikalismus entstanden sind, von starkem Einfluss auf deren Inhalt gewesen zu sein. Ich möchte geradezu sagen: die grundlegende Idee der korporativen gruppenmässigen Organisation der zukünftigen Gesellschaft, die Theorie der Arbeit und ihrer Befreiung und vieles andere konnte nur in einem Lande empfangen werden, wo der Typus der kapitalistischen Unternehmung grossenteils noch das mittelgrosse Atelier ist mit dem maître-ouvrier an der Spitze und den verhältnismässig wenig zahlreichen Gehilfen.»[179] Das Bild vom mittelgrossen Atelier traf auf die mechanischen Werkstätten im Haut-Doubs wie auf die Arbeitswelt im Neuenburger und Berner Jura zu. Im französischen wie im schweizerischen Grenzgebiet hatte sich inmitten der Agrarwirtschaft eine technisch hochentwickelte Kleinindustrie niedergelassen, die keiner Proletariermassen bedurfte. Daraus ergaben sich soziale Strukturen, hinter denen sich eine seltsame Mischung von revolutionären und konservativen Tendenzen verbarg.

Der von französischen Theoretikern inspirierte Syndikalismus konnte sich in der Schweiz auf die Dauer nicht behaupten. Selbst in der Romandie fehlte eine solide Basis, denn die Einwanderung von Franzosen war im Vergleich zu jener der Deutschen und Italiener unbedeutend. Nach dem Verschwinden von Bakunin geriet die anarchistische Bewegung immer mehr in die Hände der deutschen «Zerstörungs-ideologen», die in den achtziger Jahren ihre kriminellen Energien gegen Deutschland und Österreich richteten.

In der Deutschschweiz, in Zürich zum Beispiel, nahm man die Lehren der Franzosen sehr wohl zur Kenntnis. Der Arbeiterführer Karl Bürkli hatte sich in Paris von Charles Fourier und Victor Considérant beeinflussen lassen. Durch ihn kam auch Herman Greulich mit syndikalistischem Gedankengut in Kontakt. Werke von Pierre-Joseph Proudhon erschienen in Zürich in deutscher Übersetzung. Doch weder die Ideen noch verbale Provokationen waren imstande, im schweizerischen Alltag wesentliches zu bewirken. Die Anwesenheit deutscher Sozialisten hingegen war geeignet, die soziale Landschaft im Lande in einem von Widersprüchen durchzogenen Prozess zu formen.

Die umständliche Geschichte der Arbeiterbewegung in der Schweiz ist sowohl das Ergebnis der eigenartigen eidgenössischen Strukturen wie auch der von aussen kommenden Anstösse und Zwänge. Zu nennen wären neben den einheimischen Bedingtheiten die deutsche Einheit, die Sozialistengesetze Bismarcks, die Erste und die Zweite Internationale sowie der Imperialismus des Deutschen Kaiserreichs. Daraus ergaben sich Perioden mit besonderen Merkmalen, die stets auch die interne Szene in der Schweiz markierten.

Die Agitatoren der deutschen Arbeiterbewegung standen in den jeweiligen Zeitabschnitten vor der Frage, ob sie ihre Aktivitäten auf Deutschland oder auf die Schweiz ausrichten sollten. Die sogenannten Arbeiter-Bildungsvereine, denen auch Österreicher und Schweizer angehörten, hatten sich ursprünglich um den gesellschaftlichen und moralischen Status ihrer Klientel bemüht. Die pädagogisch angelegten Übungen – Gesang, Turnen, Wandern und gelehrte Vorträge – wurden mit den Jahren durch den Kampf um bessere soziale Bedingungen in den Hintergrund gedrängt. Mit der Hinwendung zum Sozialen kam die Bewegung mit der Politik in Berührung. In den Arbeiterorganisationen waren die Deutschen tonangebend – sei es wegen ihrer grösseren sprachlichen Gewandtheit oder wegen der geringeren Begeisterung ihrer schweizerischen Kollegen für militante Männerbünde. Ins Gewicht fiel auch der Umstand, dass sie politisch unbekümmert agieren konnten, denn das fehlende Bürgerrecht enthob sie der Verantwortung für die Folgen ihrer Taten.

Schon vor der Reichsgründung war die deutsche Einheit ein Thema, das die eingewanderten Arbeiter nicht weniger beschäftigte als die aus deutschen Landen zugezogenen Professoren und Kaufleute. Blieb noch die kontroverse Frage, ob man ein deutsches Reich unter preussischer Führung oder ein Grossdeutschland unter Einschluss der Donaumonarchie wünschte. Man gewinnt den Eindruck, dass in den sechziger Jahren die vor allem aus Süddeutschland stammenden Einwanderer die zweite Variante bevorzugten, doch die Machtpolitik Bismarcks setzte im Januar 1871 allen Spekulationen ein Ende.

Wollte die schweizerische Arbeiterbewegung nicht in den Sog der deutschen Innenpolitik geraten, so blieb ihr nur die heikle Gratwanderung zwischen einer eidgenössischen Variante und einem sozialistischen Internationalismus, der sich nach der Auflösung der Ersten Internationale sehr variabel präsentierte. Die deutschen Protagonisten pflegten ihre eigene Politik als international zu bezeichnen, auch wenn sie immer mehr zum proletarischen Spiegelbild der deutschnationalen Weltschau wurde. Mit patriotischen Allüren kam trotz seiner sozialen Ausrichtung der Grütliverein daher. Er lehnte die Zusammenarbeit mit dem 1873 entstandenen Arbeiterbund ab, der sich als Dachorganisation der verschiedenen Verbände zu international gab.

Die Arbeiterbewegungen litten unter dem Makel, dass sich die spärlich organisierten und oft passiven Schweizer meist einer ausländischen Mehrheit gegenüber sahen. Soweit gewerkschaftliche Fragen zur Debatte standen, konnte man dagegen nicht allzu viel einwenden, doch war im Alltag eine Trennung zwischen sozialer Agitation und Politik nicht durchzuhalten. Die Beteuerung der deutschen Arbeitervertreter, man wolle sich von der schweizerischen Politik fernhalten, blieb ein Lippenbekenntnis. Die unklare Rollenverteilung zwischen den Nationalitäten und die unvermeidliche Verbindung von Gewerkschaftsarbeit und Sozialpolitik richteten in den Reihen der Schweizer Arbeiter Schaden an. Es gelang den deutschen Arbeitervereinen über längere Zeit, die Gründung einer sozialdemokratischen Partei der Schweiz zu verhindern. Man wollte sich nicht damit abfinden, dass einer schweizerischen Partei keine Ausländer angehören durften.[180] Dazu gab es immerhin gut eidgenössische Gründe. Liess man den deutschen Genossen freie Hand, so riskierte man, die schweizerischen Vertreter der Arbeiterschaft in den Parlamenten dem Druck ausländischer Aktivisten auszusetzen.

Im Oktober 1878 trat im Deutschen Reich das von Bismarck ersonnene «Gesetz gegen die gemeingefährlichen Bestrebungen der Sozialdemokratie» in Kraft.[181] Der anfänglich erwartete Massenexodus deutscher Sozialdemokraten nach der Schweiz fand nicht statt. Hingegen setzten sich leitende Parteifunktionäre in das neutrale Land ab, um von hier aus die Arbeit in Deutschland zu koordinieren. Das war ein Anliegen, das nicht zum vornherein mit den Interessen der in der Schweiz lebenden deutschen Arbeiter übereinstimmte. Für die Reichstagsabgeordneten August Bebel und Wilhelm Liebknecht war jedoch Zürich ein Standort, der ihnen mehr Freiheit gewährte als das unter dem Diktat von Karl Marx stehende London.

Die Frage, wie mit der heterogen zusammengesetzten sozialistischen Gesellschaft in der Schweiz umzugehen sei, stellte sich in aller Dringlichkeit. Im Jahre 1880 löste sich der Arbeiterbund auf, in dem die Schweizer in Minderheit geraten waren. Die schweizerischen Vertreter gaben dazu die folgende Erklärung ab: «Der Kongress des Arbeiterbundes hat ferner die Überzeugung gewonnen, dass das Zusammengehen zwischen Schweizern und Ausländern, vornehmlich Deutschen, sich nur da als möglich erwiesen hat, wo es sich um Wahrung der reinen Arbeiterinteressen gegenüber dem Kapital, um jenen Kampf, der in allen Staaten der gleiche ist, handelt, dass aber die Beteiligung von Ausländern an bundespolitischen Angelegenheiten des Schweizer Volkes an dem traditionellen Widerstand desselben gegen jede Einmischung Fremder in seine Angelegenheiten scheitern müsste und die Tätigkeit der vorgeschritteneren Elemente des Schweizer Volkes eher lähmte als förderte.»[182]

Im Schweizerischen Gewerkschaftsbund standen den deutschen Organisationen und den einzelnen Arbeitern die Türen offen. Im Jahre 1887 entstand der Schweizerische Arbeiterbund, in dem Ausländer in beschränktem Masse mitreden durften. Ein Jahr später wurde endlich die Sozialdemokratische Partei der Schweiz gegründet, die während zwei Jahrzehnten den Ausländern verschlossen blieb.[183] Unter veränderten Umständen und einem zunehmenden Druck der deutschen Genossen wurde im November 1908 die Beschränkung fallen gelassen.

Unter den deutschen Arbeiter-Organisationen erlangte die «Eintracht» in Zürich eine weit über die Region hinausreichende Bedeutung. Vom kleinbürgerlichen «Arbeiter-Bildungs-Verein» mutierte die Vereinigung im Laufe eines halben Jahrhunderts zum internationalen sozialistischen Agitationsverein, der in proletarischer Manier den Klassenkampf propagierte.[184] Was in der «Eintracht» geschah, seien es gesellschaftliche, kulturelle oder politische Aktivitäten, diente der «Wahrung und Förderung der geistigen, sittlichen und materiellen Arbeiterinteressen». Im eigenen Haus am Neumarkt in Zürich fand eine bunte Gesellschaft Zugang, die sich zwischen den gegensätzlichen Polen Geselligkeit und Kampf bewegte. Bunt war auch das Programm, das im Laufe der Jahrzehnte bildungswillige Gesinnungsfreunde anzog. In den sechziger und siebziger Jahren hielt Gottfried Kinkel gelehrte Vorträge, später sprach der Marxist und Revisionist Eduard Bernstein über Goethes Faust und Wallensteins Lager. Auguste Forel dozierte über die neuesten Erkenntnisse der Psychiatrie. Darwinistisches Gedankengut war den Genossen nicht fremd. Dann wurde der Ton politisch.

In der «Eintracht» trafen sich im Zeichen des Bismarck'schen Sozialistengesetzes neben vielen andern Sozialdemokraten August Bebel, Wilhelm Liebknecht, Eduard Bernstein, Karl Kautsky, Victor Adler und Herman Greulich. In den neunziger Jahren sah man Rosa Luxemburg und Clara Zetkin. Der nach der Jahrhundertwende zum Anarcho-Syndikalisten konvertierte Fritz Brupbacher kämpfte gegen orthodoxe Marxisten und Revisionisten. In der turbulenten Gesellschaft am Neumarkt wurden Konflikte debattiert und ausgetragen, deren vielfältig aufgespaltene Thematik die Arbeiterschaft und ihre intellektuellen Wortführer bewegte. Die «Eintracht» war gleichzeitig Volkshochschule und Agitationszentrum. Die Deutschen dominierten. Nach den genau geführten Jahrbüchern verkehrten zum Beispiel im Jahre 1899 in der «Eintracht» die folgenden Nationalitäten: 1054 Deutsche, 163 Österreicher, 85 Schweizer, 6 Russen. Nach der gescheiterten Revolution von 1905 wuchs der Anteil der Russen beträchtlich.

Für die Jahre vor dem Ersten Weltkrieg ist die militante Stimmung einer jüngeren Generation charakteristisch, die sich gegen die Kompromissbereitschaft der alten Garde wandte. Man denkt an den betagten Herman Greulich, dessen Eintreten für die «nationalen Besonderheiten» scharf attackiert wurde. Im Juli 1908 schloss sich der harte Kern des Vereins unter dem Titel «Sozialdemokratischer Verein ‹Eintracht› in Zürich» zu einem eigentlichen Klassenkampfverband zusammen.[185]

Die Periode von 1878 bis 1890, in der das Sozialistengesetz deutsche Sozialdemokraten in die Schweiz trieb, gab den Aktivitäten der reichsdeutschen Arbeitervertreter im Lande eine neue Richtung. Sozialpolitische und vor allem schweizerische Belange traten zurück gegenüber dem Bedürfnis, vom neutralen Boden aus auf die unsichere Szene in Deutschland einzuwirken. Das neue Ziel brachte Veränderungen in der mentalen Ausrichtung der Kolonie, die sich angesichts der Vorgänge im Mutterland nicht unbeteiligt zeigen konnte. Dennoch blieb eine gewisse Zurückhaltung gegenüber den neu zugezogenen Ideologen. Die intellektuelle Überlegenheit der sozialistischen Elite gestaltete den Umgang mit den als «kleinbürgerlich» eingestuften Deutschen der Arbeitervereine schwierig. Es ergab sich auch eine vergrösserte Distanz gegenüber der schweizerischen Arbeiterbewegung, die sich vermehrt den nationalen Anliegen zuwandte.

Die sozialistischen Reichstagsabgeordneten August Bebel und Wilhelm Liebknecht gaben ihren Wohnsitz in Deutschland nicht auf, bemühten sich aber auf ihren häufigen Reisen nach Zürich, in der Schweiz eine Infrastruktur einzurichten, auf die sich die bedrohte deutsche Partei stützen konnte.[186] Es galt, Ersatz für die im Deutschen Reich unterdrückte sozialistische Presse zu schaffen. So entstand in Zürich im Jahre 1879 die Zeitung «Sozialdemokrat», die sich gleich zu Beginn als offizielles Organ der Partei präsentierte.[187] Entscheidende Figuren bei der Gründung waren der Frankfurter Finanzmann Karl Höchberg und sein Privatsekretär Eduard Bernstein. Bebel hielt im Hintergrund die Fäden in der Hand. Das Blatt wurde in der Genossenschaftsdruckerei Zürich-Hottingen hergestellt, die zeitweise der Bündner Conrad Conzett leitete. Schweizer gehörten der Redaktion nicht an, obschon Bebel gerne einen Journalisten aus dem Gastland engagiert hätte. Der «Sozialdemokrat» stiess anfänglich bei Marx und Engels in London auf rigorose Ablehnung, da ihnen der Standort Zürich, den die Initianten mit Bedacht gewählt hatten, überhaupt nicht gefiel. Hier konnte sich die Redaktion der stets drohenden Intervention der allgewaltigen Ideologen entziehen, die auch den nationalen Parteien die Richtung zu weisen pflegten. Eduard Bernstein, der bald zur dominierenden Figur wurde, fand bei Marx keine Unterstützung. Man beschimpfte ihn als «Quietisten».

Die Landesregierung in Bern geriet durch die Gründung der Zeitung «Sozialdemokrat» in Verlegenheit, obschon sich das Blatt zu Beginn in einem gemässigten Ton äusserte. Die Stimme der deutschen Opposition hatte sich damit in der Schweiz angesiedelt. Im Bundesrat vermutete man zu Recht, Bismarck werde die gegen sein Regime gerichteten publizistischen Attacken mit einer härteren Gangart gegenüber der Eidgenossenschaft beantworten.[188] Doch in den ersten Jahren blieben aussergewöhnliche Reaktionen aus.

Auslieferung und Verteilung des «Sozialdemokrat» an die Genossen in Deutschland – man sprach von 3500 Exemplaren – wurden zur abenteuerlichen Schmuggelgeschichte. Heimliche Posten zwischen Lindau und Basel besorgten den Transport über die Grenze an den reichsdeutschen Zollbehörden vorbei. Es scheint, dass die Sozialisten in ihrer Findigkeit den lauernden deutschen Polizisten überlegen waren. Die illegalen Aktionen wurden vom «roten Postmeister» Julius Motteler gesteuert, der in seiner Wohnung an der Wolfbachstrasse in Zürich-Hottingen ein sozialistisches «Postamt» eingerichtet hatte.

In seinen Lebenserinnerungen lobte August Bebel die phantasiereiche Arbeit des legendären Postmeisters: «Was ihn besonders für seine Stellung geeignet machte, war seine Energie und Findigkeit. Auch war er eine unermüdliche Arbeitskraft, im höchsten Grade opferwillig, gewissenhaft und zuverlässig. Eine besondere Geschicklichkeit entwickelte er in der Verpackung des Blattes, sei es in Briefen, sei es in Paketen. Wer auf dem ‹Olymp› erschien, so hiess die Wohnung Mottelers bei den Zürcher Genossen, die mit der Expedition verbunden und für gewöhnliche Menschenkinder unzugänglich war, musste an den Expeditionstagen auch zur Arbeit heran. Der beständige Wechsel in den Adressen, herbeigeführt durch Wohnungs- oder Ortswechsel, Briefsperre, Verrat oder Bespitzelung der Adressaten, verursachte sehr viel Arbeit und erforderte grosse Umsicht. Kam aber ein Genosse auf den ‹Olymp›, der nach Deutschland reiste, dann musste ein solcher eine besondere Prozedur über sich ergehen lassen. Der ‹rote Postmeister›, wie bald genug Motteler im Munde der Parteigenossen hiess, ordnete alsdann an, dass der Betreffende bis auf die Unterwäsche sich entkleidete. Alsdann wurden der Körper und seine Gliedmassen kunstgerecht mit Briefen in den verschiedensten Formen eingepackt und ausgepolstert. War dieses Geschäft unter steter grosser Heiterkeit der Beteiligten beendet, dann durfte er zur Bahn, um sich jenseits der Grenze in sicheren Händen der überflüssigen Last zu entledigen. Mir ist nicht bekannt, dass je einer der so ausgepolsterten Genossen von einem Zerberus jenseits der Grenze gefasst worden wäre.»[189]

Im April des Jahres 1888 wurden Eduard Bernstein und einige seiner Mitarbeiter aus der Schweiz ausgewiesen.[190] Der «Sozialdemokrat» erschien bald darauf in London. In der englischen Hauptstadt schlug die Redaktion schärfere Töne an, als sie es in Zürich gewagt hatte. Die Landesregierung erwies mit ihrem Akt dem deutschen Reichskanzler eine umstrittene Gefälligkeit, die den ansteigenden Zorn des Fürsten Bismarck nicht dämpfen konnte. Der Fall Wohlgemuth, der im folgenden Jahr dem Land gefährliche Tage bescherte, liess sich auch durch das Verschwinden des «Sozialdemokrat» nicht verhindern.

Im August 1880 versammelten sich die Führer der deutschen Sozialdemokratie im abgelegenen Schloss Wyden bei Ossingen zum ersten Kongress unter dem Sozialistengesetz. Eine schweizerische Delegation unter Herman Greulich gesellte sich zu den Genossen aus dem Reich. Bei dieser Gelegenheit schloss man den Aktivisten Johann Most aus der Partei aus, der seine kriminelle Energie von da an in zügellosem Anarchismus auslebte. Eine Abgrenzung, die sich stets wieder aufdrängte, da man in der Öffentlichkeit die Sozialisten mit Verschwörungen und Attentaten in Verbindung brachte.

Die fehlende Unterscheidung zwischen Sozialisten und Anarchisten wurde im Frühjahr 1881 deutlich, als in Zürich ein Internationaler Sozialistenkongress stattfinden sollte. Anfänglich gab es dagegen keine Proteste. Dann aber wurde am 14. März Zar Alexander II. durch russische Nihilisten ermordet. Die Tat löste in Zürich eine eigentliche Volksbewegung gegen das sozialistische Vorhaben aus. In einer Petition, die von über 30 000 Schweizern unterschrieben wurde, forderten verunsicherte Bürger die Regierung auf, den Kongress zu verbieten. Unterschrieben war der Aufruf von Honoratioren wie dem Historiker Georg von Wyss.[191] Herman Greulich reagierte in einem Brief an den Professor der Universität Zürich verärgert: «Ihre ehrenvolle wissenschaftliche Stellung als Geschichtsforscher sollte, dachte ich mir, Ihnen jene Objektivität des Denkens verleihen, die – über den Tageskampf der Parteien hinausblickend – dem Gegner wenigstens soweit Gerechtigkeit widerfahren lässt, dass ihm nicht Sachen unterschoben werden, die jeder Wahrheit und jeder

Begründung entbehren.» Georg von Wyss liess sich von der Rüge des Arbeiterführers nicht beeindrucken.

Die «Züricher Post» vom 21. April veröffentlichte einen Aufruf der kantonalen Grütli- und Arbeitervereine, die sich für den sozialistischen Weltkongress einsetzten. Anarchisten und Sozialrevolutionäre seien dem Vorhaben feindlich gesinnt: «Es ist eine zweite Unwahrheit, dass der sozialistische Kongress Attentate planen werde; seine Tagesordnung, die längst veröffentlicht wurde, zeigt, mit was er sich beschäftigen wird: Mit den Berichten über die sozialistischen Vereinigungen in den verschiedenen Ländern und ihren politischen und sozialen Richtungen, mit der Lage des besitzlosen Volkes in den verschiedenen Ländern, ferner mit den Verfolgungen der Sozialisten.»[192] Der Regierungsrat verbot mit knapper Mehrheit den Kongress, der daraufhin in Chur ohne Zwischenfälle, aber auch ohne wesentliche Ergebnisse über die Bühne ging.

In den folgenden Jahren stellten sich die deutschen Sozialdemokraten zu weiteren Parteikongressen in der Schweiz ein. Aktuell blieb die Abgrenzung gegenüber Anarchisten und Nihilisten, doch gab auch die Aufgabenteilung zwischen deutschen und schweizerischen Arbeiterorganisationen zu Debatten Anlass. Nach dem Rücktritt des Fürsten Bismarck am 18. März 1890 wurde das Sozialistengesetz aufgehoben. Damit ging der Kongress-Tourismus ins helvetische Exil zu Ende. Es gab für deutsche Sozialdemokraten keinen Grund mehr, auf schweizerisches Territorium zu fliehen.

Das Verhältnis zwischen deutschen und schweizerischen Sozialdemokraten wurde nach dem Jahre 1890 von neuen Kräften und Bedingungen bestimmt. Bei der Zuwanderung von Arbeitern und Handwerkern aus dem Deutschen Reich handelte es sich nicht um eine Flucht ins Exil, sondern um eine wirtschaftlich bedingte Bewegung. Nur eine Minderheit der Einwanderer war den Sozialisten zuzurechnen. Auch die Arbeitervereine konnten zu keinem Zeitpunkt eine zahlenmässig beherrschende Position unter den arbeitenden Deutschen beanspruchen, doch waren die Wortführer der deutschen Arbeiterschaft hier zu finden.

Das traditionelle Schema, das die Deutschen in die Gewerkschaften verwies und die Mitgliedschaft in der Sozialdemokratischen Partei auf Schweizer Bürger beschränkte, hielt vor den Realitäten nicht stand. Die deutschen Sozialisten im Lande waren politisch lose organisiert, und es blieb ihnen in der schweizerischen Politik die Mitsprache verwehrt. Nach der Aufhebung des Sozialistengesetzes waren die deutschen Genossen nicht mehr auf die inneren Verhältnisse in Deutschland fixiert, auch brauchte die reichsdeutsche Sozialdemokratie kein ausserhalb des Landes gelegenes politisches und ideologisches Zentrum. In der selben Epoche steuerte das europäische Proletariat auf einen verstärkten Klassenkampf zu, der sich in Ideologien, aber auch in Streiks und anderen gegen das Kapital gerichteten Aktionen äusserte. Die deutschen Sozialisten in der Schweiz bedurften neuer Ziele, nachdem sie ihre Bestimmung als Vorhut der Arbeiterbewegung im Reich verloren hatten. Es blieb als Betätigungsfeld das Gastland, das aber gegenüber Ausländern wegen des fehlenden Bürgerrechts unsicher war. Doch den deutschen Sozialisten in der Schweiz war Bescheidenheit nicht gegeben. Sie dachten nicht daran, sich mit einer Statistenrolle zu begnügen.[193] Dabei kam ihnen die passive Natur ihrer schweizerischen Kontrahenten entgegen. Zwar regte sich in der Arbeiterschaft Unmut über deutsche Anmassung, es fehlte aber die eigene Initiative. Schloss man die aktiven deutschen Kräfte aus der Arbeiterbewegung aus, so standen die Räder still. Man war meist nicht in der Lage, die Deutschen durch eigene Kräfte zu ersetzen.

Im härter werdenden Klassenkampf, der um bessere Lebensbedingungen der Arbeiterschaft geführt wurde, standen die Deutschen an vorderster Front. Als Ausländer, die in kritischen Situationen das Land wieder verlassen konnten, setzten sie sich weniger den Gefahren einer Repression aus als die Schweizer. Gegen Streikende wurde nach der Jahrhundertwende häufig Militär eingesetzt, was die patriotisch gesinnten Arbeiter in Bedrängnis brachte. Das Bürgertum grenzte die sozialistische Arbeiterschaft als «internationalistisch und vaterlandslos» aus. Man neigte dazu, jeden Streik als Gefährdung der inneren Sicherheit zu betrachten. Für Sozialdemokraten wie Herman Greulich war es schwierig, die Rolle der Armee mit ihren national bedingten Besonderheiten zu verteidigen. Eine neue, dem Marxismus verpflichtete Generation zeigte gegenüber den Institutionen des Staates weniger Toleranz. Klassenkampf und Patriotismus standen sich im Weg. Der Zwiespalt in der schweizerischen Arbeiterschaft kam den deutschen Ideologen entgegen. Sie versuchten in penetranter Weise, als gleichberechtigte Mitglieder in die Sozialdemokratische Partei der Schweiz zu gelangen und Einfluss in der schweizerischen Politik zu erringen.[194] Das von Deutschen beherrschte Politische Komitee der «Eintracht» schrieb im Jahre 1910:

«Wo so grosse Massen ausländischer Arbeiter im Wirtschaftsleben eine solche Bedeutung haben, wie in der Schweiz, muss sich ihre grosse Zahl, ihre Bedeutung für das Wirtschaftsleben auch in politischen Einfluss umsetzen lassen – wenn nicht direkt, so doch indirekt. Die Unzulänglichkeiten in der schweizerischen Partei, die als solche von den Massen der Einheimischen ebenfalls immer mehr empfunden, wenn auch noch nicht klar erkannt werden, sind gerade durch eine intensivere Beteiligung an der schweizerischen Arbeiterbewegung seitens der fortgeschritteneren Elemente der örtlichen ausländischen Arbeiterschaft umso eher abzustellen.»[195]

Der Druck von aussen führte zu einem wachsenden Dissens in der schweizerischen Arbeiterbewegung, die zwischen proletarischer Solidarität und nationaler Bindung hin- und herpendelte. Die Grütlianer, denen marxistisches Gedankengut fremd war, sahen sich an den Rand gedrängt. Die Zeitgenossen erlebten die Debatte um die richtige sozialistische Politik als Generationenfrage. Bei Herman Greulich, der unablässig zwischen den Positionen manövrierte, lag der Zwiespalt in der Person. Der jüngere Robert Grimm präsentierte sich als Marxist und Vertreter des internationalen Proletariats, neigte aber ähnlich wie seine älteren Genossen zu helvetischem Pragmatismus. Ein Beispiel für praktisches Gespür bot der Chefredaktor der «Berner Tagwacht» im Jahre 1913, als er – ohne Rücksicht auf die Spielregeln des Klassenkampfs – gemeinsam mit dem bürgerlichen Nationalrat Albert Gobat das deutsch-französische Parlamentariertreffen in Bern inszenierte. Damit stand er nahe bei den Revisionisten, die mehr Sinn für die Realitäten entwickelten als die strengen Ideologen. Zu den Bedingungen in der Schweiz meinte der Sozialist Otto Lang: «Wenn aber die Leute in Seldwyla Sozialdemokraten werden, mag es leicht geschehen, dass sie etwas hausbacken geraten.»[196]

Der selbe Otto Lang, ein Schüler Karl Kautskys, redigierte im Jahre 1904 das «Programm der Sozialdemokratischen Partei der Schweiz», das als Dokument des Übergang zu einer marxistischen Grundhaltung gilt.[197] Die Forderungen der Sozialisten zielten auf eine gerechtere Gesellschaft. So verlangten sie den Ausbau der Demokratie durch ein proportionales Wahlverfahren, mehr direkte Demokratie, Gleichstellung der Frauen, Schutz der persönlichen Freiheit, Demokratisierung der Armee. Von Umsturz und Revolution war nicht die Rede, wohl aber von einer Veränderung der Gesellschaft. All diese Mutationen sollten im Rahmen der demokratischen Institutionen erfolgen.

Der Umgang der Sozialisten mit der eigenen Nationalität war kein den Schweizern vorbehaltenes Problem, denn es betraf alle europäischen Länder. Damit in Verbindung stand die Frage, wie weit sich die Sozialdemokratie am Staat und seinen Institutionen – gemeint waren Parlamente und Regierungen – beteiligen durfte. Wollte das Proletariat die Macht übernehmen, so galt es, in den demokratischen Staatswesen nach einer legitim erworbenen Mehrheit zu trachten. Da man von diesem Ziel weit entfernt war, sahen sich die Sozialisten genötigt, sich in die Regeln des jeweiligen Systems einzufügen. Das konnte in der Opposition geschehen, aber auch in teilweiser Zusammenarbeit mit bürgerlichen Parteien.

Eine Regierungsbeteiligung war in der Zweiten Internationale grundsätzlich verpönt, doch es liessen sich nicht alle Landesparteien auf orthodoxe Doktrinen festlegen. So trat in Frankreich vor der Jahrhundertwende Alexandre Millerand als erster Sozialist in Europa in das Kabinett ein. Die Internationale musste sich mit diesem Faktum wohl oder übel abfinden. Der Sozialistenführer Jean Jaurès war nicht bereit, in Fragen, welche die französische Politik betrafen, von internationalen Doktrinären Weisungen entgegenzunehmen. Man verständigte sich auf eine vieldeutige Sprachregelung und bezeichnete Regierungsbeteiligungen durch Sozialisten als provisorisch oder vorübergehend. Man werde sie bis zur Machtergreifung durch das Proletariat tolerieren. So gelangten zu Beginn des Jahrhunderts in verschiedenen Staaten Sozialisten in Regierungsverantwortung. Im Deutschen Reich war ein derartiger Vorgang angesichts der dynastischen Strukturen undenkbar. In der Schweiz brauchten sich die Sozialdemokraten den Kopf über eine Beteiligung an der Landesregierung nicht zu zerbrechen, solange das freisinnige Machtmonopol durch das Majorzsystem gesichert war. In Kantonen und Gemeinden hingegen sassen Sozialisten bald einmal in Regierungen und Gemeindebehörden.

Die Konfrontation zwischen orthodoxen Marxisten und Revisionisten hatte stets eine politische Seite, bei der es um die Art und Weise ging, wie sich die Sozialisten gegenüber dem Staat verhalten sollten. Ohne solide Positionen in den einzelnen Ländern blieb die Internationale eine theoretische Konstruktion, die neben den Realitäten stand. Anderseits verlor der Sozialismus seine revolutionäre Stosskraft, sobald er sich der nationalen Disziplin unterwarf. So geschehen mit den deutschen Sozialisten, die ihre Stellung im Reichstag ausbauten, aber ihren Aktionismus vornehmlich in verbalen Querelen auslebten.

Zürich galt seit den achtziger Jahren als «geheime Hauptstadt der Sozialdemokratie». Die liberale schweizerische Szene kam nicht bloss den politischen Dissidenten zugute, sie erwies sich auch als wohltuend für Künstler und Wissenschafter. Am Standort Zürich war die Universität für eine gesellschaftliche und politische Öffnung besorgt, die sich unter anderem im Frauenstudium manifestierte. Ein Garant dieser freien Geisteshaltung war beispielsweise der radikale Dozent der Rechte Gustav Vogt, der gleichzeitig an der «Neuen Zürcher Zeitung» das Amt eines Chefredaktors ausübte. Zu den Pionieren neuen Denkens gehörte Richard Avenarius, der seine Lehre vom Empiriokritizismus dozierte. Zu den Schülern des Philosophen gehörten der junge Gerhart Hauptmann und der Österreicher Franz Blei.

Revolutionäre und literarische Tendenzen lagen nahe beieinander.[198] Man sprach vom Kampf für Wahrheit und ein freies, modernes Menschentum. Der Deutsche Ulrich Henckell gründete den «Ulrich-Huttenbund», in dem sich auch Frank Wedekind tummelte. Der Bruder Ulrichs, Gustav Henckell, Inhaber der Konservenfabrik Lenzburg, hatte dem ständig in Geldnot lebenden Wedekind im Jahre 1886 den Posten eines Reklamechefs bei Maggi in Kemptthal verschafft.[199] Die publizistische Arbeit des Schriftstellers für die neumodische Suppenwürze dauerte kaum ein Jahr. Der sozialistische Aussenseiter Fritz Brupbacher traf gelegentlich Wedekind und seinen Freund Oskar Panizza, einen chaotischen deutschen Schriftsteller. Der junge Zürcher Mediziner sah sich selber, wie er in seinen Erinnerungen schreibt, den beiden Revolutionären gegenüber als biederen schweizerischen Sozialisten: «Für beide war ich zu jung und zu ‹fromm› in dem Sinne eines braven Sozialismus. Sie beide waren damals wilde, in einem gewissen Masse zügellose Dämoniker, Anarchisten, während in mir noch sehr viel von meiner jugendlichen Artigkeit steckte.»[200]

Die internationale Szene in Zürich wurde nicht von Schweizern geschaffen. Der Freiraum – ob politisch, künstlerisch oder wissenschaftlich – entstand, weil man die aus verschiedenen Himmelsrichtungen eintreffenden Ausländer gewähren liess. Da sich unter dieser heterogenen Klientel Sozialisten, Anarchisten und Nihilisten befanden, geriet die Stadt jenseits der Landesgrenzen ungewollt in den Ruf einer Hochburg des Sozialismus. Der Schriftsteller Jakob Christoph Heer nahm dieses

Urteil erstaunt zur Kenntnis, als er im Jahre 1895 durch Deutschland reiste: «Ein ehrlicher Mecklenburger machte mir ein Kompliment, dass ich ein so friedlicher Bürger sei, obgleich ich aus Zürich komme. Er meinte, die Stadt sei doch das grosse Sozialistenlager, wo jeder wie Möros den Dolch im Gewande trage.»[201]

Für echte und für unechte Revolutionäre stand fest: Von Zürich aus liess sich komfortabel und mit bescheidenem Risiko der Umsturz predigen. Das wussten die deutschen Sozialisten, als in den frühen achtziger Jahren zwischen den sogenannten «Unabhängigen» und den Parteifunktionären in Deutschland ein erbitterter Konflikt ausbrach. Die ungeduldigen Revolutionäre, die sich zum Teil in der Schweiz aufhielten, verurteilten die als «kleinbürgerlich» bezeichnete sozialistische Politik der kleinen Schritte und verlangten die «revolutionäre Erhebung des Proletariats»: «Wir ‹Unabhängigen› wollen den Klassenkampf; uns genügt nicht die blosse Theorie vom revolutionären Sozialismus, welche man auf irgend einem Parteitag aufstellt, dann aber gleich dem heiligen Rock zu Trier in einem Glasspind verschliesst und nur dann und wann einen Zipfel hervorholt, um im Parlament damit Graus zu machen. Wir wollen die Praxis der Revolution.»[202]

Diese forschen Parolen waren nicht zuletzt in Zürich zu vernehmen. Sie galten dem Reichstagsabgeordneten Bebel, der scharf reagierte. Die Wortführer der Partei-Opposition, die zum gewaltsamen Umsturz aufriefen, seien feige aus Deutschland davongelaufen und führten nun das grosse Wort. Er, August Bebel, müsse hingegen jedes Wort abwägen, denn er wolle ja wieder nach Deutschland zurückkehren.

Die führenden deutschen Sozialisten, die sich gerne in Zürich aufhielten, mischten sich im Unterschied zur «Eintracht» selten in schweizerische Angelegenheiten ein. Man gewann den Eindruck, sie wollten die neutrale Plattform von unnötiger Polemik freihalten, damit sie ungestört nach aussen agieren konnten. Das traf auch auf die Polin Rosa Luxemburg zu, die von 1889 bis 1897 an der Universität Zürich studierte und bei Julius Wolf mit einer Dissertation über «Die industrielle Entwicklung Polens» doktorierte. Der konservative, im Umgang mit der Studentin jedoch agile Österreicher nahm die Arbeit wohlwollend entgegen, obschon er mit der sozialistisch-materialistischen Weltanschauung wenig anfangen konnte. Später schrieb Wolf, er habe «dem begabtesten der Schüler meiner Zürcher Jahre, Rosa Luxemburg, die freilich fertig als Marxistin aus Polen und Russland zu mir gekommen war, die akademischen Steigbügel gehalten.»[203] Rosa Luxemburg studierte bei Julius Wolf gemeinsam mit dem polnischen Sozialisten Julian Marchlewski, dem später eine bedeutende politische Laufbahn beschieden war. Marchlewski spottete in seinen Erinnerungen über den Professor, der in Zürich als Begründer der Nationalökonomie als eigenständiges Fach galt:

«Wir betreiben einfach Sport: Ich brachte den würdigen Professor auf das für ihn heikle Thema, worauf wir ihm mit allen Waffen des Marxismus bewiesen, dass er von diesen Dingen ganz und gar nichts verstehe. Man muss der Universität Zürich die Gerechtigkeit widerfahren lassen, dass die Fakultät uns beiden, ungeachtet unserer Auftritte, keinerlei Schwierigkeiten bei der Erlangung des Doktorgrades machte.»[204]

Es stellte sich bald heraus, dass Rosa Luxemburg nicht in erster Linie an akademischem Lorbeer gelegen war. Die bis dahin unbekannte Sozialistin aus Kongress-Polen, dem von Russen besetzten Teil des Landes, mischte sich am III. Internationalen Sozialistischen Arbeiterkongress, der im Jahre 1893 in Zürich abgehalten wurde, zum erstenmal in eine international angelegte Debatte ein. Zum erlesenen Kreis der Delegierten und Gäste zählten Friedrich Engels, August Bebel, Wilhelm Liebknecht, Karl Kautsky und Clara Zetkin. Rosa Luxemburg hatte sich im Vorjahr an der Gründung einer dissidenten Partei in Polen beteiligt, die gegen die meist aus Preussen stammenden polnischen Sozialisten kämpfte. Sie bewarb sich vergeblich um ein polnisches Mandat in der Versammlung, machte aber Eindruck auf die Genossen. Ein Berichterstatter schrieb darüber: «Nunmehr meldete sich eine hübsche, junge Dame in eleganter Toilette, die sich Fräulein Luxemburg nannte, zum Wort: Es war die erwähnte polnische Delegierte und Redakteurin, die in ziemlich gutem Deutsch gegen ihre und ihres Kollegen Ausschliessung protestierte. Sie seien ebensolche gute Sozialisten wie alle andern Delegierten und kämpften täglich für die Befreiung des Proletariats.»[205]

Von da an war die Polin mit ihrer gefürchteten Dialektik an vielen Kongressen und Versammlungen zu vernehmen. Sie schuf sich sogleich unter ihren Genossen eine solide Gegnerschaft. Der Österreicher Victor Adler nannte sie eine «ideologische Gans». In Zürich hingegen fand Robert Seidel, Redaktor der «Arbeiterstimme» – einer später unter dem Titel «Volksrecht» weitergeführten Zeitung – Gefallen an der unerschrockenen Frau. Er gab ihr Gelegenheit, Ideen und Programme in der Presse darzulegen.

Die Schweiz war für manchen kämpferischen Sozialisten nicht bloss eine neutrale Insel im sozialpolitisch bewegten Umfeld, sondern ein Land, in dem man sich von ideologischen und physischen Strapazen erholte. Das hatte für Michail Bakunin gegolten, traf aber auch bei Rosa Luxemburg zu, die im Laufe der Jahre mehrmals an den von ihr geliebten Vierwaldstättersee reiste. Der Abschied von Zürich nach dem Abschluss des Studiums schien ihr schwer zu fallen. In einem Brief vom 30. Mai 1898 an ihre Zürcher Freunde Mathilde und Robert Seidel schrieb sie aus Berlin: «Auf Schritt und Tritt fehlt mir jetzt die wohltuende Gemütlichkeit und die Kultur der Schweiz. Und auch die Reinlichkeit!» Die Annäherung an Preussen fiel der Polin schwer: «Berlin macht auf mich im allgemeinen den widrigsten Eindruck: kalt, geschmacklos, massiv – die richtige Kaserne; und die lieben Preussen mit ihrer Arroganz, als hätte jeder den Stock verschluckt, mit dem man ihn einst geprügelt!»[206] Der Bekanntenkreis Rosa Luxemburgs in der Schweiz beschränkte sich nicht auf Sozialisten. Zu ihrem Umgang gehörte auch der sozial engagierte Winterthurer Anwalt und spätere Bundesrat Ludwig Forrer. Wenn die Sozialistin von der Schweiz und der Zürcher Kulturszene sprach, kam ihre zweite Natur zum Vorschein. Noch während des Ersten Weltkrieges liess sie in Briefen aus der Festungshaft erkennen, wie sie sich lebenslänglich und intensiv mit Literatur befasste.[207] Gegen Gottfried Keller hatte sie einige Vorbehalte. Er handle in seinen Erzählungen zu oft von toten Dingen und Menschen: «Nur der erste Teil des Grünen Heinrich lebt wirklich. (…) Trotzdem tut mir Keller immer wohl, weil er so ein Prachtkerl ist.» Eigenartig ist die Zuneigung Rosa Luxemburgs zu Conrad Ferdinand Meyer, der einem völlig anderen Weltbild verpflichtet war. In ihrer Gefängniszelle extemporierte sie aus «Huttens letzte Tage», einem Werk, das der bedrängten Kämpferin besonders naheging.

Die internationale Arbeiterbewegung fand aus dem Zwiespalt zwischen Klassenkampf und Nationalismus nicht heraus, doch präsentierte sich das Dilemma in jeder Nation in besonderer Weise. Exemplarisch für den Widerspruch ist das Verhalten der deutschen Sozialdemokratie. Als Bismarck im Jahre 1885 zur Massenausweisung von Polen aus dem Staate Preussen schritt – man sprach von 30 000 Bürgern polnischer Abstammung – protestierten die Sozialdemokraten gegen das «nationale Prinzip der Barbarei», das Minderheiten unterdrückte. Wilhelm Liebknecht erklärte, das Nationalitätsprinzip sei «ein Phantom, erfunden von Schwindlern, um Narren an der Nase herumzuführen».[208] Doch der selbe Liebknecht kam nicht darum herum, dem nationalen Geist Tribut zu zollen. Er sprach von der «deutschen Kulturmission im Osten» und meinte damit einen kulturpolitischen Auftrag gegenüber dem Zarenreich, das nach deutscher Auffassung in barbarischen Zuständen verharrte. Die national geprägte Vorstellung vom west-östlichen Kulturgefälle – Gustav Freytag hatte darüber Romane geschrieben – wurde von den deutschen Sozialdemokraten nicht in Frage gestellt. Nach der Jahrhundertwende vollzog sich eine «schleichende Nationalisierung» der reichsdeutschen Sozialdemokratie, die letzten Endes zum «Burgfrieden» von 1914 führte.

Liebknecht wünschte in den achtziger Jahren für das «deutsche Vaterland» Institutionen wie jene der Vereinigten Staaten oder der Schweiz, die er als «verkörperte Negation des Prinzips der Nationalität» verstand.[209] Das gut gemeinte Kompliment an die beiden Republiken hob den für die Sozialdemokratie fatalen Widerspruch zwischen internationalem Klassenkampf und Nation nicht auf. Er beschäftigte auch die schweizerischen Sozialisten in zunehmendem Masse.

Die Frage der Regierungsbeteiligung, die in der Schweiz nur in Kantonen und Gemeinden zur Diskussion stand, sorgte zwischen radikalen Ideologen und Pragmatikern für Zündstoff.[210] Nachdem die Franzosen mit dem sozialistischen Minister Millerand Fakten geschaffen hatten, schlossen sich im Jahre 1900 die schweizerischen Delegierten am Kongress der Sozialistischen Internationale in Paris einer Resolution an, die von «einem vorübergehenden und ausnahmsweisen Notbehelf in einer Zwangslage» sprach. Der Notbehelf wurde auch in der Schweiz zur Regel, doch es gab eine harte Opposition, deren Sprecher am folgenden Kongress in Amsterdam erklärte, die Regierungsbeteiligung in den Kantonen Genf und Basel habe sich negativ ausgewirkt: «Wenn die Radikalen uns Ministerposten anbieten, so tun sie das, um uns zu zahmen Haustieren zu machen.» Für die Mehrheit der schweizerischen Sozialdemokraten war jedoch die Versuchung, in irgendeiner Form an der Macht teilzuhaben, stärker als der proletarische Zwang zu anhaltendem Klassenkampf.

War man auch vom Konflikt der Nationalitäten nicht im selben Mass betroffen wie die Sozialdemokratie in den umliegenden Ländern, so strahlte doch der Dissens zwischen befreundeten Genossen auch auf die Schweiz aus. Hier erfuhr man auf neutraler Warte, wie die Arbeiterschaft zunehmend in nationale Abhängigkeiten geriet, obschon ein doktrinärer Marxismus mit lauten Parolen das Gegenteil verkündete. Ein den Eidgenossen naheliegendes Beispiel war der deutsch-französische Disput unter Sozialdemokraten über den völkerrechtlichen Status des Reichslandes Elsass-Lothringen.

Nach den deutschen Siegen im Jahre 1870 war die Annexion von Elsass und Lothringen ein Vorgang, der die Feindschaft zwischen den beiden grossen Nationen für ein halbes Jahrhundert bestimmte. Aus ihrer Minderheiten-Position heraus waren die Sozialisten beider Länder nicht in der Lage, den Prozess zu beeinflussen. Karl Marx hatte vor einem Anschluss der drei Departemente an das neue Deutsche Reich gewarnt. Er fürchtete als Konsequenz eine engere Verbindung zwischen Frankreich und dem zaristischen Russland und damit ein ernsthaftes Hindernis für die weltweite Revolution des Proletariats. Was als Krieg der Dynastien begann, hatte nach der Schlacht von Sedan eine neue Qualität gewonnen. Frankreich war eine Republik und bedurfte der Unterstützung durch den Sozialismus. Das war jedenfalls die grundsätzliche Position der deutschen Sozialdemokraten.[211] In der Ersten Internationalen bildete die Annexion von Elsass-Lothringen dennoch kein zentrales Thema. Man überliess die verbalen Manifestationen den bürgerlichen Parteien.

In einem Aufruf französischer Sozialisten an die deutschen Genossen hiess es: «Geht über den Rhein zurück!» Es gab keine politische Gruppierung in Frankreich, die sich mit einem Rückzug von der Rheingrenze abfinden wollte. In Braunschweig forderte ein Ausschuss der deutschen Sozialdemokraten zu Demonstrationen gegen die Annexion von Elsass-Lothringen auf. Mit derartigen Parolen rückte man in die Nähe des Landesverrats. Führende Genossen wurden verhaftet und in eine ostdeutsche Festung verbannt. Der vollzogene Anschluss und die von Preussen inszenierte Einverleibung Elsass-Lothringens als sogenanntes «Reichsland» geschah unter sozialdemokratischem Protest. August Bebel sah in der gewaltsamen Aneignung einen «Grund zur ewigen Kriegsgefahr» zwischen Deutschland und Frankreich. Der Nachbar im Westen werde vom Gedanken der Revanche nicht mehr loskommen. Man habe auch gegenüber der betroffenen Bevölkerung das Recht auf Selbstbestimmung verletzt.

Es folgten für die Kontrahenten Jahrzehnte der Angewöhnung. In Phasen steigender Spannung zwischen den beiden Nationen wurde der Fall Elsass-Lothringen jeweils in den Vordergrund gerückt, doch ein direkter Anlass zu einem neuen Krieg ergab sich daraus nicht.

In der deutschen Sozialdemokratie kam man zur Erkenntnis, dass an den nun geschaffenen Verhältnissen nichts zu ändern war. «Was geschehen ist, ist geschehen, und wir haben es jetzt mit den Tatsachen zu tun», lautete das Motto in den neunziger Jahren.[212] Wilhelm Liebknecht hatte im Reichstag von einer Neutralisierung der annektierten Regionen gesprochen, ohne damit klare völkerrechtliche Vorstellungen zu verbinden. Derartige Gedanken nahmen sich gegenüber dem Imperialismus des Kaiserreichs utopisch aus.

Nun galt es, im Reichsland sozialdemokratische Politik einzubringen. Auch das geschah unter nationalen Vorzeichen. Es zeigte sich schon vor der Jahrhundertwende, dass die deutschen Sozialdemokraten gegenüber Elsass-Lothringen in die nationale Machtpolitik eingebunden waren, auch wenn sie Opposition markierten. Sie stiessen sich wie auch bürgerliche Demokraten am völkerrechtlich absurden Status des Reichslands. In Berlin betrachtete man die betroffenen Regionen während eines halben Jahrhunderts als Kriegsbeute. Die Bevölkerung steckte in einer sorgfältig gestrickten Zwangsjacke, die jede demokratische Bewegung behinderte. In den Jahren vor dem Ersten Weltkrieg schickte sich die Monarchie an, Elsass-Lothringen in einen gleichberechtigten Bundesstaat umzuwandeln. Damit kam sie pro forma einer alten Forderung entgegen, versah aber die neue Verfassung mit so vielen Klauseln, dass die direkte Abhängigkeit vom Kaiser erhalten blieb.

Die ungeliebte preussische Herrschaft im Reichsland begünstigte die Agitation der Sozialdemokraten, die in den Städten einen beachtlichen Anteil an Wählerstimmen gewannen. Die von den Bürgern angestrebte innere Autonomie konnte nur auf dem Weg über demokratische Rechte und Institutionen errungen werden. Der sozialistische Beitrag an diesem Prozess war erwünscht. Ob die sozialdemokratische Politik der verpönten «Eindeutschung» ernsthaft entgegenwirkte, ist jedoch umstritten. Die sozialistischen Aktivitäten waren – weit entfernt von internationalem Kosmopolitismus – so deutsch angelegt, dass sie in Tat und Wahrheit die Germanisierung förderten.[213] Im Deutschen Reich geplant und fast ausschliesslich in deutscher Sprache vorgetragen, grenzten die Aktionen die vor allem in Lothringen zahlreichen Sozialisten französischer Sprache aus. Wenn sich Genossen aus dem Reichsland in der Presse frankreichfreundlich äusserten, wurden derartige Bekenntnisse in den deutschen Zentralen der Sozialdemokratie übel aufgenommen. Aus der sozialistischen Parteikasse flossen beträchtliche Gelder nach Strassburg, um die deutschsprachige Agitation zu fördern. Germanisierung auf dem Umweg über den Sozialismus wurde jedoch im Elsass wie in Lothringen abgelehnt.

Kurz vor dem Ersten Weltkrieg entbrannte zwischen französischen und deutschen Genossen ein Streit über die Thesen des französischen Sozialisten Gustave

Hervé, der im status quo des Reichslandes einen Gefahrenherd für den politischen Organismus Europas sah. Hervé schlug mehrere Varianten für eine völkerrechtliche Neuorientierung vor. Er dachte unter anderem an einen neutralisierten Zwischenstaat, der mit der Schweiz verbunden würde.[214] Seine Studie, die auf privater Überzeugung beruhte, mochte utopisch anmuten. Sie hätte aber eine ernsthafte Debatte verdient. Die Reaktion der deutschen Sozialdemokraten fiel hart und chauvinistisch aus. Die Initiative sei «bare Quacksalberei» eines Sensationsjournalisten, schrieb die Parteizeitung «Vorwärts». Gustave Hervé setzte sich mit spitzer Feder zur Wehr und erklärte, die deutsche Sozialdemokratie sei «mit Doktrinarismus vollgestopft». Sie müsse sich bemühen, «von den Höhen der Metaphysik herabzusteigen, auf denen sich ihr Rassegenius so wohl gefällt».

Die Episode um Gustave Hervé zeigt, wie weit sich die Sozialdemokraten beiderseits der Grenzen von der stets beschworenen Solidarität des Proletariats entfernt hatten. Die deutschen Sozialisten waren nicht mehr bereit, über Ideen zu reden, die man zwanzig Jahre zuvor selber in die Debatte geworfen hatte. In den Jahren unmittelbar vor dem Ersten Weltkrieg bewegte man sich im nationalen Fahrwasser.

Wie wenig der internationale Sozialismus über Gegensätze der Nationalitäten hinweg half, wurde im Mehrvölkerstaat Österreich sichtbar. Die Solidarität der Proletarier war schwächer als die zentrifugalen Tendenzen, die am Ende des Ersten Weltkrieges die Donaumonarchie auseinanderbrechen liessen. Auch hier vollzog sich ein Wandel vom Internationalismus zu den nationalen Spielarten. Ein Beispiel bot der Sozialist Cesare Battisti in Trient. Die Weigerung der Tiroler Landesbehörden, auf die anfänglich bescheidenen Forderungen der italienischen Bevölkerung im Trentino einzugehen, brachte Battisti dazu, seine sozialpolitischen Anliegen ruhen zu lassen und die Führung der Irredenta zu übernehmen.

Die schweizerischen Genossen hatten während Jahrzehnten eine Auseinandersetzung vor Augen, die sich in der deutschen Sozialdemokratie abspielte und die einem eidgenössischen Betrachter nicht gleichgültig sein konnte. Die in Deutschland lebenden polnischen Sozialisten kämpften wie ihre bürgerlichen Landsleute für eine Wiederherstellung ihres Staates. Sie waren in den meisten Fällen deutsche Staatsbürger, wurden aber als Angehörige einer Minderheit ausgegrenzt und besonders in Preussen verfolgt. So gab es im Jahre 1908 ein preussisches Enteignungsgesetz, das an der Ostgrenze den deutschen Besitzstand fördern und unter dem Titel «Stärkung des Deutschtums» für die ostdeutschen Grossgrundbesitzer Raum schaffen sollte.[215] Die «natürliche Germanisierung» wurde vorangetrieben. Die polnischen Sozialisten in Preussen bildeten eine Unterorganisation der deutschen Sozialdemokratie, waren aber in dieser Rolle nicht glücklich. Polenfreundliche Rhetorik gehörte zum Ritual, auch wenn sie in praktischen Fragen nichts einbrachte. Es gab offiziell in der Partei keine Deutschen und keine Polen, sondern nur Sozialdemokraten. Anstoss erregte die polnische sozialistische Bewegung in Oberschlesien, da sie sich gegen die Germanisierung stemmte. Wenn es an Parteitagen um konkrete Anliegen ging – um die Gleichberechtigung der polnischen Sprache zum Beispiel –, setzte sich jeweils der deutsche Standpunkt durch. Die von den Behörden vorgelebte Unduldsamkeit wurde auch von den preussischen Genossen praktiziert. Der Sozialist Wilhelm Pfannkuch fand dafür eine einfache Formel: «Parieren müssen die Polen, sonst wird es ihnen beigebracht.»[216]

Man warf den preussisch-polnischen Sozialisten vor, für sie sei die Wiederaufrichtung Polens Hauptsache, Sozialismus hingegen Nebensache. Das mochte gelegentlich zutreffen. Der nicht zu übersehende Konflikt zwischen Internationalisten und Patrioten schwächte den polnischen Sozialismus. Deshalb war der Zulauf zu den katholischen Berufsvereinigungen der Polen stärker als der Andrang zur sozialdemokratischen Partei. Ein ähnliches Dilemma bestand auch im russisch beherrschten Kongress-Polen, wo man sich darüber stritt, ob der Klassenkampf gemeinsam mit den russischen Sozialisten oder in national-polnischer Abgrenzung zu führen sei.

Rosa Luxemburg predigte im Gegensatz zu den nationalen Tendenzen der polnischen Sozialisten einen rigorosen Internationalismus. Für sie durfte die Opposition der polnischen Proletarier keinen nationalen Charakter tragen, da man sich sonst dem Bürgertum auslieferte. Die Auferstehung Polens war für die Doktrinärin kein Thema. In ihrem sektiererischen Kampf unterstützte sie die deutschen Sozialisten in Oberschlesien und förderte damit die Spaltung in der preussisch-polnischen Sozialdemokratie.[217] Rosa Luxemburg ging in der Ablehnung der polnischen Nationalbewegung weit über das hinaus, was später Lenin von der proletarischen Bewegung forderte. Der russische Revolutionär sah durchaus eine Verbindung zwischen Klassenkampf und nationalen Bestrebungen, sofern die Aktionen der Weltrevolution zugute kamen. Die Internationale hatte darüber zu entscheiden, wann und wo nationale Forderungen gerechtfertigt waren.[218]

In der Schweiz blieb der Versuch, eine sozialistische Gegenwelt zur real existierenden Gesellschaft aufzubauen, in Ansätzen stecken. Das ergab sich nicht bloss aus den gesellschaftlichen Machtverhältnissen, sondern auch aus dem schweizerischen Pragmatismus, der sich auf keine extremen Lösungen einliess. Man warf dem alten Greulich einen überholten Patriotismus vor, doch berief sich auch sein marxistischer Kritiker Robert Grimm in internationalen Debatten auf die nationalen Besonderheiten. Der Rigorismus einer Rosa Luxemburg war in der schweizerischen Arbeiterbewegung unerwünscht. Man stand dem Revisionismus Eduard Bernsteins näher, auch wenn man sich im Streit der Ideologien nicht endgültig festlegte.

Nach der Jahrhundertwende nahm im waffenstarrenden Europa die Furcht vor einem allgemeinen Krieg überhand. Bürgerliche und sozialistische Friedensbewegungen regten sich und versuchten, von den Regierungen der Grossmächte misstrauisch beobachtet, den Gedanken einer internationalen Schiedsgerichtsbarkeit den Politikern nahezubringen. Die Staaten hatten zuvor in diesem Punkt an den beiden Haager Friedenskonferenzen wenig erreicht.

Die Zweite Internationale nahm für sich in Anspruch, dass sie durch die Mobilisierung des Proletariats einen Weltkrieg verhindern könne.[218] Karl Marx hatte erklärt, der Krieg sei die notwendige Folge des kapitalistischen Systems. Es genüge, die Klassengegensätze im Innern der Nationen zu beseitigen, dann würden die Konflikte zwischen den Staaten aufhören. Die Geschichte folgte dieser einfachen Logik nicht, aber der Irrtum des Londoner Doktrinärs wurde in der sozialistischen Internationale weiter gepflegt. Bis zum Ersten Weltkrieg galt ein doppelspuriges Programm, das einen Widerspruch in sich barg. Das Proletariat fühlte sich stark genug, den bürgerlichen Krieg aus Europa zu verbannen. Sollte der Weltkrieg aber dennoch stattfinden, so wollte man ihn in eine Weltrevolution umwandeln. Das verkündete August Bebel im Jahre 1911 im deutschen Reichstag.[219]

Es gehörte zur fortschreitenden Nationalisierung der Sozialdemokratie, dass man trotz proletarischer Lippenbekenntnisse allenthalben den Nationen das Recht zur «Selbstverteidigung» zubilligte. Was das konkret heissen sollte, blieb den nationalen Parteien überlassen. Deutsche Sozialdemokraten sprachen von der Notwendigkeit, wenn nötig zum Kampf gegen die Barbarei des Zarenreichs anzutreten. Unter diesen Umständen waren Dienstverweigerung und Generalstreik als Mittel zur Kriegsverhinderung ausgeschlossen. In Frankreich meinte der auf Friedenssicherung bedachte, den Ideologien abholde Jean Jaurès: «Ein Proletariat, das es ablehnt, mit der nationalen Unabhängigkeit auch die Freiheit seiner eigenen Entwicklung zu verteidigen, wird niemals die Lebenskraft aufbringen, den Kapitalismus zu zerschlagen.»[220]

Ungereimtheiten gab es in allen sozialistischen Parteien. Wenn Herman Greulich gelegentlich ein Plädoyer für die schweizerische Milizarmee hielt, befand er sich in guter Gesellschaft. Der Widerspruch zwischen proletarischem Klassenkampf und den nationalen Ansprüchen bescherte dem internationalen Sozialismus eine Bewährungsprobe, die er nicht bestand. Die Zweite Internationale zerbrach im August 1914 am nicht mehr aufzuhaltenden Nationalismus der eigenen Mitglieder. In Deutschland unterzogen sich die Genossen dem «Burgfrieden», in Frankreich fügten sie sich in die «Union sacrée» ein. Die schweizerischen Sozialdemokraten konnten da nicht zurückstehen.

Bürger und Bauern: Reaktionen und Alternativen

Bürgerliche Parteien pflegten während Jahrzehnten zu versichern, die schweizerische Demokratie werde soziale Ungleichheit, sofern vorhanden, ausgleichen und jeglichen Klassenkampf überflüssig machen. Wohltönende Parolen hatte der Aargauer Augustin Keller in seinem unsäglichen Pathos schon um die Mitte des 19. Jahrhunderts verkündet. Die Revolution – gemeint war die französische von 1789 – habe ihre Mission für «Freiheit und Gleichheit» mit verjüngter Pfingstgewalt begonnen: «Aber bevor sie irgendwo den Tempel der Freiheit vollendet, beginnt sie bereits auch den Tempel der sozialen Gleichheit. In der Schweiz hat sie den Bau der Freiheit unter Dach gebracht und jetzt legt sie die Riesenhand an eine neue Organisation der sozialen Verhältnisse. Alles aber tut sie nach dem ewigen Gesetze der natürlichen Entwicklung.»[221] Unter diesem Motto sahen bürgerliche Wortführer den Weg zur endgültigen, gerechten Gesellschaft. Wenn es sich so verhielt, war die sozialdemokratische Bewegung überflüssig und ausserdem schädlich, soweit sie internationale Doktrinen verbreitete.

In den achtziger Jahren begann die Rekonstruktion der nationalen Geschichte und mit ihr ein eidgenössischer Kult, der eine neue Identität der Schweiz begründen sollte. Die amtlich beglaubigte Gründung des Bundes im Jahre 1291 setzte ein verbindliches Datum, an dem kaum noch gerüttelt wurde. Die Urschweizer Befreiungstradition wurde über alle Landesteile gestülpt. Der patriotische Aufschwung war ein Reflex des übermächtigen Nationalismus, der die imperialistischen Grossmächte erfasst hatte. Für internationale Bewegungen und Doktrinen ausserhalb der Nationalität blieb kein Platz. Den ultramontanen Katholizismus hatte man im Kulturkampf in die Schranken gewiesen, jetzt war die Reihe an der sozialistischen Arbeiterschaft. Reichskanzler Bismarck war damit einem gefährlichen Gegner auf der Spur. Nun war es an der Schweiz, dem Gründer des Reichs auf seinem Weg zu folgen. Es ging um die Sozialdemokratie. Da das Unheil fast immer von aussen kam, waren die Gegner – ob Personen oder Ideologien – vergleichsweise leicht auszumachen. Carl Hilty, der freisinnige Lehrer des Staatsrechts, hatte in seinem Gutachten vom 28. Juni 1889 davon gesprochen, dass die Schweiz nicht ein «Schlupfwinkel für die Auswürflinge des menschlichen Geschlechts» werden dürfe.[222] Wer sich auf fremde Gedanken einliess, geriet rasch in den Verdacht einer unschweizerischen Gesinnung.

An ihrer Haltung zu Nation und Vaterland wurde die Loyalität der Bürger gemessen. Der Freisinn beanspruchte das Monopol an Staatstreue und Patriotismus. Doch mit wachsendem Abstand zum Sonderbund drängten sich Konzessionen an die Katholiken auf, denen man inzwischen eine vaterländische Rolle zubilligte. Ein deutliches Signal für diesen Wandel war der Eintritt des konservativen Katholiken Joseph Zemp in den Bundesrat im Jahre 1891. Gegenüber sozialistischen Tendenzen schien hingegen in den Augen der staatstragenden Parteien äusserste Vorsicht geboten. Soziale Fragen hatten vor den nationalen Anliegen zurückzutreten.[223] Carl Hilty forderte Freisinn und Konservative zu einer Allianz auf. Die Sozialdemokraten müssten, so meinte er im Jahre 1905, auf ihr internationales Gebaren verzichten, wenn sie am Staatsleben teilhaben wollten. Sie sollten die marxistischen Theorien, die rote Fahne und den klassenkämpferischen Wortschatz ablegen. Wenn sie nicht auf dieses Ansinnen eingingen, würde eine «kräftige Gegenorganisation der bürgerlichen Klassen» entstehen.

Von sozialen Klassen war in der Schweiz später als in Deutschland, Frankreich oder England die Rede. Arbeiter und Handwerker, unter ihnen auch Selbständigerwerbende, gehörten dem Grütliverein an. Die in Etappen entstandene Sozialdemokratische Partei war ursprünglich nur eine Organisation der Kader, die über eine geringere Basis verfügte. Die Grütlianer übernahmen mit der Zeit sozialistische Forderungen, bewegten sich aber im nationalen Bereich. Sie blieben eine kleinbürgerliche Gesinnungsgemeinschaft, die politisch zwischen Sozialdemokratie und sozial orientiertem Freisinn stand. Mancher bürgerliche Politiker gehörte einmal dem Grütliverein an. Ein Beispiel ist der Aarauer Nationalrat und Oberst Arnold Künzli, der sich auf nationaler Ebene bei verschiedenen Gelegenheiten hervortat. In diesen Kreisen setzte man auf sozialen Ausgleich durch mehr Demokratie. Man empfand vaterländisch und sah sich als Teil der staatlichen Gemeinschaft.

Patriotismus lebte auch bei den schweizerischen Arbeitern, die sich vor der Aera des eigentlichen Klassenkampfs als Sozialdemokraten verstanden. Doch man hoffte, auf die Dauer einen Staat eigener Prägung zu schaffen. Die zunehmende Industrialisierung und die Krisen der siebziger Jahre verschlechterten die Lage der Arbeiterschaft. Auf soziale Forderungen reagierten die Unternehmer gelegentlich mit dem stereotypen Appell, mehr zu arbeiten und den Gürtel enger zu schnallen. Man setzte in der Industrie auf private Initiative. Kollektive Forderungen verrieten revolutionäre Gesinnung. Eine Zusammenarbeit mit Gewerkschaften war nicht geheuer, denn sie schränkte den Handlungsspielraum der Fabrikherren ein.

Es fiel den Sozialdemokraten schwer, sich beim Vaterland anzubiedern.[224] In den Arbeiter-Liederbüchern waren patriotische Lieder zu finden, doch Reim und Prosa nahmen gegen Ende des Jahrhunderts einen klassenkämpferischen Ton an. Man wünschte sich ein anderes Vaterland. Die Reaktion in den bürgerlichen Parteien glich jener in den grossen Nationalstaaten: Sozialkritik war ein für allemal unpatriotisch.

Mit dem in den achtziger Jahren einsetzenden Klassenkampf wurde die Trennung von Arbeiterschaft und Bürgertum sichtbar.[225] In der Schweiz erwies sich die Position des Grütlivereins allmählich als unhaltbar. Die traditionsgebundene Organisation stand vor einer lebenswichtigen Entscheidung, die sie schliesslich auseinanderbrechen liess.

Soziale Klassen bildeten sich in der Schweiz gegen die Jahrhundertwende. Die Sozialdemokratie solidarisierte sich mit dem zahlenmässig nicht eben bedeutenden Proletariat. Sie stand einem Bürgerblock und einem Staat gegenüber, der die Merkmale der dominierenden Klasse trug. Das häufig ins Spiel gebrachte Argument, jedermann geniesse die gleichen Rechte, hielt den sozialen Realitäten nicht stand. Die sozialistische Arbeiterschaft blieb ausgegrenzt und in einem gewissen Grade geächtet, denn sie bediente sich marxistischer Parolen und forderte Unternehmer und Bürger durch konkrete Aktionen heraus. Gegen die Streiks, an denen Ausländer massgebend beteiligt waren, setzten die Behörden immer häufiger Militär ein. Beim Berner «Käfigturmkrawall» des Jahres 1893 sprach Carl Hilty vom «Versuch einer sozialen Revolution» und einem «dem Aufruhr gleichzustellenden Verbrechen», das mit dem Belagerungszustand bekämpft werden müsse.[226] Mit diesem Urteil war eine Losung ausgegeben, die noch im Landesstreik des Jahres 1918 Mentalität und Verhalten des Bürgertums bestimmte. Bald wurden erste Bürgerwehren gebildet.

Der Verdacht, dass die schweizerischen Sozialisten von der Internationale oder von anarchistischen Syndikalisten gesteuert würden, lebte in jedem Arbeitskampf neu auf. Der theoretische Diskurs bewegte sich, soweit er überhaupt stattfand, auf bescheidenem Niveau. Ein schweizerischer Bildungsbürger, der damals junge Schriftsteller Robert Faesi, schrieb in seinen Erinnerungen, das «Kapital» von Karl Marx sei «ein klobiger Brocken, die Lehre geht wider die ganze Natur».[227] Immerhin fügte er resigniert hinzu: «Philosophie: sie gedieh damals nicht, und erst recht nicht auf Schweizerboden.»

Dass eine soziale Frage existierte, wurde im Bürgertum nicht geleugnet, doch bei deren Lösung war die angeblich vaterlandslose Sozialdemokratie nicht erwünscht. Man stand nicht bloss vor einem sozialen und wirtschaftlichen, sondern auch vor einem politischen Problem. Vokabeln wie «Klassenkampf» und «Weltrevolution» nahmen sich international aus und passten nicht in die eidgenössische Landschaft. Die Trennlinie zur sozialdemokratischen Arbeiterschaft schien eine Zeitlang durchlässig zu sein, denn gewisse soziale und politische Gruppen erwogen Alternativen. Es gab die Schicht der Kleinbauern, die sozial kaum besser gestellt schienen als die Arbeiter. Mit der Landwirtschaft eng verbunden war die katholische Bevölkerung, die in der ruralen Innerschweiz auf Distanz zum bürgerlich-freisinnigen Bundesstaat blieb. In der Diaspora, in Zürich zum Beispiel, standen die zugewanderten katholischen Arbeiter vor einem Dilemma: Sollten sie sich der allgemeinen Bewegung der Sozialisten anschliessen oder ihre Interessen in eigenen Gewerkschaften verfechten? In einigen katholischen Regionen fristeten Arbeiterbauern eine dürftige Existenz zwischen einer kümmerlichen Landwirtschaft und der Lohnarbeit in Fabriken. Diesen Schichten war weder mit der marxistischen Doktrin noch mit bürgerlich-nationalen Parolen geholfen. Man entschied sich für einen konfessionell bedingten Sonderweg.

Vorlagen für christliche Sozialbewegungen und sozialen Katholizismus bezog man in Deutschland, wo sich das Zentrum zum Ärger Bismarcks und der Nationalliberalen in der Sozialpolitik engagierte. Was an sozialen Ideen über die Grenze drang, hatte meist auch politische Qualität. Beiderseits der Grenze gemachte Erfahrungen wie der Kulturkampf führten zu gemeinsamen Überzeugungen, wenn auch nicht jede Idee ins eidgenössische Umfeld passte.

Im sozialpolitischen Dialog sprachen die Katholiken in Deutschland mehr von «Stand» als von «Klasse», wobei sich die beiden Begriffe nicht in jeder Hinsicht deckten. Gemeint waren die Berufsstände, deren Anspruch weit über wirtschaftliche Bereiche hinausging und eine Gemeinschaft mit beruflichen und gesellschaftlichen Charakteristika begründete. Mit dem Wort war ein Hauch von «ancien régime» verbunden, wenn es auch auf ein konkretes Ziel hinwies: den Ständestaat. Das Modell eines Staates auf der Basis berufsständischer Korporationen war eindeutig gegen das liberale Staatswesen und den Parlamentarismus gerichtet. Es wurde in der Schweiz bereits in den neunziger Jahren von Nationalrat Kaspar Decurtins vertreten, der ein Pionier der katholischen Sozialbewegung war.[228] Im Schweizerischen Arbeiterbund setzte sich der katholische Politiker häufig für die Anliegen Herman Greulichs ein, dem er sich jedoch bei andern Gelegenheiten in den Weg stellte. Auch gegenüber den übrigen Parteien kannte der Bündner Sozialpolitiker keine Berührungsängste. Im Jahre 1888 reichte er gemeinsam mit dem Genfer Radikalen Georges Favon im Nationalrat eine Motion ein, die den Bundesrat aufforderte, eine internationale Konferenz zur Behandlung von Arbeiterfragen einzuberufen. Die Veranstaltung kam nicht zustande, weil Kaiser Wilhelm II. auf den selben Zeitpunkt die Nationen zu einer ähnlichen Veranstaltung nach Berlin einlud. Als Papst Leo XIII. im Mai 1891 der Welt seine sozialpolitische Enzyklika «Rerum Novarum» vorlegte, war kaum bekannt, dass Kaspar Decurtins einen wesentlichen Teil des Rundschreibens verfasst hatte.

Im Deutschen Reich entwickelte das katholische Zentrum aus seiner bedrängten Position heraus eine Sozialpolitik, die sich wie ein Kontrastprogramm zu den sozialistischen Thesen ausnahm. Als Spiritus rector der katholischen Sozialbewegung trat der Mainzer Bischof Wilhelm Emmanuel von Ketteler auf, der sich um die missliche Lage der Arbeiterschaft sorgte und eine christlich fundierte Arbeitswelt forderte. Auf der Suche nach Lösungen näherte er sich den Ideen Lassalles. Den liberalen Staat mit seiner uneingeschränkten Wirtschaftsfreiheit lehnte er ab. Im Jahre 1873 präsentierte Ketteler den Entwurf eines Programms für die deutschen Katholiken. Darin verlangte er Verkürzung der Arbeitszeit, Sonntagsruhe, Einschränkung der Frauen-, Mädchen- und Kinderarbeit. Die Koalitionsfreiheit der Arbeiter sollte gewahrt bleiben.[229]

Bischof Ketteler starb im Jahre 1877. Seine sozialpolitischen Ideen bestimmten auch in späteren Jahren den Kurs des Zentrums. Im Jahre 1890 entstand auf Anregung Ludwig Windthorsts der «Volksverein für das katholische Deutschland», eine Dachorganisation aller katholischen Vereinigungen. Die Statuten des Vereins befassten sich mit Gesellschaft und Arbeitswelt. Zu den Zielen gehörte «die Förderung der christlichen Ordnung in der Gesellschaft, insbesondere die Belehrung des deutschen Volkes über die aus der neuzeitlichen Entwicklung erwachsenen sozialen Aufgaben und die Schulung zur praktischen Mitarbeit an der geistigen und wirtschaftlichen Hebung aller Berufsstände. Der Verein will zugleich die Angriffe auf die religiösen Grundlagen der Gesellschaft zurückweisen und die Irrtümer und

Umsturzbestrebungen auf sozialem Gebiet bekämpfen».[230] Gemeint war ein Kampf gegen Kapitalismus und Sozialismus. Für den Volksverein galt die Devise «Religion und Arbeit».

In der Deutschschweiz übernahmen die Katholiken Lehren und Institutionen ihrer deutschen Glaubensgenossen mit geringfügigen Anpassungen. So geschah es auch im Bereich der Arbeitswelt. Im Jahre 1904 wurde nach deutschem Muster der Schweizerische Katholische Volksverein gegründet, in dem der Katholikenverein mit den katholischen Männer- und Arbeitervereinen verbunden wurde. Eine wichtige soziale Einrichtung hatte sich schon ein halbes Jahrhundert zuvor in der Schweiz niedergelassen: das Kolpingwerk des Kaplan Adolf Kolping, der Gesellenvereine gründete, in denen sich ausgelernte Handwerker zusammenschlossen. In Köln stand seit 1853 ein erstes Heim, «das Vaterhaus am deutschen Rhein». Das Werk dehnte sich über ganz Mitteleuropa aus, und auch in der Schweiz entstand ein Zentralverband. Die Gründung entsprach einem offensichtlichen Bedürfnis. Die Abgrenzung der Gesellen gegenüber der Arbeiterschaft blieb unscharf, denn man schloss die Facharbeiter ins Kolpingwerk ein. Alles in allem erfasste man die Bereiche Handwerk und Kleingewerbe. Berührung mit dem Proletariat wurde vermieden. Nicht Gewerkschaft und nicht Partei, bemühte sich das Werk um Gemütswerte und Tradition. Die kirchlich gesteuerte Betreuung befasste sich mit «Religion und Tugend, Arbeitsamkeit und Fleiss, Eintracht und Liebe, Frohsinn und Scherz». Gegen diesen bunten Reigen hatten auch die katholischen Gesellen in der Schweiz nichts einzuwenden.

Adolf Kolping gab seinen Gesellenvereinen in Wort und Schrift Parolen auf den Weg, die eine sozialpolitische Botschaft enthielten, die bis zum Ersten Weltkrieg galt. Die Tendenz war unverkennbar. Man wollte über die Berufsstände zu einem dem Parlamentarismus entrückten Ständestaat gelangen. Ein Gedanke, der auch in der Schweiz seine Anhänger fand, obschon er aus einer Monarchie stammte. Der deutsche Einfluss war umso stärker, als Botschaften aus dem katholischen Frankreich ausblieben.

Herders Staatslexikon, eine in katholischen Angelegenheiten kompetente Instanz, deutete das Staatsverständnis Kolpings in der folgenden Weise: «Den Sozialismus eines Karl Marx und Ferdinand Lassalle lehnte er bewusst ab. Wollten diese eine klassenlose Gesellschaft, so arbeitete Kolping auf den Wiederaufbau der Berufsstände hin; sahen sie den Weg zu dieser klassenlosen Gesellschaft in der Revolution der gesellschaftlichen Verhältnisse, so erblickte er den gegebenen Heilsweg zunächst in einer Reform der Gesinnung; benutzten jene zur Revolution die Entwurzelung der Menschen, so arbeitete er auf die Verwurzelung der Menschen in Familie, Beruf und Nation hin. (…) Als seine Gegner betrachtete Kolping die Aufklärung und den Liberalismus mit dem Vorherrschen der Vernunft und der Verächtlichmachung des Glaubens auf religiösem Gebiet, mit der Wissensüberschätzung auf dem Bildungsgebiet, mit der Gewerbefreiheit auf wirtschaftlichem und mit der atomistischen individualistischen Theorie auf gesellschaftlichem Gebiet. (...) Dem Staatsgedanken, wie er Kolping im liberalen Gewande seiner Zeit gegenübertrat, steht er als ‹einem höchst hohlen und wenig feststehenden Begriff› ablehnend gegenüber.»[231]

Wenn es nach den Ideen Kaspar Decurtins ging, waren in der Schweiz den Berufsständen öffentlich-rechtliche Aufgaben zugedacht. Eine derartige Rolle nahmen gegen Ende des Jahrhunderts auch die grossen Wirtschaftsverbände wahr, die damit den Staat in ökonomischen Angelegenheiten entlasteten. Die Vermischung von staatlichen und privaten Bereichen war in der Verfassung nicht vorgesehen, wurde aber mit der Zeit gängige Praxis. Die anfängliche Abstinenz des Bundes in wirtschaftlichen und sozialpolitischen Fragen entsprach dem liberalen Kredo. Wenn der Staat souveräne Rechte an privatrechtliche Körperschaften delegierte, mochte das dem Haushalt zugute kommen, doch der Handel barg Gefahren in sich. War schon die Mitwirkung von Wirtschaftsverbänden problematisch, so hätte eine durch die Bundesverfassung sanktionierte Privilegierung von Berufsständen das Parlament beiseite geschoben und das Staatswesen grundlegend verändert. Carl Hilty zeigte sich beunruhigt, Decurtins hingegen war bereit, auf diesem Weg voranzuschreiten.[232] Als im Jahre 1895 im Nationalrat über ein neues Parlamentsgebäude debattiert wurde, sprach der Bündner Politiker vom «Mausoleum des absterbenden Parlamentarismus». Vom Ständestaat träumte später auch der Freiburger Aristokrat Gonzague de Reynold. Doch in seinem Staatsgebäude gab es keine Arbeiter. Die Schweiz war – abgesehen von der Aristokratie – nur als «Bauernstaat» denkbar.[233] Ein Bild von einer Agrargesellschaft, das für die Katholiken in der Diaspora fragwürdig war.

Die Enzyklika «Rerum Novarum» diente den schweizerischen Katholiken als Richtlinie in der Sozialpolitik. Papst Leo XIII. empfahl den Arbeitern Selbsthilfe durch eigene Vereinigungen, den Berufsgruppen hingegen Zusammenschlüsse in Korporationen. Das war der Kurs, den Kaspar Decurtins und mit ihm zahlreiche katholische Politiker verfolgten. Sie sahen sich im liberalen Bundesstaat immer noch in der Rolle einer Minderheit, aus der sie nicht herausfinden konnten, solange der Majorz die freisinnige Vorherrschaft im Lande sicherstellte. Versöhnliche Gesten aus dem Lager der Mehrheit konnten die Katholiken nicht darüber hinwegtäuschen, dass ihre Teilhabe am Staat auf einem unsicheren Fundament ruhte. Es haftete ihnen der Makel des Sonderbunds an.

Alternativen wurden erwogen, doch man stand vor der Quadratur des Kreises. Decurtins glaubte, man müsse «Bauer und Arbeiter einander näherbringen».[234] Gemeint waren der katholische Bauer und der katholische Arbeiter. Doch damit erlangte man in der Eidgenossenschaft keine Mehrheit. Wollte man die Arbeiterschaft für die eigenen Ideen gewinnen, so konnte das nicht ohne eine Verständigung mit den Sozialdemokraten geschehen. Das mochte in einzelnen Sachfragen möglich sein, an den ideologischen Barrieren scheiterten hingegen auch gut gemeinte Versuche. Marxistische Dialektik und katholische Soziallehre vertrugen sich wie Feuer und Wasser. Der gegenseitige Anspruch auf Unfehlbarkeit schloss einen Dialog aus.

Den katholischen Politikern stand hingegen der Zugang zu den Bauern, einer zweiten angeblich unterprivilegierten Schicht, offen. In den Kantonen der Innerschweiz und im Wallis bildete die Bauernschaft die wichtigste Klientel der konservativen Parteien und Gruppierungen. Als im Jahre 1897 der Schweizerische Bauernverband gegründet wurde, lieh Kaspar Decurtins dem Bauernführer Ernst Laur seine volle Unterstützung. Der Verband nahm seine Tätigkeit in einer zu eidgenössischem Pathos neigenden Epoche auf. «Hie Bauernstand! Hie Vaterland!» lautete die Ehrfurcht heischende Parole. Das Programm des Bauernverbandes wurde von Ernst Laur mit einer Ideologie befrachtet, die nur zu einem Teil schweizerischen Ursprungs war. Der Bauernführer vermied sorgsam, seinem Verband den Charakter einer Partei zu geben. Damit wahrte er eine beachtliche Bewegungsfreiheit.

Laurs Bauerntums-Ideologie bewegte sich fern von den demographischen und gesellschaftlichen Realitäten, war aber politisch erfolgreich. Der Anteil der Bauern an der Bevölkerung des Landes ging von der Hälfte um die Mitte des Jahrhunderts auf ein Viertel im Jahre 1914 zurück.[235] Der Rückgang der landwirtschaftlichen Betriebe entsprach ungefähr dem Bild, das sich in den Nachbarstaaten bot. Neben den eigentlichen Bauernbetrieben existierte eine nebenberufliche Landwirtschaft, die oft in enger Beziehung zur Welt der Arbeiter stand. Von daher hätte man sich ein Bündnis zwischen Arbeitern und Bauern vorstellen können, doch es gab beträchtliche Interessengegensätze.

In der Bauernschaft herrschte die Überzeugung, das Programm der Sozialdemokraten bedrohe das bäuerliche Eigentum. In Gefahr sah man auch den ländlichen Lebensstil, und sei es nur wegen der zunehmenden Abwanderung der Bauernsöhne in die Stadt. Die Stadt war in den Augen mancher Bauerntums-Ideologen die Quelle allen Übels. Wie geringschätzig man über die Sozialdemokraten dachte, geht aus einem Artikel hervor, der im Jahre 1894 in der Zeitung des Zürcher Bauernbunds erschien: «Die Lehre des Sozialismus kennt keine Entbehrungen, keine Strapazen, sie kennt nur Vergnügen und Genuss; aus diesem Grund stehen die Liederlichen und Arbeitsscheuen zuerst zu ihrer Fahne ...»[236] Die Sozialdemokratie machte der Bauernschaft eine Annäherung auch nicht leicht. Bei etlichen wirtschaftspolitischen Vorlagen fand sie sich auf der Seite der Unternehmer und des Kapitals. Solange Brotneid zwischen den beiden wirtschaftlich bedrängten Schichten herrschte, war an gemeinsame Aktionen nicht zu denken.

Das schweizerische Bauerntum bildete keine homogene Berufsgruppe, wie man auf Grund der Parolen Ernst Laurs hätte vermuten können. Es gab die zahlenmässig dominierende Schicht der Kleinbauern, die auf verschuldeten Höfen sassen. Das politische und wirtschaftliche Gewicht der «Schuldenbauern» war gering. Komfortabler präsentierte sich die Position der Grossbauern, die man gerne als «Herren-Bauern» oder dem junkerlichen Gehabe entsprechend als «Herrenreiter» bezeichnete. In diesen Kreisen war ein Abbau der bäuerlichen Verschuldung nicht unbedingt erwünscht, denn die Abhängigkeit der kleinen Agrarbetriebe half, die soziale Hierarchie im Bauerntum aufrecht zu erhalten. Demokratie war kein vordringliches Thema.

Bundesrat Numa Droz und der Sozialist Herman Greulich empfahlen den Bauern genossenschaftliche Selbsthilfe. Entsprechende Modelle boten sich in Deutschland an, wo Hermann Schulze-Delitzsch, der Begründer der deutschen Genossenschaftsbewegung, mögliche Lösungen vorgezeichnet hatte. Mit Verspätung wurden in der Schweiz um die Jahrhundertwende auch die Raiffeisen-Genossenschaften gegründet, ein auf Selbsthilfe aufgebautes Kredit- und Bankensystem, das vor allem ländlichen Gebieten zugute kam. Das im deutschen Rheinland erfolgreiche Unternehmen wurde in der Schweiz lange abgelehnt. Erst im Jahre 1902 rief Johann Evangelist Traber, katholischer Pfarrer im thurgauischen Bichelsee, den schweizerischen Raiffeisenverband ins Leben.[237] Die genossenschaftlichen Kleinbanken setzten sich zuerst in wirtschaftlich zurückgebliebenen katholischen Regionen fest, dehnten sich aber bald über alle Landesteile aus. So prägten deutsche Vorbilder Sozialpolitik und soziales Verhalten ganzer schweizerischer Berufsgruppen.

Bund, Kantone und Gemeinden blieben gegenüber den Bauern, dem stets behutsam behandelten «Nährstand», nicht tatenlos. Es ging um die Bewahrung der Landwirtschaft, eine nicht bloss wirtschaftliche, sondern auch staatspolitische Aufgabe. Da sich die Ausgangslage in den verschiedenen Kantonen recht unterschiedlich darbot, konnte eine systematische Agrarpolitik wenig ausrichten. Der Staat half von Fall zu Fall. Es wurden Subventionen gezahlt, die meist in die Taschen der wohlhabenden Bauern in begünstigten Regionen flossen.[238] Gegen Ende des Jahrhunderts erreichten die staatlichen Hilfen eine beachtliche Höhe. Die Mitsprache der Bauern in Fragen des Aussenhandels war gesichert. Im Streit zwischen Freihändlern und Protektionisten setzte man sich wie das Gewerbe für massive Schutzzölle ein. In diesem Punkt verhielten sich die Schweizer Bauern wie ihre Berufsgenossen in andern europäischen Ländern. Auch hier nahm man das übliche Phänomen wahr: Protektionistische Zölle brachten den reichen Gutsherren mehr ein als den kümmerlich wirtschaftenden Kleinbauern.

Der Bauernsekretär Ernst Laur stand in eigenartiger Weise zwischen der deutschen Blut- und Boden-Romantik und einer wissenschaftlich betriebenen Agrarpolitik. In Basel in protestantischer Orthodoxie aufgewachsen, wandte er sich als Städter den Agrarfragen zu. Zwei deutsche Volkswirtschafter beeinflussten seinen ideologischen Lernprozess: Gustav Ruhland und Georg Hansen.[239] Die beiden Professoren verfochten extreme Positionen. Ruhland, Gegner der Demokratie und Antisemit, forderte einen starken «Mittelstand», wobei er das Bauerntum meinte. Seine Thesen waren später auch den Nationalsozialisten genehm. Hansen wurde durch ein im Jahre 1889 publiziertes Werk bekannt: «Die drei Bevölkerungsstufen. Ein Versuch, die Ursachen für das Blühen und Altern der Völker nachzuweisen.» Darin entwickelte der Professor sozialdarwinistisch anmutende Thesen über den naturwissenschaftlich bedingten Bevölkerungsstrom vom Land in die Stadt. In städtischen Verhältnissen verrotte die Menschheit, meinte er. Das sittliche und geistige Niveau könne nur aufrecht erhalten werden, wenn die Wanderung der ländlichen Bevölkerung anhalte. Daraus ergebe sich, dass «der Bauer die städtische Bevölkerung nicht bloss mit Butter und Käse, sondern vor allem auch mit Menschen zu versorgen hat».[240] Der Bauer stand ausserhalb des wirtschaftlichen Wettbewerbs und durfte eine privilegierte Stellung in der menschlichen Gesellschaft beanspruchen. Das war der Kern einer Blut- und Boden-Ideologie, die in Deutschland von verschiedenen Bewegungen gepflegt wurde.

Hansens Lehre von der biologischen Blutauffrischung passte in Ernst Laurs Weltbild. Der Bauernführer übernahm von den deutschen Theoretikern etliche Thesen, schob aber beiseite, was auf die Schweiz nicht anwendbar war. Daraus ergab sich eine seltsame Mischung von ideologischer Romantik und Pragmatismus. Wie die beiden Professoren sah Laur in Sozialismus und Kapitalismus die Hauptfeinde. Er lehnte aber die Meinung Ruhlands ab, der Bauer dürfe sich die kapitalistische Wirtschaftsgesinnung nicht aneignen, da sie seiner Natur widerspreche. Für Laur waren die im Kapitalismus entwickelten betriebswirtschaftlichen Grundlagen ein wesentliches Fundament der Agrarwissenschaft. Er bemühte sich hartnäckig, den Landwirten Verständnis für die Buchhaltung und damit für das Unternehmertum beizubringen. Der Bauer als Unternehmer war denn auch das Kredo, das Laur in seinem zweiten Amt, der Professur für Agrarwissenschaft am Polytechnikum in Zürich, lebenslänglich dozierte. Pietismus und Sozialdarwinismus gingen in seinem Denken eine seltsame Verbindung ein.

Die überragende Stellung des Bauernsekretärs produzierte einen eigenartigen Nebeneffekt: Ein bürgerlicher Ideologe aus der Stadt hatte zu bestimmen, wer ein Bauer war und wie er sich zu verhalten habe. Es konnte nicht verborgen bleiben, dass die Ideen über die Bauern nicht a priori die Ideen der Bauern sind. Die betriebswirtschaftlichen Belehrungen waren nützlich, doch es fiel manchem Kleinbauern schwer, in die Rolle des Unternehmers zu finden. Für Laur war das nicht allein eine wirtschaftliche, sondern auch eine sozialpolitische Frage. Politisch war die Botschaft, die deutsche Professoren und Agrarwissenschafter der schweizerischen Öffentlichkeit aufdrängten. Ratio, Romantik und Chauvinismus liessen sich in einem Appell vereinen: «Wissenschaft! Landwirtschaft! Eidgenossenschaft!»

Die Hierarchien im Schweizerischen Bauernverband gaben die Position deutlich zu erkennen, die Laur für das Bauerntum beanspruchte. Im Vorstand sassen Grossbauern, die sich auch in Politik und Armee hervortaten. Die kleine Landwirtschaft war nicht vertreten. So bestand keine Gefahr der Anbiederung an die Sozialisten. In manchen Bereichen nahm sich der Schweizerische Bauernverband wie das Spiegelbild des Bundes deutscher Landwirte aus, der im Deutschen Reich am rechten Rand des politischen Spektrums agierte, ohne selbst eine Partei zu sein. Von der verschwindend kleinen Kaste der Grossgrundbesitzer und Junker dirigiert, pflegte der deutsche Verband einen populären Antimodernismus und baute auf dem Umweg über die Parteien seine wirtschaftspolitische Machtstellung aus. Völkisch-nationale Töne erlaubten dem Bauernbund, den Staat in seine Pflicht zu nehmen.

Die schweizerischen Bauern sahen sich wirtschaftlich und sozial in einer mit ihren süddeutschen Kollegen vergleichbaren Lage. In den deutschen Süden wurden Doktrinen und Ideologien aus Preussen geliefert. In der Schweiz klang das hohe Lied vom staatserhaltenden Bauerntum gedämpfter als nördlich des Rheins, aber das war eine Frage des Staatsverständnisses und des Temperaments. Laur verstand es jedoch, dem Bürgertum gegenüber den Bauern ein schlechtes Gewissen einzupflanzen. Die Botschaft war einfach: Die von Bauern gegründete Eidgenossenschaft konnte nur solange überleben, als sie von einem starken Bauernstand getragen wurde. Wenn die Gesellschaft von der sozialistischen Revolution bedroht würde – so lautete eine Prophezeiung –, wären es wiederum die Bauern, die wenn nötig mit Hilfe der ländlichen Bataillone die bürgerliche Welt in Ordnung bringen müssten. Staatserhaltend war die Landwirtschaft in Deutschland, und sie war es auch in der Schweiz.

Aus der französischen Bauernschaft waren keine Signale zu vernehmen, die in der Schweiz Emotionen oder konkrete Aktionen auslösten. Das Prestige des Landwirts stand in Frankreich auf einem sozial tiefen Niveau. Es gab keine ideologische Überhöhung des Bauernstandes wie in Deutschland. Die Bauern waren auch nicht in der Lage, ihre Anliegen mit einer Stimme vorzutragen. Es gab konservativ-royalistische Bauerngemeinden, in denen der Klerus herrschte, und es gab republikanische Gruppierungen, die sich gelegentlich auf die Sozialisten zubewegten.[241] Nach dem Deutsch-Französischen Krieg wurde den Bauern allmählich bewusst, dass man auch mit der Republik leben konnte. Erst jetzt wurden sie auch in ihrer Mentalität Angehörige des französischen Staates. Diese Erfahrung machten die kleinen Landwirte im französischen Jura, die oft ihre Höfe im Nebengewerbe betrieben. Es gab daneben die Arbeit in den mechanischen Werkstätten und in den Eisenwerken des Haut-Doubs. Von Ideologie war bei diesen Bauern selten die Rede, es sei denn, der Dorfpfarrer habe wieder einmal den «Roten» die Leviten gelesen.

Der «Bauernstand» war ein deutsch-germanisches Phänomen. Der Schweizerische Bauernverband betrieb seine Politik in einer latenten mentalen Abhängigkeit von der deutschen Agrarbewegung. Die Fiktion vom Bauern als Unternehmer kam der gesellschaftlichen und politischen Reputation im Lande zugute, doch die Situation der Kleinbauern wurde nicht verbessert.

Das mit der Scholle verbundene nationale Pathos vergrösserte die Distanz zur Sozialdemokratie, zu der ein gegenseitiges Unverständnis zwischen Bauern und Arbeitern beitrug. Der Untergang des Vaterlandes konnte nur vom Bauernstand verhindert werden. Für Ernst Laur waren die Sozialisten Internationalisten, Antimilitaristen, Gottesfeinde und Bauernfeinde. Herman Greulich bemühte sich um einen Ausgleich. Er sah die Schuld für den Dissens auf beiden Seiten: «Es werden in diesen Interessenkämpfen viel zu oft Schlagworte aus anderen Ländern hergeholt, und zwar von beiden Seiten. Die Schweiz hat keine agrarische Junkerkaste, die zugleich mit politischen Vorrechten ausgestattet ist; sie hat auch keine Arbeiterschaft, die den Staatsgrundlagen feindlich gegenübersteht.»[242] Der Appell des Arbeiterführers, im Jahre 1908 ausgesprochen, fand in den eigenen Reihen kein Echo. Es blieb bei gegenseitigen Beschimpfungen.

In der Bauernschaft liess sich der Gedanke an eine Alternative in der sozialpolitischen Ordnung nicht völlig unterdrücken. So schrieb der Schwyzer Viehhändler Gottfried Bürgi: «Ich meine, eine ehrliche Sozialdemokratie, die auf gesetzlichem Wege nur das Beste der Minderbemittelten anstrebt, steht einem grossen Teil des Bauernstandes näher als der Grosshandel, die Grossindustrie und das Grosskapital.»

Ein katholischer Politiker unternahm einen Vorstoss, der dem Bauernführer Laur ungelegen kam. Der christlich-soziale Ostschweizer Georg Baumberger, Redaktor der «Neuen Zürcher Nachrichten», entwarf im Jahre 1911 Thesen für eine neue Bauernpolitik. Am St. Galler Katholikentag sprach er zum Thema «Bauernstand und Arbeiterstand» und forderte die Kontrahenten auf, ihre Streitigkeiten zu beenden. Sein Appell an die beiden «Grundstände» war verbunden mit einem scharfen Angriff auf das Kapital: «So haben wir es glücklich so weit gebracht, dass der Bauer es hin und wieder als Verdienst ansieht, wenn er einer gerechten Arbeiterforderung ein Bein stellen kann und umgekehrt der Arbeiter als Verdienst es betrachtet, eine gerechte Bauernforderung zu Fall zu bringen. Das ist ein Unglück – ein Unglück für beide Teile und ein Unglück auch für die Gesamtheit. Wer ist bei diesem Hader der lachende Dritte? Der eigentliche moderne Grosskapitalismus, das moderne Grossunternehmertum, diejenige Macht, welche ihrem ganzen Wesen nach im Gegensatz zu Bauer und Arbeiter steht. (…) Nicht die Sozialdemokratie ist die eigentliche Gefahr unseres Zeitalters, da ist schon dafür gesorgt, dass die Bäume nicht in den Himmel wachsen. Sondern diese Gefahr der Gegenwartszeit und der Zukunft bildet die moderne Plutokratie. (…) Ich habe bis jetzt von der Notwendigkeit der Organisation jedes der zwei Grundstände für sich gesprochen. Im Kampfe gegen das für beide gleich gefährliche plutokratische System bedarf es noch mehr, um sich behaupten zu können. Es bedarf des Zusammengehens, bedarf der Waffenbrüderschaft der beiden organisierten Grundstände.»[243]

Baumberger war auch für eine christliche Begründung besorgt. Beide Stände hätten die selben religiösen Bedürfnisse. Christus sei Bauernfreund und Arbeiterfreund.

Der Basler Protestant Laur erteilte dem St. Galler Katholiken Baumberger eine deutliche Lektion: «Die stärkste Triebfeder der organisatorischen Tätigkeit auf dem Gebiete der Landwirtschaft war uns immer die Überzeugung, dass der Bauernstand der treueste Träger von Familie, Sitte, Religion und Vaterlandsliebe ist. (...) In diesen Grundanschauungen beruht es auch zum grossen Teil, dass sich unsere Bauernbewegung der Sozialdemokratie in deren antipatriotischen und irreligiösen Entwicklung scharf entgegenstellt.»[244]

Das von Baumberger vorgebrachte Thema hatte beim Schweizerischen Bauernverband keine Chancen. Ernst Laur war auch gegen christliche Argumente gewappnet, wenn sie mit seinem Bild von der ländlichen Welt kollidierten. So kämpfte er gegen den religiös-sozialen Theologen Leonhard Ragaz, der die Kirche im sozialen Diskurs engagieren wollte.[245] Laur beschwor die Schreckensvision von einem internationalen, sozialistisch verseuchten Völkergemisch. Im bald ausbrechenden Ersten Weltkrieg vollzog sich die Trennung zwischen Arbeitern und Bauern endgültig.

Der militärische Geist – oder wie man sich auf den Krieg vorbereitet

«Der Krieg ist nicht bloss eine biologische Notwendigkeit, sondern auch eine sittliche Forderung und als solche ein unentbehrlicher Faktor der Politik.»[246] Als Friedrich von Bernhardi, General der Kavallerie z. D., kurz vor dem Ersten Weltkrieg seine These vom unvermeidlichen nächsten Krieg präsentierte, vernahm die Leserschaft im Grunde genommen wenig, was nicht schon seit der Jahrhundertwende gesagt worden war. Doch die Arbeit des Kavalleriegenerals, das Buch «Deutschland und der nächste Krieg», brachte jedem etwas. Sie gab sich als gelehrte Kompilation von Weisheiten, die von Hegel zu Treitschke führten und dabei keinen Bereich aussparten, der mit dem Zeitgeist vereinbar war: das Staatsverständnis der deutschen Philosophen und Gelehrten aus der ersten Hälfte des 19. Jahrhunderts, Sozialdarwinismus und Christentum. Bernhardi kombinierte in seinem Diskurs mühelos die unterschiedlichsten Philosophien, so dass der deutsche Leser die ihm zusagenden Argumente herausholen konnte. Der Autor betrachtete den Krieg auch vom «Kulturstandpunkt» aus:

«Von diesem Standpunkt aus musste ich zunächst die Friedensbestrebungen, die unsere Zeit zu beherrschen scheinen und auch die Seele des deutschen Volkes zu vergiften drohen, auf ihren wahren sittlichen Gehalt prüfen und den Beweis zu führen suchen, dass der Krieg nicht nur ein notwendiges Element im Völkerleben ist, sondern auch ein unentbehrlicher Faktor der Kultur, ja die höchste Kraft- und Lebensäusserung wahrer Kulturvölker.»[247]

Bernhardi dachte auch an die christliche Moral: «Vom christlichen Standpunkt aus kommt man zu keinem andern Ergebnis. (...) Die christliche Moral ist eine persönliche und gesellschaftliche und kann ihrem Wesen nach niemals eine politische sein. (…) ‹Ich bin nicht gekommen, Frieden zu senden, sondern das Schwert›, sagt nach der Überlieferung Jesus selbst. Niemals kann seine Lehre gegen das die ganze Natur beherrschende Gesetz des Kampfes ins Feld geführt werden. Niemals hat es eine Religion gegeben, die mehr eine Kampfreligion wäre als die christliche.»[248]

Wie sich der Staat gegenüber Krieg und Frieden zu verhalten hatte, legte Bernhardi unmissverständlich dar: «Wenn aber der Staat auf Machterweiterung verzichtet und vor jedem Krieg zurückbebt, der für die Weiterentwicklung notwendig ist, wenn er nur noch sein und nicht mehr werden will, wenn er sich beruhigt auf ein Faulbett legt, dann verkümmern in ihm auch die Menschen. (…) Die Erbärmlichkeit des Lebens aller Kleinstaaten beweist das zur Genüge, und dem gleichen Fluch verfällt auch jener Grossstaat, der sich bescheidet.»[249]

Dass die menschliche Gesellschaft im Frieden versumpfe und sittlich verkomme, galt in deutschen nationalistischen Kreisen als Glaubenssatz. Am lautesten waren die kriegerischen Parolen von jenen Professoren und Schriftstellern zu vernehmen, die fern vom Kanonendonner an ihren Schreibtischen sassen. Als Thomas Mann im Ersten Weltkrieg seinen Bruder Heinrich als einen der westlichen Demokratie verfallenen «Zivilisationsliteraten» beschimpfte, deutete er sein Verhältnis zum Krieg in bombastischen Worten: «Ein Bürger aber, das weiss ich wohl, bin ich auch im Verhältnis zu diesem Kriege. Der Bürger ist national seinem Wesen nach; wenn er Träger des deutschen Einheitsgedankens war, so darum, weil er immer der Träger der deutschen Kultur und Geistigkeit gewesen ist. Oft aber ist die teleologische Funktion des Krieges überhaupt darin erkannt worden, dass er die nationale Eigentümlichkeit bewahrt, erhält und bestärkt: er ist das grosse Mittel gegen die rationalistische Zersetzung der Nationalkultur, und meine Teilnahme an diesem Krieg hat mit Welt- und Handelsherrschaft gar nichts zu tun, sondern ist nichts als die Teilnahme an jenem leidenschaftlichen Prozess der Selbsterkenntnis, Selbstabgrenzung und Selbstbefestigung, zu dem die deutsche Kultur durch einen furchtbaren geistigen Druck und Ansturm von aussen gezwungen wurde.»[250]

General Bernhardi veröffentlichte seinen bellizistischen Diskurs zu einem Zeitpunkt, in dem ganz Europa vor der anscheinend unvermeidlichen Realität eines neuen Krieges stand. Es waren nicht, wie gelegentlich behauptet wurde, die Parolen eines Aussenseiters. Das Werk erschien bald auch in französischer und englischer Sprache und galt in Paris und London als Dokument des brutalen deutschen Imperialismus. Im Mai 1912 traf der Sekretär des Politischen Departements, Charles Daniel Bourcart, den französischen Botschafter Jean-Baptiste Beau im Restaurant Du Théâtre in Bern. Der Diplomat war in die Lektüre der «Gazette de Lausanne» vertieft, in der Edouard Secretan das Buch des deutschen Generals kritisch würdigte. Beau zeigte sich pessimistisch, denn er empfand wie viele Politiker in den westlichen Hauptstädten das Machwerk Bernhardis als deutsche Kriegsansage.[251]

Die Gedankengänge des Autors waren für die schweizerischen Militärtheoretiker, die sich um die Jahrhundertwende mit dem Phänomen «Krieg» auseinandersetzten, keineswegs neu. Ulrich Wille, der den «neuen Geist» in die Armee brachte, meinte im Jahre 1902, Kriege müssten sein «für Erhaltung und Entwicklung der Nation»: «Wenn ein Krieg aber eine solche Notwendigkeit ist, darf kein Bedenken der Humanität im Wege stehen.»[252] Der Krieg galt dem Bauernführer Ernst Laur als Erziehungsmittel. Den Ersten Weltkrieg empfand er als «gewaltiges Heilmittel für die Folgen der Überkultur». Das blutige Geschehen kam seiner Philosophie vom Bauernstand entgegen, dem die morbide Stadt gegenüber stand. Gegen Kriegsende schrieb er: «Die Zukunft wird wahrscheinlich lehren, dass die Völker, welche durch diese Schule von Blut und Eisen hindurchgegangen sind, eine geistig-sittliche Erneuerung mitgemacht haben, und andern Völkern die Erhaltung des Friedens vielleicht zum sittlichen Verhängnis geworden ist.»[253]

In chauvinistischen deutschen Zeitungen wurde vor dem Jahre 1914 das Lob des Krieges angestimmt, und es fehlte nicht an Bemühungen, der Jugend Freude am militärischen Geschehen beizubringen.[254] «Der Krieg ist die hehrste und heiligste Äusserung menschlichen Handelns», schrieb die «Jungdeutschland-Post» im Januar 1913. «Es klinge jauchzend des Deutschen Freude an Krieg und Heldensterben». Das «deutsche Volksmaterial» sei von Haus aus gesund und lebenskräftig, erklärte die Zeitung «Die Post».

Die zeitgenössische «Geschichte der Deutschen Literatur» von Friedrich Vogt und Max Koch berichtete mit offensichtlicher Verlegenheit von einer neuen literarischen Sparte. Gemeint ist die «Schilderung des Zukunftskrieges»: «Die Spannung der politischen Lage und der Reiz, sich die Wirkungen der neuen Waffentechnik und Luftschiffe auszumalen, gaben Anlass zu diesen Übertragungen Jules Vernescher Reiseromane auf Kriegsschilderungen wie ‹Seestern 1906›, ‹Bansai›, Major Hoppenstedts militärwissenschaftliche ‹Schlacht der Zukunft› (1907) und des Korvettenkapitäns Graf Hans Bernstorff ‹Deutschlands Flotte im Kampf› (1908) sie bieten. Vom literargeschichtlichen Standpunkte aus wird man derartige Bücher als einen Ersatz für die früheren Staatsromane zu beurteilen haben. Und in solchem Zusammenhange angesehen, erscheinen sie lehrreich, um zugleich die Verwandtschaft und Wandlungsfähigkeit der alten und neuen politischen Phantasien vergleichend zu beobachten.»[255]

Wenn deutsche Publizisten vom «Krieg als Kulturfaktor» sprachen, so handelte es sich nicht um theoretische Deklamationen ohne konkretes Ziel. Für General Bernhardi und andere Autoren stand zum vornherein fest, dass man mit dem übermütig gewordenen Frankreich abrechnen müsse. Auch England durfte nicht vergessen werden: «Den englischen und französischen Ansprüchen gegenüber, wie sie ganz offen zutage treten und umso beachtenswerter sind, als beide Staaten sich politisch geeinigt haben, ist das deutsche Volk vom Standpunkt seiner Kulturbedeutung aus voll berechtigt, nicht nur einen Platz an der Sonne zu beanspruchen, wie Fürst Bülow sich bescheiden zu äussern beliebte, sondern einen vollgültigen Anteil an der

Beherrschung der Erde weit über die Grenzen seiner jetzigen Einflusssphäre hinaus zu erstreben. Dieses Ziel werden wir aber nur dann erreichen können, wenn es uns zunächst gelingt, unsere Machtstellung in Europa selbst derart sicherzustellen, dass sie nicht mehr in Frage gestellt werden kann.»[256]

Frankreich sei die «unanständigste Nation Europas», meinte «Die Post» im April 1913: «... es gibt in der Tat in ganz Europa kein halbwegs zivilisiertes Volk, das eine so niedrige, heimtückische, minderwertige und feige Gesinnung besitzt wie das französische in seiner Gesamtheit.»[257] Beim zukünftigen Krieg mit Frankreich werde es nicht um Wirtschaft, sondern um die Rasse gehen, schrieb im selben Jahr «Der Reichsbote»: «Wie gegenwärtig der Balkan einen Rassenkampf erlebt, so ist jeder deutsche Krieg der Zukunft ein Rassenkrieg, ein Kampf um rassisch-völkische Macht und Selbständigkeit, um Boden für slawische oder germanische Siedlung. Deutschland wird von sich aus einen solchen Krieg freilich erst führen, wenn die Besiedelung im eigenen Lande zum Abschluss gelangt ist. Ebenso ist bei einem neuen Siege über Frankreich schon aus strategischen Gründen die Hinzunahme einiger Landstriche sicher; ebenso lässt sich voraussagen, dass Frankreich das Auskaufen und die Aufnahme aller Bewohner dieser Landstriche auferlegt würde, die nicht auf Grund ihrer geschichtlich-deutschen Abstammung deutsche Bürger werden wollen.»[258] Gedacht war an die Industriegebiete Nordfrankreichs, die auch während des Ersten Weltkrieges als deutsche Territorien beansprucht wurden. Mit dieser Eroberung sollte ein Bevölkerungsaustausch verbunden sein. Ein demographischer Handel, den man später als ethnische Säuberung bezeichnete.

Ein beachtlicher Teil der deutschen Presse lehnte diesen extremen Chauvinismus ab und verurteilte die ständigen Provokationen gegenüber Frankreich. Reichskanzler Bethmann-Hollweg bemühte sich, den regelmässig entstehenden Aufruhr zu dämpfen. Auch die deutschen Diplomaten waren auf Ausgleich bedacht. Dennoch nahm man in Europa vor allem die schrillen Töne wahr, die gleich wie das Säbelrasseln Wilhelms II. als bedrohlich empfunden wurden. In dem noch vor dem grossen Krieg erschienenen «Lehr- und Handbuch der Weltgeschichte» von Weber-Baldamus stand zu lesen, die glänzende Wehr des Kaisers sei ein Garant des Friedens: «Durch die Aufstellung dieses gewaltigen Landheeres erwies sich Deutschland als der Hort des Friedens in Europa.»[259]

Nach den Marokko-Abenteuern des kaiserlichen «Friedensfürsten» schwand der Glaube an die friedensstiftende Mission deutscher Kanonen und Schlachtschiffe. In seiner Streitschrift «Caligula» geisselte der Historiker Ludwig Quidde den Militarismus, der im Gefolge des nationalen Aufschwungs das Land überzogen hatte: «Das Gefährlichste aber bei seinem Eindringen in die bürgerliche Gesellschaft und in den Volksgeist liegt fast darin, dass mit nationaler Voreingenommenheit zugleich die Auffassung vom Kriege, von seiner Berechtigung und seiner Stellung in der Kulturentwicklung verbreitet wird, die dem Militär eigentümlich ist. Ist der Krieg im Sinne

Moltkes ein Element der von Gott gewollten Ordnung, in dem nicht nur die höchsten sittlichen Kräfte eingesetzt werden, sondern auch die sittliche Entwicklung der Völker gleichsam ein notwendiges Reinigungsbad durchmacht – oder ist er eine entsetzliche Barbarei, die Ursache sittlicher Verwilderung selbst dann, wenn ein Volk den aufgezwungenen Kampf im heiligsten Gefühle seines Rechtes beginnt? (…) In welcher Richtung sich für uns der sittliche Fortschritt bewegt, brauchen wir nicht erst zu sagen.»[260] Der Militarismus habe «das ganze Land und alle Schichten der Bevölkerung mit einem Netz von Einrichtungen überzogen, durch die er die bürgerlichen Kreise sich zu unterwerfen sucht», erklärte der streitbare Gegner des Kaisers.

Im Essay «Kaiserreich und Republik», geschrieben während des Ersten Weltkrieges, kam Heinrich Mann zu Schlüssen, die seine tiefe Resignation angesichts der jüngsten deutschen Geschichte erkennen liessen: «Kaum im Genuss seiner Einheit, verleugnete Deutschland die Gedanken der Freiheit und Selbstbestimmung der Völker, worauf all sein Kampf, sein schwärmerischer Drang ein halbes Jahrhundert hindurch sich doch berufen hatte. (…) Der Begriff der Freiheit hatte inzwischen für deutsche Köpfe seinen Sinn verloren, ward geleugnet oder in sein Gegenteil verkehrt. (…) Der Sieg von 1870 verlor sich nie in unserem Leben seither. Er ward nie aufgesogen. Er vermehrte sich in unserem Blut wie ein Giftkeim, millionenfach. 1913 waren wir in Handlungen, Gedanken, Weltansicht und Lebensgefühl unendlich mehr Sieger als 1871. Wir waren unendlich prahlerischer und machtgläubiger, unendlich hohler und unsachlicher. Erst jetzt hatten wir fast alle Würde der Freien verloren und ganz dem Geist entsagt.»[261]

Nicht nur die Deutschen sprachen vom zukünftigen Krieg. Seit dem Jahre 1871 war die nicht zu vermeidende neue Auseinandersetzung mit dem Deutschen Reich in Frankreich ein wichtiges Anliegen. Grund zu Fanfarenstössen gab es nach der schmerzlichen Niederlage nicht. Man hielt sich an den Mythos der «Revanche», obschon die realen Stärkeverhältnisse zur Vorsicht mahnten.[262] Es war ein Nationalismus der Besiegten. Im Bewusstsein der eigenen Schwäche wurde der Krieg mit dem sogenannten Erbfeind vor allem literarisch ausgefochten, wenn auch hinter einzelnen Literaten politische Bewegungen standen wie die «Ligue des patriotes» von Paul Déroulède und die «Action française» von Charles Maurras.[263] Der Lothringer Maurice Barrès betrieb das Andenken an «la terre et les morts», Déroulède zelebrierte seinen «culte de la gloire». Einen christlich verbrämten, exaltierten Patriotismus pflegte nach der Jahrhundertwende der Dichter Charles Péguy, der sein persönliches Schicksal mit jenem der Nation verknüpfte. Er nannte sich selber einen «fils de vaincu, né dans un peuple de vaincus». In den Regalen der Buchhandlungen standen neben literarischen Zeugnissen triviale Revanche-Romane, die sich wenig von den peinlichen Pamphleten deutscher Autoren unterschieden.

Das Schreiben über Revanche und Krieg der Zukunft war für etliche französische Autoren ein Instrument in einer innenpolitischen Auseinandersetzung. Die

Attacken der rechtsgerichteten Literaten Barrès und Maurras galten mehr der republikanischen Regierung als den verhassten Deutschen, gegen die Frankreich allein ohnehin nichts unternehmen konnte. Für konservative Franzosen war die Republik nicht identisch mit der Nation. Bei den Schriften und Diskursen um einen wahrscheinlichen Krieg handelte es sich um einen «Patriotisme défensiv», nicht zu vergleichen mit den triumphalen Gebärden deutscher Nationalisten.

Wenn sich französische Militärschriftsteller über den zukünftigen Krieg äusserten, zeigten sie oft tiefen Pessimismus. In seinem im Jahre 1900 erschienenen Werk «La Prochaine Guerre. Victoire ou Défaite» widmete ein Colonel G. Humbert ein Kapitel der «défaite certaine»: «La supériorité de l'armée allemande sur la nôtre au début de la guerre ne saurait malheureusement être mise en doute. Le cacher serait criminel.»[264] Die jedermann bekannte Aufstellung der französischen Armee, die von der Festung Belfort den Flüssen Mosel und Maas entlang bis zur belgischen Grenze führte, sei so wenig wie im Jahre 1870 imstande, einen deutschen Ansturm abzuwehren. Die französischen Streitkräfte müssten in einer rückwärtigen Position in der Champagne konzentriert werden. An eine Offensive sei nicht zu denken.

Das unerwartete Auftauchen Kaiser Wilhelms II. in Tanger im Jahre 1905 erzeugte in Frankreich einen Schock, der einen neuen Patriotismus aufleben liess. Man hatte bisher die Schwäche in Europa durch einen nach dem Intermezzo bei Faschoda auch von England tolerierten Ausbau des Kolonialreichs kompensiert. Nun führte der deutsche Vorstoss nach Marokko zu einem nationalen Konsens, der die Anhänger des kolonialen Imperiums und die Politiker der Revanche zusammenführte. In einer Rede auf dem Schlachtfeld von Champigny-la-Bataille erklärte Paul Déroulède am 3. Dezember 1908: «L'Allemagne a réveillé la France.»[265] Frankreich habe seine traurige Miene abgelegt und sei nun imstande, seine Ehre auch in Europa zu wahren: «C'est en effet tout cela qu'il s'agira de défendre et de reprendre dans la guerre future, dans la guerre inévitable et, ne craignons pas de le dire nettement, dans la guerre plus prochaine que ne se l'imaginent et que ne s'évertuent à nous le faire croire messieurs les pacifistes, ces parents timides de nos antimilitaristes. Il faudrait vraiment être aveugle ou aveuglé pour ne pas voir monter à l'horizon ce soleil rouge.»

Wichtiger als die Tiraden von Paul Déroulède war der wiedergewonnene Glaube an die Republik, die an Ansehen gewann und in den Jahren vor dem Ersten Weltkrieg eine geeinte Nation vertrat. Von der Auferstehung Frankreichs sprach ein im Jahre 1912 publiziertes Buch von Etienne Rey, das den Titel trug: «La Renaissance de l'orgueil français.»[266] Das Werk handelte vom wieder erlangten Selbstbewusstsein. Der Stolz Frankreichs sei identisch mit dem Stolz der französischen Republik. Im Deutschen Reich wurde die Renaissance Frankreichs nicht wirklich zur Kenntnis genommen. Nationale Überheblichkeit verwehrte den siegreichen Deutschen, die Signale aus Paris richtig zu deuten.

Gegen Ende des 19. Jahrhunderts wurden auch in der Schweiz Wahrnehmung und Deutung des Krieges ein Anliegen, das über die Militärschriftsteller hinaus Politiker und Öffentlichkeit beschäftigte. Der Historiker Rudolf Jaun kommt in seinem Werk «Preussen vor Augen» zum Schluss, im Fin de siècle sei das Bild von Krieg und Militär von einem «militaristischen Bellizismus» bestimmt worden.[267] In jedem Land wurde die Kriegsdeutung durch gesellschaftliche und politische Strukturen, durch historische Erfahrung und aussenpolitische Zielsetzungen beeinflusst. Für die Schweiz, die seit einem Jahrhundert keinen Krieg mit einer fremden Macht geführt hatte, ergab sich ein doppelter Zwiespalt: Politiker und Armeeführer bezogen ihr militärpolitisches Denken weitgehend aus zweiter Hand, das heisst, aus deutschen Quellen. Die Frage, ob sich die importierten Doktrinen der eigenen, undeutlichen Tradition eines eidgenössischen «Volkskrieges» aufpfropfen liessen, war bis zum Ersten Weltkrieg umstritten. Ebenso ungewiss blieb die Wirkung einer zeitgenössischen Deutung des Krieges auf die Neutralität.

Das nur mangelhaft kodifizierte Völkerrecht setzte im 19. Jahrhundert einen Rahmen, der auch der Schweiz einigen Spielraum gewährte. Das «ius ad bellum» war Bestandteil jeglicher Aussenpolitik, sofern sich die Waffengänge in den Grenzen des europäischen Staatensystems bewegten. Auch die Schweiz nahm dieses Recht für sich in Anspruch. Dabei ging man von der Voraussetzung aus, dass die Neutralität selbst gewählt sei, auf einem souveränen Akt beruhe und nicht auf der «Neutralisierung» durch den Wiener Kongress. Für die Eidgenossenschaft war jedoch die Berufung auf das «ius ad bellum» – auch wenn sie bloss in internen Debatten und in Dokumenten sichtbar wurde – ein Spiel mit dem Feuer. Es fehlte denn auch nicht an Widerspruch im eigenen Land.

Es gab Beispiele für einen leichtfertigen Umgang mit dem Thema «Krieg». Dazu gehört die Politik Jakob Stämpflis während der Auseinandersetzung mit Napoleon III., als die Landesregierung einen Truppeneinmarsch in Nord-Savoyen erwog. Über die Grenzen hinaus erregten die Thesen von Bundesrat Emil Frey Anstoss, für den die Neutralität im Frieden eine lästige Fessel war. Sein Kredo: Die souveräne Schweiz könne auch im Falle eines Krieges zwischen Nachbarn frei entscheiden, ob sie neutral bleiben oder sich am Konflikt beteiligen wolle. Frey liess sich seine Auffassung durch eine Studie des ehemaligen Nationalrats Simon Kayser bestätigen, die rasch in die Hände ausländischer Diplomaten geriet. Der französische Botschafter Barrère, der sich vorher schon mit der Person des deutschfreundlichen Obersten Ulrich Wille auseinandergesetzt hatte, schrieb im Mai 1896 an seinen Aussenminister: «On a vu avec stupeur un fonctionnaire fédéral, M. Kayser, publier, sous les auspices du conseiller fédéral Frey, une brochure pour démontrer que la neutralité à l'égard de la Suisse était une servitude pour les puissances étrangères mais nullement pour la Suisse elle-même; que celle-ci avait le droit de faire la guerre ou de prendre parti dans une guerre européenne et cette thèse a été bruyamment appuyée par les organes du militarisme.»[268] Die Meinung, dass die ausländischen Mächte die schweizerische Neutralität zu respektieren hätten, die Eidgenossenschaft selber in ihren Entscheidungen aber frei sei, stellte das Wohlwollen der Diplomaten auf eine harte Probe. Man wusste immerhin, dass nicht alle Bundesräte den kriegerischen Parolen ihres Kollegen folgten.

Emil Frey fand mit seiner Doktrin Beifall bei den Armeeführern. Der Genie-Oberst Robert Weber stellte in einer Broschüre die Neutralität in Frage, da sie die Entschlussfreiheit beeinträchtige. Die Schweiz könne sich im Falle einer europäischen Auseinandersetzung nicht hinter einer «chinesischen Neutralitätsmauer» verbergen. Arnold Keller, Chef des Generalstabs, fand, die Neutralität als Kriegszweck sei zu eng gefasst.[269] Auch er wünschte sich mehr Bewegungsfreiheit in Bezug auf Krieg und Frieden.

Das «Recht auf Krieg» sass fest in den Köpfen schweizerischer Politiker und Diplomaten. Während des Silvestrelli-Handels glaubte Charles Lardy, der Gesandte in Paris, die Gelegenheit sei günstig, den oft beschworenen Krieg mit Italien vom Zaun zu brechen. Man müsse «aus der Neutralität heraustreten».[270] Im Jahre 1912 dozierte Bundespräsident Ludwig Forrer seinem Kollegen Arthur Hoffmann, eine aktive Beteiligung der Schweiz an einem Krieg zwischen Nachbarstaaten sei weder in Theorie noch in Praxis ausgeschlossen, wenn auch eher unwahrscheinlich.[271]

Der Umgang mit dem zukünftigen Krieg war für die Zeitgenossen mehr eine Frage der Mentalität als des Völkerrechts. Krieg war in der rechtsphilosophischen Tradition von Hegel keine rein militärische Angelegenheit, sondern ein notwendiger Teil der Staatsentwicklung. Er hatte unter anderem eine erzieherische Funktion und somit ein «hohes sittliches Moment», denn er forderte vom Bürger unbedingte Hingabe. Hegel, der auf dem Weg über die deutschen Universitäten das Denken in der Schweiz beeinflusste, schrieb über den unvermeidlichen Kampf der Nationen: «Jedes Volk hat ... eine ganz bestimmte Eigenart, der ein bestimmtes ‹Prinzip› entspricht, welches die Nation in der Weltgeschichte zu verwirklichen, zur Herrschaft zu bringen, auszubreiten und durchzusetzen hat. Den objektiven Zusammenhang dieser Prinzipien stellt der Weltgeist dar. Er wird verwirklicht durch die physischen und geistigen Höchstleistungen, die der Kampf zwischen den Völkern auslöst, und zwar jeweilig durch die derzeit ‹mächtigste› Nation, die deshalb das höchste, das Recht des Weltgeistes hat.»[272]

Das war die philosophische Umschreibung einer auf dem Recht des Stärkeren beruhenden Weltordnung. Sie mochte den deutschen Imperialismus auf seinem Siegeszug als nützliche Fussnote begleiten, für ein kleines Land wie die Schweiz bot sie schlechte Perspektiven. Auch der Lehrer des Völkerrechts Johann Caspar Bluntschli hatte sich in ähnlicher Weise geäussert. Er räumte seiner ehemaligen Heimat eine gewisse Existenzberechtigung ein, machte aber deutlich, dass das Recht des Stärkeren einem Gottesurteil gleichkam.[273]

In der Schweiz begab man sich üblicherweise nicht auf staatsphilosophisches Glatteis. Pragmatismus war geboten. Wie man über Krieg und Frieden zu denken hatte, wurde nach dem Deutsch-Französischen Krieg von deutschen Autoren doziert. In diesen Zusammenhang gehört der oft zitierte Brief, den Helmuth von Moltke am 11. Dezember 1882 Johann Caspar Bluntschli sandte und der die Kriegsphilosophie des alten Generals enthielt: «Zunächst würdige ich vollkommen das menschenfreundliche Bestreben, die Leiden zu mildern, welche der Krieg mit sich führt. Der ewige Friede ist ein Traum, und nicht einmal ein schöner, und die Kriege ein Glied in Gottes Weltordnung. (…) Ohne den Krieg würde die Welt in Materialismus versumpfen.»[274]

Was in diesen Jahren in der Schweiz an militärischem Denken und an Kriegsdeutung entwickelt wurde, bewegte sich in einem von deutschen Militärschriftstellern vorgegebenen Rahmen. Man äusserte sich meist dann, wenn konkrete Anliegen oder Vorfälle zur Debatte standen.[275] Sucht man nach den ideologischen Grundlagen, so findet man im militärpolitischen Diskurs Elemente unterschiedlicher Herkunft. Es gibt Ansätze, die auf die deutsche Romantik und den Idealismus zurückgehen. Stets ist das politisch-soziale Denken Hegels erkennbar, das die Aufopferung des Individuums für den Staat verlangt. Dazwischen stehen Thesen, die dem Sozialdarwinismus zuzuordnen sind.

Aus diesen Vorgaben eine Doktrin zu entwickeln, die für eine kleine Republik tauglich war, kam der Quadratur des Kreises gleich. Konsens bestand darüber, dass die neutrale Schweiz ihre Souveränität gegen jeden Angreifer zu verteidigen habe, und dass sie dafür eine Armee benötigte. Politische Festredner sprachen vom «Volk in Waffen» und beriefen sich auf eine kriegerische Vergangenheit, die etliche Jahrhunderte zurück lag. Mit den kantonalen Truppen der Eidgenossenschaft von 1815 war kein Staat zu machen. Selbst der Sonderbundskrieg war nach militärischen Kriterien eine Veranstaltung von bescheidener Güte. Es blieben die Soldtruppen in Neapel und im Kirchenstaat, die mit der Realität des Kriegs vertraut waren. Doch die Regimenter im Dienste von weltlichen und kirchlichen Potentaten lagen nach der Bundesgründung quer in der politischen Landschaft.[276] Mit ihrem Paradedrill und den schematisch eingeübten Kampfverfahren konnten sie den kantonalen Milizen nicht als Vorbild dienen. Nach der unter peinlichen Umständen vollzogenen Auflösung der Söldnerverbände kehrten zahlreiche Offiziere in die Heimat zurück, wo sie ihre Erfahrungen mit unterschiedlichem Erfolg in die Armee einbrachten. Dem Formalismus der alten Berufsheere verhaftet, betätigten sie sich in der Instruktion, waren aber als Truppenführer in den eidgenössischen Militärstrukturen nur bedingt geeignet. Einzelne Solddienst-Offiziere gelangten in der Schweiz in hohe Funktionen, so zum Beispiel Oberstdivisionär Alphons Pfyffer von Altishofen, Chef der Generalstabsabteilung von 1882 bis 1890, und Oberst Karl von Elgger, Instruktor und Militärschriftsteller.[277]

Der im späten 19. Jahrhundert in Europa wahrnehmbare Wandel in der Deutung des Krieges hing eng zusammen mit der Waffenentwicklung und den daraus entstehenden neuen Kampfverfahren.[278] In der Schweiz gab man sich – traditionell zurückhaltend und bedächtig – darüber Rechenschaft, dass eine Anpassung an die Anforderungen der Gegenwart unvermeidlich war. Wie das zu geschehen hatte, blieb während eines halben Jahrhunderts umstritten. Es stellte sich die Frage, ob ein Kleinstaat im Zeitalter der Massenheere militärisch noch bestehen könne. Dann trat das Verhältnis zwischen Soldat und Staatsbürger in den Mittelpunkt der Debatten. Die «kriegerischen Nationaleigenschaften» der Schweizer Männer genügten, sofern überhaupt vorhanden, gegenüber den neuen Bedrohungsformen nicht mehr.

Die Kriege von 1866 und 1870/71 machten den Umbruch sichtbar, der sich auf Grund der revolutionären Waffenentwicklung vollzog. Repetiergewehr, Hinterladergeschütze mit gezogenen Rohren, neue Munitionsarten und Mitrailleusen vervielfachten die Feuerwirkung. Das Ergebnis war die sogenannte «Revolutionierung des Schlachtfeldes». An die Stelle der nach starrem Schema manövrierenden geschlossenen Kolonnen und Verbände traten offene Formationen und lose Schützenlinien. Im Kampf bewegten sich nicht mehr kompakte Bataillone, sondern Kompanien. Das bedeutete wiederum, dass die untere Führung aus den dicht gedrängten Reihen heraustrat und eigene Initiative entwickelte. Wo früher in Reglementen verankertes Handeln verordnet war, agierten die Offiziere nun freier nach Befehlen, die von den Anführern je nach Umständen gegeben wurden. Die preussische Armee gab mit ihren Siegen die Richtung vor.

Es ist verständlich, dass man in der Schweiz gebannt auf das deutsche Modell blickte. Die kantonalen Kontingente der Armee hatten sich bisher mit unterschiedlichem Erfolg bemüht, das Milizsystem mit dem europäischen Standard der Heere in Monarchien in Einklang zu bringen.[279] Daneben wurde häufig von Volksbewaffnung und Volksheer gesprochen, was in letzter Konsequenz die Auflösung grösserer Verbände und reine Territorialverteidigung bedeutet hätte. In diesem Diskurs fielen nach 1871 die gesellschaftspolitischen Argumente ins Gewicht. In den Kreisen der Grütlianer setzte man sich gegen den preussischen Einfluss und gegen einen vom gemeinen Volk abgehobenen Offiziersstand zur Wehr. Doch die Berufung auf alteidgenössische Kriegstugenden reichte nicht aus, um die vorhandenen militärischen Strukturen aufzulösen. Ein derartiger Akt wäre der allgemeinen Entwicklung in Europa zuwider gelaufen und hätte ein weiterum belächeltes Kuriosum geschaffen. Der Disput um soldatische Disziplin und freies Bürgertum stand noch bevor.

Von den frühen sechziger Jahren an prägten zwei Publizisten den militärischen Diskurs in der Schweiz: Der ehemalige preussische Oberst Wilhelm Rüstow und der Aarauer Emil Rothpletz.[280] Beide standen im Banne des preussischen militärischen Denkens, wichen aber durch radikal-liberale und demokratische Ansichten von der politischen Tradition in Deutschland ab. Der Preusse Rüstow hatte sich zu den Zielen der Bewegung von 1848 bekannt, war verurteilt worden und aus der Festungshaft in die Schweiz geflohen. Im Jahre 1860 diente er Garibaldi beim Sizilien-Handstreich während kurzer Zeit als Stabschef. In der schweizerischen Armee betätigte er sich gelegentlich als Instruktor, verdiente seinen Lebensunterhalt mit militärpolitischen Schriften, Vorlesungen am Eidgenössischen Polytechnikum und Gutachten, so zum Beispiel im Falle des Konflikts um Nord-Savoyen. Für Rüstow bildete der Krieg – ein naturgewollter physisch-moralischer Kampf – die Grundlage der Staatsexistenz. Dabei ging das Alte zu Grunde, Neues und Schönes entstand. Wilhelm Rüstow bekundete trotz seiner Neigung zur Demokratie Mühe, sich mit seinen theoretischen Konstruktionen in das politische Denken seiner Wahlheimat einzufügen. Seine Überlegungen zeugten vom Konflikt zwischen dem kriegerischen Genügen und den Anforderungen einer Republik freier Bürger. Die Biographie Rüstows belegt in tragischer Weise diesen Zwiespalt. Als der Lehrstuhl für Militärwissenschaften an der ETH nicht ihm, sondern Rothpletz übertragen wurde, setzte er seinem Leben ein Ende.

Sein Kontrahent Emil Rothpletz, Oberst im Armeestab und seit 1875 Kommandant der neu gebildeten 5. Division, stammte politisch aus dem Aargauer Radikalismus, der besonders eng mit der Milizarmee verbunden war. Er hatte sich im Jahre 1848 in Berlin am Aufstand der Bürgerwehren beteiligt, war aber nach der Niederlage glimpflich davongekommen. Er reiste mit politischen und militärischen Erfahrungen nach Hause. Später war er unschlüssig, ob er sein Leben als Maler oder als Militär zubringen sollte, denn er sah in beiden Betätigungen eine patriotische Aufgabe. Im Jahre 1864 begab er sich im Auftrag des Bundesrats auf den deutsch-dänischen Kriegsschauplatz in Schleswig-Holstein. Zwei Jahre danach beobachtete er den preussischen Vorstoss in Süddeutschland. Von da an gab es für Rothpletz nur noch die militärische Laufbahn. In systematischen Analysen untersuchte er die Bedingungen der schweizerischen Landesverteidigung und redigierte Reglemente der Artillerie. Er nahm für sich in Anspruch, als erster den Krieg von einem republikanischen Standpunkt aus zu deuten, wenn auch die deutschen Erfahrungen in seinen Theorien gegenwärtig blieben. Nach seinem Staatsverständnis waren die Schweizer Bürger mit geschichtlicher Notwendigkeit zum Soldatentum bestimmt. Der Krieg war ein Kampf um die Staatsexistenz: «Der Krieg als blosse siegreiche Schlächterei ist für die Zukunft werthlos, nur der Kampf als Mittel der Politik eines lebensfähigen Staates bringt den erfolgreichen Sieg.»

Für Rothpletz war der Krieg nicht eine Angelegenheit von Bürgerwehren. Er dachte an eine Militarisierung des ganzen Lebens, die schon in der Schule beginnen sollte. Dabei hatte er vermutlich die aargauischen Kadettenkorps vor Augen, welche die Jugend schon in frühen Jahren mit militärischen Formen bekannt machten. Dem monarchischen Militärstaat setzte er eine Militärrepublik entgegen, deren Bürger aus patriotischer Motivation heraus gute Soldaten waren. Mit seinem Konzept schuf er ein Leitbild für die sogenannte Nationale Richtung im Offizierskorps, die auf bürgerlicher Basis eine kriegstaugliche Armee schaffen wollte.[281] Die Betätigung des Bürgers in der Milizarmee war in dieser Sicht ein sichtbares Zeichen für staatstragende Tugenden.

In den neunziger Jahren kam es im Offizierskorps zur Auseinandersetzung zwischen der Nationalen Richtung und einer Bewegung, die sich als die «Neue Richtung» bezeichnete. Von preussischem Geist und deutschen Erfolgen inspiriert, forderte Oberst Ulrich Wille, Wortführer einer Gruppe von Offizieren, für die Armee ein neues Weltbild. Im heftigen Disput wurden von Wille unablässig drei Stichworte vorgebracht: Disziplin, Subordination und Kriegsgenügen.[282] Seine Forderungen, die unter dem Titel «Neuer Geist» daherkamen, veränderten Denken und Habitus der schweizerischen Miliz bis zum Ersten Weltkrieg in entscheidender Weise.

Im militärpolitischen Diskurs Ulrich Willes stand die «Erschaffung von Kriegstüchtigkeit» an erster Stelle. Auf seinem Weg nahm er alle denkbaren Konflikte in Kauf und entfernte sich wenn nötig auch von den staatspolitischen Regeln der Demokratie. So schrieb er in einem seiner zahlreichen Artikel über «verkehrte Auffassungen»: «Die demokratische Republik war zu allen Zeiten der Nährboden verkehrter Auffassungen auf diesem Gebiet, und des trotzigen Glaubens, sie hätte bei Erschaffung der Kriegstüchtigkeit das Recht, einen massgebenden Einfluss auszuüben. In erhöhtem Masse wird dies der Fall sein, wenn Staat und Volk in langem, glücklichem Frieden leben, und das Volk bezüglich seiner staatlichen Verhältnisse sehr konservativer Gesinnung ist. Darin liegt der Grund, dass über Gestaltung und Betrieb unseres Wehrwesens gewisse Anschauungen Geltung haben wollen, die es unmöglich machen, den Grad von Kriegsgenügen zu erreichen, der sonst möglich wäre, und der erreicht werden muss.»[283]

Der Staatsbürger hatte nach dieser Doktrin seine zivilen Rechte und Vorstellungen abzulegen, sobald er die Uniform anzog. Absolute Subordination war gefordert: «Für die militärischen Verhältnisse genügt es nicht, dass der Untergebene seinem Vorgesetzten gehorcht, weil er in ihm einen tüchtigen Mann erkannt hat. Das geht den Untergebenen nichts an, sondern weil jener sein Vorgesetzter ist, deswegen hat er ihm zu gehorchen und deswegen hat er ihm auch als der Tüchtigere zu gelten.»[284] Der blinde Gehorsam war nur zu erreichen, wenn auf der andern Seite die Offiziere die Unterwerfung ihrer Untergebenen bis zur äussersten Konsequenz verlangten.[285]

Man konnte der Nationalen Richtung nicht vorwerfen, sie propagiere eine Armee mit lockeren Umgangsformen. Anderseits war die Disziplin nicht so rigoros, wie es Wille forderte. Die sogenannten «politischen Obersten» setzten den Bürger über den Soldaten und hofften, dass aus dieser heiklen Verbindung eine kriegstüchtige Armee entstehe. Nun gab es in einer Miliz Überschneidungen und Abhängigkeiten zwischen dem zivilen und dem militärischen Bereich. Die Neue Richtung erkannte darin eine Gefahr für die Stellung der Offiziere, denn die hierarchischen Strukturen konnten durch private Rücksichten beschädigt werden.[286]

Wille legte Wert auf eine scharfe Trennung zwischen den Offiziersgraden und der Mannschaft. Während die Nationale Richtung im Status des Vorgesetzten gewissermassen ein Ehrenamt erkannte, verlangte der «neue Geist» einen eigenen Stand für die Offiziere. Die Rangunterschiede mussten sichtbar sein. Das galt für die Uniform wie für das Auftreten: «Es ist ganz natürlich, dass sich beim Milizsystem die bürgerlichen Beziehungen der Wehrmänner im Militärdienst immer fühlbar machen und die gebotene Aufrechterhaltung der rein militärischen Beziehungen erschweren. Es widerspricht unserer menschlichen Natur, jemandem in stummem Gehorsam gegenüberzustehen, mit dem wir einst in ganz andern Beziehungen gelebt haben. Da nun aber der Krieg das spezifisch militärische Subordinationsverhältnis als Grundlage des Erfolges fordert, so muss man bei Erschaffung des Milizheeres eher trachten, den das Gehorchen erleichternden Rangunterschied zu pflegen.»[287]

Für den späteren General war die preussische Armee von 1866 und 1870 massgebend, wenn er von Kriegsgenügen sprach. Nach seiner Meinung wurden Soldaten im deutschen Heer erzogen, in Frankreich und England gedrillt. Dabei entwickelte er ein idealistisches Bild vom soldatischen «Manneswesen», das im Krieg entscheidender sei als moderne Waffen und neue Kampfverfahren. Wille blieb bei dieser simplen Vision bis an sein Lebensende, ohne dass ihn die Materialschlachten des Ersten Weltkrieges zu einer anderen Erkenntnis gebracht hätten. In früheren Jahren hatte er in der preussischen Armee Dienst geleistet und dabei an gewissen Umgangsformen Anstoss genommen. So widerte ihn das «chinesische Mandarinentum» der Aristokratie und der Junker an. Als peinlich empfand er die körperlichen Misshandlungen der Soldaten durch die Unteroffiziere: «… ohrfeigen, an den Ohren reissen, den Helm auf die Nase schlagen geschieht täglich hundertmal.»[288] Wille wandte sich auch in der Schweiz gegen Attacken von Offizieren auf die Mannschaft, fand aber, derartige Vorfälle seien selten. An der absoluten Subordination dürfe deswegen nicht gerüttelt werden.

Ulrich Wille kämpfte für seine Thesen nicht nur in der Armee, sondern als wortgewandter Publizist ebenso in Zeitungen und Zeitschriften. Es ging nicht allein um sachliche Differenzen, sondern auch um persönliche Feindschaften. Einige politische Obersten, die zu den Gegnern zählten, sassen in Aarau, so etwa der Sanitätsoberst Heinrich Bircher, Vater des späteren Oberstdivisionärs Eugen Bircher. Als Ulrich Wille, Waffenchef der Kavallerie, in den neunziger Jahren die Beförderung des Aarauer Obersten Traugott Markwalder nicht verhindern konnte, trat er von seinem Amt zurück und verabschiedete sich vom Instruktionsdienst. Er liess im Fall Markwalder gegenüber der vorgesetzten Behörde eben jene Disziplin vermissen, die er von der ganzen Armee verlangte.

Am Disput beteiligte sich an der Seite von Oberst Wille mit polemischen Tönen Major Fritz Gertsch. Der Zürcher Offizier hatte sich als Instruktor der Gotthardinfanterie durch üble Schikanen einen schlechten Ruf eingehandelt und war nach einer Untersuchung aus der Division entfernt worden. Auf Verweise reagierte er mit massloser Polemik. In seiner mehrmals aufgelegten Schrift «Disciplin! oder Abrüsten!» sprach er der schweizerischen Armee jegliche Kriegstüchtigkeit ab. Damit verbreitete er eine These, die von Ulrich Wille in diskreterer Formulierung immer wieder vorgebracht wurde. Es war nicht zu übersehen: Im Spiel der beiden Offiziere war Gertsch für das Grobe zuständig. So brauchte sich Wille nicht in jedem Fall aus der Deckung hervorzuwagen. Mit der Schrift des Cholerikers Gertsch war er grundsätzlich einverstanden. Er verglich sie sogar mit den Thesen Luthers an der Schlosskirche von Wittenberg. Wille verlangte vom Vorsteher des Militärdepartements, er solle im Parlament die Armee als «kriegsuntauglich» erklären.[289] Fritz Gertsch, in seinem Verhalten ein Muster an Disziplinlosigkeit, konnte sich unter der wirksamen Protektion seines Gönners etliche Extravaganzen leisten.

Die Nationale Richtung reagierte scharf auf die Broschüre «Disciplin! oder Abrüsten!» Gewisse Mängel im Bereich der Disziplin wurden eingeräumt, aber man sprach auch von Taktlosigkeit und frivoler Verleumdung. Als Kritiker Willes, den man als Mentor im Hintergrund sah, trat der Aarauer Arnold Künzli auf, Sprecher der nationalrätlichen Geschäftsprüfungskommission und in seinen vielfältigen Funktionen das Urbild eines politischen Obersten.

Die Auseinandersetzung zwischen den beiden Richtungen beschränkte sich nicht auf Theorien. Zur Debatte standen konkrete Fragen. Die Vertreter einer traditionellen, mit dem politischen System konformen Armee dachten immer noch an den «Volkskrieg», der das ganze Land mobilisieren und die demokratische Überzeugung in militärische Kraft umsetzen würde. In dieses Bild gehörte der Landsturm, den man an der ersten Haager Friedenskonferenz als bunte Freischärlergarde betrachtet hatte, die ausserhalb des internationalen Kriegsrechts stand. So war die seinerzeit belächelte Rede des Obersten Arnold Künzli an der ersten Haager Friedenskonferenz, die von den tapferen Frauen und Männern im Grauholz handelte, ein Plädoyer für die nationale Richtung.

Die oft beschworene Vision vom Volk in Waffen war für die Neue Richtung ein durch die Anforderungen eines modernen Krieges überholtes Relikt. Ulrich Wille, der stets von der Erziehung der Soldaten sprach, glaubte nicht, dass man die älteren Jahrgänge von Landwehr und Landsturm noch «erziehen» könne. In seinem Konzept einer kriegstüchtigen Armee hatten sie keinen Platz. Für ihn und seine Gesinnungsgenossen war die Berufung auf die «Nationaleigenschaften» der Schweizer nicht mehr als ein Alibi, das einen nachlässigen Dienstbetrieb rechtfertigen sollte.

Der Richtungsstreit war auch eine Generationenfrage. Die nach oben drängenden jungen Offiziere fanden Gefallen an dem von Preussen beeinflussten Modell,

431

das ihnen unter anderem einen von der Menge abgehobenen Stand zusicherte. Man sprach vom selbstgefälligen «Gigerltum», mit dem sich Subalternoffiziere von ihrer Mannschaft abgrenzten. Willes «neuer Geist» waltete nicht nur in der Deutschschweiz. Höhere Offiziere aus der Westschweiz bekannten sich anfänglich dazu, so etwa Oberstdivisionär Edouard Secretan, später als Nationalrat und Chefredaktor der «Gazette de Lausanne» ein gefährlicher Gegner von General Wille. Einen preussischen Kurs steuerte auch der Generalstabsoffizier Treytorrens de Loys, im Ersten Weltkrieg Kommandant der 2. Division.

Nach der Jahrhundertwende geriet die Nationale Richtung in Bedrängnis. Ihre Vorstellung vom Volk in Waffen war nicht allzu weit von jener der Grütlianer entfernt, die sich innerhalb der Sozialdemokratie gegen die antimilitaristischen Tendenzen zur Wehr setzten. Eine Aufgabe, die schwer zu erfüllen war, nachdem die Armee immer häufiger gegen streikende Arbeiter eingesetzt wurde und somit im Klassenkampf einer Seite zu dienen hatte. Die politischen Obersten der Nationalen Richtung gehörten meist dem Freisinn an. Es war peinlich, wenn sie in den Verdacht einer Kumpanei mit Sozialdemokraten gerieten. Als die sozialdemokratische Partei im Jahre 1903 auf eine marxistische Linie einschwenkte, war an einen Schulterschluss nicht mehr zu denken.

Die Anhänger Willes beherrschen inzwischen das publizistische Einmaleins perfekt und drängten ihre Widersacher in die Defensive. Wiederum ging es mehr um Personen als um Sachfragen. In der «Züricher Post» erschien im Jahre 1903 eine Reihe von Beiträgen eines unbekannten Generalstabsoffiziers, die als «Hydra-Artikel» bezeichnet wurden.[290] Jahrzehnte später erfuhr man, dass das Pamphlet von Emil Richard, einem Gefolgsmann Ulrich Willes stammte. Der Text zielte direkt auf die wichtigsten Vertreter der Nationalen Richtung, die in der eidgenössischen Militäradministration einflussreiche Stellen besetzten. Dabei drehte der Verfasser den Spiess um und stellte die Anhänger der Neuen Richtung als Opfer dar. Er sprach von menschenunwürdiger Behandlung der Instruktionsoffiziere, die den Milizverbänden den «neuen Geist» beibringen wollten. Als «Misshandlung» wurden Rügen gedeutet, welche gegen die Instruktoren wegen Schikanen gegenüber der Mannschaft ausgesprochen wurden.

Die Wirkung der Hydra-Artikel war beträchtlich. Oberst Hugo Hungerbühler, Waffenchef der Infanterie, suchte um Entlassung nach. Vor ihm war bereits der Waffenchef der Kavallerie, Oberst Traugott Markwalder – ein Gegner Willes auch er – wegen finanziellen Unregelmässigkeiten aus dem Amt geschieden. Zwei Jahre später trat Oberstdivisionär Arnold Keller, der von vielen Seiten angefochtene Chef der Generalstabsabteilung, unter peinlichen Umständen zurück. Hungerbühler hatte die Bedenken der Nationalen Richtung krass formuliert: «Der Himmel bewahre unser Land vor Truppenführern, die nichts anderes sind als nur Soldaten!»

Willes «neuer Geist» machte manche Schwächen des traditionellen Systems sichtbar. Etliche Mängel wurden behoben, doch gegen menschliche Unzulänglichkeiten kam man auch mit preussischer Disziplin nicht an. Die Neue Richtung war nicht ohne Fehl und Tadel. Wenn Ulrich Wille als Oberbefehlshaber der Armee im Ersten Weltkrieg Fehler zur Kenntnis nehmen musste, griff er zur üblichen Formel und sprach von mangelnder soldatischer Erziehung und falschen Auffassungen. Er bekannte sich wohl oder übel zum Milizsystem, denn er wusste, dass in der Schweiz keine andere Lösung möglich war. Doch sollte diese Miliz nach dem Muster des preussischen Heeres beschaffen sein, ein Widerspruch, der Wille lebenslänglich begleitete. Von daher ergab sich ein gespaltenes Verhältnis zur Demokratie, die für den absoluten Kriegsbegriff Willes ein Hindernis war. Bei seiner Forderung nach Kriegsgenügen suchte er den «männlichen Soldaten», nicht den Bürger in Uniform.

In einem Artikel über das «Standesbewusstsein der Offiziere» schrieb der Reformer: «Die grosse Schwäche jeder Miliz ist die geringe Vorgesetztenautorität. Das Übel unserer Armee ist nicht Gewaltmissbrauch der Vorgesetzten, sondern das Gegenteil davon. So weit Versuche zum Gewaltmissbrauch vorkommen, sind sie mühelos wegzuschaffen, sie sind nie so schlimm, wie im bürgerlichen Leben im Verkehr des rohen Mannes mit Frau und Kind, mit Lehrbuben und Verdingknaben tagtäglich vorkommen, ohne dass diejenigen, die über Soldatenmisshandlungen zetern, den Kopf danach umdrehen. Ungenügende Vorgesetztenautorität gänzlich aus der Armee herauszubringen, ist die Bedingung der Kriegsbrauchbarkeit; gelingt es nicht, so ist es schade ums Geld.»[291] In diesem Zusammenhang sprach Wille von wunderlichen Erlassen, die sich gegen die Disziplin auswirkten. Es bestehe zum Beispiel ein Befehl, «im Wehrmann den ‹Bürger› zu respektieren», und ein anderer, der am Schluss des Dienstes die Truppe zum Vorbringen von Beschwerden aufforder. Über derartige Absurditäten konnte Ulrich Wille nur den Kopf schütteln.

Für den General der Schweizer Armee im Ersten Weltkrieg gab es ein Axiom: Krieg war ein notwendiges Purgatorium für die erschlaffte bürgerliche Gesellschaft. Krieg war ein Gradmesser für die kulturelle Höhe einer Nation, die sich im Kriegsgenügen manifestierte. Das galt auch für die Eidgenossenschaft, deren Tauglichkeit in der Weltgeschichte nach dieser Philosophie von der Kriegstüchtigkeit des Heeres abhing. Im Denkprozess von Ulrich Wille stellte die Armee den demokratischen Staat auf den Prüfstand. Eine Nation, die kein brauchbares Heer auf die Beine brachte, hatte vermutlich die falsche Staatsform gewählt. Im «kommenden allgemeinen Krieg», der nach Wille nicht zu vermeiden war, sollten die zum «Manneswesen» erzogenen Soldaten ihre Fähigkeit beweisen, «die Wirkung der Waffen des Gegners entschlossen und überlegt zu verachten …, denn nur durch die eingeübte Entschlossenheit, siegen zu wollen, kann die sonst unvermeidliche Inferiorität ausgeglichen werden.»[292]

Eine unerfreuliche Perspektive für die schweizerische Miliz. Der zukünftige General tadelte die in allen Armeen überhandnehmende Verlustscheu, die trotz gesteigerter Waffenwirkung nicht gerechtfertigt sei. Damit verharrte Wille bei einer menschenverachtenden Deutung des Krieges, die immer noch auf die glorreichen preussischen Kolonnen von 1870 fixiert war.

Die Vision vom Krieg der Zukunft war somit in der schweizerischen Armeeführung recht einseitig und mit dem Wesen der Republik nicht zu vereinbaren.

3 Die Befindlichkeit des Kleinstaats

Politik und Kultur: die Kraft der deutschen Mythen

Ob der Sieg über Frankreich von 1870/71 auch einen Triumph des deutschen Geistes bedeutete, wurde im folgenden Jahrzehnt in tiefsinnigen Abhandlungen erörtert. Einige Gelehrte verliehen den preussischen Husaren staatsmännische Würden. Die leichtfertig geübte Gleichsetzung von Krieg und Kultur erregte aber bei kritischen Zeitgenossen Bedenken. Der deutsche Theologe Franz Overbeck, Dozent an der Universität Basel und Freund von Friedrich Nietzsche, setzte in seinem Aufsatz über «David Strauss, Bekenner und Schriftsteller», zu einer unzeitgemässen Kritik an: «Ein grosser Sieg ist eine grosse Gefahr. Die menschliche Natur erträgt ihn schwerer als eine Niederlage. (…) Von allen schlimmen Folgen aber, die der letzte, mit Frankreich geführte Krieg hinter sich dreinzieht, ist vielleicht die schlimmste ein weitverbreiteter Irrtum: der Irrtum der öffentlichen Meinung und aller öffentlich Meinenden, dass auch die deutsche Kultur in jenem Kampfe gesiegt habe und deshalb jetzt mit Kränzen geschmückt werden müsse, die so ausserordentlichen Begebnissen und Erfolgen gemäss seien. Dieser Wahn ist höchst verderblich.»[1] Der Historiker Heinrich von Treitschke reagierte wütend auf die Vermutung Overbecks, die Deutschen seien nicht imstande, einen Sieg zu ertragen. Es handle sich bei der Kritik des Theologen um «unfruchtbaren Hochmut und ruchlosen Pessimismus».

Auch mit der Gründung des Kaiserreichs bekundeten kritische Geister einige Mühe, denn eine Anbindung ans Mittelalter liess sich mit dem protestantischen Geist Preussens nicht vereinbaren. Selbst Richard Wagner, der in seinen Visionen ein deutsches Reich beschwor, konnte sich mit der Schöpfung Bismarcks nicht so recht anfreunden. Er fand den neuen Staat banal und stillos, und es wurde ihm «sonderbar zumute». Später sprach der Philosoph Helmuth Plessner von einer «Grossmacht ohne Staatsidee».[2] Die Realpolitik des Reichskanzlers entzog sich in der Tat staatsphilosophischen Deutungen. Es fehlte, wie der Historiker Theodor Schieder meinte, die «revolutionäre Intelligenz im Kaiserreich». Das mochte dem Pragmatiker Bismarck recht sein, denn nach der kleindeutschen Reichsgründung war der Kanzler auf die politische Festigung der erreichten Positionen bedacht.

Die spätern Ausflüge Wilhelms II. in eine deutschnationale Weltpolitik wurden begleitet von einem vielstimmigen Chor von Professoren und Schulmeistern, die deutschen Geist und die Überlegenheit des deutschen Menschen innerhalb des menschlichen Geschlechts dozierten. Im einen wie im andern Fall war eine Bindung zwischen Geist und Nation nur schwer zu erkennen, doch das mit mystischem Brimborium geschmückte Dogma hielt sich bis zum Ersten Weltkrieg. Selbst ein kritischer Beobachter wie Theodor Fontane zeigte sich befangen, als er nach einer

Erklärung für das renitente Verhalten der Elsässer bei ihrer Eingliederung in das Deutsche Reich suchte. Nach seiner Reise zu den Schlachtfeldern des Deutsch-Französischen Krieges schrieb er: «Es gibt ein Geistiges, das über das Nationale geht; das soll unbestritten sein; und so könnte es denn (unter Umständen) einen Sinn und eine sittliche Berechtigung haben, wenn sich die Elsässer darauf steiften, ‹die besten Franzosen› zu sein. Aber nur blinder Dünkel und verstockte Unkenntnis können im gegenwärtigen Augenblick behaupten, dass dieses Geistige in Frankreich mehr seine Stätte habe als in Deutschland.»[3]

Die Nationalisierung aller Lebensbereiche war keine deutsche Besonderheit, denn sie wurde mit mehr oder weniger grossem Erfolg in ganz Europa angestrebt. Von Nationalliteratur und nationaler Kunst sprach man auch in der Schweiz, doch es übten sich darin Schriftsteller und Kunstbeflissene minderer Güte. Die spöttischen Kommentare Gottfried Kellers über die Dichterhallen-Wut der aus dem Reich eingewanderten Literaten sind bekannt. Patriotische Aufmunterung durch fremde Animatoren war geläufig.

In Frankreich fehlte es nicht an chauvinistischen Erzeugnissen in Literatur und Geistesleben, aber der Anschluss an die reale Politik war jeweils von kurzer Dauer. In der Republik mit ihren stets wechselnden Regierungen und politischen Strömungen war der übersteigerte Patriotismus meist eine Domäne der Opposition. Die entsprechenden Bewegungen überschritten selten die Grenzen des Landes und wurden kaum als Manifestationen des französischen Staates verstanden. So blieb beispielsweise die Ausstrahlung der «Action française» in der Schweiz bescheiden. Es gab keine wirksame staatliche Lenkung der Kultur. In Deutschland hingegen war ein System entstanden, das mit wissenschaftlichem und künstlerischem Anspruch auftrat und mit autoritären Mechanismen Kulturpolitik betrieb.

Im Deutschen Kaiserreich waren Wissenschaft, Kunst und Literatur national eingebunden. Hervorragende wissenschaftliche Schöpfungen standen neben mediokren Leistungen. Erfolge wurden ohne Umstände dem Staat gutgeschrieben. An die Stelle staatsphilosophischer Normen traten solide Gemeinplätze, die beim deutschen Publikum Anklang fanden. Einige angenommene Gewissheiten mochten die Richtung weisen. Ausgangspunkt für die Wiedergeburt Deutschlands war die Romantik. Für das Verhältnis zwischen Staat, Gesellschaft und Bürger hatte Hegel die Zeichen gesetzt. Der Weg der Deutschen zu einem Status von Untertanen war vorgezeichnet. Den neuen Nationalstaat sah man als das notwendige Ergebnis der Historie, einer Geschichte, die wiederum eng an die nationale Politik gebunden blieb. Man hatte sich von der Aufklärung verabschiedet und schob die humanistische Tradition Deutschlands beiseite.

Unter diesen Vorzeichen kam das Bündnis zwischen Bildungsbürgertum und dem preussisch-deutschen Reich zustande. Auf dem Weg vom Staat Bismarcks zum mystischen Weltreich Wilhelms II. blieb die Unsicherheit über die geistigen Grundlagen der Nation bestehen. Man setzte die Signale von Volkstum und Sprache und steuerte unverdrossen durch die ideologischen Klippen. Das Deutsche Reich müsse das Geistesleben auf «völkische Grundlagen» stellen, verlangten im Jahre 1912 zweihundert Germanisten in einem Aufruf.[4] Die völkische Ausrichtung liess die geistigen Dimensionen vermissen, wie die «Zeitschrift für den deutschen Unterricht» im Jahre 1902 ohne Hemmungen zu erkennen gab: «Ein einziger Kanonenschuss ist mehr wert als tausend theoretische Bücher und Reden.»[5] Die Zeitschrift war nota bene auch Fachorgan der schweizerischen Deutschlehrer.

Politik und Geist begegneten sich in den Universitäten, die schon lange vor der Gründung des Kaiserreichs den Gedanken einer Einigung Deutschlands gepflegt hatten. Bis ins entscheidende Jahr 1866 wurde nicht unbedingt an eine preussische Führerschaft gedacht. Die regionale Ausrichtung der Universitäten – als Beispiele können München, Leipzig, Heidelberg und Freiburg im Breisgau gelten – blieb auch im neuen Reich bestehen. Der nationale Jubel erfasste zwar die akademischen Anstalten im ganzen Land, doch erlaubte die lange Zeit noch wirksame föderalistische Gliederung bis zu einem gewissen Grad abweichende politische Optionen. Solange sich die Debatten über den Staat im Rahmen der Hochschulen bewegten, durften sie auf die Toleranz der Reichsregierung zählen. Wenn man sich Beschränkungen auferlegte, war das eher ein Zeichen strenger nationaler Disziplin als ein Ergebnis der staatlichen Zensur. Von Revolution war ohnehin nicht mehr die Rede. Die antirepublikanische Wende im deutschen Geistesleben wurde nach der Einigung des Landes besonders deutlich.

In den deutschen Universitäten war man dennoch stolz auf die Freiheit der wissenschaftlichen Forschung, die als Leitmotiv präsentiert wurde. Damit grenzten sich die Hochschulen im Kaiserreich von den «höheren Abrichtungsanstalten Frankreichs» ab, die – so die Meinung in Deutschland – lediglich auf ein Brotstudium ausgerichtet waren.[6] Bestätigung für diese höhere Qualität der akademischen Schulen kam nach dem Deutsch-Französischen Krieg aus dem Nachbarland selber, wo Ernest Renan die Schuld an der Niederlage zum Teil auf das mangelhafte Schulsystem schob und die deutschen Universitäten als Vorbilder hinstellte.

Hochschulen im Deutschen Reich sollten aber auch der nationalen Selbstverwirklichung dienen, was konkret hiess, dass Wissenschaft letzten Endes «deutsch» zu sein hatte. Die Forderung mochte sich anfänglich harmlos ausnehmen, doch sie trug einen Widerspruch ins akademische System. Mit den Jahren erzeugte sie professoralen Chauvinismus, der sich immer weiter von der Freiheit der Forschung entfernte. Mancher Wissenschafter erkannte den Irrtum. Etliche bemühten sich, das Dilemma mit angestrengter Dialektik zu überwinden. Ein Beispiel findet sich in der «Geschichte der Deutschen Kunst» des bekannten Kunsthistorikers Georg Dehio.[7] In der Einleitung zu seinem Werk deutete der Gelehrte an, dass er keine Kunstwissenschaft – weder eine ästhetische noch eine psychologische – präsentieren wolle: «Wir aber haben es mit dem deutschen Menschen zu tun. (…) Die dieses Buch durchgehend beherrschende Frage lautet nicht: was erfahren wir durch die Deutschen über das Wesen der Kunst? sondern: was offenbart uns die Kunst vom Wesen der Deutschen?»

Der Zwiespalt zwischen Nation und Wissenschaft wird auch beim Soziologen und Volkswirtschafter Max Weber sichtbar, der stets für die «Wertfreiheit» der Sozialwissenschaften kämpfte und dennoch die Nationalisierung seines Fachgebiets forderte. Im Jahre 1895 dozierte er bei seiner Antrittsvorlesung in Freiburg im Breisgau zum Thema «Nationalstaat und Volkswirtschaftspolitik»: «Der Nationalstaat ist uns nicht ein unbekanntes Etwas, welches man umso höher zu stellen glaubt, je mehr man sein Wesen in mystisches Dunkel hält, sondern die weltliche Machtorganisation der Nation, und in diesem Nationalstaat ist für uns der letzte Wertmassstab auch der volkswirtschaftlichen Betrachtung die Staatsraison.»[8]

Direkten Zugriff auf den akademischen Bereich erlangte das Reich mit der Gründung der Universität von Strassburg.[9] Im Mai 1871 forderte der Reichstag nach ausführlicher Debatte den Reichskanzler auf, in Strassburg eine Universität zu errichten. Zwei Tendenzen standen sich gegenüber. Der Abgeordnete und Altphilologe Hermann Köchly, der früher in Zürich gelehrt und das Schweizer Bürgerrecht erworben hatte, dachte an eine internationale Universität, die im Grenzland zu Frankreich als intellektuelle und moralische Brücke zwischen zwei verfeindeten Nationen hätte dienen können. Dabei erwähnte er die Pläne für eine mehrsprachige eidgenössische Universität, ein Modell für die neue Hochschule. Doch der Gedanke war nicht zeitgemäss. Der Historiker Heinrich von Treitschke warb für eine deutsche Universität, die eine enge Bindung zwischen Wissenschaft und nationalem Volkstum schaffen sollte. Es entstand denn auch eine akademische Institution, die wie ein Fremdkörper in der elsässischen Landschaft stand. Vom Reichskanzleramt in Berlin wurde deutsches Nationalgefühl gesteuert, wobei man sich bewusst vom nahen Frankreich abgrenzte.

Der Aufbau der Universität Strassburg wurde mit so viel nationalem Pathos inszeniert, dass süddeutsche Politiker daran Anstoss nahmen, die sich zu Beginn für das Werk eingesetzt hatten. Zu ihnen gehörte der badische Innenminister Freiherr Franz von Roggenbach, der nach der Eröffnungsfeier vom Mai 1872 in einem Brief an Grossherzog Friedrich von Baden seine Bedenken äusserte. Die Unterstellung der neuen Universität unter das Reichskanzleramt nannte er einen «unheilbaren Grundfehler». Roggenbach stellte einen «Rückgang des deutschen Nationalcharakters» fest. Dieser Rückgang betreffe «besonders den Charakter und die Gesinnung der ohnehin so dünkelhaften und empfindlichen deutschen Gelehrten. Statt schlicht bei ihrem Berufe und ihrer ernsten pflichtgemässen Arbeit zu bleiben, halten die meisten der Herren sich befugt, beredsam in deutschem Chauvinismus Propaganda zu machen». Kritik übte auch der Basler Theologe Johann Heinrich Gelzer, einst Berater von König Friedrich Wilhelm IV. in Berlin. Gelzer gehörte wie Roggenbach zum engeren Kreis um den badischen Grossherzog. Nach der Feier in Strassburg meinte er: «Indessen wandelte mich gestern nachmittag wie vorgestern abend doch zuweilen ein Gefühl an, dass es dem Durchschnitt dieser Professoren, bei allem politischen und nationalen (oft phrasenhaften) Pathos an ethischer und religiöser Tiefe fehle, so dass ich zweifele, ob eine sittliche Regenerationskraft von diesem Katheder ausgehen werde.»[10]

Die Universität Strassburg, später Kaiser-Wilhelm-Universität genannt, pflegte insbesonders Geschichte, deutsche Sprache und Jurisprudenz. Die Professoren, die ins Elsass zogen, wussten sehr wohl, was man von ihnen erwartete. Sie waren bereit, nationale Töne anzustimmen. Nach Strassburg strebten auch deutsche Dozenten, die bisher in der Schweiz gelehrt hatten. Zu ihnen gehörte Adolf Gusserow, bei dessen Abschiedsfeier in Zürich Gottfried Keller ein peinliches Bekenntnis zum neuen Deutschen Reich abgelegte. Dem sogenannten Reichsland Elsass-Lothringen, einem staatsrechtlich fragwürdigen Gebilde, brachte die Universität Strassburg wenig Gewinn, denn sie kümmerte sich kaum um die Befindlichkeit der neuen deutschen Untertanen. Der Anteil der Studenten aus dem Elsass war denn auch verhältnismässig bescheiden.

Die Universität Strassburg sollte zu einer «Festung des deutschen Geistes gegen Frankreich» ausgebaut werden. Die Schaffung des kulturpolitischen Bollwerks ging Hand in Hand mit dem militärischen Festungsbau, der das Reichsland gegen französische Revanchegelüste absicherte. Die deutschen Gelehrten hatten «Colonistenarbeit an den widerwillig zurückgekehrten Brüdern in Elsass-Lothringen» zu verrichten.[11] Die Worte stammen vom österreichischen Germanisten Wilhelm Scherer, der im Jahre 1872 nach Strassburg berufen wurde. Scherer war ein typisches Beispiel eines Literaturwissenschafters, der in der germanistischen Philologie den «ewigen Deutschen» suchte. Dabei kam es zu rational kaum fassbaren Ausflügen in die Metaphysik. Für die Suche nach dem «deutschen Geist» bot die Donaumonarchie einen steinigen Boden, so dass sich ein Umzug ins Deutsche Reich empfahl.

Germanistik und Geschichtswissenschaft dienten der nationalen Selbstschau. «Die Sprache ist das Volk», stand in der «Zeitschrift für den deutschen Unterricht» zu lesen.[12] Wilhelm II. verkündete den Vorrang des deutschen Sprachunterrichts in der Schule. Auch in den Geschichtsunterricht mischte sich der junge Kaiser ein. Seine Intervention galt der Pflege einer Hohenzollernlegende und dem Kampf gegen den Sozialismus. Es ging auch um die «staaterhaltende Autorität der Schule» und um die Disziplinierung des «körperlich und geistig minderwertigen Menschenmaterials der untersten Volksschichten». Das Fachorgan der Deutschlehrer spendete Applaus, wenn sich der Kaiser anschickte, den deutschen Idealismus mit dem imperialistischen Geist zu versöhnen: «Welch ein Schauspiel! Ein Kaiser auf dem deutschen Throne, der deutscher ist als die Mehrzahl der Gebildeten, deutscher als eine grosse Zahl, die den leitenden Kreisen des deutschen Volkes angehören. Da ist es

440

die Pflicht jedes Vaterlandsfreundes, mit diesem Kaiser in fest geschlossenem Glied den Kampf gegen die Undeutschen in Deutschland, gegen die Auslandsvergötterer, gegen die Religions- und Vaterlandslosen zu kämpfen.» Das Zitat stammt aus dem Jahre 1891, als der alldeutsche Geist als neue Versuchung um sich griff.

Die Pflege des Deutschunterrichts und der Germanistik war ein staatspolitischer Akt, der die Einheit der Sprachnation anstrebte. Was nicht mit der nationalen Eigenart übereinstimmte, galt unter diesen Vorzeichen als «krank». Zu den krankhaften Zeiterscheinungen zählte die Zeitschrift der Germanisten das «kosmopolitische Judentum», die Fremdwörter, das «vaterlandslose Weltbürgertum» und den «Intellektualismus». Um die Duldung sprachlicher Minderheiten im Reich war es schlecht bestellt. Der Publizist Konstantin Rössler, Freund Gustav Freytags und Mitarbeiter Otto von Bismarcks, hatte schon im Jahre 1857 in seinem «System der Staatslehre» jede Rücksicht gegenüber Minderheiten als fragwürdig bezeichnet. Es sei eine «Ungereimtheit, dass man alles nationale Ungeziefer konservieren müsse».[13] Jahrzehnte später kam Heinrich von Treitschke zu ähnlichen Schlüssen: Jeder Staat habe das Recht, die in ihm vereinten Nationalitäten in einer einzigen aufgehen zu lassen. Das sei vor allem dann gegeben, «wenn die Nationalität, welche die Staatsgewalt trägt, zugleich in der Kultur überlegen ist». Reichskanzler Bismarck handelte nach diesem Motto, als er zur Germanisierung Preussens ansetzte und im Kulturkampf versuchte, die polnische Bewegung im Reich zu unterdrücken. Die von Publizisten geforderte «Beseitigung des Polentums» schaffte er nicht, denn die zur Zweisprachigkeit verurteilten Polen manövrierten geschickt zwischen beiden Kulturen.

Man hätte erwarten können, dass die chauvinistische deutsche Ideologie auch die viersprachige Schweiz in Frage stellen würde. Es blieb bei einzelnen Angriffen, die sich harmlos ausnahmen im Vergleich zur Kritik an der Donaumonarchie, die sich mit ihren auseinanderstrebenden nationalen Kulturen nicht zurechtfand. Die Eidgenossenschaft genoss eine eigenartige Duldung, die einiges mit ihrem Wohlverhalten zu tun hatte. Das Land stand im Windschatten grösserer kulturpolitischer Turbulenzen, die vom erwachten Deutschtum an andern Fronten entfacht wurden. Deutsche Kultur war in der deutschsprachigen Schweiz sicher verankert – so sahen es deutsche Professoren und Publizisten – und konnte sich auf eine sprachliche Mehrheit stützen. Die Szene wurde immerhin scharf beobachtet. Die Sprache als politisches Vehikel erlaubte den deutschnationalen Zugriff auf verschiedenen Ebenen, auch wenn man das heikle Geschäft diskret betrieb. Gleichgesinnte waren in der Schweiz stets zu finden. Bereitschaft zu fragwürdiger Kumpanei zeigte nach der Jahrhundertwende der Deutschschweizerische Sprachverein, der von Pfarrer Eduard Blocher dirigiert wurde.

Ein Exempel für den behutsamen Umgang mit der mehrsprachigen Schweiz bot der österreichische Literaturwissenschafter Josef Nadler, der Begründer einer absurden «Stammesliteraturgeschichte», die auf den Ideen von «Blut und Boden» gründete. Nadler war von 1911 bis 1925 Dozent an der Universität Freiburg im Uechtland und sicherte sich in dieser Position einen beachtlichen Anhang unter schweizerischen Akademikern. Er schrieb eine «Literaturgeschichte der deutschen Schweiz». Es war für ihn nicht einfach, die These von der Stammesliteratur in geographisch abgegrenzten Bezirken mit der schweizerischen Realität in Übereinstimmung zu bringen. Die germanischen «Stämme» waren in der eidgenössischen Landschaft nur schwer auszumachen, also fand Nadler den schweizerischen Boden, den er mit den Alpen gleichsetzte. Damit geriet er in die Nähe von Gonzague de Reynold, der eine Zeitlang die Inspiration für eine schweizerische Nationalliteratur und eine entsprechende Kunst im Hochgebirge suchte.

Nadlers nebelhafte Deutung der schweizerischen Kulturszene war mit Komplimenten an das Land verbunden. Auch die «Romanen» der Schweiz wurden nobel behandelt. Der Freiburger Professor entwarf ein Bild, das vom selbstzufriedenen Bildungsbürgertum mit Wohlgefallen betrachtet werden konnte. Es fehlten die politischen Fussangeln. Die Schweiz war in der Sicht Nadlers die «Verweserin des deutschen Geistes»:

«Wie in der ersten Hälfte des neunzehnten Jahrhunderts Österreich, so wurde in der zweiten die Schweiz Erbin und Verweserin eines gemeindeutschen Vermächtnisses, das auf seinem Wege von 1848 zu 1914 das deutsche Volk im Reich nicht mehr zu tragen vermochte. Träger und Verbreiter dieses Vermächtnisses waren jene jungen Leute, denen einige Halbjahre gegönnt waren an den Hohen Schulen am Rhein und in Süddeutschland, wo die südrheinischen Zugvögel zu nisten pflegten. Sie lernten da, was sie zuhause noch nicht hatten, ein kameradschaftliches Künstlertreiben. Sie liessen sich von der deutschen Philosophie verführen. Sie lernten, was nicht minder wichtig war, die Klassiker in zuverlässigen Ausgaben lesen, die Landschaft und das Leben kennen, aus denen der deutsche Klassizismus sich abgeklärt hatte. Und sie wurden, was dem Schweizer daheim so schwer von der Hand ging, deutsche Dichter.»[14]

Auch die deutschen Geschichtslehrer hatten nach den in der «Historischen Zeitschrift» dozierten Thesen den höheren nationalen Zielen zu dienen. Die Forschung endete damit oft in deutschem Provinzialismus. Das Phänomen blieb nicht auf Deutschland beschränkt. Die auf nationale Themata eingeengte Geschichte entsprach einer Zeiterscheinung, die noch weit ins zwanzigste Jahrhundert hinein fortdauerte. Man konnte sie in Frankreich und schliesslich auch in der Schweiz beobachten. Für unabhängige Geister in Deutschland war jedoch die patriotische Gesinnungspflege unerträglich. Gelegentlich regte sich Widerstand. Der Historiker und Publizist Ludwig Quidde, Autor der gegen Wilhelm II. gerichteten Satire «Caligula», rügte in der von ihm betreuten «Deutschen Zeitschrift für Geschichtswissenschaft», dass die «Beziehungen zwischen Geschichtswissenschaft und Tagespolitik vielfach zu einer gefährlichen Intimität» geführt hätten.[15] Kritik und Satire bekamen Ludwig Quidde schlecht, denn er wurde von der national gesinnten Historikergilde geächtet.

Um die Jahrhundertwende waren Grenzregulierungen zwischen Wissenschaft und Politik auch in der Schweiz kein Thema. Die Gefahren dieser Nachbarschaft drangen erst später ins allgemeine Bewusstsein.

Für das schweizerische Bildungswesen waren die grenzüberschreitenden Beziehungen im deutschsprachigen Kulturraum lebensnotwendig. Wenn schweizerische Akademiker – unter ihnen die Gründergeneration des Bundesstaates von 1848 – ihre Studien an deutschen Universitäten betrieben, so war das nicht allein auf den Hang zu Romantik und Burschenherrlichkeit zurückzuführen. Wichtigstes Motiv war der peinliche Mangel an Hochschulen in der Schweiz. Bis zur Gründung der Universität Zürich im Jahre 1833 war die Universität Basel die einzige Lehranstalt im Lande, die eine akademische Ausbildung vermitteln konnte. Den Weg nach Deutschland beschritten auch viele Westschweizer, denen die Akademien von Genf, Neuenburg und Lausanne nur beschränkte Studienmöglichkeiten boten.

Die Sprachgemeinschaft mit Frankreich war für die Westschweizer eine wichtige Grundlage. Doch es genügte nicht, den akademischen Austausch ausschliesslich auf den frankophonen Raum auszurichten. Die protestantische Tradition der Romandie wies nach Preussen. In Neuenburg zum Beispiel schuf Louis Agassiz noch in der preussischen Zeit ein weiterum geachtetes Zentrum naturwissenschaftlicher Forschung, das Alexander von Humboldt von Berlin aus unterstützte. Agassiz wurde später der führende nordamerikanische Naturwissenschafter, nachdem ihn der preussische König mit einem Forschungsauftrag in die Vereinigten Staaten geschickt hatte. Zu seinen Mitarbeitern in Neuenburg gehörte der Deutsche Carl Vogt, eine der buntesten Erscheinungen in Kultur und Politik. Abgeordneter im Frankfurter Parlament, zog sich Vogt nach dem Scheitern der deutschen Revolution in die Schweiz zurück und reihte sich in Genf in die radikale Garde um James Fazy ein. Er trieb die Gründung der Universität voran und wurde 1873 deren erster Rektor. Als politischer Emigrant blieb er lebenslänglich bei seinen Überzeugungen und erlag nie der deutschnationalen Versuchung.

Ohne die deutschen Dozenten wäre ein Aufbau der schweizerischen Universitäten nicht denkbar gewesen. Die Universität Zürich begann ihren Unterricht ausschliesslich mit deutschen Professoren. Auch die Eidgenössische Technische Hochschule war auf Zuzug aus dem Norden angewiesen. Erst im letzten Drittel des Jahrhunderts wuchs die Zahl schweizerischer Dozenten, die ihrerseits ihr Fachwissen und oft auch das Weltbild an deutschen Hochschulen geholt hatten. Die deutschen Professoren bewegten sich häufig in gesellschaftlich geschlossenen Kreisen. Auch wenn sie aus praktischen Gründen das Schweizer Bürgerrecht erwarben, erschienen sie nach der Reichsgründung als Vertreter eines anmassenden Deutschtums. Mit den republikanischen Verhältnissen im Gastland fanden sie sich nicht zurecht. Der Umstand, dass in der Schweiz jeder einfache Bürger über die Hochschulen und damit über die noble Garde der Professoren mitbestimmen konnte, war mit dem hierarchischen Denken der Deutschen schwer in Übereinstimmung zu bringen. Die oft zur Schau getragene Arroganz der deutschen Akademiker trug zu einer gewissen Entfremdung zwischen Universitäten und Bevölkerung bei.

Für diesen Zwiespalt exemplarisch erwiesen sich die Vorgänge an der Universität Zürich, nachdem im Jahre 1869 die Herrschaft im Kanton an die Demokraten übergegangen war. Die Hochschulpolitik der gelegentlich in populistischer Manier handelnden Partei stellte die Dominanz des deutschen Geistes in Frage. Einige deutsche Professoren, unter ihnen der Jurist Heinrich Fick, erwarteten von der Demokratisierung den Untergang der bestehenden gesellschaftlichen Ordnung. Sie waren einst als sogenannte Revolutionäre in die Schweiz gereist, aber die Regeln einer demokratischen Gemeinschaft wollten sie nicht zur Kenntnis nehmen.

Der neue Zürcher Regierungsrat berief im Jahre 1870 den an der Universität Bern tätigen, in Erlach eingebürgerten Juristen Gustav Vogt an die Universität Zürich. Seine neu geschaffene Professur: «Demokratisches Staatsrecht»[16]. Dass man einen derartigen Lehrstuhl erst schaffen musste, beweist eindeutig, auf welche seltsamen Wege das Staatsverständnis an der Universität geraten war. Der neue Dozent war der jüngere Bruder des Genfer Radikalen Carl Vogt. Regierungspräsident Gottlieb Ziegler verteidigte die Berufung des Berner Radikalen mit der Feststellung, die juristische Fakultät sei ein dürrer Ast, der wieder belebt werden müsse.

In der Festschrift zum Jubiläum der Universität führte der Historiker Ernst Gagliardi ein halbes Jahrhundert später die Argumente an, mit denen der Regierungspräsident die von der Fakultät angefochtene Ernennung verteidigte: «Der Regierungspräsident räumte das politische Moment offen ein, das der Professur für demokratisches Staatsrecht zugrunde liege. 1833 habe es geheissen: die Hochschule solle der Befestigung unserer republikanischen Freiheit dienen. Jetzt fragte sich die Regierung: ob sie fernerhin zuschauen könne, wenn man in den Vorlesungen entweder nur in oppositionellem oder geradezu feindlichem Sinn über die zürcherische Staatsform spreche, welche sich das Volk selber gegeben habe. Trotz aller akademischen Lehrfreiheit müsse die Exekutive dafür sorgen, dass geltende Gestaltung des öffentlichen Lebens bei der studierenden Jugend einige Vertretung finde. ‹Wir hielten es für nötig, dass einige der Eigentümlichkeiten des zürcherischen Volkslebens mit Liebe behandelt werden, nämlich das demokratische Selbstbestimmungsrecht.› Der Gewählte biete alle Gewähr für Takt, wissenschaftliche Fähigkeit und edle Gesinnung.»[17]

Der preussisch-konservative Jurist Alfred Boretius, Dozent für deutsches Recht, fühlte sich vom Vorgehen der Regierung persönlich betroffen. Man habe, so meinte er später, Gustav Vogt in der ausgesprochenen Absicht berufen, ihn – Alfred Boretius – unschädlich zu machen. Der Umstand, dass der neue Kollege Präsident der

Internationalen Friedens- und Freiheitsliga war, machte die Sache für den aufrechten Preussen nicht besser. In der demokratischen Presse sei ihm «in der flegelhaftesten Art fortwährend der Rat erteilt» worden, zu gehen. Also verliess Boretius die Universität Zürich im März 1871.

Die Vorlesungen Gustav Vogts wurden offenbar gut besucht. Seine Berufung an die Universität Zürich kam einer Demütigung Alfred Eschers gleich, dessen «System» sich zuvor mit den deutschen Professoren leidlich arrangiert hatte. Nationale Motive waren später auch bei der Ernennung Vogts zum Chefredaktor der «Neuen Zürcher Zeitung» im Spiel.

Nach der Reichsgründung betrachtete man in Deutschland die schweizerischen Universitäten als «auswärtige Hochburgen deutscher Wissenschaft»[18]. Unter den ausländischen Dozenten standen die Deutschen an der Spitze. Selbst an den Hochschulen der Romandie war der deutsche Anteil beachtlich. An den vier Universitäten der Westschweiz lehrten um die Jahrhundertwende mehr Deutsche als Franzosen, was auf den geringen akademischen Austausch zwischen der Schweiz und Frankreich hinweist. Wie sehr der deutschen Wissenschaft die nationale Botschaft auf dem Fuss folgte, zeigt die Affäre Kuhlenbeck in Lausanne, die ohne die alldeutsche Arroganz niemals politische Dimensionen hätte annehmen können.

Schon früh hielt der Darwinismus an Schweizer Universitäten Einzug. Soweit er sich auf das naturwissenschaftliche Weltbild bezog, blieb die Politik unberührt. Der in Zürich lehrende Biologe Oswald Heer schrieb ein populäres Buch über «Die Urwelt der Schweiz», das ein neugieriges Publikum ansprach und über die Grenzen des Landes hinaus verbreitet wurde. Für die Mentalitäten wichtig war die vor allem in Zürich betriebene Ausweitung der Theorien Darwins auf die menschliche Gesellschaft. So dozierte der Jurist Heinrich Fick einen Sozialdarwinismus, dessen Deszendenzlehre zu einem Kult der Stärke führte. Damit liess sich politische und staatliche Gewalt mit naturwissenschaftlichen Notwendigkeiten rechtfertigen. Das war ein willkommenes Dogma im Zeitalter des Imperialismus.[19]

Mit der Zeit stieg der Anteil schweizerischer Dozenten an den Hochschulen. Diese Tendenz ist nicht mit einem Rückgang des deutschen Einflusses gleichzusetzen, denn Pass und Heimatschein allein sagten über politische Gesinnung wenig aus. Im Laufe der Jahre wurden neue Professuren geschaffen, so dass sich die statistischen Relationen verschoben. Unbestritten ist die Tatsache, dass auch zahlreiche Schweizer Dozenten in deutschem Fahrwasser segelten. Ein Beispiel ist der Basler Historiker Hermann Bächtold, der das Deutschtum bedingungslos vertrat und von der Zeitgeschichte ein verzerrtes Bild zeichnete. Es fehlte nicht an Widerspruch. Ein kritischer Beobachter war der Zürcher Historiker Wilhelm Oechsli, der die kulturelle Botschaft aus Deutschland klar von ihrem politischen Inhalt trennte. Polemisch reagierte der Berner Schriftsteller C. A. Loosli, dem die deutschen Professoren mit ihren «weitausholenden Gebärden mit mystisch dunkeln, aber hohlen Worten» missfielen.²⁰ Widerspruch gegen das politische Deutschtum äusserte auch der Zürcher Theologe Leonhard Ragaz.

Gegen Deutschland gerichtete Argumente waren in der noch in den sechziger Jahren geführten Diskussion um eine Eidgenössische Universität zu hören. Man sprach von der «Allmacht des Deutschtums» am Polytechnikum und davon, dass das Institut ein «Spekulationsgeschäft für deutsche Professoren» geworden sei.²¹ Gemeint waren die Emigranten, die sich vermutlich auch in eine Eidgenössische Universität gedrängt hätten. Als mit der Reichsgründung die Zeit des deutschen Imperialismus anbrach, gewannen diese Bedenken einen realen Hintergrund. Der Sinneswandel akademischer Asylanten konnte nur deutschnational sein. Die in der Schweiz niedergelassenen Professoren vermissten nun in der Enge des Kleinstaats jene Verhältnisse, die sie früher in Deutschland bekämpft hatten. Es fehlten die hohen Saläre, die privilegierte gesellschaftliche Stellung, der Beamtenstatus, der nicht den Turbulenzen der direkten Demokratie ausgesetzt war. Die Eidgenössische Universität verschwand aus der öffentlichen Debatte. Sie hätte die Zentralisierung im Staat gefördert und die vorhandenen kantonalen Hochschulen gefährdet.

Das Gesicht der schweizerischen Universitäten wurde nicht allein von Professoren geprägt. Die Studenten bildeten an jeder Hochschule eine Körperschaft, die zwar einem raschen personellen Wandel unterworfen war, aber dennoch Traditionen schuf, die das akademische Leben nach aussen sichtbar machten. Auch hier griff man auf deutsche Vorbilder und Formen zurück, die man bei Studiensemestern an deutschen Universitäten erlebt hatte. Es entstanden Verbindungen, die deutsche Gebräuche und Rituale übernahmen, aber sich dennoch um Abgrenzung bemühten. Dabei handelte es sich um Männerbünde mit einem oft seltsamen Eigenleben. Im Jahre 1819 war die liberal ausgerichtete Verbindung der Zofinger gegründet worden. Das Wartburgfest hatte auch die Schweizer Studenten in Bewegung gesetzt. Später spalteten sich die radikalen Helveter ab. Die katholischen Akademiker schlossen sich im Katholischen Studentenverein zusammen.

In der ersten Jahrhunderthälfte stellte man sich in den Dienst des Vaterlandes.²² Couleurstudenten präsentierten sich als Heldensöhne. Die deutschen Studentenschaften hatten eine Vorlage geliefert, die auch in der Schweiz übernommen wurde: Die Befreiungskriege gegen Napoleon I. Die schweizerischen Verbindungen rückten die eidgenössischen Helden und die Urschweizer Befreiungstradition in den Mittelpunkt. Was die jeweilige Gegenwart betraf, ordneten sich die Verbindungen in die entsprechenden politischen Richtungen und Parteien ein. Die nützliche Institution der «alten Herren» öffnete den Verbindungsstudenten den Zugang zum realen Leben und zur späteren Karriere.

Nachdem mit dem Bundesstaat das entscheidende nationale Ziel erreicht war, geriet die politische Mission der Verbindungen zeitweise in Vergessenheit. Aussenpolitische Ereignisse weckten den patriotischen Eifer, so zum Beispiel der Neuenburger Handel des Jahres 1856 und vier Jahre später die Auseinandersetzung um Nord-Savoyen. Im Konflikt um Neuenburg äusserten sich seltsamerweise Teile der Studentenverbindungen in preussisch-royalistischem Sinne. Gegen Napoleon III. gebärdete sich die von Jakob Stämpfli gegründete Altherren-Vereinigung der «Männer-Helvetia» recht kriegerisch.

Patriotismus wurde in Ritualen zelebriert, die man von deutschen Verbindungen übernommen hatte. Es genügte, bei gesungenen und gesprochenen Texten das Vokabular den eidgenössischen Bedürfnissen anzupassen. Als sich in der zweiten Jahrhunderthälfte die nationalen Emotionen allmählich legten, konnten die Couleurstudenten das Vaterland sachte beiseite schieben. Es ging nun um die sozialen Positionen. Man verlegte sich auf Bier-Comment und farbenprächtige Aufmärsche. Immerhin forderte der Student C. G. Jung, ein Angehöriger der Zofinger, noch im Jahre 1897 «Vermehrung der Vaterlandsliebe». Der nationale Anspruch, der auch die angehenden Akademiker aus der Romandie in die studentischen Organisationen führte, blieb bestehen. Die in den Verbindungen geschaffene Solidarität über die Sprachgrenzen hinweg war ein Ergebnis, das man mit Vorlesungen an einer Eidgenössischen Universität nie erreicht hätte.

Es scheint, dass die Westschweizer Verbindungsstudenten mit den Ritualen gelegentlich Mühe bekundeten. Es fällt denn auch schwer, sich den Zofinger Charles Ferdinand Ramuz, den eigenwilligen Waadtländer, an einem deutsch inspirierten Bier-Kommers vorzustellen. Immerhin waren zwischen Kommilitonen aus weit auseinanderliegenden Landesteilen Freundschaften entstanden, die sich später in der Bundespolitik bewährten.

Die farbenfrohe Präsenz der schweizerischen Couleurstudenten kann nicht darüber hinwegtäuschen, dass die Zahl der ausländischen Studierenden an den Hochschulen beträchtlich war. Universitäten und Akademien der Westschweiz vor allem konnten ohne den Zuzug aus dem Ausland wirtschaftlich nicht bestehen. An einzelnen Universitäten waren mehr Ausländer als Schweizer immatrikuliert.

Im letzten Drittel des Jahrhunderts gewann das Studium der Ausländer in der Schweiz politische Brisanz. Zwei Aspekte beherrschten die Szene: Aus Russland vor allem erschienen junge Leute, die sich aus politischen Motiven in der Schweiz in Sicherheit brachten und hier ihre Zeit zwischen Studium und Agitation verbrachten. Eng mit diesem Phänomen verbunden war das Frauenstudium, ein «aufsehenerregender Versuch», wie man in der Schweiz befand. Gedacht war die Neuerung für Schweizer Frauen, doch die Russinnen kamen den Einheimischen zuvor. Frauen hatten schon in den vierziger Jahren einzelne Vorlesungen besucht, ein reguläres Studium war in Zürich vom Jahre 1867 an möglich. In England und Frankreich hatte man dem weiblichen Geschlecht den Zugang zu den Hochschulen schon früher ermöglicht, bei den in Deutschland waltenden gesellschaftlichen Strukturen war eine akademische Ausbildung undenkbar.

Die Zahl der studierenden Russinnen überstieg in Zürich bei weitem jene der Schweizerinnen. Medizin war die hauptsächliche Studienrichtung. Die demokratische Kantonsregierung legte Wert auf Toleranz gegenüber den Ausländern. Das liberale Verständnis der schweizerischen Studentenschaft gegenüber fremden Nationalitäten und insbesondere gegenüber Frauen war hingegen begrenzt. Der Historiker Ernst Gagliardi brachte in seiner Festschrift noch im Jahre 1938 für die negativen Reaktionen der Schweizer Akademiker ein erstaunlich weit reichendes Verständnis auf. Die jungen Russinnen hätten mit ihrer seltsamen Erscheinung – «exotischer Habitus, fremdartiger Lebensstil, Vorwiegen des jüdischen Elementes» – einen neuen «Krieg zwischen den Geschlechtern» angezettelt: «Objektive Missstände spielten bei wachsender Empörung offenbar die grössere Rolle als halb Orientalisches der sonderbaren Eindringlinge. Doch befremdeten auch ihre jeden Zeremoniells, aller Höflichkeit baren Gewohnheiten: geflissentliche Form- und Zwanglosigkeit des Gebahrens, Gespräche von vollkommen ungezügelter Heftigkeit, welche selbst Alltägliches mit ruheloser Energie erhitzten, bei erbittertem Durchkämpfen jeder Meinungsverschiedenheit. Dazu ungebürstete Röcke, schmierige, zerknüllte Kragen, wuscheliges Haar, das Ungepflegte der sich selber unendlich wichtig nehmenden Persönlichkeiten!»[23]

Die Anwesenheit russischer Studenten in Zürich – und später auch in Bern und Genf – wurde zu einem politischen Dauerthema, das die Beziehungen zwischen der Schweiz und dem Zarenreich trübte. Zur Debatte stand beispielsweise ein im Jahre 1873 ausgesprochenes Verbot des Zarenregimes für russische Frauen, in Zürich zu studieren. Bundespräsident Johann Jakob Scherer verlangte zwei Jahre später die Revision dieser Verfügung, was Aussenminister Fürst Gortschakow mit einer «scharfen Zurechtweisung» auf den Plan rief: «Die russische Regierung habe es im Mai 1873 für notwendig gehalten, durch einen Artikel im Journal de Petersbourg diejenigen russischen Studentinnen, welche in Zürich den Vorlesungen folgen, darauf aufmerksam zu machen, dass sie durch die dortigen Studien oder Examen keine Anrechte auf spätere Praxis in Russland erwerben und besser thäten, für ihre Ausbildung in der Heimath zu sorgen statt sich den Lehren der Züricher Professoren zu überlassen.» Diese Sentenz fand sich im Bericht eines Diplomaten an die deutsche Regierung, der in Abschrift an den Bundesrat gelangt war. An die Person des Bundespräsidenten war der folgende Satz gerichtet: «Jetzt komme Herr Scherer, ein Radicaler und als geborener Züricher, Verfechter des dortigen Cantonal-Interesses, greife jene Äusserungen der russischen Regierung auf und verlange dans un style tout à fait impossible mittelst Note die Zurücknahme des erwähnten Artikels.»[24] Bismarck schien den russischen Tadel mit Beifall aufgenommen zu haben.

Nach der Aufhebung der Leibeigenschaft im Jahre 1861 entstanden im Zarenreich anarchistische und nihilistische Bewegungen, die von der Jugend getragen waren. Wollten die jungen Russen sich dem Zugriff der zaristischen Geheimpolizei entziehen, so blieb ihnen die Emigration in den Westen. Eben diesen Weg war auch der Revolutionär Bakunin gegangen, der von der Schweiz aus seine Lehren verkündete. Die Gegenwart der russischen Studenten und Revolutionäre in der Schweiz führte zu bürgerlichen Abwehrreflexen, denn man wollte die Ruhe nicht durch Nihilisten aus dem Osten stören lassen. Gagliardi gab später dieser Besorgnis in seiner Beschreibung der Zürcher Emigrantenszene Ausdruck: «Die Gärung, welche Alexanders II. Staat erfasste, erstreckte ihre Wirkungen seither sogar auf liberale Hochschulen der Eidgenossenschaft – da auch Bern und Genf von der Bewegung stark berührt wurden. Erregte Abenteurer sammelten fanatische Anhänger um sich. Dabei verfügten diese sonderbaren Kommilitonen oft kaum über die nötigsten Mittel zum Lebensunterhalt. Osteuropäische Primitivität siedelte sich mitten in schweizerischem Kleinbürgertum an. Dabei trug slavisches Emigrantenleben selbstverständlich weit fremdartigere, viel gefährlichere Züge als einst die deutschen Achtundvierziger. Mit heimatlicher Polizei stand es mehr oder minder im Dauerkonflikt. Denunziationen, Versuche an Sprengstoffen, Vorbereitung von Attentaten, Spitzelumtriebe gehörten zu seinen Eigentümlichkeiten.»

Im Jahre 1872 erschien der bisher in Locarno lebende Bakunin in Zürich und fasste angeblich seine Landsleute in geheimen Bruderschaften zusammen. Gagliardi erwähnt in seinem Rückblick die russischen Studentinnen, die nach allgemeiner Meinung den schweizerischen Medizinstudenten die besten Plätze wegnahmen: «Namentlich Mädchenbildung war in Russland noch durchaus mangelhaft geblieben. So fehlte es beispielsweise einem Teile der nun in ganzen Schwärmen Anrückenden an allen Sprachkenntnissen. Mochten diese «Kosakenpferdchen» – wie sie bei den Studenten alsbald hiessen – durch rührende Anspruchslosigkeit auffallen; mochte ihre gegenseitige Hilfsbereitschaft völlig uninteressierte Züge tragen: Abenteuerlichkeit mancher dieser Existenzen drohte das ganze Frauenstudium in Verruf zu bringen.»[25]

Die russischen Frauen wurden mehr kritisiert als die Männer, obschon sie keine Bomben bastelten wie etwa die beiden im Peterstobel bei Zürich verunglückten Studenten. Gelegentlich wurde eingeräumt, dass vor allem die russischen Medizinstudentinnen ihr Studium mit Fleiss und Ausdauer betrieben. Dennoch legte man ihnen zur Last, dass durch sie das Frauenstudium als «politisch neutrales Experiment» plötzlich einen zweideutigen Charakter gewonnen habe.

Man scheint weder in der schweizerischen Studentenschaft noch in den russischen Zirkeln den ernsthaften Versuch eines Dialogs unternommen zu haben. Die russischen Studenten – das gilt für Frauen und Männer – zogen sich in geschlossene Gesellschaften zurück, zu denen nur wenige Schweizer Zugang fanden. Zu den Wenigen gehörte der unorthodoxe Sozialist Fritz Brupbacher, der während des Medizinstudiums sich den russischen Kollegen anschloss. «Mit diesen Russen und Russinnen diskutierte ich in meinen freien Stunden herum», schrieb er in seinen Erinnerungen.[26] «Die Bekanntschaft mit der russischen Intelligenz bedeutete einen

Einschnitt in meinem Leben.» Nicht eben glimpflich ging Brupbacher mit seinen schweizerischen Kollegen um: «Der durchschnittliche Schweizer Student interessierte sich für seine Examen, für Karriere, Bier, Kellnerinnen-Popos. Sobald er sich von seiner Fachtechnik entfernte, war es mit ihm nicht auszuhalten. (...) Während die russischen Studenten von der Tradition nichts als Leid erfuhren, bekam sie den Schweizer Studenten sehr gut. Während der russische Student in dem Arbeiter einen Gehilfen der Revolution sah, sah der Schweizer in der Arbeiterbewegung etwas, das dem Herrn Papa, und damit ihm, Ungemach und damit Renditeverkleinerung verursachte.»

Das europäische 19. Jahrhundert war eine Epoche der Mythen, die einen Bruch mit dem Gedankengut der Aufklärung herbeiführten. Betroffen waren alle Lebensbereiche von der Politik bis zum Alltag des kleinen Mannes. Das Historische, das natürlich Gewachsene stand gegen das rational Konstruierte. Überwältigenden Zuspruch fand diese Geisteshaltung in Deutschland, das seine Befreiung von der Herrschaft Napoleons I. als historischen Vorgang empfand, der zur Selbstfindung führte. Unter diesen Vorzeichen gediehen im Laufe des Jahrhunderts die unterschiedlichsten politischen Varianten von der demokratischen Revolution über die absolutistische Fürstenherrschaft bis zum Kaiserreich. Man suchte die Rechtfertigung in der Historie, die man im «vaterländischen Gefühl» erkannte. Der Münchner Historienmaler Wilhelm von Kaulbach prägte den Satz: «Nur Geschichte allein ist zeitgemäss.»[27] Das Motto war brauchbar für Politik und Kultur. Geschichte war denn auch unentbehrlich zur Legitimation der neu entstehenden Nationalstaaten. Sie prägte das Rechtsempfinden der von Friedrich Carl von Savigny begründeten «Historischen Rechtsschule», die das Recht aus dem «Geist der Nation» entwickelte. Savigny sah im Umfeld der Justitia das «stille Walten des Volksgeistes». Rationale Rechtskonstruktionen verurteilte er als schädlich.

Die von Friedrich Justus Thibaut geführte «Philosophische Rechtsschule» wollte kodifiziertes bürgerliches Recht aus rationaler Erkenntnis schaffen. Sie geriet damit in Gegensatz zum Geist des deutschen Idealismus. Der Streit der Ideologien ging in der ersten Jahrhunderthälfte in Szene, also lange vor Bismarcks Reichsgründung. Die angehenden schweizerischen Juristen, die ihre Studienzeit an deutschen Universitäten verbrachten, gerieten in diesen akademischen Zwiespalt. Manche unter ihnen, so zum Beispiel der spätere Politiker und Diplomat Johann Konrad Kern, suchten Erleuchtung an beiden Schulen.[28] Savigny traf den Zeitgeist besser als sein Kontrahent. Es scheint, dass sich die schweizerischen Studenten mit seinem romantischen Rechtsempfinden leidlich zurechtfanden, wenn auch seine Thesen mit der eidgenössischen Wirklichkeit schwer zu vereinbaren waren. In der Schweiz ging es um Realitäten, die jenen Deutschlands nicht entsprachen. Die Bundesverfassung von 1848 zeugt von republikanischer Nüchternheit, die sich deutlich von den romantischen Emotionen an deutschen Universitäten abgrenzte.

Unter dem Stichwort «Romantik» manifestierte sich in ganz Europa der sogenannte Volksgeist, der in unterschiedlichen Varianten Fakten und Mythen schuf. Die Motive der Bewegung erscheinen in reicher Vielfalt, doch sind einige Konstanten zu erkennen: Das heraufziehende Industriezeitalter veränderte die Strukturen der Gesellschaft in bedrohlicher Weise, ökonomische und soziale Zwänge überlagerten den Alltag der Bürger. Es entstand ein an den Rand gedrängtes Proletariat, neue Verkehrsmittel erlaubten eine früher nie gekannte Mobilität. Demographische Bewegungen wurden möglich. Die sichtbarsten Veränderungen vollzogen sich in den Städten, die durch den Abbruch ihrer mittelalterlichen Befestigungen geöffnet und der von aussen eindringenden Konkurrenz ausgesetzt wurden. All das geschah in der ersten Hälfte des Jahrhunderts. Nach der Jahrhundertmitte wirkten beim Aufbau der Nationalstaaten in paradoxer Weise Kräfte mit, die sich entgegen standen: die Forderungen von Wirtschaft und Industrie nach moderner Technik und die auf Geschichte und Tradition begründete Selbstfindung der Nationen. Von Konvulsionen begleitet war dieser Prozess in Deutschland, das verspätet in der politischen Arena erschien.

Blickt man auf die Vorgänge in der Schweiz, so erkennt man die eigenartigen Strukturen eines multikulturellen Staates, der sich als Sonderfall präsentierte. Die Eidgenossenschaft, nach deutschem Verständnis keine Nation, war ein republikanisches Staatswesen, das sich anfänglich als Modell für Europa sah. Ein Ehrgeiz, der sich recht bald als Illusion erwies. Dennoch durfte der neue Bundesstaat auf seine politisch und wirtschaftlich sinnvolle Konstruktion stolz sein. Nicht so einfach war die Bilanz, wenn nach der kulturellen Identität gefragt wurde. Es fehlte jene für das ganze Land verbindliche Mentalität, die man nördlich des Rheins als «Volksgeist» bezeichnete. Die Abhängigkeit von den Kulturen der Nachbarn war eine dem Lande immanente Realität –, gleichzeitig Gewinn und Schwäche.

Es gab die Befreiungstradition der Urschweiz, die ohne Bedenken über das ganze Land ausgedehnt wurde. Die entsprechenden Mythen gehörten seit langem zum geistigen Haushalt der Schweiz, wenn auch Historiker wie der Luzerner Joseph Eutych Kopp ihre Glaubwürdigkeit anfochten. Entscheidende Anstösse kamen von aussen. Der Deutsche Friedrich Schiller hatte schon im 18. Jahrhundert mit dem Nationaldrama «Wilhelm Tell» das Geschichtsbild geformt. Deutsche Professoren und Schriftsteller – man denkt an Johann Gottfried Ebel, Heinrich Zschokke und Ernst Ludwig Rochholz – deuteten Vergangenheit und Gegenwart des Landes: Tradition aus zweiter Hand. Die Eidgenossenschaft in den Grenzen von 1815 umfasste Regionen und Bürger, für die das Rütli mit seinen Mythen recht fern lag. Man hatte sich mit einer Geschichte abzufinden, die nicht die eigene war. Die Landesteile fügten sich mit erstaunlicher Gelassenheit. Mit diesem mentalen Kraftakt schuf man die Schweiz als «Willensnation». Über ihre kulturelle Identität wurden die Schweizer nach der Reichsgründung in extenso aus Deutschland belehrt. Wenn Deutsche von Kultur sprachen, meinten sie auch Politik. So gewannen die Mythen politische Qualität.

Geisteshaltungen kamen in dieser Epoche vortrefflich in der Architektur zum Ausdruck. Der Klassizismus mit seiner Antikenrezeption galt als Kanon der Kunstakademien. Auf der Suche nach dem natürlich Gewachsenen bot sich das Mittelalter mit seinen Bauformen an. Gotik und Romanik standen zur Wahl. Sie verkörperten das Mystisch-Religiöse, das dem zeitgenössischen Volksempfinden nahe kam. In Frankreich unternahm Eugène-Emmanuel Viollet-le-Duc seine eigenwillige Rekonstruktion des Mittelalters und schuf dabei gigantische Werke wie das rekonstruierte Carcassonne. Für den französischen Architekten stand die Gotik im Mittelpunkt. Schon früher hatte der Romantiker François René de Chateaubriand die Einheit von gotischer Architektur und Christentum festgestellt. In England begann der neugotische Kirchenbau, der bald auch Einzug auf dem Kontinent fand.

In der ersten Hälfte des Jahrhunderts wurde ein grotesker Streit um die originale Gotik ausgetragen, bei dem nationale Töne dominierten. Goethe hatte das Münster von Strassburg bewundert, Ludwig Tieck, Clemens von Brentano und Friedrich Schlegel rühmten das deutsche Bauwerk. Dann wurden die Ebenen von Glaube, Kunst und Politik munter verschoben. Der Kölner Dom, bis dahin ein mittelalterlicher Torso, sollte zum deutschen Nationaldenkmal ausgebaut und im vollendeten Werk die Gotik als germanischer Stil dargeboten werden. Die Arbeiten begannen im Jahre 1842 und dauerten bis 1880. Bei diesem Anlass entstand eine seltsame Allianz zwischen Friedrich Wilhelm IV. und den Katholiken des Rheinlands. Der Zentrumspolitiker August Reichensperger, die treibende Kraft beim Dombau, deutete das Unternehmen im Jahre 1843 im «Kölner Domblatt»: «Der Katholik baut an seinem Gotteshaus, in welchem der Genius der Kunst auf den Schwingen der Religion den höchsten Flug angenommen. Alle aber fördern das herrliche Baudenkmal christlichen Sinnes, deutscher Kraft, deutscher Eintracht. (…) Es gilt ja das Heiligste und Schönste: Religion, Vaterland, Kunst, sie rufen mit vereinter Stimme.»[30]

Das peinliche Erwachen geschah kurz nach Baubeginn. Die Architekturhistoriker hatten inzwischen Frankreich als Ursprungsland der Gotik entdeckt und die Kathedrale von Amiens als Vorbild für den Kölner Dombau bezeichnet. Man glaubte ursprünglich, nur deutsche Architekten seien zur Schaffung eines organischen Ganzen fähig. Im nationalen Wettstreit um die echte Gotik sprach man von französischer Plagiats- und Fälschergotik. Jetzt war ein vorsichtiger Umgang mit dem für Deutschland in Anspruch genommenen Baustil geboten, aber die neue Erkenntnis drang nicht besonders tief ins Bewusstsein.

An den deutschen Ursprung der Gotik glaubte auch Johann Rudolf Rahn, der Begründer der schweizerischen Kunstgeschichte.[31] In der Schweiz blieb der Kölner Dom ein deutsches Monument, dessen Grösse nicht durch die Missgunst einiger Gelehrter verkleinert werden konnte. Von dieser Haltung zeugen Schilderungen von Rheinfahrten, die meist mit dem Anblick des Kölner Bauwerks endeten. Dabei wurde der Dom stets als unvergleichlich und «deutsch» empfunden. Reichensperger bestand wider besseres Wissen auf dem deutschen Ursprung der Gotik, die er als germanische Kunst bezeichnete. Zur Begründung meinte er, Nordfrankreich habe um 1200 «unter der Botmässigkeit der germanischen Rasse» gestanden.[32] Damit geriet der katholische Politiker in die Nähe des Rassentheoretikers Houston Stewart Chamberlain, der ein halbes Jahrhundert später die Nordfranzosen mit dem selben Argument in die Reihen der Germanen einordnete.

Nach der Gründung des Kaiserreichs bot der Rhein einen von Monumenten umstellten Zugang ins Herz der deutschen Nation. Es ging um Geographie und um germanische Emotionen. Vom «deutschen Rhein» konnte man unbeschwert sprechen, seit die deutschen Heere 1870 die Franzosen vom Strom vertrieben hatten. Es war auch der klassische Weg, auf dem sich bis ins zwanzigste Jahrhundert hinein Schweizer dem Deutschen Reiche näherten. Die Empfindungen der Reisenden aus der Eidgenossenschaft schwankten zwischen romantischen Gefühlen und republikanischer Zurückhaltung. Ein Beispiel für diesen Zwiespalt bietet der Schriftsteller Jakob Christoph Heer, der im Jahre 1893 eine Reise durch das Wilhelminische Reich unternahm.[33] Auf der Dampferfahrt stromabwärts vergass Heer nicht die übliche Verbeugung vor dem deutschen Geist. Beim Anblick von Burgruinen und Schlössern repetierte er deutsche Geschichte, die sich anscheinend so wunderbar in der Gegenwart wiederholte. Unter Wilhelm II. trug die Burgenherrlichkeit seltsame Blüten. Dazu gehörte der Kult um gotische Ruinen, die gelegentlich in malerischer Landschaft neu präpariert wurden. Der französische Publizist Charles Graf von Montalembert hatte sich schon in den sechziger Jahren über den deutschen Drang zu den Ruinen lustig gemacht: «In Deutschland sucht die Bevölkerung den Ruinenschutt alter Schlösser auf, als ob sie ihre auferstehende Freiheit unter den Schirm früherer Tage stellen wollte.»[34]

Der deutsche Burgenkult, der einen Schweizer hätte misstrauisch stimmen müssen, wurde als legitim empfunden, sobald man die Grenzen der Eidgenossenschaft hinter sich gelassen hatte. Heer dachte vor der germanischen Rheinkulisse nicht an die Urschweizer Befreiungstradition, zu der die Zerstörung von Burgen gehört. Als einmaliges Erlebnis empfand der Schriftsteller den Besuch des Niederwald-Denkmals, dessen steinerne Germania die Wiedererrichtung des Reichs symbolisierte. «Es lässt sich nicht bestreiten, dass durch das wundervoll in die weiteste Ferne leuchtende Denkmal die Landschaft Grösse und Weihe erhält», erklärte Heer. Die deutschen Besucher zelebrierten die patriotischen Gefühle mit geradezu religiöser Inbrunst. Die Rheinfahrt der festlich gestimmten Gesellschaft lässt den Gedanken an eine Inszenierung von Richard Wagner aufkommen.

Eine Tatsache war stets gegenwärtig: Die Franzosen hatten den Rhein verlassen. Nationale Freude mit politischen Nebengedanken wollte auch beim Anblick des Kölner Doms aufkommen. Aus dem Turm vernahm man den Klang einer schweren Glocke, die aus erbeuteten französischen Kanonen gegossen war. Für das Übermass an Patriotismus bekundete Heer Verständnis: «Es ist für uns Schweizer lehrreich, die Äusserungen des Patriotismus an einem andern Volk zu beobachten. Auch wir halten ja mit ihm nicht hinter dem Berg und der Eindruck auf andere wird der nämliche sein: der einer gewissen Überschwänglichkeit. Das liegt nun einmal in seiner Naturgeschichte. Es gibt nichts Besseres, als sich da gegenseitig die kleinen Geschmacklosigkeiten, die unterlaufen, zu verzeihen.»

J. C. Heer begegnete in Deutschland unzähligen nationalen Denkmälern. Am Deutschen Eck bei Koblenz sass Wilhelm I. auf seinem Pferd und blickte nach Frankreich. Der erste Kaiser des neuen Reiches war auch an andern Orten anzutreffen, und die Bismarck-Denkmäler wurden zu einem Zeitpunkt in Städte und Kuranlagen gepflanzt, in dem man seine Politik bereits als überholt betrachtete.

Die amtlich zugelassene Kunst war weitgehend den deutschen Monumenten gewidmet, die Kunstausübung ins Schlepptau des patriotischen Aufschwungs geraten. Heer sah die Denkmal-Manie mit Sorgen: «Von diesen stolzen Monumenten, die von den gewonnenen Schlachten reden, mag dem Deutschen das Herz höher schlagen, der Schweizer, der davor steht, hat nur den einen Wunsch: dass es die letzten Siegesdenkmale sind, die die Welt errichtet. Bald ein Menschenalter ist's seit dem grossen Krieg, aber ein Strom tödlichsten Hasses trennt das besiegte Volk vom siegenden und wir in der Schweiz, wir sind die, die es am tiefsten zu spüren bekommen, denn wir stehen zwischen den beiden drinnen.» Das im Reich stets gegenwärtige Militärische beeindruckte den Schweizer, denn für Ordnung war rund herum gesorgt. Anderseits schien ihm die Freiheit der Bürger durch das martialische Gehabe gefährdet.

Jakob Christoph Heer fand im Laufe seiner Studienreise häufig Gelegenheit, das von etlichen Spannungen belastete Verhältnis zwischen Deutschland und der Schweiz zu ergründen. Es ging nicht um Diplomatie, sondern um Empfindungen, die schwer zu fassen waren. Der Schriftsteller versuchte, auch in Deutschland das Kulturverständnis der deutschen Schweiz ins richtige Licht zu rücken. Er tat das mit einem Kniefall vor dem deutschen Wesen und stellte dabei die Identität der mehrsprachigen Schweiz in Frage: «In Deutschland ist die Meinung ziemlich verbreitet, dass in der deutschen Schweiz das Gefühl für die deutsche Abstammung, für die deutsche Sitte und Kultur, für die deutsche Sprache im Niedergang begriffen sei, dass wir Deutschschweizer einen ähnlichen Sprachen- und Kulturkampf zu führen haben, wie die Deutschen in slawischen Ländern, und ihn aus alter Franzosenfreundschaft lässig führen.» Jeder Deutsche, der die Schweiz kenne, wisse aber, «wie durch und durch allemannisch-deutsch in Sprache und Sitte unser Volk geblieben ist, wie das Französische, das hie und da so zum Vorschein kommt, denn doch keine weitere Bedeutung hat, als ein aufgenähter bunter Lappen auf einem stark gewobenen unzerreissbaren Kleid.»

Die «kleinen Auseinandersetzungen» zwischen Deutschen und Schweizern betrafen, wie Heer schrieb, nebensächliche Fragen. Es herrsche gelegentlich nachbarschaftlicher Hochmut. Den angeblich in Zürich vorhandenen «Deutschenhass» bestritt er. Die Stadt habe die heikle Aufgabe, bei der «deutschen Masseneinwanderung in die Schweiz als Filter zu dienen», durchaus erfüllt.

Die staatspolitischen Optionen trennten, wie es Heer sah, die beiden Nationen deutlich: Der Deutsche könne nur unter dem Kaiser glücklich werden, der Schweizer sei bereit, Gut und Blut für die Freiheit zu opfern. Die deutschen Bürger stünden unter offensichtlichem Druck. Gegen ihr nach aussen sichtbares Verhalten hatte der Republikaner aus der Schweiz einiges einzuwenden: «Etwas von unserer Republik wünsche ich Deutschland doch: die politische Gewissensfreiheit. Voll Hochachtung steht der Schweizer vor der Grösse des Reiches, vor seiner blühenden Kultur, nur wird er nie begreifen: dass der Deutsche um sich blickt, ehe er vom Kaiser, seinen Würdenträgern oder auch nur vom Bürgermeister oder Polizeipräsidenten spricht. Nach einem blanken freien Wort sehnen sich Tausende, nach einem Wort, das nicht auf der Goldwaage des Respekts abgewogen werden muss, sondern strömen darf, wie es dem freien Empfinden des Augenblicks entquillt.» In Berlin zeigte sich Heer zufrieden, als er die Inschrift am neuen Reichstagsgebäude entdeckte: «Dem deutschen Volke». Ein für Deutschland ungewöhnliches Motto, denn die öffentlichen Bauten redeten üblicherweise nur vom Herrscher.

Eben dieser Herrscher, Kaiser Wilhelm II., war in den Augen des Schriftstellers der mächtigste Fürst Europas: «Mit jedem Lächeln, mit jeder Handbewegung macht ein Kaiser Glückliche und Unglückliche, eine Verantwortung hat er, dass jedem andern Sterblichen, der sie übernehmen müsste, grauen würde. Darum ist er von Gottes Gnaden.» Als Heer vor dem kaiserlichen Schloss in Berlin stand, meinte er: «Unser Rütli, wo der Geist der Väter weht, geht mir näher.»

Der Schweizer Schriftsteller begegnete dem Kaiser nicht. Zu jenem Zeitpunkt hatte er seine wichtigsten Werke noch nicht geschrieben. Er traf den deutschen Monarchen auch später nicht, obschon Wilhelm II. ein begeisterter Leser seiner Romane war. Davon zeugt ein Bericht des schweizerischen Gesandten in Berlin, Alfred de Claparède, mit dem der Kaiser im Januar 1908 über seine literarischen Neigungen sprach: «Spontan wie er ist, ging dann der Kaiser auf ein anderes Gespräch über und fing über Literatur an zu sprechen und rühmte die Werke von Heer und insbesondere seinen Roman ‹König der Bernina› mit dem Bemerken, die Schweiz könne stolz sein, einen solchen Schriftsteller zu haben. Als ich dem Kaiser mitteilte, Heer sei zu Weihnachten hier gewesen, sagte er ‹A!› in einem Ton als wollte er sagen: ‹Wie schade, dass ich ihn nicht gesehen habe›.»[35]

Was Heer nach seiner Deutschlandreise an kulturpolitischen Erkenntnissen nach Hause trug und in einem Buch formulierte, gab Empfindungen und Erkenntnisse wieder, die bei aller Freundschaft für das Deutsche Reich doch eine gewisse Zurückhaltung des Republikaners erkennen liessen. Auf Begeisterung folgten jeweils Bedenken. Damit mag der Schriftsteller ungefähr jene Gedanken ausgedrückt haben, die einen schweizerischen Bürger beim Anblick deutscher Herrlichkeit bewegten.

Beschäftigung mit Geschichte, Historienmalerei, Burgenromantik und vaterländischer Literatur hatte nach dem Jahre 1871 mehr als früher einen direkten Bezug zum aktuellen politischen Geschehen. Der Ausgang des Deutsch-Französischen Krieges bestimmte in Deutschland und Frankreich den Tenor in den kulturellen Manifestationen. Dem in Bild, Text und Monumenten ausgedrückten nationalen Jubel im Deutschen Reich konnten die Franzosen nach der Niederlage wenig entgegensetzen. Realismus auch in der künstlerischen Bewältigung der Zeitgeschichte tat Not, doch ein wichtiger Vertreter der auch national geforderten Stilrichtung, Gustave Courbet, war ins Exil in die Schweiz geflohen. Es blieb Frankreich das Motto: Was an Grösse verloren geht, gewinnt man an Wahrheit zurück. Eine triviale Kriegs- und Revancheliteratur versuchte zwar, das Debakel in eine Reihe von Siegen umzudeuten, doch dieses Bemühen galt hauptsächlich der eigenen nationalen Befindlichkeit. Wenn französischer Chauvinismus als literarische Botschaft über die Grenzen drang, wie etwa in den Romanen von Maurice Barrès, so förderte er höchstens das ohnehin kräftige deutsche Selbstbewusstsein.

Historienmalerei und Denkmäler waren in der Schweiz seit Regeneration und Bundesgründung beliebte künstlerische Ausdrucksmittel zur Stärkung des Nationalbewusstseins. Die Motive der Künstler liessen sich aus dem Zeitgeist ableiten. Sie lauten, auf eine einfache Formel gebracht: Die «Liebe zum Vaterland» in Bilder umsetzen. Das Publikum, stets für patriotische Manifestationen zugänglich, nahm die Werke mit Beifall und gelegentlicher Kritik entgegen.[36] Man versuchte wie in andern Ländern das nationale Wesen über die Historie zu ergründen. Die Geschichte des Landes begann bei den Pfahlbauern und den Helvetiern. So gelang es, eine Kontinuität zu konstruieren, die einer heterogen zusammengesetzten Nation auch in der Gegenwart Legitimation verschaffte.[37] Am nationalen Bild wirkten während eines Jahrhunderts Maler von Ludwig Vogel bis zu Ferdinand Hodler. Vogel, der zur Bewegung der Nazarener gezählt wird, wandte sich schon früh der Geschichte zu, vermied aber nationales Pathos: «Mit Recht fordert unsere Zeit, dass das Werk nicht nur gut gedacht, sondern auch wahr und gut gemalt sei. Mit dem Alterthümeln kommt wahrhaftig nichts heraus.»[38] In den Rang nationaler Weihestätten gelangten die Tellskapelle am Urnersee mit den Fresken von Ernst Stückelberg, das Winkelried-Denkmal von Ferdinand Schlöth in Stans und der Wilhelm Tell von Richard Kissling in Altdorf.

Die föderalistische Vielfalt des Landes produzierte ein buntes Spektrum an patriotischen Kunstwerken, in dem nicht bloss die nationalen Helden Platz fanden. Regionale Figuren wurden in Denkmälern verewigt, die nicht immer der eidgenössischen Geschichte galten. Lokale Historie wurde ernsthaft gepflegt, auch wenn sie nicht in die nationale Richtung führte. Ein Beispiel dafür ist das Standbild des Schultheissen Nikolaus Thut in Zofingen. Thut focht in der Schlacht von Sempach auf der falschen Seite und verlor sein Leben für die Monarchie der Habsburger. Man hatte auch im patriotischen Aargau des 19. Jahrhunderts keinen Anlass, die österreichische Vergangenheit zu leugnen. Im Waadtland sah man in Major Davel den Vertreter der historisch legitimierten eigenen Identität, gerade weil er sich dem Machtanspruch der Herren von Bern entgegengestellt hatte.

Die Schweiz verspürte wie die grossen Nationalstaaten das Bedürfnis, eine nationale Geschichte zu schreiben, die dem innern Zusammenhalt diente und gleichzeitig für Abgrenzung nach aussen besorgt war. Das Werk von Johannes von Müller war immer noch nützlich, aber in entscheidenden Punkten überholt. Man konnte die Geschichte nicht einfach den Historikern überlassen, denn sie hatten Wilhelm Tell und den Rütlischwur in Frage gestellt. Es lag also an den Politikern, Historie in eine für nationale Zwecke nützliche Form zu bringen. Dazu gehörte ein Nationalfeiertag, wie ihn die Franzosen am 14. Juli und die Deutschen am Sedantag zelebrierten. Der Historiker Wilhelm Oechsli bemühte sich im Auftrag des Bundesrats um die staatsrechtlichen Grundlagen des Bundes. Mit der Urschweizer Befreiungstradition ging er vorsichtig um, denn er wollte offensichtlich keinen Proteststurm entfesseln. Oechsli hielt sich an die ersten Bundesurkunden, die nun aus regional gültigen Landfriedensbriefen zu Dokumenten einer weit ausgreifenden Staatsgründung aufgewertet wurden. Die Landesregierung fixierte als Datum der Gründung den 1. August 1291, nachdem man bisher Rütlischwur, Apfelschuss und Burgenbruch in den Jahren 1307 und 1308 gesucht hatte. Der amtlich beglaubigte neue Ursprung der Eidgenossenschaft rief patriotischen Manifestationen unterschiedlichster Art. Man feierte den 1. August. Es entstanden neue Denkmäler und Historiengemälde. Das Gesicht Tells, wie es der Bildhauer Richard Kissling in Altdorf schuf, und jenes, das einige Jahre später Ferdinand Hodler zeichnete, prägten sich dem schweizerischen Publikum als gültige Bilder ein, die keiner weiteren Dokumentation bedurften. Aus der Legende war nationale Realität geworden.

Seit dem Deutsch-Französischen Krieg war die europäische Szene zu bewegt, als dass sich Schweizer Künstler ausschliesslich mit der einheimischen Idylle hätten beschäftigen können. Der Konflikt zwischen den beiden Nachbarstaaten führte etliche Maler zu einem Realismus fern der üblichen Schlachtengemälde. Arnold Böcklin zeichnete im kriegsversehrten Elsass, Albert Anker beschäftigte sich mit den menschlichen Dramen, die mit der Bourbaki-Armee in die Schweiz hineingetragen wurden. Edouard Castres und Auguste Bachelin wirkten als zeichnende Kriegsreporter. Castres hatte die Armée de l'Est auf ihrem Rückzug im Jura begleitet und jene Eindrücke gesammelt, die er später im Bourbaki-Panorama in greifbare Realität umsetzte. Diese schweizerischen Historienmaler zeichnen sich durch die behutsame Distanz aus, die sie gegenüber den Geschehnissen wahrten. Sie schilderten keine Schlachten, sondern Episoden mit leidenden Menschen im Mittelpunkt. Im Luzerner Bourbaki-Panorama liegt stille Trauer über der Landschaft von Les Verrières, durch die sich eine geschlagene Armee bewegt. Für Heldentum und Glorie war kein

Platz. Darin unterschieden sich die schweizerischen Historienmaler von den deutschen Künstlern, die dem blutgetränkten Weg ihrer Armeen folgten und Krieg und Reichsgründung in pompösen Gemälden zelebrierten. Ein Schweizer Künstler befasste sich mit dem deutschen Feldzug: Karl Jauslin arbeitete während des Krieges als «Kriegsspezialartist» in Stuttgart für die Zeitschrift «Über Land und Meer» und fertigte Schlachtenbilder auf Vorrat. Er soll dabei so produktiv gewesen sein, «dass die Deutschen kaum nachkamen mit ihren Siegen».[39] Jauslin malte später für das Kriegs- und Friedensmuseum in Luzern Kartons mit Schlachtendarstellungen wie «Die Schlacht bei Grandson» oder «Tod Karls des Kühnen in der Schlacht von Nancy, 1477».

Die im Deutschen Reich sichtbare Einheit von Kultur und Politik wirkte in die Schweiz hinein. Die harmlose Epoche, in der man das «göttliche Walten in der Gotik» bewunderte, war längst vorüber. Die Allüren der Grossmacht wurden sichtbar, als Wilhelm II. den Vorrang des Deutschtums in allen Lebensbereichen verkündete. Vor einer Germanisierung der Schweiz durch die an den Universitäten wirkenden deutschen Professoren hatte man schon früh gewarnt.[40] Die «Rückbesinnung auf die Sendung des Germanentums» war ein Argument, das in die deutsche Schweiz getragen wurde und das eine politische Botschaft enthielt. Die im Reich angestrebte Vereinigung aller kulturellen Bereiche – Literatur, Germanistik, bildende Kunst, Musik, Naturwissenschaften – mit den Zielen des Staates stiess in der Schweiz an Grenzen. Ideologien waren dem pragmatischen Wesen der schweizerischen Bevölkerung fremd. Die differenzierten Strukturen des Bundesstaats standen jedem Versuch, geistige Monopole zu schaffen, im Weg.

Die komplexe und in ihrem Verhalten sprunghafte Persönlichkeit Wilhelms II. kann nicht auf romantische Visionen reduziert werden. Der Monarch bediente sich in seinem absolutistischen Gottesgnadentum aller Kräfte, die seine kaiserliche Glorie förderten. Dazu gehörte der Kult von Burgen und Schlössern genauso wie die politische Allianz mit der mächtig gewordenen Schwerindustrie, die dem Kaiser eine imposante Kriegsflotte und Kanonen mit immer grösseren Kalibern baute. Es ging nicht um die Wiederherstellung des mittelalterlichen Kaiserreichs, sondern um die Schaffung eines über die Bismarck'schen Grenzen hinaus mächtigen Hohenzollern-Imperiums. Dazu bedurfte es der engen Verbindung von Kultur und staatlicher Macht.

Rekonstruktion und Neubau mittelalterlicher Burgen durch Wilhelm II. und seinen Baumeister Bodo Ebhardt zeigen in exemplarischer Weise den in aller Öffentlichkeit demonstrierten Anspruch des Kaisers, auch die Geschichte seiner Herrschaft dienstbar zu machen. Burgen und Schlösser galten in einer Epoche, die sich in diffuser Nostalgie gegen die selbstgeschaffenen Monster des Industriezeitalters wandte, immer noch als beispielgebende Bautypen.[41] Dabei hatten sie ihre soziale und wirtschaftliche Grundlage verloren, es sei denn, sie dienten als Residenzen für Aristokraten, Bankiers und Industriebarone.

Spektakulär war der in den Jahren 1899 bis 1908 von Bodo Ebhardt unternommene Wiederaufbau der riesigen Burgruine Hohkönigsburg im Elsass. Die Festung war im Dreissigjährigen Krieg von den Schweden zerstört worden und später in den Besitz von Schlettstadt gelangt. Die Stadt konnte mit der Festung in den Vogesen nicht viel anfangen und schenkte sie Wilhelm II., der hier seine Vorstellungen vom Mittelalter am Exempel realisierte. Man mag es als Ironie der Geschichte empfinden, dass der Franzose Viollet-le-Duc vor dem Deutsch-Französischen Krieg Studien für die Rekonstruktion der Hohkönigsburg unternommen hatte. So konnte Bodo Ebhardt bei seiner Arbeit die Pläne des französischen Architekten zu Rate ziehen.

Der deutsche Kaiser setzte mit der gewaltigen Festung nahe der französischen Grenze ein weithin sichtbares politisches Zeichen. Damit war der Herrschaftsanspruch über das neue Reichsland unübersehbar dokumentiert. Ein ähnliches, politisch gemeintes Signal strahlte das gleichzeitig in Posen an der Ostgrenze des Reichs errichtete monumentale Kaiserschloss aus.[42]

Die Hohkönigsburg steht nicht allzuweit von der Schweizer Grenze entfernt, so dass man ihre Wiederherstellung über Jahre hinweg verfolgen und als Demonstration deutscher Macht in Vergangenheit und Gegenwart verstehen konnte. Rund um die deutschen Burgen wurde ein Spektakel geboten, das mit kulturpolitischem Anspruch daherkam. In der Schweiz mochte man sich fragen, ob der Kleinstaat seine Geschichte in ähnlicher Weise sichtbar machen könne. Was die Burgenromantik betraf, so hatte man wenig zu bieten. Die nationale Gründungslegende stützte sich auf den sogenannten Burgenbruch, mit dem angeblich die Vögte aus dem Land gejagt wurden. Bescheidene Überreste waren in der Landschaft vorhanden. Doch es blieb privaten Mäzenen überlassen, ob sie Burgen wieder instand stellen wollten, wie es mit Schloss Tarasp geschah. Die offizielle Schweiz liess die Ruinen ruhen. Wollte man die Historie auf dem Umweg über die Architektur neu beleben, so blieb als Modell das Bauernhaus. Ein für das Publikum attraktiver, wenn auch problematischer Versuch wurde an der Landesausstellung in Genf von 1896 mit dem «Village Suisse» unternommen.

Der historisierende Zeitgeist kam in der Architektur der Schweiz dennoch zum Ausdruck. In Bern baute man das burgenähnliche Historische Museum, das ursprünglich als Landesmuseum gedacht war. Das nationale Museum entstand, mit gotischen Bauteilen versehen, in Zürich. Damit war eine schweizerische Gedenkstätte entstanden, in der Zeugen der Vergangenheit aus allen Landesteilen untergebracht waren. In Luzern konstruierte man das Kriegs- und Friedensmuseum, das wie ein mittelalterliches Monument am Seeufer stand, nach wenigen Jahrzehnten aber wieder weggeräumt wurde. Bei den Fresken im neuen Bundeshaus in Bern verzichtete der Bauherr auf martialische Schlachtenszenen. Mit den historischen Landschaften im Parlamentsgebäude und dem symbolischen Beiwerk wurde ein Bekenntnis zur nationalen Geschichte deutlich, das ohne heroische Gesten auskam.[43] Die aufdringliche Präsenz des Militärischen in der Kunst, die der Schriftsteller J. C. Heer bei seiner Deutschlandreise als störend empfand, fehlte in der Schweiz. Kriegerische Szenen waren nur im Waffensaal des Landesmuseums zu sehen. Hier hatte Ferdinand Hodler seinen umstrittenen «Rückzug von Marignano» gemalt, der in breiten Pinselstrichen ein eindrückliches Bild der Niederlage vor Augen führte. Die Kritiker wandten sich gegen den für Zeitgenossen schockierenden Realismus, der an Stelle der gewohnten Glorie das Ende der schweizerischen Grossmachtträume verkündete. Somit enthielt das Werk Hodlers eine politische Botschaft.

Man beklagte in diesen Jahren das Fehlen einer schweizerischen Kunst und einer nationalen Literatur. Von der Unmöglichkeit, in einem ethnisch vielfältigen Nationalitätenstaat eine einheitliche Kultur zu schaffen, war nicht jedermann überzeugt. Der Gedanke wurde vor allem von Deutschen gefördert, die stets mit Ratschlägen zur Stelle waren. Was in Ansätzen existierte, wies immer in die selbe Richtung. Kulturelle Einheit hätte nur unter deutschen Vorzeichen gedeihen können: Die Schweiz als deutsche Kulturprovinz, um die Jahrhundertwende eine reale Versuchung. Es fehlte in der Schweiz nicht an Jüngern des Deutschtums, die bereit waren, sich auf Experimente einzulassen. Sie wollten nicht wahrhaben, wie eng im Wilhelminischen Deutschland germanische Kultur und deutsche Grossmachtpolitik verbunden waren. Eine gefährliche Lektion blieb den Eidgenossen erspart.

Das expansive Deutschtum

Von der Allmacht des Staates

In der deutschen Romantik kam in der Lehre vom Staat der theologischen Legitimation wesentliche Bedeutung zu – dies im Gegensatz zu den Thesen der Aufklärung. Keine Philosophie ohne Theologen. Die Nähe zur Theologie war beispielsweise bei Herder, Hegel und beim Historiker Ranke im Studium gegeben, was nicht Abhängigkeit von den Landeskirchen bedeutete. Staatsphilosophische Spekulationen verbanden sich in den ersten Jahrzehnten des 19. Jahrhunderts mit dem Zeitgeist der Restauration. Als Ergebnis entstand eine über die deutschen Grenzen hinaus wirkende Lehre vom Staat als einem Manifest des Volksgeistes, einem absoluten Staat, der von Hegel als das «an und für sich Vernünftige» vorgestellt wurde.

Die Wirkung auf das Selbstverständnis der Bürger in Politik und Gesellschaft war verhängnisvoll und von langer Dauer. Der Bruch mit der Aufklärung und Rousseaus Gesellschaftsvertrag blieb vorerst ein geistesgeschichtlicher Prozess. Reale politische Bedeutung erlangte er, als der Staat die Philosophen für seine Zwecke in Anspruch nahm. Philosophische Positionen wurden zu staatspolitischen Doktrinen. Der Historiker Klaus Scholder hielt in seinem Werk über «Aufklärung, Absolutismus und Bürgertum in Deutschland» das Ergebnis fest: «So gewiss die Aufklärung in Westeuropa die Selbständigkeit des Bürgertums auch politisch begründet hat, so gewiss hat ihre theologische Spielart in Deutschland das Verständnis des Bürgers als Untertan eher verstärkt als erschüttert.»[44] Die damit begründete politische Ethik deutete den Absolutismus als unmittelbare göttliche Ordnung. Für den Bürger ergaben sich aus diesem Handel mehr Pflichten als Rechte, die Dynasten hingegen konnten beruhigt sein.

Die absolutistische Reaktion nach dem Sturz Napoleons war kein deutsches Phänomen, denn sie betraf ganz Europa. Was die Lehren vom Staat anging, konnte man auf anerkannte Autoritäten zurückgreifen. In Deutschland bot sich Herder an, auch Fichte hatte sich nach seiner patriotischen Umkehr von der Revolution und vom Gesellschaftsvertrag Rousseaus abgewandt. In Frankreich pflegte der Frühromantiker Chateaubriand sein mystisches Christentum und entfernte sich weit von der Aufklärung. Der Schweizer «Restaurator» Karl Ludwig von Haller dozierte ein autoritäres und elitäres Staatsverständnis und bemühte sich um die praktische Umsetzung seiner Thesen in der Politik. Wie das zu verstehen war, zeigte eine Schrift aus dem Jahre 1807: «Über den wahren Sinn des Naturgesetzes: dass der Mächtigere herrsche.»[45] Den Starken die Herrschaft, den Schwachen die Dienstbarkeit, das war eine in Hallers Hauptwerk, der «Restauration der Staatswissenschaften», in epischer Breite dargebotene Losung, die bis ins 20. Jahrhundert hinein immer wieder angerufen wurde.

In Deutschland kamen diese staatsphilosophischen Lehren dem realen politischen Geschehen wie kaum in einem andern europäischen Land entgegen. Die Bewegung hin zur Einheit nahm unter preussischer Führung unaufhaltsam den Weg zu staatlicher Grösse. Das fatale Schlagwort, «deutsch» sei besser als «frei», fand mit der Zeit auch bei jenen Deutschen Zustimmung, die sich im Jahre 1848 als Revolutionäre gebärdet hatten. Herders Idee vom Staat, der aus geschichtlicher Notwendigkeit entstand und als das «historisch Gewordene» seinen Platz behauptete, vertrug sich wie Hegels «Weltgeist» mühelos mit aristokratischen und autoritären Strukturen. Leopold Ranke, vom göttlichen Ursprung des Staates überzeugt, nahm sich als Historiker des mächtiger werdenden Königreichs Preussen an. Übereinstimmung von Geist und weltlicher Macht, wobei sich zum vornherein erfreuliche Perspektiven auftaten.

So sahen es auch manche Schweizer, die ihre Studienjahre an deutschen Universitäten verbracht hatten. Die Versuchung lag nahe, von der in Deutschland erlebten Geistigkeit auf Gesellschaft und Politik zu schliessen. Auch echte Republikaner sahen in den oft gescholtenen deutschen Verhältnissen Höhenflüge, die man im eigenen Land vermisste. Jede Art von deutscher Grösse – seien es die Städte, die Hochschulen, Architektur und Kunst, die Dimensionen der Landschaft – hinterliess bei Generationen von Schweizer Studenten Spuren, die eine an Deutschland orientierte Weltsicht erzeugten. Im Rahmen dieser Deutschland-Erfahrung bewegte sich eine Sentenz, die der konservative Zürcher Georg von Wyss im Jahre 1858 formulierte: «Gesundheit kann in die europäischen Dinge zuletzt und allein doch nur von deutscher Macht gebracht werden, wenn diese einmal zur Erscheinung kommt.»[46] Von Deutschland erwartete der Zürcher Historiker die Herrschaft eines «religiösen, innerlichen, züchtigen, mässigen Geistes».

Schaute man auf die im Laufe des Jahrhunderts entwickelten deutschen Lehren vom Staat, so war gegenüber der Hoffnung auf einen «züchtigen, mässigen Geist» Misstrauen angebracht. Johann Gottlieb Herder hatte seinem Staat trotz aller Machtfülle Humanität als wesentliches Anliegen empfohlen. Darunter waren Menschlichkeit, Bildung und Kultur zu verstehen. Sehr viel rigoroser nahmen sich Hegels Doktrinen aus, die in idealer Weise auf ein von Preussen dominiertes Deutschland zugeschnitten waren. In der Geschichte waltet die Vernunft. So lautete eine zentrale Aussage. Der Staat ist «Geist eines Volkes», «oberste Sittlichkeit» und – ausgestattet mit souveräner Macht – «absolut unbewegter Selbstzweck». Der Bürger hat als Individuum nur soweit Objektivität, Wahrheit und Sittlichkeit, als er ein Mitglied des Staates ist. Auch Leopold Ranke kam zum Schluss, es gebe für den einzelnen Menschen «keine rein private Existenz», da das Staatswesen göttlichen Ursprungs sei.

Die These, wonach der Bürger dem Staat gehört, hätte die Radikalen auf den Plan rufen müssen, die in der ersten Jahrhunderthälfte in Deutschland und im übrigen Europa für die Freiheit des Individuums stritten. Doch die Parolen, die einen souveränen Nationalstaat forderten, übertönten ideologische Bedenken. Manche deutsche Universität bereitete in vorauseilendem Gehorsam jene geistige Landschaft vor, in der ein starker Obrigkeitsstaat gedieh. Als das Kaiserreich um die Jahrhundertwende das deutsche Volks für seine «weltnationalen Ziele» einspannte, war die Übereinstimmung zwischen der Hegel'schen Staatslehre und den tagespolitischen Parolen perfekt. So war in einer Mitteilung des Alldeutschen Verbandes zu lesen, der Mensch sei nicht um seiner selbst willen da. Er sei gewöhnlich nur soviel wert, als er für sein Volk leiste.[47]

Die Lehre von der bedingungslosen Unterordnung des Bürgers unter den Staat war auch in der Schweiz zu vernehmen, obschon die Bundesverfassungen von 1848 und 1874 eine andere Vision vermittelten. Die Juristen, Historiker und Philologen konnten sich nicht so leicht von ihren deutschen Studienjahren verabschieden. Theologen vor allem lebten im nationalliberalen deutschen Gedankengut, das unweigerlich zum protestantischen Preussen mit seiner Unterordnung der Kirche unter den Staat hinführte. Hegels Doktrin vom Staat war theologisch einigermassen abgesichert und erregte bei Schweizern kaum Anstoss, auch wenn ein Republikaner dabei in einen unheiligen Zwiespalt geriet.

Eine Probe aufs Exempel in Bezug auf das Verhältnis Staat-Bürger bot der Kulturkampf im Jura. Der Kanton Bern war nicht bereit, die vom kantonalen Kanon abweichenden religiösen Überzeugungen der Jurassier zu tolerieren. Das war im Jahre 1874 Gegenstand eines Gesprächs zwischen Bundesrat Carl Schenk und dem französischen Botschafter. Der radikale Politiker Schenk, Theologe mit Studium in Deutschland, entwickelte seine Sicht vom Verhältnis zwischen Staat, Kirche und Individuum: Wenn die Bevölkerung im Jura die vom Staat Bern eingerichtete christkatholische Kirche boykottiere, so sei das ein Akt der Rebellion. Der Bürger gehöre von der Geburt bis zum Tode dem Staat, und die Kirche habe kein anderes Recht als das ihr vom Staat übertragene.[48] Ein für einen schweizerischen Bundesrat seltsames Staatsverständnis, doch Schenk stand damit nicht allein.

Im Blick auf die Hegel'sche Staatsdoktrin schrieb Karl Schmid in seinem Buch «Unbehagen im Kleinstaat»: «Hegel, nicht Nietzsche, wie es zu behaupten üblich wurde, hat den Promotoren der Totalität des Staates das gute Gewissen verschafft. (…) Und Hegel war es auch, aus dem sich der Rechtsanspruch auf eine Aussenpolitik holen liess, die nicht nur den Staat der Deutschen, sondern die Reichsordnung Europas zum Ziel hatte.»[49]

Vor Hegel hatte auch Herder den souveränen Staat gefordert. Er sei ein auf Eroberung gegründetes historisches Gebilde, das normalerweise eine Nation oder ein Volk als Schicksalsgemeinschaft umfasse. Ein Weltstaat, wie ihn Kant gewünscht hatte, sei nicht zu realisieren. Hegel brachte in die Lehren von der staatlichen Macht die noch fehlenden systematischen Strukturen. Für ihn war der Staat die höchste existierende Instanz. Die einzelnen souveränen Staatsindividualitäten stünden als «die absolute Macht auf Erden» zueinander. In seiner Rechtsphilosophie umschrieb Hegel den Anspruch nach aussen: Als Machtstaat nach aussen sei der Staat «bewaffnete, kriegerische Macht mit einem stehenden, auf der allgemeinen Wehrpflicht beruhenden Heer, das im Dienst der Staatsselbständigkeit von der als Individuum die Staatsindividualität repräsentierenden, über Krieg und Frieden allein entscheidenden fürstlichen Gewalt befehligt wird. Der Militärstand wird ein eigener ‹Stand der Allgemeinheit›, der vom Individuum erwartet, dass es sich unterordnet und aufopfert.»

Der Krieg ist letztes Entscheidungsmittel. Er ist der Erhalter «der sittlichen Gesundheit der Völker». Verträge zwischen Staaten sind möglich. Sie beruhen auf souveränem Willen und sind deshalb zufällig.

Hegels ideale Staatsform war die konstitutionelle Erbmonarchie. Diese Vorstellung wies auf Preussen hin, doch verkam in diesem wie in andern deutschen Ländern die Konstitution zur Staffage oder zum Kuriosum wie im Kaiserreich Wilhelms II. Für demokratisches Gedankengut blieb im fortschreitenden Jahrhundert wenig Raum. Gobineau und die Sozialdarwinisten sahen das Heil in einer autoritären Staatsführung, Friedrich Nietzsche forderte «Herrenmoral» und fand, für wirkliche Kultur sei auch Sklaverei notwendig: «Und wenn es wahr sein sollte, dass die Griechen an ihrem Sklaventum zugrunde gegangen sind, so ist das andere viel gewisser, dass wir an dem Mangel des Sklaventums zugrunde gehen werden.»[51]

Vor dem Hintergrund der autoritären Doktrinen sahen die Perspektiven für die Schweiz gegen Ende des 19. Jahrhunderts nicht gerade positiv aus. Solide ideologische Gegenpositionen gab es – abgesehen von der katholischen Staats- und Gesellschaftslehre – in der Schweiz kaum, denn der hauseigene Pragmatismus griff im Vergleich zu den breitspurig daherkommenden deutschen Visionen stets zu kurz.

Ideologische und verbale Hilfe hätte man vom Zürcher Staatsrechtslehrer Johann Caspar Bluntschli erwarten dürfen, der seit Jahrzehnten in Deutschland dozierte und als nationalliberaler badensischer Politiker vom preussischen Staat die Einigung Deutschlands erwartete, seiner alten Heimat aber stets ein distanziertes Interesse entgegenbrachte. Er hatte sich zur Frage einer schweizerischen Nation und zur Neutralität geäussert und dabei eingeräumt, dass die Schweiz aus verschiedenen Nationalitäten bestehe, die durchaus einen Staat bilden könnten. Bismarcks Reichsgründung war aber für Bluntschlis Vorstellungen vom Staat nicht ohne Folgen. Nicht jede Nation sei fähig, einen Staat zu bilden, meinte er in seiner «Lehre vom modernen Staat», und bei anderer Gelegenheit fand er, die Deutschschweizer seien in ihrer geistigen Identität Angehörige der deutschen Nation. Nur die politisch befähigten Nationen seien berechtigt, ein selbständiges Volk zu werden. Die Nationen müssten – nach einem Ausdruck des Fürsten Bismarck – atmen und ihre Glieder bewegen können: «Über die Fähigkeit einer Nation zur Staatenbildung entscheidet freilich bei der Unvollkommenheit des Völkerrechts kein menschliches, sondern nur das Gottesgericht, welches in der Weltgeschichte sich offenbart.»[52] Mit andern Worten: Die Befähigung einer Nation zur Staatsbildung war eine reine Frage der Macht. Das von Bluntschli angerufene «Gottesgericht» war denn auch bis in die Jahre des Ersten Weltkrieges das preussisch-protestantische Argument, mit dem sich das Völkerrecht beiseite schieben liess.

Das Überleben der Kleinstaaten, im Deutschen Reich auch «Randstaaten» genannt, war also – geht man von den gültigen deutschen Theorien aus – eine Glückssache. Bismarck selber hatte in seiner Politik darüber keinen Zweifel offen gelassen. Das Kaiserreich Wilhelms II. produzierte ein wortreiches Schrifttum über die Nichtigkeit des Kleinstaats. Das Thema blieb aktuell bis zum deutschen Überfall auf Belgien. Vom «Gottesgericht» über die Kleinstaaten handelt auch ein Text von Friedrich Naumann, dem Politiker, Pastor und Führer der national-sozialen Bewegung nach der Jahrhundertwende. Im Ersten Weltkrieg strebte Naumann unter dem Stichwort «Mitteleuropa» die Schaffung eines zentraleuropäischen Staatenblocks an: «Die Geschichte lehrt, dass der Gesamtfortschritt der Kultur gar nicht anders möglich ist, als durch Zerbrechung der nationalen Freiheit kleinerer Völker. (…) Ein Stück des alten, kleinbürgerlichen Freiheitsideals muss ins Wasser geworfen werden, damit man den technischen Kulturgedanken voll ausdenken und ihm dienen kann. Es ist kein ewiges Recht der Menschen, von Stammesgenossen geleitet zu werden. Die Geschichte hat entschieden, dass es führende Nationen gibt und solche, die geführt werden …»[53]

Nation und Staat

«Wir sind zwar une nation, aber keine Nation», sagte der Germanist Ferdinand Vetter in einem Vortrag, den er im Juni 1889 vor der Bernischen Künstlergesellschaft hielt. Es ging um die Gründung des Schweizerischen Landesmuseums, über die in der Bundesversammlung entschieden werden sollte. Die Bezeichnung «Nationalmuseum» lehnte Vetter ab, denn sie sei ungenau. Hingegen hatte er nichts einzuwenden, wenn im Französischen und im Italienischen die Begriffe «Musée national suisse» und «Museo nationale Svizzero» verwendet wurden.[54]

Was sich wie die Spitzfindigkeit eines Philologen ausnimmt, führt mitten in die Kontroversen um «Nation» und «Staat», die am Ende des 19. Jahrhunderts von Juristen, Historikern, Geographen und Politikern ausgetragen wurden. An der vor allem in Deutschland gepflegten Debatte beteiligten sich – angeregt durch konkrete politische Situationen – Autoren aus allzu vielen Disziplinen, so dass am Ende sprachlicher Wirrwar stand. Rasse, Sprache, Geschichte und Volkstum waren die gemeinschaftsbildenden Kräfte, die über die Grenzen des Kaiserreichs hinaus wirkten,

Herder, Hegel und Nietzsche allgegenwärtige Autoritäten. Man zitierte auch Arthur Gobineau und Houston S. Chamberlain. Im politischen Diskurs war die stets vorhandene sozialdarwinistische Grundstimmung nicht zu überhören.

Trotz umständlicher Dialektik blieb der Begriff «Nation» so undeutlich, dass er nach Belieben verwendet werden konnte. Man gelangte zur unscharfen Trennung von «Staatsnation» und «Kulturnation», was für die deutschsprachigen «Randregionen» nicht ohne Folgen blieb. Deutsche Kultur reichte im allgemeinen Verständnis so weit wie die deutsche Sprache. Nun war Kultur im deutschen Kaiserreich eine nationalstaatliche Angelegenheit und somit ein Thema der Politik. So sah es Wilhelm II., aber auch bei den deutschen Gelehrten war der Gedanke gegenwärtig. Nicht anders ist der Satz Friedrich Meineckes zu verstehen, den der Historiker anlässlich der Deutschen Jahrhundertfeier 1913 schrieb: «... wir sind nicht zufrieden mit dem Bewusstsein, dass unsere Nation eine grosse Gesamtpersönlichkeit ist, sondern wir verlangen einen Führer für sie, für den wir durchs Feuer gehen können.»[55]

Unter diesen Vorzeichen gehörte Ferdinand Vetters deutsche Schweiz zur deutschen Kulturnation, eine Zuteilung, die der Berner Professor nach der Jahrhundertwende in seiner berühmten Nürnberger Rede bestätigte, in der er die deutsche Schweiz zur deutschen Kulturprovinz erklärte. Da passte auch eine schweizerische Staatsnation nicht mehr so recht ins Bild, denn die Grenze zwischen Kultur und Staat war nicht eindeutig zu ziehen.

Die lateinischen Minderheiten in der Schweiz standen dem anhebenden Disput gelassen gegenüber, denn sie fühlten sich in ihrem Kulturverständnis nicht betroffen. In der Romandie war es erlaubt, die Schweiz als «une nation» zu begreifen, denn im französischen Sprachgebrauch wurden Nation und Staat weitgehend gleichgesetzt. Allenfalls waren funktionelle Unterschiede auszumachen. Für die Aufgeregtheit von Eduard Blochers Sprachverein in Fragen der Terminologie zeigte man kein Verständnis.

Was unter Nation zu verstehen war, hatte der Religionswissenschafter und Philosoph Ernest Renan im Jahre 1882 in seinem Vortrag «Qu'est-ce qu'une Nation?» formuliert. Seine Gedankengänge trafen sich mit dem bisherigen schweizerischen Staatsverständnis.[56] Die französischen Thesen kamen weniger doktrinär daher als die deutschen. Sie waren meist auf Frankreich bezogen und defensiv angelegt. So forderten sie in den wenigsten Fällen eine Reaktion im benachbarten Ausland heraus. Auch gab es noch keine «Ethnie française», die mit dem expansiven Deutschtum zu vergleichen war.

In den Jahren vor dem Ersten Weltkrieg stand die nationale Identität der Schweiz zu beiden Seiten der Sprachgrenze zur Debatte. In der Westschweiz bezog die junge Garde der «Helvétistes» ihre rechtsautoritären Positionen, in der Deutschschweiz führte die deutsche Herausforderung zu erbitterten Diskussionen. In der Zeitschrift

«Wissen und Leben» wurde zum Beispiel um das Verhältnis zwischen dem deutschen Kulturanspruch und der politischen Macht gefochten.

Für die schweizerischen Vertreter des Deutschtums erwies sich der Balance-Akt zwischen Kultur und Staat als ausgesprochen riskant. Sie verstiegen sich häufig in abenteuerliche Konstruktionen, die von einem seltsamen Weltbild zeugten. Beispiele boten die Kontroversen, die im Jahre 1910 in «Wissen und Leben» ausgetragen wurden, wobei der Herausgeber Ernest Bovet verärgert auf die sprachpolitische Rabulistik Eduard Blochers reagierte. Der deutschtümelnde Anwalt Fritz Fick führte die Debatte fort mit Thesen unter dem Titel «Gibt es eine schweizerische Nation und Kultur?»[57] Im krampfhaften Bemühen, schweizerische Staatsbürgerschaft und germanisches Wesen zu vereinen, gelangte er zu einem umständlichen Bekenntnis: «Wir bilden den Sauerteig, durch den alle Völker wieder mit dem germanisch-demokratischen Gedanken durchsetzt, durch den alle semitisch-mongolisch-charismatisch-despotischen Kulturgedanken allmählich ausgeschieden werden. (…) Wenn wir uns den Einheitsstaaten Frankreich und Italien vermählen wollen, so begehen wir Landesverrat, wenn wir zu Österreich hinneigen, so begehen wir Selbstmord, wenn wir aber mit Gottfried Keller von einem einigen deutschen Staatenbund schwärmen, so bekennen wir uns als gute Schweizer und gute Deutsche zugleich, etwa wie wir zugleich gute Zürcher und gute Schweizer sein können.»

Zum Verständnis der nationalen Identität und zur Klärung der Begriffe trugen die intellektuellen Eskapaden des renommierten Juristen wenig bei. Man könnte seine Phantasien als Stimmen eines Einzelgängers abtun, doch die absurde Weltschau des Zürcher Anwalts, der auch Präsident des Vereins schweizerischer Juristen war, stand keineswegs allein da. Fritz Fick, Vetter des führenden Alldeutschen Adolf Fick und Sohn von Professor Heinrich Fick, war Mitglied des Deutschschweizerischen Sprachvereins und beredter Verfechter aller germanophilen Bewegungen in der Schweiz.[59] Seine Gedanken über den Vorrang des Germanentums überlebten den Ersten Weltkrieg und fanden in der Zwischenkriegszeit in Jakob Schaffner und Hektor Ammann wortgewandte Fürsprecher.

Hätten die alldeutschen Allüren nur die deutsche Kultur und nicht mehr gemeint, so würde man sich damit abgefunden haben. Doch die stets behauptete Trennung von Kulturnation und Staatsnation wurde immer wieder in Frage gestellt, denn Kultur war im Reiche Wilhelms II. auch im politischen Sinne eine deutsche Angelegenheit. Eine gefährliche Verbindung, die aber von den Germanophilen in der deutschen Schweiz hartnäckig geleugnet wurde.

Es wäre zu fragen, ob vergleichbare Abhängigkeiten zwischen der Westschweiz und Frankreich bestanden. Ansätze dazu waren vorhanden. Nationalistische Thesen wurden um die Jahrhundertwende von französischen Literaten verbreitet. Man denkt an die lothringischen Blut- und Bodenromane von Maurice Barrès und an

Charles Maurras mit seiner «Action française». In der Romandie blieb aber eine Wirkung aus, die sich mit dem germanischen Kulturimperialismus in der deutschen Schweiz vergleichen liesse. Was an Botschaften über die Grenze kam, wurde mehr als Literatur denn als politisches Programm empfunden.

Die rechtsautoritären französischen Schriftsteller verhielten sich in ihrem Chauvinismus gegenüber der Republik kritisch. Es fehlte ihnen bei der eigenen Regierung der politische Rückhalt, den die Vertreter des Deutschtums im Reich so ausgiebig genossen. Die Rezeption des französischen Nationalismus in der Westschweiz war unterschiedlich, wie ja die Romandie überhaupt weder kulturell noch politisch eine Einheit bildete. Gegenüber Frankreich, das so viele Gesichter zeigte, konnte man zu keiner einheitlichen Meinung gelangen.

Im Tessin und in den italienisch sprechenden Tälern Graubündens war die italienische Kultur eins mit Geschichte und Traditionen. Die kulturelle Zugehörigkeit zu Italien war nie umstritten. Man hatte die Einigung Italiens mit Anteilnahme verfolgt und gelegentlich in einem Masse daran teilgenommen, das zu Spannungen mit den Bundesbehörden in Bern führte. Die Versuchung der Irredenta war nie so stark, dass sie bei der Mehrheit der Bevölkerung den Wunsch nach einem Anschluss an Italien geweckt hätte. Man war ein Teil des italienischen Kulturraums, ohne dass sich daraus unmittelbare politische Folgen ergaben.

Zu Beginn des 19. Jahrhunderts hatten Begriffe wie «Nation», «Volk» und «Staat» noch kein Kopfzerbrechen verursacht, wie es nach der Reichsgründung im Gelehrtenstreit sichtbar wurde. Dann aber begann eine Auseinandersetzung um Worte, hinter denen politische Meinungen standen. Dieser geistige Prozess führte manche Zeitgenossen – unter ihnen auch etliche Schweizer – auf seltsame Irrwege. Die Priorität des rigoros Nationalen verdrängte andere Optionen. Kritische Beobachter sahen die Entwicklung mit Bedauern und Ratlosigkeit, so zum Beispiel der Zürcher Jurist Alfred Egger, der in der moralischen Bedrängnis des Ersten Weltkrieges zu einem resignierten Schluss kam: «Vor mehr als hundert Jahren hat die Idee der Nation noch eine wahrhaft grosse universelle Begründung erhalten: Sie sollte nur der Weg sein zu Menschheitszielen. Der Staat ist ‹nichts Erstes und für sich selbst Seiendes, sondern bloss das Mittel für den höhern Zweck der ewig gleichmässig fortgehenden Ausbildung des rein Menschlichen in dieser Nation ...› (Fichte). Der heutige Nationalismus aber ist nur noch ein Zerrbild jenes nationalen Gedankens!»[60]

Die Schweiz sei ein «Zankapfel des nationalen Begriffs», befand Herders Staatslexikon noch im Jahre 1929.[61] Das Phänomen «Nation» gab im Deutschen Reich Anlass zu kontroversen Interpretationen, die auch das Selbstverständnis der Eidgenossenschaft betrafen. Geschichte, Kulturgemeinschaft, Rasse, Sprache, Klima und Boden standen als konstituierende Kräfte zur Disposition. Man war der Meinung, jede Nation habe die Tendenz zur Staatsbildung, wenn es auch offensichtlich

Ausnahmen gab wie die Polen und die Juden. Bei den Polen ging es nicht um eine freiwillige Absenz.

Leopold Ranke schrieb, der Staat sei eine Modifikation des Nationalen. Der italienische Völkerrechtler Pasquale Mancini hatte schon im Jahre 1851 eine Formel gefunden: Jede Nation soll einen Staat bilden, jeder Staat nur eine Nation umfassen. Napoleon III. war von dieser Theorie angetan und vertrat sie immer dann, wenn sie seinen Interessen entsprach. Die europäische Wirklichkeit sah nach der Gründung der grossen Nationalstaaten anders aus. Im Deutschen Reich lebten polnische, dänische und französische Minoritäten. Italien bildete keine ethnisch einheitliche Nation, und auch Frankreich war weit von nationaler Einheit im Sinne der Puristen entfernt. Als reiner Nationalstaat blieb nur das abgelegene Portugal. Die Schweiz präsentierte sich als Sonderfall ohne Beispiel und hartes Lehrstück für Ideologen des Nationalstaats. Noch vor der Jahrhundertwende kam der Begriff der «Willensnation» auf. Gemeint war damit nicht nur die Schweiz, sondern auch Belgien und gelegentlich sogar Frankreich. Als negatives Muster eines Staates stand die Donaumonarchie mit ihrer Vielfalt an Nationalitäten und unübersichtlichen Strukturen da.

Carl Hilty, Professor für Staatsrecht in Bern, suchte 1875 unter dem Eindruck der deutschen und der italienischen Einigung nach einer auf die Schweiz zutreffenden Formel: «Nicht Raçe, nicht Stammesgenossenschaft, nicht gemeinsame Sprache und Sitte, nicht Natur und Geschichte haben den Staat schweizerischer Eidgenossenschaft gegründet. Er ist vielmehr entstanden, im vollen Gegensatz zu allen diesen Grossmächten, aus einer Idee, aus einem politischen, sich zu immer grösserer Klarheit entwickelnden Denken und Wollen und beruht darauf noch heute. (…) Alles, was Natur, Sprache, Blut und Stammeseigenart vermag, zieht die Schweizer viel mehr auseinander, als zusammen, nach Westen, nach Norden, nach Süden zu ihren Stammesgenossen.»[62] Im übrigen sei die Schweiz, so meinte Hilty, erst seit 1798 eine Nation. Auch der in Deutschland dozierende Lehrer des Staatsrechts Johann Caspar Bluntschli äusserte sich im selben Jahr zur schweizerischen Nationalität. Zu diesem Zeitpunkt stand er unter dem Eindruck von Bismarcks Reichsgründung. Er anerkannte eine politische Nationalität der Schweiz, ordnete aber deutscher Übung gemäss die drei Landesteile den Kulturgemeinschaften der Nachbarstaaten zu.[63]

Der Kummer mit den kulturpolitischen Landschaften liess sich mit einer terminologischen List verdrängen: Man unterschied zwischen Nation und Nationalität. «Das Wort Nationalität ist ein Derivat von Nation», schrieb der Jurist und spätere Diplomat Max Jaeger in seiner Abhandlung über «Die Frage einer schweizerischen Nation». Die Nationalität könne «kleinere, aber auch grössere Menschenmassen umfassen als die Nation», meinte Jaeger. «So sprechen wir von der schweizerischen Nation, aber daneben auch von der deutschen, der französischen, der italienischen, der romanischen Nationalität in der Schweiz. Ähnlich unterscheiden wir innerhalb der deutschen Nation im eigentlichen Sinne eine deutsche, eine polnische, eine dänische, eine französische, eine wendische Nationalität.»[64] Der Begriff wurde schon früher in diesem Sinne verwendet. Die «Neue Zürcher Zeitung» schrieb im Jahre 1848 von den drei Nationalitäten in der Schweiz und meinte damit die Sprachgruppen.[65] Auch in der diplomatischen Korrespondenz war gelegentlich von den schweizerischen Nationalitäten die Rede.

Ernest Renans berühmter Vortrag an der Sorbonne vom 11. März 1882 handelte auch von der Schweiz und ihrer Nationalität: «... la Suisse, si bien faite, puisqu'elle a été faite par l'assentiment de ses différentes parties, compte trois ou quatre langues. Il y a dans l'homme quelque chose supérieure à la langue, c'est la volonté. La volonté de la Suisse d'être unie, malgré la variété de ses idiomes, est un fait bien plus important qu'une similitude de language souvent obtenue par des vexations.»[66] Im übrigen sei die Nation ein «tägliches Plebiszit». Die Nation gründe nicht auf Rasse, Sprache, Religion, auch nicht auf strategischen Interessen und geographischen Situationen: «Une nation est une âme, un principe spirituel. (...) Deux choses qui, à vrai dire, n'en font qu'une constituent cette âme, ce principe spirituel. L'une est la possession en commun d'un riche legs de souvenirs, l'autre est le consentement actuel, le désir de vivre ensemble, la volonté de continuer à faire valoir l'héritage qu'on a reçu indivis.» In den Gedankengängen Renans nahm das Selbstbestimmungsrecht der Völker einen wichtigen Platz ein. Der Franzose dachte dabei an das verlorene Elsass-Lothringen, aber auch die Identität der Schweiz fand sich in diesen Überlegungen bestätigt.

Die germanophilen Kreise um den Deutschschweizerischen Sprachverein konnten mit den Thesen Renans wenig anfangen, denn sie vertrugen sich nicht mit der Doktrin von der deutschen Kulturnation. Die Gedanken des französischen Philosophen kamen zu friedlich daher, als dass sie sich in das deutschnationale Weltbild eingefügt hätten. In der Geisteshaltung lag man weit auseinander. Wo Renan an die Ratio appellierte, setzten die Deutschen auf das «natürlich Gewachsene» im Sinne Johann Gottlieb Herders. Da blieb Raum für wortreiche Interpretationen, aber auch für unabsehbare Konflikte.

Rasse, Sprache, Nation

Der alldeutsche Ideologe Ernst Hasse erfand um die Jahrhundertwende ein völkisches Schlagwort, das im 20. Jahrhundert zur grausamen Realität wurde: «Die deutsche Zukunft liegt im Blute.»[67] Gemeint war die germanische Rasse, was immer man darunter verstehen mochte. Über Gebrauch und Missbrauch des Begriffs «Rasse» war zu diesem Zeitpunkt schon viel geschrieben worden. Man sprach von den «europäischen Rassen», die sich feindlich gegenüberstanden, und meinte dabei die Nationen und die Nationalstaaten. In Frankreich war das Wort ebenso geläufig wie in Deutschland, auch wenn man in beiden Ländern nicht unbedingt dasselbe meinte.

In der Schweiz war von den drei Rassen die Rede, aus denen die eidgenössische Gemeinschaft bestand. Der Begriff wurde beiläufig und locker verwendet. Johann Konrad Kern, der schweizerische Gesandte in Paris, nannte den Deutsch-Französischen Krieg einen «Rassenkrieg». In seinen «Politischen Erinnerungen» schrieb er: «Nachdem der Kampf seinen dynastischen Charakter verloren hatte, nahm er den eines Rassenkrieges zwischen zwei Völkern an, die gerade die zwei Hauptrassen vertreten, aus denen die Schweiz besteht.»[68]

Rasse könne nicht eo ipso mit Nation gleichgesetzt werden, lautete ein Einwand gegen die Rassentheorien. Das Rassenbewusstsein zerstöre das Nationalitätsgefühl, schrieb Albrecht Wirth in seinem Buch über «Deutsches Volkstum».[69] Wohin mit Kelten, Slawen und Litauern angesichts der Rassenvermischung in Deutschland? Der deutsche Kulturgeograph Alfred Kirchhoff, der sich mit dem Verhältnis zwischen Nation und Staat auseinandersetzte, kam zum Schluss: «Reinblütige Nationen gibt es nirgends», doch bei der Diskussion um den Nationalstaat spuke immer noch das «Phantom der bluteinig geborenen Nation».[70] Sinnlos sei zum Beispiel das alte Lied von der «lateinischen Rasse», denn jeder Schüler wisse, dass nicht das Römerblut, sondern die römische Herrschaft die romanischen Sprachen hervorgebracht habe. Belgien und die Schweiz machten – so meinte Kirchhoff – zu Recht den Anspruch geltend, selbständige Nationen zu sein, obschon sie weder ethnisch noch sprachlich Einheiten bildeten.

Einen Versuch, den Begriff «Rasse» zu definieren, unternahm das katholische Herdersche Staatslexion in seiner dritten Auflage von 1910: «Die Rasse bezeichnet eine grössere Bevölkerungsgruppe, die sich durch vererbliche Körperbildung in Bezug auf Gesichtswinkel, Schädelform, Hautfarbe und Haare auffällig von andern Gruppen unterscheidet. Da die Einheit des Menschengeschlechts sowohl durch die christliche Offenbarung als durch die vergleichende Sprachforschung und Völkerkunde verbürgt ist, so können die Rassen nur durch allmähliche Differenzierung des gemeinsamen Menschentypus infolge von Klima, Ernährung und Lebensweise entstanden sein.»[71] Katholische Theoretiker konnten Fragen wie Rasse, Sprache und Nation gelassen angehen. Der Anspruch der Kirche auf ein universales Christentum, das für die ganze Menschheit da war, schuf die nötige Distanz zu exaltierten Äusserungen des Nationalismus. In den Niederungen des Alltags hingegen war häufig zu erkennen, dass auch katholische Publizisten vor der Versuchung eines vulgären rassistischen Denkens nicht gefeit waren.

Im Alldeutschen Verband und bei manchen Vertretern des Deutschtums in der Schweiz blieb für differenzierte Betrachtungen, wie sie der Geograph Kirchhoff anstellte, kein Platz. Wenn schon die These vom rein germanischen Blut im Deutschen Reich nicht zu halten war, so musste doch die Dominanz der eigenen Rasse über die nun einmal vorhandenen minderwertigen Nationalitäten deutlich gemacht werden. Ernst Hasse formulierte diese Weltschau am Alldeutschen Verbandstag in Hamburg vom 30. August 1899 überheblich: «Die Beharrlichkeit, mit der unsere

Gegner diese unsere Haltung des Mangels an Folgerichtigkeit beschuldigen, zwingt uns, es immer und immer wieder auszusprechen, dass von allem Ungleichen, was es auf der Welt gibt, die Völker das Ungleichste sind und deshalb nicht ohne weiteres miteinander verglichen oder gar als gleichwertig behandelt werden dürfen. Wir halten es für eine Beleidigung des deutschen Volkes, wenn man es mit Tschechen, Slowenen oder Magyaren vergleicht ...» Das Deutsche Reich sei durch das deutsche Volk geschaffen worden, nicht durch die in ihm lebenden Polen, Dänen, Franzosen oder andere «Bruchteile fremder Völker». Anderseits seien die Niederlande, die Schweiz, Österreich und Ungarn politisch und kulturell deutsche Gebilde. Dazu erklärte Hasse pathetisch: «Ist es denn eine geschichtliche, eine politische oder eine kulturelle Unbilligkeit, wenn wir verlangen, dass dort dem Deutschtum seine wohlerworbenen Rechte erhalten bleiben?»[72]

Der alldeutsche Rassedünkel kam auch im Wortschatz zum Ausdruck. Sprach man von Österreich und seinen Nationalitäten, so war das Wort «Kümmervölker» zur Hand. Mit der Schweiz und ihren verschiedenartigen Ethnien pflegten die Alldeutschen einen betulichen Umgang, denn sie zeichnete sich in ihren Augen durch Wohlverhalten aus.

Die Rasse war in Europa kein ausschliesslich deutsches Thema, auch wenn die blutmässige Abstammung aus germanischen Urzeiten im Deutschen Reich als Glaubenssatz gepflegt wurde. Dass ausgerechnet der Franzose Arthur Gobineau, royalistisch gesinnter Diplomat und Graf mit nicht eben lupenreinem Adelstitel, in seinem «Essai sur l'inégalité des races humaines» dem Deutschtum den Ariernachweis lieferte, gehört zu den Kuriositäten der Geschichte. In Gobineaus Rassenlehre, einem überaus gelehrten Galimathias, entwickelte der von Komplexen aller Art umgetriebene Diplomat die Geschichte als biologisches Drama. Ursache aller Entartungen bei den Völkern der Welt war die Rassenmischung. Die Arier, die Gobineau mit den Germanen gleichsetzte, übertrafen alle andern Rassen an Kraft und Gesundheit, obschon sie auch in Deutschland nicht mehr rein anzutreffen waren: «Ce qui n'est pas germain est crée pour servir», schrieb der französische Herold des Germanentums.[73]

Das im Jahre 1854 abgeschlossene Werk Gobineaus über die Ungleichheit der Rassen war in Frankreich anfänglich kaum zur Kenntnis genommen worden. Man sah im Autor einen vielseitig begabten Literaten, nicht einen Gelehrten. Die Kritiker waren deshalb geneigt, den «Essai» der schöngeistigen Literatur zuzuordnen. Alexis de Tocqueville hatte als Aussenminister seinen Freund Gobineau kurz vorher in den diplomatischen Dienst geholt. Sein Urteil über den «Essai» war nicht schmeichelhaft: «Gestütsphilosophie».

Gobineau hatte einen Teil seines Hauptwerks an der Junkerngasse in Bern geschrieben. Er kannte die Schweiz, da er eine Zeitlang das Gymnasium in Biel besucht hatte. Als Sekretär der französischen Botschaft studierte er das für ihn schwer fassbare Phänomen Eidgenossenschaft und berichtete darüber in Gutachten und in Briefen an de Tocqueville. Dass die Schweiz so lange existieren konnte, war für ihn schwer zu verstehen, denn es fehlten für ihn die typischen Merkmale einer Nation. Der Staat sei am Kongress von Wien geschaffen worden, weil Frankreich und Österreich einen Pufferstaat brauchten. Das sei «la seule et déterminante raison de la longue vie d'un pays morcelé à l'extrême, sans véritable patriotisme unitaire, sans nationalité d'origine, sans force aucune et enfin sans nulle prudence dans ses relations avec ses voisins».[74]

Für Gobineau wurde die Begegnung mit Richard Wagner in den siebziger Jahren entscheidend. Der Komponist empfand die germanischen Visionen des Grafen als ein Geschenk des Himmels. Auf seine Anregung hin publizierte Ludwig Schemann von 1882 an die Werke Gobineaus in deutscher Übersetzung. Der Literat Schemann, glühender Verehrer Wagners, später Mitglied des Alldeutschen Verbandes und Antisemit, unternahm das Menschenmögliche, um den Franzosen in die Front des Deutschtums einzugliedern: «Gobineau, der ist unser».[75] Der deutsche Herausgeber besorgte auch die Neuauflage der Werke in Frankreich, was einiges Misstrauen erregte. Kleinere ideologische Unstimmigkeiten fielen kaum ins Gewicht. So wäre zu bemerken, dass Gobineaus Rassenlehre mit den alldeutschen Thesen nicht in allen Punkten übereinstimmt. Ausserdem war Arthur Gobineau kein Antisemit wie Richard Wagner und Ludwig Schemann.

Gobineaus Rassenlehre enthielt, abgesehen vom abgrundtiefen Pessimismus, wenig konkrete Ansätze, aus denen heraus man ein kulturpolitisches Programm hätte entwickeln können. Gegenüber seinen Kritikern hatte der Autor stets eine mit Hochmut gepaarte Zurückhaltung gezeigt. «Je n'attache à cela aucune importance, n'ayant aucune intention de convertir les imbéciles à quoi que ce soit.»

Konkreter wurde der Engländer Houston Stewart Chamberlain, Schwiegersohn Richard Wagners, der um die Jahrhundertwende eine Rassentheorie entwickelte, die dem deutschen Volk über die Peinlichkeit der nicht zu leugnenden Völkermischung hinweghalf. Dabei fand er den Beifall von Wilhelm II. und später von Adolf Hitler. Mit beiden führte der Engländer einen Briefwechsel. Die Germanen – so seine These – liessen sich von ihren Vorläufern, den Kelten, und ihren Nachfolgern, den Slawen, nicht genau trennen. Es sei also sinnvoll, diese Völkergruppen mit dem Sammelnamen «Germanen» zu bezeichnen: «Dass Kelten, Slawen und Germanen von einer einzigen, rein gezüchteten Menschenart abstammen, darf heute als völlig gesichertes Ergebnis der Anthropologie und Prähistorie betrachtet werden.»[77] Die Germanen stünden «im Gegensatz zu den rein gezüchteten Juden einerseits und zu dem auf dem Boden des alten römischen Reiches emporgewachsenen Völkerchaos anderseits». Mit dieser neuen Definition war die von Gobineau beklagte Verunreinigung der germanischen Rasse aus der Welt geschafft.

Der Zürcher Fritz Fick erhob gegen den von Chamberlain gewählten Begriff «Germanen» Einspruch. Er würde lieber von «Nordariern» sprechen, denn es sei Franzosen und Italienern nicht zuzumuten, dass sie sich als Germanen zu fühlen hätten. Für die Schweiz hingegen wäre damit der Kampf der Rassen zu Ende. «Die heutigen Schweizer dürfen, soweit sich ihre ethnische Herkunft überblicken lässt, als ein Mischvolk aus Germanen und Kelten gelten, bei welcher Mischung sowohl der kulturellen Bedeutung als auch der Blutmenge nach das germanische Element bei weitem das Übergewicht hat», schrieb der Jurist. Das Schweizer Volk sei auf gutem Wege: «Wir haben gesehen, dass es der grossen mitteleuropäischen Gruppe der keltogermanischen Mischvölker angehört, und wenn wir der den Pferde- und Hundezüchtern abgelauschten Rassentheorie Chamberlains vertrauen, so dürfen wir uns frohen Zukunftshoffnungen hingeben. Zur guten Rasse gehört nach ihm zunächst vortreffliches Material. Wir haben solches von beiden Ahnenseiten her, von den Kelten, wie von den Germanen. Eine gewisse völkische Inzucht (nicht Familieninzucht) ist ferner nötig. Sie wurde für das Gebiet der Schweiz im grossen und ganzen seit etwa dem Anfang des sechsten Jahrhunderts unserer Zeitrechnung betätigt. Auch die Zuchtwahl wurde durch die rauhe Lage des Landes, den täglichen Kampf mit den Naturgewalten befördert, indem schwächliche Elemente sich von selbst ausschieden. Auch die erforderliche Blutmischung kam ganz von selbst zustande. (...) Der Herkunft nach wäre also das Schweizervolk zweifellos geeignet, sich zu einer einheitlichen Rasse und dazu noch zu einer tüchtigen zu verschmelzen, und diese Tatsache erweist sich täglich durch die hervorragende Rolle, die speziell die deutsche Literatur der Schweiz in der deutschen Gesamtliteratur spielt.»[78]

Die Verbesserung der Rasse durch Zuchtwahl war eine Frage, die in wissenschaftlichen und populären Vorträgen erörtert wurde. Dass man dabei in die Nähe der Pferdezucht geriet, erregte kaum Anstoss, denn die Arbeitshypothesen Darwins hatten sich zur Weltanschauung des Sozialdarwinismus gewandelt. In gleicher Weise anwendbar auf das Verhältnis zwischen den Menschen wie auf die Beziehungen zwischen den Staaten, konnte die Zuchtwahl als naturwissenschaftliches Grundmuster problemlos neben den staatsautoritären Thesen von Hegel und Nietzsche bestehen. Das handfeste Prinzip bot für deutsche Politiker, Militärs, Juristen und Populärwissenschafter eine willkommene Eselsbrücke bei der theoretischen Begründung des in Reden und an Schreibtischen gepflegten «Furor teutonicus». Dass sich Sozialdarwinismus und Demokratie nicht vertrugen, wurde von den schweizerischen Apologeten vergessen.

In der Schweiz wurden die Schriften Darwins seit den siebziger Jahren erörtert, so zum Beispiel bei Vorträgen im Zürcher Rathaussaal. Wie üblich kam der Anstoss aus Kreisen, die man zum Deutschtum rechnen darf. Am 7. März 1872 trat Professor Heinrich Fick im Rathaus auf. Der deutsche Sieg über Frankreich hatte das Selbstbewusstsein des Rechtsgelehrten gestärkt, so dass er sich auch einer ihm fremden Materie zuwenden durfte. Heinrich Fick sprach über die Hypothesen Darwins, die seiner Meinung nach einen ebenso wichtigen Wendepunkt für die Wissenschaft bildeten wie seinerzeit das kopernikanische System. Der Redner erging sich in Spekulationen über die Auswirkungen der natürlichen und der sexuellen Zuchtwahl auf das Schicksal der Menschheit.

Ein Thema, das seit dem jüngsten deutschen Erfolg die Freunde Deutschlands zu euphorischen Höhenflügen trieb, durfte nicht fehlen: Der Krieg als heilsames Purgatorium der Nation. Professor Fick meinte dazu: «Im Sinne der Darwinschen Hypothese erscheint der Krieg, der innere und der äussere, wie er, solange das Menschengeschlecht besteht, gewütet, Staaten geschaffen, gespalten, verbunden und zerstört hat, als eines der wunderbaren Mittel, deren sich die Vorsehung bedient hat und vielleicht noch Jahrhunderte oder Jahrtausende hindurch bedienen wird, um das Menschengeschlecht zu immer höherer Vollkommenheit heranzubilden.»[79] Der Militarismus mit seinen Übeln werde solange fortbestehen, bis eine der grossen Nationen eine unangefochtene Vorherrschaft in der zivilisierten Welt errungen habe und damit imstande sei, den Weltfrieden zu diktieren und zu garantieren.

Ähnliche Töne vernahm man später von General Ulrich Wille. Die Gedanken waren auch dem Freiburger Aristokraten Gonzague de Reynold und dem Bauernführer Ernst Laur nicht fremd.[80] Die reinigende Wirkung des Krieges war für viele Zeitgenossen bis zum Ersten Weltkrieg ein Glaubenssatz. Besonders peinlich klang der Lobgesang auf den Krieg in den «Betrachtungen eines Unpolitischen» von Thomas Mann, die kurz nach dem Krieg erschienen. Ob die Zuchtwahl auf dem Schlachtfeld in die gewünschte Richtung führte, war nota bene umstritten. Ernst Haeckel, der Pionier des populärwissenschaftlichen Sozialdarwinismus in Deutschland, hatte da einige Zweifel. Der Krieg verursache eine negative Selektion, da nicht immer die Besten überlebten.[81] Haeckels Unsicherheit kam in seiner widersprüchlichen Zugehörigkeit zu politischen Organisationen zum Ausdruck. Er gehörte der Deutschen Friedensgesellschaft an, war aber auch Mitglied des Alldeutschen Verbandes und des Flottenvereins.

Rassenhygiene dozierte in Zürich um die Jahrhundertwende Auguste Forel, Direktor der psychiatrischen Klinik Burghölzli. Das Ziel sollte nicht zuletzt durch rigorosen Antialkoholismus erreicht werden. Politische Motive waren dem Denken des führenden Psychiaters eher fremd. Fritz Brupbacher, der sozialistische Aussenseiter, war eine Zeitlang Unterassistent bei Forel. Er lobte in seinen Erinnerungen die auf das Humane gerichtete Arbeit seines Chefs, wobei ihn rassenhygienische Experimente keineswegs störten: «Er gab sich grosse Mühe, uns auf die Eugenik aufmerksam zu machen. Machte die ersten Versuche, moralisch defekte Individuen zu kastrieren.»[82]

Eugen Bleuler, der Nachfolger Forels an der psychiatrischen Klinik in Zürich, machte sich Sorgen wegen den Ausländern in der Schweiz. Im Jahre 1909 erklärte er in einem Vortrag: «Man führt bei uns tschechische Arbeiter ein; man mischt sich überhaupt unbedenklich. Das ist für uns ebensogut eine langsame Art des Selbstmordes wie für die alten Kulturvölker, wenn wir nicht schleunigst wieder dem gesunden Grundsatz Geltung verschaffen, dass jede Rasse sich für die höchste zu halten hat, und dass Mischung mit anderem Blute eine Sünde ist, die durch die schärfsten Bestimmungen geradezu umöglich gemacht werden sollte.»[83] Zu den Schülern Forels gehörte der berüchtigte Psychiater und Rassenhygieniker Ernst Rüdin, ein Bürger von St. Gallen. Er wurde führender Theoretiker im Dritten Reich, wo er um die Reinhaltung der germanischen Rasse besorgt war. Schon im Jahre 1903 empfahl Rüdin in einer Studie die nach seiner Meinung wirksamen Prozeduren: «Maximale Vermehrung der tüchtigen Menschen», «möglichste Fernhaltung von fremdrassischen Mitgliedern» und «Ausschluss der Schwachen, Kranken, Untüchtigen und Schlechten von der Nachzucht durch künstliche Ausjäte.»[84] Es fehlte also nicht an soliden wissenschaftlichen Grundlagen, als die Nationalsozialisten ihr Vernichtungswerk begannen.

Es gab in Europa einen kaum bestrittenen Konsens, wenn von der Überlegenheit der «weissen Rasse» über den Rest der Welt die Rede war. Damit konnte man unter anderem die kolonialen Unternehmungen rechtfertigen. Als im Jahre 1885 im französischen Parlament die umstrittenen Operationen in Indochina zur Debatte standen, erklärte Ministerpräsident Jules Ferry: «Il faut dire ouvertement que les races supérieures ont un droit vis-à-vis des races inférieures ... elles ont le devoir de civiliser les races inférieures.»[85] Gegen die Philosophie des kolonialen Rassismus war grundsätzlich kein Widerspruch zu erwarten, obschon die Aufteilung der Welt zwischen den europäischen Grossmächten die auf dem Kontinent bestehenden Spannungen noch verstärkte. Dass es Aufgabe der weissen Rasse sei, die Welt zu beherrschen, war eine selbst bei Friedensfreunden verbreitete Meinung. So schrieb beispielsweise der Pazifist Ludwig Stein: «Was der weissen Rasse bei solidarischer Geschlossenheit die aristokratische Suprematie über alle numerisch ihr ungleich überlegenen Menschenrassen sichert, das ist ihre unendliche Überlegenheit an Thatkraft und Intelligenz.»[86]

Der Dünkel der Europäer kam in vielfältiger Weise zum Ausdruck, für ein breites Publikum sichtbar in den lehrhaft-dümmlichen «Völkerschauen», in denen der niedrige Status eingeborener Völker am lebendigen Beispiel demonstriert wurde. Beliebt waren derartige Spektakel auch in der Schweiz, wo exotische Exemplare der sogenannten minderwertigen Rassen bis weit ins 20. Jahrhundert hinein im Zürcher Zoo und in abwegigen Schau-Veranstaltungen zu besichtigen waren. Der Wildwest-Held Buffalo Bill zog gegen Ende des 19. Jahrhunderts mit seiner «Buffalo Bill's Wild West Show» durch Europa und führte seinen besiegten Gegner Sitting Bull vor, den Anführer der Sioux-Indianer. Da half es wenig, wenn ernsthafte Wissenschafter zu verstehen gaben, dass die weisse Vorherrschaft wenig mit Biologie und Zuchtwahl, sehr viel hingegen mit politischen und sozialen Umständen zu tun hatte.

In der Schweiz zeigten sich die Anhänger des Deutschtums zurückhaltend, wenn von der Reinheit der Rasse die Rede war. Die demographische Situation im Lande erlaubte keine flotten Parolen. Da hielt man sich lieber an die «gemeinschaftsbildende Kraft der Sprache». Die Formel stammt von Eduard Blocher, dessen deutschtümelnde Politik seit der Gründung des Deutschschweizerischen Sprachvereins auf der deutschen Sprache gründete. Eine Absage ans Rassendenken kam bereits im Jahre 1901 vom Zürcher Romanisten Heinrich Morf, einem als deutschfreundlich bekannten Mann, der später an die Universitäten von Frankfurt und Berlin berufen wurde: «Es gibt keine romanische und keine deutsche Rasse – es gibt nur historische Kulturgruppen, innerhalb deren einzelne Sprachen sich auf Kosten der andern in friedlichem oder blutigem Wettstreit ausgedehnt haben und noch ausdehnen. (...) Diese Überlegung ist einfach genug, und doch muss sie ausdrücklich ausgesprochen werden zu einer Zeit, da rings um uns her ein missverstandenes Nationalitätsprinzip laut und drohend gepredigt und zur Grundlage einer ‹Rassenpolitik› gemacht wird. Es gibt keine deutsche und keine französische Rasse – aber es gibt eine schweizerische Nation, so gut es eine deutsche und eine französische Nation gibt, die beide auch mehrsprachig sind.»[87]

War also mit der Rasse in der Schweiz kein Staat zu machen, so blieb für die Anhänger des Deutschtums die Sprache. Ein Muster zur sprachpolitischen Variante war im Volkslied «Was ist des Deutschen Vaterland» in Versen gegeben. Man konnte es, wenn nach den Grenzen des Vaterlands gefragt wurde, gemütvoll haben:

«So weit die deutsche Zunge klingt
Und Gott im Himmel Lieder singt.»

Eduard Blocher verliess sich nicht auf die Rasse als Trägerin der menschlichen Gemeinschaft. Neben Staat und Glauben sei es die Muttersprache, die zwar nicht wie die beiden andern Kräfte als Institution existiere, aber naturhaft sei und Heimat schaffe: «Von der Sprache kommt man schwerer los als vom Staat und vom Glauben.»[88] Für die Mehrzahl der Menschen vollziehe sich der Meinungs- und Gedankenaustausch nur innerhalb der Sprachgemeinschaft. Blocher billigte nur der deutschen Sprache in jeder Hinsicht positive Attribute zu. Man müsse zwar die grössere Klarheit und die Einfachheit des Ausdrucks bei französischen Schriftstellern anerkennen, aber das sei nicht eine Frage der Sprache, sondern der besonderen Schulung des französischen Geistes. Dagegen stehe ein «sittlicher Vorzug unserer deutschen Sprache, dass sie uns nicht so viele abgegriffene und deshalb unwahre Formeln bietet».[89] Eduard Blocher warnte vor der Beschäftigung mit Fremdsprachen. Wenn man französisch spreche, fühle man auch französisch, wenn man deutsch spreche, wieder deutsch, und das gehe oft nicht ohne Schädigung der sittlichen Persönlichkeit ab. Unter anderem führe es zu internationaler Gesinnungslosigkeit und kosmopolitischer Phrasenmacherei.[90] So schuf der Zürcher Pfarrer einen Rassismus, der auf der Sprache gründete.

477

Die Gleichschaltung von Sprache und Nation führte zwangsläufig zur Trennung von allen undeutschen Erscheinungen. Der Sprachenschützer Blocher verstand die Muttersprache als Bollwerk gegen grenzüberschreitende Versuchungen. Wie er sich unter diesen Umständen den viersprachigen Staat Schweiz vorstellte, blieb sein Geheimnis. Wieder einmal offenbarte sich die Diskrepanz zwischen Staatsnation und Kulturnation. Eine Gliederung der europäischen Staaten nach Sprachen war nach Blocher denkbar: «Es wäre nicht allzu schwierig, z.B. zwischen Italien, Frankreich, Deutschland und Holland die Grenzen nach den Sprachen zu vereinigen, wobei freilich die Schweiz und Belgien als Staaten verschwinden müssten.»[91] Bei derartigen Überlegungen fügte Blocher jeweils mit gewandter Dialektik den Vorbehalt an, dass er selbstverständlich der Schweiz weiterhin die staatliche Existenz wünsche.

In der Debatte über die schweizerische Nation, die im Jahre 1910 in der Zeitschrift «Wissen und Leben» geführt wurde, durfte ein Beitrag des Juristen Fritz Fick nicht fehlen. In apodiktischer Weise reduzierte er die Schweiz auf ein kümmerliches Staatswesen: «Ein nur oberflächlicher Blick auf die Weltgeschichte lehrt unumstösslich, dass die Sprache in der Nationenbildung die grössere Rolle spielt als der Staat, und dass deshalb die sprachlich zerrissene und erst seit 1848 staatlich geeinte Schweiz nicht nur heute noch keine Nation gebildet hat, sondern auch nicht die Fähigkeit besitzt, in Zukunft eine solche zu bilden.»[92]

Für die Schweiz deckten sich, so die These von Eduard Blocher in «Wissen und Leben» vom Januar 1910, die Volksgemeinschaft und die vaterländische Gemeinschaft nicht. Das sei schmerzlich. Man fühle sich hierzulande vom nationalen Leben der deutschen Volksgenossen ausgeschlossen. Dann der Vorwurf: «Von Pflichten gegen die Sprachgemeinschaft, von irgendwelcher Zusammengehörigkeit mit Nichtschweizern ist uns niemals eine Silbe gesagt worden. (...) Wir wollen eigentlich nur Schweizer sein. Wenn dennoch das Bewusstsein, dass wir auch zum deutschen Volke gehören, in uns bisher nicht ganz zu ersticken gewesen ist, so gibt es hier nur eine Erklärung: Mit solcher Stärke spricht nur die Stimme der Natur.»[93]

Eine sarkastische Antwort auf Blochers Lamento kam vom Historiker Wilhelm Oechsli, der den Apologeten des Deutschtums scharf zurechtwies: «Der ‹schmerzliche Zwiespalt›, der aus der angeblichen Differenz zwischen Volksgemeinschaft und vaterländischer Gemeinschaft entspringen soll, muss ein singulärer Seelenzustand des Herrn Blocher sein. (...) Freilich, wer das Kunststück versuchen will, zugleich ein Deutscher und ein Schweizer zu sein, der muss in seltsame Seelenzustände geraten.»[94] Er selber kenne nur eine Art Volksgenossen, nämlich seine Landsleute. Dabei sei es egal, ob diese Mitbürger ihre Empfindungen und Gedanken auf deutsch, französisch, italienisch oder ladinisch ausdrückten.

Deutsche und Schweizer: die doppelte Loyalität

«Ich kenne die Gründe Bismarcks nicht, aber ich billige sie.»[95] Diese für einen Professor der Jurisprudenz seltsame Parole pflegte Heinrich Fick, Dozent für Rechtswissenschaft an der Universität Zürich, nach der Reichsgründung im Kreis seiner Freunde zum Besten zu geben. Professor Fick – seit Jahren Schweizer Bürger – machte sich als einer der Verfasser des Schweizerischen Obligationenrechts und anderer Gesetzestexte einen Namen und blieb dennoch, wie er häufig bekundete, ein deutscher Patriot. In einem in München verfassten Nachruf auf den 1895 verstorbenen Gelehrten wurde seine Position mit den folgenden Worten umschrieben: «In der Schweiz hatte Fick, wie schon die ihm übertragene Stellung eines eidgenössischen Gesetzesredaktors zeigt, sich ganz eingelebt. Ihre Eigentümlichkeiten wusste er aufs wohlwollendste zu würdigen. (…) Am Hessenland und seinen Söhnen innig hängend glühte er doch vor allem für die Einheit und Grösse des deutschen Vaterlandes.»[96]

Am Exempel von Heinrich Fick offenbaren sich die nach dem preussischen Sieg bei Königsgrätz, dem Deutsch-Französischen Krieg und der Reichsgründung zunehmenden Turbulenzen im Verhältnis zwischen Deutschen und Schweizern. Deutschland als kulturelle Heimat, die Schweiz als politische, eine Fiktion, die lange aufrecht erhalten wurde. So einfach lagen die Dinge nicht. Bei der deutschen Elite in der Schweiz – damit sind Professoren, Lehrer, Schriftsteller und Geschäftsleute gemeint – herrschte in den frühen siebziger Jahren überbordender Jubel. Man sprach in bewegten Worten von deutschem Heldentum und Biedersinn. «Eine der herrlichsten Zeiten von Heinrichs Leben bildeten die Jahre 1870 und 71, der deutschfranzösische Krieg», schrieb Helene Fick in ihrer Rückschau. Zum ersten Jahrestag der Schlacht von Sedan lobte sie den «guten, biederen, deutschen Chauvinismus, der von dem der grande nation himmelweit verschieden ist».[97]

Von den Deutschschweizern erwartete man Einstimmung in den reichsdeutschen Jubel und angemessene Dankbarkeit für die tapferen deutschen Krieger. Die Schweiz wurde nach dem Grad der Verehrung für das Kaiserreich beurteilt. Man betrachtete ihre Eigenarten herablassend, solange sie dem neuen deutschen Selbstverständnis nicht in die Quere kamen. «Es ist der Sieg des Germanentums und der Reformation über Romanismus und Papismus. (…) Für dieses Ziel zu kämpfen, selbst zu bluten und den Heldentod zu sterben, ist etwas Beneidenswertes», dozierte Heinrich Fick.[98]

Von den «Eingeborenen» – so nannte Fick die gebürtigen Schweizer – grenzte man sich nach 1871 deutlich ab. Nach dem Tonhalle-Krawall in Zürich meinte der deutsche Professor mit schweizerischem Bürgerrecht, es wäre unter Umständen eine diplomatische oder sogar militärische Intervention des Deutschen Reiches angebracht. Dabei verstanden sich die Deutschen in der Schweiz nicht als Fremde. Sie sahen sich nach der Reichsgründung eher als Schulmeister einer in manchen Dingen zurückgebliebenen Nation. Von Demokratie und von den Grundlagen des schweizerischen Staatswesens wurde unter diesen Umständen selten gesprochen. Achtundvierziger Emigranten, die bei ihren alten Anschauungen blieben – Gottfried Kinkel zum Beispiel – wurden von Deutschen und auch von manchen Schweizern als in die Irre gelaufene Revolutionäre belächelt. Preussens Glorie erzeugte Emotionen und Pathos. An einen nüchternen Dialog war nicht zu denken.

Die Wende im Jahre 1871 war augenfällig, auch wenn sie nicht von jedermann zur Kenntnis genommen wurde. Die deutsch-schweizerische Befindlichkeit wurde durch zunehmende Irritationen belastet, selbst wenn man eine Weile noch die alten Verhaltensmuster pflegte. Vor den preussischen Siegen und der Gründung des Kaiserreichs hatte man in der Schweiz die gelegentlichen deutschnationalen Kraftmeiereien einigermassen gelassen angehört, denn es fehlte den verbalen Drohungen ein machtpolitischer Hintergrund. Der Umgang zwischen den Nationalitäten war ungezwungen, der Hang zur strammen Gefolgschaft bei den Deutschen in der Schweiz kaum wahrzunehmen. Noch konnte der Revolutionär Georg Herwegh den Komponisten Richard Wagner bei François Wille auf Mariafeld einführen. Deutsche Emigranten und Zugewanderte unterschiedlichster Couleur trafen sich zum Gespräch und zu gesellschaftlicher Unterhaltung. Ein jeder war in der Jugend einmal Rebell gewesen, auch wenn die Sünden weit zurücklagen und nicht in jedem Fall zuverlässig verbürgt waren. Bei den Treffen der Deutschen stellten sich gleichgesinnte Schweizer ein, die jederzeit willkommen waren. Man durfte auch Österreicher sein. Das jeweilige Bürgerrecht war nicht von Belang.

So hatte man die Schillerfeier des Jahres 1859 ohne gegenseitige Verstimmung über die Bühne gebracht. Schliesslich war das schweizerische Nationaldrama vom deutschen Dichter geschaffen worden. In Zürich dichtete Herwegh den Prolog zur Feier, Friedrich Theodor Vischer hielt die Festrede, Gottfried Keller reiste im folgenden Jahr zur Einweihung des Schillersteins an den Urnersee. Von Nationalitäten war nicht die Rede.

Im Jahre 1862 ging eine andere übernationale Feier in Szene, harmonisch und überschwänglich zugleich, eine Begegnung zwischen Deutschen und Schweizern, wie sie zehn Jahre später nicht mehr denkbar war. Der deutsche Jurist und Emigrant Heinrich Simon war zwei Jahre zuvor im Walensee ertrunken. Seine Freunde errichteten in Murg ein Denkmal, das feierlich eingeweiht wurde. Zur Totenfeier erschienen Gäste aus der Schweiz, Deutschland und Österreich sowie Emigranten aus verschiedenen europäischen Ländern, die «geächteten Deutschen», wie sich der Korrespondent der «Gartenlaube» in seinem Bericht vorsichtig ausdrückte. Anwesend waren neben anderen Gottfried Keller, die beiden Wislicenus, von denen der jüngere später zu den Gründern des Alldeutschen Verbandes gehörte, Hermann Alexander Berlepsch, Emigrant mit Schweizer Bürgerrecht, Jodocus D. H. Temme, Dozent für Rechtswissenschaft an der Universität Zürich, eine Zeitlang preussischer

Abgeordneter und später Bürger von Wädenswil, ferner der St. Galler Josef Leonhard Bernold, Nationalrat, Oberst und Gemeindeammann von Walenstadt. Alles in allem eine bunte Gesellschaft, die sich – umgeben von deutschen Handwerkervereinen mit ihren Fahnen – zu einer Feier versammelt hatte, die weniger einem Totengedenken als einem deutschen Fest im Ausland glich. Welches Deutschland dabei gemeint war, blieb jedem Teilnehmer überlassen. Man pries den Rebellen Heinrich Simon und die freie Schweiz. Der Achtundvierziger Johann Jakoby geisselte die deutschen Zustände, was die «Gartenlaube» bewog, die kritischen Passagen seiner Rede auszulassen –, man nannte das «Lücken der Ehrfurcht».[99] Jacoby geriet wie die ganze Festgemeinde in überschwängliche Stimmung, die der Phantasie keine Grenzen setzte. Er hoffe, so rief er aus, der Brocken werde einst mitten in der Schweiz stehen. Oberst Bernold präsentierte in gewagten Formulierungen den schweizerischen Beitrag: «Ich stehe vor dem Denkmal eines echten Deutschen! Ich sage Ihnen, dass ich tief ergriffen bin, denn auch wir Schweizer sind Deutsche! Wir sprechen deutsch, fühlen deutsch und haben in Deutschland unser Tiefstes und Höchstes geholt, unsere Bildung und Begeisterung für alles Hohe.» Auch Bernold kritisierte die politische Misere im uneinigen Deutschland. Seine Freude am eigenen Vaterland war nicht ungetrübt. Er meinte mit Bedauern, das Schweizer Volk stehe unter dem Einfluss des «unfehlbaren Romanismus».[100]

Zu diesem frühen Zeitpunkt waren kühne Visionen erlaubt, denn mit Folgen war nicht zu rechnen. In den siebziger Jahren hätte man die Worte Bernolds kaum mehr kommentarlos hingenommen. Die Zeit der Festreden mit ihren unscharfen Parolen war vorüber. Diese peinliche Erfahrung machte Gottfried Keller nach seinem missglückten Trinkspruch bei der Abschiedsfeier für Professor Adolf Gusserow.

Nach dem Tonhalle-Krawall griff das Unbehagen bei den Deutschen in der Schweiz um sich. Es äusserte sich in übersteigerter Aktivität und im hartnäckigen Bemühen, die Eidgenossen von den Vorzügen der neuen Machtverhältnisse in Europa zu überzeugen. Dazu kam der Rückzug in die vertrauten nationalen Zirkel, in denen man wortreich die deutsche Innerlichkeit pflegte. Gleichgesinnte schweizerische Zaungäste waren zugelassen. Die gemütliche deutsche Lustigkeit wich da und dort einer Wehleidigkeit, entstanden aus der Sorge um die jeweilige persönliche Situation. Von einem demokratischen Deutschland war bei den einstigen Emigranten kaum noch die Rede. Die republikanischen Tugenden hatte man beiseite geschoben, denn die Einheit war verwirklicht, wenn auch nicht auf dem erhofften Weg. Die «durch das Jahr 1848 kompromittierten Gelehrten» – der Ausdruck stammt von Helene Fick – wollten sich nicht mehr an ihre Sturm- und Drangzeit erinnern.[101] Es gab Ausnahmen: Carl Vogt in Genf, Friedrich Wilhelm Rüstow und Gottfried Kinkel in Zürich.

Deutsche und Schweizer verstanden unter Demokratie nicht dasselbe. Als die Zürcher Demokraten im Jahre 1860 im Kanton die Macht übernahmen, zeigten sich etliche Deutsche, unter ihnen der eingebürgerte Heinrich Fick, tief beunruhigt.

Der im Staatsrecht bewanderte Jurist schrieb später in einem Brief an seine Schwester: «Habt Ihr denn in den Zeitungen von der seltsamen Revolution gelesen, die in unserm Kanton vorgegangen ist? Die Regierung ist gestürzt, die Verfassung total geändert, das Prinzip der Volkssouveränität, d. h. der unbedingten Herrschaft der reinen Mehrheit aller zwanzigjährigen Männer, ohne allen Zensus mit einer Konsequenz durchgeführt, wie es noch nie dagewesen ist; und das alles ohne Schwertstreich, ja auch ohne eine einzige Prügelei. Die Vermögenslosen haben jetzt die Befugnis, die Vermögenden progressiv zu besteuern. Es ist ein seltsames politisches Experiment.» Kurz darauf zeigte sich der Professor erleichtert: «Es scheint, als ob das Experiment doch nicht so schreckliche Folgen haben werde, als man befürchtete.»[102]

Noch gehörte es zu den Pikanterien des professoralen Alltags, wenn man sich auf das Jahr 1848 berufen konnte. Heinrich Fick grenzte später wie etliche andere seine revolutionäre Vergangenheit nach allen Seiten ab. Er habe immer von einer deutschen Einigung unter preussischer Führung gesprochen und ausserdem nur an eine politische, nicht aber an eine soziale Revolution gedacht. Die Vermögensverhältnisse sollten nicht angetastet werden.[103] Aus dieser weichen Position heraus fand der gelehrte Revolutionär mühelos den Anschluss an Bismarcks Kaiserreich.

Richard Wagner, auch er eine Zeitlang Emigrant in der Schweiz, arrangierte sich mit dem Reich, obschon er nicht unbedingt ein Freund Preussens war. Über Revolutionen schrieb er ausführlich, doch ist nicht immer deutlich, ob er die reale Welt oder die Theaterbühne meinte. Die französische Revolution zum Beispiel empfand er als «das Daherschreiten eines grossen Weltgeschicks ... etwas furchtbar erhebendes.»[104] Was Wagner unter Revolution verstand, bedurfte der Deutung und der Fussnoten. Das Theatralische war den achtundvierziger Revolutionären nicht fremd. Es stand in eigenartigem Kontrast zur effektiven Wirkung ihrer Taten. Wagner ging rechtzeitig auf Distanz. Er schrieb im Jahre 1865 in seinem Aufsatz «Was ist deutsch?» einen kritischen Kommentar: «Jede neue Pariser Revolution ward in Deutschland alsbald auch in Szene gesetzt: war ja doch jede neue Pariser Spektakeloper sofort auf den Berliner und Wiener Hoftheatern zum Vorbilde von ganz Deutschland in Szene gesetzt worden. Ich stehe nicht an, die seitdem vorgekommenen Revolutionen in Deutschland als ganz undeutsch zu bezeichnen. Die ‹Demokratie› ist in Deutschland ein durchaus übersetztes Wesen.»[105]

Einheit und Freiheit? Manche Illusionen waren bei Deutschen und Schweizern verflogen. Die festliche Stimmung der schweizerischen Radikalen, versinnbildlicht im «Fähnlein der sieben Aufrechten», war in den siebziger Jahren dahin. Man segelte mit dem Wind von gestern. Gottfried Keller formulierte das Missbehagen in seinem oft zitierten Brief an Theodor Storm aus dem Jahre 1878: «Das ‹Fähnlein›, kaum 18 Jahre alt, ist bereits ein antiquiertes Grossvaterstück; die patriotisch-politische Zufriedenheit, der siegreiche altmodische Freisinn sind verschwunden, soziales Missbehagen, Eisenbahnmisere, eine endlose Hatz sind an die Stelle getreten.»[106]

Der republikanische Kleinstaat hatte im Laufe der Jahrzehnte einiges von seinem Reiz verloren. Er galt nicht mehr als erstrebenswertes Beispiel einer Demokratie in einem von Dynastien beherrschten Europa. Zu viel hatte sich diesseits und jenseits der Grenzen zugetragen. Die Visionen waren der Realpolitik und den Ansprüchen der Nationalstaaten gewichen. Die im Lande ansässigen Deutschen – Schweizer Bürgerrecht hin oder her – fühlten sich von den weltbewegenden Vorgängen in ihrer alten Heimat aufgerufen. Daraus ergab sich, dass sie sich zunehmend an den kleinen Verhältnissen im Gastland stiessen. Der mit der deutschen Kultur eng verbundene Jakob Burckhardt hatte schon 1866 über das Streben nach deutscher Grösse gespottet: «Der Philister will mit Teufels Gewalt an einem grossen Kessel essen, sonst schmeckt es ihm nicht mehr.»[107]

Die Deutschen in der Schweiz hatten – aus ihrer Sicht nicht unbegründet – gegen ihren Status im Lande einiges einzuwenden. Die deutsche Elite zum Beispiel, die Professoren an den Universitäten und an der Eidgenössischen Technischen Hochschule, waren im Vergleich zu ihren Kollegen an deutschen Hochschulen schlecht bezahlt. Sie genossen beträchtliche Freiheit in der Lehre, vermissten aber die soziale und gesellschaftliche Sicherheit des deutschen Beamtentums. Der Umstand, dass in einem demokratischen System auch der Professor letzten Endes von Wählern abhängig blieb, die er selber als sozial und bildungsmässig inferior einschätzte, war für viele unerträglich. Es kam eine gewisse gesellschaftliche Isolierung der Deutschen hinzu, die einiges mit der verschlossenen eidgenössischen Mentalität, aber ebenso viel mit dem herausfordernden und überheblichen Verhalten mancher Reichsdeutschen zu tun hatte.

Im Lebensbericht Heinrich Ficks kommen Reflexionen und Emotionen eines deutschen Gelehrten zum Ausdruck, der sich als Grenzgänger zwischen zwei Nationen bewegte: «Durch den Erwerb des Schweizer Bürgerrechts wird die angeborene Abneigung der schweizerischen Wähler gegen alles Fremdartige, namentlich aber gegen norddeutsche Aussprache und Sitte, die man auch bei dreissigjährigem Aufenthalte nicht ablegen kann, durchaus nicht gemindert. Unsere politischen und sozialen Zustände sind wunderschön für solche, die darin aufgewachsen sind, oder für sehr wohlhabende Leute, denen es nicht einfällt, sich um Stellen zu bewerben, auch für fremde Dienstboten, Kellner und dergleichen, die hier lediglich hohen Lohn suchen und in ihrer Heimat eine Pariastellung eingenommen haben; aber sie sind geradezu furchtbar für Jemanden, der in der Monarchie in höherer Lebensstellung aufgewachsen ist und hier eine analoge Stellung wie ein preussischer Beamter sucht.»[108]

In deutsch-schweizerischer Zweideutigkeit lebte François Wille, der auf seinem Gut Mariafeld bei Meilen eine Stätte der Begegnung für Schriftsteller, Künstler und

Gelehrte geschaffen hatte. Der alte Achtundvierziger kultivierte sein Umfeld, pflegte das Deutschtum und bemühte sich um eine Rolle in der schweizerischen Politik. So zum Beispiel im Jahr 1860, als er sich um ein Nationalratsmandat bewarb, aber bei den Wählern ohne Chance blieb. Wille sprach kein Schweizerdeutsch und fand den Zugang zum einfachen Bürger nicht. Zwischen ihm und Gottfried Keller entwickelte sich bei dieser Gelegenheit eine Kontroverse, die sich, wie es bei den beiden Cholerikern üblich war, um Banalitäten drehte, aber in der Folge Wesentliches über die Stellung eines in der Schweiz eingebürgerten Deutschen aussagte. In einem Brief sprach Gottfried Keller vom «Widerspruch, in welchen Sie durch Ihre Doppelstellung als deutscher Nationalmann und als Schweizerbürger geraten.» Dem fügte er bei: «Während ich nämlich bemerkt habe, dass Sie den Schweizern gern zuweilen eines übers Ohr geben, ihnen diese oder jene lächerliche Eigenschaft, wie z. B. eine masslose Eitelkeit, Scheu vor aller Kritik usf. vindizieren, während Sie Herwegh sein schweizerfreundliches Gedicht am Schützenfest übelgenommen haben (wie wenigstens ihre eigenen Freunde sagten), während Sie auf der andern Seite (z. B. jüngst noch in Spyris Wohnung) offen erklären, Deutscher zu sein und bleiben zu wollen, scheint es mir, dass Sie das schweizerische Bürgerrecht nur beliebig und äusserlich hervorkehren, d. h. daraus ein Recht, nicht aber eine nachhaltige Pflicht schöpfen.»

Der Herr von Mariafeld blieb Keller nichts schuldig: «Ich bin in keiner Doppelstellung», schrieb er seinem Kontrahenten: «Ich bin ohne Rückhalt mit ganzem Herzen Schweizer, ohne darum einen Augenblick den Stolz, ein Deutscher zu sein, aufgeben zu wollen. (…) In der ganzen Anerkennung unseres Deutschtums liegt nichts weniger als ein Aufgeben unserer Selbständigkeit, Autonomie, ureigener Entwicklung …»[109] Ein weiteres Thema kam in der Korrespondenz zwischen den beiden Streithähnen zur Sprache. Gottfried Keller soll in einer «Krakeelerei», wie er zur eigenen Entschuldigung meinte, in einer Gesellschaft erzählt haben, Wille prügle seine Söhne, wenn sie schweizerdeutsch sprächen und Schweizer sein wollten. François Wille geriet ob dieser Geschichte in Rage und präsentierte eine völlig andere Version. Der sechsjährige Ulrich habe bei einer Auseinandersetzung mit seinem Bruder Arnold sein Deutschtum verteidigt und erklärt, er wolle nichts von Schweizern wissen. Eine belanglose Kindergeschichte, die aber am Beginn einer für das Land wichtigen Biographie steht und zukünftige Diskussionen vorweg nimmt. Ulrich Wille, General im Ersten Weltkrieg, hatte Zeit seines Lebens ein gespaltenes Verhältnis zur Schweiz.

Conrad Ferdinand Meyer, als Freund und Gast François Willes häufig auf Mariafeld, griff in den siebziger Jahren in einem Gedicht – man darf vermuten, ahnungslos, aber nicht zufällig – die deutsch-schweizerische Thematik auf. Gemeint ist die dümmliche Geschichte vom Berner Hauptmann Daxelhofen in Diensten des Prinzen Condé, die später in manchem Schulbuch zu finden war.[110] Darin gibt Daxelhofen die folgende Sentenz von sich:

«Ich bin vom Schwabenstamme,
Bin auch ein Eidgenosse gut,
und dass mich Gott verdamme,
vergiess' ich Deutscher deutsches Blut!»

Zwiespältige Loyalitäten auch in C. F. Meyers Lyrik. Was dabei die Familie Wille betrifft, so möchte man von Wahlverwandtschaft sprechen. Von Mariafeld gingen in den siebziger Jahren Inspirationen aus, die den Dichter näher an die germanisch-protestantische Welt heranführten. Die deutsche Grösse bot C. F. Meyer von da an dichterischen Raum und geistige Heimat. Dass das deutsche Wesen bei aller Geistigkeit auch über eine robuste Seite verfügte, nahm der Dichter – nach Gottfried Keller «ein gewaltiger Philister vor dem Herrn» – gerne in Kauf.[111] Zwar wurde im deutschen Kaiserreich das Wort Kultur ohne Gewissensbisse für Kriegerdenkmäler und Regimentsmusiken in Anspruch genommen, aber Conrad Ferdinand Meyer suchte Orientierung eher bei den Zeugen der Weltgeschichte als an kleinlichen schweizerischen Vorlagen.

Im Hause Wille wurde der Dichter auf deutsche Visionen eingestimmt, ohne dass er sich auf ein politisches Programm festgelegt hätte. Es ging um Emotionen, der reale Alltag war nicht seine Sache. Anna von Doss hat in einem Brief eine Tafelrunde auf Mariafeld geschildert, bei der am Pfingstsonntag 1871 eine festlich gestimmte Gesellschaft, zu der auch C. F. Meyer gehörte, sich dem freudigen Rückblick auf den Deutsch-Französischen Krieg hingab: «Es war noch ein anderes, das seine lichten Strahlen über die froh bewegte Tafelrunde goss, es war der Nachglanz der deutschen Siege, der Neuglanz der deutschen Reichsherrlichkeit! Denn deutsch, im vollsten Sinne des Wortes, war hier alles, deutsch waren selbst die anwesenden Schweizer, und zum ‹Siegesfest› wurde damals noch jede hochgestimmte Versammlung.»[112]

Der Deutsch-Französische Krieg habe eine «scharfe Wende» gebracht, «etwa wie sie der Rhein zu Basel nimmt», meinte der Dichter. Im Jahre 1885 schrieb er in seiner autobiographischen Skizze: «Der grosse Krieg, der bei uns in der Schweiz die Gemüter zwiespältig aufgeregt, entschied auch einen Krieg in meiner Seele. Von einem unmerklich gereiften Stammesgefühl jetzt mächtig ergriffen, tat ich bei diesem weltgeschichtlichen Anlasse das französische Wesen ab, und, innerlich genötigt, dieser Sinnesänderung Ausdruck zu geben, dichtete ich ‹Huttens letzte Tage.›»[113]

Des Dichters Wende vom «Romanischen» zum «Germanischen» ist in Abhandlungen erläutert worden. Es gilt hier lediglich festzuhalten, dass Meyers Romanentum derart auf den Protestantismus fixiert und darüber hinaus mit Vorbehalten gegenüber Frankreich belastet war, dass er den Zugang am ehesten zur Geschichte, kaum aber zur Gegenwart fand. Der Lausanner Historiker Louis Vulliemin hatte ihn in die geistige Welt der Romandie eingeführt. In diesen Kreisen erlebte er die romanische Welt. In Italien verehrte er einen Grandseigneur und Politiker, der seinen Vorstellungen von Grösse entsprach: Baron Bettino Ricasoli zeichnete vor den Augen des Dichters den in die Zukunft weisenden Plan einer Einigung Italiens. Doch das in seiner Natur haftende Misstrauen vor der romanischen Versuchung – Meyer verabscheute die französische Revolution und die Republik ebenso wie die katholische Kirche – erleichterte schliesslich die Entscheidung. In einem Brief an François Wille stand das Bekenntnis: «Und die Deutschen – oder wir Deutsche – sollen unzweifelhaft ein grosses Volk werden! Hundertmal schade, dass wir beide nicht mehr jung sind.»[115] Es waren die Träume des Philisters in seiner Klause, der an der Enge der eigenen Verhältnisse und der Kleinheit des Landes litt. Bei alledem hatte die Flucht zum Deutschtum mehr mit persönlicher Befindlichkeit als mit Politik zu tun.

Für den schweizerischen Kleinstaat und seine republikanische Verfassung brachte C. F. Meyer kein Verständnis auf. Einem deutschen Besucher offenbarte er nach dem Tode Gottfried Kellers seine Vorbehalte: «Keller ist, was die Schweizer verlangen, lehrhaft, weitschweifig, er predigt. Das ist nötig, um den Schweizern zu gefallen, es ist republikanisch. Meine grösste Emanzipation vom Schweizertum ist, dass ich das nicht tue, dass ich es grundsätzlich vermeide. (...) Das Schweizer Leben hat viel Wertvolles, Ehrenwertes im Charakter, fleissige Bürgertugend, tüchtige Leistungen, blühende Zustände. Aber die Schweiz ist zu klein, ihre Zustände sind zu klein, zu eng, zu beschränkt. Daher treibt es alle Schweizer Dichter ins Kleine. Sie enden in der Idylle.»[116]

Die unablässig gesuchte Grösse war im eigenen Land nicht zu finden. Den literarischen Zugang zur Welt des kleinen Mannes hat C. F. Meyer nie gesucht. Deshalb der Vorwurf an Gottfried Keller, er verschwende seine Gabe an niedrige Stoffe, an allerlei Lumpenvolk. Sein Kontrahent sass, wie der Dichter einmal sagte, «am andern Ende der Schaukel». «Ich nehme gern Helden, die im irdischen Leben hoch stehen, damit sie Fallhöhe haben für ihren Sturz. Unter einem General tu ich's nicht gern.»

Im neuen Deutschen Reich war jene Fallhöhe gegeben, die in der Schweiz fehlte. An die Stelle grauer Historie war ein mächtiger Aufbruch getreten. Für die Wahl des Dichters gab es einen konkreten Anlass. Das Ereignis spannte einen Bogen zwischen dem Zeitalter der Reformation und einer ehernen deutschen Zukunft. Conrad Ferdinand Meyers Entscheidung für das Deutschtum war eindeutig, wenn auch in der Wirkung unerheblich. Das hatte er sich selber zuzuschreiben, denn er wahrte zur Öffentlichkeit in seinem Land stets vornehmen Abstand. Also wurde seine Meinung nie so deutlich wahrgenommen wie jene Gottfried Kellers.

In der ersten Fassung des «Grünen Heinrich», die in den fünfziger Jahren entstand, schildert Gottfried Keller das Gefühl, das ihn auf seiner ersten Reise nach München an der Rheingrenze überkam: «Alles aber, was er (Heinrich) sich unter Deutschland dachte, war von einem romantischen Dufte umwoben. In seiner Vorstellung lebte das poetische und ideale Deutschland, wie sich letzteres selbst dafür hielt und träumte. Er hatte nur mit Vorliebe und empfänglichem Gemüte das Bild in sich aufgenommen, welches Deutschland durch seine Schriftsteller von sich verfertigen liess und über die Grenzen sandte. Das nüchterne praktische Treiben seiner eigenen Landsleute hielt er für Erkaltung und Ausartung des Stammes und hoffte jenseits des Rheins die ursprüngliche Glut und Tiefe des germanischen Lebens noch zu finden.»[117]

Nach einem unangenehmen Intermezzo mit deutschen Beamten an der Grenze geriet Heinrich in der Kutsche mit einem Grafen in ein Gespräch, das sich als Kolloqium über die schweizerische Nationalität anliess. Heinrich unterschied zwischen den nationalen Angelegenheiten und der Kultur.[118] Auf die Frage des Grafen, wie es sich mit der «eigentümlichen, aus ihren Verhältnissen gewachsenen Geisteskultur» der Schweizer verhalte, dozierte Heinrich: «Es gibt zwar viele meiner Landsleute, welche an eine schweizerische Kunst und Literatur, ja sogar an eine schweizerische Wissenschaft glauben. Das Alpenglühen und die Alpenrosenpoesie sind aber bald erschöpft, einige gute Schlachten bald besungen, und zu unserer Beschämung müssen wir alle Trinksprüche, Mottos und Inschriften bei öffentlichen Festen aus Schillers Tell nehmen.»

Damit war ein Thema angesprochen, das Gottfried Keller immer wieder beschäftigte und bei dem er mit Conrad Ferdinand Meyer übereinstimmte. Es gab für ihn keine schweizerische Nationalliteratur: «... bei allem Patriotismus verstehe ich hierin keinen Spass», schrieb er 1880 an Ida Freiligrath.[119] Sonst würden die Engländer ein schweizerisches Buch zu den Berner Oberländer Holzschnitzereien und zu den Rigistöcken mit Gemshörnern zählen. Keller mokierte sich über die aus Deutschland importierte «furchtbare Dichterhallenwut» und goss seinen Hohn über die «ewigen Gründer einer schweizerischen literarischen Hausindustrie» aus[120], unter denen er den in der Schweiz lebenden österreichischen Literaten Ludwig Eckardt ausmachte, der in den sechziger Jahren für ein Nationaltheater warb: «Die Lust zu Aufzügen und öffentlichen Spielen ist überall aufs neue erwacht. Da brachte der frische Luftzug denn auch die Frage von selbst mit sich, und ein eingewanderter Unternehmungslustiger, der gern, was gemacht werden kann, gleich machen möchte, schrieb auch gleich die ‹Nationalbühne› aus, wie man eine Rettungsanstalt für verwahrloste Kinder ausschreibt. Hinz und Kunz wurden aufgefordert, sich ja recht fleissig ans Dramatisieren zu machen und einzusenden, und der neue Pater Brey belobte alles, verlangte noch mehr ‹Manuskripte› und ging selbst mit rüstigem Beispiele voran, alle möglichen Stoffe in Szene setzend, nur keinen, in dem ein dramatischer Kern steckt.»[121]

Beheimatet auf beiden Seiten der Grenze: In den vierziger Jahren hatte Gottfried Keller geschwärmt vom «stillen Ort am alten Rhein»,

«Wo ungestört und ungekannt,
Ich Schweizer darf und Deutscher sein!»

In der ersten Hälfte des 19. Jahrhunderts durfte man diesen Vers als einen Ausdruck romantischer Empfindung erkennen, später bekam das Bekenntnis einen politischen Klang. Der Dichter hat sich bei andern Gelegenheiten ähnlich geäussert, dabei aber stets einen republikanischen Vorbehalt angebracht. So in seinem Sonett mit dem Titel «Nationalität»[122]:

«Volkstum und Sprache sind das Jugendland,
Darin die Völker wachsen und gedeihen,
Dem Mutterhaus, nach dem sie sehnend schreien,
Wenn sie verschlagen sind auf fremdem Strand.

Doch manchmal werden sie zum Gängelband,
Sogar zur Kette um den Hals der Freien;
Dann treiben längsterwachsne Spielereien,
Genarrt von der Tyrannen schlauer Hand.

Hier trennt sich der lang vereinte Strom!
Versiegend schwinde der im alten Staube,
Der andre breche sich ein neues Bett!

Denn einen Pontifex nur fasst der Dom,
Das ist die Freiheit, der polit'sche Glaube,
Der löst und bindet jede Seelenkette!»

In den glorreichen Zeiten des neuen Kaiserreichs verlor Gottfried Keller dieses Bekenntnis gelegentlich aus den Augen. Deutschland war für ihn ohnehin eine Stimmungssache. Wenn in deutschen Gazetten – sei es vor oder nach 1870 – der Anschluss der Schweiz gefordert wurde, regte er sich über die Massen auf. Anderseits wünschte er politische Verhältnisse in Deutschland, die irgend einmal einen Zusammenschluss erträglich machen könnten. Diese Vision bot der Dichter zu einem unglücklichen Zeitpunkt und in falscher Gesellschaft der überraschten Öffentlichkeit an. In einem Trinkspruch anlässlich der Abschiedsfeier für Professor Adolf Gusserow trat er mit einer heiklen Botschaft vor die Gäste, die in der Folge mit hermeneutischem Eifer zerlegt und gedeutet wurde. Der genaue Wortlaut ist umstritten, doch scheint die folgende Version – Keller sprach zum scheidenden Gusserow – der Sache nahezukommen: «Sagen Sie den Deutschen, dass, wenn sie einmal unter einer Verfassung leben, die auch ungleichartige Bestandtheile zu ertragen vermag, die Zeit kommen dürfte, in der auch wir Schweizer wieder zu Kaiser und Reich zurückkehren können.»[123]

Was Gottfried Keller in deutsch gestimmter Runde von sich gab, war nicht eine seiner häufigen «Krakeelereien», wie er selber die weinseligen Ausbrüche zu bezeichnen pflegte, sondern eine bewusst angelegte Herausforderung. Heinrich Fick, der ebenfalls zur abendlichen Gesellschaft gehörte, begleitete nach der Feier den gar nicht zerknirschten Redner: «Beim Abschied von Keller in der oberen Kirchgasse plauderten wir noch etwas über das Geschrei, das seine von den Demokraten missverstandene Rede in der Presse hervorrufen werde; er meinte aber, es sei ihm ganz recht, einmal in der Presse seinen Standpunkt klar darzulegen. Eine fatale Situation für den Staatsschreiber der demokratischen deutschfeindlichen Regierung! Ich bin selten so vergnügt nach Hause gekommen ...»[124]

Die Eskapade Gottfried Kellers wäre möglicherweise ohne Aufsehen über die Bühne gegangen, hätte sich an der Feier nicht Gottfried Kinkel, damals noch deutscher Staatsbürger, zu Wort gemeldet. «Mit ungeheuerem Schwung proklamierte er», so schrieb Heinrich Fick, «falls die Idee Kellers mit dem Schwerte realisiert werde, so wünsche er dies nur zu erleben, um mit der Waffe in der Hand auf Seiten der Schweiz zu kämpfen; wenn dagegen diese Idee sich durch den freien Willen der Schweiz realisiere, so werde er das mit Freuden begrüssen». Worauf Johannes Wislicenus in einer weiteren Rede festhielt, «dass solche Äusserungen, wie die Kinkels, nur bei Deutschen möglich seien, und dass sogar viele nicht Verbannte ebenso fühlten (energischer Protest von einer Ecke der Tafel), dass aber dieser Mangel an Rassegefühl bei den Deutschen sie gerade dazu befähige, geistig die ganze Welt zu erobern, und dass der deutsche Geist alles durchdringen werde, dieser Geist der Rechtlichkeit und Gründlichkeit».

Dieses treudeutsche Selbstlob, das bereits die zukünftigen alldeutschen Phantasien des Johannes Wislicenus ahnen liess, genügte einem Teil der Anwesenden nicht. Ihr Wortführer war der Geschäftsmann Wilhelm Rudolf Schoeller. Heinrich Fick schildert seinen Auftritt wie folgt: «Dann trat unser Freund Schoeller auf, protestierte als Rheinländer gegen Kinkels Darstellung und erklärte rund, dass er zwar Schweizer Bürger sei, dass er sich aber doch über jede, auch militärische Eroberung der Deutschen freue und dass, wenn die Zeit kommen sollte, wo seine Schweizer Bürgerpflicht ihm diese Freude verbiete, er sofort sein Schweizer Bürgerrecht niederlegen werde.»[125]

Dieses stramme Bekenntnis machte die Fragwürdigkeit der doppelten Loyalität auch für die Zeitgenossen deutlich. Das Schweizer Bürgerrecht war bei einem Teil der eingebürgerten Deutschen kaum einen Fetzen Papier wert, wenn das Reich rief. Doppelte Staatsbürgerschaft, nach der Verfassung von 1848 ausgeschlossen, war im Jahre 1872 noch nicht möglich, von 1874 an jedoch erlaubt.[126] Auf deutscher Seite galt der Grundsatz von Blut und Boden. Dabei ist es nota bene bis zum Ende des 20. Jahrhunderts geblieben. Somit gab es nach deutschem Recht keine doppelte Staatsbürgerschaft.

Die nicht über jeden Zweifel erhabenen Reden bei Gusserows Abschied und Gottfried Kellers Paukenschlag wurden in der deutschen Presse mit Genuss kommentiert, in der Schweiz hingegen herrschten Verärgerung und Konsternation. Der so patriotische Dichter hatte in der Tat den gewaltigen Wandel auf der politischen Szene in seiner Bedeutung für den Kleinstaat nicht begriffen und die Begeisterung für die germanische Welt in fahrlässiger Weise auf das Kaiserreich Bismarcks übertragen. Dass in diesem Machtgebilde je ein Raum für republikanische Vielfalt entstehen würde, konnten auch die Zeitgenossen nicht im Ernst glauben.

Gottfried Keller veröffentlichte in den «Basler Nachrichten» eine umständliche Rechtfertigung, die aber die Sache nicht besser machte. In einer weit hergeholten gedanklichen Konstruktion focht er gegen einen schweizerischen Einheitsstaat, der Föderalismus und kantonale Vielfalt bedrohe, gab aber gleichzeitig zu verstehen, dass eine «gänzliche Zentralisation» gar nicht zu befürchten sei. Sollte sie aber dennoch eintreten, so werde die Schweiz ernsthaft gefährdet. Für diesen Fall, der weitab von den politischen Realitäten lag, zog er die seltsame Schlussfolgerung: «Eine im Innern so ausgeräumte Schweizerrepublik würde ihre Kraft und ihr altes Wesen wiedergewinnen, wenn sie im freien Verein mit ähnlichen Staatsgebilden zu einem grossen Ganzen in ein Bundesverhältnis treten könnte.»

Was den grossen Partner betraf, so hatte der Dichter seine Wahl getroffen: «Wenn ich für einen solchen Anschluss, ein solches Unterkommen in künftigen Weltstürmen mit Vorliebe an Deutschland dachte, so geschah es, weil ich mich doch lieber dahin wende, wo Tüchtigkeit, Kraft und Licht ist, als dorthin, wo das Gegenteil von alledem herrscht.»[127] Noch viele Jahre später soll Keller den Schluss seiner Rede so zitiert haben: «Sobald das Deutsche Reich wieder Raum für demokratische Staatsgebilde hat, gehören seine Grenzpfähle auf den Gotthard.»[128] So lautet die Version des germanophilen Fritz Fick aus dem Jahre 1910.

Es gab in der deutschen Kolonie und bei den mit ihr verbundenen Schweizern ein identitätsstiftendes Feindbild, das über die Klippen einer zweigleisig angelegten Staatszugehörigkeit hinweghalf: das im Deutsch-Französischen Krieg besiegte Frankreich: «Ich möchte Ihnen gern einlässlich zum Krieg und Deutschen Reich gratulieren und über die Franzosenborniertheit fluchen, die sich beim grossen Haufen in unsrer alten Schweiz breit machte und noch glimmt», schrieb Gottfried Keller im Herbst 1871 in einem Brief an Friedrich Theodor Vischer.[129] Das alte Bild vom leichtfertigen und liederlichen Franzosen machte die Runde. Für Heinrich Fick zum Beispiel waren die Nachbarn im Westen ein für allemal nicht nur politisch, sondern auch menschlich eine minderwertige Spezies. Er zeigte sich entrüstet über die «perversen Elsässer», die wider Erwarten so wenig Drang zum Deutschen Reich verspürten, und nannte sie eine «donnerschlächtige Bastardenbrut».[130]

Schweizer Autoren produzierten deutschnationale Fleissübungen, so etwa Heinrich Leuthold in seinen Zeitgedichten. Am Genfersee stand er an der «Grenzmark Deutscher Gesittung», besang die deutschen Heldentaten und den Sturz des französischen «Pseudozäsaren»:

«Sprecht mir vom Freiheitstrieb und Kulturberuf
Des zuchtlos gewordenen, cancantanzenden Volkes nicht mehr,
Das angesteckt von jeglicher Fäulnis,
Nur die verschuldete Strafe erduldet.»[131]

Der deutsche Geist hingegen, so sah es Leuthold, «setzt sich auf den Thron der Welt». Was an französischem Erbe in der deutschen Schweiz verloren ging, wurde durch deutschnationale Fragmente ersetzt. Am deutschen Gemüt konnten sich schweizerische Schriftsteller und Gelehrte allemal besser erwärmen als an der französischen Ratio. Künstlerische Äusserungen, die aus Frankreich über die Grenze kamen, wurden einer politisch-moralischen Wertung unterzogen. Als im Zürcher Theater in der Saison 1876/77 Offenbachs Operette «Die schöne Helena» gespielt wurde, prangerten die Kritiker den Can-Can als öffentliches Ärgernis an. Man sprach von den «schamlosen Ausgeburten französischer Lüderlichkeit und Verkommenheit».[132] Richard Wagner hatte das Mass vorgegeben. Für ihn überragte die Wiener Operette des Johann Strauss bei weitem die «bedenklich hohlen Säulen an den Champs Elysées», womit er Jean-Jacques Offenbach meinte.

Die geistigen Grenzgänger stiessen in ihrem Umfeld auf kein Hindernis, denn niemand verlangte eine politische Entscheidung. Literarische Debatten konnten auch im Deutschen Reich offen geführt werden, Kritik war erlaubt. Gottfried Keller schimpfte über die deutsche Literaturszene und über den «Kulturzustand» der Hauptstadt Berlin: «Eine Million Kleinstädter, die über Nacht auf einen Haufen zusammenlaufen, bringen ja nicht sofort einen grossen Geist hervor.»[133] Die Machtentfaltung des Reichs erzeugte bei ihm weniger Beschwerden als der Literaturbetrieb, den er als albern empfand: «Die Literaten und Poeten stehen an Tüchtigkeit und Intelligenz hinter den Soldaten zurück», notierte er im Jahre 1874.[134] In politischen Fragen war von der radikalen Vergangenheit des Dichters nur wenig zu spüren. In einem Brief an den Verleger Ferdinand Weibert vermutete Keller in den noch nicht veröffentlichten «Neuen Gedichten» Georg Herweghs, der 1875 gestorben war, «unzeitgemässe Polemik gegen Deutschland und seine Führer».[135] Das könnte die Publikation erschweren. Die Gedichte wurden denn auch nicht vom deutschen Verleger Weibert, sondern von der Schabelitz'schen Buchhandlung in Zürich verlegt.

Heinrich Fick hatte bereits im Jahre 1871 in einem Brief geschrieben: «Deutschland ist eine gefürchtete Grossmacht, zu Lande die grösste Macht der Erde und das Vaterland von gefeierten Helden und Staatsmännern.»[136] Zu diesem Zeitpunkt durfte man nicht mehr ahnungslos sein. Als Wilhelm II. im Jahre 1888 sein Amt antrat, umgetrieben von seiner wirren absolutistischen Kaiseridee, war die ständig zunehmende Militarisierung des Deutschen Reiches für jedermann sichtbar. Waffengeklirr und Kaisermanöver wurden als Friedenssignale gepriesen, zahlreiche Gelehrte wirkten an einer der neuen deutschen Dynamik angepassten Ideologie. Dabei geschah es, dass die Logik manchen deutschnationalen Professor im Stich liess.

Wie eng und fatal Kultur und Machtpolitik miteinander verknüpft waren und wie rasch gewisse Vorgänge auch in der Schweiz ihre Wirkung zeigten, beweist ein Disput, der sich zwischen Josef Viktor Widmann, dem Feuilleton-Redaktor des «Bund», und Johannes Brahms zutrug. Anlass zur Verstimmung zwischen den beiden Freunden war eine der einfältigen Reden Wilhelms II. Der Kaiser hatte im August 1888 in Frankfurt an der Oder in einem Trinkspruch auf den Sieg von Vionville gesagt: «Lieber wird man 42 Millionen Deutsche auf der Strecke liegen lassen, als nur einen Stein vom Errungenen sich nehmen lassen.»[137] Der Literat Widmann, ausnahmsweise für den politischen Teil seiner Zeitung zuständig, kritisierte in einer Glosse den törichten Ausspruch des deutschen Monarchen, worauf sich der damals in Thun lebende Brahms in seinem Deutschtum getroffen fühlte. Nach einer heftigen Schelte des Komponisten wandte sich Widmann hilfesuchend an Gottfried Keller und bat um Vermittlung: «Ich schrieb im ‹Bund› den Artikel: ‹42 Millionen Deutsche auf der Strecke›. Brahms fühlt sich als Deutscher durch denselben tief verletzt; er empfindet die seiner Meinung nach dem jungen Kaiser und dem ganzen Hause Hohenzollern zugefügte Beleidigung wie eine persönliche, jedem Deutschen angetane. Er sagte, so wie ich empfinde sonst niemand, ich sei ein einseitiger Deutschenhasser.»[138]

Joseph Viktor Widmann, Sohn eines deutschen Emigranten, war ahnungslos in eine politische Falle getappt. Das Missgeschick war ihm peinlich, hatte er doch stets einen betulichen Umgang mit dem Komponisten gepflegt: «Man kann sich kaum genugsam vorstellen, wie tief der geradezu leidenschaftliche Patriotismus dieser ernsten Mannesseele ging.»[139] Widmanns Leiden waren nach der ersten Konfrontation nicht zu Ende, denn Brahms rückte zu einem neuen Streitgespräch an. Der Berner Literat schrieb einen zweiten Brief an Gottfried Keller: «Vier oder fünf Tage nach jenem ersten politischen Hadergespräch kam Brahms wieder zu mir und brachte seinen Verleger Simrock mit, der als ehemaliger preussischer Husarenoffizier noch eine höhere Note singt, wo es sich um die preussische Dynastie handelt. Wie sehr ich auch bemüht war, einem neuen Zank auszuweichen, fassten mich die beiden so scharf an, liessen in Wiedervergeltung so gar kein gutes Haar am Republikanismus und unsern Zuständen, dass ich, als sie nach dreistündigem Aufenthalt weitergingen, mich geistig und körperlich gekränkt fühlte.»[140]

Gottfried Keller erwies sich als wenig hilfreich. Eine Vermittlung lehnte er ab und zeigte sich entgegen seiner Natur als Leisetreter. Es hätten sich, so seine Antwort, eben durch den Krieg und die Gründung des Reiches ungeheure Veränderungen zugetragen: «Als ich jahrelang im Norden war, in Berlin, haben Preussen und Nichtpreussen, d. h. Friesen, Sachsen usf., herbe oder ironische kritische Äusserungen über landesherrliche Meinungen und Taten gegenseitig ziemlich gleichgültig angehört, wo nicht mitgeholfen, ohne dass es just nachwirkende Folgen hatte. Jetzt hängt der Sohn freier Städte nach 18 kurzen Jahren so pathetisch an Kaiser und dessen Haus, wie es zur alten grossen Zeit kaum je der Fall war.»[141] Im übrigen habe Widmann dem Kaiser unrecht getan, denn jedermann habe den Ausspruch als «jugendlichen Bombast und Unbesonnenheit» zur Kenntnis genommen. Die Kritik komme zwar aus bravem Gemüt, sei aber in Gottes Namen nicht angebracht. Vom einst radikalen Weltbild des Dichters war in diesen Sentenzen wenig übriggeblieben.

Die Herrschaft Wilhelms II. war gekennzeichnet durch widersprüchliche Signale, die er aus dem Reich nach aussen sandte. In seiner wenig gradlinigen, von fragwürdigen Eingebungen gelenkten Politik gebärdete sich der Kaiser als Friedensfürst, Kriegsherr und Pontifex. Seit den neunziger Jahren vernahm man die Parolen des Alldeutschen Verbandes, deren Ausstrahlung weitaus stärker war, als die bescheidene Mitgliederzahl vermuten liess. Die Stimmung der schweizerischen Öffentlichkeit gegenüber dem Reich pendelte zwischen Bewunderung und Ablehnung. Die Presse begleitete manche Vorgänge mit kritischen Kommentaren.

Schweizerische Bekenntnisse zum Deutschtum bedurften eines soliden Anlasses und vorsichtiger Formulierung, da sie sonst Anstoss erregten. Das geschah beispielsweise im Jahre 1902, als Ferdinand Vetter, Germanist an der Universität Bern, in Nürnberg anlässlich der Fünfzigjahr-Feier des Germanischen Museums eine Rede hielt. Dabei sagte der Professor nach seiner eigenen Version: «Eine deutsche Provinz in geistiger Beziehung wollen wir in der deutschen Schweiz sein und bleiben, aber allerdings mit sehr bestimmten Reservatsrechten!»[142] Vetter hatte die schweizerischen Universitäten und das Berner Historische Museum als Delegierter an der Feier vertreten.

In der Schweiz brach Entrüstung aus. Man sprach in der Romandie von «Pangermanismus», die Universität Bern erteilte ihrem Dozenten eine Rüge, und die Studenten demonstrierten vor dem Haus des Professors. Ferdinand Vetter, rechthaberisch und wehleidig zugleich, verteidigte sich in einer Broschüre, die in einem Berliner Verlag erschien: «Der Sturm gegen meine Rede ist von den Westschweizern ausgegangen. Deutschschweizerische Blätter haben den ungenauen Auszug, worin von der «Schweiz» schlechthin die Rede war, aus einer Münchner Zeitung ohne irgendwelche Beanstandung abgedruckt.» Dann ging Vetter in medias res: «... uns Deutschschweizern kann das Recht, uns Deutsche zu nennen und zur deutschen Nation zu rechnen, nur Unverstand und Unbildung streitig machen. (...) Der Nation nach ist Deutscher, wer in Goethe's Sprache denkt und schreibt.»

Professor Vetter umschrieb seinen Standort in umständlichen Formulierungen: «Wenn Mensch zu sein ... die höchste Berufung des Menschen ist, so wird das Ideal dieser Berufung in normalen Verhältnissen doch immer für den Einzelnen der national bestimmte Mensch sein, weil er diesen allein völlig verstehen kann. Da ich als deutscher Mensch geboren bin, werde ich das Ideal des Menschen im deutschen

Menschen sehen, nicht im romanischen oder angelsächsischen oder semitischen oder slavischen oder japanischen Menschen, so sehr ich mir auch bewusst bin und mir unter Umständen Mühe gebe, das Gute und Treffliche auch in diesen Menschenarten zu sehen.»[143] Von den Westschweizern erwartete der Autor «Ehrerbietung», denn schliesslich hätten die germanischen Schweizer das Staatswesen geschaffen.

In Vetters Apologie ist von den Begriffen «Nation», «Nationalität», «Sprache» und «Rasse» die Rede, nach denen der Umgang des Professors mit den «Menschenarten» bestimmt wurde. Mit seiner unscharfen Terminologie rückte der Berner Germanist in den Umkreis des Deutschschweizerischen Sprachvereins, der von Pfarrer Eduard Blocher in den folgenden Jahren auf das Deutschtum verpflichtet wurde. Blocher war in diesen Fragen beweglicher als Vetter. Mit virtuos jonglierten Zweideutigkeiten zwischen Kultur und Politik verstand er es bis zum Ersten Weltkrieg, sich als aufrechter Schweizer und zugleich als seinem germanischen Volkstum verbundener Deutscher zu behaupten.

Der Sprachenkonflikt: Verteidigung des «deutschen Volkstums»

Die imperialen Allüren der Grossmächte wurden in den Kleinstaaten misstrauisch beobachtet und bei Gelegenheit nachgeahmt: Beim Umgang mit Minderheiten zum Beispiel. Da gab es in der Schweiz die Sprachenfrage, die eigentlich, so konnte man meinen, seit der Helvetik geregelt war. Doch die Toleranz kam um die Jahrhundertwende auch in dieser Sache abhanden. Ein Sprachenkampf stellte naturgemäss die Grundlagen des Bundesstaates in Frage. Die Kontrahenten gaben sich darüber selten Rechenschaft. Es blieb nicht beim Streit der Schulmeister und Professoren, denn die Sprache war das geeignete Vehikel für Ideologien und Programme, die weit über den kulturellen Bereich hinaus zielten.

«Wir wissen aus der eigenen Geschichte der letzten hundert Jahre, dass ein Bundesstaat zwischen deutschen und welschen Bestandteilen dann möglich ist, wenn die grössere Kraft auf der deutschen Seite steht, denn dem deutschen Geiste – das lehrt unsere Geschichte seit sechs Jahrhunderten – ist nationale Unduldsamkeit fremd.»[144] Mit diesen strammen Thesen umschrieb der Jurist Fritz Fick im Jahre 1915 die seiner Meinung nach gültigen Voraussetzungen für die Existenz der Schweiz. Das Pamphlet erschien unter dem Titel «Neutralität in Hemdsärmeln» in den von Eduard Blocher redigierten «Stimmen im Sturm», einer anti-französischen Schriftenreihe, die im Ersten Weltkrieg für Unruhe in der politischen Szene sorgte.

Die von Fick mit törichter Arroganz vorgetragene Doktrin war keineswegs neu. Man nahm die in der Bundesverfassung gewährleistete Gleichberechtigung der Sprachen nicht allzu ernst. Nach aussen konnte man die Mehrsprachigkeit des Landes mit einem gewissen Stolz vorzeigen, im Alltag war sie dagegen lästig. «Die Eidgenossenschaft hatte ursprünglich eine rein deutsche Nation und Bestimmung», erklärte Carl Hilty im Jahre 1891 und fügte bei, die Dreisprachigkeit sei für die Schweizer «ein schöner und brauchbarer Lebenszweck, aber nicht ihr ursprünglicher und nicht der schönere».[145] Das war keine vereinzelte Meinung, auch wenn man sich hinter diplomatischen Formulierungen verbarg, sofern das Thema überhaupt zur Sprache kam. Dass das Deutsche die privilegierte Sprache sein müsse, war auch die Ansicht von Jakob Schollenberger, dem deutschfreundlichen Dozenten für Staatsrecht an der Universität Zürich.[146] Mehrsprachigkeit als Gefahr für das Deutschtum: Eduard Blocher, der selber perfekt französisch sprach, verfocht diese These bis in die Jahre des Ersten Weltkrieges. Gefährdet sei die «nationale Kultur», denn das Denken in einer fremden Sprache sei «nichts Geringeres als ein Krebsschaden».[147] Gemeint war eine nationale Kultur, die nördlich des Rheins angesiedelt und in diesen Jahren in erheblicher Lautstärke zu vernehmen war.

Mit der Mehrsprachigkeit des Landes war man im 19. Jahrhundert leidlich zurecht gekommen, doch in den neunziger Jahren häuften sich die Misstöne. Die ersten Signale im einsetzenden Sprachendisput kamen aus dem Deutschen Reich. Der Alldeutsche Verband, soeben auf Anregung aus Zürich gegründet, übte sich von Beginn an in patriotischem Überschwang. Ungefähr gleichzeitig, aber nicht zufällig, strebten die Deutschlehrer nach «tieferer Deutschheit», wie sie der Germanist Rudolf Hildebrand als Ziel gesetzt hatte.[148] Eine Kaiserrede Wilhelms II. vom Jahre 1890 über die Bildung enthielt einen Befehl: «Das Deutsche wird Mittelpunkt des gesamten Unterrichts.»[149] Die «Zeitschrift für den deutschen Unterricht» sagte es deutlich: Sprachwissenschaft war eine nationale, also eine deutsche und somit eine politische Angelegenheit. Begriffe wie «national» und «deutsch» waren aber für Schweizer nicht so unverfänglich, wie sie klangen.

Die um die Jahrhundertwende in der Schweiz einsetzende Polemik um Ortsnamen, Bahnhofschilder und Fremdwörter wurde anfänglich in kleinem Kreise geführt. Es dauerte etliche Jahre, bis die von den Deutschtümlern produzierten Schlagworte eine breitere Öffentlichkeit erreichten. Die Streithähne agierten als Handlanger von Ideologien und Bewegungen jenseits der Grenzen. Das traf jedenfalls für die Vorkämpfer der deutschen Sprache zu, die ihre Argumente und das Vokabular aus reichsdeutschen Quellen schöpften. Bei ihren Kontrahenten in der Romandie lagen die Dinge nicht so offen auf dem Tisch, wie ja überhaupt die Beziehungen der französisch sprechenden Schweiz zu Frankreich nicht mit einfachen Formeln zu umschreiben sind.

Was sich in der Schweiz im Bereich der Sprachen zutrug, muss stets vor dem Hintergrund des deutsch-französischen Antagonismus gewertet werden. Es begann mit der Göttinger Dissertation des Aarauer Germanisten Jakob Zimmerli, die unter dem Titel «Die deutsch-französische Sprachgrenze im schweizerischen Jura» erschien.[150] Man weiss, dass Zimmerli seine peinlich genauen Studien an der Sprachgrenze mit wissenschaftlichem Eifer und ohne Hintergedanken betrieb. Sorgfalt billigten ihm auch Westschweizer Autoren zu. Doch seine Arbeit wurde von Vorkämpfern des Deutschtums in Anspruch genommen und als nützliches Vehikel in der Auseinandersetzung mit der französischen Sprache benützt. Zimmerli selber geriet in Bedrängnis, denn man erwartete von seinen weiteren Forschungen in der Westschweiz und im Wallis neue Beweise für den welschen Sprachenimperialismus.

Zwei Phänomene standen zur Debatte: Die nicht zu übersehende Zuwanderung von Deutschschweizern in die Romandie, und anderseits die sozusagen unvermeidliche «Romanisierung» dieser Gruppe in der zweiten oder dritten Generation. Man hätte diesen Vorgang, so wie es Jakob Zimmerli anfänglich tat, unter rein demographischen Vorzeichen betrachten können. Doch der über die Grenzen hereindringende Zeitgeist sah darin ins Politische weisende Signale: Im Deutschen Reich ging es um Erhaltung und Expansion des Deutschtums in den westlichen «Grenzregionen». Wie weit eine Sprachgrenze auch als politische Grenze zu verstehen war, blieb offen. Auch wurde in Deutschland oft von «Saum» gesprochen und nicht von genau gezogener Grenzlinie, was man als nützliche Unschärfe sehen konnte. Die in den neunziger Jahren beginnende Diskussion zwischen «Germanen» und «Romanen» war durch einen fahrlässigen Umgang mit Begriffen gekennzeichnet. Für die vom alldeutschen Gedankengut beherrschten Autoren gab es keine Skrupel, wenn es galt, ihre Wahrheiten mit harten Worten auf den Markt zu bringen. Die Schweiz war besiedelt von «Deutschen» und von «Franzosen». Wie es sich dabei mit Nation und Nationalität verhielt, brauchte den deutschen Lesern nicht unbedingt erläutert zu werden. Die Reaktionen in der Romandie und in Frankreich liessen selten auf sich warten. Oft erfolgten sie in wenig differenzierter Schwarz-weiss-Manier. Sobald sich jemand zugunsten der deutschen Sprache regte, vermutete man dahinter den «Pangermanismus».

Der erste deutsche Beitrag zum Thema kam wissenschaftlich daher: «Verbreitung und Bewegung der Deutschen in der französischen Schweiz», ein Aufsatz des Geographen Johannes Zemmrich, erschienen im Jahre 1894 in den von Alfred Kirchhoff herausgegebenen «Forschungen zur deutschen Landes- und Volkskunde».[151] Zemmrich sah die Vorgänge in der Westschweiz in europäischer Perspektive: «Während die Deutschen an der Ostgrenze ihres Sprachgebietes von den Slawen bedrängt werden und nicht immer ihre Positionen zu behaupten vermögen, ist an der Westgrenze des deutschen Sprachgebietes ein entschiedenes Vordringen des germanischen Stammes gegen die Franzosen festzustellen.»[152]

Die Expansionskraft des «deutschen Elements» fand der Geograph beachtlich. Sobald man deutsche Schulen einrichte, werde die Sprachgrenze bis Neuenburg und La Chaux-de-Fonds vorrücken. Murten sei bereits eine «deutsche Eroberung». In einem Überblick dozierte Zemmrich: «In der französischen Schweiz wohnten 1888 etwa 12 000 Reichsdeutsche, die Zahl der Deutschösterreicher mag 600 betragen, so dass ungefähr 79 000 von den Personen mit deutscher Muttersprache Schweizer sind. Die Mehrzahl der letzteren stammt aus dem Kanton Bern, denn diesem sind allein 60 000 Bewohner der drei französischen Kantone Neuenburg, Waadt und Genf bürgerrechtlich angehörig, den östlichen deutschen Kantonen nur 22 000. Die Hauptmasse der Deutschen in der französischen Schweiz ist also Berner Ursprungs.»[153]

Nun gab es das in den Augen aller Deutschtümler peinliche Faktum der Romanisierung der zugewanderten Deutschschweizer und ihrer Nachkommen. Das lag, so meinte Zemmrich, an der «Gleichgültigkeit der im französischen Sprachgebiet lebenden Deutschschweizer gegen ihre Muttersprache». Hinzu komme, dass die deutschschweizer Mundart der französischen Sprache unterlegen sei. «Bei ernstlichem Wollen würde die Errichtung deutscher Schulen oder die Einführung reichlichen deutschen Sprachunterrichts in den Orten mit starker deutscher Bevölkerung recht gut erreichbar sein»[154], so der Kommentar des Autors. Selbst die Kinder aus deutschen Ehen fänden im Elternhaus keinen Rückhalt gegen die Romanisierung, und sie würden deshalb in Sprache und Denken Franzosen: «... ja, es ist traurig, aber wahr, sie verleugnen dann mitunter sogar ihre deutsche Abstammung, oder ihre Kenntnis der deutschen Sprache.» Zemmrich bedauerte, dass sich nur wenige Reichsdeutsche in der Romandie niedergelassen hätten. Einige Jahre später drückte er sich, nun stramm unter nationaler Flagge, noch deutlicher aus. Die Romanisierung der Deutschschweizer sei auf den «Mangel deutschen Stammesbewusstseins» und «die einseitige Betonung des Schweizer Staatsbürgertums» zurückzuführen. Man fühle sich lediglich als Schweizer, nicht als Deutscher und sei überzeugt von der «künstlich konstruierten Schweizer Nationalität».[155] Womit der Autor zu verstehen gab, dass es da nicht bloss um einfache Fragen wie Ortsnamen und Firmenschilder an der Sprachgrenze ging.

Die Schriften von Zemmrich und andere Publikationen machten deutlich, dass die Fortschritte des Deutschtums nicht einfach eine Angelegenheit für Philologen und Volkskundler bildeten, weil immer auch Politik im Spiel war. Die Wanderung der Berner Bauern, Handwerker und Gewerbetreibenden nach Westen führte in alldeutscher Sicht zur Konfrontation der «Deutschen» und der «Franzosen» in der Schweiz. Damit konnte man aus deutscher Sicht zufrieden sein.

Der politische Aspekt war für die schweizerischen Protagonisten der deutschen Sprache eher peinlich, denn er berührte das Selbstverständnis des Landes. So eindeutig wollte man sich nicht festlegen und schlich zunächst betulich um den unangenehmen Sachverhalt herum. Die kräftigsten Parolen im Sprachendisput waren – abgesehen vom Berner Jura – nicht an der Sprachgrenze, sondern weiter im Hinterland, in Aarau, Basel und Zürich zu vernehmen. Drei Persönlichkeiten setzten auf Seiten der deutschen Schweiz die Polemik in Gang: Jakob Hunziker, Lehrer an der Kantonsschule Aarau, der Kaufmann Emil F. Garraux in Basel und Pfarrer Eduard Blocher in Zürich.

Jakob Hunziker, der in Aarau Frank Wedekind zu seinen Schülern zählte, war für den Französisch-Unterricht zuständig, den er, wie einer seiner Biographen schildert, in literarischer Hinsicht glänzend, im Sprachlichen hingegen mangelhaft versah.[156] Daneben war der Aarauer Lehrer ein bedeutender Bauernhaus-Forscher. Wer nach Motiven sucht, die Hunziker auf die deutschnationalen Geleise führten, findet ein für die zweite Hälfte des 19. Jahrhunderts charakteristisches kulturpolitisches Umfeld, dessen Strukturen in Aarau, der ersten Hauptstadt der Helvetik, modellhaft zu erkennen waren. Die alte Garde – Albrecht Rengger, Heinrich Zschokke, Ignaz Troxler – war längst abgetreten. Die Tatsache, dass der Kanton seine Existenz Frankreich verdankte, schien im Bewusstsein der Zeitgenossen in weite Ferne gerückt. Inzwischen hatten jüngere Generationen von Gelehrten und Politikern ein neues Weltbild aufgebaut, dessen wesentliche Teile sie aus Deutschland bezogen. Es war Anschauung aus zweiter Hand, wie es schweizerischer Tradition entsprach: Die deutschen Befreiungskriege gegen Napoleon, Romantik und Burschenherrlichkeit, das Ringen der Dichter und Denker um die deutsche Einheit, die Revolution des Jahres 1848 gehörten zu den Erfahrungen, die man sich an Universitäten und im Umgang mit deutschen Freunden geholt hatte.

Die Kleinstaaterei der absolutistischen Fürsten bot ein betrübliches Bild, die bürgerlichen Freiheiten waren unterdrückt, doch der Wunsch nach einem einigen Deutschland blieb auch in der Schweiz lebendig. Als die Einigung unter preussischem Trommelklang zustande kam, schob mancher sein republikanisches Kredo beiseite. Was nördlich des Rheins geschah, war für Demokraten unschön, aber als Schauspiel grandios.

Jakob Hunziker war Schüler und später Kollege des deutschen Germanisten und Volkskundlers Ernst Ludwig Rochholz, dessen deutschnationale Gesinnung im Aargau dankbare Anhänger fand. Zu Hunzikers Umgang gehörten der radikale Kulturkämpfer Augustin Keller und Emil Welti, der spätere Bundesrat, beide Bewunderer des neu gegründeten Kaiserreichs.

Man war in Aarau deutsch gesinnt. Wenn Jakob Hunziker aber von einem noch zu gründenden Reich schwärmte, dem alle deutsch Sprechenden angehören sollten, und dies auch politisch meinte, so hob er sich damit vom gültigen bürgerlichen Konsens ab. Selbst Rochholz legte seinem ehemaligen Schüler nahe, in seiner Abneigung gegen das «Franzosentum» eine gewisse Zurückhaltung zu wahren.[157]

Die Schriften von Zimmerli und Zemmrich regten Jakob Hunziker zu eigenen Arbeiten an. Im Jahre 1896 erschien in der «Schweizerischen Rundschau» ein Artikel unter dem Titel «Die Sprachverhältnisse der Westschweiz», und zwei Jahre später in der alldeutschen Schriftenreihe «Der Kampf um das Deutschtum» die Broschüre «Schweiz».[158] Im Werbetext des Verlags J. F. Lehmann in München wurde Hunziker wie die andern Autoren der Reihe zu den «bewährten Vorkämpfern des alldeutschen Gedankens» gezählt. Der Aarauer Lehrer wollte den Nachweis führen, dass das Deutschtum ursprünglich über die heutige Sprachgrenze hinaus in die

Romandie vorgedrungen sei. «Römische Hinterlist», so seine Klage, brachte die Burgunder so weit, dass sie eine romanische Sprache annahmen und Christen wurden. Die Alemannen hingegen, die wahren «Sieger», zerstörten die verhassten römischen Städte. Ihr Sündenfall: Sie übernahmen das aus Stein gebaute kelto-romanische Haus. Immerhin verehrten die Alemannen ihre angestammten Götter, und sie retteten deutsche Sitte, deutsche Sprache und deutsches Wesen.

Die optimistische Sicht von Johannes Zemmrich in Bezug auf die Lage des Deutschtums in der Westschweiz teilte Hunziker nicht. Jeder Welsche sei sorgsam auf «Wahrung seiner Nationalität» bedacht und damit ein geborener Träger der Propaganda für seine Sprache. Die Deutschschweizer hingegen seien bei der Verteidigung ihrer Sprache nachlässig. Zur aktuellen Situation schrieb Hunziker: «So lange die französische Schweiz im täglichen Verkehr ihre romanischen Mundarten sprach, standen an der Sprachgrenze Mundart gegen Mundart, ohne dass eine über die andere überwogen hätte. Seit aber die einheimischen Mundarten der welschen Westschweiz entweder ganz ausgestorben sind, oder neben dem vordringenden Französisch ein prekäres Dasein fristen, ist die Sachlage vollständig verändert: jetzt treffen sich an der Sprachgrenze und in den Grenzgebieten einerseits die einheitliche von Paris ausstrahlende Schrift- und Weltsprache, mit ganz Frankreich als Rückhalt, anderseits verkümmerte deutsche Mundarten, die jeder literarischen Pflege bar, ein paar Meilen weiter von ihren eigenen Sprachgenossen kaum mehr verstanden werden.»[159]

Um «Deutsche» und «Franzosen» ging es auch bei Jakob Hunziker: «Während wir in Wortstreit machen, hat der Franzose längst gehandelt.» Der Aarauer stellte sich die Auseinandersetzung zwischen den Sprachen so vor: «Das schlummernde deutsche Sprachgefühl muss im Bewusstsein der Gefahr zu neuem Leben erwachen. So darf man hoffen zu verhüten, dass der edle und fruchtbare Wettstreit zweier oder dreier hochentwickelter Kultursprachen zum verderblichen Rassenkampf ausarte.»[160] So «edel und fruchtbar» war der nun folgende Sprachenstreit nicht. Wo von «Rassenkampf» die Rede ist – was immer man darunter verstehen mag –, da kann nicht bloss der Schutz der eigenen Kultursprache gemeint sein.

Bei Kontroversen in diesem sensiblen Bereich konnte ein Rückgriff auf die Geschichte allemal von Nutzen sein. Jakob Zimmerli hatte in seiner Schrift die Spur gelegt, der die Alldeutschen in den neunziger Jahren dankbar folgten. Das «verwelschte Deutschtum» im ehemaligen Hochburgund – nicht zufällig ein geographisch unklarer Begriff – präsentierte sich als ideales Thema.[161] Da war noch eine Rechnung offen. Der Verlust von Neuenburg, zu diesem Zeitpunkt in Preussen noch nicht vergessen, konnte durchaus als Kapitulation vor dem «Franzosentum» interpretiert werden.

Zimmerlis Beitrag zum wissenschaftlich verbrämten Disput war eine abgekürzte, nicht über jeden Zweifel erhabene Darstellung der Landnahme durch Alemannen und Burgunder, die er als völlig gegensätzlich schilderte: «Für den Alemannen gab es keinen Kompromiss mit dem römischen Kulturleben und seinen Trägern. Überall zeigte er sich als rücksichtsloser Eroberer und entschiedener, von ungemein starkem Rassenbewusstsein getragener Vertreter deutscher Sprache und deutscher Art, die er auch da nicht aufgab, wo er unter romanische Botmässigkeit kam.» Anders verhielten sich nach seiner Meinung die Burgunder, die sich in Lebensart, Literatur und Sprache mit den Römern arrangierten: «Hand in Hand mit der sprachlichen Denationalisierung ging die gesellschaftliche Verschmelzung von Herrschern und Beherrschten durch Mischheiraten und den Sieg des römischen Steinbaus über den germanischen Holzbau.»[162]

Die historischen Versäumnisse eines vergangenen Jahrtausends konnte man in deutscher Sicht nicht einfach auf sich beruhen lassen. Wo die Grenzen des «verwelschten Deutschtums» zu liegen hatten, war nicht mit Sicherheit auszumachen. Das ehemalige Fürstbistum Basel gehörte zum einstigen Reich. Auch die französische Freigrafschaft durfte man getrost dazu rechnen. Die Kantone Freiburg und Wallis galten als teilweise verlorene Territorien, und auch die übrigen Westschweizer Kantone hatten sich offensichtlich von ihrer germanischen Abstammung entfernt.

Die Geschichte der Burgunder wurde von Deutschschweizer Autoren ins Spiel gebracht. Es war anscheinend an der Zeit, die Westschweizer über ihre Herkunft aufzuklären. Emil F. Garraux, Mitbegründer des «Deutschschweizerischen Sprachvereins», veröffentlichte in der 1902 gegründeten Zeitung «Berner Jura» seine «Betrachtungen über das geschichtliche Recht der deutschen Sprache im bernischen Jura».[163] Für Garraux waren die «Burgundionen» die Stammväter der heutigen Westschweizer. Die «Legende unserer keltisch-helvetischen Abstammung» müsse verschwinden.[164] Garraux hatte die «Burgundionen» nicht selber erfunden. Als Leitfaden diente ihm das Werk von Albert Jahn über «Die Geschichte der Burgundionen und Burgundiens».[165]

Der Basler Sprachenschützer legte etliche Hemmungen ab, die seine Vorgänger noch zu behutsamen Formulierungen veranlasst hatten. Er wünsche keinen Kampf um das Deutschtum in der Schweiz, «aber wir wollen ungestört Deutsche bleiben». Schliesslich sei das deutsche Wesen älter als der Rütlischwur. In einer Begleitschrift zur zweiten Auflage seines Pamphlets dozierte er: «Wenn von einem eigentlichen Sprachenkampf bei uns nicht gesprochen werden kann, so gebührt das Verdienst hiefür gewiss nicht der kecken französischen Minderheit, sondern der gutmütigen deutschen Mehrheit, denn wenn der Grosse sich von dem Kleinen wegdrängen lässt, ohne diesem seine Dreistigkeit rechtzeitig und gründlich zu verleiden, so setzt es eben keinen Kampf mehr ab. Freundeidgenössischer Gesinnung unbeschadet, gehören wir zu denjenigen Leuten, welche es bedauern, dass französische Sprache und mit ihr französisches Wesen im Schweizerland schon so viel Boden gewonnen haben und dass weiterem Vordringen ein ungenügender Widerstand entgegengesetzt wird. (…) Es ist sonderbar, wie viele Schweizer sich heftig gegen das Bekenntnis sträuben, dass die Schweiz grösstenteils urdeutsches Land ist.»[166]

Die Agitation von Emil F. Garraux traf vor allem den Berner Jura, also jene Region an der Sprachgrenze, in der die Bereitschaft zur Auseinandersetzung zwischen den Sprachgruppen am grössten war. Der Nordjura hatte den religiösen Konflikt hinter sich, aber die Stimmung war noch gereizt. Hier ging es nicht bloss um die Sprachenfrage. Die Kulissen des Kulturkampfs waren abgeräumt, aber die Konfession blieb ein heikles Thema. Sprache und Religion ergaben zusammen ein Konfliktpotential, das weitaus bedrohlicher wirkte als die üblichen eidgenössischen Dissonanzen. Wenn nun im «Berner Jura» Deutschschweizer Pfarrer für deutsche Sprache und deutsche Schulen warben, so sahen die Jurassier darin die Signale eines jenseits des Rheins angesiedelten Pangermanismus mit protestantischer Färbung. Es ergaben sich ungewohnte Allianzen. Die französisch sprechenden Radikalen – im Kulturkampf zuverlässige Verbündete der Berner Regierung – reihten sich ohne Widerspruch in die frankophone Front der Jurassier. Bern als zweisprachiger Staat sah sich durch eine Polemik herausgefordert, die zu einem guten Teil von aussen in den Kanton hineingetragen wurde.

Nach der Jahrhundertwende war die Zeit reif für den Aufbau einer Organisation, welche eine deutschschweizerische Sprachbewegung nach deutschem Muster schuf. Am 20. November 1904 gründeten einige im Sprachendisput engagierte Vorkämpfer den «Deutschschweizerischen Sprachverein». Als eigentlicher Gründer trat der Kaufmann Jakob Brodbeck-Arbenz auf, der aber wenige Jahre später von der Szene verschwand.[167] Zu den Männern der ersten Stunde gehörten Emil F. Garraux und Eduard Blocher. Der Mundartforscher und Schriftsteller Otto von Greyerz gesellte sich zu ihnen. Das Mitgliederverzeichnis von 1906 präsentiert einige bekannte Namen: den Historiker Gerold Meyer von Knonau, die Schriftsteller Josef Reinhart und Ernst Zahn, Ulrich Wille, den spätern General.

Der Sprachverein schien sich auf neu entdeckte vaterländische Tugenden zu besinnen. Er wandte sich «gegen die von Verkehr und Technik geförderte Gleichmacherei und die Zerstörung der seelischen Werte der Heimat». Damit stand er im Einklang mit der wenig später gegründeten Schweizerischen Vereinigung für Heimatschutz und dem Schweizerischen Bund für Naturschutz. «Er ist ein Bund von Schweizerbürgern zur Pflege und zum Schutz der deutschen Sprache in der Schweiz.»[168] Dieses Motto wurde allen Publikationen des Vereins vorangestellt. Dabei ist man im Rückblick auf die Geschichte des Sprachvereins versucht, von einem doppelten Etikettenschwindel zu sprechen.

Was die Pflege der deutschen Sprache betraf, so war das Anliegen bei Otto von Greyerz gut aufgehoben. Sein Lebenswerk galt dem Umgang mit der eigenen Sprache und dem Kampf gegen jene seiner Meinung nach heruntergekommene «dritte Sprache», die sich zwischen reiner Mundart und reiner Hochsprache herausgebildet hatte: «Das Deutsch, das auf diese Weise entsteht, ist kaum wert, eine Sprache genannt zu werden; es ist nur ein Kompromiss von zwei Sprachen, eine Art Auskunftsmittel in der Verlegenheit.»[169] Also eine Aufforderung zur Selbstbesinnung beim Gebrauch der Sprache. Das waren, wie sich erweisen sollte, nicht die Sorgen von Garraux und Blocher.

Die Pflege der Sprache – handle es sich um Hochdeutsch oder Mundart – trat im Sprachverein hinter jene Aktivitäten zurück, die man mit der wohlklingenden Formel «Schutz der deutschen Sprache» versah. In seinem Rückblick auf «Vierzig Jahre Sprachverein» meinte August Steiger, auch er ein früher Kämpfer an Blochers Seite, das Bemühen um «Richtigkeit, Schönheit und Reinheit der Sprache» sei zwar eine nützliche Sache, wesentliches Anliegen bei der Gründung des Vereins sei aber der Schutz der Sprache gewesen: «Was zur Gründung des Vereins geführt hatte, war aber doch mehr die Besorgnis um die Geltung der Sprache gewesen, um ihre Stellung in Staat und Gesellschaft.»[170]

Eine zweite Täuschung war für jeden Zeitgenossen, der das Entstehen der Bewegung verfolgte, nicht zu übersehen. Der Anstoss zur Gründung des sich überaus schweizerisch gebärdenden Sprachvereins kam aus dem Deutschen Reich, wo kurz zuvor die entsprechende deutsche Organisation entstanden war. Über diesen heiklen Punkt berichtete August Steiger in seiner Rückschau mit bemerkenswerter Offenheit: «Ursprünglich hatte man an einen Zweigverein des Allgemeinen Deutschen Sprachvereins gedacht, aber schon der Entwurf der Satzungen enthielt die Bestimmung, dass dem schweizerischen Verein nur Schweizerbürger angehören dürfen, ‹um auch bei den Landesbehörden und in rein schweizerischen Angelegenheiten die Sache der deutschen Sprache fördern zu können›. Man liess die Verbindung mit dem Allgemeinen Deutschen Sprachverein fallen, um von Anfang an alles Misstrauen zu vermeiden und um die Arbeit den besondern Bedürfnissen der Schweiz besser anpassen zu können.»[171]

Von einem Abbruch der Beziehungen zum deutschen Verein konnte natürlich keine Rede sein. Regelmässig erschienen Aufsätze von Eduard Blocher in der «Zeitschrift des Allgemeinen Deutschen Sprachvereins». Die deutsche Zeitschrift setzte sich auch bei andern Gelegenheiten mit den «Nöten des Deutschtums» in der Schweiz auseinander und stellte sich dabei gar nicht zimperlich an. Der schweizerische Verein vertrieb die «Verdeutschungsbücher» der deutschen Organisation. Man nahm es genau mit den Pflichten gegenüber der gemeinsamen germanischen Herkunft. Hier wie bei andern grenzüberschreitenden Aktionen: ein Spiel mit verteilten Rollen.

Die Mitgliederzahl im Deutschschweizerischen Sprachverein hielt sich in bescheidenen Grenzen. Im Jahre 1909 sollen lediglich 120 Deutschschweizer dem Verein angehört haben, darunter 21 Lehrer, 14 Kaufleute und 12 reformierte Pfarrer. Doch das genügte, eine ständige Glut zu unterhalten. Katholiken waren im Sprachverein kaum zu finden. Die katholische Kirche war zwar gegenüber dem republikanischen Frankreich ausgesprochen feindlich eingestellt, doch das hatte nichts mit der Sprache zu tun.

Die Sprachkämpfer erzeugten trotz ihrer geringen Zahl mit lautstarken Umtrieben ein weithin tragendes Echo. Zustimmung und empörter Widerspruch waren auch in Deutschland und Frankreich zu vernehmen. Der Disput bewegte sich in der Regel auf bescheidenem intellektuellem Niveau. Das traf gleicherweise für die Tiraden der Deutschtümler wie für die Repliken in der Romandie zu. Das von beiden Seiten in Umlauf gebrachte Vokabular machte einen rational geführten Dialog unmöglich. In den Deutschschweizer Beiträgen nahm die militärische Terminologie überhand. Die Begriffe «Nation», «Nationalität» und «Rasse» machten die Runde, Wörter, bei denen man in den verschiedenen Sprachgebieten ohnehin nicht dasselbe verstand. Folgte man Eduard Blocher und seinem Anhang, so gewann man den Eindruck, dass das schweizerische Vaterland an der Sprachgrenze aufhörte. Doch konnte man sich auch darauf nicht verlassen, denn die Vorstellungen der Volkstümler waren bemerkenswert unklar und häufigem Wandel unterworfen.

Als unverständlich empfanden die Wortführer des Sprachvereins die Tatsache, dass in die Romandie gewanderte Deutschschweizer sich ohne Umstände integrierten und freiwillig die französische Sprache übernahmen. «Verrat am Deutschtum», erklärte Emil F. Garraux, und August Steiger beklagte das fehlende «sprachliche Ehrgefühl».[172] Man müsse Kolonien bilden und den Nachwuchs auf den richtigen Weg führen, riet Eduard Blocher, doch hegte er offenbar einige Zweifel am Nutzen dieser sanften Methode: «Zuweilen sind Stock und Ruthe unerlässlich, um deutsche Antworten zu erhalten.»[173] Das unablässig verkündete Missvergnügen des Sprachvereins am Zustand der helvetischen Sprachenlandschaft war stets vom beschwichtigenden Refrain begleitet, man wolle keinen Sprachenkonflikt. Im übrigen – so der selbstgefällige Hinweis auf die Donaumonarchie und auf Preussisch-Polen – sei die Lage anderswo viel übler.

Wer an der Sprachgrenze nach Ärgernissen suchte, fand sie ohne Umstände. Wie sollten die Ortsnamen lauten, wenn sich eine sprachlich gemischte Bevölkerung vorfand? Die Ergebnisse der Volkszählungen zwischen 1888 und 1900 waren in dieser Hinsicht nicht zuverlässig, da man einmal von den anwesenden Personen, dann wieder von den Haushalten ausgegangen war. Im Sprachverein glaubte man an Manipulationen und Fälschungen durch die welschen Beamten, die unbedingt französisch sprechende Mehrheiten konstruieren wollten.

Mit Ortsnamen liess sich die Expansionskraft des Deutschtums trefflich demonstrieren. Oft bewegte man sich hart an der Grenze der Lächerlichkeit. Manche Deutschtümler hätten gerne «Losanen» an Stelle von Lausanne gesetzt. Von «welscher Vergewaltigung» sprach Emil F. Garraux und zeigte auf das Wallis, wo die deutschen Ortsnamen Sitten und Siders immer mehr durch Sion und Sierre verdrängt wurden. Blocher und Garraux publizierten im Jahre 1907 ein «Deutschschweizer Ortsnamenbüchlein für die Westschweiz», das neben einer törichten Einleitung und abenteuerlichen sprachlichen Konstruktionen durchaus nützliche Gegenüberstellungen enthielt.[174]

Für Bewegung in der Sprachenfrage sorgten die Eisenbahnen. Sie seien «sprachliche Heerstrassen», meinte der Romanist Heinrich Morf, ein Mann, der sich im

Sprachenstreit zurückhaltend benahm, wenn er auch seine deutschen Sympathien nicht verbarg.[175] Was mit den Heerstrassen gemeint war, zeigt ein Blick auf zeitgenössische Eisenbahnkarten. Für den Deutschschweizerischen Sprachverein unerträglich war der Umstand, dass die Betriebsdirektion I der Schweizerischen Bundesbahnen – niedergelassen in Lausanne – in ihrem Bereich, der auch deutschsprachige Landschaften umfasste, fast ausschliesslich mit der französischen Sprache hantierte. Peinlich etwa die Tatsache, dass die Züge nicht in Murten, sondern in Môrat Station machten.

Es versteht sich von selbst, dass im Territorium der Betriebsdirektion II in Basel eine Gegenrechnung angestellt wurde. Da hatten die Westschweizer zu Klagen Anlass. So wurde Delémont durch die Zuwanderung der Deutschschweizer Eisenbahner zu Delsberg. Doch hier ging es weniger um Ortstafeln als um den überwiegenden Anteil an deutschsprachigen Beamten, die ihr Eisenbahner-Deutsch durch den Jura bis an die französische Grenze trugen.[176] Der Protest gegen die «Germanisierung» der Eisenbahnen war im Berner Jura überaus laut. In ihrem anti-deutschen Tenor stimmten auch politische Gegner überein wie der katholisch-konservative Nationalrat Ernest Daucourt, Begründer der Tageszeitung «Le Pays» in Pruntrut, und der radikale Virgile Rossel, der mit dem «Démocrate» in Delémont verbunden war. Die Reaktionen des Sprachvereins auf jurassische Kritik verbesserten die Stimmung nicht. Im Jahresbericht des Deutschschweizerischen Sprachvereins von 1909 glaubte man, den wahren Grund für den Unmut der Jurassier erkannt zu haben: «Die welschen Jurassier beschweren sich nicht darüber, dass die eidgenössischen Bahnangestellten mit ihnen deutsch sprechen, sondern dass sie Deutsche sind.»[177]

Wegbereiter für eine französische Sprachen-Offensive war nach Meinung des Deutschschweizerischen Sprachvereins auch die Jura-Simplon-Bahn, von der man in allzu simpler Manier annahm, dass sie in erster Linie französischen Interessen diente. Die komplizierte Geschichte des Bahnbaus am Simplon birgt tatsächlich einen anti-deutschen Aspekt in sich. Das war kein Zufall. Das Deutsche Reich hatte sich am Gotthard ein massives Mitspracherecht gesichert und versäumte nicht, seine komfortable Situation bei Gelegenheit sichtbar zu machen. Weder die Westschweiz noch Frankreich wünschten, dass sich etwas Ähnliches im Wallis wiederhole. Die Präsenz Frankreichs hatte also etliches mit Politik, aber wenig mit Sprache zu tun. Man darf annehmen, dass sich die Jura-Simplon-Bahn vor der Übernahme durch die Schweizerischen Bundesbahnen wenig um die Besonderheiten im Oberwallis kümmerte. Die sprachliche Balance im Kanton war ohnehin unsicher geworden. Ein Untergang der deutschen Sprache – wie in Zürich vermutet – war aber nicht in Sicht.

Die «Rettung des Deutschtums» brachte nach den Erkenntnissen des Sprachvereins die im Jahre 1915 eröffnete Lötschbergbahn, denn sie schuf den Anschluss der isolierten Landschaft an ein deutschsprachiges Gebiet. Die These ist abenteuerlich, wenn man bedenkt, dass als treibende Kraft hinter dem Bau der Lötschbergbahn Frankreich stand. Der ungeliebte Nachbar im Westen hätte also, wollte man dieser Annahme folgen, entscheidend zur Bewahrung der deutschen Sprache im Oberwallis beigetragen.

Nach der Gründung des Deutschschweizerischen Sprachvereins gehörten Beckmessereien im Sprachendisput zum Alltag. Anstoss erregte unter anderem die «Verwelschung» der Vornamen. August Steiger tadelte in seiner Broschüre «Wie soll unser Kind heissen?» noch im Jahre 1918 die angeblich gegen 1850 aufgekommene Sitte, Namen wie Babette, Schang oder Louis zu verwenden. Fabrikanten und Handelsherren hätten diese undeutsche Mode eingeführt.[178] Auch die «obligatorische Schiesspflicht» fand im Sprachverein keine Gnade.

Welche Sprache war angemessen, wenn sich schweizerische Bundesräte mit Kaiser Franz Joseph I. von Österreich auf einem Bodensee-Dampfschiff trafen? «Seine k. u. k. Apostolische Majestät» unternahm im August 1909 eine Reise nach Vorarlberg und begab sich am 31. August von Bregenz aus auf eine Rundfahrt, bei der das diplomatische Zeremoniell an verschiedenen Ufern – in Lindau, Friedrichshafen und auf der Mainau – gepflegt wurde. In Bayern, Württemberg und Baden mangelte es nicht an Zeichen und Symbolen. Dann lief das kaiserliche Dampfboot Rorschach an. Da Bundespräsident Deucher fehlte, setzte der Monarch seinen Fuss nicht auf eidgenössischen Boden, hingegen gingen Vizepräsident Bundesrat Comtesse und seine Kollegen Brenner und Schobinger an Bord des Schiffes. Man unterhielt sich mit Kaiser Franz Joseph auf französisch.

Einige Schweizer Zeitungen wollten sich mit dem für sie unerklärlichen Vorgang nicht abfinden. Der Schweizer Gesandte in Wien, Fernand du Martheray, sprach später von einer «petite campagne contre l'emploi de la langue française à Rorschach». Warum hatte man die französische Sprache gewählt? An den Deutschkenntnissen von Robert Comtesse konnte es nicht gelegen haben. Der Neuenburger Bundesrat hatte in Leipzig und Heidelberg studiert. Auch die Tatsache, dass er in der deutschen Schweiz nicht beliebt und für seine Abneigung gegen das kaiserliche Deutschland bekannt war, durfte für seinen Umgang mit dem Habsburger Monarchen nicht von Belang sein. Der schweizerische Gesandte in Wien stellte die Dinge klar: Kaiser Franz Joseph selber habe die französische Sprache gewählt. Die Begründung gab Fernand du Martheray in umständlicher Diplomatensprache: «Représentant de sujets de langues et de nationalités différentes (parmi lesquels les Allemands sont une minorité) et s'adressant au représentant d'un état comprenant lui aussi plusieurs langues et nationalités différentes, mais sur pied d'égalité, malgré leur inégalité numérique, l'Empereur, par égard pour les élément non allemands, tant de sa Monarchie que de la Suisse, ne pouvait employer qu'une seule langue: la langue diplomatique, c'est à dire, le Français…»[179] Dieser kaiserlichen Logik war nichts beizufügen.

In den Jahren vor dem Ersten Weltkrieg nahmen die verbalen Flegeleien zwischen den Sprachregionen zu. Erhöhte Spannung zwischen den grossen Nachbarn führte stets zu Reaktionen in der Schweiz, wenn auch die jeweiligen Wortgefechte im europäischen Vergleich wie harmlose Kuriositäten daherkamen.

Die schweizerische Szene wurde von der deutschen Presse ständig beobachtet. Man hatte am eidgenössischen Umgang mit den Sprachen einiges auszusetzen und sandte häufig in schrillem Ton Ermahnungen und Kritik über den Rhein. Die reichsdeutsche Schulmeisterei fand Stoff in Berichten und Erfahrungen deutscher Touristen, die mit nationalem Bewusstsein durch das Land reisten und dabei selbst in der deutschen Schweiz, wie in Zeitungen missbilligend vermerkt wurde, auf Spuren der französischen Sprache stiessen. In Hotels und Gasthäusern zum Beispiel, aber auch in den Eisenbahnen. Man solle – im Sinne eines klaren Exempels – stets eine deutsche Speisekarte verlangen. Ein Deutscher, der etwas auf sich halte, müsse eine französische Speisekarte in einem deutschen Land als persönliche Beleidigung empfinden.[180]

Allzu laute Hilfe aus dem Reich war für den Deutschschweizerischen Sprachverein unangenehm, denn sie führte selbst bei seinen Mitgliedern zu unwirschen Äusserungen. Der Verdacht lag jeweils nahe, dass das reichsdeutsche Echo weniger von freundnachbarlichen Motiven als von einem expansiven Deutschtum erzeugt wurde. In der Romandie reagierte man empfindlich auf deutsche Belehrung. Die Kommentare, meist auf den Begriff «Pangermanismus» eingestimmt, rückten auch harmlose Deutschschweizer, die sich für die deutsche Sprache einsetzten, in eine politisch bedenkliche Nachbarschaft.

Wie leicht man zum Komplizen eines aggressiven Deutschtums werden konnte, zeigte sich im Berner Jura, jener von kontroversen demographischen, politischen und religiösen Kräften geprägten Landschaft. Hier erzielte der Sprachenstreit lang anhaltende Wirkungen, wobei nicht allein die Sprache zur Debatte stand. Im katholischen Nordjura war um die Jahrhundertwende der Kulturkampf noch nicht vergessen. In der vielfältig gegliederten Gebirgslandschaft waren die gesellschaftlichen Strukturen in vertrackter Weise verzahnt, so dass eine Trennung der Sprachregionen nach dem Territorialprinzip nicht denkbar war. Auf den Jurahöhen siedelten seit Jahrhunderten Wiedertäufer, die eigene deutschsprachige Schulen unterhielten. Die neuen Einwanderer aus der Deutschschweiz – unter ihnen die Angestellten der Eisenbahnen – liessen sich in den Tälern nieder. Sie gehörten in ihrer Mehrheit zur Gruppe jener Deutschschweizer, denen Emil F. Garraux «mangelndes deutsches Bewusstsein» vorwarf, weil sie sich ohne Widerstand romanisieren liessen.

Im Mittelpunkt der Diskussionen stand die Frage nach der Berechtigung deutscher Schulen im welschen Jura.[181] Zweimal wurde das Thema im Berner Grossen Rat in extenso behandelt. Ein erstes Intermezzo im August 1906 hatte die Generalversammlung der «Société pédagogique jurassienne» in St. Imier mit einer Resolution provoziert, die in eine fundamentalistische Sentenz mündete: «Dans le Jura bernois romand, les écoles allemandes n'ont pas leur raison d'être.» Dieser Kampfruf ging souverän an den Realitäten vorbei und wurde auch von etlichen französischsprachigen Jurassiern abgelehnt. Für den Deutschschweizerischen Sprachverein ein willkommener Anlass, das «geschichtliche Recht der deutschen Sprache im Jura» ins Feld zu führen. Im Jahre 1914 ging man im Streit um die deutschen Schulen noch einmal auf die Barrikaden.

Zu diesem Zeitpunkt wurde jedermann klar, dass im nordjurassischen Disput nicht nur die Sprache, sondern auch die Konfession gemeint war. Der Berner Regierungspräsident Karl Scheurer, der spätere Bundesrat, fand denn auch, es handle sich weniger um eine Sprachenfrage als um eine Religionsfrage. Zu viele reformierte Pfarrer fochten in der Zeitschrift «Berner Jura» für das Deutschtum, als dass die Jurassier die Kontroverse als eine simple Frage der deutschen Schulen hätten deuten können. Deutschschweizer Katholiken schickten ihre Kinder im allgemeinen in die französischsprachigen Schulen. Für sie stand Religion vor Sprache. Im jurassischen Alltag ergab sich eine pauschale Formel: «Deutsch» und «protestantisch» wurden gleichgesetzt. Damit war die Szene für einen neuen, politisch geprägten Kulturkampf geschaffen.

Als Kontrahent des Deutschschweizerischen Sprachvereins trat die Société Jurassienne d'Emulation auf, der bedeutende Vertreter der jurassischen Kultur angehörten: Virgile Rossel, Werner Renfer, Paul-Otto Bessire, Auguste Viatte. Das mehrmals formulierte Kredo dieser Männer war eindeutig. Sie fühlten sich als Schweizer, doch ihre «personnalité morale» durfte nicht angetastet werden. Solange man Religion und Sprache respektierte, blieben die Jurassier gute Patrioten. So das Bekenntnis kurz vor dem Ersten Weltkrieg.[183]

In den Jahren vor dem grossen Krieg vollführten Blocher und Garraux einen heiklen Balance-Akt zum höheren Wohl des deutschen Volkstums, der glimpflich ablief, weil die volle Wahrheit nicht an den Tag kam. Im Februar des Jahres 1914 sprach sich im Jura herum, dass die Täuferschulen von La Chaux-d'Abel (La Ferrière), Sonnenberg (Tramelan) und Kleintal (Belleley) Geldbeträge aus reichsdeutschen Quellen erhielten. Offensichtlich übergab Emil F. Garraux die angeblich von den Mennoniten in Krefeld gestifteten Gelder in leichtfertiger Weise den bedürftigen Schulen. Die Sache kam im März 1914 im Berner Grossen Rat zur Sprache. Der Advokat Edmond Choulat von Pruntrut lief gegen die von reichsdeutscher Seite betriebene «Germanisierung» im Jura Sturm, bei der politisch ahnungslose Wiedertäufer als Werkzeug benutzt wurden. Regierungspräsident Karl Scheurer zeigte Verständnis: Man müsse sich den Einflüssen des Pangermanismus widersetzen, so wie man sich im Tessin der Irredenta entgegenstelle. «Nun sollte man sich aber», so schränkte der Magistrat ein, «vor Übertreibungen hüten und nicht hinter jedem Wort das Gespenst der Pickelhaube auftauchen sehen».[184]

Erziehungsdirektor Emil Rohner fand eine Erklärung, die einigermassen glaubwürdig klang. Ein Mennonitenprediger in Krefeld habe in ungeschickter Weise das Geld durch den Kassier des «Vereins für das Deutschtum im Ausland» überweisen lassen, da er selber dieser Organisation angehörte. In Wahrheit habe es sich um eine milde Gabe der Krefelder Mennoniten an die in wirtschaftlicher Bedrängnis lebenden Glaubensbrüder gehandelt. Ausserdem habe Emil F. Garraux zugesichert, dass in Zukunft Zahlungen unterbleiben würden. Die jurassischen Gemüter wurden durch diese Version etwas beruhigt. Garraux selber zog sich aus dem dubiosen Geschäft zurück und äusserte sich fortan nur noch in gedämpftem Ton über seine «Burgundionen» und die deutsche Sprache im Jura.

So blieb verborgen, dass es sich in der Tat um eine Affäre von beachtlichen Dimensionen handelte, dass der Verein für das Deutschtum im Ausland hinter der Aktion stand und der Mann, der die Fäden zog, Eduard Blocher hiess. Die Fakten kamen erst sechzig Jahre später auf den Tisch, als das Archiv Blochers zugänglich wurde.[185]

Der Verein für das Deutschtum im Ausland war im Jahre 1881 unter dem Titel «Allgemeiner deutscher Schulverein zur Erhaltung des Deutschtums im Ausland» gegründet worden. So hiess der Verein bis 1908. Im Unterschied zum später entstandenen Alldeutschen Verband, der reichsdeutschen Imperialismus betrieb, ging es dieser Gruppe nicht in erster Linie um Ausdehnung der deutschen Grenzen, sondern um den Aufbau einer deutschen «Kulturnation», die – in verschiedenen Staaten angesiedelt – das ganze Deutschtum umfassen sollte. Wobei zu bemerken wäre, dass die Grenzen zwischen den beiden Organisationen mit der Zeit fliessend wurden. Auch im Verein für das Deutschtum im Ausland pflegte man eine imperialistische Gesinnung und zeigte sich einer territorialen Mehrung des Reichs nicht ein für allemal abgeneigt.

In den Jahren vor dem Ersten Weltkrieg war die Präsenz des Vereins in der Schweiz eher schwach. Man konzentrierte sich in den Aktivitäten für das Deutschtum auf andere, als kritisch beurteilte Gebiete. Es gab zwar einen Ableger, den 1882 von François Wille gegründeten «Deutschen Schulverein in der Schweiz», der aber wenig Aufsehen erregte. Nach dem Tode Willes im Jahre 1896 übernahm der Zürcher Historiker Gerold Meyer von Knonau die Leitung. Man war deutschfreundlich, aber chronisch schlecht bei Kasse, politisch kaum motiviert und damit weit vom aggressiven Kulturimperialismus des deutschen Vereins entfernt. Wenn die deutsche Organisation in der Schweiz Fuss fassen wollte, so brauchte sie einen andern Partner.

Es blieb Eduard Blocher vorbehalten, den Deutschen das Tor zum schweizerischen Schauplatz zu öffnen. Man pflegte im Deutschschweizerischen Sprachverein wie auch im Reich die These, wonach deutschsprachige Schulen das geeignete Vehikel zur Förderung des angeblich bedrohten Volkstums seien. Der anhebende Sprachendisput im Berner Jura bot den konkreten Anlass zu einer Aktion, die in fahrlässiger Weise die jurassischen Mennoniten vor den Karren der Deutschtümler spannte. Der Sprachverein selber verfügte nicht über die nötigen Mittel, um den Schulen der Wiedertäufer aus der finanziellen Misere zu helfen. Eduard Blocher wusste Rat. Er wandte sich im Jahre 1911 an den Verein für das Deutschtum im Ausland mit der Bitte um Unterstützung. Man kam anscheinend rasch ins Geschäft. Blocher und sein Sprachverein waren als Kontrahenten nicht zu verachten.

Das deutschtümelnde Gehabe und die Aggressivität des Zürcher Pfarrers waren bekannt. Nun flossen regelmässig Gelder des deutschen Vereins in die Schweiz, deren Verwendung man grosszügig Eduard Blocher überliess. Auf seine Sachkenntnis konnte man bauen. Spenden gingen an die Wiedertäuferschulen im Jura, aber auch der Deutschschweizerische Sprachverein kam nicht zu kurz. Vertraulichkeit war vereinbart, denn beide Seiten gaben sich darüber Rechenschaft, dass die Transaktionen politisch heikel waren. Das Geld wurde an Blocher persönlich überwiesen. Almosen an den Deutschschweizerischen Sprachverein hätte man auf die Dauer nicht geheim halten können. Vermutlich waren die Vorstandsmitglieder im Sprachverein über den Vorgang nur unzureichend orientiert. Das war nicht zu vermeiden, denn nicht jedermann schätzte die unberechenbare Politik des Präsidenten Blocher. Emil F. Garraux nahm es, wie gesehen, mit der Geheimhaltung nicht so genau. Im Berner Grossen Rat standen aber nur die bescheidenen Beträge zur Debatte, die der Basler an die Wiedertäuferschulen vermittelt hatte. Für die Mennoniten war die Sache peinlich. Vermutlich waren sie anfänglich über die Herkunft der Gelder nicht im Bild. Der Verein für das Deutschtum im Ausland betrieb seine Unternehmung jedoch mit deutscher Gründlichkeit. So unternahmen deutsche Vereinsmitglieder Inspektionsreisen im Jura. Man wollte vom Stand der Dinge an Ort und Stelle einen Augenschein nehmen. Dieser Eifer verstimmte wiederum die Wiedertäufer, die sich bei Garraux erkundigten, «was diese Deutschmichel eigentlich da herumzuschmökern hätten».[186]

Im August 1914 brach der Erste Weltkrieg aus, und damit nahm die Schweizer Eskapade des Vereins für das Deutschtum im Ausland ein Ende. Pfarrer Blocher kam ungeschoren davon. An die Stelle von Emil F. Garraux trat der Student Hektor Ammann, der spätere Staatsarchivar des Kantons Aargau.[187] Er hatte sich in der alldeutschen Zeitschrift «Deutsche Erde» mit einer Arbeit über die Sprachverhältnisse im Berner Jura empfohlen. Blochers Partner in Deutschland wussten das zu schätzen, indem sie die weiteren Studien Ammanns mit einem kleinen Beitrag förderten. Von da an nahm der Historiker Ammann im Deutschschweizerischen Sprachverein eine wichtige Stellung ein. Er studierte in der Kriegszeit während eines Semesters in Berlin, wurde Mitarbeiter von Blochers «Stimmen im Sturm», holte sich bei Professor Gerold Meyer von Knonau seinen Doktortitel und kämpfte nach dem Krieg im «Volksbund für die Unabhängigkeit der Schweiz» gegen den Beitritt des Landes zum Völkerbund.

Am Exempel von Blocher und Ammann lässt sich ermessen, wie weit man vom tugendhaften Pfad der Sprachschützer abkommen und ins gefährliche politische Fahrwasser der Deutschtümler treiben konnte. Blocher lavierte mit angestrengter Dialektik zwischen kulturellem und staatlichem Deutschtum, ein Versuch, der ihn von einem Widerspruch in den andern führte. Nation, Sprache, Geist und gelegentlich auch die Rasse beherrschten sein Weltbild. Später suchte er unentwegt nach jenem Deutschland, das er sich in Gedanken schon vor dem Ersten Weltkrieg geschaffen hatte. Für das Treiben der Nationalsozialisten hatte er wenig Verständnis.

Der germanophile Historiker Hektor Ammann verstand es Zeit seines Lebens nicht, Kultur und Politik auseinander zu halten. Mit der deutschen Niederlage im Ersten Weltkrieg konnte er sich nicht abfinden. Also begrüsste er jede Bewegung, die Deutschlands Macht und Grösse wieder herstellen wollte. Sozialdarwinistisches Denken, das im Kampf der Nationen und im Überleben des Stärkeren den endlichen Sinn der Geschichte sah, mag dem Historiker als ideologische Grundlage gedient haben. Zu Beginn der zwanziger Jahre traf sich Hektor Ammann mehrmals mit Adolf Hitler, und auch später pflegte er Beziehungen zu prominenten und fragwürdigen Figuren des Deutschen Reichs. Das plebejische Gehabe der schweizerischen Frontisten war ihm zuwider, doch gegen ihre Richtung hatte er wenig einzuwenden. Der Historiker Ammann glaubte an die Existenzberechtigung der Schweiz, doch er sah das Land eingebettet in einem neuen Europa. Im Zweiten Weltkrieg stritt er für eine Neutralität, wie er sie verstand: ohne Fehl und Tadel in den Augen des Deutschen Reichs, mit gesäuberter und angepasster Presse und allgemeinem Wohlverhalten. Hektor Ammann gehörte im Jahre 1940 zu den Initianten der berüchtigten «Eingabe der Zweihundert», die eben diesen Kniefall forderte. Damit verliess er den soliden Boden der republikanischen Prinzipien, die dem schweizerischen Selbstverständnis zugrunde lagen. Sein wider jede Vernunft zur Schau getragenes Deutschtum kam ihn später teuer zu stehen.[188]

Der französische Nationalismus und die Romandie

Die Reaktion auf die Niederlage

Betrachtet man die Wirkung des vom Kaiserreich vorangetriebenen Deutschtums in der deutschsprachigen Schweiz, so drängt sich ein Vergleich mit dem Einfluss des französischen Nationalismus in der Romandie auf. Die Frage lenkt den Blick auf widersprüchliche Doktrinen und Tendenzen, zögerlich begonnene und oft gescheiterte Aktionen in Frankreich, die sich gelegentlich mehr im Literarischen als im Politischen bewegten. Die rechtsautoritären französischen Schriftsteller verhielten sich in ihrem Chauvinismus gegenüber der Republik kritisch. So fehlte ihnen bei ihrer eigenen Regierung der politische Rückhalt, den die Vertreter des Deutschtums im Reich genossen. Soweit die Botschaften über die Grenze in die Westschweiz drangen, zeugten sie von intellektueller Unruhe und sozialer Gärung. Die meisten Stichworte betrafen interne französische Situationen und nahmen kaum auf die Probleme in der Westschweiz Bezug. Die direkten Erfahrungen an der Grenze stimmten mit den in Paris gültigen Normen selten überein, denn die Provinzen führten oft ein Eigenleben unabhängig von der Kapitale.

Kulturpolitische Missionierung in der Schweiz, wie sie von deutscher Seite betrieben wurde, fand nicht statt. Die gemeinsame Sprache, die man gegen das Deutschtum hätte verteidigen müssen, konnte kein herausragendes Thema sein. Von einer kollektiven Wahrnehmung der Vorgänge in Frankreich war in der Westschweiz wenig zu spüren. Das wiederum war ein Ergebnis der kulturellen Vielfalt und der verschiedenartigen historischen Erfahrungen. Die katholischen Kantone Freiburg und Wallis und der nördliche Berner Jura standen zu Frankreich in einem andern Verhältnis als die protestantischen Regionen.

Die kulturelle Szene im Nachbarland war bis ins 20. Jahrhundert hinein vom traumatischen Erlebnis der Niederlage im Deutsch-Französischen Krieg von 1870/71 geprägt. Der lange anhaltende Diskurs über die Schuld betraf die innern Verhältnisse in Staat und Gesellschaft. Die aussen stehenden Romands hatten ausser Sympathie und Zuwendung wenig zu bieten. Ratschläge waren nicht gefragt. Wie weit die verwickelten gesellschaftspolitischen Prozesse zur Erneuerung oder – wie von deutschen Publizisten in Aussicht gestellt – zum schliesslichen Zerfall Frankreichs führten, war auf Grund der widersprüchlichen Symptome nicht auszumachen. Der blutige Bürgerkrieg zwischen der bürgerlichen Regierung und der Commune liess erhebliche Zweifel an der Gesundung des Landes aufkommen.

Unmittelbar nach der Niederlage verkörperte die von Gambetta geführte Republik nationalen Widerstand und Neubeginn. Man rechnete der katholischen Kirche und den bonapartistischen Gruppierungen die Fehler und Versäumnisse nach, die Frankreich in die Katastrophe geführt hatten. Die Kritik galt unter anderem dem vom Klerus gesteuerten Schulwesen, das sich – so etwa die Meinung des Philosophen Ernest Renan – gegenüber den preussisch-deutschen Schulen als minderwertig erwiesen hatte.[189] Der Wille, in dieser Hinsicht vom ehemaligen Feind zu lernen, vertrug sich durchaus mit der Ideologie der Revanche, die anfänglich von der republikanischen Linken gepflegt wurde.

Nach dem Untergang des Zweiten Kaiserreichs und der preussisch-deutschen Besetzung hatte sich das Land einem klar zur Schau gestellten Nationalismus geöffnet. An seinem Ursprung stand Léon Gambetta, der trotz einer monarchistischen Parlamentsmehrheit die Franzosen davon überzeugen wollte, dass die Republikaner die besseren Patrioten seien. Revanche als Programm war populär, denn man spürte, wie tief der Verlust von Elsass und Lothringen das Selbstverständnis der Nation getroffen hatte, und welch bedrohliche Macht das Kaiserreich Bismarcks an der neuen Ostgrenze aufbaute.

Der nach innen gerichtete neue Chauvinismus fand seinen Nährboden zu Beginn in linken Positionen. Zur nationalen Pflicht gehörte die republikanische Tradition, die sich der Aufklärung und der Revolution verbunden fühlte, die parlamentarische Demokratie pflegte und an den zentralistischen Strukturen des Staates festhielt. Am Rande dieses Spektrums bewegten sich die syndikalistischen Sozialisten, die sich unter anderem auf Pierre Joseph Proudhon beriefen, der im Zweiten Kaiserreich ein sozialistisches System mit wissenschaftlichem Anspruch entworfen hatte. Es gab dabei allerdings Differenzen zum real bestehenden Staat. Proudhons ethischer Sozialismus stand in der Tradition der Französischen Revolution, lehnte das philiströse Bürgertum ab, wandte sich aber gegen staatlichen Zentralismus, gegen das Eigentum und gegen die Kirche. Werner Sombart sprach in seiner Analyse von den «Gourmets der sozialen Theorie, die den Syndikalismus als Gedankensystem geschaffen haben».[190] Dieses System forderte in Frankreich Dezentralisation, Aufbau der Gesellschaft mit Hilfe von freien Berufsvereinigungen, Schutz der Minderheiten und Gleichgewicht von Autorität und Freiheit. Durch föderalistische Zusammenschlüsse sollte auch der Friede in Europa gesichert werden. Die Einigung von Deutschland und Italien passte nicht in Proudhons ehemaliges Konzept. Die Ideen des Theoretikers von Besançon trafen sich in mancher Hinsicht mit den revolutionären Thesen des Anarchisten Michail Bakunin, der selber Anregungen bei den Uhrenarbeitern im schweizerischen Jura geholt hatte.

Theoretiker und Praktiker unterschiedlichster Couleur bedienten sich bei den Lehren Proudhons, denn es war für manchen etwas zu holen. Dabei blieb es auch nach dem Deutsch-Französischen Krieg. Die Commune hatte sich auf den Gesellschaftsreformer aus dem Jura berufen. Der in die Schweiz emigrierte Maler

Gustave Courbet stimmte mit den Thesen seines Freundes aus früheren Jahren überein.

Anregungen fanden seltsamerweise auch jene Schriftsteller und Politiker, die von den achtziger Jahren an als Gegner des republikanischen Systems auftraten und die man als die «neue Rechte» bezeichnen kann. Ihnen bot Proudhon zwei Stichworte: «Antiparlamentarismus» und «Dezentralisation». Sein Einfluss war zu erkennen beim Schriftsteller Paul Déroulède, dem Revanchisten und Gründer der «Ligue des Patriotes», bei Maurice Barrès, Romanautor und Politiker, «individualiste» und «décentralisateur», bei Charles Maurras, dem Gründer und Anführer der aggressiven «Action française», und bei Georges Sorel, dem Prediger von Gewalt als moralischer Triebkraft. Es ergab sich dabei selten ideologische Übereinstimmung, denn jeder ging mit den Doktrinen Proudhons auf seine Weise um. Man beklagte die heillose Zerrissenheit der Nation und übte sich selber in lautstarkem Dissens.

Es gelang den französischen Nationalisten nie, aus diesem Dilemma herauszufinden. Der Patriot Charles Maurras, seinem Motto gemäss zur Aktion gedrängt, schrieb im Jahre 1897 an Maurice Barrès: «Une nation qui enveloppe de si grandes diversités ne s'unifie et ne se réforme que dans le sang.»[191] Die martialische und gleichzeitig literarisch formulierte Geste von Maurras ist charakteristisch für das Schwanken der Nationalisten zwischen doktrinärer Reflexion und dem Willen zur Tat.

Nationalismen unterschiedlicher Herkunft trafen sich bereits in den achtziger Jahren im Boulangismus. Auch Paul Déroulède steuerte seine «Ligue des Patriotes» in die seichten Gewässer der revanchistischen Aktion von General Boulanger. Die Liga hatte ihren Anhang ursprünglich bei den republikanischen Jakobinern Gambettas gefunden, einer Richtung, die später vom syndikalistischen Sozialisten Jean Jaurès angeführt wurde. Der General selber bemühte sich um den Zuzug der royalistischen Legitimisten und verunsicherte damit seine Anhänger. Als Kriegsminister hatte er sich geweigert, in Décazeville seine Truppen auf die streikenden Bergarbeiter schiessen zu lassen – «Les soldats partageront leur pain avec les ouvriers grévistes»[192] –, dann wiederum suchte er Anschluss bei den Monarchisten.

Die seltsame, nicht lange bestehende Koalition führte zwischen den beteiligten Gruppen zum Tausch der Leitmotive. Die heterogene Rechte, zu der auch Bonapartisten zählten, übernahm die Idee der Revanche und legte sich damit auf einen anti-deutschen Nationalismus fest. Die Republikaner hingegen sahen durch die unberechenbare Bewegung Boulangers die demokratischen Strukturen des Landes bedroht und überliessen fortan den extremen Chauvinismus ihren gegen das parlamentarische System ankämpfenden Kontrahenten.

Nationalismus und Revanche waren während Jahrzehnten in Person und Werk von Maurice Barrès verkörpert. Für den Lothringer blieb das Deutsche Reich Erbfeind und heimliche Versuchung zugleich. Kant, Fichte und der deutsche Idealismus waren aus seinem geistigen Umfeld nicht wegzudenken. Später studierte er

Richard Wagner und Friedrich Nietzsche. Die Niederlage von 1870/71 rief bei Barrès einer Auseinandersetzung mit dem französischen Selbstverständnis, aber auch einer vertieften Analyse des Phänomens Deutschland, einer Macht, die sich in widersprüchlicher Weise offenbarte: als geistige und kulturelle Kraft und als brutale Militärmaschine.

Maurice Barrès litt wie andere französische Schriftsteller am Zustand eines durch den Kriegsausgang verunsicherten Landes. Für ihn war das Wesen der Nation in Frage gestellt: «Malheureusement, au regard des collectivités rivales et nécessairement ennemies dans la lutte pour la vie, la nôtre n'est point arrivée à se définir elle-même. Nous l'avouons implicitement par ce fait que, suivant les besoins du moment, pour nos publicistes, nos écrivains, nos artistes, nous sommes tantôt latins, tantôt Gaulois, tantôt ‹le soldat de l'Eglise›, puis la grande nation, ‹l'émancipatrice› des peuples.»[193]

Barrès war in seinen Anschauungen von tiefem Pessimismus geprägt, anders als der stets zu Aktionen und Überraschungen neigende Paul Déroulède. Den Weg zur Nation fand er über «la terre et les morts». Der lothringische Boden gab ihm Rückhalt in der Literatur und in der Politik. «Avec une chaire d'enseignement et un cimetière, on a l'essentiel d'une patrie», schrieb er einmal.[194] Die Toten waren für den Lothringer Schriftsteller patriotische Wegweiser auf seiner Suche nach nationaler Identität. Von daher ist sein Zornesausbruch verständlich, der ihn auf dem Kriegerfriedhof von Chambières bei Nancy ereilte, wo er neben den Gräbern der französischen Toten ein deutsches Denkmal mit der Inschrift fand: «Gott war mit uns!»[195] Für Barrès war dieser Anruf an den deutschen Kriegsgott ein «cri insultant». Es sei nicht Sache des deutschen Generalstabs, darüber zu befinden, ob die französischen Soldaten gegen Gott gekämpft hätten.

Das Wohlergehen der Nation lag für Maurice Barrès in den einzelnen Territorien und damit in der regionalen Bindung der Bevölkerung. Anklänge an die deutsche Blut-und Boden-Ideologie sind nicht zu verkennen. Die territoriale Verankerung des Lothringers zielte keineswegs auf eine Schwächung des französischen Staates. Die Dezentralisierung sollte vielmehr die Schwächen und Übel der Demokratie und des Parlamentarismus überwinden und die brachliegenden Kräfte der Provinz aktivieren. Der Republik Gambettas warf Barrès gelegentlich vor, sie sei mehr republikanisch als französisch gewesen. Die Aufwertung der Provinzen sollte Frankreichs Macht nicht beeinträchtigen. Der Lothringer forderte Stärke nach aussen, vor allem gegenüber Deutschland, so zum Beispiel im schwierigen Jahre 1912 angesichts der Marokko-Krise: «J'aime le Maroc, parce qu'il est dans le destin de la France.»[196]

Wenn Barrès von der territorialen Bindung der Franzosen spricht, so taucht der Begriff «Rasse» auf, der aber wenig mit der Rasse der alldeutschen Schädelvermesser zu tun hat. Die französischen Nationalisten vermieden verbindliche Definitionen. Gemeint ist der mit seiner Heimat verbundene und vom Land geprägte Mensch, der

Dank seines Herkommens zu einer nationalen Identität findet. Ähnliche Gedanken entwickelten die deutschen Geographen Friedrich Ratzel und Alfred Kirchhoff. Für Gobineau und die deutschen Rassentheoretiker war kein Raum.

Maurice Barrès, «Révisionniste» in der Nachfolge von Boulanger und Abgeordneter von Nancy, lebte zu nahe an der Grenze zum besetzten Lothringen, als dass er die arroganten Posen des Siegers in den verlorenen Provinzen hätte übersehen können. Seine anti-deutschen Gefühle bestärkten ihn in seiner Opposition gegen die real bestehende französische Republik, der er die nötige Standfestigkeit gegenüber dem preussischen Deutschland nicht zutraute. Bismarcks Agitation gegen die Legitimisten und sein eigenartig wohlwollendes Verständnis für die französischen Republikaner erweckten weit herum den Eindruck, der eiserne Kanzler fördere mit machiavellistischen Hintergedanken ein schwaches Frankreich.[197] Als geschichtsbewusster Zeitgenosse lehnte Barrès – im Gegensatz zu Charles Maurras – die Tradition der französischen Revolution nicht ab. Auch von Napoleons Grösse zeigte er sich beeindruckt, sah aber angesichts der deutschen Bedrohung die Einführung einer erblichen Monarchie als einzigen in die Zukunft führenden Weg.

Seit dem Jahre 1871 wurde die politische Debatte in Frankreich oft durch Literaten geführt. Unmittelbar nach der Niederlage machte sich ein fragwürdiges Schrifttum breit, das sich mit den Kriegsereignissen auseinandersetzte. Ein verspäteter Hurra-Patriotismus sollte über die Peinlichkeiten des Debakels hinwegtäuschen. Es handelte sich in gewissem Sinne um einen Beitrag zur sozialen Hygiene an einer verunsicherten Bevölkerung, die nicht nur die militärische Niederlage, den Sturz des Kaiserreichs, die deutsche Besetzung, sondern auch die sozialpolitischen Verwerfungen der Commune über sich hatte ergehen lassen.[198] Charakteristisch für die Kriegsliteratur waren die triumphalen Töne, mit denen Heldentaten von Franctireurs und gegen die Preussen gewonnene Scharmützel gefeiert wurden. Das Versagen der Armee wurde schlicht beiseite gelassen, so dass sich die Frage stellte, wie denn Frankreich angesichts so vieler Siege den Krieg hatte verlieren können.[199]

Die militärische Niederlage wurde erst zwanzig Jahre später von Emil Zola in «La Débâcle» als glaubhafte und schmerzliche Realität dargestellt. Zu diesem Zeitpunkt war auch der Gedanke der Revanche wieder lebendig. Die Episode mit General Boulanger, dem «Général Revanche», hatte die antideutsche Stimmung aufgepeitscht.

In den neunziger Jahren bestätigte das militärische Getöse im Reich Wilhelms II. die stets vorhandene Vermutung, dass früher oder später ein neuer Feldzug unvermeidlich sei. Maurice Barrès setzte das Verlangen nach Revanche in literarische Kampfrufe um, so zum Beispiel im Roman «Colette Baudoche». Bei alledem war ein Gefühl der Unterlegenheit gegenüber dem gefährlichen Nachbarn nicht zu verbergen. Doch in der Literatur waren Gefechte allemal leichter zu gewinnen als auf dem Schlachtfeld.[200]

So vermochte der Revanchegedanke die zerstrittene Nation eine Zeitlang zu einigen. Es gab kaum eine politische Richtung, die nicht die früher oder später fällige Wiedergewinnung von Elsass und Lothringen gefordert hätte.[201] Bei den konservativen Nationalisten wie auch bei den Legitimisten kam aber die Meinung auf, das republikanische System sei mit einem schwachen Staat gleichzusetzen. Man sprach der Demokratie die Fähigkeit ab, eine den nationalen Interessen genügende Aussenpolitik zu führen.

Der zum Doktrinarismus neigende Charles Maurras kam zu einem harten Urteil: «Les républicains patriotes peuvent choisir: la République ou la patrie?»[202] Für ihn war die Nation die erste und die höchste politische Realität. Also ging es darum, einen dem Land angemessenen Staat zu schaffen. Maurras entwickelte ein System, das er «nationalisme intégral» nannte und das als einzigen Weg die Wiedereinführung der Monarchie vorsah: «La monarchie héréditaire est en France la constitution naturelle, rationnelle, la seule constitution possible du pouvoir central. Sans roi, tout ce que veulent conserver les nationalistes s'affaiblira d'abord et périra ensuite nécessairement.»[203] Charles Maurras schrieb diese Zeilen im Jahre 1900, stets ein unbeirrter Vorkämpfer einer neuen Monarchie. Zwei Jahre zuvor hatte er die «Action française» gegründet. Er blieb bei seinen Thesen, auch wenn die echten Royalisten Distanz wahrten: «Les Royalistes n'ont, dès lors, qu'à s'employer au succès du nationalisme. Ils ont le devoir. Comme si l'ennemi était à la frontière, ils doivent seconder les défenseurs de la nation. Servir leur roi, s'était jadis se rendre utile à la patrie; aujourd'hui renversant les termes, se rendre utile à la patrie, c'est proprement servir la cause du roi.»

So einfach verhielt es sich im Alltag nicht. Wer eine dezente Annäherung an die Monarchie suchte – sei er Aristokrat oder Bürger –, musste sich angesichts der unberechenbaren Allüren der Action française schockiert zurückziehen. Die Prätorianergarde der «Camelots du roi» begleitete die verbalen Manifestationen ihres Anführers mit aggressiven Umtrieben, mit Lärm und Gewalt. So entstand von der nationalistischen Bewegung ein wenig vorteilhaftes Bild.

In der «Enquête sur la Monarchie» breitete Maurras seine Argumente für das Königtum vor dem französischen Publikum aus. Maurice Barrès, auch er Anhänger einer Monarchie, zeigte sich skeptisch. Er verlangte vor allem eine glaubwürdige Dynastie und eine demokratische Legitimation durch die Bürger: «... dans l'ordre des faits, pour que la Monarchie vaille, il faudrait qu'il se trouvât en France une famille ralliant sur son nom la majorité (sinon la totalité), la grande majorité des électeurs. Or voilà qui n'existe pas», schrieb er in einem offenen Brief an seinen Partner.[204] Charles Maurras hielt wenig von demokratischen Prozeduren. Zar Nikolaus und Wilhelm II. sässen nicht – so schrieb er in seiner Antwort an Barrès – in Russland und in Deutschland auf dem Thron, weil sie Mehrheiten hinter sich hätten. Sie könnten sich vielmehr auf Mehrheiten verlassen, weil sie auf dem Thron sässen:

«Nous n'avons donc pas à nous soucier de rallier les majorités. De toute façon elles se rallieront d'elles-mêmes.»

Einig waren sich Maurras und Barrès in der Forderung nach Dezentralisierung: «On appelle décentralisation un ensemble de réformes destinées à reconstituer la patrie, à lui refaire une tête libre et un corps vigoureux.» Ein konkretes Programm war damit nicht gegeben, aber Barrès meinte, es handle sich um die Rückkehr zu den natürlichen und historischen Gesetzen.[205] Maurras wollte die seiner Meinung nach unnatürliche Einteilung des Landes in Departemente beseitigen –, «presque tous ne répondant à rien de réel». An ihre Stelle würden Regionen wie Bretagne, Normandie, Burgund und Provence treten, die auch unter einer Monarchie mit grossen Freiheiten ausgestattet wären. Der Spielraum käme den Berufsständen und den «natürlichen Gemeinschaften» zugute.[206] Das durch die französische Revolution geschaffene politische System sollte aus der Welt geschafft werden. «La France est morte en 1789», schrieb Barrès in einer seiner masslosen Tiraden gegen die Republik.[207]

Im Jahre 1898 wurde der Fall des Hauptmann Dreyfus nach der Intervention von Emil Zola zur Staatsaffäre, welche die Nation auf Jahrzehnte hinaus in zwei Lager spaltete. Charles Maurras und seine Action française nahmen für sich das Monopol auf Patriotismus in Anspruch und verdammten die sogenannten «Dreyfusards» als Antimilitaristen und Antipatrioten. Man sprach verächtlich von den «Intellektuellen», die Maurras links einordnete wie die republikanischen Parteien, die eine Wiederaufnahme des Prozesses verlangten. Auch katholische Kreise mischten sich ein. Die Kirche fühlte sich durch republikanischen Laizismus, Antiklerikalismus und Freimaurerei bedroht. Papst Leo XIII. hatte schon 1884 in seiner Enzyklika «Humanum genus» die Anwesenheit Satans im Handeln und Gebaren der Freimaurer festgestellt. Eine gemeinsame Front mit der angeblich bedrohten Armee und den rechtsautoritären Nationalisten lag allemal im gegenseitigen Interesse. Die Gegner dieser heterogenen Gruppierung waren leicht auszumachen: die «sans-dieu», die Juden, die Freimaurer und gelegentlich auch die Protestanten. Da die Wortwahl nicht simpel genug sein konnte, sprach man pauschal von «Anti-France».

Zu den vaterlandslosen Gesellen zählten die chauvinistischen Eiferer auch die Syndikalisten, die sich auf die Seite der Republik geschlagen hatten. Die unheilige Allianz gegen Dreyfus lebte von ihrem antidemokratischen Protest. Suchte man nach positiven Haltungen, so waren die Gemeinsamkeiten zu Ende. So blieb das Bündnis zwischen Maurras und der katholischen Kirche unglaubwürdig, denn der Anführer der Action française war antiklerikal gesinnt. Die hemmungslose Agitation der Nationalisten versetzte das Land in eine Stimmung, die einen Bürgerkrieg als möglich erscheinen liess.

Bei alledem war die Person des Hauptmann Dreyfus in den Hintergrund getreten. Die Frage, ob der Hauptakteur ein Verräter sei oder nicht, verlor an Interesse.

Sie schien mit der Zeit belanglos zu werden. Maurice Barrès und Charles Maurras gaben in ihrem Briefwechsel zu verstehen, dass dieser Aspekt sie eigentlich wenig kümmere. Maurras hatte schon im Dezember 1897 in salopper Formulierung geschrieben: «... si par hasard Dreyfus était innocent, il fallait le nommer Maréchal de France, mais fusiller une douzaine de ses principaux défenseurs pour le triple tort qu'ils faisaient à la France, à la Paix et à la Raison.»[208]

Antisemitische Gefühle waren leicht zu wecken. Es gab einen sozialistischen und einen christlichen Judenhass. Edouard Drumont, «antijüdischer» Abgeordneter von Algier, hatte schon 1886 erklärt: «Le Juif nous coûte cher!»[209] Antisemitismus war in Frankreich populär, bevor sich die Nationalisten seiner bemächtigten. Die im Jahre 1871 aus dem Elsass nach Paris und in die Provinzen emigrierten Juden gerieten oft wegen ihrer deutschen Namen in den Verdacht, in feindlichen Diensten zu stehen. In den Kreisen der Syndikalisten galten sie als Repräsentanten des Kapitalismus, den man für soziale Missstände verantwortlich machte. Der Name Rothschild wurde zum Symbol für ein Wirtschaftssystem. Auch die Kritik an der Kolonialpolitik der achtziger Jahre setzte oft bei den Juden an, die man als heimliche Antreiber hinter den expansiven Unternehmungen in Afrika und Asien vermutete.

Ein Bericht von Maurice Barrès beschreibt unter dem Stichwort «La parade de Judas» die Degradierung von Hauptmann Alfred Dreyfus im Hof der Ecole Militaire in Paris am 5. Januar 1895. Darin kommt der Zwiespalt des Schriftstellers zum Ausdruck, der für die aufrechte Haltung des Verurteilten Achtung bezeugt und sich anderseits auf die Seite der tobenden Menge schlägt, welche ihren primitiven antisemitischen Neigungen freien Lauf lässt: «Judas traitre! Ce fût une tempête. Fatale puissance qu'il porte en lui, ou puissance des idées associées à son nom, le malheureux détermine chez tous des décharges d'antipathie. Sa figure de race étrangère, sa raideur impassible, toute son atmosphère révoltent le spectateur le plus maître de soi.»[210]

Die Action française blieb ihrem unbedingten Antisemitismus treu bis in die Tage des Zweiten Weltkriegs, als sie sich mit dem Regime von Vichy verbündete und damit ihren Untergang einleitete. Ein Phänomen aus den ersten Jahren der Bewegung ist bemerkenswert: Kurz nach der Gründung meldeten sich zahlreiche Juden als Mitglieder, vermutlich, um inmitten der Bedrängnis durch die Affäre Dreyfus französischen Patriotismus zu dokumentieren. Ein ähnlicher Vorgang war zur selben Zeit beim Alldeutschen Verband im Deutschen Reich zu beobachten. Juden in beträchtlicher Zahl gehörten anfänglich dieser nationalistischen Organisation an, obschon sie sich von Jahr zu Jahr antisemitischer gebärdete.

Für die Action française war es einfacher, Gegner ausfindig zu machen als solide Ideologien zu entwickeln. An Widersachern war kein Mangel. Noch im Jahre 1912 schrieb Maurras von der «Génération lamentable des intellectuels de l'affaire Dreyfus, arrière-faix du romantisme et de la Révolution».[211] Dazu kamen in seiner

Sicht die «quatre Etats confédérés», die in Frankreich angeblich die Macht übernahmen: «Juif, protestant, maçon, métèque». Die als Metöken bezeichneten Ausländer wurden von der Action française mit besonderer Aufmerksamkeit bedacht. Gemeint waren verschiedene Nationalitäten, auch die protestantischen Westschweizer durften sich als verdächtige Spezies betrachten. Man befasste sich intensiv mit den Deutschen. Der «gute Deutsche» von einst hatte dem Bild vom martialischen Germanen Platz gemacht, der Uniform trug und stramm marschierte. Ein Blick über die Grenze von Elsass-Lothringen zeigte, dass diese Vorstellung nicht so falsch war.

Nationalistische Denker wie Barrès waren mit den deutschen Philosophen wohl vertraut. Der Lothringer hatte von Hegel Ideen übernommen, soweit sie die Unterordnung des Individuums unter den Staat betrafen.[212] Die Beschäftigung rechtsautoritärer Nationalisten mit deutschen Denkern diente aber nicht der intellektuellen Erbauung, sondern der Suche nach Argumenten für eigene ideologische Konstruktionen.

Mit dem Sozialdarwinismus wussten die Franzosen wenig anzufangen. Die These von der Zuchtwahl und die germanisch ausgerichtete Humangenetik passten nicht in die soziale Landschaft Frankreichs. Ähnlich verhielt es sich mit Gobineau und seiner Rassenlehre, welche die germanischen Arier über den Rest der Menschheit setzte. Man hatte sein Werk in den fünfziger Jahren kaum zur Kenntnis genommen. Dass es schliesslich dank Richard Wagner auf dem Umweg über Deutschland nach Frankreich gelangte, machte die Sache nicht besser. Auch Maurras konnte sich mit Gobineaus System der «Inégalité des races» nicht anfreunden.

Maurras' «Nationalisme intégral» blieb bei aller vorgeschobenen Wissenschaftlichkeit eine Konstruktion, die den Realitäten nicht gerecht wurde. Maurice Barrès zum Beispiel lehnte die Ideologien der Action française mehr oder weniger deutlich ab: «C'est un magnifique symptôme d'activité intellectuelle, mais il ne mène nulle part.»[213] In den Jahren vor dem Ersten Weltkrieg bemühte sich Maurras, Verbindungen mit den Syndikalisten zu knüpfen und das Proletariat in die nationale Bewegung einzubinden. Polemik gegen den Wirtschaftsliberalismus sollte weiter helfen, da sie ohnehin zum Programm der Action française gehörte. Im Jahre 1911 stellten sich Charles Maurras und Georges Sorel gemeinsam hinter den vom Royalisten Henri Legrange gegründeten «Cercle Proudhon», der eine Verbindung zwischen Nationalismus und Syndikalismus anstrebte.[214] Das Ergebnis blieb bescheiden.

Intellektuelle Übungen und endlose Manöver der Nationalisten führten vor dem Ersten Weltkrieg weder zur ideologischen noch zur faktischen Einheit der Bewegung. «Pas la moindre unité de doctrine», schrieb Maurras Jahrzehnte später: «Les tendances étaient indéfinissables et même aussi contradictoires que possible.»[215] Das lautstarke Gebaren der Action française täuschte nicht darüber hinweg, dass sich die Nationalisten in eben jene Winkelzüge verstrickten, die sie als Schwächen des republikanischen Systems denunziert hatten. Frankreich liebte Revolutionen, weniger hingegen Reformen.

Paris und die Romandie

Über Nähe und Entfernung zwischen Frankreich und der Westschweiz schrieb der in Paris lebende Waadtländer Schriftsteller Louis Dumur im Kriegsjahr 1915: «Nous ne sommes pas une province de France, pas même une province intellectuelle, nous sommes un morceau tout entier de culture française ayant évolué de sa propre vie, nous sommes un tout, bien que faisant partie d'un tout.»[216] Diese Worte stammen von einem Autor, der während des Ersten Weltkriegs im «Mercure de France» mit bösartigen Tiraden über die seiner Meinung nach dem Deutschtum verfallene Schweiz herfiel und dabei den Bundesrat, General Wille und die Armeeführung attackierte.[217] Die Parole erschien wie eine späte Antwort auf die These von Ferdinand Vetter, der in seiner Nürnberger Rede die deutsche Schweiz als deutsche Kulturprovinz präsentiert hatte. Dumur zog trotz Deutschenhass und Abneigung gegen die offizielle schweizerische Haltung in Politik und Kultur Grenzen zwischen Romandie und Frankreich.

Dennoch stellt sich die Frage, ob in der Westschweiz dem aggressiven Deutschtum vergleichbare Kräfte wirksam waren, welche über kulturelle Gemeinsamkeit Mentalitäten manipulierten und damit politische Ziele anstrebten. Die Beziehungen zwischen Frankreich und der Romandie bewegten sich nach einem von Geist und Politik geprägten Muster, an dem auf beiden Seiten der Grenze mehrere Generationen gewirkt hatten. Bei französischen Literaten zum Beispiel gehörte es zur Tradition, dass sie mit Ideen und Programmen in die politische Diskussion eingriffen, so dass Schriftsteller oft handelnde Akteure wurden. Oder es gebärdeten sich Politiker als Literaten, um ihre Botschaften ins Publikum zu tragen. Auch Schriftsteller und Künstler der Westschweiz fühlten sich der Öffentlichkeit verpflichtet, doch galten ihre Interventionen meist der lokalen Szene. Man sprach vom «génie du lieu» und meinte damit den Rückzug in die Enge.

Nach dem Deutsch-Französischen Krieg nahm man in den Westschweizer Kantonen den in Frankreich neu auflebenden Nationalismus zur Kenntnis. Eine Wirkung, die auch nur annähernd dem deutschen Kulturimperialismus in der deutschsprachigen Schweiz entsprach, blieb aus. Es war allemal einfacher, sich mit dem Sieger als mit dem Besiegten zu solidarisieren. Was an Botschaften über die Grenze drang, wurde mehr als Literatur denn als politisches Programm empfunden. Es kam die Befindlichkeit einer verunsicherten Nation zum Ausdruck, die zwar Mitgefühl, aber nicht praktische Solidarität beanspruchte. Selbst die rechtsautoritären französischen Schriftsteller konnten ausserhalb der Grenzen wenig bewegen, denn sie schrieben für den Hausgebrauch. Sie verhielten sich in ihrem Chauvinismus gegenüber der Republik kritisch. In nationalistischen Kreisen verharrte man nach aussen defensiv, auch wenn es nicht an lauten Tönen mangelte. Am Beispiel der Romandie wurde sichtbar, dass der französische Nationalismus nicht zum Export geeignet war. Die Rezeption in der Westschweiz war unterschiedlich und eher flau. Gegenüber dem französischen Nachbarn, der oft wechselnde Gesichter zeigte, konnte man zu keiner einheitlichen Haltung gelangen.

Man hat gelegentlich festgestellt, dass sich die Literaten der Romandie im Laufe des 19. Jahrhunderts aus der weltoffenen Haltung, die mit den Namen Jean Jacques Rousseau und und Madame de Staël verbunden war, in die heimatlichen Klausen zurückzogen, während in der deutschen Schweiz ein gegenläufiges Phänomen zu beobachten war: Gottfried Keller, Conrad Ferdinand Meyer und Carl Spitteler führten die Literatur aus der lokalen Idylle zu einer die Grenzen überschreitenden Wirkung. Protestantische Moralphilosophie und Heimatdichtung waren in der Literatur der Westschweiz bestimmend, die sich damit von den literarischen Strömungen in Frankreich absetzte. Wer diese Schranken überspringen wollte, suchte den Weg nach Paris. Der in der französischen Metropole erfolgreiche Waadtländer Schriftsteller Edouard Rod meinte dazu, die Westschweizer seien unfähig, Literatur ästhetisch zu würdigen, denn sie moralisierten.[218] Weder Naturalismus noch Symbolismus vermochten im kulturellen Umfeld Fuss zu fassen.[219] Der Positivismus von Auguste Comte, nach dem Deutsch-Französischen Krieg auch in Frankreich auf dem Rückzug, traf in der protestantischen Romandie auf steinigen Boden.

In einem Rückblick auf die Literatur des Jahrhunderts schrieb der Kritiker Philippe Godet: «Unsere Literatur ist weit davon entfernt, die ästhetische Forderung, dass die Kunst um ihrer selbst willen betrieben werden müsse, zu erfüllen. Sie richtet ihr Augenmerk beständig auf den moralischen Gehalt. Ist sie nicht feierlich und dogmatisch, so ist sie doch immer ernst und keusch.»[220] Man habe diese Literatur mit geringschätzigen Attributen gekennzeichnet: «Spiessbürgerlicher Geschmack, ehrbare und tugendhafte Poesie!» Inzwischen sei aber eine neue literarische Epoche angebrochen. Godet meinte damit unter anderem jene Autoren, die sich in Paris niedergelassen hatten wie Edouard Rod: «Rod ist das Haupt und der Mittelpunkt jener Schar junger schweizerischer Schriftsteller, die mehr oder weniger den Aberglauben an die Heimatdichtung abgeschüttelt haben, die an einen weitern Leserkreis denken, der sich mehr um die Kunst kümmert als derjenige der Volksbibliotheken. Sie nennen Rod gerne ihren Meister und zielen ganz offen auf den Pariser Erfolg ab. Indessen bleiben die Besserbegabten unter der heranwachsenden Generation der Heimat treu.»[221] Wer in Paris Lorbeeren erntete, geriet leicht in den Verdacht literarischer Fahnenflucht. Edouard Rod war in den Augen übelgesinnter Kritiker ein französischer Schriftsteller, der sich gelegentlich an die Schweiz erinnerte.

Literatur im unübersichtlichen Spannungsfeld zwischen lokaler Tradition und Pariser Versuchung war lange vor C. F. Ramuz und Gonzague de Reynold ein aktuelles Thema. Der Historiker Alain Clavien schildert in seinem Werk «Les Helvétistes» die vor der Jahrhundertwende existierende Szene: «La littérature romande existe-t-elle? Les critiques le pensent, mais ils le disent sur un ton mal assuré et peu convaincant. La question embarassante réapparait donc régulièrement. (...) Il existe en Suisse romande un public qui consomme avidement les oeuvres locales. Toutefois, les intellectuels romands entretiennent un rapport trouble et ombrageux avec Paris, une relacion d'attirance et de rejet tout à la fois.»[222]

Für Schriftsteller der Romandie waren Beifall oder Ablehnung in Paris entscheidend. Dem Tribunal der Metropole entgingen einzig die in protestantischem Kanon gehaltenen Romane, die für das lokale Publikum geschrieben waren. So wurde der enge Rahmen einer schweizerischen Literatur sichtbar. Zwei politisch engagierte Autoren, der Jurassier Virgile Rossel und der deutsche Emigrant Edouard Platzhoff-Lejeune, bemühten sich um nationale Abgrenzung. Sie fochten mit bescheidenem Erfolg für eine schweizerische Nationalliteratur, ein heikles Unternehmen, das seinerzeit Gottfried Keller masslos geärgert hatte. Geschichte, Natur und gemeinsame Traditionen wurden als Sinn und Einigkeit stiftende Kräfte ins Spiel gebracht, doch die nationale These bewegte sich auf brüchiger Grundlage.[223] Sie wurde später von den Helvétistes aufgenommen und prompt wieder verworfen.

Eine nationale Identität, die in der Literatur nicht zu erkennen war, konnte unter Umständen – so einige Stimmen in den neunziger Jahren – in der Kunst entstehen. Der Schriftsteller und Kritiker Daniel Baud-Bovy und der Maler Albert Trachsel warben für «Art national». Auf dem Gebiet der Kunst sollte eine Verständigung möglich sein, denn die Sprache bildete für Maler und Bildhauer kein Hindernis. Geschichte und Landschaft drängten zur Einheit. Die Botschaft war nicht unpolitisch, denn sie errichtete zum vornherein eine Schranke gegen Einflüsse aus dem Ausland.

Trachsel schrieb im Jahre 1890 von der «Ame nationale»: «Tout Suisse est donc Montagnard, tout Suisse est donc républicain.»[224] Wer diese nationale Kunst vertreten sollte, war weniger eindeutig. Namen wurden genannt und angezweifelt. Ferdinand Hodler rang in diesen Jahren in Genf um Anerkennung, stiess aber in weiten Kreisen auf Ablehnung. Es war die Rede vom «germanisme hodlérien», ein Vorwurf, der nicht leicht wog.[225] Avantgarde im Bereich der Kunst war in der Schweiz nicht gefragt. Immerhin sahen etliche Kritiker in der Alpenmalerei Hodlers den Ansatz zu einem nationalen Stil, denn Calame und die Kleinmeister der Landschaftsmalerei hatten ausgedient.

Die Suche nach einem nationalen Bewusstsein, die in der Romandie um die Jahrhundertwende betrieben wurde, war stets begleitet von einem grenzüberschreitenden Diskurs, der dem Verhältnis zu Paris galt. Die Mentalitäten mochten zwischen den ungleichen Kontrahenten noch so verschieden sein, man kam in der Westschweiz nicht um eine Reaktion herum, sobald eine Botschaft aus der französischen Metropole eintraf. Gesellschaftspolitische und geisteswissenschaftliche Themata wurden aufgeworfen, ohne dass sie die Szene in der Westschweiz wesentlich verändert hätten. Nahe kamen sich der Syndikalismus Proudhons und die anarchistische Bewegung im Neuenburger und Berner Jura, die mit dem Namen Bakunin verbunden war. Doch diese Tendenzen verloren nach dem Tod der beiden führenden Figuren und nach dem Deutsch-Französischen Krieg an Bedeutung.

Der Positivismus war vor allem auf dem Umweg über den Historiker Hippolyte Taine in die Romandie gelangt. Das Bemühen Taines, die Geschichte als exakte, positive Wissenschaft zu deuten und damit den idealistischen geistesgeschichtlichen Konstruktionen ein Ende zu bereiten, kam mit der französischen Niederlage von 1870 zu einem abrupten Abschluss.[226] Der französische Historiker gab seine literaturgeschichtlichen Studien auf und wandte sich der aktuellen Situation seines Landes zu. Seine Untersuchungen über das politische System in Frankreich entstanden aus einem emotionalen Bedürfnis. Sie gründeten auf politischen Motiven und entfernten sich damit erheblich von der «exakten Wissenschaft» des Positivismus. Es entstand daraus eine Lehre, die sich auf Frankreich bezog und die für die Romandie nur von begrenztem Nutzen sein konnte.

Man hätte bereits in den Jahren des Zweiten Kaiserreichs in den katholischen Regionen der Westschweiz einen von Frankreich ausgehenden Anstoss zur Erneuerung erwarten können. Die Reformbewegung im französischen Katholizismus, angeführt vom liberal gesinnten Publizisten Charles de Montalembert, suchte nach einer Erneuerung der in Dogmen erstarrten Kirche. Der Graf verlangte freiere Strukturen, aber auch Unabhängigkeit vom Staat. Der Historiker Michel Malfroy von Pontarlier umschrieb diese Vision mit den Worten: «Quelques-uns rêvent d'une Eglise, enfin libre de ses liens avec le Pouvoir, redonnant leur sève évangélique aux mots de liberté, égalité et de fraternité, clamés par la Révolution, mais si vite dévoyés, parce que coupés de leurs racines chrétiennes.»[227] Montalembert protestierte gegen den Syllabus, unterwarf sich aber kurz vor seinem Tod dem autoritären Diktat des Vatikanischen Konzils, das keine nationalen Sonderwege erlaubte.

Graf Montalembert, dessen Residenz in Maîche nahe der Schweizer Grenze lag, gelang es nicht, im französischen Katholizismus eine in die breite gehende Wirkung auszulösen. Die an die Schweiz grenzenden Departemente verharrten im konservativen Trott. Man verwaltete wie gewohnt das Kirchenjahr mit seinen zahlreichen Festen und kümmerte sich nicht um religiöse Anliegen, die über den Alltag hinausreichten. Michel Malfroy meinte dazu: Man lebte die Religion «en se soumettant avec la foi du charbonnier aux pressions mentales». Die geistige Verfassung in den katholischen Regionen der Westschweiz stimmte vermutlich mit dieser Haltung überein. Der Kulturkampf liess keinen Raum für Neuerungen. Die katholischen

Schweizerischen Studentenschaften setzten sich hingegen mit den Thesen Montalemberts auseinander. Gestützt auf seine Lehren verlangten sie Freiheit und Gleichheit für die Katholiken, waren aber offen für die Mitarbeit im neuen Bundesstaat.[228]

Religion und Politik standen zur Debatte, wenn in Frankreich über den Protestantismus gesprochen wurde. Protestanten standen im kulturellen Spektrum des Landes am Rande. Das war an sich kein herausragendes Thema, bis man während der Affäre Dreyfus auf einzelne Stimmen aus protestantischen Zirkeln aufmerksam wurde. Nationalisten schoben die Protestanten pauschal in die Ecke der «Dreyfusard», bei denen man Verrat witterte. Von diesem Verdikt waren auch die Westschweizer betroffen, die als religiöse und politische Aussenseiter dastanden. Die Angriffe aus den Reihen der Action française waren nicht geeignet, die Anliegen von Charles Maurras in der Romandie unter die Leute zu bringen.

Von der Affäre Dreyfus zum neohelvetischen Nationalismus

Die unterschiedliche Befindlichkeit der schweizerischen und der französischen Nation äusserte sich in Kultur und Politik. In der Zeit der Republik übten die beiden Länder im gegenseitigen Umgang eine gewisse Zurückhaltung, es sei denn, politische Zwischenfälle oder wirtschaftspolitische Differenzen hätten die Stimmung getrübt. Die Affäre Dreyfus hingegen weckte Emotionen über die französische Grenze hinaus, die vor allem in der Westschweiz während Jahren lebendig blieben und wie in Frankreich zu einem Zwiespalt in der öffentlichen Meinung führten. Der angebliche Verrat von militärischen Geheimnissen an die Deutschen, begangen von einem jüdischen Generalstabshauptmann, wurde in der Romandie als Schlag des militaristischen Deutschland gegen das stets bedrohte Frankreich empfunden. Beiderseits der Grenze reagierte man anfänglich mit analogen Reflexen und der selben Terminologie. Der «Verräter» ging bei dieser Sicht der Dinge mit der Verbannung auf die Todesinsel der gerechten Strafe entgegen. Der Umstand, dass Dreyfus Jude war, liess die Tat als besonders infames Delikt erscheinen.

Zweifel an der Schuld des Hauptmanns kamen in der Schweiz früh auf. Das «Journal de Genève» schrieb am 8. Januar 1895, Anklage und Prozessverlauf seien fragwürdig gewesen. Auch ein Militärgericht dürfe nicht als unfehlbar angesehen werden. Man sprach nicht mehr vom «misérable Dreyfus», sondern vom «malheureux».[229]

In Frankreich vollzog sich inzwischen die Spaltung des Landes in «Dreyfusards» und «Anti-Dreyfusards». Emile Zola kämpfte gegen die geheimbündlerische Verschwörung der Armee und wurde dafür verurteilt. Der Oberste Gerichtshof ordnete im Herbst 1898 endlich die Revision des Prozesses an. Nun wurde die «Affäre», wie die Tragödie des Hauptmann Dreyfus genannt wurde, auch in der Schweiz zu einem in der breiten Öffentlichkeit diskutierten Fall. Es bildeten sich ähnliche Fronten wie in Frankreich, wo der Kampf zwischen «Roten» und «Schwarzen» an Schärfe zunahm. Beispiele boten sich jenseits der Grenze an. So lieferten sich die beiden Zeitungen von Pontarlier, das radikale «Journal de Pontarlier» und der klerikale «Courrier de la Montagne», gewaltige Wortgefechte.[230] Die katholische Zeitung sprach im Jahre 1898 vom «Verräter und seinem Syndikat» und nannte Zola einen «Chef de bande dreyfusiste». Als im Oktober des selben Jahres die Revision des Prozesses in Aussicht stand, setzte das «Journal de Pontarlier» etwas voreilig den Titel: «Le triomphe de la vérité».

Die düstere Stimmung beim französischen Nachbarn fand ihren Niederschlag in den Berichten des schweizerischen Gesandten in Paris. In einem Rapport vom 20. Januar 1898 setzte sich Charles Lardy mit den Folgen des unkorrekt geführten Verfahrens gegen Hauptmann Dreyfus auseinander. Er schrieb an Bundespräsident Eugène Ruffy: «Dans chaque famille française, dans chaque groupe social, dans chaque groupe politique, on est divisé. Les uns éstiment que la révision du procès Dreyfus s'impose et qu'elle provoquera moins d'émotion que la prolongation de la nervosité actuelle. Les autres sont d'avis qu'en France, ou le sentiment d'autorité est très affaibli, il y a un danger sérieux pour l'armée à proclamer que la justice militaire a agi légèrement, sous des influences de cameraderie, dans une circonstance grave, et qu'il faut, coûte que coûte, maintenir la condamnation dans l'intérêt suprême de la discipline. (…) La discussion tourne généralement à l'injure ou aux déclarations absolues, en sorte que dans une foule de familles françaises de ma connaissance on a dû s'abstenir de parler de l'affaire Dreyfus, pour que la vie demeurât tolérable.»[231]

Die Affäre Dreyfus war für einige Westschweizer Autoren Anlass, sich mit dem innern Zustand Frankreichs zu befassen. Die bedeutendste Analyse, geschrieben von Paul Seippel unter dem Titel «Les deux Frances», erschien im Jahre 1905.[232] Seippel, Professor für französische Literatur am Eidgenössischen Polytechnikum in Zürich und gleichzeitig ständiger Mitarbeiter am liberalen «Journal de Genève», gehörte zu jenen Literaten und Kritikern, deren Weltbild im Genfer Protestantismus begründet war. Von daher ergab sich zum vornherein eine beträchtliche Distanz zu den in Frankreich um die Jahrhundertwende wirksamen gesellschaftspolitischen Kräften, eine Haltung, die bei Seippel eher von Besorgnis als von Gleichgültigkeit geprägt war. Der Zürcher Professor umschrieb seine Position mit «vigilance critique».

In den «deux Frances» zeichnete Seippel ein Bild, das die Vorgänge in Frankreich in rigoroser Manier auf eine «mentalité romaine» zurückführte.[233] Das Land sei in zwei Blöcke gespalten, in das Frankreich der Republik und in das klerikale Frankreich. Beide Gruppierungen seien, so Seippels Befund, vom «römischen Virus» angesteckt, der im übrigen die ganze französische Geschichte begleitet habe. So bekundete der Autor nicht nur Mühe mit dem konservativen Papsttum, das unter Pius IX.

den Syllabus produziert hatte, sondern auch mit Revolution und Republik, deren «Klerus» sich aus Freimaurern und Freidenkern zusammensetzte. Alles in allem stand die «mentalité romaine» gegen Gewissensfreiheit und Individualität, sozusagen als Antithese zum protestantischen Freiheitsbegriff.

Mit seiner doktrinären Konstruktion geriet Paul Seippel auf einen politischen Irrweg. Er kam zum wenig glaubwürdigen Schluss, dass in Deutschland die Individualität besser gewahrt und der Widerstand gegen den geistigen Despotismus stärker sei als in Frankreich.[234] Seippel, Kenner der deutschen Philosophen und der deutschen Politik, hätte es besser wissen müssen. In den Jahren vor dem Ersten Weltkrieg konnte man nicht übersehen, wie kläglich es um das Individuum im allmächtigen Staat Wilhelms II. bestellt war. Doch seine bemerkenswerte These zeigt den starken Einfluss, den deutsche Universitäten und mit ihnen die deutsche Romantik auf die Akademiker der Romandie ausübten.

Protestantisches Bewusstsein und Pragmatismus waren im Spiel, wenn Seippel die «religion scientifique» des Positivismus ablehnte. Auch hier vermutete er eine «mentalité romaine», und Auguste Comte war in seinen Augen der positivistische Papst. Die Doktrin, jedes wissenschaftliche Denken müsse der allgemeinen Theorie vom menschlichen Fortschritt untergeordnet werden, entbehre seiner Meinung nach der rationalen Grundlage. Seippels reservierte Haltung gegenüber dem in diesen Jahren auch in Frankreich angefochtenen Positivismus war den Westschweizern nicht fremd. Die Idee Auguste Comte's von der wissenschaftlich organisierten Menschheit stiess in der Romandie von Anfang an auf wenig Begeisterung.

Die These von den beiden Frankreich fand in manchen Kreisen Beifall, erregte aber auch Widerspruch. Es war Seippels Verdienst, mit seiner in Holzschnitt-Manier gehaltenen Konstruktion die verschiedenartigen gesellschaftspolitischen Strukturen in Frankreich und in der protestantischen Westschweiz sichtbar gemacht zu haben. In den katholischen Regionen, in Freiburg zum Beispiel, reagierte man auf das wenig schmeichelhafte Bild vom «schwarzen Frankreich» mit Protest. Der schweizerische Kulturkampf lag erst eine Generation zurück, und in Frankreich war die Auseinandersetzung zwischen Republik und Kirche noch im Gange.

Paul Seippel hatte sich die Kritik am französischen Nachbarn nicht leicht gemacht. Unverkennbar ist die innere Anteilnahme, die letzten Endes auf einen Konsens angelegt war. Dieser Charakterzug bestimmte auch die Aktivitäten des Professors im Ersten Weltkrieg, als er zwischen Deutsch und Welsch zu vermitteln suchte und dafür mit dem Schimpfnamen «Le Neutre» bedacht wurde. Wie Seippel die weltgeschichtliche Rolle Frankreichs sah, erzählte später der Pädagoge Friedrich Wilhelm Foerster in seinen Memoiren.[235] Der Westschweizer hatte seinem Freund empfohlen, Nibelungensage und Rolandsage zu vergleichen, wenn er das Schicksal Frankreichs verstehen wolle: «In der Nibelungensage haben Sie die triumphierende Übermacht des ewig Siegreichen, der physisch und an der Zahl überlegenen germanischen Rasse. In der Rolandsage begegnet uns das Heldentum inmitten der Niederlage, die geistige Grösse inmitten der Demütigung. Der echte Franzose ist heute Roland, der im Unterliegen und im Abstieg von der Höhe weltgeschichtlicher Erfolge und in der hohen Würde, mit der er sich in sein neues Schicksal hineingefunden hat, seine unsterbliche innere Grösse offenbart und die Bürgschaft einer Zukunft besitzt, die seiner Geschichte und seinem moralischen und religiösen Erbgut entsprechen wird.» Der Vergleich zwischen den Nibelungen und Roland mag fragwürdig sein, doch er gibt in einem anschaulichen Bild Seippels Stimmungslage wieder.

Nach der Jahrhundertwende bemühte man sich in der Romandie um nationales Selbstbewusstsein. Der Versuch, nationale Werte zu schaffen, galt vor allem der Literatur. Die in Frankreich sichtbaren Signale weckten weniger das Bedürfnis nach Anpassung, sie verstärkten eher die Suche nach einem eigenen Weg. In diesem Sinn lässt sich ein Ausspruch des Schriftstellers Robert de Traz deuten, der im Jahre 1908 schrieb: «Dass ich Schweizer geworden bin, verdanke ich Maurice Barrès.»[236] Bei den Literaten bahnte sich ein Generationenkonflikt an, in dem die junge Garde der Helvétistes gegen die anerkannten Schriftsteller und gegen das kulturelle Leben in der Romandie überhaupt antrat. Was in der Literatur begann, nahm schliesslich politische Dimensionen an, denn bei den Helvétistes lagen die gefährlichen Thesen von Charles Maurras und Maurice Barrès auf dem Tisch. Politisch engagierte sich die «Voile latine», als de Traz im Jahre 1906 die Redaktion übernahm. Die Zeitschrift wurde allmählich zu einer in der Romandie beachteten Institution. Die über die Literatur hinausführende Thematik ergab sich von selbst. Wie in Frankreich gehörte es auch in der Westschweiz zum Metier eines Literaten, sich zu den anstehenden Tagesfragen zu äussern. Die Mitarbeiter des Blattes waren in Freundschaft – und später auch in Feindschaft – verbunden. Man hatte sich, abgesehen vom katholischen Freiburger Gonzague de Reynold, in Rekrutenschulen und in der Studentenverbindung «Zofingia» kennengelernt.[237]

Einigkeit bestand unter den handelnden Personen im Protest gegen die engen Verhältnisse, in denen Literatur und Kunst in der Romandie lebten. Man wollte der Mittelmässigkeit zu Leibe rücken, doch der Angriff auf Strukturen und Institutionen verlief weniger spektakulär, als die Helvétistes ursprünglich gedacht hatten. Da gab es zum Beispiel eine Kritiker-Gilde, die das Feuilleton der beiden wichtigen Tageszeitungen «Journal de Genève» und «Gazette de Lausanne» beherrschte: Philippe Godet, Paul Seippel, Gaspard Vallette und Philippe Monnier. Die vier Literaten, später mit dem wenig schmeichelhaften Titel «Viererbande» bedacht, machten auch anerkannten Schriftstellern wie Edouard Rod und Virgile Rossel das Leben schwer[238]. Die Helvétistes, die zum Sturmlauf auf die alten Herren ansetzten, besannen sich angesichts der unverrückbaren literarischen Positionen rechtzeitig. Der stets bewegliche Gonzague de Reynold zum Beispiel pflegte einen betulichen Umgang mit Paul Seippel und registrierte mit unverkennbarer Genugtuung gelegentliche Übereinstimmung in mehr oder weniger belanglosen Angelegenheiten. Man belauerte sich gegenseitig, doch grosse Dissonanzen blieben aus.

Neben Virgile Rossel und Edouard Platzhoff-Leujeune bemühte sich Gonzague de Reynold um den Nachweis, dass die Literatur in der Schweiz – gleichgültig, ob in deutscher oder in französischer Sprache – vom «esprit suisse» geformt sei, der in sich die gemeinsame Geschichte und die Landschaft verkörpere.[239] Ein Gedanke, den Maurice Barrès mit seiner Forderung ausgesprochen hatte, der Schriftsteller habe den «Garten der Ahnen» zu kultivieren. Der Freiburger Aristokrat, früh entschlossen, Schriftsteller zu werden, fand diesen Garten in der Schweiz, nachdem er sich vorher in Paris umgesehen hatte. Zu der von ihm vermuteten schweizerischen Literatur fand er auf dem Umweg über das 18. Jahrhundert, denn das 19. Jahrhundert gab auf diesem Feld wenig her. Er schrieb während Jahren an einer «Histoire littéraire de la Suisse au XVIIIe siècle», die Johann Jakob Bodmer und den von den Zürcher Literaten beeinflussten Lausanner Doyen Philippe-Sirice Bridel als Zeugen eines nationalen Schrifttums in den Mittelpunkt rückte.[240] In dieses Bild fügte sich, wie nicht anders zu erwarten war, Albrecht von Haller, der mit seinem Epos «Die Alpen» den Zugang zum Schauplatz der gemeinsamen Geschichte geöffnet hatte. Dass sich Gonzague de Reynold im Ancien Régime besser als im allzu modernen 19. Jahrhundert zurecht fand, bedarf keiner Erläuterung.

Wenn der Freiburger Schriftsteller später, als der Wind drehte, von der nationalen These abrückte und sich auf seinen Kanton zurückzog, mag man das seinem unsteten Charakter anlasten. Seine weit hergeholte Konstruktion einer nationalen Literatur war im turbulenten Kreis der «Voile latine» als allein seligmachende Doktrin ungeeignet. Der Waadtländer C. F. Ramuz, der sich zeitweise den Helvétistes anschloss, suchte die literarische Identität nicht in der weitläufigen und wenig bekannten Schweiz, sondern in der engeren Landschaft. Kontroversen über nationale Literatur hatten stets einen politischen Aspekt, denn sie berührten das Selbstverständnis des Landes und der einzelnen Regionen.

Ein in ganz Europa verbreitetes Phänomen war auch in der Westschweiz präsent: Man registrierte eine zunehmende Abneigung gegenüber manchen Erscheinungen der modernen Zivilisation und dem immer stärkeren Einfluss von Industrie und Wirtschaft. Das harmonische Bild der «Belle Epoque» wurde im Laufe der Jahre getrübt.

Der Antimodernismus erzeugte unterschiedliche Bewegungen, die meist einen konservativen Charakter trugen. Sie führten im kulturellen Bereich von der Neugotik über die Ritterromane zur Burgenromantik, und von der Idylle der Gartenlaube zur nostalgischen Verklärung einer Geschichte, die in der Schweiz lange vor dem Bundesstaat von 1848 ansetzte. Die Kritik am Fortschritt der Neuzeit führte manche Zeitgenossen zu politischen Schlüssen: Man empfand die Demokratie mit ihren republikanischen Spielregeln als untauglich und überholt. Auch das war eine grenzüberschreitende Erscheinung, die in den grossen Nationalstaaten günstigen Nährboden gefunden und sich rapid ausgebreitet hatte. Die Thematik brauchte nicht erst erfunden zu werden, als die Helvétistes mit einiger Verspätung von Charles Maurras die Stichworte bezogen, mit denen sie in wenig systematischer Art an Entwürfen für eine neue Gesellschaft bastelten. Für die Literaten der «Voile latine» war die Action française allemal, wie der Historiker Aram Mattioli formulierte, «das Laboratorium der neuen Rechten».[241]

Ein Exempel für rückwärts gewandte Folklore hatte die Schweizerische Landesausstellung in Genf vom Jahre 1896 geboten. Gedacht als moderne Leistungsschau des Landes, welche die Errungenschaften der Industrie und die Kompetenz seiner Ingenieure ins Licht stellte, zog eine andere, nostalgische Veranstaltung die Besucher in ihren Bann: das «Village Suisse», eine fragwürdige Ansammlung von dörflichen und kleinstädtischen Bauformen, belebt durch ländliches Handwerk und einen regulierbaren Wasserfall.[242] Ursprünglich hatte man ein altes Quartier von Genf rekonstruieren wollen, entschied sich dann aber für eine kunterbunte Schau, die Häuser aus der ganzen Schweiz vereinte. Im selben Jahr wurde in Genf ein «Poême Alpestre» in Szene gesetzt, ein rührseliges Hirtenspiel mit Kinderballet.

Die in Genf sichtbar gewordene Freude an folkloristischen Darbietungen kann mit dem oft belächelten Hang der Bevölkerung zum Festspiel und zu patriotischen Feiern erklärt werden, aber diese Deutung allein genügt nicht. Der rasche Wandel in der Gesellschaft und damit auch in der Umwelt führte den Zeitgenossen die wachsende Kluft zwischen Tradition und Fortschritt vor Augen, die man gelegentlich mit künstlichen Inszenierungen zu kaschieren suchte. Edouard Rod gab einer gewissen Ratlosigkeit Ausdruck, als er in Paul Seippels Werk über das 19. Jahrhundert auf die Verschandelung der Bergdörfer zu sprechen kam und dabei offensichtlich auf das Genfer «Village Suisse» anspielte: «Der alpine Sinn hat nicht nur das moderne Empfinden bereichert, sondern auch eine Industrie geschaffen, deren rapide Entwicklung die Lebensbedingungen der Bergbevölkerung vollkommen umgestaltete und der Tätigkeit von Kaufleuten wie Spekulanten ein ganz neues Feld eröffnete. (…) Wahrlich, die Zeit ist nicht mehr ferne, wo man ‹Schweizerdörfer› nur noch auf Ausstellungen zu Gesicht bekommen wird, ungefähr so, wie es heutzutage alte Möbel einzig in Museen oder bei Antiquitätenhändlern gibt.»[243]

Schon vor der Jahrhundertwende war das Bauernhaus bei Volkskundlern und Architektur-Historikern ein beliebtes Studienobjekt. Das galt für Deutschland, Frankreich und die Schweiz. Ein derartiges Symptom lässt vermuten, dass man sich um den ländlichen Baubestand Sorgen machte und noch rechtzeitig Inventare erstellen wollte. In Zürich befasste sich der Deutsche Ernst-Georg Gladbach, Architektur-Professor am Eidgenössischen Polytechnikum, mit der Holzarchitektur in der Schweiz.[244] Der Aarauer Kantonsschullehrer Jakob Hunziker, Kämpfer für die deutsche Sprache in alldeutschem Fahrwasser, schuf ein monumentales Werk über das «Schweizerhaus in seinen landschaftlichen Formen».[245] Bei diesem Vertreter des Deutschtums waren politische Signale nicht zu überhören. In den sprachpolitischen Schriften hatte Hunziker die deutsch-französische Sprachgrenze zum Thema erkoren. In seinem volkskundlichen Werk stellte er die alemannischen den gallo-römischen Bauformen gegenüber und beklagte die Präsenz lateinischen Wesens auch im Hausbau.

Siedlungsformen, Landschaft und Natur waren Bereiche, über die in der Romandie mit besorgtem Unterton diskutiert wurde.

Als Eugène Viollet-le-Duc, der Restaurator des französischen Mittelalters, im Jahre 1873 mit Arbeiten an der Kathedrale von Lausanne betraut wurde, begann er sogleich mit der Erforschung des nahen Mont-Blanc. Mit den Augen des Architekten suchte er nach den Konstruktionsprinzipien des Hochgebirges und beklagte das Verschwinden der «nature pure», denn der ursprüngliche Bau war von Ablagerungen und Trümmern überdeckt. Schuld daran seien unter anderem die Bergbewohner, die durch sorglosen Umgang mit der Natur Erosionen und Überschwemmungen provozierten.[246] Viollet-le-Duc sprach gelegentlich mit Blick auf den Mont-Blanc von einer «montagne à restaurer». Nicht umsonst hatte er französische Städte und Kunstdenkmäler wieder in jenen Zustand versetzt, den er als mittelalterlich empfand. Der Architekt arbeitete auf der Suche nach der Natur des Gebirges mit den Methoden des wissenschaftlichen Positivismus, die er auch bei der Erforschung der Burgen und Kathedralen angewendet hatte. Bei einigen schweizerischen Beobachtern mochten die Bemühungen von Viollet-le-Duc zwiespältige Gefühle wecken, galten sie doch Savoyen, das erst im Jahre 1860 von Napoleon III. in trickreichem Spiel Frankreich angegliedert worden war, nachdem man sich in der Schweiz Illusionen über eine territoriale Ausdehnung hingegeben hatte.

Eine Generation später ging es nicht mehr um Wissenschaft, sondern um Emotionen. Die rapide Veränderung der Landschaft war für jedermann zu erkennen. Die Proteste wurden lauter. Eben noch hatten sich die Eidgenossen an der Genfer Landesschau als die Phäaken Europas vorgestellt, doch die Realität sah anders aus. Ins Visier gerieten Touristen und Hoteliers. Von der Kritik an der sogenannten «Fremdenindustrie» bis zur Fremdenfeindlichkeit war ein kurzer Weg, aber der Groll gegen die Ausländer – ein Phänomen in der Schweiz und im benachbarten Ausland – zielte nicht allein auf den Tourismus. Kapitalismus, Sozialismus, Internationalismus wurden genannt. In der Romandie hatte man seit Jahren das xenophobe Gehabe der französischen Nationalisten vor Augen. Die Botschaft taugte auch für den eigenen Hausgebrauch. Anti-Modernismus liess sich mit der Ablehnung aller fremden Einflüsse verbinden. Der ungeliebte Fortschritt – zum Beispiel in Gestalt eines englischen Touristen – werde nicht bloss Natur und Landschaft zerstören, sondern auch die Sitten der Bevölkerung verderben. So lautete ein verbreitetes Kredo. Die Bauernfamilie am Strassenrand, die Alpenblumen zum Kauf anbot oder gar die

Hand nach einem Almosen ausstreckte, wurde zum personifizierten Symbol für den verlorenen Stolz der Bergbewohner.

Edouard Rod schilderte in seinen Betrachtungen über den Alpinismus die Annäherung der Literaten an die Bergwelt und beklagte die Auswüchse der Fremdenindustrie, die um die Jahrhundertwende sichtbar wurden. Aus den herrlichsten Berggipfeln würden Bahnhöfe, meinte er, und die alten Gasthöfe wichen modernen Steinpalästen: «Bald wird jedermann, der mit einem Bahnbillet ausgerüstet ist, seinen Fuss auf die Jungfrau setzen können, aber es darf bezweifelt werden, ob er beim Verlassen des Waggons den ‹edlen Herzschlag› verspürt, von dem der Dichter spricht. Die praktischen und positiven Geister werden darauf erwidern, dass das wenig ausmacht und dass der Nationalreichtum eines Landes die Hauptsache in dieser Welt bedeutet.»[247]

Der Schriftsteller Rod machte eine weitere Erscheinung aus, welche die Fremdenindustrie wenn möglich an negativer Wirkung übertraf. Er sprach von den «Wasserfallkrämern» und meinte damit die Elektrizitätswirtschaft, die sich mit ihren «Kraftanlagen» an den Bach- und Flussläufen festsetzte: «Spezialisten versicherten mir längst, dass die Schweiz bald das ‹Electricitätsland› sein werde. Gut! Aber wenn einmal Eisenbahnen längs allen Wildbächen laufen, Bahnhöfe auf allen Gipfeln stehen, Fabriken vor allen Wasserfällen lärmen, elektrische Drähte alle Wälder umsäumen und der Kohlendampf, der Petrolgeruch die herrliche Gletscherluft, den Duft der Alpenblumen in der Atmosphäre ersetzen, wenn der Lokomotivenpfiff, das Klingeln der Bahnabschlüsse, das Stöhnen der Maschinen die himmlische Ruhe der Thäler vertreibt – grosser Gott, was bleibt uns dann noch von unseren Bergen?» Diese Jeremiade schrieb ein als Franzose gescholtener Westschweizer, der sich ein Idealbild vom schweizerischen Alpenpanorama bewahrt hatte. Sein Pessimismus ist nicht zu verkennen. Man könne sich der voranstürmenden Lokomotive nicht entgegenwerfen, ohne zermalmt zu werden, meinte er.

Was Edouard Rod in gewählten Wendungen formulierte, trug Charles Ferdinand Ramuz in harten und unversöhnlichen Worten in sein Tagebuch ein. Seine Notizen vom 15. September 1895 nehmen sich wie ein Manifest der Anti-Moderne und der Fremdenfeindlichkeit aus. Man denkt an die zehn Jahre später einsetzende Polemik der Helvétistes. «Je voudrais voir en une seule nuit tous les hôtels détruits», lautete sein Diktum.[248] Ein trockener Sommer, für die Bauern schädlich und für die Fremdenindustrie profitabel, hatte den Wutausbruch provoziert: «Ce sont les Hôteliers, les touristes égoistes qui ne songent qu'à eux-mêmes et qui ne s'inquiètent guère du paysan qui gagne son pain à la sueur de son front. (…) Les hôteliers auraient-ils le pas sur ceux qui tirent du sol par des efforts souvent infructueux les aliments nécessaires à l'homme? Il y a déja assez en Suisse de ces aventuriers qui font fortune en attirant chez nous nos voisins dont ils vident les poches. Il me tarde de voir les Alpes purgées de ces fantoches embarrassants, armés de piolets, accompagnés d'une bande de miss en jupes courtes et d'une caravane de guides. Il me tarde de voir disparaître le cosmopolitisme qui, non content de détruire chez nous les vieilles moeurs et les vieilles coutumes, tend chaque jour à dégrader notre peuple jusqu'ici si probe.»

Nach der Jahrhundertwende wurde die zunehmende Verunstaltung des Landes zu einem in der Westschweizer Presse häufig diskutierten Problem. Der Neuenburger Literaturkritiker Philippe Godet führte in der «Gazette de Lausanne» einen energischen Feldzug gegen die Auswüchse der Moderne, bald auch unterstützt von Paul Seippel und Georges Wagnière vom «Journal de Genève». Im Jahre 1904 veröffentlichte der Genfer Guillaume Fatio sein Buch «Ouvrons les yeux! Voyage esthétique à travers la Suisse», eine programmatische Schrift für Zeitgenossen, die der fortschreitenden Zerstörung von Landschaft und historischer Bausubstanz nicht tatenlos zusehen wollten.[249]

Die Bewegung wurde vor allem von Persönlichkeiten aus der Romandie gefördert, während man in der Deutschschweiz eher bereit war, die Unkosten des unabwendbaren Fortschritts zu tragen. Immerhin meldet sich der querdenkende Schriftsteller E. A. Loosli zu Wort. In Zürich focht Ernest Bovet in seiner der deutschen und der französischen Sprache geöffneten Zeitschrift «Wissen und Leben» gegen konkrete Projekte, so vor allem gegen den tollkühnen Plan, eine Drahtseilbahn auf das Matterhorn zu bauen. Weniger utopisch war die Zerstörung eines weiteren Teils der Vauban-Festung von Solothurn, die unbekümmert um die lauten Proteste vollzogen wurde. Ein später als Vandalenakt empfundener Vorgang war die Sprengung der romantischen Stromschnellen von Laufenburg, die einem Kraftwerkbau weichen mussten. Der Ort der Handlung lag auch in diesem Fall in der deutschen Schweiz. Die aargauische und die badensische Regierung erteilten die Konzession am 30. Juli 1906, applaudiert von der Bevölkerung beiderseits des Rheins, welche die Schönheit des Laufens geringer einschätzte als den Wert der produzierten Energie. Die Interventionen von Heimatschutz und deutschen Künstlern, die man als «Künstler- und Gelehrtenlandsturm» verspottete, liefen ins Leere. Der waltende Zeitgeist wurde in einem lockeren Ausspruch des leitenden Ingenieurs Alexander Trautweiler deutlich, der in Athen gelebt hatte und nun in einem unpassenden Vergleich die Arroganz des sturen Technikers zelebrierte: «Haben die alten Griechen nicht die malerische Felskuppe der Akropolis mit dem stupiden Klotze des Partenon verunstaltet? Ja, dieses Partenon war auch ein Kraftwerk, aber ein statisches; in Laufenburg soll ein dynamisches errichtet werden. Auch diesem wird man vielleicht eine gewisse ästhetisch wirkende ‹erhabene Grösse› nicht absprechen können. Unser Auge muss diese Art Kräfte erst sehen gelernt haben!»[250]

Für die Helvétistes der «Voile latine» bot der Feldzug gegen die Moderne eine willkommene Gelegenheit, über das Literarische hinaus in der Öffentlichkeit Profil zu gewinnen. Zwar hatten sie Natur- und Heimatschutz nicht erfunden, doch sie entwickelten ein Gedankengebäude, das der Historiker Mattioli mit dem Begriff «ästhetische Gegenwelten» umschrieb.[251] Auf der Suche nach der Seele der Nation – man sprach von «tendance Vieille Suisse» – fand man jedoch nie zu einem ideologisch gesicherten Programm. Die «Voile latine» führte eine Rubrik mit dem Titel «Paysages suisses», die den Autoren ein thematisch breites Spektrum öffnete. Unbestritten war die Botschaft des Lothringers Maurice Barrès, dessen Lehre weit über eine ästhetische Naturbetrachtung hinausging: Man möge den Garten der Ahnen pflegen. Damit sind auch Geschichte und Politik gemeint. Nun waren die Thesen von Barrès nicht so präzise wie jene von Maurras, der sich selten auf den schwer zu definierenden Gegenstand «Landschaft» mit seinen nicht absehbaren Verflechtungen einliess. Für die Helvétistes boten die mystischen Vorstellungen des Lothringers keinen verbindlichen Wegweiser. Die Landschaften von Barrès lagen jenseits der Landesgrenze. Wollte man seine Gedanken in der Schweiz umsetzen, so bedurfte es etlicher Korrekturen, über die man sich im Kreise der jungen Westschweizer Rebellen keineswegs einig war.

Gonzague de Reynold schuf in seinem dreibändigen Prosawerk «Cités et paysages suisses» ein dichterisches Bild von der schweizerischen Landschaft, das in seiner Anlage den Ideen von Maurice Barrès folgte. In den natürlichen Raum hinein projizierte er historische Erinnerungen –, nicht die von ihm verworfene Geschichte des Bundesstaats von 1848, sondern jene der bäuerlich-patrizischen Eidgenossenschaft des Ancien régime. Für die um die Jahrhundertwende zelebrierte Geschichtsbetrachtung mit Festzug, Folklore, Schützenfest und Wilhelm Tell blieb da kein Raum.[252]

Mit der Landschaft als Gemeinschaft stiftender Kraft fand man zu nationaler Ästhetik, zu nationaler Kunst und Literatur und zum unscharfen «esprit suisse», der in sich germanische und lateinische Tradition verband. Man durfte auch, wenn die Zeichen ungünstig standen, sich unter Berufung auf die Landschaft vom Nationalen in die Regionen zurückziehen. So geschah es mit Gonzague de Reynold, der sich auf seine Wurzeln im aristokratischen Freiburg besann. Auch die andern Helvétistes suchten sich mit der von Barrès vermittelten Vision der Landschaft zu arrangieren. Robert de Traz dachte in nationalen Dimensionen. C. F. Ramuz fand seinen geschichtlichen Raum in der Waadt und im nahen Savoyen. Die Brüder Cingria, mehr «lateinisch» als schweizerisch ausgerichtet, ergänzten ihr Geschichtsbild durch Anleihen in der burgundischen und savoyardischen Vergangenheit. Historische Betrachtungen führten unweigerlich in die Gegenwart. In der Gruppe der Helvétistes endete aber jeder Versuch, von den Gedankenspielen zur Aktion überzugehen, im Dissens. Die angenommene Einheit zerbrach, als man reichlich spät damit begann, die Doktrinen von Charles Maurras auf ihre Tauglichkeit für die Schweiz zu prüfen.

Ein stets aktuelles Thema war das Verhältnis zum Deutschen Reich. «Détester la Prusse c'est aimer la France», war in Paris bereits im Jahre 1872 zu lesen. Die «Revanche» war keine Erfindung der Action française. In der Westschweiz drückte man sich zurückhaltend aus, denn die Beziehungen zu Deutschland waren nicht historisch belastet wie in Frankreich. Das lautstarke Deutschtum hingegen, das Franzosen und Westschweizer als Pangermanismus empfanden, stiess auf Ablehnung. Dieser antigermanische Reflex war schon vor der Jahrhundertwende wahrzunehmen. Er bedurfte keiner neuen Ideologie.

Bei den Helvétistes herrschte Übereinstimmung in der Negation geläufiger Anschauungen und Werte: Man war antidemokratisch, man beklagte den mit der industriellen Revolution voranschreitenden Zerfall historischer Strukturen. Fortschritt in Gestalt des Kapitalismus wurde verdammt, und da man hinter dieser mächtigen Bewegung Juden und Freimaurer vermutete, war man antisemitisch. «Internationalismus», handle es sich um jenen des Kapitals oder um die Internationale der Arbeiter, fand bei den Nationalisten keine Gnade.

Maurras machte es der Gruppe um die «Voile latine» nicht leicht, auf der Suche nach ideologischen Gemeinsamkeiten den richtigen Weg einzuschlagen. Manche seiner Thesen klangen allzu französisch, so dass bald einmal der Verdacht aufkam, ein Schulterschluss über die Grenzen hinweg sei unerwünscht. Der Ideologe äusserte mehr als einmal seine Geringschätzung für den demokratischen eidgenössischen Staat. Seine besondere Abneigung galt der protestantischen Westschweiz. Unter dem Eindruck der Affäre Dreyfus zählte er im Jahre 1897 in einem Brief an Barrès die Sündenböcke auf, die seiner Meinung nach die französische Nation bedrohten. Neben kosmopolitischen Anarchisten, antipatriotischen Sozialisten und den Juden nannte er die Protestanten Dänemarks und der Schweiz.[253]

Die Botschaft war für die Helvétistes ernüchternd. Gefragt war nicht der Kampf für ein grösseres Frankreich, sondern Beschränkung auf das eigene Land. Die Protestanten als Staatsfeinde, ein Vorwurf, der jenen Westschweizern zu schaffen machte, die von ihrem nach rechts orientierten Staatsverständnis her mit der Action française sympathisierten. Man bemühte sich, die anti-protestantische Polemik als interne französische Angelegenheit darzustellen. Es hätten sich allzu viele Protestanten für Dreyfus engagiert und damit eine anti-patriotische Gesinnung gezeigt, lautete eine der beschwichtigenden Formeln.

Der Freiburger Katholik Gonzague de Reynold verbarg seine Abneigung gegen den Protestantismus nicht. Die Brüder Cingria, Söhne eines in Genf eingebürgerten Franzosen, der aus Dalmatien stammte, steuerten einen lateinischen Kurs. Was immer die «Latinité» bedeuten mochte, so war sie kein politisches Vehikel gegen den Anti-Protestantismus von Charles Maurras. Charles Albert Cingria, der Schriftsteller, erwarb sich in der Literaturszene einen Namen. Alexandre Cingria war in der Zwischenzeit zum Katholizismus übergetreten und pflegte gemeinsam mit seinem Bruder Charles-Albert neben Literatur und Kunst seine autoritär ausgerichteten ideologischen Liebhabereien. Reisen in die Mittelmeerländer, die unter anderem zu Gabriele d'Annunzio führten, festigten ein Weltbild, das irgendwo zwischen Rom, lateinischer Kultur und Action française angelegt war. Eine gewisse Resignation im Politischen war unverkennbar, wie Alexandre Cingria einmal meinte. Man müsse im Land um Anerkennung für die «lateinische Rasse» ringen und dem Einfluss der jämmerlichen französischen Politik ebenso wie den Angriffen des Pangermanismus widerstehen. «Lateinische Disziplin» sei der einzige mögliche Weg. Das Bekenntnis zur «Latinité» hatte keinen mit dem Deutschtum vergleichbaren politischen Hintergrund, denn die französische Republik und die italienische Monarchie waren für die jungen Westschweizer Intellektuellen keine zuverlässigen Kontrahenten.

Alles in allem mochten die Tiraden der französischen Nationalisten in den Ohren von Westschweizern von einer gewissen Peinlichkeit sein, doch die Helvétistes fanden im Gedankengut der Action française Stoff genug, um sich ernsthaft mit dem ideologischen Angebot auseinanderzusetzen. Robert de Traz hatte die politische Note in die Redaktion der «Voile latine» gebracht. Damit nahte für die Helvétistes die Stunde der Wahrheit.

«Helvétistes» contra «Latinistes»

Über die Befindlichkeit der um die «Voile latine» versammelten Autoren und die zwischen ihnen schwelenden Konflikte sind solide Untersuchungen angestellt worden, doch es bleibt ein Rest an Spekulationen.[254] Persönlicher Ehrgeiz und Empfindlichkeiten, politische Doktrinen und Opportunismus waren zu gleichen Teilen im Spiel. Einig war man sich über etliche grundsätzliche Positionen: Ablehnung der literarisch und später auch politisch gemeinten Mittelmässigkeit, die angeblich im kulturellen Leben der Westschweiz vorherrschte, Auflehnung gegen technischen Fortschritt und moderne Zivilisation, Kritik am Tourismus und der damit verbundenen Umwandlung der Schweiz in eine Nation von Hoteliers und Fremdenführern, kaum verhüllte Fremdenfeindlichkeit, Misstrauen gegenüber dem «demokratischen Aberglauben».[255] Man hatte immerhin aus Fehlern gelernt und plazierte Polemik und Bonmots dort, wo der Widerstand am geringsten und wo mit dem Wohlwollen mächtiger Kritiker zu rechnen war. So hielt es Gonzague de Reynold, der es mit Paul Seippel nicht verderben wollte. Der Zürcher Professor zeigte sich denn auch nachsichtig gegenüber der arrogant auftretenden Jugend und ihrer «Voile latine». Nach dem Verschwinden der Zeitschrift goss er seinen Spott über einige Literaten aus dem Kreis der Helvétistes aus: «On ne doutait pas avant vous que le Lac Léman fût de couleur bleue».[256]

Die Parolen der Action française zeigten in der Romandie bis zum Ersten Weltkrieg nur eine bescheidene Wirkung, führten aber in der elitären Gruppe um die «Voile latine» zur Spaltung. Das war das Ergebnis unterschiedlicher Rezeption der Thesen durch die jungen Schriftsteller. Ideologische Turbulenzen ergaben sich aus dem Umstand, dass ein für Frankreich ersonnenes Programm schlecht in die schweizerische Landschaft passte. Ein zentrales Anliegen von Maurras, die Wiedereinführung der Monarchie, war für die Schweiz ohne Bedeutung. Auch der Aristokrat Reynold geriet in diesem Punkt nicht in Versuchung. Man war mehr oder weniger antidemokratisch und wünschte sich ein autoritäres Regime, doch mit einer undeutlichen royalistischen Vision war kein Staat zu machen.

Robert de Traz, als Aussenseiter zur «Voile latine» gelangt, schlug in der Redaktion den Takt, wobei er im Geiste von Barrès einen rigorosen Kurs zwischen politischer Ästhetik und nationaler Literatur steuerte. Es war oft von Ordnung und Disziplin die Rede. Sein weit verbreitetes, auch ins Deutsche übersetztes Buch «L'homme dans le rang» wurde, wie der Historiker Hans Ulrich Jost vermerkt, zum «Kultbuch des helvetischen Militarismus».[257]

Gemeinsam mit dem Freiburger Gonzague de Reynold bildete de Traz den helvetischen Flügel der rechtsautoritären Literatengruppe. Die beiden Patrioten hielten die sogenannten «latinistes» auf Distanz und verwehrten ihnen vom Jahre 1909 an nach Möglichkeit den Zugang zur Zeitschrift. Die «latinité» wurde von den Brüdern Cingria vertreten, die mit dem schweizerischen Nationalismus wenig anfangen konnten und eine an der burgundischen und savoyardischen Vergangenheit orientierte Nostalgie pflegten. Zu ihrem geistigen Fundus gehörten die Doktrinen jener Lehrmeister, bei denen sich auch die Gegenspieler bedienten – in erster Linie Maurice Barrès, Charles Maurras und Léon Daudet. Daneben hielten sie sich an Gabriele D'Annunzio. Geschworene Gegner des Deutschtums, suchten sie dennoch ideologische Bruchstücke in den Werken von Schopenhauer, Wagner und Nietzsche. Darin unterschieden sie sich kaum von etlichen Literaten in der Romandie, in deren Weltbild deutsche Philosophen einen festen Platz gefunden hatten. Als Hüter der «latinité» kämpften die Brüder Cingria jedoch gegen das als Pangermanismus bezeichnete Alldeutschtum. Ihre kritische Haltung gegenüber dem Protestantismus der Westschweiz, hinter dem sie deutsches Gedankengut vermuteten, stimmte durchaus mit den Lehren von Charles Maurras überein, engte aber den Aktionsradius in der Westschweiz bedenklich ein. Alexandre Cingria setzte sich zwischen alle Stühle, wenn er gleichzeitig gegen den Pangermanismus und gegen die verabscheuungswürdige französische Politik polemisierte, die seiner Meinung nach Genf bedrohte.[258]

Eine an den Katholizismus angelehnte «latinité» eröffnete keine Perspektiven, denn sie entbehrte im Zeitalter der Nationalstaaten jeglicher politischen Realität. Von «latinité» hatte man schon einmal im Kaiserreich Napoleons III. gesprochen, dann aber im Zeichen der anders gearteten Kräfteverhältnisse den Begriff ad acta gelegt. Auch die ästhetisierenden Machtgebärden eines Gabriele d'Annunzio konnten nicht darüber hinwegtäuschen, dass der Raum für lateinische Gemeinsamkeit auf der politischen Ebene nicht gegeben war.

Im Jahre 1910 wurde der Streit zwischen den eidgenössisch gesinnten Helvétistes und den Latinistes an die Öffentlichkeit getragen. Gonzague de Reynold berief sich in seinem politischen Kredo wie seine Gegenspieler auf Maurras, machte aber deutlich, dass das Programm der Action française für die schweizerischen Verhältnisse nicht taugte. Nation, Tradition und Autorität seien zwar die bestimmenden Begriffe, aber sie müssten in der besonderen helvetischen Situation neu interpretiert werden. Es lag nahe, dass der Freiburger sich selbst als den kompetenten Deuter verstand. Bestimmende Normen – so seine stets beschworene Doktrin – ergaben sich aus dem geschichtlichen Erbe und einer Landschaft, die man in selektiver Weise als Raum für die nach aristokratischem Gusto zurechtgebogene Historie präparierte.

Helvétistes und Latinistes gaben sich als legitime Interpreten ihres Pariser Meisters aus und biederten sich bei passender Gelegenheit bei der Action française an. Dabei unterlief Gonzague de Reynold ein Fauxpas, der wohl einiges mit seiner Eitelkeit zu tun hatte. Am 3. Kongress der Action française vom Dezember 1910 in Paris hielt er eine antirepublikanische Brandrede, die nur schlecht mit seinem helvetischen Bekenntnis zu vereinbaren war. Er forderte eine «weisse Internationale», stiess aber bei den französischen Zuhörern nur auf mässige Begeisterung.[259] Wie weit der Gedanke mit seinem Nationalismus übereinstimmte, blieb sein Geheimnis. In der Westschweizer Presse wurde der Freiburger Aristokrat scharf angegriffen, denn er hatte offensichtlich einen Schritt zuviel getan. Die Latinistes sprachen ihm jede Berechtigung ab, im Namen der Action française zu sprechen. Nun gab es zwischen den Kontrahenten keine Gemeinsamkeiten mehr. Im Dezember 1910 erschien die letzte Nummer der «Voile latine». Im März des Jahres 1911 schlug Charles-Albert Cingria vor der Kirche Saint-Joseph in Genf seinen Gegenspieler Reynold mit Faustschlägen zu Boden. Damit hatte sich der literarisch-politische Disput auf jene Ebene verlagert, auf der sich in Frankreich die «camelots du roi» tummelten.

Es scheint, dass man bei der Action française aus der Kontroverse unter den Schriftstellern der «Voile latine» nicht klug wurde. Aus Pariser Perspektive handelte es sich um einen Sturm im Wasserglas. Die Brüder Cingria gründeten prompt eine schweizerische Bewegung, die sie «Groupe franco-suisse d'Action française» nannten. Das Unternehmen wurde zum Verdruss von Gonzague de Reynold von Maurras als legitime Vertretung anerkannt. Man redigierte, wie es sich für Literaten gehörte, eine Zeitschrift: «Les idées de demain». Die «Zukunftsideen» waren vor dem Ersten Weltkrieg wenig gefragt, denn es fanden sich kaum zwanzig Abonnenten.

Der Helvetismus von Gonzague de Reynold und Robert de Traz mit seinem rechtsautoritären Pathos traf hingegen den Zeitgeist. Hier konnte man Lorbeeren ernten, obschon die Helvétistes von einem Monopol in Sachen Nationalismus weit entfernt waren. Der erfolglose Versuch, die Ideen von Charles Maurras in schweizerische Realitäten umzusetzen, zeigte die Grenzen der Action française auf. Im Unterschied zum Deutschtum, das auf verschiedenen Ebenen präsent war und auf die Unterstützung des Kaiserreichs zählte, brachte die in der innerfranzösischen Opposition verharrende Bewegung von Maurras kein brauchbares politisches Programm über die Grenze. Frankreich war immer noch mit sich selbst beschäftigt.

Ideologie und Realität

Schwieriger Umgang mit dem Sonderfall

Die Wende vom 19. zum 20. Jahrhundert war Anlass zu Debatten über die nationale Identität. Man schwankte in diesen Jahren zwischen unbekümmert zur Schau gestelltem Selbstbewusstsein und Resignation, die sich bei einem Blick auf das imperialistische Gehabe der mächtigen Nachbarn einstellte. Die Grössenverhältnisse auf der europäischen Bildfläche geboten in mancher Hinsicht vorsichtiges Lavieren. Ein halbes Jahrhundert zuvor hatten sich die schweizerischen Radikalen als demokratische Lehrmeister Europas verstanden. Inzwischen pflegte man in einem veränderten Umfeld den Sonderfall. Man war nicht mehr agierende Kraft, sondern ein Staatswesen, das in der politischen Landschaft fremd wirkte. Nun ging es darum, dem Druck von aussen standzuhalten. Die Konfrontation der europäischen Nationalstaaten betraf gleicherweise Politik, Wirtschaft und Kultur. Daraus ergaben sich für die Schweiz gelegentlich unerträgliche Spannungen, doch es kam dem Land zugute, dass es mit Konflikten pragmatisch umging.

Der in Zürich dozierende Westschweizer Literaturkritiker Paul Seippel zog am Ende des 19. Jahrhunderts in einem monumentalen Geschichtswerk Bilanz.[260] Schriftsteller und Autoren aus allen Landesteilen entwarfen darin ein Gemälde der Eidgenossenschaft, in dem der hundertjährige Fortschritt dokumentiert und Konflikte und Dissonanzen behutsam angedeutet waren. Das entsprach der harmoniebedürftigen Natur des Literaten Seippel, der um Ausgleich zwischen den Kulturen der Schweiz besorgt war. Für ihn bot sich am Ende des Jahrhunderts ein erfreuliches Bild: «Das Werk der Wiedergeburt unseres Landes steht heute vollendet. Nicht nur ist die Schweiz Herrin auf ihrem Grund und Boden, sondern ihre Unabhängigkeit gilt als die notwendige Gewähr für das europäische Gleichgewicht. Sie wurde selbst zu einem Grundartikel des Völkerrechts. Geachtet nach aussen, geehrt durch das besondere Zutrauen der Mächte, gelang es ihr, nach innen den neuzeitlichen Idealstaat auf dem Grundsatze der geordneten Freiheit aufzubauen. Ihre Regierung ist derart stabil, dass man sie für unabsetzbar halten möchte.»[261]

Paul Seippel sah die internationale Rolle der Schweiz in der Optik des Westschweizer Protestanten, der Frankreich gegenüber stets eine angemessene Distanz wahrte. Seine Verehrung für deutsches Wesen war um die Jahrhundertwende nur wenig durch politische Missklänge getrübt. Die Mission, die der Professor seinen Landsleuten zuwies, war anspruchsvoll: «Die internationalen Aufgaben der Schweiz liegen nicht zum wenigsten auf rein geistigem Gebiete. Auch in idealer Hinsicht kann sie kein streng abgesondertes Eigenleben führen; sie muss vielmehr die Rolle des ehrlichen Maklers im Geistesaustausch der sie umgebenden Nationen spielen. Ihre Aufgabe besteht ja darin, die Elemente der verschiedenen Kulturcentren in sich aufzunehmen, zu verarbeiten und wieder zu verteilen. Von diesem Gesichtspunkt aus betrachtet sind jedoch die Beziehungen zwischen der deutschen Schweiz und Deutschland weit engere, als das zwischen der französischen Schweiz und Frankreich der Fall ist. Die Hochschulen Basel, Zürich und Bern gehören wenn nicht rechtlich, so doch thatsächlich in den grossen Verband der deutschen Universitäten.»[262]

Kritischer betrachtete Paul Seippel das Verhältnis zu Frankreich: «Während die germanische Schweiz aus dem durch die Siege Deutschlands geschaffenen Aufschwung des deutschen Nationalgefühls Nutzen zieht, leidet die romanische Schweiz unter der moralischen Krisis, welche gegenwärtig die französische Nation durchzumachen hat. Im Verzicht auf seine edelmütigen Überlieferungen zieht Frankreich sich auf sich selbst zurück und nimmt eine vereinsamte Stellung ein. Seine Leidenschaft für den Protektionismus erstreckt sich sogar auf das geistige Gebiet.»

Seippel sprach von der Bedeutung des Schulwesens für die Demokratie und lobte die Anstrengungen, die man auf diesem Gebiet im Laufe des Jahrhunderts unternommen hatte. Dann aber bekundete er Skepsis: «Dagegen erhebt sich die Frage, ob die Ausdehnung der Unterrichtsgegenstände wirklich eine Vermehrung des intellektuellen Kapitals darstellt, das doch nicht nach seiner Menge, sondern nach seinem innern Werte gemessen werden sollte.» Es mache sich von Generation zu Generation eine «Nivellierung der Individualitäten» bemerkbar: «Wir wissen nicht, ob die moderne Schweiz so viele Genies hervorbringt wie ehedem.» Doch Seippel fand Trost, denn man konnte seiner Meinung nach auch mit dem Mittelmass leben: «Zur Erreichung ihrer kollektivistischen Ziele sind der demokratischen Schweiz ungewöhnliche Individualitäten nicht unentbehrlich. In Ermangelung solcher verfügt sie auf allen Gebieten menschlicher Thätigkeit über eine ausreichende Schar von guten und gewissenhaften Arbeitern. An der grossen gemeinsamen Kulturarbeit des 19. Jahrhunderts nahm sie einen über die Grösse ihres Gebietes hinausgehenden Anteil.»[263] Seippel stand mit dieser Ansicht nicht allein. Der Glaube, dass sich die Schweiz auch mit dem Mittelmass zurecht finde, war weit verbreitet.

Wer durfte zu den «gewissenhaften Arbeitern» gezählt werden? Der Staatsrechtler Carl Hilty erklärte, die Gebildeten der Nation seien die «natürlichen politischen Führer».[264] Diese privilegierte Elite suchte er bei den Liberalen. Im Gedankengebäude des gelehrten Biedermanns fanden nach Rom ausgerichtete Katholiken und international orientierte Sozialisten keinen Platz. «Einfachheit, Redlichkeit, Treue, Kraftgefühl, frischer Mut und hülfsbereiter Edelmut» gehörten zu den schweizerischen Tugenden. Doch Hiltys optimistische Weltschau geriet ins Wanken. Er kam später zur Einsicht, die liberale Klasse habe ihre Verantwortung nicht wahrgenommen. In der Schweiz sei die «Veredelung der Massen durch Demokratie» gscheitert.²⁶⁵ Damit sprach er aus, was Gottfried Keller in seinem Roman «Martin Salander» den Lesern vor Augen geführt hatte.

Der Staat werde demokratischer, die Gesellschaft müsse aristokratischer werden, schrieb Hilty. Er forderte eine «soziale Aristokratie» und meinte damit eine Elite, die den Staat zu lenken hatte und die den Herausforderungen der Zeit gewachsen war.

Der Lehrer für Staatsrecht war in politischen Dingen kein systematischer Denker, denn im Laufe seines Lebens pflegte er öfters seine Ideologie den jeweiligen Bedürfnissen anzupassen. Er hatte einst als Zentralist gegen Jakob Dubs gekämpft. Jahre danach bekundete er Verständnis für einen sinnvollen Föderalismus. Die anfängliche Begeisterung für den industriellen Aufschwung des Landes wich der Furcht vor dem Mammon und den Zwängen der Wirtschaft, die insgesamt die Gesellschaft zersetzten. Der Materialismus sei die «Religion der Gebildeten» geworden.²⁶⁶ Die liberale Elite war also – das die betrübliche Bilanz Hiltys – ihrer Mission nicht gerecht geworden.

Ähnliche Erfahrungen wie jene Carl Hiltys bestimmten Denken und Lebensweg mancher Schweizer, die von einem radikalen Staatsverständnis nach Jahrzehnten der ernüchternden Realitäten zu konservativer Resignation fanden. Immerhin galt es, das Bild vom solide konstruierten eidgenössischen Staatswesen aufrecht zu erhalten. Nur der Kleinstaat könne sittlich handeln, dozierte der stets auch religiös denkende Hilty. Seine Existenzberechtigung leite ein kleiner Staat aus seiner moralischen Grösse ab. Diese Tugend gehe den Grossmächten ab, denn sie stünden unter dem Diktat eines hemmungslosen Imperialismus und einer expansiven Wirtschaft.²⁶⁷ Von der kleinräumigen Republik, jenem Fleck auf der Erde, «wo die grösstmögliche Quote der Staatsangehörigen Bürger in vollem Sinne sind», schrieb Jakob Burckhardt.

Die Versuchung lag nahe, den schweizerischen Staat als Muster einer demokratischen Gemeinschaft zu deuten. Vergleiche mit den mächtigen Nachbarn waren oft begleitet von einem moralischen Unterton, der das eigene Gebaren zum vornherein vom selbstsüchtigen Verhalten der imperialen Mächte abhob. Gegen die eidgenössische Selbstzufriedenheit wandte sich gelegentlich der in Deutschland lebende Johann Caspar Bluntschli. Die Schweizer hielten sich, so schrieb der Lehrer des Staatsrechts, für die «vollkommenste und höchste Staatenbildung in Europa»: «Dieser Glaube schmeichelt der Selbstgefälligkeit und reizt zur Selbstüberschätzung ... hat aber keinen realen Boden und keinen Kern; er ist hohl und eitel.»²⁶⁸ Die schweizerische Verfassung erweise sich als ungeeignet zur Übertragung auf andere Länder.

Ein Blick auf die Landkarte führte den schweizerischen Beobachtern die europäische Realität vor Augen. Seippels Vision, wonach die Schweiz für das europäische Gleichgewicht unerlässlich sei, mochte einigen Trost bieten, doch Wunschdenken allein konnte keine Sicherheit bieten. Die Gefahr, dass das Land wieder in ein Protektoratsverhältnis mit einem übermächtigen Nachbarn geraten könnte, war nicht zu übersehen. Manche Politiker und Staatsrechtler, unter ihnen Bluntschli und Hilty, dachten an ein Bündnis der neutralen Kleinstaaten in Westeuropa. Ein derartiges Gebilde könnte – so die vage Hoffnung – dem Druck der imperialistischen Mächte besser widerstehen. Die Idee lag fern von allen politischen Möglichkeiten, und so blieb es bei der Utopie.

Über die ideologischen Grundlagen des Bundesstaats wurde um die Jahrhundertwende geschrieben und debattiert. Damit verbunden war die Frage nach den Strukturen, die den Bedürfnissen des Landes angemessen waren. Ein Thema bewegte die öffentliche Meinung: die Spannung zwischen Zentralismus und Föderalismus. Dabei waren die Fronten nicht ein für allemal festgelegt, denn der schweizerische Pragmatismus führte je nach Umständen zu unterschiedlichen Entscheidungen. Ein Zwiespalt wurde auch in einzelnen Persönlichkeiten sichtbar, die unter dem Eindruck konkreter Herausforderungen von ihren Grundsätzen abrückten und neue Positionen bezogen. Ein oft erwähntes Beispiel bot der Luzerner Josef Zemp, der im Jahre 1891 als erster katholisch-konservativer Bundesrat in die Landesregierung einzog.[269] Der Parlamentarier und Politiker der föderalistischen Innerschweiz hatte die von Emil Welti angestrebte Verstaatlichung der Eisenbahnen bekämpft. Als Verkehrsminister und Mitglied des bundesrätlichen Kollegium kam er zu neuen Einsichten und setzte sich mit aller Kraft für die Staatsbahn ein. Ein Gesinnungswandel, den der katholische Nationalrat Caspar Decurtins mit bösen Worten kommentierte: «Zemp hat seine ganze Vergangenheit vergessen und ist mit Sack und Pack in das radikale Lager hinübergezogen.» Spannungen zwischen Zentralisten und Föderalisten wurden von ausländischen Diplomaten sorgfältig registriert und bei Gelegenheit zum eigenen Vorteil ausgenützt.

War vom ideellen Fundament des schweizerischen Staates die Rede, so stiess man häufig auf einen Bruch, der sich im geistigen Haushalt jener Männer manifestierte, die sich um das Selbstverständnis des Landes bemühten. Sprach man von der Republik, so wies die Geschichte nach Frankreich, obschon diese Richtung nicht überall genehm war. Aufklärung und französische Revolution hatten die Zeichen gesetzt. Man konnte die Historie der modernen Schweiz nicht ergründen, wenn man die ideologische Erbfolge leugnete. Eben das geschah bei bürgerlichen Denkern in der Deutschschweiz, die der französischen Republik den Rücken kehrten und sich an der im Norden beheimateten Romantik erwärmten.

Man versuchte, den schweizerischen Staat mit deutschen Tugenden auszustatten, ein fragwürdiges Unterfangen, wenn man sich die Realpolitik im Deutschen Kaiserreich vor Augen hielt. Doch die französische Revolution und die Commune belasteten die Gemüter mit Bildern des Schreckens, so dass die republikanische Botschaft, die Frankreich vermittelt hatte, in Vergessenheit geriet. Ein derartiges Trauma war in der Gedankenwelt Carl Hiltys gegenwärtig, der darüber hinaus Frankreich vorwarf, den Protestantismus vernichtet zu haben. Selbst der Westschweizer

Paul Seippel focht gegen die aus dem westlichen Nachbarland eingedrungenen Ideen, die für ihn gleichzeitig zu katholisch und zu revolutionär waren.

Das von Deutschland vermittelte anti-französische Weltbild führte gelegentlich zu einer Verwirrung der Begriffe. Die Versuchung lag nahe, Republik mit Radikalismus und Revolution gleichzusetzen. Die autoritätsgläubigen Botschaften aus dem Kaiserreich waren geeignet, das im schweizerischen Bundesstaat gewachsene Staatsverständnis zu beschädigen. Ein peinliches Exempel bot ein schwäbischer Pfarrer, der im Jahre 1889 in einem Brief an Josef Viktor Widmann, dem Feuilletonredaktor am «Bund», der Schweiz vorwarf, sie habe vom alten Gotthelf'schen Geist kaum noch etwas bewahrt. Widmann veröffentlichte das Schreiben unter dem Titel: «Der von: Jeremias Gotthelf gehasste elende französische Radikalismus in seiner verderblichen Wirkung auf die Schweiz.»[270] Der deutsche Pfarrer holte darin mit erhobenem Zeigefinger zu einer schulmeisterlichen Belehrung aus: «Wer Gotthelf auch nur einigermassen zu würdigen weiss, wird bald merken, dass dieser Shakespeare im Predigergewand nichts so sehr perhorreszirt hat, gegen nichts so sehr mit allen Waffen seines reichen Geistes gekämpft hat, wie gegen jenen materialistisch cynischen Radikalismus, wie ihn Europa und vor allem die Schweiz der französischen Revolution und den aus ihr folgenden Revolutionen des neunzehnten Jahrhunderts zu danken hat. Wäre Gotthelf'scher Geist noch in der Schweiz in nennenswertem Masse vorhanden, so wäre weder der schmachvolle Tonhallekrawall 1871 noch die jetzige Situation möglich, welche die traurige Folge haben wird, dass die Schweiz eben auch im neunzehnten Jahrhundert wie so oft früher eine französische Dependenz bilden wird.»

Widmann setzte sich in einem offenen Brief im «Bund» gegen den plumpen Versuch zur Wehr, Gotthelf politisch festzulegen und in ein anti-französisches Programm einzuspannen, das letzten Endes auch gegen die republikanische Schweiz gerichtet war. Der Pfarrer von Lützelflüh sei nicht so konservativ gewesen, wie es im Pamphlet des Pastors dargestellt werde. Er habe auch die aristokratische Herrschaft kritisiert. An den deutschen Pastor gewandt, schrieb Widmann: «Er hat wirklich das ehemalige aristokratische Regiment unbedingt verworfen. Lesen Sie doch seinen ‹Bauernspiegel›. (...) Ein artiger Zufall bringt es übrigens mit sich, dass an der Stelle, wo Bitzius im ‹Bauernspiegel› die zu tollen Doktrinen der neuen Zeit bekämpft, er nicht vor Frankreich, nicht vor französischem Einflusse warnt, sondern vor der ‹jungen deutschen Schule und ihrer Emanzipation des Fleisches›.»

Am Beispiel von Jeremias Gotthelf liess sich trefflich über den Begriff Radikalismus streiten. In den fünfziger und sechziger Jahren übersetzte der aus Salins stammende Schriftsteller Max Buchon, Freund und Vetter des Malers Gustave Courbet, mehrere Werke des Pfarrers aus Lützelflüh ins Französische. Als Radikaler aus dem Zweiten Kaiserreich in die Schweiz verbannt, betrachtete Buchon Jeremias Gotthelf als einen fortschrittlichen Mann, dessen Haltung er in Übereinstimmung mit seinem republikanischen Kredo sah.[271] Autor und Übersetzer standen in bestem Einvernehmen, ohne dass der «zynische Radikalismus» des Franzosen den angeblich so konservativen Berner Pfarrer beunruhigt hätte.

Nach der Jahrhundertwende kam eine Debatte über Demokratie und Volksrechte in Gang, die einiges mit den zentralistischen Bestrebungen der radikalen Mehrheit und dem immer noch geltenden Majorzsystem zu tun hatte. Mit Referendum und Verfassungsinitiative hatte man die Rechte der Bürger erweitert, den Föderalismus auf einem Umweg gestärkt und gegenüber der dominierenden Partei Schranken errichtet. Im Jahre 1904 verlangte der Zürcher Kantonsrat in einer Standesinitiative die Einführung der Gesetzesinitiative: «Das Prinzip der Volkssouveränität verlangt neben dem Referendum auch die Initiative.»[272] Damit sollte der demokratische Staatsgedanke endgültig verwirklicht werden. Die nie realisierte Forderung klang doktrinär und passte nicht unbedingt in die eidgenössische Landschaft.

In der nun folgenden Auseinandersetzung zeigten sich grundsätzliche Differenzen, wobei neben Fragen der Tagespolitik die unterschiedlichen Traditionen der schweizerischen Regionen und Kulturen ins Gewicht fielen. In der Westschweiz setzte man auf die parlamentarische Demokratie und misstraute der absoluten Weisheit des Volkes. Es war für die Romands bei allem Respekt vor den Volksrechten nicht einzusehen, dass jeder Bürger ein Gesetzgeber sein sollte. Trotz der politischen Verschiedenheiten war hier das Beispiel des französischen Parlamentarismus präsent. In den Westschweizer Kantonen war die direkte Demokratie in den Gemeinden weniger entwickelt als in den östlichen Landesteilen. Man überliess es den demokratisch gewählten Behörden, die lokalen Angelegenheiten zu regeln. Mängel wurden stets laut kritisiert, abrechnen konnte man bei den nächsten Wahlen.

In der Deutschschweiz waren die Meinungen gespalten. Einerseits fand man, das Parlament werde von Interessenvertretern dirigiert. Auch habe es häufig Schwächen gezeigt. Anderseits sah man die Gefahr, dass tagespolitischer Opportunismus an die Stelle der Jurisprudenz trat. Der Mythos von der untrüglichen Intelligenz des Volkes wurde von den Parlamentariern kaum offen angezweifelt, denn sie hätten damit einen Pfeiler der eidgenössischen Tradition beschädigt. Man war unschlüssig, wie weit der demokratische Prozess führen sollte. Der Westschweizer Virgile Rossel, Verfechter der ausschliesslich parlamentarischen gesetzgeberischen Kompetenz, zitierte ironisch den Ausspruch eines Berner Politikers: «Der einzelne kann schon ein Büffel sein, aber der Gesamtwille ist gescheit.»[273]

Was man in der Theorie als folgerichtig erkannte, brauchte nicht unbedingt in Politik umgesetzt zu werden. Die Diskussionen über die Gesetzesinitiative zogen sich während Jahren dahin, doch es fehlte selbst den Initianten die nötige Begeisterung. So verschwand das Thema noch vor dem Ersten Weltkrieg von der Bildfläche. Ein anderes Volksrecht, das aus aktuellem Anlass gefordert wurde, erregte stärkere Emotionen: das Referendum gegen Staatsverträge. Die hitzigen Debatten um den

Gotthardvertrag führten – wenn auch mit Verspätung – zur Überzeugung, dass die Bürger auch in der Aussenpolitik ein Wort mitzureden hätten.

Im politischen wie im kulturellen Alltag verdrängten Sachfragen allmählich die Doktrinen. Das galt für grenzüberschreitende Aspekte genau so wie für schweizerische Themata. Man handelte nach Umständen, die ideologische Arbeit konnte später verrichtet werden. So geschah es, dass rational denkende Zeitgenossen – Hilty, Seippel oder Bovet zum Beispiel – sich in Widersprüche verwickelten, wenn ihre Meinung in stets unübersichtlicher werdenden Situationen gefragt war.

Es zeigte sich der wachsende Einfluss der Ökonomie auf Politik und Gesellschaft. Dass wirtschaftlicher Erfolg nicht unbedingt die besseren Kräfte im Menschen förderte, hatte schon Gottfried Keller gelehrt. Nun war der Aufschwung von Wirtschaft und Industrie ein europäisches Phänomen, das – denkt man etwa an die Eisenbahnen – den Alltag der Menschen grundlegend veränderte. Der unaufhaltsame Wandel produzierte Ängste. Nicht jedermann liess sich von der Idylle des «Village Suisse» an der Landesausstellung in Genf blenden. Man war in ein neues Zeitalter eingetreten, das bisher in der Gemeinschaft gültige Werte ausser Kraft setzte.

Es fehlte vor allem in der Romandie nicht an warnenden Stimmen, und manche Diagnosen waren zutreffend. Über den Weg zur Besserung herrschte hingegen Ratlosigkeit. In der Deutschschweiz kämpfte der Schriftsteller Carl Albert Loosli gegen den «kleinlich-schändlichen Industrialismus», der in seinen Augen zum Verlust jeglicher Kultur führen musste.[274] In seiner Kampfschrift «Ist die Schweiz regenerationsbedürftig?» wies er auf die drohenden Gefahren hin: «Die Kleinlichkeit unserer politischen Verhältnisse und die falsch verstandene Anwendung des demokratischen Prinzipes, verbunden mit dem ausschliesslich in den Vordergrund des Interesses geschobenen Erwerbsgeist haben es nämlich glücklich schon dazu gebracht, dass wir uns eingestehen müssen, die Schweiz als Nation sei keiner höheren Kulturinteressen mehr fähig.»

Es gab ökonomische Zwänge, die aus den Forderungen der Zeit heraus im eigenen Land entstanden. Daneben spürten die Zeitgenossen, wie die Grossmächte die Wirtschaft in zunehmendem Masse zur Erreichung politischer Ziele einsetzten. Die zwischen den Staaten ausgetragenen Scharmützel um Freihandel und Schutzzölle trafen in ihren Auswirkungen auch den kleinen Mann. Inzwischen war die Verschiebung der Gewichte im wirtschaftlichen Austausch zwischen der Schweiz und ihren europäischen Partnern deutlich erkennbar. Frankreich hatte zugunsten von England und Deutschland seine dominierende Stellung verloren. Es verharrte seit Jahren auf protektionistischen Positionen und zeigte nur selten jenen aggressiven Geist, der die Deutschen auch in ihren kommerziellen Unternehmungen auszeichnete. Edouard Secretan, der Chefredaktor der «Gazette de Lausanne», charakterisierte die französische Haltung im Jahre 1911 in einem Kommentar: «La France ne nous menace pas. Elle n'est pas expansionniste. Elle ne pénètre pas dans nos maisons de banque, dans nos grandes industries, dans notre commerce, dans nos usines et nos ateliers. Dans nos universités et nos écoles non plus. Elle reste chez elle.»[275]

Die mentalen Beschwerden, die der deutsche Imperialismus auch bei deutschfreundlichen Eidgenossen erzeugte, lassen sich an der Biographie Carl Hiltys ablesen. Der Lehrer des Staatsrechts empfand das Deutsche Reich als «mächtigen Kulturstaat», der berufen war, das Christentum zu erneuern. Frankreich hingegen hatte mit der Französischen Revolution Unglück über Europa gebracht und war offensichtlich dem leichtfertigen romanischen Wesen verfallen. Als Berater von Numa Droz in der Wohlgemuth-Affäre hatte Hilty die Landesregierung in ihrer festen Haltung bestärkt. Trotz seiner Verehrung für den deutschen Geist sah er die Unabhängigkeit der Schweiz bedroht: «Es ist hier nicht der Ort zu untersuchen, ob Macht und Kultur ohne politische und individuelle Freiheit das Glück des Menschen überhaupt ausmachen können und ob das deutsche Volk der richtige Missionar für einen solchen, wesentlich lateinischen Staatsgedanken sei. (...) Jedenfalls aber kann die schweizerische Eidgenossenschaft den Anforderungen, sich diesem System anzupassen, ohne Verzicht auf Selbständigkeit nicht entsprechen.»[276]

Im Jahre 1902 war Hilty noch mehr verunsichert, da inzwischen auch die deutsche Wirtschaft in der Schweiz wichtige Positionen eingenommen hatte. In einem Brief an den Historiker Wilhelm Oechsli schrieb er: «Mir ist oft für unsere Zukunft recht bange. (...) Einstweilen fürchte ich am meisten eine Art von Protectorat Deutschlands, das sich deutlicher zeigen wird, wenn einmal die Zollunion und Postunion in Frage kommen und die deutschen Kanonen auf dem Fort Tüllingen Basel beherrschen. Das ist eine Frage, die meines Erachtens bloss aufgeschoben ist, nicht aufgehoben, und wir haben schwerlich die nöthige Entschlossenheit, uns dagegen ernstlich zu wehren.»[277] Als der Gotthardvertrag nach langer Kontroverse ratifiziert wurde, hatte Carl Hilty erst recht das Gefühl, die Schweiz habe sich unter ein Protektorat begeben.

Das unklare Verhältnis der Deutschschweizer zum Deutschen Reich hätte man gelassen hinnehmen können, wären da nicht die Rufe von jenseits des Rheins ins Land gedrungen, die im Namen des Deutschtums Wohlverhalten forderten. Wachsende Abhängigkeiten in allen Bereichen führten zu Reaktionen, die nicht immer an die Oberfläche gelangten. Deshalb muss jeder Versuch, aus den schwankenden Stimmungen eine «öffentliche Meinung» zu konstruieren, im Unverbindlichen enden. Häufig meldeten sich Akademiker zu Wort, deren politisches Denken in der Tradition der deutschen Hochschulen begründet war. Jakob Schollenberger zum Beispiel, Dozent für öffentliches Recht an der Universität Zürich, galt als «leidenschaftlich patriotisch empfindender» Gelehrter.[278] Das hinderte ihn nicht daran, in seinen Schriften die «private Hinneigung zum Deutschtum» zu betonen und Frankreich und Italien als bösartige Nachbarn darzustellen.[279] Der Basler Historiker Hermann Bächtold beklagte den immer noch vorhandenen Einfluss der Aufklärung in der Schweiz und sprach für das Irrationale. Er tadelte den Versuch, schweizerische

Kulturpolitik zu betreiben und eine «kulturelle Annäherung» der Landesteile anzustreben. Da sei ein «grosser historischer Wurzelboden» im Spiel: «Wir meinen die das 18. Jahrhundert erfüllende Gedanken- und Gesinnungswelt der Aufklärung. Komponenten dieser geistigen Welt strahlen bei uns stark wie kaum anderswo bis in unsere Zeit hinein. Sie durchsetzen, aufgelöst, abgewandelt, in neuen Zusammensetzungen mit anderen Elementen, unser Denken bis zu diesem Tage. (...) In jenem Kulturwillen, jenem pädagogischen Abzielen auf künstliche Organisierung der einen schweizerischen Kulturgemeinschaft steckt auch – und damit konstatieren wir gleich ein anderes Merkmal des Aufklärungsgeistes – ein gutes Stück unhistorischer Realismus.»[280]

Politische Spannung im Kampf für das Deutschtum erzeugte die groteske Dialektik Eduard Blochers, der mit seinem Sprachverein oft an der Grenze des Lächerlichen manövrierte. Die Aktivitäten des Deutschschweizerischen Sprachvereins wurden in der Westschweiz mit einiger Verärgerung registriert, doch man hütete sich vor pauschalen Urteilen. Immerhin gründeten einige Schriftsteller im Jahre 1907 eine «Union romande pour la culture et l'enseignement de la langue française». Paul Seippel, Ernest Bovet und Gonzague de Reynold sprachen sich für ein moderates Vorgehen aus. Die sogenannten «Aggressiven» mit Charles Knapp und Alfred Lombard hingegen dachten an weit ausholende Aktionen und wollten sich zu diesem Zweck einem übernationalen Verband gleichen Namens anschliessen.[281] Da man sich nicht einig werden konnte, erlahmte die Begeisterung, und es wurde still um die Organisation.

Die stets vorhandenen anti-deutschen Gefühle in der schweizerischen Bevölkerung erreichten, abgesehen von sozialistischen Zeitungen und Broschüren, publizistisch keine Breitenwirkung. Dennoch sprach man seit dem Tonhallekrawall des Jahres 1871 vom «Deutschenhass», der im Untergrund wirkte. Der Schriftsteller Jakob Schaffner, der zeit seines Lebens zwischen zwei Vaterländern hin und herpendelte, erlebte die deutschfeindliche Stimmung im Militärdienst: «Als ich einmal im Verlauf eines nächtlichen Feldwachtsgesprächs auf die Bedeutung hinwies, die der deutsche Arbeiter, Betriebsleiter, Ingenieur und Unternehmer in unserem wirtschaftlichen Fortschritt hat, wurde mir zum Beschluss mitgeteilt, ich könne froh sein, dass ich keine Prügel bekomme. Das geschah im Bataillon 53 der Basler Landschaft. (...) Was bei den Bauern drastisch zur Erscheinung kommt, liegt in schweizerischen Städtern und Intellektuellen als latente seelische Situation vor: wir erscheinen uns nachgerade als eine Art auserwähltes Volk, das allen Grund hat, mit mehr oder weniger leiser Verachtung auf die staatlich anders organisierten deutschen Bruderstämme herabzusehen. Wenn es nicht so wäre, wenn wir ein offenes Auge für Grössenunterschiede, ein wohlgeschultes Verständnis für Machtverhältnisse in das öffentliche Dasein aus unsern Schulen mitnähmen, so hätten wir mehr Glück im politischen Geschäft...»[282] Schaffner griff den Geschichtsunterricht in den schweizerischen Schulen an, die Heldentaten des 15. Jahrhunderts lehrten und die Misserfolge und Demütigungen der neueren Geschichte verschwiegen: «Wir sind nicht durch nationale Selbstkritik gestählt und durch internationale Lehren einer neueren Geschichte gewitzigt. Die Ruhmesdaten der Deutschen sind erst vierzig Jahre alt; sie sind Gegenwart und wirken Gegenwart. Unsere Ruhmesdaten sind fünfhundert Jahre alt und haben die Keimfähigkeit verloren; sie können nur noch falsche Vorstellungen und abstrakte Feststimmungen schaffen, weil alle Zustände sich inzwischen total verändert haben.»

In der Schweiz suchte man nationales Selbstverständnis mehr in der Abgrenzung vom Ausland als im inneren Zusammenschluss. Die Zeitgenossen neigten zu passivem Abwarten, das nur dann unterbrochen wurde, wenn aus konkretem Anlass eine Reaktion nicht zu vermeiden war. Nun gab es grenzüberschreitende gesellschaftliche Phänomene, die das mentale Verhalten der Bevölkerung in eine bestimmte Richtung lenkten. Was sich an europäischem Zeitgeist manifestierte, fand in jedem Land seine besondere Ausprägung. Die Schweiz konnte sich weder gegenüber den ökonomischen noch den kulturellen Strömungen auf den nationalen Sonderfall berufen, den man in der Politik mehr oder weniger erfolgreich für sich beanspruchte. Die zunehmende Mitbestimmung der Wirtschaft im politischen Leben erwies sich als schleichender Prozess, dem man vor allem dann unsicher gegenüber stand, wenn er vom Ausland gesteuert wurde.

Ein entsprechendes Exempel bot der Gotthardvertrag von 1909. Die heftige Reaktion war auf den Verdacht zurückzuführen, die wirtschaftlichen Konzessionen gegenüber Deutschland und Italien hätten die Souveränität des Landes in Mitleidenschaft gezogen. Der nationale Protest kam zu spät, denn man hätte sich bereits in den sechziger Jahren des 19. Jahrhunderts zur Wehr setzen müssen, als die ersten Verträge ausgehandelt wurden. Der Vorgang zeigte, dass es um den Konsens zwischen den Landesteilen nicht zum Besten bestellt war, denn es zeichnete sich jener Konflikt ab, der die Schweiz im Ersten Weltkrieg spaltete.

Die Rechte der Frauen

Im Jahre 1884 schrieb Josef Viktor Widmann einen Artikel im «Bund» unter dem Titel «Eine rare Melodie, die man in hundert Jahren auf allen Gassen pfeifen wird.»[283] Darin standen die Sätze: «Wir sperren sie in's Feuilleton, diese rare Melodie, obschon sie ein politisches Lied vorstellen möchte ... unsere rare Melodie ist eine Art Motion: Ihr Name: Frauenstimmrecht in der Schweiz.» Das Thema blieb zu diesem Zeitpunkt tatsächlich, wie Redaktor Widmann formulierte, ins Feuilleton gesperrt, denn ein Diskurs im politischen Teil der Zeitung war undenkbar. Die Philister beiderlei Geschlechts müssten – so der Autor – bei der blossen Vorstellung «Frauenstimmrecht» in Ohnmacht sinken: «Aber, fragen wir ernstlich Diejenigen, welche endlich mit dem obligatorischen Referendum dem Volke die Verwirklichung der ächten Demokratie zu geben vermeinen: Seid ihr nicht inkonsequente Hälblinge, die abermals nur Flickarbeit machen? Ist die Erfüllung des demokratischen Prinzips nicht Illusion, so lange die Hälfte des schweizerischen Volkes ausgeschlossen bleibt von der Ausübung des Stimmrechts? Und wie sehr läge die Einführung des Frauenstimmrechts augenblicklich im Interesse aller Parteien! Das obligatorische Referendum, das man ja gewiss bekommt, wird das konservative Prinzip stärken. Dies hoffen wenigstens die Konservativen und viele Radikale geben ihnen hierin Recht.» Eine direkte Wirkung seines Artikel erwartete Widmann nicht, und er mochte sich selber mit einem Ausspruch trösten, den er in einer kritischen Rezension des Buches «Jenseits von Gut und Böse» von Friedrich Nietzsche geprägt hatte: «Der Denker braucht sich nicht um die praktischen Folgen seiner Denkresultate zu bekümmern.»[284]

Josef Viktor Widmann verlor das Thema «Frauenstimmrecht» nicht aus den Augen. An eine landesweite Gleichstellung der Frauen war jedoch nicht zu denken, solange Mediziner an europäischen Hochschulen vom «physiologisch bedingten Schwachsinn des Weibes» und von der intellektuellen und körperlichen Inferiorität des andern Geschlechts sprachen.[285] Es gab immerhin Anzeichen dafür, dass im lokalen und im regionalen Bereich kleinere Erfolge zu erringen waren. Einen Fortschritt glaubte Widmann am Beispiel der Juristin Emilie Kempin-Spyri zu erkennen, die als erste Privatdozentin an der Universität Zürich lehrte. Emilie Kempin, eine Nichte der Jugendschriftstellerin Johanna Spyri, hatte im Jahre 1887 als einzige Juristin unter 53 Studenten «summa cum laude» die Doktorwürde erworben.[286]

Nun waren für Frauen Studium und Ausübung des betreffenden Berufs nicht dasselbe. Als der Berner Redaktor im Jahre 1893 den Fall Kempin aufgriff, konnte er noch nicht wissen, dass er es mit einer überaus tragischen Biographie zu tun hatte. Unter dem Titel «Frauen als Advokaten» forderte Widmann, dass den Frauen nach einem wissenschaftlichen Studium auch der Zugang zur Praxis geöffnet werde: «Freilich, damit diese Hoffnung sich erfülle, muss der Staat konsequent sein, d. h. er darf nicht den Mädchen nur die Möglichkeit gewähren, einen wissenschaftlichen Beruf zu erlernen, sondern er muss ihnen dann auch gestatten, den erlernten Beruf, wenn sie sich durch Prüfungen als tüchtig bewährt haben, auszuüben. Dies hat er nun bis dahin nicht auf allen Gebieten getan, der Staat hat sich arger Inkonsequenzen schuldig gemacht.»[287]

Emilie Kempin wurden von Anfang an alle erdenklichen Hindernisse in den Weg gelegt. So gelang es ihr nicht, das Anwaltspatent zu erwerben, obschon dagegen keine gesetzlichen Paragraphen bestanden. Die junge Akademikerin zog mit ihrer Familie nach New York und gründete eine juristische Frauenfakultät. Ständig von materiellen Sorgen geplagt, kehrte sie nach Zürich zurück und eröffnete ein «Schweizerisch-amerikanisches Rechtsbureau».

Der linksliberale Politiker Theodor Curti nahm sich der Sache an und versuchte, mit einem Antrag im Zürcher Kantonsrat der Juristin den Weg frei zu machen. Josef Viktor Widmann deutete eben diese Tat des Zürcher Demokraten als hoffnungsvolles Zeichen. Frau Kempin wünschte, als Anwältin zu wirken, doch das Zürcher Bezirksgericht gestattete ihr die Ausübung des Advokatenberufes nicht. Sie sei nicht stimmberechtigt und habe somit nicht die Eigenschaften eines Aktivbürgers. Also verfüge sie nicht über die erforderliche Legitimation. Theodor Curti setzte im Parlament einen Antrag durch, der die Kantonsregierung zu einer Gesetzesänderung einlud. Der radikale Jurist Gustav Vogt hielt in einem Gutachten fest, der Begriff «Aktivbürgerrecht» könne nicht bedeuten, dass Frauen von der Advokaturpraxis ausgeschlossen seien.

Theodor Curti nützte seinen Auftritt im Parlament zu einem grundsätzlichen Diskurs, der über die Anliegen der Juristin Kempin hinausging: «Die Frage liegt einfach so, ob wir nicht den Frauen ein Recht gewähren wollen, gegen das ein innerer Grund nicht spricht und welches ihnen auch bloss aus formalen Gründen vorenthalten wird, wegen einer vielleicht nicht einmal richtig verstandenen Gesetzesbestimmung. Mit Aussprüchen, wie: die Frau gehöre ins Haus; das schwächere Geschlecht habe andere Aufgaben u.s.w. kommt man gegen meine Ausführungen nicht auf. Das starke Geschlecht hat keinen Anstand genommen, die Frauen in die Fabriken zu schicken und zu harter Feldarbeit anzuhalten, ihnen Dienstleistungen aufzubürden, durch welche die Weiblichkeit und der häusliche Sinn sehr wenig begünstigt werden.»

Widmann seinerseits erhob Einspruch gegen die von männlichen Kommilitonen vorgebrachten Argumente, wonach Frauen dem juristischen Handwerk nicht gewachsen seien. Er rühmte die besondere Eignung der Frauen für den Advokatenberuf, wobei er die Eloquenz als besonderes Merkmal nannte: «Das wissenschaftliche Rüstzeug der Frauen als Advokaten wird in der Regel wohl auch nicht kleiner sein als dasjenige der Männer, wenigstens so lange die Frauen ihre Universitätszeit wie bis anhin wirklich mit fleissigem Studium, nicht in flotter Korpsburschenherrlichkeit zubringen.»

Gleichstellung der Frauen und Frauenstimmrecht waren um die Jahrhundertwende als Ideen in fortschrittlich gesinnten Köpfen gegenwärtig, doch erreichte die Forderung noch lange keine politische Qualität. Das war nicht zuletzt an der Werteskala abzulesen, die Theodor Curti selber in seiner «Geschichte der Schweiz im XIX. Jahrhundert» entwickelte.[288] Der Politiker behandelte darin die vorhandenen und die noch zu realisierenden Volksrechte, von der Stellung und den Rechten der Frau war aber nicht die Rede.

Emilie Kempin war mit Sympathiekundgebungen wenig geholfen. Es fehlte ihr nach wie vor die materielle Existenzgrundlage. Vor Gericht erschien jeweils an ihrer Stelle der Ehegatte, ein ehemaliger Pfarrer, der sich in der Juristerei nur mühsam zurecht fand. Emilie Kempin versuchte ihr Glück in Berlin, wo man sie als Expertin für internationales Recht zu schätzen wusste. Die Anwaltstätigkeit blieb ihr jedoch auch im Deutschen Reich verwehrt. In Zürich hatten sich Curtis Ideen durchgesetzt. Vom Jahre 1893 an durften Juristinnen das Anwaltspatent erwerben, doch die Erleichterung kam für Frau Kempin zu spät. Die psychische Belastung hatte ihr derart zugesetzt, dass sie nach der Rückkehr in die Schweiz in geistige Umnachtung verfiel. Sie starb am 12. April 1901 im Alter von 48 Jahren in der Basler Irrenanstalt.

Die Situation der Frauen war in der Schweiz in der zweiten Hälfte des 19. Jahrhunderts durch ein Paradox geprägt. Auf der einen Seite spielte die Universität Zürich für das Frauenstudium eine Pionierrolle. Frauen aus ganz Europa, unter ihnen vor allem russische Studentinnen, fanden hier Zugang zu einer akademischen Laufbahn. Bereits im Oktober des Jahres 1867 bestand die spätere Petersburger Frauenärztin Nadeshda Suslowa in Zürich ihre Doktorprüfung, während die erste französische Ärztin ihre Examen in Paris 1875 hinter sich brachte.[289] Im bürgerlichen Leben hingegen bemühte man sich in der Schweiz noch mehr als in den umliegenden Staaten, die Frauen zu domestizieren.[290] «Dem Manne das Weltgeschäft – dem Weibe das Häusliche», nach diesem Motto war die angeblich naturgewollte Ordnung der Geschlechter festgelegt.[291] Der Mann war in bürgerlicher Sicht der unbestrittene «Gebieter» in der Familie, mochte auch im einzelnen Fall das Gewicht je nach Charakter, sozialer Herkunft und Vermögensverhältnissen anders verteilt sein. Die «liebende Gattin» hatte sich grundsätzlich unterzuordnen. Hinterlassene Zeugnisse lassen vermuten, dass mancher Frau diese Rolle schwer fiel. Es ging de facto um eine Zweiteilung der Menschheit, die in eine männliche und eine weibliche Ausformung zerlegt und mit geschlechtsspezifischen Aufgaben bedacht wurde. Man betonte im Bürgertum dieses Rollenverständnis umso mehr, als die jungen Schweizerinnen allmählich ins Berufsleben eindrangen.

In den sechziger Jahren begannen sich Frauen in Europa zu organisieren. In der Schweiz fand die Bewegung Unterstützung bei den Demokraten. Die Genferin Marie Goegg gründete am 28. Juli 1868 die «Association internationale des femmes», die aber in der Schweiz nur eine bescheidene Breitenwirkung erreichte. Französische Pazifisten hatten ein Jahr zuvor in Genf die «Internationale Friedens- und Freiheitsliga» gegründet, in der auch der Mann von Maria Goegg tätig war. Die Vereinigung der Frauen geriet in den Verdacht, von einer sozialistisch ausgerichteten Friedensorganisation abhängig zu sein. Der Weg zu den bürgerlichen Frauen war damit erschwert.

Wenn in diesen Jahren von der Gleichstellung der Frauen die Rede war, dachte man im schweizerischen Bürgertum an einen freieren Zugang zu bestimmten Berufen. Von politischer Gleichberechtigung und von Frauen-Wahlrecht sprach man weniger. Angesichts der mentalen Unbeweglichkeit war stufenweises Vorgehen angesagt. In den achtziger Jahren setzte sich die Aristokratin Meta von Salis mit kämpferischen Parolen für die vollen bürgerlichen Rechte der Frau ein, doch sie wusste, dass ihrem Drängen bis auf weiteres kein Erfolg beschieden sein konnte. Im Jahre 1900 wurde die «Alliance nationale de Sociétés féminines suisses» gegründet, die aber auf nationaler Ebene wenig bewegte. Helvetischen Pragmatismus praktizierte Julie von May, die sich um die organisatorischen Belange der Frauenbewegung kümmerte und die politischen Forderungen zurückstellte: «Die Gesetzgeberei ist einstweilen bei uns reine Männersache und in keinem Land der Erde hat bis jetzt die Frau weniger Lust bezeugt, sich darein zu mischen als in der Schweiz.»[292] Julie von May glaubte, «die Übersättigung der männlichen Welt mit politischen Rechten und Pflichten» habe das weibliche Geschlecht bisher eher abgeschreckt. Ein Argument, das noch lange gegen die juristische Gleichstellung der Frauen ins Spiel gebracht wurde.

Die bürgerliche Ideologie der Geschlechtscharaktere wirkte in der Schweiz bis weit ins 20. Jahrhundert hinein. Es bedurfte dazu keiner profunden Doktrin, denn man hielt sich an das, was man als bewährt und praktisch befand. Die gegen die Frauenrechte vorgebrachten Gründe wirkten dürftig. Die Gesellschaft bewegte sich rascher als in früheren Perioden. Der Darwinismus lieferte keine Argumente gegen die Frauen, und selbst Gobineau hatte in seiner Rassenlehre das weibliche Geschlecht verschont. Man konnte mit einem pragmatischen Denkprozess zur Überzeugung gelangen, dass die Frauen ins gesellschaftliche und politische Umfeld jeder demokratischen Gemeinschaft gehörten. Kurz vor seinem Tod im Jahre 1909 entwickelte Carl Hilty in seinem «Politischen Jahrbuch» ein Programm, das er dem schweizerischen Staat mit auf den Weg geben wollte. Dabei kam er auf die Rolle der Frauen zu sprechen, denen er einen heilsamen Einfluss im Bereich der Moral zutraute:

«Wir müssen das weibliche Geschlecht zur kräftigen und aktiven Mitarbeit an den Staatszwecken in geeigneter Weise heranziehen und dadurch erst eigentlich zu Staatsgenossen machen. (...) Mit ihrer Hilfe müssen wir der zunehmenden Verschlechterung unserer Republik durch Alkoholismus, Spiel, Lotterien und Immoralität jeder Art etwas energischer als bisher entgegentreten und auch die Erziehung der heranwachsenden Generation mehr in idealem, nicht bloss wie bisher vorzugsweise in technischem und industriellem, überhaupt utilitaristischem Sinne auffassen und demgemäss gründlich zu verbessern trachten.»[293]

Hilty zeigte sich überaus vorsichtig: Er wollte die Frauenfrage «in geeigneter Weise» lösen. Grundsätzlich forderte er die vollen politischen Rechte für die Frauen, war aber der Meinung, die Gleichheit könne erst in einem längeren Prozess erlangt werden. Damit bewegte sich der bekannte Staatsrechtler auf der selben Linie wie etliche Frauenorganisationen, die vor der politischen die gesellschaftliche Gleichstellung anstrebten.

Erst im Jahre 1912 forderte der neu gegründete Verband für das Frauenstimm- und Wahlrecht die integralen Rechte, wie es Meta von Salis schon in den achtziger

Jahren getan hatte.[294] Der Verband gab sich nicht mit bescheidenen Rollen im sozialen und religiösen Bereich zufrieden. Die neue Generation von Frauenrechtlerinnen empfand politische Unmündigkeit als Unfreiheit, die einer Demokratie unwürdig war. Militante Bewegungen im Ausland – in England zum Beispiel – förderten die Überzeugung, dass die Schweiz nicht länger untätig bleiben könne. Doch der Erste Weltkrieg setzte dieser feministischen Initiative Grenzen, bevor sie sich wirksam entfalten konnte.

Also suchte man in den schweizerischen Frauenvereinen, sofern sie bürgerlich ausgerichtet waren, den Weg durch die kirchlichen und sozialen Institutionen. Gleichstellung in Berufsleben und Gesellschaft versprach den Frauen für den Augenblick mehr Gewinn als ein juristischer Erfolg auf der politischen Bühne. Innerhalb eng abgesteckter Grenzen wirkten Organisationen wie der Lehrerinnenverein, die Freundinnen junger Mädchen oder der Zürcher Frauenbund zur Hebung der Sittlichkeit.[295] Im Bund schweizerischer Frauenvereine pflegte man den Kontakt auf eidgenössischer Ebene. Einige Vereine in der Deutschschweiz waren nach deutschem Muster organisiert. Auch in den Kantonen Genf und Waadt bemühte man sich um eine Erweiterung der Frauenrechte. Schon früh zeichnete sich die Spaltung in eine bürgerliche und eine sozialistische Bewegung ab.

Im Jahre 1911 entstand nach deutschem Vorbild der Schweizerische Katholische Frauenbund.[296] Es war um die Einheit der Frauen nicht gut bestellt. Die bürgerlichen Vereine gaben sich moderat und vermieden laute Töne, welche die Männerherrschaft hätten in Frage stellen können. Sozialisten und Gewerkschaften hingegen förderten jene Frauenbünde, die eine volle Gleichberechtigung anstrebten. Dieser Rückhalt konnte in bestimmten Fällen nützlich sein, brachte es aber mit sich, dass die Feministinnen als Teil der sozialistischen Bewegung wahrgenommen wurden und damit Einflüssen ausgesetzt waren, die mit der Gleichstellung der Frauen nichts zu tun hatten.

Anti-feministische Tendenzen manifestierten sich im Berufsleben, wenn Frauen in die Domänen der Männer eindrangen. So verhinderte der Kaufmännische Verein nach Möglichkeit den beruflichen Aufstieg der weiblichen Angestellten. Man sprach vom «bedrohten Ansehen des Berufs», wenn es irgendwo galt, das Eindringen von Frauen in ein mittelständisches Metier zu verhindern.

Das Ringen um die Rechte der Frau in der Schweiz zog sich über Jahrzehnte hin, ohne dass die politische Szene dadurch wesentlich verändert worden wäre. Bei alledem blickten die weiblichen Protagonistinnen stets auf die Vorgänge in den umliegenden Staaten, in denen die feministischen Anliegen weiter gediehen waren. Bewegung erzeugte das Thema «Frauenstudium», dessen bedeutendster Schauplatz seit den sechziger Jahren die Universität Zürich war. Der Andrang russischer Studentinnen war ein Phänomen, das mehr mit den Verhältnissen im Zarenreich als mit der Schweiz zu tun hatte, aber auf dem Hintergrund der demokratischen Herrschaft im Kanton Zürich in ganz Europa Aufsehen erregte. Nach der Aufhebung der Leibeigenschaft in Russland im Jahre 1861 setzte ein unerbittlicher Kampf zwischen dem absolutistischen Staat und den Intellektuellen ein, denen oft nur die Flucht ins Ausland übrig blieb. Für die akademische Jugend, vor allem für Studenten jüdischer Abstammung, bot das vergleichsweise liberale Zürich ein ideales Refugium. Man bewegte sich zwischen ernsthaftem Studium und revolutionärer Agitation. Das galt auch für die Frauen. Die Russinnen wandten sich hauptsächlich dem Medizinstudium zu, das ihnen später in der Heimat den Weg zum einfachen Volk öffnete. Wie es dabei um den akademischen Eifer bestellt war, lässt sich nur schwer ergründen, denn die Zeugnisse gehen diametral auseinander. Die in den dreissiger Jahren des 20. Jahrhunderts erschienene Geschichte der Universität Zürich – «Die Universität Zürich 1833–1933» – malt ein diffuses Bild. Man sprach von vorbildlichem Studieneifer, aber auch von Liederlichkeit und zügellosem Verhalten: «Besass das Frauenstudium ursprünglich den Charakter eines sachlich zwar noch unerprobten, politisch jedoch neutralen Experiments, so erhielt es mit einem Male zweideutigen Charakter.»[297]

Michail Bakunin und Alexander Herzen kümmerten sich um den revolutionären Geist der jungen akademischen Garde. Die Vorgänge an der Universität Zürich gewannen für andere europäische Hochschulen Modellcharakter. An deutschen Universitäten zum Beispiel nahm man erstaunt zur Kenntnis, dass das Medizinstudium der Frauen fast problemlos und ohne die anfänglich befürchteten sittenwidrigen Nebeneffekte über die Bühne ging. Für die Politiker in den europäischen Monarchien hingegen war Zürich eine Brutstätte der Revolution. Im Jahre 1863 erliess die russische Regierung einen Ukas, der den Frauen das Studium an der Universität Zürich praktisch untersagte, denn die an der Limmat erworbenen Diplome wurden in Russland nicht mehr anerkannt. Es folgte ein Exodus russischer Studentinnen nach Bern und Genf.[298]

Die jungen Russinnen und Russen lebten in selbstgewählter Abgeschiedenheit. Wenige Schweizer wie etwa der Medizinstudent Fritz Brupbacher fanden Zugang zu den geschlossenen Zirkeln.[299] Die offizielle Geschichte der Universität schreibt über die russischen Studentinnen: «Stärkeres Zuströmen ausländischer Elemente brachte mancherlei Unruhe. Ging ihre Zahl während der ersten drei Dezennien über 40 fast nie hinaus – um gelegentlich auf 8 zu sinken – so überstieg sie in den folgenden dreieinhalb Jahrzehnten bis zum Jahrhundertende 100, ja 200 und 300. Auch nachdem gewisse Übertreibungen des Frauenstudiums seit 1873 zurückgegangen waren, wohnte in den Mietquartieren des Zürichbergabhangs ein buntes, internationales Völkchen, das mit Einheimischen bloss geringe Berührungen unterhielt. Sogar nach dem Wegzuge zahlreicher Russinnen blieb die Anzahl solcher Studentinnen beträchtlich – da der Typus einer zu selbständigem Beruf sich durchkämpfenden Frau immer häufiger wurde – weil Zürich als erste Hochschule ihr die

553

Hörsäle geöffnet hatte – da sie vor abschätziger Behandlung der Behörden oder Kommilitonen dort sicher blieb.»[300]

Trafen russische Studentinnen auf politische Hindernisse, so standen Schweizerinnen vor gesellschaftlichen Schranken. Wie verständnislos ein Teil des Bürgertums dem Frauenstudium gegenüberstand, erfuhr Marie Vögtlin, die Tochter eines Pfarrers in Brugg, die im Jahre 1868 in Zürich das Studium der Medizin aufnahm.[301] Der Entschluss der Studentin wurde in ihrem Umfeld als «Familienschande» empfunden. Ihr Vater zog unter dem Eindruck der negativen Meinungen in der Kleinstadt die Einwilligung zurück und liess sich erst nach längerem Hin und Her von seiner Tochter umstimmen. Schliesslich immatrikulierte der fortschrittlich gesinnte Rektor Marie Vögtlin, obschon sie die Maturitätsprüfung an der Kantonsschule Aarau noch nicht hinter sich gebracht hatte. «Ich fühle, dass ich im Namen meines ganzen Geschlechtes dastehe und wenn ich meinen Weg schlecht mache, für mein ganzes Geschlecht ein Fluch werden kann», schrieb die Studentin in ihrer Bedrängnis. Im Jahre 1873 bestand Marie Vögtlin, die spätere Gattin des Geologen Albert Heim, das Staatsexamen. Ein Jahr später legte sie, nachdem bürokratische Hürden überwunden waren, die Doktorprüfung ab und eröffnete als erste schweizerische Ärztin eine Praxis in Zürich.

Mancher Schweizerin blieb das Studium verwehrt, weil das Maturitätszeugnis für Mädchen nicht leicht zu erwerben war. Da die Russinnen oft mit dubiosen, kaum zu überprüfenden Ausweisen und Dokumenten anrückten, hatten schweizerische Studentinnen das Gefühl, benachteiligt zu sein. Unter gesellschaftlichen und administrativen Zwängen litten deshalb die Schweizerinnen mehr als die ausländischen Kolleginnen. So erstaunt es nicht, dass zu gewissen Zeiten zehnmal mehr russische als schweizerische Studentinnen an der Universität Zürich immatrikuliert waren.

In den neunziger Jahren sorgte das Thema Frauenstimmrecht an den Hochschulen für Bewegung. Es ging um die politischen Rechte und um die Vertretung der Frauen in studentischen Organisationen. Die Verbindung der Zofinger legte in ihrem Zentralblatt im Jahre 1895 den Sektionen die Frage vor: «Ist den grossjährigen Frauen das Wahlrecht in Gemeinde, Kanton und Eidgenossenschaft zu übertragen und ist diese Frage bezüglich der Ehefrauen in gleicher Weise zu beantworten?»[302] Ein Dialog kam nicht zustande. Die Bereitschaft, auf das Anliegen einzutreten, war bei den als liberal eingeschätzten Zofingern gering. Die Studentenschaft hatte keine Lust, sich mit Frauenfragen zu befassen. Konkret vor die Wahl gestellt, lehnte die Mehrheit die rechtliche Gleichstellung der Frauen ab.

Die reaktionäre Grundstimmung der Studenten stand in seltsamem Kontrast zu jener der Hochschuldozenten, die im allgemeinen eine politische Mitwirkung der Frauen begrüssten.

In der Romandie wurden die feministischen Anliegen ernst genommen. Der Lausanner Philosophieprofessor Charles Secrétan forderte die Gleichstellung in seinem Buch «Le droit de la femme», und in Genf verlangte der Jurist Louis Bridel, dass die bisherige Ungleichheit in einem stufenweisen Vorgehen beseitigt werde.

Die Mentalitäten innerhalb der Studentenschaft wurden in Zürich im Herbst des Jahres 1896 in peinlicher Weise sichtbar. Der sogenannte Delegierten-Konvent, formell die Vertretung sämtlicher Studenten, wurde zu diesem Zeitpunkt einseitig von den Korporationen beherrscht. In einer Versammlung im Kasino Hottingen ging es um die eingeschränkten Rechte der Polytechniker, aber auch um das passive Wahlrecht der Damen. «Nicht alles, was sich für den studierenden Mann geziemt, passt auch für die Frau.» Diese Sentenz war unter den Studenten wie in der bürgerlichen Öffentlichkeit zu hören. In der «Geschichte der Universität Zürich» wird dazu angemerkt: «Vergeblich appellierten ausländische Sprecherinnen wie Anita Augspurg, nebst Andern an loyale Gerechtigkeit Einheimischer, die ihnen das passive Wahlrecht hartnäckig versagten. Ästhetische, ethische Gründe wurden hiegegen ins Feld geführt.»[303] Den «Internationalen Studentinnenverein» liess man zum Delegierten-Convent nicht zu. In dieser Frage hatte sich die Genfer Studentenschaft liberaler gezeigt.

Aus der Schilderung des direkt beteiligten Sozialrevolutionärs Fritz Brupbacher lassen sich die politisch und sozial verschlungenen Strukturen in der Zürcher Studentenschaft erkennen. Es gab eine Front zwischen Sozialismus und Bürgerlichkeit, wobei sich vor allem russische Nihilisten und schweizerische Bürgersöhne gegenüberstanden. Auf beiden Seiten engagierten sich auch deutsche Kommilitonen. Brupbacher beschreibt den Vorgang aus seiner sozialistischen Optik:

«Zu Beginn des Wintersemesters 1896 rumorte es in der Zürcher Studentenschaft. Es bestand ein Studentenkonvent, zusammengesetzt aus den Delegierten der studentischen Korporationen und je einem Vertreter der Nichtkorporationsstudenten jeder Fakultät. Es ergab sich nun die «fürchterliche» Tatsache, dass die weiblichen Studierenden das passive Wahlrecht forderten. Darüber mächtige Aufregung unter der männlichen Studentenschaft. Unter der Parole für oder gegen die Beteiligung der Frauen am Studentenkonvent wurden Neuwahlen inszeniert. Da ich als Feminist bekannt war, stellte man mich als Vertreter der Medizinstudenten für den Studentenkonvent auf. Mein Gegenkandidat war Muster und Vorbild der schlimmsten Art schweizerischer Studenten. Er konnte saufen wie keiner, war Sohn eines berühmten Schützen, Hypermilitarist und Hyperpatriot. Zudem Beschützer der Ehre der Frau, was ihn später dazu führte, Sittenkommissär in Zürich zu werden. Meine Wähler und Wählerinnen überrannten ihn schon im ersten Wahlgang. Die ganze russische Kolonie und alle Studentinnen waren zur Wahl erschienen und hatten für mich gestimmt.»

In einer allgemeinen Studentenversammlung wurde das Ergebnis wieder auf den Kopf gestellt. Brupbacher berichtet darüber: «Schweizerische Studentinnen zusammen mit reichsdeutschen Studentinnen – Arm in Arm mit den Korporationsstudenten – traten mit dem ganzen bombastischen Pathos des Spiessbürgers gegen das Frauenstimmrecht und die Vertretung der Frauen im Studentenkonvent auf. Wilhelm Tell, Stauffacher plus Frau und Winkelried mussten herhalten; die Heiligkeit der Familie und die sittliche Würde des weiblichen Geschlechts wurden angerufen. Vaterland, Familie, Eigentum und Ordnung – alles beschwor der Hauptredner der Gegner der studierenden Frauen, der sich bezeichnenderweise Hohl nannte. Von unserer Seite wurde zu klug und zu differenziert geredet, und als es zur Abstimmung kam, siegten Familie, Heiligkeit der Frau und Vaterland, woraufhin wir das Signal für unsere Anhänger gaben, das Lokal zu verlassen. Wir zogen nach dem traditionellen Lokal aller Aufrührer, Russen, Feministinnen und Sozialisten, nach dem ‹Plattengarten›, und nach Reden von Anita Augspurg, Rosa Luxemburg und anderen mehr konstituierten wir uns als ‹Allgemeine Studentenschaft›, und ich wurde, damals noch ein sehr hilfloser Politiker, an die Spitze der Organisation gestellt.»[304] Fritz Brupbacher wurde von da an gewissermassen als der Anwalt aller sozialistischen Studentinnen betrachtet.

Rechte der Frau und Frauenstudium: Die Schweiz geriet gegenüber den europäischen Nachbarn allmählich in Rückstand. Es fehlte nicht an Argumenten, die das Manko auf die besonderen Ansprüche der direkten Demokratie zurückführten. Die gesellschaftlichen Widerstände blieben bis weit in das 20. Jahrhundert hinein bestehen, auch wenn die politischen Einsichten im Land an Boden gewannen. Der Zugang der Frauen zu den Universitäten und Hochschulen war offen, doch blieb die Situation für die Akademikerinnen mit einem Makel behaftet, solange in der Ausübung des Berufes die Gleichstellung nicht verwirklicht war. Das Entscheidungsmonopol der Männer war unbestritten. Wie hartnäckig sich einfältige Vorurteile gegen studierende Frauen behaupteten, beweist der Lebensbericht des Literaten Robert Faesi, der sich kurz vor dem Ersten Weltkrieg als Dozent für deutsche Literatur an der Universität Zürich habilitierte. Er kam in seinem 1963 publizierten Buch «Erlebnisse, Ergebnisse» zu einem pauschalen Urteil: «Die wissenschaftliche Ausbeute des Frauenstudiums hat ja doch keineswegs den ehemals gehegten Erwartungen entsprochen.»[305] Peinlich wirkt die abschliessende Erkenntnis des alternden Professors, der gegenüber den angehenden Akademikerinnen sein Mitleid zur Schau trägt: «Und gar die frischen, jungen Mädchen taten mir leid. Ich fürchte, manche ruinieren durch die wissenschaftlichen Strapazen ihren Teint, und wenn wir sie mit einer Brille vorn, einem Buckel hinten und innen mit einer Herzneurose endlich übern Berg gebracht haben, so stehen sie zu nichts zu brauchen vis-à-vis de rien.»

Bleibt noch beizufügen, dass Faesis Weisheiten nicht für seine ganze Generation verbindlich sind, denn viele seiner Zeitgenossen erkannten früh, wie berechtigt die Forderungen der Frauen nach Gleichstellung waren.

Immerhin, Staat und Gesellschaft blieben bis weit ins 20. Jahrhundert hinein eine Männerdomäne.

Christlicher Antijudaismus – bürgerlicher Antisemitismus

Die Juden im europäisch-christlichen Raum sahen sich in der Geschichte Anfeindungen ausgesetzt, die sie unter verschiedenen Titeln in die Rolle von Aussenseitern verwiesen. Der religiös motivierte Antijudaismus erkannte in ihnen die «Feinde Jesu», das sekularisierte Bürgertum empfand sie als Fremdkörper in der Gesellschaft, in Politik und Wirtschaft standen sie im Ruf, als Bankiers der Nationen die unsichtbaren Fäden zu ziehen und Staaten und Ökonomie zu manipulieren. Da lag der Verdacht des «Kosmopolitismus» auf der Hand, was je nach Umständen einem Landesverrat nahekam. Als gegen Ende des Jahrhunderts die Rasse zum Kriterium der Abgrenzung wurde, erlangte der Antisemitismus eine neue, gefährliche Qualität, die schliesslich die Juden in die Vernichtungslager der Nationalsozialisten trieb. In das konstruierte Gebäude der Anklage gegen die semitische Rasse wurden die Argumente des christlichen und des bürgerlichen Antisemitismus eingefügt. Damit war das System nach allen Seiten abgesichert. Man mag an dieser Stelle einen Ausspruch von Hannah Arendt zitieren: «Ideologien haben unter anderem den Zweck, den gesunden Menschenverstand zu ersetzen.»[306]

In der Perspektive eines christlich geläuterten, gemässigten Antisemitismus, wie ihn Herders Staatslexikon im Jahre 1909 produzierte, lautete die zeitgenössische Analyse wie folgt: «Heute steht das Völkerleben unter dem Zeichen des Antisemitismus. (...) In den Volksschichten herrscht teils ein roher, teils ein versteckter, instinktiver Antisemitismus. Der starke materialistische Einschlag im jüdischen Wesen, abstossende Eigenschaften im Charakter der Juden, ihre Skrupellosigkeit im Wirtschaftsleben, ihre egoistische und ungebundene Auffassung vom Erwerbe im Gegensatze zum altruistischen christlichen Solidaritätssystem im wirtschaftlichen Kampfe erzeugen den Antisemitismus, welcher im Völkerleben stets eine chronische, von Zeit zu Zeit akut werdende Erscheinung darstellt. (...) In Anbetracht des tausendjährigen welthistorischen Dramas der Judenfrage ist man versucht, an einen unentrinnbaren Fatalismus zu glauben, mit welchem die Völker zu rechnen haben. Der Antisemitismus in seinen verschiedenen Formen drängt nach Massnahmen dem Übergewichte des Judentums gegenüber. Die erfolgreichste Bekämpfung und Ausmerzung der Schädlichkeiten des Judentums würde dann erreicht, wenn die Gesellschaft wieder zu der Einfachheit, zum Idealismus des Christentums zurückkehrte und durch diese Wiedererneuerung des gesamten Lebens in Kultur, Politik, Wissenschaft, Erwerb das Judentum zwänge, sich der hohen sittlichen Kraft des Christentums zu beugen. Ausnahmegesetze von Staats wegen stehen im Widerspruche mit der persönlichen und staatsrechtlichen Freiheit.»[307]

Gegen Ende des 19. Jahrhunderts manifestierte sich in ganz Europa ein neuartiger Antisemitismus. Er war das Ergebnis einer komplexen Entwicklung, die in jedem einzelnen Staat besonderen Regeln folgte. Im Zeichen des Liberalismus hatten sich die nationalen Gesellschaften auf eine rechtliche Gleichstellung aller Bürger hin bewegt und damit auch die Emanzipation der Juden aus ihrem Ghettodasein ermöglicht. Was staatsrechtlich verhältnismässig einfach zu realisieren war, erwies sich im Alltag als ein Prozess, der an seiner eigenen paradoxen Zielsetzung scheiterte. Über die Konsequenzen einer Gleichstellung der Juden schrieb Hannah Arendt: «Auch lag in der Tatsache, dass gerade der Nationalstaat auf der Höhe seiner Entwicklung den Juden die legale Gleichberechtigung sicherte, bereits ein kurioser Widerspruch. Denn der politische Körper des Nationalstaats war ja gerade dadurch von allen anderen unterschieden, dass für die Aufnahme in den Staatsverband die nationale Abstammung und und für die Bevölkerung insgesamt ihre Homogenität entscheidend waren. Innerhalb einer homogenen Bevölkerung waren die Juden zweifellos ein fremdes Element, das man daher, wollte man ihm Gleichberechtigung zugestehen, sofort assimilieren und wenn möglich zum Verschwinden bringen musste.»[308]

Die Emanzipation der Juden im 19. Jahrhundert zeigt, dass sich Staat und Gesellschaft nicht gleichsetzen lassen. Was das Gesetz verordnete, wurde von den Bürgern nicht in jedem Fall vollzogen. Hannah Arendt stellte die These auf, wonach nicht der Nationalstaat, sondern der auf diese Phase folgende Imperialismus den extremen Antisemitismus produziert habe. Das mag für Deutschland zutreffen. In Frankreich dominierten in der Agitation gegen das Judentum die nationalen Optionen. Blickt man auf die europäische Szene, so stellt man fest, dass der Antisemitismus nicht auf den Nationalstaat angewiesen war, aber von seiner Ideologie profitierte. In Österreich standen sich jüdische Gemeinschaften und einzelne Nationalitäten gegenüber. Antisemitismus war ein gesellschaftliches und mentales Phänomen, das von Fall zu Fall politische Dimensionen annahm. Dabei traten die religiösen Argumente in der Hintergrund. Der Liberalismus hatte im christlichen Europa nicht nur die Religion beiseite gedrängt, unter seinem Einfluss lösten sich die im Westen niedergelassenen Juden weitgehend von den strengen Gesetzen der Thora.

Die jüdische Gemeinschaft wurde zusehends in eine kollektive Minderwertigkeit gedrängt, obschon einzelne Gruppen in Wirtschaft und Wissenschaft hervorragende Plätze besetzten. Es gab Versuche, den Antisemitismus international zu verankern, doch die rassistischen Eiferer fanden auf nationaler Ebene bessere Entfaltungsmöglichkeiten.

Ein mit der Gleichstellung der Juden wachsender Antisemitismus erfasste auch die Schweiz. Das Land hatte die Emanzipation der jüdischen Bevölkerung mit zeitlicher Verzögerung zugelassen und damit die weit verbreitete Meinung bestätigt, wonach die Hindernisse in Republiken schwieriger zu beseitigen waren als in Monarchien.

Die demokratische Mitsprache erwies sich in der sogenannten «Judenfrage» als ernsthafte Belastung.[309] Auf der andern Seite trat auch der neue Antisemitismus in der Schweiz mit Verspätung auf. Die traditionelle Abneigung gegen die Juden war fester Bestandteil der eidgenössischen Mentalität, wobei Stereotypen aus dem religiösen und aus dem gesellschaftlichen Bereich wirkten. Parolen aus dem Ausland nahm man zur Kenntnis, doch man pflegte mit Vorliebe den im eigenen Land gewachsenen Antisemitismus. Von daher ergab sich ein pragmatischer Umgang mit den Ideologien, die über die Grenze drangen. Rassismus zum Beispiel war in einem Land, das sich nicht im deutschen Sinne als Nation verstand, fehl am Platz.

Antisemitismus trat in Europa kaum als autonome politische Bewegung in Erscheinung, denn er liess sich nicht mit einer sinnvollen Doktrin begründen. Er spielte jedoch als Nebeneffekt in konkreten historischen Situationen eine bedeutende Rolle. So förderte der Kulturkampf in Deutschland in den konservativen Kreisen den Hass gegen die Juden, und für die alldeutschen Ideologen war der Kampf gegen die angebliche «jüdische Weltverschwörung» allemal ein lohnender Programmpunkt. In Frankreich war die Affäre Dreyfus für die Action française ein beispielhafter Testfall, aus dem sich Chauvinismus entwickeln liess. Die Rezeption in der Schweiz bestand aus Stimmungen und Vorurteilen. Direkte politische Konsequenzen ergaben sich aus dem hausgemachten Antisemitismus.

Wie eng deutsche Innenpolitik und antijüdische Agitation miteinander verbunden waren, zeigte sich bei der Reichsgründung. Otto von Bismarcks Einstellung gegenüber den Juden war zwiespältig. Der Kanzler sparte nicht mit antisemitischen Äusserungen. Er unterhielt aber enge persönliche Beziehungen zu seinem Berater Gerson Bleichröder, einem jüdischen Bankier, der in der europäischen Finanzwelt als wichtige Figur galt.[310] Bleichröder handelte nach dem Deutsch-Französischen Krieg in Zusammenarbeit mit dem Hause Rothschild die finanziellen Friedensbedingungen zwischen den beiden Ländern aus und fand dabei eine für Frankreich erträgliche Lösung.

Im Deutschen Kaiserreich rechnete man die Juden zum liberalen Lager, was keine eindeutige Standortbestimmung bedeutete. So gerieten sie bei Bismarcks Kulturkampf mehr oder weniger freiwillig in eine Position, die ihnen die Feindschaft der katholischen und der protestantischen Konservativen eintrug. Es entstand eine polemische Literatur gegen die «Talmudjuden», die von Autoren wie August Rohling und Constantin Frantz angeführt wurde. Rohling, Professor der Exegese des Alten Bundes in Prag, warf den Juden vor, sie versuchten aus religiösen Gründen die Weltherrschaft zu erlangen. Frantz war als Anhänger eines föderalistischen Grossdeutschland ein erbitterter Gegner Bismarcks. Zum Vorgehen des Reichskanzlers gegen die katholische Kirche meinte er: «Welch ein Vergnügen jetzt dieser Kulturkampf für die Juden ist!» In diesen Chor stimmte Wilhelm Emanuel Freiherr von Ketteler ein, Bischof von Mainz und Baumeister des politischen Katholizismus in

Deutschland. Er sprach vom «frechen jüdisch-freimaurerischen, vom Hass gegen das Christentum erfüllten Liberalismus».[311] Damit deutete er eine angebliche Komplizenschaft an, die fortan als Schlagwort ihren Platz in der antijüdischen Polemik fand, ein Klischee, das auch in der Schweiz übernommen wurde. Bis zum Ersten Weltkrieg traten in katholischen Publikationen Juden, Freimaurer, Liberale und gelegentlich auch kosmopolitische Sozialisten als Repräsentanten einer antichristlichen Verschwörung auf.[312]

Die antisemitische Bewegung der Kulturkampf-Zeit litt in Deutschland unter dem Stigma, dass sie von einem «Kartell der Verlierer» getragen war. Später ergaben sich neue Bündnisse. Der Reichskanzler wandte sich von seinen liberalen Verbündeten ab und schwenkte, wie es seiner Natur besser entsprach, ins konservative Lager hinüber. Die politisch engagierten Juden gerieten zwischen die Fronten. Eine ungeahnte Ausweitung erlebte der Antisemitismus durch Reden und Schriften des Hofpredigers Adolf Stoecker, der auch die erste antisemitische Partei gründete. In Berlin kämpften «der jüdische und der christliche Geist um die Herrschaft», befand der Hofprediger.[313] Kampf gegen das Judentum war nicht sein einziges Anliegen. Als Konservativer misstraute er der sekulären kapitalistischen Wirtschaft mit ihrer Industriegesellschaft, kämpfte gegen den Vorrang der Städte, gegen den Sozialismus.

Stoecker fand Unterstützung beim Historiker Heinrich von Treitschke, der zwar nicht offen die Gleichberechtigung der Juden anfocht, aber die «Judenfrage» in die allgemeine Diskussion einbrachte. Gelehrte und Wirtschaftsführer, unter ihnen Theodor Mommsen und Werner von Siemens, protestierten gegen den Versuch, die jüdische Minderheit in Verruf zu bringen und Ausnahmegesetze zu fordern. In einer Erklärung gaben sie ihrer Sorge Ausdruck: «Wie eine ansteckende Seuche droht die Wiederbelebung eines alten Wahnes die Verhältnisse zu vergiften, die in Staat und Gemeinde, in Gesellschaft und Familie Christen und Juden auf dem Boden der Toleranz verkündet haben. Wenn jetzt von den Führern dieser Bewegung der Neid und die Missgunst nur abstrakt gepredigt werden, so wird die Masse nicht säumen, aus jedem ziellosen Gerede die praktischen Konsequenzen zu ziehen.»[314]

Es begann die Zeit der Propheten einer Rassenlehre, die im Namen der germanischen Herkunft für die kulturelle Homogenität Deutschlands fochten. Paul de Lagarde, Vorkämpfer des deutschen Volkstums, sprach zwar mehr von Kultur als von Rasse, wenn er die «Entgermanisierung» der Deutschen beklagte, geriet aber in den Bereich der Biologie, da er in einem bakteriologischen Diskurs zur Frage der Rassentrennung kategorisch erklärte: «Mit Trichinen und Bazillen wird nicht verhandelt ..., sie werden so rasch und so gründlich wie möglich vernichtet.»[315] Als Erzieher des deutschen Volkes trat August Julius Langbehn auf, genannt der «Rembrandtdeutsche». In seinem 1890 erschienenen Buch «Rembrandt als Erzieher, von einem Deutschen», forderte er eine neue, auf geistigen und religiösen Werten ruhende Organisation der «deutschen Menschheit». Die überaus edlen Visionen Langbehns vermochten den latenten Antisemitismus nicht zu verbergen. Die Juden seien «eine vorbeiziehende Pest und Cholera», meinte er. Die absolute Verherrlichung der germanischen Rasse war dem Briten Houston Stewart Chamberlain, dem Schwiegersohn Richard Wagners, vorbehalten. Sein Buch «Die Grundlagen des XIX. Jahrhunderts» wurde zur Bibel des gebildeten Publikums. Die Apotheose des deutschen Volkstums ging unter anderem mit der Verdammung des Judentums einher, das Chamberlain als minderwertig, aber gefährlich einschätzte.[317] Kaiser Wilhelm II. war ein begeisterter Leser der völkischen Fibel, deren Dogmen später von den Nationalsozialisten dankbar aufgenommen wurden.

Lagarde prägte den Begriff von der «Verjudung» der Gesellschaft, mit dem er einen sich in allen Bereichen ausdehnenden jüdischen Einfluss meinte, ein Stichwort, das bald auch in der Schweiz zu vernehmen war. Richard Wagner hatte bereits im Jahre 1869 eine Schrift über «Das Judenthum in der Musik» publiziert, in der er den Einfluss der Juden im musikalischen Leben beklagte. Auf Kritik an seiner Polemik reagierte er wehleidig und glaubte sich von den «Musikjuden» verfolgt.[318] Er jammerte über das angebliche Dogma der «musikalischen Judenschönheit» und die über das deutsche Kunstwesen hereingebrochene Kalamität à la Offenbach, der sich die übertölpelten Christen ausgeliefert hatten. Felix Mendelssohn-Bartholdy war Zielscheibe einiger Attacken, Jean-Jacques Offenbach konnte als Exempel jüdisch-französischer Leichtlebigkeit präsentiert werden.

Das anti-emanzipatorische Schrifttum verfehlte seine Wirkung bei den deutschen Intellektuellen und in breiten Kreisen der Bevölkerung nicht. Die Teilnahme der Juden an der deutschen Kultur war unerwünscht. Judenfeindschaft verbarg sich oft hinter vornehmen Wendungen, doch gab es auch Formulierungen, die man als verdeckte Aufforderung zum Genozid verstehen konnte. Eine antisemitische Stimmung herrschte an den Universitäten in den Burschenschaften, rassistische Parolen von Langbehn erreichten auch die Jugendbewegung der «Wandervögel». Der «Rembrandtdeutsche» hatte die Losung ausgegeben: «Die Jugend gegen die Juden!»[319]

Judenfeindliche Doktrinen waren in den Programmen des Alldeutschen Verbandes und des Vereins für das Deutschtum im Ausland zu finden. Diese Lehren wurden auch in der Schweiz zur Kenntnis genommen, wo sie in deutschtümelnden Kreisen als Bestandteil der germanischen Überzeugung galten. Im Deutschen Reich war antijüdische Gesinnung in der Gesellschaft nicht verwerflich, denn man wusste, dass auch Kaiser Wilhelm II. gegenüber der jüdischen Gemeinschaft keine freundlichen Gefühle hegte. Der Monarch hielt dennoch engen Kontakt zu prominenten Juden, die am Hof ein und aus gingen. Zu ihnen gehörten der Bankier Max Warburg, der Industrielle Walter Rathenau und Albert Ballin, Generaldirektor der Hamburg-Amerika-Linie (HAPAG). Intellektuelle und Künstler suchte man in diesem Kreis vergeblich. Man sprach von den «Kaiserjuden», die Wilhelm II. den Hof machten und ihn mit Geschenken und Spenden überhäuften.[320] Nun war aber weder mit Loyalität noch mit Liebedienerei die dauerhafte Freundschaft des Kaisers zu erlangen. Diese Erfahrung stand den Juden noch bevor. Der Antisemitismus erreichte in Deutschland seinen Höhepunkt, als die Betroffenen ihren Einfluss im öffentlichen Leben schon weitgehend eingebüsst hatten.

Die antijüdische Agitation in Deutschland stand in jeder Phase in enger Beziehung zu den Vorgängen in Österreich. In Deutsch-Österreich wirkten die für das erneuerte Deutschtum typischen Kräfte. Bei den übrigen Nationalitäten der Donaumonarchie traten jeweils andere Formen des Antisemitismus auf. Vor allem in den Regionen mit slawischen Mehrheiten hatten die Juden zu leiden. Sie fühlten sich, sofern ihnen die Wahl blieb, in ihrer Mehrheit dem deutschen Kulturkreis zugehörig. Eine gewisse Sicherheit bot dabei die tolerante Haltung von Kaiser Franz Joseph, der im Gegensatz zu Wilhelm II. den Antisemitismus verurteilte. Wie im Deutschen Reich bot das Judentum in Österreich ein sozial differenziertes Bild. Den in den Städten des Westens niedergelassenen Juden, die sich oft in komfortabler Situation befanden, standen die sogenannten «Ostjuden» gegenüber, deren Lage sich ständig verschlechterte. Ein Teil dieser Bevölkerungsgruppe suchte ihr Heil in der Emigration nach Übersee.

In Wien entstand im Jahre 1887 das Bündnis der Vereinigten Christen, eine unheilige Allianz von antiklerikalen Liberalen und antisemitischen Katholiken, die als Programm die «Entjudung» des öffentlichen Lebens anstrebten. Aus dem zerstrittenen Lager der Liberalen war Georg von Schönerer hervorgegangen, Anführer der antijüdischen Polemik. Er gab bald auch alldeutsche Parolen von sich und wurde damit zum Gegner der Habsburger Monarchie. Kritik am Kapitalismus – der Börsenkrach von 1873 wirkte nach – war begleitet von Angriffen gegen das jüdische Bankensystem. Auf der Linie Schönerers bewegten sich die studentischen Korporationen, die in Österreich wesentlich antisemitischer auftraten als in Deutschland.

Das im Jahre 1882 eingeführte allgemeine Wahlrecht brachte die Handwerkerkorporationen und den antijüdisch gesinnten untern Mittelstand ins politische Geschäft. Ihr Mann war Karl Lueger, Volkstribun und opportunistischer Demagoge, der als katholischer Sozialreformer agierte und ein Bündnis zimmerte, das vom reaktionären Klerus über das katholische Bürgertum bis zur Christlich-sozialen Arbeiterpartei reichte. Der Versuch liberal gesinnter, mit der Monarchie verbundener Bischöfe, die judenfeindliche Stimmung in der österreichischen Kirche einzudämmen, wurde von Papst Leo XIII. blockiert. Karl Lueger war der Mann des Vatikans, wenn es um religiösen Eifer und um den Kampf gegen den Sozialismus ging.

Der Antisemit Lueger war inzwischen Bürgermeister der Stadt Wien geworden und hatte damit eine ideale Plattform für seine weltweit zur Kenntnis genommene Agitation gewonnen. In seiner antisemitischen Rhetorik drohte er den Juden im Jahre 1904 mit Pogromen nach russischem Muster: «Ich warne die Juden in Wien, nicht auch so weit zu gehen, wie ihre Glaubensgenossen in Russland und sich nicht allzusehr mit den sozialdemokratischen Revolutionären einzulassen. (...) Wir in Wien sind Antisemiten, aber zu Mord und Totschlag sind wir bestimmt nicht geschaffen. Wenn aber die Juden unser Vaterland bedrohen, dann werden auch wir keine Gnade kennen.»[321] Karl Lueger starb im Jahre 1910. Seine Doktrinen wirkten lange über seinen Tod hinaus. In der Schweiz fand er in katholischen Kreisen getreue Adepten.

Der Glaube, Antisemitismus sei ausschliesslich eine Angelegenheit reaktionärer Kräfte und Mentalitäten, beruht auf einem historischen Irrtum. Nicht jede konservative Partei war zum vornherein antisemitisch, nicht jede sozialistische Gruppierung ein für allemal tolerant. Das zeigt ein Blick auf die Geschichte des Judentums in Frankreich. Die französischen Juden waren seit dem Mittelalter verschiedenartigen Bedrängnissen ausgesetzt, genossen aber auch Privilegien. Das hängt mit dem seltsamen Verhältnis der Juden zum Staat zusammen, dem sie als Geldverleiher und Bankiers zur Seite standen, ohne Teil der zugehörigen Gesellschaft zu sein. Hannah Arendt hat daraus eine vor allem für Frankreich gültige Regel abgeleitet, die so lautet: «Da die Juden die einzige Schicht der Gesellschaft waren, auf die der Staat sich in gleich welcher Form und unabhängig von allen Regierungswechseln verlassen konnte, war jede Klasse der Gesellschaft, die mit dem Staat als solchem in Konflikt geriet, antisemitisch geworden, weil die Juden die einzige Gruppe waren, die innerhalb der Nation den Staat zu repräsentieren schien.»[322]

Es waren die «Hofjuden», die als Berater und Geldgeber den Monarchen dienten, ohne mit dieser Tätigkeit politische Ambitionen zu verbinden. Zu dieser Garde gehörte noch im 19. Jahrhundert der Bankier Bleichröder, der Bismarcks Deutschen Krieg von 1866 finanzierte und einige Jahre später mit dem Hause Rothschild die finanzielle Hinterlassenschaft des Deutsch-Französischen Krieges ordnete.

Sprach man im 19. Jahrhundert von der «jüdischen Weltverschwörung», so meinte man die Finanzdynastie der Rothschild, die sich in Frankfurt, Paris, London, Neapel und Wien niedergelassen hatte. Die übertriebenen, antisemitisch geprägten Vorstellungen von der geheimen Macht der Juden liessen die Öffentlichkeit vermuten, das Haus Rothschild sei imstande, Kriege auszulösen oder zu verhindern. Ein Phänomen ist bemerkenswert: Im Zeitalter der Nationalstaaten schufen die jüdischen Bankiers ein internationales Finanzsystem, das sich weitgehend der nationalen Kontrolle entzog und unabhängig von den politischen Konstellationen funktionierte.

Die Bindung einiger privilegierter Juden an die jeweilige Monarchie – die seltsame Koalition bestand bis zum Imperium Napoleons III. – bekam den französischen Juden nicht gut. Sie galten als Komplizen reaktionärer Systeme, die sich dem republikanischen Fortschritt in den Weg stellten.

Emanzipation und rechtliche Gleichstellung waren natürliche Vorgänge im Nationalstaat, doch die öffentliche Meinung folgte dieser Bewegung nur zögernd. Die Juden in bevorzugten Positionen legten keinen Wert darauf, dass die ganze

Glaubensgemeinschaft die bürgerlichen Freiheiten erlangte, weil damit die sozialen Hierarchien innerhalb des Judentums eingeebnet wurden. Die Aufklärung hatte sich wenig judenfreundlich gezeigt. Antisemitische Töne waren auch von den Sozialphilosophen Charles Fourier und Pierre-Joseph Proudhon zu vernehmen. Syndikalisten und Sozialisten unterschiedlicher Schattierung pflegten den Mythos vom internationalen Banken-Kapitalismus der Familie Rothschild. «Rothschild ennemi de la France» wurde zum Schlagwort eines national gefärbten Antisemitismus.[323] Die Bewegung wurde von einem antijüdisch gestimmten revolutionären Kleinbürgertum getragen, einer singulären Erscheinung in Europa.

Der über die europäischen Nationen in den achtziger Jahren hereinbrechende neue Antisemitismus führte in Frankreich zwei Bewegungen zusammen, die sich einzig in ihrer Feindschaft gegen die Juden einig waren: die antisemitischen Sozialisten und die judenfeindlichen Katholiken und Konservativen. Ihr vereintes Gedankengut wurde vom Judenhasser Edouard Drumont, dem «antijüdischen Abgeordneten» von Algier, in seinem 1886 publizierten Buch «La France juive» präsentiert. Das penible Werk war gewissermassen das Handbuch der antijüdischen Agitation. Der fanatische Demagoge focht mit groben Simplifizierungen gegen die von ihm entlarvte jüdische Weltherrschaft. Er sprach von der «action satanique des juifs» und von der permanenten Gefahr des Landesverrats. Die elsässischen Juden mit deutschen Namen, die im Jahre 1871 auf Grund der verordneten Option nach Frankreich gezogen waren, gerieten in den Verdacht, mögliche Verräter im Sold des Deutschen Reichs zu sein. Im übrigen müssten – so die These von Drumont – die jüdischen Vermögen enteignet und die rechtliche Gleichstellung rückgängig gemacht werden.

Die Dritte Republik mit ihrem unsicheren Kurs zwischen wechselnden ideologischen Fronten bot den Juden wenig Sicherheit. Von Krisen und Affären geschüttelt, sahen die jeweiligen Regierungen keinen Anlass, sich vor die wenig geschätzte Minderheit zu stellen. Der katholische Klerus agitierte im Namen der Religion gegen Juden und Freimaurer und meinte dabei die Republik, die sich gleichzeitig den Attacken der Monarchisten ausgesetzt sah. Das Zwischenspiel mit dem chauvinistischen General Boulanger hatte nicht nur eine Konfrontation mit Deutschland heraufbeschworen, sondern auch die Demokratie in Gefahr gebracht. Die verunsicherten Gefolgsleute des Haudegens waren nach seinem Verschwinden zu unberechenbaren Aktionen auch gegen die Juden bereit. Es herrschte heillose Zerstrittenheit in der Republik, doch Parteien und Fraktionen konnten sich in einem Punkt finden: im Antisemitismus.

Die Angriffe gegen die jüdische Finanzmacht erfolgten zu einem Zeitpunkt, in dem die Juden ihre Monopolstellung beim Staat schon längst verloren hatten. Sie beteiligten sich an der gewaltig wachsenden Industrie nur in geringem Masse, denn sie waren keine Unternehmer. Einzig bei den Eisenbahnen und in der Schiffahrt wurde jüdisches Kapital investiert. Das war auch beim Bahnbau in der Schweiz der

Fall, wobei die Geschäfte für die französischen Geldgeber zum Teil mit beträchtlichen Verlusten endeten.

Die französische Politik stand in der Dritten Republik im Ruch der Korruption. Wenn Geld im Spiel war, zeigte man auf die Juden, auch wenn sie in den Affären nur eine Nebenrolle spielten. Ein exemplarischer Fall war die Ende der achtziger Jahre erfolgte Pleite der Panamagesellschaft. Fernand Lesseps, der Erbauer des Suezkanals, hatte im Jahre 1879 mit leichtfertigem Optimismus und ungenügenden Mitteln den Kanalbau am Isthmus von Panama begonnen und dabei Menschenleben vernichtet und Kapital verschleudert. Man versuchte, das Unternehmen mit betrügerischen Manipulationen über die Runden zu bringen, bis es schliesslich wie ein Kartenhaus zusammenbrach. Parlament und Regierung hatten sich an gewagten Finanzmanövern beteiligt. Diesmal waren nicht bloss die Banken betroffen, sondern weite Teile der Bevölkerung, da viele Bürger ihr ganzes Vermögen in die Gesellschaft gesteckt hatten. Über eine halbe Million mittelständische Existenzen wurden ruiniert. Auch bei diesem Konkurs blieb der antisemitische Effekt nicht aus, denn auf der Suche nach den Schuldigen traf man unter anderem auf jüdische Spekulanten.

Der Judenhass war eng mit wirtschaftlichen und sozialen Konflikten in der französischen Gesellschaft verbunden. Nationale Dimensionen gewann er mit der Affäre des jüdischen Generalstabshauptmann Alfred Dreyfus, der von einem Militärgericht der Spionage zugunsten des Deutschen Reichs angeklagt und zur Deportation auf die Teufelsinseln verurteilt wurde. Im Zentrum der Anklage stand ein angeblich von Dreyfus geschriebener Brief an den deutschen Militärattaché, das sogenannte «Borderau». Es war noch von weiteren Dokumenten die Rede, doch sie sind nie ans Licht der Öffentlichkeit gelangt.

Später gab der übel beleumdete Generalstabsmajor Esterhazy zu, das «Borderau» gefälscht zu haben. Aus dem Kriminalfall war längst ein Parteienstreit geworden, der die französische Gesellschaft spaltete. Die pathetische Anklage Emile Zolas in seiner Schrift «J'accuse» gegen die ausserhalb der Rechtsnormen stehende Armee führte zur bekannten Konfrontation zwischen «Dreyfusards» und «Anti-Dreyfusards». Immer mehr Anhänger der Republik stellten sich gegen die patriotisch verbrämten Umtriebe einer Koalition zwischen konservativen Katholiken, Monarchisten und der Armee. Starke Politiker wie Georges Clémenceau und Jean Jaurès engagierten sich als «Dreyfusards» und verlangten eine Wiederaufnahme des Prozesses.

Im Verhältnis zu den Juden ergaben sich Veränderungen. Die antiklerikale Linke war fehl am Platz in einer Front mit dem republikfeindlichen Klerus und den Monarchisten, die ihrerseits aus einer eher judenfreundlichen Position in das Lager der antisemitischen Opposition geschwenkt waren. Hier sorgte schliesslich Charles Maurras mit seiner Action française für eine Stimmung, die ans Irrationale grenzte. So belastete der Fall Dreyfus, längst losgelöst von der Person, die Mentalitäten im Lande bis zum Ersten Weltkrieg. Hauptmann Dreyfus war im Jahre 1906 freigesprochen und rehabilitiert worden, ein Akt, den die Armee und die konservativen Kreise nicht zur Kenntnis nahmen.

Kaum ein antisemitischer Vorgang beschäftigte die europäische Öffentlichkeit so intensiv wie der Fall Dreyfus. Meinungen pro und contra waren auch in der Schweiz während Jahren zu vernehmen. Der vermutete Verrat an Frankreich löste anfänglich vor allem in der Romandie scharfe Reaktionen aus. Bald aber überwogen die Zweifel an der Glaubwürdigkeit des juristischen Verfahrens. Die «Affäre» wurde als Signal für die innere Schwäche Frankreichs gedeutet, das durch die Manipulationen selbsternannter Patrioten einer Zerreissprobe ausgesetzt war.

Der französische Antisemitismus berührte die Westschweiz direkt, und die Vorgänge in der nahen Franche-Comté konnten den schweizerischen Beobachtern nicht gleichgültig sein. Nach der Intervention Zolas entwickelten die aufgeregten Patrioten seltsame Aktivitäten, die in eindeutigem Gegensatz zu den Grundsätzen der Republik standen. Neben den Juden wurden weitere Feinde des Vaterlandes ausgemacht wie etwa die Freimaurer und die Protestanten. Ausländerfeindlichkeit breitete sich aus, ein Phänomen, das in dieser Periode in ganz Europa zu beobachten war.[324] Das traf auch die Schweiz, die einen intensiven wirtschaftlichen Austausch mit den Regionen jenseits des Jura betrieb.

Die antijüdische Agitation in der Franche-Comté hatte bereits mit dem Deutsch-Französischen Krieg begonnen. Demographische Veränderungen waren nicht nach dem Geschmack der eingesessenen Bevölkerung. Die aus dem Elsass eingewanderten Landsleute, ob Juden oder Christen, wurden keineswegs freudig aufgenommen. Noch Jahrzehnte später spottete man über den elsässischen Akzent. So befasste sich die Zeitung «La Dépêche» im Jahre 1911 mit einem aus dem Elsass zugezogenen Franzosen – «Herrdoktor Bitterlin» –, der sich in Baume-les-Dames um ein Amt bewarb: «Faudra aussi qu'il corriche son accent car on le gomprend pas très pien et on bourrait le prendre pour un juif d'Alsace.»[325]

In der überhitzten Stimmung der neunziger Jahre fahndete man nach Juden mit deutschen Namen. Lebte einer zufälligerweise in Vesoul, der Hauptstadt der Haute-Saône, und hiess ausserdem Dreyfus, so denunzierten ihn die Zeitungen als deutschen Agenten. In dieser Stadt, einem Zentrum des Antisemitismus, erschien die Zeitschrift «Vesoul Antijuif», die regelrechte Hetzjagden inszenierte. Vorlagen und Anleitung kamen aus der Hauptstadt. Den Juden gleichgestellt wurden von klerikalen Agitatoren die Protestanten in der ehemaligen Grafschaft Montbéliard, die zur lutheranischen Kirche gehörten. In Zeiten nationalistischer Erregung wurden sie oft als Deutsche bezeichnet. Ein Abbé Tournier, der offenbar die «France juive» von Drumont gelesen hatte, schrieb noch 1899 über die Lutheraner von Montbéliard: «Pour la France, le protestantisme est antinational …, le protestantisme protestant du Pays de Montbéliard est tout prussien.»[326] Ein Anhänger von Luther könne im Herzen nicht Franzose sein.

Die Agitation gegen Juden und Protestanten traf auch die in die Franche-Comté ausgewanderten Neuenburger Uhrmacher. Sie waren Protestanten und Ausländer, ein Makel, der nicht so leicht wegzuwischen war. In der Hauptstadt Besançon behauptete sich jedoch eine republikanische Tradition, die gegenüber den Juden Toleranz zeigte. So gedieh in diesen Jahren die bekannte Uhrenfabrik Lip der jüdischen Dynastie Lipmann zu voller Blüte.

Es gab den Versuch, den antijüdischen Reflex in internationalen Vereinigungen einzufangen und über nationale Grenzen hinweg zu steuern, doch derartige Bemühungen waren in ihrer Wirkung beschränkt. Antisemitismus gedieh unter nationalen Bedingungen, die von der jeweiligen Gesellschaft erzeugt wurden. Von daher lassen sich die Theorien über Kontinuität oder Diskontinuität der antisemitischen Bewegungen nicht von einem Land auf das andere übertragen. Die gegen Ende des 19. Jahrhunderts anschwellende antijüdische Grundstimmung war hingegen nicht an Nationen gebunden.

In der Schweiz blieb die jüdische Religionsgemeinschaft länger diskriminiert als in den umliegenden Staaten. Die Bundesverfassung von 1848 brachte den Juden die entscheidenden Grundrechte nicht: die Gleichheit vor Gericht, die Niederlassungsfreiheit, die Glaubensfreiheit und die politischen Rechte.[327] Es bestätigte sich die Annahme, dass in einer Republik die Emanzipation der Juden langsamer vorankam als in Fürstentümern und Monarchien. Von oben verordneter Liberalismus war nicht dem selben Widerstand ausgesetzt wie ein demokratischer Prozess, der in breiten Schichten der Bevölkerung einen Wandel der Mentalität voraussetzte. Als die Bundesverfassung von 1874 endlich Kultus- und Glaubensfreiheit gewährleistete, war die Emanzipation der Juden in Frankreich, Italien, im Deutschen Reich und in der Donaumonarchie längst vollzogen. Man war in diesen Staaten nicht im selben Masse auf die Zustimmung der Bürger angewiesen.

In der kleinräumigen Eidgenossenschaft blieb die sogenannte Judenfrage anfänglich der kantonalen Hoheit überlassen. Das bedeutete, dass die Diskriminierung nicht überall die selbe war. Es gab Kantone, die sich in Bezug auf die Niederlassung liberal verhielten. In Baselland und im Aargau hingegen gaben die besonderen Verhältnisse zu Debatten Anlass, die sich vor allem um die Kompetenzen des Bundes und die Interpretation der Verfassung drehten. Der Landesregierung boten sich Staatsverträge mit ausländischen Regierungen als Ausweg an. Verschiedene Staaten verlangten, dass in Handelsabkommen auch die Niederlassungsfreiheit für ihre Bürger geregelt werde, wobei man gleiche Rechte auch für die Juden geltend machte. Die Schweiz konnte sich dieser Logik, die unweigerlich zu einer Gleichstellung der schweizerischen Juden geführt hätte, lange entziehen.

In den sechziger Jahren liess sich die in Europa weit fortgeschrittene Bewegung der Liberalisierung nicht mehr aufhalten. In seinen Vorschlägen an den Bundesrat vom 24. Mai 1862 schrieb Bundespräsident Jakob Stämpfli, es sei an der Zeit, dass die Eidgenossenschaft die mittelalterlichen Beschränkungen wegräume: «Die Schweiz ist von den alten Schlacken noch nicht ganz befreit. (...) In den Verträgen mit Grossbritannien, Nordamerika und Sardinien hat die Schweiz die Israelitenfrage umgangen; die seitherigen Vorgänge und seitherige Praxis haben bewiesen, dass eine politische Lösung der Frage kaum mehr länger aufgeschoben werden kann.»[328] Wie dringend die Angelegenheit geworden war, erwies sich ein Jahr später nach dem Abschluss eines Handelsabkommens mit den Niederlanden. Das Parlament des Königreichs verweigerte die Ratifizierung des Vertrags, weil die Juden ihren christlichen Mitbürgern nicht gleichgestellt waren.[329]

Jakob Stämpfli wusste bereits im Jahre 1862, dass Frankreich in den kommenden Verhandlungen um einen Handelsvertrag Niederlassungsfreiheit für französische Juden fordern würde, und dass in diesem Fall den jüdischen Glaubensgenossen in der Schweiz die selben Rechte eingeräumt werden mussten. Der Anstoss für die Gleichstellung der Juden in der Schweiz kam denn auch von Paris. Das Prozedere, das zu diesem Ergebnis führte, war unschön: Neben Wein, Textilien und Lebensmitteln stand die jüdische Glaubensgemeinschaft in den Verhandlungen als Tauschobjekt zur Debatte. Baselland gab zu verstehen, dass man gegen eine Emanzipation der Juden nichts einzuwenden habe, wenn Frankreich den Zoll auf Seidenband senke.

Die französischen Interventionen zugunsten der Juden, die in den ersten Jahren des Bundesstaats einsetzten, gründeten nicht auf rein humanitären Motiven. Sie waren teilweise durch die unsichere Lage der israelitischen Gemeinschaft im Elsass bedingt, die für ständige Unruhe an der Grenze und im Kanton Baselland sorgte. Das geht aus einem Schreiben von Bundesrat Henry Druey an den schweizerischen Geschäftsträger in Paris, Joseph Barman, vom Dezember 1848 hervor, das sich auf die Berner Kantonsregierung berief: «Le Gouvernement du Haut Etat de Berne vient de me transmettre l'extrait d'un rapport du préfet de Porrentruy, en date du 21 de ce mois, par lequel on voit qu'il se prépare en Alsace un nouveau mouvement contre les juifs. Pour échapper à la colère des populations, un grand nombre de familles israélites vont, dit-on, émigrer en Suisse, comme aux mois de février et de mars derniers. L'irritation contre ces gens est si grande que les habitants du Sundgau (HautRhin) cherchent à acheter des armes dans les districts suisses du voisinage et à exiter les villages de notre frontière contre les juifs; ils vont même jusqu'à les menacer d'incendie s'ils donnent asile aux émigrés. Le Gouvernement bernois a donné les ordres nécessaires pour interner les familles juifes qui se réfugieraient dans le canton.»[330] Die Schweiz werde die jüdischen Flüchtlinge nur vorübergehend aufnehmen, liess Bundesrat Druey der französischen Regierung mitteilen.

Einige Jahre später beklagte sich Frankreich darüber, dass der Kanton Baselland französische Juden ausgewiesen habe. Sie hätten mit illegalen Aktivitäten gegen kantonale Gesetze verstossen, schrieb die Landesregierung im Januar 1852 dem französischen Botschafter: «Bien que plusieurs séjournassent déjà depuis lomgtemps dans le canton, il est de fait qu'aucun d'eux n'a jamais obtenu la permission de s'y établir et d'y exercer une industrie, mais ainsi que le Conseil fédéral a déjà eu l'honneur de l'exposer dans sa réponse du 7 novembre dernier, ils ont eu recours à la ruse et enfreints les lois, notamment en mettant en avant d'autres personnes comme prétendus propriétaires d'une industrie, en les faisant passer comme employers ou en usant d'autres expédients semblables.»[331] Die Bevölkerung von Baselland sei deshalb sehr aufgebracht. Die französische Diplomatie hatte eine rechtliche Gleichstellung der schweizerischen Juden gefordert, was von der Landesregierung als ungebührliche Einmischung in innere Angelegenheiten gewertet wurde. Eine fremde Regierung könne von der Schweiz nicht eine Änderung der Verfassung verlangen.

Später gab man sich in dieser Frage weniger selbstbewusst. Als man in Bern im Jahre 1862 über einen Handelsvertrag mit Frankreich nachdachte, hatte sich die Landesregierung, wie Jakob Stämpfli meinte, mit einer veränderten Stimmungslage auseinanderzusetzen. Im selben Jahr geschah im Aargau ein Rückfall in eine antijüdische Agitation, die mit der spannungsgeladenen Atmosphäre in religiösen Angelegenheiten zu erklären war. Seit der Klosteraufhebung im Jahre 1841 standen sich im Kanton die von Augustin Keller angeführten Aarauer Radikalen und eine bedrängte katholische Minderheit gegenüber, deren Mentor der populistische Journalist Johann Nepomuk Schleuniger war, der in Klingnau die katholische Zeitung «Die Botschaft» gegründet hatte.[332] Man war im untern Aaretal traditionell antisemitisch. Entscheidend war dabei nicht ein christlicher Anti-Judaismus, wenn auch dieses Argument in den Vordergrund geschoben wurde, sondern ein handfester Judenhass, der sich gegen die benachbarten jüdischen Gemeinden Endingen und Lengnau richtete.

Im Frühjahr 1862 erliess der Grosse Rat des Kantons Aargau ein Gesetz, das die Einbürgerung der Juden ermöglichte. Schleuniger und sein konservativer Anhang, mit ihren konfessionellen Anliegen stets in Minderheit, sah in einer antijüdischen Aktion einen Anlass, die von ihm stets beschworenen Volksrechte ins Spiel zu bringen. Auch durfte er mit dem Beifall von rückwärts gewandten Bürgern in den reformierten Landesteilen rechnen. Eine Gleichstellung der Juden lehnte Schleuniger aus religiösen und historischen Gründen ab: «Der Abgrund, welcher das Judentum vom Christentum scheidet, ist so breit, so tief, so allseitig, dass er durch nichts ausgefüllt und verebnet werden kann. Man kann den Juden das Bürgerrecht geben, aber es wird nie gelingen, sie zu Schweizern zu machen. (…) Die Schweiz ist geschichtlich ein Vaterland der Christen … die Juden haben geschichtlich keinen Teil daran.»[333]

Es gelang dem katholischen Politiker, den Kampf gegen die Emanzipation auch in den reformierten Landschaften des Kantons zu einem Anliegen breiter Bevölkerungsschichten zu machen. Der Populist von Klingnau sprach vom Tempel der Volksfreiheit, von Volkseintracht und Konfessionsfrieden. Ein Komitee, in dem beide Konfessionen vertreten waren, die sogenannten «19 Döttinger Mannli», betrieb

Abberufung und Neuwahl des Grossen Rates und eine Revision des Judengesetzes. Das kantonale Parlament wurde schliesslich in einem Plebiszit mit 25 000 gegen 9400 Stimmen nach Hause geschickt. Bei der Entscheidung war nicht allein Antisemitismus massgebend. Die Herrschaft Augustin Kellers und seiner Freunde, ihrerseits intolerant und autokratisch, sah sich einer Front von verärgerten Zeitgenossen gegenüber, die in diesem Volksentscheid alte Rechnungen beglichen. Der neue Grosse Rat, der den Vorstellungen Schleunigers besser entsprach, revidierte das umstrittene Gesetz und machte die Einbürgerung der Juden rückgängig.

Der Triumph der Emanzipationsgegner hielt nur kurze Zeit an. Der nicht mehr zeitgemässe Umgang des Aargau mit den Juden wurde zur eidgenössischen Angelegenheit. Am 27. Juli 1863 suspendierte die Bundesversammlung das judenfeindliche Gesetz und machte damit den Weg frei zur rechtlichen Gleichstellung der israelitischen Bürger.[334] Damit war gleichzeitig ein Hindernis auf dem Weg zu einem neuen Handelsvertrag mit Frankreich aus dem Weg geräumt. Schleuniger selber stellte später die Behauptung auf, hinter den französischen Forderungen habe eine «fremde Geldmonarchie» gestanden und der Bundesrat habe die Seele des Landes an die Rothschilds verkauft.[335]

Bei der Teilrevision der Bundesverfassung, um die es bei der Volksabstimmung vom 14. Januar 1866 ging, stand noch einmal die «Judenfrage» zur Debatte. Mit knapper Mehrheit wurde die Niederlassungsfreiheit gewährt, die Kultusfreiheit hingegen abgelehnt. Das Ergebnis zeigt, dass Feindschaft gegen die Juden nicht allein eine Sache des katholischen Bevölkerungsteils war.

Der katholische Antisemitismus bewegte sich in der Schweiz auf verschiedenen Ebenen und begnügte sich nicht mit dem mittelalterlich anmutenden Bannspruch, der seit Jahrhunderten über den «Feinden Jesu» hing. Konservative Katholiken vermuteten eine antikirchliche Allianz zwischen Juden und Radikalen, obschon es an schlüssigen Anhaltspunkten fehlte. Judenfeindlich verhielt sich der romtreue Katholizismus in der Zeit des Kulturkampfs.[336] Er übernahm unbesehen Parolen aus Deutschland, die eine Verschwörung von Liberalen, Juden und Freimaurern vermuten liessen. In der neuen Bundesverfassung vom 29. Mai 1874 erfolgte die rechtliche Gleichstellung der jüdischen Glaubensgemeinschaft. Das bedeutete keineswegs, dass nun Toleranz und Verständnis einkehrten. Peinlich waren die Kommentare des sonst so besonnenen Luzerners Philipp Anton von Segesser, der erklärte, die Juden gehörten nicht nur einer andern Religionsgemeinschaft an, sie seien Mitglieder einer eigenen «Nation». Ihr Ziel sei die «Zerstörung der christlichen Gesellschaft».

Antisemitismus bedurfte einer breiten mentalen Basis, wenn er etwas bewirken sollte. Wenn es gelang, die Judenfrage von der religiösen auf eine politische Ebene zu schieben, war sie nicht mehr konfessionellen Zwistigkeiten ausgesetzt. In dieser Richtung wirkte auch die anti-kapitalistische Soziallehre des in die Donaumonarchie emigirierten Freiherrn von Vogelsang. Die Konservativen beider Konfessionen fanden sich in einem gutbürgerlichen Antisemitismus, wie er eine Generation später in Wien von Bürgermeister Karl Lueger gepflegt wurde.

Antijüdische Stimmung wurde bis zum Ersten Weltkrieg in die katholische Bevölkerung getragen. Die schweizerische Geistlichkeit wirkte tüchtig mit. Der rassistisch inspirierte Antisemitismus prägte in dieser Zeit die Mentalität bis weit ins Bürgertum hinein. Also brauchte auch die Kirche keine Rücksichten zu nehmen. Antisemitisches Vokabular wurde in den verschiedenen Volkskalendern ausgebreitet, die oft als einzige Lektüre den geistigen Haushalt der ländlichen Bevölkerung bestimmten. Als hervorragendes Beispiel mag «Benziger's Marienkalender» dienen, eine Schrift, die in Zusammenarbeit mit dem Kloster Einsiedeln redigiert wurde und in grosser Auflage in die Stuben schweizerischer und süddeutscher Katholiken gelangte. Deutsche Autoren, unter ihnen Mönche der Abtei, vermittelten ein deutsch geprägtes Weltbild, das in seltsamer Übereinstimmung einen strengen Katholizismus mit dem protestantischen Kaisertum Wilhelms II. verband. In der «Jahresrundschau», geschrieben vom Freiämter Dorfpfarrer Burkhard Villiger, fehlte es nicht an devoten Verbeugungen vor dem Monarchen. Nicht zu übersehen war ein primitiver Anti-Judaismus, der das Unheil in der Welt auf «Judenliberale», Freimaurer und Sozialisten zurückführte. Der Autor nahm Mass an den von Karl Lueger in Wien vorgelebten Grundsätzen. Dazu rechnete er den Kampf gegen «jüdische Freidenker» an den Universitäten, ohne dass er in der Schweiz bestimmte Personen ausfindig machen konnte. Hingegen beklagte er den Umstand, dass in Innsbruck «verjudete Professoren», wie er meinte, die farbentragenden katholischen Studenten verfolgten. Als nach dem Tod von Bürgermeister Lueger im Jahre 1910 die christlichsoziale Partei in der Donaumonarchie die Wahlen verlor, war das angeblich zu einem nicht geringen Teil der «Judenpresse» und dem jüdischen Kapital zu verdanken.

War von Frankreich oder Italien die Rede, so liess der «Marienkalender» alle Hemmungen fallen. Die Politik des Deutschen Kaiserreichs gab die Richtung an. Das war man den Scharen von Pilgern schuldig, die von Süddeutschland nach Einsiedeln strebten. Italien war – entstanden aus dem Raub des Kirchenstaats – in den Augen vieler Katholiken eine völkerrechtswidrige Konstruktion, also brauchte man im Umgang mit seinen Politikern nicht leise zu treten. Hier konnte der Kalendermann seine antijüdischen Gefühle an Personen ausleben: Ministerpräsident Giorgio Sonnino war der «aalglatte Jude», zu seinem Nachfolger Luigi Luzzatti fiel Burkard Villiger der einfältige Spruch ein: «Ein tapferer Jud geht niemals unter».[338]

Der in Deutschland und Frankreich um die Jahrhundertwende verbreitete, vom Rassedenken bestimmte Antisemitismus drang ungehindert in die Schweiz ein. Er richtete sich unter anderem gegen die sogenannten «Ostjuden», die in grosser Zahl aus Russland und Österreich anreisten und versuchten – sofern sie nicht die Vereinigten Staaten als Ziel im Auge hatten –, sich in der Schweiz niederzulassen. Noch im Jahre 1912 bemühte sich der Zürcher Stadtrat, die Einbürgerung osteuropäischer Juden zu verhindern.[239] Wenn es um antijüdische Agitation ging, waren die Grenzen des Landes durchlässig. Das in diesen Jahren vordringende Deutschtum war mit rassistischem und antisemitischem Gedankengut angereichert, so dass auch von dieser Seite her einer Gleichstellung der Juden gesellschaftliche Schranken gesetzt wurden. Studentenverbindungen schlossen jüdische Studenten aus ihren Reihen aus. Im Jahre 1893 kam es zu dem in Europa einmaligen Schächtverbot, das nach einer eidgenössischen Volksabstimmung in die Bundesverfassung gelangte. Der Staatsrechtler Carl Hilty hatte die Initiative bekämpft, doch seine liberalen Argumente konnten die Mehrheit der stimmberechtigten Bürger nicht überzeugen.

Die bürgerliche Gesellschaft diffamierte bei Gelegenheit auch den ungeliebten Sozialismus als «jüdisch», waren doch führende Sozialdemokraten jüdischer Abstammung.[340] Man erwähnte das «semitische Element» in der sozialistischen Bewegung. Es fiel nicht schwer, von da einen Bogen zur Frauenbewegung zu spannen, die mit dieser Gleichsetzung in doppelter Weise blossgestellt wurde. C. G. Jung sprach in seiner Auseinandersetzung mit Sigmund Freud schon vor dem Ersten Weltkrieg vom «jüdischen Materialismus» und stellte sich in die völkisch-rassistische Tradition von Julius Langbehn und Houston Stewart Chamberlain.[341]

Eine Integration der israelitischen Glaubensgemeinschaft in die Gesellschaft kam bis auf weiteres nicht zustande, obschon es keine rechtlichen Hindernisse mehr gab. Für die schweizerische Bevölkerung standen andere Prioritäten im Vordergrund.

Die Schweiz in der «Belle Epoque»

Um 1900 hatte die «Belle Epoque» in Europa viel von ihrem Glanz eingebüsst. Was zwanzig Jahre zuvor als Zeichen des unaufhaltsamen Fortschritts gesehen wurde, erzeugte Misstrauen: die grandiosen technischen Innovationen, die Veränderung der Städte und der Landschaft, die Präsenz einer übermächtigen Wirtschaft, die immer mehr das Leben bestimmte und sich gleichzeitig der gesellschaftspolitischen und sozialen Verantwortung entzog. Das demographische Wachstum war ausser Kontrolle geraten und glich den Vorgängen in einem Treibhaus. Die Jahrhundertwende gab Anlass zu gelehrten Analysen und gedanklichen Konstruktionen, die zwischen Utopie und Resignation schwankten. Der Glaube, dass eine neue Zeit beginne, war in manchen Köpfen lebendig, doch die Vergangenheit mit Traditionen und Zwängen jeglicher Art blieb gegenwärtig.

Der Genfer Paul Seippel, Dozent am Eidgenössischen Polytechnikum in Zürich und Moderator zwischen den schweizerischen Kulturen, nahm Mass am Land. In seinem dreibändigen Werk «Die Schweiz im 19. Jahrhundert» prüfte er gemeinsam mit kompetenten Mitarbeitern die vergangenen hundert Jahre.[342] Der liberale Professor bemühte sich um ein optimistisches Bild, konnte aber negative Erscheinungen nicht übersehen. Er schrieb in einer abschliessenden Betrachtung: «Die Schweiz ist nicht mehr das ‹Hirtenland›, das es noch im letzten Jahrhundert war; sie entwickelte sich vielmehr langsam zum Industriestaate, und mehr und mehr füllen sich die Reihen der Arbeitssklaven der Fabriken, die ihrerseits das Kleingewerbe vernichten. So kommt es, dass der Maître Horloger von Genf und La Chaux-de-Fonds, der einst in seinem Familienheim … das in seinem Namen gezeichnete Stück ‹con amore› bearbeitete, eine solch seltene Erscheinung geworden ist, dass man ihn bald zu den Ausgestorbenen wird zählen müssen. Seine Söhne nehmen bereits die Kontrollnummer in der Industrie-Kaserne, und da sie verurteilt sind, ihr Leben lang stets die nämliche mechanische Arbeit zu verrichten, so entbehrt diese jeden geistigen Stempels. Die Leute gehören mit zum Räderwerk der ungeheuern, für den Kapitalismus arbeitenden Maschine, die zwar einen grossen Ertrag abwirft, aber eben in ihrer Eigenschaft als Maschine der Integrität des menschlichen Lebens keine Beachtung schenkt. Das ist die furchtbare Kehrseite des materiellen Fortschritts, den die menschliche Gesellschaft erzeugte; aus ihr entstanden die Klassenkämpfe.»[343] Der vorsichtige Literat Seippel hütete sich, Empfehlungen für das beginnende Jahrhundert auszusprechen. Sein Wunsch: man möge im Jahre 2000 seine möglicherweise fehlerhaften Urteile richtigstellen.

Seippels Glaube an den heterogenen Nationalitätenstaat Schweiz, schon um die Jahrhundertwende von verschiedenen Seiten angefochten, hielt auch den spätern Belastungen stand. So bemühte sich der Romand in Zürich im Oktober des Jahres 1916 – also mitten im Ersten Weltkrieg – in einem Vortrag in Genf den Westschweizern die Natur der Deutschschweizer nahezubringen: «Wie ist also der Charakter unserer deutschen Eidgenossen beschaffen?» Seippels Antwort: «Sie besitzen eine für das Leben ausserordentlich nützliche Eigenschaft, die uns nur zu sehr abgeht: die Fähigkeit, sich gewissenhaft zu langweilen. Keine Arbeit, sie mag noch so trocken und mühselig sein, schreckt sie ab. Jeder tut seine Arbeit an seinem Platz und führt sie so pünktlich und gut aus, wie es nötig ist, ohne sich um das zu bekümmern, was um ihn herum vorgeht. Die Summe all dieser mit mustergültiger Pünktlichkeit verrichteten Arbeitsleistungen macht eine wohlgeordnete Gesellschaft aus, die so das Maximum des Nutzens erzielen kann. Wir können uns zu einer ähnlichen Ordnung des Lebens nicht verstehen.»[344]

Jeder Versuch, zu einem gemeinsamen Bewusstsein aller Landesteile zu finden, war gewagt, denn die Mentalitäten bewegten sich keineswegs auf einen Konsens zu. In der deutschsprachigen Schweiz war nach der Meinung der Romands das Deutschtum im Vormarsch. Die Westschweizer wurden von der deutsch sprechenden Mehrheit gelegentlich mit Herablassung behandelt, als seien sie die Besiegten von Sedan. Von der italienischen Schweiz erwartete man in Bern und Zürich Wohlverhalten. Politische Turbulenzen mit Italien trübten meist auch die Stimmung gegenüber dem Tessin.

Die Befindlichkeit der Sprachregionen und Kulturen ergab sich aus dem in Europa gültigen Zeitgeist, der im jeweiligen Raum unterschiedliche Stimmungen erzeugte. Die Wahrnehmung der aktuellen Fragen in der Willensnation Schweiz war durch vielfältige historische Erfahrungen geprägt, die von Fall zu Fall besondere Reaktionen erzeugten. Föderalismus und Zentralismus nicht allein in der Politik und in den Institutionen, sondern auch im geistigen Haushalt. Man hatte sich auf einige Grundmuster geeinigt, die sich aus der eigentümlichen Lage der Schweiz ergaben. Das Programm nahm sich bescheiden aus: Patriotischer Jubel war erlaubt, wenn auch die Motive banaler und die Anlässe seltener wurden. Der Aufschwung des Jahres 1848 mit seinem missionarischen Eifer hatte längst einer Bescheidenheit Platz gemacht, die zwar nicht von jedermann geteilt, aber von der offiziellen Schweiz dokumentiert und von der Diplomatie nach Europa transportiert wurde. Es genügte eben nicht, die Jesuiten zu vertreiben. Die Radikalen hatten so lange ihre Revolution verwaltet, bis sie selber konservativ waren wie ihre einstigen Gegner. Mittelmass galt, wie Paul Seippel lobend erwähnte, als Gütezeichen im eidgenössischen Sonderfall.

Die Verschmelzung regionaler Patriotismen im Zeichen der Helvetia war eine vom Bundesstaat geförderte eindrückliche Leistung, auch wenn sich mancher Historiker von der nationalen Konstruktion schamvoll abwandte. Den Herausforderungen der Gegenwart konnte man jedoch mit historischen Bildern nicht beikommen. Ein Blick auf die Nachbarstaaten offenbarte das Spektrum der grenzüberschreitenden Konflikte, die es zu bewältigen galt. Die Ausrede, ein Problem sei von aussen ins Land getragen worden, war jeweils rasch zur Hand, doch konnte man damit nichts gewinnen.

Die mit der Industrialisierung und dem Diktat der Wirtschaft erzeugten Ängste in der Bevölkerung nahm man seit den siebziger Jahren des 19. Jahrhunderts wahr. Der fortschreitende gesellschaftspolitische Bruch zwischen Bürgertum und Arbeiterschaft verunsicherte beide Seiten. Organisationen wie die Erste Internationale und die verschiedenen Friedensbewegungen entzogen sich der nationalen Kontrolle. «Kosmopolitismus» und «Internationalismus» wurden zu geläufigen Schimpfwörtern. Der Aufstand gegen die Moderne setzte in der Schweiz jedoch spät und zaghaft ein.

Die angeblich vom Ausland produzierten Widerwärtigkeiten traten meist gemeinsam auf. Es gab eine Kette von Problemfällen, die miteinander verknüpft waren, und die immer wieder mit den selben Stichwörtern ins Bewusstsein gebracht wurden: Sozialismus, Feminismus, Antisemitismus, Kosmopolitismus, Rassenfragen. Je nach Standort nannte man auch den Kapitalismus.

Die Versuchung, vor diesem Szenario auf die «Fremden» zu zeigen, war gross. Man sprach von der «Ausländerfrage», und seit dem Jahre 1900 gab es die «Überfremdung», wobei sich die beiden Begriffe nicht deckten.[345] Im Jahre 1912 sprach auch Bundespräsident Forrer von der «Tatsache der Überfremdung». Somit ging das Wort in den amtlichen Sprachgebrauch ein. Parolen gegen Ausländer gehörten in den Nachbarstaaten zum Alltag. In Frankreich zum Beispiel hatte Charles Maurras mit seiner Action française in den neunziger Jahren eine fremdenfeindliche Treibjagd eröffnet, die das Vaterland retten sollte. Die europäischen Nationalstaaten litten an ihren Patrioten.

In der Schweiz nahm man den Einfluss aus dem Ausland in dreifacher Weise wahr: Mit dem Begriff «Überfremdung» meinte man den erheblichen Anteil der Ausländer an der schweizerischen Wohnbevölkerung. In den Städten Zürich, Basel und Genf hatten sich Ausländerkolonien gebildet. Zu Klagen Anlass gab die sogenannte «Fremdenindustrie», die Scharen von Touristen ins Land brachte und – so die landläufige Meinung – dem schnöden Mammon zuliebe die natürliche Landschaft mit Hotelpalästen und Bergbahnen verunstaltete und darüber hinaus die einfachen Sitten der Bergbewohner bedrohte. Eine dritte Gefahr, nicht für jedermann sichtbar, war die wirtschaftliche Präsenz der ausländischen Industriemächte. Darüber gaben die Handelsstatistiken Auskunft, die unter anderem auf den stets ansteigenden Güteraustausch mit dem Deutschen Reich hinwiesen. Frankreich als einst wichtigster Handelspartner hatte seine dominierende Stellung verloren, Deutschland und England übernahmen im Verkehr mit der Schweiz seine Rolle. Wie fatal die Eidgenossenschaft in eine ökonomische Abhängigkeit vom deutschen Kaiserreich geraten war, offenbarte der Disput um den Gotthardvertrag.

Fremdenfeindlichkeit war eine Frage von Ort und Nationalität. Nicht jede Wahrnehmung war für alle Landesteile gültig. Ein in Zürich niedergelassener Deutscher zum Beispiel geriet, sofern er sich in der richtigen Gesellschaft bewegte, weniger in den Ruch des unerwünschten Ausländers als ein italienischer Arbeiter, der unter unerträglichen sozialen Bedingungen sein Leben fristete. Bei derartigen Vergleichen kam unvermeidlich die Rasse ins Spiel, die bei der Beurteilung der Fremdheit ins Gewicht fiel. Da nach zeitgenössischem Verständnis eben diese Rasse die Schweizer nach Sprachregionen trennte, konnte es geschehen, dass in der deutschen Schweiz ein deutscher Staatsbürger als weniger «fremd» empfunden wurde denn ein Romand oder ein Tessiner.

Vor dem Ersten Weltkrieg war jeder siebente Einwohner der Schweiz ein Ausländer. An der Spitze der Einwanderer standen die Deutschen und die Italiener, während sich der Zustrom der Franzosen in bescheidenen Grenzen hielt. Die Gäste aus dem Reich liessen sich vor allem in den grösseren Städten nieder. Die Italiener verteilten sich einigermassen gleichmässig über das ganze Land. In fünf Kantonen lag der Anteil der Niedergelassenen mit fremder Staatsangehörigkeit über einem Fünftel der Wohnbevölkerung: In Genf, Basel-Stadt, Tessin, Schaffhausen und Zürich.[346] Im Jahre 1910 lebten, gemessen an der gesamten Bevölkerung, in der Stadt Genf

41,1 Prozent, in Basel 37,8 Prozent und in Zürich 33,8 Prozent Ausländer. Als der Erste Weltkrieg ausbrach, schätzte man die Zahl der Ausländer in der Eidgenossenschaft auf 600 000. Dann aber gingen die Zahlen drastisch zurück, denn die wehrpflichtigen Männer verliessen die Schweiz und begaben sich zu ihren militärischen Einheiten.

Sprach man von Ausländerkolonien, so meinte man in erster Linie die Deutschen in Zürich und Basel und die Franzosen in Genf. Die Ausländer in der Schweiz entwickelten national und gesellschaftlich geprägte Verhaltensmuster, die im Gastland bestimmte Reaktionen auslösten. In der Deutschschweiz erzeugte die Einwanderung der Italiener fremdenfeindliche Gefühle, in der Westschweiz rief die Allgegenwart der Deutschen das Schreckgespenst des «Pangermanismus» auf den Plan.

Die deutsche Präsenz im Lande folgte einem ähnlichen Schema wie der Aufstieg Deutschlands von der territorialen Zerstückelung der Monarchien und Fürstentümer zur Einheit des Kaiserreichs. Für die Schweiz bedeutete das konkret: Die Vereinigungen der Emigranten wandelten sich in Kolonien deutscher Bürger, die selbstbewusst ihr verspätetes Deutschtum pflegten. Der Umstand, dass die Deutschen in der Schweiz sich in zwei Fraktionen spalteten – die dem neuen Reich ergebenen bürgerlichen Patrioten und die Sozialisten unterschiedlicher Couleur – änderte nichts am deutschen Charakter beider Kontrahenten.[347] Zu ihren Charaktereigenschaften gehörte ein Gefühl der Überlegenheit über die Bevölkerung des Gastlandes. So sprach man von «Eingeborenen», wenn von Schweizern die Rede war. Diese Gesinnung manifestierte sich in der deutschen Kolonie in Zürich, die aus dem gesellschaftlichen Leben der Stadt nicht wegzudenken war. Sie legte mit gewohnter Gründlichkeit ein Netz von Vereinen und Institutionen an, die das nach allen Seiten abgesicherte deutsche Wesen gewährleisteten.

Nach der Reichsgründung bestand die Kolonie nicht mehr ausschliesslich aus Professoren, Schriftstellern und Künstlern. Inzwischen hatten sich Geschäftsleute in grosser Zahl niedergelassen, die sich in komfortablen Positionen einrichteten. Die üblichen reichsdeutschen Rituale wurden auch in der Schweiz begangen: Man feierte den Sedantag und den Geburtstag des Kaisers. Auch im Alltag herrschte ein deutscher Rhythmus. Die Eidgenossenschaft wurde nur bedingt als Ausland betrachtet. Der Anstoss zur Gründung des Alldeutschen Verbandes war von Zürich ausgegangen, und der Flottenverein pflegte hier den Gedanken an deutsche Kolonien. Als Kolonie durfte man, seit die alldeutsche Ideologie voranschritt, auch die Schweiz betrachten. Die zahlreichen Vereine, zusammengefasst im Deutschen Reichsverein, bildeten die Klammer, welche die Deutschen zusammenhielt. Man sang deutsch, man turnte und man ruderte deutsch. Dem Reich wohlgesinnte Schweizer wurden zugelassen. Auch Österreicher waren willkommen, soweit sie sich nicht in eigenen Vereinen tummelten. Das Gefühl, der selben «Rasse» anzugehören, liess Nationalitäten und Staatsgrenzen als unerheblich erscheinen.

Deutsche Handwerker und Arbeiter, meist tüchtige Fachleute, gaben in verschiedenen Berufen den Ton an. In den Kleinbetrieben wurde erst spät zwischen Arbeitgeber und Arbeitnehmer unterschieden, denn beide befanden sich in der selben sozialen Lage. Die Deutschen trafen sich in der ersten Jahrhunderthälfte in den Arbeiterbildungsvereinen, die sich ihrem Namen entsprechend mehr mit der Bildung ihrer Mitglieder als mit sozialen Anliegen befassten. So verhielt es sich in Zürich zum Beispiel mit der «Eintracht», die später zu einem Zentrum der sozialpolitischen Agitation wurde. Mancher Deutsche, so etwa der Sachse Herman Greulich, nahm das Schweizer Bürgerrecht an und warf sich in der neuen Heimat ins politische Geschehen. Die stets aktiven Deutschen waren in der schweizerischen Arbeiterbewegung unentbehrlich, erregten aber mit ihrem forschen Stil Anstoss. Sie traten den Schweizern nicht bloss am Arbeitsplatz als Konkurrenten entgegen, sondern dozierten den Einheimischen auch das Einmaleins des Sozialismus. In ihrer Dialektik waren sie den biederen Pragmatikern im Lande überlegen, machten sich aber unbeliebt, weil sie sich allzu laut als Schulmeister einer rückständigen Nation gebärdeten.

Kein europäisches Land erlebte zwischen 1880 und dem Ersten Weltkrieg eine so massive Auswanderung wie Italien.[348] Die Bewegung entstand auf Grund der ständig schlechter werdenden Existenzbedingungen in der Landwirtschaft, die wegen ihrer überholten Strukturen einen beträchtlichen Teil der Bevölkerung nicht mehr zu ernähren vermochte. Die emigrierten italienischen Landarbeiter betätigten sich in den jeweiligen Gastländern meist nicht im Agrarbereich, sondern in andern Berufen. Die Schweiz mit ihren wirtschaftlich günstigen Bedingungen war ein bevorzugtes Ziel. Hier waren die Italiener im Eisenbahn- und Strassenbau sowie in der Textil- und Maschinenindustrie zu finden. Die Einwanderung wurde durch die im Jahre 1882 eröffnete Gotthardbahn erleichtert. So transportierten Arbeiterzüge allein im April des Jahres 1900 gegen 50 000 Stellensuchende durch die Alpen.

Der Zuzug der Italiener vollzog sich in zweifacher Weise. Es gab die Auswanderung von Arbeitern und Berufsleuten, die sich mehr oder weniger definitiv in der Schweiz niederliessen. Ebenso wichtig war die Saisonwanderung, die Arbeitskräfte aus den italienischen Grenzregionen, den Provinzen Como, Sondrio, Bergamo und Brescia ins Land führte. Darum registrierte man je nach Jahreszeit recht unterschiedliche Zahlen für die italienischen Kolonien. Auch die regionale Verteilung war vom jeweiligen Angebot an Arbeitsplätzen abhängig. Beim Bau der Gotthardbahn, an Simplon, Lötschberg und beim Grenchentunnel ergaben sich in den beteiligten Kantonen aussergewöhnlich hohe Bestände an italienischen Arbeitern. Die für die italienische Emigration typischen demographischen Bewegungen liessen die Kolonie selten zur Ruhe kommen. Die Italiener gehörten zu einem guten Teil zu den sozial unterprivilegierten Schichten, standen in einem oft ungleichen Wettbewerb mit den einheimischen Arbeitern und wurden lange Zeit als Lohndrücker verachtet. Ihr

Verhältnis zu den schweizerischen Kollegen war stets von Turbulenzen überschattet. Im Berner Käfigturm-Krawall von Juni 1893 prügelten arbeitslose Schweizer Bauarbeiter auf Italiener ein, im Jahre 1896 gingen die «Italienerkrawalle» in Zürich-Aussersihl in Szene, bei denen italienische Bürger aus ihren Wohnungen vertrieben und in Strassenschlachten aus dem Quartier gejagt wurden.[349]

In den schweizerischen Gewerkschaften fanden sich die Italiener nicht zurecht, denn sie stiessen mit Umgangsformen und Lebensstil auf Ablehnung. Mit der Zeit stiegen sie selber in Arbeitskämpfe ein, um die Lebensbedingungen zu verbessern. Dabei kümmerten sie sich wenig um die Regeln der schweizerischen Arbeiterorganisationen. Im Bürgertum vermutete man hinter den Gästen aus dem Süden Sozialisten und Anarchisten, denen man jegliche Schandtat zutraute. Als der italienische Anarchist Luigi Lucheni in Genf im Jahre 1898 die österreichische Kaiserin Elisabeth ermordete, schien sich der Verdacht in den Augen der Öffentlichkeit zu bestätigen. Bei alledem fehlte es den schweizerischen Zeitgenossen nicht an einer von Rassedenken inspirierten Überheblichkeit, da man Menschen aus dem lateinischen Süden zum vornherein als minderwertig einstufte.

Die Anwesenheit einer bedeutenden italienischen Kolonie in der Schweiz schaffte soziale Probleme, warf aber auch politische Fragen auf. Die Regierung in Rom liess ihre Bürger im Ausland nicht aus den Augen, aber sie verfolgte dabei eine zwiespältige Politik. Auf der einen Seite überwachte sie, soweit es die schweizerischen Behörden zuliessen, das politische Verhalten der Italiener in der Eidgenossenschaft. Es war kein Geheimnis, dass sozialistische Aktivisten wie der junge Benito Mussolini gegen den italienischen Staat agitierten. Verschwörungen lagen stets in der Luft. Die Monarchie erwartete Mitwirkung der schweizerischen Behörden oder zumindest stilles Einverständnis mit der Präsenz italienischer Polizei im Lande. Das ging über das in einer Demokratie tolerierbare Mass hinaus. Ein typisches Beispiel war der von beiden Seiten ungeschickt angegangene Fall Silvestrelli, der zum vorübergehenden Abbruch der diplomatischen Beziehungen führte. Anderseits kümmerte sich die italienische Regierung in vorbildlicher Weise um das Schicksal der Auswanderer. Sie ging gegen die dubiosen Agenten vor, die gegen teures Geld minderwertige Arbeitsplätze im Ausland beschafften und anschliessend ihre ahnungslosen Landsleute im Stich liessen. Im italienischen Auswanderungsgesetz von 1901 schuf die Regierung ein Auswanderungsamt, das in den einzelnen Ländern Informationen besorgte, Arbeitsverträge überwachte und den Emigranten mit praktischer und rechtlicher Hilfe beistand. Daneben gab es private Fürsorge: die sozialistisch ausgerichtete «Umanitaria» und die katholische «Bonomelliana», zwei Institutionen, denen man in der Schweiz gelegentlich Einmischung in innere Angelegenheiten vorwarf.[350]

Es lässt sich nur ahnen, wie weit die Feindschaft gegen die Italiener durch die Parolen eines aggressiven Deutschtums gefördert wurden. Die Tessiner erlebten die Folgen im eigenen Land. Der Deutschschweizerische Sprachverein setzte sich nicht nur mit der französischen Sprache auseinander, sondern auch mit dem italienischen Einfluss in der Schweiz. So schrieb der Historiker Hektor Ammann, der von Eduard Blocher in seinen germanophilen Studien gefördert wurde, während des Ersten Weltkriegs eine Abhandlung über «Die Italiener in der Schweiz». Mit umfangreichem statistischem Material gerüstet, focht er gegen die nicht aufzuhaltende italienische Einwanderung, räumte aber ein, dass das Land daraus Nutzen zog: «Die italienischen Wanderarbeiter, besonders die Bauhandwerker, sind heute zu einem durchaus unentbehrlichen Glied des schweizerischen Wirtschaftslebens geworden.»[351] Von den italienischen Arbeitern sprach er mit der bekannten nordischen Arroganz, die man im Umgang mit der lateinischen Spezies der Menschheit pflegte: «Sie gehören meistens den ärmlichsten, kulturlosesten Schichten der italienischen Bevölkerung an. Die Analphabeten sind unter ihnen zahlreich. Deshalb sind auch ihre Ansprüche an das Leben die denkbar bescheidensten. (…) Geistige Bedürfnisse kennen die Leute fast gar nicht. Das alles ermöglicht es ihnen natürlich, den grössten Teil von ihrem Verdienst auf die Seite zu legen. Fast alle sind sehr sparsam, das meiste Geld schicken sie nach Hause, den Rest nehmen sie bei der Rückkehr mit. Auf diese Weise wandern alljährlich grosse Summen aus der Schweiz nach Italien.»

Die Sparsamkeit der Italiener und die Tatsache, dass Geld in die Heimat zurückfloss, wurde in der schweizerischen Öffentlichkeit oft negativ gewertet. So gelangte man zu einer fragwürdigen Bilanz der italienischen Arbeit in der Schweiz. Eine Integration der Italiener in die Gesellschaft der Deutschschweiz galt als schwierig. Es fehlte dazu die Bereitschaft der ungeliebten Gäste aus dem Süden, und ausserdem war man über die Gefahren eines «Rassengemischs» aufgeklärt worden.

Zu viele Ausländer im Lande konnten für die Schweiz gefährlich werden. Das war um die Jahrhundertwende eine weit verbreitete Meinung. Der Einfluss fremder Staatsbürger im Bereich der Wirtschaft war beträchtlich und auch in Politik und Gesellschaft zu spüren. Man sprach von Assimilierung und Einbürgerung, um den Druck zu mindern, doch da gab es zahlreiche Hindernisse. Die Deutschen waren, sofern sie sich in soliden Positionen befanden, nicht auf das schweizerische Bürgerrecht angewiesen. Nach deutschem Recht war eine doppelte Staatsbürgerschaft ohnehin nicht zugelassen.

In den deutschen Kolonien im Lande wurde Anpassung eher von Seiten der Schweizer erwartet. Einer Einbürgerung der Italiener hingegen stand die Tatsache entgegen, dass sie als «fremde Rasse» galten, in wirtschaftlich und sozial inferioren Verhältnissen lebten und pauschal dem sozialistischen Lager zugerechnet wurden.

Eine konsequente eidgenössische Regelung war nicht zu erreichen, denn das Bürgerrecht blieb eine Angelegenheit der Gemeinden und der Kantone. Die Forderung nach einer direkten schweizerischen Staatsangehörigkeit wurde gelegentlich erhoben und dann prompt wieder verworfen. Nach Bundesrecht war eine Einbürgerung möglich, wenn ein Ausländer einen zweijährigen ordentlichen Wohnsitz in der Schweiz nachweisen und glaubhaft versichern konnte, dass «der Eidgenossenschaft keine Nachteile erwachsen».[352]

Jahrelange Debatten um Assimilierung und Einbürgerung brachten nur unbedeutende Veränderungen. Es gab vor allem keine Gewähr, dass die richtigen Anwärter das Bürgerrecht erlangten. Da die Gemeinden oft mehr Gewicht auf die pekuniären Vorteile als auf die staatsbürgerlichen Tugenden des Bewerbers legten, geriet der Vorgang in den Geruch eines unwürdigen Schachers. Minder bemittelte Arbeiter konnten die Einbürgerung nicht bezahlen, dagegen machte man besser verdienende Ausländer zu Bürgern, auch wenn sie gar nicht in der Gemeinde wohnten. Im Jahre 1903 wurde ein «Bundesgesetz betreffend die Erwerbung des Schweizerbürgerrechtes» erlassen, das mit einigen Vorbehalten auf dem «ius soli» gründete und den Kantonen erlaubte, den auf ihrem Territorium geborenen Kindern von Ausländern das Bürgerrecht zu verleihen. Das gut gemeinte Gesetz blieb toter Buchstabe, denn kein Kanton machte von dieser Möglichkeit Gebrauch.[353] Man sprach von «Zwangseinbürgerung», die den Bedürfnissen des Landes in keiner Weise gerecht werde.

Einige Politiker gaben sich Illusionen über die Bedeutung des Schweizer Bürgerrechts hin. So meinte Bundespräsident Forrer im Jahre 1912, das schweizerische Wesen übe «eine so gewaltige Assimilationskraft aus, wie wir es in Europa sonst nirgends finden».[354] In Tat und Wahrheit erwies sich der Sonderfall Schweiz für die Ausländer nicht als so attraktiv, dass sie um jeden Preis das demütigende Prozedere der Einbürgerung auf sich nehmen und in die neue Nationalität einsteigen wollten. Es wanderten in den ersten zehn Jahren des 20. Jahrhunderts 203 484 Personen in die Schweiz ein, eingebürgert wurden aber nur 34 625 Ausländer.[355] So blieb die hohe Präsenz der Ausländer in der Eidgenossenschaft bis zum Ersten Weltkrieg ein Stein des Anstosses.

Die europaweiten demographischen Bewegungen förderten die in allen Staaten wachsende Fremdenfeindlichkeit. In ihr fanden sich jene Kräfte, die gegen die Zwänge der übermächtigen Industriewelt kämpften und mit gewagten ideologischen Konstruktionen und dem Rückgriff auf angebliche Tradition Gegenwelten aufbauten, die jedoch der Realität nicht standhielten. Der Protest gegen die neue Zeit stiess an Grenzen, denn die Gesellschaft war nicht bereit, auf die Annehmlichkeiten des verpönten Fortschritts zu verzichten. Einen Ausweg suchte man in übersteigertem Nationalismus, der innen und aussen scharfe Grenzen zog.

Die gesellschaftlichen und kulturellen Strukturen der Schweiz waren teils autochthon gewachsen, teils von aussen bestimmt. Dass die mentale Befindlichkeit sich nach Sprachregionen gliederte, unterschiedlichen Kräften ausgesetzt war und sich immer mehr aufspaltete, wurde lange nicht wahrgenommen. Es fehlten die kulturellen Kontakte und die persönlichen Begegnungen im eigenen Land. Die Sprachen wirkten trennend. An die Stelle der gemeinsamen Identität traten folkloristische Rituale wie Sänger-, Schützen- und Turnfeste. Bei diesen Gelegenheiten wurde ein rekonstruiertes Geschichtsverständnis gepflegt. Es galt, den hereindringenden politischen, wirtschaftlichen und militärischen Druck der Grossmächte durch patriotische Gesten zu kompensieren, die von der Verunsicherung des Kleinstaats ablenkten. Man schwankte zwischen Überheblichkeit und Kleinmut. Dabei kamen die Deutschschweizer nicht ohne Anleihen im Deutschen Reich aus, das mit nationalem Pomp stets zur Verfügung stand.

Einen Höhepunkt an schwülstiger Rhetorik bot Bundesrat Eduard Müller in seiner Festansprache am Eidgenössischen Turnfest in Basel im Jahre 1912. Mit deutschem Vokabular – fern vom schweizerischen Sprachgebrauch – begrüsste er die Turner «aus Helvetiens Gauen».[356] Es war die Rede vom «Blut der Väter» und von den Schlachten der Ahnen. Das Turnfest ging auf dem Schlachtfeld von St. Jakob in Szene. Also bot sich ein fragwürdiger Vergleich an: «Wo ist der Sterbliche, der in solchen Augenblicken nicht den Pulsschlag einer patriotischen Ader fühlte? Hier, im Angesicht der blutgetränkten Gefilde von St. Jakob, wo eine Heldenschar für des Vaterlandes Freiheit und Ehre fiel! Heute, wo an dieser geweihten Stätte zehntausend jugendliche Streiter im friedlichen Kampfe Zeugnis ablegen von des Landes kraftvoller Entwicklung.» Wenn der schwadronierende Bundesrat die «jugendlichen Streiter» auf einen Kampf mit einem imaginären Feind einstimmte – man wusste nicht, wer gemeint war –, so bewegte er sich mit seinem Pathos im geistigen Rahmen, den das militarisierte Europa vorgab.

Für die Festmusik am Turnfest in Basel hatte man die Musikkorps der beiden deutschen Infanterieregimenter 171 und 172 eingeladen, die in Colmar und Neu-Breisach stationiert waren. Dieser Vorgang gehörte schon längst zum Alltag. In der Ostschweiz und in Zürich marschierte an Festtagen die Konstanzer Regimentsmusik auf. Theodor Curti meldete in seiner «Geschichte der Schweiz im XIX. Jahrhundert» Bedenken an, ging aber rasch zur Tagesordnung über: «Dass die Konstanzer Regimentsmusik zu grossen Schweizerfesten berufen wurde, hat Anstoss erregt, aber ein verständiger Patriotismus ehrte die Leistungen und hielt gute Nachbarschaft.»[357]

Um die Jahrhundertwende war die Identität der Schweiz ein häufig erörtertes Thema. Meist geriet der Diskurs zu kurz, denn der von aussen diktierte Zeitgeist prägte in Verbindung mit historischen Versatzstücken ein Bild, das mit den Realitäten nicht übereinstimmte. Ein Dialog zwischen Kulturen, Gruppen der Gesellschaft und Sozialpartnern fand nur in Ansätzen statt. Der übliche Pragmatismus verleitete Politiker und Bürger dazu, sich mit dem status quo zufrieden zu geben, lebten die Eidgenossen doch in einer vergleichsweise heilen Welt. Man kokettierte mit der Kleinheit des Landes und machte daraus eine Tugend, verschwieg aber nicht, dass etwas mehr Grösse durchaus genehm wäre.

Jahrzehnte später umschrieb der Berner Historiker Richard Feller die psychische Disposition mit den folgenden Worten: «Das Mittlere ist das Naturmass des Schweizers; es reizt ihn selten, das Problem in reinem Vergessen bis in die entlegensten Schlupfwinkel zu verfolgen, um ihm die letzten Geheimnisse abzufordern.»[358] Dazu gehörte, dass sich Schweizer Historiker – von einigen Ausnahmen abgesehen – lieber mit dem klassischen Altertum als mit der heiklen Zeitgeschichte befassten. Richard Feller beleuchtete das eidgenössische Mittelmass mit einem Zitat, das er den unerschöpflichen Sinnsprüchen Carl Hiltys entnahm: «Der schweizerische Typus ist nicht Verfeinerung irgend einer Art, die uns nie gelingen wird, sondern Einfachheit, Redlichkeit, Treue, Kraftgefühl, frischer Mut und hülfsbereiter Edelmut.»

Die mit so viel Biederkeit vorgetragene Selbstschau bezog sich auf die deutsche Schweiz. Anklänge an das im Deutschen Reich erklingende Lied von deutscher Tüchtigkeit und Treue waren nicht zu überhören, obschon Carl Hilty sich stets um eine gewisse Distanz zum Deutschtum bemühte. Das deutschnationale Vokabular hatte auch die schweizerische Werteskala besetzt –, an sich ein in der Sprachengemeinschaft unvermeidlicher Prozess. Es blieb das Problem der Deutschschweizer, trotz der kulturellen Verwandtschaft einen gesunden Abstand zum politischen Deutschland zu wahren. Das häufige Schwanken zwischen Anbiederung und «Deutschenhass» war Stimmungen unterworfen, die jeweils durch Signale aus dem Reich gesteuert wurden.

In Lebens- und Freizeitgestaltung, in Literatur und Kunst waren deutsche Vorbilder präsent, die man nicht beiseite schieben durfte. Die eigene Kreativität reichte nicht aus, wenn man mit der europäischen Entwicklung mithalten wollte. Anleihen waren nicht zu vermeiden. Augenfällig wurde die Verlegenheit beim beliebten Volksgesang der Männerchöre, der «Freiheit» und «Vaterland» beschwor. Die «Heimatliebe» hatte ihren Preis: In der in grossen Auflagen erschienenen «Sammlung von Volksgesängen für Männerchor» von Ignaz Heim standen die Lieder «Schweizertreue» und «Schweizer-Schlachtgesang» neben «Deutschen Mannes Sinn».[359] Wie es um den Sinn des deutschen Mannes bestellt war, zeigt die letzte Strophe: «Vaterland! Heimatgau! Stets auf deutsche Treue bau'! Sie verlässt Dich nicht in Nöthen, soll auch Blut das Schlachtfeld röthen.»

Hans Georg Nägeli, der «Sängervater», hatte die Dürftigkeit des eidgenössischen Repertoires schon früh im 19. Jahrhundert erkannt und auf einen Trick hingewiesen, mit dem die Not zu beheben war. Man möge in den Liedern einfach die Wörter «Deutsche» und «Schweizer» vertauschen.[360] So gelangte man zu grotesken Mutationen, die aber den patriotischen Gefühlen entgegenkamen. Waren die Deutschen «dem König treu und treu dem Vaterland», so erwiesen sich die Schweizer als «der Freiheit treu und treu dem Vaterland». «Deutschland, Deutschland über alles» wurde in der Schweiz übersetzt in «Heimath, Heimath über Alles». Die seltsamen philologischen Übungen der Männerchöre erregten keinen Anstoss. Man wollte an kriegerischem Pathos nicht zurückstehen: «Wo Kraft und Mut in Schweizerseelen flammen, fehlt nie das blanke Schwert beim Becherklang.» So sang man im «Bundeslied».

Die Abhängigkeit von den grossen Nachbarn war nicht zu umgehen: Literatur und Schrifttum der Sprachregionen standen wie auch das Theater in enger Verbindung zur jeweiligen europäischen Kultur. Das erlaubte den Ausbruch aus der eidgenössischen Enge. Für das schweizerische Selbstverständnis fatal konnte sich hingegen die Tatsache erweisen, dass im Zeitalter von Nationalismus und Imperialismus Kultur und Staat gleichgesetzt wurden, so dass Sprache, Literatur und Kunst als Vehikel der Machtpolitik dienten. Das traf jedenfalls auf das kaiserliche Deutschland zu.

In schweizerischen Bücherregalen standen Werke aus deutschen, französischen und italienischen Verlagen. Schweizer Verlage existierten, von einigen Ausnahmen abgesehen, meist nur als im Hinterhaus untergebrachte kümmerliche Abteilungen von Buchhandlungen, die sich eine gewisse Eigenproduktion leisten konnten. Als im Jahre 1914 die Schweizerische Landesausstellung in Bern aufgebaut wurde, entschlossen sich die schweizerischen Buchverlage erst nach einem dringenden Appell der Ausstellungsleitung zur Teilnahme. Der Berner Buchhändler und Verleger A. Francke gab sich in einem Aufsatz im Ausstellungskatalog bescheiden: «Die schweizerischen Verlagsbuchhändler hatten nicht beabsichtigt, sich an der Schweizerischen Landesausstellung 1914 zu beteiligen. Nicht etwa aus Mangel an Sympathie mit dem grossen vaterländischen Unternehmen. An dieser fehlte es wahrlich nicht. Sie sagten sich aber, wohl nicht mit Unrecht, dass die Grosszahl der Besucher ihre Schritte dorthin lenken werde, wo Leben herrscht, wo die Schwungräder kreisen, die Wunder der Elektrizität vorgeführt werden, oder Theater und Gesang Zuschauer und Hörer anlocken. Wer behält da Zeit und Musse für die stillen Bücher ...»[361]

Bei der Zurückhaltung der Verleger mag noch ein anderes Motiv mitbestimmend gewesen sein: Es fehlten wichtige Schweizer Autoren, deren Bücher in deutschen Verlagen erschienen. Francke bedauerte denn auch, dass nur wenige Titel aus schweizerischer Produktion ins Ausland gelangten, und verband damit einen utopischen Wunsch: «Dieses Missverhältnis würde sich bald bessern, wenn die schweizerischen Schriftsteller auch dann ihrem ersten, einheimischen Verleger treu blieben, wenn sie berühmt zu werden beginnen. Wir können ihnen zwar keinen Vorwurf daraus machen, dass sie die verlockenden Anerbietungen ausländischer Verleger annehmen, müssen aber doch der Überzeugung Ausdruck geben, dass ein wirklich bedeutender Dichter auch von der Schweiz aus sich Bahn brechen und ebenso hohe Honorare beziehen könnte, wie er sie jetzt im Ausland erhält. Nur müsste er vielleicht etwas länger warten, ehe das Geld zu fliessen beginnt. Es ist nun einmal dem schweizerischen Verleger nicht gegeben, die Werbetrommel so zu rühren, wie es auf dem grossen Jahrmarkt des Lebens mehr und mehr der Brauch wird.

Wäre es aber nicht ein schönes, erstrebenswertes Ziel, dem schweizerischen Schrifttum durch Handinhandgehen einheimischer Schriftsteller und Verleger Ansehen und Erfolg zu verschaffen?»

Ein Blick in den Katalog zeigt das Manko. Es fehlten die klassischen Werke von Gottfried Keller und Conrad Ferdinand Meyer, nicht vorhanden waren die Zeitgenossen Carl Spitteler, Jakob Schaffner, Jakob Christoph Heer. Von Konrad Falke und Ernst Zahn wurden einige Bücher ausgestellt. Eher peinlich wirkte der Umstand, dass Bücher von Hermann Hesse und Johanna Spyri nur in französischer Übersetzung zu finden waren. Die zeitgenössischen Westschweizer Autoren waren hingegen besser vertreten: Charles Ferdinand Ramuz, Edouard Rod, Virgile Rossel, Gonzague de Reynold, Paul Seippel, Robert de Traz, Benjamin Valloton.

Der Verleger Alexander Francke, Bürger von Bremgarten bei Bern, war seinerzeit aus Schleswig-Holstein in die Schweiz eingewandert und hatte in der Bundesstadt die Buchhandlung J. Dalp übernommen. Er gehörte somit zu jenem Kreis deutscher Buchhändler, die den Buchmarkt in der Schweiz aufbauten und das deutschsprachige Schrifttum nach den in Deutschland geltenden Regeln vertrieben. Der Schweizerische Buchhändlerverein hatte für die Schweiz eine vom Börsenverein des Deutschen Buchhandels festgelegte Marktordnung übernommen, die unter anderem eine über die Grenzen hinweg gültige Preisbindung garantierte. Losungen für das in kulturellen Fragen wichtige Metier wurden in Leipzig ausgegeben. Dort besuchten schweizerische Buchhändler die Buchhändlerschule, um dann als Leipziger «Sortimenter» in die Heimat zurückzukehren. Man legte Wert auf diesen Ehrentitel und erwarb auch die Mitgliedschaft im reichsdeutschen Verband.

Die wenigen Verleger der Deutschschweiz gehörten nach deutschem Vorbild dem Buchhändlerverein an. Produzenten und Händler lebten also unter dem selben Dach, wobei der Buchhandel sein wirtschaftliches und zahlenmässiges Übergewicht geltend machen konnte.

In der Westschweiz waren Buchhandel und Verlag in der «Société romande des libraires et éditeurs» zusammengeschlossen. Hier galten die Regeln des französischen Marktes, der in mancher Hinsicht lockerer gegliedert war. Gemessen an der bescheidenen Ausdehnung des Territoriums bot das Verlagswesen der Romandie eine erstaunliche programmatische Vielfalt. Es gab in den Kantonen ein kulturelles Eigenleben, das im Schrifttum seinen Ausdruck fand und jeden Vergleich mit der deutschen Schweiz aushielt. Im Buchkatalog der Landesausstellung 1914 beklagten sich die Westschweizer Verleger über den französischen Protektionismus auf kulturellem Gebiet: «L'Allemagne est plus hospitalière que la France aux écrivains suisses, comme elle l'est davantage aussi à ses artistes et à ses savants. (…) Le Rhin ne constitue une barrière ni pour l'importation ni pour l'exportation des livres, tandis que le Jura entrave considérablement celle-ci.»[362] Der bescheidene Buchmarkt der italienischen Schweiz war ein integraler Teil des italienischen Buchwesens. Jeder Versuch einer nationalen Abgrenzung hätte kulturell und wirtschaftlich in die Irre geführt.

Über das Verhalten der Zeitgenossen zu Literatur und Schrifttum ist im Grunde genommen wenig bekannt, obschon Zeugnisse in Fülle vorliegen. Das in der Schule vermittelte Weltbild stimmte mit der jeweiligen Realität nur in Bruchstücken überein. In den Schulbüchern wurde eine heile Welt überliefert, die regelmässig um ein halbes Jahrhundert überholt war. Stereotypen präsentierten das Bild: Der Bauer schritt über den Acker, die Frau stand am Herd. Jeder Bürger war beherrscht von der Liebe zum Vaterland. Es fehlten die städtische Welt und die Arbeiter in den Fabriken. Also gab es keine sozialen Fragen. Graf Rudolf von Habsburg, der Landesvater des späteren Aargau, sei einer armen Bauersfrau huldvoll in ihrer Not beigestanden, stand in einer Fibel des Kantons Aargau zu lesen.[363] Christliche Barmherzigkeit sollte über die Ungleichheiten in der menschlichen Gesellschaft hinweghelfen. In den sechziger Jahren des 19. Jahrhunderts verströmte zum Beispiel das von Augustin Keller betreute «Lehr- und Lesebuch für die mittleren und oberen Klassen der Aargauischen Gemeindeschulen» in Form von Anekdoten und Gedichten hausbackene Moral und bot einige Ausblicke auf Natur und weite Welt. Eine Weltschau liess sich allemal aus Erzählungen und Kurzgeschichten bekannter Autoren konstruieren. Damit schuf man ein breites Spektrum, ohne Anstoss zu erregen. In Zürich erschien im Jahre 1876 in neuer Auflage der von Thomas Scherr redigierte «Schweizerische Bildungsfreund». In dem von Georg Geilfus überarbeiteten Werk, das sich «republikanisches Lesebuch» nannte, wurde historisches und naturkundliches Wissen vermittelt, das nicht bloss für die Schule, sondern auch für den Hausgebrauch bestimmt war.[364]

Als der Regierungsrat des Kantons Aargau im Jahre 1913 das «Lesebuch für die Gemeinde- und Fortbildungsschulen des Kantons Aargau» publizierte, hatte sich das Weltbild noch wenig verändert. Das 20. Jahrhundert war kaum zu erkennen. Noch immer lebten die Eidgenossen auf dem Land, Gemsjäger und Strahler bewegten sich in der urtümlichen Bergwelt. Das Wandern war des Müllers Lust, auch wenn moderne Verkehrsmittel zur Verfügung standen. Der technische Fortschritt beschränkte sich auf die Eisenbahnen, so wie man sie fünfzig Jahre früher gekannt hatte. Einblick in die neuere Zeit gewährte Peter Rosegger mit seiner bekannten Erzählung: «Als ich das erstemal auf dem Dampfwagen sass.» Die Schriftstellerin Isabelle Kaiser schilderte den von Naturgewalten bedrohten Nachtexpress am Urnersee, und noch einmal wurde in «Eine Winternacht auf der Lokomotive» das mühselige Leben eines Lokomotivführers vorgestellt.

Der militärische Zeitgeist war inzwischen bis in die Schulbücher vorgedrungen. Deutsche Kriegerromantik mit ihrem frisch-fröhlichen Heldentod machte sich in schweizerischen Schulstuben breit. «Eine Sommerschlacht» von Detlev von Liliencron belehrte die jungen Leser darüber, wie man auf dem Schlachtfeld starb: «Mit kühner Todesverachtung stürze der Soldat sich dem Feind entgegen, und erreicht ihn eine feindliche Kugel, so falle er mit dem erhebenden Bewusstsein, dass es kein schöneres Ende für ihn gibt, als ein ruhmvoller Tod für das Vaterland. (...) Tod und Schlaf, die Brüder, sind bald nicht voneinander zu trennen; so ruht's auf dem

Schlachtfelde.»[365] Texte aus der «Fröschweiler Chronik» des Pfarrers Karl Benjamin Klein gaben dem makabren Gemälde einen christlichen Hintergrund.

Schöngeistige Literatur gehörte zum Bildungsbedarf der Bürger ebenso wie die Kunst. Wie weit das Bemühen auf innerem Bedürfnis und wie weit auf gesellschaftlicher Konvention beruhte, lässt sich nur ahnen. In privaten Bücherregalen standen üblicherweise Klassiker und einige Reiseführer, doch all das in bescheidenen Dimensionen. Nicht jedermann hatte in seiner Bibliothek ein so weitläufiges Bildungsangebot wie der St. Galler Landammann und Politiker Arnold Otto Aepli, dem neben deutschen Autoren auch eine Reihe von französischen Klassikern und Reisebeschreibungen aus aller Welt zur Verfügung standen.[366]

Die neue Literatur bezog man in der Regel aus Leihbibliotheken und Lesevereinen. Vor allem in grösseren Städten konnte sich das Publikum auf Lesegesellschaften verlassen, die für ein aktuelles Angebot sorgten. In Zürich zum Beispiel waren die Museumsgesellschaft und der Lesezirkel Hottingen kulturelle Institutionen mit weiter Ausstrahlung.[367] Hier fand man die neuere Literatur in allen Varianten sowie Zeitungen und Zeitschriften. Um 1900 bezogen die Mitglieder der Museumsgesellschaft wöchentlich ein Buch. Zu dieser Zeit gehörten mehr als 1000 Leser der Vereinigung an. Seit 1894 waren Frauen zugelassen. Zu den bevorzugten Autoren gehörten Paul Heyse, Theodor Fontane, Lew Nikolajewitsch Tolstoi, Hermann Sudermann, Ludwig Ganghofer, Friedrich Spielhagen. Die Bücher wurden den Mitgliedern wöchentlich in Schachteln zugestellt.

Auch in Kleinstädten bemühten sich Lesegesellschaften um ein bürgerliches Publikum. Für die Auswahl war der Geschmack der leitenden Personen, oft Lehrer und Pfarrer, massgebend. In Eglisau zum Beispiel bot die Lesegesellschaft schon im Jahre 1868 gegen 1200 Titel an. Die Werke von Gotthelf fanden offenbar die Gunst des Publikums. Gottfried Keller hingegen war nicht mit allen Büchern präsent. Es fehlte unter anderem der «Grüne Heinrich», der vermutlich trotz der geographischen Nähe zum Schauplatz als allzu schwere Lektüre gemieden wurde.[368]

Zeitungen gab es nicht in allen Haushalten. Möglicherweise war der finanzielle Aufwand zu gross, oder es bestand kein Bedürfnis nach täglicher Information. Hingegen waren deutsche Zeitschriften in vielen Wohnungen zu finden. Unter ihnen nahm die «Gartenlaube» einen bevorzugten Platz ein. Mit betulichem Gehabe und verhältnismässig liberaler Gesinnung brachte sie ihre breit gestreute Thematik an ein dankbares Publikum. Schweizerische Belange wurden regelmässig behandelt. Schliesslich war der Schriftsteller J. C. Heer eine Zeitlang Redaktor der Zeitschrift. Neben der «Gartenlaube» las man «Über Land und Meer» oder die «Deutsche Rundschau». Auf dem Lande hielt man sich populäre Volkskalender, oft die einzige Lektüre während eines ganzen Jahres.

In der Romandie gediehen Zeitschriften besser als in der deutschen Schweiz. Die «Bibliothèque universelle et Revue suisse» und die «Semaine littéraire» waren solide verankert und fanden eine Leserschaft weit über die Westschweiz hinaus. In Zürich erschien «Die Schweiz», ein Blatt für Unterhaltung und Kunst. Andere Versuche waren gescheitert. Theodor Curti meinte in seinem Rückblick auf das vergangene Jahrhundert: «Manche sind, wenn man es offen sagen will, an einem zu einseitigen, ermüdenden Patriotismus zu Grunde gegangen.»[369]

Die Parteien und politischen Gruppierungen, die aus der Gründergeneration des Bundes von 1848 hervorgegangen waren, betrachteten die Eidgenossenschaft als ihren Staat und beanspruchten das Monopol auf Patriotismus. Gegenüber den Katholiken hatte man sich mit dem Majorz abgesichert. Der einzige katholisch-konservative Bundesrat wurde in das System eingebunden, so dass er in seiner Politik kaum von der vorgegebenen Linie abwich. Bewegungen, die zur offiziellen Richtung im Widerspruch standen, kamen selten von aussen. Sie waren meist das Ergebnis von gesellschaftspolitisch, wirtschaftlich und sozial bedingten Konflikten innerhalb der Mehrheit. Dabei bildeten sich nicht immer klar erkennbare Fronten.

Der von aussen kommende Zeitgeist und die Sachzwänge jeglicher Art brachten Unruhe in die gesellschaftliche Szene des Bundesstaats. Die häufigen Proteste gegen die Gefahren der modernen Welt wirken im Nachhinein konfus, doch waren sie von verschiedenartigen, in ganz Europa wirkenden Geistesströmungen getragen. Ein Vorgang war nicht zu übersehen: Die Wiederkehr des Irrationalen in Gesellschaft und Politik.

In der Schweiz wurde die demokratische Ordnung, so wie sie der Staat von 1848 verstand, von verschiedenen Seiten in Frage gestellt. In der Romandie fochten die neokonservativen Helvétistes gegen einen von der Wirtschaft dominierten Liberalismus und gegen eine Demokratie, die sich auf die Aufklärung berief. Das Schreckgespenst der Französischen Revolution war stets zur Hand. Man suchte nach einer neuen nationalen Identität, konnte sich aber nicht darüber einigen, wo die Ursprünge zu finden waren. Für Gonzague de Reynold ging es um die Wiederbelebung des aristokratischen Ancien régime, doch dieser Mythos war nicht für jedermann tragfähig. Dann gab es auch die geographische Ausrichtung. Was für Maurice Barrès Lothringen, war für den Freiburger Grandseigneur seine engere Heimat und die Bergwelt mit dem Gotthard in der Mitte. Im Gebirge bewegten sich die Figuren von J. C. Herr und Ernst Zahn. Die Helvétistes waren nach ihrer eigenen Umschreibung keine «écrivains fédéraux», sondern «écrivains confédérés». In ihrem imaginären Umfeld war kein Platz für die Errungenschaften der technischen Zivilisation. Man war patriotisch gesinnt, konnte sich aber mit dem bestehenden Bundesstaat nicht anfreunden.

In der deutschen Schweiz fehlte es nicht an verbalen Manifestationen gegen die republikanische Verfassung und die von ihr angestrebte politische Gleichheit aller Bürger, die in ihren sozialen Aspekten als «Gleichmacherei» beschimpft wurde. Diese Gesinnung machte sich in den Kreisen der Wirtschaft breit. Auch hier wurden Mythen geschaffen, doch sie handelten von einer andern Materie. Es ging nicht um Nostalgie wie bei den Helvétistes, sondern um handfeste Interessen und um den Kampf gegen die Sozialisten. Sozialdarwinismus und Manchestertum boten die mentalen Grundlagen für antidemokratische Gedankenspiele. Der Winterthurer Eduard Sulzer-Ziegler, Industrieller und Politiker, trieb einen religiös verbrämten Kampf für das Unternehmertum. Wirtschaft als «göttliche Ordnung in der Gesellschaft» begründete ein hierarchisches System, das die Arbeiter auf einer tiefen Stufe einordnete. Unternehmer als «Elite-Naturen» und Herrenmenschen hatten erbarmungslos gegen die Aktivitäten der Gewerkschaften und Sozialisten anzugehen.[370] Demokratie war in diesem Bereich nicht erwünscht, eine hierarchische Ordnung ökonomisch sinnvoll und damit von Gott gegeben. Sulzer-Ziegler betrachtete Streiks als kriminelle Taten. Darin traf er sich mit Carl Hilty, der im Jahre 1907 schrieb: «Ein Generalstreik ist ein dem Aufruhr gleichzustellendes Verbrechen und darf nur mit Belagerungszustand (Militär) beantwortet werden.»[371]

Gegen zuviel Demokratie ging der Aarauer Chirurg Eugen Bircher, der spätere Divisionär und Politiker, in Zeitungsartikeln auf die Barrikaden. Im Jahre 1914 verkündete er, der Grundsatz der politischen Gleichheit sei ein «naturwissenschaftlicher Unsinn». Politische Freiheit führe «zur Einengung der persönlichen Tüchtigkeit»: «An die Stelle der Erb-Aristokratie muss die Sozial-Aristokratie treten. Die Tüchtigsten, die Fähigsten müssen den entscheidenden Einfluss erhalten.»[372] Demokratie begünstige das Aufkommen schlechter Rassen. Friedrich Nietzsches Herrenmenschen-Mentalität leitete Eugen Bircher in seinem militärischen und politischen Leben. Das liess sich mühelos mit Nationalismus und breit zelebriertem Patriotismus vereinen.

Von Sozial-Aristokratie sprachen auch Carl Hilty und der Westschweizer Paul Seippel, doch waren die Motive nicht jene von Sulzer-Ziegler und Bircher. Hilty verabscheute Kapitalismus und Grossindustrie. Er rügte das Versagen des Bürgertums in der Demokratie. In dieser Gesellschaftsschicht seien nicht die «richtigen Herren» anzutreffen, sondern «blosse Aktionäre» und «Anarchisten oberster Klasse». Dann sprach er von der «geldgierigen, genusssüchtigen Bourgeoisie, die im beständigen Kriege mit den unteren Volksklassen lebt».[373] Hier offenbarte sich die religiöse Gedankenwelt des alternden Hilty.

Der Begriff «Aristokratie» gewann um die Jahrhundertwende durch Friedrich Nietzsche an Gewicht. In der Schweiz machte sich das neue Denken im oberen Bürgertum breit. Das bedeutete keineswegs eine Angleichung an das in einigen Städten – Bern und Basel zum Beispiel – noch vorhandene Patriziertum, das an politischer Bedeutung verlor, sofern es sich nicht in der Wirtschaft engagierte. Die bürgerliche Gesellschaft erkannte den Anti-Sozialismus als fundamentalen Wert. An die Stelle der unterschiedlichen Stände traten die sozialen Klassen, womit sich die Konflikte auf die wirtschaftliche Ebene verschoben. Die Demokratie kam im gesellschaftspolitischen Diskurs zu kurz.[374]

Ein Phänomen trat in der deutschen Schweiz zutage: Die von sozialdarwinistischen Vorstellungen gesteuerte bürgerliche Elite zeigte meist eine ausgesprochen deutschfreundliche Gesinnung. Dabei ging es um Grundstimmungen, die nicht einer Organisation bedurften, wie sie etwa der Deutschschweizerische Sprachverein anbot. Dass geistige Kostgänger des Deutschtums wie Eduard Blocher und Fritz Fick in diesem Klima ungestört agieren konnten, bedarf keiner Erläuterung. Der in diesen Kreisen gepflegte zwiespältige Nationalismus hielt sich in angemessener Distanz zur gültigen Bundesverfassung.

Kultur war Teil des nationalen Wesens, im Zeitalter des Nationalismus eine Selbstverständlichkeit. Kulturelle Erscheinungen wurden auch politisch gewertet, was vor allem für Sprache und Literatur galt. So verhielt es sich mit den Beckmessereien zwischen dem Deutschschweizerischen Sprachverein Eduard Blochers und der «Alliance française», deren Wortführer in der Romandie Charles Knapp und Alfred Lombard waren. An sich war in der Westschweiz die Bereitschaft, sich auf einen Sprachenstreit einzulassen, gering. Der Einfluss der beiden Protagonisten hielt sich in der Romandie in Grenzen. Die Helvétistes fochten auf einer andern Ebene als der Sprachverein. Also blieb eine direkte Begegnung aus. Alfred Lombard vertrat hingegen im Diskurs um eine nationale Kultur die Meinung, man könne nicht zwei Muttersprachen haben, «parce que la langue qu'on parle est aussi une forme de la pensée, un état d'âme, une manière d'être de l'esprit».[375] Damit bediente er sich der selben Argumente wie sein Kontrahent Blocher, der die Sprache als Instrument einer kulturellen Trennung begriff.

Um eine nationale Kultur bemühten sich Virgile Rossel, der an eine schweizerische Nationalliteratur glaubte, und Eduard Platzhoff-Lejeune, ein zweisprachiger Literat, der sich auf diesem heiklen Terrain mit einiger Vorsicht bewegte. Man wolle nicht aus jedem Schweizer ein mehrsprachiges Individuum machen, meinte Platzhoff-Lejeune: «Was wir erstreben, ist genügendes Verständnis der anderen Landessprachen zur Lektüre und Beherrschung der Elemente zur Konservation. Was wir vor allem wünschen, ist warme Sympathie für die andern Landessprachen, ihre Kultur und ihre Vertreter, ist das Gefühl der Zusammengehörigkeit aller Schweizer im Streben für die Unabhängigkeit und Wohlfahrt einer Nation.»[376] Diese Sicht der Dinge war unverbindlich, so dass sie kaum mit Widerspruch zu rechnen hatte.

Seit dem Deutsch-Französischen Krieg war in der Westschweiz eine ernsthafte Suche nach Sinn und Natur der helvetischen Gemeinschaft zu verspüren. Die Verunsicherung angesichts der konfusen geistigen Situation in Frankreich mag wesentlich dazu beigetragen haben. In der selben Zeit entwickelten die Deutschschweizer unter dem Protektorat der deutschen Kultur eine sich selbst genügende Zufriedenheit, welche die eigene Position nur ungern in Frage stellte. Es gab immerhin Stimmen, die vor der zunehmenden Abhängigkeit vom deutschen Kaiserreich warnten. Neben Carl Hilty setzten sich der Schriftsteller Carl Albert Loosli und der Theologe Leonhard Ragaz mit dem allgegenwärtigen Deutschtum auseinander.

Vom Zeitgeist geforderte patriotische Rituale wie Schlachtenfeiern und Schützenfeste gingen bei abnehmender Begeisterung des Publikums in Szene. Die von oben verordnete Bundesfeier von 1891 hatte immerhin die Gemüter auf das heroische Urschweizer Geschichtsbild eingestimmt. Im selben Jahr wurde das in der Verfassung vorgesehene Landesmuseum gebaut und damit auch der in Europa verbreiteten Burgenromantik Genüge getan.

Im selben Jahr gründete Ferdinand Vetter in Bern die «Schweizerische Rundschau», eine dreisprachige literarische Zeitschrift.[377] Der Jurassier Virgile Rossel unterstützte das gut gemeinte Experiment nach Kräften. Das Programm war anspruchsvoll: «Die ‹Schweizerische Rundschau› möchte ein Sammelplatz sein für die schriftstellerische Tätigkeit der ganzen Schweiz, ein Sprechsaal für die künstlerischen, volkswirtschaftlichen und gemeinnützigen Angelegenheiten unseres Landes. Sie möchte eine engere Verbindung herstellen zwischen der geistigen Arbeit der deutschen, französischen und der italienischen Schweiz, der durch Sprache, Politik und Konfession geschiedenen schweizerischen Landesteile.» Der Versuch Ferdinand Vetters scheiterte nach wenigen Jahren, und das Land war um eine Illusion ärmer. Die Legende von den mehrsprachigen Schweizern war nicht aufrecht zu erhalten, denn es hatte sich keine Leserschaft für eine die nationalen Kulturen verbindende Zeitschrift gefunden.

Nationale Selbstbesinnung unter verschiedenartigen Vorzeichen wurde in der Westschweiz seit der Landesausstellung des Jahres 1896 in Genf betrieben. Vaterlandsliebe manifestierte sich als Abgrenzung gegen als gefährlich empfundene Einflüsse. Die Summe der Patriotismen ergab in der Romandie eine Bewegung, die zu einem neuen Helvetismus führte.[378] Dieser nationale Aufschwung war nicht ein Monopol der Helvétistes, jener Gruppe von Literaten und Künstlern, die sich während einigen Jahren lautstark in Szene setzte. Bekannte Persönlichkeiten hatten sich schon früher zu Wort gemeldet, unter ihnen Edouard Rod, Virgile Rossel, Paul Seippel und C. F. Ramuz.

Die nationalen Anliegen einer verunsicherten lateinischen Minderheit wurden in der deutschen Schweiz erst mit einiger Verspätung aufgenommen. Man war es nicht gewohnt, von dieser Seite Ratschläge zu empfangen und ernsthaft abzuwägen. Der aufmerksame Beobachter J. V. Widmann zum Beispiel war stets darauf bedacht, den Romands den Puls zu fühlen, aber seine literarischen Anliegen galten mehr dem Kosmopolitischen als dem Nationalen.

Das unter dem unscharfen Begriff «Helvetismus» angesammelte Gedankengut wurde schliesslich vom Waadtländer Ernest Bovet, Dozent für Romanistik an der Universität Zürich, dem Deutschschweizer Publikum vorgelegt. Bovets Interessen und

Aktivitäten gingen über sein Fachgebiet hinaus. Seine Lebensphilosophie umfasste einen «esprit suisse» ebenso wie das Anliegen, die Schweiz als Refugium für Frieden und Freiheit zu bewahren und fremde Einflüsse abzuwehren.[379] Dieser offenkundige Patriotismus war aber begleitet von einem Bekenntnis zu Europa, das sich auf die Ideen Mazzinis berief. Daraus ergaben sich zuweilen politische Positionen, die nicht für jedermann verständlich waren. Bovets Sorge um den richtigen Schweizergeist und die Bewahrung der traditionellen Lebensformen führte ihn zum 1906 gegründeten «Schweizerischen Heimatschutz», als dessen Obmann er während Jahren waltete. Seiner Meinung nach war es Aufgabe dieser Institution, die «Idee Schweiz» zu bewahren.

Die politischen Visionen Bovets, unter anderem sein Hang zu eidgenössischem Zentralismus, fanden bei den Helvétistes um Gonzague de Reynold Widerspruch. Ungewöhnlich war der Gedanke an eine europäische Gemeinschaft, der sich schliesslich alle Nationen anzuschliessen hätten. Bis es so weit war, sollte die Schweiz ihre republikanische Tradition pflegen und sie schliesslich an Europa weitergeben.[380] Die Schweiz müsse eine zentralistische Struktur annehmen, denn nur als starkes Staatswesen könne sie sich in die Vereinigten Staaten von Europa eingliedern.

Im Jahre 1907 gründete Ernest Bovet die Zeitschrift «Wissen und Leben» und schuf damit ein Forum, das sich einem breiten Publikum anbot. Hier stand vor dem Ersten Weltkrieg die schweizerische Nationalität zur Debatte. Der Zürcher Professor begann das Gespräch mit dem Aufsatz: «Sommes nous une nation?» Dann folgten Beiträge von Autoren jeglicher Couleur, die sich über Helvetismus und über die Nation äusserten. Bovet war tolerant genug, auch die unerträglichen Tiraden eines Eduard Blocher zu veröffentlichen. Harte Antworten blieben jeweils nicht aus. So schrieb Paul Seippel mit Blick auf den Zürcher Pfarrer: «... es darf doch diesen Herren gesagt werden, dass sie fremden Gelüsten in die Hände arbeiten, dass sie bewusst oder unbewusst die Rolle von Totengräbern unseres Freistaates übernommen haben.»[381] Nun gewann man den Eindruck, dass sich auch die Deutschschweizer mit wesentlichen nationalen Fragen befassten. Es entwickelte sich ein Diskurs, der sich von den zur Folklore verkommenen historischen Versatzstücken abhob.

Die Unruhe um den neohelvetischen Nationalismus wurde in der Romandie gegen Ende des ersten Dezenniums von den rechtsautoritären Intellektuellen angefacht. Man versuchte, im Widerspruch zum trägen Geist der Deutschschweiz ein neues Nationalbewusstsein zu wecken. Die Debatte in «Wissen und Leben» hatte manches Manko aufgezeigt, doch die Krise war nicht mit einem akademischen Dialog zu überwinden. Am 1. Februar 1914 wurde in Bern die «Neue Helvetische Gesellschaft» gegründet.[382] Zweihundertfünfzig Persönlichkeiten aus allen Landesteilen hatten sich eingefunden, die Ursprünge der Bewegung lagen jedoch eindeutig in der Westschweiz. Im Dezember 1911 hatte der Philologe Alexis François, Dozent an der Universität Genf, seinem Freund Gonzague de Reynold einen Plan vorgeschlagen, wie man den Helvetismus dem ganzen Land verständlich machen könnte. Der Freiburger Schriftsteller meinte dazu später: «Depuis longtemps, je le savais, François était inquiet, comme nous, et de la situation générale de l'Europe, et de la situation intérieure de la Suisse. Le moment ne serait il pas venu de passer à l'action?»[383] Man einigte sich auf ein Manifest, an dem auch Robert de Traz mitwirkte. Unter dem Titel «Pro Helvetia dignitate et securitate» wurde das von aristokratischem Geist getragene Schriftstück an junge Intellektuelle versandt. Die Parole war eindeutig: man wollte nicht länger am Schreibtisch verweilen. Der Augenblick für Aktionen schien gekommen. Der nationale Aufbruch richtete sich, so wie es Gonzague de Reynold sah, gegen das Mittelmass und die «Gerontokratie» des Schweizerischen Bundesstaats. Man war gegen die Moderne, gegen alles Fremde und gegen die unheimliche Macht der Wirtschaft.

Es bildeten sich vaterländische Zirkel in den Städten der Romandie, denen Männer der jungen Generation angehörten. Das schloss ein rückwärts gerichtetes Geschichtsbild und autoritäre Allüren nicht aus. Wortführer der Bewegung blieb bis zur Gründung der «Neuen Helvetischen Gesellschaft» Gonzague de Reynold. Er gab auch den ideologischen Kurs an. In seiner bewegten Gedankenwelt hatte allenfalls eine aristokratische, autoritär geführte Republik eine Existenzberechtigung. Inhaltliche Debatten wurden kaum geführt, denn der Freiburger schätzte andere Meinungen nicht. Es kam schon bald Kritik an seinem selbstherrlichen Gehabe auf. In der deutschen Schweiz fand der Nationalismus mit der aristokratischen Prägung anfänglich ein schwaches Echo. Dann schloss sich der Bauernführer Ernst Laur dem Kreis an. Er hatte ein schweizerisches Junkerntum nach preussischem Vorbild vor Augen. Von den vorhandenen demokratischen Einrichtungen der Schweiz hielt er nicht allzu viel.

Je mehr der neohelvetische Nationalismus in die Breite wirkte, desto weiter gingen die Meinungen auseinander. Persönliche Empfindlichkeiten fielen ebenso ins Gewicht wie Ideologien. Man hätte sich auf dieser unübersichtlichen Szene Ernest Bovet, den Herausgeber von «Wissen und Leben», als Moderator vorstellen können. Doch zwischen Gonzague de Reynold und dem Zürcher Romanisten war schon vor der Gründung der Gesellschaft ein offener Zwist ausgebrochen, der literarisch ausgefochten wurde. Der Freiburger Aristokrat griff Bovets zentralistische Vorstellungen vom Staat an und liess kein Mittel unversucht, um einen möglichen Konkurrenten beiseite zu schieben. Das gelang schliesslich mit einem formalen Trick. In der Gruppe der Gründer wurde entschieden, dass niemand dem zukünftigen Vorstand angehören dürfe, der das vierzigste Lebensjahr überschritten hatte. Ernest Bovet war eben in sein einundvierzigstes Lebensjahr eingetreten.

Die «Neue Helvetische Gesellschaft» war schon vor der Gründung Turbulenzen ausgesetzt, deren Ursachen nicht immer klar zu Tage traten. Manches lag an der Person des selbsternannten Wortführers. Dabei fehlte es nicht an konkreten Themata, die in der Öffentlichkeit zur Debatte standen. Die Protestbewegung gegen den vorhandenen Staat fand Nahrung in der Kontroverse um den Gotthardvertrag, der einmal mehr den mächtigen deutschen Einfluss in der Schweiz offenlegte. Sentenzen gegen das Deutschtum waren populär. Gonzague de Reynolds Haltung gegenüber dem Deutschen Reich war hingegen zwiespältig. In seinen literarischen Phantasien erschien gelegentlich ein christliches deutsches Kaiserreich, in dem der Gotthard nicht nur geographisch, sondern auch als Idee eine feste Position besetzte.

Nach der Gründung der «Neuen Helvetischen Gesellschaft» im Februar 1914, also wenige Monate vor Ausbruch des Ersten Weltkrieges, verlor der Freiburger Aristokrat seine beherrschende Rolle. Die rückwärts gewandten Visionen erschienen offenbar seinen Partnern angesichts der Zeitumstände als überholt. Im «esprit suisse» der zur Rebellion angetretenen «Neuen Helvetischen Gesellschaft» vollzog sich in Ansätzen ein Wandel. Was zu einem guten Teil als antidemokratische Protestbewegung begonnen hatte, wandelte sich im Laufe des Krieges zur staatserhaltenden Institution. Innenpolitische Experimente waren nach dem August 1914 nicht mehr gefragt.

4 Der Erste Weltkrieg

Das Spiel mit dem Feuer

Im März 1914 suchte der schweizerische Gesandte in Berlin, Alfred de Claparède, den Unterstaatssekretär im Auswärtigen Amt Arthur Zimmermann auf, da ihn Pressemeldungen über russische Rüstung und einen bevorstehenden österreichisch-russischen Konflikt beunruhigten. Zimmermann holte zu einem politischen Tour d'horizon aus, der von der Türkei über das Zarenreich und den Balkan nach Frankreich und England reichte. Von Ost nach West konstatierte er friedliche Absichten oder doch mindestens die Unfähigkeit, Krieg zu führen. «Die Herren Journalisten mögen schreiben, was sie wollen, wir bekümmern uns darum nicht.»[1] Der Schweizer Diplomat nahm die beschwichtigenden Worte erleichtert zur Kenntnis und leitete sie nach Bern weiter: «Während dieser Unterredung hat Herr Zimmermann sich zwei Mal sehr optimistisch geäussert, ein Mal über die Lage in den Balkans, alsdann, als er in Betreff der allgemeinen politischen Lage sich dahin äusserte, dass wir nunmehr einem friedlichen Sommer entgegengehen, was in den letzten Jahren leider nicht immer der Fall gewesen sei!»

Im «friedlichen Sommer» des Jahres 1914 fielen die verhängnisvollen Schüsse von Sarajewo. Am 28. Juni ermordete der bosnische Serbe Gavrilo Princip den österreichischen Thronfolger Franz Ferdinand und seine Gemahlin. Politiker und Diplomaten in den verschiedenen Hauptstädten waren anfänglich unschlüssig, wie sie das Attentat einordnen sollten. Eine für den Balkan charakteristische Affäre oder ein europäisches Malheur? In Wien wuchs der ohnehin vorhandene Hass auf die Serben, die man bestrafen wollte. Doch gab man hinter vorgehaltener Hand zu verstehen, der Thronfolger sei in Österreich äusserst unbeliebt gewesen. Über die Folgen könne man noch gar nichts sagen, schrieb der Gesandte Joseph Choffat an Bundesrat Hoffmann einen Tag nach dem Ereignis.[2]

Da man über die Reaktion der Donaumonarchie eine Zeitlang im Ungewissen war, konnte man sich in Bezug auf die internationalen Auswirkungen noch keinen Reim machen. Charles Lardy, der erfahrene Beobachter in Paris, zeigte sich zwei Wochen später gelassen: «En ce qui concerne la situation internationale, il résulte d'entretiens que j'ai eu ces derniers jours notamment avec des ambassadeurs de la Triplice, que ceux-ci ne considèrent nullement la situation comme dangereuse. L'attentat contre l'archiduc héritier d'Autriche exite, il est vrai, les esprits dans certains milieux (ultra-catholiques) autrichiens contre les Serbes, mais il ne faut, parait-il, pas prendre cela au tragique; le Sud-Est de la monarchie est dans un état manifeste de fermentation; on an dû y proclamer l'état de siège et pour cela il faut y envoyer des troupes; ces envois de troupes n'impliquent nullement une guerre en perspective contre la Serbie. (...) Je me rallie donc en somme et malgré les déclarations pessimistes des gens d'affaires français, à l'opinion de la généralité des diplomates, à savoir que la situation générale européenne n'est pas inquiétante, en ce sens qu'elle demeure nettement pacifique entre les Grandes Puissances.»³

In Berlin zweifelte man nicht daran, dass Serbien hinter dem Attentat stand, und dass eine angemessene Bestrafung erfolgen müsse. Wiederum meldete sich Minister Claparède im Auswärtigen Amt: «Um die Ansichten des hiesigen Auswärtigen Amtes zu erforschen, begab ich mich gestern zu dem Herrn Unterstaatssekretär Zimmermann, um mit ihm die verschiedenen balkanischen Fragen zu besprechen. Bei der Begrüssung gab er mir, auf eine bezügliche Frage meinerseits, die Antwort, dass er den Antritt seines Urlaubs etwas verschoben hatte, nicht, wie ich hierauf der Vermutung Ausdruck gegeben hatte, weil die politische Situation gefahrdrohend geworden sei, sondern nur um zu sehen, ‹wie sich die Sache abwickeln würde›. ‹Die Absichten der österreichischen Regierung sind uns noch völlig unbekannt›, sagte er mir, ‹wir können nur annehmen, nach der bisherigen Entwicklung der Frage seit der Ermordung des Erzherzogs, dass die österreichische Aktion gemässigt, aber recht bestimmt sein wird›. Herr Zimmermann glaubte, dass dem Verlangen Österreich-Ungarns Folge gegeben würde, ohne dass es zum Äussersten komme. Die Serben werden sich ja besinnen und gerechten Forderungen gegenüber nachgeben. Auf meine Frage, ob, falls es dennoch zu einem Kriege käme, andere Mächte sich daran beteiligen würden, gab mir Herr Zimmermann zur Antwort: ‹Hi wo! Glauben Sie, dass die Grossmächte sich werden wegen dieser Lokalfrage schlagen wollen?›»⁴

Nach dem Attentat von Sarajewo schien eine gewisse Lethargie auf den Gemütern der Politiker zu lasten. Man beschwor seit Jahren in Wort und Schrift den zukünftigen Krieg und rechnete vorsorglich zwischen den Nationen Schulden auf. Die Militarisierung Europas hatte einen Grad erreicht, der einmal in eine kriegerische Auseinandersetzung führen musste. Die wenig transparenten Allianzen zwischen den Grossmächten liessen im Ernstfall einen sich selbst steuernden Automatismus erwarten, der sich jeder Kontrolle entzog. Doch die Politiker drückten sich um ihre Verantwortung mit dem beschwichtigenden Hinweis auf den seit Jahrzehnten anhaltenden Frieden.

Der vor allem im Deutschen Reich eingebürgerte Glaube, die Überlegenheit der deutschen Streitkräfte sichere in Verbindung mit der Friedensliebe des Kaisers die Ruhe auf dem Kontinent, erzeugte ein fatales Gefühl relativer Sicherheit. Man hatte gefährliche Krisen erlebt und meist mit geringem Schaden überstanden. Dazu zählten die beiden Balkankriege und der italienische Feldzug gegen Tripolis, Vorgänge an der Peripherie Europas, welche die vitalen Interessen der Nationen anscheinend nur am Rande berührten. Die beiden Friedenskonferenzen in Den Haag hatten die Unfähigkeit der Grossmächte aufgedeckt, sich auf wirksame Verfahren zur Beilegung von Konflikten zu einigen. Der Gedanke einer obligatorischen Schiedsgerichtsbarkeit stiess sich mit den Ansprüchen der nationalen Souveränität. Also blieben die internationalen Beziehungen in einem überholten Bilateralismus stecken. Allianzen ersetzten mit üblen Folgen das Völkerrecht.

Das Denken in bilateralen Strukturen beherrschte auch die eidgenössische Diplomatie. In der Schweiz wie in den umliegenden Staaten sprach man vom unvermeidlichen Krieg und dachte dabei in erster Linie an eine deutsch-französische Auseinandersetzung. Ulrich Wille war von der Notwendigkeit eines Waffenganges ebenso überzeugt wie die Offiziere des Generalstabs. Den Blick richtete man zuversichtlich auf die deutsche Kriegsmaschine. Es war ein Axiom in den Köpfen von Politikern und militärischen Führern, dass die deutsche Wehrmacht einen qualitativen und quantitativen Vorsprung vor der französischen Armee wahren müsse. Diese Meinung trat im Jahre 1913 bei der Diskussion um die sogenannte «Heeresvermehrung» in Deutschland zutage, bei der die Truppenbestände wesentlich erhöht wurden. Als daraufhin Frankreich die Dienstzeit auf drei Jahre verlängerte und den Abstand in den Heeresstärken verkürzte, wurde dieser Akt der Selbstbehauptung in etlichen schweizerischen Kommentaren als ungebührliche Anmassung des schwächeren Kontrahenten gerügt.

Die schweizerischen Diplomaten in den europäischen Hauptstädten registrierten seit den Zeiten Bismarcks aufmerksam die Signale, die auf einen möglichen Konflikt hinwiesen. Nach der Jahrhundertwende genügte das traditionelle Szenario vom Krieg zwischen Deutschland und Frankreich nicht mehr, denn man wusste inzwischen, dass sich die beiden Nationen allein wegen Elsass-Lothringen nicht schlagen würden. Die «Entente cordiale» brachte England ins Spiel, und die französische Allianz mit dem Zarenreich liess ein neues Konfliktpotential ahnen, das ganz Europa überziehen konnte. Das imperialistische deutsche Kaiserreich manövrierte sich inzwischen immer mehr in die Isolation. In der Schweiz wurde nur mit Verzögerung wahrgenommen, dass aus den veränderten Gruppierungen andere Hegemonien entstehen konnten. Das Land war in eine über das tolerierbare Mass hinaus gehende politische und wirtschaftliche Abhängigkeit vom Deutschen Reich geraten, so dass in andern Staaten Zweifel an der schweizerischen Neutralität aufkamen. Immerhin traten in den Jahren unmittelbar vor dem Ersten Weltkrieg Gegenkräfte auf, die anti-deutsches Selbstbewusstsein manifestierten. Auch die Landesregierung bemühte sich wieder vermehrt um das in der Aussenpolitik gebotene Gleichgewicht.

In Bern legte man Wert darauf, über die Stimmung in Berlin auf dem Laufenden zu sein. Es war Aufgabe des schweizerischen Gesandten, an den richtigen Stellen den Puls zu fühlen. Seit der ersten Marokko-Krise sprach man von Krieg. Claparède unterrichtete Bundesrat Forrer im Jahre 1906 über eine Unterredung mit Staatssekretär Oswald von Richthofen, die sich um Truppenbewegungen an der deutsch-französischen Grenze drehte. Kaiser Wilhelm sei tief gekränkt, weil sein

Onkel Eduard von England eine Einigung mit Frankreich der Freundschaft mit Deutschland vorgezogen habe. Schliesslich habe er eine Verständigung mit Frankreich gesucht, der Lohn dafür sei der englisch-französische Vertrag gewesen. Die Streitigkeiten um Marokko müssten aber – so Alfred de Claparède – nicht unbedingt zum Kriege führen: «Zum Schlusse darf ich, Herr Bundespräsident, noch darauf hinweisen, dass wenn mitunter von höchster Stelle, auch von hohen Militärs (vom kommandierenden General des Metzer Armeecorps z. B.) manche Kraftworte gesprochen worden sind, solche Äusserungen nicht dahin ausgelegt werden dürfen, dass Deutschland oder der Kaiser den Krieg wolle, sondern dass der Krieg nicht gefürchtet werde. In diesem Sinne sind die kaiserlichen Äusserungen über ‹geschliffene Säbel›, ‹klaren Verstand› und ‹trockenes Pulver› hier verstanden worden. Solche Worte dürfen wohl als Einschüchterungsversuche angesehen werden, allein wenn der Kaiser mitunter ein schnelles Wort hat, so muss man es ihm lassen, dass er und sein Kanzler bisher bei Taten immer überlegt und vorsichtig gewesen sind.»[5]

Der selbe Claparède sandte im März 1909 einen Bericht an Bundespräsident Adolf Deucher, der einige Unsicherheit verriet. Die deutsch-französischen Beziehungen seien «très cordiales», aber mit dem Balkan kamen die Diplomaten offenbar nicht zurecht: «Trotz der vielen aufregenden Fragen, die sich seit dem Herbst an allen Ecken des Balkans aufgehäuft haben, ist selten weniger zu berichten gewesen als in den abgelaufenen Wochen. Von Tag zu Tag wurden die widersprechendsten Nachrichten verbreitet, zu persönlichen Zwecken benutzt und dann wieder dementiert. Deutschland und Frankreich wollen den Frieden, Österreich wünscht trotz seiner Rüstungen den Krieg nicht, Russland kann ihn nicht führen, Italien käme durch einen solchen in Verlegenheit, und England hat bei der gegenwärtigen Konstellation in letzter Zeit auch für den Frieden gewirkt. Und, um die Türkei nicht zu vergessen, sie hat mit Recht erkannt, dass sie durch geschickte Verhandlungen mehr erreichen kann, als durch Waffen. Dies ist die in amtlichen Kreisen vorherrschende Meinung, wie sie auch in Finanzkreisen vorzuherrschen scheint. (…) Die Grundstimmung ist trotz der andauernden unheimlichen Spannung eine überlegt-friedliche, vielleicht weniger aus Friedensliebe, als wegen der Grösse des Einsatzes und der Unsicherheit des Gewinnes.»[6]

Zwei Monate später setzte sich Bundesrat Eduard Müller, Vorsteher des Militärdepartements, gegen eine Kürzung der Militärausgaben zur Wehr, da er dringend Geld für Befestigungsbauten brauchte. Dabei sprach er vom zukünftigen Krieg: «Kein Vernünftiger kann verkennen, wie die Kriegsrüstungen allerorts, und vor allem in den uns umgebenden Staaten, einen Umfang angenommen und eine Steigerung erfahren haben und noch weiter erfahren, die den Gedanken an einen dauernden Frieden logischerweise nicht aufkommen lässt, ja die vielmehr beinah die Gewissheit ergibt, dass es einmal noch zu der grossen Abrechnung in Europa kommen werde. Es ist möglich, dass wir nicht direkt an der Abrechnung werden teilzunehmen haben; sicher aber ist, dass wir nur dann die Hoffnung hegen können, nicht in sie hineingezogen zu werden, wenn wir so gewappnet dastehen, dass wir jede Zumutung im berechtigten Bewusstsein unserer Stärke abweisen dürfen.»[7]

Als der Sekretär des Politischen Departementes, Charles Bourcart, im Mai 1912 den französischen Botschafter Jean-Baptiste Beau traf, sprach der Diplomat von einer «situation inquiétante». Beau meinte den Balkan, dachte aber auch an einen Krieg zwischen Frankreich und Deutschland. Bourcart schrieb darüber an Bundespräsident Forrer: «Was die Schweiz anbetrifft, so meinte der Botschafter selbstverständlich, eine Verletzung ihrer Neutralität sei beim Kriegsausbruch nicht beabsichtigt, weder von Frankreich noch von Deutschland (er konnte sich wohl auch nicht anders aussprechen); er gab aber offen zu, dass beiderseits Belgien als der zukünftige Kriegsschauplatz angesehen werde; er betonte auch, dass Belgien dadurch, dass es seine Wehrmacht vernachlässige sozusagen selbst an der Missachtung seiner Neutralität schuldig sei.»[8]

Die Landesregierung bemühte sich in diesem unsicheren Szenario um neutralitätspolitische Ausgewogenheit. Dazu bot sich Gelegenheit, als Wilhelm II. deutlich seinen Wunsch zu erkennen gab, Manövern der Schweizer Armee beizuwohnen. Es war zu befürchten, dass der ins Militärwesen vernarrte «Friedenskaiser» den Besuch bei der schweizerischen Miliz als Inspektion verstehen würde, um ihre Tauglichkeit als möglichen Partner in einem Krieg gegen Frankreich zu ergründen.

In Bern hielt sich die Begeisterung in Grenzen. Hilfe kam aus Paris. Im August 1910 reiste der französische Staatspräsident Armand Fallière zu einem Staatsbesuch in die schweizerische Hauptstadt, der nach allen Regeln der Diplomatie in bester Harmonie verlief. Der Staatsakt wurde in Deutschland aufmerksam verfolgt. Man konnte im Deutschen Reich dagegen wenig einwenden. In der deutschen Presse wurde immerhin der Verdacht geäussert, Fallière habe die Reise zur Förderung der französischen Exportwirtschaft unternommen. Der Geschäftsträger in Berlin, Walter Deucher, gab Bundespräsident Robert Comtesse einen Überblick über die Pressestimmen und meinte dazu: «Sie sehen, Herr Bundespräsident, in keiner dieser Kundgebungen der deutschen Presse ein unfreundliches Wort. Kein solches ist mir bis jetzt unter die Augen gekommen. Nur eine leichte Beunruhigung wegen Gefährdung der wirtschaftlichen Interessen Deutschlands sickert da und dort durch. Wir könnten wünschen, dieses unbehagliche Gefühl in der Brust der Deutschen möchte noch stärker werden.»[9]

Zu Beginn des Jahres 1912 einigte man sich endlich auf die umständlichen Formalitäten, welche den Besuch des deutschen Kriegsherrn in einer kleinen Republik regeln sollten. Wilhelm II. hatte zuvor dem Gesandten de Claparède erklärt, er habe lobende Berichte über die schweizerischen Manöver und die Tüchtigkeit der Offiziere erhalten. Nun wolle er ganz einfach in die Schweiz kommen. Man dürfe aber nicht glauben, «dass er zu sehr majestätisch auftreten werde».[10] Das Militärische stand im Vordergrund, wie es den Liebhabereien des Monarchen entsprach. Wilhelm II. wollte nicht Übungen in der Westschweiz mit Frankreich als fiktivem Gegner begutachten, denn daraus hätten sich vermutlich politische Komplikationen ergeben. Also wählte man die Ostschweiz, wo im September 1912 Manöver zwischen der 5. und der 6. Division in Szene gingen. Dass die Schau unter der Leitung von Oberstkorpskommandant Ulrich Wille stand, einem alten Bekannten des Kaisers, galt als gutes Omen. Die schweizerischen Milizen präsentierten sich denn auch im Stil der deutschen Kaisermanöver, und Wille nahm das Lob des hohen Gastes entgegen.

Der Auftritt Kaiser Wilhelms in der Eidgenossenschaft ging mit einem für schweizerische Verhältnisse ungewöhnlichen Pomp vor sich. In Zürich und Bern verfolgte ein gut gelauntes Publikum das militärisch angelegte Empfangszeremoniell. Kein Zwischenfall trübte die Stimmung, und die Hurra-Rufe der deutschen Kolonie wurden in keiner Weise als störend empfunden. Das militärische Gefolge des Monarchen war beachtlich. Im Sinne einer neutralitätspolitischen Ausgewogenheit hatte man auch den französischen General Paul Marie Pau eingeladen und ihm einen Platz an der kaiserlichen Tafel eingeräumt. Der einarmige Veteran hatte seinerzeit als Leutnant mit der Bourbaki-Armee schweizerisches Territorium betreten.

In Paris fielen die Kommentare in den Zeitungen wohlwollend aus. Man glaubte nicht, dass der kaiserliche Besuch die schweizerische Politik aus dem Gleichgewicht bringen werde. Am ehesten fürchtete man ökonomische Folgen, doch sei es die Schuld der Franzosen – so ein Kommentar –, wenn sie es an wirtschaftlicher Energie fehlen liessen.[12] In der deutschen Presse klang das Echo überaus positiv. Der Auftritt des Kaisers bei der schweizerischen Milizarmee, an sich ein spektakulärer Vorgang, war Anlass zu militärpolitischen Diskursen über die Wehrhaftigkeit der Eidgenossen. Einige Zeitungen fanden es angebracht, die Hierarchien ins richtige Licht zu rücken. So meinte die katholische «Kölnische Volkszeitung»: «Das Schweizer Volk ist sich der hohen Ehre, die ihm erwiesen wird, bewusst; es wird sich derselben in seiner schlichten, einfachen Weise würdig erweisen und begrüsst ehrfurchtsvoll den mächtigen Herrscher seines mächtigen Nachbarlandes, den es gleichzeitig als eifrigen Förderer des Friedens verehrt.» Dank erwartete auch die «Kölnische Zeitung», das Sprachrohr des Auswärtigen Amtes: «Wenn die Schweizer heute unsern Kaiser als den Behüter der europäischen Eintracht empfangen, dann geschieht es in dem Bewusstsein, dass die Schweiz dem deutschen Friedenskaiser für die Abwendung von Kriegsnöten, die heute nur von der stärksten Hand verfügt werden kann, nicht weniger Dank schuldet als die dem Deutschen Reiche verbündeten Staaten; es geschieht auch in dem richtigen Glauben, dass Kaiser Wilhelm II. das Land, das er jetzt als Monarch des Nachbarreiches besucht, nicht weniger in den Kreis seiner grossen europäischen Erhaltungspolitik zieht als die Staaten, mit denen sich das Deutsche Reich auf dem Vertragswege verständigt.»[13]

Der deutliche Fingerzeig an die Landesregierung in Bern war nicht zu übersehen.

Wie die beiden folgenden Jahre zeigten, war kein Verlass auf die «Erhaltungspolitik» des deutschen Kaisers. Hingegen sprachen Politiker und Militärs immer öfter von Präventivkrieg. Nach der Sehweise im deutschen und österreichischen Generalstab hätte auf diesem Weg die militärpolitische Szene auf dem Kontinent vor der unvermeidlichen grossen «Abrechnung» bereinigt werden können. Die Generäle entwickelten dabei eine umständliche Dialektik. Ein Land konnte mit geeigneten Mitteln einen Konflikt provozieren und den gewünschten Angriff als «Verteidigungskrieg» deklarieren. Der deutsche Admiral Georg Alexander von Müller, Chef des kaiserlichen Marinekabinetts, meinte, man dürfe «den Krieg mit dem Recht auf unserer Seite entfesseln», indem man Russland und Frankreich ein Ultimatum mit unerfüllbaren Zumutungen stelle.[14] Es galt, durch regional begrenzte Feldzüge dem grossen europäischen Krieg zuvorzukommen.

Kaum ein militärischer Führer sprach so häufig von Präventivkrieg wie Feldmarschall Franz Graf Conrad von Hötzendorf, Chef des österreichisch-ungarischen Generalstabs.[15] Die Furcht vor einem Krieg der Donaumonarchie auf drei Fronten – gegen Serbien, Russland und gegen den unsicheren Dreibund-Partner Italien – verleitete ihn mehrmals zu Anträgen und Memoranden an Kaiser Franz Joseph, in denen er eine präventive Aktion gegen den ungeliebten italienischen Verbündeten forderte. Aussenminister Aloy Lexa von Aehrental blockierte die Pläne des forschen Heerführers. Nach dem Tod Aehrentals im Jahre 1912 war der Präventivkrieg wieder ein Thema, da die Ansichten Conrads von Kronprinz Franz Ferdinand weitgehend geteilt wurden. Sympathien für die Ideen des österreichischen Feldherrn waren offensichtlich auch im schweizerischen Generalstab vorhanden, eine Tatsache, die der Landesregierung in Bern einige Verlegenheit bereitete.

Wenn von Präventivkrieg die Rede war, konnten nur die beiden Zentralmächte gemeint sein. Die deutsche Führung durfte in den Jahren vor dem Weltkrieg von der Annahme ausgehen, dass Russland trotz massiver Rüstung noch keinen Krieg führen konnte. Für Frankreich hätte ein voreilig inszenierter Feldzug ohne einen Verbündeten Selbstmord bedeutet. Das wusste man in Berlin so gut wie in Paris. England als Seemacht scheute jeden Konflikt auf dem Kontinent. Das Land kannte keine allgemeine Wehrpflicht, und das bescheidene Berufsheer hätte sich mit den Armeen der andern Grossmächte nicht messen können.

Beim Studium des fatalen Ablaufs, der zum Ausbruch des Ersten Weltkriegs führte, fällt der Blick unwillkürlich auf Berlin. Deutschland verfügte über die politische und militärische Macht, den vom Kaiser so oft beschworenen Frieden aufrecht zu erhalten oder einen allgemeinen Konflikt herauszufordern. Wie das Reich mit seiner bellizistischen Ideologie und einer falsch verstandenen Bündnistreue in den verheerenden Krieg taumelte, ist ein übles Exempel fahrlässiger Grossmachtpolitik.

In den späteren Debatten über Kriegsursachen und Kriegsschuld kamen die Historiker häufig auf die verfassungsrechtlich verworrenen Machtstrukturen im

Deutschen Reich zu sprechen, welche den deutschen Kurs nur unscharf erkennen liessen. Über die Frage, ob die Macht bei der Reichsregierung, beim Kaiser oder beim Militär lag, kann angesichts der vorhandenen Wirrnis endlos gerätselt werden. Es gab keine zuverlässige Rollenverteilung, und die Kontrahenten waren sich selten in Zielen und Methoden einig. Reichskanzler Theobald von Bethmann Hollweg hoffte auf eine Neutralisierung Englands im Kriegsfall, steuerte hingegen im Balkan einen harten Kurs und unterstützte die anti-serbische Politik Wiens ohne ernsthaften Widerspruch. Der Generalstab unter Helmuth von Moltke dachte an einen Krieg gegen Frankreich und Russland –, «je schneller desto besser» –, denn beide Länder waren auf einen Waffengang nicht vorbereitet. Die Leitung der Marine hingegen sah die englische Seemacht als Gegner, wusste aber, dass die deutsche Flotte noch nicht ausreichend gerüstet war. Wilhelm II. schwankte unentschlossen zwischen seinen Rollen als Friedensfürst und als Oberster Kriegsherr. So geschah es, dass mancher Aussage des Kaisers eine Erklärung gegenüber stand, die das Gegenteil besagte.

In der zweiten Marokkokrise des Jahres 1911 gingen die beiden Dreibund-Partner Österreich-Ungarn und Italien gegenüber Deutschland auf Distanz, denn sie empfanden das Aufkreuzen des Kanonenboots «Panther» vor Agadir als unnötige Provokation. Der Fall war durch die Dreibund-Verträge nicht gedeckt. Im Gegensatz zu Alfred von Kiderlen-Wächter, dem mächtigen Staatssekretär im Auswärtigen Amt, entschlossen sich Kaiser und Reichskanzler für eine vorsichtige Politik, als unverhofft eine Konfrontation mit England bevorstand. Davis Lloyd George hatte mit englischer Intervention gedroht, falls die Deutschen Frankreich angreifen würden. Das wollte Wilhelm II. zu diesem Zeitpunkt nicht riskieren. In der europäischen Öffentlichkeit sprach man darauf von «Guillaume le Timide», ein peinliches Attribut für einen Mann, der sich breitspurig in die Weltpoltik gedrängt hatte.[16]

Im Jahre 1912 gelangte die Führung des Deutschen Reichs – was immer man darunter verstehen wollte – zu Erkenntnissen und Schlüssen, die in wichtigen Fragen die Entscheidungen des Sommers 1914 vorwegnahmen. Man könnte von einem Klärungsprozess sprechen, wenn tatsächlich Klarheit geschaffen worden wäre. Es wurden zwar Positionen bezogen, doch Widersprüche blieben in der Sache und zwischen den handelnden Personen. Als wenig hilfreich erwies sich die ständige Unsicherheit des Kaisers, die auch mit den drohenden Worten von der «blanken Wehr» nicht zu verdecken war. Diese Schwäche wirkte sich in den entscheidenden Wochen vor dem Kriegsausbruch verhängnisvoll aus.

Als im Oktober 1912 der erste Balkankrieg begann, hielt sich Wilhelm II. im Gegensatz zu Reichskanzler Bethmann Hollweg auffallend zurück. Serbien drohte mit der Annexion von Albanien und forderte einen Hafen an der Adria. In der Donaumonarchie sah man darin einen Angriff auf vitale Interessen. Auch der Dreibundpartner Italien stand in dieser Frage auf der Seite Österreich-Ungarns. Der deutsche Kaiser sprach hingegen von seinem «Desinteressement» auf dem Balkan.

Er werde «unter keinen Umständen gegen Paris und Moscau marschieren». Wegen Durazzo oder Albanien könne er weder vor seinem Volk noch vor seinem Gewissen einen Krieg verantworten.[17]

Dann unterlief dem Monarchen wieder einmal ein «Umfallen», ein nicht eben seltener Vorgang. Bethmann Hollweg und Admiral von Müller, Chef des kaiserlichen Marinekabinetts, waren bereit, im Falle eines österreichisch-serbischen Konflikt selbst einen europäischen Krieg zu riskieren. Sie überzeugten den Kaiser, dass Bündnistreue über alles gehe, da sonst der Dreibund jeden Kredit verliere. Wilhelm II. wünschte zwar, dass Wien gegen Serbien vorsichtig agiere. Er sicherte aber im November 1912 Kronprinz Franz Ferdinand bedingungslose Unterstützung zu, falls Russland zugunsten der Serben interveniere und die Donaumonarchie angreife. Damit stellte der Kaiser dem österreichischen Partner einen Blankoscheck für seine gefährliche Balkanpolitik aus.

Bethmann Hollweg setzte auf einen Ausgleich mit England, um die Weltmacht in einem europäischen Krieg vom Kontinent fern zu halten. Der Kaiser selber schickte den Diplomaten Karl Max Fürst von Lichnowsky als Botschafter nach London, der sich mit Geschick um ein besseres Verhältnis zwischen den beiden Nationen bemühte. Gleichzeitig sollte er die deutsche Flottenpolitik verteidigen, ein sinnloser Auftrag, der mit dem zentralen Anliegen nicht zu vereinen war. Der Reichskanzler hatte bereits im Jahre 1911 den Besuch des englischen Kriegsministers Richard Burdon Haldane in Berlin arrangiert, denn er hoffte auf einen Neutralitätsvertrag, der die gegenseitigen Positionen im Kriegsfall fixieren würde. Der Kaiser persönlich führte zusammen mit Admiral Tirpitz die Gespräche. Bethmann Hollweg selber wurde bei den militärpolitischen Verhandlungen nicht zugelassen, denn er war nach dem Rollenverständnis des Monarchen nur für «zivile» Themata zuständig.

Wieder verleiteten die weltpolitischen Phantasien den Friedenskaiser zu einem taktlosen Geniestreich. Am Vorabend des Besuchs von Haldane verkündete er eine neue Flottennovelle und torpedierte damit zum vornherein die Gespräche, die aus englischer Sicht eine Begrenzung der maritimen Rüstung hätten bringen sollen.

In Berlin hoffte man im Jahre 1912 immer noch, England werde in einem europäischen Konflikt sich mit der Rolle des neutralen Zuschauers begnügen, ein Wunschdenken, das sich vor allem im Kopf Wilhelms II. festgesetzt hatte. Da brachte die Reichstagsrede Bethmann Hollwegs die englische Diplomatie in Bewegung. Der Kanzler sprach von der Bündnistreue gegenüber Österreich-Ungarn und von der Bereitschaft, wenn nötig gemeinsam mit dem Partner den Kampf aufzunehmen und zu «fechten».[19] Der englische Aussenminister Sir Edward Grey erkundigte sich sogleich bei Botschafter Lichnowsky, ob die Reichsregierung Wien tatsächlich Rückendeckung für alle Aktionen im Balkan gewähre. Wieder war von Blankoscheck die Rede. Dann erschien Kriegsminister Haldane beim deutschen Botschafter und warnte ihn vor einer derartigen Politik. England werde insbesondere Frankreich beistehen, wenn es wegen der gefährlichen Bündnisautomatik von Deutschland angegriffen werde. Die Folgen wären «unabsehbar». London könne nicht zulassen, dass in Europa die «balance of power» zerstört werde, dass man Frankreich vernichte und dass England sich «einer einheitlichen kontinentalen Gruppe unter Führung einer einzigen Macht» gegenübersehe.[20]

Der Bericht Lichnowskys über die niederschmetternde Botschaft Haldanes erreichte Wilhelm II. am Morgen des 8. Dezember. Der Kaiser war eben von einem Jagdausflug zurückgekehrt, den er mit seinem militärischen Gefolge bestritten und nach üblichem Ritual als ein Forum für militärpolitische Gespräche benützt hatte. Die Mitteilung des Botschafters versetzte den Monarchen in masslose Wut, denn sein fragwürdiger Optimismus hatte sich als Illusion erwiesen. Sein Hass auf England kam in Randnotizen zum Ausdruck, die er auf den Bericht Lichnowskys setzte. England sei feige und neidisch und wolle nicht zulassen, dass Deutschland und Österreich-Ungarn ihre Interessen «mit dem Schwert» verteidigten: «Das richtige Krämervolk! Das nennt es Friedenspolitik! Balance of Power! Der Endkampf der Slawen und Germanen findet die Angelsachsen auf Seiten der Slawen und Gallier.»[21]

Der Kaiser bot am selben 8. Dezember seine Berater aus Armee und Marine zu einer Lagebesprechung auf, die später von Bethmann Hollweg als «Kriegsrat» charakterisiert wurde. Weder der Reichskanzler noch Staatssekretär Kiderlen-Wächter waren zur Konferenz geladen, weil der Monarch an der absurden Unterscheidung zwischen Militärpolitik und ziviler Politik festhielt.[22]

Es liegen verschiedene Berichte über den Kriegsrat vor, obschon Geheimhaltung befohlen war. Inhalt der Debatte und Anordnungen des Kaisers sickerten nach allen Richtungen durch, wurden aber von den Zeitgenossen nicht in jedem Fall ernst genommen. Der Kaiser sei in offenbarer Kriegsstimmung, während der Reichskanzler immer noch Friedenshoffnungen verbreite, schrieb der bayerische Bevollmächtigte in Berlin an seinen Kriegsminister in München: «Moltke war für sofortiges Losschlagen; seit Bestehen des Dreibundes sei der Moment niemals günstiger gewesen. – Tirpitz verlangte Aufschub für ein Jahr, bis der Kanal (Nord-Ostsee-Kanal) und der U-Boothafen Helgoland fertig seien. Ungern liess sich der Kaiser zum Aufschub bewegen. Dem Kriegsminister sagte er tags darauf nur, er solle sofort eine neue grosse Heeresvorlage vorbereiten. Tirpitz erhielt den gleichen Auftrag für die Flotte. Der Kriegsminister verlangte gleichfalls Aufschub der Einbringung der Vorlage bis zum Herbst, da der ganze Rahmen der Armee, Ausbildungspersonal, Unterkunftsräume usw. abermalige grosse Vermehrungen nicht verdauen könne, alle Truppenübungsplätze seien überfüllt, die Waffenindustrie komme nicht mehr mit. (…) Den Generalstab und Admiralstab beauftragte der Kaiser eine Invasion grossen Stils nach England auszuarbeiten. In der Zwischenzeit sollen seine Diplomaten überall Bundesgenossen werben, Rumänien (bereits z. T. gesichert), Bulgarien, Türkei usw.»[23]

Über die Bedeutung des Kriegsrats, der kein Verfassungsorgan war, haben Historiker ausführlich debattiert. Eine Version lautet, die Regierung und ihr Kanzler seien nicht beteiligt gewesen und somit die Beschlüsse nicht verbindlich. Nun war aber diese Unverbindlichkeit in der Struktur des Regimes und im unsteten Charakter des Kaisers angelegt. Das Irrationale gehörte zum Wesen des deutschen Kaiserreichs.

So wurde am 8. Dezember 1912 der Krieg beschlossen, obschon man die Ausführung bis zu einem geeigneten Zeitpunkt hinausschob. Von da an schwebte die Drohung wie ein unabwendbares Fatum über der europäischen Szene. Die Personen, die im Kriegsrat agierten, waren weitgehend mit jenen identisch, die im Juli 1914 in Nibelungentreue den Losungen der Wiener Kriegspolitiker folgten. Wilhelm II. sprach vom zukünftigen Rassenkrieg.

Die Probe aufs Exempel für den leichtfertigen Umgang mit dem «blanken Schwert» bot der Kaiser im November 1913 beim Besuch des Königs der Belgier, Albert, in Potsdam. Noch bevor das Galadiner begann, erklärte Wilhelm II. seinem Gast: «Der Krieg mit Frankreich ist unvermeidlich und nahe bevorstehend. Man muss ein Ende machen.»[24] Generalstabschef Moltke fügte später hinzu, ein deutscher Sieg sei absolut sicher, «weil das deutsche Volk bei dem Ruf ‹es geht gegen Frankreich› geradezu kolossal losbrechen und der Furor Teutonicus alles niederrennen werde». Eigentlich hoffte man, die Gäste würden sich mit einem Durchmarsch durch ihr Land einverstanden erklären, aber die belgische Antwort lautete, man werde sich gegen jeden Angreifer zur Wehr setzen.

Inzwischen hatte sich Bethmann Hollweg mit dem Gedanken an einen Krieg abgefunden, wenn auch seine Äusserungen moderat klangen. Im Januar 1914 beklagte er sich beim französischen Botschafter Jules Cambon über die ärgerliche Tatsache, dass Deutschland bei der Zuteilung der Kolonien beinahe leer ausgegangen sei und den «gebührenden Platz an der Sonne» nicht gefunden habe. Das deutsche Reich brauche für die wachsende Bevölkerung und die dynamische Wirtschaft ein Betätigungsfeld: «… es ist verdammt, sich in irgendeiner Weise nach auswärts auszubreiten.» Es wäre gefährlich, drohte der Reichskanzler, wenn Frankreich gegen die deutsche Expansion Widerstand leisten wollte.

Im Jahre 1914 stand Kaiser Wilhelm II. stärker denn je unter dem Einfluss seiner militärischen Gefolgschaft. Der Gedanke an einen Präventivkrieg wurde von der Presse in die Öffentlichkeit getragen. Am 24. Februar rief die chauvinistische «Post», die der Armeeführung nahe stand, zu einem Feldzug gegen Russland auf. Die Aussichten auf einen Sieg seien günstig: «Frankreich ist noch nicht kampfbereit, England in innere und koloniale Schwierigkeiten verwickelt. Russland scheut den Krieg, weil es die innere Revolution fürchtet. Wollen wir abwarten bis unsere Gegner fertig sind, oder sollen wir den günstigen Augenblick benutzen, um die Entscheidung herbeizuführen?»[25] Man wusste in Berlin, dass weder Frankreich noch Russland angreifen würden, aber die Generalstabschefs Moltke und Conrad von Hötzendorf fürchteten, die Zeit könne ihnen davonlaufen. Der Kaiser allerdings glaubte, Deutschland habe zu gegebener Zeit den Angriff der beiden Länder zu gewärtigen.

Nach dem Attentat von Sarajewo musste sich jeder Politiker fragen, ob der Anlass genügte, um einen allgemeinen Krieg auszulösen. Man hatte kritische Situationen überstanden, bei denen heiklere Fragen zu lösen waren. Doch die grundsätzliche Bereitschaft zu einem europäischen Krieg liess die Hemmungen schwinden. Wilhelm II. hatte gelegentlich sein Unbehagen darüber gezeigt, dass er die Entscheidung über Krieg und Frieden der unberechenbaren Balkanpolitik Wiens überlassen musste. Das widersprach seinem Anspruch, dass kein Kanonenschuss ohne sein Einverständnis abgefeuert werden durfte.

Der Kaiser erfuhr die Nachricht von der Ermordung Franz Ferdinands, den er seinen «Freund» nannte, am 28. Juni in Kiel. Der deutsche Botschafter in Wien, Heinrich von Tschirsky, versuchte anfänglich, die kriegerische Stimmung beim Bündnispartner zu dämpfen, doch damit handelte er sich den Tadel seines nun wieder kämpferisch eingestellten Monarchen ein: «Wer hat ihn dazu ermächtigt? Er soll den Unsinn gefälligst lassen! Jetzt oder nie! Mit den Serben muss aufgeräumt werden und zwar bald.»[26] Gegenüber einem österreichischen Sondergesandten bestätigten Kaiser und Reichskanzler den «Blankoscheck». Für die österreichische Regierung ging es darum, sich der deutschen Rückendeckung zu versichern für den Fall, dass Russland zugunsten der Serben aufmarschieren würde. Man hoffte, das Zarenreich werde nicht eingreifen, wenn sich Deutschland drohend in den Weg stellte. Ein folgenschwerer Irrtum, denn das deutsche Imponiergehabe hielt das Regime in St. Petersburg nicht davon ab, seinen zwar schwerfälligen, aber gewaltigen Militärapparat in Bewegung zu setzen.

Die Tage unmittelbar vor Kriegsausbruch waren beherrscht von hektischer Diplomatie. Ausgelöst wurden die kaum noch zu überblickenden Aktivitäten durch ein scharfes österreichisches Ultimatum an Serbien, das gedemütigt werden sollte. England und Frankreich hatten versucht, den Übermut der Donaumonarchie zu zügeln, doch man fühlte sich in Wien allzu sicher und war entschlossen, dem ungeliebten Nachbarn in einem Präventivkrieg eine Lektion zu erteilen.

Die Antwort aus Belgrad enthielt etliche Konzessionen, so dass Spielraum für Verhandlungen bestand. Als Wilhelm II. am 28. Juli von der Norwegenreise auf seiner Jacht «Hohenzollern» zurückkehrte, fand er die serbische Note vor und beurteilte sie als im Grunde zufriedenstellend. Doch am selben Tag hatte die österreichische Regierung Serbien den Krieg erklärt. Für ein kaiserliches Veto war es zu spät, und zudem gab es die verhängnisvolle Vollmacht an den Bündnispartner. Bethmann Hollweg und die Militärs unterstützten die forsche Politik Wiens und überzeugten den Kaiser, dass er die Rolle als Oberster Kriegsherr zu übernehmen habe. Der Versuch des englischen Aussenministers Grey, mit seinen Vermittlungsvorschlägen den

Krieg zu verhindern, stiess in Wien und Berlin auf taube Ohren. Bethmann Hollweg meldete dem konsternierten Botschafter Lichnowsky nach London, er könne die österreichische Regierung nicht zur Nachgiebigkeit zwingen.

Am 31. Juli wurde in Berlin die Nachricht von der russischen Generalmobilmachung bekannt, die von Kaiser und Generalstab sogleich als Kriegsgrund angesehen wurde. Man reagierte mit der «Erklärung des Zustandes drohender Kriegsgefahr» und sandte am selben Tag Ultimaten nach St. Petersburg und Paris. Damit kam das von den Militärs oft geforderte Ritual zum Zug. Mit einem scharf gefassten Ultimatum, das vom zukünftigen Gegner nur abgelehnt werden konnte, verschaffte man sich die Legitimation zu einem offensiven «Verteidigungskrieg», der auch als «defensiver Präventivkrieg» umschrieben wurde. Wie weit sich diese Vorgänge inzwischen vom ursprünglichen Anlass, dem Mord in Sarajewo, entfernt hatten, lehrt ein Telegramm, das Wilhelm II. am Abend des 31. Juli im Stil eines Befehls an Kaiser Franz Joseph in Wien sandte: «In diesem schweren Kampf ist es von grösster Wichtigkeit, dass Österreich seine Hauptkräfte gegen Russland einsetzt und sich nicht durch gleichzeitige Offensive gegen Serbien zersplittert. Dies ist umso wichtiger, als ein grosser Teil meines Heeres durch Frankreich gebunden sein wird. Serbien spielt in dem Riesenkampfe, in den wir Schulter an Schulter eintreten, eine ganz nebensächliche Rolle, die nur die allernötigsten Defensivmassregeln erfordert.»[27]

Berlin räumte der russischen Regierung zwölf Stunden zur Beantwortung des Ultimatums ein, das ein unverzügliches Ende der Mobilmachung forderte. Eine russische Antwort blieb aus. Frankreich gewährte man achtzehn Stunden. Bis dahin sollte die französische Regierung erklären, ob sie in einem deutsch-russischen Krieg neutral bleiben wolle. Die Anweisung an den deutschen Botschafter in Paris enthielt einen perfiden Nachsatz. Neutralität allein könne nicht genügen. Auch wenn sich Frankreich vom Konflikt fernhielte, so würde Deutschland ein «Pfand für Neutralität» fordern, nämlich die Abtretung der Festungen Toul und Verdun. Daraus lässt sich schliessen, dass die Reichsführung unter allen Umständen den Krieg mit dem französischen «Erbfeind» wünschte. In teutonischer Ungeduld erklärte das Deutsche Reich Frankreich und Russland den Krieg.

Am 2. August marschierten deutsche Truppen in Luxemburg ein. Am selben Tag überreichte der deutsche Botschafter in Brüssel eine sogenannte «Sommation», in der die belgische Regierung aufgefordert wurde, den Durchmarsch deutscher Verbände zu gestatten. Als Belgien nicht klein beigab, rückte die deutsche Armee am 3. August über die belgische Grenze vor. Das war Anlass genug für die englische Regierung, am 4. August ebenfalls in den Konflikt einzugreifen.

Die Schweiz in der Rolle des Zuschauers

Ahnung und Gewissheit

«Es ruht auf treuem, ehrlichem, mutigem Kriegsdienst der Glorienschein der Verklärung», schrieb ein katholischer Pfarrer in seinem Jahresrückblick von 1913, der in einem bekannten Einsiedler Kalender erschien. Gemeint war vermutlich der deutsche Kriegsdienst, dem in diesen Jahren in der Deutschschweiz auch die katholischen Weihen zuteil wurden: «Die Germanen sind ein gesunder, starker Menschenschlag.»[28] Etliche protestantische Theologen hätten diesem Urteil – vielleicht in anderer Formulierung – bedenkenlos zugestimmt. Militarismus in christlicher Verbrämung erregte höchstens bei Pazifisten Anstoss. Doch das war eine Minderheit.

Der lockere verbale Umgang mit dem Thema Krieg war ein für die Vorkriegszeit charakteristisches Phänomen. Das Gerede von der reinigenden Wirkung kriegerischer Gewitter auf die in langer Friedenszeit angefaulte Gesellschaft entstammte einer sozialdarwinistischen Grundhaltung, fand aber Eingang auch im katholischen Wortschatz, der sonst auf Abgrenzung gegenüber den Gefahren der modernen Welt angelegt war. Bellizistische Rhetorik beschränkte sich keineswegs auf den deutschen Sprachraum. Es gab in Frankreich die Philosophie der Revanche, die von Paul Déroulède, Maurice Barrès und Charles Maurras mit literarischem Brio gepflegt wurde. In Italien baute Gabriele d'Annunzio ein martialisches Gedankengebäude auf, das von den Realitäten in seiner Heimat kaum gestützt wurde. Wenn hingegen deutsche Professoren und Schulmeister verbal ihre Schlachten schlugen, so taten sie es in der Gewissheit, dass hinter ihren Fanfarenstössen der mächtige Kriegsapparat des Kaiserreichs stand. Der deutsche Diskurs – ob alldeutsch oder gemässigt nationalliberal – war stets von einer Überheblichkeit getragen, die den ersten Rang auf dem Kontinent forderte.

Wenn in der Eidgenossenschaft von Krieg die Rede war, dachte man üblicherweise an einen deutsch-französischen Konflikt. Das ergab sich aus der geographischen Nähe und der geschichtlichen Erfahrung. Für diesen Fall zweifelte niemand an einem deutschen Sieg. Er wäre in der deutschen Schweiz in weiten Kreisen als gerecht empfunden worden, denn man erkannte Frankreich allein in dem vom Deutschtum geprägten Bild. Die «Gallier» präsentierten sich darin in Anmassung und Übermut. Die direkten Erfahrungen hielten sich in bescheidenen Grenzen. Man bediente sich der deutschen Argumente, und der deutsche Wortschatz stand der schweizerischen Presse jederzeit zur Verfügung.

Anlass zu militärpolitischen Debatten gab die deutsche «Heeresvermehrung» vom Frühjahr 1913, der eine Verlängerung der Dienstzeit in Frankreich auf drei Jahre folgte. Für Oberstkorpskommandant Wille war die erneute deutsche Rüstung eine Selbstverständlichkeit, die sich aus dem Überschuss an Wehrpflichtigen ergab. In Frankreich hingegen werde, so sein Befund, die längere Wehrpflicht die Disziplin schädigen.[29] Emotionaler waren gewisse populäre Kommentare. Der geistliche Chronist von «Benzigers Marienkalender» spie Gift und Galle gegen Frankreich, das wagte, seine Armee zu verstärken: «Es gilt Deutschland die Stange zu halten, und da geht bei den Franzosen alles durch – oft sogar der Verstand!»[30] Frankreich bleibe auf der Weltkarte weiter bestehen, sofern es sich nicht durch ständigen Geburtenrückgang selber auslösche: «Es gibt nicht nur eine Weltkarte – es gibt ein Weltgericht!» Richter und Vollstrecker in diesem imaginären Forum – so die Meinung des Kalenderschreibers – war der deutsche Kaiser.

Vom zukünftigen Krieg sprach man in der Schweiz so häufig wie im Deutschen Reich. Die Hinweise auf die drohende Gefahr nahmen sich aus wie ein stets wiederkehrendes Ritual, dem man die Beteuerung anfügte, es werde doch nicht zum Schlimmsten kommen. In der Deutschschweiz war der Glaube entstanden, dass Krieg und Frieden in Europa von Kaiser Wilhelm II. souverän und weise verwaltet würden. Es gab auch andere Meinungen, doch sie drangen nicht in die Breite. Wer das Heil in internationaler Verständigung suchte – bei den Friedenskonferenzen zum Beispiel –, wurde in die Ecke der Sozialisten oder der Pazifisten abgedrängt.

In Genf und Lausanne lebte man nicht mit den selben, von aussen bezogenen politischen Gewissheiten wie in Zürich, Bern oder Basel. Die Action française hatte sich als für die Schweiz untaugliches Modell erwiesen, und die französische Republik begegnete bei den Westschweizern einer vorsichtigen Zurückhaltung. Paul Seippel markierte in seinem Werk über «Les deux Frances» den Abstand, der Romands und Franzosen trennte.

Vermutlich traute man in der Westschweiz dem Frieden weniger als in der deutschen Schweiz. Die neohelvetische Bewegung kämpfte gegen die moderne Industriewelt, gegen jede Form von Internationalismus, gegen Ausländer und gegen das Vordringen der deutschen Wirtschaft, die man unter den Sammelbegriff «Pangermanismus» einordnete. Es entstand ein zeitweise sektiererischer Nationalismus, der den «Kult des Vaterlandes» vorantrieb.[31]

Die Helvétistes sprachen vom zukünftigen Krieg und lehnten ihn nicht zum vornherein ab. Im Jahre 1913 veröffentlichte Robert de Traz sein Werk «L'homme dans le rang», das auch ins Deutsche übersetzt wurde. Der Historiker Hans Ulrich Jost spricht vom «Kultbuch des helvetischen Militarismus».[32] Im Jahre 1910 hatte de Traz einen Text geschrieben, der sich wie ein Aufschrei ausnahm: «Wenn aber Krieg ausbricht – und er wird ausbrechen –, wenn wir allein auf unsere Kräfte verwiesen sind, dann können wir uns mit Sicherheit selbst übertreffen. Oh könnten wir dann Helden sein! Die meisten von uns werden bestimmt umkommen. Vielleicht wird selbst unser Land untergehen. (...) Doch was soll auch der Tod, würde der Athener sagen, wenn die Erinnerung, die man zurücklässt, unsterblich ist.»[33]

Robert de Traz beschwor ein heroisches Zeitalter, das in der eidgenössischen Gegenwart nicht zu finden war. Unter diesen Umständen blieb die Frage, gegen wen man kämpfen wollte, eher nebensächlich. Im Vordergrund standen persönliche Befindlichkeiten, nicht ein konkreter Feind. Der autoritären Rechten ging es darum, die Gesellschaft zu verändern. Es herrschte in diesen Kreisen das Bedürfnis, von der Theorie zur Aktion zu schreiten. Die Ahnung von einem zukünftigen Krieg erwies sich als hilfreicher Impuls. Das nahm jedenfalls Gonzague de Reynold in seinen Memoiren für sich und seinen Freund Robert de Traz in Anspruch: «Robert et moi, moi plus que Robert, nous sentions la guerre menacer. Pour nous, l'approche de la guerre entrainait deux devoirs: travailler à l'union nationale entre Suisses alémaniques et Suisses romands, entre catholiques et protestants; passer de la littérature à l'action. Là, dans cette inquiétude patriotique, est le germe de la Nouvelle Société Helvétique.»[34]

Die vom Genfer Dozenten Alexis François und dem Freiburger Aristokraten ins Leben gerufene Neue Helvetische Gesellschaft war ursprünglich ein Produkt der geistigen Unrast bei den jungen Intellektuellen der Romandie.[35] Von daher war der Zugang zu Gelehrten und Schriftstellern der Deutschschweiz nicht leicht zu finden, denn im Windschatten eines mächtigen Deutschtums lebte es sich ganz behaglich. Doch mit dem Kriegsbeginn im August 1914 trat in der eben gegründeten Gesellschaft ein Wandel ein. Aus einer Protestbewegung entstand eine Institution, die während des Krieges staatserhaltend auftrat.

Die Tage zwischen dem Attentat von Sarajewo und dem Ausbruch des Krieges in den ersten Augusttagen verliefen für die schweizerische Öffentlichkeit nicht so dramatisch, wie man im Nachhinein vermuten könnte. Über die imperialistische Dramaturgie, die mit unerbittlicher Konsequenz zum europäischen Krieg führte, gab man sich erst später Rechenschaft. Will man den Prozess, der sich in der öffentlichen Meinung vollzog, einigermassen zuverlässig rekonstruieren, so ist man auf die Presse angewiesen, die wiederum von parteipolitischen Fixierungen und den Interpretationen einzelner Journalisten abhängig war. In den Deutschschweizer Zeitungen kamen in erster Linie die Positionen von Österreich-Ungarn und von Deutschland zur Darstellung. In der Westschweiz hingegen zeigte man Verständnis für das bedrohte Serbien. Dabei stammten die Argumente zu einem guten Teil aus dem benachbarten Ausland. Die schweizerische Presse verfügte in den europäischen Hauptstädten bloss über ein dürftiges Netz an Korrespondenten. Oft waren diese Mitarbeiter keine Schweizer. Für die «Neue Zürcher Zeitung» berichtete aus Berlin Hugo Herold, ein deutscher Staatsbürger, das «Journal de Genève» hatte einen französischen Journalisten als Berichterstatter im Deutschen Reich.[36]

Nach dem 28. Juni wartete Europa auf eine harte Reaktion der Donaumonarchie. Der Attentäter hatte mit Franz Ferdinand den wichtigsten Exponenten des imperialistischen Österreich-Ungarn getroffen, einen Anhänger des sogenannten «Trialismus», der einen südslawischen Staat in die Monarchie eingliedern wollte. Die schweizerischen Pressereaktionen auf den Mord reichten vom formellen Bedauern bis zur Kreation einer Heiligenlegende, der sich die katholischen Zeitungen «Vaterland», «Neue Zürcher Nachrichten» und «Ostschweiz» widmeten. Die recht intime Bindung der katholischen Schweiz an Österreich bestimmte die Kommentare in den betreffenden Blättern.

Die liberale Presse der deutschen Schweiz verfolgte gespannt die Bewegungen im Deutschen Reich, dem man in dieser heiklen Situation die entscheidende politische Kompetenz zubilligte. Die «Neue Zürcher Zeitung» als führendes Blatt galt als «leicht prodeutsch», doch soll die allgemeine Atmosphäre in Zürich noch weit deutschfreundlicher gewesen sein.[37] Deutschland kam ins Spiel, wenn man an die europäischen Allianzen dachte. Doch einstweilen herrschte die Meinung vor, der Fall lasse sich direkt zwischen Wien und Belgrad regeln.

Als die österreichische Antwort auf sich warten liess, machte sich in schweizerischen Zeitungen Unruhe bemerkbar. Einige Blätter erteilten der Monarchie Ratschläge. Man tadelte die österreichische Gemütlichkeit. Ein Korrespondent schrieb der «Neuen Zürcher Zeitung» aus Wien: «Wir haben keine Männer von Entschlusskraft.»[38] Das «St. Galler Tagblatt» empfahl am 10. Juli der österreichischen Regierung, sich an den «Südgrenzen ein für allemal Ruhe zu verschaffen». Es sei eine Erklärung unerlässlich, dass man «im letzten Falle auch vor militärischen Schritten nicht zurückschrecken wird, um der Monarchie für die Ermordung ihres Thronfolgers die gebührende Sühne zu verschaffen und um den Aspirationen eines Gross-Serbien ein entscheidendes Ende zu bereiten.»[39]

Mit der Wiener «Gemütlichkeit» war es inzwischen zu Ende. Die kriegerische Stimmung hatte in Österreich-Ungarn eindeutig zugenommen. Das, was schweizerische Zeitungsschreiber vorlaut gefordert hatten, trat jetzt in einer dramatischen Wende zutage. Am 24. Juli richtete die Donaumonarchie das kurz befristete Ultimatum an Serbien, das in ungewöhnlich scharfem Ton gehalten war. Nun zeigten sich auch jene Zeitungen peinlich überrascht, die zuvor flottes Handeln empfohlen hatten. Die österreichischen Forderungen waren – darin herrschte Übereinstimmung – für einen souveränen Staat unerfüllbar, wenn er sich nicht vor der ganzen Welt erniedrigen wollte.[40] Ein Krieg – man dachte zur eigenen Beruhigung an einen lokalen Konflikt – war näher gerückt. Selbst in katholischen Zeitungen fand man, das in der österreichischen Note angesammelte Material enthalte «keine zwingende Kriegsraison». Die «Ostschweiz» billigte Österreich-Ungarn jedoch zu, dass es «als Schutzmacht europäischer Kultur und Gesittung gegenüber dem Halbbarbarismus des Slawentums» handle.

In der schweizerischen Presse zeigten sich alle Zeichen der Verunsicherung, als Wien unentwegt einen starren Kurs steuerte, der zum Krieg mit Serbien führen musste. Dazu kam, dass Wilhelm II. «in deutscher Treue» seinen Verbündeten ins Verderben laufen liess und keinen ernsthaften Versuch unternahm, das Unheil aufzuhalten. Die Zeitungen überliessen es häufig den Korrespondenten, harte Positionen zu markieren. Die Redaktionen selber hielten sich eher zurück. Die Aufmerksamkeit wandte sich dem Zarenreich zu, von dem man anfänglich nicht glauben wollte, dass es die serbischen «Fürstenmörder» unterstützen werde. Dann wieder war die Rede von den Gefahren des Panslawismus. Die Entscheidung über Krieg und Frieden lag also in St. Petersburg, wo man mit der Mobilmachung drohte. Auch Frankreich geriet ins Visier einer auf die Zentralmächte fixierten Presse. Die Reise von Staatspräsident Raymond Poincaré in die russische Hauptstadt wurde als perfider Akt in einer Verschwörung zwischen französischen Revanche-Politikern und dem zaristischen Russland gewertet. Das deutschfreundliche «Berner Tagblatt» sprach von Blutschuld und meinte, man sollte die verantwortlichen Figuren auspeitschen. Die «Ostschweiz» dozierte, die französische Politik spiele wieder einmal die alte Verräterrolle in Europa.[41]

Die sozialistischen Zeitungen «Volksrecht» und «Berner Tagwacht» wichen in ihren Artikeln nicht wesentlich von der bürgerlichen Presse ab, es sei denn beim Diskurs über die Ursachen der Krise. Für Marxisten war ein Krieg das unvermeidliche Ergebnis des kapitalistischen Systems, doch die Redaktoren der beiden Blätter hielten sich nicht allzu lange bei Theorien auf. Für die Serben zeigte man Verständnis. Verlegenheit bereitete Russland mit seinem reaktionären Regime, das Arbeiter und Bauern ausbeutete. Man hoffte, ein Krieg werde die «revolutionären Elemente» im Zarenreich zu neuen Taten anspornen, anderseits war Hilfe eben dieses Staates an das gefährdete Serbien erwünscht. Gelegentlich besannen sich die Sozialisten auf die marxistische Lehre, wonach einzig die Arbeiter mit ihrer «roten Internationale» einen Weltkrieg verhindern könnten. So schrieb die «Berner Tagwacht», allein die Arbeiterklasse sei imstande, «die verbrecherischen Treibereien der gekrönten und ungekrönten Banditen durch das Feldzeichen der Revolution in Schach zu halten».[42]

In den letzten Tagen vor dem grossen Krieg zeigten etliche Blätter eine bedenkenlose Anbiederung an deutsche Parolen. Besonders deutlich wurde die Abhängigkeit beim «St. Galler Tagblatt», das von Rassenkampf sprach und von der Pflicht, sich den Deutschen, den «Stammesverwandten», nicht zu entziehen: «Es zeigt sich, dass man unter dem grossen Kampfe einen Kampf des Deutschtums gegen die Feinde im Osten und Westen erblicken muss.»[43] Für die französisch-russische Allianz gab es nur tiefe Verachtung: «Welch traurige Unnatur, welch innerster Widersinn in dieser grundbestimmenden Gesellung …» Die Wortwahl liess ahnen: der Artikelschreiber hatte seine alldeutsche Lektion gelernt.

Die Kriegserklärung Wiens an Serbien vom 28. Juli brachte in der Schweiz zuerst den Auszug der Österreicher, die zum Kriegsdienst aufgeboten wurden. Einige Tage später folgten die Deutschen. Es marschierten nicht bloss die dienstpflichtigen Männer, sondern ganze Familien, obschon niemand an einen langen Krieg glaubte. Die Abwanderung kam in den grösseren Städten einem kräftigen Aderlass gleich, denn vor allem die Zahl der wegziehenden Deutschen war beträchtlich. Im Juli 1914 lebten in Basel zum Beispiel 144 496 Einwohner, unter ihnen 44 509 mit deutscher Staatszugehörigkeit.[44] Die Bewegung wurde vorerst nicht in ihren demographischen Dimensionen wahrgenommen, sondern als gewaltiges Ereignis, das bisher nie gekannte Emotionen weckte.

Der Abmarsch der Deutschen und Österreicher war kein stiller Vorgang. Er wuchs in Zürich, Basel und Schaffhausen zur mächtigen Demonstration eines kriegerischen Deutschtums an, der sich Schweizer nur schwer entziehen konnten. Von den Einheimischen wurde Solidarität mit den zukünftigen Helden erwartet. Durch die Zürcher Bahnhofstrasse zogen deutsche Wehrpflichtige in Marschkolonnen zum Hauptbahnhof, in Basel wälzte sich ein bunter Zug der Stadt Lörrach entgegen.[45] Man sang «Die Wacht am Rhein» und verabschiedete sich an der Grenze mit Gesang und heroisch gestimmten Reden. Die deutschen Sozialisten, die am Basler Kongress eben noch von Internationalismus und von der Verhinderung des Krieges durch die Arbeiterklasse gesprochen hatten, zogen genauso wie die Bürger in das ungewisse militärische Abenteuer. Kaiser Wilhelm II. hatte in diesen Tagen – nota bene auf Anraten Bethmann Hollwegs – die bombastischen Worte gesprochen: «Ich kenne keine Parteien mehr, ich kenne nur noch Deutsche.» Das war für die Sozialisten ein befreiendes Signal. Nun konnte man den Internationalismus fahren lassen und sich einem soliden Nationalismus hingeben.

Wie Zürich den Abschied der zukünftigen Frontkämpfer erlebte, schildert Meinrad Inglin im Roman «Schweizerspiegel» am Beispiel der ausrückenden Österreicher: «Die Burschen hatten, das Lied vom Prinzen Eugen singend, den Wagen bestiegen und lehnten sich jetzt zu den Fenstern hinaus, während die Menge davor in Hochrufe auf Österreich und Deutschland ausbrach. Jemand stimmte ‹Die Wacht am Rhein› an, und sogleich begannen auch die Einrückenden mitzusingen. Unerwartet aber schwoll der ‹Wacht am Rhein› die sozialistische ‹Internationale› entgegen, von einem halben Hundert kräftiger Stimmen scheinbar aus dem nächtlichen Himmel herab gesungen, der dämmernd über den Lichtern der Ausfahrt lag. Die sozialistischen Jungburschen hatten die ‹Passerelle› bestiegen, einen Steg, der in beträchtlicher Höhe vor der Halle die Schienenstränge überbrückte. Die Singenden auf dem Bahnsteig sahen sich verblüfft um, erhoben dann aber, da der Zug zu fahren begann, einen mächtigen Abschiedslärm. ‹Hoch Österreich! Heil und Sieg! Hoch Deutschland! Auf Wiedersehen! Hurra! Hoch!› schrien sie durcheinander und liefen neben dem langsam anfahrenden Zug her, indes die Abreisenden in den offenen Fenstern singend und rufend ihre Fähnchen schwenkten. Die Demonstranten auf dem Steg aber sangen kräftig weiter, und während sich ihr Gesang mit dem begeisterten Kriegsgeschrei, dem Zischen der Dampflokomotive und dem Rollen der Räder vermischte, trug der Krieg die Einberufenen unter der Brücke durch, auf der die ‹Internationale› erklang …»[46]

Die in Europa ausbrechende Kriegsbegeisterung, die weite Kreise der Bevölkerung erfasste, hat keine rationale Erklärung gefunden. Hysterie, Ängste und Emotionen entluden sich in einem kollektiven Höhenflug, der sich jeder Deutung entzog. Der überzeugte Pazifist Stefan Zweig erlebte den Aufbruch in den Krieg in Wien. In seinen Erinnerungen versuchte er, dem turbulenten Geschehen auf den Grund zu gehen:

«Der erste Schrecken über den Krieg, den niemand gewollt, nicht die Völker, nicht die Regierung, diesen Krieg, der den Diplomaten, die damit spielten und bluffften, gegen ihre eigene Absicht aus der ungeschickten Hand gerutscht war, war umgeschlagen in einen plötzlichen Enthusiasmus. Aufzüge formten sich in den Strassen, plötzlich loderten überall Fahnen, Bänder und Musik, die jungen Rekruten marschierten im Triumph dahin, und ihre Gesichter waren hell, weil man ihnen zujubelte, ihnen, den kleinen Menschen des Alltags, die sonst niemand beachtet und gefeiert. Um der Wahrheit die Ehre zu geben, muss ich bekennen, dass in diesem ersten Aufbruch der Massen etwas Grossartiges, Hinreissendes und sogar Verführerisches lag, dem man sich schwer entziehen konnte. Und trotz allem Hass und Abscheu gegen den Krieg möchte ich die Erinnerung an diese Tage in meinem Leben nicht missen: Wie nie fühlten Tausende und Hunderttausende Menschen, was sie besser im Frieden hätten fühlen sollen: dass sie zusammengehörten.»[47]

Die Deutschschweizer erlebten den kollektiven Rausch in der reichsdeutschen Version und wurden selber davon angesteckt. In unerschütterlichem Glauben an einen raschen deutschen Sieg schloss man sich dem germanischen Triumphzug an. Durch eine verbale, wenn auch unverbindliche Solidarisierung mit dem Deutschtum konnte man an der Weltgeschichte teilhaben. Ein Ehrgeiz, der sich beim Anblick der grausamen Realität allmählich verflüchtigte, aber eine tiefe Spaltung im Lande offen legte.

Die vom Krieg ausgehende hypnotische Wirkung war in diesen Tagen auch in der Romandie zu spüren, doch die Sympathien wandten sich Frankreich und der Entente zu. Das Schicksal Belgiens stand im Zentrum. Der Krieg an sich wurde als irrationales Phänomen wahrgenommen, das eine Zeitlang Menschen unterschiedlichster Couleur in seinen Bann schlug. Robert de Traz und Gonzague de Reynold hatten von ihm Veränderungen in der menschlichen Gesellschaft erwartet, und auch C. F. Ramuz glaubte an einen heilsamen Prozess, bis ihn die blutigen Ereignisse aus den Illusionen aufweckten. Ein scharf und klar denkender Mann wie Edouard Secretan, Chefredaktor der «Gazette de Lausanne», Oberstdivisionär und Nationalrat, verstieg sich in den ersten Kriegstagen in seiner Zeitung zu einem makabren Bekenntnis: «Dies ist eine feierliche Prüfung. Es ist zu spät, um umzukehren, um zu verhandeln, um Erklärungen abzugeben. Es gilt zu töten, und in dieser Töterei braucht jeder der Männer, vom kommandierenden General bis zum letzten Soldaten, Todesverachtung, Selbstaufgabe, Hoffnung auf ein neues Leben, eine Hingabe, um – durch Gefahren und Leiden hindurch – geschickter, unermüdlicher, widerstandsfähiger und stärker als der Feind zu sein.»[48]

Derart morbide Empfehlungen, vom sicheren eidgenössischen Boden aus an die Kriegführenden gerichtet, wirkten allemal peinlich. Sie konnten auch nicht verbergen, dass die Schweizer selber ihren Standort im europäischen Konflikt noch nicht gefunden hatten. Die meisten Zeitungen der Romandie bezogen jedoch feste Positionen. Die «Gazette de Lausanne» zum Beispiel steuerte unter Secretan einen eindeutig pro-französischen Kurs, dies im Gegensatz zum «Journal de Genève», das man oft wegen seiner angeblichen Neutralität verspottete.

«Ante portas»: die Schweiz erlebt den Kriegsausbruch

Einen Tag nach der Kriegserklärung Österreich-Ungarns an Serbien erhielt der Chef der Generalstabsabteilung, Theophil Sprecher von Bernegg, einen privaten Brief des deutschen Generalstabschefs Helmuth von Moltke (dem Jüngeren), der seinem schweizerischen Kollegen vertraulich den bevorstehenden Krieg ankündigte:

«Sehr geehrter Herr Kollege!

Die Lage spitzt sich immer mehr zu und der Beginn des grossen, lange erwarteten Dramas steht vielleicht nahe bevor. Wie ist es? Sollen unsere Abmachungen noch gelten? Oder sind Sie inzwischen anderer Ansicht geworden? Frankreich kirrt, wie ich lese, schon wieder mit der Zusage freier Verpflegungsdurchfuhr. Sie wissen, dass Sie bei uns auf dasselbe rechnen können. Ich bin begierig, ob Sie Akteur oder Zuschauer sein werden. Meine Zusage des «ante portas» halte ich aufrecht. Die Manöver, die wir für den Herbst planten, werden wohl etwas früher stattfinden und grösser ausfallen als beabsichtigt war, auch nicht mit Platzpatronen abgehalten werden. Auf alle Fälle bleibe ich Ihr freundschaftlich verbundener Moltke.»

Am 31. Juli traf das Telegramm mit dem Stichwort «ante portas» an der privaten Adresse des Obersten im Generalstab Moritz von Wattenwyl in Bern ein. Man hatte sich beim Kaiserbesuch im September 1912 dahin verständigt, dass Moltke den schweizerischen Generalstab mit dieser Parole über den Kriegsausbruch ins Bild setzen werde.

Die Schweiz als Akteur oder als Zuschauer? Am 2. August, also noch vor der deutschen Kriegserklärung an Frankreich, bestellte Helmuth von Moltke den schweizerischen Gesandten de Claparède zu sich und sprach in verfänglichen Formulierungen von einer möglichen Bedrohung der Schweiz durch Frankreich. Der Diplomat berichtete darüber nach Bern: «Nicht ein deutscher Soldat werde das Gebiet der Eidgenossenschaft berühren und kein Zoll unseres Landes werde von deutschen Truppen besetzt werden. Die deutsche Regierung und die Armee betrachte die Schweiz als ein befreundetes Land und werde auch gerne in dieser schweren Zeit der Schweiz das möglichste Entgegenkommen zuteil werden lassen, um derselben die Versorgung von Lebensmitteln und sonstigen Bedarfs für die Armee zu erleichtern. Sodann begann er darüber zu sprechen, dass die Schweiz von Seite der französischen Kriegsleitung nicht so sicher sein könne. Man habe hier den Eindruck, und jüngst aus Frankreich eingegangene Berichte bestätigen denselben, dass Frankreich beabsichtige, bei Überschreitung unserer westlichen Grenze und Verletzung unserer Neutralität, Deutschland über unser Gebiet anzugreifen. In solchem Fall würde die deutsche Armee uns ganz zur Seite stehen und mit uns zusammengehen, wenn die Schweiz durch Frankreich bedroht sein sollte.»[50]

Im Generalstab in Bern wusste man sehr wohl, dass Moltke die schweizerische Armee bei seinem Feldzug gegen Frankreich gerne an der Seite seiner Truppen gesehen hätte. Bei früherer Gelegenheit war ihm die vielsagende Bemerkung entschlüpft, die französische Armee werde den Deutschen vermutlich nicht den Gefallen erweisen, die Schweiz anzugreifen. «Ich fürchte, sie (die Franzosen) tun Ihnen nichts», sagte er damals zum Chef der schweizerischen Generalstabsabteilung.[51]

Am Morgen des 31. Juli beschloss der Bundesrat die Pikettstellung der Armee. Am Nachmittag entschied man in einer ausserordentlichen Sitzung, die Mobilmachung anzuordnen. Der Befehl für die Generalmobilmachung wurde am 1. August von Bern aus telegraphisch erlassen, so dass das ganze Land in kürzester Zeit alarmiert war. Erster Mobilmachungstag war Montag, der 3. August. Man hatte so lange zugewartet, weil man diesen heiklen Akt nicht vor den Nachbarstaaten vollziehen wollte. Am 4. August erteilte die vereinigte Bundesversammlung der Landesregierung unbeschränkte Vollmachten. Am Abend desselben Tages wurde nach unwürdigem Kampf in den politischen Kulissen Oberstkorpskommandant Ulrich Wille zum General gewählt. Der Bundesrat ernannte Theophil Sprecher von Bernegg zum Generalstabschef. Am 4. August sandte der Bundesrat auch die fällige Neutralitätserklärung an die Signatarmächte des Wiener Kongresses und an einige weitere Staaten, wobei nach alter Tradition das Besetzungsrecht für Nord-Savoyen beansprucht wurde.[52]

Vom 7. August an rückte die Armee gegen den nordwestlichen Jura vor, oder, wie ein Armeebefehl formulierte, in die «Bereitstellung an der West- und Nordfront».[53] Am selben Tag hatte das bunt zusammengewürfelte 7. französische Armeekorps unter General Bonneau aus der Burgundischen Pforte heraus eine Offensive gegen Mülhausen ausgelöst. Der rechte Flügel des angreifenden Verbandes, die 8. Kavallerie-Division, berührte dabei die Schweizer Grenze zwischen dem französischen Réchésy und dem deutschen Pfetterhausen.

Der schweizerische Aufmarsch auf den Jurahöhen erfolgte eindeutig zu spät. Die Truppen General Bonneaus standen bereits vor Mülhausen, als die schweizerische

Feldarmee das Grenzgebiet erreichte. Einige Landsturm-Kompanien sperrten die wichtigsten Strassen und pflanzten der Grenze entlang Schweizer Fähnchen –, eine gut gemeinte, aber wenig überzeugende Geste. In die Ajoie rückten zwei Kavallerie-Brigaden ein, die zu einer Division vereinigt wurden. Alles in allem keine sehr eindrückliche Streitmacht in dem exponierten Territorium, das für die kriegführenden Parteien offen dalag. Die eidgenössische Verspätung blieb ohne Folgen, denn der ausbrechende Sturm traf das neutrale Belgien.

Bei Kriegsbeginn richteten sich die Blicke unwillkürlich auf die jenseits des Jura gelegene Ajoie, die sich wie ein Keil gegen die Burgundische Pforte vorschiebt. Seit dem Jahre 1871 traf die deutsch-französische Grenze zwischen Pfetterhausen und Réchésy auf das schweizerische Territorium. Der Anschluss lag nördlich von Beurnevésin auf einer bewaldeten Anhöhe bei der sogenannten «Borne des trois Puissances». Durch dieses unübersichtliche Waldgebiet bewegten sich in den ersten Kriegstagen die Patrouillen des Landsturms.

Im deutschen Elsass galt bereits am Abend des 31. Juli der Kriegszustand. Auf der Grenzbahn zwischen Bonfol und Pfetterhausen fuhr am selben Tag um 13.50 Uhr der letzte Zug. Am Morgen des 1. August weigerte sich die deutsche Grenzstation, weitere Züge aus der Schweiz anzunehmen.[54] Badische Landwehr besetzte den Bahnhof von Pfetterhausen und sperrte die Geleise nach Bonfol. Zur selben Zeit zogen sich die französischen Truppen um 10 Kilometer von der Elsässer Grenze zurück und schufen damit eine neutrale Zone.[55] Die vordersten Sperren des 44. französischen Infanterie-Regiments lagen bei Jonchéry und Delle.

Kleinere militärische Aktionen begannen schon vor der deutschen Kriegserklärung an Frankreich vom 3. August. Ein blutiger Zwischenfall ereignete sich am 2. August nahe der Schweizer Grenze beim Friedhof von Jonchéry. Ein Trupp Dragoner der in Mülhausen stationierten 5. Jäger zu Pferd galoppierte an jenem Sonntagmorgen von Réchésy her gegen einen an der Strasse eingerichteten Unteroffiziersposten. Als sich der Postenchef Korporal Jules André Peugeot mit dem Gewehr unter dem Arm in den Weg stellte, zog der deutsche Patrouillenführer Leutnant Albert Mayer die Pistole und streckte den Franzosen nieder. Peugeot, 21 Jahre alt und Lehrer in Sochaux, war der erste Tote des grossen Krieges im Westen. Auch Albert Mayer zahlte teuer für sein Bravourstück.[56] Die Soldaten der Wache schossen den Leutnant vom Pferd. Die deutschen Dragoner liessen den toten Anführer liegen und stoben davon.

Ein Zwischenfall der harmloseren Art ereignete sich am 4. August auf schweizerischem Hoheitsgebiet zwischen Réchésy und Beurnevésin. Deutsche Kavalleristen flüchteten, von französischen Husaren verfolgt, auf eidgenössisches Territorium und wurden vom Landsturm entwaffnet. Die Übergabe ging nicht ohne Formalitäten vor sich. Der deutsche Patrouillenführer, ein Leutnant Prinz, wollte sich nur einem im Rang höher stehenden Offizier ergeben. Also holte man in Beurnevésin einen Oberleutnant, und die Deutschen wurden ohne weiteren Widerstand abgeführt. Der Unteroffizier aus dem Landsturm-Bataillon 24, der den hoheitlichen Akt vollzog, berichtete stolz: «Le bruit de notre aventure nous avait précédés à Porrentruy. Des centaines de personnes, rassemblées sur la place de l'Hôtel de ville, attendaient l'arrivée du prisonnier. Je vous laisse à penser si notre entrée en ville fit sensation!»[57]

Wie Armee und Bevölkerung der Schweiz die finstern Tage des August 1914 erlebten, schildert Meinrad Inglin in seinem Roman «Schweizerspiegel». Hin und her gerissen zwischen Aufbruch und Angst stellte sich jedermann die Frage, ob das Land auch diesmal verschont bleiben würde. Der Infanterie-Korporal C. F. Ramuz schrieb am 3. August in sein Tagebuch: «Nous, nous n'avons pas d'ennemi. Et il est bien possible que nous soyons forcés de nous battre, mais nous ne pouvons savoir d'avance avec qui. Nous n'avons rien pour nous soutenir, ni la colère, ni l'espoir, et ni l'amour et ni la haine.»[58]

Der Maler Félix Vallotton, zu alt für den Militärdienst, bemühte sich, zum Geschehen Distanz zu halten: «Wenn denn schon gilt, dass dieser Krieg nur diejenigen etwas angeht, die ihn machen, am Ort, und die Pfiffigen, dann ist da für mich keine Verwendung. Die Geschäftsleute finden Mittel und Wege, Geld zu verdienen; die Schlaumeier stehlen sich weg und heimsen Ehrungen ein; die Braven lassen sich totschlagen. Ich bleibe da, abgebrannt, also nutzlos für die Bedürftigen.»[59] Paul Seippel geriet in einen Zustand tiefer Resignation, die nach den ersten Nachrichten von den raschen deutschen Erfolgen nicht geringer wurde. Er schrieb an Romain Rolland: «Je suis triste à pleurer. Et tout Genève a l'aire d'une ville en deuil.»[60]

Mancher Zeitgenosse hatte das Gefühl, die Schweiz habe sich aus der Weltgeschichte verabschiedet. Ob das positiv oder negativ zu werten war, konnte erst die Zukunft weisen. In militärischen Kreisen, die dem «neuen Geist» huldigten, waren die Ansichten nicht zimperlich. Von der reinigenden Wirkung eines Krieges sprach General Wille, der sich Ende Oktober in einem Brief an Bundesrat Camille Decoppet zur immer noch fehlenden Kriegstüchtigkeit der Armee äusserte: «Seitdem der erste Schrecken sich wieder verflüchtigt hat, fällt man bei uns – ganz besonders die sogenannten Intellektuellen – wieder zurück in die alte Denkweise über Krieg und Kriegsgefahr, welche Denkweise die Ursache ist, dass wir trotz der sonstigen günstigen Faktoren immer nur bis zu einer gewissen Grenze bei Erschaffung eines kriegstüchtigen Wehrwesens kommen können. Man glaubt, dass, wenn wir uns nur hübsch still verhalten, die Kriege immer respektvoll an unserer Grenze vorbei gehen. Auch ich hoffe das diesmal wie immer, obgleich ich der Ansicht meiner besten Unterführer nicht widersprechen kann: es täte unserem Volk gut, wenn es durch harte Schläge von solchem Glauben kuriert würde.»[61]

Bürger, Soldaten und General täuschten sich in einem entscheidenden Punkt: Sie konnten sich nicht vorstellen, dass der Krieg mehr als vier Jahre dauern würde.

General der Schweizer Armee: Ulrich Wille

Die Wahl des Generals durch die Vereinigte Bundesversammlung war nach eidgenössischer Tradition als ein patriotischer Akt in schwieriger Zeit gedacht, der dem Land und seiner Armee Zuversicht und den Glauben an eine Führung ohne Fehl und Tadel vermitteln sollte. Was am 3. August 1914 in Bern in Szene ging, war geeignet, einer wenig informierten Öffentlichkeit das Bild nationaler Harmonie vorzugaukeln. In der deutschen Schweiz war man bereit, sich mit dem Ergebnis abzufinden, während die Romandie verärgert reagierte. Die Peinlichkeit des realen Vorgangs kam in der Folge in schwer fassbaren Legenden und Vermutungen ans Licht. Was die Beteiligten in Protokollen und andern Dokumenten über diese staatspolitische Handlung hinterliessen, ist dürftig und gelegentlich so angelegt, dass der Beobachter auf falsche Spuren geführt wird. Darum hielt sich der Eifer der Historiker bei diesem ärgerlichen Thema in Grenzen. Nun rekonstruierte Daniel Sprecher in einer kürzlich erschienenen Biographie «Generalstabschef Theophil Sprecher von Bernegg» die Ereignisse auf Grund von privaten und amtlichen Quellen in akribischer Manier, so dass Sachverhalt und mentale Befindlichkeit der agierenden Personen erkennbar werden.[62]

Bei Kriegsausbruch standen zwei Kandidaten zur Wahl: Oberstkorpskommandant Theophil Sprecher von Bernegg, geboren 1850, Chef der Generalstabsabteilung seit dem 1. Mai 1905, und Oberstkorpskommandant Ulrich Wille, geboren 1848, Kommandant des 4. Armeekorps. In der Westschweiz nannte man auch Alfred Audéoud, den Kommandanten des 1. Armeekorps, doch der Waadtländer hatte keine Chancen.

Der Bündner Aristokrat Theophil Sprecher war als Chef der Generalstabsabteilung die zentrale Figur in der Armee, zuständig für die operative Planung, für Organisation und Führung der Armee im Frieden sowie für die Kriegsbereitschaft. Mobilmachung und Aufmarsch im August 1914 waren sein Werk. Der gläubige Protestant Sprecher, ein Mann von hoher und hagerer Statur, in seinen Äusserungen zurückhaltend, wurde von den Zeitgenossen als vornehme Gestalt und als Asket wahrgenommen. Mit eben dieser Zurückhaltung ertrug er die ständige Kritik seines Kontrahenten Wille und der schreibenden Apologeten des «neuen Geistes». Auch das unflätige Gebaren eines Fritz Gertsch konnte ihn in seiner Arbeit nicht irritieren.

Sprecher hatte in der Armee die Fäden in der Hand. Das wussten auch die Militärattachés der ausländischen Mächte, die seine Tätigkeit ständig beobachteten. Seine engen Beziehungen zum Generalstab der Donaumonarchie waren ebenso bekannt wie die Kontakte zum deutschen Generalstabschef Helmuth von Moltke. Die offenkundigen Sympathien für die Zentralmächte fielen in jenen Jahren keineswegs aus dem Rahmen. Sie waren bei der Generalswahl kein Hindernis für einen Kandidaten. Sprecher war bereit, sich an die demokratischen Spielregeln zu halten.

Falls Wille zum General ernannt würde – so hatte er Bundesrat Eduard Müller versichert –, würde er auch die Funktionen eines Generalstabschefs übernehmen.[63] Er beherrschte alle Landessprachen und galt deshalb im Parlament als ein Kandidat, der über das Militärische hinaus Verständnis für die Kulturen der Schweiz erkennen liess.

Ulrich Wille trat seit Jahren in der Armee und in seiner journalistischen Tätigkeit als der Mann auf, der die Miliz zur Kriegstauglichkeit führte. In seiner Karriere als Artillerie-Instruktor und als Waffenchef der Kavallerie hatte er entscheidend dazu beigetragen, dass das Heer aus der Ära der «politischen Obersten» heraustrat und den Charakter einer Bürgerwehr ablegte. Man orientierte sich seither am perfekten preussischen Heereswesen.[64] Zum «neuen Geist» gehörten Disziplin, Subordination und hierarchische Strukturen. Wille wusste um seine eigenen Verdienste und sprach darüber ohne falsche Hemmungen. Seit den neunziger Jahren machte er kein Hehl daraus, dass er allein berufen war, die schweizerische Armee zu einem für den Krieg tauglichen Instrument zu formen und wenn nötig den Oberbefehl zu übernehmen. Wer Ulrich Wille widersprach, war «falschen Auffassungen» verfallen. Das galt beispielsweise beim Disput um den ungeliebten preussischen Drill auf schweizerischen Kasernenhöfen, welcher – so die apodiktische These des Reformers – der Erziehung der Soldaten galt, während französischer oder englischer Drill dazu diente, Soldaten abzurichten.

Das militärisch orientierte Weltbild Ulrich Willes liess sich allemal schwer mit republikanischem Denken und den Ansprüchen des mündigen Bürgers in Übereinstimmung bringen, doch das focht den selbstherrlichen Kämpfer nicht im geringsten an. Die Generalswahl wurde zum peinlichen Exempel für das Demokratieverständnis des zukünftigen Oberbefehlshabers. Als habe er den Gang der Dinge vorausgeahnt, entwarf Wille bereits im Jahre 1898 die «Skizze einer Wehrverfassung der schweizerischen Eidgenossenschaft», in der die militärpolitischen Strukturen des Landes nach seinem Gusto geformt waren.[65] Er stellte unter anderem neue Regeln für die Wahl des Generals und für seine Stellung gegenüber der Landesregierung auf. Das Wahlrecht der Bundesversammlung sollte eingeschränkt werden. Entgegen den bisherigen Usanzen durften die Räte nur den Kandidaten bestätigen, der ihnen vom Bundesrat präsentiert wurde.[66] In diesem Diktum kam die grenzenlose Verachtung Willes für das Parlament zum Ausdruck: Die Bundesversammlung sei nicht imstande, die militärischen Fähigkeiten eines Offiziers zu beurteilen. Doch dem Gremium haftete noch ein weiterer Makel an. In der Versammlung sassen zu viele Offiziere, die wo möglich mit eigenen Meinungen und Präferenzen zur Wahl schritten. Das hätte bedeutet, dass der General de facto von seinen eigenen Untergebenen gewählt worden wäre, ein für Wille unfassbarer Gedanke. Die Wehrverfassung sollte zudem ausschliessen, dass der Chef des Generalstabs zum Oberbefehlshaber gewählt wurde. In dieser Forderung widerspiegelte sich die Abneigung Willes gegenüber dem Generalstab, dem er selber nicht angehörte.

Die Abneigung des wortgewaltigen Offiziers richtete sich gegen jede zivile Gewalt, also auch gegen den Bundesrat. Es galt, für den Kriegsfall die demokratischen Regeln beiseite zu schieben und eine unanfechtbare militärische Hierarchie einzurichten. In der «Skizze einer Wehrverfassung» offenbarte Wille bereits um die Jahrhundertwende seine Vorstellungen von der Unterordnung der Landesregierung unter den Oberbefehlshaber der Armee, der sich verbindliche Instruktionen zum vornherein verbat. Die entscheidenden Sätze zu diesem Thema lauten: «Der General, dem die Geschicke des Landes anvertraut sind, soll in die Lage gesetzt werden, die ganze Verantwortung für seine Kriegsführung allein tragen zu können und auch tragen zu müssen. Deswegen ist für die vorstehende Umschreibung seiner Machtbefugnisse die in höchster Landesgefahr erfolgende Bestellung eines Diktators im alten Rom vorbildlich gewesen. (…) Solche Schaffung eines militärischen Diktators ist allerdings etwas, das dem Denken und Empfinden unseres Volkes mehr als nur fremd ist, aber hier handelt es sich nicht um eine bleibende Institution, sondern um eine ausserordentliche Massregel von beschränkter Dauer und in einem Moment, wo die höchsten Güter des Volkes auf dem Spiel stehen können, und da müssen alle anderen Rücksichten und Erwägungen schweigen. (…) Die Errichtung der hier vorgeschlagenen, militärischen Diktatur erachten wir für eine unerlässliche Bedingung der Möglichkeit des Erfolges unserer Kriegsführung. (…) Die vollständige Unabhängigkeit der Kriegsführung, ihre Stellung über die Regierung und über alle Organe des Friedens kann allein solchen Gefährdungen begegnen.»[67] Unter den heutigen Umständen sei es für den General mühsam, «die Herren am grünen Tisch zu Bern von der Richtigkeit und Zweckmässigkeit seiner Anschauungen und Absichten zu überzeugen». Besonders schlimm, so meinte Wille, sei die «verbindliche Instruktion über den zu erreichenden Endzweck»: «Keinerlei verbindlicher Instruktionen durch den Bundesrat bedarf unser Oberbefehlshaber, wohl aber eines weitgehenden Vertrauens.» Die Forderungen des ehrgeizigen Offiziers wurden in der Militärorganisation von 1907 nicht berücksichtigt, doch konnte man ahnen, was mit einer Kandidatur Willes auf den Bundesrat zukam.

Die eidgenössischen Räte wurden am Samstag, den 1. August, telegraphisch zu einer Sondersitzung nach Bern aufgeboten. Die Vollmachten an die Landesregierung und die Generalswahl standen zur Debatte.

Die Berufung des Oberkommandierenden war von Bundesrat und Parlament offenbar schlecht vorbereitet worden, obschon jedermann wusste, dass hier eine heikle Entscheidung bevorstand. Nachlässigkeit oder Absicht? Man ist versucht, hinter dem verworrenen Ablauf des parlamentarischen Geschäfts ein Spiel des mit Wille befreundeten Bundesrats Arthur Hoffmann zu sehen, der sein in mancher Hinsicht schwaches Kollegium beherrschte. Nach Verfassung stand der Regierung kein Vorschlagsrecht zu, doch der selbstbewusste Aussenminister setzte sich über Einwände hinweg.

Man wusste, dass eine Mehrzahl der Parlamentarier – Freisinnige, Katholisch-Konservative und Sozialisten – einer Kandidatur Sprechers zuneigte. Bei manchen, insbesondere bei Romands, ging es darum, eine Wahl des germanophilen Wille zu verhindern. Hoffmann traf sich bereits am Samstag mit dem sich nach vorn drängenden Korpskommandanten. Man kann vermuten, dass die beiden sich über die Taktik verständigten, die trotz ungünstigen Vorzeichen zum Erfolg führen konnte. Ulrich Wille reservierte im Grand Hotel Bellevue Palace in Bern eine Zimmerflucht, die – so grotesk es klingen mag – im Weltkrieg als Hauptquartier des Generals diente. Noch stand es schlecht um die Chancen Willes, und der cholerische Kandidat wurde über das Wochenende von Depressionen heimgesucht. Von seiner Sendung war er überzeugt, und daraus leitete er die entsprechenden Ansprüche ab. Am Montagmorgen suchte er seinen Kontrahenten Theophil Sprecher auf. Vom Gespräch ist lediglich ein Satz Willes bekannt: «Jetzt bin ich nach Bern gekommen und habe im Bellevue meine Zimmer gemietet und nun wollen sie mich nicht!»[68]

Am Montagmorgen meldete sich eine parlamentarische Delegation aus der Romandie bei Bundesrat Decoppet, dem Chef des Militärdepartements, und trug ihm die Bedenken der Westschweiz gegen eine Wahl Ulrich Willes vor. Die engen Beziehungen des hohen Offiziers zum Deutschen Kaiserreich und seine verwandtschaftliche Verbindung zur Familie Bismarck seien nicht geeignet, Vertrauen zu erwecken. Wie wenig die Einwände der Minderheit galten, gab Bundesrat Hoffmann anschliessend im Plenum der Bundesversammlung zu verstehen. Er präsentierte Wille als einzig möglichen Kandidaten und erweckte dabei den Anschein, als ob seine Wahl auch jene des bundesrätlichen Kollegiums sei. Zum erstenmal schob er jenes fragwürdige Argument vor, das später im ganzen Lande verbreitet wurde: Wenn Deutschland die schweizerische Neutralität anerkenne, sei das zu einem guten Teil der Arbeit Willes in der Armee zuzuschreiben.[69] Man durfte also in vergröberter Schlussfolgerung annehmen, das deutsche Heer habe den Weg durch Belgien gewählt, weil ein schweizerischer Korpskommandant den deutschen Kaiser von der Güte seiner Soldaten überzeugt hatte.

Nationalrat Edouard Secretan widersprach Bundesrat Hoffmann in scharfen Worten. Der Chefredaktor der «Gazette de Lausanne», ehemaliger Oberstdivisionär, hatte mit Wille eine persönliche Rechnung zu begleichen. Als hoher Offizier war er keineswegs durch zimperlichen Umgang mit den Milizen aufgefallen, doch als Politiker und Journalist bekämpfte er die Abhängigkeit der Truppenführung vom preussischen Geist. Er forderte, die Bundesversammlung müsse völlig frei über die Kandidaten und ihre Wahl verfügen können. Ein Vorschlagsrecht der Landesregierung gebe es nicht. Hoffmann geriet in der emotional geprägten Antwort weit über das hinaus, was die Verfassung vorgab. Die Landesregierung müsse als verantwortliche Behörde die entscheidende Kompetenz für sich beanspruchen, und sie habe sich für Wille entschieden. Der Mann sei eine sehr starke Persönlichkeit, doch der Bundesrat werde ihn wenn nötig in die verfassungsmässigen Schranken weisen.[70]

Die Stimmung im Parlament deutete nach diesem ersten Disput unverändert auf eine Wahl von Theophil Sprecher hin. Hoffmann setzte auf Zeitgewinn, obschon jedermann darin übereinstimmte, dass der General noch am selben 3. August gewählt werden musste. Weder der Bundesrat noch die für die formelle Vorbereitung zuständige «Neutralitätskommission» waren imstande, einen eindeutigen Vorschlag zu unterbreiten. Die Entscheidung fiel, wie man heute annehmen muss, im persönlichen Dialog zwischen den beiden Kontrahenten.

Im Laufe des Nachmittags musste Wille erkennen, dass sein Traum vom Oberkommando über die schweizerische Armee in die Ferne rückte. Gegen Abend setzte er sich in ein Militärauto und fuhr zum privaten Wohnsitz Sprechers im Kirchenfeldquartier. Hier begegnete er seinem Konkurrenten, der eben seine beste Uniform angezogen hatte, um sich vor der Bundesversammlung zu präsentieren. Es folgte ein Gespräch zwischen den beiden Männern. Nach zehn Minuten verliess Wille das Haus. Das Ergebnis war eindeutig: Theophil Sprecher verzichtete auf seine Kandidatur. Der unglaubliche Vorgang, durch keine Akten oder direkte Aussagen belegt, wurde lange angezweifelt, denn die beiden Offiziere haben sich nie öffentlich zur Begegnung geäussert. War der Schritt Willes ein Bittgang, oder waren Drohungen und Erpressung im Spiel? Theophil Sprechers Sohn Andreas hat in unveröffentlichten Notizen Hinweise hinterlassen, die das Verhalten seines Vaters in dieser schwierigen Lage verständlich machen. Auch andere Berichte gehen auf nachträgliche, wie immer zurückhaltende Andeutungen Sprechers ein. Beim geheimnisvollen Disput soll Wille zwei Argumente vorgebracht haben, mit denen er seinen Anspruch auf die Generalswürde begründete. In erster Linie nannte er sein lebenslängliches Streben nach dem Generalsposten, ein Ziel, das nun zu entschwinden drohte. Ein zweites Stichwort konnte nur der angeschlagenen Psyche eines mental labilen Hypochonders entstammen: Er dürfe, wenn er nicht General werde, seinen Damen nicht mehr unter die Augen treten.[71]

Es ist unwahrscheinlich, dass sich Theophil Sprecher durch diese fragwürdige Argumentation umstimmen liess. Wille führte vermutlich den entscheidenden Dialog auf einer anderen Ebene. Er hatte nie gezögert, mit handfesten Methoden zu agieren, sobald er auf Widerstand stiess. Seit Jahren führte er einen gnadenlosen Kampf gegen den Chef des Generalstabs, vom dem er nun einen grosszügigen Verzicht verlangte. Über seinen Umgang mit dem ungeliebten Konkurrenten hatte er ein Jahr zuvor an Fritz Gertsch geschrieben: «Und wenn auch die unheilvolle Macht von Oberst Sprecher noch nicht gebrochen, so habe ich doch durch beständiges geduldiges Hinweisen auf Das was er mit seiner fieberhaften Dilettanten-Thätigkeit anrichtet, seine Macht schon ziemlich untergraben. Das Einzige was mir die Arbeit so mühsam und langwierig macht, ist die Persönlichkeit des BR Hoffmann. Er will das Rechte, er steht auf unserer Seite, er will aber nicht dass die Leute sagen, er thue, was ich will, nur deswegen steht er vielfach auf der andern Seite.»[72]

Willes Drohungen haben zweifellos die Entscheidung herbeigeführt. Gegenüber Sprecher soll er geäussert haben, er müsse sich, falls er nicht gewählt werde, «alle Schritte und Freiheit in der Presse gegenüber der Armeeleitung» wahren.[73] Was das bedeutete, wusste der Chef der Generalstabsabteilung aus bitterer Erfahrung. Wille soll zuvor auch dem Bundesrat gedroht haben, er werde sich aus der Armee zurückziehen und den Kampf gegen den gewählten General und die zivilen Behörden in aller Öffentlichkeit aufnehmen. Für den stets der Sache verpflichteten Theophil Sprecher eine üble Perspektive, denn die Schweiz konnte sich in diesem schwierigen Augenblick keinen Skandal in der Führung leisten. Also trat er von einer Kandidatur zurück, die zweifellos zu einem auch aussenpolitisch gefährlichen Konflikt geführt hätte. Der machtbewusste Ulrich Wille hatte richtig spekuliert.

Der Wahlakt war auf Montagabend um 18.00 festgelegt, doch konnte auch dieser Termin nicht eingehalten werden. Noch war der Verzicht Sprechers nicht bekannt, und in der allgemeinen Verwirrung zeichnete sich keine Mehrheit für Wille ab. Bundesrat Arthur Hoffmann griff unter dem Eindruck der Drohung zu einer neuen List und bemühte sich, eine Vorentscheidung in den Fraktionen herbeizuführen. Er schickte die inzwischen auf seine Linie eingeschworenen Kollegen Motta und Müller zu den Katholisch-Konservativen und den Sozialisten. Er selber begab sich zur übel gelaunten freisinnigen Fraktion und wiederholte in einer Philippika die Thesen zugunsten seines Kandidaten. Dann erklärte er apodiktisch: «Der Bundesrat hat den General in der Person des Herrn Oberstkorpskommandanten Ulrich Wille bestimmt.» Es focht ihn wenig an, dass die Landesregierung dazu gar nicht legitimiert war. Das Ansehen Willes sei im Ausland derart, dass er von beiden kriegführenden Parteien anerkannt werde. Er habe dem deutschen Kaiser das schweizerische Heer in achtunggebietender Weise vorgeführt und dazu beigetragen, dass die deutsche Führung an einen zureichenden Schutz der Neutralität durch die Armee glaube. Sprecher habe im übrigen zugesichert, neben General Wille «freudig» als Generalstabschef zu arbeiten. Zu diesem Zeitpunkt wusste man noch nichts von Sprechers Rückzug.

Es gibt noch eine andere Version von der nicht protokollierten Rede Hoffmanns. Nach einem im Oktober 1917 im «Démocrate» in Delémont erschienenen Artikel soll der Bundesrat vor der Fraktion erklärt haben: «Nous avons obtenu de l'Empereur de l'Allemagne, lors de son voyage en Suisse, que la neutralité suisse serait respectée en cas de guerre, si nous désignions le colonel Wille comme commandant en chef des troupes suisses.» Wie der in Paris lebende Genfer Schriftsteller Louis Dumur berichtete, wurde dieser Text auch in der französischen Zeitung «Temps» und in der «Revue politique et parlementaire» publiziert. Der Berner «Bund» hingegen bezeichnete die Aussage als falsch. Der ständig gegen Bern polemisierende Dumur wollte sich selber nicht festlegen, denn – so meinte er nachträglich – es fehlten ihm die sicheren Informationen.[74] Immerhin hielt sich eine Zeitlang hartnäckig der Verdacht, Kaiser Wilhelm II. habe die schweizerische Generalswahl diktiert. Zu dieser peinlichen Vermutung konnte es nur kommen, weil Bundesrat Hoffmann mit unlauterem Taktieren und Halbwahrheiten eine Fährte gelegt hatte.

Hoffmann und seine Kollegen führten den Fraktionen die üblen Folgen vor Augen, die bei einer Nicht-Wahl Willes zu erwarten waren. Selbst die Sozialisten wurden bearbeitet. Nationalrat Charles-Theophile Naine schrieb später, Bundesrat Eduard Müller habe erklärt: «Avec le caractère entier de M. Wille, on pourrait peut-être avoir des désagréments.»[75] Man sprach davon, der Kaiser habe über den deutschen Gesandten zugunsten seines Favoriten interveniert. Zwei Jahre später kam der amerikanische Militärattaché auf den Fall zurück. Er berichtete nach Washington, eine Zeitung – er nannte keinen Namen – habe Bundesrat Müller einen brisanten Ausspruch in den Mund gelegt: Wille müsse unbedingt gewählt werden. Er habe gedroht, im andern Fall die Schweiz zu verlassen und mit einigen Offizieren des Generalstabs in die deutsche Armee einzutreten. Dabei würde er die geheimen Unterlagen der schweizerischen Armee mitnehmen. Die Meldung klingt nicht glaubhaft, doch sie zeigt, was gewisse Beobachter dem ehrgeizigen Kandidaten zutrauten.

Am 3. August um 20.00 Uhr begann endlich die lange hinausgeschobene Sitzung der Vereinigten Bundesversammlung unter Leitung von Nationalratspräsident Alfred von Planta, dem späteren Gesandten in Rom. Nun ging es rasch zur Sache. Man wusste von der Kapitulation Sprechers, und das war wohl entscheidend. Ulrich Wille erhielt 122 Stimmen gegenüber 63, die an Sprecher gingen, und war damit gewählt.

Das Parlament hatte im wichtigen Wahlakt wenig Würde gezeigt und sich in unglaublicher Weise manipulieren lassen. So war es nicht verwunderlich, wenn mancher Ratsherr, der zuvor den Mann abgelehnt hatte, sich nach vorn drängte und den General mit Glückwünschen überschüttete. Am folgenden Tag wurde Theophil Sprecher von Bernegg vom Bundesrat zum Generalstabschef ernannt. Wie «freudig» er – dem Ausspruch Hoffmanns folgend – der Zusammenarbeit mit Wille entgegensah, kann man nur ahnen.

Der Wahltag mit seinen Peripetien stand am Beginn einer für die neutrale Eidgenossenschaft schwierigen Kriegszeit. Die Generalswahl war ein Signal auch an die kriegführenden Staaten. Der lange andauernde Disput um die Frage, ob die Respektierung der schweizerischen Neutralität durch Deutschland der Wahl Ulrich Willes zu verdanken sei, fand seine Nahrung in neu auftauchenden Varianten von Hoffmanns Rede vor der freisinnigen Fraktion. Noch in den dreissiger Jahren las man in einer Westschweizer Zeitung eine ziemlich anrüchige Version. Danach soll Wilhelm II. bei seinem Besuch im September 1912 erklärt haben, er werde die schweizerische Neutralität achten, wenn die Schweiz eine Persönlichkeit zum General ernenne wie Ulrich Wille, der das Vertrauen des deutschen Generalstabs geniesse.[77]

Die Legende vom deutschen Diktat ist höchstwahrscheinlich falsch, auch wenn sie von Bundesrat Hoffmann stammt. Der deutsche Kaiser hatte bei aller persönlichen Freundschaft für Wille keinen Anlass, sich in die schweizerische Generalswahl einzumischen. Er konnte auch mit Theophil Sprecher an der Spitze der eidgenössischen Armee zufrieden sein. Seiner Wertschätzung für den Chef des Generalstabs hatte er bereits im Jahre 1909 bei seinem Staatsbesuch in Wien Ausdruck gegeben, als er im Gespräch mit dem schweizerischen Gesandten Fernand du Martheray den Besuch Sprechers bei deutschen Manövern erwähnte und den Manövergast überschwenglich lobte: «Er ist ein prächtiger Mensch und hat mir und uns allen imponiert durch sein Wissen, seine Kaltblütigkeit und sein energisches Wesen. Er ist ein Offizier, der jeder Armee zur Ehre gereichen würde.»[78]

Theophil Sprecher selber ging in einer Tagebuchnotiz aus dem Jahre 1917 auf die Erklärung des deutschen Monarchen ein, er werde die schweizerische Neutralität achten: «Im Grunde ist die Sache so, dass ich schon 1907 diese Erklärung des Kaisers (gemeint ist die Respektierung der schweizerischen Neutralität) erhielt und sie auch Hoffmann mitteilte. Hernach hat mir der Kaiser die Zusicherung wiederholt bestätigt, so auch noch 1912. – Das habe ich Hoffmann mehrmals mitgeteilt. Es war also mindestens sehr sonderbar von ihm, dies zugunsten von Wille auszuführen –! Hoffmann wollte Wille durchzwängen ...»[79]

Was das Vertrauen des deutschen Generalstabs zur schweizerischen Armeeführung betrifft, so wäre die Person von Theophil Sprecher als erster Garant zu nennen. Er war der Partner Helmuth von Moltkes bei den Gesprächen über eine Eventual-Allianz im Falle eines französischen Angriffs, ein Kontakt, der beim Kaiserbesuch des Jahres 1912 erneuert wurde. Auch die vertrauliche Vereinbarung zwischen Moltke und Sprecher über das «Ante-portas»-Telegramm war eine persönliche Angelegenheit zwischen zwei guten Bekannten. Zurückhaltend äusserte sich Major Wilhelm von Bismarck, der deutsche Militärattaché in Bern. In einer Liste mit den Bewertungen der schweizerischen Offiziere vom Divisionskommandanten an aufwärts schrieb er, man könne schwer beurteilen, wie weit Theophil Sprecher im Kriegsfall den Aufgaben eines Generalstabschefs gewachsen wäre. Man ist versucht, hinter diesen Worten die Umtriebe Ulrich Willes zu sehen, der zum Bekanntenkreis von Bismarcks gehörte.[80]

Die Behauptung Hoffmanns, ein General Ulrich Wille werde bei allen europäischen Staaten «persona grata» sein, trifft jedenfalls für Frankreich nicht zu. Die französischen Diplomaten in Bern verfolgten aufmerksam die Laufbahn des Reformers und anerkannten seine Verdienste um die Ausbildung der Armee. Anders beurteilte man die zahlreichen Bindungen an Deutschland. Als Wille im Jahre 1896 nach den Turbulenzen der Affäre Markwalder aus seiner Funktion als Waffenchef der Kavallerie schied, zeigte man sich auf der französischen Botschaft erleichtert. Die Diplomaten glaubten schon damals, der tief im Deutschtum verwurzelte Mann strebe nach der Generalswürde. Botschafter Camille Barrère gab seiner Abneigung gegen Wille in einem Brief an seinen Aussenminister Ausdruck: «Personne en Suisse depuis un demi-siècle n'a fait plus pour germaniser l'organisme militaire de la Confédération. Il est allemand dans l'âme et ne s'en cache pas. On peut présumer, sans trop craindre de s'abuser qu'il est de ceux qui, en cas de guerre, voudraient que l'armée suisse devînt l'aile gauche de l'armée allemande. La présence au Ministère de la guerre du Colonel Wille en temps de paix était donc un très sérieux inconvénient, en cas de guerre, elle aurait présenté à mes yeux un danger de premier ordre.»[81]

Die Ernennung Willes zum General im August 1914 fand das kritische Interesse der französischen Botschaft in Bern, doch zeigten sich die Diplomaten gelassener als ihre Vorgänger in den neunziger Jahren. Man wusste um die einseitigen politischen Neigungen des Generals, glaubte aber, er werde ihnen in seinem hohen Amt nicht freien Lauf lassen. Bundesrat Decoppet hatte dem französischen Militärattaché Gaston Pageot versichert, Wille verdiene Vertrauen, denn er werde das Land gegen jeden Angreifer verteidigen. Pageot meinte, man könne illoyale Handlungen des Generals ausschliessen, weil nur der Bundesrat Entscheidungen über Krieg und Frieden treffe.[82] Das Alibi des Militärattachés für Wille hatte nicht während des ganzen Krieges Bestand, doch die Aufmerksamkeit der französischen Beobachter wandte sich mit der Zeit vom General ab. Für die französische Armee wurde Generalstabschef Theophil Sprecher von Bernegg im Positiven wie im Negativen zum Kontrahenten.

Der neutrale Staat im Krieg

Landesregierung und Parlament liessen keinen Zweifel aufkommen: Die Schweiz wollte sich im europäischen Konflikt neutral verhalten. So sahen es auch die kriegführenden Länder, die schon zuvor bei verschiedenen Gelegenheiten ihr Interesse an der schweizerischen Neutralität bekundet hatten. Am 4. August folgte das in verschiedenen Kriegen erprobte diplomatische Ritual: Die Neutralitätserklärung wurde den am Wiener Kongress von 1815 vertretenen Mächten zugestellt. Darüber hinaus gelangte die Deklaration an einige weitere Staaten, unter ihnen an Italien, dessen Beziehungen zur Schweiz in einem unsicheren Gleichgewicht pendelten. In der Note vermied man den umstrittenen Hinweis auf die Garantie durch die Mächte, da man Neutralität und Neutralisierung nicht gleichsetzen wollte.

Mit dem Deutschen Reich und Österreich-Ungarn fand man sich in ungetrübter Übereinstimmung, denn die Erklärung des Bundesrats sagte das, was man in Berlin und Wien zu hören wünschte. Von Paris war nicht der selbe Beifall zu erwarten. Wiederum hatte der Bundesrat Nord-Savoyen mit dem Hinweis angesprochen, die Region müsse in die Neutralität einbezogen werden, als ob sie zur Schweiz gehörte.[83] In Bern wusste man schon längst, wie problematisch ein so undifferenzierter Anspruch war, aber zu einem Verzicht konnte sich die Regierung nicht entschliessen. Mit französischem Widerspruch war genauso zu rechnen wie im Jahre 1870. Die Regierung in Paris beharrte darauf, dass eine Besetzung des Landes erst nach einer vorangehenden gegenseitigen Verständigung erfolgen dürfe. Der französische Aussenminister Gaston Doumergue erklärte gegenüber dem schweizerischen Gesandten, Frankreich werde die schweizerische Neutralität gewissenhaft respektieren. In Bezug auf Savoyen hingegen bekräftigte er die bekannte Position: «Quant à la zone de Savoie, dont la neutralité est prévue par les traités de 1815 et 1860, le Gouvernement de la République croit devoir rappeler au Gouvernement de la Confédération, que les conditions de l'intervention éventuelle de la Suisse en vue d'assurer cette neutralité devraient, d'après l'Acte d'acceptation du traité de Vienne en date du 12 août 1815, être l'object d'un accord entre la France et la Suisse.»[84]

Die Neutralisierung Nord-Savoyens war vom Bundesrat am 26. September 1913 ausführlich erörtert worden. Bei Kriegsausbruch wurde die Richtung festgelegt. Man bekannte sich, im Gegensatz zu der seinerzeit von Numa Droz vertretenen These, zum Grundsatz, dass für die Schweiz ein Besetzungsrecht, aber keine Besetzungspflicht bestehe. Die Landesregierung bestritt auch die latent vorhandene französische Forderung, wonach der Besetzung eine Vereinbarung zwischen Paris und Bern vorauszugehen habe. In ihren Erörterungen kam ein gewisser Überdruss am Thema zum Ausdruck, und im Protokoll stösst man auf Anzeichen von Resignation: «Es ist nicht ganz ausgeschlossen, dass diese an sich vielleicht wertlose Neutralität Hochsavoyens doch in gewissen Fällen als Aktivum in der Bilanz der Eidgenossenschaft aufgeführt und als solches gegen andere, greifbarere Vorteile ausgetauscht werden könnte.»[85] Kompensation und Gebietsaustausch waren in diesem Zusammenhang oft gebrauchte Stichworte. Der Bundesrat stützte sich in der Savoyenfrage auf Memoranden und Gutachten des Chefs der Generalstabsabteilung. Wie seine Vorgänger sah sich Sprecher einer militärisch ungemütlichen Alternative gegenüber. Auf das Besetzungsrecht verzichten kam einer politischen Niederlage gleich. Anderseits konnte sich die Führung der Armee nicht für den Gedanken begeistern, grössere Truppenverbände in ein für die Landesverteidigung unwichtiges Territorium zu verschieben. Charles Lardy rügte denn auch gelegentlich, der Bündner Aristokrat Sprecher zeige für Savoyen nur eine mässige Begeisterung.

Einzelne Bundesräte waren weniger zurückhaltend. Schon im Jahre 1907 hatte Ludwig Forrer, der Vorsteher des Militärdepartementes, dem Chef der Generalstabsabteilung versichert, er erachte wie Sprecher selber eine Verletzung der schweizerischen Neutralität durch Frankreich als das Wahrscheinlichste: «Dabei muss ins Auge gefasst werden, dass wir alles daran setzen müssen, bei dem Anlass als Siegespreis die französischen Gebiete südlich und nordwestlich von Genf zu erhalten.»[86] Sprecher bemerkte in einer Randnotiz lakonisch: «Das einzige Mittel, diese oder andere Gebietserweiterungen zu erlangen, ist der Sieg über die französische Armee. Dazu aber müssen wir unsere Kräfte beisammen halten. Von einem frühzeitigen Einmarsch in die neutrale Zone kann keine Rede sein.»

Bei einer späteren Gelegenheit zeigte sich der Chef der Generalstabsabteilung nicht so wunschlos, als von Savoyen gesprochen wurde. In einem Bericht zur Frage der Besetzung vom 15. Februar 1913 empfahl er zwar eine zurückhaltende Politik, dachte aber auch an territoriale Gewinne: «Nachdem Savoyen an Frankreich übergegangen ist, liegt der Hauptwert des Besetzungsrechtes für uns noch in der Aussicht, eine Gebietserweiterung dagegen einzutauschen. Nach den bisher in der Savoyer-Frage gemachten Erfahrungen ist eine Verwirklichung dieser Aussicht aber nur zu erwarten, wenn wir die Besetzung einmal tatsächlich ausüben. Es wird Aufgabe unserer Diplomatie sein, uns im Kriegsfall der Nachbarmächte soweit möglich die Wege zur ungehinderten militärischen Besetzung zu ebnen.»[87]

Ein Einmarsch in Nord-Savoyen war für die schweizerische Armee im August 1914 nicht sinnvoll. Der im Völkerrecht bewanderte Jurist Charles Lardy widerlegte in einem Brief an Bundesrat Hoffmann die Argumente Doumergues, fügte aber bei, eine Diskussion sei in diesem Augenblick nicht angebracht. «Je pense qu'une polémique sur cette réponse de la France est sans grand intérêt actuel.» Den Gesandten in Paris beschäftigten andere Sorgen. Zwar zeigte die französische Regierung gegenüber der Schweiz erkennbares Wohlwollen, doch um die öffentliche Meinung war es schlechter bestellt. Von der schweizerischen Neutralitätserklärung hatte man nichts erfahren, denn ausländische Zeitungen gelangten zu diesem Zeitpunkt nicht ins Land. Lardy schrieb dazu an Bundesrat Hoffmann: «J'aurais été heureux qu'on connût ici les termes de votre manifeste, car, surtout depuis l'élection du général Wille, une légion de Français sont convaincus qu'il ne resistera pas à une sommation allemande de transit.»[88] Das Vertrauen in eine vom deutschen Diktat unabhängige schweizerische Politik war in der französischen Öffentlichkeit gering. Man war bereit, vor allem die Deutschschweizer mit den Deutschen gleichzusetzen. Die verhängnisvollen Debatten vergangener Tage über mögliche Allianzpartner und über die Grenzen der Neutralität hatten ihre Wirkung getan. Der Schaden konnte während des ganzen Krieges nicht behoben werden.

Im Verhältnis zwischen der Schweiz und Italien waren seit Jahrzehnten Identität stiftende Feindbilder wirksam. In Bern pflegte man noch die Fiktion, eine italienische Anerkennung der schweizerischen Neutralität sei völkerrechtlich unwirksam, da die Monarchie die Verträge von 1815 nicht unterzeichnet habe. Anderseits sei die Eidgenossenschaft nicht im selben Masse durch neutralitätspolitische Bedenken gebunden wie gegenüber andern Staaten. Charles Lardys Empfehlung während des Silvestrelli-Handels, die Schweiz solle «aus der Neutralität heraustreten», war von diesem Gedankengut inspiriert. Ein Notenaustausch zwischen Rom und Bern setzte am 16. September der gefährlichen Debatte ein Ende. Die beiden Regierungen sicherten sich gegenseitig Respekt und korrektes Verhalten zu. Echte Freundschaft wurde dadurch nicht begründet.

Wie weit das Misstrauen gegen das damals noch neutrale Italien ging, zeigte Theophil Sprecher in einem Memorandum, das er als Generalstabschef am 15. August an Bundesrat Hoffmann richtete: «Es ist zweifellos, dass in Italien eine teilweise Mobilmachung durch Einberufung Einzelner und ganzer Jahresklassen im Gange ist. Ebenso sicher erscheint, dass Italien wegen der Volksstimmung es nicht wagen darf, an die Seite Österreichs zu treten. Nicht zu erkennen vermögen wir, ob das gemeldete Zusammenziehen italienischer Streitkräfte den Zweck hat, gegen Albanien oder direkt gegen Österreich vorzugehen, oder ob es einstweilen nur dazu dienen soll, die öffentliche Meinung zu befriedigen. Jedenfalls ist eine italienische Unternehmung gegen Trient und Triest nicht ausgeschlossen, zumal wenn der deutsch-französische Zusammenstoss nicht zu einem Erfolg der deutschen Kräfte führt. Wir müssen eine solche Gestaltung der Dinge klar und ohne Scheu ins Auge fassen und uns fragen, welche Lage der Schweiz dadurch bereitet wird. Bei der gegenwärtigen Kräfteverteilung des österreich-ungarischen Heeres kann es leicht geschehen, dass Italien sich in Besitz der italienischen Landesteile des Kaiserstaates setzt, und wenn das geschehen ist, werden sie nicht mehr an Österreich zurückfallen. Das nächste Ziel des italienischen Nationalismus ist alsdann das Tessin mit den italienischen Teilen Graubündens. Hat Österreich Südtirol und Triest an Italien verloren, so haben wir von Österreich keine Hilfe mehr zu erwarten, wenn Italien zur Eroberung unserer Südtäler schreitet. Unsere Interessen sind in der Hinsicht zweifellos eng mit denen Österreichs verbunden. Wir begnügen uns heute, den Gedanken auszusprechen und den Herrn Bundespräsidenten als den Leiter der eidgenössischen auswärtigen Politik zu bitten, dieser Lage seine Aufmerksamkeit schenken zu wollen ...»[89]

Sprecher präsentierte sein Memorandum mit dem Anspruch, die «Auffassung des Armeekommandos» darzulegen. Ob er dabei die Meinung Ulrich Willes traf, bleibt fraglich. Der General pflegte den düsteren Perspektiven seines engsten Mitarbeiters selten zuzustimmen. Wille glaubte nicht an eine Bedrohung aus dem Süden – sei es wegen anders gerichteten militärischen Visionen oder aus dem ständigen inneren Zwang heraus, dem Generalstabschef zu widersprechen.

Der Landesregierung lag der Gedanke an einen langen Krieg fern, obschon etliche Anzeichen darauf hindeuteten, dass die europäische Flurbereinigung – Politiker und Militärs sprachen von «Abrechnung» – nicht mit einem frisch-fröhlichen deutschen Feldzug nach Paris zu erreichen war. Eine gigantische Rüstung und moderne Kriegstechnik eröffneten Perspektiven, die weder für die Kriegführenden noch für einen neutralen Kleinstaat absehbar waren. Vor allem trat die Wirtschaft als neue Dimension auf den Plan, ein Aspekt, den sämtliche Staaten vernachlässigt hatten, und der bei längerer Kriegsdauer entscheidend werden konnte. Kapital, Industrieproduktion und Handel gewannen einen wesentlichen Anteil am nationalen Geschehen, entzogen sich aber in ihrer internationalen Verflechtung der staatlichen

Planung. Freihandel und Protektionismus waren die klassischen Varianten einer Wirtschaftspolitik, die sich mit einer unvollkommenen staatlichen Lenkung zufrieden gab. Im weltweiten Konflikt jedoch wurde die Beherrschung der nationalen und internationalen Ökonomie zum wesentlichen Faktor. Die Entscheidung konnte nicht mehr, wie Ulrich Wille dozierte, durch den «männlichen Soldaten» auf dem Schlachtfeld erzwungen werden.

Für die Schweiz ergab sich daraus, dass der Aussenhandel mit Ein- und Ausfuhren zum wichtigsten Gegenstand der Aussenpolitik wurde, und dass die Neutralität nur solange bestehen konnte, als die wirtschaftliche Balance einigermassen gewahrt blieb.[90] Man wusste in Bern um den Zusammenhang zwischen Unabhängigkeit und ungestörter Versorgung des Landes, doch man scheute sich, die Konsequenzen zu ziehen. In der Landesregierung dachte man in erster Linie an die «Brotversorgung unserer Armee und unserer Bevölkerung». Bundesrat Hoffmann sprach davon im Oktober 1912, als der erste Balkankrieg zu erhöhten Spannungen führte, in einem Antrag an sein Kollegium. Nach seinen Angaben reichten die Vorräte der Armee für ungefähr 60 Tage. Sie seien somit genügend, meinte der damalige Vorsteher des Militärdepartementes. Dann äusserte er seine Ansicht zum Thema «Neutralität», die nicht unter allen Umständen so «immerwährend» sein konnte, wie es Festredner gelegentlich verkündeten:

«Man darf auch hier nicht allzuschwarz sehen und vor allem muss und darf man sich klar machen, dass eine völlige Einkreisung der Schweiz durch Abschneidung aller Getreidefuhren zwar wohl für eine gewisse Übergangszeit möglich ist, dagegen nicht auf eine längere Dauer vorauszusehen ist. Die politische Lage wird es naturgemäss mit sich bringen, dass nach relativ kurzer Zeit nach Ausbruch von Feindseligkeiten eine Annäherung der Schweiz nach irgend einer Seite eintritt. Eine Schweiz im Kampfe gegen alle vier Grenzmächte ist undenkbar und eine Schweiz als dauernd unbeteiligte und neutrale Insel inmitten der Brandung des europäischen Krieges im höchsten Grade unwahrscheinlich. Hat aber einmal nach irgend einer Seite eine Annäherung stattgefunden, so hört dort die Getreidesperre auf. Praktisch kann es sich also nur darum handeln, dass wir für eine gewisse Übergangszeit versorgt seien; wie man diese Übergangszeit einschätzen soll, ist natürlich Sache individueller Einschätzung. Ein gewisser Massstab, im Sinne eines unter keinen Umständen zu überschreitenden Maximums für die Brodversorgung des Landes, ist jedenfalls durch den Umfang der Massnahmen für die Brodversorgung der Armee gegeben, man wird also in keinem Fall einen längeren Zeitraum für die Brodversorgung des Landes, als 60 Tage in Aussicht nehmen dürfen.»[91]

Neutral auf eine Dauer von 60 Tagen: Damit waren nach Meinung von Bundesrat Hoffmann die politischen Möglichkeiten der Eidgenossenschaft im Kriegsfall ausgeschöpft. Immerhin rügte der Chef des Militärdepartements den Umstand, dass die Getreidevorräte für die Bevölkerung im Unterschied zu jenen der Armee ungenügend seien. Die Versorgung der Schweiz schien sich auf Brotgetreide zu beschränken. Gelegentlich war auch von Kohle die Rede, doch in diesem Fall hoffte man zuversichtlich auf das befreundete Deutschland.

In den letzten Jahren vor dem grossen Krieg begann man sich darüber Rechenschaft zu geben, dass es um die Vorsorge schlecht bestellt war. Die Presse beschäftigte sich mit der Frage. Der Diskurs konzentrierte sich beinahe ausschliesslich auf die Getreideversorgung, denn noch glaubte man nicht an einen langfristigen Unterbruch im Aussenhandel. Charles Lardy in Paris stellte eine simple Rechnung an. Er legte im April 1914 Bundesrat Hoffmann seine Termin-Kalkulation vor: Im zukünftigen deutsch-französischen Krieg werde die Mobilmachung 10 bis 15 Tage in Anspruch nehmen. Die Entscheidung über Sieg und Niederlage werde in den folgenden 20 Tagen fallen: «15 et 20 font 35. – Le 35ème jour, tout sera à peu près décidé. Ou bien les Français seront victorieux et alors les transports de blés provenant des ports de l'Ocean s'effectuent probablement sans difficulté vers la Suisse, avec et sans accords spéciaux – ou bien les Français seront battus et alors les accords spéciaux que nous aurions pu conclure seront sans valeur ...»[92] Der Chef der Generalstabsabteilung, der sich ernsthaft um die Versorgung kümmerte, widersprach:

«Die Annahme des Hr. Minister Lardy, der Krieg werde 20 Tage nach Abschluss der Mobilmachung in der Hauptsache entschieden sein, halte ich für falsch. Dass die Grösse der Heere und die Anspannung aller Kräfte der Beteiligten zu einem raschen Entscheide drängen, ist gewiss nicht zu bestreiten; aber ebenso sicher ist, dass das Gefühl eines jeden der Kriegführenden, um seine Existenz, wenigstens um seine Existenz als Grossmacht zu kämpfen, Veranlassung sein wird, den Kampf bis zur letzten Kraft durchzuführen. Für Frankreich insbesondere liegt noch die Rechnung nahe, solange auszuhalten, bis Russlands Heer angreifen kann, was wohl erst etwa 40 Tage nach der Mobilmachung der Fall sein wird. Auch die Widerstandskraft neuzeitlicher Befestigungen, wie sie in grosser Zahl, in mächtiger Anlage und Armierung an der französischen Ostgrenze bestehen, darf nicht gering eingeschätzt werden.»[93]

Man mag sich fragen, warum die eidgenössischen Behörden mit der Kriegsvorsorge so nachlässig umgingen. Theophil Sprecher hatte in seinen Memoranden einen Getreidevorrat von 100 Tagen gefordert, denn er rechnete mit einer längeren Kriegsdauer. Allgemeine wirtschaftspolitische Aspekte abseits der Brotversorgung interessierten ihn weniger. Geht man der Frage nach, warum Politiker und Militärs in dieser Sache so wenig Eifer zeigten, so gelangt man zum zeitgenössischen Neutralitätsverständnis. Man glaubte nicht, dass sich die Schweiz in einem europäischen Konflikt auf die Dauer neutral verhalten werde.[94] Bundesrat Hoffmann hatte diesen Vorbehalt eindeutig formuliert. Fand die Schweiz einen Allianzpartner, so war es Aufgabe der betreffenden Grossmacht, das Land mit Lebensmitteln und allen andern Produkten zu beliefern. Die wirtschaftlich schlecht gerüstete Eidgenossenschaft riskierte also, in kürzester Frist in den Krieg getrieben zu werden.

Ein Mann, der entscheidend dazu beitrug, dass die Schweiz noch rechtzeitig aus diesem verhängnisvollen Zyklus herausfand, war Commandant Gaston Pageot, der französische Militärattaché in Bern. Er handelte dabei nicht aus Sympathie für das Gastland, sondern im eindeutigen Interesse Frankreichs. Pageot war mit dem Auftrag in die Schweiz gereist, alles zu unternehmen, was der schweizerischen Neutralität förderlich sein konnte. Bei den Herbstmanövern des Jahres 1913 kam der Militärattaché mit dem Generalstabsobersten Karl Egli ins Gespräch, der dem Franzosen die schlechte Versorgungslage des Landes im Kriegsfall drastisch vor Augen führte.[95] Die Schweiz werde nach kurzer Frist in den Krieg eintreten müssen, denn die Ernährung sei für höchstens zwei Monate sichergestellt. Diese Parole aus dem Munde des germanophilen Obersten war für Pageot ein unüberhörbares Alarmsignal. In seinen Augen konnte die mangelnde Versorgung als Vorwand dienen, sich auf der Seite Deutschlands an einem Krieg zu beteiligen. Es galt, mindestens die Getreideversorgung sicher zu stellen.

Pageot drängte in Paris auf eine französische Initiative, damit der nötige Nachschub nach der Schweiz gewährleistet würde.[95] Die Reaktionen im Kriegsministerium waren anfänglich negativ. Man fürchtete, durch Zusagen an die Schweiz die eigene Versorgung zu gefährden. Es bestand auch die Gefahr, dass Lieferungen über das schweizerische Territorium nach Deutschland gelangten. Das war für Franzosen ein schwer zu ertragender Gedanke. Schliesslich überwog das französische Interesse an einer andauernden Neutralität der Schweiz. Beide Kontrahenten im zukünftigen Krieg, Deutschland und Frankreich, waren auf schweizerischen Flankenschutz angewiesen.

Botschafter Jean B. P. Beau unterstützte die Bemühungen seines Militärattachés und fand in Paris Gehör. Im Dezember 1913 sprach sich Ministerpräsident und Aussenminister Doumergue für Gespräche mit der Schweiz aus.[96] Beau überzeugte auch Bundesrat Hoffmann vom Sinn einer Vereinbarung, welche die Getreidezufuhr von den Atlantikhäfen nach der Schweiz regelte. Als Verhandlungspartner wurden Gaston Pageot und Theophil Sprecher bestimmt.

Alles in allem mutet das Prozedere seltsam an, denn von der Sachlage her hätte die Schweiz als Bittsteller auftreten müssen. Doch man misstraute in Bern der französischen Geste und zeigte sich zurückhaltend. Sprecher legte Wert darauf, nicht frühzeitig in französische Abhängigkeit zu geraten, auch wollte er bei seinen deutschen Gesprächspartnern keinen Anstoss erregen. Er orientierte den deutschen Gesandten Romberg über die Gespräche, die angeblich vertraulich waren, und gab zu verstehen, dass die Schweiz unter einem gewissen Zwang handle.

Romberg verstand das Signal und meldete den Fall sogleich nach Berlin. Er schrieb unter anderem: «Darüber kann kein Zweifel bestehen, dass unser ganzes Prestige und unsere Vorzugsstellung in der Schweiz in demselben Augenblick zerstört wären, wo etwas von dem angebotenen französischen Freundschaftsdienst durchsickern würde und dann etwa nicht ebenso günstige Zusicherungen von deutscher

Seite entgegengehalten werden können. (...) Wir dürfen uns nicht verhehlen, dass die guten Gesinnungen, die hier in weiten Kreisen für uns bestehen, doch nur bei wenigen Schweizern auf sentimentaler Basis, Stammesgemeinschaft und ähnlichen Gesichtspunkten beruhen, sondern in der Hauptsache auf der Empfindung, dass Deutschland ein loyaler aber auch mächtiger Beschützer der schweizerischen Unabhängigkeit ist.»[97]

Die deutsche Regierung hielt Gegenrecht und sicherte der Schweiz den Transport von Getreide und Kohle zu. Romberg meinte in seinem Bericht an Bethmann Hollweg, es sei dem Bundespräsidenten und dem Chef der Generalstabsabteilung bei der Sache «nicht mehr recht geheuer», denn die schweizerische Neutralität und die Bewegungsfreiheit seien offensichtlich eingeschränkt worden. Den französischen Partnern war aufgefallen, dass bei den schweizerischen Wünschen von Kohle nicht die Rede war. Sie schlossen daraus, dass eine entsprechende Vereinbarung mit dem Deutschen Reich bestand, was durchaus zutraf.

Nach dem Krieg wurde die französische Offerte von deutscher Seite als perfider Akt im Rahmen der Kriegsvorbereitungen dargestellt. Gaston Pageot machte zu Recht darauf aufmerksam, dass der Anstoss zur Aktion von Oberst Karl Egli ausgegangen war, dem man keine frankreich-freundlichen Gefühle nachsagen konnte. Auch fehlte es nicht an deutschen Versprechungen gegenüber der Schweiz, die mit dem eidgenössischen Neutralitätsverständnis genauso kollidierten. Die Realität war einfach und brutal: Die Schweiz erlebte den Beginn eines gigantischen Wirtschaftskrieges, der vor keinen Grenzen Halt machte. Er stellte ihre Souveränität in Frage, bot aber auch die Möglichkeit, beiden Parteien in zähen Verhandlungen lebenswichtige Zugeständnisse abzuringen.

Pageot und Sprecher kamen im April 1914 zu einer mündlichen Vereinbarung, die nie schriftlich fixiert wurde. Man hatte ein «secret absolu» vereinbart, das aber angesichts der schweizerischen Gesprächigkeit keinen Bestand hatte. Die mangelnde Verschwiegenheit hatte immerhin den Vorteil, dass sich die deutsche Regierung zu ähnlichen Zusagen bereit fand, die im August 1914 in ihren wesentlichen Punkten fixiert waren. Bei den Indiskretionen war die aus neutralitätspolitischen Gründen gebotene Parität mangelhaft, denn die französischen Diplomaten erfuhren anscheinend nichts über die Gespräche mit Deutschland.

Am 28. April 1914 teilte Sprecher dem Vorsteher des Militärdepartements, Camille Decoppet, das Ergebnis seiner Verhandlungen mit Militärattaché Pageot mit. Das Papier trug den Vermerk «streng vertraulich».[98] Es wurde vereinbart, dass das für die Schweiz bestimmte Getreide vom Oberkriegskommissariat in Argentinien, den Vereinigten Staaten und Kanada aufgekauft und nach den französischen Atlantikhäfen verschifft werden sollte. Den täglichen Bedarf für die Eidgenossenschaft legte man mit 1900 Tonnen Getreide und 400 Tonnen Hafer fest. Diese Menge sollte jeden Tag von den Häfen Bordeaux und St. Nazaire in 5–6 Zügen nach Genf gebracht werden. Die Transporte standen unter der Regie des französischen

Generalstabs, der auch für das Wagenmaterial besorgt war. Die Fahrten konnten am 35. Tag nach der Mobilmachung aufgenommen werden. Bis dahin musste sich die Schweiz selber versorgen. Offensichtlich weigerten sich die Schweizerischen Bundesbahnen, eigene Wagen nach Frankreich zu schicken. Auch Sprecher erklärte in seinem Bericht: «Vermieden muss werden, während eines westeuropäischen Krieges oder bei naher Kriegsgefahr von unserm Rollmaterial ins Ausland gehen zu lassen.»

Nach Ausbruch des Krieges zeigte sich, dass diese Einschränkung für das kriegführende Frankreich eine Zumutung darstellte, denn die Züge fehlten der im Kampf stehenden Armee bei ihren Transporten. Vielleicht rechnete man in Bern mit einer raschen französischen Niederlage und dem Verlust der über die Grenzen geschickten Wagen. Gegenüber Deutschland zeigte man nicht die selben Hemmungen, denn hier standen die Schweizerischen Bundesbahnen für Fahrten bereit. Schon im Mai 1914 rollten schweizerische Züge nach Strassburg und Mannheim, um das in den deutschen Häfen lagernde Getreide schweizerischer Händler in die Schweiz zu bringen.

Theophil Sprecher glaubte nicht, dass England Transporte über Rotterdam und die Rheinroute gestatten würde, da ein deutscher Zugriff auf die Waren jederzeit möglich war. Er sollte recht behalten. Umso bedenklicher schien ihm der Umstand, dass im Kriegsfall fast nur der Weg über Frankreich offen stand. Er bemerkte in seinem Bericht an Bundesrat Decoppet: «Noch nicht zu übersehen ist endlich, wie sehr die in Aussicht genommene Versorgung von Tag zu Tag uns in beständiger Abhängigkeit vom guten Willen Frankreichs erhält. Weit vorzuziehen wird immer die Erhöhung der Getreidevorräte auf einen längeren Bedarf, wenigstens für 100 Tage sein und bleiben.»[99]

Sprechers Wunsch ging nicht in Erfüllung. Giuseppe Motta als Vorsteher des Finanzdepartementes blockierte jeden Versuch, die Vorräte zu vermehren, denn die Schonung der Finanzen schien ihm wichtiger als die Kriegsvorsorge. Eine ausgeglichene Rechnung und guter Kredit trugen seiner Meinung nach mehr zur Unabhängigkeit des Landes bei als militärische Rüstung und ökonomische Vorsorge.[100] Eben dieses rein finanzpolitische Denken führte das Land von den ersten Kriegstagen an in gefährliche Turbulenzen. Unter dem steigenden Druck durch die kriegführenden Mächte erlitt die Souveränität des Landes in den kommenden Jahren einen nur schwer zu behebenden Schaden.

Als der Krieg ausbrach, verfügte die Armee mit ihrem Oberkriegskommissariat praktisch über ein Getreidemonopol, das Ein- und Ausfuhr regelte. Die stets zunehmende staatliche Bewirtschaftung des Aussenhandels war durch die Vollmachten des Bundesrats gedeckt. Man konnte die Wirtschaftsbeziehungen mit dem Ausland in wesentlichen Teilen nicht mehr Privaten überlassen, da die Versorgung des Landes zu einer Frage der Existenz wurde.

Die mehr oder weniger geheimen Vereinbarungen, die der Chef der Generalstabsabteilung mit seinen französischen und deutschen Kontrahenten abschloss, trugen in Bern zur Beruhigung der Gemüter bei. Die Getreidelieferungen durch Frankreich wurden schon am 25. Tag nach der Kriegsmobilmachung aufgenommen, eine beachtliche Leistung, wenn man die Rückschläge der französischen Armee an der nordöstlichen Front bedenkt. In den ersten Wochen des Krieges waren riesige Mengen an Rollmaterial verloren gegangen, aber man bemühte sich, die Zusagen einzuhalten. Um den erfreulichen Beginn der Aktion machte sich Commandant Pageot verdient, der wie Botschafter Beau alles daran setzte, dem neutralen Land das Überleben zu sichern.

Der gute Wille der Diplomaten stiess an Grenzen, wenn er in Paris mit andern Interessen kollidierte. Die selbe Erfahrung machte der deutsche Gesandte in Bern, Gisbert von Romberg, der wie sein Militärattaché Wilhelm von Bismarck in Berlin Verständnis für die Schweiz forderte, aber das neutrale Land auf der Liste der Prioritäten nicht auf den ersten Platz schieben konnte. Die Getreidetransporte durch Frankreich gerieten bald ins Stocken, denn vor den Atlantikhäfen standen Frachtschiffe in langen Reihen und warteten auf Plätze an den Molen. Der schweizerische Anspruch auf tägliche Abfertigung liess sich nicht in jedem Fall durchhalten, obschon die mit Waren für die Schweiz beladenen Dampfer oft vor den Schiffen anlegten, die Güter für die französische Armee beförderten.

Die Transporte schufen bei Bevölkerung und Verwaltung eine schlechte Stimmung gegenüber der Schweiz. Das wieder gewonnene Vertrauen der französischen Diplomaten in die Neutralität wurde in dem vom Krieg gepeinigten Land nicht geteilt. Man war erstaunt über die gewaltigen Mengen an Getreide, die nach Genf verschoben wurden, denn bisher hatte die Schweiz die Versorgung weitgehend über den Rhein abgewickelt. Es kam der Verdacht auf, die Eidgenossenschaft versorge auf dem Weg durch Frankreich das feindliche Deutschland.[101] Die an der Grenze eintreffenden Wagen trugen oft mit Kreide hingekritzelte sarkastische Kommentare: «Pour les Boches! (…) les Boches auront du pain!» Der französische Politiker Victor Bérard sprach das Thema in seinem nach dem Krieg erschienenen Buch «Genève, la France et la Suisse» an: «Bordeaux, signalant l'énorme quantité de blé et de mais, qui transitait sur ses quais à destination de la Suisse, s'étonnait qu'un si petit pays eût de si grands besoins; les calculateurs affirmaient qu'une bonne partie de ces grains quitterait le territoire fédéral pour nourrir nos ennemis, et tout le long de nos voies ferrées entre nos ports et l'entrée en Suisse par Bellegarde ou Pontarlier, le soupçon, puis l'accusation faisaient leur chemin dans le pays. (…) Simple boutade à Bordeaux ou Marseille, l'accusation devenait grief à Lyon, mais preuve démontrée à Bellegarde, et nos populations-frontière, qui donnaient leurs fils pour la guerre, crièrent à la trahison aussi bien de l'administration française que du gouvernement fédéral et du peuple suisse.»[102]

Für Schweizer in Frankreich war die Lage ungemütlich. In Paris wurden im August 1914 die Filialen der «Allgemeinen Maggi-Gesellschaft» geplündert. Es handelte sich um ein internationales Unternehmen, dessen Aktienkapital sich zu 80 Prozent in schweizerischen Händen befand. Man warf dem Leiter der Gesellschaft Spionage im Auftrag des deutschen Generalstabs, Landesverrat und Vergiftung der Bevölkerung durch schädliche Produkte vor.[103] Wie weit bei Maggi Denunziation durch Konkurrenten oder eigenes Verschulden im Spiel waren, lässt sich kaum mehr feststellen. Das Publikum schien anzunehmen, man habe es mit einem deutschen Unternehmen zu tun, da ein Produktionsbetrieb in Singen angesiedelt war.

Auch andere schweizerische Firmen gerieten in Not, so zum Beispiel die von Deutschen gegründete Konservenfabrik Lenzburg und die Schokoladefabrik Suchard, bei der ein Deutscher im Verwaltungsrat sass. Mit Deutschland wurde die französische Niederlassung von Brown Boveri in Verbindung gebracht. Dem Verwaltungsrat dieser Badener Firma gehörte der deutsche Industrielle und Finanzpolitiker Walther Rathenau an, der 1915 zum Präsidenten der AEG ernannt wurde. In all diesen Fällen halfen diplomatische Interventionen wenig.

Es gab Unternehmen, die sich rechtzeitig aus der Affäre zogen. Der Schweizerische Bankverein hatte im Jahre 1898 in London eine Zweigniederlassung eröffnet und sich dem von England beherrschten Weltmarkt zugewandt. In den Jahren vor dem Weltkrieg ging das Unternehmen trotz deutscher Beteiligung auf eine gewisse Distanz zum Deutschen Reich. Bei Kriegsbeginn war wegen eines Todesfalls die Wahl eines Vertreters der Dresdner Bank in den Verwaltungsrat fällig. Man entschied sich aber für einen Schweizer.[104] Es war nicht zu übersehen, dass die engen Verflechtungen zwischen schweizerischer und deutscher Wirtschaft das Misstrauen der alliierten Mächte und auch die Neigung zu Schikanen förderte.

Im August 1914 schlug die Stunde der Spekulanten. Etliche Schweizer Firmen versuchten, aus dem neutralen Standort Kapital zu schlagen und die von den kriegführenden Mächten verfügten Handelssperren zu unterlaufen. Da sich weder Deutschland noch Frankreich und England auf einen lange dauernden Wirtschaftskrieg vorbereitet hatten, blieben anfänglich Lücken in den Abwehrsystemen, die phantasiebegabten Geschäftsleuten breiten Spielraum boten. Die schweizerische Regierung trat in Wirtschaftsfragen nur ungern aus ihrer passiven Rolle heraus und liess dubiose Figuren unter Hinweis auf die liberale Haager Konvention von 1907 gewähren. So konnte im September 1914 eine Genfer «Société de Transports internationaux» den französischen Kunden in einem Prospekt Transportwege zwischen Frankreich und den Zentralmächten anbieten. Das war nichts weniger als eine Einladung, den Feind mit Waren zu beliefern. Die in Frankreich ausgebrochene Empörung brachte den Bundesrat dazu, der Genfer Firma das Handwerk zu legen. Doch der Zwischenfall bestärkte die französischen Patrioten in der Überzeugung, die Schweiz versorge Deutschland mit lebenswichtigen Gütern. Einmal mehr wurde das Dilemma des neutralen Staates sichtbar. Die Haager Konvention billigte den Neutralen das Recht zu, beide Seiten mit Waren jeglicher Art, selbst mit Waffen, zu beliefern. Doch mit völkerrechtlicher Logik war gegen die Zwänge eines erbitterten Wirtschaftskrieges nicht anzukommen.

Frankreich sorgte mit einem Dekret vom 27. September 1914 bei den mit Deutschland oder Österreich verbundenen Firmen für Unruhe. Auf französischem Territorium wurde der Handel mit in- und ausländischen Unternehmen untersagt, in denen deutsches Kapitsl steckte oder die von Angehörigen feindlicher Staaten geleitet wurden.[106]

Zu Beginn des Krieges blieb für den Warenhandel die Ausweichmöglichkeit über das damals noch neutrale Italien, doch hier setzte bald der englische Druck ein, der die italienische Regierung zur Drosselung des Warentransits nach den Zentralmächten veranlassen sollte. Da sich der Handel den Kontrollen der Entente nach Möglichkeit entzog, ging er zum sogenannten «gebrochenen Transit» über. Man spedierte die Waren aus Übersee, die vermutlich für Deutschland bestimmt waren, in eine schweizerische Grenzstation in der Hoffnung, die Beobachter würden sie auf ihrem weiteren Weg durch die Schweiz aus den Augen verlieren. Der Bundesrat sah sich denn auch gezwungen, den «gebrochenen Transit» zu verbieten. Ob das gelang, lässt sich nur schwer abschätzen.

Es war inzwischen klar geworden, dass sich die eidgenössischen Behörden nicht bloss um die Einfuhr von Getreide und Kohle zu kümmern hatten, die mit Sprechers Vereinbarungen notdürftig sichergestellt war. Die Ausfuhr- und Transitverbote der kriegführenden Nationen zwangen die Landesregierung zu einer Aussenhandelspolitik, die praktisch alle Produkte unter staatliche Obhut nahm.

Die im Aufbau begriffene Wirtschaftsblockade der Entente gegenüber den Zentralmächten traf die Schweiz empfindlich. Es ging nicht bloss um Ein- und Ausfuhr von lebenswichtigen Gütern, sondern auch um die Existenz der Industrie, die sich gegenüber den europäischen Sperren als anfällig erwies. Den schweizerischen Interessen kam der Umstand entgegen, dass die Grossmächte mit ihren Blockademassnahmen auch die eigene Wirtschaft trafen, und dass sich immer wieder Sonderregelungen aufdrängten. Vor allem die von Frankreich betriebene Politik der Ausfuhrverbote und der Ausnahmebewilligungen war undurchsichtig und von Zufällen abhängig.[107] In allen beteiligten Staaten galt der Grundsatz, dass die in neutrale Staaten exportierten Waren nicht dem Feind zugute kommen durften. Doch es gelang nie, diese Regel zu einem für alle Fälle und Produkte tauglichen System zu entwickeln. Zu vielfältig waren die Bedürfnisse und auch die Kompensations- und Umgehungsmöglichkeiten. Es gab immerhin einen wesentlichen Unterschied im Verhalten der beiden Kriegsparteien. Für die Zentralmächte genügte es, wenn ihre eigenen kriegswichtigen Produkte und Rohstoffe nicht in feindliche Hände gerieten. Für die Mächte der Entente ging es hingegen darum, auch den Transit von Lieferungen aus neutralen Ländern durch die Schweiz nach Deutschland oder Österreich zu verhindern. Damit wurde die Mehrzahl der Einfuhren in eidgenössisches Territorium mit einem Bann belegt.

Frankreich zog die Blockade zu Beginn rigoroser auf als England, das vor allem in maritimen Dimensionen handelte. Dann aber wurde der Begriff der Konterbande, der dem Seerecht entstammte, zu einem herausragenden Thema. Man hatte sich in diesen Fragen in der Londoner Seerechtsdeklaration von 1909 verständigt. Die schweizerische Landesregierung gab sich denn auch der Illusion hin, sie könne sich auf das kodifizierte Völkerrecht berufen. Die Dynamik des Wirtschaftskrieges ging jedoch über die ohnehin umstrittene Interpretation einzelner Paragraphen hinweg. Es bereitete auch den Alliierten Mühe, sich auf klare Begriffe zu einigen. Die Blockade, ein dem Seerecht entnommenes Wort, stand in einem gewissen Widerspruch zur Haager Landkriegsordnung, doch die Realität des Weltkrieges brachte Frankreich und England zu einem pragmatischen, für die Schweiz schmerzhaften Verhalten. Die beiden Mächte kamen zur Erkenntnis, dass sie ihre Wirtschaftspolitik gegenüber den neutralen Staaten – es ging vor allem um Holland und die Schweiz – unter einen Hut bringen mussten.

Man sprach im Zusammenhang mit der Kriegswirtschaft von der «absoluten» und der «relativen» Konterbande. Unter absoluter Konterbande verstanden die Mächte Waffen, Munition und alle Geräte, die unmittelbar Kriegszwecken dienten. Schwieriger zu umschreiben war die relative Konterbande, die Rohstoffe und Industriegüter betraf, aber auch auf Baumwolle, Farbe, Kautschuk und andere Produkte ausgedehnt wurde. England übernahm schliesslich die strenge französische Blockadepraxis. Die englische Marine durchsuchte neutrale Schiffe im Atlantik nach verdächtigen Waren, französische Kreuzer stoppten die Dampfer auf dem Weg nach Genua, solange Italien neutral war. Die Alliierten verärgerten damit die Vereinigten Staaten, die das Prinzip der freien Schiffahrt auch in Kriegszeiten verfochten.

Der Schweiz half der amerikanische Einspruch wenig. Wenn die Fracht aus Übersee auf dem europäischen Kontinent eintraf, geriet sie in die französischen Kontrollen. In gemeinsamen Erklärungen gaben England und Frankreich zuhanden der neutralen Nationen bekannt, was sie als Konterbande betrachteten. Diese Normen wurden später auch von Italien übernommen.

Am 23. Mai 1915 erfolgte die italienische Kriegserklärung an Österreich-Ungarn. Für die Eidgenossenschaft blieb damit das letzte Tor zur Welt weitgehend blockiert. Die Einfuhr von Waren über Genua war bisher schon eine mühselige Angelegenheit gewesen. Der italienische Hafen erwies sich als wenig leistungsfähig, und die Behörden bauten Hindernisse auf, hinter denen sinnlose Schikanen oder auch englischer Druck standen.[108] Italien reihte sich nach Kriegseintritt in die Blockadefront der Entente ein. Die ohnehin schlecht funktionierenden Transporte waren von da an der Willkür militärischer Amtsstellen ausgeliefert, die zum Beispiel in Domodossola und Luino für die Schweiz bestimmte Sendungen von Petrol, Benzin und Schwefel beschlagnahmten. Man nahm wenig Rücksicht auf die Schweiz und die Schweizer. Wie wenig selbst Ministerpräsident Antonio Salandra gegen die militärische Hierarchie ausrichten konnte, erfuhr der Gesandte Alfred von Planta in einem freundschaftlichen Gespräch. Planta beklagte sich über die italienische Presse, die in aggressiven Artikeln der Schweiz die Lieferung von Konterbande nach Deutschland vorwarf. Gleichzeitig setzte er sich für Deutschschweizer ein, die aus undurchsichtigen Gründen in Haft sassen. Ministerpräsident Salandra gestand dem Gesandten, wie aus einem Bericht an Bundesrat Hoffmann hervorgeht, die Hilflosigkeit des obersten Politikers in seinem vom Krieg aufgewühlten Land ein: «Auf meine Beschwerde wegen der vielen Verhaftungen von Schweizern und wegen der langsamen Prozeduren der Kriegsgerichte antwortete er mir lachend: ‹Was wollen Sie, uns Italienern geht es nicht besser, mein Schneider ist letzter Tage verhaftet worden wegen Spionageverdacht, ich konnte ihn auch nicht davor bewahren›.»[109]

Der schweizerische Anspruch auf ausreichende Versorgung wurde weder von der Entente noch von den Zentralmächten bestritten. Man anerkannte das Recht des Neutralen, mit beiden Seiten Handel zu treiben. Verbal deklarierte Grundsätze kamen noch lange nicht einem Freibrief gleich. Frankreich zum Beispiel rechnete den schweizerischen Bedarf an wichtigen Gütern auf Grund der Vorjahreszahlen aus und brachte dabei die nach Deutschland und Österreich exportierten Mengen in Abzug. Dieses Vorgehen kam einer Kontingentierung der Einfuhren gleich, die jeweils nur soweit freigegeben wurden, als die Kontingente nicht ausgeschöpft waren. Über Destination und Verbrauch der Waren führten französische Agenten eine strenge Kontrolle. Die Importe konnten nicht pauschal ihm Rahmen der Kontingente abgewickelt werden. Es bedurfte in jedem einzelnen Fall eines Antrags und einer Bewilligung. Charles Lardy sah sich in Paris einer übermenschlichen Aufgabe gegenüber, denn es galt, Kompromisse zwischen unzähligen Wünschen und bürokratischen Hindernissen zu finden.

Daraus ergaben sich paradoxe Verhältnisse. Den Regierungen der Entente lag viel an einer soliden schweizerischen Wirtschaft, denn Uhren- und Metallindustrie waren mit französischen und englischen Aufträgen zur Munitionsfabrikation überhäuft. Dazu musste aber die Versorgung der Bevölkerung sichergestellt sein –, ein offensichtlicher Widerspruch zur Tendenz, der Schweiz nur schmale Rationen zukommen zu lassen. Die Rohstoffe, die für die kriegswichtige Produktion benötigt wurden, führte man aus Frankreich ein. Es war allgemein bekannt, dass die betreffenden schweizerischen Fabriken von alliierten Spezialisten überwacht wurden. Als sich der deutsche Gesandte gelegentlich über das für sein Land schädliche Geschäft beschwerte, meinte Bundesrat Hoffmann, es stehe dem Deutschen Reich frei, in ähnlicher Weise Aufträge in die Schweiz zu vergeben.

Der Aussenhandel mit den Staaten der Entente nahm im Jahre 1915 chaotische Formen an. Es galt, eine für Import und Export zuständige Organisation zu schaffen und sie mit Personen zu besetzen, die auf beiden Seiten Vertrauen genossen. Gespräche über eine Société Suisse de Surveillance économique hatten bereits im November 1914 begonnen. In ein entscheidendes Stadium traten sie im Frühjahr

641

1915. Im Auftrag der englischen und der französischen Regierung verhandelte Sir Francis Oppenheimer, Botschaftsrat in London, der zuvor einen Vertrag mit Holland unter Dach gebracht hatte. Als Hauptdelegierter des Bundesrates trat Nationalrat Alfred Frey auf, der als Vizepräsident des Schweizerischen Handels- und Industrievereins der kompetente Vertreter der schweizerischen Industrie war.

Im Mai 1915 legte Bundesrat Hoffmann seinen Kollegen erste Entwürfe einer Vereinbarung vor. Der Aussenminister zeigte sich einigermassen zuversichtlich, beklagte aber den Verlust an Souveränität, den das Land erleiden musste: «Es unterliegt ja natürlich nicht dem geringsten Zweifel, dass mit den Zumutungen, wie sie von den beiden Ländern erhoben werden und wie sie in den Ihnen vorgelegten Entwürfen zum Ausdruck kommen, unsere wirtschaftliche Unabhängigkeit und unser Selbstbestimmungsrecht angetastet und beschränkt werden. Würde es sich um normale Zeitläufe handeln, so wäre wohl kein Mitglied des Bundesrates zu finden, das den Antrag auf Gutheissung solcher Abkommen einbringen würde. Unter den gegenwärtigen Verhältnissen bleibt, unserer Überzeugung nach, nichts anderes übrig, als uns zu fügen. England und Frankreich haben die Macht; sie beherrschen die Meere, sie verfügen über die mit einer einzigen Ausnahme einzig noch in Betracht kommenden Häfen und Transitlinien und haben es deshalb völlig in der Hand, die für die Schweiz bestimmten Waren in unser Land gelangen zu lassen oder nicht.»[110]

Hoffmann kam nicht darum herum, auch die Zentralmächte zu erwähnen. Die Parität sei grundsätzlich gewahrt, meinte er. Die Lage werde sich für Deutschland und Österreich nicht besser gestalten, wenn die Schweiz das Projekt der Entente ablehne. Im übrigen sei das, was in der Vereinbarung gefordert werde, in der Praxis bereits Realität: «Einer Erklärung bedarf schliesslich noch das Verhältnis zu Deutschland und Österreich. Es liegt natürlich auf der Hand, dass die Gründung der S.S.E. in erster Linie sich gegen diese Länder richtet, denn es soll ja in erster Linie verhindert werden, dass die aus den verbündeten Ländern und über See eingeführten Waren nach Deutschland und Österreich hinausgehen. Die Ausnahmen, die vom leitenden Grundsatz zugestanden werden, sind ausschliesslich im wirtschaftlichen Interesse der Schweiz, die in ihrem Verkehr auch auf Deutschland und Österreich angewiesen ist und sich von diesen Ländern nicht völlig abschliessen lassen kann. Dennoch wäre es irrig anzunehmen, dass sich die S.S.E. ausschliesslich gegen Deutschland und Österreich richte und nicht auch in einem gewissen Masse zu deren Gunsten benutzen lasse. Auch diese Länder haben ein Interesse daran, dass die Rohstoffe und Waren, die sie in die Schweiz gelangen lassen, nicht ins ‹feindliche Ausland› reexportiert werden können. Und Deutschland insbesondere hat es denn auch bisher schon verstanden, den Bezügen von Rohstoffen und Waren dahin gehende Verpflichtungen aufzuladen. Diese Verpflichtungen waren zum Teil in der letzten Zeit so umfassend geworden, dass sie eine ernstliche Hemmung unserer Industrie zur Folge hatten …»[111]

Es kam schlimmer, als die Landesregierung gedacht hatte. Sir Francis Oppenheimer erschien mit einer verschärften Version des Vertragsentwurfs, die den Handel mit den Zentralmächten noch mehr eingeschränkt und die Neutralität mehr oder weniger aufgehoben hätte. Wiederum rückte das politische Überleben der Schweiz in den Mittelpunkt der Überlegungen. In den Kulissen war von einem möglichen Kriegseintritt die Rede, wenn das Land in den Hunger getrieben würde. Die neue Fassung wurde in Bern abgelehnt, aber man stieg in weitere Verhandlungen ein. Der als englandfreundlich geltende Nationalrat Alfred Frey verfocht die schweizerischen Positionen hartnäckig, Bundesrat Hoffmann hingegen war auf eine rasche Lösung angewiesen und deshalb zu Zugeständnissen bereit. Er schob den Aargauer Wirtschaftsexperten beiseite und stimmte einer Übereinkunft zu, welche das Debakel optisch angenehmer präsentierte.[112] Es war den schweizerischen Unterhändlern nicht gelungen, die Kontingentierung der Importe aus der Welt zu schaffen. Das im Verkehr mit den Zentralmächten übliche System der Kompensationen wurde provisorisch zugelassen. Der Bundesrat hatte die offizielle Verantwortung für die Société Suisse de Surveillance économique zu übernehmen. Die Gesellschaft wurde in der Folge unter der Abkürzung S.S.S. bekannt. Die leitenden Persönlichkeiten waren Schweizer, die von den Alliierten als wohlgesinnt beurteilt wurden. Am 22. September genehmigten die Landesregierung die vier Dokumente der S.S.S., die einen eigentlichen Einfuhrtrust begründeten.

Als Arthur Hoffmann dem Bundesrat die bereinigten Texte vorlegte, stimmte er ein Klagelied an, zeigte aber auch Verständnis für die Lage der Vertragspartner. Auch gegenüber Deutschland äusserte er Kritik: «Die Zumutungen, die uns von den Alliierten gemacht werden und die in den Ihnen vorgelegten Entwürfen zum Ausdruck gelangen, müssen wir auch heute noch als rechtlich nicht begründet bezeichnen. Man begreift es, dass die einzelnen Staaten die Ausfuhr ihrer eigenen Rohstoffe und Fabrikate an die Bedingung knüpfen, dass sie nicht nach Feindesland gelangen und dass sie für die Erfüllung dieser Bedingung strenge Garantien verlangen. Genau dasselbe verlangen auch Deutschland und Österreich-Ungarn. Man wird es dagegen nicht billigen können, dass auch die aus neutralen Ländern stammenden und lediglich durch die Länder der Alliierten transitierenden Waren dem gleichen Regime unterworfen werden. (…) Auf der andern Seite muss ja nun freilich zugestanden werden, dass es auch eine nicht kleine Zumutung für einen Kriegführenden bedeutet, seine Häfen, seine Transporteinrichtungen einem Neutralen zur Verfügung zu stellen, mit der Gewissheit, dass die transportierte Ware über das Gebiet des Neutralen hinaus direkt dem Feinde zugeführt würde. (…) Die wenig rücksichtsvolle Art und Weise, mit welcher noch vor kurzem von Deutschland der Versuch gemacht wurde, uns ‹den Rücken gegen die Alliierten zu stärken›, hindert uns, allzu optimistisch in die Zukunft zu blicken.»[114]

Die S.S.S. konnte ihre Arbeit beginnen. Die Probleme blieben bestehen. Die Geschäfte, die intelligente Verhandlungspartner auf den Weg gebracht hatten, gerieten in die Hände engstirniger Beamter, denen politische Überlegungen fern lagen. Deutschland und die Donaumonarchie verfehlten nicht, neue Beschränkungen mit eigenen Schikanen zu beantworten. Über den Inhalt der Vereinbarungen und die Aufgaben der S.S.S. waren sie von den Bundesbehörden in Bern rechtzeitig ins Bild gesetzt worden.

Die alliierten Eingriffe in die schweizerische Wirtschaftsfreiheit wirkten sich per saldo stärker aus als jene der Zentralmächte. Das will nicht heissen, dass Deutschland und Österreich ihre Interessen weniger hart verfochten als Frankreich oder England, doch die wirtschaftspolitischen Positionen der beiden Parteien waren von unterschiedlicher Güte. Für die Entente war der lückenlose Boykott des feindlichen Territoriums neben der militärischen Machtentfaltung ein erfolgversprechendes Mittel auf dem Weg zum Erfolg. Für das Deutsche Reich und die Donaumonarchie hingegen wurde alles einem Ziel untergeordnet, nämlich dem Sieg auf dem Schlachtfeld. Der Wirtschaftskrieg war langfristig nicht zu gewinnen, weil die geographische Lage und die maritime Unterlegenheit auf den Weltmeeren eine wirksame Blockade der gegnerischen Länder ausschlossen.

Zu Beginn des Krieges profitierte die Schweiz vom Wohlwollen, das die Regierung und vor allem die Armeeführung durch ihre deutschfreundlichen Gesten erworben hatten. Nach den ersten wirtschaftspolitischen Dissonanzen bemühte sich der Gesandte Romberg, Berlin gegenüber der Eidgenossenschaft weiterhin freundlich zu stimmen. Der Bundesrat hatte auf englischen Druck hin die Ausfuhr von Baumwolle untersagt. Daraufhin drohte Deutschland mit einer Sperre von Getreide- und Kohlenexporten, obschon Generalstabschef Moltke die Lieferung ohne jede Bedingung zugesagt hatte. Romberg suchte eine Konfrontation zu vermeiden, denn für ihn hatte das politische Einvernehmen Vorrang. Er schrieb im September 1914 an Bethmann Hollweg: «Die Gesinnung und Haltung der eidgenössischen Regierung ... kann ich mit gutem Gewissen als ausgesprochen deutschfreundlich bezeichnen. Das gilt nicht nur von den massgebenden Stellen der Armee, über deren gesinnungstüchtige Haltung ich wohl kein Wort zu verlieren brauche, sondern auch vom gesamten Bundesrat, angefangen mit dem ausgezeichneten Bundespräsidenten und mit Einschluss selbst des welschen Bundesrates Decoppet. Ich kann sagen, dass noch kein einziger von den vielen Wünschen, die ich hier seit Beginn des Krieges vorzubringen hatte, und es waren darunter einige von recht heikler Natur, mir abgeschlagen worden ist. (...) Es schien mir in der jetzigen Zeit, wo unsere Bundesgenossen uns im Stich lassen und wir überhaupt wenig Freunde zu haben scheinen, geradezu ein Lichtblick zu sein, dass die kleine Schweiz so treu und tapfer zu uns gehalten hat und sich durch fortgesetzte Neutralitätsverletzungen zu unseren Gunsten Tag für Tag der Gefahr eines Bruches mit unseren Feinden ausgesetzt hat.»[115]

Das üppige Lob des deutschen Diplomaten mag die Lage der Schweiz im ökonomischen Bereich eine Zeitlang verbessert haben. Bern konnte die sogenannten

«Neutralitätsverletzungen», sofern sie tatsächlich stattfanden, mit umso leichterem Gewissen begehen, als auch die Landesregierung in den ersten Monaten mit einem deutschen Sieg rechnete. Es scheint, dass man immer wieder Wege fand, Güter über den Rhein zu schieben, die von der Entente als Konterbande behandelt wurden. Die schweizerische Neutralität hatte somit, abgesehen vom militärischen Flankenschutz, für das Deutsche Reich wesentliche Vorteile. Einen Monat nach dem Brief Rombergs an den Reichskanzler schickte das Auswärtige Amt ein Telegramm an den Gesandten in der Schweiz: «Wenn die Schweiz in der Lage wäre, tatsächlich auf unsere Seite zu treten, würden wir gern unseren Lebensmittelvorrat mit ihr teilen. Wenn dies aber nicht der Fall, können wir in Getreideversorgung über unsere frühere Zusage nicht hinausgehen.»[116] Dem Bundesrat wurde auch von den Zentralmächten eine Lektion erteilt: Politische Sympathien wogen auf die Dauer die ökonomischen Zwänge nicht auf.

Im Juli 1915 nahm in Zürich eine Treuhandstelle, die in der Folge ausgebaut wurde, die Überwachung der Einfuhren aus Deutschland und später auch aus Österreich auf. Nationalrat Ernst Schmidheiny führte die entsprechenden Verhandlungen in Berlin. Der Handel mit den Zentralmächten erfolgte grundsätzlich auf Kompensationsbasis. Auf schweizerischer Seite standen landeseigene Erzeugnisse wie Käse, Milch, Zuchtvieh und Altkupfer zur Verfügung, doch reichten diese Produkte bald nicht mehr aus, um die eingeführten Waren zu bezahlen. Lieferungen aus neutralen Ländern, die im Transit durch Frankreich gelangten, wurden von der französischen Verwaltung häufig aufgehalten. So verweigerte die Entente im Juni 1915 die Reisausfuhr nach der Schweiz, weil dieses Nahrungsmittel ein in Deutschland und Österreich begehrter Kompensationsartikel war.

Beim Geschäft mit dem Reis kam es denn auch zu grotesken Kombinationen. Das zuständige Berliner Ministerium schlug Ernst Schmidheiny vor, sechs russische 12cm-Feldhaubitzen aus Beutebeständen zu liefern gegen 2630 Tonnen Reis, die in der Schweiz lagerten.[118] Der Tausch kam nicht zustande. Als sich Charles Lardy beim französischen Aussenminister um die Freigabe von Reislieferungen bemühte, erklärte ihm Delcassé: «Comment pourrais-je me défendre ici devant l'opinion publique si j'autorisais la Suisse à envoyer 200 wagons de riz par mois aux Autrichiens, quand on saura que ces 200 wagons représentent la ration normale de riz de 666 000 soldats ennemis?»[119] Lardy versuchte vergeblich, das dringende Bedürfnis der Schweiz an diesem Kompensationsgeschäft nachzuweisen, das eine grössere Menge Zucker ins Land gebracht hätte: «C'est l'intérêt de tous que la Suisse conserve un minimum de liberté d'action et ne soit pas comprimée, poussée vers l'un ou l'autre des groupements en lutte, contre toutes ses traditions et contrairement à l'âme même de son histoire.» Aus den Worten des schweizerischen Diplomaten lässt sich einmal mehr der fatale Gedanke an einen schweizerischen Kriegseintritt heraushören für den Fall, dass die Versorgung abgeschnitten würde.

Bei den Geschäften mit Deutschland ging es unter anderem um gegenseitige Lieferungen unter dem Titel «grosser Heeresbedarf» und «kleiner Heeresbedarf». Auf der Liste des grossen Heeresbedarfs stand die Lieferung von Krupp-Geschützen an die Schweiz, die schon vor dem Krieg bestellt worden waren. Zum kleinen Heeresbedarf gehörten grössere Sendungen von Baumwolle an die deutsche Armee, für die man neben andern Produkten Scheinwerfer aus Deutschland bezog.

Die inzwischen aktiv gewordene «Treuhandstelle für die Überwachung des Warenverkehrs» hatte für die Zentralmächte ähnliche Aufgaben zu erfüllen wie die S.S.S. für die Entente, wenn auch das Auftragsvolumen einfacher zu bewältigen war. Das hatte weniger mit Liberalität als mit den Interessen der deutschen Industrie an Exporten zu tun. Von wichtigen Kunden abgeschnitten, war man bereit, deutsche Produkte über die Schweiz selbst ins feindliche Ausland zu liefern, soweit es sich nicht um Kriegsmaterial handelte. Die Verhandlungen mit einer vereinten deutsch-österreichischen Delegation in Berlin waren allemal schwierig, wie ein Bericht von Nationalrat Schmidheiny an Bundesrat Hoffmann vom Juli 1915 andeutet: «Ich muss leider bestätigen, dass ich deprimiert bin infolge der Situation, welche ich hier getroffen habe. (...) Beide Mächte werden uns alles und jedes sperren, was sie glauben, dass die Entente uns nicht oder nur zu viel teureren Bedingungen liefern werde und sie werden dafür als Kompensation nur Waren annehmen, welche wir von der Entente beziehen müssen!»[120]

Erpressung war von allen Seiten her möglich. In beiden Lagern herrschte mehr Willkür als System. Im August 1915 sperrte Deutschland für zahlreiche Schweizer Firmen die Kohlenlieferungen, weil sie für die Entente produzierten. Im Frühjahr 1916 verhinderten Frankreich und England eine Zeitlang weitere Kompensationen mit den Zentralmächten.[121] Beide Kriegsparteien führten schwarze Listen. Anderseits gab es für beinahe jedes Verbot Ausnahmen und Umgehungsmöglichkeiten. Als das Deutsche Reich zu Beginn des Jahres 1917 den uneingeschränkten Unterseeboot-Krieg eröffnete, geriet die Schweiz noch mehr unter Druck.

Die Souveränität des Landes wurde durch einen hemmungslosen Wirtschaftskrieg mehr beschädigt als durch militärische Bedrohung. Die Neutralität war Gefährdungen ausgesetzt, von denen in den Handbüchern des Völkerrechts nichts zu lesen war.

In Bern rechnete man anfänglich nicht mit einem Bedrohungsbild, wie es sich wenige Monate nach Kriegsbeginn darbot. In den Köpfen der eidgenössischen Politiker und der führenden Offiziere hatte sich jedoch der Gedanke festgesetzt, dass die Schweiz sich in einem europäischen Konflikt nach einer gewissen Schonfrist für eine Partei entscheiden müsse. Das hatte Oberst Karl Egli dem französischen Militärattaché im Jahre 1913 zu verstehen gegeben, und auch im Bundesrat schien man mit dieser Fatalität zu rechnen. Nun sah man angesichts der ökonomischen Zwänge das Ende der Neutralität konkret vor Augen.[121]

Wie bei eidgenössischen Politikern üblich, ging man das Thema mit einer Gesprächigkeit an, die jede Diskretion vermissen liess. Eine erste Probe gab General Ulrich Wille in seinem Armeebefehl vom 15. September 1914 von sich, der allerdings nicht von Wirtschaft handelte, die dem Oberbefehlshaber der Armee ohnehin suspekt war: «Solange in dem Krieg unserer grossen Nachbarn, die Deutschen und Österreicher siegreich bleiben, kann gehofft werden, dass nicht noch weitere Staaten sich an diesem Kriege beteiligen werden und dass unsere Truppenaufstellung nur zum Schutz der Grenzen gegen Missachtung unserer Neutralität zu dienen hat und dass es hierfür sogar genügt, unsere Armee bereit gestellt zu haben. Wenn aber die französisch-englisch-russische Allianz, ganz besonders die Russen, gegenüber Österreich entschiedene Erfolge davontragen, so werden, wie ich glaube, auch die Balkanstaaten und dann noch weitere andere Staaten sich veranlasst sehen, sich an dem Kriege zu beteiligen. In dem dann erst in vollem Umfange entbrannten Kriege aller Völker Europas gegen einander wird es kaum möglich sein, mit Gewehr bei Fuss der Entwicklung der Dinge zuzuschauen; wir werden, ob wir wollen oder nicht, in den allgemeinen Krieg hineingezogen werden.»[122]

Willes schwatzhafter Tour d'horizon durch die europäische Szene stiess in der Landesregierung auf Kritik, und in der Öffentlichkeit meldeten sich empörte Stimmen. Noch hatte der General nicht verraten, auf welcher Seite er in den Krieg eintreten wollte, doch seine Optionen waren hinlänglich bekannt. Commandant Pageot nahm hingegen den Ausflug Willes in die internationale Politik gelassen hin. Für ihn war die Tatsache erfreulich, dass der Armeebefehl selbst im militärischen Umfeld Widerspruch gefunden hatte.[123]

Im Frühjahr 1915 rechnete der schweizerische Generalstab nicht mit grösseren Aktionen an der Westfront, welche die Schweiz hätten beunruhigen können. Hingegen wurde der wirtschaftliche Druck so spürbar, dass wiederum das Thema Kriegseintritt Aktualität erlangte. Man vermutete eine baldige Beteiligung Italiens am Krieg, obschon niemand mit Sicherheit sagen konnte, auf welche Seite sich das Land schlagen würde. Die Versorgung der Schweiz wäre dadurch noch schwieriger geworden. Nun hielten auch die schweizerischen Diplomaten mit sibyllinisch formulierten Warnungen nicht zurück. Beobachter jenseits der Grenzen konnten vermuten, die Neutralität werde in der Eidgenossenschaft als lästig empfunden.

Der Gesandte Gaston Carlin beklagte sich im Januar 1915 in London bei Aussenminister Grey über die unerträglichen Beschränkungen und deutete an, dass die schweizerische Neutralität gefährdet sei.[124] Ungefähr zur selben Zeit warnte der neue schweizerische Gesandte in Rom, Alfred von Planta, in einem Gespräch mit dem «Giornale d'Italia» vor einer Blockade der Lebensmittelzufuhr in die Schweiz. Er stellte dabei Vermutungen an über einen casus belli. Die Drohung des schweizerischen Diplomaten rief den französischen Botschafter in Rom, Camille Barrère, auf den Plan, der die schweizerische Politik seit Jahren beobachtete. Planta recht-

647

fertigte sich am 17. Februar in einem Brief an Bundesrat Hoffmann für seine forschen Parolen:
«Es ist möglich, dass die Befürchtungen des Herrn Barrère wachgerufen worden sind durch eine unrichtige Auslegung der Erklärungen, die ich seinerzeit dem Vertreter des ‹Giornale d'Italia› gegeben habe und von welchen Sie Kenntnis haben. In jener Besprechung habe ich einerseits ganz deutlich erklärt, dass die Schweiz ihre Neutralität unbedingt aufrecht erhalten werde, ich habe aber beigefügt, dass ein casus belli für uns auch dann eintreten könnte, wenn man uns von beteiligter Seite die Lebensmittelzufuhr unterbinden würde. Es ist möglich, dass Herr Barrère diese letzte Bemerkung missverstanden oder als eine Spitze gegen die Entente aufgefasst hat.»[125]

Ob Barrère die mehrdeutige Erklärung von Plantas missverstanden hat, ist unerheblich, denn seine Interpretation wurde allgemein als zutreffend empfunden. Botschafter Beau meldete sich bei Aussenminister Hoffmann, um Aufklärung über den Sachverhalt zu erlangen. Hoffmann antwortete in diplomatischen Formulierungen, indem er versicherte, die Worte des schweizerischen Gesandten seien keineswegs im Widerspruch zum Bemühen des Bundesrats, strikte Neutralität zu wahren.[126] Ob Carlin und Planta nach Instruktionen der Landesregierung handelten, lässt sich nicht mehr feststellen. Ihre Thesen lagen jedenfalls auf der in Bern gültigen Linie. Noch im Sommer wagte sich der Bundespräsident des Jahres 1915, Giuseppe Motta, mit einer Erklärung an die Öffentlichkeit, die in einem Brief von Charles Lardy aufgeführt wird: «M. le Président Motta a cependant déclaré à un reporter qu'un des cas qui pourraient nous faire sortir de notre neutralité serait celui où l'on voudrait nous faire mourir de faim.»[127] Jede Seite sei bemüht, die Schweiz in den Krieg zu verwickeln, meinte der Gesandte in Paris in seinem Schreiben an den Chef des Politischen Departementes.

Die öffentliche Debatte schien Hoffmann unangenehm zu sein. In einem Brief an von Planta warnte er bereits im März 1915 vor Chauvinisten, die von einem Kriegseintritt Gewinne für die Schweiz erhofften. Das Schreiben des von Haus aus deutschfreundlichen Bundesrats zeugt von Realitätssinn in den kritischen Monaten des Jahres 1915, einer Eigenschaft, die ihm später abhanden kam:
«Ich komme heute auf Ihr Schreiben vom 17. v. Mts. zurück, soweit es sich mit den Fragen befasst, ob die Schweiz im gegebenen Zeitpunkt aus ihrer Neutralität heraustreten sollte, um beim Friedensschluss territoriale oder wirtschaftliche Vorteile zu erwerben. Meine bestimmte Ansicht geht dahin, dass sich die Schweiz mit Rücksicht auf solche zu erfassende Vorteile nicht verführen lassen darf, ihre strikt neutrale Haltung aufzugeben. (...) Im Ausland hat man wiederholt Andeutungen gemacht, man könnte wohl der Schweiz beim Friedensschluss fremdes Gebiet angliedern; so hat man auf der einen Seite vom Vorarlberg oder wohl gar Tirol und Vorarlberg, von einem Teil des Elsasses, auf der andern Seite von Savoyen und dem Pays de Gex sprechen können; dass unter einer bestimmten Eventualität auch eine

südliche Grenzberichtigung aktuell werden könnte, ist bekannt. All das sind für mich gefährliche Zukunftsträume!»[128]

Im Juli 1915 sandte General Wille den sogenannten «Säbelrassler-Brief» an Bundesrat Hoffmann, der glücklicherweise nicht an die Öffentlichkeit gelangte. Er polemisierte darin gegen die Wirtschaftsverhandlungen mit der Entente über den Einfuhr-Trust, den er als überflüssig und schädlich bezeichnete. Das bot ihm auch Gelegenheit, seinen Intimfeind Nationalrat Alfred Frey aufs Korn zu nehmen, der stets von der wirtschaftlichen Überlegenheit der Entente sprach: «Nach dem bisherigen Verlauf des Krieges, auch auf wirtschaftlichem Gebiete, darf man annehmen, dass Deutschland aus diesem Kriege siegreich hervorgehen werde, und absolut sicher ist es, dass das, was Herr Nationalrat Frey voraussagte, nie eintreffen wird und dass Deutschland nach wie vor unser auf wirtschaftlichem Gebiete mächtigster Nachbar bleiben wird.»[129]

Seine Ahnungslosigkeit in Fragen der Ökonomie bekundete Wille mit der Behauptung, man brauche selbst eine gänzliche Sperre der Zufuhren aus England, Frankreich und Italien nicht zu fürchten. Die Industrie könne vielleicht einen Augenblick darunter leiden, doch der Krieg werde nicht ewig dauern. Der Staat möge sich in der Zwischenzeit um die Arbeiter kümmern. Dann folgte die kaum getarnte Aufforderung des Generals an die Landesregierung, auf der Seite von Deutschland und Österreich-Ungarn in den Krieg einzutreten:

«Ich glaube, wenn wir im jetzigen Moment sehr verständlich andeuten, dass wir, zum äussersten getrieben, davor nicht zurückschrecken, für unsere Unabhängigkeit und für die Zufuhr der Bedürfnisse unseres Volkes zu den Waffen zu greifen, dies ganz wirkungsvoll sein könnte. Auf dem Schlachtfelde steht es mit der Triple-Entente jetzt sehr schlimm. (...) Bei dieser Lage der Dinge wäre es Frankreich, England, wie Italien sehr unangenehm, wenn wir uns nicht anders helfen könnten, als ebenfalls zu den Waffen zu greifen. (...) Ich habe eben vorher darauf aufmerksam gemacht, dass etwas mit dem Säbel rasseln im gegenwärtigen Moment uns vorteilhaft sein könnte. Ich möchte beifügen, dass ich nach wie vor die Erhaltung des Friedens für eine unserer obersten Aufgaben erachte, aber dass ich, wenn die Erhaltung unserer Selbständigkeit und Unabhängigkeit dies erfordert, den gegenwärtigen Moment für das Eintreten in den Krieg als vorteilhaft erachte.»[130]

Noch direkter äusserte sich ungefähr zur selben Zeit der schweizerische Militärattaché in Berlin, ein Oberst Frei. Gegenüber deutschen Offizieren erklärte er, die «garantierte Neutralität» der Schweiz sei durch den wirtschaftlichen Druck der Entente gefährdet. Es bedürfe nur eines «geschickten Anlasses», und die schweizerische Armee werde mit Deutschland marschieren. Man sei aber auf eine entsprechende deutsche Initiative angewiesen.[131] Der deutsche Gesandte in Bern, Gisbert von Romberg, sah die Sachlage realistischer als der schweizerische Oberst. Er schrieb an Bethmann Hollweg, die Schweiz erwarte keine Aufforderung zum Kriegseintritt.

Derartige Gedanken seien einem «engen Kreis von Offizieren» vorbehalten. Die Landesregierung sei bemüht, «die traditionelle Politik des vorsichtigen Lavierens nach allen Seiten unbedingt fortzusetzen». Mit diesem Kommentar traf der deutsche Gesandte zweifellos die Stimmung im Bundesrat, der trotz einseitiger Sympathien allzu grosse Risiken vermeiden wollte.

Der deutsche Einfall in Belgien hatte die Schweiz in einen Zustand sich widersprechender Gefühle versetzt. Die Öffentlichkeit war davon mehr betroffen als die Regierung in Bern. Die forsche Deklaration Bethmann Hollwegs im Reichstag, der die deutsche Aktion mit dem Schlagwort «Not kennt kein Gebot» zu rechtfertigen suchte und dabei beteuerte, dass in kritischen Fällen Verträge nicht das Papier wert seien, erzeugte durch ihren Zynismus eine spürbare Erregung vor allem in der Romandie. Gleichzeitig machte sich Erleichterung breit, dass das Fatum Belgien und nicht die Schweiz getroffen hatte.

Es trat Egoismus zu Tage. Man hatte seit Jahren Vergleiche über die Neutralität der beiden Staaten angestellt und bemerkt, dass die Schweizer die besseren Neutralen waren. Belgien war ungleich mehr gefährdet als die Schweiz. In militärischen Kreisen kannte man den Plan des deutschen Generalstabschefs Schlieffen, der durch das neutrale Belgien vorstossen und die französische Armee von Norden her umfassen wollte. Deutsche und französische Diplomaten sprachen davon, dass Belgien zum Schlachtfeld bestimmt sei, und auch die Prognosen des berüchtigten Generals Bernhardi wiesen in dieser Richtung. Die Ahnungen wurden durch das Urteil bekräftigt, das Ulrich Wille über das mangelhafte belgische Wehrwesen gefällt hatte, das Geld in Festungen vergeudete und das Feldheer darben liess. Von daher fiel es leicht, eine Mitschuld Belgiens am Verhängnis zu konstruieren, das sich politisch und militärisch begründen liess. In der deutschen Schweiz wurde in selbstgefälligen Kommentaren doziert, das erst im Jahre 1831 durch die Mächte geschaffene belgische Staatswesen habe keinen innern Zusammenhalt. Es geniesse keine auf eigener Souveränität beruhende Neutralität, die mit jener der Schweiz vergleichbar sei. Der neutralisierte Status des Landes biete denn auch keine angemessene völkerrechtliche Sicherheit.

Bei dieser Gelegenheit durfte ein Kommentar Eduard Blochers nicht fehlen, der beweisen wollte, dass Belgien ein zerrissenes, von Frankreich abhängiges Land sei. In einer Broschüre unter dem Titel «Belgische Neutralität und schweizerische Neutralität» kam der Autor zum Schluss: «Es gibt kein belgisches Volk und hat nie eins gegeben.»[132] Der Verkünder des Deutschtums setzte zu selbstgefälligem Eigenlob an, das immerhin einen deutlichen Trennstrich zu den Kulturen der Minderheiten in der Schweiz zog: «Ein Glück wahrlich, dass die vielfachen Bestrebungen, die auf die Herstellung einer angeblich nationalen, dreisprachigen Mischkultur ausgehen, zur Zeit noch keinen Erfolg gehabt haben, dass es noch eine deutsche Schweiz gibt, dass die Mauer, die man zwischen uns und dem Deutschen Reiche aufrichten will, noch nicht besteht, dass wir anders zum deutschen Volk und Reich stehen als Belgien.»

Man hätte ein mitfühlendes Wort der Landesregierung zum belgischen Fall erwarten dürfen, aber in Bern blieb man stumm. Es galt schliesslich, das mächtige Deutsche Reich bei guter Laune zu halten. Eine Mehrheit im Bundesrat erwartete einen raschen deutschen Erfolg, also mischte man sich nicht in unschöne Vorgänge ein, die in nützlicher Distanz geschahen. Solange im elsässischen Sundgau gekämpft wurde, konnte man einen Übergriff auf schweizerisches Territorium ohnehin nicht mit Sicherheit ausschliessen.

Der belgische Gesandte in Bern erfuhr in diesen Tagen wenig Trost. Er sprach zweimal beim Bundespräsidenten vor, doch Arthur Hoffmann brachte anscheinend kein Wort des Bedauerns über die Lippen.[133] Auch Charles Lardy hielt in Paris Distanz zum belgischen Gesandten Baron Guillaume, mit dem er befreundet war. Guillaume hatte ihn gebeten, den Schutz der Belgier in Paris zu übernehmen, die inzwischen durch den Zustrom der Flüchtlinge auf eine halbe Million Personen angewachsen waren.[134] Die Aufgabe wäre durch die schweizerische Gesandtschaft nicht zu bewältigen gewesen. Im Einverständnis mit dem Bundesrat lehnte der schweizerische Gesandte ab. Wenige Tage später folgte Lardy der französischen Regierung nach Bordeaux, wo man sich vor der anrückenden deutschen Wehrmacht in Sicherheit wähnte.

Bei einem Gespräch Lardys mit Raymond Poincaré kam die Rede auf Gerüchte, wonach Deutschland an die Schweiz ein Gesuch um freie Passage für deutsche Truppen nach Pontarlier gestellt habe. Der Gesandte berichtete darüber an Bundesrat Hoffmann: «M. Poincaré m'a demandé si j'avais connaissance d'un bruit parvenu ce matin aux Affaires Etrangères d'après lequel l'Allemagne aurait sommé hier la Suisse de lui livrer passage vers Pontarlier, et d'après lequel la Suisse aurait naturellemet répondu par un refus. Cette nouvelle ne parvient pas de M. Beau, et M. Poincaré la considère comme un ‹racontar›. J'ai répondu que je ne savais pas le premier mot de cela et que je n'en croyais pas le premier mot. Le Président considère de son côté que l'Allemagne a autre chose à faire maintenant que de mettre contre elle un nouveau pays.»[134]

An Belgien schieden sich die Geister. Was deutschfreundliche Schweizer als kriegsnotwendig und damit entschuldbar bewerteten, war für die Romands – und nicht nur für sie – ein barbarisches Verbrechen, das von Verachtung für das Völkerrecht zeugte. Die Debatte stand am Beginn einer tiefgreifenden Spaltung des Landes, die umso schwerer wog, als ein wirklicher Dialog zwischen den sogenannten Nationalitäten nicht zustande kam. Der gutgemeinte Versuch des Bundesrates, im «Aufruf an das Schweizervolk» vom 1. Oktober 1914 die Bürger zu Geschlossenheit und Einheit aufzurufen, konnte die aufgeregte Szene nicht beruhigen. Der Appell ging an die Presse, aber auch an jeden einzelnen Schweizer: «Wir müssen uns bestreben, in der Beurteilung der Ereignisse, in der Äusserung der Sympathien für die einzelnen Nationen uns möglichste Zurückhaltung aufzuerlegen, alles zu unterlassen, was die in den Krieg verwickelten Staaten und Völker verletzt, und eine einseitige Parteinahme zu vermeiden.»[136]

Gesinnungsneutralität war nicht zu erwarten und auch nicht verlangt. Der Bundesrat zeigte sich hingegen in der belgischen Frage von einer Diskretion, die an Duckmäusertum gemahnte. So verhielt er sich auch später während des Krieges, wenn sich Stellungnahmen zu Belgien aufdrängten. Gustave Hervé, ein der Schweiz gut gesinnter französischer Sozialist, fragte denn auch in der Zeitschrift «Victoire»: «Etes vous neutres devant le crime?»[137] Dem fügte er den Wunsch an: «Que le sort préserve la France de jamais avoir à pratiquer la neutralité de peur!»

Die gespaltene Eidgenossenschaft

Ursache und Wirkung

Mit dem Ausbruch des Krieges trat ein Faktum zutage, auf das Beobachter des Landes schon früher hingewiesen hatten: Die Hilflosigkeit der Eidgenossen gegenüber der Weltpolitik. Als Edouard Secretan, Chefredaktor der «Gazette de Lausanne», eine Auswahl seiner polemischen Artikel gegen das eidgenössische Bern als Buch publizierte, stellte er die Sammlung unter das Motto: «Helvetia Dei providentia et confusione hominum regitur.»[138]

Der Pazifist Romain Rolland hielt sich in den ersten Augusttagen 1914 in Vevey auf. Von hier aus unternahm er den vergeblichen Versuch, quer durch Europa eine Front der Intellektuellen gegen den Wahnsinn des Krieges zu errichten. Sein Tagebuch gibt Aufschluss über einen unablässigen Diskurs, der ihm bald Kritik und Feindschaft von ehemaligen Freunden eintrug, ohne dass er die natürlichen Gegner hätte bekehren können. Gleichzeitig nahm er die tiefe Spaltung wahr, die sich in der Schweiz vollzog. Am 16. August notierte er: «Couveau, der Bürgermeister von Vevey, der Musiker Doret und René Morax besuchen mich. Die ganze französische Schweiz rast gegen die Deutschen. Leute aus dem Volk sagten bei der Nachricht von der Mobilmachung: ‹Wenn das heisst, dass wir diese deutschen Schweine totschlagen sollen, dann mit Vergnügen›. (…) Dagegen sind das Volk und das Kleinbürgertum der deutschen Schweiz für die Deutschen. Deshalb war die Schlacht bei Mülhausen für alle beängstigend; denn es scheint erwiesen, dass die Deutschen planten, der französischen Vorhut die Strasse nach Belfort abzuschneiden, um sie in die Schweiz hineinzutreiben und sie so zu zwingen, die Schweizer Neutralität zu brechen. In diesem Falle hätten die Schweizer auf die Franzosen schiessen müssen. Morax und Doret sagen, dass schon der blosse Gedanke daran krank mache. Die Gefahr ist vorüber, aber andere Gefahren werden auftauchen. Der Gegensatz zwischen den beiden Landesteilen der Schweiz ist bedenklich.»[139]

Romain Rolland zeigte sich enttäuscht über seinen Freund Paul Seippel, der sich, wie der Franzose meinte, gegenüber den allgemeinen Emotionen fatalistisch verhielt und die Spaltung des Landes ergeben hinnahm: «Seippel kommt aus Genf (23. August), um den Abend mit mir zu verbringen. Ich finde bei ihm nicht die energische Ablehnung dieses gottlosen Krieges zwischen Schwesternationen, die ich erwartete. Seit er die Leitung des ‹Journal de Genève› übernommen hat, ist er angesteckt. Er trägt diese passive Ergebenheit in das Schicksal zur Schau, die mich oft bei religiösen Menschen empört.»[140]

Der Überfall auf das neutrale Belgien war inzwischen nicht das einzige Thema, das die Zeitgenossen erregte. Deutsche Truppen hatten einen Teil der Stadt Löwen und die berühmte Bibliothek in Brand gesteckt, nachdem Bürger Widerstand geleistet hatten. Deutsche Artillerie beschoss die Kathedrale von Reims und beschädigte das gotische Bauwerk schwer. Man warf sich gegenseitig Greueltaten vor, die tatsächlich begangen wurden, sich aber in dieser hektischen Phase des Krieges jeder Nachprüfung entzogen. Deutsche Soldaten zündeten belgische Dörfer an und erschossen reihenweise Zivilisten, sobald irgendwo ein Schuss aus dem Hinterhalt gefallen war. Auf der andern Seite sollen französische Soldaten deutsche Gefangene grausam misshandelt und ermordet haben.

Selbst dem Kriegsgegner Romain Rolland fiel es schwer, Sympathien und Parteinahme in konkreten Fällen zu unterdrücken. Gelobt und beschimpft, war er zur Instanz geworden, die sich um den geistigen Haushalt und die verlorengegangene moralische Gemeinsamkeit der europäischen Intellektuellen kümmerte. Als der deutsche Vormarsch an der Marne zum Stehen kam, notierte er am 22. September in sein Tagebuch: «Mit Seippel, der die Nacht im Hotel Mooser verbracht hat, gehe ich am Vormittag in die ‹Feuille d'Avis de Vevey›, um die letzten Nachrichten zu hören. Wir sind im Redaktionsbüro, als ein Telephonanruf den durchschlagenden Erfolg der englisch-französischen Heere ankündigt. Die Marneschlacht (zwischen Meaux und Nancy), die seit fünf Tagen dauert und an der zwei Millionen Menschen teilnehmen, endet mit einem Sieg auf der ganzen Linie. Uns ist zumute, als fiele uns ein Stein vom Herzen. Als ich das Redaktionsbüro verlasse, kann ich seit einem Monat zum ersten Male wieder Dinge und Menschen sehen: den Markt auf dem Platz, den vom Föhn aufgewühlten See. (…) Der kühle Seippel ist ebenso glücklich wie ich. Und Morax, der uns nachmittags besucht, strahlt.»[141]

Im Gegensatz zum Westschweizer René Morax, einem extremen Gegner des Deutschtums, zeigte sich der Franzose bedrückt: «Übrigens kann ich mich nur über den französischen Sieg freuen. Die deutsche Niederlage ist mir schmerzlich; ich kann nicht ohne Trauer an all die Leiden denken und bin empört über den fröhlich-leichtfertigen Ton, mit dem Morax darüber spricht, und die Greueltaten, die er von den Afrikatruppen erzählt, erfüllen mich mit Abscheu. Übrigens sollen sich die Bayern unglaubliche Dinge geleistet haben.»

Romain Rolland bereitete in diesen Tagen seinen Artikel «Au-dessus de la Mêlée» vor, der kurz darauf im «Journal de Genève» erschien und wie ein einsames Signal wirkte. Der Krieg der Worte war inzwischen auf allen Ebenen im Gange und vergiftete das europäische Klima nicht weniger als die blutigen Vorgänge auf den Schlachtfeldern. Der Philosoph Henri Bergson prägte ein über Jahre gültiges Schlagwort, als er in der «Académie des Sciences morales» erklärte, der begonnene Kampf gegen Deutschland sei ein Kampf der Zivilisation gegen die Barbarei. Die Deutschen hingegen sprachen von einem Rassenkampf, den die Germanen gegen die Slawen ausfochten. Das Fatale dabei sei, dass sie von den «Romanen» und von den eigenen Stammesgenossen, den Engländern, im Rücken bedroht würden.

Romain Rolland bemühte sich, mit Hilfe seines Freundes Stefan Zweig den von ihm hoch verehrten Gerhart Hauptmann für einen europäischen Dialog zu gewinnen, wobei er sich auch mit unverbindlichen Worten begnügt hätte. Sein Werben war umsonst. Die Antwort des deutschen Schriftstellers erschien unter anderem im «Journal de Genève». Seine Parolen klangen unversöhnlich: «Krieg ist Krieg. – Gewiss ist es schlimm, wenn im Durcheinander des Kampfes ein unersetzlicher Rubens zugrunde geht, aber – Rubens in Ehren – ich gehöre zu jenen, denen die zerschossene Brust eines Menschenbruders einen weit tieferen Schmerz abnötigt. Und, Herr Rolland, es geht nicht an, dass Sie einen Ton annehmen, als ob Ihre Landsleute, die Franzosen, mit Palmwedeln gegen uns zögen, wo sie doch in Wahrheit mit Kanonen, Kartätschen, ja sogar mit Dum-Dum-Kugeln reichlich versehen sind.»[142]

Rollands Antwort klang resigniert: «Hauptmann kann nicht verstehen, dass ein Franzose dem alten deutschen Idealismus, den der preussische Imperialismus zermalmt, treuer ist als er. Während ich mich weigere, Deutschland als Ganzes für die Verbrechen seiner Herren verantwortlich zu machen, macht Hauptmann gemeinsame Sache mit ihnen.» In Frankreich wurde Romain Rolland als «Verräter», «lästiger Ausländer» und sogar als «Schweizer» beschimpft. Wenn der einsame Pazifist einen seiner französischen Kollegen bei einem politisch-literarischen Exzess ertappte, sprach er von chauvinistischer Dummheit. Er zielte besonders auf Maurice Barrès, dessen Tiraden von blankem Hass zeugten. Der Lothringer sei stolz auf seine Unwissenheit.

Rollands Pariser Verleger Humblot bat um Zurückhaltung: «Er behauptet, ich könne mir von dem augenblicklichen Zustand der Gemüter keine Vorstellung machen. Den reissenden Strom aufhalten wollen, hiesse sich der Gefahr aussetzen, von ihm hinweggerissen zu werden. Es sei besser, nicht das Unmögliche zu wagen, d. h. den Franzosen heute zu sagen, man dürfe die Deutschen nicht ausrotten und Deutschland nicht zerstören.»[143]

Es folgte die unvermeidliche Auseinandersetzung mit Thomas Mann, der von ferne den Krieg als Elementarerlebnis zelebrierte. Rolland schrieb darüber: «Deutsche Ungeschicklichkeit. – Der gute Stefan Zweig schickt mir, wahrscheinlich um mich aufzuklären, eine Nummer der ‹Neuen Rundschau› (Berlin, November 1914). Darin findet man einen Artikel von Thomas Mann: ‹Gedanken im Kriege›, der wohl das Furchtbarste ist, was ich bisher von einem deutschen Intellektuellen gelesen habe. Er beginnt damit, den Unterschied zwischen Kultur und Zivilisation zu definieren. Zivilisation ist ‹Vernunft, Sänftigung, Sittigung, Skeptisierung, Auflösung, Geist›. Kultur ist ‹Geschlossenheit, Stil, Form, Haltung, Geschmack, ist irgendeine gewisse Organisation der Welt, und sei das alles auch noch so abenteuerlich, skurril, wild, blutig und furchtbar›. Kunst wie alle Kultur ist ‹die Sublimierung des

Dämonischen›. Thomas Mann beweist die Identität des Kulturideals (oder des Ideals des deutschen Intellektuellen) mit dem Ideal des Militarismus, dessen höchster Grundsatz Organisation ist. Das Ineinanderwirken von Begeisterung und Ordnung ergibt Systematik. Folgen weitere Tugenden, darunter die Verachtung dessen, was im bürgerlichen Leben ‹Sicherheit› heisst. Er beschreibt die Ekstase, in die der Krieg die deutschen Künstler versetzt hat, ihre moralische Wiedergeburt. Der Krieg war ‹Reinigung, Befreiung›.»[144]

Thomas Mann bestritt Frankreich das Recht, Krieg zu führen: «Das Hirn dieses Volkes erträgt den Krieg nicht mehr. Was ist aus Frankreich geworden in sechzig Kriegstagen? Ein Volk, dessen Antlitz der Krieg von heute auf morgen dermassen ins Abstossende verzerrt – hat es noch ein Recht auf den Krieg?» Über die von den Deutschen angerichteten Zerstörungen ging der Schriftsteller souverän hinweg. Die Kathedrale von Reims habe mit der Zivilisation nichts zu tun, denn sie sei «ein Denkmal christlicher Kultur, eine Blüte des Fanatismus und des Aberglaubens».

Die Antagonisten im europäischen Dissens folgten nicht in jedem Fall klar erkennbaren Motiven. Selbst in Bezug auf die Feindschaften ergaben sich Zweideutigkeiten. Im Deutschen Reich war die Meinung geläufig, die deutsche Wut richte sich nicht gegen das französische Volk, sondern gegen die verräterischen Engländer. Für die Franzosen hingegen war die Rollenverteilung eindeutig: Der Feind hiess Deutschland, Österreich lag fernab und wurde weniger ernst genommen. Man zeigte Sympathien für Serbien, das um seine nationale Existenz kämpfte. Deutsche und Franzosen betrachteten Italien mit Misstrauen, solange es sich nicht für eine Seite entschied. Militärische Kreise in Paris meinten allerdings, Italien als Bündnispartner werde eher eine Belastung als eine Bereicherung darstellen.

Im heraufziehenden eidgenössischen Konflikt waren die Fronten unscharf, obschon die wichtigste Trennlinie der Sprachgrenze entlang verlief. Es gab in der Deutschschweiz einen beachtlichen Teil der Bevölkerung, der nicht einfach dem Lager des Deutschtums zugeordnet werden durfte. Eine schweigende Mehrheit? Man wusste, dass die Presse nicht in jedem Fall die öffentliche Meinung vertrat. In der Westschweiz herrschte die Neigung, den sogenannten Pangermanismus pauschal mit der Deutschschweiz gleichzusetzen, die zu Beginn den deutschen Marsch in den Krieg in euphorischer Stimmung begleitet hatte. Als der Ton nach einiger Zeit gedämpfter wurde, war man in der Romandie nicht in der Lage, den langsam einsetzenden Wandel zu begreifen.

Die unwürdige Wahl Ulrich Willes zum General kam einer Niederlage der Westschweiz gleich. Nationalrat Edouard Secretan hatte sich für Theophil Sprecher eingesetzt in der Erwartung, dass ein Romand zum Generalstabschef ernannt würde. Die von der deutschsprachigen Mehrheit erzwungene Lösung verschloss den Westschweizer Kantonen nicht bloss den Zugang zur Armeeführung, sondern förderte auch die ohnehin vorhandene Antipathie zwischen Wille und Secretan. Eine Zeitlang hatte man darüber gerätselt, ob der Chefredaktor der «Gazette de Lausanne», der frühere Oberstdivisionär, zum Armee-Adjutanten ernannt würde. General und Bundesrat zogen aber den unbedeutenden Bündner Friedrich Brugger vor.

Mit seinem Gewaltstreich gegen das Parlament sorgte Bundesrat Hoffmann dafür, dass in der Romandie eine solide Opposition aus starken Persönlichkeiten entstand. Zu dieser kritischen Garde gehörten neben Secretan Albert Bonnard, Auslandredaktor des «Journal de Genève» und Gegenspieler von Paul Seippel, der Genfer Politiker Gustave Ador und der Neuenburger Literat Philippe Godet. Oberst Fernand Feyler versorgte das in innenpolitischen Fragen behutsame «Journal de Genève» mit militärischen Kommentaren zum Kriegsgeschehen, die eindeutig die Sympathien des Autors für die Entente erkennen liessen. Damit ist auch der Konflikt angedeutet, der während des Krieges Arbeit und Stimmung in der Redaktion der bedeutenden Zeitung belastete. Der Direktor des Journals, Georges Wagnière, steuerte in der Innenpolitik einen moderaten Kurs, der oft mit den aussenpolitischen Optionen von Bonnard und Feyler kollidierte. Auf seiner Linie lag auch die redaktionelle Mitarbeit von Paul Seippel, der zwischen Zürich und Genf hin und her pendelte. Man sagte Wagnière nach, er sei stets um gute Laune im Bundesrat bemüht, da er auf einen Posten im diplomatischen Dienst warte. Der Journalist wurde denn auch im Jahre 1918 zum schweizerischen Gesandten in Rom ernannt.

In der Zeit der innerschweizerischen Konfrontation sah sich Wagnière wie Seippel und Gonzague de Reynold dem Vorwurf ausgesetzt, «neutral» zu sein. Das war ein schwer zu ertragendes Stigma. Der Genfer Schriftsteller Louis Dumur, der während des Krieges von Paris aus gegen die Landesregierung und die westschweizerischen «Neutralistes» polemisierte, sprach verächtlich von Bigorneau-Wagnière.[145] Das Beispiel des «Journal de Genève» zeigt, wie schwer es fiel, in der Romandie ohne Konzessionen an den antideutschen Volkszorn schweizerische Politik zu betreiben.

Gonzague de Reynold schrieb in seinen Memoiren zu diesem Thema: «L'opinion publique s'est revelée insuffisante, le sens de l'intérêt national a fait défaut, la presse n'a pas rempli son devoir.»[146] Das nationale Bekenntnis des Freiburger Aristokraten, dem Mitbegründer der Neuen Helvetischen Gesellschaft, erschöpfte sich jedoch in mystischen Formulierungen. Er sprach vom «esprit suisse» und deklamierte: «La patrie avant tout, par dessus tout!» Mit diesen Beschwörungen war die Erbitterung der Romands nicht zu besänftigen, die fassungslos die deutschfreundlichen Manifestationen der Mehrheit im Lande betrachteten. Die Stellung der Westschweiz blieb, verglichen mit der Epoche der Bundesräte Numa Droz und Ruchonnet, in der eidgenössischen Politik bedenklich schwach. Bei den Politikern der deutschen Schweiz schien mehr denn je das Gefühl für die Minderheiten in einem föderalistischen Staatswesen zu fehlen.

Die Überzeugung der Romands, man habe östlich der Saane das Unglück Belgiens gleichgültig zur Kenntnis genommen und setze auf einen Sieg der «Germanen», bestimmte den politischen Horizont in den Westschweizer Kantonen. Man fühlte sich umso mehr betroffen, als Persönlichkeiten aus der Romandie mit der helvetischen Bewegung einen Prozess der eidgenössischen Besinnung in Gang gebracht hatten. Die Zürcher Rede von Carl Spitteler vom 14. Dezember 1914, die vor allem die Deutschschweizer zum Überdenken ihres nationalen Verhaltens aufforderte, wurde mit Freude aufgenommen. Die Anerkennung galt jedoch allein dem mutigen Dichter, der sich mit seinem Aufruf gehässigen Anfechtungen in der Schweiz und in Deutschland aussetzte.

Die Polemik der Westschweizer Presse gegen die irregeleiteten Miteidgenossen, die nach Kriegsausbruch spontan einsetzte, bewegte sich auf bescheidenem Niveau und war genauso bedenklich wie die wehleidigen Reaktionen vieler Deutschschweizer Zeitungen, denen jede Sensibilität für andere Kulturen abging. Der in der Romandie geführte Feldzug gegen alles, was man als Deutschtum empfand, nahm gefährliche Dimensionen an. Etliche Beobachter, unter ihnen Romain Rolland, nahmen erstaunt zur Kenntnis, dass der Deutschenhass der Westschweizer jenen der Franzosen übertraf. Dabei wurde deutlich, dass oft nicht die Deutschen, sondern stellvertretend die Deutschschweizer gemeint waren.

Versuche, einen Dialog über den sogenannten Graben hinweg zu führen, wurden schon im Herbst 1914 unternommen, doch sie wirkten nicht in die Breite. So begegneten sich Nationalrat Edouard Secretan und Ständerat Oskar Wettstein, beide Journalisten, in einer öffentlichen Veranstaltung in Lausanne.[147] Der Abend stand unter dem Motto: «Restons Suisses!» Die beiden Politiker legten vor einem interessierten Publikum ihre divergierenden Standpunkte dar, und dabei blieb es. Ehrliche Sympathie wurde in der Romandie Ferdinand Hodler zuteil, der einen Aufruf von Westschweizer Künstlern und Intellektuellen gegen den deutschen Kunstvandalismus in Belgien und Nordfrankreich unterzeichnet hatte und deswegen im Deutschen Reich geächtet wurde. Der Maler war zuvor in Genf mit seinem neuen Stil als «germanisant» bezeichnet worden, galt jetzt aber vor dem Westschweizer Publikum als rehabilitiert.

Auf der politischen Szene der Schweiz trugen sich in den Kriegsjahren eine Reihe von dramatischen Zwischenfällen zu, die den Gegensatz zwischen den Landesteilen stets wieder ins Licht der Öffentlichkeit rückten. Hinter den Sachfragen standen Personen, die sich oft aus kaum durchsichtigen Motiven in Kontroversen einliessen, obschon die Differenzen keineswegs unüberwindlich waren. Bei den Debatten trat zutage, wie sich unter dem Eindruck einer anscheinend aussichtslosen Situation die Gemüter verhärteten. Romain Rolland berichtet von einer Begegnung zwischen Spitteler und Secretan im Oktober 1915, der er selber beiwohnte. Der französische Schriftsteller hatte längere Zeit auf den Dichter aus der Deutschschweiz gewartet – «er eilt seit drei Wochen in Genf von Bankett zu Bankett» – und traf ihn schliesslich in Lausanne. Über seine Begegnung mit Spitteler und Secretan schrieb er:

«Vor dem Abendessen empfängt er (Spitteler) den Obersten Secretan von der ‹Gazette de Lausanne›, den grossen Politiker der waadtländischen Schweiz. Secretan hat den ruhigen, schneidenden Ton, der den fanatischen Westschweizern eigen ist. Ihr Hass gegen Deutschland ist im Grunde ein versteckter Hass gegen Bern. Sie verabscheuen ihre Eidgenossen aus der deutschen Schweiz. Dann spricht er mit einer kaum verständlichen Gereiztheit von der Neuen Helvetischen Gesellschaft, die seit einigen Jahren in allen Schweizer Städten durch Zusammenkünfte und Vorträge das Ziel verfolgt, die seelische und geistige Zusammengehörigkeit der Eidgenossen zu festigen. Secretan äussert sich mit dürrer Härte, die jeden Einwand ausschliesst, dahin, dass sie sich eine widersinnige und unmögliche Aufgabe gestellt habe. (Fast klingt es, als wollte er sagen: eine schädliche.) Es kann keine innere Gemeinschaft zwischen den Schweizern auf dem einen und dem andern Ufer der Aare geben. (Fast klingt es, als wollte er sagen: es darf sie nicht geben.) Wäre er sich nicht plötzlich meiner Anwesenheit bewusst geworden, hätte er nicht bemerkt, dass mir als stummem Zuhörer kein Wort entging, so wäre er noch weitergegangen. Aber plötzlich hielt er inne und schloss mit der Bemerkung (sie galt mir), dass, sollte die Schweiz angegriffen werden, alle einig zusammenstünden (ich bin dessen nicht so sicher!).»[148] Spitteler soll höflich widersprochen haben.

Es war in diesen Jahren häufig von Landesverrat und von Verleumdung des eigenen Volkes die Rede, begangen durch einseitig orientierte Journalisten. Gelegentlich wurde je nach Standort ein und dieselbe Parole als Anschlag auf die Schweiz oder als patriotische Tat gewertet. So erging es einem der extremsten Kritiker des Landes, dem Genfer Schriftsteller Louis Dumur, der in Paris im «Mercure de France» um eine vom Deutschtum befreite Schweiz kämpfte. Seine zwischen 1915 und 1917 erschienenen Artikel wurden von der französischen Zensur oft gekürzt, erschienen aber noch während des Krieges in ganzer Länge als Buch.[149] Sein Titel «Les deux Suisses» war in Anspielung an Seippels Werk «Les deux Frances» gewählt. Der Literat auf dem Lehrstuhl in Zürich, vom Genfer Schriftsteller als «Neutralist» beschimpft, war ein bevorzugtes Opfer von Dumurs Tiraden. Paul Seippel setzte seinerseits in Vorträgen, die er im Jahre 1916 unter dem Motto «Schweizerische Wahrheiten» hielt, zum Angriff auf den unangenehmen Zeitgenossen an: «Es gibt heute gewisse romanische Schweizer, die für alles, was die Mächte betrifft, deren Sache sie zu der ihrigen gemacht haben, die nervöseste Empfindlichkeit zeigen, während sie ihrem eigenen Land gegenüber alles für erlaubt halten. (...) Es befindet sich unter ihnen einer, der in einer Pariser Revue geradezu einen Verlästerungsfeldzug gegen die Behörden seines Landes führt. Die französische Zensur selber hat gefunden, dass das zu weit gehe, und ihm eine Warnung zugehen lassen.»[150]
Dumur hatte im «Mercure de France» unter anderem geschrieben: «Es ist Deutschland, das in Bern durch Vermittlung seines bevollmächtigten Ministers regiert.» Der Schriftsteller wusste, dass diese Behauptung masslos übertrieben war.

Er kannte keine Hemmungen gegenüber Personen und verurteilte alle Äusserungen der eidgenössischen «Realpolitik». Dumur galt unter seinen Kollegen als ein Mann «toujours en colère».[151] Seine Stärke war eine umfassende Dokumentation, die bis in die Winkel des Bundeshauses und der Armeeleitung reichte. So schilderte er in seinem Roman «La Croix Rouge et La Croix Blanche» in salopper Manier die eigenartigen Rituale im Hauptquartier des Generals im ersten Stock des Hotels «Bellevue».

Patriot oder Landesverräter? Dumur glaubte, die wahre Schweiz sei nur noch in der Romandie vorhanden, ständig bedroht durch «la marche progressive de la conquête de la Suisse par l'Allemagne». Noch im November 1917 sah er skeptisch in die Zukunft: «Sauvons la Suisse, si c'est possible, arrachons-la aux serres impérieuses du rapace du Nord. Mais si ce n'est pas possible, si nos efforts doivent être vains, si la Suisse des Confédérés doit dispartaître, que notre Suisse du moins, que la Suisse romande subsiste! Qu'elle ait le courage, lorsque le moment fatal sera venu de choisir, de se séparer de ceux qui furent, au temps de l'indépendance, ses frères, pour se joindre, autonome et pure, à la grande alliance des démocraties protectrices du droit, et se maintenir ainsi, dans l'avenir comme par le passé, libre, fidèle, individualiste et latine.»[152] Dumur erkannte zwar einen gewissen Wandel in der deutschschweizerischen Presse, die sich von der deutschen Vormundschaft zu lösen begann. Doch das schien dem Romand nicht zu genügen.

Wie weit war der einzelne Bürger auf die Neutralität verpflichtet, die der Staat sich selber verordnet hatte, und wie stand es mit der Pressefreiheit? Gesinnungsneutralität wurde abgelehnt, doch seit dem Juli 1915 gab es eine Strafbestimmung gegen die Beschimpfung fremder Völker, Staatsoberhäupter oder Regierungen. Da blieb ein weiter Raum für Interpretationen. Es stellte sich bald heraus, dass die offiziellen Deklamationen nicht in jedem Fall mit der Realität übereinstimmten. Das Thema stand in allen Landesteilen zur Debatte, wurde aber in der Romandie als besonders dringlich empfunden. Hier hatte man das Gefühl, man sei in Bern gegenüber mündlichen und schriftlichen Manifestationen tolerant, sofern sie zugunsten des Deutschen Reiches lauteten. Frankreich freundlich gesinnte Äusserungen hingegen würden häufig unterdrückt. Es versteht sich von selbst, dass in der Deutschschweiz eine Gegenrechnung angestellt wurde. Jede Seite war in der Lage, ihre These mit Beispielen zu belegen.

Die Vollmachten des Bundesrats erlaubten jeglichen Eingriff in die Pressefreiheit, doch blieb es meist bei Rügen und Ermahnungen. Bei den grossen Zeitungen, die sich auf eine wichtige politische Klientel stützten, agierte man vorsichtig. Verboten wurden gelegentlich kleine Blätter. Das geschah zum Beispiel im Frühjahr 1916 mit dem «Petit Jurassien» von Moutier, der Zeitung des rebellischen Journalisten Léon Froidevaux, der von einem Militärgericht wegen Landesverrats ins Gefängnis gesteckt wurde. Im Sommer 1915 gab es den Fall André Mercier, eines

Professors für Völkerrecht an der Universität Lausanne.[153] Mercier hatte in einem Artikel in der «Gazette de Lausanne» die These vertreten, die Schweiz hätte am Tage des deutschen Überfalls auf Belgien und Luxemburg aus internationaler Solidarität auf der Seite der Entente in den Krieg eintreten müssen. Die «Gazette de Lausanne» wurde von der Bundeskanzlei verwarnt, und offenbar verlangte der General, dass die Zeitung verboten werde. Es war nicht das einzige Mal, dass Ulrich Wille auf diesem Weg seinem Erzfeind Secretan das Handwerk legen wollte.

Die Proklamationen aus dem Bundeshaus zur Meinungsfreiheit lauteten widersprüchlich. Man versicherte, vom Bürger werde keine Gesinnungsneutralität verlangt. Vorbehalten blieb in jedem Fall das höhere Interesse der Eidgenossenschaft. Bundesrat Hoffmann erklärte am 15. Juni 1915 im Nationalrat, der Staat könne nicht dulden, dass seine Neutralitätspolitik durch persönliche Sympathien gefährdet werde. Jeder derartige Versuch müsse energisch unterdrückt werden.[154]

Um Konsens bemühte Persönlichkeiten aus der Romandie begegneten in beiden Landesteilen stereotyper Skepsis. Nun gab es in der Westschweiz keinen Schriftsteller, der sich wie Carl Spitteler als Deus ex machina erhob und seinen Landsleuten den Spiegel vorhielt. Doch die geduldige Arbeit von Seippel und Bovet um gegenseitiges Verständnis ist nicht geringer einzuschätzen, wenn sie auch den beiden Professoren keine Lorbeeren einbrachte. Paul Seippel glaubte, bei den Deutschschweizern einen ausgesprochenen Hang zum Realismus zu erkennen, der sie veranlasst habe, allmählich Abstand zur reichsdeutschen Versuchung zu gewinnen. Von diesem heilsamen Prozess ausgenommen seien militärische Kreise, eine kleine Minderheit, die aber sehr einflussreich sei. Im übrigen zeichnete Seippel von seiner Zürcher Umgebung ein differenziertes Bild:

«Es ist sehr schwierig, den wirklichen Stand der öffentlichen Meinung in der deutschen Schweiz genau zu ergründen, so dass ich die Sicherheit der ausländischen Korrespondenten, die drei bis vier einflussreiche Persönlichkeiten interviewen und damit die Frage gelöst zu haben glauben, wirklich beneide. Es finden fortgesetzte Schwankungen statt. In der Zürcher Gesellschaft, in der ich lebe, sind alle Meinungen vertreten, der deutschfreundliche Standpunkt nicht nur, wie sich von selbst versteht, sondern man begegnet dort auch Anglomanen und authentischen Zürchern, die ultrafranzosenfreundlich gesinnt sind. Diese Verschiedenheit der Anschauungen erzeugt eine Atmosphäre grosser geistiger Freiheit. Mir will scheinen, Zürich kann, was die genaue Kenntnis der Ereignisse betrifft, als eines der bestunterrichteten Zentren Europas gelten. In dem Organ, das den Ton angibt, in der ‹Neuen Zürcher Zeitung›, sind alle Meinungen vertreten.»[155] Das waren die Erkenntnisse, die Paul Seippel in seinen Vorträgen im Herbst 1916 dem Publikum in der Romandie vermittelte.

Die Suche nach einer nationalen Identität

«Die für viele ganz überraschende und für alle schwer betrübende Entdeckung jener ersten, erschütternden Zeiten der Weltkatastrophe war, dass es an einer schweizerischen Seele fehlte. Denn sonst wäre es unmöglich gewesen, dass wir zu so bedeutungsvollen Ereignissen, wie diese Weltkrisis sie brachte, Ereignisse, die auch unser Volk vor seine Lebensfrage stellten, entweder gar nicht oder nur auf entgegengesetzte Weise Stellung genommen hätten.»[156] Dieses harte Fazit zog der Theologe Leonhard Ragaz am Ende des Krieges.

Die Kommentare der Deutschschweizer Presse wirkten zu Beginn selbstgefällig und schulmeisterlich. Die «Neue Zürcher Zeitung» verhielt sich zurückhaltend und verzichtete auf einseitige redaktionelle Positionen. Ihre Klientel gehörte den verschiedensten Lagern an, und vorzeitige Festlegungen entsprachen nicht dem Stil der Zeitung. Bei einigen Blättern herrschte die Tendenz, die Schuld am Krieg beim Opfer zu suchen. Belgien sei nicht wirklich neutral gewesen und habe die Armee nicht genügend aufgerüstet. Das deutschfreundliche «Berner Tagblatt» kam zur Erkenntnis, auch Luxemburg habe «seine militärische Sicherung vernachlässigt».[157] Als die Deutschen in Brüssel auf Dokumente stiessen, die von Besprechungen zwischen den Generalstäben Englands und Belgiens handelten, war für manche Journalisten die Sachlage klar: Das Land hatte gegen die Neutralität verstossen. Dass in der selben Zeit der schweizerische Generalstab mit den österreichischen und deutschen Kontrahenten über mögliche Allianzen im Kriegsfall debattierte, war freilich noch nicht bekannt.

Der Zürcher «Tagesanzeiger» verurteilte England, das sich auf die Seite der Friedensbrecher geschlagen habe.[158] Die Hauptschuld sah man allgemein bei Russland, das die Unheil bringenden Bündnisfälle ausgelöst hatte. Für den Katholiken Georg Baumberger, den Redaktor der «Neuen Zürcher Nachrichten», hätte eine Niederlage der Zentralmächte für die Schweiz ein nationales Unglück bedeutet.[159] Das sozialdemokratische «Volksrecht» ging erst auf einen antideutschen Kurs, als Ernst Nobs in die Redaktion eintrat. Die von Robert Grimm redigierte «Berner Tagwacht» hingegen wandte sich von Beginn an scharf gegen Deutschland.

Etliche Politiker, Wissenschafter und Literaten wagten sich in der Kriegspsychose der ersten Tage weiter vor, als ihnen später lieb war. Zum peinlichen Fall wurde ein «Sturmlied», das der populäre Schriftsteller Ernst Zahn, Bahnhofwirt von Göschenen, einer deutschen Zeitschrift sandte. Darin war von Krieg, Siegesbereitschaft und Sterben die Rede. In seinem Begleitbrief an den deutschen Verlag schrieb Zahn: «Mein Herz schlägt hoch für Deutschland. Ich weiss, dass es in gerechter Sache siegen wird.»[160] Der unkluge Jubel hätte vermutlich kein Aufsehen erregt, wäre Zahn nicht Präsident des Schweizerischen Schriftstellervereins gewesen. Die Reaktion in der Romandie folgte sogleich: C. F. Ramuz, René Morax, Alexis François und andere Autoren traten aus dem Schriftstellerverein aus.

Paul Seippel unternahm es, den Lapsus des Innerschweizers mit Rücksicht auf seine übrigen Verdienste als unbedeutend hinzustellen, wurde aber vom Historiker Wilhelm Oechsli zurechtgewiesen. Zahn habe dem deutschen Publikum den Dank dafür abgestattet, dass es seine Bücher kaufe. Im übrigen sei er als Sohn eines Bayern so wenig ein Schweizer wie Jakob Schaffner in Berlin. Ernst Zahn trat vom Präsidium des Schriftstellervereins zurück.

Die kriegerischen Parolen deutscher Professoren trugen in ihrer Überheblichkeit dazu bei, dass man auch in der deutschen Schweiz hellhörig wurde. Ein Geschichtslehrer Kurt Breysig aus Berlin schickte im August 1914 an deutschschweizerische Hochschuldozenten einen «Aufruf an die deutschen Schweizer», in dem er die eidgenössischen Stammesgenossen zur «Heeresfolge» aufforderte.[161] Die schönste Demokratie sei die preussische allgemeine Wehrpflicht: «Lasst euer inneres Ohr nicht taub sein gegen die Stimme des Blutes.» Doch der Rassenkrieg weckte auch bei germanophilen Schweizern nicht die gewünschte Begeisterung.

Es begann ein Reigen der Resolutionen und Proteste. Auf ein Schreiben von Genfer Intellektuellen und Künstlern, die sich über die Zerstörung von Löwen empörten, folgte das unsägliche «Manifest der deutschen Kulturträger». 93 Vertreter aus Wissenschaft und Kunst leisteten ihren geistigen Beitrag zum Krieg: Die Verletzung der belgischen Neutralität war ein Akt der Selbstverteidigung, die Zerstörung von Löwen unwichtig. Deutsche Soldaten begehen keine Greueltaten, und der Militarismus wurde geschaffen, um die deutsche Kultur zu retten. Deutsche Gelehrte, vor allem Historiker und Theologen, hatten ihr Wissensgebiet schon längst zur «deutschen Wissenschaft» erhoben. So war wissenschaftliche Betätigung an ein deutsches Bekenntnis gebunden, in kriegerischen Zeiten eine nützliche Allianz.

Es verstrich einige Zeit, bis an Ostern 1915 das sogenannte schweizerische «Professorenmanifest» erschien, das von der nationalen Bestimmung der eidgenössischen Hochschulen handelte.[162] Ursprünglich war an einen Protest gegen im Krieg verübte Barbarei gedacht, doch man hatte den richtigen Zeitpunkt verpasst. Der Text entstand nach endlosen Debatten und vermied jede Anspielung auf Schuld oder Unschuld der kriegführenden Nationen. Das Dokument wurde in Kreisen der Entente positiver aufgenommen als von deutschen Professoren, die hinter der nationalen Abgrenzung deutschfeindliche Gedankengänge vermuteten.

In der Deutschschweiz begegnete man dem Groll der Romands zu Beginn verständnislos, denn die germanophil eingestellten Zeitgenossen waren sich keiner Schuld bewusst. Die lautstarken Emotionen in den westlichen Landesteilen luden nicht zum Dialog ein. Für den allmählichen Stimmungswandel gab es vermutlich andere Gründe: Der versprochene frisch-fröhliche Feldzug des deutschen Heeres war in Frankreich in den Schützengräben stecken geblieben. Wo der Erfolg fehlte, schwand auch die Begeisterung. Die Beschwernisse des Krieges, die schliesslich auch die Schweiz erreichten, konnten durch das propagandistische Getrommel aus dem deutschen Hinterland nicht aus der Welt geschafft werden.

Am 14. Dezember 1914 hielt Carl Spitteler in der «Neuen Helvetischen Gesellschaft» in Zürich seine bekannte Rede unter dem Titel: «Unser Schweizer Standpunkt».[163] Der Auftritt des Dichters ist von Legenden umgeben, die mit der Realität nicht viel zu tun haben. Spitteler trat nicht unerwartet aus einer Dichterklause heraus an die Öffentlichkeit, und er war nicht der erste, der über die gefährdete nationale Einheit sprach. Monate zuvor hatte er das Problem mit Paul Seippel besprochen, aber keine günstige Gelegenheit gefunden, um das Wort zu ergreifen. Sein Appell war an die Deutschschweizer gerichtet, die er an ihre Pflichten erinnerte. Er machte die Bedeutung der Landesgrenzen für den geistigen Haushalt der Nation verständlich und meinte, der Bruder im eigenen Land stehe näher als der beste Nachbar jenseits der Schranken. Der «Schweizer Standpunkt» war in der Deutung von Spitteler auch ein republikanischer, der jede Anbiederung an das deutsche Machtgehabe verbot. Zu diesem nationalen Standpunkt gehörte auch Zurückhaltung und Mitgefühl angesichts eines traurigen Geschehens ausserhalb der Grenzen.

Die Rede des Dichters traf die schweizerischen Anhänger des Deutschtums empfindlich. In Deutschland brach Entrüstung aus, und Spitteler verlor seine Leserschaft im Reich. Er hatte damit gerechnet und den Verlust in Kauf genommen. In der Romandie reagierte man mit Beifall, wie es noch kein Deutschschweizer Autor erlebt hatte. Die Worte Spittelers machten aber den Graben zwischen den Landesteilen für jedermann sichtbar, denn nun verlagerte sich die Debatte vom beschränkten Kreis der Politiker und Journalisten in eine breite Öffentlichkeit. Kritiker waren rasch zur Stelle. Dass ein Poet sich in die Politik einmischte, erschien als unerhörter Vorgang, denn im Unterschied zu Gottfried Keller hatte Spitteler zu dieser Materie zuvor nie ein Wort verloren.

Mit dümmlicher Arroganz trat der Basler Geschichtsprofessor Hermann Bächtold auf, der sich in seiner Domäne durch einen Aussenseiter bedroht sah: «Spittelers Rede wird gefeiert als eine ‹Befreiungstat›, als ‹ein Vaterlandsverdienst ersten Ranges›, als ein ‹Erlebnis›, als das ‹erlösende Wort, das uns den Druck von der Seele nahm und uns wie erlöst von einem dumpfen, bösen Zauber tief und selbstsicher aufatmen liess›. (...) Ist denn nun ihm, dem ‹in seine Traumwelt eingesponnenen›, urplötzlich die tiefste Offenbarung über historische und politische Dinge geworden? Spitteler hat kürzlich in Genf in einer Rede erklärt, dass er sich in seinem Leben 1 Stunde und 10 Minuten (natürlich im grossen ganzen zu verstehen) mit Politik beschäftigt habe. Da muss doch dringend die Frage aufgeworfen werden, wohin es mit den Grundsätzen politisch-moralischer Verantwortlichkeit bei uns gekommen ist, wenn sich Männer zu nationalen Propheten aufwerfen – wissend, dass sie Kraft ihres (auf anderm Gebiet erwachsenen) Rufes bei den Urteilslosen weithin Gehör und Gefolgschaft finden –, die sich in ihrem Leben nicht um Dinge gekümmert haben, mit denen sie vor das Forum der Nation zu treten sich erkühnen. (...) Spitteler ist aber hierin nur ein besonders hervorstechendes Beispiel für die allgemeinere Erscheinung, dass in dieser Zeit sich so viele unreife, unsachverständige Stimmen des Denkens und Empfindens unseres Volkes bemächtigen.»[164]

Der Basler Professor vermutete hinter den Worten Spittelers zu Recht einen Aufruf nicht bloss zur politischen, sondern auch zur kulturellen Einheit, wie es die Bewegung des Helvetismus anstrebte. Diese Forderung stand im Gegensatz zu seinen germanophilen Vorstellungen, die mit jenen Eduard Blochers übereinstimmten. Eine irgendwie geartete Annäherung zwischen den drei grossen Kulturen widersprach den alles dominierenden Ansprüchen des Deutschtums. In der Philippika des Professors kam ein weiteres Phänomen zum Vorschein: Bächtolds lebenslänglicher Kampf gegen die Aufklärung. Wenn es galt, die deutsche Kultur unangefochten zu bewahren, gab es – nach den Worten Hermann Bächtolds – nur einen politischen Weg: «Wir haben die politisch-staatliche Seite unseres nationalen Daseins zu betonen, weil wir die sprachliche und kulturelle nicht betonen können.»

Nachdem eine deutschsprachige Mehrheit das nationale Leben der Schweiz dirigierte, brauchte man sich um die Kultur der Germanen keine Sorgen zu machen. Es gab nota bene eine Form staatlicher Gemeinschaft, die der Basler Professor gelegentlich ebenfalls in die Nähe des «unhistorischen Rationalismus» brachte: Die Demokratie, die im Zeitalter des Imperialismus nur von begrenztem Wert war.

Kritik an Carl Spitteler war auch an Orten zu vernehmen, wo man sie nicht vermutet hätte, so zum Beispiel in der Feuilletonredaktion der «Neuen Zürcher Zeitung». Doch hier ging es nicht um Ideologien, sondern um ein pragmatisches Urteil im journalistischen Alltag. Romain Rolland traf im August 1915 den Chef des Feuilletons, Eduard Korrodi: «29. August – Dr. Korrodi, Chefredaktor der ‹Neuen Zürcher Zeitung›, sucht mich in Thun auf. – Wir sprechen über Spitteler, und Korrodi drückt ein Gefühl aus, das ich nicht zum erstenmal bei den Deutschschweizern bemerke: Spitteler ist ihnen lästig! Sie fühlen, dass er eine Ehre für sie ist, aber seine Denkweise ist ihnen fremd. Korrodi sagt: ‹Oh! Spitteler hat uns in Deutschland sehr geschadet mit seiner Rede. Es sind nicht so sehr seine Ideen als die Art, wie er gesprochen hat; das war bitter!›»[165]

Dass eine schweizerische Verständigung Not tat, war in der deutschen Schweiz – abgesehen vom Kreis der bedingungslosen Deutschtümler – kaum umstritten. Ernest Bovet versammelte um seine Zeitschrift «Wissen und Leben» Wissenschafter und Literaten, die eine Elite bildeten. Zu ihnen zählten Persönlichkeiten wie Leonhard Ragaz, die Juristen August Egger und Fritz Fleiner und der Genfer William Rappard. Für sie und andere Autoren war der innere Zustand der Nation ein unerschöpfliches Thema. Der Schriftsteller Konrad Falke hoffte, die Versöhnung der Kulturen in der Schweiz auf dem Weg über die Sprachen zu erreichen. In einer akademisch anmutenden Konstruktion wollte er ein dreisprachiges Gymnasium schaffen, das zu einer nationalen Gemeinschaft führen würde. Zwischen den Sprachregionen sah er einen ständigen Schüleraustausch vor. Er war bereit, die auf Latein ausgerichtete klassische Bildung zu opfern. Doch die Ideen Falkes lagen fernab von jeder Wirklichkeit.

Das intellektuelle Bemühen war sinnvoll, aber nicht geeignet, Meinungen und Stimmung der Bevölkerung zu lenken. In der Deutschschweiz wirkten die deutschen Bindungen auf verschiedenen Ebenen, doch allmählich kehrte man zum Alltag zurück. Das war nicht in jedem Fall ein Gewinn, aber Gewöhnung ins Unvermeidliche. Realpolitik war für den Staat wie für den Bürger geboten. Die Spannungen zwischen den Landesteilen bestanden weiter, aber man verzichtete darauf, die Konflikte auszutragen.

Im «Schweizerspiegel» von Meinrad Inglin ist die Stimmungslage im Lande meisterhaft geschildert und gedeutet. Der Schriftsteller schrieb das Werk in den dreissiger Jahren als guter Republikaner. Er hatte seit dem Ersten Weltkrieg seine Weltanschauung geändert. Hätte er, wie ursprünglich gedacht, den Roman im Jahre 1917 verfasst, so wäre er in Form und Inhalt anders geworden. Der Infanterie-Leutnant Inglin war von seiner Erziehung her wie viele andere deutsch geprägt, eine Erfahrung, die sein Weltbild bis ins Jahr 1916 bestimmte. Das Schweizerische war unwichtig. Inglin berichtet darüber in nachgelassenen Schriften in Stichworten: «Unser Lehrbuch der Geschichte. Nachdem es in der Geschichte des Mittelalters die Geschichte Deutschlands eingehend behandelt hatte, wurde nebenbei noch ‹einiges aus der Geschichte ausserdeutscher Staaten› gestreift. Auch die Geographie ist deutsch orientiert (Atlas). Deutsche Sprache, Literatur, deutsche Lehrbücher. Korrektiv: Kirchengeschichte. Kein Wunder, dass man 1914 deutsch fühlte!»[166] Meinrad Inglin erlebte seine Gymnasiastenzeit am Kollegium in Schwyz.

«Stimmen im Sturm» – oder die Treue der Germanen

Gegenüber dem Proteststurm aus der Westschweiz konnte eine heftige Reaktion der schweizerischen Deutschtümler nicht ausbleiben. Die leitenden Figuren waren bekannt, denn sie hatten bisher im Deutschschweizerischen Sprachverein gewirkt: Pfarrer Eduard Blocher in Zürich, sein Bruder Hermann Blocher, bei Kriegsbeginn noch Sozialdemokrat und Regierungsrat in Basel, August Schmid, Lehrer in Flawil und der Basler Pfarrer Hans Baur. Im Hintergrund agitierte immer noch Emil F. Garraux, der zu extremen Eskapaden neigte. Der Basler Historiker Hermann Bächtold gab der Bewegung mit professoralem Pathos die akademischen Weihen. Zu diesem Kreis gehörten ferner der Jurist Fritz Fick und der stets zu Polemik aufgelegte Aussenseiter Georg Baumberger, Redaktor der katholischen «Neuen Zürcher Nachrichten».

Ideologen im Deutschen Reich pflegten zu betonen, dass man einen «Rassenkrieg» führe, ein Begriff, der für einen politischen Feldzug in der Schweiz nicht taugte. Eduard Blochers Bestreben war es stets, über die Sprachenbewegung zum deutschen Volkstum zu finden. Der Zürcher Pfarrer war darauf bedacht, sich nicht auf klare Definitionen festzulegen, die im konkreten Fall die Bewegungsfreiheit einengten. Man sprach in seinen Kreisen von «Volksnation», einem nebulösen Ordnungsprinzip, das kulturell, aber auch politisch gemeint sein konnte.[167] Blocher setzte auf die Expansion der deutschen Sprache, aber es durfte auch von Rasse gesprochen werden. Ein aufmerksamer Beobachter, der St. Galler Wilhelm Ehrenzeller, meinte denn auch: «Im Gewande der Sprachenbewegung ist der Rassegedanke in die Schweiz eingedrungen und hat bereits ziemlich tiefe Sprengwirkungen ausgeführt.»[168] Auch die Sprachenbewegung gehe vom «Grundsatz des auserwählten Volkes» aus.

Eduard Blocher erkannte, dass der Deutschschweizerische Sprachverein nicht mehr das geeignete Forum war, um einen politischen Kampf für das Deutschtum und gegen die sogenannte «Französisierung der Schweiz» zu führen. Es gab zahlreiche Mitglieder in diesem Verein, die nichts anderes als die Förderung der deutschen Sprache verlangten und alldeutsche Allüren verabscheuten.

Blocher ging es darum, einen publizistischen Feldzug gegen die Westschweiz in Gang zu bringen und dem Publikum die «richtige neutrale Haltung der deutschen Schweizer» zu vermitteln. Der Pfarrer und seine schreibenden Begleiter erfanden eine Schriftenreihe unter dem Titel «Stimmen im Sturm», die mit grobem Geschütz für das Deutschtum focht. Die grossen Zeitungen waren nicht mehr bereit, gegen die Romandie eine Polemik um jeden Preis fortzusetzen. Auch Ernest Bovets liberale Zeitschrift «Wissen und Leben» blieb Blocher verschlossen. Also galt es, eine eigene publizistische Basis zu schaffen. «Der Verhetzung der deutschen Schweiz muss endlich entgegengewirkt werden. Wie, das sollen wir eben beraten», schrieb Blocher am 8. Februar 1915 dem Geschichtsstudenten Hektor Ammann, der ihm in den ideologischen und organisatorischen Bemühungen tatkräftig an die Hand ging.[169] Am 18. März 1915 beschloss ein Gremium deutschfreundlicher Persönlichkeiten die Gründung einer Genossenschaft «Stimmen im Sturm». Die Schriftleitung blieb Eduard Blocher vorbehalten. Fritz Fick besorgte die rechtlichen Formalitäten. Auf der Suche nach einem Verlag ergaben sich Schwierigkeiten. Sauerländer, Huber und Francke sagten ab, und auch Rascher kam nicht in Frage. Schliesslich einigte man sich mit dem Verlag Bopp in Zürich. Für die einzelnen Broschüren waren Auflagen von 2500 Exemplaren vorgesehen. Was die Leserschaft betraf, dachte man an Lehrer und Pfarrer, also an eine Klientel wie beim Deutschschweizerischen Sprachverein.

Unter den Genossenschaftern erscheinen bekannte Namen: Der Schriftsteller Ernst Zahn, der Historiker Hermann Bächtold und der Basler Theologe Paul Wernle. Man findet ferner Ulrich Wille junior und Anton Sprecher von Bernegg, einen Sohn des Generalstabschefs. Der General zwang seinen Sohn, aus der Genossenschaft wieder auszutreten, denn die Sache war für den Vater trotz aller Sympathie zum Programm allzu anrüchig.

Der Armeeführer zeigte bei anderer Gelegenheit seine Zustimmung. Als Eduard Blocher seine Broschüre über die belgische Neutralität als Nr. 1 der «Stimmen im Sturm» veröffentlichte, dankte ihm General Wille in einem Brief vom 18. Dezember 1915 für die «lehrreiche Schrift» und fügte bei: «Hoffen wir, dass sie einigermassen Nutzen stiftet.»[171] Neben Blocher traten auch Fritz Fick, August Schmid und Hans Baur als Autoren auf. Zwischen 1915 und 1916 erschienen acht Hefte, einige bereits angekündigte Titel blieben auf der Strecke.

In seiner Schrift «Die Schweiz als Vermittlerin und Versöhnerin zwischen Frankreich und Deutschland» bot sich Eduard Blocher selber als Mediator an. Konkrete Vorschläge hatte er kaum zu präsentieren, es sei denn, die Versöhnung erfolge nach deutschen Spielregeln. Die Schweiz habe in dieser Hinsicht nichts geleistet –, eine Meinung, der wohl niemand widersprechen konnte. Von Frankreich und Deutschland war in Blochers Traktat wenig die Rede, viel hingegen von den Fehlern und Versäumnissen der Romands. Gegen sie richtete sich die Kritik. Auch Eigenlob durfte nicht fehlen: «So traf uns der Krieg. Überraschend einmütig stellten sich die deutschen Schweizer mit ihren Neigungen auf die Seite ihrer Sprachgenossen im Reich; Nur wenige Eigenbrötler, die mit dem Volksempfinden die Fühlung verloren hatten, und einige Geschäftsleute, deren Haltung durch besondere Gründe beeinflusst sein mag, machten eine Ausnahme. Die Vorgänge in Belgien stellten unsere deutschen Neigungen auf eine harte Probe, aber – wieder ganz überraschend – auch diese Probe bestanden wir. (...) Soll es aber später noch möglich werden, dass die Schweiz die Versöhnerin und Vermittlerin wird, dann muss zuerst die öffentliche Meinung in der französischen Schweiz vollständig umlernen, so vollständig, wie es von ihren gegenwärtigen Führern nicht mehr erwartet werden kann.»[173]

Nicht publiziert, aber dem Gedankengut der «Stimmen im Sturm» verpflichtet, sind die Lamentationen von Emil F. Garraux, die der Kämpfer aus dem Deutschschweizerischen Sprachverein an Eduard Blocher richtete. Er schrieb die Briefe im Frühjahr 1916, in einer Periode, in der die Spannungen zwischen den Landesteilen wegen des Obersten-Prozesses und andern Affären in der Armee einem neuen Höhepunkt entgegentrieben. Die «Welschen» seien – so die These des Deutschtümlers – im besten Fall historische Gäste auf dem Territorium der Schweiz: «Werden die Gäste unverschämt, so muss man sie eben zur Vernunft bringen.»[174] Das Problem bestehe darin, dass man die Romands nicht einfach hinauswerfen könne. Doch Garraux ging in seinen germanischen Phantasien einen Schritt weiter: «Wenn wir doch nur frei von den Welschen würden und meinetwegen reichsdeutsch!»[175] Ob Blocher widersprochen hat, lässt sich nicht mehr feststellen.

Der Basler Theologieprofessor Paul Wernle, Mitglied der Genossenschaft, versuchte, sein Deutschtum in humanen Grenzen zu leben. In einer Schrift aus dem Jahre 1915, die nicht in den «Stimmen im Sturm» erschien, bekannte er: «Man kann nicht dem deutschen Geistesleben so stark verpflichtet sein und sich gleichgültig zurückziehen von der Geschichte des deutschen Volkes in der Stunde seiner grössten Not.»[176] Er billigte aber auch den Westschweizern zu, dass sie ähnlich empfanden: «In der Stunde von Frankreichs Not, da gehören wir zu ihm, da ist seine Not unsere Not.»

Der Theologe zeigte Vorbehalte in seinem Bekenntnis zu Deutschland und zu Blochers publizistischem Unternehmen. In einem Brief vom 13. September 1915 an den Zürcher Pfarrer rügte er, dass die Deutschen an der Ostfront mit Greuelpropaganda arbeiteten. Sie sollten mit Waffen fechten und nicht mit der Aufzählung von Greueln. Zu den «Stimmen im Sturm» äusserte er Bedenken: «Ich habe Ihre beiden Broschüren mit Zustimmung gelesen, aber den Eindruck werde ich nicht los, dass sie die Gegenpartei nur wütender machen, und ich frage mich manchmal ernstlich, ob wir bei der ganzen Sache so viel gewinnen. Die Neuhelvetische hat ja alles gethan, um das Misstrauen zum voraus zu erregen.» Auch von der deutschen Seite müsse man viele Dummheiten abwehren. Die üble Debatte über die deutschen Kriegsziele hatte Wernle offensichtlich verärgert: «Wenn die Eroberungspolitiker in Deutschland mit ihrem Treiben und Hetzen Erfolg hätten, dann wäre es für uns in der Schweiz am allerschwersten, die Deutschfreundlichkeit festzuhalten und kraftvoll zu vertreten gegen andere. Gott verhüte es!»[177]

Den in der Schweiz oft gehörten Vorwurf, die Reichsdeutschen seien in ihrem Auftreten überheblich, parierte man in den Kreisen der «Stimmen im Sturm» mit der Behauptung, das sei ein notwendiges Merkmal einer aufstrebenden und erfolgreichen Nation. August Schmid lobte in seiner Schrift «Über die angebliche Germanisierung der Schweiz» im Gegenteil die deutsche Anpassungsfähigkeit: «Es ist ein besonders hervorragender Zug der Deutschen, in das geistige und in das Gefühlsleben fremder Nationen einzudringen.»[178]

Es gab einen politischen Bereich, in dem die Verkünder des Deutschtums weit vom schweizerischen Staatsverständnis abrückten. Gemeint ist die Demokratie. Im Lager der Entente mokierte man sich über den deutschen Untertanengeist und den Mangel an demokratischem Bewusstsein im Reich Wilhelms II., eine Einschätzung, die in der Eidgenossenschaft weitgehend geteilt wurde. Hier lag die entscheidende Trennlinie zwischen Deutschen und Schweizern. Genau an diesem Punkt manövrierten die Deutschtümler der «Stimmen im Sturm» in peinlicher Weise um die Fakten herum und bewiesen damit, dass ihnen die Bindung an die republikanische Schweiz abhanden gekommen war. August Schmid sprach davon, es sei Aufgabe der Schweiz, die «germanische» Demokratie zu schützen, so wie sie von den Vorfahren geschaffen worden sei.[179] Da war nicht der Bundesstaat von 1848 gemeint.

Was Schmid von der republikanischen Form der Demokratie hielt, offenbarte er in seinem Pamphlet «Die Demokratie als Selbsttäuschung»: «Auf einen kritischen Beobachter muss das Gerede über politische Freiheit, über Freiheit des Bürgers im Staate, über die politische Selbstbestimmung der Völker belustigend wirken, soweit es nicht geradezu widerlich ist.»[180] Zur Selbsttäuschung gehörte auch – so der Schulmeister aus Flawil – die in Demokratien übliche Gewaltentrennung, die dem «plumpen Rationalismus» einiger Literaten des 18. Jahrhunderts zu verdanken war. Schmid forderte eine transparente Demokratie nach germanischer Art. Alles andere war Betrug: «In den undemokratischen Staaten wird die Beherrschung des Volkes offen getrieben und ehrlich zugegeben; in den demokratischen wird alles in betrügerischer Weise unter dem Tüchlein gemacht. Es ist also im Grunde der Gegensatz von Ehrlichkeit und Unehrlichkeit.»[181]

Der Jurist Fritz Fick, Sohn eines deutschen Professors und am Tage des Tonhalle-Krawalls geboren, fühlte sich berufen, ein deutsches Publikum über Demokratie zu belehren. In einer am Kriegsende erschienenen Schrift über «Deutsche Demokratie» dozierte er: «Nur der Deutsche ist wahrer Demokratie fähig. Wahre Demokratie kann nur auf dem deutschen Volksboden gedeihen.»[182] Also galt es, den deutschen Menschen zu definieren, sofern er in der Gegenwart noch vorhanden war. Fick hatte schon bei anderer Gelegenheit angemerkt, dass der Germane in der Schweiz in reinerer Form erhalten sei als in Deutschland. Er war auch im Reich zu finden, doch musste er in den Grundzügen noch jene Gesinnung aufweisen, die einst Tacitus entdeckt hatte: «... die Tugenden der Väter muss er besitzen, oder doch ihnen nach bestem Vermögen nachstreben. Sein Denken und Empfinden darf der Sinnesart der Voreltern im deutschen Urwald nicht ganz und gar entgegenstehen. Sonst ist er nicht deutsch. Er muss jenen Widerspruch in sich haben, der Tacitus so sehr auffiel: die Ruhe zugleich zu lieben und zu hassen. Zwei Seelen wohnen in der Brust eines jeden Deutschen.» Darauf liess sich, so meinte der Vorkämpfer des Deutschtums, wahre Demokratie aufbauen: «Nicht Zügellosigkeit, sondern Selbstbeherrschung ist wahre Demokratie. (...) Die hohe demokratische Gesinnung, sie steckt im preussischen Junker so gut wie im westfälischen Bauern, im baltischen Baron so gut wie im innerschweizerischen Älpler.» So wurde die deutsche Demokratie zum mythologisierten Begriff, der in seiner Unschärfe kaum anzugreifen war. Schlechter war es nach Fick um die Demokratie in der Schweiz bestellt: «Bei uns in der Schweiz wurde seit dem Erwachen der neudemokratischen Bewegung ein solcher Unfug mit dem parteipolitischen Schlagworte Demokratie getrieben, dass der wahre Sinn des Wortes völlig unterging. (...) Jetzt – während des Krieges – hat aber die schon einmal erwähnte westmächtliche Presse Wort und Begriff durch Missbrauch so totgeritten, dass die Demokratie anfängt bei den denkenden Menschen in Verruf zu kommen.»[183]

Eduard Blocher wahrte gegenüber den ideologischen Spitzfindigkeiten seiner politischen Begleiter eine gewisse Distanz. Institutionen waren seiner Meinung nach unwichtig, denn er setzte auf den «gesunden Sinn des Volkes».[184] Dabei unterschied er zwischen Demokratie und einem Liberalismus, der in seinen Augen für das in der Schweiz herrschende System verantwortlich war. Damit fand er sich in Übereinstimmung mit General Wille, der im Jahre 1916 in einem Brief an Fritz Fick vom «naiven Denken des trivialen Liberalismus» sprach.[185]

Der Diskurs der Deutschtümler landete immer wieder beim Thema Neutralität, die nur in ihrem Sinne gedeutet werden durfte. Es galt als Dogma, dass nur ein Deutschschweizer neutral sein könne, da er sein politisches Temperament zügle, während dem Romand regelmässig der Gaul durchbrenne. So fand Fritz Fick in seiner Broschüre «Neutralität in Hemdsärmeln» einen Anlass, mit Spitteler abzurechnen.[186] Nicht einmal der Bundesrat habe die Westschweizer Presse dazu bewegen können, in «rein schweizerischem Sinne» zu schreiben. «Spitteler ist sogar nicht davor zurückgeschreckt, das uns stammesverwandte deutsche Volk gröblichst zu beschimpfen und damit eine Grosszahl seiner deutschschweizerischen Mitbürger in ihren heiligsten Gefühlen zu verletzen, nur um das Programm bei den welschen Miteidgenossen beliebt zu machen.»

In holpriger Dialektik spielte Fick mit den Begriffen «äussere» und «innere» Neutralität und kam zur Erkenntnis, dass sich die Notwendigkeit des Staates und die Stimme des Herzens gegenüberstünden. Neutralität eine Tugend oder ein Laster? In mühsamer Beweisführung verwarf der Jurist die innere Neutralität, doch er räumte Ausnahmen ein. Gegen Deutschland «wäre innere Neutralität bei dem Kampfe des stammesverwandten Reiches gegen die drei neben ihm grössten europäischen Grossmächte und gegen die grösste ostasiatische Macht – von den Kleinstaaten in der Gefolgschaft der Grossmächte gar nicht zu reden – nicht nur keine Tugend, sondern ein Laster.»[187]

Die selbe Geisteshaltung sei jedoch bei den Schweizern in der Romandie verwerflich. Hier war man rasch mit dem Wort «Hochverrat» zur Hand. Fritz Fick konnte es nicht lassen, auf das Abwegige der Westschweizer Neigungen hinzuweisen: «Man sollte meinen, dass den Welschschweizern die angeborene Sympathie für ihre Stammesgenossen westlich der Grenze schwer gemacht werde durch die Tatsache, dass Frankreich an der Seite des Zarismus – des Antipoden schweizerischer Denkungsart – kämpft, dass es und England farbige Völker, die wir sonst nur bei Hagenbeck zu sehen gewohnt sind, herbeirufen – doch wohl kaum zur Förderung europäischer Kultur.» Die aus dem Deutschen Reich übernommene Formel, welche die Kolonialtruppen der Entente mit dem Zirkus Hagenbeck gleichsetzte, gehörte auch in der Schweiz zum Repertoire eines rassebewussten Journalismus.

Die Genossenschaft der «Stimmen im Sturm» liess sich auf Kontroversen mit der «Neuen Helvetischen Gesellschaft» ein. Widerstand gegen ein aufdringlich zelebriertes Deutschtum regte sich auch in der deutschen Schweiz. Ein Emil Steiner übte in einer Broschüre unter dem Titel «Wesen und Ursprung der ‹Stimmen im Sturm›» scharfe Kritik.[188] Er richtete eine Reihe von Vorwürfen an Blocher und seine Gefährten. Die Schriftenreihe zeige Merkmale, die man angesichts der inneren Krise des Landes als gefährlich bezeichnen müsse:
– «Frankreich und England werden als Urheber des Krieges betrachtet.

- Der Neutralitätsbruch Deutschlands gegenüber Belgien wird entlastet, die deutsche Kriegführung verteidigt, die der Entente angegriffen.
- Die deutsche Schweiz muss dem deutschen Kaiserreich Sympathie und unbedingte Parteinahme entgegenbringen. Sympathie für Frankreich ist dagegen unzulässig.
- Haupteigenschaft fast aller Schriften ist der energisch geführte Feldzug gegen die welsche Schweiz.
- Als zweiter integrierender Bestandteil macht sich der Kampf gegen die französische Sprache in der Schweiz geltend.»[189]

Im schwierigen Frühjahr 1916, als die Armeeführung wegen neutralitätspolitisch bedenklichen Aktionen in die Kritik geriet, kam Bundesrat Hoffmann im Parlament auf das Unternehmen Eduard Blochers zu sprechen. In einer Debatte über Zensurmassnahmen erklärte er am 9. März zu den «Stimmen im Sturm»: «Wir haben es als eine Lücke empfunden, dass es der Kontrollkommission und dem Bundesrate nicht möglich war, gegen die «Stimmen im Sturm», die in sehr unglücklicher Weise die einzelnen Landesteile gegeneinander ausspielten und zu verhetzen suchten, einzuschreiten.»

Die Intervention Arthur Hoffmanns traf Blocher hart, denn man hatte bisher geglaubt, im St. Galler Bundesrat einen heimlichen Verbündeten in der Landesregierung zu haben. Der Wind hatte gedreht, und der lange währende Krieg war einem flotten Deutschtum in der Schweiz nicht eben förderlich. Hermann Fernau und Carl Albert Loosli redigierten in Bern die republikanische «Freie Zeitung», die aufmerksam die Eskapaden der «Stimmen im Sturm» verfolgte. Leonhard Ragaz bezeichnete in dieser Zeitung Hermann Bächtold als Alldeutschen, was der Basler Professor jedoch als Kompliment auffasste. Eine amtliche Untersuchung befasste sich mit der Genossenschaft, ohne auf juristisch heikle Tatbestände zu stossen.[190] Der Journalist Johann Baptist Rusch behauptete, die «Stimmen im Sturm» würden vom Deutschen Reich finanziert. Den Beweis konnte der agile katholische Publizist nicht erbringen. Er verlor im Jahre 1917 den Prozess vor dem Bundesgericht.[190]

Das Deutschtum in der Schweiz geriet allmählich in die Krise, was aber die Angriffslust seiner Anhänger kaum dämpfte. Im Laufe des Jahres 1916 gründeten die germanophilen Gruppen, die zu den «Stimmen im Sturm» gehörten, eine neue Genossenschaft: Die «Deutschschweizerische Gesellschaft». Man suchte Gönner und sammelte Geld. Obmann war wiederum Eduard Blocher, Geschäftsführer wurde Hektor Ammann. Es ging um das «Allgemeinwohl» im Lande, gesehen durch eine germanophile Brille. Man sprach vom «Deutschschweizer Volkstum» und vom «Bollwerk des vaterländischen Gedankens». In der Gründungsversammlung vom 24. September 1916 sprach der Historiker Bächtold vom «Kulturkrieg gegen Deutschland», der in der Schweiz ausgefochten werde: «Draussen steht das deutsche Volk im ungeheuersten Kampf. Millionenfach blutet sein Körper … und da schiessen wir feig und herzlos, ausgerechnet in diesem Augenblick, die giftigen Pfeile des Hasses und der Beschimpfung und Verdächtigung in seinen Rücken.»[191] Man gründete als Vereinsorgan die «Mitteilungen der Deutschschweizerischen Gesellschaft». Abonnenten waren unter anderem General Wille und der deutsche Gesandte, Baron von Romberg. Wie nahe Ulrich Wille dem Unternehmen stand, geht aus seinem Wunsch hervor, die Gesellschaft möge Aktionen gegen den aufkommenden Antimilitarismus unternehmen.[192] Zwei neue Mitglieder waren besonders willkommen: Die nach dem Obersten-Prozess wegen neutralitätswidriger Tätigkeit aus dem Generalstab ausgeschlossenen Obersten Karl Egli und Moritz von Wattenwyl traten der Genossenschaft bei.

Die neue Organisation führte einen erbarmungslosen Kampf gegen die Romandie, forderte das Verbot von Zeitungen und kritisierte den Bundesrat. Man kämpfte um die «völkische (nationale) Wiedergeburt», wie in einem Protokoll der Brugger Tagung vom 23. Oktober 1917 vermerkt ist.[193] Unterdessen trübte ein folgenschwerer Zwischenfall die Perspektiven der Deutschschweizerischen Gesellschaft. Bundesrat Hoffmann, den man immer noch als Gönner betrachtete, hatte sich gemeinsam mit Nationalrat Grimm in die unglückliche Vermittlungsaktion von St. Petersburg eingelassen, die zum Sturz des in seinem Kollegium herrschenden Politikers führte. Blocher sprach sogleich von einer Verschwörung fremder Diplomaten.[194] Gegen die Wahl des Genfers Gustave Ador zum Bundesrat protestierte man heftig und sprach von einem Staatsstreich gegen die Deutsche Schweiz. Die Romandie wurde in den Augen der Deutschtümler zur nationalen Gefahr, bevölkert von «Ruhestörern» und «Gassenbuben». Derartige Gedanken waren der Mehrheit der deutschschweizerischen Bevölkerung fremd. Die Gruppe um Eduard Blocher verkam in Rechthaberei und Sektierertum.

Das Deutschtum war nicht allein in den Kreisen um den Zürcher Pfarrer zu finden. Was aus Organisationen wie «Stimmen im Sturm» und «Deutschschweizerische Gesellschaft» an die Öffentlichkeit drang, waren zwar wichtige pro-deutsche Bekenntnisse, doch es gab auch einen deutschfreundlichen Konsens in einem Teil der sogenannten kleinen Presse, welche die Freundschaft mit dem Deutschen Reich während des ganzes Krieges pflegte. Daneben traten einzelne Persönlichkeiten mit Parolen und Deklamationen auf, die Zweifel an ihrer nationalen Zuverlässigkeit erlaubten. Ein Beispiel war der stets redefreudige Eugen Bircher, Major im Generalstab und Chirurg, der sich längere Zeit bei der österreichischen Armee an der Front aufhielt. Der turbulente Aargauer erklärte angeblich vor seinen Offizieren, es sei eine Schande, dass die Schweizerische Armee während der Marneschlacht den Franzosen nicht in den Rücken gefallen sei.[195] Bircher bestritt, eine derartige Äusserung getan zu haben, und es entwickelte sich aus dem Disput eine Affäre zwischen dem Journalisten Henri Chevenard und dem Stabschef der Fortifikation Murten. In den Fall verwickelt wurden auch General Wille und Bundesrat Decoppet. Es blieb am Schluss kaum ein Zweifel, dass der Vorwurf Chevenards gegen Bircher zu Recht bestand.

Umständlicher, aber ebenso verfänglich drückte sich der in Berlin lebende schweizerische Schriftsteller Jakob Schaffner in seiner Schrift «Der grosse Austrag. Kontinentale und atlantische Zukunft» aus: «Zunächst empfinde ich die Nötigung, Ihnen zu erklären, warum ich als Bürger des schweizerischen Staates heute vor Sie trete, um über Angelegenheiten der deutschen Nation und Europas zu sprechen. Indem ich freilich diese beiden geschichtlichen Begriffe nenne, hat sich das Element zur Rechtfertigung bereits ungesucht eingestellt. Zwar wenn europäische Fragen in natürlicher Weise auch den Schweizer angehen, so könnte man von ihm erwarten, dass er sie im schweizerischen Sinn zu lösen suchen werde, allein da dieser Schweizer während aller Vorgänge und Rückschläge des langen Krieges keinen Augenblick vergessen hat, dass er auf ebenso natürliche und unmittelbare Weise ein Mitglied der grossen deutschen Nation ist, so findet er keinen richtigern Standpunkt zur Betrachtung jener Fragen, als eben den nationaldeutschen.»[196] Jakob Schaffner dachte nicht daran, auf seine schweizerische Bürgerschaft zu verzichten, doch er begab sich lebenslänglich unter deutsches Protektorat. Diese doppelte Loyalität führte ihn im Zweiten Weltkrieg ins Verderben.

Auf evangelischen Kanzeln war oft der «deutsche Kriegsgott» zu vernehmen, sofern die Prediger nicht der sozialpolitischen Richtung eines Leonhard Ragaz angehörten. Deutsche Religionswissenschafter wie Adolf von Harnack und Friedrich Naumann hatten Welt- und Kirchenbild schweizerischer Theologen geprägt und eine gefährliche Vermischung von Religion und reichsdeutscher Politik geschaffen.[197] Die deutsche Kriegstheologie betrieb die moralische Aufwertung des Deutschtums und beanspruchte für das deutsche Kaiserreich das Monopol der christlichen Tugend. Ein Anspruch, den man schon nach dem Deutsch-Französischen Krieg von 1870 erhoben hatte. Dabei gingen Religion und deutscher Militarismus eine seltsame Symbiose ein. Man vertraute auf den deutschen Gott. Kaiser Wilhelm II. war sein Vollstrecker. So wurde Krieg zum Gottesdienst.

In der Schweiz nahm das deutschtümelnde Gebaren bekannter Theologen peinliche Formen an. Paul Wernles und Hans Baurs Nähe zu den «Stimmen im Sturm» war kein Geheimnis. Der Basler Theologieprofessor Eberhard Vischer mahnte seine Studenten, sie seien nicht bloss evangelische Christen und Schweizer, sondern auch Deutsche.[198] Pfarrer Hermann Kutter pries die Vorzüge der deutschen Monarchie vor republikanischen Staatsformen. Der Aargauer Theologe Adolf Bolliger geriet in seiner fanatischen Liebe zum Deutschen Reich auf Abwege.[199] Von der Kanzel der Kirche Neumünster in Zürich verkündete er eine absurde Botschaft: Jesus Christus würde, falls er wieder auf die Welt käme, als Maschinengewehrschütze in der deutschen Armee dienen.

Unentwegt nach dem Deutschen Reich gewandt zeigte sich die katholische Kirche der deutschen Schweiz, wenn auch die Motive nicht in der Theologie zu finden waren. Die seltsame Verehrung für den protestantischen deutschen Kaiser, der als christliche Lichtgestalt erschien, hing mit der mentalen Abhängigkeit vom deutschen Zentrum und den Sozialbewegungen zusammen. Deutsche Ordensgeistliche und Prediger waren ständige Gäste in den katholischen Kirchen der Deutschschweiz, wo sie ihre überlegene Rhetorik entfalteten und nicht bloss über Gott und die Kirche sprachen. Das republikanische Bewusstsein vertrug sich durchaus mit den unbescheidenen Ansprüchen Wilhelms II., der in seiner Kirchenpolitik unberechenbar war, aber Unterstützung von katholischer Seite zu schätzen wusste. Wenn sich der Monarch gelegentlich ungnädig gebärdete, so war das für Schweizer Katholiken leichter zu ertragen als die kirchenfeindliche Grundhaltung der französischen Republik, die eben erst die Trennung zwischen Staat und Kirche vollzogen hatte.

Bei Kriegsausbruch war nicht zu übersehen, dass die universale katholische Kirche – abgesehen vom Glaubensbekenntnis – genauso in nationale Bestandteile zerfiel wie die sozialistische Internationale. Dabei unterlief katholischen Publizisten der Deutschschweiz in Bezug auf Frankreich die selbe Fehleinschätzung wie ihren deutschen Berufsgenossen. Sie glaubten, einer innerlich zerrissenen Nation gegenüber zu stehen, in der die Katholiken dem laizistischen Staat die Gefolgschaft verweigern würden. Das Gegenteil trat ein. Die katholischen Geistlichen beteten ebenso für den Sieg der französischen Republik, wie es ihre deutschen Kollegen für den Kaiser taten. Als der zur Kirche zurückgekehrte Dichter Charles Peguy an der Spitze seiner Kompanie in der Marneschlacht fiel, war das ein weithin sichtbares Zeichen für die wiedergewonnene Einheit des Landes.

Die Polemik am Graben änderte wenig an den fest eingepflanzten Meinungen. Jede der kriegführenden Parteien war in der Schweiz mit einem beachtlichen Propaganda-Apparat präsent, denn die Stimmung im neutralen Land war den Grossmächten nicht gleichgültig. Für die deutschschweizerische Öffentlichkeit zum Beispiel waren die Nachrichten von den Kriegsschauplätzen mit zwei Agenturnamen verbunden: mit der deutschen Agentur Wolff und der französischen Agentur Havas, die beide ihre Informationen im Sinne des jeweiligen Oberkommandos steuerten. Die deutschen Erfolge bei Kriegsbeginn brachten es mit sich, dass man Wolff eine höhere Glaubwürdigkeit zubilligte als der französischen Agentur. Havas wurde zum Synonym für zweifelhafte und falsche Meldungen, obschon sich die beiden Institutionen im Laufe des Krieges in der Zuverlässigkeit kaum noch unterschieden. Der Begriff «Havas» für unglaubwürdige Aussagen ging in den Sprachgebrauch ein und hielt sich über den Zweiten Weltkrieg hinaus.

Es gab neben den amtlichen Informationen der Kriegsparteien alle denkbaren Formen versteckter Propaganda. Pressestellen in Berlin schickten Leitartikel und Korrespondentenberichte kostenlos an kleine und mittelgrosse Zeitungen, die damit den Anschein einer umfassenden Orientierung vermitteln konnten.[200] Das Publikum war nicht ohne weiteres in der Lage, diese Manipulationen zu erkennen. Da die schweizerische Presse im Ausland durch eigene Korrespondenten nur ungenügend vertreten war, ergab sich oft eine fragwürdige, von den kriegführenden Mächten gelenkte Berichterstattung. Durch ausländische Agenturen geförderte Meinungen und Tendenzen waren geeignet, die in der Schweiz vorhandenen Spannungen zwischen den Landesteilen aufrecht zu erhalten. Als neues, beim Publikum beliebtes Medium setzten die Propagandadienste den Film ein.

Das Propaganda-Getrommel wirkte auf die Dauer ermüdend. Die gereizte Stimmung zwischen Deutschschweizern und Romands blieb bestehen, doch der Alltag mit seinen Sorgen und Nöten beschäftigte die Bürger mehr als die aufdringlich angebotenen Ideologien. Einige Zeitungen führten noch die Rubrik «Unerfreuliches aus der Westschweiz», in der Romandie schimpfte man über die «sous-boches» jenseits der Saane. Im kritischen April 1916 erklärte die «Neuen Zürcher Zeitung», es sei an der Zeit, auf politischem Gebiet den Wünschen der romanischen Landsleute in einem gewissen Masse zu entsprechen. Es müsse die «Arbeit des Zufüllens am Graben» immer wieder neu aufgenommen werden.[201] Paul Seippel wandte sich in seinen Genfer Vorträgen vom Oktober 1916 an seine engeren Landsleute und forderte sie auf, im eidgenössischen Disput den Sinn für selbstkritische Ironie nicht zu verlieren. Er spottete über den «neutralen Eisenfresser», der aus seiner wohlgeschützten Behausung heraus die Welt belehrt: «Er erteilt Joffre seine Ratschläge, er zerschmettert Hindenburg, er erdrosselt Deutschland und hungert es aus.»[202]

Die Schweizer lernten, in ihrer privilegierten Lage als Neutrale mit den europäischen Realitäten zu leben. Das Land stand unter dem spürbaren Druck der kriegführenden Staaten. Die Handelsbeschränkungen führten teilweise bis zum Boykott. Sie waren in den Haushalten fühlbar. Die chaotischen Bedingungen erzeugten ein soziales Ungleichgewicht, denn es gab nicht nur Geschädigte, sondern auch Profiteure. Ein Blick über die Grenzen zeigte, dass Klagen nicht angebracht waren. Die Nachbarn der Schweiz hatten im blutigen Ringen unvergleichlich höhere Opfer zu bringen.

In einem Gespräch mit Romain Rolland im August 1915 beurteilte der französische Botschafter Jean B. P. Beau die allgemeine Lage und sein Gastland kritisch. Er nannte die Eidgenossen «gerissene Bauern». Rolland meinte dazu: «Der Eindruck ist augenblicklich ziemlich pessimistisch. Wenigstens was die Russen anbetrifft; denn am guten Ausgang des europäischen Krieges will man nicht zweifeln. (…) Übrigens beklagt sich Beau sehr über die Schweizer, und jetzt höre ich die Kehrseite. Leider ist es nur allzu wahr, dass in der Schweiz im geheimen ein hemmungsloser Handel mit Deutschland getrieben wird (besonders mit Reis, Mehl usw.). Die Regierung weiss von diesen Spekulationen, aber schliesst die Augen, und man lässt durchblicken, dass gewisse zur Regierung gehörige Persönlichkeiten daran interessiert sind.»[203]

Die Neutralität blieb ein heikles Thema, doch in der Zwischenzeit hatten sich sozialpolitische Verwerfungen ergeben, die den Bundesstaat wiederum unvorbereitet trafen. Es war ein europäisches Phänomen mit neuen Fragestellungen, das die kriegführenden Nationen über die Schützengräben hinweg erfasste.

Die Armee und die Neutralität

Landesverteidigung und Neutralitätsdienst

Von Kriegsbeginn an stellte sich die Frage, wie sich die politische und kulturelle Spaltung des Landes auf die Landesverteidigung auswirken werde. In der Miliz fanden sich die Soldaten in viel engerer Beziehung zum Leben des Landes als in einer stehenden Armee, so dass Turbulenzen im zivilen Alltag Spuren auch im Militärdienst hinterliessen. Anderseits war das hierarchische Gebilde nicht a priori geeignet, Gefühlsregungen nach aussen zu tragen. Disziplin und Zensur standen als unsichtbare Schranke zwischen militärischer und ziviler Welt.

Man blieb bei der Truppe, wie manchen Zeugnissen zu entnehmen ist, in den ersten Wochen von wichtigen Nachrichten abgeschnitten. Über das Kriegsgeschehen, das einen schweizerischen Ernstfall nicht zum vornherein ausschloss, waren mehr Gerüchte als Gewissheiten im Umlauf. Der Infanterie-Korporal C. F. Ramuz stellte in seinem Tagebuch am 9. August 1914 fest, dass weder Eisenbahn noch Telegraph zu rascherer Information beitrügen, wenn das nicht erwünscht war: «Il faudra décidément se resigner à ne pas savoir. (...) On avait l'espoir d'être facilement et promptement renseigné. La déception a été grande. Il se trouve que, ces jours-ci, on se bat à quelques kilomètres de nos frontières et les nouvelles ne nous arrivent pas plus vite que si c'était en Chine qu'on se battait. Quoi qu'il en soit, on ne s'attendait pas à ce que les nouvelles fussent si écourtées, si tardives, si contradictoires»[204] Ähnliche Erfahrungen schildert Meinrad Inglin im «Schweizerspiegel»: «... das ganze Heerlager der mobilen Reserve schien einen friedlichen Wiederholungskurs zu bestehen, die Grenze lag so fern wie je, und über die Kriegslage im Oberelsass wusste man kaum recht Bescheid. Nie fühlte die Mannschaft sich bei aller Willigkeit von diesem Betriebe mehr enttäuscht als eben in diesem Augenblick, da sie zum Schwersten bereit war und das Schicksal wahrnahm wie einen ständig wachsenden ungeheuren Wind.»[205]

Im Dienstbetrieb kehrte nach dem Aufbruch der Alltag ein, der einem monotonen Rhythmus folgte: Stellungsbau, Drill und Ausbildung. Heldentum vor dem Feind war nicht gefragt. Da die militärische Bedrohung sichtbar schwand, stellte sich die Frage nach dem Sinn des ungewöhnlichen Aufwands. Die Antwort lautete für den einfachen Soldaten anders als für die Armeeführung, die vor Überraschungen sicher sein wollte. Im Spätherbst wurden mehrere Heereseinheiten entlassen, so dass der Bestand der Armee zeitweise unter hunderttausend Mann sank.

Paul Seippel verfocht in seinen Vorträgen die These, im Heer sei vom Graben am wenigsten zu spüren. Die optimistische Sicht mag einigermassen zutreffen, soweit die Mannschaft gemeint ist. Wie weit die zivilen Debatten im militärischen Alltag weitergeführt wurden, lässt sich nicht zuverlässig rekonstruieren. In den sprachlich geschlossenen Einheiten gab es kaum Anlass zu Dissonanzen. Kritische Situationen ergaben sich gelegentlich bei sprachlich gemischten Verbänden. In den Erinnerungsbüchern aus dem Aktivdienst stösst man auf Zeugnisse, die Einblick gewähren. Ein Überlebender des Ersten Weltkriegs, Hauptmann Fernand Weissenbach, beteuerte im Jahre 1989, die Sympathien im Freiburger Infanterie-Regiment 7 seien eindeutig auf der Seite von Frankreich gewesen. Offiziere aus aristokratisch-konservativen Familien hingegen hätten sich als deutschfreundlich erwiesen, doch dieser Umstand habe die Atmosphäre in der Truppe nicht belastet.[206] Mit den Deutschschweizer Kollegen habe man jederzeit freundschaftlich verkehrt. In der 5. Division, der Meinrad Inglin angehörte, scheint eine antifranzösische Stimmung geherrscht zu haben, die naturgemäss auch den Romands galt. Offenbar konnte man die in Zürich vorherrschende Mentalität nicht mit den zivilen Kleidern ablegen.

Romain Rolland kümmerte sich in seinem Exil auch um den moralischen Zustand der schweizerischen Truppen. In einem Gespräch mit Gonzague de Reynold vom 27. Mai 1915 zeigte er sich besorgt: «Ich frage de Reynold nach den Zwischenfällen, die in den ersten Kriegsmonaten zwischen Truppen der welschen und der deutschen Schweiz vorgekommen sind. (...) De Reynold behauptet, das seien Übertreibungen; man habe die Tatsachen aufgebauscht. Er erkennt übrigens an, dass der Gegensatz zwischen den Truppen der beiden Landesteile sich oft durch Provokationen, Gesänge zum Beispiel, bemerkbar macht. Die einen stimmen die ‹Wacht am Rhein› an, die andern ‹Sambre et Meuse›. Ihn scheinen mehr die seelischen Leiden dieser Armee zu berühren, die tatenlos, ruhmlos dasteht, die weiss, dass sie nichts vollbringen wird, und an der die Langeweile zehrt. – Im Grunde (er sagt es nicht, aber ich errate es) wünscht er den Krieg, damit die Soldaten etwas zu tun haben!»[207]

Gonzague de Reynold leitete damals das Vortragsbureau der Armee und fühlte sich direkt betroffen. In seinen Memoiren korrigierte er die Version Rollands. Es sei in der Festung Saint-Maurice zu Zwischenfällen gekommen, mit denen er sich selber an Ort und Stelle befasst habe. Die Geschichte mit der «Wacht am Rhein» müsse hingegen auf einem Irrtum beruhen, denn dieses Lied sei in der Deutschschweiz unbeliebt: «Tout cela est absurde et montre le danger des propagandes et des racontars. Je crois que Rolland n'avait aucune idée claire sur l'armée suisse, et d'ailleurs nul ne lui demandait d'en avoir. Il croyait que toutes les troupes romandes étaient commandées par des officiers suisses allemands, alors qu'elles étaient commandées dans leur langue par des officiers romands.»[208]

Jederzeit gegenwärtig waren die Differenzen zwischen Deutsch- und Westschweizern in den höheren Offiziersrängen. Im Generalstab war die französische

Schweiz schlecht vertreten. Die Affären der Jahre 1916, welche die Neutralität ins Zwielicht brachten, standen in enger Verbindung mit der innenpolitischen Kluft. Wenn Seippel von einem allmählichen Abrücken der Deutschschweiz vom übermächtigen deutschen Einfluss sprach, so meinte er die Bevölkerungsschichten, die er als «Volk» bezeichnete. Von diesem Prozess der Erkenntnis nahm er ausdrücklich die «reiche Bourgeoisie» und enge, aber «einflussreiche militärische Kreise» aus.[209]

Die missliche Situation im Lande brachte General Wille auf den Gedanken, mit einer intellektuellen Aufrüstung der Armee ein Signal zu setzen, das den Schweizern die für einen nationalen Konsens nötige Richtung weisen sollte. Doch war ihm die Einsicht verwehrt, dass er selber mit seiner Person und seinem Verhalten wesentlich zur Spaltung beigetragen hatte. Der Autokrat nahm Zeit seines Lebens für sich das Recht in Anspruch, über richtige und falsche Auffassungen zu entscheiden. Es ging nun darum, der Armee «nationale Erziehung» angedeihen zu lassen, nachdem sich bei den Milizen Anzeichen von Dienstmüdigkeit und Verdrossenheit häuften. Wille beschloss, ein Vortragsbureau im Armeestab einzurichten, das mit seinen Aktivitäten den militärischen und den zivilen Bereich beeinflussen konnte. Im Oktober 1914 bestellte der General Gonzague de Reynold in sein Hauptquartier nach Bern und gab ihm den Auftrag, ein nationales Programm und die entsprechende Organisation zu schaffen. Den diensttauglichen Freiburger Aristokraten beförderte er sogleich zum Major und machte damit deutlich, dass er dem Unternehmen grosse Bedeutung beimass.[210]

Mit Gonzague de Reynold traf Ulrich Wille die aus seiner Sicht optimale Wahl. Als Mitbegründer der Neuen Helvetischen Gesellschaft hatte der Freiburger ein Bekenntnis abgelegt, das ihn von der üblichen politischen Betriebsamkeit abhob: «La patrie avant tout, par dessus tout.» Sein Patriotismus, unscharf und wolkig, kam den Intentionen des Generals entgegen, denn er war fern von den Niederungen des Alltags. Wille wusste auch den aristokratischen Hintergrund zu schätzen.

Gleich nach Kriegsbeginn hatte sich Reynold in Vorträgen und Aufsätzen um einen Ausgleich zwischen den Landesteilen bemüht. Ein Romand also, der sich nicht in die Front der protestierenden Westschweizer einreihte und alles unternahm, um das Bild einer «zerrissenen Schweiz» aus der Welt zu schaffen. Wille dankte dafür später in einem Brief: «Sie sind ein sehr kluger Mann, und als wir im Herbst 1914 miteinander über die Gefahren sprachen, die unserem Land durch die Prätensionen (sic!) der französischen Schweiz drohten, habe ich erkannt, dass Sie im Gegensatz zur Mehrzahl der französischen Schweizer wohl befähigt sind, unbefangen und objektiv zu denken.»[211] Der General wusste, dass der Aristokrat Reynold für Demokratie wenig übrig hatte und somit kaum als Fürsprecher der französischen Republik auftreten würde. Das ambivalente Verhältnis der Freiburgers zum Deutschen Reich fiel weniger ins Gewicht, solange er sich dazu nicht äusserte.

Gonzague de Reynold zog in kurzer Zeit einen das ganze Land betreuenden Vortragsdienst auf. Er stützte sich dabei auf die Neue Helvetische Gesellschaft, in deren

Sektionen sich Intellektuelle aus allen Sprachregionen zusammenfanden. Es durften auch neue Medien wie Lichtbild und Film eingesetzt werden. Der General war mit den Aktivitäten Reynolds offenbar zufrieden, denn schon bald wurden dem Freiburger zwei Literaten als Assistenten zugeteilt: Der Infanterie-Oberleutnant Robert Faesi, Schriftsteller und Dozent für deutsche Literatur in Zürich, und der Genfer Alpinist und Militärschriftsteller Charles Gos, Oberleutnant der Gebirgsartillerie. Das patriotische Kollegium ging mit Eifer an die Arbeit und bemühte sich, seine Botschaft verständlich an die Truppe weiterzugeben. Über den politischen Stil brauchte sich der General keine Sorgen zu machen. Faesi meinte später in seinen Memoiren, er sei berufen worden, «um vorzubeugen, dass de Reynold den westschweizerischen Standpunkt überbetonen könnte».[212] Für diese Sorge bestand wohl kein Anlass, aber der Zürcher Schriftsteller versäumte nicht, seine eigene Position zu markieren: «Alles in allem war ich deutschfreundlich, schon aus sprachlichen Gründen, und erhoffte, dass diese Sprache das Instrument der dichterischen und geistigen Weltführung werden möchte.»[213]

Der Bergsteiger und Naturfreund Charles Gos trat bescheidener auf als seine Kollegen, die ihn an literarischem Ehrgeiz übertrafen. Die in zwei Büchern veröffentlichten Skizzen aus dem Grenzdienst lassen vornehme Zurückhaltung erkennen. Eben diese Zurückhaltung wahrte er auch, wenn er sich zu Tagesfragen äusserte, ohne je in Polemik zu verfallen. Gonzague de Reynold liess sich in seinen Memoiren zu einem pathetischen Kompliment herbei: «Charles Gos est un des hommes les plus honnêtes – au sens du XVIIème siècle – que j'ai rencontrés dans ce pays. Son honnêteté, je précise: sa courtoisie, sa modestie et sa culture provenaient de ce qu'il avait l'âme belle.»[214]

Im Jahre 1915 stand mit ungefähr 300 Vortragenden annähernd die ganze geistige Elite des Landes der Armee zur Verfügung, wie Gonzague de Reynold stolz vermerkte.[215] Truppenoffiziere wurde in Kursen im Umgang mit den Soldaten geschult. Reynolds Lektionen umfassten ein weites Spektrum, das von der Geschichte bis zu praktischen Fragen der Gegenwart reichte. Robert Faesi lobte später seinen Vorgesetzten. Er habe nicht ungern den Frondeur gespielt und «banausische Mittelmässigkeit und demokratischen Konformismus» absichtlich vor den Kopf gestossen.[216]

General Wille forderte mehr. Er wünschte, dass die Offiziere geistig auf Trab gehalten würden. Reynold notierte: «Le général fut plus éxigent que moi: il ordonna que, durant l'hiver 1915–1916, chaque officier, de lieutenant à capitaine y compris, fît un travail écrit, soit sur un sujet militaire ou technique, soit sur un sujet d'histoire ou de géographie. Il m'adressa lui-même à ce sujet une lettre, que j'ai perdue, sur sa volonté de faire régner dans l'armée, durant le second hiver de la mobilisation, une intense activité intellectuelle, ‹eine rege Geistestätigkeit›.»[217]

Es ist zu vermuten, dass die drei Literaten ihre Inspirationen nicht im seltsamen Umfeld des Armeestabs fanden, der während des ganzen Krieges im Hotel Bellevue in Bern residierte. Selbst Robert Faesi nahm Anstoss an der Luxusherberge, die bestimmt war, das Oberkommando einer bescheidenen Milizarmee aufzunehmen: «In allen Einzelheiten aber sehe ich mein neues Berner Domizil vor mir: Das Hotel ‹Bellevue›, hoch über der Aare, neben dem Bundeshaus. Es wurde wohl wegen dieser Lage in der Eile der Mobilisation zum Standquartier des Armeestabs bestimmt, und das, ohne von den Gästen geräumt worden zu sein. Erst recht sogar nisteten sie sich darin ein: eine wunderlich gemischte und internationale Sippschaft von neugierigen Globetrottern, Spekulanten, ägyptischen Prinzessinnen, Mondänen oder Demimondänen, Zwischenträgern, Kriegsgewinnlern, vermutlich sogar auch Spionen. Sie hasteten oder schlenderten durch die Empfangshalle, sie verteilten sich in dem Salon, in dessen Mitte der General, nach getaner Arbeit und erlittenen Aufregungen, fast allabendlich mit betressten Obersten und eleganten Adjutanten seinen Jass klopfte, dem Anschein nach in voller Gemütsruhe, zwischen den dicken Lippen unweigerlich eine Zigarre, die dem Format seines gedrungenen, massiven Kopfes entsprach. Mochten die Arbeitsräume des Stabs noch so streng bewacht sein, dies Ambiente drum herum war ein unpassender, wenig Vertrauen erweckender Rahmen!»

Major Max Huber, Stellvertreter des Armeeauditors, sass als ständiger Gast an der Tafel des Generals. Auch er regte sich über den schlecht gewählten Standort der obersten Heeresleitung auf: «Schlimm war es, dass wir in einem internationalen, von Spionen verschiedenster Art wimmelnden Hotel lebten, dass zum Teil ausländische Kellner uns servierten, wenn bei Tisch die heikelsten politischen Themata behandelt wurden, oder in der öffentlichen Halle neben unbekannten Fremden sorglos über die inneren Verhältnisse der Armee debattiert wurde. Aus jener Zeit ist mir das Bedürfnis geblieben, bei politischen Unterhaltungen mit dem Rücken gegen eine feste Wand zu sitzen.»[218] Die Kritik der beiden Tischgenossen Ulrich Willes nimmt sich harmlos aus im Vergleich zum beissenden Hohn, mit dem Louis Dumur im «Mercure de France» und in seinen Büchern das wenig stilvolle Gebaren des Generals geisselte. Der aristokratische Oberstdivisionär Treytorrens de Loys soll Wille schliesslich dazu gebracht haben, mit seinem Stab wenigstens für die Mahlzeiten einen andern Salon aufzusuchen.

In ganz andern Bahnen bewegte sich der Alltag der mobilisierten Truppen. Von ihrem Leben und ihrer Befindlichkeit handeln unzählige Berichte aus dem Aktivdienst und literarische Werke wie der «Schweizerspiegel» oder Robert Faesis «Füsilier Wipf». Man pflegte zu sagen, die Armee stehe an der Grenze, ein Bild, das jeweils nur für den kleineren Teil der aufgebotenen Einheiten zutraf. Die meisten Verbände standen in rückwärtigen Räumen. In der Ferne sah man das «Feuer im Elsass», eine Erscheinung, die für die westlichen Landesteile alltäglich und auch sprichwörtlich wurde. Den Soldaten sollte im Sinne General Willes in den endlosen Wochen und Monaten jene Erziehung zuteil werden, die sie zur Kriegstauglichkeit führte. Der Stand der Ausbildung war offensichtlich ungenügend, auch schienen viele Offiziere überfordert zu sein.

Der tägliche Drill war häufig ein Ausweg aus der Verlegenheit, weil man es nicht verstand, die Soldaten sinnvoll zu beschäftigen.[219] Er war denn auch ein Thema in der erregten Polemik, die in der Westschweiz gegen die preussischen Methoden Willes geführt wurde. Wortführer dieser Protestfront war Nationalrat Secretan, Chefredaktor der «Gazette de Lausanne». Der General selber pflegte zwischen falschem und richtigem Drill zu unterscheiden, wobei er die falschen Formen in Frankreich und England ausmachte, während das preussische Modell die Erziehung des Zivilisten zum Soldaten sicherstellte.[220] Mit Behagen konfrontierte er seinen Kontrahenten Secretan mit einem Ausspruch aus den neunziger Jahren, als der Waadtländer Oberst – damals noch im Sinne des «neuen Geistes» – selber von der Bedeutung des Drills für die Soldatenerziehung gesprochen hatte. Für die eidgenössischen Milizen war die Debatte über den richtigen Umgang mit den Soldaten in Europas Armeen wenig ergiebig. Die Drillmeister der Nationen pflegten wohl Nuancen im Stil, doch für die Verteidiger der jeweiligen Vaterländer war das Exerzieren allemal ein mühsames Geschäft.

Vom August 1914 an waren die Truppen mit dem Bau der Fortifikationen Murten, Hauenstein und Bellinzona beschäftigt. Als besonders dringlich wurde im Generalstab der Ausbau der Feldbefestigungen zwischen Les Rangiers und Basel betrachtet. Mit diesen Arbeiten setzte man das Verteidigungskonzept Theophil Sprechers um, das schon Jahre vor dem Krieg bei Ulrich Wille Widerspruch erregt hatte. Der General war grundsätzlich Gegner jeglicher Art von Befestigungen, die seine Entscheidungsfreiheit und das flotte Manövrieren mit Heeresverbänden einschränkten. Als sich zu Beginn des Krieges an der Nordwestgrenze die Gefahr eines Einbruchs in schweizerisches Territorium abzeichnete, musste Wille wohl oder übel in Kauf nehmen, dass sich die Feldarmee in den vorgesehenen Positionen eingrub. Doch die Geduld des Oberkommandierenden hielt nicht lange an, und so fand der Disput zwischen Wille und Sprecher während des ganzen Krieges seine Fortsetzung. Der Generalstabschef hielt seine vor Jahren entwickelte Bedrohungsanalyse aufrecht, wie aus einem Schreiben an den General aus dem Jahre 1916 hervorgeht, in dem er den Bau von behelfsmässigen Feldbefestigungen in den sogenannten Schlüsselräumen begründete:

«Was wir bei dieser grossen Unsicherheit der Lage zu tun haben, das ist, abgesehen von der Schaffung einer wohlgerüsteten feldtüchtigen Armee, die Sicherung der Punkte und Linien, über die einer oder der andere Gegner am raschesten ins Herz des Landes oder in den Aufmarschraum der Armee gelangen kann. Das ist gegen Westen die Zihllinie, gegen Norden und Westen das Gebiet des Hauensteins und im Süden Bellinzona. Gegen Osten hat die Luzisteig mit Sargans grosse, aber doch nur sekundäre Bedeutung, weil die Haupteinfall-Richtungen nördlich vom Säntis durchführen.»[221]

Theophil Sprecher ging von der selben Annahme aus wie Ulrich Wille: Ein Angriff auf die Schweiz war in erster Linie von Frankreich zu erwarten. Damit waren aber die Gemeinsamkeiten zwischen den beiden Offizieren erschöpft. Der General wünschte eine zu soldatischem Wesen erzogene Armee, Befestigungen – ob permanente Werke oder behelfsmässige Anlagen – waren eine mehr oder weniger nützliche Nebensache. Wille meinte in seiner Ungeduld schon nach wenigen Wochen, es sei an der Zeit, «die durch die vorherige Lage gebotenen fortifikatorischen Arbeiten einzuschränken oder sogar gänzlich aufzugeben».[222] In einem Brief an den Generalstabschef ordnete er einen weitgehenden Abbruch der Arbeiten an: «Die Befestigungsarbeiten in den Rangiers haben jetzt keinen Zweck mehr: sie können gänzlich eingestellt werden, zumal dieselben soweit gediehen sind, dass ihre Vollendung rasch bewerkstelligt werden kann, sobald der jetzt unwahrscheinliche Fall eintritt, dass sie wieder Bedeutung zum Schutz unseres Landes im gegenwärtigen Krieg erlangen.» Auch die Arbeiten am Hauenstein seien auf ein Minimum zu reduzieren. An den Fortifikationen von Murten und Bellinzona könne hingegen weiter gebaut werden. Dann folgte der unvermeidliche Hinweis auf die Erziehung: «Die augenblickliche Situation muss ausgenutzt werden, um Truppen und Führer so kriegstüchtig wie möglich zu machen. Sobald die in meinem andern Schreiben verlangten Berichte über den Stand der Kriegsbereitschaft eingelaufen, folgt eine Instruktion, wie die Zeit jetzt zu benutzen ist; die Gefahr des Verbummelns beginnt sich schon zu zeigen.»

Die Fortifikationen und die Anlagen auf den Jurahöhen waren Ende August 1914 in keiner Weise kriegsbereit, doch das kümmerte den General wenig. Er rechnete immerhin mit dem Widerspruch Theophil Sprechers und fügte seinem Schreiben eine Sentenz bei, die er während des Kriegs noch oft wiederholte: «Wenn der Herr Generalstabschef mit dem Vorstehenden nicht einverstanden ist, bitte ich um Vortrag, sonst um sofortige Veranlassung der Ausführung.» Sprecher setzte sich zur Wehr. Man verständigte sich auf einen Kompromiss, der verschiedene Interpretationen zuliess –, ein Spiel, das in den kommenden Monaten und Jahren fortgesetzt wurde.

Im Feld baute man inzwischen weiter, wenn es die Umstände und die finanziellen Mittel erlaubten. Theophil Sprecher wandte sich gelegentlich mit Kreditbegehren direkt an das Militärdepartement und fand bei Bundesrat Decoppet Gehör. Es gab Unklarheiten in Bezug auf die Kompetenzen, so zum Beispiel zwischen dem Generalstabschef und dem Geniechef der Armee. Divisionär Robert Weber war verantwortlich für den Ausbau der Fortifikationen Hauenstein und Murten, im Tessin hingegen wurde er beiseite geschoben. Sobald er sich gegen den Generalstabschef auflehnte, fand er Unterstützung beim General. Man möge «dem Geniechef Gelegenheit geben, seine Ansicht zu äussern», lautete Willes Weisung an Sprecher.[223]

Was den Stellungsbau durch die Truppen betraf, war Robert Weber gleicher Meinung wie der Generalstabschef. Er fand es sinnvoll, die Infanterie für den Bau von Befestigungen einzusetzen: «Die Truppe empfindet in den Befestigungsarbeiten etwas dem Lande nützliches zu leisten, während ewiges Griffeklopfen eher als unnütze und in die Länge gezogener innerer Dienst als Faulenzerei vorkommt, für welche sie nicht gerne Haus und Hof monatelang verlassen möchte.»

Ein besonderes Erlebnis war für jeden Soldaten die Annäherung an die Grenze. Ende September 1914 marschierte Charles Ferdinand Ramuz, ausgerüstet mit besonderen Ausweisen und Empfehlungen des Armeestabs, von Delsberg nach Norden ins Tal der Lützel und weiter an die Grenze des Sundgaus. Sein Begleiter war vermutlich Gonzague de Reynold, der als Chef des Vortragsbureaus den Waadtländer zuvor um seine Mitwirkung gebeten hatte. Die Wanderung führte durch eine abgesperrte, fast menschenleere Landschaft, in der man einzig auf Soldaten in ihren Feldstellungen und auf Beobachtungsposten traf. Ramuz fand hier, wie er in seinem Tagebuch berichtet, Männer, die ihren Dienst mit einem andern Bewusstsein versahen als jene, die weiter hinten in der Etappe lebten: «Partout je retrouve des compatriotes tout heureux d'être ‹à la frontière›, parce qu'ils s'ennuyaient un peu, comme ils finissent par l'avouer, dans ces cantonnements d'arrière où ils viennent de passer plus d'un mois. Le service ici n'est pas moins pénible, mais il est plus intéressant. Il flatte le goût d'aventures et ce besoin d'émotion qu'il y a au coeur de chaque homme, d'autant plus que, quand on est soldat, si on ne peut pas faire la guerre, on aime du moins à n'être pas loin des endroits où d'autres la font.»[224]

Der für Ramuz ungewöhnlich martialische Exkurs scheint die Gemütslage der beiden Literaten auf ihrem Weg in die Kriegszone wiederzugeben. An der Grenze selber fiel den beiden Männern die Stille auf. Am jenseitigen Ufer der Lützel war kein Lebewesen auszumachen. Man mochte darüber rätseln, ob das Elsass im Augenblick deutsch oder französisch war. Noch gab es keine festgefügten Fronten. Von einer Anhöhe aus sah man einen deutschen Fesselballon und jenseits des Rheins die Feste Istein.

Einige Tage später durchquerten Ramuz und Reynold die Ajoie und begaben sich auf einen Beobachtungsposten in der Nähe von Boncourt. In unmittelbarer Nähe lag der verlassene Bahnhof von Delle, und in der Ferne konnte man das Fort Roppe bei Belfort erkennen. Die Beobachter blickten auf einen Landstrich, der zum Schlachtfeld ausersehen war. Doch es bewegte sich nichts: «La guerre, dit quelqu'un près de moi, la guerre, c'est quand on ne voit rien.»[225]

Der offenkundige patriotische Aufbruch, den Ramuz auf seinem Marsch der Grenze entlang erlebte, mündete in ein Lob auf die Armee, die inzwischen beinahe ein stehendes Heer geworden sei. Man sei weit weg von pazifistischen Träumereien: «Il ne suffit pas de prôner le droit; il faut encore, à l'occasion, l'imposer. Et comment y réussir sans, parmi toutes ces ‹forces› ou ce qu'on nomme de ce nom, la plus immédiate de toutes, la plus brutale de toutes, qui est quelques centaines de canons, quelques centaines de milliers de fusils, un bon chef qui voit clair et des officiers décidés à vaincre?»[226]

An der Juragrenze baute die Armee ihre Stellungen aus. Schützengräben, Infanteriestützpunkte und Stacheldrahtverhaue zogen sich der Grenze entlang. Blockhäuser sperrten Durchgangsstrassen. Artillerie wurde auf Les Rangiers und am Mont Terri eingegraben. Beobachtungsposten auf Höhenzügen wie Pt. 510 nördlich von Beurnevésin erlaubten Einblicke bis tief ins Elsass. Von diesen Punkten aus wurde während vier Jahren das grenznahe Schlachtfeld beobachtet.

Kein Abschnitt an der Landesgrenze führte so direkt zur Begegnung mit dem Kriegsgeschehen wie die vorspringende Zunge im Largin bei Bonfol. Beim Larghof im sogenannten «Entenschnabel» nahmen die Schützengräben der feindlichen Heere ihren Anfang. Im Oktober 1914 waren im Largtal feste Fronten entstanden. Zuvor hatte der Krieg an der Grenze der Ajoie einige Scharmützel gebracht, die sich wie Randerscheinungen im grossen Geschehen ausnahmen. Erste Kampfhandlungen spielten sich im hügeligen Grenzgebiet nördlich von Beurnevésin ab, noch bevor die schweizerische Feldarmee den Übergang von Les Rangiers erreicht hatte. Als das 7. französische Armeekorps unter General Bonneau am 7. August nach Mülhausen vorstiess, bewegte sich auf der rechten Flanke ein gemischter Verband von 200 Dragonern und Infanteristen der Grenze entlang von Réchésy nach Pfetterhausen. Er überschritt dabei die Grenze nach dem deutschen Elsass. Die Truppen Kaiser Wilhelms wurden nach kurzem Gefecht aus dem Dorf vertrieben.[227]

Nach dem überstürzten Abmarsch rechtfertigte der für die Verteidigung zuständige Leutnant seinen Rückzug mit der Behauptung, er sei von einer ganzen Division angegriffen worden. Er versicherte zudem, ein Teil der französischen Truppen sei über schweizerisches Territorium ins Elsässer Dorf eingedrungen –, eine Vermutung, die möglicherweise zutraf, denn im unübersichtlichen Waldgebiet bei Pt. 510 war der Grenzverlauf kaum zu erkennen.

Schweizerische Schlachtenbummler mit Rucksack und Fahrrad überquerten in den ersten Tagen die Grenze und hefteten sich den Kompanien, die ins Gefecht zogen, an die Fersen. Französische Zollverbände plünderten das Bahnhofbuffet von Pfetterhausen, worauf das Gerücht nach Bonfol drang, der in wilhelminischem Stil erbaute Bahnhof sei zerstört. In Pfetterhausen und Nieder-Sept (Seppois-le-Bas) richtete sich das französische Territorialregiment 55 ein, auf den östlichen Hängen des Largtals setzte sich das badische Landwehrregiment 109 fest. Schweizerische Truppen lagen im Largzipfel unmittelbar an der Grenze. Es galt, in neutraler Mission die beiden Gegner auseinander zu halten, denn die Versuchung war offenkundig, auf dem Umweg durch den Largwald die feindlichen Stellungen zu umgehen. In seinem Buch «Der Krieg an der Juragrenze» beschreibt Oberst Alphonse Cerf, Augenzeuge und Teilnehmer, die schweizerischen Aktivitäten im Largtal:

«Der schweizerische Largin ist eine schmale, bewaldete Landzunge, die ins Elsass hineinreicht. Die vor dem Kriege internationalisierte grosse Strasse Ottendorf (Courtavon) – Réchésy schneidet sie in zwei Teile. Eine andere führt der Länge nach von Bonfol nach dem Bauernhof und Wirtshaus am äussersten Ende des Halbinselchens. Dieses hatten 1914 Genietruppen mit einem dichten Netz aus Stacheldraht umgeben und einige Blockhäuser errichtet, welche die Strassen und Anmarschwege beherrschten. Ein grosser Baum diente als Beobachtungsposten. Die Kompanien, die den Largin zu besetzen hatten, stellten 1 Offiziers- und 3 Unteroffiziersposten aus. Der Posten Nr. 1 überwachte Richtung Ottendorf den Südausgang der internationalen Strasse. Ihm gegenüber, auf wenige Schritte Entfernung, standen hinter einem hohen, für allfällige Deserteure elektrisch geladenen Drahtzaun, die deutschen Schildwachen. Am Ende der verbarrikadierten Strasse befand sich der Posten Nr. 3 mit Front gegen die Pfetterhausen besetzt haltenden Franzosen. Hier war kein Drahtzaun. Eine oder zwei französische Schildwachen mit umgehängtem Gewehr spazierten gemächlich in einer Haltung herum, die nichts Steifes, noch weniger etwas Herausforderndes hatte. Weiter links, mitten im Walde, sperrte der Posten Nr. 4 einen Fussweg und das ausser Betrieb gesetzte Bahngeleise Bonfol-Pfetterhausen. Auf dem hohen Bahndamme, wo zwischen den verrosteten Schienen Gras gewachsen war, stand die Schweizer Schildwache. Dem Posten gegenüber ... nichts! Der eigentliche Largposten war der Posten Nr. 2 am Nordzipfel des Largins. Er befand sich genau da, wo die beiden feindlichen Fronten zusammenstiessen. Ein Blockhaus diente im Falle einer Beschiessung durch Artillerie oder Infanterie den Schildwachen als Deckung.»[228]

Mit der Ruhe im einsamen Largtal war es zu Ende. Am 6. Oktober steckten die Zöllner von Pfetterhausen die unmittelbar an der Schweizer Grenze gelegene Zippermühle in Brand. Man hatte den Eigentümer H. Emile Petermann im Verdacht, deutschen Patrouillen Nachrichten übermittelt zu haben. Am 13. Oktober zündeten französische Infanteristen den unterhalb des Largzipfels gelegenen «Sparhof» an. Er hatte vermutlich herumstreifenden Deutschen als Unterkunft gedient. Am selben Tag schoss deutsche Artillerie in den Abschnitt des Largin. Sechs Geschosse gingen beim Larghof auf schweizerischem Territorium nieder, wobei eine Granate das Dach der grossen Scheune durchschlug. Weitere Granaten detonierten im Hof vor dem Hauptgebäude, in dem gerade Generalstabsoffiziere sassen. Noch am selben Nachmittag trafen General und Generalstabschef ein, um die Bescherung zu inspizieren. Die deutsche Entschuldigung liess nicht auf sich warten. Es setzte ein Rätselraten darüber ein, was die Deutschen mit ihrem Feuerüberfall bezweckt hatten. Die meisten Vermutungen griffen zu hoch. Die spöttischen Kommentare des französischen Kommandanten an der Grenze trafen wohl das Richtige. Die deutsche Artillerie schoss bei Kriegsbeginn miserabel. Sie war den französischen Feldgeschützen unterlegen. So war vermutlich die Beschiessung des Largin eine Fehlleistung ohne weitere Bedeutung.

Es kam im Largtal während des ganzen Krieges zu keinen Aktionen, die Schlagzeilen produzierten oder die Kriegsgeschichte bewegten. Und doch war es ein blutiger Krieg. Am Largbach zwischen den beiden Waldrändern lagen Horchposten, nachts bekämpften sich Patrouillen im sumpfigen Talboden. Maschinengewehre und Mörser zwangen beide Parteien, sich immer tiefer einzugraben. Die Franzosen hatten noch vor Beginn des eigentlichen Stellungskrieges mit Balken der zerstörten Largmühle den Bach gestaut und das Tal ein Stück weit überschwemmt. Artillerie beschoss fast täglich die Frontabschnitte und die feindlichen Batterien im Hinterland. Deutsche Geschütze waren unter anderem bei Moos eingegraben, französische Batterien – darunter schwere 15,5 cm-Geschütze – standen nahe der Schweizer Grenze, so zum Beispiel nördlich von Beurnevésin in der Nähe der «Borne des trois puissances».

So perfekt abgesichert, wie es nach der späteren Schilderung von Alphonse Cerf erscheint, war die schweizerische Position im Largwald im Herbst des Jahres 1914 noch nicht. In einem Bericht der Genieabteilung des Armeestabs an den Generalstabschef wurde schonungslose Kritik geübt.[229] Der Stacheldraht an der Grenze könne leicht überwunden werden. Die schweizerischen Posten seien in keiner Weise gesichert, die Wachen schutzlos. Die Feldbefestigungen der kriegführenden Parteien reichten bis 30 Meter an die Grenze heran. Französische und deutsche Patrouillen überzeugten sich täglich davon, ob die schweizerischen Posten besetzt seien. Von Gefechtsstärke könne keine Rede sein. Ein Überraschungscoup durch schweizerisches Territorium sei jederzeit möglich. An sich sei das Gelände nicht die «Knochen eines Füsiliers» wert, aber es bestehe eine moralische Verpflichtung. Der Largzipfel könne in 10 Minuten durchquert und abgeschnitten werden, und die schweizerische Armee würde dabei eine klägliche Rolle spielen.

Das war nicht eine Frage der Landesverteidigung, denn dafür war der Largin völlig belanglos. Gemeint war die Notwendigkeit, ein exponiertes Stück Boden gegen jeden Zugriff zu verteidigen, der die Neutralität gefährdete. Damit war ein Thema angesprochen, über das man sich im Generalstab schon seit Jahren Gedanken gemacht hatte. Wann konnte man von Neutralitätsverletzung sprechen, auf die mit einer Kriegserklärung reagiert werden musste? Dazu entwickelte man eine subtile Dialektik. Ein Einbruch in schweizerisches Territorium zum Beispiel durch eine Kompanie, der spontan und zufällig erfolgte, galt als minderes Vergehen und durfte als lokaler Zwischenfall eingestuft werden. Ein Angriff hingegen, dem eine offensichtliche Planung vorausging, war von anderer Qualität und stellte Armeeführung und Bundesrat vor existentielle Fragen.

Der Largzipfel hätte in beiden Fällen als Paradebeispiel dienen können. Theophil Sprecher traf eine rasche Entscheidung. Am 17. Dezember, einen Tag nach dem Appell der Genieabteilung, forderte er in einem Brief an das Kommando des 1. Armeekorps den Bau von kleinen Blockhäusern und weiteren Geländeverstärkungen.[230] Das geschah denn auch, wie es Oberst Cerf in seinem Bericht beschreibt. Ein Durchmarsch durch den Largwald ohne Planung war nicht mehr möglich.

Dennoch blieb die militärische Präsenz der Armee im Largin nicht sehr eindrücklich. Die in Holz gebauten Blockhäuser und die Schützengräben zerfielen im

Laufe der Zeit, denn kaum eine Einheit fühlte sich für Unterhalt und Erneuerung zuständig. Das traf vor allem für die Bauten beim Larghof zu, in deren unmittelbarer Nähe deutsche und französische Posten lagen. Im September 1917 inspizierte Geniechef Robert Weber den Abschnitt und fand, wie er dem Generalstabschef schrieb, Blockhäuser und Hindernisse in «unwürdigem, verlottertem Zustand». Die Bewachung des Largzipfels wirke unter diesen Umständen mehr polizeilich als militärisch: «Wird eine Instandstellung nicht gewünscht, so beantrage ich sofortigen Abbruch derselben, denn als Denkmäler des herrschenden Geistes, nach welchem jeder Führer das Werk des andern mit möglichst viel Geringschätzung behandelt, brauchen sie doch wohl nicht stehen zu bleiben.»[231]

Zu den spannenden Aufgaben gehörte der Dienst auf einem Beobachtungsposten. Im August 1915 bezog Oberleutnant Charles Gos den Posten auf Pt. 510 bei Beurnevésin.[232] Gelegenheit für den Schriftsteller, die Eindrücke an der Grenze in allen Dimensionen zu erfahren. Der Beobachtungsturm stand nahe der Drahthecke, welche die Grenze markierte. Dahinter marschierten französische Schildwachen auf und ab. Nicht weit entfernt, bei der alten Dreiländerecke mit den «Bornes des trois puissances», hatte sich die französische Batterie 500 eingegraben, die in unregelmässigen Abständen ihre Duelle mit den deutschen Geschützen bei Moos austrug.

Charles Gos beschrieb Pt. 510 in knappen Sätzen: «Le poste, baraque chétive, est tapi au pied d'un pin. Au-dessus, des échelles crevant les branches, portent très haut l'observatoire posé à la cime de l'arbre. (…) Je monte à l'observatoire. On y accède par trois échelles de bois (76 échelons) garnies de rampes, trois hautes échelles branlantes, superposées et reliées entre elles par des plates-formes. L'observatoire est perché à l'extrémité de la dernière échelle, sur la fine pointe du pin, poussé droit comme un i, ébranché dans le haut.»

Die Szene im Largtal war aufgeteilt in Natur und Kriegsbilder: «Quatre heures durant, l'oeil collé au télescope, je dissèque le pays, sans voir le paysage. Ma curiosité intense s'applique à démêler dans ce panorama en lignes enchevêtrées, des clochers, des châteaux, des bois, des fermes aux toits vermillons luisants entre les branches, des routes blanches, des chemins, des villages (si lointains qu'on a de la peine à les situer), des ruines, des vallons. En un mot, tout ce qui peut servir de position stratégique aux Armées en présence. (…) Au milieu de cette belle campagne alsacienne passe le ‹no man's land›, cette zone de mort, le front. Le front! Large bande de terrain sillonnée, labourée de tranchées, de trous d'obus et d'où toute végétation est bannie, hormis des boqueteaux, des tronçons d'arbres foudroyés et des champs incultes. Le front, dont on peut suivre nettement le trajet sinueux jusque sur la crête du Vieil Armand.»[233]

Wichtig war die Nachbarschaft jenseits der Grenze. Durch den Drahtzaun unterhielt sich Charles Gos mit französischen Kameraden über den Alltag und das Weltgeschehen, über persönliche Schicksale und auch über Literatur. Man warf Zeitungen und Bücher über das Drahtgeflecht, um sich gegenseitig das Leben zu erleichtern. Die Beziehungen zwischen den Soldaten zu beiden Seiten der Grenze waren freundschaftlich. Es gab nur eine Sache, über die nicht debattiert wurde. Die Franzosen verboten ihren schweizerischen Kollegen jegliches Licht auf dem Beobachtungsposten. Wenn sie sich nicht daran hielten, würden sie auf den Turm schiessen. Die Erklärung war im Beobachtungsstand auf einem Zettel festgehalten: «Il résulte du bombardement de cette nuit par les batteries de Moos et de Rüdersbach sur la batterie du point 500 que les Allemands ont réglé leur tir sur le falot-tempête de l'observatoire suisse du Pt. 510. En conséquence, les Français font savoir que si le dit falot est de nouveau allumé, ils l'éteindront à coups de fusils.»[234] Das Windlicht hatte den deutschen Artilleristen als Richtpunkt gedient, so dass sie ihr Feuer auf die nahe gelegene französische Batterie einrichten konnten.

Das Leben auf dem Beobachtungsposten verlief zwischen Monotonie und Emotionen. Die Stille konnte so unerträglich werden wie das Donnern der Kanonen. Durch die Teleskope nahmen die Beobachter an grösseren und kleineren Aktionen der Infanterie in einem von Geschossen umgepflügten Gelände teil. Wenn Männer zwischen Schützengräben und Stacheldraht um ihr Leben rannten, so waren das bescheidene Ereignisse am Rande des Weltgeschehens, von denen die Kriegsgeschichte keine Notiz nahm. Doch im Kopf der Betrachter blieben die Bilder haften.

Kontakte zwischen schweizerischen Milizen und den Soldaten der kriegführenden Mächte gehörten zum Alltag an der Grenze. Das geschah vor allem dort, wo man sich so nahe war wie im Largin. Man drückte sich die Hand, wechselte einige Worte und vernahm gelegentlich Nachrichten aus einer andern Welt. Deutsche Landwehrsoldaten waren dankbar für frisches Brot, Tabak und Zigarren. Sie selber brachten den Schweizern Faschinenmesser, Gewehrpatronen und Gürtelschnallen mit der Inschrift «Gott mit uns». Beim Larghof spielte von Zeit zu Zeit eine schweizerische Militärmusik. Es soll vorgekommen sein, dass beide Seiten das Feuer einstellten, damit das Konzert nicht gestört wurde. Es ist aber auch eine weniger schöne Geschichte überliefert. Als eine Bataillonsmusik zum Konzert aufspielte, stieg ein deutscher Soldat aus dem Graben, um die Musik besser zu hören. Gleich darauf wurde er von einem Schuss tödlich getroffen.

Die Sympathien der Eidgenossen übertrugen sich auch auf die Beziehungen an der Grenze. Die Soldaten aus der Romandie verstanden sich gut mit ihren französischen Kameraden. Gegenüber den Deutschen wahrte man Distanz. Die Deutschschweizer hielten sich eher an die Krieger aus dem Kaiserreich. Das war nicht nur eine Frage der Sprache. Die Sympathien für die Deutschen wurden mit der Zeit durch das oft rüde und zackige Verhalten jenseits des Grenzzauns gedämpft. Die Grenzwachen machten gelegentlich Erfahrungen, die zu Frustrationen führten. Es kam vor, dass deutsche Landser ihren schweizerischen Kollegen mit vielsagendem Lächeln den Termin ihrer nächsten Entlassung mitteilten. Sie konnten mit dieser

Botschaft aufwarten, bevor die schweizerischen Einheiten selber unterrichtet waren. Woraus der simple Soldat schliessen durfte, dass der deutsche Nachrichtendienst nicht schlecht funktionierte.

Es gab auch Begegnungen der fahrlässigen Art. Dazu gehört ein Besuch von zwei Schweizer Offizieren im Gasthof der auf Elsässer Territorium liegenden Ruine Morimont. Die Eskapade eines Hauptmanns und eines Oberleutnants aus einem Zürcher Bataillon ist im Gästebuch der Herberge verzeichnet. Die beiden seltsamen Gäste, die vielleicht mit deutschen Offizieren im Gasthaus sassen, lobten in holprigen Versen das Haus und den Wirt und teilten ausserdem mit, dass sie mit ihrer Kompanie I/66 in der hoch über der Ruine gelegenen Grenzstellung Les Ebourbettes das Vaterland verteidigten.[235] Die Eintragung im Gästebuch des Morimont stammt vom 29. September 1914.

Unangenehme Erfahrungen mit deutschem Militär machte ein Westschweizer Kavallerie-Leutnant, der ohne genaue Geländekenntnis mit einem Dragoner von Vendlincourt nach dem Largin ritt und dabei über die Grenze hinaus geriet. Deutsche Wachen brachten die ahnungslosen Reiter nach Courtavon, das damals Ottendorf hiess. Man vermutete hinter den beiden französisch sprechenden Männern Spione, so dass die Situation bedrohlich wurde. Nach langen, in schnarrendem Ton geführten Verhören liess der zuständige deutsche Oberst die beiden Eidgenossen über die Grenze abschieben.[236]

Für den Ballon-Beobachter Leutnant Walter Flury von Grenchen verlief die Begegnung mit der deutschen Luftwaffe unmittelbar vor Kriegsende tödlich. Flury war am 12. Oktober 1918 mit seinem Fesselballon zu einem dringenden Einsatz bei Miécourt aufgestiegen. Es galt, ein Gefecht im Largtal bei Seppois (Sept) zu beobachten. Was dann geschah, schilderte später ein anderer Beobachter, Leutnant J. Demiéville: «Le lieutenant Walter Flury, 22 ans, connaissait à fond son métier d'observateur. (...) Lors de la première ascension, par une superbe matinée d'automne, il assistait, les jumelles rivées aux yeux, à une reconnaissance forcée dans la région de Sept. Soudain, foncèrent sur lui, de 2000 mètres d'altitude, deux avions porteurs de croix noires. Rétablissant la ligne de vol à la hauteur de la nacelle, l'un d'eux ouvrit alors le feu de ses deux mitrailleuses; Flury tomba mortellement atteint au front. Virant ensuite bord sur bord, le chasseur fit feu une seconde fois et incendia le ballon. Le feu nourri que les aérostiers ouvrirent aussitôt de leurs mousquetons ne put pas l'atteindre, car il disparut dans la direction du Largin. Nous avons retrouvé notre camarade dans les décombres en flammes du ballon captiv. Ses mains, crispées en un dernier effort, maintenaient les jumelles à la hauteur des orbites vides.»[237]

Es gab keinen Zweifel: Der deutsche Jagdflieger schoss den schweizerischen Fesselballon – aus welchen Motiven auch immer – absichtlich ab. An der Stelle, wo Walter Flury zu Tode kam, steht im Wald bei Miécourt nahe der Grenze ein Gedenkstein.

Im Herbst 1914 herrschte in der Schweiz Ungewissheit darüber, wie sich das neutrale Italien im Laufe des Konflikts verhalten würde. Die Anzeichen dafür, dass es sich eines Tages gegen seinen Dreibundpartner Österreich wenden werde, mehrten sich zu Beginn des Jahres 1915. Die Armee hatte sich auf diesen Fall eingestellt und die Aufmerksamkeit rechtzeitig einem Abschnitt gewidmet, in dem ein Zusammenstoss italienischer und österreichischer Streitkräfte zu erwarten war. Es handelte sich um die Grenze zwischen Umbrailpass und Dreisprachenspitze, jenem das Stilfser Joch überlagernden Felssporn, auf dem die Territorien der drei Nationen zusammenstiessen. Die österreichisch-italienische Grenze lag damals auf dem Pass, der sogenannten Ferdinandshöhe.

In der Region war schon in den Kriegen des 19. Jahrhunderts gekämpft worden. Jedesmal hatte die Gefahr bestanden, dass eine der beiden Kriegsparteien die Stellungen des Gegners über den Umbrailpass und durch das Münstertal umgehen würde. Der Gebirgsbrigade 18 war die Aufgabe anvertraut, einen derartigen Vorstoss zu verhindern. Ihr Kommandant, Oberst Otto Bridler, genannt «König der Bernina», stimmte in seinen militärischen Vorstellungen mit dem Bündner Theophil Sprecher überein. Mit ihm teilte er die freundschaftlichen Gefühle für die Donaumonarchie und das Misstrauen gegenüber Italien.

Nach Kriegsausbruch blieben die Verhältnisse am Stilfser Joch vorläufig friedlich. Die beiden Kontrahenten bereiteten sich auf den Krieg vor, doch das belastete den Alltag an der Grenze wenig. Recht freundlich war der Umgang zwischen den Soldaten der Gebirgsbrigade und ihren österreichischen Kameraden. Vom Grenzübergang zwischen Müstair und Taufers ist eine Geschichte überliefert, die in verschiedenen Varianten vorliegt und seinerzeit bis zur Nachrichtensektion des Generalstabs drang.[238] An jenem Grenzpfahl stand auf jeder Seite eine Doppelschildwache, ein allzu grosser Aufwand, wie die Beteiligten meinten. Die österreichischen Soldaten hausten in einer Baracke, die Schweizer standen in freier Natur. Beide Seiten fanden diesen Zustand ihren Bedürfnissen wenig angemessen. Man reduzierte die Bewachung auf eine einzige Schildwache, die von den Schweizern gestellt wurde. Als Gegenleistung bot man den Eidgenossen in der österreichischen Schutzhütte Unterkunft. Hauptmann Johann Ulrich Meng, ein Zeitzeuge, behauptete hingegen in seinen Erinnerungen, Soldaten der beiden Nationen hätten sich in vierstündigem Turnus abgelöst: «Natürlich wurde dann dem gar intimen Freundschaftsverhältnis und Verkehr ein Riegel geschoben. Das änderte aber an der Tatsache nichts, dass auch die Herren Offiziere sich hier an dem Grenzpfahl recht kameradschaftlich und herzlich begrüssten. Wie sie sich gegenseitig unter sich duzten, so redeten sie auch uns recht herzlich mit dem kameradschaftlichen ‹Du› an.»[239]

Bis zum Kriegseintritt Italiens im Mai 1915 waren offenbar auch die Italiener in diese Kameradschaft eingebunden. Hauptmann Meng berichtete darüber: «Nicht weniger gemütlich waren noch im Herbst 1914 die Zusammentreffen auf der Drei-Sprachenspitze, wo sich beim schweizerischen Schutzhaus italienische und österreichische Erde berührte. Hier trafen (vor dem italienisch-österreichischen Kriegsausbruch im Jahre 1915) unsere Patrouillen mit italienischen Alpini und österreichischen Kaiserjägern zusammen. Auffallen musste es einem Beobachter, wie Italiener und Österreicher damals noch sehr freundschaftlich und ungezwungen miteinander verkehrten.» Bemerkenswert ist das positive Bild, das Meng von den Italienern zeichnete und das sich erheblich von den in der Deutschschweiz verbreiteten Klischee-Vorstellungen unterschied. Es habe sich um «flotte, stramme und schöngewachsene Männer» gehandelt, die durch ihr Auftreten imponierten. Viele von ihnen hätten fliessend deutsch gesprochen.

Bei Kriegsausbruch richteten die Österreicher ihre Abwehrstellungen zwischen Trafoi und Gomagoi ein und liessen auf der Ferdinandshöhe, dem eigentlichen Passübergang, nur eine schwache Besatzung zurück. An drei Stellen sprengten sie die Strasse auf das Joch und behinderten damit ihren eigenen Nachschub an die vorderste Front. Die Italiener zogen sich wider Erwarten von der Passhöhe zurück. Abgesehen von vorgeschobenen Feldwachen war ihre vorderste Position der Stützpunkt Cantoniera IVa, der unmittelbar unter der Umbrail-Passhöhe liegt. Der schweizerische Offiziersposten im Hotel Dreisprachenspitze hatte die Österreicher als Nachbarn, die Italiener gaben ihr Territorium an diesem Punkt preis. Die Strasse zum Stilfser Joch blieb auf der italienischen Seite intakt. An einen Durchbruch über den Pass dachte man offenbar nicht. Dazu waren die italienischen Truppen bei Bormio zu schwach. Für den Kampf in den höheren Regionen blieben die mit der Topographie vertrauten Alpini, doch es handelte sich dabei nur um kleine Verbände. Der Krieg verlagerte sich von der Strasse ins Ortlermassiv, wo er unter den kaum vorstellbaren Bedingungen des Hochgebirges ausgefochten wurde.

Die Italiener besetzten in den ersten Tagen den 3094 Meter hohen Monte Scorluzzo, der südwestlich des Stelvio liegt, und belästigten die Besatzung der Ferdinandshöhe mit einem Maschinengewehr. Die Position gewährte Einblick in den österreichischen Stellungsraum und erlaubte den Beobachtern, das Artilleriefeuer bis weit hinter die Passhöhe zu leiten. Am 4. Juni eroberte ein österreichischer Stosstrupp den Scorluzzo im Handstreich zurück, worauf er zu einer Bastion ausgebaut wurde.[240] Damit war für die Italiener die Sicht auf den östlichen Anstieg zum Stilfser Joch erschwert. Eine Beschränkung, die für die schweizerischen Stellungen bei der Dreisprachenspitze nicht ohne Folgen blieb.

Die österreichische Armee war zu diesem Zeitpunkt so entscheidend an der russischen und an der serbischen Front engagiert, dass sie keine Truppen in einen weniger wichtigen Sektor wie die Ortlerregion senden konnte. An der entblössten Front traten deshalb die sogenannten Landesschützen auf, die von 1917 an Kaiserschützen genannt wurden. Es war eine bunte Garde aus Schützenvereinen und andern paramilitärischen Organisationen, in denen Männer mitmarschierten, die das diensttaugliche Alter noch nicht erreicht oder schon überschritten hatten. Ihnen kam bei allen Mängeln der Ausbildung und der Ausrüstung zustatten, dass sie ihre engere Heimat verteidigten und über gute Geländekenntnis verfügten. Ans Stilfser Joch wurde zudem das K. u. K. Inf Res Bat IV/29 geschoben, ein Landwehr-Bataillon aus Südungarn, das hier in eine völlig unbekannte Topographie geriet.[241] So blieb es bis ans Kriegsende. Zwischen Stilfser Joch und Tonale-Pass kommandierte Freiherr von Lempruch. Im Abschnitt des Stelvio war ein Hauptmann Calal Herr über den zusammengewürfelten Verband. Er war offenbar ein Tausendsassa, denn nach einigen Jahren kannte man ihn vornehmlich unter dem Ehrentitel «Held Calal». Er leitete das militärische Tagesgeschäft, plante Handstreiche, empfing Frontbesucher oder erklärte, wie Hauptmann Meng erzählt, schweizerischen Soldaten hinter dem Hotel Dreisprachenspitze an einer steinernen Orientierungsplatte das Schlachtfeld. Bei hohem Besuch pflegte er Artilleriefeuer auf die IV. Cantoniera beim Umbrailpass vorzuführen. Das war das Kriegstheater, das sich den schweizerischen Grenztruppen zwischen Dreisprachenspitze und Umbrail bot.

Der Generalstabschef hatte schon im Sommer 1914 genaue Weisungen erteilt. Die Front musste nach beiden Seiten gesichert und die Region des Stelvio überwacht werden. Man begann zwischen Dreisprachenspitze, Umbrailpass und Punta da Rims mit dem Bau eines Grabensystems und von einzelnen Stützpunkten, ferner von Unterständen und Unterkunftshütten. Als die Italiener am 23. Mai 1915 die Feindseligkeiten eröffneten, grub die im Abschnitt eingesetzte Kompanie die bereits gebauten Stellungen aus dem Schnee aus und besetzte die gegen Italien gerichteten Positionen. Ein Offiziersposten wurde im Hotel Dreisprachenspitze eingerichtet, ein anderer auf der Punta da Rims. Das Zentrum der schweizerischen Abwehrfront lag bei der Umbrail-Passhöhe selber, wo bis zum Kriegsende Unterkünfte für 500–600 Mann erstellt wurden. Hier war man wenige Meter von den italienischen Feldwachen der IV. Cantoniera an der Stelvio-Strasse entfernt.

Der enge Schulterschluss mit den Fronten der Kriegführenden war für den Generalstabschef ein ständiger Grund zur Sorge, obschon er von «guter Nachbarschaft» sprach. In seinem Bericht an den General zur «militärischen Lage der Schweiz auf Anfang des Jahres 1916» kam er auf diesen Punkt zu sprechen und meinte dabei den Umbrailpass und die Ajoie: «Was die unmittelbaren Berührungen unserer Truppen mit denen der Kriegführenden anbelangt, so wird allerdings die Anlehnung der beiderseitigen Gegner an unser neutrales Gebiet in einer Weise ausgeübt, die leicht zu dessen Verletzung führen kann. Sowohl im Pruntrutischen als auch auf dem Umbrailpass schliessen die Kämpfenden mit ihren Verteidigungslinien und Hindernissen unmittelbar an unserer Grenze an und und verstärken ihre Anlagen fortwährend. Augenscheinlich hat jeder seinen Gegner im Verdachte, er möchte, bei günstigen Umständen, das neutrale Gebiet zur Umfassung des angelehnten Flügels benutzen. Ich halte die Befürchtung einstweilen nicht für begründet. Unsere Nachbarn allerseits können nicht im Zweifel darüber sein, dass wir den Versuch des Durchzuges durch das Pruntrutische (Elsgau) oder das bündnerische Münstertal gleicherweise als Casus belli betrachten würden.»[242]

Bei einem Augenschein auf der Dreisprachenspitze verblüffte Generalstabschef Theophil Sprecher die anwesenden Bündner Offiziere durch seine genaue Kenntnis der militärischen Situation. Hauptmann Meng war dabei, als Sprecher am Fernrohr das Gelände absuchte: «Ohne die Kartentasche zu öffnen, nannte von Sprecher sämtliche Artillerie-Bastionen der Österreicher im Heerlager Goldsee, Stelvio, Ortler sowie die italienische Scorluzzo-Bastion. Wir konnten auch erfahren, wie die Italiener aus einer Batteriestellung westlich vom Schumbreidagipfel mit alten Schiffskanonen unseren Luftraum missbrauchten, um die verschiedenen Lager zu beschiessen. Unser Generalstabschef war also genauestens im Bild, wie der Kleinkrieg zwischen den Fronten verlief.»[243]

Die verwinkelte Topographie zwischen Stilfser Joch und Umbrail bot den kriegführenden Parteien die verlockende Aussicht, einen Teil ihrer Stellungen und Unterkünfte im Windschatten schweizerischer Geländepunkte anzulegen. Davon profitierte vor allem das österreichische Heer, das in der Senke östlich der Dreisprachenspitze eine eigentliche Barackenstadt, das sogenannte Lampruchlager, errichtete, das als Basis für die Kampfführung am Stelvio diente. Am nahe gelegenen Goldsee war österreichische Artillerie in Stellung, die mit ihrem Feuer den italienischen Abschnitt der Strasse und den Monte Scorluzzo beherrschte. Neutralitätsverletzungen waren also aus topographischen Gründen gegeben. Wollten die italienischen Geschütze österreichische Positionen unter Feuer nehmen, so durchquerten ihre Geschosse unvermeidlich den schweizerischen Luftraum über der Dreisprachenspitze. Die Österreicher zögerten nicht, die italienischen Batterien auf dem selben Weg zu bekämpfen. Auch die italienischen Kanonen zwischen Monte Braulio und Punta da Rims standen zum Teil geschützt hinter dem eidgenössischen Territorium.

Das Leben auf der Dreisprachenspitze war gefährlich. Das Hotel wurde mehrmals von Geschossen getroffen. Die Italiener schossen auf schweizerische Patrouillen, die sich zwischen dem erhöhten Felssporn und dem Umbrailpass bewegten. Sie förderten damit die anti-italienische Stimmung, die ohnehin an der Grenze herrschte. Bei Feuerüberfällen waren die schweizerischen Offiziere unschlüssig, wie sie reagieren sollten. Nach den Vorschriften für Truppenkommandanten vom 21. Dezember 1912 hätte man zurückschiessen dürfen, denn ein Paragraph besagte: «Hört die Verletzung unseres Gebietes durch Feuer nicht binnen angemessener Frist auf, so ist ohne weiteres Gewalt anzuwenden nach Kriegsgebrauch.»[244] Man schob die heikle Frage nach oben. Theophil Sprecher von Bernegg verhandelte immer wieder mit Oberst Giuseppe Bucalo, dem italienischen Militärattaché in Bern, doch ein konkretes Ergebnis stellte sich an Ort und Stelle nicht ein. Das italienische Oberkommando war nicht bereit, die Initiative der lokalen Truppenführer zu beschneiden.

Die italienischen Kommandanten beschuldigten die schweizerischen Truppen an der Grenze der Komplizenschaft mit den Österreichern. Der Verdacht lag – wiederum aus Gründen der Topographie – durchaus nahe. Die enge Nachbarschaft auf der Dreisprachenspitze war für jedermann sichtbar. Bei Zwischenfällen richtete sich der schweizerische Ärger mehr gegen die Italiener als gegen die Soldaten der Donaumonarchie. Kameradschaftliche Gespräche über die Grenze hinweg brachten keine Erleichterung. Die Gefahr eines ernsthaften Konflikts war nicht auszuschliessen. In einem Schreiben an den Generalstabschef äusserte Oberst Bridler einen verständlichen, aber gefährlichen Gedanken: «Ich betrachte die Interessen, die wir daran haben, jenen Landeszipfel bzw. jene Steinwüste coûte que coûte zu besetzen, nicht gross genug, um uns einer solchen Eventualität auszusetzen. Das Hotel selbst gehört einer österreichischen Gesellschaft u. dass unsere Neutralitätspflicht soweit gehe, im Interesse einer Kriegspartei in jeder Ecke der Landesgrenze einfallende Geschosse mit den Körpern unserer braven Soldaten aufzufangen, vermag ich nicht einzusehen. (…) Im Übrigen konstatiere ich gerne, dass auch das Bat 85 in dieser etwas gefährdeten Zone seinen Dienst mit Stolz u. Freude erfüllt, u. dass sich auch hier zeigt, dass das Vorhandensein einer gewissen Gefahr eher einen Reiz auf die Leute auszuüben vermag.»[245]

Hätte die Armee tatsächlich die Dreisprachenspitze geräumt, so wären eine Besetzung durch österreichische oder italienische Verbände wahrscheinlich und Kämpfe auf schweizerischem Territorium nicht zu vermeiden gewesen: ein Einbruch in die eidgenössische Neutralität mit unabsehbaren Folgen.

Am 4. Oktober 1916 überschütteten die Italiener die Dreisprachenspitze mit Maschinengewehrfeuer. Ein Soldat des Füs Bat 85, Füsilier Georg Cathomas aus Ems, wurde tödlich getroffen. Österreichische Militärärzte aus dem Lampruchlager bemühten sich um den Mann, doch es kam jede Hilfe zu spät. Von da an hörte der kameradschaftliche Umgang zwischen schweizerischen und italienischen Grenzposten gänzlich auf. Italienische Offiziere behaupteten, an jenem Tag nicht geschossen zu haben. Sie verweigerten jegliche Entschuldigung. Kontakte der unteren Führung beiderseits der Grenze gab es offenbar nicht mehr. Es folgte ein Geplänkel der Diplomaten, das ohne Ergebnis blieb.

Italiens Regierung und auch die Armeeführung legten aber Wert darauf, aus den lokalen Zwischenfällen keinen grösseren Konflikt mit der Schweiz entstehen zu lassen. Man versuchte, auf dem Umweg über Theophil Sprecher die Österreicher mit dem Gedanken einer neutralen Zone am Stelvio vertraut zu machen. In diesem entmilitarisierten Bereich hätten alle Kriegshandlungen aufgehört. Sprecher leitete die Vorschläge an den österreichischen Militärattaché William von Einem weiter, doch in Wien überwog das Misstrauen. Bei der am weitesten führenden Variante hätten die österreichischen Truppen den Monte Scorluzzo, die Italiener die IV. Cantoniera und einen Beobachtungsposten südlich des Umbrail räumen müssen.

Die italienischen Ideen waren dem schweizerischen Generalstabschef nicht unsympathisch, wenn er auch seine Kollegen in Wien in keiner Weise drängen wollte. Die österreichischen Generäle liessen sich jedoch auf keine Diskussionen ein, denn man war mit dem status quo am Stelvio zufrieden. So dauerte der Kleinkrieg beim Umbrailpass bis in die letzten Kriegstage an.

Die Truppen, die im Jahre 1916 irgendwo im Land ihren Dienst taten, spürten wenig von der Spannung, die das Kriegsgeschehen auf ihre Kameraden in der Ajoie oder am Umbrail ausübte. Längst sprach man von Langeweile und von Dienstverdrossenheit, die selbst in der Bundesversammlung in den anhaltenden Debatten über die Armee angesprochen wurden. Es war vor allem ein Streitpunkt für die Parlamentarier aus der Westschweiz und für die Sozialdemokraten, doch auch Vertreter der deutschen Schweiz stellten unangenehme Fragen. Die bürgerliche Presse zweifelte ebenso am Sinn des phantasielos betriebenen Drills wie die sozialistischen Blätter. Man spottete über den aus Preussen importierten Taktschritt und sprach von «Paradestampfen» und «Muskelzerreissen».

Für General Wille war «Dienstfreudigkeit» kein Thema, vor allem dann nicht, wenn es in den Ratssälen diskutiert wurde. Seiner Meinung nach handelte es sich um «falsche Auffassungen», wenn sich die Bundesversammlung mit der Armee beschäftigte. Man könnte daraus schliessen, die Armeeleitung sei dem Parlament untergeordnet. Es gehe nicht an, dass die Armee an den Pranger gestellt werde. Sollten Missstände auftreten, so wäre es Sache der Offiziere, für Abhilfe zu sorgen. Er, Ulrich Wille, habe die Pflicht und die Entschlossenheit, das Vaterland zu verteidigen. In einem Brief an Bundespräsident Decoppet vom 22. Dezember 1916 umschrieb er die Aufgabe des Generals mit den folgenden Worten: «Sein Leitmotiv muss sein, alles ihm Mögliche zu tun, um das Vaterland zu retten, und wenn das nicht gelingt, wenigstens die Ehre zu retten, nicht seine persönliche Ehre – an seine Person darf er überhaupt nicht denken – sondern die Ehre des Landes. Gleiche Entschlossenheit muss die ganze Armee, muss das ganze Land durchdringen. Es gibt gar nichts Traurigeres und gar nichts macht die Erreichung dieses Zieles gleich hoffnungslos wie die beständige Drohung, die ‹Militärfreudigkeit› gehe verloren, wenn den Begehren nach einem den Wehrmännern mehr zusagenden Dienstbetrieb nicht entsprochen würde. Nicht um ‹Militärfreudigkeit› handelt es sich, um das Vaterland zu schützen und im äussersten Fall die Ehre der Armee und des Volkes zu retten, sondern um Opfersinn und militärische Tüchtigkeit.»[246]

Seine Verachtung für die Volksvertreter formulierte Ulrich Wille in dem Satz: «Den Zweifel an der Festigkeit seines Willens, an seiner Charakterfestigkeit, ruft der Oberbefehlshaber der Armee hervor, wenn er sich irgendwie durch die Herren Parlamentarier beeinflussen und leiten lässt.» Eine vergröberte Probe dieser Geisteshaltung bot Wille zum selben Thema in einem Brief an seine Frau vom 23. März 1917:

«Von lieben Leuten bin ich gestern furchtbar heimgesucht worden und dabei sollte ich einen sehr ernsten Brief an den Bundesrat verfassen, der mir in seiner jämmerlichen Angst vor dem Souverain-Volk und in verächtlicher Unterwürfigkeit vor dem Parlament, aber auch weil er selbst nach Denken und Fühlen Feind alles dessen ist, was militärisch ist, eine Zumutung gestellt hat, die von mir mit den tiefsten Tönen sittlicher Entrüstung zurück gewiesen werden muss. Den aufwallenden Zorn, den habe ich gestern gleich über B. R. Hoffmann ausgeschüttet, so dass ich jetzt nicht mehr zu fürchten brauche durch ihn meine blanken und scharfen Waffen weniger blank und scharf zu machen! – Hoffmann wollte sich zuerst ein wenig auf das hohe Ross hinaufschwingen und von diesem herunter mich zur Ruhe weisen, aber ich habe ihm gleich so den Fuss aus dem Bügel gezogen, dass er das hohe Ross in den Stall stellte und recht bescheiden zu mir sprach. – Die Herren wollten von mir einen Erlass über das Verhalten der Offiziere zur Truppe, weil ein nach Popularität haschender Nationalrat vor einem halben Jahr behauptet hatte, dies Verhalten sei ungehörig!»[247]

Die kräftigen Töne, die Ulrich Wille in den Briefen an seine Frau anschlug, waren auch im Umgang mit dem Bundesrat zu vernehmen. Doch der General geriet mit der Zeit in die Defensive. Im Stadium der bewaffneten Neutralität waren die Beziehungen zwischen Landesregierung und Armeeleitung nicht klar geregelt, obschon beide Partner das Gegenteil beteuerten.[248] Man hatte nicht mit einer langen Kriegsdauer gerechnet. In konkreten Fragen wich der General zurück und verzichtete auf Kompetenzen, die ihm im Kriegsfall gemäss Militärorganisation zustanden –, «freiwillig», wie er zu beteuern pflegte. Das geschah vor allem 1916, einem von Affären belasteten Jahr.

Meinungsverschiedenheiten ergaben sich zum Beispiel bei der Pressezensur, die sich für Wille nicht auf das Gebot der militärischen Geheimhaltung beschränken sollte. Sie war in seinen Augen ein Instrument, mit dem er in den Medien einen germanophilen Kurs begünstigen konnte. Seine Versuche, die politischen Gegner in der Romandie zu treffen, lösten jeweils wütende Reaktionen aus. Nun war Willes Einfluss auf die chaotisch organisierte Pressezensur beschränkt. Im Juli 1915 verfügte der Bundesrat eine Trennung der militärischen und der zivilen Pressekontrolle. Somit wurde die heikle Materie von der Militärgewalt teilweise an zivile Instanzen abgetreten, doch vermutete man – zu Recht oder zu Unrecht – auch später hinter etlichen Entscheiden die schwere Hand des Generals. In einem Befehl an die Truppenkommandanten vom 12. Oktober 1915 liess Wille erkennen, wie er sich den Umgang mit der Presse vorstellte: «Ein Teil unserer Presse hat aus ruhigen Friedenszeiten, in denen man das Militär mehr nur als einen dekorativen Bestandteil des Staatsgebäudes ansehen kann, die Gewohnheit wieder aufgenommen, ihren Lesern alles dem Dienstbetrieb im Heer nicht Ehrenhafte zu berichten, das ihr, und zwar nicht immer aus edlen Motiven, zugetragen wird. Wir handeln frivol und pflichtvergessen, wenn wir dem gleichgültig gegenüberstehen oder den grundsätzlichen Standpunkt einnehmen, es sei unter der Würde, auf solche Anrempelungen zu reagieren. Im Gegenteil, es ist viel richtiger, die Wirkung derselben auf die Militärfreundlichkeit des souveränen Volkes und auf die soldatische Pflichtfreudigkeit der Bürger im Wehrkleid zu überschätzen. Es ist unser aller heilige Pflicht, alles uns mögliche zu tun, um solcher Untergrabung der Fundamente kriegerischer Brauchbarkeit eines Heeres zu begegnen.»[249]

Im März 1916 stand im Nationalrat der zweite Neutralitätsbericht zur Debatte. Die Atmosphäre im Parlament war vom verheerenden Eindruck der Obersten-Affäre bestimmt, die noch einmal den Gegensatz zwischen der Romandie und der deutschfreundlichen Armeeleitung ins Zentrum der politischen Diskussionen rückte. Die Waadtländer Regierung forderte eine klare Unterordnung der militärischen unter die zivile Gewalt. Auch die Vollmachten des Bundesrats wurden angefochten. Edouard Secretan verlangte eine Abkehr vom militärischen Diktat und eine Aufwertung der zivilen, demokratischen Ordnung.

Bundesrat Arthur Hoffmann sprach der militärischen Hierarchie sein Vertrauen aus und deutete an, die Landesregierung rede auch in Fragen mit, die eigentlich dem General vorbehalten seien. Gemeint war der Einsatz der Armee im Innern, wo die sogenannte «affaire des trains» in der Westschweiz für Erregung sorgte. Die Armeeführung hatte ohne Wissen des Bundesrats Züge bereit gestellt, um während des Obersten-Prozesses Truppen in die Romandie zu verschieben und möglichen Unruhen vorzubeugen. Die Bewahrung von Ruhe und Ordnung im Land – so glaubte Wille auf Grund seines Rollenverständnisses – war Sache des militärischen Oberbefehlshabers. Der General beharrte anfänglich auf seinem Privileg, doch kapitulierte er schliesslich vor der zivilen Gewalt. Der Bundesrat gab im Sommer 1916 im Parlament die Erklärung ab, die Armee dürfe im Innern nur auf seine Anweisung eingesetzt werden.[250] Eine schmerzliche Einschränkung für Ulrich Wille, die während des Landesstreiks im November 1918 zu Kontroversen führte.

Nach dem Weltkrieg dozierte der Bundesrat in einem Bericht, das Verhältnis zwischen Regierung und Armeeführung sei mehr eine Frage der Personen als der Vorschriften. Tatsächlich sorgte der unausgeglichene Charakter des Generals regelmässig für Turbulenzen. Neben den selbstherrlichen Allüren des Feldherrn zeigte Ulrich Wille gelegentlich Anzeichen von Schwäche, die mit dem martialischen Gehabe schwer zu vereinen waren. Gegenüber der öffentlichen Meinung war er nicht so unempfindlich, wie die strammen Parolen vermuten liessen.

Ein Offizier im Armeestab, der Jurist und Major Max Huber, beobachtete Wille über eine längere Frist hinweg. In seinen «Denkwürdigkeiten» entwarf er ein Bild des Mannes, der in der schweizerischen Landschaft eine so seltsame Figur abgab: «Von den höheren Offizieren war ich mit keinem in häufigerer und engerer Berührung als mit dem General selbst, zumal ich von 1917 bis 1918 sein ständiger Tischgenosse war. Er brachte mir schon von Anfang an grosses Vertrauen entgegen wegen meines, wie er sagte, ‹unbeirrbaren Gerechtigkeitssinnes›. Über seine Eignung zum Höchstkommandierenden und über seine besonderen militärischen Verdienste während des Weltkrieges wage ich kein Urteil; woran es fehlte, war jedenfalls der Kontakt mit der Truppe, aber auch mit dem Bundesrat. Mit der Truppe fehlte er, weil der General zu viel in Bern weilte und trotz allen Drängens sich nicht aus der unmilitärischen und wegen der Spionagegefahr nicht unbedenklichen Umgebung des Bellevue Palace herausbringen liess, aber auch weil er weder das Schweizerdeutsch noch das Französische natürlich und leicht sprach. Mit dem Bundesrat ging der Kontakt verloren, weil der Generaladjutant, Ständerat Brügger, der als Bindeglied zwischen Armee und Regierung hätte dienen können, seiner Vermittleraufgabe keineswegs gewachsen war.»

Max Huber schilderte auch die positiven Seiten der zwiespältigen Natur Willes: «Das starke militärpädagogische Interesse des Generals brachte es mit sich, dass er den militärstrafrechtlichen und disziplinären Problemen die ihnen in der Tat zukommende Bedeutung beimass; daher die intensive, regelmässige Zusammenarbeit mit dem Armeeauditor. Ich habe stets beim General mit meinen Vorschlägen zur Verbesserung der Militärjustiz volles Verständnis gefunden, auch bei Anregungen, die wesentlich humane Zwecke verfolgten, denn Wille war ein gütiger, manchmal zur Weichheit neigender Mensch. Gegenüber Offizieren neigte er – wie er dachte, im Interesse der Vorgesetztenautorität – zu einer mir zu weitgehenden Toleranz, während Sprecher – von seinem streng religiösen Standpunkt aus – von unerbittlicher Konsequenz war.»

Eine problematische Neigung der Armeeführung erkannte der durchaus deutschfreundliche Völkerrechtler Max Huber in der politisch einseitigen Orientierung: «Eine entscheidende Schwäche unserer obersten Heeresleitung bestand darin, dass sie sozusagen ausschliesslich in den Händen von Männern lag, deren Sympathien politisch und gefühlsmässig den Zentralmächten zugewandt waren und die auch zu der militärischen Leistungsfähigkeit dieser Staaten, namentlich Deutschlands, ein so starkes Vertrauen hegten, dass eine unvoreingenommene Beurteilung der Leistungsfähigkeit der andern Kriegspartei erschwert war. Diese Persönlichkeiten, General, Generalstabschef, Generaladjutant und Unterstabschef, mögen für ihre Einschätzung der militärischen Kräfte ihre guten Gründe gehabt haben, und die gefühlsmässige Stellungnahme für die eine oder andere Kriegspartei war ein allgemeines schweizerisches Übel. Aber es war ein fast unbegreiflicher – höchstens aus einer ähnlichen Denkweise der Mehrheit des Bundesrates erklärlicher – Fehler der politischen Leitung des Landes, dass sie nicht für eine angemessene Vertretung des welschen Elementes (zum Beispiel mit Secretan als Generaladjutant) besorgt war; dies umso mehr, als die Wahl Willes namentlich bei den Welschen auf so starke Opposition gestossen und der sogenannte Graben zwischen Deutsch und Welsch seit dem Ausgang des Kampfes um den Gotthardvertrag sichtbar war.»[251]

Armee und Allianzen

Der Glaube an die Neutralität der Eidgenossenschaft hatte durch die unvorsichtig geführte Debatte über das Thema Allianzen gelitten. Das war vor allem in Frankreich und Italien der Fall, da sich diese beiden Staaten nach den aus Bern eintreffenden Signalen Sorgen über das Verhalten der Schweiz im Kriegsfall machten. Das seit Jahrzehnten gültige Dogma, wonach ein Angriff in erster Linie von Seiten Frankreichs, dann aber auch von Italien zu erwarten sei, hielt eine latente Spannung gegenüber diesen Ländern aufrecht. Im Zeichen der Militarisierung Europas verlagerte sich der Diskurs vom politischen auf das militärische Feld. Vom zukünftigen europäischen Krieg war stets die Rede, wobei man von einem deutsch-französischen Konflikt ausging. Nach den Marokko-Krisen war ausserdem von England als wichtigem Faktor die Rede.

Hohe schweizerische Offiziere zerbrachen sich den Kopf darüber, ob sich die Armee bei einem Angriff gegen das Land mit dem Gegner des Invasors oder einfach mit dem stärkeren der beiden Kontrahenten verbinden müsse. Arnold Keller, Chef der Generalstabsabteilung, hatte seit den neunziger Jahren Theorien über die möglichen Kriegsszenarien, über Allianzen, Armee-Aufmärsche und militärisch wünschbare Landesgrenzen entworfen und in sogenannten Memorialen festgehalten. Alles in allem ein Panoptikum, das an die Allüren einer Grossmacht erinnerte. Dabei wusste Keller sehr wohl, dass die schweizerische Armee bedenkliche Schwächen aufwies und ohne Bündnispartner keinen Krieg bestehen konnte. Pikant, aber nicht verwunderlich war der Umstand, dass einige Memoriale nach der Jahrhundertwende im französischen Generalstab in Übersetzung auf dem Tisch lagen.

Der neutrale Status des Landes mochte für die militärische Planung beschwerlich sein. Darauf wies Theophil Sprecher von Bernegg häufig hin. Er hatte im Jahre 1905 die Nachfolge Arnold Kellers angetreten. Doch die gefährliche Debatte um den völkerrechtlich vieldeutigen Grundsatz fand nicht bloss im Generalstab statt. Die lockere Stimmung in Sachen Neutralität war von Politikern vorgegeben, die sich wie zum Beispiel Bundesrat Emil Frey gegen die damit gesetzten Schranken bei verschiedenen Gelegenheiten auflehnten.

Die zunehmende mentale und reale Abhängigkeit vom deutschen Kaiserreich erzeugte in der Politik und im militärischen Diskurs Denkstrukturen, die kaum noch Alternativen zuliessen. Dazu kam, dass die Meinungen der sprachlichen Minderheiten im Land immer weniger ins Gewicht fielen. Man empfand im neuen Jahrhundert das Bedürfnis, sich an einen starken Partner anzulehnen. Deutsche Stärke und deutsche Treue waren Argumente, gegen die Frankreich mit seiner republikanischen Tradition nicht ankam. Für den kommenden Krieg, der als sicher galt, stand der deutsche Endsieg ohnehin fest.

Wie weit die Bindung an das Reich Wilhelms II. gediehen war, zeigt eine private Äusserung Bundesrat Ludwig Forrers gegenüber dem Chef des Generalstabs im

Jahre 1907. Theophil Sprecher notierte: «Am 24. (1. 1907) vormittags sprach er bei mir vor und äusserte ungefähr folgendes: Die Franzosen sind zudringlich bis zur Unverschämtheit; die deutsche Diplomatie ist anständig und zurückhaltend und sucht keinen ungebührlichen Einfluss geltend zu machen. Wir haben keinen Grund uns irgendwie an Frankreich anzulehnen; wir können uns nur mit Deutschland alliieren, aber wann und wie das anstellen?»[252]

Als Theophil Sprecher sein Amt übernahm, hatte er sich mit einem Wandel auf der europäischen Szene auseinander zu setzen, der zu einer veränderten Mächtekonstellation führte. Italien löste sich allmählich vom Dreibund, eine englisch-französische Entente zeichnete sich ab, und die Differenzen zwischen Grossbritannien und Russland wurden rechtzeitig bereinigt.

In einem Memorial an die Landesverteidigungskommission vom 15. Februar 1906 erörterte der neue Chef der Generalstabsabteilung die möglichen Kriegsfälle und die entsprechenden Aufmärsche der schweizerischen Armee. Er meinte zur aktuellen Lage: «Die Beziehungen von Zweibund gegen Dreibund, die den Arbeiten des Generalstabes während längerer Zeit und bis anhin Richtung und Gepräge gegeben haben, fallen nun so ziemlich ausser Betracht; dafür taucht der deutsch-französische und der italienisch-österreichische Konfliktfall in unserm Gesichtskreise deutlicher wieder empor.»[253] Ein Jahr später ging Sprecher in einem weiteren Memorial auf Einzelheiten ein. Neu umschrieb er die Rolle Grossbritanniens: «Ehedem waren es vorab die Beziehungen Deutschlands zu Frankreich, die den Anlass zu einem plötzlichen Kriegsausbruche geben konnten; heute ist es unzweifelhaft das Verhältnis von Deutschland zu England, von dem im wesentlichen Krieg und Frieden in Europa abhängen.»

Das Axiom, wonach für die Schweiz Frankreich als Angreifer in Frage kam, hielt Sprecher aufrecht. Ein Angriff von deutscher Seite sei äusserst unwahrscheinlich, denn er würde den Deutschen mehr Nachteile als Vorteile bringen: «Vorab erscheint mir der Schluss als gegeben, dass die nächstliegende Gefahr uns von Westen her bedroht. Es entsteht nun die Frage: Gestattet unsere Stellung zu den Grossmächten in einem deutsch-französischen Konflikt dieser Annahme durch einen unverkennbar in erster Linie gegen Frankreich gerichteten Aufmarsch Ausdruck zu geben? Einer direkten Beantwortung dieser Frage kann man wohl aus dem Wege gehen und die Lösung in der Wahl einer Aufmarschzone suchen, die so weit zurückliegt, dass der Vormarsch sowohl gegen Westen als gegen N.-Westen denkbar erscheint. Wir sind im Grunde auch Niemand Rechenschaft darüber schuldig, wie wir unsere Neutralität wahren wollen.»[254]

Theophil Sprecher hatte als zweiten möglichen Kriegsgegner Italien im Verdacht: «In Bezug auf die Wahrscheinlichkeit eines Eintritts folgt sodann unmittelbar auf die im Westen vermutete Gefahr, die vom Süden drohende. Italien wird die Aufsaugung der benachbarten italienischen Gebietsteile stets im Auge behalten, das gehört zu seinen feststehenden politischen Prinzipien. Ein erstarkendes und daher an Selbstbewusstsein gewinnendes Italien wird auch in dieser Hinsicht weniger Rücksichten kennen, als ein mit Finanz- und andern Nöten Kämpfendes. Entweder mit Süd-Tirol und Istrien zugleich oder dann im weiteren Verfolge dieses Assimilierungsprozesses wird die Reihe dereinst auch an die Südschweiz kommen. Unsere ewige Neutralität bringt es mit sich, dass uns die Hände gebunden sind und dass wir zusehen müssen, wie Italien mit Österreich allein den Kampf ausficht, um hernach mit uns abzurechnen, in einem Momente, wo Österreich möglicherweise kein Interesse mehr daran hat, mit uns gemeinsame Sache zu machen.» Doch vorläufig war noch Optimismus angesagt: «Insbesondere gegenüber Italien fällt in Betracht, dass, wie die Dinge heute liegen und wohl auf längere Zeit liegen werden, wir in einem Kampfe gegen Italien unbedingt auf den Beistand Österreichs rechnen können.»[255]

Der Bündner Aristokrat Theophil Sprecher von Bernegg liess durch seine Abstammung vermuten, dass ihm Österreich nahe lag. Seine Familientradition wies auf enge Beziehungen zur benachbarten Donaumonarchie hin. Stets ein Vorbild an korrektem Verhalten, konnte Sprecher seine Herkunft auch in der Generalstabsarbeit nicht verleugnen. Das humangeographische Umfeld prägt die militärpolitischen Optionen, ein Umstand, der ausländischen Beobachtern nicht entging. Man wusste in Italien und in Frankreich, dass ein Vetter, Arthur Heinrich Sprecher von Bernegg, als Generalleutnant im Heer der Donaumonarchie diente. Bei Anfragen pflegte man im Bundeshaus zu bemerken, der leitende Mann in der Armee lasse sich nicht durch verwandtschaftliche Rücksichten beeinflussen.

Interessengemeinschaft mit der Donaumonarchie: Da konnte der Gedanke an eine Allianz nicht fern sein. Theophil Sprecher hütete sich, die verlockende Idee an die Öffentlichkeit zu tragen. Für ihn war eine militärpolitische Anlehnung aus der Situation heraus gegeben. Die Neutralität stellte aber, wie er gelegentlich mit Bedauern zu verstehen gab, ein Hindernis dar. In einem Bericht vom Februar 1912 kam Sprecher auf die offenkundigen Nachteile für die Planung zurück: «Unsere Neutralität bedeutet Nichtbeteiligung an den Kriegen der andern Staaten; wir haben zunächst also auch jeden Gedanken daran auszuschliessen, den Krieg der Nachbarmächte zur Erlangung irgendwelcher Vorteile, wie namentlich zu einer Verbesserung unserer strategischen Grenzverhältnisse zu benutzen; der Zweck unseres Truppenaufgebotes ist die Erhaltung unseres status quo.»[256] Der neutrale Status verbiete den Abschluss von Bündnissen im Frieden. Deshalb erfolge der Aufmarsch der Armee in der Unsicherheit über den zukünftigen Feind. Das Kredo der Zeit, dass jeder Krieg offensiv geführt werden müsse, sei darum in Frage gestellt, denn eine geplante strategische Offensive werde durch die Neutralität verwehrt: «Der Neutrale wird fast immer sich in der strategischen Defensive befinden, es wird ihm kaum je die strategische Vorhand zufallen und er muss den Erfolg allein in der taktischen Offensive suchen.»[257]

Der Gedanke an Bündnisse und Allianzen hatte in hohen Offizierskreisen Tradition, war aber auch den Politikern nicht fremd. Man betrachtete die Neutralität zwar als wichtiges politisches Instrument, doch der Glaube an ihre staatserhaltende Bedeutung im Kreis der europäischen Mächte war weitgehend geschwunden. Daraus ergab sich, dass vermehrt militärpolitische Überlegungen das Denken bestimmten.

Der Festungsbau am Gotthard hatte sichtbare Zeichen gesetzt, denn er war eindeutig gegen Italien gerichtet.[258] Es fehlte nicht an Argumenten für die einseitige Ausrichtung, doch die politische Begründung fiel dem Bundesrat schwer. Die schreibenden Offiziere, die sich in Zeitungen und Broschüren über Festungen und Allianzen stritten, wurden zur Belastung. Wenn sie als Anwälte der Landesverteidigung auftraten, geriet häufig die Neutralität in Bedrängnis. Das war beispielsweise im Jahre 1891 der Fall, als Oberstleutnant Ferdinand Affolter, der spätere Artilleriechef der Festung Gotthard, seinem Departementschef eine gewagte These vorlegte: «Die strategische Wirkung der Gotthardbefestigung bewirkt, dass wir mit jedem unserer Alliierten möglichst günstige Bündnisse schliessen können; wir können selbst den Bündnisvertrag bestimmen. Diese Befestigung erlaubt uns in hohem Masse, dort unser Bündnis abzuschliessen, wo wir unser grösstes Interesse finden.»[259] Wenn man diese überheblichen Töne vernimmt, so erstaunen die gelegentlich sarkastischen Kommentare ausländischer Militärattachés nicht, die vom Grössenwahn im schweizerischen Generalstab sprachen.

Der mögliche Bündnisfall wurde im Laufe der Zeit unterschiedlich angegangen. Arnold Keller neigte zu einer kasuistischen Aufsplitterung der Bedrohungsszenarien, denen er mit auf jeden Einzelfall zugeschnittenen Aufmarschplänen begegnete.[260] Es ging hauptsächlich um den «indirekten Kriegsfall», bei dem im Konflikt zwischen benachbarten Mächten einer der Kontrahenten in schweizerisches Territorium eindrang. Auch für Keller galt ein französischer Angriff als wahrscheinlich. Der Chef der Generalstabsabteilung beanspruchte für die Schweiz die Freiheit, den Allianzpartner selbst auszusuchen. Das bedeutete, dass sich das Land möglicherweise mit dem Invasor verbinden würde, wenn er der voraussichtliche Sieger war. Die politischen Neigungen Kellers liessen sich nicht verbergen. In einem operativen Kurs für die höchsten Truppenführer schloss er im Jahre 1904 einen fiktiven «Bündnisvertrag» mit dem Deutschen Reich, um einen französischen Angriff zu parieren.

Man betrachtete Deutschland zum vornherein als die stärkere Kriegspartei.[261] Auf die nahe liegende Frage, wie sinnvoll unter diesen Umständen ein französischer Angriff auf die Schweiz sein würde, verschwendete man keine Gedanken.

Nach der Jahrhundertwende manifestierte sich im Denken Arnold Kellers das gestiegene Selbstbewusstsein der Armeeführung. Er sah vor, in einigen der schematisch geplanten Kriegsfälle den Kampf ohne Allianzpartner zu führen. Keller vermied während seiner Amtszeit, mit ausländischen Generalstäben Gespräche über Eventualallianzen zu führen. Er glaubte, bei Kriegsausbruch würde genügend Zeit für die nötigen Bündnisgespräche zur Verfügung stehen. Man ging immer noch vom

Irrglauben aus, die rasche Mobilmachung verhelfe der schweizerischen Armee zu einem operativen Vorteil.

Theophil Sprecher von Bernegg, der neue Chef der Generalstabsabteilung, teilte diesen Optimismus nicht. Die am grünen Tisch konstruierten Kriegsszenarien gingen seiner Meinung nach an der Wirklichkeit vorbei. Im Januar 1907 formulierte er seine Überlegungen zum Aufmarsch in einem deutsch-französischen Krieg und legte sie dem Chef des Militärdepartementes, Bundesrat Ludwig Forrer, vor. Dabei distanzierte er sich von den Thesen seines Vorgängers:

«Das Memorial des Generalstabes vom Februar 1900 zieht im Allgemeinen 9 Fälle in Erwägung, die nach den zwei Gesichtspunkten abgestuft sind:

a) Chancen des schliesslichen Erfolges für die beiden Haupt-Kriegsgegner

b) Aussichten der Schweiz allein mit der Invasions-Armee fertig zu werden

Mir scheint es zunächst fast unmöglich eine solche Gleichung von lauter Unbekannten befriedigend zu lösen, noch dazu in einem kurzen kritischen Momente, wo die Ereignisse überwältigend hereinbrechen werden. – Wenn die Chancen des Ausganges des grossen Ringens schliesslich noch einigermassen abzuwägen wären, wer will erklären, ob die Schweiz für sich allein der Invasions-Armee gewachsen ist? (...) In concreto also müssen wir uns vorstellen, Frankreich werde aus dem reichen Schatze seiner Reserven soviel Kräfte für das geplante Unternehmen schöpfen, als dazu erforderlich sein werden. (Möglicherweise sogar Kolonialtruppen.) Einen Gesichtspunkt lässt sodann das Memorial von 1900 ausser Betracht, dem immerhin eine grosse Bedeutung zukommt. Würde das Schweizervolk es begreifen, wenn wir kurzer Hand auf die Seite dessen uns schlügen, der unsere Neutralität durch Ultimatum bedroht oder durch Einmarsch verletzt?»[262]

Wenn Sprecher auf eine «bestimmte Eventualität» hinwies, so meinte er einen französischen Umfassungsangriff durch die Schweiz. Er glaubte nicht, dass die Armee dieser Attacke allein beggnen könnte: «Selbst wenn es anfänglich gelingen sollte den Invasor zurückzuwerfen, so müssten wir gewärtigen, dass sein Hauptgegner dennoch in die Schweiz einmarschierte und zum mindesten Basel, Repatsch und Pruntrut besetzte. Dann hätten wir statt nur einer, zwei uns feindliche Gewalten in der Schweiz. (...) Ich sehe nur einen vernünftigen Ausweg: wenn es sich um einen französischen Durchbruch im Grossen handelt, Bündnis mit dem Hauptgegner des Invasors, wobei wir den Wert einer zum Kampfe entschlossenen Armee von 150 000 Mann in die Waagschale legen und unsere Bedingungen stellen können, mit dem Vorbehalte allerdings, wenn die mit Deutschland anzuknüpfenden Verhandlungen eine für die Wiedergewinnung unserer Unabhängigkeit bedenkliche Wendung nehmen sollten, uns alsbald auf die Seite des Gegners zu schlagen. Ich bin fest überzeugt, dass es nicht schwer halten wird, mit dem deutschen Reiche zu einem Übereinkommen zu gelangen. (S. beigelegten Entwurf, der in ähnlicher Form auch als Grundlage für jede andere Verbindung dienen mag.) Ist der Einbrecher hinausgeworfen, so wird die unverwüstliche Rivalität der Grossmächte den Weg zur staatlichen Selbständigkeit am ehesten wieder ebnen. (...)

Soweit möglich müssen wir danach trachten, unser Heer als geschlossenes Ganzes unter eigenem Oberbefehl verwenden zu können. (...) Es lässt sich nicht im voraus bestimmen, ob für die schweizerische Armee der Vormarsch nach dem Jura und der Freigrafschaft oder der Vormarsch nach der Südwestschweiz sich empfiehlt. Es lässt sich ebensowohl das eine denken, dass ein kleinerer Teil unserer Armee in Verbindung mit dem deutschen linken Flügel den Kampf auf der Front Delle-Freiberge aufnehme, während unser Gros nach dem Waadtlande vorstösst, als das andre, dass nur Detachemente im S. Westen den Feind aufhalten und das Gros durch den Jura, angelehnt an das deutsche Heer, offensiv vorgehe.»[263]

Theophil Sprecher legte seinen Memorialen, die er Bundesrat Forrer sandte, die sogenannten «Punktationen für einen Bündnisvertrag» bei.[264] Bedeutung und Sinn dieses Dokuments, das noch in zwei nicht ganz identischen Abschriften existiert, wurden von Historikern ausgiebig diskutiert. Handelte es sich um Merkpunkte für eine Allianz oder um einen eigentlichen Vertragsentwurf? Es ist wohl kein Zufall, dass auf einem Exemplar Deutschland als Vertragspartner genannt wird.

Der Chef der Generalstabsabteilung hatte bereits im Februar 1906 in der Landesverteidigungskommission die Frage einer Zusammenarbeit mit anderen Armeen angeschnitten. Der später erhobene Vorwurf, Sprecher habe die Gespräche über Eventualallianzen an den politischen Behörden vorbei geführt, trifft in dieser Form nicht zu. Die Memoriale von 1907 und die Punktationen wurden von Bundespräsident Eduard Müller und von Ludwig Forrer, dem Chef des Militärdepartements, gebilligt. Man war sich über die wahrscheinlichen Szenarien einig. So schrieb Bundesrat Forrer an Sprecher: «Mit der Auffassung, dass wir uns in erster Linie mit Aufmarsch VI (Kriegsfall zwischen Deutschland und Frankreich) zu befassen haben, einverstanden, ebenso damit, dass alsdann eine Verletzung unserer Neutralität durch Frankreich das Wahrscheinlichste ist.»[265] Forrer sprach denn auch bereits vom «Siegespreis», den man sich in den französischen Gebieten südlich und nordwestlich von Genf sichern müsse. Vom Lohn für die Schweiz nach Kriegsende war auch in den Punktationen die Rede: «Insbesondere wird die verbündete (...) Regierung sich mit ihrem ganzen Einfluss dafür verwenden dass die Schweiz beim Friedensschlusse als souveräner Staat mitwirke, dass sie ihren verhältnismässigen Anteil an der Kriegsentschädigung, Beute und anderen Vorteilen oder in Erwerbungen erhalte ...»[266]

Es mag eigenartig erscheinen, dass sich der Chef der Generalstabsabteilung im militärpolitischen Diskurs zurückhaltend gab, während etliche Bundesräte eine lockere Sprache führten. Nach einem Gespräch mit Eduard Müller im Januar 1907 hielt Sprecher in seinen Notizen die forschen Parolen des Bundespräsidenten fest: «Er äusserte folgende Ansichten: 1. Man sollte wissen, wie die Staaten, mit denen ein Bündnis in Frage kommt, sich zu unseren Bedingungen stellen – um (Zeit und

Art) ermessen zu können, wann und wie ein Abschluss möglich wäre – das sollte ganz vorsichtig ergründet werden. Mit den Punktationen des Bündnisses sei er einverstanden, wenn man soviel erreiche, könne man zufrieden sein. Ich antwortete: Am ehesten werde die Begrenzung unserer Mitwirkung auf ein bestimmtes Gebiet Anstoss erregen ... weil es schwierig sei, Operationen derart zu begrenzen. Auch mit dem Memorial erklärte sich Herr Müller einverstanden. Betreffs Österreich-Italien meinte er, man müsse eben im Moment des Kriegsausbruchs auch unsererseits den casus belli mit Italien provozieren, ‹aber wir verstehen das nicht›. Der Angriff gegen Westen sei sehr schwierig. (...) Im allgemeinen werde Frankreich sich doch sehr besinnen, bevor es auch mit uns anbändle. – Ich glaube das auch, meinte aber, es hange alles von dem relativen Stand der Kräfte ab.»[267]

Hält man sich das Bedrohungsbild vor Augen, das Theophil Sprecher entwarf und das die Bundesräte Müller und Forrer offensichtlich akzeptierten, so war die Zeit reif für Kontakte mit möglichen Allianzpartnern. Wo sie zu finden waren, bereitete wenig Kopfzerbrechen. Doch die beiden Bundesräte sahen sich einer heiklen Frage gegenüber und hüteten sich, die Angelegenheit dem ganzen Kollegium vorzulegen. Vermutlich wurde später Arthur Hoffmann eingeweiht, der sich als solider Anführer der germanophilen Fraktion in der Landesregierung bewährte. Man mag dieses problematische Verhalten mit der Notwendigkeit erklären, Diskretion zu wahren. Es fällt auch ins Gewicht, dass die beiden deutschfreundlichen Bundesräte einen Disput vermeiden wollten, der sich aus der militärpolitisch einseitigen Analyse des Chefs der Generalstabsabteilung hätte ergeben können. Bundespräsident Müller soll Theophil Sprecher erklärt haben, die Landesregierung werde in der Frage der Eventualallianzen offiziell nicht Stellung nehmen. Es sei Aufgabe des Generalstabs, «in den Plänen für die Landesverteidigung auch den berührten Fall in Betracht zu ziehen.»[268]

Allianzgespräche waren ein Geschäft, das bei den europäischen Generalstäben zum Alltag gehörte. Man kann von Paralleldiplomatie sprechen, welche die offizielle Diplomatie begleitete oder gelegentlich auch konterkarierte. So geschah es im Dreibund, in dem die führenden Militärs ihre Planungen vorantrieben, obschon das Gebilde politisch bereits zerbrochen war. Die «seconda ipotesi» war ein strategischer Entwurf, der mit der Aussenpolitik der beteiligten Mächte in keiner Weise übereinstimmte. Die Generalstäbe in Berlin, Wien und Rom pflegten abseits ihrer Aussenministerien militärpolitische Steckenpferde, die sich an den politischen Realitäten vorbei bewegten. Ein derartiger Vorwurf wäre gegenüber Theophil Sprecher von Bernegg fehl am Platz. Seine Verhandlungen um Eventualallianzen entfernten sich nicht von den Gedankengängen jener Bundesräte, die ihm das Mandat übertragen hatten.

Die Kontakte des schweizerischen Generalstabs zu seinen Kontrahenten im Deutschen Reich und in der Donaumonarchie sind nur durch wenige Dokumente und persönliche Notizen belegt, die oft widersprüchlich und schwer zu deuten sind. Persönliche Beziehungen waren wichtiger als schriftlich formulierte Texte, die ohnehin völkerrechtlich nicht verankert waren. Der Beginn der Gespräche fiel in die Zeit der Zweiten Haager Friedenskonferenz, an der sich die Schweiz in gefährlicher Abhängigkeit von Deutschland präsentierte. Man kodifizierte in Den Haag das Neutralitätsrecht nur für den Kriegsfall, was einem neutralen Staat in Friedenszeiten etliche Freiheiten erlaubte. Es blieb Theophil Sprecher überlassen, den Spielraum in seinen Gesprächen mit den Generalstäben der Nachbarmächte auszuloten.

Am 2. August 1914 – am Tag vor dem Ausbruch des Ersten Weltkrieges – sandte Generaloberst Helmuth von Moltke einen als geheim bezeichneten Text an das Auswärtige Amt: «Chef des Grossen Generalstabes an das Auswärtige Amt. Die Schweiz hat mobil gemacht. Nach hierher gemachter Mitteilung befürchtet sie schon jetzt Verletzung ihrer Neutralität durch Frankreich, begründet durch französische Truppenansammlungen an ihrer West-Grenze. Es wird vorteilhaft sein, der Schweiz die Versicherung zu geben, dass Deutschland bereit ist, ihre Neutralität durch militärische Beihilfe zu sichern. Ein Bündnisvertrag mit der Schweiz ist von mir für diesen Fall bereits vorbereitet und befindet sich in je einem gleichlautenden Exemplar in meinen Händen und in den Händen des schweizerischen Generalstabes. Dieser Vertrag, der die gesamte schweizerische Heeresmacht der deutschen Heeresleitung unterstellt, braucht nur noch ratifiziert und ausgetauscht zu werden. Diese Verabredungen sind strengstens zu sekretieren, bis eine diplomatische im obigen Sinne erfolgt ist, um den Chef des schweizerischen Generalstabes nicht durch vorzeitiges Bekanntwerden seiner Regierung gegenüber zu discreditieren und ihn dem Vorwurf auszusetzen, eigenmächtig Politik getrieben zu haben.»[269]

Der vermutlich flüchtig hingeworfene Text Moltkes enthält Unklarheiten, die darauf hinweisen, dass der deutsche Generalstabschef mit den politischen Strukturen in der Schweiz ungenügend vertraut war. Der sogenannte Bündnisvertrag hätte, sofern er überhaupt existierte, vom Bundesrat nicht ratifiziert, sondern unterschrieben werden müssen. Dass die Schweiz am 2. August 1914 ernsthaft einen französischen Angriff erwartete, entspringt wohl dem Wunschdenken des deutschen Generals.

Beim Versuch, die Bündnis-Legende zu rekonstruieren, bleiben Lücken und Widersprüche. Es liegen die Punktationen Theophil Sprechers auf dem Tisch. Daneben waren Punktationen Moltkes sowie der Entwurf zu einem Bündnisvertrag vorhanden. Über die Bedeutung dieser Dokumente bei den Gesprächen zwischen Sprecher und Moltke ist nichts zu erfahren. Bundesrat Camille Decoppet gestand nach dem Krieg seine Ahnungslosigkeit ein, denn er hatte als Chef des Militärdepartements weder im Jahre 1914 noch später etwas von den geheimen Verhandlungen gewusst. Im Herbst 1919 suchte er Klarheit zu schaffen und bat den ehemaligen Generalstabschef um Aufklärung. Sprecher blieb diskret: Er glaube, die

Punktationen Moltkes seien nicht mehr vorhanden, und den Eventual-Bündnisvertrag habe er vermutlich im September 1914 nach dem Rücktritt Moltkes als Generalstabschef vernichtet.[270]

Bei aller Unsicherheit kann man davon ausgehen, dass es keinen unterzeichneten Bündnisvertrag gab. Eine Allianz wäre eine Angelegenheit der politischen Behörden gewesen. Theophil Sprecher wies bei verschiedenen Gelegenheiten, so zum Beispiel in den Punktationen, auf die Zuständigkeiten hin. Er bezeichnete später das formell nie fixierte Einvernehmen als «Abmachungen, die wir für den Fall des Zusammengehens mit Deutschland trafen.»[271] Sprecher hatte Helmuth von Moltke dreimal getroffen: im Jahre 1907 zu einem ersten Gespräch, dann als Gast bei deutschen Manövern im Jahre 1908 und im September 1912 beim Besuch Kaiser Wilhelms II. in der Schweiz. Die Initiative zu Verhandlungen war vom deutschen Generalstabschef ausgegangen.

Das Bemühen der Landesregierung nach dem Weltkrieg, Licht in die Angelegenheit zu bringen, ist in einem betulich formulierten Bericht festgehalten, den Bundesrat Camille Decoppet im November 1919 seinem Kollegen Felix L. Calonder, dem Chef des Politischen Departements, vorlegte, und der die Genesis aus der Perspektive der schweizerischen Regierung darlegt. Sprecher und Moltke hätten sich vor dem Krieg über den Fall eines französischen Angriffs auf die Schweiz unterhalten. Dabei habe der Chef der Generalstabsabteilung klargemacht, dass eine deutsche Hilfe nur in Anspruch genommen werde, wenn der Bundesrat einen entsprechenden Beschluss fasse: «Die einzige bestimmte Abmachung, die zwischen Moltke und Sprecher bestanden hatte, war die, dass Moltke bei unmittelbar drohendem Kriegsausbruch an Sprecher telegraphieren sollte: «ante portas». Dieses Telegramm ist denn auch am 31. Juli 1914 eingelangt. (…) Von dem Entwurf zu einem eventuellen Bündnisvertrage war im Laufe des Krieges nicht mehr die Rede. Sprecher glaubt auch, ihn nach dem Rücktritt Moltkes als Chef des Generalstabes vernichtet zu haben. Jedenfalls fand er sich in den Akten nicht mehr vor.»[272]

Die engen Kontakte zwischen dem schweizerischen Generalstab und der Militärführung der Zentralmächte blieb aufmerksamen Beobachtern nicht verborgen. Der englische Militärattaché in Rom und Bern, Oberstleutnant Charles Delmé-Radcliffe, schrieb im Jahre 1909 in einem Memorandum an seine vorgesetzte Behörde: «Es ist möglich, dass zwischen der Schweiz auf der einen und Deutschland und Österreich auf der andern Seite ein engeres Einvernehmen besteht, als zur Zeit vermutet wird.»[273] Von irgendeiner Gewissheit konnte keine Rede sein, wie der englische Offizier einräumte: «Es lässt sich unmöglich mit irgendeinem Grad von Genauigkeit sagen, inwieweit zwischen dem deutschen Generalstab und den schweizerischen Militärbehörden ein Einvernehmen besteht, obschon zahllose kleine Anzeichen auf etwas Derartiges hindeuten. Möglicherweise verbindet sie zur Zeit nichts Bestimmteres als ein hochentwickeltes gegenseitiges Wohlwollen.»

Der englische Militärattaché Charles Delmé-Radcliffe trat sein Amt in Rom und Bern im Februar 1906 an. Er blieb bis zum Februar 1911 in dieser Funktion, in den letzten beiden Jahren im Rang eines Obersten. Seine Memoranden über die militärpolitische Szene in der Schweiz brachten Unruhe in die europäische Diplomatie, wie sie sonst kaum ein Militärattaché zu erzeugen vermochte. Über die Seriosität seiner Memoranden lässt sich heute noch trefflich streiten, dies umso mehr, als etliche Vorgänge und Fakten nach wie vor im Dunkeln liegen.[274] Man sagte Delmé-Radcliffe nach, er verfüge über erstaunliche Informationen und Kenntnisse, soweit die schweizerische Armee betroffen sei. Seine Enthüllungen über die Beziehungen der Generalstabsabteilung zu den Generalstäben der Zentralmächte beruhten hingegen nach der Meinung von Kritikern auf Gerüchten und unbewiesenen Spekulationen. Die politischen Schlüsse galten als völlig verfehlt.

In einem ersten Bericht an das Foreign Office vom 27. Juli 1906 lobte der Militärattaché überschwenglich die schweizerische Armee, die zu einem wichtigen Faktor in Europa geworden sei. In ihr sei aber der deutsche Einfluss in stetigem Steigen begriffen. Eine zunehmende Germanisierung sei auch in Politik, Wirtschaft und Kultur festzustellen: «It seems that Switzerland is really becoming an outlying part of Germany in spite of the patriotisme and individuality of its people.»[275] Anderseits sei im Lande eine antibritische Stimmung verbreitet.

Nach 1908 bekundete Delmé-Radcliffe erhebliche Zweifel an der schweizerischen Neutralität. In einem Memorandum vom 16. November 1909 registrierte er ein Schwinden des schweizerischen Nationalgefühls und eine verstärkte Abhängigkeit von Deutschland. Die Armee habe durch beträchtliche Rüstung an Stärke gewonnen und sei nicht bloss zu effektivem Widerstand, sondern auch zur Offensive fähig. Das widerspreche aber dem Prinzip der Neutralität. Im Kriegsfall werde zweifellos der ganz dem Deutschtum und dem preussischen Militärwesen ergebene Ulrich Wille zum General ernannt. Der deutschfreundlichen Haltung einer Mehrheit der Schweizer stehe ein schlechtes Verhältnis zu Italien und Frankreich gegenüber, von den feindlichen Gefühlen gegenüber England nicht zu reden. Die schweizerische Armee würde – so meinte der Militärattaché – im Kriegsfall auf die Seite Deutschlands schwenken.

Der Brite dachte nicht unbedingt an geheime Verträge mit den Zentralmächten, die ja nicht in der Zuständigkeit des Generalstabs lagen, sondern eher an eine mentale Bereitschaft zu einer möglichen Waffenbrüderschaft. Da genügte eine mündliche Verständigung über gemeinsames Vorgehen in einem möglichen Krieg. So sah der englische Oberst die schweizerische Armee im Falle eines deutsch-französischen Krieges als linken Flügel des angreifenden deutschen Heeres, ein Szenario, das den Gedankengängen der schweizerischen Armeeführung nicht fremd war. Das selbe Bild hatte Jahre zuvor Camille Barrère, der ehemalige französische Botschafter in Bern, in seinen Berichten nach Paris entworfen. Er zollte in Rom den Verdächtigungen des Engländers Beifall und bemühte sich, das französische Aussenministerium auf die selben Annahmen einzustimmen.

709

In einem Memorandum vom September 1910 wurde Delmé-Radcliffe noch deutlicher. Er hatte weitere Informationen über die militärpolitischen Aktivitäten des schweizerischen Generalstabs gesammelt und an Manövern eigene Beobachtungen angestellt. Sein Fazit erregte in London Aufsehen, auch wenn seine Meinung nicht von allen Politikern und Diplomaten geteilt wurde: «Aus den gesamten Erwägungen ergibt sich der allgemeine Eindruck, dass die Schweizer in allem ausser dem Namen nach die Verbündeten der Österreicher und der Deutschen sind. (...) Von Zeit zu Zeit hört man vage Hinweise über ein ‹militärisches Übereinkommen› mit Deutschland, welche zeigen, dass der Gedanke sogar für den durchschnittlichen Truppenoffizier keineswegs befremdlich ist. Die Schweizer waren allezeit, als Individuen wie truppweise, geneigt, ihre Degen dem Höchstbietenden zu verdingen. Als Nation könnten sie, wie es scheint, den angeborenen Instinkten des Einzelnen gemäss handeln. (...) Der ganze deutschsprechende Teil der Schweiz ist bis zum letzten Mann überzeugt, dass im kommenden europäischen Konflikt Deutschland und Österreich die Sieger sein werden.»[276]

Ein Thema, das die schweizerische Nordwestgrenze betraf, beschäftigte den englischen Militärattaché intensiv: Der deutsche Bahnbau im Sundgau und die Erweiterung des Badischen Bahnhofs in Basel in den Jahren 1906 bis 1912. In diesem Bereich verfügte er über solide Informationen, die aber kaum über das hinausgingen, was dem französischen Nachrichtendienst bekannt war. Delmé-Radcliffe sah in den deutschen Aktivitäten die Vorbereitung für einen Truppenaufmarsch am Oberrhein. Der Gedanke an eine Umgehung der Festung Belfort über schweizerisches Territorium, zum Beispiel durch die Ajoie, lag nahe. Nun hatten die schon in den neunziger Jahren begonnenen Bahnbauten einen durchaus zivilen Aspekt. Als es im ersten Jahrzehnt des neuen Jahrhunderts um die Realisierung der weiterführenden Projekte ging, hatte aber der deutsche Generalstab die Hände im Spiel. Das war vermutlich auch beim Badischen Bahnhof der Fall, obschon die deutschen Diplomaten jeglichen militärischen Hintergedanken leugneten. Da gleichzeitig der Bau einer mächtigen Festung auf der Tüllinger Höhe bei Lörrach geplant wurde, konnte man das Interesse der deutschen Generäle an den Rheinübergängen von Basel nicht mehr übersehen. Daran änderte auch die Tatsache nichts, dass der schweizerische Einspruch diskret vorgebracht wurde und nicht zu vergleichen war mit den harschen Parolen, die man dem italienischen Festungsbau am Comersee und bei Varese widmete. Blieb noch die Frage, ob ein Artilleriewerk auf der Tüllinger Höhe defensiven oder offensiven Charakter habe. Ein Punkt, über den sich bei fast jedem Festungsbau streiten liess.

Delmé-Radcliffe zog aus seinen Informationen vom Sundgau und aus Basel Schlüsse, die weit über das hinausgingen, was die vorliegenden Fakten an Kombinationen erlaubten. Entscheidend waren seine Zweifel am schweizerischen Neutralitätswillen. So meinte er, in einem zukünftigen deutsch-französischen Krieg werde die deutsche Wehrmacht auf dem linken Flügel angreifen und durch die Schweiz marschieren, denn hier werde sie auf geringeren Widerstand treffen als in Belgien.[277] Eine derart emotionale Betrachtungsweise war der französischen Armeeleitung fremd, die sich mit den Thesen des englischen Offiziers sachlich auseinandersetzte und die real vorhandenen Risiken auf ihre Wahrscheinlichkeit hin prüfte.

Der britische Militärattaché registrierte alle Vorgänge, die mit den militärpolitischen Beziehungen der Schweiz zur Donaumonarchie zu tun hatten. Da er auch in Rom stationiert war, erlebte er den wachsenden Dissens zwischen den Dreibundpartnern Italien und Österreich. Er verfügte über gute Beziehungen zur italienischen Armeeführung. Delmé-Radcliffe war die negative Stimmung der Schweizer gegenüber Italien bekannt. Man zog in der schweizerischen Armeeführung aus den Vorgängen in der Donaumonarchie den einseitigen Schluss, Österreich und die Schweiz seien den selben Gefahren ausgesetzt, und beide Nationen müssten mit einem italienischen Angriff auf ihre Regionen am Südrand der Alpen rechnen.

Je weiter sich die italienische Monarchie von ihren Partnern entfernte, desto wichtiger wurde die Position der neutralen Schweiz. Die Vermutung lag nahe, dass die Zentralmächte die Eidgenossenschaft näher an sich binden wollten, da Italien aus der Allianz ausscherte. Ob ein derartiger Prozess tatsächlich stattfand, war für Delmé-Radcliffe nicht entscheidend. Es galt, den Verdacht publik zu machen und damit die Aufmerksamkeit in London, Paris und Rom auf das seiner Meinung nach verdächtige Gebaren der neutralen Schweiz zu lenken.

Der britische Oberst nahm im Jahre 1910 als Besucher an den Manövern der Armee im Jura teil, die auf der Fiktion beruhten, französische Truppen seien in die Schweiz einmarschiert. Als Beobachter waren österreichische und deutsche Offiziere in grosser Zahl anwesend, die – so der Eindruck Delmé-Radcliffes – von der Manöverleitung mit ausgesuchter Freundlichkeit behandelt wurden. Wichtigster Gast war der österreichische Generalstabschef Conrad von Hötzendorf. Er wurde mit für das Land unüblichen Ehren empfangen. Beobachter wollen gesehen haben, dass Conrad und Sprecher bei dieser Gelegenheit nicht nur die Landkarten der Manöverregion konsultierten, sondern in ihrem Tour d'horizon auf andern Karten weit über die Landesgrenzen hinaus gerieten. Die beiden Offiziere pflegten eine Kameradschaft, die militärpolitischen Zielen galt.

Der Gegenbesuch Sprechers in Wien fand 1911 statt. Zwischen den beiden Offizierskorps tauschte man Komplimente aus. Delegationen wurden zu Manövern eingeladen und bei zahlreichen Gelegenheiten die gegenseitige Freundschaft beteuert. Man schien keine Geheimnisse zu kennen. Von Neutralität war bei diesen Begegnungen kaum die Rede. Die österreichisch-schweizerische Harmonie wurde von den ausländischen Militärbeobachtern aufmerksam beobachtet und vor allem da, wo man über den üblichen Komment hinausging, politisch gedeutet. Dem Briten Delmé-Radcliffe entgingen dabei auch unbedeutende Einzelheiten nicht.

General Franz Conrad von Hötzendorf hatte im Jahre 1906 als Generalstabschef die Leitung der Armee übernommen. In seinen militärpolitischen Visionen stand ein Präventivkrieg gegen Italien im Vordergrund, den er zu führen gedachte, um den Rücken in einem zukünftigen Konflikt mit Russland frei zu halten. In zahlreichen Denkschriften präsentierte er seine Idee Kaiser Franz Joseph, der daran wenig Gefallen fand und wie sein Aussenminister Alois Freiherr Lexa von Aehrenthal eine Auseinandersetzung mit dem italienischen Nachbarn scheute. Conrad von Hötzendorf wurde eine Zeitlang aus seinem Amt entfernt, nach dem Tode Aehrenthals aber wieder auf den Posten des Generalstabschef berufen.

Schon im Jahr 1907 war der österreichische Generalstabsoberst Eugen Hordliczka, Chef des Evidenzbüros, in der Schweiz erschienen. Er studierte die militärpolitische Situation an Ort und Stelle. Dazu gehörte ein Gespräch mit Theophil Sprecher von Bernegg. Ein Jahr später schuf die Donaumonarchie in Bern den Posten eines Militärattachés. Als erster Repräsentant erschien Hauptmann Otto Freiherr von Berlepsch in der Bundesstadt, der in der Generalstabsabteilung offene Türen fand. Wie Delmé-Radcliffe berichtete, hing in seinem Büro eine Karte, auf der die territorialen Wünsche der Schweiz gegenüber Italien eingezeichnet waren.[278] Im selben Jahre 1908 reiste der österreichische Generalleutnant Arthur Sprecher von Bernegg, der Cousin Theophil Sprechers, zu einem Manöverbesuch in die Schweiz. Er soll, wie ein Gerücht meldete, bei dieser Gelegenheit der schweizerischen Armeeführung eine Militärallianz angetragen haben. Die Geschichte klingt unwahrscheinlich, denn ein derartiger Handel unter Vettern war von der Sache und von den Personen her undenkbar. Theophil Sprecher scheint den überraschenden Besuch seines Verwandten ohnehin nicht geschätzt zu haben, denn er wusste, dass daraus Legenden konstruiert werden konnten.[279]

Der britische Militärattaché wusste zu berichten, Theophil Sprecher habe während der bosnisch-herzegowinischen Annexionskrise im Jahre 1908 dem österreichischen Generalstabschef zugesichert, die Schweiz werde sich einem Durchmarsch italienischer Truppen durch Graubünden mit Waffengewalt widersetzen.[280] Die Meldung scheint zuzutreffen, doch es handelte sich dabei um eine Selbstverständlichkeit. Die souveräne Schweiz hätte einem Angriff auf ihr Territorium ohnehin nicht anders als mit dem Einsatz der Armee begegnen können.

Im Jahre 1910 soll Theophil Sprecher mit Offizieren des Generalstabs einen Erkundungsritt von Bellinzona nach Mailand unternommen haben.[281] Die Südgrenze der Schweiz wurde von den europäischen Generalstäben ständig beobachtet. Der französische Militärattaché André Morier berichtete nach Paris, der schweizerische Generalstab befasse sich in taktischen Übungen mit der Offensive in die Lombardei. Im Herbst 1908 sei eine Gruppe von Offizieren in Zivil bis in die lombardische Hauptstadt geritten und habe die folgenden Schlüsse gezogen: «Le gros de la cavalerie suisse peut sans coup férir atteindre la ligne Varèse-Côme, dès le 4ᵉ ou 5ᵉ jour de la mobilisation, lançant ses patrouilles de découverte à quelques kilomètres au Nord de Milan.»[282] Man kann aber davon ausgehen, dass Sprecher nie ernsthaft an einen Angriff auf Mailand dachte.

Über die Quellen, aus denen Delmé-Radcliffe seine Informationen schöpfte, herrscht Unsicherheit. Nicht alles, was er in seinen Memoranden präsentierte, war wirklich neu. Es fehlte nicht an Gelegenheiten zu eigener Beobachtung. Was Meinungen und Stimmungen in der schweizerischen Öffentlichkeit und in der Armee betraf, so waren sie jedermann zugänglich, und es blieb dem Einzelnen überlassen, daraus Schlüsse zu ziehen. Der britische Oberst ging von einem nicht zu leugnenden Phänomen aus: Der deutsche Einfluss in der Schweiz war auf allen Gebieten mit Händen zu greifen. Es gab genug Bürger im Lande, welche den schleichenden Prozess beklagten. Delmé-Radcliffe war nicht der einzige, der darüber nach London berichtete. Alarmierende Briefe sandte auch der britische Generalkonsul in Zürich, Johann Heinrich Angst, der schon während des Burenkrieges gegen die alldeutsche Agitation in der Schweiz gekämpft hatte. Angst spielte bis ins Jahr 1903 eine gelegentlich angefochtene Doppelrolle als eidgenössischer Beamter und britischer Konsul, denn er war bis zu diesem Zeitpunkt Direktor des Schweizerischen Landesmuseums. Das Eintreten für England trug ihm den Vorwurf «unschweizerischer Gesinnung» ein. Sein Patriotismus vertrug sich nicht mit dem Deutschtum. Was für einen Freund des Deutschen Reiches selbstverständlich war, geriet in den Ruch des Landesverrats, wenn es sich als anglophil entpuppte.

Die Berichte, die Johann Heinrich Angst an wichtige englische Politiker sandte, stimmten in ihrer antideutschen Tonlage mit den Alarmrufen Delmé-Radcliffes überein. Angst sprach ebenfalls von der Germanisierung der deutschen Schweiz. Auch er war der Meinung, die schweizerische Armee würde bei einem deutschen Angriff höchstens symbolischen Widerstand leisten. Im Gegensatz zum britischen Militärattaché hielt er nicht viel von ihrem Kampfwert.[283]

Delmé-Radcliffes Hinweise auf die militärischen Gespräche zwischen der Schweiz und Österreich liessen eine anti-italienische Verschwörung vermuten, an deren Ursprung eine militärpolitische Komplizenschaft zwischen Theophil Sprecher von Bernegg und Conrad von Hötzendorf stand. Die Suche nach den Urhebern der vermuteten Indiskretionen ergab weder damals noch später glaubwürdige Hinweise. Man führte die guten Kontakte des englischen Obersten zu führenden italienischen Offizieren an, die im eigenen Interesse die Legende von einer geheimen Allianz förderten. Die Kontrahenten der Italiener in Wien waren nicht unbedingt daran interessiert, den Mantel des Schweigens über die Sache auszubreiten. Für die Donaumonarchie konnte sich die Geschichte von der zukünftigen schweizerisch-österreichischen Waffenbrüderschaft als nützlich erweisen, denn sie drängte die Schweiz in den Augen der europäischen Öffentlichkeit ins Lager der Zentralmächte.

Der britische Militärattaché war entgegen den üblichen Annahmen nicht der erste, der auf die österreichisch-schweizerischen Militärgespräche hinwies. Anscheinend verbreitete der russische Nachrichtendienst, der über die Vorgänge in der Donaumonarchie gut im Bilde war, schon früher die Meldung über diplomatische Kanäle nach Paris, Rom und Bern.[284] Im direkt betroffenen Italien war man am ehesten bereit, an die Existenz eines Geheimvertrags zu glauben. Als der ehemalige italienische Ministerpräsident Mario Luzzatti am 4. August 1911 plötzlich bei Bundesrat Ludwig Forrer auftauchte und Auskunft über den Allianzvertrag forderte, hätte man in Bern das Alarmzeichen erkennen müssen. Offen gepflegte militärische Freundschaften hatten ihren Preis, auch wenn Kontakte mit möglichen Partnern einem Bedürfnis entsprachen. Die Landesregierung nahm den Auftritt des impulsiven Mario Luzzatti mit «ungeteilter Heiterkeit» zur Kenntnis, und Bundesrat Eduard Müller, der Chef des Militärdepartements, sprach von «kindischem Geschwätz».[285]

In Bern fiel der Verdacht sogleich auf Delmé-Radcliffe, der, wie Müller formulierte, «Ammenmärchen» erfand, aus denen man in Italien «gespannte Beziehungen» konstruierte. Die bundesrätliche Manifestation des guten Gewissens war allzu bieder, als dass sie den Verdacht hätte aus der Welt schaffen können. Auch wenn zu keinem Zeitpunkt eine Militärallianz bestand, so verfolgte das Gerücht den Generalstab in seiner Arbeit noch bis weit in die Kriegszeit hinein. Sie belastete vor allem Theophil Sprecher von Bernegg, der auf eine neutralitätspolitisch schiefe Ebene geriet.

Das Echo auf die Memoranden Delmé-Radcliffes fiel unter englischen Politikern und Diplomaten unterschiedlich aus. Der Verdacht, die neutrale Schweiz habe sich in deutsche Abhängigkeit begeben, wurde zum Teil mit kritischem Interesse, aber auch mit Ablehnung zur Kenntnis genommen. Man war für den Alarm dankbar, glaubte aber, der Militärattaché habe der Phantasie allzu freien Lauf gelassen. Dass seine Aussagen mit den stets pessimistischen Prognosen von Generalkonsul Angst übereinstimmten, war nicht unbedingt ein positives Zeichen. Die drei britischen Gesandten, die zwischen 1906 und 1911 in Bern residierten – George Bonham, Henry Bax Ironside und Esme William Howard – wussten um den Einfluss der Zentralmächte, teilten aber die radikalen Schlussfolgerungen des Obersten nicht, der sie bei der Redaktion seiner Berichte ohnehin nicht konsultiert hatte.

Aussenminister Edward Grey nahm die düsteren Prophezeiungen mit Skepsis entgegen, sandte aber die Memoranden zur Orientierung an den Entente-Partner Frankreich. In Paris begegnete man den Enthüllungen Delmé-Radcliffes im Aussenministerium und im Generalstab mit Misstrauen, fand es aber richtig, den konkreten Vorwürfen nachzugehen. Ähnlich verhielten sich die Botschafter der Republik in Bern, Charles d'Aunay und sein Nachfolger Jean Baptiste Beau. Zuspruch fand der britische Oberst bei Camille Barrère, dem französischen Botschafter in Rom, der schon in seiner Berner Zeit auf die drohende Germanisierung des Landes hingewiesen hatte. In Italien erlebte der Brite breite Zustimmung, die sich unter anderem in einer anhaltenden Pressepolemik gegen die Schweiz äusserte.

Alles in allem gelang es Delmé-Radcliffe nicht, der Schweiz konkret einen neutralitätspolitischen Sündenfall nachzuweisen. Die wiederholten Verdächtigungen hielten aber ein Misstrauen wach, das nicht nur in Paris und Rom, sondern auch in London Wirkung zeigte. Die Folgen waren während des Weltkriegs vor allem im wirtschaftspolitischen Bereich zu spüren.

Man mag dem britischen Militärattaché zugute halten, dass er mit seinem Ceterum censeo auf reale Gefahren hinwies, die von der Schweiz nicht genügend beachtet wurden. Doch war die Methode, die seiner Analyse zugrunde lag, eher fragwürdig. Er addierte Symptome, ohne eine Gegenrechnung anzustellen. Da er die gegen eine deutsche Vorherrschaft wirkenden Kräfte übersah, kam er zu einseitigen politischen Resultaten, die im Laufe des Krieges – immerhin nach einem schmerzlichen innenpolitischen Prozess – korrigiert wurden.

Der Auftritt von Luigi Luzzatti im Berner Bundeshaus hinterliess Spuren, die nicht ohne weiteres weggewischt werden konnten. Der ehemalige italienische Ministerpräsident hatte beim Abschied von Ludwig Forrer noch einmal versichert, dass er an die Existenz eines österreichisch-schweizerischen Bündnisvertrags glaube. Forrer sprach darüber nach dem Krieg mit Bundesrat Karl Scheurer, der unter anderem die folgenden Sätze festhielt: «Herr Forrer erzählte mir, dass die Sache auf ihn Eindruck gemacht habe, insbesondere deswegen, weil er aus der Haltung Luzzattis habe schliessen müssen, dieser sei vom Vorhandensein einer Abmachung mit Österreich-Ungarn überzeugt. Natürlich bestehe eine derartige Abmachung nicht. Es sei für uns aber sehr unangenehm zu wissen, dass die italienische Regierung an deren Vorhandensein glaube und unsere gegenteiligen Behauptungen für unrichtig ansehe.»[286] Es war nicht bloss unangenehm, sondern ausserordentlich gefährlich, wenn die Glaubwürdigkeit der Schweiz derart in Zweifel gezogen wurde.

Gespräche über Eventualallianzen waren allemal heikel, denn sie liessen, wie der Fall der Donaumonarchie zeigt, unterschiedliche Interpretationen zu. In Wien schien man Erwartungen zu hegen, welche die neutrale Schweiz nicht erfüllen konnte. Generalstabschef Conrad von Hötzendorf zog in einer Denkschrift an Kaiser Franz Joseph aus seinen Erfahrungen beim Manöverbesuch in der Schweiz einige Schlüsse, die in die Irre führten: «Was endlich die Schweiz anbelangt, so ist als beachtenswertes Moment die dort immer mehr Raum gewinnende Anschauung zu verzeichnen, dass sich die Schweiz durchaus nicht gebunden erachtet, vom aktiven, kriegerischen Auftreten abzustehen, wobei insbesondere betont wird, dass speziell dem jungen Königreich Italien gegenüber eine derartige Neutralitätsverpflichtung nicht bestehe. Da nun die Schweiz gleichfalls von der italienisch-irredentistischen Agitation bedroht ist und gegen Italien sehr ungünstige Grenzverhältnisse hat, so ist bei entsprechender Politik zu hoffen, dass die Monarchie im Falle eines Krieges gegen Italien die Schweiz als Verbündeten zur Seite haben würde, worin ein ganz bedeutender militärischer Vorteil gelegen wäre.»[287]

Es mag sein, dass die österreichischen Partner bei ihren Gesprächen mit schweizerischen Offizieren leichtfertig zu optimistischen Prognosen neigten. Dazu kann die im schweizerischen Generalstab herrschende Stimmung beigetragen haben. Für Militärattaché Otto von Berlepsch war es eine beruflich bedingte Versuchung, positive Signale nach Wien zu senden. Dennoch ist eine Frage berechtigt: Haben die Österreicher immer falsch hingehört?

Berlepsch berichtete seinen Vorgesetzten über ein Gespräch mit Theophil Sprecher, das einem Krieg zwischen Österreich und Italien galt. Der Chef der Generalstabsabteilung habe erklärt, die Schweiz werde bei dieser Gelegenheit die ganze Armee mobil machen «und, sowie Grenzverletzungen vorkommen sollten, die durch italienische Freischaren jedenfalls zu erwarten sind, oder sobald an der Schweizer Grenze grössere italienische Truppenversammlungen stattfinden sollten, die auch schweizerisches Gebiet bedrohen, werde die Schweiz an Italien ein Ultimatum richten, das einer Kriegserklärung gleichkomme. (...) Gegenüber Italien werde sich die Schweiz aber nicht defensiv verhalten.»[288] Die Armee würde – so rapportierte Otto von Berlepsch – über Splügen und Gotthard offensiv vorgehen. Bei anderer Gelegenheit soll Sprecher dem Militärattaché erklärt haben, er könne sich mit keinem einzigen Bundesrat über Militärkonventionen unterhalten, da allen der Weitblick und der Mut zu ungewöhnlichen Aktionen fehle.[289] Zweifel an diesen gefährlichen Parolen sind erlaubt. Es fällt schwer zu glauben, dass sich der in seiner Wortwahl bedächtige Chef der Generalstabsabteilung gegenüber Hauptmann Berlepsch so weit vorgewagt hat.

Im eigenen militärischen Umfeld kam dem Chef der Generalstabsabteilung gelegentlich die nach aussen gewahrte Vorsicht abhanden. So verfiel er im Juni 1910 in einem Referat vor Offizieren in den in diesen Kreisen gebräuchlichen Jargon, als er über die geplante Truppenordnung 1912 orientierte. Er stellte die Neutralität als eine für die Belange des Heeres eher lästige Einrichtung dar. Der beim Vortrag anwesende Bundesrat Eduard Müller hatte gegen die Thesen Sprechers offenbar nichts einzuwenden. Nach einem Bericht im Berner «Bund» erklärte der Chef der Generalstabsabteilung: «Es hat wohl Zeiten gegeben, wo die Defensive als leitendes Prinzip unserer Landesverteidigung hingestellt wurde und es ist auch nicht zu bestreiten, dass die besondere Art der Neutralität unseres Landes uns den Zugang zur Offensive erschwert. Trotzdem dürfen wir nicht zweifeln, dass im gegebenen Momente und wenn die Not es gebietet, die Mittel sich finden werden, eine Wohltat, die zur Plage geworden ist, zurückzuweisen, eine schädliche und unleidliche Fessel zu sprengen, und diejenige Taktik und Strategie zu ergreifen, die unsern guten militärischen Überlieferungen und, wie wir glauben, auch heute noch dem Geiste und Charakter unseres Volkes entsprechen, und die allein uns die Aussicht eröffnen, mit Ehren zu bestehen. Die neue Organisation des Heeres soll uns diesen Entschluss erleichtern, indem sie das Werkzeug des Heerführers so gestaltet, dass es dem Gedanken einer tätigen, angriffsweisen Kriegführung entgegenkommt, ja ihn von selbst nahelegt.»[290]

Ob die anwesenden Offiziere sich die von Sprecher oft erwähnten Unterschiede zwischen strategischer und taktischer Offensive vor Augen hielten, mag unwesentlich sein. Bei der Berufung auf die «militärischen Überlieferungen» denkt man unwillkürlich an die von Alphons Pfyffer und Arnold Keller vorgetragenen Visionen von einem Vorstoss in die Lombardei, obschon Sprecher diese Phantasien verworfen hatte. Die Botschaft von der «angriffsweisen Kriegführung» war dennoch gefährlich. Der französische Militärattaché André Morier berichtete darüber nach Paris und fügte bei, man könne einmal mehr erkennen, dass in Armee und Landesregierung Offensivabsichten herrschten. Für die österreichischen und deutschen Generalstäbe waren die strammen Worte hingegen ein Fingerzeig, der die Schweiz als möglichen Allianzpartner erscheinen liess.

Die von Charles Delmé-Radcliffe vermutete schweizerisch-österreichische Waffenbrüderschaft gegen Italien geriet nach dem Weltkrieg in die Diskussion. Im Unterschied zu der diskreten Art, in der die Angelegenheit mit dem Vertragsentwurf von General Moltke unter den Tisch gewischt wurde, führten die Kontakte des Generalstabs mit Wien zu einer in Presse und Parlament ausgetragenen Debatte. Am 19. März 1921 ritt Nationalrat Robert Grimm in seiner «Berner Tagwacht» unter dem Titel «Geheime Anschläge der Habsburger gegen die Schweizer Neutralität» eine Attacke gegen Theophil Sprecher von Bernegg, den früheren Generalstabschef. Wenn Grimm dieses Thema aufgriff, so zweifellos in einem Gefühl der Revanche, nachdem der Sozialdemokrat im Landesstreik von Armee und bürgerlichen Parteien nicht eben zimperlich behandelt worden war. Der Sozialist veröffentlichte in seiner Zeitung den sogenannten Hordliczka-Rapport, der ihm in Wien in die Hände gespielt worden war. Das Dokument, das heute vermutlich nicht mehr existiert, enthielt den Bericht des Generalstabsobersten über seine Unterredung mit Theophil Sprecher am 15. Juli 1907, die einer möglichen Zusammenarbeit zwischen den beiden Armeen galt.[291]

Die Frage, ob der inzwischen nicht mehr vorhandene Rapport echt oder von Robert Grimm manipuliert war, nimmt sich akademisch aus. Hordliczka schilderte in seinem Bericht den wahrscheinlichen schweizerischen Beitrag in einem Krieg gegen Italien: «Im Falle einer Verletzung schweizerischen Territoriums wird die Armee an unserer Seite die Feindseligkeiten gegen Italien eröffnen und – wie der Oberst wörtlich sagte – auch an unserer Offensive teilnehmen; dabei liess Herr von Sprecher durchblicken, dass die Schweiz dann ihrerseits Forderungen an Italien stellen würde.»[292]

Der Rapport Hordliczkas war von den selben übertriebenen Erwartungen getragen, die in den Meldungen Otto von Berlepschs sichtbar waren und die offenbar auch von Generalstabschef Conrad von Hötzendorf geteilt wurden. Man vereinbarte einen gegenseitigen Nachrichtenaustausch, ein Mittel der Zusammenarbeit, das man bis zum verhängnisvollen Obersten-Prozess intensiv nutzte. Was Hordliczka nicht oder nur nebenbei bemerkte: Theophil Sprecher hatte zweifellos wie schon gegenüber Moltke den Vorbehalt angebracht, dass eine Allianz nur bei einem direkten italienischen Angriff auf die Schweiz in Frage komme und dass für den Abschluss eines Vertrags nicht der Generalstabschef, sondern der Bundesrat zuständig war.

Das von Robert Grimm zutage geförderte Dokument trägt aus heutiger Sicht nichts wesentlich Neues zum Thema Eventualallianzen bei. Es festigt lediglich den Eindruck, dass der Generalstab und sein Chef in den Kontakten mit ihren österreichischen Kollegen gefährlich weit gegangen sind, auch wenn sie sich staats- und völkerrechtlich keinen Fauxpas haben zuschulden kommen lassen.

Sprecher und sein Generalstab wurden vor dem Weltkrieg in der gegen Italien gerichteten Planung von Ulrich Wille nach Kräften behindert. Es geschah zum Teil hinter den Kulissen, oft aber auch in aller Öffentlichkeit. Korpskommandant Wille glaubte nicht an einen italienischen Angriff. So kam ihm alles, was an der Südfront unternommen wurde, verdächtig vor. Den Festungsbau bei Bellinzona betrachtete er als Provokation gegenüber dem südlichen Nachbarn, die letzten Endes nur der Irredenta zugute komme. Nach seinen Vorstellungen eigneten sich die Alpen ohnehin nicht als Kriegsschauplatz. Für ihn war das Mittelland die geeignete Bühne für eine zukünftige Feldschlacht, die er nach dem Muster des Deutsch-Französischen Krieges zu führen gedachte.

Ulrich Wille – unfähig zu einem sachbezogenen Dialog – reagierte auf die Kontakte zwischen Sprecher und Conrad von Hötzendorf mit Polemik und Unterstellungen, zu denen beispielsweise die Vermutung gehörte, der Generalstab habe der österreichischen Armee freien Durchmarsch durch Graubünden angeboten. Wille sprach vom «Grössenwahn unserer Chauvinisten» und meinte damit Theophil Sprecher und seine Offiziere. Im Januar 1914 erklärte er in einem Brief an Oberst Eduard Wildbolz: «Zu dem Aufbau unseres Wehrwesens durch Phrase und Selbstbetrug gehört der jahrelang gezüchtete Chauvinismus gegen Italien, die phantastische Träumerei, in Verbindung mit Österreich Italien mit Krieg zu überziehen und sich – zum allermindesten zur Verbesserung der strategischen Grenze – das Veltlin zurückzuerobern. Die Leute, die sich ehrlich mit diesem Fusel des Grössenwahns berauschten, verloren dermassen die Fähigkeit zu nüchtern, sachlich denken, dass keiner sich Rechenschaft gab, welche Folgen es für die Eidgenossenschaft haben würde, wenn sie den grossen Zuwachs an Welschen und Katholiken bekäme.»[293]

Wille griff die militärpolitischen Vorstellungen Sprechers auch in der Landesverteidigungskommission an. Es gab kaum eine Sachfrage, in der man übereinstimmte. Alles in allem eine dürftige Basis für jene Zusammenarbeit, welche die Nation kurz darauf zwischen General und Generalstabschef erwarten durfte.

Die verschlungene Geschichte der Eventualallianzen wurde in einer breiteren Öffentlichkeit erst nach dem Weltkrieg bekannt. In der kritischen Kriegszeit konnte man den Schaden in Grenzen halten. «Es handelt sich … bei alledem nur um vertrauliche, ganz allgemein gehaltene Besprechungen, ohne Eingehung irgend einer Verbindlichkeit», schrieb Bundesrat Camille Decoppet im November 1919 seinem Kollegen Felix Calonder.[294] Kontakte zwischen Generalstäben der verschiedenen Nationen waren alltäglich. Dazu gehörten Gespräche über mögliche Allianzen. Das konnte man auch der schweizerischen Armeeführung nicht verwehren, sofern sie sich von den Grundsätzen der Neutralität leiten liess. Davon war aber keine Rede, denn man verhandelte ausschliesslich mit den Zentralmächten. Es gab keinen Dialog mit Frankreich und Italien.

Man würde es sich zu einfach machen, wenn man die Schuld an dieser neutralitätspolitischen Fehlleistung einseitig auf Theophil Sprecher schieben wollte. Die Allianzgespräche erfolgten im Einverständnis mit den in dieser Sache zuständigen Bundesräten, die ihrerseits versäumten, das ganze Kollegium einzuweihen. Alles in allem ein Resultat der politisch schiefen Optik, die von germanophilen Tendenzen bestimmt war.

Bundesrat Karl Scheurer meinte nach dem Krieg, man habe mit jenen Generalstäben verhandelt, die es selber gewünscht hätten. Das trifft wohl zu, macht aber die Sache nicht besser. Man hatte seit Jahren mit dem Finger auf Frankreich und Italien gezeigt, die man zum vornherein als zukünftige Angreifer blossstellte. Unter diesen Umständen durfte man von Diplomaten und Armeeführern dieser Länder nicht erwarten, dass sie sich in Bern mit der Bitte um Allianzgespräche einstellten.

Als im Laufe des Krieges auch in Bern der Glaube an einen deutschen Endsieg schwand und die innere Verfassung des Landes eine Neubesinnung verlangte, fand der Generalstabschef einen neuen Partner für Gespräche über eine Eventualallianz. Theophil Sprecher verhandelte mit dem französischen General Maxime Weygand über eine Zusammenarbeit der Armeen bei einem deutschen Angriff. Man agierte in gedämpfter Stimmung unter äusserem und innerem Druck. Als die Verhandlungen im Jahre 1917 zum Abschluss kamen, war das neutralitätspolitische Gleichgewicht wieder hergestellt. Doch der Verlust an Vertrauen war nicht mehr wettzumachen. Schliesslich lag ein Ergebnis vor, das mit zahlreichen schweizerischen Konzessionen erkauft wurde. Die Armeeführung hatte angesichts der widrigen Umstände zur Bescheidenheit zurückgefunden.

Die Kriegsszenarien: Wer bedroht die Schweiz?

«Nous tenons pour positif que quatre mètres carrés du territoire suisse qui seraient seuls empruntés par une armée envahissante, constitueraient la violation de la neutralité», erklärte Bundespräsident Marc-Emile Ruchet im Sommer 1911 dem französischen Geschäftsträger Valdrôme.[295] Eine so kühne Behauptung hätte der Chef der Generalstabsabteilung vermutlich nicht unterschrieben. Ruchet wählte gegenüber dem französischen Diplomaten die starken Worte, um die zu jenem Zeitpunkt akuten Zweifel an der schweizerischen Neutralität auszuräumen: «Nos montagnards sont de braves troupes: ils se lèveraient, la rage au coeur, pour repousser l'envahisseur, quel qu'il soit.» Die Soldaten würden wenn nötig gemeinsam mit der französischen Armee gegen einen Angreifer kämpfen. Das vom Westschweizer Bundesrat entworfene Szenario lag fern von den Planungen des Generalstabs.

Die Tücken der Geographie machten für jedermann sichtbar, dass zwei bedeutende schweizerische Städte im Kriegsfall nicht verteidigt werden konnten: Genf und Basel. In den Jahren vor dem Ersten Weltkrieg versuchten französische Politiker und Diplomaten herauszufinden, wie es die Schweiz mit dem Schutz der Rheinübergänge zwischen Rheinfelden und Basel halte. Hier musste eine deutsche Armee ansetzen, wenn sie den rechten Flügel des französischen Heeres und die Festung Belfort umgehen wollte. Die schweizerischen Zusicherungen auf dem diplomatischen Parkett klangen zuversichtlich, auch wenn sie mit der militärischen Logik nur schwer zu vereinbaren waren. In Paris hatte man die schlechten Erfahrungen der Jahre 1813 und 1815 nicht vergessen, als die angeblich neutrale Eidgenossenschaft den alliierten Truppen die Rheinbrücken öffnete.

Henri Dufour hatte sich im Jahre 1841 mit der strategischen Lage von Basel befasst: «La ville de Bâle est la plus compromettante pour la neutralité de la Suisse par la facilité qu'aurait un corps ennemi, campé dans le voisinage, d'emporter ses ponts pour se porter en un seul jour d'une rive à l'autre du Rhin.»[296] Ein halbes Jahrhundert später meinte Bundesrat Eduard Müller, man müsse im Falle eines deutschen Angriffs Basel aus politischen Gründen mit einer Division verteidigen. Der Chef der Generalstabsabteilung Arnold Keller war skeptisch. Er schrieb im Jahre 1896: «Die Verteidigung Basels gegen feindliche Inbesitznahme ist eine sehr schwierige Aufgabe, die wenig Erfolg verspricht und uns teuer zu stehen kommen kann. Wir rechnen Basel gleich Genf zu denjenigen Objekten des Feindes, für deren Schutz die Landesverteidigung wesentlich nichts anderes tun kann, als deren Rechtswidrigkeit der Okkupation durch den Widerstand der dortigen Grenztruppen zu konstatieren und den dasigen Verlust durch Erfolge auf andern Punkten zu reparieren.»[297]

Theophil Sprecher von Bernegg dachte ebensowenig wie seine Vorgänger an eine Verteidigung der Stadt am Rhein. Das Thema gewann ungewöhnliche Aktualität, als Deutschland im Jahre 1902 mit dem Bau von Festungen am Oberrhein begann. Vier Jahre später nahm man die Erweiterung des Badischen Bahnhofs in Basel in die Hand. Die zwischen 1906 und 1912 ausgebaute Anlage nahm Dimensionen an, die nach Meinung der Zeitgenossen weit über die zivilen Bedürfnisse hinausgingen. Es stellte sich der Verdacht ein, das Heer des Kaisers werde den weitgehend auf schweizerischem Territorium liegenden Bahnhof für Truppentransporte benützen. Diese Bedenken wurden selbst von der deutschfreundlichen Basler Regierung geteilt. Der Chef der Generalstabsabteilung studierte den Fall an Ort und Stelle und kam zum Schluss, gegen den Bau sei nichts einzuwenden.[298] Sprecher glaubte a priori nicht an eine Verletzung der schweizerischen Neutralität durch das Deutsche Reich. Ausserdem war er der Meinung, ein Kampf um Basel werde ohnehin nicht in der Stadt, sondern auf den südlich gelegenen Höhen ausgefochten.

Das war nicht die Botschaft, die man in Paris hören wollte. Man hatte mit Beunruhigung zur Kenntnis genommen, dass die Schweiz nichts zur Verteidigung von Basel vorkehrte. Für die französische Armee war es nicht gleichgültig, wer an den Rheinbrücken und im Badischen Bahnhof sass. Man ging in Bern mit der Frage behutsam um. Am 28. Juli 1914, wenige Tage vor Kriegsausbruch, kam der französische Militärattaché in der Schweiz auf die Sache zurück. In einem Gespräch mit Bundesrat Decoppet und dem Chef der Generalstabsabteilung erkundigte sich Commandant Pageot nach den schweizerischen Absichten. Er sandte das folgende Telegramm nach Paris: «Cdt. Pageot vient de faire au Chef du Département militaire en présence du chef d'état-major général suisse la communication relative aux dispositions arrêtées par le ministre français de la Guerre pour la neutralisation de la Suisse en temps de guerre. Après avoir déclaré que la France respecterait cette neutralité d'une facon absolue, il a demandé ce que fera la Suisse en cas de violation par l'Allemagne de la gare de Bâle et de l'enclave de Porrentruy. Le chef du Département militaire et le chef d'état-major général ont déclaré formellement que la Suisse s'opposerait par tous les moyens à l'utilisation par les Allemands de la gare de Bâle, même comme gare de garage, ainsi qu'au passage par l'enclave de Porrentruy. Les déclarations faites à cet égard ont été absolument catégoriques.»[299] Decoppet erklärte Pageot, er glaube nicht, dass Deutschland irgendwo schweizerisches Territorium angreifen werde, denn es wisse genau, dass sich die Schweiz widersetze.

Theophil Sprecher meinte nach dem Krieg: «Ich kann beifügen, dass ich kurz vorher schon dem deutschen Militärattaché v. Bismarck erklärt hatte, eine Benützung des Badischen Bahnhofes, sei es auch nur für das Rangieren der militärischen Leerzüge, könne von uns nicht geduldet werden. Er antwortete mir mit der Versicherung, dass die deutsche Heeresleitung nichts dergleichen beabsichtige und sich streng daran halten werde, wie denn auch geschehen ist.»[300]

Vom heftigen Widerstand, den man Commandant Pageot in Aussicht stellte, konnte in Wirklichkeit keine Rede sein, denn die schweizerische Artillerie hätte weder den Badischen Bahnhof noch die Rheinbrücken beherrscht. Sprecher blieb bei seiner Meinung, dass Basel eine offene Stadt sei. Als der Geniechef der 4. Division nach Kriegsbeginn um die Erlaubnis bat, die Zugänge zur Stadt feldmässig zu befestigen, kam aus dem Armeehauptquartier ein deutliches «Nein». Der Generalstabschef schrieb am 15. August 1914: «Wir wollen aber Basel weder direkt verteidigen noch behufs Verteidigung der Stadt besetzen. (...) Um den Besitz von Basel wird, wenn wir in den Krieg hineingezogen werden, auf dem Schlachtfeld entschieden, wo sich unsere Hauptkräfte mit den feindlichen würden zu messen haben.»[301] Das Konzept Theophil Sprechers nahm sich im Rahmen der Landesverteidigung sinnvoll aus, dem Schutz der Neutralität genügte es nicht. Hier tat sich eine Diskrepanz auf zwischen den Bedürfnissen, die sich allein um die Verteidigung der Schweiz drehten, und den Verpflichtungen, welche der neutrale Status dem Land auferlegte.

Eine Gefährdung des neutralen schweizerischen Territoriums war vor allem in einem neuen deutsch-französischen Krieg zu erwarten. Für beide Kriegsparteien lag die Versuchung nahe, die Front des Gegners auf dem Umweg durch die Schweiz zu umgehen –, das auf die Gefahr hin, dass man auch gegen die schweizerische Armee anzutreten hatte. Der Gedanke, durch den völkerrechtlichen Fehltritt des Gegners einen Bundesgenossen zu gewinnen, war besonders auf deutscher Seite vorhanden. So schrieb Generalstabschef Alfred Graf von Schlieffen in einer Denkschrift im Jahre 1905: «Das Betreten der Schweiz durch den Feind würde uns einen Bundesgenossen verschaffen, dessen wir bedürfen und der einen Teil der feindlichen Kräfte auf sich zöge.»[302] Sein Nachfolger Helmuth von Moltke meinte einige Jahre später gegenüber Theophil Sprecher mit einigem Bedauern, Frankreich werde die Schweiz vermutlich nicht angreifen. Vor einem deutschen Angriff glaubte die schweizerische Armeeführung sicher zu sein, weil – so pflegte man zu dozieren – ein Vorstoss durch Jura oder Mittelland in periphere französische Regionen führen und dem Angreifer nichts einbringen würde. Das selbe Argument liess man für Frankreich nicht gelten. Man hegte den Verdacht, das zahlenmässig unterlegene französische Heer wolle durch die Schweiz an die Donau vorstossen. Was damit für Frankreich gewonnen wäre, blieb schleierhaft. Als historische Reminiszenz standen die napoleonischen Kriege zur Verfügung, doch unter den militärpolitischen Bedingungen der Gegenwart konnte das Abenteuer nur in einer Katastrophe enden. Colmar Freiherr von der Goltz, der für den Festungsbau zuständige Chef des deutschen Ingenieur- und Pionierkorps, schrieb dazu im Jahre 1900 in einer Denkschrift: «Jede Offensive der französischen Armee über den Oberrhein schwächt diese in Lothringen und führt überdies an die Schwarzwaldpässe und in Deutschland in einer Richtung, wo es nicht entscheidend getroffen werden kann.»[303] Eine Invasion in Süddeutschland – ob durch die Schweiz oder lediglich über den Oberrhein – sei zwar eine politische Kalamität, bringe aber militärisch keine Entscheidung.

Der deutsche und der französische Generalstab lebten in der Ungewissheit, wie sich der Gegner im zukünftigen Krieg im südlichen Elsass und am Oberrhein verhalten werde. Die Region konnte Schauplatz der entscheidenden Operationen werden, aber auch von grösseren Aktionen verschont bleiben. In jedem Fall wurde die Position der benachbarten Schweiz in den strategischen Überlegungen mit berücksichtigt.

Die Planungen des deutschen Generalstabs am Oberrhein folgten den Ideen Graf Schlieffens. Bevor der Generalstabschef seinen berühmten Plan einer nördlichen Umfassung mit dem Vorstoss durch Belgien entwarf, dachte er an einen zentralen Stoss in Lothringen.[304] Zwei Armeen hätten diesen Angriff im südlichen Elsass mit einem flankierenden Manöver durch die Burgundische Pforte begleitet. Ob bei den deutschen Studien die Variante eines Marsches durch die Schweiz erwogen wurde, lässt sich nicht mehr feststellen. Man darf annehmen, dass bei der deutschen Gründlichkeit in militärischen Dingen dieser Aspekt nicht vergessen wurde.

Die Annäherung zwischen Frankreich und Russland brachte für Deutschland die Gefahr eines Zweifronten-Krieges. Dieser Möglichkeit begegnete man mit einem massiven Festungsbau im Westen. Dazu kam, dass Kaiser Wilhelm II. in Festungen vernarrt war und erhebliche Mittel in die aufwendigen Bauten steckte. In den neunziger Jahren sprach man von Befestigungen am Oberrhein, doch in Bezug auf die Dringlichkeit lagen diese Pläne weit hinter den Werken in Lothringen. Priorität genossen die Anlagen bei Diedenhofen und Metz und die mächtige Festung «Kaiser Wilhelm II.» bei Strassburg. Man kann daraus schliessen, dass die Gefahr eines französischen Angriffs im südlichen Abschnitt geringer eingeschätzt wurde als weiter im Norden.

General von der Goltz inspizierte im Jahre 1899 die Region zwischen Breisach und Lörrach. Er hielt nicht allzu viel von permanenten Festungen am Rhein. Mehr versprach er sich von mobilen weittragenden Geschützen, die besser geeignet waren, mit ihrem Feuer in der unübersichtlichen Topografie jeden Punkt am Strom zu erreichen.

General Graf Schlieffen setzte hingegen auf ständige Festungswerke am Oberrhein und auf befestigte Brückenköpfe am linken Rheinufer bei Hüningen und Neuenburg.[305] Damit fand er den Beifall des Kaisers, der am 9. November 1900 einen grundsätzlichen Entscheid traf. Zwischen Müllheim und Lörrach sollten vier Sperrforts mit Panzerbatterien gebaut werden: auf dem Hachberg bei Müllheim, bei Bellingen, auf dem Isteiner Klotz und auf der Höhe von Ober-Tüllingen. Das hätte eine geschlossene Festungsfront bis nach Riehen an der Schweizer Grenze ergeben. General von der Goltz lenkte ein und machte sich mit Eifer an die Ausführung, obschon das Kriegsministerium anfänglich erklärte, es sei kein Geld vorhanden. In Freiburg entstand unter dem nichtssagenden Titel «Oberrhein-Kommission» ein militärischer Stab, der die Planung übernahm.[306]

Im Juni 1901 produzierte die Kommission eine «Denkschrift über die Befestigungen am Oberrhein» und einen ersten Planentwurf für das Fort auf der Tüllinger Höhe.[307]

Das Dokument war zweifellos auf die Vorstellungen des Generalstabs abgestimmt und handelte nicht bloss vom Festungsbau, sondern auch von den möglichen Kriegsszenarien am Oberrhein und in Süddeutschland, wie sie sich bei einem französischen Angriff ergeben konnten. In die Überlegungen wurde der Fall einer feindlichen Offensive durch die Schweiz einbezogen, mit der die geplanten Festungen umgangen würden. Über die Aufgabe der neuen Werke erklärte die Denkschrift:

«Der Zweck der Oberrheinbefestigungen ist, einen Einbruch der Franzosen in Süddeutschland zu verhüten und die Rheinbrücken für eine etwaige deutsche Offensive nach Möglichkeit offen zu halten. (…) Die Absicht, durch den Schwarzwald nach Süddeutschland einzudringen, kann entweder
a) unter Wahrung oder
b) unter Verletzung der Neutralität der Schweiz durchgeführt werden.»

Über die Varianten, die einem Gegner bei seiner Offensive zur Verfügung standen, befand die Kommission: «In Erörterungen einzutreten, ob seitens der Franzosen die Neutralität der Schweiz geachtet werden wird oder nicht, und wie sich die Schweizer dabei selbst verhalten werden, ist hier nicht der Ort. Jedenfalls kann bei Beurtheilung der Massnahmen für die Vertheidigung des Oberrheins der Fall des Neutralitätsbruchs nicht ausser Acht gelassen werden. (…) Wird nun die Neutralität der Schweiz gewahrt, ist also mit einer frontalen Forcierung des Rheins zwischen Hüningen und Neuenburg zu rechnen, dann bietet der auf dieser Strecke den Rhein und das Gelände auf beiden Ufern beherrschende, schon bisher zur Befestigung in Aussicht genommene Höhenzug Hachberg bei Müllheim-Bellingen-Istein-Tüllingen die beste Stellung, von der aus ein Überschreiten des Rheins mit Aussicht auf Erfolg bekämpft werden kann.

Wird die Neutralität verletzt und zwar indem der Feind zwischen Basel und Rheinfelden vorgeht, so wird der linke Flügel der Vertheidigungsstellung umfasst. Durch entsprechende Einrichtung der Vertheidigungsstellungen daselbst muss diesem Umstande Rechnung getragen werden.

Tritt endlich der Fall ein, dass der Feind auf der Linie Säckingen – Stein a. Rhein in Süddeutschland einfallen will, so käme die Verlängerung der Vertheidigungslinie von Tüllingen aus an den Südhängen des Schwarzwaldes entlang in Frage. Davon wird aber abzusehen sein, weil man diesem am wenigsten wahrscheinlichen Vormarsch gegenüber permanente Anlagen ihrer Kostspieligkeit wegen nicht anordnen wird.»

Man ging davon aus, dass der Oberrhein nur von zahlenmässig schwachen Landwehrverbänden verteidigt würde. Auch stellte man Überlegungen an, ob die Verteidigungslinie nicht auf die Schwarzwaldpässe zurückgenommen werden sollte. Der Gedanke wurde wieder verworfen, denn der Kampf am Rhein schien bessere Perspektiven zu bieten. Ein Punkt in der geplanten Front gewann für die Festungsbauer zentrale Bedeutung: das Sperrfort auf der Tüllinger Höhe, das den südlichsten Stützpunkt bildete und mit seinen Geschützen die Brücken von Basel und Hüningen beherrschte. Dazu meinte die Denkschrift:

«Wäre Tüllingen zunächst allein befestigt, so würde der Angreifer – selbst wenn er wagen wollte, zwischen den Wirkungssphären von Neubreisach und Tüllingen durchzubrechen, anfangs auf nur 5 Marschstrassen durch den Schwarzwald angewiesen sein; auch müsste er gegen Tüllingen Truppen stehen lassen. Tüllingen verwehrt ihm die Benutzung des für ihn von Belfort her wichtigsten Rheinüberganges bei Hüningen und bei den in der Front ungünstigen Angriffsverhältnissen zwingt es ihn zur Umfassung, also bei der Umfassung der linken Flanke Tüllingens zum Neutralitätsbruch, wenn es ihn nicht von vornherein zu der Umgehung über den Oberrhein östlich von Säckingen veranlasst. Eine Befestigung bei Tüllingen wird also ohne Zweifel den Gegner zwingen, sich entweder für die Lösung seiner Absichten zu schwächen oder sich zu trennen oder grosse Umwege zu machen, in allen Fällen also der Vertheidigung mindestens wertvollen Zeitgewinn bringen.

Die wichtigste und wertvollste Position zur Vertheidigung des Oberrheins bildet daher eine Befestigung der Höhe von Tüllingen und zwar auch dann, wenn man sich im Allgemeinen für die Passvertheidigung im Schwarzwald entscheiden sollte, denn auch für diesen Fall ist es von Bedeutung, dass der Gegner für das Vorgehen sich in 2 Armeeabtheilungen trennen muss, solange er Tüllingen nicht genommen hat.

Ausserdem ist die Befestigung der Tüllinger Höhe von grosser politischer Bedeutung, da man von hier aus Basel – eine der reichsten und bedeutendsten Städte der Schweiz – beherrscht und somit in der Lage ist, auf die Schweiz einen Druck bezüglich ihres Verhaltens einem französischen Neutralitätsbruch gegenüber auszuüben.»

Die Befestigung der Tüllinger Höhe war als erster Schritt beim Aufbau einer Abwehrkette am Oberrhein gedacht. Das Sperrfort sollte wie die andern drei Werke mit 10 cm Kanonen-Batterien und 15 cm Haubitz-Batterien unter Panzer ausgestattet werden und rundum verteidigungsfähig sein. Einige noch vorhandene Entwürfe zeigen, dass eine grosse, reich mit Artillerie versehene Anlage geplant war.

Kaiser Wilhelm II. kümmerte sich persönlich um Tüllingen, kam aber offensichtlich mit den Planungen nicht zurecht. Im November 1901 wurden ihm die Pläne der Oberrhein-Kommission vorgelegt, doch er verlangte eine Vereinfachung der Entwürfe.[308] Unklar war die Frage, ob die Geschütze in Panzerbatterien oder in betonierten offenen Stellungen aufgestellt werden sollten. Den Monarchen störte der Umstand, dass die Position auf der Tüllinger Höhe vom Dinkelsberg her, der nördlich der Chrischona liegt, im Rücken angegriffen werden konnte. Gegen den gleichzeitig vorgelegten Plan eines Sperrforts auf dem Isteiner Klotz hatte er hingegen nichts einzuwenden.

Am 24. Januar 1902 formulierte General von der Goltz die Entscheidung des Kaisers in einem Geheimbefehl: «Bei meinem gestern im Beisein des Herrn Chefs des Gen. St. d. Armee, des Herrn Gen. Insp. d. Fuss-Art. und des Herrn Kriegsministers stattgehabten Vortrage geruhten Seine Majestät der Kaiser und König folgende Entscheidung zu treffen:
1. Für die Befestigung auf dem Isteiner Klotz befahlen Seine Majestät die Ausführung und den alsbaldigen Baubeginn nach dem Entwurf der Oberrhein-Kommission vom 28. 12. v. J. mit den von mir vorgeschlagenen Abänderungen. Letztere bestehen in dem Hinzutritt einer 3ten 10 cm Panzerbatterie zu 2 Geschützen und Wegfall 2er Hohlgänge …

2. Auf den Entwurf der Oberrhein-Kommission vom 28. 12. v. J. für die Befestigung auf der Tüllinger Höhe entschieden seine Majestät, dass zunächst ein abgeänderter Entwurf aufzustellen sei, welcher unter Weglassung der Panzerbatterien mit der Ausstattung mit 10 cm Schirmlafetten (8 Geschütze) rechnet. Die Anlage einer Haubitzbatterie sei der Armirung zu überlassen.»[309]

Der Bau des Sperrforts auf dem Isteiner Klotz wurde im März 1902 in Angriff genommen. Im Jahre 1905 waren die drei Panzerbatterien mit ihren sechs 10 cm Kanonen einsatzbereit. Die Festung auf der Tüllinger Höhe wurde hingegen bis zum Ersten Weltkrieg nicht gebaut. Auch verzichtete man auf die Werke bei Bellingen und Müllheim.

Warum wurde Fort Tüllingen nicht errichtet? Einige mögliche Gründe waren auch den Zeitgenossen bekannt. Was aber letzten Endes den Ausschlag gab, lässt sich nicht mit Sicherheit rekonstruieren. In der Schweiz vernahm man im Frühjahr 1902 zur eigenen Überraschung, dass eine Festung auf den Isteiner Klotz und nicht auf den Hügel bei Riehen gesetzt werde. Die Versuchung lag nahe, an einen Erfolg der schweizerischen Diplomatie zu glauben. Der Bundesrat hatte in dieser Sache diskret im Auswärtigen Amt nachgefragt, dies im Bewusstsein, dass nach den Regeln des Völkerrechts gegen eine Festung nichts einzuwenden war, auch wenn sie direkt an der Grenze lag. In der deutschen Presse pflegte man mit Behagen auf die französischen Forts an der Juragrenze zu zeigen, deren Kanonen ebenfalls schweizerisches Territorium erreichten. Es ist alles in allem unwahrscheinlich, dass die zaghaften Signale aus Bern den deutschen Festungsbau stoppten.

Man darf annehmen, dass für den weitläufigen Festungsbau am Oberrhein die Mittel fehlten. Das Kriegsministerium zog es vor, die vorhandenen Gelder in die grossen Werke in Lothringen zu stecken. Woraus geschlossen werden kann, dass die deutsche Heeresleitung in einem neuen Krieg die entscheidenden Kämpfe weder im südlichen Elsass noch an der Rheinfront zwischen Lörrach und Breisach erwartete.

Es gab grundsätzliche Kritik am zu weit gehenden Festungsbau, wie er eine Zeitlang von Wilhelm II. vorangetrieben wurde. Zu den Gegnern gehörte der Militärschriftsteller Friedrich von Bernhardi, der durch sein Buch «Deutschland und der nächste Krieg» eine zweifelhafte Bekanntheit gewonnen hatte. Ein weit verbreitetes Argument: Der offensive Geist der Truppen werde unter den Festungen leiden. General Dietrich Graf von Hülsen, der Chef des Militärkabinetts, warnte den Kaiser: «Wir kommen ja durch die Drahthindernisse, die wir selbst angelegt haben, nicht hindurch.»[310] Man wird an die Thesen von Ulrich Wille erinnert. Generalfeldmarschall Alfred Graf von Waldersee, der frühere Chef des Generalstabs, rügte General von der Goltz wegen seiner Festungspläne: «Ich bin seit langem betrübt darüber, dass allmählich der Geist der Offensive bei uns einer Angstmeierei Platz gemacht hat.» Man sollte seiner Meinung nach eher einige Brücken bauen, damit die Franzosen den Rhein überquerten und im Schwarzwald in eine Katastrophe liefen.

Sachlich hört sich hingegen der Kommentar des in diesem Abschnitt kommandierenden Generals des 14. Armeekorps zur Denkschrift der Oberrhein-Kommission an. «Die 26 km lange Höhenfront zwischen Müllheim und Tüllingen wird sich durch die geplanten Befestigungen und deren Besatzung allein schwerlich verteidigen lassen. Es sind hierzu bewegliche Kräfte unentbehrlich, die einem Übergangsversuch oder Angriffen auf die Wache an bedrohter Stelle rechtzeitig entgegengeworfen werden können (möglichst starke Reserve mit beweglicher schwerer Artillerie).»[311] Hinter diesen Worten sind deutliche Vorbehalte gegenüber dem Konzept einer zusammenhängenden Festungskette zu erkennen.

Mit der Zeit machte man sich offenbar die Vorschläge des Truppenkommandanten zu eigen. Von den vier geplanten Werken wurde einzig das Fort auf dem Isteiner Klotz konstruiert. Mobile schwere Haubitzbatterien sollten die von den Festungsgeschützen nicht gedeckten Uferabschnitte verteidigen. In diese Taktik passt die Tatsache, dass die auf dem Isteiner Klotz geplante 15 cm Haubitz-Panzerbatterie nicht gebaut wurde. Man wollte – nach einer Phase der Festungseuphorie – nicht allzu viele Geschütze unter Panzerkuppeln festnageln.

Das Stichwort «Tüllingen» löste in der Schweiz eine Zeitlang Emotionen aus, die vor allem im direkt betroffenen Basel sichtbar wurden. Auch deutschfreundliche Zeitgenossen wurden von zwiespältigen Gefühlen umgetrieben. Ulrich Wille, der damals im Unfrieden aus dem Instruktionsdienst ausgeschieden war, meinte im Januar 1902 in einem Artikel in der «Neuen Zürcher Zeitung»: «Freilich ist es für Basel ein höchst unbehagliches Gefühl, zu wissen, dass wenn Frankreich über seine Brücken nach Deutschland hinein will, dass auf den Tüllinger Höhen Kanonen zu spielen anfangen, die das verhindern müssen, und dabei nicht vermeiden können, die gute Stadt und ihre friedlichen Bürger mit zu beschiessen.»[312] Man schob die Schuld an dieser ungemütlichen Situation gerne den Franzosen zu, die in einem zukünftigen Krieg zweifellos Basel besetzen würden. Dann aber gaben die deutschen Festungspläne Anlass zur Frage, ob die Schweiz versäumt habe, die neutralitätspolitisch heikle Ecke des Landes zu sichern.

In der Debatte wurde gelegentlich auf das vom Wiener Kongress 1815 verhängte Verbot hingewiesen, im Umkreis von ungefähr 13 Kilometern um Basel Festungen zu bauen. Das Servitut war Frankreich auferlegt worden und bezog sich auf das linke Rheinufer, bot also kein völkerrechtlich gültiges Argument gegen die Pläne auf der Tüllinger Höhe. Bereits am 3. Juli 1871 hatte der Jurist Gustav Vogt ein Rechtsgutachten zur Basler Festungsfrage ausgearbeitet und erklärt, das Servitut von 1815 sei durch den Besitzerwechsel nicht erloschen. Das Deutsche Reich als neuer Territorialherr im Elsass sei den selben Verpflichtungen unterworfen wie zuvor Frankreich.[313] Eine Ausdehnung des Verbots auf badisches Territorium sei jedoch ausgeschlossen.

Um die Jahrhundertwende stellte man fest, dass die Deutschen den linken Brückenkopf der Eisenbahnbrücke von Hüningen militärisch sicherten. Ein Verstoss gegen das Festungsbauverbot? Bei der Anlage an der Eisenbahnbrücke handelte es sich um einen bescheidenen Infanteriestützpunkt, der die Bezeichnung Festung nicht verdiente. Der Bundesrat verzichtete darauf, den Fall aufzugreifen und daraus eine diplomatische Affäre zu machen.

In der «Neuen Zürcher Zeitung» trugen Robert Weber, der Waffenchef der Genietruppen, und Ulrich Wille einen Disput aus, der groteske Züge annahm.[314] Die beiden Obersten boten einen «dialogue des sourds», in dem sie bewusst aneinander vorbeiredeten. Der Festungsbauer Weber, der an der Konstruktion der Werke von Saint-Maurice entscheidend mitgewirkt hatte, erörterte das Thema «Tüllinger Höhe» in fünf Artikeln, die zwischen dem 5. und dem 20. Januar 1902 erschienen. In seinem umständlichen Exkurs hielt er fest, eine französische Offensive am Oberrhein sei nur möglich, wenn die aus der Burgundischen Pforte vorstossende Armee Basel besetzte. Die schweizerischen Grenztruppen seien nicht imstande, wirksam Widerstand zu leisten.

Der Geniechef glaubte, ein Fort auf der Tüllinger Höhe sei nicht in der Lage, die Basler Brücken zu sperren. Dennoch sei das Schicksal Basels fremden Kanonen anvertraut: «Mit dem Bau der Tüllinger Forts drückt also die Kriegsmacht Deutschland ihre Faust auf unsere Grenzstadt.» Das sei ein unwürdiger Zustand. Die schweizerische Antwort sei im Bau permanenter Befestigungen auf den Höhen südlich von Basel zu sehen. Gepanzerte Batterien könnten den Talboden zwischen dem Blauen und den Rheinbrücken beherrschen. Das schien Weber sinnvoller zu sein als diplomatische Interventionen: «Panzertürme singen eine andere Tonart als vergilbte Pergamente.»

Ulrich Wille reagierte am 27. Januar in einem Artikel heftig, wie er es jedesmal tat, wenn von Festungen die Rede war. Bevor um Basel herum «Schanzen aufgeworfen würden», müsse die Armee zur Kriegstüchtigkeit erzogen werden. Die Armee habe zwar Fortschritte gemacht, doch wenn ein Nachbar an der Grenze Festungen baue, zeige er damit, dass er der Schweiz nicht traue. Damit mutierte der Diskurs um das Sperrfort Tüllingen zu einem pädagogischen Monolog über die Kriegstauglichkeit des schweizerischen Soldaten. Auf die konkrete militärpolitische Situation ging Wille nicht ein.

In seiner Replik von 4. Februar fiel Robert Weber in polemischem Ton über die teilweise verworrenen Gedankengänge des Armeereformers her. Er gehe von falschen Fragestellungen aus und leiste sich eine absurde Beweisführung. In einem weiteren Beitrag gab sich Wille wehleidig: «Mein Herr Angreifer» gehe von irrigen Vorstellungen aus. Er, Ulrich Wille, habe grundsätzlich nichts gegen eine Befestigung Basels gesagt, doch er kämpfe seit 30 Jahren für die «Kriegstüchtigkeit unseres Heerwesens». Von Weber zeigte er sich enttäuscht: «Mein alter Freund, den ich niemals auf der Seite meiner Gegner erwartet hätte.»

Im Frühjahr 1902 drang die Nachricht in die Schweiz, dass vorläufig bloss ein Fort auf dem Isteiner Klotz errichtet werde. Man zeigte sich beruhigt. Die 10 cm

Kanonen der Panzerbatterien von Istein erreichten zwar die Eisenbahnbrücke von Hüningen und selbst den Stadtrand von Basel, doch das nahm man nicht tragisch.

Bei Kriegsausbruch im August 1914 galten für die kriegführenden Parteien neue Regeln, die sich nicht nach der Befindlichkeit der neutralen Schweiz richteten. Auf der Tüllinger Höhe wurden Batterien eingerichtet. Zwischen Lörrach und Breisach entstanden zahlreiche betonierte Artilleriestellungen und Unterstände. Die Festungskanonen von Istein griffen im August in die beiden Schlachten von Mülhausen ein, doch ihre Wirkung blieb bescheiden, da die eigentlichen Kampfzonen ausserhalb ihrer Reichweite lagen. Im Oktober 1914 gruben sich die beiden Heere in festen Fronten ein, die von den Geschützen am rechten Ufer des Rheins nicht mehr erreicht wurden. Eine schlimme Vorahnung erfüllte sich nicht: Basel blieb von direkten Einwirkungen des Krieges verschont.

Die Zusicherung Theophil Sprechers an Commandant Pageot, die Schweiz werde neben Basel auch die Ajoie verteidigen, wurde von der französischen Armeeführung vermutlich mit der nötigen Skepsis entgegengenommen. Der Pruntruter Zipfel konnte von der Armee – gleichgültig, ob gegen Deutsche oder gegen Franzosen – nicht nachhaltig verteidigt werden, denn es fehlte dem Territorium die nötige Tiefe. Für die Landesverteidigung war die Region ohne Bedeutung, die Wahrung der Neutralität verlangte hingegen einen aussergewöhnlichen Aufwand. Für beide kriegführenden Parteien bestand die Versuchung, ohne grosse militärische Anstrengung durch die Ajoie hinter die feindlichen Linien vorzustossen. Die Franzosen sprachen von einem «couloir d'invasion».

Vor dem Krieg gab der Bahnbau im deutschen Sundgau zu Debatten Anlass. Nach dem Deutsch-Französischen Krieg hatte sich ein neues, durch die Grenzverschiebung bedingtes Eisenbahnnetz entwickelt, das zum Teil auf demographische und wirtschaftliche Bedürfnisse Rücksicht nahm, gelegentlich aber nach strategischen Anforderungen ausgerichtet war. Geplante, gebaute und auch nicht gebaute Bahnlinien waren, sofern sie der Schweizer Grenze nahe kamen oder sie überschritten, ein militärpolitisches Thema, das in Bern auf seine Auswirkungen hin zu prüfen war.

Die rege deutsche Bautätigkeit weckte bei Oberst Delmé-Radcliffe den Verdacht, der deutsche Generalstab richte im Sundgau eine Ausgangs- und Nachschubbasis für die Umgehung der Festung Belfort ein. Der britische Militärattaché zeigte sich in einem Memorandum aus dem Jahre 1910 wohl informiert über die bereits errichteten und über die geplanten Linien. Er führte darüber eine Korrespondenz mit Generalkonsul Angst in Zürich, der offenbar ebenfalls im Bilde war.[315] In Frankreich kannte man die deutsche Eisenbahnpolitik im Elsass genau. In Einzelheiten gehende Erläuterungen waren in der lokalen Presse des Sundgaus zu finden.

Eine von allen Seiten scharf beobachtete Unternehmung war die Konstruktion der internationalen Bahnlinie zwischen Pruntrut und Dammerkirch (Dannemarie), die sich aus dem Zusammenschluss von drei Teilstrecken ergab: der 1901 eröffneten Nebenbahn Porrentruy-Bonfol (RPB), der Grenzbahn Bonfol-Pfetterhausen und der Largtalbahn. Die Sache ging langsam vonstatten. Erst am 29. September 1910 fuhr der erste Zug von Dammerkirch nach Pfetterhausen, und am 27. Oktober wurde die kurze Strecke Pfetterhausen–Bonfol mit einigem Pomp dem Betrieb übergeben.[316] Die durchgehende Bahnlinie versprach den Regionen beiderseits der Grenze wirtschaftlichen Nutzen.

Die Regierung des Kantons Bern hatte dem Projekt im Jahre 1905 zugestimmt. Man hoffte, mit dem internationalen Verkehr den dahinsiechenden «Regional Porrentruy-Bonfol» zu sanieren. Zustimmung kam auch aus dem Bundeshaus, wo sich der Generalstab zur Frage zu äussern hatte, ob die Grenzbahn Pfetterhausen-Bonfol nicht das Tor für eine deutsche Invasion öffnen würde. Doch die Armeeführung äusserte sich positiv: «In einem Krieg zwischen Deutschland und Frankreich könnte die neue Linie für die Umgehung von Belfort in Frage kommen, sei es für Transporte Pfetterhausen–Pruntrut–Delle, oder, nach allfälliger Fortsetzung Pruntrut–Damvant–Pont-de-Roide, für solche nach Montbéliard–Héricourt in den Rücken von Belfort. Allein bei näherer Prüfung müsste die deutsche Heeresleitung zur Verwerfung dieses Vorhabens kommen. Bevor Belfort durch vollständige Einschliessung zur Untätigkeit verurteilt ist, kann an eine feindliche Benutzung der Bahnlinie in dieser Nähe der grossen Festung nicht gedacht werden. Für eine solche Umgehung resp. Umfassung wird die deutsche Armee die grosse Strasse über Réchésy–Faverois nach Delle oder Grandvillars benutzen, welche ausser dem Bereiche der Aussenforts von Belfort liegt. Auf die Forts hinter der Allaine aber würde die eine oder andere Operationslinie stossen. Wir sind daher der Ansicht, dass in der Erstellung der projektierten Linie keine nennenswerte Verletzung unseres Territoriums seitens des Deutschen Reiches liegt. Es werden dadurch auch keine der bestehenden Zerstörungsvorbereitungen auf den Jura-Linien umgangen und unnütz gemacht, wie das bei der Lützeltalbahn der Fall wäre.»[317]

Man ging von der unbestrittenen Annahme aus, dass die Largtalbahn bei Dammerkirch im Bereich der Festungsgeschütze von Belfort lag und somit im Kriegsfall nicht benützt werden konnte. Doch man schien bei dieser blauäugigen Betrachtungsweise zu übersehen, dass seit dem Jahre 1901 von einer strategischen Bahnlinie St. Ludwig (St-Louis)–Waldighofen mit Fortsetzung nach Niedersept (Seppois-le-Bas) im Largtal die Rede war, und dass sich ein Aufmarsch auf dieser Strecke ohne Belästigung durch die Kanonen von Belfort durchführen liess. Mit dem Bau dieser rein militärischen Bahn wurde im Jahre 1912 tatsächlich begonnen.

In Frankreich nahm man die Sache nicht so gelassen. Bei verschiedenen Gelegenheiten wurde die Schweiz an ihre Neutralitätspflichten erinnert. Kurz nach Eröffnung der internationalen Linie im Largtal schrieb die Zeitung «Eclair»: «L'ouverture de cette ligne impose à la Suisse le devoir de veiller avec un soin particulier à la neutralité du pays de Porrentruy, car l'occupation de ce district par une armée allemande permettrait à celle-ci de s'avancer sur Besançon par Delle, Morvillars et Montbéliard, à l'abri des canons de Belfort.»[318]

Den Anstoss zum Bau der Largtalbahn hatte nicht das Militär gegeben, obschon militärische Überlegungen schon früh das Projekt begleiteten. Die Forderung nach einer Bahnverbindung entstand in der Region. Die abgelegenen Täler im Sundgau bedurften einer verkehrstechnischen Erschliessung, wenn sie an der wirtschaftlichen Entwicklung teilhaben wollten. In den neunziger Jahren war eine normalspurige Bahnlinie von Altkirch durch das Illtal nach Pfirt (Ferrette), das «Pferterzegla», konstruiert worden, die mitten durch die Dörfer führte. Als der «Regional Porrentruy-Bonfol» im Jahre 1901 den Betrieb aufnahm, fand man auch im Largtal die Zeit für den Anschluss an eine moderne Gegenwart gekommen. Die Dörfer im Tal, allen voran Pfetterhausen, erlebten eine Periode rascher wirtschaftlicher Entwicklung, die vor allem der Uhrenindustrie zu verdanken war.

1905 erklärte Kaiser Wilhelm II. die Largtalbahn als ein im öffentlichen Interesse liegendes Unternehmen. Als die Bahn im September 1910 den Betrieb aufnahm, staunte jedermann über die technische Perfektion der zur Vollbahn ausgebauten Strecke. Das Trassee war für Doppelspur angelegt, wenn auch der Betrieb jenem einer Nebenbahn entsprach. Bahnsteige und Rampen der Stationen wiesen beachtliche Dimensionen auf, so dass in Frankreich der Verdacht aufkam, man habe die Infrastruktur für grössere Truppentransporte geschaffen. Feudal präsentierte sich der in wilhelminischem Jugendstil gebaute Bahnhof von Pfetterhausen mit seinen ausgedehnten Geleiseanlagen, ein ungewöhnliches Geschenk für das kleine Dorf.

Als der durchgehende Verkehr auf der Grenzbahn nach Bonfol aufgenommen wurde, trat ein beinahe grotesker Kontrast zwischen der perfekt angelegten deutschen Bahn und der dürftig ausgestatteten schweizerischen Anschlussstrecke zutage. Es ging nicht bloss um optische Eindrücke. Auf der schweizerischen Seite zeigten sich technische Mängel, die anfänglich den durchgehenden Betrieb erschwerten. So war der Geleiseunterbau beim Bahnhof Bonfol derart ungenügend, dass die schweren deutschen Dampflokomotiven nicht in die Station einfahren konnten. Betrachtete man die Largtalbahn mit ihren grosszügigen Anlagen, so drängte sich die Annahme auf, dass die zivilen Bauherren nach den Wünschen des deutschen Generalstabs gebaut hatten.

Keinen Zweifel gab es am rein militärischen Charakter der Bahnlinie St. Ludwig–Waldighofen.[319] Sie war die Fortsetzung der nach den Plänen der Obersten Heeresleitung zu Beginn der neunziger Jahre in Betrieb genommenen strategischen Bahn, die von Immendingen an der Donau unter Umgehung des schweizerischen Territoriums dem Rhein entlang nach Hüningen führte. Zu den Paradestrecken dieser Militärbahn gehörte die unter dem Namen «Sauschwänzlebahn» bekannte Wutachtalbahn, die im Kriegsfall den Nachschub aus dem Donauraum an den Oberrhein sicherstellte.[320] Die strategische Bahn bot Gewähr dafür, dass die militärischen Transporte auf der Südtransversale ohne Verletzung des schweizerischen Hoheitsgebiets abgewickelt werden konnten. Die Bahn umging auch den Badischen Bahnhof in Basel.

Die französischen Proteste gegen den Ausbau dieses Knotenpunktes konnten mit dem Hinweis pariert werden, die deutsche Armee sei nicht auf die ausschliesslich zur zivilen Nutzung bestimmten Anlagen angewiesen. Die Strecke von St. Ludwig nach Waldighofen, die im März 1915 fertiggestellt war, gewann hingegen auch für die Schweiz militärpolitische Bedeutung. Die Bahnlinie stand ausschliesslich der deutschen Armee zur Verfügung. Über ihre Geleise wickelte sich ein bedeutender Teil des militärischen Verkehrs ab, der für die Front im Largtal bestimmt war und somit die schweizerische Grenze berührte. Die geplante Fortsetzung der Strecke nach Niedersept konnte nicht gebaut werden, da die französische Armee im Oktober 1914 das Largtal besetzte. Bei einer deutschen Aktion gegen die Ajoie hätte jedoch die strategische Bahn St. Ludwig–Waldighofen eine wesentliche Rolle gespielt.

Bahnprojekte in der Ajoie machten nur einen Sinn bei einem Blick über die Grenze. Ohne die Anbindung an das deutsche oder französische Eisenbahnnetz fehlte in dem engen Raum die Existenzgrundlage. Es gab einen Plan zur Erweiterung des «Regional Porrentruy-Bonfol» nach Westen mit einer Strecke Pruntrut–Damvant, die später nach Pont de Roide hätte weitergeführt werden können. Hinter den Studien stand der von französischer Seite geförderte Gedanke einer Transversale von Besançon nach Basel, die nach Möglichkeit den deutschen Sundgau umging. Seit dem Jahre 1895 gab es ein «Lützelthalbahn-Komitee Basel», das auf schweizerischem Territorium eine eingleisige Normalspurbahn von Pruntrut über Alle, Miécourt, Charmoille, Lützel, Roggenburg und Kleinlützel nach Laufen anlegen wollte. Der Basler Projektleiter Hetzel schlug einen elektrischen Betrieb vor, denn es standen Elektrizitätsgesellschaften hinter der Idee.[321] Die 35,6 km lange Strecke hätte den Umweg über Delémont oder den ungeliebten Transit durch den Sundgau über Mülhausen vermieden.

Die Deutschen fanden an der Lützeltalbahn keinen Gefallen. Das Unternehmen hätte nicht bloss einen bedeutenden Verkehr von ihrem Streckennetz abgezogen, sondern im Kriegsfall auch die linke Flanke ihrer Armeestellung im oberen Elsass gefährdet. Es erstaunt in keiner Weise, dass im schweizerischen Generalstab die selbe militärpolitische Optik vorherrschte. Man ging von der Überzeugung aus: Eine Gefährdung der Neutralität konnte nur durch Frankreich erfolgen. Eine Lützeltalbahn hätte der französischen Armee den Weg in den Rücken der deutschen Stellungen geöffnet. Also lehnte man das Projekt ab. Als der Generalstab im Jahre 1905 ohne Bedenken dem Bau einer Grenzbahn Bonfol-Pfetterhausen zustimmte, kam er in seinem Gutachten auf das Thema Lützeltalbahn zurück. Er bemerkte, die schweizerischen Verteidigungsvorbereitungen seien durch die neue Bahnlinie nicht im selben Masse gefährdet wie durch eine Bahnlinie entlang der Lützel. Das mag richtig sein, denn Vorbereitungen zur Zerstörung der Grenzbahn wurden überhaupt nicht getroffen. Das Vertrauen in die deutsche Treue überwog alle Bedenken.

Den Franzosen war der Bau von Vollbahnen im Grenzgebiet zum Elsass nach dem Friedensvertrag von 1871 verwehrt. Sozusagen als Antwort auf die Largtalbahn legte man jedoch eine Schmalspurbahn an, die von Belfort über den Rhein-Rhone-Kanal der deutsch-französischen Grenze entlang nach Réchésy führte. Man spielte mit dem Gedanken, die Bahnlinie über die Grenze nach Bonfol zu leiten. Doch der Ausbruch des Krieges setzte allen Bahnprojekten ein Ende.

Die Memoranden Delmé-Radcliffes verursachten in Paris nicht die selben Turbulenzen wie in Rom. Das mag damit zusammenhängen, dass das wichtigste Steckenpferd des britischen Militärattachés, das vermutete geheime Militärabkommen zwischen Österreich und der Schweiz, Frankreich nicht direkt betraf. Die Nachrichten über den Badischen Bahnhof und den Bahnbau im Sundgau bestätigten lediglich Erkenntnisse, die man selber gewonnen hatte.

Das Misstrauen gegenüber der schweizerischen Neutralität war im französischen Aussenministerium stärker als bei der Armeeführung.[322] Die Alarmrufe einiger Diplomaten hatten ihre Wirkung nicht verfehlt. Camille Barrère in Rom und Charles d'Aunay in Bern unterstützten die Thesen des Engländers. Der Nachfolger d'Aunays, Jean Beau, schien die Sache gelassener zu nehmen. Er glaubte, die Schweiz werde sich wenn nötig gegen einen deutschen Einmarsch zur Wehr setzen.

Es versteht sich von selbst, dass der Blick der französischen Politiker und Generäle vor dem Weltkrieg auf die deutschen Aktivitäten am Oberrhein und bei Basel fixiert war. Generalstabschef Joseph Joffre beobachtete die Szene an der Schweizer Grenze genau, obschon er die entscheidenden Kriegshandlungen nicht an dieser Stelle erwartete. Eine deutsche Umgehung Belforts durch die Schweiz war für ihn eine mögliche Perspektive, obschon er sie nicht für wahrscheinlich hielt. Als Genie-Hauptmann hatte er in den achtziger Jahren den Bau der Forts bei Pontarlier geleitet und dabei die Überzeugung gewonnen, dass sich die Juragrenze leicht verteidigen lasse. Im Oktober 1911 teilte er seine Einschätzung der militärpolitischen Lage dem Aussenministerium in einem Memorandum mit:

«En ce qui concerne la Suisse, il semble de plus en plus que celle-ci subit l'influence autrichienne et nourrit des sentiments peu bienveillants contre la France. Il nous semble cependant peu probable qu'elle sorte de sa neutralité, en raison des grands avantages que celle-ci lui donne. L'Allemagne d'autre part, n'aurait que peu d'intérêt à violer cette neutralité; l'Autriche selon toutes probabilités ferait son principal effort contre la Russie. Dans ces conditions, nous estimons qu'il n'y a pas lieu de se préoccuper d'une intervention suisse.»[323]

Die sachliche Analyse des Generalstabschefs traf im Aussenministerium auf Widerspruch. Am 19. Oktober 1911 schrieb Aussenminister Justin de Selves in seiner Antwort an das Kriegsministerium: «En cas d'hostilités entre la France et l'Allemagne, la neutralité du territoire suisse serait-elle respectée par les troupes allemandes? Les informations recueillies à ce sujet laissent supposer que non, et que la Suisse ne se défendrait que très mollement.» Die Schweiz sei bisher den Beweis schuldig geblieben, dass sie eine deutsche Invasion bekämpfen würde, meinte de Selves. Dann wies er auf die Gefahr hin, die im Kriegsfall für Frankreich vom neuen Badischen Bahnhof ausgehen könnte: «Les influences qui dominent l'Etat-Major Suisse, ses tendances germanophiles et ses relations étroites avec l'Etat-Major autrichien peuvent d'autre part nous causer quelques préoccupations. Il suffirait que l'Etat-Major suisse apportât, le cas échéant, quelque retard à la protection de la Région située sur la rive gauche de l'Aar pour que les troupes allemandes puissent impunément profiter des dispositions de la gare de Bâle et se porter, à travers le territoire neutre, dans la direction de Porrentruy–Delle ou de la Chaux-de-Fonds–Morteau–Pontarlier.»[324]

Der Hinweis auf die vom Badischen Bahnhof ausgehenden Gefahren nahm sich aus wie eine schulmeisterliche Belehrung an den Generalstab, der sich sehr wohl Rechenschaft gab über die Bedeutung von Basel in einem Krieg am Oberrhein. Hier konnte auch die Schweiz getroffen werden. In dem kurz vor dem Weltkrieg in Kraft gesetzten Operationsplan XVII ging der Generalstabschef zwar von der Annahme aus, der deutsche Vorstoss erfolge durch Belgien und Luxemburg. Doch er war gleichzeitig auf die Sicherung der rechten Flanke der französischen Armee bedacht.[325] Nach diesem Plan sollte bei Kriegsbeginn das 7. Armeekorps durch die Burgundische Pforte vorstossen, Mülhausen besetzen sowie den Badischen Bahnhof und die Rheinbrücken zwischen Hüningen und Neuenburg zerstören. Die Instruktion lautete: «Une fraction de la première Armee comprenant le 7ᵉ C. A. et la 8ᵉ Div. Cav. pénétrera aussitôt que possible dans la Haute Alsace par la trouée de Belfort et le Col de la Schlucht pour favoriser le soulèvement des populations alsaciennes restées fidèles à la cause française. Accessoirement elle s'efforcera de détruire la gare allemande de Bâle, le pont de Neuenbourg ou tous autres passages établis ou en voie d'établissement sur le Rhin.»

Der später ausgiebig diskutierte Plan XVII war nicht in allen Punkten so kategorisch gemeint, wie er sich anhörte. Das traf vor allem auf den Badischen Bahnhof zu, dessen Zerstörung einen kriegerischen Akt gegen die Schweiz bedeutet hätte. Basel war für die französische Armeeführung zweifellos ein operativer Schlüsselraum, obschon ihre Truppen während des Weltkrieges nie in seine Nähe vordrangen. Einen Tag nach Eröffnung der Feindseligkeiten, am 4. August 1914, gab Joffre der von General Dubail kommandierten 1. Armee eine klare Weisung: «Aucune operation ne sera tentée sur la gare de Bâle. La station de Saint-Louis et le pont de Huningue pourront être détruits si le commandant de l'armée le juge nécessaire.»[326] An einen Angriff auf den Badischen Bahnhof wurde nur gedacht für den Fall, dass deutsche Truppen ausgeladen würden. Man verliess sich offensichtlich auf die Zusicherungen, die Commandant Pageot am 28. Juli in Bern von Bundesrat Müller und dem Chef der Generalstabsabteilung erhalten hatte.

Weder der Bahnhof von St. Louis noch die Eisenbahnbrücke von Hüningen wurden zerstört. In den ersten Kriegswochen, als es noch keine Fronten gab, rückte die schwere französische Artillerie nie auf Schussweite an die Objekte heran. Die Schiffbrücke von Hüningen wurde am 4. August ausgefahren und vor dem Isteiner Klotz unter dem sicheren Schutz der Festungskanonen wieder aufgebaut.[327] In der Nähe von Basel blieb nur die Eisenbahnbrücke von Hüningen als Übergang bestehen. Das deutete darauf hin, dass die deutsche Heeresleitung beim hart an der Schweizer Grenze gelegenen Brückenkopf keine grösseren Operationen plante. Somit wurde auch die im Plan XVII geforderte Zerstörung des Badischen Bahnhofs hinfällig.

Die beiden im August 1914 unternommenen französischen Offensiven im oberen Elsass scheiterten, bevor die Truppen den Rhein erreichten. Das 7. Armeekorps war nur dürftig mit Artillerie ausgestattet, so dass ein Angriff auf die Brückenköpfe von Hüningen und Chalampé bei Neuenburg aussichtslos war. Nach dem misslungenen ersten Vorstoss schob man die Schuld auf General Bonneau, der am 7. August mit offensichtlichem Zögern vorgerückt war. Er stand einem starken Gegner, dem deutschen 14. Armeekorps gegenüber, das die Franzosen im Gegenangriff wieder aus Mülhausen warf. Die Deutschen brachten in diesen Tagen Gerüchte in Umlauf und vollzogen Täuschungsmanöver, die den Feind zusätzlich verunsichern sollten. So tauchten in Lörrach Truppen in österreichischen Uniformen auf, die sich auch an der Schweizer Grenze zeigten. Man sprach davon, das 14. österreichische Armeekorps werde in die Kämpfe im Sundgau eingreifen, ein absurder Gedanke, wenn man an die Not der Österreicher an ihren Fronten im Osten und im Balkan denkt. Doch die Legende machte auch in Basel die Runde. Sogenannte Österreicher tauchten selbst im Sundgau auf.[328] Wie weit dieses Spiel mit den Nerven des Gegners den Gang der Ereignisse beeinflusste, lässt sich nicht mehr feststellen. Das Deuxième Bureau, der französische Nachrichtendienst, nahm die Sache nicht tragisch. Es kam zum Schluss, es habe noch kein Franzose im fraglichen Gebiet einen echten Österreicher gesehen.

Der Operationsplan von Joffre war begleitet von einem «Plan de renseignement», der sich durch vorsichtige Zurückhaltung gegenüber der neutralen Schweiz auszeichnete. Der Generalstabschef wünschte zwar, so rasch wie möglich über die Vorgänge bei Basel und beim Badischen Bahnhof informiert zu werden, doch die Nachrichtenbeschaffung hatte ohne Verletzung der schweizerischen Souveränität zu erfolgen. Luftaufklärung über der Schweiz oder Erkundung durch die Kavallerie waren untersagt, solange keine deutschen Truppen in das neutrale Land eingedrungen waren. Die Beobachtung der schweizerischen Armee und ihrer Bewegungen war unter diesen Umständen dem «Service special», also dem bereits tätigen Spionagedienst vorbehalten. Für den Fall eines deutschen Einmarschs gab es Weisungen, die sich auf die Schweiz und auf Belgien bezogen:

«Il importe que toute violation ou menace de violation de la frontière suisse par les Allemands soit immédiatement signalée au général commandant en chef, au commandant de la 1re armée et du 1er groupe de divisions de réserve. Comme il ne nous est pas possible de disposer à notre droite d'une masse importante de cavalerie susceptible d'être orientée dans la partie nord de la Suisse, comme nous aurons peut-être intérêt à laisser aux Suisses eux-mêmes le soin de défendre leur neutralité, la surveillance des forces allemandes qui auraient pénétré en Suisse serait à demander à l'exploration aérienne et au Service spécial. A cet égard il y aurait lieu d'observer plus particulièrement la région d'Olten et la transversale Laufen–Biel. (...) Reste, enfin, la question des mesures prises par les Belges et par les Suisses, pour faire respecter leur neutralité ou se joindre à l'un des belligérants.»[329]

Der Kommandant der 1. Armee, General Auguste Edmond Dubail, wachte darüber, dass die ihm unterstellten Verbände der Schweizer Grenze nicht zu nahe kamen. Er verbot der angreifenden Armee, den Bahnhof von Saint-Louis und die Brücke von Hüningen zu beschiessen, damit unter keinen Umständen Projektile auf schweizerischem Territorium niedergingen. Die «Armée de l'Alsace» unter General Pau hielt sich beim zweiten Vorstoss auf Mülhausen an diese Richtlinien. Dabei blieb es während des ganzen Krieges. Die Bodentruppen der beiden Kontrahenten vermieden ernsthafte Grenzverletzungen. Deutsche, französische und englische Flieger hingegen zeigten weniger Hemmungen, wenn es galt, die Freiheit der Lüfte zu demonstrieren.

Nach dem Krieg entbrannte ein Streit darüber, ob der französische Plan XVII nicht a priori eine Verletzung der schweizerischen Neutralität vorgesehen habe. Der deutschen Sache verpflichtete Publizisten sahen in der auf den Badischen Bahnhof zielenden Verordnung den Beweis für den bösen Willen Frankreichs gegenüber der Schweiz.[330] Der Angriff auf die Eidgenossenschaft – so eine verbreitete Version – sei nur unterblieben, weil die beiden Offensiven im Sundgau gescheitert seien. Generalstabschef Sprecher, kein Freund der Franzosen, äusserte sich in den zwanziger Jahren zu diesem Thema. Zur angedrohten Zerstörung des Badischen Bahnhofs meinte er: «Die Sache klärt sich wohl am ehesten so auf, dass die Zerstörung nur grundsätzlich im Plan XVII vorgesehen wurde, mit dem Vorbehalt, sie nur bei deutscher Provokation ausführen zu lassen. Ein Irrtum des französischen Operationsbureaus in dem Sinne, dass dieses der Meinung gewesen wäre, die gare allemande von Basel liege auf deutschem Gebiet, ist doch kaum anzunehmen. Und bei dem Respekt, den General Joffre im weitern Verlauf des Krieges vor der schweizerischen Neutralität zeigte, schliesse ich die Absicht Joffre's aus, sich durch deren gewaltsame Verletzung die Schweiz zum Feinde zu machen. Während des Kriegs zeigte auch Frankreich keinerlei Absicht, unsere Grenzen zu verletzen.»[331]

Bei alledem darf nicht übersehen werden, dass in der französischen Heeresleitung Unsicherheit über das Verhalten des neutralen Nachbarn bestand. Ein Operationsplan Joffres für einen Angriff auf die Schweiz scheint vor dem Weltkrieg nicht existiert zu haben. Erst im Laufe des Krieges begann man sich unter veränderten Umständen mit der Frage einer Intervention zu befassen. Es folgten die Schaffung einer Armee H und die Verhandlungen über eine Eventualallianz, die sich bis ins Jahr 1917 hinzogen.

War von militärischer Bedrohung der Schweiz die Rede, kam stets die Südfront ins Spiel. In den italienisch-schweizerischen Beziehungen wirkten schwer zu berechnende psychologische Momente, die sich im militärpolitischen Denken und Handeln manifestierten. Gegenseitiges Misstrauen ergab sich aus dem Grossmacht-Gehabe des jungen Nationalstaats und aus den überheblichen Reaktionen der neutralen Schweiz, die ihrem südlichen Nachbarn nie den selben Respekt erwies wie beispielsweise dem Deutschen Reich. Die schlechte Stimmung hielt an ohne Rücksicht auf die machtpolitischen Konstellationen in Europa. Italien galt den schweizerischen Politikern als unzuverlässiger Partner, solange es dem Dreibund angehörte. Als sich das Land nach der Jahrhundertwende leise aus der Koalition verabschiedete, blieb man in der Schweiz nicht weniger misstrauisch. Der italienische Zweifel an der schweizerischen Neutralität fand ebenso solide Argumente. Die offen geführten Debatten um mögliche Bündnisse wurden in Rom mit Sorge zur Kenntnis genommen. Der von Oberst Delmé-Radcliffe bestärkte Glaube an eine geheime österreichisch-schweizerische Militärallianz vergiftete die Stimmung weit über den Kriegsausbruch von 1914 hinaus.

Das faktische Ende des Dreibunds – nicht offiziell deklariert, aber für jedermann sichtbar – zwang auch den schweizerischen Generalstab zu neuen Überlegungen. Theophil Sprecher von Bernegg, der neue Chef der Generalstabsabteilung, meinte in seinem Memorial vom 15. Februar 1915, die schweizerische Planung habe sich der jeweiligen politischen Situation anzupassen. Man stehe vor einer völlig veränderten Gruppierung der europäischen Mächte.[332] Sprecher ging auf den Kriegsfall an der Südfront ein, wobei er die möglichen Varianten einer schweizerischen Strategie Revue passieren liess: «Es ist schon die Idee ausgesprochen worden, auch im Kriegsfalle mit Italien die Armee in der Hochebene aufmarschieren zu lassen, um die feindlichen Kolonnen in den Gebirgstälern oder beim Hervortreten aus denselben anzufallen. Das hiesse aber doch der Doktrin des Zusammenhaltens der Kräfte (die übrigens auch nicht für alle Umstände passt) von Anbeginn zuviel opfern. (…) Das andere Extrem des Kriegsplanes besteht in der Verlegung schon des Aufmarsches der Armee in die Front Domo d'Ossola oder Gravellona-Bellenz–Fuentes–Tirano. Die Kühnheit wird diesem Aufmarsch niemand absprechen; Er steckt sich aber m. E. ein unerreichbares Ziel, Erkämpfung des Aufmarschraumes und zwar durch Offensive auf drei getrennten Operationsfeldern mit nachherigem Einmarsch in die lombardische Ebene. Ein Mittelweg zwischen den beiden genannten, und der mir der nähern Prüfung wert scheint, wäre der folgende: Wenn wir mit Italien in einen Konflikt geraten, so können wir jetzt und noch für unabsehbare Zeit als gewiss annehmen, dass Österreich als Mitkämpfer an unserer Seite sein wird. Deshalb würde ich die Anlehnung nach Osten suchen und nur dort zunächst offensiv vorgehen in der Richtung auf Gravedona–Colico. Im Einverständnis mit Österreich könnte man Tirano nur ganz schwach besetzt lassen, die Val Camonica der österreichischen Offensive von Tonale her freigebend, womit der Aprica-Pass gedeckt wäre. Im Westen hätten wir uns defensiv zu verhalten; das Wallis ist der hiefür günstigste Abschnitt unserer Südfront. Entweder besetzen wir Crevola oder auch nur den Südausgang des Simplontunnels bei Varzo und einen Punkt im Tosatale, sei es die Fruth, sei es Premia-Baceno und setzen uns in diesen starken Stellungen bereit zur taktischen Offensive, gehörig fest. Auch im Centrum vorwärts Bellenz, bei Locarno und am Monte-Cenere, wären Verstärkungen anzulegen zur Offenhaltung des Debouches gegen das Centovalli und gegen den Sotto-Cenere. Diese centrale Armee-Abteilung würde zunächst ebenfalls in der Defensive bleiben, könnte aber auch über den Jorio-Pass mit der Ostarmee-Gruppe zusammenwirken. Der Grundgedanke ist der: Wir sollen mit unserer numerisch schwachen Armee nicht in das ihr ganz ungewohnte und unbekannte Gelände der lombardischen Ebene hinaustreten, es sei denn an der Seite einer grossen, feldgewohnten Armee. In den südlichen Vortälern der Alpen aber haben wir Aussicht den italienischen Kolonnen mit Erfolg entgegenzutreten.»[333]

Strategische oder taktische Offensive an der Südfront? Der Gedanke an einen Konflikt mit Italien, der früher oder später unvermeidlich würde, bewegte den Generalstab seit den sechziger Jahren des 19. Jahrhunderts. Für keine andere Front wurde soviel Phantasie aufgewendet wie für die südlichen Territorien. Dabei war die Limite zwischen generalstäblicher Planung und patriotischen Emotionen oft schwer zu erkennen. Kaum bestritten war die Annahme, dass sich der Kanton Tessin innerhalb seiner Grenzen nicht verteidigen liess, dass die topographischen Bedingungen hingegen offensive Aktionen begünstigten. Ausserdem hegte man die Überzeugung, dass die schweizerische Mobilmachung rascher erfolge als die italienische, und damit den eigenen Truppen Vorstösse erlaube, bevor der Gegner aufmarschiert sei. Das Schlachtfeld suchte man irgendwo zwischen den Ausgängen der südlichen Bergtäler und der lombardischen Ebene. Damit geriet die militärische Planung in die Nähe der geschichtlichen Reminiszenzen, die auf den Spuren der alten Eidgenossen in die Po-Ebene führten. Militärische Notwendigkeit und angebliche historische Ansprüche auf verloren gegangene Territorien verleiteten Militärs zu Spekulationen, die abseits der Realität lagen.

Für Alphons Pfyffer von Altishofen war Mailand das Operationsziel: «Meine Absicht ist es, über Varese ... Mailand zu erreichen, bevor die noch in ganz Oberitalien zerstreuten italienischen Truppen sich konzentriert haben.»[334] Arnold Keller,

Pfyffers Nachfolger als Chef der Generalstabsabteilung, übte leise Kritik an den Phantasien seines Vorgängers, obschon er selbst in ihrem Banne stand: «Die Eroberung der Hauptstadt der Lombardei und der einstigen Kapitale der Visconti, mit denen sich die Eidgenossenschaft bei Arbedo und Giornico schlug, war gleichsam ein patriotisches Axiom, an dem man nicht rühren durfte, ohne sich dem Vorwurfe schwächlicher und pessimistischer Gesinnung auszusetzen.»[335]

«Schwächliche Gesinnung» war auch nicht das Merkmal Kellers bei seinen militärpolitischen Aktivitäten, soweit sie sich auf Italien bezogen. Davon zeugen seine Memoriale, in denen die möglichen Kriegsfälle mit Italien abgehandelt werden.[336] Eine Bedrohung der Schweiz im Rahmen der Dreibund-Planung hielt der Chef der Generalstabsabteilung für möglich, wenn er auch einem italienischen Vorstoss durch Graubünden und die Ostschweiz nur geringe Chancen gab. Er sah hingegen wie sein Vorgänger den «direkten Kriegsfall», der durch Aktionen der Irredenta oder durch das allgemeine italienische Verlangen nach den «unerlösten» Regionen herbeigeführt werden könnte. Kriegsgründe waren auch für die Schweiz leicht zu finden. In seinem Memorial von 1896 meinte Keller, ein Krieg sei nicht zu vermeiden, wenn das Land «für zugefügte Beleidigungen oder Benachteiligungen» Genugtuung fordern müsse. Bei einer derartigen Gelegenheit könne man auch die Territorien zurückverlangen, die widerrechtlich entrissen worden seien.[337] Bei einem direkten italienischen Angriff sah Keller die strategische Defensive und den allmählichen Rückzug auf die Alpenpässe vor. In diesem Fall hätten die Festungen St. Gotthard und Saint-Maurice eine wichtige Aufgabe zu erfüllen.

Die Defensive war nicht nach dem Geschmack Kellers. Auch er hoffte, dank der schnellen Mobilmachung den operativen Vorteil zu nutzen und die Tresalinie nach Süden zu überschreiten. Geländegewinne im Tal von Domodossola, im Veltlin und schliesslich auch in der Lombardei sollten die Armee in die Lage versetzen, die Entscheidung auf italienischem Territorium zu suchen. In seinen Instruktionen für den zukünftigen General sah der Chef der Generalstabsabteilung einen Stoss in die lombardische Ebene vor. In den ersten Plänen Arnold Kellers war auch Mailand als Fernziel enthalten, obschon ein derartiger Ausflug die schweizerischen Truppen in jeder Hinsicht überfordert hätte.

«Jeder Krieg zwischen der Schweiz und Italien verfolgt beiderseits direkt oder indirekt Eroberungszwecke, die beim Friedensschluss ihre Realisierung suchen werden», stand in einem Memorial aus dem Jahre 1899 zu lesen.[338] Im selben Jahr dämpfte Bundesrat Eduard Müller, der Chef des Militärdepartementes, den offensiven Eifer des führenden Offiziers. Er glaubte nicht an den Erfolg einer Offensive über die Tresa hinaus, die auf Varese und Mailand zielte. Es handle sich bei einem derartigen Unternehmen um eine gefährliche Spekulation, denn die schweizerische Armee sei einem italienischen Gegner auf fremdem Gelände nicht a priori überlegen. Bundesrat Müller fügte einen Satz an, der auch von Ulrich Wille hätte stammen können: «Die Ergreifung einer frischen, fröhlichen Offensive gegenüber Italien ist für viele Offiziere unserer Armee zu einer Art Ideal geworden. Man stellt sich aber dabei die Sache gemeiniglich unendlich viel leichter vor, als sie es ist.»[339] Nach dieser Kritik verzichtete Keller darauf, in seinen Memorialen Mailand zu erwähnen.

Theophil Sprecher hatte sich bei seinem Amtsantritt nicht bloss mit dem offensiven Geist an der Südfront auseinanderzusetzen, sondern auch mit dem steingewordenen Vermächtnis, das der Festungsbau am Gotthard und bei Saint-Maurice in zwanzig Jahren hinterlassen hatte. Der neue Chef der Generalstabsabteilung wollte grundsätzlich nichts gegen die Offensive als Kampfform einwenden. Die Festungen betrachtete er als nützliche Eckpfeiler, die – an der richtigen Stelle gebaut – die Armee in Offensive und Defensive unterstützten. Es galt nach der Jahrhundertwende, einige hochfliegende Pläne auf soliden Boden zurückzuführen und die vorhandenen Befestigungen auf ihre Tauglichkeit für veränderte Kriegsszenarien zu überprüfen.

Der seit den achtziger Jahren betriebene Festungsbau hatte zu zwiespältigen Ergebnissen geführt. Nach etlichen Kurswechseln im Bauprogramm war kein klares Konzept zu erkennen, hingegen gab es bedenkliche taktische und technische Fehlleistungen. Eine Tatsache war unbestritten: Die Festungen am Gotthard waren gegen Italien gerichtet. Von «neutraler Symmetrie» der Anlagen konnte keine Rede sein. Nach Jahrzehnten der vergeblichen Suche nach einem nationalen System der Landesbefestigung hatte sich der Bundesrat entschlossen, die «totale Befestigungsfrage» fahren zu lassen und sich einer einzelnen Frage zuzuwenden, die auf Grund der aussenpolitischen Konstellation in den Vordergrund trat. Im Februar 1885 beauftragte die Landesregierung ihr Militärdepartement, «zu untersuchen, inwiefern die Südfront, insbesondere in bezug auf den Kanton Tessin und den St. Gotthard, fortifikatorisch zu sichern sei». Der Grund für die Eile lag auf der Hand. Die Planungen im Dreibund sahen in diesen Jahren vor, dass bei einem Krieg gegen Frankreich eine italienische Armee sich mit der deutschen am Oberrhein vereinigen würde. Der Verdacht lag nahe, dass sie für diesen Zusammenschluss die Operationslinie über den Gotthard benützen könnte, denn die Gotthardbahn hatte im Jahre 1882 den Verkehr aufgenommen.

Im Jahre 1886 wurde mit dem Bau des Fort Airolo an der Gotthardstrasse begonnen. Die zu Beginn «Fort Fondo del Bosco» genannte Anlage war ursprünglich als reines Artilleriewerk gedacht, das mit seinem Feuer die Zufahrt zum Gotthardtunnel sichern und in das vom San Giacomo-Pass her bedrohte Bedrettotal wirken sollte. Nach den Ideen von Alphons Pfyffer hatten die Werke oberhalb von Airolo mit der eigentlichen Gotthardbefestigung nichts zu tun, die im Urserental gebaut wurde. Um Andermatt herum war eine Zentralstellung geplant – man sprach auch von Zitadelle –, von der aus ein offensives Vorgehen nach Süden, Osten und Westen möglich war. Da Erfahrungen im Festungsbau fehlten, suchte man Rat bei der österreichischen Armee, die ihre Grenzen gegen den Dreibund-Partner Italien durch starke Werke sicherte. Die Topographie im Hochgebirge schuf für die Festungsbauer in beiden Ländern vergleichbare Bedingungen. Der in österreichischen Diensten stehende Feldmarschall-Leutnant Daniel von Salis, ein gebürtiger Bündner, übergab schweizerischen Verbindungsoffizieren Projektskizzen für das Fort Airolo und für andere Werke sowie einen vertraulichen Bericht.[341] Seine Vorschläge, die sich an österreichische Muster anlehnten, wurden bei der Konstruktion des ersten Forts übernommen. Die Hilfe aus der Donaumonarchie, ein pikanter, für den italienischen Verbündeten wenig erfreulicher Akt, blieb nicht unbemerkt. In Rom ging das Gerücht um, Österreich habe beim Bau der Festungen am Gotthard die Hand im Spiel.

Fort Airolo wurde von italienischen Arbeitern gebaut, denen nicht verborgen blieb, gegen wen die Anlage gerichtet war. Vom San Giacomo-Pass her sollen italienische Offiziere in Uniform auf dem Bauplatz erschienen sein, um das entstehende Werk zu begutachten. Beim schweizerischen Festungsbau gehörten Gäste aus dem Ausland offenbar zum Alltag. Der deutsche Major Maximilian Schumann betätigte sich als Berater und holte gleichzeitig Aufträge für die Grusonwerke. Er war Spezialist für Panzertürme und Geschütze und sicherte sich damit eine Vertrauensstellung. Die französische Waffenschmiede St-Chamond bemühte sich, ebenfalls ins Geschäft zu kommen. Das fiel ausserordentlich schwer, denn Schumann machte für Gruson Monopolansprüche geltend. Beim Bau der Werke von Saint-Maurice in den neunziger Jahren kamen französische Firmen besser zum Zug.

Bei alledem war von Geheimhaltung selten die Rede. Man darf annehmen, dass die Nachrichtendienste der Nachbarstaaten über alle Einzelheiten der Anlagen am Gotthard und im Rhonetal im Bild waren. Man zeigte sich auch den eigenen Bürgern gegenüber nicht kleinlich, denn patriotische Emotionen gingen über Verschwiegenheit. Die Festungen am Gotthard waren eine nationale Tat, die für den Bürger einsehbar sein sollte. Fort Airolo als Renommierstück schweizerischer Festungsbaukunst durfte bis zum Jahre 1895 von militärischen Vereinen und zivilen Gruppen besucht werden.[342]

Die patriotische Begeisterung für die Festung St. Gotthard machte mit der Zeit schlechter Laune Platz. Die alte Erfahrung, dass ein Festungssystem nie vollendet ist und ständige Ergänzungen fordert, holte auch die eidgenössischen Strategen ein. Die Militärverwaltung verlangte immer neue Kredite, und schon bald sprach man von einem Fass ohne Boden. Am Gotthard wurden kostspielige Fehlleistungen sichtbar. Werke, die das Urserental als zentrales Lager absichern sollten – die Redoute beim Gotthard-Hospiz, Fort Stöckli als Sicherung gegen den Oberalppass, Fort Galenhütten an der Furka –, waren taktisch und technisch ungenügend und in den langen Wintern kaum zu gebrauchen.

Fort Stöckli, das in einer Höhe von 2400m über Andermatt liegt, wurde von Arnold Keller in seinem Tagebuch als schlechtes Beispiel erwähnt: «Mich drückte das unheimliche Gefühl, dass wir bei so kopfloser Verwendung des Geldes viel mehr für den Feind als für uns gebaut haben. Bei Nebel, und dies ist fast der normale Zustand hier oben, ist die Überrumpelung des Werkes eine Kleinigkeit.»[343] Oberst Robert Schott, ehemaliger Geniechef der Gotthardbefestigungen, präsentierte die Mängel der Anlagen in einer polemischen Abhandlung. Der Bundesrat versuchte, eine Publikation zu verhindern, doch der Oberst kümmerte sich nicht um das Verbot. Als krasses Beispiel für schlechte Planung nannte er die Redoute Hospiz: «Die permanente Feldbefestigung hat beim Gotthardhospiz eine Schanze zutage gefördert, die das Schauderhafteste ist, was in dieser Beziehung je geleistet wurde. Verfehlt in der Anlage, in einem Loche ohne Schussfeld und in einem Lawinenzug, fast ringsum in unmittelbarer Nähe überhöht und in der Ausführung so konfus und kompliziert, dass man sich fast fragen muss, ob die Männer, die dieses Werk entstehen liessen, auch wirklich immer bei hellem Bewusstsein waren. Leider ist die Schanze noch hart an der Gotthardstrasse gelegen, von wo sie sich auf dem Präsentierteller einsehen lässt. Solch verpfuschtes Zeug sollte man wenigstens besser verstecken.»[344]

Der Begriff «Fort» wurde den einzelnen Werken etwas leichtfertig zugebilligt. In den meisten Fällen handelte es sich um gepanzerte Batterien, die nicht zu selbständiger Verteidigung fähig waren. Dieser grundlegende Mangel war bei einem Vergleich mit dem deutschen Werk auf dem Isteiner Klotz offensichtlich.

Im Kreis der höheren Offiziere stritt man sich über Aufgabe und Sinn der Festungen. Diskussionen vor grossem Publikum waren nicht selten, persönliche Animositäten standen mehr im Vordergrund als die Sache. Als in den neunziger Jahren die Befestigung des Rhonetals zur Debatte stand, stritt man sich über den Standort. Der Chef der Generalstabsabteilung forderte eine Talsperre bei Martigny, das im Kriegsfall weder von Italienern noch von Franzosen umgangen werden konnte. Der Festungsbauer Robert Weber hingegen setzte, unterstützt von Bundesrat Emil Frey, den Standort Saint-Maurice durch. Der verärgerte Arnold Keller schrieb später beim Anblick der neuen Festung in sein Tagebuch: «Im Gegensatz zum Gotthard machen die Werke einen durchaus günstigen Eindruck, sie sind teilweise … von geradezu imposanter Wirkung. Stünden sie nur in Martigny und nicht an diesem Felsenhange, wo sie der schiefgewickelte Weber hingesetzt hat, ein Denkmal der Borniertheit für ihn und der Schwäche für den Departementschef Frey, aere perennius.»[345] Theophil Sprecher von Bernegg teilte die Meinung seines Vorgängers: Bei den Werken von Saint-Maurice handle es sich um eine gute Festung am falschen Ort.

In den Jahren vor dem Ersten Weltkrieg waren die Befestigungen am Gotthard in mancher Hinsicht nicht mehr auf der Höhe der Zeit. Die artilleristische Armierung war ungenügend und veraltet. Einzig die in den Fels gesprengten Panzerbatterien von Bühl und Bäzberg bei Andermatt hätten einem Beschuss durch schwere Artillerie widerstehen können. Befestigte Stellungen am San Giacomo, der gefährlich nahe bei Airolo liegt, existierten noch nicht.

Theophil Sprecher sah in den Befestigungen am Gotthard nicht ein zentrales Heerlager, sondern eine Art Brückenkopf auf der Operationslinie Flüelen–Bellinzona. Damit kam die Hauptstadt des Kantons Tessin ins Spiel. Die Stadt und das ganze Tal wurden zu einem Schlüsselgelände für die operative Planung. War Bellinzona einmal verloren – so die Überlegungen Sprechers –, so liess sich der Tessiner Boden nicht mehr zurückerobern. Der Chef der Generalstabsabteilung schob neutralitätspolitische Bedenken beiseite, wenn er den Bau von Festungen verlangte, die den Talkessel von Bellinzona sicherten. Hatte man beim Gotthard noch mit der Fiktion vom rundum gesicherten Zentrallager argumentiert, so fiel nun ein derartiges Alibi weg. Bei den geplanten Werken am Monte Ceneri und am Lago Maggiore liess sich die anti-italienische Bestimmung nicht verbergen. Der nach 1910 beginnende Festungsbau im Tessin, den Theophil Sprecher gegen manche Widerstände durchsetzte, war nicht bloss ein militärisches, sondern ein in höchstem Grade politisches Thema.

Wie nicht anders zu erwarten, begann ein Disput über die Landesgrenzen hinweg. Man zeigte auf die italienischen Festungsbauer, die entlang der Grenze von Varzo über Varese und Colico bis Bormio Artilleriewerke errichteten. Sie hatten mit dem Bau bereits im Jahre 1906 begonnen. Gegenseitige Schuldzuweisungen führten nicht weiter. Die Unternehmungen folgten auf beiden Seiten ihrer eigenen Logik und wurden umso zielsicherer vorangetrieben, als zwischen den beiden Ländern nie ein ernsthafter Dialog geführt wurde. Sprecher sah Bellinzona in Gefahr, und seine italienischen Kontrahenten fürchteten um die Sicherheit ihrer Nordgrenze. Man ist geneigt, beiden Seiten den guten Willen zuzubilligen.

Der Chef der Generalstabsabteilung sah vor, den Kampf an der Südfront mit einer taktischen Offensive zu führen, deren Ziele wesentlich begrenzter waren als jene seiner Vorgänger. Dabei wollte er sich unter anderem auf die Werke bei Bellinzona stützen, denen so wenig wie den Anlagen am Gotthard rein defensive Aufgaben zugedacht waren. Auch für Sprecher galt der Grundsatz, dass ein Krieg mit dem südlichen Nachbarn nach Möglichkeit auf italienischem Territorium auszufechten sei. Das galt für den Fall eines österreichisch-italienischen Konflikts, in den die Schweiz hineingezogen würde. Sollte hingegen ein deutsch-französischer Krieg die schweizerische Armee im Mittelland binden, so war der Süden nur noch als Nebenfront zu betrachten. Unter diesen Umständen war an Offensiven nicht zu denken.

Gegen die Forderung des Generalstabs, den Talkessel von Bellinzona durch Befestigungen zu sichern, wandte sich Oberstkorpskommandant Ulrich Wille. Seine fundamentale Opposition galt dem Festungsbau an sich, dem Krieg im Gebirge und den anti-italienischen Neigungen der Armeeführung. Wille führte Argumente an, die durchaus Beachtung verdienten, fiel aber seinen journalistischen Gewohnheiten folgend stets wieder in eine Polemik, die mehr von Emotionen als von rationalen

Erwägungen geleitet war. Als Sprecher im Jahre 1909 in einem Bericht der Landesverteidigungskommission sein Bauprogramm präsentierte, holte der geschworene Gegner des Generalstabs in einem Brief an Bundesrat Müller zu einer umfassenden Kritik aus. Er deutete an, dass seiner Meinung nach der Kanton Tessin nicht unbedingt verteidigt werden müsse:

«Die Frage, ob wir das nötig haben und ob wir nicht ins Auge fassen müssen, den Kanton Tessin gleich wie Schaffhausen und Genf nicht zu verteidigen, soll hier nicht erörtert werden. (…) Man mag von den Italienern so niedrig denken wie man will, so muss man ihnen doch zutrauen, dass wenn sie die Absicht haben, uns nicht ins Tessin herunter kommen zu lassen, sie dann mit Hülfe ihrer stehenden Truppen sich zu Beherrschern der Bahn machen oder wenigstens durch Zerstörung einiger Kunstbauten den Gebrauch unterbrechen, bevor wir Truppen zur Stelle haben können. Ich möchte auch sehr zweifeln, ob die geplanten Befestigungen bei Bellenz rechtzeitig besetzt werden können, wenn bei Italien eine solche von langer Hand vorbereitete Absicht vorliegt.»[346]

Den militärischen Überlegungen fügte Wille politische Gedanken an, die von Misstrauen gegenüber dem italienisch sprechenden Landesteil zeugten. Man wäre gezwungen, so argumentierte er, die Besetzung der Werke den Tessiner Truppen anzuvertrauen, aber eben das dürfe man «aus bekannten Gründen» nicht: «Hierzu tritt heute noch die andere Erwägung; über Bellenz thront zur Stunde noch die alte Feste Schwyz, in der der Urner Landvogt residirte und das Untertanenland Tessin beherrschte. Die Erinnerung an dieses nicht immer milde und die Interessen und das Wohlergehen der Untertanen nicht immer erstrebende Scepter ist im Tessinervolke nicht erloschen und diese Erinnerung hilft bei, dass sich die Tessiner trotz allem und allem, was man für sie tut, nicht recht als eins mit den Schweizern jenseits der Berge fühlen.»

Im selben Jahre 1909 polemisierte Ulrich Wille gegen die Gebirgsausbildung grösserer Truppenverbände. Das Hochgebirge war für ihn kein Kriegsschauplatz. Mit dieser Ansicht – so glaubte er jedenfalls – fand er sich in guter Gesellschaft. Deutsche Militärtheoretiker lehnten den Einsatz von Gebirgstruppen ab. Italien hatte hingegen schon 1872 das Korps der «Alpini» geschaffen und Frankreich 1879 die «Chasseur alpins» aufgestellt, doch das konnte den auf Deutschland fixierten Offizier nicht beeindrucken. Für die Pläne, schweizerische Milizen im Gebirgsdienst auszubilden, hatte Wille nur Spott übrig: «Ihre Ausrüstung fürs Gebirge nimmt mehr oder weniger den Charakter an der Ausrüstung des Berliners, der seine Ferien im Gebirge zubringt.» Hinter der Absicht, in der Schweiz Gebirgstruppen aufzustellen, sah er einen politischen Grund: «Diesem Plan liegt der Gedanke zugrunde, dass wir uns vor allem auf einen Krieg gegen Italien wappnen müssen.»[347] Eben das wollte Wille unter allen Umständen vermeiden. Auch die Idee, dass die schweizerische Armee im Zuge einer taktischen Offensive die Landesgrenze nach Süden überschreiten und sich auf fremdem Hoheitsgebiet schlagen könnte, lehnte er strikte ab.

So tat er alles, um die militärpolitischen Aktivitäten Theophil Sprechers zu behindern. Ein Ausgleich zwischen den divergierenden Meinungen kam bis zum Kriegseintritt Italiens im Mai 1915 nicht zustande.

Während des Krieges war die Aufmerksamkeit des Generalstabs intensiv auf die Südfront gerichtet, was General Wille mit Ärger zur Kenntnis nahm. Die Kampfführung in einem möglichen Konflikt war vom europäischen Kriegsgeschehen abhängig, das aller Voraussicht nach eine direkte italienisch-schweizerische Auseinandersetzung ausschloss. Sprecher hielt ein Zusammengehen mit Österreich für wünschenswert, doch durfte er nicht zum vornherein mit dieser Allianz rechnen. Von der flotten Offensive der Obersten Pfyffer und Keller blieb unter diesen Umständen wenig übrig. Einige bescheidene taktische Vorstösse sollten bei Kriegsbeginn die schweizerischen Positionen sichern. In seinen «Instruktionen für das Kommando der Südfront» zog der Generalstabschef die wünschenswerte Verteidigungslinie. Da der San Giacomo-Pass als Eingangstor offen lag, musste unter allen Umständen die sogenannte Fruttstellung bei den Tosa-Fällen im Formazzatal besetzt werden. Im Zentrum wollte Sprecher die Front Verzasca–Monte Ceneri–San Jorio halten, die sich auf die Flankiergalerien bei Gordola und Magadino, die Werke und Artilleriestellungen am Monte Ceneri und auf die Infanteriestützpunkte zwischen Cima di Medeglia und San Jorio stützte.[348] Der San Jorio-Pass war schwer zu verteidigen. Also sah man hier als Variante einen Angriff gegen den oberen Comersee vor, wodurch man die Front auf die Linie Menaggio–Porlezza hätte vorverlegen können.

Sprecher legte besonderen Wert auf den östlichen Abschnitt an der Grenze Graubündens, doch hier war man auf österreichische Hilfe angewiesen. Der alte Plan, das wieder aufgerüstete Fort Fuentes einzunehmen und den Zugang zum Veltlin zu öffnen, konnte nur Erfolg haben, wenn ein Bündnispartner schwere Artillerie zur Verfügung stellte. Das neue Fort Montecchio bei Colico hätte mit seinen 14,9 cm Kanonen jeden schweizerischen Vorstoss über Chiavenna hinaus verhindert, solange nur die schwache eigene Artillerie zur Verfügung stand.

Der Gedanke an eine schweizerische Offensive im Süden schwand im Laufe des Krieges. Man hatte das Verhalten Italiens falsch eingeschätzt, denn ein Angriff auf die Schweiz stand nie zur Debatte. Daran änderten auch gelegentliche verbale Attacken nichts. Eine Absicht, schweizerisches Territorium zu erobern, bestand in politisch verantwortlichen Kreisen nicht. Der italienische Generalstab war von anderen Sorgen umgetrieben. Die unklaren Proklamationen der Irredenta waren nicht seine Angelegenheit.

Auf der andern Seite war die eidgenössische Militärpolitik ein echtes Problem für die italienische Armeeführung, deren Vertrauen in die schweizerische Neutralität gering war. Wie weit das italienische Misstrauen ging, trat später in den Memoiren von Generalstabschef Luigi Cadorna zutage. Theophil Sprecher ging nach dem

Krieg in einer Abhandlung auf die Sorgen seines italienischen Kontrahenten ein: «Die ‹alte pagine› Cadorna's, die sich mit der Zeit seit 1914 befassen, enthalten ein besonderes Kapitel ‹II.: Della neutralità della Svizzera›, in dem der General seine Befürchtungen begründet wegen einer Verletzung der schweizerischen Neutralität durch Deutschland in der Absicht, über die Alpen gegen Mailand vorzustossen; ja sogar von der Möglichkeit spricht, dass die Schweiz gemeinsam mit Deutschland eine solche Operation unternehmen könnte. Er frägt sich sogar ‹Data la grande maggioranza tedesca dei Cantoni svizzeri e la conseguente maggioranza tedesca nell'esercito, non vi era da temere che una instintiva simpatia per la causa degli Imperi Centrali potesse forsanco condurre a forzar la mano al Governo federale?› Er erklärt dann allerdings, dass alle diese Befürchtungen sich als unbegründet (privi di fondamento) erwiesen hätten, und dass das Verhalten der Schweiz während des ganzen Krieges ‹correttissimo› gewesen sei. Nichtsdestoweniger solle man bedenken, dass die oben ausgesprochenen Befürchtungen wie ein Alp auf ihm gelastet und ihn veranlasst hätten, durch ausgedehnte Befestigungsanlagen an der ganzen schweizerischen Einbruchsfront sich gegen Überraschungen zu sichern. Diese Befestigungen und Strassenbauten hätten so viel Arbeitskräfte gebunden und so viel Material erfordert, dass infolgedessen der Ausbau der 2. und 3. Verteidigungslinien an der österreichischen Front nicht in der wünschbaren Stärke und Vollständigkeit konnte ausgebaut werden, was dann Ursache gewesen sei von Caporetto, d. h. vom Zusammenbruch von Karfreit im Oktober 1917.»[349]

Die Legende, wonach während des Krieges bis zu 300 000 Mann die Grenze gegen die Schweiz gesichert und am Ausbau der Feldbefestigungen gearbeitet hätten, war in der italienischen Armee weit verbreitet.[350] Das war verständlich, denn man suchte nach Ausreden für die Niederlage von Caporetto.

Theophil Sprecher fasste in seiner Übersicht die Ängste des italienischen Generalstabs zusammen: «Über die strategische Bedeutung der Schweiz für Italien spricht Cadorna sich in dem Sinne aus, dass eine Offensive durch die Schweiz gegen Frankreich, Deutschland oder Österreich schwierig und wenig aussichtsreich wäre; viel gefährlicher aber gegen Italien, und zwar vornehmlich wegen des ausspringenden Winkels des Tessins mit den drei Anmarschlinien Gotthard, Lukmanier und Bernardino, welches schweizerische Vorland auf 55 km Entfernung eine ständige Bedrohung von Mailand bilde. Gelänge ein solcher Einbruch, so würde nicht nur die ganze Ostfront zwischen Stilfser Joch und dem untern Isonzo unhaltbar, sondern es müsste die italienische Armee bis hinter den Po zurückgehen, eine Bewegung, die nur auf Grund eingehender Vorbereitungen gelingen könnte. Um einer solchen grossen Gefahr zu begegnen, habe er so nahe als möglich hinter der Schweizergrenze eine Verteidigungslinie schaffen lassen. (…) Interessant ist für uns die Angabe, vor dem Kriege hätten die im Frieden getroffenen italienischen Vorbereitungen die Besetzung und Befestigung des Monte Ceneri in Aussicht genommen, ‹una linea in vicinanza allo sbocco dei monti, per la quale erano state predisposte delle batterie›.

(...) Uns fielen während der Kriegszeit am meisten in die Augen die Arbeiten an der aus den Mailänderzügen so bekannten Tresalinie zwischen Luganer- und Comersee. Das Misstrauen der italienischen militärischen Stellen war aufs höchste erregt gegenüber allen unsererseits getroffenen Massregeln.»[351]

Der schweizerische Generalstab war über die italienischen Aktivitäten im grenznahen Gebiet im Bild. Für den südlichen Abschnitt zuständig war Oberst Karl Egli, Chef der geographischen Sektion der Generalstabsabteilung. Egli, ein wichtiger Mitarbeiter Theophil Sprechers, pflegte enge Kontakte zu Offizieren des österreichischen Generalstabs. Bei Ulrich Wille war er schon Jahre zuvor in Ungnade gefallen. Im Jahre 1912 unternahm der Oberst eine von Geheimnis umgebene Erkundungsmission im italienischen Grenzgebiet, die dem ganzen Abschnitt von Aosta bis Bormio galt.[352] Egli beschaffte Informationen über Festungen, Kasernen und Strassen, die teilweise noch im Bau waren. Er lieferte Beschreibungen und Kommentare sowie eine beachtliche photographische Dokumentation. Einigen neuralgischen Punkten widmete der Spion aus dem Generalstab seine besondere Aufmerksamkeit. Dazu gehörten die Festungswerke von Colico. Der Schussbereich der Festungsgeschütze wurde auf Karten eingetragen. Eine technische Zeichnung zeigte den Panzerturm einer Festung mit einer 14,9 cm Kanone im Querschnitt. Die selbe Zeichnung gelangte offenbar auch ins österreichische Kriegsarchiv, was vom perfekten Nachrichtenaustausch zwischen den Generalstäben in Bern und Wien zeugt.[353]

Die meisten Festungswerke deutete Egli als offensive Anlagen, wobei er Colico und das Fort Dossacio bei Bormio ausnahm. Besonderes Interesse zeigte er für die italienische Seite des Jorio-Passes, auf der sich die militärisch organisierte Guardia di Finanza und die Armee eingerichtet hatten. Drei kleine Kasernen boten je einer Kompanie Unterkunft. Eines dieser Gebäude stand nahe der Schweizer Grenze unterhalb der Passhöhe. Eine Telephonleitung soll diese militärischen Aussenposten mit Gravedona am Comersee verbunden haben.

Oberst Egli zog nach Möglichkeit konkrete Schlüsse. So empfahl er, eine Militärstrasse von Arbedo nach der Alpe di Cesero zu bauen, damit die schweizerische Artillerie nahe an San Jorio herangeführt werden konnte. Auch verlangte er eine Telephonverbindung nach der Passhöhe. Mit dem Strassenbau wurde noch vor Ausbruch des Weltkrieges begonnen.

Die Lehren, die Karl Egli aus seiner Exkursion zog, waren geeignet, den offensiven Geist im Generalstab zu dämpfen. Die neu errichteten italienischen Festungen bildeten ein ernsthaftes Hindernis auch für begrenzte Unternehmungen. Sie waren mit niedrigem Profil ins Gelände gesetzt und so angelegt, dass sie mit Feldgeschützen nicht bekämpft werden konnten. Die schweren Geschütze, Haubitzen vor allem, fehlten in der schweizerischen Armee. Italienische Artillerie war hingegen in der Lage, wirksam über die Grenze zu feuern. Egli widersprach dem alten

Glaubenssatz, wonach die schweizerischen Truppen dank rascherer Mobilmachung im Vorteil seien. Mobile italienische Verbände und die Guardia di Finanza konnten jederzeit die unbemannten schweizerischen Festungen in Grenznähe überrennen. Es galt also, Besatzungen so früh wie möglich in die Werke zu schicken und Sicherungen an die Bahnlinien zu stellen, um den ersten Ansturm abzuwehren. Ob die italienische Armee tatsächlich einen Angriff gegen die Schweiz plante, konnte Oberst Egli hingegen nicht voraussagen.

Das gegenseitige Misstrauen kam im August 1914 noch einmal auf dem diplomatischen Parkett zum Ausdruck, als die schweizerische Neutralitätserklärung in Rom nur mit mentalen Vorbehalten entgegengenommen wurde. Bundesrat Hoffmann brachte das Thema in einem Schreiben an den Gesandten G. B. Pioda auf den Punkt: «Aus ihren Berichten, aus den Mitteilungen des Herrn Paulucci, aus einem Rapporte des Herrn Lardy aus Paris, aus der Presse müssen wir entnehmen, dass in Italien noch immer gewaltiges Misstrauen gegen die Schweiz besteht, als würde diese in einem austro-italienischen Kriege die Pflichten der Neutralität gegenüber Italien nicht erfüllen, sondern dem österreichischen Heere freien Durchmarsch ins Veltlin gewähren, vielleicht nachdem sie pro forma sich an der Grenze aufgestellt haben würde. Die förmliche Allianz mit Österreich kann ja vernünftigerweise nicht mehr behauptet werden. (…) Auf der andern Seite kennen Sie das Misstrauen, das in breitesten Schichten unseres Volkes gegen Italien besteht.»[354] Man einigte sich auf gegenseitige Erklärungen zur schweizerischen Neutralität. Dabei zeigte sich Bern so diskret, dass Österreich keinen Anstoss nehmen konnte. Die schweizerische Deklaration wurde nicht publiziert. Hoffmann wollte gegenüber Italien nicht allzu neutral sein.

Das Militär war von den Noten offensichtlich nicht beeindruckt. Beide Seiten belauerten sich gegenseitig, so zum Beispiel am San Jorio-Pass. Im selben Brief an den Gesandten Pioda schrieb Bundesrat Hoffmann: «Der Generalstab hat am 29. August Nachricht erhalten, dass die Grenzpostierungen in den letzten Tagen zwischen dem Jorio und Camoghè auf das Fünffache ihres Normalbestandes gebracht worden seien und dass bisher unbeachtete kleinere Übergänge jetzt bewacht werden. In Folge dessen ist unsererseits Befehl gegeben worden, die Schutzhütten am Jorio mit Truppen zu belegen. Ich lege den Meldungen keine übergrosse Bedeutung bei; es sind Massnahmen gegen wirkliche oder vermeintliche (österreichische) Spione. Wenn die Sprache auf unsere Truppenbelegung gebracht werden sollte, so bitte ich sie als rein vorsorgliche Gegenmassnahmen zu bezeichnen.»[355]

Die Armee in Erwartung eines Krieges

Die in der Armeeführung und in einem Teil der Landesregierung vorherrschenden aussenpolitischen Visionen – man ist geneigt, von Weltanschauungen zu sprechen – kamen unvermeidlich in der Art und Weise zum Ausdruck, wie man einen Krieg zu führen gedachte. Theophil Sprecher als Chef der Generalstabsabteilung hatte den Weg in seinen Memorialen von 1906 und 1912 vorgezeichnet. Anders als sein Vorgänger Arnold Keller neigte er zu einigen wenigen, einfachen Lösungen, die sich nicht auf unsichere Hypothesen stützten. Fixpunkte waren die seiner Meinung nach wahrscheinlichen europäischen Kriegsszenarien. Eigene strategische Ziele gab es für den neutralen Staat nicht, also reduzierte Sprecher die Aufmärsche der Armee auf die für ihn naheliegenden Fälle. Was er in seinem Memorial vom Februar 1912 festhielt, galt auch noch im August 1914:

«Je mehr wir nun genötigt sind, unsere Aufmärsche auf eine sehr ungewisse Lage hin zuzuschneiden, um so mehr muss es uns daran liegen, diese Ungewissheit wenigstens soweit als irgendmöglich aufzuhellen. Von dem Satze ausgehend, dass man bei jedem Gegner stets vermuten muss, er werde die für ihn zweckmässigsten Massregeln ergreifen, galt es zu untersuchen, welches diese Massregeln in Bezug auf unser Land sein könnten. Das ist im allgemeinen bei den Erwägungen für die einzelnen Aufmärsche, insbesondere für Aufmarsch III geschehen; das Ergebnis der betreffenden Prüfung und Überlegung lässt sich dahin zusammenfassen, dass aus strategischen und militärpolitischen Gründen eine spontane Verletzung unserer Neutralität und unserer Grenzen als möglich, resp. als mehr oder minder wahrscheinlich anzunehmen ist:

Im Kriegsfall I von Seite Frankreichs,
Im Kriegsfall II von Seite Italiens,
Im Kriegsfall III von Seite Frankreichs oder Italiens.»[356]

Fall I bezog sich auf einen deutsch-französischen, Fall II auf einen italienisch-österreichischen Krieg. Kriegsfall III galt einem allgemeinen europäischen Konflikt, in dem Frankreich und Italien gegen Deutschland und Österreich kämpften. Der Chef der Generalstabsabteilung versäumte nicht, eine Grenzverletzung durch Österreich als «ausgeschlossen» und einen Angriff von Seiten Deutschlands als «sehr unwahrscheinlich» zu deklarieren. Man müsse bei Kriegsausbruch entscheiden, «ob nicht ein förmliches Bündnis grössere Vorteile bietet als eine unabhängige Kriegführung».

Für die drei Fälle sah Theophil Sprecher die folgenden Dispositionen:
«Im Kriegsfall I eine Bereitstellung der Armee in der Hauptsache zu dem Zwecke der Abwehr eines französischen Einbruchs. Daneben scharfe Beobachtung der deutschen Grenze und Beobachtung der Südgrenze;

Im Kriegsfall II eine Bereitstellung der Armee, um im Anschluss an die österreichischen Operationen, italienische Unternehmungen gegen unsere südlichen Landesteile abzuwehren und zwar womöglich durch Hinübertragen des Krieges auf italienisches Gebiet;

Im Kriegsfall III wird die Bereitstellung im wesentlichen der des Kriegsfalles I entsprechen, unter stärkerer Betonung jedoch des Schutzes der Südgrenze. Das Gros unserer Kräfte wird auch in diesem Falle im nordwestlichen Teile der Hochebene zusammengezogen für den Vormarsch sei es gegen Westen oder Südwesten. Die Vorbereitungen haben aber auch den Abtransport gegen Süden sowohl als eine Verschiebung gegen die Nordfront zu umfassen.»[357] Bei Sprechers Dispositionen ist nicht zu übersehen, dass der Chef der Generalstabsabteilung in jedem Fall mit einem Allianzpartner rechnete. Nur so konnte man an «Vormarsch» und an Krieg auf dem Territorium des Gegners denken.

Das in einem offiziellen Dokument festgehaltene Bedrohungsbild wurde in der Armeeführung während des ganzen Krieges aufrecht erhalten, obschon im Laufe der Jahre Ereignisse eintraten, die Zweifel an seiner Gültigkeit erlaubten. Vor allem in der Deutschschweiz gelangte erst spät der Umstand ins Bewussstsein, dass man sich neutralitätspolitisch auf einer schiefen Ebene bewegte. Die mentale Abhängigkeit vom Deutschen Reich wurde erst gelockert, als der Endsieg in Frage stand.

Es war die Absicht Theophil Sprechers, die Armee bei Kriegsausbruch in einer einzigen «Mobilmachungsaufstellung» aufmarschieren zu lassen, aus der je nach Fall eine Armeestellung bezogen werden konnte. So geschah es im August 1914, wobei die Mobilmachung beinahe reibungslos über die Bühne ging. Das Gros des Heeres versammelte sich in Erwartung von Fall I im Nordwesten des Landes. Aus diesem Bereitstellungsraum heraus war der Bezug der definitiven Armeestellung ohne allzu grosse Verschiebungen möglich. Die Südfront wurde von den Festungen St. Gotthard und Saint-Maurice und einigen Brigaden gedeckt.[358]

Als das 7. französische Armeekorps am 7. August seinen Vorstoss im Sundgau begann, hatten die schweizerischen Divisionen die vorgesehenen Stellungen im Jura noch nicht erreicht. Les Rangiers und die Grenze zwischen Ajoie und Basel waren zu diesem Zeitpunkt nur ungenügend gesichert. Hätte eine der beiden Kriegsparteien den Weg über schweizerisches Hoheitsgebiet gewählt, so wäre sie kaum auf ernsthaften Widerstand gestossen. Die Legende von der schnellen schweizerischen Mobilmachung wurde am Exempel widerlegt, denn jenseits der Grenze bewegten sich vom ersten Kriegstag an die stehenden Heere der grossen Nachbarn.

Als die im Kriegsfall I vorgesehenen Positionen bezogen waren, entstand in kurzer Zeit ein Abwehrdispositiv, das der deutschen und der französischen Führung die Gewissheit gab, dass die Schweiz die nötigen Vorkehren zum Schutz ihrer Neutralität traf. Die vordersten Verbände sicherten die Grenze in der Ajoie und bei Basel. Zwischen dem Doubs, Les Rangiers und dem Tal der Lützel entstand eine Verteidigungslinie mit Infanterie-Stützpunkten und Schützengräben. Am Hauenstein und bei Murten begann man mit dem Bau der schon lange geplanten Fortifikationen, die als Eckpfeiler einer Armeestellung zwischen Olten und dem Neuenburgersee gedacht waren.

Die Topographie des Jura kam den Anforderungen der Neutralität entgegen, denn sie verwischte einigermassen den Eindruck, der Aufmarsch sei nur gegen Frankreich gerichtet. Man konnte darauf hinweisen, dass die Feldbefestigungen an der Lützel und die Fortifikation Hauenstein wenn nötig auch einem Kampf gegen die deutsche Armee dienten. Wie wenig man in der Generalstabsabteilung diesen Fall in Betracht zog, beweisen die einseitigen Arbeiten am Hauenstein.[359] Mit der Sicherung der Ostfront, die einen deutschen Vorstoss hätte aufhalten müssen, liess man sich Zeit, ein Versäumnis, das den Franzosen wohl bekannt war. Es gab noch andere Hinweise auf das antifranzösische Konzept. Der Chef der Generalstabsabteilung verlangte von den Planern der Fortifikation, dass Waffenstellungen und Unterstände einem Beschuss durch 15,5 cm Geschütze standhalten müssten. Nun gab es dieses Kaliber in der französischen Armee, nicht aber in der deutschen.

Die deutsche Heeresleitung konnte mit dem schweizerischen Aufmarsch zufrieden sein, denn er entsprach ihren nicht laut ausgesprochenen Wünschen. Auch die Franzosen hatten gegen das Dispositiv wenig einzuwenden. Für beide Parteien ging es um die Gewissheit, dass die Flanken ihrer Armeestellungen gegen eine Umgehung durch neutrales Territorium gesichert waren. Der Glaube an den Willen der neutralen Schweiz, dieser Pflicht nachzukommen, war im Laufe des Krieges einigen Schwankungen ausgesetzt. Französische Diplomaten und Offiziere beobachteten die schweizerische Szene mit einem gewissen Misstrauen. Die anti-französische Haltung der Armeeführung war bekannt, und die innenpolitischen Turbulenzen zwischen Deutschschweiz und Romandie trugen nicht zur Beruhigung bei.

Die deutsche Armeeführung hingegen brauchte sich in Bezug auf die Schweiz keine Sorgen zu machen, denn sie hatte von Bern stets positive Signale erhalten. Der seit Jahrzehnten in militärischen Zirkeln der Schweiz vorhandene Verdacht, Frankreich werde die Schweiz angreifen, nahm sich angesichts der deutschen Erwartungen paradox aus: Weder General von Schlieffen noch General Moltke der Jüngere, die beiden deutschen Generalstabschefs, glaubten ernsthaft an einen französischen Angriff auf die Schweiz, so wenig wie General Joffre mit einem deutschen Einmarsch rechnete. Die Schweiz hingegen pflegte bis weit in den Weltkrieg hinein ein Bedrohungsszenario, das sie zu einem guten Teil selber aufgebaut hatte. Immerhin, nicht jeder Verdacht war grundlos, und die Kriegführenden stellten das neutrale Land immer wieder auf die Probe.

General Wille hatte ursprünglich damit gerechnet, dass das siegreiche deutsche Heer französische Armeen oder Truppenteile gegen die Schweizer Grenze abdrängen werde. Er sah ein Schauspiel voraus, wie man es beim Einmarsch der Bourbaki-Armee erlebt hatte. Deshalb unterbreitete er dem Bundesrat schon am 14. August 1914 den Entwurf einer Konvention, die er mit dem Kommandanten der in die Schweiz flüchtenden Verbände abschliessen wollte.[361]

Das in den Augen des General fast unvermeidliche Malheur trat nicht ein. Der im Sundgau und an der ganzen Westfront beginnende Stellungskrieg fixierte auch die schweizerische Armee in ihren Positionen. Die Perspektiven erwiesen sich wegen der ungewissen Kriegsdauer als unerfreulich, doch die Situation im Bereich der

Landesgrenze war einigermassen übersichtlich. Im südlichen Elsass standen sich ungefähr gleich starke Kräfte gegenüber, von denen keine für die Schweiz gefährlichen Aktionen zu erwarten waren. Einer Reduktion der Truppenbestände stand somit im Herbst 1914 nichts im Wege.

Die militärpolitische Situation in der Schweiz war in den folgenden Jahren durch die militärischen und politischen Herausforderungen bestimmt, die sich aus dem europäischen Geschehen ergaben. Die grösste Unsicherheit ging nicht von einer militärischen Bedrohung, sondern vom wachsenden wirtschaftlichen Druck der Kriegsparteien aus. Ein Umstand, der dem General und dem Generalstabschef Mühe bereitete, denn ihr Glaube, dass sich das Weltgeschehen militärisch regeln lasse, war in Frage gestellt. Für General Wille war es ein unerträglicher Gedanke, dass das im militärischen Bereich so starke Deutsche Reich durch die Macht einer überlegenen Ökonomie in die Knie gezwungen werden sollte.

Die Meinung, dass die Schweiz nur so lange neutral bleiben könne, als die Versorgung des Landes gewährleistet war, beherrschte Landesregierung und Armeeleitung. Im Januar 1915 sprachen die Gesandten von Planta in Rom und Carlin in London in kaum verhüllten Formulierungen vom zwangsläufigen Kriegseintritt, wenn eine Kriegspartei das Land aushungern wolle. Bundesrat Hoffmann war der Meinung, die Eidgenossenschaft könne sich nicht aus dem Kriegsgeschehen heraushalten, wenn sie rundum von kriegführenden Mächten umgeben sei. Man blickte seit August 1914 gebannt auf das vorläufig neutrale Italien, das sich zusehends aus seinen Verpflichtungen gegenüber dem Dreibund löste. Die umständlich ausgehandelte Anerkennung der schweizerischen Neutralität durch die italienische Regierung beruhigte vorübergehend die Gemüter, doch von gegenseitigem Vertrauen war man weit entfernt.[362]

Dubiose Nachrichten sorgten auf beiden Seiten für eine nervöse Stimmung. Bereits am 10. August hatte ein hoher englischer Offizier gegenüber dem italienischen Botschafter in London Zweifel an der schweizerischen Neutralität geäussert. Die deutschfreundliche schweizerische Armeeleitung werde, so die Erklärung des anonymen Briten, einen deutschen und österreichischen Durchmarsch durch eidgenössisches Territorium in Richtung auf die französische Grenze stillschweigend dulden.[363]

Die Meldung aus London sorgte im italienischen Aussenministerium für Aufsehen, und man bestellte den Gesandten in Bern, Rainero Paulucci, nach Rom. Nach seiner Rückkehr unterhielt sich der Diplomat mit Bundespräsident Hoffmann. Er konfrontierte ihn mit anti-italienischen Äusserungen im schweizerischen Generalstab. In Italien herrsche, so meinte Paulucci, die Meinung, die Schweiz werde einer gegen Italien marschierenden Armee der Zentralmächte den Durchzug gewähren. Bundesrat Hoffmann erwiderte, eine derartige Politik käme einem nationalen Selbstmord gleich. Man dürfe die Haltung der Eidgenossenschaft nicht nach unverantwortlichen «gasconnades» einiger schweizerischer Offiziere beurteilen.

Der nächste Streich folgte wenig später, noch bevor die Diplomaten das gegenseitige Wohlverhalten zwischen Rom und Bern in den Noten vom 19. September 1914 geregelt hatten. Um die Mitte des Monats gelangte die Meldung nach Bern, im Veltlin stationierte italienische Freischaren würden am 19. und 20. September über schweizerisches Territorium in Tirol einfallen.[364] Gemeint war das Freikorps von Giuseppe Garibaldi, genannt Peppino, einem Enkel des Nationalhelden. Peppino Garibaldi sah sich in der Nachfolge seines Grossvaters und rückte mit seinem Gefolge überall da an, wo es galt, die Freiheit zu beschützen. Im Frühjahr 1911 hatte er in Mexiko den Aufstand Francisco Maderos gegen den Diktator Porfirio Diaz unterstützt. Er redete im Stab der Revolutionäre mit, rückte mit einem bunten Haufen von Texas her in Ciudad Juarez ein, wurde dann aber als unerwünschter Romantiker vom turbulenten Pancho Villa verdrängt. Zu Beginn des Ersten Weltkriegs hielt er sich mit seinen Getreuen offenbar im Veltlin auf. Dann gab er, wie es sein Grossvater im Jahre 1870 getan hatte, mit seinem Korps ein Gastspiel an der französischen Front im Westen.[365]

Garibaldi liebte militärische Inszenierungen, so dass er als Anführer eines spektakulären Handstreichs durchaus in Frage kam. Tatsache ist aber, dass kein Freikorps Garibaldis gegen die Grenze Graubündens oder gegen Tirol marschierte. Theophil Sprecher hatte schon im Jahre 1908 gegenüber dem österreichischen Militärattaché Hauptmann Berlepsch von der Gefahr der Freikorps im Veltlin gesprochen. Der Verdacht liegt nahe, dass man im September 1914 das Thema bewusst wieder in die Welt setzte, um eine schweizerisch-italienische Annäherung zu erschweren. Wie sich nachträglich ergab, stammte die Nachricht vom bevorstehenden Coup vom Marine-Evidenzbüro des Landesverteidigungskommandos Tirol. Der österreichische Militärattaché in Bern, der mit den Vorgängen in Italien gut vertraut war, erfuhr mit Verspätung von der angeblich geplanten Aktion. So ist die Vermutung erlaubt, dass es sich um eine in Österreich angefertigte nachrichtendienstliche Konstruktion mit politischen Hintergedanken handelte.

Das Politische Departement in Bern nahm den Alarmruf nicht allzu ernst, verlangte aber von der schweizerischen Gesandtschaft in Rom Informationen zur Sache. Der Gesandte Giovan Battista Pioda schrieb Bundesrat Hoffmann, bei seinen Nachforschungen sei das Wort «Freikorps» nicht ein einzigesmal aufgetaucht, weder in der Presse noch in der Öffentlichkeit. Hingegen bestätigte er, was Theophil Sprecher schon gemeldet hatte: In Italien war eine Teilmobilmachung im Gange, und an der schweizerischen Südgrenze marschierten italienische Truppen auf: «Les environs de Varese, à la sortie du lac de Lugano, ont été occupés par de l'infanterie, de l'artillerie et de la cavalerie, et les routes que le gouvernement a fait construire sur les sommités des monts qui l'entourent au moyen du Touring Club italien ont été en partie occupés par de l'artillerie. Un assez considérable noyau de troupes occupe le val d'Intelvi, avec de l'artillerie qui en peu d'heures pourrait être transportée à la Sighignola, qui domine le lac de Lugano jusqu'au Monte Ceneri, le chemin de fer du Gothard et le pont de Melide. Le motiv apparent de ces mesures contre la frontière du Canton du Tessin est d'empêcher éventuellement le passage aux Autrichiens qui voudraient pénétrer en Italie.»[366] All das hatte mit dem Abenteurer Peppino Garibaldi nichts zu tun.

Im schweizerischen Generalstab sah man keinen Anlass, in Rom ausgesprochene diplomatische Höflichkeiten ernst zu nehmen. Am 7. Mai 1915, kurz vor dem Eintritt Italiens in den Krieg, nahm Theophil Sprecher in einem Brief an General Wille kein Blatt vor den Mund: «Es mag ja sein, dass die italienische Regierung nichts gegen die Schweiz im Schilde führt; eine Regierung aber, die sowenig Macht über die Geister des Landes bewiesen hat und die anscheinend vor dem schamlosesten Treuebruch nicht zurückschreckt, verdient kein Vertrauen und kann nicht beanspruchen, dass wir für unsre Sicherheit allein auf ihr Wort bauen.»[367]

Der Generalstabschef setzte in diesen kritischen Tagen alles daran, die schweizerische Truppenpräsenz an der Südgrenze zu verstärken. Sprechers Freund Alfred von Planta, der neue Gesandte in Rom, versuchte hingegen, die erregte Stimmung zu dämpfen. Schon im März 1915 hatte er Bundesrat Hoffmann zur Vorsicht geraten. Der schweizerische Aufmarsch an der Südgrenze habe in Rom zu negativen Reaktionen geführt: «Ich habe aus vielfachen Äusserungen im Gespräch mit Ministern und Journalisten den Eindruck erhalten, dass die sofortige Besetzung der Grenze gegen Italien anlässlich des Kriegsausbruches als unfreundlicher Akt gegen Italien empfunden worden ist, und dass man aus dieser an sich gewiss selbstverständlichen Massnahme den Schluss gezogen hat, dass die Schweiz aggressive Absichten gegen Italien habe und jedenfalls Italien nicht traue.»[368] Von Planta bat den Aussenminister, diese Überlegungen auch dem Generalstabschef mitzuteilen.

Der Gesandte nannte in dem Brief die seiner Meinung nach wichtigsten Motive für den wahrscheinlichen Kriegseintritt Italiens: «Inzwischen ist nun durch das Vorgehen der Verbündeten gegen die Dardanellen und damit gegen Konstantinopel die politische Situation allgemein verändert worden. Wenn man früher annehmen konnte, dass der Wunsch nach dem Trentino nicht gewichtig genug sein werde, um die verantwortungsvollen Instanzen Italiens zum Kriege zu treiben, so muss heute anerkannt werden, dass durch das Vorgehen der Verbündeten gegen die Türkei viel grössere Interessen Italiens aufs Spiel gesetzt sind. (…) Wenn Italien, so scheint man zu räsonnieren, sich an diesem Vorgehen nicht beteiligt, wird die Beute unter die Teilnehmer allein verteilt, während im entgegengesetzten Falle Italien den Preis für die so sehr gewünschte Beteiligung am Gesamtkriege zum voraus festsetzen könnte.»[369] Man wusste, dass der Druck Englands ständig zunahm und die Regierung in Rom zu einer Entscheidung zwang. Der Zeitpunkt, da Italien auf der Seite der Alliierten in den Krieg eintreten würde, schien unaufhaltsam näher zu rücken.

Die schweizerische Armeeführung ging dem gefährlichen Augenblick in schlecht kaschierter Uneinigkeit entgegen. Generalstabschef Theophil Sprecher blickte unverwandt nach Süden und bemühte sich, die Grenze gegen den seiner Meinung nach unberechenbaren Nachbarn zu sichern. Für General Wille hingegen war die Entscheidung über Sieg oder Niederlage an der deutsch-französischen Front zu erwarten, und es war unwesentlich, ob sich Italien am grossen Ringen beteiligte oder nicht. Darauf hatte sich die schweizerische Armee einzustellen. Es ergab sich ein unwürdiges Spiel um Truppenaufgebote und Truppenverschiebungen, bei dem sich die beiden Kontrahenten jeweils auf ihre Kompetenzen beriefen. Die unterschiedliche Wahrnehmung der Bedrohung führte zu einer entsprechenden Rollenverteilung: Sprecher beanspruchte de facto die Führungsrolle an der Südfront, Wille fiel seinem Generalstabschef immer wieder in die Parade, sei es aus Überzeugung in der Sache, sei es aus gekränkter Eitelkeit. Ulrich Wille focht gegen die militärischen Visionen Theophil Sprechers nicht mehr als Journalist mit flotten Artikeln in Gazetten, sondern als General mit Gegenbefehlen, Bremsmanövern und Verweigerung. Ein typischer Fall trug sich im Januar 1915 zu. Oberst Otto Bridler, der Kommandant der Grenzdetachemente in Graubünden, erschien beim Generalstabschef in Bern mit einem Plan zur Verdoppelung der Truppenbestände. Er erachtete die vorhandene Grenzsicherung als ungenügend und wusste sich in diesem Punkt mit Theophil Sprecher einig. Der «König der Bernina» sprach auch beim General vor, vermied es aber, sein Hauptanliegen zu erwähnen.

Der korrekte Generalstabschef orientierte seinen Vorgesetzten über den Wunsch Bridlers, provozierte damit aber einen Wutausbruch Willes. Der Zorn galt mehr dem Generalstabschef als dem unvorsichtigen Bridler. In einem Brief an Sprecher schrieb der General: «Mit Entsetzen denke ich an meine schliessliche Verantwortlichkeit, wenn ich mir sagen muss, es ist möglich, dass meine Unterführer versuchen, hinter meinem Rücken bedeutungsvolle Massregeln zu veranlassen, von denen sie annehmen, dass sie meinen Anschauungen über das Bedürfnis unserer militärischen Lage nicht entsprechen.»[370]

Wille lehnte die Verdoppelung der Truppenbestände in Graubünden ab, doch Sprecher gab sich nicht geschlagen. Auf Umwegen erreichte er schliesslich eine Verstärkung der Grenzdetachemente, wobei er bemerkenswerter Weise nicht bloss an Defensive dachte: «Im Fall einer schweizerischen Offensive gegen Süden oder Osten würde das Grenzdetachement mit den Auszugsregimentern, verstärkt durch Geb. R. 50, die Deckung für den Antransport und Vormarsch der 6. Division bilden.»[371] Gemeint war zweifellos ein Vorstoss auf italienisches Territorium, ein Gedanke, der bei General Wille auf Widerspruch stossen musste.

Die Signale, die Alfred von Planta im April 1915 nach Bern sandte, klangen bedrohlich. In diplomatischen Kreisen in Rom rechnete man mit einem unmittelbar bevorstehenden Eintritt Italiens in den Krieg. Österreicher und Deutsche zeigten sich pessimistisch. Die von der Donaumonarchie angebotenen territorialen Konzessionen kamen zu spät. In seinem Brief vom 21. April an Bundesrat Hoffmann meldete der Gesandte, es bleibe eine Frist von 10 bis 14 Tagen, bis das fatale Ereignis eintrete. Planta erwähnte die weit fortgeschrittene Mobilmachung, die inzwischen den Bestand der italienischen Armee auf 800 000 Mann gebracht habe.[372]

Der letzte Brief Alfred von Plantas rüttelte in Bern die Gemüter auf. Die Landesregierung und Ulrich Wille kamen zur Einsicht, dass sie die Lage sorgfältig analysieren mussten. Bundesrat, General und Generalstabschef trafen sich zu einer ersten Sitzung am 24. April 1915. Man liest das Protokoll der Sitzung nicht ohne Verwunderung. Wille forderte, die Schweiz müsse sich schlagfertig zeigen wie am 1. August 1914. Wenn Italien sich am Krieg beteilige, werde auch die Irredenta aktiv werden mit ihrer Forderung nach «Stammeseinheit und Grenzen bis zum Alpenkamm». Auch den Versuch eines Durchmarschs durch die Schweiz schloss der General nicht aus.[373] Er präsentierte genau die Argumente, die er bisher gegenüber Theophil Sprecher verworfen hatte. Das Votum des Oberbefehlshabers zeugte aber, wie sich in den folgenden Tagen zeigen sollte, nicht von einem echten Gesinnungswandel. Es deutete eher auf eine erstaunliche Unsicherheit hin, aus der sich der General bald durch neue Konfrontationen mit dem Generalstabschef zu retten suchte.

Ulrich Wille verlangte vom Bundesrat eine deutlich sichtbare Teilmobilmachung: «Herr General Wille ist daher, im Einverständnis mit seinem Generalstabschef, der Meinung, dass ein weiteres Truppenaufgebot stattfinden sollte. Dieses Truppenaufgebot sollte zwei Divisionen umfassen, und zwar die ganze 5. Division mit der Gebirgsbrigade 9, und die ganze 6. Division mit der Gebirgsbrigade. Die Truppen würden vorerst auf ihren Korpssammelplätzen belassen.» Die aufgebotenen Divisionen sollten also im Mittelland verbleiben und nicht, wie es den Vorstellungen des Generalstabschefs entsprochen hätte, an die Südfront verschoben werden.

Der Antrag der Armeeführung bereitete der Landesregierung einige Verlegenheit. Italien hatte der Donaumonarchie den Krieg noch nicht erklärt, und es blieb eine gewisse Hoffnung, dass der Frieden erhalten bleibe. Eine schweizerische Teilmobilmachung zu diesem Zeitpunkt hätte ein negatives Zeichen gesetzt. Es war nicht Aufgabe des neutralen Landes, die internationale Spannung zu erhöhen. Ein gegen Italien gerichtetes Truppenaufgebot konnte ausserdem die lebensnotwendigen Warentransporte aus dem Hafen von Genua gefährden. Bundesrat Hoffmann stimmte das Kollegium auf ein behutsames Vorgehen ein. So beschloss man, die Entscheidung zu verschieben.

Am folgenden Tag traten Landesregierung und Armeeführung erneut zusammen. Der General hatte sich inzwischen anders besonnen. «Herr General Wille glaubt auf eine Mobilisation, wie sie gestern beantragt wurde, heute verzichten zu können», meldet das Protokoll vom 25. April.[374] Der Oberbefehlshaber schlug vor, die 6. Division aufzubieten, die ohnehin an der Reihe war. Damit stand wieder eine Reservedivision zu seiner Verfügung. An diesem Punkt bahnte sich ein neuer Zwist zwischen General und Generalstabschef an. Die 6. Divison wurde auf Wunsch von Aussenminister Hoffmann erst am Monatsende mobilisiert, um die italienische Regierung nicht durch eine überhastete Aktion vor den Kopf zu stossen. Wille schwenkte auf den vorsichtigen Kurs der Landesregierung ein und zeigte keine Eile, dem Drängen des Generalstabschefs nachzugeben, der die Grenze gegen Italien besser sichern wollte.

Die Konfrontation zwischen Wille und Sprecher nahm peinliche Formen an. Am 3. Mai sandte der Generalstabschef die Einsatzbefehle an die 6. Divison, bevor sie der General zu Gesicht bekommen hatte. Einen Teil der Division wollte er in Graubünden und im Tessin bereitstellen. Ulrich Wille fühlte sich wieder einmal übergangen und zwang Theophil Sprecher zum Rückzug. Der Generalstabschef hatte den bereits erlassenen Befehl zum Transport eines Regiments in den Kanton Tessin zurückzunehmen.[375] Doch der zweite Mann in der Armee gab sich nicht geschlagen. Am 7. Mai folgte ein erregter Briefwechsel zwischen den beiden Offizieren. Sprecher beharrte darauf, dass die Lage an der Südfront bedrohlich sei: «Es kann kein Zweifel darüber herrschen, dass die italienische Armee nahezu schlagfertig bereitsteht. Damit ist eine Situation gegeben, die für uns gefährlicher ist als die, welche für uns durch die Mobilmachungsbeschlüsse der Grossmächte um den 1. August herum geschaffen wurde. Unsere zum Schutze von Bellinzona und der Gotthardbahn errichteten Werke sind noch nicht vollständig bereit und bedürfen auch ohnedies starker äusserer Reserven, um gegen einen Überfall von Süden gehalten werden zu können. Bellinzona aber einmal gefallen und in Händen einer Grossmacht ist für uns beinah unwiderbringlich verloren.»[376]

Sprecher verlangte den Transport der 2. Division nach dem Tessin und das Aufgebot der 1. Division. Wille hingegen beharrte darauf, dass der Kriegsfall noch nicht eingetreten sei: «Solange dies aber nur Wahrscheinlichkeit ist, ist es eine in höchstem Grad auffallende Massregel, wenn wir an unserer von niemandem und von keiner Kriegsunruhe bedrohten Grenze aufmarschierten. (…) Ohne jede Sorge können wir mit der Mobilisierung weiterer Kräfte zur Deckung unserer Südfront noch zuwarten, bis die jetzt grosse Wahrscheinlichkeit eines Krieges zwischen Italien und Österreich zur Gewissheit geworden ist.»[377] Am 8. Mai gestand der General wider Willen die Verschiebung einer kombinierten Brigade der 2. Division nach Süden zu.

Kurz darauf erfuhr man aus Rom, dass der Gesandte Alfred von Planta im Aussenministerium versichert hatte, die Schweiz werde ihre Truppen an der italienischen Grenze nicht verstärken. Eine diplomatische Peinlichkeit schien unvermeidlich. Diesmal reagierte General Wille geschickt. Er vermied es, die Anordnungen Sprechers erneut zu durchkreuzen und verlangte lediglich, dass ein im Süden des Tessin stehendes Landwehrregiment in den Norden des Kantons zurückverlegt werde. So nahm sich der Truppenaufmarsch wie eine Ablösung aus, und der Ausbau der militärischen Präsenz vollzog sich ohne Geräusch. Wille legte Wert auf Diskretion. Gegenüber Sprecher meinte er: «Alles muss so geschehen, dass nichts Provokatorisches darin liegt. Das muss allen vom jüngsten Leutnant bis zum ältesten und höchsten Truppenführer des Bestimmtesten eingeschärft werden. Denn wenn es gegen Italien gehen soll, verlieren sie alle Vernunft.»[378]

Alles in allem durfte der Generalstabschef zufrieden sein. Es war annähernd eine Division an der Südgrenze aufmarschiert, so wie er es ursprünglich gefordert hatte. Wille überliess seinem unbequemen Untergebenen im Süden praktisch die Initiative. Seine Einschätzung der Lage erwies sich nachträglich als realistisch, denn eine ernsthafte Bedrohung von Seiten Italiens bestand nie. Konsequent war das Verhalten des Generals in der kritischen Phase jedoch nicht. Ende August setzte er zu einer neuen Analyse an und lobte den zuvor bekämpften Truppenaufmarsch im Tessin als notwendiges Signal an Italien. Er rühmte selbst die Festungswerke wegen ihrer psychologischen Wirkung. Zwei Wochen später kam der General auf seine Einschätzung zurück: Die Befestigungen bei Bellinzona hätten jede Bedeutung verloren.[379]

An eine Kriegführung an der wenig geschätzten Südfront dachte Wille nicht. Bei einem italienischen Angriff wollte er die Südtäler aufgeben und die Front auf den Alpenkamm zurücknehmen. Für ihn fand der Krieg, wenn der Fall je eintreten sollte, im Norden statt, wo der richtige Bündnispartner bereit stand. Man müsse, so meinte Wille, alles unternehmen, um «unseren grossen Alliierten zum Siege zu verhelfen; es wäre schwere Schädigung unserer eigenen Interessen, wenn wir, um eigene Landesteile vor einer feindlichen Invasion zu schützen, Kräfte zurückbehielten und jetzt nur schwächlich Schulter an Schulter mit unseren grossen Alliierten für Erreichung von deren Kriegszweck kämpfen könnten.»[380] Willes Worte klingen unglaublich: Der Oberbefehlshaber der schweizerischen Armee war bereit, wichtige Teile des Landes zu opfern, um für die Kriegsziele «unserer grossen Alliierten» – gemeint waren Deutschland und Österreich – mit vollem Einsatz zu kämpfen. Eine Vision des Generals, die den Zeitgenossen glücklicherweise verborgen blieb.

Die Armeeführung war im Frühjahr und im Sommer 1915 von einer Nervosität beherrscht, für die kein sichtbarer Anlass vorlag, es sei denn, man hätte den zunehmenden wirtschaftlichen Druck der Entente als Grund für ein Ende der Neutralität gedeutet. Die im Juni eintretende kritische Wende in den Verhandlungen um den Einfuhrtrust gab General Wille Gelegenheit, in seinem «Säbelrasslerbrief» an Bundesrat Hoffmann laut über einen Kriegseintritt auf der Seite «unserer grossen Alliierten» nachzudenken. Die Gelegenheit schien günstig, denn der deutsche Durchbruch durch die russische Front zwischen Tarnow und Gorlice machte vermutlich grössere Truppenbestände für eine Offensive im Westen frei. General und Generalstabschef erwarteten eine Entscheidung auf dem Schlachtfeld, und bei einer Mehrheit des Bundesrats war der Glaube an den Endsieg der Zentralmächte noch nicht geschwunden. Daran änderte auch die italienische Kriegserklärung an die Donaumonarchie nichts.

Im Sommer 1915 herrschte im schweizerischen Generalstab Alarmstimmung. Am 9. Juli traf die Meldung ein, bei Montbéliard sei eine marokkanische Division aufmarschiert, die sich aus Abteilungen der Fremdenlegion und Kolonialtruppen zusammensetzte. Daraus wurde sogleich der Schluss gezogen, man müsse mit einem französischen Angriff auf die Schweiz rechnen.[381] Man schien jeden Sinn für Proportionen verloren zu haben, oder die Armeeführung suchte nach einem Anlass, gegen Frankreich mobil zu machen. Die «division marocaine» wurde zum gefährlichen Popanz, der auf den Gemütern der Militärs lastete. Einige Tage nach der peinlichen Nachricht schrieb der Generalstabschef an den Kommandanten des 1. Armeekorps, Oberstkorpskommandant Alfred Audeoud, und forderte ihn auf, einen Plan für den Fall eines französischen Angriffs auszuarbeiten: «Le transport de la Division marocaine de l'Armée française avec 5 ou 6 régiments d'infanterie à Montbéliard et environs nous oblige d'envisager la possibilité d'une nouvelle entreprise de l'armée Maud'huy contre l'Alsace du Sud en passant cette fois au besoin sur territoire suisse par les Rangiers et la vallée de Laufon. Il faudra même tenir compte d'une irruption dans la Fôret noire par Bâle et à l'Est de cette ville.»

Sprecher wollte dem Angriff nicht nur im Jura, sondern auf breiter Front in der Westschweiz zwei Divisionen entgegenstellen, die den französischen Vormarsch so lange verzögern sollten, bis die ganze Armee einsatzbereit war. Man erwartete den Angriff im Nordwesten. Mit aller Selbstverständlichkeit plante der Generalstabschef in seinem Dispositiv die deutsche Armee mit ein, der ein klar abgegrenzter Raum und die Bahnlinie Basel-Delémont zugewiesen wurden. Er konnte offenbar von einer soliden Gewissheit ausgehen. Am 12. Juli hatte sich Sprecher mit dem deutschen Militärattaché unterhalten und in grossen Zügen Übereinstimmung erreicht. Oberst Bismarck berichtete darüber in Stichworten nach Berlin:

«Das Gros der schweizerischen Armee würde an der Westfront vom Hauenstein – den Schweizer besetzen würden – einschliesslich verwendet werden. Gegen Italien sollten nur schwache Kräfte eingesetzt werden und sich nötigenfalls in der Defensive halten. Für die deutschen Hilfskräfte werde der Raum vom Hauenstein – ausschliesslich bis Basel zur Verfügung stehen. Die politischen Behörden werden sich zu einer Preisgabe westschweizerischen Gebietes nicht entschliessen können.

Linie Hauenstein-Basel soll Operationsbasis darstellen; den deutschen Truppen würde das Laufenthal – Bahn Basel-Delémont – mit Richtung über Porrentruy zur Verfügung gestellt werden. ‹Die näheren Einzelheiten würden, wenn es soweit kommen sollte, Sache einer Militärkonvention sein.› Sprecher: Pessimismus in der Schweiz infolge Trustverhandlungen durch Eintreffen der marokkanischen Divison bei Mömpelgard verschärft.»[382]

Der so oft beschworene französische Einmarsch fand nicht statt. Die marokkanische Division verhielt sich ruhig in ihrer Bereitstellung an der Grenze der Ajoie.

Warum die Anwesenheit dieser Einheit in der Schweiz eine so seltsame Aufregung erzeugte, lässt sich nur schwer ergründen. An ihrem Kampfwert lag es kaum, denn für sich allein stellte der Verband keine aussergewöhnliche Gefahr dar. Vermutlich war die von den Deutschen systematisch geschürte Angst vor Kolonialtruppen im Spiel, die eine neue Form der Bedrohung nach Europa brachten. Die deutschen Truppen im Sundgau warnten denn auch die Zivilbevölkerung vor den Untaten, die im Falle eines französischen Vormarschs von den schwarzen Afrikanern zu erwarten waren.[383] Der latent vorhandene Rassismus machte sich auch im militärischen Denken breit.

Seit dem Sommer 1915 behandelte die französische Operationsplanung unter anderem den Fall «Helvétie». Das ergab sich aus dem allgemeinen Kriegsgeschehen, war aber auch verständlich auf dem Hintergrund der desolaten innenpolitischen Situation der Schweiz, die den Nachbarn nicht verborgen blieb. Der französische Militärattaché Commandant Pageot hatte der Armeeführung anfänglich trotz ihrer Deutschfreundlichkeit eine beinah makellose neutrale Haltung zugebilligt. Inzwischen war er von diesem Glauben abgerückt. Er sah eine «germanophilie toujours croissante du haut commandement suisse.»[384] So waren etwa die verbalen Eskapaden des Generals den Franzosen nicht verborgen geblieben.

An den Planungen der französischen Heeresleitung war der Militärattaché nicht beteiligt, doch seine Berichte wurden bei der Entscheidungsfindung beigezogen. Die nie ganz beseitigten Zweifel an der schweizerischen Neutralität fanden durch die Informationen, die im Spätherbst 1915 nach Paris gelangten, neue Nahrung. Man bezog inzwischen auch die anti-italienische Haltung des schweizerischen Generalstabs ins eigene Kalkül ein, denn das italienische Heer war formell dem Oberkommando General Joffres unterstellt. Im Blick auf die Schweiz ergab sich Unsicherheit in der Operationsplanung. Man schloss die Möglichkeit einer deutschen Umgehungsaktion durch die Schweiz nicht völlig aus. Dabei förderte die germanophile Haltung der schweizerischen Heeresführung die Tendenz, die unsichere Lage ohne Rücksicht auf die schweizerische Neutralität durch eine Präventivaktion zu bereinigen. Der Wert der Schweizer Armee wurde in Paris nicht allzu hoch eingeschätzt. Der Konflikt zwischen Deutschschweiz und Romandie liess Zweifel aufkommen, ob im Kriegsfall die Einheit des Landes Bestand haben würde.

Die französischen Positionen in der Burgundischen Pforte gerieten in Gefahr, wenn die schweizerischen Truppen nicht imstande waren, einen deutschen Vormarsch durch die Ajoie aufzuhalten. Der französische Militärattaché Commandant Pageot unterhielt sich im Herbst 1915 mit einem nicht mit Namen genannten höheren Offizier aus der Romandie, einer «haute personnalité militaire de nos amis», über das heikle Thema.[385] Der Gewährsmann soll betont haben, dass er nicht mit einem deutschen Überraschungsangriff auf die Schweiz rechne. Doch habe er eingeräumt, dass die Schweizer Armee nicht in der Lage sei, einen deutschen Vorstoss durch den Pruntruter Zipfel zu verhindern. Mit ernsthaftem Widerstand könne man erst auf dem Übergang von Les Rangiers rechnen, denn die Ajoie sei durch keine Befestigungen gesichert. Pageot meldete den peinlichen Befund am 8. November an das Kriegsministerium in Paris. Am 25. November ordnete General Joffre die Errichtung von Befestigungen zwischen Delle und St-Hyppolyte an, die eine Fortsetzung der Festungskette von Belfort darstellten. In der Region stand bereits das mit Artillerie bestückte Fort Lomont. Die neuen Verteidigungsanlagen wurden als «Ligne S» bezeichnet. Sie sollten einen deutschen Vorstoss durch die Ajoie abwehren. Man kann annehmen, dass der Bericht aus Bern einiges zum Entscheid General Joffres beigetragen hat.

Die «Ligne S» wurde in der Schweiz als Ausdruck des französischen Misstrauens gegenüber der Schweiz gewertet. Ein deutsches Gegenbeispiel fand sich nicht allzu weit entfernt. Der Bau von Befestigungen auf den Höhen oberhalb der Lützel lässt ähnliche Zweifel der Deutschen an der schweizerischen Verteidigungsbereitschaft vermuten. Auch die deutschen Artilleriestellungen auf der Tüllinger Höhe bei Basel beweisen, dass man sich nicht ausschliesslich auf schweizerische Neutralitätserklärungen verlassen wollte. Die französische Unsicherheit in Bezug auf die schweizerische Bereitschaft fand ihre Bestätigung in einer Lagebeurteilung durch Oberstdivisionär Treytorrens de Loys, der als Kommandant der 2. Division mit der Region vertraut war. De Loys erklärte im Frühjahr 1916 in einem Bericht zuhanden des Generals, er könne Les Rangiers nicht einen Tag halten, wenn der Pass durch die Truppenverbände angegriffen würde, die an der Grenze der Ajoie standen.[386]

Die deutsche und die französische Armeeführung suchten nach Wegen, den unseligen Stellungskrieg zu beenden und an irgendeiner Front zu einer kriegsentscheidenden Aktion anzusetzen. Beide Kontrahenten konnten einen zentralen Durchbruch versuchen, was einen gigantischen Einsatz von Menschen und Material erforderte, oder es gab die Möglichkeit, mit einem Vorstoss an der südlichen Flanke ins feindliche Hinterland zu gelangen. Eine Operation im Süden brachte zum vornherein Gefahren für die Schweiz.

Die Franzosen hatten im Herbst 1915 gemeinsam mit den Briten überraschende Offensiven in der Champagne und im Artois unternommen, die trotz gewaltigem Einsatz keinen entscheidenden Einbruch in die feindliche Front brachten. Der deutsche Generalstabschef Erich von Falkenhayn wünschte eine Entscheidung im Westen, doch im Sommer 1915 waren noch beträchtliche Kräfte an der russischen Front und im Balkan gebunden. Allmählich gelang es, grössere Truppenverbände an der Westfront bereitzustellen, ein Vorgang, der vom französischen Nachrichtendienst mit Sorge registriert wurde. Falkenhayn dachte an eine Offensive an der Somme und an einen grösseren Angriff in den Vogesen, dessen Ziel nicht zum vornherein klar war. Die Operation im Süden wurde unter dem Stichwort «Schwarzwald» geplant. Starke deutsche Verbände sollten aus dem Sundgau heraus zwischen

Vogesen und Schweizer Grenze gegen die Festung Belfort vorstossen. Gleichzeitig würden Offensiven in den zentralen Vogesen und in den Argonnen unter den Stichworten «Kaiserstuhl» und «Waldfest» in Szene gehen.[387] Gegen einen Angriff in der Burgundischen Pforte gab es in der deutschen Generalität Vorbehalte, denn der Abschnitt zwischen Thann und der schweizerischen Ajoie galt als zu eng für eine gross angelegte Operation.

In den Monaten November und Dezember 1915 wurde trotz Bedenken das Unternehmen «Schwarzwald» vorbereitet. Es war strenge Geheimhaltung angeordnet, doch deuteten verschiedene Anzeichen in dem verhältnismässig ruhigen Sektor auf aussergewöhnliche Vorgänge hin. Inzwischen hatte sich im deutschen Generalstab die Idee einer Eroberung der Festung Verdun durchgesetzt, der alle andern Pläne untergeordnet wurden. Die Operation «Schwarzwald» blieb aktuell, doch die Ausführung wurde verschoben. Der Stellenwert dieser Unternehmung war nicht mehr deutlich zu erkennen. Man wusste, dass eine Eroberung von Belfort einen enormen Prestigegewinn bringen würde, doch kriegsentscheidend war sie vermutlich nicht.

In seiner «Weihnachtsdenkschrift» an Kaiser Wilhelm II. nannte General Falkenhayn Verdun als wichtigstes Objekt: «In unserer Reichweite liegen im französischen Abschnitt der Westgrenze Ziele, für deren Erhaltung der französische Generalstab gezwungen wäre, alles bis zum letzten Mann einzusetzen. Wenn er das tut, werden sich die französischen Streitkräfte – da ein freiwilliger Rückzug nicht in Frage kommt – verbluten, ob wir unser Ziel erreichen oder nicht. (...) Die Ziele, von denen ich spreche, sind Belfort und Verdun. Die oben dargelegten Erwägungen gelten für beide, doch verdient Verdun den Vorzug.»[388]

Das südliche Elsass wurde stets als Nebenkriegsschauplatz bezeichnet. Das traf auf die Front im Largtal und auf ihre Fortsetzung zwischen Altkirch und Thann zu. Was sich hingegen im Jahre 1915 auf den Höhen der Vogesen zutrug, war sehr wohl mit den grossen Schlachten im Norden zu vergleichen. Im Sommer kämpfte man am Linge, im Dezember rangen grosse Truppenverbände um die Felsen am Hartmannsweilerkopf. Attacken und Gegenattacken folgten sich auf dem Fuss, wobei keine Partei wesentliche Geländegewinne erzielte. Die unter gewaltigem Einsatz von Menschen und Material geführten Kämpfe waren ebenso blutig wie sinnlos. Man spricht von 60 000 Toten allein am Hartmannsweilerkopf. Keiner der Kontrahenten erreichte sein Ziel. Weder gelang den Franzosen der Durchbruch in die elsässische Ebene, noch kamen die Deutschen der Festung Belfort näher. Für Beobachter war nicht zu erkennen, ob das Geschehen auf den Vogesen ein Vorspiel zu entscheidenden Operationen bedeutete.

Warum das deutsche Heer nie den direkten Weg, wie es der Plan «Schwarzwald» vorsah, vom Sundgau in die Burgundische Pforte in Angriff nahm, lässt sich nicht mit Sicherheit ergründen. Die Topographie bot keine Hindernisse, doch scheinen die Festungsgeschütze von Belfort die deutsche Unternehmungslust gedämpft zu haben. Immerhin wurden Vorbereitungen für einen Angriff auf die Stadt getroffen.

Dazu gehörte eine umfangreiche Anlage, die bei Zillisheim für den Einsatz eines weittragenden Marinegeschützes errichtet wurde. Im Sommer 1915 begannen Spezialeinheiten in aller Heimlichkeit mit dem Bau von unterirdischen Galerien und Bunkern, in deren Mitte sie auf einer Betonplattform eine in weitem Winkel schwenkbare Schiffskanone vom Kaliber 38 cm montierten. Das Geschütz konnte mit einer Reichweite von 45 Kilometern die Stadt und die Forts von Belfort unter Feuer nehmen. Die von den Franzosen als «Grand Canon» bezeichnete Batterie war eindeutig für den Einsatz bei einer deutschen Offensive vorgesehen. Als defensives Instrument bei einem französischen Angriff war sie weniger geeignet.[389] Am 8. Februar 1916 wurde die Zivilbevölkerung von Zillisheim evakuiert. Am selben Tag eröffnete die Kanone ihr Feuer auf Belfort. Die Beschiessung dauerte bis Mitte März. Es sollen insgesamt 23 schwere Projektile auf die Festung niedergegangen sein. Dann schwieg die Batterie bis in den Sommer 1916, in dem sie noch einmal aktiv wurde. Im Herbst des selben Jahres wurde das Geschütz abgebaut und nach Deutschland zurückgeschafft. Ein Zeichen dafür, dass die Heeresleitung auf die Einnahme von Belfort verzichtete?

Im Dezember 1915 wurden an der Grenze der Ajoie aussergewöhnliche deutsche Aktivitäten sichtbar. Das nahmen die schweizerischen Beobachtungsposten wahr, die verstärktes Artilleriefeuer im Largtal meldeten. Alarmiert war vor allem die französische Front. In eben diese Zeit fiel der Bau der Feldbefestigungen der «Ligne S». Das französische Nachrichtenbüro in Réchésy unmittelbar an der Schweizer Grenze, das unter der Leitung des Elsässers Pierre Bucher stand, sammelte Informationen, die von der Front oder aus der benachbarten Ajoie eintrafen. Elsässische Deserteure trugen wesentlich zum Bild bei, das die Franzosen von ihren Gegnern gewannen. Dabei ging es nicht bloss um militärische Geheimnisse, sondern ebenso um die mentale Befindlichkeit der Deutschen, mit der es offenbar in dieser Periode nicht zum besten bestellt war.

Noch im Dezember evakuierten die Deutschen die Zivilbevölkerung aus einem breiten Abschnitt hinter der Front. Die Franzosen zogen die Zivilisten aus Largitzen, Seppois und später auch aus Pfetterhausen zurück. Die deutschen Geschütze schossen mit zunehmender Wirkung in die Dörfer, von denen etliche in Flammen aufgingen. Gezielt richtete sich das deutsche Feuer auf den Dorfkern von Réchésy, wo man einen Sitz des französischen Nachrichtendienstes vermutete. Am 12. Februar 1916 meldete «Le Pays» in Pruntrut, ein deutscher Angriff sei gegen Pfetterhausen, Seppois, Friesen und Réchésy im Gange.[390] Die Nachrichten waren übertrieben, aber sie kündigten mögliche deutsche Aktionen an. Daraufhin unterbrachen Arbeiter das Bahngeleise Pfetterhausen–Bonfol, um einen Überfall auf dem Schienenweg auszuschliessen. Am 21. Februar brach der Sturm auf Verdun los. Ob das zu einer Beruhigung im südlichen Elsass führen würde, konnte man im Augenblick noch nicht beurteilen.

1916: das Jahr der Affären

Das Jahr 1916 war für die Schweizer Armee eine Periode der Affären. Bereits im Dezember 1915 wurde der Skandal der Obersten in Umrissen bekannt. Die Generalstabsoffiziere Karl Egli und Moritz von Wattenwyl hatten seit Kriegsbeginn die geheimen Bulletins des Generalstabs an die Militärattachés der Zentralmächte gesandt und darüber hinaus in beachtlichem Mass Nachrichtenmaterial an die Vertreter der beiden Staaten weitergeleitet. Damit betrieben sie in einem bis heute nicht genau bekannten Umfang eben jenen Nachrichtenaustausch, den der Chef der Generalstabsabteilung vor dem Krieg mit seinen Kollegen in Wien und Berlin vereinbart hatte. Wie weit die schweizerische Armeeleitung den Wünschen ihrer Partner entgegenkam, erläuterte der deutsche Gesandte Gisbert von Romberg schon wenige Monate nach Kriegsbeginn in einem Bericht nach Berlin: «Vom ersten Tag seit Ausbruch des Krieges an hat die Schweiz unter der Hand ihr gesamtes geheimes militärisches Nachrichtenmaterial uns Tag für Tag zur Verfügung gestellt, sie gibt uns Kenntnis von wichtigen Nachrichten ihrer auswärtigen Vertreter. (...) Unser geheimer Nachrichtendienst in der Schweiz hat bisher ungestört funktioniert unter, man kann wohl sagen, wohlwollender Duldung der Militärbehörden.»[391]

Die Signale aus dem Elsass wurden in der Armeeführung an der Wende zum Jahre 1916 nicht allzu ernst genommen. General und Generalstabschef sahen sich durch die Obersten-Affäre in die Defensive gedrängt und vermieden scharfe Töne gegen die Entente. In seinem «Bericht über die militärische Lage der Schweiz auf Anfang des Jahres 1916» kam Theophil Sprecher auf die Ajoie zu sprechen: «Unsere Nachbarn allerdings können nicht im Zweifel darüber sein, dass wir den Versuch des Durchzuges durch das Pruntrutische (das Elsgau) oder das bündnerische Münstertal gleicherweise als Casus belli betrachten würden.»[392] In seiner Analyse wies der Generalstabschef auf den Bau der «Ligne S» hin, die er als defensive Massnahme erkannte: «Die zur Zeit eben im Gang befindlichen Verstärkungsarbeiten an der Südwestfront des Pruntrutischen deuten auch mehr auf die Befürchtung eines deutschen Durchbruches hin als auf die eigene Absicht des Einbruches in unser Gebiet.» Dennoch bekräftigte Theophil Sprecher in umständlicher militärpolitischer Dialektik seine These, wonach nur Frankreich – wenn möglich mit Unterstützung Italiens – in Zukunft Angreifer sein könne. Vorsicht sei geboten im Falle eines Sieges der Entente: «Wir dürfen aber auch dann die grosse geschichtliche Erfahrung nicht vergessen, dass die Vormachtstellung Frankreichs auf dem europäischen Kontinente stets zu einer schweren Minderung sogar unserer politischen Selbständigkeit geführt hat, ja bis zu einer wahren Vasallenschaft gegenüber dem westlichen Nachbarn ...»

Ulrich Wille sah die Dinge in seiner Analyse realistischer. Einen deutschen Angriff erwarte er aus politischen Gründen nicht, auch wenn er militärisch verheissungsvoll sein könnte: «Auch für Frankreich wäre ... die Umfassung des linken deutschen Flügels durch die Schweiz sehr verlockend, ganz besonders, wenn ein Kooperieren mit Italien, das ebenfalls durch die Schweiz einbricht, in Aussicht genommen werden kann. Beides erachte ich als gänzlich ausgeschlossen. Frankreich besitzt nicht die dafür notwendigen Reserven. Alle seine im Land disponiblen Truppen braucht es zum Halten der eigenen Front, da nach meinem Dafürhalten kein verständiger französischer Truppenführer damit rechnen darf, dass englische Hilfskräfte ihm das Halten der Front abnehmen werden.»[393]

Die ersten Monate des Jahres 1916 waren nicht dazu angetan, das Vertrauen Frankreichs in die schweizerische Armee zu stärken. Die Obersten-Affäre liess einmal mehr das seltsame Neutralitätsverständnis der Armeeführung erkennen. Erneut wurde eine gefährliche Spaltung des Landes sichtbar, denn Politiker und Publizisten der Romandie waren nicht bereit, die Eskapaden des Generalstabs ohne Widerspruch hinzunehmen.

Im Berner Jura, in der Ajoie vor allem, lebte man in einem Zustand der fieberhaften Spannung.

In den Monaten Januar und Februar stand die 4. Division im nordwestlichen Jura. Ende Februar wurde sie von der 2. Division unter Treytorrens de Loys abgelöst, die in ein ihr vertrautes Gelände einrückte. Der Umstand, dass zu Jahresbeginn der Transitweg durch die Ajoie durch Truppen aus der deutschen Schweiz verteidigt werden sollte, trug kaum zur Beruhigung der französischen Heeresleitung bei. Oberstdivisionär de Loys empfand hingegen das Bedürfnis, das Verhältnis zum französischen Nachbarn zu verbessern. Ob der impulsive Aristokrat aus der Waadt dabei ausschliesslich an seinen Grenzabschnitt dachte, oder ob er darüber hinaus die schweizerisch-französischen Beziehungen im Auge hatte, lässt sich nicht mehr ergründen. Als Treytorrens de Loys mit seiner Division auf der Szene erschien, suchte er sogleich den Kontakt mit der 7. französischen Armee in der Burgundischen Pforte.[394] Oberstleutnant Arthur Fonjallaz, Kommandant des Infanterieregiments 8, traf sich am 26. Februar 1916 an der Grenze bei Delle mit einem Generalstabsoffizier der «Région fortifiée de Belfort». Bei diesen Kontakten spielte der Zigarettenfabrikant Burrus von Boncourt eine wichtige Rolle. Er leistete den Franzosen offenbar während des ganzen Krieges gute Dienste.

Die heikle Begegnung an der französisch-schweizerischen Grenze fand in aller Heimlichkeit statt. Man ging offenbar weit über den Austausch von Höflichkeiten hinaus. Einige Tage später wollte de Loys selber an einem Treffen teilnehmen, wurde aber durch das unerwartete Erscheinen General Willes daran gehindert. Also sandte er einen Offizier seines Stabes, der wiederum die freundlichen Gefühle der 2. Division für die französische Armee bekundete. Was bei den beiden Begegnungen verhandelt wurde, geht lediglich aus dem Bericht des französischen Generalstabsoffiziers hervor. Die Initiative lag eindeutig auf schweizerischer Seite, doch in der Schweiz sind keine Akten vorhanden. Oberstleutnant Fonjallaz soll erklärt haben:

«Le Colonel de Loys considérant que les Allemands ont subi à Verdun un échec moral est persuadé qu'ils chercheront à ‹sauver la face› en recherchant un succès ailleurs, soit dans le Nord soit en Alsace. – Dans ce dernier cas, il n'est pas invraisemblable qu'ils cherchent à percer par la trouée de Porrentruy, par la route d'Alle. Le Colonel Commandant la 2ᵉ Division romande est décidé de la façon la plus nette à s'opposer à toute violation de la frontière suisse par les Allemands. Ses Sympathies et celles de sa division sont du côté des Français. On a dit que les forces suisses laisseraient le champ libre aux belligérants et qu'elles se retireraient sur les Rangiers: cette supposition est erronée, car la 2ᵉ Division est décidée à faire énergiquement barrage dans la Plaine de Porrentruy, elle ne se retirerait sur Les Rangiers qu'après être forcée par ses pertes: le Colonel de Loys en a donné l'ordre formel, et il est dans la région pour six mois.»[395] Beim zweiten Treffen soll der schweizerische Delegierte behauptet haben, de Loys werde die Ajoie verteidigen, auch wenn er die Hälfte seiner Bestände verliere. Der Offizier habe Auskunft über die zur Verfügung stehenden Truppen und über die Verteidigungsmassnahmen gegeben. Ferner habe er bemerkt, die 2. Division müsse nun auf Les Rangiers die Schäden beheben, da die 4. Division die Feldbefestigungen vernachlässigt habe. De Loys soll sich deswegen bei General Wille beklagt haben.

Die französischen Offiziere durften sich nicht auf Gespräche auf untergeordneter Ebene einlassen. Die Nachricht ging auf dem Dienstweg nach oben. General Dubail, der Kommandant der Armeegruppe Ost, meinte diplomatisch, man müsse de Loys für seine Initiative den Dank aussprechen, doch die Sache sei gefährlich: «On fera entendre d'autre part au Colonel ... que des conversations de ce genre sont dangereuses, surtout dans les circonstances actuelles où certains éléments suisses peuvent chercher une contrepartie à l'affaire Egli-Wattenwyl.» General Joffre ordnete den Abbruch der Kontakte an. Er liess de Loys über den Industriellen Burrus mitteilen, man sei für die Vorschläge dankbar, und die schweizerischen Truppen könnten im Ernstfall mit französischer Hilfe rechnen. So brachte der französische Generalissimus den Kommandanten der 2. Division auf den neutralitätspolitisch soliden Pfad zurück.

Wenn der französische Bericht stimmt, so hatte ein schweizerischer Oberstdivisionär von einem möglichen deutschen Angriff gesprochen, eine Vermutung, die fernab vom Denken der Armeeführung lag. Treytorrens de Loys war einer der wenigen hohen Offiziere, die General Wille zu widersprechen wagten. Autoriär und antidemokratisch in seinem Gehaben, hielt er viel von preussischer Disziplin. Er galt deshalb in der Romandie und in Frankreich als «germanophil». Commandant Pageot fällte in einem Rapport nach Paris ein hartes Urteil: «Le Colonel de Loys ..., qui devrait être par ses attaches francophile, est germanophile. C'est un reître de l'autre temps, qui par haine de tout ce qui est démocratique n'a d'admiration que pour les méthodes et l'organisation allemandes. Caractère détestable, susceptible et jaloux, très énergique, très vigoureux, ancien instructeur, a une réelle valeur militaire.»[396]

Nach dem frühen Tod des Divisionskommandanten fiel der Schriftsteller Louis Dumur über de Loys her. Seinen Hang zum Deutschtum habe er bereits während einer Abkommandierung in die Kavallerieschule von Saumur demonstriert, wo er seine französischen Kameraden beleidigt habe: «Je ne vous donne pas huit jours, en cas de guerre, pour être aplatis par l'Allemagne.»[397] Was Treytorrens de Loys im Februar 1916 in der Ajoie zugunsten der Franzosen organisieren wollte, stand aber in krassem Gegensatz zu seiner sogenannten «Germanophilie». Junker von preussischem Zuschnitt, eidgenössischer Patriot, Aristokrat ausserhalb der üblichen Norm? Ein anderer Aristokrat, der Freiburger Gonzague de Reynold, bewunderte die eleganten Uniformen de Loys, die stets etwas von der Ordonnanz abwichen. In seiner Division scheint man den Waadtländer als einen dem preussischen Geist verpflichteten Truppenführer gesehen zu haben, ohne daraus auf eine deutschfreundliche Gesinnung zu schliessen.[398]

Treytorrens de Loys Bemühen um gute Stimmung an der Grenze zu Frankreich zeigte nur mässigen Erfolg. Ausländische Betrachter konnten die Zerrissenheit des Landes nicht übersehen, so dass Zweifel am Willen zur Selbstbehauptung berechtigt waren. Das wurde deutlich, als in der Morgenfrühe des 31. März 1916 zwei deutsche Flugzeuge einige Bomben auf Pruntrut warfen. Getroffen wurde die Umgebung des hell erleuchteten Bahnhofs. Menschenleben waren nicht zu beklagen, und die Schäden hielten sich in Grenzen. Peinlicher als die Neutralitätsverletzung waren die Begleitumstände. Das Politische Departement sprach von einem Angriff durch französische Flieger, denn die Maschinen waren von Delle her in den schweizerischen Luftraum eingedrungen. Der Irrtum wurde rasch aufgeklärt. Am selben Tag fand man einen Blindgänger, dessen deutsche Beschriftung die Herkunft eindeutig offenbarte. Die deutsche Gesandtschaft in Bern sprach von einem Navigationsfehler. Die Piloten hätten Pruntrut mit Belfort verwechselt, eine recht fadenscheinige Ausrede. Die beiden Städte zeigten weder von der Topographie noch von den Dimensionen her irgendeine Ähnlichkeit, und überdies war die französische Festung den deutschen Piloten wohl bekannt.

Peinlich war bei diesem Zwischenfall die Rolle der Armee. Die Grenzregion war von der welschen 2. Division besetzt. Die Soldaten des Füs Bat 16 standen während des Fliegerangriffs in Pruntrut ohne Munition da. Es wurde kein Schuss auf die fremden Flugzeuge abgefeuert. Der Spott der einheimischen Bevölkerung blieb nicht aus. Die Panne war der Höhepunkt der sogenannten «affaire des cartouches», die bereits im Februar Presse und Politiker in Aufregung versetzt hatte. Die Reaktionen in Frankreich fielen gemässigt aus, obschon die voreilige Schuldzuweisung aus Bern einigen Ärger verursachte.

Die «Neue Zürcher Zeitung» veröffentlichte am 4. April in Übersetzung einen Artikel aus dem «Journal des Débats», der vom «militärischen Snobismus» der schweizerischen Armeeführung sprach, die einseitig auf das deutsche Kaiserreich ausgerichtet sei. Zum Bombenabwurf auf Pruntrut meinte die französische Zeitung: «Einige Schweizer Zeitungen sind darüber erstaunt, dass kein Schuss auf die Flieger abgegeben wurde. Sie versichern, dass die Soldaten keine Patronen hatten. Das gibt eine seltsame Vorstellung von der Art, wie der Zugang zum schweizerischen Territorium bewacht ist, und an einer Stelle, wo man Verletzungen der Neutralität am ehesten zu fürchten hat, da das Gebiet von Pruntrut sich wie eine Halbinsel zwischen das Elsass und die Franche-Comté einschiebt. Diese Erklärung kontrastiert seltsam mit jener, die eine Anhäufung der schweizerischen Truppen im Tessin zu melden weiss. Wenn wir die leichtsinnige Art eines gewissen Communiqués nachahmen wollten, so dürften wir darin Gründe für die Vermutung sehen, dass die schweizerische Armee weniger aus dem Grunde geteilt wurde, um mögliche Neutralitätsverletzungen zu parieren, als den Gefühlen gewisser Chefs, die sie leiten, Ausdruck zu verleihen ...»[399]

Parlamentarier aus dem Jura, unter ihnen die Nationalräte Ernest Daucourt und Henri Simonin, verlangten vom Bundesrat einen besseren Schutz für die Zivilbevölkerung der Ajoie, womit sie eine wirksame Fliegerabwehr meinten. Eine mit Fähnchen markierte Grenze genüge nicht. Die Armee hatte unmittelbar nach dem Zwischenfall für weiteren Ärger gesorgt. Sie verhängte eine Telephonzensur, so dass eine objektive Berichterstattung unmöglich wurde. Der Regierungsstatthalter Joseph Choquard war wegen dieser Behinderung nicht in der Lage, die Berner Regierung über die Vorgänge zu orientieren.[400] Im Generalstab drohte man mit Belagerungszustand, denn Kritik an der Armee wurde zum vornherein mit unpatriotischem Verhalten und Verrat gleichgesetzt.

Bereits im Februar 1916 sollen Einheiten der Armee ohne Munition an der Grenze gestanden haben. Der rebellische Redaktor Léon Froidevaux verstieg sich in seinem «Petit Jurassien» zur Anklage, man habe den Westschweizer Truppen die Munition weggenommen, und die Soldaten der Romandie seien mit den Gewehrläufen der 4. und 5. Division in Schach gehalten worden. Die überbordende Phantasie kam den Journalisten teuer zu stehen. Froidevaux wurde am 16. März 1915 vom Divisionsgericht 3 wegen Landesverrat zu dreizehn Monaten Gefängnis verurteilt, die man schliesslich auf vier Monate reduzierte.[401] Er soll unter anderem die Loslösung des Jura von der Schweiz angestrebt haben. In Wirklichkeit war Froidevaux ein früher Vorkämpfer für einen von Bern unabhängigen Kanton Jura.

Steckte hinter der Munitionsaffäre ein perfider Anschlag der Armeeführung gegen die Romandie oder, wie die «Neue Zürcher Zeitung» vermutete, «welsche Schlampigkeit»? Froidevaux heizte die Atmosphäre mit markigen Sprüchen an: «Das riecht nach Bulgarien. Man handelt nur so, wenn ein Staatsstreich vorbereitet wird.»[402]

Aus heutiger Sicht präsentiert sich die Geschichte mit der fehlenden Munition weniger spektakulär. Man ist geneigt, von organisatorischem Unvermögen in der Armee zu sprechen. Ein Armeebefehl vom 7. Juli 1915 ordnete an, dass aus Gründen der Sicherheit die Truppen, die einige Kilometer hinter der Grenze standen, nur bei Schiessübungen über scharfe Munition vefügen durften, eine Anordnung, die Treytorrens de Loys im März 1916 für seine 2. Division bestätigte.[403] Besondere Regelungen galten für das Schiessen gegen Flugzeuge.

Der Befehl mutet seltsam an, wenn man die exponierte Lage der Ajoie bedenkt. Es geschah bei den zahlreichen Verschiebungen von Einheiten häufig, dass die Soldaten ohne Munition in der Landschaft standen, weil man nicht rasch genug auf die neue Situation reagierte. So muss sich die Sache – fern von politischer Dramatik – auch am 31. März 1916 zugetragen haben. Als die deutschen Flugzeuge über Pruntrut erschienen, hatte das Freiburger Füs Bat 16 eine Manöverübung hinter sich und lediglich blinde Munition in den Patronentaschen. Der Quartiermeister Hauptmann Fernand Weissenbach räumte Jahrzehnte später ein, dass er und der Kommandant Major de Diesbach die rechtzeitige Umrüstung auf scharfe Munition versäumt hatten.[404] Bestraft wurde Oberstleutnant Bonhôte, der Kommandant des Inf Rgt 7. Oberstdivisionär de Loys verordnete sechs Tage Arrest, enthob Bonhôte des Kommandos, setzte ihn aber wenige Monate später wieder ein.

In den folgenden Monaten übte man in der Ajoie Fliegerabwehr. Vom Fort Airolo wurde eine Batterie 7,5 cm Feldkanonen nach Pruntrut delegiert und in Fliegerabwehr-Position gebracht. Man schoss gelegentlich auf deutsche oder französische Flugzeuge, ohne je zu treffen. Die «affaire des cartouches» scheint im übrigen die Zivilbevölkerung mehr beunruhigt zu haben als die Truppen. Die französische Armeeführung konnte sich in der Gewissheit wiegen, dass sie angesichts der Unsicherheiten im schweizerischen Grenzgebiet die «Ligne S» zur richtigen Zeit errichtet hatte.

In den ersten Monaten des Jahres 1916 stand die Schweiz unter dem Eindruck der Obersten-Affäre.[405] Das leichtfertige Gebaren der beiden Obersten Karl Egli und Moritz von Wattenwyl versetzte die Romandie in Aufruhr. Die eilfertigen Dienstleistungen an die Zentralmächte bestätigten den latent vorhandenen Verdacht, dass der Generalstab mit den Armeen Deutschlands und Österreichs Beziehungen pflegte, die den neutralitätspolitischen Kodex ausser Kraft setzten. Der Skandal wurde durch den im Generalstab als Kryptograph beschäftigten Dr. André Langie in die Öffentlichkeit getragen. Langie war eine religiös geprägte, von Zeitgenossen als Neurastheniker bezeichnete Persönlichkeit, die durch ihre geheimnisvolle Arbeit im Generalstab immer mehr in Gewissensbisse getrieben wurde. Er breitete seine Geheimnisse vor Albert Bonnard vom «Journal de Genève» und Edouard Secretan von der «Gazette de Lausanne» aus, die beide den Faden mit Eifer aufnahmen. Am 10. November 1915 sandte der Kryptograph einen anonymen Hinweis an den russischen Militärattaché Oberst Golovane, da er es bei seiner Arbeit vor allem mit russischen Depeschen zu tun hatte.[406] Der verunsicherte Langie wandte sich mit seinem Wissen am 8. Dezember auch an Bundesrat Camille Decoppet, den Chef des

Militärdepartements.[407] Er schloss sein Memorandum mit dem Satz: «Je veux bien travailler pour l'Etat-Major suisse, mais non pour l'Etat-Major allemand.» Zwei Tage später stellte sich der russische Gesandte Basile de Bacheracht mit einer Beschwerde bei Bundespräsident Giuseppe Motta ein, gefolgt vom französischen Botschafter Jean-Baptiste Beau. Der französische Militärattaché suchte Bundesrat Decoppet auf und bat um Aufschluss.

Die Angelegenheit hatte inzwischen zum Verdruss der Armeeleitung das Ausmass einer Staatsaffäre angenommen. Die für den Bundesrat peinlichen Vorgänge sind im Protokoll der Landesregierung vom 11. Januar 1916 festgehalten: «Herr Bundespräsident Decoppet hat mit Langie eine Unterredung an einem Drittorte gehabt und sich von Langie eine Darstellung geben lassen. Langie hat nun angegeben, dass er als Kryptograph zur Dechiffrierung in folgender Weise beschäftigt worden sei: Einmal habe er russische Depeschen, die an die hiesige russische Gesandtschaft gerichtet waren und von der Nachrichtenabteilung des Generalstabs aufgefangen wurden, entziffern müssen. Dann habe Oberst Egli, anlässlich seiner Reise nach Deutschland, in Deutschland russische Depeschen erhalten, die dort nicht entziffert werden konnten. Diese Depeschen habe er im Auftrage oder gemäss Wunsch der deutschen Militärbehörde nach Bern gebracht. Langie habe auch zu diesen Depeschen den Geheimschlüssel herausgebracht und die Depeschen übersetzt, worauf sie der deutschen Gesandtschaft zugestellt wurden. Langie habe im Verlaufe seiner Tätigkeit den Herren Egli und von Wattenwyl gegenüber sein Erstaunen ausgesprochen, dass er nur russische Depeschen zu entziffern habe. Hierauf habe man ihm auch deutsche Depeschen zu entziffern gegeben. Langie sei nun erstaunt gewesen, dass diese Depeschen, welche der deutsche Militärattaché von Bismarck an deutsche kommandierende Generäle richtig an das Hauptquartier richtete, jeweils mit einer Wendung begannen, wie: Der schweizerische Generalstab weiss …, der schweizerische Generalstab vernimmt. (…) Zu diesen Gruppen von Vorgängen kommt noch folgendes: Der französische Botschafter Beau und der französische Militärattaché Pageot haben, der erste bei dem Herrn Vorsteher des Politischen Departementes, der zweite beim Herrn Vorsteher des Militärdepartementes vorgesprochen und den beiden Departementsvorstehern folgende Beschwerde vorgetragen:

Es sei aus zuverlässiger Quelle (source suisse et sûre) bekannt geworden, dass jeden Abend durch einen Radfahrer an die österreichische und die deutsche Gesandtschaft ein geheimes Dossier aus Auftrag des schweizerischen Generalstabes überbracht werde. Diese Sendung sei zeitweise durch einen welschen Radfahrer ausgeführt worden. Diesem sei dieser Verkehr verdächtig erschienen, weshalb er der Sache auf die Spur gegangen sei. Es habe sich herausgestellt, dass die verdächtige Sendung in den Bulletins bestand, die täglich auch an den Bundesrat gerichtet sind und als Geheimstücke unter den Mitgliedern des Bundesrates zirkulieren.»[408]

Die Sache mit den Nachrichtenbulletins war peinlich, aber für die Franzosen nicht überraschend. Man hatte den regelmässigen Verkehr zwischen dem schweizerischen Generalstab und den Militärattachés der Zentralmächte schon länger beobachtet. Neu waren vermutlich die Enthüllungen Langies über die russischen Depeschen, obschon man in St. Petersburg schon Monate zuvor ein Leck in der Nachrichtenübermittlung registriert hatte.

General Wille reagierte auf die unerfreuliche Geschichte in seinem gewohnten polternden Stil. Die Tatsache, dass die französische Botschaft ihr Wissen aus einer «source suisse et sûre» bezogen habe, sei eine Schande für das Land. Langie als Übeltäter genügte nicht. Jemand aus dem Generalstab musste schlicht und einfach Hochverrat begangen haben.[409] Zum Verhalten der Obersten Egli und von Wattenwyl fiel dem General wenig ein. Die Bulletins des Generalstabs enthielten kaum Meldungen, die unter dem Titel «geheim» versteckt werden müssten. Was die russischen Depeschen betreffe, so handle es sich bei der Arbeit des Doktor Langie ohnehin um weggeschmissenes Geld. Das Dechiffrieren sei Zeitverschwendung, eine These, die sich an die Verachtung Ulrich Willes für jede Art von Nachrichtendienst anschloss. Den beiden Obersten im Generalstab sei ein Vorwurf zu machen: Sie hätten sich ungeschickt verhalten und in unnötiger Weise erwischen lassen.

Wille setzte alles daran, die Affäre unter den Teppich zu wischen. Noch im Januar 1916 schrieb er Bundesrat Decoppet: «Mag hier Schlimmes, oder wie ich sage mehr oder weniger ganz Harmloses vorgekommen sein, so bleibt sich ganz gleich, dass es einfache Bürgerpflicht ist, die Sache totzuschweigen.»[410] Wille und Sprecher suchten nach undichten Stellen im Generalstab, denn der Kryptograph Langie konnte in ihren Augen nicht der einzige «Verräter» sein. Zwei welsche Offiziere, denen man gute Beziehungen zu Commandant Pageot nachsagte, gerieten in Verdacht: Oberst Robert Chavannes, Chef des Transportdienstes, und Major Jakob Simon, Chef des Gegenspionagedienstes. Die beiden Romands wurden sogleich aus der Generalstabsabteilung entlassen.

Die Hauptschuldigen an der Affäre kamen vorerst glimpflich davon. Sie wurden aus dem Generalstab wegbefördert. Wille ernannte Karl Egli noch vor Jahresende zum Kommandanten der Fortifikation Hauenstein, von Wattenwyl erhielt ein Brigadekommando in der 2. Division. Die Presse der Romandie sprach empört von einer Beförderung der beiden Offiziere, der General hingegen von einer Strafe. In seinem Brief an Bundesrat Decoppet vom 11. Januar 1916 erklärte Wille, «dass ich in der Versetzung aus dem Generalstab hinaus an die Front eine genügend harte Bestrafung dieser Herren für ihre Unklugkeit erblicke». Auf weitere Strafen könne er sich nicht einlassen.

General Wille bewies gegenüber den beiden Obersten trotz seiner Abneigung gegen den Generalstab eine erstaunliche Solidarität. Mit Karl Egli war er im Laufe seiner Karriere mehrmals heftig zusammengestossen, doch in der heiklen Affäre nahm er seinen Untergebenen in Schutz, soweit es die Umstände erlaubten. Hinter diesem Verhalten stand der Anspruch des Generals, dass alle Vorfälle in der Armee ausschliesslich seiner Kompetenz unterstanden und allein durch ihn geregelt werden durften. Auf diesem Privileg bestand er auch gegenüber dem Bundespräsidenten: «Ich habe der Angelegenheit die von mir getroffene Erledigung gegeben, weil ich diese aus allen Gründen nicht bloss als die geeignetste, sondern als die einzig im Interesse unseres Landes liegende erachtete. Ich habe die Herren, die sich keines Verbrechens oder schweren Vergehens schuldig gemacht haben, sondern nur grober Taktlosigkeit, die keinerlei nachteilige Folgen weder für unser Land noch für irgendeinen unserer Nachbarstaaten haben konnte, aus dem Armeestab entfernt. Damit ist das Übel geheilt und jeder Wiederholung radikal vorgebeugt worden.»[411]

Geheilt war das Übel keineswegs. Seine auf die eigene Rolle fixierten geistigen Dispositionen erlaubten dem General nicht, den innenpolitischen Schaden zu ermessen, den die beiden Obersten angerichtet hatten. Unfähig, die eigene Position zu hinterfragen, fahndete er nach möglichen weiteren «Verrätern», die er vor allem in der Romandie zu finden glaubte. Einmal mehr stiess er auf Edouard Secretan, Chefredaktor der «Gazette de Lausanne», Nationalrat und ehemaliger Oberstdivisionär, der sich in der Obersten-Affäre als Wortführer im Kampf gegen General und Generalstabschef hervortat.

In der Polemik ging es um die Abgrenzung der Kompetenzen zwischen Bundesrat, Parlament und Armeeführung. Es standen auch die preussischen Allüren zur Debatte, die Wille mit seinen Erziehungsmethoden in der Armee eingeführt hatte und die in der Westschweiz abgelehnt wurden. Der General fiel erbarmungslos über seinen Kontrahenten her. Sein Wunsch, die «Gazette de Lausanne» zu unterdrücken, ging nicht in Erfüllung, doch sein Anspruch auf ein Monopol in Sachen Patriotismus war nicht zu verkennen. Im März 1916 erklärte Wille dem Bundesrat, seine Wahl zum General bedeute auch, dass seine Erziehungsgrundsätze anerkannt worden seien. Wenn Nationalrat Secretan gegen ihn und die von ihm festgelegten Prinzipien ankämpfe, so begehe er Landesverrat.[412] Man müsse Edouard Secretan erschiessen, war eine in der Deutschschweiz verbreitete Parole. Von «Verrat» war während des ganzen Handels auf beiden Seiten die Rede. Man griff leicht und fahrlässig zu dieser gefährlichen Vokabel und festigte damit das ohnehin vorhandene Malaise auf der innenpolitischen Szene des Landes.

Glaubt man den Memoiren Gonzague de Reynolds, der sich als Chef des Vortragsbureaus meist in der Umgebung des Generals aufhielt, wirkte Ulrich Wille keineswegs so selbstsicher, wie er sich in seinen Manifesten gab: «Ce que l'on appelait déjà l'affaire des colonels avait bouleversé le pauvre général.»[413] Die gegen die Vertuschungsmanöver gerichtete harte Reaktion in der Romandie war für ihn unverständlich, denn sein in hierarchischen Strukturen erstarrtes Denken erlaubte keine politischen Kompromisse. Nun stiess er auch bei Persönlichkeiten auf Widerspruch, die ihm eng verbunden waren. Heftig umstritten war die Ernennung von Moritz von Wattenwyl zum Kommandanten einer Westschweizer Brigade. Man hätte selbst mit einer Meuterei rechnen müssen. Reynold nahm für sich in Anspruch, in einem laut geführten Streitgespräch den General zum Rückzug bewegt zu haben. Er will dem Armeeführer gesagt haben: «Vous vivez dans une maison de verre, mon général. Tout le monde voit ce que vous faites et vous ne voyez pas ce que tout le monde fait.»[414] Unterstützung fand der Freiburger Aristokrat bei Oberstdivisionär Treytorrens de Loys, der eines Tages im Hotel Bellevue in Bern erschien und sich anschickte, General Wille die Leviten zu lesen. Reynold schreibt dazu: «A l'heure dite, il apparut dans un uniforme à l'anglaise, très élégant mais peu conforme à l'ordonnance. ‹Attendez moi, cela ne sera pas long›. Au bout d'une vingtaine de minutes, il revient. Il avait chapitré le général. En quels terms, je le laisse à penser. ‹Et maintenant, sortons de cet endroit› (il employa un autre mot), ‹et allons déjeuner au Schweizerhof›.»[415]

Inzwischen hatte die Landesregierung die Sache in die Hand genommen, denn der Sturm in der Romandie nahm bedenkliche Ausmasse an. Am 11. Januar 1916 erschien eine Delegation aus den Parlamenten der Kantone Genf, Waadt und Neuenburg bei Bundespräsident Decoppet. General Wille versuchte noch am selben Tag in einem Brief an Decoppet, den Besuch der Westschweizer Parlamentarier als überflüssig und schädlich hinzustellen: «Die Angelegenheit ist von mir so erledigt worden, wie ich nach meiner Sachkunde und meinem Gewissen als die rechte erachtet habe. (…) Was können die Herren denn bezüglich dieser Vorkommnisse noch wollen? (…) Die Herren der Delegation sollen sich zu meiner Anschauung bekehren.»[416] Die Parlamentarier aus den Westschweizer Kantonen legten dem Bundespräsidenten eine eigentliche Anklageschrift gegen die Obersten vor. Gonzague de Reynold hatte Einblick in das Dokument: «La délégation requerait tout simplement qu'Egli et Wattenwyl fussent fusillés pour haute trahison.»[417]

Am selben 11. Januar kam der Bundesrat zum Schluss, dass die Affäre noch keineswegs abgeschlossen sei. Man verlangte von General Wille eine administrative Untersuchung der Vorfälle. Auf Grund der Ergebnisse müsse entschieden werden, ob der Fall der Militärgerichtsbarkeit zu unterbreiten sei.[418] Der General übergab die undankbare Aufgabe Major Hans Huber, dem Stellvertreter des Oberauditors und Dozenten für Staats- und Völkerrecht an der Universität Zürich. Der als unbestechlich geltende Rechtsgelehrte hielt sich vor allem an Oberst Egli, der inzwischen das Kommando der Fortifikation Hauenstein übernommen hatte. Das Ergebnis der ersten Einvernahmen war, wie Huber in seinen «Denkwürdigkeiten» berichtet, zwiespältig: «Egli gestand den Verkehr mit den Militärattachés ein, soweit das Bulletin in Betracht kam, leugnete aber die Geschichte mit den russischen Depeschen. Das von ihm unterzeichnete Einvernahmeprotokoll lautete in diesem Sinne. Dann aber machte er mir persönlich, ‹kameradschaftlich›, doch das Eingeständnis, und zwar in weitem Umfange. Meine Lage wurde dadurch äusserst heikel. Da ich die Untersuchung nicht als Richter nach den Regeln des Strafprozesses, sondern lediglich als vom General betrauter Stabsoffizier führte, konnte ich über die kameradschaftliche ‹Beichte› Eglis nicht nach Belieben verfügen.»[419]

Für Max Huber war die Übergabe der russischen Depeschen an den deutschen Militärattaché ein weit gefährlicherer Akt als die Weiterleitung der vergleichsweise harmlosen schweizerischen Generalstabsbulletins, doch in diesem Punkt war kein Geständnis zu erreichen. Das Militärdepartement ordnete eine weitere Untersuchung durch den Zürcher Juristen an, aber das Ergebnis blieb dasselbe. Huber suchte nach einem Ausweg:

«Da kam ich auf die Idee, selbständig den Schuldbeweis zu führen und verlangte vom General das Recht, Einsicht in sämtliche zurückbehaltenen fremden Telegramme, namentlich auch in diejenigen des deutschen Militärattachés, zu nehmen. Das Resultat war überraschend. Die Ziffer des deutschen Codes, von der man wusste, dass sie bedeutete ‹der schweizerische Generalstab meldet›, fand sich in vielen Depeschen, und zwar auch in solchen, die Monate hinter den von Langie entzifferten deutschen Depeschen zurücklagen. Damit stand das Bestehen einer Nachrichtenpreisgabe durch schweizerische Offiziere so gut wie fest. Als der Generalstabschef erfuhr, dass ich die fremden diplomatischen Telegramme – es waren Kisten voll – durchsuchte, eilte er in höchster Aufregung zum General, um die Rücknahme der mir erteilten Erlaubnis zu erwirken. Der General liess mich zu sich kommen, um mir zu sagen, dass die Untersuchung im Landesinteresse unbedingt unterbleiben müsse. In einer Besprechung mit dem Generalstabschef machte mir dieser Andeutungen, aus denen ich entnahm, dass vertrauliche Besprechungen mit fremden Generalstäben notwendig gewesen seien und dass diese der Öffentlichkeit nicht ausgeliefert werden dürften. Ich will an dieser Stelle keine Vermutungen aussprechen über Umfang und Art dieser Besprechungen. Den Anspruch auf Geheimhaltung musste ich als berechtigt anerkennen. Damit war aber auch meiner Untersuchung wieder der Boden entzogen. Ich wusste aus Geständnis und eigener Untersuchung der Depeschen, dass die Vermutung von Langie auf Wahrheit beruhte, eine Vermutung, die für einen Teil des Schweizervolkes aus Misstrauen gegen die Armeeleitung Gewissheit war. Diese Wahrheit als solche an den Tag zu bringen, war mir verboten, teils durch die Rücksicht auf das bloss persönliche, ‹kameradschaftliche› Geständnis Eglis, teils durch das Landesinteresse, das die Geheimhaltung der beweisenden Urkunden verlangte.»[420]

Oberst Egli bequemte sich zu einem weiteren privaten Bekenntnis, das juristisch nicht in seiner ganzen Bedeutung zu verwerten war: «Ich hielt Egli das Ergebnis meiner Durchsicht der Telegramme vor. Leugnete er doch, so war ich wehrlos. Nun aber gestand er nicht nur mir, sondern auch vor meinem Sekretär, Hauptmann Rohner. Er gestand wohl nicht alles; nicht alles, was die Weiterverfolgung der Depeschenuntersuchung vielleicht ergeben hätte, aber es war genügend, um die Untersuchung mit einem positiven Ergebnis über den Hauptpunkt abzuschliessen. Das Geständnis machte Egli als Menschen und Offizier Ehre; es spricht auch für ihn, dass er bis zu seinem Tode geschwiegen hat.»[421]

Max Huber sandte einen schriftlichen Bericht an General Wille, der über den Inhalt genauso schwieg wie der angeschuldigte Generalstabsoffizier. Wie weit die

Dienste der Obersten Egli und von Wattenwyl für die Zentralmächte gingen, ist somit bis heute nicht bekannt. Das Zeugnis von Max Huber schafft in einem Punkt Gewissheit: Die von Langie dechiffrierten russischen Telegramme sind tatsächlich dem deutschen Militärattaché übergeben worden, ein Tatbestand, der von Historikern in Zweifel gezogen wurde. Daran ändert auch der Umstand nichts, dass das Divisionsgericht 5 im nachfolgenden Prozess kaum ernsthaft auf das Thema einging.

Die Absicht des Generals, die Sache stillschweigend zu begraben, zerschlug sich im Laufe des Januar 1916. In der Westschweiz setzte um die Mitte des Monats eine heftige Pressekampagne ein, an der sich auch die sozialdemokratischen Blätter der Deutschschweiz beteiligten. In verschiedenen Städten der Romandie, so zum Beispiel in Delsberg und Pruntrut, gingen Demonstrationen in Szene. Am 17. Januar, dem Geburtstag des Kaisers, holten erboste Bürger die Flagge vom deutschen Konsulat in Lausanne herunter. Die Landesregierung sah sich gezwungen, in der Öffentlichkeit ein Zeichen zu setzen. Am 19. Januar entschied der Bundesrat, den Fall vor ein Militärgericht zu bringen, für Ulrich Wille in jeder Hinsicht ein peinlicher Vorgang. Der General erklärte das Divisionsgericht 5a unter der Leitung von Bundesrichter Emil Kirchhofer als zuständig. Die «Gazette de Lausanne» nannte die Wahl «diabolisch klug.»[422] Sie war formal korrekt und versprach zugleich den Angeklagten ein Verfahren in einer nicht zum vornherein feindlichen Umgebung. In einem Brief an seine Frau gab denn auch Wille der Hoffnung Ausdruck, «dass die beiden Angeklagten sich gehörig herauslügen».[423]

Der Prozess vor Divisionsgericht – am 28./29. Januar in ziemlicher Eile durchgeführt – brachte keine wesentlich neuen Erkenntnisse gegenüber dem, was Max Huber ermittelt hatte. Einmal mehr wurde das freundschaftliche Verhältnis zwischen der Generalstabsabteilung und den Militärattachés Deutschlands und Österreichs sichtbar. Die Obersten Bismarck und von Einem gingen in den ihnen wohl bekannten Büros ein und aus. Es wurde auch die Aussage eines Zimmermädchens von Oberst Egli kolportiert, wonach der deutsche und der österreichische Gesandte regelmässig beim Generalstabsobersten erschienen seien und Dokumente abgeholt hätten – dies eine eher unwahrscheinliche Geschichte, denn militärische Fragen gehörten nicht zu den täglichen Anliegen dieser Herren. Commandant Pageot soll sich hingegen nur selten in der Generalstabsabteilung gezeigt haben. Ein gelegentlicher Besucher war auch der italienische Militärattaché Oberst Giuseppe Bucalo.

Aus der Westschweiz traten Belastungszeugen auf. Edouard Secretan holte zu seiner üblichen Kritik an der Neutralitätspolitik der Armeeführung aus: «J'avais constaté dès les premiers jours de la concentration des troupes en Août 1914 un parti pris marqué dans l'Etat-Major de l'armée; il m'a toujours paru considérer la mission de l'armée suisse comme une couverture du flanc gauche stratégique allemand.»[424] Der psychisch angeschlagene André Langie erläuterte seine Arbeit als Kryptograph und seinen allmählich wachsenden Verdacht, dass er für eine Kriegspartei arbeite.

Oberst von Wattenwyl soll ihn eines Tages mit dem Ausspruch überrascht haben: «Les Allemands c'est nous.» Daraufhin wagte er seinen Gang an die Öffentlichkeit, vermutlich eine Verzweiflungstat, die General Wille als «Verrat» bezeichnete. Was der verunsicherte Langie vorbrachte, trug wenig zur Abklärung der Affäre bei. Die Vorgänge wurden in den entscheidenden Punkten nicht transparent.

Der von kritischen Romands ins Spiel gebrachte «Landesverrat» wurde von der Anklage nicht übernommen. Konkret standen nur die Bulletins des Generalstabs zur Debatte. In diesem Punkt waren die Fakten unbestritten. Es ging um «Neutralitätsverletzung», «Nachrichtendienst zugunsten einer kriegführenden Macht» und um «Dienstverletzung».[425] Oberst Egli nahm für sich in Anspruch, er habe im höheren Interesse des Landes gehandelt. Der Nachrichtenaustausch mit ausländischen Armeen sei eine existentielle Notwendigkeit. Der Nachrichtendienst könne grundsätzlich mit den Prinzipien der Neutralität nicht in Einklang gebracht werden. Im übrigen habe der schweizerische Generalstab von den Zentralmächten mehr Nachrichten erhalten, als er selber habe liefern können. Eine These, der Max Huber in seinen Memoiren widersprach. Weder Egli noch Wattenwyl seien imstande gewesen, «eine einzige ernsthafte deutsche oder österreichische Gegenleistung zu nennen».

Egli verteidigte seine einseitigen Optionen mit dem Hinweis, die Militärattachés der Entente hätten sich geweigert, dem schweizerischen Generalstab Informationen anzubieten. Eine Zurückhaltung, die zweifellos begründet war, denn die Vertreter dieser Mächte hätten riskiert, dass ihre Nachrichten auf den Schreibtischen des deutschen und des österreichischen Militärattachés gelandet wären. Der Jurist Max Huber urteilte hart über die angeklagten Generalstabsobersten: «Die fast frech-sorglose Weise, wie die Dechiffrierung durchgeführt und die Mitteilungen an die Militärattachés weitergeleitet wurden, ist nur dadurch erklärlich, dass in gewissen militärischen Kreisen – auch bei uns – die Wurstigkeit, ja Verachtung gegenüber völkerrechtlichen Vorschriften als Beweis militärischen Denkens betrachtet wurde! Ich hatte durchaus die Überzeugung, dass die beiden Offiziere sich des Rechtswidrigen ihrer Handlungsweise und der Gefahr, die sie für das Land heraufbeschworen, keineswegs voll bewusst waren.»[426]

Für den Prozessausgang wesentlich wurden die Aussagen des Zeugen Theophil Sprecher von Bernegg. Der Generalstabschef stellte sich schützend vor seine Untergebenen und entwickelte Theorien, die im Munde des zurückhaltenden und korrekten Mannes seltsam wirkten. Er meinte zwar, er würde – sofern er von den Vorgängen gewusst hätte – die Übergabe der Bulletins an die Militärattachés verhindert und die verantwortlichen Offiziere disziplinarisch bestraft haben, doch die Sorge um die Kriegsbereitschaft habe vor allen andern Erwägungen Vorrang:

«Ich glaube, dass der Nachrichtendienst mit den Anforderungen der Neutralität leicht in Konflikt geraten kann. In dieser Hinsicht möchte ich doch betonen: Der Begriff Neutralität ist im allgemeinen ein schwankender, und in diesem Kriege hat er nun so viel Abbruch erlitten, dass man eigentlich gar nicht mehr weiss, welche Ausdehnung er hat. Ich brauche gar nicht an Griechenland zu erinnern. Wir wissen, was man dort mit der Neutralität für vereinbar erachtet von gewissen Seiten. Wir müssen nur an unsere eigenen Verhältnisse denken. Die Neutralität hat nicht nur Pflichten für den Neutralen, sondern sie hat auch Rechte für den Neutralen. (...) Wir haben als Neutrale das Recht, Handel zu treiben mit Neutralen und Kriegführenden. Dieses Recht ist auf das allerschwerste beeinträchtigt worden. Wir müssen uns also gefallen lassen, dass man uns vorschreibt: Die Neutralitätspflichten müsst ihr unbedingt erfüllen, eure Rechte aber, die schränken wir nach Belieben ein. Ich will auch darauf aufmerksam machen, dass bei uns selber dieser Begriff ausserordentlich in Fluss geraten ist, während des Krieges. Wir haben da eine Verordnung über die Handhabung der Neutralität, die an die Truppenkommandanten ausgegeben worden ist. In dieser Verordnung steht, dass es verboten sei, Munition, Waffen und Kriegsmaterial überhaupt an die Kriegführenden zu liefern. Ja, meine Herren, ich brauche ihnen nicht zu sagen, dass für Millionen und Abermillionen Kriegsmaterial resp. Munition in grosser Überzahl an die eine Seite der kriegführenden Mächte, allerdings auch an die andere geliefert worden ist. Das ist also eine Seite der Neutralitätspflicht, die vollständig in Abgang gekommen ist. Und so glaube ich, wenn wir einerseits dulden müssen, dass unsere Neutralitätsrechte ganz nach Belieben, wie es den Kriegführenden konveniert, beeinträchtigt und eingeschränkt werden, wir auch nicht so sklavisch und peinlich uns an die Neutralitätspflichten zu halten haben.»[427]

Wahrung der Neutralität hatte sich mit andern Worten nach den Bedürfnissen der Armee zu richten. Der Diskurs Sprechers entsprach zweifellos dem Denken in den höheren Offiziersrängen, doch die Thesen wirkten auf eine breite Öffentlichkeit schockierend. Sie widersprachen dem hehren Bild von der schweizerischen Neutralität, das die Landesregierung nach aussen projizierte. Der Generalstabschef versuchte, Neutralitätsrechte und Neutralitätspflichten gegeneinander aufzurechnen, ein gefährliches Unterfangen, denn er brachte Dinge ins Spiel, die miteinander nichts zu tun hatten. Wenn er sich über die Blockadepolitik fremder Mächte beschwerte, so meinte er eindeutig die Entente. Es gab auch wirtschaftliche Schikanen von Seiten der Zentralmächte, doch die kümmerten den Generalstab weniger. Die Kompensationstheorie Sprechers, der die eigene Neutralitätsverletzung als Ausgleich für den ökonomischen Druck der Alliierten betrachtete, war allemal gefährlich.

Das Divisionsgericht 5 anerkannte die dienstlichen und patriotischen Motive der beiden Obersten, beharrte aber auf dem Vorrang der Neutralität, die ein Grundpfeiler der nationalen Existenz sei.[428] Dennoch sprach das Gericht die beiden Obersten frei und übergab sie den Vorgesetzten zur disziplinarischen Bestrafung. General Wille verordnete scharfen Arrest von zwanzig Tagen und stellte Egli und von

777

Wattenwyl zur Disposition. Der Auditor Max Huber fand – in bester Kenntnis der Tatbestände – den Freispruch eher fragwürdig. Für die beiden Generalstabsobersten bedeutete die Entlassung aus ihren Ämtern dennoch das Ende der Karriere. Moritz von Wattenwyl war finanziell unabhängig, so dass er persönlich nicht zu Schaden kam. Karl Egli sah sich hingegen gezwungen, sein Leben als Journalist zu fristen, der sich mit militärpolitischen Themata auseinandersetzte. Ein deutsches Angebot, als Generalstabsoffizier in die türkische Armee einzutreten, lehnte er wie ähnliche österreichische Vorschläge ab.[429]

Die Obersten-Affäre stand am Beginn einer tiefgreifenden militärpolitischen Wende in den Beziehungen der Armee zu den kriegführenden Mächten. Sie war auch ein deutliches Signal an die Landesregierung, welche die einseitigen Optionen von General und Generalstabschef mitgetragen hatte. Dabei ging es beim höheren Offizierskorps der Deutschschweiz nicht um neue politische Erkenntnisse, denn die bekannten Mentalitäten sassen, soweit darüber Zeugnisse vorliegen, unverändert in den Köpfen. Es galt hingegen, die europäischen Realitäten zur Kenntnis zu nehmen, die sich immer mehr von alten Wunschvorstellungen entfernten. Der Diskurs Theophil Sprechers vor dem Divisionsgericht hatte der Öffentlichkeit vor Augen geführt, welch lockerer Umgang mit der Neutralität sich im Armeekommando herausgebildet hatte, und wie weit die Militärpolitik von persönlichen Präferenzen bestimmt war.

Als Verlierer standen in der Affäre die Vertreter der Zentralmächte da. General und Generalstabschef schränkten den freien Zugang der Militärattachés zur Generalstabsabteilung ein. In Zukunft bedurften die Kontakte der Zustimmung durch den Generalstabschef, der sich persönlich mehr in die Gespräche einschaltete.

Österreichische und deutsche Diplomaten sahen hinter der Angelegenheit eine Manipulation der Entente, die sich auf die befreundeten Kreise in der Romandie und auf die Sozialisten stützte. Betroffen fühlte sich vor allem der Generalstabschef der Donaumonarchie, Conrad von Hötzendorf, der einen besonders engen Nachrichtenaustausch mit der Schweiz gepflegt hatte. Er glaubte, die Schweiz sei zum Spielball der feindlichen Mächte geworden, und es sei an der Zeit, ihr gegenüber kräftiger aufzutreten.[430] Der deutsche Gesandte von Romberg empfahl vorsichtige Reaktionen, denn die Schweizer seien empfindlich gegen deutsche Einmischung. Auch er vermutete in der Obersten-Affäre ein raffiniert angelegtes französisches Komplott in einem politisch und militärisch günstigen Augenblick. Der deutsche Diplomat sah die Westschweizer als willige Komplizen der Franzosen. In einem Bericht vom 16. Februar 1916 schrieb er: «In Wirklichkeit handelt es sich gar nicht um eine schweizerische innere Krise, sondern lediglich um eine Episode des grossen Krieges, nämlich um den Kampf der Entente und der ihr vollständig ergebenen Westschweiz gegen die bisher ausschlaggebenden Elemente im schweizerischen Heer und Bundesrat, deren Sympathien vorwiegend auf unserer Seite standen und die für die Unabhängigkeit der Schweiz gegenüber der Entente einzutreten versuchten. Zweck des Kampfes ist womöglich der Sturz oder doch wenigstens die Lahmlegung dieser Elemente, um den letzten Widerstand der Schweiz gegen ihre wirtschaftliche und politische Vergewaltigung zu brechen und sie als Werkzeug in dem Aushungerungsplan gegen uns zu benutzen.»[431]

Rombach vergass nicht, auf den Umstand hinzuweisen, dass Ende Februar an der französischen Grenze ausschliesslich welsche Truppen standen. Das war Anlass genug für anti-französische Spekulationen.

Die französische Diplomatie zeigte sich in den kritischen Monaten gelassen. Dass Botschafter Beau beim Bundespräsidenten gegen die Übergabe der Nachrichtenbulletins an die Militärattachés der Zentralmächte protestierte, gehörte zur diplomatischen Routine. Über die «affaire des cartouches» ging man in Frankreich nach dem Bombenabwurf auf Pruntrut erstaunlich ruhig hinweg. In Paris, Rom und London zeigte man sich wenig begeistert vom Freispruch der beiden Obersten. Man schloss daraus, dass das Divisionsgericht und die Armeeführung die Angelegenheit als Bagatelle werteten.

Die von deutschen Diplomaten kolportierte These, dass hinter der Obersten-Affäre französische Regie stecke, wurde von deutschfreundlichen Kreisen in der Schweiz bereitwillig übernommen. Auch schweizerische Historiker suchten nach entsprechenden Spuren, obschon kein tauglicher Beleg zu finden war. Dabei waren weder die französische Diplomatie noch der Nachrichtendienst auf ein Intrigenspiel angewiesen, denn die schweizerische Armeeführung war selber für Öffentlichkeit besorgt. Die seltsame Brüderschaft zwischen dem Generalstab und den Militärattachés der Zentralmächte konnte nicht verborgen bleiben. Der Skandal kam für die Franzosen im richtigen Zeitpunkt. Ihre ständige Sorge, ob die schweizerische Neutralität ernst gemeint sei, wurde durch die politischen Reaktionen im Lande erheblich gemindert.

Zwischen Deutschschweiz und Romandie wurden in diesen Tagen Rechnung und Gegenrechnung präsentiert. Man schob das Wort «Hochverrat» hin und her, auch wenn es kaum auf einen Tatbestand zutraf. Es war jedermann klar, dass alle kriegführenden Nationen Nachrichtendienst und Spionage betrieben und dabei die schweizerische Szene ausforschten. Etliche Spionagefälle wurden bekannt, eine vermutlich weit grössere Zahl blieb unentdeckt. Dabei stellte sich lediglich die Frage, wie die Nachrichtendienste Zugang zu wichtigen Informationen fanden. Frankreich zum Beispiel konnte sich auf gute Freunde in der Romandie verlassen. Commandant Pageot nannte einige höhere Offiziere «amis sûrs». Zu den sicheren Freunden zählte er Oberstkorpskommandant Alfred Audeoud, Oberstdivisionär Louis-Henri Bornand und Oberstbrigadier Adolphe Fama. Ob sich einer dieser Offiziere auf freundschaftliche Dienste einliess, die General Wille als «Landesverrat» zu bezeichnen pflegte, ist nicht bekannt. Für die Wahl der diskriminierenden Vokabel war der politische Standort des Betrachters massgebend. Informationen an französische

Diplomaten oder Agenten erfüllten in den Augen der Armeeführung den Tatbestand des Verrats. Deutsche und Österreicher befanden sich in einer komfortableren Position. Ihnen wurden militärische Informationen in Form der Nachrichtenbulletins ins Haus geliefert, und ihre Militärattachés konnten in den Bureaus des Generalstabs allfällige Wissenslücken schliessen. Die deutsche und die österreichische Gesandtschaft machten kein Geheimnis daraus, dass sie sich in einer privilegierten Position befanden.

Das Urteil des Divisionsgerichts 5 löste in der Romandie Enttäuschung und Ärger aus. Die beiden Obersten waren aus ihren militärischen Funktionen entfernt worden, doch das Armeekommando schien die Affäre unbeschadet überstanden zu haben. In der deutschen Schweiz brachte man Theophil Sprecher nach wie vor grosses Vertrauen entgegen, wenn auch sein eigenartiges Neutralitätsverständnis auf Kritik stiess. In der Westschweiz zeigte sich eine gewisse Verlegenheit, wenn vom Generalstabschef die Rede war. Der Bündner Aristokrat war bei der Generalswahl der Kandidat der Romands gewesen, dem man eher vertraute als dem von preussischem Geist beherrschten Ulrich Wille.

Bevor die Sache mit Egli und von Wattenwyl vom Tisch war, kam es zu neuen Enthüllungen, die wiederum die Westschweiz in Aufruhr versetzten. Sie waren eine Folge der Obersten-Affäre. Noch im Februar 1916 sickerte ein Gerücht durch, wonach das Armeekommando Züge bereitgestellt habe, um Deutschschweizer Truppen in die Westschweiz zu befördern, sobald Anzeichen von Unruhen sichtbar wurden. Der neue Akt wurde von der Öffentlichkeit unter dem Stichwort «affaire des trains» zur Kenntnis genommen. Die Minderheit vermutete einen Handstreich gegen den frankreichfreundlichen Teil des Landes. Die Landesregierung hatte von den Vorbereitungen nichts gewusst. Die Sicherheit im Innern war, so der Standpunkt Willes, Sache des Generals. In der Märzsession der Bundesversammlung zeigte sich Bundesrat Decoppet, der Chef des Militärdepartements, ahnungslos. Seine Haltung war umso peinlicher, als sie die Schwäche der Regierung gegenüber der Armee aufdeckte. Nationalrat Secretan hatte schon am 26. Januar in der «Gazette de Lausanne» auf diesen heiklen Punkt hingewiesen: «Notons encore que les énormes pouvoirs sont donnés au général pour la guerre, exclusivement, et que nous ne sommes pas en guerre. Il y a dans la loi militaire une grave lacune. Elle ne connait que la paix ou la guerre. Elle ne prévoit pas l'état où nous sommes, celui de la neutralité armée qui est, vraiment, en cas de conflit extérieur, notre état normal.»[432]

Der Bundesrat bestritt jegliche Unklarheit in der Abgrenzung der Kompetenzen. Die falschen Aussagen Decoppets wurden auf ein Missverständnis zwischen General und Militärdepartement zurückgeführt. Die Angelegenheit war heikel, denn es ging in der Märzsession 1916 um die Erneuerung der bundesrätlichen Vollmachten durch die beiden Räte. Hinter den Kulissen wurde zwischen Landesregierung und General um die Zuständigkeiten gerungen. Wille und Sprecher drohten mit Rücktritt, falls ihnen ein Fehlverhalten in der «affaire des trains» vorgeworfen würde. Man tastete sich schliesslich an einen Konsens heran, wobei jedes Wort ins Gewicht fiel. Nach aussen musste Einigkeit demonstriert werden. Dabei hatte die Landesregierung in der Bundesversammlung einen Sturm zu überstehen, in dem von Seiten der Romands und der Sozialisten die Vollmachten in Frage gestellt und selbst die Abberufung von General und Generalstabschef gefordert wurden. Da im Jura gleichzeitig die Affäre um Léon Froidevaux ihrem Höhepunkt entgegenging, richteten sich die Angriffe auch gegen die Militärjustiz.

Bundesrat und Armeekommando fanden mit Hilfe von unverbindlichen Formulierungen zusammen. Die Vollmachten des Generals wurden formell nicht angetastet, Ulrich Wille sicherte jedoch zu, dass er von ihnen nicht in vollem Umfang Gebrauch machen werde. Im zweiten Vollmachtenbericht der Landesregierung lautete das so: «Es unterliegt keinem Zweifel, dass das Gesetz die Stellung des Generals ganz bewusst zu einer völlig selbständigen und unabhängigen hat gestalten wollen. Das hat nicht gehindert, dass der General von Anfang an darauf gehalten hat, auch in rein militärischen Angelegenheiten in Fühlung mit dem Bundesrate zu bleiben und wichtige Entschliessungen nur im Einverständnis mit dieser Behörde zu treffen. (…) Dem Gesetze wird nun der Vorbehalt gemacht, die von ihm getroffene Abgrenzung der Stellung des Generals sei zwar passend für den Fall von Krieg und Kriegsgefahr, dabei habe man nicht an einen Zustand gedacht, der zwischen Kriegszustand und Friedensverhältnis gelegen sei und eine Art bewaffneter Neutralität bedeute, einen Zustand, wie er sich nun eben für die Schweiz im Laufe des neunzehnmonatlichen europäischen Krieges herausgestellt habe. Wir halten es nicht für ungefährlich, auf ein solches Zwischenstadium zwischen Krieg und Frieden abstellen und die Erfordernisse der Kriegsbereitschaft nach einem solchen bemessen zu wollen. (…) Auf der andern Seite können auch wir uns der Erkenntnis nicht verschliessen, dass es für unsere Sicherheit nicht notwendig und aus praktischen Gründen nicht wünschenswert wäre, wenn das Armeekommando in den tatsächlichen Verhältnissen, unter denen wir leben, von seinen gesetzlichen Kompetenzen ohne Rücksicht und Fühlung mit den bürgerlichen Behörden uneingeschränkten Gebrauch machen wollte.»[433]

Wie sehr inzwischen die Position General Willes in Frage gestellt war, zeigt eine von Geheimnis umgebene Episode vom Herbst 1917. Die Vermutung, Ulrich Wille sei senil geworden, wurde in Kreisen der Armeeführung hinter vorgehaltener Hand schon seit längerer Zeit geäussert. Im Oktober wandte sich der Armeearzt Oberst Karl Hauser an Bundesrat Schulthess und teilte ihm seinen peinlichen Befund mit: Der General sei im Kriegsfall geistig und körperlich nicht mehr in der Lage, die Truppen zu führen. Bedenken äusserte auch der frühere medizinische Berater Willes, Oberstleutnant Alfred Aepli. Im Bundesrat setzte sich die Meinung durch, man müsse den unbequemen Oberbefehlshaber zum Rücktritt bewegen. Als möglichen Nachfolger sah die Landesregierung Alfred Audeoud, den Kommandanten des 1. Armeekorps. Ein derartiger Handel hätte in der Romandie beruhigend gewirkt. Da bereitete ein unerwarteter Todesfall der heiklen Übung ein vorzeitiges Ende: Am 19. November starb Oberstkorpskommandant Audeoud, worauf der Bundesrat sich mit dem nicht mehr kriegstauglichen General abfand.

Ein Zugeständnis Willes war geeignet, die allgemeine Erregung in der Westschweiz zu dämpfen. Einsätze der Armee im Innern des Landes durften in Zukunft nur im Einverständnis mit dem Bundesrat vorbereitet und durchgeführt werden. In diesem Punkt schieden sich die Geister noch einmal während des Landesstreiks im November 1918.

Die Affären des Jahres 1916 fanden ihre Fortsetzung in einem Artikel, der am 23. August unter dem Titel «Der Gang nach Canossa» in der «Solothurner Zeitung» erschien. Das Pamphlet war mit den Initialen «Dr. E. Bi.» gezeichnet, so dass jeder einigermassen Eingeweihte auf den Generalstabsmajor Eugen Bircher schliessen konnte. Der Aargauer schimpfte auf die schwächliche Haltung des Bundesrats gegenüber dem wirtschaftlichen Druck aus dem Ausland, wobei er in erster Linie die Entente meinte. Er sprach von der vaterlandslosen, bubenhaften Sprache von Teilen der Presse, welche «die Eidgenossen deutscher Sprache besudelt, beschimpft und provoziert habe». Die Unabhängigkeit des Landes sei verloren gegangen, aber ein uneiniges Volk habe kein besseres Schicksal verdient.[434]

Die Polemik des Aarauer Haudegens hätte wenig Aufsehen erregt, wäre nicht kurz darauf in der selben Zeitung ein nicht zur Publikation bestimmter Brief des cholerischen Treytorrens de Loys erschienen, der von patriotischem Pathos überfloss: «Endlich einer, der es wagt, das zu schreiben, was so viele denken! In tiefer Bewegung spreche ich dem Verfasser meinen Dank aus. Wozu eine Armee haben, wozu Truppen ausbilden, wenn man doch vor dem Auslande immer wie ein Feigling sich duckt? Kein Ehrgefühl mehr, kein Nationalstolz!» Der Brief war unterschrieben mit «Der Kommandant der II. Division: Loys». Das unkluge Manifest förderte in der Romandie den Verdacht, der Waadtländer Aristokrat sei von germanophilen Neigungen beherrscht. General Wille hatte gegen die Ansichten der beiden Offiziere wenig einzuwenden, doch es galt, die armeefeindliche Stimmung zu dämpfen. Als in der Romandie und in der sozialistischen Presse ein neuer Sturm losbrach, setzte er das für einen derartigen Fall bereitstehende harmlose Instrument ein: Er erteilte Treytorrens de Loys einen Verweis. Major Eugen Bircher kam ungeschoren davon.

Im August 1916 ereigneten sich in verschiedenen Städten des Landes antimilitaristische Demonstrationen. Für den 3. September erwartete man gegen die Armeeführung gerichtete Kundgebungen, die zum Teil von Nationalrat Robert Grimm gesteuert wurden. Theophil Sprecher bereitete im Auftrag von General Wille den Einsatz von Truppen vor für den Fall, dass ernsthafte Unruhen ausbrechen sollten. Der «Rote Sonntag» verlief jedoch ohne Zwischenfälle. Nachträglich beschwerten sich sämtliche Westschweizer Kantone gegen die militärischen Vorbereitungen, doch das Armeekommando hatte im Einverständnis mit der Landesregierung gehandelt.

Das Ansehen der Armee war nach den in kurzer Folge zutage getretenen Affären auch in bürgerlichen Kreisen beschädigt. Die «affaire des cartouches» lenkte die Aufmerksamkeit auf das Verhalten der Armee im Grenzdienst. Man hatte seit Kriegsbeginn die Vorfälle kritisch registriert, sofern sie überhaupt bekannt wurden. Fehlverhalten fiel dabei im innenpolitischen Diskurs schwerer ins Gewicht als im Verhältnis zu den kriegführenden Mächten. Die üblichen Grenzverletzungen – im Laufe der Jahre hüben und drüben begangen – wurden von den Nachbarn meist als Bagatellen gewertet, denn sie waren mit schwerwiegenderen Problemen konfrontiert. In der schweizerischen Öffentlichkeit führten Fehler zu Schuldzuweisungen, die oft politischen Charakter annahmen. Von daher bemühten sich untere Kommandostellen, unangenehme Vorfälle zu verschweigen und mit den Kontrahenten jenseits der Grenze direkt zu regeln.

Seit dem August 1914 kam es an der unübersichtlichen und schlecht markierten Grenze der Ajoie häufig zu Grenzübertretungen durch schweizerische, deutsche und französische Patrouillen oder einzelne Soldaten. Auf schweizerischer Seite war daran besonders die improvisierte Kavallerie-Division beteiligt, die ihre Rolle gelegentlich recht locker interpretierte. Die Bewachung der eigentlichen Grenze und die als bürokratisch empfundene Arbeit auf den Beobachtungsposten behagte den Dragonern nicht. Es sei nicht ihr wesentliches Anliegen, Kanonenschüsse im Elsass zu zählen, auf den Posten den vom Armeekorps geforderten Papierkrieg zu führen und an der Grenze nach Schmugglern Ausschau zu halten, stand in einigen Rapporten zu lesen. In einem Bericht vom 14. Dezember 1914 an das 1. Armeekorps machte sich der Stabschef der Division über die banalen Aufgaben lustig, die man den flotten Reitern zumutete.[435] Auf der andern Seite beklagte sich Generalstabschef Theophil Sprecher über die dürftigen Ergebnisse der Kavallerie-Aufklärung.[436]

Schweizerische Kavallerie-Patrouillen ritten gelegentlich aus Unachtsamkeit über die Grenze. Oberst Richard Vogel, der Kommandant der Division, beklagte die Gedankenlosigkeit im Vorpostendienst. Patrouillen seien nachts auf Wegen geritten, die sie gar nicht kannten. Als Entschuldigung konnte er anführen, dass genauso häufig französische Patrouillen auf schweizerischem Territorium erschienen, und dass man die Sache jeweils gegenseitig problemlos regle. Zur Routine an der Grenze gehörte auch, dass französische Offiziere fast täglich – oft im Automobil – in Boncourt und Damvant auftauchten, um Erfrischungen und Tabak zu kaufen.

In der Nacht vom 11. auf den 12. September 1914 schossen Dragoner der Schwadron 24 auf Befehl von Leutnant Heinrich Bodmer auf den unmittelbar hinter der Grenze gelegenen Bahnhof Delle. Geschosse trafen den Bahnsteig und den Wartesaal, das Weichenwärterhäuschen und den Lokomotivschuppen. Durch den Feuerüberfall kamen keine Menschen zu Schaden. Kurz zuvor hatte eine französische Kavallerie-Patrouille das Gelände verlassen.[437] Die Kavallerie-Division notierte den sinnlosen Handstreich zwei Tage später in ihrem Tagebuch: «Bedaulicher, aus Übereifer begangener Vorfall …» Beim Versuch, den mit Verspätung nach oben gemeldeten Vorgang zu erklären, wurden von Hauptmann Primus Bon, dem Kommandanten der Schwadron 24, absurde Versionen präsentiert: Leutnant Bodmer habe die Wache «übungshalber» alarmiert, die Schüsse seien abgefeuert worden, damit der Posten nicht einschlief. Eigentlich habe man auf die gegenüberliegende Bahnböschung schiessen wollen, doch die Schüsse hätten «die falsche Richtung eingenommen».

Nicht überall wurde die Eskapade des Zürcher Dragoner-Leutnants mit so viel Nachsicht beurteilt. Edouard Secretan schrieb später in der «Gazette de Lausanne», Bodmer sei betrunken von einem Gelage gekommen: «à l'extrême frontière, au milieu de la nuit, un lieutenant de dragons, revenu ivre d'un festin, fit relever le poste dont il était le chef et commandait à ses hommes un exercice de feu contre la gare française de Delle.»[438]

Wenn der Zwischenfall beinahe geräuschlos über die Bühne ging, so war das der gelassenen Reaktion auf französischer Seite zu verdanken. Die Militärbehörden an der Grenze und das Festungskommando von Belfort sprachen von einem Versehen. Man regelte die Affäre am Tatort. Der in Delle zuständige Gendarmerie-Hauptmann ersuchte seine schweizerischen Gesprächspartner sogar, den schuldigen Leutnant nicht zu bestrafen. Die Bevölkerung des französischen Grenzortes zeigte sich weniger schockiert als die Jurassier in Boncourt und Pruntrut.

Leutnant Bodmer kam mit vier Tagen Arrest davon und wurde vorübergehend in ein Mannschaftsdepot abgeschoben. Der Kommandant des 1. Armeekorps wollte Bodmer so lange wie möglich von der Grenze fern halten. Die Versetzung ins Depot sei an sich keine Strafe, meinte Oberstkorpskommandant Audeoud. General Wille stimmte zu «in der Meinung, dass nur eine Enthebung vom Kommando und Versetzung ins Depot von vorübergehend kurzer Dauer damit gemeint war». Bodmer scheint die Protektion des Generals genossen zu haben, der als ehemaliger Waffenchef der Kavallerie stets Wohlwollen für die Dragoner zeigte. Der Leutnant tauchte denn auch, wie es Wille gewünscht hatte, schon bald wieder bei seiner Schwadron auf. Nationalrat Secretan zeigte sich hingegen darüber erbittert, dass man den Offizier nicht vor ein Militärgericht gestellt hatte.

Der Feuerüberfall von Delle war ein Thema, über das in der Öffentlichkeit nie Klarheit geschaffen wurde. Als Gerücht wurde der Vorfall in verschiedenen Versionen weiter kolportiert. So konnte es geschehen, dass der journalistische Hitzkopf Johann Baptist Rusch noch am 29. März 1930 in seinen «Republikanischen Blättern» auf den Fall zurückkam und dabei eine abenteuerliche These entwickelte. Leutnant Bodmer habe den Handstreich inszeniert, um einen Krieg mit Frankreich zu provozieren: «Jener blödsinnige Tropf hätte für mindestens zehn Jahre ins Zuchthaus gehört.»[439] Der damals in Zürich lebende Heinrich Bodmer setzte sich gegen die Attacke zur Wehr. Er fand Unterstützung beim Waffenchef der Kavallerie und bei Bundesrat Rudolf Minger, dem Chef des Militärdepartements, der allerdings die Aktion Bodmers bei Delle eine «recht grosse Dummheit» nannte. Der allzu forsche Rusch sah sich zu einem teilweisen Rückzug gezwungen. Seine Anschuldigung beruhe auf einem «bedauerlichen Irrtum».

Der Schleier, den untergeordnete Kommandostellen um Zwischenfälle an der Grenze zogen, war nicht dicht genug, um eigenes Versagen in jedem Fall zu verbergen. Oberstkorpskommandant Audéoud mahnte noch im November 1914 den Kommandanten der Kavallerie-Division, für rasche Meldung besorgt zu sein. Das selbe hatte zuvor der Generalstabschef verlangt, für den es peinlich war, wenn der französische Botschafter Auskunft über Vorfälle wünschte, von denen er selbst nichts wusste. Man gebe sich zu wenig Rechenschaft über die politischen Folgen dieser Ereignisse, meinte Audéoud. Kameradschaftliche Erledigung an Ort und Stelle genüge nicht. Bevölkerung und Presse in der Grenzregion seien aufmerksame Beobachter, die sich nicht so leicht täuschen liessen. Das traf in der Tat auf die Ajoie zu, wo man das Verhalten der Armee kritisch betrachtete. Zwischenfälle gewannen meist auch politische Qualität, dies vor allem dann, wenn Truppen aus der Deutschschweiz beteiligt waren. Die regionale Presse, vor allem «Le Pays» in Pruntrut und der «Démocrate» in Delsberg, verfolgte unter anderem die Vorgänge an der elsässischen Grenze. Gelegentlich zeigte sie die Tendenz, aus harmlosen Kontakten germanophile Brüderschaft zu konstruieren. Deutschschweizer Soldaten wurden als «boches» beschimpft, doch auch Truppen aus der Westschweiz, so etwa die Soldaten der 2. Division, bekamen den Ärger der geographisch und politisch exponierten Jurassier zu spüren.

Ein neuralgischer Punkt war die dicht an der Elsässer Grenze gelegene kleine Häusergruppe von Lucelle mit dem «Lützelhof», einer vor dem Krieg von Deutschen und Schweizern oft besuchten Gastwirtschaft. Wenige Meter von der Grenze entfernt, war der «Lützelhof» mit seinem Vorplatz eine ideale Stätte für Schmuggler und Spione. Die Angelegenheiten an der Grenze wurden von der Armee geregelt, doch das Regime war häufigem Wandel unterworfen. Gelegentlich glich der «Lützelhof» einem internationalen Treffpunkt, bei dem sich neben Schweizern deutsche Offiziere und Soldaten einstellten. Das war zum Beispiel dann der Fall, wenn die 4. Division unter dem liberalen Oberstdivisionär Wilhelm Schmid an der Grenze stand. Wenig Gefallen an diesem Treiben fand Treytorrens de Loys, der Kommandant der 2. Division. Er schränkte den Verkehr an der unübersichtlichen Demarkationslinie auf dienstliche Belange ein, wobei sich dieser Begriff als dehnbar erwies.

Die Zeitungen der Region behielten Lucelle im Auge und meldeten sich, wenn sie eine unzulässige Verbrüderung vermuteten.[440] Präfekt Choquard in Pruntrut, der sich mit der 4. Division schlecht verstand, setzte im Dezember 1915 eine Behauptung in die Welt, die zu Kontroversen führte und trotz beträchtlichem Aufwand an Akten keinen eindeutigen Befund ergab. Der Kommandant des Füs Bat 54 soll deutsche Offiziere zu einem Gelage im «Lützelhof» eingeladen haben, wobei schweizerische Soldaten vor den deutschen Gästen den Gewehrgriff präsentiert hätten. Die Untersuchungsakten der 4. Division ergaben in den wesentlichen Punkten ein anderes Bild. Ein Herumkommandieren schweizerischer Füsiliere durch deutsche Gäste habe nicht stattgefunden, man habe lediglich die Ausrüstung eines Infanteristen vorgeführt. Bei anderer Gelegenheit traf der Kommandant des angeschuldigten Bataillons, ein Major Senn, den deutschen Hauptmann Theodor Frank, der in Friedenszeiten in Basel sein Nachbar war, zu einer Plauderstunde im Gasthof.

Im Juli 1916 erschien ein Prinz von Sachsen-Weimar im «Lützelhof», während draussen auf dem Platz eine deutsche Militärkapelle aufspielte. Ein Soldat der 2. Division verdarb die Stimmung, da er am Klavier den Marsch «Sambre et Meuse» spielte. Der stets auf Disziplin bedachte Treytorrens de Loys ärgerte sich nachträglich, weil seine Soldaten gegenüber den deutschen Offizieren nicht den nötigen Respekt zeigten. Auch die uniformierten Gäste aus dem Reich liessen gelegentlich die Disziplin vermissen. Im Jahre 1917 sollen betrunkene deutsche Offiziere im «Lützelhof» randaliert und schweizerische Schildwachen belästigt haben. Das war Grund genug, den Gasthof zeitweise für Deutsche zu sperren. Immerhin durften in dieser spartanischen Phase Käse und Brot aus dem Fenster an deutsche Soldaten verkauft werden.

Für die Armee stellte sich die Frage, ob sie mit martialischer Strenge den Gasthof in den Ruin treiben dürfe. Divisionär Loys wollte im Gegensatz zu seinem Kollegen Schmid keine Gnade walten lassen. Schliesslich meldete sich General Wille zu Wort, der einiges Verständnis für das bunte Treiben an der Grenze aufbrachte. Alles in allem waren die seltsamen Zustände bei Lucelle kein Problem zwischen der Schweiz und Deutschland, sondern eher ein Stein des Anstosses für die jurassische Öffentlichkeit, die jeglichen Kontakt zwischen schweizerischen Soldaten und den ungeliebten Deutschen misstrauisch betrachtete.

Die unfreiwillige Wende: Allianzgespräche mit Frankreich

Die schweizerisch-französischen Beziehungen waren im Jahre 1915 von gegenseitigen Verdächtigungen gekennzeichnet, die sich durch keine diplomatischen Gesten und Deklarationen beseitigen liessen. Auch unter dem Regime der «Société de Surveillance» liess der wirtschaftliche Druck der Entente nicht nach. Die deutschfreundliche Orientierung des schweizerischen Generalstabs schloss Kontakte, wie sie mit den Militärattachés der Zentralmächte bestanden, zum vornherein aus. Während längerer Zeit setzte sich die französische Armeeführung mit dem neutralen Land kaum auseinander, denn sie war von der direkten Konfrontation weiter im Norden in Anspruch genommen. Die alliierten Herbst-Offensiven im Artois und in der Champagne brachten Teilerfolge, wurden aber nach schweren Verlusten abgebrochen.

Der französische Militärattaché in Bern sandte meist beruhigende Berichte nach Paris, in denen er den schweizerischen Willen zur Neutralität betonte. Das Armeekommando sei zwar germanophil, aber verfassungstreu, auch dürfe man an seiner Unterordnung unter die politischen Behörden nicht zweifeln. Im französischen Hauptquartier wurden die positiven Nachrichten Pageots mit zunehmender Skepsis aufgenommen. Man fand, der Militärattaché habe sich zu sehr einer schweizerischen Denkweise angepasst, die einen grösseren Überblick vermissen lasse. In Paris wurde der politische und mentale Graben zwischen Deutschschweiz und Romandie in die militärpolitischen Überlegungen eingebracht. Man erkannte darin einen Faktor der Unsicherheit. Pageot selber trug zu diesem negativen Bild bei, als er auf die ungenügende schweizerische Verteidigungsbereitschaft in der Ajoie hinwies und damit vermutlich den Bau der «Ligne S» zwischen Delle und St-Hippolyte provozierte. Die um die Jahreswende bekannt gewordene Obersten-Affäre bestätigte die Zweifel an der schweizerischen Neutralität.

Ausgerechnet die schwere Krise in der schweizerischen Armeeführung bewirkte eine allmähliche Wende im Verhältnis zu Frankreich. Neubesinnung auf die Pflichten des Neutralen oder schlechtes Gewissen? Von einem Gesinnungswandel bei General und Generalstabschef kann keine Rede sein, doch scheint Theophil Sprecher die Zeichen der Zeit – zögernd und mit Unbehagen – erkannt zu haben. Recht seltsam mutet der Anlass an, der zu einem in der französischen Botschaft positiv gewerteten Gespräch des Generalstabschefs mit Oberstleutnant Pageot führte. Es ging um eine Angelegenheit, die Sprecher bisher ausschliesslich mit deutschen und österreichischen Offizieren behandelt hatte: die Ausstattung der Armee mit schwerer Artillerie. Vor dem Krieg hatte die Schweiz bei der Firma Krupp 12 cm-Geschütze für die Haubitzabteilungen der Armee bestellt, doch die Haubitzen wurden trotz aller diplomatischen Bemühungen nicht geliefert.[441] Eine brauchbare schwere Artillerie fehlte völlig, denn auch die Verhandlungen mit Österreich um die Beschaffung von 28 cm-Mörsern führten nicht zum Ziel. Am 14. Dezember empfing Sprecher Militärattaché Pageot und fragte ihn, ob die französische Armee bereit sei, der Schweiz sechs bis acht Batterien Schnellfeuerkanonen zu verkaufen.

Der Franzose sah in diesem so unerwartet vorgetragenen Wunsch die grosse Chance, mit der schweizerischen Armeeführung ins Gespräch zu kommen. Die Anfrage war für Paris überraschend, denn seit bald einem halben Jahrhundert hatte die Schweiz, abgesehen von einigen Kanonen in der Festung Saint-Maurice, ihre Artillerie mit deutschen Geschützen ausgerüstet. Zuerst zeigte man sich entgegenkommend, dann aber schien das alte Misstrauen in die Zuverlässigkeit der Eidgenossen wieder zu dominieren. Frankreich war zu einem Handel bereit, aber man bot nicht moderne Schnellfeuerkanonen an, sondern umgebaute 12 cm-Positionsgeschütze aus dem Jahre 1872, die zwei Jahre älter waren als die schweizerischen Modelle, die sie hätten ersetzen müssen. In Bern war man enttäuscht und zögerte mit dem Ankauf. Immerhin standen die selben französischen Kanonen im Herbst 1915 auf dem Grand Ballon d'Alsace im Einsatz, was vermuten lässt, dass sie noch einen gewissen Kampfwert besassen.[442] In den ersten Monaten des Jahres 1916 trafen endlich die 12 cm-Haubitzen von Krupp in der Schweiz ein, so dass der dringendste Bedarf gedeckt war. Die deutsche Waffenschmiede lieferte ausserdem einige 15 cm-Haubitzen, so dass die schweizerische Artillerie erstmals über schwere Geschütze verfügte.

Das Interesse an den französischen Kanonen war inzwischen geschwunden. Gedrängt von der Landesregierung, entschloss sich die Armeeführung im März 1916 dennoch zu einer kleinen Bestellung. Bundesrat Hoffmann, der in dieser Sache auf eine Verständigung mit Frankreich drängte, schrieb später an Lardy in Paris, man habe die Armee zwingen müssen, von diesen «alten Ladengaumern» einige Exemplare zu kaufen, da man nicht unhöflich sein wollte.[443] Der umständliche Kanonenhandel brachte noch nicht den von Pageot erhofften Durchbruch. Theophil Sprecher schien an weiterführenden Gesprächen nicht interessiert zu sein, und selbst Bundesrat Decoppet blieb gegenüber dem französischen Militärattaché ängstlich auf Distanz.

Die in der Schweiz lautstark ausgetragene Debatte um das Verhalten der beiden Generalstabsobersten lenkte die Aufmerksamkeit der kriegführenden Mächte auf die labile innenpolitische Verfassung der Schweiz. Für die Generalstäbe Deutschlands und Frankreichs bot das schweizerische Territorium einen potentiellen Operationsraum am Südende der erstarrten Fronten. Das war das Gelände, wo man wieder Bewegung in das Geschehen bringen konnte. Eine Alternative, die man gelegentlich herbeiwünschte, aus guten Gründen aber auch fürchtete. Für Militärattaché Pageot schien der Augenblick gekommen, mit der schweizerischen Armeeführung Gespräche über eine militärische Zusammenarbeit zu führen. Das war ein legitimer Wunsch, denn Frankreich hätte mit einer Eventualallianz nur jene Position gewonnen, die man den Zentralmächten schon vor dem Krieg eingeräumt hatte. Der Zeitpunkt für Sondierungen schien angesichts der in Bern herrschenden Verunsicherung günstig.

Zu Beginn des Monats April 1916 fand Pageot einen konkreten Anlass, im Bundeshaus vorzusprechen. Das Kanonengeschäft war noch nicht erledigt, aber vor allem gab der deutsche Bombenabwurf auf Pruntrut vom 31. März den Franzosen Grund zu einigen Fragen. Die Tatsache, dass die schweizerischen Truppen ohne Munition dastanden und keinen Schuss auf die angreifenden Flugzeuge abfeuern konnten, zeugte nicht von einem unbedingten Verteidigungswillen. Militärattaché Pageot, der sich mit dem Abteilungsleiter für Auswärtiges im Politischen Departement unterhielt, holte jedoch weiter aus. Wiederum präsentierte er die französische

Befürchtung, ein deutscher Vorstoss über schweizerisches Territorium könnte die französischen Stellungen im Oberelsass umgehen. Dann sprach er von Gerüchten, die angeblich von der deutschen Gesandtschaft in Bern ausgingen. Die deutsche Armeeführung überlege sich – so die umgehende Fama –, Belfort anzugreifen, da ihre Verbände bei Verdun nicht mehr vorankämen. Ob Pageot diese Warnung selber ernst nahm, ist ungewiss. Auf jeden Fall nahmen sich seine Worte wie ein Appell an die Landesregierung aus, sich intensiver mit der Nordwestgrenze zu befassen.

Wenn in der Folge ein Dialog zwischen der französischen Armee und dem schweizerischen Generalstabschef zustande kam, so war das vermutlich Bundesrat Hoffmann zu verdanken. Als Aussenminister kannte er die neutralitätspolitischen Defizite der schweizerischen Militärpolitik. Nach dem Besuch Pageots im Politischen Departement drängte er Theophil Sprecher, die Anliegen des Militärattachés ernst zu nehmen. Am 8. April fand sich der Vertreter der französischen Armee beim Chef des Generalstabs ein.

Man kann annehmen, dass sich der Generalstabschef nur mit beträchtlicher Reservatio mentalis in ein Gespräch einliess. Es war nicht bloss von der deutschfranzösischen Front die Rede, sondern auch von der Befürchtung des italienischen Oberkommandos, Deutschland plane einen Vorstoss über Schweizer Pässe in die Lombardei. Im Zentrum stand aber die Warnung Pageots, die deutschen Truppen könnten angesichts des sich anbahnenden Debakels bei Verdun zu einem Angriff auf Belfort ansetzen und dabei die Schweiz gefährden.

Sprecher schrieb über den Besuch des französischen Offiziers an General Wille: «Um mich über die französische Auffassung näher zu orientieren (die italienische ist mir aus öftern Mitteilungen des Obersten Bucalo bekannt), habe ich gestern Herrn Oberstleutnant Pageot zu mir gebeten und ihn darüber befragt. Nach seinen Äusserungen scheint wirklich die französische Heeresleitung Nachrichten zu besitzen (‹de nombreuses sources indépandantes l'une de l'autre›, sagte Herr Pageot) über erhebliche Verstärkung der deutschen Kräfte im Oberelsass, und sie folgert daraus, es sei damit ein Durchbruch bei Belfort beabsichtigt. Wenn wir in den uns direkt zugekommenen Nachrichten keine Bestätigung finden können der von Italien und Frankreich bei Deutschland vermuteten Absicht, hielt ich es doch für richtig, die Mitteilung des Herrn Oberstleutnant Pageot nicht unbeachtet zu lassen, sondern ihr eine praktische Folge zu geben, auch aus dem Grunde, um nicht den Glauben zu nähren, als wollten wir gegenüber Deutschland überhaupt keine ernstlichen Abwehrmassnahmen treffen. (…) Angesichts dieser Stimmung und der quasi offiziellen Mitteilung des Herrn Pageot liess ich mich mit ihm in eine Besprechung der Lage ein, in die Frankreich und die Schweiz durch einen deutschen Einbruch sich versetzt sähen, und ersuchte ihn, die in solchem Fall alsbald entstehende Frage einer Kooperation sich zu überlegen.»[444] Das Bestreben Sprechers, im Verkehr mit dem französischen Militärattaché bei unverbindlichen Floskeln zu bleiben, ist offensichtlich. Der Chef des Generalstabs wollte jede schriftliche Fixierung vermeiden und absolutes Stillschweigen wahren. Er skizzierte seine Vorstellungen von einer möglichen Kooperation, betonte aber, dass eine französische Intervention nur in Frage komme, wenn sie der Bundesrat anfordere.

Mehr als einen Monat später unterhielt sich der Militärattaché mit General Wille und stiess dabei auf kühle Ablehnung. In einer Notiz an Theophil Sprecher zeigte sich Wille über die französische Initiative verärgert. Pageot habe als Zweck seines Besuches genannt: «Die Bezeichnung von Delegierten zur Besprechung und Fortsetzung des näheren über das, worüber neulich zwischen Ihnen und ihm gesprochen worden ist. Ich bin nicht recht darauf eingetreten und habe mit Hinweis auf die augenblickliche Lage eine dilatorische Antwort gegeben. Bundesrat Hoffmann, dem ich gleich davon Mitteilung machte, fand, dass ich damit unrichtig gehandelt hätte, es könne von Frankreich unangenehm vermerkt werden.»[445]

Der General offenbarte einige Tage später seine fundamentale Opposition gegen jeden ernsthaften Kontakt mit der französischen Armee. In einem Brief an Bundesrat Hoffmann dozierte er, Frankreich sei im Begriff, das Protektorat über die Schweiz wieder aufzurichten. Wille sprach wenig von Strategie, denn in seinem Ärger zog er politische Polemik vor. Es war die Rede von der üblen Rolle Frankreichs in der Geschichte und vom Krieg der Rassen: «Planvolle Arbeit zur Wiederaufrichtung der französischen Suprematie und zur Stärkung des Föderalismus hat schon lange vor dem Krieg ihren Anfang genommen; der Krieg, der die Rasseninstinkte aufrührte, viel Ungemach und Unzufriedenheit und nervöse Unrast verursachte, erschien nur als der geeignete Moment, um jetzt den Sieg zu erkämpfen. Planvoll und mit Energie ist auf dieses Ziel hingearbeitet worden. Kein vernünftiger und ehrlicher Mensch kann sich dem frommen Wahn hingeben, die Oberstenaffäre sei aus einem andern Motive, als nur um die Macht in die Hände zu bekommen, lanciert worden! Ob Frankreich bei allem die Hand im Spiele hatte, ist ganz gleichgültig, um richtig zu beurteilen, dass heute Frankreich offen auf den Plan tritt. (...) Es ist daher selbstverständlich, dass in gar keiner Richtung auf das eingetreten werden darf, was durch die von Frankreich gewünschte Besprechung herbeigeführt werden soll.»[446]

Willes leichtfertige Annahme, wonach die Schweiz im Augenblick eines deutschen Angriffs noch über genügend Zeit zu Verhandlungen über französische Hilfe verfüge, wurde anfänglich auch vom Generalstabschef geteilt, der deshalb auch keinen Wert auf Fortsetzung der Gespräche legte. In den folgenden Verhandlungen wurde denn auch die Frage, wann und unter welchen Umständen ein schweizerisches Hilfegesuch gestellt würde, von der französischen Delegation regelmässig vorgebracht. Man fürchtete in Paris, der schweizerische Generalstab werde im Ernstfall die Anfrage hinauszögern mit dem Argument, man wolle selber zurecht kommen. Absicht oder fahrlässige Selbstüberschätzung? Im französischen Generalstab waren seit der Jahrhundertwende die Memoriale Arnold Kellers mit der These von der freien Partnerwahl bekannt. Von daher gab es schlechte Vorahnungen. Wie berechtigt der französische Verdacht war, bewies General Wille noch im Januar 1917, als er eine neue Generalmobilmachung verlangte. In einem Memorandum an den Bundesrat vom 13. Januar schrieb er: «Im weiteren erlaube ich mir vorzuschlagen, dass beiden Parteien gleichlautend erklärt wird, dass wir uns als im Kriegszustand mit demjenigen betrachten werden, der unsere Grenzen überschreitet, und dass, wenn beide Gegner unaufgefordert von uns in unser Land einmarschieren, wir uns die freie Wahl vorbehalten, welchen wir als Feind betrachten und welchen wir als Freund und Alliierten annehmen wollen.»[447] Man musste mit der Möglichkeit rechnen, dass Verbände beider Kriegsparteien ungefähr gleichzeitig über die Grenze vorrückten. Der Fall war bei den operativen Studien des Generalstabs eine vertraute Variante. Wenn Wille «freie Wahl des Feindes» forderte, so konnte man ahnen, in welcher Richtung er sich entscheiden würde. Bleibt noch die Frage, ob die Landesregierung allfällige Fehltritte wirksam hätte korrigieren können.

Vorerst hatte sich Wille selber aus dem Diskurs über eine schweizerisch-französische Eventualallianz verabschiedet. Die Verantwortung für Gespräche lag beim Generalstabschef, während der Oberbefehlshaber der Armee grollend im Hintergrund sass. Immerhin verlangte der General, dass Theophil Sprecher in seinem Namen agiere, was konkret hiess, dass er nichts tun solle. Für die Vertreter der französischen Armee war diese Rollenverteilung kein Geheimnis. Der Generalstabschef war der Partner, an den sie sich zu wenden hatten.

Im Herbst 1915 begann der französische Generalstab, sich intensiv mit der Schweiz auseinanderzusetzen. Die Studien konzentrierten sich auf die «Armée H» (Helvétie), die allenfalls in das Territorium der Schweiz hätte einmarschieren müssen. Den Anstoss gab die stets gegenwärtige Vermutung, die deutsche Armee könnte mit einem Umfassungsangriff durch das schweizerische Mittelland und den Jura die französische Front im Sundgau umgehen. Es galt ausserdem, die Offensiven des Jahres 1916 vorzubereiten. Das neutrale Territorium am Rande des Geschehens bot den militärischen Planern Alternativen an. Unverkennbar war die französische Unsicherheit über das Verhalten der schweizerischen Armee. Der von der Botschaft in Bern verbreitete Glaube, das Land werde seine Neutralität unter allen Umständen wahren, wurde von der französischen Armeeführung nicht unbedingt geteilt. Für eine Kooperation mit der Schweiz im Falle eines deutschen Einmarsches seien die Voraussetzungen nicht gegeben, befand eine Studie von Generals Dubails Armée de l'Est im November 1915. Das Oberkommando stand vor der Frage, ob die «Armée d'Helvétie» einen deutschen Einmarsch mit einem Gegenschlag zu parieren habe, oder ob sie mit einer Präventivaktion Fakten schaffen sollte, ohne auf den unsicheren Nachbarn Rücksicht zu nehmen. Die operativen Studien am Jahresende bewegten sich zwischen den beiden Polen. Bei den Überlegungen fehlte die politische Dimension, die nicht Sache der Militärs war. Die Regierung in Paris kam aber nie in die Lage, über eine Intervention in der Schweiz entscheiden zu müssen.

Das ursprüngliche Szenario, das bloss eine Reaktion auf einen deutschen Angriff vorsah, bot der französischen Heeresleitung keine befriedigenden Perspektiven. Wollte die «Armée d'Helvétie» bloss zur Verteidigung in der Schweiz aufmarschieren, käme sie auf jeden Fall zu spät. Nach den Berechnungen des Operationsbüros der Armée de l'Est könnten die deutschen vor den französischen Truppen in Bern eintreffen, da Bahn- und Strassenverbindungen durch den Jura weniger leistungsfähig waren als jene über den Rhein.[448] Würde sich die französische Armee an die von Theophil Sprecher verlangte Prozedur halten – Einmarsch erst nach formellem Hilfegesuch –, könnte der grösste Teil der Schweiz von den Deutschen besetzt werden, bevor stärkere französische Verbände zur Stelle wären. Ein so defensives Konzept dürfte zwar das Kriegstheater auf schweizerisches Territorium verschieben, aber das würde nur eine Verlängerung der bestehenden Fronten bewirken –, eine für beide Parteien schlechte Lösung. Auch Militärattaché Pageot war der Meinung, das französische Oberkommando solle sich nicht an Formalitäten halten und den Einmarsch rechtzeitig anordnen, da der schweizerische Generalstab vermutlich die Abwicklung verzögern werde.

Man ging nun zu Planungen über, die neue Dynamik ins Kriegsgeschehen bringen sollten. Ob die «Armée d'Helvétie» auf eine deutsche Aktion reagieren oder aus eigenem Antrieb handeln würde, war nicht mehr entscheidend. In den militärischen Studien wurde die klassische französische Vorstellung sichtbar, durch das schweizerische Mittelland einen Angriff über den Rhein bis an die Donau vorzutragen. In den Überlegungen der Armeegruppe General Dubails, die nicht allzu weit von der Juragrenze entfernt lag, wurde auch die innenpolitische Situation der Schweiz berücksichtigt. Motive für eine Intervention konnten sich ergeben – so die Meinung bei diesem regionalen Kommando –, wenn Hilfegesuche aus der Romandie Frankreich erreichten. Man konnte sich vorstellen, dass ein Bundesrat aus der Westschweiz eine pro-französische Bewegung vertreten würde. Gemeint war Camille Decoppet, ein Frankreich freundlich gesinnter Mann, von dem aber kein Staatsstreich zu erwarten war.

Gegen Ende des Jahres 1915 lagen zwei Operationsstudien vor, die dem schweizerischen Territorium galten. Die eine stammte vom Operationsbüro des Hauptquartiers, die andere von der Armée de l'Est. In den Grundzügen stimmten die beiden Arbeiten überein. Man gliederte die für den Einsatz vorgesehenen Streitkräfte in drei Angriffsgruppen: die «Armée de Belfort», die bereits in der Burgundischen Pforte stand, die «Armée du Jura» und die «Armée de Genève», die noch herbeigeführt werden mussten. Der Einmarsch in die Schweiz müsste überfallartig erfolgen, wollte man in nützlicher Frist zwischen Waldshut und Schaffhausen an den Rhein gelangen. Aus den Studien ging nur undeutlich hervor, ob man die schweizerischen Truppen als Alliierte oder als Gegner sah. In dieser Hinsicht war man pessimistisch. Der Plan des Hauptquartier sah deshalb vor: Besetzung von Bern, eventuell Ausschalten der schweizerischen Armee, rascher Vorstoss über die Rheinübergänge.[449]

Diese Ziele schienen in Frage gestellt, wenn sich das nicht eben hoch eingeschätzte schweizerische Heer auf die Seite der Deutschen schlug. Dann riskierte man, mit den eigenen Truppen nicht über die Linie Olten–Luzern–Gotthard hinauszukommen. Die Planung zeigte alles in allem enttäuschende Perspektiven.[450]

General Joffre scheint die Arbeiten der Operationsbüros, soweit sie die Schweiz betrafen, mit Skepsis betrachtet zu haben. Für ihn stand trotz den schlechten Erfahrungen im Artois und in der Champagne ein Frontalangriff im Norden im Mittelpunkt der Überlegungen. Die Entscheidung fiel am 17. Februar 1916, wenige Tage vor dem deutschen Sturm auf Verdun. Der Oberkommandierende der französischen Armee entschloss sich für den Angriff an der Somme. Von einem Einmarsch in die Schweiz war von da an in den französischen Operationsbüros nicht mehr die Rede.

Die Planungen um die «Armée d'Helvétie» hatten unter einem bedenklichen Mangel gelitten: Es fehlte an Nachrichten über die schweizerischen Truppen und ihre neuesten Verteidigungsmassnahmen. Die Informationen über Eisenbahnen und Strassen waren ungenügend, selbst über die handelnden Personen in Armee und Politik war man kaum orientiert. Das «Deuxième Bureau» ging deshalb an die Nachrichtenbeschaffung und sandte einen umfangreichen Fragebogen an den Militärattaché in Bern.[451] Man machte Oberstleutnant Pageot zu einem erheblichen Teil für die Versäumnisse verantwortlich, denn er hatte bisher über die schweizerische Armee nur allgemein bekannte Daten geliefert.

Der Militärattaché konnte am 11. Februar 1916 wichtige Fragen beantworten. Unter anderem wurde die Ungewissheit über die seit Kriegsausbruch errichteten Feldbefestigungen beseitigt. Genaue Pläne der Fortifikationen Hauenstein und Murten und der Stellungen auf Les Rangiers gelangten nach Paris. Wie weit dabei die Hilfe schweizerischer «amis sûrs» im Spiel war, lässt sich nur vermuten. Man darf annehmen, dass der französische Nachrichtendienst dank dieser Spionage annähernd den Wissensstand erreichte, den seine deutschen und österreichischen Kontrahenten leichter und beinahe legal erlangt hatten. So ging die Fama um, deutsche Offiziere hätten die Befestigungen am Hauenstein besichtigt, ein Verdacht, der nicht zu belegen ist, aber auf Grund der deutschfreundlichen Haltung im höheren Offizierskorps ein hohes Mass an Wahrscheinlichkeit gewinnt.

Die schliessliche Bereitschaft Theophil Sprechers, mit Frankreich Gespräche über eine mögliche militärische Zusammenarbeit zu führen, hinterliess selbst beim optimistischen französischen Militärattaché Zweifel. In einem Rapport, den er nach der Unterhaltung vom 8. April 1916 nach Paris sandte, schrieb er: «Il convient de voir dans la démarche du Colonel de Sprecher la marque d'un désir de rapprochement après les récents évènements où l'Etat-Major Suisse s'est mis en si fâcheuse posture à notre égard. En espérant voir se dissiper l'atmosphère de méfiance qui existe depuis le procès des Colonels, le Conseil Fédéral compte recouvrer notre confiance, dont il a plus besoin que jamais au point de vue économique, car en ce moment même il a déposé une demande d'importantes modifications en sa faveur au règlement de la S.S.S.»[452]

Für die französischen Diplomaten in Bern bestand kein Zweifel daran, dass die Kontakte mehr von den Bundesräten Hoffmann und Decoppet als vom Generalstabschef gewünscht wurden. Auch im «Deuxième Bureau» des französischen Hauptquartiers wurde das Gesprächsangebot Sprechers mit Skepsis aufgenommen. «Il y a un côté mystérieux dans cette avance», notierte der Chef des Nachrichtenbüros, Oberst Charles Joseph Dupont in seinen Notizen. Er empfahl Vorsicht bei kommenden Verhandlungen, denn er war überzeugt, dass Theophil Sprecher die Deutschen über die Verhandlungen orientieren würde: «… ne pas oublier que tout ce que nous dirons sera connu des Allemands.» Oberst Dupont täuschte sich nicht. Der deutsche Militärattaché Wilhelm von Bismarcks wurde sogleich über die Kontakte ins Bild gesetzt. Sprecher habe durch sein Gespräch mit Pageot den Forderungen nach strikter Neutralität Genüge getan, meldete er nach Berlin.[454]

Sprechers Vorstellungen in Bezug auf eine gemeinsame Verteidigung gegen einen deutschen Angriff wirkten in Paris wenig überzeugend, denn das Gespräch mit Pageot hatte sich im Rahmen militärischer Gemeinplätze bewegt. Der schweizerische Generalstab schien einen deutschen Angriff, an den man ohnehin nicht glaubte, zwischen Konstanz und Schaffhausen zu erwarten. Nach den Berichten des französischen Militärattachés wollte Theophil Sprecher das Gros der Armee zur Verteidigung Zürichs an der Limmat aufstellen, während die französische Armee den Berner Jura zwischen Les Rangiers und der Aare hätte sichern müssen. In Paris hielt man nichts von diesem Konzept, da der Aufmarsch bei einem Überfall mit Sicherheit zu spät gekommen wäre.[455] Man glaubte nicht, dass das schweizerische Heer den Deutschen wirksamen Widerstand entgegensetzen könnte.[455] Die Franzosen erwarteten im konkreten Fall einen massiven Vorstoss durch das Mittelland nach Genf und Lyon, wobei die deutschen Verbände bei der von Sprecher angestrebten Aufstellung einen Keil zwischen die schweizerische und die französische Armee getrieben hätten.

General Joffre legte Wert auf militärpolitische Verhandlungen mit der Schweiz, wünschte aber Einblick in die schweizerischen Aufmarsch- und Operationspläne, die bei einem deutschen Angriff bereitliegen mussten. Doch es gab im schweizerischen Generalstab keine eigentlichen Operationspläne, da man von einer strategischen Defensive ausging und zuerst die Aktionen des Gegners abwarten wollte. Offenbar fehlten zu Beginn auch die Aufmarschpläne gegen Deutschland, denn Sprecher schloss diesen Fall zum vornherein aus. Als sich ernsthafte Verhandlungen, wie sie auch Bundesrat Hoffmann forderte, nicht mehr vermeiden liessen, machte sich Oberst Otto Bridler, der neue Unterstabschef, hinter die entsprechenden Studien.

Man gewinnt den Eindruck, dass Theophil Sprecher die Gespräche bewusst hinauszögerte. Dann wurde der 12. Juni 1916 als Termin für eine erste Aussprache festgelegt. Der Generalstabschef hatte ursprünglich an ein weiteres Treffen mit Militärattaché Pageot gedacht, ein Vorgang, den man nicht allzu hoch ansetzen musste. Doch General Joffre ging es nicht um eine freundschaftliche Konversation zwischen alten Bekannten. Der Oberbefehlshaber der französischen Armee und der alliierten Verbände wollte einen kompetenten Generalstabsoffizier nach Bern schicken. Pageot war seiner Meinung nach der Aufgabe nicht gewachsen, und ausserdem sollte der Dialog nach Möglichkeit einen offiziellen Charakter annehmen. Der schweizerische Generalstabschef akzeptierte schliesslich die Bedingungen Joffres, der auf ein konkretes Ergebnis hinsteuerte. Es ging um gemeinsame Planung der beiden Generalstäbe. Der hartnäckige Widerstand Willes, der Verhandlungen für überflüssig und schädlich hielt, konnte den von Paris diktierten Gang der Dinge nicht aufhalten.

Am 12. Juni 1916 stellte sich eine Delegation des französischen Hauptquartiers in der Wohnung Theophil Sprechers in Bern ein. Es handelte sich um Oberst Charles Joseph Dupont vom «Deuxième Bureau» und Oberstleutnant Georges Renouard von der Operationsabteilung, dem sogenannten «Troisième Bureau». Oberstleutnant Pageot war von den Gesprächen ausgeschlossen. General Joffre wünschte nicht, dass die französische Botschaft in Bern in die geheimen Verhandlungen einbezogen wurde. Auf schweizerischer Seite war neben dem Generalstabschef Oberst Bridler beteiligt.

Die Annäherung zwischen den Kontrahenten erwies sich als mühsam. Sprecher versuchte, Abstand zu wahren und keine Verpflichtungen einzugehen. Die französischen Obersten wollten hingegen die Ernsthaftigkeit der schweizerischen Partner prüfen und zu echten Vereinbarungen gelangen. Man erwartete vom Generalstabschef eine Auslegeordnung, in der er die Dispositionen der Armee und seine operativen Planungen auf den Tisch legte, ohne dass man über die französischen Absichten zu viel verriet. Dazu kam der Wunsch nach technischen Informationen über Eisenbahnen, Strassen und Flugfelder.

In einem Punkt zeigte sich Sprecher beweglich. Er gab seine gegenüber Pageot entwickelte Idee, mit der Armee einen Kampf um Zürich zu führen, ohne weiteres auf. Mit einer andern These bereitete er den Franzosen hingegen Verdruss. Er unterschied bei einem deutschen Angriff zwei Fälle. Es gab die Möglichkeit eines Grossangriffs, bei dem der Bundesrat ein Hilfegesuch an Frankreich richten würde. Dann sah Sprecher als Variante einen lokalen Durchbruch, dem er mit eigenen Kräften begegnen wollte. Dafür bot sich in erster Linie der Pruntruter Zipfel an. In diesem Fall würde man auf französische Hilfe verzichten und gemäss Artikel 11 der Haager Konvention Deutschland den Krieg nicht erklären.[456] Was unter einem lokalen Vorstoss zu verstehen war, schien nicht klar zu sein. Der Generalstabschef sprach offenbar von 3–4 Armeekorps, eine im engen Raum der Ajoie unrealistische Vorstellung.[457] Die Franzosen dachten im Zusammenhang mit einer einfachen Grenzverletzung eher an Kompanien. Die Schweiz wollte selber darüber befinden, in welche Kategorie ein deutscher Angriff einzuordnen wäre. Die utopische Unterscheidung zwischen den beiden Fällen wirkte auf die Franzosen wenig überzeugend. Man konnte kaum erwarten, dass sie bei einem deutschen Vorstoss durch die Ajoie untätig blieben in der vagen Hoffnung, die schweizerischen Truppen würden die Sache selber erledigen.

Im Dezember 1916 wurde General Joffre in seiner Funktion als Oberkommandierender von General Robert Georges Nivelle abgelöst, und gegen Ende des Monats übernahm General Ferdinand Foch die operative Planung der «Armée d'Helvétie». Zu diesem Zeitpunkt wurden die Studien über das Territorium der Schweiz wieder aufgenommen. Man sah vor, die Armée de Belfort bei einer deutschen Aktion auf die Höhenzüge östlich von Pruntrut und Montancy vorzuschieben und bei St. Ursanne und auf Les Rangiers Verbindung mit den schweizerischen Verbänden aufzunehmen.[458] Man darf annehmen, dass die französische Heeresleitung in dieser kritischen Situation nicht auf ein Plazet aus Bern gewartet hätte. Eine unerbetene Intervention konnte wiederum gemäss der Theorie von General Wille die Schweiz in die Lage versetzen, frei darüber zu entscheiden, wer als Feind und wer als Freund zu betrachten sei. Die These Sprechers von den beiden Fällen erzeugte im französischen Hauptquartier ungute Gefühle. Sie habe, so ein Kommentar, «pour résultat de nous empêcher de prendre les contre-mesures indispensables à notre sécurité».[459]

Einige Fortschritte waren zu vermerken. So war eine frühzeitige gegenseitige Warnung vereinbart, sobald sich ein deutscher Angriff abzeichnete. Man sah den Austausch von Verbindungsoffizieren vor, welche die Zusammenarbeit sicherstellen sollten. An eine eigenständige französische Operation in der Schweiz dachte man im französischen Hauptquartier nicht mehr, obschon die Zweifel in Bezug auf die schweizerische Neutralität nicht geschwunden waren. Man gab sich mit einem wenig überzeugenden Ergebnis zufrieden, denn im Sommer 1916 war die Aufmerksamkeit nicht in erster Linie auf die schweizerische Szene gerichtet.

Im September 1916 löste Oberst André Morier den umstrittenen Militärattaché Pageot ab. Er hatte das Amt in Bern schon früher ausgeübt und war mit den Verhältnissen in der Schweiz vertraut. Doch Morier war nicht die zentrale Figur bei den Allianzgesprächen. Das Hauptquartier wollte den militärpolitischen Diskurs nicht auf die diplomatische Ebene abgleiten lassen. Die Einmischung der Regierung in das militärische Geschäft wurde von General Nivelle ohnehin nicht geschätzt, war aber von der Sache her nicht zu vermeiden.

Im französisch-schweizerischen Verhältnis wirkten vielfältige Faktoren, so dass die bilateralen Beziehungen nicht allein aus der Perspektive der Generäle betrachtet werden konnten. So fiel der steigende wirtschaftliche Druck der Entente auf die Eidgenossenschaft ebenso ins Gewicht wie das schwer berechenbare Verhalten der deutschen Armee, die im Herbst 1916 ihren erfolgreichen Feldzug in Rumänien unternahm. Es kam die wachsende Sorge um Italien dazu, dessen Armee von den Alliierten unterstützt werden musste. Generalstabschef Cadorna wies mehrmals auf die Gefahren eines Angriffs hin, den die deutschen Truppen durch die Schweiz in die kaum geschützte Poebene führen würden. Bei alledem stellte man sich im französischen Hauptquartier die Frage, ob das bescheidene Resultat genügte, das Dupont und Renouard im Juni in Bern erzielt hatten.

Wenn Theophil Sprecher mit dem französischen Generalstab über eine mögliche Kooperation verhandelte, so waren die Ziele der Gesprächspartner nicht zum vornherein die selben. Für den schweizerischen Generalstabschef ging es darum, im Kriegsfall mit französischer Hilfe eine solide Front aufzubauen in der Hoffnung, man könne das verlorene Gelände gelegentlich zurückerobern. Die Franzosen hingegen sahen in einer deutschen Intervention in der Schweiz eine Gelegenheit, mit einem massiven Gegenstoss aus dem Stellungskrieg auszubrechen und in den Donauraum vorzudringen. Von dieser Vision liess sich vor allem General Foch leiten, der die «Armée d'Helvétie» auf diesen entschcidenden Akt vorbereitete. Anderseits kam der selbe Stratege nach seinen ersten Studien zu einem ernüchternden Ergebnis. In seinem ersten Bericht an General Nivelle vom 1. Januar 1917 schrieb er, die französische Armee komme in jedem Fall zu spät, wenn sie erst im Augenblick eines deutschen Einmarsches reagiere.[460] Es seien deshalb rechtzeitge Absprachen mit dem schweizerischen Generalstab unerlässlich. Es galt, Theophil Sprecher von dieser Notwendigkeit zu überzeugen.

Im Dezember 1916 war es mit der trügerischen Ruhe im «Fall Helvétie» zu Ende. Die französische Presse beschwor in einer breit angelegten Kampagne die Gefahr einer deutschen Umfassungsoperation durch die Schweiz, die unmittelbar bevorstehe. Gefordert wurde der Aufbau einer Interventionsarmee an der Juragrenze. Die deutschen Armeen hatten soeben die rumänischen Streitkräfte besiegt und Bukarest besetzt. Es war zu erwarten, dass grössere Truppenverbände für Aktionen im Westen frei würden. Eine schweizerisch-französische Pressepolemik breitete das Thema vor einem verunsicherten Publikum aus, wobei einmal mehr die innere Zerrissenheit der Schweiz erkennbar wurde. Wiederum stellte sich die Frage, ob das Land mit einem deutschen oder mit einem französischen Angriff zu rechnen habe. Es entstand eine Kriegspsychose, die für eine zunehmende Verwirrung der Geister sorgte.[461] In Basel zum Beispiel hatte man schon im Oktober von Truppentransporten im Elsass erfahren und erwartete einen deutschen Einmarsch in die Schweiz. Auf der andern Seite schien der Wiederaufbau der «Armée d'Helvétie» die alte These von einem französischen Angriff zu bestätigen.

Am 28. Dezember empfing der Generalstabschef den neuen französischen Militärattaché, dies wiederum auf Weisung von Bundesrat Hoffmann, der sich kurz zuvor mit dem französischen Offizier unterhalten hatte. Sprecher berichtete von der Begegnung in einem Aide-Mémoire: «Oberst Morier hatte sich gestern angekündigt, worauf ich ihm die Stunde von 11 Uhr angab. Er war gestern bei Bundesrat Hoffmann gewesen, um ihm, gleich wie der Botschafter es getan hatte, die französischen

Befürchtungen wegen eines deutschen Durchbruches durch die Schweiz gegen Frankreich darzulegen. (...) Deutschland sei einzig darauf angewiesen, den Sieg durch Umfassung der Gegner zu erlangen, das führe zum Durchbruch durch die Schweiz, da ein Angriff durch Nordfrankreich Richtung Kanal für Deutschland unmöglich sei. Gegenwärtig allerdings seien darauf hinzielende Vorbereitungen seitens der Zentralmächte nicht festzustellen. Er war aber überzeugt, dass bis zum Frühjahr 1917 Deutschland eine Armee von 600 000–800 000 Mann dafür bereitstellen könne. Diese Bereitstellung könne (was zuzugeben ist) ziemlich weit von der Südgrenze Deutschlands vorgenommen werden, da mit den heutigen Beförderungsmitteln der Herantransport auch aus 200 und mehr Kilometern Entfernung sehr rasch zu bewerkstelligen sei. Er frägt an, ob wir militärisch noch auf demselben Boden ständen wie zur Zeit der Unterredung mit Herrn Oberst Dupont und Oberstleutnant Renouard, was ich ihm bestätigte. Er könne versichert sein, dass wir einem Durchmarsch durch unser Land uns mit aller Macht entgegenstellen würden. Auch bestätigte ich ihm unsere Absicht, uns nicht getrennt schlagen zu lassen, sondern soweit zurückgehen zu wollen unter Verlangsamung des deutschen Vorgehens, um es erst nach Vereinigung mit den französischen Hilfskräften zum entscheidenden Kampf mit der deutschen Einbruchsarmee kommen zu lassen.»[462]

Die Gespräche galten offenbar Detailfragen, die Sprecher bisher gemieden hatte. Man sprach darüber, wie die französischen Truppentransporte in die Schweiz beschleunigt werden könnten. Die französische Armee würde Automobile und das Rollmaterial der Bahnen zur Verfügung stellen. Man diskutierte auch über das Thema Artillerie, einer bekannten Schwachstelle der schweizerischen Armee. Frankreich würde aus Beutebeständen schwere Geschütze und Granaten für die deutschen 15 cm-Haubitzen liefern, da in der Schweiz bloss 300 Geschosse pro Haubitze vorhanden waren. «Von mir angeregt», meinte der Generalstabschef in seinem Bericht. Es folgte ein für Theophil Sprechers Haltung charakteristischer Vorbehalt: «In Wirklichkeit halte ich es für ausgeschlossen, dass Deutschland entgegen seinen dem Politischen Departemente und vorher schon mir abgegebenen Versprechungen, unser Gebiet verletze, wenn nicht zuvor von gegnerischer Seite eine Verletzung stattgefunden hat.»

Um die Jahreswende lebte man in der Schweiz in der Furcht, das Land werde in Kürze zum Kriegsschauplatz. Es war nicht allein das militärische Szenario, das zu pessimistischen Prognosen verleitete. Der fühlbar gewordene wirtschaftliche Boykott, den die Entente auf dem Umweg über den neutralen Staat gegen die Zentralmächte verfügte, liess wieder einmal den Gedanken aufkommen, man werde sich letzten Endes einer Kriegspartei anschliessen müssen. Als in Paris Jules Cambon, der Generalsekretär des Aussenministeriums, Charles Lardy von deutschen Truppenbewegungen im Elsass berichtete, meinte der schweizerische Gesandte mit unverkennbarem Sarkasmus, es hange von Frankreich ab, ob sich die Schweiz einer deutschen

Invasion widersetzen oder sich ins Unvermeidliche fügen werde.[463] Ein Notenwechsel mit den alliierten Regierungen hatte dem Land schon im Oktober 1916 vor Augen geführt, wie sehr seine Souveränität im ökonomischen Bereich eingeschränkt war.

Ein im Herbst mit Deutschland abgeschlossener Handelsvertrag liess an der schweizerischen Zuverlässigkeit Zweifel aufkommen, denn der Text wurde nur zum Teil publiziert. Daraus schloss man in Paris, dass im Vertrag möglicherweise militärische Vereinbarungen enthalten seien. Im Dezember 1916 schienen sich auf Grund von französischen Agentenberichten die Indizien zu häufen, dass die deutsche Armee eine Aktion gegen die Schweiz vorbereite. Im «Deuxième Bureau» glaubte man trotz den Berner Gesprächen vom Juni nicht an eine echte Kooperation mit dem schweizerischen Generalstab.

Im Nachhinein wurde darüber gerätselt, ob die von Paris orchestrierte Kampagne eine Krise konstruieren und die Schweiz in eine Konfrontation treiben sollte.[464] Die französische Regierung wäre vermutlich in der Lage gewesen, die Presse zurückzubinden, doch es schien ihr wenig daran zu liegen. Die fehlende Einheit im neutralen Staat war zu einem Faktor der Unsicherheit geworden, der für die kriegführenden Nationen gefährlich wurde. In diesem Punkt näherte sich die Beurteilung im französischen Hauptquartier immer mehr den von italienischen Generälen vertretenen Thesen, welche die innenpolitische Situation der Schweiz als Gefahr für ihr Land empfanden. Bleibt noch beizufügen, dass sich die französische Botschaft in Bern in dieser Frage moderat zeigte und bereit war, der schweizerischen Landesregierung Kredit einzuräumen.

Ob man im französischen Hauptquartier einen deutschen Angriff auf die Schweiz herbeiwünschte, um selber Aktionsfreiheit zu gewinnen, lässt sich nur vermuten. Man traute dem schweizerischen Generalstab nicht und war gleichzeitig von der Notwendigkeit überzeugt, mit der schweizerischen Armeeführung eine Einigung über die Zusammenarbeit im Ernstfall zu erzielen. Warnungen vor den deutschen Absichten gelangten auf verschiedenen Wegen in die Schweiz. Bundesrat und Armeeführung zeigten sich im Dezember 1916 von den Gerüchten wenig beeindruckt, denn das Vertrauen in die deutschen Parolen war nicht zu erschüttern.

Beim Handel mit Nachrichten und Spekulationen traten gelegentlich seltsame Figuren auf den Plan wie beispielsweise der französische Germanist Emile Haguenin, der vor 1914 als Dozent für französische Literatur in Berlin gewirkt hatte und noch während des Krieges mit dem deutschen Gesandten von Romberg in Bern verkehrte.[465] Haguenin wirkte seit 1915 in einer von Geheimnis umgebenen Mission in der Schweiz, die Gonzague de Reynold in seinen Memoiren mit den Worten umschrieb: «Il entendait être le chef unique de la propagande française en Suisse. Il renseignait sur la Suisse le Ministère des affaires étrangères en même temps qu'il renseignait certaines personnalités politiques de chez nous sur la politique française. Mais ce qu'il faisait de plus important c'était de surveiller la propagande austro-allemande. Il finit par s'en procurer le plan. Haguenin voulait devenir l'homme de la situation. Ce qui exigeait de lui d'être persona grata auprès du gouvernement français et auprès du gouvernement fédéral.»[466]

Es war kein Zufall, dass zwei schillernde Persönlichkeiten wie Haguenin und Gonzague de Reynold aufeinander trafen und sich selber im Zeitgeschehen eine Rolle zuwiesen, die ihrer Eitelkeit schmeichelte. Glaubt man dem Freiburger Aristokraten, so könnte man aus seinen Aufzeichnungen schliessen, die beiden Fachkollegen hätten die Gespräche zwischen den beiden Generalstäben in Gang gebracht. Im kritischen Dezember 1916 soll Haguenin die französischen Sorgen vorgebracht haben: «En France, on est effrayé de la concentration de troupes qui s'opère dans l'Allemagne du Sud, derrière le Rhin. On se demande s'il n'y a pas là l'indice d'une offensive à travers la Suisse. Croyez-vous qu'une entente serait possible entre l'Etat-Major français et l'Etat-Major suisse pour parer à ce danger?» Gonzague de Reynold will die Botschaft sogleich Bundesrat Hoffmann überbracht haben, der sie an den Generalstabschef weiterleitete.

Das Gespräch zwischen Morier und Sprecher vom 28. Dezember brachte einige konkrete Ergebnisse, doch an der Jahreswende trat in der Schweiz ein Stimmungsumschwung zu ungunsten Frankreichs ein. Die Gründe waren vielfältig. Die in der französischen Presse kolportierten Verdächtigungen erzeugten in der deutschen Schweiz zunehmenden Ärger. Die Landesregierung sah sich mit der Anschuldigung aus dem Kriegsministerium in Paris konfrontiert, die Schweiz habe im November einen Vertrag mit Deutschland geschlossen, in dem sie den deutschen Truppen freien Durchmarsch im Falle einer französischen Invasion anbiete. Deutsche Offiziere in Zivil hätten die Vereinbarung mit dem schweizerischen Generalstab ausgehandelt.[467] Die Meldung war auf eigenartigen Wegen ins Bundeshaus gelangt. Emile Haguenin hatte einen schweizerischen Subalternoffizier dazu gebracht, dass er sich im französischen Kriegsministerium beim Chef der Gegenspionage, einem Hauptmann Ladoux meldete. Der französische Nachrichtenmann überhäufte den Schweizer mit Vorwürfen gegen die schweizerische Regierung und beharrte auf der Geschichte von einer schweizerisch-deutschen Militärallianz. In Bern ärgerte man sich über den seltsamen Boten und über die Art und Weise, wie der französische Generalstab der Landesregierung seine schlechte Laune kundtat. Der Vorgang liess jegliche diplomatische Feinheit vermissen.

Inzwischen war eine Meldung in die Bundesstadt gedrungen, die französische Heeresleitung ziehe in der Region Lyon-Dijon 500 000 Mann zusammen. Frankreich wolle sich gegen eine auf eine Million Mann geschätzte deutsche Armee vorsehen, die für einen Durchbruch über schweizerisches Territorium bereitstehe. Der französische Aufmarsch blieb an der Juragrenze nicht unbemerkt. Oberstdivisionär

Treytorrens de Loys bestellte, wie Gonzague de Reynold berichtet, den französischen Militärattaché in seinen Abschnitt und forderte Auskunft. De Loys zeigte sich, wie der Freiburger Schriftsteller meinte, sehr misstrauisch: «L'idée du divisionnaire est cependant que les Alliés veulent peu à peu nous obliger à prendre parti en pratiquant une pression savante et alternée d'amabilités et de menaces de manière à nous compromettre envers l'Allemagne.»[468]

Oberst Morier wurde am 30. Dezember 1916, einen Tag nach der freundschaftlich verlaufenen Unterredung mit dem Generalstabschef, von Bundespräsident Decoppet und Theophil Sprecher zur Rede gestellt. Man erkundigte sich nach dem Sinn des französischen Aufmarschs. Die Sache war für den ziemlich ahnungslosen Morier peinlich, denn weder er noch Botschafter Beau waren in die Operationsplanung der «Armée d'Helvetie» eingeweiht. Der Oberst forderte von Paris Informationen und Argumente. An Silvester 1916 bestellte Sprecher den Militärattaché in sein Büro und erklärte ihm, der Bundesrat erwarte Erläuterungen über die französischen Truppenbewegungen.[469] Man fürchte deutsche Gegenmassnahmen, wolle aber nach Möglichkeit eine eigene Mobilmachung vermeiden. Der Militärattaché erkannte die Gefahr. Wenn die Eidgenossenschaft die Armee wieder aufbot, so durfte nicht die französische Armee den Anlass dazu bieten. Dann wäre die Pressekampagne, die Morier ohnehin ablehnte, umsonst gewesen, und die Schweizer würden wieder einmal von einem drohenden französischen Angriff sprechen. In Paris verstand man die Signale. General Nivelle telegraphierte dem Militärattaché, die französischen Verbände seien in den Osten des Landes in Ruhequartiere verlegt worden. Grund zu Beunruhigung bestehe nicht. Im gleichen Sinn wandte sich Aristide Briand an Botschafter Beau. Der Ministerpräsident versicherte noch einmal, Frankreich werde die schweizerische Neutralität peinlich genau respektieren. Dennoch war politischer Schaden entstanden. Oberst Morier geriet in Bezug auf seine persönliche Mission in Verdacht. Er habe den Auftrag – so eine Information unbekannter Herkunft an Bundesrat Hoffmann –, die Schweiz ins Lager der Entente hinüber zu führen.

Da nun Frankreich wieder als möglicher Angreifer erschien, war die Stunde Ulrich Willes gekommen. In einem Schreiben an den Bundesrat vom 13. Januar 1917 forderte der General die sofortige Mobilmachung der ganzen Armee. Einen unmittelbaren Anlass für einen derartigen Gewaltstreich sah er zwar nicht, wies aber auf Frankreich als Ruhestörer hin. Die Gefahr, in den Krieg hineingezogen zu werden, liege angesichts der «systematischen Treibereien aus Frankreich» in der Luft. Die Argumentation Willes war wie gewohnt sprunghaft und widersprüchlich. Er zweifelte zwar daran, dass einer der Nachbarn einen Durchmarsch durch die Schweiz plane. Eine grössere Aktion komme ohnehin erst im Frühjahr in Frage. Die im Dienst stehenden schweizerischen Verbände seien aber nicht imstande, bei einem Überfall ernsthaften Widerstand zu leisten und den Aufmarsch der übrigen Armee zu decken: «Wir sind gegenwärtig gegen einen solchen Überfall völlig wehrlos.»[470]

Wille machte deutlich, wo die «bösen Absichten» zu vermuten waren und zeigte wieder einmal auf Frankreich: «Obgleich ich die Wahrscheinlichkeit, dass der eine oder andere unserer kriegführenden Nachbarn durch unser Land durchmarschieren will, wie gesagt für sehr gering achte, kann ich doch die Möglichkeit nicht leugnen und bin daher der Ansicht, dass wir auf diese Eventualität hin unsere ganze Armee sofort mobilisieren müssen, ganz gleich wie dies bei Kriegsbeginn 1914 geschah, obgleich damals alle kriegführenden Staaten uns die Respektierung unserer Neutralität zusicherten.»

Auch der Bundesrat war der Meinung, die Schweiz müsse in dieser kritischen Situation ein Zeichen setzen. Er wünschte eine Verstärkung der Grenzbewachung. Die von Wille ultimativ geforderte Generalmobilmachung lehnte er ab, denn es war keine unmittelbare Kriegsgefahr zu erkennen. Der General kämpfte verbissen um ein Aufgebot der ganzen Armee und warnte vor «halben Massnahmen». Zu seinem Ärger gab sich Generalstabschef Sprecher mit weniger zufrieden, denn er glaubte nicht an eine ernsthafte Bedrohung. Der Bundesrat entschied gegen Wille: Mobilisiert wurden die 2. und die 5. Division, bei der bereits im Dienst stehenden 4. Division ergänzte man die Bestände. Es blieb Wille ein Trost: Die Landesregierung übernahm die volle Verantwortung für die Entscheidung. Im Laufe des Frühjahrs 1917 wurde deutlich, dass der Bundesrat eine Lösung nach Mass gewählt hatte, denn sie stiess keiner der kriegführenden Mächte vor den Kopf.

General Nivelle beharrte im Frühjahr 1917 auf weiter führenden Verhandlungen mit dem schweizerischen Generalstab. Man benötigte Informationen, darunter Angaben über Bereiche, die Theophil Sprecher bisher nach Möglichkeit unter Verschluss gehalten hatte: Operationspläne, Fragen des Oberkommandos, Mobilmachung, Transportkapazität der Eisenbahnen, Luftwaffe und Logistik.[471] Der französische Militärattaché war auf die Unterstützung der Bundesräte Hoffmann und Decoppet angewiesen bei seinem Versuch, die Geheimnisse des schweizerischen Generalstabs zu lüften. Es gab auf schweizerischer Seite gemessen an den französischen Forderungen offenbar beträchtliche Defizite, unter anderem die ungenügenden operativen Studien für den Fall Nord. Sprecher hielt sich lange zurück. In der Armeeführung war das fest geprägte militärpolitische Weltbild auch durch die Krise am Jahresende 1916 nicht erschüttert worden. Schritte in eine ungewohnte Richtung tat man nur unter dem Zwang der Umstände. Dafür charakteristisch ist die Tatsache, dass im Februar 1917 die ersten Auftragsstudien des neu ernannten Unterstabschefs Emil Sonderegger wieder dem Einmarsch französischer Truppen in die Schweiz und der Zusammenarbeit mit der deutschen Armee galten. Die im Hintergrund vorhandene Drohung Frankreichs, wenn nötig allein zu handeln, scheint den Generalstabschef schliesslich zu einer flexibleren Haltung gebracht zu haben.

Im französischen Hauptquartier bemühte man sich, den schweizerischen Generalstab mit dem Hinweis auf einen drohenden deutschen Überfall an den Verhandlungstisch zu bringen. Eine Eventualallianz war die beste Voraussetzung für eine Realisierung der Pläne der «Armée d'Helvétie». In einem Dokument des Hauptquartiers wurden die Gedankengänge des französischen Generalstabs skizziert: «L'Etat-Major Suisse s'inquiètera d'autant plus de cette hypothèse, qu'il ne l'a pas envisagée. Etant peu sûr de lui-même, il exagérera certainement le danger et se rapprochera de nous. On lui montrera alors qu'il nous est très facile de conjurer le péril allemand si nous sommes appelés à temps, c'est à dire avant que la frontière ait été violée. Nous pouvons dans ce cas border en très peu de temps (36 à 48 heures) le Rhin, de Bâle à Constance, et même protéger Bâle. On ne se battrait donc pas en Suisse. Si au contraire, notre intervention est demandée au moment de la violation de la frontière, nous ne pourrons protéger ni Bâle, ni même Zurich, et la Suisse sera le théâtre des hostilités.» Die Schlüsse, die man im Hauptquartier aus diesen Überlegungen zog, waren einfach: «Ces pourparlers doivent aboutir à une convention militaire entre les deux pays.»[472]

Das Kriegsministerium hatte versucht, die Kontakte mit Theophil Sprecher mit Hilfe von Botschafter Beau wieder anzuknüpfen, ein Prozedere, das bei General Nivelle auf keine Gegenliebe stiess. Der Chef der Armee hielt wenig von Diplomaten. Auch Militärattaché Morier, inzwischen zum Brigadegeneral befördert, kam für die eigentlichen Verhandlungen nicht in Frage. General Foch hätte Wünsche und Bedürfnisse der «Armée d'Helvétie» am besten vertreten können, doch die Entsendung dieses ranghohen Offiziers war zu gefährlich. Also delegierte man General Maxime Weygand, den Stabschef Fochs. Weygand hielt sich zu Verhandlungen mit dem schweizerischen Generalstab am 4. und 5. April in Bern auf, begleitet von einem Offizier aus dem Operationsbüro und einem Spezialisten des Eisenbahndienstes. Die Kontrahenten trafen sich wiederum in der Privatwohnung Theophil Sprechers. Man legte sich auf absolute Geheimhaltung fest, was auch bedeutete, dass die Konversation nicht schriftlich fixiert wurde. Indiskretionen konnten sich in der gespannten Atmosphäre verhängnisvoll auswirken.

Kontakte zwischen Morier und Generalstabschef Sprecher waren vorausgegangen. Unterstabschef Sonderegger hatte sich inzwischen mit dem sogenannten Nordostfall beschäftigt und ein Szenario für einen überraschenden deutschen Angriff entworfen. Er ging von zwei möglichen Abwehrfronten aus, wobei er voraussetzte, dass bei einem deutschen Einbruch bereits die ganze schweizerische Armee in ihren Ausgangsstellungen stand – eine reichlich optimistische Annahme. Die vordere Front verlief nach Sonderegger vom Napf zum Hauenstein, die hintere von Thun über Biel nach St. Ursanne. Nach den Berechnungen des Unterstabschefs konnte die Napf-Hauenstein-Linie von den französischen Hilfstruppen nicht rechtzeitig erreicht werden, so dass man sich weiter rückwärts einrichten musste: «Mit Sicherheit und Ruhe kann deshalb auch im Falle eines Einbruchs der Zentralmächte der Kampf nur auf der hinteren Front aufgenommen werden.»[473]

Sprecher ging davon aus, dass die schweizerische Armee eine Verteidigungslinie zwischen Jura und Vierwaldstättersee aufbauen würde, hinter der die französischen

Divisionen aufmarschierten. Er übermittelte die Studien des Generalstabs noch vor den Berner Verhandlungen General Morier, damit sich das Hauptquartier über seine Intentionen ins Bild setzen konnte. Die Kritik im französischen Generalstab fiel scharf aus. Man zweifelte an der Zuverlässigkeit der Unterlagen. Die Studien seien oberflächlich und dilettantisch. Weder der Zeitbedarf für die deutschen und französischen Aufmärsche noch die Transportkapazität des schweizerischen Schienennetzes seien seriös ermittelt worden.[474]

Die Verhandlungsrunde mit General Weygand wurde zu einer Lehrstunde für den schweizerischen Generalstab. Die beiden Partner gingen den offenen Fragen auf den Grund, so dass sich erstmals eine Zusammenarbeit der beiden Armeen abzeichnete. Ein Thema war der von der italienischen Generalität befürchtete deutsche Stoss durch die Schweiz in die lombardische Ebene. In diesem Fall würden französische Truppen in der Poebene intervenieren und die schlecht gesicherte italienische Nordgrenze decken. Sprecher brachte einen Vorbehalt an: Die Schweiz wäre bereit, mit französischen und britischen Truppen zusammenzuarbeiten, nicht jedoch mit italienischen oder mit Kolonialtruppen. Es galt, zahlreiche Probleme zu lösen. Der Eisenbahnoffizier in der französischen Delegation blieb einige Tage länger in der Schweiz, um die Transportfragen an Ort und Stelle zu studieren. Im französischen Generalstab dachte man an den Einsatz von Automobilen in grossem Stil, da die Bahnlinien im Jura nicht genügten.

Bei den Berner Gesprächen wurde nach dem Wunsch Theophil Sprechers kein Protokoll geführt. Doch das Kriegsministerium in Paris legte Wert darauf, dass dem Treffen ein offizieller Status verliehen wurde, und sandte eine Verbalnote mit einer Darstellung der militärischen Aspekte nach Bern. Die Absprachen gingen über das hinaus, was Sprecher ursprünglich zugestehen wollte, und stellten einen wesentlichen Schritt auf dem Weg zu einer Allianz dar. Eine Annäherung hatte sich auch ergeben, weil sich die beteiligten Offiziere gut verstanden. General Weygand zeigte sich von der Persönlichkeit des schweizerischen Generalstabschefs trotz fachlicher Vorbehalte beeindruckt.

Wenige Tage nach den Verhandlungen mit Weygand verlangte Sprecher von Geniechef Robert Weber Studien über den Anschluss der schweizerischen Stellungen an die französische Front im Largtal, wobei es um die Errichtung von Feldbefestigungen zwischen dem Largzipfel und der Höhe Montgrenay bei Courgenay ging, ein Fall, der eigentlich schon zu Beginn des Krieges hätte untersucht werden müssen. Ob der Geniechef einen Rapport ablieferte, lässt sich nicht mehr feststellen. Anderseits liegen Vorschläge von Robert Weber von 24. März 1917 vor, die ebenfalls auf einen Auftrag Theophil Sprechers zurückgingen und der entgegengesetzten Annahme – einem französischen Angriff – galten. Als Thema war der Anschluss an die deutschen Stellungen auf dem Morimont gegeben, damit eine geschlossene Front zwischen Les Rangiers und der elsässischen Grenze entstehen konnte.[475] Weber schlug vor, auf den Stellungsbau zwischen Morimont und dem Gehöft Fontaine vorläufig zu verzichten, bis «dringliche Umstände» einträten: «Dies ist auch wohl aus neutralitätspolitischen Gründen notwendig, weil die Befestigung dieser Strecke den Gedanken des Anschlusses an die Deutschen so auffallend aussprechen würde, dass es auf die Franzosen in höchstem Grade provozierend wirken müsste.»

So sensibel hatte sich die schweizerische Armeeführung nicht immer verhalten. Man zog gewisse Lehren aus den Affären des Jahres 1916 und bemühte sich, neutralitätspolitische Ausgewogenheit zu zeigen.

Im Jahre 1917 führte General Marie Jean Paulinier, Kommandant eines Armeekorps an der Juragrenze, die Gespräche mit Offizieren des schweizerischen Generalstabs weiter. Paulinier war der für die Planungen der «Armée d'Helvétie» zuständige Offizier. Es ging nicht mehr um Grundsatzfragen, sondern um die Bereinigung von Details. Ein hervorragendes Thema war immer noch die Ausstattung der schwachen schweizerischen Artillerie mit schweren Geschützen und die Erhöhung der völlig ungenügenden Munitionsdotation –, eine Aufgabe, die schwierige technische Probleme bot, denn es gab in der Schweizer Armee nur wenige Geschütze französischer Herkunft.

Im Dezember 1917 inspizierte General Paulinier in Begleitung von Generalstabshauptmann Gustave Combe die Stellungen bei Les Rangiers und die Fortifikation Hauenstein, zwei auch von den Franzosen als Eckpfeiler betrachtete Positionen.[476] In Frankreich hatte inzwischen General Philippe Pétain den wenig erfolgreichen Nivelle im Oberkommando abgelöst. Der Verteidiger von Verdun mass der in der Franche-Comté bereitstehenden Armee eine wesentliche Bedeutung bei, kam aber vom Gedanken an eine grosse französische Offensive durch das schweizerische Mittelland ab. Der Donauraum war unter Pétain nicht mehr das Ziel der operativen Planung. Die Abwehrschlacht gegen eine deutsche Invasion wäre also in jedem Fall auf schweizerischem Boden ausgefochten worden.

Im Frühjahr 1918 schloss General Paulinier die Arbeiten an der Befehlssammlung für die gemeinsamen Aktionen mit der eidgenössischen Armee ab. Am 8. März traf sich Oberstleutnant Eduard von Goumoëns, der Chef der Operationssektion, im Auftrag von Theophil Sprecher in Lyon mit französischen und britischen Generalstabsoffizieren. Es galt, die mühsam erarbeitete Zusammenarbeit verbal zu besiegeln. Über die französisch-schweizerischen Vereinbarungen hinaus war der denkbare deutsche Angriff über schweizerische Alpenpässe gegen Italien ein Anlass zu Gesprächen. In diesem Fall hätten neben französischen auch britische Truppen von der Lombardei aus in der Südschweiz interveniert.

Die vorbereiteten Studien und Befehle begründeten kein formelles Bündnis, doch sie kamen, wie Hans Rapold in seiner Geschichte des Generalstabs bemerkt, einer Militärallianz sehr nahe. Nun weiss man, dass der schweizerische Generalstab zur gleichen Zeit seine traditionell engen Kontakte zur deutschen Armee weiter pflegte. Aus schweizerischen Quellen ist dazu wenig zu erfahren. Die Akten des deutschen Heeres wurden im Zweiten Weltkrieg zu weiten Teilen zerstört, so dass von den entscheidenden Planungen wenig bekannt ist. Man darf davon ausgehen, dass der stets gründlich arbeitende deutsche Generalstab auch dem Fall Schweiz operative Studien gewidmet hat. Wäre das unterblieben, so hätte er nach den Regeln seiner Zunft fahrlässig gehandelt.

Für Kontakte mit der deutschen Armee war zu diesem Zeitpunkt insbesondere Emil Sonderegger zuständig. Sprecher schickte ihn im Sommer 1917 zusammen mit andern Offizieren zu einem Besuch an die deutsche Westfront. Im Hauptquartier in Kreuznach empfing General Erich Ludendorff den schweizerischen Unterstabschef, mit dem er sich über eine militärische Kooperation mit der Schweiz unterhielt.[477] Der deutsche General scheint nicht an einen französischen Vorstoss durch die Schweiz geglaubt zu haben und bestritt gleichzeitig, dass die deutsche Armee einen Überfall plane. Absprachen über Details, wie sie das französische Hauptquartier forderte, erachtete die deutsche Heeresleitung als überflüssig, solange man sich im Prinzip einig war. Es gehörte zum Führungsstil, dass der Heerführer «aus dem Sattel heraus» entschied und sich nicht allzu sehr an vorgegebene operative Studien und Modelle hielt. Die militärische Szene in der Schweiz mit all ihren Vorzügen und Schwächen war den Deutschen wohl bekannt. Immerhin scheint man sich, wie nachgelassene deutsche Notizen vom Frühjahr 1917 belegen, über militärische und transporttechnische Fragen unterhalten zu haben, die den Fall eines französischen Einbruchs in die Schweiz betrafen.[478] Welcher Stellenwert dieser «Besprechung in Frankfurt» zukommt und wer ihre Teilnehmer waren, ist ungewiss. Von schweizerischer Seite hatte Sonderegger das Thema in einer Studie aufgearbeitet, die aber nicht so weit in Einzelheiten ging wie die Absprachen mit Frankreich.

Theophil Sprecher äusserte sich Jahre später über die militärischen Kontakte mit den beiden Mächten. Er legte dabei Wert auf die Zusicherung der französischen Regierung, dass ihre Truppen die Schweiz nur auf Verlangen der schweizerischen Regierung betreten würden: «Wir hatten keinen Grund, an der Aufrichtigkeit dieser Zusage zu zweifeln, um so weniger als die Missachtung der Abmachung uns ohne weiteres auf die andere Seite gedrängt hätte, was sicher nicht im Wunsche Frankreichs lag. Das Bild der damaligen Lage kann uns aber erst vollständig erscheinen, wenn wir beachten, dass der Bundesrat damals, kraft seines Neutralitätswillens, Deutschland von dem französischen Ansinnen in Kenntnis setzte. Die Zusicherungen, die wir von dieser Seite für den Fall eines französischen Einbruches empfingen, hielten den Abmachungen die Waage, die wir mit Frankreich getroffen hatten. Die deutsche Heeresleitung konnte aber den Glauben, Frankreich werde die Schweiz brüskieren, kaum aufbringen. Es waren deshalb auch die Abmachungen, die wir für den Fall des Zusammengehens mit Deutschland trafen, weniger eingehend, als was mit der französischen Heeresleitung auf deren Wunsch vereinbart wurde.»[479]

Über Wert oder Unwert der formell gar nicht vorhandenen Eventualallianzen sind nur Spekulationen möglich, denn die Vereinbarungen wurden im Laufe des Krieges nicht in Anspruch genommen. Alles in allem lässt sich daraus schliessen, dass sich die schweizerische Armeeführung zu einem späten Zeitpunkt zu einer neutralitätspolitisch korrekten Gleichstellung der Kriegsparteien bereit fand. Ob das aus Überzeugung oder unter dem Zwang der Verhältnisse geschah, mag dahingestellt bleiben.

Der langwierige Weg zum Frieden

Bundesrat Hoffmanns Geheimdiplomatie

Es war das gute Recht neutraler Staaten, den kriegführenden Nationen ihre Dienste zur Vermittlung des Friedens anzubieten, ein Privileg, das die Haager Friedenskonferenz bestätigt hatte. Das galt auch für die Schweiz, die seit einem halben Jahrhundert als Schutzmacht für das Rote Kreuz und die Genfer Konvention galt und in Bern das Internationale Friedensbüro beherbergte. Das Thema wurde bald nach Kriegsbeginn von verschiedenen Seiten an Bundesrat Hoffmann, den unbestrittenen Leiter der Aussenpolitik, herangetragen. Der Aussenminister sah sich Petitionen und Vorschlägen gegenüber, die er selber als «verschwommene und unpraktische Anregungen» bezeichnete.[480] Es lag unter anderem eine Eingabe der sozialdemokratischen Fraktion der Bundesversammlung vom 31. Oktober 1914 auf dem Tisch, die eine gemeinsame Aktion mit den übrigen neutralen Mächten «zur Anbahnung des Friedenswerkes» forderte. Einen Tag später meldete sich der Schweizerische Verband für das Frauenstimmrecht, der seine Hoffnung auf den Präsidenten der Vereinigten Staaten setzte. Wilson habe seine Bereitschaft erklärt, die Führung einer neutralen Staatengruppe bei einer Vermittlungsaktion zu übernehmen. Der Bundesrat möge – so die Anregung der Frauen – dem Präsidenten ein aktives Vorgehen empfehlen. Hoffmann erklärte dazu am 10. November im Bundesrat: «Die Frage der Friedensintervention hat das Politische Departement seit langem beschäftigt. Es ist nicht von der Hand zu weisen, dass unser Land hier eine Mission zu erfüllen hat und unendliches Leid verhüten kann, wenn es im richtigen Momente handelt.»[481]

Wenn Parlamentarier oder private Organisationen friedensstiftende Aktionen verlangten, pflegte Arthur Hoffmann zu antworten, man müsse den «psychologischen Moment» abwarten. Am Aussenminister lag es, diesen Augenblick zu bestimmen, denn er billigte dem bundesrätlichen Kollegium nur eine beschränkte aussenpolitische Kompetenz zu. Darum entwickelte Hoffmann in der Friedensfrage eine wenig durchsichtige Geheimdiplomatie, die im Sommer 1917 zum persönlichen Debakel führte. Bei der Suche nach dem «psychologischen Moment» war der Politiker von jeglichem Glück verlassen.

In einem andern Punkt war sich die Landesregierung einig: Eine vermittelnde Tätigkeit sollte wenn möglich durch eine Gruppe von neutralen Staaten erfolgen. Das Protokoll der Bundesratssitzung vom 6. November 1914 hält dazu fest: «Das moralische Gewicht einer Friedensaktion muss stärker sein, als sie einem einzelnen kleinen Lande, mag es in der Völkerfamilie auch einen noch so ehrenvollen Platz einnehmen, naturgemäss zukommen kann. Es werden sich daher in der Tat mehrere neutrale Staaten vereinigen und gemeinsam Friedensvorschläge einreichen müssen, soll denselben von den kriegführenden Mächten Gehör geschenkt werden.»[482] Zur Gruppe der wirklich neutralen Staaten zählte der Bundesrat nur die Vereinigten Staaten, Holland und die skandinavischen Länder. Vorläufig neutrale Nationen wie Italien, Rumänien, Bulgarien und Griechenland kamen in seinen Augen als Friedensstifter nicht in Frage.

Am 24. Februar 1915 meldete sich beim Bundesrat die neu gegründete Schweizerische Friedensgesellschaft mit einer Eingabe, die eine internationale Konferenz der neutralen Staaten zur «Anbahnung des Weltfriedens» anregte.[483] Die Initianten unter ihrem Präsidenten Franz Heller-Bucher dachten nicht nur an Friedensvermittlung, sondern auch an die Art und Weise, wie «die gemeinsamen Interessen der neutralen Staaten während des Kriegs und beim zukünftigen Friedensschluss gewahrt werden könnten.» Mit diesem praktischen Anliegen wurde ein Aspekt angesprochen, der den Bundesrat genauso wie die Regierungen anderer neutraler Staaten bewegte. Es ging nicht nur um altruistisches Friedensstiften, sondern um das Überleben der kleineren Länder gegenüber dem politischen und wirtschaftlichen Diktat der Grossmächte. Das Nebeneinander dieser Motive war legitim, erschwerte aber in der Praxis die Zusammenarbeit der neutralen Mächte.

Die Landesregierung lehnte in ihrer Antwort an die Friedensgesellschaft die Idee einer internationalen Konferenz ab. Nach Meinung Arthur Hoffmanns hatte eine derartige Veranstaltung keinen Sinn, wenn nicht ein in allen Einzelheiten ausgearbeitetes und von den Partnern akzeptiertes Programm zur Debatte stand. Man hatte im Umgang mit den andern Neutralen einige Enttäuschungen erlebt. So war Präsident Wilson – entgegen den Erwartungen der schweizerischen Frauen – nicht bereit, als Friedensstifter anzutreten. Es sei für derartige Versuche zu früh. Im Bundesrat stellte man dazu fest: «Das Resultat der Sondierung in Washington war eine sehr höfliche Ablehnung des nordamerikanischen Präsidenten, und aus den Besprechungen mit dem hiesigen niederländischen Gesandten ging die äusserste Zurückhaltung seiner Regierung hervor. Es scheint ganz ausgeschlossen, dass diese Regierungen nun in die konferenzielle Besprechung eines Friedensprogrammes und einer gemeinsamen Aktion zum Schutze der neutralen Interessen eintreten werden».[484] Eine «Bereitwilligkeit zum Friedensschluss» sei bei Deutschland, Frankreich und England nicht zu erkennen. Man müsse genau hinschauen und abwarten, ob sich die Stimmung bei den Kriegführenden verändere. Im übrigen sollten die neutralen Staaten dafür besorgt sein, dass sie im zukünftigen Friedenskongress mitreden könnten. Mit dem Wunsch nach Beteiligung an Friedensverhandlungen wurde im Bundesrat eine Illusion weitergesponnen, die im Jahre 1871 in die Irre geführt und den Ärger von Reichskanzler Bismarck hervorgerufen hatte.

Bundesrat Hoffmann glaubte nach wie vor, in Washington und Den Haag die richtigen Partner für die gemeinsame Suche nach dem Frieden zu finden. Er wusste, dass ein derartiger Versuch strenge Unparteilichkeit voraussetzte, war aber der Meinung, dass er selber diese Bedingung erfülle. Den Diplomaten der Entente war die deutschfreundliche Gesinnung des schweizerischen Aussenministers bekannt, die sich bei aller formellen Korrektheit nicht verbergen liess. Als sichtbares Zeichen erkannte man den vertrauten Umgang mit dem deutschen Gesandten Freiherr von Romberg. Das offenkundige Verständnis Hoffmanns für die deutschfreundlichen Eskapaden General Willes wurde als stille militärpolitische Komplizenschaft gewertet. In Paris betrachtete man die Aktivitäten des Magistraten aufmerksam und mit verständlichen Vorbehalten.[485] Friedensvermittlung von neutraler Seite war unerwünscht, denn sie konnte sich nur zum Nachteil der Entente auswirken. Die Entente setzte auf Sieg. Bevor dieses Ziel erreicht war, hätte ein Friede nur mit schmerzlichen Kompromissen erreicht werden können, denn die Deutschen würden ihre militärisch günstigen Positionen nur um einen hohen Preis aufgeben. Belgien, Nordfrankreich und Elsass-Lothringen waren in deutscher Hand. Es gab für das Deutsche Reich keinen Grund, diese so wichtigen Territorien zu räumen. Wer also in dieser Situation zu Friedensverhandlungen aufrief, spielte das Spiel der Zentralmächte.

Bundesrat Hoffmanns Warten auf den psychologisch richtigen Moment zog sich über einen längeren Zeitraum hin, als es dem stets aktiven Politiker lieb war. Die anfängliche Zurückhaltung wich im Jahre 1916 dem offenkundigen Bedürfnis, die vom Weltgeschehen verordnete Lethargie abzulegen. Die schwierige Situation der Schweiz scheint den Aussenminister zu Alleingängen gedrängt zu haben. Für sein wachsendes Bedürfnis nach einer schweizerischen Friedensaktion gab es zahlreiche Motive: Der nicht enden wollende Krieg hatte in Europa eine spürbare Kriegsmüdigkeit hervorgebracht. Hoffmann vermutete dieses Phänomen – zu Recht oder zu Unrecht – vor allem in der französischen Bevölkerung, die unter dem Kriegsgeschehen besonders zu leiden hatte. Die Schweiz selber manövrierte sich mit der Oberstenaffäre in eine ungemütliche Situation. Die Spannungen zwischen den Landesteilen hatten für jedermann sichtbar ein unerträgliches Ausmass angenommen. Hinzu kam der anhaltende wirtschaftliche Druck, der das Land auch ohne Krieg in eine beinahe ausweglose Lage brachte. Unter diesen Umständen scheint Hoffmann den Zwang empfunden zu haben, im Interesse des Landes, aber auch zum Nutzen Europas, als Friedensstifter zu wirken.

Im Mai 1916 liess sich der Aussenminister auf ein heikles Experiment ein. Es zeichnete sich, wie er glaubte, eine gewisse Hoffnung auf einen Frieden zwischen Deutschland und Frankreich ab. In Bern erschien unter geheimnisvollen Umständen zweimal der französische Abgeordnete Paul Meunier, der zu den radikalen Sozialisten gehörte und mit einer Gruppe gleichgesinnter Politiker auf den Sturz des Kabinetts von Aristide Briand hinarbeitete.[486] Man war in Paris unzufrieden mit dem

Gang der Ereignisse vor Verdun, obschon zu diesem Zeitpunkt der deutsche Angriff auf die Festung bereits gescheitert war. Meunier besuchte mehrmals Bundesrat Hoffmann, der den französischen Oppositionellen in seiner Privatwohnung empfing. Der Abgeordnete präsentierte sich als Gefolgsmann des ehemaligen Finanzministers Joseph Caillaux, der in einem neuen Kabinett vermutlich die Führung übernommen hätte.

Die Botschaft Meuniers war brisant: Er wünschte die deutschen Bedingungen für einen Friedensschluss zu erfahren, den man in Frankreich angeblich herbeisehnte. Wenn die deutschen Forderungen mässig seien, so könne das den Sturz des Kabinetts Briand beschleunigen. Der Chef des Politischen Departements scheint sich anfänglich vorsichtig verhalten zu haben. Immerhin meinte er, die Schweiz werde vermutlich die Initiative zu Friedensgesprächen ergreifen, sobald eine zu Verhandlungen bereite französische Regierung im Amt sei. Hoffmann liess sich damit auf einen gefährlichen Handel ein, denn er wurde – möglicherweise ohne sein Wissen – zum Werkzeug einer gross angelegten deutschen Aktion. Er beeilte sich, sein Wissen dem deutschen Gesandten Romberg mitzuteilen, der die leicht zugänglichen Interna der schweizerischen Aussenpolitik nach Berlin weiterleitete.

Deutschland hatte schon im Jahr zuvor über Vertrauensmänner in Frankreich Propaganda betrieben und Kontakte zu französischen Persönlichkeiten hergestellt. Man suchte nach Schwächen im politischen System und fand Figuren in der Opposition, die mit der harten Kriegspolitik der Regierung nicht einverstanden waren. Zu dieser teilweise im Untergrund tätigen Gruppe gehörte der Direktor der Zeitung «L'Eclair», Ernest Judet, der auch mit Charles Lardy Kontakt pflegte. Judet und Romberg standen miteinander in Verbindung. Der Franzose kündigte dem deutschen Gesandten den Besuch Meuniers bereits im März 1916 an. Bundesrat Hoffmann konnte also den Diplomaten mit seinen Nachrichten nicht überraschen. Er scheint auch nicht gewusst zu haben, dass ihm in diesem Spiel eine problematische Rolle zugewiesen war.

Ein Ziel der deutschen Agitation war zweifellos die Spaltung der Entente. Man dachte an einen Separatfrieden mit Frankreich, ein Gedanke, der in deutscher Optik auf Grund der militärischen Lage realistisch schien. Romberg verfolgte den Plan mit aller Konsequenz. Er bemühte sich, den gegen den Krieg eingestellten französischen Politikern ein erträgliches Angebot vorzulegen. Am 4. Juni 1916 schrieb er dem Reichskanzler: «Ich habe Eurer Exzellenz die Ansicht vorgetragen, dass es in einem Separatfrieden vielleicht möglich sein würde, das Plateau von Briey und eine erhebliche Kriegsentschädigung zu erhalten, gegen geringfügige Grenzregulierung zu Gunsten Frankreichs im Oberelsass und eventuell Tauschgeschäfte in Afrika. Ohne solche Scheinkonzessionen würde nach meiner Überzeugung keine ernste Partei den Versuch einer Verständigung mit uns wagen können, geschweige denn, wenn wir noch weitere Gebietsabtretungen in Frankreich verlangen wollten.»[487]

In seiner Korrespondenz mit Berlin hob Romberg hervor, dass er in seinen Ansichten mit Bundesrat Hoffmann übereinstimme, auch schätzte er die ihm zugänglichen Informationen von Charles Lardy, dessen umfassendes Wissen über Frankreich in die deutschen Überlegungen einbezogen wurde.

Wie weit die Übereinstimmung zwischen Baron von Romberg und Bundesrat Hoffmann in diesem Fall ging, lässt sich nicht mehr feststellen. Das deutsche Bemühen um einen Separatfrieden scheint den Wunschvorstellungen des schweizerischen Aussenministers entsprochen zu haben. Dabei kam jede Hilfeleistung in dieser Sache einem schweren Verstoss gegen die Neutralität gleich, denn sie diente deutschen Kriegszielen. Es war nicht Hoffmanns Absicht, Frankreich zu schaden. Nach seinen Vorstellungen hätte ein Friedensschluss zwischen Deutschland und Frankreich zu einem allgemeinen Frieden geführt. In einem Gespräch mit dem Abgeordneten Meunier bekräftigte er seinen Glauben an die militärische Überlegenheit des Deutschen Reichs. Ein Ruin Frankreichs sei ebensowenig wie jener Deutschlands im Interesse der Schweiz und der Menschheit. Davon könne nur England profitieren: «Il se pourrait que l'Angleterre désirât l'usure du continent européen, ce n'est pas l'intérêt de la Suisse, ce n'est pas d'avantage celui de la France ni de l'Allemagne.»[488] Mit diesen anti-britischen Thesen bewegte sich Bundesrat Hoffmann auf den Spuren der deutschen Kriegspropaganda: Es galt, Frankreich aus den imperialistischen Fesseln der britischen Weltmacht zu lösen.

Die Episode endete ohne Ergebnis und ohne Schaden für den schweizerischen Magistraten. Die französische Kriegsmüdigkeit blieb ein deutscher Wunschtraum. Eine Zeitlang hatte auch Charles Lardy in Paris an französische Schwächezeichen geglaubt und Hoffmann in seiner Rolle als Friedensstifter bestärkt. Das Kabinett Briand sass aber trotz allen Anfechtungen fest im Sattel. Der deutsche Generalstab war in seiner Überheblichkeit ohnehin nicht zu Konzessionen bereit, so dass ein ernsthaftes Gespräch mit Frankreich nicht zur Debatte stand. Bundesrat Hoffmann hingegen hatte sich mit seinen Ideen von einem Separatfrieden auf eine schiefe Ebene begeben. Er schien sich auch später an ein neutralitätspolitisch heikles Axiom zu halten: Der Augenblick für eine Friedensinitiative war seiner Meinung nach dann gegeben, wenn bei der Entente der Siegeswille sichtbar nachliess.

Im Herbst 1916 häuften sich beim Bundesrat Petitionen und Eingaben, die ein aktives Handeln zugunsten des Friedens forderten. In einigen Städten gingen öffentliche Veranstaltungen in Szene, bei denen eine Friedenskonferenz der Neutralen gefordert wurde. Dabei sollte nicht nur eine Waffenruhe angestrebt, sondern auch die zukünftige Friedensordnung debattiert werden. Bundesrat Hoffmann war nicht bereit, sich durch Parlamentarier und populäre Manifestationen in eine von ihm nicht gewünschte Richtung drängen zu lassen. In einem Rapport der Landesregierung an die Bundesversammlung vom 23. November 1916 beschwor er die Gefahren einer misslungenen Vermittlung: «Aussi n'est pas sans motif que la question d'une offre de médiation a été traitée par tous les gouvernements neutres avec la plus grande circonspection, et que les manifestations fougueuses en faveur d'une telle intervention ont été accueillies partout avec une extrême réserve. Considérant la perte de prestige national qui menacerait, en cas d'échec, le gouvernement qui agirait pour son propre compte, on a songé à une intervention collective des gouvernements neutres en vue de la paix. Mais on oublie que, pour qu'un congrès des Etats neutres puisse arriver à un résultat, il faudrait avant tout engager des négotiations diplomatiques avec les gouvernements des principaux Etats belligérants pour créer la base d'un programme de paix. Or, il n'est que trop évident que, dans l'état actuel de la guerre, de pareilles négotiations diplomatiques sont impossibles.»[489] Solange sich die öffentliche Meinung der kriegführenden Nationen nicht grundlegend geändert habe, sei eine Vermittlung durch die neutralen Staaten zum Scheitern verurteilt.

Die Absage Hoffmanns an die auf öffentlichem Marktplatz vorgetragenen Friedensappelle bedeutete in keiner Weise, dass der Leiter der schweizerischen Aussenpolitik sein Ziel als Friedensstifter aus dem Auge verlor. Es bot sich eine Perspektive an, die dem Selbstgefühl des in Bedrängnis geratenen Kleinstaats schmeichelte: Bundesrat Hoffmann und sein Gehilfe in Washington, der Gesandte Paul Ritter, bemühten sich um einen Schulterschluss mit den damals noch neutralen Vereinigten Staaten, die – so eine weit verbreitete Meinung – als Grossmacht einen Friedensschluss hätten erzwingen können. Die Schweiz wollte im Windschatten der mächtigen Nation an der Vermittlungsaktion teilhaben und ihre europäischen Erfahrungen einbringen. Die Anbiederung an die transatlantische Macht nahm teilweise peinliche Formen an und provozierte sarkastische Kommentare. So zitierte Jules Cambon, der Generalsekretär des französischen Aussenministeriums, in einem Gespräch mit Minister Lardy diskret die Fabel vom Frosch, der sich aufbläht, weil er so gross wie ein Ochse sein will.[490]

Der Gesandte Paul Ritter agierte in Washington oft auf eigene Faust, dann aber auch im Auftrag von Bundesrat Hoffmann. Er versuchte, durchaus zum Missfallen von Staatssekretär Robert Lansing, Woodrow Wilson zu einer Friedensinitiative zu ermuntern. Ritter hielt den zögernden Präsidenten nicht unbedingt für den geeigneten Friedensstifter. Im Sommer 1916 präsentierte er Hoffmann einen Vorschlag, der jeglichen Sinn für die Realitäten vermissen liess: «Zu solchem Unterfangen braucht es einen wirklich grossen Mann, dem es gleichgültig ist, bei Fehlschlagen des Planes Spott zu ernten. Beim Gelingen wäre Weltruhm sein Lohn. Wilson ist, meines Erachtens, nicht dieser Mann. Er fürchtet sich, trotz grossen Ehrgeizes, nicht nur vor dem Misserfolge bzw. dem Spott, sondern hauptsächlich davor, dass ein grosser Teil der amerikanischen Bevölkerung, welcher sich jetzt durch Kriegslieferungen bereichert, sein Einmischen übel nehmen würde.»[491] Ritter hielt offenbar Bundesrat Hoffmann als den vom Schicksal auserkorenen Mann des Friedens.

Am 18. November 1916 forderte Hoffmann den schweizerischen Gesandten telegraphisch auf, sich um eine Audienz bei Wilson zu bemühen. Er glaubte, es könne sich für die Wiederwahl des amerikanischen Präsidenten günstig auswirken, wenn er sich verstärkt für den Frieden einsetzte. Ritter müsse Wilson zu verstehen geben, «dass, wenn Schweiz ins Vertrauen gezogen, uns Mitarbeiterschaft bei Verwirklichung solcher Pläne zu hoher Ehre gereichen würde.»[492]

Wenige Tage später wurde der schweizerische Gesandte von Präsident Wilson empfangen, der sich für die Komplimente aus der Schweiz bedankte, aber zu verstehen gab, dass für ihn der Moment zum Handeln noch nicht gekommen sei. Ritter präsentierte seinen unklaren Auftrag mit gewundenen Formulierungen: «Das heutige Kabel rede von ins Vertrauen-gezogen-Werden und von der Ehre eventueller Kooperation seitens der Schweiz mit den Vereinigten Staaten». Der Präsident soll daraufhin gefragt haben: «Haben Sie denn Kenntnis, was sich ihre Regierung darunter vorstellt?»[493] Die Antwort Ritters war wortreich und nichtssagend.

Das Staatsdepartement hatte mehr als einmal erklärt, dass die Vereinigten Staaten unabhängig handeln würden und sich nicht in irgendeine Phalanx neutraler Staaten einordneten. Das war Bundesrat Hoffmann und seinem Gesandten wohl bekannt, schien aber die beiden nicht anzufechten. Ritter war als Friedensbote denkbar ungeeignet. Er verbarg seine deutschfreundliche Gesinnung nie. Seine Berichte nach Bern legen davon Zeugnis ab. Mit Behagen schrieb er über amerikanisch-englische Irritationen, die im Zusammenhang mit der britischen Blockadepolitik entstanden waren. Die amerikanischen Interessen würden durch England immer mehr bedroht, schrieb er im Januar 1917 in einem Rapport an das Politische Departement. Der Präsident habe deshalb «eine bedeutende Schwenkung nach der Seite der Zentralmächte vollzogen».[494]

Im Dezember 1916 wurde die Friedenssuche in Europa zu einem kontrovers diskutierten Geschäft. Am 12. Dezember erliessen die Zentralmächte überraschend ein Friedensangebot, ohne Bedingungen zu nennen. Die Westmächte werteten den Vorstoss als Finte. Frankreich und England dachten nicht daran, sich auf Gespräche einzulassen. Italien zeigte sich weniger entschlossen, fügte sich aber in die Solidarität der Bündnispartner. Am 21. Dezember sandte der amerikanische Präsident eine Note an die kriegführenden Mächte mit der Aufforderung, die Bedingungen für Friedensverhandlungen bekannt zu geben. Eine Kopie des Dokuments gelangte nach Bern. Wilson wartete nicht mit eigenen Vorschlägen auf, sondern suchte nach Anknüpfungspunkten und Grundlagen für Gespräche. Der Appell des amerikanischen Präsidenten wurde von den Mächten der Entente mit geringer Begeisterung aufgenommen. Die pauschalen Formulierungen schienen die Alliierten auf die selbe Stufe wie die Zentralmächte zu stellen. Man vermisste eine Differenzierung in der Frage der Kriegsschuld.

Hoffmann glaubte, mit dem Gesprächsangebot der Zentralmächte sei der «psychologische Moment» für eine schweizerische Initiative gekommen. Er wusste, dass ein Vorstoss bei der Entente wenig freundliche Reaktionen hervorrufen würde. Dennoch erkundigte er sich bei seinen Diplomaten nach der bei den Alliierten herrschenden Stimmung. «Ich möchte doch nicht versäumen, einen ganz feinen Fühler auszustrecken, wenn es ohne Risiko geschehen kann», schrieb der Aussenminister an Alfred von Planta in Rom.[495]

Die Gesandten in Paris und Rom rieten von einer Initiative ab. Im englischen Unterhaus machte Lloyd George deutlich, dass von Verhandlungen keine Rede sein könne. Jeder Vermittlungsversuch auf den Spuren des deutschen Friedensangebots musste bei den Alliierten auf Ablehnung stossen. Charls Lardy in Paris warnte: «Cela serait incontestablement mal pris; cela donnerait à la Suisse l'apparence d'être la porte-parole des Boches.»[496] Bundesrat Hoffmann beschloss, die Sache vorläufig ruhen zu lassen. Man wollte sich nicht dem Vorwurf aussetzen, die Schweiz segle im Schlepptau der Zentralmächte.

Die Note Präsident Wilsons schuf für den Chef des Politischen Departements eine neue Situation. Hoffmann schlug dem bundesrätlichen Kollegium vor, im Anschluss an den amerikanischen Vorstoss eine Note an die kriegführenden Mächte zu richten. Er glaubte noch an ein gemeinsames Vorgehen mit den Vereinigten Staaten. Staatssekretär Lansing lehne zwar eine Mitwirkung der Schweiz bei Friedensbestrebungen ab, Präsident Wilson habe hingegen Minister Ritter zugesichert, «von seinem Vorgehen Kenntnis zu geben und ihr (der Schweiz) die Ehre nicht verweigern zu wollen, dem grossen Werke ihre Unterstützung zu leihen».[497] Hoffmann bestand auf einer schweizerischen Aktion, obschon er wusste, dass sie von den alliierten Mächten ungnädig aufgenommen würde: «Durch den Schritt Wilsons und die Mitteilung seiner Note an die Schweiz ist für diese der psychologische Moment gekommen, in welchem sie sich fragen muss, ob sie die Sache sich weiter entwickeln lassen oder auf der Seite bleiben wolle. (...) Zweifellos hat die Schweiz Gründe, aus ihrer Lage herrührend, und auch Gründe der Humanität genug, um zu rechtfertigen, wenn sie in irgend einer Weise tätig wird. Auf der andern Seite weise man darauf hin, wie unfreundlich das Angebot guter Dienste von den Entente-Staaten möglicherweise wird aufgenommen werden. Das Risiko einer Einmischung ist nicht gering anzuschlagen. Es ist anzunehmen, dass das Angebot nicht gerade freundlich von den Alliierten wird aufgenommen werden. Allein man darf sich sagen, dass, wenn Wilson mit den Vereinigten Staaten das Risiko übernimmt, auch die Schweiz es übernehmen kann.»[498]

Im Bundesrat regte sich bescheidener Widerspruch. Bundespräsident Decoppet glaubte nicht, dass die Grossmächte zu ernsthaften Verhandlungen bereit seien, und Bundesrat Schulthess fürchtete die ablehnenden Reaktionen der Entente-Staaten. Dennoch wurde das Dokument einstimmig verabschiedet und an die verschiedenen Regierungen versandt. Es enthielt umständliche Elogen für Präsident Wilson und seine Initiative und beteuerte einmal mehr den Willen der Schweiz, ihren besonderen Beitrag zu leisten: «La Suisse est prête à aider de toutes ses faibles forces à mettre un terme aux souffrances de la guerre qu'elle voit passer tous les jours avec les internés, les grands blessés et les évacués.»[499]

Das Argument Hoffmanns, Aktionen, welche die Vereinigten Staaten in Sachen Friedensvermittlung unternähmen, seien auch der Schweiz erlaubt, half nicht über die Peinlichkeiten hinweg, die sich aus dem diplomatischen Ausflug ergaben. Der Aussenminister unterschätzte die realen Grössenverhältnisse, wenn er für die Schweiz die selben Rechte beanspruchte wie Washington. In den Hauptstädten der Entente kümmerte man sich wenig um die Parallele zwischen der amerikanischen und der schweizerischen Note. Die Kritik galt der zeitlichen Nähe der eidgenössischen Aktivitäten zum deutschen Friedensangebot. England und Frankreich sahen ihren Verdacht bestätigt, die schweizerische Politik stehe unter dem Einfluss der Zentralmächte. In Paris fielen die Reaktionen höflicher aus als in London. In Berlin und Wien konnte man mit dem Signal Hoffmanns so wenig anfangen wie mit der Note Wilsons.

Im Januar 1917 begann jene Folge von diplomatischen Ungereimtheiten, die zum sogenannten «Fall Ritter» führten. Präsident Wilson forderte in einer Botschaft an den Senat noch einmal Friedensverhandlungen, ohne selber Vorschläge anzubieten. Man schien im fernen Amerika mit den verschlungenen europäischen Verhältnissen wenig vertraut zu sein, so dass man ihre Regulierung den Kontrahenten auf dem alten Kontinent überliess. Bundesrat Hoffmann war über das neue Zeichen aus Washington erfreut und erteilte dem Gesandten Ritter telegraphisch den Auftrag, sich sogleich beim Präsidenten zu melden: «Legen Sie ihm die Frage nahe, ob nicht die Sache des Friedens mächtig gefördert werden könnte, wenn die Grundlagen der internationalen Rechtsordnung, von welcher seine Botschaft spricht, zunächst auf Grund eines von ihm zu entwerfenden Programms in einer Konferenz der Neutralen diskutiert und vorbereitet würden.»[500]

Hoffmanns neuer Versuch fiel auf einen ungünstigen Termin. Am 31. Januar 1917 erklärte das Deutsche Reich den uneingeschränkten Unterseebootkrieg, eine Eskalation in der Seekriegführung, die unweigerlich auch die Vereinigten Staaten traf. Wenige Tage später brach Wilson die diplomatischen Beziehungen zu Deutschland ab. In einer weitschweifigen Note brachte der deutsche Gesandte der schweizerischen Landesregierung die Botschaft von der neuen Seekriegsführung zur Kenntnis. Seine Argumente waren fast ausschliesslich gegen England gerichtet, das seinen «Aushungerungskrieg» gegen die Zentralmächte «unbekümmert selbst um die stumme Friedenssehnsucht bei den Völkern ihrer Bundesgenossen» führe. Die kaiserliche Regierung werde in Zukunft alle Waffen voll einsetzen, «wenn sie in höherem Sinn der Menschheit dienen und sich vor den eigenen Volksgenossen nicht versündigen will».[501]

Der verhängnisvolle Entschluss führte wenig später zum Kriegseintritt der Vereinigten Staaten. Die deutsche Heeresleitung nahm wie die Kriegsmarine den Konflikt mit der amerikanischen Grossmacht in Kauf, da man das Potential des neuen Gegners unterschätzte. Man hielt wenig von seiner militärischen Stärke. Das amerikanische Heer hatte im mexikanischen Bürgerkrieg in einem unglücklichen Feldzug gegen den Guerillero Pancho Villa eine schlechte Figur gemacht. Es war weder zahlenmässig noch in Bezug auf seine militärische Güte ein Kontrahent, mit dem man auf den europäischen Kriegsschauplätzen rechnete. Von der amerikanischen Flotte nahm man nicht an, dass sie der deutschen U-Boot-Armada gewachsen sei. Völlig unbekannt waren auch die wirtschaftlichen Kräfte des nordamerikanischen Kontinents, die eine eindrückliche Mobilisierung der ganzen Nation ermöglichten.

Mit dem Kriegseintritt der Vereinigten Staaten verloren Hoffmann und Ritter jenen Bundesgenossen, den sie in ihrem Wunschdenken als Anführer einer Friedensaktion gesehen hatten. Der schweizerische Gesandte rechnete nie ernsthaft damit, dass sich die amerikanische Nation am europäischen Konflikt beteiligen könnte. Seine Prognosen deckten sich weitgehend mit jenen des deutschen Botschafters Johann Graf von Bernstorff, der einen stets wachsenden Einfluss auf den schweizerischen Diplomaten ausübte. So sandte Ritter bis zuletzt falsche Signale nach Bern.

Die Schweiz übernahm die Vertretung der deutschen Interessen in den Vereinigten Staaten. Paul Ritter setzte in seinem Übereifer drei Tage nach Abbruch der deutsch-amerikanischen Beziehungen, noch bevor sein heikles Mandat begann, zu einer Aktion an, die er als Mission für den Frieden verstand. Am 6. Februar leitete er in einem unklar formulierten Telegramm an Bundesrat Hoffmann einen Vermittlungsversuch ein: «Es herrscht hier lebhafter Wunsch und starkes Bedürfnis, Krieg zu vermeiden. (…) Falls in Berlin Geneigtheit zu Konferenz mit Union über Blockade vorhanden, wäre ich bereit, die Sache weiter zu verfolgen. Ich glaube, Krieg dadurch vorläufig hinausschieben zu können.»[502] Wer in Washington den lebhaften Wunsch nach Frieden hegte, liess Ritter offen. Der Gesandte verschwieg gegenüber dem Politischen Departement nicht, dass ihm der deutsche Botschafter Bernstorff den Text diktiert hatte. Damit machte sich der schweizerische Diplomat zum Handlanger des Deutschen Reichs. Das amerikanische Staatssekretariat wusste nichts vom Telegramm Minister Ritters.

Der nächste Akt ging in Bern in Szene. Bundesrat Hoffmann schien anfänglich an den Sinn des Unternehmens zu glauben und leitete das Telegramm an die deutsche Gesandtschaft weiter. Romberg antwortete prompt: «Unter der Voraussetzung, dass die Handelssperre gegen England dadurch nicht unterbrochen wird, ist die deutsche Regierung nach wie vor zu Verhandlungen mit Amerika bereit.»[503] Ritter übersetzte den Text in Washington gemeinsam mit Botschafter Bernstorff ins Englische und fügte bei, die deutsche Regierung habe den Bundesrat ersucht, die Mitteilung weiterzuleiten. Dann übergab er das Telegramm dem Staatsdepartement.

Das als deutsche Antwort deklarierte Papier zeigte keine Bereitschaft, auf den uneingeschränkten U-Boot-Krieg zu verzichten. Die maritime Aktion richtete sich nicht bloss gegen England, sondern gegen alle Mächte der Entente. Staatssekretär Lansing lehnte das angebliche Angebot ab. Die amerikanische Presse fiel über den schweizerischen Gesandten her, der sich ohne Auftrag zum Briefträger des Deutschen Reiches machte. Man glaubte, hinter der Aktion ein Zeichen deutscher Schwäche zu sehen, eine Schlussfolgerung, die für Deutschland peinlich war. So konnte Ritter auch in Berlin keine Lorbeeren ernten.

Das Auswärtige Amt publizierte ein Dementi. Staatssekretär Zimmermann erklärte dem schweizerischen Gesandten, seine Regierung habe die Schweiz nie beauftragt, den Vereinigten Staaten Gespräche über den U-Boot-Krieg anzubieten. Der schlecht informierte Kaiser Wilhelm II. drehte den Spiess um und fiel mit grossen Worten über die amerikanische Regierung her. Sie habe mit Hilfe Ritters England vor den deutschen U-Booten schützen wollen: «Wir sollten die üble Lage, in die Amerika sich gebracht hat, ausnutzen, um Genugtuung für den Affront zu erlangen, den es uns angetan hat, dass es, sich auf den angeblichen Bruch unseres Versprechens berufend, die diplomatischen Beziehungen ohne weiteres abgebrochen hat. Wenn Amerika jetzt wieder verhandeln will, so möge es zunächst die normalen Organe hierfür wieder in Funktion treten lassen.»[504]

Bei den Mächten der Entente herrschte die Meinung vor, Deutschland habe den Fall Ritter inszeniert. Bundesrat Hoffmann versuchte, seinen Gesandten in Schutz zu nehmen, versicherte aber zugleich, der Diplomat habe auf eigene Faust gehandelt. Dazu wäre zu bemerken, dass Ritter – abgesehen vom unüberlegten Vorgehen – auf der Linie agierte, die Arthur Hoffmann vorgezeichnet hatte.

Die Tage von Paul Ritter in Washington waren gezählt, denn er hatte das Vertrauen im Gastland verloren. Es wurden am Exempel auch die Grenzen sichtbar, die einer schweizerischen Friedensvermittlung gesetzt waren. Präsident Wilson forderte die neutralen Staaten auf, gegen den deutschen Unterseebootkrieg ähnlich zu reagieren wie die Vereinigten Staaten. Bundesrat Hoffmann verhielt sich abweisend. Er berief sich auf die Grundsätze einer strikten Neutralität und erklärte, die verkündete deutsche Blockade sei an und für sich zulässig. Die Schweiz legte bloss Rechtsverwahrung ein, soweit die Rechte der Neutralen verletzt wurden – dies ein theoretischer Vorbehalt.[505] Leisetreten war angebracht, obschon der Unterseebootkrieg die Versorgung des Landes ausserordentlich erschwerte.

Im Frühjahr 1917 erlebte Russland die Revolution der Sozialrevolutionäre, der sich teilweise auch das Bürgertum anschloss. Am 15. März dankte der Zar ab. In St. Petersburg bildete sich eine Provisorische Regierung, die nur mühsam die Kontrolle über das Land aufrecht erhielt. Sie sicherte den Alliierten Bündnistreue zu, obschon Teile der Armee desertierten und sich den revolutionären Zirkeln anschlossen, die auf einen günstigen Augenblick für eine proletarische Revolution warteten.

In der Schweiz drängten 300 bis 400 russische Emigranten auf eine rasche Rückreise in die Heimat, ein schwieriges Unterfangen, da feindliches Territorium zwischen ihnen und Russland lag. Die wenig homogene Schar zählte teilweise zur Zimmerwalder Linken. Vorstellungen und Ziele der Russen im Exil waren nicht auf einen Nenner zu bringen. Energisch und brutal reagierte Lenin mit seiner Splittergruppe der Bolschewisten, da er den Anschluss an die revolutionäre Bewegung nicht verpassen wollte.[506] Er lehnte als Anführer einer Gruppe von Extremisten die Zusammenarbeit mit der Provisorischen Regierung ab. Die Rückkehr in die Heimat sollte dazu dienen, den Kampf gegen das nicht gefestigte bürgerliche Regime an Ort und Stelle zu führen. Damit geriet der Revolutionär in Gegensatz zu den Sozialrevolutionären und Menschewisten, die nicht zum vornherein gegen die Provisorische Regierung agitieren wollten.

Die Heimkehr Lenins im angeblich plombierten Zug wurde zu einem ganz Europa erschütternden Vorgang, wenn auch manche Beteiligte erst spät zu dieser Einsicht gelangten. Politiker und Institutionen wirkten mit und fanden in unheiligen Allianzen zusammen. Die Motive der Beteiligten hätten unterschiedlicher nicht sein können, doch im bewegten Kriegsjahr 1917 nahmen die Kontrahenten Risiken in Kauf, die sie früher nie eingegangen wären. Den Revolutionären im schweizerischen Exil – Lenin und Sinowjew vor allem – blieb nur der Weg durch das feindliche Deutschland, denn die Staaten der Entente hätten die Durchreise zweifellos verweigert. Es kam zu einer seltsamen Komplizenschaft zwischen ungleichen Partnern. Die deutsche Regierung und der Generalstab versprachen sich bei aller Abneigung gegen die Sozialisten von einer Heimkehr der Emigranten eine Vergrösserung des Chaos in Russland und einen Zusammenbruch der russischen Front. Man wusste in Berlin schon im Januar, dass im Zarenreich eine Revolution bevorstand.[507]

Eine entscheidende Figur bei der umständlichen Planung der Reise war Freiherr von Romberg, der deutsche Gesandte in Bern. Beteiligt war auch Bundesrat Hoffmann, der ständig einen freundschaftlichen Kontakt mit dem deutschen Diplomaten pflegte. Der Aussenminister vermied zwar jede offizielle Beteiligung der Schweiz, doch er war über die deutschen Intentionen genauso im Bild wie über die Wünsche der Emigranten. Hoffmann mag sich von der Abreise der Russen eine Beruhigung der sozialpolitischen Szene im Land versprochen haben. Vor allem aber glaubte er, eine ferne Hoffnung auf Frieden zu erkennen. Er verabscheute sozialistisches Gedankengut, meinte aber, eine Revolution in Russland werde eine allgemeine Waffenruhe näher rücken. Darin waren sich Hoffmann und Romberg einig.

Am 9. April 1917 verliess Lenin mit seinen Bolschewisten das Land. Zehn Tage später sprach Bundesrat Hoffmann in einem Brief an Charles Lardy in Paris wieder von einem Sonderfrieden.[508] Das Festhalten der Entente an einem militärischen Sieg war für ihn unverständlich. Die englisch-französischen Frühjahrs-Offensiven bei Arras, an der Aisne und in der Champagne waren nach anfänglichen Erfolgen stecken geblieben: «Ist denn nicht endlich der Augenblick gekommen, wo auch auf Seite der Entente, insbesonders Frankreichs, Geneigtheit besteht, einen geschickt ausgestreckten Friedensfühler nicht als Beleidigung zu empfinden, sondern dankbar zu begrüssen? Sowenig ich zum Optimismus neige, so glaube ich doch, dass die strategische Versumpfung der im Gange befindlichen Offensive, wenn eine solche, wie es den Anschein hat, eintreten sollte, den Anfang vom Ende bedeuten würde und dass dann auch für uns der Moment kommen würde, zu handeln und uns energisch für den Frieden einzusetzen.»

Der bürgerliche Politiker Arthur Hoffmann setzte auf den Erfolg einer proletarischen Revolution in Russland, unbekümmert um die Frage, wie sich ein derartiger Umsturz auf die Gesellschaft im westlichen Europa auswirken könnte. So schrieb er in seinem Brief an den Gesandten in Paris: «Das wird man doch ohne Übertreibung annehmen dürfen, dass die sozialistisch-anarchistische Bewegung und die blosse Tatsache einer energischen Friedensbewegung die militärische Leistungsfähigkeiten des russischen Heeres wesentlich vermindern, seine Offensivkraft lähmen und seine Disziplin zermürben werden. Damit fällt aber ein wesentlicher Faktor der militärischen Macht der Entente dahin, und dadurch wird, ob man will oder nicht, dem allgemeinen Frieden auch dann vorgearbeitet, wenn die Bestrebungen für einen russischen Separatfrieden scheitern. Sollte aber gar ein russischer Separatfrieden zustandekommen, so wäre die Türe für weitere Friedensverhandlungen weit geöffnet. Italien müsste solche ohne weiteres eröffnen, wollte es nicht riskieren, sich die gesamte österreichisch-ungarische Wehrmacht auf den Hals zu laden. Und Frankreich hätte meines Erachtens ebenfalls hohes Interesse, sich mit Deutschland zu verständigen, denn die Belastung der Westfront mit den gesamten deutschen Kräften wäre übermässig. Wir Schweizer endlich hätten das höchste Interesse, dann zugunsten Frankreichs uns für einen Frieden einzusetzen, denn unser Bestreben muss doch sein, zu verhüten, dass Frankreich durch ein übermächtiges Deutschland erdrückt werde.»

Der schweizerische Aussenminister sah wieder einmal Frankreich als Verlierer. Wenn die Offensiven an der Westfront scheiterten, sei der Augenblick für eine diskrete schweizerische Intervention zugunsten von Verhandlungen gekommen. Man kann annehmen, dass die offen verkündeten deutschen Kriegsziele Bundesrat Hoffmann bekannt waren, genau so, wie man auch in Paris darüber Bescheid wusste. Wie ein schweizerischer Politiker unter diesen Bedingungen von den Franzosen Gesprächsbereitschaft erwarten konnte, bleibt ein Rätsel. Lardy antwortete auf die Phantasien des Aussenministers mit einer knappen Analyse. Die französische Offensive in der Champagne sei zwar festgefahren, aber man setze in Paris immer noch auf Sieg: «L'opinion publique n'en paraît nullement affectée, tellement elle se croît sure du succès final à cause de la coopération des Etats-Unis et cela, malgré la révolution russe. Provisoirement, parler de paix serait incompris ou même tout à fait mal pris.»[509]

Die Zusammenarbeit zwischen Arthur Hoffmann und Robert Grimm begann nach einer Vorgeschichte, die russische und schweizerische Politik in seltsamer Weise verband. Die russischen Emigranten hatten Nationalrat Robert Grimm mit den Vorbereitungen für ihre Heimreise beauftragt. Der Sozialistenführer übernahm das Mandat ohne Begeisterung, denn die politischen und administrativen Hürden waren nicht gering. Er verhandelte mit dem deutschen Gesandten Romberg, der die heikle Expedition unter allen Umständen ermöglichen wollte. Unterstützt wurde er auch von seinem politischen Gegner Arthur Hoffmann, der bei dieser Gelegenheit die ideologischen Schranken beiseite schob.

Grimm war kein Bolschewist und von Lenins Aktivitäten wenig angetan. Die Spannungen innerhalb der Emigrantengruppen nahmen zu, als die deutschen Absichten deutlich wurden. Menschewisten und Sozialrevolutionäre verzichteten vorläufig auf die Rückfahrt, denn eine Reise unter deutschem Protektorat war mit ihren nationalen Empfindungen nicht zu vereinbaren. Darauf gab Robert Grimm seinen Auftrag zurück. Er wollte nicht als Mitläufer Lenins gelten. An seine Stelle trat Fritz Platten, der Sekretär der Sozialdemokratischen Partei der Schweiz, der die Bolschewisten auf ihrer Fahrt nach St. Petersburg begleitete. Lenin selber wurde von den zurückbleibenden Russen als Agent Kaiser Wilhelms II. beschimpft, ein Vorwurf, der den Revolutionär kaum berührte.

Der Kontakt zwischen Arthur Hoffmann und Robert Grimm stand am Beginn eines seltsamen Zwischenspiel, bei dem sich zwei ungleiche Partner zusammenfanden. Die Episode bekam dem schweizerischen Aussenminister schlecht. Kurz nach der Abreise Lenins plante Nationalrat Grimm eine Fahrt nach Stockholm und St. Petersburg. Die schwedische Hauptstadt bot sich als Reiseziel an, weil sie die Internationale Sozialistische Kommission beherbergte, die in kontroversen Diskussionen das Thema Frieden debattierte. Die Motive Grimms für die Reise nach St. Petersburg waren vielfältig. Der sozialistische Politiker wollte die russische Revolution an Ort und Stelle beobachten. Auch sollte er im Auftrag der in der Schweiz gebliebenen russischen Emigranten mit der Provisorischen Regierung die Frage der Rückkehr besprechen. Der Gedanke einer Friedenvermittlung scheint bei Grimm lebendig gewesen zu sein.

Für die Reise durch Deutschland genoss der Sozialistenführer, wie der Gesandte Romberg nach Berlin meldete, die Unterstützung von Bundesrat Hoffmann. Er soll gegenüber dem deutschen Diplomaten erklärt haben, dass die proletarische Bewegung in Russland möglicherweise den Weg zu einem Sonderfrieden und anschliessend zu einem allgemeinen Frieden freimache.[511] Ideen, die weitgehend mit den Vorstellungen des Aussenministers übereinstimmten.

Die beiden Politiker trafen sich vor der Abreise, sprachen aber, wie sie später versicherten, weder vom Reiseziel noch von Friedensinitiativen. Der gelegentlich geäusserte Verdacht, Robert Grimm habe die Reise im Auftrag von Bundesrat Hoffmann unternommen, trifft höchst wahrscheinlich nicht zu. Eine derart ausgeklügelte Mission hätte zwischen den beiden Männern eine politische Intimität vorausgesetzt, von der sie weit entfernt waren. Dennoch beherrschte der Gedanken an einen Sonderfrieden zwischen Russland und Deutschland Hoffmann und Grimm.

Beide schienen nicht zu erkennen, dass jede Initiative in dieser Richtung mit den alliierten Kriegszielen kollidierte, die mit den Begriffen Demokratie, Selbstbestimmung und Wiederherstellung untergegangener Souveränitäten verbunden waren.[512]

Robert Grimm verkehrte in St. Petersburg, wie er in seinen nachgelassenen Schriften betonte, in den Kreisen der Sozialrevolutionäre und Menschewisten, mit denen er schon in Zimmerwald Beziehungen gepflegt hatte. Mit Lenin und seinen Bolschewisten traf er sich nicht, denn von gegenseitigen Sympathien konnte keine Rede sein. Das in der russischen Hauptstadt aktuelle Thema war nicht die Weltrevolution, sondern die näher liegende Frage, ob der Krieg weitergeführt werden könne oder ob sich ein Waffenstillstand mit Deutschland aufdrängte. Die Diplomaten der Entente erwarteten von ihrem Verbündeten eine klare Antwort, und die Provisorische Regierung unter Aleksandr Kerenski sicherte Bündnistreue zu. Man sprach sogar von einem russischen Vormarsch, eine völlig unrealistische Vorstellung, wenn man den trostlosen Zustand der Armee betrachtete. Der schweizerische Gesandte Edouard Odier entwarf in einem Brief vom 26. Mai an das Politische Departement ein düsteres Bild von den herrschenden Verhältnissen. Dennoch war, wie der Gesandte berichtete, von der Vorbereitung einer Offensive die Rede, die den Abtransport deutscher Truppen an die Westfront aufhalten sollte.[513]

Die Haltung der Regierung in Bezug auf Krieg und Frieden war schwankend. Eines war offenkundig: Die Bevölkerung und insbesondere die Sozialrevolutionäre waren weiteren militärischen Abenteuern abgeneigt. Man sprach offen vom Separatfrieden, der aber nur denkbar sei, wenn die deutsche Armee auf weitere Vorstösse verzichte. Robert Grimm glaubte, der Augenblick für eine Initiative sei gekommen. Er hatte bisher den Kontakt zur schweizerischen Gesandtschaft vermieden, obschon ihm Hoffmann die Hilfe Edouard Odiers in Aussicht gestellt hatte. Nun wandte sich Grimm an den schweizerischen Gesandten, der am 26. Mai in seinem Auftrag ein Telegramm an das Politische Departement in Bern sandte, das unter anderem die folgenden Sätze enthielt: «Friedensbedürfnis ist allgemein vorhanden. Ein Friedensschluss ist in politischer, wirtschaftlicher und militärischer Hinsicht zwingende Notwendigkeit. Diese Erkenntnis ist an massgebender Stelle vorhanden. Hemmungen bereitet Frankreich, Hindernisse England. Die Verhandlungen schweben gegenwärtig und die Aussichten sind günstig. In den nächsten Tagen ist neuer, verstärkter Druck zu erwarten. Die einzig mögliche und gefährlichste Störung aller Verhandlungen könnte nur durch eine deutsche Offensive im Osten erfolgen. Unterbleibt diese Störung, so wird eine Liquidation in relativ kurzer Zeit möglich sein.»[514]

Der Sozialistenführer bat Bundesrat Hoffmann, ihm die Kriegsziele der Regierungen zu nennen, weil damit die Arbeit im sogenannten Arbeiterrat erleichtert würde. Hoffmann liess sich mit der Antwort Zeit. Er verlor gegenüber seinen Kollegen kein Wort, unterhielt sich aber mit dem Gesandten Romberg. Erst am 3. Juni ging das vom Aussenminister persönlich aufgesetzte chiffrierte Telegramm nach

St. Petersburg ab, das sich für die Karriere des allzu selbstsicheren Bundesrats als verhängnisvoll erwies:
«Conseiller fédéral Hoffmann vous autorise faire à Grimm communication verbale suivante. Allemagne entreprendra aucune offensive aussi longtemps qu'une entente amiable paraît possible avec Russie. Après conversations réitérées avec des personnalités éminentes, suis convaincu que Allemagne cherche avec Russie paix honorable pour les deux côtés avec intimes relations commerciales et économiques futures et appui financier pour reconstitution Russie. Aucune immixion affaires intérieures russes, entente amiable au sujet Pologne, Lithuanie, Courlande en tenant compte des particularités des peuples. Rétrocession des territoires occupés contre restitucion par Russie provinces autrichiennes envahies. Suis persuadé que Allemagne et ses alliés entreprendraient immédiatement des négotiations de paix sur le désir des Alliés de la Russie.»[515] Hoffmann fügte bei, Deutschland beabsichtige nicht, sein Territorium zu vergrössern.

Das Telegramm aus dem Politischen Departement wurde von unbekannter Seite abgefangen und dechiffriert. Der Text gelangte sogleich in die Weltpresse und erregte Sensation. Der Skandal war perfekt. Der Aussenminister der neutralen Schweiz hatte mit seiner Geheimdiplomatie das Land in eine peinliche Lage gebracht. Robert Grimm wurde von der russischen Regierung ausgewiesen und über die Grenze nach Schweden abgeschoben. Man sah in ihm einen deutschen Agenten, der in Verbindung mit dem germanophilen Hoffmann eine Intrige zugunsten des Kaiserreichs inszeniert hatte. Die Provisorische Regierung konnte mit dieser Handlung ihre Bündnistreue gegenüber der Entente manifestieren.

Die diplomatischen Reaktionen der Entente-Mächte waren teilweise recht scharf. Besonders hart reagierte England. Von Drohungen wurde abgesehen. Man billigte Hoffmann den guten Glauben zu, zeigte sich aber erstaunt über das ungeschickte Vorgehen eines erfahrenen Politikers. Der Verdacht, der schweizerische Aussenminister habe sich von Deutschland lenken lassen, blieb bestehen. Charles Lardy gab in einem Rapport aus Paris das Echo der Entente-Mächte wieder: «Quels que puissent être les désirs de paix de la Suisse, pour elle-même et pour le monde, les Alliés n'admetteraient pas qu'elle travaille directement à détacher de l'Alliance un de ses membres principaux avec toutes les répercussions possibles, militaires et autres, sur la situation des autres alliés; on estime que ce ne serait plus de la neutralité, mais de la collaboration directe à une politique hostile.»[516] Hoffmann selber beteuerte, er habe das Telegramm ohne deutschen Einfluss, allein auf Grund seiner umfassenden Kenntnisse redigiert. Er habe sein Wissen aus den Kontakten mit Persönlichkeiten beider Staatengruppen gewonnen. Aus der Korrespondenz zwischen dem Gesandten Romberg und dem Auswärtigen Amt wird deutlich, dass Hoffmann im Nachhinein die Vorgänge allzu harmlos darstellte und den entscheidenden Sachverhalt verschleierte.[517] Was der Aussenminister in seinem Telegramm präsentierte, entsprach beinahe wörtlich einem Text, den das Auswärtige Amt über Minister

Romberg Bundesrat Hoffmann zukommen liess. Ein Vorgang, den die deutsche Diplomatie im Interesse Hoffmanns zu vertuschen suchte. Es bleibt aber die Tatsache, dass die im fatalen Telegramm vorgebrachte Friedensinitiative weitgehend in Berlin formuliert wurde.

Die Reaktionen in der Schweiz fielen wo möglich noch schärfer aus als im Ausland. In der Romandie äusserte sich die Empörung in Manifestationen und Massenpetitionen. Auch in der Deutschschweizer Presse wurde der Rücktritt des Aussenministers gefordert. Nicht anders zeigte sich die Stimmung in der Bundesversammlung. Im bundesrätlichen Kollegium überzeugte man Hoffmann davon, dass ein unverzügliches Ausscheiden aus dem Amt unvermeidlich war. Einen Tag nach dem Bekanntwerden der Affäre sandte Hoffmann sein Demissionsschreiben an den Bundesrat: «Ich könnte aber den Gedanken nicht ertragen, dass in diesen Zeiten grösster politischer Spannung und Aufregung meine weitere Tätigkeit im Bundesrate eine Quelle des Misstrauens, der Uneinigkeit und Zerfahrenheit werden und damit meinem heiss geliebten Vaterlande zum Schaden gereichen könnte.»[518]

Mit dem Rückzug Arthur Hoffmanns aus der Politik und der Wahl des Ententefreundlichen Genfers Gustave Ador zum Nachfolger gelang es, den Schaden zu begrenzen und den aussenpolitischen Lapsus in den Augen der Westmächte weitgehend zu korrigieren. Auch die schweizerische Szene beruhigte sich, obschon die Germanophilen um Eduard Blocher von einem Staatsstreich der Westschweiz sprachen. Kurz nach Ausbruch der Affäre charakterisierte der österreichische Gesandte Alexander Musulin die Vorgänge in einem Brief an seinen Aussenminister mit den Worten: «Jedenfalls kann man feststellen, dass die Deutschfreundlichkeit bisher der Schweiz kein Glück gebracht hat: erst die Obersten-Affäre, dann Affäre Ritter, jetzt Hoffmann.»

Der Krieg und die Friedensordnung

Der Abgang Arthur Hoffmanns von der Szene war an einen unglücklichen Fehltritt geknüpft, deutete aber zugleich den beginnenden Wandel im politischen Diskurs an. Der sorgfältig gepflegte Kult des eidgenössischen Sonderfalls war dem internationalen Bewusstsein im Lande nicht förderlich. Man konnte auch in der Schweiz nicht übersehen, dass der Anspruch der Staaten auf absolute Souveränität wesentlich zur europäischen Katastrophe beigetragen hatte. Gedanken über eine neue Friedensordnung drängten sich auf, seit Woodrow Wilson im Januar 1917 seine Vorstellungen von der zukünftigen Ordnung verkündet hatte. Zwar blieben die Ideen des amerikanischen Präsidenten vage und den europäischen Verhältnissen wenig angepasst. Sie missfielen denn auch den Alliierten, und von den Zentralmächten wurden sie in gewohnter Überheblichkeit bekämpft. Wilsons Vorstoss beruhte auf der Überzeugung, dass der Weltfriede von übernationalen Bündnissen und Institutionen getragen sein müsse. Das setzte offensichtlich eine Beschränkung der nationalen Souveränitäten voraus.

Politiker und Juristen, die an internationale Vereinbarungen und an ein weiter ausgebautes Völkerrecht dachten, hatten in der Schweiz einen schweren Stand. Das erfuhren sie schon anlässlich der Zweiten Haager Friedenskonferenz im Jahre 1907. Max Huber, völkerrechtlicher Berater des Politischen Departements, erlebte das penible Faktum während des Weltkrieges in einer erlauchten Versammlung der Zürcher Prominenz, als er über die Initiative Wilsons referierte. In seinen «Denkwürdigkeiten» schreibt er darüber: «Ein betrübendes Beispiel der Unfähigkeit weiter ‹intellektueller› Kreise der deutschen Schweiz, sich von der offiziellen deutschen Meinung loszulösen und positive, in den Lebensinteressen der Schweiz selber liegende Ziele der Politik zu erkennen, bot das Essen der ‹Gelehrten Gesellschaft› am Karlstag (28. Januar 1917). In dieser Gesellschaft von fast ausschliesslich Professoren und anderen akademisch Gebildeten hörte man sozusagen nur Stimmen des Hohnes für Wilson.»[519]

Politiker der Generation von Arthur Hoffmann bekundeten Mühe, sich vom Denken in bilateralen Strukturen zu lösen, denn sie betrachteten die staatliche Souveränität als unantastbares Gut. Ein Glaubensbekenntnis, das Hegel, der Staatsrechtler Bluntschi und zahlreiche Lehrer des Völkerrechts geprägt hatten. Auch das Politische Departement mit seinen Diplomaten war dieser Anschauung verpflichtet.

Es war nicht verwunderlich, dass Max Huber mit seinen vergleichsweise übernationalen Ideen auf Widerspruch stiess. In einem Brief vom 14. Februar 1917 an Bundesrat Hoffmann entwickelte er ein frühes «Völkerbundprogramm», das seiner Meinung nach der späteren Lösung nahe kam. Der damals schon geschätzte Jurist wollte den Aussenminister davon überzeugen, dass sich die neutrale Schweiz nicht auf die Verteidigung ihrer gefährdeten Position beschränken dürfe. Er schrieb darüber später:

«In einer Unterredung, die ich anfang 1917 mit Bundesrat Hoffmann hatte, betonte ich die Notwendigkeit eines Zusammengehens mit den Neutralen, jedoch nicht nur zum Zwecke gemeinsamer Abwehr gemeinsamer Gefahren, sondern auch zur Verfolgung gemeinsamer und allgemeiner Friedensziele. Dabei war für mich bestimmend das Interesse der Schweiz an einem positiven politischen Ziel, das in den Hader der nach Ost und West orientierten Eidgenossen eine Grundlage für eine aufbauende Politik hätte geben können.»[520] Es scheint, dass Hoffmann die Thesen Hubers mit höflicher Verständnislosigkeit entgegennahm. Die noch weiter getriebenen Vorstellungen der amerikanischen «League to enforce Peace», die auch Wilson beeinflussten, verurteilte der Leiter des Politischen Departements als «reinen Unsinn», obschon er sich gerne ins Schlepptau einer amerikanischen Friedensinitiative begeben hätte. Damit blieb er auf der Linie der kriegführenden europäischen Nationen. Beide Lager verharrten beim martialischen Tagesgeschäft und zeigten wenig Neigung, sich mit Friedensutopien auseinanderzusetzen. Die Nationen als Träger der historischen Entwicklung waren durch keine völkerrechtliche Konstruktion zu verdrängen.

Der Diskurs um Frieden und Friedensordnung in Europa war wesentlich durch die Ereignisse auf den Schlachtfeldern und durch den Kampf um das wirtschaftliche Überleben bestimmt. Damit eng verbunden entwickelten sich Debatten um die Kriegsziele, die vor allem im Deutschen Reich coram publico geführt wurden. Die bürgerlichen Parteien und die sozialdemokratische Rechte entwickelten ein Annexionsprogramm in zahlreichen Varianten. Allen voran galoppierten die Alldeutschen, die in ihren Forderungen keine Grenzen kannten. An den mehr oder weniger offiziellen Kriegszielen wirkten die Reichsregierung, die Oberste Heeresleitung und die Schwerindustrie mit, wobei die Idee eines von Deutschland beherrschten Mitteleuropa den Kern der Überlegungen bildete. Damit war kein Verzicht auf die Weltmachtträume des Kaisers ausgesprochen.

Im Herbst 1914, als die Marneschlacht tobte, redigierte Bethmann Hollweg sein sogenanntes Septemberprogramm, das auf einer politischen, militärischen und wirtschaftlichen Vorherrschaft Deutschlands auf dem Kontinent gründete. Als Richtlinie seiner Politik bei einem Friedensschluss hielt der Reichskanzler fest: «Sicherung des Deutschen Reiches nach West und Ost auf erdenkliche Zeit. Zu diesem Zweck muss Frankreich so geschwächt werden, dass es als Grossmacht nicht neu erstehen kann, Russland von der deutschen Grenze nach Möglichkeit abgedrängt und seine Herrschaft über die nichtrussischen Vasallenvölker gebrochen wird.»[521] Die zukünftige Grenzziehung gegenüber Frankreich wollte Bethmann Hollweg nach militärischen und wirtschaftlichen Bedürfnissen festlegen: «Von den militärischen Stellen zu beurteilen, ob die Abtretung von Belfort, des Westhangs der Vogesen, die Schleifung der Festungen und die Abtretung des Küstenstrichs von Dünkirchen bis Boulogne zu fordern ist.» Die deutsche Schwerindustrie verlangte die Annexion des Erzbeckens von Longwy und Briey, eine Forderung, die von der Reichsleitung selbstverständlich übernommen wurde. Damit hätte man die ökonomische Kraft Frankreichs gebrochen und das Land in eine wirtschaftlich untergeordnete Rolle verwiesen.

Noch undeutlich war im Septemberprogramm des Reichskanzlers das Schicksal Belgiens. Ob ein belgischer Staat in Zukunft existieren würde, blieb offen. Er dürfte ohnehin nur als «Tributärstaat» überleben, wobei unter Umständen die französische Küstenregion von Dünkirchen bis Calais dazugeschlagen würde. In seiner Rede vor dem Reichstag vom 9. Dezember 1915 dozierte Bethmann Hollweg, Belgien werde nach dem Krieg nicht mehr das alte sein: «Wir werden uns reale Garantien dafür schaffen, dass Belgien nicht ein englisch-französischer Vasallenstaat, nicht militärisch und wirtschaftlich als Vorwerk gegen Deutschland ausgebaut wird. Auch hier gibt es keinen status quo ante; auch hier macht das Schicksal keinen Schritt zurück. Auch hier kann Deutschland den lange zurückgehaltenen flämischen Volksstamm nicht wieder der Verwelschung preisgeben, sondern wird ihm eine gesunde, seinen reichen Anlagen entsprechende Entwicklung auf der Grundlage seiner niederländischen Sprache und Eigenheit sichern.»[522] Von einem Verzicht auf Belgien war bis zum Kriegsende nicht die Rede. Holland sollte in ein «engeres Verhältnis» zum Deutschen Reich gebracht werden.

Das Verlangen nach einer Weltherrschaft lebte in der Forderung nach einem mittelafrikanischen Kolonialreich fort.[523] Frankreich, Belgien und Portugal hatten ihre Besitzungen preiszugeben. Bethmann Hollweg glaubte bei alledem, ein gemässigtes Programm zu vertreten. Er bemühte sich ängstlich um Übereinstimmung mit dem Kaiser und der Obersten Heeresleitung. Bürgerliche Politiker wie der Nationalliberale Walter Rathenau und der Führer des Zentrums, Matthias Erzberger, gingen in ihren territorialen Wünschen eine Zeitlang über die vom Reichskanzler gesetzten Grenzen hinaus.

Im Ostern suchte man Siedlungsgebiete für Deutsche. Die politischen Visionen wandelten sich im Laufe des Krieges mehrmals. Man sprach von «Neu-Deutschland» im Nordosten und meinte Kurland, Litauen und sogar Estland. Ein neu erstandenes Polen hatte als «Schutzstaat» gegen Russland zu dienen.[524] Man kam dabei der Donaumonarchie in die Quere, die anfänglich eine Angliederung von Kongresspolen wünschte. Das deutsche Volk sei – so zu lesen in einer Denkschrift über die Beschaffung von Agrarland – das grösste Kolonisationsvolk der Erde. Der Agrarwissenschafter Max Sering verlangte Siedlungsräume als «Sitz der Volkskraft, weil sie die Aufzucht von gesunden Menschen gestatten».[225] Ein sozialdarwinistisches Argument, trefflich gepaart mit dem Kriegsziel.

Bei den Debatten um die kontinentalen Programme hatte man stets Mitteleuropa vor Augen. Es wurde schon um die Jahrhundertwende von einem Wirtschaftsblock unter deutscher Führung gesprochen, der auch die Donaumonarchie und einen Teil des Balkans umfasste. Das Anliegen wurde von einem «Mitteleuropäischen Wirtschaftsverein» vertreten, der auch in der Schweiz mit einem Ableger tätig war. Wie weit Mitteleuropa nach Westen reichte, war unklar. Nicht selten wurden die Niederlande und die Schweiz dazu gerechnet. Während des Krieges brachte Friedrich Naumann das Thema mit seinem Buch «Mitteleuropa» einer breiten Öffentlichkeit nahe.[526] Im Rahmen einer Zollunion sollte auch Frankreich in eine Vasallenrolle geraten.

Im Jahre 1915 führten die militärischen Erfolge in Deutschland zu einem nationalen Hochgefühl, das den territorialen Wünschen ein weites Feld öffnete. Doch das Hin und Her auf den Schlachtfeldern rechtfertigte keinen anhaltenden Optimismus. Auch Generalstabschef Falkenhayn sah sich zum Eingeständnis genötigt, dass Deutschland nicht auf allen Seiten Sieger sein könne. Die Idee vom Separatfrieden ging um: «Entweder Russland oder Frankreich müsse abgesprengt werden.»[527] Nach misslungenen Kontakten mit Frankreich, England und König Albert von Belgien sprach man von einem Frieden mit Russland, ein Gedanke, der bis zum Friedensschluss von Brest-Litowsk aktuell blieb. Die Reichsregierung ging davon aus, dass Frankreich zum Einlenken gezwungen sei, sobald das Zarenreich aus dem Krieg ausschied. Ein Kredo, dem sich offenbar auch der schweizerische Aussenminister Arthur Hoffmann verpflichtet fühlte, als er sich fahrlässig auf das deutsche Spiel einliess.

Die von Matthias Erzberger am 19. Juli 1917 dem deutschen Reichstag vorgelegte Friedensresolution sprach von einem Frieden der Verständigung und der dauernden Versöhnung. Mit einem solchen Frieden sei eine erzwungene Gebietserweiterung unvereinbar. Das deutsche Volk werde aber weiterkämpfen, wenn die alliierten Mächte auf das Angebot nicht eingingen. Die mit dem Reichskanzler abgesprochene Resolution war nicht so ernst gemeint, wie nach aussen dargestellt wurde. Von einem wirklichen Verzicht auf die zentralen Kriegsziele war keine Rede.[528] Die Regierungen der Entente sahen denn auch keinen Anlass, dem von einer Militärkaste bedrängten Reichstag zu Hilfe zu eilen. Eine Antwort der unentwegten Krieger war die Gründung der «Deutschen Vaterlandspartei», in der neben andern Admiral Alfred von Tirpitz und General Wolfgang Kapp führende Rollen übernahmen. Im Gründungsmanifest war zu lesen: «Die Deutsche Vaterlandspartei will Stütze und Rückhalt sein für eine kraftvolle Reichsregierung, die nicht in schwächlichem Nachgeben nach innen und nach aussen, sondern in deutscher Standhaftigkeit und unerschütterlichem Glauben an den Sieg die Zeichen der Zeit richtig zu deuten weiss. Wir leben nicht, wie unsere Feinde lügen, unter autokratischem Absolutismus, sondern unter den Segnungen eines konstitutionellen Staates, dessen soziales Wirken alle Demokraten der Welt beschämt und dem deutschen Volke die Kraft gegeben hat, der ungeheuren Übermacht seiner Feinde zu trotzen. Deutsche Freiheit steht himmelhoch über der unechten Demokratie mit all ihren angeblichen Segnungen, welche englische Heuchelei und ein Wilson dem deutschen Volke aufschwatzen wollen, um das so in seinen Waffen unüberwindliche Deutschland zu vernichten.»

Im Mai 1917 wurde im Einverständnis mit Reichsregierung und Oberster Heeresleitung das kaiserliche Kriegszielprogramm formuliert, das sich noch extremer ausnahm als die Richtlinien Bethmann Hollwegs vom September 1914.[529] Wilhelm II. gebärdete sich als Sieger über Frankreich, England, Russland und auch über die Vereinigten Staaten. Er warnte: «Längere Kriegsdauer erhöht die Ansprüche.» Neben den Wünschen im Westen und Osten Europas ging es um die Beherrschung des Mittelmeers, um die Azoren, Madeira und die Kapverdischen Inseln. Dazu kam das mittelafrikanische Kolonialreich, das der Kaiser als festen Bestandteil seines Weltreichs für sich beanspruchte. Der Monarch sprach von «Mindestforderungen».

Zu den Kriegszielen gehörten Kriegsentschädigungen. Sie zeichnen sich, soweit Rechenexempel bekannt sind, nicht gerade durch Bescheidenheit aus. Bethmann

Hollweg wollte von Frankreich einen so hohen Betrag fordern, dass während achtzehn bis zwanzig Jahren kein Geld für Rüstung übriggeblieben wäre. Im Jahre 1917 spekulierte der Kaiser auf eine astronomische Prämie. Er verlangte in seiner ungetrübten Siegeszuversicht von England, Frankreich, den Vereinigten Staaten und Italien die Summe von je 30 Milliarden Dollar. Einige kleinere Nationen der Entente wären mit geringeren Beträgen davongekommen.[530]

Die machtpolitischen Realitäten präsentierten sich im Laufe des Jahres 1917 nicht mehr so eindeutig, wie Wilhelm II. glaubte. Bereits im Sommer wusste man, dass der gnadenlose U-Boot-Krieg die erhoffte Wirkung – die Kapitulation Englands vor dem auch zur See überlegenen Deutschland – verfehlt hatte. Das Deutsche Reich war im August 1914 siegesgewiss in den Krieg eingetreten, im Jahre 1917 war der Wunsch, mindestens eine Front durch einen Separatfrieden zu entlasten, kaum noch zu überhören. Auf der Seite der Entente hatte man dafür kein Verständnis. Die aktuelle Lage in den Kriegsgebieten produzierte ein paradoxes Phänomen: Die militärischen Erfolge Deutschlands vertrieben bei den Alliierten jeden Gedanken an Friedensgespräche, denn eine Einigung unter deutschen Bedingungen hätte die eigenen Vorstellungen von einer Nachkriegsordnung ad absurdum geführt. Es gab bei den Westmächten konkrete Kriegsziele, die sich nicht in territorialen Forderungen erschöpften. Es verstand sich von selbst, dass Elsass-Lothringen zu Frankreich zurückkehren werde. Weniger eindeutig war der Wunsch nach einer Rheingrenze, die nach strategischen Bedürfnisse festgelegt werden sollte, aber auch das Eisenerzrevier Lothringens und das saarländische Kohlenbecken unter französische Herrschaft bringen würde. In einem Vertrag vom 14. Februar 1917 zwischen Frankreich, Russland und Grossbritannien war davon die Rede, dass in den linksrheinischen Gebieten, die Paris nicht für sich beanspruchte, ein autonomes und neutrales Staatswesen zu schaffen sei, in dem so lange französische Truppen stationiert würden, bis Deutschland die Bedingungen des Friedensvertrages erfüllt habe.[526] Auf dieser Basis wurde später das autonome Saarland geschaffen, das erst in den dreissiger Jahren vom Deutschen Reich zurückgeholt wurde.

In Deutschland reagierten selbst Sozialdemokraten empfindlich auf englische und französische Deklarationen über die Kriegsziele. Als der britische Minister Edward Carson im Sommer 1917 erklärte, man werde erst verhandeln, wenn das deutsche Heer über den Rhein zurückgedrängt sei, wirkte dieser Ausspruch wie ein Signal zur Fortsetzung des Kampfes. In einem Rapport nach Bern zitierte der neue Gesandte in Berlin, Robert Haab, einen Artikel des sozialdemokratischen «Vorwärts», der von einem «uferlosen französischen Eroberungskrieg gegen Deutschland» sprach: «Ganz wie die andern linksrheinischen Gebiete, nach denen Frankreich seine Hand ausstrecke, sei auch Elsass-Lothringen ein kerndeutsches Land.»[531]

England hatte bestimmte Vorstellungen über die politische Neuordnung in Kleinasien und im Vorderen Orient. Die territorialen Forderungen Italiens an die

Donaumonarchie – Bozen, Trentino, Görz, Istrien mit Triest, die dalmatinischen Inseln und Stützpunkte in Albanien – waren am 26. April 1915 im Geheimabkommen von London zwischen England, Frankreich, Russland und Italien besiegelt worden. Sie wurden später nur teilweise erfüllt, so dass die Italiener von einem «verlorenen Frieden» sprechen konnten.

Zu den mehr oder weniger offen genannten Kriegszielen der Alliierten gehörte die Zerschlagung der deutschen Militärmacht, die mit dem Kaiserreich der Hohenzollern identisch war. Als unerträglich empfand man die expansive deutsche Wirtschaft, die auch hinter etlichen territorialen Forderungen stand. Wollte man den Wilhelminischen Träumen nach Weltherrschaft ein Ende setzen, so mussten die deutschen Kolonien besetzt und die Kriegsflotte liquidiert werden.

In der Entente-Propaganda war stets von den autoritären und antidemokratischen Strukturen im Deutschen Reich die Rede. Man verschwieg nicht, dass ein demokratisches Deutschland mit einem günstigeren Frieden rechnen konnte als ein vom Militär beherrschtes Kaiserreich. Ein Programm, wie man ein Volk von Untertanen zu Demokraten erziehen könnte, wurde nicht entwickelt. Man hatte nicht den Ehrgeiz, Mentalitäten zu verändern. Die notwendige Umstellung überliess man einem Prozess deutscher Selbstreinigung. Für die Nachkriegsordnung Europas war nicht an eine tabula rasa gedacht, denn die Alliierten konnten die eigenen Domänen nicht in Frage stellen. Nationalitätsprinzip und Selbstbestimmungsrecht wurden hochgehalten, obschon die beiden Grundsätze nicht selten kollidierten. Es zeigte sich bei den unverbindlich formulierten Kriegszielen, dass europäische Lösungen stets Pragmatismus voraussetzten.

Nach der Ära Hoffmann stellte sich die Frage, ob die schweizerische Landesregierung für die Aufgaben nach Kriegsende gerüstet sei. Die Wahl des Genfers Gustave Ador war noch kein Programm, wenn sie auch viel bewegte. Das bundesrätliche Kollegium war eifrig bemüht, den Handlungsspielraum des unbequemen Romand zu beschneiden. Es kam dem Land zugute, dass der ehemalige Präsident des Internationalen Roten Kreuzes in den Staaten der Entente Vertrauen genoss. Anderseits bedeutete der Einzug Adors in den Bundesrat eine Niederlage für die Zentralmächte. Freiherr von Romberg drohte damit, Bern zu verlassen, wenn der Genfer zum Aussenminister erkoren würde. Die Aufregung unter den deutschen Diplomaten war beträchtlich, doch Bundespräsident Schulthess beruhigte sie: Die schweizerische Politik werde um kein Jota verändert.[532] Ador sei nur bis zum Jahresende Chef des Politischen Departementes. Eine aus drei Bundesräten bestehende Delegation begleitete die Arbeit des neuen Aussenministers. Die Handelsabteilung gliederte man dem Volkswirtschaftsdepartement an, so dass ein beträchtlicher Teil der Beziehungen nach aussen von Schulthess verwaltet wurde.

Unter dem Stichwort «Après-Guerre» legte Gustave Ador im Oktober 1917 seinen Kollegen einen Bericht vor, welcher der Vorbereitung auf Friedensschluss und

Nachkriegszeit galt. Man dürfe sich, so das Argument Adors, nicht so hilflos überraschen lassen, wie es am Wiener Kongress 1813 geschehen sei. Der Chef des Politischen Departements dachte an einen unter seiner Verantwortung redigierten Rapport, der als Grundlage für zukünftige Verhandlungen an einer Friedenskonferenz dienen konnte.[533] Er erwartete die Mitarbeit der Bundesverwaltung, der Kantone und einzelner Fachleute.

Die Vorschläge des Romand wurden im Kollegium mit geringer Begeisterung aufgenommen. Edmund Schulthess trat als der starke Mann auf, der die Zügel in die Hand nahm. In einem Memorandum seines Departements stellte er – herablassend und arrogant zugleich – die Kompetenz des Politischen Departements in Frage, die Studie «Après-Guerre» zu einem sinnvollen Abschluss zu führen. Es gehe im Wesentlichen um Wirtschafts- und Handelsfragen, die nur unter seiner Regie behandelt werden könnten. Das Politische Departement müsse sich mit Aussenpolitik befassen, doch da sah Schulthess keinen Handlungsbedarf: «Nous ne voyons pas très clairement dans quel sens il y a lieu aujourd'hui de diriger ces études, si nous ne voulons pas quitter le terrain solide de la réalité. De simples discussions théoriques, ayant souvent le défaut d'ailleurs de partir de telle ou telle supposition peut-être inéxacte touchant l'issue de la guerre, ne nous seront d'aucune utilité.»[534] Man glaubt aus diesen Worten den versteckten Vorwurf an Gustave Ador herauszuhören, er setzte bei der Beurteilung der Kriegschancen auf das falsche Pferd. Die Landesregierung fand einen Kompromiss. Jedes Departement sollte bis zum Jahresende im Blick auf mögliche Friedensverhandlungen einen eigenen Bericht ausarbeiten.

Gustave Ador leitete in seiner kurzen Amtszeit in der schweizerischen Haltung gegenüber der Welt ausserhalb der Landesgrenzen eine Wende ein, die aber nicht sogleich sichtbar wurde. Seine Arbeit wurde im Jahre 1918 von Felix Calonder weitergeführt. Nicht jeder Bundesrat zeigte sich offen für neue Gedanken. Bundespräsident Schulthess hatte kurz nach der Wahl Adors einen Ausspruch getan, der einen weit verbreiteten Mangel im schweizerischen Staatsverständnis zeigte: Es sei das Prinzip der schweizerischen Aussenpolitik, keine Politik zu betreiben.[535]

In den Niederungen des politischen Alltags war für Diskurse über die zukünftige Friedensordnung wenig Raum. Aktivitäten im Stile Arthur Hoffmanns waren nicht mehr angebracht. Präsident Wilson hatte mehrmals seine freundschaftlichen Gefühle gegenüber der Schweiz bekundet, doch im harten politischen Geschäft zeigten die Amerikaner wenig Verständnis für die Neutralen. Wiederum stand die Versorgung des Landes im Vordergrund, die nicht bloss unter den ungenügenden Getreidevorräten in den Vereinigten Staaten, sondern auch unter mangelndem Schiffsraum litt. Der deutsche U-Boot-Krieg hinterliess Spuren, wobei auch die Zufuhr zu den kriegführenden Entente-Staaten gefährdet war. In Washington wollte man die Zentralmächte mit einem rigorosen Wirtschaftsembargo in die Knie zwingen, das weit über den bisherigen Boykott der Entente hinausging. Amerikanische Ausfuhrverbote in neutrale Länder sollten die Blockademassnahmen der Entente verstärken. Für den Warenaustausch zwischen den Neutralen und Deutschland zeigte man wenig Verständnis. Gemeint waren in erster Linie die Niederlande und die skandinavischen Staaten, doch trafen die meisten Embargo-Verfügungen auch die Schweiz. Der in Washington wenig geschätzte Gesandte Paul Ritter entwarf denn auch in einem Bericht nach Bern ein düsteres Bild, das sich mit einem Satz wiedergeben liess: «Jedenfalls wird man die Neutralen vor den Alliierten hungern lassen.»[536]

Die Vereinigten Staaten agierten in Wirtschafts- und Handelsfragen zu Beginn unabhängig von den europäischen Verbündeten. Sie unterzogen sich nicht den Regeln der Société Suisse de Surveillance, die trotz aller Mängel eine minimale Versorgung der Schweiz sicherstellten. Daraus entstanden Konflikte, die selbst in Paris und London als schädlich betrachtet wurden. Es ergab sich die seltsame Situation, dass französische Diplomaten gegenüber den Amerikanern als Fürsprecher der Schweiz auftraten. Das geht aus einem Rapport von Minister Lardy hervor, der sich im Mai 1917 mit Jules Cambon, dem Generalsekretär des Aussenministeriums, unterhielt: «M. Cambon m'a dit de lui-même qu'il faisait sans cesse, à Washington, les plus grands efforts pour faire comprendre l'absurdité de vouloir couper les vivres à la Suisse, si elle est obligée, pour recevoir du fer et du charbon, c'est à dire pour ne pas arrêter ses fabriques et ses chemins de fer, d'exporter du bétail et certaines marchandises en Allemagne. La Suisse économise aux Alliés de nombreux corps d'armées et remplit, pour le bien de l'Europe, une mission historique que chacun connait et apprécie. La France cherche énergiquement à faire comprendre cela aux Américains.»[537] In Paris fürchtete man immer noch, die Schweiz werde sich den Zentralmächten anschliessen, wenn man sie in den Hunger triebe.

Im Herbst 1917 näherten sich die Vereinigten Staaten allmählich den von der Organisation der S.S.S. vorgegebenen Normen an. Zum allmählichen Einlenken trug eine Spezialmission unter der Leitung von William Rappard bei, die zusammen mit dem neuen Gesandten Hans Sulzer nach Washington reiste. Die Delegation sollte die Amerikaner über die in sämtlichen Bereichen kritische Lage der neutralen Schweiz aufklären. Der Genfer Professor für Wirtschaftswissenschaften fand ohne weiteres Zugang zu Woodrow Wilson, der ihn bei seiner früheren Dozententätigkeit in Harvard kennengelernt hatte. Rappard sprach mit dem Präsidenten über die Stellung der neutralen Schweiz inmitten der kriegführenden Nationen, Minister Sulzer und die andern Mitglieder der Delegation bemühten sich um ein Handelsabkommen, das den Warenverkehr wieder in Gang bringen sollte. Im ökonomischen Bereich waren die Ergebnisse der Mission bescheiden. Die amerikanischen Gesprächspartner zeigten sich in der Sache schlecht informiert, und es fehlte an der nötigen Koordination zwischen Politik und Ökonomie.

William Rappard orientierte den Bundesrat nach seiner Rückkehr im November 1917 über die Gespräche, wobei er neben positiven Eindrücken auch schwerwiegende Mängel zu melden hatte. In seinem Kommentar war Resignation zu erkennen: «Im grossen ganzen herrscht in Amerika grosse Unkenntnis über die schweizerischen Verhältnisse. Im Staatsdepartement wurde mir mitgeteilt, man bereite eine Erklärung betreffend die schweizerische Neutralität vor. Wilson versprach mir, das Möglichste für die Schweiz zu tun. Ich habe den Eindruck, dass es in Amerika eine gewisse Bewegung gibt, die Neutralen kurz zu halten, wegen der ungünstigen Ergebnisse, welche die Bestandesaufnahme über das Getreide ergeben hat. Wilson sprach von seiner Idee der künftigen Société des Nations. Er meinte, die Schweiz werde auf jeden Fall nicht angegriffen, ob sie nun dieser Staatengesellschaft beitrete oder nicht. (...) Mein Eindruck geht dahin, dass man in Amerika der Schweiz aufrichtiges Wohlwollen entgegenbringt. Aber die Amerikaner wollen in erster Linie ihren Verbündeten helfen und zum Sieg über die Mittelmächte beitragen. Daher kommt es, dass ihre Taten nicht den Worten entsprechen.»[538]

Die von Rappard angekündigte Note zur schweizerischen Neutralität wurde vom Geschäftsträger Hugh R. Wilson am 3. Dezember 1917 in Bern übergeben. Von Wohlwollen war wenig zu spüren, denn das in trockenem Stil abgefasste Dokument schloss mit einem Satz, der Aufsehen erregte: «The United States will not fail to observe the principle of neutrality applicable to Switzerland and the inviolability of its territory, so long as the neutrality of Switzerland is maintained by the Confederation and respected by the enemy.»[539] Man schloss daraus, dass die Vereinigten Staaten für sich das Recht in Anspruch nahmen, bei einem deutschen Angriff gegen die Schweiz ebenfalls einzumarschieren. Einen Tag später überreichte der französische Botschafter in der Schweiz zur Überraschung der Landesregierung eine ähnlich formulierte Note, welche die schweizerische Neutralität nur unter dem Vorbehalt anerkannte, dass keine fremde Armee in schweizerisches Territorium eindringe. Auch hier klang die versteckte Drohung an, man werde unverzüglich handeln, wenn die Zentralmächte sich nicht an ihre Garantien hielten. Das widersprach dem in den französisch-schweizerischen Militärgesprächen festgehaltenen Grundsatz, dass ein französischer Einmarsch nur auf Verlangen des Bundesrates erfolgen dürfe.

Die Antwort der Landesregierung an beide Staaten war eindeutig. Im Falle eines Angriffs werde sich die Schweiz mit ihren eigenen Mitteln verteidigen: «Le Conseil fédéral estime qu'il appartient à lui seul de décider dans quelles conditions il pourrait lui paraître opportun de faire appel au concours des puissances étrangères.»[540] Damit war wenigstens das Verhältnis zu Frankreich geklärt. Die Formel des Bundesrates entsprach dem Prozedere, das Theophil Sprecher mit General Weygand ausgehandelt hatte. Die amerikanische Haltung gegenüber der neutralen Eidgenossenschaft liess hingegen einige Fragen offen.

Gustave Ador gabe den Anstoss zu einer Neuorientierung der Aussenpolitik, obschon er von Bundesrat Schulthess in seiner Arbeit nach Kräften behindert wurde. Persönliche Politik, wie man sie Arthur Hoffmann zugestanden hatte, war nicht mehr geduldet. Die Idee einer übernationalen Friedensordnung kam aus dem Westen und war somit etlichen Bundesräten nicht genehm. Man vertraute lieber den Machtgebärden aus dem Deutschen Reich, die keinen Zweifel am Endsieg der Zentralmächte zuliessen. Der Wunsch Adors, die Fragen der Nachkriegszeit durch eine Expertenkommission aufarbeiten zu lassen, wurde abgelehnt. Zum Jahresende legte der Chef des Politischen Departements jenen Bericht vor, den jeder Bundesrat nach dem Beschluss vom 4. Oktober 1917 ausarbeiten sollte.[541] Darin wurden Themata präsentiert, welche die Schweiz direkt betrafen und die bei Kriegende zu verhandeln waren: Neutralität von Nord-Savoyen, Genfer Zonenordnung, Revision der Gotthard-Konvention, Fluss- und Hochsee-Schiffahrt. Ador setzte aber auch die Teilnahme der Schweiz an der Nachkriegsordnung auf die Liste:

a) Internationale Schiedsgerichtsbarkeit
b) Revision des Kriegsrechts

Am Memorandum des Aussenministers hatten der Genfer Jurist Lucien Cramer und der Zürcher Völkerrechtler Max Huber mitgearbeitet. Ador selber fand keine Gelegenheit mehr, seine Vorstellungen vor dem Kollegium zu vertreten, denn der Bundespräsident für das Jahr 1918, Felix Calonder, übernahm die Leitung des Politischen Departements.

Der Zufall wollte es, dass der neue Aussenminister den Ideen Gustave Adors als einziger Deutschschweizer Bundesrat nahe stand. So brachte er in enger Zusammenarbeit mit seinem Berater Max Huber die Aussenpolitik des Landes auf eine neue Linie, wobei er gegen seine Kollegen und die Berufsdiplomaten anzukämpfen hatte, die sich von den Denkschemata des Bilateralismus nicht lösen konnten. Der Bündner Magistrat zeigte sich auch den immer dringlicher werdenden Aufrufen der Friedensorganisationen gegenüber zugänglich, die man bisher als weltfremde Pazifisten abgetan hatte. Inzwischen war die Forderung nach einer Mitwirkung der Schweiz an einer umfassenden Friedensorganisation auch von der Neuen Helvetischen Gesellschaft ausgesprochen worden. Die Bewegung hatte bei der innenpolitischen Meinungsbildung ein Wort mitzureden.

Felix Calonder begann seine aussenpolitische Mission im Dezember 1917 mit einer Rede vor der Delegiertenversammlung der Freisinnig-demokratischen Partei in Bern. Seine Kernaussage war einfach: Es sei Pflicht der Schweiz, beim Aufbau einer internationalen Friedens- und Rechtsordnung mitzuwirken.[542] Max Huber fand später, der Bündner Bundesrat habe seine ungewohnte These bestimmt und mutig vorgetragen: «Es brauchte eben dazu viel Selbständigkeit, denn die Idee eines Völkerbundes war damals keineswegs populär, und auch diejenigen Mitglieder des Bundesrates, die sich später stark für den Völkerbund einsetzten, betrachteten naturgemäss den Gedanken als eine unpraktische Ideologie. (...) Darum wirkte seine Rede auf mich als etwas Neues, Überraschendes, Kühnes.»[543]

Bundesrat Calonder hätte seinen Kurs nicht steuern können, wäre er nicht vom Juristen Max Huber beraten worden. In Fragen des Völkerrechts nur ungenügend bewandert, stützte er sein aussenpolitisches Programm auf Studien und Ratschläge des Zürcher Professors. Zu Beginn des Jahres 1918 versuchte er, Huber als «directeur politique» ins Politische Departement zu holen, stiess aber auf den Widerspruch seiner Kollegen. Man kannte seit der Zweiten Haager Friedenskonferenz die Fähigkeiten des Juristen, doch sein Werben für eine Friedensordnung in Gestalt eines Völkerbundes behagte der Landesregierung nicht.[544] Man war bemüht, nach Ador auch Calonder nicht eigene Wege in der Aussenpolitik gehen zu lassen. Das weitreichende Verständnis des Bündners für die Visionen Wilsons widersprach dem traditionellen Weltbild der meisten Bundesräte. Max Huber verzichtete auf eine Anstellung im Politischen Departement, denn er wollte nicht in die Abhängigkeit eines Bundesbeamten geraten. Hingegen wirkte er als freier Mitarbeiter und wichtigster völkerrechtlicher Berater des Departementchefs. So beeinflusste er den aussenpolitischen Kurs des Landes weit über das Kriegsende hinaus.

«Meine erste grössere Arbeit in der neuen Stellung war die kritische Bearbeitung aller zu dem Fragenkomplex ‹Völkerbund› gehörenden Probleme», schrieb Huber in seinen «Denkwürdigkeiten».[545] Er dachte an den Aufbau eines «föderativen Gebildes zur Sicherung des Friedens». Dazu bedurfte es eines schwierigen Balance-Aktes zwischen nationaler Souveränität und Völkergemeinschaft. Bundesrat Calonder und sein Berater wünschten, die mit dem Begriff «Société des Nations» zusammenhängenden innen- und aussenpolitischen Fragen im Rahmen einer grösseren Expertenkommission zu klären. Gedacht war an ein Gremium, dem ungefähr zwanzig Fachleute angehörten. Man wollte auch Vertreter der Schweizerischen Friedensgesellschaft beiziehen wie den Neuenburger Regierungsrat Edouard Quartier-La Tente und den Luzerner Journalisten und Richter Heller-Bucher. Die Neugestaltung der internationalen Rechtsordnung verlangte Studien in zahlreichen Bereichen: Jurisprudenz, Politik, Wirtschaft und Gesellschaft. Es galt, all das nachzuholen, was man in Den Haag versäumt hatte.

Gustave Ador hatte bereits im Vorjahr eine Kommission von Experten gefordert, war aber im Kollegium gescheitert. Der Gedanke wurde am 14. März 1918 dem Bundesrat von der Schweizerischen Friedensgesellschaft erneut vorgetragen. Der Vorstoss kam Bundesrat Calonder gelegen, denn es fehlte ihm an brauchbaren Unterlagen zur Formulierung einer in die Zukunft gerichteten Aussenpolitik. Aus dem Departement selber waren keine neuen Ideen zu erwarten. Die Mehrheit in der Landesregierung ahnte die Richtung, welche die Studien unter der Leitung von Max Huber nehmen würden und reagierte mit einem Bremsmanöver. Eine nach aussen geöffnete ausserparlamentarische Kommission war nicht genehm, wie aus dem Protokoll der bundesrätlichen Sitzung vom 4. Mai hervorgeht:

«Der Bundesrat hat demgegenüber beschlossen, von der Bestellung einer grösseren Kommission sei besser Umgang zu nehmen. Dem Politischen Departement bleibt es überlassen, zur Untersuchung der in seinem Berichte aufgeworfenen Fragen eine kleinere Kommission, die zum Beispiel aus den Herren Professor Huber, alt Minister Lardy und von Planta bestehen würde, aufzustellen, und auf diese Weise der Untersuchung den internen Charakter zu wahren und eine Publikation zu vermeiden.»[546] Man hoffte, mit den beiden ehemaligen Gesandten in Paris und Rom zwei Persönlichkeiten in das Gremium geschoben zu haben, die auf Grund ihres professionellen Politikverständnisses die internationalen Visionen von Calonder und Huber blockieren würden. Dieser Wunsch ging bei Charles Lardy nur zum Teil in Erfüllung. Der alte Diplomat, ausgezeichneter Kenner des Völkerrechts, ging von konservativen Vorstellungen aus, arbeitete aber in der Arbeitsgruppe ernsthaft mit und zeigte sich gelegentlich für neue Ideen offen.

Die zukünftige Friedensordnung war im Frühjahr 1918 kein abseitiges Thema mehr, das die Landesregierung unter Verschluss halten konnte. Die Begrenzung der Kommision auf drei Mitglieder war nicht realistisch. So musste der Bundesrat den Einzug von William Rappard und Professor Eugen Huber, dem Schöpfer des Zivilgesetzbuches, in das Gremium gestatten. Beide Persönlichkeiten verschwiegen ihre Überzeugung nicht, wonach die Schweiz bei der Schaffung einer Friedensordnung eine Mission zu erfüllen habe.[547] Das Gremium wurde schliesslich wesentlich erweitert.

Die Arbeit der sogenannten Experten gestaltete sich, wie Max Huber berichtet, zu Beginn eher mühsam, denn für manche war Aussenpolitik ein fremdes Feld: «Schliesslich waren von den achtzehn Mitgliedern acht Parlamentarier, zwei Bundesrichter, zwei Diplomaten, vier Professoren. Die Berücksichtigung der Landesteile, Konfessionen und Parteien bot grosse Schwierigkeiten, und das Resultat war kein besonders günstiges. Die Parlamentarier standen den Fragen der auswärtigen Politik zu fern, um sich in diese neuen Probleme rasch einarbeiten zu können.»[548]

Ein ausgezeichneter Kenner des Völkerrechts, Professor Otfried Nippold, Dozent an der Universität Bern, wurde vom Bundesrat in der Kommission nicht zugelassen. Nippold, ursprünglich deutscher Staatsbürger und Mitarbeiter im Auswärtigen Amt, hatte im Jahre 1907 ein grundlegendes Werk über die friedliche Beilegung von internationalen Streitigkeiten verfasst und galt als massvoller Pazifist. In der Schweiz naturalisiert, publizierte er vor dem Krieg Bücher über deutschen Chauvinismus und Imperialismus. In Deutschland und bei dem Deutschtum verpflichteten Schweizern galt er als Renegat. Also hatte er – so offenbar die Stimmung im Bundesrat – in einer eidgenössischen Kommission nichts zu suchen. Max Huber fand einen Ausweg und engagierte Nippold als Sekretär seiner Arbeitsgruppe.

Noch bevor die Kommission ihre Arbeit begann, legte Max Huber die Grundsätze fest, nach denen die Friedensorganisation gestaltet werden sollte. Unbestrittenes Ziel war die Vermeidung von zukünftigen Kriegen. Dazu benötigte man eine internationale Schiedsgerichtsbarkeit mit den entsprechenden Institutionen. Huber war in seinem Denken pragmatisch genug, um das Heil nicht in jedem Fall in juristischen Lösungen zu suchen. So brauchte es seiner Meinung nach neben dem Schiedsgericht eine zweite permanente Institution, eine sogenannte Vermittlungskommission, die bei politischen Lösungen mitzuwirken hatte.[549] Der gewandte Jurist wusste, dass die Institutionen von den Grossmächten missbraucht werden konnten und dass daraus Gefahren für die Kleinstaaten entstehen würden. Seine Sorge galt auch der schweizerischen Neutralität, die er gegenüber einem Völkerbund behaupten wollte. Es gab radikalere Anhänger einer Friedensorganisation, die Hubers Ideen als allzu nüchtern und wenig kühn empfanden. So äusserten sich etwa William Rappard und Hans Sulzer, der schweizerische Gesandte in Washington, die sich beide an amerikanischen Vorstellungen orientierten.

Am 6. Juni 1918 sprach Bundespräsident Calonder vor dem Nationalrat über das «Problem Völkerbund». Es war eine Rede, die als Signal für die Neuorientierung der schweizerischen Aussenpolitik aufgefasst werden konnte.[550] Der Chef des Politischen Departementes folgte dabei einem Text, den Max Huber entworfen hatte. Er trug das Programm mit einem Pathos vor, das sich vom nüchternen Realismus des Zürcher Professors abhob, doch in der Sache folgte er Huber Punkt für Punkt. Der Rede gingen Debatten in der Geschäftsprüfungskommission des Nationalrats voraus, in der sich der St. Galler Joseph Anton Scherrer-Füllemann für eine Teilnahme der Schweiz an der internationalen Organisation des Friedens einsetzte.

Calonder beklagte den Misserfolg der Haager Konferenzen, die mit schwächlichen Kompromissen geendet hatten, weil einige Regierungen eine wirksame Friedenssicherung verhinderten, da sie angeblich mit der Souveränität nicht zu vereinbaren sei. Die selben Staaten seien heute in tausend Abhängigkeiten verstrickt, die ihre Unabhängigkeit genauso gefährdeten, erklärte der Magistrat. Die Katastrophe des Krieges zeige, dass dem rücksichtslosen Konkurrenzkampf zwischen den europäischen Staaten ein Ende gesetzt werden müsse: «So ist aus der Not der heutigen Zeit der Ruf nach einem Völkerbund laut geworden, zuerst in Frankreich, in England, bei den Neutralen, dann auch in Deutschland und in Österreich. Mit ganz besonderem Nachdruck haben der Präsident der Vereinigten Staaten von Amerika und der Papst diesen Gedanken ausgesprochen. Eine Idee, die früher lediglich den oft verspotteten Pazifisten und Theoretikern überlassen war, ist heute in die Kreise der Politiker und Diplomaten eingedrungen und wird sich dort behaupten und wird nicht zur Ruhe kommen.»[551]

Es folgte das Bekenntnis des Bundespräsidenten zur Rolle der Schweiz in der Völkergemeinschaft, gepaart mit einiger Skepsis, wie sie auch Max Huber optimistischen Visionen anzufügen pflegte: «Kein Volk kann lebendigeren Anteil an der Neugestaltung der Staatengemeinschaft nehmen als die kleine Schweiz. Ganz allgemein möchte ich sagen: Auf die Dauer kann unbegrenzte Eigenmacht und völlige internationale Ungebundenheit keinem Volk wirkliche Vorteile bieten.» Felix Calonder mahnte jedoch, man dürfe den Boden der Wirklichkeit nicht verlassen: «Wir alle stimmen darin überein, so nehme ich an, dass die Schweiz nicht unter allen Umständen sich einem Völkerbund oder einer anders benannten neuen internationalen Organisation anschliessen soll, sondern nur dann, wenn dabei der Fortbestand unserer nationalen Eigenart und Selbständigkeit und unsere Gleichberechtigung in genügender Weise gewährleistet sind.» Ein Vorbehalt Calonders, der die unweigerlich folgende Kritik auffangen sollte. Der Bundespräsident nannte einen weiteren Punkt, der in einer verbindlichen Friedensordnung Kopfzerbrechen verursachen würde: Die Frage der Sanktionen, wenn sich eine Nation nicht an die Vereinbarungen hielt. Er sprach von wirtschaftlichen und militärischen Strafmassnahmen, vermied es aber, sich genauer festzulegen.

Der Bundespräsident legte Wert auf eine klare Trennung der Begriffe «Friedensvermittlung» und «Friedensordnung». Er meinte in seiner Rede, das Land sei bereit, seine guten Dienste anzubieten, wenn eine Mediation von beiden Seiten gewünscht werde. Er hatte schon früher betont, die Schweiz dürfe sich nicht mit der Vorbereitung irgendeines Separatfriedens die Finger verbrennen. Damit setzte sich Calonder von der Politik Arthur Hoffmanns ab, der in eben dieser Frage gestrauchelt war. Die Versuchung, sich in der Rolle des Friedensstifters zu bewähren, war auch im letzten Kriegsjahr gegeben. In Bern wusste man vermutlich, dass Frankreich und die Vereinigten Staaten Geheimgespräche mit der Donaumonarchie führten, die aber letzten Endes kein Ergebnis brachten. In Wien hätte man auch eine schweizerische Geste begrüsst, wie aus einigen diplomatischen Signalen zu erkennen war. Kaiser Karl I. wusste um den desolaten Zustand seines Landes, das sich in seine ethnischen Bestandteile aufzulösen begann. Doch der junge Kaiser war dem immer mehr vom deutschen Generalstab dominierten Militärapparat ausgeliefert.

Die Regierungen der Entente wiesen jede Intervention der Neutralen energisch zurück, nachdem sich im Sommer 1918 das militärische Übergewicht der Alliierten an der Westfront abzeichnete. Bereits im Februar 1918 hatte der italienische Aussenminister Sonnino bei einem Treffen mit Minister von Planta von der wachsenden Kriegsmüdigkeit in allen Ländern gesprochen, dem schweizerischen Gesandten aber gleichzeitig ein deutliches Zeichen gegeben: Er erachte eine Vermittlung von neutraler Seite «nicht nur nicht für angezeigt, sondern geradezu für gefährlich».[552] Bei dieser Gelegenheit warnte Sonnino vor «anarchistischen Tendenzen» in der Schweiz, die von russischen Emissären geschürt würden. Das war ein früher Hinweis auf die Befürchtungen in westlichen Hauptstädten, dass die Schweiz zu einem Zentrum revolutionärer Agitation werden könnte.

Ein halbes Jahr später nahm der neue Gesandte in Paris, Alphonse Dunant, das Thema «Friedensvermittlung» wieder auf. Man hatte vom schwedischen Aussenminister erfahren, dass Aktionen der Neutralen im Augenblick nicht erwünscht seien. Dunant schrieb darüber nach Bern: «Les Alliés sentent et savent que l'efficacité du concours américain commence seulement et se déploiera pas en plein effet cette année; ils sont persuadés d'avoir en mains assez d'atouts pour risquer la forte partie dans quelques mois. Et, après leurs récents succès incontestables, ils considéreraient la moindre démarche neutre – fût-elle timide et prudente – comme absolument déplacée; cela risquerait de tout gâter pour celui qui désirerait intervenir de façon opportune, c'est à dire plus tard.»[553] Deutlicher konnte man sich nicht ausdrücken: Friedensstifter waren nicht erwünscht.

Ein einziger diplomatischer Akt blieb der Schweiz am Kriegende vorbehalten, als im Monat Oktober das Deutsche Reich ein Friedensangebot an Präsident Wilson richtete. Es galt, das Gesuch nach Washington zu übermitteln. Das war eine Selbstverständlichkeit, denn die Eidgenossenschaft hatte die Vertretung Deutschlands in den Vereinigten Staaten übernommen.[554] Von deutscher Seite wurde offenbar gewünscht, dass der schweizerische Gesandte in der amerikanischen Hauptstadt die Note mit einem eigenen Kommentar zu einigen Punkten versehe. Calonder lehnte ab. Eine eigene Meinungsäusserung hätte bedeutet, dass sich die Schweiz in die Verhandlungen einmischte. Der Gesandte in Washington übergab den deutschen Text kommentarlos und begnügte sich mit der Rolle des Briefträgers.

Es war die Aufgabe von Max Hubers Expertenkommission, ein schweizerisches Modell zur Friedenssicherung auszuarbeiten.[555] Die erste Sitzung der Sachverständigen ging vom 4. bis 8. November 1918, also kurz vor dem Waffenstillstand, in Szene. Es fiel dem Vorsitzenden nicht leicht, den Diskurs in der auseinander strebenden Gruppe auf eine Linie zu bringen.[556] Die Peripetien des Kriegsendes brachten es mit sich, dass brauchbare Formeln erst gefunden wurden, als die Waffen bereits ruhten –, ein Prozess, der nicht mehr Gegenstand dieser Studie ist. Man hatte immerhin in der Landesregierung erkannt, dass die Schweiz nicht unvorbereitet in die Nachkriegszeit eintreten durfte. Es standen Veränderungen in allen Bereichen bevor, die man sich noch vor einiger Zeit nicht hatte vorstellen können.

Das erste Treffen der Experten fand zu einem ungünstigen Zeitpunkt in Territet statt. Das Land war von sozialen Unruhen erfasst und trieb dem Landesstreik entgegen. Bundesrat Calonder sah sich gezwungen, die Sitzung zu verlassen, denn seine Anwesenheit in Bern war erwünscht. Huber erarbeitete Diskussionsgrundlagen zuhanden des Bundesrates, und die Kommission verlangte in einer Resolution die Beteiligung der Neutralen an Friedensverhandlungen: «La Commission est d'avis que les nations qui n'ont pas participé à la guerre actuelle devraient être admises à collaborer au règlement des questions d'intérêt général, notamment à tout ce qui concerne la constitution d'une Société des Nations.»[557]

Calonders Bemühen galt denn auch während seiner Präsidentschaft im Jahre 1918 einer Teilnahme der Schweiz an den Verhandlungen um eine Friedensordnung. Die Hoffnung schien anfänglich nicht unbegründet. Der Berater des amerikanischen Präsidenten, Colonel Edward House, versicherte Minister Sulzer in Washington schon im Mai, «die Berechtigung der Neutralen, an den Beratungen und Entscheidungen allgemeiner Grundsätze über die zukünftige Ordnung der internationalen Fragen teilzunehmen, sei grundsätzlich anerkannt worden».[558] Auch Präsident Wilson sei in dieser Sache günstig gestimmt. Ähnlich äusserte sich der italienische Aussenminister Sonnino. Doch war zu diesem Zeitpunkt noch unklar, ob sämtliche Themata vom Friedensschluss bis zum Völkerbund in einer Konferenz abgehandelt würden, oder ob zuerst die Kriegführenden verhandeln sollten und die Gespräche mit den Neutralen einem zweiten Treffen vorbehalten waren. Die Fortsetzung schildert Max Huber mit einer gewissen Resignation: «Schliesslich haben die Alliierten sich darauf beschränkt, nur unter sich – im Grunde genommen nur die fünf Hauptmächte unter sich – zu verhandeln und die Zentralmächte wie die Neutralen vor das fait accompli eines fertigen Vertrages zu stellen. Diese Haltung war nicht nur ein Ausfluss jener durch die Kriegspsychose und die Grösse des Sieges erklärbaren Megalomanie, sondern sie war sozusagen eine Notwendigkeit, da die Erzielung einer äusseren Übereinstimmung unter den Alliierten in Anbetracht der Schärfe der internen Gegensätze fast schon mit den Schwierigkeiten eines Friedensschlusses unter Gegnern belastet war. Durch den katastrophalen Zusammenbruch der Zentralmächte und infolge des Umstandes, dass seit 1917 keine starken Staaten unter den Neutralen mehr vorhanden waren, konnten sich die Sieger diese Politik des einseitigen Vorgehens offenbar gestatten.»[559]

Bundespräsident Calonder hätte die Friedenskonferenz gerne in die Schweiz, zum Beispiel nach Genf geholt. In diesem Anliegen wurde er von seinen Kollegen unterstützt. In Washington und London scheint man den Gedanken wohlwollend aufgenommen zu haben, Frankreich hingegen wünschte eine Konferenz in Versailles. Was letzten Endes gegen die Schweiz sprach, kann man nur vermuten. Die in den Augen der Westmächte allzu sichtbare Hochachtung der Landesregierung für die Zentralmächte mag die Begeisterung gedämpft haben. Ins Gewicht fiel auch der Umstand, dass die Eidgenossenschaft nach dem Landesstreik als politisch und sozial unsicheres Territorium galt. Die Sieger waren im Schloss von Versailles allemal besser aufgehoben.

Die Vision eines Friedens

Die Schweiz bot in den Kriegsjahren – abseits der Schlachtfelder in West und Ost – ein Panoptikum des zerrissenen Europa. Auf diesem neutralen Forum wurden Kontroversen ausgetragen, die in den kriegführenden Ländern von der Zensur behindert worden wären. Die martialischen Fanfarenstösse des August 1914 waren längst einer vielschichtigen Befindlichkeit gewichen, die zwischen nationalen Parolen und dem Wunsch nach Frieden schwankte. «Man lebte den Krieg hier eigentlich intensiver mit als in der kriegführenden Heimat, weil sich das Problem gleichsam objektiviert und von nationalem Interesse an Sieg oder Niederlage völlig losgelöst hatte», schrieb Stefan Zweig in seinen Erinnerungen.[560] Der Wiener Schriftsteller schätzte in Zürich die «ein wenig konservative Kultur», die anderseits etlichen Emigranten Mühe bereitete: «Dank der friedlichen Einbettung der Schweiz inmitten der kämpfenden Staaten war Zürich aus seiner Stille getreten und über Nacht die wichtigste Stadt Europas geworden, ein Treffpunkt aller geistigen Bewegungen, freilich auch aller denkbaren Geschäftemacher, Spekulanten, Spione, Propagandisten, die von der einheimischen Bevölkerung um dieser plötzlichen Liebe willen mit sehr berechtigtem Misstrauen betrachtet wurden. (...) In den Restaurants, in den Cafés, in den Strassenbahnen, auf der Strasse hörte man alle Sprachen. Überall traf man Bekannte, liebe und unliebe, und geriet, ob man wollte oder nicht, in einen Sturzbach erregter Diskussionen.»

Es entwickelte sich in Zürich, wie Zweig erlebte, eine bewegte literarische Szene: «Von Schriftstellern und Politikern fanden sich solche aller Sprachen und Schattierungen zusammen. Alfred H. Fried, der Träger des Friedensnobelpreises, gab hier seine ‹Friedenswarte› heraus, Fritz von Unruh, vormals preussischer Offizier, las uns seine Dramen vor, Leonhard Frank schrieb sein aufreizendes ‹Der Mensch ist gut›, Andreas Latzko erregte Sensation mit seinen ‹Menschen im Krieg›, Franz Werfel kam zu einer Vorlesung herüber; ich begegnete Männern aller Nationen in meinem alten ‹Hotel Schwerdt›, wo Casanova und Goethe zu ihrer Zeit schon abgestiegen. Ich sah Russen, die dann in der Revolution auftauchten, und deren richtige Namen ich nie erfuhr, Italiener, katholische Geistliche, intransigente Sozialisten und solche der deutschen Kriegspartei.»[561]

Man konnte noch viele andere Namen erwähnen. Es fanden sich zum Beispiel die Schriftsteller René Schickelé, Gerhard Hauptmann, Frank Wedekind und Hermann Hesse ein. In der Westschweiz residierte Romain Rolland, eine geschätzte und gleichzeitig geschmähte moralische Instanz, die vergeblich die Intellektuellen aus ihren chauvinistischen Verstrickungen zu lösen suchte.

Schweizer Schriftsteller und Politiker wirkten gegenüber dem vielstimmigen und dissonanten Chor der Gäste seltsam gedämpft. Das mag an der schweizerischen Langsamkeit liegen, oder daran, dass der eidgenössische Pragmatismus keine allzu schrillen Töne zuliess. Es gab immerhin einen Louis Dumur in Paris und einen Jakob Schaffner in Berlin. Ein Autor, der die «geistige Überfremdung der Schweiz» beklagte, sprach von der «Hilflosigkeit des Schweizers unserer Tage gegenüber der Weltpolitik».[562] In einer recht widersprüchlichen Analyse behauptete er jedoch, die Schweiz halte «die geistige Verbindung unter den europäischen Völkern aufrecht», ein Befund, den man mit gutem Grund anzweifeln konnte.[563]

Der Zürcher Literaturprofessor und Schriftsteller Robert Faesi fand sich in der Emigrantenszene nur mühsam zurecht. In seiner selbstgefälligen Rückschau betonte er, die deutsche Kultur sei immer sein Leitstern gewesen. Für exzentrische Experimente brachte er kein Verständnis auf: «Die bürgerliche Schweiz – und die Schweiz war damals sozusagen der Inbegriff des Beharrungsvermögens –, diese

Burg, in der sich Flüchtlinge, Frondeurs und Revoluzzer in Sicherheit gebracht hatten, wurde von ihnen mit Geringschätzung ignoriert, wenn nicht gar im stillen missbilligt.»[564]

So blieben Begegnungen die Ausnahme. Robert Faesi verstand sich gut mit Stefan Zweig, dem erfolgreichen Schriftsteller und Sohn aus begütertem Haus. Zu «Extremisten» hielt er Distanz: «Neben dem politischen und sozialen Extremismus der aktivistischen ‹littérature engagée› schoss der Auswuchs des Extremismus üppig ins Kraut. Zürich ist doch sogar ohne sein eigenes Zutun so etwas wie die Wiege des Dadaismus geworden. Ich habe mit ihm schon darum keinen Kontakt gefunden, weil ich beim wilden Ausbruch seiner kabarettistischen Exhibitionen und akrobatischen Verrenkungen gerade in Uniform steckte. Aber ich hatte mit Dada auch innerlich so wenig zu tun wie mit aktivistischem Proletkult.»[565]

Der bürgerliche Stefan Zweig war im Kreise der Emigranten nicht unbedingt gerne gesehen, wenn man auch sein pazifistisches Bekenntnis schätzte. Er war im Herbst 1917 nach Zürich gekommen, weil das Stadttheater seinen «Jeremias» inszenierte. Die Einnahmen aus seinen Werken flossen nicht allzu spärlich. Neider sprachen denn auch vom «Erwerbszweig».

Die Stimmen der Literaten wurden während des Krieges von einer breiten Öffentlichkeit wahrgenommen. Stefan Zweig meinte dazu später: «Dies unterschied den Ersten Weltkrieg wohltätig vom Zweiten: das Wort hatte damals noch Gewalt. Es war noch nicht zu Tode geritten von der organisierten Lüge, der ‹Propaganda›, die Menschen hörten noch auf das geschriebene Wort, sie warteten darauf.»[566] Nicht in jedem Fall brachte das «Wort» einen sinnvollen Beitrag zum Wohlbefinden der europäischen Gesellschaft. Die chauvinistischen Eskapaden der Intellektuellen auf beiden Seiten vertieften den Hass zwischen den Nationen. Die Schuld dieser Elite am fatalen Gang der Geschichte lässt sich kaum ermessen. Der in Zürich wohlbekannte Pädagoge Friedrich Wilhelm Foerster, Professor in München und regelmässiger Mitarbeiter der «Neuen Zürcher Zeitung», erklärte in einer seiner Schriften, der deutsche Militarismus sei durch die Intelligenz gezüchtet worden: «Unsere schlimmste Militärkaste waren ja die Oberlehrer und die Professoren.»[567] Es gibt zahlreiche Zeugnisse, die belegen, dass die Frontsoldaten in den Schützengräben gegenüber ihren Gegnern nicht jene törichte Verachtung hegten, wie sie in den Stuben der Schriftsteller und Schulmeister erzeugt wurde.

In der Schweiz sah sich der rigorose Pazifist Romain Rolland einem intellektuellen Unrat gegenüber, den die Literaten – oft in ehrlicher patriotischer Überzeugung – sozusagen täglich produzierten. Anfeindungen erlebte er von beiden Seiten. Er schrieb schon im Herbst 1914: «Die deutsche Presse beschimpft mich mehr denn je. Aus meinem Satz an Gerhart Hauptmann: Seid ihr Goethes oder Attilas Söhne? hat die französische Presse behalten: Er nennt sie ‹Goethes Söhne›, und die deutsche Presse: ‹Er nennt sie Attilas Söhne›.[568]

Von seinen französischen Freunden als Abtrünniger beschimpft, kämpfte Rolland gegen die nationalistischen Parolen in seiner Heimat an. Sein Zorn richtete sich gegen die Tiraden eines Maurice Barrès: «Sehen denn Frankreichs Liberale nicht die furchtbare, drohende Gefahr, und wenn sie sie sehen, warum tun sie nichts, um sie abzuwenden? Ich vermute, dass die französische Republik in Bälde erwürgt sein wird, und beklage freie Menschen, deren Schicksal von der Gnade eines Barrès abhängt. Ich sehe eine Ära politischer Gefängnisse und Kriegsgerichte nahen.»[569] Der Pazifist regte sich über die «masslose Ungeschicklichkeit» der Deutschen auf: «Sie sind sich selber am meisten feind; sie tun alles, um sich verhasst zu machen, und sind dann höchst erstaunt.»[570]

Persönlich getroffen fühlte sich Romain Rolland vom überheblichen Geschwätz eines Thomas Mann: «Was Thomas Mann von Frankreich sagt, ist eine Schande. Nie werde ich ihm die gehässige Leichtfertigkeit verzeihen, mit der er von den Zerstörungen der Deutschen spricht. Nie werde ich ihm den Zynismus verzeihen, mit dem dieser Intellektuelle vom bequemen Schreibtischsessel aus das ringende französische Volk in plumper Weise verhöhnt, dieses Volk, das sich stoisch und mit freudigem Heldenmut opfert. Der Sieg dieses Volkes wird auf solche Beschimpfungen antworten. Aber sollte ich Thomas Mann je begegnen, so werde ich mich weigern, ihm die Hand zu reichen.»[571]

Die Bekämpfung des Gegners auf neutralem Territorium fügte sich nahtlos in die eidgenössischen Dissonanzen, die das Land in einander übelgesinnte Kulturräume spaltete. Das Problem der getrennten Nation wurde nicht bloss von den Politikern in den europäischen Hauptstädten wahrgenommen. Es blieb auch den Emigranten in der Schweiz nicht verborgen. Damit wurde es Gegenstand des intellektuellen Diskurses. Wer sich um eine massvolle Haltung bemühte, rief Kritik von beiden Seiten auf den Plan. Romain Rolland registrierte besorgt die Unsicherheit bei schweizerischen Literaten und Politikern, die sich nur vorsichtig auf dem heiklen Terrain bewegten. Er meinte damit zum Beispiel Paul Seippel, der sich in der Sache mit dem französischen Pazifisten einig war, aber Zeichen von Resignation zeigte. Eine Enttäuschung bereitete ihm Georges Wagnière, Chefredaktor des «Journal de Genève». Der stets auf Anpassung bedachte Journalist wollte einen Gedenkartikel zum Todestag von Jean Jaurès in seiner Zeitung nicht aufnehmen, weil angeblich der Platz fehlte. Kopfzerbrechen bereitete Romain Rolland der unberechenbare Freiburger Aristokrat Gonzague de Reynold, der sich gelegentlich wie das Sprachrohr General Willes gebärdete und dann wieder dem moderaten Kurs der «Neuen Helvetischen Gesellschaft» folgte. Er schrieb während der Obersten-Affäre Ungereimtheiten, die Rolland in seinen Aufzeichnungen so wiedergab: «‹Wissen Sie, dass ich manchmal so weit bin, uns den Krieg zu wünschen?› – Das hindert ihn nicht, sich mit meinem Pazifismus einverstanden zu erklären. Wie geht das alles in seinem Kopf zusammen?»[572]

Positionen zwischen den Fronten waren für Schweizer allemal heikel, auch wenn sie dem neutralen Kredo des Landes entsprachen. So fand Robert Faesi den Appell Carl Spittelers zwar ehrenwert, aber einseitig zu ungunsten des Deutschen Reiches: «Es wurmte mich, dass der kraftvollste unsrer Maler, Hodler, gegen Deutschland Stellung bezog, und erst recht gab mir zu denken, dass unser Dichter vom grössten Format, Carl Spitteler, die Parteien nicht mit gleicher Elle zu messen schien. Beide brachten Deutschland weniger Verständnis entgegen, als Deutschland ihnen, und der Applaus aus dem französischen Sprachraum kam der künstlerischen Anerkennung nicht zugut. Wie sein Verehrer Romain Rolland glaubte sich Spitteler ‹au dessus de la mêlée› zu stellen, als er sich – zum ersten und einzigen Mal in seinem Leben – übrigens schweren Herzens und durchaus im Bewusstsein der bitteren Folgen zum Auftreten in der politischen Arena entschloss.»[573] Faesi bedauerte, «dass kein Westschweizer sich bewogen fühlte, als Gegengewicht dazu seinen eigenen Sprachgenossen den Kopf zu waschen». Der Professor für deutsche Literatur scheint die Schriften von Paul Seippel nicht gelesen zu haben, auch war ihm offensichtlich die Zeitschrift «Wissen und Leben» von Ernest Bovet unbekannt. Es fiel dem Bürgertum schwer, sich aus der Abhängigkeit der beiden Kriegslager zu lösen.

Näher bei den grenzüberschreitenden Friedensbewegungen lebte der Theologe Leonhard Ragaz, der sich zum religiösen Sozialismus bekannte. Die Tatsache, dass er sich für Dienstverweigerer aus Gewissensgründen einsetzte, wurde vor allem von General Wille übel vermerkt.[574] Der Vorwurf, Ragaz habe Soldaten zur Dienstverweigerung angestiftet, war aus der Luft gegriffen. Der Theologe zeigte zwar pazifistische Neigungen, lehnte aber den Militärdienst zur Verteidigung des Landes nicht zum vornherein ab. In seinen Gedanken über den Frieden hoffte er auf eine übernationale Lösung, die ohne Sieger und Verlierer geschaffen werden müsste. Dabei mass er einer sozialen Demokratie eine wesentliche Aufgabe zu.

Aus völlig andern Motiven lief der Arzt und Sozialrevolutionär Fritz Brupbacher gegen jegliche Form des Militarismus Sturm. Der dissidente Sozialist scharte um sich einen Kreis von jungen Aktivisten, die ihre Ideologie zum Teil von Emigranten bezogen, wenn nötig aber auch ohne Doktrin agitierten. Man gründete die Zeitschrift «Revoluzzer», die nur eine bescheidene Verbreitung fand. Die Gruppe forderte ein Ende des Krieges und dachte an Bündnisse mit andern Bewegungen. Doch es fehlten die gemeinsamen Ziele. Fritz Brupbacher schrieb darüber in seiner Selbstbiographie: «In dieser Zeit hatten wir geglaubt, wir könnten mit den ‹Sozial-Religiösen› ein Stück zusammengehen. Die waren ja auch gegen den Krieg. (…) Aber der Unterschied zwischen uns war eben doch, dass wir fanden, der Mensch brauche die materiellen Genüsse, und mit Recht, und auch das Proletariat soll sie haben, und nur noch etwas dazu – nämlich den Willen, die Welt bewohnbar zu machen für alle und nicht nur für eine bestimmte Klasse. Aber es ging nicht: Wir waren für Fressen, Saufen und Huren, und die Sozial-Religiösen wollten gar nichts wissen von den

Vergnügungen des Bauches und der Zunge, und so fiel unsere Allianz auseinander, bevor sie recht zustande gekommen war.»[575] Fritz Brupbacher, damals schon vierzig Jahre alt, kam sich eine Zeitlang als Leitfigur der Gruppe vor. Doch er wurde, wie er später schrieb, von den Proleten enttäuscht und setzte sich bereits im Jahre 1915 von den Aktivisten um den «Revoluzzer» ab.

Von den geistigen Turbulenzen der Kriegszeit wurden auch die schweizerischen Universitäten erfasst. Das traf vor allem auf die Hochschulen der Deutschschweiz zu, an denen sich eine grosse Zahl von deutschen Dozenten etabliert hatte. Ihr Beitrag an die Wissenschaft des Landes war beachtlich, doch er stand unter reichsdeutschen Vorzeichen. Man fühlte sich dieser intellektuellen Garde zu Dank verpflichtet, aber ihre Gegenwart zeugte von der kulturellen Dominanz des grossen Nachbarn. In einer an sich fragwürdigen Untersuchung aus dem Jahre 1917 über die «geistige Überfremdung der Schweiz» war vom deutschen Professor die Rede: «Früher ein Gesinnungsverwandter der Schweizer, von seinem Vaterlande ausgestossen, wurde er zum geistigen Vertreter der deutschen Weltmacht im Ausland, zum Pionier für deutsches Wesen und deutsche Kultur.»[576] Das Phänomen erschien in schweizerischer Sicht umso bedenklicher, als der französische Einfluss an den Hochschulen der Romandie eher bescheiden war.

Wie weit deutsch-nationale Gesinnung in die schweizerischen Universitäten drang, erfuhr man am Exempel der Affäre Sauerbruch, die sich im Frühjahr 1915 an der Chirurgischen Klinik des Kantonsspitals Zürich zutrug.[577] Der bekannte Chirurg und Professor Ernst Ferdinand Sauerbruch herrschte an der Universitätsklinik über Assistenten und Personal mit den Allüren eines allgewaltigen Chefs, der sich weder um Reglemente noch um vorgesetzte Behörden kümmerte. Dabei umgab er sich nach Möglichkeit mit reichsdeutschen Mitarbeitern, die ihm untertänig ergeben waren. Die schweizerischen Assistenten befanden sich zahlenmässig in der Minderheit. Gegenüber seinem Ärzteteam agierte Sauerbruch in unberechenbarem Stil zwischen cholerischen Zornesausbrüchen und kumpelhafter Verbrüderung. Eigene Meinungen waren nicht erwünscht. Sauerbruch soll sich öfters in eindeutigem Sinn geäussert haben: «Einsprüche von Assistenten werden an keiner deutschen Klinik geduldet.»[578] Der Chirurg liess denn auch keinen Zweifel daran, dass in seinem Haus nach deutschen Regeln verfahren werde.

Nach Kriegsausbruch wurde die chirurgische Klinik neben ihrer medizinischen Bestimmung auch zum politischen Forum. Davon nahm das Zürcher Publikum Kenntnis, als die Sanitätsdirektion auf Antrag des Professors am 12. Februar 1915 dem Assistenten Heinrich Freysz kündigte. Der später vom Regierungsrat kritiklos übernommene Kündigungsgrund entsprach sozusagen wörtlich den Aussagen Sauerbruchs, wonach sich der Assistent gegenüber seinem Vorgesetzten ungebührlich benommen habe. Fachlich war gegen den entlassenen Arzt nichts einzuwenden. Vier Assistenzärzte erklärten sich mit Freysz solidarisch und reichten die Kündigung ein mit der Begründung, eine weitere Zusammenarbeit mit dem deutschen Klinikleiter sei nicht zumutbar.

Der Fall Freysz war ein penibles Beispiel für deutsche Arroganz, die ihre nationalen Ansprüche auch jenseits der Reichsgrenze durchsetzte. Der dienstuntaugliche Professor Sauerbruch wurde im September 1914 als Oberstabsarzt nach Strassburg aufgeboten, wo er die chirurgische Leitung in einem Militärlazarett übernahm. In eben dieses Lazarett berief er seinen Assistenten Freysz, damit er sich in Kriegschirurgie ausbilden konnte.

Der junge Schweizer Arzt bewältigte seine deprimierende Arbeit zur allgemeinen Zufriedenheit, wurde aber nach seiner Rückkehr im Januar 1915 von Sauerbruch mit absurden Vorwürfen konfrontiert. Freysz habe verwundete französische Kriegsgefangene mit den Worten «Bonsoir messieurs» begrüsst und sich mit ihnen in französischer Sprache unterhalten. Der Chirurg wertete diesen Tatbestand als Verrat an Deutschland und an seiner Person als Leiter der Universitätsklinik. Er setzte sogleich zu einem Examen an, denn es galt, die politische Gesinnung des Mitarbeiters zu prüfen. Sauerbruch legte dem Assistenzarzt die «Neue Zürcher Zeitung» mit Spittelers Artikel «Unser Schweizer Standpunkt» vor. Er fand den Appell des Dichters empörend und erwartete von Freysz eine eindeutige Distanzierung. Es sei nicht nur eine politische Frage, sondern eine Sache von Takt und Wohlanständigkeit. Die «Neue Zürcher Zeitung», die Carl Spittelers Aufruf publiziert hatte, nannte er ein «Saublatt».[579] Heinrich Freysz, dessen Eltern aus dem Elsass stammten, hatte seine Sympathien für die Entente nie versteckt und dachte nicht an Rückzug. So kam es zum Bruch zwischen den beiden Ärzten. Die Medizin war dabei überhaupt nicht im Spiel. Für die Rolle, die Sauerbruch seinem Gastland und den schweizerischen Mitarbeitern zumutete, spricht sein oft zitierter Ausspruch: «Neutral sein heisst Maul halten!» Die politische Gewissensprüfung mit dem Artikel Spittelers blieb auch einem zweiten Assistenten nicht erspart, doch der Mann zog sich geschickt aus der Affäre.

Sanitätsdirektion und Regierungsrat spielten in der Angelegenheit eine klägliche Rolle, denn man wollte dem berühmten Professor nicht nahetreten. In ihren Papieren klammerten sie sich an den Wortlaut von Sauerbruchs Deklamationen. Darin war kaum etwas von Politik, etliches hingegen von der verletzten Eitelkeit des Professors zu lesen. Man hätte die Sache gerne verheimlicht, doch das «Volksrecht» breitete den Fall mit allen Einzelheiten aus. Eine sozialdemokratische Interpellation im Kantonsrat sorgte für Aufsehen, aber die bürgerliche Mehrheit im Parlament lehnte eine Debatte ab.

Es gelang dennoch nicht, die Affäre Sauerbruch unter den Tisch zu wischen. Freysz hatte seine Assistentenstelle verloren, aber er konnte sich als moralischen Sieger betrachten. Das Thema wurde in der Romandie von der «Gazette de Lausanne» und dem «Journal de Genève» kommentiert, und in Paris sah Louis Dumur darin einen dankbaren Stoff für seine Polemik gegen die Deutschschweiz.[580] Der stets massvolle Paul Seippel äusserte sich in der liberalen Genfer Zeitung mit vornehmer Zurückhaltung. In einem Brief an Carl Spitteler liess er hingegen seinem Ärger freien Lauf: «On peut tourner les choses comme on voudra, le fait brutal est là: A la demande d'un professeur allemand, un assistent suisse a été congédié par le gouvernement zurichois pour avoir approuvé votre discours. (...) Cette affaire Sauerbruch est un indice de la mainmise des Allemands sur nos universités.»[581]

Der Diskurs um Krieg und Frieden stand in der Schweiz in steter Verbindung mit den europäischen Kontroversen, die über die militärischen Fronten hinweg ausgetragen wurden. Es war nicht leicht, zwischen reiner Polemik und jenen Beiträgen zu unterscheiden, die mit einem gewissen Gewicht daherkamen. Die Behauptung von Stefan Zweig, im Ersten Weltkrieg habe das Wort noch ein besonderes Gewicht gehabt, mag zutreffen. Doch missbraucht wurde es allemal. Die Skala der Werte, die in den Debatten produziert wurden, erlaubte Rückschlüsse auf das Staatsverständnis und auf das Weltbild des jeweiligen Lagers. Bei den Alliierten war von Souveränität, Selbstbestimmung und Demokratie die Rede, was nicht heisst, dass die Begriffe in jedem Fall in die Realität umgesetzt wurden. Bei den Zentralmächten, im Deutschen Reich vor allem, war das ideologische Inventar von einer martialischen Terminologie besetzt, die man in Friedenszeiten schamhaft zu verbergen suchte. Für den schweizerischen Beobachter galt es, sich in diesem Angebot zurecht zu finden, ohne die eigene Identität zu gefährden. Auf diesem unsicheren Grund wurde der Diskurs um die Zukunft Europas geführt, für den insbesondere Zürich eine hervorragende Bühne bot.

Es gab Thesen und Texte, an denen sich politische und intellektuelle Streitlust entzündete. Kritischen Kommentaren rief die Apologie des deutschen Militarismus, die Werner Sombart unter dem Titel «Händler und Helden» verfasste. Er ging darin auf die Engländer los, die den Krieg als Sport verstanden, weil sie – die primitiven Händler – «den Krieg nimmermehr begreifen konnten».[582] «Wir sind ein Volk von Kriegern. Den Kriegern gehören die höchsten Ehren im Staate», meinte der bekannte Volkswirtschafter. Tapferkeit und Gehorsam seien die wahren Tugenden des freien Mannes. Sombart liess sich zu schwülstigen Tiraden hinreissen: «Militarismus ist der zum kriegerischen Geiste hinaufgestiegene heldische Geist. Er ist Potsdam und Weimar in höchster Vereinigung. Er ist ‹Faust› und ‹Zarathustra› und Beethoven-Partitur in den Schützengräben. (...) Nichts wird uns so sehr von allen Händlern verdacht, als dass wir den Krieg für heilig halten. Sie sagen: der Krieg sei unmenschlich, er sei sinnlos. Das Hinschlachten der Besten eines Volkes sei viehisch. So muss es dem Händler erscheinen, der nichts Höheres auf Erden kennt als das einzelne, natürliche Menschenleben. Wir aber wissen, dass es ein höheres Leben gibt: das Leben des Volkes, das Leben des Staates.»

Die Thesen des deutschen Gelehrten wurden in der Schweiz von kritischen Bürgern und von Emigranten schlecht aufgenommen. Hermann A. Fried, der Pionier des «wissenschaftlichen Pazifismus», focht sie in der «Neuen Zürcher Zeitung» an.[583] August Egger, Professor für Jurisprudenz an der Universität Zürich, tadelte das in Deutschland verbreitete Staatsverständnis, das irgendwo zwischen Hegel und Sozialdarwinismus lag und das Individuum übersah. Der Staat werde zum Selbstzweck erhoben, sagte er in einem Vortrag: «Man dächte, er wäre um des Volkes willen da. Der moderne Etatismus weiss es anders. Der Staat ist oberster sittlicher Selbstzweck. Dadurch wird er sich selbst Ziel und Schranke. Schon für Friedrich II. war der Staat alles, das Volk nichts, und für Hegel bedeutet er ‹die objektive sittliche Vernunft›, ja ‹der lebendige Gott auf Erden› – eine masslose Übersteigerung der Staatsidee, verständlich nur als Überspannung und Generalisierung des eigenartigen Selbstbewusstseins eines konkreten Staates, nämlich Preussens.»[584]

Imperialismus, Militarismus, Demokratie, Krieg und Frieden waren die Themata, die mit fortschreitender Kriegsdauer in der Schweiz diskutiert wurden. Zum wichtigsten Forum in der Konfrontation der Meinungen wurde die «Neue Zürcher Zeitung».[585] Schweizer Autoren äusserten sich auch in der Zeitschrift «Wissen und Leben» von Ernest Bovet.[586] Einige Zeitungen gerieten in den Verdacht, sie seien von einer Kriegspartei gekauft. Der Vorwurf war nicht in jedem Fall falsch, denn etliche kleinere und mittlere Blätter zeigten sich in gefährlicher Weise von den Parolen eines Lagers abhängig. Die öffentliche Debatte um Kriegsursachen und Friedensaussichten wurde umso lebhafter, als auf der Ebene der Diplomaten ein Dialog nicht zustande kam.

In der Schweiz hatte die Landesregierung in den ersten Kriegsjahren die Initiativen privater Friedensorganisationen mit einer gewissen Überheblichkeit beiseite geschoben. Es war ihrer Meinung nach Sache des Staates, über Sinn oder Unsinn entsprechender Aktionen zu entscheiden. Doch es entstand öffentlicher Druck, der umso spürbarer wurde, als das Kriegsende immer mehr in die Ferne rückte. Die Debatte wurde nicht allein auf neutralem Territorium ausgetragen, denn in den kriegführenden Staaten gab es trotz Zensur eine erstaunliche Meinungsfreiheit. Ob man sie nützen wollte, war der Zivilcourage der Bürger überlassen.

War von Militarismus und dem von dieser Haltung getragenen Imperialismus die Rede, so geriet unwillkürlich das Deutsche Reich ins Visier. Die Deutschen besassen die erstaunliche Fähigkeit, mit preussisch-martialischem Gehabe die halbe Welt gegen sich aufzubringen. Der ungehemmte Palaver über die Kriegsziele rief auf der Gegenseite nach ähnlichen Drohgebärden. Im Westen erkannte man in der Hohenzollern-Herrschaft eine Gefahr für Europa. Dabei gingen die Meinungen darüber, wie weit der Kaiser für das Desaster verantwortlich war, weit auseinander. Man glaubte nicht, dass für den chauvinistischen Übermut allein die Alldeutschen und der Flottenverein verantwortlich seien. Auch der von christlichen Motiven gelenkte Friedrich Naumann folgte imperialistischen Spuren. Er verlangte ein «nationalsoziales Kaisertum» und setzte mit seinen Mitteleuropa-Thesen ein machtpolitisches Zeichen. Zwischen dem Reich der Zaren und der englischen Seemacht sollte ein von Deutschland beherrschtes kontinentales Imperium entstehen. Es war kein Zufall, dass sich der Hass der deutschen Elite mehr gegen England als gegen Frankreich richtete. Für Naumann war das Kaisertum, das in unscharfen Strukturen Herrscher und Volk verband, den westlichen Demokratien weit überlegen. Das Gottesgnadentum war immer noch präsent. Ähnliche Stimmen vernahm man in germanophilen Kreisen Zürichs.

Imperialismus war nicht für alle deutschen Intellektuellen ein negatives Phänomen, denn er war das natürliche Attribut einer Grossmacht. Doch man suchte nach Nuancen. Naumann sprach im Zusammenhang mit Macht von «spezifischer Deutschheit». Adolf Grabowsky, Herausgeber des «Neuen Deutschland» und Kontrahent des Pazifisten Hermann A. Fried, erklärte im Jahre 1916, Imperialismus sei «organisches Weltmachtstreben».[587] Er sah einen entscheidenden Unterschied zwischen englischem und deutschem Imperialismus: der englische bedeute wirtschaftliche Machterweiterung, der deutsche schaffe «Menschen von grossem und weitem Sinn» und sei also eine geistige Erscheinung.

Wenn in Schweizer Zeitungen kritisch über deutschen Militarismus nachgedacht wurde, pflegten sich «empörte Reichsdeutsche» zu Wort zu melden. Der deutsche Prinz Alexander zu Hohenlohe, in Zürich im Exil, schrieb im Januar 1917 in der «Neuen Zürcher Zeitung», die preussische Junkerpartei habe im Laufe des Krieges wenig gelernt. Nun meldete sich Professor Ferdinand Sauerbruch mit einem scharfen Tadel. Es ging nicht um den Inhalt des Artikels, sondern um den Ort der Debatte. Eine Kritik im Ausland sei ein «Vergehen an der deutschen Sache.»[588]

Die Erkenntnis, dass sich Militarismus und demokratische Staatsform gegenseitig ausschlossen, war in den Staaten der Entente unbestritten. Russland, das im Jahre 1917 in die Revolution abglitt, konnte man in der Debatte beiseite lassen. Die Überlegungen über den Frieden gingen von der Annahme aus, dass eine dauerhafte Ordnung in Europa ein demokratisches Deutschland voraussetzte. Der britische Premier Lloyd George liess im Januar 1918 erkennen, dass das Deutsche Reich günstigere Friedensbedingungen erwarten könne, wenn es sich für die Demokratie entscheide.[589] Doch das waren Zukunftsvisionen. Vorerst ging in der Presse die Kontroverse um den richtigen Weg zum Frieden weiter. Dazu gehörten Debatten über die Frage, ob die parlamentarische Staatsordnung des Westens mehr auf Individualismus setzte, während das deutsche Herrschaftssystem den Menschen in eine kollektive Gemeinschaft einordne. Friedrich Naumann dozierte in der «Neuen Zürcher Zeitung», der englische Staat habe vor dem Individuum kapituliert. Die «deutsche Seele» sei hingegen aus dem Staat und für den Staat geboren, und es sei ihre vornehmste Pflicht, dem Staat zu dienen und sich für ihn zu opfern.[590] Aus der Konfrontation der unterschiedlichen Staatssysteme leitete Naumann zudem die These von der sozialen Minderwertigkeit der Demokratie ab, ein Argument, das auch von schweizerischen Anhängern des Deutschtums zu vernehmen war.

Der in der Schweiz geführte Diskurs um Frieden und Friedensordnung wurde von Persönlichkeiten aus beiden Kriegslagern bestritten. Der schweizerische Beitrag blieb bescheiden, obschon die schweizerischen Friedensorganisationen stets ihren Willen bekundeten, zu einem Ende des Blutvergiessens beizutragen. Mag sein, dass sich der schweizerische Pragmatismus nicht auf das Feld der Theorie vorwagte und die Debatte lieber den direkt Betroffenen überliess. Wer zu Beginn des Krieges geglaubt hatte, dass die Pazifisten den Weg aus dem Chaos weisen könnten, sah sich getäuscht. Pazifismus war keine hieb- und stichfeste Lehre, die sich durch alle Turbulenzen hindurch verfechten liess. Der Dialog zwischen Theoretikern unterschiedlicher Couleur zeigte gelegentlich, dass man sich selbst über einfache Begriffe wie «Frieden» und «Völkerrecht» nicht einig war.

Der Österreicher Alfred H. Fried, der Friedensnobelpreisträger des Jahres 1911, suchte als Vertreter eines «wissenschaftlichen Pazifismus» einen Weg zwischen Wunschbildern und politischen und gesellschaftlichen Realitäten.[591] Er hatte bestimmte Vorstellungen von einer Friedensordnung. Dazu gehörten beispielsweise ein internationales Gesetzbuch und ein Volksgerichtshof mit einer Polizeitruppe. Fried fand in seiner langjährigen Erfahrung zu einem beträchtlichen Mass an Pragmatismus. Ein Schiedgericht konnte seiner Ansicht nach nur wirken, wenn bei den Nationen der Wille zur Respektierung der internationalen Ordnung lebendig war. Vor der drängenden Frage, wie ein Waffenstillstand zu erreichen sei, meinte er, ein «Friede um jeden Preis» sei eine schlechte Lösung. Zuerst müssten die Grundlagen geschaffen werden. Damit näherte er sich der These Otfried Nippolds, der erklärte, der Krieg solle so lange geführt werden, bis er weitere Kriege verunmögliche.

Aus diesen Gedanken entstand ein Disput zwischen Fried und Stefan Zweig, der als radikaler Pazifist taktische Überlegungen verwarf. Man habe, so erklärte der Schriftsteller im Jahre 1918, während vier Jahren in Europa Millionen von Menschen einigen Ideen geopfert. Es sei nun an der Zeit, einige Ideen den Millionen von Menschen zu opfern.[592] Fried sagte dazu, die wirklichen Pazifisten wollten die Menschheit retten, Stefan Zweig hingegen bloss die Menschen.

Die Auseinandersetzungen unter Pazifisten liessen erkennen, dass es Varianten im Friedensprozess gab und dass von Harmonie in der Bewegung wenig zu verspüren war. Mehr oder weniger einig war man sich in der Forderung, dass in einer zukünftigen Friedensordnung die nationalen Grenzen übersprungen und internationale Einrichtungen geschaffen werden müssten. Die früheren Vorstellungen von einem alle vereinenden Kosmopolitismus waren verschwunden. Ein Pazifist setzte sich ohnehin dem Vorwurf aus, ein «Friedensdilettant» zu sein. Die Öffentlichkeit zeigte sich in dieser Sache gnadenlos. Man behauptete denn auch, es seien seit Kriegsbeginn nur noch wenige echte Pazifisten zu finden.

Wer sich den Pazifismus als eine internationale Bruderschaft vorstellte, sah sich im Laufe des Krieges enttäuscht. Selbst die Pazifisten waren von nationalen Bildern geprägt. Man konnte sie nicht in jedem Fall als Demokraten bezeichnen. So schrieb der pazifistische Alexander zu Hohenlohe in einem Brief an Ferdinand Sauerbruch: «Ich brauche Ihnen wohl nicht zu sagen, dass ich kein roter Demokrat bin, sondern dass mir an sich die demokratische Welle, die jetzt die ganze Welt überflutet, wenig sympathisch ist.»[593]

Deutsche und französische Pazifisten lebten in verschiedenen Welten. Sie begegneten sich hauptsächlich durch ihre Artikel in Zeitungen und Zeitschriften. So geschah es beispielsweise zwischen Alfred H. Fried und dem Franzosen Théodore Ruyssen, einer führenden Figur in der französischen Friedensbewegung. Ruyssen erläuterte in einer Zeitschrift die national gefärbte Optik der Pazifisten Frankreichs, die sich beinahe geschlossen in die Front der «Jusqu'Auboutistes» einreihten, also jener Politiker, die erst nach einem totalen Sieg der Entente an einen Waffenstillstand dachten. Für sie galt es, den deutschen Militarismus niederzuwerfen. Ein Friede nach deutschem Muster, bei dem Belgien, ein Teil Nordfrankreichs und Serbien geopfert werden mussten, war für französische Pazifisten undenkbar. Alfred H. Fried hingegen hoffte auf eine Lösung ohne Sieger und Besiegte. Der Krieg habe den Militarismus bereits ad absurdum geführt –, so seine Version.

Bei etlichen Pazifisten war trotz aller Kritik an Deutschland eine Bindung an die Heimat geblieben. So verhielt es sich mit dem Österreicher Fried und mit Friedrich Wilhelm Foerster, den beiden regelmässigen Mitarbeitern der «Neuen Zürcher Zeitung». Foerster setzte sich im Jahre 1916 an der Universität München für eine bessere, von alldeutschem Geist gereinigte deutsche Politik ein und wurde deshalb von seinen Kollegen geächtet. Er blieb aber ein Patriot, der die deutsche Kriegsziel-Politik mit der geographisch ungünstigen Lage des Reichs in der Mitte Europas zu erklären suchte. Zu ähnlichen Argumenten griff der Pazifist Ludwig Quidde, der in Deutschland verfehmte Kritiker Wilhelms II. Eine deutsche Hegemonie über Mitteleuropa, die selbst bis Bagdad reichen konnte, fand er nicht verwerflich, denn sie berührte französische Interessen nicht. Der Historiker war ein wichtiger Mitarbeiter des Internationalen Friedensbüros in Bern. Deutsche Vorstellungen zu einer Friedensordnung, wenn auch massvoll und unscharf, waren im Dezember 1915 in den «Friedensgedanken» der «Neuen Zürcher Zeitung» zu finden. Die Redaktion hatte sich offenbar zu einem Gedankenspiel entschlossen, in dem die starke militärische Position Deutschlands zum Durchbruch kam. Es war undenkbar, dass die Entente sich mit diesem Dokument hätte anfreunden können.

Bei den Pazifisten aus dem deutschen Sprachgebiet ging die Sorge um, dass bei einem Sieg der Alliierten der deutsche Imperialismus durch den Imperialismus der Entente ersetzt werde und damit das Ziel, das deutsche Volk zur Demokratie zu führen, verfehlt werde. Bereits im Jahre 1917 war in diesen Kreisen eine unausgesprochene Angst vor dem Frieden zu erkennen. Der Zwiespalt im pazifistischen Lager machte sich auch in Bern bemerkbar, wo die Franzosen das Internationale Friedensbüro boykottierten, weil es ihrer Meinung nach zu sehr von Deutschen beherrscht wurde.

Obschon sich die Kontroversen zu einem beachtlichen Teil in der Schweiz abspielten, blieb den schweizerischen Friedensfreunden nicht viel mehr als die Rolle des Beobachters. Das Ansehen des neutralen Landes hatte durch den internen Streit gelitten, so dass man von seiner Seite keinen wesentlichen Beitrag erwartete. Bei Gelegenheit pflegte sich Professor Otfried Nippold zu melden, der in der Schweiz eingebürgerte deutsche Völkerrechtler. Seine Sympathien galten trotz pazifistischen Neigungen der Entente. So wünschte er vor einem Friedensschluss einen eindeutigen Sieg der Alliierten. Wenn sich Leonhard Ragaz zu Wort meldete, stiessen seine Überlegungen zum Frieden in bürgerlichen Kreisen auf Widerstand, denn man ordnete den Theologen dem pazifistischen und dem sozialistischen Lager zu.

Alles in allem war der Anteil der Schweizer am pazifistischen Diskurs bescheiden. Wenige Beiträge waren von einer intellektuellen Qualität, die über die Grenzen hinaus Aufmerksamkeit erregte. Romain Rolland stellte in seinen Aufzeichnungen im April 1916 eine gewisse Resignation fest: «Seippel schreibt mir aus Zürich (30. April), er sitze ‹unter einem blühenden Apfelbaum, im Garten des Hauses, wo Goethe einst bei Bodmer wohnte›, und habe dieser Tage eine längere Zusammenkunft mit Fr. W. Foerster gehabt. ‹Ihm geht es in Deutschland genau so wie Ihnen in Frankreich. Sie können sich die Hand reichen›. Auch Ragaz hat er gesehen, der ‹ebenfalls wütenden Angriffen in der Deutschschweiz ausgesetzt ist›. – Und der gute Seippel entschuldigt sich beschämt, ‹so wenig für die Sache der Wahrheit tun zu können. Der gute Wille ist da, aber meine Kraft lässt nach›.»[594]

Die öffentliche Debatte um die Friedensordnung bewegte sich im Laufe des Krieges in der selben Richtung wie der aussenpolitische Lernprozess, den die schweizerische Landesregierung erlebte. Übernationale Lösungen waren stets ein Anliegen privater Bewegungen gewesen. Bei den eidgenössischen Politikern ging das Umdenken langsamer vor sich. Der Bundesrat wünschte ein machtpolitisches Gleichgewicht in Europa, doch es war Sache der Grossmächte, den bestmöglichen Zustand auszuhandeln. Dieses Denken war von aussenpolitischen Präferenzen beeinflusst, die unweigerlich das Land spalteten. Da man eine Entscheidung auf dem Schlachtfeld erwartete, musste letzten Endes der Sieger die neue Ordnung bestimmen. Bundesrat Arthur Hoffmann glaubte an einen «deutschen Frieden», dies in der Erwartung, das Deutsche Reich werde sich als gnädig erweisen. Ein Untergang Frankreichs war so wenig erwünscht wie eine absolute deutsche Herrschaft über den Kontinent. So war auch Hoffmanns Gedanke zu verstehen, ein im richtigen Augenblick arrangierter Separatfrieden werde zu einem für alle erträglichen allgemeinen Frieden führen. Nach dieser Philosophie bedurfte das europäische Gleichgewicht nicht a priori einer internationalen Institution zur Sicherung des Friedens.

Für schweizerische Begriffe geradezu revolutionär waren die Friedensvorstellungen von Felix Calonder, die nach den Vorstellungen Max Hubers geformt waren und eine internationale Ordnung verlangten, die sich mit dem Begriff «Völkerbund» umschreiben liess. Nachdem der Bundesrat aus Graubünden im Januar 1918 die Leitung des Politischen Departementes übernommen hatte, verfolgte er gegen den Widerstand seiner Kollegen seine unkonventionellen Ideen von einer Friedensordnung. Damit kam er in die Nähe der privaten Friedensbewegungen und selbst jener Pazifisten, die man bisher als Utopisten belächelt hatte.

Die in der Presse geführte Debatte erhielt Auftrieb durch das Geschehen auf den Schlachtfeldern, wo sich im Jahre 1918 das Übergewicht der Entente deutlich abzeichnete. In den letzten beiden Kriegsjahren war in der Schweiz ein Umschlagen der Stimmung zu Ungunsten der Zentralmächte spürbar. Es war nicht zu vermeiden, dass mit dem Dialog über die Friedensordnung auch die Kontroverse über die Kriegsursachen belebt wurde. Das Fiasko der Zweiten Internationalen Friedenskonferenz in Den Haag, ein Ergebnis der deutschen Blockadepolitik vor allem, stand wieder vor Augen. Wäre damals die Internationale Schiedsgerichtsbarkeit eingeführt worden – so die These von Otfried Nippold –, so hätte man den Weltkrieg vermeiden können. Die Kritik traf auch die Schweiz, die sich im Jahre 1906 zum Verdruss von Max Huber bedingungslos auf die deutsche Seite geschlagen hatte. Der streitbare Völkerrechtler Nippold griff im Jahre 1917 in der «Neuen Zürcher Zeitung» auch die schweizerische Aussenpolitik an.[595] Gegen die Neutralität wollte er nichts einwenden, doch hätte die Landesregierung bei den Versuchen einer Friedensvermittlung sich mehr zurückhalten müssen. Statt die Tendenz zu einem Separatfrieden – vermutlich einem «deutschen Frieden» – zu fördern, wäre nach Ansicht des Berner Professors eine klare Position bei den Verletzungen des Völkerrechts angebracht gewesen. Damit war Belgien gemeint. Die schweizerische Neutralität hätte sich nicht bloss in formaler Korrektheit, sondern auch in Solidarität ausdrücken müssen.

Es gab eine der Schweiz nahe gehende Frage, die bei Kriegsende einer Lösung harrte: das Schicksal von Elsass-Lothringen. Würde das sogenannte Reichsland beim Deutschen Reich bleiben oder zu Frankreich zurückkehren? Das musste offensichtlich durch Sieg oder Niederlage der einen oder der andern Kriegspartei entschieden werden. Die Affäre von Zabern vom November 1913 hatte der Weltöffentlichkeit vor Augen geführt, in welch unwürdigem Untertanenverhältnis ein angeblich deutsches Land im Kaiserreich gehalten wurde. Die Rüpeleien des Leutnant von Forstner, der seine Elsässer Rekruten mit dem Schimpfnamen «Wackes» titulierte, nahmen sich harmlos aus im Vergleich zu den martialischen Reaktionen der Militärbehörden und zur verständnislosen Art und Weise, in der man den Fall in Regierung und Reichstag behandelte. Es hätte zu Beginn des zwanzigsten Jahrhunderts durchaus die Möglichkeit bestanden, mit der alteingesessenen Bevölkerung in Elsass und Lothringen zu einem modus vivendi zu gelangen. Doch das arrogante Verhalten der eingewanderten Reichsdeutschen und der von Preussen dominierten Verwaltung stand einer Eingliederung ins Reich im Wege. Zwar pflegte eine jüngere Generation nur noch lose Beziehungen zu Frankreich, aber man liess sich die herablassende Behandlung als Bürger zweiter Klasse nur ungern gefallen.

Mit Kriegsanfang trat das Dilemma der Elsässer offen zu Tage. Die deutsche Armee benahm sich in einem Territorium, das man zum deutschen Kulturraum zählte, wie in Feindesland. Als drückend empfanden die Einheimischen den Militärdienst in der deutschen Armee. Zahlreiche Elsässer desertierten, liefen an der Front zu den Franzosen über oder brachten sich in der Schweiz in Sicherheit.

Ungeschickt benahm sich auch die französische Militärverwaltung in den von ihren Truppen besetzten Dörfern des Sundgaus. Man erwartete von der verunsicherten Grenzbevölkerung bedingungslosen patriotischen Jubel für die französische Nation. Dabei liessen sich die Spuren einer fast ein halbes Jahrhundert dauernden deutschen Herrschaft nicht von einem Tag auf den andern wegwischen.

In der Schweiz waren die Meinungen über die staatliche Zugehörigkeit von Elsass-Lothringen gespalten wie die Sympathien für die kriegführenden Parteien. In der Deutschschweiz glaubte vermutlich eine Mehrheit, das Reichsland habe bei Deutschland zu verbleiben, während in der Romandie die gegenteilige Option – die Befreiung durch Frankreich – als selbstverständlich betrachtet wurde.[596] In Emigrantenkreisen sprach man auch von einer «Neutralisierung» von Elsass-Lothringen, wobei der völkerrechtliche Status recht ungewiss blieb. Gelegentlich war von einem Anschluss an die Schweiz die Rede, was ein geographisches Monstrum erzeugt hätte. In diesem Vorschlag kam der Gedanke an ein neutrales Zwischenreich zum Ausdruck, das von den Niederlanden über Belgien und Luxemburg bis zur Schweiz reichen könnte. Die Utopien schwanden, je näher man dem Kriegsende kam.

Bei den Kontroversen über die Zukunft der Reichslande konnte kein Zweifel darüber bestehen, dass weder die schweizerische Politik noch die öffentliche Meinung des Landes etwas mit der Entscheidung zu tun hatten. Doch das Thema war allemal eine Debatte wert. Wer die deutsche Lösung verfocht, berief sich auf das Nationalitätsprinzip. Dabei war die Meinung zu hören, Elsass-Lothringen müsse zu einem autonomen Bundesland erhoben und im kulturellen Bereich mit den nötigen Freiheiten ausgestattet werden. Wer für die Rückkehr zu Frankreich plädierte, ging von der Annahme aus, dass die Mehrzahl der Elsässer die alte Bindung an die «grande Nation» wünschte. Zeugen für diese Version – Emigranten, Flüchtlinge und Deserteure – waren in der Schweiz in grosser Zahl zu finden. So berief man sich auf ein Selbstbestimmungsrecht, das keiner Abstimmung bedurfte.

Es gehörte zum Schicksal der Elsässer, dass sie zwischen die Fronten gerieten. So konnte es geschehen, dass Angehörige der selben Familie in den gegeneinander kämpfenden Armeen Dienst taten und sich in Waffen gegenüber standen. Ähnlich verhielt es sich mit Intellektuellen, die sich um ihre Identität bemühten. Nicht selten setzten sie sich dem Verdacht eines Doppelspiels aus. In dieser Zwangslage sah sich der Schriftsteller René Schickelé, der deutsch schrieb und, wie man ihm im Kaiserreich vorwarf, französisch dachte. Er hatte um die Jahrhundertwende in Strassburg die Zeitschrift «Stürmer» gegründet und versucht, eine französisch-deutsche Kulturgemeinschaft aufzubauen, ein Anliegen, dem während des Krieges das Fundament abhanden kam. Schickele hielt sich in den Kriegsjahren in Deutschland und in der Schweiz auf. Im Deutschen Reich stand er, wie er Romain Rolland klagte, unter strenger Kontrolle: «Er erzählt, dass er an der Grenze, als er Deutschland verliess, in ein Büro geführt worden sei, wo ihm nach einer einfachen Passkontrolle alles, was er seit Kriegsausbruch getan hat: alle seine Reisen, seine Zusammenkünfte in Deutschland, Tatsachen, die nur er allein und einige enge Freunde zu kennen glaubten, vorgelesen wurde.»[597] Es gab in beiden Lagern Stimmen, die an der politischen Zuverlässigkeit des Schriftstellers zweifelten. Dabei strebte René Schickelé in der Auseinandersetzung um seine Heimat keine aktive Rolle an. Er schilderte die schwierige Position der Elsässer zwischen den beiden Nationen in seiner Romantrilogie «Das Erbe am Rhein».

Schickelé befand sich schon vor dem Krieg in einem Gegensatz zu den nach Frankreich ausgerichteten Intellektuellen wie Pierre Bucher, die zum Teil unter dem Einfluss von Maurice Barrès standen. Der Arzt Bucher leitete während des Krieges die berühmte «Académie de Réchésy», ein an der Grenze der Ajoie gelegenes Nachrichtenzentrum, das neben seinen militärischen Aufgaben einen spannenden französisch-elsässischen Dialog in Gang brachte.[578] Zum Kreis von Réchésy gehörte vom Jahre 1916 an auch der Schriftsteller Jean Schlumberger, der sich unter anderem um die in die Schweiz emigrierten oder geflohenen Elsässer kümmerte.

Zwischen Réchésy und der Schweiz gab es persönliche Verbindungen, doch sie führten hauptsächlich in die Romandie. Mit der schweizerischen Armee pflegte das Nachrichtenzentrum offenbar keine Kontakte. Man hätte sich vermutlich einiges erzählen können, aber die politische Stimmung erlaubte keine Zusammenarbeit. Tägliche Kuriere zur französischen Botschaft in Bern brachten Nachrichten in beiden Richtungen, doch über die Inhalte ist wenig bekannt. Bucher und Schlumberger besorgten ihre Aufgabe als französische Offiziere, aber bei ihren Unternehmungen hatten sie die Zukunft des Elsass vor Augen. Das war für das zentralistisch denkende Frankreich eine seltsame Konstellation, aus der sich gelegentlich Meinungsverschiedenheiten mit Paris ergaben. Die Akademie genoss in der Hauptstadt hohes Ansehen. Neben vielen andern Gästen reiste Poincaré nach Réchésy, und Clemenceau schätzte den Patrioten Pierre Bucher ausserordentlich.[599]

Die besondere Sorge der Nachrichtenoffiziere von Réchésy galt den Elsässer Deserteuren in der Schweiz. Man wusste, dass sie von den Behörden in der Deutschschweiz unfreundlich behandelt wurden, denn germanophile Kreise sahen in ihnen Verräter am deutschen Vaterland. Auch in Frankreich begegneten sie ausgesprochenem Misstrauen. Pierre Bucher schrieb dazu im Oktober 1916 in einem Brief: «Les Alsaciens en Suisse terrifiés d'une part par les autorités fédérales qui favorisent, quand elles le peuvent, les Boches, inquiets de l'accueil qui leur sera fait en France, où on les regarde avec suspicion, finissent par rester dans la ville fédérale, où on parle leur langue et où ils gagnent à peu près leur vie. Il faut bien le dire, ils ne sont guère attirés par la France, tant ils s'y sentent incompris.»[600] Es fiel in diesen Tagen einem Elsässer schwer, Franzose zu werden.

Gegen Kriegsende unternahm Pierre Bucher alles, um die in der Schweiz lebenden, teilweise noch unentschlossenen Elsässer für die Sache Frankreichs zu gewinnen. Er wurde dabei von Clemenceau unterstützt, der ihn aus seiner Station in Réchésy nach Bern delegierte. Die Botschaft meldete ihn den schweizerischen Behörden als Attaché, damit seinem Aufenthalt der konspirative Charakter genommen war.[601] Bucher begab sich auf eine Vortragsreise durch die Schweiz, die ihn in die Versammlungen der Elsässer führte. Gelegentlich hatte der gewandte Redner auch vor deutschen Kontrahenten zu bestehen, die mit der germanischen Version vor die elsässischen Emigranten traten.

Gute Beziehungen pflegte die «Académie de Réchésy» mit der «Gazette de Lausanne», die in ihrem frankreichfreundlichen Kurs mehr geschätzt wurde als das weniger konstante «Journal de Genève». Der Journalist Maurice Muret, ein Mitarbeiter von Edouard Secretan, hielt sich gelegentlich im französischen Grenzdorf Réchésy auf. Freundschaftliche Bindungen entstanden zwischen Pierre Bucher und dem Waadtländer Schriftsteller Benjamin Valloton, einem gern gesehenen Gast hinter der französischen Front im Sundgau. An der von Robert Grimm geleiteten «Berner Tagwacht» wirkte seit Kriegsbeginn der Elsässer Journalist Salomon Grumbach, zuvor ein Mitarbeiter des «Stürmers» in Strassburg. Der Auslandschweizer Charles Haenggi, Journalist und Ingenieur im Elsass, rückte im August 1914 in der Schweiz in den Militärdienst ein und begab sich dann in den Dienst der französischen Botschaft. In ihrem Pressedienst warb er für die Rückkehr von Elsass-Lothringen zu Frankreich, redigierte die «Nouvelle Correspondance» und schrieb Artikel für das «Bulletin d'Alsace-Lorraine».

Paul Seippel sprach vom offenen Geist, der Zürich auszeichnete, und der verschiedenartige Welten nebeneinander leben liess. Doch die von Stefan Zweig geschätzte Atmosphäre war durch den Charakter des Provisorischen gekennzeichnet. Die aus ihren traditionellen Welten herausgerissenen Emigranten warteten auf Signale von aussen, die eine Heimkehr ermöglichen sollten. Ihre Sorgen waren nicht die Sorgen der Schweizer Bürger. Von Integration wurde kaum gesprochen.

Einheimische und Gäste setzten sich mit einer aus der Zeit heraus entstandenen Literatur auseinander. Man las Bücher, die sich mit dem aktuellen Geschehen befassten: «Le feu» von Henri Barbusse, «Der Mensch ist gut» von Leonhard Frank, «Menschen im Krieg» von Andreas Latzko. Auch auf der Strasse wurde den Passanten das Zeitgeschehen in Erinnerung gerufen. Man traf internierte Offiziere und Soldaten, die zur Pflege in der Schweiz weilten. Eine derartige Begegnung schildert Elias Canetti in seinem Buch «Die gerettete Zunge», das seine Zeit als Kantonsschüler in Zürich beschreibt. Canetti war einmal mit seiner Mutter in der Stadt unterwegs: «Wir gingen zusammen am Limmatquai spazieren, ich wollte ihr etwas in der Auslage bei Rascher zeigen. Da kam uns eine Gruppe französischer Offiziere entgegen, in ihren auffälligen Uniformen. Manche von ihnen hatten Mühe zu gehen, die andern passten sich ihrer Gangart an, wir blieben stehen, um sie langsam passieren zu lassen. ‹Das sind Schwerverletzte›, sagte die Mutter, ‹sie sind zur Erholung in der Schweiz. Sie werden ausgetauscht gegen Deutsche›. Und schon kam von der anderen Seite eine Gruppe von Deutschen, auch unter ihnen welche mit Krücken, und die anderen langsam um ihretwillen. Ich weiss noch, wie der Schrecken mir in die Glieder fuhr: was wird jetzt geschehen, werden sie aufeinander losgehen? In dieser Betroffenheit wichen wir nicht rechtzeitig aus und fanden uns plötzlich zwischen den beiden Gruppen, die einander passieren wollten, eingeschlossen, in ihrer Mitte. Es war unter den Arkaden, Platz war genug, aber wir sahen nun ganz nah in ihre Gesichter, wie sie sich aneinander vorbeischoben. Keines war von Hass oder Wut verzerrt, wie ich erwartet hatte. Sie sahen einander ruhig und freundlich an, als wäre es nichts, einige salutierten. Sie gingen viel langsamer als andere Menschen, und es dauerte, so kam es mir vor, eine Ewigkeit, bis sie aneinander vorüber waren. Einer der Franzosen drehte sich noch zurück, hob seine Krücke in die Luft, fuchtelte ein wenig mit ihr und rief den Deutschen, die nun schon vorüber waren, zu: ‹Salut!› Ein Deutscher, der es gehört hatte, tat es ihm nach, auch er hatte eine Krücke, mit der er fuchtelte, und gab den Gruss auf französisch zurück: ‹Salut!›.»[602]

International war die Szene auch in Bern und Genf. Emigranten trafen sich auf dem Monte Verità bei Ascona, wo eine «vegetabile» Gesellschaft in stets wechselnder Zusammensetzung nach alternativen Lebensformen suchte. Künstler erprobten cooperative Gesellschaftsformen. Gelegentlich hielt sich auch der Sozialrevolutionär Fritz Brupbacher in der Kolonie auf. Gegen Kriegsende erschienen auf dem «Berg der Wahrheit» Marianne von Werefkin und die Dadaisten Hugo Ball, Emmy Ball-Hennings, Hans Arp und Hans Richter.[603] Vom völkisch-deutschen Ungeist blieb der Monte Verità verschont.

Das Transitland Schweiz erhielt in den Kriegsjahren Anschauungsunterricht über das Elend, das Zivilisten und Kämpfende traf. Der Bundesrat erkannte nach Kriegsbeginn, dass sich in diesem Bereich dem neutralen Staat Aufgaben stellten, denen er sich im Interesse aller annehmen musste. Man hatte die Genfer Konvention vor Augen und den Umstand, dass das Internationale Rote Kreuz in der Rhonestadt gewissermassen unter eidgenössischer Protektion stand. Dabei erkannte man bald, dass das kodifizierte Völkerrecht wesentliche Fragen nur ungenügend regelte. Es galt, unkonventionelle Lösungen zu finden, die jeweils mit den Kriegsparteien ausgehandelt wurden.

Im September 1914 richteten die Bundesbehörden in Bern ein «Bureau für die Heimschaffung internierter Zivilpersonen» ein. Das Politische Departement hatte einen entsprechenden Antrag gestellt: «Das Politische Departement hat es als in der Aufgabe eines neutralen Landes gelegen erachtet, seinerseits das Mögliche zur Beseitigung oder Besserung so trauriger Verhältnisse zu tun und, wenigstens soweit die die Schweiz umgebenden Staaten in Betracht kommen, bei der Rückführung dieser zivilen Internierten in ihr Heimatland mitzuhelfen.»[604]

Die Transporte der bei Kriegsbeginn im feindlichen Ausland lebenden Zivilisten kamen nach umständlichen Verhandlungen in Gang. Man glaubte anfänglich, die Angelegenheit in wenigen Tagen abschliessen zu können, doch das Bedürfnis nach Heimschaffung bestand auch später. Vor allem warteten Frauen und Kinder aus den besetzten Gebieten Nordfrankreichs auf eine Rückkehr in die Heimat. Die Transporte wurden zwischen den Grenzstädten Schaffhausen und Genf abgewickelt. Die Betreuung in der Schweiz übernahmen öffentliche und private Hilfsorganisationen, die nach den vorliegenden Zeugnissen hervorragende Arbeit leisteten.[605]

Im November 1916 befasste sich die Landesregierung mit dem Schicksal der belgischen Zivilbevölkerung, die in grosser Zahl nach Deutschland deportiert und zur Arbeit gezwungen wurde. Diese «Translokationen» standen im Widerspruch zum Völkerrecht. Die belgische Regierung sandte einen Protest an die neutralen Staaten in der Hoffnung auf diplomatische Unterstützung. Der Bundesrat geriet, wie es beim Thema Belgien stets der Fall war, in peinliche Verlegenheit. In der Sitzung vom 19. November suchte man nach einem Weg, die Sache in Berlin vorzubringen, ohne Anstoss zu erregen: «Es kann nicht überraschen, dass in einem Teil der schweizerischen Presse diese neuen ‹Deportationen› aufs schärfste verurteilt werden. Es ist mit Sicherheit zu erwarten, dass der Schweiz neuerdings zugemutet werden wird, in ihrer Eigenschaft als Mitunterzeichnerin der Haager Konvention einen flammenden Protest gegen deren Missachtung ergehen zu lassen. Der Bundesrat wird auch dieses Mal es ablehnen müssen, sich als Richter über die Begangenschaften einzelner Kriegführenden aufzuwerfen und Proteste zu erlassen. Dagegen ist das Politische Departement der Meinung, dass der Bundesrat den Vorgängen in Belgien gegenüber sich nicht völlig passiv verhalten sollte.»[606] Man müsse, so die Ansicht des Departements, in Ausnahmefällen aus der Reserve heraustreten und die Stimme der Menschlichkeit zu Gehör bringen. Die Landesregierung wusste – und das war wohl entscheidend – dass auch die amerikanische Regierung in Berlin interveniert hatte: «Das Politische Departement hält dafür, dass der Bundesrat in ähnlicher Weise vorgehen sollte und dass es sich rechtfertigen würde, dem Reichskanzler durch den schweizerischen Gesandten in Berlin zur Kenntnis zu bringen, dass auch in der Schweiz die öffentliche Meinung durch die gegen die Belgier getroffenen Massnahmen ungünstig beeinflusst sei. Es kann sich nicht um eine Protestation handeln; zu einer solchen hat die Schweiz kein Recht. Ein Protest wäre auch in höchstem Masse inopportun. Dagegen ist ja bekannt, welchen Wert die Kriegführenden auf die öffentliche Meinung in den neutralen Ländern legen.» Man brachte das Thema in der deutschen Hauptstadt diskret zur Sprache. Die folgenden Transporte belgischer Zivilisten durch die Schweiz wurden nicht von privaten Organisationen, sondern vom Territorialdienst der Armee betreut.

Eine zweite humanitäre Aufgabe erwies sich als wesentlich schwieriger: die Rückführung der verwundeten Kriegsgefangenen in ihre Heimatländer. Zu Beginn des Krieges ging es, soweit die Schweiz betroffen war, um Deutsche und Franzosen. Am 12. November 1914 meldete sich Gustave Ador, der Präsident des Internationalen Roten Kreuzes, bei Aussenminister Arthur Hoffmann mit der Bitte, in dieser Sache das Gespräch mit den kriegführenden Parteien aufzunehmen.[607] Direkte Anfragen des Roten Kreuzes waren offenbar nicht beantwortet worden. Im Politischen Departement hatte man bereits entsprechende Überlegungen angestellt und Anregungen an deutsche und französische Diplomaten weitergegeben. Hoffmann glaubte, im Interesse beider Parteien zu handeln, wenn man sie von der Betreuung der verwundeten Gefangenen entlastete. Die Sache war heikel. «La question touche des nerfs sensibles», schrieb Charles Lardy nach Bern. Doch der Gesandte verfolgte den Gedanken energisch: «Il y a là, non seulement une tâche humanitaire d'ordre général, mais il y a aussi un intérêt politique, pour notre pays, à essayer de frapper un peu l'opinion publique sous la forme d'un service rendu par la Suisse à une cause humanitaire pendant la guerre actuelle.»[608]

In Paris und Berlin fürchtete man, die heimgekehrten Verwundeten könnten früher oder später wieder in irgendeiner Weise Kriegsdienst leisten. Von Soldaten war weniger die Rede, aber auf Offizieren lastete der Verdacht, sie könnten ihrem Land irgendwo in der Etappe nützlich werden. Genfer Konvention und die Reglemente von Den Haag stellten es den Staaten frei, verwundete Gefangene zurückzusenden oder in ihren Lagern zu behalten. Es gab auch die völkerrechtliche Möglichkeit, die gegnerischen Soldaten einem neutralen Land zur Internierung bis zum Kriegsende zu übergeben.

Es dauerte einige Monate, bis sich die Regierungen auf die tristen Modalitäten des Gefangenenaustauschs geeinigt hatten. Papst Benedikt XV. unterstützte den Bundesrat in seinen diplomatischen Interventionen. Zwischen dem 2. und dem 11. März 1915 rollten die ersten Züge zwischen Konstanz und Genf. Die französischen Verwundeten waren dem Kriegsverlauf entsprechend in Überzahl.[609] Aus Furcht, die heimkehrenden Krieger könnten wieder in die Front der Kämpfenden eingereiht werden, hatte man sich zu einer rigorosen Selektion der Kandidaten entschlossen: Die «Grands Blessés», die medizinischer Voraussicht nach für jeglichen Kriegsdienst untauglich waren, durften nach Hause fahren, die «Petits Blessés» verblieben in den Gefangenenlagern. Einige von den leichter Verletzten, unter anderem die Tuberkulosekranken, wurden in der Schweiz interniert.

Bei den «Grands Blessés» wurde die Selektion noch weiter getrieben. Es gab einen Katalog der Verletzungen und Krankheiten für Soldaten, doch wesentlich strengere Kriterien galten für Offiziere und Unteroffiziere. Ein Soldat war schwer verletzt, wenn wenigstens ein Bein oder eine Hand fehlte. Bei Offizieren und Unteroffizieren genügte ein abhanden gekommenes Glied nicht, um als «Grand Blessé» eingestuft zu werden.[610]

Die schweizerische Armee stellte für die Transporte ihre Sanitätszüge zur Verfügung. Sie standen jeweils unter dem Kommando eines schweizerischen Sanitätsoffiziers. An der Betreuung wirkten neben Militärärzten das Rote Kreuz, Pflegerinnenschulen und Nonnen mit. Ein Augenzeuge beschreibt einen Sanitätszug: «Lors du premier passage, le train des grands blessés se compose d'abord des éléments suivants: deux fourgons, un wagon de première classe affecté au commandant du train, ainsi qu'aux personnes qui pourraient être délégués ou invités pour accompagner le convoi; cinq wagons de deuxième classe destinés à recevoir les hommes les moins grièvement blessés, capable de s'asseoir; enfin dix wagons de troisième classe. Ces derniers étaient préparés pour le transport des blessés couchés. Ils ne renferment pas de banquettes, mais de chaque côté, sur toute la longueur, en deux étages, seize brancards suspendus à des sangles. Ces voitures sont pourvues, de chaque côté, d'une grande porte, pour le chargement des brancards.»[611]

An den unterwegs liegenden Stationen wurde die überwältigende Hilfsbereitschaft der schweizerischen Bevölkerung sichtbar, alles in allem eine bescheidene Gabe an die kriegsversehrten Soldaten. In den Zügen hatte man ein besonderes Abteil für Geschenke und Blumen eingerichtet. Es gab keinen Unterschied zwischen den Nationalitäten. Mit der von keiner Parteinahme getrübten Solidarität wurde echte Neutralität vorgelebt. Die humanitären Leistungen der Schweiz registrierte man in den angrenzenden Staaten mit Dank. Sie waren geeignet, die Stimmung gegenüber dem neutralen Land, das auf seinem schwierigen Weg nicht immer den richtigen Tritt fand, erheblich zu verbessern.

Landesstreik November 1918

Der Landesstreik vom November 1918 ist im Gedächtnis der Schweizer Bürger als Vorgang haften geblieben, der die Bevölkerung während Jahrzehnten in zwei Lager spaltete, zwischen denen ein Dialog nur mühsam zustande kam. Man war sich uneinig über Ursache und Natur des Konflikts und vermutete beim ideologischen Gegner zum vornherein unlautere Motive. Im historischen Rückblick sind bis in die Gegenwart hinein moralische Schuldzuweisungen üblich. Ein Blick auf das europäische Umfeld lässt erkennen, wie sehr der Erste Weltkrieg die Konfrontation zwischen Bürgertum und sozialistischer Arbeiterschaft beförderte, und wie aber gleichzeitig bei den sozialen Unruhen eine eidgenössische Spielart entstand.

Die Position der gesellschaftlichen Blöcke wurde von den Zeitgenossen in einfachen Formeln festgehalten. Robert Grimm, der schon nach der Jahrhundertwende Parolen zum Klassenkampf ausgegeben hatte, erklärte, «die Arbeiter forderten Arbeit und Brot statt blaue Bohnen».[612] Für die Armeeführung hingegen galt es, einem revolutionären Umsturz mit einer Gegenrevolution zuvor zu kommen.[613] Eine Auffassung, der bürgerliche Politiker in unterschiedlichen Graden und mit einigen Vorbehalten zustimmten. Auch ein so besonnener Mann wie der Jurist Max Huber klammerte sich an den Begriff «Revolution». Noch Jahrzehnte später sah er den Landesstreik in der für das Bürgertum gültigen Optik und sprach in seinen Erinnerungen von den «unbestreitbar grossen Verdiensten General Willes», der mit einem Haudruck-Verfahren eine offene Konfrontation suchte: Über den Charakter des Streiks war für den Zürcher Professor des Völkerrechts kein Zweifel erlaubt:

«Als ich am 8. November abends in Bern ankam, stand man dort unter dem Eindruck vom Sturz der Monarchie in Deutschland und der Bildung einer sozialistischen Regierung. Diese Ereignisse, in Verbindung mit der seit Anfang Oktober unheimlich gewordenen Spannung in der Schweiz selbst und dem düsteren Hintergrund des bolschewistischen Russland, machten einen tiefen Eindruck. Alsbald kam dann der Generalstreik, der nichts anderes als der Anfang der Revolution sein sollte und es auch war, zum Ausbruch. (…) Das Bundeshaus und das Hotel Bellevue waren stark von Truppen bewacht. Ich entsinne mich noch deutlich, welchen ausgezeichneten Eindruck mir – aber auch den fremden Diplomaten – dieses Militär machte, namentlich wenn ich es mit den deutschen Soldaten verglich, wie ich sie auf meinen Missionen in Deutschland 1916 und 1917 beobachtet hatte und die den Schneid der Vorkriegszeit sehr vermissen liessen. Eigentümlich – fast tragikomisch – mutete es an, als an zwei oder drei Abenden die Bundesräte zwischen neun und zehn Uhr abends mit ihren Reisetaschen ins Hotel Bellevue einrückten, um dort zusammen mit dem Hauptquartier Militärschutz zu geniessen. (…) Schon im Oktober hatte ich Calonder gegenüber den Standpunkt vertreten, dass man sich nicht von der Revolution überraschen lassen dürfe, sondern eine ausserordentliche Session der Bundesversammlung zusammenberufen, die Beweise der hochverräterischen Umtriebe den Räten vorlegen und sich durch die Bundesversammlung alle Vollmachten für die Unterdrückung umstürzlerischer Unternehmungen geben lassen sollte. Es hätte sich sicher eine so starke Manifestation gegen den Umsturz erzielen lassen, dass der Generalstreik vielleicht gar nicht probiert worden wäre. Der Generalstreik war nicht nur sehr gefährlich, weil er den Einmarsch der in Annemasse versammelten ‹division marocaine›, vielleicht auch amerikanischer Truppen, als Gegenmassnahme der Alliierten gegenüber einer unter deutschem und russischem Einfluss revolutionierten Schweiz in unmittelbare Nähe rückte; der Streik schloss auch in sich die grosse Gefahr, dass das Bürgertum, unter dem Eindruck der inneren und äusseren Ereignisse, das Selbstvertrauen verlöre, womit der – wenn auch nur vorübergehende – Sieg der Revolution mit all ihren Opfern, dem nachschwelenden

Hass und dem Risiko für unsere Unabhängigkeit so viel wie sicher gewesen wäre. Der Bundesrat hat im allerletzten Moment, aber immerhin nicht zu spät gehandelt.»[614] In diesen Sätzen fasste Max Huber das Trauma der Bürger zusammen, die ihre Welt von unheimlichen Kräften bedroht sahen.

Zwischen dem August 1914 und dem Jahre 1918 veränderte sich das sozialpolitische Klima im Lande radikal. Der Wandel vollzog sich auf verschiedenen Ebenen, so dass Ursache und Wirkung nicht immer sichtbar waren. In der Schweiz wie in den andern europäischen Ländern hatte sich bei Kriegsbeginn die sozialistische Arbeiterschaft unter dem Motto «Burgfrieden» in die patriotische Front eingereiht. Daran war die internationale Solidarität der Proletarier zerbrochen. Der Mord am französischen Sozialistenführer Jean Jaurès kurz vor Kriegsausbruch setzte ein weitherum sichtbares Zeichen für den grenzenlosen Chauvinismus. Statt den Krieg zu verhindern, wie man proklamiert hatte, stimmten die Sozialdemokraten fast aller Nationen den Rüstungskrediten zu. So geschah es auch in der Schweiz, wo sich bei der Übertragung der Vollmachten an den Bundesrat nur zwei sozialistische Parlamentarier, die Westschweizer Charles Naine und Paul Graber, der Stimme enthielten. Zu diesem Zeitpunkt wollte auch Robert Grimm der Armee die Gelder nicht verweigern. In Europa fiel die Zweite Internationale auseinander. Ihre Anhänger standen sich in Waffen gegenüber.

Der Burgfrieden ging in der Schweiz im Laufe der ersten beiden Kriegsjahre in die Brüche. Die Gründe waren vielfältig. Der patriotische Aufschwung fand ein Ende, und es kehrte auch im neutralen Land der traurige Alltag eines vom Krieg überzogenen Kontinents ein. Die fehlende Planung einer tauglichen Kriegswirtschaft und die völlige Abwesenheit des Staates im sozialen Bereich trieben einen Teil der Bevölkerung in existentielle Bedrängnis. Betroffen war die Arbeiterschaft durch ansteigende Teuerung und Arbeitslosigkeit. Auch beim kleinen Bürgertum und bei den Beamten stellte sich Not ein. Es entstand eine soziale Kluft von erschreckendem Ausmass. Unternehmer und gut situierte Bürger zeigten sich von der gesellschaftspolitischen Schieflage wenig beeindruckt, solange ihr Staat nicht gefährdet war. Da sich die Landesregierung aus jeglicher sozialpolitischen Verantwortung heraushielt, blieb das Feld in unerträglicher Weise dem Wucher und der Spekulation überlassen. In der Arbeiterschaft zeigte man auf ausländische Glücksritter, die in der Schweiz ihre Geschäfte machten, aber auch auf die vom Bauernführer Ernst Laur mit kräftigen Parolen geförderte Landwirtschaft, der gute Zeiten beschert waren. Ein Phänomen war nicht zu leugnen: Mit dubiosen Machenschaften war mehr Geld zu verdienen als mit Arbeit.

Es gab auch im Bürgertum Stimmen, die auf die wirtschaftliche Notlage hinwiesen und den Schluss zogen, dass sich daraus revolutionäre Bewegungen entwickeln könnten. Wie berechtigt die Sorge war, zeigten die zunehmenden Spannungen in den Jahren 1917 und 1918. So fand der katholisch-konservative Ständerat

Joseph Räber «die Verblendung der Vertreter des Kapitals unbegreiflich».[515] Der Standesherr aus Schwyz zeigte Verständnis für die «Erbitterung hungernder Menschen». Nur wenige bürgerliche Politiker wagten derartige Aussagen, die sie in die Nähe sozialistischer Ideen rückten. In der Zeitschrift «Wissen und Leben» forderte hingegen Ernest Bovet eine soziale Demokratie.

Robert Grimm und Ernst Nobs, Vertreter der Linken in der Sozialdemokratischen Partei der Schweiz, gingen schon früh auf Distanz zum Burgfrieden. Es setzte eine Radikalisierung ein, die zum Teil in ideologischen Diskursen, vor allem aber in konkreten Forderungen sichtbar wurde. Auf der politischen Ebene kämpfte die Sozialdemokratie gegen das Vollmachtensystem und für die Demokratisierung der Armee. Die ungenügende Lebensmittelversorgung, die Teuerung und die tiefen Löhne waren Themata, die für jedermann greifbar waren. Der schweizerischen Mentalität entsprechend kam die Ideologie an zweiter Stelle.[616] Erst im Jahre 1917 wurde die Auseinandersetzung um die Armee zu einem ideologisch begründeten Anliegen.

Im Spektrum der schweizerischen Sozialdemokratie hielt sich Robert Grimm auf linken Positionen auf, obschon er sich nie endgültig festlegte. Er vertrat eine eidgenössisch-moderate Version des Klassenkampfs, die er im Laufe des Krieges schärfer fasste. Doch er hielt sich stets einen Weg für den Rückzug offen. Der Redaktor der «Berner Tagwacht» liebte die revolutionären Parolen, wenn er sich auf internationalem Parkett bewegte, für den Hausgebrauch zog er die pragmatischen Formulierungen vor. Lenin erkannte das Spiel des führenden schweizerischen Sozialisten schon früh. Bei der ersten Begegnung bedrängte der Russe seinen Kontrahenten mit Theorien, die wenig mit den Alltagssorgen eines schweizerischen Arbeitervertreters zu tun hatten. Als er von der Verbrüderung der Proletarier in den Schützengräben sprach und daraus den gewaltsamen Umsturz ableiten wollte, soll der Schweizer mit Ironie reagiert haben. Lenins frühes Urteil über Grimm lautete kritisch: «Ein fähiger, energischer, nicht dummer, aber ganz in seiner Alltagsarbeit versumpfter Mann! Mit Fragen der grundsätzlichen Theorie beschäftigt er sich nicht. Er versinkt in den engen Verhältnissen der Partei seines spiessbürgerlichen Landes.»[617] Grimm genoss auch ausserhalb der Grenzen Ansehen. Er pflegte mit dem nötigen Selbstbewusstsein aufzutreten, während sich zum Beispiel Ernst Nobs nur in der heimischen Szene zurecht fand. Er war auch einer der wenigen, die Lenin in Versammlungen Paroli boten. Der Russe machte bei etlichen Gelegenheiten schlechte Erfahrung mit dem dialektisch gewandten Eidgenossen und zog daraus den einfachen Schluss: «Grimm ist ein unverschämter Lump.»[618]

Der Abschied der radikalen Sozialdemokraten vom Burgfrieden begann in der Schweiz im Dezember 1914, als Nationalrat Robert Grimm gegen die Militärkredite agitierte und im Parlament die Zustimmung zum Budget 1915 verweigerte. Die Arbeiterklasse müsse sich «von ihrer bisherigen nationalen Ideologie frei machen», dozierte der Berner Genosse einige Monate später.[619] Er forderte damit die vom alten Herman Greulich vertretenen konservativen Kreise der Partei heraus, die im traditionellen Patriotismus der Grütlianer verharrten und später als «Sozialchauvinisten» beschimpft wurden. Zur Abkehr Robert Grimms vom nationalen Konsens mag die Tatsache beigetragen haben, dass das patriotische Bekenntnis der Sozialdemokraten vom Bürgertum weder durch politische noch durch soziale Gesten honoriert wurde. Es kam das Bedürfnis nach einer Rückkehr zum Internationalen dazu, das sich in allen europäischen Ländern bemerkbar machte. Als anerkannter Vertreter des proletarischen Internationalismus nahm Grimm schon im ersten Kriegsjahr Verbindung zu dissidenten Sozialisten in kriegführenden Staaten auf. Zu seinen Gesprächspartnern gehörten Rosa Luxemburg und Karl Liebknecht, die gegen den Chauvinismus in der deutschen Sozialdemokratie ankämpften. Der Gedanke an eine internationale Sozialistenkonferenz war diesseits und jenseits der Grenze lebendig. Liebknecht erwartete vom Schweizer Sozialistenführer wichtige Impulse für die Arbeiterbewegung: «An ihrer Wirksamkeit hängt ein grosses Stück der Zukunft der Internationale», schrieb er im Januar 1915.[620]

Robert Grimm warb im Parteivorstand der Sozialdemokratischen Partei der Schweiz im Mai 1915 für die Idee einer Konferenz der sozialistischen Opposition Europas. Der Vorstoss wurde abgelehnt, denn man war mit schweizerischen Angelegenheiten beschäftigt. Einzig Ernst Nobs war der Meinung, man müsse internationale Solidarität üben. Grimm setzte sich über den Widerstand der Partei hinweg und organisierte jenes Treffen, das unter dem Stichwort «Konferenz von Zimmerwald» in die Geschichte eingegangen ist. Eingeladen waren Vertreter der sozialistischen Opposition aus kriegführenden und aus neutralen Staaten.

Die Tagung ging unter geheimnisvollen Umständen in Szene. In Bern trafen sich am 5. September 1915 Delegierte aus zahlreichen europäischen Ländern. Grimm sprach von 42 Personen. Der Berner Sozialist führte die bunte Gesellschaft auf vier Pferdefuhrwerken auf Umwegen zum Tagungsort, dem kleinen Dorf Zimmerwald. Die meisten Delegierten waren offizielle Vertreter ihrer Parteien, nur die deutschen, französischen und schweizerischen Sozialisten erschienen ohne Auftrag und auf eigene Verantwortung.

Man bezeichnete später die Teilnehmer der Tagung als «Zimmerwalder Linke». Doch so homogen präsentierte sich die Versammlung nicht.[621] Alle waren sich mehr oder weniger einig in der Ablehnung des Burgfriedens, der nota bene nicht in allen Ländern existierte. Darüber hinaus gab es ein breites Spektrum an Meinungen. Grimm und Lenin hatten schon vor Beginn der Konferenz in entscheidenden Fragen divergierende Positionen bezogen. Der Berner sorgte mit einer überlegenen Regie dafür, dass die Tagung nach seinen Vorstellungen verlief. Lenin sah sich mit seinen Bolschewiki selbst unter den russischen Delegierten in Minderheit, denn Menschewiki und Sozialrevolutionäre vertraten weitaus grössere Schichten der Arbeiterschaft und des kleinen Bürgertums.

Der Anführer der Bolschewiki trat selber kaum in Erscheinung. Er zog die Fäden im Hintergrund und schickte Radek und Sinowjew als Redner vor. Seine wichtigste Forderung, ein Aufruf an die Arbeiterschaft zum Bürgerkrieg und zum Umsturz der kapitalistischen Gesellschaftsordnung, stiess bei den Delegierten aus kriegführenden Ländern auf Widerspruch. Es sei allzu einfach, vom sicheren Exil aus von andern tapfere Taten zu verlangen, meinte ein deutscher Sozialist. Von den anwesenden Schweizern – Grimm, Naine, Platten und Moor – konnte man höchstens Fritz Platten zu den Anhängern Lenins rechnen. Ein wichtiges Anliegen des Russen, die Gründung einer dritten Internationale, kam nicht zustande. Grimm verstand es, die Aktionen des russischen Revolutionärs ins Leere laufen zu lassen, so dass die Bolschewiki als Sektierer dastanden.

Nun ging es darum, die widersprüchlichen Forderungen der verschiedenen Fraktionen in einem Manifest unterzubringen. Grimm und Trotzki redigierten das Dokument, das etliche Gegensätze verbal verschleierte, sich revolutionär gab und dennoch gemässigt wirkte: Absage an den Burgfrieden, proletarischer Klassenkampf, Selbstbestimmungsrecht der Völker, Wiederherstellung des Friedens ohne territoriale Annexionen und ohne Kriegsentschädigungen. Lenin stimmte zu, wenn auch ohne Begeisterung, denn er wollte mit seinem Anhang nicht in die Rolle des Aussenseiters geraten. Er erregte immerhin internationales Aufsehen, wodurch sein Name einem breiteren Publikum geläufig wurde. Alles in allem durfte Robert Grimm mit dem Ergebnis zufrieden sein. Er hatte in eidgenössischer Manier Ideologie und Pragmatismus vereint und dabei an persönlichem Prestige gewonnen.

Die Bolschewisten erreichten ihr Ziel, die Gründung einer neuen Internationale, vorläufig nicht. Hingegen richtete die Konferenz in Bern ein Sekretariat ein, die «Internationale Sozialistische Kommission», welche die Sozialisten über die Grenzen hinweg zusammenhalten sollte. Auch hier war Robert Grimm der starke Mann.[622] Für die Sozialdemokratie der Schweiz brachte die Zimmerwalder Bewegung nicht jenen radikalen Umsturz, von dem man später sprach. Die im Manifest verkündeten Parolen hatte man schon früher gehört. Direkte Aktionen waren aus der Deklaration nicht abzuleiten. Unverkennbar zeigte sich eine Radikalisierung der Szene, doch das war eher das Ergebnis der sozialen Notlage als einer ideologischen Neuorientierung.[623] Die Agitation der Emigranten hinterliess zweifellos ihre Spuren, war aber letzten Endes nicht entscheidend. Lenins Aufruf zum Bürgerkrieg ging an der Befindlichkeit der schweizerischen Arbeiter vorbei, denen eine Verbesserung der Lebensverhältnisse näher lag als die abstrakte Herrschaft des Proletariats.

Die Konferenz von Zimmerwald ging immerhin nicht unbemerkt an der Landespartei der Schweiz vorbei. Es galt, den Anschluss an die neue Bewegung nicht zu verlieren. Im Gespräch war die «Zimmerwalder Linke», eine Aktionsgemeinschaft, die sich nicht ein für allemal zuverlässig abgrenzen liess. Lenin und seine Bolschewiki zum Beispiel konnte man nur bedingt zu diesem Kreis zählen. Wer sich mit der Materie auseinandersetzte, musste erkennen, dass das Resultat der konspirativen Versammlung den Intentionen Grimms und nicht jenen der Bolschewisten entsprach.[624]

Am 25. April 1916 begann – wiederum von Robert Grimm inszeniert – eine «zweite Zimmerwalder Konferenz». Ort der Handlung war diesmal das kleine Dorf Kiental im Berner Oberland. Die Sozialdemokratische Partei der Schweiz war offiziell vertreten: Graber, Greulich, Nobs, Platten und Agnes Robmann. Grimm und Naine waren als Mitglieder der Internationalen Sozialistischen Kommission anwesend. Die Schweizer Delegation bot ein buntes Bild, aus dem sich die im Sozialismus vorhandenen Strömungen ablesen liessen. Fritz Platten galt als Anhänger der Bolschewisten, Herman Greulich war der biedere Vertreter der Sozialpatrioten.

Lenin hatte anfänglich mit einer Zusage gezögert, denn er wusste, dass er wieder in Minderheit geraten würde.[625] Obschon Kautsky und Bernstein gar nicht erschienen, ärgerte er sich über die sozialpatriotischen Thesen, die er bei den Sozialisten aus dem Deutschen Reich vermutete. Unterstützung durfte der russische Revolutionär vom Deutschen Willi Münzenberg erwarten, der sich als Anführer der sozialistischen Jugendorganisation in Zürich niedergelassen hatte.

Lenin präsentierte der Kientaler Versammlung einen Resolutionsentwurf mit seinen bekannten Forderungen. Grimm sorgte mit einem eigenen Entwurf dafür, dass der bolschewistische Vorstoss abgefangen wurde. Sein Dokument wurde wie gewohnt allen Strömungen und Stimmungen gerecht, so dass es als taugliche Verhandlungsgrundlage diente. Lenin probte den Aufstand und drohte mehrmals mit dem Auszug der Bolschewisten, aber der Vorsitzende Robert Grimm nahm die Sache gelassen. Der russische Revolutionär kehrte stets wieder an den Verhandlungstisch zurück.

Das Kientaler Manifest klang radikaler als jenes von Zimmerwald: «An die Völker, die man zugrunde richtet und tötet.» Im Aufruf steht die zentrale Aussage: «Nur ein wirksames Mittel gibt es, um Kriege in der Zukunft zu verhindern: die Eroberung der politischen Macht und die Abschaffung des kapitalistischen Eigentums durch die arbeitenden Klassen. Der dauerhafte Friede wird erst die Frucht des siegreichen Sozialismus sein.»[626] Diese Formulierungen mochten progressiv klingen. Lenins Wunsch nach bewaffnetem Aufstand der Arbeiter und anschliessendem Bürgerkrieg war aber nirgends zu finden. Gegen die Sozialpatrioten war die Forderung gerichtet, keinen Kriegskrediten mehr zuzustimmen.

Die Konferenzen von Zimmerwald und Kiental waren der Aufmerksamkeit der Bundesbehörden entgangen.[627] Der deutsche Gesandte von Romberg hingegen war über die Vorgänge durch «Vertrauensmänner» informiert. Daraus lässt sich ermessen, welche Aufmerksamkeit Deutschland den russischen Emigranten in der Schweiz widmete. Es zeichnete sich jene seltsame Komplizenschaft zwischen der kaiserlichen Regierung und den Revolutionären aus dem Zarenreich ab, die schliesslich zum Frieden von Brest-Litowsk führte.

Im Februar 1916 zogen Lenin und seine Frau Krupskaja von Bern nach Zürich um. An der Limmat fand der russische Revolutionär ein breites sozialistisches Umfeld, das für Arbeit und Agitation die besseren Bedingungen bot als die Bundesstadt, in der Robert Grimm den Ton angab. Ein dankbares Forum war in Zürich der als «Kegelklub» bekannte Debattierklub, der sich regelmässig im «Schwänli» oder im «Stüssihof» versammelte. Zu dieser revolutionären Garde gehörten Deutsche, Russen, Italiener und Schweizer, die man der Zimmerwalder Linken zuordnete. Als Lenin zur Gruppe stiess, nahm der debattierende Zirkel allmählich den Charakter eines Aktionsklubs an.[628]

Die sozialistische Szene in Zürich blieb während den Kriegsjahren in ständiger Bewegung. Personen und Proklamationen standen für divergierende Tendenzen und zeitweilige Bündnisse, die meist an der fehlenden ideologischen Übereinstimmung zerbrachen. Leonhard Ragaz, der Vertreter eines religiös-sozialen Pazifismus, rang um Formeln für einen Frieden, der auf demokratischen Grundsätzen gründen sollte: «Die Völker selber müssen den Frieden machen.»[629] Die kurzfristige Verbindung des Theologen mit dem anarcho-syndikalistischen Arzt Fritz Brupbacher und seiner Zeitschrift «Revoluzzer» zeugt von einem bewegten Umfeld, das unheilige Allianzen nicht ausschloss.[630] Ernst Nobs machte das «Volksrecht» zu einem Organ der Zimmerwalder Linken. Er sprach häufig von der Notwendigkeit einer Revolution, ohne konkret zu werden.[631] Er serviere nur soviel revolutionäre Kost, als der breiten Masse der Leser zusage, spottete Fritz Brupbacher. Lenin baute anfänglich auf Nobs, hielt dann aber den Sozialisten aus dem Berner Oberland für einen Opportunisten wie seinen Konkurrenten Robert Grimm.

Die Abreise Lenins und seiner Bolschewiki im Frühjahr 1917 änderte wenig am sozialpolitischen Spektrum. Die Sozialisten verfolgten gespannt die Revolution in Russland und ihre Auswirkungen auf Europa. Von einigen Extremisten abgesehen, sahen die Genossen keinen Anlass, daraus Schlüsse für das eigene Land zu ziehen. Ein mit den Waffen unternommener Umsturz der Gesellschaftsordnung stand nicht zur Debatte. Die Verbindung zu den russischen Sozialrevolutionären und zu den Bolschewisten wurde nicht abgebrochen. Das Territorium der Eidgenossenschaft diente nach wie vor als Umschlagplatz für die proletarische Propaganda.

Robert Grimms verunglücktes Friedensunternehmen in Petersburg, das Bundesrat Hoffmann zu Fall brachte, kam den Berner Sozialisten teuer zu stehen.[632] Sein internationales Ansehen als Kämpfer für den Frieden war dahin, denn seine Aktion wurde als übler Streich im Dienste Deutschlands gewertet. Für die dritte Zimmerwalder Konferenz, die auf September 1917 nach Stockholm einberufen war, kam Grimm als Vorsitzender nicht mehr in Frage. An seiner Stelle reiste Ernst Nobs in die schwedische Hauptstadt, wo er gemeinsam mit dem Schweden Carl Lindhagen das Präsidium übernahm. Doch der umtriebige Nobs gewann nie die internatiole Autorität, die seinem Vorgänger zuteil geworden war. Das Verhältnis zwischen den beiden Genossen war nach diesem Zwischenspiel erheblich getrübt.

In der Sozialdemokratischen Partei der Schweiz verlor Robert Grimm seine Parteiämter, wurde aber schliesslich gegen die Stimmen von Naine und Nobs rehabilitiert. Seine waghalsige Friedenspolitik vergrösserte die Kluft zwischen den Sozialisten der Deutschschweiz und jenen der Romandie. Die ideologisch anders gelagerten Genossen in der Westschweiz hatten den dominierenden Einfluss deutscher Sozialisten im östlichen Landesteil schon immer kritisiert. Jetzt vermuteten sie eine Komplizenschaft zwischen dem kaiserlichen Imperialismus und den russischen Revolutionären. Sie nannten darum Robert Grimm mehr oder weniger offen einen Agenten des Deutschen Reiches, der für einen deutsch-russischen Separatfrieden zum Schaden der Entente geworben hatte.

In den beiden letzten Kriegsjahren wurde in der Schweiz häufig von Generalstreik gesprochen. In der Zweiten Internationale hatte man sich schon vor dem Weltkrieg darüber gestritten, was man mit einem allgemeinen Streik erreichen wolle. Extreme Klassenkämpfer versprachen sich von einem Generalstreik den Umsturz der Gesellschaftsordnung und den Beginn einer Herrschaft des Proletariats, eine These, welche durch die Erfahrungen in verschiedenen Ländern widerlegt wurde. Später lehnte auch Lenin den Streik als Vorstufe der Revolution ab. Für ihn zählte nur der Bürgerkrieg, in dem die kapitalistische Gesellschaft mit Waffengewalt überwunden wurde.

In der Schweiz betrachtete man den Streik als ein Kampfmittel zur Verbesserung der Lebensbedingungen der Lohnabhängigen. Dazu kam der Wunsch nach politischer Mitbestimmung. Unter diesen Vorzeichen hatte man den Zürcher Generalstreik im Jahre 1912 erlebt, und ähnliche Motive lagen den Novemberkrawallen von 1917, den Hungerdemonstrationen der Frauen vom Sommer 1918 und dem Streik der Zürcher Bankangestellten vom Oktober des selben Jahres zugrunde. Wenn in bürgerlichen Kreisen ein gegen den Hunger gerichteter Streik als revolutionärer Umsturzversuch gewertet wurde, kam darin die fehlende Einsicht in das gefährliche soziale Gefälle zum Ausdruck. Die bürgerliche Presse warnte unablässig vor einer Revolution in der Schweiz, wobei sie die von Russland ausgehende bolschewistische Gefahr beschwor.

Die Landesregierung präsentierte zu Beginn des Jahres 1918 den Plan einer Zivildienstvorlage, nach der in der Schweiz wohnende Männer zwischen 14 und 60 Jahren zu einem zivilen Hilfsdienst aufgeboten werden konnten. Man hoffte, damit eine allgemeine Steigerung der Produktion zu erreichen. Der Entwurf war entstanden, ohne dass die Bundesbehörden Gewerkschaften oder andere Arbeitnehmer-Organisationen konsultiert hätten. Robert Grimm schlug Alarm, denn er sah im autoritären Vorgehen des Staates einen schweren Verstoss gegen die Interessen der Arbeiterschaft. Mit einem Protest konnte sich der in seiner Reputation angeschlagene Politiker wenigstens im eigenen Land wieder ins Rampenlicht rücken. Der Bundesrat zeigte Kompromissbereitschaft, doch die Sozialdemokratische Partei der Schweiz und der Gewerkschaftsbund stellten in einer Eingabe Forderungen auf, die von bürgerlicher Seite als Ultimatum verstanden wurden. Man verlangte von der Landesregierung, die ausserordentlichen Vollmachten sofort der Bundesversammlung zur Verfügung zu stellen. Sollte das Anliegen nicht innerhalb von 48 Stunden erfüllt sein, so wollte man einen Landesstreik proklamieren. Die Spannung hatte inzwischen in einigen Städten einen hohen Grad erreicht. Der Bundesrat empfand die Situation als bedrohlich und reagierte hart. Er bot auf den 6. Februar 1918 die Infanterie-Brigade 12 und einige Spezialtruppen auf. Dabei hatte der am direktesten betroffene Regierungsrat des Kantons Zürich für seine unruhige Hauptstadt bloss ein Bataillon angefordert.[633]

Das war die Gelegenheit für Robert Grimm, die Anliegen der Arbeiterschaft wieder in seine Hand zu nehmen. Er berief einige Führer der sozialdemokratischen Partei und der Gewerkschaften, die sozialdemokratische Fraktion der Bundesversammlung und die Parteipresse zu einer Konferenz nach Olten ein. Die Genossen veröffentlichten eine Proklamation, die gegen das Truppenaufgebot Stimmung machte und für den Zivildienst eigene Bedingungen aufstellte. Folgenschwer war die Gründung eines Ausschusses, der unter dem Namen «Oltener Aktionskomitee» vor die Öffentlichkeit trat.

In der Parteileitung der Sozialdemokraten sorgte die Initiative Grimms für Unmut, denn der Redaktor der «Berner Tagwacht» handelte ohne Auftrag. Grimm versuchte, seinem Unternehmen einen harmlosen Anstrich zu geben. Man brauche ein Komitee, so sein Argument, das als Bindeglied zwischen Partei und Gewerkschaft diene. Später wurde der Gründer des «Oltener Komitees» deutlicher: «Die neue Instanz war die Vereinigung der gewerkschaftlichen und politischen Bewegung, die Zusammenfassung des Klassenkampfs unter einer einheitlichen Leitung.»[634] Grimm schuf nach seinen Vorstellungen eine Exekutive, die für alle Fragen der Arbeiterbewegung zuständig war. Das Mandat dazu hatte er sich selber verliehen.

Im Aktionskomitee sassen Politiker und Gewerkschafter, die auch in andern Gremien tätig waren. Daraus ergaben sich Interessenkonflikte und Rivalitäten, denn Machtstreben kannte man auch in proletarischen Kreisen. Gespaltene Loyalitäten entstanden beim Nebeneinander von Parteileitung und Komitee. Die Arbeit im Oltener Aktionskomitee war nach aussen durch das konspirative Gehabe gekennzeichnet. Linksradikale Sozialisten erwarteten, wie es der Name versprach, revolutionäre Aktionen, doch gerade in diesem Punkt ergab sich ein Defizit. Man verkündete radikale Ideologien, sprach vom Sturz der bürgerlichen Gesellschaftsordnung, sah sich aber durch die selbst übernommene Verantwortung zu vorsichtigem Taktieren gezwungen. So blieb das Oltener Aktionskomitee mit seinem revolutionären Elan weit hinter der Zürcher Arbeiterunion zurück. Es geriet recht bald in den Ruf, schön zu reden und wenig zu bewirken. Im Laufe des Jahres 1918 nahm das Komitee Gespräche mit dem Bundesrat auf, wodurch sein Klassenkampf in eidgenössisch-moderate Bahnen gelenkt wurde.

Wenn das Oltener Komitee seinen Führungsanspruch in der Arbeiterbewegung behaupten wollte, konnte das nur durch Veranstaltungen im linksradikalen Spektrum geschehen. Unter den ausserparlamentarischen Kampfmitteln stand der Generalstreik im Mittelpunkt der Überlegungen. Die Vorbereitung eines landesweiten Ausstandes erwies sich als mühsames Geschäft. Die Begeisterung für einen Streik, dessen Ausgang sich nur schwer abschätzen liess, war bei den Gewerkschaften mässig, denn sie waren bei einem Misserfolg direkt betroffen. Auch brauchte man als auslösenden Faktor einen ernsthaften Konflikt, der nach innen die Motivation und nach aussen eine plausible Begründung schuf.

Robert Grimm entwarf einen Stufenplan, der in vier Phasen zum totalen Generalstreik führte. Die beiden ersten Phasen sollten die Arbeiterschaft durch Agitation, Presse, Versammlungen und Demonstrationen während der Arbeitszeit auf den unvermeidlichen Kampf einstimmen. Die dritte Phase sah einen allgemeinen Streik vor, der bei Bedarf wiederholt werden konnte. In einer vierten Phase musste als ultimatives Kampfmittel ein unbefristeter Generalstreik in Gang gesetzt werden, der zum Bürgerkrieg überleitete und den Untergang der bürgerlichen Gesellschaftsordnung zum Ziel hatte.[635]

Aus diesem vierten Punkt wurde später geschlossen, dass das Oltener Komitee den bewaffneten Aufstand vorbereitete. Die Realität nahm sich weniger dramatisch aus. Robert Grimm hütete sich, seine ideologische Konstruktion in die Tagespolitik einzubringen und das Bürgerkriegsszenario zu realisieren. Er manövrierte gewandt zwischen den Positionen und liess in jedem Fall einen Weg für den Rückzug offen. Grundsätzlich lehnte er Gewalt ab, wenn er sie auch nicht ein für allemal ausschloss. Vom offenen Kampf sprach hingegen Fritz Platten. Als Anhänger Lenins zog er sich aus dem Oltener Komitee zurück, weil er den revolutionären Geist vermisste.

Im April 1918 verkündete der Bundesrat eine massive Erhöhung des Milchpreises. Er hatte sich einer Forderung des mächtigen Bauernverbandes gebeugt. Grimm glaubte, der Augenblick für eine grosse Aktion sei gekommen. Im Namen des Oltener Komitees sandte er ein Ultimatum an den Bundesrat, in dem er mit einem Landesstreik drohte, falls der Preisaufschlag durchgesetzt würde.[636] Parteileitung und Gewerkschaften wurden nicht konsultiert, zeigten sich aber wohl oder übel solidarisch. Der Bundesrat reagierte geschickt. Er legte den Fall der Bundesversammlung vor und arbeitete gleichzeitig einen Kompromissvorschlag aus, gegen den die Arbeiterschaft wenig einzuwenden hatte. Westschweizer Sozialisten gaben zu verstehen, dass sie allein wegen einer Milchpreiserhöhung nicht streiken würden. Unter diesen Umständen wirkte die Drohung mit dem Generalstreik als leere Geste, die dem Prestige ihrer Urheber nicht förderlich war.

Das Spiel mit dem Landesstreik verkam im Laufe des Sommers 1918 zum parteiinternen Geplänkel. Parteiführung und Gewerkschaften bremsten den revolutionären Eifer, die Radikalen der Zürcher Arbeiterunion hingegen trieben die Agitation in beschleunigter Manier voran. Die ungenügende Versorgung mit Lebensmitteln und die Teuerung machten das Leben für breite Schichten der Bevölkerung unerträglich. Es kam in verschiedenen Städten zu lokalen Streiks und Tumulten. Die Parteiführung distanzierte sich von Gewalttaten, und auch Robert Grimm warnte vor «Extratouren».[637]

Der Bundesrat ermächtigte die Kantone zu energischem Vorgehen gegen Strassenkrawalle. General Wille wartete auf den Augenblick, in dem er die Armee gegen die von ihm verachteten Proletarier einsetzen konnte.

Am 27. und 28. Juli tagte in Basel ein Allgemeiner Schweizerischer Arbeiterkongress. Zur Debatte stand wieder der Generalstreik. Das Oltener Aktionskomitee hatte kurz zuvor einen Katalog von Wünschen politischer und sozialer Natur an den Bundesrat gerichtet, in dem vor allem freies Versammlungs- und Demonstrationsrecht gefordert wurde. Der Kongress machte sich die Anliegen des Komitees zu eigen. Er reagierte heftig, weil der Bundesrat eine höfliche Absage erteilt hatte. Doch wiederum verhinderte das nach allen Seiten offene Spektrum der Meinungen den Entschluss zur direkten Aktion. Jedermann sprach vom Landesstreik, aber man war sich nicht einig in der Frage, ob der Zeitpunkt gekommen sei. Die linksradikalen Zürcher Genossen wollten zur Tat schreiten, Grimm setzte auf weitere Gespräche mit dem Bundesrat, Paul Graber sprach vom Misstrauen der Westschweizer Arbeiter gegenüber der deutschfreundlichen Sozialdemokratie. Man betrachte – so der Neuenburger Sozialist – einen Generalstreik als «affaire des boches», von deutschen Agenten inszeniert und mit deutschem Geld bezahlt.

Die Mehrheit im Kongress entschied sich gegen die sofortige Auslösung eines Landesstreiks. Man überliess die Angelegenheit dem Oltener Komitee und bestätigte damit die führende Rolle des Gremiums. Es ging also darum, die sozialistischen Begehren nicht auf der Strasse, sondern im Gespräch mit den Bundesbehörden vorzubringen. Die Landesregierung zeigte dabei eine erstaunliche Beweglichkeit, denn sie kam Robert Grimm und seinen Genossen in etlichen Punkten entgegen. Die Differenzen waren nicht mehr so fundamental, dass sie einen Generalstreik gerechtfertigt hätten. Es fehlte somit dem Oltener Komitee an Motiven für den von linksradikalen Sozialisten geforderten Kampf. Unter diesen Umständen war das Gerede vom Landesstreik für Grimm und die Parteileitung peinlich, denn ein rein verbaler Klassenkampf machte seine Anführer zum Gespött der Basis.

Die Schweiz erwartete im letzten Kriegsjahr Arbeiterunruhen und einen Umsturzversuch nach dem Muster der russischen Revolution. Ein Blick auf das europäische Umfeld zeigte wachsende Verunsicherung. Die Neigung wuchs, hinter den sozialen

Turbulenzen eine vom Ausland ausgehende Steuerung zu sehen. Linksradikale Sozialisten lieferten dazu die Argumente, wenn sie klassenkämpferische Parolen produzierten, die perfekt mit den von aussen eindringenden bolschewistischen Thesen übereinstimmten. Die Parteileitung und das Oltner Komitee pendelten zwischen forscher Provokation und ängstlichen Bremsmanövern hin und her. Damit bewegten sie sich in einer durchaus eidgenössisch anmutenden Tradition, welche die letzte Konsequenz vermissen liess. Die Taktik trug aber zur Verunsicherung der Gemüter bei.

In der bürgerlichen Öffentlichkeit sah man das Vaterland in höchster Gefahr. Dem angekündigten Klassenkampf begegnete man mit einer angemessenen militärischen Terminologie: «Belagerungszustand» und «Bürgerkrieg» waren geläufige Vokabeln. Mit derartigen Szenarien hantierten auch General und Generalstabschef, wenn sie bei der zögernden Landesregierung auf präventive Unterdrückung jeder proletarischen Bewegung drängten.

Die schweizerische Bevölkerung beobachtete aufmerksam die Szenarien jenseits der Landesgrenzen. Es zeichneten sich Veränderungen ab, die das herkömmliche Weltbild in Frage stellten. Man hatte bisher das Deutsche Reich als Garanten für Ruhe und Ordnung gesehen. Nun drohte von dieser Seite her soziale Unruhe. Der von den Westmächten geschürte Verdacht, wonach sich zwischen dem Kaiserreich und den russischen Revolutionären eine Komplizenschaft entwickelt hatte, wurde zwar lange nicht ernst genommen. Man bekundete Mühe, die Affäre Grimm-Hoffmann in diesen Rahmen einzuordnen, denn es war einfacher, darin lediglich eine Intrige der alliierten Mächte zu sehen.

Seit dem Jahre 1915 floss deutsches Geld an verschiedene russische Emigrantengruppen, die den Sturz des Zarenregimes planten.[638] Das Geschäft lief über Mittelsmänner in Stockholm und in der Schweiz, die beträchtliche Summen vor allem an die Sozialrevolutionäre zahlten. Auch Lenin und seine Bolschewisten waren den Deutschen bekannt, obschon der Revolutionär von einem direkten Kontakt mit Agenten des Kaiserreichs nichts wissen wollte. Eine Schlüsselfigur in diesem Handel war der deutsche Gesandte in Bern, Freiherr von Romberg. Für ihn war die Förderung der Revolution in Russland ein zentrales Anliegen. So konnte es kein Zufall sein, dass die deutsche Gesandtschaft in Bern über die Konferenzen von Zimmerwald und Kiental im Unterschied zu den Bundesbehörden genau im Bilde war. Geldspenden an subversive Kreise waren ein taugliches Mittel, wenn man zu einem Separatfrieden mit dem Zarenreich gelangen wollte. Romberg war auch der Mann, der die Heimreise von Lenin und seinen Genossen in die Wege leitete. Grimm und Hoffmann blieben, wenn auch unfreiwillig, nützliche Figuren in seinem Spiel. Es mutet seltsam an, dass der erfahrene schweizerische Aussenminister, der seit Jahren mit Romberg einen freundschaftlichen Umgang pflegte, dieser Sache nicht auf die Spur kam.

Die Verbindung zwischen der deutschen Regierung und den russischen Revolutionären war den Staaten der Entente wohl bekannt. Umso peinlicher wirkte die eidgenössische Ahnungslosigkeit. Man konnte daraus auf die immer noch vorhandene Deutschfreundlichkeit im Bundesrat schliessen, der von seinen Illusionen nicht ablassen wollte. Schwer wog der in Paris und Rom geäusserte Vorwurf, die Landesregierung toleriere die bolschewistische Agitation in der Schweiz, die den revolutionären Virus in die kriegführenden Nachbarstaaten trage.

Am 19. Mai 1918 war Jan Berzine, Leiter einer sowjetrussischen Mission, mit Gefolge in Bern erschienen, um als diplomatischer Vertreter in der Schweiz den zaristischen Gesandten zu ersetzen. Er wurde von Bundespräsident Calonder ohne Zeremoniell empfangen, denn die Schweiz hatte die neue Regierung in Petersburg nicht offiziell anerkannt. Vorsicht war angesagt, denn man fürchtete nicht ohne Grund, dass der neue Geschäftsträger den Standort Bern zu einem Zentrum der bolschewistischen Propaganda ausbauen werde. Berzine wies den Verdacht selbstverständlich von sich: «Sur la demande de M. le Président, M. Berzine a donné pour lui-même et pour son personnel une assurance formelle de s'abstenir de toute propagande socialiste en Suisse.»[639] Dennoch trieb die sowjetische Mission von Bern aus, wie Berzine später selber verkündete, revolutionäre Agitation in Westeuropa. Eine direkte Einmischung in schweizerische Belange konnte hingegen nicht festgestellt werden. Als sich der Bundesrat unmittelbar vor dem Landesstreik entschloss, den Vertreter der russischen Bolschewisten vor die Türe zu setzen, fiel es ihm schwer, dem sowjetischen Vertreter einen Verstoss gegen die Regeln der Diplomatie nachzuweisen.

Das sowjetische Russland war für die Entente ein Staat, der aus der Allianz ausgeschert war und sich mit Deutschland arrangiert hatte. Es wurde als feindliche Macht betrachtet, wenn auch kein Kriegszustand herrschte. Die bolschewistische Vertretung in der Schweiz stand in enger Verbindung zur Sowjetmission in Berlin, die gute Beziehungen zur deutschen Regierung pflegte. Frankreich und Italien waren nicht gewillt, eine von der Schweiz aus betriebene subversive Propaganda zu tolerieren, die offensichtlich im Interesse Deutschlands lag. Aussenminister Sonnino gab dem schweizerischen Gesandten in Rom in dieser Sache deutliche Signale. Wenige Tage vor dem Landesstreik meldete sich der neue französische Botschafter Paul Dutasta bei Bundespräsident Calonder und beklagte sich über die laxe Haltung der Landesregierung: «Der französische Gesandte hat sich in der ihm von Herrn Bundespräsidenten Calonder gewährten Audienz darüber beschwert, dass in der Schweiz die Vorkehren gegen die Bolschewiki nicht die nötige Strenge besitzen; es bestehe der Eindruck, die Behörden seien diesen Leuten gegenüber zu schüchtern und zu furchtsam. Die Bolschewiki hätten zu revolutionären Zwecken über 50 Millionen Franken in die Schweiz gebracht, sie hätten auf dem Beatenberg eine Konferenz abgehalten und bezweckten, von der Schweiz aus die Revolution zu inszenieren. Warum sei zum Beispiel Frau Balabanowa hier? Frankreich werde sich für den Fall, dass der Bolschewismus in der Schweiz sich weiterverbreite, genötigt sehen, die Grenzen gegen die Schweiz durch einen Kordon abzusperren.»[640] Calonder beruhigte den französischen Diplomaten. Man werde Frau Angelika Balabanowa und Jonas Salkind ausweisen und die Beziehungen zu Russland abbrechen, wenn die Sowjetmission die Bolschewiki wirklich unterstütze. Frau Balabanowa, von linksradikalen Sozialisten sehr geschätzt, stand angeblich in Diensten des Roten Kreuzes und befasste sich mit der Rückkehr russischer Emigranten, der dubiose Jan Salkind lebte in Zürich als sogenannter Generalkonsul.

Die Landesregierung brachte genau so wie das Bürgertum den bevorstehenden Generalstreik in Verbindung mit einem revolutionären Umsturz, der von ausländischen Agitatoren inszeniert würde. Dieser Glaube schien im Sommer 1918 durch den Allgemeinen Schweizerischen Arbeiterkongress in Basel bekräftigt zu werden, obschon das Signal zum Streik ausblieb. Von Aufstand wurde nicht gesprochen. Das vom Kongress legitimierte Oltener Aktionskomitee begann reichlich spät mit der Planung des Landesstreiks. Eine «Instruktion zur Durchführung des allgemeinen Landesstreiks» vom 5. August dokumentierte den Willen des Komitees, die Aktion in geordnete Bahnen zu lenken und Willkür und Alleingänge auszuschalten.[641] Man ging von einem zeitlich befristeten Streik aus. Für die Öffentlichkeit wichtige Betriebe wie Gas- und Elektrizitätswerke, Wasserversorgung und Krankenhäuser sollten weiter funktionieren. Die Arbeiter wurden ermahnt, während des Ausstands «den Genuss alkoholartiger Getränke unter allen Umständen zu unterlassen». Anwendung von Gewalt wurde untersagt, Militär und Polizei durften nicht provoziert werden. Der vom Oltener Komitee konzipierte Landesstreik hatte wenig mit den in bürgerlichen Kreisen konstruierten Schreckensszenarien gemein. Blieb lediglich die Frage, ob der Ablauf im konkreten Fall den strengen Regeln folgen würde.

Im August 1918 schuf die Regierung eine Landesstreik-Kommission, der drei Bundesräte, der Generalstabschef und der Bundesanwalt angehörten. Man wollte sich von proletarischen Umsturzversuchen nicht überraschen lassen und bereitete gewissermassen eine «Gegenrevolution» vor.[642]

Der Bundesrat sah sich dem Vorwurf gegenüber, die Dinge treiben zu lassen. Die Armeeleitung drängte seit Jahresbeginn auf präventive Massnahmen. Dazu gehörten rechtzeitige Truppenaufgebote und die Sicherung wichtiger Einrichtungen wie Eisenbahnen, Telegraph und Versorgung. Der Generalstabschef leistete die wichtigste Planungsarbeit. Sprecher war für politische Behörden zweifellos der solidere Partner als General Wille, der gegen den vermuteten proletarischen Aufstand gerne mit unbegrenzten Vollmachten agiert hätte, vom Bundesrat aber zurückgebunden wurde. Das will nicht heissen, dass das Weltbild des aristokratischen Theophil Sprecher weniger rigid war als die Visionen Ulrich Willes. In seinem Umgang mit dem Thema «Streik» zeigte der Generalstabschef ein starres hierarchisches Denken, das kein Verständnis für sozialpolitische Ausnahmesituationen erkennen liess. Charakteristisch ist sein Kommentar zum Streik der Zürcher Bankbeamten vom 1. Oktober 1918: «Ob die Bankbeamten bei dem Streike im Recht waren oder nicht, geht uns, die Armee, nichts an. Wir hindern die nicht am Streik, die streiken wollen, aber die gesetzliche Ordnung darf nicht über den Haufen geworfen werden.»[643]

Sprecher hatte Oberst Claude de Perrot, einen engen Mitarbeiter, an den Allgemeinen Schweizerischen Arbeiterkongress in Basel gesandt, um die Stimmung zu erkunden. De Perrot kam mit einem martialischen Befund zurück, der mit den Urteilen von Wille und Sprecher übereinstimmte: «Wie kann dem Landesstreik, das heisst der sozialen Revolution, vorgebeugt werden? Wenn den Revolutionären der Zeitpunkt des Losbrechens überlassen wird, ist es fraglich, ob die Armee noch aufgeboten werden kann. Sollte die Mobilmachung teilweise gelingen, so kommt es doch schliesslich zum Bürgerkrieg, das heisst zum grössten Unglück unserer Geschichte. (…) Ich bin fest überzeugt, dass durch festes, ja gerade brutales Auftreten die politische Behörde uns heutzutag vor Landesstreik und Bürgerkrieg retten könnte. Durch das schwächliche Nachgeben vor der Revolution hat unsere oberste Landesbehörde einen grossen Teil ihrer Autorität eingebüsst. Die Majorität des Volkes sehnt sich nach einer starken Hand.»[644] De Perrot wusste Rat: Die Behörden sollten jene Sozialisten, die am Basler Kongress militärfeindliche Parolen von sich gegeben hatten, sogleich hinter Schloss und Riegel setzen.

Im Herbst 1918 stimmte der Bundesrat der Forderung der Armeeführung, einige Regimenter aufzubieten, im Grundsatz zu, wartete aber mit der Ausführung. Ein grösserer Truppenaufmarsch wäre von der Arbeiterschaft als Provokation empfunden worden. Dazu kam die Grippeepidemie, die in ganz Europa wütete und auch in der Armee zahlreiche Opfer kostete. Die Regierung des Kantons Zürich forderte den Schutz durch die Armee, fürchtete aber gleichzeitig, dass man damit den radikalen Sozialisten ein Motiv zum Losschlagen liefern würde.

General Wille verlangte das Aufgebot der vier Kavalleriebrigaden, die seiner Meinung nach gegenüber der sozialistischen Versuchung immun waren. Auserdem plante die Armeeleitung den Einsatz des Luzerner Infanterieregiments 19. Die Bataillone aus dem katholischen Sonderbundskanton konnten sich in diesem Fall – so eine in bürgerlichen Kreisen verbreitete Meinung – als staatserhaltend erweisen. Der Bauernführer Ernst Laur erteilte dem Generalstabschef noch besondere Ratschläge: «Zur Unterdrückung der Revolution braucht es keine Vorbereitung. Die Landbataillone und die Divisionen der welschen Schweiz würden in kurzer Zeit der Pöbelherrschaft ein Ende bereiten. Aber so weit sollte es nicht kommen. Die Bewegung muss im Keime erstickt werden.»[645] Das seltsame Kompliment des Bauernführers an die von ihm wenig geschätzten Westschweizer kann nur aus der kritischen Situation des Augenblicks heraus verstanden werden.

Die Einsatzbefehle für die Truppen waren bereit, noch bevor ein Datum für den Streik feststand. Behörden und Armeeleitung stellten sich auf die möglichen Krisenszenarien ein. Alles in allem hatten sie die «Gegenrevolution» besser vorbereitet als das Oltener Aktionskomitee den Generalstreik.

In den kritischen Tagen des Landesstreiks erwies sich der Bundesrat als standfest. Wenn die radikalen Sozialisten mit seiner Schwäche gerechnet hatten, so unterlagen sie einem Trugschluss. Sie deuteten die in den vergangenen Monaten gezeigte Verhandlungsbereitschaft der Landesregierung falsch und spekulierten auf eine Kapitulation der Behörden. Die aufgebotenen Truppen erwiesen sich gegenüber revolutionären Parolen als resistent. Das Oltener Aktionskomitee mit seinem Wortführer Robert Grimm hatte sich verbal weit vorgewagt, aber mit Aktionen zeigte es keine Eile. Schliesslich wurde das als Exekutive wirkende Gremium von der linksradikalen Zürcher Arbeiterunion in eine Konfrontation gedrängt, der es nicht gewachsen war.

Die Etappen des Konflikts, der sich in der Geschichte des Bundesstaates einmalig ausnahm, sind schon oft geschildert worden. Sie blieben im Gedächtnis der Nation über Jahrzehnte hinweg haften, wobei die Wahrnehmung je nach Standort unterschiedliche Bilder produzierte.

In der ersten Novemberhälfte 1918 erlebte Europa das Kriegsende, in dem in Deutschland und Österreich das soziale Gefüge zerbrach. In der Schweiz war der Schock der Revolution in Bayern direkter zu spüren als die Revolution im fernen Russland, die eine dem Westen fremde Gesellschaftsordnung traf. Was in Deutschland geschah, versetzte das schweizerische Bürgertum in Unruhe, denn analoge Vorgänge im eigenen Land waren denkbar. Gleichzeitig gerieten jene Randgruppen in der Sozialdemokratie, die von einer Herrschaft des Proletariats träumten, in eine rational nicht zur erklärende Euphorie.

Die Armeeleitung setzte beim Bundesrat nach längeren Debatten ihre Forderungen durch. In den ersten Novembertagen rückten zwei Infanterieregimenter und zwei Kavalleriebrigaden ein, weitere Aufgebote folgten. General Wille betrachtete die Stadt Zürich als besonderen Gefahrenherd. Zürich sei «für die ganze Bewegung der entscheidende Ort», meinte er. Er glaubte, eine massive Truppenpräsenz werde revolutionär gesinnte Massen zum voraus in Schach halten. In der Öffentlichkeit wurde der Eindruck vermittelt, die aufgebotenen Verbände seien für eine Grenzbesetzung im St. Galler Rheintal bestimmt, da in Vorarlberg gegen Kriegsende chaotische Zustände herrschten. Dann wurde bekannt, dass die Milizen in Zürich für Ordnung sorgen sollten. In der Arbeiterschaft brach lauter Protest aus, der sich auch auf der Strasse manifestierte.

Das Oltener Aktionskomitee stand vor der Gewissensfrage, ob der richtige Augenblick für den lange beschworenen Generalstreik gekommen sei. Man betrachtete den militärischen Aufmarsch als Provokation, wollte aber der Armeeleitung nicht den Gefallen tun, mit einer falschen Reaktion den Vorwand zu einem massiven Eingreifen zu liefern. Das Komitee fand eine Kompromissformel. Es beschloss, am 9. November an 19 Industriestandorten einen 24-stündigen Proteststreik durchzuführen, von dem Eisenbahnen und Post nicht betroffen waren.[646] Der Streikaufruf wurde an den meisten Orten befolgt, ohne dass sich grössere Zwischenfälle ereigneten. Die Zürcher Linksradikalen gaben hingegen zu verstehen, dass ihnen diese Aktion nicht genügte.

Die Schweiz erlebte die erste Novemberhälfte vor einem turbulenten europäischen Hintergrund. In zeitlich kurzer Folge erhöhten innen- und aussenpolitische Ereignisse die Spannung im Lande. Die letzten Tage des Weltkrieges brachten den Zusammenbruch der Donaumonarchie und den chaotischen Rückzug der deutschen Armee im Westen. Am 9. November dankte Kaiser Wilhelm II. ab und reiste in die Niederlande ins Exil. Deutschland ging einer Revolution entgegen. Am 11. November, einem Montag, trat der Waffenstillstand in Kraft, ein Vorgang, der in der Schweiz mit unterschiedlichen Gefühlen wahrgenommen wurde: in weiten Teil des Deutschschweizer Bürgertums mit Resignation, in der Romandie mit offen gezeigter Freude. Die Landesregierung wies die Sowjetmission aus, ein Akt, der vermutlich mit Blick auf die französischen und italienischen Warnungen vollzogen wurde. Führende Sozialdemokraten, unter ihnen Robert Grimm, hatten mit Missionschef Berzine Kontakte gepflegt, ohne dass daraus, wie es im bürgerlichen Lager geschah, auf «Landesverrat» geschlossen werden durfte. Die Zürcher Arbeiterunion rief auf den 10. November zu einer Revolutionsfeier auf, an der man den Jahrestag der russischen Revolution begehen wollte. Bundesrat und Regierung des Kantons Zürich standen vor der Frage, ob sie den proletarischen Aufmarsch tolerieren oder verbieten sollten.

Zwischen Bundesrat und General lebte der übliche Streit um die Abgrenzung der Kompetenzen wieder auf. Der Generalstabschef hatte schon im Sommer eine gesetzliche Regelung der Beziehungen zwischen Bund, Kantonen, militärischen Platzkommandos und Polizei verlangt, doch es geschah wenig zur Behebung der Unklarheiten.[647] Für General Wille galt nach wie vor der Grundsatz, dass er in einem Ernstfall – und darunter verstand er auch eine proletarische Revolution – frei über die militärischen Einsatzkräfte verfügen könne. Der Bundesrat hatte den Irrglauben, soweit er die Innenpolitik betraf, schon im Jahre 1916 zurechtgerückt, aber der altersstarre Wille unternahm im Herbst 1918 noch einmal den Versuch, das Vaterland mit seinen diktatorischen Allüren zu retten. Diese Absicht gab er zu erkennen, wenn Truppenaufgebote zur Debatte standen. Der General setzte gegenüber den sozialistischen Bewegungen auf vorbeugende Einschüchterung, indem er das Proletariat mit militärischem Machtgehabe in die Schranken wies. Die Landesregierung hingegen ging von der Überzeugung aus, dass soziale Unruhe nicht allein mit militärischen Mitteln zum Verschwinden gebracht werden könne.

Die Probe aufs Exempel ergab sich bei der Ernennung der Stadtkommandanten von Zürich und Bern. Diesen Offizieren wurde beim Umgang mit Streikenden und revolutionären Kräften eine entscheidende Rolle zugewiesen. «Ruhe und Ordnung», die angestrebten Ziele, verlangten nicht nur militärische Autorität, sondern auch politisches Fingerspitzengefühl. Der General ernannte Oberstdivisionär Emil Sonderegger zum Stadtkommandanten von Zürich. Er wusste, dass der Appenzeller Unternehmer auch in kritischen Situationen in seinem Sinne handeln würde. Sonderegger galt in militärischen und in geschäftlichen Dingen als Haudegen. Pardon war von ihm nicht zu erwarten. Während des Landesstreiks bestätigte er diese Annahme in jeder Hinsicht. Für die Bundesstadt Bern sah Wille den ihm ergebenen Oberstdivisionär Fritz Gertsch vor, der sich in den langen Jahren seiner Offizierslaufbahn einen denkbar schlechten Ruf erworben hatte. Die Landesregierung wünschte den für seine preussischen Methoden bekannten Berufsoffizier nicht in der Nähe des Bundeshauses. Er forderte den liberalen Oberstkorpskommandanten Eduard Wildbolz als Stadtkommandanten.

Der beleidigte General verlegte sich auf ein schon mehrmals geübtes Spiel und drohte mit seiner Demission. Damit konnte er beim Bundesrat im Unterschied zu früheren Gelegenheiten keine Wirkung erzielen. Eduard Wildbolz schrieb später, Bundesrat Robert Haab habe ihm von «sehr heftigen Szenenauftritten zwischen dem Bundesrate und dem General» berichtet: «Der General wollte Oberstdivisionär Gertsch, der Bundesrat mich damit betrauen. Der General drohte mit seiner Demission, wenn man seinen Vorschlag nicht akzeptiere –; darauf antwortete ihm Bundesrat Haab: ‹Herr General, wenn Sie Ihre Demission jetzt einreichen, werden wir sie genehmigen›.»[648] Ulrich Wille gab sich geschlagen. Auf seine Forderung, Robert Grimm und das Oltener Aktionskomitee zu verhaften, trat der Bundesrat nicht ein.[649]

Die Entscheidung für den allgemeinen Landesstreik fiel am 10. November an verschiedenen Fronten. In Zürich zeigten Regierung und Stadtrat eine gewisse Bereitschaft, den Dialog mit der Arbeiterschaft zu führen. Das war nicht nach dem Geschmack von Emil Sonderegger, der die Macht an sich riss und die zivilen Instanzen beiseite schob. Der Stadtkommandant demonstrierte offen seine Verachtung für die politischen Behörden. Wenn sich Widerspruch erhob, verwies er auf seinen Auftrag, den er rigoros ausführen werde. Er hatte bereits am 7. November den Regierungsrat gezwungen, die für den 10. November vorgesehene Revolutionsfeier zu verbieten.[650] Demonstrationen waren fortan untersagt. Sonderegger machte deutlich, dass er wenn nötig seine Truppen einsetzen werde. Dabei wusste er sehr wohl, dass er die Unterstützung des Generals genoss. Die Anordnungen des Stadtkommandanten standen in offenem Widerspruch zu einer Weisung der Landesregierung vom 8. November: «Es soll jegliches Einschreiten des Militärs gegen einen Demonstrationszug oder gegen eine Versammlung unterbleiben. Falls ein solches notwendig werden sollte, soll es nicht geschehen ohne besondere Weisung des Bundesrates.»[651] In Zürich nahm man die Anweisung nicht zur Kenntnis. Die Folgen waren, wie sich am Sonntag nach dem Proteststreik erweisen sollte, fatal.

Sondereggers Ordnungstruppen markierten in der Stadt geräuschvoll Präsenz. Die gefürchteten Kavalleristen streiften durch die Strassen, und an einigen Punkten wurden Maschinengewehre in Stellung gebracht. Das militärische Aufgebot war offensichtlich darauf angelegt, die Gegenseite herauszufordern, was denn auch prompt gelang. Unkontrollierte Aktionen und Krawallszenen bewiesen, dass weder der Arbeiterbund noch das Oltener Komitee den linksextremen Anhang zur Räson bringen konnten. Die für einen Streik aufgestellten Regeln wurden ausser Kraft gesetzt, und die Konfrontation nahm gewalttätige Formen an.

Am Nachmittag des 10. November versammelte sich trotz Verbot eine Menschenmenge auf dem Zürcher Fraumünsterplatz. Eine durch die Grippe auf 55 Mann reduzierte Infanteriekompanie marschierte auf, konnte aber den Platz nicht räumen.[652] Sie gab einige Gewehrschüsse in die Luft ab, wobei Querschläger vier Demonstranten verletzten. Ein Soldat wurde durch einen Pistolenschuss getötet. Der Urheber konnte nie ermittelt werden. Kavallerie drängte die Demonstranten an den Stadtrand beim Milchbuck und teilte bei dieser Gelegenheit Säbelhiebe aus. Die Krawalle dauerten bis spät in die Nacht hinein an. Die Zürcher Arbeiterunion brach die Gespräche mit Regierung und Stadtrat ab und beschloss, den am Samstag begonnenen Streik fortzusetzen. Damit war das Signal zum Landesstreik gegeben.

Nach den Ereignissen auf dem Fraumünsterplatz verkündete Sonderegger, seine Truppen könnten nicht weiterhin Langmut üben. Sie würden nun «nach vorausgegangener Warnung auf diejenigen feuern, die sich ihnen widersetzen».[653] Die Infanteristen fassten Handgranaten, und es folgte am 11. November Sondereggers berüchtigter Handgranaten-Befehl an die Einwohnerschaft der Stadt Zürich: «Unsere Truppen sind mit Handgranaten ausgerüstet. Sie haben Befehl sie zu gebrauchen, wenn aus Fenstern und Kellerlöchern geschossen wird. Die Truppe weiss, dass auf blosse Vermutung hin, dass aus einem Fenster geschossen worden sei, keine Handgranate verwendet werden darf. Wo aber einwandfrei feststeht, dass aus Häusern geschossen worden ist, wird das Handgranatenwerfen zur befohlenen Pflicht.» Die Proteste gegen den barbarischen Umgang mit der eigenen Bevölkerung beeindruckten den Stadtkommandanten nicht. Bei einem Teil der Bürgerschaft durfte er mit Applaus rechnen, denn der Ruf nach der starken Hand war nicht zu überhören. Sonderegger wurde in diesen Kreisen populär, und man feierte ihn als Retter der Stadt. Er stahl damit dem General die Schau –, ein Nebeneffekt, der Ulrich Wille zu schaffen machte.

In Bern kannte man das martialische Vorgehen Sondereggers. Grimm und sein Komitee verhandelten am kritischen Sonntag mit dem Bundesrat. Sie verlangten den Rückzug der Truppen. Die Gespräche wurden ohne Ergebnis abgebrochen. Nach den Vorfällen in Zürich war auch für Robert Grimm die Zeit des Taktierens vorbei.

Das Aktionskomitee beschloss in Übereinstimmung mit der Parteileitung, auf den 11. November um Mitternacht einen unbefristeten Landesstreik anzuordnen. In einem Aufruf «An das arbeitende Volk der Schweiz» kündigte man den Ausstand an und formulierte neun Forderungen an die Landesregierung.[654] Die Sozialisten verlangten unter anderem die sofortige Neuwahl des Nationalrats auf der Grundlage des Proporzes, aktives und passives Frauenstimmrecht, 48-Stundenwoche in öffentlichen und privaten Unternehmen, Umgestaltung der Armee zu einem Volksheer. Alles in allem ein Wunschkatalog, den man nicht als revolutionär bezeichnen konnte.

Der Landesstreik dauerte vom 12. bis zum 14. November. Zürich war der neuralgische Punkt, an dem sich entscheiden musste, ob der Ausstand und die militärische Reaktion darauf zu revolutionären Unruhen führen würden. In Bern hielt Oberstkorpskommandant Wildbolz seine Einsatzverbände lange ausserhalb der Stadtgrenzen, denn er hatte es nicht auf Provokation angelegt. In Zusammenarbeit mit dem sozialistischen Polizeichef Oskar Schneeberger gelang es ihm, schwere Zwischenfälle zu vermeiden. Seine Taktik wurde von bürgerlichen Politikern als zu wenig hart kritisiert, obschon sie mit den Vorstellungen des Bundesrats übereinstimmte. Oberstdivisionär Sonderegger konnte es nicht lassen, sich bei General Wille über die Liberalität seines Kollegen zu beschweren.

Eine ähnliche Politik sorgte auch in Basel für einen glimpflichen Verlauf. Die Kantonsregierung stand mit der Streikleitung in Verbindung und war dafür besorgt, dass die Truppen der 5. Division unter Oberstdivisionär Hermann Steinbuch nicht allzu massiv auftraten.[655] In der Romandie entschloss man sich, abgesehen von La Chaux-de-Fonds, nur widerwillig zum Streik. Der schlechte Ruf von Robert Grimm und der Verdacht gegenüber den Deutschschweizer Sozialisten, im deutschen Fahrwasser zu segeln, minderten die Begeisterung für das riskante Spiel. Die Arbeiterschaft im östlichen Landesteil blickte auf die revolutionäre Bewegung in Bayern, in der Westschweiz feierte man am 11. November den Sieg Frankreichs und der Entente. Wenig geschah im Kanton Tessin, wo der vom Oltener Komitee angeordnete Eisenbahnerstreik die Bewegungsfreiheit der Streikenden blockierte.[656]

Am ersten Streiktag trat in Bern die ausserordentliche Bundesversammlung zusammen. Bundespräsident Felix Calonder sprach vom festen Willen der Landesregierung, für Ordnung im Lande zu sorgen, liess aber Verständnis für die Anliegen der Streikenden erkennen. Seiner Ansicht nach musste die Sozialdemokratie in die politische Arbeit eingebunden werden: «Nach der Auffassung des Bundesrates sollte die Mitgliederzahl der eidgenössischen Exekutive so rasch als möglich auf neun erhöht werden, damit in allernächster Zeit der sozialdemokratischen Partei eine Vertretung gewährt werden könne.»[657] Calonder schilderte die gefährliche Situation in Zürich und beharrte auf der Notwendigkeit, soziale Reformen in Angriff zu nehmen. Mit seinen massvollen Sentenzen stiess er bei der bürgerlichen Mehrheit auf heftigen Widerstand. Man werde vor der roten Gewalt nicht kapitulieren, war der allgemeine Tenor. Nationalrat Grimm wiederholte die Forderungen des Oltener Komitees, aber seine Anträge blieben hoffnungslos in Minderheit. Man sprach von Bürgerkrieg, wenn der Landesstreik nicht rasch beendet werde.

Unter dem Eindruck der martialischen Stimmung in der Bundesversammlung blieb der Landesregierung nichts anderes übrig, als am 13. November ein Ultimatum an die Streikleitung zu richten: «Im Hinblick auf die ungeheuren, von Stunde zu Stunde wachsenden innern und äussern Gefahren, die als direkte Folge des Generalstreiks dem Lande und dem ganzen Schweizervolke drohen, fordert der Bundesrat Sie auf, dem Generalstreik bis heute ein Ende zu machen und bis heute abend 5 Uhr eine bezügliche schriftliche Erklärung abzugeben.»[658]

Nach «schwersten Seelenkämpfen» deklarierte das Aktionskomitee den Streikabbruch auf Donnerstag, den 14. November um Mitternacht. Es bereitete Mühe, den Beschluss den aufgebrachten Genossen beizubringen. Der linksradikale Zürcher Arbeiterbund setzte sich, wie zu erwarten war, heftig zur Wehr. Die Kapitulation wurde als schmähliche Pleite und als Verrat empfunden, und man schob dem Oltener Aktionskomitee einen erheblichen Teil der Schuld zu. Begleitet war der Rückzug vom Hohn bürgerlicher Politiker. Die Reaktion im Bürgertum machte deutlich, dass von einer Versöhnung in der schweizerischen Gesellschaft noch lange keine Rede sein konnte. Die sozialpolitischen Visionen von Felix Calonder, die von Bundesrat Schulthess geteilt wurden, rückten nach Streikende in weite Ferne. Bemerkenswert waren die versöhnlichen Töne von General Wille, der sich für einen fairen Umgang mit der Arbeiterschaft aussprach, nachdem die Armee ihre Arbeit zu seiner Zufriedenheit verrichtet hatte.[659]

Initianten und Anführer des Landesstreiks wurden im Jahre 1919 vor Gericht gestellt. Den sozialistischen Politikern warf man unter anderem «Aufforderung zur Meuterei» vor. Der Prozess wurde, wie Beobachter melden, massvoll geführt und Klassenjustiz vermieden. Ein in der bürgerlichen Öffentlichkeit herumgebotener Vorwurf, die Sowjetmission habe den Landesstreik angestiftet und finanziert, konnte in keiner Weise belegt werden. Die Angeklagten standen nicht, wie ein Teil des Bürgertums gerne gesehen hätte, als Landesverräter da. Die Nationalräte Grimm, Schneider und Platten wurden zu je sechs, Nationalrat Nobs zu vier Monaten Gefängnis verurteilt.

Am 11. November, dem Tag des Waffenstillstands, sandte das Politische Departement eine telegraphische Instruktion an die Gesandtschaften in Paris, London, Rom und Washington: «Für den Fall, dass Ihnen Anspielungen auf eine eventuelle Intervention der Alliierten zur Aufrechterhaltung der Ordnung in der Schweiz gemacht werden sollten, so geben Sie klar und deutlich zu verstehen, dass wir gedenken, uns selbst mit dieser Aufgabe zu befassen, und von niemandem Hilfe verlangen, solche auch nicht annehmen würden.»[660] Die Furcht vor einer Intervention der Entente war schon vor Beginn des Landesstreiks beträchtlich. Entsprechende Gerüchte gingen in diplomatischen Kreisen um. Wenn der Bundesrat gegenüber der Streikleitung Stärke zeigte, so nicht zuletzt mit Rücksicht auf die möglichen Reaktionen im Ausland. Die schweizerische Szene wurde in den Hauptstädten der Westmächte kritisch begutachtet. Ein deutlicher Hinweis kam aus Rom, wo Aussenminister Sonnino den schweizerischen Gesandten vor den bolschewistischen Umtrieben warnte. Minister Wagnière schrieb am 7. November nach Bern: «Im Laufe unserer heutigen Unterredung lenkte Baron Sonnino in freundschaftlicher Weise meine Aufmerksamkeit auf die Gefahr, welche der Schweiz durch die bolschewistische Tätigkeit droht, und zwar namentlich vom internationalen Standpunkte aus. Er hat mir verstehen lassen, dass die Mächte fest entschlossen seien, nicht zu erlauben, dass man bei uns einen revolutionären Herd gründe. Er sagte mir unter anderem die folgenden ernsten Worte: ‹Ich möchte nicht, dass die Schweiz unter Entschlüssen zu leiden hätte, welche unter Umständen gefasst werden müssten. Ich weiss, dass Sie in Russland über eine Milliarde Franken engagiert haben, aber Ihr Land setzt sich aus, weit mehr zu verlieren.› Auf meine Anfrage, wie dies zu verstehen sei, antwortete er mir, dass bis jetzt bezüglich unseres Landes keinerlei Beschlüsse gefasst worden seien. Ich habe nicht unterlassen, den Minister des Äussern bei diesem Anlasse auf die durch den Bundesrat bereits getroffenen Massnahmen und die energische Haltung unserer Gesandtschaft in Petrograd aufmerksam zu machen.»[661]

Es gingen im Sommer und Herbst beim Nachrichtendienst des Generalstabs Meldungen ein, wonach sich zwischen Schweizer Grenze und Vogesen amerikanische Divisionen aufhielten. Es war auch von einem Hilfsangebot an die Schweiz die Rede, doch nach dem Krieg wollte Theophil Sprecher davon nichts wissen. Vermutlich wurde die Nachricht vom amerikanischen Aufmarsch von den Alliierten zur Irreführung des deutschen Oberkommandos in die Welt gesetzt. Erst nach dem Landesstreik gelangten Berichte über die Anwesenheit französischer Truppen in Bellegarde, St-Julien und Annemasse in die Schweiz. Man sprach von Kolonialtruppen. Vermutlich handelte es sich um die berühmte marokkanische Division, die den schweizerischen Generalstab schon mehrmals beschäftigt hatte. Nach Informationen aus Paris waren die französischen Truppen in eine Ruhezone an der Genfer Grenze verlegt worden.

Es ist ungewiss, ob die Mächte der Entente für den Fall eines revolutionären Umsturzes tatsächlich eine Intervention in der Schweiz geplant haben. Akten zu diesem Fall sind nicht bekannt, und das Geplauder von Diplomaten darf nicht als Beweis gewertet werden. Eine gemeinsame Planung der alliierten Armeen gegen die Schweiz gab es höchst wahrscheinlich nicht. Anderseits darf angenommen werden, dass die Westmächte ein bolschewistisches Regime in der Schweiz nicht geduldet hätten.

5 Politik und Utopie

In Robert Musils Roman «Der Mann ohne Eigenschaften» stellt ein österreichischer Diplomat während einer Konversation die Frage: «Wissen Sie, was das europäische Gleichgewicht ist?» Er gibt gleich selber die Antwort: «Wir Berufsdiplomaten wissen es alle nicht. Es ist das, was man nicht stören darf, damit nicht alle übereinander herfallen. Aber was man nicht stören darf, weiss keiner genau.» Unter ähnlich unscharfen Prämissen geriet die europäische Politik in die verheerenden Turbulenzen des Ersten Weltkrieges.

In krassem Gegensatz zu diesem gefährlichen Befund steht die selbstzufriedene Standortbestimmung, die Professor Paul Seippel für sein Land am Ende des 19. Jahrhunderts vornahm. Die Schweiz sei nicht nur Herrin auf ihrem Grund und Boden. Ihre Unabhängigkeit gelte auch als die notwendige Gewähr für das europäische Gleichgewicht.[1] Man werde nach Kräften am friedlichen Zusammenwirken aller Völker arbeiten. Seippels Vision einer glänzenden europäischen Zukunft mit der Schweiz im Mittelpunkt hielt der Realität nicht lange stand.

Eine schweizerische Bilanz am Ende des Ersten Weltkrieges zeigt den Bundesstaat mit kaum veränderten äusseren Strukturen, aber mit einer Gesellschaft, die nur noch wenig mit jener des Gründerjahres 1848 gemein hatte. Der einstige Anspruch der Radikalen, als Lehrmeister eines demokratischen Europas zu wirken, war längst einem vorsichtigen Pragmatismus gewichen. Das liberale Gedankengut wurde nicht selten von seinem Träger selber, dem Deutschschweizer Freisinn, in Frage gestellt. Man wies auf die Entwicklung im benachbarten Ausland hin. Deutschland hatte den Weg zur Einheit nicht im Zeichen republikanischer Freiheit gefunden, sondern unter dem militärischen Diktat der preussischen Monarchie. Die Visionen der Radikalen wurden auch in Italien zunichte gemacht. Das neu geschaffene Staatswesen entsprach nicht dem republikanischen Modell. Es konstituierte sich als erbliche Monarchie, die nach aussen das herausfordernde Gebaren eines Nationalstaats zur Schau stellte. Wenig erfreulich gestaltete sich der Umgang mit der französischen Republik, deren innere Probleme stets auf die Beziehungen zur Schweiz abfärbten.

Die in den Verfassungen von 1848 und 1874 verankerten Rechte und Pflichten wurden von den Bürgern wahrgenommen, aber das Ansehen der Demokratie als staatstragendes Prinzip litt erheblich. Die gegenläufigen Entwicklungen in den grossen europäischen Nationalstaaten dämpften den Glauben an die Staatsform, die man eben noch als das bestmögliche Modell gepriesen hatte. Jetzt sah man im Deutschen Reich eine Monarchie von Gottes Gnaden. Es wurde am Exempel demonstriert, wie hierarchische Strukturen und die Disziplin der Untertanen zu staatlicher Macht und Grösse führten.

Diese Erfahrung war nicht geeignet, das schweizerische Selbstvertrauen zu stärken. Germanophile Kreise gaben sich der Faszination der Macht im Norden hin. Im übrigen war man mit bescheidenen Perspektiven zufrieden und sprach vom schweizerischen Sonderfall. Demokratie sei nur für kleine Staatswesen geeignet, und sie setze eine besondere Veranlagung der Bürger voraus. Das hatte Heinrich Zschokke bereits zu Beginn des 19. Jahrhunderts doziert. Man war, abgesehen von Frankreich, von Monarchien umgeben, die sich als imperialistische Grossmächte gebärdeten. Schweizerische Politiker kokettierten mit der Kleinheit des Landes und machten daraus eine Tugend. Gelegentlich liess man durchblicken, dass etwas mehr Grösse auch genehm wäre.

Die Tatsache, dass die Eidgenossenschaft drei grosse europäische Kulturen in ihren Landesgrenzen vereinigte, wurde nach aussen gerne als besondere Stärke präsentiert. Doch der innere Zusammenhalt zwischen den sogenannten Nationalitäten entsprach nicht der schönen Vision. Die multikulturellen Strukturen des Landes wurden in gefährlicher Weise auf die Probe gestellt, sobald ein europäischer Konflikt das jeweilige Sprachgebiet zur Stellungnahme herausforderte.

Bei alledem wurde die schweizerische Demokratie von den europäischen Nationen nicht angefochten, obschon man sie in etlichen Hauptstädten als Kuriosum betrachtete. Wenn sie gefährdet wurde, so geschah es im eigenen Land. Der um die Jahrhundertwende verbreitete Kult der Stärke und des Tüchtigen war mit den Spielregeln einer Republik nur schwer zu vereinbaren. Sozialdarwinismus und Demokratie schlossen sich gegenseitig aus. Die im Manchestertum erlebte Bewegung entsprang gleicherweise ökonomischen wie politischen Motiven. Sie führte in der Schweiz und in den Nachbarstaaten zu schwerwiegenden sozialpolitischen Konsequenzen. Aus den Kreisen der Wirtschaftsbarone, wie sie vor dem Ersten Weltkrieg der Winterthurer Eduard Sulzer-Ziegler verkörperte, war das Motto zu vernehmen: «Bitte nicht zuviel Demokratie!»[2] Das Unternehmertum wurde mit christlichen Tugenden ausgestattet, wobei kein Widerspruch erlaubt war. Man zimmerte sich eine den eigenen Interessen dienende Ideologie zurecht.

Die demokratischen Strukturen der Schweiz vermochten unter diesen Umständen den Bruch in der Gesellschaft nicht zu verhindern, der sich seit den achtziger Jahren des 19. Jahrhunderts zwischen dem wohlhabenden Bürgertum und der sozialistisch organisierten Arbeiterschaft abzeichnete. Darin folgte man einer allgemeinen europäischen Entwicklung. Klassenkampf des Proletariats – soweit es in der Schweiz vorhanden war – und Repression der Unternehmer öffneten eine Dimension der gesellschaftspolitischen Auseinandersetzung, für die der Staat mit seinen Institutionen nicht eingerichtet war. Es stellte sich die Frage, ob Bundes- und Kantonsbehörden lediglich für Ruhe und Ordnung zu sorgen oder die sozialen Abläufe zu steuern hatten. Die Forderung, Politik und Ökonomie auseinander zu halten, klang nicht glaubwürdig, denn anderseits verlangte die Wirtschaft vom Staat nach der Jahrhundertwende solide Unterstützung für ihre protektionistischen Anliegen.

In einem Klima zunehmender sozialer Agitation wurde die Spaltung zwischen Bürgertum und Arbeiterschaft eingeleitet. Carl Hilty sprach von einem Kampf der «wohlorganisierten Räuberbanden».[3] Der im Alter religiös gestimmte Lehrer des Staatsrechts erkannte im Sozialismus ein «Strafgericht über die Christenheit»[4]. In seiner Kritik an der schweizerischen Gesellschaft, die seinen ethischen Erwartungen nicht gerecht wurde, sprach er vom «faulen Karpfenteich der Besitzenden». Der Unternehmer Sulzer-Ziegler zog vor dem Weltkrieg in seinen Schriften über die Sozialisten her, sprach von Verbrechern, die Streiks arrangierten und beklagte sich darüber, dass derartige Schandtaten ungestraft geschehen konnten.

Die Kontrahenten im sozialen Konflikt beriefen sich jeweils auf ihre demokratischen Rechte. Der juristische Befund mochte in jedem Fall anders lauten, für die Betroffenen war es allemal der Gegner, der gegen Verfassung und Gesetz verstiess. Im Bürgertum war nach der Jahrhundertwende der Kampf gegen den Sozialismus ein beherrschendes Thema. Auf beiden Seiten wurden die extremen Positionen gefestigt. Die Behörden waren nicht in der Lage, für einen Ausgleich zu sorgen. Nachdem der Majorz die Mehrheitsverhältnisse zugunsten des Freisinns festlegte, war der Staat in der Auseinandersetzung zum vornherein Partei. Die Schweiz zeigte in der Sozialpolitik die selben Schwächen wie die meisten europäischen Länder.

Landesregierung und Bürger sahen sich zwischen dem Deutsch-Französischen Krieg und dem Ersten Weltkrieg einer Konstante gegenüber: Der schweizerische Kleinstaat hatte sich in einem europäischen Umfeld zu behaupten, in dem Grossmächte mit imperialistischen Ansprüchen dominierten. In dieser ungemütlichen Lage waren gelegentlich Reaktionen zu vernehmen, die fremde Diplomaten als Grössenwahn bezeichneten. Dann folgten wieder Anzeichen von Kleinmut. Der Glaube, die Verträge von 1815 hätten den status quo ein für allemal gesichert, war geschwunden, wenn auch der Hinweis auf die Garantie der Grossmächte noch häufig in diplomatischen Dokumenten auftauchte. Neutralitätserklärungen bei Kriegen zwischen Nachbarstaaten gehörten zum völkerrechtlich notwendigen Ritual.

Die schweizerische Öffentlichkeit kam nur zögernd zur Einsicht, dass das Land einer Aussenpolitik bedurfte. Die demokratischen Institutionen erlaubten keine raschen Entscheidungen. Sie bildeten ein nützliches Regulativ gegen extreme Ausschläge. Das hatte sich beim gescheiterten Versuch Jakob Stämpflis erwiesen, das Land wegen Nord-Savoyen in einen bewaffneten Konflikt gegen Napoleon III. zu führen. Nicht selten war aber die Langsamkeit ein Manko, das die Schweiz ins Hintertreffen geraten liess.

Bei ausländischen Diplomaten standen eidgenössische Politiker im Ruf, in europäischen Fragen ahnungslos zu sein. Diese Einschätzung galt auch für den Bundesrat. Der Tatbestand wurde – sofern man ihn im Lande registrierte – kaum als Mangel empfunden. Die Kantone beharrten noch lange auf aussenpolitischen Prärogativen aus der Vorzeit, die sie erst allmählich an den Bund abtraten. Beispiele sind die Auseinandersetzungen um die Asylanten und um die rechtliche Gleichstellung der Juden. Gelegentlich wurde die Aussenpolitik des Bundes auch als Anschlag auf den Föderalismus gewertet.

In radikalen und liberalen Kreisen war die These zu vernehmen, ein neutraler Staat könne auf eine Aussenpolitik verzichten. Neutralität würde die kostspielige Politik jenseits der Grenzen ersetzen. Damit war die Diplomatie gemeint, die erst mit fahrlässiger Verspätung aufgebaut wurde.[5] Die Einrichtung von Gesandtschaften war eine Frage der Kosten, nicht das Ergebnis politischer Notwendigkeit. Die Ausstattung der diplomatischen Vertretungen blieb dürftig.[6] Etwas grosszügiger ging man mit den Konsulaten um, die für die schweizerischen Auswanderer und die Exportindustrie gute Dienste leisteten. Der Glaube, konsularische Vertretungen könnten die Gesandtschaften ersetzen, war bei Politikern und in der Wirtschaft selbst nach der Jahrhundertwende noch lebendig.

Vom geringen Wert der Aussenpolitik zeugte die Aufteilung der Departemente im Bundesrat.[7] Der Bundespräsident übernahm in seinem Amtsjahr die Aussenpolitik, wobei ihm ein dürftig ausgestatteter Apparat zur Verfügung stand. Nach Ablauf eines Jahres trat er von der aussenpolitischen Bühne ab, oft bevor er die Geschäfte im Griff hatte. Die Ausnahme von dieser Regel schuf Bundesrat Numa Droz, der sich für mehrere Jahre als Aussenminister einrichtete und damit eine erhebliche Kompetenz erwarb.

Das System Droz war im Kollegium nicht beliebt, denn es verlieh dem Amtsinhaber eine beherrschende Stellung in der Aussenpolitik, was von den andern Bundesräten nicht geschätzt wurde. Also kehrte man zum alten Regime zurück. Nur Arthur Hoffmann verwaltete das Politische Departement während des Ersten Weltkrieges nach dem Vorbild von Numa Droz. Seinem Nachfolger, dem ententefreundlichen Gustave Ador, wurde hingegen die Aussenpolitik nach einem halben Jahr aus durchsichtigen Gründen wieder aus der Hand genommen. Alles in allem betrieb die Landesregierung ihre aussenpolitischen und diplomatischen Geschäfte mit einem ungenügenden Instrumentarium. Der Erste Weltkrieg machte jedoch ein Faktum deutlich: Die neutrale Eidgenossenschaft konnte sich nicht aus der Weltgeschichte davonstehlen.

War die Eidgenossenschaft mit den vom Wiener Kongress 1815 garantierten Landesgrenzen zufrieden oder gab es territoriale Wünsche? Forderungen nach Ausdehnung des eigenen Territoriums gehörten im 19. Jahrhundert zum Selbstverständnis der Nationalstaaten. Sie waren nicht anrüchig, solange sie nicht die europäische

Machtbalance bedrohten. Die Schweiz blieb in dieser Sache nicht unbeteiligt. Es stellte sich die Frage, ob sie sich mit dem status quo zu begnügen habe oder ob sie als souveräner Staat unter irgendeinem Titel Begehren nach erweiterten Grenzen anmelden dürfe.

Im Dezember 1918 – knapp einen Monat nach dem Ende des Ersten Weltkrieges – verfasste der im Politischen Departement tätige Minister Charles E. Lardy, Sohn des ehemaligen Gesandten in Paris, ein Aide-Mémoire über die aussenpolitischen Perspektiven des Landes.[8] Der Diplomat entwarf mit ungezügelter Phantasie mögliche Szenarien einer grösseren Schweiz. Seine Überlegungen standen unter dem Motto: «Ne pas craindre des augmentations de territoire.» Zur selben Zeit sandte das Politische Departement an die Gesandtschaft in Wien ein Telegramm mit dem Bescheid, die akut gewordene Frage einer Angliederung Vorarlbergs stehe nicht zur Debatte. Die Schweiz wünsche keine Vergrösserung ihres Territoriums, und zwar auch dann nicht, wenn sie darum gebeten werde. Es folgte ein vielsagender Vorbehalt: Man werde sich anders besinnen, wenn im fraglichen Gebiet eine grosse Mehrheit dem Anschluss zustimme und somit das Selbstbestimmungsrecht der Bevölkerung gewahrt bleibe.[9]

Im Politischen Departement wurde somit die Frage der territorialen Bescheidenheit recht unterschiedlich beurteilt. Legationsrat Lucien Cramer, ein Experte des Völkerrechts und Mitarbeiter von Max Huber, warnte vor einer Expansion. Er entwarf für Bundesrat Calonder im selben Monat Dezember das Bild der Schweiz ungefähr so, wie man es dem amerikanischen Präsidenten nahebringen wollte.[10] Er kam dabei zum Schluss: «En principe, la Confédération s'abstiendrait de demander ou d'accepter des agrandissements territoriaux qui risqueraient de lui faire perdre la situation morale qu'elle occupe dans le monde.» So gingen an einer für die Aussenpolitik zentralen Stelle die Meinungen über die territoriale Genügsamkeit der Eidgenossenschaft auseinander.

Politiker und Militärs kannten mehrere Motive, wenn es galt, eine Erweiterung der Grenzen zu begründen: Politische Interessen, militärische Bedürfnisse, Sprache, Religion und das Selbstbestimmungsrecht der Bevölkerung. Es gehörte zum politischen Spiel, dass ein Staat von Fall zu Fall die Argumente präsentierte, die seine Expansion am besten rechtfertigten.

So blieb nicht verborgen, dass die Schweiz bei aller nach aussen vorgeführten Bescheidenheit in territorialen Fragen nicht wunschlos war. Das Ringen um bessere Grenzen beruhte auf einer alten Tradition. Oft stellten sich die Wünsche in kritischen Situationen ein, wenn es galt, das Selbstvertrauen der Nation zu stärken und gegenüber andern Staaten Vitalität zu demonstrieren. Im Jahre 1814, einer schwierigen Übergangszeit, hatte der eidgenössische Oberstquartiermeister Hans Conrad Finsler der Tagsatzung einen Bericht über eine für die Schweiz wünschenswerte Militärgrenze präsentiert, wobei er vor allem im Jura die Grenzsteine nach Westen verschob.[11] Er war bereit, dafür die Ajoie zu opfern. Zuvor hatte Hans Conrad Escher von der Linth vorgeschlagen, das Münstertal gegen Chiavenna einzutauschen.[12] «Historische Versäumnisse» beklagten noch um die Jahrhundertwende Vertreter des Deutschtums wie der Zürcher Professor Jakob Schollenberger. Die Eidgenossenschaft hätte sich – so eine verbreitete Meinung – im 17. Jahrhundert nicht vom Deutschen Reich lösen dürfen, ohne gleichzeitig die Expansion nach Süden und nach Westen voranzutreiben.

Es war kein Zufall, wenn sich die Wünsche nach Gebietszuwachs vor allem gegen Italien und Frankreich richteten. Im Bewusstsein der schweizerischen Bevölkerung waren fragwürdige historische Ansprüche lebendig. Man sprach vom Eschental und von Domodossola, obschon die eidgenössische Herrlichkeit in dieser Region nur von kurzer Dauer gewesen war. Weit vorn auf der Wunschliste standen Veltlin und Chiavenna, Gebiete, welche die Bündner durch eigenes Verschulden verloren hatten. Vom Selbstbestimmungsrecht, das man für sich selber beanspruchte, war nicht die Rede. Dabei vernahm man weder in Domodossola noch in Chiavenna den Wunsch nach einem Anschluss an die Schweiz. Das vom Wiener Kongress neutralisierte Nord-Savoyen und das schweizerische Besetzungsrecht waren ein unerschöpfliches Thema. Man hatte im Jahre 1861 beinahe einen Krieg mit Napoleon III. riskiert und im Jahre 1870 erst nach etlichem Hin und Her auf den Einmarsch verzichtet, da man dem geschwächten Frankreich nicht in den Rücken fallen wollte. Noch im Jahre 1913 glaubte die Landesregierung, eine Verletzung der Neutralität Nord-Savoyens als Vorwand für einen Kriegseintritt benützen zu können.[13] Theophil Sprecher lieferte ein weiteres Stichwort: Der Wert des Besetzungsrechts liege in der Aussicht, dagegen eine Gebietserweiterung einzutauschen. Für die Landesverteidigung waren die Territorien südlich des Genfersees an sich eher eine Belastung denn ein Gewinn. Sie spielten in der Aufmarschplanung des Generalstabs eine untergeordnete Rolle. Doch der Bundesrat hielt hartnäckig an der Vision eines schweizerischen Nord-Savoyen fest, bis nach dem Ersten Weltkrieg Paris dem Spiel ein unsentimentales Ende setzte.

In der Landesregierung hatte sich die üble Gewohnheit eingebürgert, beim Krieg zwischen Nachbarstaaten nach territorialen Gewinnen für die Schweiz Ausschau zu halten. Das war nicht unbedingt die Haltung des ganzen Kollegiums, doch einzelne Bundesräte zeigten keine Hemmungen, wenn nach der Niederlage eines Kontrahenten um Grenzregionen verhandelt wurde. So verhielt es sich mit Josef Martin Knüsel in seinem Präsidialjahr 1866, nachdem der Waffenstillstand zwischen Italien und Österreich in Kraft getreten war. Er vermutete, die von Preussen besiegte Donaumonarchie werde grössere Landstriche an den italienischen Erbfeind abtreten müssen.

Knüsel fand, die Schweiz könne sich in dieses Geschäft einschalten und dabei beiden Kriegsparteien zu Hilfe kommen. In einem Brief an den Geschäftsträger in

Wien, Arnold Otto Aepli, erläuterte der Bundespräsident seine Vorstellungen. Tirol sei auch nach einem Friedensschluss gefährdet: «Ähnlich verhält es sich am Stelvio, so lange das Veltlin und vor allem der obere Theil von Tirano aufwärts in den Händen von Italien sich befinden. Es könnte daher leicht der Fall sein, dass Österreich gerne Hand dazu bieten würde, auf letzterm Punkte seine Gränze sicher zu stellen. Das geeignetste Mittel dazu wäre, wenn das Veltlin namentlich eben der obere Theil, einem neutralen Staate, d. h. der Schweiz, einverleibt würde. Sollte daher Österreich dazu gebracht werden, im Etschthale die Gränzen von Deutschtyrol bloss zu legen, so sollte es ihm umso mehr daran gelegen sein, wenigstens am Stelvio die Gränzen dieses Landestheils sicher zu stellen.»[14] Die Schweiz werde wohl einige materielle Opfer als Kompensation bieten müssen. Der Bundespräsident verlangte vom diplomatischen Vertreter in Wien, den Fall in der österreichischen Hauptstadt diskret zur Sprache zu bringen. Mit Italien könne man – so die Ansicht von Knüsel – nicht über die Sache reden, obschon es auch an Sicherheit gewinnen würde. Es herrsche beim südlichen Nachbarn eine «unerklärlich üble Stimmung gegen die Schweiz».

Für den Geschäftsträger der Eidgenossenschaft in Wien bedeutete der Wunsch des Bundespräsidenten eine Zumutung, die seine Stellung gefährden konnte. Knüsel lamentierte in einem weiteren Brief über die militärisch unvorteilhaften Grenzen am Stilfser Joch. Geschäftsträger Aepli machte ihm aber deutlich, dass in österreichischen Regierungskreisen niemand bereit sei, auf den seltsamen Vorschlag einzutreten und an den kommenden Friedensverhandlungen für eine beachtliche Erweiterung der Schweiz zu kämpfen.

Der Versuch des Bundesrats, nach dem Debakel Frankreichs einen Teil des elsässischen Sundgaus für die Schweiz zu gewinnen, lag auf einer ähnlichen Linie. Man erwartete von der französischen Diplomatie, dass sie in ihren schwierigen Friedensverhandlungen mit Bismarck schweizerische territoriale Ansprüche vertrete, die auf Kosten Frankreichs realisiert würden. Man sprach in Bern von «Grenzverbesserungen». Der Kanzler des neuen Reiches bereitete den utopischen Träumen in seiner rüden Manier ein Ende.

Für die Glaubwürdigkeit des neutralen Staates gefährlich war die von Bundesrat Johann Bernhard Hammer betriebene Geheimdiplomatie, als er sich im Jahre 1886 beim deutschen Gesandten anbiederte. Man werde – so sein Bekenntnis – in einem deutsch-französischen Krieg «Schulter an Schulter» mit den deutschen Soldaten kämpfen, wenn Frankeich die schweizerische Neutralität verletze. Die Schweiz sei in territorialen Fragen nicht wunschlos. Hammer sprach von der südwestlichen Grenze und meinte Savoyen. Bismarck zeigte sich über die unbescheidenen Träume seines alten Bekannten Hammer erfreut und meinte, die Schweiz könne sich auch nach Burgund ausdehnen. Damit wäre ein französisch-schweizerischer Konflikt zur Gewissheit geworden, und das Deutsche Reich hätte einen Bundesgenossen erhalten. Wie üblich war die Geste des Reichskanzlers unverbindlich und durfte nicht als Freibrief verstanden werden. Ausländische Diplomaten registrierten mit Interesse die schweizerischen Debatten zum Thema Grenzen.

Seit den neunziger Jahren war man vor allem in Paris hellhörig, wenn in der Schweiz für jedermann vernehmlich über Allianzen nachgedacht wurde. Die Zweifel an der Neutralität des Landes wurden durch unbedachte Äusserungen von Politikern genährt. In dem von höheren Offizieren geführten Diskurs kam das Bedürfnis zum Ausdruck, mit den chauvinistischen Attitüden der imperialistischen Nationen gleichzuziehen. Nicht selten war von territorialen Ansprüchen die Rede, die man unter dem Stichwort «wünschenswerte Militärgrenze» präsentierte. Im Jahre 1901 wertete der französische Militärattaché Vittu de Kerraoul diese Haltung in einem Bericht an seine Vorgesetzten: «Le désir d'augmenter son territoire semble hanter le monde militaire suisse, le milieu gouvernemental ne cherche nullement à modérer ce chauvinisme dont il espère beaucoup pour arriver à développer la centralisation du pouvoir.»[15] Der Wunsch nach besseren Grenzen war auch der schweizerischen Öffentlichkeit nicht fremd. Ein vorsichtiger Mann wie Carl Hilty meinte, der Besitzstand der Schweiz müsse nach einem möglichen Krieg überprüft werden. Es dränge sich eine bessere Militärgrenze auf.[16]

Die im Zeichen des Imperialismus entstandene Militarisierung der Gemüter erfasste auch die Schweiz. So war es nicht erstaunlich, wenn der Generalstab Überlegungen zur Frage der idealen Militärgrenzen anstellte. Unter dem Chef der Generalstabsabteilung Arnold Keller wurden zwar die strategischen Phantasien seines Vorgängers Pfyffer von Altishofen, die direkt auf Mailand zielten, vorsichtig abgebaut, wenn auch der Name der lombardischen Hauptstadt nicht aus dem Vokabular verschwand. An die Stelle patriotischer Emotionen und historischer Ansprüche traten militärische Argumente, die nicht zum vornherein an politische Realitäten gebunden waren.

Im Jahre 1892 stellte Bundesrat Emil Frey, Chef des Militärdepartements, Arnold Keller die Frage, welche Gebietsforderungen die Schweiz nach einem erfolgreichen Krieg stellen müsse. Der Chef der Generalstabsabteilung hielt seine Erkenntnisse in einem Memorial fest. Er war grundsätzlich nicht der Ansicht, die schweizerische Militärpolitik dürfe territorialen Gewinn anstreben. Es gehe um die Behauptung von Unabhängigkeit und Neutralität. Vor die Aufgabe gestellt, die ideale Grenze zu ziehen, liess Keller die politischen Aspekte beiseite. Umso freier konnte er seine Visionen gestalten. Er holte weit aus und präsentierte in seiner Studie einen militärisch inspirierten Grenzverlauf, der dem Land einen gewaltigen Landzuwachs bescherte.[17] Gegenüber Frankreich verlegte Keller die Grenze weit nach Westen, so dass Besançon und ein beträchtlicher Teil des Département du Doubs in schweizerischen Besitz gelangten. Auch Nord-Savoyen wurde annektiert. Gegenüber Italien kam eine beinahe mit dem Lineal gezogene Linie zustande, die vom Monte Rosa über Domodossola nach Chiasso und über den Lago di Como und die

Höhen südlich des Veltlins zum Stelvio und zum Ortler führte. Auch die Donaumonarchie hatte ihren Tribut zu zollen. Keller verschob die östliche Grenze ins Inntal, so dass Landeck schweizerisch wurde. In Süddeutschland lag die ideale Militärgrenze auf einer Linie vom Überlinger See nach Immendingen an der Donau, durchquerte den Schwarzwald bis zum Feldberg und umfasste einen Teil des Sundgaus.

Man muss Keller zugute halten, dass er sein Memorial nach rein strategischen Kriterien redigierte und vermutlich keine politischen Hintergedanken hegte. Für ausländische Betrachter wirkte das Dokument allemal provozierend. Zwar präsentierte es eine militärische Utopie, der keine politische Realität zugrunde lag, doch der Verdacht lag nahe, dass einige Punkte doch ernst gemeint sein könnten. Etliche Memoriale Kellers waren auf mysteriöse Weise in die Hände des französischen Generalstabs gelangt. Man war in Paris vermutlich über die territorialen Wünsche im Bild. So ist der Kommentar des französischen Militärattachés verständlich, der von der Anmassung schweizerischer Offiziere sprach.

Es gab manche grenzüberschreitende Phantasie, die mehr mit Utopie als mit Realpolitik zu tun hatten. Der Gedanke an eine Konföderation neutraler Nationen tauchte im Laufe der Jahrzehnte regelmässig auf. Der Schweiz wurde in diesen Überlegungen eine führende Rolle zugewiesen. Der Völkerrechtler Carl Hilty meinte 1889, im Jahre des Wohlgemuth-Handels, ein dauernder Friedensbund neutraler Staaten sei wünschenswert.[18] Er sah darin einen ersten Schritt «zur Verbesserung der traurigen europäischen Zustände». Gemeint war ein «Pufferstaat», der Deutschland und Frankreich trennen sollte. Eine derartige Lösung erwog der französische Sozialist Gustave Hervé kurz vor dem Ersten Weltkrieg. Er wollte Elsass und Lothringen vor der drohenden «Eindeutschung» bewahren. Der Plan einer neutralen Gemeinschaft wurde nie realisiert. Während des grossen Krieges scheiterten alle Versuche, zu einer gemeinsamen Politik zu gelangen.

Erstaunliche Ideen für eine Neuordnung Europas entwickelte in den sechziger Jahren des 19. Jahrhunderts Bundesrat Jakob Dubs. Die Schweiz stand dabei im Zentrum. Der Zürcher Jurist verband solides politisches Handwerk mit Visionen, die vor allem in seinen Tagebüchern zu finden sind. Es gelangten nur jene Wunschvorstellungen an die Öffentlichkeit, die in jenen Tagen realisierbar schienen. Die weiter führenden Utopien blieben den Zeitgenossen einigermassen verborgen, wurden aber von Dubs als persönliche Lebensaufgabe verstanden.[19] Seinen Phantasien lagen vielfältige Motive zugrunde. Es ging nicht um ein einziges Modell einer idealen Schweiz, denn die Pläne änderten sich mit den äussern Umständen. Seine Konstruktion eines europäischen Bundes kleiner Staaten zeigte defensiven Charakter. Doch gleichzeitig schien Dubs dem Grundsatz der grossen Mächte verpflichtet, wonach ein Staat wachsen muss.

Die territorialen Wünsche blieben nicht auf Europa beschränkt. Sie umfassten auch die Weltmeere und überseeische Regionen. In seiner Botschaft an die Bundesversammlung vom 25. November 1864, welche der Schaffung einer schweizerischen Seeflagge galt, erklärte Bundespräsident Dubs: «Il y a dans la politique suisse un ancien proverbe, au moyen duquel jusqu'à présent on a cherché à motiver principalement les capitulations militaires, mais qui renferme cependant une certaine vérité: ‹Les Suisses ont besoin d'une issue.› L'issue des capitulations militaires est fermée aujourd'hui, mais le besoin d'avoir une issue n'est pas moins resté pour la Suisse.»[20]

Dubs wollte die Schweiz in eine Konföderation mit andern neutralen Staaten einbinden, so dass eine dem Frieden verpflichtete Grossmacht entstehen würde. Von der neuen Stellung des Landes erwartete er ein «Nationalleben in höherem Stil». Die Eidgenossenschaft sei berufen, ein Schiedsrichter Europas zu sein. Es müsste ein Gürtel von fünf oder sieben kleinen Staaten geschaffen werden, durch den die «störrischen Elemente» Deutschland und Frankreich auseinander gehalten würden. Dubs legte Wert auf leistungsfähige Häfen am Mittelmeer. Die Schweiz sollte über Savoyen mit Nizza und über das Trentino mit einer neu gegründeten Republik Venedig verbunden sein. Im Norden müssten Elsass, Lothringen, Belgien, Holland und Teile von Rheinpreussen und Rheinpfalz der Konföderation beitreten.[21]

Für Bundesrat Dubs standen die Vereinigung europäischer Kleinstaaten und die Hochseeschiffahrt miteinander in enger Verbindung. Das machte er am Beispiel von Venedig deutlich, das über Trentino und Veltlin an die Schweiz angeschlossen werden sollte: «Die Schweiz bekäme aber als Seemacht eine ähnliche Stellung wie als Landmacht, sie würde die Freiheit des Mittelmeers für alle sichern, auch für England und Italien, und den französischen Prätentionen, das mittelländische Meer zu einem französischen See zu machen, entgegentreten können.»[22] Wie das ohne eigene Kriegmarine zu schaffen war, blieb das Geheimnis von Bundesrat Dubs.

Die Landbrücke zwischen der Schweiz und der Adria sollte die Donaumonarchie und Italien trennen und weitere Kriege in der Po-Ebene verhindern. Als im Frühsommer 1866 ein neuer Konflikt zwischen den beiden Mächten bevorstand, schien die phantastische Vision an Aktualität zu gewinnen. In diesem Rahmen ist auch der unglückliche Versuch von Bundespräsident Knüsel zu verstehen, mit Hilfe Österreichs das Veltlin zur Schweiz zu schlagen. Als Kaiser Franz Joseph Venedig an Napoleon III. abtrat, war der unerwartete Handel für Dubs ein schwerer Schlag: «Welche Summe der Gemeinheit von Seiten des Kaisers von Österreich!», notierte er in sein Tagebuch. Sein Konföderationsgebilde war damit zu einem wesentlichen Teil zusammengebrochen. Ob die in Fragen der europäischen Politik wenig erfahrene Eidgenossenschaft die seltsame, aus Kleinstaaten bestehende Grossmacht hätte dirigieren können, schien den visionären Politiker wenig zu kümmern.

Eine Zeitlang war davon die Rede, dass sich die Schweiz am Bau eines Hafens in Helsingör in Dänemark beteiligen könne. Auch der ehemalige Bundesrat Jakob

Stämpfli, Gründer einer französischen Bank, mischte sich ein. Das Binnenland hätte damit einen Stützpunkt für seine Schiffahrt gewonnen. Schliesslich wurde der Hafen ohne schweizerische Beteiligung gebaut. Später besichtigte Dubs das österreichische Triest, das einer schweizerischen Handelsflotte als Heimathafen hätte dienen können. Auch Zypern wurde als maritime Basis genannt. Im Jahre 1868 verhandelte Bundesrat Dubs mit dem italienischen Gesandten Louis-Amédée Melegari über den Aufbau einer schweizerischen Hochseeflotte, wobei die eidgenössische Seeflagge im Mittelpunkt der Überlegungen stand.

Die Schwierigkeiten stellten sich ein, wenn es um Einzelheiten ging. Zweifellos konnte ein souveräner Staat sein Recht auf Schiffahrt geltend machen, aber die Freiheit der Meere fand ihre Begrenzung an den Küsten und in den Häfen, die nationalem Recht unterstanden. Der Jurist Dubs hatte das heikle Thema in optimistischer Laune im November 1864 den Nationalräten erläutert und trotz etlichen Bedenken weitgehende Zustimmung in der Flaggenfrage erreicht. Geringer war die Begeisterung bei den grossen Seemächten, die keine neue Konkurrenz ohne Gegenleistung wünschten. Was Italien betraf, dachte Dubs an eine Verbindung seiner maritimen Absichten mit dem Projekt einer Gotthardbahn. Der italienische Diplomat Melegari zeigte sich anfänglich begeistert, präsentierte dann aber Bedingungen, welche die schweizerische Souveränität auf den Meeren erheblich eingeschränkt hätten.

Wenn Dubs von Häfen und von der Seeflagge sprach, hatte er stets die zahlreichen schweizerischen Emigranten vor Augen, die sich in überseeischen Regionen niederliessen. Dabei tauchte unvermeidlich der Gedanke an eigene Kolonien auf. An Ratschlägen und Empfehlungen in dieser Sache hatte es schon früher nicht gefehlt. Man konnte Belgien als Beispiel nennen, das als neutraler Kleinstaat im riesigen Kongo ein koloniales Imperium einrichtete. In der Nationalratsdebatte des Jahres 1864 über die Frage der Hochseeschiffahrt wagte sich Dubs weit vor. Er pries das Glück der Emigranten, die auf einem schweizerischen Schiff die neue Heimat ansteuern durften: «Un remède depuis longtemps à l'ordre du jour, c'est la tentative de fonder des colonies suisses dans d'autres parties du monde, ou du moins celle d'organiser jusqu'à un certain degré l'émigration.» Für die Schweiz öffne sich ein neues, unbegrenztes Feld, auf dem die Nation ihr Gesichtsfeld erweitern und ihre Energien entwickeln dürfe: «Le domaine de son développement ultérieur est ici tout à fait libre et sans limites. Soit que la Suisse veuille s'agrandir par des possessions transatlantiques, ou se développer militairement, ou conclure des traités avec d'autres pays …, libre carrière lui est laissée pour toute activité utile de même que pour les caprices de son imagination.»[23]

Die Utopien von Jakob Dubs zerbrachen an der europäischen Wirklichkeit. Ob sie gegenüber einer von der Welt abgeschlossenen schweizerischen Öffentlichkeit bestanden hätten, stand nie zur Debatte. Im Zeitalter des Imperialismus gab es für Kleinstaaten nur einen engen Spielraum. Für territoriale Phantasien auf dem Kontinent war kein Platz, und noch weniger wurden Staatswesen zweiten Ranges im überseeischen Wettbewerb geschätzt. Aber der Wunsch nach eigenen Kolonien verschwand nicht so rasch aus schweizerischen Köpfen. Ein Beispiel bot im Juni 1886 Minister Lardy in Paris. Anlässlich einer Auseinandersetzung im Kongo baten Frankreich und Belgien um schweizerische Vermittlung. Charles Lardy forderte Bundespräsident Deucher auf, die Aufgabe unter allen Umständen zu übernehmen: «Vom schweizerischen Standpunkte aus würde die Abweisung einer solchen Ehre, nach meiner innersten Überzeugung, keinen günstigen Eindruck machen; ich halte es sogar für sehr zweckmässig die öffentliche Meinung in der Schweiz für die Congo-Angelegenheiten zu interessiren, indem der Congostaat nicht nur für unsere Industrie ein wichtiges Absatzgebiet werden könnte, sondern auch indem der belgische König, welcher bekanntlich nicht mehr viel Geld zur Verfügung hat, sich bewogen finden könnte, wenn die Schweiz sich für die Congo-Angelegenheiten erwärmen sollte, uns vielleicht andere Perspektiven zu eröffnen, oder umgekehrt wir dazu kommen könnten nach näherer Prüfung der Lage des Congostaates die Geldverlegenheit des belgischen Königs je nach Umständen im Interesse unseres Handels und unserer Industrie zur Gründung einer schweizerischen Kolonialpolitik auszubeuten.»[24]

Die Spannung zwischen der offiziell verkündeten Selbstbeschränkung und den expansiven Wünschen mancher Politiker blieb bis ins 20. Jahrhundert hinein bestehen. Solange im Zeitalter des europäischen Imperialismus klein mit minderwertig gleichgesetzt wurde, fiel es schwer, sich mit den beschränkten Verhältnissen der schweizerischen Republik abzufinden. Im Kreis der europäischen Nationen erhob man Anspruch auf Besonderheit. Daraus wurden heikle Schlüsse gezogen. So glaubte man, vorgeschobene Grenzen in Nord-Savoyen oder im Sundgau kämen auch den Nachbarstaaten zugute und seien in jedem Fall mit der Neutralität zu vereinbaren. Doch der Sonderfall verlor im Kalkül der Mächte an Gewicht.

Am Ende des Ersten Weltkrieges stand die Schweiz vor einer Zeitenwende. Das europäische Staatensystem war in einer Weise zusammengebrochen, wie man es sich einige Jahre zuvor nicht hätte vorstellen können. Für das neutrale Land ging es nicht um ein fernes Spektakel, sondern um Vorgänge, welche direkt in den schweizerischen Alltag eingriffen. Die Veränderungen betrafen nicht bloss Politik, Militär und Wirtschaft. Sie griffen in die sozialen Strukturen ein und trafen die in den letzten Kriegsjahren ohnehin labilen Mentalitäten. Das Wertesystem mancher Schweizer war in Frage gestellt. Vorhandene Gräben im Land wurden nicht zugeschüttet, sondern eher vertieft. Daneben entstanden neue Fronten, die in enger Verbindung zu den Ereignissen im benachbarten Ausland standen.

Der Historiker Roland Ruffieux sprach in seinen Betrachtungen zum Ersten Weltkrieg von «l'art de ne pas faire la guerre»[25]. Ob die Schweiz dem Verhängnis entging, weil sie die Nichtbeteiligung an europäischen Konflikten mit besonderer Perfektion betrieb, mag offen bleiben. Ihre Neutralität lag a priori im Interesse aller Kriegsparteien. Im November 1918 stand das Land aber vor Problemen, die unter Berufung auf den Sonderfall nicht zu lösen waren. Man konnte nicht mit allem Eidgenössischen ausserhalb der Grenzen gute Figur machen. Der Sieg der Entente und der Zusammenbruch der Zentralmächte lösten in der Schweiz Stimmungen aus, die sich diametral entgegenstanden. In der Romandie herrschte Freude, und man fühlte sich in der bisherigen Haltung gegenüber dem europäischen Konflikt bestätigt. Die Westschweizer lebten im Bewusstsein, auf der Seite der Demokratie zu stehen, die eben den monarchistischen Imperialismus niedergerungen hatte. In der Deutschschweiz geriet der mit dem Deutschtum verbundene Teil des Bürgertums in tiefe Resignation. Es war im Unterschied zum Ende des Zweiten Weltkrieges erlaubt, über die deutsche Niederlage zu trauern, ohne dadurch vom patriotischen Kanon abzuweichen. Die Trauer verwandelte sich bei manchen Zeitgenossen in Trotz, der mit der Hoffnung verbunden war, das Deutsche Reich werde eines Tages in voller Grösse wieder auferstehen. Wie gefährlich diese Wünsche sein konnten, begann man ein Jahrzehnt später zu ahnen.

Nach dem misslungenen Landesstreik war der soziale Bruch, der das Land in Bürgertum und sozialistische Arbeiterschaft spaltete, ein neues Phänomen, auf das beide Seiten mit Ideologien und Emotionen reagierten. Die Überzeugung, jede Bewegung der Arbeiterschaft sei auf bolschewistische Manipulationen zurückzuführen, schlug auch gemässigte Politiker mit Blindheit. Es war allemal einfacher, die Schuld bei ausländischen Agitatoren zu suchen, als nach eigenen Versäumnissen im sozialen Bereich zu forschen. Am 12. November 1918, am ersten Tag des Generalstreiks, ordnete die Regierung eine «gerichtliche Untersuchung wegen Verbrechen gegen die innere und äussere Sicherheit der Eidgenossenschaft» an.[26] Das Protokoll des Bundesrates erklärt: «Es steht jetzt schon fest, dass Schweizerbürger mit der Sowjetmission und der Regierung Lenins in Verbindung getreten sind, um ihre revolutionäre Bewegung in der Schweiz und gegen schweizerische Institutionen und Behörden zu unterstützen. Dieses Verhalten erfüllt den Tatbestand des Landesverrates.»

Der auf den Landesstreik folgende Prozess förderte keine Erkenntnisse zutage, die den weit gehenden Verdacht der Landesregierung bestätigt hätten. Doch in den folgenden Jahren waren sozialistische Bewegungen jeglicher Couleur mit dem Stigma der fremden Steuerung und des Verrats behaftet. Daran änderte auch die Spaltung der Sozialisten in den zwanziger Jahren wenig. Gegen den bolschewistischen Umsturz organisierte der Aarauer Haudegen Eugen Bircher Bürgerwehren, die sich in eidgenössischen Zeughäusern mit Waffen versorgten. Deutsche Freikorps dienten als Vorbild.

Nach dem Krieg verwirklichten die Stimmbürger ein altes Anliegen. Das in der Eidgenossenschaft gültige Majorzsystem wurde durch den Proporz abgelöst und damit die Herrschaft des Freisinns in Grenzen gewiesen. Daraus ergab sich zunächst Unsicherheit über den politischen Kurs.

Die schweizerische Aussenpolitik sah sich im November 1918 einem veränderten europäischen Umfeld gegenüber. Es galt, neue Perspektiven zu entwickeln. Die Landesregierung hatte seit dem Eintritt Gustave Adors in den Bundesrat Überlegungen über die zukünftige Friedenspolitik angestellt. Bundesrat Felix Calonder und sein Berater Max Huber sahen die Lösung in einer Gemeinschaft der Völker, die von den Ideen Präsident Wilsons inspiriert war. Einem derartigen Völkerbund könnte die Schweiz beitreten unter der Bedingung, dass der neutrale Status des Landes gewahrt würde. Der Zürcher Völkerrechtler gab zu verstehen, dass der Neutralität des Landes nicht mehr die selbe Bedeutung zukomme wie früher. Damit war der Weg von der integralen zur differentiellen Neutralität vorgezeichnet. Die Begriffe Souveränität und Neutralität hatten in den vergangenen Jahrzehnten ohnehin wechselnde Deutungen erfahren, so dass die Öffnung zur Völkergemeinschaft hin das Selbstverständnis der Nation nicht zu erschüttern brauchte. Dass der Völkerbund schliesslich allzu sehr das Werk der Sieger war, konnte man am Kriegsende noch nicht wissen.

Bundesrat Calonders Politik fand weder bei seinen Kollegen noch im Politischen Departement ungeteilte Zustimmung. Es begannen sich jene Fronten zu bilden, die nach dem Waffenstillstand im Kampf um den Völkerbund aufgebaut wurden. In der Landesregierung war bei etlichen Magistraten die deutschfreundliche Stimmung ungebrochen und somit die Bereitschaft, an einer zukünftigen Friedensordnung mitzuwirken, recht bescheiden. So demonstrierte Bundesrat Eduard Müller einige Monate nach dem Waffenstillstand seine gegen die Alliierten gerichtete schlechte Laune in arroganter Einfalt: «Das ‹Vertrauen› in ihre Loyalität müssen sich die Grossmächte bei mir durch ihr Verhalten erst wieder erwerben.»[27] In den folgenden Kontroversen fochten das konservative Bürgertum und ein Teil der Sozialisten gegen den Beitritt zum Völkerbund. Zur ablehnenden Allianz stiessen germanophile Kreise, die später in der von Eugen Bircher geführten Vaterländischen Vereinigung und im Volksbund für die Unabhängigkeit der Schweiz eine neue Heimat fanden. In diesen Organisationen wurde ein unduldsamer Patriotismus gepflegt, der das wahre Schweizertum für sich beanspruchte.

Am Kriegsende blieb die Frage offen, ob sich die Schweiz mit der bescheidenen Rolle als Kleinstaat begnügen oder nach einer besseren Position im Konzert der Nationen streben müsse. Man warf der Landesregierung eine nicht existierende oder jedenfalls passive Aussenpolitik vor. Wer von einer stärkeren Schweiz sprach, dachte an territoriale Vergrösserung. Die Versuchung machte auch vor Politikern und Diplomaten nicht halt. Für eine neue Schweiz warb Charles E. Lardy, der starke Mann im Politischen Departement, in einem geheimen Memorial zuhanden von Bundesrat Calonder.[28] Der Sohn des ehemaligen Gesandten in Paris war noch dem bilateralen System der Aussenpolitik verpflichtet, suchte aber nach einer Formel, welche die Eidgenossenschaft im Rahmen eines Völkerbundes aufwerten könnte. In seinem Memorial verband der Diplomat eine realistische Bestandesaufnahme mit Utopien, die jenen eines Jakob Dubs gleichkamen. Seine Ideen standen am Anfang der Debatte um den Anschluss von Vorarlberg. Als Romand fand sich Lardy auf einer ähnlichen Linie wie Gonzague de Reynold. Der Freiburger Aristokrat war auf seiner Suche nach einer vitalen Schweiz, die er schon vor dem August 1914 betrieben hatte, auf die Anschlussbewegung im österreichischen Grenzland gestossen. Er kam dabei auf die in der Vorkriegszeit gepflegten Wunschvorstellungen der Helvétistes und der Neuen Helvetischen Gesellschaft zurück. Die Motive der Vorarlberger, die sich der Schweiz anschliessen wollten, waren eindeutig: Man versuchte, der herrschenden Not zu entrinnen und eine mögliche Annexion durch Deutschland zu verhindern. Die schweizerische Bewegung für einen Anschluss wurde von einer heterogenen Koalition getragen, wobei Romands und Ostschweizer in seltsamer Harmonie zusammenwirkten, obschon die Beweggründe recht unterschiedlich waren.[29]

In seinen Empfehlungen zur «rôle éventuelle de la Suisse dans la Société des Nations» knüpfte Charles E. Lardy bei Vorarlberg an, fand aber, dieses Land allein sei für die Schweiz ohne Interesse. Die Eidgenossenschaft dürfe keine imperialistische Politik betreiben, müsse aber ihr politisches Gewicht verstärken: «Il faut donc avant tout donner à la Suisse un rôle dans la future Société des Nations, un rôle qui nous soit confié par les Puissances et qui n'éveille chez elles aucune susceptibilité ni méfiance.» Dazu müsse sich die Schweiz vergrössern. Nationen, die sich für keine Rolle in der Gemeinschaft entscheiden könnten, würden als Parasiten betrachtet. Man werde sie tolerieren, aber nicht schätzen.

Lardy hantierte auf der Landkarte recht grosszügig mit Territorien und Grenzen. Vorarlberg und Tirol wies er der Schweiz zu. Man erfülle damit eine europäische Mission: «La possession de cette région nous permettrait d'assumer la mission de gardiens des passages des Alpes.» Gegenüber Deutschland gab sich der Diplomat bescheiden: Büsingen und Konstanz sollten schweizerisch werden.

Die siegreiche Entente durfte nicht mit territorialen Forderungen belästigt werden. Das nie ausgeübte Besetzungsrecht in Nord-Savoyen würde aufgegeben, da es zu nichts mehr taugte. Für die neuen Regionen müsste die Eidgenossenschaft nach den Vorstellungen des Wortführers im Politischen Departement einen hohen Preis bezahlen. Lardy hatte früher als Legationsrat in Rom gewirkt und war mit italienischen Gedankengängen vertraut. Er war bereit, das Tessin ganz oder teilweise an Italien abzutreten. Ausserdem müsste die Schweiz eine Einbusse an Souveränität in Kauf nehmen und ihre militärische Bereitschaft gegenüber Italien reduzieren. Italienische Politiker hatten schon früher angeregt, Vorarlberg als Kompensation für schweizerische Konzessionen im Tessin vorzusehen. Der Tauschhandel würde den südlichen Nachbarn nichts kosten. In seltsamem Kontrast zu diesem Programm stand jedoch der Wunsch Lardys, Domodossola und Chiavenna dem schweizerischen Territorium anzugliedern.

Über italienische Gedankenspiele wusste man im Politischen Departement Bescheid. Im Oktober 1918 hatte Ministerpräsident Orlando gegenüber dem schweizerischen Gesandten Wagnière von der Möglichkeikt gesprochen, das deutschsprachige Südtirol an die Schweiz abzutreten: «Que penseriez-vous si l'Europe donnait à la Suisse cette partie du Tyrol et en faisait un Canton?»[30] Wie sich bald herausstellte, waren die Worte Orlandos nicht allzu ernst gemeint. Die von schweizerischen Politikern und Diplomaten produzierten territorialen Phantasien wurden denn auch gelegentlich von Kritikern mit dem Bonmot «cherchez midi à quatorze heures» kommentiert.

Lardy nannte in seinem Memorial die Hindernisse, die vor allem in der Schweiz zu überwinden waren: «Cette solution est-elle acceptable à l'intérieur? C'est beaucoup plus difficile. Nous sommes si conservateurs que nous ne voulons jamais rien changer à nos formules. Man hätte – so der Vorbehalt von Lardy – die entsprechenden Gespräche mit der Entente ohnehin früher aufnehmen müssen. Es war anzunehmen, dass sich die Sieger eine neue Ordnung nicht von der Schweiz aufdrängen liessen. Lardy verzichtete darauf, in seiner Studie das Selbstbestimmungsrecht der betroffenen Regionen zu erwähnen.

Die Anregungen des Diplomaten hatten, wie zu erwarten war, keine Folgen. Der Völkerbund entstand ohne wesentliche Mitwirkung der neutralen Staaten und entsprach nur unvollkommen den Formeln, die Felix Calonder und Max Huber vor Kriegsende entworfen hatten. Der Friede von St. Germain verhinderte die Aufspaltung von Österreich. Die temporären Träume über eine Erweiterung des schweizerischen Territoriums, die am Exempel des Landes Vorarlberg aufgekommen waren, machten einem pragmatischen Selbsterhaltungstrieb Platz. Auch für etliche Politiker war Rückkehr zu demokratischer Bescheidenheit geboten. Bundesstaat und Demokratie wurden in der Folge nicht von den Siegermächten, sondern von extremen Bewegungen im eigenen Land gefährdet.

Den territorialen Rahmen für schweizerische Souveränität und Neutralität boten nach wie vor die Grenzen von 1815. Die politischen Inhalte waren nicht mehr die selben. Das nahm man lange nicht zur Kenntnis. Das nach aussen präsentierte Bild der «Willensnation», die drei europäische Kulturen in einem Staatswesen betreute, stimmte mit den Realitäten nur unvollkommen überein. Man tat wenig zur Pflege einer nationalen Identität, eine Aufgabe, die durch die föderalistische Struktur des Landes ohnehin nicht erleichtert wurde. An Landesausstellungen, Schützenfesten und Gedenktagen hatte man man eine Kulisse aufgebaut, die Schwächen und Mängel verbarg. Doch die verbalen Manifestationen – Theodor Curti sprach einmal von «ermüdendem Patriotismus» – waren nicht imstande, einen soliden Zusammenhalt zwischen den Sprachregionen zu schaffen. Die Fehler im nationalen Gefüge waren auch nach dem Ersten Weltkrieg nicht behoben.

Der gelegentlich erhobene Anspruch der Schweiz, die europäischen Kulturen in einem Haus zu vereinen, war fern der Wirklichkeit. Es gab keine eidgenössische Drehscheibe, auf der sich unterschiedliche Mentalitäten gefunden hätten. Der Gedanke nahm sich edel aus, hatte aber inmitten der imperialistischen Kräfte auf dem Kontinent keine Chance. Die Nationen, die sich schliesslich im Ersten Weltkrieg bekämpften, stellten auch die Kultur in ihren Dienst. Der neutrale Kleinstaat war nicht bloss einem politischen und militärischen Prozess ausgesetzt, sondern auch einer mentalen Zerreissprobe, die das Land nur mit Mühe bestand. Der Krieg richtete in der Schweiz offene und verborgene Schäden an, die in den folgenden Jahren brutal zutage traten. Den Schweizern wurde drastisch vor Augen geführt, in welch extremer Weise die neutrale Republik den europäischen Turbulenzen ausgesetzt war.

Anhang

Anmerkungen

1 Neutralität und Souveränität
1. DDS I. BR Stämpfli an Tourte, 11. März 1860. Bern 1990. S. 727
2. DDS I. Dufour an BR Frey-Hérosé, 4. März 1859 S. 631
3. Carl Hilty, Die Neutralität der Schweiz in ihrer heutigen Auffassung. Bern 1889. S. 56 ff.
4. Felix Calonder, Ein Beitrag zur Frage der schweizerischen Neutralität. Zürich 1890. S. 119 f.
5. Jakob Schollenberger, Geschichte der schweizerischen Politik. Bd. II. Frauenfeld 1908. S. 113 ff.
6. Felix Calonder, Ein Beitrag zur Frage der schweizerischen Neutralität. S. 123 – Carl Hilty, Politisches Jahrbuch 1887. S. 344
7. Zit. nach Carl Hilty, Die Neutralität der Schweiz. S. 56 ff.
8. Herder Staatslexikon. 3. Aufl. Bd. III. Freiburg i. Br. 1910. S. 1325 ff.
9. Ibid., S. 1326 f.
10. Felix Calonder, Schweizerische Neutralität. Zürich 1890. S. 137
11. DDS V. BR L. Forrer an BR A. Hoffmann. 2. Mai 1912. Bern 1983 S. 690 f.
12. DDS IV. Ch. Lardy an BR A. Lachenal 24. Mai 1895. Bern 1994 S. 375
13. DDS I. Protokoll des Bundesrats vom 5. März 1859. S. 638 f.
14. DDS I. Neutralitätserklärung des Bundesrats an die Mächte vom 14. März 1859. S. 642 f.
15. DDS II. BR J. M. Knüsel an Bundesrat. 9. Mai 1866 S. 24 ff.
16. DDS II. L. Steiger an BR J. M. Knüsel. 13. Mai 1866. Bern 1985. S. 27 ff.
17. DDS II. G. B. Pioda an BR J. M. Knüsel. 20. Mai 1866. S. 30 – Protokoll des Bundesrats vom 23. Mai 1866. S. 29
18. Edgar Bonjour, Geschichte der schweizerischen Neutralität. Basel 1970. Bd. II. S. 9 ff.
19. DDS II. Neutralitätserklärung des Bundesrats. 18. Juli 1870. S. 383 f.
20. DDS II. C. P. Mercier an BR J. Dubs, 17. Juli und 21. Juli 1870. S. 380 ff.
21. DDS II. S. 393 f. O. von Bismarck an BR J. Dubs. 24. Juli 1870. S. 393 f.
22. DDS III. BR N. Droz an A. Roth, 28. Januar 1889. Bern 1986 S. 868
23. DDS III. Rapport de M. le Conseiller fédéral Numa Droz en 1887 sur la question de la Savoie. 3. Februar 1887. S. 695
24. DDS III. Protokoll der Sitzung des Bundesrates vom 17. Juni 1889. S. 921
25. Zit. nach Hanspeter Mattmüller, Carl Hilty. Basel 1966. S. 164
26. Adolf Lacher, Die Schweiz und Frankreich vor dem Ersten Weltkrieg. Basel 1967. S. 21 f.
27. Bericht in der Nationalzeitung. 28. 8. 1888
28. Die Neutralität der Schweiz. Rede gehalten von a. Bundesrat Emil Frey am 16. November 1899 in der demokratischen Vereinigung Winterthur. Winterthur 1900. S. 17
29. Adolf Lacher, Die Schweiz und Frankreich vor dem Ersten Weltkrieg. S. 29 f.
30. Dazu Adolf Lacher, Die Schweiz und Frankreich vor dem Ersten Weltkrieg. S. 29 ff. – Ferner Edgar Bonjour, Geschichte der schweizerischen Neutralität. Bd. 2. S. 73 ff. – Hans Rudolf Ehrbar, Schweizerische Militärpolitik im Ersten Weltkrieg. Bern 1976. S. 18 ff. – Arnold Linder, Arnold Keller, Generalstabschef der schweizerischen Armee 1890–1905. Aarau 1991. S. 48 ff.
31. DDS V. Charles Lardy an BR Joseph Zemp. ll. April 1902. S. 864 ff.
32. DDS IV. Alfred Roth an BR Adrien Lachenal. 25. November 1895. S. 406 ff.
33. DDS V. Antragsentwurf von BR Eduard Müller an den Bundesrat. Mai 1906. S. 289
34. Zit. nach Adolf Lacher, Die Schweiz und Frankreich vor dem Ersten Weltkrieg. S. 39

35 Robert Weber, Die strategische Bedeutung der Schweiz in den Feldzügen des verflossenen Jahrhunderts und an der Schwelle des zwanzigsten. Bern 1898. S. 86 f.
36 Rudolf Dannecker, Die Schweiz und Österreich-Ungarn. Basel 1966. S. 231
37 Zit. nach Adolf Lacher, Die Schweiz und Frankreich vor dem Ersten Weltkrieg. S. 25
38 DDS I. J. Barman an BR J. Furrer. 13. Februar 1852. S. 288
39 Zit. nach Hans Rapold, Die Entwicklung der schweizerischen Landesbefestigung von 1815 bis 1921.
Die Geschichte der schweizerischen Landesbefestigung. Zürich 1992. S. 28
40 Numa Droz, Politische Geschichte der Schweiz im neunzehnten Jahrhundert. In Paul Seippel, Die Schweiz im neunzehnten Jahrhundert. Bern 1899. Bd. I. S. 105
41 Theodor Curti, Geschichte der Schweiz im XIX. Jahrhundert. Neuenburg o. J. S. 309
42 Johann Heinrich Zschokke, Eine Selbstschau. Nachdruck Bern 1977. S. 237
43 Zit. nach Arnold Winkler, Metternich und die Schweiz. ZSG 1927. Zürich 1927. S. 129 f.
44 Numa Droz, Politische Geschichte der Schweiz im neunzehnten Jahrhundert. S. 283
45 Zit. nach Theodor Curti, Geschichte der Schweiz im XIX. Jahrhundert. S. 519
46 DDS I. L. Steiger an BR J. Furrer. 11. Januar 1852. S. 266 f.
47 DDS I. BR J. Furrer an J. Barman. 17. November 1852. S. 316 ff.
48 DDS I. BR J. Furrer an J. Barman. 17. November 1852. S. 320
49 Ausführlich über die «Diplomaten des Kaisers in Bern»: Albert Schoop, Johann Konrad Kern. Frauenfeld 1968. Bd. 2. S. 71–102
50 Über den Berner Aufenthalt von Gobineau: Gobineau, Oeuvres Bd. I, herausgegeben von Jean Gaulmier. Paris 1983. S. LXXVI–LXXX
51 Albert Schoop, Johann Konrad Kern. Bd. 2. S. 86
52 Ibid., Bd. 2. S. 249 ff.
53 Ibid., Bd. 2. S. 99
54 Urs Altermatt (Hrsg.), Die Schweizer Bundesräte. Ein biographisches Lexikon. Zürich 1991
55 Theodor Curti, Geschichte der Schweiz im XIX. Jahrhundert. S. 546
56 Albert Schoop, Johann Konrad Kern. Bd. 2. S. 148
57 Hans Schmid, Bundesrat Frey-Herosé 1801–1873. Aarau 1917. S. 260 ff.
58 Hermann Böschenstein, Bundesrat Carl Schenk. Bern 1946. S. 97
59 Albert Schoop, Johann Konrad Kern. Bd. 2. S. 129 f.
60 DDS V. Ch. Lardy an BR A. Deucher. 3. Dez. 1907. S. 458
61 DDS I. BR J. Furrer an Bundesrat. 10. Sept. 1849. S. 108 ff.
62 Marc Vuilleumier, Théophile Thoré et les républicains réfugiés en Suisse de 1849 à 1851. ZSG 14. Zürich 1964 S. 8
63 Zum Schweizer Aufenthalt Thiers siehe u. a.: Peter Stadler, Zum schweizerischen Exil von Adolphe Thiers. ZSG 13. Zürich 1963. S. 101–105
64 DDS I. Bundesrat an Genfer Staatsrat. 25. April 1849. S. 48 ff.
65 Dazu u. a. Paul Guichonnet, Histoire de Genève. Toulouse et Lausanne 1974. S. 301 ff.
66 François Ruchon, Histoire Politique de Genève 1813–1907. Genève 1953. Bd. II. S. 68
67 André Lasserre, Henri Druey. Lausanne 1960. S. 241 ff.
68 Über die französischen Interventionen von 1858 u. a.: Albert Schoop, Johann Konrad Kern. Bd. 2. S. 179 ff.
69 DDS I. Le Chargé d'affaires de Suisse à Paris, J. Barman, au Président de la Confédération, J. Furrer. 9. Febr. 1852. S. 286 f.
70 Albert Schoop, Johann Konrad Kern. Bd. 2. S. 182
71 Ibid., 2. S. 86 f. 72 – DDS V. Ch. Lardy an BR A. Deucher. 3. Dez. 1907. S. 456 – Beim erwähnten Generalkonsul handelt es sich um Eugène Louis Georges Regnault, Generalkonsul in Genf 1898–1904
73 DDS V. Protokoll einer orientierenden Besprechung über die freie Zone. 20. Jan. 1908. S. 466 ff.

74 DDS I. Le Conseil fédéral au Ministre de France à Berne, J. R. de Salignac-Fénelon. 9. Febr. 1852. S. 285
75 DDS I. Bundespräsident J. Furrer an Nationalrat Alfred Escher. 21. Juli 1849. S. 97 f.
76 Dazu u. a.: François Ruchon, Histoire Politique de Genève 1813–1907. Bd. II. S. 78 f.
77 DDS I. BR J. Furrer an Bundesrat. 3. Sept. 1850. S. 185
78 André Lasserre, Henri Druey. S. 239
79 Ibid., S. 2 – Peter Stadler, Zum schweizerischen Exil von Adolphe Thiers. ZSG 13. Zürich 1963. S. 101–105
80 François Ruchon, Histoire Politique de Genève 1813–1907. Bd. II. S. 200
81 Ibid., Bd. II. S. 141
82 Albert Schoop, Johann Konrad Kern. Bd. 1. S. 338–344
83 DDS I. BR J. Furrer an Bundesrat. 25. Jan. 1858. S. 588
84 Arnold Otto Aepli, Erinnerungen 1835–1866. Manus. Vadiana St. Gallen. – Über Aeplis Tätigkeit in Genf u. a.: Hans Hiller, Landammann Arnold Otto Aepli (1816–1879). St. Gallen 1953. S. 74 ff.
85 DDS I. BR J. Furrer an Bundesrat. 15. Febr. 1858. S. 595
86 Dubs an Aepli, 12. Okt. 1858. Vadiana St. Gallen
87 Aepli an Dubs, 10. August 1858. Zit. nach Hiller, A. O. Aepli. S. 74 f.
88 DDS II. B. Hammer an BR E. Welti. 31. Mai 1872. S. 656
89 DDS I. Le Ministre de Suisse à Paris, J. Barman, au Conseil fédéral. 7. Oktober 1856. S. 485
90 DDS I. Le Chargé d'affaires de Suisse à Paris, J. Barman, au Conseil fédéral. 29. Mai 1852. S. 294 f. – Text des Londoner Protokolls im Anhang.
91 DDS I. Le Conseil fédéral au Chargé d'affaires de Suisse à Paris, J. Barman. 23./28. April 1856. S. 471 ff.
92 Zur Geistesverfassung Friedrich Wilhelms IV.: Edgar Bonjour, Preussen und Österreich im Neuenburger Konflikt 1856/57. ZSG 1930. S. 52 ff.
93 DDS I. Le Président de la Confédération, J. Stämpfli, au Général G. H. Dufour. 1. November 1856. S. 491 f. – Albert Schoop, Johann Konrad Kern. Bd. 1. S. 389 ff.
94 Napoleon III. an Friedrich Wilhelm IV., Biarritz, 24. September 1856. Alfred Stern, Der Briefwechsel Friedrich Wilhelms IV. und Napoleons III. über die Neuenburger Angelegenheit. ZSG 1921. S. 25 f.
95 Friedrich Wilhelm IV. an Franz Joseph, 23. September 1856. Edgar Bonjour, Preussen und Österreich im Neuenburger Konflikt 1856/57. ZSG 1930. S. 98
96 Pro Memoria Friedrich Wilhelm IV., 17. Dezember 1856. Edgar Bonjour, Preussen und Österreich im Neuenburger Konflikt 1856/57. ZSG 1930. S. 103
97 Franz Joseph an Friedrich Wilhelm IV., 7. Oktober 1856. Edgar Bonjour, Preussen und Österreich im Neuenburger Konflikt 1856/57. ZSG 1930. S. 101
98 Die militärischen Aspekte des Neuenburger Konflikts ausführlich bei: Roland Beck, Roulez tambours: politisch-militärische Aspekte des Neuenburger Konflikts zwischen Preussen und der Schweiz 1856/57. Frauenfeld 1982
99 DDS I. Conseil fédéral. Procès-verbal de la séance 18 décembre 1856. S. 506
100 DDS I. Napoleon III. au Général G. H. Dufour. 24. Oktober 1856. S. 488 f.
101 DDS I. Arrêté fédéral du 30 décembre 1856. Annexe: Rapport du Président de la Commission du Conseil national pour la question de Neuchâtel, A. Escher, au Conseil national. S. 513 f.
102 DDS I. Instructions du Conseil fédéral aux Délégués suisses à Paris, J. Barman et J. C. Kern. 31. Dezember 1856. S. 514 f.
103 DDS I. L'Envoyé extraordinaire de Suisse à Paris, J. C. Kern, au Conseil fédéral. 3. Januar 1857. S. 517 ff.
104 DDS I. Jonas Furrer, Conseiller fédéral, à Alfred Escher, Conseiller national. 25. Januar 1857. S. 532
105 Albert Schoop, Johann Konrad Kern. Bd. 1. S. 397 ff.

106 Ibid., Bd. 2. S. 192
107 DDS I. Le Conseil fédéral aux Puissances étrangères. 14. März 1859. S. 642 f.
108 DDS I. Bundesrat an J. K. Kern. 29. Juni 1859. S. 667 f.
109 DDS V. Protokoll BR, 26. Sept 1913. S. 820 f.
110 Ausführlich zu diesem Thema: Paul Guichonnet, Histoire de l'annexion de la Savoie à la France. Le Coteau Roanne 1961
111 Ibid., S. 55
112 Ibid., S. 95 f.
113 Albert Schoop, Johann Konrad Kern. Bd. 2. S. 201 ff. – Dazu ausführlich: Luc Monnier, L'annexion de la Savoie à la France et la politique Suisse 1860. Genève 1932. S. 37 ff.
114 Hans Schmid, Bundesrat Frey-Hérosé 1801–1873. S. 257
115 Albert Schoop, Johann Konrad Kern. Bd. 2. S. 201 f.
116 DDS I. Propositions du Chef du Département politique, J. Stämpfli, au Conseil fédéral. 4. März 1859. S. 631 ff.
117 DDS I. Le Général Dufour au Colonel F. Frey-Hérosé. Directeur militaire fédéral. 21. Februar und 4. März 1859. S. 628 ff.
118 DDS I. Le Chargé d'affaires de Suisse à Vienne, L. Steiger au Président de la Confédération, J. Stämpfli. 22. März 1859. S. 646 f.
119 Albert Schoop, Johann Konrad Kern. Bd. 2. S. 203
120 DDS I. Le Ministre de Suisse à Paris, J. C. Kern, au Conseil fédéral. 8. März 1859. S. 639 ff.
121 DDS I. Le Président de la Confédération, J. Stämpfli, au Ministre de Suisse à Paris, J. C. Kern. 9. Mai 1859. S. 655 f.
122 Turgot an Walewski, 28. Januar 1859. Zit. nach Albert Schoop, Johann Konrad Kern. Bd. 2. S. 704
123 DDS I. Le Conseil fédéral au Ministre de Suisse à Paris, J. C. Kern. 29. Juni 1859. S. 667
124 DDS I. Le Président de la Confédération, F. Frey-Hérosé, au Conseil fédéral. 7. Februar 1860. S. 714 f.
125 DDS I. Le Conseil fédéral aux Puissances signataires du Traité de Vienne. 18. November 1859. S. 692 f.
126 Paul Guichonnet, Histoire de l'annexion de la Savoie à la France. S. 117
127 DDS I. Le Ministre de Suisse à Paris, J. C. Kern, au Conseil fédéral. 31. Januar 1960. S. 709 ff.
128 Luc Monnier, L'annexion de la Savoie. S. 58 f. – Dazu ferner: Paul Guichonnet, Histoire de l'annexion de la Savoie à la France. S. 160 f.
129 Luc Monnier, l'annexion de la Savoie. S. 59 f.
130 DDS I. Le Président de la Confédération, F. Frey-Hérosé, au Conseil fédéral. 7. Februar 1860. S. 714 f.
131 Albert Schoop, Johann Konrad Kern. Bd. 2. S. 83
132 Luc Monnier, l'annexion de la Savoie. S. 60
133 Zit. nach Luc Monnier, L'annexion de la Savoie. S. 61
134 Ibid., S. 62
135 DDS I. Le Ministre de Suisse à Paris, J. C. Kern, au Conseil fédéral. 12. März 1860. – Das von Thouvenel erwähnte englische «Blue Book» enthielt Dokumente und Gesprächsnotizen, die sich auf die Savoyenfrage bezogen und die von der britischen Regierung zuhanden des Parlaments zusammengestellt wurden.
136 DDS I. Le Chef du Département militaire, J. Stämpfli, à l'Envoyé extraordinaire de Suisse à Turin, A. Tourte. 11. März 1860. S. 727
137 François Ruchon, Histoire Politique de Genève 1813–1907. Bd. II. S. 142 f.
138 DDS I. Conseil fédéral. Procès-verbal du 23 mars 1860. S. 737
139 Luc Monnier, L'annexion de la Savoie. S. 210
140 Ibid., S. 215

141 DDS I. Conseil fédéral. Procès-verbal du 23 mars 1860. S. 737 f.
142 Albert Schoop, Johann Konrad Kern. Bd. 2. S. 715
143 Die ursprüngliche Beurteilung der Bundesräte durch Tillos: Albert Schoop, Johann Konrad Kern. Bd. 2. S. 84
144 DDS I. Propositions du Département politique, F. Frey-Hérosé, au Conseil fédéral. 6. April 1860. S. 752
145 Luc Monnier, L'annexion de la Savoie. S. 191 f.
146 Die nach Gemeinden aufgeschlüsselte Liste der Unterschriften bei Luc Monnier, L'annexion de la Savoie. Annexe V. S. 411 ff.
147 Luc Monnier, L'annexion de la Savoie. Annexe IV. S. 401 ff.
148 Paul Guichonnet, Histoire de l'annexion de la Savoie à la France. S. 213 f. – Luc Monnier, L'annexion de la Savoie. S. 193 f.
149 Zit. nach Hans Schmid, Bundesrat Frey-Hérosé 1801–1873. S. 263 – Über die Kontroverse um die Äusserungen von Frey-Hérosé siehe auch: Luc Monnier, L'annexion de la Savoie. S. 173 ff.
150 Hans Schmid, Bundesrat Frey-Hérosé 1801–1873. S. 261 f.
151 Briefwechsel Philipp Anton von Segesser (1817–1888). Bd. 2. 1849–1860. Zürich 1986. S. 324. – Mit der Anspielung auf den «Blödsinn» der Katholiken meinte von Segesser die vom Piusverein unternommenen Aktionen für Papsttum und Kirchenstaat.
152 DDS I. Le Conseil d'Etat du Canton de Vaud au Conseil fédéral, 21. März 1860. S. 735
153 Luc Monnier, L'annexion de la Savoie. S. 181 154 Ibid., S. 186 ff.
155 Luc Monnier, L'annexion de la Savoie. S. 138 ff.
156 DDS I. Notes du Président de la Confédération, F. Frey-Hérosé. 7. April 1860. S. 753 f.
157 DDS I. L'Envoyé extraordinaire de Suisse à Turin, A. Tourte, au Président de la Confédération. 11. Februar 1860. S. 717
158 DDS I. J. Furrer, Conseiller fédéral, à A. Escher, Conseiller national. 26. März 1860. S. 142 f. – «Rote Hosen» in Saint-Julien: In Genf waren seit Tagen Gerüchte im Umlauf, wonach im Grenzort Saint-Julien eine Kaserne und Stallungen für die Aufnahme von französischen Truppen hergerichtet wurden.
159 DDS I. Conseil fédéral. Procès-verbal de la séance du 23 mars 1860. (abwesend: J. Furrer). S. 737 ff.
160 Paul Guichonnet, Histoire de l'annexion de la Savoie à la France. S. 196 f.
161 Luc Monnier, L'annexion de la Savoie. S. 198 ff.
162 Ibid., S. 203 ff.
163 Über John Perrier und die «fruitiers d'Appenzell»: François Ruchon, Histoire Politique de Genève 1813–1907. Band II. Genève 1953
164 Luc Monnier, L'annexion de la Savoie. S. 226
165 Über den Ablauf der Aktion Perriers: Luc Monnier, L'annexion de la Savoie. S. 222 ff. – Paul Guichonnet, Histoire de l'annexion de la Savoie à la France. S. 216 ff.
166 Über die Anordnungen der Landesregierung: DDS I. Conseil fédéral. Procès-verbal de la séance du 30 mars 1860. S. 746 f.
167 Luc Monnier, L'annexion de la Savoie. S. 244
168 Arnold Otto Aepli, Erinnerungen 1835–1866. Manus. Vadiana St. Gallen
169 Deutscher Text in: «Neue Zürcher Zeitung», Nr. 90 und 91, 30. und 31. März 1860
170 Luc Monnier, L'annexion de la Savoie. S. 253 ff.
171 «Neue Zürcher Zeitung», Nr. 96. 5. April 1860
172 Luc Monnier, L'annexion de la Savoie. S. 263
173 DDS I. Propositions du Chef du Département politique, F. Frey-Hérosé au Conseil fédéral. 6. April 1860. S. 750 ff.
174 DDS I. BR J. Furrer an Nationalrat A. Escher. 12. April 1860. S. 756 f.
175 Luc Monnier, L'annexion de la Savoie. S. 260 ff.

176 «Neue Zürcher Zeitung», Nr. 107,109,110,112,113. 16.–22. April 1860
177 «Neue Zürcher Zeitung», Nr. 110. 19. April 1860
178 Johann Jakob Aellig, Die Aufhebung der schweizerischen Söldnerdienste im Meinungskampf des 19. Jahrhunderts. Basel 1954. S. 219 – «Neue Zürcher Zeitung», Nr. 113. 22. April 1860
179 G. Keller an Ludmilla Assing, 9. November 1860. Gottfried Keller, Gesammelte Briefe. Bern 1951. Bd. 2 S. 98
180 Briefwechsel Philipp Anton von Segesser (1817–1888). Jakob Dubs an Segesser, 28. April 1860. Zürich 1992. Bd. II. S. 329
181 «Neue Zürcher Zeitung», Nr. 107. 16. April 1860
182 Luc Monnier, L'annexion de la Savoie. S. 274 f. – Über das Plebiszit in Savoyen ausführlich: Paul Guichonnet, Histoire de de l'annexion de la Savoie à la France. S. 221 ff.
183 Über das Département du Léman (1798–1814): Paul Guichonnet, Histoire de Genève. S. 267 ff.
184 Luc Monnier, L'annexion de la Savoie. S. 258
185 Correspondance d'Alexis de Tocqueville et d'Arthur de Gobineau. Alexis de Tocqueville, Oeuvres complètes. Tome IX. Paris 1959. S. 146 f.
186 Dazu: Luc Monnier, L'annexion de la Savoie. S. 349 ff. – Paul Guichonnet, Histoire de l'annexion de la Savoie à la France. S. 251 ff. Albert Schoop, Johann Konrad Kern. Bd. 2. S. 235 ff.
187 Luc Monnier, L'annexion de la Savoie. S. 371
188 DDS I. L'Envoyé extraordinaire de Suisse à Turin, A. Tourte, au Conseil fédéral. 7. Juni 1860. S. 776
189 DDS I. Le Conseil fédéral à l'Envoyé de Suisse à Londres, A. De la Rive. 13. Juli 1860. S. 781
190 Paul Guichonnet, Histoire de l'annexion de la Savoie à la France. S. 251
191 Albert Schoop, Johann Konrad Kern. Bd. 2. S. 327 ff. – Henri Hauser, Du Libéralisme à l'Impérialisme (1860–1887). Paris 1939. S. 156 ff.
192 Zirkularerlass La Valettes vom 16. Sept. 1866. Hermann Oncken, Die Rheinpolitik Kaiser Napoleons III. von 1863 bis 1870 und der Ursprung des Krieges von 1870/71. Berlin 1926. Bd. 2. S. 113 f.
193 Henri Hauser, Du Libéralisme à l'Impérialisme (1860–1878). S. 139
194 Albert Schoop, Johann Konrad Kern. Bd. 2. S. 46
195 Georg von Wyss an Moritz von Stürler. Zürich, 2. Jan. 1868. Anton Largiadèr, Aus dem politischen Briefwechsel von Georg von Wyss. Zürcher Taschenbuch auf das Jahr 1947. S. 150
196 Wilhelm Rüstow, Die Grenzen der Staaten. Zürich 1868. S. 19
197 Albert Schoop, Johann Konrad Kern. Bd. 2. S. 238
198 Ibid., Bd. 2. S. 720
199 DDS I. J. Dubs, Conseiller fédéral, à A. Escher, Conseiller national. 31. Oktober 1861. S. 864 f.
200 Albert Schoop, Johann Konrad Kern. Bd. 2. S. 250 ff.
201 DDS I. Rapport de la Commission du Conseil des Etats concernant la Vallée des Dappes. 22. Januar 1863. S. 941 ff.
202 DDS I. Botschaft des Bundesrats an die Bundesversammlung. 25. November 1864. S. 1037
203 Urs Brand, Die schweizerisch-französischen Unterhandlungen über einen Handelsvertrag und der Abschluss des Vertragswerkes von 1864. Bern 1968. S. 18 ff.
204 DDS I. Le Conseil fédéral au Ministère des Affaires étrangères de Prusse. 28. September 1860. S. 793 ff.
205 DDS I. Le Ministre de Suisse à Paris, J. C. Kern, à A. Escher, Conseiller national. 2. April 1861. S. 842 f.
206 Urs Brand, Die schweizerisch-französischen Unterhandlungen über einen Handelsvertrag. S. 71 f. – Gerold Ermatinger, Jakob Dubs als schweizerischer Bundesrat von 1861 bis 1872. Zürich 1933. S. 58 ff.

207 Urs Brand, Die schweizerisch-französischen Unterhandlungen über einen Handelsvertrag. S. 66 f.
208 Ibid., S. 68. – Über den Anteil des Gesandten in Paris an den Verhandlungen: Albert Schoop, Johann Konrad Kern. Bd. 2. S. 261–281.
209 Urs Brand, Die schweizerisch-französischen Unterhandlungen über einen Handelsvertrag. S. 155 ff.
210 Ibid., S. 183
211 Albert Schoop, Johann Konrad Kern. Bd. 2. S. 278 ff. – Urs Brand, Die schweizerisch-französischen Unterhandlungen über einen Handelsvertrag. S. 208
212 Gerold Ermatinger, Jakob Dubs als schweizerischer Bundesrat von 1861–1872. S. 61
213 Albert Schoop, Johann Konrad Kern. Bd. 2. S. 279 f.
214 Handbuch der Schweizer Geschichte. Zürich 1977. Bd. 2. S. 1027 f.
215 Eduard Feer, Carl Feer-Herzog 1820–1880. Argovia 65, Aarau 1953. S. 237 ff.
216 Patrick Belloncle, Jean Cuynet, Le Transjuralpin. Du Franco-Suisse au TGV. Breil-sur-Roya 1985. S. 18 ff.
217 DDS I. Propositions du Chef du Département militaire, U. Ochsenbein, au Conseil fédéral. 6. Oktober 1853. S. 400 f.
218 Felix Bonjour, Le Percement du Simplon. Lausanne 1906. S. 77
219 Hans Ulrich Rentsch, Bismarck im Urteil der schweizerischen Presse 1862–1898. Basel 1949. S. 14
220 Über die schweizerische Haltung zum Nationalitätsprinzip: Guido Hunziker, Die Schweiz und das Nationalitätsprinzip im 19. Jahrhundert. Basel 1970
221 Guido Hunziker, Die Schweiz und das Nationalitätsprinzip im 19. Jahrhundert. S. 4 ff. – Edith Picard, Die deutsche Einigung im Lichte der schweizerischen Öffentlichkei 1866–1871. Zürich 1940. S. 71 ff. – Henri Hauser, Du Libéralisme à l'Impérialisme (1860–1878). S. 125 f.
222 Marianne Ludwig, Der polnische Unabhängigkeitskampf von 1863 und die Schweiz. Basel 1968. S. 5 ff. – Edgar Bonjour, Die Schweiz und Polen. Zürich 1940
223 DDS I. Le Ministre de Suisse à Paris, J. C. Kern, au Président de la Confédération, C. Fornerod. 3. November 1863. S. 977
224 Marianne Ludwig, Der polnische Unabhängigkeitskampf von 1863 und die Schweiz. S. 19 ff.
225 «Neue Zürcher Zeitung», Nr. 316. 12. November 1863.
226 DDS I. Le Département politique au Conseil fédéral. 23. November 1863. S. 979–986 – DDS I. Le Conseil fédéral au Ministre de Suisse à Paris. 27. November 1863. S. 987 ff.
227 «Neue Zürcher Zeitung», Nr. 335. 1. Dezember 1863
228 Herbert Geuss, Bismarck und Napoleon III. Köln 1959. S. 64 ff.
229 Ibid., S. 112 ff. – Hermann Oncken, Die Rheinpolitik Kaiser Napoleons III. Bd. I. S. 26 ff.
230 Ibid., Bd. I. S. 66
231 Ibid., Bd. I. S. 67
232 DDS I. Rapport der Aussenpolitischen Kommission des Nationalrats. 9. Juli 1860. S. 780
233 Claude Altermatt, Les débuts de la diplomatie professionnelle en Suisse (1848–1914). Fribourg 1990. S. 58 ff.
234 Hans Ulrich Rentsch, Bismarck im Urteil der schweizerischen Presse 1862–1898. S. 8–45
235 DDS II. Le Chargé d'Affaires de Suisse à Vienne, A. O. Aepli, au Président de la Confédération, J. M. Knüsel. 16. August 1866. S. 52 f.
236 DDS II. Le Ministre de Suisse à Paris, J. C. Kern, au Président de la Confédération, J. M. Knüsel. 26. August 1866. S. 57
237 Rudolf Dannecker, Die Schweiz und Österreich-Ungarn. S. 56 – Guido Hunziker, Die Schweiz und das Nationalitätsprinzip im 19. Jahrhundert. S. 139 – Henri Hauser, Du Libéralisme à l'Impérialisme (1860–1878). S. 134
238 Hermann Oncken, Die Rheinpolitik Kaiser Napoleons III. Bd. 1, S. 96 und 101 ff.

239 DDS II. Le Ministre de Suisse à Vienne, J. J. von Tschudi, au Président de la Confédération, J. Dubs. 20. April 1870. S. 421 f.
240 Herbert Geuss, Bismarck und Napoleon III. S. 147 f.
241 Hermann Oncken, Die Rheinpolitik Kaiser Napoleons III. Bd. I, S. 153 ff.
242 Herbert Geuss, Bismarck und Napoleon III. S. 125 f. – Hermann Oncken, Die Rheinpolitik Kaiser Napoleons III. Bd. 1, S. 104
243 Ibid., Bd. I. S. 166 f. – Siehe auch: Rudolf von Albertini, Frankreichs Stellungnahme zur deutschen Einigung während des Zweiten Kaiserreichs. ZSG 1955. S. 305–368
244 Hans Ulrich Rentsch, Bismarck im Urteil der schweizerischen Presse 1862–1898. S. 9–14
245 DDS II. Le Président de la Confédération, J. M. Knüsel, au Ministre de Suisse à Florence, G. B. Pioda. 6. Mai 1866. S. 20
246 DDS II. Le Consul de Suisse à Milan, K. Schennis, au Conseil fédéral. 4. August 1866. S. 50 f.
247 DDS II. Le Ministre de Suisse à Paris, J. C. Kern, au Président de la Confédération, J. M. Knüsel. 5. Juli 1866. S. 46 f.
248 Hermann Oncken, Die Rheinpolitik Kaiser Napoleons III. Bd. 1, S. 302 Anmerkung
249 Ibid., Bd. 1, S. 339 und 344
250 Henri Hauser, Du Libéralisme à l'Impérialisme. S. 134
251 Hermann Oncken, Die Rheinpolitik Kaiser Napoleons III. Bd. 2. S. 37 ff.
252 Ibid., 2. S. 175 f.
253 Herbert Geuss, Bismarck und Napoleon III. 204 ff.
254 DDS II. Le Chargé d'Affaires de Suisse à Vienne, A. O. Aepli, au Conseil Fédéral. 8. September 1866. S. 64
255 DDS II. Le Ministre de Suisse à Paris, J. C. Kern, au Président de la Confédération, C. Fornerod. 10. April 1867. S. 101
256 Albert Schoop, Johann Konrad Kern. Bd. 2, S. 337 – DDS II. Le Ministre de Suisse à Paris, J. C. Kern, au Conseil Fédéral. 29. April 1867. S. 116 f.
257 DDS II. Le Ministre de Suisse à Paris, J. C. Kern, au Président de la Confédération, E. Welti. 17. April 1869. S. 278 f.
258 Hermann Oncken, Die Rheinpolitik Kaiser Napoleons III. Bd. 2. S. 142
259 DDS II. Le Chargé d'Affaires de Suisse à Vienne, J. J. von Tschudi, au Président de la Confédération, C. Fornerod. 19. Januar 1867. S. 92
260 Hermann Oncken, Die Rheinpolitik Kaiser Napoleons III. Bd. 2, S. 327
261 Hans Ulrich Rentsch, Bismarck im Urteil der schweizerischen Presse 1862–1898. S. 59
262 Edith Picard, Die deutsche Einigung im Lichte der schweizerischen Öffentlichkeit 1866–1871. S. 62 f.
263 Hans Ulrich Rentsch, Bismarck im Urteil der schweizerischen Presse 1862–1898. S. 65 und S. 74
264 Edith Picard, Die deutsche Einigung im Lichte der schweizerischen Öffentlichkeit 1866–1871. S. 82
265 DDS II. Le Ministre de Suisse à Berlin, J. Heer, au Président de la Confédération, C. Fornerod. 17. Mai 1967. S. 136 f
266 Zur Hohenzollern-Kandidatur u. a.: Herbert Geuss, Bismarck und Napoleon III. S. 252 ff. – Albert Schoop, Johann Konrad Kern. Bd. 2, S. 172 ff. – Über Bundespräsident Jakob Dubs und die Emser Depesche: Alfred Stern, Die «Emser Depesche» in Bern. ZSG 1923. S. 204 ff.
267 Eberhard Kolb, Der Weg aus dem Krieg. Bismarcks Politik im Krieg und die Friedensanbahnung 1870/71. München 1989. S. 51–82
268 Albert Schoop, Johann Konrad Kern. Bd. 2. S. 379 ff. – Johann Konrad Kern, Politische Erinnerungen, Frauenfeld 1887. S. 178 ff. – Albert Schoop, Minister Kern und Bismarck. ZSG 1953. S. 205 f.
269 Eberhard Kolb, Der Weg aus dem Krieg. Bismarcks Politik im Krieg und die Friedensanbahnung 1870/71. S. 83–112

270 DDS II. Le Ministre de Suisse à Vienne, J. J. von Tschudi, au Président de la Confédération, J. Dubs. 20. August 1870. S. 421 f.
271 Dazu ausführlich: Edith Picard, Die deutsche Einigung im Lichte der schweizerischen Öffentlichkeit 1866–1871. S. 132 ff.
272 «Neue Zürcher Zeitung». Nr. 361. 17. Juli 1870
273 Edith Picard, Die deutsche Einigung im Lichte der schweizerischen Öffentlichkeit 1866–1871. S. 146 f.
274 DDS II. Schweizerischer Bundesrat: Protokoll der Sitzung vom 8. September 1870. S. 431 – Albert Schoop, Johann Konrad Kern. Bd. 2, S. 397 f.
275 Eberhard Kolb, Der Weg aus dem Krieg. Bismarcks Politik im Krieg und die Friedensanbahnung 1870/71. S. 293–326
276 Briefwechsel Philipp Anton von Segesser (1817–1888). Von Segesser an Eduard von Wattenwyl. 26. Februar 1871. Bd. V. S. 160
277 DDS II. Le Chef du Bureau de l'Etat-major, le Colonel H. Siegfried, au Département militaire. 21. September 1870. S. 436 ff.
278 Strassburg und Umgebung. Griebens Reiseführer. Band 46. Berlin 1914. S. 39
279 DDS II. Propositions du Chef du Département politique, J. Dubs, au Conseil fédéral. 1. September 1870. S. 423 ff.
280 DDS II. Le Général G. H. Dufour, au Président de la Confédération, J. Dubs. 7. September 1870. S. 428 f.
281 Albert Burckhardt, Vier Monate bei einem preussischen Feldlazareth während des Krieges von 1870. Basel 1872.
282 Albert Schoop, Johann Konrad Kern. Bd. 2, 418 f.
283 Hans Senn, General Hans Herzog. Aarau 1945. – Alfred Ernst, Die Ordnung des militärischen Oberbefehls im schweizerischen Bundesstaat. Basel 1948.
284 Eduard Secretan, L'Armée de l'Est. Lausanne o. J.
285 Edgar Bonjour. Geschichte der schweizerischen Neutralität. Bd. 2, S. 15 ff.
286 DDS II. Conseil fédéral. Procès verbal de la séance du 21 janvier 1871. S. 486 f.
287 Jules Mathez, Annales du Château de Joux. Pontarlier 1932. S. 402 ff. – Jean-Marie Thiébaud, Le Château de Joux. Pontarlier 1987
288 Edgar Bonjour, Geschichte der schweizerischen Neutralität. Bd. 2, S. 17 ff.
289 Hans Senn, General Hans Herzog. Aarau 1945. – Albert Schoop, Johann Konrad Kern. Bd. 2. S. 496
290 DDS II. Le Commandant de l'Armée de l'Est, le Général J. Clinchant, au Président de la Confédération, K. Schenk. 12. Februar 1871. S. 516
291 Jules Mathez, Annales du Château de Joux. S. 406 ff.
292 Edgar Bonjour, Geschichte der schweizerischen Neutralität. Bd. 2, S. 18 f.
293 DDS II. Le Ministre de Suisse à Paris, J. Kern, au Conseil fédéral. 8. Februar 1871. S. 510 f.
294 Albert Schoop, Johann Konrad Kern. Bd. 2. 442 f.
295 Edith Picard, Die deutsche Einigung im Lichte der schweizerischen Öffentlichkeit 1866–1871. S. 159 ff.
296 Gerold Ermatinger, Jakob Dubs als schweizerischer Bundesrat von 1861–1872. S. 15 ff. – Nachlass von Jakob Dubs in ZB Zürich.
297 Albert Schoop, Johann Konrad Kern. Bd. 2. S. 751 f. – Siehe auch Anm. 258
298 DDS II. Le Chef du Bureau de l'Etat-major, le Colonel H. Siegfried, au Département militaire. 21. September 1870. S. 436 ff.
299 DDS II. Propositions du Chef du Département politique, J. Dubs, au Conseil fédéral. 24. September 1870. S. 445 f.
300 DDS II. Propositions du Chef du Département politique, J. Dubs, au Conseil fédéral. 10. November 1870. S. 461 ff. – Über den Diplomaten Arnold Roth siehe: Claude Altermatt,

Les débuts de la diplomatie professionelle en Suisse (1848–1914). Fribourg 1990. – Paul Widmer, Die Schweizer Gesandtschaft in Berlin. Zürich 1997. S. 85 ff.
301 Albert Schoop, Johann Konrad Kern. Bd. 2. S. 445 f.
302 DDS II. Le Préfet de la Savoie, E. Guiter, au Président de la Confédération, J. Dubs. 22. Oktober 1870. S. 454 f., und Propositions du Chef du Département politique, J. Dubs, au Conseil fédéral. 4. November 1870. S. 457 ff.
303 DDS II. Le Ministre de Suisse à Berlin, B. Hammer, au Président de la Confédération, K. Schenk. 27. Januar 1871. S. 493 f.
304 Gerold Ermatinger, Jakob Dubs als schweizerischer Bundesrat von 1861–1872. S. 29 ff.
305 DDS II. Le Chef du Bureau de l'Etat-major, le Colonel H. Siegfried, au Département militaire. 21. September 1870. S. 440
306 DDS II. Propositions du Chef du Département politique, J. Dubs, au Conseil fédéral. 24. September 1870. S. 447
307 Albert Schoop, Johann Konrad Kern. Bd. 2. S. 452
308 Albert Schoop, Minister Kern und Bismarck. ZSG 1953. S. 190 ff.
309 DDS II. Le Ministre de Suisse à Paris, J. C. Kern, au Président le la Confédération, K. Schenk. 24. Februar 1871. S. 523 f.
310 Eberhard Kolb, Der Weg aus dem Krieg. Bismarcks Politik im Krieg und die Friedensanbahnung 1870/71. S. 157
311 Albert Schoop, Minister Kern und Bismarck. ZSG 1953. S. 211 ff.
312 Siehe Anm. 295
313 Hermann Böschenstein, Eine Warnung Andreas Rudolf von Plantas an den Bundesrat im Siebziger Krieg. Bündnerisches Monatsblatt, September 1949
314 DDS II. Propositions du Chef du Département politique, K. Schenk, au Conseil fédéral. 2. Februar 1871. S. 500 ff.
315 DDS II. Propositions du Chef du Département politique, K. Schenk, au Conseil fédéral. 2. Februar 1871. S. 504 Anmerkung
316 Albert Schoop, Minister Kern und Bismarck. ZSG 1953. S. 210 f.
317 William De la Rive an Bundespräsident K. Schenk. 18. Februar 1871. Zit. nach Albert Schoop, Minister Kern und Bismarck. ZSG 1953. S. 221 f.
318 DDS II. Le Ministre de Suisse à Paris, J. C. Kern, au Conseil fédéral. 8. Februar 1871. S. 513
319 Über die Audienz vom 23. Februar 1871 u. a.: Albert Schoop, Johann Konrad Kern. Bd. 2. S. 453 ff. 320 Albert Schoop, Minister Kern und Bismarck. ZSG 1953. S. 225
321 Zit. nach: Albert Schoop, Minister Kern und Bismarck. ZSG 1953. S. 227
322 Ibid., S. 223 f.
323 DDS II. Le Ministre de Suisse à Paris, J. C. Kern, au Président de la Confédération, K. Schenk. 24. Februar 1871. Bern S. 525
324 DDS II. Le Président de la Confédération, K. Schenk, au Ministre de Suisse à Paris, J. C. Kern. 26. Februar 1871. S. 528 ff.
325 Albert Schoop, Johann Konrad Kern. Bd. 2. S. 459
326 Siehe Anm. 319
327 DDS II. Conseil Fédéral. Procès verbal de la séance du 7 mars 1871. S. 535
328 Über die Bahnprojekte im schweizerisch-elsässischen Grenzgebiet: Christian Ammann, André Dubail, Porrentruy-Bonfol-Alsace. Die Geschichte der jurassischen Eisenbahnlinie Porrentruy-Bonfol-Pfetterhouse-Dannemarie. Breil-sur-Roya 1983
329 Lucien Sittler, L'Alsace terre d'histoire. Colmar 1973. S. 261 f.
330 Über die Gesandtschaft in Paris während des Deutsch-Französischen Krieges: Albert Schoop, Johann Konrad Kern. Bd. 2. S. 395–484
331 DDS II. Le Ministre de Suisse à Paris, J. C. Kern, au Président de la Confédération, J. Dubs. 24. September 1870. S. 442 ff.
332 «Neue Zürcher Zeitung», Nr. 524. 10. Oktober 1870

333 Theodor Schieder, Das Deutsche Kaiserreich von 1871 als Nationalstaat. Köln 1961. S. 55 ff.
334 Hanspeter Mattmüller, Carl Hilty (1833–1909). S. 252
335 Zit. nach: Theodor Schieder, Das Deutsche Kaiserreich von 1871 als Nationalstaat. S. 56
336 Elisabeth Fehrenbach, Wandlungen des deutschen Kaisergedankens 1871–1918. München 1969. S. 106 ff.
337 Herder Staatslexikon. 3. Aufl. Freiburg i. Breisgau 1909. Bd. 2. S. 1553
338 Theodor Schieder, Das Deutsche Kaiserreich von 1871 als Nationalstaat. S. 29 f.
339 Bert Boehmer, Frankreich zwischen Republik und Monarchie in der Bismarckzeit. München 1966
340 Hans-Ulrich Wehler, Bismarck und der Imperialismus. Köln 1969. S. 17 ff. und 139 ff.
341 Ibid., S. 428
342 Johann Caspar Bluntschli, Denkwürdiges aus meinem Leben. Nördlingen 1884. Bd. III. S. 266 ff.
343 Johann Caspar Bluntschli, Die Neugestaltung Deutschlands und die Schweiz. Zürich, 1867. S. 9 f.
344 Arnold Keller, Augustin Keller 1805–1883. Aarau 1922. S. 434
345 Hans Ulrich Rentsch, Bismarck im Urteil der schweizerischen Presse 1862–1898. S. 123 ff.
346 Ibid., S. 117
347 Zit nach: Edith Picard, Die deutsche Einigung im Lichte der schweizerischen Öffentlichkeit 1866–1871. S. 202 f.
348 Hans Ulrich Rentsch, Bismarck im Urteil der schweizerischen Presse 1862–1898. S. 304 ff.
349 Philipp Anton von Segesser, Studien und Glossen zur Tagesgeschichte. Der Culturkampf. Bern 1875. S. 3 ff.
350 Albert Schoop, Johann Konrad Kern. Bd. 2. S. 497
351 Johann Weber, Die Zürcher Vorfälle vom 9. bis 11. März 1871. Vortrag. Zürich 1871. – Über Johann Weber: Paul Mäder, Johann Conrad Weber, genannt Hans. Biographisches Lexikon des Kantons Aargau 1803–1957. Aarau 1958. S. 827 ff.
352 Hans Schmid, der Zürcher Tonhallekrawall vom 9. März 1871 und seine Folgen. Zürcher Taschenbuch 1926. S. 1–77. – Rudolf von Albertini, Innen- und aussenpolitische Aspekte des Zürcher Tonhallekrawalls. Zürcher Taschenbuch 1951. S. 118–134. – Edith Picard, Die deutsche Einigung im Lichte der schweizerischen Öffentlichkeit 1866–1871. S. 197 ff.
353 Klaus Urner, Die Deutschen in der Schweiz. Frauenfeld 1976. Bd. 1. S. 209
354 DDS II. Bundesrat. Protokoll der Sitzung vom 10. März 1871. S. 544
355 Edith Picard, Die deutsche Einigung im Lichte der schweizerischen Öffentlichkeit 1866–1871. S. 199 ff. – Rudolf von Albertini, Innen- und aussenpolitische Aspekte des Zürcher Tonhalle-Krawalls. Zürcher Taschenbuch 1951. S. 120 ff.
356 Johann Weber, Die Zürcher Vorfälle vom 9. bis 11. März 1871. Vortrag. S. 5
357 DDS II. Le Ministre de Suisse à Berlin, B. Hammer, au Président de la Confédération, K. Schenk. 3. April 1871. S. 562 f.
358 Adolphe Wagner, Elsass und Lothringen und ihre Wiedergewinnung für Deutschland. Leipzig 1870
359 Zit. nach: Klaus Urner, Die Deutschen in der Schweiz. Bd. 1. S. 61 u. S. 62
360 DDS II. Propositions du Chef du Département politique, K. Schenk, au Conseil fédéral. 2. Februar 1871. S. 503
361 DDS II. Le Conseil fédéral au Ministre résident de Bade à Stuttgart, F. von Dusch. 10. Februar 1871. S. 514. – Minister Ferdinand von Dusch war auch in Bern akkreditiert.
362 Hermann Böschenstein, Bundesrat Carl Schenk. S. 121
363 Karl Klein, Fröschweiler Chronik. Kriegs- und Friedensbilder aus dem Jahre 1870–71. München o. J.
364 Edith Picard, Die deutsche Einigung im Lichte der schweizerischen Öffentlichkeit 1866–1871. S. 204

365 DDS II. Le Ministre de Suisse à Berlin, B. Hammer, au Président de la Confédération, E. Welti. 10. Februar 1872. S. 621 f.
366 DDS III. Der schweizerische Gesandte in Berlin, B. Hammer, an den Bundespräsidenten und Vorsteher des Politischen Departements, P. Cérésole. 28. Juli 1873. S. 51
367 Gerold Ermatinger, Jakob Dubs als schweizerischer Bundesrat von 1861–1872. S. 68
368 Peter Stadler, Der Kulturkampf in der Schweiz. Frauenfeld 1984. S. 21
369 Die 80 Punkte in: Herder Staatslexikon, 4. Auflage. Freiburg im Breisgau 1912. Bd. 5. S. 356 ff.
370 Victor Conzemius, Der schweizerische Bundesrat und das erste Vatikanische Konzil. SZG 1965. S. 204
371 Zit. nach: Victor Conzemius, Der schweizerische Bundesrat und das erste Vatikanische Konzil. S. 207 f.
372 DDS II. Propositions du Président de la Confédération, E. Welti, au Conseil fédéral. 27. August 1869. S. 295–305
373 DDS III. Der schweizerische Gesandte in Berlin, B. Hammer, an den Bundespräsidenten und Vorsteher des Politischen Departements, P. Cérésole. 23. Februar 1873. S. 7
374 DDS III. Der schweizerische Gesandte in Paris, J. K. Kern, an den Bundespräsidenten und Vorsteher des Politischen Departements, P. Cérésole. 22. März 1873. S. 13
375 Peter Stadler, Der Kulturkampf in der Schweiz. S. 159 ff. – Urs Altermatt, Der Weg der Schweizer Katholiken ins Ghetto. Zürich 1972
376 Karl Schib, Augustin Keller 1805–1883. Lebensbilder aus dem Aargau 1803–1953. S. 159–180
377 Werner Ganz, Philipp Anton von Segesser als Politiker. SZG 1951. S. 252
378 Zit. nach: Peter Stadler, Der Kulturkampf in der Schweiz. S. 187
379 Ibid., S. 246
380 Herder Staatslexikon. 3. Auflage. Freiburg im Breisgau 1910. Bd. 3. S. 587 ff.
381 Peter Stadler, Der Kulturkampf in der Schweiz. S. 373
382 Hans Ulrich Rentsch, Bismarck im Urteil der schweizerischen Presse 1862–1898. S. 145
383 Peter Stadler, Der Kulturkampf in der Schweiz. S. 56 ff.
384 Michel Malfroy, Histoire religieuse de Pontarlier et du Haut-Doubs. Besançon 1985. S. 233 ff.
385 Zit. nach: Peter Stadler, Der Kulturkampf in der Schweiz. S. 417 f.
386 Ibid., S. 295 ff.
387 DDS III. Der schweizerische Gesandte in Paris, J. K. Kern, an den Bundespräsidenten und Vorsteher des Politischen Departements, P. Cérésole. 22. März 1873. S. 12 ff.
388 Peter Stadler, Der Kulturkampf in der Schweiz. S. 425 f.
389 DDS II. Le Ministre de Suisse à Berlin, B. Hammer, au Président de la Confédération, E. Welti. 31. Mai 1872. S. 656 f.
390 DDS III. Der schweizerische Legationsrat in Paris, Ch. Lardy, an den Bundespräsidenten und Vorsteher des Politischen Departements, K. Schenk. 18. Januar 1874. S. 90 ff.
391 DDS II. Communications faites par le Chargé d'affaires du St-Siège à Son Excellence M. le Président de la Confédération Suisse dans les conférences des mois de novembre et décembre 1872. S. 712 ff.
392 Marc Pfeiffer, Der Kulturkampf in Genf (1864–1873) mit besonderer Berücksichtigung der Ausweisung von Bischof Mermillod. Diss. phil. I. Zürich 1970
393 DDS II. Le Chef du Département politique, E. Welti, aux agents de la Confédération. 31. August 1872. S. 682
394 DDS III. Protokoll der Sitzung des Bundesrats vom 11. Februar 1873. S. 1 ff.
395 DDS III. Protokoll der Sitzung des Bundesrats vom 11. Februar 1873. S. 4 ff.
396 Peter Stadler, Der Kulturkampf in der Schweiz. S. 727
397 DDS III. Der schweizerische Gesandte in Berlin, B. Hammer, an den Bundespräsidenten und Vorsteher des Politischen Departements, P. Cérésole. 23. Februar 1873. S. 7 ff.

398 DDS III. Der schweizerische Legationsrat in Paris, Ch. Lardy, an den Bundespräsidenten und Vorsteher des Politischen Departements, P. Cérésole. 13. Dezember 1873. S. 72
399 Lotti Genner, Die diplomatischen Beziehungen zwischen England und der Schweiz von 1870 bis 1890. Basel 1956. S. 105 ff.
400 Peter Stadler, Der Kulturkampf in der Schweiz. S. 312
401 DDS III. Der schweizerische Gesandte in Paris, J. K. Kern, an den Bundespräsidenten und Vorsteher des Politischen Departements, P. Cérésole. 26. April 1873. S. 26
402 DDS III. Der schweizerische Legationsrat in Paris, Ch. Lardy, an den Bundespräsidenten und Vorsteher des Politischen Departements, P. Cérésole. 3. September 1873. S. 53. – Über die Gesandtschaft in Paris und die Auswirkungen des Kulturkampfs: Albert Schoop, Johann Konrad Kern. Bd. 2. S. 564–576
403 DDS III. Der Bundespräsident und Vorsteher des Politischen Departements, P. Cérésole, an den schweizerischen Legationsrat in Paris, Ch. Lardy. 28. Dezember 1873. S. 84
404 DDS III. Der schweizerische Gesandte in Berlin, B. Hammer, an den Bundespräsidenten und Vorsteher des Politischen Departements, P. Cérésole. 4. Juni 1873. S. 39
405 DDS III. Der schweizerische Gesandte in Berlin, B. Hammer, an den Bundespräsidenten und Vorsteher des Politischen Departements, K. Schenk. 7. April 1874. S. 101 ff.
406 Albert Schoop, Johann Konrad Kern. Bd. 1. S. 307
407 DDS V. Aufzeichnung des Vorstehers des Finanz- und Zolldepartements. R. Comtesse (1908–1909). S. 528
408 DDS II. Le Président de la Conféderation, E. Welti, au Ministre de Prusse, le Général von Roeder. 3. März 1869. S. 262 f.
409 DDS II. Le Ministre d'Italie à Berne, T. Mamiani, au Président de la Conféderation, J. M. Knüsel. 27. Februar 1866. S. 6 f.
410 Raffaello Ceschi, Ottocento Ticinese. Locarno 1986. S. 143 ff.
411 Arnold Otto Aepli, Erinnerungen 1835–1866. Manus. Vadiana St. Gallen
412 Hans Hiller, Landammann Arnold Otto Aepli (1816–1897). S. 94 f.
413 DDS II. Le Chancelier de la Conféderation de l'Allemagne du Nord, O. von Bismarck, au Ministre de Prusse à Berne, le Général von Roeder. 26. März 1869. S. 269
414 Rathschläge betreffend Betheiligung an einer Gotthardbahn. Dem Grossen Rath vorgelegt den 2. Oktober 1865. Basel 1865. S. 19 ff.
415 DDS II. Protokoll des Bundesrats vom 13. Oktober 1869. Annexe. S. 315
416 DDS II. Protokoll des Bundesrats vom 13. September 1869. S. 308
417 Botschaft des Bundesrathes an die hohe Bundesversammlung betreffend das Gotthardbahnunternehmen. (Vom 25. Juni 1878). S. 43
418 DDS III. Der Vorsteher des Departements des Auswärtigen, N. Droz, an den schweizerischen Gesandten in Berlin, A. Roth. 28. Januar 1889. S. 869
419 Raffaello Ceschi, Ottocento Ticinese. S. 155
420 DDS III. Der Vorsteher des Departements des Auswärtigen, N. Droz, an den schweizerischen Gesandten in Berlin, A. Roth. 28. Januar 1889. S. 868 f. – Siehe auch: Beat Hemmi, Kaiser Wilhelm II. und die Reichsregierung im Urteil schweizerischer diplomatischer Berichte 1888–1894. Zürich o. J.
421 Lotti Genner, Die diplomatischen Beziehungen zwischen England und der Schweiz von 1870 bis 1890. S. 97 ff.
422 DDS II. Le Ministre de Suisse à Paris, J. C. Kern, au Président de la Conféderation, E. Welti. 19. Mai 1869. S. 285 f.
423 Albert Schoop, Johann Konrad Kern. Bd. 2. S. 144 ff.
424 DDS III. Der Vorsteher des Post- und Eisenbahndepartements, E. Welti, an die schweizerischen Gesandten in Berlin und Rom, A. Roth und S. Bavier. 22. März 1885. S. 602 ff. – Dazu: Annex. Memorandum des Bundesrates an die deutsche Regierung. S. 604 ff.
425 DDS V. Der Vorsteher des Post- und Eisenbahndepartements, L. Forrer, an den schweizeri-

schen Gesandten in Rom, J. B. Pioda. 5. September 1908. Bern S. 520. – Alfred von Bülow war deutscher Gesandter, Roberto Magliano (bis Dez. 1906) italienischer Gesandter in Bern.
426 DDS V. Aufzeichnungen des Vorstehers des Post- und Eisenbahndepartements, L. Forrer: die neuen Gotthardverträge. Undatiert (Ende April 1909). S. 558 ff. – Siehe auch: Handbuch der Schweizer Geschichte. Bd. 2. S. 1122 ff.
427 Carl Hilty, Politisches Jahrbuch 23. 1909, S. 375 f.
428 F. Bosshard, Der Gotthardvertrag von 1909. Zürich 1973. S. 121. – siehe auch: Sibylle Wegelin-Zbinden, Kampf um den Gotthardvertrag. Schweizerische Selbstbesinnung am Vorabend des Ersten Weltkrieges. Bern 1974
429 Zit. nach: Willi Gautschi, Geschichte des Kantons Aargau 1885–1953. Aarau 1978. S. 129
430 Alain Clavien, Les Helvétistes. Intellectuels et politique en Suisse romande au début du siècle. Lausanne 1993. S. 229 ff.
431 DDS V. Aufzeichnungen des Sekretärs des Politischen Departements, Ch. Bourcart. Undatiert (Anfang März 1913). S. 766 ff.
432 Félix Bonjour, Le Percement du Simplon. Lausanne 1906. S. 13
433 DDS I. Le Président de la Confédération, J. Stämpfli, au Chargé d'affaires de Suisse à Turin, A. Tourte. 3. August 1862. S. 927
434 Félix Bonjour, Le Percement du Simplon. S. 14
435 Ibid., S. 77
436 DDS IV. Le Ministre de Suisse à Paris, Ch. Lardy, au Chef du Département politique, W. Deucher. 4. Februar 1903. S. 922. – Zur Haltung Frankreichs bei der Entwicklung des Simplonprojekts: Adolf Lacher, Die Schweiz und Frankreich vor dem Ersten Weltkrieg. Basel 1967. S. 312–410
437 Félix Bonjour, Le Percement du Simplon. S. 15
438 Adolf Lacher, Die Schweiz und Frankreich vor dem Ersten Weltkrieg. S. 324
439 DDS IV. Le Ministre de Suisse à Rome, G. B. Pioda, au Chef du Département des Postes et des Chemins de fer, J. Zemp. 25. Januar 1903. S. 916 f.
440 Félix Bonjour, Le Percement du Simplon. S. 38 ff.
441 Albert Schoop, Johann Konrad Kern. Bd. 2. S. 584 ff.
442 Adolf Lacher, Die Schweiz und Frankreich vor dem Ersten Weltkrieg. S. 323 ff.
443 Zit. nach: Adolf Lacher, Die Schweiz und Frankreich vor dem Ersten Weltkrieg. S. 331
444 Félix Bonjour, Le Percement du Simplon. S. 34 ff.
445 Ibid., S. 40 ff.
446 DDS V. Der Bundespräsident und Vorsteher des Politischen Departementes, L. Forrer, an den schweizerischen Gesandten in Rom, J. B. Pioda. 3. Mai 1906. S. 279 f.
447 DDS V. Der Bundespräsident und Vorsteher des Politischen Departements, L. Forrer, an den schweizerischen Gesandten in Paris, Ch. Lardy. 9. Juli 1906. S. 295
448 Jean Cuynet, Le train à Pontarlier. Pontarlier 1985
449 Patrick Belloncle, Jean Cuynet, Le Transjuralpin du Franco-Suisse au TGV. Breil-sur-Roya 1985. S. 18 ff. – Félix Bonjour, Le Percement du Simplon. S. 45 ff.
450 Patrick Belloncle, Jean Cuynet, Le Transjuralpin du Franco-Suisse au TGV. S. 10 ff.
451 DDS V. Der schweizerische Gesandte in Paris, Ch. Lardy, an den Bundespräsidenten und Vorsteher des Politischen Departements, M. Ruchet. 7. April 1905. S. 150 ff.
452 DDS V. Der schweizerische Gesandte in Paris, Ch. Lardy, an den Vorsteher des Handels-, Industrie- und Landwirtschaftsdepartements, A. Deucher. 3. Dezember 1907. S. 457
453 Zit. nach: Adolf Lacher, Die Schweiz und Frankreich vor dem Ersten Weltkrieg. S. 374
454 Ibid., S. 360 f.
455 Hans Eberhart, Zwischen Glaubwürdigkeit und Unberechenbarkeit. Politisch-militärische Aspekte der schweizerisch-italienischen Beziehungen 1861–1915. Zürich 1985. S. 65 ff.
456 Adolf Lacher, Die Schweiz und Frankreich vor dem Ersten Weltkrieg. S. 387 ff.
457 Théodore Turrettini, Die Zufahrtslinien zum Simplon durch den Jura. Genf 1902. S. 6

458 DDS IV. Le Chef du Département militaire, E. Müller, au Chef du Département des Postes et des Chemins de fer, R. Comtesse. 14. Juni 1902. S. 873 ff.
459 DDS V. Der schweizerische Gesandte in Paris, Ch. Lardy, an den Bundespräsidenten und Vorsteher des Politischen Departements, E. Brenner. 8. April 1908. S. 509
460 Zur Simplonkonferenz: Adolf Lacher, Die Schweiz und Frankreich vor dem Ersten Weltkrieg. S. 401 ff.
461 DDS V. Convention entre la Suisse et la France au sujet des voies d'accès au Simplon. Annex. 18. Juni 1909. S. 577 ff.
462 DDS I. Propositions du Chef du Département militaire. U. Ochsenbein, au Conseil fédéral. 6. Oktober 1853. S. 398 ff.
463 Robert Gelpke, Die Ostalpenbahnfrage und die Verteidigung der Landesinteressen. Basel 1911. S. 10
464 DDS I. Propositions du Chef du Département politique, J. M. Knüsel, au Conseil fédéral. 12. August 1861. S. 857 ff.
465 Zit. nach: Hans Schmidlin, Die Ostalpenbahnfrage. Zürich 1916. S. 419
466 H. Frobenius, Neue Befestigungen an der italienisch-schweizerischen Grenze und ihre Bedeutung. Militärgeographie. Beilage zu Dr. A. Petermanns Mitteilungen aus Justus Perthes' Geographischer Anstalt. Gotha 1912. S. 240
467 Zit. nach: Hans Schmidlin, Die Ostalpenbahnfrage. S. 438 ff.
468 Hans Eberhart, Zwischen Glaubwürdigkeit und Unberechenbarkeit. S. 74 ff.
469 Zit. nach: Jakob Steiger, Das Recht auf den Splügen. Zürich 1920. S. 7 f.
470 DDS V. Protokoll der Sitzung des Bundesrates vom 30. November 1906. S. 340
471 Zit. nach J. Steiger, Das Recht auf den Splügen. S. 2 f.
472 DDS III. Aufzeichnungen von Bundesrat E. Welti. Annex. 30. Juni 1889. S. 887
473 Hansjörg Renk, Bismarcks Konflikt mit der Schweiz. Der Wohlgemuth-Handel von 1889. Basel 1972. S. 225
474 Klaus Urner, Die Deutschen in der Schweiz. Bd. 2. S. 232
475 Lotti Genner, Die diplomatischen Beziehungen zwischen England und der Schweiz von 1870 bis 1890. S. 141 ff.
476 DDS III. Der Bundespräsident und Vorsteher des Politischen Departementes, E. Welti, an den Bundesrat. 18. November 1884. S. 585 f.
477 DDS III. Protokoll der Sitzung des Bundesrates vom 29. Januar 1886. Auslieferungsvertrag mit Österreich und Deutschland. Antrag des Justiz- und Polizeidepartements vom 19. November 1885. S. 638 ff.
478 Lotti Genner, Die diplomatischen Beziehungen zwischen England und der Schweiz 1870–1890. S. 160
479 Hansjörg Renk, Bismarcks Konflikt mit der Schweiz. Der Wohlgemuth-Handel von 1889. S. 42 ff.
480 Über die Affäre Fischer ausführlich: Hansjörg Renk, Bismarcks Konflikt mit der Schweiz. S. 63–91. – Ein zeitgenössischer Bericht in: Theodor Curti, Geschichte der Schweiz im XIX. Jahrhundert. Neuenburg o. J. S. 655 ff.
481 DDS III. Antrag des Vorstehers des Departements des Auswärtigen, N. Droz, an den Bundesrat. 5. Februar 1888, und Protokoll der Sitzung des Bundesrates vom 8. Februar 1888. S. 790 ff.
482 DDS III. Der schweizerische Gesandte in Berlin, A. Roth, an den Vorsteher des Departements des Auswärtigen, N. Droz. 14. Februar 1888. S. 801
483 Hansjörg Renk, Bismarcks Konflikt mit der Schweiz. S. 801
484 Über die Verhaftung Wohlgemuths ausführlich: Hansjörg Renk, Bismarcks Konflikt mit der Schweiz. S. 133 ff. – Siehe auch: Edgar Bonjour, Geschichte der schweizerischen Neutralität. Bd. 2. S. 35 ff.
485 Biographisches Lexikon des Kantons Aargau 1803–1957. S. 49 f.

486 DDS III. Der schweizerische Gesandte in Berlin, A. Roth, an den Vorsteher des Departements des Auswärtigen, N. Droz. 11. Mai 1889. S. 881 ff.
487 Hansjörg Renk, Bismarcks Konflikt mit der Schweiz. S. 358–382
488 DDS III. Der schweizerische Geschäftsträger in Wien, G. Carlin, an den Vorsteher des Departements des Auswärtigen, N. Droz. 12. Juni 1889. S. 912 – Über die österreichische Haltung im Fall Wohlgemuth siehe: Rudolf Dannecker, Die Schweiz und Österreich-Ungarn. Diplomatische und militärische Beziehungen von 1866 bis zum Ersten Weltkrieg. Basel 1966. S. 115 ff.
489 Hansjörg Renk, Bismarcks Konflikt mit der Schweiz. S. 174–202
490 DDS III. Der schweizerische Gesandte in Berlin, A. Roth, an den Vorsteher des Departements des Auswärtigen, N. Droz. 7. Juni 1889. S. 900 ff.
491 Hansjörg Renk, Bismarcks Konflikt mit der Schweiz. S. 272 ff.
492 DDS III. Das Departement des Auswärtigen an den schweizerischen Gesandten in Berlin, A. Roth. 2. Juni 1889. S. 899
493 Carl Hilty, Die Neutralität der Schweiz in ihrer heutigen Auffassung. S. 58 – Die Publikation Hiltys ist eine erweiterte Fassung des Gutachtens, das der Lehrer des Völkerrechts und des Staatsrecht für Numa Droz ausarbeitete. – Siehe auch: Edgar Bonjour, Geschichte der schweizerischen Neutralität. Bd. II. S. 42 ff.
494 DDS III. Protokoll der Sitzung des Bundesrates vom 17. Juni 1889. S. 921
495 Hansjörg Renk, Bismarcks Konflikt mit der Schweiz. S. 211
496 DDS III. Protokoll der Sitzung des Bundesrates vom 31. Mai 1889. S. 893 ff.
497 DDS III. Protokoll der Sitzung des Bundesrates vom 7. Juli 1889. S. 927
498 Hansjörg Renk, Bismarcks Konflikt mit der Schweiz. S. 228 ff.
499 Ibid., S. 237 f.
500 Ibid., S. 237 f.
501 DDS III. Der Vorsteher des Departements des Auswärtigen, N. Droz, an den schweizerischen Gesandten in Paris, Ch. Lardy. 15. Juni 1889. S. 918 f.
502 Hansjörg Renk, Bismarcks Konflikt mit der Schweiz. S. 250 f.
503 Denkwürdigkeiten des General-Feldmarschalls Alfred Grafen von Waldersee. Stuttgart 1922. Bd. 2, S. 51 und S. 62 f.
504 DDS III. Antrag des Vorstehers des Departements des Auswärtigen, N. Droz, an den Bundesrat. 8. Mai 1888. S. 824 ff.
505 Hansjörg Renk, Bismarcks Konflikt mit der Schweiz. S. 360 f.
506 Adolf Lacher, Die Schweiz und Frankreich vor dem Ersten Weltkrieg. S. 74 f. Siehe auch: Wolfgang Herrmann, Dreibund, Zweibund, England 1890–1895. Stuttgart 1929. S. 23 ff. – Helge Granfelt, Der Dreibund nach dem Sturze Bismarcks. England im Einverständnis mit dem Dreibund 1890–1896. Lund 1962
507 DDS III. Der Bundespräsident und Vorsteher des Politischen Departements, N. Droz, an den schweizerischen Gesandten in Berlin, A. Roth, und Annex. Aufzeichnungen des Generalstabs. 10. Februar 1887. S. 696 ff.
508 DDS III. Der Vorsteher des Departements des Auswärtigen, N. Droz, an den schweizerischen Gesandten in Berlin, A. Roth. 28. Januar 1889. S. 868
509 DDS III. Der schweizerische Gesandte in Paris, Ch. Lardy, an den Bundespräsidenten und Vorsteher des Politischen Departements, N. Droz. 26. Januar 1887. S. 681
510 DDS III. Protokoll der Sitzung des Bundesrats vom 22. Februar 1887. S. 709 ff. – Über die Verhandlungen mit Frankreich siehe: Adolf Lacher, Die Schweiz und Frankreich vor dem Ersten Weltkrieg. Basel S. 224–273
511 DDS III. Der schweizerische Gesandte in Paris, Ch. Lardy, an den Bundespräsidenten und Vorsteher des Politischen Departements, N. Droz. 16. Februar 1887. S. 702
512 Adolf Lacher, Die Schweiz und Frankreich vor dem Ersten Weltkrieg. S. 270 ff.
513 DDS III. Der Chef des eidgenössischen Stabsbureaus, A. Pfyffer, an das Militärdepartement.

Bericht über das Interesse der Schweiz an einer Besetzung Hochsavoyens im Fall eines Krieges zwischen Frankreich, Deutschland und Italien. 19. Februar 1887. S. 715 ff.
514 DDS IV. Le Ministre de Suisse à Paris, Ch. Lardy, au Chef du Département des Affaires étrangères, N. Droz. 18. April 1890. Bern S. 42 ff.
515 Adolf Lacher, Die Schweiz und Frankreich vor dem Ersten Weltkrieg. S. 207 ff.
516 DDS III. Der schweizerische Gesandte in Berlin, A. Roth, an den Vorsteher des Departements des Auswärtigen, N. Droz. 7. Mai 1888. S. 822 f.
517 Edgar Bonjour, Geschichte der schweizerischen Neutralität. Bd. II, S. 69 ff. – Adolf Lacher, Die Schweiz und Frankreich vor dem Ersten Weltkrieg. S. 272 ff.
518 Ibid., S. 273
519 DDS III. Der schweizerische Gesandte in Berlin, A. Roth, an den Vorsteher des Departements des Auswärtigen, N. Droz. 7. Mai 1888. S. 822
520 Hans Eberhart, Zwischen Glaubwürdigkeit und Unberechenbarkeit. S. 62 ff.
521 Denkwürdigkeiten des General-Feldmarschalls Alfred Grafen von Waldersee. Bd. 2, S. 9
522 Hans Eberhart, Zwischen Glaubwürdigkeit und Unberechenbarkeit. S. 68
523 Helge Granfelt, Der Dreibund nach dem Sturze Bismarcks. S. 215
524 Adolfo Omodeo, Die Erneuerung Italiens und die Geschichte Europas 1700–1920. Zürich 1952. S. 690 f.
525 Helge Granfelt, Der Dreibund nach dem Sturze Bismarcks. S. 212 ff.
526 Hans Eberhart, Zwischen Glaubwürdigkeit und Unberechenbarkeit. S. 169 ff.
527 Paul Guichonnet, Histoire de l'annexion de la Savoie à la France. S. 313
528 E. Weilenmann, Der Anteil des Tessins am italienischen Risorgimento und die schweizerische Neutralität 1848. ZSG 1932. S. 434
529 Zit. nach: Walter Lüthi, Neutralität und Humanität 1481–1950. Aarau 1956. S. 18 f.
530 E. Weilenmann, Der Anteil des Tessins am italienischen Risorgimento und die schweizerische Neutralität 1848. ZSG 1932. S. 463 ff.
531 Hans Schneider, Der Kanton Tessin und Österreich 1854–1855. ZSG 1929. S. 71 ff.
532 Johann Jakob Aellig, Die Aufhebung der schweizerischen Söldnerdienste im Meinungskampf des 19. Jahrhunderts.
533 Philipp Anton von Segesser, Studien und Glossen zur Tagesgeschichte. Luzern 1859. S. 57 ff. – Siehe auch: Guido Hunziker, Die Schweiz und das Nationalitätsprinzip im 19. Jahrhundert. S. 79 f. – Marianne Bauer, Die italienische Einigung im Spiegel der schweizerischen Öffentlichkeit 1859–61. S. 153 ff.
534 Zit. nach: Guido Hunziker, Die Schweiz und das Nationalitätsprinzip im 19. Jahrhundert. S. 81. – Siehe auch: Marianne Bauer, Die italienische Einigung im Spiegel der schweizerischen Öffentlichkeit 1859–61. S. 54 ff.
535 DDS I. Le Ministre de Sardaigne à Berne, A. Jocteau, au Président de la Confédération, J. Stämpfli. 8. Juli 1859. S. 672
536 DDS I. Le Conseil fédéral au Ministre de Sardaigne à Berne, A. Jocteau. 11. Juli 1859. S. 672 ff.
537 DDS I. Le Lieutenant-Colonel E. Burnand à C. Fornerod, Conseiller fédéral. 4. Juni 1859. S. 659 f.
538 Jürg Meister, Kriege auf Schweizer Seen. Zug 1986. S. 171 ff.
539 Guido Hunziker, Die Schweiz und das Nationalitätsprinzip im 19. Jahrhundert. S. 94 ff. – Giulio Rossi, Eligio Pometta, Geschichte des Kantons Tessin. Bern 1944. S. 300 ff.
540 DDS I. Le Conseil fédéral au Ministre de Suisse à Paris, J. C. Kern. 27. Juni 1859. S. 665 f.
541 DDS I. Le Chargé d'affaires de Suisse à Turin, A. Tourte, au Président de la Confédération, J. Stämpfli. 24. Juli 1862. S. 919
542 Guido Hunziker, Die Schweiz und das Nationalitätsprinzip im 19. Jahrhundert. S. 96 ff.
543 DDS I. Le Chargé d'affaires de Suisse à Turin, A. Tourte, au Président de la Confédération, J. M. Knüsel. 11. März 1861. S. 834 f.

544 DDS I. Rapport du Conseil fédéral à l'Assemblée fédérale. 24./25. Juli 1862. S. 920 ff.
545 Zit. nach: Guido Hunziker, Die Schweiz und das Nationalitätsprinzip im 19. Jahrhundert. S. 100 f.
546 DDS I. Le Chargé d'affaires de Suisse à Turin, A. Tourte, au Président de la Confédération, J. Stämpfli. 28. Juli 1862. S. 924
547 Hans Jürgen Pantenius, Der Angriffsgedanke gegen Italien bei Conrad von Hötzendorf. Köln 1984. Bd. I. S. 86 ff.
548 Claus Gatterer, Erbfeindschaft Italien-Österreich. Wien 1972
549 Claus Gatterer, Unter seinem Galgen stand Österreich. Cesare Battisti. Porträt eines «Hochverräters». Wien 1967
550 Zit. nach: Claus Gatterer, Unter seinem Galgen stand Österreich. Wien 1967. S. 111
551 Guido Pedroli, Il socialismo nella Svizzera italiana (1880–1922). Mailand 1963. S. 102
552 Ibid., S. 539 – Siehe auch: Kurt Huber, Drohte dem Tessin Gefahr? Der italienische Imperialismus gegen die Schweiz (1912–1943). Aarau 1954. S. 41 f.
553 Zit. nach: Kurt Huber, Drohte dem Tessin Gefahr? S. 65
554 Ibid., S. 68
555 Guido Pedroli, Il socialismo nella Svizzera italiana (1880–1922). S. 99
556 Ibid., S. 103 ff. – Kurt Huber, Drohte dem Tessin Gefahr? S. 75 ff. – Mauro Cerutti, Le Tessin, la Suisse et l'Italie de Mussolini. Lausanne 1988. S. 32 ff.
557 Zit. nach: Kurt Huber, Drohte dem Tessin Gefahr? S. 77 f.
558 Mauro Cerutti, Le Tessin, la Suisse et l'Italie de Mussolini. S. 120–124
559 Ibid., S. 570–574. – Siehe auch: Katharina Spindler, Die Schweiz und der italienische Faschismus (1922–1930). Basel 1976. S. 94
560 Guido Pedroli, Il socialismo nella Svizzera italiana (1880–1922). S. 103 f.
561 Isidor Brosi, Der Irredentismus und die Schweiz. Basel 1935. S. 77 f. – Mauro Cerutti, Le Tessin, La Suisse et l'Italie de Mussolini. S. 32. – Kurt Huber, Drohte dem Tessin Gefahr? S. 84 f.
562 Kurt Huber, Drohte dem Tessin Gefahr? S. 96 f.
563 Ibid., S. 85
564 Ibid., S. 33 ff.
565 DDS V. Der schweizerische Geschäftsträger in Rom, Ch. L. E. Lardy, an den Bundespräsidenten und Vorsteher des Politischen Departements, M. Ruchet. 2. September 1911. Anmerkung. S. 651
566 DDS V. Aufzeichnungen des Bundespräsidenten und Vorstehers des Politischen Departements, L. Forrer, für seine Rede vor der Diplomatenkonferenz vom 28. September 1912. S. 715 f.
567 DDS V. Rede des Bundespräsidenten und Vorstehers des Politischen Departements, L. Forrer, in der Sitzung des Ständerates vom 4. Dezember 1912. S. 736
568 DDS V. Der schweizerische Gesandte in Rom, J. B. Pioda, an den Bundespräsidenten und Vorsteher des Politischen Departements, M. Ruchet. 23. März 1911. S. 620 ff.
569 DDS V. Aufzeichnungen des Vizepräsidenten des Bundesrates, L. Forrer, über ein Gespräch mit dem ehemaligen italienischen Ministerpräsidenten L. Luzzatti. 4. August 1911. S. 646 f. – Edgar Bonjour, Geschichte der schweizerischen Neutralität. Bd. II, S. 107 ff. – Rudolf Dannecker, Die Schweiz und Österreich-Ungarn. S. 249 ff.
570 Urs Altermatt, Der Weg der Schweizer Katholiken ins Ghetto. S. 50 ff.
571 DDS III. Protokoll der Sitzung des Bundesrates vom 22. September 1882. S. 457 ff.
572 Rudolf Dannecker, Die Schweiz und Österreich-Ungarn. S. 137 ff.
573 DDS IV. Propositions du Chef du Département fédéral de Justice et Police, E. Ruffy, au Conseil fédéral. 28. Juli 1894. S. 315 ff.
574 DDS IV. Le Ministre de Suisse à Rome, C. Carlin, au Président de la Confédération et Chef du Département politique, E. Ruffy. 12. Mai 1898. – Annexe: Aide- mémoire du Secrétaire de la Division des Affaires étrangères du Département politique, G. Graffina. 14. Mai 1898. S. 569 f.
575 Rudolf Dannecker, Die Schweiz und Österreich-Ungarn. S. 141 ff.

576 DDS IV. Le Président de la Confédération et Chef du Département politique, E. Ruffy, aux délégués suisses à la conférence contre l'anarchisme. 16. November 1898. Bern S. 625 f.
577 Rudolf Dannecker, Die Beziehungen zwischen der Schweiz und Italien vor dem Ersten Weltkrieg. ZSG 1967. S. 10 ff.
578 DDS IV. Le Ministre de Suisse à Rome, G. Carlin, au Président de la Confédération et Chef du Département politique, J. Zemp. 15. März 1902. S. 841 f.
579 Zit. nach: DDS IV. Le Procureur général de la Confédération, O. Kronauer, au Chef du Département de Justice et Police, J. Brenner. 11. Februar 1902. S. 829 ff.
580 DDS IV. Le Président de la Confédération et Chef du Département politique, J. Zemp, au Ministre de Suisse à Rome, G. Carlin. 12. März 1902. S. 839 f.
581 Siehe Anm. 579
582 DDS IV, Le Président de la Confédération et Chef du Département politique, J. Zemp, au Ministre de Suisse à Rome, G. Carlin. 12. März 1902. – Annex 1 und 2. S. 839 ff.
583 DDS IV. Protokoll der Bundesratssitzung vom 27. März 1902. S. 852
584 DDS IV. Le Ministre de Suisse à Rome, G. Carlin, au Président de la Confédération et Chef du Département politique, J. Zemp. 9. April 1902. S. 860 f.
585 DDS IV. Le Ministre de Suisse à Paris, Ch. Lardy, au Président de la Confédération et Chef du Département politique, J. Zemp. 7. April 1902. S. 858 ff.
586 Hans Eberhart, Zwischen Glaubwürdigkeit und Unberechenbarkeit. S. 136 ff.
587 Walter Lüem, Festung St. Gotthard: Menschen und Waffen in Fels und Stein. Die Geschichte der schweizerischen Landesbefestigung. Zürich S. 78
588 Arnold Linder, Arnold Keller. Generalstabschef der schweizerischen Armee 1890–1905. S. 147
589 Zit. nach: Hans Eberhart, Zwischen Glaubwürdigkeit und Unberechenbarkeit. S. 138
590 Rudolf Dannecker, Die Schweiz und Österreich-Ungarn. S. 163 f.
591 Benedetto Croce, Histoire de l'Italie contemporaine 1871–1915. Paris 1929 – Adolfo Omodeo, Die Erneuerung Italiens und die Geschichte Europas 1700–1920. Zürich 1951. (Titel der italienischen Originalausgabe: L'età del Risorgimento italiano)
592 DDS IV. Le Ministre de Suisse à Paris, Ch. Lardy, au Président de la Confédération et Chef du Département politique, E. Müller. 20. Januar 1899. S. 632
593 Arnold Linder, Arnold Keller. Generalstabschef der schweizerischen Armee 1890–1905. S. 124
594 DDS V. Der Chef der Generalstabsabteilung, Th. von Sprecher, an den Vorsteher des Militärdepartements, L. Forrer. 25. Januar 1907. – Annex 1: Memorial. Die militärpolitische Lage der Schweiz und die Aufmärsche der schweizerischen Armee. Dezember 1906. S. 353 ff.
595 DDS VI. Le Chef del'Etat-Major Général de l'Armée suisse, Th. von Sprecher, au Chef du Département politique, A. Hoffmann. 15. August 1914. S. 48 f.
596 Hans Jürgen Pantenius, Der Angriffsgedanke gegen Italien bei Conrad von Hötzendorf. Bd. I. S. 280 ff.
597 Rudolf Dannecker, Die Schweiz und Österreich-Ungarn. S. 273
598 Franz Conrad von Hötzendorf, Aus meiner Dienstzeit. 5 Bde. Wien 1922.
599 Othmar Uhl, Die diplomatisch-politischen Beziehungen zwischen Grossbritannien und der Schweiz in den Jahren vor dem Ersten Weltkrieg (1890–1914). Basel 1961. S. 150 ff. – Rudolf Dannecker, Die Schweiz und Österreich-Ungarn. S. 247 ff.
600 DDS V. Der schweizerische Gesandte in Rom, J. B. Pioda, an den Bundespräsidenten und Vorsteher des Politischen Departements, M. Ruchet. 22. März 1911. S. 620 f.
601 Jakob Schollenberger, Die Neutralität der Schweiz. Wissen und Leben. 15. Mai 1911. Zürich. S. 233 ff. – Siehe auch: Jakob Schollenberger, Der Kanton Tessin und die Schweizerische Eidgenossenschaft. Zürich 1911
602 DDS V. Rede des Bundespräsidenten und Vorstehers des Politischen Departements, L. Forrer, in der Sitzung des Ständerates vom 4. Dezember 1912. S. 735 ff.
603 Hans Rudolf Ehrbar, Schweizerische Militärpolitik im Ersten Weltkrieg. S. 55 ff.
604 DDS VI. Conseil fédéral. Procès-verbal de la séance du 16 septembre 1914. S. 72 ff.

2 Der «Friedenskaiser» und die Weltherrschaft

1. Zit. nach: Beat Hemmi, Kaiser Wilhelm II. und die Reichsregierung im Urteil schweizerischer diplomatischer Berichte 1888–1894. Zürich o. J. S. 90
2. John C. G. Röhl, Kaiser, Hof und Staat. Wilhelm II. und die deutsche Politik. München 1988. S. 30
3. Ibid., S. 11 ff. – Siehe auch: Fritz Fischer, Hitler war kein Betriebsunfall. München 1993
4. Paul M. Kennedy, The Rise of the Anglo-German Antagonism 1860–1914. London 1980. S. 195
5. Beat Hemmi, Kaiser Wilhelm II. S. 27
6. Denkwürdigkeiten des General-Feldmarschalls Alfred Grafen von Waldersee. Bd. 2. S. 148 und S. 179
7. Joachim Remak, The gentil critic. Theodor Fontane and German politics 1848–1898. Syracuse 1964. S. 73
8. John C. G. Röhl, Kaiser, Hof und Staat. S. 22
9. Elisabeth Fehrenbach, Wandlungen des deutschen Kaisergedankens 1871–1918. S. 197 f.
10. Otto Hammann, Um den Kaiser. Berlin 1919. S. 90
11. Paul M. Kennedy, The Rise of the Anglo-American Antagonism 1860–1914. S. 223 ff.
12. Herder Staatslexikon. 3. Aufl. Freiburg i. Br. 1909. Bd. 2. S. 1561
13. Zit. nach: Harry Pross: Die Zerstörung der deutschen Politik. Dokumente 1871–1933. Frankfurt 1959. S. 38 f.
14. Friedrich C. Sell, Die Tragödie des deutschen Liberalismus. Stuttgart 1953. S. 290 ff.
15. Elisabeth Fehrenbach, Wandlungen des deutschen Kaisergedankens 1860–1918. S. 200 ff.
16. Ibid., S. 201
17. Ibid., S. 110
18. John C. G. Röhl, Kaiser, Hof und Staat. S. 18
19. Ibid., S. 54
20. Ibid., S. 55
21. Ibid., S. 60 ff.
22. Ibid., S. 34
23. Fritz Fischer, Hitler war kein Betriebsunfall. S. 105 f.
24. Ibid., S. 110 ff.
25. Ibid., S. 113 ff.
26. Ibid., S. 119
27. Ibid., S. 70
28. Ibid., S. 86 ff.
29. Ibid., S. 88 f.
30. Klaus Urner, Die Deutschen in der Schweiz. Von den Anfängen der Kolonienbildung bis zum Ausbruch des Ersten Weltkrieges. 2 Bde.
31. DDS IV. Le Ministre de Suisse à Rome, G. Carlin, au Président de la Confédération et Chef du Département politique, W. Hauser. 7. Februar 1900. S. 735
32. Othmar Uhl, Die diplomatisch-politischen Beziehungen zwischen Grossbritannien und der Schweiz in den Jahrzehnten vor dem Ersten Weltkrieg (1890–1914). S. 77–113. – Edgar Bonjour, Geschichte der schweizerischen Neutralität. Bd. 2. S. 85 ff.
33. Othmar Uhl, Die diplomatisch-politischen Beziehungen zwischen Grossbritannien und der Schweiz in den Jahrzehnten vor dem Ersten Weltkrieg (1890–1914). S. 81
34. Ibid., S. 85 f.
35. DDS IV. Le Ministre de Suisse à Londres, Ch. H. Bourcart, au Président de la Confédération et Chef du Département politique, W. Hauser. 10. Dezember 1900. S. 763
36. DDS V. Der schweizerische Gesandte in London, G. Carlin, an den Bundespräsidenten und Vorsteher des Politischen Departements, L. Forrer. 1. Januar 1906. S. 236 f.
37. «Neue Zürcher Zeitung», 4. Januar 1900

38 Benzigers Marienkalender. Einsiedeln 1910. S. 78. – Burkhard Villiger, Verfasser der «Jahresrundschau», war Dorfpfarrer in Sarmenstorf AG.
39 Ibid., Einsiedeln 1911. S. 57
40 Gespräch des Verfassers mit Paul Mariotte, Archivar des Erzbistums Besançon, im November 1987. – Die Mutter von Père Mariotte nahm bis zum Jahre 1912 regelmässig an Wallfahrten aus der Franche-Comté nach Einsiedeln teil. Dann hielten sie die für französische Katholiken unangenehmen Erfahrungen von weiteren Reisen ab.
41 Edgar Bonjour, Geschichte der schweizerischen Neutralität. Bd. 2. S. 76
42 Adolf Lacher, Die Schweiz und Frankreich vor dem Ersten Weltkrieg. S. 22 ff.
43 Raoul Girardet, Le Nationalisme français 1871–1914. Paris 1963. S. 230
44 Jean-Baptiste Duroselle, Clémenceau. Paris 1988. S. 817
45 Karl Pröll, Kalender aller Deutschen auf das Jahr 1894. Berlin 1893. S. V
46 Heinrich Mann, Politische Essays. Berlin 1954. S. 26 ff.
47 Ernst Hasse am Alldeutschen Verbandstag in Hamburg vom 30. August 1899. Kundgebungen, Beschlüsse und Forderungen des Alldeutschen Verbandes 1890–1902. München 1902. S. 88
48 Franz Gress, Germanistik und Politik. Kritische Beiträge zur Geschichte einer nationalen Wissenschaft. Stuttgart 1971. S. 96 ff.
49 Ibid., S. 119
50 Klaus Urner, Die Deutschen in der Schweiz. Bd. 2. S. 529 ff. – Zur Geschichte des Alldeutschen Verbandes u. a.: Alfred Kruck, Geschichte des Alldeutschen Verbandes 1890–1939. Wiesbaden 1954. – Roger Chickering, We Men Who Feel Most German. A Cultural Study of the Pan-German League, 1888–1914. Boston 1984
51 Zit nach: Alfred Kruck, Geschichte des Alldeutschen Verbandes 1890–1939. S. 7
52 Karl Pröll, Kalender aller Deutschen auf das Jahr 1894. S. I
53 Ernst Hasse, Deutsche Grenzpolitik. München 1906. S. 169 ff.
54 Kundgebungen, Beschlüsse und Forderungen des Alldeutschen Verbandes 1890–1902. München 1902. S. 94 f.
55 Ibid., S. 96 f.
56 Fritz Bley, Die Weltstellung des Deutschtums. München 1897. S. 39
57 Wilhelm II. an den schwedischen Kronprinzen Gustav, 25. Juli 1895. Alfred Kruck, Geschichte des Alldeutschen Verbandes 1890–1939. S. 33
58 Theodor Schieder, Das deutsche Kaiserreich von 1871 als Nationalstaat. S. 53
59 Kundgebungen, Beschlüsse und Forderungen des Alldeutschen Verbandes 1890–1902. S. 94
60 Alfred Kruck, Geschichte des Alldeutschen Verbandes 1890–1939. S. 55 ff.
61 Otfried Nippold, Der deutsche Chauvinismus. Stuttgart 1913. S. 71
62 Alfred Kruck, Geschichte des Alldeutschen Verbandes 1890–1939. S. 59 ff.
63 Ibid., S. 191 ff.
64 Zit. nach: Harry Pross, Die Zerstörung der deutschen Politik. S. 128 ff.
65 Ibid., S. 135
66 Klaus Urner, Die Deutschen in der Schweiz. Bd. 1, S. 68 ff.
67 Ibid., S. 72 f.
68 Ibid., S. 73 ff.
69 Darüber ausführlich: Teil III. Der Sprachenkonflikt
70 Über die deutsche Kolonie an der Universität Lausanne: Klaus Urner, Die Deutschen in der Schweiz. Bd. 2, S. 501 ff.
71 Ibid., S. 505
72 Ibid., S. 506
73 Zum Konflikt Kuhlenbeck-Erman: Heinrich Erman, Das Lausanner Deutschtum und der Streit Kuhlenbeck-Herzen. Münster i. W. 1908. – Ludwig Kuhlenbeck, Lausanne. Ein Wort der Berichtigung und Abwehr. München 1908
74 Klaus Urner, Die Deutschen in der Schweiz. Bd. 2. S. 508

75 Ibid., S. 514
76 Ibid., S. 540 ff.
77 Einige dieser signierten Schriften sind später in die Zentralbibliothek Zürich gelangt.
78 Kurt Huber, Drohte dem Tessin Gefahr? S. 44 f.
79 Ibid., S. 63
80 Ibid., S. 67
81 Ibid., S. 64
82 DDS V. Oberstkorpskommandant U. Wille an den Vorsteher des Militärdepartements, E. Müller. 4. November 1909. S. 593
83 Eduard Feer, Carl Feer-Herzog 1820–1880. Lebensbilder aus dem Aargau 1803–1953. S. 237
84 Bernhard Wehrli, Aus der Geschichte des Schweizerischen Handels- und Industrie-Vereins. Erlenbach 1970. S. 125
85 DDS III. Protokoll der Sitzung des Bundesrates vom 28. Mai 1886. Annex: Der Vorort des Schweizerischen Handels- und Industrievereins an den Vorsteher des Handels- und Landwirtschaftsdepartements, N. Droz. 19. Juni 1885. S. 648 ff.
86 Adolf Lacher, Die Schweiz und Frankreich vor dem Ersten Weltkrieg. S. 125–149
87 DDS IV. Le Ministre de Suisse à Paris, Ch. Lardy, au Chef du Département des Affaires étrangères, N. Droz. 16. Februar 1891. S. 96
88 Adolf Lacher, Die Schweiz und Frankreich vor dem Ersten Weltkrieg. S. 133
89 DDS IV. Le Ministre de Suisse à Paris, Ch. Lardy, au Chef du Département des Affaires étrangères, A. Lachenal. 14. und 17. Juni 1895. S. 387 ff.
90 Zur Agrarpolitik des Bundes siehe: Werner Baumann, Bauernstand und Bürgerblock. Ernst Laur und der Schweizerische Bauernverband 1897–1918. Zürich 1993. S. 52 ff.
91 Bernhard Wehrli, Aus der Geschichte des Schweizerischen Handels- und Industrie-Vereins. S. 130
92 Adolf Lacher, Die Schweiz und Frankreich vor dem Ersten Weltkrieg. S. 146 f.
93 Ibid., S. 150 ff.
94 Eduard Feer, Carl Feer-Herzog 1820–1880. Lebensbilder aus dem Aargau 1803–1953. S. 234
95 Eduard Kellenberger, Lateinische Münzunion. Handbuch der Schweizerischen Volkswirtschaft. Bd. II. Bern 1955. S. 208 ff.
96 Hans Bauer, Schweizerischer Bankverein 1872–1972. Basel 1972. S. 22
97 Ibid., S. 27 ff. – Siehe auch: Jean-François Bergier, Wirtschaftsgeschichte der Schweiz. Zürich 1983. S. 324 ff.
98 Jacques Droz, L'Europe centrale. Evolution historique de l'idée de «Mitteleuropa». Paris 1960. S. 54 ff.
99 DDS III. Protokoll der Sitzung des Bundesrates vom 12. Dezember 1887. Motion Berger. S. 779
100 Ibid., S. 779 f.
101 Fritz Bley, Die Weltstellung des Deutschtums. S. 32
102 Ernst Röthlisberger, Die internationale Bedeutung der Schweiz. Die Schweiz im 19. Jahrhundert (Hrsg. Paul Seippel). Bern 1899. S. 563
103 Ibid., S. 596
104 Ibid., S. 563 ff. – Siehe auch: Handbuch der Schweizer Geschichte. Bd. 2. S. 1119 f.
105 Urs Zwahlen, Bürgerliche Friedensbewegung und Pazifismus der Arbeiterbewegung in der Schweiz bis zum Ersten Weltkrieg. Bern 1991. S. 106 ff.
106 DDS IV. Le Président de la Confédération et Chef du Département politique, E. Müller, au Ministre de la Suisse à Berlin, A. Roth. 5. Mai 1899. S. 678 f.
107 DDS IV. Le Ministre de Suisse à Berlin, A. Roth, au Président de la Confédération et Chef du Département politique, E. Müller. 8. Mai 1899. S. 679 f.
108 DDS IV. Le Président de la Confédération et Chef du Département politique, E. Müller, à A. Künzli, délégué à la Conférence de La Haye. 17. Juni 1899. S. 697 f.

109 Adolf Lacher, Die Schweiz und Frankreich vor dem Ersten Weltkrieg. S. 24 ff.
110 Lotti Genner, Die diplomatischen Beziehungen zwischen England und der Schweiz von 1870 bis 1890. S. 20 ff. – Siehe auch: Edgar Bonjour, Geschichte der schweizerischen Neutralität. Bd. 2. S. 90 ff. – Ernst Röthlisberger, Die internationale Bedeutung der Schweiz. Die Schweiz im 19. Jahrhundert (Hrsg. Paul Seippel). Bd. 1. S. 559 ff.
111 DDS IV. Protokoll des Bundesrats vom 3. Februar 1899. S. 636
112 DDS III. Der schweizerische Delegierte an der Brüsseler Kriegsrechtkonferenz, B. Hammer, an den Bundespräsidenten und Vorsteher des Politischen Departements, K. Schenk. 18. August 1874. S. 123 f.
113 DDS IV. Le Chargé d'affaires de Suisse à Vienne, F. Dumartheray, au Président de la Confédération et Chef du Département politique, E. Ruffy. 8. September 1898. S. 594
114 Ibid., S. 592 f.
115 DDS IV. Le Ministre de Suisse à Paris, Ch. Lardy, au Président de la Confédération et Chef du Département politique, S. Müller. 8. April 1899. S. 662 f.
116 DDS IV. Le Chef du Bureau de l'Etat-major général, A. Keller, au Chef du Département militaire, E. Ruffy. 22. Februar 1899. S. 647 ff.
117 Ibid., S. 649
118 DDS IV. Discours du Délégué suisse à la Conférence de La Haye, A. Künzli, à la séance de la 2e sous-commission de la IIe Commission. 20. Juni 1899. S. 701 ff.
119 DDS V. Antrag des Vorstehers des Militärdepartements, E. Müller, an den Bundesrat. 18. Juni 1906. S. 287
120 Ibid., S. 289 f.
121 DDS V. Der Chef der Generalstabsabteilung, Th. von Sprecher, an den Vorsteher des Militärdepartements, E. Müller. 4. Oktober 1906. S. 326 ff.
122 Rolf Soiron, Der Beitrag der Schweizer Aussenpolitik zum Problem der Friedensorganisation am Ende des Ersten Weltkrieges. Basel 1973. S. 49 f.
123 Max Huber, Denkwürdigkeiten 1907–1924. Zürich 1974. S. 31 ff.
124 R. Lüthy, Die europäischen Kleinstaaten und die Haager Friedenskonferenz von 1899. Winterthur 1954.
125 Max Huber, Denkwürdigkeiten 1907–1924. S. 31
126 Ibid., S. 34
127 Rolf Soiron, Der Beitrag der Schweizer Aussenpolitik zum Problem der Friedensorganisation am Ende des Ersten Weltkrieges. S. 49
128 DDS V. Protokoll der Sitzung des Bundesrates vom 6. August 1907. S. 408 ff.
129 Ibid., Annex. S. 410 f.
130 DDS V. Protokoll der Sitzung des Bundesrates vom 7. September 1907. S. 422 f.
131 Max Huber, Denkwürdigkeiten 1907–1924. S. 38 ff.
132 Ibid., S. 47 f.
133 Ibid., S. 54 ff. – Rolf Soiron, Der Beitrag der Schweizer Aussenpolitik zum Problem der Friedensorganisation am Ende des Ersten Weltkrieges. S. 52 ff.
134 Markus Mattmüller, Leonhard Ragaz und der religiöse Sozialismus. Bd. 2. Zürich 1968. S. 265
135 Siehe Anm. 113
136 DDS V. Protokoll der Sitzung des Bundesrates vom 1. Oktober 1907. S. 427 f.
137 Urs Zwahlen, Bürgerliche Friedensbewegung und Pazifismus der Arbeiterbewegung in der Schweiz bis zum Ersten Weltkrieg. S. 66 ff.
138 Ibid., S. 68 f.
139 Ibid., S. 72 ff.
140 Ibid., S. 76 ff. – Siehe auch: Ernst Röthlisberger, Die internationale Bedeutung der Schweiz. S. 557 ff. – Markus Mattmüller, Leonhard Ragaz und der religiöse Sozialismus. Bd. 2. S. 264 ff.
141 Ducommin hatte bei der Expedition von Perrier le Rouge in Genf eine zweideutige Rolle gespielt.

142 Urs Zwahlen, Bürgerliche Friedensbewegung und Pazifismus der Arbeiterbewegung in der Schweiz bis zum Ersten Weltkrieg. S. 94 ff.
143 Ibid., S. 95 f.
144 Ibid., S. 107 f.
145 Eduard Weckerle, Herman Greulich. Ein Sohn des Volkes. Zürich 1947. S. 293 ff.
146 Urs Zwahlen, Bürgerliche Friedensbewegung und Pazifismus der Arbeiterbewegung in der Schweiz bis zum Ersten Weltkrieg. S. 318 ff.
147 Ibid., S. 458 f.
148 Eduard Weckerle, Herman Greulich. Ein Sohn des Volkes. S. 296
149 Ulrich Im Hof, Mythos Schweiz. Identität – Nation – Geschichte. Zürich 1991. S. 179
150 Bernhard Degen, Krieg dem Krieg! Basler Friedenskonferenz 1912. Basel 1990
151 NZZ 19. & 25. November 1912
152 Markus Bolliger, Die Basler Arbeiterbewegung im Zeitalter des Ersten Weltkrieges und der Spaltung der Sozialdemokratischen Partei. Basel 1970. S. 68 f.
153 Urs Zwahlen, Bürgerliche Friedensbewegung und Pazifismus der Arbeiterbewegung in der Schweiz bis zum Ersten Weltkrieg. S. 469 ff.
154 NZZ 5. Mai 1913
155 NZZ 13. Mai 1913
156 Ibid.
157 DDS V. Der Bundespräsident und Vorsteher des Politischen Departements, E. Müller, an den schweizerischen Gesandten in Paris, Ch. Lardy. 30. April 1913. S. 790
158 NZZ 14. Mai 1913
159 Otfried Nippold, Der deutsche Chauvinismus. S. 26 ff.
160 Ibid., S. 35
161 Herder Staatslexikon. 3. Aufl., Bd. 2. Freiburg im Breisgau 1909. S. 342
162 Edith Picard, Die deutsche Einigung im Lichte der schweizerischen Öffentlichkeit 1866–1871. S. 218
163 Hans-Ulrich Wehler, Sozialdemokratie und Nationalstaat. Nationalitätsfragen in Deutschland 1840–1914. Göttingen 1962. S. 116 f.
164 Jacques Droz, Sozialismus, Zweite Internationale und Erster Weltkrieg. Frankfurt 1974. S. 21 ff.
165 Adolfo Omodeo, Die Erneuerung Italiens und die Geschichte Europas 1700–1920. S. 711
166 Paul Seippel, Die Schweiz im neunzehnten Jahrhundert. Bd. 3. S. 578
167 Guido Pedroli, Il socialismo nella Svizzera italiana (1880–1922). S. 43 ff.
168 DDS V. Der bernische Polizeiunteroffizier Mollet an den bernischen Polizeidirektor, R. von Erlach. 15. April 1912. S. 680
169 Klaus Urner, Die Deutschen in der Schweiz. Bd. 1. S. 160
170 Ibid., S. 161
171 Zit. nach: Herder Staatslexikon. 3. Aufl. Bd. 3. Freiburg im Breisgau 1910. S. 742
172 Ibid., S. 744
173 Hans-Ulrich Wehler, Sozialdemokratie und Nationalstaat. S. 118
174 Klaus Urner, Die Deutschen in der Schweiz. Bd. 1. S. 156
175 Justus Franz Wittkop, Michail A. Bakunin in Selbstzeugnissen und Bilddokumenten. Hamburg 1974. S. 92
176 Ibid., S. 103 – Klaus Urner, Die Deutschen in der Schweiz. Bd. 1. S. 230 ff. – Rolf R. Bigler, Der libertäre Sozialismus in der Westschweiz. Köln 1963
177 Klaus Urner, Die Deutschen in der Schweiz. Bd. 1. S. 232
178 Werner Sombart, Sozialismus und Soziale Bewegung. Jena 1919. S. 109 ff.
179 Ibid., S. 123 f.
180 Rudolf Schlaepfer, Die Ausländerfrage in der Schweiz vor dem Ersten Weltkrieg. Zürich 1969. S. 148 ff.

181 Klaus Urner, Die Deutschen in der Schweiz. Bd. 1. S. 226 ff.
182 Rudolf Schlaepfer, Die Ausländerfrage in der Schweiz vor dem Ersten Weltkrieg. S. 149
183 Ibid., S. 150
184 Klaus Urner, Die Deutschen in der Schweiz. Bd. 1. S. 312 ff.
185 Ibid., S. 321
186 Ibid., S. 226 ff.
187 Rudolf Schlaepfer, Die Ausländerfrage in der Schweiz vor dem Ersten Weltkrieg. S. 19 ff.
188 Siehe Teil I.: Deutsche Einheit und deutscher Imperialismus: Affäre Wohlgemuth.
189 August Bebel, Aus meinem Leben. Berlin 1976. S. 145
190 DDS III. Protokoll der Sitzung des Bundesrates vom 18. April 1888. S. 821 – Siehe auch: Lotti Genner, Die diplomatischen Beziehungen zwischen England und der Schweiz von 1870 bis 1890. S. 130 ff.
191 Aus dem politischen Briefwechsel von Georg von Wyss (Hrsg. Anton Largiadèr). Zürcher Taschenbuch auf das Jahr 1947. Zürich 1946. S. 147–165
192 «Züricher Post», 21. April 1881
193 Klaus Urner, Die Deutschen in der Schweiz. Bd. 1. S. 335 ff.
194 Ibid., S. 372 f.
195 Ibid., S. 356
196 Rudolf Hoegger, Revolution – auch in der Kleinstadt. Badener Neujahrsblätter 1969. S. 59
197 Hanspeter Schüepp, Die Diskussion über die schweizerische Demokratie von 1904–1914. Zürich 1969. S. 146 ff.
198 Klaus Urner, Die Deutschen in der Schweiz. Bd. 1. S. 266 ff.
199 Hartmut Vinçon, Frank Wedekinds Maggi-Zeit. Darmstadt 1995. S. 7 ff.
200 Fritz Brupbacher, 60 Jahre Ketzer. Zürich 1935. S. 67
201 Jakob Christoph Heer, Im deutschen Reich. Reisebilder. Zürich 1895. S. 161
202 Klaus Urner, Die Deutschen in der Schweiz. Bd. 1. S. 277 f.
203 Verena Stadler-Labhart, Rosa Luxemburg an der Universität Zürich 1889–1897. Zürich 1978. S. 20 ff.
204 Ibid., S. 21
205 Ibid., S. 16
206 Rosa Luxemburg, Herzlichst Ihre Rosa. Ausgewählte Briefe. Berlin 1989. S. 78
207 Verena Stadler-Labhart, Rosa Luxemburg an der Universität Zürich 1889–1897. S. 22 ff.
208 Hans-Ulrich Wehler, Sozialdemokratie und Nationalstaat. S. 114 f.
209 Ibid., S. 117
210 Bernhard Degen, Sozialdemokratie: Gegenmacht? Opposition? Bundesratspartei? Die Geschichte der Regierungsbeteiligung der schweizerischen Sozialdemokraten. Zürich 1993. S. 18 f.
211 Hans-Ulrich Wehler, Sozialdemokratie und Nationalstaat. S. 58 ff.
212 Ibid., S. 64
213 Ibid., S. 70 ff.
214 Ibid., S. 80 f. – Siehe auch: Gustave Hervé, Elsass-Lothringen und die deutsch-französische Verständigung. München 1913
215 Hans-Ulrich Wehler, Sozialdemokratie und Nationalstaat. S. 179 ff.
216 Ibid., S. 147
217 Ibid., S. 149
218 Jacques Droz, Sozialismus, Zweite Internationale und Erster Weltkrieg. Frankfurt 1976. S. 35
219 Ibid., S. 35
220 Ibid., S. 32
221 Eduard Vischer, Rudolf Rauchenstein und Andreas Heusler. Ein politischer Briefwechsel aus den Jahren 1839–1841. Aarau 1951. S. 136

222 Edgar Bonjour, Geschichte der schweizerischen Neutralität. Bd. II. S. 47
223 Albert Tanner, Arbeitsame Patrioten – wohlanständige Damen. Bürgertum und Bürgerlichkeit in der Schweiz 1830–1914. Zürich 1995. S. 701 f.
224 Ulrich Im Hof, Mythos Schweiz. S. 208 ff.
225 Erich Gruner, Die Wirtschaftsverbände in der Demokratie. Vom Wachstum der Wirtschaftsorganisationen im schweizerischen Staat. Zürich 1956. S. 70 ff.
226 Albert Tanner, Arbeitsame Patrioten – wohlanständige Damen. S. 696 f.
227 Robert Faesi, Erlebnisse, Ergebnisse. Erinnerungen. Zürich 1963. S. 111
228 Erich Gruner, Die Wirtschaftsverbände in der Demokratie. S. 129
229 Herder Staatslexikon. 3. Aufl. Bd. 4. Freiburg i. Brsg. 1911. S. 1273 f.
230 Ibid. S. 1286 f.
231 Herder Staatslexikon. 5. Aufl. Bd. 3. Freiburg i. Brsg. 1929. S. 472 ff.
232 Erich Gruner, Die Wirtschaftsverbände in der Demokratie. S. 129 f.
233 Aram Mattioli, Zwischen Demokratie und totalitärer Diktatur. Gonzague de Reynold und die Tradition der autoritären Rechten in der Schweiz. Zürich 1994. S. 72 ff.
234 Werner Baumann, Bauernstand und Bürgerblock. Ernst Laur und der Schweizerische Bauernverband 1897–1918. Zürich 1993. S. 117
235 Ibid., S. 50 ff.
236 Ibid., S. 73
237 Sibylle Obrecht, Raiffeisen. Menschen – Geld – Geschichte. Frauenfeld 2000. S. 20 ff.
238 Werner Baumann, Bauernstand und Bürgerblock. S. 52 f.
239 Ibid., S. 99 ff.
240 Ibid., S. 104 f.
241 Ibid., S. 116
242 Ibid., S. 192 f.
243 Benziger's Marienkalender 1914. Einsiedeln 1914. S. 45 ff.
244 Werner Baumann, Bauernstand und Bürgerblock. S. 192
245 Ibid., S. 90 f.
246 Friedrich v. Bernhardi, Deutschland und der nächste Krieg. 6. Aufl. Stuttgart 1913. S. 19
247 Ibid., S. 7
248 Ibid., S. 24 f.
249 Ibid., S. 21
250 Thomas Mann, Betrachtungen eines Unpolitischen. Frankfurt 1956. S. 108
251 DDS V. Der Sekretär des Politischen Departements, Ch. Bourcart, an den Bundespräsidenten und Vorsteher des Politischen Departements, L. Forrer. S. 695 f.
252 Rudolf Jaun, Preussen vor Augen. Das schweizerische Offizierskorps im militärischen und gesellschaftlichen Wandel des Fin de siècle. Zürich 1999. S. 181
253 Werner Baumann, Bauernstand und Bürgerblock. S. 281
254 Otfried Nippold, Der deutsche Chauvinismus. Stuttgart S. 1
255 Friedrich Vogt, Max Koch, Geschichte der Deutschen Literatur von den ältesten Zeiten bis zur Gegenwart. Bd. 2. Leipzig 1914. S. 517 f.
256 Friedrich v. Bernhardi, Deutschland und der nächste Krieg. S. 88
257 Otfried Nippold, Der deutsche Chauvinismus. S. 10.
258 Ibid., S. 26
259 Georg Webers Lehr- und Handbuch der Weltgeschichte. 22. Aufl. Bd. 4, Leipzig 1914. S. 755
260 Ludwig Quidde, Caligula. Schriften über Militarismus und Pazifismus. Frankfurt 1977. S. 108 f.
261 Heinrich Mann, Politische Essays. S. 20 f.
262 Claude Digeon, La Crise allemande de la pensée française (1870–1914). Paris 1959
263 Siehe Teil III. Die Befindlichkeit des Kleinstaats: Der französische Nationalismus und die Romandie. 1. Die Reaktion auf die Niederlage
264 G. Hubert, La Prochaine Guerre. Victoire ou Défaite. Paris 1900

265 Raoul Girardet, Le Nationalisme français 1871–1914. Paris 1966. S. 125 ff.
266 Ibid., S. 229 f.
267 Rudolf Jaun, Preussen vor Augen. S. 77 ff.
268 Adolf Lacher, Die Schweiz und Frankreich vor dem Ersten Weltkrieg. S. 29 ff. – Siehe auch: Daniel Sprecher, Generalstabschef Theophil Sprecher von Bernegg. Zürich 2000. S. 106 ff.
269 Arnold Linder, Arnold Keller (1841–1934). S. 46 ff.
270 Siehe Teil I.: Deutsche Einheit und deutscher Imperialismus. Das getrübte Verhältnis zu Italien.
271 DDS V. Der Bundespräsident und Vorsteher des Politischen Departements, L. Forrer, an den Vorsteher des Militärdepartements, A. Hoffmann. 2. Mai 1912. S. 690 f.
272 Zit. nach: Rudolf Jaun, Preussen vor Augen. S. 84
273 Siehe Teil I.: Die Spielräume des neutralen Staates.
274 Johann Conrad Bluntschli, Denkwürdigkeiten aus meinem Leben. Bd. 3. Nördlingen 1884. S. 471
275 Rudolf Jaun, Preussen vor Augen. S. 133 ff.
276 Ibid., S. 68 ff. – Siehe auch: Jakob Aellig, Die Aufhebung der schweizerischen Söldnerdienste im Meinungskampf des 19. Jahrhunderts.
277 Arnold Linder, Arnold Keller (1841–1934). S. 25 ff. – Rudolf Jaun, Das Eidgenössische Generalstabskorps 1804–1874. Der Schweizerische Generalstab. Bd. III. Basel 1983. – Rudolf Jaun, Preussen vor Augen. S. 49 ff.
278 Ibid., S. 73 ff.
279 Ibid., S. 115 ff.
280 Ibid., S. 118 ff. – Rolf Zschokke, Christian Emil Rothpletz 1824–1897. Lebensbilder aus dem Aargau 1803–1953. S. 290 ff.
281 Rudolf Jaun, Preussen vor Augen. S. 122 f.
282 Ibid., S. 133–345
283 General Wille, Gesammelte Schriften. Herausgegeben von Edgar Schumacher. Zürich 1941. S. 483 f.
284 Ibid., S. 70
285 Carl Helbling, General Ulrich Wille. Zürich 1957. S. 104
286 Rudolf Jaun, Preussen vor Augen. S. 211 ff. – Zu diesem Thema siehe den Roman: Meinrad Inglin, Der Schweizerspiegel.
287 General Wille, Gesammelte Schriften. S. 176
288 Carl Helbling, General Ulrich Wille. S. 30 ff.
289 Rudolf Jaun, Preussen vor Augen. S. 144
290 Ibid., S. 155 ff.
291 General Wille, Gesammelte Schriften. S. 495 ff.
292 Rudolf Jaun, Preussen vor Augen. S. 167 ff.

3 Die Befindlichkeit des Kleinstaats

1 Theodor Schieder, Das Deutsche Kaiserreich von 1871 als Nationalstaat. S. 56 f.
2 Helmuth Plessner, Die verspätete Nation. Über die politische Verführbarkeit des bürgerlichen Geistes. Bd. 6. Frankfurt 1980–85. S. 43
3 Theodor Fontane, Aus den Tagen der Okkupation. München 1962. S. 464 f.
4 Franz Gress, Germanistik und Politik. Kritische Beiträge zur Geschichte einer nationalen Wissenschaft. S. 120
5 Zit. nach: Franz Gress, Germanistik und Politik. S. 119
6 Theodor Schieder, Das Deutsche Kaiserreich von 1871 als Nationalstaat. S. 66
7 Georg Dehio, Geschichte der Deutschen Kunst. Berlin 1919. S. 5 ff.
8 Zit. nach: Theodor Schieder, Das Deutsche Kaiserreich von 1871 als Nationalstaat. S. 69 f.

9 Über die Reichsuniversität Strassburg siehe: Theodor Schieder, Das Deutsche Kaiserreich von 1871 als Nationalstaat. S. 65 ff. – Franz Gress, Germanistik und Politik. S. 59 ff.
10 Theodor Schieder, Das Deutsche Kaiserreich von 1871 als Nationalstaat. S. 171 f.
11 Franz Gress, Germanistik und Politik. S. 61 f.
12 Ibid., S. 116 ff.
13 Theodor Schieder, Das Deutsche Kaiserreich von 1871 als Nationalstaat. S. 29 f.
14 Josef Nadler, Literaturgeschichte der deutschen Schweiz. Leipzig 1932. S. 360 f.
15 Ludwig Quidde, Caligula. Schriften über Militarismus und Pazifismus. S. 11 f.
16 Die Universität Zürich 1833–1933 und ihre Vorläufer. Festschrift zur Jahrhundertfeier. Zürich 1938. S. 641 ff.
17 Ibid., S. 648
18 Rudolf Schlaepfer, Die Ausländerfrage in der Schweiz vor dem Ersten Weltkrieg. S. 115
19 Die Universität Zürich 1833–1933 und ihre Vorläufer. S. 592 ff.
20 Carl Albert Loosli, Ausländische Einflüsse in der Schweiz. Zit. nach Schlaepfer, Ausländerfrage. S. 250
21 Die Universität Zürich 1833–1933 und ihre Vorläufer. S. 611 ff.
22 Lynn Blattmann, «Formen sind kein leerer Wahn». Schweizerische Studentenverbindungen vor 1914. Manus. Zürcher Dissertation
23 Die Universität Zürich 1833–1933 und ihre Vorläufer. S. 629
24 DDS III. Der deutsche Diplomat J. von Radewitz an die deutsche Regierung. St. Petersburg. 17. Februar 1875. S. 140
25 Die Universität Zürich 1833–1933 und ihre Vorläufer. S. 627 ff.
26 Fritz Brupbacher, 60 Jahre Ketzer. S. 52 ff.
27 Ekkehard Mai, Realismus und nationale Kunst. Von Anker bis Zünd. Katalog Kunsthaus Zürich. Zürich 1998. S. 37
28 Albert Schoop, Johann Konrad Kern. Bd. I. S. 36 ff.
29 Georg Germann, Neugotik. Geschichte ihrer Architekturtheorie. Stuttgart 1972 – Dieter Dolgner, Historismus. Deutsche Baukunst 1815–1900. Leipzig 1993. S. 20 ff.
30 Zit. nach Germann, Neugotik. S. 139
31 Ursula Isler-Hungerbühler, Johann Rudolf Rahn. Begründer der schweizerischen Kunstgeschichte. Zürich 1956. S. 28
32 Dieter Dolgner, Historismus. S. 22
33 Jakob Christoph Heer, Im deutschen Reich. Zürich 1893
34 Charles de Montalembert, Oeuvres Bd. VI., Paris 1861, S. 42
35 DDS V. Der schweizerische Gesandte in Berlin, A. de Claparède, an den Bundespräsidenten und Vorsteher des Politischen Departements, E. Brenner. 30. Januar 1908. S. 482
36 Ekkehard Mai, Realismus und nationale Kunst. S. 39 f.
37 Franz Zelger, Heldenstreit und Heldentod. Schweizerische Historienmalerei im 19. Jahrhundert. Zürich 1973. S. 17 ff.
38 Ulrich Im Hof, Mythos Schweiz. S. 234 ff.
39 Zit. nach: Franz Zelger, Heldenstreit und Heldentod. S. 31
40 Ibid., S. 81
41 Die Universität Zürich 1833–1933 und ihre Vorläufer. S. 614 ff.
42 Dieter Dolgner, Historismus. S. 99 ff.
43 Hans-Christoph von Tavel, Nationale Bildthemen. Ars Helvetica X. Disentis 1992. S. 103 ff.
44 Klaus Scholder, Aufklärung, Absolutismus und Bürgertum in Deutschland. München 1976. S. 310
45 Zit. nach: Handbuch der Schweizer Geschichte. Bd. 2. S. 899
46 Gerold Meyer von Knonau, Georg von Wyss. Neujahrsblatt des Waisenhauses in Zürich, 1896. Heft 59. S. 85. – Über Georg von Wyss siehe auch: Edith Picard, Die deutsche Einigung im Lichte der schweizerischen Öffentlichkeit 1866–1871. S. 307 ff.
47 Alfred Kruck, Geschichte des Alldeutschen Verbandes 1890–1939. S. 12

48 Peter Stadler, Der Kulturkampf in der Schweiz. S. 400
49 Karl Schmid, Unbehagen im Kleinstaat. Zürich 1963. S. 150 f.
50 Herder Staatslexikon. 5. Aufl. Bd. II. Freiburg i. Br. 1927. S. 1135
51 Zit. nach: Georg Lukàcs, Von Nietzsche zu Hitler oder der Irrationalismus und die deutsche Politik. Frankfurt 1966. S. 41 f.
52 Zit. nach: Herder Staatslexikon. 3. Aufl. Bd. III. Freiburg i. Br. 1910. S. 1286
53 Zit. nach: Alfred Egger, Die Freiheitsidee in der Gegenwart. Zürich 1917. S. 14 f.
54 Ferdinand Vetter, Eidgenössisches Landesmuseum oder Unterstützung örtlicher Altertumssammlungen. Bern 1889. S. 1
55 Zit. nach: Elisabeth Fehrenbach, Wandlungen des deutschen Kaisergedankens 1871–1918. S. 91
56 Ernest Renan, Qu'est-ce qu'une nation? Discours et conférences. Paris 1887. S. 277–310
57 Fritz Fick, Gibt es eine schweizerische Nation und Kultur? Zürich 1910
58 Ibid., S. 63 f.
59 Fritz Fick war der Sohn von Heinrich Fick, dem deutschnationalen Dozenten für Jurisprudenz an der Universität Zürich. Er wurde am 9. März 1871 in Zürich geboren, am selben Abend, an dem der Tonhalle-Krawall in Szene ging.
60 Alfred Egger, Die Freiheitsidee in der Gegenwart. S. 15
61 Herder Staatslexikon, 5. Aufl. Freiburg i. Br. 1929. Bd. III. S. 1491
62 Carl Hilty, Die schweizerische Nationalität. Bern 1875. S. 16 ff.
63 Johann Caspar Bluntschli, Die schweizerische Nationalität. Gesammelte kleine Schriften, Bd. 2. Nördlingen 1881. S. 114 ff.
64 Max Jaeger, Die Frage einer schweizerischen Nation. Diss. Bern 1909. S. 27 f.
65 Urs Altermatt, Die Schweizer Bundesräte. Zürich 1991. S. 46
66 Ernest Renan, Qu'est-ce qu'une nation? Discours et conférences. S. 277–310. – Siehe auch: Maria Zenner, Die Nation im Denken Ernest Renans. Politische Ideologien und nationalstaatliche Ordnung. Festschrift Theodor Schieder. München 1968
67 Zit. nach: Klaus Urner, Die Deutschen in der Schweiz. Bd. I. S. 39
68 Albert Schoop, Johann Konrad Kern. Bd. 2. S. 427
69 Albrecht Wirth, Deutsches Volkstum. Leipzig 1907. S. 37 – Dazu Herder Staatslexikon Bd. III. Freiburg i. Br. 1929. Stichwort «Nation»: «Die Bestrebungen der nationalistischen Rassentheoretiker wirken eher nationauflösend als nationbildend.»
70 Alfred Kirchhoff, Zur Verständigung über die Begriffe Nation und Nationalität. Halle a. S. 1905. S. 9 und S. 44
71 Herder Staatslexikon. 3. Aufl. Freiburg i. Br. 1910. Bd. III. S. 1276
72 Kundgebungen, Beschlüsse und Forderungen des Alldeutschen Verbandes 1890–1902. S. 88 f.
73 Arthur Gobineau, Oeuvres. Bd. I. Paris 1983–1987. S. XXI. – Gobineau legte sich 1853 nach seiner Tätigkeit an der französischen Gesandtschaft in Bern den Grafentitel selbst zu, da er sich im diplomatischen Dienst und in den Kreisen der Legitimisten als nützlich erweisen konnte.
74 Ernst Gagliardi, Geschichte der Schweiz von den Anfängen bis zur Gegenwart. Bd. 3. Zürich 1927. S. 26 f.
75 Arthur Gobineau, Oeuvres. Bd. I. Einleitung von Jean Gaulmier.
76 Ibid., Bd. I. S. IV
77 Zit. nach: Fritz Fick, Gibt es eine schweizerische Nation und Kultur? 78 Ibid., S. 22 f. – Als Fritz Fick seine Rassentheorie entwickelte, war er Präsident des Vereins schweizerischer Juristen.
79 Heinrich Fick, Ein Lebensbild. Bd. II. Zürich 1908. S. 293
80 Werner Baumann, Bauernstand und Bürgerblock. S. 281
81 Urs Zwahlen, Bürgerliche Friedensbewegung und Pazifismus der Arbeiterbewegung in der Schweiz bis zum Ersten Weltkrieg. S. 322

82 Fritz Brupbacher, 60 Jahre Ketzer. S. 58
83 Zit. nach: Rudolf Schlaepfer, Die Ausländerfrage in der Schweiz vor dem Ersten Weltkrieg. S. 253. – Siehe auch: Hans Ulrich Jost, Die reaktionäre Avantgarde. Zürich 1992. S. 104 ff.
84 Aram Mattioli (Hrsg.), Intellektuelle von rechts. Ideologie und Politik in der Schweiz 1918–1939. Zürich 1995. S. 91 ff.
85 Raoul Girardet, Le nationalisme français 1871–1914. Paris 1963. S. 102 f.: Débats parlementaires, 25. Juli 1885
86 Zit. nach: Urs Zwahlen, Bürgerliche Friedensbewegung und Pazifismus der Arbeiterbewegung in der Schweiz bis zum Ersten Weltkrieg. S. 175
87 Heinrich Morf, Deutsche und Romanen in der Schweiz. Zürich 1901. S. 44 f.
88 Eduard Blocher, Die gemeinschaftsbildende Kraft der Sprache. Wissenschaftliche Beihefte zur Zeitschrift des Allgemeinen Deutschen Sprachvereins. Berlin 1918. S. 253–267
89 Eduard Blocher, Unser persönliches Verhältnis zur deutschen Muttersprache. Wissenschaftliche Beihefte zur Zeitschrift des Allgemeinen Deutschen Sprachvereins. Berlin 1911. S. 98 ff.
90 Eduard Blocher, Über die Schädigung der Schüler durch Fremdsprachenunfug. Zürich 1910. S. 556
91 Eduard Blocher, Das sogenannte Nationalitätenprinzip. Basel 1918. S. 15
92 Fritz Fick, Gibt es eine schweizerische Nation und Kultur? S. 29 f.
93 Eduard Blocher, Sind wir Deutsche? Wissen und Leben. 15. Januar 1910. S. 18 f.
94 Wilhelm Oechsli, Noch eine Antwort an Herrn Blocher. Wissen und Leben. 15. März 1910. Zürich 1910. S. 676 f.
95 Heinrich Fick, Ein Lebensbild. Nach seinen eigenen Aufzeichnungen dargestellt und ergänzt von Helene Fick. Bd. 2. Zürich 1908. S. 391
96 Münchner «Allgemeine Zeitung» vom 6. Oktober 1895. Zit. nach: Heinrich Fick, Ein Lebensbild. Bd. 2. S. 391
97 Ibid., S. 225 und S. 121
98 Ibid., S. 226
99 Gartenlaube 1861. S. 731 ff.
100 Zu Bernold siehe: HBLS Bd. 2. S. 193
101 Heinrich Fick, Ein Lebensbild. Bd. 2 S. 179
102 Ibid., S. 105 ff.
103 Ibid., S. 285
104 Curt von Westernhaben, Wagner. Zürich 1968. S. 130
105 Richard Wagner, Gesammelte Schriften und Dichtungen. Bd. 10. Berlin o. J. S. 50
106 Emil Ermatinger, Keller. Briefe und Tagebücher. Brief an Theodor Storm vom 25. Juni 1878. Bd. III. Stuttgart 1919. S. 246
107 Zit. nach: Edith Picard, Die deutsche Einigung im Lichte der schweizerischen Öffentlichkeit 1866–1871. S. 321
108 Heinrich Fick, Ein Lebensbild. Bd. 2. S. 148 f. und S. 177 f.
109 Gottfried Keller, Gesammelte Briefe. Bd. 4. Bern 1954. S. 104 ff.
110 Zum Beispiel: Lesebuch für Gemeinde- und Fortbildungsschulen des Kantons Aargau. VI.–VIII. Schuljahr. Aarau 1913. S. 297 f.
111 Emil Ermatinger, Keller. Briefe und Tagebücher. Bd. III. S. 541
112 Anna von Doos, Briefe über C. F. Meyer, hg. von Hans Zeller. Bern 1960. S. 67
113 Briefe C. F. Meyers, nebst seinen Rezensionen und Aufsätzen. hg. von Adolf Frey. Bd. II. Autobiographische Skizzen. Leipzig 1908
114 Z. B. Karl Schmid, Unbehagen im Kleinstaat. Zürich 1963 – Edith Picard, Die Schweiz und die deutsche Einigung 1866–1871. S. 328 ff.
115 Zit. nach: Karl Schmid, Unbehagen im Kleinstaat. S. 78
116 Ibid., S. 83

117 Gottfried Keller, Der Grüne Heinrich. Fragmente aus der ersten Fassung: Aufbruch aus der Heimat. Bd. III. Zürich 1965. S. 229
118 Gottfried Keller, Der Grüne Heinrich. Fragmente aus der ersten Fassung: Das Reisegespräch mit dem Grafen. Bd. III. Zürich 1965. S. 240 f.
119 Emil Ermatinger, Keller. Briefe und Tagebücher. Brief an Ida Freiligrath vom 20. Dezember 1880. Bd. III. S. 328
120 Ibid., Brief an J. V. Widmann vom 23. September 1875. Bd. III. S. 149
121 Gottfried Keller, Werke. Aufsätze: Am Mythenstein (1861). Zürich 1965
122 Gottfried Keller, Gesammelte Werke. Stuttgart o. J. Bd. 5. S. 90
123 Klaus Urner, Die Deutschen in der Schweiz. Bd. I. S. 65
124 Heinrich Fick, Ein Lebensbild. Bd. 2. S. 275
125 Ibid., Bd. 2. S. 274 f. – Zur Abschiedsfeier für Gusserow siehe: Klaus Urner, Die Deutschen in der Schweiz. Bd. 1. S. 64 ff.
126 Rudolf Schlaepfer, Die Ausländerfrage in der Schweiz vor dem Ersten Weltkrieg. S. 100
127 Edith Picard, Die deutsche Einigung im Lichte der schweizerischen Öffentlichkeit 1866–1871. S. 354 – H. M. Kriesi, Gottfried Keller als Politiker. Frauenfeld 1914. Artikel von G. Keller im Anhang.
128 Fritz Fick, Gibt es eine schweizerische Nation und Kultur? S. 59
129 Emil Ermatinger, Keller. Briefe und Tagebücher. Brief an F. Th. Vischer vom 1. Oktober 1871. Bd. III. S. 34
130 Heinrich Fick, ein Lebensbild. Bd. 2. S. 228
131 Arnold Knellwolf, Was Schweizer Dichter über Deutschland dachten. Basel 1917
132 Walter Baumann (Hrsg.), Zürich la Belle Epoque. Zürich 1984. S. 90
133 Emil Ermatinger, Keller. Briefe und Tagebücher. Brief an J. Rodenberg vom 28. März 1882. Bd. 3. S. 389
134 Emil Ermatinger, Keller. Briefe und Tagebücher. Brief an E. Kuh vom 9. November 1874. Bd. 3. S. 111
135 Emil Ermatinger, Keller. Briefe und Tagebücher. Brief an Ferdinand Weibert vom 20. Mai 1875. Bd. 3. S. 126
136 Heinrich Fick, Ein Lebensbild. Bd. 2. S. 124
137 Emil Ermatinger, Keller. Briefe und Tagebücher. Bd. 3. S. 527 f. – Gottfried Keller, Gesammelte Briefe. Bd. 3. S. 263 ff.
138 Gottfried Keller, Gesammelte Briefe. Bd. 3. S. 263
139 Josef Viktor Widmann, Erinnerungen an Johannes Brahms. Zürich 1980. S. 60 f.
140 Gottfried Keller, Gesammelte Briefe. Bd. 3. S. 266
141 Gottfried Keller, Gesammelte Briefe. Bd. 3. S. 285
142 Ferdinand Vetter, Die Schweiz – eine «deutsche Provinz»? Berlin 1902. S. 10 – Vetters Verteidigungsschrift war Theodor Mommsen gewidmet, «dem verständnisvollen Beurteiler jüngster unverständiger Äusserungen schweizerischen Volksgefühls».
143 Ferdinand Vetter, Die Schweiz – eine «deutsche Provinz»? S. 16 ff.
144 Fritz Fick, Neutralität in Hemdsärmeln. Stimmen im Sturm. Zürich 1915. S. 14
145 Zit. nach: Ulrich Im Hof, Mythos Schweiz. S. 171
146 Jakob Schollenberger, Politik in systematischer Darstellung. Berlin 1903. S. 178 f.
147 Eduard Blocher, Über die Schädigung der Schüler durch Fremdsprachenunfug. S. 551
148 Franz Gress, Germanistik und Politik. S. 96
149 Ibid., S. 81
150 Gottfried Boesch, Jakob Zimmerli. Biographisches Lexikon des Aargaus. S. 902 ff.
151 Johannes Zemmrich, Verbreitung und Bewegung der Deutschen in der französischen Schweiz. Stuttgart 1894
152 Ibid., S. 397
153 Ibid., S. 402

154 Ibid., S. 403 f.
155 Zit, nach: Hans-Peter Müller, Die schweizerische Sprachenfrage vor 1914. Wiesbaden 1977. S. 17
156 Hans Kaeslin, Jakob Hunziker (1827–1901). Lebensbilder aus dem Aargau 1803–1953. S. 386
157 Ibid., S. 381 f. Frank Wedekind war an der Kantonsschule Aarau ein Schüler Hunzikers. Er verfasste ein Spottgedicht auf den gefürchteten Französischlehrer. Zur deutschnationalen Gesinnung Hunzikers äusserte er sich darin nicht. Rolf Kieser, Benjamin Franklin Wedekind. Biographie einer Jugend. Zürich 1990. S. 372 f.
158 Jakob Hunziker, Die Sprachverhältnisse der Westschweiz. (Separatdruck aus der Schweiz. Rundschau). Aarau 1896 – Schweiz. Der Kampf um das Deutschtum. München 1898
159 Jakob Hunziker, Die Sprachverhältnisse der Westschweiz. S. 26
160 Jakob Hunziker, Schweiz. Der Kampf um das Deutschtum. S. 62 f.
161 Kurd von Strantz, ein Rittmeister aus Thüringen, hatte in seiner Schrift «Das verwelschte Deutschtum» erklärt, Neuenburg und die Waadt seien in der Reformationszeit noch deutsch gewesen. Zit. nach: Hans-Peter Müller, Die schweizerische Sprachenfrage vor 1914. S. 38
162 Jakob Zimmerli, Die deutsch-französische Sprachgrenze in der Schweiz. I. Teil. Basel 1891. S. 1 f.
163 Emil F. Garraux, Betrachtungen über das geschichtliche Recht der deutschen Sprache im bernischen Jura. Bern 1904, erschienen als Beilage zum «Berner Jura».
164 Garraux berief sich unter anderem auf Karl Dändliker und seine Geschichte der Schweiz, Bd. I., Zürich 1884. S. 83 f.
165 Albert Jahn, Die Geschichte der Burgundionen und Burgundiens. Bern 1874. – Garraux schreibt dazu mit Bedauern: «Schade, dass diese gediegene Arbeit durch eine Unzahl Fremdwörter entstellt ist.»
166 Emil F. Garraux, Betrachtungen über das geschichtliche Recht der deutschen Sprache im bernischen Jura.
167 Die Gründungsgeschichte des Deutschschweizerischen Sprachvereins bei Hans-Peter Müller, Die schweizerische Sprachenfrage vor 1914. S. 23 ff. – Aus der Sicht des Sprachvereins: August Steiger, Vierzig Jahre Sprachverein. Denkschrift zur Feier des vierzigjährigen Bestehens des Deutschschweizerischen Sprachvereins am 29. Weinmonat 1944. Küsnacht 1944
168 August Steiger, Vierzig Jahre Sprachverein. Küsnacht 1944
169 Otto von Greyerz, Die neuere Sprachentwicklung. Zürich 1892. S. 13
170 August Steiger, Vierzig Jahre Sprachverein. S. 4
171 Ibid., S. 3
172 Hans-Peter Müller, Die schweizerische Sprachenfrage vor 1914. S. 90
173 Eduard Blocher, der Rückgang der deutschen Sprache in der Schweiz. Preussische Jahrbücher, Bd. 100, Berlin 1900. S. 95–115
174 Blocher/Garraux, Deutsches Ortsnamenbüchlein für die Westschweiz. Deutschschweizerischer Sprachverein. Zürich 1907
175 Heinrich Morf, Deutsche und Romanen in der Schweiz. Zürich 1901. – Morf wurde 1909 als Professor für Romanistik an die Universität Berlin berufen.
176 Ausführliche Darstellung bei Hans-Peter Müller, Die Schweizerische Sprachenfrage vor 1914. S. 71 f.
177 Deutschschweizerischer Sprachverein. 5. Jahresbericht 1909. S. 9
178 August Steiger, Wie soll das Kind heissen? Über unsere Vornamen. Volksbücher des Deutschschweizerischen Sprachvereins. Heft 7. Basel 1918
179 DDS V. Österreichisch-ungarische Gesandtschaft in Bern an den Bundespräsidenten und Vorsteher des Politischen Departementes, A. Deucher. Anmerkung. 23. August 1909. S. 590 f.
180 Hans-Peter Müller, Die schweizerische Sprachenfrage vor 1914. S. 142 f.
181 Ibid., S. 75 f.

182 Ibid., S. 77f.
183 Nouvelle Histoire du Jura. François Kohler/Bernard Prongué, Au vingtième siècle. Porrentruy 1984. S. 256
184 Die ausführliche Darstellung der Affäre bei Klaus Urner, Die Deutschen in der Schweiz. Bd. 1. S. 88
185 Der Nachlass befindet sich in dem von Klaus Urner betreuten Archiv für Zeitgeschichte an der ETH in Zürich.
186 Klaus Urner, Die Deutschen in der Schweiz. Bd. 1. S. 88
187 Über Hektor Ammann siehe: Christian Simon, Hektor Ammann – Neutralität, Germanophilie und Geschichte. Aram Mattioli (Hrsg.), Intellektuelle von rechts. Ideologie und Politik in der Schweiz 1918–1939. Zürich 1995
188 Hektor Ammann verlor 1945 wegen seiner politischen Vergangenheit die Stelle als aargauischer Staatsarchivar. Eine zweite Karriere begann der Wirtschafts- und Stadthistoriker Ammann nach dem Krieg als Dozent an der Wirtschaftshochschule Mannheim und ab 1960 als Direktor des Instituts für Landeskunde an der Universität Saarbrücken.
189 Peter Stadler, Der Kulturkampf in der Schweiz. S. 209
190 Werner Sombart, Sozialismus und soziale Bewegung. S. 124
191 Maurice Barrès, Charles Maurras, La République ou le Roi. Correspondance inédite (1888–1923). Brief vom 2. Dezember 1897. Paris 1970. S. 154f.
192 Maurice Barrès, L'Appel au Soldat. Paris 1900. Zit. nach: Raoul Girardet, Le Nationalisme français 1871–1914. Paris 1966. S. 133
193 Maurice Barrès, Charles Maurras, Correspondance inédite. Paris 1970. Einleitung S. LIV
194 Raoul Girardet, Le Nationalisme français 1871–1914. S. 216
195 Ibid., S. 191
196 Ibid., S. 116
197 Dazu: Bert Boehmer, Frankreich zwischen Republik und Monarchie in der Bismarckzeit. Bismarcks Antilegitimismus in französischer Sicht (1870–1877). München 1966
198 Claude Digeon, La crise allemande de la pensée française (1870–1914). S. 50ff.
199 Ein ähnliches Phänomen zeigte sich in Frankreich 1945 am Ende des Zweiten Weltkriegs. In Literatur und Publizistik war vorwiegend von den Taten der Maquisards die Rede. Die Niederlage von 1940 hingegen war kein Thema.
200 Claude Digeon, La crise allemande de la pensée française (1870–1914). S. 432ff.
201 Maurras schrieb im Januar 1900 an Barrès: «... quand un Etat populaire a la chance de posséder un sentiment aussi unanime et aussi fort et aussi capable d'organiser et d'unifier les activités que le sentiment de la Revanche contre la Prusse, cet Etat doit tout essayer pour éviter de dissoudre ou même de troubler ce précieux sentiment.» Maurice Barrès, Charles Maurras, Correspondance inédite. S. 263
202 Raoul Girardet, Le Nationalisme français 1871–1914. S. 198
203 Ibid., S. 202f.
204 Ibid., S. 219f.
205 Maurice Barrès, Charles Maurras, Correspondance inédite. S. 178
206 Raoul Girardet, Le Nationalisme français 1871–1914. S. 212ff.
207 Maurice Barrès, Charles Maurras, Correspondance inédite. Einleitung S. XXVII
208 Ibid., S. 154f.
209 Raoul Girardet, Le Nationalisme français 1871–1914. S. 141ff.
210 Maurice Barrès, Charles Maurras, Correspondance inédite. S. 656ff.
211 Raoul Girardet, Le Nationalisme français 1871–1914. S. 210f.
212 Claude Digeon, La crise allemande de la pensée française (1870–1914). S. 422
213 Raoul Girardet, Le Nationalisme français 1871–1914. S. 216
214 Ibid., S. 214ff. – Siehe auch: Bertrand Fossard de Foucault, Charles Maurras et le socialisme. Paris 1984

215 Maurice Barrès, Charles Maurras, Correspondance inédite. Einleitung S. XXIII
216 Zit. nach: Alfred Berchtold, La Suisse romande au cap du XXe siècle. Lausanne 1963. S. 457
217 Die Artikel des «Mercure de France» zusammengefasst in: Louis Dumur, Les deux Suisses. Paris 1918
218 Alain Clavien, Les Helvétistes. Lausanne 1993. S. 129
219 Trudi Greiner, Der literarische Verkehr zwischen der deutschen und welschen Schweiz seit 1848. Bern 1940. S. 14 ff.
220 Philipp Godet, Die Literatur der französischen Schweiz. Paul Seippel, Die Schweiz im 19. Jahrhundert. Bd. II. S. 345
221 Ibid., S. 385
222 Alain Clavien, Les Helvétistes. S. 14
223 Trudi Greiner, Der literarische Verkehr zwischen der deutschen und welschen Schweiz seit 1848. S. 148
224 Alain Clavien, Les Helvétistes. S. 25 f.
225 Alfred Berchtold, La Suisse romande au cap du XXe siècle. S. 263 ff.
226 Eduard Fueter, Geschichte der neueren Historiographie. Zürich 1985. S. 582 ff.
227 Michel Malfroy, Histoire religieuse de Pontarlier et du Haut-Doubs. Besançon 1985. S. 336 f.
228 Urs Altermatt, Der Weg der Schweizer Katholiken ins Ghetto. S. 44 f.
229 Alfred Berchtold, La Suisse romande au cap du XXe siècle. S. 91
230 Michel Malfroy, Histoire de Pontarlier. Besançon 1979. S. 221 f.
231 DDS IV. Le Ministre de Suisse à Paris, Ch. Lardy, au Président de la Confédération et Chef du Département politique, E. Ruffy. 20. Januar 1898. S. 554
232 Paul Seippel, Les deux Frances et leurs origines historiques. Lausanne 1905
233 Hans Marti, Paul Seippel (1858–1926). Basel 1973. S. 85 ff.
234 Ibid., S. 109
235 Friedrich Wilhelm Foerster, Erlebte Weltgeschichte 1869–1953. Nürnberg 1953. S. 429
236 Robert de Traz, La Voile latine. In «Wissen und Leben». Zürich, 15. Juli 1908. S. 265
237 Alain Clavien, Les Helvétistes. S. 63 f.
238 Ibid., S. 47 ff.
239 Ibid., S. 58 ff. – Aram Mattioli, Zwischen Demokratie und totalitärer Diktatur. S. 50 ff.
240 Gonzague de Reynold, Histoire littéraire de la Suisse au XVIIIe siècle:
– Bd. 1: Le doyen Bridel et les origines de la littérature romande. Lausanne 1909
– Bd. 2: Bodmer et l'Ecole suisse. Lausanne 1912
241 Aram Mattioli, Zwischen Demokratie und totalitärer Diktatur. S. 62
242 Alain Clavien, Les Helvétistes. S. 17 ff. – Die zeitgenössische Dokumentation: Le Village Suisse à l'Exposition Nationale Suisse. Genève 1896
243 Edouard Rod, Der Alpinismus. Paul Seippel, Die Schweiz im 19. Jahrhundert. Bd. 3. S. 408 f.
244 Ernst-Georg Gladbach.
– Die Holzarchitektur der Schweiz. Zürich 1884
– Holzbauten der Schweiz vom 16.–19. Jahrhundert, nebst deren innere Ausstattung. Berlin 1893
245 Jakob Hunziker, Das Schweizerhaus in seinen landschaftlichen Formen und seiner geschichtlichen Entwicklung dargestellt. 8 Bände. Aarau 1900–1914
246 Hervé Gumuchian, Géographe et aménageur en Savoie pour la mise en valeur d'une nouvelle province. In: E. Viollet-le-Duc et le massif du Mont-Blanc 1868–1879. Lausanne 1988. S. 77 ff.
247 Edouard Rod, Der Alpinismus. Paul Seippel, Die Schweiz im 19. Jahrhundert. Bd. 3. S. 410 ff.
248 Charles Ferdinand Ramuz, Journal. Tome I. 1895–1920. Lausanne 1978 S. 6 f.
249 Alain Clavien, Les Helvétistes. S. 87 ff.
250 Karl Schib, Die Geschichte der Stadt Laufenburg. Argovia Bd. 62. Aarau 1950. S. 287 ff.
251 Aram Mattioli, Zwischen Demokratie und totalitärer Diktatur. S. 52 ff.

252 Ibid., S. 56 f.
253 Maurice Barrès, Charles Maurras, Correspondance inédite (1888–1923). Brief vom 2. Dezember 1897. S. 154
254 Aram Mattioli, Zwischen Demokratie und totalitärer Diktatur. – Alfred Berchtold, La Suisse romande au cap du XXe siècle. Lausanne 1963 – Alain Clavien, Les Helvétistes
255 Aram Mattioli, Zwischen Demokratie und totalitärer Diktatur. S. 66
256 Alain Clavien, Les Helvétistes. S. 164
257 Hans-Ulrich Jost, Die reaktionäre Avantgarde. S. 14. – Über die Rolle der Armee im Denken von Robert de Traz: Alain Clavien, Les Helvétistes. S. 251 f.
258 Alain Clavien, Les Helvétistes. S. 132
259 Aram Mattioli, Zwischen Demokratie und totalitärer Diktatur. S. 68
260 Paul Seippel, Die Schweiz im neunzehnten Jahrhundert. 3 Bde.
261 Ibid., Bd. 3. S. 552
262 Ibid., Bd. 3. S. 566 ff.
263 Ibid., Bd. 3. S. 563 f.
264 Hanspeter Mattmüller, Carl Hilty 1833–1909. S. 211
265 Ibid., S. 223
266 Ibid., S. 212
267 Ibid., S. 220 ff.
268 Ulrich Im Hof, Mythos Schweiz. S. 171 f.
269 Urs Altermatt (Hrsg.), Die Schweizer Bundesräte. S. 254 ff.
270 «Ein Journalist aus Temperament». Josef Viktor Widmann. Bern 1992. S. 165 ff. – Artikel im Sonntagsblatt des «Bund», 1889, Nr. 32
271 Trudi Greiner, Der literarische Verkehr zwischen der deutschen und welschen Schweiz seit 1848. S. 40 ff.
272 Hanspeter Schüepp, Die Diskussion über die schweizerische Demokratie von 1904–1914. S. 70 ff.
273 Ibid., S. 76
274 C. A. Loosli, Ist die Schweiz regenerationsbedürftig? Bern 1912. S. 31 ff.
275 Edouard Secretan, Articles et discours. S. 289
276 Carl Hilty, Die Neutralität der Schweiz in ihrer heutigen Auffassung. S. 90
277 Hanspeter Mattmüller, Carl Hilty 1833–1909. S. 181 – Brief an Wilhelm Oechsli vom 24. 12. 1902
278 Die Universität Zürich 1833–1933 und ihre Vorläufer. S. 840
279 Jakob Schollenberger, Die Neutralität der Schweiz. Wissen und Leben, 15. Mai 1911. Zürich 1911. S. 233 ff.
280 Hermann Bächtold, Die nationalpolitische Krisis in der Schweiz und unser Verhältnis zu Deutschland. Basel 1916. S. 22
281 Hans-Peter Müller, Die schweizerische Sprachenfrage vor 1914. S. 33 ff.
282 Jakob Schaffner, Patriotismus. Wissen und Leben, 1. Juni 1911. Zürich 1911. S. 335 ff.
283 «Ein Journalist aus Temperament». Josef Viktor Widmann. S. 77 ff. – Artikel im «Bund» 1886. Nr. 179
284 Ibid., S. 122. – Artikel im «Bund». Nr. 256/57
285 Beatrix Mesmer, Ausgeklammert – Eingeklammert. Frauen und Frauenorganisationen in der Schweiz des 19. Jahrhunderts. Basel 1988. S. 130. – Die Universität Zürich 1833–1933 und ihre Vorläufer. S. 638 f.
286 Ibid., S. 842 f.
287 «Ein Journalist aus Temperament». Josef Viktor Widmann. S. 95 ff.
288 Theodor Curti, Geschichte der Schweiz im XIX. Jahrhundert. Neuenburg o. J. S. 658 ff.
289 Die Universität Zürich 1833–1933 und ihre Vorläufer. S. 620
290 Beatrix Mesmer, Ausgeklammert – Eingeklammert. S. 129 ff.

291 Albert Tanner, Arbeitsame Patrioten – wohlanständige Damen. S. 202 ff.
292 Beatrix Mesmer, Ausgeklammert – Eingeklammert. S. 100 f.
293 Hanspeter Schüepp, Die Diskussion über die schweizerische Demokratie von 1904–1914. S. 6
294 Ibid., S. 14
295 Beatrix Mesmer, Ausgeklammert – Eingeklammert. S. 252 ff.
296 Urs Altermatt, Der Weg der Schweizer Katholiken ins Ghetto. S. 318 f.
297 Die Universität Zürich 1833–1933 und ihre Vorläufer. S. 627
298 Franziska Rogger, Der Doktorhut im Besenschrank. Das abenteuerliche Leben der ersten Studentinnen – am Beispiel der Universität Bern. Bern 1999
299 Fritz Brupbacher, 60 Jahre Ketzer. S. 52 ff.
300 Die Universität Zürich 1833–1933 und ihre Vorläufer. S. 756 f.
301 Ibid., S. 628. – Mathilde Lejeune, Marie Heim-Vögtlin 1845– 1916. Lebensbilder aus dem Aargau. S. 437 ff.
302 Beatrix Mesmer, Ausgeklammert – Eingeklammert. S. 247 ff.
303 Die Universität Zürich 1833–1933 und ihre Vorläufer. S. 772 f.
304 Fritz Brupbacher, 60 Jahre Ketzer. S. 51 f.
305 Robert Faesi, Erlebnisse, Ergebnisse. S. 248
306 Hannah Arendt, Elemente und Ursprünge totaler Herrschaft. München 1986. S. 34
307 Herder Staatslexikon. 3. Auflage. Bd. 2. Freiburg i. Br. 1909. S. 1470 ff.
308 Hannah Arendt, Elemente und Ursprünge totaler Herrschaft. S. 37 f.
309 Aram Mattioli, «Wir sind zum Fingerzeig der europäischen Gesellschaft geworden». Der dornenreiche Weg zur jüdischen Emanzipation (1798–1674). Antisemitismus in der Schweiz 1848–1960. Zürich 1998
310 Steven M. Lowenstein, Deutsch-jüdische Geschichte in der Neuzeit. Bd. 3. 1871–1918. München 1997. S. 204
311 Ibid., S. 198 f.
312 Zum Beispiel im populären Benziger's Marienkalender, Einsiedeln, bis 1914 redigiert von Burkard Villiger, Pfarrer in Sarmenstorf AG
313 Steven M. Lowenstein, Deutsch-jüdische Geschichte in der Neuzeit. Bd. 3. 1871–1918. S. 201 f.
314 Ibid., S. 203
315 Ibid., S. 242 ff.
316 Herder Staatslexikon. 5. Auflage. Bd. 3. Freiburg i. Br. 1929. S. 835 ff.
317 Steven M. Lowenstein, Deutsch-jüdische Geschichte in der Neuzeit. Bd. 3, 1871–1918. S. 243 f.
318 Richard Wagner, Gesammelte Schriften und Dichtungen. Bd. 8. Leipzig o. J. S. 238 ff.
319 Steven M. Lowenstein, Deutsch-jüdische Geschichte in der Neuzeit. Bd. 3, 1871–1918. S. 243 f.
320 Ibid., S. 262 f.
321 Ibid., S. 222 ff.
322 Hannah Arendt, Elemente und Ursprünge totaler Herrschaft. S. 60
323 Raoul Girardet, Le Nationalisme français 1871–1914. Paris 1963.
324 Joseph Picard, Antisémitisme en Franche-Comté. De l'Affaire Dreyfus à nos jours. Besançon 1997.
325 Ibid., S. 112
326 Ibid., S. 301
327 Aram Mattioli, «Wir sind zum Fingerzeig der europäischen Gesellschaft geworden.» S. 178
328 DDS I. Propositions du Chef du Département politique, J. Stämpfli, au Conseil fédéral. 24. Mai 1862. S. 891 ff.
329 Ibid., Le Ministre des Affaires étrangères de France, E. Drouyn de Lhuis, à l'Ambassadeur de France en Suisse, L. F. E. de Turgot. 4. Juli 1863. S. 966 f.

330 Ibid., Le Vice-président de la Confédération H. Druey, au Chargé d'affaires de Suisse à Paris, J. Barman. 24. Dezember 1848. S. 15 f.
331 Ibid., Le Conseil fédéral au Ministre de France en Suisse, J. R. de Salignac-Fénelon. 14. Januar 1852. S. 269 ff.
332 Hermann J. Welti, Johann Nepomuk Schleuniger 1810–1874. Lebensbilder aus dem Aargau 1803–1953. S. 205–219. – Über Schleuniger im Stil einer Heiligenlegende: Eugen Heer, Johann Nepomuk Schleuniger. Der katholische aargauische Vorkämpfer für Wahrheit, Recht und Freiheit. Klingnau 1899.
333 Eugen Heer, Johann Nepomuk Schleuniger. S. 44 f.
334 DDS I. Le Conseil fédéral à l'Ambassadeur de France à Berne, L. F. E. de Turgot. 11. September 1862. Bern 1990. S. 931 f.
335 Aram Mattioli, «Wir sind zum Fingerzeig der europäischen Gesellschaft geworden.» S. 182
336 Peter Stadler, Der Kulturkampf in der Schweiz. S. 368 f.
337 Über die Grundlagen des katholischen Antisemitismus: Urs Altermatt, Katholizismus und Antisemitismus. Mentalitäten, Kontinuitäten, Ambivalenzen. Frauenfeld 1999
338 Benziger's Marienkalender 1909. Einsiedeln 1910. S. 76 ff.
339 Rudolf Schlaepfer, Die Ausländerfrage in der Schweiz vor dem Ersten Weltkrieg. S. 142 f.
340 Hans Ulrich Jost, Die reaktionäre Avantgarde. S. 80
341 Urs Aeschbacher, C. G. Jung, das «Dritte Reich» und die Gewalt der Seele. Aram Mattioli (Hrsg.), Intellektuelle von rechts. S. 83
342 Paul Seippel, Die Schweiz im 19. Jahrhundert. 3 Bde.
343 Ibid., Bd. 3. S. 578 f.
344 Paul Seippel, Schweizerische Wahrheiten. Zürich 1917. S. 21
345 Rudolf Schlaepfer, Die Ausländer in der Schweiz vor dem Ersten Weltkrieg. S. 61 ff. – Urs Altermatt, Katholizismus und Antisemitismus. S. 131
346 Rudolf Schlaepfer, Die Ausländerfrage in der Schweiz vor dem Ersten Weltkrieg. S. 8 ff.
347 Das Standardwerk über die Deutschen in der Schweiz: Klaus Urner, Die Deutschen in der Schweiz. Von den Anfängen der Kolonienbildung bis zum Ausbruch des Ersten Weltkrieges. 2 Bde. Frauenfeld 1976
348 Rudolf Schlaepfer, Die Ausländerfrage in der Schweiz vor dem Ersten Weltkrieg. S. 70 ff.
349 Ibid., S. 141
350 Ibid., S. 74 ff.
351 Hektor Ammann, Die Italiener in der Schweiz. Basel 1917. S. 17 ff.
352 Theodor Curti, Geschichte der Schweiz im XIX. Jahrhundert. S. 621
353 Rudolf Schlaepfer, Die Ausländerfrage in der Schweiz vor dem Ersten Weltkrieg. S. 171 ff.
354 Ibid., S. 168
355 Ibid., S. 180
356 Peter Dürrenmatt, Fünfzig Jahre Weltgeschichte 1912–1962. Bern 1962. S. 91 ff. – Text der Rede von Bundesrat Müller in: Politisches Jahrbuch 1912. S. 680 ff. – Über das Eidgenössische Turnfest 1912: Philipp Sarasin, Stadt der Bürger. Bürgerliche Macht und städtische Gesellschaft Basel 1846–1914. Göttingen 1997. S. 287
357 Theodor Curti, Geschichte der Schweiz im XIX. Jahrhundert. S. 676
358 Richard Feller, Hundert Jahre schweizerischer Geschichtsforschung. Festbericht über die Jahrhundertfeier der Allgemeinen Geschichtsforschenden Gesellschaft der Schweiz in Bern am 27. und 28 September 1941. Bern 1941. S. 42 f.
359 Ignaz Heim, Sammlung von Volksgesängen für Männerchor. II. Band. 20. Auflage. Leipzig o. J., S. 102 ff.
360 Ulrich Im Hof, Mythos Schweiz. S. 136
361 Das schweizerische Buch 1896–1914. Schweizerische Landesausstellung Bern 1914. S. XXVI ff.
362 Ibid., S. XV

363 Lehr- und Lesebuch für die mittleren und oberen Klassen der Aargauischen Gemeindeschulen. Aarau 1861
364 Thoman Scherr, Der schweizerische Bildungsfreund. Ein republikanisches Lesebuch. Neu bearbeitet von Georg Geilfus. Zürich 1876
365 Lesebuch für die Gemeinde- und Fortbildungsschulen des Kantons Aargau. Aarau 1913. S. 144 f.
366 Vadiana St. Gallen, Nachlass Aepli
367 Albert Tanner, Arbeitsame Patrioten – wohlanständige Damen. S. 375 ff.
368 Franz Lamprecht, Mario König, Eglisau. Geschichte der Brückenstadt am Rhein. Zürich 1992. S. 484 f.
369 Theodor Curti, Geschichte der Schweiz im XIX. Jahrhundert. S. 672
370 Albert Tanner, Arbeitsame Patrioten – wohlanständige Damen. S. 419 ff. – Hans Ulrich Jost, Die reaktionäre Avantgarde. S. 79 ff.
371 Ibid., S. 77
372 Daniel Heller, Eugen Bircher. Arzt, Militär und Politiker. Zürich 1990. S. 33
373 Albert Tanner, Arbeitsame Patrioten – wohlanständige Damen. S. 415
374 Zu diesem Fragenkomplex: Hanspeter Schüepp, Die Diskussion über die schweizerische Demokratie 1904–1914. Zürich 1969
375 Hans-Peter Müller, Die schweizerische Sprachenfrage vor 1914. S. 112
376 Ibid., S. 113 ff.
377 Trudi Greiner, Der literarische Verkehr zwischen der deutschen und welschen Schweiz seit 1848. S. 79 ff.
378 Georg Kreis, Die besseren Patrioten. Nationale Idee und regionale Identität der französischen Schweiz vor 1914. Auf dem Weg zu einer schweizerischen Identität 1848–1914. Freiburg 1987. S. 55 ff.
379 Georges Büttiker, Ernest Bovet 1870–1941. Basel 1971
380 Ibid., S. 37 ff.
381 Ibid., S. 45
382 Ibid., S. 46 ff. – Aram Mattioli, Zwischen Demokratie und totalitärer Diktatur. S. 82–90. – Alain Clavien, Les Helvétistes. S. 269–277
383 Ibid., S. 269 f.

4 Der Erste Weltkrieg

1 DDS V. Der schweizerische Gesandte in Berlin, A. de Claparède, an den Bundespräsidenten und Vorsteher des Politischen Departements, A. Hoffmann. 7. März 1914. S. 861 f.
2 DDS VI. Le Ministre de Suisse à Vienne, J. Choffat, au Chef du Département politique, A. Hoffmann. 29. Juni 1914. S. 1
3 Ibid., Le Ministre de Suisse à Paris, Ch. Lardy, au Chef du Département politique, A. Hoffmann. 12. Juli 1914. S. 2 f.
4 Ibid., Le Ministre de Suisse à Berlin, A. de Claparède, au Chef du Département politique, A. Hoffmann. 21. Juli 1914. S. 6 f.
5 DDS V. Der schweizerische Gesandte in Berlin, A. de Claparède, an den Bundespräsidenten und Vorsteher des Politischen Departements, L. Forrer. 15. Januar 1906. S. 239
6 Ibid., Der schweizerische Gesandte in Berlin, A. de Claparède, an den Bundespräsidenten und Vorsteher des Politischen Departements, A. Deucher. 9./10. März 1909. S. 544
7 Ibid., Der Vorsteher des Militärdepartements, E. Müller, an den Bundesrat. 12. Mai 1909. S. 563
8 Ibid., Der Sekretär des Politischen Departements, Ch. Bourcart, an den Bundespräsidenten und Vorsteher des Politischen Departements, L. Forrer. 15. Mai 1912. S. 695
9 Ibid., Der schweizerische Geschäftsträger in Berlin, W. Deucher, an den Vorsteher des Politischen Departements, L. Forrer. 15. Mai 1910. S. 606

10 Ibid., Der schweizerische Gesandte in Berlin, A. de Claparède, an den Bundespräsidenten und Vorsteher des Politischen Departements, L. Forrer. 28. Januar 1912. S. 660
11 Z. B. «Neue Zürcher Zeitung» vom 3.–6. September 1912
12 Ibid., 4. September 1912. Erstes Morgenblatt
13 Ibid., 4. September 1912. Drittes Morgenblatt
14 John C. G. Röhl, Kaiser, Hof und Staat. S. 176
15 Hans Jürgen Pantenius, Der Angriffsgedanke bei Conrad von Hötzendorf. Ein Beitrag zur Koalitionskriegsführung im Ersten Weltkrieg. 2 Bde. Köln 1984. – Conrad von Hötzendorf, Feldmarschall Franz Graf, Aus meiner Dienstzeit 1906–1918. Wien 1921–25
16 Fritz Fischer, Hitler war kein Betriebsunfall. S. 71
17 John C. G. Röhl, Kaiser, Hof und Staat. S. 180 ff.
18 Fritz Fischer, Hitler war kein Betriebsunfall. S. 71 f.
19 Ibid., S. 74 f.
20 John C. G. Röhl, Kaiser, Hof und Staat. S. 186 f.
21 Fritz Fischer, Hitler war kein Betriebsunfall. S. 75
22 Ibid., S. 75 ff. – Ausführlich über den Kriegsrat: John C. G. Röhl, Kaiser, Hof und Staat. S. 175–202
23 Ibid., S. 177 f.
24 Fritz Fischer, Hitler war kein Betriebsunfall. S. 82 ff.
25 Ibid., S. 91 f.
26 Ibid., S. 95 f.
27 Hans Dollinger, Der Erste Weltkrieg in Bildern und Dokumenten. München 1965. S. 43
28 Benzigers Marienkalender 1913. S. 79
29 Carl Helbling, General Ulrich Wille. S. 205
30 Benzigers Marienkalender 1915. S. 77
31 Aram Mattioli, Zwischen Demokratie und totalitärer Diktatur. S. 72 ff. – Alain Clavien, Les Helvétistes. S. 217 ff.
32 Hans Ulrich Jost, Die reaktionäre Avantgarde. S. 14
33 Zit. nach: Hans Ulrich Jost, Die reaktionäre Avantgarde. S. 109
34 Gonzague de Reynold, Mes Mémoires. t. III. Genève 1963. S. 153
35 Aram Mattioli, Zwischen Demokratie und totalitärer Diktatur. S. 82 ff.
36 Gustav A. Lang, Kampfplatz der Meinungen. Die Kontroverse um Kriegsursachen und Friedensmöglichkeiten 1914–1919 im Rahmen der «Neuen Zürcher Zeitung». Zürich 1968. S. 21 f.
37 Ibid., S. 22
38 Gottlieb August Graf, Der Ausbruch des Weltkrieges 1914 im Lichte der deutschschweizerischen Presse. Zürich 1945. S. 23 f.
39 Ibid., S. 25
40 Ibid., S. 40 ff.
41 Ibid., S. 32 ff.
42 Ibid., S. 53
43 Ibid., S. 71
44 Markus Bolliger, Die Basler Arbeiterbewegung im Zeitalter des Ersten Weltkrieges und der Spaltung der Sozialdemokratischen Partei. S. 17
45 Klaus Urner, Die Deutschen in der Schweiz. Bd. 2. S. 422 ff. – Der Auszug der Deutschen wird in zwei Romanen geschildert: Meinrad Inglin, Schweizerspiegel. – Kurt Guggenheim, Alles in Allem.
46 Meinrad Inglin, Schweizerspiegel. Zürich 1965. S. 202
47 Stefan Zweig, Die Welt von Gestern. S. 257 f.
48 Zit. nach: Hans Ulrich Jost, Die reaktionäre Avantgarde. S. 108. – Über den Kurs Secretans siehe: Alain Clavien, Histoire de la «Gazette de Lausanne». Le temps du colonel 1874–1917. Lausanne 1997

49 Zit. nach: Hans Rudolf Fuhrer, Die Schweizer Armee im Ersten Weltkrieg. Bedrohung, Landesverteidigung und Landesbefestigung. Zürich 1999. S. 116
50 DDS VI. Le Ministre de Suisse à Berlin, A. de Claparède, au Chef du Département politique, A. Hoffmann. 2. August 1914. S. 24 f.
51 Theophil Sprecher von Bernegg, Fragen der schweizerischen Landesverteidigung nach den Erfahrungen in der Zeit des Weltkrieges. Zürich 1929. S. 8
52 DDS VI. Protokoll der Sitzung des Bundesrats vom 4. August 1914: Neutralitätserklärung. S. 32
53 Hans Rudolf Fuhrer, Die Schweizer Armee im Ersten Weltkrieg. S. 119
54 Christian Ammann, André Dubail, Porrentruy–Bonfol–Alsace. Die Geschichte der jurassisch-elsässischen Eisenbahnlinie Porrentruy–Bonfol–Pfetterhouse–Dannemarie. Breil-sur-Roya 1983. S. 41
55 Über den Krieg an der Grenze der Ajoie siehe: Alphonse Cerf, Der Krieg an der Juragrenze. Aarau 1931
56 Bernard Burtschy, Vincent Heyer, 1914–1918. Première Guerre Mondiale sur le Front de la Largue. Riedisheim 2000. S. 23 ff. – Über den Vornamen des deutschen Offiziers herrscht Unsicherheit, da er nach gewissen Quellen Camille hiess. Im deutschen Soldatenfriedhof bei Illfurth steht auf seiner Grabtafel der Vorname Albert. Möglicherweise wollte man den ersten deutschen Gefallenen nicht mit einem französischen Namen bestatten, denn bei Kriegsbeginn ging die Verdeutschungswut um. Mitteilung von Hanns U. Christen, Basel.
57 Alphonse Cerf, Les Mobs de 1914 à 1918, racontées par nos soldats. Lausanne 1934. S. 21 ff.
58 C. F. Ramuz, Journal Tome I. Lausanne. S. 198
59 Zit. nach: Werner Weber, Eden und Elend. Félix Vallotton. Zürich 1998. S. 49 f.
60 Hans Marti, Paul Seippel (1858–1926). S. 181
61 DDS VI. Le Général U. Wille au Chef du Département militaire fédéral, C. Decoppet. 31. Oktober 1914. S. 95 f.
62 Daniel Sprecher, Generalstabschef Theophil Sprecher von Bernegg. Eine kritische Biographie. Zürich 2000. S. 313–335
63 Ibid., S. 314
64 Rudolf Jaun, Preussen vor Augen. S. 161 ff.
65 General Ulrich Wille, Gesammelte Schriften. S. 166–206
66 Daniel Sprecher, Generalstabschef Theophil Sprecher von Bernegg. S. 315 f.
67 General Ulrich Wille, Gesammelte Schriften. S. 202 ff.
68 Daniel Sprecher, Generalstabschef Theophil Sprecher von Bernegg. S. 322
69 Ibid., S. 320 f.
70 Ibid., S. 321
71 Ibid., S. 326 f.
72 Zit. nach: Daniel Sprecher, Generalstabschef Theophil Sprecher von Bernegg. S. 744
73 Ibid., S. 328
74 Louis Dumur, Les deux Suisse. S. 159 f.
75 Ibid., S. 158 f.
76 Daniel Sprecher, Generalstabschef Theophil Sprecher von Bernegg. S. 736
77 Ibid., S. 742
78 DDS V. Der schweizerische Gesandte in Wien, F. du Martheray, an den Bundespräsidenten und Vorsteher des Politischen Departements, A. Deucher. 16./20. Mai 1909. S. 572
79 Daniel Sprecher, Generalstabschef Theophil Sprecher von Bernegg. S. 334
80 Bruno Lezzi, General Ulrich Wille und die Kriegsbereitschaft der schweizerischen Armee. Osnabrück 1975. S. 287
81 Adolf Lacher, Die Schweiz und Frankreich vor dem Ersten Weltkrieg. S. 27 f.
82 Hans Rudolf Ehrbar, Schweizerische Militärpolitik im Ersten Weltkrieg. S. 46 f.

83 DDS VI. Conseil fédéral. Neutralitätserklärung. Protokoll der Sitzung vom 4. August 1914. S. 32
84 DDS VI. Le Ministre de Suisse à Paris, Ch. Lardy, au Chef du Département politique, A. Hoffmann. 9. August 1914. S. 39
85 DDS V. Protokoll der Sitzung des Bundesrates vom 26. September 1913. S. 813 ff.
86 Ibid., Der Vorsteher des Militärdepartementes, L. Forrer, an den Chef der Generalstabsabteilung, Th. von Sprecher. 23. Januar 1907. S. 362
87 Ibid., Bericht des Chefs der Generalstabsabteilung, Th. von Sprecher, vom 15. Februar 1913. S. 778 f.
88 DDS VI. Le Ministre de Suisse à Paris, Ch. Lardy, au Chef du Département politique, A. Hoffmann. 7. August 1914. S. 34
89 DDS VI. Le Chef de L'Etat-Major-Général de l'Armée suisse, Th. von Sprecher, au Chef du Département politique, A. Hoffmann. 15. August 1914. S. 48 f.
90 Heinz Ochsenbein, Die verlorene Wirtschaftsfreiheit 1914–1918. Bern 1971
91 DDS V. Antrag des Vorstehers des Militärdepartements, A. Hoffmann, an den Bundesrat. 23. Oktober 1912. S. 724 f.
92 Ibid., Der schweizerische Gesandte in Paris, Ch. Lardy, an den Bundespräsidenten und Vorsteher des Politischen Departements, A. Hoffmann. 17. April 1914. S. 870 ff.
93 Ibid., Der Chef der Generalstabsabteilung, Th. von Sprecher, an den Bundespräsidenten und Vorsteher des Politischen Departements, A. Hoffmann. 17. April 1914. S. 874
94 Heinz Ochsenbein, Die verlorene Wirtschaftsfreiheit 1914–1918. S. 24 ff.
95 Adolf Lacher, Die Schweiz und Frankreich vor dem Ersten Weltkrieg. S. 193 f.
96 Ibid., S. 194 ff.
97 Heinz Ochsenbein, Die verlorene Wirtschaftsfreiheit 1914–1918. S. 43 ff.
98 DDS V. Der Chef der Generalstabsabteilung, Th. von Sprecher, an den Vorsteher des Militärdepartements, Camille Decoppet. 28. April 1914. S. 877 ff.
99 Ibid., S. 879
100 Heinz Ochsenbein, Die verlorene Wirtschaftsfreiheit 1914–1918. S. 47
101 Ibid., S. 66 ff.
102 Zit. nach: Adolf Lacher, Die Schweiz und Frankreich vor dem Ersten Weltkrieg. S. 198
103 Heinz Ochsenbein, Die verlorene Wirtschaftsfreiheit 1914–1918. S. 88 ff.
104 Hans Bauer, Schweizerischer Bankverein 1872–1972. Basel 1972. S. 163
105 Heinz Ochsenbein, Die verlorene Wirtschaftsfreiheit 1914–1918. S. 66 f.
106 Hans Rudolf Ehrbar, Schweizerische Militärpolitik im Ersten Weltkrieg. S. 57 f.
107 Heinz Ochsenbein, Die verlorene Wirtschaftsfreiheit 1914–1918. S. 81 ff.
108 DDS VI. Protokoll des Bundesrates vom 29. Oktober 1914. Transit durch Italien. S. 90 ff.
109 DDS VI. Le Ministre de Suisse à Rome, A. von Planta, au Chef du Département politique, A. Hoffmann. S. 237 ff.
110 DDS VI. Conseil fédéral: Propositions du Chef du Département politique, A. Hoffmann. 11. Mai 1915. S. 204 ff.
111 Ibid. S. 209 f.
112 Heinz Ochsenbein, Die verlorene Wirtschaftsfreiheit 1914–1918. S. 220 f.
113 Ibid., S. 234 f.
114 DDS VI. Conseil fédéral. Propositions du Chef du Département politique, A. Hoffmann. Trust. 17. September 1915. S. 268 ff.
115 Zit. nach: Edgar Bonjour, Geschichte der schweizerischen Neutralität. Bd. 2. S. 236
116 Ibid., S. 237
117 DDS VI. Protokoll des Bundesrates vom 12. Juni 1915. Kontrollmassnahmen für den deutschen Warenimport. S. 227
118 DDS VI. Le Ministre de Suisse à Paris, Ch. Lardy, au Chef du Département politique, A. Hoffmann. 26. Juli 1915. S. 246 f.

119 DDS VI. Le Chef du Bureau de Compensations de la Division du Commerce du Département politique, E. Schmidheiny, au Chef du Département politique, A. Hoffmann. 21. Juli 1915. S. 243 f.
120 Heinz Ochsenbein, Die verlorene Wirtschaftsfreiheit 1914–1918. S. 247 ff.
121 Ibid., S. 23 ff. – Hans Rudolf Ehrbar, Schweizerische Militärpolitik im Ersten Weltkrieg. S. 35 ff.
122 Hans Rudolf Kurz, Dokumente der Grenzbesetzung 1914–1918. Frauenfeld 1970. S. 60
123 Hans Rudolf Ehrbar, Schweizerische Militärpolitik im Ersten Weltkrieg. S. 48
124 DDS VI. Le Ministre de Suisse à Londres, G. Carlin, au Chef du Département politique, A. Hoffmann. 20. Januar 1915. S. 139 ff.
125 DDS VI. Le Ministre de Suisse à Rome, A. von Planta, au Chef du Département politique, A. Hoffmann. 17. Februar 1915. S. 146 f.
126 Hans Rudolf Ehrbar, Schweizerische Militärpolitik im Ersten Weltkrieg. S. 60 f.
127 DDS VI. Le Ministre de Suisse à Paris, Ch. Lardy, au Chef du Département politique, A. Hoffmann. 26. Juli 1915. S. 248
128 DDS VI. Le Chef du Département politique, A. Hoffmann, au Ministre de Suisse à Rome, A. von Planta. 7. März 1915. S. 166
129 DDS VI. Le Général Wille au Chef du Département politique, A. Hoffmann. 20. Juli 1915. S. 240 f.
130 Ibid., S. 242 f.
131 Heinz Ochsenbein, Die verlorene Wirtschaftsfreiheit 1914–1918. S. 175 f.
132 Eduard Blocher, Belgische Neutralität und Schweizerische Neutralität. Stimmen im Sturm. Zürich 1915. S. 6 f.
133 Edgar Bonjour, Geschichte der schweizerischen Neutralität. Bd. 2. S. 146 ff.
134 DDS VI. Le Ministre de Suisse à Paris, Ch. Lardy, au Chef du Département politique, A. Hoffmann. 26. August 1914. S. 60 ff.
135 DDS VI. Le Ministre de Suisse à Bordeaux, Ch. Lardy, au Chef du Département politique, A. Hoffmann. 7. September 1914. S. 68 f.
136 DDS VI. Aufruf an das Schweizervolk. 1. Oktober 1914. S. 81 f.
137 Peter Alemann, Die Schweiz und die Verletzung der belgischen Neutralität im Weltkrieg. Buenos Aires 1946. S. 32
138 Edouard Secretan, Articles et discours. 1er août 1914–1er août 1917. Lausanne 1918
139 Romain Rolland, Zwischen den Völkern. Aufzeichnungen und Dokumente aus den Jahren 1914–1919. Bd. I. Stuttgart 1954. S. 20
140 Ibid., S. 22
141 Ibid., S. 31 f.
142 Ibid., S. 30 ff.
143 Ibid., S. 121
144 Ibid., S. 124 f.
145 Louis Dumur, La Croix Rouge et la Croix Blanche, ou la guerre chez les Neutres. Roman. Paris o. J. S. 124
146 Gonzague de Reynold, Mes Memoires. t. III. S. 219 f. – Aram Mattioli, Zwischen Demokratie und totalitärer Diktatur. S. 90 ff.
147 Hans Marti, Paul Seippel (1858–1926). S. 259
148 Romain Rolland, Zwischen den Völkern. S. 555 f.
149 Louis Dumur, Les deux Suisses.
150 Paul Seippel, Schweizerische Wahrheiten. S. 46 f.
151 Alfred Berchtold, La Suisse Romande au cap du XXe siècle. S. 450 ff.
152 Louis Dumur, Les deux Suisses. S. 15
153 Ibid., S. 74 ff.
154 Ibid., S. 81 f.

155 Paul Seippel, Schweizerische Wahrheiten. S. 27
156 Zit. nach: Hans Marti, Paul Seippel (1858–1926). S. 230
157 Gottlieb August Graf, Der Ausbruch des Weltkrieges 1914 im Lichte der deutschschweizerischen Presse. S. 108
158 Ibid., S. 122
159 Hans Marti, Paul Seippel (1858–1926). S. 234
160 Ibid., S. 255
161 Fritz Alemann, Die Schweiz und die Verletzung der belgischen Neutralität im Weltkrieg 1914. S. 33
162 Hans Marti, Paul Seippel (1858–1926). S. 274 f.
163 Carl Spitteler, Unser Schweizer Standpunkt. Gesammelte Werke Bd. 8. Zürich 1947
164 Hermann Bächtold, Die nationalpolitische Krisis in der Schweiz und unser Verhältnis zu Deutschland. S. 13 f.
165 Romain Rolland, Zwischen den Völkern. Bd. I. S. 490
166 Zit. nach: Beatrice von Matt, Meinrad Inglin. Eine Biographie. Zürich 1976. S. 62
167 Stephan Winkler, Die «Stimmen im Sturm» (1915–1916) und die «Deutschschweizerische Gesellschaft» (1916–1922). Liz. Arbeit. Basel 1983. S. 6 ff.
168 Wilhelm Ehrenzeller, Die geistige Überfremdung der Schweiz. S. 50 f.
169 Nachlass Eduard Blocher. Archiv für Zeitgeschichte, ETH Zürich
170 Protokoll «Stimmen im Sturm». Nachlass Eduard Blocher. Archiv für Zeitgeschichte, ETH Zürich
171 Nachlass Eduard Blocher, Archiv für Zeitgeschichte, ETH Zürich
172 H. Meier, Die deutschfeindliche Bewegung in der französischen Schweiz. Stimmen im Sturm. Zürich 1915
173 Eduard Blocher, Die Schweiz als Versöhnerin und Vermittlerin zwischen Frankreich und Deutschland. Stimmen im Sturm. S. 17 ff.
174 Stephan Winkler, Die «Stimmen im Sturm» (1915–1916) und die «Deutschschweizerische Gesellschaft» (1916–1922). S. 33
175 Ibid., S. 79
176 Paul Wernle, Gedanken eines Deutschschweizers. Zürich 1915
177 Nachlass Eduard Blocher, Archiv für Zeitgeschichte, ETH Zürich
178 August Schmid, Über die angebliche Germanisierung der Schweiz. Stimmen im Sturm. Zürich 1915. S. 33
179 Nachlass Eduard Blocher, Archiv für Zeitgeschichte, ETH Zürich
180 August Schmid, Die Demokratie als Selbsttäuschung. Basel 1917. S. 11 f.
181 Ibid., S. 28 f.
182 Fritz Fick, Deutsche Demokratie. München 1919. S. 3 ff.
183 Ibid., S. 3
184 Stephan Winkler, Die «Stimmen im Sturm» (1915–1916) und die «Deutschschweizerische Gesellschaft» (1916–1922). S. 56
185 Ibid., S. 38
186 Fritz Fick, Neutralität in Hemdsärmeln. Stimmen im Sturm. S. 7 ff.
187 Ibid., S. 15
188 Emil Steiner, Wesen und Ursprung der «Stimmen im Sturm». Zürich 1916
189 Ibid., S. 2
190 Stephan Winkler, Die «Stimmen im Sturm» (1915–1916) und die «Deutschschweizerische Gesellschaft» (1916–1922). S. 53 ff. – Im Nachlass Eduard Blochers sind keine Unterlagen zu finden, die den Verdacht J. B. Ruschs bestätigen. Eduard Blocher hatte bis ins Frühjahr 1914 Zahlungen des deutschen «Vereins für das Deutschtum im Ausland» erhalten. Ob später noch eine Verbindung bestand, lässt sich nicht feststellen. Beide Kontrahenten hatten vereinbart, in der Sache Vorsicht walten zu lassen. – Zur Person J. B. Ruschs siehe: Annetta Bundi, Die

Schweizerischen Republikanischen Blätter des konservativen Publizisten J. B. Rusch. Freiburg/Schweiz 1999

191 Stephan Winkler, Die «Stimmen im Sturm» (1915–1916) und die «Deutschschweizerische Gesellschaft» (1916–1922). S. 67 f.
192 Ibid., S. 92 f.
193 Nachlass Eduard Blocher. Archiv für Zeitgeschichte, ETH Zürich
194 Stephan Winkler, Die «Stimmen im Sturm» (1915–1916) und die «Deutschschweizerische Gesellschaft» (1916–1922). S. 75 ff.
195 Louis Dumur, Les deux Suisses. S. 197 – Siehe auch: Daniel Heller, Eugen Bircher. S. 50 ff.
196 Zit. nach: Wilhelm Ehrenzeller, Die geistige Überfremdung der Schweiz. S. 37
197 Karl Hammer, Deutsche Kriegstheologie (1870–1918). München 1971.
198 Stephan Winkler, Die «Stimmen im Sturm» (1915–1916) und die «Deutschschweizerische Gesellschaft» (1916–1922). S. 6
199 Biographisches Lexikon des Aargaus 1803–1957. S. 91 ff.
200 Karl Hänggi, Die deutsche Propaganda in der Schweizer Presse. Laupen 1918. S. 10 f.
201 «Neue Zürcher Zeitung», 3. April 1916
202 Paul Seippel, Schweizerische Wahrheiten. S. 51 f.
203 Romain Rolland, Zwischen den Völkern. Bd. I. S. 488 f.
204 Charles Ferdinand Ramuz, Journal. T. I. 1895–1920. S. 201 ff.
205 Meinrad Inglin, Schweizerspiegel. Roman. Zürich 1965. S. 269
206 Gespräch des Verfassers mit dem damals 104jährigen Hauptmann Fernand Weissenbach, Quartiermeister im Füs Bat 16 des Inf Rgt 7, am 20. September 1989
207 Romain Rolland, Zwischen den Völkern. Bd. I. S. 379 f.
208 Gonzague de Reynold, Mes Mémoires. T. III. S. 244 f.
209 Paul Seippel, Schweizerische Wahrheiten. S. 14 ff.
210 Aram Mattioli, Zwischen Demokratie und totalitärer Diktatur. S. 90 ff. – Gonzague de Reynold, Mes Mémoires. T. III. S. 198 f.
211 Zit. nach: Aram Mattioli, Zwischen Demokratie und totalitärer Diktatur. S. 95
212 Robert Faesi, Erlebnisse, Ergebnisse. S. 195
213 Ibid., S. 100
214 Gonzague de Reynold, Mes Mémoires. T. III. S. 204
215 Ibid., S. 207 f.
216 Robert Faesi, Erlebnisse, Ergebnisse. S. 192
217 Gonzague de Reynold, Mes Mémoires. T. III. S. 209
218 Robert Faesi, Erlebnisse, Ergebnisse. S. 191 f. – Max Huber, Denkwürdigkeiten. S. 68
219 Siehe Anmerkung 206: Fernand Weissenbach erzählte dem Verfasser, man habe im Stab Füs Bat 16 häufig über den in den Einheiten betriebenen schikanösen Drill diskutiert, letzten Endes aber fatalistisch resigniert. Die Mannschaft habe die Missbräuche nicht unbedingt General Wille angelastet, wie es in der sozialistischen und in der Westschweizer Presse geschah.
220 Rudolf Jaun, Preussen vor Augen. S. 255 ff.
221 Zit. nach: Hans Rudolf Fuhrer, Die Fortifikationen Hauenstein und Murten im Ersten Weltkrieg. Die Geschichte der schweizerischen Landesbefestigung. Zürich 1992. S. 141 ff. – Siehe auch: Hans Rudolf Fuhrer, Die Schweizer Armee im Ersten Weltkrieg. Zürich 1999
222 DDS VI. Le Général U. Wille, au Chef de l'Etat-Major Général de l'Armee suisse, Th. von Sprecher. 27. August 1914. S. 63 f.
223 Walter Lüem, Die Befestigungen im Südtessin. Die Geschichte der schweizerischen Landesbefestigung. S. 104 f.
224 Charles Ferdinand Ramuz, Journal. T. I. 1895–1920. S. 231 ff.
225 Ibid., S. 241
226 Ibid., S. 246

227 André Dubail, La Guerre 1914–1918 à Pfetterhouse. Annuaire de la Société d'Histoire Sundgauvienne. Separatdruck Pfetterhouse 1985. – Der Historiker André Dubail vermittelte dem Verfasser zusätzliche Informationen über den Krieg im Largtal.
228 Alphonse Cerf, Der Krieg an der Juragrenze.
229 BAR. E27/17707. 16. Dezember 1914. Genieabt. Armeestab an Generalstabschef.
230 BAR. E27/17707. 17. Dezember 1914. Generalstabschef an Kdo 1. Armeekorps
231 BAR. E27/17707. 6. September 1917. Geniechef an Generalstabschef
232 Charles Gos, Point 510. Notes d'un observateur. Neuchâtel 1932
233 Ibid., S. 19 ff.
234 Ibid., S. 86 ff.
235 Frau R. Gasser, Wirtin im alten Gasthof bei der Ruine Morimont, legte dem Verfasser bei einem Besuch im Jahre 1986 das Gästebuch vor. Sie hatte als junges Mädchen den Ersten Weltkrieg auf dem Morimont erlebt und konnte sich an den Besuch der beiden Schweizer Offiziere erinnern. Später wohnten deutsche Offiziere in der Herberge, ohne sich je ins Gästebuch einzutragen.
236 Alphonse Cerf, Les Mobs de 1914–1918. S. 99 ff.
237 Ibid., S. 179 f.
238 David Accola, Stilfserjoch-Umbrail 1914–1918. Zürich 2000. S. 35
239 Johann Ulrich Meng, Erinnerungen an die Grenzbesetzung im Ersten Weltkrieg. 75 Jahre Geb Inf Rgt 36. Das Bündner Regiment. Chur 1988. S. 24
240 David Accola, Stilfserjoch-Umbrail 1914–1918. S. 12
241 Marcel Beck, Ein Denkmal für ein ungarisches K. u. K. Bataillon auf Bündnerboden. Privatdruck. Zürich o. J.
242 DDS VI. Le Chef de l'Etat-Major de l'Armée suisse, Th. von Sprecher, au Général Wille. 15. Januar 1916. S. 313
243 Johann Ulrich Meng, Erinnerungen an die Grenzbesetzung im Ersten Weltkrieg. S. 26
244 David Accola, Stilfserjoch-Umbrail 1914–1918. S. 38
245 Ibid., S. 38
246 General Wille, Gesammelte Schriften. S. 520 ff.
247 Niklaus Meienberg, Die Welt als Wille und Wahn. S. 156
248 Hermann Böschenstein, Bundesrat und General im Ersten Weltkrieg. SZG 1960. S. 515–532
249 Hans Rudolf Kurz, Dokumente der Grenzbesetzung 1914–1918. S. 73
250 Ibid., S. 529
251 Max Huber, Denkwürdigkeiten. S. 66 ff.
252 Daniel Sprecher, Generalstabschef Theophil Sprecher von Bernegg. S. 172 f.
253 DDS V. Der Chef der Generalstabsabteilung, Th. von Sprecher, an die Landesverteidigungskommission. 15. Februar 1906. S. 358
254 Ibid., Memorial. Die militärpolitische Lage der Schweiz und die Aufmärsche der schweizerischen Armee. 23. Januar 1907. S. 355, und Memorial betr. den Aufmarsch im Falle eines deutsch-französischen Krieges. 23. Januar 1907. S. 357
255 Ibid., Memorial. Die militärpolitische Lage der Schweiz und die Aufmärsche der schweizerischen Armee. 23. Januar 1907. S. 355 f.
256 Ibid., Der Chef der Generalstabsabteilung. Allgemeines betreffend die Mobilmachung und Bereitstellung des schweizerischen Heeres. Februar 1912. S. 668
257 Th. Sprecher von Bernegg, Fragen der Schweizerischen Landesverteidigung nach den Erfahrungen in der Zeit des Weltkrieges. S. 24
258 Walter Lüem, Probleme der schweizerischen Landesbefestigung von 1860–1914. Zürich 1955. – Walter Lüem, Festung St. Gotthard: Menschen und Waffen in Felsen und Stein. Die Geschichte der schweizerischen Landesbefestigung. Zürich 1992. – Werner Rutschmann, Gotthardbefestigung. Die Forts am Achsenkreuz der Heerstrassen. Zürich 1992
259 Arnold Linder, Arnold Keller, S. 124

260 Ibid., S. 48 ff.
261 Ibid., S. 55
262 DDS V. Memorial betr. den Aufmarsch im Falle eines deutsch- französischen Krieges. 23. Januar 1907. S. 359
263 Ibid., S. 360
264 Ibid., S. 360 ff.
265 Ibid., Der Vorsteher des Militärdepartements, L. Forrer, an den Chef der Generalstabsabteilung, Th. von Sprecher. 23. Januar 1907. S. 362
266 Ibid., Punktationen für einen Bündnisvertrag. 23. Januar 1907. S. 361 f.
267 Zit nach: Hans Rapold, Der schweizerische Generalstab. Bd. V. Zeit der Bewährung? Die Epoche um den Ersten Weltkrieg 1907–1924. S. 157
268 Daniel Sprecher, Generalstabschef Theophil Sprecher von Bernegg. S. 160 f.
269 Ibid., S. 182 – Der von Daniel Sprecher zitierte Text stammt aus der 1963/64 publizierten Dokumentensammlung Geiss. Eine leicht abweichende Version wurde im Oktober 1919 in Berlin von Oskar Cohn, einem Mitglied der Nationalversammlung, dem schweizerischen Gesandten Alfred von Planta übergeben. Als Datum des Berichts von Moltke ist darin der 3. August 1914 vermerkt. Statt von West- ist von Ost-Grenze die Rede, und das Wort «ratifiziert» wurde durch «modifiziert» ersetzt. Der schweizerische Gesandte setzte sich dafür ein, dass der heikle Text nicht veröffentlicht wurde, da er nachträglich noch hätte Unruhe stiften können: DDS VII/2. Le Ministre de Suisse à Berlin, A. von Planta, au Chef du Département politique, F. Calonder. 6. Oktober 1919. S. 241
270 Daniel Sprecher, Generalstabschef Theophil Sprecher von Bernegg. S. 188 f.
271 Th. Sprecher von Bernegg, Fragen der Schweizerischen Landesverteidigung nach den Erfahrungen in der Zeit des Weltkrieges. S. 18
272 DDS VII/2. Le Chef du Département militaire, C. Decoppet, au Chef du Département politique, F. Calonder. 24. November 1919. S. 353
273 Zit. nach: Daniel Sprecher, Generalstabschef Theophil Sprecher von Bernegg. S. 218 f.
274 Dazu unter anderem: Othmar Uhl, Die diplomatisch-politischen Beziehungen zwischen Grossbritannien und der Schweiz in den Jahrzehnten vor dem Ersten Weltkrieg (1890–1914). S. 155 ff. – Max Heri, Die Neutralität der Schweiz in der Zeit des Dreibundes. Frauenfeld 1937. S. 164 ff. – Daniel Sprecher, Generalstabschef Theophil Sprecher von Bernegg. Zürich 2000. S. 163 ff. – Hans Eberhart, Zwischen Glaubwürdigkeit und Unberechenbarkeit. S. 204 ff. – Hans Rapold, Der Schweizerische Generalstab. Bd. V. Zeit der Bewährung? Die Epoche um den Ersten Weltkrieg 1907–1924. S. 159 ff.
275 Othmar Uhl, Die diplomatischen Beziehungen zwischen Grossbritannien und der Schweiz in den Jahrzehnten vor dem Ersten Weltkrieg (1890–1914). S. 155 ff.
276 Zit. nach: Daniel Sprecher, Generalstabschef Theophil Sprecher von Bernegg. S. 223 f.
277 Othmar Uhl, Die diplomatischen Beziehungen zwischen Grossbritannien und der Schweiz in den Jahrzehnten vor dem Ersten Weltkrieg (1890–1914). S. 163
278 Ibid., S. 165
279 Daniel Sprecher, Generalstabschef Theophil Sprecher von Bernegg. S. 198
280 Othmar Uhl, Die diplomatischen Beziehungen zwischen Grossbritannien und der Schweiz in den Jahrzehnten vor dem Ersten Weltkrieg (1890–1914). S. 165
281 Ibid., S. 162
282 Adolf Lacher, Die Schweiz und Frankreich vor dem Ersten Weltkrieg. S. 167
283 Othmar Uhl, Die diplomatischen Beziehungen zwischen Grossbritannien und der Schweiz in den Jahrzehnten vor dem Ersten Weltkrieg (1890–1914). S. 163 ff.
284 Hans Eberhart, Zwischen Glaubwürdigkeit und Unberechenbarkeit. S. 205 f. – Siehe auch Rudolf Dannecker, Die Schweiz und Österreich-Ungarn. S. 282
285 Daniel Sprecher, Generalstabschef Theophil Sprecher von Bernegg. S. 252 f.
286 Ibid., S. 684

287 Franz Conrad von Hötzendorf, Aus meiner Dienstzeit. Bd. II. S. 442
288 Rudolf Dannecker, Die Schweiz und Österreich-Ungarn. S. 275 f. – Peter Schubert, Die Tätigkeit des k. u. k. Militärattachés in Bern während des Ersten Weltkrieges. Osnabrück 1980. S. 6
289 Rudolf Dannecker, Die Schweiz und Österreich-Ungarn. S. 273
290 Daniel Sprecher, Generalstabschef Theophil Sprecher von Bernegg. S. 241 f.
291 Ibid., S. 195 ff. – Siehe auch: Rudolf Dannecker, Die Schweiz und Österreich-Ungarn. S. 271 ff. – Hans Rapold, Der Schweizerische Generalstab. Bd. V. S. 159 ff.
292 Zit. nach: Daniel Sprecher, Generalstabschef Theophil Sprecher von Bernegg. S. 195 f.
293 Ibid., S. 259
294 DDS VII-2. Le Chef du Département militaire, C. Decoppet, au Chef du Département politique, F. Calonder. 24. November 1919. S. 353
295 Adolf Lacher, Die Schweiz und Frankreich vor dem Ersten Weltkrieg. S. 175
296 Mémoire sur les fortifications qu'il serait convenable d'établir en quelques endroits de la Suisse. 1841. Henri Dufour. BAR 27/17 258
297 Arnold Linder, Arnold Keller. S. 107
298 Adolf Lacher, Die Schweiz und Frankreich vor dem Ersten Weltkrieg. S. 179 ff.
299 Th. Sprecher von Bernegg, Fragen der Schweizerischen Landesverteidigung nach den Erfahrungen in der Zeit des Weltkrieges. S. 13
300 Ibid., S. 13
301 Generalstabschef an Geniechef 4. Div. 15. August 1914. BAR 27/13 549
302 Hans Rapold, Der Schweizerische Generalstab. Bd. V. S. 21
303 C. Fröhle, H.-J. Kühn, Die Befestigungen des Isteiner Klotzes 1900–1945. Herbolzheim 1996. S. 4 – Fritz Schülin, Hermann Schäfer, Istein und der Isteiner Klotz. Freiburg i. Br. 1961. S. 89 f. – Schülin und Schäfer stand in den dreissiger Jahren das deutsche Heeresarchiv zur Verfügung, das im Zweiten Weltkrieg zerstört wurde. Was die Truppen des Grossherzogtums Baden betrifft, so befinden sich die Doppel der vernichteten Akten im Generallandesarchiv Karlsruhe.
304 Gerhard Ritter, Der Schlieffen-Plan. München 1956. S. 40 ff.
305 Fritz Schülin, Hermann Schäfer, Istein und der Isteiner Klotz. S. 90
306 Claude Fröhle, H.-J. Kühn, Die Befestigungen des Isteiner Klotzes 1900–1945. S. 4 ff.
307 Ibid., S. 5 f. und S. 120 ff. – Die Denkschrift befindet sich unter der Signatur GLA/F 5 91 im Generallandesarchiv Karlsruhe. Dokumente aus diesem Archiv wurden dem Verfasser von Claude Fröhle zur Verfügung gestellt.
308 Ibid., S. 12 f.
309 GLA Karlsruhe. EV/105/59
310 Fritz Schülin, Hermann Schäfer, Istein und der Isteiner Klotz. S. 92 f.
311 C. Fröhle, H.-J. Kühn, Die Befestigungen des Isteiner Klotzes 1900–1945. S. 8
312 «Neue Zürcher Zeitung», 27. Januar 1902
313 Rechtsgutachten betr. die Hüninger Festungsfrage. BAR E2/1772
314 «Neue Zürcher Zeitung», 15., 16., 17., 18., 20., 27. Januar, 4., 7. Februar 1902
315 Othmar Uhl, Die diplomatisch-politischen Beziehungen zwischen Grossbritannien und der Schweiz in den Jahrzehnten vor dem Ersten Weltkrieg (1890–1914). S. 161 ff. – Nachlass Angst, Paket 69, ZB Zürich. Handschriftenabteilung.
316 Christian Ammann, André Dubail, Porrentruy-Bonfol-Alsace. Breil-sur-Roya. 1983
317 Ibid., S. 15
318 André Dubail, La Guerre 1914–1918 à Pfetterhouse. S. 66 f.
319 André Dubail, La Largtalbahn et la construction ferrovière dans le Sundgau au début du XXème siècle. Annuaire de la Société d'Histoire Sundgauvienne 1977. S. 215
320 Ulrich Müller, Die Wutachtalbahn. Strategische Umgehungsbahn (Sauschwänzlebahn). Inzlingen 1978

321 Christian Ammann, André Dubail, Porrentruy-Bonfol-Alsace. S. 5 ff.
322 Adolf Lacher, Die Schweiz und Frankreich vor dem Ersten Weltkrieg. S. 179 ff.
323 J. C. Joffre, Mémoires du Maréchal Joffre (1910–1917). Paris 1932. Bd. I. S. 108
324 Adolf Lacher, Die Schweiz und Frankreich vor dem Ersten Weltkrieg. S. 181 f.
325 Ibid., S. 184 ff. – Hans Rudolf Fuhrer, Die Schweizer Armee im Ersten Weltkrieg. S. 352 ff.
326 Hans Rudolf Fuhrer, Die Schweizer Armee im Ersten Weltkrieg. S. 353
327 Fritz Schülin, Hermann Schäfer, Istein und der Isteiner Klotz. S. 138 f.
328 Ibid., S. 137 f.
329 Adolf Lacher, Die Schweiz und Frankreich vor dem Ersten Weltkrieg. S. 183
330 Ibid., S. 185 ff. – Eine von Ressentiments gegen Frankreich bestimmte Version bringt Albert Heider, der um jeden Preis eine Verletzung des Völkerrechts konstruieren wollte: A. Heider, Die Kampagne im Sundgau 1914 im Lichte der französischen Armeeakten. 1. Ein Handstreich auf Basel nach Joffres Kriegsplan. Freiburg i. Br. 1927. 2. Joffres Handstreich auf Basel und die moderne Lehre der Rechtswidrigkeit. Ettlingen 1928
331 Theophil Sprecher von Bernegg, Fragen der Schweizerischen Landesverteidigung nach den Erfahrungen in der Zeit des Weltkrieges. S. 12
332 DDS V. Der Chef der Generalstabsabteilung, Th. von Sprecher, an die Landesverteidigungskommission. 15. Februar 1906. S. 258
333 Ibid., S. 259 f.
334 Hans Eberhart, Zwischen Glaubwürdigkeit und Unberechenbarkeit. S. 103
335 Ibid., S. 104
336 Arnold Linder, Arnold Keller. S. 99 ff.
337 Hans Eberhart, Zwischen Glaubwürdigkeit und Unberechenbarkeit. S. 106 f.
338 Ibid., S. 109
339 Ibid., S. 111 – Siehe auch: Rudolf Dannecker, Die Beziehungen zwischen der Schweiz und Italien vor dem Ersten Weltkrieg. SZG 1967. 1. S. 27 ff.
340 Walter Lüem, Festung St. Gotthard. Menschen und Waffen in Fels und Stein. Die Geschichte der schweizerischen Landesbefestigung. S. 55
341 Ibid., S. 49 – Skizzen und Bericht von Daniel von Salis sind aus dem betreffenden Dossier im Bundesarchiv verschwunden.
342 Ibid., S. 56
343 Arnold Linder, Arnold Keller. S. 125
344 R. Schott, Unsere Festungen. Zürich 1910
345 Arnold Linder, Arnold Keller. S. 127
346 DDS V. Oberstkorpskommandant U. Wille an den Vorsteher des Militärdepartements, E. Müller. 4. November 1909. S. 591 ff.
347 Bruno Lezzi, 1914. General Ulrich Wille und die Kriegsbereitschaft der schweizerischen Armee. S. 246
348 Hans Rapold, Der schweizerische Generalstab. Bd. V. S. 14 f.
349 Th. Sprecher von Bernegg, Fragen der Schweizerischen Landesverteidigung nach den Erfahrungen des Weltkrieges. S. 14 f.
350 BAR E 27/11734
351 Th. Sprecher von Bernegg, Fragen der Schweizerischen Landesverteidigung nach den Erfahrungen des Weltkrieges. S. 15 f.
352 Hans Eberhart, Zwischen Glaubwürdigkeit und Unberechenbarkeit. S. 157 ff.
353 BAR E 27/11702 – Die Skizze vom Panzerturm ist auch im Anhang des Werks von Hans-Jürgen Pantenius abgebildet: Der Angriffsgedanke gegen Italien bei Conrad von Hötzendorf. Köln 1984
354 DDS VI. Le Chef du Département politique, A. Hoffmann, au Ministre de Suisse à Rome, G. B. Pioda. 30. August 1914. S. 65
355 Ibid., S. 66

356 DDS V. Der Chef der Generalstabsabteilung, Th. von Sprecher: Allgemeines betreffend die Mobilmachung und Bereitstellung des schweizerischen Heeres. Februar 1912. S. 669
357 Ibid., S. 670
358 Hans Rapold, Der Schweizerische Generalstab. Bd. V. S. 128
359 Über den Bau der Fortifikation Hauenstein siehe: Hans Rudolf Fuhrer, Die Schweizer Armee im Ersten Weltkrieg. S. 277 ff.
360 Adolf Lacher, Die Schweiz und Frankreich vor dem Ersten Weltkrieg. S. 180
361 DDS VI. Projet de Convention entre le Chef de l'Armée et le Commandant ... 14. August 1914. S. 46 ff. – Ibid., Le Général U. Wille au Chef du Département militaire fédéral, C. Decoppet. 31. Oktober 1914. S. 94 ff.
362 Edgar R. Rosen, Italien und das Problem der schweizerischen Neutralität im Sommer 1914. SZG 1956. S. 106 ff.
363 Ibid., S. 107 f.
364 Peter Schubert, Die Tätigkeit des k. u. k. Militärattachés in Bern während des Ersten Weltkriegs. S. 15
365 Es ist dem Verfasser nicht gelungen, genauere Informationen über die Aktivitäten Peppino Garibaldis im Veltlin zu erhalten.
366 DDS VI. Le Ministre de Suisse à Rome, G. B. Pioda, au Chef du Département politique, A. Hoffmann. 20. September 1914. S. 74
367 DDS VI. Le Chef del'Etat-Major Général de l'Armée suisse, Th. von Sprecher, au Général U. Wille. 7. Mai 1915. S. 200
368 DDS VI. Le Ministre de Suise à Rome, A. de Planta, au Chef du Département politique, A. Hoffmann. 7. März 1915. S. 165
369 Ibid., S. 163
370 Hans Rudolf Ehrbar, Schweizerische Militärpolitik im Ersten Weltkrieg. S. 64
371 Ibid., S. 65
372 DDS VI. Le Ministre de Suisse à Rome, A. de Planta, au Chef du Département politique, A. Hoffmann. 21. April 1915. S. 181 f.
373 DDS VI. Conseil Fédéral. Protokoll der Sitzung vom 24. April 1915. S. 185 – Daniel Sprecher, Generalstabschef Theophil Sprecher von Bernegg. S. 353 ff. – Hans Rudolf Ehrbar, Schweizerische Militärpolitik im Ersten Weltkrieg. S. 68 f.
374 DDS VI. Protokoll der Sitzung vom 25. April 1915. S. 189 f.
375 Hans Rudolf Ehrbar, Schweizerische Militärpolitik im Ersten Weltkrieg. S. 69 f.
376 DDS VI. Le Chef de l'Etat-Major Général de l'Armée suisse, Th. von Sprecher, au Général U. Wille. 7. Mai 1915. S. 199 f.
377 DDS VI. Le Général U. Wille au Chef de l'Etat-Major Général, Th. von Sprecher. 7. Mai 1915. S. 201 ff.
378 Hans Rudolf Ehrbar, Schweizerische Militärpolitik im Ersten Weltkrieg. S. 70
379 Daniel Sprecher, Generalstabschef Theophil Sprecher von Bernegg. S. 359
380 Zit. nach: Hans Rudolf Fuhrer, Die Schweizer Armee im Ersten Weltkrieg. S. 177
381 Hans Rudolf Ehrbar, Schweizerische Militärpolitik im Ersten Weltkrieg. S. 75 f.
382 Heinz Ochsenbein, Die verlorene Wirtschaftsfreiheit 1914–1918. S. 173
383 Frau R. Gasser, Wirtin im Gasthof des Morimont bei Levoncourt, die den Ersten Weltkrieg als junges Mädchen unmittelbar hinter der deutschen Front erlebte, bestätigte diesen Sachverhalt gegenüber dem Verfasser. Die im Gasthof einquartierten deutschen Offiziere hätten sie vor den gefährlichen «Negern» gewarnt, die bei einer deutschen Niederlage über die Zivilbevölkerung herfallen würden. Die schwarzen Soldaten, die bei Kriegsende auf dem Morimont erschienen, hätten sich jedoch vorbildlich betragen, genau so wie zuvor die Soldaten der badischen Landwehr.
384 Hans Rudolf Ehrbar, Schweizerische Militärpolitik im Ersten Weltkrieg. S. 84 f.
385 Ibid., S. 90 f.

386 Marcel Bosshard, Histoire des troupes jurassiennes. Moutier 1977. S. 137
387 Hans Rudolf Fuhrer, Die Schweizer Armee im Ersten Weltkrieg. S. 379 ff.
388 Hans Dollinger, Der Erste Weltkrieg in Bildern und Dokumenten. München 1965. S. 217
389 Armand Durlewanger, Les grands orages sur les Vosges. Strasbourg 1969. S. 130 ff.
390 Gisèle Loth, Un rêve de France. Strasbourg 2000. S. 222 ff. − Christian Ammann, André Dubail, Porrentruy-Bonfol-Alsace. S. 45
391 Hans Rapold, Der Schweizerische Generalstab. Bd. V. S. 279 f.
392 DDS VI. Le Chef de l'Etat-Major Général de l'Armée, Th. von Sprecher, au Général U. Wille. 15. Januar 1916. S. 312 ff.
393 DDS VI. Le Général U. Wille au Chef de l'Etat-Major Général de l'Armée suisse, Th. von Sprecher. 18. Januar 1916. S. 320
394 Hans Rudolf Ehrbar, Schweizerische Militärpolitik im Ersten Weltkrieg. Bern S. 106 ff.
395 Ibid., S. 107
396 Ibid., S. 106
397 Louis Dumur, Les deux Suisses. S. 199
398 A. Cerf, Les Mobs de 1914 à 1918. 163 f. − Hauptmann Fernand Weissenbach, im Jahre 1916 Angehöriger des Inf Rgt 7, erklärte gegenüber dem Verfasser, Treytorrens de Loys habe als glühender Patriot gegolten. Von Deutschfreundlichkeit im politischen Sinn sei in der Truppe nichts bekannt gewesen.
399 Neue Zürcher Zeitung. 4. April 1916
400 Ibid., 3. April 1916
401 Nouvelle Histoire du Jura. S. 257
402 Neue Zürcher Zeitung. 19. März 1916
403 Ibid., 3. April 1916
404 Gespräch mit dem Verfasser vom 20. September 1989
405 Jürg Schoch, Die Oberstenaffäre. Eine innenpolitische Krise (1915/1916). Bern 1972
406 Siehe unter anderem: Max Huber, Denkwürdigkeiten. S. 78 ff. − Hans Rapold, Der Schweizerische Generalstab. Bd. V. S. 278 ff. − Hans Rudolf Fuhrer, Die Schweizer Armee im Ersten Weltkrieg. S. 216 ff.
407 DDS VI. A. Langie, cryptographe auprès de l'Etat-Major Général de l'Armée suisse au Chef du Département militaire, C. Decoppet. 8. Dezember 1915. S. 297 ff. − Siehe auch: Alain Clavien, Histoire de la Gazette de Lausanne. Le temps du colonel 1874–1917. S. 304 ff.
408 DDS VI. Conseil fédéral. Protokoll der Sitzung vom 11. Januar 1916. S. 308 ff.
409 DDS VI. Le Général U. Wille au Chef du Département militaire, C. Decoppet. 18. Dezember 1915. S. 300 ff.
410 DDS VI. Le Général U. Wille au Président de la Confédération, C. Decoppet. 11. Januar 1916. S. 307
411 Ibid., S. 306
412 Carl Helbling, General Ulrich Wille. S. 260
413 Gonzague de Reynold, Mes Mémoires. Tome III. S. 273
414 Ibid., S. 270 ff.
415 Ibid., S. 273
416 DDS VI. Le Général U. Wille au Président de la Confédération, C. Decoppet. 11. Januar 1916. S. 306
417 Gonzague de Reynold, Mes Mémoires. Tome III. S. 268
418 DDS VI. Conseil fédéral. Protokoll der Sitzung vom 11. Januar 1916. S. 308 ff.
419 Max Huber, Denkwürdigkeiten S. 80
420 Ibid., S. 81 f.
421 Ibid., S. 82
422 Ibid., S. 83
423 Jürg Schoch, Die Oberstenaffäre. S. 39

424 BAR. E 27/5330 Bd. 466
425 Daniel Sprecher, Generalstabschef Theophil Sprecher von Bernegg. S. 396 ff.
426 Max Huber, Denkwürdigkeiten. S. 79
427 DDS VI. Hauptverhandlungen in der Militärstrafsache der Obersten Egli und von Wattenwyl. 29. Februar 1916. S. 329 ff.
428 Daniel Sprecher, Generalstabschef Theophil Sprecher von Bernegg. S. 403
429 Hans Rapold, Der Schweizerische Generalstab. Bd. V. S. 282
430 Hans Rudolf Fuhrer, Die Schweizer Armee im Ersten Weltkrieg. S. 222
431 Ibid., S. 222 f.
432 Edouard Secretan, Articles et discours. S. 168 f.
433 Hans Rudolf Kurz, Dokumente der Grenzbesetzung 1914/1918. S. 137 f. – Zum Gesundheitszustand Willes siehe: Hans Rudolf Ehrbar, Schweizerische Militärpolitik im Ersten Weltkrieg. S. 284 ff.
434 Ibid., S. 143 ff.
435 BAR E 27/13549
436 BAR E 27/13571
437 BAR E 27/13571. Tagebuch I der Kavallerie-Division vom 13. 9. 1914
438 Edouard Secretan, Articles et discours. S. 171
439 BAR E 27/13571. Dossier Rusch
440 Ibid., Dossier Grenzzwischenfälle Lützel
441 Hans Rudolf Ehrbar, Schweizerische Militärpolitik im Ersten Weltkrieg. S. 100 ff.
442 Armand Durlewanger, Les grands orages sur les Vosges. S. 86
443 Hans Rudolf Ehrbar, Schweizerische Militärpolitik im Ersten Weltkrieg. S. 103
444 DDS VI. Le Chef de l'Etat-Major Général de l'Armée suisse, Th. von Sprecher, au Général U. Wille. 9. April 1916. S. 339
445 DDS VI. Le Général U. Wille au Chef de l'Etat-Major de l'Armée suisse, Th. von Sprecher. 25. Mai 1916. S. 340
446 DDS VI. Le Général U. Wille au Chef du Département politique, A. Hoffmann. 29. Mai 1916. S. 347 ff.
447 DDS VI. Le Général U. Wille au Conseil Fédéral. 13. Januar 1917. S. 469 ff.
448 Hans Rudolf Fuhrer, Die Schweizer Armee im Ersten Weltkrieg. S. 388 ff. – Hans Rudolf Ehrbar, Schweizerische Militärpolitik im Ersten Weltkrieg. S. 88 ff.
449 Ibid., S. 91 f.
450 Hans Rudolf Fuhrer, Die Schweizer Armee im Ersten Weltkrieg. S. 741 ff.
451 Ibid., S. 729 ff.
452 Hans Rudolf Ehrbar, Schweizerische Militärpolitik im Ersten Weltkrieg. S. 118
453 Ibid., S. 122 f.
454 Ibid., S. 118
455 Ibid., S. 124 f.
456 Ibid., S. 130 f.
457 Hans Rudolf Fuhrer, Die Schweizer Armee im Ersten Weltkrieg. S. 446 f.
458 Ibid., S. 433
459 Hans Rudolf Ehrbar, Schweizerische Militärpolitik im Ersten Weltkrieg. S. 131
460 Hans Rapold, Der Schweizerische Generalstab. Bd. V. S. 295
461 Hans Rudolf Ehrbar, Schweizerische Militärpolitik im Ersten Weltkrieg. S. 196 ff.
462 DDS VI. Aide-Mémoire du Chef de l'Etat-Major Général de l'Armée suisse, Th. von Sprecher. 29. Dezember 1916. S. 456 ff.
463 Hans Rudolf Ehrbar, Schweizerische Militärpolitik im Ersten Weltkrieg. S. 184
464 Ibid., S. 196 ff.
465 Ibid., S. 234 ff.
466 Gonzague de Reynold, Mes Mémoires. T. III. S. 292 f.

467 Hans Rudolf Ehrbar, Schweizerische Militärpolitik im Ersten Weltkrieg. S. 212 ff.
468 Gonzague de Reynold, Mes Mémoires. T. III. S. 295
469 Hans Rudolf Ehrbar, Schweizerische Militärpolitik im Ersten Weltkrieg. S. 217
470 DDS VI. Le Général U. Wille au Conseil Fédéral. 13. Januar 1917. S. 469 ff.
471 Hans Rapold, Der Schweizerische Generalstab. Bd. V. S. 295 ff. – Hans Rudolf Ehrbar, Schweizerische Militärpolitik im Ersten Weltkrieg. S. 222 ff.
472 Ibid., S. 227 f.
473 Hans Rapold, Der Schweizerische Generalstab. Bd. V. S. 297 ff.
474 Hans Rudolf Ehrbar, Schweizerische Militärpolitik im Ersten Weltkrieg. S. 240
475 BAR E 27/17707
476 Hans Rapold, Der Schweizerische Generalstab. Bd. V. S. 303 ff.
477 René Zeller, Emil Sonderegger. Vom Generalstabschef zum Frontenführer. Zürich 1999. S. 46 f.
478 Hans Rapold, Der Schweizerische Generalstab. Bd. V. S. 308 f.
479 Theophil Sprecher, Fragen der Schweizerischen Landesverteidigung nach den Erfahrungen in der Zeit des Weltkrieges. S. 18
480 DDS VI. Protokoll der Sitzung des Bundesrates vom 10. November 1914. S. 107
481 Rolf Soiron, Der Beitrag der Schweizer Aussenpolitik zum Problem der Friedensorganisation am Ende des Ersten Weltkrieges. Basel 1973. S. 33
482 DDS VI. Protokoll der Sitzung des Bundesrates vom 10. November 1914. S. 108
483 DDS VI. Protokoll der Sitzung des Bundesrates vom 30. März 1915. S. 170 ff.
484 Ibid., S. 172
485 Hans Rudolf Ehrbar, Schweizerische Militärpolitik im Ersten Weltkrieg. S. 133
486 Ibid., S. 132 ff.
487 Ibid., S. 136
488 Ibid., S. 137
489 DDS VI. Rapport du Conseil fédéral à l'Assemblée fédérale sur les pétitions à elle adressées tendant à hater la conclusion de la paix. 23. September 1916. S. 407 ff.
490 DDS VI. Le Ministre de Suisse à Paris, Ch. Lardy, au Chef du Département politique, A. Hoffmann. 23. Dezember 1916. S. 448
491 DDS VI. Le Ministre de Suisse à Washington, P. Ritter, au Chef du Département politique, A. Hoffmann. 21. Juni 1916. S. 358
492 DDS VI. Le Chef du Département politique, A. Hoffmann, à la Légation de Suisse à Washington. 18. November 1916. S. 426
493 DDS VI. Mémorandum du Ministre de Suisse à Washington, P. Ritter. 22. November 1916. S. 430 f.
494 DDS VI. Le Ministre de Suisse à Paris, P. Ritter, au Chef du Département politique, A. Hoffmann. 25. Januar 1917. S. 478
495 DDS VI. Le Chef du Département politique, A. Hoffmann, au Ministre de Suisse à Rome, A. von Planta. 14. Dezember 1916. S. 435
496 DDS VI. Le Ministre de Suisse à Paris, Ch. Lardy, au Chef du Département politique, A. Hoffmann. 16. Dezember 1916. S. 440
497 DDS VI. Protokoll der Sitzung des Bundesrates vom 21. Dezember 1916. S. 444 ff.
498 Ibid., S. 445 – Siehe auch: Rolf Soiron, Der Beitrag der Schweizer Aussenpolitik zum Problem der Friedensorganisation am Ende des Ersten Weltkrieges. S. 32 ff.
499 DDS VI. La Division des Affaires étrangères du Département politique aux Légations de Suisse à Paris, Londres, Rome et Pétrograde. 22. Dezember 1916. S. 446 f.
500 DDS VI. La Division des Affaires étrangères du Département politique à la Légation de Suisse à Washington. 31. Januar 1917. S. 484
501 DDS VI. Le Ministre d'Allemagne à Berne, G. Romberg, au Président de la Confédération, E. Schulthess. 31. Januar 1917. S. 486 f.

502 Le Ministre de Suisse à Washington, P. Ritter, à la Direction des Affaires étrangères du Département politique. 6. Februar 1917. S. 494
503 DDS VI. La Division des Affaires étrangères du Département politique à la Légation de Suisse à Washington. 9. Februar 1917. S. 494
504 Zit. nach: Edgar Bonjour, Geschichte der schweizerischen Neutralität. Bd. II. S. 180
505 DDS VI. Protokoll der Sitzung des Bundesrates vom 9. Februar 1917. S. 495 ff.
506 Willi Gautschi, Lenin als Emigrant in der Schweiz. Zürich 1993. S. 239 ff.
507 Ibid., S. 249 ff.
508 DDS VI. Le Chef du Département politique, A. Hoffmann, au Ministre de Suisse à Paris, Ch. Lardy. 19. April 1917. S. 543 ff.
509 Ibid., S. 545
510 Edgar Bonjour, Geschichte der schweizerischen Neutralität. Bd. II. S. 188 ff.
511 Ibid., S. 190
512 Rolf Soiron, Der Beitrag der Schweizer Aussenpolitik zum Problem der Friedensorganisation am Ende des Ersten Weltkrieges. S. 38 f.
513 DDS VI. Le Ministre de Suisse à Petrograd, E. Odier, au Chef du Département politique, A. Hoffmann. 26. Mai/8. Juni 1917. S. 563 ff.
514 DDS VI. Le Ministre de Suisse à Petrograd, E. Odier, à la Direction des Affaires étrangères du Département politique. 26./27. Mai 1917. S. 560
515 DDS VI. La division des Affaires étrangères du Département politique à la Légation de Suisse à Petrograd. 3. Juni 1917. S. 563
516 DDS VI. Le Ministre de Suisse à Paris, Ch. Lardy, à la Division des Affaires étrangères du Département politique. 19. Juni 1917. S. 571
517 Edgar Bonjour, Geschichte der schweizerischen Neutralität. Bd. II. S. 192 ff.
518 DDS VI. Le Chef du Département politique, A. Hoffmann, au Président de la Confédération, E. Schulthess. 8. Juni 1917. S. 569
519 Max Huber, Denkwürdigkeiten. S. 88
520 Ibid., S. 87
521 Fritz Fischer, Griff nach der Weltmacht. Die Kriegszielpolitik des kaiserlichen Deutschland 1914/18. Düsseldorf 1962. S. 108 ff. – Siehe auch: Gustav A. Lang, Kampfplatz der Meinungen. Die Kontroverse um Kriegsursachen und Friedensmöglichkeiten 1914–1919 im Rahmen der «Neuen Zürcher Zeitung». Zürich 1968. S. 135 ff.
522 Hans Dollinger, Der Erste Weltkrieg in Bildern und Dokumenten. S. 206
523 Fritz Fischer, Griff nach der Weltmacht. S. 112
524 Ibid., S. 340 ff.
525 Hans Dollinger, Der Erste Weltkrieg in Bildern und Dokumenten. S. 203
526 Friedrich Naumann, Mitteleuropa. Berlin 1915
527 Fritz Fischer, Griff nach der Weltmacht. S. 218
528 Ibid., S. 516 ff.
529 Ibid., S. 457 ff.
530 Ibid., S. 457
531 DDS VI. Le Ministre de Suisse à Berlin, R. Haab, au Chef du Département politique, G. Ador. 5. August 1917. S. 585
532 Edgar Bonjour, Geschichte der schweizerischen Neutralität. Bd. II. S. 210 f.
533 DDS VI. Protokoll der Sitzung des Bundesrates vom 4. Oktober 1917. S. 604 f.
534 Ibid., S. 606 f.
535 Urs Altermatt (Hrsg.), Die Schweizer Bundesräte. S. 336
536 DDS VI. Le Ministre de Suisse à Washington, P. Ritter, à la Division des Affaires étrangères du Département politique. 8. Mai 1917. S. 550 f.
537 DDS VI. Le Ministre de Suisse à Paris, Ch. Lardy, au Chef du Département politique, A. Hoffmann. 12. Mai 1917. S. 531

538 DDS VI. Protokoll der Sitzung des Bundesrats vom 26. November 1917. S. 632 ff.
539 DDS VI. Le Chargé d'Affaires des Etats-Unis d'Amérique à Berne, H. R. Wilson, au Chef du Département politique, G. Ador. 3. Dezember 1917. S. 639
540 DDS VI. Protokoll der Sitzung des Bundesrats vom 11. Dezember 1917. S. 650 f.
541 DDS VI. Propositions du Chef du Département politique, G. Ador. 28. Dezember 1917. S. 659 ff.
542 Rolf Soiron, Der Beitrag der Schweizer Aussenpolitik zum Problem der Friedensorganisation am Ende des Ersten Weltkrieges. S. 76
543 Max Huber, Denkwürdigkeiten. S. 92
544 Ibid., S. 93
545 Ibid., S. 101
546 DDS VI. Protokoll der Sitzung des Bundesrates vom 4. Mai 1918. S. 726 ff.
547 Rolf Soiron, Der Beitrag der Schweizer Aussenpolitik zum Problem der Friedensorganisation am Ende des Ersten Weltkrieges. S. 105 f.
548 Max Huber, Denkwürdigkeiten. S. 103
549 Ibid., S. 101
550 DDS VI. Discours du Président de la Confédération, F. Calonder, sur le problème de la Société des Nations, tenu devant le Conseil national le 6 juin 1918. S. 747 ff.
551 Ibid., S. 750 f.
552 DDS VI. Le Ministre de Suisse à Rome, A. von Planta, au Chef du Département politique, F. Calonder. 6. Februar 1918. S. 682
553 DDS VI. Le Ministre de Suisse à Paris, A. Dunant, à l'Adjoint à la Division des Affaires étrangères du Département politique, Ch. E. Lardy. 13. August 1918. S. 779
554 DDS VI. Protokoll der Sitzung des Bundesrates vom 4. Oktober 1918. S. 799 f.
555 Rolf Soiron, Der Beitrag der Schweizer Aussenpolitik zum Problem der Friedensorganisation am Ende des Ersten Weltkrieges. S. 87 ff.
556 Max Huber, Denkwürdigkeiten. S. 102 ff.
557 DDS VI. Résolutions votées par la Commission pour la Réorganisation du Droit des Gens. 7.–8. November 1918. S. 826 ff.
558 DDS VI. Le Ministre de Suisse à Washington, H. Sulzer, au Chef du Département politique, F. Calonder. 7. Mai 1918. S. 732 f.
559 Max Huber, Denkwürdigkeiten. S. 108 f.
560 Stefan Zweig, Die Welt von Gestern. S. 315
561 Ibid., S. 313 f.
562 W. Ehrenzeller, Die geistige Überfremdung der Schweiz. S. 33
563 Ibid., S. 61
564 Robert Faesi. Erlebnisse, Ergebnisse. S. 207
565 Ibid., S. 211
566 Stefan Zweig, Die Welt von Gestern. S. 277
567 Gustav A. Lang, Kampfplatz der Meinungen. S. 40
568 Romain Rolland, Zwischen den Völkern. Bd. I. S. 83
569 Ibid., S. 176
570 Ibid., S. 33
571 Ibid., S. 127
572 Ibid., S. 674
673 Robert Faesi, Erlebnisse, Ergebnisse. S. 194 f.
674 Markus Mattmüller, Leonhard Ragaz und der religiöse Sozialismus. Bd. II. S. 284 ff.
575 Fritz Brupbacher, 60 Jahre Ketzer. S. 190 ff.
576 W. Ehrenzeller, Die geistige Überfremdung der Schweiz. S. 29 f.
577 Rudolf Dubs-Buchser, Die Memoiren des Dr. med. Heinrich Freysz. Hintergründe zum Sauerbruch-Skandal Zürich 1915. Zollikon 1993

578 Ibid., S. 108
579 Ibid., S. 54 ff.
580 Louis Dumur, Les Deux Suisses. S. 69
581 Hans Marti, Paul Seippel (1858–1926). S. 257
582 Harry Pross, Die Zerstörung der deutschen Politik. S. 194 ff.
583 Gustav A. Lang, Kampfplatz der Meinungen. S. 101
584 August Egger, Die Freiheitsidee in der Gegenwart. S. 11
585 Gustav A. Lang, Kampfplatz der Meinungen. S. 103 ff.
586 Georges Büttiker, Ernest Bovet 1870–1941. Basel 1971
587 Gustav A. Lang, Kampfplatz der Meinungen. S. 62 f.
588 Ibid., S. 73 f.
589 Ibid., S. 67
590 Ibid., S. 79 f.
591 Ibid., S. 98 ff.
592 Ibid., S. 122
593 Ibid., S. 74
594 Romain Rolland, Zwischen den Völkern. Bd. I. S. 739
595 Gustav A. Lang, Kampfplatz der Meinungen. S. 171 f.
596 Ibid., S. 173 ff.
597 Gisèle Loth, Un rêve de France. Pierre Bucher. Strasbourg 2000
598 Romain Rolland, Zwischen den Völkern. S. 561 ff.
599 Jean-Baptiste Duroselle, Clémenceau. S. 908
600 Gisèle Loth, Un rêve de France. Pierre Bucher. S. 237
601 Ibid., S. 269 ff.
602 Elias Canetti, Die gerettete Zunge. Geschichte einer Jugend. München 1977. S. 231 f.
603 Harald Szeemann, Monte Verità. Berg der Wahrheit. Locarno 1980
604 DDS VI. Protokoll der Sitzung des Bundesrates vom 22. September 1914. S. 75 f.
605 Eugène Pittard, Le Passage des Evacués à travers la Suisse. Neuchâtel 1916
606 DDS VI. Protokoll der Sitzung des Bundesrates vom 21. November 1916. S. 428 f.
607 DDS VI. Le Président du Comité International de la Croix Rouge, G. Ador, au Chef du Département politique, A. Hoffmann. 12. November 1914. S. 109
608 DDS VI. Le Ministre de Suisse à Paris, Ch. Lardy, au Chef du Département politique, A. Hoffmann. 19. Dezember 1914. S. 124 f.
609 Eugène Pittard, Le Train des Grands Blessés à travers la Suisse. Neuchâtel 1916. S. 14 f.
610 Ibid., S. 8 f.
611 Ibid., S. 10 f.
612 Robert Grimm, 50 Jahre Landesgeschichte. Der VPOD im Spiegel des Zeitgeschehens. Bd. 1. Zürich 1955. S. 38
613 Daniel Sprecher, Generalstabschef Theophil Sprecher von Bernegg. S. 476
614 Max Huber, Denkwürdigkeiten. S. 105 f.
615 Willi Gautschi, Der Landesstreik 1918. Zürich 1968. S. 41 f.
616 Hans-Ulrich Jost, Linksradikalismus in der Deutschen Schweiz 1914–1918. S. 30 f.
617 Willi Gautschi, Lenin als Emigrant in der Schweiz. Zürich 1973. S. 115
618 Ibid., S. 221
619 Ibid., S. 117
620 Ibid., S. 141
621 Ibid., S. 145 ff.
622 Ibid., S. 153
623 Hans-Ulrich Jost, Linksradikalismus in der deutschen Schweiz 1914–1918. S. 24 ff.
624 Ibid., S. 30 ff.
625 Willi Gautschi, Lenin als Emigrant in der Schweiz. S. 201 ff.

626 Ibid., S. 204 ff.
627 Ibid., S. 207
628 Ibid., S. 193 ff.
629 Markus Mattmüller, Leonhard Ragaz und der religiöse Sozialismus. Bd. II. S. 309 f.
630 Hans-Ulrich Jost, Linksradikalismus in der deutschen Schweiz 1914–1918. S. 66 ff.
631 Tobias Kästli, Ernst Nobs: Vom Bürgerschreck zum Bundesrat. Zürich 1995. S. 68
632 Ibid., S. 71 f.
633 Willi Gautschi, Der Landesstreik 1918. S. 88 f.
634 Ibid., S. 72 f.
635 Ibid., S. 96 ff.
636 Ibid., S. 118 ff.
637 Ibid., S. 127 ff.
638 Willi Gautschi, Lenin als Emigrant in der Schweiz. S. 164 ff.
639 DDS VI. La Division des Affaires étrangères du Département politique au Ministre de Suisse à Pétrograd, E. Odier. 1. Juni 1918. S. 745 f.
640 DDS VI. Protokoll der Sitzung des Bundesrates vom 2. November 1918. S. 818 f.
641 Willi Gautschi, Der Landesstreik 1918. S. 140 ff.
642 Ibid., S. 172
643 Daniel Sprecher, Generalstabschef Theophil Sprecher von Bernegg. S. 475
644 Ibid., S. 474
645 Willi Gautschi, Der Landesstreik 1918. S. 191 f.
646 Ibid., S. 248 ff.
647 Daniel Sprecher, Generalstabschef Theophil Sprecher von Bernegg. S. 472
648 Willi Gautschi, Der Landesstreik 1918. S. 242
649 Ibid., S. 299
650 René Zeller, Emil Sonderegger. S. 55 ff.
651 Ibid., S. 59
652 Ibid., S. 68
653 Ibid., S. 69 ff.
654 Willi Gautschi, Der Landesstreik 1918. S. 283 ff.
655 Markus Bolliger, Die Basler Arbeiterbewegung im Zeitalter des Ersten Weltkriegs und der Spaltung der Sozialdemokratischen Partei. S. 111 ff.
656 Willi Gautschi, Der Landesstreik 1918. S. 288 ff.
657 Ibid., S. 302 ff.
658 Ibid., S. 312
659 Ibid., S. 315 f.
660 DDS VI. La Division des Affaires étrangères du Département politique aux Légations de Suisse à Paris, Londres, Rome, Washington. 11. November 1918. S. 866
661 DDS VI. Le Ministre de Suisse à Rome, G. Wagnière, à la Division des Affaires étrangères au Département politique. 7. November 1918. S. 824

5 Politik und Utopie

1 Paul Seippel, Die Schweiz im 19. Jahrhundert. Bd. 3. S. 552 ff.
2 Hans Ulrich Jost, Die reaktionäre Avantgarde. S. 78 ff. – Siehe auch: Aram Mattioli, Intellektuelle von rechts. Ideologie und Politik in der Schweiz 1918–1939.
3 Erich Gruner, Die Wirtschaftsverbände in der Demokratie. Erlenbach 1956. S. 144
4 Hanspeter Mattmüller, Carl Hilty. S. 215
5 Claude Altermatt, Les débuts de la diplomatie professionnelle en Suisse (1948–1914).
6 Othmar Uhl, Die diplomatisch-politischen Beziehungen zwischen Grossbritannien und der Schweiz in den Jahrzehnten vor dem Ersten Weltkrieg (1890–1914). S. 22 ff.
7 Urs Altermatt (Hrsg.), Die Schweizer Bundesräte.

8 DDS VII-I. L'Adjoint à la Division des Affaires étrangères du Département politique, Ch. E. Lardy, au Chef du Département politique, F. Calonder. 7. Dezember 1918. Bern 1979. S. 77 ff.
9 DDS VII-I. Télégramme du Département politique à la Légation de Suisse à Vienne. Anmerkung. 5. November 1918. S. 15
10 DDS VII-I. Le Conseiller de Légation à la Division des Affaires étrangères du Département politique, L. Cramer, au Chef du Département politique, F. Calonder. 20. Dezember 1918. S. 118 ff.
11 Bericht des eidgenössischen Oberstquartiermeisters an die Hohe Tagsatzung über eine für die Schweiz wünschenswerte Militärgrenze (1814). C. Hilty, Politisches Jahrbuch der Schweizerischen Eidgenossenschaft. Bern 1887
12 Wilhelm Oechsli, Geschichte der Schweiz im neunzehnten Jahrhundert. Bd. 2. Leipzig 1913. S. 376
13 DDS V. Protokoll der Sitzung des Bundesrates vom 26. September 1913. S. 813 ff.
14 DDS II. Le Président de la Confédération, J. M. Knüsel, au Chargé d'Affaires de Suisse è Vienne, A. O. Aepli. 31. Juli 1866. S. 48 ff.
15 Adolf Lacher, Die Schweiz und Frankreich vor dem Ersten Weltkrieg. S. 44
16 Carl Hilty, Die Neutralität der Schweiz in ihrer heutigen Auffassung. S. 86. – Hanspeter Mattmüller, Carl Hilty (1833–1909). S. 168 f.
17 Arnold Linder, Arnold Keller. S. 61 ff.
18 Carl Hilty, Die Neutralität der Schweiz in ihrer heutigen Auffassung. S. 74
19 Nachlass Dubs in der Handschriftenabteilung der ZB Zürich. – Gerold Ermatinger, Jakob Dubs als schweizerischer Bundesrat von 1851– 1872. Zürich 1933. – Jürg Meister, Kriege auf Schweizer Seen. Zug 1986. S. 221 ff.
20 DDS I. Message du Conseil fédéral à l'Assemblée fédérale. 25. November 1864. S. 1038
21 Gerold Ermatinger, Jakob Dubs als schweizerischer Bundesrat von 1861–1872. S. 20
22 Ibid., S. 19
23 DDS I. Message du Conseil fédéral à l'Assemblée fédérale. 25. November 1864. S. 1038
24 DDS III. Der schweizerische Gesandte in Paris, Ch. Lardy, an den Bundespräsidenten und Vorsteher des Politischen Departements, A. Deucher. 15. Juli 1886. S. 652
25 Roland Ruffieux, La Suisse de l'entre-deux-guerres. Lausanne 1968. S. 10
26 DDS VII-I. Protokoll der Sitzung des Bundesrates vom 12. November 1918. S. 6
27 Rolf Soiron, Schweizer Aussenpolitik. S. 76
28 DDS VII-I. L'Adjoint à la Division des Affaires étrangères du Département politique, Ch. E. Lardy, au Chef du Département politique, F. Calonder. 7. Dezember 1918. S. 77 ff.
29 Daniel Witzig, Die Vorarlberger Frage. Basel 1974. – Aram Mattioli, Zwischen Demokratie und totalitärer Diktatur. S. 122 ff. – «Eidgenossen, helft euern Brüdern in der Not!» Vorarlberger Beziehungen zu seinen Nachbarstaaten 1918–1922. Feldkirch 1990. – Gonzague de Reynold, Mes Mémoires. T. III.
30 DDS VI. Le Ministre de Suisse à Rome, G. Wagnière, au Chef du Département politique, F. Calonder. 23. Oktober 1918. S. 807 f.

Bibliographie

1 Ungedruckte Quellen: Archive und Nachlässe

Bern: Schweizerisches Bundesarchiv (BAR): Bestände E 2 und E 27

Archiv für Zeitgeschichte ETH Zürich:
Nachlass Eduard Blocher
Nachlass Hektor Ammann

Handschriftenabteilung Zentralbibliothek Zürich:
Nachlass Heinrich Angst
Nachlass Jakob Dubs

Vadiana St. Gallen:
Nachlass Arnold Otto Aepli

2 Gedruckte Quellen

Diplomatische Dokumente der Schweiz (DDS) 1848–1919. Bde. 1–7-I
Die diplomatischen Akten des Auswärtigen Amtes 1871–1914
Redaktionsarchiv «Neue Zürcher Zeitung»

3 Literatur

Zeitzeugnisse und Darstellungen im Überblick

Aellig, Johann Jakob: Die Aufhebung der schweizerischen Söldnerdienste im Meinungskampf des 19. Jahrhunderts. Basel 1954

Aepli, Arnold Otto: Erinnerungen 1835–1866. Manus. Vadiana St. Gallen

Albertini, Rudolf von: Frankreichs Stellungnahme zur deutschen Einigung während des Zweiten Kaiserreichs. ZSG 1955
Innen- und aussenpolitische Aspekte des Zürcher Tonhalle-Krawalls. Zürcher Taschenbuch 1851

Alemann, Peter: Die Schweiz und die Verletzung der belgischen Neutralität im Weltkrieg 1914. Buenos Aires 1946

Altermatt, Claude: Les débuts de la diplomatie professionnelle en Suisse (1848–1914). Fribourg 1990

Altermatt, Urs: Katholizismus und Antisemitismus. Mentalitäten, Kontinuitäten, Ambivalenzen. Frauenfeld 1999
Der Weg der Schweizer Katholiken ins Ghetto. Die Entstehungsgeschichte der nationalen Volksorganisationen im Schweizer Katholizismus 1848–1919. Zürich 1972

Altermatt, Urs (Hrsg,): Die Schweizer Bundesräte. Ein biographisches Lexikon. Zürich 1991

Ammann, Christian und Dubail, André: Porrentruy-Bonfol-Alsace. Die Geschichte der jurassischen Eisenbahnlinie Porrentruy-Bonfol-Pfetterhouse-Dannemarie. Breil-sur-Roya 1983

Ammann, Hektor: Die Italiener in der Schweiz. Basel 1917

Ammann, Josef: Theodor Curti der Politiker und Publizist. Ein Beitrag zur neuern Schweizergeschichte. Rapperswil 1930

Arendt, Hannah: Elemente und Ursprünge totalitärer Herrschaft. München 1986

Baechtold, Hermann: Die geschichtlichen Grundlagen des Weltkrieges. Zürich 1915
Die nationalpolitische Krisis in der Schweiz und unser Verhältnis zu Deutschland

Baerlocher, August und Hilfiker, Hans: Die Putschtage in Baden. Baden 1918

Barrès; Maurice et Maurras, Charles: La république ou le roi. Correspondance inédite (1888–1923). Paris 1970

Bauer, Hans: Schweizerischer Bankverein 1872–1972. Basel 1972

Bauer, Marianne: Die italienische Einigung im Spiegel der schweizerischen Öffentlichkeit 1859–1861. Basel 1944

Baumann, Werner: Bauernstand und Bürgerblock. Ernst Laur und der Schweizerische Bauernverband 1897–1918. Zürich 1993

Bebel, August: Aus meinem Leben. Berlin 1976

Beck, Marcel: Ein Denkmal für ein ungarisches k. u. k. Bataillon auf Bündner Boden. Privatdruck Zürich o. J.

Beck, Roland: Roulez tambours: politisch-militärische Aspekte des Neuenburger Konflikts zwischen Preussen und der Schweiz 1856/57. Frauenfeld 1982

Belloncle, Patrick, Cuynet, Jean: Le Transjuralpin du Franco-Suisse au TGV. Breil-sur-Roya 1985

Benda, Julien: La trahison des clercs. Paris 1927

Benzigers Marienkalender: Einsiedeln 1907–1918

Berchtold, Alfred: La Suisse romande au cap du XXe siècle. Lausanne 1963

Bergier, Jean-Francois: Wirtschaftsgeschichte der Schweiz. Zürich 1983

Bernhardi, Friedrich von: Deutschland und der nächste Krieg. 6. Aufl. Stuttgart 1913

Bigler, Rolf R.: Der libertäre Sozialismus in der Westschweiz. Köln 1963

Bismarck, Otto von in Selbstzeugnissen und Bilddokumenten. Dargestellt von Wilhelm Mommsen. Hamburg 1966

Bley, Fritz: Die Weltstellung des Deutschtums. München 1997

Blocher, Eduard: Unser persönliches Verhältnis zur deutschen Muttersprache. Wissenschaftliche Beihefte zur Zeitschrift des Allgemeinen deutschen Sprachvereins. Berlin 1911
Über die Schädigung der Schüler durch Fremdsprachenunfug. Zürich 1910
Der Rückgang der deutschen Sprache in der Schweiz. Preussische Jahrbücher. Bd. 100. Berlin 1900
Sind wir Deutsche? «Wissen und Leben». Zürich 1910
Belgische Neutralität und Schweizerische Neutralität. Stimmen im Sturm. Zürich 1915
Die Schweiz als Versöhnerin und Vermittlerin zwischen Frankreich und Deutschland. Stimmen im Sturm. Zürich 1915
Die gemeinschaftsbildende Kraft der Sprache. Wissenschaftliche Beihefte zur Zeitschrift des Allgemeinen Deutschen Sprachvereins. Berlin 1918

Bluntschli, Johann Caspar: Die Neugestaltung Deutschlands und die Schweiz. Zürich 1967
Denkwürdiges aus meinem Leben. Bd. III. Nördlingen 1884
Die schweizerische Nationalität. Gesammelte kleine Schriften. Nördlingen 1881

Boehmer, Bert: Frankreich zwischen Republik und Monarchie in der Bismarckzeit. Bismarcks Antilegitimismus in französischer Sicht (1870–1877). München 1966

Bolliger, Markus: Die Basler Arbeiterbewegung im Zeitalter des Ersten Weltkrieges und die Spaltung der Sozialdemokratischen Partei. Basel 1970

Bonjour, Edgar: Geschichte der schweizerischen Neutralität. Bd. II. Basel 1970
Die Schweiz und Polen. Zürich 1940
Preussen und Österreich im Neuenburger Konflikt 1856/57. ZSG 1930

Bonjour, Felix: Le Percement du Simplon. Lausanne 1906

Boeschenstein, Hermann: Bundesrat Karl Scheurer. Tagebücher 1914–1929. Bern 1971
Bundesrat Carl Schenk. Bern 1946
Bundesrat und General im Ersten Weltkrieg. SZG 1960

Bosshard, Marcel: Histoire des troupes jurassiennes. Moutier 1977

Brand, Urs: Die schweizerisch-französischen Unterhandlungen über einen Handelsvertrag und der Abschluss des Vertragswerkes von 1884. Bern 1988

Brosi, Isidor: Der Irredentismus und die Schweiz. Basel 1935

Brupbacher, Fritz: 60 Jahre Ketzer. Zürich 1935

Bundi, Annetta: Die Schweizerischen Republikanischen Blätter des konservativen Publizisten J. B. Rusch. Fribourg 1999

Burckhardt, Albert: Vier Monate bei einem preussischen Feldlazarett während des Kriegs von 1870. Basel 1872

Burtschy, Bernard, Heyer, Vincent: 1914–1918. Première Guerre Mondiale sur le Front de la Largue. Riedisheim 2000

Buettiker, Georges: Ernest Bovet 1870–1941. Basel 1971

Calonder, Felix: Ein Beitrag zur Frage der schweizerischen Neutralität. Zürich 1890

Canetti, Elias: Die gerettete Zunge. Geschichte einer Jugend. München 1977

Ceresole, Pierre: Une autre Patrie. Lausanne 1918

Cerf, Alphonse: Der Krieg an der Juragrenze. Aarau 1931
Les Mobs de 1914 à 1918, racontés par nos soldats. Lausanne 1934

Chessex, Pierre, Courbet et la Suisse. La Tour-de-Peilz 1982

Cerutti, Mauro: Le Tessin, la Suisse et l'Italie de Mussolini. Lausanne 1988

Ceschi, Raffaello: Ottocento Ticinese. Locarno 1986

Chickering, Roger: We Men Who Feel Most German. A Cultural Study of the Pan-German League, 1886–1914. Boston 1984

Clavien, Alain: Les Helvétistes. Intellectuels et politique en Suisse romande au début du siècle. Lausanne 1993
Histoire de la Gazette de Lausanne. Le temps du colonel 1874–1917. Lausannne 1997

Conrad von Hoetzendorf, Feldmarschall Franz Graf: Aus meiner Dienstzeit 1906–1918. Wien 1921

Conzemius, Victor: Der schweizerische Bundesrat und das erste Vatikanische Konzil. SZG 1965

Croce, Benedetto: Histoire de l'Italie contemporaine 1871–1915. Paris 1929

Curti, Theodor: Geschichte der Schweiz im XIX. Jahrhundert. Neuenburg o. J.

Cuynet, Jean: Le train à Pontarlier. Pontarlier 1985

Dannecker, Rudolf: Die Schweiz und Österreich-Ungarn. Diplomatische und militärische Beziehungen von 1866 bis zum Ersten Weltkrieg. Basel 1966
— Die Beziehungen zwischen der Schweiz und Italien vor dem Ersten Weltkrieg. SZG 1967

Degen, Bernhard: Krieg dem Krieg! Basler Friedenskonferenz 1912. Basel 1990
— Sozialdemokratie: Gegenmacht? Opposition? Bundesratspartei? Die Geschichte der Regierungsbeteiligung der schweizerischen Sozialdemokraten. Zürich 1993

Denkwürdigkeiten des General-Feldmarschalls Alfred Grafen von Waldersee. Bd. 2. Stuttgart 1922

Digeon, Claude: La crise allemande de la pensée française (1870–1914). Paris 1959

Dolgner, Dieter: Historismus. Deutsche Baukunst 1815–1900. Leipzig 1993

Dollinger, Hans: Der Erste Weltkrieg in Bildern und Dokumenten. München 1965

Doss, Anna von: Briefe über C. F. Meyer, hg. von Hans Zeller. Bern 1960

Droz, Jaques: L'Europe centrale. Evolution historique de l'idée de «Mitteleuropa». Paris 1960
— Sozialismus, Zweite Internationale und Erster Weltkrieg. Frankfurt 1974

Droz, Numa: Politische Geschichte der Schweiz im neunzehnten Jahrhundert. Die Schweiz im neunzehnten Jahrhundert. Hrsg. Paul Seippel. Bd. I. Bern 1899

Dubs-Buchser, Rudolf: Die Memoiren des Dr. med. Heinrich Freysz. Hintergründe zum Sauerbruch-Skandal Zürich 1915. Zollikon 1993

Dubail, André: La Guerre 1914–1918 à Pfetterhouse. Annuaire de la Société d'Histoire Sundgauvienne 1977

Dumur, Louis: La Croix Rouge et la Croix Blanche, ou la guerre chez les Neutres. Roman. Paris o. J.
— Les deux Suisses. Paris 1918

Durlewanger, Armand, Les grands orages sur les Vosges. Strasbourg 1969

Duroselle, Jean-Baptiste: Clémenceau. Paris 1988

Dürrenmatt, Peter, Fünfzig Jahre Weltgeschichte 1912–1962. Bern 1962

Eberhart, Hans: Zwischen Glaubwürdigkeit und Unberechenbarkeit. Politisch-militärische Aspekte der schweizerisch-italienischen Beziehungen 1861–1915. Zürich 1965.

Ehrbar, Hans Rudolf: Schweizerische Militärpolitik im Ersten Weltkrieg. Die militärischen Beziehungen zu Frankreich vor dem Hintergrund der schweizerischen Aussen- und Wirtschaftspolitik 1914–1918. Bern 1976

Ermatinger, Emil: Keller. Briefe und Tagebücher. Stuttgart 1919

Ermatinger, Gerold, Jakob Dubs als schweizerischer Bundesrat von 1861 bis 1872. Zürich 1933

Ernst, Alfred: Die Ordnung des militärischen Oberbefehls im schweizerischen Bundesstaat. Basel 1948

Faesi, Robert: Erlebnisse, Ergebnisse. Erinnerungen. Zürich 1963

Fehrenbach, Elisabeth: Wandlungen des deutschen Kaisergedankens 1871–1918. München 1969

Fessard de Foucault, Bertrand: Charles Maurras et le socialisme. Paris 1984

Fick, Fritz: Gibt es eine schweizerische Nation und Kultur? Zürich 1910
Neutralität in Hemdsärmeln. Stimmen im Sturm. Zürich 1915
Deutsche Demokratie. München 1919

Fick, Heinrich: Ein Lebensbild. Nach seinen eigenen Aufzeichnungen dargestellt und ergänzt von Helene Fick. 2 Bde. Zürich 1908

Fischer, Fritz: Griff nach der Weltmacht. Die Kriegszielpolitik des kaiserlichen Deutschland 1914/18. Düsseldorf 1962
Hitler war kein Betriebsunfall. München 1993

Förster, Friedrich Wilhelm: Erlebte Weltgeschichte 1869–1953. Nürnberg 1953

Fröhle, Claude, Kühn, H. J.: Die Befestigungen des Isteiner Klotzes 1900–1945. Herbolzheim 1996

Fuhrer, Hans Rudolf: Die Schweizer Armee im Ersten Weltkrieg. Bedrohung, Landesverteidigung und Landesbefestigung. Zürich 1999

Garraux, Emil F.: Betrachtungen über das geschichtliche Recht der deutschen Sprache im bernischen Jura. Bern 1904

Gatterer, Claus: Erbfeindschaft Italien-Österreich. Wien 1972
Unter seinem Galgen stand Österreich. Cesare Battisti. Wien 1967

Gauss, Herbert: Bismarck und Napoleon III. Ein Beitrag zur Geschichte der preussisch-französischen Beziehungen 1851–1871. Köln 1959

Gautschi, Willi: Geschichte des Kantons Aargau 1885–1953. Aarau 1978
Der Landesstreik 1918. Zürich 1968
Lenin als Emigrant in der Schweiz. Zürich 1993

Genner, Lotti: Die diplomatischen Beziehungen zwischen England und der Schweiz von 1870 bis 1890. Basel 1956

Girardet, Raoul: Le Nationalisme français 1871–1914. Paris 1966

Gobat, Albert: La conférence interparlementaire Franco-Allemande de Berne. Bern 1913

Gos, Charles: Point 510. Notes d'un observateur. Neuchâtel 1932

Graf, Gottlieb August: Der Ausbruch des Weltkrieges 1914 im Lichte der deutschschweizerischen Presse. Zürich 1945

Granfelt, Helge: Der Dreibund nach dem Sturze Bismarcks. 2 Bde. Stuttgart 1962

Greiner, Trudi: Der literarische Verkehr zwischen der deutschen und welschen Schweiz seit 1848. Bern 1940

Gress, Franz: Germanistik und Politik. Kritische Beiträge zur Geschichte einer nationalen Wissenschaft. Stuttgart 1971

Greyerz, Otto von: Die neucre Sprachentwicklung. Zürich 1892

Grimm, Robert: 50 Jahre Landesgeschichte. Der VPOD im Spiegel des Zeitgeschehens. Bd. I. Zürich 1955

Gruner, Erich: Die schweizerische Bundesversammlung 1848–1920. Bd. 1. Bern 1966
Die Wirtschaftsverbände in der Demokratie. Vom Wachstum der Wirtschaftsorganisationen im schweizerischen Staat. Zürich 1956

Gugolz, Peter: Die Schweiz und der Krimkrieg 1853–1856. Basel 1965

Guichonnet, Paul: Histoire de l'annexion de la Savoie à la France. Le Coteau Roanne 1961
Histoire de Genève. Lausanne 1974

Hammer, Karl: Deutsche Kriegstheologie (1870–1918). München 1971

Handbuch der Schweizer Geschichte. Bd. 2. Zürich 1977

Hänggi, Karl: Die deutsche Propaganda in der Schweiz. Laupen 1918

Hasse, Ernst: Deutsche Grenzpolitik. München 1906

Hauser, Henri: Du libérialisme à l'impérialisme (1860–1887). Paris 1939

Heer, Jakob Christoph: Im Deutschen Reich. Reisebilder. Zürich 1895

Helbling, Carl: General Ulrich Wille. Zürich 1957

Heller, Daniel: Eugen Bircher, Arzt, Militär und Politiker. Zürich 1990

Hemmi, Beat: Kaiser Wilhelm II. und die Reichsregierung im Urteil schweizerischer diplomatischer Berichte 1888–1894. Zürich o. J.

Herder Staatslexikon. 3. und 5. Auflage. Freiburg im Breisgau

Heri, Max: Die Neutralität der Schweiz in der Zeit des Dreibundes. Frauenfeld 1937

Herrmann, Wolfgang: Dreibund, Zweibund, England 1890–1895. Stuttgart 1929

Hiller, Hans: Landammann Arnold Otto Aepli (1816–1897). Sein Wirken in Bund und Kanton. St. Gallen 1953

Hilty, Carl: Politisches Jahrbuch 23. Zürich 1909
Die Neutralität der Schweiz in ihrer heutigen Auffassung. Bern 1889

Huber, Kurt: Drohte dem Tessin Gefahr? Der italienische Imperialismus gegen die Schweiz (1912–1943). Aarau 1954

Huber, Max: Denkwürdigkeiten 1907–1924. Zürich 1974

Hunziker, Guido: Die Schweiz und das Nationalitätsprinzip im 19. Jahrhundert. Basel 1970

Hunziker, Jakob: Die Sprachverhältnisse in der Westschweiz. Aarau 1896
Schweiz. Der Kampf um das Deutschtum. München 1898
Das Schweizerhaus in seinen landschaftlichen Formen und seiner geschichtlichen Entwicklung dargestellt. 8 Bde. Aarau 1900–1914

Im Hof, Ulrich: Mythos Schweiz. Identität – Nation – Geschichte. Zürich 1991

Jacob, Karl: Bismarck und die Erwerbung Elsass-Lothringens 1870–71. Strassburg 1905

Jäger, Max: Die Frage einer schweizerischen Nation. Bern 1909

Jaun, Rudolf: Preussen vor Augen. Das schweizerische Offizierskorps im militärischen und gesellschaftlichen Wandel des Fin de siècle. Zürich 1999
Das Eidgenössische Generalstabskorps 1804–1874. Der Schweizerische Generalstab. Bd. III. Basel 1983

Inglin, Meinrad: Schweizerspiegel. Roman. Zürich 1965

Joffre, Joseph J. Cesaire: Mémoires du Maréchal Joffre (1910–1917). Paris 1932

Jost, Hans-Ulrich: Linksradikalismus in der deutschen Schweiz 1914–1918. Bern 1973
Die reaktionäre Avantgarde. Die Geburt der neuen Rechten in der Schweiz um 1900. Zürich 1992

Kästli, Tobias: Ernst Nobs. Vom Bürgerschreck zum Bundesrat. Zürich 1995

Keller, Arnold: Augustin Keller 1805–1883. Aarau 1922

Keller, Gottfried: Gesammelte Briefe. 5 Bde. Bern 1951

Kennedy, Paul M.: The Rise of the Anglo-German Antagonism 1860–1914. London 1980

Kern, Johann Konrad: Politische Erinnerungen. Frauenfeld 1887

Kirchhoff, Alfred: Zur Verständigung über die Begriffe Nation und Nationalität. Halle a. S. 1905

Klein, Karl: Fröschweiler Chronik. Kriegs- und Friedensbilder aus dem Jahre 1870–71. München o. J.

Kolb, Eberhard: Der Weg aus dem Krieg. Bismarcks Politik im Krieg und die Friedensanbahnung 1870/71. München 1989

Koller, Max: Die Fremdenfrage in der Schweiz. Stimmen im Sturm. Zürich 1915

Kreis, Georg: Die besseren Patrioten. Nationale Idee und regionale Identität der französischen Schweiz vor 1914. Auf dem Weg zu einer schweizerischen Identität 1848–1914. Freiburg 1987

Kriesi, H. M.: Gottfried Keller als Politiker. Frauenfeld 1914

Kruck, Alfred: Geschichte des Alldeutschen Verbandes 1890–1939. Wiesbaden 1954

Kundgebungen, Beschlüsse und Forderungen des alldeutschen Verbandes 1890–1902. München 1902

Kurz, Hans Rudolf: Dokumente der Grenzbesetzung 1914–1918. Frauenfeld 1970

Lacher, Adolf: Die Schweiz und Frankreich vor dem Ersten Weltkrieg. Diplomatische und politische Beziehungen im Zeichen des deutsch-französischen Gegensatzes 1883–1914. Basel 1967

Lang, Gustav A.: Kampfplatz der Meinungen. Die Kontroverse um Kriegsursachen und Friedensmöglichkeiten 1914–1919 im Rahmen der «Neuen Zürcher Zeitung». Zürich 1968

Lasserre, André: Henri Druey, Fondateur du radicalisme vaudois et homme d'Etat Suisse 1799–1855. Lausanne 1960

Lejeune, Mathilde: Maria Heim-Vögtlin 1845–1916. Lebensbilder aus dem Aargau. Aarau 1953

Lezzi, Bruno: 1914. General Ulrich Wille und die Kriegsbereitschaft der schweizerischen Armee. Osnabrück 1975

Linder, Arnold: Arnold Keller. Generalstabschef der schweizerischen Armee 1890–1905. Aarau 1991

Loosli, Carl Albert: Ist die Schweiz regenerationsbedürftig? Bern 1912

Loth, Gisele: Un rêve de France. Pierre Bucher. Une passion française au coeur de l'Alsace allemande 1869–1921. Strasbourg 2000

Lowenstein, Steven M.: Deutsch-jüdische Geschichte in der Neuzeit. Bd. III. Umstrittene Integration 1871–1918. München 1997

Ludwig, Marianne: Der polnische Unabhängigkeitskampf von 1863 und die Schweiz. Basel 1968

Lüem, Walter: Probleme der schweizerischen Landesbefestigung von 1860–1914. Zürich 1955
Festung St. Gotthard, Menschen und Waffen in Fels und Stein. Die Geschichte der schweizerischen Landesbefestigung. Zürich 1992
Die Befestigungen im Südtessin. Die Geschichte der schweizerischen Landesbefestigung. Zürich 1992

Lukacs, Georg: Von Nietzsche zu Hitler oder der Irrationalismus und die deutsche Politik. Frankfurt 1966

Lüthy, R.: Die europäischen Kleinstaaten und die Haager Friedenskonferenz von 1899. Winterthur 1954

Mai, Ekkehard: Realismus und nationale Kunst. Von Anker bis Zünd. Katalog Kunsthaus Zürich. Zürich 1998

Malfroy, Michel: Histoire religieuse de Pontarlier et du Haut-Doubs. Besançon 1965.
Histoire de Pontarlier. Besançon 1979

Mann, Heinrich: Politische Essays. Berlin 1954

Mann, Thomas: Betrachtungen eines Unpolitischen. Frankfurt 1956

Marti, Hans: Paul Seippel (1858–1926). Basel 1973

Mathez, Jules: Annales du Château de Joux. Pontarlier 1932

Matt, Beatrice von: Meinrad Inglin. Eine Biographie. Zürich 1976

Mattioli, Aram: Zwischen Demokratie und totalitärer Diktatur. Gonzague de Reynold und die Tradition der autoritären Rechten in der Schweiz. Zürich 1994

Mattioli, Aram (Hrsg.): Intellektuelle von rechts. Ideologie und Politik in der Schweiz 1918–1939. Zürich 1995

Mattmüller, Markus: Leonhard Ragaz und der religiöse Sozialismus. 2 Bde. Basel 1957 und Zürich 1968

Mattmüller, Hanspeter: Carl Hilty 1833–1909. Basel 1966

Meienberg, Niklaus: Die Welt als Wille und Wahn. Elemente zur Naturgeschichte eines Clans. Zürich 1987

Meier, H.: Die deutschfeindliche Bewegung in der französischen Schweiz. Stimmen im Sturm. Zürich 1915

Meister, Jürg: Kriege auf Schweizer Seen. Zug 1986

Meng, Johann Ulrich: Erinnerungen an die Grenzbesetzung im Ersten Weltkrieg. 75 Jahre Geb Inf Rgt 36. Das Bündner Regiment. Chur 1988

Montavon, Leonard: Le «Pays» et la question jurassienne durant la première guerre mondiale. Fribourg 1971

Morf, Heinrich: Deutsche und Romanen in der Schweiz. Zürich 1901

Müller, Hans-Peter: Die schweizerische Sprachenfrage vor 1914. Wiesbaden 1977

Nadler, Josef: Literaturgeschichte der deutschen Schweiz. Leipzig 1932

Naef, Werner: Kriegsursachen und Kriegsschuldfrage von 1914. Bern 1932

Nippold, Otfried: Der deutsche Chauvinismus. Stuttgart 1913

Nouvelle Histoire du Jura. Porrentruy 1984

Obrecht, Sibylle: Raiffeisen. Menschen – Geld – Geschichte. Frauenfeld 2000

Ochsenbein, Heinz: Die verlorene Wirtschaftsfreiheit 1914–1918. Bern 1971

Omodeo, Adolfo: Die Erneuerung Italiens und die Geschichte Europas 1700–1920. Zürich 1952

Oncken, Hermann: Die Rheinpolitik Kaiser Napoleons III. von 1863 bis 1870 und der Ursprung des Krieges von 1870/71. Bd. 2. Berlin 1926

Pantenius, Hans Jürgen: Der Angriffsgedanke gegen Italien bei Conrad von Hötzendorf. Ein Beitrag zur Koalitionskriegsführung im Ersten Weltkrieg. 2 Bde. Köln 1984

Pedroli, Guido: Il socialismo nella Svizzera italiana (1880–1922). Mailand 1963

Pfeiffer, Marc, Der Kulturkampf in Genf (1864–1873) mit besonderer Berücksichtigung der Ausweisung von Bischof Mermillod. Zürich 1970

Picard, Edith: Die deutsche Einigung im Lichte der schweizerischen Öffentlichkeit 1866–1871. Zürich 1940

Picard, Joseph, Antisemitisme en Franche-Comté. De l'Affaire Dreyfus à nos jours. Besançon 1997

Pröll, Karl: Kalender aller Deutschen auf das Jahr 1894. Berlin 1893

Pross, Harry: Die Zerstörung der deutschen Politik. Dokumente 1871–1933. Frankfurt 1959

Quidde, Ludwig: Caligula. Schriften über Militarismus und Pazifismus. Frankfurt 1977

Rapold, Hans: Der schweizerische Generalstab. Bd. V. Zeit der Bewährung? Die Epoche um den Ersten Weltkrieg 1907–1924. Basel 1988
Die Entwicklung der schweizerischen Landesbefestigung von 1815 bis 1921. Die Geschichte der schweizerischen Landesbefestigung. Zürich 1992

Redolfi, Silke: Frauen bauen Staat. 100 Jahre Bund Schweizerischer Frauenorganisationen. Zürich 2000

Renan, Ernest: Qu'est-ce qu'une nation? Discours et conférences. Paris 1887

Renk, Hansjörg: Bismarcks Konflikt mit der Schweiz. Der Wohlgemuth-Handel von 1889. Basel 1972

Rentsch, Hans Ulrich: Bismarck im Urteil der schweizerischen Presse 1862–1898. Basel 1949

Reynold, Gonzague de: Mes Mémoires. 3 Bde. Genève 1963

Ritter, Gerhard: Der Schlieffen-Plan. München 1956

Roehl, John C. G.: Kaiser, Hof und Staat. Wilhelm II. und die deutsche Politik. München 1988

Rolland, Romain: Zwischen den Völkern. Aufzeichnungen und Dokumente aus den Jahren 1914–1919. 2 Bde. Stuttgart 1954

Rosen, Edgar R.: Italien und das Problem der schweizerischen Neutralität im Sommer 1914. SZG 1956

Rossi, Julio, Pometta, Eligio: Geschichte des Kantons Tessin. Bern 1944

Ruchon, Francois: Histoire Politique de Genève 1813–1907. Bd. 2. Genève 1953

Ruffieux, Roland: La Suisse de l'entre deux guerres. Lausanne 1974

Ruestow, Wilhelm: Die Grenzen der Staaten. Zürich 1868

Rutschmann, Werner: Gotthardbefestigung. Die Forts am Achsenkreuz der Heerstrassen. Zürich 1992

Sarasin, Philipp: Stadt der Bürger. Bürgerliche Macht und städtische Gesellschaft Basel 1846–1914. Göttingen 1997

Secretan, Edouard: Articles et discours 1er août 1914 – 1er août 1917. Lausanne 1918

Segesser, Philipp Anton von: Studien und Glossen zur Tagesgeschichte. Der Culturkampf. Bern 1875
Briefwechsel Philipp Anton von Segesser (1819–1888). Zürich 1986–1992

Seippel, Paul: Die Schweiz im 19. Jahrhundert. 3 Bde. Bern 1899
Les deux Frances et leurs origines historiques. Lausanne 1905
Schweizerische Wahrheiten. Zürich 1917

Sell, Friedrich C.: Die Tragödie des deutschen Liberalismus. Stuttgart 1953

Senn, Hans: General Hans Herzog. Aarau 1945

Sittler, Lucien: L'Alsace terre d'histoire. Colmar 1973

Soiron, Rolf: Der Beitrag der Schweizer Aussenpolitik zum Problem der Friedensorganisation am Ende des Ersten Weltkrieges. Basel 1983

Sombart, Werner: Sozialismus und soziale Bewegung. Jena 1919

Spindler, Katharina: Die Schweiz und der italienische Faschismus (1922–1930). Basel 1976

Spitteler, Carl: Unser Schweizer Standpunkt. Gesammelte Werke. Bd. 8. Zürich 1947

Sprecher, Daniel: Generalstabschef Theophil Sprecher von Bernegg. Eine kritische Biographie. Zürich 2000

Sprecher von Bernegg, Theophil: Fragen der schweizerischen Landesverteidigung nach den Erfahrungen in der Zeit des Weltkrieges. Zürich 1929

Schib, Karl: Augustin Keller 1805–1883. Lebensbilder aus dem Aargau 1803–1953. Aarau 1953

Schieder, Theodor: Das deutsche Kaiserreich von 1871 als Nationalstaat. Wiesbaden 1961

Schläpfer, Rudolf: Die Ausländerfrage in der Schweiz vor dem Ersten Weltkrieg. Zürich 1969

Schmid, Hans: Bundesrat Frey-Hérosé 1801–1873. Aarau 1917

Schmid, August: Über die angebliche Germanisierung der Schweiz. Stimmen im Sturm. Zürich 1915

Schmid, Karl: Unbehagen im Kleinstaat. Zürich 1963

Schmidlin, Hans: Die Ostalpenbahnfrage. Zürich 1916

Schoch, Jürg: Die Oberstenaffäre. Eine innenpolitische Krise (1915/16). Bern 1972

Schollenberger, Jakob: Politik in systematischer Darstellung. Berlin 1903
Geschichte der schweizerischen Politik. Bd. II. Frauenfeld 1908
Der Kanton Tessin und die Schweizerische Eidgenossenschaft. Zürich 1911
Die Neutralität der Schweiz. «Wissen und Leben». Zürich 1911

Schoop, Albert: Johann Konrad Kern. Jurist, Politiker, Staatsmann. 2 Bde. Frauenfeld 1968–76
Minister Kern und Bismarck. ZSG 1953

Schott, Robert: Unsere Festungen. Zürich 1910

Schubert, Peter: Die Tätigkeit des k. u. k. Militärattachés in Bern während des Ersten Weltkrieges. Osnabrück 1980

Schuepp, Hanspeter, Die Diskussion über die schweizerische Demokratie von 1904–1914. Zürich 1969

Simon, Christian: Hektor Ammann – Neutralität, Germanophilie und Geschichte. Aram Mattioli (Hrsg.) Intellektuelle von rechts. Zürich 1995

Stadler, Peter: Der Kulturkampf in der Schweiz. Frauenfeld 1984

Stadler-Labhart, Verena: Rosa Luxemburg an der Universität Zürich 1889–1897. Zürich 1978

Stern, Alfred: Der Briefwechsel Friedrich Wilhelms IV. und Napoleons III. über die Neuenburger Angelegenheit. ZSG 1921
   Die «Emser Depesche» in Bern. ZSG 1923

Tanner, Albert: Arbeitsame Patrioten – wohlanständige Damen. Bürgertum und Bürgerlichkeit in der Schweiz 1830–1914. Zürich 1995

Correspondance d'Alexis de Tocqueville et d'Arthur de Gobineau: Alexis de Tocqueville, Oeuvres Complètes. Tome IX. Paris 1959

Turrettini, Theodore: Die Zufahrtslinien zum Simplon durch den Jura. Genf 1902

Die Universität Zürich 1833–1933 und ihre Vorläufer. Festschrift zur Jahrhundertfeier. Zürich 1938

Uhl, Othmar: Die diplomatisch-politischen Beziehungen zwischen Grossbritannien und der Schweiz in den Jahren vor dem Ersten Weltkrieg (1890–1914). Basel 1961

Urner, Klaus: Die Deutschen in der Schweiz. Von den Anfängen der Kolonienbildung bis zum Ausbruch des Ersten Weltkrieges. 2 Bde. Frauenfeld 1976

Vetter, Ferdinand: Eidgenössisches Landesmuseum oder Unterstützung örtlicher Altertumssammlungen. Bern 1889
   Die Schweiz – eine «deutsche Provinz»? Berlin 1902

Vinçon, Hartmut: Frank Wedekinds Maggi-Zeit. Darmstadt 1995

Wagner, Adolphe: Elsass und Lothringen und ihre Wiedergewinnung für Deutschland. Leipzig 1870

Wagner, Richard: Gesammelte Schriften und Dichtungen. 6 Bde. Leipzig o. J.

Weber, Robert: Die strategische Bedeutung der Schweiz in den Feldzügen des verflossenen Jahrhunderts und an der Schwelle des zwanzigsten. Bern 1898

Weckerle, Eduard: Herman Greulich. Ein Sohn des Volkes. Zürich 1947

Wegelin-Zbinden, Sibylle: Kampf um den Gotthardvertrag. Schweizerische Selbstbesinnung am Vorabend des Ersten Weltkrieges. Bern 1974

Wehler, Hans-Ulrich: Bismarck und der Imperialismus. Köln 1969
   Sozialdemokratie und Nationalstaat. Nationalitätsfragen in Deutschland 1840–1914. Göttingen 1962

Wehrli, Bernhard: Aus der Geschichte des Schweizerischen Handels- und Industrie-Vereins. Erlenbach 1970

Weinmann, E.: Der Anteil des Tessins am italienischen Risorgimento und die schweizerische Neutralität 1848. ZSG 1932

Welti, Hermann J.: Johann Nepomuk Schleuniger 1810–1874. Lebensbilder aus dem Aargau 1803–1953. Aarau 1953

Wernle, Paul: Gedanken eines Deutschschweizers. Zürich 1915

Westernhagen, Curt von: Wagner. Zürich 1968

Wittkop, Justus Franz: Michail A. Bakunin in Selbstzeugnissen und Bilddokumenten. Hamburg 1974

Wirth, Albrecht: Deutsches Volkstum. Zürich 1907

Widmer, Paul: Die Schweizer Gesandtschaft in Berlin. Geschichte eines schwierigen diplomatischen Postens. Zürich 1997

General Ulrich Wille, Gesammelte Schriften. Herausgegeben von Edgar Schumacher. Zürich 1941

Winkler, Stephan: Die «Stimmen im Sturm» (1915–1916) und die «Deutschschweizerische Gesellschaft» (1916–1922). Liz. Arbeit. Basel 1983

Zelger, Franz: Heldenstreit und Heldentod. Schweizerische Historienmalerei im 19. Jahrhundert. Zürich 1873

Zeller, René: Emil Sonderegger. Vom Generalstabschef zum Frontenführer. Zürich 1999

Zemmrich, Johannes. Verbreitung und Bewegung der Deutschen in der französischen Schweiz. Stuttgart 1894

Zenner, Maria: Die Nation im Denken Ernest Renans. Politische Ideologien und nationalstaatliche Ordnung. Festschrift Theodor Schieder. München 1968

Zimmerli, Jakob: Die deutsch-französische Sprachgrenze in der Schweiz. I. Teil. Basel 1891

Zschokke, Johann Heinrich: Eine Selbstschau. Nachdruck. Bern 1977

Zschokke, Rolf: Christian Rothpletz 1824–1897. Lebensbilder aus dem Aargau 1803–1953. Aarau 1953

Zwahlen, Urs: Bürgerliche Friedensbewegung und Pazifismus der Arbeiterbewegung in der Schweiz bis zum Ersten Weltkrieg. Bern 1991

Zweig, Stefan: Die Welt von Gestern. Erinnerungen eines Europäers. Frankfurt 1962

Personenregister

Adams, Francis-Ottiwell. Engl. Diplomat 239
Adler, Victor 377, 392, 400, 657
Ador, Gustave 673, 824, 830 f., 833 ff., 859, 886, 896
Aehrental, Alois Freiherr Lexa von 602, 712
Aepli, Alfred 781
Aepli, Arnold Otto 44 ff., 85 f., 122, 129, 203 f., 596, 889
Affolter, Ferdinand 301, 703
Agassiz, Louis 37, 443
Agnozzi, Giovanni Batista. Nuntius 193
Albert, König von Belgien 606, 827
Alexander II., Zar 237 f., 394, 449
Ammann, Hektor 467, 509 f., 579, 667, 672
Angst, Johann Heinrich 325, 713 f., 729
Anker, Albert 457
Apponyi, Rudolf. Öst. Diplomat 100
Arago, François. Franz. Botschafter 224, 328, 347, 350
Arendt, Hanna 557 f., 563
Arnim, Harry, Graf von. Dtsch. Diplomat 197
Arp, Hans 857
Assing, Ludmilla 90
Aubert, Jean-Louis 140
Audeoud, Alfred 620, 759, 779, 782 ff.
Augspurg, Anita 555 f.
Augustenburg, Friedrich von. Herzog 121
Avenarius, Richard 398

Bachelin, Auguste 457
Bacheracht, Basile de. Russ. Gesandter 770
Bächtold, Hermann 445, 545, 664 ff., 672
Bakunin, Michael 37, 237, 285, 371, 386 ff., 400, 449, 512, 523, 553
Balabanowa, Angelika 873 f.
Ball, Hugo 857
Ball-Hennings, Emmy 857
Ballin, Albert 561
Banneville, Gaston Robert, Marquis de 32
Barbusse, Henri 856
Bard, Joseph 93
Barman, Joseph 26, 29, 38, 46 f., 51 ff., 55, 568

Barrère, Camille. Franz. Botschafter 25, 223, 269, 300, 328, 347 f., 349 f., 359, 424, 627 f., 647 f., 709, 733
Barrès, Maurice 422 f., 456, 467, 513 f., 516 f., 527 f., 533 f., 536, 587, 609, 655, 843
Battisti, Cesare 281 f., 287, 382, 804
Baud-Bovy, Daniel 522
Baumberger, Georg 417 f., 662, 666
Baumer, Emil 243 ff.
Baur, Hans 666, 668, 674
Bazaine, François Achille, Franz. Marschall 134, 137
Beau, Jean-Baptiste. Franz. Botschafter 419, 600, 634, 637, 648, 651, 676, 733, 770, 779, 801, 803
Bebel, August 241, 379, 382, 385, 391 ff., 399 f., 402, 406
Becker, Johann-Philipp 36, 385
Benedetti, Vincent, Graf. Franz. Diplomat 127, 129, 133, 178
Benedikt XV., Papst 859
Berger, Gottlieb 355
Bergson, Henri 654
Berlepsch, Alexander 480
Berlepsch, Otto von. Öst. Militärattaché 303, 712, 716 f., 753
Bernhardi, Friedrich von. Dtsch. General 418 ff., 650, 726
Bernold, Josef Leonhard 481
Bernoud. Inspektor P.L.M. 224 f.
Bernstein, Eduard 236, 240, 243, 376, 379, 392 ff., 405, 866
Bernstorff, Johann, Graf von. Dtsch. Diplomat 817
Berzine, Jan 873, 877
Bessire, Paul-Otto 507
Bethmann Hollweg, Theobald von. Dtsch. Reichskanzler 321 f., 336, 421, 603 ff., 607 f., 614, 635, 644, 649 f., 826 ff.
Beust, Graf, Ferdinand von. Oest. Aussenminister 135
Bircher, Eugen 430, 588, 673, 782, 895 f.
Bircher, Heinrich 430

971

Bischoff, Gottlieb 45
Bismarck, Herbert, Graf von. Dtsch. Staatssekretär 236, 242, 253, 265
Bismarck, Otto, Fürst von. Reichskanzler 9, 14, 18, 20, 56, 97, 113, 118 ff., 122, 125, 127 ff., 132 ff., 136 f., 143 ff., 149 f., 152 ff., 161 ff., 173, 179, 181, 183 ff., 191, 195 ff., 203 f., 216, 235 ff., 238 ff., 256 f., 264 f., 268, 310 ff., 329 f., 336 ff., 350, 354, 385 f., 389 f., 392 ff., 401, 407, 409, 436 f., 441, 448, 450, 464 f., 469, 490, 512, 515, 559, 598, 809
Bismarck, Wilhelm von. Dtsch. Militärattaché 627, 637, 721, 759 f., 775, 794
Bixio, Nino. Piemontesischer General 277 ff.
Blanc, Louis 36
Blei, Franz 398
Bleichröder, Gerson 559, 563
Bleuler, Eugen 475
Bley, Fritz 355
Blocher, Eduard 282, 323, 339, 342 f., 377, 441, 466 ff., 477 f., 494 f., 497 ff., 503, 507 ff., 546, 579, 589, 591, 650, 665 ff., 670, 672 f., 824
Blocher, Hermann 376 f., 666
Blumer, Eduard 86, 376
Bluntschli, Johann Caspar 12, 136, 166 f., 211, 359, 425 f., 464 f., 469, 540 f., 825
Böcklin, Arnold 457
Bodmer, Heinrich 783 ff.
Bodmer, Johann Jakob 528
Boerlin, Jakob 325
Bolliger, Adolf 674
Bon, Primus 783
Bonar, Alfred Guthrie. Engl. Diplomat 195
Bonham, George. Engl. Diplomat 714
Bonhôte. Oberstleutnant 769
Bonjour, Felix 212
Bonnard, Albert 657, 769
Bonneau. Franz. General 617, 685, 735
Bontempi, Giacomo 284
Bontempi, Teresina 284 f.
Bontems, Charles 274
Borel, Eugène 366 ff.
Boretius, Alfred 444 f.
Bornand, Louis-Henri 779
Boulanger, Georges-Ernest. Franz. General 164, 257, 260, 513, 515, 564
Bourbaki, Charles-Denis. Franz. General 140
Bourcart, Charles Daniel 211, 299, 325, 419, 600

Bovet, Ernest 467, 532, 544, 546, 590 ff., 661, 665, 667, 844, 848, 863
Brahms, Johannes 492 f.
Brenner, Ernst 296, 565
Brentano, Clemens von 452
Breysig, Kurt 663
Briand, Aristide. Franz. Politiker 801, 810 f.
Bridel, Louis 555
Bridel, Philippe-Sirice 528
Bridler, Otto 691, 695, 755, 794 f.
Brodbeck-Arbenz, Jakob 501
Broglie, Jacques Victor Albert, Duc de. Franz. Staatsmann 196
Brosi, Isidor 286
Brügger, Friedrich 657, 699
Brousse, Paul 388
Brunier, Léon 60
Brupbacher, Fritz 392, 398, 449 f., 475, 553, 555 f., 844 f., 857, 867
Brynstein, Jakob. («Nachtigalow») 246
Bucalo, Giuseppe. Ital. Militärattaché 694, 775, 789
Bucher, Pierre 855 ff.
Buchon, Max 542 f.
Bülow, Bernhard, Fürst von. Reichskanzler 319 ff., 420
Bülow, Otto von. Dtsch. Gesandter 209, 240 ff., 247, 250, 253, 264
Buol-Schauenstein, Karl, Graf von. Oest. Staatsmann 63, 65
Burckhardt, Jakob 483, 540
Bürgi, Gottfried 417
Bürkli, Karl 389
Burnand, Edouard 274 f.

Cadorna, Luigi. Ital. Generalstabschef 745, 796
Cailloux, Joseph. Franz. Politiker 227, 811
Calal. Oest. Hauptmann 693
Calame, Alexandre 522
Calonder, Felix 12, 15, 708, 719, 831, 834 ff., 853, 861, 873 f., 880 f., 887, 896, 898
Cambon, Jules. Franz. Diplomat 606, 798, 813, 832
Camperio, Philippe 191 f.
Canetti, Elias 857
Canevaro, Felice Napoleone. Ital. Aussenminister 292 ff.
Capo d'Istria, Hans Anton, Graf von 13
Caprivi, Leo, Graf von. Dtsch. Reichskanzler 265, 317, 336

Carlin, Gaston 246, 293, 295 ff., 324 f., 366 ff., 647 f., 752
Carson, Edward. Engl. Minister 829
Carteret, Antoine 191 f., 199
Castres, Edouard 457
Cathomas, Georg 695
Cavaignac, Godefroy 36
Cavour, Camillo, Conte di 31, 57, 60 f., 67 ff., 74, 81, 92, 95, 169, 212, 229, 275, 277
Céard, Nicolas 212
Cérésole, Paul Jacob 189, 195, 197, 215, 220
Cerf, Alphonse 685, 687
Cerutti, Mauro 286
Cézanne, Ernest 212
Chalet-Venel, Jean-Jacques 83
Chamberlain, Houston Stewart 453, 466, 473 f., 561, 572
Chappuis, Philippe 84 f.
Chateaubriand, François René de 452, 461
Chavannes, Robert 770
Chevalier, Martial. Franz. Konsul 71
Choquard, Joseph 768, 785
Chevenard, Henri 673
Choffat, Joseph 596
Choulat, Edmond 507
Chiesa, Francesco 281, 283
Cingria, Alexandre 533 ff.
Cingria, Charles-Albert 533 f., 536 f.
Claparède, Alfred de 312, 455, 596 ff., 600, 616
Class, Heinrich («Daniel Frymann») 335 ff., 341
Clavien, Alain 522
Clémenceau, Georges-Benjamin. Franz. Staatsmann 329, 565, 855 f.
Clinchant, Justin. Franz. General 140 ff.
Clothilde von Savoyen, Prinzessin 68 f.
Colombi, Emilio 285 f.
Colombi, Rosetta 284 f.
Combe, Gustave 805
Comte, Auguste 521, 526
Comtesse, Robert 202, 373, 505, 600
Conrad v. Hötzendorf, Franz, Graf von. Öst. Generalstabschef 268, 290, 303 f., 328, 602, 607, 711 ff., 715, 717 f., 778
Considérant, Victor 389
Conzett, Conrad 236, 393
Courbet, Gustave 168, 386, 456, 513, 542
Cowley, Henry Richard. Engl. Diplomat 55, 70
Cramer-Frey, Conrad 345, 348
Cramer, Lucien 834, 887
Crispi, Francesco. Ital. Staatsmann 236, 254, 266, 268, 279, 295, 300

Croce, Benedetto 268, 300
Curti, Theodor 26, 549, 581, 586, 898

D'Annunzio, Gabriele 535 f., 609
D'Annay, Charles. Franz. Botschafter 733
Darwin, Charles 326, 474 f.
Daucourt, Ernest 190, 504, 768
Daudet, Léon 536
Decoppet, Camille 619, 623, 628, 635 f., 644, 673, 683, 696, 707 f., 719, 721, 769 ff., 780, 788, 792, 794, 801 f., 815
Decurtins, Caspar 410, 412, 541
Dehio, Georg 438
De la Rive, Auguste 68, 75, 95 f., 100
De la Rive, William 68, 75, 153
Delcassé, Théophile. Franz. Aussenminister 645
Delmé-Radcliffe, Charles. Engl. Militärattaché 290, 304 f., 708 f., 729, 733, 737
Dembsky, Alexander 246
Denois, Ferdinand. Franz. Konsul 38
Denzler, Ludwig 48
Déroulède, Paul 422 f., 513 f., 609
D'Estournelles de Constant. Franz. Senator 378 f.
Deucher, Adolf 35, 505, 599, 894
Deucher, Walter 600
Dias, Porfirio. Mexikan. Präsident 753
Diesbach, Major de 769
Dolder, Johann Rudolf 26
Döllinger, Ignaz von 179, 181
Doss, Anna von 485
Doumergue, Gaston. Franz. Aussenminister 629 f., 634
Dreyfus, Alfred 329, 517 ff., 523 ff., 534, 559, 565 f.
Drouyn de Lhuys, Edouard. Franz. Aussenminister 107, 123, 125, 128
Droz, Numa 19 f., 28, 207, 211, 216 f., 224, 240, 242, 245, 247 ff., 253, 255 ff., 259, 262, 264, 345 f., 355, 360, 365, 368, 414, 544, 629, 657, 886
Druey, Henry 28, 41 ff., 568
Drumont, Edouard 518, 564
Dubail, Auguste Edmond. Franz. General 734, 736, 766, 791 f.
Dubs, Jakob 18, 33, 44 f., 87, 89 ff., 94, 97, 101 f., 107 f., 110, 139, 144 ff., 151 f., 171, 177, 183 f., 540, 891 ff., 897
Ducommin, Elie 83 ff., 373, 381
Dufour, Henri 12, 26, 43 f., 49 f., 52 ff., 63 ff., 73, 100, 139, 371, 720

973

Dumur, Louis 520, 625, 657, 659 f., 681, 767, 841, 846
Dunant, Alphonse 838
Dupanloup, Felix. Franz. Kardinal 182, 188
Dupont, Charles Joseph. Franz. Oberst 794 f., 797 f.
Durando, Giacomo. Ital. Aussenminister 278 f.
Dürrenmatt, Ulrich 188
Dutasta, Paul. Franz. Botschafter 873

Ebel, Johann Gottfried 451
Ebhardt, Bodo 458 f.
Egger, August 665, 848
Egli, Karl 634 f., 646, 673, 747 f., 764, 769 ff.
Ehrenzeller, Wilhelm 667
Einem, William von. Öst. Militärattaché 695, 775
Elgger, Karl von 426
Elisabeth. Öst. Kaiserin 291 ff., 358, 383, 578
Emery, Victor 77
Engels, Friedrich 387, 393, 400
Erman, Heinrich 339 f.
Erzberger, Matthias 827 f.
Escher, Alfred 41, 51, 53 f., 79, 81, 87, 89, 101 ff., 105, 110 f., 145, 148, 173, 200, 203 ff., 207, 353, 359, 445
Escher, Eugen 136
Escher, Hans Conrad von der Linth 888
Esterhazy, Walsin. Franz. Generalstabsoffizier 565
Eugénie. Franz. Kaiserin 119
Eulenburg, Philippe, Graf von 316 ff.
Exner, Adolf 175

Faesi, Robert 409, 680 f., 841 f., 844
Fahrländer, Eugen 364
Falke, Konrad 584, 665 f.
Falkenhayn, Erich von. Dtsch. Generalstabschef 761 ff., 887
Fallière, Armand. Franz. Staatspräsident 600
Fama, Adolphe 779
Fatio, Guillaume 532
Favon, Georges 410
Favre, Jules. Franz. Aussenminister 137, 147, 152, 154, 156, 158, 161, 170
Fazy, James 30, 35 f., 38, 42 ff., 55, 65, 68, 71, 74, 77, 83, 85, 88, 106, 191, 386
Feer-Herzog, Carl 110 f., 207, 344 f., 351 f.
Felix, Walther 332
Feller, Richard 582
Fernau, Hermann 672

Ferry, Jules. Franz. Ministerpräsident 476
Feyler, Fernand 657
Fiala, Friedrich 190
Fichte, Johann Gottlieb 461, 513
Fick, Adolf Eugen 331 f., 667
Fick, Fritz 467, 474, 478, 490, 494, 589, 666 ff., 670 f.
Fick, Heinrich 175, 331, 444 f., 467, 474 f., 479, 481 ff., 489 ff.
Fick, Helene 479, 481
Finsler, Hans Conrad 887
Fischer, Jakob 240 ff.
Fleiner, Fritz 665
Fleury, Emile Félix. Comte de. Franz. General 128
Flourens, Emile. Franz. Aussenminister 258 f.
Flury, Walter 690
Foch, Ferdinand. Franz. General 796 f., 803
Foerster, Friedrich Wilhelm 526, 842, 851 f.
Fonjallaz, Arthur 285, 765
Fontane, Theodor 312, 436, 586
Forel, Auguste 392, 475
Fornerod, Constant 28, 33 f., 48, 79 f., 88, 274
Forrer, Ludwig 15, 209, 218 f., 288, 290, 305 f., 325, 366, 400, 425, 575, 580, 598, 629, 700, 704 ff., 714 f.
Forstner, Leutnant von 853
Fourier, Charles 37, 386, 389, 564
Francke, Alexander 583 f.
François, Alexis 591 f., 611, 662
Frank, Leonhard 841, 856
Frantz, Constantin 320, 559
Franz Ferdinand. Öst. Thronfolger 596, 602, 604, 607, 612
Franz Joseph I. Kaiser von Österreich 50 f., 56, 126, 290, 294, 303, 505, 562, 602, 608, 712, 715, 892
Freud, Sigmund 572
Frey, Alfred 209, 349, 642 f., 649
Frey, Emil 21, 23, 211, 223, 424 f., 700, 742, 890
Frey-Hérosé, Friedrich 12, 30, 33, 48, 54, 63, 65 f., 71, 74 ff., 81, 85, 88, 91, 94, 100, 107, 110
Freycinet, Charles Louis de. Franz. Kriegsminister 261 f.
Freysz, Heinrich 845 ff.
Freytag, Gustav 401, 441
Fried, Alfred H. 380, 841, 847, 849 ff.
Friedrich I., Grossherzog von Baden 252, 439
Friedrich III., Dtsch. Kaiser 162, 310 f.

Friedrich Wilhelm IV. Preuss. König 46 ff., 49 ff., 56, 439, 452
Froidevaux, Léon 660, 768, 781
Furrer, Jonas 29 ff., 35, 41 f., 44, 54, 57, 81, 87, 89

Gagliardi, Ernst 444, 448 f.
Galeer, Antoine 37
Gambetta, Léon 213, 215, 512 ff.
Ganghofer, Ludwig 586
Garbani-Neri, Evaristo 283
Garibaldi, Giuseppe 90 f., 97, 99, 137, 271, 274, 277, 279, 371, 385, 428
Garibaldi, Giuseppe («Peppino») 753 f.
Garraux, Emil F. 497, 500 ff., 506 ff., 666, 668
Gauthier, Armand. Franz. Politiker 222
Gelpke, Rudolf 230
Gelzer, Johann Heinrich 439
Gertsch, Fritz 431, 620, 624, 878
Giers, Nikolai von. Russ. Aussenminister 246
Girardet, Wilhelm 342
Giulay, Férencz. Öst. General 61
Gladbach, Ernst Georg 529
Gobat, Albert 325, 373 ff., 376, 378 f., 397
Gobineau, Joseph Arthur Comte de 30 f., 94, 326, 464, 466, 472, 519, 551
Godet, Philippe 521, 527, 532, 657
Goegg, Marie 373, 550
Goethe, Wolfgang von 452
Golovane, Oberst. Russ. Militärattaché 769
Goltz, Colmar, Freiherr von. Dtsch. General 722 f., 725 f.
Goltz, Robert, Graf von der. Dtsch. Diplomat 19, 123 ff., 127, 130
Goluchowski, Agenor, Graf von. Öst. Aussenminister 294, 299, 361
Gonzenbach, August von 79, 359
Görres, Joseph von 162
Gortschakow, Alexander von, Fürst. Russ. Kanzler 238, 448
Gortschakow, Michael von, Prinz. Russ. Diplomat 238
Gos, Charles 680, 688 f.
Gotthelf, Jeremias 542, 586
Goumoëns, Eduard von 805
Graber, Paul 862, 866, 871
Grabowsky, Adolf 849
Graffina, Gustavo 365
Gramont, Antoine, Duc de. Franz. Aussenminister 133, 144
Greith, Karl Johann 188

Greulich, Herman 172, 238, 375 ff., 381, 385, 389, 392, 394, 396, 405 f., 410, 414, 417, 577, 684, 866
Grey, Edward 604, 607, 647, 714
Greyerz, Otto von 501
Grimm, Robert 377 ff., 396, 405, 662, 673, 717 f., 782, 820 ff., 856, 861 ff., 876
Guichonnet, Paul 93
Guillaume, Baron. Belg. Diplomat 651
Guiter, Eugène. Präfekt von Savoyen 146
Gusserow, Adolf 175, 440, 481, 488 f.

Haab, Robert 829, 878
Haaf, Fanny 374
Haeckel, Ernst 326, 333, 375, 475
Haguenin, Emile 799 f.
Haldane, Richard Burdon. Engl. Kriegsminister 604
Haller, Albrecht von 528
Haller, Karl Ludwig von 461
Hamburger, Andreas von. Russ. Gesandter 238, 246 f.
Hammer, Bernhard 46, 147, 156, 173, 177, 191, 195, 197 ff., 249, 253 ff., 361, 889
Hanotaux, Albert. Franz. Aussenminister 25, 348
Hansen, Georg 414
Harden, Maximilian 316, 318
Harnack, Adolf von 674
Harris, Edward Alfred, Captain. Engl. Diplomat 78
Hasse, Ernst 332 ff., 338, 470 f.
Haupt, Christian 241, 245
Hauptmann, Gerhart 398, 655, 841
Hauser, Karl 781
Hauser, Walter 324
Haussmann, Konrad 379
Heer, Jakob Christoph 398, 453 f., 460, 584, 586 f.
Heer, Joachim 121 f., 171
Heer, Oswald 445
Hegel, Georg Wilhelm Friedrich 161, 418, 425 f., 437, 461 ff., 466, 474, 519, 825, 848
Heim, Albert 554
Heim, Ignaz 582
Heinzen, Karl 36
Heller-Bucher, Franz 809, 835
Henckell, Gustav 398
Henckell, Ulrich 398
Hentsch, Edouard 216

975

Herder, Johann Gottfried von 161, 461 ff., 466, 470
Herold, Hugo 611
Hervé, Gustave 404, 652, 891
Herwegh, Georg 480, 484, 491
Herzen, Alexander 340, 553
Herzen, Nicolas 340 f.
Herzog, Hans. General 135, 139 ff., 145
Hesse, Hermann 584, 841
Heyse, Paul 586
Hildebrand, Rudolf 330, 495
Hilty, Carl 21, 162, 209, 249, 351, 364, 366, 371, 407, 409, 412, 469, 495, 539 ff., 544 f., 551, 572, 582, 588, 590, 885, 890 f.
Hitler, Adolf 332, 337, 473, 510
Höchberg, Karl 393
Hodler, Ferdinand 456 f., 460, 522, 658, 844
Hoffmann, Arthur 15, 303, 307, 425, 596, 622 ff., 630 ff., 641 ff., 646, 648 f., 651, 657, 661, 672 f., 697 f., 706, 748, 752 ff., 788 ff., 794, 797, 800 f., 802, 808 ff., 811 ff., 821 ff., 825, 830 f., 833, 838, 852, 859, 867, 872, 886
Hohenlohe, Alexander Prinz zu 317, 849, 851
Hohenlohe-Schillingsfürst, Chlodwig, Fürst von. Bayerischer Ministerpräsident 179 f.
Hohenzollern, Leopold von, Prinz 133
Holstein, Friedrich von 316
Hordliczka, Eugen. Öst. Generalstabsoberst 303, 712, 717 f.
House, Edward. Amerikan. Diplomat 839
Howard, Esme William. Engl. Diplomat 714
Huber, Kurt 286
Huber, Eugen 836
Huber, Max 365 ff., 681, 698 f., 773 ff., 825, 834 ff., 839 f., 853, 861 f., 887, 896, 898
Huft, Wilhelm 240
Hugenberg, Alfred 332
Hugo, Victor 36, 371
Hülsen, Dietrich, Graf von. General 726
Humbert, G. Franz. Oberst 423
Humboldt, Alexander von 443
Hungerbühler, Hugo 432
Hunziker, Jakob 397 ff., 529 f.

Immenhauser, Gottfried 232 f.
Inglin, Meinrad 614, 619, 665, 677 f.
Ironside, Henry. Engl. Diplomat 714

Jaeger, Max 469
Jahn, Albert 500

Jakoby, Johann 144, 161, 481
Jaun, Rudolf 424
Jaurès, Jean 376 ff., 397, 406, 565, 843, 862
Jauslin, Karl 458
Jellinek, Georg 14
Joffre, Joseph. Franz. Generalstabschef 733 ff., 751, 760 f., 766, 793 ff.
Jolissaint, Pierre 190
Jomini, Antoine Henri. General 90, 101
Jost, Hans Ulrich 563, 610
Judet, Ernest. Franz. Journalist 811
Jung, Carl Gustav 447, 572

Kalnoky, Gustav, Graf von. Öst. Aussenminister 239, 246 f.
Kammerer, Anton 237
Kant, Immanuel 464, 513
Kapp, Wolfgang. Dtsch. General 828
Karl I., Oest. Kaiser 838
Karl-Albert I., König von Sardinien-Piemont 60, 270
Kaiser, Isabelle 585
Kaulbach, Wilhelm von 450
Kautsky, Karl 376, 392, 397, 400, 866
Kayser, Simon 21, 424
Keller, Arnold. Generalstabschef 21, 24 f., 211, 224 f., 262, 297 ff., 304, 327, 362, 425, 432, 700, 703, 717, 720, 738 f., 741 f., 745, 749, 790, 890 f.
Keller, Augustin 167, 180, 182, 407, 498, 569 f., 585
Keller, Gottfried 90, 99, 116, 171, 401, 437, 440, 467, 480 ff., 484 ff., 492 f., 521 f., 540, 544, 584, 586, 664
Kempin-Spyri, Emilie 548 ff.
Kerenski, Aleksandr. Russ. Staatsmann 822
Kern, Johann Konrad 28, 30, 44, 53 ff., 57, 62, 64 ff., 69 ff., 81, 88, 94 f., 98, 100 f., 105 ff., 120, 122, 124, 127, 129 f., 135 ff., 143, 147, 150, 152 ff., 158 ff., 182, 189, 196, 450, 471
Kerraoul, Vittu de. Franz. Militärattaché 890
Ketteler, Wilhelm Emmanuel von. Bischof 185, 385, 410, 559
Kiderlen-Waechter, Alfred von. Dtsch. Staatssekretär 336, 603, 605
Kind, Gottfried 344
Kinel, Albert. Dtsch. Baurat 208
Kinkel, Gottfried 392, 480 f., 489
Kirchhofer, Emil 775
Kirchhoff, Alfred 471, 496 ff., 515

Kissling, Richard 456 f.
Klein, Karl Benjamin 176, 585
Knapp, Charles 546, 589
Knellwolf, Arnold 343
Knüsel, Josef Martin 17, 110, 126, 153, 888 f., 892
Koechlin-Geigy, Alphons 109
Köchly, Hermann 439
Kolping, Adolf 411
Kopp, Joseph Eutych 451
Korrodi, Eduard 665
Kronacher, Otto 296
Kropotkin, Pjotr. Russ. Fürst 238, 388
Kuefstein, Karl Graf von. Öst. Gesandter 24, 299
Kuhlenbeck, Ludwig 340 f., 445
Künzli, Arnold 40, 363 f., 408, 430
Kutter, Hermann 674

Lachat, Eugène 186 ff., 194, 276
Lachenal, Adrien 16, 22
Lagarde, Paul de 560 f.
Laity, Armand. Franz. Senator 92 f.
Lambelet, Fritz 221
Lamprecht, Karl 333
Lanfrey, Pierre. Franz. Diplomat 188, 196
Lang, Otto 397
Langbehn, August Julius 560 f., 572
Langie, André 769 ff.
La Nicca, Richard 229
Lansing, Robert. Amerikan. Staatssekretär 813, 815, 818
Lardy, Charles 16, 22, 35, 38, 158, 160, 195 ff., 213, 217, 219, 222 f., 227, 254, 258 ff., 261 f., 297, 300, 311, 346, 348, 359, 362, 379, 425, 525, 596, 629 f., 633, 641, 645, 648, 651, 748, 788, 798, 811 f., 813, 815, 819 f., 823, 832, 836, 859, 894
Lardy, Charles E. (Sohn) 887, 896 ff.
Lassalle, Ferdinand 385 ff., 410 f.
Latzko, Andreas 841, 857
Laur, Ernst 40, 349, 413 ff., 420, 475, 592, 862, 875
La Valette, Adrien, Comte de. Franz. Eisenbahn-Politiker 215
La Valette, Charles Jean, Marquis de. Franz. Aussenminister 98 f.
Leboeuf, Edmond. Franz. Kriegsminister 128
Lecomte, Ferdinand 79
Lempruch, Freiherr Moritz Erwin von 693
Lenin 405, 819, 821 f., 863 ff.,870, 895

Leo XIII., Papst 190, 199, 316, 410, 412, 517, 562
Lesseps, Fernand 565
Leuthold, Heinrich 490 f.
Lichnowsky, Karl Max. Dtsch. Diplomat 604 f., 608
Liebknecht Karl 864
Liebknecht, Wilhelm 391 f., 400 f., 403
Liliencron, Detlev von 585
List, Friedrich 104, 354
Lloyd, George, David. Engl. Staatsmann 603, 815, 849
Lombard, Alfred 546, 589
Loosli, Carl Albert 445, 532, 544, 590, 672
Loys, Treytorrens de 432, 681,761, 765 ff., 769, 773, 782, 785 f., 801
Loyson, Charles («Père Hyacinthe») 199
Lubarsch, Otto 332
Lucheni, Luigi. Ital. Anarchist 291 f. 358, 578
Ludendorff, Erich. Dtsch. General 806
Lueger, Karl 562 f., 571
Lutz, Balthasar 243 f.
Luxemburg, Rosa 383, 392, 399 f., 405, 556, 864
Luzzatti, Luigi. Ital. Staatsmann 290, 305 f., 571, 714 f.

MacMahon, Edmond Patrice, Duc de Magenta. Franz. Marschall 134, 139, 164, 185, 196
Madero, Francisco. Mexikan. Präsident 753
Magliano, Roberto. Ital. Gesandter 209
Malfroy, Michel 523
Malmesbury, James Howard Harris, Lord. Engl. Staatsmann 64
Mancini, Pasquale 469
Mann, Heinrich 329 f., 419, 422
Mann, Thomas 419, 475, 655 f., 843
Manteuffel, Otto, Baron von 47
Manteuffel, Edwin von 50
Manzoni, Romeo 283, 325
Marchlewski, Julian 399
Marcusen, Woldemar 374
Marilley, Etienne. Bischof 192
Markwalder, Traugott 430, 432, 627
Martheray, Fernand du 361, 505, 627
Marx, Karl 371, 375, 386 ff., 391, 393, 402, 406, 409, 411
Massignac, Jean Adolphe, Comte de 31
Mattioli, Aram 529, 532
Maurras, Charles 422 f., 468, 513, 515 ff., 523, 527, 529, 533 f., 536 f., 565, 575, 609

May, Julie von 551
Mayer, Albert 618
Mazzini, Giuseppe 36, 38 f., 44, 270 f., 291, 591
Meinecke, Friedrich 466
Melegari, Louis-Amédé. Ital. Gesandter 893
Méline, Jules 346
Mendelssohn-Bartholdy, Felix 561
Meng, Johann Ulrich 691 ff.
Mensdorff-Pouilly, Alexander, Graf von 17
Mercier, André 666
Mercier, Charles-Philippe 18
Mermillod, Gaspard 77 f., 92, 181, 190, 192 ff.
Metternich, Clemenz, Fürst von 14, 28
Meunier, Paul. Franz. Politiker 810 ff.
Meyer, Conrad Ferdinand 176, 401, 484 ff., 521, 584
Meyer von Knonau, Gerold 501, 508 f.
Millerand, Alexandre. Franz. Minister 397, 401
Minger, Rudolf 785
Moltke, Helmuth von (der Ältere). Preuss. Generalstabschef 130, 134, 138, 310, 421, 426
Moltke, Helmuth von (der Jüngere). Dtsch. Generalstabschef 321, 603, 605 ff., 616 f., 620, 627, 644, 707 f., 717 f., 722, 751
Mommsen, Theodor 560
Monnier, Philippe 527
Montalembert, Charles, Comte de 182, 453, 523 f.
Moor, Carl 865
Morax, René 653 f., 662
Morf, Heinrich 477, 503
Morier, André. Franz. Militärattaché 223, 712, 717, 796 f., 800 f., 803 f.
Most, Johann 237, 394
Motta, Giuseppe 344, 625, 635, 648, 770
Motteler, Julius 243, 393 f.
Moustier, Lionel, Marquis de. Franz. Aussenminister 130, 133
Müller, Albert 332
Müller, Eduard 23, 239, 290, 344, 357 f., 363, 369, 379, 581, 599, 620, 625 f., 705 f., 714, 716, 720, 735, 739, 744, 896
Müller, Georg Alexander von. Dtsch. Admiral 602, 604
Müller, Johannes von 457
Münster, Georg Hubert, Graf von 362
Münzenberg, Willi 866
Muret, Maurice 856
Mussolini, Benito 281 f., 287, 382, 578
Musulin, Alexander. Öst. Gesandter 824

Nadler, Josef 441 f.
Nägeli, Hans Georg 582
Naeff, Wilhelm Matthias 110
Naine, Charles-Théophile 575, 626, 862, 865 f., 868
Napoleon I. 67, 95, 100, 212 ff., 324, 446, 450, 515
Napoleon III. (Louis Napoleon) 14, 26, 28 ff., 36, 38 f., 44, 46, 48 ff., 52 ff., 57 f., 60 ff., 90, 92 ff., 97 ff., 102, 105 ff., 111 f., 113 ff., 131 ff., 161, 164, 169, 178, 183, 215, 221, 271, 275, 277, 386, 426, 447, 469, 530, 536, 563, 885, 888, 892
Napoleon, Jérôme («Plon-Plon») 67 ff.
Naumann, Friedrich 315 f., 354, 465, 474, 827, 848 f., 852
Negrelli, Alois von 229
Niel, Adolphe. Franz. Marschall 133
Nietzsche, Friedrich 326, 436, 463 f., 466, 474, 514, 536, 548, 588
Nigra, Constantino. Ital. Diplomat 207
Niklaus I., Zar 360 f., 370, 516
Nippold, Otfried 836, 850, 853
Nivelle, Robert Georges. Franz. General 796 ff., 801 ff., 805
Nobs, Ernst 662, 863, 866 ff., 881

Ochsenbein, Ulrich 29, 33, 229
Odier, Edouard 822
Oechsli, Wilhelm 13, 445, 457, 478, 545, 663
Offenbach, Jean-Jacques 491, 561
Olivetti, Angelo Olivero. Ital. Sozialist 282 f.
Ollivier, Emile. Franz. Staatsmann 133
Omodeo, Adolfo 300, 382
Oppenheimer, Sir Francis. Engl. Diplomat 642 f.
Orlando, Vittorio Emanuele. Ital. Staatsmann 898
Orsini, Felice 36, 38, 44
Overbeck, Franz 162, 436

Pageot, Gaston. Franz. Militärattaché 628, 634 f., 637, 647, 721, 729, 735, 760 f., 766, 770 f., 775, 779, 787 ff., 793, 795
Pallu de la Barrière. Franz. General 143
Palmerston, Henry John. Engl. Staatsmann 29, 72, 80, 95
Panizza, Oskar 398
Pau, Paul Marie. Franz. General 601, 736
Paulinier, Marie Jean. Franz. General 805
Paulucci, Rainero. Ital. Gesandter 307, 748, 752
Péguy, Charles 422, 675

Pereire, Emil und Isaac. Crédit Mobilier 353
Perrier, John («Perrier le Rouge») 83 ff., 373
Perrot, Claude de 875
Persigny, Jean Gilbert, Duc de. Franz. Diplomat 72, 96
Perucchi, Plinio 284
Pétain, Philippe. Franz. General 805
Peugeot, Jules André 618
Pfannkuch, Wilhelm 405
Pfyffer von Altishofen, Alphons. Generalstabschef 19, 257 f., 261 f., 297, 426, 717, 738, 740, 745, 890
Pictet de Rochemont, Charles 13, 27, 112, 213
Pioda, Giovanni Battista 18, 126
Pioda, Giovanni Battista II 209, 214, 218, 288, 290, 299, 305, 748, 753
Pius IX., Papst 68 f., 178 f., 181, 183, 190, 193 f., 525
Planta, Alfred von 626, 640 f., 647 f., 752, 754 ff., 815, 836, 838
Planta, Andreas Rudolf von 151
Plantier, Claudius Henricus. Franz. Bischof 188
Platten, Fritz 821, 865 f., 870, 881
Platzhoff-Leujeune, Edouard 522, 528, 589
Plessner, Helmuth 436
Poincaré, Raymond. Franz. Staatsmann 613, 651, 855
Pollio, Alberto. Ital. Generalstabschef 267 f.
Pourtalès, Albert Alexandre de. Preuss. Diplomat 70
Pourtalès-Steiger, Friedrich de 48
Princip, Gavrilo 596
Prinetti, Giulio. Ital. Aussenminister 295 ff.
Pröll, Karl 329
Proudhon, Pierre-Joseph 37, 237, 386, 389, 512 f., 523, 564
Puttkammer, Robert von. Dtsch. Innenminister 241

Quartier-La Tente, Edouard 835
Quidde, Ludwig 421, 442 f., 451
Quinet, Edgar 371

Räber, Joseph 863
Radek, Karl 865
Radetzky, Joseph. Öst. Feldmarschall 229, 271, 293
Ragaz, Leonhard 381, 418, 446, 590, 662, 665, 672, 674, 844, 852, 867
Rahn, Johann Rudolf 452

Ramuz, Charles Ferdinand 447, 522, 528, 531, 533, 584, 590, 615, 619, 662, 677, 684
Ranke, Leopold 461 f., 469
Rapold, Hans 805
Rappard, William 665, 832 f., 836 f.
Rathenau, Walther 561, 638, 827
Rattazzi, Urbano. Ital. Ministerpräsident 378 f.
Ratzel, Friedrich 333, 515
Rauchfuss. Redaktor NZZ 136
Regli, Adalbert. Abt Muri-Gries 280
Reichensperger, August 452 f.
Reinach, Charles-Frédéric-Albert, Baron de. Franz. Diplomat 38, 48, 146
Reinhart, Josef 501
Reinsdorf, August 237 f.
Remusat, Charles de. Franz. Aussenminister 182, 189, 196
Renan, Ernest 438, 466, 470, 512
Renfer, Werner 507
Rengger, Albrecht 498
Renouard, Georges. Franz. Generalstabsoffizier 795, 797
Reuss, Heinrich. Prinz 127
Rey, Etienne 329, 423
Reynold, Gonzague de 210, 412, 442, 475, 522, 527 ff., 533 ff., 546, 584, 587, 591 ff., 611, 615, 657, 678 ff., 684, 767, 772 f., 799 ff., 843, 897
Ricasoli, Bettino. Baron 68, 486
Richard, Emil 432
Richter, Hans 857
Richthofen, Oswald von. Dtsch. Staatssekretär 598
Ringholz, Odilo 327
Ritter, Paul 813, 815 ff., 832
Robmann, Agnes 866
Rochholz, Ernst Ludwig 451, 498
Rod, Edouard 521, 527, 529, 531, 584, 590
Roeder, Max von, General. Dtsch. Gesandter 151, 155, 177, 202, 204
Roggenbach, Franz, Freiherr von 439
Röhl, John C. G. 311, 316
Rohling, August 559
Rohner, Emil 508
Rolland, Romain 619, 653 ff., 665, 676, 678, 841 ff., 852, 855
Romberg, Gisbert Freiherr von. Dtsch. Gesandter 634 f., 637, 644 f., 649, 673, 764, 778, 799, 810 ff., 817, 820 ff., 830, 866, 872
Roosevelt, Theodor 320
Rosegger, Peter 585

Rossel, Virgile 504, 507, 522, 527 f., 543, 584, 589 f.
Rössler, Konstantin 441
Roth, Arnold 22 f.,146, 207, 236, 242, 247 f., 258, 263, 312, 357 f.
Röthlisberger, Ernst 356
Rothpletz, Emil 427 f.
Rothschild, James 200, 221, 518, 564
Rouher, Eugène. Franz. Handelsminister 107 f., 207, 221
Rousseau, Jean-Jacques 461, 521
Ruchet, Marc-Emile 719
Ruchonnet, Louis 239, 243, 373, 386, 657
Rüdin, Ernst 476
Ruffieux, Rolland 894
Ruffy, Eugène 116, 292, 525
Ruhland, Gustav 414
Rusch, Johann Baptist 672, 784 f.
Russel, John, Lord. Engl. Staatsmann 78, 80, 95 f.
Rüstow, Friedrich Wilhelm 90, 99, 427 f., 481
Ruyssen, Théodore 851

Salandra, Ital. Ministerpräsident 640 f.
Saletta, Tancredi. Ital. Generalstabschef 214, 266 f., 269
Salignac-Fénelon, Jean-Raymond. Franz. Diplomat 38 ff.
Salis, Daniel von. Öst. Feldmarschall-Leutnant 741
Salis, Jakob von 126
Salis, Meta von 551
Salisbury, Robert. Engl. Staatsmann 311
Salkind, Jan 874
Salvioni, Carlo 283, 285, 287
Sanders Pacha, Otto Liman von. Dtsch. General 322
San Giuliano, Marquis di. Ital. Aussenminister 305
Sauerbruch, Ernst Ferdinand 845 ff., 849, 851
Savigny, Carl von 450
Schaffner, Jakob 467, 546, 584, 663, 674, 841
Schemann, Ludwig 473
Schenk, Carl 33, 75, 110, 142, 151 f., 155, 173 f., 176, 189, 198, 220, 240, 347, 463
Scherer-Boccard, Theodor 182
Scherer, Johann Jakob 448
Scherer, Wilhelm 440
Scherr, Johannes 171
Scherr, Thomas 585
Scherrer-Füllemann, Joseph Anton 837

Scheurer, Carl 507, 715, 719
Schickelé, René 841, 855
Schieder, Theodor 436
Schiller, Friedrich 451
Schlegel, Friedrich 452
Schleuniger, Johann Nepomuk 569 f.
Schlieffen, Alfred, Graf von. Dtsch. Generalstabschef 266 f., 650, 722 f., 751
Schlöth, Ferdinand 456
Schlumberger, Jean 855 f.
Schlüter, Friedrich 243
Schmid, August 666, 668 f.
Schmid, Karl 463
Schmid, Wilhelm 785 f.
Schmidheiny, Ernst 645 f.
Schneeberger, Oskar 880
Schneider, Friedrich 881
Schobinger, Joseph Anton 505
Schoeller, Wilhelm Rudolf 489
Schollenberger, Jakob 12, 305, 495, 545, 888
Schönerer, Georg von 562
Schopenhauer, Arthur 536
Schott, Robert 742
Schröder, Karl 237, 240, 245
Schulthess, Edmund 781, 815, 830 f., 833, 881
Schulze-Delitzsch, Hermann 414
Schumann, Maximilian. Dtsch. Major 741
Schwarzenbach, Robert 325
Secrétan, Charles 555
Secretan, Edouard 285 f., 419, 432, 544, 615 f., 623, 653, 656 ff., 661, 682, 698 f., 769, 772, 775, 780, 783, 856
Segesser, Philipp Anton von 79, 88, 90 f., 110, 112, 137, 169, 183, 189, 194, 206, 271, 570
Seidel, Robert 400
Seiller, Alois von. Öst. Gesandter 247
Seippel, Paul 356, 382, 525 ff., 532, 535, 538 ff., 542, 544, 546, 572 ff., 584, 588, 590 f., 610, 619, 653 f., 657, 659, 661, 663 f., 676, 678 f., 843 f., 847, 852, 856, 883
Selon, Justin de. Franz. Aussenminister 734
Sering, Max 827
Sever, Major. Franz. Militärattaché 214
Siegfried, Hermann 138, 145, 148, 151, 153 f., 231, 233
Siemens, Werner 560
Silvestrelli, Giulio. Ital. Gesandter 22, 294 ff., 383, 578
Simon, Heinrich 480

Simon, Jakob 771
Simonin, Henri 768
Singer, Paul 241
Sinowjew, Grigorij 819, 865
Smith, Adam 354
Sombart, Werner 388, 512, 847
Sonderegger, Emil 802 f., 806, 878 ff.
Sonnino, Giorgio. Ital. Staatsmann 571, 838, 840, 873, 882
Sorel, Georges 388, 513, 519
Spielhagen, Friedrich 586
Spitteler, Carl 521, 584, 658 f., 661, 664 f., 671, 844, 846 f.
Sprecher, Daniel 620
Sprecher von Bernegg, Andreas 624
Sprecher von Bernegg, Anton 667
Sprecher von Bernegg, Arthur Heinrich. Öst. Generalmajor 302, 702, 712
Sprecher von Bernegg, Theophil. Generalstabschef 24 f., 90, 225, 233, 262, 290, 301 ff., 328, 364, 381, 616 f., 620 ff., 629 ff., 634 ff., 656, 682 f., 691, 693 ff., 699 ff., 720 ff., 729, 735 ff., 740 ff., 745 ff., 749 f., 752 ff., 771, 776 ff., 780 ff., 787 ff., 793 ff., 801, 833, 874 f., 877, 882, 888
Spuller, Jacques Eugène. Franz. Aussenminister 217
Spyri, Johanna 548, 584
Staël, Germaine de 521
Stämpfli, Jakob 12, 16, 28, 30, 32 ff., 37, 48 f., 51 f., 58 ff., 62 ff., 74, 76, 79, 81, 85 ff., 90, 95, 101 ff., 110 f., 120, 148, 200, 212, 270, 273, 275 f., 359 f., 424, 447, 568 f., 885, 893
Stehlin, Johann Jakob 154
Steiger, August 502 f., 505
Steiger, Ludwig Eduard 29, 63, 65
Stein, Ludwig 476
Steinbuch, Hermann 880
Steiner, Emil 671
Stellmacher, Hermann 237
Stephenson, Robert 250
Stoecker, Adolf 560
Storm, Theodor 482
Strauss, Johann 491
Stückelberg, Ernst 456
Stürler, Moritz von 98
Styger, Karl 78
Sudermann, Hermann 586
Sulzer, Hans 832, 837, 839
Sulzer, Johann Jakob 170

Sulzer-Ziegler, Eduard 588, 884
Suslowa, Nadeshda 450
Suttner, Bertha von 361, 370, 380
Swinburne, Henry 200
Sydow, Rudolf von. Preuss. Gesandter 51

Taine, Hipolytte 523
Tauscher, Leonhard 243
Temme, Jodocus D. H. 480
Thibaut, Justus 450
Thiele, Hermann von 147
Thiers, Adolphe 36, 43, 125, 153 ff., 158, 182, 185, 187, 196
Thouvenel, Edouard. Franz. Aussenminister 31, 39, 70 ff., 76, 80, 88, 94, 96, 100 f., 105 ff.
Thut, Niklaus 456
Tieck, Ludwig 452
Tillos, Jean Henri. Franz. Diplomat 66, 71, 76
Tirpitz, Alfred von. Dtsch. Admiral 313, 318 f., 604 f., 828
Tittoni, Tommaso. Ital. Aussenminister 234, 269
Tocqueville, Alexis de 31, 94, 472 f.
Tolomei, Ettore. Ital. Irredentist 287
Tolstoi, Lew Nikolajewitsch 586
Tourte, Abraham 74, 81, 95, 121, 212, 275 ff.
Traber, Johann Evangelist 414
Trachsel, Albert 422
Trautweiler, Alexander 532
Traz, Robert de 210, 527, 533, 535 ff., 584, 592, 610 f., 615
Treitschke, Heinrich von 162, 418, 436, 439, 441, 560
Trog, Johannes 44
Trotzki, Leon 865
Troxler, Ignaz 498
Tschirsky, Heinrich von. Dtsch. Diplomat 607
Tschudi, Johann Jakob 124
Turgot, Louis-Félix Etienne, Marquis de. Franz. Diplomat und Aussenminister 31, 38 f., 62, 65, 100, 102
Turrettini, Théodore 225

Umberto I., König von Italien 254, 294 f.
Unruh, Fritz von 841

Vallette, Gaspard 527
Valloton, Benjamin 584, 856
Valloton, Félix 619
Vetter, Ferdinand 465 f., 493 f., 520, 590
Viatte, Auguste 507

Victoria. Engl. Königin 195
Viktor Emanuel II., König von Sardinien-Piemont und Italien 60 f., 67, 137
Viktor Emanuel III., König von Italien 219, 267
Viktoria. Dtsch. Kaiserin 317
Villa, Pancho. Mexikan. Caudillo 753, 817
Villiger, Burkhard 327, 571
Viollet-le-Duc, Eugène-Emmanuel 452, 459, 530
Virchow. Rudolf 185
Vischer, Eberhard 674
Vischer, Friedrich Theodor 480, 490
Visconti-Venosta, Emilio. Ital. Aussenminister 269, 293 ff., 324
Vogel, Ludwig 456
Vogel, Richard 783
Vogelsang, Karl Freiherr von 185, 671
Vogt, Carl 30, 37, 55, 78, 116, 386, 443 f., 481
Vogt, Gustav 37, 341, 373, 398, 444 f., 549, 727
Vögtlin, Marie 554
Voruz, Philippe 80
Vulliemin, Louis 485

Wagner, Adolf 173 f.
Wagner, Richard 326, 436, 453, 473, 480, 482, 491, 514, 519, 536, 561
Wagnière, Georges 532, 657, 843, 882, 898
Waldersee, Alfred, Graf von. Dtsch. Generalstabschef 207, 255 f., 265, 312, 726
Walewski, Alexandre Florian, Comte de. Franz. Staatsmann 38 f., 52, 65 f.
Walz, Friedrich (Der «Ausland-Deutsche») 341 f.
Warburg, Max 561
Washburne, Elihu Benjamin. Amerikan. Diplomat 159
Wattenwyl, Eduard von 137
Wattenwyl, Moritz von 616, 673, 764, 769 ff.
Weber, Johann Conrad 170 ff.
Weber, Max 333, 439
Weber, Robert, Geniechef 21, 24, 425, 683, 688, 728, 742, 804 f.
Wedekind, Frank 398, 498, 841
Weibert, Ferdinand 491
Weissenbach, Fernand 678, 769
Welti, Emil 46, 85 f., 139, 141, 145 f., 151, 177, 180, 183, 189, 193, 202 f., 204 f., 236, 249, 265, 598, 541
Wendland, Ernst Heinrich, Freiherr von. Bayer. Diplomat 125
Werefkin, Marianne von 857
Werfel, Franz 841

Wernle, Paul 667 ff., 674
Wesendonck, Otto 175
Wettstein, Oskar 658
Weygand, Maxime. Franz. General 719, 803 f., 833
Widmann, Josef Viktor 492 f., 542, 547 ff., 590
Wildbolz, Eduard 718, 878, 880
Wilhelm I., Preuss. König und Dtsch. Kaiser 113, 133 f., 163, 166, 237, 310, 454
Wilhelm II., Dtsch. Kaiser 166, 252 f., 255, 268, 310 ff., 324, 326 ff., 334, 341, 347, 362, 410, 421, 423, 436 ff., 442, 453, 455, 458 f., 464 ff., 473, 491 ff., 495 ff., 515 f., 526, 561 f., 571, 598, 600 f., 603 ff., 610, 613 f., 626 f., 669, 674 f., 685, 700, 708, 723, 725 f., 731, 762, 775, 818, 821, 828 f., 851, 877
Wille, François 175, 339, 342, 480, 483 ff., 508
Wille Ulrich. General 176, 233, 344, 365, 420 f., 424, 429 ff., 475, 484, 501, 520, 598, 601, 610, 617, 619 ff., 630 ff., 647, 649 f., 656, 661, 667 f., 670, 673, 679 ff., 696, 709, 718, 726 ff., 739, 743 f., 747, 752, 754 ff., 764 f., 771 ff., 784, 786, 789 ff., 795 f., 801 f., 810, 843 f., 861, 871, 874 ff., 877 ff., 881
Wille, Ulrich (Sohn) 667
Wilson, Hugh R. Amerikan. Diplomat 833
Wilson, Woodrow. Präsident USA 808, 813 ff., 824, 828, 831 ff., 835, 839 f., 896
Windthorst, Ludwig 410
Wirth, Albrecht 471
Wislicenus, Johannes 171, 175, 332, 480, 489
Wohlgemuth, August 20, 216 f., 235 f., 243 ff., 347, 394
Wolf, Julius 399
Wullschleger, Eugen 243, 376
Wyss, Georg von 98, 394 f., 462

Zahn, Ernst 501, 584, 587, 662, 667
Zemmrich, Johannes 496 ff.
Zemp, Joseph 22, 218, 295, 299, 407, 541
Zetkin, Clara 377, 392, 400
Ziegler, Gottlieb 444
Ziegler, Karl Eduard 85
Zimmerli, Jakob 495 ff.
Zimmermann, Arthur. Dtsch. Staatssekretär 596 f., 818
Zola, Emil 515, 517, 524, 565 f.
Zschokke, Heinrich 27, 451, 498, 884
Zweig, Stefan 615, 655, 841 f., 847, 850, 856